Bürgers/Fett
Die Kommanditgesellschaft auf Aktien

Die Kommanditgesellschaft auf Aktien

Handbuch mit Mustern

Herausgegeben von

Dr. Tobias Bürgers
Rechtsanwalt, FAStR in München

Dr. Torsten Fett
Rechtsanwalt in Frankfurt a. M.

Bearbeitet von
Dr. Tobias **Bürgers**, Rechtsanwalt, FAStR in München;
Dr. Michaela **Engel**, Steuerberaterin in München;
Dr. Torsten **Fett**, Rechtsanwalt in Frankfurt a. M.;
Dr. Thomas **Förl**, Notar in Aachen;
Dr. Philipp **Göz**, Rechtsanwalt in München;
Tilmann **Hecht**, Rechtsanwalt in Frankfurt a. M.;
Dr. Anke **Meier**, LL.M., Attorney-at-Law (N.Y.),
Rechtsanwältin in Frankfurt a. M.;
Dr. Gerald **Reger**, Rechtsanwalt, FAStR in München;
Dipl.-Kfm. Oliver **Schließer**, CPA (USA),
Wirtschaftsprüfer und Steuerberater in München;
Dr. Thomas **Schulz**, Attorney und Counselor-at-Law,
Rechtsanwalt in London;
Dr. Carsten **Schütz**, Rechtsanwalt in Berlin;
Silvia **Sparfeld**, M.A., Advokátka (CZ), Rechtsanwältin,
FAStR, Steuerberaterin in München;
Dr. Laurenz **Wieneke**, Rechtsanwalt in Frankfurt a. M.;
Dipl. Kfm. Lutz Enno **Werner**, Steuerberater in Köln

2., neu bearbeitete Auflage
2015

Zitiervorschlag: Bürgers/Fett/*Bearbeiter* KGaA § … Rn. …

www.beck.de

ISBN 978 3 406 67428 0

© 2015 Verlag C. H. Beck oHG
Wilhelmstraße 9, 80801 München

Druck: Beltz Bad Langensalza GmbH
Neustädter Straße 1–4, 99947 Bad Langensalza

Satz: ottomedien, Heimstättenweg 52, 64295 Darmstadt

Gedruckt auf säurefreiem, alterungsbeständigem Papier
(hergestellt aus chlorfrei gebleichtem Zellstoff)

Vorwort zur 2. Auflage

Seit der ersten Auflage des KGaA-Handbuchs sind mittlerweile mehr als zehn Jahre vergangen. Die im Zuge der rechtlichen Anerkennung der Kapitalgesellschaft & Co KGaA durch den Bundesgerichtshof Ende des letzten Jahrtausends erhoffte stärkere Präsenz der KGaA an den Kapitalmärkten hat sich so nicht bestätigt. Gleichwohl sind mit den Fresenius-Gesellschaften, Henkel und Merck gleich mehrere KGaA im DAX 30 vertreten. In jüngerer Zeit interessieren sich darüber hinaus börsennotierte Familiengesellschaften wieder verstärkt für diese flexible Rechtsform.

Die Neuauflage zeichnet die in der Zwischenzeit geänderten aktienrechtlichen Regelungen und sowie alle relevanten Gerichtsentscheidungen und fachlichen Beiträge zur KGaA nach. Praktikern soll das Handbuch weiterhin einen schnellen Zugriff zu den maßgeblichen Rechtsfragen ermöglichen. Wie schon bei der Vorauflage sind die Autoren auch dieses Mal bestrebt, zu den zentralen Rechtsfragen der KGaA einen eigenständigen Beitrag zu leisten.

Die Herausgeber bedanken sich bei den vormaligen Mitherausgebern Dr. Riotte und Dr. Schütz, ohne deren Engagement das Handbuch in der ersten Auflage nicht entstanden wäre. Daneben gilt besonderer Dank den wissenschaftlichen Mitarbeiterinnen Frau Stephanie Weiss-Brummer, Frau Sylvia Verena Lukas, Frau Sarah Hachmeister und Frau Melina Schäfer, die sich ganz besonders um das Entstehen der zweiten Auflage verdient gemacht haben.

Autoren und Herausgeber hoffen, dass die zweite Auflage wiederum auf reges Interesse stoßen wird und freuen sich über Anregungen und Hinweise jeder Art.

München/Frankfurt am Main, Juni 2015

Dr. Tobias Bürgers   Dr. Torsten Fett

Inhaltsübersicht

Vorwort	V
Literaturverzeichnis	XXIX
Abkürzungsverzeichnis	XXXV
Bearbeiterverzeichnis	LIII
§ 1 Historische Entwicklung der KGaA und ihre heutige Bedeutung	1
§ 2 Wahl der Rechtsform: Vor- und Nachteile	7
§ 3 Die KGaA als hybride Rechtsform: Anwendbares Recht	19
§ 4 Die Gründung der KGaA	39
§ 5 Die Binnenverfassung der KGaA	89
§ 6 Die Rechnungslegung der KGaA	333
§ 7 Veränderungen des Gesamtkapitals	373
§ 8 Auflösung und Abwicklung	409
§ 9 Die Besteuerung der KGaA und ihrer Gesellschafter	437
§ 10 Die KGaA als börsennotiertes Unternehmen	494
§ 11 Umstrukturierung und Umwandlung	593
§ 12 Die KGaA im Konzern	737
§ 13 Mustersatzungen	765
Sachverzeichnis	803

Inhaltsverzeichnis

Vorwort V
Literaturverzeichnis XXIX
Abkürzungsverzeichnis XXXV
Bearbeiterverzeichnis LIII

Seite

§ 1 Historische Entwicklung der KGaA und ihre heutige Bedeutung
    A. Historie 1
    B. Wirtschaftliche Bedeutung 4

§ 2 Wahl der Rechtsform: Vor- und Nachteile
    A. Gesellschaftsrecht 7
        I. Systemvergleich KGaA – AG 7
            1. Organe der Gesellschaft und deren Bestellung 8
            2. Mitbestimmungsrechtliche Fragen 10
            3. Befugnisse der jeweiligen Organe 10
            4. Einzelmaßnahmen von besonderer Bedeutung 11
        II. Zusammenfassung der Übersicht 12
    B. Steuerrecht 13
        I. Einleitung 13
            1. Körperschaftsteuer 13
            2. Gewerbesteuer 14
            3. Einkommensteuer 15
            4. Erbschaft- und Schenkungsteuer 16
        II. Zusammenfassung der Übersicht 16

§ 3 Die KGaA als hybride Rechtsform: Anwendbares Recht
    A. Einleitung 20
    B. Verweisungstechnik 21
        I. Das Nebeneinander von Personengesellschafts- und
           Aktienrecht 21
        II. Konsequenzen aus der Gruppenbildung in § 278 Abs. 2,
           3 AktG? – Die „Gesamtheit der Kommanditaktionäre"
           im Prozess – 23
    C. Folgen der Verweisungstechnik für die Rechtsgestaltung 24
        I. Die KGaA zwischen Gestaltungsfreiheit und Satzungsstrenge ... 24
        II. Zwingendes Sonderrecht für die kapitalistische bzw.
           atypische KGaA? 25
    D. Die Verweisungstechnik in Zweifelsfällen 27
        I. „Holzmüller"-Doktrin in der KGaA? – Zur Kompetenz-
           verteilung bei Übertragung wesentlichen Vermögens – 27

	II. Treuepflicht in der KGaA	30
	III. Änderungen von Satzungsbestimmungen mit personengesellschaftsrechtlichem Ursprung	32
	IV. Vertretung der KGaA gegenüber ihren Komplementären	35

§ 4 Die Gründung der KGaA
- A. Einleitung 41
- B. Gründer 42
  - I. Gründerstatus 42
  - II. Gründer 43
    1. Kommanditaktionäre 43
    2. Komplementäre 43
       a) Juristische Personen des öffentlichen Rechts 44
       b) BGB-Gesellschaft 44
       c) Stiftung 46
       d) Erbengemeinschaften und eheliche Gütergemeinschaften 46
       e) Eingetragene Genossenschaft/Versicherungsverein auf Gegenseitigkeit 47
       f) Ausländische Gesellschaften 48
- C. Gründungsvorgang 49
  - I. Vorgründungsphase 50
  - II. Errichtung der KGaA 51
    1. Satzungsfeststellung 51
    2. Übernahme der Aktien durch die Kommanditaktionäre . 52
    3. Haftung der Gründer und Handelnden vor Eintragung der KGaA im Handelsregister 53
       a) Gründerhaftung: Vorbelastungs- und Verlustdeckungshaftung 53
       b) Handelndenhaftung 54
    4. Bestellung von Aufsichtsrat und Abschlussprüfer 55
    5. Gründungsbericht und Gründungsprüfung 55
  - III. Anmeldung zur Eintragung 58
  - IV. Prüfung durch das Registergericht 59
  - V. Eintragung 59
    1. Entstehung der KGaA als juristischer Person 59
    2. Folgen der Eintragung für die Haftung der an der Gründung beteiligten Personen 60
       a) Vorgründungsgesellschaft 60
       b) Vorgesellschaft (Vor-KGaA) 61
  - VI. Verantwortlichkeit bei überbewerteter Sacheinlage 61
  - VII. „Verdeckte Sacheinlage" 62
  - VIII. Hin- und Herzahlen 64
  - IX. Cash-Pooling 65
  - X. Nachgründung 65
- D. Die Firma 67
  - I. Bildung der Firma 67
    1. Allgemeine Grundsätze 67

		2. Bildung des Firmenkerns	67
		a) Personenfirma	68
		b) Sachfirma	68
		c) Phantasiefirma	68
		3. Rechtsform	69
		a) Die typische KGaA	70
		b) Die atypische KGaA	71
	II.	Schutz der Firma	70
		1. Schutz durch das Registergericht	70
		2. Klagemöglichkeit auf Unterlassung	70
		3. Anspruch auf Schadenersatz	71
	III.	Geschäftsbriefe	71
E.	Gegenstand und Sitz		72
	I.	Der Unternehmensgegenstand in der KGaA	72
		1. Funktion des Unternehmensgegenstandes	72
		2. Anforderungen an die Angaben zum Unternehmensgegenstand	73
		a) Allgemeine Grundsätze	73
		b) Inhalt des Unternehmensgegenstandes	73
		c) Abgrenzung des Unternehmensgegenstandes vom Unternehmenszweck	76
		d) Fehlerhafter Unternehmensgegenstand	77
	II.	Der Sitz der KGaA	78
		1. Wahl des Sitzes der Gesellschaft	78
		2. Bedeutung des Gesellschaftssitzes	79
		3. Sitzwechsel der KGaA in das Ausland	80
		a) Gesellschaftsstatut der Gesellschaft	80
		b) Rechtsfolgen einer Sitzverlegung außerhalb der Europäischen Union	81
		c) Sitzverlegung innerhalb der Europäischen Union	82
F.	Geschäftsjahr und Dauer der Gesellschaft		84
	I.	Geschäftsjahr	84
		1. Definition	84
		2. Festlegung und Änderung des Geschäftsjahres	85
		3. Beginn des Rumpfgeschäftsjahres	85
	II.	Dauer der Gesellschaft	86

§ 5 Die Binnenverfassung der KGaA

A.	Gesellschafter und Organe der KGaA		97
	I.	Gesetzliche Pflichtorgane	97
	II.	Gewillkürte Organe	98
	III.	Rechtsverhältnisse zwischen den Gesellschaftern und den Organen	98
		1. Komplementäre und Hauptversammlung	98
		a) Personengesellschaftsrechtliche Schranken der Satzungsautonomie	99
		b) Grundtypen der Satzungsausgestaltung	104
		2. Komplementäre und Aufsichtsrat	108

		3. Aufsichtsrat und Hauptversammlung	109
		4. Sonstige Organe	110
B.		Rechtsstellung der Komplementäre	110
	I.	Rechte und Pflichten auf mitgliedschaftlicher Ebene	111
		1. Stimmrecht	111
		a) Gegenstand des mitgliedschaftlichen Stimmrechts	112
		b) Beschlussfassung, Komplementärversammlung	112
		c) Stimmenzahl	114
		d) Beschlussmehrheiten	114
		e) Reichweite der Satzungsautonomie	115
		f) Stimmrechtsausschluss	117
		2. Informations- und Kontrollrechte	118
		3. Actio pro socio	119
		4. Innenhaftung	120
	II.	Rechte und Pflichten auf organschaftlicher Ebene	121
		1. Geschäftsführung	121
		a) Personengesellschaftsrechtliches Regelungsregime	121
		b) Art und Umfang der Geschäftsführungsbefugnis	122
		c) Gestaltungsmöglichkeiten	127
		d) Geschäftsordnung für die Geschäftsführung	133
		2. Sorgfaltspflicht und Haftung für fehlerhafte Geschäftsführung	134
		a) Sorgfaltspflichten	135
		b) Haftung bei Sorgfaltspflichtverletzung	140
		c) Ausschluss der Innenhaftung	142
		d) D&O-Versicherungen	143
		e) Geltendmachung der Haftung in der gesetzestypischen KGaA	144
		f) Geltendmachung der Haftung in der atypischen KGaA	147
		3. Vertretung	150
		a) Zur Vertretung befugte Organe	150
		b) Umfang der Vertretungsbefugnis	152
		4. Niederlegung der Geschäftsführungs- und Vertretungsbefugnis	153
		5. Entziehung der Geschäftsführungs- und/oder Vertretungsbefugnis	155
		a) Verfahren für die gerichtliche Entziehung	182
		b) Mehrheitserfordernisse in der gesetzestypischen KGaA	157
		c) Mehrheitserfordernisse in der atypischen KGaA	159
		d) Entziehung der Geschäftsführungs- und Vertretungsbefugnis des einzigen Komplementärs	160
		e) Gestaltungsmöglichkeiten	162
		6. Entziehung der Geschäftsführungs- und Vertretungsbefugnis des organschaftlichen Vertreters der Komplementärgesellschaft	163
		a) Problemübersicht	163
		b) Treuepflicht	164
		c) Sog. „Abberufungsdurchgriff"	166

	d) Einheits-KGaA	168
7.	Kaufmannseigenschaft der Komplementäre	168
III.	Vermögensrechtliche Stellung	169
1.	Außenhaftung	169
	a) Inhalt der Haftung	170
	b) Gesamtschuldnerische Haftung und Innenregress	171
	c) Beginn und Ende der Haftung	173
	d) Freistellungsvereinbarungen	174
2.	Vermögenseinlagen	175
3.	Gewinnbezugs- und Entnahmerecht	179
	a) Gewinnbezugsrecht	179
	b) Entnahmerecht	182
4.	Tätigkeitsvertrag und Tätigkeitsvergütung	184
	a) Gesetzestypische KGaA	184
	b) Atypische KGaA	186
5.	Sondervorteile	187
6.	Aufwendungsersatzanspruch	188
IV.	Wettbewerbsverbot	188
1.	Normadressaten	189
2.	Umfang des Wettbewerbsverbots	191
3.	Befreiung	193
4.	Geltungsdauer	193
5.	Ergänzende Regelungen	194
6.	Folgen einer Zuwiderhandlung	196
V.	Veränderungen in der Zusammensetzung der Komplementäre	197
1.	Überblick	197
2.	Gesetzliche Gründe des Ausscheidens	198
	a) Tod des Gesellschafters (§ 131 Abs. 3 Nr. 1 HGB)	198
	b) Eröffnung des Insolvenzverfahrens (§ 131 Abs. 3 Nr. 2 HGB)	198
	c) Kündigung des Gesellschafters (§ 131 Abs. 3 Nr. 3 HGB)	199
	d) Kündigung durch den Privatgläubiger des Komplementärs (§ 131 Abs. 3 Nr. 4 HGB)	199
	e) Beschluss der Gesellschafter (§ 131 Abs. 3 Nr. 6 HGB)	200
3.	Satzungsbestimmungen zur Aufnahme neuer Komplementäre	200
4.	Satzungsbestimmungen zum Ausscheiden eines Komplementärs	204
	a) Automatisches Ausscheiden eines Komplementärs	204
	b) Vereinbarung zwischen Gesellschaft und Komplementär	204
	c) Recht zur Kündigung	205
5.	Satzungsbestimmungen zur Übertragung der Komplementärbeteiligung	206
6.	Ausschließung eines Komplementärs	207
	a) Gesetzliche Regelung	207

		b) Satzungsregelungen zur Ausschließung	209
	7.	Rechtsfolgen des Ausscheidens eines Komplementärs . . .	210
		a) Gesetzliche Ausgestaltung	210
		b) Abwicklung und Durchsetzung der Ansprüche beim Ausscheiden	213
		c) Ausgestaltung durch die Satzung	213
C.	Rechtsstellung der Kommanditaktionäre	216
	I. Übersicht der Rechte und Pflichten	216
	II. Rechte und Pflichten der Kommanditaktionäre	217
	1. Rechte der Gesamtheit der Kommanditaktionäre	217
	2. Individuelle Rechte	219
		a) Rechte des einzelnen Kommanditaktionärs	220
		b) Rechte einer qualifizierten Kommanditaktionärsminderheit	222
	3. Individuelle Pflichten	228
		a) Treuepflichten	228
		b) Wettbewerbsverbot	228
		c) Mitteilungspflichten	228
	4. Voraussetzungen und Modalitäten der Stimmrechtsausübung	229
		a) Einberufung der Hauptversammlung und Bekanntmachung der Tagesordnung	229
		b) Stimmrechtsausübung	235
		c) Mehrheitserfordernisse	235
	5. Abweichende Satzungsgestaltungen	236
		a) Aufnahme und Ausscheiden eines Komplementärs . . .	238
		b) Kapitalmaßnahmen	238
		c) Erhöhung der Sondereinlage	239
		d) Klage auf Entziehung der Geschäftsführungs- und/oder Vertretungsbefugnis	239
		e) Auflösungsbeschluss	239
		f) Auflösungsklage	239
		g) Ausschließungsklage	240
		h) Unternehmensverträge, Umwandlungen und ähnliche berichtspflichtige Angelegenheiten	240
		i) Feststellung des Jahresabschlusses, Gewinnverwendungsbeschluss	241
	6. Ausschluss des Stimmrechts aktienbesitzender Komplementäre	241
		a) Wahl und Abberufung des Aufsichtsrats	243
		b) Entlastung der persönlich haftenden Gesellschafter und der Mitglieder des Aufsichtsrats	244
		c) Bestellung von Sonderprüfern	244
		d) Geltendmachung von Ersatzansprüchen und Verzicht auf Ersatzansprüche	244
		e) Wahl von Abschlussprüfern	244
	III. Vermögensrechte- und pflichten	245
	1. Gewinnbeteiligung	245

			2. Einlageverpflichtung	246
			3. Auseinandersetzungsanspruch	246
		IV.	Wechsel der Kommanditaktionäre	247
			1. Übertragung von Inhaberaktien	247
			2. Übertragung von Namensaktien	249
D.	Der Aufsichtsrat			251
		I.	Allgemeine Vorschriften zum Aufsichtsrat	251
			1. Zusammensetzung	251
			2. Persönliche Voraussetzungen	252
			a) Inkompatibilitäten	252
			b) Statutarische Anforderungen	256
			3. Wahl und Abberufung	257
			a) Wahlverfahren	257
			b) Stimmverbote	258
			c) Entsendungsrechte	258
			d) Abberufung	259
			4. Vergütung	260
			a) Allgemeines	260
			b) D&O-Versicherungen als Vergütungsbestandteil	261
		II.	Die Kompetenzen des Aufsichtsrats in der gesetzestypischen KGaA	262
			1. Unterschiede zu den Kompetenzen eines Aufsichtsrats in der Aktiengesellschaft	262
			a) Personalkompetenz	262
			b) Zustimmungsvorbehalt	263
			c) Erlass einer Geschäftsordnung	263
			d) Mitwirkung am Jahresabschluss	264
			2. Kontrollkompetenz	264
			a) Stellung des Aufsichtsrats in der KGaA	264
			b) Kontrollbefugnisse	264
			c) Einberufung der Hauptversammlung	266
			d) Überwachung anderer Organe mit Geschäftsführungskompetenzen	266
			3. Ausführungskompetenz	267
			4. Vertretungskompetenz	269
			a) Rechtsgeschäftliche Vertretung	269
			b) Gerichtliche Vertretung	272
			c) Vertretung der Gesellschaft gegenüber dem Geschäftsführer oder einem Gesellschafter der Komplementärgesellschaft	272
		III.	Die Kompetenzen des Aufsichtsrats in der nicht gesetzestypischen KGaA	273
			1. Angleichung an den Aufsichtsrat einer Aktiengesellschaft	273
			2. Der Aufsichtsrat als Leitungsorgan	274
		IV.	Unternehmerische Mitbestimmung in der KGaA	275
			1. Mitbestimmungsgesetz 1976	276
			a) Anwendungsbereich	276
			b) Beginn der Mitbestimmung	277

			c) Einschränkung der Mitbestimmung	277
		2.	Drittelbeteiligungsgesetz	281
			a) Subsidiarität	281
			b) Keine Mindestzahl von Arbeitnehmern für die vor dem 10.8.1994 eingetragene KGaA	281
	V.	Verantwortung und Haftung des Aufsichtsrates		281
		1.	Haftung gegenüber der KGaA	281
			a) Sorgfaltsmaßstab	282
			b) Verschulden	283
			c) Haftungsausschlüsse und -beschränkungen	284
		2.	Haftung gegenüber Dritten	284
E.	Der Beirat			285
	I.	Zweck		285
	II.	Zulässigkeit		286
		1.	Schuldrechtlicher Beirat	286
		2.	Organschaftlicher Beirat	287
	III.	Grundformen eines Beirats		287
		1.	Gesellschafterausschuss	287
		2.	Der Beirat als zusätzliches Überwachungsorgan	287
		3.	Organ einer Gesellschaftergruppe	288
		4.	Sonstige Beiratstypen	288
	IV.	Besetzung		289
		1.	Bestellung bzw. Wahl der Beiratsmitglieder	289
		2.	Geltung von Stimmverbot und Inkompatibilitäts-vorschriften	289
			a) Stimmverbote bei der Bestellung der Beiratsmitglieder	289
			b) Stimmverbote der Beiratsmitglieder in der Hauptversammlung	290
		3.	Besetzung mit außenstehenden Dritten	290
	V.	Möglichkeiten und Grenzen der Übertragung von Befugnissen auf den Beirat		291
		1.	Übertragung von Geschäftsführungsbefugnissen auf den Beirat	291
		2.	Übertragung sonstiger Befugnisse auf einen Beirat	294
	VI.	Wettbewerbsverbot		295
	VII.	Überwachung des Beirats durch den Aufsichtsrat		295
		1.	Allgemeines	295
		2.	Anwesenheitsrecht der Aufsichtsratsmitglieder bei Beiratssitzungen	296
	VIII.	Verantwortung und Haftung		296
		1.	Sorgfaltspflichten	297
		2.	Haftung	297
			a) Innenhaftung	297
			b) Außenhaftung	298
F.	Rechtsstreitigkeiten in der KGaA			298
	I.	Einführung		298
	II.	Organstreit		299
		1.	Allgemeines	299

	2. Aufsichtsrat	300
	a) Berichtspflichten (§ 90 AktG)	300
	b) Zustimmung zu außergewöhnlichen Geschäften	301
	3. Einzelne Aufsichtsratsmitglieder	302
	a) Aus eigenem Recht	302
	b) Aus Recht des Organs	302
	4. Hauptversammlung	303
III.	Rechtsstreitigkeiten zwischen der Gesamtheit der Kommanditaktionäre und den Komplementären	303
	1. Parteifähigkeit der Gesamtheit der Kommanditaktionäre	303
	2. Sachbefugnis, Prozessführungsbefugnis und gesetzliche Vertretung	304
	3. Die einzelnen Prozesskonstellationen im Detail	305
	a) Die Klage auf Zustimmung der jeweils anderen Gesellschaftergruppe zur Ausschließungsklage und zu anderen Grundlagengeschäften	305
	b) Die Klage auf Zustimmung der jeweils anderen Gesellschaftergruppe zum Jahresabschluss	308
IV.	Rechtstreitigkeiten zwischen der Gesellschaft und den Komplementären	310
	1. Prozesskonstellationen	310
	a) Einklagbare Ansprüche der Gesellschaft gegen die Komplementäre	310
	b) Einklagbare Ansprüche der Komplementäre gegen die Gesellschaft	310
	2. Prozessparteien	312
	a) Ansprüche der Gesellschaft gegen die Komplementäre	312
	b) Ansprüche der Komplementäre gegen die Gesellschaft	312
	3. Verfahren	312
	a) Entscheidung über die Klageerhebung	312
	b) Vertretung der Gesellschaft vor Gericht	312
V.	Rechtsstreitigkeiten der Komplementäre untereinander	313
	1. Prozesskonstellationen	313
	2. Klage auf Feststellung der Nichtigkeit	314
VI.	Die Klage der Kommanditaktionäre	314
	1. Anfechtungs-, Nichtigkeits-, Auskunftsklage	314
	2. Klage auf Erzwingung, Unterlassung oder Beseitigung von Organhandlungen	315
VII.	Einstweiliger Rechtsschutz	316
	1. Einstweiliger Rechtsschutz auf Ebene der Komplementäre	316
	2. Einstweiliger Rechtsschutz auf Ebene der Hauptversammlung	317
	a) Fallkonstellationen	317
	b) Prozessuales	319
VIII.	Die actio pro socio	319
	1. Grundlagen der *actio pro socio* in der KGaA	319
	a) *actio pro socio* des einzelnen Komplementärs	319

>   b) Klagemöglichkeiten der Gesamtheit der Kommandit-
>   aktionäre 320
>   c) *actio pro socio* des einzelnen Kommanditaktionärs 320
> 2. Prozesskonstellationen 321
>   a) Ansprüche der Gesellschaft gegen einen
>   Komplementär 321
>   b) Ansprüche der Gesellschaft gegen einen Kommandit-
>   aktionär 321
> 3. Prozessparteien 322
> 4. Verhältnis der *actio pro socio* Klage zur Gesellschaft 322
> IX. Streitbeilegung durch Schiedsgerichtsbarkeit 323
>   1. Einführung 323
>   2. Schiedsfähigkeit 324
>   a) Schiedsfähigkeit II-Entscheidung des BGH 324
>   b) Schiedsfähigkeit von Streitigkeiten in der KGaA 325
>   3. Schiedsklauseln in den Satzungen 326
>   4. Institutionelle und Ad-hoc Schiedsgerichtsbarkeit 327
>   5. Durchführung von Schiedsverfahren 328
>   6. Einstweiliger Rechtsschutz 330

§ 6 Die Rechnungslegung der KGaA
A. Einleitung 334
B. Aufstellung und Feststellung des Jahresabschlusses 336
   I. Aufstellung des Jahresabschlusses 336
   II. Dotierung der gesetzlichen Rücklage und anderer Gewinn-
       rücklagen 337
       1. Regelung für persönlich haftende Gesellschafter 338
       2. Regelungen für die Kommanditaktionäre 339
   III. Prüfung und Feststellung des Jahresabschlusses 341
       1. Externe und interne Prüfung 341
       2. Feststellung 342
   IV. Gewinnverwendungsbeschluss 344
   V. Ergebnisermittlung und -verteilung 345
       1. Ergebnisermittlung 346
          a) „Dualistischer" Ansatz 346
          b) „Monistischer" Ansatz 347
          c) Eigene Auffassung 348
          d) Satzungsregelungen 349
       2. Ergebnisverteilung 351
          a) Gewinnverteilung 351
          b) Verlustverteilung 354
C. Besonderheiten der Bilanz 354
   I. Eigenkapital 354
       1. Kapitalanteil der persönlich haftenden Gesellschafter ... 355
          a) Sondereinlagen und Kapitalanteile 355
          b) Ausweis der Kapitalanteile 356
       2. Sacheinlagen auf den Kapitalanteil 357
          a) Bilanzierungsfähigkeit 357

		b) Bewertung	358
		c) Prüfung	360
		3. Ausstehende Einlagen der persönlich haftenden Gesellschafter	360
	II.	Verlustausweis	361
	III.	Kredite an persönlich haftende Gesellschafter	362
	IV.	Entnahmerechte der persönlich haftenden Gesellschafter	363
	V.	Pensionszusagen an persönlich haftende Gesellschafter	365
D.	Besonderheiten der Gewinn- und Verlustrechnung		365
	I.	Wahlrecht nach § 286 Abs. 3 AktG	366
	II.	Verzicht auf Wahlrecht nach § 286 Abs. 3 AktG	368
E.	Besonderheiten des Anhangs		368
F.	Lagebericht		369
G.	Besonderheiten bei der Bilanzierung nach IFRS		369

§ 7 Veränderungen des Gesamtkapitals

A.	Kapitalmaßnahmen	375
	I. Einleitung	375
	II. Kapitalerhöhung	375
	1. Gesetzliche Ausgangslage im Überblick	375
	2. Erhöhung der Sondereinlagen	376
	3. Erhöhung des Grundkapitals	381
	a) Ordentliche Kapitalerhöhung	381
	b) Bedingte Kapitalerhöhung	381
	c) Genehmigtes Kapital	382
	d) Kapitalerhöhung aus Gesellschaftsmitteln	383
	e) Rechte der Komplementäre bei Grundkapitalerhöhung	384
	III. Kapitalherabsetzung	385
	1. Herabsetzung der Sondereinlagen/Entnahmeregelungen	385
	2. Herabsetzung des Grundkapitals	386
	IV. Umwandlung von Sondereinlagen in Kommanditaktien	387
	1. Überblick über Motive und Verfahren	387
	2. Das Verfahren im Einzelnen	388
	a) Gegenstand der Sacheinlage	388
	b) Rechte und Pflichten der Kommanditaktionäre	390
	c) Ausnutzen eines bedingten Kapitals	391
	d) Ausnutzen eines genehmigten Kapitals	393
	V. Umwandlung von Kommanditaktien in Sondereinlagen	393
B.	Gesellschafterdarlehen in der KGaA	395
	I. Einführung	395
	1. Änderung des bisherigen Rechts durch das MoMiG	395
	2. Zeitlicher Anwendungsbereich der Neuregelung	396
	3. Die maßgeblichen gesetzlichen Vorschriften	396
	II. Persönlicher Anwendungsbereich	396
	1. Die typische KGaA	397
	2. Die atypische KGaA	397
	a) Komplementäre	397
	b) Kommanditaktionäre	398

			c) Dem Gesellschafter gleichgestellte Dritte	398
			d) Privilegierungstatbestände	399
		III.	Sachlicher Anwendungsbereich	399
			1. Darlehen eines Gesellschafters	399
			2. Mittelbare Gesellschafterdarlehen	400
			3. Gebrauchsüberlassung	401
			4. Weiter anfechtungsrelevante Umstände	402
	C.	Haftung für existenzvernichtende Eingriffe	402
		I.	Ausgangskonstellation	402
		II.	Geltung in der KGaA	403
		III.	Tatbestandsvoraussetzungen	404
			1. Objektiver Tatbestand	404
			a) Vermögenseingriff als sittenwidrige Handlung	404
			b) Insolvenzverursachung	405
			c) Anspruchsgegner	405
			2. Subjektiver Tatbestand	405
			3. Ersatzfähigkeit des Schadens	406
		IV.	Durchsetzung des Anspruchs	406
			1. Innenhaftung	406
			2. Beweislast und Verjährung	406
			3. Anspruchsgrundlagenkonkurrenz	407

§ 8 Auflösung und Abwicklung

A.	Auflösung	410
	I.	Überblick	410
	II.	Personengesellschaftsrechtliche Auflösungsgründe	411
		1. Übersicht	411
		2. Zeitablauf	411
		3. Gesellschafterbeschluss	412
		a) Auflösungsbeschluss	412
		b) Zustimmung der Komplementäre	413
		4. Eröffnung des Insolvenzverfahrens	415
		5. Gerichtliche Entscheidung	415
	III.	Auflösungsgründe nach dem AktG	416
	IV.	Gesetzlich nicht geregelte Sachverhalte	417
		1. Ausscheiden des letzten Komplementärs	417
		a) Vorbemerkung	417
		b) Rechtsfolgen des Ausscheidens des letzten Komplementärs	417
		c) Ausscheiden aufgrund der Dispositionsbefugnis des betroffenen oder aller übrigen Gesellschafter	420
		d) Sonstige Formen des Ausscheidens	423
		e) Ausscheiden einer Kapitalgesellschaft als alleiniger Komplementär	424
		2. Fehlen der Vertretungsbefugnis des des alleinvertretungsberechtigten Komplementärs	425
		a) Entzug der Vertretungsbefugnis des alleinvertretungsberechtigten Komplementärs	425

			b) Eintritt der beschränkten Geschäftsfähigkeit bzw. Geschäftsunfähigkeit	426
		3.	Kündigung durch die Gesamtheit der Kommanditaktionäre?	426
	B.	Abwicklung		428
		I.	Überblick	428
		II.	Abwickler	428
			1. Vorbemerkungen	428
			2. Geborene Abwickler	429
			3. Gekorene Abwickler	429
			4. Gerichtlich bestellte Abwickler	430
			5. KGaA i. L. ohne geborene Abwickler	430
			6. Satzungsgestaltungen	431
		III.	Abwicklungsverfahren	431
			1. Ablauf des Abwicklungsverfahrens	431
			2. Einhaltung des Sperrjahres, § 272 AktG	432
			3. Satzungsregelungen	434
		IV.	Fortsetzung einer aufgelösten Gesellschaft	434
		V.	Nachtragsabwicklung	435

§ 9 Die Besteuerung der KGaA und ihrer Gesellschafter

	A.	Einleitung		440
		I.	Bedeutung der hybriden Rechtsstruktur der KGaA für die Besteuerung der KGaA und ihrer Gesellschafter	440
		II.	Einheitliche und gesonderte Feststellung von Besteuerungsgrundlagen im Verhältnis zwischen phG und KGaA?	442
	B.	Laufende Besteuerung		444
		I.	Besteuerung der KGaA	444
			1. Körperschaftsteuer	444
			a) Grundlagen der körperschaftsteuerrechtlichen Erfolgsermittlung der KGaA	444
			b) Betriebsausgabenabzug der Gewinnanteile und Geschäftsführungsvergütungen des phGs (§ 9 Abs. 1 Nr. 1 KStG)	445
			c) Sonstige Vergütungen (Sondervergütungen)	447
			d) Verdeckte Gewinnausschüttungen	448
			e) Körperschaftsteuerrechtliche Organschaft	451
			f) Verlustberücksichtigung bei der KGaA	456
			2. Gewerbeertragsteuer	456
			a) Grundlagen der Gewerbeertragsbesteuerung	456
			b) Beginn und Ende der Gewerbesteuerpflicht	457
			c) Ermittlung des Gewerbeertrages der KGaA	457
			d) Gewerbeverlust	461
			e) Gewerbesteuerrechtliche Organschaft	461
			3. Umsatzsteuer	462
			a) Grundlagen	462
			b) Leistungsaustausch zwischen KGaA und ihren Gesellschaftern	462

		4. Grunderwerbsteuer	463
	II.	Besteuerung der phG	464
		1. Natürliche Person als phG	464
		a) Einkommensteuer	464
		b) Gewerbesteuer	469
		c) Gewerbesteueranrechnung nach § 35 EStG	469
		2. Nicht natürliche Person als phG („atypische" KGaA) ...	471
		a) Einkommen- und Körperschaftsteuer	471
		b) Gewerbesteuer	475
	III.	Besteuerung der Kommanditaktionäre	476
C.	Aperiodische Besteuerungsvorgänge		477
	I.	Anteilsveräußerung.......................................	477
		1. Einkommen- und Körperschaftsteuer	478
		a) Veräußerung von Kommanditaktien	478
		b) Veräußerung des phG-Anteils	480
		2. Gewerbesteuer	481
	II.	Ausscheiden des phGs	483
	III.	Liquidation der KGaA	483
		1. Einkommen- und Körperschaftsteuer	483
		2. Gewerbesteuer	485
	IV.	Erbfall und Schenkung	485
		1. Kommanditaktionäre	486
		2. PhG	486
D.	Internationales Steuerrecht		487
	I.	Außensteuerrecht	487
		1. Hinzurechnungsbesteuerung	487
		2. Wegzugsbesteuerung	488
	II.	Beschränkt steuerpflichtige phG und Kommanditaktionäre .	488
	III.	Vermeidung von Doppelbesteuerung	490
		1. Unilaterale Maßnahmen	490
		2. Bilaterale Maßnahmen	491

§ 10 Die KGaA als börsennotiertes Unternehmen

A.	Einleitung		499
B.	Börsengang einer KGaA		500
	I.	Vor- und Nachteile der KGaA als börsennotiertes Unternehmen	500
		1. Maßgebliche Gründe für einen Börsengang	501
		a) Vorteile der Börseneinführung	501
		b) Nachteile der Börseneinführung	503
		2. Größere Gestaltungsfreiheit bei der KGaA	503
		3. Unterschiede in der Kompetenzverteilung	506
		4. Steuerliche Unterschiede	507
		5. Geringere Akzeptanz der KGaA	507
		6. Die Fußball KGaA....................................	509
	II.	Spezifischer kapitalmarktrechtlicher Anlegerschutz in der KGaA?	510
		1. Der Ansatz von *Hommelhoff*	510

	2. Die Überlegungen des BGH	511
	3. Treuepflicht als Korrektiv	513
III.	Besonderheiten beim Börsengang einer KGaA	514
	1. Gesellschaftsrechtliche Strukturierung pre-IPO	514
	a) Formale Anforderungen an den Emittenten	514
	b) Anforderungen an die Satzung des Emittenten	516
	2. Besonderheiten im Zulassungsverfahren	522
	3. Der Wertpapierprospekt	523
	4. Gesellschaftsrechtliche Fragen	528

C. Folgepflichten und Regelungen ... 531
   I. Publizitäts- und Berichtspflichten ... 531
      1. Regelpublizität ... 531
      2. Ad-hoc-Publizitätspflicht ... 533
      3. Weitere Berichts- und Zulassungsfolgepflichten ... 538
      4. Prüfstelle für Rechnungslegung ... 539
   II. Spezielle Folgepflichten für die Geschäftsleitung ... 540
      1. Aktienrechtliche Regelungen (Corporate Governance) . 540
         a) Differenzierung zwischen börsen- und
           nicht-börsennotierten Gesellschaften ... 540
         b) Corporate Governance, § 161 AktG ... 541
         c) Erklärung zur Unternehmensführung und
           Corporate Governance Bericht ... 545
      2. „Directors' Dealings", § 15a WpHG ... 546
      3. Insiderverzeichnisse, § 15b WpHG ... 549
   III. Insiderrecht im Überblick ... 550
   IV. Meldungen der Stimmrechte nach §§ 21 ff. WpHG ... 551
      1. Hintergrund der Normen ... 551
      2. Die Mitteilungspflichten im Überblick ... 552
         a) Der Normalfall nach § 21 WpHG ... 552
         b) Zurechnung von Stimmrechten nach § 22 WpHG ... 553
         c) Meldepflichten nach §§ 25 und 25a WpHG ... 555
         d) Die mitteilungspflichtige KGaA ... 555
      3. Kein Drittschutz der §§ 21 ff. WpHG ... 557
   V. Die börsennotierte KGaA im Lichte des WpÜG ... 557
      1. Allgemeine Bestimmungen für das Angebotsverfahren ... 558
      2. Kontrollbegriff bei der KGaA ... 560
         a) Die KGaA als übernahmeresistente Rechtsform ... 561
         b) Streitstand in der Literatur ... 561
         c) Der Kontrollbegriff des WpÜG ... 562
         d) Rechtsfolgenbetrachtung ... 564
         e) Aufstockungsangebote ... 565
      3. Besonderheiten bei Übernahmeangeboten ... 566
         a) Überblick ... 566
         b) Kommanditaktien als Gegenleistung ... 566
         c) Verhaltenspflichten der Organe der KGaA als
           Zielgesellschaft ... 568
      4. Besonderheiten bei Pflichtangeboten ... 571
         a) Überblick ... 571

>   b) Erwerb einer Kontrollbeteiligung durch eine KGaA . 572
>   c) KGaA als Zielgesellschaft 576
>   d) Befreiung nach § 37 WpÜG 576
>   e) Sanktionen bei unterbliebenem Pflichtangebot 577
>   5. Drittschutz im Übernahmerecht? 578
>   a) Öffentliches Recht 578
>   b) Zivilrecht 579
> D. Delisting 580
>   I. Begriff und Folgen 580
>   II. Delisting von Amts wegen, § 39 Abs. 1 BörsG 582
>   III. Delisting auf Antrag, § 39 Abs. 2 BörsG 583
>   1. Kapitalmarktrecht 583
>   2. Gesellschaftsrecht 585
>   a) Zustimmungspflichten in der KGaA 585
>   b) Barabfindungspflicht 587
>   IV. Delisting infolge Umstrukturierung 588

§ 11 Umstrukturierung und Umwandlung

> A. Einleitung 598
>   I. Begriffsdefinition 597
>   II. Verhältnis des Umwandlungsgesetzes zu anderen Gesetzen . 598
>   1. Umwandlungssteuergesetz 598
>   2. Rechtsformspezifische Gesetze 599
>   3. Wertpapiererwerbs- und Übernahmegesetz 600
>   4. Wertpapierhandelsgesetz und andere Gesetze 600
> B. Verschmelzung 601
>   I. Wesen der Verschmelzung 601
>   II. Anwendbare Rechtsnormen 601
>   III. Beteiligte Rechtsträger 601
>   1. KGaA als übertragender oder übernehmender
>   Rechtsträger 601
>   2. Verschmelzungsmöglichkeiten unter Beteiligung einer
>   KGaA 603
>   3. KGaA als neuer Rechtsträger 605
>   a) Gründer und Erstaktionäre 605
>   b) Beitritt Dritter 605
>   IV. Arten der Verschmelzung 606
>   1. Verschmelzung zur Aufnahme und zur Neugründung . . 606
>   2. Mischverschmelzungen 607
>   3. Grenzüberschreitende Verschmelzungen 608
>   4. Verschmelzung unter Beteiligung börsennotierter
>   Rechtsträger 608
>   V. Ablauf der Verschmelzung 609
>   1. Vorbereitungsphase 609
>   a) Gestaltungsüberlegungen 610
>   b) Fristen 615
>   c) Ermittlung Umtauschverhältnis 617
>   d) Entwurf Verschmelzungsvertrag 617

		e) Verschmelzungsbericht	628
		f) Verschmelzungsprüfung	629
		g) Vorbereitung Versammlungen	630
	2.	Beschlussphase	634
		a) Zustimmungsbeschluss der Kommanditaktionäre	634
		b) Zustimmung der persönlich haftenden Gesellschafter .	637
	3.	Umsetzungsphase	638
		a) Anmeldung zum Handelsregister	638
		b) Eintragung im Handelsregister	639
		c) Wirkungen der Eintragung	641
		d) Mängel der Verschmelzung	645
		e) Wertpapiertechnische Abwicklung	646

VI. Grenzüberschreitende Verschmelzung 647
  1. Grenzüberschreitende Verschmelzungen nach
     §§ 122a ff. UmwG 647
  2. Grenzüberschreitende Verschmelzungen außerhalb
     §§ 122a ff. UmwG 648

C. Spaltung 649
  I. Anwendbare Rechtsnormen 649
  II. Arten der Spaltung 650
  III. Spaltungsfähigkeit 651
  IV. Vorbereitungsphase 652
    1. Allgemeines 652
    2. Spaltungs- und Übernahmevertrag 653
       a) Mindestinhalt 654
       b) Anteilsgewährung, nicht-verhältniswahrende Spaltung 654
       c) Umtauschverhältnis, Treuhänder 656
       d) Bezeichnung der Vermögensgegenstände 657
       e) Sonstige Regelungen 658
    3. Spaltungsplan 658
    4. Spaltungsbericht 660
    5. Spaltungsprüfung 661
    6. Vereinfachte Kapitalherabsetzung 661
    7. Gläubigerschutz 662
    8. Arbeitsrechtliche Besonderheiten 663
  V. Beschlussphase 663
  VI. Umsetzungsphase 664
    1. Anmeldung 664
    2. Anlagen zur Anmeldung 665
  VII. Spaltung und Börsennotierung 665

D. Vermögensübertragung 666
E. Formwechsel 666
  I. Begriff des Formwechsels 666
  II. Einbezogene Rechtsträger 667
  III. Anwendbare Rechtsnormen 668
    1. Formwechsel in die Rechtsform der KGaA 668
    2. Formwechsel aus der Rechtsform der KGaA 669
  IV. Phasen des Formwechsels 670

	1. Vorbereitungsphase		671
	a) Anwendbare Gründungsvorschriften		671
	b) Umwandlungsbericht		672
	c) Umwandlungsbeschluss		673
	d) Gründungsbericht, Gründungsprüfung		675
	e) Barabfindungsangebot		677
	2. Verfahrensablauf		679
	a) Formwechsel in die Rechtsform einer KGaA		679
	b) Formwechsel aus der Rechtsform der KGaA		681
	3. Auswirkung des Formwechsels auf die persönlich haftenden Gesellschafter		681
	a) Formwechsel in eine KGaA		681
	b) Formwechsel aus der KGaA		682
	4. Kapitalschutz		683
	5. Nachgründung		684
	6. Haftungsrisiken für die Kommanditaktionäre beim Formwechsel aus der KGaA		684
	7. Besonderheiten beim Formwechsel einer eingetragenen Genossenschaft		685
	8. Formwechsel von Körperschaften und Anstalten des öffentlichen Rechts		686
	9. Beschlussphase		687
	a) Formwechselbeschluss		687
	b) Beschlussmehrheiten		688
	c) Besondere Zustimmungspflichten		689
	d) Beschlussmängel		690
	10. Umsetzungsphase		691
	a) Handelsregisteranmeldung		691
	b) Eintragung des Formwechsels		692
	c) Nachhaftung		693
	d) Abwicklung des Formwechsels		694
F.	Umwandlungen außerhalb des Umwandlungsgesetzes		695
	I. Zulässigkeit		695
	II. Der Verschmelzung gleichkommende Vorgänge		695
	1. Anwachsungsmodelle		695
	2. Holdingmodelle		696
	3. Eingliederung und Squeeze-Out		696
	III. Der Spaltung gleichkommende Vorgänge		697
	1. Übertragung des gesamten Geschäftsvermögens der KGaA oder wesentlicher Teile		697
	2. Übertragende Auflösung der KGaA gemäß § 179a Abs. 3 AktG		697
G.	Spruchverfahren		698
	I. Vorbemerkung und Verfahrenszweck		698
	II. Gesetzliche Grundlagen		698
	III. Anwendungsbereich		699
	1. Ausdrücklich aufgeführter Anwendungsbereich		699
	2. Weitergehender Anwendungsbereich		699

	IV. Verfahrensgegenstand	700
	1. Grundsatz der vollen Entschädigung	700
	2. Methoden zur Bestimmung der vollen Entschädigung	700
		a) Ertragswertmethode	701
		b) Börsenkurs	702
		c) Liquidationswert	702
	V. Die Verfahrensbeteiligten	702
	1. Das zuständige Gericht	702
	2. Die Antragssteller	703
		a) Zeitpunkt der Antragsstellung	704
		b) Person des Antragsberechtigten	704
		c) Nachweis der Antragsberechtigung	704
	3. Der Antragsgegner	704
	4. Der gemeinsame Vertreter	705
	VI. Der Verfahrensablauf	706
	1. Das erstinstanzliche Verfahren	706
	2. Rechtsmittel	707
	VII. Verfahrensgrundsätze	708
	1. Amtsermittlungsgrundsatz	708
	2. Dispostionsgrundsatz, Beibringungsgrundsatz und Verfahrensförderungspflicht	709
H.	Die umwandlungssteuerrechtliche Behandlung der KGaA	709
	I. Überblick	709
	II. Sacheinlage	712
	1. Sacheinlage in das Kommanditaktienkapital	712
		a) Grundsätzliches	712
		b) Anwendung des § 20 UmwStG	712
		c) Anteilstausch (§ 21 UmwStG)	717
		d) Sacheinlage außerhalb der Regelungen des UmwStG	719
	2. Sacheinlage in das Komplementärkapital	720
		a) Grundsätzliches	720
		b) Anwendung des § 24 UmwStG	720
	III. Verschmelzung einer Kapitalgesellschaft auf eine KGaA	721
	1. Anwendung der §§ 11–13 UmwStG	722
		a) Grundsätzliches	722
		b) Wertansätze in der steuerlichen Schlussbilanz der übertragenden Kapitalgesellschaft (§ 11 UmwStG)	733
		c) Ebene der übernehmenden KGaA	725
		d) Ebene der Gesellschafter der übertragenden Kapitalgesellschaft	726
	2. Anwendung der §§ 3 ff. UmwStG	728
		a) Ebene der übertragenden Kapitalgesellschaft	728
		b) Ebene der Gesellschafter	729
	IV. Verschmelzung einer KGaA auf eine Kapitalgesellschaft	730
	V. Formwechsel einer Kapitalgesellschaft in eine KGaA und umgekehrt	730
	VI. Spaltung einer KGaA	731
	1. Grundsätzliches	731

		2. Ab- bzw. Aufspaltung einer KGaA	731
		a) Grundsätzliches	731
		b) Anwendung der §§ 11–13 sowie des § 15 UmwStG ..	732
	VII.	Umwandlung einer KGaA in eine Personengesellschaft	734
	VIII.	Verschmelzung einer Personengesellschaft auf eine KGaA ..	735
	IX.	Grunderwerbsteuerliche Aspekte	735

§ 12 Die KGaA im Konzern
	A.	Einleitung	738
	B.	Die KGaA als verbundenes Unternehmen	738
		I. Konzernrechtliche Grundbegriffe	738
		II. Vertragskonzernrecht	740
		1. Zustimmung der Kommanditaktionäre und weitere Anforderungen	741
		2. Zustimmung sämtlicher persönlich haftender Gesellschafter	742
		3. Änderung des Unternehmensvertrages	744
		4. Aufhebung und Kündigung eines Unternehmensvertrages	744
		5. Übergang der Leitungsmacht auf das herrschende Unternehmen	745
		6. Haftung des herrschenden Unternehmens und dessen gesetzlicher Vertreter	745
		7. Haftung des beherrschten Unternehmens und dessen gesetzlicher Vertreter	746
		III. Faktischer Konzern	746
		1. Unternehmensbegriff	746
		2. Abhängigkeit nach § 17 AktG	747
		3. Folgen faktischer Konzernierung im Überblick	750
		4. „Qualifiziert faktischer KGaA-Konzern"	752
		IV. Eingliederung und Squeeze-Out	754
		1. Eingliederung	754
		2. Squeeze-Out	756
	C.	Konzernrechtliche Behandlung der Kapitalgesellschaft & Co. KGaA	757
	D.	Mitteilungspflichten nach §§ 20 f. AktG	759
		I. Mitteilungspflichten gegenüber der KGaA nach §§ 278 Abs. 3, 20 AktG	760
		II. Mitteilungspflichten der KGaA nach §§ 278 Abs. 3, 21 AktG	761
	E.	Besonderheiten bei der Konzernrechnungslegung	762

§ 13 Mustersatzungen
	A.	Einleitung	765
	B.	Mustersatzung I	766
	C.	Mustersatzung II	775
	D.	Mustersatzung III	789

Sachverzeichnis 803

Literaturverzeichnis

(Die Zitate geben – soweit im Literaturverzeichnis nichts anderes angegeben – bei Kommentaren Paragraphen und Randnummer, bei Lehrbüchern oder Handbüchern die Randnummer und bei Monographien die Seite an, bei Loseblatt-Werken Paragraphen und ggf. Randnummern)

Adler/Düring/Schmaltz, Rechnungslegung und Prüfung der Unternehmen, 6. Aufl., Stuttgart 1995; zitiert: A/D/S Rechnungslegung.

Ammenwerth, Die Kommanditgesellschaft auf Aktien (KGaA) – Eine Rechtsformalternative für personenbezogene Unternehmen?, Frankfurt a. M. 1997; zitiert: *Ammenwerth* S.

Arnold, Die GmbH & Co. KGaA, Köln 2001; zitiert: *Arnold* S.

Arthur Andersen Wirtschaftsprüfungsgesellschaft (Hrsg.), Körperschaftsteuergesetz. Kommentar, Bonn, Stand: August 2003 (Loseblatt); zitiert: *Bearbeiter* in Arthur/Andersen KStG.

Assmann/Schneider (Hrsg.), Wertpapierhandelsgesetz. Kommentar, 6. Aufl., Köln 2012; zitiert: *Bearbeiter* in Assmann/Schneider WpHG.

Baetge/Kirsch/Thiele, Bilanzen, 13. Aufl., Düsseldorf 2015; zitiert: *Baetge/Kirsch/Thiele* Bilanzen S.

Baetge/Kirsch/Thiele, Konzernbilanzen, 10. Aufl., Düsseldorf 2013; zitiert: *Baetge/Kirsch/Thiele* S.

Bauer/Böhle/Ecker, Bayerische Kommunalgesetze. Kommentar, 4. Aufl., München, Stand April 2013 (Loseblatt); zitiert: *Bauer/Böhle/Ecker* Bayerische Kommunalgesetze.

Baumbach/Hopt, Handelsgesetzbuch. Kommentar, 36. Aufl., München 2014; zitiert: *Bearbeiter* in Baumbach/Hopt HGB.

Baumbach/Hueck, GmbH-Gesetz, 20. Aufl., München 2013; zitiert: *Bearbeiter,* in: Baumbach/Hueck GmbHG.

Baumbach/Hueck, Kommentar zum Aktiengesetz, 12. Auflage; München 1965, zitiert: *Bearbeiter* in Baumbach/Hueck AktG.

Baumbach/Lauterbach/Albers/Hartmann, Zivilprozessordnung. Kommentar, 73. Aufl., München 2015; zitiert: *Bearbeiter* in Baumbach/Lauterbach ZPO.

Beck'sches Handbuch der AG, 2. Aufl., München 2014; zitiert: *Bearbeiter* in Beck'sches HdbAG.

Beck'sches Handbuch der GmbH, 5. Aufl., München 2009; zitiert: *Bearbeiter* in Beck'sches HdbGmbH.

Beck'sches Handbuch der Personengesellschaften, Gesellschaftsrecht, Steuerrecht, 4. Aufl., München 2014; zitiert: *Bearbeiter* in Beck'sches Hdb/PersG.

Beck'sches Steuerberater-Handbuch 2015/2016, München 2015; zitiert: *Bearbeiter* in Beck'sches StB-HdB.

Binz/Sorg, Die GmbH & Co. KG im Gesellschafts- und Steuerrecht, 11. Auflage, München 2010; zitiert: *Binz/Sorg* S.

Blümich, Einkommensteuergesetz, Körperschaftsteuergesetz, Gewerbesteuergesetz. Kommentar, München, Stand: Juni 2014 (Loseblatt); zitiert: *Bearbeiter* in Blümich EStG bzw. *Bearbeiter* in Blümich KStG bzw. *Bearbeiter* in Blümich GewStG.

Bohl/Riese/Schlüter, Beck'sches IFRS Handbuch, Kommentierung der IFRS/IAS, 4. Aufl., München 2013; zitiert: *Bearbeiter* in Beck'sches IFRS-Handbuch.

Böttcher, Depotgesetz, 1. Auflage, Düsseldorf 2012; zitiert: *Böttcher* DepotG.

Budde/Förschle/Winkeljohann, Sonderbilanzen, 4. Aufl., München 2008; zitiert: *Bearbeiter* in Budde/Förschle/Winkeljohann S.

Bürgers/Körber, Aktiengesetz, Kommentar, 3. Aufl., Heidelberg 2014; zitiert: *Bearbeiter* in Bürgers/Körber AktG.

Canaris, Handelsrecht, 24. Aufl., München 2006; zitiert: *Canaris* S.

Coenenberg/Haller/Schultze, Jahresabschluß und Jahresabschlussanalyse, 23. Aufl., Landsberg/Lech 2014; zitiert: *Coenenberg/Haller/Schultze* S.

Dötsch/Pung/Möhlenbrock (Hrsg.), Die Körperschaftsteuer. Kommentar, Stuttgart, Stand: August 2014 (Loseblatt); zitiert: *Bearbeiter* in Dötsch/Pung/Möhlenbrock KStG.

Dötsch/Patt/Pung/Möhlenbrock, Umwandlungssteuerrecht, 7. Aufl., Stuttgart 2012; zitiert: *Dötsch* UmwStR.
Drescher, Die Haftung der GmbH-Geschäftsführer, 7. Aufl., Köln 2013; zitiert: *Drescher* Rn.
Ebenroth/Boujong/Joost/Strohn (Hrsg.), Handelsgesetzbuch. Kommentar, 3. Aufl., München 2014; zitiert: *Bearbeiter* in Ebenroth/Boujong/Joost/Strohn HGB.
Emmerich/Habersack, Aktien- und GmbH-Konzernrecht. Kommentar zu den §§ 15–22 und 291–328 AktG, 7. Aufl., München 2013; zitiert: *Bearbeiter* in Emmerich/Habersack Aktien- und GmbH-Konzernrecht.
Emmerich/Habersack, Konzernrecht, 10. Aufl., München 2013; zitiert: *Emmerich/Habersack* Konzernrecht § Rn.
Erman, Bürgerliches Gesetzbuch. Kommentar, 14. Aufl., Köln 2014; zitiert: *Bearbeiter* in Erman BGB.
Flume, Allgemeiner Teil des Bürgerlichen Rechts, Band I 1: Die Personengesellschaft, Berlin 1977; zitiert: *Flume* Die Personengesellschaft S.
Flume, Allgemeiner Teil des Bürgerlichen Rechts, Band I 2: Die juristische Person, Berlin 1983; zitiert: *Flume* Die juristische Person, S.
Fleischer, Handbuch des Vorstandsrechts, 2. Aufl., München 2013; zitiert: *Fleischer* S.
Federmann, Bilanzierung nach Handelsrecht und Steuerrecht und IAS/IFRS: Gemeinsamkeiten, Unterschiede und Abhängigkeiten, 12. Aufl., Berlin 2010; zitiert: *Federmann* S.
Federmann/Kußmaul/Müller, Handbuch der Bilanzierung, Freiburg, Stand: Juni 2003 (Loseblatt); zitiert: *Bearbeiter* in HdB.
Förschle/Grottl/Schmidt/Schubert/Winkeljohann, Norbert (Hrsg.), Beck'scher Bilanzkommentar, 9. Aufl., München 2014; zitiert: *Bearbeiter* in Beck'scher Bilanz-Kommentar.
Frankenheim, Die Ertrags- und Substanzbesteuerung der KGaA mit natürlicher und nicht natürlicher Person als persönlich haftendem Gesellschafter, Frankfurt a. M. 1994; zitiert: *Frankenheim* S.
Berrar, Carsten, Frankfurter Kommentar zum WpPG und zur EU-ProspektVO, Frankfurt 2011; zitiert: *Bearbeiter* in Frankfurter Komm WpPG.
Frotscher/Maas, Körperschaftsteuergesetz, Gewerbesteuergesetz, Umwandlungssteuergesetz, Freiburg, Stand: Januar 2014 (Loseblatt); zitiert: *Bearbeiter* in Frotscher/Maas KStG/GewStG/UmwStG.
v. Gerkan/Hommelhoff, Handbuch des Kapitalersatzrechts, 2. Aufl., Köln 2002; zitiert: *Bearbeiter* in v. Gerkan/Hommelhoff Handbuch des KapErsR.
Geßler/Hefermehl, Kommentar zum Aktiengesetz, München 1973–1994; zitiert: *Bearbeiter* in Geßler/Hefermehl AktG.
Glanegger/Güroff, Gewerbesteuergesetz. Kommentar, 8. Aufl., München 2014; zitiert: *Bearbeiter* in Glanegger/Güroff GewStG.
Glanegger/Kirnberger/Kusterer, Handelsgesetzbuch, Kommentar, 7. Aufl., Heidelberg 2007; zitiert: *Bearbeiter* in Glanegger/Kirnberger/Kusterer HGB.
Graf, Die Kapitalgesellschaft & Co. KG auf Aktien, Heidelberg 1993; zitiert: *Graf* S.
Grafmüller, Die Kommanditgesellschaft auf Aktien als geeignete Rechtsform für börsenwillige Familienunternehmen, Frankfurt a. M. 1994; zitiert: *Grafmüller* S.
v. Godin/Wilhelmi, Aktiengesetz. Kommentar, 4. Aufl., Berlin 1971; zitiert: Godin/Wilhelmi AktG.
Goutier/Knopf/Tulloch, Kommentar zum Umwandlungsrecht, Heidelberg 1996; zitiert: *Bearbeiter* in Goutier/Knopf/Tulloch UmwG.
Grigoleit, Aktiengesetz, Kommentar, 1. Aufl., München 2013; zitiert: *Bearbeiter* in Grigoleit AktG.
Großkommentar zum Aktiengesetz, 4. Aufl., Berlin 1992 ff. außer §§ 311–327, 329–395: 3. Aufl. 1970 ff.; zitiert: *Bearbeiter* in Großkomm AktG.
Großkommentar zum GmbHG, 8. Auflage 2005 ff.; zitiert: *Bearbeiter* in Großkomm GmbHG.
Großkommentar zum Handelsgesetzbuch, siehe unter: *Staub, Hermann,* Handelsgesetzbuch.
Hahn/Gansel, Der Gesellschaftsvertrag der Kommanditgesellschaft, 3. Aufl., München 2015; zitiert: *Hahn/Gansel* S.
Happ, Großkommentar. Aktienrecht. Handbuch – Mustertexte – Kommentar, 4. Aufl., Köln 2014; zitiert: *Happ* S.

Haritz/Menner, Umwandlungssteuergesetz. Kommentar, 4. Aufl., München 2015; zitiert: *Bearbeiter* in Haritz/Menner UmwStG.
Hauschka, Corporate Compliance, 2. Aufl., München 2010; zitiert: *Bearbeiter* in Hauschka Corporate Compliance.
Heidel, Aktienrecht und Kapitalmarktrecht, 4. Aufl., Baden-Baden 2014; zitiert: *Bearbeiter* in Heidel AktG S.
Heidelberger Kommentar zur Insolvenzordnung, 7. Aufl., Heidelberg 2014; zitiert: *Bearbeiter* in Heidelberger Komm InsO.
Henn/Frodermann/Jannott, Handbuch des Aktienrechts, 8. Aufl., Heidelberg 2009; zitiert: *Bearbeiter* in Henn/Frodermann/Janott Hdb AktR.
Henssler/Strohn, Gesellschaftsrecht, 2. Aufl., München 2014; zitiert: *Bearbeiter in* Henssler/Strohn GesellschRe.
Henze, Höchstrichterliche Rechtsprechung zum Aktienrecht, 5. Aufl., Köln 2002; zitiert: *Henze* AktR.
Henze, Konzernrecht – Höchst- und obergerichtliche Rechtsprechung, 2. Aufl., Köln 2009: zitiert: *Henze* KonzernR.
Herrmann/Heuer/Raupach, Einkommensteuer- und Körperschaftsteuergesetz. Kommentar, Köln, Stand: Februar 2015 (Loseblatt); zitiert: *Bearbeiter* in HHR.
Hesselmann/Tillmann/Mueller-Thuns, Handbuch der GmbH & Co., 20. Aufl., Köln 2009; zitiert: *Hesselmann/Tillmann/Mueller-Thuns* HdB der GmbH & Co.
Heymann, Handelsgesetzbuch, 2. Aufl., Berlin 1996 ff., Band 2 §§ 105 bis 237; zitiert: *Bearbeiter* in Heymann HGB.
Holzapfel/Pöllath, Unternehmenskauf in Recht und Praxis, 14. Aufl., Köln 2010; zitiert: *Holzapfel/Pöllath* S.
Hofmann/Hofmann, Grunderwerbssteuergesetz. Kommentar, 10. Aufl., Herne/Berlin 2014; zitiert: *Hofmann* GrEStG.
Hoffmann-Becking, Münchener Handbuch des Gesellschaftsrechts, Band 4 Aktiengesellschaft, 3. Aufl., München 2007; zitiert: *Bearbeiter* in Münch Hdb AG.
Hoffmann/Preu, Der Aufsichtsrat, 5. Aufl., München 2003; zitiert: *Hoffmann/Preu* S.
Hölters, Aktiengesetz, Kommentar, 2. Aufl., München 2014; zitiert: *Bearbeiter* in Hölters AktG.
Hübschmann/Hepp/Spitaler, Abgabenordnung – Finanzgerichtsordnung. Kommentar, Köln, Stand: Juli 2014 (Loseblatt); zitiert: *Bearbeiter* in HHSp.
Hüffer, Aktiengesetz. Kommentar, 11. Aufl., München 2014; zitiert: Hüffer/*Koch.*
Kallmeyer, Umwandlungsgesetz. Kommentar, 5. Aufl., Köln 2013; zitiert: *Bearbeiter* in Kallmeyer UmwG.
Kegel/Schurig, Internationales Privatrecht. Ein Studienbuch, 9. Aufl., München 2004; zitiert: *Kegel/Schurig* S.
Keidel, FamFG, Kommentar, 18. Aufl., München 2014; zitiert: *Bearbeiter* in Keidel FamFG.
Kirchhof, Einkommensteuergesetz. Kommentar, 14. Aufl., Heidelberg 2015; zitiert: *Bearbeiter* in Kirchhof EStG.
Klein (Begr.), Abgabenordnung, 12. Aufl., München 2014; zitiert: *Bearbeiter* in Klein S.
Knobbe-Keuk, Bilanz- und Unternehmenssteuerrecht, 9. Aufl., Köln 1993; zitiert: *Knobbe-Keuk* S.
Kölner Kommentar zum Aktiengesetz, 3. Aufl., Köln 2004 ff.,außer Band 4 §§ 179 ff. 2. Aufl.; zitiert: *Bearbeiter* in Kölner Komm AktG.
Kölner Kommentar zum Wertpapiererwerbs- und Übernahmegesetz, 2. Aufl., Köln 2010; zitiert: *Bearbeiter* in Kölner Komm WpÜG.
Kölner Kommentar zum Umwandlungsgesetz, München 2009; zitiert: *Bearbeiter* in Kölner Komm UmwG.
Koller/Kindler/Roth/Morck, Handelsgesetzbuch. Kommentar, 8. Aufl., München 2015; zitiert: *Bearbeiter* in Koller/Kindler/Roth/Morck HGB.
Korn, Einkommensteuergesetz. Kommentar, Bonn, Stand: Januar 2014 (Loseblatt); zitiert: *Bearbeiter* in Korn EStG.
Kraft/Edelmann/Bron, Umwandlungssteuergesetz. Kommentar, Heidelberg 2014; zitiert: *Bearbeiter* in Kraft/Edelmann/Bron UmwStG.
Kropff, Aktiengesetz, Textausgabe des Aktiengesetzes vom 6.9.1965 mit Begründung des Regierungsentwurfes und Bericht des Rechtsausschusses des Deutschen Bundestages, Düsseldorf 1965, zitiert: RegBegr. bei *Kropff.*

Kümpel/Wittig, Bank- und Kapitalmarktrecht, 4. Aufl., Köln 2011; zitiert: *Kümpel/Wittig* S.
Küting/Pfitzer/Weber (Hrsg.), Handbuch der Rechnungslegung, Einzelabschluss, 5. Aufl., Loseblatt: Stand Mai 2014; zitiert: *Bearbeiter* in HdR.
Küting/Weber (Hrsg.), Handbuch der Konzernrechnungslegung. Kommentar zur Bilanzierung und Prüfung, 2. Aufl., Stuttgart 1998; zitiert: *Bearbeiter* in HdR Konzern.
Lachmann, Handbuch für die Schiedsgerichtspraxis, 3. Aufl., Köln 2008; zitiert: *Lachmann* Rn.
Lenski/Steinberg/Stäuber/Sarrazin, Kommentar zum Gewerbesteuergesetz, Köln, Stand: November 2014 (Loseblatt); zitiert: *Bearbeiter* in Lenski/Steinberg GewStG.
Littmann/Bitz/Pust/Hellwig, Das Einkommensteuergesetz. Kommentar zum Einkommensteuerrecht, Stuttgart, Stand: Februar 2015 (Loseblatt); zitiert: *Bearbeiter* in Littmann/Bitz/Pust EstG.
Lutter (Hrsg.), Umwandlungsgesetz. Kommentar, 5. Aufl., Köln 2014; zitiert: *Bearbeiter* in Lutter/UmwG.
Lutter/Hommelhoff, GmbH-Gesetz. Kommentar, 18. Aufl., Köln 2012; zitiert: *Lutter/Hommelhoff* GmbHG.
Lutter/Krieger, Rechte und Pflichten des Aufsichtsrats, 6. Aufl., Köln 2014; zitiert: *Lutter/Krieger* S.
Marsch-Barner/Schäfer, Handbuch börsennotierte AG, 3. Aufl., 2014; zitiert: *Marsch-Barner/Schäfer* S.
Mehrbrey, Handbuch gesellschaftsrechtliche Streitigkeiten – Corporate Litigation, 2. Aufl., Köln 2013; zitiert: *Bearbeiter* in Mehrbrey Hdb gesellschaftsrechtliche Streitigkeiten.
Michalski, Kommentar zum Gesetz betreffend die Gesellschaft mit beschränkter Haftung – GmbH-Gesetz, 2. Aufl., München 2010; zitiert: *Bearbeiter* in Michalski GmbHG.
Moxter, Bilanzrechtsprechung, 6. Aufl., Tübingen 2007; zitiert: *Moxter* S.
Münchener Handbuch des Gesellschaftsrechts. Band 1: BGB-Gesellschaft Offene Handelsgesellschaft, 4. Aufl., München 2014; Band 2: Kommanditgesellschaft Stille Gesellschaft, 4. Aufl., München 2014; Band 3: Gesellschaft mit beschränkter Haftung, 4. Aufl., München 2012; Band 4: Aktiengesellschaft, München 4. Aufl., München 2015; zitiert: *Bearbeiter* in Münch Hdb OHG, Münch Hdb GmbH, Münch Hdb KG bzw. Münch Hdb AG.
Münchener Kommentar zum Aktiengesetz, 3. Aufl., München 2008 ff.; zitiert: *Bearbeiter* in Münch Komm AktG.
Münchener Kommentar zum Bürgerlichen Gesetzbuch, 6. Aufl., München 2012; zitiert: *Bearbeiter* in Münch Komm BGB.
Münchener Kommentar zum Bilanzrecht, Band 1: IFRS, München, Stand: November 2014 (Loseblatt); Band 2: Bilanzrecht, München, 2013; zitiert: *Bearbeiter* in Münch Komm BilanzR.
Münchener Kommentar zum GmbHG, 2. Auflage, München 2015; zitiert: *Bearbeiter* in Münch Komm GmbHG.
Münchener Kommentar zum Handelsgesetzbuch, 3. Aufl., München 2010 ff.; zitiert: *Bearbeiter* in Münch Komm HGB.
Münchener Kommentar zur Insolvenzordnung, 3. Aufl., München 2013; zitiert: *Bearbeiter* in Münch Komm InsO.
Münchener Kommentar zur Zivilprozessordnung, 4. Aufl., München 2013; zitiert: *Bearbeiter* in Münch Komm ZPO.
Münchener Vertragshandbuch, Band 1 Gesellschaftsrecht, 7. Aufl., München 2011; zitiert: Münch VertrHdb, Bd 1 Gesellschaftsrecht.
Musielak/Voit, Kommentar zur Zivilprozessordnung mit Gerichtsverfassungsgesetz, 12. Aufl., München 2015; zitiert: *Bearbeiter* in Musielak/Voit ZPO.
Nagel/Wittkowski, Die Kommanditgesellschaft auf Aktien (KGaA), Rechtsform für Mittelstand und Familienunternehmen, Wiesbaden 2012; zitiert: *Nagel/Wittowski* S.
Nirk/Ziemons/Binnewies, Handbuch der Aktiengesellschaft, Stand Dezember 2014 (Loseblatt); zitiert: *Bearbeiter* in HdA.
Nörr/Stiefenhofer, Takeover Law in Germany, München 2003; zitiert: *Nörr/Stiefenhofer* S.
Oetker, Kommentar zum Handelsgesetzbuch, 4. Auflage, München 2015; zitiert: *Bearbeiter* in Oetker HGB.
Pahlke, Grunderwerbsteuergesetz. Kommentar, 5. Aufl., München 2014; zitiert: *Pahlke* GrEStG.

Pahlke/Koenig, Abgabenordnung. Kommentar, 3. Aufl., München 2014; zitiert: *Bearbeiter* in Pahlke/Koenig AO.
Palandt/Bassenge/Brudermüller, Bürgerliches Gesetzbuch, 74. Aufl., München 2015; zitiert: *Bearbeiter* in Palandt BGB.
Papmehl, Die Schiedsfähigkeit gesellschaftsrechtlicher Streitigkeiten, Frankfurt a. M. 2001; zitiert: *Papmehl* S.
Raeschke-Kessler/Berger, Recht und Praxis des Schiedsverfahrens, 4. Aufl., Köln 2002; zitiert: *Raeschke-Kessler/Berger* S.
Raiser/Veil, Recht der Kapitalgesellschaften, 5. Aufl., München 2010; zitiert: *Raiser/Veil* § Rn.
Rau/Dürrwächter, Kommentar zum Umsatzsteuergesetz, Köln, Stand: März 2015 (Loseblatt); zitiert: *Bearbeiter* in Rau/Dürrwächter UStG.
Reichert, GmbH & Co. KG, 7. Aufl., München 2015; zitiert: *Bearbeiter* in Reichert GmbH&Co. KG.
Reul/Heckschen/Wienberg, Insolvenzrecht in der Gestaltungspraxis, 1. Aufl., München 2012; zitiert: *Bearbeiter* in Reul/Heckschen/Wienberg Rn.
Rödder/Herlinghaus/van Lishaut, Umwandlungssteuergesetz, 2. Aufl., Köln 2013; zitiert: *Bearbeiter* in Rödder/Herlinghaus/van Lishaut UmwStG.
Röhricht/Graf von Westphalen (Hrsg.), Handelsgesetzbuch. Kommentar, 4. Aufl., Köln 2014; zitiert: *Bearbeiter* in Röhricht/Graf v. Westphalen HGB.
Roth/Altmeppen, Gesetz betreffend die Gesellschaften mit beschränkter Haftung. Kommentar, 7. Aufl., München 2012; zitiert: *Bearbeiter* in Roth/Altmeppen GmbHG.
Rowedder/Schmidt-Leithoff, Gesetz betreffend die Gesellschaften mit beschränkter Haftung (GmbHG). Kommentar, 5. Aufl., München 2013; zitiert: *Bearbeiter* in Rowedder/Schmidt-Leithoff GmbHG.
Saenger/Inhester, GmbHG Handkommentar, 2. Aufl., Baden-Baden 2013; zitiert: *Bearbeiter* in Saenger/Inhester GmbHG.
Schäfer (Hrsg.), Kommentar zum Wertpapierhandelsgesetz, Börsengesetz, Verkaufsprospektgesetz, Stuttgart 1999; zitiert: *Bearbeiter* in Schäfer BörsG.
Schaumburg/Schulte, Die KGaA. Recht und Steuern in der Praxis, Köln 2000; zitiert: *Schaumburg/Schulte* Rn.
Schaumburg, Internationales Steuerrecht, 3. Aufl., Köln 2011; zitiert: *Schaumburg* S.
Schimansky/Bunte/Lwowski, Bankrechts-Handbuch, München 2011; zitiert: *Bearbeiter* in Schimansky/Bunte/Lwowski.
Schlitt, Die Satzung der Kommanditgesellschaft auf Aktien, München 1999; zitiert: *Schlitt* S.
Schmidt Karsten, Gesellschaftsrecht, 4. Aufl., Köln 2002; zitiert: *K. Schmidt,* Gesellschaftsrecht.
Schmidt, K., Handelsrecht, 6. Aufl., Köln 2014; zitiert: *K. Schmidt,* Handelsrecht.
Schmidt K., Insolvenzordnung, 18. Auflage, München 2013; zitiert: *K. Schmidt,* Insolvenzordnung.
Schmidt K./Lutter, Aktiengesetz, Kommentar, 2. Auflage, Köln 2010; zitiert: *Bearbeiter* in K. Schmidt/Lutter AktG.
Schmidt Ludwig, Einkommensteuergesetz. Kommentar, 34. Aufl., München 2015; zitiert: *Bearbeiter* in Schmidt L. EStG.
Schmitt/Hörtnagl/Stratz, Umwandlungsgesetz – Umwandlungssteuergesetz, 6. Aufl., München 2013; zitiert: *Bearbeiter* in Schmitt/Hörtnagl/Stratz UmwG bzw. UmwStG.
Scholz, Kommentar zum GmbH-Gesetz, 11. Aufl., Köln 2012 ff.; zitiert: *Bearbeiter* in Scholz GmbHG.
Schröder J., Die Reform des Eigenkapitalersatzrechts durch das MoMiG, 1. Aufl., Köln 2012; zitiert: *Schröder J.* Rn.
Schröder, Schiedsgerichtliche Konfliktbeilegung bei aktienrechtlichen Beschlußmängelklagen, Köln 1999; zitiert: *Schröder* S.
Schüppen/Schaub, Münchener Anwaltshandbuch Aktienrecht, 2. Aufl., München 2010; zitiert: *Bearbeiter* in Münch Anwalts Hdb AktR.
Schütze, Schiedsgericht und Schiedsverfahren, 5. Aufl., München 2012; zitiert: *Schütze* S.
Schwab/Walter, Schiedsgerichtsbarkeit. Systematischer Kommentar, 7. Aufl., München 2005; zitiert: *Schwab/Walter* S.
Schwark, Börsengesetz, 2. Aufl., München 1994; zitiert: *Schwark* BörsG.
Schwark/Zimmer, Kapitalmarktrechts-Kommentar, 4. Auflage, München 2010; zitiert: *Bearbeiter* in Schwark/Zimmer.

Seibert, Gesetz zur Modernisierung des GmbH-Rechts und zur Bekämpfung von Missbräuchen – MoMiG, 1. Aufl., Köln 2008; zitiert: *Seibert* S.
Semler/Stengel (Hrsg.), Umwandlungsgesetz. Kommentar, 3. Aufl., München 2012; zitiert: *Bearbeiter* in Semler/Stengel UmwG.
Semler/Volhard/Reichert (Hrsg.), Arbeitshandbuch für die Hauptversammlung, 3. Aufl., München 2011; zitiert: *Bearbeiter* in Semler/Volhard/Reichert HV Hdb.
Semler/Volhard (Hrsg.), Arbeitshandbuch für Unternehmensübernahmen, Band 1, München 2001, zitiert: *Bearbeiter* in Semler/Volhard ÜN Hdb., Band 1.
Sethe, Die personalistische Kapitalgesellschaft mit Börsenzugang. Die reformierte KGaA als Mittel zur Verbesserung der Eigenkapitalausstattung deutscher Unternehmen, Köln 1996; zitiert: *Sethe* S.
Simon, Spruchverfahrensgesetz: SpruchG, Kommentar, München 2007; zitiert: *Bearbeiter* in Simon SpruchG.
Soergel, Bürgerliches Gesetzbuch mit Einführungsgesetzen und Nebengesetzen, 13. Aufl., Stuttgart 1987 ff.; zitiert: *Bearbeiter* in Soergel BGB.
Spindler/Stilz, Aktiengesetz, Kommentar, 3. Auflage, München 2015; zitiert: *Bearbeiter* in Spindler/Stilz AktG.
Staub, Handelsgesetzbuch, 5. Aufl., Berlin 2009; zitiert: *Bearbeiter* in Staub HGB.
von Staudinger, Kommentar zum Bürgerlichen Gesetzbuch, 12. Aufl., Berlin 1978 ff.; 13. Bearbeitung, Berlin 1994 ff.; zitiert: *Bearbeiter* in Staudinger BGB.
Stein/Jonas, Kommentar zur Zivilprozeßordnung, 23. Aufl., Tübingen 2014; zitiert: *Bearbeiter* in Stein/Jonas ZPO.
Steinmeyer, WpÜG, Kommentar zum Wertpapiererwerbs- und Übernahmegesetz mit Erläuterungen zum Minderheitenausschluss nach §§ 327a ff. AktG, 3. Aufl., Berlin 2013; zitiert: *Bearbeiter* in Steinmeyer WpÜG.
Thomas/Putzo, Zivilprozessordnung, 36. Aufl., München 2015; zitiert: *Bearbeiter* in Thomas/Putzo ZPO.
Tipke/Lang, Steuerrecht, 21. Aufl., Köln 2013; zitiert: *Bearbeiter* in Tipke/Lang Steuerrecht.
Tipke/Kruse, Abgabenordnung Finanzgerichtsordnung. Kommentar zu AO und FGO, 16. Aufl. Köln 1996, Stand: November 2014 (Loseblatt); zitiert: *Tipke/Kruse* AO/FGO.
Troll/Gebel/Jülicher, Erbschafts- und Schenkungsteuergesetz, 48. Aufl., München, Rechtsstand: Oktober 2014 (Loseblatt); zitiert: *Bearbeiter* in Troll/Gebel/Jülicher ErbStG.
Ulmer/Habersack/Winter, GmbHG – Gesetz betreffend die Gesellschaften mit beschränkter Haftung, Ergänzungsband MoMiG, 1. Aufl., Tübingen 2010; zitiert: *Bearbeiter* in Ulmer/Habersack/Winter GmbHG Erg.-Bd. MoMiG.
Viskorf/Glier/Hübner/Knobel/Schuck, Erbschafts- und Schenkungsteuergesetz, Bewertungsgesetz. Kommentar, 4. Aufl., Herne 2012; zitiert: *Bearbeiter* in Viskorf/Glier/Hübner/Knobel/Schuck ErbStG.
Voormann, Der Beirat im Gesellschaftsrecht, 2. Aufl., Köln 1990; zitiert: *Voormann* S.
Wachter, AktG – Kommentar zum Aktiengesetz, 2. Aufl., Köln 2014; zitiert: *Bearbeiter* in Wachter AktG.
Westermann/Wertenbruch (Hrsg.), Handbuch der Personengesellschaften, Stand: Februar 2015 (Loseblatt); zitiert: *Westermann,* S.
Wichert, Die Finanzen der Kommanditgesellschaft auf Aktien, Frankfurt a. M. 1999; zitiert: *Wichert* S.
Widmann/Mayer, Umwandlungsrecht, Bonn, Stand: Juli 2014 (Loseblatt); zitiert: *Bearbeiter* in Widmann/Mayer EL …UmwR §.
Wiedemann/Frey, Gesellschaftsrecht, 8. Aufl., München 2012; zitiert: *Wiedemann/Frey* S.
Winnefeld, Bilanz-Handbuch, 5. Aufl., München 2012; zitiert: *Winnefeld* Bilanz-Handbuch.
Wirtschaftsprüfer-Handbuch 2012, Handbuch für Rechnungslegung, Prüfung und Beratung, 14. Aufl., Düsseldorf 2012; zitiert: *Bearbeiter* in WP-Hdb 2012, Bd. I.
Wirtschaftsprüfer-Handbuch 2008, Band II, 13. Aufl., Düsseldorf 2007; zitiert: *Bearbeiter* in WP-Hdb 2008, Bd. II.
Wlotzke/Wißmann/Koberski/Kleinsorge, Mitbestimmungsgesetz mit Wahlordnungen, 4. Aufl., München 2011; zitiert: *Bearbeiter* in Wlotzke/Wißmann/Koberski/Kleinsorge MitbestG.
Zilles, Schiedsgerichtsbarkeit im Gesellschaftsrecht, Neuwied 2002; zitiert: *Zilles* S.
Zöller, Zivilprozessordnung, 30. Aufl., Köln 2014; zitiert: *Bearbeiter* in Zöller ZPO.

Abkürzungsverzeichnis

A/D/S	Adler/Düring/Schmaltz, Rechnungslegung und Prüfung der Unternehmen
aA	anderer Ansicht/Auffassung
AAA	American Arbitration Association
aaO	am angegebenen Ort
Abb.	Abbildung
abgedr.	abgedruckt
Abh.	Abhandlungen
Abk.	Abkommen
ABl. (EU, EG)	Amtsblatt (der Europäischen Union, früher … der EG)
abl.	ablehnend
Abs.	Absatz (Absätze)
abschl.	abschließend
Abschn.	Abschnitt
Abt.	Abteilung
abw.	abweichend
abzgl.	abzüglich
AcP	Archiv für die civilistische Praxis (Zeitschrift)
ADHGB	Allgemeines Deutsches Handelsgesetzbuch
AdR	Ausschuss der Regionen
aE	am Ende
AEAO	Anwendungserlaß zur AO
aF	alte Fassung
AFG	Arbeitsförderungsgesetz
AG	Aktiengesellschaft; Die Aktiengesellschaft (Zeitschrift)
AGB	Allgemeine Geschäftsbedingungen
AktG	Aktiengesetz
AktR	Aktienrecht
allg.	allgemein
allgA	allgemeine Ansicht
allgM	allgemeine Meinung
Alt.	Alternative
aM	andere Meinung
AMG	Arzneimittelgesetz
amtl.	amtlich
Amtl. Begr.	Amtliche Begründung
AN	Arbeitnehmer
Änd.	Änderung
ÄndG	Änderungsgesetz
AnfG	Anfechtungsgesetz
Anh.	Anhang
Anl.	Anlage
Anm.	Anmerkung
AnwBl.	Anwaltsblatt (Zeitschrift)
AO	Abgabenordnung
AöR	Archiv des öffentlichen Rechts (Zeitschrift)
AR	Aufsichtsrat
ArbG	Arbeitsgericht
ArbGG	Arbeitsgerichtsgesetz
ArbR	Arbeitsrecht
Arch.	Archiv
arg.	*argumentum*

Arg.	Argumentation
Art.	Artikel
AsylR	Asylrecht
AT	Allgemeiner Teil
Auff.	Auffassung
aufgeh.	aufgehoben
Aufl.	Auflage
Aufs.	Aufsatz
AuR	Arbeit und Recht
ausdr.	ausdrücklich
ausf.	ausführlich
ausl.	ausländisch
AuslG	Ausländergesetz
AuslInvG	Auslandsinvestitionsgesetz
AuslR	Ausländerrecht
ausschl.	ausschließlich
AusschußB	Ausschußbericht
Ausschußbegr.	Ausschußbegründung
AWD	Außenwirtschaftsdienst des Betriebs-Beraters
AWG	Außenwirtschaftsgesetz
AWVO	Außenwirtschaftsverordnung
Az.	Aktenzeichen
Bad.	Baden
bad.	badisch
BaFin	Bundesanstalt für Finanzdienstleistungsaufsicht
BAG	Bundesarbeitsgericht
BAGE	Entscheidungen des Bundesarbeitsgerichts
BAKred.	Bundesaufsichtsamt für das Kreditwesen
BankArch	Bank-Archiv. Zeitschrift für Bank- und Börsenwesen
BankBiRiLiG	Bank-Bilanzrichtliniengesetz
BankR	Bankrecht
BAnz	Bundesanzeiger
BArbBl.	Bundesarbeitsblatt
BauR	Baurecht
BausparkG	Bausparkassengesetz
Bay.	Bayern
bay.	bayerisch
BayGO	Bayerische Gemeindeordnung
BayObLG	Bayerisches Oberstes Landesgericht
BayObLGZ	Entscheidungen des Bayerischen Obersten Landesgerichts in Zivilsachen
BB	Betriebs-Berater (Zeitschrift)
BBG	Bundesbeamtengesetz
Bbg.	Brandenburg
bbg.	brandenburgisch
BBK	Betrieb und Rechnungswesen (Zeitschrift)
Bd.	Band
Bde.	Bände
BDI	Bundesverband der Deutschen Industrie
BdJ	Bundesminister der Justiz
Bearb.	Bearbeiter
bearb.	bearbeitet
Begr.	Begründung
begr.	begründet
Beil.	Beilage
Bek.	Bekanntmachung
Bem.	Bemerkung

Ber.	Bericht, Berichtigung
ber.	berichtigt
BerufsR	Berufsrecht
bes.	besonders
Beschl.	Beschluss
beschr.	beschränkt
Bespr.	Besprechung
bespr.	besprochen
bestr.	bestritten
betr.	betreffen(d), betrifft
Betr.	Betreff
BetrAVG	Gesetz zur Verbesserung der betrieblichen Altersversorgung
BetrVG	Betriebsverfassungsgesetz
BeurkG	Beurkundungsgesetz
BewG	Bewertungsgesetz
BezG	Bezirksgericht
BFH	Bundesfinanzhof
BFHE	Sammlung der Entscheidungen des Bundesfinanzhofs
BFinBl	Amtsblatt des Bundesfinanzministeriums
BFuP	Betriebswirtschaftliche Forschung und Praxis
BGB	Bürgerliches Gesetzbuch
BGBl.	Bundesgesetzblatt
BGE	Entscheidungen des Schweizerischen Bundesgerichts
BGH	Bundesgerichtshof
BGHSt	Entscheidungen des Bundesgerichtshofs in Strafsachen
BGHZ	Entscheidungen des Bundesgerichtshofs in Zivilsachen
BHO	Bundeshaushaltsordnung
BilanzR	Bilanzrecht
BiRiLiG	Bilanzrichtliniengesetz
Bl.	Blatt
BLAH	Baumbach/Lauterbach/Albers/Hartmann, ZPO
Bln.	Berlin
bln.	berlinerisch
BMF	Bundesministerium der Finanzen
BMJ	Bundesministerium der Justiz
BMWi	Bundesministerium für Wirtschaft
BNotO	Bundesnotarordnung
BörsG	Börsengesetz
BörsZulV	Börsenzulassungsverordnung
BR	Bundesrat
BRAGO	Bundesrechtsanwaltgebührenordnung
BRAO	Bundesrechtsanwaltsordnung
BRD	Bundesrepublik Deutschland
BR-Drs.	Bundesrats-Drucksache
Brem.	Bremen
brem.	bremisch
BRHG	Gesetz über Errichtung und Aufgaben des Bundesrechnungshofs
brit.	britisch
BR-Prot.	Bundesrats-Protokoll
BRRG	Beamtenrechtsrahmengesetz
BSG	Bundessozialgericht
BSGE	Entscheidungen des Bundessozialgerichts
Bsp.	Beispiel(e)
bspw.	beispielsweise
BStBl.	Bundessteuerblatt
BT	Bundestag; Besonderer Teil
BT-Drs.	Bundestags-Drucksache
BT-Prot.	Bundestags-Protokoll

BuB	Bankrecht und Bankpraxis (Zeitschrift)
Buchst.	Buchstabe
BürgerlR	Bürgerliches Recht
BuW	Betrieb und Wirtschaft (Zeitschrift, ab 1991)
BV	Bayerische Verfassung; Betriebsvereinbarung; Betriebsvermögen
BVerfG	Bundesverfassungsgericht
BVerfGE	Entscheidungen des Bundesverfassungsgerichts
BVerwG	Bundesverwaltungsgericht
BVerwGE	Entscheidungen des Bundesverwaltungsgerichts
BW	Baden-Württemberg
bw.	baden-württembergisch
bzgl.	bezüglich
BZRG	Bundeszentralregistergesetz
bzw.	beziehungsweise
c.i.c.	culpa in contrahendo
ca.	circa
d.	der, des, durch
d.h.	das heißt
Darst.	Darstellung
DAV	Deutscher Anwaltsverein
DB	Der Betrieb (Zeitschrift)
DBA	Doppelbesteuerungsabkommen
DBW	Die Betriebswirtschaft (Zeitschrift)
DDR	Deutsche Demokratische Republik
dementspr.	dementsprechend
demgem.	demgemäß
dens.	denselben
DepG	Depotgesetz
dergl.	dergleichen
ders.	derselbe
dgl.	dergleichen, desgleichen
DGWR	Deutsches Gemein- und Wirtschaftsrecht
dh	das heißt
dies.	dieselbe
diesbzgl.	diesbezüglich
diff.	differenziert, differenzierend
Dig.	Digesten
DIS	Deutsche Institution für Schiedsgerichtsbarkeit eV
Diss.	Dissertation
div.	diverse
DJ	Deutsche Justiz
DJZ	Deutsche Juristenzeitung
DM-BilG	DM-Bilanzgesetz
DNotZ	Deutsche Notarzeitung
DöH	Der öffentliche Haushalt
Dok.	Dokument
DONot	Dienstordnung der Notare
DÖV	Die öffentliche Verwaltung (Zeitschrift)
DR	Deutsches Recht
DRiZ	Deutsche Richterzeitung
Drs.	Drucksache
ds	das sind
DStBl	Deutsches Steuerblatt
DStJG	Deutsche Steuerjuristische Gesellschaft
DStPr	Deutsche Steuerpraxis
DStR	Deutsches Steuerrecht

DStZ	Deutsche Steuer-Zeitung
DSWR	Datenverarbeitung in Steuer, Wirtschaft und Recht (Zeitschrift)
dt.	deutsch
DV, DVO	Durchführungsverordnung
DVBl.	Deutsches Verwaltungsblatt
DZWir	Deutsche Zeitschrift für Wirtschafts- und Insolvenzrecht (bis 1998 Deutsche Zeitschrift für Wirtschaftsrecht)
E	Entwurf
ebd.	ebenda
Ed.	Edition
EDV	elektronische Datenverarbeitung
EFG	Entscheidungen der Finanzgerichte
EG	Europäische Gemeinschaften
EGAktG	Einführungsgesetz zum Aktiengesetz
EGAO	Einführungsgesetz zur Abgabenordnung
EGBGB	Einführungsgesetz zum Bürgerlichen Gesetzbuch
EGHGB	Einführungsgesetz zum Handelsgesetzbuch
EGInsO	Einführungsgesetz zur Insolvenzordnung
EG-KoordG	EG-Koordinierungsgesetz
EG-Koord-Richtlinie	EG-Koordinierungsrichtlinie
EGV	Vertrag zur Gründung der Europäischen Gemeinschaft (jetzt AEUV)
ehem.	ehemalig
EigenbetriebsVO	Eigenbetriebsverordnung
Einf.	Einführung
einf.	einführend
eing.	eingehend
Einl.	Einleitung
einschl.	einschließlich
einschr.	einschränkend
einstw.	einstweilig(e)
EL	Ergänzungslieferung
Empf.	Empfehlung
endg.	endgültig
engl.	englisch
Entsch.	Entscheidung
Entschl.	Entschluss
Entspr.	Entsprechendes
entspr.	entspricht, entsprechend
Entw	Entwurf
EP	Europäisches Parlament
ER	Europäischer Rat
ErbR	Erbrecht
ErbSt	Erbschaftssteuer
ErbStG	Erbschaftssteuergesetz
Erg.	Ergebnis, Ergänzung
erg.	ergänzend
ErgBd.	Ergänzungsband
ErgLief.	Ergänzungslieferung
Erkl.	Erklärung
Erl.	Erlass, Erläuterung
EstB	Ertrag – Steuer – Berater
EStDV	Einkommensteuer-Durchführungsverordnung
EStG	Einkommensteuergesetz
EStH	Einkommensteuer-Hinweise
EStR	Einkommensteuerrecht, Einkommensteuerrichtlinie
etc	et cetera (und so weiter)

EU	Europäische Union
EuGH	Europäischer Gerichtshof
EuGHE	Entscheidungen des Europäischen Gerichtshofes
EuroEG	Euro-Einführungsgesetz
europ.	europäisch
EuropaR	Europarecht
EuZW	Europäische Zeitschrift für Wirtschaftsrecht
EV	Einigungsvertrag
eV	eingetragener Verein
ev.	evangelisch
evtl.	eventuell
EWiR	Entscheidungen zum Wirtschaftsrecht (Zeitschrift)
EWIV	Europäische Wirtschaftliche Interessenvereinigung
EWR	Europäischer Wirtschaftsraum (Abkommen)
EWS	Europäisches Wirtschafts- und Steuerrecht
EWWU	Europäische Wirtschafts- und Währungsunion
EZB	Europäische Zentralbank
f., ff.	folgende Seite bzw. Seiten
FamR	Familienrecht
fG	freiwillige Gerichtsbarkeit
FG	Fachgutachten; Festgabe; Finanzgericht
FGG	Gesetz über die Angelegenheiten der freiwilligen Gerichtsbarkeit
FGO	Finanzgerichtsordnung
FGPrax	Praxis der Freiwilligen Gerichtsbarkeit. Vereinigt mit OLGZ
FinAussch	Finanzausschuß
FinMin/FM	Finanzministerium
FinVerw	Finanzverwaltung
Fn.	Fußnote
Form	Formular
FormanpassungsG	Gesetz zur Anpassung der Formvorschriften des Privatrechts und anderer Vorschriften an den modernen Rechtsgeschäftsverkehr
FormblattVO	Formblattverordnung
FR	Finanz-Rundschau (Zeitschrift)
Fraktionsbegr	Fraktionsbegründung
frz.	französisch
FS	Festschrift
FVG	Finanzverwaltungsgesetz
G	Gesetz
GastG	Gaststättengesetz
GBl.	Gesetzblatt
GBO	Grundbuchordnung
GbR	Gesellschaft bürgerlichen Rechts
GE	Gesetzesentwurf
geänd.	geändert
geb.	geboren
GebrMG	Gebrauchsmustergesetz
gem.	gemäß
GenG	Genossenschaftsgesetz
gerichtl.	gerichtlich
Ges	Gesetz(e)
ges.	gesetzlich
GesR	Gesellschaftsrecht
GesRZ	Der Gesellschafter. Zeitschrift für Gesellschaftsrecht
GesundhR	Gesundheitsrecht
GewArch	Gewerbearchiv (Zeitschrift)
GewO	Gewerbeordnung

gewöhnl.	gewöhnlich
GewR	Gewerberecht
GewRS	Gewerblicher Rechtsschutz
GewSt	Gewerbesteuer
GewStDV	Gewerbesteuerdurchführungsverordnung
GewStG	Gewerbesteuergesetz
GewStR	Gewerbesteuer-Richtlinien
GG	Grundgesetz
ggf.	gegebenenfalls
ggü.	gegenüber
GHH	Der Gemeindehaushalt (Zeitschrift)
gl. A.	gleiche Auffassung
glA	gleicher Ansicht
GmbH	Gesellschaft mit beschränkter Haftung
GmbHG	Gesetz betreffend die Gesellschaften mit beschränkter Haftung
GmbHR	GmbH-Rundschau (Zeitschrift)
GMBl.	Gemeinsames Ministerialblatt
GO	Gemeindeordnung
GoB	Grundsätze ordnungsgemäßer Buchführung
grdl.	*grdstl.*
Grdl.	Grundlage
grdl.	grundlegend
grds.	grundsätzlich
GrESt	Grunderwerbsteuer
GrEStG	Grunderwerbssteuergesetz
GroßKomm AktG	Großkommentar zum Aktiengesetz
GroßKomm HGB	Großkommentar zum Handelsgesetzbuch
GrS	Großer Senat
GRUR	Gewerblicher Rechtsschutz und Urheberrecht
GS	Gedächtnisschrift; Gesammelte Schriften; Großer Senat, Gedenkschrift
GUG	Gesamtvollstreckungs-Unterbrechungsgesetz
gutgl.	gutgläubig
GuV	Gewinn- und Verlustrechnung
GVBl.	Gesetz- und Verordnungsblatt
GVG	Gerichtsverfassungsgesetz
GVOBl.	Gesetz- und Verordnungsblatt
GWB	Gesetz gegen Wettbewerbsbeschränkungen
h. L.	herrschende Lehre
h. M.	herrschende Meinung
hA	herrschende Ansicht/Auffassung
Halbbd.	Halbband
HandelsR	Handelsrecht
HandwerksO	Handwerksordnung
HansRGZ	Hanseatische Rechts- und Gerichtszeitschrift
HdB	Handbuch
Hdb d AktR	Handbuch des Aktienrechts
Hdb d KapErsR	Handbuch des Kapitalersatzrechts
HdR	Handbuch der Rechnungslegung
HdR Konzern	Handbuch der Konzernrechnungslegung
HdU	Handbuch der Unternehmensbesteuerung
Hess.	Hessen
hess.	hessisch
HFA	Hauptfachausschuß
HFA des IdW	Hauptfachausschuß des Instituts der Wirtschaftsprüfer
HFR	Höchstrichterliche Finanzrechtsprechung
HGB	Handelsgesetzbuch

HGrG	Haushaltsgrundsätzegesetz
hins.	hinsichtlich
HKWP	Handbuch der kommunalen Wissenschaft und Praxis
hL	herrschende Lehre
hM	herrschende Meinung
Hmb.	Hamburg
hmb.	hamburgisch
HR	Handelsregister
HRefG	Handelsrechtsreformgesetz
HRR	Höchstrichterliche Rechtsprechung
Hrsg.	Herausgeber
hrsg.	herausgegeben
HRV	Handelsregisterverfügung
HS	Halbsatz
HV	Hauptversammlung
HypBG	Hypothekenbankgesetz
i. E.	im Ergebnis
i. H. v.	in Höhe von
i. L.	in Liquidation
i. R.	im Rahmen
i. R. d.	im Rahmen des (der)
i. S. d.	im Sinne des (der)
i. S. v.	im Sinne von
i. V. m.	in Verbindung mit
i. d. F.	in der Fassung
i. d. R.	in der Regel
i. e.	im einzelnen
i. e. S.	im engeren Sinn
i. Ggs.	im Gegensatz
i. ü.	im übrigen
i. w. S.	im weiteren Sinn
i. Zw.	im Zweifel
ic	in concreto/in casu
idF	in der Fassung
idR	in der Regel
idS	in diesem Sinne
IdW	Institut der Wirtschaftsprüfer
iE	im Einzelnen
iErg	im Ergebnis
ieS	im engeren Sinne
iHd	in Höhe des/der
IHK	Industrie- und Handelskammer
iHv	in Höhe von
iJ	im Jahre
INF	Die Information über Steuer und Wirtschaft (Zeitschrift)
Inf.	Information
insbes.	insbesondere
insges.	insgesamt
InsO	Insolvenzordnung
InsR	Insolvenzrecht
int.	International
IntPrivR	Internationales Privatrecht
IPR	Internationales Privatrecht
IPrax	Praxis des internationalen Privat- und Verfahrensrechts (Zeitschrift)
IPRG	Gesetz zur Neuregelung des Internationalen Privatrechts
iRd	im Rahmen des/der
iS	im Sinne

Abkürzungsverzeichnis XLIII

iSd	im Sinne des/der
IStR	Internationales Steuerrecht
iSv	im Sinne von
it.	italienisch
iÜ	im Übrigen
iVm	in Verbindung mit
iW	im Wesentlichen
iwS	im weiteren Sinne
iZw	Im Zweifel
JbFfStR	Jahrbuch der Fachanwälte für Steuerrecht
JFG	Jahrbuch für Entscheidungen in Angelegenheiten der freiwilligen Gerichtsbarkeit und des Grundbuchrechts
Jg.	Jahrgang
Jge.	Jahrgänge
Jh.	Jahrhundert
JMBl.	Justizministerialblatt
JR	Juristische Rundschau (Zeitschrift)
jur.	juristisch
Jura	Juristische Ausbildung (Zeitschrift)
JurBüro	Das juristische Büro (Zeitschrift)
JuS	Juristische Schulung (Zeitschrift)
Justiz	Die Justiz (Zeitschrift)
JW	Juristische Wochenschrift
JZ	Juristenzeitung
KAGG	Gesetz über Kapitalanlagegesellschaften
Kap.	Kapitel
KapErhG	Kapitalerhöhungsgesetz
KapErhStG	Gesetz über steuerrechtliche Maßnahmen bei Erhöhung des Nennkapitals aus Gesellschaftsmitteln
KapErsR	Kapitalersatzrecht
KapESt	Kapitalertragssteuer
KapG	Kapitalgesellschaft
KapMarktR	Kapitalmarktrecht
KapMarktStrafR	Kapitalmarktstrafrecht
KartellR	Kartellrecht
kath.	katholisch
KfH	Kammer für Handelssachen
Kfz	Kraftfahrzeug
KG	Kommanditgesellschaft; Kammergericht
KGaA	Kommanditgesellschaft auf Aktien
KGJ	Jahrbuch für Entscheidungen des Kammergerichts in Sachen der freiwilligen Gerichtsbarkeit in Kosten-, Stempel- und Strafsachen
KI	Kreditinstitut
Kj.	Kalenderjahr
Kl.	Kläger
kl.	klagend
KO	Konkursordnung
Kölner Komm AktG	Kölner Kommentar zum Aktiengesetz
Kom.	Komitee, Kommission
Komm.	Kommentar
KommunalR	Kommunalrecht
KonsularG	Konsulargesetz
KonTraG	Gesetz zur Kontrolle und Transparenz im Unternehmensbereich
KonzernR	Konzernrecht (Zeitschrift)
KostO	Kostenordnung
KostRspr.	Kostenrechtsprechung

KrG	Kreisgericht
krit.	Kritisch
KSt	Körperschaftsteuer
KStDV	Körperschaftsteuer-Durchführungsverordnung
KStG	Körperschaftsteuergesetz
KStR	Körperschaftsteuer-Richtlinien
KStZ	Kommunale Steuer-Zeitschrift
KTS	Zeitschrift für Insolvenzrecht, Konkurs/Treuhand/Sanierung
KVSt	Kapitalverkehrssteuer
KVStG	Kapitalverkehrssteuergesetz
KWG	Kreditwesengesetz
LAG	Landesarbeitsgericht
LBG	Landesbeamtengesetz
LCIA	London Court of International Arbitration
Ld.	Land
LebensmittelR	Lebensmittelrecht
lfd.	laufend
Lfg.	Lieferung
LG	Landgericht
LHO	Landeshaushaltsordnung
li. Sp.	linke Spalte
Lit.	Literatur
lit.	litera (Buchstabe)
Lkw	Lastkraftwagen
LM	Nachschlagewerk des Bundesgerichtshofs, hrsg. von Lindenmaier, Möhring u. a.
Losebl.	Loseblattsammlung
LPartG	Gesetz über die Eingetragene Lebenspartnerschaft
Ls.	Leitsatz
LSA	Sachsen-Anhalt
LSt	Lohnsteuer
LStDV	Lohnsteuer-Durchführungsverordnung
LStR	Lohnsteuer-Richtlinien, Lohnsteuerrecht
lt.	laut
LT-Drs.	Landtags-Drucksache
LZ	Leipziger Zeitschrift für deutsches Recht
LZB	Landeszentralbank
m. E.	meines Erachtens
m. N.	mit Nachweisen
m. a. W.	mit anderen Worten
m. w. N.	mit weiteren Nachweisen
mÄnd	mit Änderungen
mAnm	mit Anmerkung
MarkenG	Markengesetz
MarkenR	Markenrecht (Zeitschrift)
Mat.	Materialien
maW	mit anderen Worten
max.	maximal
MBl.	Ministerialblatt
MDR	Monatsschrift für deutsches Recht
mE	meines Erachtens
MedienR	Medienrecht
MedR	Medizinrecht (Zeitschrift)
MietR	Mietrecht
MinBlFin	Ministerialblatt des Bundesministers der Finanzen
mind.	mindestens

Mio.	Million(en)
MitbestErgG	Mitbestimmungsergänzungsgesetz
MitbestG	Mitbestimmungsgesetz
Mitt.	Mitteilung(en)
MittBayNotK	Mitteilungen der Bayerischen Notarkammer
MittRhNotK	Mitteilungen der Rheinischen Notarkammer
MiZi	Allgemeine Verfügung über Mitteilungen in Zivilsachen
mN	mit Nachweisen
MontanMitbestErgG	Montan-Mitbestimmungsergänzungsgesetz
MontanMitbestG	Montan-Mitbestimmungsgesetz
Mot.	Motive
Mrd.	Milliarde(n)
mspätÄnd	mit späteren Änderungen
mtl.	monatlich
MultimediaR	Multimediarecht (Zeitschrift)
Münch Hdb AG	Münchner Handbuch des Gesellschaftsrechts: Aktiengesellschaft
Münch Hdb KG	Münchner Handbuch des Gesellschaftsrechts: Kommanditgesellschaft
Münch Komm AktG	Münchner Kommentar zum Aktiengesetz
Münch Komm BGB	Münchner Kommentar zum Bürgerlichen Gesetzbuch
Münch Komm ZPO	Münchner Kommentar zur Zivilprozessordnung
Münch VertrHdb	Münchner Vertragshandbuch
MV	Mecklenburg-Vorpommern
mv.	mecklenburg-vorpommersch
mwH	mit weiteren Hinweisen
mwN	mit weiteren Nachweisen
mWv	mit Wirkung vom
n.rkr	nicht rechtskräftig
n.F.	neue Fassung
NachBG	Nachhaftungsbegrenzungsgesetz
nachf.	nachfolgend
Nachtr.	Nachtrag
Nachw.	Nachweis(e)
NaStraG	Namensaktiengesetz
Nds.	Niedersachsen
nds.	niedersächsisch
NdsRPfl.	Niedersächsische Rechtspflege
nF	neue Fassung
NJW	Neue Juristische Wochenschrift
NJW-RR	NJW-Rechtsprechungs-Report Zivilrecht
Nr.	Nummer
nrkr	nicht rechtskräftig
NRW	Nordrhein-Westfalen
nrw.	nordrhein-westfälisch
NSt	Neues Steuerrecht von A–Z
nv	nicht veröffentlicht
NW	Nordrhein-Westfalen
NWB/F	Neue Wirtschaftsbriefe/Fach
NWVBl.	Nordrhein-Westfälische Verwaltungsblätter
NZA	Neue Zeitschrift für Arbeitsrecht
NZG	Neue Zeitschrift für Gesellschaftsrecht
NZI	Neue Zeitschrift für das Recht der Insolvenz und Sanierung
o.	oben, oder
oÄ	oder Ähnliche/s
obj.	objektiv
OECD	Organisation for Economic Cooperation in Development

OECD-MA	OECD-Musterabkommen
OEuR	Osteuroparecht
OFD	Oberfinanzdirektion
ÖffBauR	Öffentliches Baurecht
öffentl.	öffentlich
ÖffR	Öffentliches Recht
ÖffTarifR	Öffentliches Tarifrecht
og	oben genannte(r, s)
OGHZ	Entscheidungen des obersten Gerichtshofs für die britische Zone in Zivilsachen
OHG	Offene Handelsgesellschaft
OLG	Oberlandesgericht
OLGE	Entscheidungen der Oberlandesgerichte in Zivilsachen (1902–1934)
OLGR(spr)	Die Rechtsprechung der Oberlandesgerichte auf dem Gebiet des Zivilrechts
OLGZ	Entscheidungen der Oberlandesgerichte in Zivilsachen einschließlich der freiwilligen Gerichtsbarkeit, ab 1945
öOGH	Oberster Gerichtshof (Österreich)
örtl.	örtlich
Öst.	Österreich
öst.	österreichisch
oV	ohne Verfasser
OWiG	Gesetz über Ordnungswidrigkeiten
p.V.V.	positive Vertragsverletzung
PartGG	Gesetz über Partnerschaftsgesellschaften Angehöriger Freier Berufe, Partnerschaftsgesellschaftsgesetz
PatAnwO	Patentanwaltsordnung
PatentR	Patentrecht
PatG	Patentgesetz
PersBefG	Personenbeförderungsgesetz
PersG	Personengesellschaft
PersGesR	Personengesellschaftsrecht
PharmaR	Pharmarecht
phG	persönlich haftender Gesellschafter
Pkw	Personenkraftwagen
POR	Polizei- und Ordnungsrecht
Preuß.	Preußen
preuß.	preußisch
PrivBauR	Privates Baurecht
PrivVersR	Privatversicherungsrecht
Prot.	Protokoll
PublG	Publizitätsgesetz
PV	Privatvermögen
RA	Rechtsanwalt
RAnz	Reichsanzeiger
RAusschuß	Rechtsausschuß
rd.	rund
RdErl.	Runderlass
RdL	Recht der Landwirtschaft (Zeitschrift)
RdSchr.	Rundschreiben
RdW	Recht der Wirtschaft (Zeitschrift)
re.Sp.	rechte Spalte
Recht	Das Recht (Zeitschrift)
RegBegr.	Regierungsbegründung
RegE	Regierungsentwurf

RFH	Reichsfinanzhof
RFHE	Entscheidungen des Reichsfinanzhofs
RG	Reichsgericht
RGBl.	Reichsgesetzblatt
RGeschäft	Rechtsgeschäft
RGSt	Entscheidungen des Reichsgerichts in Strafsachen
RGZ	Entscheidungen des Reichsgerichts in Zivilsachen
RHO	Reichshaushaltsordnung
RhPf.	Rheinland-Pfalz
rhpf.	rheinland-pfälzisch
RIW	Recht der internationalen Wirtschaft, Betriebs-Berater International (Zeitschrift)
RJA	Entscheidungen in Angelegenheiten der freiwilligen Gerichtsbarkeit und des Grundbuchrechts, zusammengestellt im Reichsjustizamt
RJM	Reichsjustizministerium
rkr.	rechtskräftig
RL	Richtlinie
Rn.	Randnummer(n)
ROHG	Reichsoberhandelsgericht
ROHGE	Entscheidungen des Reichsoberhandelsgerichts
RPfl	Der deutsche Rechtspfleger (Zeitschrift)
RpflAnpG	Rechtspflege-Anpassungsgesetz
Rpfleger	Der Deutsche Rechtspfleger
RPflG	Rechtspflegergesetz
Rs.	Rechtssache
Rspr.	Rechtsprechung
RStBl.	Reichssteuerblatt
RT-Drs.	Reichstags-Drucksache
RVO	Rechtsverordnung; Reichsversicherungsordnung (SozR)
RWP	Rechts- und Wirtschaftspraxis (Zeitschrift)
RWS	Kommunikationsforum Recht Wirtschaft Steuern (Zeitschrift)
S.	Seite(n), Satz
s.	siehe
s.a.	siehe auch
s.o.	siehe oben
s.u.	siehe unten
Saarl.	Saarland
saarl.	saarländisch
SachenR	Sachenrecht
Sachs.	Sachsen
sächs.	sächsisch
sachsanh.	sachsen-anhaltinisch
SAG	Die Schweizerische Aktiengesellschaft
ScheckG	Scheckgesetz
SchiffsBG	Schiffsbankgesetz
SchlH	Schleswig-Holstein
schlh.	schleswig-holsteinisch
SchlHA	Schleswig-Holsteinische Anzeigen
Schr.	Schrifttum, Schreiben
SchuldR	Schuldrecht
schweiz.	schweizerisch
Sen.	Senat
SeuffArch	Seufferts Archiv für Entscheidungen der obersten Gerichte in den deutschen Staaten (Zeitschrift)
SG	Sicherungsgeber
sinngem.	sinngemäß

SJZ	Süddeutsche Juristenzeitung
Slg.	Sammlung
SN	Sicherungsnehmer
sog	so genannt
SolZ	Solidaritätszuschlag
SozPraxis	Soziale Praxis
SozR	Sozialrecht
Sp.	Spalte
st.	ständig
StaatsR	Staatsrecht
StÄndG	Steueränderungsgesetz
stat.	statistisch
StB	Der Steuerberater (Zeitschrift)
StBerG	Steuerberatungsgesetz; Steuerbereinigungsgesetz
Stbg	Die Steuerberatung (Zeitschrift)
StBp	Steuerliche Betriebsprüfung
stdg.	ständig(e)
Stellungn.	Stellungnahme
SteuerR	Steuerrecht
StGB	Strafgesetzbuch
Stichw.	Stichwort
StiftG	Stiftungsgesetz (eines Bundeslands)
str.	streitig, strittig
StrafProzR	Strafprozessrecht
StrafR	Strafrecht
StrafVerfR	Strafverfahrensrecht
StReformG	Steuerreformgesetz
stRspr	ständige Rechtsprechung
StückAG	Stückaktiengesetz
StuW	Steuer und Wirtschaft (Zeitschrift)
StVR	Straßenverkehrsrecht
su	siehe unten
SÜ	Sicherungsübereignung
subj.	subjektiv
Suppl.	Supplement
teilw.	teilweise
Thür.	Thüringen
thür.	thüringisch
TOP	Tagesordnungspunkt
TransPuG	Transparenz- und Publizitätsgesetz
TrG	Treuhandgesetz
Tz.	Textziffer
u.	Unten, und
u.E.	unseres Erachtens
u.H.	unerlaubte Handlung
u.U.	unter Umständen
u.a.	und andere; unter anderem
u.ä.	und ähnliche(s)
u.ä.f.	und so fort
u.s.w.	und so weiter
ua	und andere, unter anderem
uÄ	und Ähnliches
UAbs.	Unterabsatz
uam	und anderes mehr
uÄm	und Ähnliches mehr
überarb.	überarbeitet

Überbl.	Überblick
überw.	überwiegend
Übk.	Übereinkommen
uE	unseres Erachtens
Umf.	Umfang
umfangr.	umfangreich
umstr.	umstritten
UmwBerG	Umwandlungsbereinigungsgesetz
UmwG	Umwandlungsgesetz
UmwR	Umwandlungsrecht, Umweltrecht
UmwStG	Umwandlungssteuergesetz
uneinheitl.	uneinheitlich
unstr.	unstreitig
unv.	unverändert, unveränderte Auflage
unveröff.	unveröffentlicht
unzutr.	unzutreffend
UR	Umsatzsteuer-Rundschau (Zeitschrift)
UrhR	Urheberrecht
Urt.	Urteil
UStDV	Umsatzsteuer-Durchführungsverordnung
UStG	Umsatzsteuergesetz
UStR	Umsatzsteuer-Richtlinien
usw	und so weiter
uU	unter Umständen
uvam	und vieles anderes mehr
uvm	und viele mehr
UWG	Gesetz gegen den unlauteren Wettbewerb
v.	vom, von
VA	Verwaltungsakt
va	vor allem
VAG	Versicherungsaufsichtsgesetz
Var.	Variante
vAw	von Amts wegen
VerBAV	Veröffentlichungen des Bundesaufsichtsamtes für das Versicherungswesen
VerbrKrG	Verbraucherkreditgesetz
Verf.	Verfasser, Verfassung
VerfassungsR	Verfassungsrecht
VergR	Vergaberecht
Verh.	Verhandlung
VerkehrsR	Verkehrsrecht
VerkProspG	Wertpapier-Verkaufsprospektgesetz
VermRÄndG	Vermögensrechtsänderungsgesetz
Veröff.	Veröffentlichung
Vers.	Versicherung
VerschmG	Verschmelzungsgesetz
VersR	Versicherungsrecht
VersRiLiG	Versicherungsbilanzrichtlinie-Gesetz
VertrR	Vertragsrecht
Verw.	Verwaltung
VerwProzR	Verwaltungsprozessrecht
VerwR	Verwaltungsrecht
VerwVerfR	Verwaltungsverfahrensrecht
Vfg.	Verfügung
vGA	verdeckte Gewinnausschüttung
vgl.	vergleiche
VglO	Vergleichsordnung

vH	von Hundert
VO	Verordnung
Vol., vol.	volume (Band)
VölkerR	Völkerrecht
Voraufl.	Vorauflage
Vorb.	Vorbemerkung(en)
vorl.	vorläufig
Vorschr.	Vorschrift
VorstandsR	Vorstandsrecht
vs.	versus
VVaG	Versicherungsverein auf Gegenseitigkeit
VVG	Versicherungsvertragsgesetz
VW	Versicherungswirtschaft
VwGO	Verwaltungsgerichtsordnung
VwVfG	Verwaltungsverfahrensgesetz
VZ	Veranlagungszeitraum
w. N.	weitere Nachweise
WaffenG	Waffengesetz
Warn	Warneyer's Rechtsprechung (Entscheidungssammlung)
WEigR	Wohnungseigentumsrecht
WettbR	Wettbewerbsrecht
WG	Wechselgesetz
WGG	Gesetz über die Gemeinnützigkeit im Wohnungswesen
WiB	Wirtschaftsrechtliche Beratung
WiGBl.	Gesetzblatt der Verwaltung des Vereinigten Wirtschaftsgebietes
WiKG	Gesetz zur Bekämpfung der Wirtschaftskriminalität
WiR	Wirtschaftsrecht (Zeitschrift)
WirtschaftsR	Wirtschaftsrecht
Wiss.	Wissenschaft
wiss.	wissenschaftlich
wistra	Zeitschrift für Wirtschaft, Steuer, Strafrecht
Wj.	Wirtschaftsjahr
WM	Wertpapier-Mitteilungen
WPg.	Die Wirtschaftsprüfung
WP-Hdb	Wirtschaftsprüfer-Handbuch
WpHG	Wertpapierhandelsgesetz
WPO	Wirtschaftsprüferordnung
WpÜG	Wertpapiererwerbs- und Übernahmegesetz
WRP	Wettbewerb in Recht und Praxis (Zeitschrift)
WuB	Entscheidungssammlung zum Wirtschafts- und Bankrecht
Württ.	Württemberg
württ.	württembergisch
WuW	Wirtschaft und Wettbewerb (Zeitschrift)
z. B.	zum Beispiel
z. T.	zum Teil
z. Z.	zur Zeit
zahlr.	zahlreich
zB	zum Beispiel
ZEV	Zeitschrift für Erbrecht und Vermögensnachfolge
ZGR	Zeitschrift für Unternehmens- und Gesellschaftsrecht
ZHR	Zeitschrift für das gesamte Handels- und Wirtschaftsrecht
Ziff.	Ziffer
ZIP	Zeitschrift für Wirtschaftsrecht und Insolvenzpraxis
zit.	zitiert
ZivilProzR	Zivilprozessrecht
ZivilR	Zivilrecht

ZPO	Zivilprozessordnung
ZRP	Zeitschrift für Rechtspolitik
zT	zum Teil
zul.	zuletzt
zusf.	zusammenfassend
zust.	zustimmend
zutr.	zutreffend
zVb	zur Veröffentlichung bestimmt
ZVR	Zwangsvollstreckungsrecht
zw.	zweifelhaft
zzgl.	zuzüglich
ZZP	Zeitschrift für Zivilprozeß
zzt.	zurzeit

Bearbeiterverzeichnis

§ 1: . . . . Dr. Torsten Fett
§ 2 A: . . . . Dr. Philipp Göz
§ 2 B: . . . . Dr. Michaela Engel
§ 3: . . . . Dr. Torsten Fett
§ 4 A – C: . . . . Dr. Tobias Bürgers
§ 4 D – F: . . . . Dr. Gerald Reger
§ 5 A – B III: . . . . . Dr. Gerald Reger
§ 5 B III 4.-6.: . . . . Tillmann Hecht
§ 5 B IV – C: . . . . . Dr. Gerald Reger
§ 5 D I – III: . . . . . Dr. Tobias Bürgers
§ 5 D IV: . . . . Tillmann Hecht
§ 5 D V – E: . . . . . Dr. Tobias Bürgers
§ 5 F I – VIII: . . . . Dr. Philipp Göz
§ 5 F IX: . . . . Dr. Anke Meier
§ 6: . . . . Dipl.-Kfm. Oliver Schließer
§ 7 A: . . . . Dr. Torsten Fett
§ 7 B – C: . . . . Dr. Philipp Göz
§ 8: . . . . Dr. Thomas Schulz
§ 9: . . . . Dr. Michaela Engel
§ 10: . . . . Dr. Laurenz Wieneke/Dr. Torsten Fett
§ 11 A – F: . . . . . . Silvia Sparfeld/Dr. Carsten Schütz
§ 11 G: . . . . Dr. Philipp Göz
§ 11 H: . . . . Dipl.-Kfm. Lutz Enno Werner
§ 12: . . . . Dr. Torsten Fett
§ 13: . . . . Dr. Thomas Förl

§ 1 Historische Entwicklung der KGaA und ihre heutige Bedeutung

Übersicht

	Rn.
A. Historie	1
B. Wirtschaftliche Bedeutung	11

Literatur: *Claussen:* Perspektiven für die Kommanditgesellschaft auf Aktien, FS Heinsius 1991, S. 61; *Ehrenberg (Hrsg.):* Handbuch des gesamten Handelsrechts, Leipzig 1914; *Haase:* Die Vorteile der GmbH oder GmbH & Co. KGaA in gesellschaftsrechtlicher Sicht, GmbHR 1997, 917; *Hennerkes/Lorz:* Roma locuta, causa finita: Die GmbH & Co. KGaA ist zulässig, DB 1997, 1388; *Jäger:* Thema Börse (4): Wahl der richtigen Rechtsform, NZG 1999, 101; *Kornblum:* Bundesweite Rechtstatsachen zum Unternehmens- und Gesellschaftsrecht, GmbHR 2013, 693; *Mertens:* Zur Existenzberechtigung der Kommanditgesellschaft auf Aktien, FS Barz 1974, S. 253; *Meyer:* Die GmbH und andere Handelsgesellschaften im Spiegel empirischer Forschung, GmbHR 2002, 177; *Niederlag:* Juristische Person als Gesellschafter einer Kommanditgesellschaft auf Aktien, Münster 1973; *Reuter:* Der Einfluss der Mitbestimmung auf das Gesellschafts- und Arbeitsrecht, AcP 179 (1979), 509; *Sethe:* Aufsichtsratsreform mit Lücken, AG 1996, 289; *Steindorff:* Kommanditgesellschaft auf Aktien und Mitbestimmung, FS Ballerstedt 1975, S. 127; *Weber:* Die GmbH & Co. KGaA als Rechtsform eines Profichubs der Fußball-Bundesliga, GmbHR 2013, 631.

A. Historie

Die 1716 in Frankreich gegründete „Banque Générale (Bank Law & Co)" wird im Schrifttum einhellig als erste Gesellschaft genannt, die ihrer rechtlichen Konstruktion nach der heutigen KGaA entsprach.[1] Die erste gesetzliche Regelung der Rechtsform der KGaA findet sich im Jahre 1807 im Code de Commerce. Die KGaA und auch die Aktiengesellschaft waren dort in groben Zügen geregelt. In Art. 38 des Code de Commerce wurde die KGaA als Unterfall der Kommanditgesellschaft erfasst. Anders als die Aktiengesellschaft unterlag sie nicht dem staatlichen Konzessionssystem, sondern konnte frei gegründet werden. Zu jener Zeit war die KGaA deshalb eine beliebte Rechtsform, um die staatliche Genehmigungspflicht zu umgehen. Ihre Bedeutung ging jedoch wieder zurück, als auch die Aktiengesellschaft frei gegründet werden konnte.[2] 1

In Deutschland wurde die KGaA erstmalig im ADHGB von 1861 länderübergreifend einheitlich kodifiziert. Wie im Code de Commerce war die KGaA im ADHGB als eine Sonderform der Kommanditgesellschaft geregelt, bei der das Gesellschaftskapital in Aktien zerlegt war und die Komplementäre unverbriefte Kapitalanteile zu übernehmen hatten.[3] Grundsätzlich unterlag die KGaA gleichermaßen wie die Aktiengesellschaft dem Konzessionszwang, die einzelnen Länder konnten 2

---

[1] *Niederlag* S. 15; *Grafmüller* S. 46; *Sethe* S. 16 f.
[2] Vgl. hierzu *Sethe* S. 20 ff.
[3] *Assmann/Sethe* in GroßKomm AktG Vor § 278 Rn. 18.

sie jedoch davon ausnehmen.⁴ Von dieser Möglichkeit wurde für die KGaA auch Gebrauch gemacht, da man von der unbeschränkten Haftung der Geschäftsführer der KGaA auf eine zuverlässige Geschäftsführung schloss. Dies führte in der Folgezeit zu einer Vielzahl von KGaA-Neugründungen. Wie bereits im Geltungsbereich des Code de Commerce büßte die KGaA ihre Attraktivität wieder ein, als die Konzessionspflicht für die Aktiengesellschaft im Jahre 1870 abgeschafft wurde.⁵ Wie heute sprach auch seinerzeit für die Gesellschaftsform der Aktiengesellschaft insbesondere, dass die Gesellschafter keiner persönlichen Haftung ausgesetzt waren.⁶

3   Aus der Zeit des ADHGB stammt auch die Formulierung „Gesamtheit der Kommanditaktionäre" (Art. 186 Abs. 1 ADHGB), mit der das Gesetz den Kommanditisten als Gruppe eigenständige Rechte zubilligte. Von Hauptversammlung zu sprechen war dem Gesetz schon aus systematischen Gründen verwehrt, ordnete es doch die KGaA als Sonderform der Kommanditgesellschaft ein. Die bis heute in § 278 Abs. 2 und § 287 Abs. 2 AktG fortbestehende Formulierung hat im älteren Schrifttum zu der Vermutung Anlass gegeben, die „Gesamtheit der Kommanditaktionäre" stelle wie die der Komplementäre einen jeweils rechtsfähigen Personenverbund in der KGaA dar.⁷ Dagegen wird argumentiert, dass mit der Anerkennung der Rechtsfähigkeit der KGaA im AktG 1937 für rechtsfähige Gruppen in der KGaA kein Bedürfnis mehr bestand. Die Rechtsfähigkeit der Gesellschaftergruppen anzuerkennen hätte ferner die Möglichkeit gerichtlicher Interorganstreitigkeiten zur Folge, was dem deutschen Gesellschaftsrecht fremd ist. Im neueren Schrifttum wird die Ansicht daher zu Recht kaum mehr vertreten.⁸

4   Die Einführung der GmbH im Jahre 1892, als Rechtsform zwischen Personenhandels- und Aktiengesellschaft angesiedelt, wirkte sich weiter negativ auf die Bedeutung der KGaA aus. Mit der GmbH war es erstmals möglich, die beschränkte Haftung nach außen mit einer flexiblen Ausgestaltung der Gesellschaft im Innenverhältnis zu verbinden.⁹

5   Der geringen wirtschaftlichen Bedeutung der KGaA in dieser Zeit trug der Gesetzgeber im Handelsgesetzbuch von 1897 Rechnung: Während die KGaA bis dato als Sonderform der Kommanditgesellschaft vor der Aktiengesellschaft geregelt war, normierten die §§ 320 bis 334 HGB 1897 die KGaA nunmehr im Anschluss an die Aktiengesellschaft. Für die KGaA gab es nur wenige eigene Vorschriften; das Aktienrecht wurde in § 320 Abs. 3 HGB 1897 im Übrigen für entsprechend anwendbar erklärt. Allein für die Rechtsbeziehungen der Komplementäre untereinander, gegenüber der Gesamtheit der Aktionäre und gegenüber Dritten wurde auf das Recht der Kommanditgesellschaft verwiesen (§ 320 Abs. 2 HGB 1897). In diesem Regelungssystem liegt nicht nur der Ursprung für die noch heute bestehende Verweisungstechnik;¹⁰ sie war weiterer Anlass für die Diskussion, ob es sich bei der KGaA um eine eigenständige Rechtsform, eine Mischform oder um eine Abart von Aktiengesellschaft bzw. Kommanditgesellschaft handelte.¹¹

---

⁴ *Niederlag* S. 20.
⁵ *Semler/Perlitt* in Münch Komm AktG Vor § 278 Rn. 13.
⁶ *Fischer* in Ehrenberg S. 28, 425.
⁷ RGZ 74, 303; *Barz* in GroßKomm AktG 3. Aufl. § 287 Rn. 8.
⁸ Vgl. näher unter § 3 Rn. 6.
⁹ *Sethe* S. 68 f.
¹⁰ *Mertens/Cahn* in Kölner Komm AktG Vor § 278 Rn. 5; siehe dazu unter § 3 Rn. 3.
¹¹ Siehe hierzu *Assmann/Sethe* in GroßKomm AktG Vor § 278 Rn. 27.

Fett

Bis zum Aktiengesetz von 1937 blieb das Recht der KGaA im Wesentlichen unverändert. Nicht zuletzt aus heutiger Sicht bedeutsam war die Entscheidung des Reichsgerichts vom 4.7.1922[12], mit der die Kapitalgesellschaft & Co KG für zulässig erklärt wurde. Sie hatte nicht nur erhebliche Auswirkungen auf die Rechtsgestaltung im Personengesellschaftsrecht, sondern belebte auch die Diskussion um die Zulässigkeit der Kapitalgesellschaft & Co KGaA.[13]

Mit der Verabschiedung des Aktiengesetzes von 1937 erhielt die KGaA den Status eigener Rechtspersönlichkeit (§ 219 AktG 1937). Die im Aktiengesetz vorgenommenen Neuregelungen der Vorstandskompetenzen in der Aktiengesellschaft (§ 70 Abs. 2 S. 2 AktG 1937) hin zum sog. „Führerprinzip" führten jedoch zusammen mit dem auf 500.000 Reichsmark festgesetzten Mindestgrundkapital zu einem weiteren Bedeutungsverlust der KGaA, da der Machtumfang des Vorstands nun vergleichbar dem der Komplementäre war und die KGaA im Verhältnis zur Aktiengesellschaft kaum noch Vorteile bot.[14]

Die mit dem Aktiengesetz von 1965 durchgeführte maßgebliche Reform des Rechts der Aktiengesellschaft wirkte sich wegen der Verweisungsnorm des § 278 Abs. 3 AktG auch auf die KGaA aus; zu einer grundsätzlichen Änderung des Rechts der KGaA kam es jedoch nicht. Auch die in der Folgezeit vorgenommenen Änderungen des Aktienrechts betrafen das Recht der KGaA nur mittelbar. Als besonders bedeutsam muss hier – neben den Entwicklungen durch das Recht der Europäischen Gemeinschaften[15] – aber das Mitbestimmungsgesetz von 1976[16] hervorgehoben werden. Das Gesetz enthält zahlreiche Neuregelungen hinsichtlich der Bestellung und Zusammensetzung des Aufsichtsrats (Stichwort: paritätische Mitbestimmung), in Folge derer die KGaA wieder an Bedeutung gewann. So erfolgt die Geschäftsführung in der KGaA originär durch die Komplementäre und wird nicht durch den Aufsichtsrat bestimmt (Grundsatz der Selbstorganschaft), ferner muss bei der KGaA kein Arbeitsdirektor bestellt werden (§ 33 Abs. 1 S. 2 MitbestG).

Auch das Gesetz über die kleine Aktiengesellschaft von 1994[17] wirkte sich nur mittelbar über § 278 Abs. 3 AktG auf die KGaA aus. Bemerkenswert ist in diesem Zusammenhang, dass der Gesetzgeber die durch die Neuregelung in § 2 AktG zugelassene Einmanngründung nicht bereits seinerzeit auch auf die KGaA erstreckte – man wird das Thema schlicht übersehen haben. Der Gesetzgeber des UMAG[18] holte dies dann im Jahr 2005 durch Streichung des Passus der notwendigen Anzahl der Gründer in § 280 S. 1 AktG nach.[19]

Jedenfalls aus damaliger Sicht wie eine Initialzündung für eine mögliche Renaissance der KGaA wirkte der Beschluss des BGH vom 24.2.1997, mit dem das Gericht die alleinige Komplementärstellung einer Kapitalgesellschaft in der

---

[12] RGZ 105, 101 ff.
[13] Vgl. dazu die Nachweise bei *Assmann/Sethe* in GroßKomm AktG § 278 Rn. 30.
[14] *Sethe* S. 79.
[15] Siehe zu den einzelnen Richtlinien *Assmann/Sethe* in GroßKomm AktG Vor § 278 Rn. 36; *Assmann* in GroßKomm AktG Einl. Rn. 210 ff.
[16] Gesetz über die Mitbestimmung der Arbeitnehmer vom 4.5.1976 BGBl. I S. 1153.
[17] Gesetz für kleine Aktiengesellschaften und zur Deregulierung des Aktienrechts vom 2.8.1994 (BGBl. I S. 1961).
[18] Gesetz zur Unternehmensintegrität und Modernisierung des Anfechtungsrechts vom 22.9.2005 BGBl. I S. 2802.
[19] S. dazu *Fett/Förl* in Bürgers/Körber § 280 Rn. 2.

§ 1 Historische Entwicklung der KGaA und ihre heutige Bedeutung

KGaA für zulässig erklärt hat[20] und eine jahrelange Diskussion ihr Ende fand.[21] Der Spruchpraxis des BGH folgend hat sich auch der Gesetzgeber mit der Neufassung des § 279 Abs. 2 AktG,[22] der die Voraussetzungen für die Firma einer KGaA regelt, in der keine natürliche Person Komplementärin ist, indirekt für die rechtliche Zulässigkeit einer Kapitalgesellschaft & Co. KGaA ausgesprochen. Weiterhin nicht gesetzlich geregelt sind die rechtlichen Konsequenzen, die sich aus der neuen Rechtsprechung ergeben. Diskutiert wird vor allem die Frage des Anlegerschutzes in einer Publikums-KGaA ohne natürliche Person als Komplementärin,[23] was nicht zuletzt wegen des seinerzeit von *Steindorff*[24] formulierten Vorwurfs, in der Kapitalgesellschaft & Co. KGaA drohe stets die unzulässige Herrschaft der (nicht persönlich haftenden) Kapitalminderheit, auch heute noch von besonderem Interesse ist.

B. Wirtschaftliche Bedeutung

11   Die Anzahl der Kommanditgesellschaften auf Aktien ist im Vergleich zu der Zahl der Aktiengesellschaften und der Gesellschaften mit beschränkter Haftung unverändert gering. Sie lag in Deutschland bis Mitte der neunziger Jahre bei rund 30 Gesellschaften;[25] die Umsatzsteuerstatistik 1999 führt 73, die DIHT-Statistik für 2001 203 Gesellschaften auf.[26] Bei diesem im Vergleich zu der beständigen Zahl der neunziger Jahre zumindest wahrnehmbaren Anstieg wird der Beschluss des BGH vom 24.2.1997 und seine gesetzliche Verankerung in § 279 Abs. 2 AktG eine wesentliche Rolle gespielt haben. Durch die Rechtsform der Kapitalgesellschaft & Co KGaA besteht für die Unternehmensinhaber die Möglichkeit, Geschäftsführungs- und Vertretungsfunktionen wahrnehmen zu können, ohne zwingend von einer umfassenden Außenhaftung bedroht zu sein; gleichzeitig kann durch die Ausgabe von Aktien[27] ein wachsender Kapitalbedarf der Gesellschaft befriedigt werden.[28] Interessant ist die Rechtsform auch für Fußballclubs, die ihren Profi-Spielbetrieb aus dem Verein ausgliedern wollen; sie können mit der KGaA die Vorgabe der DFL erfüllen, auch bei Beteiligung Dritter weiterhin herrschenden Einfluss auszuüben.[29] Seit 2001 konnte allerdings kein weiterer signifikanter

---

[20] BGHZ 134 S. 392 ff. = BGH NJW 1997, 1923.
[21] Anschaulich der Titel der Entscheidungsrezension von *Hennerkes/Lorz* DB 1997, 1388 ff.: „Roma locuta, causa finita: Die GmbH & Co. KGaA ist zulässig."
[22] Gesetz vom 16.7.1998 BGBl. I S. 1842.
[23] Siehe hierzu unter § 5 Rn. 98 ff.
[24] *Steindorff* FS Ballerstedt, 1975, S. 127, 137 f.; ihm folgend *Reuter* AcP 179 (1979), 509, 550.
[25] Vgl. die Nachweise bei *Haase* GmbHR 1997, 917, 918.
[26] Zitiert nach *Meyer* GmbHR 2002, 177, 178.
[27] Anders als Kommanditanteile, deren Übertragung nach § 162 Abs. 3 HGB der Anmeldung zum Handelsregister bedarf, sind die Aktien einer KGaA zum Handel an der Börse zugelassen vgl. § 10 Rn. 4 ff.
[28] Vgl. *Jäger* NZG 1999, 101, 103 f.
[29] S. zuletzt etwa *Weber* GmbHR 2013, 631, 632; *Blaurock* in Wachter AktG § 278 Rn. 6.

Fett

Anstieg in der Anzahl der Unternehmen in der Rechtsform der KGaA verzeichnet werden.[30]

Um ein klareres Bild von der wirtschaftlichen Bedeutung der KGaA zu bekommen, darf sich der Blick nicht allein auf die Anzahl der Gesellschaften beschränken. Die Kapitalisierung eröffnet einen weiteren Blick auf die KGaA: So lag das durchschnittliche Grundkapital einer KGaA im Jahr 2001 bei rund 40 Mio. Euro, es ist damit um die Hälfte größer als das durchschnittliche Grundkapital einer Aktiengesellschaft und sogar hundertachtzigmal so groß wie das einer durchschnittlichen GmbH.[31] Hieran dürfte sich nicht viel geändert haben. Mit den beiden DAX-Konzernen Fresenius SE & Co. KGaA und Fresenius Medical Care AG & Co. KGaA sind seitdem durch Formwechsel zwei Vertreter der Rechtsform mit einem Grundkapital von mehreren hundert Millionen Euro und einer Marktkapitalisierung von mehr als 30 Milliarden Euro hinzugekommen.

Bereits in der Vergangenheit hat man die KGaA angesichts ihrer spärlichen Verbreitung als „Sonderrechtsform für wenige" bezeichnet[32] und zur Begründung für ihre geringe Akzeptanz auf den erhöhten Beratungsbedarf verwiesen, der aus der komplizierten gesetzlichen Regelung[33] und den damit zusammenhängenden Ungereimtheiten folge.[34] Die in der Vorauflage geäußerte Erwartung, dass diese Einschätzung aufgrund zu erwartender intensiverer Auseinandersetzung mit der KGaA infolge der BGH-Entscheidung zur Komplementärstellung einer juristischen Person[35] bald der Vergangenheit angehören werde, hat sich als zu optimistisch erwiesen. Auch wenn es die ein oder andere weitere höchstrichterliche Entscheidung zu Einzelfragen gegeben hat,[36] scheint das Nebeneinander von Personengesellschaftsrecht und Aktienrecht und die rudimentäre gesetzliche Ausgestaltung[37] weiterhin zu Unsicherheiten in der Rechtsanwendung zu führen; auch Stellungnahmen aus jüngerer Zeit bescheinigen der KGaA eine „komplizierte Handhabung"[38] bzw. einen „komplizierten Charakter"[39]. Diese programmatischen Beschreibungen fordern eine intensive Auseinandersetzung mit den Rechtsfragen der KGaA geradezu heraus.

---

[30] *Kornblum* GmbHR 2013, 693, 694, kommt zum 1.1.2013 immerhin auf 280 Gesellschaften; *Perlitt* in MünchKomm AktG Vor § 278 Rn. 5 zählt 15 börsennotierte Gesellschaften im Jahr 2009. Eine Abfrage des elektronischen Handelsregisters ergab am 10.9.2014 insgesamt 293 KGaA (Quelle: www.handelsregister.de).

[31] *Meyer* GmbHR 2002, 177, 187.

[32] *Claussen* FS Heinsius, 1991, S. 61.

[33] Vgl. *Herfs* in Münch Hdb AG § 76 Rn. 4.

[34] Vgl. *Graf* S. 18.

[35] BGHZ 134 S. 392 ff. = BGH NJW 1997, 1923.

[36] BGHZ 164 S. 192 = BGH NJW 2006, 510 (mit Anm. *Fett* BGH Report 2006 375 f.) zur Inhabilität nach § 287 Abs. 3 AktG und BGH NZG 2005, 276 zur Anwendung des § 112 AktG auf die KGaA.

[37] *Servatius* in Grigoleit AktG § 278 Rn. 1.

[38] *Müller-Michaels* in Hölters AktG § 278 Rn. 4.

[39] Hüffer/*Koch* § 278 Rn. 2.

§ 2 Wahl der Rechtsform: Vor- und Nachteile

Übersicht

	Rn.
A. Gesellschaftsrecht	1
I. Systemvergleich KGaA – AG	2
1. Organe der Gesellschaft und deren Bestellung	4
2. Mitbestimmungsrechtliche Fragen	5
3. Befugnisse der jeweiligen Organe	6
4. Einzelmaßnahmen von besonderer Bedeutung	7
II. Zusammenfassung der Übersicht	8
B. Steuerrecht	12
I. Einleitung	12
1. Körperschaftsteuer	13
2. Gewerbesteuer	14
3. Einkommensteuer	15
4. Erbschaft- und Schenkungsteuer	16
II. Zusammenfassung der Übersicht	17

A. Gesellschaftsrecht

Die KGaA ist eine gesellschaftsrechtliche Mischform **(hybride Rechtsform)**, 1 die sowohl personengesellschaftsrechtliche als auch kapitalgesellschaftsrechtliche Elemente aufweist. Wie bei der Kommanditgesellschaft gibt es zwei verschiedene Gesellschaftergruppen: Die Geschäftsführung wird von den grundsätzlich persönlich und unbeschränkt haftenden Komplementären wahrgenommen. Die zweite Gesellschaftergruppe, bei der KGaA die Kommanditaktionäre, hat als Kapitalgeber im Wesentlichen nur Kontrollrechte. Wie im Personengesellschaftsrecht hat die Geschäftsführung somit eine starke und von den kapitalgebenden Kommanditaktionären in weiten Teilen unabhängige Stellung.

Parallelen zum Kapitalgesellschaftsrecht bestehen insbesondere zur Aktiengesellschaft. Wie bei der Aktiengesellschaft besteht für die Gesellschaft die Möglichkeit, sich durch die Aufnahme von Aktienkapital über die Börse zu finanzieren. Dieser Aspekt führt unter praktischen Gesichtspunkten dazu, dass ein „Konkurrenzverhältnis" der KGaA am ehesten zur Aktiengesellschaft anzunehmen ist.

I. Systemvergleich KGaA – AG

Der grundlegende Unterschied der KGaA im Verhältnis zur Aktiengesellschaft 2 besteht zum einen in der viel stärkeren und in weiten Teilen von Kommanditaktionären und Aufsichtsrat unabhängigen Stellung der Geschäftsführung und zum anderen in dem durch die Verweisung in § 278 Abs. 2 AktG auf das Personengesellschaftsrecht bestehenden zusätzlichen Gestaltungsspielraum. Die personengesellschaftsrechtlichen Regelungen, die nach § 278 Abs. 2 AktG bei der KGaA für die Rechtsstellung der Komplementäre gelten, sind weitgehend dispositiv. Der bei der Aktiengesellschaft allgemein geltende Grundsatz der Satzungsstrenge nach § 23 Abs. 5 AktG gilt bei der KGaA lediglich „im übrigen", d. h. soweit § 278 Abs. 3 AktG auf die Vorschriften über die Aktiengesellschaft verweist. Durch diese Gestaltungsmöglichkeit bei der KGaA kann ein weiterer grundlegender Unterschied zur Aktiengesellschaft – der von Gesetzes wegen bestehenden persönlichen und unbeschränkten Haftung der persönlich haftenden Gesellschafter einer KGaA – dadurch vermieden werden, dass als Komplementärin eine GmbH oder GmbH & Co. KG eingesetzt wird.[1] Dies eröffnet zusätzliche Gestaltungsspielräume auf GmbH- oder GmbH & Co. KG-Ebene, die in der nachfolgenden ersten Übersicht jedoch weitgehend unberücksichtigt bleiben.

3   Die nachfolgende Übersicht stellt die wichtigsten Unterschiede zwischen Aktiengesellschaft und KGaA gegenüber:

1. Organe der Gesellschaft und deren Bestellung

4

	Aktiengesellschaft	KGaA
Organe der Gesellschaft	Vorstand	Persönlich haftende Gesellschafter (nachfolgend „phG")
	Aufsichtsrat	Aufsichtsrat
	Hauptversammlung	Hauptversammlung
		gewillkürte zusätzl. Organe (z. B. Beirat) mgl.
Bestellung Vorstand/phG	Durch Aufsichtsrat	Grundsätzlich gemeinsam durch phG und HV; Wegen Gestaltungsfreiheit ist Ausschluss der HV und Ernennungsrecht allein durch alle oder einzelne phG möglich
Dauer der Bestellung	Längstens fünf Jahre	Solange phG-Stellung andauert
Möglichkeit einer vorzeitigen Beendigung	Bei Vorliegen eines wichtigen Grundes durch Aufsichtsrat	Bei Vorliegen eines wichtigen Grundes Entzug der Geschäftsführungs- und Vertretungsbefugnis nach übereinstimmenden Beschlüssen von HV und phG durch gerichtliche Entscheidung möglich; bei fehlender sonstiger Abhilfe auch Ausschließung eines Gesellschafters nach Beschluss von HV und phG durch gerichtliche Entscheidung möglich (Regelung i. e. dispositiv).

---

[1] Zur Zulässigkeit dieser Gestaltung BGHZ 134, 392 = NJW 1997, 1923 und § 1 Rn. 10.

	Aktiengesellschaft	KGaA
	Vertrauensentzug durch HV kann wichtigen Grund darstellen	Vertrauensentzug durch HV kann wichtigen Grund darstellen (wie Aktiengesellschaft, jedoch dispositiv)
Bestellung Aufsichtsrat	Wahl durch HV und ggf. Arbeitnehmer Entsendungsrecht für ⅓ der Anteilseigner-Vertreter möglich	Grundsätzlich wie Aktiengesellschaft, jedoch Stimmverbot für phG Bei GmbH & Co. KGaA als phG erstrecken sich Stimmverbot und Inkompatibilität Geschäftsführung/Aufsichtsratsmandat auch auf GmbH-GF und -Gesellschafter (und ggf. auf Kommanditisten)[2]
Umfang eines Stimmverbotes für Aktionäre	Gilt für eigene Entlastung für aktienbesitzende Vorstände bei: Geltendmachung und Verzicht von Ansprüchen Bestellung von Sonderprüfern Umfang des Stimmverbots begrenzt, da Stimmverbot grundsätzlich nur Vorstand oder Anspruchsgegner – wenn auch im weiteren Sinne – umfasst	Gilt neben allg. AG-Regeln für Entlastung phG und Mitglieder des Aufsichtsrates und Entscheidung über Geltendmachung und Verzicht von Ersatzansprüchen Bestellung von Sonderprüfern, Wahl und Abberufung des Aufsichtsrates, Wahl von Abschlussprüfern Stimmverbot hier sowohl dem Umfang nach (Wahl von Abschlussprüfern) als auch deshalb weiter, da bei einer phG-Gesellschaft vom Stimmverbot auch zumindest maßgebliche Gesellschafter umfasst sind[3]
Haftungsumfang der Gesellschafter	./. Aktionäre haften grundsätzlich nur mit Einlage	Persönlich haftende Gesellschafter: Persönliche und unbeschränkte Haftung Kommanditaktionäre haften grundsätzlich nur mit Einlage

---

[2] Vgl. § 5 Rn. 410.
[3] Siehe hierzu § 5 Rn. 410.

2. Mitbestimmungsrechtliche Fragen

	Aktiengesellschaft	KGaA
Mitbestimmungsrechtliche Besonderheiten	– Unbeschränkte Anwendung von DrittelbG und MitbestG	– Unbeschränkte Anwendung des DrittelbG, jedoch nur eingeschränkte Geltung des MitbestG: – Aufsichtsrat hat keine Personalkompetenz zur Bestellung der Geschäftsführung – Keine Bestellung eines Arbeitsdirektors erforderlich
	– Eventuelle Anwendung von Montan MitbestG und MitbestErgG	– Keine Geltung von MitbestErgG und Montan MitbestG

3. Befugnisse der jeweiligen Organe

	Aktiengesellschaft	KGaA
Vorstand/phG	– Eigenverantwortliche und weisungsfreie Leitung der Geschäfte durch Vorstand	– Grundsätzlich wie Aktiengesellschaft; bei GmbH & Co. KGaA als phG ist Geschäftsführung dagegen grundsätzlich Weisungen der GmbH-Gesellschafterversammlung unterworfen (dispositiv)
	– Bei Grundlagenentscheidung Zustimmung der HV erforderlich[4]	– Bei außergewöhnlichen Geschäften nach gesetzlicher Regelung Zustimmung der HV erforderlich, dies kann jedoch abbedungen werden, wobei strittig ist, ob ersatzweise anstelle HV dann AR zustimmungsbefugt ist[5]

---

[4] BGHZ 83, 122 = NJW 1982, 1703 – Holzmüller, BGHZ 159, 30 = NJW 2004, 1860 – Gelatine, zur Geltung der Holzmüller-Grundsätze bei der KGaA s.u. § 3 Rn. 15 ff.

[5] Tendenziell für die Möglichkeit der Übertragung in der Satzung OLG Stuttgart NZG 2003, 778, 783.

	Aktiengesellschaft	KGaA
	– Gesamtgeschäftsführung und -vertretung (§§ 77, 78 AktG dispositiv: bei Geschäftsführung statt Einstimmigkeit auch Mehrheitsprinzip mgl.; bei Vertretung auch Einzel- oder gem. Gesamtvertretung)	– Grundsätzl. Einzelgeschäftsführungsbefugnis (dispositiv)
Aufsichtsrat	– Personalkompetenz (Wahl des Vorstandes)	– Keine Personalkompetenz
	– Geschäftsordnungskompetenz	– Keine Geschäftsordnungskompetenz
	– Recht, Zustimmungserfordernisse für Geschäftsführungsmaßnahmen aufzustellen	– Kein Recht, Zustimmungserfordernisse für Geschäftsführungsmaßnahmen aufzustellen
	– Überwachung der Geschäftsführung	– Überwachung der Geschäftsführung
	– Gemeinsam mit Vorstand Feststellung des Jahresabschlusses	– Keine Kompetenz zur Feststellung des Jahresabschlusses
Hauptversammlung	– Wahl und Abberufung der Aufsichtsratsmitglieder – Verwendung des Bilanzgewinnes – Entlastung von Vorstand und Aufsichtsrat – Änderungen der Satzung	Grundsätzlich wie Aktiengesellschaft, jedoch zusätzlich mit phG Feststellung des Jahresabschlusses (bei Aktiengesellschaft: AR) und (abdingbare) Zustimmung zu außergewöhnlichen Geschäften

4. Einzelmaßnahmen von besonderer Bedeutung

	Aktiengesellschaft	KGaA
Satzungsänderung/Kapitalerhöhung	Hauptversammlung	HV + phG (kumulativ)
Maßnahmen nach UmwG	Abschluss durch Vorstand + Billigung mit 75 % der HV	Wie bei Aktiengesellschaft, zusätzlich grundsätzlich einstimmiger Beschluss der phG
Unternehmensverträge	Wenn Aktiengesellschaft beherrschte Gesellschaft sowie im Falle des § 293 Abs. 2 AktG: ¾-Mehrheit der HV	Wie bei Aktiengesellschaft + zusätzlich einstimmiger Beschluss der phG

II. Zusammenfassung der Übersicht

8   Die KGaA weist folgende wesentliche gesellschaftsrechtliche Unterschiede zur Aktiengesellschaft auf, welche die Wahl der Gesellschaftsform zwischen Aktiengesellschaft und KGaA maßgeblich beeinflussen:

9   Für die KGaA spricht, dass die Geschäftsführung unabhängig von der Kapitalmehrheit in der Hauptversammlung durch die persönlich haftenden Gesellschafter gestellt wird. Ferner sind die Einflussrechte des Aufsichtsrates mangels Geschäftsordnungskompetenz und Personalkompetenz schwächer. Der Verlust der Kapitalmehrheit kann bei entsprechender Satzungsgestaltung ohne Einfluss auf die Bestellung der Geschäftsführung bleiben. Die KGaA eignet sich deshalb auch für Familienunternehmen; so kann bei Verlust einer eventuell zunächst bestehenden Kapitalmehrheit die Geschäftsführung in Händen der „Unternehmerfamilie" verbleiben. Auch die Übertragung der Unternehmensleitung auf eventuelle Nachfolger kann unabhängig von der jeweiligen Hauptversammlungs-Mehrheit geregelt werden. Zu diesem Zweck bietet sich insbesondere die Bestellung einer Komplementär-GmbH an, der auch ein Recht zur Ernennung weiterer Komplementäre eingeräumt werden kann. Bei einer GmbH oder GmbH & Co. KG als persönlich haftender Gesellschafter bestehen zudem zusätzliche Einfluss- und Gestaltungsmöglichkeiten. Durch die Installierung eines Aufsichtsrats auf GmbH-Ebene, der von der Hauptversammlungs-Mehrheit unabhängig ist, kann ein von den Aktionären und Arbeitnehmern der KGaA unabhängiges zusätzliches Kontrollgremium errichtet werden. Durch die bei einer GmbH bestehende Möglichkeit der Ausübung von Weisungsrechten oder der Aufstellung von Zustimmungskatalogen kann auf vielfältige Weise Einfluss unabhängig von der Hauptversammlungs-Mehrheit auf die Geschäftspolitik genommen werden. Auch durch eine eventuell erforderliche Anpassung des Gesellschaftsvertrags oder die Einräumung von Sonderrechten für bestimmte Gesellschafter kann flexibel und ohne Einschaltung der oft schwerfälligen Hauptversammlung den Bedürfnissen des jeweiligen Einzelfalls Rechnung getragen werden.

10 Nachteilig bei der KGaA ist, dass der – in seinen Kompetenzen im Vergleich zur Aktiengesellschaft beschränkte – Aufsichtsrat personell nicht durch den persönlich haftenden Gesellschafter kontrollierbar ist. Ein persönlich haftender Gesellschafter kann, auch wenn er die Mehrheit der Kommanditaktien hält, wegen des insoweit geltenden Stimmverbotes nicht verhindern, dass eine aus seiner Sicht „feindliche" Mehrheit den Aufsichtsrat wählt und die dem Aufsichtsrat zustehenden Kontrollrechte ausübt.[6]

11 Aufgrund des Stimmverbots besteht seitens der persönlich haftenden Gesellschafter weiterhin kein Wahlrecht für die Abschlussprüfer; diese werden durch die Hauptversammlung mit einfacher Mehrheit gewählt.

---

[6] Zu dem bei einer Börseneinführung zu berücksichtigenden Aspekt der geringeren Akzeptanz der KGaA durch den Kapitalmarkt s. u. § 10 R n. 8 f.

B. Steuerrecht

I. Einleitung

Im Vergleich zur Aktiengesellschaft, die als Kapitalgesellschaft vollumfänglich dem Regime des Körperschaftsteuergesetzes (KStG) unterfällt, wird dem hybriden Charakter der KGaA auch im Steuerrecht Rechnung getragen. Sofern der rein kapitalgesellschaftsrechtliche Teil der KGaA betroffen ist, wird die KGaA ebenso wie die Aktiengesellschaft behandelt. Ist demgegenüber der personengesellschaftsrechtliche Teil der KGaA (Verhältnis zum persönlich haftenden Gesellschafter) angesprochen, wird dies durch besondere Normen berücksichtigt. Während es steuerrechtlich bei der Aktiengesellschaft nur eine Gesellschaftergruppe gibt und eine strikte Trennung zwischen Aktiengesellschaft und Aktionären bis zur Ausschüttung an letztere eingehalten wird (Trennungsprinzip), bestehen bei der KGaA zwei verschiedene Gesellschaftergruppen. Für die Kommanditaktionäre entspricht die steuerliche Behandlung derjenigen der Gesellschafter einer Aktiengesellschaft. Für die persönlich haftenden Gesellschafter wird demgegenüber das mitunternehmerische Besteuerungskonzept angewendet (Transparenzprinzip), diese erzielen Einkünfte aus Gewerbebetrieb, weshalb zur Vermeidung von Doppelbesteuerungen der Gewinnanteil des persönlich haftenden Gesellschafters in Bezug auf die Sondereinlage sowie Vergütungen für Geschäftsführung bei der KGaA als abziehbare Betriebsausgaben qualifiziert werden. Die Unterschiede in der steuerlichen Behandlung von Aktiengesellschaft einerseits und KGaA andererseits lassen sich mit nachfolgender Übersicht kurz zusammenfassen:

1. Körperschaftsteuer

	Aktiengesellschaft	KGaA
Steuerpflicht	Unbeschränkt körperschaftsteuerpflichtig gemäß § 1 Abs. 1 Nr. 1 KStG	Unbeschränkt körperschaftsteuerpflichtig gemäß § 1 Abs. 1 Nr. 1 KStG
Bemessungsgrundlage	Zu versteuerndes Einkommen gemäß. § 7 Abs. 1 i.V.m. § 8 Abs. 1 KStG	Zu versteuerndes Einkommen gemäß § 7 Abs. 1 i.V.m. § 8 Abs. 1 KStG
Einkünftequalifikation	Einkünfte aus Gewerbebetrieb gemäß § 8 Abs. 2 KStG	Einkünfte aus Gewerbebetrieb gemäß § 8 Abs. 2 KStG
Steuersatz	15% unabhängig von Thesaurierung oder Ausschüttung Solidaritätszuschlag i.H.v. 5,5% auf Körperschaftsteuer	15% unabhängig von Thesaurierung oder Ausschüttung Solidaritätszuschlag i.H.v. 5,5% auf Körperschaftsteuer

	Aktiengesellschaft	KGaA
Gewinnausschüttung	Offene und verdeckte Gewinnausschüttung mindern das zu versteuernde Einkommen nicht	Offene und verdeckte Gewinnausschüttungen an Kommanditaktionäre mindern das zu versteuernde Einkommen nicht Gewinnanteil des phG auf Vermögenseinlage oder als Geschäftsführervergütung mindert zu versteuerndes Einkommen gemäß § 9 Abs. 1 Nr. 1 KStG
Kapitalertragsteuer	Kapitalertragsteuereinbehalt i. H. v. 25 % zzgl. Solidaritätszuschlag von 5,5 % bei Ausschüttung an Aktionäre	Kapitalertragsteuereinbehalt i. H. v. 25 % zzgl. Solidaritätszuschlag von 5,5 % bei Ausschüttung an Kommanditaktionäre Kein Kapitalertragsteuereinbehalt für Auszahlungen an phG, soweit diese nicht Kommanditkapital betreffen

2. Gewerbesteuer

	Aktiengesellschaft	KGaA
Steuerpflicht	Gewerbesteuersubjekt Tätigkeit ist stets gewerbesteuerpflichtig	Gewerbesteuersubjekt Tätigkeit ist stets gewerbesteuerpflichtig
Bemessungsgrundlage	Nach Vorschriften des EStG oder KStG ermittelter gewerblicher Gewinn modifiziert durch Hinzurechnungen und Kürzungen nach den §§ 8, 9 GewStG	Nach Vorschriften des EStG oder KStG ermittelter gewerblicher Gewinn modifiziert durch Hinzurechnungen und Kürzungen nach den §§ 8, 9 GewStG Hinzurechnungsvorschrift für Gewinnanteile, die an phG auf die Vermögenseinlage oder als Geschäftsführervergütung verteilt worden sind

3. Einkommensteuer

	Aktiengesellschaft	**KGaA**
• **Aktionäre** – Dividenden	Einkünfte aus Kapitalvermögen Grds. Abgeltungsteuer, wenn Aktionär natürliche Person ist und die Beteiligung im Privatvermögen hält; bei Beteiligung im Betriebsvermögen gilt das Teileinkünfteverfahren Grds. 95%-ige Steuerfreistellung gemäß § 8b KStG, wenn Aktionär Kapitalgesellschaft ist und Mindestbeteiligung gem. § 8b Abs. 4 KStG erreicht ist Anrechnung der auf Ebene der Aktiengesellschaft einbehaltenen Kapitalertragsteuer	Einkünfte aus Kapitalvermögen Grds. Abgeltungsteuer, wenn Kommanditaktionär natürliche Person ist und die Beteiligung im Privatvermögen hält; bei Beteiligung im Betriebsvermögen gilt das Teileinkünfteverfahren Grds. 95%-ige Steuerfreistellung gemäß § 8b KStG, wenn Kommanditaktionär Kapitalgesellschaft ist und Mindestbeteiligung gem. § 8b Abs. 4 KStG erreicht ist Anrechnung der auf Ebene der KGaA einbehaltenen Kapitalertragsteuer
• **Veräußerungsgewinn**	Privatvermögen: Steuerpflichtig bei natürlichen Personen als Einkünfte aus Kapitalvermögen nach § 20 Abs. 2 EStG mit Abgeltungsteuer, es sei denn, Anschaffung vor dem 1.1.2009 Steuerpflichtig bei natürlichen Personen mit Teileinkünfteverfahren, wenn qualifizierte Beteiligung i.S.d. § 17 EStG Betriebsvermögen: Besteuerung entweder nach Teileinkünfteverfahren oder 95%-iger Steuerfreistellung des § 8b KStG, wenn nicht Ausnahmeregelung greift	Privatvermögen: Steuerpflichtig bei natürlichen Personen als Einkünfte aus Kapitalvermögen nach § 20 Abs. 2 EStG mit Abgeltungsteuer, es sei denn, Anschaffung vor dem 1.1.2009 Steuerpflichtig bei natürlichen Personen mit Teileinkünfteverfahren, wenn qualifizierte Beteiligung i.S.d. § 17 EStG Betriebsvermögen: Besteuerung entweder nach Teileinkünfteverfahren oder 95%-iger Steuerfreistellung des § 8b KStG, wenn nicht Ausnahmeregelung greift
• **phG** – laufende Einkünfte	./.	Einkünfte sind Einkünfte aus Gewerbebetrieb Für phG gilt die mitunternehmerische Besteuerungskonzeption phG-Anteil vermittelt keinen stehenden Gewerbebetrieb i.S.d. GewStG Gewerbesteueranrechnung gemäß § 35 EStG

	Aktiengesellschaft	KGaA
– Veräußerungsgewinne	./.	Veräußerung des Anteils unabhängig von Beteiligungshöhe steuerpflichtig nach § 16 EStG

4. Erbschaft- und Schenkungsteuer

	Aktiengesellschaft	KGaA
Aktien – Bemessungsgrundlage	Nach § 11 Abs. 2 BewG gemeiner Wert Börsenkurs, aus Verkäufen abgeleiteter Wert, Ertragswert	Nach § 11 Abs. 2 BewG gemeiner Wert Börsenkurs, aus Verkäufen abgeleiteter Wert, Ertragswert
– Betriebsvermögens-privileg	Anwendung der §§ 13a, 19a ErbStG, nur wenn Beteiligung > 25%	Anwendung der §§ 13a, 19a ErbStG, nur wenn Beteiligung > 25%
phG-Anteil – Bemessungsgrundlage	./.	Bewertung nach Betriebsvermögensgrundsätzen
– Betriebsvermögens-privileg	./.	Anwendung der §§ 13a, 19a ErbStG unabhängig von Beteiligungshöhe

II. Zusammenfassung der Übersicht

17 Die Besteuerung der KGaA und ihrer Gesellschafter unterscheidet sich von der der Aktiengesellschaft und ihrer Gesellschafter im Wesentlichen in den vorstehend aufgeführten Punkten. Daraus ergeben sich für die Wahl der Gesellschaftsform aus steuerrechtlicher Sicht die folgenden Konsequenzen:

18 Wegen der unterschiedlichen steuerrechtlichen Behandlung von Kommanditaktionären und persönlich haftenden Gesellschaftern kann die KGaA eingesetzt werden, wenn ein Teil des Gesellschafterkreises die Vorteile der Abgeltungsteuer bzw. der Steuerfreistellung des § 8b KStG für Gewinneinkünfte nutzen möchte, der andere Teil hingegen Interesse an der Nutzung der Vorteile des mitunternehmerischen Besteuerungskonzeptes hat. Somit können zwei Gesellschaftergruppen mit unterschiedlichen Interessen durch die Errichtung einer KGaA vereinigt werden.

19 Durch die Wahl der KGaA kann zudem die Übertragung von Gesellschaftsanteilen im Schenkungswege oder im Rahmen des Erwerbs von Todes wegen flexibel gestaltet werden. Soll der Übergang von Vermögen auf die nächste Generation erfolgen, so ist die Übertragung eines phG-Anteils aus erbschafts- bzw. schenkungsteuerlicher Sicht regelmäßig günstiger, da in diesem Fall die erbschaft- bzw. schenkungsteuerlichen Privilegierungen für Betriebsvermögen greifen. Hier weist die KGaA gegenüber der Aktiengesellschaft einen Vorteil auf, da die Inanspruchnahme der erbschaft- bzw. schenkungsteuerlichen Privilegien bei der Übertragung von Aktien eine Beteiligung von mehr als 25% am Nennkapital der Aktiengesellschaft voraussetzt.

Nachteilig an der KGaA ist, dass das steuerrechtliche Verhältnis von KGaA und phG noch nicht gänzlich geklärt ist. Auch bestehen einige Zweifelsfragen in der Besteuerung des phGs sowie bei der steuerverfahrensrechtlichen Erfassung der KGaA und ihrer persönlich haftenden Gesellschafter.

§ 3 Die KGaA als hybride Rechtsform: Anwendbares Recht

Übersicht

	Rn.
A. Einleitung	1
B. Verweisungstechnik	3
I. Das Nebeneinander von Personengesellschafts- und Aktienrecht	3
II. Konsequenzen aus der Gruppenbildung in § 278 Abs. 2, 3 AktG?	
– Die „Gesamtheit der Kommanditaktionäre" im Prozess –	6
C. Folgen der Verweisungstechnik für die Rechtsgestaltung	7
I. Die KGaA zwischen Gestaltungsfreiheit und Satzungsstrenge	7
II. Zwingendes Sonderrecht für die kapitalistische bzw. atypische KGaA?	11
D. Die Verweisungstechnik in Zweifelsfällen	14
I. „Holzmüller"-Doktrin in der KGaA? – Zur Kompetenzverteilung bei Übertragung wesentlichen Vermögens –	15
II. Treuepflicht in der KGaA	20
III. Änderungen von Satzungsbestimmungen mit personengesellschaftsrechtlichem Ursprung	24
IV. Vertretung der KGaA gegenüber ihren Komplementären	28

Literatur: *Bachmann*: Die Änderung personengesellschaftsrechtlicher Satzungsbestandteile bei der KGaA, FS K. Schmidt 2009, S. 41; *Cahn*: Satzungsänderungen nach § 281 AktG bei der KGaA, AG 2001, 579; *Fett*: Öffentlich-rechtliche Anstalten als abhängige Konzernunternehmen, Berlin 2000; *Fett/Förl*: Die Mitwirkung der Hauptversammlung einer KGaA bei Veräußerung wesentlicher Unternehmensteile, NZG 2004, 210; *Fischer*: Die Kommanditgesellschaft auf Aktien nach dem Mitbestimmungsgesetz, Heidelberg 1982; *Flume*: Die Rechtsprechung des II. Zivilsenats des BGH zur Treuepflicht des GmbH-Gesellschafters und des Aktionärs, ZIP 1996, 161; *Geßler*: Einberufung und ungeschriebene Hauptversammlungszuständigkeiten, FS Stimpel 1985, S. 771; *Heermann*: Unentziehbare Mitwirkungsrechte der Minderheitsaktionäre bei außergewöhnlichen Geschäften in der GmbH & Co. KGaA, ZGR 2000, 61; *Hoffmann-Becking/Herfs*: Struktur und Satzung der Familien-KGaA, FS Sigle, Köln 2000, S. 273; *Hommelhoff*: Anlegerschutz in der GmbH & Co KGaA, in: Ulmer (Hrsg.), Die GmbH & Co. KGaA nach dem Beschluss BGHZ 134, 392, ZHR Beiheft 67 (1998), Heidelberg 1998, S. 9; *Hübner*: Die Ausgliederung von Unternehmensteilen in aktien- und aufsichtsrechtlicher Sicht, FS Stimpel 1985, 791; *Ihrig/Schlitt*: Die KGaA nach dem Beschluss des BGH vom 24.2.1997 – organisationsrechtliche Folgerungen, in: Ulmer (Hrsg.), Die GmbH & Co. KGaA nach dem Beschluss BGHZ 134, 392, ZHR Beiheft 67 (1998), Heidelberg 1998, S. 33; *Kessler*: Die Entwicklung des Binnenrechts der KGaA seit BGHZ 134, 392 = BGH NJW 1997, 1923, NZG 2005, 145; *Overlack*: Der Komplementär in der GmbH & Co. KGaA, in: Hommelhoff/Röhricht (Hrsg.), RWS-Forum 10 Gesellschaftsrecht 1997, Köln 1997, 237; *Philbert*: Die Kommanditgesellschaft auf Aktien zwischen Personengesellschaftsrecht und Aktienrecht, Diss. Regensburg, 2004/2005, Berlin 2005; *Priester*: Die Kommanditgesellschaft auf Aktien ohne natürlichen Komplementär, ZHR 160 (1996), 250; *Rehbinder*: Zum konzernrechtlichen Schutz der Aktionäre einer Obergesellschaft, ZGR 1983, 92; *Reuter*: Der Einfluss der Mitbestimmung auf das Gesellschafts- und Arbeitsrecht, AcP 179 (1979), 509; *Sethe*: Aufsichtsratsreform mit Lücken, AG 1996, 289; *Steindorff*: Kommanditgesellschaft auf Aktien und Mitbestimmung, FS Ballerstedt 1975, S. 127; *Wichert*: Die GmbH & Co. KGaA nach dem Beschluss BGHZ 134, 392, AG 2000, 268.

A. Einleitung

1 Mit der Frage nach dem anwendbaren Recht ist eines der rechtlichen Kernthemen im Umgang mit der KGaA angesprochen. Die Verweisungstechnik in § 278 Abs. 2 und Abs. 3 AktG ist häufig Ursprung von Missverständnissen und Unsicherheiten, welche die KGaA als wenig transparente Rechtsform erscheinen lassen. Mit einer sorgfältigen Differenzierung zwischen den verschiedenen Wesensmerkmalen der KGaA gelangt man jedoch zu den maßgeblichen Rechtsquellen – wenn auch, wie die Betrachtung der Zweifelsfälle zeigt, nicht immer friktionsfrei. Diese liegen zunächst in den Spezialvorschriften der §§ 279 ff. AktG, sodann im **Personengesellschaftsrecht**, auf das mit § 278 Abs. 2 AktG verwiesen wird, und „im Übrigen" nach der Generalverweisung des § 278 Abs. 3 AktG im **Aktienrecht** (siehe zur Verweisungstechnik unter B). Dieses Nebeneinander von Personengesellschafts- und Aktienrecht hat Auswirkungen bei der Satzungsgestaltung (unter C) und führt zu den bereits erwähnten Zweifelsfällen, von denen einige zur Veranschaulichung der Verweisungstechnik nachfolgend hervorgehoben werden sollen (unter D).

2 Angesichts des vorstehend beschriebenen **strengen Dualismus der KGaA**, der sie zu einer **hybriden Rechtsform** macht, ist es müßig, nach dem eigentümlichen Charakter der KGaA zu fragen.[1] Mag sie für die einen eine Abart von Kommanditgesellschaft[2] oder Aktiengesellschaft[3] und für die anderen eine originäre Rechtsform sein,[4] sollten sich aus dieser **begriffstheoretischen Diskussion** für die Rechtsanwendung richtigerweise keine Schlüsse ziehen lassen. Bereits der geschichtliche Abriss hat gezeigt, dass der KGaA sowohl personalistische wie auch korporative Elemente innewohnen.[5] Für die Handhabung der KGaA in der täglichen Rechtspraxis ist es daher entscheidend, über die Verweisungstechnik das jeweils zutreffende Rechtsregime zu erfassen und mit den in §§ 279 ff. AktG niedergelegten Spezialvorschriften zu kombinieren. Dem Rechtsanwender erschließt sich dann das jeweils vertraute Gebiet des Personen- oder des Aktiengesellschaftsrechts, auf das er – je nach Weichenstellung in § 278 Abs. 2 und Abs. 3 AktG – gelenkt wird. Die Weiche im Einzelfall richtig zu stellen, kann eine Herausforderung sein, weshalb es zuverlässige Kriterien für die Handhabung der § 278 Abs. 2 und Abs. 3 AktG braucht. Neben der im Folgenden darzustellenden grundsätzlichen Differenzierung zwischen § 278 Abs. 2 und Abs. 3 AktG macht dies bisweilen auch eine detaillierte Auseinandersetzung mit der jeweiligen Thematik erforderlich, um ein möglichst hohes Maß an Rechtssicherheit zu erreichen. Hier ist die Diskussion seit der Vorauflage erfreulicherweise intensiv vorangeschritten,[6] wenn auch der mit

---

[1] So schon *Mertens/Cahn* in Kölner Komm AktG Vorb § 278 Rn. 2; anders *Bachmann* in Spindler/Stilz AktG § 278 Rn. 1; *ders.* FS K. Schmidt S. 41, 55 der bereits die begriffliche Zuordnung als Ausgangspunkt für die Bewertung der rechtlichen Grenzbereiche ansieht.
[2] *Assmann/Sethe* in GroßKomm AktG § 278 Rn. 9.
[3] *Bachmann* in Spindler/Stilz AktG § 278 Rn. 1; *Philbert* S. 95.
[4] Wenn auch nur begrenzt aussagekräftig, da am zu entscheidenden Fall orientiert z.B. BGHZ 134, 392, 398: „(...) keine bloße Spielart der Aktiengesellschaft, sondern eine eigenständige Rechtsform (...)".
[5] Siehe oben § 1 Rn. 3.
[6] Siehe näher § 3 Rn. 14 ff.

den dortigen Ausführungen erhoffte Effekt, Rechtssicherheit durch eine möglichst einfache Lösung (Verweisungstechnik) für eine komplexe Thematik (die KGaA als hybride Rechtsform) zu erreichen,[7] nicht eingetreten ist.[8] Es hat sich insbesondere gezeigt, dass im Einzelfall trotz der Anwendbarkeit des vorrangigen § 278 Abs. 2 AktG die analoge Anwendung von Bestimmungen des ersten Buchs des Aktiengesetzes angezeigt sein kann.[9]

B. Verweisungstechnik

I. Das Nebeneinander von Personengesellschafts- und Aktienrecht

Das Gesetz differenziert in § 278 AktG nach den beteiligten Personengruppen **3** und weist den sich hieraus ergebenden Rechtsverhältnissen entweder das Recht der Kommanditgesellschaft (§ 278 Abs. 2 AktG) oder das Recht der Aktiengesellschaft (§ 278 Abs. 3 AktG) zu. Die KGaA verfügt über Gesellschafter, die den Gläubigern unbeschränkt haften (persönlich haftende Gesellschafter oder Komplementäre), und über solche, die an dem in Aktien zerlegten Grundkapital beteiligt sind und nicht persönlich für die Verbindlichkeiten der Gesellschaft aufkommen (Kommanditaktionäre), § 278 Abs. 1 AktG. Im Einzelnen gilt:[10]

- Für das Rechtsverhältnis der persönlich haftenden Gesellschafter untereinander ist das Recht der Kommanditgesellschaft (§§ 161 ff. HGB) anzuwenden, § 278 Abs. 2 AktG.
- Für das Rechtsverhältnis der persönlich haftenden Gesellschafter gegenüber der Gesamtheit der Kommanditaktionäre ist ebenfalls das Recht der Kommanditgesellschaft (§§ 161 ff. HGB) maßgeblich, § 278 Abs. 2 AktG.
- Schließlich ist auch für Rechtsverhältnisse der persönlich haftenden Gesellschafter gegenüber Dritten das Recht der Kommanditgesellschaft anzuwenden (§§ 161 ff. HGB). Das Gesetz nennt in § 278 Abs. 2 AktG ausdrücklich die Befugnis der persönlich haftenden Gesellschafter zur Geschäftsführung und zur Vertretung der Gesellschaft. Daneben ist hier an die unbeschränkte Haftung der Komplementäre gegenüber den Gläubigern der Gesellschaft zu denken (§§ 161 Abs. 2, 128 HGB).
- Im Übrigen sind, soweit sich nicht aus den §§ 279 ff. AktG und dem Fehlen eines Vorstandes in der KGaA[11] etwas anderes ergibt, die Vorschriften des ers-

---

[7] Zu Recht kritisch *Bachmann* in Spindler/Stilz AktG § 278 Rn. 22 mit Fn. 63.
[8] Prägnant, wenn auch leicht defätistisch *Bachmann* FS K. Schmidt S. 41, 55: „Die KGaA präsentiert sich als Rechtsform, die sich auch bei großer gedanklicher Anstrengung nur schwer enträtseln lässt." Auch der Umstand, dass man zur Frage des anwendbaren Rechts eine instruktive Dissertation füllen kann, spricht wohl eher gegen eine einfache Handhabung der Rechtsform, s. *Philbert* Die Kommanditgesellschaft auf Aktien zwischen Personengesellschaftsrecht und Aktienrecht.
[9] Siehe dazu unten § 3 Rn. 27 ff.: analoge Anwendung des § 112 AktG; vgl. ferner *Förl/Fett* in Bürgers/Körber AktG § 278 Rn. 10.
[10] Siehe auch die Differenzierung nach Einzelaspekten bei *Assmann/Sethe* in GroßKomm AktG § 278 Rn. 6 und das Prüfungsschema bei *Philbert* S. 83 ff., 108 ff.
[11] Statt eines Vorstandes verfügt die KGaA über besagte persönlich haftende Gesellschafter, die als „geborene" Geschäftsführer die Geschicke der KGaA lenken.

ten Buches über die Aktiengesellschaft sinngemäß heranzuziehen, § 278 Abs. 3 AktG. Dies gilt auch für das Verhältnis Dritter, insbesondere Gläubigern, zur KGaA als juristische Person.
- Die vorstehend genannte Einschränkung für die Geltung des allgemeinen Aktienrechts, wonach die §§ 279 ff. AktG vorrangig zu beachten sind, gilt freilich auch für sämtliche Anwendungsfälle des § 278 Abs. 2 AktG, bei denen der Rechtsanwender in das Personengesellschaftsrecht verwiesen wird.

4   Aus dieser Übersicht folgt, dass zunächst die §§ 279–290 AktG daraufhin durchzusehen sind, ob sie den rechtlich zu bewertenden Fall behandeln; findet sich hier eine Regelung, so ist sie lex specialis.[12] Findet sich keine Regelung, ist danach zu differenzieren, ob der Fall eine Frage betrifft, die das Verhältnis der Gesellschaftergruppen zueinander, der Komplementäre untereinander bzw. der Komplementäre gegenüber Dritten berührt. Wird dies bejaht, kommt über die Verweisung in § 278 Abs. 2 AktG Personengesellschaftsrecht zur Anwendung. Alle übrigen Fallgestaltungen, insbesondere Rechtsverhältnisse zwischen den Kommanditaktionären, sind über die Generalverweisung in § 278 Abs. 3 AktG („im Übrigen") dem Aktienrecht zugewiesen.[13]

5   Auf folgende Sondervorschriften sei an dieser Stelle im Überblick hingewiesen:
- § 283 AktG normiert besondere **Pflichten für die persönlich haftenden Gesellschafter**, die denen eines Vorstandes einer Aktiengesellschaft entsprechen (etwa Sorgfaltspflicht und Verantwortlichkeit, Einberufung der Hauptversammlung, *nicht* aber: Geschäftsführung und Vertretung), und überlagert so das eigentlich einschlägige Personengesellschaftsrecht.[14] Hierdurch soll den Interessen der Öffentlichkeit und der Aktionäre in diesen für die Leitung der Gesellschaft wesentlichen Fragen auch bei der KGaA Geltung verschafft werden.[15]
- Die Regelung in § 284 AktG enthält ein **Wettbewerbsverbot** für die persönlich haftenden Gesellschafter. Sie lehnt sich an §§ 112, 113 HGB, § 88 AktG an, ist aber gegenüber beiden vorrangig; ob das Wettbewerbsverbot durch die Satzung abweichend geregelt werden kann, wird unterschiedlich gesehen.[16]
- Das Verhältnis der persönlich haftenden Gesellschafter zur Gesamtheit der Kommanditaktionäre wird für Fragen der Beschlussfassung in der Hauptversammlung mit § 285 AktG näher geregelt; § 285 Abs. 2 AktG normiert einen generellen **Zustimmungsvorbehalt** der persönlich haftenden Gesellschafter für Angelegenheiten, bei denen in einer Kommanditgesellschaft das Einverständnis der Komplementäre und der Kommanditisten erforderlich ist.

---

[12] So auch *Bachmann* in Spindler/Stilz AktG § 278 Rn. 21; *K. Schmidt* in Schmidt/Lutter AktG § 278 Rn. 44.

[13] An diesem bereits in der *Voraufl.* vertretenen „abstrakt-systematischen Ansatz" wird festgehalten (s. auch *Philbert* S. 124 passim). Demgegenüber lässt der „konkret-teleologische Ansatz" (Begriffe bei *Bachmann* in Spindler/Stilz AktG § 278 Rn. 23) ein Nebeneinander der aktien- und personengesellschaftsrechtlichen Bestimmungen zu und entscheidet im Rahmen einer wertenden Betrachtung über das im Einzelfall anzuwendende Recht, vgl. *Cahn* AG 2001, 579, 581 f.; *Mertens/Cahn* in Kölner Komm AktG Vor § 278 Rn. 13; *Bachmann* in Spindler/Stilz AktG § 278 Rn. 22 ff. Für die hier verfolgte Auslegungsmethode spricht weiterhin die Rechtssicherheit, s. *Förl/Fett* in Bürgers/Körber AktG § 278 Rn. 7 ff.; die im Zusammenhang mit dieser Diskussion typischerweise auftretenden Themen werden nachfolgend unter D) im Einzelnen dargestellt.

[14] *Baumbach/Hueck* AktG § 283 Rn. 2.

[15] *Assmann/Sethe* in GroßKomm AktG § 283 Rn. 3.

[16] Siehe dazu unter § 5 Rn. 281.

- § 287 AktG enthält eine Sonderregelung für den **Aufsichtsrat**. Die für seine Tätigkeit maßgeblichen Kompetenzen ergeben sich aber aus den allgemeinen Regeln des Aktienrechts, §§ 278 Abs. 3, 95 ff. AktG, wobei vor allem zu beachten ist, dass der Aufsichtsrat – anders als in der Aktiengesellschaft – von Gesetzes wegen nicht die Kompetenz hat, die Geschäftsführung (die persönlich haftenden Gesellschafter) zu „bestellen".[17]
- Besondere Bestimmungen für **Entnahmen** der persönlich haftenden Gesellschafter sowie für die **Kreditgewährung** enthält § 288 AktG und ergänzt so die einschlägige personengesellschaftsrechtliche Regelung, § 278 Abs. 2 AktG, §§ 161 Abs. 2, 122 HGB.
- §§ 289, 290 AktG beschäftigen sich schließlich mit der **Auflösung** der Gesellschaft, dem Ausscheiden von persönlich haftenden Gesellschaftern und der Abwicklung (**Liquidation**) der KGaA.

II. Konsequenzen aus der Gruppenbildung in § 278 Abs. 2, 3 AktG? – Die „Gesamtheit der Kommanditaktionäre" im Prozess –

Aus der Formulierung „Gesamtheit der Kommanditaktionäre" wurde vor allem im älteren Schrifttum geschlossen, die Kommanditaktionäre bzw. Komplementäre bildeten für sich jeweils einen eigenen „Personenverband", der eigenständig Rechte und Pflichten der sie tragenden Gesellschafter wahrnehmen könne.[18] Praktisch relevant wird die Frage vor allem bei der Vertretung der Gesamtheit der Kommanditaktionäre durch den Aufsichtsrat, § 287 Abs. 2 S. 1 AktG. Je nach zugrunde gelegtem Verständnis vertritt der Aufsichtsrat entweder den (aktiv und passiv parteifähigen) „Personenverband" der Kommanditaktionäre[19] oder aber die KGaA selbst gegenüber den Komplementären.[20] Zu letzterer Ansicht müsste konsequenterweise gelangen, wer der Gesamtheit der Kommanditaktionäre eine eigene Rechtspersönlichkeit abspricht und statt dessen in der Formulierung nur eine Zuständigkeitsverteilung für die Organe der KGaA sieht. Dass letztere, mittlerweile als herrschend zu bezeichnende Ansicht zutreffend ist, erklärt sich aus dem historischen Prozess, welcher der Formulierung in §§ 278 Abs. 2, 287 Abs. 2 AktG vorausgegangen ist. Sie stammt noch aus dem ADHGB und war dem Umstand geschuldet, dass die KGaA zu dieser Zeit noch nicht mit eigenständiger Rechtspersönlichkeit ausgestattet war; mit Verabschiedung des Aktiengesetzes von 1937 ist dies geändert worden (§ 219 AktG 1937), so dass die Formulierung schlicht überholt ist. Gleichwohl wird bisweilen – in Offenlegung des Widerspruches – die Parteifähigkeit der Gesamtheit der Kommanditaktionäre einerseits und die Ablehnung dieser Gesamtheit als rechtsfähiger Personenverband andererseits vertreten.[21] Allein um der Gesamtheit der Kommanditaktionäre zu ihrem Recht zu verhelfen, ist eine solche Interpretation freilich nicht erforderlich. Angesichts der vorstehend

---

[17] Im Einzelnen dazu unter § 5 Rn. 478.
[18] *Barz* in GroßKomm AktG, 3. Aufl. § 278 Rn. 8; siehe dazu auch unter § 1 Rn. 3.
[19] *Barz* in GroßKomm AktG, 3. Aufl. § 278 Rn. 8.
[20] *K. Schmidt* in Schmidt/Lutter AktG § 287 Rn. 20; *Förl/Fett* in Bürgers/Körber AktG § 278 Rn. 8; *Mertens/Cahn* in Kölner Komm AktG § 287 Rn. 20; *Sethe* AG 1996, 289, 300.
[21] Vgl. nur *Herfs* in Münch Hdb AG § 78 Rn. 58 ff.

genannten historischen Herleitung der Begrifflichkeiten ist § 287 Abs. 2 AktG allein als Kompetenznorm zu begreifen: Die „Gesamtheit der Kommanditaktionäre" fasst auf der Hauptversammlung den Beschluss, ob sie Klage erheben will; anschließend vertritt der Aufsichtsrat die KGaA bei der Wahrnehmung der Rechte der Kommanditaktionäre.[22] Um Zweifeln vorzubeugen, sollte gleichwohl im Prozess beiden Meinungen Rechnung getragen werden; als Formulierung bietet sich als Bezeichnung der Prozesspartei an: „die Gesamtheit der Kommanditaktionäre der X-KGaA, vertreten durch den Aufsichtsrat".[23]

C. Folgen der Verweisungstechnik für die Rechtsgestaltung

I. Die KGaA zwischen Gestaltungsfreiheit und Satzungsstrenge

7   Personengesellschaftsrecht ist **dispositives Recht**. Daher erlaubt es die Rechtsform der KGaA immer dann, wenn auf das Recht der Kommanditgesellschaft verwiesen wird, in der Satzung eine andere als die gesetzliche Regelung vorzusehen. Infolgedessen steht die Organisationsverfassung der KGaA zur Disposition des Rechtsanwenders, was nicht zuletzt den besonderen Reiz der KGaA in der Praxis ausmacht. Demgegenüber ist das Recht der KGaA, soweit es den Regelungen der §§ 279 ff. AktG entnommen wird bzw. aus dem allgemeinen Recht der Aktiengesellschaft folgt, **zwingend**; hier gilt die aktienrechtliche Satzungsstrenge (§ 23 Abs. 5 AktG).[24]

8   Damit ist das Verhältnis der Komplementäre untereinander bzw. gegenüber der Gesamtheit der Kommanditaktionäre für die Rechtsgestaltung offen. Die Satzung kann je nach Zweckrichtung der Unternehmung entweder den Komplementären (sog. personalistische Gesellschaft) oder aber den Kommanditaktionären (sog. hauptversammlungsorientierte KGaA) eine dominierende Rolle zuweisen. Daneben sind vielfältige Schattierungen zwischen den genannten Extremen denkbar. Die Kompetenzen der Kommanditaktionäre können beispielsweise auch durch einen von ihnen bestimmten Beirat oder Aufsichtsrat wahrgenommen werden, wobei der Beirat/Aufsichtsrat durch die Satzung weitestgehend mit den Kompetenzen eines Aufsichtsrates einer Aktiengesellschaft ausgestattet werden kann.[25]

9   Eine personalistische Struktur mag beispielsweise dann angezeigt sein, wenn die vormaligen Alleininhaber des Unternehmens nunmehr Dritte als Kapitalgeber gewinnen, aber ihren maßgeblichen Einfluss auf die Geschäftsführung behalten wollen. Das Recht der KGaA erlaubt es, auch den nicht oder nur minimal am Gesamtkapital (Sondereinlagen der persönlich haftenden Gesellschafter plus Grund-

---

[22] Konsequent *Assmann/Sethe* in GroßKomm AktG § 287 Rn. 62; *Sethe* AG 1996, 289, 300.

[23] So auch die gleichlautende Empfehlung von *Hüffer/Koch* § 287 Rn. 2; *Assmann/Sethe* in GroßKomm AktG § 287 Rn. 62; *Förl/Fett* in Bürgers/Körber AktG § 287 Rn. 7; *Schlitt* Die Satzung der KGaA S. 177.

[24] Statt vieler in *Hüffer/Koch* § 278 Rn. 18.

[25] Vgl. *Fischer* Die KGaA nach dem MitbestG S. 100 ff.; *Arnold* Die GmbH & Co. KGaA S. 46 f.; *Sethe* AG 1996, 289, 293; zum Beirat/Aufsichtsrat ferner unter § 5 Rn. 439 ff.

kapital der KGaA²⁶) beteiligten persönlich haftenden Gesellschafter die Kontrolle über die Führung der Geschäfte in der KGaA ausüben zu lassen. In diesem Zusammenhang sei auf Familiengesellschaften verwiesen, die ihre Unternehmung angesichts zunehmenden Kapitalbedarfs mit Hilfe der Rechtsform der KGaA an die Börse bringen, über die Komplementärstellung aber weiterhin die Geschicke der Gesellschaft lenken wollen.²⁷

Demgegenüber ist auch denkbar, dass eine Gruppe von Kapitalgebern nur bereit **10** ist, ihr Geld zur Verfügung zu stellen, wenn sie weitreichende Einflussmöglichkeiten auf die Geschäftsführung der KGaA eingeräumt bekommt. Ein eingesetzter Komplementär fungiert in diesen Fällen quasi wie ein Vorstand einer Aktiengesellschaft und ist durch eine entsprechende Satzungsgestaltung von dem Votum der Kommanditaktionäre abhängig; ähnliches kann bei einer KGaA beabsichtigt sein, die zwei Familienstämme unter einem Dach vereinen soll.

II. Zwingendes Sonderrecht für die kapitalistische bzw. atypische KGaA?

Seit dem Beschluss des BGH zur Zulässigkeit der Kapitalgesellschaft & Co. **11** KGaA²⁸ wird diskutiert, ob für diese sog. kapitalistische bzw. atypische Form der KGaA ein „**Sonderrecht**" gelten solle, das die Gestaltungsfreiheit einschränkt.²⁹ Hintergrund dieser Überlegung ist, dass die aufgrund der Geltung des Personengesellschaftsrechts bei der normtypischen KGaA bevorzugte Stellung der Komplementäre gegenüber den Kommanditaktionären bei einer Kapitalgesellschaft & Co. KGaA ohne inhaltliche Rechtfertigung ist, da die Geschäftsleiter der Komplementärgesellschaft gerade nicht der unbeschränkten persönlichen Haftung für ihre Geschäftstätigkeit unterliegen wie Komplementäre, die sich als natürliche Personen beteiligen. Wenn danach Komplementär wie Kommanditaktionär allein „Anteilseigner" der KGaA sind – vergleichbar den Aktionären in der Aktiengesellschaft –, die Komplementäre aber gleichwohl unabhängig von ihrer Beteiligung mit einem deutlichen Mehr an Rechten ausgestattet sind, droht eine (nicht mehr durch eine persönliche Haftung gerechtfertigte) „Minderheitenherrschaft" der Komplementärgesellschaft,³⁰ die einen erhöhten Schutzbedarf der Mehrheit hervorruft.³¹ Nach Ende dieser Diskussion durch das Urteil des BGH und der faktischen Anerkennung der Kapitalgesellschaft & Co. KGaA durch den Gesetzgeber in § 279 Abs. 2

---

²⁶ Siehe hierzu unter § 7 Rn. 1.
²⁷ Zum Börsengang der KGaA siehe § 10 Rn. 4 f.; siehe in der Praxis die Beispiele der DAX-Unternehmen Fresenius SE & Co. KGaA und Fresenius Medical Care AG & Co. KGaA, bei denen die Stiftung der ehemaligen Alleingesellschafterin direkt oder mittelbar die Geschicke bestimmt, ohne *mehrheitlich* am Gesellschaftsvermögen der Unternehmen beteiligt zu sein.
²⁸ BGHZ 134, 392 = NJW 1997, 1923.
²⁹ Vgl. etwa die Kommentierung von *Perlitt* in Münch Komm AktG § 278 Rn. 268 ff. einerseits und die von *Assmann/Sethe* in GroßKomm AktG § 278 Rn. 7 andererseits.
³⁰ Vgl. *Priester* ZHR 160 (1996), 250, 261 ff.
³¹ Aus diesem Befund hat *Steindorff* noch auf die Unzulässigkeit der Rechtskonstruktion Kapitalgesellschaft & Co. KGaA geschlossen, s. *Steindorff* FS Ballerstedt, 1975, S. 127, 137 f.; dem folgend Reuter AcP 179 (1979), 509, 550.

AktG[32] wird im Schrifttum nun stattdessen nach besonderen Schutzmechanismen für die „strukturell unterlegene ‚Mehrheit'" gesucht.

12   Der BGH selbst hatte mit dem Hinweis auf die drohende Minderheitenherrschaft in seinem Beschluss angedeutet, die Komplementärgesellschaft könne aus Treuepflichtgesichtspunkten gehalten sein, bei der Satzungsgestaltung auf die Belange der Kommanditaktionäre Rücksicht zu nehmen; dies gelte etwa bei Einschränkung der Rechte der Kommanditaktionäre bzw. Ausweitung von Komplementärbefugnissen.[33] Das Schrifttum hat diesen Hinweis aufgenommen und als dogmatische Grundlage eine Parallele zum Recht der Publikumspersonengesellschaft vorgeschlagen,[34] in der ebenfalls eine Kapitalgesellschaft als Komplementärin die Geschäfte führt und eine Vielzahl von Kommanditisten das Kapital beisteuert. Im Personengesellschaftsrecht hat der BGH eine Inhaltskontrolle des Gesellschaftsvertrages der Kommanditgesellschaft statuiert und anhand der dafür aufgestellten Grundsätze ein „Sonderrecht" geprägt.[35] Einige Stimmen in der Literatur nehmen an, dieses gelte gleichermaßen für die KGaA, sofern sie in ihrer Gestaltung mit entsprechenden Personengesellschaften vergleichbar ist und nicht schon durch aktienrechtliche Vorschriften ein ähnlicher Schutz erreicht wird.[36] Daneben wird ein kapitalmarktrechtlicher Ansatz vertreten, wonach die Kommanditaktien einer KGaA nur dann von der Zulassungsstelle zum Handel an einer Börse zugelassen werden sollen, wenn die Satzung dem Recht der Bundesrepublik Deutschland entspreche; dies wiederum sei nur gegeben, wenn dem Anlegerschutz in ausreichendem Maße Rechnung getragen sei.[37]

13   Beide Ansätze sind im Schrifttum auf Kritik gestoßen.[38] Es wurde zu Recht darauf verwiesen, dass die Anleger sich aufgrund des Emissionsprospekts und gestützt durch die Kapitalmarktinstitutionen, Berater sowie Presse selbst ein Bild über die Angemessenheit ihrer Rechte machen können.[39] Eines Schutzes durch die Zulassungsstelle vor Satzungen, die gesetzlich bestimmten „Anforderungen des Anlegerschutzes" nicht genügen, bedarf es daher nicht.[40] Ob ungeachtet dessen der oben postulierte „Sonderrechtsgedanke" entsprechend dem Recht der Publikumspersonengesellschaft für die KGaA in Betracht kommt oder vielmehr die durch die

---

[32] In § 279 Abs. 2 AktG hat der Gesetzgeber normiert, dass eine KGaA, in der keine natürliche Person persönlich haftet, eine Bezeichnung beinhalten muss, welche die Haftungsbeschränkung kennzeichnet. Dies entspricht der Regelung in § 19 Abs. 2 HGB für die OHG und Kommanditgesellschaft.

[33] BGHZ 134, 392, 399 f. = NJW 1997, 1923, 1925.

[34] *Schaumburg/Schulte* Die KGaA S. 35 f. wohl auch *Overlack* RWS-Forum 10 Gesellschaftsrecht 1997 S. 237, 258 f.; *Ihrig/Schlitt* ZHR Beiheft 67 (1998), 33 ff.

[35] Vgl. etwa BGH NJW 1975, 1318; NJW 1982, 2303; NJW 1988, 971; siehe ferner die Zusammenfassung von *Koller* in Koller/Kindler/Roth/Morck HGB § 161 Rn. 7.

[36] *Perlitt* in Münch Komm AktG § 278 Rn. 339; *Bachmann* in Spindler/Stilz AktG § 278 Rn. 30 f.

[37] *Hommelhoff* ZHR Beiheft 67 (1998), 9, 26 ff. notwendig seien personalpolitische und sachliche Rückkoppelungen zwischen der Komplementär-GmbH und der KGaA; dem folgend *Arnold* GmbH & Co KGaA S. 70 f.

[38] *Assmann/Sethe* in GroßKomm AktG § 278 Rn. 7; *Wichert* AG 2000, 268 ff.; vgl. dazu ferner § 10 Rn. 30 ff.; *Mertens/Cahn* in Kölner Komm AktG Vor § 278 Rn. 16.

[39] *Assmann/Sethe* in GroßKomm AktG § 278 Rn. 7; *Herfs* in Münch Hdb AG § 79 Rn. 19.

[40] Zudem ist die Frage nicht unberechtigt, ob eine Zulassungsstelle für die – hier noch notwendige – Rechtsfortbildung im Recht der kapitalistischen KGaA die richtige Einrichtung sein kann; in diese Richtung auch *Wichert* AG 2000, 268, 276.

"Minderheitenherrschaft" bedingten Probleme an den richtigen Stellen durch eine an Sinn und Zweck orientierte Auslegung der angesprochenen Normen zu lösen ist, wird an anderer Stelle im Detail erörtert.[41] Es spricht jedenfalls vieles dafür, dass es bei interessenausgewogener Auslegung der maßgeblichen Vorschriften keines "Sonderrechts" der kapitalistischen KGaA bedarf.[42]

D. Die Verweisungstechnik in Zweifelsfällen

Ein besseres "Gespür" für die Rechtsdogmatik der Verweisungstechnik kann man vor allem bei der Einordnung von Zweifelsfällen gewinnen, die sowohl die Anwendung des Aktien- wie des Personengesellschaftsrechts plausibel erscheinen lassen. Anhand der nachfolgenden Beispielsfälle lässt sich dies veranschaulichen.   **14**

I. "Holzmüller"-Doktrin in der KGaA? – Zur Kompetenzverteilung bei Übertragung wesentlichen Vermögens –

Nach der "Holzmüller"-Entscheidung des BGH muss die Hauptversammlung bei *Aktiengesellschaften* bekanntlich um Zustimmung gebeten werden, wenn eine **Strukturentscheidung von herausragender Bedeutung** zu treffen ist, bei welcher der Vorstand vernünftigerweise nicht annehmen kann, dass er die Entscheidung in ausschließlich eigener Verantwortung treffen darf, ohne die Hauptversammlung zu beteiligen.[43] In der Entscheidung wurden rund 80% der Aktiva von der Aktiengesellschaft auf ein Tochterunternehmen verlagert; im Schrifttum wurde bisweilen schon für ein Zustimmungsrecht ab 10–15% der Aktiva plädiert, ohne dass sich lange Zeit eine klare Meinung herausgebildet hätte.[44] Die "Holzmüller"-Doktrin wurde darüber hinaus durch das Schrifttum auf zahlreiche andere Bereiche von Geschäftsführungsmaßnahmen ausgedehnt[45] – immer orientiert an dem eingangs erwähnten Maßstab des BGH.   **15**

Der BGH konkretisierte die "Holzmüller"-Vorgaben im Jahr 2004 durch das sog. **"Gelatine"-Urteil**.[46] Danach soll der Anwendungsbereich von "Holzmüller"-Fällen auf solche Maßnahmen begrenzt werden, die an die Kernkompetenz der Hauptversammlung heranreichen, weil sie solchen Fällen, die eine Satzungsänderung erfordern, zumindest nahe kommen. Dies intendiert bereits, dass es eindeutige Schwellenwerte bei der Beurteilung der Frage, was hierunter fallen soll, weiterhin nicht geben kann. Erfasst sein sollen jedenfalls nur solche Fälle, die von ihrer wirtschaftlichen Bedeutung her mit dem "Holzmüller"-Fall vergleichbar sind. Es kann also angenommen werden, dass nicht lediglich Bagatellwerte von 10–20% des Gesellschaftsvermögens ausgeschlossen werden sollen, sondern alle   **15a**

---

[41] Siehe dazu unter § 5 Rn. 98 ff.
[42] Vgl. im Einzelnen *Förl/Fett* in Bürgers/Körber AktG § 278 Rn. 37a f.
[43] BGH NJW 1982, 1703.
[44] Vgl. nur *Reger* in Bürgers/Körber AktG § 119 Rn. 12 ff. m.w.N.
[45] Siehe die Übersicht bei *Mülbert* in GroßKomm AktG § 119 Rn. 30.
[46] BGHZ 159 = BGH NJW 2004, 1860 – Gelatine.

Fälle, die nicht den überwiegenden wirtschaftlichen Wert der Gesellschaft ausmachen.[47]

16   Als rechtliche Verankerung zur Begründung der Vorlagepflicht bei einer Geschäftsführungsmaßnahme wurde in der „Holzmüller"-Entscheidung eine „Schrumpfung" des ansonsten nach § 76 Abs. 1 AktG weiten Vorstandsermessens angenommen und an § 119 Abs. 2 AktG angeknüpft.[48] Das Ermessen des Vorstandes, nach § 119 Abs. 2 AktG eine Frage der Geschäftsführung der Hauptversammlung vorzulegen, verdichte sich zu einer Pflicht, die Hauptversammlung über derartige Maßnahmen von herausragender Bedeutung abstimmen zu lassen. In „Gelatine" änderte der BGH die dogmatische Begründung für die Beteiligung der Hauptversammlung an Geschäftsführungsmaßnahmen: das Teilnahmerecht beruhe nicht auf § 119 Abs. 2 AktG, sondern sei das Ergebnis einer offenen Rechtsfortbildung.[49] Dem in der Literatur vertretenen Ansatz einer Gesamtanalogie zu strukturändernden Vorschriften des AktG und des UmwG wurde nicht gefolgt, da die in den Fokus genommen Vorschriften das Problem lediglich auf der Tatbestandsseite (Aktionäre sind zu beteiligen), nicht aber auf der Rechtsfolgenseite (der Vorstand kann im Außenverhältnis gleichwohl unbeschränkt vertreten) zutreffend regelten.[50]

17   Ob diese sog. „Holzmüller"-Doktrin mit den vorstehend genannten Rechtsfolgen auch für die KGaA gilt, wird im Schrifttum unterschiedlich beantwortet[51] und ist von der Rechtsprechung bislang **nicht höchstrichterlich entschieden**. Vor dem „Gelatine"-Urteil des BGH war der dogmatische Ansatzpunkt das zur Vorlagepflicht mutierte Vorlagerecht aus § 119 Abs. 2 AktG. Diese Norm betrifft das Verhältnis zwischen Komplementären und Kommanditaktionären, welches gemäß § 278 Abs. 2 AktG bei der KGaA dem Personengesellschaftsrecht unterliegt. Somit lag die (schlichte) Schlussfolgerung nahe, die seinerzeit mit § 119 AktG begründeten „Holzmüller"-Grundsätze seien auf die KGaA nicht übertragbar, da auch das Aktienrecht und damit § 119 Abs. 2 AktG hier nicht anwendbar seien.[52] Mit der „Gelatine"-Entscheidung des BGH wird man diese ohnehin arg formalistische Argumentation nicht mehr aufrechterhalten können.[53] Doch auch die Überlegung, die Rechtsfortbildung habe ihren Ursprung in aktien- und umwandlungsrechtlichen Vorschriften, die nach § 278 Abs. 3 AktG für die KGaA zwingend gelten, weshalb die „Holzmüller" und „Gelatine"-Rechtsprechung auf die KGaA zu

---

[47] BGH 159, 30, 45, 48 hat selbst 50% als deutlich zu gering bezeichnet.
[48] Das Schrifttum hat sich größtenteils gegen die zunächst angenommene dogmatische Herleitung des BGH gewandt und stattdessen mit Gesamtanalogien zu bestehenden Kompetenzen der Hauptversammlung im Aktienrecht (etwa §§ 293 Abs. 1 S. 1, 319 Abs. 2 S. 1, 320 Abs. 1 S. 3 AktG) argumentiert, vgl. etwa *Mülbert* in GroßKomm AktG § 119 Rn. 23; *ders.* Aktiengesellschaft Unternehmensgruppe und Kapitalmarkt S. 395 f., 420 ff.; *Hübner* FS Stimpel, 1985, S. 791, 795 ff.; *Rehbinder* ZGR 1983, 92, 98.
[49] BGH NJW 2004, 1860 unter Verweis auf *Geßler* FS Stimpel, 1985, S. 771, 780.
[50] *Hoffmann* in Spindler/Stilz AktG § 119 Rn. 26.
[51] Dafür *Bachmann* in Spindler/Stilz AktG § 278 Rn. 71; *K. Schmidt* in K. Schmidt/Lutter AktG § 278 Rn. 39; *Heermann* ZGR 2000, 61, 70 f.; *Ihrig/Schlitt* ZHR Beiheft 67 (1998), 33, 65 ff. dagegen *Assmann/Sethe* in GroßKomm AktG Vor § 278 Rn. 102; *Herfs* in Münch Hbd AG § 78 Rn. 17, 43; *Mertens/Cahn* in Kölner Komm § 278 Rn. 63; *Philbert* S. 194; *Sethe* S. 148 f.; *Fett* S. 242; *Förl/Fett* in Bürgers/Körber § 278 Rn. 47; *Hoffmann-Becking/Herfs* FS Sigle, 2000, S. 273, 286 f.
[52] Vgl. *Voraufl* § 3 Rn. 17 und *Fett/Förl* NZG 2004, 210, 211 f.
[53] So zu Recht *Bachmann* in Spindler/Stilz AktG § 278 Rn. 71.

übertragen sei, verfängt nicht. Zum einen hat der BGH im „Gelatine"-Urteil ausdrücklich ausgeführt, dass die in Betracht kommenden Normen des Aktien- und Umwandlungsrechts für eine Gesamtanalogie angesichts der damit verbundenen Rechtsfolgen nicht passen. Zum anderen wird bei einer solchen Argumentation außer Acht gelassen, dass es der Sache nach um die Frage geht, wie die persönlich haftenden Gesellschafter der KGaA mit außergewöhnlichen Geschäften umzugehen haben. Für Fragen der Geschäftsführung verweist § 278 Abs. 2 AktG in das Personengesellschaftsrecht, das hierfür wiederum eine sachgerechte Lösung parat hat:

Auf den ersten Blick scheint die personengesellschaftsrechtliche Dogmatik des **18** „**Grundlagengeschäfts**", das den Kernbereich der Mitgliedschaft tangiert, auf die hier angesprochenen Rechtsgeschäfte mit strukturmaßnahmenähnlichem Charakter zu passen. Danach dürften die Komplementäre nur solche „Holzmüller"-Geschäfte ohne Beteiligung der Kommanditaktionäre abschließen, die konkret in der Satzung benannt wären.[54] Problematisch wird die Anwendung dieser dogmatischen Rechtsfigur jedoch bei den Rechtsfolgen, sollte es zu einem Abschluss eines Geschäfts kommen, das gerade nicht in der Satzung präzise genug vorgezeichnet worden ist. Denn nach den allgemeinen Grundsätzen agieren die Komplementäre ohne Geschäftsführungs- und Vertretungsbefugnis, wenn sie ein Grundlagengeschäft ohne die notwendige Beteiligung der übrigen Gesellschafter abschließen.[55] Diese Rechtsfolge ist bei der Vornahme klassischer Grundlagengeschäfte auch schlüssig, da es hierbei gerade um die Abgrenzung der internen Befugnisse geht. Die damit verbundene Rechtsunsicherheit wird man dem Rechtsverkehr bei Verkehrsgeschäften, die den „Holzmüller"-Fällen typischerweise zugrunde liegen, hingegen kaum aufbürden können.[56] Sie ist auch systemfremd, da das deutsche Recht keine „*ultra vires*"- Doktrin kennt, wonach die rechtliche Handlungsfähigkeit auf den satzungsmäßigen Geschäftszweck beschränkt ist. Schließlich wäre diese Rechtsfolge auch nicht mit der vom BGH im „Gelatine"-Urteil geforderten unbedingten Wirksamkeit der ohne Hauptversammlungszustimmung abgeschlossenen Rechtsgeschäfte vereinbar.

Leitet man hingegen das Zustimmungsrecht der Kommanditaktionäre bzw. die **19** Vorlagepflicht der Komplementäre aus der zwischen ihnen bestehenden personengesellschaftsrechtlichen **Treuepflicht**[57] ab,[58] lässt sich das im „Gelatine"-Urteil erreichte Ergebnis auch für die KGaA friktionsfrei erreichen. So wird die außerordentliche Geschäftsführungsmaßnahme als solche zunächst – der Zuweisungsdogmatik entsprechend – über § 278 Abs. 2 AktG zutreffend dem Personengesellschaftsrecht (und gerade nicht dem Aktienrecht) zugewiesen, ohne hier die für Rechtsgeschäfte gerade nicht passende Lehre von „Grundlagengeschäft" und „Kernbereichslehre" anwenden zu müssen. Im Ergebnis können die Kommandit-

---

[54] Mit dieser dogmatischen Begründung OLG Stuttgart NZG 2003, 778, 783; *Assmann/Sethe* in GroßKomm AktG § 278 Rn. 123.
[55] Vgl. nur *Habersack* in Staub HGB § 126 Rn. 12.
[56] *Philbert* S. 190, will zur Vermeidung dieses Ergebnisses – freilich systemfremd – trotz des Vorliegens eines Grundlagengeschäfts die Vertretungsbefugnis der Komplementäre bestehen lassen.
[57] Näher zur Treuepflicht unten § 3 Rn. 20 ff.
[58] *Fett/Förl* NZG 2004, 210, 215; *dies.* in Bürgers/Körber AktG § 278 Rn. 47; *Perlitt* in Münch Komm AktG § 278 Rn. 183; zur Abgrenzung von Grundlagengeschäft und außergewöhnlicher Geschäftsführungsmaßnahme auch *Hüffer/Koch* § 278 Rn. 17a.

aktionäre und alle übrigen, ggf. nicht an der Geschäftsführung beteiligten Komplementäre aufgrund der allein intern wirkenden personengesellschaftsrechtlichen Treuebindungen von den geschäftsführenden Komplementären verlangen, an der Willensbildung vor der Durchführung der Maßnahmen von herausragender Bedeutung (der sog. „Holzmüller"-Fälle) beteiligt zu werden und zwar gerade auch dann, wenn ihr Zustimmungsrecht nach § 278 Abs. 2 AktG, § 164 S. 1 HS. 2 HGB ausgeschlossen worden ist. Verstoßen die geschäftsführenden Komplementäre gegen diese Treuebindungen und legen die Sachfrage nicht zur Entscheidung vor, sind die in ihrem Zuge abgeschlossenen Rechtsgeschäfte gleichwohl wirksam. Die geschäftsführenden Komplementäre sehen sich aber möglichen Schadensersatzansprüchen der übrigen Gesellschafter wegen Verletzung der Treuepflicht ausgesetzt. Zu diesem Ergebnis passt, dass der BGH mittlerweile von dem personengesellschaftsrechtlichen Konzept des Bestimmtheitsgrundsatzes und der Kernbereichslehre Abstand genommen hat und für die Frage, ob und inwieweit sich die Mehrheit gegenüber der Minderheit durch (Mehrheits-)Beschlussfassung durchsetzen kann, als Maßstab allein auf die zwischen den Gesellschaftern bestehende Treuepflicht abstellt.[59]

II. Treuepflicht in der KGaA

20 Zu Zweifelsfällen kann es auch bei der Frage nach den für die Gesellschafter der KGaA maßgeblichen Treuepflichten kommen. Die Treuepflicht zwischen Gesellschaftern hat in § 242 BGB ihren Ursprung und ist Basis für gegenseitige Loyalitäts-, Rücksichtnahme- und Duldungspflichten.[60] Je nach einschlägiger Verweisungsnorm wäre die Treuepflicht entweder aus Personengesellschafts- oder aber aus Aktienrecht abzuleiten.

21 Ursprünglich wurde die Treuepflicht nur mit der Personengesellschaft in Verbindung gebracht, da bei dieser die Gesellschafter wegen der personalistischen Struktur und der gemeinsamen Zweckverfolgung enger miteinander arbeiten und so notwendigerweise ein höheres Maß an Loyalitäts-, Rücksichtnahme und Duldungspflichten übernehmen müssen.[61] Für das Aktienrecht war lange Zeit umstritten, ob es angesichts des wenig oder gar nicht vorhandenen persönlichen Miteinanders überhaupt Treuepflichten zwischen den Aktionären geben kann.[62] Seit dies durch die Rechtsprechung des BGH anerkannt ist,[63] wird rechtsdogmatisch überzeugend nicht mehr zwischen den verschiedenen Rechtsformen, sondern vorrangig nur noch danach unterschieden, wie die Struktur der jeweiligen Gesellschaft ausgeprägt ist:[64] je personalistischer, desto intensiver die Treuepflicht. Daher könnte es bei der KGaA grundsätzlich dahinstehen, aus welchem Rechtskreis

---

[59] BGH NJW 2015, 859; zustimmend *Ulmer*, ZIP 2015, 657 ff.; krit. *Altmeppen*, NJW 2015, 2065 ff.
[60] *K. Schmidt* Gesellschaftsrecht § 20 IV 1 (S. 588 f.).
[61] Vgl. etwa *Roth* in Baumbach/Hopt HGB § 109 Rn. 23 ff.
[62] Siehe den Überblick bei Hüffer/*Koch* § 53a Rn. 13 ff.
[63] BGHZ 103, 184 = NJW 1988, 1579 – Linotype; BGHZ 129, 136, 142 f. = NJW 1995, 1739 – Girmes; anders noch BGH AG 1976, 218 f. – Audi/NSU.
[64] So insbesondere *K. Schmidt* Gesellschaftsrecht § 20 IV 2 (S. 593).

Fett

die Treuepflicht abgeleitet wird, ob also § 278 Abs. 2 oder 3 AktG einschlägig ist. Hierbei würde aber missachtet, dass der Inhalt der Treuepflicht stets rechtsformspezifischen Ausformungen unterliegt. So ist das Verhältnis der Aktionäre untereinander – anders als etwa in OHG oder Kommanditgesellschaft – nicht personalistisch, sondern korporativ geprägt;[65] ferner haben die Aktionäre grundsätzlich keine Möglichkeit, unmittelbar auf die Geschäftsführung der Aktiengesellschaft einzuwirken und so die Geschicke der Aktiengesellschaft zu lenken. In der Praxis besteht daher regelmäßig im Aktienrecht eine weniger ausgeprägte Treuepflicht als im Personengesellschaftsrecht.

Übertragen auf die KGaA bedeutet dies, dass es grundsätzlich **keinen einheitlichen Treuepflichtmaßstab** für die Gesellschafter der KGaA geben kann. Um zu wissen, welchem der vorstehend genannten typischerweise einschlägigen, durch Rechtsprechung unterlegten Treuepflichtmaßstäbe entsprochen werden muss, ist letztlich zu prüfen, welchem Rechtskreis das jeweilige Rechtsverhältnis der Gesellschaftergruppen zuzuordnen ist. So gilt für die Komplementäre untereinander uneingeschränkt der Treuepflichtenmaßstab des Personengesellschaftsrechts (§ 278 Abs. 2 AktG).[66] Dasselbe gilt für die Treuepflicht der Komplementäre gegenüber der *Gesamtheit* der Kommanditaktionäre;[67] auch hier ist die personengesellschaftsrechtliche Treuepflicht der zutreffende Maßstab (§ 278 Abs. 2 AktG).[68] Für die Treuepflichten der Kommanditaktionäre untereinander bzw. der Kommanditaktionäre gegenüber der KGaA und umgekehrt gilt nach § 278 Abs. 3 AktG regelmäßig allein das Aktienrecht; eine besondere Treuepflicht gegenüber den Komplementären besteht folglich grundsätzlich nicht.[69] Anders verhält es sich aber – und insofern ist die eingangs genannte dogmatische Überlegung auch praktisch relevant –, wenn den Kommanditaktionären in einer hauptversammlungsorientierten KGaA erhebliche Einflussmöglichkeiten auf die Geschäftsführung der KGaA gewährt werden. In diesem Fall passt der typische Treuepflichtenmaßstab des Aktienrechts nicht, so dass die Treuepflichten der Kommanditaktionäre gegenüber ihren Mitgesellschaftern, also auch gegenüber den Komplementären, denen der Komplementäre entspricht.[70]

Ob schließlich auch eine Treuepflicht des einzelnen Komplementärs gegenüber jedem *einzelnen* Kommanditaktionär besteht, wird regelmäßig verneint.[71] Zur Begründung wird angeführt, dass sich die aktienrechtlich begründete Treuepflicht unter Aktionären nicht auf das Verhältnis von Komplementär und einzelnem Kommanditaktionär übertragen lasse; im Übrigen bestehe für eine solche Treuepflicht auch kein Bedürfnis.[72] Eine Antwort hierauf lässt sich bei zugrunde gelegten typischen Organkompetenzen durch die Verweisungstechnik gewinnen.

---

[65] Hieran knüpft etwa *Flume* ZIP 1996, 161 ff., seine grundlegende Kritik an der Rechtsprechung des BGH zur Treuepflicht im GmbH- und im Aktienrecht: Quelle für Rechte und Pflichten des Aktionärs sei allein die Mitgliedschaft.
[66] *Assmann/Sethe* in GroßKomm AktG § 278 Rn. 58.
[67] Die Frage muss mithin alle, nicht nur einzelne Kommanditaktionäre betreffen, vgl. *Assmann/Sethe* in GroßKomm AktG § 278 Rn. 59.
[68] *Perlitt* in Münch Komm AktG § 278 Rn. 91.
[69] *Assmann/Sethe* in GroßKomm AktG § 278 Rn. 90; *Perlitt* in Münch Komm AktG § 278 Rn. 92.
[70] So zu Recht *Perlitt* in Münch Komm AktG § 278 Rn. 92.
[71] Etwa *Assmann/Sethe* in GroßKomm AktG § 278 Rn. 60.
[72] *Assmann/Sethe* in GroßKomm AktG § 278 Rn. 60.

Weil das Verhältnis zwischen Komplementär und einzelnem Kommanditaktionär gemäß § 278 Abs. 3 AktG durch das allgemeine Aktienrecht bestimmt wird, muss eine Treuepflicht zwischen Komplementär und einzelnem Kommanditaktionär ausscheiden: Zwischen Vorstand und Aktionär einer Aktiengesellschaft besteht bekanntlich auch keine genuine Treuepflicht. Hiervon zu unterscheiden ist die vorstehend genannte Treuepflicht der KGaA gegenüber den Kommanditaktionären, die sich nach allgemeinem Aktienrecht richtet; bei der Wahrnehmung dieser Pflicht wird die KGaA von ihren Komplementären vertreten.

III. Änderungen von Satzungsbestimmungen mit personengesellschaftsrechtlichem Ursprung

24 Dogmatisch besonders interessant wird die Anwendung der Verweisungstechnik in § 278 Abs. 2 bzw. Abs. 3 AktG im Falle von Satzungsänderungen, die Angaben nach § 281 AktG betreffen. Die Stellung der Komplementäre und – soweit geleistet – ihre Vermögenseinlagen haben einen personengesellschaftsrechtlichen Ursprung, müssen aber nach § 281 AktG auch in der (Gründungs-)Satzung verankert werden. Intensiv diskutiert wird die Frage, wie sich der Prozess der Satzungsänderung bei diesen „personengesellschaftsrechtlichen Gegenständen" zu vollziehen hat. Folgt man der Verweisungstechnik der § 278 Abs. 2, 3 AktG auch hier, müssten Änderungen der Satzung, die dem Personengesellschaftsrecht zuzuordnen sind, auch nach dessen Regeln geändert werden können (§ 278 Abs. 2 AktG, §§ 161 Abs. 2, 119 HGB). Gegen diese dogmatisch naheliegende Vorgehensweise wird unter Verweis auf den Topos der **„einheitlichen Satzung"** der KGaA angeführt, dass selbige – jedenfalls formal – nur nach einem Rechtsregime – nämlich dem des Aktienrechts – geändert werden könne.[73] Folgt man dieser Grundidee, lässt sich das Ergebnis nicht mehr mit den §§ 278 Abs. 2, 3 AktG herleiten. Denn in der Konsequenz führt diese Sichtweise dazu, dass jede Änderung der Satzung – unabhängig davon, ob ihr Bestandteil nach den Verweisungsnormen des § 278 AktG dem Personengesellschaftsrecht oder dem Aktienrecht zuzuordnen ist – regelmäßig *zwingend* einer Dreiviertelmehrheit der Hauptversammlung (nach § 179 Abs. 2 AktG), der Zustimmung der Komplementäre (§ 285 Abs. 2 AktG) und der konstitutiven Eintragung in das Handelsregister bedarf (§ 181 Abs. 3 AktG).[74] Auf diese Weise nähert man die KGaA in zentralen, eigentlich nach § 278 Abs. 2 AktG dem Personengesellschaftsrecht zugewiesenen Fragen, wie etwa der Komplementärstellung oder der Einlage der Komplementäre, der Aktiengesellschaft an und nimmt ihr die vom Gesetzgeber mittelbar zugestandene Gestaltungsfreiheit. Vertritt man aber die Auffassung, dass wegen der „Einheitlichkeit der Satzung" bei jeder eigentlich durch das Personengesellschaftsrecht zu beantwortenden Frage auch das Aktienrecht einschlägig ist, wäre ein Abbedingen der Zustimmung der Hauptversammlung zur Satzungsänderung oder eine Delegation der Entscheidung auf den Aufsichtsrat (etwa bei Ein- und Austritt eines Komplementärs) wegen der zwingenden Regelung des § 179 AktG eigentlich gar nicht möglich – die not-

---

[73] Exemplarisch *K. Schmidt* in K. Schmidt/Lutter AktG § 281 Rn. 15; ferner *Cahn* AG 2001, 579, 582 f.
[74] *K. Schmidt* in K. Schmidt/Lutter AktG § 281 Rn. 15.

Fett

wendige Satzungsänderung müsste stets von der Hauptversammlung beschlossen werden.[75] Dass die herrschende Meinung solche Satzungsgestaltungen gleichwohl für zulässig hält[76] und darüber hinaus aus Praktikabilitätserwägungen auch eine rein deklaratorische Wirkung der der Satzungsänderung folgenden Handelsregistereintragung erwägt,[77] trägt nicht unwesentlich zu dem Stigma bei, die KGaA sei eine komplizierte Rechtsform.[78] Immerhin ist zu konstatieren, dass bei entsprechender Satzungsgestaltung alle vertretenen Meinungen **zu annähernd gleichen Ergebnissen** gelangen (abweichende Regelung in der Satzung zulässig, insbesondere Hauptversammlungszustimmung abdingbar), so dass die praktische Relevanz des Meinungsstreits auf den ersten Blick gering erscheint.[79] Für den Praktiker, der eine Satzung gestaltet oder auf der Grundlage einer bestehenden Regelung etwa den Austausch eines Komplementärs begleiten möchte oder die Sondereinlage des Komplementärs erhöhen oder absenken will, stellt sich gleichwohl die Frage nach dem richtigen, d.h. letztlich „handelsregisterfesten" Vorgehen. Ihm wird man nur empfehlen können, das genaue Prozedere – wenn möglich – **vorab mit dem zuständigen Registergericht im Detail abzustimmen**.[80]

Der Ausgangsgedanke der h.M. zur „körperschaftlichen Einheitsverfassung", welche nur nach den Regelungen des Aktienrechts geändert werden könne, vermag wegen der Verweisungstechnik in § 278 AktG **nicht zu überzeugen**. Von der zutreffenden Erkenntnis, dass es nur „eine" in sich geschlossene Satzung einer KGaA geben kann, lässt sich nicht ohne Weiteres auf die ausschließliche Anwendbarkeit der aktienrechtlichen Vorschriften schließen. Dies gelingt nur dann, wenn man den Mechanismus der § 278 Abs. 2 und 3 AktG in dieser Frage ausblendet. Der vom Gesetzgeber in § 278 Abs. 2 und Abs. 3 AktG vorgesehene strenge Dualismus von Personengesellschaftsrecht und Aktienrecht unterscheidet die KGaA von der AG.[81] Es ist überzeugender, diesen Willen des Gesetzgebers auch bei der Einordnung der Satzungsregelungen ernst zu nehmen, statt die in § 278 Abs. 2 AktG angeordnete Anwendung des materiellen Personengesellschaftsrechts mithilfe eines Formalarguments leer laufen zu lassen. Das nach § 278 AktG *gleichberechtigte* Nebeneinander von Personengesellschaftsrecht und Aktienrecht führt bei zutreffender Betrachtung dazu, dass die Satzungsbestimmungen, die ihren Ursprung im Personengesellschaftsrecht haben (wie Ein- und Austritt der Komplementäre sowie die Festsetzung von deren Vermögenseinlage – aber auch alle anderen diesbezüglichen Regelungen) so geändert werden können wie Regelungen in Gesell-

25

---

[75] Denkbar wäre lediglich, aufgrund einer Satzungsbestimmung allein eine einfache Mehrheit ausreichen zu lassen, vgl. § 179 Abs. 2 S. 2 AktG.
[76] Vgl. *Assmann/Sethe* in GroßKomm AktG § 278 Rn. 45 ff., 181, § 281 Rn. 9; *Mertens/Cahn* in Kölner Komm AktG § 281 Rn. 5 f.; *Perlitt* in Münch Komm AktG § 281 Rn. 63.
[77] *Cahn* AG 2001, 579, 585.
[78] Instruktiv zu den Widersprüchen der h.M. *Bachmann* in FS K. Schmidt S. 41, 46 f.
[79] Mit dieser Wertung auch Hüffer/*Koch* § 281 Rn. 3; *Bachmann* in Spindler/Stilz AktG § 281 Rn. 21.
[80] *Bachmann* in FS K. Schmidt, S. 41, 52, sieht aufgrund dieser letztlich gebotenen Vorsicht der Rechtsberater nicht zu Unrecht ein von den Ansichten der örtlichen Instanzen geprägtes „Landrecht der KGaA" heraufziehen.
[81] Selbst bei der AG kommt es im Rahmen von Kapitalmaßnahmen wie etwa bei der Ausgabe von Bezugsaktien aus bedingtem Kapital zu Änderungen von Bestandteilen der Satzung, die ohne Eintragung materiell wirksam werden; die im Falle der Ausgabe von Bezugsaktien notwendige deklaratorische Eintragung erfolgt einmal jährlich, vgl. §§ 200, 201 AktG.

Fett

schaftsverträgen von Personengesellschaften, d.h. mit Gestaltungfreiheit unter Beachtung der gesellschafterlichen Treuepflicht; andere Bestimmungen wiederum, die ihren Ursprung im Aktienrecht haben, lassen nur eine Änderung nach den zwingenden Regelungen des Aktienrechts (§§ 179 ff. AktG) zu.[82] Für die Änderung der **Komplementärstellung** (Ein- und Austritt) **bzw. der Vermögenseinlagen** ist nach den (dispositiven) Regelungen der §§ 278 Abs. 2 AktG, §§ 161 Abs. 2, 119 Abs. 1 HGB folglich die Zustimmung aller Komplementäre sowie der Gesamtheit der Kommanditaktionäre erforderlich. Die Willensbildung der Gesamtheit der Kommanditaktionäre erfolgt in der Hauptversammlung der KGaA,[83] die nach den Vorschriften der §§ 278 Abs. 3, 121 ff. AktG einzuberufen ist.[84] Unzutreffend wäre es, aus dieser Argumentationslinie auch die Anwendbarkeit der §§ 179 ff. AktG zu folgern. Denn die formale Abhaltung einer Hauptversammlung zur Willensbildung der Kommanditaktionäre (welche durch einfachen Beschluss nach § 133 AktG erfolgt), ist von materiellen Anforderungen an die Beschlussfassung (wie etwa bei Satzungsänderungen nach § 179 AktG) zu unterscheiden.[85] In der Praxis wird man die personengesellschaftsrechtlich erforderliche Zustimmung der Gesamtheit der Kommanditaktionäre entweder durch Satzungsregelung abbedingen und für die Beschlussfassung der Komplementäre eine Mehrheitsentscheidung vorsehen oder eine Ermächtigung zur Aufnahme von Komplementären bzw. zur Veränderung der Sondereinlage zugunsten entweder der Komplementäre oder etwa des Aufsichtsrats oder eines Beirats vorsehen.

26   Wurde der personengesellschaftsrechtliche Teil der Satzung auf dem vorstehend beschriebenen Wege geändert, ist die Änderung **unmittelbar wirksam**. Diese Einschätzung wird jedenfalls im Ergebnis auch von denjenigen geteilt, die eine Anwendbarkeit der §§ 179 ff. AktG und damit eigentlich auch des § 181 Abs. 3 AktG für die Änderung von personengesellschaftsrechtlichen Regelungen der KGaA-Satzung für zutreffend halten.[86]

27   Bei der Frage, wie die außerhalb der §§ 179 ff. AktG erfolgten Änderungen der personengesellschaftsrechtlichen Satzungsbestandteile ihren Niederschlag im Satzungstext finden, sollten wiederum die vorstehenden Überlegungen maßgeblich sein: Wenn die Änderung Personengesellschaftsrecht unterliegt, folgt auch der Weg zur Fassungsänderung der Satzung dem Personengesellschaftsrecht. Die diesbezügliche Gestaltungsfreiheit sollte so genutzt werden, dass die Änderung des personengesellschaftsrechtlichen Teils der Satzung dem Organ als Annexkompetenz übertragen wird, das auch die inhaltliche Entscheidung getroffen hat. Es spricht freilich auch nichts dagegen, für alle Fassungsänderungen den Aufsichtsrat

---

[82] So bereits die *Voraufl* § 3 Rn. 24 ff.; im Ergebnis auch *Bachmann* in FS K. Schmidt S. 41, 47 f.; *Herfs* in Münch Hdb AG § 79 Rn. 48; *Wichert* in Heidel AktG § 281 Rn. 23.
[83] *Bachmann* in Spindler/Stilz AktG § 278 Rn. 19; *Blaurock* in Wachter AktG § 278 Rn. 32; *Förl/Fett* in Bürgers/Körber AktG § 278 Rn. 34.
[84] *Förl/Fett* in Bürgers/Körber AktG § 281 Rn. 10.
[85] *Bachmann* in FS K. Schmidt S. 41, 47 f.; *ders* in Spindler/Stilz AktG § 281 Rn. 22, der freilich entgegen der eigenen dogmatischen Herleitung die Anwendbarkeit des qualifizierten Mehrheitserfordernisses in § 179 Abs. 1 AktG akzeptieren will, weil sich die anderslautende Auffassung „nicht vermitteln" ließe. Das erscheint angesichts der naheliegenden Herleitung über § 278 Abs. 2 AktG doch zu defensiv.
[86] Vgl. *K. Schmidt* in K. Schmidt/Lutter AktG § 281 Rn. 16 und § 278 Rn 28 bei entsprechender Satzungsermächtigung; ferner oben bei § 3 Rn. 24.

Fett

zu ermächtigen;[87] dies dürfte in der Praxis auch für die KGaA die typische Gestaltung sein. Dass eine Anmeldung und damit am Ende eine **deklaratorische Eintragung** der Änderungen der Satzung erfolgen muss, lässt sich – soweit ein Wechsel in der Komplementärstellung oder eine Veränderung der Vermögenseinlage vorliegt – aus §§ 281 Abs. 1, 282 bzw. § 281 Abs. 2 AktG ableiten. Zur Anmeldung der Änderung sind die Komplementäre befugt, § 283 Nr. 1 AktG; für die Fassungsänderung des Satzungstextes ist eine Notarbescheinigung beizufügen, § 181 Abs. 1 AktG.[88]

IV. Vertretung der KGaA gegenüber ihren Komplementären

Die Vertretung der KGaA richtet sich nach dem insoweit zweifelsfreien Wortlaut des § 278 Abs. 2 AktG nach den Vorschriften des Personengesellschaftsrechts. Allein die Komplementäre sind zur Vertretung der KGaA befugt (§ 278 Abs. 2 AktG, §§ 161 Abs. 2, 125, 170 HGB). Folgt man den Vorgaben des Gesetzes, müsste die KGaA daher wie die KG auch bei Rechtsgeschäften mit ihren Komplementären unter Berücksichtigung des § 181 BGB von eben diesen vertreten werden. Der BGH und bereits vor ihm die herrschende Lehre haben jedoch nach §§ 278 Abs. 3, 112 AktG **den Aufsichtsrat** als das Organ der KGaA identifiziert, das zur Vertretung gegenüber den Komplementären befugt sein soll.[89] Der BGH sah darin keinen Verstoß gegen § 278 Abs. 2 AktG. Er führte aus, dass die nach § 278 Abs. 2 AktG geltenden Regeln des Handelsgesetzbuches zwar eine Mitwirkung des Aufsichtsrats nicht vorsähen. Die Vorschriften würden aber gemäß § 278 Abs. 3 AktG „ergänzt" durch die Bestimmungen des ersten Buches des Aktiengesetzes, weshalb § 112 AktG auch nach der Gesetzessystematik anwendbar sei.[90] Ein Nebeneinander von § 278 Abs. 2 und Abs. 3 AktG in dem Sinne, dass § 278 Abs. 3 AktG und damit die Vorschriften des Aktiengesetzes die personengesellschaftsrechtlichen Vorschriften ergänzen, ließe sich möglicherweise dann mit dem Wortlaut des § 278 AktG harmonisieren, wenn man nicht auf die Vertretungsregeln, sondern auf die Kompetenzen des Aufsichtsrats abstellt.[91] Bekanntlich findet sich im Handelsgesetzbuch keine Regelung zum Verhältnis von Aufsichtsrat und Komplementären – der Aufsichtsrat ist in dem von Selbstorganschaft geprägten Personengesellschaftsrecht naturgemäß nicht vorgesehen. Mit dieser Begründung ließen sich allerdings beliebig weitere Normen des Aktiengesetzes über § 278 Abs. 3 AktG für die KGaA heranziehen, wie etwa die Einrichtung von Zustimmungsvorbehalten zugunsten des Aufsichtsrats, die es im Personenhandelsrecht ebenfalls nicht gibt.

---

[87] So z.B. *Perlitt* Münch Komm AktG § 281 Rn. 64; *Herfs* in Münch Hdb AG § 79 Rn. 48.
[88] *Bachmann* in Spindler/Stilz AktG § 281 Rn. 23.
[89] BGH NZG 2005, 276; *Assmann/Sethe* in GroßKomm AktG § 287 Rn. 67; *K. Schmidt* in K. Schmidt/Lutter AktG § 287 Rn. 20; *Herfs* in Münch Hdb AG § 79, Rn. 66; *Perlitt* in MünchKomm AktG § 287 Rn. 67; *Hüffer/Koch* § 278 Rn. 16; vgl. auch *Mertens/Cahn* in Kölner Komm AktG § 287 Rn. 18 f., die ein Vertretungsrecht sowohl des Aufsichtsrats als auch der Komplementäre befürworten; gegen die Anwendung des § 112 AktG *Philbert* S. 160 sowie die *Voraufl* § 5 Rn. 497 ff.
[90] BGH NZG 2005, 276.
[91] Vgl. *Assmann/Sethe* in GroßKomm AktG § 287 Rn. 69.

Bislang hat – soweit ersichtlich – niemand vertreten, § 111 Abs. 4 S. 2 AktG bei der KGaA über § 278 Abs. 3 AktG anzuwenden; die Argumentationslinie wäre aber dieselbe.[92] Richtiger erscheint es, entsprechend des Wortlauts von § 278 Abs. 3 AktG („im Übrigen") nur dann die Anwendung des ersten Buches des Aktiengesetzes zuzulassen, wenn das betreffende Themenfeld nicht von § 278 Abs. 2 AktG erfasst ist. So liegt es hier aber gerade nicht.

29 Im konkreten Fall der Vertretung der KGaA gegenüber ihren Komplementären ist es der anzunehmende Interessenkonflikt der Komplementäre, der die Anwendung des § 112 AktG nahelegt. Wenn die Anwendung des § 112 AktG über § 278 Abs. 3 AktG aufgrund der Verweisungstechnik (Subsidiarität) gesperrt ist, bliebe der Weg, § 112 AktG zur Lösung des Interessenkonflikts im konkreten Einzelfall **analog** anzuwenden.[93] Eine analoge Anwendung käme in Betracht, wenn eine Regelungslücke bestünde und die Interessen zur Schließung dieser Lücke parallel zu den Interessen verlaufen, die der Gesetzgeber mit der analog anzuwendenden Norm verfolgt.[94] An dem Bestehen einer Regelungslücke lässt sich bereits zweifeln, weil der Schutz der übrigen Aktionäre schon durch § 181 BGB erreicht werden kann.[95] Hiergegen ist vorgebracht worden, dass § 181 BGB durch eine entsprechende Satzungsbestimmung abbedungen werden könne, ein sicherer Schutz gerade nicht bestehe.[96] In diesem Argument liegt letztlich der Schlüssel für die zutreffende Behandlung der Thematik: Nur dann, **wenn es keine interessengerechte Lösung durch eine Satzungsbestimmung gibt** – die Verweisung von § 278 Abs. 2 AktG in das Personengesellschaftsrecht also keine adäquate Lösung bereithält – kommt eine analoge Anwendung von anderen Vorschriften wie etwa Bestimmungen des ersten Buches des Aktiengesetzes überhaupt in Betracht. Sollte die Satzung aber beispielsweise eine Bestimmung enthalten, die die Vertretung der KGaA gegenüber ihren Komplementären einem (fakultativen) Beirat überträgt, besteht die Gefahr eines Interessenkonfliktes und damit die Regelungslücke in dem konkreten Einzelfall nicht; eine analoge Anwendung des § 112 AktG wäre nicht zu rechtfertigen.[97] Mit dieser Argumentation wird zweierlei erreicht: Zum einen wird nicht das vom Gesetzgeber vorgesehene Gefüge der § 278 Abs. 2, 3 AktG aus bloßen Wertungsgesichtspunkten aufgegeben. Zum anderen wird unter

---

[92] So zu Recht *Bachmann* in Spindler/Stilz AktG § 287 Rn. 11; ferner *ders.* FS K. Schmidt S. 41, 53 f.
[93] Vgl. *Förl/Fett* in Bürgers/Körber AktG § 278 Rn. 10; s. zur Methodik auch *Bachmann* FS K. Schmidt S. 41, 54: „(…) nur durch (…) Rechtsfortbildung".
[94] Zur Rechtstechnik analoger Anwendung statt vieler *Looschelders/Olzen* in Staudinger BGB § 242 Rn. 348 m.w.N.
[95] Mit dieser Begründung und mit dem Hinweis, dass bei Interessenkonflikten regelmäßig die Grundsätze des Missbrauchs der Vertretungsmacht einschlägig seien für eine parallele Vertretungsmöglichkeit von Komplementären und Aufsichtsrat *Mertens/Cahn* in Kölner Komm AktG § 287 Rn. 19; ferner *Bachmann* in Spindler/Stilz AktG § 287 Rn. 11.
[96] *Assmann/Sethe* in GroßKomm AktG § 287 Rn. 69.
[97] Im Ergebnis auch *Herfs* in Münch Hdb AG § 79 *Rn. 66; Nicolas* in Henn/Frodermann/Jannott Kap. 17 Rn. 202 und *Perlitt* in MünchKomm AktG § 287 Rn. 69, die die Anwendung des § 112 AktG für nicht „zwingend" und damit einer Satzungsgestaltung zugänglich halten; gegen eine mögliche Dispositivität wiederum *Bachmann* in Spindler/Stilz AktG § 287 Rn. 16. Auf diese Frage kommt es nach der hier vertretenen Auffassung nicht an – die Satzungsgestaltungen sind bereits auf der Grundlage der Anwendung des Personengesellschaftsrechts zulässig; allein dann, wenn diese nicht hinreichend sind, kann § 112 AktG analog herangezogen werden.

Fett

Zuhilfenahme anerkannter Rechtstechniken im Einzelfall eine interessengerechte Lösung erreicht: eine analoge Anwendung des § 112 AktG in allen Fällen, in denen die KGaA nicht durch ihre Satzung eine adäquate Lösung des drohenden Interessenkonflikts, der beim Selbstkontrahieren entstehen kann, gefunden hat. Diese Lösung kann nach der hier vertretenen Auffassung für Rechtsgeschäfte auch bereits darin bestehen, die gesetzliche Vorgabe des § 181 BGB bestehen zu lassen. Anders kann es sich bei Fragen verhalten, die eine effektive Durchsetzung der Kontroll- und Informationsrechte des Aufsichtsrats betreffen.[98] Jedenfalls wird durch diese Lösung die vom Gesetzgeber durch den Verweis in § 278 Abs. 2 AktG vorgegebene Gestaltungsfreiheit bei der Vertretung der KGaA gewahrt.

---

[98] Vgl. *Förl/Fett* in Bürgers/Körber AktG § 278 Rn. 10.

§ 4 Die Gründung der KGaA

Übersicht

	Rn.
A. Einleitung	1
B. Gründer	2
I. Gründerstatus	2
II. Gründer	5
1. Kommanditaktionäre	5
2. Komplementäre	6
a) Juristische Personen des öffentlichen Rechts	8
b) BGB-Gesellschaft	9
c) Stiftung	10
d) Erbengemeinschaften und eheliche Gütergemeinschaften	12
e) Eingetragene Genossenschaft/Versicherungsverein auf Gegenseitigkeit	13
f) Ausländische Gesellschaften	14
C. Gründungsvorgang	17
I. Vorgründungsphase	18
II. Errichtung der KGaA	21
1. Satzungsfeststellung	21
2. Übernahme der Aktien durch die Kommanditaktionäre	24
3. Haftung der Gründer und Handelnden vor Eintragung der KGaA im Handelsregister	26
a) Gründerhaftung: Vorbelastungs- und Verlustdeckungshaftung	26
b) Handelndenhaftung	30
4. Bestellung von Aufsichtsrat und Abschlussprüfer	31
5. Gründungsbericht und Gründungsprüfung	34
III. Anmeldung zur Eintragung	40
IV. Prüfung durch das Registergericht	42
V. Eintragung	43
1. Entstehung der KGaA als juristische Person	43
2. Folgen der Eintragung für die Haftung der an der Gründung beteiligten Personen	46
a) Vorgründungsgesellschaft	47
b) Vorgesellschaft (Vor-KGaA)	48
VI. Verantwortlichkeit bei überbewerteter Sacheinlage	49
VII. „Verdeckte Sacheinlage"	52
VIII. Hin- und Herzahlen	55
IX. Cash-Pooling	58
X. Nachgründung	60
D. Die Firma	62
I. Bildung der Firma	62
1. Allgemeine Grundsätze	63
2. Bildung des Firmenkerns	64
a) Personenfirma	66
b) Sachfirma	67
c) Phantasiefirma	68
3. Rechtsform	69
a) Die typische KGaA	70
b) Die atypische KGaA	71
II. Schutz der Firma	73
1. Schutz durch das Registergericht	73
2. Klagemöglichkeit auf Unterlassung	74

	Rn.
3. Anspruch auf Schadenersatz	75
III. Geschäftsbriefe	76
E. Gegenstand und Sitz	78
I. Der Unternehmensgegenstand in der KGaA	78
1. Funktion des Unternehmensgegenstandes	79
2. Anforderungen an die Angaben zum Unternehmensgegenstand	81
a) Allgemeine Grundsätze	81
b) Inhalt des Unternehmensgegenstandes	83
c) Abgrenzung des Unternehmensgegenstandes vom Unternehmenszweck	91
d) Fehlerhafter Unternehmensgegenstand	94
II. Der Sitz der KGaA	96
1. Wahl des Sitzes der Gesellschaft	97
2. Bedeutung des Gesellschaftssitzes	99
3. Sitzwechsel der KGaA in das Ausland	100
a) Gesellschaftsstatut der Gesellschaft	100
b) Rechtsfolgen einer Sitzverlegung außerhalb der Europäischen Union	101
c) Sitzverlegung innerhalb der Europäischen Union	103
F. Geschäftsjahr und Dauer der Gesellschaft	107
I. Geschäftsjahr	107
1. Definition	107
2. Festlegung und Änderung des Geschäftsjahres	109
3. Beginn des Rumpfgeschäftsjahres	111
II. Dauer der Gesellschaft	113

Literatur: *Altmeppen:* Cash Pooling und Kapitalaufbringung, NZG 2010, 410; *Bayer/Schmidt:* Die Reform der Kapitalaufbringung bei der Aktiengesellschaft durch das ARUG, ZGR 2009, 805; *dies.:* Das Vale-Urteil des EuGH: Die endgültige bestätigung der Niederlassungsfreiheit als „Formwechselfreiheit", ZIP 2012, 1481; *Borsch:* Die Zulässigkeit des inländischen Doppelsitzes für Gesellschaften mbH, GmbHR 2003, 258; *Cronauge/Westermann:* Kommunale Unternehmen, Eigenbetriebe, Kapitalgesellschaften, 5. Aufl., Berlin 2011; *Diehl:* VVaG & Co. KGaA – Wirklich eine Alternative für VVaG-Konzerne?, VW 2000, 110; *Diekmann:* Die Nachgründung der Aktiengesellschaft, ZIP 1996, 2149; *Dirksen/Möhrle:* Die kapitalistische Kommanditgesellschaft auf Aktien, ZIP 1998, 1377; *Ebenroth/Bippus:* Die staatsvertragliche Anerkennung ausländischer Gesellschaften in Abkehr von der Sitztheorie, DB 1988, 842; *Ebenroth/Eyles:* Die Beteiligung ausländischer Gesellschaften an einer inländischen Kommanditgesellschaft, DB Beilage Nr. 2/88; *dies.:* Die innereuropäische Verlegung des Gesellschaftssitzes als Ausfluß der Niederlassungsfreiheit, DB 1989, 363 (Teil I), 413 (Teil II); *Eberl-Borges:* Die Rechtsnatur der Erbengemeinschaft, ZEV 2002, 125; *Eidenmüller:* Die GmbH im Wettbewerb der Rechtsform, ZGR 2007, 168; *Esch:* Die GmbH & Co. als „Einheitsgesellschaft", BB 1991, 1129; *Fabry/Augsten:* Handbuch Unternehmen der öffentlichen Hand, Baden-Baden 2011; *Fett/Brand:* Die sog. Einmann-Personengesellschaft, NZG 1999, 45; *Fezer:* Markenrecht, 4. Aufl., München 2009; *Flesner:* Die GmbH-Reform (MoMiG) aus Sicht der Akquisations- und Restrukturierungspraxis, NZG 2006, 641; *Flume:* Die Erbennachfolge in den Anteil an einer Personengesellschaft und die Zugehörigkeit des Anteils zum Nachlaß, NJW 1988, 161; *Goette/Habersack:* Das MoMiG in Wissenschaft und Praxis, Köln 2009; *Gonnella/Mikic:* Die Kapitalgesellschaft & Co. KGaA als „Einheitsgesellschaft", AG 1998, 508; *Haas:* Die Betätigungsfreiheit ausländischer Kapitalgesellschaften im Inland, DB 1997, 1501; *Heil:* Ist die Erbengemeinschaft rechtsfähig? – Ein Zwischenruf aus der Praxis, ZEV 2002, 296; *Heinze:* Die Gesellschaft bürgerlichen Rechts als Komplementärin bei der Kommanditgesellschaft auf Aktien – Ein Beitrag insbesondere zur Handelsregisterpublizität, DNotZ 2012, 426; *Hennerkes/Binz:* Die Stiftung als Rechtsform für Familienunternehmen, DB 1986, 2217 (Teil I), 2269 (Teil II); *Hennerkes/Lorz:* Roma locuta causa finita: Die GmbH & Co. KGaA ist zulässig, DB 1997, 1388; *Herrler:* Heilung einer nicht erfüllungstauglichen Einlagenrückzahlung, GmbHR 2010, 785; *Hoffmann:* Die stille Bestattung der Sitztheorie durch den Gesetzgeber, ZIP 2007, 1581;

Katschinksi: Die Begründung eines Doppelsitzes bei Verschmelzung, ZIP 1997, 620; *Kögel*: Sind geographische Zusätze in Firmennamen entwertet?, GmbHR 2002, 642; *König*: Doppelsitz einer Kapitalgesellschaft – Gesetzliches Verbot oder zulässiges Mittel der Gestaltung einer Fusion?, AG 2000, 18; *ders*.: Zur Begründung eines Doppelsitzes bei der Fusion zweier Aktiengesellschaften, EWiR 2001, 1077; *Kösters*: Rechtsträgerschaft und Haftung bei Kapitalgesellschaften ohne Verwaltungssitz im Gründungsstaat, NZG 1998, 241; *Krüger*: Die Gesellschaft bürgerlichen Rechts und das Grundbuch – causa infinita, NZG 2010, 801; *Leible/Hoffmann*: „Überseering" und das (vermeintliche) Ende der Sitztheorie, RIW 2002, 925; *dies*.: Cartesio – fortgeltende Sitztheorie, grenzüberschreitender Formwechsel und Verbot materiellrechtlicher Wegzugsbeschränkungen, BB 2009, 58; *Lieder/Kliebisch*: Nichts Neues im Internationalen Gesellschaftsrecht: Anwendbarkeit der Sitztheorie auf Gesellschaften aus Drittstaaten?, BB 2009, 14; *Lutter*: Die Auslegung angeglichenen Rechts, JZ 1992, 593; *ders*.: Organzuständigkeiten im Konzern, FS Stimpel 1985, S. 825; *Lutter/Welp*: Das neue Firmenrecht der Kapitalgesellschaften, ZIP 1999, 1073; *Mayer-Uellner/Otte*: Die SE & Co. KGaA als Rechtsform kapitalmarktfinanzierter Familienunternehmen, NZG 2015, 737; *Muthers*: Gemeinsame anwaltliche Berufsausübung in der Kapitalgesellschaft – Die Anwalts-AG und -KGaA, NZG 2001, 930; *Mülsch/Nohlen*: Die ausländische Kapitalgesellschaft und Co. KG mit Verwaltungssitz im EG-Ausland, ZIP 2008, 1358; *Paefgen*: „Cartesio": Niederlassungsfreiheit minderer Güte, WM 2009, 529; *Philbert*: Die KGaA zwischen Personengesellschaftsrecht und Aktienrecht, Berlin 2005; *Reichert*: Wettbewerb der Gesellschaftsformen – SE oder KGaA zur Organisation großer Familiengesellschaften, ZIP 2014, 1957; *Schloßmacher*: Mehr Spielraum für den VVaG: Die VVaG & Co. KGaA, VW 1999, 1758; *Schmidt, K.*: Die BGB-Außengesellschaft: rechts- und parteifähig – Besprechung des Grundlagenurteils II ZR 331/00 vom 29.1.2001, NJW 2001, 993; *ders*.: Die Gesellschafterhaftung bei der Gesellschaft bürgerlichen Rechts als gesetzliches Schuldverhältnis – Zum Stand der nach den BGH-Urteilen vom 24.2.2003 und vom 7.4.2003, NJW 2003, 1897; *Schön*: Das System der gesellschaftsrechtlichen Niederlassungsfreiheit nach VALE, ZGR 2013, 333; *Schrick*: Die GmbH & Co. KGaA in der Form der Einheitsgesellschaft als börsenwilliges Unternehmen?, NZG 2000, 675; *dies*.: Überlegungen zur Gründung einer kapitalistischen KGaA aus dem Blickwinkel der Unternehmerfamilie, NZG 2000, 409; *Sethe*: Die Besonderheiten der Rechnungslegung bei der KGaA, DB 1998, 1044; *Strieder*: Die Genossenschaft als persönlich haftender Gesellschafter einer KGaA, BB 1998, 2276; *ders*.: Eine Genossenschaft als einziger Komplementär einer Kommanditgesellschaft auf Aktien – Ein Zugang zum Kapitalmarkt, DB 1996, 2065; *ders*.: Die Kommanditgesellschaft auf Aktien als Lösungsansatz zur Eigenkapitalproblematik bei Genossenschaften, BB 1995, 1857; *ders*.: Zur Problematik einer Genossenschaft bzw. einer Kapitalgesellschaft als einzigem persönlich haftenden Gesellschafter einer Kommanditgesellschaft auf Aktien, DB 1994, 1557; *Streck/Schwedhelm*: Zwei aufeinanderfolgende Rumpfgeschäftsjahre – stets zulässig?, BB 1988, 679; *Tieves*: Der Unternehmensgegenstand der Kapitalgesellschaft, Köln 1998; *Ulmer*: Die höchstrichterlich „enträtselte" Gesellschaft bürgerlichen Rechts, ZIP 2001, 585; *ders*.: Anmerkung zu BGHZ 148, 291, ZIP 2001, 1714; *ders*: Die Haftungsverfassung der BGB-Gesellschaft, ZIP 2003, 1113; *Verse*: Niederlassungsfreiheit und grenzüberschreitende Sitzverlegung – Zwischenbilanz nach „National Grid Indus" und „Vale" –, ZEuP 2013, 458; *Weipert*: Die Erbengemeinschaft als Mitglied einer Personengesellschaft, ZEV 2002, 300; *Wertenbruch*: Die Parteifähigkeit der GbR – die Änderungen für die Gerichts- und Vollstreckungspraxis, NJW 2002, 324; *Wiedenmann*: Zur Haftungsverfassung der Vor-AG: Der Gleichlauf von Gründerhaftung und Handelnden-Regress, ZIP 1997, 2029; *Zimmer*: Nach „Inspire Art": Grenzenlose Gestaltungsfreiheit für deutsche Unternehmen?, NJW 2003, 3585.

A. Einleitung

Das **Gründungsrecht** der KGaA bestimmt sich zunächst nach den Spezialregelungen der §§ 280–282 AktG, im Übrigen nach den aktienrechtlichen Vorschriften der §§ 278 Abs. 3, 23 ff. AktG. Im Folgenden soll zunächst dargestellt werden, wer eine KGaA gründen kann (B). Sodann wird der Gründungsvorgang im Einzelnen dargestellt (C). Mit der Firma (D), Gegenstand und Sitz (E) sowie Geschäftsjahr und Dauer der Gesellschaft (F) werden einzelne Satzungsbestandteile näher beleuchtet, die bei der Gründung der KGaA regelmäßig eine wichtige Rolle spielen.

B. Gründer

I. Gründerstatus

2   Gründer ist nach § 280 Abs. 3 AktG, wer die Satzung der zu errichtenden KGaA feststellt. Nach § 280 Abs. 2 AktG ist hierfür die Beteiligung sämtlicher Komplementäre und Kommanditaktionäre erforderlich, die damit gemeinsam als **Gründer der KGaA** fungieren. An die Eigenschaft als Gründer knüpfen zahlreiche, die Gründungsverantwortlichkeit regelnde Bestimmungen an.[1] Die Gründer einer KGaA sind gemäß § 278 Abs. 3 AktG den aktienrechtlichen Bestimmungen bezüglich der Gründungsverantwortung unterworfen. Aus §§ 46, 408 i. V. m. §§ 399 Abs. 1 Nr. 1 und 2, 400 Abs. 2 AktG ergeben sich zivilrechtliche Schadensersatzverpflichtungen und strafrechtliche Konsequenzen bei schuldhaftem Fehlverhalten.

3   Nach § 408 AktG gelten die §§ 399 bis 407 AktG sinngemäß auch für die KGaA, mit der Maßgabe, dass – soweit die Normen Vorstandsmitglieder betreffen – an ihre Stelle die Komplementäre treten. In der Gründungsphase sind vor allem die §§ 399 und 400 AktG relevant. Nach § 399 Abs. 1 AktG werden falsche Angaben durch Gründer oder Aufsichtsratsmitglieder etwa zum Zwecke der Eintragung über die Einzahlung auf Aktien oder über Sondervorteile (vgl. Nr. 1) oder im Gründungsbericht oder Prüfungsbericht (Nr. 2) **unter Strafe gestellt**. § 400 Abs. 2 AktG pönalisiert den Gründer, der in Aufklärungen oder Nachweisen, die einem Gründungsprüfer zu geben sind, falsche Angaben macht oder erhebliche Umstände verschweigt. Der Strafrahmen umfasst jeweils bis zu drei Jahren Freiheitsstrafe oder Geldstrafe.

4   Die Gründer können sich bei der Gründung durch einen Bevollmächtigten oder durch einen gesetzlichen **Vertreter** vertreten lassen. Die rechtsgeschäftliche Vollmacht bedarf der notariellen Beglaubigung gem. § 23 Abs. 1 S. 2 AktG; zwar gilt § 23 Abs. 1 S. 2 AktG nicht für die gesetzliche und organschaftliche Vertretungsmacht, aber nach allgM müssen die gesetzlichen Vertreter bei der Gründung einen Nachweis erbringen, dass sie zur gesetzlichen Vertretung befugt sind.[2]

---

[1] Im Einzelnen: §§ 23 Abs. 2 Nr. 1, 30 Abs. 1, 31 Abs. 1, 32 Abs. 1, 33 Abs. 2 S. 1, 35 Abs. 1 und 2, 36 Abs. 1, 37 Abs. 4 Nr. 1 i. V. m. 23 Abs. 2 Nr. 1, 50, 160 Abs. 1 Nr. 1 AktG.
[2] *Röhricht* in GroßKomm AktG § 23 Rn. 61 f.; *Westermann* in Bürgers/Körber AktG § 2 Rn. 4.

II. Gründer

1. Kommanditaktionäre

Die Rolle eines Kommanditaktionärs können bei Gründung der KGaA natürliche Personen,[3] Personenhandelsgesellschaften und juristische Personen (auch in Gründung) übernehmen. Als Kommanditaktionäre können sich ferner Gesellschaften bürgerlichen Rechts,[4] Erbengemeinschaften[5] und nichtrechtsfähige Vereine[6] an der Gründung beteiligen. Mangels gesetzlicher Vorschriften kommt es auf die Geschäftsfähigkeit[7] oder die Bonität[8] der Gründer nicht an.

2. Komplementäre

Gesetzliches Leitbild des historischen Gesetzgebers war eine KGaA mit einer oder mehreren **natürlichen Personen** als Komplementäre. Das zeigt sich unter anderem daran, dass die gemäß § 281 Abs. 1 AktG in die Satzung aufzunehmenden Angaben zu den Komplementären von einer natürlichen Person ausgehen. Gemäß § 281 Abs. 1 AktG müssen Name, Vorname und Wohnort des Komplementärs in der Satzung enthalten sein. Allerdings wurden auch juristische Personen und Personenhandelsgesellschaften als weitere persönlich haftende Gesellschafter für zulässig erachtet, sofern mindestens ein Komplementär eine natürliche Person war. Fraglich war aber lange, ob juristische Personen oder Personengesellschaften auch die alleinigen Komplementäre sein können.[9] Bei dieser der GmbH & Co. KG angenäherten Gestaltung war die damit verbundene Möglichkeit der vollständigen Haftungsbeschränkung für alle Gesellschafter der KGaA von besonderem Interesse.

Nach langjähriger Diskussion in der Literatur hat der BGH dann aber die Eintragung einer GmbH als alleiniger Komplementärin einer KGaA für zulässig erklärt und damit die Rechtsform der **Kapitalgesellschaft & Co. KGaA** zugelassen.[10] Durch die im Anschluss hieran ergangene Firmenregelung in § 279 Abs. 2 AktG hat auch der Gesetzgeber die Kapitalgesellschaft & Co. KGaA de facto anerkannt. Im Ergebnis kann damit jede juristische Person, jede natürliche Person (unabhän-

---

[3] *Heider* in Münch Komm AktG § 2 Rn. 10 f.
[4] *Heider* in Münch Komm AktG § 2 Rn. 17; für die GbR als Kommanditistin einer Kommanditgesellschaft BGH ZIP 2001, 1713 ff.; für die GbR als Gesellschafter einer Aktiengesellschaft BGH NJW 1992, 2222; *Heinze* DNotZ 2012, 426, 427 ff.
[5] *Heider* in Münch Komm AktG § 2 Rn. 19; Hüffer/*Koch* § 2 Rn. 11; *Brändel* in GroßKomm AktG § 2 Rn. 29; *Weipert* ZEV 2002, 300, 302; a. A. *Dauner-Lieb* in Kölner Komm AktG § 2 Rn. 11.
[6] Hüffer/*Koch* § 2 Rn. 10; *Brändel* in GroßKomm AktG § 2 Rn. 31; *Hoffmann-Becking* in Münch Hdb AG § 3 Rn. 4.
[7] Für Geschäftsunfähige und beschränkt Geschäftsfähige ist bei der niemals lediglich rechtlich vorteilhaften Gründung die (gesetzliche) Vertretung sowie die Genehmigung durch das Vormundschaftsgericht zwingend notwendig, vgl. *Brändel* in GroßKomm AktG § 2 Rn. 20.
[8] *Heider* in Münch Komm AktG § 2 Rn. 15; *Brändel* in GroßKomm AktG § 2 Rn. 16.
[9] Siehe etwa die ausführliche Darstellung des (mittlerweile historisch zu nennenden) Meinungsstreits bei *Assmann/Sethe* in GroßKomm AktG § 278 Rn. 30 ff.
[10] BGHZ 134, 392 = NJW 1997, 1923.

§ 4 Die Gründung der KGaA

gig von ihrer Geschäftsfähigkeit[11]) oder jede Personenhandelsgesellschaft bei der Gründung die Rolle des persönlich haftenden Gesellschafters übernehmen.[12] Auf folgende Besonderheiten sei im Folgenden hingewiesen:

8   **a) Juristische Personen des öffentlichen Rechts.** Juristische Personen des öffentlichen Rechts – etwa in der Rechtsform einer öffentlich-rechtlichen Anstalt – können aus Sicht des Gesellschaftsrechts grundsätzlich persönlich haftende Gesellschafter einer KGaA sein.[13] Im Vordergrund der Betrachtung stehen daher öffentlich-rechtliche Vorschriften, welche die Beteiligung an anderen Unternehmen einschränken.[14] Hierbei handelt es sich um Vorschriften der jeweiligen Gemeindeordnung sowie der Landeshaushaltsordnungen und der Bundeshaushaltsordnung (vgl. insb. § 65 Abs. 1 Nr. 2 BHO), welche die wirtschaftliche Tätigkeit von juristischen Personen des öffentlichen Rechts reglementieren. Den Beschränkungen ist gemein, dass die jeweilige öffentlich-rechtliche Körperschaft (etwa Gemeinde, Kreis, Land, Bund) sich nur dann an Unternehmungen des Privatrechts beteiligen darf, wenn ihre Haftung auf einen bestimmten, ihrer Leistungsfähigkeit angemessenen Betrag begrenzt wird.[15] Der Komplementär einer KGaA haftet den Gesellschaftsgläubigern nach § 278 Abs. 1 AktG, §§ 278 Abs. 2 AktG, 161 Abs. 2, 128 HGB unbeschränkt, so dass es der **öffentlich-rechtlichen Körperschaft nicht möglich** ist, sich direkt als Komplementär zu beteiligen und gleichzeitig ihre Haftung auf einen ihrer Leistungsfähigkeit angemessenen Betrag zu begrenzen. Ob sich die öffentliche Hand über eine Anstalt öffentlichen Rechts als Komplementär einer KGaA beteiligen kann, ist ebenfalls zweifelhaft. Zwar würde anstelle der öffentlich-rechtlichen Körperschaft die öffentlich-rechtliche Anstalt haften, so dass es scheint, die Körperschaft könne ihre Haftung durch Verwenden einer Anstalt auf einen ihrer Leistungsfähigkeit angemessenen Betrag begrenzen. Angesichts der regelmäßig mit der Anstalt verbundenen unbeschränkten Haftung der Körperschaft für deren Verbindlichkeiten[16] liegt bei näherer Betrachtung aber eine unzulässige Umgehung der haushaltsrechtlichen Restriktionen nahe.

9   **b) BGB-Gesellschaft.** Nicht mehr zweifelhaft ist auch die Komplementärfähigkeit einer Gesellschaft bürgerlichen Rechts. Nach der Rechtsprechung des

---

[11] Zutreffend *Assmann/Sethe* in GroßKomm AktG § 278 Rn. 22 ff.; *Förl/Fett* in Bürgers/Körber AktG § 278 Rn. 12; *Philbert* S. 143; anders die wohl hM, etwa *Mertens* in Kölner Komm AktG § 278 Rn. 13; ferner mit unzutreffendem Hinweis auf den für die KGaA nicht einschlägigen § 76 Abs. 3 AktG *Perlitt* in Münch Komm AktG § 278 Rn. 25.

[12] Siehe auch die Auflistung bei *Schaumburg/Schulte* Rn. 42.

[13] Für die OHG: RGZ 163, 142, 149; *Boujong* in Ebenroth/Boujong/Joost/Strohn HGB § 105 Rn. 93; *Ulmer* in Großkomm HGB § 105 Rn. 92; *Emmerich* in Heymann HGB § 105 Rn. 43; *Roth* in Baumbach/Hopt HGB § 105 Rn. 28; *K. Schmidt* in K. Schmidt/Lutter AktG § 278 Rn. 19; *Westermann* in Bürgers/Körber AktG § 2 Rn. 4.

[14] Für die Beteiligung einer kirchlichen Stiftung des öffentlichen Rechts an einer Kommanditgesellschaft, die gem. Art. 39 BayStG i. V.m. Art. 14 Abs. 2 Nr. 7 KiStiftO 1959 der Genehmigung durch die kirchliche Stiftungsaufsicht bedarf: BayObLGZ 1989, 387 = NJW-RR 1990, 476; zustimmend *Ulmer* in Großkomm HGB § 105 Rn. 92 Fn. 182; a. A. *Emmerich* in Heymann HGB § 105 Rn. 43.

[15] Überblick bei *Fabry* in Fabry/Augsten Teil 1 Rn. 22 ff.; *Cronauge/Westermann* S. 77; siehe ferner die Hinweise der Bundesregierung für die Verwaltung von Bundesbeteiligungen vom 24.9.2001, mitgeteilt durch das BMF mit Schreiben vom 19.10.2001, GMBl. 2001, 950.

[16] Sog. Gewährträgerschaft, vgl. etwa für das bayerische „Kommunalunternehmen" Art. 89 Abs. 4 BayGO.

BGH[17] wird die Außen-GbR als teilrechtsfähig eingestuft und der oHG stark angenähert.[18] Eine GbR kann nach Entscheidung des BGH jede Rechtsposition einnehmen, soweit nicht spezielle rechtliche Gesichtspunkte entgegenstehen.[19] Diskutiert wird bei der Komplementärfähigkeit der GbR – freilich immer mit Blick auf die Beteiligung an einer Kommanditgesellschaft – als spezieller rechtlicher Gesichtspunkt vor allem ihre **fehlende handelsregisterliche Publizität**.[20] Hinzu kommen nicht unerhebliche Praktikabilitätsprobleme, wenn die GbR als Komplementärin der KGaA für diese Handelsregisteranmeldungen vornehmen möchte[21]: Der erforderlichen Nachweisform der §§ 12 HGB, 21 BNotO kann mangels öffentlichen Registers kaum genügt werden. Rechtsgeschäftliche Registervollmachten – ggf. nachgewiesen durch die neu geschaffene Möglichkeit der Notarbescheinigung gem. § 21 Abs. 3 BNotO – helfen nicht weiter, da zum einen höchstpersönliche Anmeldevorgänge[22] nicht erfasst werden, zum anderen v. a. weder die fortdauernde Existenz noch die aktuelle Beteiligungsstruktur des vollmachtgebenden Rechtsträgers nachgewiesen werden können. Gleichwohl sind derartige Bedenken angesichts der Entwicklungen in der Rechtsprechung[23] und auch Gesetzgebung (insb. zur Kommanditistenfähigkeit der GbR, vgl. § 161 Abs. 1 S. 2 HGB) hin zur vollständigen Anerkennung der Rechtsfähigkeit der GbR nicht mehr geeignet, die Komplementäreigenschaft der GbR grundsätzlich in Frage zu stellen. Um der Publizität zu genügen, fordert die hM in Anlehnung an § 161 Abs. 1 S. 2 HGB allerdings zu Recht, dass auch die GbR-Gesellschafter namentlich in die KGaA-Satzung aufzunehmen sind und ein Wechsel in der Gesellschafterstellung innerhalb der GbR zu einer entsprechenden Satzungsänderung[24] bei der KGaA mit Handelsregistereintragung führen muss.[25] Angesichts

---

[17] BGHZ 146, 341 = NJW 2001, 1056; bestätigt durch BGH ZIP 2002, 614.
[18] Siehe etwa die Besprechungen von *Ulmer* ZIP 2001, 585; *ders.* ZIP 2003, 1113; *K. Schmidt* NJW 2001, 993; *ders.* NJW 2003, 1897; ferner *Wertenbruch* NJW 2002, 324 ff.
[19] BGHZ 146, 341= NJW 2001, 1056.
[20] Statt vieler *Roth* in Baumbach/Hopt HGB § 105 Rn. 28.
[21] So auch *Perlitt* in Münch Komm AktG § 278 Rn. 37; *K. Schmidt* in K. Schmidt/Lutter AktG § 278 Rn. 20; *Förl/Fett* in Bürgers/Körber AktG § 278 Rn. 14.
[22] Vgl. zu diesen *Krafka* in Münch Komm HGB § 12 Rn. 32 ff.
[23] Vgl. BGHZ 146, 34 = NJW 2001, 10561; ferner BGHZ 148, 291, 294 ff.= NJW 2001, 3121 zur Anerkennung der Kommanditisteneigenschaft der GbR; ob dies dazu führt, dass ein neu beitretender GbR-Gesellschafter mit Blick auf § 176 Abs. 2 HGB bis zur Eintragung seiner Person in das Handelsregister unbeschränkt für die Verbindlichkeiten der GbR haftet, vgl. *Ulmer* ZIP 2001, 1714, 1717, erscheint vor dem Hintergrund der faktischen Ausdehnung der Kommanditistenstellung auf den GbR-Gesellschafter nicht als abwegig. Für die KGaA spielt diese Frage keine Rolle, da die GbR-Gesellschafter ohnehin analog § 128 HGB für die Verbindlichkeiten der GbR und damit nach § 278 Abs. 1 AktG auch für die KGaA unbeschränkt persönlich haften; die Eintragung der Komplementärstellung in das Handelsregister ist nicht konstitutiv für die Erlangung der Komplementärstellung, vgl. dazu § 5 Rn. 316.
[24] Allgemein zum Ein- und Austritt von Komplementären siehe dazu § 5 Rn. 299 ff.
[25] *Bachmann* in Spindler/Stilz AktG § 278 Rn. 40; *K. Schmidt* in K. Schmidt/Lutter AktG § 278 Rn. 20; *Förl/Fett* in Bürgers/Körber AktG § 278 Rn. 14; vgl. hierzu auch LG Berlin DB 2003, 1380; noch weitergehend und auch eine Eintragung der Vertretungsverhältnisse fordernd *Heinze* DNotZ 2012, 426, 431 ff.; im ähnlich gelagerten Problemfeld der Grundbuchfähigkeit der GbR hat der Gesetzgeber das Erfordernis der Eintragung nicht nur der GbR, sondern sämtlicher GbR-Gesellschafter ausdrücklich normiert, § 47 Abs. 2 GBO; vgl. zu Problemen der Grundbuchfähigkeit ausführlich *Krüger* NZG 2010, 801 ff.

dieser Komplexität wird die Beteiligung einer GbR als Komplementär wohl die Ausnahme bleiben.[26]

10   c) **Stiftung.** Die Stiftung kommt in ihrer Eigenschaft als juristische Person ebenfalls als Komplementär in Betracht.[27] Dabei wird allerdings die für die Errichtung der Stiftung erforderliche staatliche Anerkennung nur dann erteilt werden können, wenn das Kapital der Stiftung zumindest das Mindeststammkapital einer GmbH erreicht[28] und die Stiftung noch einen anderen Zweck hat, als nur die Komplementär-Funktion in einer Stiftung & Co. KGaA auszuüben.[29] Anders als bei Personenhandels- oder Kapitalgesellschaften besteht bei der selbständigen Stiftung keine mitgliedschaftliche Beteiligung von Gesellschaftern. Eine neue, vom Stifterwillen abweichende Willensbildung ist nicht möglich. Bei der Stiftung lässt sich daher eine komplette Trennung von Kapital und Geschäftsführung erreichen,[30] allerdings immer unter der zwingenden Berücksichtigung des Stifterwillens.

11   Die Stiftung & Co. KG wird **haftungsrechtlich und mitbestimmungsrechtlich** als besonders attraktiv angesehen.[31] Bei der Stiftung & Co. KGaA schlagen diese Vorteile jedoch nur zum Teil durch. Haftungsrechtlich ist auch bei der Stiftung & Co. KGaA keinerlei Durchgriff auf Gesellschafter denkbar, da die Stiftung als verselbständigte juristische Person gerade über keine Gesellschafter[32] verfügt. Die Stiftung & Co. KGaA unterliegt, anders als die Stiftung & Co. KG,[33] grundsätzlich der Mitbestimmung (§ 1 Abs. 1 Nr. 1 MitbestG). Allerdings ist die Rechtsform der KGaA mitbestimmungsrechtlich privilegiert, da der mitbestimmte Aufsichtsrat einer KGaA nicht befugt ist, das Geschäftsführungsorgan der KGaA zu bestellen (§ 31 Abs. 1 S. 2 MitbestG) und ferner ein Arbeitsdirektor in der KGaA nicht ernannt werden muss (§ 33 Abs. 1 S. 2 MitbestG).[34]

12   d) **Erbengemeinschaften und eheliche Gütergemeinschaften.** Nicht zulässig ist die Übernahme der Komplementärstellung für Erbengemeinschaften oder eheliche Gütergemeinschaften.[35] Hier kann hinsichtlich der Einzelheiten auf die Ausführungen zur Kommanditgesellschaft verwiesen werden.[36] Zentrale Begründung für die **Unvereinbarkeit** ist die fehlende organschaftliche Struktur bei beiden Gemeinschaftsformen. Insbesondere bei der kraft Gesetzes entstehenden Erbengemeinschaft, die den Gesellschaftern keine Möglichkeit zur Regelung

---

[26] Denkbar wäre etwa eine Rechtsanwalts-KGaA, deren einziger Komplementär eine Rechtsanwalts-GbR ist und deren Kommanditaktionäre ausschließlich in der Kanzlei aktiv tätige Rechtsanwälte sind, vgl. *Muthers* NZG 2001, 930, 933 f.; zur Zulässigkeit der Rechtsanwalts-AG BayObLG ZIP 1994, 1868.

[27] *Assmann/Sethe* in GroßKomm AktG § 278 Rn. 40; *K. Schmidt* in K. Schmidt/Lutter AktG § 278 Rn. 22; *Schaumburg/Schulte* Rn. 42.

[28] Vgl. *Hennerkes/Binz* DB 1986, 2269, 2270.

[29] Vgl. für die Stiftung & Co. KG *K. Schmidt*, Gesellschaftsrecht § 56 VII 3. (S. 1660 f.).

[30] *Hennerkes/Lorz* DB 1997, 1388, 1393; *Hennerkes/Binz* DB 1986, 2217, 2221.

[31] *K. Schmidt*, Gesellschaftsrecht § 56 VII 3. (S. 1663).

[32] Als Ausgleich dafür steht die Stiftung unter Staatsaufsicht, *Hennerkes/Binz* DB 1986, 2217, 2271.

[33] Die gem. §§ 4, 1 Abs. 1 Nr. 1 MitbestG nicht in den Anwendungsbereich des Mitbestimmungsgesetzes fällt, *Hennerkes/Binz* DB 1986, 2269, 2272 m.w.N.

[34] BGH NJW 1997, 1923 ff.

[35] *Assmann/Sethe* in GroßKomm AktG § 278 Rn. 42, § 280 Rn. 18; *K. Schmidt* in K. Schmidt/Lutter AktG § 278 Rn. 24 f.

[36] Siehe etwa *Möhrle* in Münch Hdb KG § 2 Rn. 54 ff.

der Vertretung und Geschäftsführung gibt, mithin nicht hinreichend verselbständigt ist, kann dem Erfordernis einer schnellen einheitlichen Willensbildung in der Komplementärgesellschaft nicht Rechnung getragen werden.[37] Auch wenn man so weit geht, die Erbengemeinschaft der GbR gleichzustellen und ihre Rechtssubjektivität bejahen will,[38] steht der Komplementärfähigkeit der Erbengemeinschaft entgegen, daßssie gerade nicht auf dauernde Teilnahme am Rechtsverkehr, sondern grundsätzlich auf Auseinandersetzung ausgerichtet ist.[39] Die Rechtsnachfolge in die Komplementärstellung findet daher nicht zuletzt wegen der fehlenden Komplementärfähigkeit der Erbengemeinschaft außerhalb der allgemein geltenden Universalsukzession statt.[40]

e) **Eingetragene Genossenschaft/Versicherungsverein auf Gegenseitigkeit.** Rechtsformen wie eingetragene Genossenschaften oder der Versicherungsverein auf Gegenseitigkeit (VVaG) können mangels fungibler Anteile ihr Eigenkapital nicht am Kapitalmarkt stärken. Die eingetragene Genossenschaft & Co. KGaA wie die VVaG & Co. KGaA könnte eine Möglichkeit sein, über den Zugang der KGaA zum Kapitalmarkt Eigenkapitalprobleme zu lösen, ohne entweder in die Rechtsform einer Aktiengesellschaft wechseln oder die operativen Tochtergesellschaften über den Zwischenschritt einer Finanzholding-AG organisieren zu müssen.[41] Soweit ersichtlich, wird allgemein davon ausgegangen, dass keine durchschlagenden genossenschaftsrechtlichen Bedenken gegen eine Komplementärstellung der eingetragenen Genossenschaft bestehen.[42] Ob der VVaG angesichts der teilweise weitreichenden versicherungsaufsichtsrechtlichen Bestimmungen tatsächlich geeignet ist, Komplementär einer KGaA zu sein, wird unterschiedlich bewertet;[43] hinsichtlich der Einzelheiten wird auf das einschlägige Schrifttum verwiesen.[44]

13

---

[37] So die althergebrachte Argumentation, die auch zur Begründung der Singularsukzession (Sondererbfolge bzw. Sondernachfolge) statt der Universalsukzession in die Komplementärstellung einer Personengesellschaft führt (Vorrang des Gesellschaftsrechts vor dem Erbrecht), vgl. nur BGH NJW 1983, 2376, 2377 mit Anm. *Flume* NJW 1988, 161; *Werner* in Staudinger BGB Vor §§ 2032 ff. Rn. 25 m.w.N. und dazu § 5 Rn. 313.

[38] *Eberl-Borges* ZEV 2002, 125, 127 ff.; *Weipert* ZEV 2002, 300, 301 ff.; a.A. *Heil* ZEV 2002, 296.

[39] hM vgl. hierzu nur *Ulmer/Schäfer* in Münch Komm BGB § 705 Rn. 81; dagegen *Weipert* ZEV 2002, 300, 301; *Eberl-Borges* ZEV 2002, 125, 127 mit dem Hinweis, die Erbengemeinschaft „werde nicht sofort auseinandergesetzt, sondern erst, wenn ein Miterbe dies wünscht (.) Diese Phase kann sehr lange dauern". Hier wird man anmerken müssen, dass die tatsächliche Dauer der werbenden Existenz einer Erbengemeinschaft nicht von ihrem in §§ 2032 Abs. 2, 2042 BGB vorausgesetzten finalen Sinn, nämlich der Auseinandersetzung des gesamthänderisch gebundenen Erbes zugunsten ihrer Mitglieder und damit ihrer Auflösung, ablenken kann.

[40] Siehe dazu unter § 5 Rn. 313.

[41] Für den VVaG *Schloßmacher* VW 1999, 1758 ff.; zurückhaltend *Diehl* VW 2000, 110 ff., der bereits die Notwendigkeit einer VVaG & Co. KGaA zum Zwecke der Eigenmittelbeschaffung bezweifelt.

[42] *Perlitt* in Münch Komm AktG § 278 Rn. 38 m.w.N.; Vertiefend zu den Problemfeldern Vereinbarkeit mit dem Förderzweck sowie Notwendigkeit eines gemeinschaftlichen Geschäftsbetriebs *Strieder* BB 1998, 2276, 2277 ff.; vor der Entscheidung BGHZ 134, 392 = NJW 1997, 1923 bereits *Strieder* DB 1996, 2065; *ders.* BB 1995, 1857; *ders.* DB 1994, 1557.

[43] *Perlitt* in Münch Komm AktG § 278 Rn. 38; *K. Schmidt* in K. Schmidt/Lutter AktG § 278 Rn. 40; *Bachmann* in Spindler/Stilz AktG § 278 Rn. 40; *Schloßmacher* VW 1999, 1758, 1760: „keine besonderen aufsichtsrechtlichen Restriktionen"; kritisch dem hingegen *Diehl* VW 2000, 110 ff.

[44] *Diehl* VW 2000, 110 ff.; *Schloßmacher* VW 1999, 1758 ff. jeweils m.w.N.

14   **f) Ausländische Gesellschaften.** Hinsichtlich der Komplementärfähigkeit von ausländischen Gesellschaften ist in erster Linie danach zu unterscheiden, ob diese Gesellschaften aus dem EU-Ausland oder aus Drittstaaten stammen. Aufgrund der europarechtlich indizierten Anerkennung der Gründungstheorie für EU-Auslandsgesellschaften[45] kann kaum mehr Zweifel daran bestehen, dass diese Gesellschaften sich an einer deutschen KGaA beteiligen können.[46] Außerhalb unionsrechtlicher Sachverhalte folgt die deutsche Rechtsprechung indes noch immer der Sitztheorie.[47] In diesen Fällen setzt die Komplementärfähigkeit nach vereinzelten Entscheidungen von Instanzgerichten voraus, dass sie deutschen Standards entsprechen und nach dem Recht des Hauptsitzes Rechtspersönlichkeit besitzen.[48] Von Teilen des Schrifttums wird diese Auffassung auch auf die KGaA übertragen und eine ausländische Gesellschaft als Komplementärin unter den vorstehenden Voraussetzungen für zulässig gehalten.[49] Der Rechtssicherheit, insbesondere der Publizität einer Verbindung zwischen ausländischer Kapitalgesellschaft und deutscher Kommanditgesellschaft, kann im Ansatz dadurch Genüge getan werden, dass die Firma der Kommanditgesellschaft einen klarstellenden Hinweis auf die Eigenschaft der ausländischen Gesellschaft enthält.[50]

15   Hiergegen bestehen nachhaltige Bedenken, die – außerhalb von unionsrechtlichen Sachverhalten – bereits gegen die Zulässigkeit der Komplementärstellung einer ausländischen Gesellschaft bei einer Kommanditgesellschaft sprechen und die bei einer KGaA noch an Bedeutung zunehmen.[51] Zunächst ist fraglich, ob eine ausländische Gesellschaft aus einem Drittstaat, welche die Geschäfte einer **deutschen KGaA** in Deutschland führt, überhaupt eintragungsfähig ist. Nach der in Deutschland grundsätzlich zu beachtenden Sitztheorie führt die Verlagerung des Verwaltungssitzes aus dem Ausland nach Deutschland dazu, dass die ausländische Gesellschaft deutschem Gesellschaftsrecht zu unterwerfen ist und daher nicht als ausländische Gesellschaft anerkannt werden kann. Sollte die ausländische Gesellschaft ihre Geschäftsführungsmaßnahmen von dem Ort ihrer Errichtung und damit vom Ausland aus vornehmen, würde die KGaA ihren Verwaltungssitz ins Ausland verlagern und könnte dementsprechend nicht in einem deutschen Han-

---

[45] Vgl. ausführlich unten § 4 Rn. 103 ff.
[46] Vgl. OLG Frankfurt ZIP 2008, 1296; *Grunewald* in Münch Komm HGB § 161 Rn. 105; *K. Schmidt* in Münch Komm HGB § 105 Rn. 89; *Mülsch/Nohlen* ZIP 2008, 1358; *Zimmer* NJW 2003, 3585, 3587.
[47] Vgl. § 4 Rn. 103 ff.
[48] BayObLG DB 1986, 1325 ff.; OLG Saarbrücken NJW 1990, 647 f.; dagegen etwa *Ebenroth/Eyles* DB Beil. Nr. 2/88; *Großfeld* in Staudinger Int GesR (1998) Rn. 536 ff.; für eine Entscheidung im Einzelfall nach Maßgabe, ob deutsche Standards erfüllt werden oder nicht, *K. Schmidt*, Gesellschaftsrecht § 56 VII.2. (S. 1662 f.); *Reichert* ZIP 2014,, 1957 ff.; *Mayer-Uellner/Otte* NZG, 2015, 737 ff.
[49] *Perlitt* in Münch Komm AktG § 278 Rn. 35; *K. Schmidt* in K. Schmidt/Lutter AktG § 278 Rn. 21; *Bachmann* in Spindler/Stilz AktG § 278 Rn. 40; *Dauner-Lieb* in Kölner Komm AktG § 2 Rn. 8; *Förl/Fett* in Bürgers/Körber AktG § 278 Rn. 13; a. A. *Assmann/Sethe* in Großkomm AktG Vor § 278 Rn. 170 ff.; *Großfeld* in Staudinger Int GesR (1998) Rn. 55.
[50] OLG Saarbrücken DB 1989, 1076 f.; zustimmend: *K. Schmidt,* Gesellschaftsrecht § 56 VII.2. (S. 1662).
[51] Vgl. *Großfeld* in Staudinger Int GesR (1998) Rn. 536 ff. m. w. N.; *Assmann/Sethe* in Großkomm AktG Vor § 278 Rn. 170 ff.

delsregister eingetragen werden.⁵² Dieses **zwangsläufige Zusammenfallen der tatsächlichen Verwaltungssitze** der beiden beteiligten Gesellschaften macht es außerhalb europarechtlicher Konstellationen schwer vorstellbar, dass es nach der Sitztheorie mangels rechtsgültig bestehender ausländischer Gesellschaft überhaupt zu dem Problem der Eintragung einer ausländischen Gesellschaft als Komplementärin kommen kann.⁵³ Sollte es indes zur Eintragung einer KGaA mit einer Auslandsgesellschaft als Komplementärin kommen, was im unionsrechtlichen Kontext zwingend sein dürfte, dürften folgende Aspekte für den Registerrichter ermessensleitend sein: Zunächst führt eine solche Typenvermischung dazu, dass die aufgrund ihrer hybriden Rechtsnatur ohnehin komplexe KGaA noch zusätzlich in verschiedene Rechtsregime aufgeteilt und damit verkompliziert wird: Für die KGaA gilt teils Personengesellschafts-, teils Aktienrecht,⁵⁴ für die Komplementärin zusätzlich ihre Rechtsordnung – eine – wie *Großfeld* hervorhebt – selbst für in Rechtsvergleichung geschulte Juristen wohl besondere Herausforderung.⁵⁵ Das **Durcheinander der anzuwendenden Rechtsvorschriften** dürfte jedenfalls für den einfachen Kommanditaktionär, insbesondere für den Anleger in einer börsennotierten KGaA, nicht mehr nachvollziehbar sein.⁵⁶ Einen denkbaren Lösungsweg zeigen *Assmann/Sethe*⁵⁷ auf die in der „öffentlichen Ordnung" i.S.d. Art 52 AEUV eine Rechtfertigung des Verbotes der Anerkennung ausländischer europäischer Gesellschaften als Komplementäre einer typenvermischten KGaA sehen.

Wegen des zusätzlichen Aufwands und der verbleibenden rechtlichen Risiken ist davon abzuraten eine ausländische Gesellschaft als Komplementärin der KGaA einzusetzen. **16**

C. Gründungsvorgang

Die Gründung der KGaA durchläuft regelmäßig **mehrere Stadien**, bevor die Gesellschaft gemäß §§ 278 Abs. 3, 41 Abs. 1 S. 1 AktG durch die konstitutive⁵⁸ Eintragung ins Handelsregister entsteht, sofern nicht das Gesetz ausnahmsweise (wie bei bestimmten Umwandlungsmaßnahmen) einen späteren Zeitpunkt vorschreibt.⁵⁹ Dabei wird typischerweise unterschieden zwischen der Vorgründungsphase und der Gründungsphase, letztere beginnend mit der Errichtung der KGaA, mithin dem Zeitpunkt der Übernahme aller Aktien durch die Gründer. Ab diesem **17**

---

⁵² BGHZ 97, 269 = NJW 1986, 2194; *Großfeld* in Staudinger Int GesR (1998) Rn. 642 f.; eine bereits eingetragene Gesellschaft wird bei Sitzverlegung ins Ausland aufgelöst, siehe nur *K. Schmidt*, Gesellschaftsrecht § 1 II.8. (S. 27); *Pentz* in Ebenroth/Boujong/Joost/Strohn HGB § 13h Rn. 46.
⁵³ So schon für die KG *Großfeld* in Staudinger Int GesR (1998) Rn. 538; *Ebenroth/Eyles* DB 1988 Beil. Nr. 2/88, S. 19.
⁵⁴ Siehe einleitend unter § 3 Rn. 3 ff.
⁵⁵ *Großfeld* in Staudinger Int GesR (1998) Rn. 542.
⁵⁶ *Großfeld* in Staudinger Int GesR (1998) Rn. 555.
⁵⁷ *Assmann/Sethe* in Großkomm AktG Vor § 278 Rn. 173.
⁵⁸ *Assmann/Sethe* in GroßKomm AktG § 280 Rn. 11.
⁵⁹ So bei der Spaltung zur Neugründung gem. §§ 123 Abs. 1 Nr. 2, 130 Abs. 1 S. 2 i.V.m. 135 UmwG: erst mit Eintragung in das Handelsregister des übertragenden Rechtsträgers, vgl. *Körber* in Bürgers/Körber AktG § 41 Rn. 1.

Zeitpunkt besteht die Gesellschaft als sog. Vor-KGaA bis zu dem Zeitpunkt ihrer Entstehung als juristischer Person durch Eintragung im Handelsregister.[60]

I. Vorgründungsphase

18 Am Anfang des Gründungsvorganges wird häufig ein Entschluss von Personen stehen, sich zur Gründung einer KGaA zusammenschließen zu wollen. Zwingend erforderlich ist ein derartiger formaler Entschluss, der als Vorvertrag zu qualifizieren ist, jedoch nicht.[61] Dieser notariell zu beurkundende[62] Vorvertrag allein bewirkt noch keine Errichtung der KGaA oder einer Vorstufe der KGaA. Vielmehr wird unter diesen Personen eine Vorgründungsgesellschaft in der Rechtsform einer **Gesellschaft bürgerlichen Rechts** errichtet. Die Vorgründungsgesellschaft ist hingegen eine oHG, sobald die Vorgründungsgesellschaft bereits in einer Art und einem Umfang am Rechtsverkehr teilnimmt, der die Definition eines Handelsgewerbes i. S. d. § 1 Abs. 2 HGB erfüllt.[63]

19 Für den Abschluss des zur Vorgründungsgesellschaft führenden Vorvertrages ist nicht erforderlich, dass bereits feststeht, wer später als persönlich haftender Gesellschafter an der Gründung teilnimmt. Ausreichend ist zur Bildung einer Vorgründungsgesellschaft, dass sich **mindestens zwei Personen** zur Gründung einer KGaA zusammenschließen.[64] Eintritt und Austritt von Gesellschaftern bestimmt sich nach dem Recht der Gesellschaft bürgerlichen Rechts bzw. der oHG.

20 Die Vorgründungsgesellschaft ist **nicht** mit der später entstehenden KGaA **identisch**, mit Entstehung der KGaA gehen die für die Vorgründungsgesellschaft begründeten Rechte und Rechtsverhältnisse nicht ohne gesonderten Übertragungsakt auf die KGaA über.[65] Statt dessen führt die Eintragung der KGaA regelmäßig zur Vollbeendigung der Vorgründungsgesellschaft durch Zweckerreichung, soweit nicht noch Vermögen der Vorgründungsgesellschaft zu liquidieren ist.[66]

---

[60] Vgl. *Arnold* in Kölner Komm AktG § 41 Rn. 7; *Pentz* in Münch Komm AktG § 41 Rn. 8.

[61] Vgl. *Pentz* in Münch Komm AktG § 41 Rn. 10.

[62] Vgl. *Arnold* in Kölner Komm AktG § 41 Rn. 8; *Hoffmann-Becking* in Münch Hdb AG § 3 Rn. 31.

[63] *Pentz* in Münch Komm AktG § 41 Rn. 18; *Körber* in Bürgers/Körber AktG § 41 Rn. 4.

[64] Vgl. *Hüffer/Koch* § 41 Rn. 3; im Fall der intendierten Gründung einer Einmann-KGaA (vgl. § 4 Rn. 21) entsteht aufgrund der generellen Unzulässigkeit der Einmann-Personengesellschaft keine Vorgründungsgesellschaft, vgl. *Ulmer/Schäfer* in Münch Komm BGB § 705 Rn. 60.

[65] *Körber* in Bürgers/Körber AktG § 41 Rn. 4; *Arnold* in Kölner Komm AktG § 41 Rn. 14.

[66] *Pentz* in Münch Komm AktG § 41 Rn. 21; zum Übergang eventuell noch vorhandenen Gesamthandsvermögens auf die eingetragene KGaA unter § 4 Rn. 45.

II. Errichtung der KGaA

1. Satzungsfeststellung

Die Gründung der KGaA erfolgt durch notarielle Beurkundung der Satzung und Übernahme aller Aktien durch die Kommanditaktionäre. Mit der Übernahme aller Aktien ist die KGaA gemäß §§ 278 Abs. 3, 29 AktG errichtet.[67] Die Gesellschafter, welche die Satzung festgestellt haben, werden gemäß § 280 Abs. 3 AktG als Gründer bezeichnet. Eine Mindestanzahl von fünf Personen ist seit dem UMAG nicht mehr erforderlich, so dass auch eine **Einmann-Gründung der KGaA** zulässig ist, §§ 2, 278 Abs. 3 AktG.[68]

Nach § 280 Abs. 2 AktG müssen an der notariell zu beurkundenden Satzungsfeststellung alle persönlich haftenden Gesellschafter und alle Kommanditaktionäre mitwirken, welche Aktien der KGaA übernehmen. Bei der Satzungsfeststellung ist rechtsgeschäftliche Vertretung möglich, die Vollmacht bedarf gemäß § 280 Abs. 1 S. 3 AktG der notariellen Beglaubigung.[69] In Fällen gesetzlicher oder organschaftlicher Vertretungsmacht ist der Nachweis durch entsprechende Urkunden[70] zu führen. Inhaltlich muss die Satzung gemäß §§ 280 Abs. 1 S. 2, 281 Abs. 1 S. 1, 23 Abs. 3 und 4 AktG zunächst die gleichen **Mindestangaben** enthalten wie die Satzung einer Aktiengesellschaft.[71] Demnach muss die Satzung mindestens angeben: Firma und Sitz der Gesellschaft, den Gegenstand des Unternehmens, die Höhe des Grundkapitals, die Zerlegung des Grundkapitals in Nennbetrags- oder Stückaktien, die Aktienzahl, bei Nennbetragsaktien auch den Nennbetrag und die Stückzahl der Aktien eines jeden Nennbetrages sowie etwaige Gattungen und die Zahl der Aktien jeder Gattung sowie schließlich die Angabe, ob es sich um Inhaber- oder Namensaktien handelt.[72] Weitergehend sind nach § 281 Abs. 1 AktG bei der KGaA zusätzlich für alle persönlich haftenden Gesellschafter jeweils der Name, der Vorname, der Wohnort sowie Art und Höhe ihrer Sondereinlagen anzugeben, § 281 Abs. 2 AktG.

Bei der ebenfalls zulässigen **Einheits-KGaA** sind sämtliche Anteile der Komplementärsgesellschaft im Besitz der KGaA selbst.[73] In Frage kommt dabei lediglich eine Kapitalgesellschaft als Komplementär, da nur bei dieser die sog. Einpersonen-Gesellschaft rechtlich möglich ist.[74] Zweck der Einheits-KGaA ist es, den Kommanditaktionären, die der KGaA das Vermögen zur Verfügung stellen,

---

[67] *Assmann/Sethe* in GroßKomm AktG § 280 Rn. 11; *Perlitt* in Münch Komm AktG § 280 Rn. 19.
[68] *Förl/Fett* in Bürgers/Körber AktG § 280 Rn. 2; *K. Schmidt* in K. Schmidt/Lutter AktG § 280 Rn. 3.
[69] *Perlitt* in Münch Komm AktG § 280 Rn. 6.
[70] *Pentz* in Münch Komm AktG § 23 Rn. 22.
[71] Mustersatzungen siehe § 13.
[72] Vgl. *Perlitt* in Münch Komm AktG § 281 Rn. 7.
[73] Ausführlich *Assmann/Sethe* in GroßKomm AktG § 280 Rn. 16; *Perlitt* in Münch Komm AktG § 280 Rn. 32; *Gonnella/Mikic* AG 1998, 508 ff.
[74] Vgl. zur Problematik der sog. „Einmann-Personengesellschaft" etwa *Fett/Brand* NZG 1999, 45 ff. m.w.N.

§ 4 Die Gründung der KGaA

dauerhaft auch die Macht in der Gesellschaft zu sichern.[75] In der Einheits-KGaA erhalten die Kommanditaktionäre insbesondere die Personalkompetenz für den Geschäftsführer der Komplementär-Gesellschaft.[76]

2. Übernahme der Aktien durch die Kommanditaktionäre

24 Als weiteren notwendigen Schritt für die Errichtung einer KGaA schreiben §§ 280 Abs. 2, 278 Abs. 3, 29 AktG die Übernahme aller Aktien der KGaA durch die Kommanditaktionäre[77] vor.[78] Anders als bei der Aktiengesellschaft, bei der gemäß § 29 AktG alle Aktien von den Gründern übernommen werden müssen, ist diese Verpflichtung bei der KGaA auf die Kommanditaktionäre beschränkt. Die persönlich haftenden Gesellschafter können ebenfalls Aktien bei der Errichtung der Gesellschaft übernehmen,[79] sie müssen dies aber nicht.[80] Ob die **persönlich haftenden Gesellschafter** bei Errichtung der KGaA **alle Aktien übernehmen**, die Kommanditaktionäre und die persönlich haftenden Gesellschafter also vollständig personengleich sein können, wird heute nicht mehr ernsthaft bezweifelt.[81] Zum einen geht das Gesetz in § 285 Abs. 1 S. 1 AktG selbst davon aus, dass die persönlich haftenden Gesellschafter Aktien der Gesellschaft halten können. Zum anderen lässt das Gesetz in § 123 Abs. 3 Nr. 2 i. V. m. § 124 Abs. 1 UmwG die Ausgliederung aus dem Vermögen eines Rechtsträgers auf eine von ihm dadurch neu gegründete KGaA mit der Konsequenz zu, dass der ausgliedernde Rechtsträger sowohl der alleinige persönlich haftende Gesellschafter, als auch alleiniger Kommanditaktionär der KGaA wird.[82] Schließlich ist die Einmann-KGaA, bei der eine Person sowohl persönlich haftender Gesellschafter ist, als auch alle Kommanditaktien hält, allgemein anerkannt.[83] Auch die Bestellung des ersten Aufsichtsrates kann erfolgen, wenn alle Kommanditaktionäre und persönlich haftenden Gesellschafter personenidentisch sind, da das Bestellungsverbot des § 285 Abs. 1 S. 2 Nr. 1 AktG mangels potentieller Interessenkollision nicht gilt.[84]

25 Mit Übernahme der Aktien ist die Errichtung der KGaA abgeschlossen. Bis zu ihrer Entstehung als juristische Person durch konstitutive Eintragung im Handelsregister besteht eine Vorgesellschaft, die allgemein als **Vor-KGaA** bezeichnet wird. Diese ist ebenso wie die Vor-GmbH oder Vor-AG als Gesellschaftsform eigener Art anzusehen, auf die alle Vorschriften der KGaA entsprechend anzuwen-

---

[75] Für die GmbH & Co. KGaA: *Schrick* NZG 2000, 675, 677; für die GmbH & Co. KG: *Esch* BB 1991, 1129, 1130.
[76] Zur Einheits-KGaA ferner unter § 5 Rn. 30, 196, 216.
[77] Missverständlich *Assmann/Sethe* in GroßKomm AktG § 280 Rn. 10.
[78] *Perlitt* in Münch Komm AktG § 280 Rn. 11; *K. Schmidt* in K. Schmidt/Lutter AktG § 280 Rn. 5.
[79] *Herfs* in Münch Hdb AG § 75 Rn. 21.
[80] *Perlitt* in Münch Komm AktG § 280 Rn. 12.
[81] *Hüffer/Koch* § 280 Rn. 3; *Perlitt* in Münch Komm AktG § 280 Rn. 15; ferner *Assmann/Sethe* in GroßKomm AktG § 280 Rn. 12 ff. mit Darstellung des vormaligen Meinungsstreits.
[82] *Kallmeyer* in Kallmeyer UmwG § 124 Rn. 1; *Goutier* in Goutier/Knopf/Tulloch UmwG § 124 Rn. 1.
[83] *Assmann/Sethe* in GroßKomm AktG § 280 Rn. 15; *Perlitt* in Münch Komm AktG § 280 Rn. 30.
[84] *Perlitt* in Münch Komm AktG § 280 Rn. 17.

C. Gründungsvorgang

den sind, solange sie nicht die Eigenschaft als juristische Person voraussetzen.[85] Die Vor-KGaA ist damit von der eingangs dargestellten Vorgründungsgesellschaft[86] zu unterscheiden.

3. Haftung der Gründer und Handelnden vor Eintragung der KGaA im Handelsregister

a) **Gründerhaftung: Vorbelastungs- und Verlustdeckungshaftung.** Mit Errichtung der KGaA setzen sich die Gründer einer sog. Gründerhaftung aus, welche die Verlustrisiken abdecken soll, die sich für den Rechtsverkehr aus einer Geschäftstätigkeit der Vor-KGaA vor ihrer Eintragung im Handelsregister ergeben können und die nach neuester Rechtsprechung zur Vor-GmbH[87] zwei Komponenten[88] umfasst: Die sog. **Vorbelastungshaftung**[89] deckt das Risiko ab, dass das Grundkapital der KGaA im Zeitpunkt ihrer Entstehung, also dem Zeitpunkt ihrer Eintragung im Handelsregister, wertmäßig nicht mehr vollständig vorhanden ist.[90] Die Vorbelastungshaftung realisiert sich somit erst, wenn einerseits das Grundkapital der KGaA durch vermögenswirksame Geschäftsvorgänge vor Eintragung der KGaA gemindert ist und es dennoch zur Eintragung der KGaA im Handelsregister kommt. Die Vorbelastungshaftung ist trotz ihres begrenzten Zieles, das gezeichnete Grundkapital im Eintragungszeitpunkt wertmäßig voll zu erhalten, betragsmäßig nicht beschränkt, da die Höhe der Verluste potentiell unbeschränkt ist und somit der Betrag, der zur Wiederherstellung des Grundkapitals erforderlich ist, ebenfalls potentiell unbeschränkt ist. 26

Unterbleibt hingegen die Eintragung im Handelsregister und gelangt die KGaA somit nicht zur Entstehung, so greift als zweite Haftungskomponente der Gründerhaftung die sog. **Verlustdeckungshaftung**[91] ein. Hiernach sind die Gründer verpflichtet, alle der Vor-KGaA entstandenen Verluste ohne Haftungsbegrenzung auf das gezeichnete Grundkapital der KGaA auszugleichen. Die Verlustdeckungshaftung hat nur für die Kommanditaktionäre praktische Bedeutung, da die Komplementäre ohnehin unbeschränkt haften. 27

Beide Haftungskomponenten sind der Höhe nach unbeschränkt und hinsichtlich ihres Haftungsumfanges von der Höhe der aufgelaufenen Verluste abhängig.[92] Nach Ansicht des BGH[93] trifft die Gründerhaftung **alle Gründer**, im Falle der 28

---

[85] Für die Aktiengesellschaft exemplarisch schon *Röhricht* in Großkomm AktG § 29 Rn. 5; siehe auch *Hüffer/Koch* § 41 Rn. 4 m.w.N.; für die GmbH BGHZ 21, 242, 246 = NJW 1956, 1435; BGHZ 45, 338, 347 = NJW 1966, 2161; BGHZ 51, 30, 32 = NJW 1969, 509; ferner *Kindler* in Ebenroth/Boujong/Joost/Strohn HGB § 6 Rn. 17.
[86] Siehe hierzu oben § 4 Rn. 18 ff.
[87] BGHZ 134, 333 = NJW 1997, 1507.
[88] BGHZ 134, 333, 342 = NJW 1997, 1507.
[89] Synonym: Unterbilanzhaftung; entsteht mit Eintragung und soll die Ausstattung mit dem Stamm- oder Grundkapital sicherstellen.
[90] BGHZ 80, 129, 141 = NJW 1981, 1373.
[91] Die von der Rechtsprechung entwickelten Grundsätze der Verlustdeckungshaftung sind mit wenigen Änderungen auch auf die Vor-AG anwendbar – siehe OLG Karlsruhe AG 1999, 131, 132; LG Heidelberg ZIP 1997, 2045; *Hüffer/Koch* § 41 Rn. 9a ff.; *Drygala* in K. Schmidt/Lutter AktG § 41 Rn. 14; *Wiedenmann* ZIP 1997, 2029, 2030 ff.
[92] BGHZ 134, 333, 337 = NJW 1997, 1507.
[93] BGHZ 134, 333, 337 = NJW 1997, 1507.

Bürgers

KGaA also sowohl die persönlich haftenden Gesellschafter als auch die Kommanditaktionäre, und ist als **reine Innenhaftung**[94] der Gesellschaft gegenüber konzipiert. Eine Außenhaftung der Gründer gegenüber den Gläubigern der Gesellschaft kommt nur in seltenen Ausnahmefällen in Betracht, namentlich dann, wenn es nur einen Gläubiger gibt, die Vor-KGaA vermögenslos ist oder eine Vertretung der KGaA durch ihre persönlich haftenden Gesellschafter nicht mehr möglich ist.[95] Im Verhältnis zur Gesellschaft haften die Kommanditaktionäre als Gesamtschuldner,[96] im Innenregress jedoch nur beschränkt auf das anteilige Verhältnis des von ihnen gezeichneten Grundkapitals der KGaA.[97] Hingegen haften die persönlich haftenden Gesellschafter auch im Innenverhältnis ihren Mitgründern gegenüber unbeschränkt.

29 Unbeachtlich ist für die Gründerhaftung der Vor-KGaA, dass mindestens ein persönlich haftender Gesellschafter besteht, der auch ohne die durch Rechtsprechung konstruierte Gründerhaftung den Gläubigern der Vor-KGaA voll haftet. Für die Gründerhaftung ist nicht die persönliche Haftung der Komplementäre ausschlaggebend, sondern der **allgemeine Rechtsgedanke des Kapitalgesellschaftsrechtes**, dass ein Haftungsausschluss für die beschränkt haftenden Gesellschafter erst mit Eintragung der Gesellschaft und ihrer Entstehung als juristischer Person eintreten soll.[98] Dieser Rechtsgedanke ist ohne Einschränkung auch auf die Kommanditaktionäre einer KGaA anwendbar. Diesem Grundsatz würde eine nachrangige Haftung der Kommanditaktionäre gegenüber den persönlich haftenden Gesellschaftern der KGaA widersprechen.

30 **b) Handelndenhaftung.** Neben der Gründerhaftung besteht bis zur Eintragung der KGaA im Handelsregister für alle Personen, die im Namen der Gesellschaft handeln, die in §§ 278 Abs. 3, 41 Abs. 1 S. 2 AktG normierte Handelndenhaftung. Diese Haftungsnorm ist für die persönlich haftenden Gesellschafter nicht weiter von Interesse, da sie auch in der Gründungsphase gemäß §§ 278 Abs. 2 AktG, 128 HGB für die Verbindlichkeiten der Gesellschaft haften. Die Handelndenhaftung kann aber **für die Kommanditaktionäre Bedeutung** erlangen,[99] wenn diese vor Eintragung der KGaA im Handelsregister im Namen der KGaA i. Gr. handeln. Für die Anwendung der aktienrechtlichen Handelndenhaftung gemäß §§ 278 Abs. 3, 41 Abs. 1 S. 2 AktG ist unbeachtlich, dass den Gläubigern bei einer KGaA neben den handelnden Personen immer auch die persönliche Haftung der Komplementäre zur Verfügung steht. Mit dem Verweis in § 278 Abs. 3 AktG auf die Gründungsvorschriften der Aktiengesellschaft werden auch die Schutzvorschriften der §§ 27, 36a, 46–48 AktG zur Kapitalaufbringung und Kapitalerhaltung zum Zwecke des Gläubigerschutzes im Gründungsstadium anwendbar. Bis zur Prüfung der Anmeldung durch das Registergericht gibt es aber keinerlei Kontrolle bezüglich der Aufbringung des Grundkapitals (Mindestgrundkapital gemäß § 7 AktG: 50 000 Euro). Zudem ist mit Zulassung der Kapitalgesellschaft & Co.

---

[94] *Körber* in Bürgers/Körber AktG § 41 Rn. 32; *Wiedenmann* ZIP 1997, 2029, 2032 f.; a. A. *Pentz* in Münch Komm AktG § 41 Rn. 65.; differenzierend *K. Schmidt* in K. Schmidt/Lutter AktG § 280 Rn. 5.
[95] Vgl. für die GmbH BGHZ 134, 333, 341 = NJW 1997, 1507.
[96] Vgl. § 46 AktG.
[97] Vgl. *Pentz* in Münch Komm AktG § 41 Rn. 116.
[98] Vgl. *K. Schmidt*, Gesellschaftsrecht § 8 II 5. (S. 192 ff.) m. w. N.
[99] *Perlitt* in Münch Komm AktG § 280 Rn. 26.

KGaA auch die Übernahme der Komplementärsstellung durch eine juristische Person möglich, die unter Umständen eine im Verhältnis zum Grundkapital der KGaA nicht ausreichende Haftung bietet.

4. Bestellung von Aufsichtsrat und Abschlussprüfer

Die Kommanditaktionäre haben gemäß §§ 278 Abs. 3, 30 Abs. 1 AktG den ersten Aufsichtsrat zu bestellen und den ersten Abschlussprüfer für das erste Voll- bzw. Rumpfgeschäftsjahr zu wählen. Haben die persönlich haftenden Gesellschafter alle Kommanditaktien übernommen und sind damit die alleinigen Gründer der KGaA, so erfolgt die Bestellung des ersten Aufsichtsrates und die Wahl des ersten Abschlussprüfers durch sie in ihrer Eigenschaft als **Kommanditaktionäre**; § 285 Abs. 1 S. 2 Nr. 1 AktG gilt in dieser Konstellation nicht.[100] Bestellung und Wahl bedürfen gemäß § 30 Abs. 1 S. 2 AktG aus Gründen der Rechtssicherheit[101] der notariellen Beurkundung. Gleichfalls der notariellen Beurkundung bedarf die Ausübung eines Entsenderechtes für ein Aufsichtsratsmitglied durch einen der Gründer.[102]

31

Bei der Bestellung des ersten Aufsichtsrates und der Wahl des ersten Aufsichtsrates ist Stellvertretung möglich. Da es sich nicht um ein höchstpersönliches Rechtsgeschäft handelt, genügt für die Vollmacht einfache Schriftform.[103]

32

Hinsichtlich der **Zusammensetzung** des ersten Aufsichtsrates gelten bei der KGaA gegenüber der Aktiengesellschaft keine Besonderheiten: Gemäß § 30 Abs. 2 AktG finden die Vorschriften über die Bestellung von Aufsichtsratsmitgliedern der Arbeitnehmer auf den ersten Aufsichtsrat keine Anwendung,[104] es sei denn, es liegt eine Sachgründung der KGaA gemäß § 31 AktG vor,[105] was z.B. bei Gründung der KGaA nach Vorschriften des Umwandlungsgesetzes regelmäßig der Fall ist.[106] Die Amtsdauer des ersten Aufsichtsrates endet mit Ende der Hauptversammlung, die über die Entlastung für das erste abgelaufene Voll- oder Rumpfgeschäftsjahr beschließt, § 30 Abs. 3 AktG.[107]

33

5. Gründungsbericht und Gründungsprüfung

Die Gründer haben gemäß § 32 AktG einen schriftlichen Gründungsbericht zu erstellen.[108] Da zu den Gründern gemäß § 280 Abs. 2, 3 AktG immer auch die persönlich haftenden Gesellschafter gehören, der Gründungsbericht der Gründer gemäß § 283 Nr. 2 AktG aber neben dem ersten **Aufsichtsrat** auch von den

34

---

[100] *Perlitt* in Münch Komm AktG § 280 Rn. 20; *Assmann/Sethe* in GroßKomm AktG § 280 Rn. 19.
[101] *Pentz* in Münch Komm AktG § 30 Rn. 13; *Arnold* in Kölner Komm AktG § 30 Rn. 8.
[102] *Röhricht* in GroßKomm AktG § 30 Rn. 4 a.E.; *Hüffer/Koch* § 30 Rn. 3.
[103] *Pentz* in Münch Komm AktG § 30 Rn. 12; a.A. *Arnold* in Kölner Komm AktG § 30 Rn. 8.
[104] *Pentz* in Münch Komm AktG § 30 Rn. 17; *Arnold* in Kölner Komm AktG § 30 Rn. 1.
[105] *Pentz* in Münch Komm AktG § 30 Rn. 18.
[106] Vgl. *Zimmermann* in Kallmeyer UmwG § 76 Rn. 6.
[107] *Lohse* in Bürgers/Körber AktG § 30 Rn. 4.
[108] *Assmann/Sethe* in GroßKomm AktG § 280 Rn. 20.

Komplementären zu prüfen ist,[109] ergibt sich die seltsame, aber vom Gesetzgeber gewollte Situation, dass die persönlich haftenden Gesellschafter ihren eigenen Gründungsbericht zu überprüfen haben.[110]

35   Der **Umfang der Gründungsprüfung** erstreckt sich gemäß § 34 Abs. 1 Nr. 1 AktG auf die Angaben der Gründer und gemäß § 34 Abs. 1 Nr. 2 AktG auf den Wert der Sacheinlagen oder Sachübernahmen. Der Umfang der Gründungsprüfung umfasst **nur die Sacheinlagen der Kommanditaktionäre** auf die Aktien, nicht aber die Sondereinlagen der persönlich haftenden Gesellschafter, da diese nicht auf das Grundkapital der KGaA geleistet werden (vgl. § 281 Abs. 2 AktG), dessen ordnungsgemäße Aufbringung allein Gegenstand der Gründungsprüfung ist.[111]

36   Zahlreiche Stimmen im Schrifttum befürworten demgegenüber auch eine externe **Prüfung der Sondereinlage** der persönlich haftenden Gesellschafter im Rahmen der Gründungsprüfung.[112] Den maßgeblichen Aspekt für eine Anwendung des § 33 Abs. 2 Nr. 4 AktG sehen die Autoren dabei in dem Schutz der Anleger- und Aktionärsinteressen.[113] Die Kommanditaktionäre liefen Gefahr, bei der Gewinnverteilung, die sich regelmäßig an dem Verhältnis der Kapitalanteile der Gesellschaftergruppen zueinander orientiert,[114] gegenüber den Komplementären benachteiligt zu werden, wenn die Sacheinlage seitens der Komplementäre überbewertet und damit deren Kapitalanteil zu großzügig bemessen würde. Hieraus wird auch geschlossen, bei der Frage der Sondereinlage handle es sich wegen der Auswirkungen auf den Dividendenanspruch des einzelnen Kommanditaktionärs (mittelbar) um ein Rechtsverhältnis nach § 278 Abs. 3 AktG zwischen den Komplementären und den einzelnen Kommanditaktionären, auf das nicht Personengesellschaftsrecht, sondern aktienrechtliches Gründungsrecht anzuwenden sei.[115]

37   Gegenüber dieser Betrachtung sind **berechtigte Zweifel** vorgebracht worden.[116] Rechtsfragen der Sondereinlage in der KGaA bestimmen sich gemäß § 278 Abs. 2 AktG nach Personengesellschaftsrecht, weil insoweit das Rechtsverhältnis zwischen den Komplementären und der Gesamtheit der Kommanditaktionäre betroffen ist.[117] Was einlagefähig ist und was nicht bestimmt sich also nicht nach §§ 278 Abs. 3, 27 Abs. 2 AktG, sondern nach §§ 278 Abs. 2 AktG, 161 Abs. 2, 105 Abs. 2 HGB, 705 ff. BGB.[118] Ferner ist unstreitig, dass die hier in Frage stehende Gewinnverteilung zwischen den Gesellschaftergruppen dem Recht der Personen-

---

[109] *K. Schmidt* in K. Schmidt/Lutter AktG § 280 Rn. 7; *Förl/Fett* in Bürgers/Körber AktG § 280 Rn. 6.
[110] Hierzu ausführlich *Perlitt* in Münch Komm AktG § 280 Rn. 22.
[111] Vgl. *K. Schmidt* in K. Schmidt/Lutter AktG § 280 Rn. 7; *Herfs* in Münch Hdb AG § 76 Rn. 3; *Wichert* S. 112 f.; *Schaumburg/Schulte* Rn. 24.
[112] *Assmann/Sethe* in GroßKomm AktG § 281 Rn. 24 ff.; *Barz* in Großkomm AktG 3. Aufl. § 280 Rn. 8; *Raiser/Veil* § 23 Rn. 12; *Diekmann* ZIP 1996, 2149, 2150; *Sethe* DB 1998, 1044, 1046 f.
[113] *Assmann/Sethe* in GroßKomm AktG § 281 Rn. 24 a. E.
[114] Abhängig von der jeweiligen Satzungsgestaltung, siehe näher unter § 5 Rn. 252 ff.
[115] *Sethe* DB 1998, 1044, 1046.
[116] *Herfs* in Münch Hdb AG § 76 Rn. 3; *Perlitt* in Münch Komm AktG § 281 Rn. 31 f.; *Wichert* S. 112 f.; *Schaumburg/Schulte* Rn. 24.
[117] *Förl/Fett* in Bürgers/Körber AktG § 280 Rn. 6; *Perlitt* in Münch Komm AktG § 281 Rn. 20; *Herfs* in Münch Hdb AG § 77 Rn. 22.
[118] Siehe nur *Förl/Fett* in Bürgers/Körber AktG § 281 Rn. 5.

gesellschaften folgt.[119] Die Argumentation, § 278 Abs. 3 AktG sei wegen der Beeinflussung des Dividendenrechts der einzelnen Kommanditaktionäre betroffen, vermag hingegen nicht zu überzeugen. Allein mittelbare Auswirkungen auf ein Rechtsverhältnis sind nicht geeignet, einen rechtlichen Vorgang nach § 278 AktG zu charakterisieren. Dies gilt auch für die Aufbringung der Sacheinlage.

Eine andere, durchaus berechtigte Frage mag aber sein, ob übergeordnete Gesichtspunkte eine **entsprechende Anwendung** der aktienrechtlichen Gründungsprüfung rechtfertigen können. Zweck der Vorschrift zur Gründungsprüfung ist, die Gründung von Gesellschaften zu verhindern, die nicht die im Interesse der künftigen Gläubiger und der Aktionäre notwendigen Sicherungen erfüllen.[120] Unstreitig ist jedenfalls, dass der Gläubigerschutz bei einer solchen Interessenabwägung innerhalb der KGaA nicht relevant sein kann. Künftige Gläubiger sind bereits durch die persönliche Haftung der Komplementäre ausreichend geschützt; die Sondereinlage des Komplementärs spielt hierbei nur eine untergeordnete Rolle.[121] Dass die Kommanditaktionärsinteressen mittels einer Gründungsprüfung gewahrt werden müssen, will nicht recht einleuchten. Eine solche, nur am Anlegerschutzgedanken orientierte Betrachtung verstellt den Blick auf die hybride Struktur der KGaA. Bei der KGaA handelt es sich zwar – insofern mit der Aktiengesellschaft vergleichbar – um eine Kapitalgesellschaft mit Kapitalsammelfunktion, die einen (potentiell) großen Aktionärskreis hat. Der Gesetzgeber hat die Interessen der Anleger aber nicht höher bewertet als die der Stellung des phG geschuldeten personengesellschaftsrechtlichen Besonderheiten. Deshalb wird man verlangen müssen, dass eine dem Aktienrecht typische Gründungsprüfung bei einer sich grundsätzlich nach Personengesellschaftsrecht richtenden Sacheinlage einer ausdrücklichen (aktienrechtlichen) Regelung bedurft hätte.[122] Für die Fragen der Sondereinlage und der Bemessung der Kapitalanteile als auch für die Gewinnverteilung ist mithin allein auf die Regelungen in der Satzung und die §§ 161 ff. HGB zurückzugreifen. Davon zu trennen ist das (allgemeine) bilanzrechtliche Problem der Unterbewertung von Bilanzpositionen. Schutzinstrumentarien sind hier die registerrichterliche Gründungsprüfung, die Abschlussprüfung sowie die allgemeinen haftungs- und strafrechtlichen Sanktionen.[123] Letztlich verwirklicht sich der Anlegerschutz hier wie in anderen Fällen bilanzieller Unstimmigkeiten auf anderem Wege: Der Kapitalmarkt wird nicht zuletzt durch die Finanzanalysten auch die Bilanzierung der Gesellschaft einer kritischen Prüfung unterziehen, so dass Unstimmigkeiten auf diesem Gebiet entsprechende Auswirkungen auf die Performance der Kommanditaktie haben würden; letzteres wiederum würde die Gesellschaft und damit auch den Komplementär treffen, so dass eine gezielte Unterbewertung der Sondereinlage mit dem Ziel, die Gewinnverteilung zwischen Komplementären und Kommanditaktionären zu manipulieren, am Ende ein wohl eher theoretischer Fall bleiben wird.

---

[119] *Assmann/Sethe* in GroßKomm AktG § 288 Rn. 27; *Perlitt* in Münch Komm AktG § 288 Rn. 7; *Hüffer/Koch* § 288 Rn. 3.
[120] *RegBegr.* bei *Kropff*, S. 53; *Röhricht* in GroßKomm AktG § 33 Rn. 2; *Hüffer/Koch* § 33 Rn. 1.
[121] *Perlitt* in Münch Komm AktG § 281 Rn. 32; *Schaumburg/Schulte* Rn. 24.
[122] Vgl. auch *Schaumburg/Schulte* Rn. 24. Insoweit greift die historische Argumentation von *Assmann/Sethe* in GroßKomm AktG § 281 Rn. 25 zu kurz.
[123] *Wichert* S. 113.

39 Da die persönlich haftenden Gesellschafter als Gründer auch die Geschäfte der KGaA führen, ist in sinngemäßer Anwendung des § 33 Abs. 2 Nr. 1 AktG die Prüfung der Gründung durch **externe Gründungsprüfer** zwingend.[124]

III. Anmeldung zur Eintragung

40 Die KGaA i. Gr. ist nach Abschluss der externen Gründungsprüfung gemäß § 36 Abs. 1 AktG von den Gründern, mithin von allen persönlich haftenden Gesellschaftern und von allen Kommanditaktionären, die an der Satzungsfeststellung mitgewirkt haben, zur Eintragung in das Handelsregister anzumelden.[125] Eine **rechtsgeschäftliche Vertretung** bei der Anmeldung ist **nicht möglich**,[126] da die Anmeldung aufgrund der nach §§ 46, 48, 399 AktG mit der Anmeldung verbundenen zivil- und strafrechtlichen Haftungsfolgen eine höchstpersönliche empfangsbedürftige Verfahrenshandlung darstellt.[127] Hingegen ergeben sich bei der gesetzlichen Vertretung keine Probleme.[128]

41 Hinsichtlich des **Inhaltes der Anmeldung** gelten die §§ 36, 36a, 37, 37a AktG ebenso wie für die Aktiengesellschaft,[129] wenn auch mit der Besonderheit, dass der Nachweis der Kapitalaufbringung gemäß § 37 Abs. 1 S. 2 AktG sich nur auf die Aufbringung des Grundkapitals durch die Kommanditaktionäre, nicht aber auch auf die Leistung einer Sondereinlage gemäß § 281 Abs. 2 AktG durch die persönlich haftenden Gesellschafter zu beziehen braucht.[130] Allerdings ist dies sicherheitshalber mit dem für die Eintragung zuständigen Registerrichter abzustimmen.[131] Nach § 282 AktG sind die persönlich haftenden Gesellschafter mit ihrer Vertretungsbefugnis in das Handelsregister einzutragen. Die Handelsregisteranmeldung hat dabei nach § 282 S. 2 AktG die Vertretungsbefugnis so konkret zu formulieren, dass die Formulierung ohne Anpassung zur Eintragung ins Handelsregister übernommen werden kann.

---

[124] *Assmann/Sethe* in GroßKomm AktG § 283 Rn. 16; *Förl/Fett* in Bürgers/Körber AktG § 280 Rn. 6, § 284 Rn. 4; *Hüffer/Koch* § 283 Rn. 2; *Perlitt* in Münch Komm AktG § 283 Rn. 17; *Nagel/Wittowski* Rn. 32.

[125] *Perlitt* in Münch Komm AktG § 280 Rn. 24; *Mertens* in Kölner Komm AktG § 280 Rn. 7.

[126] Ausführlich *Pentz* in Münch Komm AktG § 36 Rn. 26 f.; *Lohse* in Bürgers/Körber AktG § 36 Rn. 3.

[127] *Pentz* in Münch Komm AktG § 36 Rn. 6; *Nagel/Wittowski* Rn. 35.

[128] *Arnold* in Kölner Komm AktG § 36 Rn. 12; *Pentz* in Münch Komm AktG § 36 Rn. 12.

[129] *Perlitt* in Münch Komm AktG § 280 Rn. 24; *Mertens* in Kölner Komm AktG § 280 Rn. 7.

[130] *Perlitt* in Münch Komm AktG § 280 Rn. 24; a. A. *Schlitt* S. 22.

[131] Vgl. *Schlitt* S. 22.

IV. Prüfung durch das Registergericht

Das Registergericht prüft im Rahmen des Amtsermittlungsgrundsatzes (§ 26 FamFG)[132] gemäß § 38 Abs. 1 AktG die Errichtung und Anmeldung der KGaA auf formelle und materielle Übereinstimmung mit den gesetzlichen Vorschriften.[133] Es gelten die für die Errichtung und Anmeldung einer Aktiengesellschaft geltenden Vorschriften mit der Maßgabe, dass laut § 283 Nr. 1 AktG an die Stelle des Vorstandes der Aktiengesellschaft die persönlich haftenden Gesellschafter der KGaA treten.[134] Der **Prüfungsumfang des Registergerichtes** beschränkt sich dabei grundsätzlich auf die vorgelegten Unterlagen,[135] eine Nachforschungspflicht des Gerichtes besteht ohne konkreten Anlass nicht;[136] es entspricht aber der allgemeinen Praxis, dass die Registergerichte bei sachlich begründeten Zweifeln am Fortbestand aktuellere Erklärungen, Unterlagen usw. verlangen.[137] Die Eintragung der KGaA ist bereits dann vorzunehmen, wenn keine sachlich berechtigten Zweifel an der ordnungsgemäßen Errichtung und Anmeldung bestehen.[138]

42

V. Eintragung

1. Entstehung der KGaA als juristische Person

Bestehen keine sachlich gerechtfertigten Zweifel an der ordnungsgemäßen Errichtung und Anmeldung der KGaA, so verfügt das Registergericht die Eintragung im Handelsregister. Mit dieser **konstitutiven Eintragung** entsteht die KGaA gemäß §§ 278 Abs. 3, 41 Abs. 1 S. 1 AktG als juristische Person und erlangt damit ihre Rechtspersönlichkeit i. S. d. § 278 Abs. 1 AktG.[139] Hat die KGaA ausnahmsweise einen Doppelsitz und ist daher in verschiedenen Registern einzutragen, so bewirkt bereits die Eintragung im ersten Handelsregister ihre Entstehung.[140] Die Eintragung hat folgende weitere wesentliche Folgen:

43

Mängel der Errichtung der KGaA werden durch die Eintragung **geheilt**, sofern keine Nichtigkeitsgründe i. S. d. § 275 AktG vorliegen.[141]

44

---

[132] Die allgemeinen Verfahrensgrundsätze ergeben sich aus §§ 1–110 FamFG und §§ 23 ff. HRV.
[133] *Lohse* in Bürgers/Körber AktG § 38 Rn. 2; *Pentz* in Münch Komm AktG § 38 Rn. 17; *Schrick* NZG 2000, 409, 411.
[134] *Perlitt* in Münch Komm AktG § 280 Rn. 25.
[135] *Pentz* in Münch Komm AktG § 38 Rn. 18; *Hüffer/Koch* § 38 Rn. 2.
[136] *Röhricht* in GroßKomm AktG § 38 Rn. 7 f.; *Lohse* in Bürgers/Körber AktG § 38 Rn. 2.
[137] Vgl. *Hüffer/Koch* § 38 Rn. 4.
[138] Ganz hM, OLG Frankfurt a. M. NJW-RR 1992, 1253, 1254 f.; *Lohse* in Bürgers/Körber AktG § 38 Rn. 2; *Hüffer/Koch* § 38 Rn. 2 f.; *Röhricht* in GroßKomm AktG § 38 Rn. 7.
[139] *Raiser/Veil* § 23 Rn. 13.
[140] *Pentz* in Münch Komm AktG § 41 Rn. 104.
[141] *Füller* in Bürgers/Körber AktG § 275 Rn. 5 ff.

45 Alle Rechte und Pflichten, die seit Errichtung der KGaA für diese im Stadium der Vor-KGaA begründet worden sind, gehen im Wege der **Gesamtrechtsnachfolge**[142] auf die KGaA über,[143] ohne dass es eines speziellen Übertragungsaktes bedürfte.[144] Hingegen gehen die Rechte und Verbindlichkeiten der Vorgründungsgesellschaft, also diejenigen Rechte und Pflichten, welche vor Errichtung der KGaA von den Gründern eingegangen worden sind, nicht ohne weiteres auf die KGaA über. Hier ist erforderlich, dass diese Rechte und Pflichten durch gesonderte Rechtsgeschäfte auf die KGaA übertragen werden,[145] was immer dann problematisch ist, wenn die Gläubiger von Forderungen einer Schuldübernahme durch die KGaA zustimmen müssen (§ 415 BGB).[146] Ein möglicher Weg, diesen Problemen entgegenzutreten, ist die **Abtretung sämtlicher** von den Gründern gehaltenen **Gesellschaftsanteile** der (nach Eintragung der KGaA in Abwicklung befindlichen) Vorgründungsgesellschaft an die KGaA. Hierdurch fallen sämtliche Gesellschaftsanteile in der Person der KGaA zusammen, die Vorgründungsgesellschaft als Abwicklungspersonengesellschaft erlischt und ihr Vermögen einschließlich aller Verbindlichkeiten geht auf die KGaA über. Es ist freilich darauf zu achten, dass das übergehende Vermögen der Vorgründungsgesellschaft einen positiven Wert aufweist, anderenfalls besteht für die Kommanditaktionäre sowohl das Risiko einer Einlagenrückgewähr (§§ 278 Abs. 3, 57 AktG) wie eines Verstoßes gegen §§ 278 Abs. 3, 26 Abs. 2 und 3 AktG (Gründungsvorteile der Kommanditaktionäre), was jeweils zur Unwirksamkeit der Übertragung führt.

2. Folgen der Eintragung für die Haftung der an der Gründung beteiligten Personen

46 Die Entstehung der KGaA hat auch Auswirkungen auf die Haftung der am Gründungsvorgang mitwirkenden Personen. Diese unterscheiden sich danach, ob für die Vorgründungsgesellschaft oder für die Vor-KGaA gehandelt wurde.

47 **a) Vorgründungsgesellschaft.** Die für die Vorgründungsgesellschaft handelnden Gründer haften für die Verbindlichkeiten der Vorgründungsgesellschaft akzessorisch gemäß § 128 S. 1 HGB (analog für die GbR[147]). Diese Haftung bleibt auch mit Entstehung der KGaA und bei wirksamer Übertragung der Verbindlichkeiten im Zuge einer etwaigen Liquidation[148] der Vorgründungsgesellschaft nach

---

[142] Zu den insoweit auf die KGaA übertragbaren Überlegungen des Schrifttums zu Natur und Umfang des Rechtsübergangs zwischen Vor-AG und Aktiengesellschaft ausführlich *Pentz* in Münch Komm AktG § 41 Rn. 105 ff.

[143] Vgl. zur Aktiengesellschaft *Arnold* in Kölner Komm AktG § 41 Rn. 63; *Pentz* in Münch Komm AktG § 41 Rn. 107; *Hüffer/Koch* § 41 Rn. 16; *Drygala* in K. Schmidt/Lutter AktG § 41 Rn. 18; *Körber* in Bürgers/Körber AktG § 41 Rn. 26.

[144] Mit anderer Begründung *Pentz* in Münch Komm AktG § 41 Rn. 108, der gerade wegen der Identität von Vorgesellschaft und KGaA einen Rechtsübergang durch Gesamtrechtsnachfolge ausschließt; ebenso *Körber* in Bürgers/Körber AktG § 41 Rn. 26.

[145] *Arnold* in Kölner Komm AktG § 41 Rn. 14; *Pentz* in Münch Komm AktG § 41 Rn. 21.

[146] *Pentz* in Münch Komm AktG § 41 Rn. 21.

[147] BGHZ 146, 341 = NJW 2001, 1056; der BGH bejaht nunmehr unter Anerkennung der Geltung des § 31 BGB die Haftung der Gesellschafter einer GbR für Deliktsverbindlichkeiten der Gesellschaft, BGH NJW 2003, 1445; vgl. dazu *K. Schmidt* NJW 2003, 1897 ff.; zur Haftungsverfassung der GbR auch *Ulmer* ZIP 2003, 1113.

[148] *Arnold* in Kölner Komm AktG § 41 Rn. 14.

Zweckerreichung[149] auf die KGaA bestehen.[150] Ihre **Enthaftung** richtet sich nach den Nachhaftungsvorschriften der §§ 159 f. HGB, falls die Vorgründungsgesellschaft die Rechtsform einer oHG hatte. Bei einer Vorgründungsgesellschaft in der Rechtsform GbR gelten diese Nachhaftungsvorschriften über § 736 Abs. 2 BGB sinngemäß.

b) Vorgesellschaft (Vor-KGaA). Bei der Vor-KGaA sind die Auswirkungen der Eintragung auf die Haftung der Gründer (Gründerhaftung) und die Haftung der für die Vor-KGaA handelnden Personen (Handelndenhaftung) differenzierter. Die Haftung der für die Vor-KGaA handelnden Kommanditaktionäre für Verbindlichkeiten der Vor-KGaA erlischt gemäß § 41 Abs. 1 S. 2 AktG mit Eintragung der KGaA im Handelsregister;[151] die Komplementäre haften auch nach der Eintragung der KGaA unbeschränkt über §§ 278 Abs. 2, 128 HGB. Die Verlustdeckungshaftung erlischt mit Entstehung der KGaA durch Eintragung im Handelsregister.[152] An ihre Stelle tritt die Vorbelastungshaftung[153] für den Fall, dass im Zeitpunkt der Eintragung das gezeichnete Grundkapital wertmäßig nicht mehr vollständig vorhanden war.[154] Dieser Verlustdeckungsanspruch der Gesellschaft ist mit Eintragung der Gesellschaft im Handelsregister sofort fällig und kann von den persönlich haftenden Gesellschaftern anteilig gegenüber den übrigen Gründern geltend gemacht werden.[155] Eine **Enthaftung** der Gründer durch nachfolgende Gewinne ist ausgeschlossen.[156] Ebenso ist es für die Haftung der Gründer im Verhältnis zur KGaA unbeachtlich, ob diese der Aufnahme der Geschäfte vor Eintragung der KGaA zugestimmt haben,[157] da dieser Aspekt lediglich im Innenverhältnis der Gründer zueinander zu berücksichtigen ist. Im Verhältnis zur KGaA findet eine Enthaftung nach den allgemeinen Regeln statt, die für die Aufbringung von Einlagen gelten.[158]

48

VI. Verantwortlichkeit bei überbewerteter Sacheinlage

Sollten die **Kommanditaktionäre** statt Bar- Sacheinlagen geleistet haben und diese trotz externer Gründungsprüfung am Ende nicht dem Wert des ausgegebenen Mindestbetrages der Kommanditaktien entsprechen, müssen die Kommanditaktionäre **den Differenzbetrag in bar** leisten (sog. **Differenzhaftung**).[159]

49

---

[149] *Arnold* in Kölner Komm AktG § 41 Rn. 14; *Pentz* in Münch Komm AktG § 41 Rn. 21.
[150] BGH WM 1983, 861; *Körber* in Bürgers/Körber AktG § 41 Rn. 4.
[151] *Pentz* in Münch Komm AktG § 41 Rn. 109; *Hoffmann-Becking* in Münch Hdb AG § 3 Rn. 41.
[152] Vgl. *Körber* in Bürgers/Körber AktG § 41 Rn. 37.
[153] Siehe hierzu oben unter § 4 Rn. 26.
[154] *Hüffer/Koch* § 41 Rn. 8; *Hoffmann-Becking* in Münch Hdb AG § 3 Rn. 41.
[155] Vgl. *Pentz* in Münch Komm AktG § 41 Rn. 117, zur Berechnung des Anspruchs vgl. *Pentz* in Münch Komm AktG § 41 Rn. 118 ff.
[156] *Pentz* in Münch Komm AktG § 41 Rn. 116; a. A. *Drygala* in K. Schmidt/Lutter AktG § 41 Rn. 12.
[157] Wohl hM, vgl. *Pentz* in Münch Komm AktG § 41 Rn. 116; a. A. *Hüffer/Koch* § 41 Rn. 8.
[158] §§ 50, 51 AktG.
[159] Für die Aktiengesellschaft BGHZ 64, 52, 62 = NJW 1975, 974; BGHZ 68, 191, 195 = NJW 1977, 1196.

50 Ist der **Komplementär** verpflichtet, eine Sondereinlage zu leisten, und ist diese in ihrem Wert in der Satzung **präzise beziffert** (vgl. § 281 Abs. 2 AktG), muss er ebenfalls bei Überbewertung den Differenzbetrag in bar leisten.[160] Eine davon zu unterscheidende, im Ergebnis zu verneinende Frage ist, ob die Sacheinlage des Komplementärs einer externen Gründungsprüfung bedarf.[161] Wird in der Satzung lediglich die Sache als zu leistende Sondereinlage benannt, scheidet eine Differenzhaftung bei Unterbewertung aus.

51 Ferner kommt bei **schuldhafter Falschangabe** ein Schadensersatzanspruch der Gesellschaft gegen die Gründer aus §§ 278 Abs. 3, 46 AktG und bei **vorsätzlichem Handeln** eine Strafbarkeit nach § 399 Abs. 1 Nr. 1 AktG in Betracht.

VII. „Verdeckte Sacheinlage"

52 Wegen der externen Gründungsprüfung ist die Sachgründung für Kommanditaktionäre mit erheblichem Aufwand und Kosten verbunden; ferner führt sie zu einer häufig ungewollten Transparenz.[162] Es mag daher im Interesse des ein oder anderen Kommanditaktionärs liegen, anstelle der Sachgründung eine Bargründung durchzuführen, um sich anschließend mit diesen Mitteln von der Gesellschaft ihren Sachgegenstand abkaufen zu lassen (typischerweise durch Verrechnungsabreden oder Hin- und Herzahlung der Bareinlage[163]). Weil auf diese Weise die bei der Sachgründung aus Gläubigerschutzgesichtspunkten erforderliche externe Bewertung des Sacheinlagegegenstandes **umgangen** werden würde, hatte die Rechtsprechung das Rechtsinstitut der „**verdeckten Sacheinlage**" entwickelt.[164] Die Folgen für den Aktionär nach alter Rechtslage konnten verheerend sein: Die Einlageverpflichtung wurde als nicht erfüllt angesehen und musste in voller Höhe nochmals erbracht werden (§ 27 Abs. 3 S. 4 AktG a. F.). Der Einleger hatte demgegenüber zwar schuldrechtliche bzw. dingliche Rückforderungsansprüche hinsichtlich des eingebrachten Gegenstandes (§ 27 Abs. 3 AktG a. F.), doch konnten diese im Fall der Insolvenz teilweise wertlos sein.[165] Diese als unverhältnismäßig empfundenen Rechtsfolgen wurden durch das ARUG – im Anschluss an die wortgleiche Neuregelung bei der GmbH durch das MoMiG – entschärft. Nach neuer Rechtslage ist Rechtsfolge zum einen, dass das Rechtsgeschäft, auf das sich die

---

[160] Vgl. *Raiser/Veil* § 23 Rn. 12; *Wichert* S. 110 f.; a. A. *Perlitt* in Münch Komm AktG § 278 Rn. 381 f., die aus der zutreffenden Verneinung der Notwendigkeit einer Gründungsprüfung auch generell ableiten, die Differenzhaftung komme nicht in Betracht. Dies kann dann nicht richtig sein, wenn die Sacheinlage als Sondereinlage zu einem bestimmten Betrag in der Satzung festgelegt ist. In diesem Fall schuldet der Komplementär die Sondereinlage zu diesem festgelegten Betrag; hat er sie nicht durch die Sacheinlage erbracht, muss er die Differenz in bar aufbringen.

[161] Siehe dazu unter § 4 Rn. 35 ff.

[162] Vgl. Hüffer/*Koch* § 27 Rn. 1 f.

[163] Weitere Beispiele bei *Pentz* in Münch Komm AktG § 27 Rn. 110 ff.

[164] BGHZ 118, 83, 93 ff. = NJW 1992, 2222 – Bu M; aus dem Schrifttum zustimmend etwa *Heider* in Münch Komm AktG § 9 Rn. 28; *Pentz* in Münch Komm AktG § 27 Rn. 84 ff. m. w. N.; zu Einzelfällen verdeckter Sacheinlage vgl. etwa BGHZ 173, 145 = BGH NJW 2007, 3425 – Lurgi; BGHZ 175, 265 = NZG 2008, 425 – Rheinmöve; BGHZ 185, 44 = NJW 2010, 1948 – ADCOCOM; BGHZ 184, 158 = NJW 2010, 1747 – Eurobike.

[165] Vgl. *Lohse* in Bürgers/Körber AktG § 27 Rn. 26.

„verdeckte Sacheinlage" bezieht, **wirksam** ist und, die Leistungen grds. nicht nach Bereicherungsrecht zurückzugewähren sind (§ 27 Abs. 2 S. 2 AktG).[166] Wie vormals gilt die Einlage gem. § 27 Abs. 3 S. 1 AktG zwar als nicht geleistet, muss also vom Kommanditaktionär **noch einmal** in voller Höhe erbracht werden.[167] Allerdings erfolgt bei Eintragung der KGaA in das Handelsregister – als Konsequenz aus der Wirksamkeit des Sachgeschäfts – eine Anrechnung des Wertes der Sache auf die Einlageschuld nach § 27 Abs. 3 S. 3, 4 AktG. Wert in diesem Sinne ist der tatsächliche objektive Wiederbeschaffungswert des eingebrachten Gegenstandes[168] im Zeitpunkt der Handelsregisteranmeldung bzw. seiner späteren Übertragung.[169] Der Gründer trägt die Beweislast für die Werthaltigkeit, § 27 Abs. 3 S. 5 AktG. Sollte er nicht nachweisen können, dass die Sache wertmäßig der geschuldeten Sacheinlage entspricht oder diese sogar übersteigt, so gilt die Einlage in Höhe der Differenz trotz Anrechnung als nicht erbracht.[170] Durch den Übergang zum Konzept der **Differenzhaftung** besteht die finanzielle Gefahr der verdeckten Sacheinlage für den Gründer damit im Wesentlichen in Nachweisschwierigkeiten. Zusätzliche Präventionswirkung geht indes von der haftungs- und strafbewehrten Pflicht zur Erklärung, dass die Einlage zur endgültigen Verfügung der Gesellschaft geleistet ist, aus (§ 37 Abs. 1 S. 1, 2, 399 Abs. 1 Nr. 1 AktG).[171]

Es existiert ferner die Möglichkeit der **Heilung** einer verdeckten Sacheinlage.[172] **53** Eine eigenständige Bedeutung hat die Heilung indes aufgrund des Übergangs zur Anrechnungslösung und der damit verbundenen ohnehin bestehenden Wirksamkeit des Sachgeschäftes kaum.[173] Insbesondere führt die Heilung auch nicht zum Wegfall einer bereits verwirklichten Strafbarkeit.[174] Verbleibender Vorteil eines Heilungsverfahrens ist demnach lediglich die Vorverlagerung der Nachweisobliegenheit für die Werthaltigkeit des Gegenstandes auf den Zeitpunkt der Heilung.[175]

Die Neuregelungen zur verdeckten Sacheinlage gelten aufgrund der Übergangs- **54** regelung des § 29 Abs. 7 EGAktG nahezu für sämtliche Altfälle; lediglich für bereits rechtskräftig abgeurteilte oder durch Vergleich abgeschlossene Fälle verbleibt es bei der Altfassung.

---

[166] Vgl. *Benz* in Spindler/Stilz AktG § 27 Rn. 181; *Lohse* in Bürgers/Körber AktG § 27 Rn. 43.
[167] §§ 278 Abs. 3, 27 Abs. 3 S. 3 AktG, vgl. für die Aktiengesellschaft statt vieler Hüffer/*Koch* § 27 Rn. 35.
[168] Vgl. *Benz* in Spindler/Stilz AktG § 27 Rn. 186; Hüffer/*Koch* § 27 Rn. 46.
[169] Vgl. *Benz* in Spindler/Stilz AktG § 27 Rn. 187.
[170] Zur Dogmatik der Anrechnungslösung ausführlich *Lohse* in Bürgers/Körber AktG § 27 Rn. 38 ff.
[171] Vgl. *Benz* in Spindler/Stilz AktG § 27 Rn. 81; *Vedder* in Grigoleit AktG § 27 Rn. 56; zu weiteren Wirkungen der unterbleibenden Offenlegung Bayer/Schmidt ZGR 2009, 805, 827 ff. sowie Hüffer/*Koch* § 27 Rn. 38 begegnen der reduzierten Präventionswirkung gleichwohl kritisch.
[172] Vgl. im Einzelnen hierzu Hüffer/*Koch* § 27 Rn. 45 f.; *Lohse* in Bürgers/Körber AktG § 27 Rn. 44.
[173] So auch *Lohse* in Bürgers/Körber AktG § 27 Rn. 44.
[174] Vgl. *Benz* in Spindler/Stilz AktG § 27 Rn. 204.
[175] Vgl. *Benz* in Spindler/Stilz AktG § 27 Rn. 204; *Vedder* in Grigoleit AktG § 27 Rn. 66.

VIII. Hin- und Herzahlen

55 Erstmals Gegenstand einer selbstständigen gesetzlichen Regelung wurde im Zuge des ARUG auch das sog. Hin- und Herzahlen.[176] In diesen Fällen wird eine vom Gründer erbrachte Bareinlage aufgrund einer im Vorfeld getroffenen Abrede unmittelbar nach Gründung an denselben Gründer (insbesondere) als Darlehen wieder ausgekehrt.[177] Wirtschaftlich eingebracht ist somit eine Darlehensforderung gegen den Gesellschafter, deren Werthaltigkeit im Wesentlichen vom Bestand des Darlehensvertrages und der Bonität des Gründers abhängt. Trotz der inhaltlichen Nähe zu den Fällen der verdeckten Sacheinlage[178] hat sich das Hin- und Herzahlen zu einer **eigenständigen Fallgruppe** entwickelt und ist seit Inkrafttreten des ARUG Gegenstand einer selbstständigen gesetzlichen Regelung in § 27 Abs. 4 AktG. Im Unterschied zur verdeckten Sacheinlage entfällt die Erfüllungswirkung beim Hin- und Herzahlen entweder vollständig oder in bestimmten Fällen überhaupt nicht (**Alles-oder-Nichts-Prinzip**).[179] Hierdurch sollen insbesondere komplexe Darlehenssysteme in Konzernverbunden ermöglicht werden (Cash-Pooling),[180] ohne dass die anmeldepflichtige Personen sich Strafbarkeitsvorwürfen aussetzen.

56 Hinauszahlungsvereinbarungen stehen der Erfüllungswirkung der Einlageleistung dann nicht entgegen, wenn die Leistung durch einen vollwertigen Rückgewähranspruch gedeckt ist, der jederzeit fällig ist oder durch fristlose Kündigung durch die Gesellschaft fällig werden kann. **Vollwertigkeit** setzt bilanzielle Aktivierbarkeit der Darlehensforderung auf Seiten der KGaA voraus. Dabei genügt es, wenn im Zeitpunkt der Rückzahlung der Bareinlage das Vermögen des Gründers zur Rückführung des Darlehens ausreicht und zudem keine *konkreten* Anhaltspunkte für einen späteren Ausfall und damit für die Notwendigkeit der Abschreibung der Forderung bestehen.[181] Der Anspruch muss ferner liquide sein, also jederzeit fällig oder fälligstellbar sein sowie frei von Einreden und Einwendungen.[182] Die Beweislast liegt beim Inferenten.[183]

57 Die dem Hin- und Herzahlen zugrunde liegende Vereinbarung ist zum Handelsregister **anzumelden** (§ 27 Abs. 4 S. 2 AktG). Nach h. M. handelt es sich hierbei nicht lediglich um eine formelle (strafbewehrte) Nebenpflicht der anmel-

---

[176] Zur Übergangsregelung für Altfälle vgl. § 4 Rn. 54.
[177] Zum Begriff ausführlich BGHZ 180, 38 = NJW 2009, 2375, 2376 – Quivive.
[178] Insoweit wurde das Hin- und Herzahlen ursprünglich auch als Unterfall der verdeckten Sacheinlage angesehen, vgl. *Benz/Herrler* in Spindler/Stilz AktG § 27 Rn. 213.
[179] Vgl. *Lohse* in Bürgers/Körber AktG § 27 Rn. 53; *Bayer* in K. Schmidt/Lutter AktG § 27 Rn. 115; *Herrler* in Spindler/Stilz AktG § 27 Rn. 263; *Bayer/Schmidt* ZGR 2009, 805, 837 f.
[180] Vgl. zur Parallelregelung bei der GmbH: Beschlussempfehlung des Rechtsausschusses des Bundestages zum RegE des MoMiG, BT-Drucks 16/9737 S. 56.
[181] *Herrler* in Spindler/Stilz AktG § 27 Rn. 243; *Lohse* in Bürgers/Körber AktG § 27 Rn. 54.
[182] *Lohse* in Bürgers/Körber AktG § 27 Rn. 54; *Herrler* in Spindler/Stilz AktG § 27 Rn. 242 ff.; *Vedder* in Grigoleit AktG § 27 Rn. 74 ff.
[183] *Lohse* in Bürgers/Körber AktG § 27 Rn. 54; *Vedder* in Grigoleit AktG § 27 Rn. 73.

denden Personen, sondern um eine echte materielle Voraussetzung der Erfüllungswirkung.[184]

IX. Cash-Pooling

In einem Cash-Pooling-System bildet die Muttergesellschaft eines Konzernverbundes ein zentrales Verrechnungskonto, um hierdurch die Gesamtliquidität des Konzerns zinsoptimal zu nutzen.[185] Solche Systeme unterliegen dem aktienrechtlichen Kapitalerhaltungsrecht unabhängig davon, ob die Zahlungen von den beteiligten Tochtergesellschaften unmittelbar an den Inferenten oder aber an ein von diesem beherrschtes Unternehmen fließen.[186]

Weist das Zentralkonto zu Lasten der am Konzernverbund beteiligten Tochter-KGaA einen **negativen Saldo**[187] auf, ist die Einlageforderung der Muttergesellschaft als verdeckte Sacheinlage zu qualifizieren. Eingebracht ist bei wirtschaftlicher Betrachtung dann nämlich die Forderung der Muttergesellschaft, die nach Einlage infolge Konfusion erlischt. Ist der Saldo der Tochter-KGaA **ausgeglichen oder positiv**, bewirkt die sofortige Abführung der Bareinlage an den Cash-Pool hingegen ein reines Hin-und Herzahlen.[188] Hierdurch ergeben sich unterschiedliche und im Einzelfall schwer absehbare Rechtsfolgen für die Behandlung von Gründungs- und Kapitalerhöhungsvorgängen in Cash-Pooling-Systemen. Im erstgenannten Fall kommt der Einbringung der Forderung keinerlei Erfüllungswirkung zu; ist die Forderung niedriger als die Einlageschuld der Muttergesellschaft, führt dies zur Differenzhaftung gem. § 27 Abs. 3 S. 3 AktG. Im zweitgenannten Fall greift hingegen das Alles-oder-Nichts-Prinzip des § 27 Abs. 4 AktG. Berücksichtigt man zudem die Dynamik ständig wechselnder Kontostände im Cash-Pool-Verbund, kann die ordnungsgemäße Durchführung der Kapitalaufbringung die Gesellschafter der Tochter-KGaA vor nicht unerhebliche praktische Schwierigkeiten stellen.[189]

X. Nachgründung

Über § 278 Abs. 3 AktG sind auch die aktienrechtlichen Nachgründungsvorschriften für die KGaA anzuwenden. Verträge mit Gründern oder mit mehr als 10% des Grundkapitals an der Gesellschaft beteiligten Kommanditaktionären, nach denen die KGaA Vermögensgegenstände für eine den **zehnten Teil des Grundkapitals übersteigende Vergütung** erwerben soll, werden nur mit Zu-

---

[184] BGHZ 182, 103 = NJW 2009, 3091, 3092 – Cash Pool II; *Lohse* in Bürgers/Körber AktG § 27 Rn. 53, 56; *Hüffer/Koch* § 27 Rn. 50; *Vedder* in Grigoleit AktG § 27 Rn. 79; *Bayer/Schmidt* ZGR 2009, 805, 836 f.; a.A. *Herrler* in Spindler/Stilz AktG § 27 Rn. 256; *Altmeppen* NZG 2010, 441, 445; zur GmbH: *Herrler* GmbHR 2010, 785, 786.
[185] Vgl. *Herrler* in Spindler/Stilz AktG § 27 Rn. 303 f.
[186] BGHZ 166, 8 = NJW 2006, 1736, 1738 – Cash-Pool I.
[187] Denkbar ist diese Konstellation weniger in der Gründungsphase, als eher im Fall der Kapitalerhöhung, vgl. *Herrler* in Spindler/Stilz AktG § 27 Rn. 309.
[188] BGHZ 182, 103 = NJW 2009, 3091, 3092 – Cash-Pool II.
[189] *Herrler* in Spindler/Stilz AktG § 27 Rn. 312 ff.

stimmung der Hauptversammlung und durch Eintragung in das Handelsregister wirksam (§§ 278 Abs. 3, 52 Abs. 1 AktG).

61 Im Schrifttum ist umstritten, ob ggf. geleistete **Sondereinlagen** der Komplementäre bei der Berechnung der den zehnten Teil des Grundkapitals übersteigenden Vergütung berücksichtigt werden müssen.[190] Nimmt man eine Berücksichtigung der Sondereinlagen an und haben die Komplementäre solche in beträchtlicher Höhe erbracht, vergrößert sich der Spielraum der KGaA innerhalb der ersten zwei Jahre bei Geschäften mit ihren Gründern bzw. entsprechend beteiligten Kommanditaktionären. Die Befürworter der Einbeziehung schließen aus dem Zweck des § 52 AktG (Gefährdung des Grundkapitals und drohende Einflussnahme der Gründer), dass das Gesamtkapital die richtige Bezugsgröße sein müsse. Vor allem bei verhältnismäßig großen Sondereinlagen sei es nicht sachgerecht, bei Überschreiten von 10% des viel geringeren Grundkapitals die aufwendigen Nachgründungsregeln anzuwenden.[191] Ferner spreche für die Einbeziehung der Sinn und Zweck der Nachgründungsvorschriften, wonach diese dem Schutz vor Umgehung der im Rahmen von Sachgründungen zu beachtenden Vorschriften dienten.[192] Diejenigen, die allein auf das Grundkapital rekurrieren, verweisen hingegen darauf, dass die Sondereinlage wegen der jederzeitigen Rückforderbarkeit (in den Grenzen des § 288 AktG) nicht zum gebundenen Vermögen der KGaA zähle und daher vom Anwendungsbereich des § 52 AktG auch nicht erfasst sein könne.[193] Dem Problem lässt sich am ehesten nähern, wenn man danach fragt, wer für die KGaA **Gründer** i.S. der Vorschrift sein soll. Bei der Aktiengesellschaft können es nur die Aktionäre sein. Orientiert man sich allein am Gründerbegriff, müssten nach dem Verweis des § 278 Abs. 3 AktG auf § 52 Abs. 1 AktG auch die Komplementäre als Gründer der KGaA vom Anwendungsbereich der Vorschrift erfasst sein. Dies wiederum würde es rechtfertigen, einerseits die Sondereinlagen bei der Berechnung der 10-%-Schwelle zu berücksichtigen, es aber andererseits auch erforderlich machen, Geschäfte der Komplementäre mit der KGaA dem Anwendungsbereich des § 52 Abs. 1 AktG zu unterwerfen. Letzteres will angesichts der unbeschränkten persönlichen Haftung der Komplementäre nicht recht einleuchten: Die Komplementäre umgehen durch ihre Geschäfte mit der KGaA keine Sachgründung, da ggf. von ihnen erbrachte Sacheinlagen als Sondereinlagen ohnehin nicht der externen Gründungsprüfung und damit den verschärften Kapitalaufbringungsregeln unterliegen.[194] Hier schließt sich der Kreis: Weder sollen die Komplementäre den Restriktionen des § 52 Abs. 1 AktG als Gründer unterfallen, so dass die Vorschrift für die KGaA entsprechend auf die Kommanditaktionäre zu beschränken ist, noch besteht ein gesteigerter Kapitalerhaltungsschutz hinsichtlich der Sondereinlage. Letzterer bezieht sich allein auf das Grundkapital, weshalb

---

[190] Dafür *Wichert* S. 116; *Schaumburg/Schulte* Rn. 20; dagegen *Diekmann* ZIP 1996, 2149 f.; *Assmann/Sethe* in GroßKomm AktG § 280 Rn. 3; *K. Schmidt* in K. Schmidt/Lutter AktG § 280 Rn. 10.
[191] *Wichert* S. 116.
[192] *Schaumburg/Schulte* Rn. 20.
[193] *Assmann/Sethe* in GroßKomm AktG § 280 Rn. 3; *Diekmann* ZIP 1996, 2149 f.
[194] Siehe hierzu § 4 Rn. 35 ff.; insofern widersprüchlich *Schaumburg/Schulte* Rn. 20, die einerseits auf das Gesamtkapital abstellen wollen, weil eine „Umgehung der bei Sachgründungen zu beachtenden Vorschriften" drohe, und andererseits eine externe Gründungsprüfung für Sondereinlagen in Form von Sacheinlagen ausdrücklich ablehnen, vgl. *Schaumburg/Schulte* Rn. 23.

§ 52 Abs. 1 AktG auch allein auf die **Kommanditaktionäre** als Gründer abstellt. Wenn dem aber so ist, kann es auch nur auf das Grundkapital zur Bemessung der 10-%-Grenze des § 52 Abs. 1 AktG ankommen. Der Hinweis auf möglicherweise „unbedeutende Geschäfte" der KGaA mit Blick auf ihr Gesamtkapital erweist sich als irreführend, da es für die Betrachtung des § 52 Abs. 1 AktG auch nicht auf möglicherweise „alltägliche Geschäfte" der KGaA mit ihren Komplementären, sondern allein um stets eher außergewöhnlich zu nennende Geschäfte der Gesellschaft mit ihren Kommanditaktionären ankommt. Wenn letztere ein solches Rechtsgeschäft planen, hätten sie den Gegenstand des Geschäftes auch als Sacheinlage in die Gesellschaft einbringen können; keinen anderen Zweck verfolgt das Gesetz.

D. Die Firma

I. Bildung der Firma

Die Firma eines Kaufmannes setzt sich aus dem Firmenkern und dem Rechtsformzusatz zusammen. Der Rechtsformzusatz wird bei der KGaA in § 279 AktG spezialgesetzlich geregelt. Für die Bildung des Firmenkerns und die allgemein firmenrechtlichen Grundsätze gelten dagegen die handelsrechtlichen Vorschriften der §§ 17 ff. HGB. 62

1. Allgemeine Grundsätze

Bei der Bildung der Firma sind insbesondere die folgenden wesentlichen allgemeinen Grundsätze zu beachten: 63
- Individualisierbarkeit
  Nach § 18 Abs. 1 HGB muss die Firma zur Kennzeichnung des Kaufmanns geeignet sein und Unterscheidungskraft besitzen.
- Unterscheidbarkeit
  Nach § 30 Abs. 1 HGB muss sich jede neue Firma von allen an demselben Ort oder in derselben Gemeinde bereits bestehenden, ins Handelsregister eingetragenen Firmen deutlich unterscheiden.
- Irreführungsverbot bzw. Firmenwahrheit
  Nach § 18 Abs. 2 HGB darf die Firma über keine wesentlichen Umstände irreführen.

2. Bildung des Firmenkerns

Der Firmenkern kann entweder eine **Personenfirma**, d.h. also den Namen einer natürlichen Person, oder eine dem Gegenstand des Geschäfts zu entnehmende **Sachfirma** oder eine **Phantasiefirma** ohne konkreten Bezug oder eine Mischform, die mehrere Elemente enthält, vorsehen.[195] Bei besonderen Gewerbe- 64

---

[195] OLG Frankfurt GmbHR 2002, 647; *Assmann/Sethe* in GroßKomm AktG § 279 Rn. 6; *Perlitt* in Münch Komm AktG § 279 Rn. 3; *K. Schmidt* in K. Schmidt/Lutter AktG § 279 Rn. 2; *Bachmann* in Spindler/Stilz AktG § 279 Rn. 2.

arten existieren spezialgesetzliche Vorgaben.[196] Das sog. Entlehnungsgebot ist mit Inkrafttreten des Handelsrechtsreformgesetzes am 1.7.1998 weggefallen; nach dem Entlehnungsgebot war die Firma in der Regel dem Gegenstand des Unternehmens zu entnehmen, was lediglich die Bildung einer Sachfirma ermöglichte.

65 Unter Berücksichtigung der allgemeinen Firmengrundsätze ergeben sich daraus unter anderem folgende Konsequenzen:

66 **a) Personenfirma.** Der unproblematische Regelfall besteht hier in der Verwendung des Namens eines bzw. mehrerer Komplementäre als Firmenkern. Bei einem häufig auftretenden Familiennamen können Schwierigkeiten bezüglich der Individualisierbarkeit dadurch ausgeräumt werden, dass durch die zusätzliche Aufnahme des (ggf. abgekürzten) Vornamens eine Individualisierbarkeit erleichtert wird.[197] Auch die Wahl eines fiktiven und mit der KGaA nicht in Bezug stehenden Namens ist im Hinblick auf die Zulässigkeit von Phantasienamen zulässig. Dies kann bei der KGaA anders als möglicherweise bei Kommanditgesellschaft oder OHG mit Blick auf den vormaligen § 19 Abs. 1 HGB (a. F.) damit begründet werden, dass die Verkehrsauffassung bei einer KGaA nicht die Erwartung hegt, mit einer in den Firmenkern aufgenommenen Person bzw. einem maßgeblich von ihr gelenkten Gesellschafter Geschäfte zu tätigen.[198] Zu berücksichtigen sind hier, wie generell bei der Bewertung der Firma, mögliche wettbewerbsrechtliche Implikationen (§§ 1, 3 UWG).

67 **b) Sachfirma.** Im Hinblick auf das Irreführungsverbot darf bei der Angabe eines Unternehmensgegenstandes nicht über die Art der von der Firma betriebenen Geschäfte irregeführt werden. Dies gilt im selben Maße bei Angaben zur Größe und Bedeutung der Firma.[199] Bei geographischen Angaben ist auf eine tatsächlich korrekte Bezugnahme zu achten. Eine Landesangabe, wie z.B. „deutsch", begegnet unter diesem Gesichtspunkt dann keinen Bedenken, wenn das Unternehmen tatsächlich auf den gesamten deutschen Markt ausgerichtet ist.[200] Bei der Wiedergabe des Geschäftsgegenstands als Sachfirma ist ferner auf eine ausreichende Aussagefähigkeit zur Individualisierung acht zu geben. Bei zu allgemein gehaltenen Angaben (z.B. Bau KGaA) fehlt es zum einen an dieser Kennzeichnungsfunktion; zum anderen besteht insoweit auch ein gewisses Freihaltebedürfnis, das einer solchen Firmengebung entgegensteht.[201]

68 **c) Phantasiefirma.** Grundsätzlich bestehen keine Einwände gegen Buchstabenfolgen oder Zahlen als Firmenkernpunkt. Bedenken auch unter dem Gesichts-

---

[196] Vgl. z.B. §§ 39 ff. KWG für Kreditinstitute oder § 7 KAGG für Kapitalanlagegesellschaften.

[197] *Roth* in Koller/Kindler/Roth/Morck HGB § 30 Rn. 6; a.A. *Canaris* S. 187; *Lutter/Welp* ZIP 1999, 1073, 1075; *Reuschle* in Ebenroth/Boujong/Joost/Strohn HGB § 18 Rn. 7; *Heidinger* in Münch Komm HGB § 18 Rn. 35; *Burgard* in Staub HGB § 18 Rn. 21.

[198] *Assmann/Sethe* in GroßKomm AktG § 279 Rn. 10; *Schlitt* S. 92.

[199] *Hopt* in Baumbach/Hopt HGB § 18 Rn. 30; *Canaris* S. 207; *Heidinger* in Münch Komm HGB § 18 Rn. 52.

[200] *Hopt* in Baumbach/Hopt HGB § 18 Rn. 23 ff.; *Kögel* GmbHR 2002, 642, 645; *Heidinger* in Münch Komm HGB § 18 Rn. 154.

[201] *Roth* in Koller/Kindler/Roth/Morck HGB § 18 Rn. 4; *Heidinger* in Münch Komm HGB § 18 Rn. 28, 30 ff.; *Lutter/Welp* ZIP 1999, 1073, 1074; *Hopt* in Baumbach/Hopt HGB § 18 Rn. 6.

punkt des Missbrauchs können jedoch dann entstehen, wenn die Buchstabenfolge eine hinreichende Unterscheidung und Erkennbarkeit vermissen lässt.[202]

3. Rechtsform

Bei dem Rechtsformzusatz ist zu unterscheiden, ob eine natürliche Person persönlich haftet („typische" KGaA) oder ob dies wie z. B. bei einer GmbH als einziger Komplementärin nicht der Fall ist („atypische" KGaA).

a) Die typische KGaA. Nach § 279 Abs. 1 AktG muss eine Kommanditgesellschaft auf Aktien die Bezeichnung „Kommanditgesellschaft auf Aktien" oder eine allgemein verständliche Abkürzung dieser Bezeichnung enthalten. Als allgemein verständliche Abkürzung ist insbesondere „KGaA" gebräuchlich. Aber auch eine Bezeichnung als Kommanditgesellschaft „aA" oder „KG auf Aktien" ist zulässig.[203] Mangels Allgemeinverständlichkeit sind Abkürzungen wie KGA, KoAG, Komm AG oder KAG hingegen unzulässig.[204]

b) Die atypische KGaA. Mit der Anerkennung der atypischen KGaA in der Entscheidung vom 24.2.1997 hat der BGH die Forderung aufgestellt, es müsse aus der Firmierung ersichtlich sein, dass keine natürliche Person als unbeschränktes Haftungssubjekt zur Verfügung steht.[205] Diese Anforderung wurde vom Gesetzgeber in § 279 Abs. 2 AktG kodifiziert. Haftet demnach bei der KGaA keine natürliche Person persönlich, muss die Firma eine Bezeichnung enthalten, **welche die Haftungsbeschränkung erkennen lässt**.[206] Bei einer GmbH als alleinige persönlich haftende Gesellschafterin lautet der Rechtsformzusatz einer zulässigen Firmierung danach „GmbH & Co. KGaA". Nicht zulässig ist dagegen eine Firmierung als „GmbH KGaA". Eine schlichte Aneinanderreihung verschiedener Gesellschaftsformen verstößt gegen das Verbot der Irreführung.[207] Bei einer „GmbH & Co. KG" als Komplementärin ist zu beachten, dass eine Verdoppelung des Zusatzes „& Co." unzulässig ist.[208] Zutreffenderweise lautet der Rechtsformzusatz daher ebenso wie bei einer bloßen GmbH als alleinige Komplementärin, d. h. also „GmbH & Co. KGaA". Unzutreffend ist in diesem Fall dagegen der Rechtsformzusatz „KG & Co. KGaA", da die Haftungsbeschränkung i. S. d. § 279 Abs. 2

---

[202] OLG Celle DB 1999, 40; OLG Frankfurt GmbHR 2002, 647, 648; *Canaris* S. 186; *Heidinger* in Münch Komm HGB § 18 Rn. 19 f.; *Roth* in Koller/Kindler/Roth/Morck HGB § 18 Rn. 4; *Burgard* in Staub HGB § 18 Rn. 14.

[203] *Perlitt* in Münch Komm AktG § 279 Rn. 4; *Assmann/Sethe* in GroßKomm AktG § 279 Rn. 12 ff. jeweils auch mit Bsp. unzulässiger Firmierung; *K. Schmidt* in K. Schmidt/Lutter AktG § 279 Rn. 3; *Bachmann* in Spindler/Stilz AktG § 279 Rn. 4; *Arnold* in Henssler/Strohn GesellschRe § 279 AktG Rn. 2.

[204] *Bachmann* in Spindler/Stilz AktG § 279 Rn. 4; *Perlitt* in Münch Komm AktG § 279 Rn. 4; *Hüffer/Koch* § 279 Rn. 2; *Arnold* in Henssler/Strohn GesellschRe § 279 AktG Rn. 2.

[205] BGHZ 134, 392, 401 = NJW 1997, 1923.

[206] BT-Drs. 13/8444 mit Hinweis auf BGHZ 134, 392, 401 = NJW 1997, 1923; *K. Schmidt* in K. Schmidt/Lutter AktG § 279 Rn. 4; *Arnold* in Henssler/Strohn GesellschRe § 279 AktG Rn. 3; *Bachmann* in Spindler/Stilz AktG § 279 Rn. 7; *Perlitt* in Münch Komm AktG § 279 Rn. 2.

[207] BGH NJW 1980, 2084 für die Kommanditgesellschaft; *Assmann/Sethe* in GroßKomm AktG § 279 Rn. 19; *Perlitt* in Münch Komm AktG § 279 Rn. 7.

[208] *Schlitt* S. 93; *Perlitt* in Münch Komm AktG § 279 Rn. 7; *Herfs* Münch Hdb AG § 77 Rn. 9; *Bachmann* in Spindler/Stilz AktG § 279 Rn. 8.

AktG hieraus nicht erkennbar wird.²⁰⁹ Das Verbot des Aneinanderreihens verschiedener Gesellschaftsformen führt dazu, dass auch eine Firmierung der GmbH mit einem Zusatz zwischen GmbH und KGaA, wie z. B. „Müller GmbH Industrie KGaA" firmenrechtlich unzulässig ist.²¹⁰

72   Haben die Komplementärin und die KGaA ihren **Sitz am selben Ort**, so ist unter Berücksichtigung von § 30 HGB zu fordern, dass die beiden Gesellschaften sich nicht nur durch den Firmenzusatz unterscheiden. Dies genügt dem Gebot der Unterscheidbarkeit in § 30 HGB nicht. Daher bietet sich in diesem Fall ein unterscheidender Zusatz bei der GmbH an wie z. B. „Geschäftsführungs-" oder „Verwaltungs-".²¹¹ Firmiert die KGaA z. B. als „Müller Industrie GmbH & Co. KGaA", so könnte die Firma der Komplementär-GmbH „Müller Industrie Verwaltungs GmbH" oder „Müller Industrie Geschäftsführungs GmbH" lauten.

II. Schutz der Firma

1. Schutz durch das Registergericht

73   Nach § 37 Abs. 1 HGB schreitet das Registergericht bei einem unzulässigen Firmengebrauch ein, indem es den rechtswidrigen Firmengebrauch durch eine Festsetzung von Ordnungsgeld nach vorausgegangener Verbotsverfügung untersagen kann.²¹² Auch eine Auflösung der Gesellschaft gemäß §§ 399 FamFG, 289 Abs. 2 Nr. 2 AktG durch das Registergericht ist möglich.²¹³

2. Klagemöglichkeit auf Unterlassung

74   Durch den rechtswidrigen Gebrauch der Firma in ihren Rechten verletzte Personen können einen Anspruch auf Unterlassung dieses Gebrauchs auch selbst gerichtlich durchsetzen. Anspruchsgrundlagen hierfür sind § 12 BGB,²¹⁴ §§ 5, 15

---

²⁰⁹ *Assmann/Sethe* in GroßKomm AktG § 279 Rn. 21, die zutreffend darauf hinweisen, dass die Firma der KGaA keine Auskunft über die Identität des persönlich haftenden Gesellschafters zu geben braucht und es daher unbedenklich ist, dass aus dieser Formulierung des Firmenzusatzes keine Rückschlüsse auf die tatsächliche Rechtsform der Komplementärgesellschaft gezogen werden können.

²¹⁰ *Schlitt* S. 92; ebenso für die GmbH & Co. KG: *Heidinger* in Münch Komm HGB § 19 Rn. 21 ff.; *Reuschle* in Ebenroth/Boujong/Joost/Strohn HGB § 18 Rn. 33.

²¹¹ *K. Schmidt* in K. Schmidt/Lutter/AktG § 279 Rn. 3; *Dirksen/Möhrle* ZIP 1998, 1377, 1380; ebenso zu der gleich gelagerten Problematik bei der GmbH & Co. KG, *Hopt* in Baumbach/Hopt HGB § 19 Rn. 36; *Heidinger* in Münch Komm HGB § 30 Rn. 12; *Roth* in Koller/Kindler/Roth/Morck HGB § 30 Rn. 5; BGHZ 46, 7, 12 = NJW 1966, 1813.

²¹² BayObLG NJW 1999, 297; *Reuschle* in Ebenroth/Boujong/Joost/Strohn HGB § 37 Rn. 10; *Burgard* in Staub HGB § 37 Rn. 35; *Krebs* in Münch Komm HGB § 37 Rn. 2.

²¹³ BayObLG BB, 1989, 727; KG OLGZ 1965, 124, 127; *Krebs* in Münch Komm HGB § 37 Rn. 37; *Burgard* in Staub HGB § 37 Rn. 49; zum Verhältnis des Amtsauflösungsverfahren zum Missbrauchsverfahren vgl. z. B. *Hüffer* in Münch Komm AktG § 262 Rn. 63; *Krebs* in Münch Komm HGB § 37 Rn. 37. Für das Amtsauflösungsverfahren stellen sich gleichgelagerte Probleme auch zum Sitz der Gesellschaft, siehe unten § 4 Rn. 96 ff.

²¹⁴ Hierauf gestützte Ansprüche sind auch bei Sach- u. Phantasiefirmen u. nicht nur bei Personenfirmen möglich; *K. Schmidt*, Handelsrecht § 7 IV.3. (S. 189 f.); vgl. *Krebs* in Münch

MarkenG oder § 37 Abs. 2 HGB.²¹⁵ Bei der KGaA kann sich dagegen der Namensgeber einer Personenfirma im Falle des Ausscheidens aus der Gesellschaft, sofern er sich dieses Recht nicht vorbehalten hat, regelmäßig nicht auf § 24 HGB berufen.²¹⁶

3. Anspruch auf Schadenersatz

§ 15 Abs. 5 MarkenG gewährt bei einer vorsätzlichen oder fahrlässigen Verletzung der markenrechtlichen Schutzvorschriften einen Anspruch auf Schadensersatz. Diese schützen auch die Firma eines Komplementärs. Der Geschädigte kann seinen Schaden auf unterschiedliche Weise berechnen, indem er entweder den Ersatz des konkret entstandenen Schadens oder eine angemessene Lizenzgebühr oder den durch die Verletzung erzielten Gewinn verlangt.²¹⁷ Ein deliktischer Schutz, der grundsätzlich wegen des Charakters der Firma als absolutes Recht gegeben ist,²¹⁸ wird ebenso wie ein Anspruch aus § 1 UWG innerhalb ihres Anwendungsbereichs von §§ 5, 15 Abs. 5 MarkenG als den spezielleren Vorschriften verdrängt.²¹⁹   75

III. Geschäftsbriefe

§ 80 AktG gilt nach § 278 Abs. 3 AktG sinngemäß auch für die KGaA. Daher sind folgende Angaben auf Geschäftsbriefen der KGaA erforderlich: 76
- die Rechtsform
- der Sitz der Gesellschaft
- das Registergericht des Sitzes der Gesellschaft
- die HRB-Nr.
- die Namen der vertretungsbefugten persönlich haftenden Gesellschafter und des Aufsichtsratsvorsitzenden²²⁰

Bei einer atypischen KGaA sprechen sowohl die von der Rechtsprechung aufgestellten Publizitätsanforderungen²²¹ als auch die Absicht des Gesetzgebers, im Geschäftsverkehr die Namen der organschaftlich vertretungsberechtigten Personen   77

Komm HGB § 37 Rn. 41 unter Verweis auf § 18 HGB; *Burgard* in Staub HGB § 37 Rn. 53 unter Verweis auf firmenrechtliche Vorschriften.

²¹⁵ Zu der Kontroverse, ob § 37 Abs. 2 lediglich bei Verstößen gegen firmenrechtliche Vorschriften des HGB oder zusätzlich auch bei Verstößen gegen die Verletzung von Namens-, Marken- oder sonstigen Kennzeichnungsrechten eingreift, vgl. *Hopt* in Baumbach/Hopt HGB § 37 Rn. 10; *Krebs* in Münch Komm HGB § 37 Rn. 41–43; *Burgard* in Staub HGB § 37 Rn. 53.

²¹⁶ BGHZ 58, 322, 325 f. = NJW 1972, 1419; *Canaris* S. 197 f.; *Bachmann* in Spindler/Stilz AktG § 279 Rn. 6.

²¹⁷ *Hopt* in Baumbach/Hopt HGB § 17 Rn. 40; *Wamser* in Henssler/Strohn GesellschRe § 17 HGB Rn. 18; *Burgard* in Staub HGB Anh. I zu § 37 Rn. 44.

²¹⁸ *Fezer* § 15 Rn. 160; *Heidinger* in Münch Komm HGB § 17 Rn. 42; *Burgard* in Staub HGB § 37 Rn. 73, Anh. I zu § 37 Rn. 43; *Wamser* in Henssler/Strohn GesellschRe § 17 HGB Rn. 1.

²¹⁹ BGHZ 138, 349, 351 f. = NJW 1998, 3781; *Burgard* in Staub HGB Anh. I zu § 37 Rn. 49.

²²⁰ *Assmann/Sethe* in GroßKomm AktG § 279 Rn. 28; *Bachmann* in Spindler/Stilz AktG § 279 Rn. 9 i. V. m. *Fleischer* in Spindler/Stilz AktG § 80 Rn. 14; vgl. auch *Perlitt* in Münch Komm AktG § 279 Rn. 11 i. V. m. *Spindler* in Münch Komm AktG § 80 Rn. 10.

²²¹ BGHZ 134, 392, 401 = NJW 1997, 1923.

offenzulegen, für eine analoge Anwendung der §§ 125a, 177a HGB, 35a GmbHG, so dass die vorstehend zur KGaA erforderlichen Angaben auch für die Komplementärgesellschaft aufzunehmen sind.[222]

E. Gegenstand und Sitz

I. Der Unternehmensgegenstand in der KGaA

78 Der Unternehmensgegenstand bildet bei der KGaA ebenso wie der Aktiengesellschaft einen notwendigen Bestandteil der Satzung. § 281 AktG, der den Inhalt der Satzung bei der KGaA regelt, verweist unter anderem auch auf § 23 Abs. 3 Nr. 2 AktG. Die für die Aktiengesellschaft geltenden Grundsätze zum Unternehmensgegenstand gelten aufgrund dieses Verweises somit auch für die KGaA.

1. Funktion des Unternehmensgegenstandes

79 Die Angabe des Unternehmensgegenstandes dient sowohl gesellschaftsexternen als auch gesellschaftsinternen Zwecken („**Doppelfunktion**").[223] Im **Außenverhältnis** soll durch die Angabe des Unternehmensgegenstandes die Öffentlichkeit zumindest in groben Zügen über die Tätigkeit der Gesellschaft unterrichtet werden. Die Angabe des Unternehmensgegenstandes dient ferner dazu, dem Registergericht die Prüfung zu erleichtern, ob für die Ausübung der Tätigkeit eine Genehmigung einzuholen ist und ob der Unternehmensgegenstand als solcher erlaubt ist. Im **Innenverhältnis** steckt der Unternehmensgegenstand den Handlungsspielraum für die Geschäftsführung ab.

80 Wegen der nach außen unbegrenzten Vertretungsmacht wird die Gesellschaft auch dann wirksam verpflichtet, wenn die Geschäftsführung eine außerhalb des Unternehmensgegenstandes liegende Geschäftsführungsmaßnahme vornimmt,[224] sofern nicht die Grundsätze vom Missbrauch der Vertretungsmacht eingreifen.[225] Die Geschäftsführung kann sich jedenfalls bei **Überschreiten des Unternehmensgegenstandes** schadensersatzpflichtig machen und setzt sich ferner dem Risiko der Abberufung aus wichtigem Grund aus.[226]

---

[222] *Herfs* in Münch Hdb AG § 77 Rn. 10; *Dirksen/Möhrle* ZIP 1998, 1377, 1380; *Bachmann* in Spindler/Stilz AktG § 279 Rn. 9; *Perlitt* in Münch Komm AktG § 279 Rn. 11; z. T. abweichend *Assmann/Sethe* in GroßKomm AktG § 279 Rn. 29.

[223] Ausführlich *Tieves* S. 66 ff.; ferner *Röhricht* in GroßKomm AktG § 23 Rn. 81 ff.; vgl. *Pentz* in Münch Komm AktG § 23 Rn. 78; *Vetter* in Henssler/Strohn GesellschRe § 23 AktG Rn. 13.

[224] Keine Geltung der „ultra-vires-Doktrin", vgl. *Röhricht* in GroßKomm AktG § 23 Rn. 83; *K. Schmidt*, Gesellschaftsrecht § 8 V2. (S. 214 ff.); *Tieves* S. 267 ff.; *Körber* in Bürgers/Körber AktG § 23 Rn. 28; vgl. auch *Pentz* in Münch Komm AktG § 23 Rn. 86; *Fleischer* in Spindler/Stilz AktG § 82 Rn. 37.

[225] Instruktiv *K. Schmidt*, Gesellschaftsrecht § 10 II 2. (S. 256 ff.) m.w.N; *Pentz* in Münch Komm AktG § 23 Rn. 86; *Fleischer* in Spindler/Stilz AktG § 82 Rn. 37.

[226] *Pentz* in Münch Komm AktG § 23 Rn. 86; *Röhricht* in GroßKomm AktG § 23 Rn. 83; *Tieves* S. 321 ff., 403 ff.; *Fleischer* in Spindler/Stilz AktG § 82 Rn. 37.

2. Anforderungen an die Angaben zum Unternehmensgegenstand

a) Allgemeine Grundsätze. Der Unternehmensgegenstand bezeichnet die 81 von der Gesellschaft betriebene oder zumindest konkret beabsichtigte und in absehbarer Zeit aufzunehmende Tätigkeit. Gegen gesetzliche Verbote oder die guten Sitten verstoßende Tätigkeiten scheiden naturgemäß aus.[227] Besondere gesetzliche Vorgaben können die KGaA als Rechtsform für bestimmte Unternehmensgegenstände auch ganz ausschließen.[228]

Nach § 23 Abs. 3 Nr. 2 AktG sind namentlich bei Industrie- und Handelsunter- 82 nehmen die Art der Erzeugnisse und Waren, die hergestellt und gehandelt werden sollen, näher anzugeben. Es ist insoweit anerkannt, dass dieses **Individualisierungserfordernis** einen allgemeinen Rechtsgedanken zum Ausdruck bringt und daher auch für Fälle jenseits des Wortlauts von § 23 Abs. 3 Nr. 2 AktG gilt.[229] Das Erfordernis der Individualisierung ergibt sich auch aus dem Sinn und Zweck der Regelung, da eine Information der Öffentlichkeit nicht erfolgen kann, wenn der Schwerpunkt der Geschäftstätigkeit der Gesellschaft nicht zum Ausdruck kommt.[230] Weder der Wortlaut noch der Sinn und Zweck des Gesetzes verlangen allerdings eine vollständige, bis ins einzelne gehende Umschreibung der Geschäftstätigkeit.[231] Bloße Leerformeln bei einer Angabe des Unternehmensgegenstandes sind aber jedenfalls nicht ausreichend. Zweckmäßigerweise sollte der Unternehmensgegenstand daher die Art der Tätigkeit (z. B. Handel oder Produktion) und den Geschäftszweig (z. B. Metallverarbeitung, Pressewesen o. ä.) zum Ausdruck bringen.[232] Im Einzelnen:

b) Inhalt des Unternehmensgegenstandes

aa) Vorgaben an die Geschäftsführung. Der Satzungsgeber verfügt zunächst 83 über einen Gestaltungsspielraum dahingehend, dass er die Geschäftsführung durch einen eng formulierten Unternehmensgegenstand entsprechenden Bindungen unterwerfen kann.[233] Der Satzungsgeber ist auch berechtigt, gewisse Rahmenbedingungen für die Art und Weise der Zielerreichung festzulegen (z. B. Energiegewinnung ausschließlich aus erneuerbaren Energien oder unter Ausschluss erneuerbarer

---

[227] *Brändel* in GroßKomm AktG § 3 Rn. 36; *Limmer* in Spindler/Stilz AktG § 23 Rn. 17; *Pentz* in Münch Komm AktG § 23 Rn. 84.

[228] So beispielsweise § 18 Abs. 1 KAGB: Externe Kapitalverwaltungsgesellschaften dürfen nur in der Rechtsform der Aktiengesellschaft, der GmbH oder der Kommanditgesellschaft, bei der persönlich haftender Gesellschafter ausschließlich eine Gesellschaft mit beschränkter Haftung ist, betrieben werden. Ferner bestehen Beschränkungen nach Standesrecht, vgl. die Übersicht bei *Doralt/Diregger* in Münch Komm AktG § 3 Rn. 25.

[229] *Pentz* in Münch Komm AktG § 23 Rn. 80; *Arnold* in Kölner Komm AktG § 23 Rn. 86; *Hüffer/Koch* § 23 Rn. 24.

[230] BGH WM 1981, 163, 164; *Körber* in Bürgers/Körber AktG § 23 Rn. 30; vgl. auch *Pentz* in Münch Komm AktG § 23 Rn. 79.

[231] BGH WM 1981, 163, 164; OLG Frankfurt DB 1987, 38; BayObLG NJW-RR 1994, 227; 1995, 31; 1996, 413; *Zöllner* in Kölner Komm AktG § 179 Rn. 119; vgl. auch *Pentz* in Münch Komm AktG § 23 Rn. 80.

[232] *Hüffer/Koch* § 23 Rn. 24; vgl. auch *Pentz* in Münch Komm AktG § 23 Rn. 80, 82.

[233] *Tieves* S. 137 ff. m.w.N.; *Schön* ZGR 1996, 429, 440 f.; *Fleischer* in Spindler/Stilz AktG § 82 Rn. 26, 28 ff.; *Pentz* in Münch Komm AktG § 23 Rn. 78.

Energien).²³⁴ Vorgaben im Unternehmensgegenstand dürfen jedoch nicht so eng gefasst sein, dass sie der Geschäftsführung die **unternehmerische Freiheit** über die zur Erreichung des Ziels einzusetzenden Mittel nehmen und die Geschäftsführung zum reinen Exekutivorgan degradiert wird.²³⁵

84 **bb) Unzulässige Leerformeln.** Keine ausreichende Präzisierung liegt im Regelfall vor, wenn der Unternehmensgegenstand lediglich „das Betreiben von Handelsgeschäften"²³⁶ vorsieht. Ebenfalls bloße Leerformeln und daher unzureichend sind Angaben wie z. B. „**die Produktion von Waren aller Art**"²³⁷ oder „der Betrieb kaufmännischer Geschäfte".²³⁸ Auch eine Angabe wie „Handel mit Waren aller Art" ist regelmäßig unzulässig.²³⁹ Nicht ausreichend ist auch die alleinige Angabe, dass die Gesellschaft „zu allen Geschäften und Rechtshandlungen befugt sein soll, die ihren Zwecken dienlich sind".²⁴⁰

85 Zulässig ist die ergänzende Angabe „und verwandte Geschäfte", da hier in Verbindung mit der in Bezug genommenen Angabe eine ausreichende Individualisierung noch angenommen werden kann.²⁴¹

86 **cc) Zusätze („Konzernklausel").** Soll die Geschäftsführung ermächtigt sein, den Unternehmensgegenstand nicht nur durch die Gesellschaft selbst, sondern auch durch Beteiligungsunternehmen zu verwirklichen bzw. Beteiligungen an anderen Unternehmen zu erwerben, so ist ein entsprechender Hinweis bei der Angabe des Unternehmensgegenstandes nach wohl hM erforderlich;²⁴² nur bei Vorliegen einer solchen „Konzernklausel" soll der **Vorstand berechtigt** sein, die Gesellschaft zu mediatisieren und **Geschäftsfelder** „**auszulagern**".²⁴³ Für die Aktiengesellschaft wird darüber hinaus vom BGH unter dem Stichwort „Konzernbildungskontrolle" in Anlehnung an die Holzmüller/Gelatine -Doktrin²⁴⁴ eine Entscheidung im

---

²³⁴ *Röhricht* in GroßKomm AktG § 23 Rn. 86; *Zöllner* in Kölner Komm AktG § 179 Rn. 123; *Wiesner* in Münch Hdb AG § 9 Rn. 16.
²³⁵ *Röhricht* in GroßKomm AktG § 23 Rn. 85; *Schön* ZGR 1996, 429, 442; *Pentz* in Münch Komm AktG § 23 Rn. 78.
²³⁶ BayObLG NJW-RR 1996, 413; *Pentz* in Münch Komm AktG § 23 Rn. 81.
²³⁷ BayObLG NJW-RR 1995, 31; vgl. *Pentz* in Münch Komm AktG § 23 Rn. 81; *Hüffer/Koch* § 23 Rn. 24.
²³⁸ *Pentz* in Münch Komm AktG § 23 Rn. 81; *Hüffer/Koch* § 23 Rn. 24; *Solveen* in Hölters AktG § 23 Rn. 23.
²³⁹ BayObLG NJW-RR 2003, 686; mit dem Zusatz „insbesondere (...)" zulässig gem. OLG Düsseldorf BB 2011, 272; *Röhricht* in GroßKomm AktG § 23 Rn. 109; *Pentz* in Münch Komm AktG § 23 Rn. 81; *Hüffer/Koch* § 23 Rn. 24; *Solveen* in Hölters AktG § 23 Rn. 23.
²⁴⁰ OLG Köln WM 1981, 805; *Pentz* in Münch Komm AktG § 23 Rn. 82.
²⁴¹ *Pentz* in Münch Komm AktG § 23 Rn. 82; *Hüffer/Koch* § 23 Rn. 24; *Solveen* in Hölters AktG § 23 Rn. 23.
²⁴² Etwa *Koppensteiner* in Kölner Komm AktG Vor § 291 Rn. 26; *Zöllner* in Kölner Komm AktG § 179 Rn. 121; *Emmerich/Habersack* Konzernrecht § 9 Rn. 4; *Krieger* in Münch Hdb AG § 70 Rn. 5; *Fleischer* in Spindler/Stilz AktG § 82 Rn. 32; siehe ferner das Formulierungsbeispiel von *Lutter* FS Stimpel, 1985, S. 825, 847 in Fn. 93: „Die Gesellschaft kann andere Unternehmen erwerben oder sich an ihnen beteiligen."
²⁴³ Vgl. den umfassenden Überblick über den Meinungsstand bei *Tieves* S. 460 f. mit Fn. 45; vgl auch *Fleischer* in Spindler/Stilz AktG § 82 Rn. 32.
²⁴⁴ BGHZ 83, 122 = NJW 1982, 1703 – Holzmüller – bzw. BGHZ 159, 30 = BGH NZG 2004, 571, 574 – Gelatine.

E. Gegenstand und Sitz

Einzelfall durch die Hauptversammlung gefordert.[245] Bei der KGaA ist diese Frage wegen der Anwendbarkeit des Personengesellschaftsrechts für Geschäftsführungsfragen rechtlich anders zu verorten.[246] Nach allem ist zu empfehlen, in die Satzung der KGaA jedenfalls eine „Konzernklausel" aufzunehmen, um der Geschäftsleitung die Möglichkeit der Konzernbildung nicht von vornherein zu erschweren.[247]

Aufnehmen sollte man auch die Möglichkeit zur Errichtung von Zweigniederlassungen.[248] Unbedenklich ist ferner ein abgrenzender Zusatz, der genehmigungsbedürftige Geschäfte ausnimmt, wie z.B. „eine Tätigkeit nach § 34c Gewerbeordnung wird nicht ausgeübt".[249] 87

dd) Holdinggesellschaften. Im Falle von Holdinggesellschaften muss die Holdingtätigkeit dadurch zum Ausdruck gebracht werden, dass diese entweder mit „**Verwaltung von Vermögen jeder Art**" oder „Beteiligungen an anderen Unternehmen" umschrieben wird.[250] Soll die Holdinggesellschaft tatsächlich Vermögen jeder Art verwalten oder sich an Unternehmen jeder Art beteiligen, so stellt dies eine zulässige Umschreibung der Geschäftstätigkeit dar.[251] Es ist ferner anzuraten, die Geschäftstätigkeit der Gruppengesellschaften in der Klausel zusammenzufassen oder zusätzlich aufzulisten.[252] 88

ee) Komplementärgesellschaft einer Kapitalgesellschaft & Co. KGaA. Nicht vollständig geklärt sind die Anforderungen an die Angaben zum Unternehmensgegenstand bei einer Komplementär-Gesellschaft, was vor allem bei einer Kapitalgesellschaft & Co. KGaA von Interesse ist.[253] Während die Rechtsprechung überwiegend für den parallel gelagerten Fall der GmbH & Co. KG für die Komplementärgesellschaft die Angabe des **Geschäftszweiges der operativen Gesellschaft** fordert,[254] hat sich jedenfalls im Schrifttum längst die Auffassung durchgesetzt, dass als Unternehmensgegenstand die Übernahme der Geschäftsführung als persönlich haftende Gesellschafterin an einer konkret zu bezeichnenden 89

---

[245] BGHZ 159, 30 = BGH NZG 2004, 575, 579 – Gelatine; ferner etwa *Lutter* FS Stimpel, 1985, S. 825, 847; *Emmerich/Habersack* Konzernrecht § 9 Rn. 4; *Limmer* in Spindler/Stilz AktG § 23 Rn. 16a.

[246] Siehe dazu unter § 5 Rn. 91 f.

[247] Offenbar a.A. *Röhricht* in GroßKomm AktG § 23 Rn. 114: „Derartige Bestimmungen sind unschädlich, aber im Grunde überflüssig", allerdings ohne Auseinandersetzung mit der Erforderlichkeit einer „Konzernbildungskontrolle".

[248] OLG Frankfurt a.M. DB 1987, 38; *Pentz* in Münch Komm AktG § 23 Rn. 82; *Hüffer/Koch* § 23 Rn. 24; *Körber* in Bürgers/Körber AktG § 23 Rn. 30.

[249] BayObLG DB NJW-RR 1994, 227; *Pentz* in Münch Komm AktG § 23 Rn. 82; *Körber* in Bürgers/Körber AktG § 23 Rn. 30.

[250] Hinsichtlich des Unternehmensgegenstandes einer reinen Holding herrscht also – anders als bei der Frage des Erwerbs von Beteiligungen – überwiegend Einigkeit, vgl. *Stein* in Münch Komm AktG § 179 Rn. 110; *Holzborn* in Spindler/Stilz AktG § 179 Rn. 66 ff.

[251] *Röhricht* in GroßKomm AktG § 23 Rn. 112; vgl. auch *Stein* in Münch Komm AktG § 179 Rn. 110.

[252] *Hüffer/Koch* § 23 Rn. 24a; *Körber* in Bürgers/Körber AktG § 23 Rn. 31.

[253] Dass man die KGaA selbst, etwa in der Form der GmbH & Co. KGaA, als Komplementärin einsetzt, wird eher seltener vorkommen; in diesem Fall gelten die nachfolgenden Ausführungen sinngemäß.

[254] OLG Hamburg BB 1968, 267; BayObLG NJW 1976, 1694; OLG Düsseldorf NJW 1970, 815; *Emmerich* in Scholz GmbHG § 3 Rn. 17 zur GmbH & Co. KG; *Tieves* S. 525 f. allgemein für Kapitalgesellschaften.

Gesellschaft ausreichend ist.[255] Um unangenehme Überraschungen zu vermeiden, sollte diese Frage mit dem Registergericht vor Einreichung des Eintragungsantrags abgestimmt werden.

90 **ff) Mantel-/Vorratsgesellschaften.** Von einer Mantel- oder Vorratsgesellschaft ist die Rede, wenn eine Gesellschaft zum Gründungszeitpunkt noch keine konkrete Geschäftstätigkeit ausübt oder beabsichtigt, sondern lediglich in Reserve gehalten werden soll für eine spätere Aktivierung ohne Durchlaufen des dann bereits erfolgten Gründungsverfahrens. Rechtliche Bedenken im Hinblick auf die Angabe des Unternehmensgegenstandes bestehen nach ganz h. M. nicht bei einer sog. **offenen Vorratsgründung**. Dies ist der Fall, wenn der Unternehmensgegenstand zutreffend mit der Verwaltung der zugeführten Einlagen oder des eigenen Vermögens umschrieben wird.[256] Unzulässig ist dagegen eine **verdeckte Vorratsgründung**, bei der im Unternehmensgegenstand eine konkrete Geschäftstätigkeit angegeben wird, ohne dass die Absicht besteht, diese zumindest in absehbarer Zeit tatsächlich aufzunehmen.[257]

91 **c) Abgrenzung des Unternehmensgegenstandes vom Unternehmenszweck.** Vom Unternehmensgegenstand zu unterscheiden ist der bei KGaA und Aktiengesellschaft gesetzlich nicht geregelte Unternehmenszweck. Der Unternehmenszweck wird als „finaler Sinn",[258] „Leitidee"[259] oder auch „raison d'être"[260] des gesellschaftsrechtlichen Zusammenschlusses bezeichnet. Eine ausdrückliche Regelung des Unternehmenszwecks findet sich regelmäßig nicht in der Satzung, erschließt sich aber durch Auslegung des Unternehmensgegenstandes. Bei Fehlen einer entgegenlautenden Bestimmung ist der Zweck der Gesellschaft im Zweifel auf **Gewinnzielung** ausgerichtet und erschöpft sich auch darin.[261] Eine hiervon abweichende Zielsetzung – wie etwa die Ausrichtung auf gemeinnützige oder öffentlich-rechtliche Zwecke – bedarf dementsprechend einer ausdrücklichen Re-

---

[255] *Wicke* in Münch Komm GmbHG § 3 Rn. 20; *Hueck* in Baumbach/Hueck GmbHG § 3 Rn. 9; *Grunewald* in Münch Komm HGB § 161 Rn. 56; *Arnold* in Kölner Komm AktG § 23 Rn. 88; *Mertens* in Schlegelberger HGB § 161 Rn. 107 jeweils zur GmbH & Co. KG; *K. Schmidt*, Gesellschaftsrecht § 56 III.2. (S. 1639 f.). Das BayObLG, GmbHR 1995, 722, 723, neigt offenbar auch dieser Ansicht zu, hatte die Rechtsfrage aber in dem zitierten Urteil nicht zu entscheiden. Ferner *Pentz* in Münch Komm AktG § 23 Rn. 80 für die AG & Co. KG und *Röhricht* in GroßKomm AktG § 23 Rn. 113 allgemein für Kapitalgesellschaften; vermittelnd *Lutter/Hommelhoff* GmbHG § 3 Rn. 9: ausreichend, aber auch notwendig sei, im Unternehmensgegenstand anzugeben, in welcher konkreten Kommanditgesellschaft die GmbH Komplementärin sein soll.
[256] BGHZ 117, 323, 335 f. = NJW 1992, 1824; *Henze* AktR Rn. 63 ff.; *Pentz* in Münch Komm AktG § 23 Rn. 91; *Limmer* in Spindler/Stilz AktG § 23 Rn. 18a; *Hüffer/Koch* § 23 Rn. 25.
[257] BGHZ 117, 323, 334 = NJW 1992, 1824; *Pentz* in Münch Komm AktG § 23 Rn. 91; *Limmer* in Spindler/Stilz AktG § 23 Rn. 18a; zur Begründung wird teils auf § 117 BGB, teils auf § 134 BGB abgestellt, vgl. *Hüffer/Koch* § 23 Rn. 25.
[258] *Hüffer/Koch* § 23 Rn. 22; *Wiesner* in Münch Hdb AG § 9 Rn. 10; *Pentz* in Münch Komm AktG § 23 Rn. 71.
[259] *Brändel* in GroßKomm AktG § 3 Rn. 15.
[260] *Röhricht* in GroßKomm AktG § 23 Rn. 90.
[261] *Brändel* in GroßKomm AktG § 3 Rn. 25; *Röhricht* in GroßKomm AktG § 23 Rn. 92; *Wiesner* in Münch Hdb AG § 9 Rn. 10; „in der Regel" Gewinnzielung gem. *Pentz* in Münch Komm AktG § 23 Rn. 71 sowie *Körber* in Bürgers/Körber AktG § 23 Rn. 29 und *Solveen* in Hölters AktG § 23 Rn. 21.

gelung in der Satzung.²⁶² Anders gewendet, besteht zwischen Unternehmensgegenstand und Unternehmenszweck eine Mittel-Zweck-Relation, bei welcher der Unternehmenszweck das Ziel vorgibt und der Unternehmensgegenstand das hierzu gewählte Mittel regelt (z. B. Gewinnerzielung durch den Betrieb eines Warenhauses).²⁶³

Bedeutung gewinnt die Unterscheidung von Unternehmensgegenstand und Unternehmenszweck vor allem dadurch, dass der Unternehmensgegenstand mit Dreiviertelmehrheit geändert werden kann, während die Änderung des Unternehmenszwecks in analoger Anwendung von § 33 Abs. 1 S. 2 BGB der Zustimmung aller Gesellschafter bedarf.²⁶⁴

Soll ein Unternehmensgegenstand dergestalt geändert werden, dass die Auslegung des neuen Unternehmensgegenstandes zwar nicht dazu führen würde, den Unternehmenszweck von ehemals erwerbswirtschaftlicher auf karitative Tätigkeit umzustellen, jedoch ein **anderes zentrales Ziel** der Gesellschaft zu verändern, kann dies ebenfalls einen einstimmigen Beschluss der Kommanditaktionäre erfordern.²⁶⁵ Klassischer Beispielsfall ist die Umgestaltung eines Landwirtschaftsbetriebes mit vormals ökologischen auf herkömmliche Methoden.²⁶⁶

d) Fehlerhafter Unternehmensgegenstand. In den – praktisch wenig bedeutsamen – Fällen, in denen entweder der Unternehmensgegenstand vollständig fehlt oder gesetzes- oder sittenwidrig ist, kann gegen eine Gesellschaft, die trotz dieses Mangels eingetragen und damit wirksam entstanden ist,²⁶⁷ in zweierlei Weise vorgegangen werden: Einerseits kann das Registergericht nach § 397 FamFG die **Löschung von Amts wegen** betreiben, andererseits kann jeder Kommanditaktionär, jeder persönlich haftende Gesellschafter und jedes Mitglied des Aufsichtsrates nach §§ 278 Abs. 3, 275 AktG Nichtigkeitsklage gegen die Gesellschaft erheben.²⁶⁸

Entspricht die tatsächliche Geschäftstätigkeit nicht dem in der Satzung angegebenen Unternehmensgegenstand wie z. B. im Falle einer verdeckten Vorratsgründung oder einer nachträglichen Änderung der Geschäftstätigkeit der Gesellschaft, sollen die §§ 397 FamFG, 275 AktG nach überwiegender Ansicht wegen euro-

---

²⁶² *Röhricht* in GroßKomm AktG § 23 Rn. 92; vgl. *Pentz* in Münch Komm AktG § 23 Rn. 76.
²⁶³ hM, vgl. BayObLGZ 1995, 447; *Hüffer/Koch* § 23 Rn. 22; *Pentz* in Münch Komm AktG § 23 Rn. 71, der auch die anderen Ansichten aufführt; *Körber* in Bürgers/Körber AktG § 23 Rn. 29; *Solveen* in Hölters AktG § 23 Rn. 21.
²⁶⁴ hM, vgl. zB *Zöllner* in Kölner Komm AktG § 179 Rn. 113; *K. Schmidt*, Gesellschaftsrecht § 4 II. 3. (S. 64 ff.); *Solveen* in Hölters AktG § 23 Rn. 21; *Limmer* in Spindler/Stilz AktG § 23 Rn. 18; *Pentz* in Münch Komm AktG § 23 Rn. 77.
²⁶⁵ *Röhricht* in GroßKomm AktG § 23 Rn. 104 ff.; *Zöllner* in Kölner Komm AktG § 179 Rn. 114; *Pentz* in Münch Komm AktG § 23 Rn. 77.
²⁶⁶ *Pentz* in Münch Komm AktG § 23 Rn. 77.
²⁶⁷ Regelmäßig wird in diesen Fällen ein Registergericht nach § 38 Abs. 1 AktG die Eintragung der Gesellschaft oder eines betreffenden Beschlusses ablehnen.
²⁶⁸ Beide Verfahren können, da kein Ausschluss oder Vorrang besteht, auch nebeneinander durchgeführt werden. Die Aussetzung eines Verfahrens ist möglich, *Heinemann* in Keidel FamFG § 397 Rn. 7; *Füller* in Bürgers/Körber AktG § 275 Rn. 18, 30; *Limmer* in Spindler/Stilz AktG § 23 Rn. 38. Zur Rechtsfolge vgl. § 277 AktG. Führt dagegen erst eine Änderung der Satzung zu einem Verstoß gegen Gesetz oder die guten Sitten, so ist lediglich dieser Beschluss nichtig.

parechtlicher Implikationen nicht anwendbar sein.[269] Hintergrund dieser Auffassung ist die Publizitätsrichtlinie.[270] Der EuGH hat in der Marleasing-Entscheidung Art. 11 der Publizitätsrichtlinie,[271] welche die Nichtigkeitsgründe abschließend aufführt, dahingehend ausgelegt, dass sich die **Nichtigkeit lediglich aus den Angaben in der Satzung**, nicht aber aus der tatsächlichen Tätigkeit der Gesellschaft ergeben kann.[272] Aufgrund des Gebots der richtlinienkonformen Auslegung sind die deutschen Gerichte aber an die Auslegung des EuGH gebunden, so dass lediglich fehlerhafte Angaben bezüglich des Unternehmensgegenstandes in der Satzung, nicht aber die tatsächlichen Verhältnisse mit Bezug auf den Unternehmensgegenstand zur Auflösung von Amts wegen nach §§ 399 FamFG, 289 Abs. 2 Nr. 2 AktG führen können.[273]

II. Der Sitz der KGaA

96   In den §§ 278 ff. AktG finden sich keine Regelungen zum Sitz der Gesellschaft. Aus dem Verweis in § 281 Abs. 1 AktG auf § 23 Abs. 3 und 4 AktG folgt, dass die Vorschriften zur Aktiengesellschaft zum Sitz der Gesellschaft und somit insbesondere die §§ 5, 23 Abs. 3 Nr. 1 AktG auch für die KGaA gelten.

1. Wahl des Sitzes der Gesellschaft

97   Unter dem Sitz der Gesellschaft ist nach der Legaldefinition des § 5 AktG der im Inland liegende Ort zu verstehen, den die Satzung bestimmt. Als Ort im Sinne des § 5 AktG gilt jede inländische politische Gemeinde, aus deren Bezeichnung sich das jeweils zuständige Amtsgericht eindeutig bestimmen lässt.[274] Im Übrigen herrscht Satzungsautonomie.[275] Entgegen § 5 Abs. 2 AktG a. F. muss sich seit dem MoMiG die Wahl des Sitzes der Gesellschaft nicht mehr nach tatsächlichen Gegebenheiten – d.h. dem Ort, an dem die Gesellschaft den Betrieb hat, an dem sich die Geschäftsleitung befindet oder an dem die Verwaltung geführt wird – richten. Insbesondere können der Satzungssitz und der Verwaltungssitz auseinanderfallen;

---

[269] *Hüffer* in Münch Komm AktG § 275 Rn. 22 ff.; *Hüffer/Koch* 275 Rn. 17; *Bachmann* in Spindler/Stilz AktG § 275 Rn. 10; *Hirschmann* in Hölters AktG § 275 Rn. 7; *Kraft* in Kölner Komm AktG § 275 Rn. 25 ff.; *Wiesner* in Münch Hdb AG § 9 Rn. 21; *Emmerich* in Scholz GmbHG § 3 Rn. 18 ff. mit beachtlichen Gründen dagegen *Röhricht* in GroßKomm AktG § 23 Rn. 128.
[270] Siehe die ausführliche Darstellung dieser Problematik bei *Tieves* S. 248 ff.
[271] Erste Gesellschaftsrechtliche Richtlinie vom 9.3.1968 (Publizitätsrichtlinie – 68/151/EWG), Abl. EG Nr. L65 vom 14.3.1968, S. 8 ff.
[272] EuGH Sammlung 1990, I 4135, 4159 f.; kritisch zur Auslegung des EuGH u. a. *Tieves* S. 254 ff.
[273] *Hüffer/Koch* § 275 Rn. 12; *Bachmann* in Spindler/Stilz AktG § 275 Rn. 10; *Lutter* JZ 1992, 593, 599; *Hüffer* in Münch Komm AktG § 275 Rn. 23.
[274] *Heider* in Münch Komm AktG § 5 Rn. 26; *Hüffer/Koch* § 5 Rn. 4, 6; *Wicke* in Grigoleit AktG § 5 Rn. 2 f.; *Drescher* in Spindler/Stilz AktG § 5 Rn. 5.
[275] *Hüffer/Koch* § 5 Rn. 1; *Drescher* in Spindler/Stilz AktG § 5 Rn. 1; *Westermann* in Bürgers/Körber AktG § 5 Rn. 1; *Wicke* in Grigoleit AktG § 5 Rn. 5; *Heider* in Münch Komm AktG § 5 Rn. 27.

letzterer kann grundsätzlich auch im Ausland liegen.[276] Durch die Aufhebung des § 5 Abs. 2 AktG a. F. sollen inländische Gesellschaften in ihrer Mobilität den in dieser Hinsicht aufgrund der EuGH-Rechtsprechung zur Niederlassungsfreiheit[277] bislang privilegierten ausländischen Gesellschaften gleich gestellt werden.[278]

Die Wahl eines Doppelsitzes ist mit wenigen Ausnahmefällen grundsätzlich unzulässig.[279] Nachdem in der Nachkriegszeit derartige Ausnahmefälle häufig in der Teilung Deutschlands begründet waren, bezieht sich die Diskussion hauptsächlich auf die Zulässigkeit eines **Doppelsitzes im Zusammenhang mit Fusionen**.[280] Aufgrund der Probleme für den Registerverkehr bei einem Doppelsitz und zu befürchtender Irritationen für den Rechtsverkehr kann eine Verschmelzung nicht per se die Zulässigkeit eines Doppelsitzes begründen.[281] Erforderlich ist vielmehr das Vorliegen besonderer Umstände, aus denen die Gesellschaft ein besonderes schutzwürdiges Interesse ableiten kann.[282] Ein solches schutzwürdiges Interesse kann bei Vorliegen wirtschaftlicher Gründe für die Beibehaltung des jeweiligen Sitzes der beiden an der Verschmelzung beteiligten Gesellschaften sowie der nachvollziehbar belegten Absicht, die Unternehmensleitung von beiden Orten auszuüben, in Betracht kommen.[283]

98

2. Bedeutung des Gesellschaftssitzes

Dem Sitz der Gesellschaft kommt insbesondere in verfahrensrechtlicher Hinsicht Bedeutung zu. Nach dem Sitz der Gesellschaft bestimmt sich ihr allgemeiner **Gerichtsstand** i. S. d. § 17 Abs. 1 S. 1 ZPO. Auch die besonderen ausschließlichen Gerichtsstände für Anfechtungs-, Nichtigkeits- und Auflösungsklagen sowie die örtliche Zuständigkeit des Gerichts in den sog. Spruchverfahren knüpfen an den Sitz der Gesellschaft an. Dieser ist auch maßgeblich für die örtliche Zuständigkeit des Gerichts, das zur **Führung des Handelsregisters** sowie in den sonstigen die Gesellschaft betreffenden Angelegenheiten der freiwilligen Gerichtsbarkeit zur

99

---

[276] *Hüffer/Koch* § 5 Rn. 1; *Wicke* in Grigoleit AktG § 5 Rn. 1; *Westermann* in Bürgers/Körber AktG § 5 Rn. 5; vgl. *Drescher* in Spindler/Stilz AktG § 5 Rn. 4.
[277] EuGH NZG 2002, 1164 – Überseering; EuGH NZG 2003, 1064 – Inspire Art.
[278] Vgl. RegBegr, BT-Drucks 16/6140, S. 29, wonach aber weiterhin eine im Inland im Register eingetragene inländische Geschäftsanschrift vorhanden sein muss. Dies kann im Inland zu einer reinen Briefkastengesellschaft führen, vgl. *Kindler* in Goette/Habersack, Das MoMiG in Wissenschaft und Praxis, Rn. 7.38.
[279] *Brändel* in GroßKomm AktG § 5 Rn. 21 ff.; *Zimmer* in K. Schmidt/Lutter AktG § 5 Rn. 12; *Heider* in Münch Komm AktG § 5 Rn. 47; *Hüffer/Koch* § 5 Rn. 10; *Kraft* in Kölner Komm AktG § 5 Rn. 21 ff.; *Drescher* in Spindler/Stilz AktG § 5 Rn. 7; a. A. *Katschinski* ZIP 1997, 620; *Borsch* GmbHR 2003, 258: grundsätzlich zulässig.
[280] Siehe etwa *König* AG 2000, 18; *Katschinski* ZIP 1997, 620; *Borsch* GmbHR 2003, 258; *Drescher* in Spindler/Stilz AktG § 5 Rn. 7; *Heider* in Münch Komm AktG § 5 Rn. 47.
[281] BayObLG DB 1985, 1280, 1281; *Heider* in Münch Komm AktG § 5 Rn. 47; *Drescher* in Spindler/Stilz AktG § 5 Rn. 7; *Westermann* in Bürgers/Körber AktG § 5 Rn. 7; *Solveen* in Hölters AktG § 5 Rn. 13; *Hüffer/Koch* § 5 Rn. 10.
[282] *König* AG 2000, 18, 28 ff.; aus der Rechtsprechung u. a. LG Essen AG 2001, 429 f. mit zust. Anm. *König* EWiR 2001, 1077; OLG Düsseldorf AG 1988, 50; BayObLG DB 1985, 1280 mit unterschiedlicher Akzentuierung; ferner *Heider* in Münch Komm AktG § 5 Rn. 47; *Hüffer/Koch* § 5 Rn. 10; *Drescher* in Spindler/Stilz AktG § 5 Rn. 7.
[283] *Hüffer/Koch* § 5 Rn. 10; *König* AG 2000, 18, 28 ff.; *Westermann* in Bürgers/Körber/AktG § 5 Rn. 7; a. A. *Heider* in Münch Komm AktG § 5 Rn. 47.

Entscheidung berufen ist. In organisationsrechtlicher Hinsicht schließlich ist die Wahl des Sitzes von Bedeutung für den **Ort der Hauptversammlung**, die regelmäßig ohne abweichende Regelung in der Satzung am Sitz der Gesellschaft stattfindet, § 121 Abs. 5 S. 1 AktG.[284]

3. Sitzwechsel der KGaA in das Ausland

100 a) **Gesellschaftsstatut der Gesellschaft.** Die Frage, welcher nationalen Rechtsordnung die Gesellschaft unterliegt (Personalstatut[285] bzw. besser: Gesellschaftsstatut, lex societatis[286]), bestimmt sich nach der herrschenden Meinung in Rechtsprechung und Literatur in sog. Drittstaaten-Sachverhalten, d.h. in nicht EU-rechtlich determinierten Sachverhalten, grundsätzlich nach der sog. „**Sitztheorie**"[287] (zu den Besonderheiten bei Gesellschaften innerhalb der EU vgl. unten unter c)[288]). Wie sich der Bezeichnung entnehmen lässt, stellt diese „Theorie" auf den Ort des tatsächlichen Verwaltungssitzes ab. Maßgebend hierfür ist der Tätigkeitsort der Geschäftsführung und der dazu berufenen Vertretungsorgane und somit der Ort, an dem die grundlegenden Entscheidungen der Unternehmensleitung effektiv in laufende Geschäftsführungsakte umgesetzt werden.[289] Im Unterschied hierzu ist nach der **Gründungstheorie** die Rechtsordnung des Staates maßgeblich, welche der Gesellschaft ihre Rechtsfähigkeit verleiht.[290] Die Gründungstheorie knüpft damit an den statutarischen Sitz der Gesellschaft an. Während Gründungs- und Sitztheorie zum Zeitpunkt der Gründung zum selben Ergebnis gelangen, kann eine spätere Diskrepanz dadurch entstehen, dass die Gesellschaft ihren tatsächlichen Sitz in den Geltungsbereich der Rechtsordnung eines anderen Staates verlegt; nach der Sitztheorie ist hier von einem **Statutenwechsel** auszugehen, wogegen nach der Gründungstheorie nach wie vor die Rechtsordnung des Gründungsstaates maßgeblich bleibt.[291] Der Gründungstheorie kommt außer in

---

[284] *Brändel* in GroßKomm AktG § 5 Rn. 5 f.; *Heider* in Münch Komm AktG § 5 Rn. 21; *Drescher* in Spindler/Stilz AktG § 5 Rn. 6.

[285] *Zimmer* in K. Schmidt/Lutter AktG § 5 Rn. 4; *Kindler* in Münch Komm BGB Int GesR Rn. 351; *Müller* in Spindler/Stilz AktG Internationales Gesellschaftsrecht Rn. 1.

[286] *Großfeld* in Staudinger Int GesR (1998) Rn. 17; *Heider* in Münch Komm AktG § 5 Rn. 22; *Müller* in Spindler/Stilz AktG Internationales Gesellschaftsrecht Rn. 1.

[287] Ständige Rechtsprechung, BGHZ 97, 269, 271 f. = NJW 1986, 2194; BayObLG WM 1992, 1373, 1372; OLG Hamm ZIP 1997, 1696; OLG Zweibrücken RIW 2000, 373; OLG Hamm ZIP 2001, 791; OLG Brandenburg ZIP 2000, 1616, 1617; *Zimmer* in K. Schmidt/Lutter AktG Int GesR, Rn. 5; *Kindler* in Münch Komm BGB Int GesR Rn. 420; *Müller* in Spindler/Stilz AktG Internationales Gesellschaftsrecht Rn. 2 im Unterschied zu Rn. 13 ff.; *Kegel/Schurig* S. 504; die Beibehaltung der Sitztheorie wurde für Drittstaaten-Sachverhalte ausdrücklich bestätigt durch BGHZ 178, 192 = NJW 2009, 289, 290 – Trabrennbahn; BGHZ 190, 242 = BGH BB 2011, 2828, 2829 f. stellt die Unterscheidung erneut klar.

[288] Siehe § 4 Rn. 103.

[289] BGHZ 97, 269, 272 = NJW 1986, 2194, 2195; *Großfeld* in Staudinger Int GesR (1998) Rn. 20 f.; *Müller* in Spindler/Stilz AktG Internationales Gesellschaftsrecht Rn. 4; *Kindler* in Münch Komm BGB Int GesR Rn. 456.

[290] *Zimmer* in K. Schmidt/Lutter AktG Int. GesR Rn. 8; *Kindler* in Münch Komm BGB Int GesR Rn. 359 ff. m.w.N; vgl. auch *Müller* in Spindler/Stilz AktG Internationales Gesellschaftsrecht Rn. 2.

[291] *Brändel* in GroßKomm AktG § 5 Rn. 47; vgl. *Müller* in Spindler/Stilz AktG Internationales Gesellschaftsrecht Rn. 2; *Kindler* in Münch Komm BGB Int GesR Rn. 361.

EU-rechtlichen Sachverhalten insoweit praktische Bedeutung zu, als nach wohl herrschender Ansicht einzelne Regelungen in bilateralen Staatsverträgen dahingehend ausgelegt werden, dass im Verhältnis zu diesen Staaten, sofern sie der Gründungstheorie folgen, diese anerkannt wird.²⁹²

b) Rechtsfolgen einer Sitzverlegung außerhalb der Europäischen Union. Zu differenzieren ist zwischen der Verlegung des Satzungssitzes und der Verlegung des Verwaltungssitzes der KGaA. Die Verlegung des Satzungssitzes ins Ausland ist keine Frage von Sitz- oder Gründungstheorie, sondern ist allein eine solche des nationalen Rechts.²⁹³ Die Verlegung des Satzungssitzes in das Ausland ist gemäß § 5 AktG unzulässig. Während früher in solchen Fällen überwiegend als Rechtsfolge die vollständige Auflösung der Gesellschaft angenommen wurde (§ 262 Abs. 1 Nr. 2 AktG)²⁹⁴, ist mit der mittlerweile wohl h.M. davon auszugehen, dass lediglich der satzungsändernde Beschluss, mit dem der Satzungssitz der Gesellschaft in das Ausland verlegt wird, nichtig ist.²⁹⁵ Zum einen sind keinerlei Anhaltspunkte dafür erkennbar, dass die werbende Gesellschaft allein wegen eines (satzungsändernden) Beschlusses über die Verlegung des Satzungssitzes in das Abwicklungsstadium überführt werden soll; mit der Sitzverlegung wird vielmehr zum Ausdruck gebracht, dass die Gesellschaft weiter aktiv sein will, wenn auch an einem anderen Ort.²⁹⁶ Zum anderen stellt die Sitztheorie auf den tatsächlichen Verwaltungssitz ab; die Anknüpfung an den Wechsel des statutarischen Sitzes zur Begründung der Auflösung erscheint daher wenig konsequent, würde doch allein hierdurch das Statut der Gesellschaft nicht berührt. Schließlich ist die Rechtsfolge der Auflösung im Vergleich zur bloßen Unwirksamkeit des Satzungsänderungsbeschlusses auch unverhältnismäßig.

101

Verlegt die Gesellschaft lediglich ihren tatsächlichen Verwaltungssitz in das Ausland, bestehen seit der Neufassung des § 5 AktG aus deutscher Sicht hiergegen keine Zulässigkeitsbedenken mehr. Der nach deutschem Recht gegründeten KGaA ist es daher aus deutscher Sicht möglich, ihr operatives Geschäft ausschließlich im Ausland zu betreiben; der Satzungssitz bleibt in Deutschland. Eine Änderung der Registerlage tritt hierbei in Deutschland nicht ein. Aus deutscher Sicht bleibt trotz der Verlegung des Verwaltungssitzes deutsches Recht auf die KGaA anwendbar,

102

---

²⁹² *Ebenroth/Bippus* DB 1988, 842; *Haas* DB 1997, 1501, 1503; *Kösters* NZG 1998, 241, 244; BGH NJW 2003, 1607, 1608 m.w.N. (auch zur Gegenansicht) für Art. XXV Abs. 5 des Freundschafts-, Handels- und Schiffahrtsvertrages mit den USA (BGBl. 1956 II, 487); a.A. *Großfeld* in Staudinger (1998) Int GesR Rn. 209 ff., 218.

²⁹³ *Servatius* in Henssler/Strohn GesellschRe Internationales Gesellschaftsrecht Rn. 36.

²⁹⁴ RGZ 107, 94, 97; BGHZ 25, 134, 144 = NJW 1957, 1433; BayObLG WM 1992, 1371, 1372; OLG Hamm ZIP 1997, 1696 f.; *Brändel* in GroßKomm AktG § 5 Rn. 28; differenzierend insbesondere *Großfeld* in Staudinger (1998) Int GesR, Rn. 617 ff., 634 ff., 655 f.

²⁹⁵ *Körber* in Bürgers/Körber AktG § 45 Rn. 12; *Hüffer* in Münch Komm AktG § 262 Rn. 36 f.; *Hüffer/Koch* § 5 Rn. 12; *Heider* in Münch Komm AktG § 5 Rn. 65; *Drescher* in Spindler/Stilz AktG § 5 Rn. 10; *Bokelmann* in Münch Komm HGB § 13d Rn. 28; *Solveen* in Hölters AktG § 5 Rn. 16; *Lange* in Henssler/Strohn GesellschRe § 5 AktG Rn. 9; weiterhin für Behandlung als Auflösungsbeschluss *Servatius* in Henssler/Strohn GesellschRe Internationales Gesellschaftsrecht Rn. 36.

²⁹⁶ *Hüffer* in Münch Komm AktG § 262 Rn. 36 f.; *Heider* in Münch Komm AktG § 5 Rn. 65; *Solveen* in Hölters AktG § 5 Rn. 16; vgl. auch *Drescher* in Spindler/Stilz AktG § 5 Rn. 10. Die hM behilft sich dadurch, dass sie einen entgegenstehenden Willen für unmaßgeblich hält, BayObLG WM 1992, 1371, 1372; *Großfeld* in Staudinger Int GesR (1998) Rn. 634 ff.

sofern man mit der wohl herrschenden Meinung in der Literatur den § 5 AktG als spezielle Kollisionsregel versteht.[297] Dieser Auffassung ist zuzustimmen; denn anderenfalls würde die mit der Änderung des § 5 AktG durch das MoMiG bezweckte Wettbewerbsgleichheit für deutsche Unternehmen kollisionsrechtlich unterlaufen, wenn man zwar eine KGaA mit deutschem Satzungssitz und ausländischem Verwaltungssitz anerkennen, die übrigen vom Gesellschaftsstatut betroffenen Materien aber nach der Sitztheorie anknüpfen würde.[298] Insoweit wird für die von § 5 AktG erfassten Wegzugsfälle eine gesetzgeberisch angeordnete Abkehr von der durch die Rechtsprechung grundsätzlich befürworteten Sitztheorie hin zur Gründungstheorie angenommen.[299] Aus der Sicht des ausländischen Rechts kommt es darauf an, ob dieses der Sitz- oder Gründungstheorie folgt. Soweit im Zuzugsstaat die Gründungstheorie Anwendung findet, ist auch aus dessen Sicht deutsches Recht anwendbar. Soweit im Zuzugsstaat die Sitztheorie gilt, kommt es aus Sicht des aufnehmenden Staates zum Statutenwechsel, der in der Regel die Neugründung im Ausland erfordert.[300] Aus deutscher Sicht liegt hierin eine Auflösung der Gesellschaft nach § 262 Abs. 2 AktG vor, weil eine fremdem Recht unterliegende Gesellschaft nicht nach deutschem Recht als KGaA fortbestehen kann.[301]

103 c) **Sitzverlegung innerhalb der Europäischen Union.** Bei einer Sitzverlegung innerhalb der Europäischen Union sind die Niederlassungsfreiheit nach Art. 49, 54 AEUV und die diese Grundfreiheit konkretisierende Rechtsprechung des EuGH maßgeblich. Für die Frage, ob eine Gesellschaft unter Wahrung der Rechtsform ihren Verwaltungssitz in einen anderen Mitgliedstaat verlegen kann (rechtsformwahrender Wegzug) oder in eine Gesellschaftsform des aufnehmenden Mitgliedstaates umgewandelt werden kann (rechtsformwechselnder Wegzug), ist zwischen der Perspektive des Wegzugsstaates und des Aufnahmestaates zu unterscheiden.

104 Die Vorgaben für den Wegzugsstaat ergeben sich zum einen aus der grundlegenden Daily Mail-Entscheidung des EuGH,[302] nach der es dem Gründungsstaat freisteht, der Gesellschaft bei Wegzug ihre Rechtsfähigkeit wieder zu entziehen und auf diese Weise einen rechtsformwahrenden Wegzug zu verhindern.[303] In der Entscheidung Überseering[304], die zwar unmittelbar nur den Fall des Zuzugs be-

---

[297] Dafür: Hüffer/Koch § 5 Rn. 3; Drescher in Spindler/Stilz AktG § 5 Rn. 10; Westermann in Bürgers/Körber AktG § 5 Rn. 6; Wicke in Grigoleit AktG § 5 Rn. 12; Hoffmann ZIP 2007, 1581 ff.; Paefgen WM 2009, 529, 530 f.; dagegen: Dauner-Lieb in Kölner Komm AktG § 5 Rn. 28 f.; Kindler in Goette/Habersack, Rn. 7.44; Lieder/Kliebisch BB 2009, 338, 343, die alle davon ausgehen, dass § 5 AktG keinen kollisionsrechtlichen Gehalt hat und daher keine Abkehr von der in Deutschland geltenden Sitztheorie zur Ermittlung des anwendbaren Rechts darstellt; so ferner wohl auch Eidenmüller ZGR 2007, 168, 206; Flesner NZG 2006, 641, 640 f. zu der Parallelregelung in § 4 a GmbHG.
[298] Körber in Bürgers/Körber AktG Einleitung Rn. 28a; Verse ZEuP 2013, 458, 467.
[299] Vgl. Drescher in Spindler/Stilz AktG § 5 Rn. 10; Solveen in Hölters AktG § 5 Rn. 3; anders Paefgen WM 2009, 529, 531, der die Wirkungen des § 5 AktG offenbar auf Auslandssachverhalte innerhalb der Europäischen Union beschränken will.
[300] Drescher in Spindler/Stilz AktG § 5 Rn. 10; Hüffer/Koch § 1 Rn. 45 und § 5 Rn. 12.
[301] Füller in Bürgers/Körber AktG § 262 Rn. 9; Hüffer/Koch § 5 Rn. 13; Hüffer in Münch Komm AktG § 262, Rn. 36; a.A. Bachmann in Spindler/Stilz AktG § 262 Rn. 76.
[302] EuGH Slg. 1988, 5483 = NJW 1989, 2189.
[303] Körber in Bürgers/Körber AktG Einleitung Rn. 28.
[304] EuGH Urteil vom 05.11.2002 Az C-208/00; EuGH Slg. 2002, I-9919.

traf, unterschied der EuGH explizit zwischen der Anerkennung einer zuziehenden Gesellschaft und dem Recht eines Mitgliedstaates, den Wegzug einer nach seinem Recht gegründeten Gesellschaft unter Aufrechterhaltung des Gesellschaftsstatutes zu verweigern.[305] Die Daily Mail-Rechtsprechung wurde vom EuGH in seiner Cartesio-Entscheidung[306] aus dem Jahre 2008 ausdrücklich bestätigt.[307] Hiernach ist zwar die Anwendung der Sitztheorie selbst mit der Niederlassungsfreiheit vereinbar; die Mitgliedstaaten, die kollisionsrechtlich der Sitztheorie folgen, können damit den Wegzug unter Aufrechterhaltung des Gründungsrechts verhindern, sie dürfen dem Wegzug aber keine weiteren materiellen Beschränkungen entgegensetzen. So dürfen sie etwa eine vom Aufnahmestaat ermöglichte grenzüberschreitende Umwandlung unter Änderung der Rechsform in eine solche des Aufnahmestaates nicht unterbinden.[308] Eine ausdrückliche Bekräftigung dieser Rechtsprechung erfolgte in der VALE-Entscheidung[309] unter Betonung, dass Art. 49, 54 AEUV eine Regelung ausschließen, welche die grenzüberschreitende Umwandlung generell verhindert, sofern diese Regelung nicht durch zwingende Gründe des Allgemeinwohls gerechtfertigt ist.[310] Insbesondere darf die rechtsformwechselnde Sitzverlegung nicht mit der Auflösung und Liquidation sanktioniert werden.[311] Grundsätzlich können die Mitgliedstaaten sowohl die Anknüpfungskriterien für die Gründung einer Gesellschaft nach ihrem Recht als auch die Kriterien für den Erhalt der Gesellschaft festlegen.[312] Aus dem Blickwinkel von Deutschland als Wegzugsstaat ist mit der Änderung von § 5 AktG durch das MoMiG und der insoweit erfolgten Hinwendung zur Gründungstheorie für eine KGaA die Möglichkeit eröffnet, unter Beibehaltung ihres deutschen Satzungssitzes ihren Verwaltungssitz ins europäische Ausland zu verlegen.[313] Wird wie in Deutschland die rechtsformwahrende Verwaltungssitzverlegung zugelassen, sind nach der Klarstellung des EuGH in der Rechtssache National Grid Indus[314] sämtliche Wegzugsbeschränkungen an der Niederlassungsfreiheit zu messen.[315]

Wechselt man die Perspektive und betrachtet die rechtsformwahrende Verlegung des Verwaltungssitzes aus der Sicht des Aufnahmestaates, sind – sofern der Herkunftsstaat kollisions- und sachenrechtlich den rechsformwahrenden Wegzug erlaubt – die Entscheidungen Centros,[316] Überseering[317] und Inspire Art[318] zu beachten. Nach dieser Rechtsprechung ist der Zuzugsstaat verpflichtet, die Rechts-

---

[305] *Leible/Hoffmann* BB 2009, 58.
[306] EuGH Urteil vom 16.12.2008 Az C-210/06, Slg. 2008, I-9641 = NZG 2009, 61.
[307] *Körber* in Bürgers/Körber AktG Einleitung Rn. 28; kritisch hierzu: *Leible/Hoffmann* BB 2009, 58 ff.
[308] *Leible/Hoffmann* BB 2009, 58, 60; *Körber* in Bürgers/Körber AktG Einleitung Rn. 28b.
[309] EuGH Urteil vom 12.7.2012 Az C-378/10 = NJW 2012, 2715 = NZG 2012, 871.
[310] *Körber* in Bürgers/Körber AktG Einleitung Rn. 28b und 28c; *Schön* ZGR 2013, 333, 357.
[311] *Bayer/Schmidt* ZIP 2012, 1481, 1490.
[312] EuGH Urteil vom 12.7.2012 Az C-378/10 = NJW 2012, 2715, Rn. 29; *Müller* in Spindler/Stilz AktG Internationales Gesellschaftsrecht Rn. 14.
[313] Vgl. insoweit die Ausführungen unter § 4 Rn. 103.
[314] EuGH Urteil vom 29.11.2011 Az C-371/10 = NZG 2012, 114.
[315] EuGH Urteil vom 29.11.2011 Az C-371/10 = NZG 2012, 114, Rn. 32 f.; *Verse* ZEuP 2013, 458, 463.
[316] EuGH Urteil vom 9.3.1999 Az C-212/97, EuGH Slg. 1999, I-1459.
[317] EuGH Urteil vom 5.11.2002 Az C-208/00; EuGH Slg. 2002, I-9919.
[318] EuGH Urteil vom 30.9.2003 Az C-167/01, EuGH Slg. 2003, I-10155.

und Parteifähigkeit zu achten, welche die zugezogene Gesellschaft nach dem Recht ihres Gründungsstaates hat. Die Gesellschaft ist als solche des Herkunftsstaates anzuerkennen.[319] Bei einem rechtsformwechselnden Wegzug, d. h. etwa bei einem grenzüberschreitenden Formwechsel einer KGaA, darf entsprechend der Entscheidung Vale der Aufnahmestaat diese Umwandlung nicht grundsätzlich verweigern, sondern besitzt lediglich bezüglich des „Wie" des Formwechsels eine Gestaltungsfreiheit.[320]

106 Zusammenfassend ist festzuhalten, dass eine deutsche KGaA aufgrund der Streichung von § 5 Abs. 2 AktG durch das MoMiG unter Wahrung ihrer Rechtsform ihren Verwaltungssitz ins europäische Ausland verlegen kann. Der aufnehmende Mitgliedstaat ist verpflichtet, diese als Gesellschaft des Herkunftsstaates anzuerkennen. Erlaubt der Aufnahmestaat einen rechtsformwechselnden Zuzug, darf das deutsche Recht nicht zuvor die Auflösung der Gesellschaft verlangen.

F. Geschäftsjahr und Dauer der Gesellschaft

I. Geschäftsjahr

1. Definition

107 Das Geschäftsjahr bezeichnet den Zeitraum der durch den Kaufmann festgelegten Rechnungsperiode. Im Normalfall entspricht das Geschäftsjahr einem **12-Monats-Zeitraum**, der mit dem Kalenderjahr deckungsgleich ist; ein vom Kalenderjahr abweichender 12-Monats-Zeitraum ist in sachlich begründeten Ausnahmefällen zulässig. Eine kürzere, als **Rumpfgeschäftsjahr** bezeichnete Rechnungsperiode ist zulässig bei Aufnahme der Geschäftstätigkeit innerhalb eines Jahres oder bei unterjähriger Beendigung der Geschäftstätigkeit oder bei Umstellung des Geschäftsjahres von dem bzw. auf das Kalenderjahr.[321] Ein länger als 12 Monate dauerndes Geschäftsjahr ist gemäß § 240 Abs. 2 S. 2 HGB nicht zulässig.

108 Die Bildung eines Rumpfgeschäftsjahres und die Umstellung auf ein vom Kalenderjahr abweichendes Geschäftsjahr sind nur im Einvernehmen mit dem Finanzamt möglich, §§ 4a Abs. 1 S. 2 Nr. 2 S. 2 EStG, 8b S. 2 Nr. 2 S. 2 EStDV;[322] die Umstellung vom abweichenden Geschäftsjahr auf das Kalenderjahr bedarf dagegen keiner Zustimmung des Finanzamts.[323]

---

[319] *Verse* ZEuP 2013, 458, 469.
[320] *Verse* ZEuP 2013, 458, 488 und 494; *Schön* ZGR 2013, 333, 357; EuGH Urteil vom 12.7.2012 Az C-378/10, NZG 2012, 871 Rn. 50 ff.
[321] In besonderen Ausnahmefällen ist es auch zulässig, zwei Rumpfgeschäftsjahre aufeinander folgen zu lassen, *Claussen/Korth* in Kölner Komm AktG § 240 HGB Rn. 29; *Streck/Schwedhelm* BB 1988, 679.
[322] *Böcking/Gros* in Ebenroth/Boujong/Joost/Strohn HGB § 240 Rn. 23; *Winfried* in Koller/Kindler/Roth/Morck HGB § 240 Rn. 5.
[323] Angedeutet in *Wiesner* in Münch Hdb AG § 9 Rn. 5; *Winfried* in Koller/Kindler/Roth/Morck HGB § 240 Rn. 5.

2. Festlegung und Änderung des Geschäftsjahres

Das Geschäftsjahr der KGaA wird regelmäßig in der Satzung der Gesellschaft festgelegt; zwingend erforderlich ist dies nach dem Aktiengesetz aber nicht. Enthält die Satzung keine Bestimmung, so entspricht das Geschäftsjahr der KGaA dem **Kalenderjahr**.[324] Durch diese automatische Festlegung ist gewährleistet, dass zwingende aktienrechtliche Fristen, wie z. B. die einzuhaltende Frist von acht Monaten für die Abhaltung der ordentlichen Hauptversammlung gemäß § 175 Abs. 1 S. 2 AktG, auch ohne Regelung in der Satzung bestimmt und eingehalten werden können. Eine vom Kalenderjahr abweichende Festlegung oder eine Änderung des Geschäftsjahres erfordert eine explizite Regelung in der Satzung oder eine Änderung der Satzung, für welche die allgemeinen Vorschriften für Satzungsänderungen gelten.[325] Eine Änderung des Geschäftsjahres allein durch die persönlich haftenden Gesellschafter ist auch bei entsprechender Ermächtigung in der Satzung nicht möglich.[326]

109

Eine Änderung des Geschäftsjahres ist grundsätzlich nur für noch nicht abgelaufene Geschäftsjahre zulässig, nicht hingegen eine rückwirkende Änderung bereits abgelaufener Geschäftsjahre.[327] Die Änderung des laufenden Geschäftsjahres setzt die Eintragung der Satzungsänderung im Handelsregister noch vor Ablauf des Geschäftsjahres voraus;[328] dies gilt auch für die steuerliche Anerkennung.[329]

110

3. Beginn des Rumpfgeschäftsjahres

Während das gewöhnliche Geschäftsjahr mit dem ersten Tag des neuen Geschäftsjahres beginnt, ist der Beginn eines Rumpfgeschäftsjahres in zahlreichen Fällen strittig.[330] Nicht eindeutig ist insbesondere, ab welchem Zeitpunkt bei **Gründung** einer KGaA das Rumpfgeschäftsjahr beginnt. Denkbar und vertreten werden: Der Tag der Errichtung, der tatsächlichen Geschäftsaufnahme, der Anmeldung zum Handelsregister sowie der Tag der Eintragung der KGaA im Handelsregister.[331] Richtigerweise ist wie folgt zu differenzieren: Das Rumpfgeschäftsjahr beginnt frühestens mit der **Errichtung der KGaA**[332] und spätestens

111

---

[324] *Wiesner* in Münch Hdb AG § 5 Rn. 9; *Winfried* in Koller/Kindler/Roth/Morck HGB § 240 Rn. 5; *Böcking/Gros* in Ebenroth/Boujong/Joost/Strohn HGB § 240 Rn. 23.

[325] Hüffer/*Koch* § 23 Rn. 3, sowie § 179 Rn. 39; *Wiedemann* in GroßKomm AktG § 179 Rn. 85; OLG Schleswig NJW-RR 2000, 1425.

[326] So zu Recht *Wiesner* in Münch Hdb AG § 9 Rn. 3, dort Fußnote 2 a. E.; anders für die GmbH OLG Stuttgart GmbHR 1992, 468.

[327] *Wiesner* in Münch Hdb AG § 9 Rn. 3; OLG Schleswig NJW-RR 2000, 1425.

[328] hM, vgl. *Stein* in Münch Komm AktG § 181 Rn. 77; *Wiesner* in Münch Hdb AG § 9 Rn. 3; OLG Schleswig NJW-RR 2000, 1425; vgl. allgemein zur Notwendigkeit einer Eintragung: Hüffer/*Koch* § 179 Rn. 40; a. A. LG Berlin RPfleger 1978, 143.

[329] BMF-Schreiben vom 18.5.1990, DB 1990, 1164; *Wiesner* in Münch Hdb AG § 9 Rn. 3.

[330] Ausführlich hierzu *Förschle/Kropp/Schellhorn* in Budde/Förschle/Winkeljohann D Rn. 68–79.

[331] Vgl. *Förschle/Kropp/Schellhorn* in Budde/Förschle/Winkeljohann D Rn. 68; vgl. auch *Winnefeld* Bilanz-Handbuch N Rn. 26.

[332] Vgl. *Förschle/Kropp/Schellhorn* in Budde/Förschle/Winkeljohann D Rn. 68, 78; *Winnefeld* Bilanz-Handbuch N Rn. 26.

mit der Entgegennahme der Einlagen als dem regelmäßig ersten Geschäftsvorfall.[333] Häufig wird versucht, durch entsprechende Satzungsklauseln den Beginn des Rumpfgeschäftsjahres eindeutig festzulegen.[334] Hierbei ist zu beachten, dass diese Satzungsklauseln keine Wirkung entfalten, sofern ein rechnungslegungspflichtiger Geschäftsvorfall, hierzu gehört z.B. die Einzahlung des Grundkapitals durch die Gründer, vor dem satzungsmäßig bestimmten Zeitpunkt eintritt. Unabhängig von der jeweiligen Satzungsbestimmung sind die persönlich haftenden Gesellschafter verpflichtet, eine Eröffnungsbilanz der KGaA spätestens[335] auf den Tag des ersten Geschäftsvorfalles aufzustellen.[336] Die insoweit unzutreffende Satzungsbestimmung ist unschädlich und hindert die Eintragung der KGaA im Handelsregister nicht.

112 Von dem Zeitpunkt des Beginns des Rumpfgeschäftsjahres und der damit verknüpften Pflicht zur Aufstellung einer Eröffnungsbilanz der KGaA zu unterscheiden ist der Erstellungszeitpunkt einer gegebenenfalls zu erstellenden Vorbelastungsbilanz: Diese ist immer auf den Tag der Eintragung der KGaA im Handelsregister zu erstellen,[337] um einen Vermögensstatus und einen Überblick über die Vorbelastungen der KGaA in ihrem Entstehungszeitpunkt zu erhalten.

II. Dauer der Gesellschaft

113 Betrachtet man die „Dauer der Gesellschaft" allein unter rechtlichen Aspekten, stellt man fest, dass Rechtsfolgen nicht an den Zeitraum geknüpft werden, in dem die Gesellschaft besteht, sondern allein an den Endzeitpunkt, an dem die KGaA aufgelöst und abgewickelt wird. Mit Auflösung endet die Existenz der Gesellschaft noch nicht unmittelbar, ihr Gesellschaftszweck ist aber von nun an von dem einer werbenden Gesellschaft auf Auseinandersetzung und Abwicklung umgestellt.[338] Ist ein bestimmter **Zeitpunkt der Auflösung** der Gesellschaft gewünscht, so muss dieser Zeitpunkt in der Satzung der Gesellschaft bestimmt werden.[339] Diese Bestimmung wirkt wie ein antizipierter Auflösungsbeschluss mit der Folge, dass die Gesellschaft zu dem bestimmten Zeitpunkt aufgelöst wird.[340] In Ermangelung ei-

---

[333] *Förschle/Kropp/Schellhorn* in Budde/Förschle/Winkeljohann D Rn. 78.
[334] Typische Klauseln lauten z.B.: „Das erste Geschäftsjahr ist ein Rumpfgeschäftsjahr. Es beginnt mit der Eintragung der Gesellschaft im Handelsregister und endet am nächstfolgenden 31.12."
[335] Vgl. *Förschle/Kropp/Schellhorn* in Budde/Förschle/Winkeljohann D Rn. 72; *Winnefeld* Bilanz-Handbuch N Rn. 26.
[336] *Förschle/Kropp/Schellhorn* in Budde/Förschle/Winkeljohann D Rn. 74; *Winnefeld* Bilanz-Handbuch N Rn. 26.
[337] *Förschle/Kropp/Schellhorn* in Budde/Förschle/Winkeljohann D Rn. 58, 70; *Winnefeld* Bilanz-Handbuch N Rn. 191.
[338] Siehe ausführlich dazu § 8 Rn. 2.
[339] Derartige Befristungen sind bei Aktiengesellschaften und KGaA allerdings ungewöhnlich, vgl. *Hoffmann-Becking* in Münch Hdb AG § 66 Rn. 2; *Hüffer/Koch* § 262 Rn. 8.
[340] *Röhricht* in GroßKomm AktG § 39 Rn. 6; von gesetzlichem Auflösungsgrund bei Satzungsregelung sprechen: *Hüffer* in Münch Komm AktG § 262 Rn. 27; *Hüffer/Koch* AktG § 262 Rn. 8; *Bachmann* in Spindler/Stilz AktG § 262 Rn. 23; *Hirschmann* in Hölters AktG § 262 Rn. 6.

ner derartigen Regelung[341] gilt die KGaA als auf unbestimmte Zeit errichtet. Die KGaA besteht damit als werbende Gesellschaft so lange fort, bis sich die Gesellschafter[342] zur Liquidation entschließen und die KGaA durch Beschluss[343] auflösen oder die Auflösung kraft Gesetzes eintritt.[344] Möglich ist auch eine Satzungsbestimmung des Inhalts, dass die KGaA bei Erreichen eines bestimmten Zwecks automatisch aufgelöst wird. Mit Zweckerreichung treten dieselben Folgen wie bei einer Befristung der KGaA ein.

---

[341] Regelungen zur Dauer der Gesellschaft sind fakultativ, § 39 Abs. 2 AktG, vgl. *Röhricht* in GroßKomm AktG § 39 Rn. 6; *Hüffer/Koch* § 39 Rn. 4.
[342] Kommanditaktionäre und persönlich haftende Gesellschafter, vgl. § 289 Abs. 4 AktG, *Hüffer/Koch* § 289 Rn. 6; *Bachmann* in Spindler/Stilz AktG § 289 Rn. 3; *Perlitt* in Münch Komm AktG § 289 Rn. 15.
[343] §§ 289 Abs. 1 AktG i. V. m. 161 Abs. 2, 131 Abs. 1 Nr. 2 HGB, 289 Abs. 4 S. 1 AktG, vgl. *Bachmann* in Spindler/Stilz AktG § 289 Rn. 3; *Perlitt* in Münch Komm AktG § 289 Rn. 15.
[344] §§ 289 Abs. 1 AktG i. V. m. 161 Abs. 2, 131 HGB, 289 Abs. 2 AktG, vgl. *Bachmann* in Spindler/Stilz AktG § 289 Rn. 5–7; *Perlitt* in Münch Komm AktG § 289 Rn. 19–30, Rn. 36; sonstige Auflösungsgründe, vgl. *Bachmann* in Spindler/Stilz AktG § 289 Rn. 8; *Perlitt* in Münch Komm AktG § 289 Rn. 36, 39.

§ 5 Die Binnenverfassung der KGaA

Übersicht

	Rn.
A. Gesellschafter und Organe der KGaA	1
I. Gesetzliche Pflichtorgane	1
II. Gewillkürte Organe	4
III. Rechtsverhältnisse zwischen den Gesellschaftern und den Organen	5
1. Komplementäre und Hauptversammlung	5
a) Personengesellschaftsrechtliche Schranken der Satzungsautonomie	7
b) Grundtypen der Satzungsausgestaltung	21
2. Komplementäre und Aufsichtsrat	32
3. Aufsichtsrat und Hauptversammlung	35
4. Sonstige Organe	36
B. Rechtsstellung der Komplementäre	38
I. Rechte und Pflichten auf mitgliedschaftlicher Ebene	43
1. Stimmrecht	43
a) Gegenstand des mitgliedschaftlichen Stimmrechts	44
b) Beschlussfassung, Komplementärversammlung	45
c) Stimmenzahl	50
d) Beschlussmehrheiten	51
e) Reichweite der Satzungsautonomie	56
f) Stimmrechtsausschluss	59
2. Informations- und Kontrollrechte	64
3. Actio pro socio	68
4. Innenhaftung	69
II. Rechte und Pflichten auf organschaftlicher Ebene	75
1. Geschäftsführung	76
a) Personengesellschaftsrechtliches Regelungsregime	76
b) Art und Umfang der Geschäftsführungsbefugnis	79
c) Gestaltungsmöglichkeiten	93
d) Geschäftsordnung für die Geschäftsführung	107
2. Sorgfaltspflicht und Haftung für fehlerhafte Geschäftsführung	110
a) Sorgfaltspflichten	113
b) Haftung bei Sorgfaltspflichtverletzung	132
c) Ausschluss der Innenhaftung	138
d) D&O-Versicherungen	142
e) Geltendmachung der Haftung in der gesetzestypischen KGaA	144
f) Geltendmachung der Haftung in der atypischen KGaA	152
3. Vertretung	161
a) Zur Vertretung befugte Organe	161
b) Umfang der Vertretungsbefugnis	170
4. Niederlegung der Geschäftsführungs- und Vertretungsbefugnis	174
5. Entziehung der Geschäftsführungs- und/oder Vertretungsbefugnis	179
a) Verfahren für die gerichtliche Entziehung	182
b) Mehrheitserfordernisse in der gesetzestypischen KGaA	185
c) Mehrheitserfordernisse in der atypischen KGaA	188
d) Entziehung der Geschäftsführungs- und Vertretungsbefugnis des einzigen Komplementärs	193
e) Gestaltungsmöglichkeiten	198
6. Entziehung der Geschäftsführungs- und Vertretungsbefugnis des organschaftlichen Vertreters der Komplementärgesellschaft	202
a) Problemübersicht	202
b) Treuepflicht	205

	Rn.
c) Sog. „Abberufungsdurchgriff"	209
d) Einheits-KGaA	216
7. Kaufmannseigenschaft der Komplementäre	218
III. Vermögensrechtliche Stellung	219
1. Außenhaftung	220
a) Inhalt der Haftung	221
b) Gesamtschuldnerische Haftung und Innenregress	223
c) Beginn und Ende der Haftung	225
d) Freistellungsvereinbarungen	228
2. Vermögenseinlagen	232
3. Gewinnbezugs- und Entnahmerecht	244
a) Gewinnbezugsrecht	244
b) Entnahmerecht	256
4. Tätigkeitsvertrag und Tätigkeitsvergütung	259
a) Gesetzestypische KGaA	259
b) Atypische KGaA	268
5. Sondervorteile	272
6. Aufwendungsersatzanspruch	275
IV. Wettbewerbsverbot	276
1. Normadressaten	277
2. Umfang des Wettbewerbsverbots	285
3. Befreiung	289
4. Geltungsdauer	290
5. Ergänzende Regelungen	293
6. Folgen einer Zuwiderhandlung	296
V. Veränderungen in der Zusammensetzung der Komplementäre	299
1. Überblick	299
2. Gesetzliche Gründe des Ausscheidens	301
a) Tod des Gesellschafters (§ 131 Abs. 3 Nr. 1 HGB)	302
b) Eröffnung des Insolvenzverfahrens (§ 131 Abs. 3 Nr. 2 HGB)	304
c) Kündigung des Gesellschafters (§ 131 Abs. 3 Nr. 3 HGB)	305
d) Kündigung durch den Privatgläubiger des Komplementärs (§ 131 Abs. 3 Nr. 4 HGB)	307
e) Beschluss der Gesellschafter (§ 131 Abs. 3 Nr. 6 HGB)	310
3. Satzungsbestimmungen zur Aufnahme neuer Komplementäre	312
4. Satzungsbestimmungen zum Ausscheiden eines Komplementärs	317
a) Automatisches Ausscheiden eines Komplementärs	318
b) Vereinbarung zwischen Gesellschaft und Komplementär	321
c) Recht zur Kündigung	322
5. Satzungsbestimmungen zur Übertragung der Komplementärbeteiligung	324
6. Ausschließung eines Komplementärs	326
a) Gesetzliche Regelung	326
b) Satzungsregelungen zur Ausschließung	331
7. Rechtsfolgen des Ausscheidens eines Komplementärs	332
a) Gesetzliche Ausgestaltung	333
b) Abwicklung und Durchsetzung der Ansprüche beim Ausscheiden	341
c) Ausgestaltung durch die Satzung	343
C. Rechtsstellung der Kommanditaktionäre	354
I. Übersicht der Rechte und Pflichten	354
II. Rechte und Pflichten der Kommanditaktionäre	358
1. Rechte der Gesamtheit der Kommanditaktionäre	358
2. Individuelle Rechte	365
a) Rechte des einzelnen Kommanditaktionärs	366
b) Rechte einer qualifizierten Kommanditaktionärsminderheit	367
3. Individuelle Pflichten	368
a) Treuepflichten	368

	Rn.
b) Wettbewerbsverbot	369
c) Mitteilungspflichten	370
4. Voraussetzungen und Modalitäten der Stimmrechtsausübung	372
a) Einberufung der Hauptversammlung und Bekanntmachung der Tagesordnung	372
b) Stimmrechtsausübung	386
c) Mehrheitserfordernisse	387
5. Abweichende Satzungsgestaltungen	389
a) Aufnahme und Ausscheiden eines Komplementärs	397
b) Kapitalmaßnahmen	398
c) Erhöhung der Sondereinlage	399
d) Klage auf Entziehung der Geschäftsführungs- und/oder Vertretungsbefugnis	400
e) Auflösungsbeschluss	401
f) Auflösungsklage	402
g) Ausschließungsklage	403
h) Unternehmensverträge, Umwandlungen und ähnliche berichtpflichtige Angelegenheiten	404
i) Feststellung des Jahresabschlusses, Gewinnverwendungsbeschluss	407
6. Ausschluss des Stimmrechts aktienbesitzender Komplementäre	409
a) Wahl und Abberufung des Aufsichtsrats	415
b) Entlastung der persönlich haftenden Gesellschafter und der Mitglieder des Aufsichtsrats	417
c) Bestellung von Sonderprüfern	418
d) Geltendmachung von Ersatzansprüchen und Verzicht auf Ersatzansprüche	419
e) Wahl von Abschlussprüfern	420
III. Vermögensrechte- und pflichten	421
1. Gewinnbeteiligung	421
2. Einlageverpflichtung	423
3. Auseinandersetzungsanspruch	425
IV. Wechsel der Kommanditaktionäre	426
1. Übertragung von Inhaberaktien	428
2. Übertragung von Namensaktien	434
D. Der Aufsichtsrat	439
I. Allgemeine Vorschriften zum Aufsichtsrat	439
1. Zusammensetzung	441
2. Persönliche Voraussetzungen	442
a) Inkompatibilitäten	442
b) Statutarische Anforderungen	455
3. Wahl und Abberufung	459
a) Wahlverfahren	460
b) Stimmverbote	464
c) Entsendungsrechte	465
d) Abberufung	469
4. Vergütung	470
a) Allgemeines	470
b) D & O-Versicherungen als Vergütungsbestandteil	473
II. Die Kompetenzen des Aufsichtsrats in der gesetzestypischen KGaA	477
1. Unterschiede zu den Kompetenzen eines Aufsichtsrats in der Aktiengesellschaft	477
a) Personalkompetenz	478
b) Zustimmungsvorbehalt	479
c) Erlass einer Geschäftsordnung	480
d) Mitwirkung am Jahresabschluss	481
2. Kontrollkompetenz	482
a) Stellung des Aufsichtsrats in der KGaA	482

	Rn.
b) Kontrollbefugnisse	484
c) Einberufung der Hauptversammlung	487
d) Überwachung anderer Organe mit Geschäftsführungskompetenzen	488
3. Ausführungskompetenz	491
4. Vertretungskompetenz	495
a) Rechtsgeschäftliche Vertretung	496
b) Gerichtliche Vertretung	502
c) Vertretung der Gesellschaft gegenüber dem Geschäftsführer oder einem Gesellschafter der Komplementärgesellschaft	505
III. Die Kompetenzen des Aufsichtsrats in der nicht gesetzestypischen KGaA	507
1. Angleichung an den Aufsichtsrat einer Aktiengesellschaft	507
2. Der Aufsichtsrat als Leitungsorgan	508
IV. Unternehmerische Mitbestimmung in der KGaA	511
1. Mitbestimmungsgesetz 1	513
a) Anwendungsbereich	513
b) Beginn der Mitbestimmung	522
c) Einschränkung der Mitbestimmung	524
2. Drittelbeteiligungsgesetz	539
a) Subsidiarität	539
b) Keine Mindestzahl von Arbeitnehmern für die vor dem 10.8.1994 eingetragene KGaA	540
V. Verantwortung und Haftung des Aufsichtsrates	543
1. Haftung gegenüber der KGaA	543
a) Sorgfaltsmaßstab	544
b) Verschulden	548
c) Haftungsausschlüsse und -beschränkungen	549
2. Haftung gegenüber Dritten	550
E. Der Beirat	551
I. Zweck	551
II. Zulässigkeit	558
1. Schuldrechtlicher Beirat	558
2. Organschaftlicher Beirat	559
III. Grundformen eines Beirats	560
1. Gesellschafterausschuss	560
2. Der Beirat als zusätzliches Überwachungsorgan	561
3. Organ einer Gesellschaftergruppe	562
4. Sonstige Beiratstypen	564
IV. Besetzung	566
1. Bestellung bzw. Wahl der Beiratsmitglieder	566
2. Geltung von Stimmverbot und Inkompatibilitätsvorschriften	569
a) Stimmverbote bei der Bestellung der Beiratsmitglieder	569
b) Stimmverbote der Beiratsmitglieder in der Hauptversammlung	571
3. Besetzung mit außenstehenden Dritten	572
V. Möglichkeiten und Grenzen der Übertragung von Befugnissen auf den Beirat	575
1. Übertragung von Geschäftsführungsbefugnissen auf den Beirat	575
2. Übertragung sonstiger Befugnisse auf einen Beirat	
592	
VI. Wettbewerbsverbot	594
VII. Überwachung des Beirats durch den Aufsichtsrat	595
1. Allgemeines	595
2. Anwesenheitsrecht der Aufsichtsratsmitglieder bei Beiratssitzungen	597
VIII. Verantwortung und Haftung	598
1. Sorgfaltspflichten	599
2. Haftung	600

	Rn.
a) Innenhaftung	600
b) Außenhaftung	603
F. Rechtsstreitigkeiten in der KGaA	605
I. Einführung	605
II. Organstreit	607
1. Allgemeines	607
2. Aufsichtsrat	612
a) Berichtspflichten (§ 90 AktG)	612
b) Zustimmung zu außergewöhnlichen Geschäften	617
3. Einzelne Aufsichtsratsmitglieder	620
a) Aus eigenem Recht	620
b) Aus Recht des Organs	621
4. Hauptversammlung	624
III. Rechtsstreitigkeiten zwischen der Gesamtheit der Kommanditaktionäre und den Komplementären	625
1. Parteifähigkeit der Gesamtheit der Kommanditaktionäre	625
2. Sachbefugnis, Prozessführungsbefugnis und gesetzliche Vertretung	630
3. Die einzelnen Prozesskonstellationen im Detail	633
a) Die Klage auf Zustimmung der jeweils anderen Gesellschaftergruppe zur Ausschließungsklage und zu anderen Grundlagengeschäften	634
b) Die Klage auf Zustimmung der jeweils anderen Gesellschaftergruppe zum Jahresabschluss	639
IV. Rechtsstreitigkeiten zwischen der Gesellschaft und den Komplementären	643
1. Prozesskonstellationen	643
a) Einklagbare Ansprüche der Gesellschaft gegen die Komplementäre	643
b) Einklagbare Ansprüche der Komplementäre gegen die Gesellschaft	646
2. Prozessparteien	650
a) Ansprüche der Gesellschaft gegen die Komplementäre	650
b) Ansprüche der Komplementäre gegen die Gesellschaft	652
3. Verfahren	653
a) Entscheidung über die Klageerhebung	653
b) Vertretung der Gesellschaft vor Gericht	655
V. Rechtsstreitigkeiten der Komplementäre untereinander	657
1. Prozesskonstellationen	657
2. Klage auf Feststellung der Nichtigkeit	658
VI. Die Klage der Kommanditaktionäre	659
1. Anfechtungs-, Nichtigkeits-, Auskunftsklage	659
2. Klage auf Erzwingung, Unterlassung oder Beseitigung von Organhandlungen	660
VII. Einstweiliger Rechtsschutz	662
1. Einstweiliger Rechtsschutz auf Ebene der Komplementäre	663
2. Einstweiliger Rechtsschutz auf Ebene der Hauptversammlung	666
a) Fallkonstellationen	666
b) Prozessuales	670
VIII. Die actio pro socio	671
1. Grundlagen der *actio pro socio* in der KGaA	672
a) *actio pro socio* des einzelnen Komplementärs	673
b) Klagemöglichkeiten der Gesamtheit der Kommanditaktionäre	675
c) *actio pro socio* des einzelnen Kommanditaktionärs	676
2. Prozesskonstellationen	677
a) Ansprüche der Gesellschaft gegen einen Komplementär	677
b) Ansprüche der Gesellschaft gegen einen Kommanditaktionär	679
3. Prozessparteien	681

	Rn.
4. Verhältnis der *actio pro socio* Klage zur Gesellschaft	683
IX. Streitbeilegung durch Schiedsgerichtsbarkeit	685
1. Einführung	685
2. Schiedsfähigkeit	689
a) Schiedsfähigkeit II Entscheidung des BGH	690
b) Schiedsfähigkeit von Streitigkeiten in der KGaA	692
3. Schiedsklauseln in den Satzungen	695
4. Institutionelle und Ad hoc Schiedsgerichtsbarkeit	700
5. Durchführung von Schiedsverfahren	706
6. Einstweiliger Rechtsschutz	717

Literatur: *Armbrüster:* Wettbewerbsverbote im Kapitalgesellschaftsrecht, ZIP 1997, 1269; *Assmann/Sethe:* Der Beirat der KGaA, FS Lutter 2000, S. 251; *Austmann:* Globalwahl zum Aufsichtsrat, Festgabe Sandrock 1995, 277; *Beuthien:* Gesellschaftsrecht und Kartellrecht, ZHR 142 (1978), 259; *Beyer:* Vorbeugender Rechtsschutz gegen die Beschlußfassung der GmbH-Gesellschafterversammlung, GmbHR 2001, 467; *Binz/Sorg:* Die KGaA mit beschränkter Haftung – quo vadis?; DB 1997, 313; *Boldt:* Mitbestimmungsgesetz Eisen und Kohle, München, 1952; *Bork:* Materiell-rechtliche und prozeßrechtliche Probleme des Organstreits zwischen Vorstand und Aufsichtsrat einer Aktiengesellschaft, ZGR 1989, 1; *Brücher:* Ist der Aufsichtsrat einer Gesellschaft befugt, gegen den Vorstand oder die Geschäftsführer zu klagen?, AG 1989, 190; *Brüggemeier:* Die Einflußnahme auf die Verwaltung einer Aktiengesellschaft, AG 1988, 93; *Buchner:* Paritätische Mitbestimmung: Der Weg zu einer neuen Unternehmens- und Arbeitsordnung, ZFA 5 (1974), 147; *Cahn:* Die Änderung von Satzungsbestimmungen nach § 281 AktG bei der Kommanditgesellschaft auf Aktien, AG 2001, 579; *Cranshaw:* Feststellungsinteresse des Gesellschafters einer Personengesellschaft an Unwirksamkeit von Beschlüssen der Gesellschafterversammlung, jurisPR-HaGesR 5/2013 Anm. 3; *Däubler;* Das Grundrecht auf Mitbestimmung und seine Realisierung durch tarifvertragliche Begründung von Beteiligungsrechten, Frankfurt a. M. 1973; *Deckert:* Klagemöglichkeiten einzelner Aufsichtsratsmitglieder, AG 1994, 457; *Dirksen/Möhrle:* Die kapitalistische Kommanditgesellschaft auf Aktien, ZIP 1998, 1377; *Dreher:* Die Besteuerung der Prämienleistung bei gesellschaftsfinanzierten Directors and Officers-Versicherungen, DB 2001, 996; *ders.:* Die D&O-Versicherung nach der VVG-Novelle 2008, ZGR 2009, 32; *Durchlaub:* Mitwirkung der Hauptversammlung und des Aufsichtsrates bei Geschäftsführungsmaßnahmen in der Kommanditgesellschaft auf Aktien, BB 1977, 1581; *Duve/Basak:* Ungeahnte Unterstützung für aktive Aktionäre – wie das UMAG Finanzinvestoren hilft, BB 2006, 1345; *Ebbing:* Schiedsvereinbarungen in Gesellschaftsverträgen, NZG 1998, 281; *Eder:* Die rechtsgeschäftliche Übertragung von Aktien, NZG 2004, 107; *Feddersen:* Neue gesetzliche Anforderungen an den Aufsichtsrat, AG 2000, 385; *Fett/Förl:* Die Mitwirkung der Hauptversammlung einer KGaA bei der Veräußerung wesentlicher Unternehmensteile. Zugleich Besprechung von OLG Stuttgart, NZG 2003, 778, NZG 2004, 210; *Fischer, Lothar:* Die Kommanditgesellschaft auf Aktien nach dem Mitbestimmungsgesetz, Heidelberg 1982; *Fitting/Kaiser/Heither/Engels/Schmidt:* Betriebsverfassungsgesetz Handkommentar, 21. Aufl., München 2002; *Fleischer:* Wettbewerbs- und Betätigungsverbote für Vorstandsmitglieder, AG 2005, 336; *ders.:* Das Gesetz zur Unternehmensintegrität und Modernisierung des Anfechtungsrechts, NJW 2005, 3525; *Goette:* Neue Entscheidung des Bundesgerichtshofes: Beschlussmängelstreitigkeiten im GmbH-Recht sind schiedsfähig, GWR 2009, 103; *ders.:* Ausschließung und Austritt aus der GmbH in der Rechtsprechung des Bundesgerichtshofs, DStR 2001, 539; *Göz/Peitsmeyer:* Schiedsfähigkeit von Beschlussmängelklagen bei der GmbH, DB 2009, 1915; *Gonnella/Mikic:* Die Kapitalgesellschaft & Co. KGaA als „Einheitsgesellschaft", AG 1998, 508; *Grunewald:* Die neue Squeeze-out-Regelung, ZIP 2002, 18; *Haak:* Der Beirat der GmbH & Co. KG, BB 1993, 1607; *Haase:* Die Vorteile der GmbH oder der GmbH & Co. KGaA in gesellschaftsrechtlicher Sicht, GmbHR 1997, 917; *Habel/Strieder:* Die Kommanditgesellschaft auf Aktien – ein Überblick, MittBayNot 1998, 65; *Hauschild/Böttcher:* Schiedsvereinbarungen in Gesellschaftsverträgen, DNotZ 2012, 577; *Heermann:* Unentziehbare Mitwirkungsrechte der Minderheitsaktionäre bei außergewöhnlichen Geschäften in der GmbH & Co. KGaA, ZGR 2000, 61; *Hennerkes/Binz:* Abschied vom Bestimmtheitsgrundsatz, BB 1983, 713; *Hennerkes/Lorz:* Roma locuta causa finita: Die GmbH & Co. KGaA ist zulässig, DB 1997, 1388; *Hennerkes/May:* Überlegungen zur Rechtsformwahl im Familienunternehmen (II), DB 1988, 537; *Herfs*: Die Satzung der börsennotierten GmbH & Co. KGaA – Gestaltungsfreiheit und Grenzen, in: Gesellschaftsrecht in der Diskussion, VGR Band 1, 1999, S. 23 ff.; *ders.*: Vereinbarungen zwischen der KGaA und ihren Komplementären, AG 2005, 589; *Heskamp*: Schiedsvereinbarungen in Gesellschaftsverträgen, RNotZ 2012, 415; *Hesselmann*: Die kapitalistische Kommanditgesellschaft auf Aktien, BB 1989, 2344; *Hoffmann-Becking*: Nachvertragliche Wettbewerbsverbote für Vorstandsmitglieder und Geschäftsführer, FS Quack 1991, 273; *Hoffmann-Becking/Herfs*: Struktur und Satzung der Familien-KGaA, FS Sigle 2000, S. 273; *Hölters*: Der Beirat der GmbH und GmbH & Co. KG, Köln 1979; *ders.*: Sonderprobleme des Beirats der GmbH & Co. KG, DB 1980, 2225; *Hommelhoff*: Anlegerschutz in der GmbH & Co. KGaA, in: Ulmer (Hrsg.): Die GmbH & Co. KGaA nach dem Beschluß BGHZ 134, 392, ZHR Beiheft 67/1998, Heidelberg 1998, 9; *ders.*: Der aktienrechtliche Organstreit, ZHR 143 (1979), 288; *ders.*: Unternehmensführung in der mitbestimmten GmbH, ZGR 1978, 119; *Hopt*: Zur Abberufung des GmbH-Geschäftsführers bei der GmbH & Co., insbesondere der Publikumskommanditgesellschaft, ZGR 1979, 1; *Huber*: Vermögensanteil, Kapitalanteil und Gesellschaftsanteil an Personengesellschaften des Handelsrechts, Heidelberg 1970; *Hüffer*: 100 Bände BGHZ: Personengesellschaftsrecht, ZHR 151 (1987), 396; *Institut der Wirtschaftsprüfer (IDW) (Hrsg.)*: Fachgutachten und Stellungnahmen, Düsseldorf 2000; *Institut der Wirtschaftsprüfer (IDW) (Hrsg.)*: Prüfungsstandards, 7. Ergänzungslieferung, Düsseldorf 2002; *Institut der Wirtschaftsprüfer (IDW) (Hrsg.)*: Besonderheiten bei der Ermittlung eines objektivierten Unternehmenswerts kleiner und mittelgroßer Unternehmen, WPg Supplement 2/2014, 28; *Ihrig/Schlitt*: Die KGaA nach dem Beschluß des BGH vom 24.2.1997 – organisationsrechtliche Folgerungen, in: Ulmer (Hrsg.): Die GmbH & Co. KGaA nach dem Beschluß BGHZ 134, 392, ZHR Beiheft 67/1998, Heidelberg 1998, 33 *Jäger*: Das nachvertragliche Wettbewerbsverbot und die Karenzentschädigung für Organmitglieder juristischer Personen, DStR 1995, 724; *Jaques*: Börsengang und Führungskontinuität durch die kapitalistische KGaA, NZG 2000, 401; *Joost*: Mitbestimmung in der kapitalistischen Kommanditgesellschaft auf Aktien, ZGR 1998, 334;; *Jaspers*: Höchstgrenzen für Aufsichtsratsmandate nach Aktienrecht und DCGK, AG 2011, 154; *Junker*: Der Sondervorteil i. S. d. § 26 AktG, ZHR 159 (1995), 207; *Kallmeyer*: Die Kommanditgesellschaft auf Aktien – eine interessante Rechtsformalternative für den Mittelstand?, DStR 1994, 977; *ders.*: Rechte und Pflichten des Aufsichtsrats in der Kommanditgesellschaft auf Aktien, ZGR 1983, 57; *Kästner*: Aktienrechtliche Probleme der D&O-Versicherung, AG 2000, 113; *dies.*: Steuerrechtliche Probleme der D&O-Versicherung, DStR 2001, 195; *Kessler*: Die Entwicklung des Binnenrechts der KGaA seit BGHZ 134, 392 = NJW 1997, 1923, NZG 2005, S. 145; *Knoch*: Vermögensschadenhaftpflicht- und D&O-Versicherungen für Einrichtungen des Gesundheitswesens, RDG 2013, 42; *Kollruss*: Mehrstöckige Hybrid-Kapitalgesellschaftsstrukturen und § 50d Abs. 11 EStG: Leerlaufen der Norm?, BB 2013, S. 157; *Kort*: Einstweiliger Rechtsschutz bei eintragungspflichtigen Hauptversammlungsbeschlüssen, NZG 2007, 169; *ders.*: Rechtsfragen der Höhe und Zusammensetzung der Vergütung von Mitgliedern des Aufsichtsrates einer AG, FS Hüffer 2010, S. 483; *Knur*: Die Eignung der Kommanditgesellschaft auf Aktien für Familienunternehmen, FS Flume 1978, S. 173; *J. Koch*: Die schleichende Erosion der Verfolgungspflicht nach ARAG/Garmenbeck, NZG 2014, 934; *Kort*: Einstweiliger Rechtsschutz bei eintragungspflichtigen Hauptversammlungsbeschlüssen, NZG 2007, 169; *Kübler*: Aufsichtsratsmandate in konkurrierenden Unternehmen, FS Claussen 1997, S. 239; *Küppers/Dettmeier/Koch*: D&O-Versicherung: Steuerliche Implikationen für versicherte Personen, DStR 2002, 199; *Ladwig/Motte*: Die Kommanditgesellschaft auf Aktien – Eine Alternative für börsenwillige Unternehmen?, DStR 1996, 800; *Lippert*: Die Globalwahl zum Aufsichtsrat im Lichte der Rechtsprechung des BGH zur Blockwahl in politischen Parteien, AG 1976, 239; *Löffler*: Der Kernbereich der Mitgliedschaft als Schranke für Mehrheitsbedürfnisse bei Personengesellschaften, NJW 1989, 2656; *Lutter*: Defizite für eine effiziente Aufsichtsratstätigkeit und gesetzliche Möglichkeiten der Verbesserung, ZHR 159 (1995), 287; *ders.*: Gesetzliche Gebührenordnung für Aufsichtsräte, AG 1979, 85; *Martens*: Der Beirat in der Kommanditgesellschaft auf Aktien, AG 1982, 113; *Mecke*: Vertragsändernde Mehrheitsbeschlüsse in der OHG und KG, BB 1988, 2258; *ders.*: Vertragsändernde Mehrheitsbeschlüsse in der OHG und KG am Beispiel der Umwandlung, ZHR 153 (1989), 35; *Melot de Beauregard/Gleich*: Aktuelle Problemfelder bei der D&O-Versicherung, NJW 2013, 824 ff.; *Mertens*: Organstreit in der Aktiengesellschaft?, ZHR 154 (1990), 24; *ders.*: Die Handelsgesellschaft KGaA als Gegenstand gesellschaftsrechtlicher Diskussion und die Wissenschaft vom Gesellschaftsrecht, FS Ritter 1997, S. 731; *ders.*: Zur Reichweite der Inkompatibilitätsregelung in § 287 Abs. 3 AktG, FS Ulmer 2003, S. 419; *ders.*: Vorstandsvergütung in börsennotierten Aktiengesellschaften, AG 2011, 57; *Mühlhaus/Wenzel:* Organstellung und Haftung des GmbH-Geschäftsführers in der GmbH & Co. KG – Insbesondere vor dem Hintergrund des BGH-Urteils vom 18.6.2013 (II ZR 86/11), GmbH-StB 2014, 87; *Mülbert:* Die Aktie zwischen mitgliedschafts- und wertpapierrechtlichen Vorstellungen, FS Nobbe 2009, S. 691; *Niemeyer/Häger:* Fünf Jahre „Schiedsfähigkeit II" – ein Überblick unter besonderer Berücksichtigung der ergänzenden Regeln für gesellschaftsrechtliche Streitigkeiten der DIS, BB 2014, 1737; *Nietsch:* Klageinitiative und besondere Vertretung in der Aktiengesellschaft, ZGR 2011, 589; *Oetker:* Das Recht der Unternehmensmitbestimmung im Spiegel der neueren Rechtsprechung, ZGR 2000, 19–60; *Overlack:* Der Komplementär in der GmbH & Co. KGaA, RWS-Forum 10 Gesellschaftsrecht 1997, Köln 1997, 237; *Pflugradt:* Leistungsklagen zur Erzwingung rechtmäßigen Vorstandsverhaltens in der Aktiengesellschaft, Köln 1990; *Priester:* Die Kommanditgesellschaft auf Aktien ohne natürlichen Komplementär, ZHR 160 (1996), 250; *ders.*: Grundsatzfragen des Rechts der Personengesellschaften im Spiegel der Otto-Entscheidung des BGH, DStR 2008, 1386; *ders.*: Mehrheitserfordernisse bei Änderung von Mehrheitsklauseln, NZG 2013, 321; *Raiser:* Organklagen zwischen Aufsichtsrat und Vorstand, ZGR 1989, 185; *Reichert/Schlitt:* Konkurrenzverbot für Aufsichtsratsmitglieder, AG 1995, 241; *Säcker:* Anpassung von Satzungen und Geschäftsordnungen an das Mitbestimmungsgesetz 1976, 1977; *Salfeld:* Wettbewerbsverbote im Gesellschaftsrecht, Frankfurt a. M. 1987; *Schaumburg:* Die KGaA als Rechtsform für den Mittelstand, DStZ 1998, 525; *Schiessl:* Die Informationsrechte der Personengesellschafter im Lichte der GmbH-Novelle 1998, GmbHR 1985, 108; *Schimansky/Bunte/Lwowski:* Bankrechts-Handbuch, 4. Auflage, München 2011; *Karsten Schmidt:* Schiedsfähigkeit von GmbH-Beschlüssen – Eine Skizze mit Ausblicken auf das Recht der AG und der Personengesellschaften –, ZGR 1988, 523; *ders.*: Zehn Jahre GmbH & Co. KGaA Zurechnungs- und Durchgriffsprobleme nach BGHZ 134, 392, FS Priester 2007, S. 691; *ders.*: Gesellschafterstreitigkeiten vor Schiedsgerichten, Gesellschaftsrecht in der Diskussion 2009, 2010, S. 97; *Schmolke:* Die Aktionärsklage nach § 148 AktG, ZGR 2011, 398; *Schneider:* Das Verhältnis von obligatorischem Aufsichtsrat und Beirat bei der GmbH, BB 1973, 1464; *ders.*: Wettbewerbsverbot für Aufsichtsratsmitglieder einer Aktiengesellschaft?, BB 1995, 365, 168; *Scholz/Bayer:* Haftungsbegrenzung und D&O-Versicherung im Recht der aktienrechtlichen Organhaftung, NZG 2014, 926; *Schrick:* Die GmbH & Co. KGaA in der Form der Einheitsgesellschaft als börsenwilliges Unternehmen?, NZG 2000, 675; *Schuhmann:* Zur Amtsniederlegung eines GmbH-Geschäftsführers, NZG 2002, 706; *Schüppen/Sanna:* D&O-Versicherungen: Gute und schlechte Nachrichten!, ZIP 2002, 550; *Schürnbrand:* Organschaft im Recht der privaten Verbände, Tübingen 2007; *Schütz:* UMAG Reloaded – Der Regierungsentwurf eines Gesetzes zur Unternehmensintegrität und Modernisierung des Anfechtungsrechts (UMAG) vom 17.11.2004, NZG 2005, 5; *M. Schwab:* Das Prozessrecht gesellschaftsinterner Streitigkeiten, Tübingen 2005; *Semler:* Die Unternehmensplanung in der Aktiengesellschaft, ZGR 1983, 1; *Sethe:* Aufsichtsratsreform mit Lücken oder Die Einbeziehung der Kommanditgesellschaft auf Aktien in die gegenwärtige Reformdiskussion, AG 1996, 289; *ders.*: Die Satzungsautonomie in Bezug auf die Liquidation einer KGaA, ZIP 1998, 1138; *Sieveking/Technau:* Das Problem sogenannter „disponibler Stimmrechte" zur Umgehung der Vinkulierung von Namensaktien, AG 1989, 17; *Sigle:* Beiräte, NZG 1998, 619; *Simon/Leuering:* Vorbeugender Rechtsschutz gegen Beschlussfassung, NJW-Spezial 2007, 78; *Spindler:* Haftung und Aktionärsklage nach dem neuen UMAG, NZG 2005, 865; *C. Steinbeck:* Überwachungspflicht und Einwirkungsmöglichkeiten des Aufsichtsrates der Aktiengesellschaft, Berlin 1992; *Steindorff:* Kommanditgesellschaft auf Aktien und Mitbestimmung, FS Ballerstedt 1975, S. 127; *Stodolkowitz:* Gerichtliche Durchsetzung von Organpflichten in der Aktiengesellschaft, ZHR 154 (1990), 1; *Stüber:* Die Frauenquote ist da – Das Gesetz zur gleichberechtigten Teilhabe und die Folgen für die Praxis, DStR 2015, 947; *Teichmann/Rüb:* Der Regierungsentwurf zur Geschlechterquote in Aufsichtsrat und Vorstand, BB 2015, 259; *Terno:* Strukturen und Probleme der D&O-Versicherung, SpV 2014, 2; *Theisen:* Die Kommanditgesellschaft auf Aktien (KGaA) auf dem Prüfstand, DBW 1989, 137; *Thümmel:* Persönliche Haftung von Managern und Aufsichtsräten, 3. Aufl, Stuttgart 2003; *Thüsing:* Angemessener Selbstbehalt bei D&O-Versicherungen – Ein Blick auf die Neuerungen nach dem VorstAG,

NZA 2010, 140; *Ulmer:* Zur Berechnung der für die Anwendung des MitbestG auf Kapitalgesellschaften maßgebenden Arbeitnehmerzahl, FS Heinsius, S. 855; *Vetter:* Aktienrechtliche Probleme der D&O-Versicherung, AG 2000, 453; *Vollmer:* Der unternehmensleitende Beirat, WiB 1995, 578; *Weiss/Buchner:* Wird das UMAG die Haftung und Inanspruchnahme der Unternehmensleiter verändern?, WM 2005, 162; *Wertenbruch:* Quorumsabänderung und zweistufige Beschlusskontrolle ohne Bestimmtheitsgrundsatz, NZG 2013, 641; *Wichert:* Die GmbH & Co. KGaA nach dem Beschluß BGHZ 134, 392; AG 2000, 268; *ders.:* Satzungsänderungen in der Kommanditgesellschaft auf Aktien, AG 1999, 362; *Wiedemann:* Zu den Treuepflichten im Gesellschaftsrecht, FS Heinsius 1991, S. 949; *Wiesner:* Die Enthaftung ausgeschiedener persönlich haftender Gesellschafter einer KGaA, ZHR 148 (1984), 56; *Wilsing/von der Linden:* Statutarische Ermächtigungen des Hauptversammlungsleiters zur Beschränkung des Frage- und Rederechts, DB 2010, 1277; *Wolf:* Abfindungsbeschränkungen bei Familiengesellschaften, MitBayNot 2013, 9; *Wallburg:* Zur Ausdehnung der Inkompatibilitätsregelung des § 287 Abs. 3 AktG in der Kapitalgesellschaft & Co. KGaA, FS Hoffmann-Becking 2013, S. 1425; *Zieglmeier:* Die Systematik der Haftung von Aufsichtsratsmitgliedern gegenüber der Gesellschaft, ZGR 2007, 144; *Zöllner:* Die sogenannten Gesellschaftsklagen im Kapitalgesellschaftsrecht, ZGR 1988, 392.

A. Gesellschafter und Organe der KGaA

I. Gesetzliche Pflichtorgane

Der hybride Charakter der Rechtsform[1] wird besonders bei den Organen der KGaA deutlich: Zwar verfügt die KGaA ebenso wie die Aktiengesellschaft über drei **Pflichtorgane**, jedoch unterscheiden sich diese teilweise deutlich von ihrem aktienrechtlichen Pendant.[2] Die Hauptursache für diese Unterschiede liegt in der Zwitterstellung der KGaA zwischen Personen- und Kapitalgesellschaft. 1

Pflichtorgane der KGaA sind:[3] 2
- Die persönlich haftenden Gesellschafter (Komplementäre),
- der Aufsichtsrat und
- die Hauptversammlung.

Der genaue Grenzverlauf zwischen den auf die KGaA anwendbaren personen- und kapitalgesellschaftsrechtlichen Regelungen ist auf den ersten Blick unübersichtlich und scheinbar nicht immer eindeutig.[4] Fest steht jedoch, dass auf die Rechtsbeziehungen der Komplementäre untereinander und gegenüber den Kommanditaktionären über den Verweis in § 278 Abs. 2 AktG das Personengesellschaftsrecht der §§ 161 ff., 105 ff. HGB Anwendung findet.[5] Auf den Aufsichtsrat ist hingegen ausschließlich Aktienrecht, wenn auch in der Ausgestaltung des § 287 AktG, anwendbar.[6] Die Rechtsstellung der Kommanditaktionäre unterliegt 3

---

[1] Ausführlich hierzu § 3 Rn. 3 ff.
[2] *Perlitt* in Münch Komm AktG Vor § 278 Rn. 46; hierzu sogleich ausführlicher.
[3] *Perlitt* in Münch Komm AktG Vor § 278 Rn. 44; *Assmann/Sethe* in GroßKomm AktG Vor § 278 Rn. 65; *Bachmann* in Spindler/Stilz AktG § 278 Rn. 17; *Hüffer/Koch* § 278 Rn. 6, 11, 15; *Arnold* in Henssler/Strohn GesellschRe § 278 AktG Rn. 5.
[4] Vgl. § 3 Rn. 1 f. Siehe auch *Assmann/Sethe* in GroßKomm AktG Vor § 278 Rn. 54 ff. und die Übersicht bei § 278 Rn. 6; *Förl/Fett* in Bürgers/Körber AktG § 278 Rn. 4 ff.
[5] *Assmann/Sethe* in GroßKomm AktG Vor § 278 Rn. 56; *Perlitt* in Münch Komm AktG Vor § 278 Rn. 37, 38; *Arnold* in Henssler/Strohn GesellschRe § 278 AktG Rn. 1; *Hüffer/Koch* § 278 Rn. 3; *Bachmann* in Spindler/Stilz AktG § 278 Rn. 25.
[6] Hierzu näher unten unter § 5 Rn. 439 ff.

schließlich Aktienrecht, soweit die Vermögens- und Verwaltungsrechte des einzelnen Kommanditaktionärs betroffen sind.[7] Demgegenüber unterliegen Rechte der Kommanditaktionäre, die von ihnen nur in ihrer Gesamtheit ausgeübt werden können, mithin Rechte, die bei einer Kommanditgesellschaft den Kommanditisten zustehen, Personengesellschaftsrecht.[8]

II. Gewillkürte Organe

4 Anders als bei der Aktiengesellschaft ist es bei der KGaA zulässig, in der Satzung der Gesellschaft **weitere Organe** zu bilden, soweit hierdurch nicht zwingende aktienrechtliche Organkompetenzen verletzt werden. Typische gewillkürte Organe der KGaA stellen Kommanditaktionärsausschuss, Beirat oder Verwaltungsausschuss dar.[9]

III. Rechtsverhältnisse zwischen den Gesellschaftern und den Organen

1. Komplementäre und Hauptversammlung

5 Das Rechtsverhältnis zwischen den beiden Gesellschaftergruppen unterliegt gemäß § 278 Abs. 2 AktG i. V. m. §§ 161 ff., 105 ff. HGB **Personengesellschaftsrecht**.[10] Hierdurch ist es möglich, das Rechtsverhältnis zwischen beiden Gesellschaftergruppen frei zu gestalten, sofern nicht zwingende personengesellschaftsrechtliche Rechtsprinzipien[11] oder aktienrechtliche Bestimmungen[12] dem entgegenstehen. Insbesondere folgende Regelungsbereiche unterliegen der personengesellschaftsrechtlichen Satzungsautonomie:[13]
- Die vermögensrechtliche Stellung der Komplementäre, insbesondere Art und Höhe der Sondereinlage,[14]
- die Geschäftsführungsbefugnisse der Komplementäre, die Einflussnahmemöglichkeiten der Kommanditaktionäre bei außergewöhnlichen Geschäftsführungsmaßnahmen und Grundlagengeschäften,[15]

---

[7] *Assmann/Sethe* in GroßKomm AktG Vor § 278 Rn. 57; *Bachmann* in Spindler/Stilz AktG § 278 Rn. 26, 33–36; *Hüffer/Koch* § 278 Rn. 20; *Müller-Michaels* in Hölters AktG § 278 Rn. 19.

[8] *Assmann/Sethe* in GroßKomm AktG Vor § 278 Rn. 57; *Müller-Michaels* in Hölters AktG § 278 Rn. 21; *Bachmann* in Spindler/Stilz AktG § 278 Rn. 33–36.

[9] Siehe hierzu unten § 5 Rn. 36 f.

[10] *Assmann/Sethe* in GroßKomm AktG Vor § 278 Rn. 56; *Perlitt* in Münch Komm AktG Vor § 278 Rn. 37, 38; *Müller-Michaels* in Hölters AktG § 278 Rn. 17; *Bachmann* in Spindler/Stilz AktG § 278 Rn. 18.

[11] Hierzu sogleich.

[12] Vgl. *Assmann/Sethe* in GroßKomm AktG Vor § 278 Rn. 58; *Perlitt* in Münch Komm AktG Vor § 278 Rn. 35.

[13] *Assmann/Sethe* in GroßKomm AktG Vor § 278 Rn. 59, vgl. den weitergehenden Katalog bei *Assmann/Sethe* in GroßKomm AktG § 278 Rn. 6; *Hüffer/Koch* § 278 Rn. 18–19a; *Perlitt* in Münch Komm AktG Vor § 278 Rn. 37–40.

[14] Siehe hierzu unten unter § 5 Rn. 232 ff.

[15] Siehe hierzu unten unter § 5 Rn. 79 ff.

- die Aufnahme weiterer Komplementäre sowie die Voraussetzungen für Ausscheiden und Ausschluss von Komplementären und damit zusammenhängende Abfindungsfragen,[16]
- die Auflösung der Gesellschaft und die Auseinandersetzung zwischen den Gesellschaftern.[17]

Hingegen beschließen die Kommanditaktionäre gemäß §§ 278 Abs. 3, 119 Abs. 1, 23 Abs. 5 AktG ausschließlich und zwingend über die Bestellung und Abberufung der Aufsichtsratsmitglieder, die Entlastung der Geschäftsführung sowie über die Bestellung der Gründungs-, Abschluss- und Sonderprüfer. 6

a) Personengesellschaftsrechtliche Schranken der Satzungsautonomie. 7
Folgende personengesellschaftsrechtliche Rechtsprinzipien[18] bestimmen das wechselseitige Rechtsverhältnis und beschränken die Satzungsautonomie:
- der Grundsatz der **Verbandssouveränität**,
- der Grundsatz der **Selbstorganschaft**,
- das **Abspaltungsverbot**,
- die **Kernbereichslehre**,
- der **Bestimmtheitsgrundsatz** und
- die gesellschafterliche **Treuepflicht**.

Da es sich bei den vorstehenden Rechtsprinzipien um allgemein gültige personengesellschaftsrechtliche, nicht KGaA-spezifische Grundsätze handelt, sollen diese im Folgenden nur kurz angerissen werden. Im Übrigen ist auf die Literatur zum Personengesellschaftsrecht zu verweisen. 8

aa) Verbandssouveränität.
Der Grundsatz der Verbandssouveränität gewährleistet, dass die **Kontrolle** über das **rechtliche Schicksal** der Gesellschaft zwingend ihren **Gesellschaftern** vorbehalten bleibt.[19] Eine Übertragung von Mitwirkungs- oder Zustimmungsrechten zu Änderungen der Gesellschaftsstruktur auf gesellschaftsfremde Dritte ist damit unzulässig. Die Schranken der Verbandssouveränität sind somit insbesondere bei der Schaffung und Ausgestaltung von gewillkürten Gesellschaftsorganen von Bedeutung, soweit diesen Organen gesellschaftsfremde Dritte angehören. 9

bb) Selbstorganschaft.
Der Grundsatz der Selbstorganschaft verlangt, dass die organschaftliche **Geschäftsführungs- und Vertretungsbefugnis** in der werbenden Gesellschaft den **Gesellschaftern** vorbehalten bleiben muss;[20] die Übertragung der Geschäftsführungs- und Vertretungsbefugnis auf gesellschaftsfremde Dritte ist nicht zulässig.[21] Dieses Prinzip schränkt die Möglichkeit der Führung der KGaA durch angestellte Geschäftsführer insofern ein, als eine organschaftliche Vertretung durch Personen, die nicht zugleich Komplementäre sind, bei einer 10

---

[16] Siehe hierzu unten unter § 5 Rn. 299 ff.
[17] Siehe hierzu unten unter § 8.
[18] Jeweils nach *Perlitt* in Münch Komm AktG Vor § 278 Rn. 36 dort m.w.N.; *Enzinger* in Münch Komm HGB § 109 Rn. 9 ff.
[19] *Schäfer* in Staub HGB § 109 Rn. 30 m.w.N.; *Enzinger* in Münch Komm HGB § 109 Rn. 15; *Finckh* in Henssler/Strohn GesellschRe § 109 HGB Rn. 16.
[20] *Schäfer* in Staub HGB § 109 Rn. 33 f.; *Enzinger* in Münch Komm HGB § 109 Rn. 19; *Finckh* in Henssler/Strohn GesellschRe § 109 HGB Rn. 17.
[21] BGHZ 36, 292, 293 f. = NJW 1962, 738; *Roth* in Baumbach/Hopt HGB § 114 Rn. 24; *Schäfer* in Staub HGB § 114 Rn. 9.

§ 5 Die Binnenverfassung der KGaA

KGaA nicht möglich ist. Faktisch lässt sich dieses Ziel nur mittels einer atypischen KGaA erreichen, bei der die Selbstorganschaft durch eine Kapitalgesellschaft als Komplementär gewährleistet wird, deren vertretungsberechtigte Geschäftsführung auch ausschließlich aus Nichtgesellschaftern zusammengesetzt sein kann.[22]

11   cc) **Abspaltungsverbot.** Das Abspaltungsverbot untersagt die **Trennung** von **Mitgliedschaft und Mitgliedschaftsrechten**.[23] Hierdurch werden Satzungsgestaltungen untersagt, welche darauf zielen, einzelne Mitgliedschaftsrechte, wie z.B. das Gewinnbezugsrecht oder das Stimmrecht, von der Mitgliedschaft des konkreten Gesellschafters zu lösen und einem Dritten zuzuweisen.

12   dd) **Kernbereichslehre.** Eine wesentliche, ungeschriebene personengesellschaftsrechtliche Schranke der Satzungsautonomie stellt die sog. Kernbereichslehre dar. Diese Lehre[24] schützt den einzelnen Gesellschafter vor bestimmten **Eingriffen der Mehrheit** in seine **Gesellschafterrechte**. Auch wenn die genaue Grenzbestimmung und Ausgestaltung dieser Lehre sich noch in der Fortentwicklung befindet,[25] steht fest, dass dem einzelnen Gesellschafter ein Kernbereich von Rechten verbleiben muss, der nicht zur beliebigen Disposition der Mehrheit steht,[26] sondern nur mit seiner ausdrücklichen Zustimmung geändert werden kann.[27]

13   Die Kernbereichslehre ist zu beachten, wenn gesellschaftsvertragliche Bestimmungen Eingriffe der Mehrheit in die Mitgliedschaftsrechte der Gesellschafter ermöglichen.[28] Hinsichtlich der Reichweite der Kernbereichslehre ist zwischen **unverzichtbaren**, **mehrheitsfesten** und **stimmrechtsfesten** Gesellschafterrechten zu unterscheiden:[29]

- **Unverzichtbar** sind solche Rechtspositionen des einzelnen Gesellschafters, die auch mit seiner ausdrücklichen Zustimmung nicht abbedungen werden dürfen.[30] Hierzu zählen beispielsweise das Recht des Komplementärs, an einer Komplementärversammlung teilzunehmen, das Mindestinformationsrecht aus § 118 Abs. 2 HGB oder das Antragsrecht des Komplementärs auf gerichtliche Auflösung gemäß § 133 Abs. 3 HGB[31] oder das Recht zur Erhebung der *actio pro socio*[32]

---

[22] Vgl. zur Rechtslage bei der oHG/KG *Ulmer* in Staub HGB § 109 Rn. 34.
[23] Vgl. näher hierzu *K. Schmidt*, Gesellschaftsrecht § 19 III 4 (S. 560); *Enzinger* in Münch Komm HGB § 109 Rn. 12, 13; *Finckh* in Henssler/Strohn GesellschRe § 109 HGB Rn. 11.
[24] Vgl. *Sethe*, S. 117 f., zur oHG: *Schäfer* in GroßKomm HGB § 109 Rn. 35; *Enzinger* in Münch Komm HGB § 109 Rn. 23, § 119 Rn. 64 ff.; *Finckh* in Henssler/Strohn GesellschRe § 109 HGB Rn. 18.
[25] Vgl. *Schäfer* in Staub HGB § 109 Rn. 35; *Enzinger* in Münch Komm HGB § 119 Rn. 65.
[26] BGHZ 20, 363, 369 f. = NJW 1956, 1198; BGH NJW 1995, 194, 195; BGH NJW 1985, 972, 973; *Enzinger* in Münch Komm HGB § 119 Rn. 64.
[27] *Schäfer* in Staub HGB § 119 Rn. 35; *Enzinger* in Münch Komm HGB § 119 Rn. 64; BGH NJW 1985, 972, 973.
[28] OLG Stuttgart NZG 2003, 778, 783; *Roth* in Baumbach/Hopt HGB § 119 Rn. 36; *Goette* in Ebenroth/Boujong/Joost/Strohn HGB § 119 Rn. 52; *Fett/Förl* NZG 2004, 210, 212.
[29] *Sethe* S. 117 m.w.N.; *Enzinger* in Münch Komm HGB § 119 Rn. 68, 70, 77.
[30] *Roth* in Baumbach/Hopt HGB § 109 Rn. 3; *Emmerich* in Heymann HGB § 109 Rn. 14 f.; *Enzinger* in Münch Komm HGB § 119 Rn. 69.
[31] *K. Schmidt* in Münch Komm HGB § 133 Rn. 62; *Enzinger* in Münch Komm HGB § 119 Rn. 68; *Haas* in Röhricht/Graf v. Westphalen HGB § 119 Rn. 21 ff. *Schäfer* in Staub HGB § 119 Rn. 39.
[32] *Sethe* S. 117; *Enzinger* in Münch Komm HGB § 119 Rn. 68; *Schäfer* in Staub HGB § 105 Rn. 259; hierzu näher unter § 5 Rn. 671 ff.

sowie alle Rechte, zu deren Ausübung ein wichtiger Grund erforderlich ist, wie z. B. das Recht zur Entziehung der Geschäftsführungs- und Vertretungsbefugnis gemäß §§ 117, 127 HGB.[33]

- **Mehrheitsfeste** Rechte sind alle Rechtspositionen, die zwar abbedungen oder geändert werden können, wobei ein Eingriff allerdings nicht ohne Zustimmung des betroffenen Gesellschafters geschehen darf.[34] Zu derartigen Beschlussgegenständen zählen z. B. der Entzug von satzungsmäßig[35] eingeräumten Informationsrechten der Gesellschafter,[36] Vorzugs- und Sonderrechte, wie z. B. Entsenderechte, besondere Stimmrechte innerhalb der Gruppe der Komplementäre, bevorzugte Rechte bei der Gewinnverteilung und der Verteilung eines Liquidationserlöses[37] oder die Erlaubnis von Entnahmen, die über das in der Satzung geregelte Maß hinausgehen.[38]

Grundsätzlich braucht sich also der Gesellschafter keinem Mehrheitsvotum zu unterwerfen. Dennoch sind Mehrheitsklauseln, die den Eingriff in mehrheitsfeste Rechte ermöglichen, zulässig.[39] Wirksamkeitsvoraussetzung derartiger Mehrheitsklauseln ist allerdings, dass die Satzungsregelung so präzise und eindeutig gefasst ist, dass sie als antizipierte Zustimmung aller Komplementäre zu einer Mehrheitsentscheidung für diesen konkreten Beschlussgegenstand anzusehen ist.[40]

- **Stimmrechtsfeste** Rechte vermitteln das Recht, an Abstimmungen teilzunehmen, die diese Rechte der Gesellschafter betreffen; d. h. ein Ausschluss des Stimmrechts der Gesellschafter im Gesellschaftsvertrag ist insoweit unwirksam, als er sich auf Beschlussgegenstände bezieht, die stimmrechtsfeste Rechte betreffen. Dem Gesellschafter muss bei stimmrechtsfesten Rechten mindestens das Recht auf Mitwirkung an der Abstimmung verbleiben, auch wenn er sich gegebenenfalls einer Mehrheitsentscheidung unterwerfen muss.[41] Stimmrechtsfest ist z. B. das Recht zur Abstimmung bei der Auflösung der Gesellschaft.[42]

Zur Frage, ob, wenn durch Mehrheitsklauseln in ein zum Kernbereich des Gesellschafters gehörendes Recht eingegriffen werden soll, bei der Abfassung der Klausel der Bestimmtheitsgrundsatz zu beachten ist, siehe sogleich.

14

ee) Bestimmtheitsgrundsatz. Als weitere Einschränkung von Mehrheitsklauseln war nach **früherer Rechtsprechung des BGH** ein generell gültiger Bestimmtheitsgrundsatz zu beachten, wonach erforderlich war, dass sich die Mehrheitsklausel eindeutig auf das Recht, in das eingegriffen wird, bezieht und **Aus-**

15

---

[33] *Sethe* S. 118; hierzu näher unter § 5 Rn. 179 ff.
[34] *Sethe* S. 118; allgemein hierzu vgl. *Schäfer* in Münch Komm BGB § 709 Rn. 98 f.; *Enzinger* in Münch Komm HGB § 119 Rn. 70.
[35] Nicht gesetzliche Informationsrechte, diese unterfallen dem unverzichtbaren Kernbereich, siehe oben § 5 Rn. 12 ff.
[36] Zur GmbH & Co. KG: BGH NJW 1995, 194, 195; *Enzinger* in Münch Komm HGB § 119 Rn. 72.
[37] *Sethe* S. 118; *Enzinger* in Münch Komm HGB § 119 Rn. 72.
[38] Zur GmbH & Co. KG: BGH WM 1986, 1109.
[39] Vgl. OLG Stuttgart NZG 2003, 778, 783; so auch *Sethe* S. 118; *Schäfer* in Staub HGB § 119 Rn. 44; *Finckh* in Henssler/Strohn GesellschRe § 119 HGB Rn. 43–46; *Koller* in Koller/Kindler/Roth/Morck HGB § 109 Rn. 5.
[40] Siehe genauer zum Bestimmtheitsgrundsatz sogleich § 5 Rn. 15.
[41] *Sethe* S. 118 f.; *Enzinger* in Münch Komm HGB § 119 Rn. 77; BGH NJW 1985, 1198.
[42] *Sethe* S. 119.

Reger

maß, Umfang und **Folgen des Eingriffs** erkennen lässt.[43] Gefordert wurde, dass aus den gesamten Umständen, insbesondere aus Sinn und Zweck des Gesellschaftsvertrages, ein eindeutiger Vertragswille der Gesellschafter feststellbar sei, sich für Beschlüsse der vorliegenden Art einer Mehrheitsentscheidung unterwerfen zu wollen.[44]

16   Allerdings galt schon unter dieser Rechtsprechung der Bestimmtheitsgrundsatz bei der KGaA nur in sehr eingeschränktem Umfang. Der BGH hatte Einschränkungen des Bestimmtheitserfordernisses im Bereich von Publikumskommanditgesellschaften vorgenommen, bei denen einstimmige Beschlüsse aufgrund der Vielzahl an Gesellschaftern naturgemäß schwer zu erreichen sind. Enumerativ im Gesellschaftsvertrag aufgelistete Beschlussgegenstände, die mit Mehrheit beschlossen werden können sollen, sind nicht praktikabel, da nicht alle zukünftigen erforderlichen Beschlussgegenstände mit einer dem Bestimmtheitsgrundsatz genügenden Genauigkeit aufgezählt werden können.[45] Diese Argumentation und die damit nur eingeschränkte Geltung des Bestimmtheitsgrundsatzes waren auch bisher schon für die kapitalistisch strukturierte KGaA maßgebend.[46] Gleichwohl war der Bestimmtheitsgrundsatz auch in diesen Fällen nicht bedeutungslos: Soweit der Kernbereich der Mitgliedschaft betroffen war, wurde für Publikumsgesellschaften – auch in der Rechtsform der KGaA – die Beachtung der formalen Bestimmtheitsanforderungen von satzungsmäßigen Mehrheitsklauseln gefordert.[47]

17   Der Bestimmtheitsgrundsatz als generell für die Aufstellung von Mehrheitsklauseln im Personengesellschaftsrecht zu beachtendes Erfordernis war in der Literatur wiederholt **Kritik** ausgesetzt.[48] Das Formalerfordernis entfalte aufgrund der katalogmäßigen Aufzählung von mehrheitsfähigen Entscheidungen in Standardgesellschaftsverträgen kaum mehr wahrnehmbare Warnfunktion. Zugleich bestünde aber die Gefahr der Handlungsunfähigkeit der Gesellschaft im Fall von unvorhergesehenen Beschlussgegenständen.[49]

18   In der **Rechtsprechung des BGH** wurde der Bestimmtheitsgrundsatz angesichts dieser zunehmenden Kritik immer stärker aufgeweicht und findet in neueren Entscheidungen keine Erwähnung mehr.[50] Die Mehrheitsklausel diene allein der formellen Legitimation für die von ihr erfassten Mehrheitsentscheidungen und begründe insoweit eine wertneutrale, d.h. alle Gesellschafter in gleicher Weise vor- bzw. nachteilig treffende, reine Verfahrensregel.[51] Der BGH reduziert seine Kontrolle von Mehrheitsklauseln auf dieser **formellen ersten Stufe** insoweit auf

---

[43] Vgl. BGH NJW 1996, 1678, 1679.
[44] BGHZ 8, 35, 43 = NJW 1953, 102; BGHZ 66, 82, 85 = NJW 1976, 851.
[45] BGHZ 71, 53, 58 = NJW 1978, 1382; BGHZ 85, 350, 368 = NJW 1983, 1056.
[46] Vgl. hierzu Vorauflage § 5 Rn. 17.
[47] Vgl. BGHZ 85, 350, 358, 361 = NJW 1983, 1056; BGHZ 71, 53, 58, 60 = NJW 1978, 1382.
[48] Vgl. zum Streit *Schäfer* in Münch Komm BGB § 709 Rn. 87 ff. m.w.N.; *Mecke* ZHR 153 (1989), 35, 44; *ders.* BB 1988, 2258, 2263; *Hüffer* ZHR 151 (1987), 397, 408; weitergehend *Löffler* NJW 1989, 2656, 2661.
[49] Vgl. *Schäfer* in Münch Komm BGB § 709 Rn. 87 ff. m.w.N.
[50] Vgl. BGHZ 170, 283, 286 ff.= NJW 2007, 1685, 1686 f. – OTTO; BGHZ 179, 13, 20 = NJW 2009, 669, 671 – Schutzgemeinschaftsvertrag II; BGHZ 191, 293 = NJW 2012, 1439, 1440; vgl auch *Wertenbruch* NZG 2013, 641, 643.
[51] BGHZ 179, 13, 20 = NJW 2009, 669, 671.

das bloße Vorhandensein einer solchen Klausel.⁵² Den eingeschlagenen Weg hat der BGH auch mit neuerer Entscheidung konsequent fortgesetzt mit dem Ergebnis, dass die Mehrheitsklausel an sich nicht mehr geprüft wird.⁵³ Zur Vermeidung von etwaig fortbestehenden Auslegungsschwierigkeiten sollte bei der Abfassung von Gesellschaftsverträgen aber immerhin eine Klarstellung aufgenommen werden, ob die Klausel sich neben einfachen Beschlussgegenständen auch auf Änderungen des Gesellschaftsvertrages selbst erstreckt.⁵⁴ Der (materielle) Minderheitenschutz erfolgt sodann erst auf der **zweiten Stufe**, auf der die im jeweiligen Einzelfall getroffenen Mehrheitsentscheidungen auf deren Vereinbarkeit mit den o. g. materiellen Prinzipien des Personengesellschaftsrechts, insbesondere Gesichtspunkten der Treuepflicht sowie der Kernbereichslehre, überprüft werden.⁵⁵ Weiter ist mit dieser Feststellung noch keine Aussage darüber getroffen, mit welcher Stimmenmehrheit Mehrheitsbeschlüsse der Komplementäre oder der Kommanditaktionäre zu treffen sind.⁵⁶ Inwieweit bei bestimmten Beschlussgegenständen Mehrheitsklauseln Beschränkungen dahingehend unterliegen, dass bestimmte Mindestbeschlussmehrheiten zu berücksichtigen sind, hängt davon ab, welche Gesellschaftergruppe den Mehrheitsbeschluss zu fassen hat. Hier ist festzuhalten, dass die Beschlüsse der persönlich haftenden Gesellschafter der Regelungsfreiheit des Personengesellschaftsrechts unterliegen, während bei den Kommanditaktionären die gesetzlichen Vorgaben des Aktienrechts zu beachten sind.⁵⁷

Losgelöst von der Frage der generellen Bestimmtheit von Mehrheitsklauseln ergibt sich indes ein erhöhtes Bestimmtheitserfordernis der Satzungsregelung zumindest für solche Beschlussgegenstände, die in den **Kernbereich der Mitgliedschaft** fallen, also unverzichtbare oder mehrheitsfeste Rechte betreffen. Die in diesen Fällen erforderliche Zustimmung des betroffenen Gesellschafters kann bereits antizipiert in der Satzung enthalten sein, wenn die entsprechende Satzungsregelung Art und Ausmaß des Eingriffs erkennen lässt.⁵⁸ (Nur) insoweit kann weiterhin von einem **Bestimmtheitserfordernis** gesprochen werden.⁵⁹ Das Fehlen einer entsprechenden Regelung macht jedoch nicht die Mehrheitsklausel insgesamt unwirksam, sondern wirkt sich allein dergestalt auf der zweiten Stufe aus, dass die

19

---

⁵² Vgl. BGHZ 183, 1 = NJW 2010, 65, 66 f.; BGHZ 191, 293 = NJW 2012, 1439, 1440; BGH NZG 2013, 57, 59, 63 f.
⁵³ BGH, Urt. v. 21.10.2014 = NJW 2015, 859.
⁵⁴ Vgl. etwa *Schäfer* in Münch Komm BGB § 709 Rn. 90.
⁵⁵ BGHZ 179, 13, 20 = NJW 2009, 669, 671; BGHZ 183, 1 = NJW 2010, 65, 66 f.; *Goette* in Ebenroth/Boujong/Joost/Strohn HGB § 119 Rn. 56; *Enzinger* in Münch Komm HGB § 119 Rn. 80; vgl. aber *Priester* DStR 2008, 1386, 1387 („keine materielle Beschlusskontrolle").
⁵⁶ Vgl. zur Frage des notwendigen Quorums für die Abänderung von bestimmten Mehrheitsklauseln BGH NZG 2013, 57, 59, 63 f.; *Priester* NZG 2013, 321 ff.
⁵⁷ Näher hierzu unter § 5 Rn. 51 ff. (Komplementäre) und § 5 Rn. 387 f. (Kommanditaktionäre).
⁵⁸ Vgl. *Schäfer* in Münch Komm BGB § 709 Rn. 92; *Schäfer* in Staub HGB § 119 Rn. 44; *Finckh* in Henssler/Strohn GesellschRe § 119 AktG Rn. 43–46; *Koller* in Koller/Kindler/Roth/Morck HGB § 109 Rn. 5; *Wiechers* FD-HGR 2007, 216869.
⁵⁹ So auch *Roth* in Baumbach/Hopt HGB § 119 Rn. 37a; *Enzinger* in Münch Komm HGB § 119 Rn. 79a; zur Reichweite von Mehrheitsklauseln in Personengesellschaftsverträgen jüngst BGH, Urt. v. 21.10.2014 = NJW 2015, 859.

Zustimmung des betroffenen Gesellschafters konkret erforderlich und gerade nicht durch die Mehrheitsklausel ersetzt ist.[60]

20 **ff) Treuepflicht.** Im Personengesellschaftsrecht stellt die gesellschaftsrechtliche Treuepflicht eine Schranke gegen die **missbräuchliche Ausübung** von **Mitgliedschaftsrechten** dar.[61] Die gesellschaftsrechtliche Treuepflicht verpflichtet den Gesellschafter nicht nur gegenüber der Gesellschaft,[62] sondern auch im Verhältnis zu seinen Mitgesellschaftern.[63] Die **Intensität** der Treuepflicht ist jedoch unterschiedlich stark ausgeprägt:[64] So sind die Treuepflichten der Kommanditaktionäre untereinander relativ gering.[65] Aufgrund der gemeinsamen Geschäftsführung und der persönlichen Haftung sind demgegenüber die Treuepflichten der Komplementäre untereinander besonders intensiv.[66] Zwischen Komplementären und der Gesamtheit der Kommanditaktionäre besteht grundsätzlich nur eine Treuepflicht der geschäftsführungsbefugten Komplementäre gegenüber der Gesamtheit der Kommanditaktionäre.[67] Eine umgekehrte Treuepflicht der Gesamtheit der Kommanditaktionäre besteht nur, soweit diese im Rahmen von außergewöhnlichen Geschäftsführungsmaßnahmen zur Mitwirkung an der Geschäftsführung befugt sind.[68] Der einzelne Kommanditaktionär unterliegt denselben Treuepflichten wie der Aktionär einer Aktiengesellschaft.[69] Die Treuepflicht stellt damit eine **bewegliche Schranke** dar, die dazu führen kann, dass Rechte aus an sich zulässigen Satzungsregelungen in einer bestimmten Sachverhaltskonstellation nicht durchgesetzt werden können.

21 **b) Grundtypen der Satzungsausgestaltung.** Im Rahmen der vorstehend skizzierten Schranken der Satzungsautonomie zeichnen sich mehrere vom gesetzlichen Leitbild abweichende Grundtypen der Satzungsausgestaltung einer KGaA ab, die im Folgenden kurz erwähnt werden sollen.[70]

22 In der „**personalistischen**" KGaA werden die Rechte und Kompetenzen der persönlich haftenden Gesellschafter gegenüber den Kommanditaktionären betont und gestärkt.[71] Häufig werden die Mitwirkungsrechte der Kommanditaktionäre

---

[60] Vgl. *Schäfer* in Münch Komm BGB § 709 Rn. 93a.
[61] Siehe dazu § 3 Rn. 20 ff.
[62] BGHZ 14, 25, 38 = NJW 1954, 1401; *Enzinger* in Münch Komm HGB § 109 Rn. 22; *Finckh* in Henssler/Strohn GesellschRe § 109 HGB Rn. 24.
[63] Grundlegend zur Treuepflicht der Aktionäre untereinander: BGHZ 103, 184, 193 ff. = NJW 1988, 1579 -Linotype; BGH DB 1995, 1064 ff. – Girmes; *Enzinger* in Münch Komm HGB § 109 Rn. 22; Finckh in Henssler/Strohn GesellschRe § 109 HGB Rn. 24.
[64] *Wiedemann* FS Heinsius 1991, S. 949 f.; *Sethe* S. 120; *Servatius* in Henssler/Strohn GesellschRe § 705 BGB Rn. 42–42b; *Ulmer/Schäfer* in Münch Komm BGB § 705 Rn. 224.
[65] *Sethe* S. 121 f.; *Förl/Fett* in Bürgers/Körber AktG § 278 Rn. 35; *Perlitt* in Münch Komm AktG § 278 Rn. 90; siehe auch § 3 Rn. 21.
[66] *Perlitt* in Münch Komm AktG § 278 Rn. 90; *Assmann/Sethe* in GroßKomm AktG § 278 Rn. 57; *Förl/Fett* in Bürgers/Körber AktG § 278 Rn. 27; *Bachmann* in Spindler/Stilz AktG § 278 Rn. 46.
[67] *Perlitt* in Münch Komm AktG § 278 Rn. 91.
[68] *Perlitt* in Münch Komm AktG § 278 Rn. 92.
[69] BGHZ 103, 184, 193 ff. = NJW 1988, 1579 – Linotype; BGH DB 1995, 1064 ff. – Girmes; *Förl/Fett* in Bürgers/Körber AktG § 278 Rn. 35.
[70] Vgl. auch *Assmann/Sethe* in GroßKomm AktG Vor § 278 Rn. 123; *Perlitt* in Münch Komm AktG Vor § 278 Rn. 31 f.; *Bachmann* in Spindler/Stilz AktG § 278 Rn. 3; *Hüffer/Koch* § 278 Rn. 19, 19a.
[71] *Herfs* in Münch Hdb AG § 76 Rn. 17.

auch für außergewöhnliche Geschäfte beschränkt oder ausgeschlossen[72] und die Anforderungen zum Ausschluss der persönlich haftenden Gesellschafter aus der KGaA verschärft.

Eine entgegengesetzte Zielsetzung wird im Fall der „**kapitalistischen**" KGaA verfolgt. Hier werden die Rechte der Kommanditaktionäre auf Mitsprache bei Maßnahmen der Geschäftsführung und auf die Kontrolle der persönlich haftenden Gesellschafter in der Satzung gestärkt.[73] Stehen die Rechte unmittelbar der Hauptversammlung zu, wird von einer „**hauptversammlungsorientierten**"[74] KGaA gesprochen. Denkbar ist aber auch, die verstärkten Mitsprache- und Kontrollrechte dem Aufsichtsrat oder einem gewillkürten Organ, beispielsweise einem Beirat, zu übertragen.[75] In diesen Fällen wird häufig von einer „**aufsichtsratdominierten**" oder „**beiratsdominierten**" KGaA gesprochen.[76]

Während die personalistische KGaA für Gesellschaften mit einer starken Unternehmerpersönlichkeit prädestiniert ist, werden kapitalistische Gestaltungen häufig dann gewählt, wenn die Gesellschaft von einer starken Gruppe von Kommanditaktionären kontrolliert werden soll oder wenn dies zur Steigerung der Attraktivität der Kommanditaktie beim Börsengang gewünscht wird. Bei Familiengesellschaften sind je nach Lage der Dinge sowohl personalistische als auch kapitalistische Ausgestaltungen anzutreffen.

Einen besonderen Typus der KGaA stellt die „**atypische**" KGaA[77] dar. Hier sind die persönlich haftenden Gesellschafter keine natürlichen Personen, sondern ausschließlich Kapitalgesellschaften[78] (im Regelfall eine GmbH) oder wiederum beschränkt haftende Personengesellschaften[79] (typischerweise eine GmbH & Co. KG). Die rechtliche Zulässigkeit dieses Typus war lange umstritten.[80] Mit der Entscheidung des BGH vom 24.2.1997[81] ist dieser Streit jedoch für die Praxis beendet.[82] Anschließend hat auch der Gesetzgeber durch die Anpassung des § 279 Abs. 2 AktG die Zulässigkeit der atypischen KGaA akzeptiert.[83]

Seit der Entscheidung des BGH hat sich die Diskussion um die atypische KGaA vorrangig der Frage zugewandt, ob für diesen Typus die Satzungsautonomie in

---

[72] *Perlitt* in Münch Komm AktG Vor § 278 Rn. 31; *Herfs* in Münch Hdb AG § 76 Rn. 17.
[73] *Herfs* in Münch Hdb AG § 76 Rn. 17.
[74] *Herfs* in Münch Hdb AG § 76 Rn. 17; *Bachmann* in Spindler/Stilz AktG § 278 Rn. 3.
[75] Vgl. *Perlitt* in Münch Komm AktG Vor § 278 Rn. 32; *Müller-Michaels* in Hölters AktG § 278 Rn. 9; *Bachmann* in Spindler/Stilz AktG § 278 Rn. 3.
[76] Vgl. *Herfs* in Münch Hdb AG § 76 Rn. 17. *Müller-Michaels* in Hölters AktG § 278 Rn. 9; *Bachmann* in Spindler/Stilz AktG § 278 Rn. 3.
[77] Zum Begriff *Perlitt* in Münch Komm AktG § 278 Rn. 276.
[78] Vgl. *Assmann/Sethe* in GroßKomm AktG § 278 Rn. 40; *Bachmann* in Spindler/Stilz AktG § 287 Rn. 3; *Perlitt* in Münch Komm AktG § 278 Rn. 275 f.; *Förl/Fett* in Bürgers/Körber § 278 Rn. 37a; BGHZ 134, 392 = NJW 1997, 1923.
[79] *Assmann/Sethe* in GroßKomm AktG § 278 Rn. 42; *Perlitt* in Münch Komm AktG § 278 Rn. 277; OLG Hamburg NJW 1969, 1030.
[80] Zum Meinungsstreit vgl. statt vieler *Assmann/Sethe* in GroßKomm AktG § 278 Rn. 31; *Perlitt* in Münch Komm AktG § 278 Rn. 268–270.
[81] BGHZ 134, 392 = NJW 1997, 1923.
[82] Ausführlich hierzu *Assmann/Sethe* in GroßKomm AktG § 278 Rn. 30 ff. *Perlitt* in Münch Komm AktG § 278 Rn. 268–270, 277.
[83] Vgl. *Assmann/Sethe* in GroßKomm AktG § 278 Rn. 30 § 279 Rn. 4; *Perlitt* in Münch Komm AktG § 278 Rn. 271, § 279 Rn. 2; *Bachmann* in Spindler/Stilz AktG § 279 Rn. 1; *Arnold* in Henssler/Strohn GesellschRe § 279 AktG Rn. 3.

demselben Umfang gilt, wie für andere Typen der KGaA, oder ob und ggf. in welchem Umfang die vom BGH für die Publikums-GmbH & Co. KG entwickelten Schranken der Satzungsautonomie auch für die atypische KGaA gelten.[84] Die Diskussion konzentriert sich hierbei auf die **börsennotierte atypische KGaA**, teilweise auch als Publikums-KGaA bezeichnet, und umfasst mehrere Problemkomplexe.

27 Im Vordergrund steht die Frage, in welchem Umfang von den handelsgesetzlichen Regelungen der Geschäftsführungsbefugnis zu Lasten der Kommanditaktionäre abgewichen werden darf,[85] insbesondere die Frage, ob außergewöhnliche Geschäftsführungsmaßnahmen und Grundlagengeschäfte durch Satzungsbestimmungen dem Zustimmungsvorbehalt der Kommanditaktionäre entzogen werden dürfen.[86] Hieran schließt sich die weitergehende Diskussion darüber an, ob die Satzung über die handelsgesetzlichen Regelungen hinausgehende Zustimmungsvorbehalte zugunsten der persönlich haftenden Gesellschafter vorsehen darf.[87] Einen weiteren Problembereich bildet die Frage, ob die Mehrheitserfordernisse für Beschlüsse der Hauptversammlung, mit der Kontroll- und Aufsichtsrechte gegenüber den persönlich haftenden Gesellschaftern geltend gemacht werden sollen, über die aktienrechtlichen Mehrheiten hinaus verschärft werden können.[88] Schließlich ist umstritten, ob die Satzung der atypischen KGaA Klauseln enthalten darf, mit denen die Vermögensrechte der Kommanditaktionäre, z. B. bei der Beschlussfassung über die Gewinnverwendung, beschränkt oder an die Zustimmung der persönlich haftenden Gesellschafter gebunden werden.[89] Schließlich wird die Angemessenheit der mitbestimmungsrechtlichen Privilegierung der atypischen KGaA problematisiert.[90]

28 Ohne der Diskussion der vorstehend genannten einzelnen Probleme vorgreifen zu wollen, erscheint der Ansatz, innerhalb der Rechtsform der KGaA zwischen der „Normal-Form" einerseits und einer sog. **„Publikums-KGaA"** differenzieren zu wollen,[91] verfehlt.

29 Zutreffend ist, dass der gesetzliche Typus der KGaA dem einer **Publikumsgesellschaft** mit Kapitalsammelfunktion entspricht.[92] Die Ansicht, die bei einer atypischen KGaA eine spezielle Wertungsparallele zur Publikumskommanditgesellschaft ausmacht,[93] verkennt, dass die KGaA von ihrem gesetzlichen Grundtypus auf eine Gesellschafterstruktur mit einigen wenigen geschäftsführenden Komplementären und einer Vielzahl von kapitalistisch beteiligten Kommanditaktionären ausgerichtet ist, eine Gesellschafterstruktur, wie sie gerade für Publikumskom-

---

[84] *Assmann/Sethe* in GroßKomm AktG § 278 Rn. 39; ausführlich *Perlitt* in Münch Komm AktG § 278 Rn. 347 ff. *Bachmann* in Spindler/Stilz AktG § 278 Rn. 28 f.
[85] *Bachmann* in Spindler/Stilz AktG § 278 Rn. 57–59; Problem der sog. „Minderheitenherrschaft", vgl. *Steindorff* FS Ballerstedt 1975, S. 127, 137 f.; dem folgend *Reuter* AcP 179 (1979), 509, 550.
[86] Hierzu ausführlich § 5 Rn. 98 ff.
[87] Hierzu ausführlich § 5 Rn. 98 ff.
[88] Hierzu ausführlich § 5 Rn. 188 ff.
[89] Hierzu ausführlich § 6 Rn. 34 ff., siehe auch § 5 Rn. 93 ff. und § 5 Rn. 407 f.
[90] Hierzu ausführlich § 5 Rn. 511 ff.
[91] So z. B. *Ihrig/Schlitt* ZHR Beiheft 67/1998, 33, 60 ff.
[92] Vgl. *Overlack* RWS-Forum 10 Gesellschaftsrecht 1997, 237, 258; *Ihrig/Schlitt* ZHR Beiheft 67/1998, 33, 57; siehe auch *Assmann/Sethe* in GroßKomm AktG Vor § 278 Rn. 118; *Förl/Fett* in Bürgers/Körber AktG § 278 Rn. 37b; *Bachmann* in Spindler/Stilz AktG § 278 Rn. 31.
[93] *Ihrig/Schlitt* ZHR Beiheft 67/1998, 33, 60 ff.

manditgesellschaften typisch ist.[94] Im Gegensatz zur Publikumskommanditgesellschaft, die eine atypische Sonderform einer von ihrem Grundtypus auf einen überschaubaren Gesellschafterkreis ausgerichteten Gesellschaftsform darstellt, stellt die „Publikums-KGaA" aber keine Sonderform, sondern **die vom Gesetz vorgesehene Normalform** der KGaA dar. Auch die weiteren Merkmale einer Publikumskommanditgesellschaft, namentlich der typischerweise geringe Einfluss der Kommanditisten auf die Ausgestaltung des Gesellschaftsvertrages sowie die beschränkten Einflussmöglichkeiten auf die personelle Besetzung der Geschäftsführung, sind in dem gesetzlichen Normaltyp der KGaA angelegt. Für einen von vornherein dauerhaft überschaubaren Gesellschafterkreis ist die Rechtsform der KGaA vom Gesetzgeber nicht vorgesehen.[95] Auch die börsennotierte KGaA ist keine „atypische" Sonderform, sondern entspricht dem gesetzlichen Leitbild, wie es in den §§ 278–290 AktG seinen Niederschlag gefunden hat. Der Ansatz, einen Sondertypus „Publikums-KGaA" zu postulieren, um vermeintlich unangemessene Satzungsgestaltungen korrigieren zu können, verkennt, dass der Gesetzgeber diese Gestaltungsfreiheit für die Rechtsform der KGaA durch § 278 Abs. 2 AktG gerade geschaffen hat, obwohl die Rechtsform der KGaA auf eine Börsennotierung und damit einem unüberschaubar großen Gesellschafterkreis ausgerichtet ist. Es ist daher nicht überzeugend, diese gesetzlich eingeräumte Gestaltungsfreiheit durch die Übertragung von Prinzipien anderer Rechtsformen künstlich wieder einschränken zu wollen.

Eine besondere Unterart der atypischen KGaA stellt die **Einheits-KGaA** dar. Bei dieser bereits aus dem Recht der GmbH & Co. KG hinlänglich bekannten Gestaltung ist die KGaA die einzige Gesellschafterin ihrer Komplementärgesellschaft.[96] Diese Gestaltungsvariante vermeidet Probleme der Kontrolle der Kommanditaktionäre über die Geschäftsführung der Komplementärgesellschaft, die entstehen können, wenn bei einer atypischen KGaA die Gesellschafter der Komplementärgesellschaft nicht mit den Kommanditaktionären der KGaA identisch sind.[97] Zum Teil wird die Einheits-KGaA auch für **Familienunternehmen** vorgeschlagen.[98] Dies begegnet angesichts der typischerweise mit einer Familien-KGaA verfolgten Ziele Zweifeln. Die KGaA wird von Familienunternehmen häufig gerade deshalb gewählt, weil diese Rechtsform es den Familienmitgliedern ermöglicht, auf der einen Seite als Komplementäre und geborene Geschäftsführer die Geschäftsführung zu kontrollieren, während auf der anderen Seite den Kommanditaktionären als Kapitalgebern, im Vergleich zur Aktiengesellschaft, nur beschränkte Einflussmöglichkeiten auf die Unternehmensführung zur Verfügung stehen.[99] Mit der Ein-

30

---

[94] Vgl. BGHZ 71, 53, 58 = NJW 1978, 1382; BGHZ 85, 350, 358 = NJW 1983, 1056; *Bachmann* in Spindler/Stilz AktG § 278 Rn. 4; *Perlitt* in Münch Komm AktG § 278 Rn. 30; *Förl/Fett* in Bürgers/Körber AktG § 278 Rn. 37b.
[95] Eher entspricht die KGaA mit einem kleinen überschaubaren Gesellschafterkreis einem Sondertypus.
[96] *Perlitt* in Münch Komm AktG § 278 Rn. 305; *Assmann/Sethe* in GroßKomm AktG § 278 Rn. 41; *Bachmann* in Spindler/Stilz AktG § 278 Rn. 3; *Arnold* in Henssler/Strohn GesellschR § 278 AktG Rn. 4; *Müller-Michaels* in Hölters AktG § 278 Rn. 7.
[97] Vgl. hierzu ausführlich unter § 5 Rn. 179 ff. und § 5 Rn. 216 ff.
[98] *Schrick* NZG 2000, 675; *Müller-Michaels* in Hölters AktG § 278 Rn. 3; *Herfs* in Münch Hdb AG § 75 Rn. 13.
[99] Vgl. hierzu ausführlich *Hoffmann-Becking/Herfs* FS Sigle, 2000, S. 273, 276; *Gonnela/Mikic* AG 1998, 508.

heits-KGaA wird jedoch genau das Gegenteil erreicht: Die Kapitalgeber erhalten durch die Beteiligung der KGaA an der Komplementärgesellschaft Einfluss auf die Personalkompetenz für die Geschäftsleitung. Letztendlich unterscheidet sich die Einheits-KGaA in diesem Punkt dann nicht mehr von einer Aktiengesellschaft, in der die Aktionäre mittelbar über den Aufsichtsrat die Personalkompetenz ausüben;[100] **die besonderen Vorteile der KGaA** für ein Familienunternehmen **fallen weg**.

31   Schließlich kann die atypische KGaA auch **doppelstöckig** ausgestaltet werden,[101] indem eine weitere Kapitalgesellschaft & Co. KG oder eine Kapitalgesellschaft & Co. KGaA als Komplementärin der KGaA gewählt wird. Die Motivation für diese Gestaltung dürfte vorrangig in steuerrechtlichen Vorteilen zu suchen sein.[102]

2. Komplementäre und Aufsichtsrat

32   Das Rechtsverhältnis zwischen den persönlich haftenden Gesellschaftern und dem Aufsichtsrat der KGaA wird gemäß § 278 Abs. 3 AktG durch die **aktienrechtlichen Regelungen** bestimmt, soweit nicht die §§ 278–290 AktG vorrangige Bestimmungen enthalten oder das Fehlen eines Vorstandes zu einer Anpassung der für die Aktiengesellschaft geltenden Vorschriften zwingt.[103] Der Verweis über § 278 Abs. 3 AktG auf die aktienrechtlichen Regelungen reicht mithin nur **so weit**, wie der Aufsichtsrat der KGaA eine dem Aufsichtsrat einer Aktiengesellschaft **vergleichbare Funktion** ausübt.[104]

33   Gegenüber dem Aufsichtsrat einer Aktiengesellschaft hat der Aufsichtsrat der KGaA insofern eine veränderte Funktion, als ihm zum einen die Personalkompetenz zur Besetzung des Geschäftsführungs- und Vertretungsorgans fehlt[105] und zum anderen seine Kontrollfunktion hinsichtlich der Geschäftsführung infolge der gesetzlichen Mitspracherechte der Kommanditaktionäre wesentlich eingeschränkt ist.[106] Ein weiterer wesentlicher Unterschied zum Aufsichtsrat einer Aktiengesellschaft besteht darin, dass der Aufsichtsrat der KGaA gemäß § 287 AktG die Beschlüsse der Kommanditaktionäre ausführt und diese in Rechtsstreitigkeiten gegenüber den Komplementären vertritt.[107]

---

[100] Im Ergebnis auch: *Arnold* S. 36; vgl. *Gonnela/Mikic* AG 1998, 508; *Perlitt* in Münch Komm AktG § 278 Rn. 388.
[101] *Assmann/Sethe* in GroßKomm AktG § 278 Rn. 43; *Bachmann* in Spindler/Stilz AktG § 278 Rn. 3; *Perlitt* in Münch Komm AktG § 278 Rn. 5; *Kollruss* BB 2013, 157.
[102] Vgl. *Bachmann* in Spindler/Stilz AktG § 278 Rn. 3; *Kollruss* BB 2013, 157.
[103] Ausführlich hierzu unter § 3 Rn. 3 ff.
[104] *Herfs* in Münch Hdb AG § 79 Rn. 57; vgl. *Förl/Fett* in Bürgers/Körber AktG § 278 Rn. 9; *Bachmann* in Spindler/Stilz AktG § 278 Rn. 26, § 287 Rn. 9; *Müller-Michaels* in Hölters AktG § 278 Rn. 21; *Martens* AG 1982, 113, 115 f.
[105] *Assmann/Sethe* in GroßKomm AktG § 287 Rn. 30, 38; *Herfs* in Münch Hdb AG § 79 Rn. 61, 63; *Förl/Fett* in Bürgers/Körber AktG § 287 Rn. 2; *Bachmann* in Spindler/Stilz AktG § 278 Rn. 26, § 287 Rn. 9; *Müller-Michaels* in Hölters AktG § 278 Rn. 21; *Martens* AG 1982, 113, 117.
[106] *Herfs* in Münch Hdb AG § 79 Rn. 63; vgl. *Perlitt* in Münch Komm AktG § 278 Rn. 211; *Michaels* in Hölters AktG § 278 Rn. 21; *Bachmann* in Spindler/Stilz AktG § 287 Rn. 10; *Martens* AG 1982, 113, 117; ausführlich dazu unter § 5 Rn. 482 ff.
[107] *Förl/Fett* in Bürgers/Körber AktG § 287 Rn. 7; *Herfs* in Münch Hdb AG § 79 Rn. 66; *Bachmann* in Spindler/Stilz AktG § 287 Rn. 20, 25; *Perlitt* in Münch Komm AktG § 287 Rn. 58 ff., 72; *Michaels* in Hölters AktG § 287 Rn. 2, 3; *Arnold* in Henssler/Strohn GesellschRe § 287 AktG Rn. 4, 5; *Hüffer/Koch* § 287 Rn. 1, 2.

A. Gesellschafter und Organe der KGaA

Allerdings ist es durch entsprechende **Satzungsgestaltung** möglich und zulässig, die Funktion des Aufsichtsrates einer KGaA der Funktion des Aufsichtsrates einer Aktiengesellschaft anzugleichen,[108] sofern es sich um Kompetenzen handelt, die in der KGaA den Komplementären oder den Kommanditaktionären zugewiesen sind,[109] und soweit die personengesellschaftsrechtliche Satzungsautonomie greift.[110] Denkbar ist somit eine Ausweitung (nicht aber eine Einschränkung[111]) der Überwachungskompetenz,[112] eine Beteiligung an der Unternehmensführung[113] oder die Einräumung eines Rechtes zur Aufnahme oder zum Ausschluss von Komplementären.[114]

3. Aufsichtsrat und Hauptversammlung

Gemäß § 287 Abs. 1 AktG führt der Aufsichtsrat der KGaA die Beschlüsse der Kommanditaktionäre aus, soweit die Satzung nichts Abweichendes bestimmt. Dem Aufsichtsrat steht daher grundsätzlich eine **Ausführungskompetenz** bezüglich der Beschlüsse der Kommanditaktionäre und eine **Vertretungskompetenz** für die Kommanditaktionäre zu.[115] Umfang und Ausgestaltung dieser Ausführungs- und Vertretungskompetenz sind durch die Satzung in weitem Rahmen gestaltbar.[116] Zulässig sind insbesondere Satzungsgestaltungen, die Ausführungs- und Vertretungsbefugnisse den Ausschüssen des Aufsichtsrates, einzelnen seiner Mitglieder oder anderen, gewillkürten Organen der KGaA zuweisen.[117] Von besonderer praktischer Bedeutung ist die Ausgestaltung des Rechtes zur Vertretung der Gesellschaft durch die Gesamtheit der Kommanditaktionäre beim Abschluß von Rechtsgeschäften gegenüber den persönlich haftenden Gesellschaftern.[118]

---

[108] Hierzu ausführlich unter § 5 Rn. 507.
[109] *Herfs* in Münch Hdb AG § 79 Rn. 60.; *Bachmann* in Spindler/Stilz AktG § 287 Rn. 18; *Perlitt* in Münch Komm AktG § 287 Rn. 50–56.
[110] Vgl. *Perlitt* in Münch Komm AktG § 287 Rn. 50 ff.; *Assmann/Sethe* in GroßKomm AktG § 287 Rn. 44 f., 55 f., 75 f.; *Bachmann* in Spindler/Stilz AktG § 287 Rn. 16; *Herfs* in Münch Hdb AG § 79 Rn. 60.
[111] *Assmann/Sethe* in GroßKomm AktG § 287 Rn. 75; *Perlitt* in Münch Komm AktG § 287 Rn. 53; *Bachmann* in Spindler/Stilz AktG § 287 Rn. 16; *Herfs* in Münch Hdb AG § 79 Rn. 67.
[112] *Assmann/Sethe* in GroßKomm AktG § 287 Rn. 44; *Perlitt* in Münch Komm AktG § 287 Rn. 53; *Herfs* in Münch Hdb AG § 79 Rn. 67; *Bachmann* in Spindler/Stilz AktG § 287 Rn. 16.
[113] Zu den Grenzen siehe *Assmann/Sethe* in GroßKomm AktG § 287 Rn. 75; *Perlitt* in Münch Komm AktG § 278 Rn. 235 ff., § 287 Rn. 56; *Bachmann* in Spindler/Stilz AktG § 287 Rn. 18.
[114] *Assmann/Sethe* in GroßKomm AktG § 287 Rn. 78; *Perlitt* in Münch Komm AktG § 287 Rn. 55; *Bachmann* in Spindler/Stilz AktG § 287 Rn. 18; a. A. *Mertens/Cahn* in Kölner Komm AktG § 287 Rn. 24.
[115] Vgl. *Förl/Fett* in Bürgers/Körber AktG § 287 Rn. 4; *Perlitt* in Münch Komm AktG § 287 Rn. 5; *Herfs* in Münch Hdb AG § 79 Rn. 65 f. *K. Schmidt* in K. Schmidt/Lutter AktG § 287 Rn. 17 ff.; *Bachmann* in Spindler/Stilz AktG § 287 Rn. 20, 25 f.; *Arnold* in Henssler/Strohn GesellschRe § 287 AktG Rn. 4, 5.
[116] *Perlitt* in Münch Komm AktG § 287 Rn. 8 ff. *Bachmann* in Spindler/Stilz AktG § 287 Rn. 23; *Arnold* in Henssler/Strohn GesellschRe § 287 AktG Rn. 4.
[117] *Perlitt* in Münch Komm AktG § 287 Rn. 10, 84, 90 ff.; *Bachmann* in Spindler/Stilz AktG § 287 Rn. 23; *Assmann/Sethe* in GroßKomm AktG § 287 Rn. 55; *Arnold* in Henssler/Strohn GesellschRe § 287 AktG Rn. 4.
[118] Vgl. *Herfs* in Münch Hdb AG § 79 Rn. 66; Herfs AG 2005, 589, 592 f.

4. Sonstige Organe

36 In bestimmten Fällen ist es möglich und zweckmäßig, Rechte der Komplementäre und der Kommanditaktionäre auf ein gewillkürtes Organ zu übertragen. Typische gewillkürte Organe der KGaA stellen Kommanditaktionärsausschuss, Beirat oder Verwaltungsausschuss dar, denen je nach satzungsmäßiger Ausgestaltung Aufgaben der persönlich haftenden Gesellschafter oder der Kommanditaktionäre übertragen werden können.[119]

37 Zu beachten ist bei derartigen Satzungsgestaltungen jedoch immer, dass keinem Organ gleichzeitig Rechte beider Gesellschaftergruppen zugewiesen werden können, weil dies die Funktionstrennung der Organe beseitigen würde.[120] Auch ist es nicht möglich, Leitungs- und Kontrollfunktion in einem Organ zu vereinigen.[121] Schließlich dürfen einem gewillkürten Organ keine Kompetenzen zugewiesen werden, die kraft aktienrechtlicher Kompetenzverteilung zwingend einem bestimmten Organ zugewiesen sind.[122] Diese Einschränkung betrifft insbesondere die gesetzlichen Überwachungsrechte des Aufsichtsrates[123] sowie Rechte der Hauptversammlung.[124]

B. Rechtsstellung der Komplementäre

38 Die Rechte und Pflichten des Komplementärs in der KGaA lassen sich von ihrem Ursprung her in **mitgliedschaftliche** Rechte und Pflichten[125] des Gesellschafters einerseits und **organschaftliche** Rechte und Pflichten[126] als Geschäftsführungs- und Vertretungsorgan andererseits unterteilen. Von ihrer inhaltlichen Ausgestaltung sind bei den Rechten und Pflichten des Komplementärs **Mitwirkungsrechte** und **Vermögensrechte zu** unterscheiden.

39 Alle vorgenannten Rechte und Pflichten sind **individuelle Rechtspositionen**, die dem einzelnen Komplementär unabhängig von etwaigen weiteren Komplementären persönlich zustehen. Hingegen stehen der Gesamtheit aller Komplemen-

---

[119] Vgl. *Perlitt* in Münch Komm AktG Vor § 278 Rn. 44; *Assmann/Sethe* in GroßKomm AktG Vor § 278 Rn. 65.
[120] Vgl. *Herfs* in Münch Hdb AG, § 79 Rn. 77; vgl. *Habersack* in Münch Komm AktG § 105 Rn. 1–4; Simons in Hölters AktG § 105 Rn. 1.
[121] Vgl. *Herfs* in Münch Hdb AG, § 79 Rn. 77; vgl. *Habersack* in Münch Komm AktG § 105 Rn. 1–4; Henssler in Henssler/Strohn GesellschRe § 105 AktG Rn. 1; Simons in Hölters AktG § 105 Rn. 1.
[122] Vgl. *Perlitt* in Münch Komm AktG Vor § 278 Rn. 44; *Assmann/Sethe* in GroßKomm AktG Vor § 278 Rn. 65; *Herfs* in Münch Hdb AG § 79 Rn. 77; *Bachmann* in Spindler/Stilz AktG § 287 Rn. 29.
[123] *Perlitt* in Münch Komm AktG Vor § 278 Rn. 44; *Herfs* in Münch Hdb AG § 79 Rn. 77; *Bachmann* in Spindler/Stilz AktG § 287 Rn. 29.
[124] *Herfs* in Münch Hdb AG, § 76 Rn. 16, § 79 Rn. 77; *Perlitt* in Münch Komm AktG § 278 Rn. 244; *Bachmann* in Spindler/Stilz AktG § 287 Rn. 29.
[125] Siehe hierzu sogleich.
[126] Siehe hierzu § 5 Rn. 75 ff.

täre eigene Rechte auch dann nicht zu, wenn diese kollektiv, beispielsweise in einer Komplementärsversammlung, handeln.[127]

Mitgliedschaftliche Rechte stehen dem Komplementär aufgrund seiner **Gesellschafterstellung** zu und sind damit von seiner organschaftlichen Funktion unabhängig. Zu den wesentlichen mitgliedschaftlichen Rechten zählen das Stimmrecht,[128] die Informations- und Kontrollrechte[129] und das Recht, eine sog. *actio pro socio*[130] zu erheben.

Die organschaftlichen Rechte des Komplementärs zur Geschäftsführung und Vertretung der KGaA sind an seine **Funktion** als **Geschäftsführungs- und Vertretungsorgan** geknüpft und stehen ihm nur zu, soweit der jeweilige Komplementär auch tatsächlich geschäftsführungs- und vertretungsbefugt ist. Diese Rechte können einem Komplementär ohne Beeinträchtigung seiner Gesellschafterstellung durch entsprechende Satzungsregelungen gewährt oder entzogen werden.[131]

Zu den Vermögensrechten und -pflichten des Komplementärs zählen diejenigen Rechte und Pflichten, welche seine **vermögensrechtliche** Stellung berühren. Sie können ihren Ursprung sowohl in mitgliedschaftlichen als auch in organschaftlichen Rechten und Pflichten haben. Zu den wesentlichen Vermögensrechten und -pflichten zählen das Recht zur Vermögenseinlage,[132] das Gewinnbezugs- und Entnahmerecht,[133] die unbeschränkte persönliche Außenhaftung für die Verbindlichkeiten der KGaA[134] und der Anspruch auf Tätigkeitsvergütung.[135]

I. Rechte und Pflichten auf mitgliedschaftlicher Ebene

1. Stimmrecht

Das Stimmrecht des Komplementärs nach §§ 278 Abs. 2 AktG i. V. m. 161 Abs. 2, 119 HGB ist zu unterscheiden von dem Stimmrecht, welches dem Komplementär in der Hauptversammlung der KGaA zustehen kann, sofern der Komplementär zugleich Kommanditaktionär ist.[136] Das im Folgenden beschriebene Stimmrecht des Komplementärs resultiert aus seiner mitgliedschaftlichen Rechtsstellung als persönlich haftender Gesellschafter. Es setzt keine Geschäftsführungsbefugnis und damit nicht die Stellung als Organ der Gesellschaft voraus. Das mitgliedschaftliche Stimmrecht ist weiterhin zu unterscheiden von der internen Beschlussfassung mehrerer Komplementäre über Fragen der laufenden Geschäftsführung. Derartige Beschlussfassungen sind kein Ausfluss des mitgliedschaftlichen Stimmrechtes, sondern Teil des internen Meinungsbildungsprozesses des Geschäftsführungs- und Vertretungsorgans der KGaA.

---

[127] Siehe hierzu § 5 Rn. 45 ff.
[128] Siehe hierzu § 5 Rn. 43.
[129] Siehe hierzu § 5 Rn. 64 ff.
[130] Hierzu näher unter § 5 Rn. 671 ff.
[131] Hierzu näher unter § 5 Rn. 179 ff.
[132] Hierzu näher unter § 5 Rn. 232 ff.
[133] Hierzu näher unter § 5 Rn. 244 ff.
[134] Hierzu näher unter § 5 Rn. 220 ff.
[135] Hierzu näher unter § 5 Rn. 259 ff.
[136] Hierzu näher unter § 5 Rn. 509 ff.

Reger

44 **a) Gegenstand des mitgliedschaftlichen Stimmrechts.** Gegenstand des **mitgliedschaftlichen** Stimmrechts sind alle Beschlussgegenstände, die auch in der Kommanditgesellschaft der **Zustimmung der Komplementäre** bedürfen, § 285 Abs. 2 AktG, mithin alle **Grundlagengeschäfte**,[137] insbesondere Satzungsänderungen und der Auflösungsbeschluss,[138] sowie die Zustimmung zu **außergewöhnlichen Geschäftsführungsmaßnahmen**.[139] Die Zustimmung sämtlicher Komplementäre ist gemäß § 286 Abs. 1 S. 2 AktG zudem für die Feststellung des Jahresabschlusses erforderlich.

45 **b) Beschlussfassung, Komplementärversammlung.** Das mitgliedschaftliche Stimmrecht steht jedem Komplementär als individuelles Mitgliedschaftsrecht persönlich zu.[140] Sind mehrere Komplementäre vorhanden, so erfordert die Willensbildung der Gesellschaftergruppe der Komplementäre eine Beschlussfassung aller Komplementäre.[141] Der Gesamtheit aller Komplementäre stehen aber auch keine eigenen Rechte zu, wenn diese kollektiv in einer Komplementärsversammlung handeln.[142] Anders als Beschlüsse der Kommanditaktionäre kommen Beschlüsse der Komplementäre als Gesellschaftergruppe grundsätzlich ohne gesonderte Versammlung durch Einzelabstimmung jedes Komplementärs zustande.[143] Eine besondere Komplementärversammlung ist für die Beschlussfassung nur erforderlich, wenn dies in der Satzung vorgesehen wurde.[144] Auch wenn eine solche in der Satzung vorgesehen ist, können Beschlüsse der Komplementäre ohne Einberufung einer Komplementärversammlung, z. B. im Umlaufverfahren, zustande kommen.[145]

46 Ist eine Komplementärversammlung erforderlich, kann sie grundsätzlich jeder Komplementär einberufen.[146] Ist das Einberufungsrecht durch Satzungsregelung auf einzelne – z.B. auf die geschäftsführungsbefugten – Komplementäre beschränkt, bleibt den übrigen Komplementären zumindest ein Einberufungsrecht

---

[137] Hierzu näher unter § 5 Rn. 89 f.
[138] *Förl/Fett* in Bürgers/Körber AktG § 289 Rn. 4; *Perlitt* in Münch Komm AktG § 289 Rn. 15; *Assmann/Sethe* in GroßKomm AktG § 289 Rn. 19; *Bachmann* in Spindler/Stilz AktG § 285 Rn. 32; *Arnold* in Henssler/Strohn GesellschRe § 285 AktG Rn. 5; *Hüffer/Koch* § 285 Rn. 2.
[139] Hierzu näher unter § 5 Rn. 85.
[140] *Perlitt* in Münch Komm AktG § 278 Rn. 88; *Assmann/Sethe* in GroßKomm AktG § 278 Rn. 53; *Finckh* in Henssler/Strohn GesellschRe § 119 HGB Rn. 11; *Schäfer* in Staub HGB § 119 Rn. 53; *Roth* in Baumbach/Hopt HGB § 119 Rn. 5; BGHZ 20, 363, 364 = NJW 1956, 1198.
[141] § 278 Abs. 2 AktG i.V.m. §§ 161 Abs. 2, 119 Abs. 1 HGB; vgl. *Perlitt* in Münch Komm AktG § 278 Rn. 75; zur OHG: *Roth* in Baumbach/Hopt HGB § 119 Rn. 1; *Schäfer* in Staub HGB § 119 Rn. 53; *Enzinger* in Münch Komm HGB § 119 Rn. 1.
[142] *Perlitt* in Münch Komm AktG § 278 Rn. 88.
[143] Vgl. *Perlitt* in Münch Komm AktG § 278 Rn. 88; zur OHG: *Roth* in Baumbach/Hopt HGB § 119 Rn. 26; *Schäfer* in Staub HGB § 119 Rn. 15; *Koller* in Koller/Kindler/Roth/Morck HGB § 119 Rn. 6.
[144] Vgl. *Förl/Fett* in Bürgers/Körber AktG § 278 Rn. 28; *Perlitt* in Münch Komm AktG § 278 Rn. 88; zur OHG: *Enzinger* in Münch Komm HGB § 119 Rn. 43; *Roth* in Baumbach/Hopt HGB § 119 Rn. 29; *Koller* in HGB § 119 Rn. 6; *Schäfer* in Staub HGB § 119 Rn. 15.
[145] Vgl. zur OHG: BayObLG BB 1987, 711, 713; *Goette* in Ebenroth/Boujong/Joost/Strohn HGB § 119 Rn. 39 ff.; *Enzinger* in Münch Komm HGB § 119 Rn. 44.
[146] Vgl. zur OHG: *Roth* in Baumbach/Hopt HGB § 119 Rn. 29; *Koller* in Koller/Kindler/Roth/Morck HGB § 119 Rn. 6; *Schäfer* in Staub HGB § 119 Rn. 18; *Finckh* in Henssler/Strohn GesellschRe § 119 HGB Rn. 31.

aus wichtigem Grund.¹⁴⁷ Die formalen Voraussetzungen für die Einberufung sowie die Beschlussvoraussetzungen einer Komplementärversammlung sind gesetzlich nicht geregelt; auch insoweit gelten allgemeine personengesellschaftsrechtliche Prinzipien, sofern nicht die Satzung der KGaA besondere Formalien vorschreibt. Ist eine Komplementärsversammlung zur Beschlussfassung in der Satzung vorgeschrieben, steht allen Komplementären ein unentziehbares Teilnahmerecht an der Versammlung zu.¹⁴⁸

Eine Ankündigung der Beschlussgegenstände durch eine Tagesordnung in der Ladung ist – sofern dies nicht in der Satzung vorgesehen ist – nicht erforderlich.¹⁴⁹ Eine Ankündigung durch eine Tagesordnung kann allenfalls unter dem Gesichtspunkt von Treu und Glauben bei überraschenden oder bei schwerwiegenden Beschlussgegenständen erforderlich sein.¹⁵⁰ Allerdings ist immer eine Ladungsfrist zu beachten, die es jedem Komplementär ermöglicht, an der Versammlung teilzunehmen;¹⁵¹ andernfalls würde ihm faktisch das unentziehbare Teilnahmerecht genommen.¹⁵² 47

Beschlüsse der Komplementäre kommen grundsätzlich formfrei zustande. Die Zustimmung der Komplementäre zu Beschlüssen der Hauptversammlung, die zum Handelsregister eingereicht werden müssen, bedarf jedoch der notariellen Beurkundung, § 285 Abs. 3 S. 2 AktG.¹⁵³ Eine gesonderte Komplementärversammlung ist aber auch in diesem Fall nicht zwingend erforderlich,¹⁵⁴ wenn die Komplementäre auf der Hauptversammlung der Kommanditaktionäre anwesend sind. In der Praxis wird der Notar dann während der Hauptversammlung die Komplementäre befragen, ob sie dem Beschluss zustimmen, und die Zustimmungserklärungen in die Niederschrift über die Hauptversammlung aufnehmen. Enthält die Niederschrift über die Hauptversammlung die Feststellung, der Beschluss sei einstimmig angenommen worden, so sind die Anforderungen des § 285 Abs. 3 S. 2 AktG erfüllt, wenn die Niederschrift gleichzeitig die Anwesenheit aller Komplementäre bestätigt.¹⁵⁵ 48

Soweit § 285 Abs. 2 S. 1 AktG die Zustimmung der Komplementäre als Gesellschaftergruppe zu Beschlüssen der Kommanditaktionäre erfordert, ist die Vorschrift nicht dahingehend auszulegen, dass die Komplementäre nur nachträglich 49

---

¹⁴⁷ Vgl. zur Personengesellschaft: BGH NJW 1988, 970; *Koller* in Koller/Kindler/Roth/Morck HGB § 119 Rn. 6; *Finckh* in Henssler/Strohn GesellschRe § 119 HGB Rn. 31; *Enzinger* in Münch Komm HGB § 119 Rn. 49; vgl. *Stengel* in Beck'sches Hdb PersG § 3 Rn. 441.
¹⁴⁸ Vgl. zur oHG: *Goette* in Ebenroth/Boujong/Joost/Strohn HGB § 119 Rn. 36; *Koller* in Koller/Kindler/Roth/Morck HGB § 119 Rn. 6; *Schäfer* in Staub HGB § 119 Rn. 20.
¹⁴⁹ Vgl. zur Personengesellschaft: *Stengel* in Beck'sches Hdb PersG § 3 Rn. 441; *Schäfer* in Staub HGB § 119 Rn. 18.
¹⁵⁰ Vgl. zur Personengesellschaft: BGH NJW 1995, 1353, 1356.
¹⁵¹ Vgl. zur Personengesellschaft: *Stengel* in Beck'sches Hdb PersG § 3 Rn. 442; *Enzinger* in Münch Komm HGB § 119 Rn. 49; *Roth* in Baumbach/Hopt HGB § 119 Rn. 29; *Schäfer* in Staub HGB § 119 Rn. 18.
¹⁵² Vgl. zur oHG: *Goette* in Ebenroth/Boujong/Joost/StrohnHGB § 119 Rn. 36; *Enzinger* in Münch Komm HGB § 119 Rn. 49; *Roth* in Baumbach/Hopt HGB § 119 Rn. 29.
¹⁵³ OLG Stuttgart NZG 2003, 293.
¹⁵⁴ *Perlitt* in Münch Komm AktG § 285 Rn. 54; *Bachmann* in Spindler/Stilz AktG § 285 Rn. 35.
¹⁵⁵ Vgl. aber den Fall bei OLG Stuttgart NZG 2003, 293; *Fett/Förl* NZG 2004, 210; *Perlitt* in Münch Komm AktG § 285 Rn. 54; *Assmann/Sethe* in GroßKomm AktG § 285 Rn. 96; *Mertens/Cahn* in Kölner Komm AktG § 285 Rn. 47.

einen Beschluss der Hauptversammlung billigen können. § 285 Abs. 2 S. 1 AktG sieht vielmehr vor, dass beide Gesellschaftergruppen einen Beschluss fassen müssen, wobei die Reihenfolge der Beschlüsse unerheblich ist.[156]

50   **c) Stimmenzahl.** Mangels abweichender Satzungsbestimmung hat jeder Komplementär eine Stimme,[157] § 119 Abs. 2 HGB. Den praktischen Bedürfnissen entspricht es aber häufig eher, die Stimmenzahl der Komplementäre entsprechend ihrer Sondereinlage, typischerweise bezogen auf ihren Festkapitalanteil, zu gewichten.[158]

51   **d) Beschlussmehrheiten.** Hinsichtlich der Beschlussmehrheiten ist zu unterscheiden zwischen den Mehrheiten, die für das Zustandekommen eines Beschlusses auf der Ebene der einzelnen Gesellschaftergruppen der Komplementäre und der Kommanditaktionäre erforderlich sind, und den Mehrheiten für das Zustandekommen eines Beschlusses auf der Ebene der KGaA. Die Bestimmung der jeweils erforderlichen Beschlussmehrheiten wird dadurch verkompliziert, dass an dieser Stelle personengesellschaftsrechtliche Mehrheitsregelungen und aktienrechtliche Bestimmungen ineinandergreifen.

52   Gemäß § 285 Abs. 2 AktG unterliegen Beschlussgegenstände, bei denen im Recht der Kommanditgesellschaft die Zustimmung aller Gesellschafter erforderlich ist, Personengesellschaftsrecht. Enthält die Satzung keine Regelung, sind demzufolge gemäß §§ 161 Abs. 2, 119 Abs. 1 HGB Beschlüsse auf der Ebene der Gesellschafter von allen zur Beschlussfassung berufenen Gesellschaftern einstimmig zu fassen.[159] Für Beschlussgegenstände, die bereits nach § 278 Abs. 2 AktG personengesellschaftsrechtlichen Regelungen unterfallen, also insbesondere Beschlüsse zur Zustimmung zu außergewöhnlichen Geschäftsführungsmaßnahmen, wiederholt § 285 Abs. 2 S. 1 AktG das in § 119 Abs. 1 HGB verankerte personengesellschaftsrechtliche Einstimmigkeitsprinzip nur noch einmal ausdrücklich für die KGaA.[160]

53   Einstimmigkeit bedeutet bei Beschlüssen auf der Ebene der Gesellschafter der KGaA aber nicht, dass tatsächlich alle Gesellschafter der KGaA individuell für den Beschlussgegenstand gestimmt haben müssen. Dies wäre bei einer Gesellschaft mit einem potentiell unüberschaubar großen Gesellschafterkreis nicht praktikabel. Beschlüsse könnten nicht effektiv gefasst werden. Einstimmigkeit ist bei einer KGaA dahingehend zu verstehen, dass beide Gesellschaftergruppen, also Komplemen-

---

[156] *Assmann/Sethe* in GroßKomm AktG § 285 Rn. 16; *Sethe* S. 123; *Perlitt* in Münch Komm AktG § 285 Rn. 53; *Herfs* in Münch Hdb AG § 79 Rn. 42; vgl. *Bachmann* in Spindler/Stilz AktG § 285 Rn. 38.

[157] Vgl. *Assmann/Sethe* in GroßKomm AktG § 278 Rn. 53; *Perlitt* in Münch Komm AktG § 278 Rn. 75; zur OHG: *Schäfer* in Staub HGB § 119 Rn. 50; *Finckh* in Henssler/Strohn GesellschRe § 119 HGB Rn. 3, 35; *Roth* in Baumbach/Hopt HGB § 119 Rn. 41; BGH NJW 2009, 670.

[158] *Perlitt* in Münch Komm AktG § 278 Rn. 75; *Förl/Fett* in Bürgers/Körber AktG § 278 Rn. 28; zur OHG: *Schäfer* in Staub HGB § 119 Rn. 50; *Finckh* in Henssler/Strohn GesellschRe § 119 HGB Rn. 35; *Roth* in Baumbach/Hopt HGB § 119 Rn. 41; BGH NJW 2009, 670.

[159] *Assmann/Sethe* in GroßKomm AktG § 278 Rn. 54; *Assmann/Sethe* in GroßKomm AktG § 285 Rn. 60; *Förl/Fett* in Bürgers/Körber AktG § 278 Rn. 28; *Perlitt* in Münch Komm AktG § 278 Rn. 75; zur OHG: *Roth* in Baumbach/Hopt HGB § 119 Rn. 33; *Schäfer* in Staub HGB § 119 Rn. 1.

[160] Zur Bedeutung des § 285 Abs. 2 S. 1 AktG: *Perlitt* in Münch Komm AktG § 285 Rn. 39; ausführlich *Sethe* S. 122 f.

täre einerseits und Kommanditaktionäre andererseits, dem Beschlussgegenstand zugestimmt haben müssen.[161] Innerhalb dieser Gesellschaftergruppen kommen Beschlüsse der Komplementäre mit personengesellschaftsrechtlichen Beschlussmehrheiten[162] zustande, Beschlüsse der Kommanditaktionäre hingegen mit den allgemeinen, für die Beschlussfassung der Aktionäre geltenden aktienrechtlichen Beschlussmehrheiten,[163] also insbesondere nach Maßgabe von §§ 133 Abs. 1, 179 Abs. 2, 182 Abs. 1, 193 Abs. 1, 202 Abs. 2, 207 Abs. 2 S. 1, 222 Abs. 1, 229 Abs. 3, 237 Abs. 2, Abs. 4, 262 Abs. 1 Nr. 2, 274 Abs. 1, 293 Abs. 1, 319 Abs. 2, 320 Abs. 1 AktG.

Beschlüsse der Gesellschaftergruppe der Komplementäre kommen in Ermangelung abweichender Satzungsbestimmungen gemäß § 119 Abs. 1 HGB bei allen Beschlussgegenständen nur zustande, wenn **alle** Komplementäre der KGaA **für** den jeweiligen Beschlussgegenstand stimmen. Stimmt ein Komplementär nicht ab oder enthält sich ein Komplementär seiner Stimme, wirkt sich das wie eine Gegenstimme aus.[164] Aus diesem Grund ist bei mehreren Komplementären anzuraten, in der Satzung eine Mehrheitsentscheidung vorzusehen,[165] soweit für den konkreten Beschlussgegenstand im Rahmen des Bestimmtheitsgrundsatzes[166] und der Kernbereichslehre[167] Mehrheitsbeschlüsse zulässig sind. Mehrheitsbeschlüsse sind auch ohne Satzungsbestimmung zulässig, wenn vor der Beschlussfassung alle Komplementäre dieser Änderung der Beschlussmehrheiten zustimmen[168] und es sich nicht um Beschlüsse über unverzichtbare Kernmitgliedschaftsrechte handelt.

Beschlüsse auf der Ebene der KGaA kommen somit in Ermangelung abweichender Satzungsbestimmungen immer dann, wenn nach dem Recht der Kommanditgesellschaft die Zustimmung aller Gesellschafter erforderlich wäre, durch Zustimmung aller persönlich haftender Gesellschafter der KGaA und durch die Zustimmung der Gesamtheit der Kommanditaktionäre zustande. Die für den Beschluss der Kommanditaktionäre erforderliche Mehrheit bestimmt sich nach den für den konkreten Beschlussgegenstand aktienrechtlich erforderlichen Mehrheiten.

e) Reichweite der Satzungsautonomie. Das Stimmrecht der Komplementäre unterliegt der personengesellschaftsrechtlichen Satzungsautonomie und kann

---

[161] So auch *Sethe* S. 123 in Fn. 61; vgl. *Bachmann* in Spindler/Stilz AktG § 278 Rn. 19; *Perlitt* in Münch Komm AktG § 278 Rn. 177.

[162] Also gemäß § 119 Abs. 1 HGB grundsätzlich einstimmig.

[163] *Assmann/Sethe* in GroßKomm AktG § 278 Rn. 99; § 285 Rn. 63; *Perlitt* in Münch Komm AktG § 278 Rn. 177; nicht differenzierend *Bachmann* in Spindler/Stilz AktG § 278 Rn. 19; a.A. *Wichert* AG 1999, 362, 365, der hinsichtlich der anzuwendenden aktienrechtlichen Mehrheit danach differenzieren will, ob der Beschlussgegenstand Personengesellschaftsrecht oder Aktienrecht unterfällt.

[164] *Perlitt* in Münch Komm AktG § 278 Rn. 177; *Schäfer* in Staub HGB § 119 Rn. 49; *Roth* in Baumbach/Hopt HGB § 119 Rn. 41; *Westermann* in Erman BGB § 709 Rn. 32; *Enzinger* in Münch Komm HGB § 119 Rn. 5.

[165] Zur Zulässigkeit sogleich, vgl. auch *Assmann/Sethe* in GroßKomm AktG § 278 Rn. 54; *Perlitt* in Münch Komm AktG § 278 Rn. 75; *Förl/Fett* in Bürgers/Körber AktG § 278 Rn. 28.

[166] Siehe oben § 5 Rn. 15 ff.

[167] Siehe oben § 5 Rn. 12 ff.

[168] Vgl. zur OHG: *Roth* in Baumbach/Hopt HGB § 119 Rn. 34; *Enzinger* in Münch Komm HGB § 119 Rn. 5; *Finckh* in Henssler/Strohn GesellschRe § 119 HGB Rn. 37.

daher im Rahmen von Bestimmtheitsgrundsatz[169] und Kernbereichslehre[170] durch entsprechende Satzungsgestaltungen modifiziert und teilweise im Wege der antizipierten Zustimmung sogar ganz abbedungen werden.[171] Die Kommanditaktionäre entscheiden dann in der Hauptversammlung allein über die entsprechenden Beschlussgegenstände. Hinsichtlich der Zulässigkeit derartiger Satzungsgestaltungen ist zwischen Satzungsgestaltungen zu unterscheiden, welche die Zustimmung der Komplementäre durch antizipierte Zustimmung in der Satzung faktisch abbedingen,[172] und Klauseln, die zwar eine gesonderte Zustimmung der Komplementäre vorsehen, für diese Zustimmung aber einen Mehrheitsbeschluss der Komplementäre genügen lassen, mithin lediglich das Zustimmungserfordernis aller Komplementäre abbedingen.

57 Nach den vom BGH für Publikumskommanditgesellschaften entwickelten und nunmehr wohl generell im Personengesellschaftsrecht geltenden Grundsätzen[173] findet der Bestimmtheitsgrundsatz nur Anwendung, soweit die Mehrheitsklausel mehrheitsfeste und stimmrechtsfeste Kernbereichsrechte betrifft. Somit findet der Bestimmtheitsgrundsatz auch bei der KGaA außerhalb des Kernbereichs der Mitgliedschaft keine Anwendung.[174] Mehrheitsklauseln sind hier somit unbeschränkt zulässig. Generell gilt:

- Mehrheitsklauseln, welche die Kernmitgliedschaftsrechte und Pflichten der Gesellschafter berühren,[175] sind – soweit es sich nicht um unverzichtbare Kernmitgliedschaftsrechte handelt – nur wirksam, wenn der konkrete Beschlussgegenstand, welcher der Mehrheitsklausel unterfallen soll, eindeutig aus der Satzung zu entnehmen ist.[176] Wird der Bestimmtheitsgrundsatz beachtet, ist es zulässig, die Zustimmung der persönlich haftenden Gesellschafter ganz abzubedingen, d. h. in der Satzung zu antizipieren oder, als minus, eine Mehrheitsentscheidung der persönlich haftenden Gesellschafter ausreichen zu lassen.
- Generelle Mehrheitsklauseln für Änderungen der Satzung sind wirksam für Satzungsänderungen, welche die Kernmitgliedschaftsrechte der persönlich haftenden Gesellschafter unberührt lassen. Hierzu zählen z. B. Änderungen der Firma, des Sitzes oder des Geschäftsjahres.[177]
- Hingegen erfordern Mehrheitsklauseln zur Entscheidung über Grundlagengeschäfte oder strukturverändernde Maßnahmen,[178] also auch Entscheidungen, die eine Änderung der Satzung erfordern oder sonstige gesellschafterliche Rech-

---

[169] Siehe hierzu § 5 Rn. 15 ff.
[170] Siehe hierzu § 5 Rn. 12 ff.
[171] Vgl. *Assmann/Sethe* in GroßKomm AktG § 285 Rn. 69; *Mertens* in Kölner Komm AktG § 285 Rn. 17; zur OHG: *Finckh* in Henssler/Strohn GesellschRe § 119 HGB Rn. 20; *Schäfer* in Staub HGB § 119 Rn. 66.
[172] *Schäfer* in Staub HGB § 119 Rn. 66; vgl. auch *Assmann/Sethe* in GroßKomm AktG § 285 Rn. 69.
[173] Vgl. § 5 Rn. 18 f.
[174] Ausführlich hierzu § 5 Rn. 15 ff.
[175] BGH NJW 1985, 2830, 2831.
[176] Vgl. zur Personengesellschaft: BGHZ 85, 356 = NJW 1983, 1056; *Goette* in Ebenroth/Boujong/Joost/Strohn HGB § 119 Rn. 59; *Roth* in Baumbach/Hopt HGB § 119 Rn. 37a; *Schäfer* in Staub HGB § 119 Rn. 44.
[177] So jedenfalls Aufzählung bei *Hennerkes/Binz* BB 1983, 713, 716; vgl. *Schäfer* in Staub HGB § 119 Rn. 46.
[178] Hierzu *Assmann/Sethe* in GroßKomm AktG § 285 Rn. 54; vgl. *Schäfer* in Staub HGB § 119 Rn. 42.

te tangieren[179] – vorbehaltlich der Beachtung des Kernbereichs der Mitgliedschaft – **keine** Beachtung des Bestimmtheitsgrundsatzes.[180]
- Durch Satzungsregelung nicht antizipiert werden kann die Zustimmung der Komplementäre bei Beschlüssen betreffend die Auflösung der Gesellschaft,[181] da dieser Beschlussgegenstand die Mitgliedschaft aller Gesellschafter in ihrem Bestand trifft. Hingegen kann die Zustimmung der Komplementäre zur Fortsetzung einer sich in Abwicklung befindlichen Gesellschaft bereits in der Satzung erteilt werden.[182] Ebenfalls nicht antizipiert erteilt werden kann die Zustimmung sämtlicher Komplementäre zur Feststellung des Jahresabschlusses gemäß § 286 Abs. 1 S. 2 AktG.[183]

Ist demnach die Zustimmung der Komplementäre zur Wirksamkeit eines Beschlusses erforderlich, kann die gesellschafterliche **Treuepflicht** wiederum die Zustimmung bedingen, wenn die Zustimmung im Interesse der KGaA objektiv geboten und den einzelnen Komplementären auch zumutbar ist.[184] Erfolgt die Zustimmung nicht, kann diese im Klageweg von der KGaA, vertreten durch den Aufsichtsrat, gegen den nicht zustimmungswilligen Komplementär geltend gemacht werden.[185] Die treupflichtwidrige Verweigerung der Zustimmung kann einen wichtigen Grund i.S.d. § 140 HGB darstellen, der einen Ausschluss des betreffenden Komplementärs rechtfertigt,[186] und Grundlage von Schadensersatzansprüchen sein.[187]

f) Stimmrechtsausschluss. Neben den gesetzlichen Stimmverboten des § 285 Abs. 1 AktG für aktienbesitzende Komplementäre in der Hauptversammlung bestehen auch Stimmverbote für Beschlussfassungen innerhalb der Gesellschaftergruppe der Komplementäre. Diese werden überwiegend aus einer analogen Anwendung der §§ 113 Abs. 2 HGB, 136 Abs. 1 AktG, 43 Abs. 6 GenG und §§ 47 GmbHG i.V.m. 278 Abs. 2 AktG abgeleitet.[188]

58

59

Anerkannt ist ein Stimmrechtsausschluss bei folgenden Beschlüssen der Komplementäre:

60

---

[179] *Assmann/Sethe* in GroßKomm AktG § 285 Rn. 54.
[180] Vgl. § 5 Rn. 92; BGHZ 170, 283, 286 ff.= NJW 2007, 1685, 1686 f.; BGHZ 179, 13, 20 = NJW 2009, 669, 671; a.A. *Assmann/Sethe* in GroßKomm AktG § 285 Rn. 54, 71 und *Sethe* S. 125.
[181] *Assmann/Sethe* in GroßKomm AktG § 285 Rn. 74; *Schäfer* in Staub HGB § 119 Rn. 42; a.A. *Barz* in GroßKomm AktG § 285 Rn. 8.
[182] *Perlitt* in MünchKomm AktG § 290 Rn. 23; *Sethe* ZIP 1138, 1141; a.A. *Schäfer* in Staub HGB § 119 Rn. 66.
[183] *Perlitt* in MünchKomm AktG § 285 Rn. 44; *Assmann/Sethe* in GroßKomm AktG § 286 Rn. 6, 8; vgl. auch *Mertens/Cahn* in Kölner Komm AktG § 285 Rn. 38; a.A. *Schäfer* in Staub HGB § 119 Rn. 40.
[184] *Assmann/Sethe* in GroßKomm AktG § 285 Rn. 65; *Perlitt* in MünchKomm AktG § 285 Rn. 61.
[185] Vgl. *Assmann/Sethe* in GroßKomm AktG § 285 Rn. 65; *Perlitt* in MünchKomm AktG § 285 Rn. 61; *Mertens/Cahn* in Kölner Komm AktG § 285 Rn. 49.
[186] *Assmann/Sethe* in GroßKomm AktG § 285 Rn. 65; *Mertens/Cahn* in Kölner Komm AktG § 285 Rn. 49; *Perlitt* in MünchKomm AktG § 285 Rn. 62.
[187] Ausführlich hierzu unter § 5 Rn. 69 ff.
[188] Vgl. BGH BB 1974, 996; BGH WM 1983, 60; *Assmann/Sethe* in GroßKomm AktG § 285 Rn. 39; *K. Schmidt* in K. Schmidt/Lutter AktG § 285 Rn. 21 ff.; *Förl/Fett* in Bürgers/Körber AktG § 278 Rn. 27; *Roth* in Baumbach/Hopt HGB § 119 Rn. 8; *Enzinger* in MünchKomm HGB § 119 Rn. 30; *Emmerich* in Heymann HGB § 119 HGB Rn. 21.

- gerichtliche oder außergerichtliche Geltendmachung eines Anspruchs gegen einen persönlich haftenden Gesellschafter;
- Einleitung oder Erledigung eines Rechtsstreits zwischen der Gesellschaft und einem persönlich haftenden Gesellschafter;[189]
- Entlastung oder Befreiung eines persönlich haftenden Gesellschafters von einer Verbindlichkeit gegenüber der Gesellschaft;
- Vornahme eines Rechtsgeschäfts mit einem persönlich haftenden Gesellschafter.[190]

61 Die Stimmverbote umfassen auch Umgehungen durch Zwischenschaltung von Vertretern, Treuhändern oder sonstigen Dritten.[191]

62 Dem jeweils von dem Stimmrechtsausschluss betroffenen Komplementär steht weder ein Stimmrecht noch ein Widerspruchsrecht nach § 115 Abs. 1 2. HS HGB zu.[192]

63 Die vorgenannten Stimmverbote wirken sich bei aktienbesitzenden Komplementären auch auf ihr Stimmrecht in der Hauptversammlung aus, sofern es für diesen Beschlussgegenstand einer Zustimmung der Hauptversammlung bedarf und dieser nicht bereits einem der aktienrechtlichen Stimmverbote unterfällt.[193]

2. Informations- und Kontrollrechte

64 Jedem Komplementär steht nach § 278 Abs. 2 AktG, §§ 161 Abs. 2, 118 Abs. 1 HGB ein umfassendes Informations- und Kontrollrecht gegen die Gesellschaft zu. Es ermöglicht insbesondere den von der Geschäftsführung ausgeschlossenen Komplementären, sich von der Entwicklung der Gesellschaft persönlich zu unterrichten und die gemeinsame Zweckverfolgung durch die Gesellschafter und die Einhaltung der diese treffenden Sorgfaltspflichten zu kontrollieren.[194] Das Informationsrecht ist auf die persönliche Einsichtnahme in die Bücher der Gesellschaft einschließlich der mittels EDV gespeicherten Daten gerichtet und umfasst über den auf die Anfertigung einer Bilanz und eines Jahresabschlusses beschränkten Wortlaut des § 118 Abs. 1 2. HS HGB hinaus die Befugnis, sich von den eingesehenen Unterlagen und Daten Abschriften oder Kopien anzufertigen; dabei ist es unerheblich, ob sich die Kopien auf die Bilanzierung oder den Jahresabschluss beziehen.[195]

---

[189] Vgl. insbesondere das Stimmverbot des Komplementärs, dem die Geschäftsführungs- und/oder Vertretungsbefugnis entzogen werden soll; siehe hierzu ausführlich § 5 Rn. 182 ff.

[190] *Roth* in Baumbach/Hopt HGB § 119 Rn. 8; *Assmann/Sethe* in GroßKomm AktG § 285 Rn. 40; *Perlitt* in Münch Komm AktG § 285 Rn. 38.

[191] *Roth* in Baumbach/Hopt HGB § 119 Rn. 8; *Emmerich* in Heymann HGB § 119 Rn. 21; *Assmann/Sethe* in GroßKomm AktG § 285 Rn. 40; *Perlitt* in Münch Komm AktG § 285 Rn. 19; *Arnold* in Henssler/Strohn GesellschRe § 285 AktG Rn. 4; *Bachmann* in Spindler/Stilz AktG § 285 Rn. 23.

[192] *Assmann/Sethe* in GroßKomm AktG § 285 Rn. 41; *Perlitt* in Münch Komm AktG § 278 Rn. 325; *Förl/Fett* in Bürgers/Körber AktG § 278 Rn. 27.

[193] *Assmann/Sethe* in GroßKomm AktG § 285 Rn. 42; *Mertens/Cahn* in Kölner Komm AktG § 285 Rn. 11.

[194] *Förl/Fett* in Bürgers/Körber AktG § 278 Rn. 29; *Schäfer* in Staub HGB § 118 Rn. 1; *Mayen* in Ebenroth/Boujong/Joost/Strohn HGB § 118 Rn. 1; *Finckh* in Henssler/Strohn GesellschRe § 118 HGB Rn. 1–3; *Koller* in Koller/Kindler/Roth/Morck HGB § 118 Rn. 1.

[195] *Mayen* in Ebenroth/Boujong/Joost/Strohn HGB § 118 Rn. 27; *Schäfer* in Staub HGB § 118 Rn. 22; *Roth* in Baumbach/Hopt HGB § 118 Rn. 4; *Enzinger* in Münch Komm HGB § 118 Rn. 9.

Der Komplementär darf ferner zur Ausübung seiner Rechte die Geschäftsräume der Gesellschaft betreten und sich einen persönlichen Eindruck von den Waren- und Kassenbeständen verschaffen.[196]

Das Informationsrecht der Komplementäre umfasst kein Recht auf Auskunft durch die geschäftsführenden Gesellschafter. Ein solches Auskunftsrecht steht nur der KGaA nach § 278 Abs. 2 AktG i. V. m. §§ 161 Abs. 2, 105 Abs. 3 HGB, §§ 713, 666 BGB zu, nicht aber dem einzelnen Komplementär.[197] Der einzelne Komplementär kann den Auskunftsanspruch der Gesellschaft allerdings im Wege der *actio pro socio* geltend machen.[198] 65

Nur für den Fall, dass sich der Komplementär aus den eingesehenen Unterlagen und Daten kein geeignetes Bild über die Angelegenheiten der Gesellschaft verschaffen kann, steht ihm ein ergänzender Auskunftsanspruch zu.[199] Fehlender Sachverstand des Gesellschafters genügt zur Begründung dieses ergänzenden Auskunftsanspruchs allerdings nicht; erforderlich ist vielmehr, dass sich der Komplementär aufgrund der Komplexität des vorhandenen Datenmaterials, seiner Lückenhaftigkeit oder Widersprüchlichkeit die angestrebte Klarheit über die Belange der Gesellschaft nicht verschaffen kann und die Erteilung der Auskunft den geschäftsführenden Gesellschaftern ohne weiteres möglich und zumutbar ist.[200] 66

Das Informations- und Kontrollrecht der Komplementäre kann durch die Satzung der KGaA näher ausgestaltet oder eingeschränkt werden. Ein vollständiger Ausschluss dieses Rechts ist jedoch nach § 118 Abs. 2 HGB nicht möglich, da dem Komplementär zumindest im Falle eines wichtigen Grundes ein Informations- und Kontrollrecht als unverzichtbarer Kernbereich seiner Mitgliedschaft verbleiben muss.[201] 67

3. Actio pro socio

Mit der *actio pro socio* kann der Komplementär einer KGaA Sozialansprüche[202] der Gesellschaft gegen die Gesellschafter im Rahmen einer gesetzlichen Prozessstandschaft geltend machen.[203] Das Recht zur Erhebung der actio pro socio kann 68

---

[196] *Mayen* in Ebenroth/Boujong/Joost/StrohnHGB § 118 Rn. 12; *Roth* in Baumbach/Hopt HGB § 118 Rn. 4; *Schäfer* in Staub HGB § 118 Rn. 21.
[197] BGHZ 14, 53, 60 = NJW 1954, 1564; *K. Schmidt* Informationsrechte in Gesellschaften und Verbänden S. 63 f.; *Schäfer* in Staub HGB § 118 Rn. 24; a. A. *Emmerich* in Heymann HGB § 118 Rn. 5; *Schiessl* GmbHR 1985, 109, 110 f.
[198] Zur *actio pro socio* des Komplementärs siehe § 5 Rn. 671 ff.; siehe auch *Roth* in Baumbach/Hopt HGB § 118 Rn. 12; *Mayen* in Ebenroth/Boujong/Joost/StrohnHGB § 118 Rn. 41.
[199] BGHZ 14, 53, 60 = NJW 1954, 1564; BGH WM 1983, 910, 911; *Schäfer* in Staub HGB § 118 Rn. 25; *Koller* in Koller/Kindler/Roth/Morck HGB § 118 Rn. 3.
[200] *Schäfer* in Staub HGB § 118 Rn. 25; *Roth* in Baumbach/Hopt HGB § 118 Rn. 7; *Enzinger* in Münch Komm HGB § 118 Rn. 11.
[201] *Schäfer* in Staub HGB § 118 Rn. 3; *Mayen* in Ebenroth/Boujong/Joost/StrohnHGB § 118 Rn. 33, 150; *Enzinger* in Münch Komm HGB § 118 Rn. 32; vgl. *Kindler* in Koller/Kindler/Roth/Morck HGB § 118 Rn. 4; *Finckh* in Henssler/Strohn GesellschRe § 118 HGB Rn. 31.
[202] Zum Begriff: *Ulmer/Schäfer* in Münch Komm BGB § 705 Rn. 204; Bspw. Anspruch auf Erbringung der Einlage, Ansprüche aus fehlerhafter Geschäftsführung.
[203] Siehe hierzu § 5 Rn. 671 ff.

als unentziehbares Mitgliedschaftsrecht in der Satzung nicht entzogen, wohl aber beschränkt werden.[204]

4. Innenhaftung

69 Eine Haftung der persönlich haftenden Gesellschafter gegenüber der KGaA kann sich – unabhängig von einer etwaigen Geschäftsführungstätigkeit – aufgrund verschiedener Haftungsgrundlagen ergeben. Auf die Komplementäre sind zunächst verschiedene **aktienrechtliche** Haftungsnormen anwendbar, auf die § 283 AktG direkt verweist oder die über § 278 Abs. 3 AktG in Bezug genommen werden. Neben diesen aktienrechtlichen Haftungsgrundlagen kommt eine Haftung aber auch wegen der Verletzung **personengesellschaftsrechtlicher** Normen und Grundsätze, insbesondere bei Verletzung der gesellschafterlichen Treuepflicht, in Frage.

70 Zu den **aktienrechtlichen** Haftungsnormen, denen unabhängig von ihrer Geschäftsführungs- und Vertretungsbefugnis alle persönlich haftenden Gesellschafter unterliegen, zählen namentlich die Haftungstatbestände für die Gründung (§ 48 AktG) und die Nachgründung (§ 53 AktG). Daneben kann ein Komplementär wegen schädigender Beeinflussung eines anderen Organmitglieds nach hL gemäß § 117 Abs. 1 AktG oder als Organmitglied, das sich beeinflussen ließ, gemäß § 117 Abs. 2 AktG haftbar gemacht werden.[205] Für die Anwendbarkeit des § 117 AktG genügt die durch die Komplementäreigenschaft gewährte faktische Machtstellung,[206] Geschäftsführungs- oder Vertretungsbefugnis ist nicht erforderlich.[207]

71 Eine **personengesellschaftsrechtliche** Haftung gegenüber der KGaA durch Verletzung der gesellschafterlichen Treuepflicht kann sich vor allem unter zwei Gesichtspunkten ergeben:

72 Mangels abweichender Satzungsbestimmungen bedürfen außergewöhnliche Geschäftsführungsmaßnahmen i. S. v. § 116 Abs. 2 HGB der Zustimmung aller Gesellschafter, d.h. bei einer KGaA aller Komplementäre[208] und der Gesamtheit der Kommanditaktionäre. Verweigert ein Komplementär seine erforderliche Zustimmung treuwidrig, so kann er auf Zustimmung verklagt werden.[209]

73 Räumt die Satzung den Komplementären die Befugnis ein, die korporative Grundlage der Gesellschaft zu verändern, beispielsweise durch die Befugnis, ohne Zustimmung der Kommanditaktionäre Grundlagengeschäfte vorzunehmen, so kann die Vornahme eines derartigen Grundlagengeschäftes eine Verletzung der

---

[204] *K. Schmidt* in Münch Komm HGB § 119 Rn. 199; *Roth* in Baumbach/Hopt HGB § 109 Rn. 37; *Wertenbruch* in Ebenroth/Boujong/Joost/StrohnHGB § 105 Rn. 150; offengelassen BGH NJW 1985, 2830, 2831.
[205] *Assmann/Sethe* in GroßKomm AktG § 283 Rn. 17; *Mertens/Cahn* in Kölner Komm AktG § 283 Rn. 9; *Bachmann* in Spindler/Stilz AktG § 283 Rn. 9; differenzierend, dh nur für geschäftsführungsbefugte Komplementäre *Perlitt* in Münch Komm AktG § 283 Rn. 19.
[206] Vgl. *Hüffer/Koch* § 117 Rn. 3; *Spindler* in Münch Komm AktG § 117 Rn. 10; *Finckh* in Henssler/Strohn GesellschR § 117 HGB Rn. 2; *Leuering/Goertz* in Hölters AktG § 117 Rn. 3; *Mertens/Cahn* in Kölner Komm AktG § 117 Rn. 13 f.; Brüggemeier AG 1988, 93, 95.
[207] *Assmann/Sethe* in GroßKomm AktG § 283 Rn. 17.
[208] Vgl. *Perlitt* in Münch Komm AktG § 278 Rn. 177; *Bachmann* in Spindler/Stilz AktG § 278 Rn. 61; *Arnold* in Henssler/Strohn GesellschRe § 278 AktG Rn. 10; *Hüffer/Koch* § 278 Rn. 13.
[209] *Assmann/Sethe* in GroßKomm AktG § 278 Rn. 134; *Schäfer* in Staub HGB § 105 Rn. 244.

Treuepflicht des Komplementärs darstellen, wenn die Gesellschaft dadurch in ihrer Struktur verändert wird.[210]

Ist aufgrund der Satzung ein Mehrheitsentscheid auf Seiten der Komplementäre ausreichend, so verletzen diejenigen Komplementäre, die gegen die schadensstiftende Maßnahme gestimmt haben, ihre Treuepflicht nicht.[211] Bei dem Beschluss der Komplementäre handelt es sich nicht um einen Beschluss des Organs, sondern um die Summe der individuellen Stimmrechte der Komplementäre. Da eine Haftung wegen Treuepflichtverletzung nur aufgrund eines individuell zurechenbaren Stimmverhaltens erwachsen kann, haften diejenigen Komplementäre, die gegen die schadensstiftende Maßnahme gestimmt haben, nicht. Die Komplementäre haften im Falle einer Treupflichtverletzung nach dem erleichterten Haftungsmaßstab der § 278 Abs. 2 AktG i.V.m. §§ 161 Abs. 2, 105 Abs. 3 HGB, § 708 BGB nur für eigenübliche Sorgfalt. **74**

II. Rechte und Pflichten auf organschaftlicher Ebene

Im Unterschied zu den mitgliedschaftlichen Rechten der Komplementäre einer KGaA setzen die Rechte und Pflichten der Komplementäre auf organschaftlicher Ebene die Befugnis des einzelnen Komplementärs zur Geschäftsführung und/oder Vertretung voraus. **75**

1. Geschäftsführung

a) Personengesellschaftsrechtliches Regelungsregime. Die Geschäftsführung der KGaA ist Aufgabe der persönlich haftenden Gesellschafter. Diese bilden kraft ihrer Gesellschafterstellung das Geschäftsführungsorgan der KGaA. Im Gegensatz zum Vorstand einer Aktiengesellschaft, der seine Organstellung einem gesonderten Bestellungsakt des Aufsichtsrates verdankt, handelt es sich bei den persönlich haftenden Gesellschaftern um **geborene Mitglieder** des Geschäftsführungs- und Vertretungsorgans der KGaA.[212] In der KGaA verfügt der Aufsichtsrat somit über keine Personalkompetenz für das Geschäftsführungs- und Vertretungsorgan. Vielmehr sind vorbehaltlich abweichender Bestimmungen in der Satzung alle persönlich haftenden Gesellschafter ohne weiteren Bestellungsakt und ohne zeitliche Beschränkung geschäftsführungs- und vertretungsbefugt.[213] **76**

Die nähere Ausgestaltung der Geschäftsführung der KGaA richtet sich gemäß § 278 Abs. 2 AktG nach **Personengesellschaftsrecht**[214] und unterliegt da- **77**

---

[210] *Assmann/Sethe* in GroßKomm AktG § 278 Rn. 120; *Heermann* ZGR 2000, 61, 83.
[211] Allerdings müssen sie ihr Widerspruchsrecht ausüben, wenn der Schaden abzusehen war, vgl. *Assmann/Sethe* in GroßKomm AktG § 278 Rn. 127.
[212] Vgl. *K. Schmidt* in K. Schmidt/Lutter AktG § 278 Rn. 38; *Förl/Fett* in Bürgers/Körber AktG § 278 Rn. 38; *Herfs* in Münch Hdb AG § 79 Rn. 2; *Bachmann* in Spindler/Stilz AktG § 278 Rn. 53; *Müller-Michaels* in Hölters AktG § 278 Rn. 8 f.
[213] *Herfs* in Münch Hdb AG § 78 Rn. 2; *Förl/Fett* in Bürgers/Körber AktG § 278 Rn. 38; *Bachmann* in Spindler/Stilz AktG § 278 Rn. 54; *Arnold* in Henssler/Strohn GesellschR § 278 AktG Rn. 10 f.; *Müller-Michaels* in Hölters AktG § 278 Rn. 8 f.
[214] Hierzu § 3 Rn. 7 ff.

mit personengesellschaftsrechtlicher **Satzungsautonomie** und deren Grenzen.[215] Maßgebendes Regelungsregime sind gemäß § 278 Abs. 2 AktG die Vorschriften der §§ 164, 161 Abs. 2, 114 bis 118 HGB.[216] Daher ist es auch möglich, nicht voll Geschäftsfähige als Komplementäre mit Geschäftsführungsbefugnissen aufzunehmen.[217] Dies ist im Personengesellschaftsrecht anerkannt.[218] Soweit die Übertragung der Erkenntnisse des Personengesellschaftsrechts mit dem Hinweis auf § 76 Abs. 3 AktG verneint wird, geht dieser Hinweis fehl. Wegen der klaren Verweisung auf das Personengesellschaftsrecht bei Geschäftsführungsfragen in § 278 Abs. 2 AktG ist der Weg über § 278 Abs. 3 AktG in das erste Buch des AktG und damit auf § 76 Abs. 3 AktG versperrt.[219]

78   Neben dem Bestimmtheitsgrundsatz und der Kernbereichslehre ist bei der Ausgestaltung der Geschäftsführungs- und Vertretungsregelungen der KGaA der Grundsatz der **Selbstorganschaft** zu beachten. Dies bedeutet, dass die organschaftliche Geschäftsführungs- und Vertretungsbefugnis zwingend einem Komplementär zustehen muss; die Übertragung der organschaftlichen[220] Geschäftsführungs- und Vertretungsbefugnis auf einen außenstehenden Dritten ist nicht zulässig.[221]

79   **b) Art und Umfang der Geschäftsführungsbefugnis.** In der KGaA liegt die Geschäftsführung bei den Komplementären.[222] Ohne abweichende Satzungsregelung ist gemäß §§ 114 Abs. 1, 115 Abs. 1 HGB jeder Komplementär einzelgeschäftsführungsbefugt. Wurde gemäß §§ 278 Abs. 2 AktG i. V. m. 161 Abs. 2, 115 Abs. 2 HGB in der Satzung Gesamtgeschäftsführung vereinbart, entscheidet die Gesamtheit der Komplementäre über alle laufenden Geschäftsführungsmaßnahmen. Gleiches gilt, jedenfalls soweit die Satzung nichts Abweichendes regelt, gemäß § 278 Abs. 2 AktG i. V. m. §§ 161 Abs. 2, 116 Abs. 2 HGB für die Zustimmung der Komplementäre zu außergewöhnlichen Geschäftsführungsmaßnahmen.[223]

80   Der Umfang der Geschäftsführungsbefugnis der geschäftsführenden Komplementäre erstreckt sich grundsätzlich auf alle Handlungen, die der **gewöhnliche**

---

[215] *Perlitt* in Münch Komm AktG Vor § 278 Rn. 31, § 278 Rn. 219 ff.; *K. Schmidt* in K. Schmidt/Lutter AktG § 278 Rn. 36; *Förl/Fett* in Bürgers/Körber AktG § 278 Rn. 39.

[216] *Assmann/Sethe* in GroßKomm AktG § 278 Rn. 103; *Bachmann* in Spindler/Stilz AktG § 278 Rn. 53; *Müller-Michaels* in Hölters AktG § 278 Rn. 14; *Arnold* in Henssler/Strohn GesellschRe § 278 AktG Rn. 9; *Hüffer/Koch* § 278 Rn. 11.

[217] *Assmann/Sethe* in GroßKomm AktG § 278 Rn. 22 ff.; *Perlitt* in Münch Komm AktG § 278 Rn. 24 f.; *Müller-Michaels* in Hölters AktG § 278 Rn. 12; *Bachmann* in Spindler/Stilz AktG § 278 Rn. 39; *Hüffer/Koch* § 278 Rn. 7.

[218] Vgl. nur *Koller* in Koller/Kindler/Roth/Morck HGB § 114 Rn. 3; *Mayen* in Ebenroth/Boujong/Joost/Strohn HGB § 114 Rn. 10; *Finckh* in Henssler/Strohn GesellschRe § 114 HGB Rn. 13; *Roth* in Baumbach/Hopt HGB § 114 Rn. 4.

[219] So zu Recht *Assmann/Sethe* in GroßKomm AktG § 278 Rn. 24; vgl. zum Verhältnis § 278 Abs. 2 und Abs. 3 *Fett/Förl* NZG 2004, 210, 211; *Förl/Fett* in Bürgers/Körber AktG § 278 Rn. 4–9; *Bachmann* in Spindler/Stilz AktG § 278 Rn. 22–27.

[220] Zur rechtsgeschäftlichen Vertretungsbefugnis siehe unter § 5 Rn. 93 ff.

[221] *Perlitt* in Münch Komm AktG § 278 Rn. 228 f.; *Förl/Fett* in Bürgers/Körber AktG § 278 Rn. 46; *Herfs* in Münch Hdb AG § 79 Rn. 3.

[222] *Hüffer/Koch* § 278 Rn. 11; *Mertens/Cahn* in Kölner Komm AktG § 278 Rn. 28; *Förl/Fett* in Bürgers/Körber AktG § 278 Rn. 38; *Bachmann* in Spindler/Stilz AktG § 278 Rn. 54; *Arnold* in Henssler/Strohn GesellschRe § 278 AktG Rn. 10 f.; *Müller-Michaels* in Hölters AktG § 278 Rn. 8 f.

[223] Hierzu näher unter § 5 Rn. 85 ff.

Betrieb des Handelsgewerbes der Gesellschaft mit sich bringt, § 116 Abs. 1 HGB. Die Kommanditaktionäre sind in entsprechender Anwendung von § 164 HGB von der laufenden Geschäftsführung ausgeschlossen.[224] Nicht von dem normalen Umfang der Geschäftsführungsbefugnis umfasst sind **außergewöhnliche** Geschäftsführungsmaßnahmen[225] und **Grundlagengeschäfte**.[226] In beiden Fällen bedarf es – vorbehaltlich abweichender Satzungsgestaltung – der Zustimmung der übrigen Komplementäre und der Zustimmung der Gesamtheit der Kommanditaktionäre,[227] §§ 278 Abs. 2 AktG i.V.m. 164 S. 1 2. HS HGB.

Mit dieser Abstufung der Geschäftsführungsbefugnis wird im Personengesellschaftsrecht ein Schutz der Mitgesellschafter vor unvorhersehbaren Risiken und damit verbundenen Haftungskonsequenzen bezweckt.[228] Dieser personengesellschaftsrechtliche Schutzmechanismus findet über § 278 Abs. 2 AktG auch auf die KGaA Anwendung. 81

aa) Gewöhnliche Geschäftsführungsmaßnahmen. Von der Geschäftsführungsbefugnis der Komplementäre gedeckt ist im Regelfall nur die Vornahme gewöhnlicher Geschäftsführungsmaßnahmen, d.h. aller Handlungen, die nach Inhalt und Zweck sowie Bedeutung und Risikopotential zu den üblichen und laufenden Geschäftsmaßnahmen der Gesellschaft[229] zählen. 82

Sind mehrere Komplementäre vorhanden, so steht – vorbehaltlich abweichender Satzungsgestaltung[230] – jedem geschäftsführenden Komplementär ein Widerspruchsrecht gegen gewöhnliche Geschäftsführungsmaßnahmen eines anderen Komplementärs zu, § 115 Abs. 1 HGB. 83

Gesetzlich gesondert geregelt ist die Prokuraerteilung in § 116 Abs. 3 S. 1 HGB. Danach ist gemäß § 278 Abs. 2 AktG i.V.m. §§ 161 Abs. 2, 116 Abs. 3 S. 1 HGB zu dieser gewöhnlichen Geschäftsführungsmaßnahme[231] die Zustimmung aller geschäftsführenden Komplementäre erforderlich, soweit nicht Gefahr im Verzug ist. Der Widerruf der Prokura kann dagegen nach § 116 Abs. 3 S. 2 HGB durch jeden zur Geschäftsführung befugten Komplementär erfolgen. Die Zustimmung des Aufsichtsrates[232] oder der Kommanditaktionäre ist grundsätzlich[233] nicht er- 84

---

[224] *Perlitt* in Münch Komm AktG § 278 Rn. 167; *Hüffer/Koch* § 278 Rn. 11; *Bachmann* in Spindler/Stilz AktG § 278 Rn. 33.
[225] Hierzu sogleich.
[226] Hierzu siehe unter § 5 Rn. 89 ff.
[227] Vgl zu den Mehrheiten § 5 Rn. 51 ff.
[228] Vgl. zur oHG: *Schäfer* in Staub HGB § 116 Rn. 2; *Jickeli* in Münch Komm HGB § 116 Rn. 2; *Drescher* in Ebenroth/Boujong/Joost/Strohn HGB § 116 Rn. 1; *Koller* in Koller/Kindler/Roth/Morck HGB § 116 Rn. 1.
[229] *Assmann/Sethe* in GroßKomm AktG § 278 Rn. 109; *Müller-Michaels* in Hölters AktG § 278 Rn. 14; *Bachmann* in Spindler/Stilz AktG § 278 Rn. 60; *Perlitt* in Münch Komm AktG § 278 Rn. 176; BGHZ 76, 160, 162 = NJW 1980, 1463.
[230] Vgl. *Perlitt* in Münch Komm AktG § 278 Rn. 226; *Assmann/Sethe* in GroßKomm AktG § 278 Rn. 127; *Herfs* in Münch Hdb AG § 79 Rn. 5; *Mertens/Cahn* in Kölner Komm AktG § 278 Rn. 83.
[231] *Assmann/Sethe* in GroßKomm AktG § 278 Rn. 109; *Perlitt* in Münch Komm AktG § 278 Rn. 195; *Bachmann* in Spindler/Stilz AktG § 278 Rn. 60; *Müller-Michaels* in Hölters AktG § 278 Rn. 14.
[232] Vgl. *Assmann/Sethe* in GroßKomm AktG § 278 Rn. 125.
[233] Im Einzelfall kann die Erteilung der Prokura für die Gesellschaft ein außergewöhnliches Geschäft darstellen, so dass nach § 287 Abs. 2 AktG i.V.m. 164 S. 1 2. Hs HGB die Zustimmung der Gesamtheit der Kommanditaktionäre, d.h. der Hauptversammlung, er-

forderlich. Freilich ist auch die Regelung des § 116 Abs. 3 HGB satzungsdispositiv, so dass abweichende Regelungen in der Satzung vereinbart werden können.[234]

85 **bb) Außergewöhnliche Geschäftsführungsmaßnahmen.** Außergewöhnliche Geschäftsführungsmaßnahmen bedürfen gemäß §§ 278 Abs. 2 AktG, 164 S. 1 2. HS, 161 Abs. 2, 116 Abs. 2 HGB der Zustimmung aller Gesellschafter. Dies bedeutet, dass – vorbehaltlich abweichender Satzungsgestaltung – außergewöhnlichen Geschäften sowohl die Gesamtheit der Kommanditaktionäre wie auch alle persönlich haftenden Gesellschafter, also auch die nicht-geschäftsführenden Komplementäre, zustimmen müssen.[235]

86 Folgende alternative Kriterien machen ein Geschäft außergewöhnlich i. S. d. § 116 Abs. 2 HGB:[236]
- Die **Art** des Geschäftes weicht vom gewöhnlichen Geschäftsbetrieb ab. Darunter fallen alle Handlungen, die nicht regelmäßig vorgenommen werden und deshalb eine Ausnahme darstellen (z. B. Spekulationsgeschäfte).
- Der Umfang der **bisherigen** Geschäftstätigkeit wird verändert. Darunter fallen z. B. alle Investitionen, die auf die Erschließung neuer Märkte abzielen.
- Das Geschäft ist mit einem besonderen **Risiko** (z. B. hohe Kreditvergabe) oder einem ungewöhnlichen **Umfang** (z. B. Großauftrag) verbunden.
- Das Geschäft liegt **außerhalb** des satzungsmäßigen Geschäftszwecks (z. B. Aufnahme eines völlig anders gearteten Geschäftsbereiches).

87 Der Kreis der zustimmungsbedürftigen Geschäftsführungstätigkeiten ist damit relativ weit gezogen.[237]

88 Einigkeit besteht darüber, dass zumindest in der gesetzestypischen KGaA das Zustimmungserfordernis der Kommanditaktionäre aus § 164 S. 1 2. HS HGB und der nicht-geschäftsführenden Komplementäre aus § 116 Abs. 2 HGB zu außergewöhnlichen Geschäftsführungsmaßnahmen in der Satzung abbedungen werden kann.[238]

89 **cc) Grundlagengeschäfte.** Der personengesellschaftsrechtliche Begriff der Grundlagengeschäfte umfasst alle Beschlussgegenstände, welche die **personenrechtliche Verbundenheit** der Gesellschafter berühren. Sie bedürfen – sofern die Satzung keine wirksame Mehrheitsklausel enthält – der Zustimmung aller

---

forderlich ist, vgl. zur KG *Scheel* in Münch Hdb KG § 7 Rn. 54; *Joost/Strohn* in Ebenroth/Boujong/Joost/Strohn HGB § 164 Rn. 8; *Roth* in Baumbach/Hopt HGB § 164 Rn. 5.

[234] *Assmann/Sethe* in GroßKomm AktG § 278 Rn. 125; vgl. zu § 116 HGB: *Jickeli* in Münch Komm HGB § 116 Rn. 60, 62; *Koller* in Koller/Kindler/Roth/Morck HGB § 116 Rn. 3; *Schäfer* in Staub HGB § 116 Rn. 40.

[235] *Assmann/Sethe* in GroßKomm AktG § 278 Rn. 110; *Förl/Fett* in Bürgers/Körber AktG § 278 Rn. 39; *Perlitt* in Münch Komm AktG § 278 Rn. 177; *Bachmann* in Spindler/Stilz AktG § 278 Rn. 61.

[236] *K. Schmidt* in K. Schmidt/Lutter AktG § 278 Rn. 38; *Schäfer* in Staub HGB § 116 Rn. 11; *Schilling* in Staub HGB § 164 Rn. 3; *Roth* in Baumbach/Hopt HGB § 116 Rn. 2.

[237] Beispiele bei *Schäfer* in Staub HGB § 116 Rn. 12.

[238] OLG Stuttgart NZG 2003, 778, 782; *Assmann/Sethe* in GroßKomm AktG § 278 Rn. 113; *K. Schmidt* in K. Schmidt/Lutter AktG § 278 Rn. 39; *Förl/Fett* in Bürgers/Körber AktG § 278 Rn. 45; *Herfs* in Münch Hdb AG § 79 Rn. 19; *Perlitt* in Münch Komm AktG § 278 Rn. 230; *Sethe* S. 151; *Overlack* RWS-Forum 10 Gesellschaftsrecht 1997, 237, 257; siehe zu den Besonderheiten beim Delisting, § 10 Rn. 202.

Gesellschafter.[239] Über die Verweisung in § 278 Abs. 2 AktG auf das Recht der Kommanditgesellschaft bedürfen danach auch in der KGaA Beschlussgegenstände, die das Rechtsverhältnis der Komplementäre untereinander und gegenüber den Kommanditaktionären betreffen – vorbehaltlich abweichender Regelung in der Satzung[240] –, der Zustimmung aller Gesellschafter,[241] d. h. auch der nicht-geschäftsführungsbefugten Komplementäre sowie der Gesamtheit der Kommanditaktionäre.

Zu den **Grundlagengeschäften** gehören Satzungsänderungen,[242] Strukturmaßnahmen,[243] Einstellung des Gewerbebetriebes, Veräußerung oder Verpachtung des Unternehmens, Übertragung des gesamten Vermögens der Gesellschaft sowie Geschäfte, welche die rechtliche Selbständigkeit der Gesellschaft oder die unabhängige Beschlussfassung ihrer Gesellschafter tangieren,[244] aber auch organisationsbezogene Maßnahmen.[245] Unter die **organisationsbezogenen** Maßnahmen fallen u. a. der Antrag auf Entziehung der Geschäftsführungs- und/oder Vertretungsbefugnis[246] (§§ 117, 127 HGB), der Antrag auf Ausschließung eines Komplementärs, die Aufnahme eines neuen Komplementärs,[247] die Zustimmung zu Unternehmensverträgen[248] sowie der Auflösungsbeschluss.[249]

90

dd) Holzmüller-Grundsätze. Keine Anwendung auf die KGaA finden die zur Aktiengesellschaft entwickelten sog. Grundsätze der „**Holzmüller/Gelatine-Rechtsprechung**":[250] Nach diesen Entscheidungen gibt es bei der Aktiengesellschaft strukturverändernde Maßnahmen, die unabhängig von der Geschäftsführungsbefugnis des Vorstandes der Hauptversammlung zur Zustimmung vorzulegen sind.[251] Für die **Anwendung** der für die Aktiengesellschaft entwickelten Holzmüller/Gelatine-Kriterien auf die KGaA besteht **kein Bedarf**.[252] Das

91

---

[239] OLG Stuttgart NZG 2003, 778, 783; *Perlitt* in Münch Komm AktG Vor § 278 Rn. 35 f.; *Bachmann* in Spindler/Stilz AktG § 278 Rn. 64; *Arnold* in Henssler/Strohn GesellschRe § 278 AktG Rn. 10; vgl. zur OHG: *Schäfer* in Staub HGB § 114 Rn. 15.
[240] Unter Beachtung von Bestimmtheitsgrundsatz und Kernbereichslehre, insoweit missverständlich *Perlitt* in Münch Komm AktG § 278 Rn. 155.
[241] Zu den Beschlussmehrheiten § 5 Rn. 51 ff.
[242] OLG Stuttgart NZG 2003, 778, 783; *Perlitt* in Münch Komm AktG § 278 Rn. 180; *Bachmann* in Spindler/Stilz AktG § 278 Rn. 64; *Roth* in Baumbach/Hopt HGB § 114 Rn. 3.
[243] OLG Stuttgart NZG 2003, 778, 783; *Bachmann* in Spindler/Stilz AktG § 278 Rn. 64.
[244] Vgl. *Assmann/Sethe* in GroßKomm AktG § 278 Rn. 123, Fn. 243; *Förl/Fett* in Bürgers/Körber AktG § 278 Rn. 40; *Bachmann* in Spindler/Stilz AktG § 278 Rn. 64; *Roth* in Baumbach/Hopt HGB § 114 Rn. 3; *Perlitt* in Münch Komm AktG § 278 Rn. 180.
[245] *Heermann* ZGR 2000, 61, 66.
[246] Vgl. *Assmann/Sethe* in GroßKomm AktG § 278 Rn. 123, Fn. 243; *Bachmann* in Spindler/Stilz AktG § 278 Rn. 64; *Roth* in Baumbach/Hopt HGB § 114 Rn. 3.
[247] BGHZ 76, 160, 164 = NJW 1980, 1463; *Perlitt* in Münch Komm AktG § 278 Rn. 180; *Roth* in Baumbach/Hopt HGB § 114 Rn. 3.
[248] Zur Unabdingbarkeit der Zustimmung der Komplementäre bei Unternehmensverträgen vgl. § 12 Rn. 13 ff.
[249] *Sethe* S. 110; *Bachmann* in Spindler/Stilz AktG § 278 Rn. 64; *Perlitt* in Münch Komm AktG § 278 Rn. 180; *Roth* in Baumbach/Hopt HGB § 114 Rn. 3.
[250] Vgl. OLG Stuttgart NZG 2003, 778, 783; *Fett/Förl* NZG 2004, 210, 211 f. zur Holzmüller-Entscheidung BGHZ 83, 122 = NJW 1982, 1703 – Holzmüller- bzw. Gelatine-Entscheidung BGHZ 159, 30 = BGH NZG 2004, 571, 574 – Gelatine; siehe hierzu § 3 Rn. 15 ff.
[251] Ausführlich hierzu *Hüffer/Koch* § 119 Rn. 16 ff.
[252] Vgl. *Assmann/Sethe* in GroßKomm AktG § 278 Rn. 123; *Perlitt* in Münch Komm AktG § 278 Rn. 181; *K. Schmidt* in Schmidt/Lutter AktG § 278 Rn. 39; *Herfs* in Münch

für die Aktiengesellschaft in der Holzmüller/Gelatine-Rechtsprechung geschaffene Kriterium der „strukturverändernden Maßnahme" zur Abgrenzung zwischen zustimmungsfreien und zustimmungspflichtigen Geschäftsführungsmaßnahmen wird bei der KGaA von § 116 HGB durch die Differenzierung in gewöhnliche, außergewöhnliche Geschäfte und Grundlagengeschäfte geleistet.[253] Hinzu kommt, dass der rechtliche Anknüpfungspunkt für die Holzmüller/Gelatine-Rechtsprechung, § 119 Abs. 2 AktG, auf die KGaA nicht anwendbar ist[254] und somit der Ansatz für eine Übertragung der Holzmüller/Gelatine-Grundsätze auf die KGaA fehlt. Hier zeigt sich, dass es sich bei KGaA und Aktiengesellschaft um unterschiedliche Rechtsformen handelt, bei denen sich eine schematische Übertragung von Regelungen verbietet.[255] Bei der KGaA sind die Einflussmöglichkeiten der Hauptversammlung auf Geschäftsführungsmaßnahmen und Grundlagenentscheidungen der persönlich haftenden Gesellschafter von der gesetzlichen Anlage der Rechtsform her grundsätzlich anders strukturiert als bei der Aktiengesellschaft.[256] Vor diesem Hintergrund macht eine Übernahme von Rechtsprinzipien, welche zur Begrenzung der Geschäftsführungsbefugnis des Vorstandes einer Aktiengesellschaft entwickelt worden sind, wenig Sinn.

92 Gemäß vorstehender Grundsätze stellt sich bei strukturverändernden Maßnahmen im Sinne der Holzmüller/Gelatine-Doktrin für die KGaA bereits die Frage, ob überhaupt ein Grundlagengeschäft i. S. v. § 116 Abs. 2 HGB vorliegt. Sieht man als zentrales Merkmal des Grundlagengeschäfts an, dass das Rechtsverhältnis der Gesellschafter untereinander betroffen ist, fällt die strukturverändernde Maßnahme (z. B. Veräußerung wesentlicher Unternehmensteile) in die Alleinzuständigkeit der geschäftsführenden Komplementäre.[257] Nimmt man bei einer strukturverändernden Maßnahme mit der wohl hM indes ein Grundlagengeschäft i. S. v. § 116 Abs. 2 HGB an,[258] bedarf es zur Abbedingung des Zustimmungserfordernisses der Kommanditaktionäre einer entsprechenden Satzungsregelung. Da schon bislang in der KGaA der Bestimmtheitsgrundsatz nur für zum Kernbereich der Mitgliedschaft gehörende Gesellschafterrechte Anwendung fand und im Übrigen die Anforderungen an die Bestimmtheit satzungsmäßiger Mehrheitsklauseln im Personengesellschaftsrecht gelockert wurden,[259] kann in der Satzung der KGaA die Zustimmung der nicht-geschäftsführungsbefugten Komplementäre und der Gesamtheit der Kommanditaktionäre zu außergewöhnlichen Geschäften und Grundlagengeschäften – und damit auch zu Geschäften, die in der Aktiengesellschaft den

---

Hdb AG § 78 Rn. 13a; *Förl/Fett* in Bürgers/Körber AktG § 278 Rn. 47; a. A. *Bachmann* in Spindler/Stilz AktG § 278 Rn. 71; *Hüffer/Koch* § 278 Rn. 17a; *Ihrig/Schlitt* ZHR Beiheft 67/1998, 33, 65; *Schlitt* S. 157; *Wichert* AG 2000, 268, 270; *Heermann* ZGR 2000, 61, 81 f.; ohne Stellungnahme OLG München NZG 2008, 755, 756.

[253] OLG Stuttgart NZG 2003, 778, 783; *Assmann/Sethe* in GroßKomm AktG § 278 Rn. 123; *Perlitt* in Münch Komm AktG § 278 Rn. 181.

[254] *Assmann/Sethe* in GroßKomm AktG § 285 Rn. 17; *Perlitt* in Münch Komm AktG § 278 Rn. 180 f.; *Fett/Förl* NZG 2004, 210, 211; *Sethe* S. 151 m. w. N; *Hoffmann-Becking/Herfs* FS Sigle, 2000, S. 273, 286.

[255] Ausführlich hierzu bereits § 3 Rn. 15 ff.

[256] *Hoffmann-Becking/Herfs* FS Sigle, 2000, S. 273, 287.

[257] So mit guten Argumenten *Förl/Fett* in Bürgers/Körber AktG § 278 Rn. 40; *Perlitt* in Münch Komm AktG § 278 Rn. 182; *Hüffer/Koch* § 278 Rn. 17a.

[258] Vgl. etwa OLG Stuttgart NZG 2003, 778, 782 f.; *Assmann/Sethe* in GroßKomm AktG § 278 Rn. 123; *Bachmann* in Spindler/Stilz AktG § 278 Rn. 72; *Kessler* NZG 2005, 145, 148.

[259] Vgl. oben § 5 Rn. 15 ff.

Holzmüller/Gelatine-Grundsätzen unterliegen würden – generell ausgeschlossen werden. Die für Mehrheitsklauseln aufgezeigten Grenzen[260] gelten gleichwohl auch hier: Auf erster Stufe hat eine wirksame satzungsmäßige Abbedingung des Zustimmungserfordernisses der Kommanditaktionäre vorzuliegen. Dabei ist zu beachten, dass im Bereich von Kerngeschäften nur eine ausreichend bestimmte Regelung als notwendige antizipierte Zustimmung sämtlicher Gesellschafter gewertet werden kann. So muss etwa im Fall der Veräußerung wesentlicher Teile des Handelsgeschäftes[261] die Satzung zum einen die Nachteile darstellen, die aus einer Vermögensübertragung für die Kommanditaktionäre entstehen können, und zum anderen die Voraussetzungen umschreiben, unter denen es überhaupt zu einer solchen Übertragung kommen darf.[262] In jedem Fall – unabhängig von der Einordnung der Maßnahme als Grundlagengeschäft oder als gewöhnliche Geschäftsführungsmaßnahme – ist auf zweiter Stufe die Vereinbarkeit der konkreten Maßnahme mit allgemeinen Prinzipien des Personengesellschaftsrechts, insbesondere der Treuepflicht, zu überprüfen.[263]

c) Gestaltungsmöglichkeiten

aa) Gesetzestypische *KGaA*. Der Umfang der Geschäftsführungsbefugnis 93 der Komplementäre kann in der KGaA weitgehend nach dem Vorbild der KG privatautonom geregelt werden.[264] Anstelle der Einzelgeschäftsführungsbefugnis kann in der Satzung Gesamtgeschäftsführungsbefugnis vereinbart werden.[265] Besteht Gesamtgeschäftsführungsbefugnis, ist es zulässig, die Entscheidung im Kreis der Komplementäre von einem Mehrheitsentscheid abhängig zu machen.[266] Das Widerspruchsrecht eines geschäftsführenden Komplementärs gegen Geschäftsführungsmaßnahmen eines anderen Komplementärs aus § 115 Abs. 1 HGB kann eingeschränkt oder ausgeschlossen oder an besondere formale oder inhaltliche Voraussetzungen geknüpft werden.[267] Zulässig ist auch, das Widerspruchsrecht der Kommanditaktionäre bei außergewöhnlichen Geschäften aus § 164 S. 1 2. HS HGB grundsätzlich[268] auszuschließen.[269]

Die Satzung der Gesellschaft kann auch vorsehen, dass einzelne Komplementäre 94 ganz von der Geschäftsführungsbefugnis ausgeschlossen werden.[270] Wird die Ge-

---

[260] Vgl. oben § 5 Rn. 18.
[261] OLG Stuttgart NZG 2003, 778, 782 f.
[262] Vgl. § 3 Rn. 19.
[263] Vgl. BHZ 179, 13, 20 = NJW 2009, 669, 671; *Förl/Fett* in Bürgers/Körber AktG § 278 Rn. 40, 47; *Goette* in Ebenroth/Boujong/Joost/Strohn HGB § 119 Rn. 56; *Enzinger* in Münch Komm HGB § 119 Rn. 80.
[264] *Förl/Fett* in Bürgers/Körber AktG § 278 Rn. 44; *Perlitt* in Münch Komm AktG § 278 Rn. 219.
[265] *Herfs* in Münch Hdb AG § 79 Rn. 4; *Perlitt* in Münch Komm AktG § 278 Rn. 194; *Bachmann* in Spindler/Stilz AktG § 278 Rn. 57.
[266] *Herfs* in Münch Hdb AG § 79 Rn. 6; *K. Schmidt* in K. Schmidt/Lutter AktG § 283 Rn. 3.
[267] *Herfs* in Münch Hdb AG § 79 Rn. 5; *Förl/Fett* in Bürgers/Körber AktG § 278 Rn. 44; *Bachmann* in Spindler/Stilz AktG § 278 Rn. 57.
[268] Zum Sonderfall der atypischen KGaA siehe sogleich.
[269] *Assmann/Sethe* in GroßKomm AktG § 278 Rn. 113; *Hüffer/Koch* § 278 Rn. 19; *Arnold* in Henssler/Strohn GesellschRe § 278 AktG Rn. 11.
[270] *Assmann/Sethe* in GroßKomm AktG § 278 Rn. 105; *K. Schmidt* in K. Schmidt/Lutter AktG § 283 Rn. 3; *Hüffer/Koch* § 278 Rn. 19; *Arnold* in Henssler/Strohn GesellschRe § 278 AktG

schäftsführungsbefugnis eines Komplementärs in der Satzung ausgeschlossen, so behält dieser seine mitgliedschaftlichen Rechte.[271] Auch unterliegt der nicht-geschäftsführungsbefugte Komplementär weiterhin den für den Vorstand einer Aktiengesellschaft geltenden Anforderungen, auf die § 283 AktG verweist.[272] § 283 AktG ist zwingend[273] und darf durch Satzungsregelungen nicht aufgeweicht werden. Den nicht-geschäftsführungsbefugten Komplementär treffen allerdings solche Pflichten nicht, die Geschäftsführungsbefugnisse voraussetzen.[274]

95 Schließlich kann auch der Umfang der Geschäftsführungsbefugnis nach § 116 Abs. 1 HGB in den Grenzen der Selbstorganschaft privatautonom ausgestaltet werden,[275] indem z.B. für bestimmte Geschäftsführungsmaßnahmen die Zustimmungspflicht eines anderen Organs statuiert wird.[276] So können der Gesamtheit der Kommanditaktionäre[277] oder einem, mehreren oder allen Kommanditaktionären[278] Mitwirkungsrechte bei der Geschäftsführung eingeräumt werden. Allerdings müssen immer die personengesellschaftsrechtlichen Grundsätze des Abspaltungsverbotes[279] und der Selbstorganschaft[280] gewahrt bleiben, welche die Aufspaltung von Verwaltungsrechten und Gesellschaftsanteil und die Begründung einer originären, nicht von den Gesellschaftern abgeleiteten Geschäftsführungsmacht verbieten. Bei der Satzungsgestaltung ist außerdem § 283 AktG zu beachten.[281]

96 Der Grundsatz der Selbstorganschaft schließt es aber nicht aus, **Dritten rechtsgeschäftliche** Geschäftsführungsbefugnisse zu übertragen. Der Dritte erhält somit keine organschaftliche Geschäftsführungsbefugnis; diese verbleibt beim geschäftsführungsbefugten Komplementär.[282] Zulässig ist z.B. ein umfassender Betriebsführungsvertrag frei von Einzelweisungen, wenn nur die Kontroll- und

---

Rn. 11; *Bachmann* in Spindler/Stilz AktG § 278 Rn. 57; *Perlitt* in Münch Komm AktG § 278 Rn. 226; siehe § 278 Abs. 2 i.V.m. §§ 161 Abs. 2, 114 Abs. 2, 125 Abs. 1 2. HS HGB.

[271] Z.B. das Kontrollrecht gem. § 118 HGB, *Assmann/Sethe* in GroßKomm AktG § 278 Rn. 105.

[272] *Assmann/Sethe* in GroßKomm AktG § 278 Rn. 105; *Perlitt* in Münch Komm AktG § 278 Rn. 226.

[273] BGHZ 134, 392, 394 = NJW 1997, 1923; *K. Schmidt* in K. Schmidt/Lutter AktG § 283 Rn. 1; *Perlitt* in Münch Komm AktG § 283 Rn. 4; *Hüffer/Koch* § 283 Rn. 1.

[274] *Hüffer/Koch* § 283 Rn. 1; *Mertens/Cahn* in Kölner Komm AktG § 283 Rn. 6; *Perlitt* in Münch Komm AktG § 283 Rn. 8 ff.

[275] *Assmann/Sethe* in GroßKomm AktG § 278 Rn. 108, 113; *Perlitt* in Münch Komm AktG § 278 Rn. 228 f.; *Bachmann* in Spindler/Stilz AktG § 278 Rn. 58; *Hüffer/Koch* § 278 Rn. 19a.

[276] Vgl. *Assmann/Sethe* in GroßKomm AktG § 278 Rn. 108; *Bachmann* in Spindler/Stilz AktG § 278 Rn. 58; *Hüffer/Koch* § 278 Rn. 19; *Perlitt* in Münch Komm AktG § 278 Rn. 231.

[277] *Hüffer/Koch* § 278 Rn. 19; *Merten/Cahns* in Kölner Komm AktG § 278 Rn. 82, 86; *Perlitt* in Münch Komm AktG § 278 Rn. 225.

[278] Vgl. *Assmann/Sethe* in GroßKomm AktG § 278 Rn. 2230 ff.; *K. Schmidt* in K. Schmidt/Lutter AktG § 283 Rn. 1; *Herfs* in Münch Hdb AG § 79 Rn. 21.

[279] Siehe hierzu § 5 Rn. 11.

[280] Siehe hierzu § 5 Rn. 10.

[281] Vgl. *Herfs* in Münch Hdb AG § 79 Rn. 4; vgl. *Hüffer/Koch* § 278 Rn. 19a; *Bachmann* in Spindler/Stilz AktG § 278 Rn. 58.

[282] BGHZ 36, 292, 294 = NJW 1962, 738. Dasselbe gilt für die organschaftliche Vertretungsbefugnis: Einem Dritten kann z.B. eine Generalvollmacht eingeräumt werden, die in ihrem Umfang noch über den einer Prokura hinausgeht. Auch in diesem Fall erhält der Dritte keine organschaftliche Vertretungsbefugnis, BGHZ 36, 292, 295 = NJW 1962, 738.

Planungsbefugnis den Komplementären erhalten bleiben.[283] Allerdings muss die Organstellung der Gesellschafter nicht nur rechtlich unangetastet bleiben, sondern auch faktisch noch so zum Tragen kommen, dass sie in ihrem Wesensgehalt nicht beeinträchtigt ist.[284]

Bei der gesetzestypischen KGaA wird vertreten, dass das Erfordernis der Zustimmung der persönlich haftenden Gesellschafter zu Beschlüssen der Hauptversammlung in der Satzung über die in § 285 Abs. 2 AktG angesprochenen Fälle hinaus auf alle § 278 Abs. 2 AktG unterliegenden Beschlussgegenstände ausgedehnt werden darf,[285] soweit nicht zu diesen Beschlussgegenständen das Stimmrecht der persönlich haftenden Gesellschafter durch § 285 Abs. 1 S. 2 AktG ausgeschlossen ist.[286] Als praktisch relevanter Fall wird regelmäßig die Zustimmung der persönlich haftenden Gesellschafter zum Gewinnverwendungsbeschluss der Hauptversammlung genannt.[287]   **97**

bb) Atypische KGaA. Für die atypische KGaA gelten die vorstehenden Ausführungen zur gesetzestypischen KGaA entsprechend. Allerdings hat ein *obiter dictum* des BGH in der Entscheidung vom 24. Februar 1997[288] eine Diskussion[289] ausgelöst, ob ein Ausschluss des Zustimmungserfordernisses der Kommanditaktionäre aus § 164 HGB zu außergewöhnlichen Geschäftsführungsmaßnahmen auch in der Kapitalgesellschaft & Co. KGaA zulässig ist. Der BGH hat in seiner Entscheidung an dieser Stelle auf eine Literaturstimme verwiesen,[290] die eine Beschneidung der Mitwirkungsrechte bei einer börsennotierten atypischen KGaA zumindest insoweit für zulässig hält, soweit das Mitwirkungsrecht der Kommanditaktionäre an den Aufsichtsrat der KGaA übertragen wird.[291] Darüber hinaus erwägt der BGH unter Verweis auf diese Literaturstelle, die Grundsätze zu Publikumskommanditgesellschaften als Richtlinie für die Begrenzung der Satzungsautonomie bei der atypischen KGaA heranzuziehen.[292]   **98**

Die Diskussion konzentriert sich auf die Frage der Zulässigkeit des vollständigen, ersatzlosen Ausschlusses des Zustimmungserfordernisses.[293] Einigkeit besteht   **99**

---

[283] BGH NJW 1982, 1817; *Perlitt* in Münch Komm AktG § 278 Rn. 229; *Mertens/Cahn* in Kölner Komm AktG § 278 Rn. 90; *Assmann/Sethe* in GroßKomm AktG § 278 Rn. 138.

[284] BGH NJW 1982, 1817.

[285] *Assmann/Sethe* in GroßKomm AktG § 285 Rn. 80 ff.; *Herfs* in Münch Hdb AG § 79 Rn. 41; *Sethe* S. 126; *Schaumburg* DStZ 1998, 525, 527.

[286] *Herfs* in Münch Hdb AG § 78 Rn. 35.

[287] Str., *Perlitt* in Münch Komm AktG § 286 Rn. 80; *K. Schmidt* in K. Schmidt/Lutter AktG § 286 Rn. 12; *Mertens/Cahn* in Kölner Komm AktG § 286 Rn. 33; *Sethe* S. 126; *Herfs* in Münch Hdb AG § 81 Rn. 21; a.A. zu diesem Beschlussgegenstand *Assmann/Sethe* in GroßKomm AktG § 286 Rn. 28; *Wichert* AG 2000, 268, 270; siehe hierzu ausführlich unter § 6 Rn. 15 ff., zur Satzungsgestaltung vgl. § 5 Rn. 235.

[288] BGHZ 134, 392, 399 f. = NJW 1997, 1923.

[289] *Assmann/Sethe* in GroßKomm AktG § 278 Rn. 114–121; *Perlitt* in Münch Komm AktG § 278 Rn. 359 f.; *Habel/Strieder* MittBayNot 1998, 65, 69; *Herfs* VGR 1999, 23, 28 ff.; *Hommelhoff* ZHR Beiheft 67/1998, 9, 13 ff.; *Ihrig/Schlitt* ZHR Beiheft 67/1998, 33, 64 ff.; *Jaques* NZG 2000, 401, 408; *Overlack* RWS-Forum 10 Gesellschaftsrecht 1997, 237, 256 ff.

[290] *Priester* ZHR 160 (1996), 250, 262.

[291] *Priester* ZHR 160 (1996), 250, 262.

[292] BGHZ 134, 392, 400 = NJW 1997, 1923 mit Hinweis auf *Priester* ZHR 160 (1996), 250, 262.

[293] Vgl. *Assmann/Sethe* in GroßKomm AktG § 278 Rn. 114; *Herfs* in Münch Hdb AG § 79 Rn. 19.

darin, dass der Ausschluss des Zustimmungserfordernisses zu Lasten der Kommanditaktionäre bei einer börsennotierten KGaA zweckmäßig und jedenfalls dann zulässig ist, wenn das Zustimmungserfordernis nicht völlig ausgeschlossen, sondern auf den Aufsichtsrat[294] oder ein von den Kommanditaktionären zu besetzendes anderes Organ übertragen wird.[295] Auch der vollständige, ersatzlose Ausschluss des Zustimmungserfordernisses, mithin die alleinige Entscheidung durch die persönlich haftenden Gesellschafter, wird von der überwiegenden Ansicht für zulässig gehalten.[296] Dem ist zuzustimmen.

100 Der Ansicht, die unter Berufung auf das vorgenannte *obiter dictum* des BGH einen Ausschluss des Zustimmungserfordernisses nur für zulässig erachtet, wenn durch Satzungsgestaltungen sichergestellt werde, dass andere Organe der KGaA, deren Zusammensetzung und Tätigkeit die Gesamtheit der Kommanditaktionäre kontrollieren könne, Einfluss auf die Geschäftsführung nehmen könnten,[297] ist abzulehnen. Dieser Ansicht ist entgegenzuhalten, dass eine Anwendung der vom BGH zu Publikumskommanditgesellschaften entwickelten Grundsätze auf die KGaA in diesem Punkt nicht weiterführt, weil der BGH den Ausschluss von § 164 HGB auch bei der Publikumskommanditgesellschaft für zulässig erachtet.[298] Ausschlaggebend dürfte vielmehr sein, dass, obwohl der gesetzliche Grundtypus der KGaA dem einer Publikumsgesellschaft entspricht,[299] nach der gesetzlichen Wertung der Ausschluss von § 164 HGB bei dieser Rechtsform für zulässig gehalten wird. Dies wird auch allgemein[300] akzeptiert, wenn persönlich haftender Gesellschafter eine natürliche Person ist. An der gesetzlichen Wertung ändert sich jedoch nichts, wenn persönlich haftender Gesellschafter eine juristische Person ist; denn der Eingriff in die Rechtsstellung der Kommanditaktionäre ist von der Rechtsnatur des persönlich haftenden Gesellschafters völlig unabhängig.[301] Auch das Fehlen einer unmittelbaren persönlichen Haftung der handelnden Personen im Fall einer atypischen KGaA vermag hieran nichts zu ändern. Die angeblich disziplinierende Wirkung der persönlichen Haftung des Komplementärs, welche die Beschränkung der Zustimmungsrechte der Kommanditaktionäre rechtfertigen soll, ist kein Garant für

---

[294] OLG Stuttgart NZG 2003, 778, 782.
[295] *Assmann/Sethe* in GroßKomm AktG § 278 Rn. 115; *Ihrig/Schlitt* ZHR Beiheft 67/1998, 33, 66 f.; *Hommelhoff* ZHR Beiheft 67/1998, 9, 16 ff.; *Hennerkes/Lorz* DB 1997, 1388, 1391.
[296] *Assmann/Sethe* in GroßKomm AktG § Rn. 114, 116 ff.; *Perlitt* in Münch Komm AktG § 278 Rn. 360; *Förl/Fett* in Bürgers/Körber AktG § 278 Rn. 45; *Herfs* in Münch Hdb AG § 79 Rn. 19; *Herfs* VGR 1999, 23, 36 f.; *Overlack* RWS-Forum 10 Gesellschaftsrecht 1997, 237, 259; *Jaques* NZG 2000, 401, 408; *Schaumburg* DStZ 1998, 525, 532; *Wichert* ZGR 2000, 268, 270; *Heermann* ZGR 2000, 61, 79; a. A. *Ihrig/Schlitt* ZHR Beiheft 67/1998, 33, 67, 83; *Dirksen/Möhrle* ZIP 1998, 1377, 1385; *Schlitt* S. 157.
[297] Z. B. *Ihrig/Schlitt* ZHR Beiheft 67/1998, 33, 64 ff.; *Hommelhoff* ZHR Beiheft 67/1998, 9, 22 f., 29 f.
[298] So zu Recht *Herfs* in Münch Hdb AG § 79 Rn. 19; *Jaques* NZG 2000, 401, 408; BGHZ 119, 357 = NJW 1993, 1265.
[299] Vgl. *Overlack* RWS-Forum 10 Gesellschaftsrecht 1997, 237, 258.
[300] A. A. wohl auch insoweit *Ihrig/Schlitt* ZHR Beiheft 67/1998, 33, 66.
[301] *Herfs* in Münch Hdb AG § 79 Rn. 19; identisches Ergebnis wegen Praktikabilitätserwägungen: *Hüffer/Koch* § 278 Rn. 19; ähnliche Argumentation unter Berücksichtigung anderer Schutzmechanismen und Struktur der KGaA: *Förl/Fett* in Bürgers/Körber AktG § 278 Rn. 45, 37b und *Perlitt* in Münch Komm AktG § 278 Rn. 360.

eine fachkundige und effiziente Geschäftsführung, sondern kann die Komplementäre auch zu einem übervorsichtigen Verhalten veranlassen.[302]

Überzeugender statt einer Beschränkung der Autonomie der Satzungsgestaltung an diesem Punkt erscheint der Ansatz, einen Missbrauch überschießender Innenbefugnisse der Komplementäre und einen entsprechenden Schutz der Kommanditaktionäre über kapitalmarktrechtliche Mechanismen zu erreichen, indem man es dem Markt überläßt, übermäßige Beschränkungen der Aktionärsrechte über den Aktienkurs zu sanktionieren. Ein weiteres Korrektiv stellt die gesellschafterliche Treuepflicht dar, die mit steigenden Einflussmöglichkeiten der persönlich haftenden Gesellschafter eine verstärkte Rücksichtnahme auf die Interessen der Kommanditaktionäre erfordert.[303]

101

Die gleiche Wertung wie für die Zulässigkeit des Ausschlusses des Zustimmungserfordernisses aus § 164 HGB gilt für andere Fälle einer Ausweitung der Geschäftsführungsbefugnisse der geschäftsführenden Komplementäre, z.B. zu Lasten der nicht-geschäftsführenden Komplementäre.

102

Die Möglichkeit zur privatautonomen Festlegung des Umfangs der Geschäftsführungsbefugnis der persönlich haftenden Gesellschafter in der Satzung der atypischen KGaA wird auch nicht durch die Grundsätze der „**Holzmüller/Gelatine-Rechtsprechung**"[304] beschränkt: Nach dieser Rechtsprechung sind bestimmte strukturverändernde Maßnahmen bei einer Aktiengesellschaft unabhängig von der Geschäftsführungsbefugnis des Vorstandes der Hauptversammlung zur Zustimmung vorzulegen.[305] Wie bereits dargelegt, finden die Holzmüller/Gelatine-Grundsätze keine Anwendung auf die KGaA.[306] Vielmehr werden die aktienrechtlichen Schutzmechanismen der Holzmüller/Gelatine-Grundsätze in der KGaA durch die Zustimmungspflicht der Kommanditaktionäre zu außergewöhnlichen Geschäften und Grundlagengeschäften gewährleistet.[307] Durch die Möglichkeit, die Zustimmung der Kommanditaktionäre zu außergewöhnlichen Geschäften und zu Grundlagengeschäften, jedenfalls soweit letztere nicht den Kernbereich der Mitgliedschaft betreffen, in der Satzung abzubedingen bzw. zu antizipieren,[308] ist es möglich und zulässig, Entscheidungen, die in der Aktiengesellschaft nach den Holzmüller/Gelatine-Grundsätzen der Zustimmung der Hauptversammlung bedürfen, in der KGaA allein von den geschäftsführenden persönlich haftenden Gesellschaftern treffen zu lassen.

103

---

[302] Vgl. *Röhricht* RWS Forum 10 Gesellschaftsrecht 1997, 191, 213.
[303] Vgl. § 10 Rn. 37; ferner *Perlitt* in Münch Komm AktG § 278 Rn. 360; *Overlack* RWS-Forum 10 Gesellschaftsrecht 1997, 237, 259; *Förl/Fett* in Bürgers/Körber AktG § 278 Rn. 37b; *Assmann/Sethe* in GroßKomm AktG § 278 Rn. 120 f.; BGHZ 134, 392, 399.
[304] BGHZ 83, 122 = NJW 1982, 1703 – Holzmüller; BGHZ 159, 30 = BGH NZG 2004, 571, 574 – Gelatine.
[305] Ausführlich hierzu *Hüffer/Koch* § 119 Rn. 16 ff.
[306] Siehe oben § 5 Rn. 91 ff.
[307] OLG Stuttgart NZG 2003, 778, 783; *Assmann/Sethe* in GroßKomm AktG § 278 Rn. 123; *Herfs* in Münch Hdb AG § 79 Rn. 14 f.; *Perlitt* in Münch Komm AktG § 278 Rn. 181; vgl. *Förl/Fett* in Bürgers/Körber AktG § 278 Rn. 47; *Dirksen/Möhrle* ZIP 1998, 1377, 1381.
[308] So auch *Sethe* S. 125; *Hüffer/Koch* § 278 Rn. 19; *Perlitt* in Münch Komm AktG § 278 Rn. 230; *Herfs* in Münch Hdb AG § 79 Rn. 19; *Mertens/Cahn* in Kölner Komm AktG § 278 Rn. 86.

104 Fraglich ist, ob die Freiheit der Satzungsgestaltung auch für den umgekehrten Fall eines Ausschlusses des Zustimmungsrechtes der persönlich haftenden Gesellschafter zu außergewöhnlichen Geschäftsführungsmaßnahmen gilt. Ein vollständiger Ausschluss des Zustimmungsrechtes der geschäftsführenden Komplementäre dürfte bereits nach § 285 Abs. 2 AktG ausscheiden.[309] Eine Beschränkung des Zustimmungserfordernisses der nicht-geschäftsführenden Komplementäre ist hingegen unter denselben Voraussetzungen zulässig, die auch für die Beschränkung des Zustimmungserfordernisses der Kommanditaktionäre gelten.[310]

105 Für die atypische KGaA überwiegend abgelehnt wird die Zulässigkeit von Satzungsklauseln, welche die Beschlussfassung der Hauptversammlung über die handelsgesetzlichen Regelungen hinaus der Zustimmung der persönlich haftenden Gesellschafter unterwerfen, insbesondere die Beschlussfassung der Kommanditaktionäre über die Gewinnverwendung.[311] Die Argumente dieser unter dem Begriff **„Ausweitung des Vetorechts"** der persönlich haftenden Gesellschafter geführten Diskussion entsprechen den Argumenten, die im Rahmen der Diskussion zur Zulässigkeit des satzungsmäßigen Ausschlusses des Zustimmungsrechts der Kommanditaktionäre zu außergewöhnlichen Geschäftsführungsmaßnahmen vorgebracht werden. Auch hier werden Prinzipien der Aktiengesellschaft und der Publikumskommanditgesellschaft auf die KGaA übertragen, ohne der Eigenständigkeit der Rechtsform der KGaA ausreichend Rechnung zu tragen.[312] Eine Ausweitung der Zustimmungsrechte der Komplementärgesellschaft in der Satzung der KGaA ist daher nicht grundsätzlich unzulässig.[313] Maßgeblich für die Beurteilung der Zulässigkeit derartiger Satzungsgestaltungen sind neben zwingenden aktienrechtlichen Regelungen[314] die personengesellschaftsrechtlichen Grenzen der Satzungsautonomie,[315] insbesondere die Kernbereichslehre.[316]

106 **cc) Familiengesellschaften.** Vor allem in Familiengesellschaften[317] besteht häufig das Bedürfnis nach einem familienunabhängigen Geschäftsführer, sei es, um im Falle des plötzlichen Todes des persönlich haftenden Gesellschafters aus dem Familienkreis die Auflösung der Gesellschaft zu vermeiden und die Handlungsfähigkeit der Gesellschaft sicherzustellen oder um einen kompetenten Unternehmensleiter für die KGaA zu gewinnen. Wegen des Grundsatzes der Selbstorganschaft muss ein solcher „Fremd-Geschäftsführer" jedoch persönlich haftender Gesellschafter werden, um die Geschäfte der KGaA organschaftlich führen zu

---

[309] Vgl. *Perlitt* in Münch Komm AktG § 278 Rn. 32; § 285 Rn. 42; *Arnold* in Henssler/Strohn GesellschR e § 285 AktG Rn. 5.
[310] Vgl. *Perlitt* in Münch Komm AktG § 285 Rn. 42.
[311] *Förl/Fett* in Bürgers/Körber AktG § 278 Rn. 9; *Perlitt* in Münch Komm AktG § 278 Rn. 363; *Ihrig/Schlitt* ZHR Beiheft 67/1998, 33, 69 f.; *Wichert* AG 2000, 268, 270 und § 5 Rn. 235; a. A. *Herfs* in Münch Hdb AG § 81 Rn. 21.
[312] Vgl. *Assmann/Sethe* in GroßKomm AktG § 285 Rn. 83.
[313] So auch *Assmann/Sethe* in GroßKomm AktG § 285 Rn. 80; zur kapitalistischen KGaA: *Liebscher* in Reichert GmbH & Co. KG. § 3 Rn. 61; *Perlitt* in Münch Komm AktG § 278 Rn. 363.
[314] Insbesondere §§ 278 Abs. 3, 286 Abs. 1, 174 AktG.
[315] Vgl. hierzu oben unter § 5 Rn. 7 ff.
[316] Vgl. hierzu oben unter § 5 Rn. 12 ff.
[317] Siehe hierzu allgemein *Hoffmann-Becking/Herfs* FS Sigle, 2000, S. 273 ff.

Reger

können.³¹⁸ Derartige **„Geschäftsführer-Komplementäre"** sind häufig Komplementäre, die keine Kapitaleinlage leisten und kapitalmäßig nicht an der Gesellschaft beteiligt sind.³¹⁹ Gesellschafterstellung und Vermögensbeteiligung fallen in diesem Fall auseinander. Es genügt, dass sie ihre Arbeitskraft einbringen und die persönliche Haftung übernehmen.³²⁰ Materiellrechtlich ist ihre Stellung in der Gesellschaft wie die eines Vorstandsmitglieds gestaltet: Ihre Entlohnung erfolgt über eine Tätigkeitsvergütung,³²¹ am Geschäftsergebnis nehmen sie allenfalls in Form einer Tantieme teil.³²² An stillen Reserven und dem Liquidationserlös³²³ sind sie nicht beteiligt. Im Falle ihres Ausscheidens erhalten sie keine Abfindung als kapitalmäßig beteiligter Gesellschafter, sondern je nach Anstellungsvertrag eine Altersversorgung. Die Gesellschaft bleibt damit beteiligungsmäßig in Familienhand.³²⁴ Häufig wird ihr Gesellschaftsverhältnis befristet und kann von seiten der anderen Gesellschafter aus wichtigem Grund gekündigt werden.³²⁵ Aus der Intention dieser Gestaltung, dem Geschäftsführer-Komplementär nur formell, nicht aber wirtschaftlich bzw. vermögensmäßig eine mitgliedschaftliche Stellung einzuräumen, folgt gleichzeitig dessen Interesse, von der Haftung freigestellt zu werden. Dies erfolgt regelmäßig mittels einer schuldrechtlichen **Freistellungsvereinbarung** zwischen den Gesellschaftern.³²⁶

d) Geschäftsordnung für die Geschäftsführung. Die Geschäftsverteilung zwischen den geschäftsführungsbefugten Komplementären kann zwar in der Satzung geregelt werden; zu empfehlen ist jedoch aus Gründen der Flexibilität, die Geschäftsverteilung durch eine Vereinbarung der geschäftsführungsbefugten oder aller Komplementäre (Geschäftsordnung für die Geschäftsführung) zu regeln.³²⁷ **107**

Die Komplementäre erlassen ihre Geschäftsordnung für die Geschäftsführung in alleiniger Verantwortung; eine Zuständigkeit des Aufsichtsrats besteht im Gegensatz zur Aktiengesellschaft nicht.³²⁸ Die Komplementäre beschließen über den **108**

---

³¹⁸ OLG Köln AG 1978, 18; BGHZ 134, 392, 397; *Assmann/Sethe* in GroßKomm AktG Vor § 287 Rn. 16; *Perlitt* in Münch Komm AktG § 278 Rn. 228 f.; *Bachmann* in Spindler/Stilz AktG § 278 Rn. 58; *Hüffer/Koch* § 278 Rn. 19a; *Herfs* in Münch Hdb AG § 79 Rn. 3.
³¹⁹ *Assmann/Sethe* in GroßKomm AktG Vor § 287 Rn. 16; *Herfs* in Münch Hdb AG § 79 Rn. 3, § 78 Rn. 17.
³²⁰ *Assmann/Sethe* in GroßKomm AktG Vor § 287 Rn. 16; *Knur* FS Flume, 1978, S. 173, 186; Zusammenfallen von Haftung und Geschäftsführung als ein Kernanliegen der Selbstorganschaft: u.a. BGHZ 33, 105, 109 = NJW 1960, 1997; *Schäfer* in Staub HGB § 109 Rn. 33.
³²¹ Siehe hierzu ausführlich unter § 5 Rn. 259 ff.
³²² *Assmann/Sethe* in GroßKomm AktG Vor § 287 Rn. 16.
³²³ *Assmann/Sethe* in GroßKomm AktG § 290 Rn. 31; *Sethe* ZIP 1998, 1138, 1142.
³²⁴ *Huber* S. 289 ff.
³²⁵ *Kallmeyer* DStR 1994, 977, 978.
³²⁶ Zur Freistellungsvereinbarung siehe § 5 Rn. 228 ff.
³²⁷ *Schäfer* in Staub HGB § 114 Rn. 44; *Hüffer/Koch* § 278 Rn. 12; *Perlitt* in Münch Komm AktG § 278 Rn. 78; *Herfs* in Münch Hdb AG § 79 Rn. 6; *Bachmann* in Spindler/Stilz AktG § 278 Rn. 55.
³²⁸ *Perlitt* in Münch Komm AktG § 287 Rn. 43, § 278 Rn. 78; *Assmann/Sethe* in GroßKomm AktG § 287 Rn. 40; *Förl/Fett* in Bürgers/Körber AktG § 287 Rn. 2; *Hüffer/Koch* § 278 Rn. 12; *Sethe* S. 153; *Kallmeyer* ZGR 1983, 57, 66 f.

Erlaß der Geschäftsordnung mit einfacher Mehrheit,[329] eine ausdrückliche Satzungsregelung zu dieser Frage ist zu empfehlen.[330]

109   In der Geschäftsordnung für die Geschäftsführung sollte vor allem die Geschäftsverteilung unter den geschäftsführungsbefugten Komplementären nach Ressorts bzw. Sparten geregelt werden. Voraussetzung für eine wirksame Geschäftsverteilungsregelung ist aber der Ausschluss des in § 115 Abs. 1 2. HS HGB geregelten Widerspruchsrechts in der Satzung.[331] Ferner sollten diejenigen Geschäftsführungsmaßnahmen, die als erheblich eingestuft werden, von der Gesamtheit der geschäftsführungsbefugten Komplementäre beschlossen und samt der Beschlussformalitäten in der Geschäftsordnung enumerativ aufgeführt werden.

2. Sorgfaltspflicht und Haftung für fehlerhafte Geschäftsführung.

110   Bei der Ausführung ihrer Geschäftstätigkeit unterliegen die Komplementäre grundsätzlich den gleichen Sorgfaltsanforderungen wie der Vorstand einer Aktiengesellschaft, § 283 Nr. 3 AktG.[332] § 93 Abs. 1 AktG ist danach sinngemäß auf die Komplementäre anzuwenden.[333] Zusätzliche Sorgfaltspflichten können mitgliedschaftliche Treuepflichten, konzernrechtliche Haftungstatbestände (§§ 309, 310, 317, 318 AktG) oder Berichtspflichten (§ 312 AktG) begründen.[334] Gemäß § 408 AktG sind außerdem die strafbewehrten Sorgfaltspflichten der §§ 399 bis 407 AktG zu beachten.[335]

111   Bei einer **atypischen KGaA** treffen diese Sorgfaltsanforderungen die Mitglieder des Geschäftsführungsorgans der persönlich haftenden Gesellschafterin.[336] Dies gilt gemäß § 14 Abs. 1 StGB auch für die strafrechtliche Verantwortlichkeit.[337]

112   Bei Verletzung ihrer Sorgfaltspflichten haften die persönlich haftenden Gesellschafter im Innenverhältnis der KGaA[338] aus § 283 Nr. 3 i.V.m § 93 Abs. 2 AktG

---

[329] *Perlitt* in Münch Komm AktG § 278 Rn. 78; a. A. *Merten/Cahns* in Kölner Komm AktG § 278 Rn. 61; *Herfs* in Münch Hdb AG § 79 Rn. 6 und *Bachmann* in Spindler/Stilz AktG § 278 Rn. 55, wenn keine Satzungsregelung.

[330] *Schlitt* S. 158; *Herfs* in Münch Hdb AG § 79 Rn. 6; *Bachmann* in Spindler/Stilz AktG § 278 Rn. 55.

[331] Eine auf Satzungsebene geregelte Geschäftsverteilung schließt im Zweifel das Widerspruchsrecht nach § 115 HGB aus; *Mayen* in Ebenroth/Boujong/Joost/Strohn HGB § 115 Rn. 36; *Roth* in Baumbach/Hopt § 115 Rn. 7; *Schäfer* in Staub HGB § 114 Rn. 80.

[332] BGH, ZIP 1997, 883; *Förl/Fett* in Bürgers/Körber AktG § 283 Rn. 5; *Herfs* in Münch Hdb AG § 79 Rn. 22; *Bachmann* in Spindler/Stilz AktG § 278 Rn. 56.

[333] Vgl. *Assmann/Sethe* in GroßKomm AktG § 278 Rn. 55; *Perlitt* in Münch Komm AktG § 278 Rn. 62; *Bachmann* in Spindler/Stilz AktG § 278 Rn. 56; BGHZ 134, 392, 394 = NJW 1997, 1923; OLG München, AG 2000, 426, 427.

[334] *Assmann/Sethe* in GroßKomm AktG § 283 Rn. 17; *Herfs* in Münch Hdb AG § 79 Rn. 22.

[335] *Arnold* S. 96; *Schaal* in Münch Komm AktG § 408 Rn. 2; *Hefendehl* in Spindler/Stilz AktG § 408 Rn. 2.

[336] *Perlitt* in Münch Komm AktG § 278 Rn. 62; *Hefendehl* in Spindler/Stilz AktG § 408 Rn. 5; *Schaal* in Münch Komm AktG § 408 Rn. 8; BGH, NJW 1964, 505.

[337] BGHZ 134, 392, 394 = NJW 1997, 1923; *Hefendehl* in Spindler/Stilz AktG § 408 Rn. 5; *Schaal* in Münch Komm AktG § 408 Rn. 8; *Pelz* in Bürgers/Körber AktG § 408 Rn. 1.

[338] Von der Innenhaftung gegenüber der KGaA für fehlerhafte Geschäftsführung ist die Außenhaftung der Komplementäre für Verbindlichkeiten der KGaA gegenüber Dritten zu

entsprechend einem Vorstand einer Aktiengesellschaft.³³⁹ Diese Innenhaftung kann seitens der Kommanditaktionäre über §§ 283 Nr. 8, 147, 93 Abs. 2 AktG gegen die Komplementäre geltend gemacht werden.³⁴⁰

a) Sorgfaltspflichten. § 93 Abs. 1 S. 1 AktG stellt nach h.M. nicht nur subjektive Sorgfaltspflichten, sondern auch objektive Verhaltenspflichten in Form einer Generalklausel auf.³⁴¹ Diese allgemeine Pflicht, bei der Geschäftsführung die Sorgfalt eines ordentlichen und gewissenhaften Geschäftsleiters anzuwenden, wird in der Aktiengesellschaft durch § 76 Abs. 1 AktG und andere Einzelvorschriften³⁴² konkretisiert.³⁴³ Diese Normen, welche auf die eigenverantwortliche Leitung der Aktiengesellschaft durch den Vorstand abstellen, sind auf die Organisationsverfassung der Aktiengesellschaft zugeschnitten.³⁴⁴ Vor der Übertragung aktienrechtlicher Sorgfaltspflichten auf die KGaA ist daher zu prüfen, inwieweit sie auf die Organisationsverfassung der KGaA übertragen werden können. 113

aa) §§ 283 Nr. 3, 93 Abs. 1 S. 1, § 76 Abs. 1 AktG (allgemeine Sorgfaltspflicht eines Geschäftsleiters). Leitung i.S.d. § 76 AktG ist ein herausgehobener Teilausschnitt der Geschäftsführung, der die Führungsfunktionen des Vorstandes betrifft.³⁴⁵ Dem Vorstand obliegt es danach einerseits, die Unternehmenspolitik zu definieren und damit Ziel und Zweck der Gesellschaft zu verwirklichen, andererseits hat er die Durchführung der Maßnahmen durchzusetzen, die zur Verwirklichung der Unternehmenspolitik erforderlich sind.³⁴⁶ Dazu gehören auch Führungsentscheidungen wie Unternehmensplanung, Unternehmenskoordinierung und Unternehmenskontrolle.³⁴⁷ Die verschiedenen Interessen, die im Unternehmen zusammentreffen, wie Interessen der Aktionäre, Arbeitnehmer und der Öffentlichkeit, hat er zwar innerhalb seines Ermessens zu berücksichtigen und pflichtgemäß abzuwägen.³⁴⁸ Dennoch handelt der Vorstand letztendlich eigenverantwortlich, d.h. er ist nicht verpflichtet, sich mit anderen Organen oder den Gesellschaftern bei der Leitung der Aktiengesellschaft abzustimmen.³⁴⁹ 114

---

unterscheiden; der Problemkreis Haftung der Komplementäre hat insoweit eine Doppelbedeutung.

³³⁹ Vgl. *Perlitt* in Münch Komm AktG § 278 Rn. 62; *Herfs* in Münch Hdb AG § 79 Rn. 22; *Förl/Fett* in Bürgers/Körber AktG § 283 Rn. 5; *Bachmann* in Spindler/Stilz AktG § 278 Rn. 56.

³⁴⁰ *Hüffer/Koch* § 283 Rn. 2.

³⁴¹ *Bürgers/Israel* in Bürgers/Körber AktG § 93 Rn. 2; *Krieger/Sailer-Coceani* in K. Schmidt/Lutter AktG § 93 Rn. 6; *Fleischer* in Spindler/Stilz AktG § 93 Rn. 10.

³⁴² Vgl. §§ 80, 81, 83, 88, 90, 91, 92 AktG.

³⁴³ *Hüffer/Koch* § 93 Rn. 6; *Fleischer* in Spindler/Stilz AktG § 93 Rn. 10 ff.; *Hölters* in Hölters AktG § 93 Rn. 28; *Dauner/Lieb* in Henssler/Strohn GesellschRe § 93 AktG Rn. 6.

³⁴⁴ *Wiesner* in Münch Hdb AG § 19 Rn. 13.

³⁴⁵ *Hüffer/Koch* § 76 Rn. 7; *Dauner/Lieb* in Henssler/Strohn GesellschRe § 76 AktG Rn. 5; *Weber* in Hölters AktG § 76 Rn. 8.

³⁴⁶ *Wiesner* in Münch Hdb AG § 19 Rn. 17; *Weber* in Hölters AktG § 76 Rn. 8; *Spindler* in Münch Komm AktG § 76 Rn. 16.

³⁴⁷ *Hüffer/Koch* § 93 Rn. 8; *Vedder* in Grigoleit AktG § 76 Rn. 4; *Wiesner* in Münch Hdb AG § 19 Rn. 17; *Weber* in Hölters AktG § 76 Rn. 10.

³⁴⁸ *Bürgers/Israel* in Bürgers/Körber AktG § 76 Rn. 6; *Wiesner* in Münch Hdb AG § 19 Rn. 20; *Hüffer/Koch* § 76 Rn. 28; *Dauner/Lieb* in Henssler/Strohn GesellschRe § 76 AktG Rn. 11.

³⁴⁹ *Bürgers/Israel* in Bürgers/Körber AktG § 76 Rn. 6; *Wiesner* in Münch Hdb AG § 19 Rn. 32; *Hüffer/Koch* § 76 Rn. 25, 28; *Fleischer* in Spindler/Stilz AktG § 76 Rn. 57.

115 Demgegenüber wird die Geschäftsführung in der KGaA gemäß § 278 Abs. 2 AktG grundsätzlich durch das Personengesellschaftsrecht bestimmt. Dieses unterscheidet im Hinblick auf die Geschäftsführung nicht zwischen Leitungs- und Geschäftsführungsaufgaben, sondern danach, ob ein einfaches Geschäft, außergewöhnliches Geschäft oder ein Grundlagengeschäft vorliegt. Während die Vornahme einfacher Geschäfte den geschäftsführungsbefugten Gesellschaftern zugewiesen ist, bedarf es bei außergewöhnlichen Geschäften und Grundlagengeschäften grundsätzlich der Zustimmung aller anderen Gesellschafter.[350]

116 Angesichts dieser Verschiedenheit der Organisationsverfassung von Aktiengesellschaft und KGaA ist zweifelhaft, ob die objektiven Verhaltenspflichten des § 93 Abs. 1 S. 1 AktG, die durch § 76 Abs. 1 AktG konkretisiert werden, auch in der KGaA gelten können.

117 § 283 AktG ist eine Spezialvorschrift gegenüber § 278 Abs. 2 AktG und erstreckt die für den Vorstand einer Aktiengesellschaft geltenden Normen auf die Komplementäre, um die Interessen der Kommanditaktionäre und öffentliche Interessen zu schützen.[351] Im Ergebnis werden damit die personengesellschaftsrechtlichen Pflichten durch die aktienrechtlichen Pflichten eines Vorstandes verdrängt,[352] um auf der Ebene der Unternehmensführung die KGaA der Aktiengesellschaft gleichzustellen. Dies kann aber nur insoweit geschehen, als die aktienrechtlichen Sorgfaltsanforderungen mit der Kompetenzordnung der KGaA hinsichtlich Geschäftsführung und Vertretung in Einklang stehen.[353] § 283 i.V.m. § 93 Abs. 1 S. 1 AktG kann daher nicht im Hinblick auf § 76 AktG dahingehend verstanden werden, dass die Komplementäre eigenverantwortlich die KGaA leiten.

118 Vielmehr ist der Pflichtenstandard innerhalb der jeweiligen Befugnisse der Komplementäre anhand der §§ 283 Nr. 3, 93 Abs. 1 S. 1, 76 AktG nach dessen Sinn und Zweck festzulegen. Ist beispielsweise das Zustimmungserfordernis aus § 164 HGB ausgeschlossen, können die geschäftsführungsbefugten Komplementäre eigenverantwortlich die entsprechende Unternehmenspolitik definieren und (außergewöhnliche) Maßnahmen initiieren. Dabei haben die geschäftsführungsbefugten Komplementäre ebenso wie der Vorstand die Interessen der Aktionäre und der Öffentlichkeit zu berücksichtigen und pflichtgemäß abzuwägen. Dies gebietet § 283 AktG, der gerade die Interessen der Öffentlichkeit und der Aktionäre schützen will. Ist § 164 HGB dagegen nicht ausgeschlossen und können die Komplementäre nur innerhalb der ihnen dann zustehenden Kompetenzen für einfache Geschäfte agieren, gelten die Anforderungen nur in diesem eingeschränkten Rahmen.

119 Gemäß § 283 AktG hat sich ein geschäftsführungsbefugter Komplementär[354] damit innerhalb seiner Befugnisse so sorgfältig wie ein Vorstand zu verhalten, der

---

[350] Vgl. oben § 5 Rn. 79 ff.
[351] So für § 283 AktG allgemein *Assmann/Sethe* in GroßKomm AktG § 283 Rn. 3; *Perlitt* in Münch Komm AktG § 283 Rn. 2; *Servatius* in Grigoleit AktG § 283 Rn. 1.
[352] *Perlitt* in Münch Komm AktG § 283 Rn. 3; *Bachmann* in Spindler/Stilz AktG § 283 Rn. 1; *Hüffer/Koch* § 283 Rn. 1; *Arnold* in Henssler/Strohn GesellschRe § 283 AktG Rn. 1; *Förl/Fett* in Bürgers/Körber AktG § 283 Rn. 1 („ergänzt").
[353] hM, *Mertens/Cahn* in Kölner Komm AktG § 283 Rn. 2; Vorb. § 278 Rn. 5 ff.; *Assmann/Sethe* in GroßKomm AktG § 283 Rn. 3.
[354] Bei einer atypischen KGaA trifft die Sorgfaltspflicht das Geschäftsführungsorgan der Komplementär-Kapitalgesellschaft; *Perlitt* in Münch Komm AktG § 278 Rn. 62.

eine vergleichbare Entscheidung zu treffen hätte.[355] Damit gilt nicht der subjektive Maßstab der eigenüblichen Sorgfalt[356] des § 708 BGB, sondern der normative Maßstab,[357] den ein ordentlicher und gewissenhafter Geschäftsleiter anwenden muss, der nicht mit eigenen, sondern mit fremden, ihm wie einem Treuhänder anvertrauten Mitteln wirtschaftet.[358] Die Verhaltensanforderungen orientieren sich daher nicht an § 278 BGB, sondern an den allgemeinen Verhaltensstandards der §§ 276 Abs. 1 S. 2 BGB, 347 Abs. 1 HGB.[359]

Können die Komplementäre nach der konkreten Ausgestaltung ihrer Geschäftsführungsbefugnisse wie ein Vorstand einer Aktiengesellschaft eigenständig entscheiden, können sie auch grundsätzlich bei ihren Geschäftsführungsmaßnahmen den unternehmerischen Freiraum in Anspruch nehmen, der für die Vorstände einer Aktiengesellschaft gilt. Nach Rechtsprechung des BGH muss einem Vorstand einer Aktiengesellschaft „bei der Leitung der Geschäfte des Gesellschaftsunternehmens ein weiter Handlungsspielraum zugebilligt werden […], ohne den eine unternehmerische Tätigkeit schlechterdings nicht denkbar ist".[360] Dieser Entscheidungsspielraum gilt auch für den Komplementär einer KGaA mit dem Entscheidungsspielraum eines Vorstandes. Eine Sorgfaltspflichtverletzung ergibt sich daher nur bei schlechthin unvertretbarem Handeln eines Komplementärs. Dies ist der Fall, wenn die Grenzen, in denen sich ein von Verantwortungsbewußtsein getragenes, ausschließlich am Unternehmenswohl orientiertes, auf sorgfältiger Ermittlung der Entscheidungsgrundlagen beruhendes unternehmerisches Handeln bewegen muss, deutlich überschritten sind und die Bereitschaft, unternehmerische Risiken einzugehen, in unverantwortlicher Weise überspannt worden ist oder das Verhalten aus anderen Gründen als pflichtwidrig gelten muss.[361] **120**

Zu beachten ist aber, dass die Kompetenzordnung in der KGaA durch diese **business judgement rule** nicht überlagert wird. Den Komplementären steht der unternehmerische Entscheidungsfreiraum nur insoweit zu, wie sie bei der Ausführung von Maßnahmen nach der innergesellschaftlichen Kompetenzordnung zuständig sind. Dies können je nach Lage des Falles einfache Geschäfte, außergewöhnliche Geschäfte mit Zustimmung oder auch außergewöhnliche Geschäfte sein, für welche die Zustimmung nach § 164 HGB ausgeschlossen wurde. **121**

bb) § 93 Abs. 1 S. 3 AktG (Verschwiegenheitspflicht). Die geschäftsführungsbefugten Komplementäre einer KGaA unterliegen kraft § 283 Nr. 3 AktG **122**

---

[355] Vgl. *Assmann/Sethe* in GroßKomm AktG § 278 Rn. 55; *Perlitt* in Münch Komm AktG § 283 Rn. 18.
[356] BGHZ 134, 392, 394 = NJW 1997, 1923; OLG München, AG 2000, 426; *Assmann/Sethe* in GroßKomm AktG § 278 Rn. 55; *Perlitt* in Münch Komm AktG § 278 Rn. 62; *Hüffer/Koch* § 278 Rn. 13.
[357] Vgl. *Perlitt* in Münch Komm AktG § 278 Rn. 62; *Assmann/Sethe* in GroßKomm AktG § 278 Rn. 55; *Assmann/Sethe* in GroßKomm AktG § 283 Rn. 17; *Bürgers/Israel* in Bürgers/Körber AktG § 93 Rn. 3.
[358] BGHZ 129, 30, 34 = NJW 1995, 1290; OLG Düsseldorf AG 1997, 231, 235; OLG Hamm AG 1995, 512, 514; *Hüffer/Koch* § 278 Rn. 13.
[359] *Hüffer/Koch* § 93 Rn. 4; ähnlich *Mertens/Cahn* in Kölner Komm AktG § 93 Rn. 12; *Bürgers/Israel* in Bürgers/Körber AktG § 93 Rn. 3.
[360] So für den Vorstand einer AG BGH NJW 1997, 1926, 1927 – ARAG/Garmenbeck.
[361] Vgl. BGH NJW 1997, 1926, 1928 – ARAG/Garmenbeck; BGH, NJW 2013, 1958; BGH NJW 2006, 522; BGH NJW 1990, 2625; *Hüffer/Koch* § 93 Rn. 13 f.

ebenso wie der Vorstand einer Aktiengesellschaft der Verschwiegenheitspflicht aus § 93 Abs. 1 S. 3 AktG.

123 Bei den nichtgeschäftsführungsbefugten Komplementären ist fraglich, ob diese ebenfalls gemäß §§ 283 Nr. 3, 93 Abs. 1 S. 3 AktG zur Verschwiegenheit verpflichtet sind.[362] Viel spricht hier angesichts der umfangreichen Einsichtsrechte aus § 118 HGB und mitgliedschaftlicher Treuepflichtbindungen für eine Pflicht zur Verschwiegenheit aus §§ 283 Nr. 3, 93 Abs. 1 S. 3 AktG. Die Verletzung dieser Pflicht ist gemäß § 404 AktG strafbewehrt.

124 **cc) § 93 Abs. 3 Nr. 5 AktG (Unterlassung der Verteilung von Gesellschaftsvermögen).** Entnahmen der Komplementäre sind gemäß § 278 Abs. 2 AktG i.V.m. §§ 161 Abs. 2, 122 HGB zulässig; diese personengesellschaftsrechtliche Regelung findet ihre Schranken in der speziellen Regelung des § 288 AktG.[363] Die Verteilung von Gesellschaftsvermögen an Komplementäre ist daher nicht sorgfaltswidrig, solange sie sich in dem Rahmen des nach diesen Regelungen Zulässigen bewegt. Entnahmen der Kommanditaktionäre sind demgegenüber grundsätzlich unzulässig,[364] sodass im Falle von Auszahlungen an Kommanditaktionäre § 93 Abs. 3 Nr. 5 AktG greift.

125 **dd) § 93 Abs. 3 Nr. 6 AktG (Unterlassung von Zahlungen nach Eintritt der Überschuldung).** Die geschäftsführungsbefugten Komplementäre unterliegen dem Verbot aus § 92 Abs. 2 AktG, nach Eintritt der Zahlungsunfähigkeit oder Überschuldung Zahlungen zu leisten.[365] Dies ergibt sich neben der ausdrücklichen Anordnung in §§ 283 Nr. 3 i.V.m. 93 Abs. 3 Nr. 6 AktG nicht zuletzt aus der Pflicht der Komplementäre gemäß §§ 283 Nr. 14 AktG, 15, 15a InsO, einen Insolvenzantrag zu stellen. Diese Pflicht ist nur in Verbindung mit einem Zahlungsverbot sinnvoll.

126 **ee) § 93 Abs. 3 Nr. 8 AktG (Unterlassen der Kreditgewährung).** § 93 Abs. 3 Nr. 8 AktG gilt im Hinblick auf § 288 Abs. 2 AktG, der die Kreditgewährung an persönlich haftende Gesellschafter oder deren Angehörige unter weitere Voraussetzungen stellt, ebenfalls für die Organe der KGaA.

127 **ff) §§ 283 Nr. 3, 117 AktG (unzulässige Einflussnahme auf Leitungsorgane).** Gilt unter den Komplementären im Innenverhältnis grundsätzlich Personengesellschaftsrecht, so ordnet § 283 Nr. 3 AktG für die vorsätzliche schädigende Einflussnahme seitens der persönlich haftenden Gesellschafter die Geltung des § 117 AktG an. Damit ist § 117 AktG – neben der Anwendbarkeit aufgrund des allgemeinen Verweises in § 278 Abs. 3 für außenstehende Dritte und einzelne

---

[362] Ob eine Vorschrift auch für nichtgeschäftsführungsbefugte Komplementäre über § 283 AktG anzuwenden ist, ist mittels Auslegung zu ermitteln, vgl. *Assmann/Sethe* in GroßKomm AktG § 283 Rn. 6, 9; *Perlitt* in Münch Komm AktG § 283 Rn. 12; *Bachmann* in Spindler/Stilz AktG § 283 Rn. 3; *Hüffer/Koch* AktG § 283 Rn. 1.

[363] *Assmann/Sethe* in GroßKomm AktG § 288 Rn. 48 ff.; *Bachmann* in Spindler/Stilz AktG § 288 Rn. 1; *Hüffer/Koch* § 288 Rn. 4; *Müller-Michaels* in Hölters AktG § 288 Rn. 1, 3.

[364] *Assmann/Sethe* in GroßKomm AktG § 288 Rn. 40; *Bachmann* in Spindler/Stilz AktG § 288, Rn. 5; *Müller-Michaels* in Hölters AktG § 288 Rn. 3.

[365] *Förl/Fett* in Bürgers/Körber AktG § 283 Rn. 20; *Assmann/Sethe* in GroßKomm AktG § 283 Rn. 38; *Bachmann* in Spindler/Stilz AktG § 283 Rn. 22; *Arnold* in Henssler/Strohn GesellschRe § 283 AktG Rn. 3.

Kommanditaktionäre – über § 283 Nr. 3 AktG als eine die Sorgfaltsanforderungen umschreibende Norm auch für die persönlich haftenden Gesellschafter anzuwenden. Entgegen einer Ansicht im Schrifttum beschränkt sich die Anwendbarkeit des § 117 AktG nicht auf die geschäftsführungsbefugten Gesellschafter.[366] Die Weite des Tatbestandes, die gerade jeden erfasst, der faktisch über Einfluss auf die Gesellschaft verfügt,[367] ist vielmehr auch im Rahmen der KGaA zu übernehmen.[368] Damit können auch nicht geschäftsführungsbefugte Komplementäre bei vorsätzlicher Einflussnahme einer Schadensersatzpflicht ausgesetzt sein.

gg) Pflichten aus dem Anstellungsvertrag. Obwohl Komplementäre einer KGaA geborene Geschäftsführer sind, ist es zulässig und in der Praxis insbesondere bei sog. Geschäftsführer-Komplementären üblich, einen Anstellungsvertrag zwischen Komplementär und Gesellschaft abzuschließen.[369] Dieser ist schuldrechtliche Nebenabrede zum Gesellschaftsvertrag mit mehr oder weniger starken dienstvertraglichen Zügen.[370] Stellt dieser Vertrag[371] für den persönlich haftenden Gesellschafter Sorgfaltspflichten auf, so hat der Komplementär im Falle einer Verletzung nach allgemeinen Regeln Schadensersatz zu leisten.[372]

128

hh) §§ 48, 53 AktG (Pflichten im Rahmen der Gründung/Nachgründung), §§ 309, 310, 317, 318, 312, 399–408 AktG. Hinsichtlich der Sorgfaltspflichten der Komplementäre im Rahmen der Gründung oder in Fällen der Nachgründung, gegenüber verbundenen Unternehmen sowie hinsichtlich der strafrechtlichen Verantwortung bestehen keine Unterschiede gegenüber den für den Vorstand einer Aktiengesellschaft geltenden Sorgfaltspflichten.[373]

129

ii) § 92 Abs. 1 AktG (Einberufungspflicht bei Verlust der Hälfte des Grundkapitals). Bei Verlust der Hälfte des Grundkapitals sind die Komplementäre verpflichtet, gemäß § 92 Abs. 1 AktG die Hauptversammlung einzuberufen.[374] Diese Pflicht lässt sich sowohl aus § 283 Nr. 6 AktG als auch aus § 283 Nr. 3 AktG herleiten. Die Verletzung dieser Pflicht ist gemäß §§ 408, 401 AktG strafbewehrt. Aus dem Umstand, dass die Verletzung dieser Pflicht auch für die persönlich haftenden Gesellschafter strafbewehrt ist, folgt zwingend, dass die Pflicht zur Einberufung der Hauptversammlung auch für die persönlich haftenden Gesellschafter gelten muss.

130

---

[366] So aber *Perlitt* in Münch Komm AktG § 283 Rn. 19.
[367] Vgl. *Wiesner* in Münch Hdb AG § 27 Rn. 1, 2.
[368] Für die uneingeschränkte Geltung *Assmann/Sethe* in GroßKomm AktG § 283 Rn. 17; *K. Schmidt* in K. Schmidt/Lutter AktG § 283 Rn. 6; *Bachmann* in Spindler/Stilz AktG § 283 Rn. 9.
[369] Hierzu ausführlich unter § 5 Rn. 259 ff.
[370] *Assmann/Sethe* in GroßKomm AktG § 288 Rn. 75; *Bachmann* in Spindler/Stilz AktG § 288 Rn. 9; *Perlitt* in Münch Komm AktG § 288 Rn. 81.
[371] Hierzu näher § 5 Rn. 259 ff.
[372] Vgl. für den Vorstand einer AG *Hüffer/Koch* § 93 Rn. 11 ff.; für den Geschäftsführer einer GmbH & Co. KG in Verbindung mit den Grundsätzen des Vertrages mit Schutzwirkung zu Gunsten Dritter: BGH, NJW 1987, 2008.
[373] Hierzu unter § 4 Rn. 60 ff.
[374] *Perlitt* in Münch Komm AktG § 283 Rn. 43; *Hüffer/Koch* § 283 Rn. 2; *Mertens/Cahn* in Kölner Komm AktG § 283 Rn. 13.

131 **jj) §§ 283 Nr. 14, 92 Abs. 2 AktG (Insolvenzantragspflicht).** Gemäß §§ 283 Nr. 14, 15, 15a InsO sind die geschäftsführenden Komplementäre im Falle der Zahlungsunfähigkeit oder Überschuldung der Gesellschaft verpflichtet, die Eröffnung eines Insolvenzverfahrens zu beantragen.[375]

132 **b) Haftung bei Sorgfaltspflichtverletzung.** Verletzt ein geschäftsführender Komplementär eine der vorstehend beschriebenen Sorgfaltspflichten, so haftet er der KGaA über §§ 283 Nr. 3, 93 Abs. 2 AktG auf Schadensersatz.[376] Sind mehrere persönlich haftende geschäftsführende Gesellschafter vorhanden, so haften diese aufgrund ihrer Gesamtverantwortung für die Geschäftsführung ebenso wie der handelnde Komplementär.[377] Diese **Gesamtverantwortung** entspricht der Gesamtverantwortung des Vorstandes einer Aktiengesellschaft[378] und ist unabhängig von der Frage, ob Einzel- oder Gesamtgeschäftsführung für die persönlich haftenden Gesellschafter der KGaA gilt.[379] Wenn mangels abweichender Regelung Einzelgeschäftsführung[380] besteht, so kann zwar durch eine entsprechende Geschäftsverteilung unter den geschäftsführenden Komplementären eine individuelle Ressortverantwortung geschaffen werden;[381] diese entbindet die anderen geschäftsführenden Komplementäre aber nicht von ihrer Gesamtverantwortung.[382] Ihre Geschäftsführungspflicht wandelt sich in diesem Fall in eine Aufsichtspflicht,[383] deren Verletzung ebenso haftungsbegründend wirkt.

133 Die Innenhaftung des geschäftsführenden Komplementärs beginnt mit dem Zeitpunkt seiner Geschäftsführungsbefugnis und endet mit dem Erlöschen derselben. Ist der geschäftsführende Komplementär Gründungsgesellschafter, beginnt die Haftung aus § 93 Abs. 1 AktG mit der Aufnahme seiner Geschäftsführungstätigkeit für die KGaA, dies dürfte in der Regel mit der Aufnahme der Geschäftstätigkeit der KGaA zusammenfallen. Anderenfalls beginnt die Haftung grundsätzlich mit

---

[375] *Förl/Fett* in Bürgers/Körber AktG § 283 Rn. 20; *Servatius* in Grigoleit AktG § 283 Rn. 22; *Müller-Michaels* in Hölters AktG § 283 Rn. 13; *Hüffer/Koch* § 283 Rn. 3; *Perlitt* in Münch Komm AktG § 283 Rn. 42; *Arnold* in Henssler/Strohn GesellschRe § 283 AktG Rn. 3.

[376] OLG München NZG 2000, 741, 742; vgl. *Bachmann* in Spindler/Stilz AktG § 283 Rn. 9; *Servatius* in Grigoleit AktG § 283 Rn. 10.

[377] *Herfs* in Münch Hdb AG § 79 Rn. 6; vgl. auch *Perlitt* in Münch Komm AktG § 278 Rn. 34.

[378] *Hüffer/Koch* § 77 Rn. 14, § 93 Rn. 13a; *Spindler* in Münch Komm AktG § 93 Rn. 149; *Mertens/Cahn* in Kölner Komm AktG § 93 Rn. 92; BGH, NJW 1986, 54; BGH, NJW 1995, 2850.

[379] *Herfs* in Münch Hdb AG § 79 Rn. 6; vgl. auch *Perlitt* in Münch Komm AktG § 278 Rn. 34.

[380] *Perlitt* in Münch Komm AktG § 278 Rn. 174; *Bachmann* in Spindler/Stilz AktG § 278 Rn. 54; *Herfs* in Münch Hdb AG § 78 Rn. 4.

[381] *Assmann/Sethe* in GroßKomm AktG § 278 Rn. 128, 133; *Bachmann* in Spindler/Stilz AktG § 278 Rn. 57; *Spindler* in Münch Komm AktG § 93 Rn. 148; *Dauner/Lieb* in Henssler/Strohn GesellschRe § 93 Rn. 30.

[382] *Assmann/Sethe* in GroßKomm AktG § 278 Rn. 143; *Herfs* in Münch Hdb AG § 79 Rn. 6; *Spindler* in Münch Komm AktG § 93 Rn. 149; *Dauner/Lieb* in Henssler/Strohn GesellschRe § 93 Rn. 30.

[383] *Assmann/Sethe* in GroßKomm AktG § 278 Rn. 143; *Herfs* in Münch Hdb AG § 79 Rn. 6; *Spindler* in Münch Komm AktG § 93 Rn. 149; *Dauner/Lieb* in Henssler/Strohn GesellschRe § 93 Rn. 31; BGH NJW 1995, 2850; BGH NJW 1997, 130.

Erlangung der Stellung als geschäftsführender Komplementär.[384] Geschäftsführender Komplemetär wird der Betroffene wiederum mit Wirksamkeit der Satzungsänderung seiner Aufnahme in die KGaA, wobei in der Satzung vom Gesetz abweichende Bestimmungen über die Aufnahme neuer Komplementäre enthalten sein können, die zu beachten wären.[385] Dass es auf einen wirksamen Aufnahmeakt, wie überwiegend für die Haftung des Vorstandes einer Aktiengesellschaft hinsichtlich des Bestellungsaktes vertreten wird[386], nicht ankommt, kann hier allerdings nicht angenommen werden, da für die KGaA insofern das Prinzip der Selbstorganschaft gilt.[387] Die Innenhaftung endet mit Erlöschen seiner Geschäftsführungsbefugnis, sei es durch Entzug, sei es durch Ausscheiden aus der KGaA. Im ersteren Fall ist der Zeitpunkt der Wirksamkeit des Entzugs entscheidend,[388] im zweiten wiederum der Zeitpunkt seines Ausscheidens.

Die Haftung trifft alle geschäftsführenden Komplementäre; mithin grundsätzlich auch beschränkt geschäftsfähige oder geschäftsunfähige Komplementäre,[389] soweit diese geschäftsführungsbefugt sind.[390] Allerdings haften für Sorgfaltspflichtverletzungen beschränkt geschäftsfähiger oder geschäftsunfähiger Komplementäre deren gesetzliche Vertreter.[391] **134**

Die geschäftsführenden Komplementäre haften nur bei **Verschulden**, da § 93 Abs. 2 AktG eine Verschuldenshaftung darstellt.[392] Haftungsbegründend ist daher eine sorgfaltswidrige Pflichtverletzung, wobei für die Beurteilung der Sorgfaltswidrigkeit ein typisierter Maßstab anzuwenden ist; individuelle Unfähigkeit exkulpiert nicht.[393] Das Verschulden von Prokuristen und anderen Angestellten ist den Komplementären nicht zuzurechnen, da diese Personen für die KGaA handeln.[394] Allerdings kann sich in diesen Fällen auch ein eigenes Verschulden der Komplementäre ergeben, wenn sie die Pflichtverletzung der Prokuristen oder Angestellten zum Beispiel durch unzulässige Übertragung der Angelegenheit, mangelnde Organisation, mangelnde Instruktion, mangelnde Beaufsichtigung oder **135**

---

[384] *Perlitt* in Münch Komm AktG § 278 Rn. 62; *Spindler* in Münch Komm AktG § 93 Rn. 12.

[385] Vgl. *Perlitt* in Münch Komm AktG § 278 Rn. 66, 67 ff.

[386] *Spindler* in Münch Komm AktG § 93 Rn. 13, 15.

[387] *Förl/Fett* in Bürgers/Körber AktG § 278 Rn. 46; *Perlitt* in Münch Komm AktG § 278 Rn. 167 f., 31 f.

[388] Hierzu ausführlich unter § 5 Rn. 182 ff.

[389] Vgl. *Herfs* in Münch Hdb AG § 78 Rn. 15.

[390] Ob beschränkt geschäftsfähige Personen geschäftsführungs- und vertretungsbefugt sein können, ist str. Ausführlich *Assmann/Sethe* in GroßKomm AktG § 278 Rn. 22–26; ablehnend *Perlitt* in Münch Komm AktG § 278 Rn. 24 f.; bejahend *Assmann/Sethe* in GroßKomm AktG § 278 Rn. 24 f.; *Herfs* in Münch Hdb AG § 78 Rn. 15; *Bachmann* in Spindler/Stilz § 278 Rn. 39.

[391] *Assmann/Sethe* in GroßKomm AktG § 278 Rn. 25; vgl. *Bachmann* in Spindler/Stilz § 278 Rn. 39.

[392] Vgl. zur Vorstandshaftung: *Bürgers/Israel* in Bürgers/Körber AktG § 93 Rn. 21b; *Krieger/Sailer-Coceani* in K. Schmidt/Lutter AktG § 93 Rn. 34 f.; *Fleischer* in Spindler/Stilz AktG § 93 Rn. 205.

[393] Vgl. *Hopt* in GroßKomm AktG § 93 Rn. 255; *Bürgers/Israel* in Bürgers/Körber AktG § 93 Rn. 21b; *Fleischer* in Spindler/Stilz AktG § 93 Rn. 205; *Spindler* in Münch Komm AktG § 93 Rn. 177; RGZ 163, 200, 208.

[394] *Hüffer/Koch* § 93 Rn. 41 f., 46; *Fleischer* in Spindler/Stilz AktG § 93 Rn. 98; *Spindler* in Münch Komm AktG § 93 Rn. 179; *Bürgers/Israel* in Bürgers/Körbers AktG § 93 Rn. 21c.

fehlerhafte Auswahl erst ermöglicht haben.[395] Die geschäftsführenden Komplementäre haften ferner für Sorgfaltspflichtverletzungen von Personen, welche die geschäftsführenden Komplementäre rechtsgeschäftlich bei der Wahrnehmung ihrer organschaftlichen Funktion vertreten, im Falle eines Auswahl- oder Überwachungsverschuldens.[396]

136 Die Sorgfaltspflichtverletzung muss adäquat kausal zu einem Schaden der KGaA geführt haben,[397] ein mittelbarer Schaden der Kommanditaktionäre[398] ist nur über Schadensersatzleistung in das Vermögen der KGaA auszugleichen.[399] Nichtgesellschafter können den Ersatzanspruch der Gesellschaft gemäß § 93 Abs. 5 AktG nur bei Verstößen gegen die in § 93 Abs. 3 AktG enthaltenen Pflichten geltend machen, wenn sie von der Gesellschaft keine Befriedigung erlangen können. Einen eigenen Schaden können Dritte über die unmittelbare persönliche Außenhaftung geltend machen.

137 Mehrere geschäftsführende persönlich haftende Gesellschafter haften als Gesamtschuldner, §§ 283 Nr. 3, 93 Abs. 2 S. 1 AktG. Gemäß § 93 Abs. 2 S. 2 AktG trifft sie die Beweislast für die Einhaltung der Sorgfalt eines ordentlichen und gewissenhaften Geschäftsleiters.[400] Dies bedeutet, dass die Gesamtheit der Kommanditaktionäre, vertreten durch den Aufsichtsrat, Eintritt und Höhe des Schadens sowie die adäquat kausale Schadensverursachung durch den geschäftsführenden Komplementär beweisen muss.[401] Der persönlich haftende Gesellschafter muss darlegen und beweisen, dass seine Handlung nicht pflichtwidrig oder nicht schuldhaft gewesen ist, oder dass der Schaden auch bei pflichtgemäßem Handeln eingetreten wäre.[402]

138 **c) Ausschluss der Innenhaftung.** Nicht pflichtwidrig ist eine adäquat kausale Schädigungshandlung eines geschäftsführenden Komplementärs einer KGaA, soweit seine Handlung gemäß § 93 Abs. 4 S. 1, 2 AktG auf einem rechtmäßigen Beschluss der Hauptversammlung und – soweit erforderlich – der anderen Komplementäre beruht.

139 In der KGaA ist die sinngemäße Anwendung von § 93 Abs. 4 S. 1 AktG über §§ 283 Nr. 3, 278 Abs. 3 AktG nicht unproblematisch. Anders als bei einer Aktiengesellschaft ist bei einer KGaA das Erfordernis einer Zustimmung der Hauptversammlung zu außergewöhnlichen Geschäften und zu Grundlagengeschäften der

---

[395] *Spindler* in Münch Komm AktG § 93 Rn. 179; *Hüffer/Koch* § 93 Rn. 41 f., 46; *Bürgers/Israel* in Bürgers/Körbers AktG § 93 Rn. 21c; detaillierte Darstellung durch *Fleischer* in Spindler/Stilz AktG § 93 Rn. 99–111.
[396] Vgl. *Hopt* in GroßKomm AktG § 93 Rn. 59; *Hüffer/Koch* § 93 Rn. 14.
[397] Vgl. *Wiesner* in Münch Hdb AG § 26 Rn. 22; *Krieger/Sailer-Coceani* in K. Schmidt/Lutter AktG § 93 Rn. 40; *Spindler* in Münch Komm AktG § 93 Rn. 174; *Fleischer* in Spindler/Stilz AktG § 93 Rn. 215 f.; *Bürgers/Israel* in Bürgers/Körbers AktG § 93 Rn. 23.
[398] Z.B. wegen Entwertung ihrer Aktienbeteiligung; vgl. *Spindler* in Münch Komm AktG § 93 Rn. 298; *Fleischer* in Spindler/Stilz AktG § 93 Rn. 213.
[399] Vgl. *Hüffer/Koch* § 93 Rn. 18; *Spindler* in Münch Komm AktG § 93 Rn. 298; *Fleischer* in Spindler/Stilz AktG § 93 Rn. 214.
[400] Zur Beweislast vgl. ausführlich *Hopt* in GroßKomm AktG § 93 Rn. 276 ff.
[401] Vgl. *Hüffer/Koch* § 93 Rn. 16; *Bürgers/Israel* in Bürgers/KörberAktG § 93 Rn. 26; *Spindler* in Münch Komm AktG § 93 Rn. 185; BGHZ 152, 280; BGH WM 2013, 456; OLG Stuttgart NZG 2010, 141.
[402] Vgl. *Fleischer* in Spindler/Stilz AktG § 93 Rn. 246; *Bürgers/Israel* in Bürgers/Körber AktG § 93 Rn. 26; BGHZ 152, 280; BGH WM 2013, 456; OLG Stuttgart NZG 2010, 141.

Reger

Regelfall. In diesen Fällen ist eine Haftung der geschäftsführenden Komplementäre regelmäßig ausgeschlossen, da in diesen Fällen automatisch ein zustimmender Beschluss der Hauptversammlung gemäß § 93 Abs. 4 S. 1 AktG vorliegt. Nur wenn die Zustimmung der Hauptversammlung oder der nicht geschäftsführenden persönlich haftenden Gesellschafter in der Satzung ausgeschlossen wurde,[403] kann es zu einer Haftung der geschäftsführenden Komplementäre gemäß § 93 Abs. 1 AktG bei außergewöhnlichen Geschäften und bei Grundlagengeschäften kommen. In diesen Fällen bedarf es einer Zustimmung der Hauptversammlung zu einer Maßnahme, um eine Haftung der geschäftsführenden persönlich haftenden Gesellschafter auszuschließen. Gleiches gilt für den Haftungsausschluss bei gewöhnlichen Geschäftsführungsmaßnahmen.

Ist auch die Zustimmung der nicht-geschäftsführenden Komplementäre in der Satzung ausgeschlossen, ist in diesen Fällen neben der Zustimmung der Hauptversammlung immer auch die Zustimmung der übrigen Komplementäre erforderlich. **140**

Der Haftungsausschluss wirkt allerdings nur im Innenverhältnis zwischen der Gesellschaft und dem geschäftsführenden Komplementär. So können die Gläubiger der Gesellschaft den Ersatzanspruch der Gesellschaft gegen den geschäftsführenden Komplementär geltend machen, wenn von der Gesellschaft keine Befriedigung zu erlangen ist, § 283 Nr. 3 i. V. m. § 93 Abs. 5 S. 1 AktG. Dieser Anspruch des Gläubigers der Gesellschaft wird nicht dadurch ausgeschlossen, dass die Handlung des Komplementärs auf einem gesetzmäßigen Hauptversammlungsbeschluss beruhte, § 283 Nr. 3 i. V. m. § 93 Abs. 5 S. 3 AktG. **141**

d) D&O-Versicherungen. Angesichts des umfangreichen Pflichtenkataloges und der entsprechenden Haftungsrisiken hat die Absicherung der geschäftsführenden Komplementäre durch eine Geschäftsführerhaftpflicht- oder D&O-Versicherung (Directors' & Officers' Insurance)[404] zunehmend an Bedeutung gewonnen und gehört inzwischen zum Standard.[405] 1997 hat der Gesamtverband der deutschen Versicherungswirtschaft e. V. Musterbedingungen veröffentlicht und erneuert diese immer wieder.[406] In der Praxis weichen die Versicherungsangebote dennoch häufig voneinander ab, insbesondere werden individuelle Regelungen vereinbart.[407] Typischerweise wird der Vertrag als Versicherungsvertrag für fremde Rechnung abgeschlossen, §§ 43 ff. VVG.[408] Versicherungsnehmer und Prämienschuldner ist dann die KGaA, Versicherte sind die geschäftsführenden Komplementäre. Gemäß § 44 Abs. 1 VVG erwirbt der Versicherte eigene Rechte aus dem Versicherungsvertrag. **142**

---

[403] Vgl. *Perlitt* in Münch Komm AktG § 278 Rn. 75, 223.

[404] Zur Thematik, dass die D&O-Versicherung für Aufsichtsräte eine Vergütung gem. § 113 AktG darstellt, die der Zustimmung der Hauptversammlung bedarf, siehe § 5 Rn. 473 ff.

[405] *Kästner* AG 2000, 113, 114; *Fleischer* in Spindler/Stilz § 93 Rn. 225; ausführlich zur D&O-Versicherung und aktuellen Problemfeldern: *Melot de Beauregard/Gleich* NJW 2013, 824 ff.; *Scholz/Bayer* NZG 2014, 926; speziell im Gesundheitswesen: *Knoch* RDG 2013, 42; zu insolvenzrechtlichen Problemen: *Lange* r+s 2014, 209 bzw. 261.

[406] Allgemeine Versicherungsbedingungen für die Vermögensschaden-Haftpflichtversicherung von Aufsichtsräten, Vorständen und Geschäftsführern, abgedruckt in: *Thümmel* Rn. 351; *Fleischer* in Spindler/Stilz § 93 Rn. 230.

[407] *Kästner* AG 2000, 113, 114; *Fleischer* in Spindler/Stilz AktG § 93 Rn. 230.

[408] *Mertens* AG 2000, 447, 448; vgl. auch *Hölters* in Hölters AktG § 93 Rn. 394; *Spindler* in Spindler/Stilz AktG § 112 Rn. 28.

143 Der Abschluss einer D&O-Versicherung durch die Gesellschaft auf ihre eigenen Kosten zugunsten der geschäftsführenden Komplementäre ist zulässig.[409] Insbesondere liegt im Abschluss einer D&O-Versicherung kein Verstoß gegen § 93 Abs. 4 S. 3 AktG, was seit der Schaffung des verpflichtenden Selbstbehalts in § 93 Abs. 2 S. 3 AktG unstreitig ist.[410] Die Höhe des Pflichtselbstbehalts beträgt mindestens 10 % und mindestens das Eineinhalbfache der festen jährlichen Vergütung, wobei mit jährlich das Kalenderjahr gemeint ist.[411] Da es sich bei § 93 Abs. 2 S. 3 AktG nicht um ein Verbotsgesetz iSv § 134 BGB handelt, bleibt der Versicherungsvertrag auch bei Zuwiderhandeln wirksam.[412] Vielmehr handelt es sich um eine innergesellschaftliche Pflicht, die zu einer Schadenersatzhaftung seitens der Komplementäre führen kann.[413] Möglich ist eine Zusatzversicherung des Komplementärs für diesen Selbstbehalt.[414] Ohne entsprechende Regelung in der Satzung besteht nach wohl h. M. keine Pflicht der Gesellschaft zum Abschluss einer solchen D&O-Versicherung.[415]

144 **e) Geltendmachung der Haftung in der gesetzestypischen KGaA.** Gemäß § 283 Nr. 8 AktG werden Haftungsansprüche gegen die Komplementäre durch die Kommanditaktionäre wie gegen den Vorstand einer Aktiengesellschaft gemäß §§ 147, 148 AktG geltend gemacht.[416] Komplementäre können Haftungsansprüche gegen andere Komplementäre unabhängig von einer Hauptversammlungsentscheidung der Kommanditaktionäre im Wege der *actio pro socio*[417] geltend machen.[418]

145 Kommanditaktionäre können Ansprüche wegen fehlerhafter Geschäftsführung nur in den durch §§ 147, 148 AktG gesetzten Grenzen verfolgen; eine Geltendmachung von Ansprüchen im Wege der *actio pro socio* durch die Kommanditaktionäre ist nunmehr durch das Instrument der Aktionärsklage gemäß § 148 AktG gegeben.[419]

---

[409] Vgl. *Bürgers/Israel* in Bürgers/Körber AktG § 93 Rn. 40a; *Hopt* in GroßKomm AktG § 93 Rn. 519 f.; *Krieger/Sailer-Coceani* in K. Schmidt/Lutter AktG § 93 Rn. 50; *Fleischer* in Spindler/Stilz § 93 Rn. 225.

[410] *Hopt* in GroßKomm AktG § 93 Rn. 520; *Krieger/Sailer-Coceani* in K. Schmidt/Lutter AktG § 93 Rn. 50; *Fleischer* in Spindler/Stilz § 93 Rn. 226; *Bürgers/Israel* in Bürgers/Körber AktG § 93 Rn. 40b.

[411] *Bürgers/Israel* in Bürgers/Körber AktG § 93 Rn. 40b; *Spindler* in Münch Komm AktG § 93 Rn. 204; *Mertens/Cahn* in Kölner Komm AktG § 93 Rn. 251; *Melot de Beauregard/Gleich* NJW 2013, 824 ff.

[412] *Hüffer/Koch* § 93 Rn. 18b; *Fleischer* in Spindler/Stilz § 93 Rn. 252; *Bürgers/Israel* in Bürgers/Körber § 93 Rn. 40b; *Grigoleit/Tomasic* in Grigoleit AktG § 93 Rn. 97.

[413] *Fleischer* in Spindler/Stilz AktG § 93 Rn. 253; *Bürgers/Israel* in Bürgers/Körber AktG § 93 Rn. 40b; *Mertens/Cahn* in Kölner Komm AktG § 93 Rn. 249; *Thüsing* NZA 2010, 140.

[414] Vgl. *Bürgers/Israel* in Bürgers/Körber AktG § 93 Rn. 40b.

[415] Vgl. BGH NJW 2009, 2454, 2456; ausführlich *Fleischer* in Spindler/Stilz AktG § 93 Rn. 227, 235 ff.; *Spindler* in Münch Komm AktG § 93 Rn. 177; *Bürgers/Israel* in Bürgers/Körber AktG § 93 Rn. 40a.

[416] *Assmann/Sethe* in GroßKomm AktG § 283 Rn. 30; *Perlitt* in Münch Komm AktG § 283 Rn. 32; *Bachmann* in Spindler/Stilz AktG § 283 Rn. 18; *Müller-Michaels* in Hölters AktG § 283 Rn. 9; *Hüffer/Koch* § 283 Rn. 2.

[417] Hierzu ausführlich unten unter § 5 Rn. 671 ff.

[418] *Assmann/Sethe* in GroßKomm AktG § 283 Rn. 30; *Hüffer/Koch* § 283 Rn. 2; *Bachmann* in Spindler/Stilz AktG § 283 Rn. 18; *Förl/Fett* in Bürgers/Körber AktG § 283 Rn. 13.

[419] *Bachmann* in Spindler/Stilz AktG § 283 Rn. 18; *Tretter* in Münch Anwalts Hdb AktR § 41 Rn. 59 ff.; *Hüffer/Koch* § 283 Rn. 2; *Förl/Fett* in Bürgers/Körber AktG § 283 Rn. 13;

Nach § 147 AktG gilt für die Geltendmachung von Ersatzansprüchen[420] durch **146** die Kommanditaktionäre zunächst, dass der Aufsichtsrat gemäß § 287 Abs. 2 AktG als Vertreter der Gesamtheit der Kommanditaktionäre[421] die Ersatzansprüche geltend machen muss, wenn dies die Hauptversammlung mit einfacher Mehrheit beschließt, § 147 Abs. 1 S. 1 AktG.[422] Es gelten die Stimmverbote des § 136 Abs. 1 S. 1 AktG. Komplementäre, die zugleich Kommanditaktionäre sind, sind von der Abstimmung in der Hauptversammlung ausgeschlossen, soweit über die Geltendmachung von Ersatzansprüchen ihnen gegenüber Beschluss zu fassen ist.[423]

Unabhängig von der Regelung des § 147 Abs. 2 AktG gilt, dass die Kompetenzzuweisung des § 287 Abs. 2 AktG an den Aufsichtsrat dispositiv ist und in der **147** Satzung auch einem anderen Organ, z. B. einem Beirat, übertragen werden kann.[424] Auch die Übertragung der Vertretungskompetenz auf einen nicht-geschäftsführenden Komplementär wird für zulässig erachtet,[425] jedenfalls soweit die Vertretung der Kommanditaktionäre gegen die geschäftsführenden Komplementäre in Frage steht und sichergestellt ist, dass eine ordnungsgemäße Vertretung nicht durch Interessenkollision gefährdet wird.[426] Die Kompetenzzuweisung des § 287 Abs. 2 AktG gilt für alle Ansprüche, welche seitens der Kommanditaktionäre gegen die persönlich haftenden Gesellschafter geltend gemacht werden.

Besteht ein wirksames Verlangen[427] der Hauptversammlung zur Geltendmachung von Ersatzansprüchen, so hat der Aufsichtsrat bis zu sechs Monate ab dem **148** Tage der Hauptversammlung Zeit, den Anspruch durch Klage oder Mahnbescheid[428] geltend zu machen. Ein Fristversäumnis ist seinerseits haftungsbegründend für das verantwortliche Organmitglied.[429]

Perlitt in Münch Komm AktG § 278 Rn. 107, 125; ausführlich hierzu *Schmolke* ZGR 2011, 398.

[420] § 147 AktG gilt ebenso für Ausgleichsansprüche (z. B. §§ 667, 681 S. 1, 687 Abs. 2, 812 Abs. 1 S. 1 2. Fall BGB, § 88 Abs. 2 AktG), Hilfsansprüche (z. B. auf Auskunft und Rechnungslegung) und Unterlassungsansprüche, vgl. *Hirschmann* in Hölters AktG § 147 Rn. 2; *Holzborn/Jänig* in Bürgers/Körber AktG § 147 Rn. 3; *Hüffer/Koch* § 147 Rn. 2 m. w. N.

[421] Vgl. *Perlitt* in Münch Komm AktG § 287 Rn. 74; str. ist dabei, ob die Kommanditaktionäre in diesem Verfahren aktiv und passiv parteifähig sind, ablehnend: *Sethe* AG 1996, 289, 299 ff. hierzu ausführlich § 5 Rn. 625 ff.

[422] Ausführlich hierzu *Hüffer/Koch* § 147 Rn. 3–5; *Schröer* in Münch Komm AktG § 147 Rn. 33 ff.; ebenfalls ausführlich hierzu *Nietsch* ZGR 2011, 589 ff.

[423] *Assmann/Sethe* in GroßKomm AktG, § 287 Rn. 60; *Hüffer/Koch* § 147 Rn. 3; *Schröer* in Münch Komm AktG § 147 Rn. 34; vgl. auch OLG München NZG 2008, 230 ff.

[424] *Hüffer/Koch* § 287 Rn. 1; *K. Schmidt* in K. Schmidt/Lutter AktG § 287 Rn. 1; *Herfs* in Münch Hdb AG § 79 Rn. 79; *Perlitt* in Münch Komm AktG § 287 Rn. 14.

[425] Vgl. OLG München WM 1996, 782; *Herfs* in Münch Hdb AG § 79 Rn. 66.

[426] OLG München WM 1996, 782; a. A. typisierende Betrachtung *Bachmann* in Spindler/Stilz AktG § 287 Rn. 26; *Mertens/Cahn* in Kölner Komm AktG § 287 Rn. 20; BGH NZG 2005, 276.

[427] Hinsichtlich der formalen Anforderungen an den Hauptversammlungsbeschluss bzw. das Minderheitsverlangen, vgl. *Hüffer/Koch* § 147 Rn. 10 f.; *Schröer* in Münch Komm AktG § 147 Rn. 37 ff.

[428] *Holzborn/Jänig* in Bürgers/Körber AktG § 147 Rn. 9; *Schröer* in Münch Komm AktG § 147 Rn. 40; *Mock* in Spindler/Stilz AktG § 147 Rn. 38; *Hirschmann* in Hölters AktG § 147 Rn. 7.

[429] *Holzborn/Jänig* in Bürgers/Körber AktG § 147 Rn. 9; *Schröer* in Münch Komm AktG § 147 Rn. 40; *Mock* in Spindler/Stilz AktG § 147 Rn. 26; *Hirschmann* in Hölters AktG § 147 Rn. 8.

149 Erhebt der Aufsichtsrat oder das anderweitig zur Vertretung bestimmte Organ der KGaA trotz Vorliegens der Voraussetzungen des § 147 Abs. 1 S. 1 AktG die Klage nicht fristgerecht, so kann die Hauptversammlung abweichend von § 287 Abs. 2 AktG besondere Vertreter zur Geltendmachung der Ersatzansprüche bestellen oder nach Maßgabe des § 147 Abs. 2 S. 2–8 AktG durch das Gericht bestellen lassen.[430] Der besondere Vertreter ist als Prozessstandschafter anzusehen.[431]

150 Im Zuge des UMAG 2005 entfallen ist das Minderheitenrecht des § 147 Abs. 3 AktG, welches unter bestimmten qualifizierten Voraussetzungen die Bestellung eines besonderen Vertreters auf Veranlassung eines Aktionärsquorums (5%) vorsah. An dessen Stelle getreten ist die Möglichkeit der Erhebung der Haftungsklage durch die Minderheitenaktionäre als Prozessstandschafter der KGaA (§ 148 AktG).[432] Das Verfahren ist zweistufig gestaltet. Der eigentlichen Aktionärsklage ist auf einer ersten Stufe zur Missbrauchsvermeidung ein gerichtliches Klagezulassungsverfahren vorgeschalten.[433] Erforderlich ist ein Antrag eines Quorums von 1% der Kommanditaktionäre bzw. einer Mehrheit, die mindestens 100.000 EUR der gesamten Kommanditeinlage hält. Die Missbrauchsvermeidung wird durch zusätzliche Kautelen gewährleistet (§ 148 Abs. 1 S. 2 AktG).[434] Berücksichtigt ist insbesondere auch der aus der ARAG/Garmenbeck-Rechtsprechung[435] bekannte Umstand, dass die Gesellschaft durchaus legitime Gründe für eine Nichtverfolgung von Ersatzansprüchen haben kann, so dass die Aktionärsklage erst bei gröblichen Verstößen der Organe sowie nur bei fehlendem entgegenstehendem Interesse der Gesellschaft zuzulassen ist (§ 148 Abs. 1 S. 2 Nr. 3, 4 AktG). Sobald die Klage im Klagezulassungsverfahren rechtskräftig zugelassen ist, kann die eigentliche Haftungsklage als zweite Stufe innerhalb von drei Monaten erhoben werden, wenn die Antragsteller die Gesellschaft nochmals unter Setzung einer angemessenen Frist[436] vergeblich aufgefordert haben, selbst Klage zu erheben, § 148 Abs. 4 AktG. Das Urteil im Haftungsprozess wirkt für und gegen die Gesellschaft sowie für und gegen alle Aktionäre (§ 148 Abs. 5 AktG), so dass die Erhebung einer weiteren Klage durch andere Aktionäre mit diesem Streitgegenstand nicht mehr möglich ist.[437] § 149 AktG statuiert, dass nach rechtskräftiger Zulassung der Klage gemäß § 148 der Antrag

---

[430] Ausführlich *Hüffer/Koch* § 147 Rn. 8 f.; *Tretter* in Münch Anwalts Hdb AktR § 41 Rn. 56 ff.

[431] *Tretter* in Münch Anwalts Hdb AktR § 41 Rn. 58 unter Hinweis auf OLG München ZIP 2008, 73, 77; *Spindler* NZG 2005, 865, 866.

[432] Vgl. RegE UMAG BT-Drucks 15/5092 S. 23; *Holzborn/Jänig* in Bürgers/Körber AktG § 148 Rn. 16; *Mock* in Spindler/Stilz AktG § 148 Rn. 2; zur praktischen Bedeutungslosigkeit der §§ 148 f. AktG vgl. ausführlich *Schmolke* ZGR 2011, 398 ff.

[433] Vgl. RegE UMAG BT- Drucks 15/5092 S. 20; *Hüffer/Koch* § 148 Rn. 80; *Tretter* in Münch Anwalts Hdb AktR § 41 Rn. 59 f.

[434] Vgl. ausführlich *Spindler* NZG 2005, 865, 866 ff.; *Schmolke* ZGR 2011, 398.

[435] BGHZ 135, 244 = BGH NJW 1997, 1926 – ARAG/Garmenbeck; vgl. auch *Mock* in Spindler/Stilz AktG § 148 Rn. 83; *Hüffer/Koch* § 148 Rn. 9a; *Fleischer* NJW 2005, 3525, 3526; *Schmidt* NGZ 2005, 796, 800.

[436] Zwei Monate gem. *Spindler* NZG 2005, 865, 868; *Weiss/Buchner* WM 2005, 162, 169; *Duve/Basak* BB 2006, 1345, 1348; *Schütz* NZG 2005, 5, 7; *Zieglmeier* ZGR 2007, 144, 151; nach *Holzborn/Jänig* in Bürgers/Körber AktG § 148 Rn. 16 weniger als zwei Monate; differenzierend: *Hüffer/Koch* § 148 Rn. 7; max. zwei Monate: *Hirschmann* in Hölters AktG § 148 Rn. 9.

[437] *Tretter* in Münch Anwalts Hdb AktR§ 41 n. 68; *Schröer* in Münch Komm AktG § 148 Rn. 78.

auf Zulassung und die Verfahrensbeendigung von der börsennotierten Gesellschaft unverzüglich in den Gesellschaftsblättern bekannt zu machen sind.

Für die Komplementäre verbleibt es ungeachtet der speziell geregelten Aktionärsklage bei den Grundsätzen der allgemeinen personengesellschaftsrechtlichen *actio pro socio*[438], wonach jeder Komplementär einzelvertretungsberechtigt die Ansprüche der Gesellschaft gegen andere Komplementäre geltend machen kann.[439] Soweit vertreten wird, die *actio pro socio* stehe insoweit nur nicht-geschäftsführungsbefugten Komplementären zu,[440] ist dies aus Gründen des Minderheitenschutzes und der effektiven Kontrolle der Geschäftsführung abzulehnen.[441] Die Treuepflicht bindet den Komplementär aber dahingehend, die Klage nur zu erheben, wenn weder Hauptversammlung, Aktionärsminderheiten noch der Aufsichtsrat tätig werden.[442] Die Aktionärsklage nach § 148 AktG durch die Kommanditaktionäre dürfte hingegen ihrerseits gegenüber einem Tätigwerden der Komplementäre subsidiär sein (vgl. § 148 Abs. 1 S. 2 Nr. 2, Abs. 3 AktG).

151

f) Geltendmachung der Haftung in der atypischen KGaA. In der atypischen KGaA ist problematisch, wie Sorgfaltspflichtverletzungen des Geschäftsführungsorgans der Komplementärgesellschaft geltend gemacht werden können. Die geschäftsführende Komplementärgesellschaft haftet der KGaA bei fehlerhafter Geschäftsführung gemäß §§ 283 Nr. 3, 93 Abs. 2 AktG[443] ebenso, wie eine natürliche Person haften würde. Das Geschäftsführungsorgan der Komplementärgesellschaft wiederum haftet der Komplementärgesellschaft nach den für diese Rechtsform geltenden Vorschriften.[444] Zwischen der direkt geschädigten KGaA und dem schädigenden Geschäftsführungsorgan der Komplementärgesellschaft bestehen aber im Regelfall keine direkten Ansprüche, weil zwischen der KGaA und dem Geschäftsführungsorgan weder eine Organbeziehung noch eine vertragliche Rechtsbeziehung besteht.

152

Ein vergleichbares Problem stellt sich bei der GmbH & Co. KG. Für die GmbH & Co. KG haben die Literatur[445] und der BGH in einer Reihe von Entscheidungen[446] anerkannt, dass der Dienstvertrag des Geschäftsführers der Komplementär-GmbH jedenfalls dann drittschützende Wirkung zu Gunsten der Kommanditgesellschaft entfaltet, wenn die alleinige oder wesentliche Aufgabe der GmbH darin besteht, die Geschäfte der Kommanditgesellschaft zu führen. Der Literatur[447] folgend erstreckt die neuere Rechtsprechung auch den Schutzbereich der durch die Bestellung begründeten organschaftlichen Sonderrechtsbezie-

153

---

[438] Vgl. hierzu ausführlich § 5 Rn. 671 ff.
[439] *Bachmann* in Spindler/Stilz AktG § 283 Rn. 18; *Assmann/Sethe* in GroßKomm AktG § 283 Rn. 30; *Hüffer/Koch* § 283 Rn. 2; *Förl/Fett* in Bürgers/Körber AktG § 283 Rn. 13.
[440] *Perlitt* in Münch Komm AktG § 278 Rn. 80 f.
[441] *Assmann/Sethe* in GroßKomm AktG § 278 Rn. 62.
[442] *Assmann/Sethe* in GroßKomm AktG § 278 Rn. 62.
[443] BGHZ 134, 392, 394 = NJW 1997, 1923: Die Sorgfaltspflichten treffen die Komplementär-GmbH; vgl. auch *Perlitt* in Münch Komm AktG § 278 Rn. 317.
[444] Beim typischen Fall einer GmbH also nach § 43 Abs. 2 GmbHG.
[445] *Mühlhaus/Wenzel* GmbH-StB 2014, 87, 90; *Zöllner/Noack* in Baumbach/Hueck GmbHG § 43 Rn. 66; *Kleindiek* in Lutter/Hommelhoff GmbHG § 43 Rn. 48.
[446] BGH NJW 1982, 2869; BGHZ 100, 190, 193 = NJW 1987, 2008; BGH NJW-RR 2002, 965, 966.
[447] *Zöllner/Noack* in Baumbach/Hueck GmbHG, § 43 Rn. 66; *Oetker* in Henssler/Strohn GesellschR § 43 GmbHG Rn. 78.

hung, d. h. das Organverhältnis zwischen der Komplementär-GmbH und ihrem Geschäftsführer, im Hinblick auf seine Haftung aus § 43 Abs. 2 GmbHG auf die Kommanditgesellschaft, jedenfalls bei alleiniger oder wesentlicher Aufgabe einer Komplementär-GmbH zur Führung der Geschäfte einer Kommanditgesellschaft.[448]

154 Bei der Lösung dieses Problems für die GmbH & Co. KGaA stellt sich im Gegensatz zur GmbH & Co. KG ein Problem nicht: Während für GmbH und Kommanditgesellschaft unterschiedliche Haftungsmaßstäbe gelten, sind die Haftungsmaßstäbe in § 43 Abs. 2 GmbHG und § 93 Abs. 2 AktG für die GmbH (AG) & Co. KGaA weitgehend deckungsgleich, da im Gegensatz zur Kommanditgesellschaft in der KGaA die Haftungsmilderung des § 708 BGB bei fehlerhafter Geschäftsführung nicht anwendbar ist.[449]

155 Gleichwohl ist die Herleitung eines Direktanspruchs der KGaA gegen den Geschäftsführer ihrer Komplementärgesellschaft umstritten: Wohl überwiegend wird entsprechend der BGH-Rechtsprechung und Literatur zur GmbH & Co. KG aus dem Rechtsverhältnis zwischen der Komplementärgesellschaft und ihrem Geschäftsführungsorgan eine Schutzwirkung zugunsten der KGaA abgeleitet.[450]

156 Teilweise wird ein „Einheitscharakter" der Kapitalgesellschaft & Co. KGaA postuliert, der eine Ausdehnung der Geschäftsführungs- und Sorgfaltspflichten des persönlich haftenden Gesellschafters der KGaA aus §§ 283 Nr. 3, 93 Abs. 2 AktG auf den Geschäftsführer der Komplementärgesellschaft rechtfertige.[451] Eine andere Ansicht will dagegen die Haftungsansprüche der Komplementärgesellschaft gegenüber ihrem Geschäftsführungsorgan, bei einer GmbH aus § 43 Abs. 2 GmbHG, bei einer Aktiengesellschaft aus § 93 Abs. 2 AktG, auf die KGaA erstrecken.[452]

157 Der KGaA gegenüber haften im Ergebnis sowohl die Komplementärgesellschaft als auch ihr Geschäftsführer. Gemeinsamer Grundgedanke aller Lösungsansätze ist, dass in der Regel einziger Zweck der Komplementärgesellschaft die Geschäftsführung der KGaA ist und demzufolge dieser zumeist einziger Inhalt des Verhältnisses des Geschäftsführungsorgans zur Komplementärgesellschaft ist.[453]

158 Die Ausweitung der Haftung aus §§ 283 Nr. 3, 93 Abs. 2 AktG auf das jeweilige Geschäftsführungsorgan der Komplementärgesellschaft hat gegenüber der Einbeziehung der KGaA in den Schutzbereich des Rechtsverhältnisses zwischen Komplementärgesellschaft und ihrem Geschäftsführungsorgan zwar den Vorteil, dass die Haftungsmaßstäbe, die in der KGaA für den geschäftsführenden Komplementär gelten, das Geschäftsführungsorgan der Komplementärgesellschaft unabhängig von deren Rechtsform treffen: Unabhängig von der Rechtsform der Komplemen-

---

[448] BGH, Urteil vom 18.6.2013, NJW 2013, 3636, 3637; OLG München, NZG 2013, 742, 743; ebenso das Kammergericht (NZG 2011, 429, 430), dessen Urteil vom BGH in seiner Entscheidung vom 18.6.2013 zwar aufgehoben wurde, allerdings insoweit frei von Rechtsfehlern war, als die Annahme erfolgte, dass sich ein Schadensersatzanspruch der KG aus dem Schutzbereich des zwischen dem Geschäftsführer und der Komplementär-GmbH bestehenden Organverhältnisses ergeben kann.

[449] *Sethe* S. 167; *Arnold* S. 93; *Förl/Fett* in Bürgers/Körber AktG § 283 Rn. 5.

[450] *Förl/Fett* in Bürgers/Körber AktG § 283 Rn. 6; *K. Schmidt* in K. Schmidt/Lutter AktG § 283 Rn. 7; *Assmann/Sethe* in GroßKomm AktG § 283 Rn. 19; *Sethe* S. 166 f. differenzierend K. *Schmidt* FS Priester, 2007, S. 691, 704.

[451] So ausdrücklich *Graf* S. 245 f.

[452] *Bachmann* in Spindler/Stilz AktG § 283 Rn. 11 bzgl. § 43 Abs. 2 GmbHG; vgl. auch *Perlitt* in Münch Komm AktG § 278 Rn. 318; *K. Schmidt* FS Priester, 2007, S. 691, 702 ff.

[453] *Förl/Fett* in Bürgers/Körber AktG § 283 Rn. 6.

B. Rechtsstellung der Komplementäre

tärgesellschaft haftet die geschäftsleitende Person der Komplementärgesellschaft nach diesem Lösungsansatz im Verhältnis zur KGaA gemäß §§ 283 Nr. 3, 93 Abs. 2 AktG für fehlerhafte Geschäftsführung. Der milde Haftungsmaßstab des § 708 BGB findet keine Anwendung.[454]

Überzeugen kann letztlich allerdings nur der Lösungsansatz der Erstreckung **159** der Schutzwirkung des Anstellungsvertrages bzw. der organschaftlichen Sonderrechtsbeziehung zwischen dem Geschäftsführer und der Komplementärgesellschaft auf die KGaA. Maßgeblich ist die Frage der rechtlichen Herleitung, insbesondere wenn eine ausländische Kapitalgesellschaft Komplementär der KGaA ist.[455] Die ausländische Gesellschaft unterliegt zwar in ihrer Funktion als persönlich haftende Gesellschafterin im Außenverhältnis den Pflichten aus dem Recht der KGaA. Unter welchen Voraussetzungen die Geschäftsführungsorgane der Komplementärgesellschaft haften, ist jedoch eine Frage, die sich aus den auf die Komplementär-Gesellschaft anzuwendenden Normen ergibt.[456] Dem wird nur der erste Lösungsansatz gerecht.

Die beiden anderen Ansätze verkennen zudem die mit der rechtlichen Selbständigkeit der Komplementärgesellschaft verbundene alleinige Beziehung zwischen dieser und ihren Geschäfsführungsorganen.[457] Die Gegenansichten gehen unzutreffenderweise bei der atypischen KGaA von einer einheitlichen Gesellschaft aus. Die Selbständigkeit der Komplementärgesellschaft zeigt sich aber daran, dass die jeweiligen Pflichtenbindungen zwischen Komplementärgesellschaft und den Mitgliedern ihrer Geschäfsführung auf der einen Seite und zwischen der KGaA und deren Komplementärgesellschaft auf der anderen Seite nicht zwingend identisch sind.[458] Dies wird insbesondere plastisch, wenn die Komplementärgesellschaft neben ihrer Stellung als Komplementärin in der KGaA noch anderweitige Interessenbindungen hat, etwa bei „sternförmigen" Konstruktionen.[459]

Zu beachten ist, dass sich die Pflichten des Geschäftsführers aus seinem Rechtsverhältnis zur Komplementärgesellschaft ergeben. Insbesondere hat der Geschäftsführer die Weisungen der GmbH-Gesellschafter zu befolgen.[460] Dies ist auch bei der Haftung des Geschäftsführers gegenüber der KGaA zu berücksichtigen.[461] Die Herleitung der Haftung aus §§ 283 Nr. 3, 93 Abs. 2 AktG würde hierfür keinen Ansatzpunkt bieten.[462] Wird in Übereinstimmung mit der Rechtsprechung zur GmbH & Co. KG die Drittwirkung organschaftlicher Pflichten bejaht, wird dieser Pflichtenbindung hinreichend Rechnung getragen. Weil die Komplementärgesellschaft zur sorgfältigen Geschäftsführung in der KGaA verpflichtet ist, erstreckt sich die Verpflichtung des Geschäftsführers zur ordnungsgemäßen Geschäftsführung auch auf die Wahrung der Interessen der KGaA und schützt diese. Soweit rechtlich

---

[454] *Sethe* S. 167; *Arnold* S. 93; *Förl/Fett* in Bürgers/Körber AktG § 283 Rn. 5; *Perlitt* in Münch Komm AktG § 283 Rn. 18; *Bachmann* in Spindler/Stilz AktG § 283 Rn. 8; *Müller-Michaels* in Hölters AktG § 283 Rn. 4.
[455] *Epe/Liese* in Hauschka Corporate Compliance § 10 Rn. 142.
[456] *Epe/Liese* in Hauschka Corporate Compliance § 10 Rn. 142.
[457] *Förl/Fett* in Bürgers/Körber AktG § 283 Rn. 6.
[458] *Förl/Fett* in Bürgers/Körber AktG § 283 Rn. 6.
[459] *Förl/Fett* in Bürgers/Körber AktG § 283 Rn. 6.
[460] *Kleindiek* in Lutter/Hommelhoff GmbHG § 37 Rn. 17; *Stephan/Tieves* in Münch Komm GmbHG § 37 Rn. 107.
[461] *Arnold* S. 93.
[462] *Arnold* S. 94.

zulässige Weisungen den Geschäftsführer auch gegenüber der KGaA befreien, ist dies Folge der Geschäftsleitungsbefugnis der Komplementärgesellschaft und muss hingenommen werden, nachdem die Haftung der Komplementärgesellschaft bestehen bleibt und die KGaA auch in einem solchen Fall über die Anwendung konzernrechtlicher Haftungsvorschriften hinreichend geschützt ist.[463]

160 Soweit die Komplementärgesellschaft aufgrund ihrer Haftung gegenüber der KGaA oder durch eine Minderung des Wertes ihrer Beteiligung an der KGaA einen eigenen Schaden erleidet, ist die Haftung des Geschäftsführers eine Angelegenheit des Innenverhältnisses zwischen Komplementärgesellschaft und ihrem Geschäftsführungsorgan.

3. Vertretung

161 **a) Zur Vertretung befugte Organe.** Gemäß § 278 Abs. 2 AktG bestimmt sich das Rechtsverhältnis der Komplementäre zur **organschaftlichen Vertretung** der KGaA nach den handelsrechtlichen Bestimmungen über die Vertretung der Kommanditgesellschaft. Da dieses mit Ausnahme der Regelung des § 170 HGB, nach dem Kommanditisten von der Vertretung der KG ausgeschlossen sind, keine speziellen Regelungen enthält, gilt über § 161 Abs. 2 HGB das Recht der oHG,[464] insbesondere die §§ 125, 126, 127 HGB.

162 Danach liegt die organschaftliche Vertretung grundsätzlich ausschließlich bei den **Komplementären**; nur in einigen wenigen, **speziell gesetzlich geregelten Fällen**[465] wird die KGaA organschaftlich vom **Aufsichtsrat** oder einem von den Kommanditaktionären anstelle des Aufsichtsrates **besonders bestellten Vertreter** vertreten.[466] Von der organschaftlichen Vertretung ist die rechtsgeschäftliche Vertretung der KGaA zu unterscheiden, für die die allgemeinen zivilrechtlichen Vertretungsregeln gelten.

163 Grundsätzlich ist jeder persönlich haftende Gesellschafter der KGaA zur organschaftlichen Vertretung befugt und berechtigt, die Gesellschaft **einzeln** zu vertreten, §§ 161 Abs. 2, 125 Abs. 1 HGB. Die Satzung kann abweichend von der Einzelvertretungsbefugnis auch für bestimmte oder alle persönlich haftenden Gesellschafter **Gesamtvertretung** nach § 125 Abs. 2 HGB anordnen.[467] Schließlich ist es möglich, einzelne Komplementäre in der Satzung der Gesellschaft von der Vertretung auszuschließen oder ihnen die Vertretungsbefugnis nachträglich zu entziehen.[468]

---

[463] *Förl/Fett* in Bürgers/Körber AktG § 283 Rn. 6; *Arnold* S. 94.
[464] *Perlitt* in Münch Komm AktG § 278 Rn. 245; *Förl/Fett* in Bürgers/Körber AktG § 278 Rn. 41; *Bachmann* in Spindler/Stilz AktG § 278 Rn. 80; *Müller-Michaels* in Hölters AktG § 278 Rn. 14; *Hüffer/Koch* § 278 Rn. 14.
[465] Siehe hierzu ausführlich § 5 Rn. 495 ff.
[466] Vgl. §§ 278 Abs. 3, 147 Abs. 2 AktG und *Bachmann* in Spindler/Stilz AktG § 278 Rn. 80a; *Perlitt* in Münch Komm AktG § 278 Rn. 260; *Hüffer/Koch* § 278 Rn. 16.
[467] *Förl/Fett* in Bürgers/Körber AktG § 278 Rn. 41; *Perlitt* in Münch Komm AktG § 278 Rn. 246; *Bachmann* in Spindler/Stilz AktG § 278 Rn. 80; *Hüffer/Koch* § 278 Rn. 14.
[468] *Perlitt* in Münch Komm AktG § 278 Rn. 253 f.; *Bachmann* in Spindler/Stilz AktG § 278 Rn. 82; *Hüffer/Koch* § 278 Rn. 14.

Der Grundsatz der Selbstorganschaft[469] verbietet es aber bei der KGaA ebenso wie bei einer Personenhandelsgesellschaft, sämtliche persönlich haftenden Gesellschafter von der Vertretung auszuschließen und die organschaftliche Vertretung auf Dritte oder andere Organe der Gesellschaft zu übertragen.[470] Aus diesem Grund ist es anders als bei der Gestaltung der Geschäftsführungsbefugnisse im Innenverhältnis auch nicht möglich, den Kommanditaktionären organschaftliche Vertretungsbefugnis einzuräumen.[471]

164

Eine Einbeziehung der Kommanditaktionäre in die Vertretung ist nur in der Weise möglich, dass mehrere Komplementäre entweder nur gemeinsam oder jeweils zusammen mit einem mit Prokura ausgestatteten Kommanditaktionär vertretungsbefugt (sog. unechte Gesamtvertretung) sind.[472] Zu beachten ist dabei allerdings, dass ein persönlich haftender Gesellschafter nicht ausschließlich an die Mitwirkung eines (Kommanditaktionärs-) Prokuristen gebunden werden darf; der persönlich haftende Gesellschafter muss stets die Möglichkeit haben, statt zusammen mit einem Prokuristen mit einem oder mehreren anderen persönlich haftenden Gesellschaftern zu zeichnen.[473] Gibt es nur einen persönlich haftenden Gesellschafter, ist die unechte Gesamtvertretung mit einem Prokuristen[474] unzulässig; der persönlich haftende Gesellschafter ist in diesem Fall einzelvertretungsbefugt.

165

In einigen wenigen **Spezialfällen** wird die KGaA nicht von ihren persönlich haftenden Gesellschaftern, sondern von ihrem **Aufsichtsrat** vertreten. Dies sind namentlich Fälle der Interessenkollision[475], mithin

166

- Rechtsstreitigkeiten zwischen den persönlich haftenden Gesellschaftern und der Gesamtheit der Kommanditaktionäre, § 287 Abs. 2 AktG,
- die Geltendmachung von Ersatzansprüchen gegen die persönlich haftenden Gesellschafter nach §§ 283 Nr. 8, 93; hier vertritt der Aufsichtsrat die KGaA bei der Geltendmachung der Schadensersatzansprüche nach §§ 283 Nr. 8, 112 AktG und
- die Geltendmachung von Ersatzansprüchen gegen die persönlich haftenden Gesellschafter nach §§ 283 Nr. 8, 147 AktG; hier haben die Kommanditaktionäre gemäß § 147 Abs. 2 AktG die Möglichkeit, statt des Aufsichtsrates einen besonderen Vertreter mit der Vertretung der KGaA zu betrauen.

Bei Anfechtungsklagen von Kommanditaktionären gegen Hauptversammlungsbeschlüsse wird die Gesellschaft gemäß §§ 283 Nr. 13 AktG, 246 Abs. 2 HGB von den Komplementären gemeinsam mit dem Aufsichtsrat vertreten. Bei der Anmel-

167

---

[469] Zum Grundsatz der Selbstorganschaft siehe ausführlich § 5 Rn. 10.
[470] *Assmann/Sethe* in GroßKomm AktG § 278 Rn. 159; *Mertens/Cahn* in Kölner Komm AktG § 278 Rn. 90; *Förl/Fett* in Bürgers/Körber AktG § 278 Rn. 46.
[471] *Perlitt* in Münch Komm AktG § 278 Rn. 248; *Assmann/Sethe* in GroßKomm AktG § 278 Rn. 156; zur Kommanditgesellschaft: BGHZ 51, 198, 200 = NJW 1969, 507.
[472] *Assmann/Sethe* in GroßKomm AktG § 278 Rn. 160; *Perlitt* in Münch Komm AktG § 278 Rn. 246.
[473] Vgl. zur oHG: *Koller* in Koller/Kindler/Roth/Morck HGB § 125 Rn. 5; skeptisch: *Steitz* in Henssler/Strohn GesellschRe § 125 HGB Rn. 33; differenzierend *Habersack* in Staub HGB § 125 Rn. 58, 60; *Schmidt* in Münch Komm HGB § 125 Rn. 33.
[474] Vgl. zur KG: *Roth* in Baumbach/Hopt HGB § 170 Rn. 1; *Weipert* in Ebenroth/Boujong/Joost/Strohn HGB § 170 Rn. 13; BGHZ 41, 367, 397 = NJW 1964, 1624.
[475] *Förl/Fett* in Bürgers/Körber AktG § 278 Rn. 42; vgl. auch *Perlitt* in Münch Komm AktG § 278 Rn. 260; *Bachmann* in Spindler/Stilz AktG § 278 Rn. 81, § 287 Rn. 11, 12.

dung von bestimmten eintragungspflichtigen Vorgängen[476] zum Handelsregister ist die Mitunterzeichnung der Anmeldung durch den Vorsitzenden des Aufsichtsrates erforderlich.[477]

168 Die konkrete organschaftliche Vertretungsmacht jedes einzelnen Komplementärs, ihre Ausgestaltung als Einzel-, Gesamt- oder unechte Gesamtvertretung ist ebenso wie jede Änderung der Vertretungsmacht gemäß § 282 S. 2 AktG zur Eintragung im Handelsregister anzumelden.[478] Die Eintragung hat trotz der gesetzlichen Vorschrift des § 282 S. 2 AktG nur **deklaratorische** Bedeutung,[479] sofern die Änderung der Vertretungsbefugnis sich im Rahmen der in der Satzung bestimmten Grenzen hält. Erfordert die Änderung der Vertretungsmacht zugleich eine Satzungsänderung, wird die Änderung der Vertretungsmacht erst mit Eintragung der Satzungsänderung im Handelsregister wirksam.

169 Unabhängig von der organschaftlichen Vertretung sind die Komplementäre befugt, Dritten rechtsgeschäftliche Vertretungsmacht zur Vertretung der KGaA nach den allgemeinen zivilrechtlichen Regeln einzuräumen, sofern dies nicht zu einem Unterlaufen des Grundsatzes der Selbstorganschaft führt.[480]

170 **b) Umfang der Vertretungsbefugnis.** Der Umfang der Vertretungsmacht erstreckt sich nach § 278 Abs. 2 AktG i. V. m. §§ 161 Abs. 2, 126 Abs. 1 HGB auf alle gerichtlichen und außergerichtlichen Geschäftshandlungen einschließlich der Veräußerung und Belastung von Grundstücken sowie auf die Erteilung und den Widerruf einer Prokura.

171 Anwendungen finden aber diejenigen Beschränkungen der Vertretungsmacht, die auch für den Vorstand einer Aktiengesellschaft gelten.[481] Danach bedürfen
- gemäß §§ 283 Nr. 5, 89 AktG die Kreditvergabe an persönlich haftende Gesellschafter durch die Gesellschaft eines Aufsichtsratbeschlusses und der
- Abschluss von bestimmten Verträgen der Zustimmung der Hauptversammlung. Hierzu zählen die Fälle der §§ 283 Nr. 8, 93 Abs. 4, 117 Abs. 4 AktG, §§ 50, 53 S. 1, 179a, 293 und 295 AktG.

172 Eine darüber hinausgehende Beschränkung des Umfangs der Vertretungsmacht ist Dritten gegenüber unwirksam, § 126 Abs. 2 HGB. Dabei ist die Frage der Vertretung im Außenverhältnis streng von der Frage zu trennen, ob der geschäftsführende Komplementär aufgrund einer entsprechenden Geschäftsführungsbefugnis auch im Innenverhältnis zum Handeln berechtigt war. Überschreitet der Komplementär seine Geschäftsführungsbefugnis oder missachtet er bestehende Zustim-

---

[476] Z. B. Beschluss und Durchführung einer Kapitalerhöhung, §§ 184 Abs. 1, 188 Abs. 1 AktG.
[477] *Assmann/Sethe* in GroßKomm AktG § 278 Rn. 157; *Hüffer/Koch* § 283 Rn. 2.
[478] *Perlitt* in Münch Komm AktG § 278 Rn. 249; *Hüffer/Koch* § 278 Rn. 14; *Bachmann* in Spindler/Stilz AktG § 278 Rn. 80.
[479] *Assmann/Sethe* in GroßKomm AktG § 282 Rn. 13; *Bachmann* in Spindler/Stilz AktG § 282 Rn. 1; *Perlitt* in Münch Komm AktG § 282 Rn. 9.
[480] *Assmann/Sethe* in GroßKomm AktG § 278 Rn. 158; vgl. *Perlitt* in Münch Komm AktG § 278 Rn. 229; vgl. zurOHG: *Roth* in Baumbach/Hopt HGB § 125 Rn. 7; *Schmidt* in Münch Komm HGB § 125 Rn. 9; *Koller* in Koller/Kindler/Roth/Morck HGB § 125 Rn. 2.
[481] *Perlitt* in Münch Komm AktG § 278 Rn. 251; vgl. auch *Bachmann* in Spindler/Stilz AktG § 278 Rn. 81.

mungsvorbehalte, so haftet er wegen Verletzung der sich aus dem Gesellschaftsvertrag ergebenden Treuepflicht.[482]

Begrenzt wird die organschaftliche Vertretungsmacht durch die Grundsätze vom Missbrauch der Vertretungsmacht.[483] Dies gilt insbesondere in Fällen des kollusiven Zusammenwirkens von Komplementär und Dritten sowie in Fällen, in denen der Dritte das mißbräuchliche Verhalten des Komplementärs positiv kennt oder bei Anwendung der im Verkehr üblichen Sorgfalt hätte erkennen können.[484] **173**

4. Niederlegung der Geschäftsführungs- und Vertretungsbefugnis

Da sich gemäß § 278 Abs. 2 AktG Geschäftsführung und Vertretung der KGaA nach Personenhandelsgesellschaftsrecht richten, setzt grundsätzlich jede Abweichung von den handelsgesetzlichen Regelungen zur Geschäftsführungs- und Vertretungsbefugnis eine Regelung in der Satzung voraus.[485] Änderungen der Geschäftsführungs- und Vertretungsbefugnis erfordern ebenfalls eine Satzungsänderung, falls nicht die Änderung der Geschäftsführungs- und Vertretungsbefugnis in der Satzung ausdrücklich zugelassen ist.[486] Auch die Niederlegung der Geschäftsführungs- oder Vertretungsbefugnis erfordert also grundsätzlich eine Satzungsänderung. Hierfür ist die Zustimmung der übrigen – auch der nicht-geschäftsführungsbefugten – Komplementäre und der Gesamtheit der Kommanditaktionäre nötig.[487] Hinzu kommt, dass Satzungsänderungen in der KGaA gemäß § 278 Abs. 3 AktG den Anforderungen der §§ 179 ff. AktG unterliegen: Somit wären einerseits die Mehrheitserfordernisse des § 179 Abs. 2 AktG für Satzungsänderungen einzuhalten, andererseits würde die Niederlegung erst mit Eintragung der Satzungsänderung ins Handelsregister wirksam, § 181 AktG. **174**

Aus diesen Gründen kann eine Satzungsregelung, welche die Komplementäre zur einseitigen Niederlegung ihrer Geschäftsführungs- und/oder Vertretungsbefugnis ermächtigt, anzuraten sein. Die Satzung kann die Anforderungen an eine Niederlegung anheben oder absenken, ein vollständiger Ausschluss des Rechts zur Niederlegung ist jedoch nicht möglich.[488] Bei Bestehen einer entsprechenden Satzungsbestimmung wird die Niederlegung der Geschäftsführungs- und/oder Vertretungsbefugnis bereits mit der Niederlegungserklärung des Komplementärs **175**

---

[482] Zum Vorstand einer Aktiengesellschaft: *Spindler* in Münch Komm AktG § 82 Rn. 45; *Hüffer/Koch* § 82 Rn. 14; *Fleischer* in Spindler/Stilz AktG § 82 Rn. 37; Zur Personengesellschaft: BGH WM 1988, 968, 970; siehe ferner *Mayen* in Ebenroth/Boujong/Joost/Strohn HGB § 114 Rn. 36 m.w.N.

[483] *Bachmann* in Spindler/Stilz AktG § 278 Rn. 81; *Hüffer/Koch* § 278 Rn. 14; vgl. zur OHG: *Roth* in Baumbach/Hopt HGB § 126 Rn. 11; *Schmidt* in Münch Komm HGB § 126 Rn. 20 ff.

[484] *Perlitt* in Münch Komm AktG § 278 Rn. 183; *Hüffer/Koch* § 278 Rn. 14; str. vgl. *Roth* in Baumbach/Hopt HGB § 126 Rn. 11 m.w.N; *Schmidt* in Münch Komm HGB § 126 Rn. 21.

[485] *Assmann/Sethe* in GroßKomm AktG § 281 Rn. 10; *Barz* in GroßKomm AktG § 278 Rn. 17, § 281 Rn. 4; *K. Schmidt* in K. Schmidt/Lutter AktG § 281 Rn. 6; *Perlitt* in Münch Komm AktG § 278 Rn. 246; *Bachmann* in Spindler/Stilz AktG § 278 Rn. 57, 80.

[486] Siehe oben § 5 Rn. 161 ff.

[487] *Perlitt* in Münch Komm AktG § 278 Rn. 189; *Herfs* in Münch Hdb AG § 79 Rn. 13; *Förl/Fett* in Bürgers/Körber AktG § 278 Rn. 51; *Schlitt* S. 156.

[488] *Perlitt* in Münch Komm AktG § 278 Rn. 189, 256; *Herfs* in Münch Hdb AG § 79 Rn. 13; *Bachmann* in Spindler/Stilz AktG § 278 Rn. 79.

wirksam. Die Satzung sollte auch regeln, gegenüber welchem Organ die Niederlegung erklärt werden muss (z. B. gegenüber dem Aufsichtsrat und den übrigen Komplementären). Die Satzung sollte für die Erklärung des Komplementärs Schriftform vorsehen, um den Nachweis gegenüber dem Registergericht zu erleichtern.[489] Zu empfehlen ist, den Aufsichtsrat zur Vornahme der durch die Niederlegung erforderlichen Satzungsanpassung gemäß § 179 Abs. 1 S. 2 AktG (Austragung des betreffenden Komplementärs als geschäftsführungs- und/oder vertretungsbefugten Komplementär) durch die Satzung zu ermächtigen.

176 Bei Vorliegen eines wichtigen Grundes kann ein Komplementär auch ohne Satzungsregelung seine Geschäftsführungsbefugnis kündigen, § 278 Abs. 2 AktG i. V. m. §§ 161 Abs. 2, 105 Abs. 3 HGB, § 712 Abs. 2 BGB.[490] Auch eine Kündigung der Vertretungsbefugnis aus wichtigem Grund ist grundsätzlich[491] möglich.[492] In der Kündigung der Geschäftsführungsbefugnis wird zugleich eine Kündigung der Vertretungsbefugnis zu sehen sein.[493]

177 Ein wichtiger Grund liegt vor, wenn die Fortführung der Geschäftsführungstätigkeit bzw. der Vertretung der Gesellschaft für den Komplementär unzumutbar wäre.[494] Die Kündigung hat gegenüber dem Aufsichtsrat und allen übrigen Komplementären zu erfolgen.[495] Eine Kündigung zur Unzeit führt nicht zur Unwirksamkeit der Kündigung, sondern zur Haftung des Komplementärs gemäß § 671 Abs. 2 S. 2 BGB.[496] Die Folge der wirksamen Kündigung ist der Wegfall der Geschäftsführungs- und Vertretungspflichten und -rechte.[497]

178 Das personengesellschaftsrechtliche Recht zur Kündigung aus wichtigem Grund überlagert die an sich anzuwendenden aktienrechtlichen Bestimmungen der §§ 179, 181 Abs. 3 AktG über die Voraussetzungen und die Wirksamkeit von Satzungsänderungen. Durch die Kündigung aus wichtigem Grund wird die Satzung der KGaA bezüglich der Vertretungs- und Geschäftsführungsbefugnis des kündigenden Komplementärs unrichtig, wie dies auch bei seinem Tod der Fall wäre. Die Anpassung der Satzung an die geänderte Sachlage erfordert eine Satzungs-

---

[489] Für die GmbH: *Schuhmann* NZG 2002, 706, 707.

[490] *Förl/Fett* in Bürgers/Körber AktG § 278 Rn. 51; *Assmann/Sethe* in GroßKomm AktG § 278 Rn. 179; *Bachmann* in Spindler/Stilz AktG § 278 Rn. 79; *Perlitt* in Münch Komm AktG § 278 Rn. 189; *Herfs* in Münch Hdb AG § 79 Rn. 13.

[491] Str. ist, ob die Kündigung der Vertretungsbefugnis auch isoliert erfolgen kann, vgl. *Perlitt* in Münch Komm AktG § 278 Rn. 256 m. w. N.

[492] *Perlitt* in Münch Komm AktG § 278 Rn. 256; *Bachmann* in Spindler/Stilz AktG § 278 Rn. 82, 79; *Herfs* in Münch Hdb AG § 79 Rn. 34, 13.

[493] *Perlitt* in Münch Komm AktG § 278 Rn. 256; zur OHG: *Schmidt* in Münch Komm HGB § 127 Rn. 6; *Hillmann* in Ebenroth/Boujong/Joost/Strohn HGB § 127 Rn. 10.

[494] *Schäfer* in Münch Komm BGB § 712 Rn. 9; *Servatius* in Henssler/Strohn GesellschRe § 712 BGB Rn. 4 f.; *Habermeier* in Staudinger BGB § 712 Rn. 7 f.

[495] *Perlitt* in Münch Komm AktG § 278 Rn. 189, 256; *Assmann/Sethe* in GroßKomm AktG § 278 Rn. 179; *Bachmann* in Spindler/Stilz AktG § 278 Rn. 79.

[496] *Mertens/Cahn* in Kölner Komm AktG § 278 Rn. 78; *Perlit* in Münch Komm AktG § 278 Rn. 189; *Assmann/Sethe* in GroßKomm AktG § 278 Rn. 179.

[497] *Sprau* in Palandt BGB § 712 Rn. 3; *Westermann* in Erman BGB § 712 Rn. 10; *Habermeier* in Staudinger BGB § 712 Rn. 20; *Servatius* in Henssler/Strohn GesellschRe § 712 BGB Rn. 16; a. A. *K. Schmidt* BB 1988, 2241, 2243, der darauf hinweist, dass eine Satzungsänderung durch einseitige Willenserklärung problematisch ist. Danach führe die Kündigung der Geschäftsführungs- und/oder Vertretungsbefugnis zunächst nur zum Fortfall der Geschäftsführungs- und/oder Vertretungspflicht, nicht aber zum Verlust des Geschäftsführungs- und/oder Vertretungsrechts.

änderung.⁴⁹⁸ Um Unklarheiten und Zweifel sowie den Aufwand einer Satzungsänderung zu vermeiden, sollte die Satzung auch die Kündigung der Geschäftsführungs- und/oder Vertretungsbefugnis aus wichtigem Grund vorsehen und das Recht zur Anpassung der Satzung an die geänderten Verhältnisse dem Aufsichtsrat übertragen.⁴⁹⁹

5. Entziehung der Geschäftsführungs- und/oder Vertretungsbefugnis

Durch gerichtliche Entscheidung kann auf Antrag der übrigen Gesellschafter dem Komplementär bei Vorliegen eines wichtigen Grundes die Geschäftsführungs- und/oder Vertretungsbefugnis entzogen werden, § 278 Abs. 2 AktG i. V.m. §§ 161 Abs. 2, 117, 127 HGB. Dies ist grundsätzlich auch dann zulässig, wenn es sich um den einzigen geschäftsführungs- und vertretungsbefugten Komplementär handelt.⁵⁰⁰ Allerdings muss dann entsprechend § 29 BGB, § 85 AktG sofort ein Notvertreter bestellt werden.⁵⁰¹ Bei entsprechender Satzungsgestaltung ist es auch zulässig, einem Komplementär die Geschäftsführungsbefugnis und/oder Vertretungsbefugnis außerhalb des gerichtlichen Verfahrens der §§ 117, 127 HGB durch Gesellschafterbeschluss zu entziehen.⁵⁰² 179

Zusätzlich zu den Gesellschafterbeschlüssen der übrigen Komplementäre und der Gesamtheit der Kommanditaktionäre erfordert der Antrag auf gerichtliche Entziehung der Geschäftsführungs- und Vertretungsbefugnis das Vorliegen eines wichtigen Grundes in der Person des Komplementärs, dem die Geschäftsführungs- und Vertretungsbefugnis entzogen werden soll. Typische Beispiele eines wichtigen Grundes zur Entziehung der Geschäftsführung sind grobe Pflichtverletzungen und Unfähigkeit zur ordnungsgemäßen Geschäftsführung.⁵⁰³ 180

Das Gericht hat bei seiner Entscheidung den Verhältnismäßigkeitsgrundsatz zu beachten.⁵⁰⁴ Die Geschäftsführungs- und Vertretungsbefugnis ist nur zu entziehen, falls kein milderes Mittel zur Verfügung steht. Anstelle des vollständigen Entzuges der Geschäftsführungsbefugnis ist z.B. eine Beschränkung der Geschäftsführungsbefugnis auf bestimmte Geschäftsgegenstände denkbar.⁵⁰⁵ Statt eines Entzuges der 181

---

⁴⁹⁸ Vgl. Hüffer/Koch § 179 Rn. 4, 6; vgl. zur Definition einer Satzungsänderung Stein in Münch Komm AktG § 179 Rn. 22.
⁴⁹⁹ Vgl. hierzu Cahn AG 2001, 579 ff.
⁵⁰⁰ Hüffer/Koch § 278 Rn. 13; Perlitt in Münch Komm AktG § 278 Rn. 255; Bachmann in Spindler/Stilz AktG § 278 Rn. 76; Assmann/Sethe in GroßKomm AktG § 278 Rn. 168.
⁵⁰¹ Perlitt in Münch Komm AktG § 278 Rn. 255; Förl/Fett in Bürgers/Körber AktG § 278 Rn. 49; Bachmann in Spindler/Stilz AktG § 278 Rn. 76; Assmann/Sethe in GroßKomm AktG § 278 Rn. 168.
⁵⁰² Perlitt in Münch Komm AktG § 278 Rn. 254; Bachmann in Spindler/Stilz AktG § 278 Rn. 77; Roth in Baumbach/Hopt HGB § 117 Rn. 12; § 127 Rn. 12.
⁵⁰³ Vgl. Förl/Fett in Bürgers/Körber AktG § 278 Rn. 49; K. Schmidt in K. Schmidt/Lutter AktG § 278 Rn. 40; Perlitt in Münch Komm AktG § 278 Rn. 187, 254; Bachmann in Spindler/Stilz AktG § 278 Rn. 74. Hinsichtlich der einzelnen Kasuistik sei auf die Kommentierungen zu §§ 117, 127 HGB verwiesen.
⁵⁰⁴ Assmann/Sethe in GroßKomm AktG § 278 Rn. 166; Bachmann in Spindler/Stilz AktG § 278 Rn. 74; Perlitt in Münch Komm AktG § 278 Rn. 187; zur OHG: Roth in Baumbach/Hopt HGB § 117 Rn. 5.
⁵⁰⁵ Perlitt in Münch Komm AktG § 278 Rn. 187; Assmann/Sethe in GroßKomm AktG § 278 Rn. 166; Bachmann in Spindler/Stilz AktG § 278 Rn. 74; Herfs in Münch Hdb AG § 79 Rn. 8.

Vertretungsbefugnis kommt als milderes Mittel die Anordnung der Gesamtvertretung für diesen Komplementär in Betracht.[506] Von der Entziehung der Geschäftsführungs- und Vertretungsbefugnis unberührt bleiben die Mitgliedschaftsrechte des Komplementärs.[507] Allerdings kann sich die Entziehung bei entsprechendem Klageantrag auch auf weitere Rechte, z. B. das Recht zur Zustimmung zu außergewöhnlichen Geschäftsführungsmaßnahmen, beziehen.[508] Auch derartige Anträge erfordern gemäß § 278 Abs. 2 AktG i. V. m. §§ 161 Abs. 2, 140 HGB das Vorliegen eines wichtigen Grundes und sind vom angerufenen Gericht unter Beachtung des Verhältnismäßigkeitsgrundsatzes zu entscheiden.[509] Dem Komplementär verbleiben aber diejenigen Mitwirkungsrechte bzw. Pflichten, auf die der unabdingbare § 283 AktG verweist und deren Ausführung nicht die Geschäftsführungs- und/oder Vertretungsbefugnis voraussetzt.[510]

182   a) **Verfahren für die gerichtliche Entziehung.** Der Antrag auf gerichtliche Entziehung der Geschäftsführungs- und Vertretungsbefugnis kann nur auf der Basis eines entsprechenden Gesellschafterbeschlusses gestellt werden.[511] Der Antrag auf gerichtliche Entziehung der Geschäftsführungs- und Vertretungsbefugnis stellt ein Grundlagengeschäft dar.[512] Demgemäß müssen nach §§ 278 Abs. 2 AktG, 161 Abs. 2, 117, 127 HGB alle übrigen Gesellschafter, also alle Komplementäre mit Ausnahme desjenigen Gesellschafters, dem die Befugnis entzogen werden soll – einschließlich der nicht-geschäftsführungsbefugten – und die Gesamtheit der Kommanditaktionäre[513], dem Antrag auf Entziehung der Geschäftsführungs- und Vertretungsbefugnis durch einen entsprechenden Beschluss zustimmen. Der betroffene Komplementär unterliegt, da es sich bei der Entziehung der Geschäftsführungs- und Vertretungsbefugnis um eine Maßnahme handelt, die nur bei Vorliegen eines wichtigen Grundes vorgenommen werden kann, einem personengesellschaftsrechtlichen Stimmverbot und ist daher nicht stimmbefugt,[514] und zwar sowohl in seiner Eigenschaft als persönlich haftender Gesellschafter bei dem

---

[506] *Assmann/Sethe* in GroßKomm AktG § 278 Rn. 166.
[507] Vgl. *Perlitt* in Münch Komm AktG § 278 Rn. 26, 31, 185, 196 f.; Zur OHG vgl. *Roth* in Baumbach/Hopt HGB § 117 Rn. 3; *Schäfer* in Staub HGB § 117 Rn. 21; *Drescher* in Ebenroth/Boujong/Joost/Strohn HGB § 117 Rn. 28.
[508] Zur OHG vgl. *Schäfer* in Staub HGB § 117 Rn. 14, *Koller* in Koller/Kindler/Roth/Morck HGB § 117 Rn. 2; *Roth* in Baumbach/Hopt HGB § 117 Rn. 3; *Jickeli* in Münch Komm HGB § 117 Rn. 6.
[509] Vgl. *Perlitt* in Münch Komm AktG § 278 Rn. 187; *Bachmann* in Spindler/Stilz AktG § 278 Rn. 74.
[510] Also insbesondere § 283 Nr. 2 und 5 AktG, vgl. *Perlitt* in Münch Komm AktG § 283 Rn. 10; *Förl/Fett* in Bürgers/Körber AktG § 283 Rn. 2; *Bachmann* in Spindler/Stilz AktG § 283 Rn. 3.
[511] *Assmann/Sethe,* in GroßKomm AktG § 278 Rn. 165; *Förl/Fett* in Bürgers/Körber AktG § 278 Rn. 49; *Herfs* in Münch Hdb AG § 79 Rn. 7; *Bachmann* in Spindler/Stilz AktG § 278 Rn. 75; *Perlitt* in Münch Komm AktG § 278 Rn. 188.
[512] *Assmann/Sethe* in GroßKomm AktG § 285 Rn. 54; *Bachmann* in Spindler/Stilz AktG § 278 Rn. 64; *Perlitt* in Münch Komm AktG § 278 Rn. 180.
[513] *Perlitt* in Münch Komm AktG § 278 Rn. 188, 254; *Assmann/Sethe* in GroßKomm AktG § 278 Rn. 165; *Bachmann* in Spindler/Stilz AktG § 278 Rn. 75; *Herfs* in Münch Hdb AG § 79 Rn. 7.
[514] *Assmann/Sethe* in GroßKomm AktG § 285 Rn. 40; *Bachmann* in Spindler/Stilz AktG § 285 Rn. 21; *Perlitt* in Münch Komm AktG § 285 Rn. 38.

Beschluss der Komplementäre[515] als auch in seiner etwaigen weiteren Eigenschaft als Kommanditaktionär bei dem Beschluss der Hauptversammlung der KGaA.[516]

Die anderen Komplementäre können aufgrund ihrer Treuepflicht zur Zustimmung zu einem Beschluss der Gesamtheit der Kommanditaktionäre auf Erhebung der Entzugsklage verpflichtet sein.[517] Diese Zustimmungspflicht ist regelmäßig bei Vorliegen eines wichtigen Grundes i. S. d. § 117 HGB in der Person des von der Entziehung betroffenen Komplementärs gegeben.[518] Stimmen die übrigen Komplementäre treuwidrig der Klagerhebung nicht zu, können sie ihrerseits auf Zustimmung zur Klagerhebung verklagt werden. Diese Klage auf Zustimmung gegen die übrigen Komplementäre kann mit der Klage auf Entziehung der Geschäftsführungs- und/oder Vertretungsbefugnis gegen den von Entziehung betroffenen Komplementär verbunden werden.[519]

183

Das für den Antrag zuständige Gericht ist wahlweise das Gericht am Wohnort des beklagten Komplementärs (§ 13 ZPO) oder das Gericht am Sitz der KGaA (§ 22 ZPO).[520] Prozessparteien auf seiten der Antragsteller sind die Gesellschaft, die als Prozessstandschafterin für die nicht parteifähigen Kommanditaktionäre auftritt und gemäß § 287 Abs. 2 AktG vom Aufsichtsrat vertreten wird,[521] in notwendiger Streitgenossenschaft, § 62 Abs. 1 1. Alt. ZPO, mit allen übrigen Komplementären. Somit müssen grundsätzlich alle übrigen Komplementäre als Kläger die Klage miterheben. Die Mitwirkung eines Komplementärs an der Klagerhebung und am Prozess kann jedoch durch eine schriftliche Zustimmungserklärung des jeweiligen Komplementärs ersetzt werden.[522] Die Entziehung der Geschäftsführungs- und/oder Vertretungsbefugnis wird mit Rechtskraft des richterlichen Gestaltungsurteils oder im Falle einer einstweiligen Verfügung[523] mit deren Zustellung wirksam.[524]

184

b) Mehrheitserfordernisse in der gesetzestypischen KGaA. In der gesetzestypischen KGaA erfordert der Zustimmungsbeschluss der übrigen[525] Komplementäre zur Erhebung der Entziehungsklage Einstimmigkeit, sofern die Satzung

185

---

[515] *Assmann/Sethe* in GroßKomm AktG § 285 Rn. 41; *Bachmann* in Spindler/Stilz AktG § 285 Rn. 21.
[516] *Assmann/Sethe* in GroßKomm AktG § 285 Rn. 42; *Bachmann* in Spindler/Stilz AktG § 285 Rn. 21; *Perlitt* in Münch Komm AktG § 285 Rn. 17, 38.
[517] Zur OHG vgl. *Roth* in Baumbach/Hopt HGB § 117 Rn. 6; *Jickeli* in Münch Komm HGB § 117 Rn. 62; *Schäfer* in Staub HGB § 117 Rn. 53; *Drescher* in Ebenroth/Boujong/Joost/Strohn HGB § 117 Rn. 16.
[518] BGH ZIP 1983, 1066, 1070; *Schäfer* in Staub HGB § 117 Rn. 53; Ausnahmen denkbar: *Jickeli* in Münch Komm HGB § 117 Rn. 62 m. w. N.
[519] BGHZ 68, 81, 83 = NJW 1977, 1013; *Koller* in Koller/Kindler/Roth/Morck HGB § 117 Rn. 4; *Roth* in Baumbach/Hopt HGB § 117 Rn. 7; *Schäfer* in Staub HGB § 117 Rn. 55; *Drescher* in Ebenroth/Boujong/Joost/Strohn HGB § 117 Rn. 17.
[520] *Patzina* in Münch Komm ZPO § 22 Rn. 9; *Drescher* in Ebenroth/Boujong/Joost/Strohn HGB § 117 Rn. 17, 19; *Finckh* in Henssler/Strohn GesellschRe § 117 Rn. 24.
[521] Vgl. *Perlitt* in Münch Komm AktG § 278 Rn. 188, 254; *Assmann/Sethe* in GroßKomm AktG § 278 Rn. 165; *Bachmann* in Spindler/Stilz AktG § 278 Rn. 75; *Herfs* in Münch Hdb AG § 79 Rn. 7.
[522] BGHZ 68, 81, 83 = NJW 1977, 1013; *Ulmer* in Staub HGB § 117 Rn. 52; *Jickeli* in Münch Komm HGB § 117 Rn. 61.
[523] Zum einstweiligen Rechtsschutz unter § 5 Rn. 662 ff.
[524] *Roth* in Baumbach/Hopt HGB § 117 Rn. 9; *Drescher* in Münch Komm ZPO § 929 Rn. 36, § 938 Rn. 45, 47.
[525] Der betroffene Komplementär unterliegt einem Stimmverbot, siehe oben.

für diesen Beschlussgegenstand nicht ausdrücklich eine einfache Mehrheitsentscheidung genügen läßt.[526] Da auch im Falle einer Mehrheitsentscheidung alle übrigen persönlich haftenden Gesellschafter als Kläger an der Klagerhebung mitwirken müssen,[527] beschränkt sich die Wirkung der Mehrheitsklausel darauf, dass die überstimmten Komplementäre auf Unterstützung der Entziehungsklage verklagt werden können, ohne dass hierfür auf die Treuepflicht zurückgegriffen werden muss.[528]

186 Für die Beschlussfassung der Kommanditaktionäre in der Hauptversammlung gilt Aktienrecht.[529] Nach § 133 Abs. 1 AktG ist für die Beschlussfassung die einfache Mehrheit ausreichend. In der gesetzestypischen KGaA können die Anforderungen an eine Beschlussfassung gemäß § 133 Abs. 1 AktG verschärft werden,[530] z. B. durch Beschränkung der relevanten wichtigen Gründe.[531] Möglich ist hingegen auch eine Erleichterung der Entziehung, insbesondere durch den Verzicht auf die Durchführung eines gerichtlichen Verfahrens oder die Angabe von Sachverhalten, die als wichtiger Grund zu werten sind.[532] Für zulässig gehalten wird auch der vollständige Ausschluss des Rechtes zur Entziehung;[533] in diesen Fällen soll den anderen Gesellschaftern nur die Ausschließungsklage oder die Auflösung der Gesellschaft verbleiben.[534]

187 Besitzt der von der Geschäftsführungs- und/oder Vertretungsbefugnis auszuschließende Komplementär auch Aktien, ist er sowohl als Komplementär bei der Beschlussfassung der Komplementäre[535] als auch als Kommanditaktionär bei der Beschlussfassung in der Hauptversammlung von der Abstimmung ausgeschlossen.[536] Hierbei handelt es sich um ein personengesellschaftsrechtliches Stimmverbot,[537] welches über die Verweisung des § 278 Abs. 2 AktG auch in der KGaA gilt.[538]

---

[526] Vgl. zu Grundlagenentscheidungen der Komplementäre allgemein *Perlitt* in Münch Komm AktG § 285 Rn. 60; *Assmann/Sethe* in GroßKomm AktG § 285 Rn. 60; *Bachmann* in Spindler/Stilz AktG § 285 Rn. 36.
[527] Siehe oben § 5 Rn. 182 ff.
[528] Siehe oben § 5 Rn. 182 ff. und *Schäfer* in Staub HGB § 117 Rn. 72.
[529] Siehe hierzu § 5 Rn. 372 ff.
[530] *Herfs* in Münch Hdb AG § 79 Rn. 8; *Bachmann* in Spindler/Stilz AktG § 278 Rn. 77; *Perlitt* in Münch Komm AktG § 278 Rn. 222.
[531] *Sethe* S. 152; *Herfs* in Münch Hdb AG § 79 Rn. 8; *Bachmann* in Spindler/Stilz AktG § 278 Rn. 77; *Schäfer* in Staub HGB § 117 Rn. 45 m.w.N.
[532] Vgl. *Herfs* in Münch Hdb AG § 79 Rn. 8; *Bachmann* in Spindler/Stilz AktG § 278 Rn. 77; *Perlitt* in Münch Komm AktG § 278 Rn. 222.
[533] *Sethe* S. 152; *Herfs* in Münch Hdb AG § 79 Rn. 8; *Bachmann* in Spindler/Stilz AktG § 278 Rn. 77 (außer für Publikums-KGaA); *Perlitt* in Münch Komm AktG § 278 Rn. 222; a. A. *Wichert* AG 2000, 268, 271; *Finckh* in Henssler/Strohn GesellschR e § 117 Rn. 46; *Drescher* in Ebenroth/Boujong/Joost/Strohn HGB § 117 Rn. 35.
[534] So *Sethe* S. 152; *Schäfer* in Staub HGB § 117 Rn. 45; *Jickeli* in Münch Komm HGB § 117 Rn. 79.
[535] *Assmann/Sethe* in GroßKomm AktG § 285 Rn. 40; *Bachmann* in Spindler/Stilz AktG § 285 Rn. 21.
[536] *Assmann/Sethe* in GroßKomm AktG § 285 Rn. 42; *Bachmann* in Spindler/Stilz AktG § 285 Rn. 21; *Perlitt* in Münch Komm AktG § 285 Rn. 17, 38.
[537] *Assmann/Sethe* in GroßKomm AktG § 285 Rn. 42; *Bachmann* in Spindler/Stilz AktG § 285 Rn. 21; *Perlitt* in Münch Komm AktG § 285 Rn. 38; vgl. auch *Roth* in Baumbach/Hopt HGB § 119 Rn. 8.
[538] Im Ergebnis ebenso: *Mertens/Cahn* in Kölner Komm AktG § 285 Rn. 7; *Assmann/Sethe* in GroßKomm AktG § 285 Rn. 39 ff.; *Perlitt* in Münch Komm AktG § 285 Rn. 38.

c) **Mehrheitserfordernisse in der atypischen KGaA.** Im Gefolge der BGH-Entscheidung vom 24.2.1997[539] zur Anerkennung der Kapitalgesellschaft & Co. KGaA wird teilweise gefolgert, dass der Beschluss der Kommanditaktionäre über die Erhebung einer Klage auf Entziehung der Geschäftsführungs- und/oder Vertretungsbefugnis zwingend mit einfacher Mehrheit gefasst werden muss;[540] eine Verschärfung der Mehrheitserfordernisse soll entgegen dem Wortlaut von § 133 Abs. 1 AktG nicht möglich sein.[541] Dies soll unabhängig davon gelten, ob die Geschäftsführungs- und/oder Vertretungsbefugnis der Komplementärgesellschaft oder einer weiteren natürlichen Person, die neben der Komplementärgesellschaft geschäftsführungsbefugt ist, entzogen werden soll. Dabei wird zur Begründung teilweise auf eine der Publikumskommanditgesellschaft vergleichbare Interessenlage bei der börsennotierten KGaA und der „Publikums-KGaA" verwiesen,[542] teilweise wird auf die allgemeine aktienrechtliche Wertung abgestellt, dass Mehrheitsanforderungen an die Ausübung von Kontroll- und Maßregelungsbefugnissen der Hauptversammlung generell nicht verschärft werden dürfen.[543]

188

Die besseren Argumente sprechen dafür, auch in einer börsennotierten atypischen KGaA eine Verschärfung der Mehrheitserfordernisse und einen Ausschluss des Klagerechts zu Lasten der Kommanditaktionäre zuzulassen und die Lösung des Interessengegensatzes nicht über eine Beschränkung der Satzungsautonomie, sondern über kapitalmarktrechtliche Mechanismen zu suchen.

189

Die Wertungsparallele zur Publikumskommanditgesellschaft verkennt, dass die KGaA rechtlich immer darauf ausgerichtet ist, einen unüberschaubar großen Gesellschafterkreis aufzunehmen. Im Gegensatz zur Publikumskommanditgesellschaft, die eine atypische Sonderform einer von ihrem Grundtypus auf einen überschaubaren Gesellschafterkreis ausgerichteten Gesellschaftsform darstellt, stellt die „Publikums-KGaA" keine Sonderform, sondern die vom Gesetz vorgesehene Normalform der KGaA dar. Für einen von vornherein dauerhaft überschaubaren Gesellschafterkreis ist die Rechtsform der Aktiengesellschaft oder der KGaA vom Gesetzgeber nicht vorgesehen. Gibt es danach gar keinen Sondertypus „Publikums-KGaA" ist es auch nicht überzeugend, die Rechtsprechungsgrundsätze der Publikumskommanditgesellschaft auf die KGaA zu übertragen. Eine andere Bewertung ist auch nicht dadurch gerechtfertigt, dass der persönlich haftende Gesellschafter einer atypischen KGaA keine natürliche Person ist. Ausschlaggebend für die Beurteilung der Zulässigkeit der Verschärfung der Mehrheitserfordernisse dürfte nicht die Frage der persönlichen Haftung des Komplementärs sein, sondern die Leichtigkeit, mit der ein Kommanditaktionär, der mit der Geschäftsführung des Komplementärs nicht einverstanden ist, seine Beteiligung an der KGaA aufgeben kann. Hier bietet gerade die börsennotierte KGaA einen wesentlichen Vorteil: Kann die Geschäftsführung der KGaA von den Kommanditaktionären nicht wirk-

190

---

[539] BGHZ 134, 392 = NJW 1997, 1923.
[540] *Perlitt* in Münch Komm AktG § 278 Rn. 253, 406; *Ihrig/Schlitt* ZHR Beiheft 67/1998, 33, 71; *Wichert* AG 2000, 268, 271.
[541] *Perlitt* in Münch Komm AktG § 278 Rn. 253, 406; *Ihrig/Schlitt* ZHR Beiheft 67/1998, 33, 70 f.
[542] So *Perlitt* in Münch Komm AktG § 278 Rn. 253, 406; *Ihrig/Schlitt* ZHR Beiheft 67/1998, 33, 71.
[543] So *Wichert* AG 2000, 268, 271.

191 Die Argumentation, welche auf die aktienrechtliche Wertung abstellt, dass Mehrheitsanforderungen an die Ausübung von Kontroll- und Maßregelungsbefugnissen der Hauptversammlung generell nicht verschärft werden dürfen,[544] verkennt, dass es sich bei der Beschlussfassung über die Erhebung einer Entziehungsklage durch die Hauptversammlung nicht um die Ausübung eines aktienrechtlichen Kontroll- oder Mitspracherechtes handelt, sondern um ein personengesellschaftsrechtliches Recht, welches kraft der Verweisung des § 278 Abs. 2 AktG von der Hauptversammlung geltend gemacht wird.

192 Auch in einer atypischen KGaA bleibt es somit bei der allgemeinen Regel, dass die Satzung die Mehrheitsanforderungen an die Beschlussfassung der Kommanditaktionäre zur Erhebung einer Entziehungsklage verschärfen bzw. deren Mitentscheidungsrecht ganz ausschließen kann.

193 **d) Entziehung der Geschäftsführungs- und Vertretungsbefugnis des einzigen Komplementärs.** Ein zusätzliches Problem ergibt sich, falls dem einzigen Komplementär die Geschäftsführungs- und/oder Vertretungsbefugnis entzogen werden soll. Unbestritten ist, dass auch dem einzigen Komplementär die Geschäftsführungs- und Vertretungsbefugnis entzogen werden kann, da die Entziehung, anders als der Ausschluss des letzten Komplementärs, keinen Einfluss auf den Bestand der KGaA hat.[545] Jedoch entfällt mit Wirksamkeit der Entziehung das alleinige Geschäftsführungs- und Vertretungsorgan der KGaA. Aus diesem Grund wird teilweise vertreten, der Entzug der Geschäftsführungs- und Vertretungsbefugnis des einzigen Komplementärs bedinge die Umwandlung der KGaA in eine Aktiengesellschaft.[546]

194 Demgegenüber wird überwiegend vertreten, dass zusammen mit der Entziehung der Geschäftsführungs- und Vertretungsbefugnis des letzten Komplementärs entsprechend § 29 BGB oder § 85 AktG[547] das Gericht auf Antrag einen Notgeschäftsführer zu bestellen habe.[548] Der entsprechende Antrag kann von der Gesellschaft vertreten durch ihren Aufsichtsrat[549] sowie von allen übrigen Personen, die ein dringendes Interesse an der Bestellung des Notgeschäftsführers haben,[550] bei dem Gericht am Sitz der Gesellschaft gestellt werden. Ein dringendes Interesse an der Bestellung des Notgeschäftsführers hat jedermann, der wegen des Fehlens

---

[544] So *Wichert* AG 2000, 268, 271.
[545] *Hüffer/Koch* § 278 Rn. 13; *Perlitt* in Münch Komm AktG § 278 Rn. 255; *Bachmann* in Spindler/Stilz AktG § 278 Rn. 76; *Assmann/Sethe* in GroßKomm AktG § 278 Rn. 168.
[546] So *Herfs* in Münch Hdb AG § 79 Rn. 11.
[547] Zu der Frage, ob § 29 BGB direkt oder analog oder besser § 85 AktG anzuwenden sei, *Assmann/Sethe* in GroßKomm AktG § 289 Rn. 140 f.
[548] *Assmann/Sethe* in GroßKomm AktG § 289 Rn. 140; *Perlitt* in Münch Komm AktG § 278 Rn. 255, § 289 Rn. 154 ff. *Förl/Fett* in Bürgers/Körber AktG § 278 Rn. 49; *Bachmann* in Spindler/Stilz AktG § 278 Rn. 76.
[549] *Deckert* AG 1994, 457, 459; *Perlitt* in Münch Komm AktG § 278 Rn. 257.
[550] Zur AG siehe *Mertens/Cahn* in Kölner Komm AktG § 85 Rn. 6 f.; *Hüffer/Koch* § 85 Rn. 4; *Kort* in GroßKomm AktG § 85 Rn. 39; *Spindler* in Münch Komm AktG § 85 Rn. 9; *Fleischer* in Spindler/Stilz AktG § 85 Rn. 8.

einer geschäftsführungsbefugten Person Schaden zu befürchten hat, z. B. Gläubiger.[551]

Die Kommanditaktionäre sind allerdings gehalten, möglichst schnell die Vertretung der Gesellschaft durch Beschluss der Hauptversammlung einem neuen Komplementär zu übertragen oder die KGaA in eine andere Gesellschaftsform umzuwandeln; denn der Grundsatz der Selbstorganschaft verbietet es, sämtliche Gesellschafter auf Dauer von der Vertretung auszuschließen.[552] Da über die Verweisung des § 278 Abs. 2 AktG i.V.m. § 161 Abs. 2 HGB der zwingende § 170 HGB auch in der KGaA gilt, kann die Vertretungsmacht weder automatisch noch durch Satzungsänderung auf die Kommanditaktionäre übergehen. **195**

Eine empfehlenswerte Gestaltung besteht darin, den Kommanditaktionären oder dem Aufsichtsrat für diesen speziellen Fall das alleinige Recht zur Aufnahme eines Komplementärs einzuräumen. Denkbar ist aber auch die vorsorgliche Aufnahme einer juristischen Person als nicht-geschäftsführungs- und vertretungsbefugter Komplementär. Wird dem letzten geschäftsführungs- und vertretungsbefugten Komplementär die Geschäftsführungs- und/oder Vertretungsbefugnis entzogen, erhält die bis dahin nicht-geschäftsführungs- und vertretungsbefugte juristische Person automatisch die Geschäftsführungs- und/oder Vertretungsbefugnis. Zur Klarstellung sollte die Satzung den Übergang der Geschäftsführungs- und/oder Vertretungsbefugnis auf diese Gesellschaft regeln. Hält die KGaA alle Anteile an dieser Gesellschaft (**Einheits-KGaA**), können die Kommanditaktionäre sogleich einen Geschäftsführer ihrer Wahl bestellen. Für diesen Fall ist zwingend anzuraten, die Vertretung der KGaA in der Gesellschafterversammlung der juristischen Person durch Satzungsbestimmung den Kommanditaktionären, besser einem Gesellschafterausschuss, zu übertragen. **196**

Ein sofortiger Formwechsel in eine Aktiengesellschaft ist dagegen nicht erforderlich.[553] Die Bestellung des Notvertreters bietet gerade die Möglichkeit, die Zeit ohne vertretungsberechtigten Komplementär zu überbrücken.[554] Bei einer Klage auf Entziehung der Vertretungsbefugnis des einzigen Komplementärs kann es ratsam sein, gleichzeitig eine Klage gegen den Komplementär auf Zustimmung zur Aufnahme eines neuen Komplementärs einzureichen, um möglichst schnell eine Neuregelung der Vertretung der Gesellschaft zu ermöglichen. Alternativ kann die Klage auf Entziehung der Geschäftsführungs- und Vertretungsbefugnis mit der Klage auf Zustimmung des Komplementärs zur Umwandlung der KGaA in eine Aktiengesellschaft verbunden werden.[555] **197**

---

[551] Zur AG siehe *Mertens/Cahn* in Kölner Komm AktG § 85 Rn. 7; *Hüffer/Koch* § 85 Rn. 4; *Kort* in GroßKomm AktG § 85 Rn. 39; *Spindler* in Münch Komm AktG § 85 Rn. 9; *Fleischer* in Spindler/Stilz AktG § 85 Rn. 8.

[552] Vgl. *Assmann/Sethe* in GroßKomm AktG § 278 Rn. 168; *Förl/Fett* in Bürgers/Körber AktG § 278 Rn. 46; *Bachmann* in Spindler/Stilz AktG § 278 Rn. 76; *Perlitt* in Münch Komm AktG § 278 Rn. 257.

[553] Die sofortige Umwandlung in eine AG hält für notwendig *Herfs* in Münch Hdb AG § 79 Rn. 12.

[554] Nach *Perlitt* in Münch Komm AktG § 278 Rn. 257, § 289 Rn. 156 maximal drei Monate.

[555] Vgl. *Assmann/Sethe* in GroßKomm AktG § 278 Rn. 168; *Perlitt* in Münch Komm AktG § 278 Rn. 258, § 289 Rn. 159; *Bachmann* in Spindler/Stilz AktG § 289 Rn. 27.

e) Gestaltungsmöglichkeiten

198 **aa) Erleichterung der Entziehung.** Zur Erleichterung der Entziehung der Geschäftsführungs- und/oder Vertretungsbefugnis eines Komplementärs kann die Satzung den Entzug auch durch Gesellschafterbeschluss ohne gerichtliche Entscheidung vorsehen.[556] Die Zuständigkeit zur Entziehung der Geschäftsführungs- und/oder Vertretungsbefugnis kann den übrigen Komplementären und der Hauptversammlung[557] oder einem anderen Gesellschaftsorgan[558] übertragen werden. Der betroffene Komplementär kann die Entziehung der Geschäftsführungs- und/oder Vertretungsbefugnis gerichtlich überprüfen lassen.[559] Im Unterschied zum gewöhnlichen Verfahren gemäß §§ 117, 127 HGB ergeht am Ende aber kein Gestaltungs-, sondern ein Feststellungsurteil.[560]

199 Als weitere Erleichterung können wichtige Entziehungsgründe beispielhaft in der Satzung definiert werden, so dass im Einzelfall weniger Zweifel über das Vorliegen der Entziehungsvoraussetzungen entstehen; insoweit werden auch die Prüfungsmöglichkeiten des Gerichts eingeschränkt.[561] Solche Erleichterungen bieten sich vor allem dann an, wenn die Position eines geschäftsführenden Komplementärs der eines Fremdgeschäftsführers angeglichen werden soll (sog. angestellter Komplementär).[562] Zulässig dürfte auch sein, vollständig auf das Vorliegen eines wichtigen Grundes zu verzichten.[563]

200 **bb) Erschwerung und Ausschluss der Entziehung.** Die Entziehung der Geschäftsführungs- und Vertretungsbefugnis kann durch Satzungsregelung erschwert werden, indem die zur Entziehung berechtigenden wichtigen Gründe abschließend in der Satzung definiert werden.[564] Auch kann die Erhebung der Entziehungsklage von zusätzlichen Verfahrenserfordernissen abhängig gemacht werden, wie z. B. von der Vorprüfung durch ein anderes Organ.[565]

201 Zweifelhaft ist, ob das Recht der übrigen Gesellschafter, die gerichtliche Entziehung der Geschäftsführungs- und Vertretungsbefugnis zu beantragen, in der Satzung völlig abbedungen werden kann.[566] Dies wird teilweise mit dem Argument bejaht, dass den Gesellschaftern immer noch die Möglichkeit der Auflösung der

---

[556] *Assmann/Sethe* in GroßKomm AktG § 278 Rn. 178; *Bachmann* in Spindler/Stilz AktG § 278 Rn. 77; *Herfs* in Münch Hdb AG § 79 Rn. 8; *Perlitt* in Münch Komm AktG § 278 Rn. 222.

[557] Vgl. *Perlitt* in Münch Komm AktG § 278 Rn. 254; *Bachmann* in Spindler/Stilz AktG § 278 Rn. 75; *Herfs* in Münch Hdb AG § 79 Rn. 7.

[558] *Assmann/Sethe* in GroßKomm AktG § 278 Rn. 178; *Perlitt* in Münch Komm AktG § 278 Rn. 222; vgl. *Bachmann* in Spindler/Stilz AktG § 278 Rn. 77.

[559] Vgl. zur OHG: *Schäfer* in Staub HGB § 117 Rn. 70; *Jickeli* in Münch Komm HGB § 117 Rn. 83; *Roth* in Baumbach/Hopt § 117 Rn. 12.

[560] Vgl. zur OHG: *Schäfer* in Staub HGB § 117 Rn. 70; *Jickeli* in Münch Komm HGB § 117 Rn. 83; *Roth* in Baumbach/Hopt § 117 Rn. 12.

[561] *Schäfer* in Staub HGB § 117 Rn. 70; *Roth* in Baumbach/Hopt HGB § 117 Rn. 12.

[562] *Herfs* in Münch Hdb AG § 78 Rn. 8.

[563] *Bachmann* in Spindler/Stilz AktG § 278 Rn. 77; vgl. zur OHG: *Roth* in Baumbach/Hopt § 117 Rn. 12; *Jickeli* in Münch Komm HGB § 117 Rn. 82; *Drescher* in Ebenroth/Boujong/Joost/Strohn HGB § 117 Rn. 36.

[564] *Assmann/Sethe* in GroßKomm AktG § 278 Rn. 178; *Roth* in Baumbach/Hopt HGB § 117 Rn. 11; *Schäfer* in Staub HGB § 117 Rn. 45; vgl. *Herfs* in Münch Hdb AG § 79 Rn. 8.

[565] *Roth* in Baumbach/Hopt HGB § 117 Rn. 11; *Mayen* in Ebenroth/Boujong/Joost/Strohn HGB § 117 Rn. 38; *Finckh* in Henssler/Strohn GesellschR § 117 Rn. 47.

[566] Ablehnend *Assmann/Sethe* in GroßKomm AktG § 278 Rn. 178.

Gesellschaft oder des Ausschlusses des betreffenden Komplementärs bliebe.[567] Die Abbedingung des Rechts zur Beantragung der Entziehung erscheint jedoch nicht sinnvoll, weil anderenfalls die übrigen Gesellschafter auf Ausschließung des betreffenden Komplementärs klagen müssten. Eine Ausschließungsklage wäre aber nur erfolgreich, sofern nicht als milderes Mittel die Entziehung der Geschäftsführungs- und Vertretungsbefugnis genügt. Damit würde eine Abbedingung des Rechts zur Beantragung der Entziehung im Ergebnis nur bewirken, dass der Antrag der Klage auf Ausschließung des Komplementärs gerichtet werden müsste, auch wenn aus Gründen der Verhältnismäßigkeit das Gericht nur eine Entziehung der Geschäftsführungs- und Vertretungsbefugnis anordnet[568] und dies auch zu erwarten ist.

6. Entziehung der Geschäftsführungs- und Vertretungsbefugnis des organschaftlichen Vertreters der Komplementärgesellschaft

a) Problemübersicht. Bei einer atypischen KGaA stellt sich bei der Entziehung der Geschäftsführungs- und Vertretungsbefugnis des Komplementärs das zusätzliche Problem, dass der wichtige Grund zur Entziehung der Geschäftsführungs- und Vertretungsbefugnis regelmäßig von dem Geschäftsführungs- und Vertretungsorgan der Komplementärgesellschaft verwirklicht werden wird. Ein etwaiges Fehlverhalten des Geschäftsführungs- und Vertretungsorgans der Komplementärgesellschaft wird dieser zwar gemäß § 31 BGB[569] zugerechnet, jedoch wird häufig die damit gerechtfertigte Entziehung der Geschäftsführungs- und Vertretungsbefugnis der Komplementärgesellschaft gar nicht im Interesse der KGaA und ihrer übrigen Gesellschafter liegen.[570] Eine direkte Einwirkungsmöglichkeit der KGaA oder ihrer Gesellschafter auf das Geschäftsführungs- und Vertretungsorgan der Komplementärgesellschaft besteht dagegen nicht.[571]

202

Dieses bei der GmbH & Co. KG ebenso auftretende Problem basiert darauf, dass Bestellung und Abberufung sowie die Entziehung der Geschäftsführungs- und Vertretungsbefugnis des Geschäftsführungs- und Vertretungsorgans der Komplementärgesellschaft alleinige Angelegenheit der Gesellschafter der Komplementärgesellschaft ist, auf deren Entscheidung die KGaA bzw. deren Gesellschafter keinen unmittelbaren Einfluss haben.[572]

203

---

[567] Vgl. *Herfs* in Münch Hdb AG § 79 Rn. 8, 28; *Schäfer* in Staub HGB § 117 Rn. 45; *Jickeli* in Münch Komm HGB § 117 Rn. 79; ohne nähere Begründung: *Bachmann* in Spindler/Stilz AktG § 278 Rn. 77 (außer für Publikums-KGaA); *Perlitt* in Münch Komm AktG § 278 Rn. 222.

[568] Ähnlich *Assmann/Sethe* in GroßKomm AktG § 278 Rn. 178.

[569] *Assmann/Sethe* in GroßKomm AktG § 278 Rn. 171; *Bachmann* in Spindler/Stilz AktG § 278 Rn. 78; *Perlitt* in Münch Komm AktG § 278 Rn. 368; *Arnold* S. 75; *Overlack* RWS-Forum 10 Gesellschaftsrecht 1997, 237, 250 f. m.w.N.; *Sethe* S. 169; *Ihrig/Schlitt* ZHR Beiheft 67/1998, 33, 52; *Schaumburg* DStZ 1998, 525, 531.

[570] *Ihrig/Schlitt* ZHR Beiheft 67/1998, 33, 53; *Förl/Fett* in Bürgers/Körber AktG § 278 Rn. 50; *Perlitt* in Münch Komm AktG § 278 Rn. 368.

[571] *Ihrig/Schlitt* ZHR Beiheft 67/1998, 33, 52; *Bachmann* in Spindler/Stilz AktG § 278 Rn. 78 m.w.N.; *Herfs* in Münch Hdb AG § 79 Rn. 9; *Perlitt* in Münch Komm AktG § 278 Rn. 372.

[572] *Ihrig/Schlitt* ZHR Beiheft 67/1998, 33, 52; *Bachmann* in Spindler/Stilz AktG § 278 Rn. 78 m.w.N.; *Perlitt* in Münch Komm AktG § 278 Rn. 372; vgl. *Herfs* in Münch Hdb AG § 79 Rn. 9.

204 Diese Konstellation birgt das Risiko einer „**Minderheitenherrschaft**"[573] der Gesellschafter der Komplementärgesellschaft zu Lasten der Kommanditaktionäre der KGaA: In der gesetzestypischen KGaA können die Kommanditaktionäre einem Komplementär grundsätzlich die Geschäftsführungs- und Vertretungsbefugnis entziehen. Sie müssen bei der Aufnahme eines neuen geschäftsführungsbefugten Komplementärs und bei der Änderung der Geschäftsführungsbefugnis eines Komplementärs regelmäßig mitwirken; denn hierzu ist grundsätzlich jeweils eine Satzungsänderung erforderlich. Demgegenüber erfolgt in der atypischen KGaA die Bestellung und Abberufung des Geschäftsführers der Komplementärgesellschaft allein durch die Gesellschafter der Komplementärgesellschaft. Diese können somit auch dann allein über die Besetzung des Geschäftsführungs- und Vertretungsorgans entscheiden, wenn sie selbst und die Komplementärgesellschaft gar nicht am Vermögen der KGaA beteiligt sind. Eine derartige Minderheitenherrschaft sucht das Aktienrecht sonst zu verhindern.[574]

205 **b) Treuepflicht.** Der BGH hat in seiner Entscheidung vom 24.2.1997[575] hinsichtlich dieser Problematik darauf hingewiesen, dass die Komplementärgesellschaft bei der Auswahl ihres Geschäftsführers gegenüber den Kommanditaktionären durch die gesellschafterliche Treuepflicht gebunden sei.[576] Dieser Hinweis bezieht sich darauf, dass die gesellschaftsrechtlichen Treuepflichten auch die Gesellschafter einer Kapitalgesellschaft untereinander binden.[577] Die Komplementärgesellschaft soll durch ihre Treuepflicht als Gesellschafterin der KGaA gegenüber den Kommanditaktionären dahingehend gebunden sein, dass sie bei Bestellung und Abberufung ihrer Geschäftsführungs- und Vertretungsorgane auf die Interessen der Kommanditaktionäre Rücksicht zu nehmen habe.[578] Hieraus wird gefolgert, dass keine Geschäftsführer bestellt werden dürfen, gegen deren Bestellung aus Sicht der KGaA ein wichtiger Grund spricht.[579] Dieser wird insbesondere in groben Pflichtverletzungen und der Unfähigkeit zur ordnungsgemäßen Geschäftsführung gesehen.[580] Positiv formuliert bedeutet dies, dass die Komplementärgesellschaft bzw. ihre Gesellschafter verpflichtet sein sollen, geeignete Geschäftsführer zu bestellen und Geschäftsführer, die sich im Nachhinein als ungeeignet bzw. als unzuverlässig erweisen, abzuberufen.[581]

---

[573] Vgl. *Steindorff* FS Ballerstedt, 1975, S. 127 ff.; *Perlitt* in Münch Komm AktG § 278 Rn. 374.

[574] Vgl. *Graf* S. 229; *Priester* ZHR 160 (1996), 250, 261, beide mit Hinweis auf das Verbot von Mehrstimmrechtsaktien und die Begrenzung von stimmrechtslosen Vorzugsaktien auf 50% des Grundkapitals, §§ 12 Abs. 2; 139 Abs. 2 AktG.

[575] BGHZ 134, 392 = NJW 1997, 1923.

[576] BGHZ 134, 392, 399 f. = NJW 1997, 1923 mit Hinweis auf *Priester* ZHR 160 (1996), 250, 261; vgl. *Bachmann* in Spindler/Stilz AktG § 278 Rn. 78; *Herfs* in Münch Hdb AG § 78 Rn. 30; *Perlitt* in Münch Komm AktG § 278 Rn. 367, 371.

[577] Für die AG: BGHZ 103, 184, 193 ff. = NJW 1988, 1579 – Linotype.

[578] *Perlitt* in Münch Komm AktG § 278 Rn. 367, 371; *Herfs* in Münch Hdb AG § 78 Rn. 30; *Assmann/Sethe* in GroßKomm AktG § 278 Rn. 170; *Ihrig/Schlitt* ZHR Beiheft 67/1998, 33, 52, zur GmbH & Co. KG: *Binz/Sorg* § 9 Rn. 2.

[579] Vgl. *Perlitt* in Münch Komm AktG § 278 Rn. 370; *Herfs* in Münch Hdb AG § 78 Rn. 30; *Assmann/Sethe* in GroßKomm AktG § 278 Rn. 170; *Ihrig/Schlitt* ZHR Beiheft 67/1998, 33, 52; zur GmbH & Co. KG: *Binz/Sorg* § 8 Rn. 3.

[580] *Herfs* in Münch Hdb AG § 78 Rn. 30; *Assmann/Sethe* in GroßKomm AktG § 278 Rn. 170; für die GmbH & Co. KG: *Binz/Sorg* § 8 Rn. 3.

[581] *Perlitt* in Münch Komm AktG § 278 Rn. 371; *Assmann/Sethe* in GroßKomm AktG § 278 Rn. 170; *Herfs* in Münch Hdb AG § 78 Rn. 30; *Bachmann* in Spindler/Stilz AktG § 278 Rn. 78; zur GmbH & Co. KG: *Binz/Sorg* § 8 Rn. 5.

Verletzt die Komplementärgesellschaft vorstehende Treuepflicht, so soll in der **206** Person der Komplementärgesellschaft selbst ein wichtiger Grund zur Abberufung vorliegen und eine Klage auf Ausschluss der Komplementärgesellschaft nach § 140 HGB Aussicht auf Erfolg haben.[582] Die Gesellschafter der KGaA können auch als milderes Mittel den gerichtlichen Antrag auf die Entziehung der Geschäftsführungs- und/oder Vertretungsbefugnis der Komplementärgesellschaft beschränken, §§ 117, 127 HGB.[583]

Der Lösungsansatz über die Treuepflicht lässt jedoch die Frage offen, auf welcher **207** rechtlichen Grundlage sich die Treuepflicht der Komplementärgesellschaft auf ihre Gesellschafter erstrecken soll. Durch die Treuepflicht verpflichtet ist die Komplementärgesellschaft. Für die Bestellung und Abberufung ihres Geschäftsführers sind allein ihre Gesellschafter zuständig. Diese sind jedoch – sofern sie nicht selbst Gesellschafter der KGaA sind – ihrerseits nicht Adressaten der Treuepflicht aus dem Gesellschafterverhältnis der KGaA. Soweit die Treuepflicht der Komplementärgesellschaft betreffend die Bestellung und Abberufung ihrer Geschäftsführer auf ihre Gesellschafter ausgedehnt wird,[584] missachtet diese Lösung die rechtliche Eigenständigkeit der Komplementärgesellschaft und die Unabhängigkeit der Beschlussfassung ihrer Gesellschafter. Letztlich stellt auch die Ausdehnung der Treuepflicht auf die Gesellschafter der Komplementärgesellschaft einen direkten Eingriff in deren gesellschafterliche Willensbildung dar. Daher ist diese Lösung aus denselben Gründen abzulehnen, aus denen ganz überwiegend der sog. „Abberufungsdurchgriff" abgelehnt wird.[585]

Selbst wenn man die Erstreckung der gegen die Komplementärgesellschaft gerichteten Treuepflicht auf ihre Gesellschafter annehmen würde, führt dieser Lösungsansatz nicht zu einem seitens der KGaA gerichtlich durchsetzbaren Anspruch **208** gegen die Komplementärgesellschaft auf Bestellung eines bestimmten Geschäftsführers oder auf Abberufung eines ungeeigneten Geschäftsführers.[586] Rechtsfolge der Verletzung der Treuepflicht wäre lediglich, dass nun der Komplementärgesellschaft ihrerseits die Geschäftsführungs- und Vertretungsbefugnis entsprechend §§ 117, 127 HGB entzogen werden könnte.[587] Auch praktisch vermag der Lösungsansatz über die Treuepflicht somit nicht zu überzeugen.

---

[582] *Arnold* S. 75 f.; *Perlitt* in Münch Komm AktG § 278 Rn. 371; vgl. *Herfs* in Münch Hdb AG § 78 Rn. 30, 40, § 78 Rn. 9; zur GmbH & Co. KG: *Binz/Sorg* § 8 Rn. 5.

[583] *Assmann/Sethe* in GroßKomm AktG § 278 Rn. 170; *Herfs* in Münch Hdb AG § 79 Rn. 9; *Förl/Fett* in Bürgers/Körbers AktG § 278 Rn. 50; *Bachmann* in Spindler/Stilz AktG § 278 Rn. 78; *Perlitt* in Münch Komm AktG § 278 Rn. 371; *Sethe* S. 169; *Overlack* RWS-Forum 10 Gesellschaftsrecht 1997, 237, 250 f.; *Ihrig/Schlitt* ZHR Beiheft 67/1998, 33, 52; *Hennerkes/Lorz* DB 1997, 1388, 1391; zur GmbH & Co. KG: *Binz/Sorg* § 8 Rn. 6.

[584] So BGHZ 134, 392, 399 = NJW 1997, 1923; *Assmann/Sethe* in GroßKomm AktG § 278 Rn. 170; *Perlitt* in Münch Komm AktG § 278 Rn. 371; *Herfs* in Münch Hdb AG § 78 Rn. 30; § 79 Rn. 9.

[585] Dazu sogleich.

[586] *Perlitt* in Münch Komm AktG § 278 Rn. 371; *Herfs* in Münch Hdb AG § 79 Rn. 9; vgl. zur GmbH & Co. KG: *Liebscher* in Reichert GmbH & Co. KG § 17 Rn. 34; *Grunewald* in Münch Komm HGB § 161 Rn. 77.

[587] *Assmann/Sethe* in GroßKomm AktG § 278 Rn. 170; *Arnold* S. 76; *Herfs* in Münch Hdb AG § 79 Rn. 9; *Ihrig/Schlitt* ZHR Beiheft 67/1998, 33, 52; *Förl/Fett* in Bürgers/Körbers AktG § 278 Rn. 50; *Bachmann* in Spindler/Stilz AktG § 278 Rn. 78; *Perlitt* in Münch Komm AktG § 278 Rn. 371.

209 c) Sog. „Abberufungsdurchgriff". Da die Entziehung der Geschäftsführungs- und Vertretungsbefugnis der Komplementärgesellschaft oder gar ihr Ausschluss als Komplementärin im Falle von Pflichtverletzungen ihrer Geschäftsführungs- und Vertretungsorganmitglieder regelmäßig nicht dem Interesse der Kommanditaktionäre entspricht,[588] wird teilweise eine direkte Abberufung der Geschäftsführer der Komplementärgesellschaft durch die Kommanditaktionäre mittels eines sogenannten **„Abberufungsdurchgriffs"** für möglich gehalten.[589]

210 Begründet wird die Zulässigkeit des Abberufungsdurchgriffs bei der KGaA unter Verweis auf die Parallelproblematik bei der GmbH & Co. KG und die gesetzliche Wertung der §§ 130a Abs. 1 S. 2, Abs. 2, 177a HGB:[590] Stelle der Geschäftsführer einer Komplementär-GmbH bei Zahlungsunfähigkeit oder Überschuldung der GmbH & Co. KG keinen Insolvenzantrag, mache er sich persönlich gegenüber der GmbH & Co. KG schadensersatzpflichtig. Außerdem sei anerkannt, dass die GmbH & Co. KG in den Schutzbereich des Dienstvertrages zwischen der Komplementärgesellschaft und ihrem Geschäftsführer einbezogen sei,[591] so dass der GmbH & Co. KG bei fehlerhafter Geschäftsführung nicht nur gegen die Komplementär-GmbH, sondern auch direkt gegen den handelnden GmbH-Geschäftsführer Schadensersatzansprüche zustünden. Hieraus wird gefolgert, dass die strikte Trennung zwischen den beiden Verantwortlichkeitsebenen von GmbH und KG ohnehin durchbrochen worden sei[592] und somit auch die Entziehung der Geschäftsführungs- und Vertretungsbefugnis des Geschäftsführers der Komplementärgesellschaft durch die Kommanditaktionäre als milderes Mittel gegenüber einem Entzug der Geschäftsführungs- und Vertretungsbefugnis der Komplementärgesellschaft zulässig sei.[593]

211 Dieser Ansicht wird zu Recht von der ganz überwiegenden Meinung **nicht gefolgt**;[594] denn durch den Abberufungsdurchgriff werden die Eigenständigkeit der Komplementärgesellschaft und die Rechte ihrer Gesellschafter verletzt.[595] Die Kommanditaktionäre würden mit der Abberufung des Geschäftsführers der Komplementärgesellschaft direkt in die Willensbildung der Gesellschafter der Komplementärgesellschaft eingreifen und sich an die Stelle der Gesellschafter der Komplementärgesellschaft setzen. Dieser Eingriff in die Rechte der Gesellschafter der Komplementärgesellschaft unterscheidet die Problematik des Abberufungsdurchgriffs von der ähnlichen Problemlage der Ausdehnung der Haftung des Geschäfts-

---

[588] Vgl. *Perlitt* in Münch Komm AktG § 278 Rn. 368; *Ihrig/Schlitt* ZHR Beiheft 67/1998, 33, 53.

[589] *Sethe* S. 170; *Overlack* RWS-Forum 10 Gesellschaftsrecht 1997, 237, 255; *Schaumburg* DStZ 1998, 525, 531 f.; *Hennerkes/Lorz* DB 1997, 1388, 1391.

[590] *Sethe* S. 170; *Hennerkes/Lorz* DB 1997, 1388, 1391; *Overlack* RWS-Forum 10 Gesellschaftsrecht 1997, 237, 254 f.

[591] *Overlack* RWS-Forum 10 Gesellschaftsrecht 1997, 237, 253.

[592] *Overlack* RWS-Forum 10 Gesellschaftsrecht 1997, 237, 254; *Hopt* ZGR 1979, 1, 16 f.

[593] *Overlack* RWS-Forum 10 Gesellschaftsrecht 1997, 237, 255; *Sethe* S. 170.

[594] *Perlitt* in Münch Komm AktG § 278 Rn. 372; *Assmann/Sethe* in GroßKomm AktG § 278 Rn. 172; *Bachmann* in Spindler/Stilz AktG § 278 Rn. 78; *Förl/Fett* in Bürgers/Körber § 278 Rn. 50; *Herfs* in Münch Hdb AG § 79 Rn. 9; *Dirksen/Möhrle* ZIP 1998, 1377, 1384; *Habel/Strieder* MittBayNot 1998, 65, 69; *Hommelhoff* ZHR Beiheft 67/1998, 9, 22 f.; *Ihrig/Schlitt* ZHR Beiheft 67/1998, 33, 53 f.; *Wichert* AG 2000, 268, 275.

[595] *Bachmann* in Spindler/Stilz AktG § 278 Rn. 78; *Förl/Fett* in Bürgers/Körber § 278 Rn. 50; *Ihrig/Schlitt* ZHR Beiheft 67/1998, 33, 53 f.; vgl. auch *Perlitt* in Münch Komm AktG § 278 Rn. 372–374.

führungs- und Vertretungsorgans der Komplementärgesellschaft gegenüber der KGaA.[596] Die Ausdehnung der Haftung lässt die Eigenständigkeit der Komplementärgesellschaft unberührt. Der Abberufungsdurchgriff verstösst jedoch gegen die gesetzlich zwingende[597] Kompetenzzuweisung für die Organbestellung an die Gesellschafterversammlung der Komplementärgesellschaft.

An der zwingenden Zuständigkeit der Gesellschafterversammlung der Komplementärgesellschaft scheitert auch ein Abberufungsdurchgriff auf Grundlage entsprechender Satzungsklauseln in den Satzungen der KGaA und der Komplementärgesellschaft, der verschiedentlich befürwortet wird.[598] Die Einräumung einer entsprechenden Befugnis in den Satzungen von GmbH und KGaA würde letztlich zu einer unzulässigen Abspaltung des mitgliedschaftlichen Stimmrechts auf gesellschaftsfremde Dritte führen;[599] solche Satzungsklauseln sind daher unwirksam.[600] 212

Damit ist festzuhalten, dass ohne besondere Gestaltung im gesetzlichen Normalfall den Kommanditaktionären keinerlei direkte Einflussmöglichkeiten auf die Bestellung und Abberufung der Geschäftsführungs- und Vertretungsorgane der Komplementärgesellschaft zustehen.[601] 213

Das Problem ließe sich – soweit dies von den Gründern der KGaA oder ihren Gesellschaftern gewünscht wird – jedoch dadurch regeln, dass in der Satzung der KGaA eine Klausel dahingehend aufgenommen wird, wonach eine juristische Person nur dann persönlich haftender Gesellschafter der KGaA sein kann, wenn die KGaA an dem persönlich haftenden Gesellschafter gesellschaftsrechtlich beteiligt ist und die Satzung des persönlich haftenden Gesellschafters der KGaA ein gesellschafterliches Sonderrecht zur Bestellung und Abberufung des Komplementärgesellschafts-Geschäftsführer einräumt. Ein derartiges Sonderrecht kann bei einer GmbH auch einem Gesellschafter mit einer ganz geringen Beteiligung eingeräumt werden.[602] 214

Die Satzung der KGaA muss zusätzlich eine Regelung vorsehen, wie die Rechte der KGaA in der Gesellschafterversammlung der Komplementärgesellschaft wahrgenommen werden. Dies kann durch die Kommanditaktionäre oder besser durch einen von den Kommanditaktionären bestellten Gesellschafterausschuss geschehen. Ohne eine solche Satzungsregelung wird die KGaA in der Gesellschafterversammlung der Komplementärgesellschaft durch die Komplementärgesellschaft, d.h. durch deren Geschäftsführer vertreten.[603] Bei der Stimmausübung in der Gesellschafterversammlung der Komplementärgesellschaft handelt es sich zwar um ein gegenüber dem Komplementär vorzunehmendes Rechtsgeschäft,[604] so dass die 215

---

[596] Hierzu näher oben unter § 5 Rn. 152 ff.
[597] Vgl. zur GmbH *Assmann/Sethe* in GroßKomm AktG § 278 Rn. 173 ff.; *Perlitt* in Münch Komm AktG § 278 Rn. 373; *Förl/Fett* in Bürgers/Körber § 278 Rn. 50.
[598] *Sethe* S. 170; *Hommelhoff* ZHR Beiheft 67/1998, 9, 25; *Wichert* AG 2000, 268, 275; *Dirksen/Möhrle* ZIP 1998, 1377, 1384; *Mertens/Cahn* in Kölner Komm AktG § 278 Rn. 81 für die Satzung einer GmbH; *Bachmann* in Spindler/Stilz AktG § 278 Rn. 78 für die Satzung einer GmbH, deren Rolle sich in der einer Komplementärin erschöpft.
[599] Vgl. *Assmann/Sethe* in GroßKomm AktG § 278 Rn. 174; *Förl/Fett* in Bürgers/Körber § 278 Rn. 50; *Perlitt* in Münch Komm § 278 Rn. 374.
[600] *Perlitt* in Münch Komm AktG § 278 Rn. 373; *Assmann/Sethe* in GroßKomm AktG § 278 Rn. 173; vgl. auch *Herfs* in Münch Hdb AG § 79 Rn. 9.
[601] So auch *Arnold* S. 85 f.; *Herfs* in Münch Hdb AG § 79 Rn. 9.
[602] Vgl. nur *Altmeppen* in Roth/Altmeppen GmbHG § 6 Rn. 64 m.w.N.
[603] *Assmann/Sethe* in GroßKomm AktG § 287 Rn. 73.
[604] *Assmann/Sethe* in GroßKomm AktG § 287 Rn. 73; vgl. im Ergebnis: *Herfs* in Münch Hdb AG § 79 Rn. 9 Fußn. 6; *Bachmann* in Spindler/Stilz AktG § 278 Rn. 78.

herrschende Meinung hier über §§ 278 Abs. 3, 112 AktG die Vertretung der KGaA durch den Aufsichtsrat befürworten würde. Nach richtiger Betrachtung ist hier aber § 278 Abs. 2 AktG und damit Personengesellschaftsrecht einschlägig.[605]

216   d) **Einheits-KGaA.** Das Problem des Abberufungsdurchgriffs wird vermieden, wenn alle Anteile (**Einheits-KGaA**) oder zumindest die beschlussentscheidenden Anteile an der Komplementärgesellschaft von der KGaA gehalten werden.[606] In diesen Fällen kann die KGaA als Gesellschafterin der Komplementärgesellschaft jederzeit problemlos deren Geschäftsführer bestellen und abberufen. Allerdings muss die Satzung der KGaA dann Regelungen darüber enthalten, wie die Rechte der KGaA in der Gesellschafterversammlung der Komplementärgesellschaft wahrgenommen werden.

217   Ohne eine zusätzliche Satzungsregelung würde der Geschäftsführer der Komplementär-GmbH die KGaA als einzigen Gesellschafter in der Gesellschafterversammlung vertreten.[607] Ist die Komplementär-Gesellschaft eine GmbH, könnte letztlich der GmbH-Geschäftsführer gemäß § 37 Abs. 1 GmbHG sich selbst Weisungen erteilen und gemäß § 38 GmbHG über die eigene Abberufung entscheiden. Empfehlenswert ist es daher, eine Regelung aufzunehmen, nach der die KGaA in der Gesellschafterversammlung der Komplementär-GmbH von einem **Gesellschafterausschuß** oder **Beirat** der KGaA vertreten wird, für dessen Besetzung ausschließlich die Kommanditaktionäre zuständig sind.[608] Eine Regelung, nach der die KGaA in der Gesellschafter-Versammlung der Komplementär-Gesellschaft vom Aufsichtsrat vertreten würde, hätte bei mitbestimmten KGaAs zur Folge, dass auch die Vertreter der Arbeitnehmer mitentscheiden dürften; auf diese Weise würde das vom Gesetzgeber vorgesehene Mitbestimmungsprivileg der KGaA in § 31 Abs. 1 S. 2 MitbestG unterlaufen und damit einer der genannten Vorzüge der Rechtsform[609] neutralisiert.

7. Kaufmannseigenschaft der Komplementäre

218   Handelt es sich bei dem Komplementär einer KGaA nicht um eine juristische Person oder eine Personenhandelsgesellschaft, die bereits qua Rechtsform als Kaufmann gilt, ist eine natürliche Person als Komplementär einer KGaA nicht per se als Kaufmann anzusehen.[610] Vielmehr muss bei jeder Vorschrift, die die Kaufmannseigenschaft voraussetzt, gesondert geprüft werden, ob die Anwendung

---

[605] Siehe dazu unter § 5 Rn. 495 ff.
[606] Siehe hierzu *Gonnella/Mikic* AG 1998, 508, 509; *Perlitt* in Münch Komm AktG § 278 Rn. 388; vgl. ebenfalls zur Einheits-KGaA *Assmann/Sethe* in GroßKomm AktG § 278 Rn. 41.
[607] *Gonella/Mikic* AG 1998, 508, 511; *Perlitt* in Münch Komm AktG § 278 Rn. 388; *Schrick* NZG 2000, 675, 678.
[608] *Arnold* S. 35; *Perlitt* in Münch Komm AktG § 278 Rn. 388; *Schrick* NZG 2000, 675, 678.
[609] Siehe zu den Vorzügen der KGaA ausführlich unter § 2.
[610] Str., vgl. *Perlitt* in Münch Komm AktG § 278 Rn. 41; *Assmann/Sethe* in GroßKomm AktG § 278 Rn. 13, jeweils m. w. N.; *Bachmann* in Spindler/Stilz AktG § 278 Rn. 47; *Müller-Michaels* in Hölters AktG § 278 Rn. 18; *Arnold* in Henssler/Strohn GesellschRe § 278 AktG Rn. 9.

auf den Komplementär angezeigt ist.[611] Eine Anwendung kommt z.B. dann in Betracht, wenn die Norm auf die Erfahrenheit des Kaufmanns in geschäftlichen Dingen abstellt und ihn deshalb aufgrund einer geringeren Schutzbedürftigkeit abweichend behandelt.[612] Angesichts der Tatsache, dass ohnehin die KGaA der primär Verpflichtete ist und jeder Komplementär für Verbindlichkeiten der KGaA persönlich haftet, ist die Frage der Kaufmannseigenschaft des Komplementärs nur von untergeordneter praktischer Bedeutung.

III. Vermögensrechtliche Stellung

Die vermögensrechtliche Stellung der Komplementäre einer KGaA wird maßgeblich durch ihre persönliche Außenhaftung geprägt. Daneben sind das Recht zur Erbringung von Sondereinlagen, das Gewinnbezugsrecht, die Tätigkeitsvergütung aufgrund eines Anstellungsvertrages, etwaige satzungsmäßige Sondervorteile und Aufwendungsersatzansprüche des Komplementärs von Bedeutung. **219**

1. Außenhaftung

Die persönlich haftenden Gesellschafter einer KGaA haften den Gläubigern der Gesellschaft wie die Komplementäre einer KG persönlich für die Verbindlichkeiten der Gesellschaft mit ihrem Privatvermögen, §§ 278 Abs. 2 AktG i.V.m. 161 Abs. 2, 128, 129, 130 HGB.[613] Die persönliche Haftung ist durch folgende **Prinzipien** gekennzeichnet:[614] **220**

- Die Haftung ist **akzessorisch**, d.h. sie hängt vom Bestand der Forderung gegen die KGaA ab.[615] Konsequenz ist unter anderem, dass in einem Erlassvertrag zwischen der KGaA und einem Gesellschaftsgläubiger nicht vereinbart werden kann, der Komplementär solle weiterhin haften.[616]

---

[611] *Perlitt* in Münch Komm AktG § 278 Rn. 41; *Bachmann* in Spindler/Stilz AktG § 278 Rn. 47; *Müller-Michaels* in Hölters AktG § 278 Rn. 18; *Arnold* in Henssler/Strohn GesellschRe § 278 AktG Rn. 9.

[612] So z.B. § 109 I Nr. 3 GVG, §§ 29 Abs. 2, 38 Abs. 1 ZPO, § 53 Abs. 1 Nr. 1 BörsG, § 1027 ZPO.

[613] *K. Schmidt* in K. Schmidt/Lutter AktG § 278 Rn. 43; *Assmann/Sethe* in GroßKomm AktG § 278 Rn. 64; *Förl/Fett* in Bürgers/Körber AktG § 278 Rn. 20; *Perlitt* in Münch Komm AktG § 278 Rn. 40; *Herfs* in Münch Hdb AG § 78 Rn. 20; *Bachmann* in Spindler/Stilz AktG § 278 Rn. 41; *Hüffer/Koch* § 278 Rn. 10; *Müller-Michaels* in Hölters AktG § 278 Rn. 15.

[614] *Assmann/Sethe* in GroßKomm AktG § 278 Rn. 64; zur OHG: *Roth* in Baumbach/Hopt HGB § 128 Rn. 1.

[615] *Assmann/Sethe* in GroßKomm AktG § 278 Rn. 64; *Bachmann* in Spindler/Stilz AktG § 278 Rn. 41; zur OHG: *Roth* in Baumbach/Hopt HGB § 128 Rn. 8; *Hillmann* in Ebenroth/Boujong/Joost/Strohn HGB § 128 Rn. 19; *Habersack* in Staub HGB § 128 Rn. 21.

[616] Vgl. für offene Handels- und Kommanditgesellschaften BGHZ 47, 376 ff. = NJW 1967, 2155; *K. Schmidt* in Münch Komm HGB § 128 Rn. 17; *Hillmann* in Ebenroth/Boujong/Joost/Strohn HGB § 128 Rn. 19; *Habersack* in Staub HGB § 128 Rn. 21.

- Der Komplementär haftet **persönlich**,[617] d. h. mit seinem gesamten Privatvermögen.
- Der Gesellschaftsgläubiger kann den Komplementär **unmittelbar** in Anspruch nehmen; die Haftung des Komplementärs bleibt also nicht auf eine Nachschusspflicht im Innenverhältnis gegenüber der KGaA beschränkt.[618]
- Der Komplementär kann **primär** in Anspruch genommen werden, eine vorherige Inanspruchnahme der KGaA ist nicht erforderlich.[619] Etwas anderes gilt nur, wenn der Gläubiger selbst Gesellschafter ist. Die Treuepflicht gegenüber den Mitgesellschaftern überwiegt dann den Gesichtspunkt des Gläubigerschutzes.[620] Der Gläubiger kann seine Mitgesellschafter daher nur dann in Anspruch nehmen, wenn die Vermögensverhältnisse der KGaA eine Erfüllung unwahrscheinlich erscheinen lassen. Eine vorherige erfolglose Zwangsvollstreckung gegen die KGaA ist allerdings nicht notwendig.[621]
- Im Außenverhältnis haftet der Komplementär stets auf die **gesamte Schuld**,[622] dies bedeutet, dass der Komplementär jeweils unabhängig von seiner Beteiligungsquote an der KGaA jeweils die gesamte Verbindlichkeit zu erfüllen hat.
- Die persönliche Haftung des Komplementärs ist den Gesellschaftsgläubigern gegenüber **unbeschränkbar**, §§ 278 Abs. 2 AktG, 128 S. 2 HGB.[623]
- Der Komplementär kann gemäß § 129 HGB alle **Einwendungen** geltend machen, die auch der Gesellschaft zustehen.[624] Daneben stehen ihm die persönlichen Einreden der §§ 278 Abs. 2 AktG, 159, 160 HGB zur Verfügung.[625]

221 **a) Inhalt der Haftung.** Historisch umstritten ist der Inhalt der Haftung des Komplementärs:[626] Einerseits wird vertreten, der Komplementär könne bei Forderungen, die keine Geldschuld zum Gegenstand haben, nur auf Erfüllung des Ver-

---

[617] *Assmann/Sethe* in GroßKomm AktG § 278 Rn. 63; *Bachmann* in Spindler/Stilz AktG § 278 Rn. 41; vgl. *Herfs* in Münch Hdb AG § 78 Rn. 20; *Perlitt* in Münch Komm AktG § 278 Rn. 40.
[618] *Herfs* in Münch Hdb AG § 78 Rn. 20; *Assmann/Sethe* in GroßKomm AktG § 278 Rn. 64; *Bachmann* in Spindler/Stilz AktG § 278 Rn. 41; *Perlitt* in Münch Komm AktG § 278 Rn. 40.
[619] *Förl/Fett* in Bürgers/Körber AktG § 278 Rn. 20; *K. Schmidt* in K. Schmidt/Lutter AktG § 278 Rn. 43; *Bachmann* in Spindler/Stilz AktG § 278 Rn. 41; vgl. *Herfs* in Münch Hdb AG § 78 Rn. 20.
[620] *Hillmann* in Ebenroth/Boujong/Joost/Strohn HGB § 128 Rn. 18; *Habersack* in Staub HGB § 128 Rn. 26; vgl. auch *Roth* in Baumbach/Hopt HGB § 128 Rn. 24.
[621] *K. Schmidt* in Münch Komm HGB § 128 Rn. 20; *Habersack* in Staub HGB § 128 Rn. 26.
[622] *Assmann/Sethe* in GroßKomm AktG § 278 Rn. 64; *K. Schmidt* in K. Schmidt/Lutter AktG § 278 Rn. 43; vgl. *Bachmann* in Spindler/Stilz AktG § 278 Rn. 41; *Herfs* in Münch Hdb AG § 78 Rn. 22.
[623] *Herfs* in Münch Hdb AG § 78 Rn. 20; *Assmann/Sethe* in GroßKomm AktG § 278 Rn. 64; *Bachmann* in Spindler/Stilz AktG § 278 Rn. 42; *Perlitt* in Münch Komm AktG § 278 Rn. 40, 160.
[624] *Assmann/Sethe* in GroßKomm AktG § 278 Rn. 64; *Bachmann* in Spindler/Stilz AktG § 278 Rn. 41; *Hüffer/Koch* § 278 Rn. 10; *Müller-Michaels* in Hölters AktG § 278 Rn. 15.
[625] *Hüffer/Koch* § 278 Rn. 10; *Müller-Michaels* in Hölters AktG § 278 Rn. 15; Zur OHG: *Roth* in Baumbach/Hopt HGB § 129 Rn. 6; *Koller* in Koller/Kindler/Roth/Morck HGB § 128, 129 Rn. 4.
[626] Vgl. *Assmann/Sethe* in GroßKomm AktG § 278 Rn. 65; Übersicht über den Meinungsstand: *Roth* in Baumbach/Hopt HGB § 128 Rn. 8; *K. Schmidt* in Münch Komm HGB § 128 Rn. 24 ff.

mögensinteresses, d. h. auf Schadensersatz in Geld in Anspruch genommen werden (**Haftungstheorie**).[627] Dem wird entgegnet, dass die persönliche Haftung die Kreditwürdigkeit der Gesellschaft und den Schutz der Gläubiger sicherstellen solle[628] und es daher erforderlich sei, dass Gesellschaft und Komplementär inhaltlich identischen Leistungspflichten unterliegen (**Erfüllungstheorie**).[629]

Eine Lösung dieser Streitfrage wird heute überwiegend nicht mehr durch eine Entscheidung des Theorienstreites gesucht; vielmehr ist zunächst der konkrete Vertrag zwischen Gläubiger und KGaA auszulegen.[630] Dann ist eine Interessenabwägung zwischen dem Interesse des Komplementärs an der Freihaltung seiner Privatsphäre und dem Gesellschaftsinteresse an der Erhaltung ihrer Kreditwürdigkeit vorzunehmen.[631] Wenn die Erfüllung den Gesellschafter aber in seiner gesellschaftsfreien Privatsphäre nicht wesentlich mehr als eine Geldleistung beeinträchtigt, besteht gegen den Komplementär ein Anspruch des Gläubigers auf Erfüllung durch Naturalleistung.[632] So muss der persönlich haftende Gesellschafter z. B. Mängel, die durch fehlerhafte Bauleistungen der Gesellschaft verursacht wurden, beseitigen, da er jederzeit ein Unternehmen mit der Erledigung dieser Nachbesserungsarbeiten beauftragen kann. Selbst wenn die Pflicht ihrem Wesen nach grundsätzlich nur von der Gesellschaft erfüllt werden kann, kann eine identische Verpflichtung des Komplementärs bestehen, wenn andernfalls der Anspruch gegen die Gesellschaft leerliefe. So wäre beispielsweise ein mit der Gesellschaft vereinbartes vertragliches Wettbewerbsverbot nicht durchsetzbar, wenn nicht auch gegen die Gesellschafter auf Unterlassung geklagt werden könnte.[633]

b) Gesamtschuldnerische Haftung und Innenregress. Bei der Art der Haftung und den Regressansprüchen der persönlich haftenden Gesellschafter ist zwischen dem Rechtsverhältnis der Komplementäre gegenüber der KGaA und dem Rechtsverhältnis zwischen mehreren Komplementären zu unterscheiden. Mehrere Komplementäre haften dem Gesellschaftsgläubiger als Gesamtschuldner;[634] Re-

222

223

---

[627] Vgl. die Nachweise bei *Habersack* in Staub HGB § 128 Rn. 27, Fn. 1 mit Verweis auf *Wieland* Handelsrecht S. 631, 637.
[628] BGHZ 23, 302, 305 = NJW 1957, 871; *Koller* in Koller/Kindler/Roth/Morck HGB §§ 128, 129 Rn. 1; *Roth* in Baumbach/Hopt HGB § 128 Rn. 8; *Hillmann* in Ebenroth/Boujong/Joost/Strohn HGB § 128 Rn. 22.
[629] Für die KGaA: LAG München ZIP 1990, 1219, 1219 f.; zur OHG: *Habersack* in Staub HGB § 128 Rn. 28; *K. Schmidt* in Münch Komm HGB § 128 Rn. 24; *Roth* in Baumbach/Hopt HGB § 128 Rn. 8; *Hillmann* in Ebenroth/Boujong/Joost/Strohn HGB § 128 Rn. 22.
[630] Vgl. zur Haftung der persönlich haftenden Gesellschafter einer OHG: *Roth* in Baumbach/Hopt HGB § 128 Rn. 9; *Hillmann* in Ebenroth/Boujong/Joost/Strohn HGB § 128 Rn. 22; *K. Schmidt* in Münch Komm HGB § 128 Rn. 24.
[631] BGHZ 23, 302, 306 = NJW 1957, 871; *Hillmann* in Ebenroth/Boujong/Joost/Strohn HGB § 128 Rn. 22; vgl. auch *Koller* in Koller/Kindler/Roth/Morck HGB § 128 Rn. 5.
[632] BGHZ 73, 217, 221 = NJW 1979, 1361.
[633] BGHZ 59, 64, 68 = NJW 1972, 1421; BGH BB 1974, 482; *Hillmann* in Ebenroth/Boujong/Joost/Strohn HGB § 128 Rn. 29; a. A. nur bei eigener Unterlassungspflicht des Gesellschafters: *K. Schmidt* in Münch Komm HGB § 128 Rn. 29; *Koller* in Koller/Kindler/Roth/Morck HGB § 128 Rn. 5.
[634] *Assmann/Sethe* in GroßKomm AktG § 278 Rn. 67; *Perlitt* in Münch Komm AktG § 278 Rn. 160; *Grafmüller* S. 165; *Herfs* in Münch Hdb AG § 78 Rn. 22; *Bachmann* in Spindler/Stilz AktG § 278 Rn. 41.

gressansprüche zwischen den Komplementären richten sich nach § 426 BGB,[635] die Forderung des befriedigten Gläubigers geht nach § 426 Abs. 2 BGB auf den erfüllenden Komplementär über.[636] Im Verhältnis zur Gesellschaft sind nur die §§ 421–425 BGB anwendbar,[637] Regressansprüche des Komplementärs gegenüber der KGaA richten sich nach § 110 HGB,[638] eine *cessio legis* der Forderung des Gesellschaftsgläubigers gegen die Gesellschaft auf den erfüllenden Komplementär gemäß § 426 Abs. 2 HGB findet nicht statt.[639] Ist der Komplementär im Zeitpunkt der Inanspruchnahme bereits aus der KGaA ausgeschieden, ist Anspruchsgrundlage für den Rückgriff § 670 BGB;[640] Zum Übergang akzessorischer Sicherheiten findet § 426 Abs. 2 BGB Anwendung[641], nach anderer Ansicht § 774 BGB analog[642]; im Ergebnis dürfte sich kein Unterschied ergeben.

224 Erfüllt ein persönlich haftender Gesellschafter eine Gesellschaftsverbindlichkeit und steht ihm danach ein Ausgleichsanspruch gemäß § 426 Abs. 1 BGB gegen die anderen Komplementäre zu, ist zu beachten, dass sein Ausgleichsanspruch gegen die anderen Komplementäre subsidiär gegenüber dem Regreßanspruch gegen die Gesellschaft aus § 110 HGB[643] ist. Für die Entstehung des Anspruchs aus § 426 Abs. 1 BGB genügt, dass die Gesellschaft zur Zahlung nicht in der Lage ist, eine vorherige Zwangsvollstreckung ist nicht erforderlich.[644] Die anderen Komplementäre haften im Innenausgleich der gesamtschuldnerischen Haftung nur anteilig auf Ausgleich.[645] Der Haftungsanteil errechnet sich aus der in der Satzung niederge-

---

[635] *Hüffer/Koch* § 278 Rn. 10; *Bachmann* in Spindler/Stilz AktG § 278 Rn. 42; *Herfs* in Münch Hdb AG § 78 Rn. 22; *Müller-Michaels* in Hölters AktG § 278 Rn. 15.

[636] *Herfs* in Münch Hdb AG § 78 Rn. 22; *K. Schmidt* in Münch Komm HGB § 128 Rn. 34; *Roth* in Baumbach/Hopt HGB § 128 Rn. 27; für § 774 BGB analog *Habersack* in Staub HGB § 128 Rn. 48 f.

[637] *Assmann/Sethe* in GroßKomm AktG § 278 Rn. 67; missverständlich *Herfs* in Münch Hdb AG § 78 Rn. 20; vgl. auch *K. Schmidt* in Münch Komm HGB § 128 Rn. 31.

[638] *Hüffer/Koch* § 278 Rn. 10; *Herfs* in Münch Hdb AG § 78 Rn. 22; *Bachmann* in Spindler/Stilz AktG § 278 Rn. 42; *Perlitt* in Münch Komm AktG § 278 Rn. 161; *K. Schmidt* in Münch Komm HGB § 128 Rn. 31; *Habersack* in Staub HGB § 128 Rn. 43; *Hillmann* in Ebenroth/Boujong/Joost/Strohn HGB § 128 Rn. 30.

[639] *Perlitt* in Münch Komm AktG § 278 Rn. 161; *Assmann/Sethe* in GroßKomm AktG § 278 Rn. 68; *Mertens/Cahn* in Kölner Komm AktG § 278 Rn. 26; a.A. zur OHG/KG: *K. Schmidt* in Münch Komm HGB § 128 Rn. 31; *Habersack* in Staub HGB § 128 Rn. 43, die § 774 Abs. 1 BGB analog anwenden.

[640] *Assmann/Sethe* in GroßKomm AktG § 278 Rn. 68; *Bachmann* in Spindler/Stilz AktG § 278 Rn. 43; *Perlitt* in Münch Komm AktG § 278 Rn. 161; *Hüffer/Koch* § 278 Rn. 10; *Förl/Fett* in Bürgers/Körber AktG § 278 Rn. 21; a.A. *K. Schmidt* in Münch Komm HGB § 128 Rn. 61.

[641] *Perlitt* in Münch Komm AktG § 278 Rn. 161; *Hüffer/Koch* § 278 Rn. 10; *Hillmann* in Ebenroth/Boujong/Joost/Strohn HGB § 128 Rn. 31.

[642] *Förl/Fett* in Bürgers/Körber AktG § 278 Rn. 21; *Habersack* in Staub HGB § 128 Rn. 46; *K. Schmidt* in Münch Komm HGB § 128 Rn. 61.

[643] BGHZ 103, 72, 76 = NJW 1988, 1375; *Perlitt* in Münch Komm AktG § 278 Rn. 162; *Herfs* in Münch Hdb AG § 78 Rn. 22; *Hillmann* in Ebenroth/Boujong/Joost/Strohn HGB § 128 Rn. 33; *Roth* in Baumbach/Hopt HGB § 128 Rn. 27; *K. Schmidt* in Münch Komm HGB § 128 Rn. 34; *Koller* in Koller/Kindler/Roth/Morck HGB § 128 Rn. 10.

[644] BGH NJW-RR 2002, 455; *Assmann/Sethe* in GroßKomm AktG § 278 Rn. 68; *K. Schmidt* in Münch Komm HGB § 128 Rn. 20; *Habersack* in Staub HGB § 128 Rn. 26.

[645] *Assmann/Sethe* in GroßKomm AktG § 278 Rn. 68; *Mertens* in Kölner Komm AktG § 278 Rn. 16; *Förl/Fett* in Bürgers/Körber AktG § 278 Rn. 22; *Herfs* in Münch Hdb AG § 78 Rn. 22; vgl. auch *Perlitt* in Münch Komm AktG § 278 Rn. 162.

legten Verlustbeteiligung; enthält die Satzung keine Regelung, berechnet sich der Haftungsanteil nach Köpfen, § 121 Abs. 3 HGB.

c) **Beginn und Ende der Haftung.** Die Haftung des Gründungs-Komplementärs beginnt mit der Gründung der KGaA bzw. der Aufnahme der Geschäftstätigkeit. Tritt der Komplementär der KGaA erst nach ihrer Gründung bei, so haftet er für alle vor seinem Beitritt begründeten Verbindlichkeiten gemäß §§ 130, 128, 129 HGB.

225

Die Haftung des Komplementärs endet nicht mit seinem Ausscheiden, vielmehr finden die handelsrechtlichen Nachhaftungsregelungen über § 278 Abs. 2 AktG i.V.m. §§ 161 Abs. 2, 160 HGB uneingeschränkte Anwendung auf die KGaA.[646] Teilweise wird eine teleologische Reduktion des § 160 HGB mit dem Ziel erörtert, die persönlich haftenden Gesellschafter einer KGaA von der Nachhaftung auszunehmen.[647] Argument hierfür soll sein, dass die persönliche Haftung in der KGaA nicht primär der Gläubigersicherung diene[648] und somit für die Nachhaftung kein zwingendes Bedürfnis bestehe.[649] Mit der Neufassung des Umwandlungsgesetzes hat aber der Gesetzgeber auch für die Komplementäre der KGaA im Rahmen von Umwandlungen explizit eine fünfjährige Nachhaftung angeordnet, §§ 224, 237, 249 UmwG; damit hat der Gesetzgeber klargestellt, dass er die fünfjährige Nachhaftung der Komplementäre für angemessen erachtet.[650] Auch ist die Nachhaftung des § 160 HGB unmittelbarer Ausfluß der gesetzgeberischen Entscheidung in § 278 Abs. 1 AktG.

226

Die Komplementäre haften nach ihrem Ausscheiden fünf Jahre lang für Altverbindlichkeiten der Gesellschaft, § 160 HGB. Bei der Frist des § 160 HGB handelt es sich um eine Ausschlussfrist. Kürzere Verjährungsfristen werden von der Nachhaftungsfrist nicht überlagert und werden durch die Nachhaftungsfrist nicht verlängert.[651] Die fünfjährige Ausschlussfrist der Nachhaftung beginnt mit der Eintragung des Ausscheidens des Komplementärs im Handelsregister der KGaA zu laufen, §§ 278 Abs. 2, 161 Abs. 2, 160 Abs. 1 S. 2 i.V.m. 143 Abs. 2 HGB. Die Nachhaftungsfrist des § 160 HGB ist vollumfänglich dispositiv[652] und kann durch Vereinbarung zwischen dem ausscheidenden Komplementär und dem Gesellschaftsgläubiger geändert werden.[653] Wurde der ausgeschiedene Komplementär

227

---

[646] *Assmann/Sethe* in GroßKomm AktG § 278 Rn. 67; *K. Schmidt* in K. Schmidt/Lutter § 278 Rn. 43; *Förl/Fett* in Bürgers/Körber AktG § 278 Rn. 20; *Herfs* in Münch Hdb AG § 78 Rn. 23; *Bachmann* in Spindler/Stilz AktG § 278 Rn. 43; a.A. *Wiesner* ZHR 148 (1984), 56, 68 f.
[647] *Wiesner* ZHR 148 (1984), 56, 68 f.
[648] Vgl. zur Argumentation *Herfs* in Münch Hdb AG § 78 Rn. 21, 23.
[649] *Wiesner* ZHR 148 (1984), 56, 68 f.; ablehnend *Herfs* in Münch Hdb AG § 78 Rn. 23.
[650] *Assmann/Sethe* in GroßKomm AktG § 278 Rn. 67; *Förl/Fett* in Bürgers/Körber AktG § 278 Rn. 20; *Herfs* in Münch Hdb AG § 77 Rn. 23; *Hüffer/Koch* § 278 Rn. 10.
[651] *Roth* in Baumbach/Hopt HGB § 160 Rn. 3; *Koller* in Koller/Kindler/Roth/Morck HGB § 160 Rn. 3; *Klöhn* in Henssler/Strohn GesellschRe § 160 HGB Rn. 2.
[652] *K. Schmidt* in Münch Komm HGB § 160 Rn. 16 ff.; *Roth* in Baumbach/Hopt HGB § 160 Rn. 8; *Klöhn* in Henssler/Strohn GesellschRe § 160 HGB Rn. 29; *Hillmann* in Ebenroth/Boujong/Joost/Strohn HGB § 160 Rn. 19; a.A. *Habersack* in Staub HGB § 160 Rn. 6 f.
[653] *Roth* in Baumbach/Hopt HGB § 160 Rn. 8; *Klöhn* in Henssler/Strohn GesellschRe § 160 HGB Rn. 29; *Hillmann* in Ebenroth/Boujong/Joost/Strohn HGB § 160 Rn. 19; *K. Schmidt* in Münch Komm HGB § 160 Rn. 16.

in Anspruch genommen, kann er über § 670 BGB bei der Gesellschaft Rückgriff nehmen.[654]

228 **d) Freistellungsvereinbarungen.** Freistellungsvereinbarungen können zwischen einem Komplementär und der Gesellschaft oder zwischen den Komplementären abgeschlossen werden.[655] Satzungsmäßige Freistellungsvereinbarungen zwischen Komplementären und den Kommanditaktionären sind hingegen unzulässig, weil eine satzungsmäßige Freistellung eine aktienrechtlich unzulässige Nachschußpflicht für die Kommanditaktionäre zur Folge hätte.[656] Eine schuldrechtliche Freistellungszusage der Kommanditaktionäre ist hingegen zulässig.[657]

229 Freistellungsvereinbarungen zwischen den Komplementären hingegen können in die Satzung aufgenommen oder schuldrechtlich vereinbart werden. In jedem Fall hat eine Freistellungsvereinbarung nur interne Wirkung, denn die Haftung des Komplementärs gegenüber Dritten aus § 128 S. 1 HGB bleibt unberührt.[658] Allerdings hat der begünstigte Komplementär im Fall der Inanspruchnahme durch einen Gesellschaftsgläubiger aufgrund der Freistellungsvereinbarung einen Freistellungsanspruch gegen die anderen Komplementäre. Bedeutsam wird diese Art der Freistellungsvereinbarung dann, wenn der begünstigte Komplementär eine Forderung eines Gesellschaftsgläubigers gegen die Gesellschaft erfüllt hat, der Regress gegenüber der Gesellschaft gemäß § 110 HGB fehlschlägt und es zum Innenausgleich zwischen den Komplementären kommt. Dann ist der freigestellte Komplementär aufgrund der Freistellungsvereinbarung von der pro-rata-Verlustbeteiligung befreit. Die Haftungsanteile der übrigen an der Freistellungsvereinbarung beteiligten Komplementäre sind entsprechend zu erhöhen.

230 Freistellungserklärungen für die persönlich haftenden Gesellschafter sind typisch, wenn diese keine eigenen unternehmerischen Ziele in der KGaA verfolgen, sondern lediglich aus Gründen der Selbstorganschaft persönlich haftender Gesellschafter der KGaA geworden sind (sog. Geschäftsführer-Komplementär).[659] Oft schließen sich die Familienmitglieder zu einer Verwaltungs-Gesellschaft zusammen, die als nicht-geschäftsführungsbefugte Komplementärgesellschaft beteiligt ist. Diese stellt dann die geschäftsführenden Komplementäre von der Außenhaftung frei.

231 Die grundsätzlich zulässige Freistellungsvereinbarung darf sich aber nicht auf Ersatzansprüche der Gesellschaft gegen den Komplementär wegen sorgfaltswidriger Geschäftsführung aus § 283 Nr. 3 i.V.m. § 93 Abs. 2 AktG erstrecken. Ansonsten

---

[654] BGH WM 1978, 114, 115; *Assmann/Sethe* in GroßKomm AktG § 278 Rn. 68; *Bachmann* in Spindler/Stilz AktG § 278 Rn. 43; *Perlitt* in Münch Komm AktG § 278 Rn. 161; *Hüffer/Koch* § 278 Rn. 10; *Förl/Fett* in Bürgers/Körber AktG § 278 Rn. 21; a. A.: *K. Schmidt* in Münch Komm HGB § 128 Rn. 61.
[655] *Assmann/Sethe* in GroßKomm AktG § 278 Rn. 69; *Förl/Fett* in Bürgers/Körber AktG § 278 Rn. 23; *Bachmann* in Spindler/Stilz AktG § 278 Rn. 42.
[656] *Assmann/Sethe* in GroßKomm AktG § 278 Rn. 69; *Förl/Fett* in Bürgers/Körber AktG § 278 Rn. 23 („einzelne Aktionäre"); *Herfs* in Münch Hdb AG § 78 Rn. 24; *Bachmann* in Spindler/Stilz AktG § 278 Rn. 42; *Hüffer/Koch* § 278 Rn. 10.
[657] Vgl. *Mertens/Cahn* in Kölner Komm AktG § 278 Rn. 40; *Förl/Fett* in Bürgers/Körber § 278 Rn. 23; *Herfs* in Münch Hdb AG § 78 Rn. 24; *Fischer* S. 110; *Grafmüller* S. 165 Fn. 6; *Steindorff* FS Ballerstedt, 1975, S. 127, 129.
[658] *Perlitt* in Münch Komm AktG § 278 Rn. 163; *Bachmann* in Spindler/Stilz AktG § 278 Rn. 42; *Herfs* in Münch Hdb AG § 78 Rn. 24; *Hüffer/Koch* § 278 Rn. 10.
[659] *Assmann/Sethe* in GroßKomm AktG § 278 Rn. 69.

würde sich der geschäftsführende Komplementär von seiner zwingenden persönlichen Verantwortung aus § 93 AktG für eine sorgfaltswidrige Geschäftsführung freizeichnen.[660] Eine derartige Freizeichnung verstieße gegen den zwingenden Charakter der § 283 Nr. 3 i.V.m. § 93 Abs. 2 AktG und ist daher unwirksam.[661]

2. Vermögenseinlagen

Im Gegensatz zur Übernahme der persönlichen Haftung ist ein persönlich haftender Gesellschafter rechtlich nicht verpflichtet, weitere Leistungen aus seinem Vermögen zu erbringen.[662] In der gesetzestypischen KGaA ist es jedoch üblich, dass der Komplementär zusätzlich eine Vermögenseinlage im Sinne des § 281 Abs. 2 AktG erbringt. Diese kann zum einen in einer Leistung auf das Grundkapital unter Übernahme von Kommanditaktien bestehen.[663] In diesem Fall wird der Komplementär zugleich Kommanditaktionär. Typischer ist jedoch die Erbringung einer Sondereinlage in das Gesellschaftsvermögen[664] seitens des Komplementärs. Diese Sondereinlage muss gemäß § 281 Abs. 2 AktG in der Satzung festgesetzt werden,[665] sie wird jedoch nicht im Handelsregister der KGaA eingetragen.[666]

232

Die Leistung einer Vermögenseinlage durch den Komplementär auf das Grundkapital oder die Erbringung einer Sondereinlage kann in der Satzung als Recht oder als Pflicht des Komplementärs ausgestaltet werden; ebenso ist die Festsetzung von Mindest- oder Höchstbeträgen zulässig.[667] Auch die Umwandlung einer Sondereinlage in Grundkapital kann in der Satzung vorgesehen und geregelt werden.[668]

233

Für die Erbringung einer Vermögenseinlage auf das Grundkapital der KGaA durch den Komplementär gilt das allgemeine Aktienrecht wie für alle anderen Kommanditaktionäre; insoweit wird auf die dortigen Ausführungen verwiesen.[669]

234

Für die Erbringung einer Sondereinlage gelten hingegen die personenhandelsgesellschaftsrechtlichen Bestimmungen.[670] Hinsichtlich der Einlagefähigkeit sind somit nicht aktienrechtliche Maßstäbe, sondern die personengesellschaftsrechtliche

235

---

[660] Vgl. *Hopt* in GroßKomm AktG § 93 Rn. 23 und 517; *Hüffer/Koch* § 93 Rn. 1; *Fleischer* in Spindler/Stilz AktG § 93 Rn. 3.
[661] Vgl. *Hopt* in GroßKomm AktG § 93 Rn. 27; vgl. auch *Fleischer* in Spindler/Stilz § 93 Rn. 3; *Hüffer/Koch* § 93 Rn. 2.
[662] *Assmann/Sethe* in GroßKomm AktG § 278 Rn. 70; *Perlitt* in Münch Komm AktG § 278 Rn. 42; *Bachmann* in Spindler/Stilz AktG § 281 Rn. 7.
[663] *Assmann/Sethe* in GroßKomm AktG § 281 Fn. 14; *K. Schmidt* in K. Schmidt/Lutter AktG § 281 Rn. 7; *Perlitt* in Münch Komm AktG § 281 Rn. 42.
[664] Typischerweise zu Eigentum der KGaA, vgl. *Perlitt* in Münch Komm AktG § 281 Rn. 17; *Bachmann* in Spindler/Stilz AktG § 281 Rn. 7.
[665] *Förl/Fett* in Bürgers/Körber AktG § 278 Rn. 24; *Hüffer/Koch* § 278 Rn. 1; *Bachmann* in Spindler/Stilz AktG § 281 Rn. 7; *Perlitt* in Münch Komm AktG § 281 Rn. 18.
[666] *Perlitt* in Münch Komm AktG § 281 Rn. 19; *Bachmann* in Spindler/Stilz AktG § 281 Rn. 9; *K. Schmidt* in K. Schmidt/Lutter AktG § 281 Rn. 7.
[667] *Assmann/Sethe* in GroßKomm AktG § 278 Rn. 70, § 281 Rn. 14; vgl. auch *Hüffer/Koch* § 281 Rn. 2 und *Bachmann* in Spindler/Stilz AktG § 281 Rn. 8.
[668] Ausführlich hierzu unter § 7 Rn. 18 ff.
[669] Vgl. § 5 Rn. 421 ff.
[670] Vgl. *Assmann/Sethe* in GroßKomm AktG § 278 Rn. 71, § 281 Rn. 15; *Förl/Fett* in Bürgers/Körber AktG § 281 Rn. 5; *Perlitt* in Münch Komm AktG § 281 Rn. 20.

Einlagefähigkeit maßgebend.[671] Als Sondereinlage einlagefähig sind neben Geld, Sachen, Rechten[672] auch Dienste, Gebrauchsüberlassungen und obligatorische Nutzungsrechte, Geschäftsbeziehungen und Geschäftskontakte sowie ein „Good Will".[673]

236 Erbringt der Komplementär eine Sondereinlage, so muss die Satzung festlegen, ob die Einlage in das Eigentum der KGaA übergehen oder ihr nur zur Nutzung überlassen werden soll oder ob eine Einbringung dem Werte nach beabsichtigt ist.[674] Die Erbringung der Sondereinlage unterliegt nicht den aktienrechtlichen Kapitalerhaltungs- und Kapitalaufbringungsvorschriften,[675] eine Prüfung der Werthaltigkeit der Einlage findet nicht statt.[676] Jedoch unterliegt die bilanzielle Erfassung der Sondereinlage[677] im Sinne eines bilanziellen Kapitalanteils den Bilanzierungs- und Bewertungsvorschriften des Aktiengesetzes und des Handelsgesetzbuches.[678] Somit können uneingeschränkt nur Einlagen, die handelsrechtlich konkret bilanzierungsfähig sind, in der Bilanz der KGaA angesetzt werden. Hingegen können Vermögenswerte wie z.B. Dienstleistungen, Geschäftskontakte oder ein Good Will, die zwar personengesellschaftsrechtlich einlagefähig, handelsrechtlich aber nicht oder nur abstrakt bilanzierungsfähig sind, zwar eingelegt, aber nicht oder nur unter bestimmten Umständen als Kapitalanteil bilanziert werden.

237 Weder abstrakt noch konkret bilanzierungsfähig sind noch nicht erbrachte Dienstleistungen,[679] z.B. die Verpflichtung zur künftigen Geschäftsführung. Da die Verpflichtung zur Erbringung von Diensten nicht gerichtlich durchgesetzt werden kann, ist es auch nicht möglich, eine Forderung in Höhe des Gegenwertes der künftig zu erbringenden Dienste zu aktivieren. Vor Erbringung der Dienste fehlt somit bereits die abstrakte Bilanzierungsfähigkeit. Eine Bilanzierung von Diensten ist aber konkret möglich **nach** Erbringung der Dienste, indem die durch die Dienstleistung ersparten Aufwendungen aktiviert werden. Abstrakt, aber nicht konkret bilanzierungsfähig sind selbstgeschaffene Geschäftskontakte und ein selbstgeschaffener Good Will, da derartigen immateriellen Vermögenswerten ein aktivierungsfähiger Wert erst beizumessen ist, wenn dieser Wert durch einen Anschaffungsvorgang nachprüfbar gebildet worden ist. Werden bei der Sondereinlage des Komplementärs Geschäftskontakte des Komplementärs oder ein beim Komplementär geschaffener Good Will durch einen Einlagevorgang auf die KGaA übertragen, ist von einem Anschaffungsvorgang seitens der KGaA auszugehen, der

---

[671] *Assmann/Sethe* in GroßKomm AktG § 278 Rn. 15; *Förl/Fett* in Bürgers/Körber AktG § 281 Rn. 5; *Perlitt* in Münch Komm AktG § 281 Rn. 21; *Hüffer/Koch* § 281 Rn. 2.
[672] Z. B. Konzessionen, gewerbliche Schutzrechte, Erlaubnis zum Betreiben von Geschäften.
[673] Vgl. zu allem *Assmann/Sethe* in GroßKomm AktG § 281 Rn. 15; *Perlitt* in Münch Komm AktG § 281 Rn. 21; *Roth* in Baumbach/Hopt § 124 Rn. 4; a. A. bzgl. Dienstleistungen *Servatius* in Grigoleit AktG § 281 Rn. 8; *Bachmann* in Spindler/Stilz AktG § 281 Rn. 7.
[674] *Assmann/Sethe* in GroßKomm AktG § 281 Rn. 15.
[675] *Assmann/Sethe* in GroßKomm AktG § 278 Rn. 72; *Perlitt* in Münch Komm AktG § 278 Rn. 50.
[676] Vgl. hierzu ausführlich unter § 6 Rn. 73 ff.
[677] Ausführlich hierzu unter § 6 Rn. 79 ff.
[678] *Perlitt* in Münch Komm AktG § 281 Rn. 24; *Förl/Fett* in Bürgers/Körber AktG § 281 Rn. 6; vgl. auch *Bachmann* in Spindler/Stilz AktG § 286 Rn. 7–9.
[679] *Herfs* in Münch Hdb AG § 77 Rn. 23; *Perlitt* in Münch Komm AktG § 281 Rn. 24; *Förl/Fett* in Bürgers/Körber AktG § 281 Rn. 6.

B. Rechtsstellung der Komplementäre

eine konkrete Bilanzierungsfähigkeit auf Seiten der KGaA auslöst, sofern diese zusammen mit anderen Vermögensgegenständen oder Sachgesamtheiten eingelegt werden.[680]

Ist die Sondereinlage aktivierungsfähig, ist der Einlagewert der Sondereinlage dem Kapitalkonto[681] des betreffenden Komplementärs gutzubringen. Sondereinlagen stellen Eigenkapital der KGaA dar und sind gemäß § 286 Abs. 2 S. 1 AktG nach dem Posten „Gezeichnetes Kapital" auszuweisen.[682] Nicht konkret bilanzierungsfähigen Einlageverpflichtungen, also insbesondere der Verpflichtung zur zukünftigen Erbringung von Diensten, ist für die Ermittlung des Kapitalkontos des Komplementärs kein Einlagewert beizumessen; sie bleiben bis zu ihrer konkreten Bilanzierungsfähigkeit schlicht unberücksichtigt.[683] Werden sie erbracht, sind sie am Ende des Geschäftsjahres der KGaA mit dem Wert der ersparten Aufwendungen dem Kapitalkonto gutzuschreiben. 238

Zu beachten ist, dass es sich bei dem Kapitalkonto des persönlich haftenden Gesellschafters um eine bloße Rechnungsziffer handelt,[684] welche den gegenwärtigen Stand der Einlage des persönlich haftenden Gesellschafters beziffert.[685] Das Kapitalkonto drückt durch seine Ziffer im Verhältnis zu den Kapitalkonten der anderen persönlich haftenden Gesellschafter und dem Grundkapital der KGaA den jeweiligen verhältnismäßigen Anteil des persönlich haftenden Gesellschafters am Vermögenswert der KGaA aus.[686] Das Kapitalkonto beziffert diesen Vermögenswert aber nicht, da es lediglich die Buchwerte der konkret bilanzierungsfähigen Vermögenswerte der KGaA widerspiegelt.[687] 239

Aus diesen Gründen stellt das Kapitalkonto kein eigenständiges Recht des Komplementärs dar. Es ist nicht selbständig übertragbar und nicht pfändbar.[688] Übertragbar und pfändbar sind allerdings die Auszahlungsansprüche auf den Gewinnanteil sowie auf ein Auseinandersetzungsguthaben.[689] 240

Auf die Erbringung einer vereinbarten Sondereinlage findet die aktienrechtliche Fälligkeitsvorschrift des § 36a AktG ebensowenig Anwendung wie die Sank- 241

---

[680] Ausführlich hierzu unter § 6 Rn. 73 ff.
[681] Zu den Konten der Komplementäre unter § 6 Rn. 64.
[682] Vgl. *Assmann/Sethe* in GroßKomm AktG § 281 Rn. 27; *Perlitt* in Münch Komm AktG § 286 Rn. 83; *Bachmann* in Spindler/Stilz AktG § 286 Rn. 8; *Hüffer/Koch* § 286 Rn. 3.
[683] Vgl. *Hüffer/Koch* § 286 Rn. 2; *Perlitt* in Münch Komm AktG § 286 Rn. 84, § 281 Rn. 23 f.; *Bachmann* in Spindler/Stilz AktG § 286 Rn. 7.
[684] *Hüffer/Koch* § 286 Rn. 3; *Bachmann* in Spindler/Stilz AktG § 286 Rn. 7; *Müller-Michaels* in Hölters AktG § 286 Rn. 3; vgl. zur OHG: *Schäfer* in Staub HGB § 120 Rn. 50; *Roth* in Baumbach/Hopt HGB § 120 Rn. 13.
[685] *Bachmann* in Spindler/Stilz AktG § 286 Rn. 7; *Hüffer/Koch* § 286 Rn. 2; vgl. zur OHG: *Schäfer* in Staub HGB § 120 Rn. 48.
[686] Vgl. *Hüffer/Koch* § 286 Rn. 2; *Bachmann* in Spindler/Stilz AktG § 286 Rn. 7; vgl. zur OHG *Schäfer* in Staub HGB § 120 Rn. 51; *Roth* in Baumbach/Hopt HGB § 120 Rn. 9.
[687] Vgl. zur OHG: *Schäfer* in Staub HGB § 120 Rn. 50; *Priester* in Münch Komm HGB § 120 Rn. 84.
[688] *Assmann/Sethe* in GroßKomm AktG § 281 Rn. 22; *Perlitt* in Münch Komm AktG § 281 Rn. 30; *Priester* in Münch Komm HGB § 120 Rn. 87; *Finckh* in Henssler/Strohn GesellschR § 120 HGB Rn. 39; *Ehricke* in Ebenroth/Boujong/Joost/Strohn HGB § 120 Rn. 59; *Schäfer* in Staub HGB § 120 Rn. 50.
[689] *Assmann/Sethe* in GroßKomm AktG § 281 Rn. 22; *Perlitt* in Münch Komm AktG § 281 Rn. 30; vgl. auch *Priester* in Münch Komm HGB § 120 Rn. 87 und *Schäfer* in Staub HGB § 120 Rn. 51.

tionsnormen der §§ 63–66 AktG.[690] Die **Fälligkeit** der Sondereinlage richtet sich ausschließlich nach den Vereinbarungen der KGaA mit dem Komplementär bzw. der Satzung.[691] Im Falle einer danach verspäteten Leistung der Einlage gilt die Verzinsungspflicht des § 111 HGB.[692]

242 Die in der Satzung gemäß § 281 Abs. 2 AktG festgesetzte Sondereinlage kann nur im Wege der Satzungsänderung verändert werden; unzulässig wäre eine Satzungsbestimmung, wonach dem Komplementär das Recht zusteht, einseitig seine Sondereinlage zu erhöhen.[693] Zulässig ist jedoch eine Satzungsbestimmung, die eine Höchstgrenze für die Sondereinlage des Komplementärs festlegt, bis zu welcher der Komplementär berechtigt ist, seine Einlage einseitig aufzustocken.[694] Entsprechendes gilt für eine Rückzahlung der Sondereinlage.[695] Existiert keine entsprechende Satzungsregelung, so ist der persönlich haftende Gesellschafter nicht berechtigt, ohne Satzungsänderung seine vereinbarte Sondereinlage zurückzuführen.[696] Diese Beschränkung betrifft naturgemäß keine Reduzierungen der Sondereinlage, die ohne Zutun des Komplementärs erfolgen, wie beispielsweise Reduzierungen infolge von Verlusten.[697]

243 Gleichfalls in der Satzung geregelt werden kann und sollte das Schicksal der Sondereinlage bei Ausscheiden des Komplementärs oder bei Beendigung der KGaA. In Ermangelung derartiger Bestimmungen steht dem Komplementär bei seinem Ausscheiden aus der Gesellschaft oder der Liquidation der Gesellschaft ein personengesellschaftsrechtlicher Abfindungs- bzw. Rückgewähranspruch aus §§ 278 Abs. 2 AktG, 161 Abs. 2, 105 Abs. 3 HGB, 738 BGB auf Zahlung in Geld zu.[698] Ohne besondere Satzungsregelung hat der Komplementär damit einen Abfindungsanspruch in Höhe seines Anteils am Verkehrswert der KGaA unter „Going-Concern"-Gesichtspunkten einschließlich stiller Reserven und eines Firmenwertes.[699] Im Falle der Liquidation ist der Rückgewähranspruch auf anteilige Auszahlung des Liquidationsüberschusses gerichtet. In der Satzung können Abfindungsanspruch und Rückgewähranspruch hinsichtlich Ermittlung und Auszahlungsmodalitäten

---

[690] *Perlitt* in Münch Komm AktG § 281 Rn. 28; *Assmann/Sethe* in GroßKomm AktG § 281 Rn. 20; *Herfs* in Münch Hdb AG § 77 Rn. 24; vgl. auch *Bachmann* in Spindler/Stilz AktG § 281 Rn. 8.

[691] *Perlitt* in Münch Komm AktG § 281 Rn. 28; *Herfs* in Münch Hdb AG § 77 Rn. 24; *Assmann/Sethe* in GroßKomm AktG § 281 Rn. 20.

[692] *Herfs* in Münch Hdb AG § 77 Rn. 24; *Perlitt* in Münch Komm AktG § 281 Rn. 28; *Assmann/Sethe* in GroßKomm AktG § 281 Rn. 20; vgl. auch *Bachmann* in Spindler/Stilz AktG § 281 Rn. 8.

[693] Vgl. *Assmann/Sethe* in GroßKomm AktG § 281 Rn. 19; *Förl/Fett* in Bürgers/Körber AktG § 281 Rn. 7; *Herfs* in Münch Hdb AG § 77 Rn. 22; *Perlitt* in Münch Komm AktG § 281 Rn. 27.

[694] *Herfs* in Münch Hdb AG § 77 Rn. 25; *Perlitt* in Münch Komm AktG § 281 Rn. 22; vgl. auch *Förl/Fett* in Bürgers/Körber AktG § 281 Rn. 8; vgl. zur Rahmenhöhe *Bachmann* in Spindler/Stilz AktG § 281 Rn. 12.

[695] *Herfs* in Münch Hdb AG § 77 Rn. 25; vgl. auch *Perlitt* in Münch Komm AktG § 281 Rn. 35 f. und *Förl/Fett* in Bürgers/Körber AktG § 281 Rn. 7, 8; unklar *Bachmann* in Spindler/Stilz AktG § 281 Rn. 11 f.

[696] *Herfs* in Münch Hdb AG § 77 Rn. 25; *Perlitt* in Münch Komm AktG § 281 Rn. 35.

[697] *Herfs* in Münch Hdb AG § 77 Rn. 25; vgl. *Perlitt* in Münch Komm AktG § 281 Rn. 36.

[698] Vgl. *Assmann/Sethe* in GroßKomm AktG § 281 Rn. 21; *Perlitt* in Münch Komm AktG § 281 Rn. 38 f.

[699] Vgl. *Assmann/Sethe* in GroßKomm AktG § 189 Rn. 173.

abweichend bestimmt werden. Denkbar sind insbesondere abweichende Methoden zur Wertermittlung des Abfindungsanspruches, Ansprüche auf gegenständliche Rückgewähr von geleisteten Einlagen sowie von der ansonsten vereinbarten Gewinnverteilung abweichende Verteilungsquoten für den Liquidationsüberschuss.[700]

3. Gewinnbezugs- und Entnahmerecht

a) Gewinnbezugsrecht. Hat ein Komplementär eine konkret bilanzierungsfähige Sondereinlage erbracht,[701] die ihm eine Beteiligung am Vermögen der KGaA einräumt, steht ihm ein Gewinnanspruch zu.[702] Dieser ist zweckmäßigerweise in der Satzung der KGaA festzusetzen; in Ermangelung einer solchen Satzungsregelung gelten die §§ 278 Abs. 2, 161 Abs. 2, 168, 121 HGB.[703] Auch wenn die Anwendung der gesetzlichen Gewinnvorschriften des HGB bei einer sorgfältigen Satzungsgestaltung die absolute Ausnahme darstellen sollte, seien die Vorschriften kurz skizziert: 244

aa) Gesetzliche Regelung. Nach den für die Komplementäre der KGaA ebenfalls anwendbaren handelsrechtlichen Vorschriften der §§ 168 Abs. 1, 121 Abs. 1 HGB ist maßgeblicher Bezugspunkt für die Gewinnverteilung der bilanzielle Kapitalanteil des persönlich haftenden Gesellschafters. In der KGaA ist für die Bestimmung der handelsgesetzlichen Bezugsgröße „Kapitalanteil" nicht nur auf die Summe der Kapitalanteile der persönlich haftenden Gesellschafter, sondern auf die Summe aus dem Grundkapital der KGaA und den bilanziell ausgewiesenen Kapitalanteilen der Komplementäre abzustellen.[704] 245

Bei der Gewinnermittlung besteht ein langjähriger Streit[705] darüber, ob für die Ermittlung des Gewinns der Komplementäre die aktienrechtlichen Bestimmungen unterliegende Bilanz der KGaA oder eine gesonderte, den bilanziellen Vorschriften für Personengesellschaften unterliegende KG-Bilanz heranzuziehen ist. Nach einer dritten Ansicht soll eine KG-Bilanz maßgeblich sein, für die aber die strengeren Anforderungen des Bilanzrechts der Kapitalgesellschaften Anwendung finden.[706] Nach richtiger Ansicht[707] erfolgt ohne Satzungsregelung die Gewinnermittlung auf der Basis der dem Aktienrecht unterliegenden Bilanz der KGaA.[708] KG-Recht findet hingegen auf die Regelung der Gewinnverteilung Anwendung.[709] 246

---

[700] Näher unter § 8 Rn. 63 ff.
[701] Auch ohne Beteiligung am Vermögen kann ein Gewinnanspruch in der Satzung eingeräumt werden, vgl. *Roth* in Baumbach/Hopt HGB § 120 Rn. 23; *Priester* in Münch Komm HGB § 120 Rn. 92; *Schäfer* in Staub HGB § 120 Rn. 75.
[702] Vgl. *Perlitt* in Münch Komm AktG § 281 Rn. 33; *Bachmann* in Spindler/Stilz AktG § 286 Rn. 7; zur OHG allgemein: *Roth* in Baumbach/Hopt HGB § 120 Rn. 23.
[703] Vgl. *Perlitt* in Münch Komm AktG § 281 Rn. 33; *Bachmann* in Spindler/Stilz AktG § 286 Rn. 7; zur OHG: *Schäfer* in Staub HGB § 120 Rn. 53.
[704] So auch *Herfs* in Münch Hdb AG § 77 Rn. 21, § 81 Rn. 17.
[705] Hierzu ausführlich unter § 6 Rn. 40 ff.
[706] Vgl. *Hüffer/Koch* § 288 Rn. 1; *Perlitt* in Münch Komm AktG § 286 Rn. 21; *Bachmann* in Spindler/Stilz AktG § 286 Rn. 5; ausführlich § 6 Rn. 40 ff.
[707] Vgl. § 6 Rn. 51 ff.
[708] Zu den hierbei möglichen Satzungsgestaltungen siehe § 6 Rn. 54 ff.
[709] So auch *Hüffer/Koch* § 288 Rn. 2 f.; *Perlitt* in Münch Komm AktG § 288 Rn. 17; vgl. auch *Bachmann* in Spindler/Stilz AktG § 288 Rn. 4.

247 Für einen Gewinn in Höhe von bis zu 4% der Summe aller Kapitalanteile bei Geschäftsjahresanfang[710] enthält das HGB in den §§ 168 Abs. 1, 121 Abs. 1, Abs. 2 HGB ausdrückliche Regelungen:
- Nach § 168 Abs. 1 HGB gilt für Gewinne, soweit diese einen Anteil von 4% der Summe der Kapitalanteile nicht übersteigen, § 121 Abs. 1 und Abs. 2 HGB.
- Gemäß § 121 Abs. 1 HGB steht jedem Gesellschafter ein Vorzugsgewinnanteil in Höhe von 4% seines Kapitalanteiles bei Geschäftsjahresanfang[711] zu, bei niedrigerem Gewinn entsprechend weniger. § 121 Abs. 2 HGB bestimmt, dass unterjährige Veränderungen der Höhe des Kapitalanteils durch Einlagen oder Entnahmen für die Gewinnbemessung zeitanteilig entsprechend durch Anpassung der Bemessungsgrundlage zu berücksichtigen sind.

248 Übersteigt der Gewinn 4% der Summe aller Kapitalanteile, gilt gemäß § 168 Abs. 2 HGB ein „den Umständen nach angemessenes Verhältnis der Anteile als bedungen". § 121 Abs. 3 HGB, der für diesen Fall eine Verteilung nach Köpfen vorsieht, gilt in der KGaA nicht, da § 168 Abs. 2 HGB der Regelung in § 121 Abs. 3 HGB vorgeht.[712] Hinsichtlich der einzelnen Kriterien, anhand derer die Angemessenheit bestimmt werden kann, sei auf die handelsrechtliche Literatur verwiesen.[713] Im Grundsatz ist die Angemessenheit eine Frage des Einzelfalls, für die das Verhältnis der Gesamtgewinnbeteiligung der Komplementäre im Verhältnis zu den übrigen Gesellschaftern maßgeblich ist.[714] Das in der Festlegung der Angemessenheit liegende innergesellschaftliche Konfliktpotential sollte unter allen Umständen durch eine klare Gewinnverteilungsregelung in der Satzung ausgeräumt werden.

249 Die gesetzlichen Bestimmungen führen mithin dazu, dass in Abwesenheit abweichender Satzungsbestimmungen der verteilungsfähige Gewinn des Geschäftsjahres[715] zunächst in Höhe von 4% der Summe aus Grundkapital und Kapitalanteilen der persönlich haftenden Gesellschafter nach dem Verhältnis von Grundkapital und Summe der Kapitalanteile der persönlich haftenden Gesellschafter zwischen den beiden Gesellschaftergruppen zu verteilen ist. Während der auf die Kommanditaktionäre entfallende Gewinnanteil nach Dotierung der Rücklagen grundsätzlich für Dividendenausschüttungen zur Verfügung steht, wird der auf die Komplementäre entfallende Gewinnanteil entsprechend ihrer verhältnismäßigen Beteiligung zueinander ihrem Kapitalanteil gutgebracht.[716]

250 Der Gewinnanspruch des persönlich haftenden Gesellschafters entsteht mit der Feststellung des Jahresabschlusses der KGaA und ist ab diesem Zeitpunkt eigenständig abtretbar und pfändbar.

---

[710] Vgl. *Baumbach/Hopt* HGB § 121 Rn. 1.
[711] *Perlitt* in Münch Komm AktG § 288 Rn. 17; *Bachmann* in Spindler/Stilz AktG § 288 Rn. 4; vgl. auch *Roth* in Baumbach/Hopt HGB § 121 Rn. 1.
[712] *Assmann/Sethe* in GroßKomm AktG § 288 Rn. 30; *Bachmann* in Spindler/Stilz AktG § 288 Rn. 4; *Perlitt* in Münch Komm AktG § 288 Rn. 8, 9; vgl. zur KG: *Roth* in Baumbach/Hopt HGB § 168 Rn. 2, 3; a. A. *Herfs* in Münch Hdb AG § 81 Rn. 17.
[713] Siehe *Schilling* in Staub HGB § 168 Rn. 2; *Roth* in Baumbach/Hopt HGB § 168 Rn. 2; *Grunewald* in Münch Komm HGB § 168 Rn. 3; *Weipert* in Ebenroth/Boujong/Joost/Strohn HGB § 168 Rn. 8, 9.
[714] *Bachmann* in Spindler/Stilz AktG § 288 Rn. 2; *Herfs* in Münch Hdb AG § 81 Rn. 17; vgl. zur KG: *Schilling* in Staub HGB § 168 Rn. 2.
[715] Zur Bestimmung des verteilungsfähigen Gewinns siehe § 6 Rn. 40 ff.
[716] *Herfs* in Münch Hdb AG § 81 Rn. 19; *Bachmann* in Spindler/Stilz AktG § 286 Rn. 9; *Perlitt* in Münch Komm AktG § 286 Rn. 11; § 288 Rn. 19.

Für Verluste gelten die gesetzlichen Regelungen entsprechend, d.h. diese sind 251
wie Gewinne auf die Gesellschaftergruppen und auf die einzelnen Komplementäre
zu verteilen und anschließend von ihrem Kapitalanteil abzuschreiben.[717]

bb) Satzungsgestaltungen. Die §§ 168, 120, 121 HGB sind dispositiv,[718] ab- 252
weichende Satzungsgestaltungen sind somit in den Grenzen des § 288 AktG möglich und in der Praxis üblich.[719] Hierbei ist zwischen Regelungen der Gewinnermittlung und Regelungen der Gewinnverteilung zu unterscheiden. Hinsichtlich der **Gewinnermittlung** kann die Satzung von dem Grundsatz abweichen, wonach die Gewinnermittlung auf der Basis der dem Aktienrecht unterliegenden Bilanz der KGaA erfolgt,[720] und die Erstellung einer gesonderten Bilanz vorsehen, für die die Regelungen für Personenhandelsgesellschaften gelten.[721]

Bei der Gestaltung der **Gewinnverteilung** in der Satzung ist ein Bezug auf das 253
anteilige Verhältnis der Kapitalanteile der Komplementäre die Regel.[722] Jedoch sind hiervon Abweichungen dann angezeigt, wenn Komplementäre nicht konkret bilanzierungsfähige Einlagen, wie z.B. Dienste, erbringen oder im Innenverhältnis andere persönlich haftende Gesellschafter von der Haftung freistellen. In derartigen Fällen kann dem betreffenden persönlich haftenden Gesellschafter eine höhere Gewinnquote oder ein Gewinn vorab in der Satzung zugesprochen werden. Denkbar sind auch differenzierte Vorzugsgewinnregelungen, entsprechend der Regelung bei Vorzugsaktien, beispielsweise für die geschäftsführenden Komplementäre. Besondere Beachtung in der Satzung verdient die Behandlung der seitens der persönlich haftenden Gesellschafter zu bildenden **Rücklagen**.[723] Diese werden gemeinhin auf einem speziellen Rücklagenkonto (meist als Kapitalkonto II bezeichnet)[724] bilanziell ausgewiesen und werden aus einem etwa von dem persönlich haftenden Gesellschafter auf seine nominale Einlage geleisteten Agio (dann Kapitalrücklagen ähnlich) und aus dem auf den betreffenden persönlich haftenden Gesellschafter entfallenden Gewinnanteil (dann Gewinnrücklagen ähnlich) gespeist, soweit dieser in die Rücklage eingestellt wird.[725] Die Bildung und Auflösung der Rücklagen der persönlich haftenden Gesellschafter muss in der Satzung eng mit der Rücklagenbildung und Auflösung auf der Ebene der KGaA durch die Kommanditaktionäre verzahnt werden. Dies geschieht am sinnvollsten dadurch, dass die Satzung einen anteiligen **Gleichlauf** zwischen den Rücklagen der persönlich haftenden Gesellschafter und der Gesellschaft vorschreibt. Diese Gestaltung hat

---

[717] Vgl. *Herfs* in Münch Hdb AG § 81 Rn. 18; *Bachmann* in Spindler/Stilz AktG § 286 Rn. 2 f., 9; *Hüffer/Koch* § 286 Rn. 4; *Perlitt* in Münch Komm AktG § 286 Rn. 87, § 288 Rn. 8 f., 16, 18 f.
[718] *Roth* in Baumbach/Hopt HGB § 168 Rn. 4, § 120 Rn. 10, § 121 Rn. 8, 9; *Priester* in Münch Komm HGB § 120 Rn. 9; *Ehricke* in Ebenroth/Boujong/Joost/Strohn HGB § 120 Rn. 2; *Schäfer* in Staub HGB § 120 Rn. 3.
[719] *Förl/Fett* in Bürgers/Körber AktG § 288 Rn. 1; *Bachmann* in Spindler/Stilz AktG § 288 Rn. 2 (unter Einschränkungen bei der Publikums-KGaA); *Perlitt* in Münch Komm AktG § 288 Rn. 6.
[720] Zu den hierbei möglichen Satzungsgestaltungen siehe § 6 Rn. 54 ff.
[721] *Herfs* in Münch Hdb AG § 81 Rn. 20; a.A. *Perlitt* in Münch Komm AktG § 286 Rn. 43.
[722] Vgl. *Herfs* in Münch Hdb AG § 81 Rn. 20.
[723] Vgl. dazu § 6 Rn. 17 f.
[724] Vgl. dazu § 6 Rn. 64.
[725] Vgl. dazu § 6 Rn. 15 ff.

Reger

den großen Vorteil, dass dadurch sichergestellt wird, dass beide Gesellschaftergruppen auch wertmäßig in dem gleichen Verhältnis an dem Unternehmenswert der KGaA beteiligt sind, wie dies durch das anteilige Verhältnis der Nominalwerte von Sondereinlagen zu Grundkapital vorgegeben ist. Nur wenn ein solcher Gleichlauf besteht, kann später eine Umwandlung von Sondereinlagen in Grundkapital oder umgekehrt ohne Unternehmensbewertung erfolgen.[726] Problematisch an dieser Satzungsgestaltung ist lediglich, wie der Fall zu behandeln ist, wenn die Kommanditaktionäre bei der Feststellung des Jahresabschlusses von dem Gewinnverwendungsvorschlag der persönlich haftenden Gesellschafter abweichen, indem sie weitere Beträge den Rücklagen zuweisen.[727] Denkbar sind zwei Lösungsvarianten: Entweder werden die persönlich haftenden Gesellschafter in diesem Fall über die satzungsrechtliche Gleichlaufklausel von der Gesamtheit der Kommanditaktionäre gezwungen, ihre Rücklagen ebenfalls korrespondierend höher zu dotieren, oder den persönlich haftenden Gesellschaftern wird für diesen Ausnahmefall doch ein Vetorecht gegen den Feststellungsbeschluss der Hauptversammlung eingeräumt. Von beiden Varianten erscheint nur die erste tragfähig: Die aus der satzungsrechtlichen Gleichlaufklausel folgende Verpflichtung der persönlich haftenden Gesellschafter zu einer mit den Beschlüssen der Hauptversammlung korrespondierenden Rücklagendotierung ist die Folge des den persönlich haftenden Gesellschaftern gewährten Rechts zur Umwandlung ihrer Sondereinlagen in Grundkapital. Die Alternative würde hingegen einen Eingriff in die gemäß §§ 278 Abs. 3, 174 Abs. 1 S. 1, 58 Abs. 3 AktG den Kommanditaktionären gewährte Rechtsstellung zur freien und alleinigen Entscheidung über die Verwendung des auf die Gesellschaftergruppe der Kommanditaktionäre entfallenden Gewinnanteils darstellen, der durch die zwingende Natur der aktienrechtlichen Vorschriften verboten ist. Vorstehende Ausführungen gelten für die Auflösung von Rücklagen entsprechend.

254   Ein persönlich haftender Gesellschafter kann in der Satzung von der Gewinnverteilung vollständig ausgeschlossen werden.[728]

255   Auch die Regelung der Verlustbeteiligung kann in der Satzung abweichend von den §§ 168, 121 HGB erfolgen.[729] Üblich ist eine Begrenzung der Verlustbeteiligung der Komplementäre und der vollständige Ausschluss der Verlustbeteiligung für persönlich haftende Gesellschafter, die keine Sondereinlage geleistet haben.[730]

256   **b) Entnahmerecht.** Ebenfalls der Regelung in der Satzung zugänglich ist das Entnahmerecht der persönlich haftenden Gesellschafter der KGaA. Bei der Satzungsgestaltung sind die zwingenden Entnahmebeschränkungen des § 288 Abs. 1 AktG zu beachten.[731] In Ermangelung einer Satzungsregelung gilt der dispositive

---

[726] Vgl. hierzu § 7 Rn. 3 ff.; § 6 Rn. 17 f.
[727] Vgl. hierzu § 6 Rn. 37 und Rn. 637.
[728] *Herfs* in Münch Hdb AG § 81 Rn. 20; *Perlitt* in Münch Komm AktG § 288 Rn. 28; *Assmann/Sethe* in GroßKomm AktG § 288 Rn. 37; *Bachmann* in Spindler/Stilz AktG § 288 Rn. 3.
[729] *Förl/Fett* in Bürgers/Körber AktG § 288 Rn. 1; *Perlitt* in Münch Komm AktG § 288 Rn. 9; *Bachmann* in Spindler/Stilz AktG § 288 Rn. 3.
[730] *Assmann/Sethe* in GroßKomm AktG § 288 Rn. 39; vgl. auch die Beispiele bei *Bachmann* in Spindler/Stilz AktG § 288 Rn. 3.
[731] *Assmann/Sethe* in GroßKomm AktG § 288 Rn. 57; *Bachmann* in Spindler/Stilz AktG § 288 Rn. 6; *Perlitt* in Münch Komm AktG § 288 Rn. 45; *Herfs* in Münch Hdb AG § 81 Rn. 22.

B. Rechtsstellung der Komplementäre   183

§ 122 Abs. 1 HGB i. V. m. § 288 Abs. 1 AktG. Danach ist zwischen Grundentnahme und Gewinnentnahme zu unterscheiden:
- Unabhängig von Gewinn oder Verlust der KGaA ist jeder Komplementär gemäß § 122 Abs. 1 S. 1, 1. HS HGB berechtigt, eine Entnahme in Höhe von 4% seines positiven Kapitalanteiles zu tätigen. Maßgebend ist die Höhe des Kapitalanteils am Ende des vorangegangenen Geschäftsjahres der Gesellschaft. Diese Grundentnahme steht Komplementären ohne oder mit negativem Kapitalkonto nicht zu. Auch ein Komplementär mit positivem Kapitalkonto darf gemäß § 288 Abs. 1 S. 2 2. Alt. AktG keine Grundentnahme tätigen, solange die Summe aus Bilanzverlust, Einzahlungsverpflichtungen, Verlustanteilen persönlich haftender Gesellschafter und Forderungen aus Krediten an persönlich haftende Gesellschafter und deren Angehörige die Summe aus Gewinnvortrag, Kapital- und Gewinnrücklagen sowie Kapitalanteilen der persönlich haftenden Gesellschafter übersteigt.
- Neben dem Recht zur Grundentnahme steht dem Komplementär ein Gewinnentnahmerecht aus § 122 Abs. 1 S. 1, 2. Halbsatz HGB zu. Diese Gewinnentnahme bezieht sich auf den Gewinnanteil des betreffenden Komplementärs des letzten abgeschlossenen Geschäftsjahres, soweit dieser 4% des Kapitalanteils übersteigt. Auch dieses Entnahmerecht entfällt gemäß § 288 Abs. 1 S. 2 2. Alt. AktG, wenn die Summe aus Bilanzverlust, Einzahlungsverpflichtungen, Verlustanteilen persönlich haftender Gesellschafter und Forderungen aus Krediten an persönlich haftende Gesellschafter und deren Angehörige die Summe aus Gewinnvortrag, Kapital- und Gewinnrücklagen sowie Kapitalanteilen der persönlich haftenden Gesellschafter übersteigt. Das Entnahmerecht setzt einen Gewinnanspruch des persönlich haftenden Gesellschafters, mithin die Feststellung des Jahresabschlusses der KGaA voraus.

Beide Entnahmerechte stehen ferner unter dem Vorbehalt des § 288 Abs. 1 S. 1 AktG sowie unter dem Vorbehalt der gesellschaftlichen Treuepflicht. Gemäß § 288 Abs. 1 S. 1 AktG ist eine Entnahme grundsätzlich unzulässig, solange der Verlustanteil eines Komplementärs seinen Kapitalanteil übersteigt. Die gesellschaftliche Treuepflicht kann ein grundsätzlich bestehendes Entnahmerecht beschränken, wenn dies die Finanzlage der KGaA erfordert. Für die Entnahmesperre des § 288 Abs. 1 S. 2 2. Alt. AktG ist der letzte festgestellte Jahresabschluß der KGaA maßgebend. Ergibt jedoch eine Zwischenbilanz der KGaA, dass die Voraussetzungen der Entnahmesperre erfüllt sind, greift diese sofort.

257

Abgesehen von einem Verstoß gegen die Entnahmesperren des § 288 Abs. 1 AktG[732] oder die Beschränkungen durch die gesellschaftliche Treuepflicht ist ein Komplementär nicht gezwungen, eine Entnahme zurückzugewähren. Dies gilt selbst dann, wenn die KGaA im Jahr der Entnahme Verluste schreibt. Gesetzwidrige Entnahmen sind der KGaA unverzüglich zurückzugewähren, ein Vertrauensschutz des Komplementärs besteht nicht. Der Rückgewähranspruch ist gemäß § 111 HGB zu verzinsen.

258

---

[732] Vgl. ausführlich hierzu *Förl/Fett* in Bürgers/Körber AktG § 288 Rn. 5 ff.; *Herfs* in Münch Hdb AG § 81 Rn. 25 ff.; *Perlitt* in Münch Komm AktG § 288 Rn. 45–58.

4. Tätigkeitsvertrag und Tätigkeitsvergütung

a) Gesetzestypische KGaA

259   **aa) Rechtsgrundlage.** Der Komplementär als natürliche Person erhält für seine Tätigkeit grundsätzlich keine gesonderte Vergütung. Es ist jedoch **rechtlich zulässig** für den Komplementär eine Tätigkeitsvergütung vorzusehen, wie § 288 Abs. 3 AktG zeigt. Die Regelung stellt klar, dass nicht vom Gewinn abhängige Tätigkeitsvergütungen auch dann ausgezahlt werden dürfen, wenn wegen Verlusten der Gesellschaft kein Gewinn entnommen werden darf.[733]

260   Eine solche Tätigkeitsvergütung muß in der **Satzung** selbst vorgesehen werden;[734] dies hat den Nachteil, daß jede Änderung gleichzeitig eine Satzungsänderung und damit entsprechend schwerfällig zu handhaben ist. Möglich ist auch, in der Satzung eine **Ermächtigungsgrundlage** festzuschreiben, entsprechend der eine Tätigkeitsvereinbarung für die Komplementäre geschaffen werden kann.[735] Umstritten ist, wie deutlich die Ermächtigungsgrundlage sein muss: Es reicht die bloße Eröffnung der Möglichkeit durch die Satzung aus.[736] Detaillierte Festlegungen müssen in der Satzung nicht getroffen sein.[737]

Für den Abschluß der Tätigkeitsvereinbarung zuständig ist der Aufsichtsrat.[738]

261   Der Rechtsnatur nach handelt es sich bei der Tätigkeitsvereinbarung um eine schuldrechtliche Nebenabrede zum Gesellschaftsvertrag.[739] Andernfalls müssen die Regelungen, insbesondere die Mindestkündigungsfristen des Dienstvertragsrechts eingehalten werden.

262   **bb) Typischer Inhalt.** Typischer Inhalt einer Tätigkeitsvereinbarung ist die allgemeine Klärung dienstvertragsähnlicher Fragen und der Vergütung, stets jedoch nur innerhalb der von der Satzung gezogenen Ermächtigungsgrenzen.[740] So können

- Einzelheiten der Geschäftsführung,
- die Vergütung, einschließlich einer eventuellen Versorgungszusage,
- Beschränkungen hinsichtlich des Erwerbs von Aktien und Ausübung von Stimmrechten von Aktien,[741]
- Auslagenersatz, der gemäß § 110 HGB ohnehin geschuldet wird,[742] sowie

---

[733] Hüffer/Koch § 288 Rn. 6.
[734] Herfs in Münch Hdb AG § 79 Rn. 26; Assmann/Sethe in GroßKomm AktG § 278 Rn. 78.
[735] Assmann/Sethe in GroßKomm AktG § 278 Rn. 75; Herfs in Münch Hdb AG § 79 Rn. 26; ders. in Münch Hdb AG § 79 Rn. 24.
[736] hM Perlitt in Münch Komm AktG § 278 Rn. 55; Herfs in Münch Hdb AG § 79 Rn. 26.
[737] Bachmann in Spindler/Stilz § 281 AktG Rn. 17; a. A. Mertens/Cahn in Kölner Komm AktG § 288 Rn. 32 – Grundlagen müssen in der Satzung erkennbar sein.
[738] BGH Urteil vom 29.11.2004 – II ZR 384/02 = NZG 2005, 276.
[739] Assmann/Sethe in GroßKomm AktG § 288 Rn. 75, denkbar wäre auch, sie als mitgliedschaftsrechtliche Annexregelung zu charakterisieren; a. A.: Bachmann in Spindler/Stilz AktG § 288 Rn. 9; Müller-Michaels in Hölters AktG § 288 Rn. 5: Anstellungsvertrag
[740] Assmann/Sethe in GroßKomm AktG § 278 Rn. 80.
[741] Semler in Geßler/Hefermehl AktG § 288 Rn. 52; Herfs in Münch HdB AG § 78 Rn. 24.
[742] Perlitt in Münch Komm AktG § 278 Rn. 57.

- Haftungsfreistellung[743] und Versicherungen
vereinbart werden.

cc) Insbesondere Tätigkeitsvergütungen. Die Parteien sind frei, Tätigkeitsvergütungen als Festvergütung und Tantiemen oder einer anderen variablen Vergütung zu gestalten. Im Rahmen der Vertragsfreiheit sind alle Formen grundsätzlich zulässig[744]. Regelmäßig handelt es sich bei den Vergütungen um **gehaltsähnliche feste Bezüge**. Die festen Bezüge werden mit dem Ziel vereinbart, dem geschäftsführenden Gesellschafter für seine geleisteten Dienste eine regelmäßige feste Vergütung zu gewähren, mit der er seinen Lebensunterhalt bestreiten kann. Sie sind unabhängig von der Kapitaleinlage und unabhängig vom Haftungsrisiko des Komplementärs. Sie werden im Verhältnis der Gesellschafter zueinander meist als Betriebsaufwand behandelt und mindern etwaige Kapitaleinlagen eines Gesellschafters nicht. Sofern sie doch zu Lasten der Kapitaleinlage gewährt werden, sind es Entnahmen gemäß § 288 Abs. 1 AktG. 263

Eine **Sperre für die Auszahlung der Tätigkeitsvergütung** kommt für die festgesetzte **gewinnunabhängige** Tätigkeitsvergütung auch dann nicht in Betracht, wenn die Gesellschaft Verluste macht und eine Entnahme durch den persönlich haftenden Gesellschafter gemäß § 288 Abs. 1 unzulässig wäre. Dies ergibt sich aus § 288 Abs. 3 S. 1 AktG.[745] Die Herabsetzung der festen Tätigkeitsvergütungen ist nach § 87 Abs. 1 S. 1 und 2 AktG möglich[746]. Die Tätigkeitsvergütung unterliegt der Möglichkeit der Herabsetzung, aber nicht der Angemessenheitskontrolle, da § 288 Abs. 3 S. 1 AktG nicht auf § 87 Abs. 1 AktG verweist.[747] 264

Gewinnabhängige Vergütungen und Tantiemen unterliegen nach § 288 Abs. 3 S. 1 AktG jedoch den Entnahme- und Kreditsperren und dürfen deshalb nicht ausgezahlt werden.[748] Der Anspruch auf die gewinnabhängige Vergütung verfällt jedoch dadurch nicht.[749] Gegebenenfalls muss für jeden einzelnen Vergütungsbestandteil der Tätigkeitsvergütung geprüft werden, ob es sich um eine gewinnabhängige Vergütung oder um eine feste Vergütung mit eventuell nur variabler Berechnungsmethode oder um andere Vergütungen handelt. Dabei kommt es auf den Inhalt der Regelung an, die von den Parteien gewählte Bezeichnung ist nicht entscheidend. Entscheidendes Kriterium muss sein, ob die Berechnungsgrundlage auf die Tätigkeit und den persönlichen Erfolg des Komplementärs abstellt oder auf den wirtschaftlichen Erfolg des Unternehmens. Eine gewinnabhängige Vergütung liegt danach vor, wenn die Höhe der Tantieme in irgendeiner Form vom Gewinn der Gesellschaft abhängig ist. Ist die Tantieme aber von anderen Kriterien als dem Gewinn der Gesellschaft abhängig, bspw. der Erreichung bestimmter Ziele, die zwischen der Gesellschaft und dem Komplementär vereinbart wurden, so ist die Tantieme nicht gewinnabhängig und daher auszuzahlen; insoweit kommt nur eine 265

---

[743] *Perlitt* in Münch Komm AktG § 278 Rn. 61.
[744] *Bachmann* in Spindler/Stilz AktG § 288 AktG Rn. 12.
[745] *Assmann/Sethe* in GroßKomm AktG § 288 Rn. 72.
[746] *Bachmann* in Spindler/Spilz AktG § 288 Rn. 14; *Hüffer/Koch* § 288 Rn. 6.
[747] *Müller-Michaels* in Hölters AktG § 288 Rn. 5.
[748] *Bachmann* in Spindler/Spilz AktG § 288 Rn. 14; *Fett* in Bürgers/Körber AktG § 288 Rn. 11; *Hüffer/Koch* § 288 Rn. 6; *Perlitt* in Münch Komm AktG § 288 AktG Rn. 73; *Mertens/Cahn* in Kölner Komm AktG § 288 Rn. 38; a. A. Assmann/Sethe in Großkomm AktG § 288 Rn. 90.
[749] *Assmann/Sethe* in GroßKomm AktG § 288 Rn. 88.

Herabsetzung in Betracht. Eine rein umsatzabhängige Vergütung ist nicht als gewinnabhängige Vergütung i. S. v. § 288 Abs. 3 AktG einzustufen.[750] Andererseits wird eine Vergütung für eine Übernahme der Haftung nicht für die Tätigkeit gewährt und unterliegt der Auszahlungssperre.

266 Die Tätigkeitsvereinbarung kann auch Leistungen zur betrieblichen **Altersversorgung** vorsehen, wie sich aus dem Verweis in § 288 Abs. 3 S. 2 AktG auf § 87 Abs. 2 S. 2 AktG ergibt, der eine Begrenzung der Anpassung der Ruhegehalts- und Hinterbliebenenbezüge festschreibt. Die Versorgungsbezüge sind jedoch in der Regel nicht vom Insolvenzschutz des Betriebsrentengesetzes erfasst.[751]

267 Eine **Herabsetzung der Tätigkeitsvergütung** ist möglich gemäß § 288 Abs. 3 S. 2 AktG i. V. m. § 87 Abs. 2 S. 1 AktG. Die Herabsetzung der Tätigkeitsvergütung setzt voraus, dass die wirtschaftliche Lage der Gesellschaft sich seit der Vereinbarung der Vergütung wesentlich verschlechtert hat und die Weiterzahlung der Vergütung in vereinbarter Höhe für die Gesellschaft eine schwere Unbilligkeit darstellt. Umstritten ist, ob sich diese Regelung nur auf gewinnunabhängige Tätigkeitsvergütungen erstreckt oder auch gewinnabhängige Tätigkeitsvergütungen der Herabsetzungsbefugnis unterliegen. Vom Wortlaut her werden nur nicht gewinnabhängige Tätigkeitsvergütungen erfasst.[752] Sinn und Zweck der Vorschrift des § 288 Abs. 3 AktG spricht jedoch dafür, die Bestimmung analog anzuwenden, so dass auch gewinnabhängige Tätigkeitsvergütungen der Herabsetzungsbefugnis unterliegen:[753] Das Ziel der Regelung ist, die Gesellschaft in einer wirtschaftlich schwierigen Situation zu entlasten und die vorhandenen Mittel für die Gläubiger und Aktionäre sicherzustellen. Außerdem muss bei der Überprüfung der Angemessenheit auch die gesamte Vergütung, also feste und variable Vergütungsbestandteile, überprüft werden.[754] Dem widerspricht nicht, dass die gewinnabhängigen Vergütungen bereits nach § 288 Abs. 2 AktG nicht ausgezahlt werden dürfen;[755] die Auszahlungssperre ist keine endgültige Regelung.

b) Atypische KGaA

268 **aa) Tätigkeitsvereinbarung.** Bei der atypischen KGaA ist ebenfalls eine Tätigkeitsvereinbarung **zwischen der Komplementärgesellschaft und der KGaA** zu schließen. Diese Tätigkeitsvereinbarung sieht dann auch eine Tätigkeitsvergütung der Komplementärgesellschaft für die Dienstleistungen vor. Die Komplementärgesellschaft trifft in dieser Situation die Verantwortlichkeit als Komplementär der KGaA; die Verantwortung als Organ dieser Gesellschaft ist eine abgeleitete, indirekte Verantwortung für die KGaA.[756]

---

[750] *Perlitt* in Münch Komm AktG § 288 Rn. 71; *Mertens/Cahn* in Kölner Komm AktG § 288 Rn. 38.
[751] BGH vom 15.10.2007 – II ZR 236/06 = NZA 2008, 648 für den Fall des Alleingesellschafters einer GmbH.
[752] *Assmann/Sethe* in GroßKomm AktG § 288 Rn. 90; *Perlitt* in Münch Komm AktG § 288 Rn. 75.
[753] *Hüffer/Koch* § 288 Rn. 6; *Assmann/Sethe* in GroßKomm AktG § 288 Rn. 90; a. A. *Perlitt* in Münch Komm AktG § 288 Rn. 75.
[754] *Assmann/Sethe* in GroßKomm AktG § 298 Rn. 90.
[755] *Herfs* in Münch HdB AG § 78 Rn. 23; *Mertens/Cahn* in Kölner Komm AktG § 288 R. 40.
[756] *Arnold* S. 87; *Priester* ZHR 160 (1996), 250, 256.

bb) Anstellungsvertrag für Organe der Komplementärgesellschaft.

Der Anstellungsvertrag des leitenden Organs (Geschäftsführer oder Vorstand) der Komplementärgesellschaft wird in der Regel mit der Komplementärgesellschaft geschlossen. Hiergegen bestehen keine Bedenken.[757] Für den Anstellungsvertrag des Organs der Komplementärgesellschaft gilt das Dienstvertragsrecht der jeweiligen Gesellschaftsform. Streit besteht jedoch insoweit über das zuständige Organ für den Abschluss des Dienstvertrages: Während richtigerweise nach der Satzung der Komplementärgesellschaft regelmäßig deren Gesellschafter oder der Beirat für den Abschluß des Dienstvertrages zuständig sind, sehen andere die Notwendigkeit zu einer Erweiterung der Rechte der Hauptversammlung.[758] Dem ist nicht zu folgen. Ohne gesellschaftsrechtliche Beteiligung der KGaA an der Komplementärgesellschaft verstößt jede Einflussnahme von Organen der KGaA gegen die gesetzlich zwingende Kompetenzzuweisung für die Organbestellung an die Gesellschafterversammlung der Komplementärgesellschaft.

269

cc) Insbesondere Vergütungsreduzierung für Organe.

Strittig ist, inwieweit § 87 AktG auf den Anstellungsvertrag des Organs der Komplementärgesellschaft anwendbar ist. Eine direkte Anwendung scheidet aus, da das Organmitglied nicht Komplementär oder Verstand der KGaA ist.

270

Eine **analoge Anwendung von § 87 AktG** kommt ebenfalls **nicht** in Betracht: Eine Regelungslücke ist nicht erkennbar und im Hinblick auf die juristische Trennung zwischen der KGaA und der Komplementärgesellschaft ist es nicht vertretbar, der Komplementärgesellschaft ein Änderungsrecht für das Anstellungsverhältnis in Krisensituationen eines Dritten, der KGaA einzuräumen.[759] Unabhängig davon hat die KGaA natürlich das Recht gegenüber der Komplementärgesellschaft, in der oben beschriebenen Art die Tätigkeitsvergütung zu kürzen. Dies gehört zum Risiko der Komplementärgesellschaft, das ggf. in geeigneter Weise im Anstellungsvertrag mit dem Organvertreter abgemildert und abgebildet werden muß. Insoweit müssen entsprechende Regelungen im Anstellungsvertrag (z.B. gewinnabhängige Vergütung, kennzahlengesteuerte Vergütung für den Geschäftsführer der Komplementärgesellschaft) getroffen werden; eine schlichte Anpassungsregelung entsprechend § 87 AktG dürfte nur bei einer Komplementär-AG vereinbart werden können.

271

5. Sondervorteile

Sondervorteile sind alle Rechte, die den Komplementären über ihre gesetzlichen Rechte hinaus eingeräumt werden,[760] mithin keine Verzinsung der Sondereinlage gemäß § 168 Abs. 1 HGB, angemessene Gewinnbeteiligung oder angemessene Haftungsvergütung, Dividende auf Kommanditaktien oder satzungsmäßige Ver-

272

---

[757] *Arnold* S. 86.
[758] *Sethe* S. 170 f.; *Kallmeyer* DZWiR 1998, 523, 531; ablehnend: *Arnold* S. 83 f.; *Wichert* AG 2000, 268, 274; *Ihrig/Schlitt* ZHR Beiheft 67/1998, 33, 52 ff.; *Hommelhoff* ZHR Beiheft 67/1998, 9, 20 ff.
[759] *Bachmann* in Spindler/Stilz AktG § 284 Rn. 14; *Perlitt* in Münch Komm AktG § 288 Rn. 85; A.A. *Arnold* S. 86.
[760] *Assmann/Sethe* in GroßKomm AktG § 278 Rn. 80.

gütung für Nebenleistungen im Sinne des § 55 AktG darstellen.[761] Der Reiz von Sondervorteilen besteht darin, dass bei ihrer Gewährung der Gleichbehandlungsgrundsatz der Gesellschafter nicht gilt.[762]

273 Sondervorteile sind gemäß §§ 278 Abs. 3, 26 AktG zu beurteilen.[763] Gemäß §§ 278 Abs. 3, 26 Abs. 1, 3 AktG müssen Sondervorteile in der Satzung offengelegt und festgesetzt werden.[764] Die Vereinbarung unzulässiger Sondervorteile führt zur Unwirksamkeit der zur Leistung der Sondervorteile abgeschlossenen Verpflichtungs- und Erfüllungsgeschäfte gegenüber der Gesellschaft, § 26 Abs. 3 S. 1 AktG.

274 Sondervorteile können z. B. bestehen in: Lieferrechten,[765] Ansprüchen auf Umsatzprovisionen,[766] zusätzlichen Gewinnbeteiligungsrechten und zusätzlichen Rechten an der Abwicklungsmasse,[767] Nutzungsrechten für Gegenstände und Einrichtungen der Gesellschaft,[768] Warenbezugsrechten sowie Rechten auf Wiederkauf eingebrachter Sachen,[769] aber auch Optionen auf den Abschluß von Verträgen mit angemessener Gegenleistung.[770]

6. Aufwendungsersatzanspruch

275 Der Komplementär kann gemäß §§ 278 Abs. 2 AktG i. V. m. 161 Abs. 2, 110 HGB von der Gesellschaft diejenigen Aufwendungen ersetzt verlangen, die er in Angelegenheiten der Gesellschaft getätigt hat.[771] Hierunter fallen beispielsweise Aufwendungen im Zusammenhang mit der Geschäftsführung oder im Zusammenhang mit der Inanspruchnahme für Verbindlichkeiten der KGaA.[772] Der Aufwendungsersatzanspruch kann auch einem nicht-geschäftsführungsbefugten Komplementär zustehen.[773]

IV. Wettbewerbsverbot

276 Jeder Komplementär einer KGaA unterliegt grundsätzlich aus § 284 Abs. 1 AktG einem Wettbewerbsverbot.[774] Das Wettbewerbsverbot des § 284 AktG ist

---

[761] Vgl. *Assmann/Sethe* in GroßKomm AktG § 281 Rn. 33.
[762] *Hoffmann-Becking* in Münch Hdb AG § 3 Rn. 8.
[763] *Assmann/Sethe* in GroßKomm AktG § 281 Rn. 32.
[764] *Assmann/Sethe* in GroßKomm AktG § 281 Rn. 35.
[765] *Hoffmann/Becking* in Münch Hdb AG § 3 Rn. 8.
[766] *Hüffer/Koch* § 26 Rn. 3; *Hoffmann/Becking* in Münch Hdb AG § 3 Rn. 8.
[767] *Pentz* in Münch Komm AktG § 26 Rn. 11; *Godin/Wilhelmi* AktG § 26 Anm. 2.
[768] *Kraft* in Kölner Komm AktG § 26 Rn. 6; *Pentz* in Münch Komm AktG § 26 Rn. 11.
[769] *Hüffer/Koch* § 26 Rn. 3.
[770] *Röhricht* in GroßKomm AktG § 26 Rn. 10; *Bungeroth* in Geßler/Hefermehl AktG § 57 Rn. 68.
[771] *Assmann/Sethe* in GroßKomm AktG § 278 Rn. 81; zu § 110 HGB: *Roth* in Baumbach/Hopt HGB § 110 Rn. 7, 11, 12; *Emmerich* in Heymann HGB § 110 Rn. 4 ff., 9 ff.
[772] *Assmann/Sethe* in GroßKomm AktG § 278 Rn. 81.
[773] Vgl. zur OHG: *Roth* in Baumbach/Hopt HGB § 110 Rn. 12.
[774] *Förl/Fett* in Bürgers/Körber AktG § 284 Rn. 1; *Perlitt* in Münch Komm AktG § 284 Rn. 4; *Bachmann* in Spindler/Stilz AktG § 284 Rn. 2; *Hüffer/Koch* § 284 Rn. 1; zu den Ausnahmen siehe sogleich § 5 Rn. 289.

eine Ausprägung der allgemeinen Treuepflicht der Gesellschafter.[775] Eine Tätigkeit, mit der der Komplementär gegenüber der KGaA in Konkurrenz tritt, birgt in zweifacher Hinsicht die Gefahr einer Interessenkollision: Zum einen könnte der Komplementär sich seine Informationen über Produktentwicklungen und Geschäftsstrategie der KGaA zunutze machen und Geschäftschancen der KGaA selbst wahrnehmen, zum anderen könnte er die Entscheidungen der KGaA zugunsten seiner Privatgeschäfte beeinflussen.[776]

1. Normadressaten

Unstrittig anwendbar ist das Wettbewerbsverbot aus § 284 AktG auf geschäftsführungsbefugte Komplementäre. Dies gilt sowohl für natürliche als auch für juristische Personen[777] als Komplementär. Umstritten ist hingegen die Anwendung des Wettbewerbsverbotes auf nicht-geschäftsführungsbefugte Komplementäre;[778] hierbei werden gegen eine Anwendung insbesondere Bedenken aus § 1 GWB angeführt und der Wortlaut des § 284 Abs. 1 AktG insoweit teleologisch reduziert.[779] 277

Richtigerweise sollte § 284 Abs. 1 AktG zunächst seinem Wortlaut entsprechend unterschiedslos auf **alle Komplementäre** angewandt werden. Diese unterschiedslose Anwendung wird der abstrakten Gefährdung der KGaA durch eine anderweitige unternehmerische Betätigung ihrer Komplementäre gerecht, die dadurch entsteht, dass auch die nicht-geschäftsführenden Komplementäre weitreichende Einsichts- und Informationsmöglichkeiten gegenüber der KGaA haben. Bedenken gegen eine Angemessenheit des Wettbewerbsverbotes vor dem Hintergrund von § 1 GWB kann dadurch Rechnung getragen werden, dass entweder der nicht-geschäftsführungsbefugte Komplementär ausdrücklich in der Satzung vom Wettbewerbsverbot befreit wird, oder, wenn die Gründe, die eine Befreiung rechtfertigen, erst später auftreten, diesem ein Anspruch auf Befreiung gegen die übrigen Komplementäre und den Aufsichtsrat eingeräumt wird.[780] 278

Auch der **Geschäftsführer** der Komplementärgesellschaft bei einer atypischen KGaA unterliegt einem Wettbewerbsverbot.[781] Dieses wird aus einer Treubindung des Geschäftsführungsorgans der Komplementärgesellschaft gegenüber der 279

---

[775] *Assmann/Sethe* in GroßKomm AktG § 284 Rn. 2; *Förl/Fett* in Bürgers/Körber AktG § 284 Rn. 1; *Perlitt* in Münch Komm AktG § 284 Rn. 4; *Bachmann* in Spindler/Stilz AktG § 284 Rn. 2.

[776] *Assmann/Sethe* in GroßKomm AktG § 284 Rn. 2; *Godin/Wilhelmi* AktG § 284 Rn. 3, 4; *Perlitt* in Münch Komm AktG § 284 Rn. 4.

[777] BGHZ 134, 392, 394 = NJW 1997, 1923; *Bachmann* in Spindler/Stilz AktG § 284 Rn. 3a; *Perlitt* in Münch Komm AktG § 278 Rn. 326; *Arnold* in Henssler/Strohn Gesellsch-Re § 284 AktG Rn. 2; *Hüffer/Koch* § 284 Rn. 1; *Priester* ZHR 160 (1996), 250, 256; a.A. *Graf* S. 261 ff.

[778] Bejahend: *Perlitt* in Münch Komm AktG § 284 Rn. 4; *Assmann/Sethe* in GroßKomm AktG § 284 Rn. 5; *Bachmann* in Spindler/Stilz AktG § 284 Rn. 2; *Förl/Fett* in Bürgers/Körber AktG § 284 Rn. 2; *Beuthien* ZHR 142 (1978), 259, 289; verneinend *Herfs* in Münch Hdb AG § 78 Rn. 25; *Salfeld* S. 217 f.; *Armbrüster* ZIP 1997, 1269, 1271; *Hüffer/Koch* § 284 Rn. 1; differenzierend *K. Schmidt* in K. Schmidt/Lutter AktG § 284 Rn 8.

[779] *Herfs* in Münch Hdb AG § 78 Rn. 25; *Hüffer/Koch* § 284 Rn. 1.

[780] Ähnlich *Assmann/Sethe* in GroßKomm AktG § 284 Rn. 5; *Förl/Fett* in Bürgers/Körber AktG § 284 Rn. 2; *Arnold* S. 95.

[781] *Perlitt* in Münch Komm AktG § 278 Rn. 326; *Assmann/Sethe* in GroßKomm AktG § 284 Rn. 10; *Servatius* in Grigoleit AktG § 284 Rn. 4; *Förl/Fett* in Bürgers/Körber AktG

KGaA hergeleitet, die aus dem Anstellungsvertrag resultieren soll.[782] Nach anderer Ansicht folgt das Wettbewerbsverbot zu Lasten des Geschäftsführungsorgans der Komplementärgesellschaft aus einer Drittwirkung des die Komplementärgesellschaft treffenden Wettbewerbsverbotes aus § 284 Abs. 1 AktG.[783] In jedem Fall ist die in § 284 Abs. 1 AktG vorgesehene Einwilligung von den anderen Komplementären und dem Aufsichtsrat der KGaA, bei Fehlen anderer Komplementäre nur von letzterem zu erteilen.[784]

280   Das Wettbewerbsverbot des § 284 AktG für den Komplementär ist lediglich branchenbezogen und umfasst daher nur die tatsächlich ausgeübten Geschäftsbereiche der KGaA. Es ist somit nicht so weitgehend wie das Wettbewerbsverbot des § 88 AktG[785] für den Vorstand. Der Grund für diese unterschiedliche Reichweite der gesetzlichen Wettbewerbsverbote liegt darin, dass das Wettbewerbsverbot für den Vorstand in § 88 AktG zusätzlich absichern will, dass der Vorstand seine gesamte Arbeitskraft in den Dienst der Aktiengesellschaft stellt. Diesen zusätzlichen Normzweck verfolgt § 284 Abs. 1 AktG bezüglich des Komplementärs nicht, da die persönliche Haftung des Komplementärs als ein ausreichendes Regulativ angesehen wird.

281   Das Wettbewerbsverbot kann in der Satzung abweichend von § 284 AktG ausgestaltet werden.[786] Bei einem Geschäftsführer-Komplementär, der gleich einem Vorstand seine gesamte Arbeitskraft für die Gesellschaft einsetzen soll, empfiehlt es sich, entsprechend § 88 AktG das Wettbewerbsverbot in der Satzung auch auf andere Geschäftsbereiche auszudehnen.[787] Das Wettbewerbsverbot kann aber nicht nur dem Umfang nach, sondern auch zeitlich und in seinen Sanktionen erweitert werden.[788]

282   Auch ein **Gesellschafter** mit beherrschendem Einfluss auf die Komplementärgesellschaft verfügt über wichtige Informationen, die die Geschäftsführung in der KGaA betreffen. Danach darf auch ein Gesellschafter mit beherrschendem Einfluss auf die Komplementärgesellschaft nicht im selben Handelszweig wie die KGaA

---

§ 284 Rn. 3; *Hüffer/Koch* § 284 Rn. 1; differenzierend *Bachmann* in Spindler/Stilz AktG § 284 Rn. 3a; ebenso *Müller-Michaels* in Hölters AktG § 284 Rn. 2.

[782] *Ihrig/Schlitt* ZHR Beiheft 67/1998, 33, 49; ihnen folgend *Wichert* AG 2000, 268, 274; zur GmbH & Co KG: *Grunewald* in Münch Komm HGB § 165 Rn. 14; *Roth* in Baumbach/Hopt HGB Anhang § 177a Rn. 27 f.

[783] *Arnold* S. 95 f.; *Hüffer/Koch* § 284 Rn. 1; vgl. *Förl/Fett* in Bürgers/Körber AktG § 284 Rn. 3; offenlassend *Perlitt* in Münch Komm AktG § 278 Rn. 326.

[784] *Assmann/Sethe* in GroßKomm AktG § 284 Rn. 31, 33; *Perlitt* in Münch Komm AktG § 284 Rn. 21.

[785] *Mertens/Cahn* in Kölner Komm AktG § 284 Rn. 2; *Perlitt* in Münch Komm AktG 284 Rn. 2 ff.; *Frodermann/Schäfer* in Henn/Frodermann/Jannott Hdb AktR § 4 Rn. 134; vgl. *Bachmann* in Spindler/Stilz AktG § 284 Rn. 9.

[786] § 284 AktG ist dispositiv: *Förl/Fett* in Bürgers/Körber AktG § 284 Rn. 7; *Hüffer/Koch* § 284 Rn. 1; *Assmann/Sethe* in GroßKomm AktG § 284 Rn. 25, 29; *Perlitt* in Münch Komm AktG § 284 Rn. 27; *Mertens/Cahn* in Kölner Komm AktG § 284 Rn. 20; a. A. *Herfs* in Münch Hdb AG § 78 Rn. 27; *K. Schmidt* in K. Schmidt/Lutter AktG § 284 Rn. 22; *Bachmann* in Spindler/Stilz AktG § 284 Rn. 8; *Armbrüster* ZIP 1997, 1269, 1272.

[787] *Assmann/Sethe* in GroßKomm AktG § 284 Rn. 25; *Perlitt* in Münch Komm AktG § 284 Rn. 29; vgl. zur grds. Möglichkeit *Bachmann* in Spindler/Stilz AktG § 284 Rn. 9.

[788] *Perlitt* in Münch Komm AktG § 284 Rn. 30–32; *Assmann/Sethe* in GroßKomm AktG § 284 Rn. 26; *Bachmann* in Spindler/Stilz AktG § 284 Rn. 9.

Geschäfte machen,[789] § 284 AktG ist daher auch auf Gesellschafter mit beherrschendem Einfluss anwendbar. Die in § 284 Abs. 1 AktG vorgesehene Freistellung ist wiederum von den anderen Komplementären der KGaA und deren Aufsichtsrat zu erteilen.

Kommanditaktionäre unterliegen nach dem klaren Wortlaut des § 284 AktG keinem Wettbewerbsverbot.[790] Bei ihnen kann sich dieses aber aus der gesellschafterlichen Treuepflicht ergeben,[791] wenn sie ausnahmsweise Einfluss auf die Geschäftspolitik der KGaA nehmen können oder über Einblicke in die Geschäftsunterlagen verfügen und dadurch eine Interessenkollision nicht ausgeschlossen werden kann. 283

Die **Abwickler**[792] der KGaA unterliegen grundsätzlich keinem Wettbewerbsverbot, §§ 278 Abs. 3, 268 Abs. 3 AktG. Hintergrund der Regelung ist, dass sich die Gesellschaft mit der Auflösung in eine Abwicklungsgesellschaft umwandelt, deren Zweck nicht mehr der Betrieb eines Handelsgewerbes, sondern nur noch die Abwicklung ist.[793] Die Abwickler dürfen nur noch die Geschäfte beenden, Forderungen einziehen, das übrige Vermögen in Geld umsetzen und die Gesellschaftsgläubiger befriedigen, § 268 Abs. 1 S. 1 AktG. Daher sollten sich grundsätzlich auch keine Konkurrenzsituationen mehr ergeben.[794] Andererseits ist es Ziel der Abwicklung, das Unternehmensvermögen zu bestmöglichen Preisen zu veräußern, § 268 Abs. 1 S. 1 AktG. Hierzu ist in gewissem Umfang die Fortführung der Geschäftstätigkeit erforderlich. Damit können sich durchaus Konkurrenzsituationen ergeben. In diesen Fällen folgt jedoch für die geborenen Abwickler[795] aus der allgemeinen gesellschafterlichen Treuepflicht eine Nachwirkung des Wettbewerbsverbotes aus § 284 Abs. 1 AktG über den Zeitpunkt der Auflösung hinaus.[796] 284

2. Umfang des Wettbewerbsverbots

Geschäfte auf eigene und fremde Rechnung im Geschäftszweig der KGaA sind verboten, § 284 Abs. 1 S. 1 AktG. Damit ist nicht wie bei § 88 AktG jegliche Geschäftstätigkeit untersagt, da das Wettbewerbsverbot nicht den Zweck verfolgt, 285

---

[789] *Assmann/Sethe* in GroßKomm AktG § 284 Rn. 11; *Förl/Fett* in Bürgers/Körber AktG § 284 Rn. 3; *Ihrig/Schlitt* ZHR Beiheft 67/1998, 33, 49; vgl. auch *Perlitt* in Münch Komm AktG § 278 Rn. 326; *Bachmann* in Spindler/Stilz AktG § 284 Rn. 3a; *Hüffer/Koch* § 284 Rn. 1.

[790] *Förl/Fett* in Bürgers/Körber AktG § 284 Rn. 4; *Hüffer/Koch* § 284 Rn. 1; *Bachmann* in Spindler/Stilz AktG § 284 Rn. 3a; *Perlitt* in Münch Komm AktG § 284 Rn. 7; *Müller-Michaels* in Hölters AktG § 284 Rn. 2.

[791] *Perlitt* in Münch Komm AktG § 284 Rn. 7; *Assmann/Sethe* in GroßKomm AktG § 284 Rn. 13; *Hüffer/Koch* § 284 Rn. 1; *Bachmann* in Spindler/Stilz AktG § 284 Rn. 3a; a. A. *Herfs* in Münch Hdb AG § 78 Rn. 28; *Armbrüster* ZIP 1997, 1269, 1271.

[792] Siehe zur Auflösung und Abwicklung der KGaA § 8.

[793] *Lorz* in Ebenroth/Boujong/Joost/Strohn HGB § 131 Rn. 9; *Assmann/Sethe* in GroßKomm AktG § 289 Rn. 7; *Hüffer/Koch* § 262 Rn. 2; *Mertens/Cahn* in Kölner Komm AktG § 289 Rn. 5; *Herfs* in Münch Hdb AG § 77 Rn. 46; *Bachmann* in Spindler/Stilz AktG § 289 Rn. 16, § 268 Rn. 1, 4 ff.; *Hüffer* in Münch Komm AktG § 268 Rn. 3 f.

[794] *Perlitt* in Münch Komm AktG § 284 Rn. 15.

[795] Mithin die ehemals geschäftsführungsbefugten persönlich haftenden Gesellschafter.

[796] *Perlitt* in Münch Komm AktG § 284 Rn. 16; *Assmann/Sethe* in GroßKomm AktG § 284 Rn. 20; vgl. auch *Mertens/Cahn* in Kölner Komm AktG § 284 Rn. 9.

die gesamte Arbeitskraft der Komplementäre auf die KGaA zu verpflichten.[797] Der Geschäftszweig der KGaA bestimmt sich nicht nach dem in der Satzung festgelegten Geschäftsgegenstand, § 281 Abs. 1, 23 Abs. 3 Nr. 2 AktG. Entscheidend ist die tatsächliche Geschäftstätigkeit.[798] Soweit der tatsächliche Tätigkeitsbereich der KGaA hinter der Satzungsregelung zurückbleibt, besteht kein Bedürfnis, die KGaA über ihre tatsächliche Betätigung hinaus zu schützen.[799]

286 Umgekehrt muss die KGaA ihre Geschäftstätigkeit (durch Satzungsänderung) über den Unternehmensgegenstand hinaus erweitern können und sich dabei darauf verlassen können, dass die Komplementäre keine Konkurrenztätigkeit ausüben.[800] Solange die KGaA aber eine Ausweitung der Geschäftstätigkeit nur plant und noch nicht tatsächlich umgesetzt hat, besteht noch kein Bedürfnis, die Gesellschaft vor Konkurrenz zu schützen.[801] Zur bisherigen Geschäftstätigkeit gehören und damit vom Wettbewerbsverbot von vorneherein erfasst sind dagegen alle Maßnahmen, mit denen Entwicklungen im bereits bearbeiteten Markt nachvollzogen werden, z. B. technische Modernisierungen u. ä.[802]

287 Unter das Wettbewerbsverbot des § 284 AktG fällt darüber hinaus die Tätigkeit als Vorstand oder Geschäftsführer oder die Beteiligung als persönlich haftender Gesellschafter an einer anderen gleichartigen Handelsgesellschaft, § 284 Abs. 1 S. 1 AktG. Mit dem Begriff Gleichartigkeit soll sichergestellt werden, dass eine Tätigkeit bei einer Handelsgesellschaft immer dann vom Wettbewerbsverbot mitumfasst wird, wenn sich die tatsächliche Geschäftstätigkeit der Handelsgesellschaft in irgendeiner Weise – und sei es nur in einem Teilbereich – mit der Geschäftstätigkeit der KGaA deckt.[803]

288 Eine kapitalistische Beteiligung an gleichartigen Handelsgesellschaften bleibt dagegen grundsätzlich möglich. § 284 Abs. 1 S. 1 AktG muss jedoch dort über

---

[797] *Perlitt* in Münch Komm AktG § 284 Rn. 8; *Herfs* in Münch Hdb AG § 78 Rn. 25.
[798] *Seibt* in K. Schmidt/Lutter AktG § 88 Rn. 7; *Mertens/Cahn* in Kölner Komm AktG § 88 Rn. 13; *Fleischer* in Spindler/Stilz AktG § 88 Rn. 21; *Perlitt* in Münch Komm AktG § 284 Rn. 9; OLG Dresden Beschluss v. 19.11.2007 – Az. 2 U 1420/07.
[799] *Bürgers/Israel* in Bürgers/Körber AktG § 88 Rn. 6; *Förl/Fett* in Bürgers/Körber AktG § 284 Rn. 5, zumindest soweit nicht konkret eine entsprechende Tätigkeitsaufnahme absehbar ist; für die OHG: *Barz* in GroßKomm AktG § 284 Rn. 6; *Armbrüster* ZIP 1997, 261, 263; a. A. *Spindler* in Münch Komm AktG § 88 Rn. 15; *Fleischer* in Spindler/Stilz AktG § 88 Rn. 21; *Fleischer* AG 2005, 336, 343.
[800] *Assmann/Sethe* in GroßKomm AktG § 284 Rn. 16; *Perlitt* in Münch Komm AktG § 284 Rn. 9; *Spindler* in Münch Komm AktG § 88 Rn. 14; *Fleischer* in Spindler/Stilz AktG § 88 Rn. 22.
[801] *Förl/Fett* in Bürgers/Körber AktG § 284 Rn. 5; differenzierend *Perlitt* in Münch Komm AktG § 284 Rn. 9; ebenso *Assmann/Sethe* in GroßKomm AktG § 284 Rn. 16; *Roth* in Baumbach/Hopt HGB § 112 Rn. 5; differenzierend auch *Langhein* in Münch Komm HGB § 112 Rn. 12; so auch *Bergmann* in Ebenroth/Boujong/Joost/Strohn HGB § 112 Rn. 10.
[802] BGHZ 70, 331, 333 = NJW 1978, 1001; *Assmann/Sethe* in GroßKomm AktG § 284 Rn. 15; *Perlitt* in Münch Komm AktG § 284 Rn. 9; *Schäfer* in Staub HGB § 112 Rn. 17; *Roth* in Baumbach/Hopt HGB § 112 Rn. 5; *Bergmann* in Ebenroth/Boujong/Joost/Strohn HGB § 112 Rn. 10; vgl. auch *Förl/Fett* in Bürgers/Körber AktG § 284 Rn. 5, denn damit ist „konkret zu rechnen".
[803] *Förl/Fett* in Bürgers/Körber AktG § 284 Rn. 5; *Barz* in GroßKomm AktG § 284 Rn. 2; *Godin/Wilhelmi* AktG § 284 Rn. 5; *Assmann/Sethe* in GroßKomm AktG § 284 Rn. 17; ebenfalls zur Gleichartigkeit *Perlitt* in Münch Komm AktG § 284 Rn. 12; *Bachmann* in Spindler/Stilz AktG § 284 Rn. 5.

seinen Wortlaut hinaus auch auf diejenigen Fälle Anwendung finden, in denen eine Umgehung der Vorschrift drohen würde. Deshalb fällt unter das Wettbewerbsverbot des § 284 AktG auch eine Beteiligung eines Komplementärs an einer gleichartigen Gesellschaft, wenn dieser die andere Gesellschaft, z. B. durch eine Mehrheitsbeteiligung, faktisch beherrscht.[804]

3. Befreiung

In § 284 Abs. 1 S. 1, 2 AktG ist eine gesetzliche Befreiungsmöglichkeit vom Wettbewerbsverbot vorgesehen. Im Einzelfall kann der Komplementär mit ausdrücklich erteilter Einwilligung der übrigen Komplementäre und des Aufsichtsrates vom Wettbewerbsverbot befreit werden. Anders als im Recht der Personengesellschaften reicht die stillschweigende Duldung der Wettbewerbstätigkeit nicht aus.[805] Einwilligung ist dabei technisch eng im Sinne des § 183 BGB zu verstehen und meint nur die vorher erteilte Zustimmung.[806] Neben der gesetzlich vorgesehenen Befreiungsmöglichkeit für den Einzelfall kann auch eine generelle Befreiung vom Wettbewerbsverbot in der Satzung erfolgen; § 284 AktG ist dispositiv.[807]

289

4. Geltungsdauer

Das Wettbewerbsverbot **beginnt**[808] mit der Errichtung der KGaA gemäß §§ 278 Abs. 3, 29 AktG, d. h. mit der Übernahme aller Aktien durch die Kommanditaktionäre. Die Gesellschaft soll ab ihrer Errichtung vor Schaden bewahrt werden, der durch die Ausnutzung von Unternehmensinterna und der Manipulation der Geschäftsführung zugunsten der eigenen Tätigkeit der geschäftsführenden Komplementäre entstehen kann.[809] Dieses Schutzbedürfnis besteht schon ab der Errichtung der KGaA, weil nach Aufgabe des Vorbelastungsverbots[810] schon

290

---

[804] *Barz* in GroßKomm AktG § 284 Rn. 2; *Assmann/Sethe* in GroßKomm AktG § 284 Rn. 18; *Salfeld* S. 221; *Perlitt* in Münch Komm AktG § 284 Rn. 11; *Bachmann* in Spindler/Stilz AktG § 284 Rn. 5; a. A. *Servatius* in Grigoleit AktG § 284 Rn. 8, der jede kapitalmäßige Beteiligung ausreichen lassen will.
[805] *Perlitt* in Münch Komm AktG § 284 Rn. 19; *Assmann/Sethe* in GroßKomm AktG § 284 Rn. 31; *Herfs* in Münch Hdb AG § 78 Rn. 27; *Bachmann* in Spindler/Stilz AktG § 284 Rn. 10; *Raiser/Veil* § 23 Rn. 32.
[806] *Assmann/Sethe* in GroßKomm AktG § 284 Rn. 34; *Perlitt* in Münch Komm AktG § 284 Rn. 23; *Bachmann* in Spindler/Stilz AktG § 284 Rn. 10; *Müller-Michaels* in Hölters AktG § 284 Rn. 3; *Herfs* in Münch Hdb AG § 78 Rn. 27.
[807] *Hüffer/Koch* § 284 Rn. 1; *Assmann/Sethe* in GroßKomm AktG § 284 Rn. 25, 29; *Perlitt* in Münch Komm AktG § 284 Rn. 27; *Mertens/Cahn* in Kölner Komm AktG § 284 Rn. 20; *Förl/Fett* in Bürgers/Körber AktG § 284 Rn. 7; a. A. *Herfs* in Münch Hdb AG § 78 Rn. 27; *Armbrüster* ZIP 1997, 1269, 1272; *Bachmann* in Spindler/Stilz AktG § 284 Rn. 8.
[808] *Mertens/Cahn* in Kölner Komm AktG § 280 Rn. 9; mit Verweis auf *Barz* in GroßKomm AktG § 280 Rn. 1; *Salfeld* S. 218 f.
[809] *Assmann/Sethe* in GroßKomm AktG § 284 Rn. 2; *Perlitt* in Münch Komm AktG § 284 Rn. 4; *Salfeld* S. 10 ff.; *Bachmann* in Spindler/Stilz AktG § 284 Rn. 2.
[810] BGHZ 80, 129 ff. = NJW 1981, 1373.

die Vor-KGaA[811] werbend tätig werden kann[812] und die Gründer für die Anlaufverluste haften.[813] Für neu eintretende persönlich haftende Gesellschafter gilt das Wettbewerbsverbot ab dem Tag ihres Eintritts, die Eintragung im Handelsregister ist nicht maßgebend.[814]

291 Das Wettbewerbsverbot **endet** mit Ausscheiden des Komplementärs aus der Gesellschaft.[815] Das Ausscheiden wird wirksam mit dem Ereignis, welches das Ausscheiden auslöst, § 289 Abs. 1 AktG i. V. m. §§ 161 Abs. 2, 131 Abs. 3 S. 2 HGB. Die Eintragung hat nur deklaratorische Bedeutung.[816] Entscheidender Zeitpunkt ist z. B. die Rechtskraft des Eröffnungsbeschlusses für das Insolvenzverfahren, §§ 27, 34 Abs. 2 InsO, über das Vermögen des Komplementärs, § 131 Abs. 3 S. 1 Nr. 2 HGB.[817] Die Kündigung durch den Komplementär wird nicht vor Ablauf der Kündigungsfrist wirksam, §§ 131 Abs. 3 S. 2 2. HS, 132, 134, 135 HGB.[818]

292 In besonderen Fällen kann sich eine Nachwirkung des Wettbewerbsverbotes über den Zeitpunkt des Ausscheidens hinaus ergeben, wenn z. B. der Ausscheidende noch längere Zeit eine von der KGaA abhängige Abfindung erhält.[819]

5. Ergänzende Regelungen

293 Nachwirkende Wettbewerbsverbote können in der Satzung oder im Tätigkeitsvertrag vereinbart werden. Auch § 278 Abs. 3 AktG i. V. m. § 23 Abs. 5 S. 1 AktG stehen einer solchen Ergänzung des § 284 AktG über dessen zeitlichen Anwen-

---

[811] Für die KGaA gelten die Gründungsvorschriften für die AG, §§ 23 bis 53 AktG, entsprechend, soweit in § 280 AktG nichts Abweichendes geregelt ist; *Assmann/Sethe* in GroßKomm AktG § 280 Rn. 3; *Bachmann* in Spindler/Stilz AktG § 280 Rn. 1; *Perlitt* in Münch Komm AktG § 280 Rn. 2. Vor der Eintragung der KGaA im Handelsregister besteht die KGaA gem. § 41 Abs. 1 S. 1 AktG noch nicht als juristische Person. Mit der Errichtung, d. h. mit der notariellen Beurkundung der Satzung gem. § 23 Abs. 1 S. 1 AktG, entsteht die Vor-KGaA; *Arnold* in Kölner Komm AktG § 41 Rn. 8; *Pentz* in Münch Komm AktG § 41 Rn. 22; *Heidinger* in Spindler/Stilz AktG § 41 Rn. 17. Die Existenz der Vor-KGaA endet entweder mit Eintragung der KGaA im Handelsregister oder mit Aufgabe der Eintragungsabsicht. Vor der Errichtung der KGaA kann bereits eine Vorgründungs-KGaA in Form einer GbR bestehen, *Pentz* in Münch Komm AktG § 41 Rn. 10; *Hüffer/Koch* § 41 Rn. 3; *Heidinger* in Spindler/Stilz AktG § 41 Rn. 20 f. Siehe hierzu § 4 Rn. 17 ff.

[812] *Pentz* in Münch Komm AktG § 41 Rn. 113; *K. Schmidt*, Gesellschaftsrecht § 11 IV 2b (S. 299 ff.); vgl. auch *Heidinger* in Spindler/Stilz AktG § 41 Rn. 27 ff.

[813] Zur GmbH vgl. BGHZ 134, 333 ff. = NJW 1997, 1507; zur Haftung der Gesellschafter der Vor-KGaA siehe ausführlich § 4 Rn. 46 ff.

[814] *Assmann/Sethe* in GroßKomm AktG § 284 Rn. 19; *Hüffer/Koch* § 284 Rn. 1 „bestehendes Gesellschaftsverhältnis".

[815] *Perlitt* in Münch Komm AktG § 284 Rn. 14; *Assmann/Sethe* in GroßKomm AktG § 284 Rn. 23; *Bachmann* in Spindler/Stilz AktG § 284 Rn. 3; *Hüffer/Koch* § 284 Rn. 1.

[816] *Assmann/Sethe* in GroßKomm AktG § 284 Rn. 23; *Herfs* in Münch Hdb AG § 78 Rn. 56; *Bachmann* in Spindler/Stilz AktG § 289 Rn. 33; vgl. auch *Perlitt* in Münch Komm AktG § 281 Rn. 14.

[817] *Roth* in Baumbach/Hopt HGB § 131 Rn. 28; *Koller* in Koller/Kindler/Roth/Morck HGB § 131 Rn. 23; *Lorz* in Ebenroth/Boujong/Joost/Strohn HGB § 131 Rn. 49; *K. Schmidt* in Münch Komm HGB § 131 Rn. 72.

[818] *Lorz* in Ebenroth/Boujong/Joost/Strohn HGB § 131 Rn. 51; *Koller* in Koller/Kindler/Roth/Morck HGB § 131 Rn. 24; *Schäfer* in Staub HGB § 131 Rn. 100; *Klöhn* in Henssler/Strohn GesellschRe § 131 HGB Rn. 54.

[819] *Assmann/Sethe* in GroßKomm AktG § 284 Rn. 24; *Bachmann* in Spindler/Stilz AktG § 284 Rn. 3.

dungsbereich hinaus nicht entgegen, da diese Bestimmung nicht abschließend ist, § 23 Abs. 5 S. 2 AktG.[820]

Nachvertragliche Wettbewerbsverbote unterliegen den Einschränkungen der § 1 GWB und § 138 BGB i. V. m. Art. 2, 12 GG. Hieraus ergeben sich zeitliche, sachliche und räumliche Grenzen: Ein nachvertragliches Wettbewerbsverbot wird im allgemeinen für die **Dauer** von zwei Jahren für zulässig gehalten.[821] **Sachlich** muss das Wettbewerbsverbot auf Tätigkeiten beschränkt werden, die den tatsächlichen Tätigkeitsbereich der KGaA betreffen.[822] Da Voraussetzung für ein zulässiges Wettbewerbsverbot ein berechtigtes Interesse der KGaA ist,[823] muss das Wettbewerbsverbot gegebenenfalls auf eine Kunden- und Objektschutzklausel reduziert[824] bzw. auf den vom Komplementär tatsächlich wahrgenommenen Aufgabenbereich beschränkt werden.[825] Auch kann durch ein Wettbewerbsverbot nur die unternehmerische Tätigkeit, nicht aber die Tätigkeit in abhängiger Beschäftigung ausgeschlossen werden.[826] Die angemessene **räumliche** Begrenzung richtet sich zum einen nach den Märkten, auf denen die KGaA präsent ist, zum anderen nach den Gebieten, in denen der Komplementär seine Kenntnisse über Firmeninterna realistisch nutzen und zum Schaden der KGaA missbrauchen könnte.[827]

294

Karenzentschädigungen i. S. d. §§ 74 ff. HGB sind nicht geeignet, ein unangemessenes Wettbewerbsverbot zu heilen. Zum einen sind die §§ 74 ff. HGB zur Karenzentschädigung auf die persönlich haftenden Gesellschafter einer KGaA nicht anwendbar.[828] Zum anderen kann auch eine Karenzentschädigung nicht zur Zulässigkeit des Wettbewerbsverbots führen, wenn es an einem berechtigten Interesse der Gesellschaft am nachwirkenden Wettbewerbsverbot fehlt.[829]

295

---

[820] *Röhricht* in GroßKomm AktG § 23 Rn. 187; *Seibt* in K. Schmidt/Lutter AktG § 88 Rn. 16; *Perlitt* in Münch Komm AktG AktG § 284 Rn. 30; *Bachmann* in Spindler/Stilz AktG § 284 Rn. 9.

[821] BGH 1974, 74, 76; BGH NJW 1994, 384, 385; BGH NJW 2000, 2584; *Fleischer* in Spindler/Stilz AktG § 88 Rn. 46; *Hüffer/Koch* § 88 Rn. 10; *Weber* in Hölters AktG § 88 Rn. 24; a. A. soweit ein uneingeschränktes Wettbewerbsverbot vereinbart wurde, *Spindler* in Münch Komm AktG § 88 Rn. 50; OLG Düsseldorf BB 2001, 956.

[822] OLG Düsseldorf DB 1990, 1960; *Roth* in Baumbach/Hopt HGB § 74a Rn. 1; darüber hinaus sogar für eine Anlehnung an die Tätigkeit des konkreten Vorstandsmitglieds *Fleischer* in Spindler/Stilz AktG § 88 Rn. 44; ähnlich auch *Hüffer/Koch* § 88 Rn. 10; ebenso *Weber* in Hölters AktG § 88 Rn. 24 und *Spindler* in Münch Komm AktG § 88 Rn. 51.

[823] BGH WM 1990, 13, 16; BGH WM 1974, 74, 76; *Fleischer* in Spindler/Stilz AktG § 88 Rn. 43; *Hüffer/Koch* § 88 Rn. 10; *Weber* in Hölters AktG § 88 Rn. 23; *Spindler* in Münch Komm AktG § 88 Rn. 49.

[824] BGH NJW-RR 1991, 993; OLG Hamm ZIP 1988, 1254, 1256; *Jäger* DStR 1995, 724, 727; vgl. *Spindler* in Münch Komm AktG § 88 Rn. 47; vgl. auch *Weber* in Hölters AktG § 88 Rn. 24; ebenso *Fleischer* in Spindler/Stilz AktG § 88 Rn. 44.

[825] *Jäger* DStR 1995, 724, 727; in diese Richtung tendierend *Hüffer/Koch* § 88 Rn. 10; ebenso *Weber* in Hölters AktG § 88 Rn. 24 und *Spindler* in Münch Komm AktG § 88 Rn. 51.

[826] BGH WM 1974, 74, 76.

[827] *Hüffer/Koch* § 88 Rn. 1 ff.; *Hoffmann-Becking* FS Quack, 1991, S. 275; *Jäger* DStR 1995, 724, 726; *Fleischer* in Spindler/Stilz AktG § 88 Rn. 45; *Spindler* in Münch Komm AktG § 88 Rn. 51.

[828] *Assmann/Sethe* in GroßKomm AktG § 284 Rn. 27; *Fleischer* in Spindler/Stilz AktG § 88 Rn. 42; *Spindler* in Münch Komm AktG § 88 Rn. 48; *Hüffer/Koch* § 88 Rn. 10.

[829] OLG Düsseldorf ZIP 1999, 311, 313.

6. Folgen einer Zuwiderhandlung

296 Verstößt ein persönlich haftender Gesellschafter gegen das Wettbewerbsverbot, so kann die Gesellschaft von ihm Schadensersatz nach § 284 Abs. 2 S. 1 AktG verlangen. Statt dessen kann die Gesellschaft nach § 284 Abs. 2 S. 2 AktG auch verlangen, dass der Komplementär die von ihm für eigene Rechnung getätigten Geschäfte als für Rechnung der Gesellschaft eingegangen gelten lässt und die aus den Geschäften für fremde Rechnung bezogene Vergütung herausgibt oder seinen Anspruch auf die Vergütung abtritt.[830] Der Anspruch der Gesellschaft gegenüber dem persönlich haftenden Gesellschafter muss gemäß §§ 278 Abs. 2 AktG, 161 Abs. 2, 125 HGB grundsätzlich von den anderen vertretungsberechtigten persönlich haftenden Gesellschaftern selbst wahrgenommen werden, sollte das Recht nicht in der Satzung einem anderen Organ, wie etwa dem Aufsichtsrat, überantwortet worden sein. Kommen die anderen Komplementäre pflichtwidrig der Anspruchsverfolgung nicht nach, kann etwa der Aufsichtsrat einen hierdurch verursachten Schaden der KGaA gegenüber den anderen Komplementären nach §§ 283 Nr. 8, 93 Abs. 2, 112 AktG geltend machen.[831]

297 Der Schadensersatzanspruch nach § 284 Abs. 2 S. 1 AktG setzt ein Verschulden des persönlich haftenden Gesellschafters voraus. Das Verschuldenserfordernis ergibt sich zwar nicht aus dem Wortlaut der Vorschrift, folgt aber aus dem Verschuldensprinzip des BGB.[832] Hinsichtlich des Wettbewerbsverstoßes und des Verschuldens ist die Beweislastregel des § 93 Abs. 2 S. 2 AktG entsprechend anzuwenden.[833] Die Beweislast für den Schaden trägt dagegen die Gesellschaft.[834]

298 Umstritten ist, ob die Entscheidung der Gesellschaft zwischen einem Eintritt in die getätigten Geschäfte oder der Geltendmachung von Schadensersatz bindend ist. Teilweise wird vertreten, dass die KGaA keinen Schadensersatz mehr fordern könne, nachdem sie den Eintritt verlangt habe.[835] Nach richtiger Ansicht sollte eine Bindung an das Eintrittsverlangen nur unter dem Gesichtspunkt des Vertrauensschutzes eintreten, wenn der Erklärungsgegner sich in schutzwürdiger Weise

---

[830] *Seibt* in K. Schmidt/Lutter AktG § 88 Rn. 12; *Förl/Fett* in Bürgers/Körber AktG § 284 Rn. 8; *Perlitt* in Münch Komm AktG § 284 Rn. 24; *Bachmann* bzw. *Fleischer* in Spindler/Stilz AktG § 284 Rn. 12 i. V. m. § 88 Rn. 35.

[831] Siehe hierzu unter § 5 Rn. 495 ff.

[832] Zur Parallelnorm für die AG: *Seibt* in K. Schmidt/Lutter AktG § 88 Rn. 12; *Hüffer/Koch* § 88 Rn. 6; *Mertens/Cahn* in Kölner Komm AktG § 88 Rn. 21; *Fleischer* in Spindler/Stilz AktG § 88 Rn. 34; *Spindler* in Münch Komm AktG § 88 Rn. 30.

[833] Zur Parallelnorm für die AG: *Hüffer/Koch* § 88 Rn. 6; *Mertens/Cahn* in Kölner Komm AktG § 88 Rn. 21; *Fleischer* in Spindler/Stilz AktG § 88 Rn. 34; *Spindler* in Münch Komm AktG § 88 Rn. 30; *Dauner-Lieb* in Henssler/Strohn GesellschRe § 88 AktG Rn. 8.

[834] Zur Parallelnorm für die AG: *Mertens/Cahn* in Kölner Komm AktG § 88 Rn. 21; *Fleischer* in Spindler/Stilz AktG § 88 Rn. 34; *Spindler* in Münch Komm AktG § 88 Rn. 30; *Dauner-Lieb* in Henssler/Strohn GesellschRe § 88 AktG Rn. 8.

[835] Zur Parallelnorm für die AG: Hamburg OLGE 7, 149; *Mertens* in Kölner Komm AktG § 88 Rn. 16; *Godin/Wilhelmi* AktG § 88 Rn. 8; zur oHG: *Emmerich* in Heymann HGB § 113 Rn. 13.

auf den Eintritt eingestellt hat.[836] Der Wechsel vom Schadensersatz auf den Eintritt ist dagegen jederzeit möglich.[837]

V. Veränderungen in der Zusammensetzung der Komplementäre

1. Überblick

Das Rechtsverhältnis der Komplementäre gegenüber der Gesamtheit der Kommanditaktionäre unterliegt gemäß § 278 Abs. 2 AktG dem Recht der Kommanditgesellschaft. Hieraus folgt, dass auch Änderungen bei der Gesellschaftergruppe der Komplementäre grundsätzlich dem Recht der Kommanditgesellschaft unterliegen, soweit nicht zwingende aktienrechtliche Bestimmungen Abweichungen erfordern.[838] Der Gesellschaftsvertrag kann daher, wovon in der Praxis regelmäßig Gebrauch gemacht wird, **Eintritt** und **Ausscheiden**[839] der Komplementäre sowie die **Übertragung der Komplementärbeteiligung**[840] regeln.[841] Während bei Ausscheiden eines Komplementärs und Eintritt eines neuen Komplementärs die eine Gesellschafterstellung mit allen zugehörigen Rechten beendet und eine neue begründet wird, gehen im Falle einer Übertragung der Komplementärbeteiligung die daran hängenden Rechtspositionen, wie z.B. Sozialansprüche, auf den neuen Komplementär über.[842]

299

Sieht die Satzung der KGaA keine diesbezüglichen Regelungen vor, so stellt jede Veränderung im Bestand der persönlich haftenden Gesellschafter eine Änderung der Satzung dar. Übertragung der Beteiligung, Ausscheiden und Aufnahme eines Komplementärs bedürfen somit der für eine Satzungsänderung erforderlichen Zustimmung aller Komplementäre sowie eines zustimmenden Beschlusses der Kom-

300

---

[836] Zur Parallelnorm für die AG: Hüffer/Koch § 88 Rn. 6; Fleischer in Spindler/Stilz AktG § 88 Rn. 39; Spindler in Münch Komm AktG § 88 Rn. 31; zur oHG: Schäfer in Staub HGB § 113 Rn. 10; ähnlich: Roth in Baumbach/Hopt HGB § 113 Rn. 8; Koller in Koller/Kindler/Roth/Morck HGB § 113 Rn. 4.

[837] Zur Parallelnorm für die AG: Hüffer/Koch § 88 Rn. 7 a. E.; Spindler in Münch Komm AktG § 88 Rn. 31; vgl. auch Fleischer in Spindler/Stilz AktG § 88 Rn. 39; zur OHG: Schäfer in Staub HGB § 113 Rn. 11; Roth in Baumbach/Hopt HGB § 113 Rn. 8.

[838] Vgl. zum Ausscheiden Perlitt in Münch Komm AktG § 289 Rn. 115, 142; Hüffer/Koch § 289 Rn. 3, 7 ff.; Bachmann in Spindler/Stilz AktG § 289 Rn. 19 ff.

[839] Zum Ausscheiden des letzten Komplementärs § 8 Rn. 27 ff.

[840] Diese erfolgt wie bei einer Personengesellschaft durch Übertragung der Mitgliedschaft gemäß §§ 398, 413 BGB, vgl. zur OHG: Roth in Baumbach/Hopt HGB § 105 Rn. 69; Koller in Koller/Kindler/Roth/Morck HGB § 105 Rn. 61 ff.; Wertenbruch in Ebenroth/Boujong/Joost/Strohn HGB § 105 Rn. 214 ff.

[841] Perlitt in Münch Komm AktG § 278 Rn. 67 ff., § 289 Rn. 141 f.; Assmann/Sethe in GroßKomm AktG § 278 Rn. 44 ff.; § 289 Rn. 114 ff.; Herfs in Münch Hdb AG § 78 Rn. 32, 45; Bachmann in Spindler/Stilz AktG § 278 Rn. 49 f., § 289 Rn. 24.

[842] Vgl. Assmann/Sethe in GroßKomm AktG § 289 Rn. 114; Bachmann in Spindler/Stilz AktG § 278 Rn. 50; zur OHG: Roth in Baumbach/Hopt HGB § 105 Rn. 72; Wertenbruch in Ebenroth/Boujong/Joost/Strohn HGB § 105 Rn. 214; Koller in Koller/Kindler/Roth/Morck HGB § 105 Rn. 63.

manditaktionäre mit einer Mehrheit von mindestens ¾ des bei der Beschlussfassung vertretenen Grundkapitals.[843]

2. Gesetzliche Gründe des Ausscheidens

301 Vorstehende Beschlusserfordernisse gelten nicht, wenn in der Person eines persönlich haftenden Gesellschafters ein gesetzlicher Ausscheidensgrund i. S. d. §§ 289 Abs. 1 2. Alt. AktG, 131 Abs. 3, 140 HGB eintritt. Ein scheinbarer Widerspruch des Gesetzes in § 289 AktG entsteht dadurch, dass einerseits die Verweisung in § 289 Abs. 1 AktG auf § 131 Abs. 3 HGB Gründe aufführt, die bereits von Gesetzes wegen zu einem Ausscheiden eines Komplementärs führen, andererseits aber § 289 Abs. 5 AktG ein Ausscheiden eines Komplementärs lediglich dann vorsieht, wenn es die Satzung für zulässig erklärt. Bei strenger Anwendung des Wortlautes des § 289 Abs. 5 AktG wäre die Verweisung in § 289 Abs. 1 2. Alt. AktG auf die in § 131 Abs. 3 HGB vorgesehenen Fälle des gesetzlichen Ausscheidens sinnlos, wenn § 289 Abs. 5 AktG in jedem Fall eine Regelung in der Satzung verlangen würde. Die fehlende Abstimmung zwischen § 289 Abs. 1 AktG einerseits und § 289 Abs. 5 AktG andererseits lässt sich jedoch darauf zurückführen, dass der Gesetzgeber eine Anpassung von § 289 Abs. 5 AktG im Zuge des Handelsrechtsreformgesetzes vom 22.6.1998 versäumt hat. § 289 Abs. 5 AktG ist daher einschränkend dahingehend auszulegen, dass diese Regelung auf die gesetzlichen Fälle des Ausscheidens eines Komplementärs keine Anwendung findet.[844]

302 **a) Tod des Gesellschafters (§ 131 Abs. 3 Nr. 1 HGB).** Nach der gesetzlichen Ausgangsregelung führt der Tod eines Gesellschafters zu dessen Ausscheiden. Der Anteil des Verstorbenen wächst den übrigen Komplementären zu. Die Erben erhalten einen Abfindungsanspruch gegen die Gesellschaft. Dieser Abfindungsanspruch kann jedoch durch die Satzung abbedungen werden.[845]

303 § 131 Abs. 3 Nr. 1 HGB ist analog bei juristischen Personen als Komplementär anzuwenden.[846] In diesem Fall führt die Vollbeendigung zum Ausscheiden der Komplementärgesellschaft.[847]

304 **b) Eröffnung des Insolvenzverfahrens (§ 131 Abs. 3 Nr. 2 HGB).** Wird das Insolvenzverfahren über das Vermögen eines Komplementärs eröffnet, scheidet der insolvente Gesellschafter mit Rechtskraft des Eröffnungsbeschlusses aus der Gesellschaft aus. Der Abfindungsanspruch ist dann vom Insolvenzverwalter gel-

---

[843] *Assmann/Sethe* in GroßKomm AktG § 278 Rn. 49; *Herfs* in Münch Hdb AG § 77 Rn. 33; *Cahn* AG 2001, 582; *Bachmann* in Spindler/Stilz AktG § 289 Rn. 19; *Perlitt* in Münch Komm AktG § 289 Rn. 130; a. A. *Wichert* AG 1999, 365 ff., der anstelle einer 3/4-Mehrheit bereits eine einfache Stimmenmehrheit bei dem HV-Beschluss ausreichen läßt.
[844] *Assmann/Sethe* in GroßKomm AktG § 289 Rn. 78 ff.; *Hüffer/Koch* 289 Rn. 8; *Förl/Fett* in Bürgers/Körber AktG § 289 Rn. 13; *Perlitt* in Münch Komm AktG § 289 Rn. 44 f.; *Bachmann* in Spindler/Stilz AktG § 289 Rn. 20; *Veil* NZG 2000, 76.
[845] *Förl/Fett* in Bürgers/Körber AktG § 289 Rn. 14; *Hüffer/Koch* § 289 Rn. 8; *Perlitt* in Münch Komm AktG § 289 Rn. 46 f.; *Bachmann* in Spindler/Stilz AktG § 289 Rn. 21.
[846] RefE HRefG ZIP 1996, 1489; *Perlitt* in Münch Komm AktG § 289 Rn. 69.
[847] *Schlitt* S. 141; *Perlitt* in Münch Komm AktG § 289 Rn. 69; *Bachmann* in Spindler/Stilz AktG § 289 Rn. 28; ebenso für die GmbH & Co. KG: BGHZ 75, 178 = NJW 1980, 233; BGHZ 96, 151, 154 = NJW 1986, 850.

tend zu machen.⁸⁴⁸ Nicht zum Ausscheiden führt es dagegen, wenn die Eröffnung des Insolvenzverfahrens mangels Masse abgelehnt wird. In diesem Fall haben die Gläubiger lediglich die Möglichkeit, nach §§ 131 Abs. 3 Nr. 4 i. V. m. 135 HGB vorzugehen.⁸⁴⁹

c) Kündigung des Gesellschafters (§ 131 Abs. 3 Nr. 3 HGB). Nach der 305 gesetzlichen, durch § 132 HGB näher ausgestalteten Regelung kann ein Komplementär, wenn die Gesellschaft für unbestimmte Zeit eingegangen ist, seine Mitgliedschaft mit einer Kündigungsfrist von sechs Monaten für den Schluss eines Geschäftsjahres aufkündigen. Die Kündigungserklärung muss sowohl allen Komplementären als auch der Hauptversammlung erklärt werden. Die Erklärung an die Hauptversammlung kann an den Vorsitzenden des Aufsichtsrats oder sogar an ein einzelnes Aufsichtsratsmitglied gerichtet werden.⁸⁵⁰ Der Komplementär scheidet mit Ablauf der Kündigungsfrist aus.⁸⁵¹

Die Satzung kann die gesetzliche Regelung modifizieren, indem sie etwa die 306 Kündigungsfrist und/oder den Erklärungsempfänger der Kündigungserklärung abweichend regelt. Nicht zulässig ist allerdings ein völliger Ausschluss des Kündigungsrechts, §§ 278 Abs. 2 AktG, 161 Abs. 2, 105 Abs. 2 HGB, 723 Abs. 3 BGB. Ebenso unzulässig sind Regelungen, die das Kündigungsrecht zwar als solches unberührt lassen, jedoch faktisch zu einem Ausschluss führen. Aus diesem Grund kommt daher auch bei einer für eine bestimmte, aber sehr lange Zeit eingegangene Gesellschaft ein Kündigungsrecht in Betracht. Ebenso kann eine besonders nachteilige Abfindungsregelung unzulässig sein.⁸⁵²

d) Kündigung durch den Privatgläubiger des Komplementärs (§ 131 307 **Abs. 3 Nr. 4 HGB).** Die Voraussetzungen für eine Kündigung durch einen Privatgläubiger des Komplementärs sind in § 135 HGB geregelt. Danach ist erforderlich, dass der kündigende Privatgläubiger einen nicht bloß vorläufig vollstreckbaren Titel hat, aufgrund dessen er die Pfändung und Überweisung des Abfindungsanspruchs des Komplementärs erwirkt hat. Weiterhin ist erforderlich, dass innerhalb der letzten sechs Monate bereits ein erfolgloser Versuch der Zwangsvollstreckung in das bewegliche Vermögen des Komplementärs unternommen wurde. Dieser erfolglose Zwangsvollstreckungsversuch muss allerdings nicht von dem kündigenden Privatgläubiger selbst unternommen worden sein.⁸⁵³ Da § 135 HGB eine Zwangsvollstreckung in das Abfindungsguthaben des Komplementärs ermöglichen soll,

---

⁸⁴⁸ *Förl/Fett* in Bürgers/Körber AktG § 289 Rn. 15; *Lorz* in Ebenroth/Boujong/Joost/Strohn HGB § 131 Rn. 49; *Perlitt* in Münch Komm AktG § 289 Rn. 77; *Koller* in Koller/Kindler/Roth/Morck HGB § 131 Rn. 23.
⁸⁴⁹ *Förl/Fett* in Bürgers/Körber AktG § 289 Rn. 15; *Koller* in Koller/Kindler/Roth/Morck HGB § 131 Rn. 23; *Lorz* in Ebenroth/Boujong/Joost/Strohn HGB § 131 Rn. 48; *Schäfer* in Staub HGB § 131 Rn. 91.
⁸⁵⁰ *Perlitt* in Münch Komm AktG § 289 Rn. 86 ff.
⁸⁵¹ *Herfs* in Münch Hdb AG § 77 Rn. 36; *Veil* ZGR 2000, 76; *Perlitt* in Münch Komm AktG § 289 Rn. 90; *Schäfer* in Staub HGB § 131 Rn. 100; *Koller* in Koller/Kindler/Roth/Morck HGB § 131 Rn. 24; *Lorz* in Ebenroth/Boujong/Joost/Strohn HGB § 131 Rn. 51.
⁸⁵² *Assmann/Sethe* in GroßKomm AktG § 289 Rn. 133 ff.; *Perlitt* in Münch Komm AktG § 289 Rn. 99; vgl. auch *Herfs* in Münch Hdb AG § 78 Rn. 38; *Bachmann* in Spindler/Stilz AktG § 289 Rn. 23.
⁸⁵³ *Roth* in Baumbach/Hopt HGB § 135 Rn. 6; *K. Schmidt* in Münch Komm HGB § 135 Rn. 19; *Lorz* in Ebenroth/Boujong/Joost/Strohn HGB § 135 Rn. 10; *Schäfer* in Staub HGB § 135 Rn. 10.

kommt eine Kündigung durch einen Privatgläubiger nur bei einem Komplementär mit Kapitaleinlage in Betracht.⁸⁵⁴

308 Bezüglich der Kündigungserklärung und der Kündigungsfrist gelten dieselben Regeln wie bei einer Kündigung des Gesellschafters.⁸⁵⁵

309 Da § 135 HGB zwingend ist, kann durch die Satzung das Kündigungsrecht des Privatgläubigers nicht erschwert oder ausgeschlossen werden. Unwirksam sind auch Abfindungsregelungen, die abweichend von den allgemein anwendbaren Abfindungsregelungen den Privatgläubiger benachteiligen.⁸⁵⁶

310 **e) Beschluss der Gesellschafter (§ 131 Abs. 3 Nr. 6 HGB).** Ohne Ermächtigung in der Satzung kann ein Beschluss der Komplementäre und der Kommanditaktionäre zum Ausscheiden eines Komplementärs führen, wenn der Beschluss einstimmig unter Zustimmung auch des betroffenen Komplementärs gefasst wird.⁸⁵⁷ Der zustimmende Beschluss der Hauptversammlung bedarf hierbei der für eine Satzungsänderung erforderlichen Mehrheit.

311 Ohne Zustimmung des betroffenen Komplementärs kann eine Ausschließung nur bei einer ausdrücklichen Regelung in der Satzung beschlossen werden. Mangels abweichender Satzungsregelung sind auch dann die für Satzungsänderungen erforderlichen Beschlussmehrheiten einzuhalten. Die Satzung kann jedoch sowohl die Organzuständigkeit als auch die Mehrheitserfordernisse abweichend regeln. Eine Grenze für Satzungsgestaltungen bildet die grundsätzliche Unzulässigkeit von Hinauskündigungsklauseln. Eine Kündigung kann nicht in das Belieben der übrigen Gesellschafter gestellt werden, sondern bedarf eines sachlichen Grundes.⁸⁵⁸

3. Satzungsbestimmungen zur Aufnahme neuer Komplementäre

312 Sieht die Satzung der KGaA keine diesbezüglichen Regelungen vor, so stellt die Aufnahme eines Komplementärs eine Satzungsänderung dar, die der Zustimmung aller Komplementäre – auch der nicht geschäftsführungsbefugten – sowie eines zustimmenden Beschlusses der Kommanditaktionäre mit einer Mehrheit von mindestens ¾ des bei der Beschlussfassung vertretenen Grundkapitals bedarf.⁸⁵⁹

---

⁸⁵⁴ *Förl/Fett* in Bürgers/Körber AktG § 289 Rn. 17; *Herfs* in Münch Hdb AG § 78 Rn. 39; *Perlitt* in Münch Komm AktG § 289 Rn. 101: Ist der Komplementär lediglich Inhaber von Gewinnansprüchen, so kann der Privatgläubiger diese unmittelbar pfänden, ohne auf eine Kündigung der Gesellschaft angewiesen zu sein.

⁸⁵⁵ *Assmann/Sethe* in GroßKomm AktG § 289 Rn. 89; *Perlitt* in Münch Komm AktG § 289 Rn. 104 f.; *Schäfer* in Staub HGB § 135 Rn. 20 ff.

⁸⁵⁶ *Perlitt* in Münch Komm AktG § 289 Rn. 105; *Assmann/Sethe* in GroßKomm AktG § 289 Rn. 136; *Herfs* in Münch Hdb AG § 78 Rn. 39; *Koller* in Koller/Kindler/Roth/Morck HGB § 135 Rn. 4; *Schäfer* in Staub HGB § 131 Rn. 187.

⁸⁵⁷ *Assmann/Sethe* in GroßKomm AktG § 289 Rn. 90, 113; *Förl/Fett* in Bürgers/Körber AktG § 289 Rn. 19; *Servatius* in Grigoleit AktG § 289 Rn. 4; *Bachmann* in Spindler/Stilz AktG § 289 Rn. 25; *Mertens/Cahn* in Kölner Komm § 289 Rn. 56; vgl. auch *Perlitt* in Münch Komm AktG § 289 Rn. 107.

⁸⁵⁸ BGHZ 68, 212, 215 = NJW 1977, 1292; BGHZ 81, 263, 265 ff. = NJW 1981, 2565; BGHZ 107, 351, 353 = NJW 1989, 2681; BGH NJW 1985, 2421; *Herfs* in Münch Hdb AG § 78 Rn. 41; *Perlitt* in Münch Komm AktG § 289 Rn. 124; *Assmann/Sethe* in GroßKomm AktG § 289 Rn. 111; *Mertens/Cahn* in Kölner Komm § 289 Rn. 59.

⁸⁵⁹ *Assmann/Sethe* in GroßKomm AktG § 278 Rn. 49; *Förl/Fett* in Bürgers/Körber AktG § 278 Rn. 17; *Herfs* in Münch Hdb AG § 78 Rn. 4; *Cahn* AG 2001, 579, 582; *Perlitt* in

In Anbetracht der tiefgreifenden Folgen für die vermögensrechtliche Struktur **313** der KGaA und angesichts der Bedeutung der Komplementäre für die organschaftliche Führung der KGaA sollte die Regelung der Voraussetzungen, Modalitäten und Folgen eines Wechsels in der Zusammensetzung der Komplementäre nicht den gesetzlichen Bestimmungen überlassen bleiben, sondern in der Satzung ausführlich geregelt werden. Die Satzung kann insbesondere folgende Regelungen vorsehen:

- Die **Mehrheitserfordernisse** für den Beschluss der Hauptversammlung als auch für den Beschluss der Komplementäre können modifiziert werden. Da es sich bei der Aufnahme neuer Komplementäre nicht um einen Eingriff in den Kernbereich der Mitgliedschaft handelt,[860] braucht eine entsprechende Klausel den Bestimmtheitsgrundsatz nicht zu beachten;[861] es genügt, wenn die „Aufnahme weiterer Komplementäre" als mit Mehrheit zu beschließender Beschlussgegenstand in der Satzung aufgeführt ist.[862] Auch wenn aufgrund einer entsprechenden Satzungsregelung die Zustimmung aller oder eines Teils der Komplementäre zur Aufnahme neuer Komplementäre ganz oder teilweise abbedungen wird, sind die nicht stimmberechtigten Komplementäre dadurch geschützt, dass sie bei Bestehen eines wichtigen Grundes der Aufnahme widersprechen können. Bis zu einer gerichtlichen Klärung hat dann die Aufnahme zunächst zu unterbleiben.[863]
- Die **Zustimmung zur Aufnahme** neuer Komplementäre kann ganz auf die Hauptversammlung oder auf die Komplementäre sowie auf einen einzelnen Komplementär übertragen werden.[864] Die Zustimmung kann auch auf den Aufsichtsrat oder ein anderes Organ (Beirat, Gesellschafterausschuss) übertragen werden.[865]
- Die Satzung kann die Aufnahme erschweren, indem für neu aufzunehmende Komplementäre **besondere persönliche Eigenschaften** verlangt werden.[866] Ebenfalls kann dem in der Satzung geregelten Bestellungsakt ein Auswahl- oder Vorschlagsrecht eines anderen Organs oder eines Dritten vorangestellt werden.[867]
- Möglich ist schließlich auch die Aufnahme von **Nachfolgeklauseln** sowie die Aufnahme von **Eintrittsrechten**, die von der Erfüllung festgelegter Bedingun-

---

Münch Komm AktG § 278 Rn. 66; *Bachmann* bzw. *Holzborn* in Spindler/Stilz AktG § 278 Rn. 48 i. V. m. § 179 Rn. 114; a. A. *Wichert* AG 1999, 365 ff., der anstelle einer 3/4-Mehrheit bereits eine einfache Stimmenmehrheit bei dem HV-Beschluss ausreichen lässt.

[860] *Wichert* AG 1999, 362, 367; a. A. wohl *Bachmann* in Spindler/Stilz AktG § 278 Rn. 49.

[861] *Wichert* AG 1999, 362, 366 f.; a. A. noch *Assmann/Sethe* in GroßKomm AktG § 278 Rn. 49; *Herfs* in Münch Hdb AG § 78 Rn. 4.

[862] Zum besonderen Problem der Aufnahme von Komplementären mit Sondereinlage vgl. *Wichert* AG 1999, 362, 367 f.

[863] *Perlitt* in Münch Komm AktG § 278 Rn. 70; *Assmann/Sethe* in GroßKomm AktG § 278 Rn. 50; *Förl/Fett* in Bürgers/Körber AktG § 278 Rn. 18; *Bachmann* in Spindler/Stilz AktG § 278 Rn. 51; vgl. auch *Mertens/Cahn* in Kölner Komm § 278 Rn. 23 f.

[864] *Herfs* in Münch Hdb AG § 78 Rn. 5; *Cahn* AG 2001, 579, 582; *Bachmann* in Spindler/Stilz AktG § 278 Rn. 49; *Perlitt* in Münch Komm AktG § 278 Rn. 68.

[865] *Herfs* in Münch Hdb AG § 78 Rn. 6; *Raiser/Veil* § 23 Rn. 14; *Bachmann* in Spindler/Stilz AktG § 278 Rn. 49; *Perlitt* in Münch Komm AktG § 278 Rn. 68.

[866] *Förl/Fett* in Bürgers/Körber AktG § 278 Rn. 16; *Perlitt* in Münch Komm AktG § 278 Rn. 67; *Herfs* in Münch Hdb AG § 77 Rn. 5.

[867] *Perlitt* in Münch Komm AktG § 278 Rn. 67; *Assmann/Sethe* in GroßKomm AktG § 278 Rn. 47; *Herfs* in Münch Hdb AG § 78 Rn. 6, 8; *Bachmann* in Spindler/Stilz AktG § 278 Rn. 49.

gen abhängig gemacht werden können.[868] Hier bieten sich folgende Lösungen an:
- Bei der **einfachen Nachfolgeklausel** wird die Gesellschaft mit dem jeweiligen Erben des verstorbenen Komplementärs fortgesetzt. Im Falle einer Mehrzahl von Erben wird nicht die Erbengemeinschaft persönlich haftender Gesellschafter, vielmehr erwirbt jeder Erbe im Wege der Sondererbfolge einen seiner Erbquote entsprechenden Anteil an dem Gesellschaftsanteil des verstorbenen Komplementärs.[869] Um die negativen Auswirkungen einer Zersplitterung zu minimieren, kann den Erben auferlegt werden, einen gemeinsamen Vertreter zu bestimmen. Diese Anordnung hat jedoch nur beschränkte Rechtswirkungen, da die zum Kernbereich der Mitgliedschaft gehörenden Befugnisse nicht zwangsweise einem gemeinsamen Vertreter übertragen werden können.[870]
- Bei der **qualifizierten Nachfolgeklausel** benennt der Gesellschaftsvertrag einen oder mehrere bestimmte Erben als Nachfolger. Voraussetzung derartiger Klauseln ist, dass der oder die gesellschaftsvertraglich benannten Person(en) auch Erbe(n) des verstorbenen Komplementärs wird (werden).
- Bei der **Eintrittsklausel** erwirbt der Berechtigte einen schuldrechtlichen Anspruch auf Aufnahme in die Gesellschaft. Die Eintrittsklausel lässt die gesetzliche Regelung nach § 131 Abs. 3 Nr. 1 HGB unberührt, so dass die Erben einen Abfindungsanspruch gegen die Gesellschaft erwerben. Es besteht daher regelmäßig zusätzlicher Regelungsbedarf, um dem Eintrittsberechtigten, der sein Eintrittsrecht ausübt, wirtschaftlich den Gesellschaftsanteil des verstorbenen Komplementärs zuzuwenden.[871] Zweckmäßig ist ferner die Regelung einer Frist, innerhalb derer der Eintrittsberechtigte sein Eintrittsrecht ausüben muss. Dieser Klauseltyp ist geeignet, wenn im Erbfall eine **juristische Person** an die Stelle des persönlich haftenden Erblassers treten soll. Sofern die Komplementärgesellschaft nicht schon zu Lebzeiten der KGaA beitreten soll, ist allerdings erforderlich, diese Gesellschaft bereits zu Lebzeiten des Erblassers zu gründen und die erforderlichen Verträge abzuschließen.
- Bei der **rechtsgeschäftlichen Nachfolgeklausel** erwirbt der Berechtigte im Todesfall unmittelbar den Gesellschaftsanteil des verstorbenen Komplementärs. Da ein Vertrag zu Lasten Dritter nicht möglich ist, erfordert diese Klausel eine Vereinbarung zu Lebzeiten zwischen dem Komplementär und seinem zukünftigen Nachfolger unter Zustimmung (sofern diese nicht in der Sat-

---

[868] *Perlitt* in Münch Komm AktG § 278 Rn. 68; *Förl/Fett* in Bürgers/Körber AktG § 289 Rn. 24; *Herfs* in Münch Hdb AG § 78 Rn. 8; *Bachmann* in Spindler/Stilz AktG § 278 Rn. 49.
[869] Ständige Rechtsprechung zu Personengesellschaften: BGHZ 22, 186, 191 ff. = NJW 1957, 180; BGHZ 55, 267, 269 = NJW 1971, 1268; BGHZ 68, 225, 229 ff. = NJW 1977, 1339; BGHZ 98, 48, 50 f. = NJW 1986, 2431; BGHZ 108, 187, 192 = NJW 1989, 3152; BGH NJW 1987, 3184, 3185; zur KGaA: *Assmann/Sethe* in GroßKomm AktG § 289 Rn. 120; *Perlitt* in Münch Komm AktG § 289 Rn. 54; *Herfs* in Münch Hdb AG § 78 Rn. 34.
[870] BGHZ 119, 346, 354 f.= NJW 1993, 1265.
[871] Vgl. im einzelnen *Lorz* in Ebenroth/Boujong/Joost/Strohn HGB § 139 Rn. 38 ff.; *Roth* in Baumbach/Hopt HGB § 139 Rn. 50 ff.; *Schäfer* in Staub HGB § 139 Rn. 16 ff.; *Koller* in Koller/Kindler/Roth/Morck HGB § 139 Rn. 21 ff.

zung antizipiert erteilt wurde) der übrigen Komplementäre und der Hauptversammlung mit satzungsändernder Mehrheit.[872]

Erben, die aufgrund einer einfachen oder qualifizierten Nachfolgeklausel Rechtsnachfolger eines Komplementärs mit Kapitaleinlage werden, können gemäß §§ 278 Abs. 2 AktG, 139 HGB beantragen, dass ihnen die Stellung eines Kommanditaktionärs eingeräumt wird. Bei Annahme dieses Antrags können die Erben ihren Abfindungsanspruch als Sacheinlage gegen Gewährung neuer Aktien einbringen.[873] Wegen der für die Sacheinlage erforderlichen Erhöhung des Grundkapitals ist mangels abweichender Satzungsbestimmung die Zustimmung aller übrigen Komplementäre sowie der Kommanditaktionäre mit satzungsändernder Mehrheit erforderlich. War der Erblasser Komplementär ohne Kapitalanteil, verbleibt dem Erben dagegen nur das Recht, entweder in die Stellung des Verstorbenen einzurücken oder aus der Gesellschaft auszuscheiden.[874] Durch die in § 139 HGB eingeräumte Möglichkeit können die Erben ihre Haftung auf den Nachlass beschränken. Sie haften im Falle ihres Ausscheidens bei der Umwandlung ihrer Beteiligung in diejenige eines Kommanditaktionärs für die aufgrund der persönlichen Haftung des Komplementärs bis zur Umwandlung entstandenen Schulden nach allgemeinen erbrechtlichen Grundsätzen nur mit dem Nachlass.[875] 314

Bei einer **atypischen KGaA** kann die Satzung die Aufnahme eines weiteren Komplementärs durch alleinigen Beschluss der Kommanditaktionäre vorsehen.[876] 315

Bei einer Aufnahme neuer Komplementäre aufgrund einer bestehenden Satzungsbestimmung wird die Satzung hinsichtlich der Bezeichnung der Komplementäre gemäß § 281 Abs. 1 AktG unrichtig. Die Aufnahme ist sofort wirksam; die gemäß § 282 AktG erforderliche Anmeldung der Aufnahme eines neuen Komplementärs zum Handelsregister ist rein deklaratorisch.[877] Die Satzung muss in diesen Fällen der Rechtslage angepasst werden. Gemäß §§ 283 Nr. 1, 181 Abs. 1 S. 1, 2 AktG müssen die Anmeldung zum Handelsregister und die Einreichung der neuen Satzungsfassung[878] nach Maßgabe der Vertretungsregelung der Gesellschaft 316

---

[872] *Lorz* in Ebenroth/Boujong/Joost/Strohn HGB § 139 Rn. 51 f.; *Roth* in Baumbach/Hopt HGB § 139 Rn. 56 f.; *Koller* in Koller/Kindler/Roth/Morck HGB § 139 Rn. 23 f.; *Schäfer* in Staub HGB § 139 Rn. 14.

[873] *Perlitt* in Münch Komm AktG § 289 Rn. 55; *Assmann/Sethe* in GroßKomm AktG § 289 Rn. 121 ff.; siehe dort auch zu weiteren Einzelheiten; keine Verpflichtung zur Annahme insbesondere bezüglich der Antragsfrist und eines negativen Kapitals des Erblassers; a. A. *Herfs* in Münch Hdb AG § 78 Rn. 35, der die Vermögenseinlage des Verstorbenen als Sacheinlage ansieht; ebenso Hüffer/Koch § 289 Rn. 8.

[874] *Herfs* in Münch Hdb AG § 78 Rn. 34; ebenso für die KG: *Haas* in Röhricht/von Westphalen HGB § 139 Rn. 30; *Schäfer* in Staub HGB § 139 Rn. 101; *Assmann/Sethe* in GroßKomm AktG § 289 Rn. 123 und *Perlitt* in Münch Komm AktG § 289 Rn. 51 sehen zusätzlich die Möglichkeit einer Umwandlung in die Stellung eines Kommanditaktionärs bei gleichzeitiger Vereinbarung einer Einlage an.

[875] *Perlitt* in Münch Komm AktG § 289 Rn. 65; *Koller* in Koller/Kindler/Roth/Morck HGB § 139 Rn. 10, 18; *Roth* in Baumbach/Hopt HGB § 139 Rn. 44 ff., 48; *Schäfer* in Staub HGB § 139 Rn. 125.

[876] Vgl. *Herfs* in Münch Hdb AG § 78 Rn. 6; *Cahn* AG 2001, 579, 582; *Perlitt* in Münch Komm AktG § 278 Rn. 68; *Bachmann* in Spindler/Stilz AktG § 278 Rn. 49.

[877] *Perlitt* in Münch Komm AktG § 281 Rn. 15; *Assmann/Sethe* in GroßKomm AktG § 281 Rn. 9; *Godin/Wilhelmi* AktG § 278 Rn. 7; *Bachmann* in Spindler/Stilz AktG § 281 Rn. 23.

[878] Mit der Bescheinigung des Notars, die auch für bloße Fassungsänderungen der Satzung erforderlich ist.

durch den oder die vertretungsberechtigten Komplementäre erfolgen.[879] Hier kann es sich empfehlen, den Aufsichtsrat in der Satzung zu derartigen Satzungsänderungen zu ermächtigen, die nur die Fassung betreffen (§§ 278 Abs. 3, 179 Abs. 1 S. 2 AktG).[880] Der Registerrichter prüft in diesen Fällen, ob die Grenzen der Satzungsermächtigung eingehalten wurden.[881]

4. Satzungsbestimmungen zum Ausscheiden eines Komplementärs

317   Die Satzung kann neben den gesetzlichen Ausscheidensgründen des § 131 Abs. 3 HGB weitere Fälle aufführen, die zum Ausscheiden eines Komplementärs führen.

318   **a) Automatisches Ausscheiden eines Komplementärs.** Nach der gesetzlichen Ausgangslage haben die Komplementäre einer KGaA wegen der auf sie anwendbaren personengesellschaftsrechtlichen Grundsätze eine sehr starke Position inne. Es kann jedoch aus Sicht der Gesellschaft gewünscht sein, die Rechtsposition insbesondere von Komplementären ohne Kapitaleinlage derjenigen eines Fremdgeschäftsführers einer GmbH oder eines Vorstands einer Aktiengesellschaft anzugleichen.

319   In diesen Fällen kann die Satzung eine Befristung oder auflösende Bedingungen vorsehen, die zum Ausscheiden eines Komplementärs führen. Möglich ist daher auch, dass das Erreichen einer bestimmten Altersgrenze eines Komplementärs zu dessen Ausscheiden führt. Solche Regelungen sind sowohl für Komplementäre mit als auch ohne Kapitaleinlage zulässig.[882]

320   Die Satzung kann auch eine Befristung mit einer Verlängerungsoption vorsehen. In diesem Fall ist zu bedenken, dass die Ausübung der Option durch die Gesellschaft einer Beschlussfassung mit satzungsändernder Mehrheit – Zustimmung aller Komplementäre sowie eines mit Mehrheit von drei Vierteln des bei Beschlussführung vertretenen Grundkapitals – bedarf. Zur Vereinfachung des Verfahrens ist daher zu empfehlen, die Zuständigkeit eines bestimmten Gremiums der Satzung vorzusehen.[883]

321   **b) Vereinbarung zwischen Gesellschaft und Komplementär.** Sieht die Satzung die Möglichkeit eines Ausscheidens des Komplementärs durch eine Vereinbarung zwischen der Gesellschaft und dem Komplementär vor, so ist, mangels abweichender Regelung, hierfür sowohl ein Beschluss aller Komplementäre als

---

[879] *Perlitt* in Münch Komm AktG § 283 Rn. 15; *Barz* in GroßKomm AktG § 278 Rn. 29; *Bachmann* in Spindler/Stilz AktG § 283 Rn. 4; *Hüffer/Koch* § 283 Rn. 2; a.A. *Cahn* AG 2001, 579, 585; *Cahn* propagiert ein eigenes Anmelderecht für denjenigen, der zur Änderung der Satzung befugt ist.
[880] *Perlitt* in Münch Komm AktG § 281 Rn. 16; *Assmann/Sethe* in GroßKomm AktG § 281 Rn. 9; *Bachmann* in Spindler/Stilz AktG § 281 Rn. 20; *Mertens/Cahn* in Kölner Komm § 281 Rn. 6.
[881] *Zöllner* in Kölner Komm AktG § 179 Rn. 150; *Stein* in Münch Komm AktG § 179 Rn. 176; *Hüffer/Koch* § 179 Rn. 12.
[882] *Assmann/Sethe* in GroßKomm AktG § 289 Rn. 104 f.; *Perlitt* in Münch Komm AktG § 289 Rn. 132 ff.; *Bachmann* in Spindler/Stilz AktG § 289 Rn. 24; *Herfs* in Münch Hdb AG § 78 Rn. 45.
[883] *Herfs* in Münch Hdb AG § 78 Rn. 41; *Perlitt* in Münch Komm AktG § 289 Rn. 134; *Assmann/Sethe* in GroßKomm AktG § 289 Rn. 105.

B. Rechtsstellung der Komplementäre

auch der Hauptversammlung mit satzungsändernder Mehrheit erforderlich.[884] Unabhängig von der Frage der internen Zuständigkeit empfiehlt es sich in jedem Fall, in der Satzung zu regeln, durch wen die Gesellschaft bei Abschluss der Vereinbarung mit dem Komplementär nach außen vertreten wird.[885]

c) Recht zur Kündigung. Sieht die Satzung ein Recht der Komplementäre zur ordentlichen oder zur außerordentlichen Kündigung vor,[886] so scheidet ein Komplementär bei einer ordentlichen Kündigung mit deren Wirksamwerden,[887] bei einer außerordentlichen Kündigung bereits mit Zugang der Kündigungserklärung aus.[888]

Fehlt es an einer derartigen Satzungsbestimmung, so ist seit Inkrafttreten des Handelsrechtsreformgesetzes und der damit verbundenen Änderung von § 131 Abs. 3 HGB streitig, ob dem Komplementär entgegen dem Wortlaut von § 289 Abs. 5 AktG dennoch ein ordentliches Kündigungsrecht gemäß §§ 289 Abs. 1 AktG, 131 Abs. 3 Nr. 3 HGB zusteht.[889] Dies dürfte im Ergebnis zu bejahen sein, da der Gesetzgeber bei der Änderung des § 131 Abs. 3 HGB offenbar vergessen hat, § 289 Abs. 5 AktG entsprechend anzupassen.[890] Diese Lösung berücksichtigt sowohl das Interesse des persönlich haftenden Gesellschafters, aus der Gesellschaft ausscheiden zu können, als auch das Interesse der Kommanditaktionäre, in diesem Fall nicht die Kündigung der gesamten Gesellschaft hinnehmen zu müssen, wie dies nach alter Rechtslage notwendig gewesen wäre.[891] Steht dem Komplementär auch ohne Satzungsbestimmung über §§ 289 Abs. 1 AktG, 131 Abs. 3 Nr. 3 HGB immer ein ordentliches Kündigungsrecht zu, kann ihm auch ein außerordentliches Kündigungsrecht nicht versagt werden.[892]

---

[884] *Veil* ZGR 2000, 75 f.; *Assmann/Sethe* in GroßKomm AktG § 289 Rn. 99; *Herfs* in Münch Hdb AG § 78 Rn. 44; *Perlitt* in Münch Komm AktG § 289 Rn. 130.

[885] Für die Zuständigkeit des Aufsichtsrats gemäß §§ 278 Abs. 3, 112 AktG, OLG München, AG 1996, 86, das aber entgegen dem zwingenden Charakter von § 112 AktG eine abweichende Satzungsregelung für zulässig hielt; ebenso *Herfs* in Münch Hdb AG § 79 Rn. 66. Nach *Assmann/Sethe* in GroßKomm AktG § 289 Rn. 101, ist die Zuständigkeit des Aufsichtsrats zwingend; vielfältige Möglichkeiten laut *Perlitt* in Münch Komm AktG § 289 Rn. 128 f.

[886] *K. Schmidt* in K. Schmidt/Lutter AktG § 289 Rn. 27; *Perlitt* in Münch Komm AktG § 289 Rn. 93; *Lorz* in Ebenroth/Boujong/Joost/Strohn HGB § 131 Rn. 50; *Koller* in Koller/Kindler/Roth/Morck HGB § 131 Rn. 24.

[887] Gemäß § 132 HGB zum Jahresende mit einer Frist von 6 Monaten, *Perlitt* in Münch Komm AktG § 289 Rn. 89; *Lorz* in Ebenroth/Boujong/Joost/Strohn HGB § 131 Rn. 51; *Koller* in Koller/Kindler/Roth/Morck HGB § 131 Rn. 24.

[888] *Assmann/Sethe* in GroßKomm AktG § 289 Rn. 108; *Perlitt* in Münch Komm AktG § 289 Rn. 90, 138; *Koller* in Koller/Kindler/Roth/Morck HGB § 131 Rn. 24; *Lorz* in Ebenroth/Boujong/Joost/Strohn HGB § 131 Rn. 51.

[889] *Perlitt* in Münch Komm AktG § 289 Rn. 82 ff.; generell bejahend *Assmann/Sethe* in GroßKomm AktG § 289 Rn. 85; *Förl/Fett* in Bürgers/Körber AktG § 289 Rn. 16; *Bachmann* in Spindler/Stilz AktG § 289 Rn. 23; *K. Schmidt* in K. Schmidt/Lutter AktG § 289 Rn. 26.

[890] *Perlitt* in Münch Komm AktG § 289 Rn. 84; *Bachmann* in Spindler/Stilz AktG § 289 Rn. 20; *Herfs* in Münch Hdb AG § 78 Rn. 38.

[891] Vgl. *Perlitt* in Münch Komm AktG § 289 Rn. 84; *Bachmann* in Spindler/Stilz AktG § 289 Rn. 20 spricht auch von sinnlosem Formalismus.

[892] Insoweit inkonsequent *Assmann/Sethe* in GroßKomm AktG § 289 Rn. 108.

5. Satzungsbestimmungen zur Übertragung der Komplementärbeteiligung

324 Die Übertragung der Komplementärbeteiligung kann in der Satzung zugelassen werden.[893] Mangels abweichender Regelungen in der Satzung erfordert die Übertragung der Komplementärbeteiligung im Hinblick auf § 281 Abs. 2 AktG eine Satzungsänderung und bedarf daher der Zustimmung aller Komplementäre sowie der Zustimmung der Hauptversammlung mit satzungsändernder Mehrheit.[894] Ohne abweichende Regelung in der Satzung oder in dem Zustimmungsbeschluss ist der neue Komplementär in demselben Umfang geschäftsführungs- und vertretungsbefugt wie der übertragende Komplementär, § 278 Abs. 2 AktG i.V.m. §§ 119, 125 HGB.[895] Die Übertragung erfolgt durch Abtretung der Mitgliedschaft gemäß §§ 413, 398 BGB.[896] Sie umfasst alle mit der Mitgliedschaft verbundenen Rechte und Pflichten einschließlich etwaiger Sozialansprüche und -verbindlichkeiten,[897] nicht aber das Kapitalkonto; dieses ist unübertragbar.[898] Übertragbar ist jedoch der Anspruch auf den Gewinnanteil[899] sowie auf Rückgewähr der Vermögenseinlage.

325 Es empfiehlt sich, die Übertragung der Mitgliedschaft auf einen Bilanzstichtag vorzunehmen, für den das Rechnungswesen der KGaA ohne allzu großen Aufwand eine Bilanz erstellen kann,[900] da die Übertragung sowohl für Zwecke der handelsrechtlichen als auch der steuerlichen Gewinnermittlung eine Bilanz auf den Übertragungsstichtag erfordert.

---

[893] *Assmann/Sethe* in GroßKomm AktG § 289 Rn. 114; *Perlitt* in Münch Komm AktG § 289 Rn. 141; *Herfs* in Münch Hdb AG § 78 Rn. 32, 47; *Bachmann* in Spindler/Stilz AktG § 289 Rn. 24.

[894] *Assmann/Sethe* in GroßKomm AktG § 289 Rn. 115; *Herfs* in Münch Hdb AG § 78 Rn. 47; *Bachmann* in Spindler/Stilz AktG § 289 Rn. 19; *Perlitt* in Münch Komm AktG § 289 Rn. 130.

[895] *Wertenbruch* in Ebenroth/Boujong/Joost/Strohn HGB § 105 Rn. 224; differenzierter, aber grundsätzlich zustimmend *Schäfer* in Staub HGB § 105 Rn. 305 f.; a. A. *Assmann/Sethe* in GroßKomm AktG § 289 Rn. 117.

[896] Vgl. *Bachmann* in Spindler/Stilz AktG § 278 Rn. 50; zur OHG: *Roth* in Baumbach/Hopt HGB § 105 Rn. 69; *Wertenbruch* in Ebenroth/Boujong/Joost/Strohn HGB § 105 Rn. 214; *Koller* in Koller/Kindler/Roth/Morck HGB § 105 Rn. 61; *K. Schmidt* in Münch Komm HGB § 105 Rn. 214.

[897] Vgl. zur OHG: *Roth* in Baumbach/Hopt HGB § 105 Rn. 72; *Wertenbruch* in Ebenroth/Boujong/Joost/Strohn HGB § 105 Rn. 222 ff.; *K. Schmidt* in Münch Komm HGB § 105 Rn. 222; *Schäfer* in Staub HGB § 105 Rn. 307.

[898] *Assmann/Sethe* in GroßKomm AktG § 281 Rn. 22; *Perlitt* in Münch Komm AktG § 281 Rn. 30; *Priester* in Münch Komm HGB § 120 Rn. 87; *Finckh* in Henssler/Strohn GesellschR § 120 HGB Rn. 39; *Ehricke* in Ebenroth/Boujong/Joost/Strohn HGB § 120 Rn. 59; *Schäfer* in Staub HGB § 120 Rn. 50.

[899] *Assmann/Sethe* in GroßKomm AktG § 281 Rn. 22; *Perlitt* in Münch Komm AktG § 281 Rn. 30; vgl. auch *Priester* in Münch Komm HGB § 120 Rn. 87 und *Schäfer* in Staub HGB § 120 Rn. 51.

[900] Z. B. Geschäftsquartale oder das Geschäftshalbjahr.

6. Ausschließung eines Komplementärs

a) Gesetzliche Regelung. Rechtsgrundlage für die Ausschließung eines Komplementärs ist gemäß § 289 Abs. 1 AktG der § 140 HGB. § 140 HGB verlangt für die Ausschließung eines Komplementärs aus wichtigem Grund ein **gerichtliches Verfahren**. Erforderlich ist eine Klage aller übrigen Komplementäre und der Gesamtheit der Kommanditaktionäre gegen den oder die auszuschließenden Komplementäre.[901] Gerichtsstand ist entweder der Wohnort des Beklagten oder der Sitz der Gesellschaft (§§ 13, 22 ZPO).[902] Die Hauptversammlung hat vor Klageerhebung einen Beschluss mit satzungsändernder Mehrheit zu fassen.[903] Sie wird in dem gerichtlichen Verfahren entweder von dem Aufsichtsrat oder einem von ihr durch Beschluss bestellten Vertreter vertreten. Eine Mitwirkung sämtlicher Gesellschafter, die hierbei notwendige Streitgenossen sind, ist dann entbehrlich, wenn die nicht bei der Klage mitwirkenden Gesellschafter durch schriftliche Erklärung den die Klage betreibenden Gesellschaftern mitteilen, dass sie das Ergebnis der Klage anerkennen.[904]

326

Ist ein oder sind mehrere Komplementäre sowie die Hauptversammlung zu einer Mitwirkung nicht bereit und geben auch keine Erklärung ab, dass sie das Ergebnis anerkennen, so kann von den Klägern gleichzeitig Klage auf Zustimmung der übrigen Mitwirkungspflichtigen sowie auf Ausschluss des betreffenden Komplementärs erhoben werden.[905]

327

Der Komplementär scheidet mit Rechtskraft des richterlichen Gestaltungsurteils aus der Gesellschaft aus.[906]

328

---

[901] OLG München NZG 1999, 590; *K. Schmidt* in K. Schmidt/Lutter AktG § 289 Rn. 30; *Hüffer/Koch* § 289 Rn. 7; *Perlitt* in Münch Komm AktG § 289 Rn. 125; *Förl/Fett* in Bürgers/Körber AktG § 289 Rn. 20; *Bachmann* in Spindler/Stilz AktG § 289 Rn. 19; Zur Möglichkeit einer Klage gegen mehrere Komplementäre vgl. BGHZ 64, 253 = NJW 1975, 1410; a.A. Klage der Gesellschaft gegen den oder die auszuschließenden Komplementäre, *Raiser/Veil* § 23 Rn. 15.

[902] *Lorz* in Ebenroth/Boujong/Joost/Strohn HGB § 140 Rn. 24; *K. Schmidt* in Münch Komm HGB § 140 Rn. 64; *Roth* in Baumbach/Hopt HGB § 140 Rn. 21.

[903] *Assmann/Sethe* in GroßKomm AktG § 289 Rn. 92; *Bachmann* in Spindler/Stilz AktG § 289 Rn. 19; *Perlitt* in Münch Komm AktG § 289 Rn. 125; *Hüffer/Koch* § 289 Rn. 7; a.A. *Ihrig/Schlitt* ZHR Beiheft 67 (1998) S. 71, die eine Übertragung der für die Publikums-KG anwendbaren Grundsätze und damit zwingend eine einfache Mehrheit befürworten. Diese Grundsätze sind auf die KGaA, die anders als Personengesellschaften typischerweise einen breiten Gesellschafterkreis und darauf abgestimmte Regeln vorsehen, jedenfalls in verfahrensrechtlichen Fragen nicht ohne weiteres übertragbar.

[904] BGH NJW 1998, 146; ebenso ist eine Klage gegen solche Komplementäre nicht erforderlich, die ihr Ausscheiden für den Fall erklären, dass die Klage Erfolg hat.

[905] BGHZ 68, 81, 83 f. = NJW 1977, 1013; Rechtsgrundlage für eine Pflicht zur Mitwirkung ist die Treuepflicht, aus der sich bei Vorliegen eines wichtigen Grundes eine Pflicht zur Mitwirkung ergibt, BGHZ 64, 253, 257 ff. = NJW 1975, 1410.

[906] BGHZ 107, 351, 357 = NJW 1989, 2681, 2682; *K. Schmidt* in Münch Komm HGB § 140 Rn. 83; *Roth* in Baumbach/Hopt HGB § 140 Rn. 22; *Kamanabrou* in Oetker HGB § 140 Rn. 36; die Rechtslage unterscheidet sich somit von derjenigen bei der GmbH, bei der die Ausschließung nach der – in der Literatur umstrittenen (vgl. zum Meinungsstreit *Strohn* in Münch Komm GmbHG § 34 Rn. 170 ff.) – Grundsatzentscheidung des BGH (BGHZ 9, 157, 174 = NJW 1953, 780, 783) nur aufschiebend bedingt gegen Zahlung der Abfindung ausgesprochen wird; *Goette* DStR 2001, 539.

329 Die Ausschließung setzt einen **wichtigen Grund** voraus. § 140 Abs. 1 S. 1 HGB verweist insoweit auf § 133 HGB, wobei für die Ausschließung des Komplementärs erforderlich ist, dass der wichtige Grund nach § 140 HGB gerade in der Person des Auszuschließenden liegen muss.[907] Juristische Personen, die als Komplementäre an der KGaA beteiligt sind, müssen sich die wichtigen Gründe, die in der Person ihrer Geschäftsleitung begründet sind, zurechnen lassen[908] und können damit ihrerseits aus der KGaA ausgeschlossen werden.[909] Ein wichtiger Grund liegt vor, wenn nach Abwägung aller Umstände des Einzelfalls die Fortsetzung des Gesellschaftsverhältnisses mit dem Auszuschließenden unzumutbar ist. Der wichtige Grund ist damit ein prognostischer Tatbestand, da er zur Unzumutbarkeit einer künftigen Fortsetzung führen muss.[910] Wie aus § 133 Abs. 2 HGB hervorgeht, kommt als wichtiger Grund insbesondere die Verletzung einer wesentlichen gesellschaftsvertraglichen Pflicht durch den Auszuschließenden in Betracht. Ein Verschulden ist bei der Einzelfallabwägung zu berücksichtigen, ist für sich allein genommen allerdings weder ausreichend noch erforderlich für die Ausschließung.[911] Umgekehrt spricht eine Mitverantwortung der übrigen Gesellschafter für den unzumutbaren Zustand gegen das Vorliegen eines zur Ausschließung berechtigenden wichtigen Grundes.[912] Ein Ausschließungsrecht kann auch entfallen, wenn der Ausschluss nicht ultima ratio ist.[913] Die Ausschließungsgründe unterliegen den Regeln über Verzicht, Verwirkung und Verzeihung.[914] Obwohl gesetzlich keine Klagefrist vorgesehen ist, wird beim Beruhen des Ausschließungsgrundes auf einem einmaligen abgeschlossenen Fehlverhalten der Wegfall des Ausschließungsgrundes vermutet, wenn in Kenntnis der Umstände der Ausschluss nicht betrieben wird.[915]

330 Als wesentliche Pflichtverstöße können insbesondere angesehen werden die Begehung von Straftaten, Veruntreuungen, Unredlichkeiten und Wettbewerbsver-

---

[907] *Perlitt* in Münch Komm AktG § 289 Rn. 119; *Herfs* in Münch Hdb AG § 78 Rn. 40; *Förl/Fett* in Bürgers/Körber AktG § 289 Rn. 20; *Roth* in Baumbach/Hopt HGB § 140 Rn. 5; *Schäfer* in Staub HGB § 140 Rn. 6.
[908] BGH NJW-RR 1993, 1123, 1124 f.; BGH NJW 1984, 173, 174; *Schäfer* in Staub HGB § 140 Rn. 7; *Koller* in Koller/Kindler/Roth/Morck HGB § 140 Rn. 2; *Lorz* in Ebenroth/Boujong/Joost/Strohn HGB § 140 Rn. 14; *K. Schmidt* in Münch Komm HGB § 140 Rn. 25.
[909] *Förl/Fett* in Bürgers/Körber AktG § 289 Rn. 20; vgl. *Bachmann* in Spindler/Stilz AktG § 289 Rn. 19; *Emmerich* in Heymann HGB § 140 Rn. 10.
[910] BGH NJW 1998, 146; *K. Schmidt* in Münch Komm HGB § 140 Rn. 18; vgl. auch *Lorz* in Ebenroth/Boujong/Joost/Strohn HGB § 140 Rn. 5.
[911] *K. Schmidt* in Münch Komm HGB § 140 Rn. 23; *Koller* in Koller/Kindler/Roth/Morck HGB § 140 Rn. 2; *Lorz* in Ebenroth/Boujong/Joost/Strohn HGB § 140 Rn. 11; *Schäfer* in Staub HGB § 140 Rn. 9.
[912] BGH NJW 1995, 1358, 1359; ZIP 1997, 1919, 1920; *Koller* in Koller/Kindler/Roth/Morck HGB § 140 Rn. 2; *Lorz* in Ebenroth/Boujong/Joost/Strohn HGB § 140 Rn. 16; *Schäfer* in Staub HGB § 140 Rn. 11.
[913] *Koller* in Koller/Kindler/Roth/Morck HGB, § 140 Rn. 0 f. *Kamanabrou* in Oetker HGB § 140 Rn. 6; *Lorz* in Ebenroth/Boujong/Joost/Strohn HGB § 140 Rn. 8; *Schäfer* in Staub HGB § 140 Rn. 16; als milderes Mittel kann bei geschäftsführungsbefugten Komplementären der Entzug der Geschäftsführungs- und Vertretungsbefugnis in Betracht kommen.
[914] *K. Schmidt* in Münch Komm HGB § 140 Rn. 38; *Kamanabrou* in Oetker HGB § 140 Rn. 28; *Haas* in Röhricht/Graf von Westphalen HGB § 140 Rn. 15.
[915] BGH NJW-RR 1993, 1123, 1125; *Kamanabrou* in Oetker HGB § 140 Rn. 28; *K. Schmidt* in Münch Komm HGB § 140 Rn. 38.

stöße,⁹¹⁶ die Missachtung gesellschaftsvertraglicher Pflichten wie die Nichtleistung von Einlagen, die Weigerung, die vereinbarte Tätigkeit aufzunehmen, oder der Missbrauch eingeräumter Befugnisse.⁹¹⁷ Auch gravierende Verstöße gegen die gesellschaftsvertragliche Zuständigkeitsverteilung oder gegen die dem Komplementär obliegenden Informationspflichten können einen wichtigen Grund darstellen.⁹¹⁸

b) Satzungsregelungen zur Ausschließung. Die gesetzliche Ausgestaltung der Ausschließungsklage kann durch die Satzung modifiziert werden. Zulässig sind zunächst verfahrensmäßige Erleichterungen, die einen Ausschluss bereits durch einen Beschluss der übrigen Gesellschafter, einen einzelnen Gesellschafter oder ein anderes Organ der Gesellschaft vorsehen.⁹¹⁹ Zulässig ist ferner, wichtige Gründe in der Satzung aufzuführen, die zur Ausschließung berechtigen. Da jedoch sogenannte Hinauskündigungsklauseln unzulässig sind, muss den aufgeführten Gründen eine sachliche Rechtfertigung zugrunde liegen.⁹²⁰ Die Satzung kann auch die gesetzlich geforderten Mehrheitserfordernisse bei den Komplementären oder der Hauptversammlung modifizieren.⁹²¹ Nach herrschender Auffassung folgt aus dem Fehlen einer § 133 Abs. 3 HGB entsprechenden Regelung im Falle des § 140 HGB, dass das Ausschließungsrecht nach § 140 HGB auch ganz abbedungen werden kann.⁹²² Da jedoch das Ausscheiden eines Gesellschafters einen geringeren Einschnitt als die Auflösung der Gesellschaft bedeutet,⁹²³ erscheint es überzeugender, die Möglichkeit eines vollständigen Ausschlusses des § 140 HGB ganz abzulehnen oder jedenfalls von dem Vorliegen besonderer sachlicher Gründe abhängig zu machen.⁹²⁴ Sieht die Satzung eine Erleichterung der Ausschließung durch Beschluss der Gesellschafter vor, so soll im Zweifel hierdurch die Möglichkeit einer gerichtlichen Ausschlussklage nach § 140 HGB ausgeschlossen sein.⁹²⁵

331

---

⁹¹⁶ *Haas* in Röhricht/von Westphalen HGB § 133 Rn. 9; *Lorz* in Ebenroth/Boujong/ Joost/Strohn HGB § 140 Rn. 20; *Schäfer* in Staub HGB § 133 Rn. 25; *Koller* in Koller/ Kindler/Roth/Morck HGB § 133 Rn. 2.
⁹¹⁷ *K. Schmidt* in Münch Komm HGB § 140 Rn. 40; *Lorz* in Ebenroth/Boujong/Joost/ Strohn HGB § 140 Rn. 20; *Schäfer* in Staub HGB § 133 Rn. 24, 25; *Koller* in Koller/Kindler/Roth/Morck HGB § 133 Rn. 2.
⁹¹⁸ BGH NJW-RR 1993, 1123.
⁹¹⁹ *Herfs* in Münch Hdb AG § 78 Rn. 44; *Perlitt* in Münch Komm AktG § 289 Rn. 122; *Bachmann* in Spindler/Stilz AktG § 289 Rn. 19; *Assmann/Sethe* in GroßKomm AktG § 289 Rn. 110; für die KG: BGHZ 31, 263, 265 f. = NJW 1981, 2565; 107, 351, 356 = NJW 1989, 2681.
⁹²⁰ BGHZ 105, 213 = NJW 1989, 834; *Mertens/Cahn* in Kölner Komm AktG § 289 Rn. 59; vgl. auch *Perlitt* in Münch Komm AktG § 289 Rn. 124; *Assmann/Sethe* in GroßKomm AktG § 289 Rn. 111; *Herfs* in Münch Hdb AG § 78 Rn. 41.
⁹²¹ *Assmann/Sethe* in GroßKomm AktG § 289 Rn. 99. Unzutreffend erscheint, lediglich eine Erhöhung der Mehrheitserfordernisse zuzulassen, so aber *Hüffer/Koch* § 289 Rn. 6 f.; *Perlitt* in Münch Komm AktG § 289 Rn. 125 i. V. m. § 278 Rn. 406; *Herfs* in Münch Hdb AG § 78 Rn. 40; nicht ganz eindeutig *Bachmann* in Spindler/Stilz AktG § 289 Rn. 19.
⁹²² *Perlitt* in Münch Komm AktG § 289 Rn. 123; *Mertens/Cahn* in Kölner Komm AktG § 289 Rn. 59; *Bachmann* in Spindler/Stilz AktG § 289 Rn. 19; *Herfs* in Münch Hdb AG § 78 Rn. 41; ebenso die ständige Rechtsprechung zur OHG und KG: BGHZ 51, 204, 205 = NJW 1969, 793.
⁹²³ BGHZ 80, 346, 348 f. = NJW 1981, 2302; *Roth* in Baumbach/Hopt HGB § 133 Rn. 1; *K. Schmidt* in Münch Komm HGB § 140 Rn. 89.
⁹²⁴ *Assmann/Sethe* in GroßKomm AktG § 289 Rn. 109; für die KG: *v. Gerkan/Haas* in Röhricht/von Westphalen § 140 Rn. 23; *K. Schmidt* in Münch Komm HGB § 140 Rn. 89.
⁹²⁵ BGH WiB 1997, 1981; vgl. aber BGH NJW 1998, 146.

7. Rechtsfolgen des Ausscheidens eines Komplementärs.

332 Die Rechtsfolgen eines Ausscheidens bestimmen sich in Ermangelung abweichender Satzungsbestimmungen gemäß §§ 278 Abs. 2 AktG, 161 Abs. 2, 105 Abs. 3 HGB nach den §§ 738 ff. BGB. Die gesetzliche Regelung ist in weiten Teilen dispositiv.

333 **a) Gesetzliche Ausgestaltung.** Im Falle eines Ausscheidens aus der Gesellschaft hat der Komplementär folgende Ansprüche gegen die Gesellschaft:
- Anspruch auf Rückgabe der der Gesellschaft überlassenen Gegenstände,
- Anspruch auf Befreiung von der Haftung für Schulden der KGaA und
- Abfindungsanspruch gemäß §§ 278 Abs. 2 AktG, 161 Abs. 2, 105 Abs. 3 HGB, 738 Abs. 1 S. 2 BGB gegen die Gesellschaft.[926]

334 **aa) Rückgabe- und Befreiungsanspruch.** Sofern der ausscheidende Komplementär der Gesellschaft Gegenstände zur Benutzung überlassen hat, sind diese nach Maßgabe des § 738 Abs. 1 S. 2 i. V. m. § 732 BGB dem ausscheidenden Komplementär zurückzugeben.

335 Auch nach Ausscheiden aus der Gesellschaft haftet der Komplementär den Gläubigern der Gesellschaft persönlich entsprechend den Regeln zur Nachhaftung, §§ 128, 160 HGB. Nach § 738 Abs. 1 BGB ist der Gesellschafter von diesen gemeinschaftlichen Schulden zu befreien. Dies kann insbesondere durch Vereinbarung mit den Gläubigern der Gesellschaft oder durch Tilgung fälliger Schulden bzw. Sicherheitsleistungen für noch nicht fällige Schulden geschehen.[927] Nicht ausreichend ist insoweit eine lediglich interne Vereinbarung zur Schuldübernahme.[928] Sicherheiten, die der Komplementär für Verbindlichkeiten der Gesellschaft bestellt hat, sind analog § 738 Abs. 1 S. 2 BGB von der Gesellschaft abzulösen.[929] Durch die Satzung kann der Anspruch auf Befreiung von gemeinschaftlichen Schulden abbedungen werden. Häufiger sehen Satzungen aber einen Anspruch auf Freistellung durch die Gesellschaft vor.[930]

---

[926] *Mertens/Cahn* in Kölner Komm AktG § 289 Rn. 67; *Bachmann* in Spindler/Stilz AktG § 289 Rn. 29 f.; *K. Schmidt* in Münch Komm HGB § 131 Rn. 97 ff.; *Koller* in Koller/Kindler/Roth/Morck HGB § 131 Rn. 9; *Lorz* in Ebenroth/Boujong/Joost/Strohn HGB § 131 Rn. 55, 59 ff.

[927] *Schäfer* in Münch Komm BGB § 738 Rn. 78; *Lorz* in Ebenroth/Boujong/Joost/Strohn HGB § 131 Rn. 62; *Koller* in Koller/Kindler/Roth/Morck HGB § 131 Rn. 9; *Roth* in Baumbach/Hopt HGB § 131 Rn. 42.

[928] BGH NJW 1999, 2438, 2440; *Koller* in Koller/Kindler/Roth/Morck HGB § 131 Rn. 9.

[929] BGH NJW 1974, 899; *Lorz* in Ebenroth/Boujong/Joost/Strohn HGB § 131 Rn. 62; *Roth* in Baumbach/Hopt HGB § 131 Rn. 42; *Koller* in Koller/Kindler/Roth/Morck HGB § 131 Rn. 9; nach Koller aaO. erstreckt sich dies auch auf Bürgschaften; so auch *Schäfer* in Staub HGB § 131 Rn. 121 und *Roth* in Baumbach/Hopt HGB § 131 Rn. 42; a. A. BGHZ 51, 204, 207 = NJW 1969, 793. Der Freistellungsanspruch erstreckt sich dagegen nicht auf streitige Forderungen, *Assmann/Sethe* in GroßKomm AktG § 289 Rn. 170; *Koller* in Koller/Kindler/Roth/Morck HGB § 131 Rn. 9; *Roth* in Baumbach/Hopt HGB § 131 Rn. 42.

[930] *Lorz* in Ebenroth/Boujong/Joost/Strohn HGB § 131 Rn. 63; vgl. auch *Schäfer* in Staub HGB § 131 Rn. 120.

bb) **Abfindungsanspruch.** Nach § 738 Abs. 1 S. 2 BGB erhält der ausscheidende Komplementär auf den Stichtag seines Ausscheidens einen gegen die Gesellschaft gerichteten sofort fälligen Anspruch auf dasjenige, was er bei einer Auseinandersetzung erhalten würde, wenn die Gesellschaft im Zeitpunkt seines Ausscheidens aufgelöst worden wäre. Zur Festsetzung des Abfindungsguthabens ist der volle wirtschaftliche Wert (Verkehrswert) des Unternehmens zu berechnen, was regelmäßig ein Sachverständigengutachten erforderlich macht. Aus dem hieraus ermittelten Wert steht dem ausscheidenden Komplementär der auf ihn entfallende Anteil zu.[931]

336

Gesetz und Rechtsprechung sehen keine zwingende Methode zur Vornahme der Berechnung vor. Häufig wird zur Berechnung des Werts eines werbenden fortgesetzten Unternehmens auf die **Ertragswertmethode** oder die **Discounted-Cash-Flow-Methode** zurückgegriffen. Maßgebender Gesichtspunkt ist bei beiden Methoden eine Ableitung des Wertes des Unternehmens aus seiner Eigenschaft, künftig finanzielle Überschüsse zu erwirtschaften (Unternehmenswert als Zukunftserfolgswert). Hiervon wird der gegenwärtige Barwert durch Abzinsung ermittelt.[932] Auf vereinfachte Methoden der Preisfindung wird insbesondere bei kleinen und mittleren Unternehmen zurückgegriffen, bei denen sich branchenspezifisch oftmals als Bemessungsgrößen entweder Ergebnismultiplikatoren oder an Umsatz- oder Produktmengen orientierte Multiplikatoren herausgebildet haben.[933] In der Rechtsprechung wurden Multiplikatorverfahren für Strukturmaßnahmen bisher nicht anerkannt.[934] Bei ertragsschwachen Unternehmen ist uU als Untergrenze für den Unternehmenswert ein unter Zugrundelegung von Zerschlagungswerten festzusetzender fiktiver Liquidationswert anzusetzen.[935]

337

---

[931] BGHZ 116, 359, 365 = NJW 1992, 892 (für GmbH); *Roth* in Baumbach/Hopt HGB § 131 Rn. 49; *Sprau* in Palandt § 738 Rn. 5; vgl. auch *Schäfer* in Staub HGB § 131 Rn. 155; *Lorz* in Ebenroth/Boujong/Joost/Strohn HGB § 131 Rn. 64.

[932] Vgl. *Hopt* in Baumbach/Hopt HGB Einleitung vor § 1 Rn. 36; *IDW* Standard: Grundsätze zur Durchführung von Unternehmensbewertungen, (*IDW* S1 i.d.F. 2008), Stand 2.4.2008, Tz 4 ff. und 101. Beim Ertragswertverfahren wird der Unternehmenswert durch Diskontierung der den Unternehmenseignern künftig zufließenden finanziellen Überschüsse berechnet, wobei diese üblicherweise aus den für die Zukunft geplanten Jahresergebnissen abgeleitet werden, IDW S1 (2008) Tz 102 ff. Die Planungsrechnung kann nach handelsrechtlichen oder nach anderen Vorschriften (z.B. IFRS, US GAAP) aufgestellt werden. Die finanziellen Überschüsse sind mit dem Kapitalisierungszinssatz abzuzinsen. Ausgangspunkt hierfür ist der Basiszinssatz, der auf die langfristig erzielbare Rendite öffentlicher Anleihen abstellt, *IDW* S1 (2008) 113 ff. Beim DCF-Verfahren werden die zu erwartenden Zahlungen an die Kapitalgeber (Cash flow) berechnet, die dann diskontiert werden, IDW S1 (2008) Tz 124. Sowohl bei dem Ertragswertverfahren als auch dem DCF-Verfahren ist der Verkehrswert des nicht notwendigen Betriebsvermögens hinzuzuaddieren. Ausführlich zu den Bewertungsmethoden *Ruiz de Vargas* in Bürgers/Körbers AktG Anh § 305 Rn. 12 ff.

[933] *IDW* S1 (2008) Tz 143 f. und 165 ff., IDW Praxishinweis 1/2014 WPg Supplement 2/2014, S. 28 ff.

[934] OLG Frankfurt AG 2010, 798, 802; OLG Frankfurt Beschluss v. 2.5.2011 – Az 21 W 3/11, Juris-Rn. 83; *Ruiz de Vargas* in Bürgers/Körber AktG Anh § 305 Rn. 14.

[935] *IDW* S1 (2008) Tz 140 ff. und 149 ff. Vgl. ausführlich zur Frage, ob und wann der Liquidationswert bei unrentablen Unternehmen anzusetzen ist, *Ruiz de Vargas/Theusinger/Zollner* AG 2014, 428 ff. Der II. Zivilsenat des BGH ließ in einer Entscheidung im Jahr 2006 ausdrücklich offen, ob der Liquidationswert „stets" oder nur „unter bestimmten Voraussetzungen" die Wertuntergrenze bei gesellschaftsrechtlichen Bewertungsanlässen bildet, BGH NZG 2006, 425.

338   **Schwebende Geschäfte** sind entgegen § 740 Abs. 1 BGB bei der Ermittlung des Abfindungsguthabens nicht zu berücksichtigen, wenn eine Wertermittlung nach Ertragswertgrundsätzen erfolgt, da diese dann bereits in den zukünftigen finanziellen Überschüssen berücksichtigt werden.[936] Zur Klarstellung sollte der Anspruch auf Beteiligung an schwebenden Geschäften in der Satzung ausgeschlossen werden.[937] Schwebende Geschäfte im Sinne des § 740 Abs. 1 BGB sind unternehmensbezogene Rechtsgeschäfte, welche die Gesellschaft im Zeitpunkt des Ausscheidens des Gesellschafters bereits abgeschlossen hatte, die aber beide Vertragspartner bis dahin nicht voll erfüllt haben. Es handelt sich somit um Geschäfte, die am Abfindungsstichtag bereits beiderseitig vollständig hätten erfüllt sein können, dies aber noch nicht sind. Dauerschuldverhältnisse (insbesondere Miet- und Pachtverträge) zählen daher nicht zu den schwebenden Geschäften im Sinne des § 740 Abs. 1 BGB.[938]

339   Häufig findet sich in Literatur und Rechtsprechung der Hinweis, zur Berechnung des Abfindungsanspruchs sei eine Abschichtungsbilanz aufzustellen, bei der alle Aktiva sowie sämtliche Verbindlichkeiten mit ihrem wahren Wert anzusetzen seien. Danach wären offene und stille Reserven aufzulösen. Für ungewisse Verbindlichkeiten müssten Rückstellungen gebildet werden. Zusätzlich wäre ein Geschäftswert anzusetzen, wenn der tatsächliche Wert des Unternehmens die Summe der Einzelwerte übersteigt.[939] Diese Methode geht jedoch vom gegenwärtigen Substanzwert des Unternehmens aus und berücksichtigt nicht dessen Fähigkeit, zukünftig Erträge zu generieren.

340   Werden durch das nach vorstehenden Grundsätzen errechnete Vermögen die Verbindlichkeiten der Gesellschaft nicht abgedeckt, so ist der ausscheidende Kom-

---

[936] *Lorz* in Ebenroth/Boujong/Joost/Strohn HGB § 131 Rn. 108; *Schulze-Osterloh* ZGR 1986, 561; a. A. *Koller* in Koller/Kindler/Roth/Morck HGB § 131 Rn. 14; *K. Schmidt*, Gesellschaftsrecht § 50 IV. 1e (S. 1478).

[937] *Lorz* in Ebenroth/Boujong/Joost/Strohn HGB § 131 Rn. 109; *K. Schmidt*, aaO.; vgl. auch *Koller* in Koller/Kindler/Roth/Morck HGB § 131 Rn. 14; *Schäfer* in Staub HGB § 131 Rn. 129; *K. Schmidt* in Münch Komm HGB § 131 Rn. 151; nach *Piltz* BB 1994, 1022, führt der Ausschluss schwebender Geschäfte dagegen zu einer Modifikation bei der Ertragswertberechnung.

[938] BGH NJW-RR 1986, 454, 455; 1160 f.; *K. Schmidt*, Gesellschaftsrecht § 50 IV 1e (S. 1478 ff.), der auch nicht abgewickelte Forderungen von dem Begriff des schwebenden Geschäfts ausnimmt; *Schäfer* in Staub HGB § 131 Rn. 131; *Lorz* in Ebenroth/Boujong/Joost/Strohn HGB § 131 Rn. 111; *Koller* in Koller/Kindler/Roth/Morck HGB § 131 Rn. 14; *Haas* in Röhricht/Graf von Westphalen HGB § 131 Rn. 51 ff.

[939] *Piehler/Schulte* in Münch Hdb OHG § 10 Rn. 84, der selbst dieser Methode kritisch gegenübersteht; *K. Schmidt* in Münch Komm HGB § 131 Rn. 133 ff.; IDW S1 (2008) Tz 6. Die Vertreter einer Abschichtungsbilanz gelangen nur deshalb zum selben Ergebnis wie bei der Ertragswert- und DCF-Methode, da sie einen gegenüber dem Unternehmenswert zurückbleibenden Substanzwert durch den Ansatz eines bestimmten Firmen- oder Geschäftswerts korrigieren. Hieraus geht hervor, dass die Aufstellung einer Abschichtungsbilanz nicht zur Wertermittlung führt, sondern diese vielmehr bereits voraussetzt; kritisch zu Recht *Wangler* DB 2001, 1763; *Piehler/Schulte* aaO. § 10 Rn. 85; *Lorz* in Ebenroth/Boujong/Joost/Strohn HGB § 131 Rn. 103 ff.; *Sauter* in Beck'sches Hdb/PersG § 8 Rn. 139 ff. Neuerdings spricht der BGH neutraler von einer Abfindungsrechnung bzw. einer Auseinandersetzungsrechnung, ohne sich über die inhaltlichen Anforderungen zu äußern, BGH DStR 2011, 1382. Die Terminologie ist zum Teil unklar, da oft nicht unterschieden wird zwischen dem zu ermittelnden Abfindungsanspruch und der Gesamtabrechnung, bei der der Abfindungsanspruch lediglich einen Rechnungsposten darstellt.

plementär nach § 739 BGB verpflichtet, einen Fehlbetrag in Höhe des auf ihn entfallenden Anteils der Gesellschaft gegenüber auszugleichen.

b) Abwicklung und Durchsetzung der Ansprüche beim Ausscheiden. 341
Für die bei Ausscheiden entstehenden wechselseitigen Ansprüche zwischen Komplementär und Gesellschaft gilt der Grundsatz der Gesamtabrechnung.[940] Die Gesamtabrechnung erfasst alle Ansprüche, die mit dem Gesellschaftsverhältnis in Zusammenhang stehen.[941] Der Gesellschafter kann somit grundsätzlich nicht einzelne Ansprüche wie z.B. den Abfindungsanspruch gesondert geltend machen. Ausgenommen sind, sofern sie überhaupt zu berücksichtigen sind, Ansprüche aus der Abrechnung schwebender Geschäfte im Sinne des § 740 BGB.[942]

Steht jedoch bereits vor Beendigung der Auseinandersetzung fest, dass der aus- 342 scheidende Komplementär jedenfalls einen bestimmten Betrag verlangen kann, so kann er diesen trotz des Grundsatzes der Gesamtabrechnung geltend machen.[943] Der ausscheidende Komplementär hat einen Anspruch gegen die Gesellschaft auf Vornahme der Abrechnung unter Einbeziehung der Berechnung eines Abfindungsanspruchs sowie bei einem positiven Saldo auf dessen Auszahlung. Der ausscheidende Komplementär kann diese Ansprüche ggf. im Wege einer gegen die Gesellschaft gerichteten Stufenklage gerichtlich durchsetzen.[944]

c) Ausgestaltung durch die Satzung. In vielen Fällen wird die gesetzliche 343 Regelung der §§ 738 ff. BGB in der Satzung der KGaA abbedungen. Ausschlaggebend sind zum einen Überlegungen, dem Gesellschaftsinteresse stärkere Geltung zu verschaffen. Im Zentrum hierbei stehen Modifikationen des Abfindungsanspruchs. Hierdurch soll verhindert werden, dass durch eine nach dem Gesetz sofort fällige Abfindungszahlung zum Verkehrswert die Liquidität und finanzielle Existenz der Gesellschaft gefährdet wird. Klarstellende Satzungsregelungen können auch eine Vereinfachung und Streitvermeidung bezwecken. Auch Überlegungen einer Gesellschafterdisziplinierung können eine Rolle spielen, da durch eine Ein-

---

[940] BGH NJW 1999, 2438, 2439; BGH BB 2000, 1486, 1487; *Koller* in Koller/Kindler/Roth/Morck HGB § 131 Rn. 11; *Schäfer* in Staub HGB § 131 Rn. 143; *K. Schmidt* in Münch Komm HGB § 131 Rn. 131; *Lorz* in Ebenroth/Boujong/Joost/Strohn HGB § 131 Rn. 101.
[941] BGH NJW-RR 1992, 543, 544; streitig ist, ob Ansprüche aus Drittgeschäften ebenfalls hiervon erfasst werden, so BGH WM 1978, 98, 90; 1979, 937, 938; a.A. *Roth* in Baumbach/Hopt § 131 Rn. 44; *K. Schmidt* in Münch Komm HGB § 138 Rn. 132; *Emmerich* in Heymann HGB § 138 Rn. 13; *Lorz* in Ebenroth/Boujong/Joost/Strohn HGB § 131 Rn. 100; *Schäfer* in Staub HGB § 131 Rn. 143.
[942] Dies umfasst z.B. Schadensersatzansprüche gegen den Ausscheidenden sowie eventuelle rückstehende Einlagenforderungen der Gesellschaft, BGH NJW 1993, 1194; *K. Schmidt*, Gesellschaftsrecht § 50 IV e (S. 1478).
[943] BGHZ 103, 72, 77 = NJW 1988, 1375; BGH WM 1999, 1827, 1828; *Roth* in Baumbach/Hopt HGB § 131 Rn. 44; *Lorz* in Ebenroth/Boujong/Joost/Strohn HGB § 131, Rn. 100; *Sauter* in Beck'sches Hdb/PersG § 8 Rn. 144; *Schäfer* in Staub HGB § 131 Rn. 143; *K. Schmidt* in Münch Komm HGB § 131 Rn. 131.
[944] *Roth* in Baumbach/Hopt § 131 Rn. 57; *Schäfer* in Staub HGB § 131 Rn. 153; *K. Schmidt* in Münch Komm HGB § 131 Rn. 136; *Lorz* in Ebenroth/Boujong/Joost/Strohn HGB § 131 Rn. 112 (Klage gegen Gesellschaft); *Assmann/Sethe* in GroßKomm AktG § 289 Rn. 168; *Perlitt* in Münch Komm AktG § 289, Rn. 190; eine wegen des Grundsatzes der Gesamtabrechnung unzulässige Klage auf einen Teilbetrag kann als zulässiger Feststellungsantrag umgedeutet werden, BGH NJW 1984, 2595 f.; 1992, 2757, 2758.

schränkung des Abfindungsanspruchs der Ausstieg aus der Gesellschaft wirtschaftlich unattraktiv wird.[945]

344 In der Satzung sind jedoch bei Ausübung des bestehenden Gestaltungsspielraums die Grenzen der §§ 138, 723 Abs. 3 BGB zu beachten. Werden diese missachtet, so führt dies zur Nichtigkeit der betroffenen Satzungsregelung und zur Geltung der gesetzlichen Regelungen und damit im ungünstigsten Fall zu einem sofort fälligen Abfindungsanspruch zum Verkehrswert.

345 In der Satzung können sowohl die Modalitäten der Auszahlung als auch die Höhe des Abfindungsanspruchs festgelegt werden.

346 Regelungen zu den **Zahlungsmodalitäten** sind sowohl zulässig als auch empfehlenswert. Ohne abweichende Regelung tritt Fälligkeit gemäß § 271 BGB sofort mit dem Ausscheiden ein.[946] Daher wird typischerweise die Auszahlung des Abfindungsguthabens in der Satzung in Raten vorgesehen. Zulässige Regelungen dürfen jedoch nicht einseitig das Interesse der Gesellschaft schützen, sondern müssen auch den Interessen des ausgeschiedenen Gesellschafters Rechnung tragen.[947] Bei einer Ratenzahlungsregelung sollte daher eine angemessene Verzinsung vorgesehen werden.[948] Da bei der Prüfung zulässiger Regelungen die Besonderheiten des Einzelfalls zu berücksichtigen sind, lassen sich keine allgemeinen Aussagen zu einer bestimmten Auszahlungsdauer machen. Zulässig erscheint grundsätzlich eine Auszahlungsdauer bis zu 5 Jahren, wogegen eine Dauer von 10 Jahren auf keinen Fall überschritten werden sollte.[949]

347 In der Praxis kann der Abfindungsanspruch eines Komplementärs mit Kapitaleinlage auch so ausgestaltet werden, dass dessen Anspruch auf das Auseinandersetzungsguthaben zwangsweise im Wege der Sacheinlage in Aktienkapital umgewandelt wird und der ausscheidende Komplementär daher Aktien der KGaA erhält.[950]

---

[945] *K. Schmidt*, Gesellschaftsrecht § 50 IV 2b (S. 1483); *Schäfer* in Staub HGB § 131 Rn. 162; *Lorz* in Ebenroth/Boujong/Joost/Strohn HGB § 131 Rn. 117; *Piltz* BB 1994, 1021; *Notthoff* DStR 1998, 210; *Wangler* DB 2001, 1764.

[946] *Sprau* in Palandt BGB § 738 Rn. 6; *Schäfer* in Münch Komm BGB § 738 Rn. 20; *Koller* in Koller/Kindler/Roth/Morck HGB § 131 Rn. 13; differenzierend *Schäfer* in Staub HGB § 131 Rn. 145; a. A. Zeitpunkt der Feststellung der Abschichtungsbilanz, *Hörstel* NJW 1994, 2271. Zum Verzinsungsbeginn vgl. einerseits *Schäfer* in Staub HGB § 131 Rn. 146 und *Lorz* in Ebenroth/Boujong/Joost/Strohn HGB § 131 Rn. 68, andererseits *Roth* in Baumbach/Hopt HGB § 131 Rn. 54 und *K. Schmidt* in Münch Komm HGB § 131 Rn. 129.

[947] *Lange* NZG 2001, 637; vgl. auch *Lorz* in Ebenroth/Boujong/Joost/Strohn HGB § 131 Rn. 143.

[948] *Sauter* in Beck'sches Hdb/PersG § 8 Rn. 162; *Lorz* in Ebenroth/Boujong/Joost/Strohn HGB § 131 Rn. 144; *K. Schmidt* in Münch Komm HGB § 131 Rn. 171; *Schäfer* in Staub HGB § 131 Rn. 190.

[949] *K. Schmidt*, Gesellschaftsrecht § 50 IV 2c, cc (S. 1488); vgl. *Lorz* in Ebenroth/Boujong/Joost/Strohn HGB § 131 Rn. 144; *K. Schmidt* in Münch Komm HGB § 131 Rn. 171; *Schäfer* in Staub HGB § 131 Rn. 190; BGH NJW 1989, 2685, 2686: Unwirksamkeit einer 15jährigen Laufzeit; OLG Dresden NZG 2000, 1042: Unwirksamkeit einer Ratenzahlung nach 5, 8 und 10 Jahren; BayObLG WM 1983, 248: Zulässigkeit bei 6jähriger Stundung ohne Verzinsung und Abfindung nach vollem Verkehrswert.

[950] Für die Zulässigkeit dieser Lösung: *Assmann/Sethe* in GroßKomm AktG § 289 Rn. 178; *Perlitt* in Münch Komm AktG § 289 Rn. 200 f.; *Herfs* in Münch Hdb AG § 78 Rn. 55; *Bachmann* in Spindler/Stilz AktG § 289 Rn. 29.

Regelungen zu der **Abfindungshöhe** sehen regelmäßig eine Beschränkung des 348
nach der Gesetzeslage bestehenden Abfindungsanspruchs zum Verkehrswert vor.

Grundsätzlich zulässig sind **Buchwertklauseln**. Der ausscheidende Gesell- 349
schafter erhält hierbei den auf der Grundlage der Handels- oder Steuerbilanz ermittelten buchmäßigen Kapitalanteil zuzüglich des anteiligen Gewinns des laufenden Geschäftsjahres und zuzüglich etwaiger Gewinnvorträge sowie abzüglich anteiliger Verlustvorträge. Die stillen Reserven und der Firmenwert bleiben unberücksichtigt.[951] Eine ursprünglich wirksame Buchwertklausel ist jedoch, wenn sich im Laufe der Zeit ein grobes Missverhältnis zwischen dem aus dem Buchwert resultierenden Abfindungsbetrag und dem wirklichen Anteilswert ergibt, nach den Grundsätzen von Treu und Glauben durch ergänzende Vertragsauslegung anzupassen. Bei dieser Anpassung sind die Interessen der Gesellschaft und des ausscheidenden Gesellschafters angemessen abzuwägen, um unter Berücksichtigung aller Umstände des konkreten Falls entsprechend den veränderten Verhältnissen den Abfindungsanspruch neu zu ermitteln.[952] Ob ein grobes Missverhältnis vorliegt, hängt nach der Rechtsprechung von den Gesamtumständen des konkreten Falls ab. Zu berücksichtigen sind hierbei insbesondere die Dauer der Mitgliedschaft des Ausgeschiedenen, sein Anteil am Aufbau und Erfolg des Unternehmens und der Anlass des Ausscheidens.[953] So kann dem aus wichtigem Grund aus der Gesellschaft ausgeschlossenen Gesellschafter eine stärkere Einschränkung des Abfindungsanspruchs zugemutet werden als demjenigen, der wegen eines von den anderen Gesellschaftern veranlassten wichtigen Grundes zum Ausscheiden veranlasst wurde.[954]

Da es die Rechtsprechung ablehnt, bestimmte Wertgrenzen aufzustellen, deren 350
Unterschreiten ein grobes Missverhältnis begründet, besteht bei Buchwertklauseln ein hoher Grad der Rechtsunsicherheit.[955] Vielfach wird als Orientierungsgröße, die grundsätzlich nicht unterschritten werden darf, eine Abfindung in Höhe von 50% des vollen Anteilswerts genannt.[956]

Satzungsregelungen, die einen völligen Ausschluss des Abfindungsanspruchs 351
oder eine Begrenzung unterhalb des Buchwerts vorsehen, sind regelmäßig unzu-

---

[951] *Hülsmann* GmbHR 2001, 411; ebenso außer Ansatz bleiben bei der KGaA die offenen Rücklagen, an denen die Komplementäre nicht beteiligt sind, *Perlitt* in Münch Komm AktG § 289 Rn. 194 i. V. m. § 286 Rn. 33; Zu Schwierigkeiten bei der Buchwertklausel bezüglich einzelner Positionen vgl. *Wangler* DB 2001, 1765; *Schulze-Osteroh* BB 1997, 1787 f.
[952] BGH NJW 1993, 3193; OLG Naumburg NZG 2000, 698, 700; OLG München NJOZ 2006, 2198, 2205 ff.; BGH NZG 2011, 1420, 1421 (aber subsidiär zu vertraglicher Ersatzregelung); OLG Bremen NZG 2013, 779, 780; BGH DStR 2014, 1404.
[953] BGH NJW 1993, 3193, 3194; OLG Naumburg NZG 2000, 698, 700; OLG München NJOZ 2006, 2198, 2207 f.; OLG Bremen NZG 2013, 779, 780; ausführlich zur Rechtsprechung *Nottoff* DStR 1989, 210; *Piltz* in *Mecklenbrauck* BB 2000, 2001; *Piltz* NZG 2001, 1021; *Hülsmann* GmbHR 2001, 409; *Lange* NZG 2001, 635; *Wolf* MittBayNot 2013, 11 f.
[954] BGH NJW 1993, 3193, 3194; OLG München NJOZ 2006, 2198, 2207; vgl. auch BGH BB 2002, 216, 217; *Lorz* in Ebenroth/Boujong/Joost/Strohn HGB § 131 Rn. 136; *Koller* in Koller/Kindler/Roth/Morck HGB § 131 Rn. 18.
[955] *Sigle* ZGR 1999, 663 ff.
[956] *Lorz* in Ebenroth/Boujong/Joost/Strohn HGB § 131 Rn. 136; *Sauter* in Beck'sches Hdb/PersG § 8 Rn. 159; *Mecklenbrauck* BB 2000, 2005; *Hülsmann* GmbHR 2001, 412; *Wolf* MittBayNot 2013, 9, 11; kritisch hierzu *Roth* in Baumbach/Hopt HGB § 131 Rn. 64; vgl. auch *K. Schmidt* in Münch Komm HGB § 131 Rn. 168 m. w. Bsp.; *Koller* in Koller/Kindler/Roth/Morck HGB § 131 Rn. 18.

lässig.⁹⁵⁷ Ausnahmen bestehen im Falle des wegen Todes ausscheidenden Komplementärs⁹⁵⁸ oder eines ideellen oder gemeinnützigen Gesellschaftszwecks.⁹⁵⁹

352 Nichtig sind wegen Gläubigerbenachteiligung Beschränkungen des Abfindungsanspruchs, wenn sie bei einer Pfändung und Übertragung eines Geschäftsanteils eine unter dem Verkehrswert liegende Abfindung vorsehen und diese Einschränkung nicht auch in anderen Fällen des Ausscheidens besteht.⁹⁶⁰

353 Bei einer **atypischen KGaA** gelten hinsichtlich der Abfindungsregelungen keine Besonderheiten. Zulässig ist insbesondere, einen Abfindungsanspruch der Komplementärgesellschaft auszuschließen, sofern diese keine Sondereinlage erbracht hat.

C. Rechtsstellung der Kommanditaktionäre

I. Übersicht der Rechte und Pflichten

354 Den Kommanditaktionären stehen Rechte und Pflichten als Gesellschafter zum einen gemeinsam als Gesellschaftergruppe, zum anderen individuell zu.⁹⁶¹ Rechte und Pflichten, die der **Gesamtheit der Kommanditaktionäre** zustehen, werden von den Kommanditaktionären zwingend in der Hauptversammlung wahrgenommen.⁹⁶²

355 Die **individuellen** Rechte und Pflichten der Kommanditaktionäre stimmen im wesentlichen mit den individuellen Rechten und Pflichten eines Aktionärs einer Aktiengesellschaft überein.⁹⁶³ Hierzu zählen u. a. das Stimmrecht, das Teilnahmerecht an der Hauptversammlung nebst Rederecht sowie das Gewinnbezugsrecht. Individuelle Rechte können je nach ihrer Art ebenfalls in der Hauptversammlung wahrgenommen oder außerhalb derselben geltend gemacht werden.

---

⁹⁵⁷ *Lorz* in Ebenroth/Boujong/Joost/Strohn HGB § 131 Rn. 123; *Roth* in Baumbach/Hopt HGB § 131 Rn. 64; *K. Schmidt*, Gesellschaftsrecht § 50 IV 2c, cc (S. 1487); *K. Schmidt* in Münch Komm HGB § 131 Rn. 168; *Koller* in Koller/Kindler/Roth/Morck HGB § 131 Rn. 18; BGH NJW 1989, 2685: Unzulässigkeit einer Abfindung der Hälfte des Buchwerts.

⁹⁵⁸ BGHZ 22, 286, 194 = NJW 1957, 504; *Hüffer/Koch* § 289 Rn. 8; *K. Schmidt* in Münch Komm HGB § 131 Rn. 161 ff.; *Lorz* in Ebenroth/Boujong/Joost/Strohn HGB § 131 Rn. 125; *Schäfer* in Staub HGB § 131 Rn. 188.

⁹⁵⁹ BGHZ 135, 387 = NJW 1997, 2592; OLG Hamm GmbHR 1997, 942; *Lorz* in Ebenroth/Boujong/Joost/Strohn HGB § 131 Rn. 125; *K. Schmidt* in Münch Komm HGB § 131 Rn. 177; *Schäfer* in Staub HGB § 131 Rn. 169.

⁹⁶⁰ BGH NZG 2000, 1027; *K. Schmidt* in Münch Komm HGB § 131 Rn. 160; *Schäfer* in Staub HGB § 131 Rn. 171; Entsprechendes gilt für Abfindungsbeschränkungen im Falle des Ausscheidens wegen Insolvenz, *Lorz* in Ebenroth/Boujong/Joost/Strohn HGB § 131 Rn. 124.

⁹⁶¹ *Perlitt* in Münch Komm AktG Vor § 278 Rn. 56; *Herfs* in Münch Hdb AG § 78 Rn. 60 f.; *Bachmann* in Spindler/Stilz AktG § 278 Rn. 33 f., 18 f.

⁹⁶² *Mertens/Cahn* in Kölner Komm AktG § 278 Rn. 45; *Perlitt* in Münch Komm AktG § 278 Rn. 119; *Assmann/Sethe* in GroßKomm AktG § 278 Rn. 93 f.; *Bachmann* in Spindler/Stilz AktG § 278 Rn. 34.

⁹⁶³ *Förl/Fett* in Bürgers/Körber AktG § 278 Rn. 36; *Bachmann* in Spindler/Stilz AktG § 278 Rn. 33; *Herfs* in Münch Hdb AG § 78 Rn. 57, 58; *Perlitt* in Münch Komm AktG Vor § 278 Rn. 56.

Als Untergruppe der individuellen Rechte und Pflichten werden die **Vermö-** 356
gensrechte und -pflichten gesondert dargestellt. Die **vermögensrechtlichen**
Pflichten des Kommanditaktionärs bestehen hauptsächlich aus seiner Pflicht, die
Einlage auf seine Kommanditaktien zu leisten. In den Grenzen des § 55 AktG können den Kommanditaktionären auch Nebenpflichten auferlegt werden.[964]

Gemäß § 278 Abs. 3 AktG entspringen die Rechte und Pflichten der Komman- 357
ditaktionäre grundsätzlich dem **Aktienrecht**.[965] Lediglich Rechte und Pflichten,
welche das Verhältnis der Kommanditaktionäre zu den Komplementären betreffen,
unterliegen gemäß § 278 Abs. 2 AktG **Personengesellschaftsrecht**, soweit nicht
vorrangige Bestimmungen der §§ 279–290 AktG[966] eingreifen.

II. Rechte und Pflichten der Kommanditaktionäre

1. Rechte der Gesamtheit der Kommanditaktionäre

Der Gesamtheit der Kommanditaktionäre steht gemäß § 278 Abs. 2 AktG zu- 358
nächst das Recht zur Beschlussfassung über alle Beschlussgegenstände zu, welche
das Verhältnis zu den persönlich haftenden Gesellschaftern berühren und die auch
bei einer Kommanditgesellschaft grundsätzlich der Zustimmung aller Gesellschafter bedürfen, mithin alle Grundlagengeschäfte, insbesondere Satzungsänderungen
und der Auflösungsbeschluss,[967] sowie die Zustimmung zu außergewöhnlichen
Geschäftsführungsmaßnahmen. Diese Beschlussgegenstände bedürfen grundsätzlich der Zustimmung beider Gesellschaftergruppen, mithin der Zustimmung der
persönlich haftenden Gesellschafter und der Gesamtheit der Kommanditaktionäre.

Darüber hinaus stehen der Gesamtheit der Kommanditaktionäre aber auch akti- 359
enrechtliche Rechte, wie das Recht zur Feststellung des Jahresabschlusses oder der
Bestellung von Prüfern, zu.[968]

Zu den Beschlussgegenständen, die gemäß § 278 Abs. 2 AktG der Zustimmung 360
der Gesamtheit der Kommanditaktionäre bedürfen, weil sie das Verhältnis zu den
persönlich haftenden Gesellschaftern berühren, zählen insbesondere:
- Die Zustimmung zu Grundlagengeschäften, mithin alle Beschlussgegenstände,
  welche die **personenrechtliche Verbundenheit** der Gesellschafter berühren.
  Hierzu gehören alle **Änderungen der Satzung**,[969] insbesondere Maßnahmen

---

[964] *Perlitt* in Münch Komm AktG § 278 Rn. 100 ff.; *Assmann/Sethe* in GroßKomm AktG
§ 278 Rn. 91; *Mertens/Cahn* in Kölner Komm AktG § 278 Rn. 48; *Müller-Michaels* in Hölters
AktG § 278 Rn. 19.
[965] Vgl. *Perlitt* in Münch Komm AktG § 278 Rn. 95; *Bachmann* in Spindler/Stilz AktG
§ 278 Rn. 33; *Hüffer/Koch* § 278 Rn. 20; *Müller-Michaels* in Hölters AktG § 278 Rn. 19;
Arnold in Henssler/Strohn GesellschRe § 278 AktG Rn. 8.
[966] Z. B. § 286 AktG.
[967] *Perlitt* in Münch Komm AktG § 289 Rn. 15; *Assmann/Sethe* in GroßKomm AktG
§ 289 Rn. 19; *Förl/Fett* in Bürgers/Körber AktG § 278 Rn. 34; *Bachmann* in Spindler/Stilz
AktG § 289 Rn. 4.
[968] Vgl. *Förl/Fett* in Bürgers/Körber AktG § 278 Rn. 34; *Bachmann* in Spindler/Stilz
AktG § 285 Rn. 6; vgl. auch *Perlitt* in Münch Komm AktG § 278 Rn. 138 f.
[969] OLG Stuttgart NZG 2003, 778, 783; *Bachmann* in Spindler/Stilz AktG § 278 Rn. 64;
Perlitt in Münch Komm AktG § 278 Rn. 180; *Roth* in Baumbach/Hopt HGB § 114 Rn. 3;
Drescher in Ebenroth/Boujong/Joost/Strohn HGB § 114 Rn. 7.

der **Kapitalbeschaffung und -herabsetzung**, aber auch organisationsbezogene Maßnahmen.[970]

Unter die **organisationsbezogenen** Maßnahmen fallen u. a.
- der Antrag auf **Entziehung der Geschäftsführungs-** und/oder **Vertretungsbefugnis**,[971] §§ 161 Abs. 2, 117, 127 HGB,
- der Antrag auf **gerichtliche Ausschließung** eines Komplementärs, §§ 161 Abs. 2, 140 HGB,
- die Beschlussfassung über die **Aufnahme eines neuen Komplementärs**, § 278 Abs. 2 AktG i. V. m. §§ 161 Abs. 2, 109 HGB[972]
- sowie der **Auflösungsbeschluss**[973] gemäß § 289 Abs. 1 AktG i. V. m. § 131 Abs. 1 Nr. 2 HGB.

• Die Zustimmung zu **außergewöhnlichen Geschäftsführungsmaßnahmen**, § 278 Abs. 2 AktG i. V. m. § 164 S. 1 2. HS HGB.

361 Zu den anderen Rechten der Kommanditaktionäre, die den Kommanditaktionären als Gesamtheit zustehen, zählen:
- Das Recht zur Feststellung des **Jahresabschlusses**, § 286 Abs. 1 S. 1 AktG.
- Die Beschlussfassung über die **Verwendung** des auf die Kommanditaktionäre entfallenden Gewinns.[974]
- Die **Bestellung** und **Abberufung** der Aufsichtsratsmitglieder.
- Die **Entlastung** der geschäftsführenden Komplementäre.
- Die Bestellung der **Abschluss- und Sonderprüfer**, §§ 278 Abs. 3, 119 Abs. 1 AktG.
- Das **Prüfungs- und Einsichtsrecht** gemäß § 278 Abs. 2 AktG i. V. m. § 166 HGB. Dieses personengesellschaftsrechtliche Prüfungs- und Einsichtsrecht steht in der KGaA der Gesamtheit der Kommanditaktionäre zu.[975]
- Das Recht zur **Erhebung** der *actio pro socio*, um damit Sozialansprüche der Gesellschaft, wie z. B. die Erfüllung der Einlageverpflichtung eines Komplementärs, einzuklagen.[976]

---

[970] *Heermann* ZGR 2000, 61, 66; *Drescher* in Ebenroth/Boujong/Joost/Strohn HGB § 114 Rn. 6; vgl. auch *Schäfer* in Staub § 114 Rn. 15.

[971] *Bachmann* in Spindler/Stilz AktG § 278 Rn. 64; *Perlitt* in Münch Komm AktG § 278 Rn. 180; *Herfs* in Münch Hdb AG § 79 Rn. 49; *Drescher* in Ebenroth/Boujong/Joost/Strohn HGB § 114 Rn. 7; *Stuhlfelner* in Glanegger/Güroff/Kirnberger HGB § 114 Rn. 2; *Roth* in Baumbach/Hopt HGB § 114 Rn. 3.

[972] BGHZ 76, 164; *Bachmann* in Spindler/Stilz AktG § 278 Rn. 64; *Perlitt* in Münch Komm AktG § 278 Rn. 180; *Herfs* in Münch Hdb AG § 79 Rn. 49; *Drescher* in Ebenroth/Boujong/Joost/Strohn HGB § 114 Rn. 7; *Roth* in Baumbach/Hopt HGB § 114 Rn. 3; *Schäfer* in Staub § 114 Rn. 15.

[973] *Sethe* S. 110; *Perlitt* in Münch Komm AktG § 289 Rn. 15; *Assmann/Sethe* in GroßKomm AktG § 289 Rn. 19; *Förl/Fett* in Bürgers/Körber AktG § 278 Rn. 34; *Bachmann* in Spindler/Stilz AktG § 289 Rn. 4.

[974] *Mertens/Cahn* in Kölner Komm AktG § 286 Rn. 22; *Perlitt* in Münch Komm AktG § 286 Rn. 80; *Bachmann* in Spindler/Stilz AktG § 286 Rn. 2; zur Frage, ob der Gewinnverwendungsbeschluss von der Zustimmung der Komplementäre abhängig gemacht werden kann, siehe ausführlich § 5 Rn. 97, 105.

[975] *Assmann/Sethe* in GroßKomm AktG § 278 Rn. 140; *Mertens/Cahn* in Kölner Komm AktG § 278 Rn. 51; *Perlitt* in Münch Komm AktG § 278 Rn. 218; *Bachmann* in Spindler/Stilz AktG § 278 Rn. 35.

[976] Zur *actio pro socio* der Gesamtheit der Kommanditaktionäre siehe ausführlich § 5 Rn. 676.

- Das **Auskunftsrecht** gemäß § 278 Abs. 2 AktG i. V. m. §§ 161 Abs. 2, 105 Abs. 3 HGB, §§ 713, 666 BGB. Dieses Auskunftsrecht steht zwar der Gesellschaft zu,[977] es kann jedoch von der Gesamtheit der Kommanditaktionäre im Wege der *actio pro socio* geltend gemacht werden.[978]

Vorstehende Aufstellung zeigt, dass die Rechte der Gesamtheit der Kommandit- 362
aktionäre teils weitergehen, teils eingeschränkter sind als die Rechte der Aktionäre einer Aktiengesellschaft.

Weitergehender sind die Rechte der Gesamtheit der Kommanditaktionäre in- 363
sofern, als sie in der gesetzestypischen KGaA allen außergewöhnlichen Geschäftsführungsmaßnahmen zustimmen müssen; außerdem stellen sie zwingend den Jahresabschluss der KGaA fest, § 286 Abs. 1 S. 1 AktG. In der Aktiengesellschaft dagegen beschränkt sich das Zustimmungsrecht der Aktionäre bei Geschäftsführungsmaßnahmen auf wesentliche, strukturverändernde Maßnahmen[979] bzw. gemäß §§ 119 Abs. 2, 111 Abs. 4 AktG auf Fälle, in denen der Vorstand dies verlangt. Auch der Jahresabschluss der Aktiengesellschaft wird gemäß § 172 S. 1 AktG nur dann von der Hauptversammlung festgestellt, wenn Vorstand und Aufsichtsrat dies verlangen.

Auf der anderen Seite sind die Einflussmöglichkeiten der Kommanditaktionäre 364
gegenüber denen der Aktionäre einer Aktiengesellschaft erheblich eingeschränkt: So fehlt ihnen insbesondere die Personalkompetenz. Während der Aktionär in der Aktiengesellschaft über die Wahl des Aufsichtsrates mittelbar auch auf die Bestellung des Vorstandes Einfluss nehmen kann, der durch den Aufsichtsrat bestellt wird, besteht diese Möglichkeit bei der KGaA prinzipbedingt nicht: Die Geschäftsführung wird nicht bestellt, sondern durch die geschäftsführenden persönlich haftenden Gesellschafter als geborene Geschäftsführer gestellt. Nur bei Vorliegen eines wichtigen Grundes können die Kommanditaktionäre in ihrer Gesamtheit zusammen mit den übrigen Komplementären einen Antrag bei Gericht auf Entziehung der Geschäftsführungs- und/oder Vertretungsbefugnis[980] oder auf Ausschluss des Komplementärs[981] stellen, § 278 Abs. 2 AktG i. V. m. §§ 117, 127 bzw. 140 HGB.

2. Individuelle Rechte

Neben den Rechten der Gesamtheit der Kommanditaktionäre existieren auch 365
Rechte, die einem Kommanditaktionär **individuell** oder als sog. **Minderheitenrecht** gemeinsam mit einer Gruppe von Kommanditaktionären zustehen.[982]

---

[977] BGHZ 14, 53, 60 = NJW 1954, 1564; WM 1983, 910, 911; *Schäfer* in Staub HGB § 118 Rn. 24; *K. Schmidt*, Informationsrechte in Gesellschaften und Verbänden 1984, S. 63 f.; *Enzinger* in Münch Komm HGB § 118 Rn. 12; *Drescher* in Ebenroth/Boujong/Joost/Strohn HGB § 118 Rn. 41; a. A. *Emmerich* in Heymann HGB § 118 Rn. 5; *Schiessl* GmbHR 1985, 109, 110 f.
[978] Siehe zur actio pro socio der Gesamtheit der Kommanditaktionäre § 5 Rn. 676.
[979] Siehe BGHZ 83, 122 ff. = NJW 1982, 1703 – Holzmüller- und BGHZ 159, 30 = BGH NZG 2004, 571, 574 – Gelatine.
[980] Zum Verfahren und den Voraussetzungen siehe § 5 Rn. 660.
[981] Zum Verfahren und den Voraussetzungen siehe § 5 Rn. 634.
[982] Bei Kommanditaktionärsminderheiten ist zwischen folgenden Quoten zu unterscheiden: 1% des Grundkapitals oder ein anteiliger Betrag des Grundkapitals von 100.000 EUR, 5% des Grundkapitals oder ein anteiliger Betrag des Grundkapitals von 500.000 EUR, 10% des Grundkapitals oder ein anteiliger Betrag des Grundkapitals von 1 Mio. EUR, 5% des

366 Zu den **individuellen Pflichten**[983] zählen vor allem die gesellschafterliche Treuepflicht, die z. B. zur Zustimmung zu notwendigen Maßnahmen verpflichten kann,[984] sowie Mitteilungspflichten.

a) Rechte des einzelnen Kommanditaktionärs

- **Teilnahmerecht**, § 278 Abs. 3, § 118 Abs. 1 AktG. Das Teilnahmerecht besteht unabhängig vom Stimmrecht, d.h. teilnehmen darf auch der Inhaber stimmrechtsloser Vorzugsaktien, § 140 Abs. 1 AktG, bzw. ein Kommanditaktionär, der einem Stimmverbot unterliegt.[985]
- **Stimmrecht**,[986] § 278 Abs. 3, § 134 AktG. Das Stimmrecht ist nicht notwendig mit dem Teilnahmerecht verknüpft. Ein Kommanditaktionär, der durch den Versammlungsleiter aus dem Saal verwiesen wurde, kann sein Stimmrecht durch einen Bevollmächtigten ausüben lassen.[987]
- **Rederecht**, § 278 Abs. 3, § 118 Abs. 1 AktG, und Antragsrecht, § 278 Abs. 3, § 126 AktG. Jeder Kommanditaktionär hat das Recht, Beschlussanträge zu stellen, die inhaltlich von einem Vorschlag der Komplementäre abweichen.[988] Die Ergänzung der Tagesordnung kann dagegen nur eine Kommanditaktionärsminderheit erzwingen, die 5% des Grundkapitals oder einem anteiligen Betrag von 500.000 EUR entspricht, § 278 Abs. 3, § 122 Abs. 2 AktG.[989]
- **Auskunftsanspruch**, § 131 AktG. Der Auskunftsanspruch erstreckt sich auf alle **Angelegenheiten der KGaA** und damit auf alles, was mit der KGaA und ihrer Tätigkeit zusammenhängt.[990] Unter den Auskunftsanspruch können auch

---

Grundkapitals, 10% des Grundkapitals. Eine Minderheit von 1% des Grundkapitals oder ein anteiliger Betrag des Grundkapitals von 100.000 EUR ist in §§ 142 Abs. 2 S. 1, 142 Abs. 4 S. 1, 148 Abs. 1 S. 1, 258 Abs. 2 S. 3, 315 S. 2 AktG erforderlich. Eine Minderheit von 5% des Grundkapitals oder ein anteiliger Betrag des Grundkapitals von 500.000 EUR wird in den Fällen der §§ 318 Abs. 3 S. 1 HGB, 122 Abs. 2, 124 Abs. 1 S. 1, 124 a S. 2, 125 Abs. 1 S. 3, 254 Abs. 2 S. 3, 260 Abs. 1 S. 1, 260 Abs. 3 S. 4, 265 Abs. 3 S. 1 AktG verlangt. Eine Minderheit von 10% des Grundkapitals oder ein anteiliger Betrag des Grundkapitals von 1 Mio. EUR wird in den Fällen der §§ 103 Abs. 3 S. 3, 120 Abs. 1 S. 2, 147 Abs. 2 S. 2 AktG verlangt. Eine Minderheit von 5% des Grundkapitals ist in den §§ 122 Abs. 1, Abs. 3 AktG und § 62 Abs. 2 UmwG erforderlich. Eine Minderheit von 10% des Grundkapitals ist in den §§ 50 S. 1, 93 Abs. 4 S. 3, 116, 117 Abs. 4, 137, 138, 302 Abs. 3 S. 3, 309 Abs. 3 S. 1, 310 Abs. 4, 317 Abs. 4, 318 Abs. 4, 323 Abs. 1 S. 2 AktG erforderlich. Vgl. Aufzählung in: Henn Hdb AktR § 20 Rn. 745 ff., S. 413 f.

[983] Hierzu sogleich ausführlich § 5 Rn. 368 ff.
[984] Siehe hierzu § 5 Rn. 20 und § 3 Rn. 20 ff.
[985] *Bärwaldt* in Semler/Volhard/Reichert HV Hdb § 8 Rn. 3 sowie *Jacob* in Semler/Volhard/Reichert HV Hdb § 11 Rn. 69.; *Kubis* in Münch Komm AktG § 118 Rn. 53, 55; *Hoffmann* in Spindler/Stilz AktG § 118 Rn. 11; *Hüffer/Koch* § 118 Rn. 24.
[986] Hierzu näher sogleich unter § 5 Rn. 372 ff.
[987] *Jacob* in Semler/Volhard/Reichert HV Hdb § 11 Rn. 76.; vgl. *Kubis* bzw. *Schröer* in Münch Komm AktG § 118 Rn. 38, § 134 Rn. 34; vgl. auch *Hoffmann* bzw. *Rieckers* in Spindler/Stilz AktG § 118 Rn. 13, § 134 Rn. 48, sowie *Hüffer/Koch* § 118 Rn. 26.
[988] *Schlitt/Becker* in Semler/Volhard/Reichert HV Hdb § 4 Rn- 297 ff.; *Volhard* in Semler/Volhard/Reichert HV Hdb § 11 Rn. 1 ff. *Werner* in GroßKomm AktG § 126 Rn. 2; *Kubis* in Münch Komm AktG § 126 Rn. 1; *Rieckers* in Spindler/Stilz AktG § 126 Rn. 1, 8.
[989] *Kubis* in Münch Komm AktG § 122 Rn. 29; *Rieckers* in Spindler/Stilz AktG § 122 Rn. 37; *Hüffer/Koch* § 122 Rn. 9; *Schlitt/Becker* in Semler/Volhard/Reichert HV Hdb § 4 Rn. 303; siehe dazu § 5 Rn. 372 ff.
[990] *Hüffer/Koch* § 131 Rn. 11; *Perlitt* in Münch Komm AktG § 278 Rn. 120; *Assmann/Sethe* in GroßKomm AktG § 278 Rn. 83; *Siems* in Spindler/Stilz AktG § 131 Rn. 23.

die wirtschaftlichen Verhältnisse einer zum Konzern zugehörigen **verbundenen Gesellschaft** fallen,[991] wenn diese sich auf die KGaA auswirken können.[992]

Der Auskunftsanspruch des Kommanditaktionärs ist weitergehender als der Auskunftsanspruch eines Aktionärs[993]: Da die Hauptversammlung der KGaA im Gegensatz zur Aktiengesellschaft gemäß § 286 Abs. 1 S. 1 AktG auch über die Feststellung des Jahresabschlusses beschließt, müssen sich die Kommanditaktionäre ein umfassendes Bild von der wirtschaftlichen Lage der KGaA machen können. Dementsprechend können die Komplementäre, die gemäß § 283 Nr. 9 AktG den Jahresabschluss vorbereiten, beispielsweise nicht die Auskunft über die Bildung stiller Reserven oder die angewandten Bilanzierungs- und Bewertungsmethoden verweigern; § 131 Abs. 3 Nr. 3, 4 AktG gelten nicht.[994] Aus demselben Grund können die Kommanditaktionäre von den Komplementären Auskunft über die Höhe ihres Gewinnanteils und dessen Berechnung verlangen.[995] Zwar muss die für die Öffentlichkeit bestimmte Gewinn- und Verlustrechnung den Gewinnanteil der Komplementäre nicht gesondert ausweisen, § 286 Abs. 3 und 4 AktG. Da die Hauptversammlung aber nicht-öffentlich ist,[996] stehen diese Vorschriften dem Auskunftsanspruch nicht entgegen.[997]

In einer **atypischen KGaA** umfasst der Auskunftsanspruch der Kommanditaktionäre auch die Angelegenheiten der Komplementärgesellschaft.[998] Soweit das Auskunftsbegehren Geschäftsführungsmaßnahmen der Komplementärgesellschaft für die KGaA betrifft, handelt es sich sowohl um Angelegenheiten der Komplementärgesellschaft als auch um Angelegenheiten der KGaA selbst.[999] Aber auch in anderen Angelegenheiten muss die Komplementärgesellschaft immer dann Auskunft erstatten, wenn die Informationen – u. U. auch nur mittelbar – im Zusammenhang mit ihrer Komplementärstellung in der KGaA stehen und für die sachgemäße Beurteilung der Tagesordnungspunkte der Hauptversammlung durch die Kommanditaktionäre erforderlich sind.[1000]

---

[991] Vgl. BayObLG AG 2000, 131; BGH WM 2003, 345, 347 – Verein; OLG Köln AG 2002, 89, 90 f.; Hüffer/Koch § 131 Rn. 16; Kubis in Münch Komm AktG § 131 Rn. 70 ff.
[992] Vgl. OLG Düsseldorf BB 1987, 2253, 2254; zum Verein BGH WM 2003, 345, 347.
[993] Zum Auskunftsanspruch des Aktionärs einer AG siehe Reger in Bürgers/Körber AktG § 131 Rn. 1 ff.
[994] Perlitt in Münch Komm AktG § 278 Rn. 120; Mertens/Cahn in Kölner Komm AktG § 278 Rn. 42; Förl/Fett in Bürgers/Körber AktG § 278 Rn. 36; Herfs in Münch Hdb AG § 78 Rn. 60; Graf S. 77 f.; Bachmann in Spindler/Stilz AktG § 286 Rn. 3; Hüffer/Koch § 286 Rn. 1.
[995] OLG Hamm AG 1969, 295 f.; Bachmann in Spindler/Stilz AktG § 286 Rn. 3; Perlitt in Münch Komm AktG § 286 Rn. 76; Förl/Fett in Bürgers Körber AktG § 286 Rn. 8.
[996] Hüffer/Koch § 118 Rn. 16; Kubis in Münch Komm AktG § 118 Rn. 22; Bärwaldt in Semler/Volhard/Reichert HV Hdb § 8 Rn. 1; grundsätzlich ebenso Hoffmann in Spindler/Stilz AktG § 118 Rn. 29.
[997] OLG Hamm AG 1969, 295 f.; Mertens/Cahn in Kölner Komm AktG § 278 Rn. 23.
[998] Assmann/Sethe in GroßKomm AktG § 278 Rn. 83; Perlitt in Münch Komm AktG § 278 Rn. 329; Schlitt S. 210; Bachmann in Spindler/Stilz AktG § 278 Rn. 35.
[999] Perlitt in Münch Komm AktG § 278 Rn. 329; Assmann/Sethe in GroßKomm AktG § 278 Rn. 83; Schlitt S. 210; Sethe S. 167 f.
[1000] Vgl. Assmann/Sethe in GroßKomm AktG § 278 Rn. 83; zur grundsätzlichen Erfassung von Informationen im mittelbaren Zusammenhang zur Komplementärstellung Siems in Spindler/Stilz AktG § 131 Rn. 23; vgl. auch Hüffer/Koch § 131 Rn. 12; Kubis in Münch Komm AktG § 131 Rn. 37.

- Das Rederecht und der Auskunftsanspruch einzelner Kommanditaktionäre konnten auf Grund der Leitungsfunktion des Versammlungsleiters in angemessener Weise grundsätzlich schon immer beschränkt werden.[1001] Seit der Einführung des § 131 Abs. 2 AktG durch das UMAG kann nun auch die Satzung oder die Geschäftsordnung den Versammlungsleiter ermächtigen, das Frage- und/oder Rederecht des Aktionärs zeitlich angemessen zu beschränken, und Näheres dazu bestimmen.[1002] Sinn und Zweck sind die Vorbeugung gegen Missbrauch der Aktionärsrechte und die Verbesserung der Qualität der Hauptversammlung.[1003]
- **Einsichtsrecht** in bestimmte Unterlagen der KGaA.[1004]
- **Anfechtungsrecht**, §§ 243, 245 AktG. Rechtswidrige Beschlüsse der Hauptversammlung können von jedem Kommanditaktionär mittels Anfechtungsklage angefochten werden, sofern er während der Hauptversammlung Widerspruch zur Niederschrift erklärt hat, § 278 Abs. 3 i.V.m. § 245 Nr. 1 AktG, oder die Voraussetzungen der § 278 Abs. 3 i.V.m § 245 Nr. 2, 3 AktG vorliegen.
- **Recht auf Schadensersatz** gemäß § 278 Abs. 3 AktG i.V.m. § 117 Abs. 1 S. 2, Abs. 2 AktG. Der Aktionär kann bei demjenigen, der der Gesellschaft gemäß § 117 Abs. 1 S. 1 AktG haftet, seinen eigenen unmittelbaren Schaden geltend machen.[1005] Nicht von § 117 Abs. 1 S. 2 AktG erfasst ist hingegen sein mittelbarer Schaden, d.h. der Wertverlust seiner Aktien, der als Folge der Schädigung der Gesellschaft eingetreten ist.[1006]

367 **b) Rechte einer qualifizierten Kommanditaktionärsminderheit.** Eine Reihe von Rechten kann von einem Kommanditaktionär nur gemeinsam mit anderen Kommanditaktionären geltend gemacht werden, wenn diese zusammen einen bestimmten Teil des Grundkapitals der KGaA halten. Teilweise ist zusätzlich eine Mindesthaltefrist der Kommanditaktien für die Geltendmachung des Rechtes Voraussetzung. Der für die Geltendmachung erforderliche Anteil am Grundkapital ist jeweils in der entsprechenden Norm des Aktiengesetzes geregelt.

[1001] Vgl. RegBegr BT-Drucks 15/5092 S. 17 l. Sp.; *Herrler* in Grigoleit AktG § 131 Rn. 33; *Kubis* in Münch Komm AktG § 131 Rn. 98; *Hüffer/Koch* § 131 Rn. 98; *Wilsing/von der Linden* DB 2010, 1277, 1279.

[1002] Konkretisierend BGHZ 184, 239 = NJW 2010, 1604; siehe ausführlich hierzu *Reger* in Bürgers/Körber AktG § 131 Rn. 18 ff.; *Hüffer/Koch* § 131 Rn. 22 a.

[1003] RegBegr BT-Drucks 15/5092 S. 17 l. Sp.

[1004] So sind der Jahresabschluss, ein vom Aufsichtsrat gebilligter Einzelabschluss nach § 325 Abs. 2a des Handelsgesetzbuchs, der Lagebericht, der Bericht des Aufsichtsrats und der Vorschlag des Vorstands für die Verwendung des Bilanzgewinns und bei börsennotierten Aktiengesellschaften ein erläuternder Bericht zu den Angaben nach § 289 Abs. 4 Nr. 1 bis 5 und Abs. 5 sowie § 315 Abs. 4 des HGB zur Einsichtnahme durch die Kommanditaktionäre auszulegen, § 175 Abs. 2 S. 1 AktG. Bei einem Mutterunternehmen i.S.d. § 290 Abs. 1, 2 HGB gilt dies auch für den Konzernabschluss, den Konzernlagebericht und den Bericht des Aufsichtsrats hierüber, § 175 Abs. 2 S. 3 AktG. Der Kommanditaktionär hat darüber hinaus weitergehende Einsichtsrechte, vgl. § 52 Abs. 2 AktG, § 179a Abs. 2 S. 1 AktG, § 209 Abs. 6 i.V.m. § 175 Abs. 2 AktG. Weitere Rechte auf Einsichtnahme: Einsicht in Bericht über Abschluss und Änderung von Unternehmensverträgen §§ 293 f., 295 Abs. 1 S. 2 AktG, Einsicht in Unterlagen im Rahmen einer Verschmelzung § 63 Abs. 1 UmwG.

[1005] *Spindler* in Münch Komm AktG § 117 Rn. 53; *Mertens/Cahn* in Kölner Komm AktG § 117 Rn. 20; *Siems* in Spindler/Stilz AktG § 131 Rn. 20.

[1006] *Hüffer/Koch* § 117 Rn. 9; von einem sogenannten Reflexschaden sprechen in diesem Zusammenhang *Siems* in Spindler/Stilz AktG § 131 Rn. 19 und *Spindler* in Münch Komm AktG § 117 Rn. 52.

- **Einberufung der Hauptversammlung**, § 278 Abs. 3 i.V.m. § 122 AktG. Das Gericht kann eine Kommanditaktionärsminderheit, deren Anteile den zwanzigsten Teil des Grundkapitals erreichen, ermächtigen, die Hauptversammlung einzuberufen, § 278 Abs. 3 AktG i.V.m. § 122 Abs. 1, 3 AktG.
- **Aufnahme von Beschlussgegenständen in die Tagesordnung** und deren Bekanntmachung, § 278 Abs. 3 i.V.m. § 122 Abs. 2 und § 124 Abs. 1 S. 1 AktG (eventuell auch mit §§ 124 a S. 2, 125 Abs. 1 S. 3 AktG). Wenn eine Kommanditaktionärsminderheit, deren Anteile zusammen den zwanzigsten Teil des Grundkapitals oder den anteiligen Betrag des Grundkapitals von 500.000 Euro erreichen, es verlangt, müssen weitere Beschlussgegenstände in die Tagesordnung aufgenommen und bekanntgemacht werden, § 278 Abs. 3 i.V.m. § 122 Abs. 2 und § 124 Abs. 1 S. 1 AktG (eventuell auch mit §§ 124 a S. 2, 125 Abs. 1 S. 3 AktG).
- **Erzwingen** einer **vorgezogenen Abstimmung über Wahlvorschläge von Aktionären**, § 278 Abs. 3 i.V.m. § 137 AktG. Eine Minderheit der Kommanditaktionäre, die zusammen zehn Prozent des Grundkapitals erreicht, kann verlangen, dass auf der Hauptversammlung über den Vorschlag eines Aktionärs zur Wahl von Aufsichtsratsmitgliedern nach § 127 AktG, vor dem Vorschlag des Aufsichtsrats beschlossen wird, nachdem der Aktionär die Wahl der von ihm vorgeschlagenen Person in der Hauptversammlung beantragt hat.[1007]
- **Erzwingung** der Fassung eines **Verschmelzungsbeschlusses**, § 62 Abs. 2 UmwG. Grundsätzlich ist die Fassung eines Verschmelzungsbeschlusses nach § 62 Abs. 1 UmwG für die Aufnahme der übertragenden Gesellschaft entbehrlich, wenn sich mindestens neun Zehntel des Stammkapitals oder des Grundkapitals der übertragenden Kapitalgesellschaft in der Hand einer übernehmenden Aktiengesellschaft befinden. Ausweislich § 62 Abs. 2 UmwG gilt Absatz 1 aber nicht, wenn Aktionäre der übernehmenden Gesellschaft, deren Anteile zusammen fünf Prozent des Grundkapitals dieser Gesellschaft erreichen, die Einberufung einer Hauptversammlung verlangen, in der über die Zustimmung zur Verschmelzung Beschluss gefasst wird. Die Satzung kann nach § 62 Abs. 2 S. 2 UmwG eine kleinere Minderheit vorsehen. Die Vorschrift gilt für die Kommanditgesellschaft auf Aktien als übernehmende Gesellschaft entsprechend.
- **Gesonderte Entlastung eines geschäftsführenden Komplementärs**, § 278 Abs. 3 i.V.m. § 120 Abs. 1 S. 2 AktG. Wenn eine Kommanditaktionärsminderheit, die zusammen den zehnten Teil des Grundkapitals oder mindestens einen anteiligen Betrag des Grundkapitals von einer Million Euro hält, es verlangt, muss in der Hauptversammlung über die Entlastung eines einzelnen geschäftsführenden Komplementärs gesondert abgestimmt werden. Die Entlastung des Komplementärs stellt lediglich die Billigung der Tätigkeit des Komplementärs innerhalb des zurückliegenden Geschäftsjahres als im Großen und Ganzen gesetzes- und satzungsgemäß dar.[1008] Eine Ausschlusswirkung für Schadensersat-

---

[1007] Vgl. ausführlich *Schröer* in Münch Komm AktG § 137 Rn. 1 ff.
[1008] Hüffer/*Koch* § 120 Rn. 11; *Semler* in Münch Hdb AG § 35 Rn. 31; *Hoffmann* in Spindler/Stilz AktG § 120 Rn. 26 f.; unter Kritik *Kubis* in Münch Komm AktG § 120 Rn. 15, 17 f.

zansprüche gegen die Komplementäre hat die Entlastung nicht, § 278 Abs. 3 i. V. m. § 120 Abs. 2 S. 2 AktG.[1009]
- **Anfechtung** des **Beschlusses** über die **Verwendung des Bilanzgewinns**, § 278 Abs. 3 i.V.m. § 254 Abs. 2 S. 3 AktG. Neben § 243 AktG sieht § 254 Abs. 1 AktG eine weitere Anfechtungsmöglichkeit für den Beschluss der Hauptversammlung über die Verwendung des Bilanzgewinns vor, wenn durch diesen Beträge aus dem Bilanzgewinn in Gewinnrücklagen eingestellt oder als Gewinn vorgetragen werden, obwohl die Einstellung oder der Gewinnvortrag bei vernünftiger kaufmännischer Beurteilung nicht notwendig ist, um die Lebens- und Widerstandsfähigkeit der Gesellschaft für einen hinsichtlich der wirtschaftlichen und finanziellen Notwendigkeiten übersehbaren Zeitraum zu sichern und dadurch unter den Aktionären kein Gewinn in Höhe von mindestens vier vom Hundert des Grundkapitals abzüglich von noch nicht eingeforderten Einlagen verteilt werden kann, § 254 Abs. 1 AktG. Die Anfechtungsbefugnis der Kommanditaktionäre ist allerdings insoweit beschränkt, als nur eine Kommanditaktionärsminderheit, die zusammen den zwanzigsten Teil des Grundkapitals oder den anteiligen Betrag des Grundkapitals von 500.000 Euro hält, gemäß § 254 Abs. 2 S. 3 AktG anfechtungsbefugt ist.
- **Gerichtliche Bestellung** eines **Sonderprüfers** hinsichtlich des **Jahresabschlusses**, § 278 Abs. 3 i.V.m. § 258 Abs. 2 S. 3 AktG. Eine Kommanditaktionärsminderheit, die zusammen den hundertsten Teil des Grundkapitals oder einen anteiligen Betrag des Grundkapitals von 100.000 Euro hält, kann die gerichtliche Bestellung eines Sonderprüfers beantragen, der den Jahresabschluss auf unzulässige Unterbewertungen hin überprüft, § 258 Abs. 1 S. 2 AktG.
- **Gerichtliche Entscheidung** über die **abschließenden Feststellungen des Sonderprüfers**, § 278 Abs. 3 i.V.m. 260 Abs. 1 S. 1 und Abs. 3 S. 4. Sofern Kommanditaktionäre zusammen fünf Prozent des Grundkapitals oder einen anteiligen Betrag des Grundkapitals von 500.000 Euro auf sich vereinigen, können sie gegen abschließende Feststellungen des Sonderprüfers nach § 259 Abs. 2 und 3 AktG innerhalb eines Monats nach der Veröffentlichung im Bundesanzeiger den Antrag auf gerichtliche Entscheidung bei dem nach § 132 Abs. 1 AktG zuständigen Gericht stellen.[1010] Mit dem selben Quorum kann gegen die Entscheidung des Gerichts gemäß § 260 Abs. 3 S. 4 AktG Beschwerde eingelegt werden. In beiden Fällen ist darüber hinaus glaubhaft zu machen, dass die Aktionäre bereits seit mindestens drei Monaten vor dem Antrag bzw. der Beschwerde Inhaber der Aktien sind, und Gewähr dafür leisten, dass die Aktien bis zur Entscheidung nicht veräußert werden, sei es durch Hinterlegung der Aktien oder Versicherung des depotführenden Instituts darüber, § 260 Abs. 1 S. 2 bzw. § 260 Abs. 3 S. 5 AktG i.V.m. § 258 Abs. 2 S. 4 und S. 5 AktG.
- **Gerichtliche Bestellung** eines **Sonderprüfers** hinsichtlich **Gründung** oder **Geschäftsführung**, § 278 Abs. 3 i.V.m. § 142 Abs. 2 bzw. § 142 Abs. 4 AktG. Die Hauptversammlung kann mit einfacher Mehrheit Sonderprüfer zur Prüfung von Vorgängen bei der Gründung der Gesellschaft oder zur Prüfung einer

---

[1009] *Kubis* in Münch Komm AktG § 120 Rn. 30; *Hüffer/Koch* § 120 Rn. 13; *Hoffmann* in Spindler/Stilz AktG § 120 Rn. 28; *Drinhausen* in Hölters AktG § 120 Rn. 26.
[1010] Vgl. zu den Details *Hüffer* in Münch Komm AktG § 260 Rn. 3–11.

C. Rechtsstellung der Kommanditaktionäre

Geschäftsführungsmaßnahme bestellen, § 142 Abs. 1 S. 1 AktG. Wird der Antrag auf Bestellung des Sonderprüfers von der Hauptversammlung abgelehnt, so kann eine Kommanditaktionärsminderheit, die zusammen den hundertsten Teil des Grundkapitals oder den anteiligen Betrag des Grundkapitals von mindestens 100.000 Euro seit mindestens drei Monaten vor dem Tag der Hauptversammlung hält, gerichtlich einen Sonderprüfer bestellen lassen, sofern der dringende Verdacht besteht, dass bei dem Vorgang Unredlichkeiten oder grobe Verletzungen des Gesetzes oder der Satzung vorgekommen sind, § 142 Abs. 2 S. 1, S. 2 AktG. Sofern eine Geschäftsführungsmaßnahme überprüft werden soll, gilt dies jedoch nur für Vorgänge, die nicht über fünf Jahre zurückliegen, § 142 Abs. 2 S. 1 AktG. Hat die Hauptversammlung entsprechend § 141 Abs. 1 S. 1 AktG einen Sonderprüfer bestellt, kann die genannte Kommanditaktionärsminderheit gerichtlich einen anderen Sonderprüfer bestellen lassen, wenn der bestellte Sonderprüfer nicht die für den Gegenstand der Sonderprüfung erforderlichen Kenntnisse hat, seine Befangenheit zu besorgen ist oder Bedenken wegen seiner Zuverlässigkeit bestehen, § 142 Abs. 4 S. 1 AktG. Auf eine Haltefrist von mindestens drei Monaten vor dem Tag der Hauptversammlung kommt es hier, anders als bei der erstmaligen Bestellung durch das Gericht, ausweislich des Wortlauts von § 142 Abs. 4 AktG nicht an.

- **Gerichtliche Bestellung** eines **Sonderprüfers** hinsichtlich der **geschäftlichen Beziehungen** der Gesellschaft **zum herrschenden Unternehmen** oder einem mit ihm **verbundenen Unternehmen**, § 315 S. 2 AktG. Eine Kommanditaktionärsminderheit, die zusammen den hundertsten Teil des Grundkapitals oder den anteiligen Betrag des Grundkapitals von 100.000 Euro seit mindestens drei Monaten vor der Antragstellung hält, kann die gerichtliche Bestellung eines Sonderprüfers verlangen, wenn sonstige Tatsachen im Vergleich zu den in § 315 Abs. 1 AktG enumerativ genannten vorliegen, die den Verdacht einer pflichtwidrigen Nachteilszufügung rechtfertigen. Die in § 315 S. 1 AktG aufgelisteten Tatsachen ermöglichen demgegenüber bei ihrem Vorliegen jedem einzelnen Aktionär die Antragstellung.

- **Gerichtliche Bestellung** und **Abberufung der Abwickler**, § 278 Abs. 3 i. V. m. § 265 Abs. 3 S. 1 AktG. Bei Vorliegen eines wichtigen Grundes hat das Gericht auf Antrag einer Minderheit von Kommanditaktionären, deren Anteile zusammen den zwanzigsten Teil des Grundkapitals oder den anteiligen Betrag des Grundkapitals von 500.000 Euro erreichen, die Abwickler zu bestellen und abzuberufen, § 265 Abs. 3 S. 1 AktG. Die Kommanditaktionäre müssen glaubhaft machen, dass sie seit mindestens drei Monaten Inhaber der Aktien sind, § 265 Abs. 3 S. 2 AktG.

- **Zulassung zur Geltendmachung von Ersatzansprüchen durch die Aktionäre im eigenen Namen**, § 148 Abs. 1 AktG. Gemäß § 147 Abs. 1 S. 1 AktG ist die Gesellschaft auf Grund eines entsprechenden Hauptversammlungsbeschlusses, der mit einfacher Stimmenmehrheit gefasst wurde, verpflichtet,
  – Ersatzansprüche aus der Gründung gegen die in §§ 46 bis 48, 53 AktG genannten Personen,
  – Schadensersatzansprüche wegen fehlerhafter Geschäftsführung gegen die Komplementäre gemäß § 283 Nr. 3 i. V. m. § 93 Abs. 2 AktG sowie

— Schadensersatzansprüche wegen pflichtwidriger Vernachlässigung der Überwachungsaufgaben gegen Aufsichtsratsmitglieder,[1011] § 278 Abs. 3 i.V.m. §§ 116, 93 AktG,
geltend zu machen.

Das ehemals in § 147 Abs. 1 S. 1 AktG vorgesehene Quorum, bei dessen Erreichen auch eine Kommanditaktionärsminderheit die Geltendmachung von Ersatzansprüchen durch die Gesellschaft erzwingen konnte, wurde mit dem UMAG abgeschafft.[1012] Der Minderheitenschutz in diesem Zusammenhang erfolgt nun neben der Möglichkeit, eine gerichtliche Vertreterbestellung gemäß § 147 Abs. 2 S. 1 AktG zu veranlassen[1013], insbesondere über die Möglichkeit des Klagezulassungsverfahrens nach § 148 AktG. Nach erfolgreicher Durchführung des gerichtlichen Klagezulassungsverfahrens kann die Kommanditaktionärsminderheit die Ersatzansprüche der KGaA im eigenen Namen gerichtlich durch entsprechende Klage geltend machen.

Den Antrag auf Zulassung zur klageweisen Geltendmachung kann eine Kommanditaktionärsminderheit stellen, die zusammen den einhundertsten Teil des Grundkapitals oder einen anteiligen Betrag des Grundkapitals von 100.000 Euro hält, § 148 Abs. 1 S. 1 AktG. Die Klage wird durch das Gericht zugelassen, wenn 1.) die Aktionäre nachweisen, dass sie die Aktien vor dem Zeitpunkt erworben haben, in dem sie oder im Falle der Gesamtrechtsnachfolge ihre Rechtsvorgänger von den behaupteten Pflichtverstößen oder dem behaupteten Schaden auf Grund einer Veröffentlichung Kenntnis erlangen mussten, 2.) die Aktionäre nachweisen, dass sie die Gesellschaft unter Setzung einer Frist vergeblich aufgefordert haben, selbst Klage zu erheben, 3.) Tatsachen vorliegen, die den Verdacht rechtfertigen, dass der Gesellschaft durch Unredlichkeit oder grobe Verletzung des Gesetzes oder der Satzung ein Schaden entstanden ist, und 4.) der Geltendmachung des Ersatzanspruchs keine überwiegenden Gründe des Gesellschaftswohls entgegenstehen, § 148 Abs. 1 S. 2 AktG. Zuständig für die durch Beschluss ergehende Zulassungsentscheidung ist gemäß § 148 Abs. 2 S. 1 AktG das Landgericht, in dessen Bezirk die betroffene Gesellschaft ihren Sitz hat. Nach Eintritt der Rechtskraft der Zulassungsentscheidung und nur sofern die Kommanditaktionäre der Gesellschaft erneut vergeblich eine angemessene Frist zur eigenen Klageerhebung gesetzt haben, können sie binnen einer dreimonatigen Frist selbst im eigenen Namen Leistungsklage gegen den Schädiger auf Leistung an die Gesellschaft erheben. Zuständig für diese Leistungsklage ist ebenfalls das Landgericht, in dessen Bezirk die Gesellschaft ihren Sitz hat, § 148 Abs. 4 S. 1 AktG.[1014] Es wird in diesem Zusammenhang auch von einem gesetzlich geregelten Fall der actio pro socio gesprochen.[1015]

[1011] Siehe hierzu auch § 5 Rn. 543 ff.; siehe auch Hüffer/Koch § 116 Rn. 9; *Bezzenberger* in GroßKomm AktG § 147 Rn. 12.

[1012] *Schröer* in Münch Komm AktG § 147 Rn. 4.

[1013] Hierzu sogleich.

[1014] Vgl. *Schröer* in Münch Komm AktG § 148 Rn. 68 f., 75; *Mock* in Spindler/Stilz AktG § 148 Rn. 143, 145, 148; Hüffer/Koch § 148 Rn. 15 f.; *Liebscher* in Henssler/Strohn GesellschRe § 148 AktG Rn. 7; *Hirschmann* in Hölters AktG § 148 Rn. 25 ff.

[1015] *Mock* in Spindler/Stilz AktG § 148 Rn. 3; Hüffer/Koch § 148 Rn. 15; *Hirschmann* in Hölters AktG § 148 Rn. 27; neben diesem Klagezulassungsverfahren besteht zur Geltendmachung der in § 147 Abs. 1 AktG aufgezählten Ersatzansprüche kein Raum für eine *actio pro socio*; vgl. *Assmann/Sethe* in GroßKomm AktG § 278 Rn. 86; vgl. hierzu § 5 Rn. 676.

C. Rechtsstellung der Kommanditaktionäre

- Die eben gemachten Ausführungen zum Klagezulassungsverfahren gelten entsprechend auch für die **Geltendmachung von Schadensersatzansprüchen** gegen Personen, die Verwaltungsmitglieder oder leitende Mitarbeiter zu einem für die KGaA schädigenden Verhalten veranlasst haben, § 278 Abs. 3 i.V.m. §§ 147 Abs. 1 S. 1, 117 AktG.
- **Gerichtliche Bestellung von Vertretern der Gesellschaft**, § 147 Abs. 2 S. 2 AktG. Hat die Hauptversammlung die Geltendmachung eines Ersatzanspruchs nach § 147 Abs. 1 AktG beschlossen, so hat das Gericht[1016] auf Antrag von Kommanditaktionären, deren Anteile zusammen den zehnten Teil des Grundkapitals oder den anteiligen Betrag des Grundkapitals von einer Million Euro erreichen, zur Geltendmachung des Ersatzanspruchs andere Vertreter der Gesellschaft als die geschäftsführungsbefugten Komplementäre oder den Aufsichtsrat[1017] zu bestellen, wenn es dem Gericht zweckmäßig erscheint,[1018] § 147 Abs. 2 S. 2 AktG.
- **Gerichtliche Bestellung von Abschlussprüfern**, § 318 Abs. 3 S. 1 HGB. Auf Antrag von Kommanditaktionären, die zusammen fünf Prozent des Grundkapitals oder einen anteiligen Betrag des Grundkapitals von 500.000 Euro halten, hat das Gericht nach Anhörung der Beteiligten und des gewählten Prüfers einen anderen Abschlussprüfer zu bestellen, wenn dies aus einem in der Person des Prüfers liegenden Grund geboten erscheint, insbesondere wenn ein Ausschlussgrund nach § 319 Abs. 2 bis 5 oder § 319 a und § 319 b HGB besteht.[1019]
- **Gerichtliche Abberufung** eines **Aufsichtsratsmitglieds**, § 278 Abs. 3 i.V.m. § 103 Abs. 3 S. 3 AktG. Ein Aufsichtsratsmitglied, das auf Grund der Satzung in den Aufsichtsrat entsandt worden ist, wird durch das Gericht auf Antrag einer Kommanditaktionärsminderheit, die zehn Prozent des Grundkapitals oder einen anteiligen Betrag des Grundkapitals von einer Million Euro hält, abberufen, wenn in dessen Person ein wichtiger Grund vorliegt.[1020]
- **Verhinderung eines Anspruchsverzichts**, § 93 Abs. 4 S. 3 AktG. Drei Jahre nach Entstehung eines Schadensersatzanspruches kann die Hauptversammlung mit einfacher Mehrheit auf diesen Ersatzanspruch gegen die Komplementäre, § 93 Abs. 4 S. 3 AktG, oder die Mitglieder des Aufsichtsrats, § 116 S. 1 i.V.m. § 93 Abs. 4 S. 3 AktG, verzichten. Mit einem Widerspruch zur Niederschrift in der Hauptversammlung kann eine Kommanditaktionärsgruppe, die zusammen den zehnten Anteil des Grundkapitals hält, die Wirksamkeit des Verzichtsbeschlusses der Hauptversammlung verhindern.[1021] Unter denselben Voraussetzungen kann eine Kommanditaktionärsminderheit den Verzicht auf Ersatzansprüche gegen die Gründer verhindern, § 50 S. 1 AktG. Ähnlich gestaltete Regelungen zur Verhinderung eines Verzichts auf bestimmte Ansprüche finden sich auch in den §§ 116, 117 Abs. 4, 302 Abs. 3 S. 3, 309 Abs. 3 S. 1, 310 Abs. 4,

---

[1016] Am Sitz der Gesellschaft, § 14 AktG.
[1017] Zur Vertretung der Gesellschaft gegenüber den Komplementären siehe § 5 Rn. 495 ff.
[1018] Hierzu näher *Hüffer/Koch* § 147 Rn. 8; *Mock* in Spindler/Stilz AktG § 147 Rn. 46 ff.; *Schröer* in Münch Komm AktG § 147 Rn. 64 ff.
[1019] *Ebke* in Münch Komm HGB § 318 Rn. 54 ff.; *Böcking/Gros/Rabenhorst* in Ebenroth/Boujong/Joost/Strohn HGB § 318 Rn. 17 f.; *Winfried/Morck* in Koller/Kindler/Roth/Morck HGB § 318 Rn. 4.
[1020] Ausführlich zur Kasuistik hinsichtlich des Merkmals wichtiger Grund *Habersack* in Münch Komm AktG § 103 Rn. 41 f.
[1021] *Hüffer/Koch* § 93 Rn. 29; *Mertens/Cahn* in Kölner Komm AktG § 93 Rn. 160; *Spindler* in Münch Komm AktG § 93 Rn. 253 f.; *Fleischer* in Spindler/Stilz AktG § 93 Rn. 280 f.

317 Abs. 4, 318 Abs. 4 und 323 Abs. 1 S. 2 AktG, wobei teilweise lediglich durch Verweisung auf § 93 Abs. 4 S. 3 oder § 309 Abs. 3 S. 1 AktG Bezug genommen wird.

3. Individuelle Pflichten

368 **a) Treuepflichten.** Treuepflichten binden die Kommanditaktionäre sowohl untereinander als auch im Verhältnis zu den Komplementären.[1022] Die Intensität der Treuepflichten gegenüber den Komplementären hängt davon ab, in welchem Umfang die Satzung Geschäftsführungsbefugnisse auf die Kommanditaktionäre übertragen hat. Je größer der Einfluss der Kommanditaktionäre auf die Geschäftsführung, desto stärker ist die Treuebindung der Kommanditaktionäre gegenüber den Komplementären bei der Ausübung dieser Befugnisse, da letztere für die Folgen persönlich haften müssen.[1023]

369 **b) Wettbewerbsverbot.** Grundsätzlich unterliegt der einzelne Kommanditaktionär keinem Wettbewerbsverbot. Eine Ausnahme kommt nur dann in Betracht, soweit die Satzung einzelnen oder allen Kommanditaktionären ausnahmsweise ein Zustimmungsrecht auch für gewöhnliche Geschäftsführungsmaßnahmen einräumt. In diesem Fall können auch in der Person der zustimmungsberechtigten Kommanditaktionäre Interessenkonflikte eintreten, die es rechtfertigen, sie einem Wettbewerbsverbot zu unterwerfen. Teilweise wird für diese Fälle eine analoge Anwendung des § 284 AktG für angezeigt gehalten.[1024] Richtigerweise dürfte sich ein Wettbewerbsverbot bereits aus der allgemeinen Treuepflicht des Kommanditaktionärs gegenüber der Gesellschaft und seinen Mitgesellschaftern ergeben.[1025]

370 **c) Mitteilungspflichten.** Die Kommanditaktionäre unterliegen bei Erreichen, Überschreiten oder Unterschreiten bestimmter Beteiligungsgrenzen Anzeigepflichten aus §§ 21 ff. WpHG oder § 20 Abs. 1 AktG. Die Meldepflichten nach §§ 21 ff. WpHG bestehen nur bei der Beteiligung an Emittenten iSv §§ 2 Abs. 6, 21 Abs. 2 WpHG, knüpfen also an die Zulassung der Wertpapiere der Gesellschaft zum Handel an einem organisierten Markt sowie an das **sog. Herkunftsprinzip** an.[1026] Für Beteiligungen an solchen Emittenten bestehen Mitteilungspflichten gemäß § 20 AktG dagegen nicht, § 20 Abs. 8 AktG. Für Kommanditaktionäre einer KGaA, die nicht Emittent iSv §§ 2 Abs. 6, 21 Abs. 2 WpHG ist, gelten die Mitteilungspflichten der § 20 Abs. 1, Abs. 3, 4 und Abs. 5 AktG, die an die Unternehmenseigenschaft des Mitteilungspflichtigen anknüpfen.[1027]

[1022] Siehe § 3 Rn. 20 ff.; ferner *Förl/Fett* in Bürgers/Körber AktG § 278 Rn. 35; *Herfs* in Münch Hdb AG § 78 Rn. 58; *Perlitt* in Münch Komm AktG § 278 Rn. 91, 118; zu den Treupflichten der Aktionäre einer AG vgl. BGHZ 103, 184, 193 ff. = NJW 1988, 1579 – Linotype; BGHZ 129, 136 = NJW 1995, 1739 – Girmes.

[1023] *Herfs* in Münch Hdb AG § 78 Rn. 58; *Perlitt* in Münch Komm AktG § 278 Rn. 92.

[1024] *Herfs* in Münch Hdb AG § 78 Rn. 28; *Armbrüster* ZIP 1997, 1269, 1271.

[1025] *Perlitt* in Münch Komm AktG § 284 Rn. 7; *Assmann/Sethe* in GroßKomm AktG § 284 Rn. 13; *Bachmann* in Spindler/Stilz AktG § 284 Rn. 3; *Hüffer/Koch* § 284 Rn. 1.

[1026] Vgl. näher *Kumpan* in Schwark/Zimmer § 2 Rn. 121; *Schwark* in Schwark/Zimmer § 21 Rn. 2 ff. Die Meldepflichten aus den §§ 21 ff. WpHG werden unter § 10 Rn. 123 näher dargestellt.

[1027] Zur Unternehmenseigenschaft im Konzernrecht vgl. § 12 Rn. 24.

Die Unternehmenseigenschaft des Mitteilungspflichtigen bestimmt sich nach 371
allgemeinen konzernrechtlichen Grundsätzen. Ausgehend von der sogenannten
zweckbezogenen Interpretation des Unternehmensbegriffs[1028] kann Unternehmen i. S. d. §§ 20 f. AktG jeder sein, der neben der Beteiligung an der KGaA anderweitige wirtschaftliche oder verfassungsrechtlich motivierte Interessenbindungen aufweist, die nach Art und Intensität die ernsthafte Sorge begründen, er könne wegen dieser Bindungen seinen aus dem Anteilsbesitz folgenden Einfluss auf die KGaA negativ ausnutzen. Diese weite Definition bringt es mit sich, dass auch natürliche Personen, die einem derartigen Konzernkonflikt ausgesetzt sind, Unternehmen i. S. d. §§ 20 f. AktG sein können.[1029]

4. Voraussetzungen und Modalitäten der Stimmrechtsausübung

a) Einberufung der Hauptversammlung und Bekanntmachung der Tagesordnung. Gemäß §§ 278 Abs. 3, 118 Abs. 1 AktG üben die Kommanditaktionäre ihre Aktionärsrechte in der Hauptversammlung aus, soweit nicht das Gesetz etwas anderes bestimmt. Zu diesen in der Hauptversammlung auszuübenden Rechten zählen vornehmlich das Stimmrecht des Aktionärs und damit alle Rechte, die zu ihrer Ausübung einer Beschlussfassung der Hauptversammlung bedürfen. Zusätzlich sind Teilnahme- und Rederechte, Auskunfts- und Einsichtsrechte in der Hauptversammlung[1030] auszuüben. Die Hauptversammlung der KGaA ist im Gegensatz zur Hauptversammlung einer Aktiengesellschaft nur eine Versammlung der Gesellschaftergruppe der Kommanditaktionäre, nicht eine Versammlung aller Gesellschafter.[1031] Ein derartiges Organ aller Gesellschafter ist für die KGaA nicht vorgesehen.[1032] Einberufung und Durchführung der Hauptversammlung einer KGaA folgen den aktienrechtlichen Vorschriften für die Hauptversammlung einer Aktiengesellschaft[1033] mit folgenden **Besonderheiten**: 372

Die Hauptversammlung der KGaA wird gemäß §§ 278 Abs. 3, 121 Abs. 2 AktG 373
von ihren geschäftsführungsbefugten persönlich haftenden Gesellschaftern einberufen.[1034] Die aktienrechtlichen Einberufungsrechte des Aufsichtsrats nach § 111 Abs. 3 S. 1 AktG,[1035] einer gerichtlich ermächtigten Aktionärsminderheit nach § 122 Abs. 3 S. 1 AktG[1036] und eines von der Hauptversammlung der KGaA gewählten Abwicklers gemäß §§ 290 Abs. 1, 268 Abs. 2 S. 1, 121 Abs. 2 S. 1 AktG bleiben unberührt.

[1028] Vgl. § 12 Rn. 24.
[1029] Vgl. § 12 Rn. 24.
[1030] Siehe hierzu bereits oben § 5 Rn. 367 ff.
[1031] *Perlitt* in Münch Komm AktG § 285 Rn. 2; *K. Schmidt* in K. Schmidt/Lutter AktG § 285 Rn. 1; *Assmann/Sethe* in GroßKomm AktG Vor § 278 Rn. 66.
[1032] *Assmann/Sethe* in GroßKomm AktG § 285 Rn. 3.
[1033] *K. Schmidt* in K. Schmidt/Lutter AktG § 285 Rn. 1; *Assmann/Sethe* in GroßKomm AktG § 285 Rn. 4; *Perlitt* in Münch Komm AktG § 285 Rn. 3; *Bachmann* in Spindler/Stilz AktG § 285 Rn. 9.
[1034] *Assmann/Sethe* in GroßKomm AktG § 285 Rn. 4; *Bachmann* in Spindler/Stilz AktG § 285 Rn. 9.
[1035] Vgl. *Bürgers/Israel* in Bürgers/Körber AktG § 111 Rn. 11 ff.; *Habersack* in Münch Komm AktG § 111 Rn. 89 ff.; *Spindler* in Spindler/Stilz AktG § 111 Rn. 57 ff.; *Hüffer/Koch* § 111 Rn. 30 ff.
[1036] Hierzu oben unter § 5 Rn. 367 ff.

374 § 121 Abs. 3 AktG regelt den **Inhalt** der Einberufung.[1037] Hierbei ist zwischen börsen- und nicht börsennotierten Gesellschaften zu unterscheiden, da für erstere zusätzliche Inhalte vorgesehen sind. Als **Basisangaben** für alle Gesellschaften erforderlich sind die Angabe von Firma und Sitz der KGaA sowie Zeit und Ort[1038] der Hauptversammlung. Gem. § 241 Nr. 1 AktG führt eine Missachtung der Vorgaben zu den Basisangaben zur Nichtigkeit der Beschlüsse der fehlerhaft einberufenen Hauptversammlung.[1039] Die Bedingungen, von denen die Teilnahme und die Ausübung des Stimmrechts abhängen, sind keine Basisangaben.[1040] Die **Tagesordnung** ist als Bestandteil der Einberufung aufzuführen (§ 121 Abs. 3 S. 2 AktG).[1041] Ein Verstoß hiergegen führt jedoch nicht zur Nichtigkeit der Beschlüsse der Hauptversammlung[1042], sondern zu einem Beschlusshindernis (§ 124 Abs. 4 AktG) und zur Anfechtbarkeit des Beschlusses gem. § 243 Abs. 1 AktG.[1043]

375 Für **börsennotierte** Gesellschaften sind gem. § 121 Abs. 3 S. 3 AktG zusätzliche Pflichtangaben für die Einberufung vorgesehen: § 121 Abs. 3 S. 3 Nr. 1 AktG erfordert die Angabe von Teilnahmevoraussetzungen, der Voraussetzungen der Stimmrechtsausübung (z.B. ordnungsgemäße Anmeldung und Legitimation der Kommanditaktionäre gemäß § 123 Abs. 2, 3[1044]) sowie gegebenenfalls die Angabe des Nachweisstichtags (§ 123 Abs. 3 S. 3 AktG) und dessen Bedeutung.[1045] Ferner müssen in der Einberufung Angaben enthalten sein über das Verfahren für die Stimmabgabe durch einen Bevollmächtigten unter Hinweis auf die Formulare, die für die Erteilung einer Stimmrechtsvollmacht zu verwenden sind, und auf die Art und Weise, wie der Gesellschaft ein Nachweis über die Bestellung eines Bevollmächtigten elektronisch übermittelt werden kann (§ 121 Abs. 3 S. 3 Nr. 2a AktG).[1046] § 121 Abs. 3 S. 3 Nr. 2b AktG knüpft an die Möglichkeit der online-Teilnahme (§ 118 Abs. 1 S. 2 AktG) bzw. der Stimmabgabe ohne Teilnahme an der Hauptversammlung (§ 118 Abs. 2 AktG) an und verlangt insoweit die Angabe der entsprechenden Abstimmungsmodalitäten in der Einberufung, soweit die Satzung eine

---

[1037] Vgl. *Reger* in Bürgers/Körber AktG § 121 Rn. 11; *Kubis* in Münch Komm AktG § 121 Rn. 1; *Rieckers* in Spindler/Stilz AktG § 121 Rn. 1, 4.

[1038] § 121 Abs. 5 AktG: In Ermangelung abweichender Satzungsbestimmungen entweder am Sitz der Gesellschaft oder am Sitz der Börse, falls die KGaA börsennotiert ist.

[1039] *Reger* in Bürgers/Körber AktG § 121 Rn. 36; *Kubis* in Münch Komm AktG § 121 Rn. 42; *Rieckers* in Spindler/Stilz AktG § 121 Rn. 104; *Hüffer/Koch* § 121 Rn. 11.

[1040] Vgl. *Hüffer/Koch* § 121 Rn. 9; *Liebscher* in Henssler/Strohn GesellschRe § 121 AktG Rn. 11; *Kubis* in Münch Komm AktG § 121 Rn. 60; *Rieckers* in Spindler/Stilz AktG § 121 Rn. 18; vgl. jedoch sogleich zur börsennotierten Gesellschaft.

[1041] *Reger* in Bürgers/Körber AktG § 121 Rn. 11a; *Kubis* in Münch Komm AktG § 121 Rn. 43; *Hüffer/Koch* § 121 Rn. 9; *Rieckers* in Spindler/Stilz AktG § 121 Rn. 24.

[1042] *Reger* in Bürgers/Körber AktG § 121 Rn. 36.

[1043] RegBegr BT-Drucks 16/11642 S. 39 r. Sp.; *Kubis* in Münch Komm AktG § 121 Rn. 59; *Rieckers* in Spindler/Stilz AktG § 121 Rn. 104; vgl. näher zu den inhaltlichen Anforderungen an die Tagesordnung unten § 5 Rn. 380 ff.

[1044] Vgl. *Hüffer/Koch* § 121 Rn. 10, vgl. dort auch weitere Einzelheiten; vgl. auch *Rieckers* in Spindler/Stilz AktG § 121 Rn. 34 a; *Kubis* in Münch Komm AktG § 121 Rn. 61 ff.; *Reger* in Bürgers/Körber AktG § 121 Rn. 13b.

[1045] *Reger* in Bürgers/Körber AktG § 121 Rn. 13 b; *Rieckers* in Spindler/Stilz AktG § 121 Rn. 38; *Kubis* in Münch Komm AktG § 121 Rn. 64.

[1046] Ausführlich *Reger* in Bürgers/Körbers AktG § 121 Rn. 13 c; *Rieckers* in Spindler/Stilz AktG § 121 Rn. 40 ff.; *Kubis* in Münch Komm AktG § 121 Rn. 66 f.

solche Form der Stimmrechtsausübung vorsieht.[1047] Gemäß § 121 Abs. 3 S. 3 Nr. 3 AktG sind die Kommanditaktionäre in der Einberufung außerdem auf deren in dieser Gesetzesbestimmung aufgeführte Rechte hinzuweisen, wobei sich das Gesetz ausdrücklich mit der Angabe der entsprechenden Fristen verbunden mit dem Hinweis auf weiterführende Ausführungen auf der Internetseite der Gesellschaft begnügt.[1048] Aus Rechtssicherheitsgründen ist die Frist stets konkret unter Datumsangabe zu benennen.[1049] § 121 Abs. 3 S. 3 Nr. 4 AktG rekurriert schließlich auf die Pflicht zur Bereitstellung wesentlicher Informationen im Zusammenhang mit der Hauptversammlung auf der Internetseite der Gesellschaft (§ 124a AktG). Erforderlich ist nach dem Gesetzeswortlaut die Angabe der Internetseite der Gesellschaft, über die die Informationen nach § 124 a AktG zugänglich sind. Wie dies zu verstehen ist, ist nicht eindeutig.[1050] Die Angabe der Startseite der Gesellschaft im Internet wird aber in der Literatur als ausreichend erachtet.[1051] Verstöße gegen § 121 Abs. 3 S. 3 AktG führen nicht zur Nichtigkeit, sondern lediglich zur Anfechtbarkeit der Hauptversammlungsbeschlüsse.[1052]

§ 121 Abs. 4 AktG regelt einheitlich die **Form** der Einberufung. Diese ist in den Gesellschaftsblättern, d.h. gemäß § 25 S. 1 AktG im Bundesanzeiger bekannt zu machen. Gemäß § 25 S. 2 AktG kann die Satzung weitere Blätter oder andere elektronische Medien als zusätzliche Gesellschaftsblätter definieren. **Börsennotierte** Gesellschaften, die nicht lediglich Namensaktien ausgeben und die nicht die Einberufung direkt nach § 121 Abs. 4 S. 2 AktG (siehe sogleich) zuleiten, haben die Einberufung gemäß § 124 Abs. 4a AktG auch in unionsweit verbreiteten Medien zu veröffentlichen, wobei auch elektronische Informationsmedien genügen.[1053] Laut § 121 Abs. 4 S. 2 AktG kann die Einberufung auch durch eingeschriebenen Brief erfolgen, wenn alle Kommanditaktionäre namentlich und mit ihrer Anschrift den einladenden Personen bekannt sind[1054] und die Satzung nichts Abweichendes bestimmt. Diese Art der Einberufung dürfte daher nur bei einem ganz überschaubaren, stabilen Aktionärskreis[1055] oder bei verbrieften Namensaktien[1056] zweckmäßig sein. Unter einem eingeschriebenen Brief ist im Inland ein Schreiben zu

376

[1047] Vgl. *Reger* in Bürgers/Körber AktG § 121 Rn. 13 c; *Rieckers* in Spindler/Stilz AktG § 121 Rn. 43; *Kubis* in Münch Komm AktG § 121 Rn. 67.
[1048] Detailliert *Reger* in Bürgers/Körber AktG § 121 Rn. 13 d.
[1049] RegBegr BT-Drucks 16/11642 S. 28; *Reger* in Bürgers/Körber AktG § 121 Rn. 13 d; *Kubis* in Münch Komm AktG § 121 Rn. 68; *Rieckers* in Spindler/Stilz AktG § 121 Rn. 45.
[1050] Vgl. zu verschiedenen Ansatzpunkten in der Diskussion *Reger* in Bürgers/Körber AktG § 121 Rn. 13 e.
[1051] *Reger* in Bürgers/Körber AktG § 121 Rn. 13 e; *Rieckers* in Spindler/Stilz AktG § 121 Rn. 47; *Kubis* in Münch Komm AktG § 121 Rn. 69;
[1052] Vgl. RegBegr BT-Drucks 16/11642 S. 39 r. Sp; *Reger* in Bürgers/Körber AktG § 121 Rn. 36; *Rieckers* in Spindler/Stilz AktG § 121 Rn. 104; *Kubis* in Münch Komm AktG § 121 Rn. 72; *Hüffer/Koch* § 121 Rn. 11.
[1053] RegBegr BT-Drucks 16/11642 S. 3 l. Sp; *Reger* in Bürgers/Körber AktG § 121 Rn. 19 a; *Kubis* in Münch Komm AktG § 121 Rn. 85 f.; *Rieckers* in Spindler/Stilz AktG § 121 Rn. 66 f.
[1054] Vgl. *Reger* in Bürgers/Körber AktG § 121 Rn. 15; *Hüffer/Koch* § 121 Rn. 11b; *Kubis* in Münch Komm AktG § 121 Rn. 78; *Rieckers* in Spindler/Stilz AktG § 121 Rn. 52.
[1055] *Kubis* in Münch Komm AktG § 121 Rn. 77; vgl. auch *Hüffer/Koch* § 121 Rn. 11c ff.
[1056] Hierzu *Reger* in Bürgers/Körber AktG § 121 Rn. 15; *Hüffer/Koch* § 121 Rn. 11c; *Kubis* in Münch Komm AktG § 121 Rn. 78; *Rieckers* in Spindler/Stilz AktG § 121 Rn. 55.

verstehen, dessen Einlieferung und Aushändigung nach den für das jeweilige Beförderungsunternehmen gültigen Bestimmungen für ein postalisches Einschreiben erfolgen.[1057] Für die Deutsche Post AG gelten die AGB Brief National.[1058] Für Aktionäre mit Wohnsitz im Ausland bietet sich die Verwendung des Produktes Einschreiben International[1059] an, welches den Anforderungen des § 121 Abs. 4 AktG genügen sollte.

377 Sieht die Satzung der KGaA vor, dass die persönlich haftenden Gesellschafter ihre Zustimmung gemäß § 285 Abs. 2 AktG in der Hauptversammlung zu erklären haben, hat diese Satzungsklausel zur Folge, dass auch die persönlich haftenden Gesellschafter zur Hauptversammlung einzuladen sind. Diese Einladung unterliegt jedoch nicht den aktienrechtlichen Bestimmungen der §§ 121 ff. AktG, sondern Personengesellschaftsrecht. Sofern die Satzung keine Einberufungsmodalitäten und Einberufungsfristen für die Beschlussfassung der Komplementäre in der Hauptversammlung enthält, sind die Komplementäre mit einer angemessenen Frist zu laden, die eine Teilnahme ermöglicht und Überrumpelungen ausschließt.[1060] Die Einhaltung der aktienrechtlichen Einberufungsmodalitäten und -fristen der §§ 121 Abs. 3, 4, 123 Abs. 1, 124 AktG wird regelmäßig den personengesellschaftsrechtlichen Anforderungen genügen. Aus dem Gebot, auch die persönlich haftenden Gesellschafter zur Hauptversammlung zu laden, folgt jedoch nicht, dass diese bei Abweichungen der Hauptversammlung von der bekanntgemachten Tagesordnung gemäß § 121 Abs. 6 AktG der Abweichung zustimmen müssen. Ein entsprechender Beschluss der Hauptversammlung ist unter den Voraussetzungen des § 121 Abs. 6 AktG wirksam. Können oder wollen sich die persönlich haftenden Gesellschafter zu diesem Beschluss der Kommanditaktionäre nicht in der Hauptversammlung erklären, so ist ihnen Gelegenheit zu geben, ihren Zustimmungsbeschluss nachzuholen. Insoweit gilt nichts anderes, als wenn die persönlich haftenden Gesellschafter zur Hauptversammlung zwar geladen, aber nicht erschienen wären.

378 Bestimmt die Satzung nicht, dass die persönlich haftenden Gesellschafter ihre Zustimmung gemäß § 285 Abs. 2 AktG unmittelbar in der Hauptversammlung erklären müssen, so ist unklar, ob den persönlich haftenden Gesellschaftern ein Teilnahmerecht zusteht oder ob diese gar eine Teilnahmepflicht trifft.[1061] Hinsichtlich der geschäftsführenden persönlich haftenden Gesellschafter ist richtigerweise von einer Teilnahmepflicht auszugehen, die aus §§ 278 Abs. 3, 118 Abs. 3 AktG abgeleitet wird,[1062] da anderenfalls eine ordnungsgemäße Durchführung der Hauptversammlung nicht möglich ist. Die geschäftsführenden persönlich haftenden Gesellschafter sind gemäß §§ 283 Nr. 9, 176 Abs. 1 S. 1, 2 AktG u. a. verpflichtet, den Jahresabschluss und den Lagebericht der Hauptversammlung zu erläutern und auf Fragen Auskunft zu geben. Diese Pflichten bedingen eine Teilnahme der

---

[1057] *Rieckers* in Spindler/Stilz AktG § 121 Rn. 60; *Kubis* in Münch Komm AktG § 121 Rn. 81.
[1058] Vgl. Deutsche Post AG, www.deutschepost.de.
[1059] Vgl. Deutsche Post AG, www.deutschepost.de.
[1060] Vgl. *Roth* in Baumbach/Hopt HGB § 119 Rn. 29.
[1061] Ausgenommen bleibt der Sonderfall, dass die persönlich haftenden Gesellschafter zugleich in ihrer Eigenschaft als Kommanditaktionäre an der Hauptversammlung teilnehmen, vgl. *Assmann/Sethe* in GroßKomm AktG § 285 Rn. 7.
[1062] *Assmann/Sethe* in GroßKomm AktG § 285 Rn. 7; *Förl/Fett* in Bürgers/Körber AktG § 285 Rn. 1; *Perlitt* in Münch Komm AktG § 285 Rn. 6; *Bachmann* in Spindler/Stilz § 285 Rn. 4.

geschäftsführenden persönlich haftenden Gesellschafter an der Hauptversammlung.[1063] Auch den nicht geschäftsführenden persönlich haftenden Gesellschaftern ist ein Teilnahmerecht einzuräumen, um eine gleichmäßige Information beider Gesellschaftergruppen sicherzustellen.[1064] Eine Teilnahmepflicht besteht für die nicht-geschäftsführenden persönlich haftenden Gesellschafter aber nicht.[1065]

Die Hauptversammlung ist gemäß § 123 Abs. 1 AktG mit einer **Frist** von mindestens dreißig Tage vor dem Tage der Hauptversammlung einzuberufen. Gemäß § 123 Abs. 2–3 AktG gelten die allgemeinen aktienrechtlichen Vorschriften zur Anmeldung sowie zur Legitimation. Die generelle Möglichkeit einer satzungsmäßigen Statuierung eines Hinterlegungserfordernisses (vgl. § 123 Abs. 2 S. 1 AktG a. F.) wurde durch das UMAG[1066] ersatzlos aufgehoben. Im Falle der Ausgabe von Inhaberaktien besteht jedoch für nicht börsennotierte Gesellschaften gemäß § 123 Abs. 3 S. 1 AktG hinsichtlich des Legitimationsnachweises weitgehende Satzungsfreiheit, so dass auch weiterhin Hinterlegungsklauseln verwendet werden können.[1067] Bei börsennotierten Gesellschaften muss die Gesellschaft als Legitimationsnachweis dagegen jedenfalls auch eine Bankbescheinigung genügen lassen (§ 123 Abs. 3 S. 2–6 AktG). 379

Steht die **Neuwahl von Aufsichtsratsmitgliedern** auf der Tagesordnung, sind die gesetzlichen Vorschriften anzugeben, nach denen sich der Aufsichtsrat zusammensetzt, und ob die Hauptversammlung an Wahlvorschläge gebunden ist, § 124 Abs. 2 S. 1 AktG. Außerdem sind Name, ausgeübter[1068] Beruf und Wohnort des vorgeschlagenen Aufsichtsratsmitgliedes in der Tagesordnung zu nennen, § 124 Abs. 3 S. 4 AktG. Diese Anforderung gilt nicht, wenn eine Kommanditaktionärsminderheit gemäß § 122 Abs. 2 AktG Aufsichtsratswahlen verlangt, § 124 Abs. 3 S. 2 2. HS AktG. Allerdings ist die Kommanditaktionärsminderheit in diesen Fällen gem. § 122 Abs. 2 S. 2 AktG verpflichtet, die entsprechenden Angaben in ihrem Ergänzungsbegehren zu machen; das bloße Begehren der Ankündigung des Tagesordnungspunktes „Neuwahl des Aufsichtsrates" ist ungenügend.[1069] Entsprechendes sieht § 127 S. 2 AktG für börsennotierte[1070] KGaA und Aktiengesellschaften für den Fall vor, dass Aktionäre hinsichtlich der von der Verwaltung angekündigten Wahl von Aufsichtsratsmitgliedern Gegenvorschläge zum Vorschlag 380

[1063] *Assmann/Sethe* in GroßKomm AktG § 285 Rn. 8; *Perlitt* in Münch Komm AktG § 285 Rn. 6; *Bachmann* in Spindler/Stilz § 285 Rn. 4; *Herfs* in Münch Hdb AG § 79 Rn. 36.
[1064] *Assmann/Sethe* in GroßKomm AktG § 285 Rn. 7; *Perlitt* in Münch Komm AktG § 285 Rn. 7; *Bachmann* in Spindler/Stilz AktG § 285 Rn. 4; *Herfs* in Münch Hdb AG § 79 Rn. 36.
[1065] *Förl/Fett* in Bürgers/Körber AktG § 285 Rn. 1; *Perlitt* in Münch Komm AktG § 285 Rn. 7; *Bachmann* in Spindler/Stilz AktG § 285 Rn. 4; *Herfs* in Münch Hdb AG § 79 Rn. 36.
[1066] BGBl. I 2005, S. 2802.
[1067] RegBegr BT-Drucks 15/5693 S. 17 l. Sp.; *Hüffer/Koch* § 123 Rn. 10; *Kubis* in Münch Komm AktG § 123 Rn. 24; *Rieckers* in Spindler/Stilz AktG § 123 Rn. 25.
[1068] Vgl. *Reger* in Bürgers/Körber AktG § 124 Rn. 21; *Hüffer/Koch* § 124 Rn. 16; *Kubis* in Münch Komm AktG § 124 Rn. 43; *Rieckers* in Spindler/Stilz AktG § 124 Rn. 38; *Hüffer/Koch* § 124 Rn. 25.
[1069] Str. *Werner* in GroßKomm AktG § 122 Rn. 17; ebenfalls streng *Rieckers* in Spindler/Stilz AktG § 122 Rn. 41; anders *Kubis* in Münch Komm AktG § 122 Rn. 32, der laienhafte Formulierungen ausreichen lässt.
[1070] *Hüffer/Koch* § 127 Rn. 1; *Rieckers* in Spindler/Stilz AktG § 127 Rn. 8; *Kubis* in Münch Komm AktG § 127 Rn. 6; *Liebscher* in Henssler/Strohn GesellschR § 127 AktG Rn. 1.

Reger

der Verwaltung unterbreiten.[1071] Gemäß § 127 S. 2 AktG ist bei börsennotierten KGaA auch erforderlich, dass der Gegenvorschlag eines Kommanditaktionärs die Angaben gemäß § 125 Abs. 1 S. 5 AktG über anderweitige Mandate des Kandidaten in Aufsichtsräten und vergleichbaren Kontrollgremien enthält.[1072]

381 Das Recht zur Benennung weiterer oder anderer Kandidaten in der Hauptversammlung aus § 124 Abs. 4 S. 2 2. Alt. AktG bleibt unberührt.

382 Satzungsänderungen sind ihrem Wortlaut nach in der Einberufung der Hauptversammlung bekanntzumachen, § 124 Abs. 2 S. 2 AktG. Ergänzungen der Tagesordnung auf Verlangen einer Kommanditaktionärsminderheit sind entweder bereits mit der Einberufung oder andernfalls unverzüglich nach Zugang des Verlangens gemäß § 124 Abs. 1 S. 2 AktG bekanntzumachen. Auch hier genügt die Bekanntmachung durch eingeschriebenen Brief, wenn den persönlich haftenden Gesellschaftern alle Kommanditaktionäre bekannt sind, § 124 Abs. 1 S. 2 AktG. Aus Vertrauensschutzgründen sollte das bei der Einberufung gewählte Informationsmedium nicht geändert werden, d.h. eine Bekanntmachung der Ergänzungen in den Gesellschaftsblättern scheidet aus, wenn die Einberufung durch eingeschriebenen Brief erfolgte.[1073]

383 Die geschäftsführenden persönlich haftenden Gesellschafter haben mindestens 21 Tage vor der Versammlung Kreditinstituten[1074] und Aktionärsvereinigungen, welche auf der letzten Hauptversammlung der KGaA Stimmrechte für Aktionäre wahrgenommen haben, die Einberufung der Hauptversammlung und die Tagesordnung mitzuteilen, § 125 Abs. 1 S. 1 AktG. In der Mitteilung ist auf die Möglichkeiten der Ausübung des Stimmrechts durch Bevollmächtigte oder Aktionärsvereinigungen hinzuweisen, § 125 Abs. 1 S. 4 AktG.

384 Die gleiche Mitteilung hat der Vorstand den Aktionären zu machen, die es verlangen oder zu Beginn des 14. Tages vor der Hauptversammlung als Aktionär im Aktienregister der Gesellschaft eingetragen sind, § 125 Abs. 2 S. 1 AktG.

385 **Gegenanträge von Kommanditaktionären** und deren Begründung sind den in § 125 Abs. 1 bis Abs. 3 AktG Berechtigten einschließlich einer etwaigen Stellungnahme der Verwaltung mitzuteilen, wenn der jeweilige Gegenantrag spätestens 14 Tage vor dem Tage der Hauptversammlung bei der in der Bekanntmachung der Tagesordnung bezeichneten Stelle eingegangen ist, § 126 Abs. 1 AktG. Dies gilt nicht, sofern einer der Ausschlussgründe des § 126 Abs. 2 S. 1 AktG vorliegt, insbesondere wenn derselbe Gegenantrag mit wesentlich gleicher Begründung in den letzten fünf Jahren zu mindestens zwei Hauptversammlungen nach § 125 AktG zugänglich gemacht worden ist und in der Hauptversammlung weniger als 5 % des vertretenen Grundkapitals für den Antrag gestimmt haben, ein auf denselben Sachverhalt gestützter Antrag bereits einer Hauptversammlung gemäß § 125 AktG zugänglich gemacht worden ist, die Begründung beleidigende oder in

---

[1071] Vgl. Hüffer/Koch § 127 Rn. 1; Rieckers in Spindler/Stilz AktG § 127 Rn. 4; Kubis in Münch Komm AktG § 127 Rn. 1, 4.

[1072] Auch der persölich haftende Gesellschafter einer KGaA ist im Gegensatz zur Gesellschaft selbst nach § 104 Abs. 1, 2 AktG antragsberechtigt und verpflichtet, OLG Frankfurt a. M., Beschl. v. 8.9.2014 = BeckRS 2015, 01478.

[1073] Vgl. Hüffer/Koch § 124 Rn. 7; Kubis in Münch Komm AktG § 124 Rn. 7; Rieckers in Spindler/Stilz AktG § 124 Rn. 7.

[1074] Kreditinstituten gleichgestellt sind Finanzdienstleistungsinstitute und Unternehmen i. S. d. § 53 Abs. 1 S. 1 KWG und § 53b Abs. 1 S. 1 oder Abs. 7 KWG, § 125 Abs. 5 AktG.

wesentlichen Punkten offensichtlich falsche oder irreführende Inhalte enthält oder der Gegenantrag zu einem rechts- oder satzungswidrigen Hauptversammlungsbeschluss führen würde. Die Begründung ist nicht zugänglich zu machen, wenn sie mehr als 5000 Zeichen enthält, § 126 Abs. 2 S. 2 AktG.

b) Stimmrechtsausübung. Das Stimmrecht des Aktionärs bestimmt sich auch in der KGaA nach den §§ 134–137 AktG, die durch § 285 Abs. 1 AktG ergänzt werden.[1075] Gemäß §§ 278 Abs. 3, 134 Abs. 1 S. 1 AktG wird das Stimmrecht nach Aktiennennbeträgen, bei Stückaktien nach deren Zahl ausgeübt. Gemäß § 134 Abs. 2 S. 1 AktG beginnt das Stimmrecht des Kommanditaktionärs mit der vollständigen Einlageleistung, sofern nicht die Satzung bestimmt, dass das Stimmrecht bereits mit der Leistung des gesetzlichen oder satzungsmäßig bestimmten höheren Mindestbetrages beginnt. In Ermangelung einer derartigen Bestimmung gewährt die Leistung der Mindesteinlage eine Stimme, § 134 Abs. 2 S. 5 2. HS AktG. Für nicht börsennotierte KGaA kann die Satzung Höchststimmrechte festsetzen,[1076] Mehrstimmrechte sind unzulässig.[1077]

386

c) Mehrheitserfordernisse. Die Beschlussfassung der Kommanditaktionäre in der Hauptversammlung unterliegt aktienrechtlichen Bestimmungen, nicht den Regelungen des Personengesellschaftsrechtes.[1078] Demzufolge bestimmen sich auch die **Mehrheitserfordernisse** für Beschlüsse der Kommanditaktionäre nach den aktienrechtlichen Mehrheitsvorschriften.[1079]

387

Dies bedeutet, dass für alle **Satzungsänderungen** gemäß §§ 278 Abs. 3, 179 Abs. 2 AktG in Ermangelung abweichender Gesetzesvorschriften oder Satzungsbestimmungen eine **Kapitalmehrheit** von drei Viertel des bei der Beschlussfassung vertretenen Grundkapitals sowie zusätzlich die einfache **Stimmenmehrheit** des § 133 Abs. 1 AktG erforderlich sind.[1080] Für **sonstige Beschlüsse** der Hauptversammlung gilt, vorbehaltlich abweichender gesetzlicher Bestimmungen oder Regelungen in der Satzung, gemäß § 133 Abs. 1 AktG die **einfache Mehrheit** der abgegebenen Stimmen.[1081]

388

[1075] *Assmann/Sethe* in GroßKomm AktG § 285 Rn. 4; *Perlitt* in Münch Komm AktG § 285 Rn. 10; *Hüffer/Koch* 285 Rn. 1; vgl. auch *Bachmann* in Spindler/Stilz AktG § 285 Rn. 10, 13.
[1076] Ausführlich hierzu Hüffer/Koch § 134 Rn. 4 ff.; *Schröer* in Münch Komm AktG § 134 Rn. 8 ff.; *Rieckers* in Spindler/Stilz AktG § 134 Rn. 8 ff.
[1077] Hüffer/Koch § 134 Rn. 3; *Schröer* in Münch Komm AktG § 134 Rn. 28; *Rieckers/Vatter* in Spindler/Stilz AktG § 134 Rn. 7 bzw. § 12 Rn. 18.
[1078] *Assmann/Sethe* in GroßKomm AktG § 278 Rn. 99; *Perlitt* in Münch Komm AktG § 278 Rn. 267; *Bachmann* in Spindler/Stilz AktG § 285 Rn. 3; *Hüffer/Koch* § 285 Rn. 1; a.A. *Wichert* AG 1999, 362, 366, der für die Mehrheitserfordernisse nach dem Beschlussinhalt differenziert.
[1079] *Assmann/Sethe* in GroßKomm AktG § 278 Rn. 99; *Perlitt* in Münch Komm AktG § 278 Rn. 267; a.A. *Wichert* AG 1999, 362, 366.
[1080] Vgl. Hüffer/Koch § 179 Rn. 14; *Stein* in Münch Komm AktG § 179 Rn. 85; *Holzborn* in Spindler/Stilz AktG § 179 Rn. 116; *Körber* in Bürgers/Körber AktG § 179 Rn. 32.
[1081] Näher hierzu Hüffer/Koch § 133 Rn. 11 ff.; *Schröer* in Münch Komm AktG § 133 Rn. 27 ff., 49 ff.; *Rieckers* in Spindler/Stilz AktG § 133 Rn. 1; *Liebscher* in Henssler/Strohn GesellschRe § 133 AktG Rn. 2, 5.

5. Abweichende Satzungsgestaltungen

389 Bezüglich des Umfanges der Satzungsautonomie bei der Regelung der Stimmrechte der Kommanditaktionäre ist zwischen abweichenden **Mehrheitserfordernissen** und einer Veränderung der **Kompetenzverteilung** zu unterscheiden; mithin stellt sich die Frage, ob die Satzung die Zustimmung der Kommanditaktionäre bei bestimmten Beschlussgegenständen ganz **abbedingen** oder auf ein anderes Organ der KGaA **verlagern** kann.

390 Während die Kompetenzverteilung den gesetzlichen Grenzen der personengesellschaftsrechtlichen Satzungsautonomie unterliegt,[1082] ist eine **Änderung der Beschlussmehrheiten** der Kommanditaktionäre nur in den Grenzen der aktienrechtlichen Satzungsstrenge möglich,[1083] § 23 Abs. 5 AktG. So dürfen für Erhöhungen des Grundkapitals z. B. keine geringeren Mehrheitserfordernisse festgesetzt werden als die, die in den §§ 182, 193, 202 AktG hierfür vorgesehen sind.[1084] Handelt es sich bei dem Beschlussgegenstand um eine Satzungsänderung, gilt grundsätzlich gemäß § 179 Abs. 2 AktG das Mehrheitserfordernis einer Dreiviertelmehrheit des vertretenen Grundkapitals; allerdings erlaubt hier das Gesetz, in die Satzung andere Mehrheitserfordernisse, z. B. – außer im Fall der Änderung des Unternehmensgegenstandes – eine einfache Mehrheitsklausel aufzunehmen.[1085] Für andere Beschlussgegenstände der Hauptversammlung gilt die einfache Stimmenmehrheit, die allerdings in der Satzung auch verschärft werden kann, § 133 Abs. 1 AktG. Wesentlich ist, dass in Ermangelung abweichender Satzungsbestimmungen auch Beschlüsse der Hauptversammlung über die Zustimmung zu **außergewöhnlichen Geschäftsführungsmaßnahmen** oder zu **Grundlagengeschäften**, sofern sie nicht Satzungsänderungen beinhalten oder den Kernbereich der Mitgliedschaft berühren, mit einfacher Stimmenmehrheit des § 133 Abs. 1 AktG getroffen werden.[1086]

391 Eine Änderung der **Kompetenzverteilung** ist im Rahmen der personengesellschaftsrechtlichen Grundsätze, namentlich des Bestimmtheitsgrundsatzes und der Kernbereichslehre, zulässig.

392 Auch die Zustimmung der Kommanditaktionäre bzw. der Hauptversammlung zu **außergewöhnlichen Geschäftsführungsmaßnahmen** und bestimmten **Grundlagengeschäften** kann in der KGaA durch Satzungsregelung ausgeschlossen werden.[1087] Dies gilt auch für die **atypische KGaA**.[1088] Bei dem Zustim-

---

[1082] *Assmann/Sethe* in GroßKomm AktG § 278 Rn. 99; *Perlitt* in Münch Komm AktG § 278 Rn. 154; vgl. auch *Bachmann* in Spindler/Stilz AktG § 278 Rn. 57 ff.; *Hüffer/Koch* § 278 Rn. 18.

[1083] *Assmann/Sethe* in GroßKomm AktG § 278 Rn. 99.

[1084] *Barz* in GroßKomm AktG § 278 Rn. 29; *Heermann* ZGR 2000, 61, 67.

[1085] A. A. *Wichert* AG 1999, 362, 365. *Wichert* will danach differenzieren, ob die Änderungen Satzungsregelungen betreffen, die Kommanditgesellschafts- oder Aktienrecht zum Inhalt haben.

[1086] Vgl. *Assmann/Sethe* in GroßKomm AktG § 278 Rn. 95; *Perlitt* in Münch Komm AktG § 278 Rn. 200.

[1087] *Assmann/Sethe* in GroßKomm AktG § 285 Rn. 69; *Perlitt* in Münch Komm AktG Vor § 278 Rn. 31; *Förl/Fett* in Bürgers/Körber AktG § 285 Rn. 10; *Ladwig/Motte* DStR 1996, 800, 805; *Bachmann* in Spindler/Stilz AktG § 278 Rn. 62, 65 ff.

[1088] Vgl. hierzu ausführlich oben unter § 5 Rn. 98 ff.

mungsausschluss zu bestimmten Grundlagengeschäften sind Bestimmtheitsgrundsatz und Kernbereichslehre zu beachten.[1089] Der Ausschluss hat die Konsequenz, dass die Entscheidungsbefugnis über außergewöhnliche Geschäftsführungsmaßnahmen und bestimmte Grundlagengeschäfte auf die persönlich haftenden Gesellschafter verlagert wird. Gleiches gilt für die **Ausdehnung des Zustimmungserfordernisses** der persönlich haftenden Gesellschafter zu Beschlüssen der Hauptversammlung, soweit dem nicht zwingende aktienrechtliche Bestimmungen entgegenstehen.[1090]

Für die **atypische KGaA** ist die Zulässigkeit einer Kompetenzverlagerung zu Lasten der Kommanditaktionäre im Anschluß an den Beschluss des BGH zur GmbH & Co. KGaA[1091] streitig.[1092] Nach zutreffender Ansicht ist eine Kompetenzverlagerung zulässig.[1093] Der Anlegerschutz wird in der Kapitalgesellschaft & Co. KGaA durch zahlreiche Informations- und Schadensersatzansprüche ausreichend sichergestellt, so dass für eine Einschränkung der Satzungsautonomie kein Bedürfnis besteht. Auch in der Kapitalgesellschaft & Co. KGaA können also die Zustimmung der Kommanditaktionäre bzw. der Hauptversammlung zu außergewöhnlichen Geschäftsführungsmaßnahmen abbedungen und das Zustimmungserfordernis der persönlich haftenden Gesellschafter zu Beschlüssen der Hauptversammlung ausgedehnt werden. 393

Zulässig ist es auch in einer **börsennotierten KGaA**, die Mehrheitsanforderungen für die Beschlussfassung der Hauptversammlung über den Antrag auf gerichtliche Entziehung der Geschäftsführungs- und/oder Vertretungsbefugnis eines Komplementärs zu verschärfen.[1094] 394

Der Satzungsgestaltung hingegen nicht zugänglich sind Beschlüsse der Kommanditaktionäre, soweit das Aktiengesetz spezielle Regelungen enthält. So setzt die Auflösung der Gesellschaft durch Gesellschafterbeschluss einen zustimmenden Beschluss der Hauptversammlung voraus, § 289 Abs. 4 S. 1 AktG.[1095] Der Beschluss der Hauptversammlung ist mit einer Mehrheit von drei Vierteln des vertretenen Grundkapitals zu fassen, § 289 Abs. 4 S. 3 AktG. Die Satzung kann die Beschlussmehrheit erhöhen, nicht aber absenken oder ausschließen.[1096] 395

Die Feststellung des Jahresabschlusses bedarf gemäß § 286 Abs. 1 S. 2 AktG der Zustimmung sämtlicher, also auch der nicht-geschäftsführungsbefugten, Komplementäre. Für das Recht auf Mitwirkung an der Feststellung des Jahresabschlusses gilt die aktienrechtliche Satzungsstrenge, §§ 286 Abs. 1 S. 1, 23 Abs. 5 AktG; des- 396

[1089] *Förl/Fett* in Bürgers/Körber AktG § 285 Rn. 10; *Bachmann* in Spindler/Stilz AktG § 278 Rn. 68; *Assmann/Sethe* in GroßKomm AktG § 285 Rn. 75; vgl. auch *Perlitt* in Münch Komm AktG § 285 Rn. 43, § 278 Rn. 180.
[1090] Vgl. hierzu ausführlich oben unter § 5 Rn. 93 ff.
[1091] BGHZ 134, 392 ff. = NJW 1997, 1923.
[1092] Ausführlich zum Meinungsstreit siehe oben unter § 5 Rn. 98 ff.
[1093] *Assmann/Sethe* in GroßKomm AktG § 278 Rn. 113 ff.; *Herfs* in Münch Hdb AG § 79 Rn. 19; *Bachmann* in Spindler/Stilz AktG § 278 Rn. 83; *Perlitt* in Münch Komm AktG § 278 Rn. 360; *Hoffmann-Becking/Herfs* FS Sigle, 2000, S. 273, 286 ff.; *Heermann* ZGR 2000, 61, 76 ff.; *Jaques* NZG 2000, 401, 408; *Schaumburg* DStZ 1998, 525, 532; *Wichert* AG 2000, 268, 270.
[1094] Vgl. hierzu ausführlich oben unter § 5 Rn. 188 ff.
[1095] *Perlitt* in MünchKomm AktG § 289 Rn. 15; *Assmann/Sethe* in GroßKomm AktG § 289 Rn. 19; *Bachmann* in Spindler/Stilz AktG § 289 Rn. 4; *Hüffer/Koch* § 289 Rn. 6.
[1096] Vgl. *Förl/Fett* in Bürgers/Körber AktG § 289 Rn. 10; *Hüffer/Koch* § 289 Rn. 6; *Bachmann* in Spindler/Stilz AktG § 289 Rn. 4; *Perlitt* in MünchKomm AktG § 289 Rn. 31.

wegen kann die Feststellungsbefugnis der Hauptversammlung auch nicht auf den Aufsichtsrat oder einen Beirat übertragen werden.[1097] Gleiches gilt für die alleinige Beschlussfassung der Hauptversammlung über die Verwendung des auf die Kommanditaktionäre entfallenden Bilanzgewinns. Auch hier sind Satzungsregelungen, die eine Mitsprache der persönlich haftenden Gesellschafter vorsehen, unzulässig.[1098]

397   **a) Aufnahme und Ausscheiden eines Komplementärs.** Der Komplementärwechsel richtet sich nach Personengesellschaftsrecht, weshalb Regelungen betreffend Aufnahme und Ausscheiden eines Komplementärs der Satzungsautonomie unterliegen.[1099] Ein Verzicht auf entsprechende Zustimmungsrechte sowohl der Kommanditaktionäre als auch der Komplementäre ist daher möglich. In der Satzung kann die Befugnis, über Aufnahme und Ausscheiden eines Komplementärs zu entscheiden, auch auf einen einzelnen Gesellschafter, einen Beirat oder den Aufsichtsrat übertragen werden.[1100] Mit einer entsprechenden Satzungsklausel wird eine formelle Satzungsänderung überflüssig; Aufnahme und Ausscheiden des Komplementärs vollziehen sich dann außerhalb der Satzung.[1101] Erforderlich sind allerdings die Änderung bzw. Anpassung der Satzungsfassung – hierzu kann z. B. der Aufsichtsrat durch die Satzung ermächtigt werden, § 179 Abs. 1 S. 2 AktG – und die Anmeldung des geänderten Gesellschafterbestandes zum Handelsregister, § 282 AktG.[1102] Soweit Aufnahme oder Ausscheiden eines neuen Komplementärs eine Satzungsänderung erfordert, gilt für den Beschluss der Hauptversammlung grundsätzlich eine Dreiviertelmehrheit;[1103] die Satzung kann aber für diesen Fall eine einfache Mehrheit vorsehen, § 179 Abs. 2 S. 1, 2 AktG.

398   **b) Kapitalmaßnahmen.** Für den Beschluss der Hauptversammlung sieht das Gesetz bei allen Kapitalmaßnahmen[1104] eine Dreiviertelmehrheit des vertretenen Grundkapitals neben der einfachen Stimmenmehrheit vor, §§ 182 Abs. 1 S. 1; 193 Abs. 1 S. 1; 202 Abs. 2 S. 2; 222 Abs. 1 S. 1, 229 Abs. 3 AktG. Für Kapitalerhöhungen gegen Einlagen kann gemäß § 182 Abs. 1 S. 2 AktG in der Satzung eine geringere Kapitalmehrheit vorgesehen werden, sofern keine Vorzugsaktien ohne

---

[1097] *Mertens/Cahn* in Kölner Komm AktG § 286 Rn. 1; *Herfs* in Münch Hdb AG § 81 Rn. 12; *Perlitt* in MünchKomm AktG § 286 Rn. 60; vgl. auch *Bachmann* in Spindler/Stilz AktG § 286 Rn. 2.
[1098] Vgl. hierzu oben unter § 5 Rn. 93 ff.
[1099] *Mertens/Cahn* in Kölner Komm AktG § 278 Rn. 19; *Förl/Fett* in Bürgers/Körber AktG § 278 Rn. 18; *Bachmann* in Spindler/Stilz AktG § 278 Rn. 49; vgl. auch *Perlitt* in MünchKomm AktG § 278 Rn. 69, 127.
[1100] *Perlitt* in Münch Komm AktG § 278 Rn. 68; *Mertens* in Kölner Komm AktG § 278 Rn. 21; *Förl/Fett* in Bürgers/Körber AktG § 278 Rn. 18; *Bachmann* in Spindler/Stilz AktG § 278 Rn. 49.
[1101] *Hüffer/Koch* § 278 Rn. 19; *Assmann/Sethe* in GroßKomm AktG § 278 Rn. 46 ff.; *Perlitt* in Münch Komm AktG § 289 Rn. 127 ff.; *Förl/Fett* in Bürgers/Körber AktG § 278 Rn. 18; anders *Cahn* AG 2001, 579 ff.; hierzu wiederum § 3 Rn. 24 ff.
[1102] *Perlitt* in Münch Komm AktG § 281 Rn. 64; *Assmann/Sethe* in GroßKomm AktG § 278 Rn. 46 ff.; *Förl/Fett* in Bürgers/Körber AktG § 278 Rn. 18; *Sethe* S. 127 ff.; *Holzborn* in Spindler/Stilz AktG § 179 Rn. 107.
[1103] *Assmann/Sethe* in GroßKomm AktG § 278 Rn. 49; *Perlitt* in Münch Komm AktG § 278 Rn. 66; *Bachmann* in Spindler/Stilz AktG § 278 Rn. 48 unter Verweis auf § 179 AktG; a. A. *Wichert* AG 1999, 362, 367, der die einfache Mehrheit der Hauptversammlung für ausreichend hält, § 133 AktG.
[1104] Hierzu ausführlich § 7 Rn. 10 ff.

Stimmrecht ausgegeben werden.[1105] Für einen Ausschluss des Bezugsrechts ist ebenfalls eine Mehrheit von mindestens drei Viertel des bei der Beschlussfassung vertretenen Grundkapitals erforderlich, § 186 Abs. 3 S. 2 AktG; die Satzung kann eine größere Kapitalmehrheit und weitere Erfordernisse bestimmen, § 186 Abs. 3 S. 3 AktG.

c) Erhöhung der Sondereinlage. Gemäß § 281 Abs. 2 AktG ist für die Erhöhung der Sondereinlage[1106] eine Satzungsänderung notwendig, die einen Hauptversammlungsbeschluss gemäß §§ 278 Abs. 3, 179 AktG und einen Zustimmungsbeschluss der Komplementäre gemäß § 278 Abs. 2 AktG voraussetzt. Die Satzung kann diese Beschlüsse aber dadurch faktisch antizipieren, indem sie dem Komplementär das Recht einräumt, seine Sondereinlage zu erhöhen. Zur Einhaltung des Bestimmtheitsgrundsatzes muss die Satzung eine Obergrenze vorsehen, bis zu der die Sondereinlage erhöht werden kann.[1107] Ebenso ist es möglich, die Entscheidung über die Erhöhung der Sondereinlagen der Gesellschaftergruppe der Komplementäre zu überlassen. 399

d) Klage auf Entziehung der Geschäftsführungs- und/oder Vertretungsbefugnis. Der Beschluss der Hauptversammlung über die Klageerhebung setzt keine Satzungsänderung voraus; es bleibt somit beim Grundsatz der einfachen Mehrheit, solange nicht die Satzung eine größere Mehrheit vorsieht, § 133 Abs. 1 AktG. Dies ist sowohl bei der gesetzestypischen als auch bei der atypischen oder börsennotierten KGaA zulässig.[1108] 400

e) Auflösungsbeschluss. Der zustimmende Beschluss der Hauptversammlung zur Auflösung der Gesellschaft gemäß §§ 289 Abs. 1 AktG, 131 Abs. 1 Nr. 2 HGB[1109] erfordert gemäß § 289 Abs. 4 S. 1, 3 AktG eine Dreiviertelmehrheit des bei der Beschlussfassung vertretenen Grundkapitals. Die Mehrheitsanforderungen können erschwert, nicht aber erleichtert oder ausgeschlossen werden, § 289 Abs. 4 S. 3, 4 AktG.[1110] Der Beschluss bedarf der Zustimmung aller persönlich haftenden Gesellschafter.[1111] 401

f) Auflösungsklage. Alternativ zum Auflösungsbeschluss kann die Gesamtheit der Kommanditaktionäre, vertreten durch den Aufsichtsrat, bei Vorliegen eines wichtigen Grundes[1112] auch die Auflösung der KGaA auf dem Klageweg gemäß §§ 289 Abs. 1 AktG, 131 Abs. 1 Nr. 4, 133 Abs. 1 HGB durch gerichtliche Ent- 402

[1105] Vgl. Hüffer/Koch § 182 Rn. 8; *Servatius* in Spindler/Stilz AktG § 182 Rn. 16; *Peifer* in Münch Komm AktG § 182 Rn. 19.
[1106] Hierzu ausführlich § 7 Rn. 3 ff.
[1107] Ähnlich *Wichert* AG 1999, 362, 368 f. mit Verweis auf die Kernbereichslehre; vgl. *Perlitt* in Münch Komm AktG § 281 Rn. 22; *Förl/Fett* in Bürgers/Körber AktG § 281 Rn. 8; *Bachmann* in Spindler/Stilz AktG § 281 Rn. 12.
[1108] Vgl. hierzu oben unter § 5 Rn. 93 ff.
[1109] Hierzu unter § 8 Rn. 7 ff.
[1110] Hüffer/Koch § 289 Rn. 6; vgl. auch *Perlitt* in Münch Komm AktG § 289 Rn. 31; *Bachmann* in Spindler/Stilz AktG § 289 Rn. 4.
[1111] *Assmann/Sethe* in GroßKomm AktG § 289 Rn. 19, 21; *Bachmann* in Spindler/Stilz AktG § 289 Rn. 3; *Perlitt* in Münch Komm AktG § 289 Rn. 17.
[1112] § 133 Abs. 2 HGB, vgl. hierzu *Perlitt* in Münch Komm AktG § 289 Rn. 29; *Bachmann* in Spindler/Stilz 289 Rn. 6; vgl. auch *Lorz* in Ebenroth/Boujong/Joost/Strohn HGB § 133 Rn. 17 ff.; *Schäfer* in Staub HGB § 133 Rn. 10 ff.

scheidung[1113] betreiben.[1114] Der Hauptversammlungsbeschluss, der gemäß § 289 Abs. 4 S. 2, 3 AktG eine Mehrheit von mindestens drei Viertel des bei der Beschlussfassung vertretenen Grundkapitals erfordert, bedarf nicht der Zustimmung der Komplementäre[1115] gemäß § 285 Abs. 2 AktG, da die Erhebung der Auflösungsklage nach §§ 161 Abs. 2, 133 Abs. 1 HGB im Recht der Kommanditgesellschaft nicht der Zustimmung[1116] der Komplementäre bedarf.[1117] Die Mehrheitsanforderungen für den Hauptversammlungsbeschluss können erschwert, nicht aber erleichtert oder ausgeschlossen werden, § 289 Abs. 4 S. 3, 4 AktG.[1118]

403 g) **Ausschließungsklage.** Möglich ist ferner, einen persönlich haftenden Gesellschafter bei Vorliegen eines wichtigen Grundes in seiner Person aus der Gesellschaft auszuschließen, §§ 278 Abs. 2 AktG, 161 Abs. 2, 140 Abs. 1, 133 Abs. 1 HGB, wenn im übrigen die Voraussetzungen zur Erhebung der Auflösungsklage gemäß § 133 Abs. 1 HGB gegeben sind.[1119] Der Beschluss über die Klageerhebung erfordert neben der Zustimmung aller übrigen Komplementäre auch die Zustimmung der Gesamtheit der Kommanditaktionäre. Enthält die Satzung keine abweichende Regelung, ist für den Zustimmungsbeschluss grundsätzlich eine Mehrheit von drei Viertel des bei der Beschlussfassung vertretenen Grundkapitals erforderlich.[1120] Dieses Mehrheitserfordernis ergibt sich aus § 179 Abs. 2 AktG,[1121] da der Ausschluss eines persönlich haftenden Gesellschafter eine Satzungsänderung darstellt.

404 h) **Unternehmensverträge, Umwandlungen und ähnliche berichtspflichtige Angelegenheiten.** Für den Beschluss der Hauptversammlung gelten die aktienrechtlichen bzw. umwandlungsrechtlichen Vorschriften: Eine Mehrheit, die mindestens drei Viertel des bei der Beschlussfassung vertretenen Grundkapitals umfasst, ist für die Beschlüsse über Abschluss, Änderung oder Beendigung von Unternehmensverträgen §§ 293 Abs. 1 S. 2, 3; 295 Abs. 1 S. 2, 296 Abs. 2 S. 2 AktG,[1122] über Verschmelzungen unter Beteiligung der KGaA, §§ 78 S. 1, 65

[1113] Hierzu unter § 8 Rn. 22 ff.
[1114] *Assmann/Sethe* in GroßKomm AktG § 289 Rn. 45; *Perlitt* in Münch Komm AktG § 289 Rn. 25 ff.; *Bachmann* in Spindler/Stilz AktG § 289 Rn. 6; *Hüffer/Koch* § 289 Rn. 2.
[1115] *Assmann/Sethe* in GroßKomm AktG § 289 Rn. 47; *Bachmann* in Spindler/Stilz AktG § 289 Rn. 6; unklar *Perlitt* in Münch Komm AktG § 289 Rn. 28.
[1116] Jedoch steht die Auflösungsklage auch jedem persönlich haftenden Gesellschafter zu, vgl. *Assmann/Sethe* in GroßKomm AktG § 289 Rn. 45; *Bachmann* in Spindler/Stilz AktG § 289 Rn. 6; *Perlitt* in Münch Komm AktG § 289 Rn. 26.
[1117] *Assmann/Sethe* in GroßKomm AktG § 289 Rn. 47; vgl. zur KG: *Roth* in Baumbach/Hopt HGB § 133 Rn. 13; *Lorz* in Ebenroth/Boujong/Joost/Strohn HGB § 133 Rn. 30; *Schäfer* in Staub HGB § 133 Rn. 48.
[1118] *Perlitt* in Münch Komm AktG § 289 Rn. 31; *Hüffer/Koch* § 289 Rn. 6; *Bachmann* in Spindler/Stilz AktG § 289 Rn. 4.
[1119] *Perlitt* in Münch Komm AktG § 289 Rn. 119; *Assmann/Sethe* in GroßKomm AktG § 289 Rn. 91; *Förl/Fett* in Bürgers/Körber AktG § 289 Rn. 20; *Hüffer/Koch* § 289 Rn. 7; vgl. auch *Bachmann* in Spindler/Stilz AktG § 289 Rn. 19, der der Ansicht ist, „wichtiger Grund" sei hier noch strenger zu verstehen als bei § 133 HGB.
[1120] *Assmann/Sethe* in GroßKomm AktG § 289 Rn. 99; *Bachmann* in Spindler/Stilz AktG § 289 Rn. 19; *Perlitt* in Münch Komm AktG § 289 Rn. 125; *Hüffer/Koch* § 289 Rn. 7.
[1121] *Assmann/Sethe* in GroßKomm AktG § 289 Rn. 99; *Bachmann* in Spindler/Stilz AktG § 289 Rn. 19; *Perlitt* in Münch Komm AktG § 289 Rn. 125; *Ihrig/Schlitt* ZHR Beiheft 67/1998, 33, 70 f.
[1122] Hierzu unter § 12 Rn. 8 ff.

Abs. 1 S. 1, 2 UmwG, und über Spaltungen unter Beteiligung der KGaA, §§ 125 S. 1 i. V. m. 78 S. 1, 65 Abs. 1 S. 1, 2 UmwG,[1123] erforderlich; in diesen Fällen kann die Satzung jeweils eine größere Kapitalmehrheit und weitere Erfordernisse bestimmen.

Für Beschlüsse der Hauptversammlung über einen Formwechsel der KGaA in eine Kapitalgesellschaft anderer Rechtsform ist grundsätzlich eine Mehrheit notwendig, die mindestens drei Viertel des bei der Beschlussfassung vertretenen Grundkapitals umfasst, § 240 Abs. 1 S. 1 1. HS UmwG.[1124] Die Satzung kann eine größere Mehrheit und weitere Erfordernisse vorsehen; für den Fall eines Formwechsels der KGaA in eine Aktiengesellschaft kann die Satzung auch eine geringere Mehrheit bestimmen. **405**

Welche Mehrheit für den Hauptversammlungsbeschluss über den Ausschluss von Minderheitsaktionären (squeeze-out) gemäß §§ 327a ff. AktG[1125] notwendig ist, ist umstritten. Das Gesetz enthält keine Regelung über die notwendige Mehrheit. Für den Ausschluss der Minderheitsaktionäre ist es notwendig, dass der Mehrheitsaktionär 95% des Grundkapitals hält. Diese Kapitalmehrheit muss allerdings nicht notwendig mit 95% der Stimmrechte korrespondieren. Die Gesetzessystematik spricht für die Mehrheit der abgegebenen Stimmen (einfache Stimmenmehrheit), § 133 Abs. 1 AktG.[1126] Die Ansicht, die eine Mehrheit von 95% der Stimmen verlangt,[1127] findet keine Grundlage im Gesetz. **406**

i) Feststellung des Jahresabschlusses, Gewinnverwendungsbeschluss. Die Feststellung des Jahresabschlusses erfordert in einer KGaA die Zustimmung beider Gesellschaftergruppen, § 286 Abs. 1 AktG. Für den Beschluss der Hauptversammlung genügt die einfache Mehrheit der abgegebenen Stimmen; höhere Anforderungen können in der Satzung vorgesehen werden, § 133 Abs. 1 AktG. **407**

Für den Gewinnverwendungsbeschluss der Hauptversammlung genügt ebenfalls die einfache Mehrheit, soweit in der Satzung keine höheren Anforderungen gestellt werden, § 133 Abs. 1 AktG. **408**

6. Ausschluss des Stimmrechts aktienbesitzender Komplementäre

Da die Hauptversammlung der KGaA eine Versammlung der Kommanditaktionäre und nicht eine Versammlung aller Gesellschafter der KGaA ist,[1128] haben die persönlich haftenden Gesellschafter in der Hauptversammlung nur ein Stimmrecht, wenn sie zugleich Kommanditaktionäre der KGaA sind. Anders als bei ei- **409**

[1123] Siehe hierzu § 11 Rn. 82, 163.
[1124] Hierzu ausführlich unter § 11 Rn. 237.
[1125] Hierzu ausführlich unter § 12 Rn. 39.
[1126] Vgl. *Holzborn/Müller* in Bürgers/Körber AktG § 327a Rn. 16; *Hüffer/Koch* § 327a Rn. 11; *Singhof* in Spindler/Stilz AktG § 320 Rn. 5; *Nörr/Stiefenhofer* S. 122; *Grunewald* in Münch Komm AktG § 327 a Rn. 15; *Müller-Michaels* in Hölters AktG § 327 a Rn. 18; *Wilsing* in Henssler/Strohn GesellschRe § 327 a Rn. 5.
[1127] *Grunewald* ZIP 2002, 18, 19; zum Parallelproblem der Mehrheitseingliederung: *Koppensteiner* in Kölner Komm AktG § 320 Rn. 6 m. w. N.
[1128] *Perlitt* in Münch Komm AktG Vor § 278 Rn. 54; *Barz* in GroßKomm AktG 3. Aufl. Vor § 278 Rn. 28; *Herfs* in Münch Hdb AG § 79 Rn. 35; vgl. auch *Bachmann* in Spindler/Stilz AktG § 285 Rn. 2.

Reger

ner Kommanditgesellschaft[1129] ist es bei einer KGaA unproblematisch möglich, beiden Gesellschaftergruppen anzugehören. Für den Fall, dass ein persönlich haftender Gesellschafter zugleich Kommanditaktionär ist, unterliegt er in der Hauptversammlung den besonderen Stimmverboten des § 285 Abs. 1 S. 2 AktG. § 285 Abs. 1 S. 2 AktG stellt eine zwingende[1130] aktienrechtliche Sonderregelung für die KGaA dar, für die der Grundsatz der Satzungsstrenge nach § 23 Abs. 5 AktG gilt. Ein Verstoß gegen ein Stimmverbot führt zur Anfechtbarkeit des Hauptversammlungsbeschlusses.[1131]

410 Die Stimmverbote nach § 285 Abs. 1 S. 2 AktG gelten für alle persönlich haftenden Gesellschafter, gleichgültig ob sie von der Geschäftsführung ausgeschlossen sind oder nicht.[1132] Befinden sich aber alle Aktien der KGaA in den Händen ihrer Komplementäre oder ihres Komplementärs, gelten die Stimmverbote des § 285 Abs. 1 S. 2 Nr. 1–3, Nr. 6 nicht, weil in diesem Fall eine Interessenkollision zwischen den Gesellschaftergruppen der Komplementäre und der Kommanditaktionäre ausgeschlossen ist.[1133] Anders ist dies in den Fällen der § 285 Abs. 1 S. 2 Nr. 4 und Nr. 5, da insofern eine Interessenskollision in Betracht kommen kann, wenn der bzw. die Komplementäre Schuldner von Ersatzansprüchen sein können;[1134] in diesen Fällen finden die Stimmverbote Anwendung. Ist persönlich haftender Gesellschafter eine Kapitalgesellschaft oder eine Personenhandelsgesellschaft, erstreckt sich das Stimmverbot auch auf deren Geschäftsführungsorgane und Gesellschafter mit beherrschendem Einfluss.

411 Interessenkollisionen können in der KGaA typischerweise die Beschlussgegenstände hinsichtlich der Kontrolle und Prüfung der Geschäftsführung der Komplementäre auslösen. § 285 Abs. 1 S. 2 AktG enthält eine Aufzählung der Beschlussgegenstände, bei denen typischerweise eine Interessenkollision zu erwarten ist, und schließt das Stimmrecht der persönlich haftenden Gesellschafter bei diesen Beschlüssen aus. Der Stimmrechtsausschluss erstreckt sich nicht nur auf die Sachbeschlüsse, sondern umfasst auch die dazugehörigen Verfahrensbeschlüsse, wie z.B. die Vertagung eines Verhandlungspunkts.[1135]

[1129] Ein Kommanditist kann nicht zugleich Komplementär sein: *Roth* in Baumbach/Hopt HGB § 124 Rn. 16; § 161 Rn. 4; *Oetker* in Oetker HGB § 161 Rn. 8; *Koller* in Koller/Kindler/Roth/Morck HGB § 161 Rn. 5; *Schilling* in Staub HGB § 161 Rn. 38; vgl. auch *Weipert* in Ebenroth/Boujong/Joost/Strohn HGB § 161 Rn. 22; a.A. *Grunewald* in Münch Komm HGB § 161 Rn. 4.

[1130] *Hüffer/Koch* § 285 Rn. 1; *Perlitt* in Münch Komm AktG § 285 Rn. 23; *Herfs* in Münch Hdb AG § 79 Rn. 38; *Bachmann* in Spindler/Stilz AktG § 285 Rn. 15.

[1131] *Assmann/Sethe* in GroßKomm AktG § 285 Rn. 47; *K. Schmidt* in K. Schmidt/Lutter AktG § 136 Rn. 28; *Holzborn* in Bürgers/Körber AktG § 136 Rn. 21; *Perlitt* in Münch Komm AktG § 285 Rn. 13; *Herfs* in Münch Hdb AG § 79 Rn. 38; *Bachmann* in Spindler/Stilz AktG § 285 Rn. 29.

[1132] *Perlitt* in Münch Komm AktG § 285 Rn. 16; *Bachmann* in Spindler/Stilz AktG § 285 Rn. 15; *Förl/Fett* in Bürgers/Körber AktG § 285 Rn. 2; *Herfs* in Münch Hdb AG § 79 Rn. 37.

[1133] *Förl/Fett* in Bürgers/Körber AktG § 285 Rn. 2; ohne Differenzierung nach den einzelnen Fallgruppen von § 285 Abs. 1 S. 2 AktG: *Perlitt* in Münch Komm AktG § 285 Rn. 21; *Assmann/Sethe* in GroßKomm AktG § 285 Rn. 24; *Herfs* in Münch Hdb AG § 79 Rn. 37; *Bachmann* in Spindler/Stilz AktG § 285 Rn. 27 f.

[1134] *Förl/Fett* in Bürgers/Körber AktG § 285 Rn. 4.

[1135] *Mertens/Cahn* in Kölner Komm AktG § 285 Rn. 9; *Hüffer/Koch* § 285 Rn. 1; *Perlitt* in Münch Komm AktG § 285 Rn. 18; *Bachmann* in Spindler/Stilz AktG § 285 Rn. 15.

Der Umfang der Stimmrechtsverbote des § 285 Abs. 1 S. 2 AktG kann durch 412
die Satzung nicht eingeschränkt werden.[1136] Das Stimmverbot kann auch nicht
durch Übertragung der Aktien auf einen Dritten oder durch Vollmachtserteilung
umgangen werden, § 285 Abs. 1 S. 2 AktG.[1137]

Von § 285 Abs. 1 S. 2 AktG nicht betroffen sind die anderen Aktionärsrechte der 413
persönlich haftenden Gesellschafter: Die aktienbesitzenden Komplementäre können
also an der Hauptversammlung teilnehmen und dort – auch hinsichtlich der
betreffenden Tagesordnungspunkte – von ihrem Rederecht Gebrauch machen,[1138]
Anträge stellen, Auskunft verlangen, Widerspruch zur Niederschrift einlegen und
später gemäß § 278 Abs. 3 i. V. m. §§ 245 Nr. 3, 243 Abs. 2 AktG Anfechtungsklage erheben.[1139]

Neben § 285 Abs. 1 AktG finden über § 278 Abs. 3 AktG auch die allgemeinen 414
aktienrechtlichen Stimmrechtsausschlüsse aus § 136 Abs. 1 AktG auf die Komplementäre Anwendung.[1140] Gemäß § 136 AktG besteht z. B. auch ein Stimmverbot
für den Fall, dass ein aktienbesitzender Komplementär von einer Verbindlichkeit
befreit werden soll, auch wenn diese nicht auf einem Schadensersatzanspruch der
Gesellschaft gegen ihn beruht.[1141] Im Gegensatz zu den Stimmrechtsbeschränkungen nach § 285 Abs. 1 S. 2 AktG tragen die Stimmrechtsbeschränkungen gemäß
§ 136 AktG aber der konkreten Gefahrenlage einer Interessenkollision dadurch
Rechnung, dass nur der konkret betroffene Komplementär mit seinem Stimmrecht
ausgeschlossen ist.[1142]

a) Wahl und Abberufung des Aufsichtsrats. Das Stimmverbot bei Wahl 415
und Abberufung des Aufsichtsrats gemäß § 285 Abs. 1 S. 2 Nr. 1 AktG ist eine
Konsequenz aus § 287 Abs. 3 AktG, der die Bestellung von Komplementären zu
Aufsichtsratsmitgliedern untersagt.[1143] Unzulässig ist jede Mitwirkung eines Komplementärs bei der Wahl oder Abberufung der Mitglieder des Aufsichtsrats. Das
Stimmverbot trifft auch die nicht-geschäftsführungsbefugten Komplementäre.

[1136] *Assmann/Sethe* in GroßKomm AktG § 285 Rn. 24; *Herfs* in Münch Hdb AG § 79
Rn. 38; *Mertens/Cahn* in Kölner Komm AktG § 285 Rn. 12; *Perlitt* in Münch Komm AktG
§ 285 Rn. 23; *Bachmann* in Spindler/Stilz AktG § 285 Rn. 23.
[1137] *Perlitt* in Münch Komm AktG § 285 Rn. 19; *Bachmann* in Spindler/Stilz AktG § 285
Rn. 23, unter Anerkennung einer Ausnahme für die Übertragung der Aktien auf eine genehme Person, die allerdings Weisungsfreiheit genießt, zur Ausübung eines Entsenderechts;
dem zu Grunde liegend BGH NJW 2006, 510, 513; ebenso *Hüffer/Koch* § 285 Rn. 1. Vgl.
auch die als Ordnungswidrigkeit sanktionierten Tatbestände der §§ 408, 405 Abs. 3 Nr. 5
AktG.
[1138] *Assmann/Sethe* in GroßKomm AktG § 285 Rn. 24; *Mertens/Cahn* in Kölner Komm
AktG § 285 Rn. 9; *Semler/Perlitt,* in Münch Komm AktG § 285 Rn. 18; *Bachmann* in Spindler/Stilz AktG § 285 Rn. 15.
[1139] *Perlitt* in Münch Komm AktG § 285 Rn. 18; *Bachmann* in Spindler/Stilz AktG § 285
Rn. 15; *Assmann/Sethe* in GroßKomm AktG § 285 Rn. 24; *Mertens/Cahn* in Kölner Komm
AktG § 285 Rn. 9.
[1140] *K. Schmidt* in K. Schmidt/Lutter AktG § 285 Rn. 11; *Godin/Wilhelmi* § 285
Rn. 5; *Assmann/Sethe* in GroßKomm AktG § 285 Rn. 36; *Perlitt* in Münch Komm AktG
§ 285 Rn. 34, 35; *Bachmann* in Spindler/Stilz AktG § 285 Rn. 21.
[1141] *Perlitt* in Münch Komm AktG § 285 Rn. 35; *Bachmann* in Spindler/Stilz AktG § 285
Rn. 21.
[1142] *Assmann/Sethe* in GroßKomm AktG § 285 Rn. 36 ff.; *Perlitt* in Münch Komm AktG
§ 285 Rn. 35; *Bachmann* in Spindler/Stilz AktG § 285 Rn. 21.
[1143] *Assmann/Sethe* in GroßKomm AktG § 285 Rn. 26; *Perlitt* in Münch Komm AktG
§ 285 Rn. 25; *Bachmann* in Spindler/Stilz AktG § 285 Rn. 16.

416   Ebenso ist es den Komplementären untersagt, etwaige Entsendungsrechte nach § 101 Abs. 2 AktG auszuüben oder ausüben zu lassen.[1144] Ist in der Satzung ein Beirat vorgesehen, so erstreckt sich der Stimmrechtsausschluss auch auf dessen Besetzung, soweit dieser zur Vertretung der Interessen der Kommanditaktionäre bestimmt ist.[1145]

417   **b) Entlastung der persönlich haftenden Gesellschafter und der Mitglieder des Aufsichtsrats.** § 285 Abs. 1 S. 2 Nr. 2 AktG enthält ein Verbot, bei der Entlastung der persönlich haftenden Gesellschafter und der Mitglieder des Aufsichtsrats mitzustimmen. Dieses Verbot erstreckt sich ferner auch auf die Entlastung von Beiratsmitgliedern, sofern dem Beirat ebenfalls die Funktion der Überwachung der Komplementäre zukommt.[1146] § 285 Abs. 1 S. 2 Nr. 2 AktG ist eine spezialgesetzliche Ausprägung des allgemeinen gesellschaftsrechtlichen Grundsatzes aus § 136 Abs. 1 AktG, nach dem sich niemand an seiner eigenen Entlastung beteiligen kann.[1147]

418   **c) Bestellung von Sonderprüfern.** Von der Hauptversammlung können zur Prüfung von Vorgängen bei der Gründung oder der Geschäftsführung Sonderprüfer nach § 142 AktG bestellt werden.[1148] § 285 Abs. 1 S. 2 Nr. 3 AktG ergänzt § 142 Abs. 1 S. 2 AktG, der nach § 283 Nr. 7 AktG auch auf die KGaA anwendbar ist, durch einen generellen Stimmrechtsausschluss für die – auch nicht-geschäftsführungsbefugten – Komplementäre hinsichtlich jeglicher Sonderprüferbestellung.[1149]

419   **d) Geltendmachung von Ersatzansprüchen und Verzicht auf Ersatzansprüche.** § 285 Abs. 1 S. 2 Nr. 4 und 5 AktG sollen die abstrakte Interessenkollision bei Entscheidungen der Hauptversammlung über die Geltendmachung von Ersatzansprüchen gegenüber persönlich haftenden Gesellschaftern nach § 283 Nr. 8 i.V.m. § 147 AktG oder über einen Verzicht auf derartige Ersatzansprüche vermeiden. Das Stimmverbot trifft alle Komplementäre, unabhängig davon, ob sie von solchen Ansprüchen selbst betroffen sind.[1150]

420   **e) Wahl von Abschlussprüfern.** Die Abschlussprüfer prüfen die Ordnungsmäßigkeit der Rechnungslegung und den von den persönlich haftenden Gesell-

---

[1144] *Mertens/Cahn* in Kölner Komm AktG § 285 Rn. 13; *Assmann/Sethe* in GroßKomm AktG § 285 Rn. 26; *Perlitt* in Münch Komm AktG § 285 Rn. 26; *Förl/Fett* in Bürgers/Körber AktG § 285 Rn. 5; *Bachmann* in Spindler/Stilz AktG § 285 Rn. 16; *Hüffer/Koch* § 285 Rn. 1.

[1145] *Perlitt* in Münch Komm AktG § 285 Rn. 27; *Assmann/Sethe* in GroßKomm AktG § 285 Rn. 26; *Bachmann* in Spindler/Stilz AktG § 285 Rn. 16.

[1146] *Assmann/Sethe* in GroßKomm AktG § 285 Rn. 27; *Perlitt* in Münch Komm AktG § 285 Rn. 29; *Godin/Wilhelmi* AktG § 285 Rn. 5; *Assmann/Sethe* FS Lutter, 2000, S. 251, 266; *Bachmann* in Spindler/Stilz AktG § 285 Rn. 17.

[1147] *Perlitt* in Münch Komm AktG § 285 Rn. 28; *Assmann/Sethe* in GroßKomm AktG § 285 Rn. 27; *Barz* in GroßKomm AktG 3. Aufl. § 285 Rn. 5; *Bachmann* in Spindler/Stilz AktG § 285 Rn. 17.

[1148] *Perlitt* in Münch Komm AktG § 285 Rn. 30; *Bachmann* in Spindler/Stilz AktG § 285 Rn. 18.

[1149] *K. Schmidt* in K. Schmidt/Lutter AktG § 285 Rn. 18; *Assmann/Sethe* in GroßKomm AktG § 285 Rn. 29; *Mertens/Cahn* in Kölner Komm AktG § 285 Rn. 17; *Perlitt* in Münch Komm AktG § 285 Rn. 30; *Bachmann* in Spindler/Stilz AktG § 285 Rn. 18.

[1150] *Perlitt* in Münch Komm AktG § 285 Rn. 31; *Assmann/Sethe* in GroßKomm AktG § 285 Rn. 30; *Bachmann* in Spindler/Stilz AktG § 285 Rn. 19.

schafter aufgestellten Jahresabschluss der KGaA, §§ 242, 264 Abs. 1 HGB i. V. m. § 283 Nr. 9 AktG. Um die Unabhängigkeit der Prüfer von den Komplementären zu sichern, schließt § 285 Abs. 1 S. 2 Nr. 6 AktG das Stimmrecht der aktienbesitzenden Komplementäre bei der Wahl von Abschlussprüfern aus.[1151] Dieses Stimmverbot nimmt den Komplementären aber nicht das Recht, gemäß § 318 Abs. 3 HGB gegen die Auswahl der Prüfer Widerspruch einzulegen. Sie sind auch berechtigt, die gerichtliche Bestellung eines anderen Abschlussprüfers zu beantragen, wenn dies aus einem in der Person des Prüfers liegenden Grund geboten erscheint.[1152]

III. Vermögensrechte und -pflichten

1. Gewinnbeteiligung

Dem Kommanditaktionär steht ein aktienrechtlicher Anspruch auf den Bilanzgewinn zu, der mit dem Gewinnverwendungsbeschluss der Hauptversammlung zur Entstehung gelangt, §§ 58 Abs. 4, 174 Abs. 1 AktG.[1153] Da Gewinnermittlung und Gewinnverteilung in der KGaA bereits an anderer Stelle ausführlich dargestellt sind[1154] und für den Gewinnverwendungsbeschluss der Kommanditaktionäre §§ 278 Abs. 3, 58 Abs. 1–3 AktG gelten,[1155] seien hier nur die wesentlichen Besonderheiten skizziert.

Für die Beschlussfassung über die Gewinnverwendung gilt § 58 Abs. 1–3 AktG mit der Maßgabe, dass gemäß § 58 Abs. 2 AktG die persönlich haftenden Gesellschafter ermächtigt sind, in dem von ihnen aufzustellenden Jahresabschluss den Jahresüberschuss nach Abzug der auf die persönlich haftenden Gesellschafter entfallenden Gewinnanteile und nach Abzug eines etwaigen Verlustvortrages bis zur Hälfte in andere Gewinnrücklagen einzustellen.[1156] Über die Verwendung des dann noch auf die Kommanditaktionäre entfallenden Bilanzgewinnes entscheiden ausschließlich die Kommanditaktionäre,[1157] wobei ihnen die Möglichkeit einer weiteren Dotierung der anderen Gewinnrücklagen zusteht.[1158]

421

422

[1151] *Assmann/Sethe* in GroßKomm AktG § 285 Rn. 31; *Perlitt* in Münch Komm AktG § 285 Rn. 33; *Mertens/Cahn* in Kölner Komm AktG § 285 Rn. 22; *Bachmann* in Spindler/Stilz AktG § 285 Rn. 20.

[1152] *Mertens/Cahn* in Kölner Komm AktG § 285 Rn. 22; *Perlitt* in Münch Komm AktG § 285 Rn. 33; *Assmann/Sethe* in GroßKomm AktG § 285 Rn. 31; *Bachmann* in Spindler/Stilz AktG § 285 Rn. 20.

[1153] *Perlitt* in Münch Komm AktG § 278 Rn. 109; *Assmann/Sethe* in GroßKomm AktG § 278 Rn. 92; vgl. auch *Müller-Michaels* in Hölters AktG § 278 Rn. 19; *Euler/Klein* in Spindler/Stilz AktG § 174 Rn. 25; *Hüffer/Koch* § 174 Rn. 4.

[1154] Siehe § 6 Rn. 40 ff.

[1155] Vgl. *Perlitt* in Münch Komm AktG § 286 Rn. 81; *Herfs* in Münch Hdb AG § 81 Rn. 32; die Anwendung von § 58 Abs. 1 AktG ablehnend und auf § 58 Abs. 2 AktG abstellend *Assmann/Sethe* in GroßKomm AktG § 286 Rn. 24 ff.; differenzierend auch *Mertens/Cahn* in Kölner Komm AktG § 286 Rn. 18 f.

[1156] Vgl. § 6 Rn. 19 ff.

[1157] *Perlitt* in Münch Komm AktG § 286 Rn. 80 und oben § 5 Rn. 93 ff.

[1158] Vgl. *Perlitt* in Münch Komm AktG § 286 Rn. 81; *Mertens/Cahn* in Kölner Komm AktG § 286 Rn. 34; *Assmann/Sethe* in GroßKomm AktG § 286 Rn. 29.

2. Einlageverpflichtung

423 Der Kommanditaktionär ist zur Erbringung seiner Einlage der KGaA gegenüber verpflichtet.[1159] Bareinlagen sind in Geld in Höhe des eingeforderten Betrages, Sacheinlagen sind vollständig zu leisten, § 36a Abs. 2 S. 1 AktG. Rückständige Einlagen sind zu verzinsen. Die Einforderung ausstehender Einlagen obliegt den persönlich haftenden Gesellschaftern, wenn nicht ausnahmsweise die Satzung eine andere Zuständigkeit bestimmt.[1160] Mit der Erbringung seiner Einlage hat der Kommanditaktionär seine vermögensrechtlichen Gesellschafterpflichten erfüllt;[1161] anders als ein Kommanditist haftet er einem Gläubiger auch bei unvollständiger Erbringung seiner Einlage nicht persönlich.[1162]

424 Für die Erbringung der Einlagen der Kommanditaktionäre gelten die allgemeinen aktienrechtlichen Grundsätze, insbesondere der Kapitalaufbringungs- und der Kapitalerhaltungsgrundsatz. Wird dem Kommanditaktionär entgegen § 57 Abs. 1, 2 AktG seine Einlage zurückgezahlt, haftet er gemäß § 62 Abs. 1 AktG der KGaA auf Rückgewähr des Erlangten.

3. Auseinandersetzungsanspruch

425 Weiter ist der Kommanditaktionär, vorbehaltlich abweichender Gestaltungen in der Satzung, am Abwicklungsüberschuss der KGaA beteiligt.[1163] Für die Regelung des Verhältnisses der Verteilung des Abwicklungsüberschusses zwischen den Komplementären und der Gesellschaftergruppe der Kommanditaktionäre gilt Personengesellschaftsrecht, §§ 278 Abs. 2 AktG, 161 Abs. 2, 155 HGB. Die Abwicklung der KGaA selbst folgt den aktienrechtlichen Vorschriften der §§ 264 ff., 290 AktG. Steht der Gruppe der Kommanditaktionäre danach ein Abwicklungsüberschuss zur Verteilung zu, erfolgt die Verteilung nach § 271 AktG. Gemäß § 271 Abs. 2 AktG erfolgt die Verteilung nach dem anteiligen Verhältnis der Kommanditaktionäre am Grundkapital, wenn alle Einlagen vollständig geleistet sind. Ist dies nicht der Fall, sind die geleisteten Einlagen vorab zu erstatten, der danach verbleibende Abwicklungsüberschuss wird nach den Anteilen der Kommanditaktionäre am Grundkapital verteilt, § 271 Abs. 3 S. 1 AktG. Ein durchsetzbarer Anspruch auf einen Anteil am Abwicklungsüberschuss entsteht erst mit Eintritt der gesetzlichen Verteilungsvoraussetzungen (z.B. Ablauf des Sperrjahres, § 272 Abs. 1 AktG).

[1159] *Perlitt* in Münch Komm AktG § 278 Rn. 100; *Maul* in Beck'sches HdbAG § 4 Rn. 206; *Bachmann* in Spindler/Stilz AktG § 278 Rn. 33.

[1160] *Perlitt* in Münch Komm AktG § 278 Rn. 101; *Maul* in Beck'sches HdbAG § 4 Rn. 206; vgl. auch *Bachmann* in Spindler/Stilz AktG § 278 Rn. 33, der allgemein auf die Geltung der §§ 53 a ff. AktG verweist.

[1161] *Assmann/Sethe* in GroßKomm AktG § 278 Rn. 91; *Maul* in Beck'sches HdbAG § 4 Rn. 206; *Perlitt* in Münch Komm AktG § 278 Rn. 100.

[1162] *Maul* in Beck'sches Hdb AG § 4 Rn. 206; *Perlitt* in Münch Komm AktG § 278 Rn. 96; vgl. *Herfs* in Münch Hdb AG § 78 Rn. 57; vgl. auch *Bachmann* in Spindler/Stilz AktG § 278 Rn. 33.

[1163] Vgl. zum ganzen § 8 Rn. 63 ff.

IV. Wechsel der Kommanditaktionäre

Kommanditaktionär kann jedermann werden, der auch Aktionär einer Aktiengesellschaft werden kann. Sofern sich der Kommanditaktionär nicht bereits an der Gründung der KGaA beteiligt, kann er seine Gesellschafterstellung durch den Erwerb von Kommanditaktien von einem anderen Kommanditaktionär oder durch die Übernahme von Aktien im Zuge einer Kapitalerhöhung erwerben.[1164] Die Beteiligung im Rahmen der Gründung wird bei Darstellung des Gründungsvorganges der KGaA,[1165] die Übernahme von Aktien bei den Kapitalmaßnahmen dargestellt.[1166] Hier verbleibt somit lediglich die Darstellung der Übertragung von Kommanditaktien.

426

Die Übertragung von Kommanditaktien unterliegt den allgemeinen aktienrechtlichen Bestimmungen für die Übertragung von Aktien und ist demzufolge davon abhängig, ob es sich um Inhaber- oder um Namensaktien handelt. Bei Namensaktien ist der Sonderfall der Vinkulierung zu beachten.

427

1. Übertragung von Inhaberaktien

Inhaberaktien, gleich ob Nennbetragsaktien oder Stückaktien,[1167] die sich nicht in Girosammelverwahrung[1168] befinden, werden durch Abtretung gemäß §§ 398, 413 BGB übertragen.[1169] Eine Beschränkung der freien Übertragbarkeit in der Satzung ist unzulässig und unwirksam;[1170] zulässig und prinzipiell wirksam sind aber rein schuldrechtlich auf der Gesellschafterebene wirkende Gesellschaftervereinbarungen. So enthalten Poolvereinbarungen[1171] regelmäßig schuldrechtliche Verfügungsbeschränkungen.

428

Sind die Inhaberaktien verbrieft, so kann die Abtretung ebenfalls nach §§ 398, 413 BGB erfolgen; das Eigentum an der Aktienurkunde folgt in diesem Fall gemäß § 952 BGB der Mitgliedschaft. Alternativ kann der Kommanditaktionär aber auch die Aktienurkunde gemäß §§ 929 ff. BGB übereignen; in diesem Fall folgt die Mitgliedschaft dem Recht an der Aktie, da diese ein Wertpapier im engeren Sinn darstellt.[1172]

429

[1164] *Herfs* in Münch Hdb AG § 78 Rn. 57; *Maul* in Beck'sches HdbAG § 4 Rn. 205; vgl. auch *Perlitt* in Münch Komm AktG § 278 Rn. 98.

[1165] Siehe oben § 4.

[1166] Siehe unten § 7.

[1167] Vgl. § 8 Abs. 1 AktG.

[1168] Vgl. *Wieneke* in Bürgers/Körber AktG § 68 Rn. 6; *Bayer* in Münch Komm AktG § 68 Rn. 33; *Cahn* in Spindler/Stilz AktG § 68 Rn. 26, jeweils zur Übertragung von (Namens-)Aktien die sich in Girosammelverwahrung befinden.

[1169] *Hüffer/Koch* § 10 Rn. 2 und § 68 Rn. 3; *Vatter* in Spindler/Stilz AktG § 10 Rn. 52 f.; *Heider* in Münch Komm AktG § 10 Rn. 9; *Eder* NZG 2004, 107, 108.

[1170] Vgl. *Hüffer/Koch* § 68 Rn. 10; *Vatter* in Spindler/Stilz AktG § 10 Rn. 52; *Bayer* in Münch Komm AktG § 68 Rn. 32.

[1171] Mit Poolvereinbarungen werden gemeinhin Gesellschaftervereinbarungen bezeichnet, mit Hilfe derer die Gesellschafter die Ausübung ihrer Gesellschafterrechte in der Gesellschaft koordinieren.

[1172] Vgl. *Hüffer/Koch* § 10 Rn. 3 f.; *Heider* in Münch Komm AktG § 10 Rn. 37; *Vatter* in Spindler/Stilz AktG § 10 Rn. 54 f.; *Solveen* in Hölters AktG § 10 Rn. 13.

430   Die tatsächliche Verbriefung der Aktie ist trotz § 23 Abs. 3 Nr. 5 AktG keine zwingende Voraussetzung für die Entstehung der Mitgliedschaft oder für die Entstehung der KGaA.[1173] So wird der Kommanditaktionär auch dann Gesellschafter der KGaA, wenn eine Verbriefung in der Satzung weder vorgesehen ist noch tatsächlich erfolgt. Der Anspruch auf Verbriefung der Aktien in einer Sammelurkunde (Global-Aktie) kann nicht ausgeschlossen werden,[1174] da er zwingender Teil der aktienrechtlichen Mitgliedschaft ist. Auch ist die Verbriefung für die gesteigerte Verkehrsfähigkeit, mithin die Umlauffähigkeit am Kapitalmarkt, unerlässlich, wie auch § 9a DepotG zeigt.[1175] Hingegen kann der Anspruch auf Einzelverbriefung gemäß § 10 Abs. 5 AktG in der Satzung ausgeschlossen werden;[1176] eine in diesem Fall ausgestellte Globalurkunde wird gemäß § 9a Abs. 3 S. 2 DepotG zur Dauer-Sammelurkunde.[1177]

431   Wurden über die Aktien keine Einzelurkunden ausgestellt, sondern wurde lediglich eine sogenannte Globalurkunde erstellt, was in der Praxis in der überwiegenden Mehrzahl der Fälle geschieht, gelten vorstehende Ausführungen zur Übertragung der Mitgliedschaft mit folgender Maßgabe entsprechend: Da dem einzelnen Aktionär an der Globalurkunde immer nur ein Miteigentumsanteil zusteht, der seiner Beteiligungsquote an dem in der Globalurkunde verbrieften Grundkapital entspricht, erfolgt eine Übereignung der Aktienurkunde gemäß §§ 1008, 929, 931 BGB durch Übereignung des Miteigentumsanteils, wobei die Übergabe durch die Abtretung des Rechts auf Einräumung des Mitbesitzes gemäß § 931 BGB ersetzt wird.[1178]

432   Befinden sich verbriefte Aktien, sei es in Form von Einzelurkunden, sei es in Form einer Sammelurkunde (Globalaktie), bei einer börsennotierten KGaA in Girosammelverwahrung, so steht dem Kommanditaktionär gemäß § 6 Abs. 1 S. 1 DepotG mit dem Zeitpunkt des Eingangs der Globalurkunde beim Girosammelverwahrer (z.B. Clearstream AG) Miteigentum nach Bruchteilen an den zum Sammelbestand des Girosammelverwahrers gehörenden Aktien der KGaA zu. Für die Bestimmung des Bruchteils ist der Nennbetrag der Aktien maßgebend, bei Stückaktien die Stückzahl, § 6 Abs. 1 S. 2 DepotG.

433   Der Girosammelverwahrer ist nicht verpflichtet, den Anspruch auf Einräumung von Mitbesitz an der Globalurkunde zu erfüllen, wenn der Anspruch auf Einzelverbriefung gemäß § 10 Abs. 5 AktG in der Satzung ausgeschlossen wurde.[1179]

[1173] Vgl. *Hüffer/Koch* § 10 Rn. 2; *Vatter* in Spindler/Stilz AktG § 10 Rn. 27; *Heider* in Münch Komm AktG § 10 Rn. 7; *Solveen* in Hölters AktG § 10 Rn. 2; *Mülbert* FS Nobbe, S. 691, 696.

[1174] *Mülbert* FS Nobbe, S. 691, 697; *Hüffer/Koch* § 10 Rn. 3; *Vatter* in Spindler/Stilz AktG § 10 Rn. 83; *Heider* in Münch Komm AktG § 10 Rn. 58.

[1175] Ausführlich *Seiler/Kniehase* in Schimansky/Bunte/Lwowski § 104 Rn. 45 ff., 75 ff.

[1176] *Hüffer/Koch* § 10 Rn. 10; *Vatter* in Spindler/Stilz AktG § 10 Rn. 82; *Heider* in Münch Komm AktG § 10 Rn. 12; *Solveen* in Hölters AktG § 10 Rn. 4.

[1177] Vgl. *Seiler/Kniehase* in Schimansky/Bunte/Lwowski Bankrechts-Handbuch § 104 Rn. 76; *Hüffer/Koch* § 10 Rn. 10; *Kumpan* in Baumbach/Hopt HGB § 9a DepotG Rn. 2; *Böttcher* DepotG § 9a Rn. 4 f.

[1178] *Vatter* in Spindler/Stilz AktG § 10 Rn. 59 f.; vgl. *Wiegand* in Staudinger BGB § 931 Rn. 34; *Kindl* in Beck'scher Online-Kommentar BGB § 931 Rn. 4; a. A. *Heider* in Münch Komm AktG § 10 Rn. 41, der den vorherigen Umtausch der Globalurkunde in Einzelurkunden fordert.

[1179] *Seidel/Kniehase* in Schimansky/Bunte/Lwowski Bankrechts-Handbuch § 104 Rn. 77; *Böttcher* DepotG § 9a Rn. 5; *Scherer* in Ebenroth/Boujong/Joost/Strohn HGB § 9 a DepotG Rn. VI491.

Wurde der Anspruch auf Einzelverbriefung nicht ausgeschlossen, ist die KGaA als Ausstellerin der Aktien gemäß § 9a Abs. 3 DepotG verpflichtet, bei Verlangen der Einzelverbriefung die Einzelurkunden sowie eine entsprechende geänderte Globalurkunde zu erstellen und an den Girosammelverwahrer zu liefern. Bis zu diesem Zeitpunkt ist der Girosammelverwahrer berechtigt, einen weitergehenden Anspruch auf Auslieferung der Einzelurkunden zu verweigern, § 9a Abs. 3 S. 1 2. Halbsatz DepotG.

2. Übertragung von Namensaktien

Anstelle von Inhaberaktien oder neben diesen kann in der Satzung der KGaA auch die Ausgabe von Namensaktien vorgesehen werden; § 10 Abs. 1 AktG gewährt insoweit Wahlfreiheit.[1180] In der KGaA stellen sie gerade für Familiengesellschaften eine ideale Möglichkeit dar, neben der Besetzung der Geschäftsführungsorgane auch den Kreis der Kommanditaktionäre zu kontrollieren. **434**

Neben den vorstehend für Inhaberaktien beschriebenen Übertragungsarten ist es bei Namensaktien gemäß § 68 Abs. 1 AktG zusätzlich möglich, die Namensaktie durch Indossament zu übertragen. Hierzu ist neben der schriftlichen Übertragungserklärung auf der Aktienurkunde die Übereignung der Urkunde durch Übergabe oder Übergabesurrogat erforderlich.[1181] Der Vorteil dieser aufwendigeren Übertragungsmethode liegt in dem gegenüber der einfachen Abtretung und der einfachen Übereignung der Aktienurkunde gesteigerten Gutglaubensschutz:[1182] Während bei der einfachen Abtretung grundsätzlich kein Gutglaubensschutz zugunsten des Erwerbers besteht und bei der Übereignung der Aktienurkunde gemäß den §§ 929 BGB ein Gutglaubensschutz nur im Rahmen der §§ 932 ff. BGB gewährt wird,[1183] führt die Legitimationswirkung einer ununterbrochenen Indossamentenkette sowohl zu einer Eigentumsvermutung zugunsten des Inhabers der Aktienurkunde als auch zu einem erweiterten Gutglaubensschutz hinsichtlich der Verfügungsbefugnis und Vertretungsmacht des übertragenden Kommanditaktionärs.[1184] Die Ansicht, die einen gutgläubigen Erwerb auch dann zulässt, wenn der Indossent geschäftsunfähig oder beschränkt geschäftsfähig war, ist trotz des hohen Interesses an der Umlauffähigkeit abzulehnen, weil sich aus der Indossamentenkette kein Rechtsschein für die Geschäftsfähigkeit ergibt.[1185] **435**

[1180] *Hüffer/Koch* § 10 Rn. 5; *Heider* in Münch Komm AktG § 10 Rn. 15; *Vatter* in Spindler/Stilz AktG § 10 Rn. 17; *Solveen* in Hölters AktG § 10 Rn. 10.

[1181] *Wieneke* in Bürgers/Körber AktG § 68 Rn. 2; *Hüffer/Koch* § 68 Rn. 4; *Bayer* in Münch Komm AktG § 68 Rn. 3; *Lutter/Drygala* in Kölner Komm AktG § 68 Rn. 13; *Cahn* in Spindler/Stilz AktG § 68 Rn. 4.

[1182] *Wieneke* in Bürgers/Körber AktG § 68 Rn. 10; *Hüffer/Koch* § 68 Rn. 9; *Cahn* in Spindler/Stilz AktG § 68 Rn. 13 ff.; *Bayer* in Münch Komm AktG § 68 Rn. 15 ff.; *Vatter* in Spindler/Stilz AktG § 10 Rn. 64.

[1183] Vgl. *Seiler/Kniehase* in Schimansky/Bunte/Lwowski Bankrechts-Handbuch § 104 Rn. 48, 52; vgl. auch *Vatter* in Spindler/Stilz AktG § 10 Rn. 52, 64 und *Heider bzw. Bayer* in Münch Komm AktG § 10 Rn. 37, bzw. § 68 Rn. 30 f.

[1184] *Wieneke* in Bürgers/Körber AktG § 68 Rn. 10; *Hüffer/Koch* § 68 Rn. 8 f.; *Bayer* in Münch Komm AktG § 68 Rn. 13, 16; *Cahn* in Spindler/Stilz AktG § 68 Rn. 12, 14.

[1185] Zustimmend *Wieneke* in Bürgers/Körber § 68 Rn. 10; *Hüffer/Koch* § 68 Rn. 9; *Bayer* in Münch Komm AktG § 68 Rn. 18; a. A.: *Cahn* in Spindler/Stilz AktG § 68 Rn. 15; BGH NJW 1951, 402 (zum ScheckG).

436 Die Übertragung der Kommanditaktie erfolgt außerhalb des nach § 67 Abs. 1 AktG für Namensaktien zu führenden Aktienregisters, die Eintragung des Erwerbers und Löschung des bisherigen Kommanditaktionärs hat für die Übertragung keine konstitutive Wirkung, ebensowenig vermag die Eintragung im Aktienregister etwaige Mängel der Übertragung zu heilen.[1186] Die Eintragung führt vielmehr zu der durch § 67 Abs. 2 S. 1 AktG angeordneten unwiderlegbaren Vermutung, dass es sich bei dem im Aktienregister eingetragenen Kommanditaktionär um den wahren Berechtigten handelt.[1187] Bis zur Eintragung im Aktienbuch ist der Kommanditaktionär somit gehindert, seine Rechte aus der Aktie geltend zu machen. Da bei der KGaA insoweit keine Besonderheiten gegenüber der Rechtslage bei einer Aktiengesellschaft bestehen, sei auf die einschlägige aktienrechtliche Literatur verwiesen.[1188]

437 Eine Besonderheit besteht bei Namensaktien darin, dass es durch Vinkulierung möglich ist, die Wirksamkeit des rechtsgeschäftlichen Verfügungsgeschäftes an die Zustimmung der KGaA zu koppeln:[1189] In der Satzung ist es möglich, die rechtsgeschäftliche Übertragung von Namensaktien von der Zustimmung der persönlich haftenden Gesellschafter abhängig zu machen.[1190] Alternativ ist es auch möglich, die Zustimmung durch den Aufsichtsrat oder die Hauptversammlung[1191] oder ein weiteres Organ der Kommanditaktionäre erteilen zu lassen. Die Vinkulierung erfasst Übertragungsakte im Wege der Einzelrechtsnachfolge, auch Fälle der Treuhandsübertragung, der Verpfändung und der Einräumung eines Nießbrauches.[1192] Nicht von der Vinkulierungswirkung erfasst werden alle Fälle der Gesamtrechtsnachfolge, insbesondere Umwandlungsvorgänge und Erbfälle sowie die Pfändung.[1193] Der rechtsgeschäftlichen Übertragung gleichzustellen sind alle Rechtsgeschäfte, die zwar keine Übertragung der Namensaktie bewirken, in ihrem wirtschaftlichen Ergebnis aber eine Umgehung der Vinkulierung bezwecken, wie z.B. Poolvereinbarungen mit Stimmbindungen.[1194]

438 Auch vinkulierte Namensaktien genügen den kapitalmarktrechtlichen Anforderungen an die Umlauffähigkeit, sofern das für die Erteilung der Zustimmung

---

[1186] Vgl. Hüffer/Koch § 67 Rn. 11; Bayer in Münch Komm AktG § 67 Rn. 36; Wieneke in Bürgers/Körber AktG § 67 Rn. 12; Cahn in Spindler/Stilz AktG § 67 Rn. 30; OLG Stuttgart AG 2009, 204, 206.

[1187] Vgl. Bayer in Münch Komm AktG § 67 Rn. 37 ff. und Hüffer/Koch § 67 Rn. 12 ff. jeweils mit weiteren Einzelheiten; Wieneke in Bürgers/Körber AktG § 67 Rn. 12; Cahn in Spindler/Stilz AktG § 67 Rn. 30; OLG Jena AG 2004, 268, 269; OLG Hamburg AG 2003, 694.

[1188] Hüffer/Koch § 67 Rn. 2–20; § 68 Rn. 2–17.

[1189] BGH NJW 2004, 3561, 3562; Wieneke in Bürgers/Körber AktG § 68 Rn. 11; Hüffer/Koch § 68 Rn. 10 f.; Bayer in Münch Komm AktG § 68 Rn. 34; Cahn in Spindler/Stilz AktG § 68 Rn. 28.

[1190] Vgl. Hüffer/Koch § 68 Rn. 14; Wieneke in Bürgers/Körber AktG § 68 Rn. 5.

[1191] Vgl. Hüffer/Koch § 68 Rn. 14; Bayer in Münch Komm AktG § 68 Rn. 65; Wiesner/Kraft in Münch Hdb AG § 14 Rn. 25; Cahn in Spindler/Stilz AktG § 68 Rn. 46.

[1192] Lutter/Drygalga in Kölner Komm AktG § 68 Rn. 41 ff.; Bayer in Münch Komm AktG § 68 Rn. 56; Wiesner/Kraft in Münch Hdb AG § 14 Rn. 19; Cahn in Spindler/Stilz AktG § 68 Rn. 32, 34.

[1193] Vgl. Hüffer/Koch § 68 Rn. 11; Bayer in Münch Komm AktG § 68 Rn. 52; Wieneke in Bürgers/Körber AktG § 68 Rn. 13; Cahn in Spindler/Stilz AktG § 68 Rn. 32.

[1194] Hüffer/Koch § 68 Rn. 12; Ausführlich hierzu Wieneke in Bürgers/Körber AktG § 68 Rn. 15; Bayer in Münch Komm AktG § 68 Rn. 116 ff.; Cahn in Spindler/Stilz AktG § 68 Rn. 76 ff.; Sieveking/Technau AG 1989, 17, 18 f. und Liebscher ZIP 2003, 825 ff.

satzungsmäßig zuständige Organ der KGaA gegenüber der Zulassungsstelle der Aktien die Verpflichtung übernimmt, von seinem Recht zur Verweigerung der Zustimmung nur in ganz engen, am Wohl der Gesellschaft orientierten Fällen Gebrauch zu machen.[1195] Diese Zusage begründet freilich keinen Anspruch zugunsten des übertragungswilligen Kommanditaktionärs auf Zustimmung.[1196]

D. Der Aufsichtsrat

I. Allgemeine Vorschriften zum Aufsichtsrat

Für den Aufsichtsrat einer KGaA gelten mit gewissen Einschränkungen dieselben Regelungen wie für denjenigen einer Aktiengesellschaft; dennoch ergibt sich schon aus der Tatsache, dass der Aufsichtsrat der KGaA keine Kompetenz zur Bestellung der Geschäftsführungsorgane besitzt, die geringere Bedeutung dieses Organs gegenüber dem Aufsichtsrat einer Aktiengesellschaft. Zudem sind auch die Überwachungskompetenzen des Aufsichtsrates eingeschränkt und können anderen Organen, beispielsweise nicht geschäftsführungsbefugten persönlich haftenden Gesellschaftern oder einem Beirat, zugewiesen werden. 439

Allerdings ist der Aufsichtsrat – anders als in der Aktiengesellschaft – in der KGaA auch Vertretungsorgan für die Gesamtheit der Kommanditaktionäre, so dass insbesondere an die Unabhängigkeit des Aufsichtsrates in der KGaA z.T. höhere Anforderungen zu stellen sind als in der Aktiengesellschaft. Gestaltungsspielräume, die bei der KGaA in größerem Umfang als bei der Aktiengesellschaft bestehen, dürfen deshalb die insbesondere durch die Inkompatibilitätsregelungen der §§ 285, 287 AktG gesetzten Grenzen nicht überschreiten. 440

1. Zusammensetzung

Für die Zusammensetzung des Aufsichtsrates einer KGaA gelten die allgemeinen aktienrechtlichen Vorschriften der §§ 278 Abs. 3, 96–99 AktG. Danach gelten für Gesellschaften, die einer Form der Mitbestimmung unterliegen, die §§ 278 Abs. 3, 96 Abs. 1 AktG i.V.m. den jeweiligen mitbestimmungsrechtlichen Vorschriften.[1197] Für Gesellschaften, die nicht der Mitbestimmung unterliegen, setzt sich der Aufsichtsrat gemäß §§ 278 Abs. 3, 96 Abs. 1 letzter Satzteil AktG nur aus Vertretern der Aktionäre zusammen. 441

Zudem ist das „Gleichberechtigte-Teilhabe-Gesetz"[1198] zu beachten. Die Regelungen zur fixen Mindestquote von 30 % für das unterrepräsentierte Geschlecht gilt 442a

---

[1195] Vgl. *Seiler/Kniehase* in Schimansky/Bunte/Lwowski Bankrechts-Handbuch § 104 Rn. 47.
[1196] Vgl. *Seiler/Kniehase* in Schimansky/Bunte/Lwowski Bankrechts-Handbuch § 104 Rn. 47.
[1197] Siehe hierzu ausführlich § 5 Rn. 511.
[1198] „Gesetz für die gleichberechtigte Teilhabe von Frauen und Männern an Führungspositionen in der Privatwirtschaft und im öffentlichen Dienst", BGBl. I 2015, 642, 656; in Kraft getreten am 1. Mai 2015; vgl. dazu etwa *Teichmann/Rüb* BB 2015, 259 ff.; *Stüber* IstR 2015, 947 ff.

für Aufsichtsräte von Unternehmen, die börsennotiert sind *und* zugleich der paritätischen Mitbestimmung unterliegen. Dies betrifft insbesondere Publikumsgesellschaften in der Rechtsform der AG, aber auch solche in der Rechtsform der KGaA, §§ 278 Abs. 3, 96 Abs. 2, 3 AktG.[1199] Bestehende Mandate bleiben bis zu ihrem regulären Ende bestehen, bei den ab 1.1.2016 neu zu besetzenden Aufsichtsratsposten ist der Anteil des unterrepräsentierten Geschlechts sukzessive zu steigern.[1200] Es gilt der Grundsatz der Gesamterfüllung der Geschlechterquote im Aufsichtsrat, § 96 Abs. 2 S. 1, 2 AktG. Danach müssen, gemessen an der Gesamtanzahl der Aufsichtsratsmitglieder, unabhängig der zugehörigen Seite (Anteilseigner, Arbeitnehmervertreter), mindestens 30% der Mitglieder dem unterrepräsentierten Geschlecht angehören. Abweichend ist jedoch auch eine Getrennterfüllung der Geschlechterquote möglich, sofern die Anteilseigner- oder Arbeitnehmervertreter vor der Wahl durch Erklärung gegenüber dem Aufsichtsratsvorsitzenden der Gesamterfüllung widersprechen, § 96 Abs. 2 S. 3 AktG. Gesellschaften, die entweder börsennotiert sind *oder* einem der Mitbestimmungsgesetze unterliegen, müssen Zielgrößen zur Erhöhung des Frauenanteils im Aufsichtsrat sowie Fristen zu deren Erreichung festlegen.[1201] Zuständig für die Festlegung einer Zielgröße bzw. einer Frist für die Erfüllung der Gesellschafterquote im Aufsichtsrat ist nach § 278 Abs. 2 AktG i.V.m. § 111 Abs. 5 S. 1 und 3 AktG der Aufsichtrat selbst; für die Festlegung einer Zielgröße bzw. einer Frist für die ersten beiden Führungsebenen unterhalb des Komplementärs bzw. der Geschäftsführung ist nach § 278 Abs. 3 AktG i.V.m. § 76 Abs. 4 S. 1 und 3 AktG der Komplementär zuständig. Transparenz über diese Ziele und ihre Erreichung wird über die Neuregelungen in § 289a Abs. 2 und 4 HGB erreicht.

2. Persönliche Voraussetzungen

a) Inkompatibilitäten

442 **aa) Anwendbarkeit der Regelungen für die Aktiengesellschaft.** Aufsichtsratsmitglied kann nur eine natürliche, voll geschäftsfähige Person sein. Personen, die nicht Aufsichtsratsmitglied einer Aktiengesellschaft werden können, sind von diesem Amt auch in einer KGaA ausgeschlossen, §§ 278 Abs. 3 i.V.m. 100, 105 AktG. Ebenso sind Prokuristen und Generalbevollmächtigte i.S.d. § 54 Abs. 1 1. Alt. HGB in der KGaA für den Aufsichtsrat inhabil, §§ 278 Abs. 3 i.V.m. 105 Abs. 1 AktG.

443 Die Zahl der Aufsichtsratsmandate, die eine Person gleichzeitig übernehmen darf, ist auf zehn begrenzt, § 100 Abs. 2 S. 1 Nr. 1 AktG.[1202] Berücksichtigt werden hier aber nur die Aufsichtsräte von Handelsgesellschaften, d.h. Mandate in Genossenschaften oder Stiftungen zählen daher nicht mit. Bei der Ermittlung der Höchstzahl bleiben daneben Mandate in einem nicht obligatorischen Aufsichtsrat unberücksichtigt, wie z.B. in einer GmbH mit weniger als 500 Arbeitnehmern, § 1 I Nr. 3 DrittelbG.[1203] Die Mitgliedschaft in einem Beirat, Verwaltungsrat oder

---

[1199] Diese fixe Mindestquote ist ab 1.1.2016 zu erfüllen, § 25 Abs. 2 EGAktG.
[1200] BT-Drucks. 18/3784, S. 44, 46.
[1201] BT-Drucks. 18/3784, S. 46, 123.
[1202] Vgl. zu dieser Thematik ausführlich *Jaspers* AG 2011, 154 ff.
[1203] Vgl. *Habersack* in Münch Komm AktG § 100 Rn. 15; *Hüffer/Koch* § 100 Rn. 3; *Hoffmann-Becking* in Münch Hdb AG § 30 Rn. 14.

in einem sonstigen, dem Aufsichtsrat ähnlichen Gremium[1204] ist für die Ermittlung der Höchstzahl genauso wenig relevant wie ein Aufsichtsratssitz in einem ausländischen Unternehmen.[1205] Bei der Ermittlung der Höchstzahl zulässiger Aufsichtsratsmandate sind gemäß § 100 Abs. 2 S. 2 AktG bis zu fünf Mandate nicht anzurechnen, die das Aufsichtsratsmitglied in Pflichtaufsichtsräten von Unternehmen innehat, die zu demselben Konzern gehören (sog. *Konzernprivileg*).

444 Wer gesetzlicher Vertreter, d.h. Geschäftsführer oder Vorstandsmitglied in einem von der KGaA abhängigen Unternehmen ist, darf nicht Aufsichtsratsmitglied sein.[1206] Die Geschäftsführung der beherrschenden KGaA nimmt auf das Management der abhängigen Gesellschaft Einfluss. Diese Einflussnahme ist Teil der vom Aufsichtsrat der Muttergesellschaft zu kontrollierenden Tätigkeit der Geschäftsleitung der KGaA. Hat die Geschäftsleitung der KGaA ihre Pflichten im Rahmen dieser Einflussnahme verletzt und hat die Geschäftsführung der Tochtergesellschaft davon profitiert, besteht die Gefahr, dass ein Aufsichtsratsmitglied, das gleichzeitig der Geschäftsführung der Tochtergesellschaft angehört, die Kontrolle der Tätigkeit der Geschäftsführung der beherrschenden KGaA nicht so betreibt, wie dies im Gesellschaftsinteresse notwendig wäre. Dieser Gedanke liegt auch den Vorschriften zugrunde, die eine personelle Vermengung der Geschäftsführungs- und Kontrollaufgaben ausschließen, §§ 105 Abs. 1, 111 Abs. 4 S. 1 AktG.[1207]

445 Ein persönlich haftender Gesellschafter bzw. ein Geschäftsführungsmitglied einer Komplementärgesellschaft kann demgegenüber dem Aufsichtsrat der Tochter angehören, was sogar zum üblichen Aufgabengebiet der Geschäftsleitung einer beherrschenden Gesellschaft gehört und dem natürlichen Organisationsgefälle nicht widerspricht. In diesem Fall wird die Geschäftsführungstätigkeit der Tochtergesellschaft durch ein und dieselbe Person in doppelter Funktion kontrolliert, was keine Interessenkonflikte auslöst.[1208]

446 Die sog. Überkreuzverflechtung schließt gemäß § 100 Abs. 2 Nr. 3 AktG Personen von einem Aufsichtsratsmandat aus, wenn das potentielle Aufsichtsratsmitglied gesetzlicher Vertreter einer anderen Kapitalgesellschaft ist, in deren Aufsichtsrat ein Vorstandsmitglied der Aktiengesellschaft (bzw. hier: ein persönlich haftender Gesellschafter bzw. ein Geschäftsführungsmitglied der Komplementärgesellschaft der KGaA) sitzt, die von dem potentiellen Aufsichtsratsmitglied überwacht werden soll. Die Vorschrift soll verhindern, dass derjenige, der einen anderen überwacht, von derselben Person in verteilten Rollen selbst überwacht wird.[1209] Dies würde eine gegenseitige Rücksichtnahme befördern.[1210]

[1204] *Habersack* in Münch Komm AktG § 100 Rn. 15; Hüffer/*Koch* § 100 Rn. 3; Mertens/*Cahn* in Kölner Komm AktG § 100 Rn. 125; *Hoffmann-Becking* in Münch Hdb AG § 30 Rn. 14.
[1205] Mertens/*Cahn* in Kölner Komm AktG § 100 Rn. 29; Bürgers/*Israel* in Bürgers/Körber AktG § 100 Rn. 3; a.A.: *Drygalga* in K. Schmidt/Lutter AktG § 100 Rn. 6.
[1206] Hüffer/*Koch* § 100 Rn. 5; *Hoffmann-Becking* in Münch Hdb AG § 30 Rn. 19 f.
[1207] *Bachmann* in Spindler/Stilz AktG § 287 Rn. 4.
[1208] Mertens/*Cahn* in Kölner Komm AktG § 100 Rn. 5, 6; Hüffer/*Koch* § 100 Rn. 5; *Hoffmann-Becking* in Münch Hdb AG § 30 Rn. 19 f.
[1209] Bürgers/*Israel* in Bürgers/Körber AktG § 100 Rn. 6; *Hoffmann-Becking* in Münch Hdb AG § 30 Rn. 21 f.
[1210] Mertens/*Cahn* in Kölner Komm AktG § 100 Rn. 35.

447 **bb) Besondere Inkompatibilitäten in der KGaA.** Persönlich haftende Gesellschafter können in der KGaA nicht Mitglieder des Aufsichtsrats sein, § 287 Abs. 3 AktG.[1211] Diese Regelung ist zwingend. Regelungen, die den Aufsichtsrat betreffen, fallen unter § 278 Abs. 3 AktG. Diese Vorschrift verweist in das allgemeine Aktienrecht, in dem gemäß § 23 Abs. 5 AktG der Grundsatz der Satzungsstrenge gilt.[1212] Darüber hinaus liegt eine funktionierende Kontrolltätigkeit im öffentlichen Interesse.[1213]

448 Zweck des § 287 Abs. 3 AktG ist es zum einen, die Ausübung der Geschäftsführungstätigkeit von ihrer Kontrolle personell zu trennen und damit Interessenkonflikten zwischen Geschäftsführung und Aufsicht vorzubeugen.[1214] Zum anderen sollen aber auch Interessenkonflikte zwischen den Gesellschaftergruppen vermieden werden: Personen, die der Gesellschaftergruppe der Komplementäre zuzuordnen sind, sollen nicht dem Aufsichtsrat angehören, der in der KGaA als Vertretungsorgan der Gesellschaftergruppe der Kommanditaktionäre fungiert, § 287 Abs. 1, 2 AktG.[1215]

449 Als Angehörige der Gesellschaftergruppe der Komplementäre sind auch nicht-geschäftsführungsbefugte phGs für den Aufsichtsrat inhabil.[1216]

450 Gesetzliche und rechtsgeschäftliche Vertreter von Komplementären, Prokuristen oder zum gesamten Geschäftsbetrieb ermächtigte Handlungsbevollmächtigte der Gesellschaft dürfen gemäß § 278 Abs. 3 i.V.m. § 105 Abs. 1 AktG ebenfalls nicht dem Aufsichtsrat angehören, da die Vorschrift des § 287 Abs. 3 AktG die Inkompatibilitäten des allgemeinen Aktienrechts nicht verdrängt.[1217]

451 Gesetzliche und rechtsgeschäftliche Vertreter der Komplementärgesellschaft,[1218] insbesondere der Geschäftsführer einer Komplementär-GmbH,[1219] sind ebenfalls von einem Aufsichtsratsmandat ausgeschlossen. Zweck des § 287 Abs. 3 AktG ist

---

[1211] Siehe zur Reichweite des § 287 Abs. 3 AktG; *Mertens* FS Ulmer, 2003, S. 419 ff.
[1212] *Assmann/Sethe* in GroßKomm AktG § 287 Rn. 16; *Perlitt* in Münch Komm AktG § 287 Rn. 27; *Hüffer/Koch* § 287 Rn. 4; *Herfs* in Münch Hdb AG § 78 Rn. 47.
[1213] *Barz* in GroßKomm AktG § 287 Rn. 3; *Perlitt* in Münch Komm AktG § 287 Rn. 27.
[1214] *Perlitt* in Münch Komm AktG § 287 Rn. 29.
[1215] LG München AG 2002, 467, 468.
[1216] LG München AG 2002, 467, 469; *Bürgers/Israel* in Bürgers/Körber AktG § 287 Rn. 9; *Assmann/Sethe* in GroßKomm AktG § 287 Rn. 16; *Perlitt* in Münch Komm AktG § 287 Rn. 28.
[1217] *Mertens/Cahn* in Kölner Komm AktG § 287 Rn. 9; *Barz* in GroßKomm AktG § 287 Rn. 3; *Förl/Fett* in Bürgers/Körber AktG § 287 Rn. 9; ähnlich: *Herfs* in Münch Hdb AG § 79 Rn. 54, der § 105 Abs. 1 AktG sinngemäß anwendet. § 105 Abs. 2 AktG ist hingegen in der KGaA nicht anwendbar, d.h. Aufsichtsratsmitglieder können nicht für einen bestimmten Zeitraum zu „Stellvertretern" der Komplementäre ernannt werden. Hintergrund des § 105 Abs. 2 AktG ist in der AG die gesetzliche Kompetenz des Aufsichtsrats zur Bestellung des Vorstandes gem. § 84 AktG. Die Komplementäre führen demgegenüber die Geschäfte der KGaA als Gesellschafter-Geschäftsführer, d.h. als „geborene" Geschäftsführer. Aus diesem Grund ist § 105 Abs. 2 AktG in der KGaA auch dann nicht anwendbar, wenn in der Satzung dem Aufsichtsrat das Recht eingeräumt wurde, neue Komplementäre aufzunehmen; *Mertens/Cahn* in Kölner Komm AktG § 287 Rn. 10; *Perlitt* in Münch Komm AktG § 287 Rn. 30; *Assmann/Sethe* in GroßKomm AktG § 287 Rn. 11; *Hüffer/Koch* § 287 Rn. 4; *K. Schmidt* in K. Schmidt/Lutter AktG § 287 Rn. 7.
[1218] Vgl. BGHZ 165, 192 = NJW 2006, 510, 511 f.; *Bachmann* in Spindler/Stilz AktG § 287 Rn. 5; *Perlitt* in Münch Komm AktG § 287 Rn. 28; *Schlitt* S. 168; *Ihrig/Schlitt* ZHR Beiheft 67/1998, 33, 43 f.
[1219] *Assmann/Sethe* in GroßKomm AktG § 287 Rn. 10; *Perlitt* in Münch Komm AktG § 278 Rn. 321; *Schaumburg* DStZ 1998, 525, 528; *Wollburg* FS Hoffmann-Becking, 2013, S. 1429.

es, Geschäftsführung und Aufsicht personell zu trennen, so dass die Inkompatibilitätsvorschrift nicht formal auf Personen beschränkt werden darf, die die Stellung eines Komplementärs innehaben.

Auch die Gesellschafter der Komplementärgesellschaft sind grundsätzlich für den Aufsichtsrat inhabil. Hier kommt der zweite Aspekt der Inkompatibilitätsvorschrift des § 287 Abs. 3 AktG zum Tragen: Komplementäre können nicht dem Aufsichtsrat angehören, da der Aufsichtsrat die andere der beiden Gesellschaftergruppen, die Gesamtheit der Kommanditaktionäre, gegenüber den Komplementären vertritt, § 287 Abs. 1, 2 AktG. Gesellschafter der Komplementärgesellschaft sind schon aufgrund ihrer Stellung als Gesellschafter so eng mit den Interessen der Komplementärgesellschaft verbunden, dass sie der Gesellschaftergruppe der Komplementäre zuzuordnen sind und deswegen nicht Mitglied des Vertretungsorgans der Kommanditaktionäre sein können. Die Inkompatibilitätsvorschrift für Komplementäre darf nicht dadurch umgangen werden, dass eine Gesellschaft zwischengeschaltet wird.[1220] Eine Ausnahme ist jedenfalls dann zu machen, wenn der Gesellschafter lediglich eine Bagatellbeteiligung hält, die nicht unternehmerischen Zwecken dient.[1221] Richtigerweise wird zum Teil auch vertreten, der Gesellschafter der Komplementärgesellschaft sei erst dann als Aufsichtsratsmitglied ausgeschlossen, wenn er eine maßgebliche Beteiligung an der Komplementärgesellschaft hält.[1222] Dies liegt vor bei einer beherrschenden Stellung, d.h. der Besitz einer Mehrheitsbeteiligung von über 50% des Kapitals bzw. der Stimmrechte oder bei gleichzeitigem Einfluss in Form einer Organposition als Geschäftsführer oder Vorstand der Komplementärin.[1223] Eine Mehrheitsbeteiligung dürfte in Aufgabe der in der Vorauflage vertretenen Auffassung erforderlich sein, da es für einen Gleichlauf der Interessen zwischen Komplementärgesellschaft und ihrem Gesellschafter darauf ankommt, dass der Gesellschafter die Komplementärgesellschaft auch beherrscht. Eine einfache Zuordnung des Gesellschafters der Komplementärgesellschaft zur Gesellschaftergruppe der Komplementäre ohne die Möglichkeit einer maßgeblichen Einflussnahme auf den Willensbildungsprozess der Komplementärgesellschaft kann die einschneidende Sanktion der Inkompatibilität kaum rechtfertigen. Streit besteht insbesondere im Fall einer (faktisch) beherrschten Komplementär-AG. Richtigerweise führt die allein faktische Herrschaftsposition des Mehrheitsaktionärs aufgrund der gleichwohl bestehenden Weisungsfreiheit des Vorstandes (§ 76 AktG) nicht zur Inkompatibilität.[1224]

452

[1220] Vgl. *Herfs* in Münch Hdb AG § 79 Rn. 59; *Perlitt* in Münch Komm AktG § 278 Rn. 321; anders *Mertens* FS Ulmer, 2003, S. 419, 421 ff.; *Hüffer/Koch* § 287 Rn. 4.

[1221] *Assmann/Sethe* in GroßKomm AktG § 287 Rn. 10; *Schlitt* S. 169; *Ihrig/Schlitt* ZHR Beiheft 67/1998, 33, 44.

[1222] Offenlassend BGHZ 165, 192 = BGH NJW 2006, 510, 512 – Spaten („allenfalls diejenigen Gesellschafter [...], welche in ihr eine organähnliche Leitungsfunktion tatsächlich ausüben [...] oder an der Komplementärgesellschaft maßgeblich beteiligt sind und deshalb bestimmenden Einfluss auf deren Geschäftsleitung ausüben können"); *Herfs* in Münch Hdb AG § 79 Rn. 59; *K. Schmidt* in K. Schmidt/Lutter AktG § 287 Rn. 9; *Arnold* S. 106 f.

[1223] Vgl. auch *Perlitt* in Münch Komm AktG § 278 Rn. 321 m.w.N.; *Herfs* in Münch Hdb AG § 79 Rn. 59; *Servatius* in Grigoleit AktG § 287 Rn. 7; *Bachmann* in Spindler/Stilz AktG § 287 Rn. 5, der ein Beherrschen annimmt, wenn die Voraussetzungen des § 17 AktG vorliegen; *Förl/Fett* in Bürgers/Körber AktG § 287 Rn. 10, für Geschäftsführer, Vorstände und Gesellschafter mit organähnlicher Leitungsfunktion.

[1224] *Förl/Fett* in Bürgers/Körber AktG § 287 Rn. 10; *Fett* BGH-Report 2006, 375 f.; a.A. *Perlitt* in Münch Komm AktG § 278 Rn. 321.

453 Im Ergebnis gilt die Inkompatibilitätsvorschrift des § 287 Abs. 3 AktG nach der jetzt wohl h. M. somit nur für maßgebliche Gesellschafter der Komplementärgesellschaft.

454 Zum Teil wird weiter vertreten, Kommanditisten einer Komplementär-KG oder -GmbH & Co. KG seien für den Aufsichtsrat der KGaA dann nicht inhabil, wenn sie nach der Satzung der GmbH & Co. KG über keine Geschäftsführungsbefugnisse verfügten.[1225] Dies wäre dann richtig, wenn der einzige Zweck des § 287 Abs. 3 AktG darin bestünde, Geschäftsführung und Aufsicht personell zu trennen. Da § 287 Abs. 3 AktG aber auch vermeiden will, dass Angehörige der Gesellschaftergruppe der Komplementäre dem Aufsichtsrat in seiner Funktion als Vertretungsorgan der Kommanditaktionäre angehören, gilt die Inkompatibilität grundsätzlich auch für maßgeblich beteiligte Kommanditisten, die über keine Geschäftsführungsbefugnisse verfügen.[1226] Wie bereits ausgeführt, liegt bei einem beherrschenden Anteilseigner der Komplementärgesellschaft mit den damit verbundenen mitgliedschaftlichen Rechten ein Interessengleichlauf mit der Gesellschaftergruppe der Komplementäre vor, der eine unabhängige Vertretung der Kommanditaktionäre als Aufsichtsratsmitglied gefährdet.

455 **b) Statutarische Anforderungen.** Neben den gesetzlichen Voraussetzungen kann die Satzung weitere Wählbarkeitsvoraussetzungen für Aufsichtsratsmitglieder aufstellen. Zulässig sind z. B. folgende Anforderungen: deutsche Staatsangehörigkeit, Mindest- bzw. Höchstalter[1227] sowie bestimmte berufliche Qualifikation.[1228]

456 Zulässig ist auch eine Satzungsregelung, die die Wählbarkeit für den Fall ausschließt, dass die Person einem Geschäftsleitungsorgan eines Konkurrenzunternehmens angehört.[1229] Diese Regelung ist oft erforderlich, um drohenden Interessenkonflikten oder sogar schädigendem Verhalten zu Lasten der zu überwachenden KGaA vorzubeugen. Aus diesen Gründen wird deshalb zum Teil bereits eine gesetzliche Inkompatibilität in Analogie zu den §§ 100 Abs. 2, 105 AktG befürwortet.[1230] Das ist allerdings mit der herrschenden Meinung abzulehnen.[1231] So können Unternehmen eines Konzerns, die auf denselben Märkten tätig sind, zwar einerseits miteinander konkurrieren, andererseits besteht jedoch das praktische Bedürfnis, daß Vorstandsmitglieder der Konzernmutter als Aufsichtsratsmitglieder in den beherrschten Unternehmen deren Geschäftspolitik überwachen.[1232] Ein gesetzlicher Automatismus würde damit vielfach den praktischen Anforderungen widersprechen. Da die Mitgliedschaft in der Geschäftsleitung eines Konkurrenzunternehmens jedoch in vielen Fällen Interessenkonflikte begründet, sollte die Satzung sich entweder explizit gegen eine gleichzeitige Mitgliedschaft in Ge-

---

[1225] *Assmann/Sethe* in GroßKomm AktG § 287 Rn. 10; *Schlitt* S. 169.
[1226] *Ihrig/Schlitt* ZHR Beiheft 67/1998, 33, 44; für die geschäftsführungsbefugten Kommanditisten vgl. *Perlitt* in Münch Komm AktG § 287 Rn. 29.
[1227] *Mertens/Cahn* in Kölner Komm AktG § 100 Rn. 46 f.; *Hüffer/Koch* § 100 Rn. 9; *Habersack* in Münch Komm AktG § 100 Rn. 41; *Hoffmann-Becking* in Münch Hdb AG § 30 Rn. 32.
[1228] *Bürgers/Israel* in Bürgers/Körber AktG § 100 Rn. 11; *Hoffmann-Becking* in Münch Hdb AG § 30 Rn. 32; *Schlitt* S. 169.
[1229] *Habersack* in Münch Komm AktG § 100 Rn. 41; *Reichert/Schlitt* AG 1995, 241, 251.
[1230] *Lutter* ZHR 159 (1995), 287, 303; *Reichert/Schlitt* AG 1995, 241, 247.
[1231] *Kübler* FS Claussen, 1997, S. 239 ff.; *Ulmer* NJW 1980, 1603 ff.; *Schneider* BB 1995, 365, 368 ff.
[1232] *Kübler* FS Claussen, 1997, S. 239, 243; *Schneider* BB 1995, 365, 368 ff.

schäftsführungsorganen von Konkurrenzunternehmen aussprechen. Wo dies nicht gewollt ist, beispielsweise im Rahmen von strategischen Allianzen, kann die Satzung oder die Geschäftsordnung für den Aufsichtsrat festlegen, wie bei Interessenkonflikten zu verfahren ist.

Zu beachten ist aber immer, dass die Wählbarkeitsvoraussetzungen nur für die Anteilseignervertreter angeordnet werden dürfen. Die Aufstellung von Voraussetzungen für Arbeitnehmervertreter ist gesetzlich verboten, § 100 Abs. 4 AktG. **457**

Ob die Wählbarkeit von der Zugehörigkeit zu einem Familienstamm abhängig gemacht werden kann, ist umstritten.[1233] Hintergrund des Streits ist eine Entscheidung des Reichsgerichts: Dort war zu entscheiden, ob die Wählbarkeitserfordernisse so weit gehen dürfen, dass von einer freien Auswahl der Hauptversammlung keine Rede mehr sein kann.[1234] Zum Teil wird die freie Auswahl für gegeben erachtet, wenn nur der Begriff der Familie weit genug definiert wird.[1235] Nach wohl h. M. kann von einer freien Auswahl dann keine Rede mehr sein, wenn nicht Personengruppen von der Wählbarkeit ausgenommen werden, sondern die Wählbarkeit auf eine Personengruppe beschränkt wird.[1236] Zutreffenderweise ist jedoch die Größe der Familie und die Geeignetheit der Familienmitglieder für die Beantwortung der Frage, ob die Auswahl für die Hauptversammlung durch das Erfordernis der Familienzugehörigkeit unangemessen beeinträchtigt wird, maßgeblich.[1237] **458**

3. Wahl und Abberufung

Die Wahl des Aufsichtsrats der KGaA richtet sich nach den allgemeinen aktienrechtlichen Bestimmungen, § 278 Abs. 3 AktG. Die Gründer, § 30 Abs. 1 S. 1 AktG, bzw. die Kommanditaktionäre in der Hauptversammlung, § 101 Abs. 1 S. 1 AktG, wählen den Aufsichtsrat. Eine Wahl der Mitglieder des Aufsichtsrats durch die Hauptversammlung oder eine Entsendung in den Aufsichtsrat unter Verstoß gegen die Geschlechterquote ist nichtig, § 96 Abs. 2 Nr. 6 AktG. Wird kein Repräsentant des unterrepräsentierten Geschlechts gewählt, bleibt die Position im Aufsichtsrat unbesetzt („leerer Stuhl")[1238]. **459**

a) Wahlverfahren. Mit der Tagesordnung zur Hauptversammlung hat der Aufsichtsrat Wahlvorschläge zur Aufsichtsratswahl bekanntzumachen, § 124 Abs. 3 S. 1 AktG. Die Komplementäre dürfen keine eigenen Wahlvorschläge unterbreiten, da die Geschäftsführung nicht beeinflussen soll, von wem sie kontrolliert wird, § 124 Abs. 3 S. 1 2. HS AktG.[1239] Der gleiche Gedanke liegt dem Stimmverbot zugrunde, das die Komplementäre auch dann von der Teilnahme an einer Aufsichtsratswahl ausschließt, wenn sie eigene Aktien besitzen, § 285 Abs. 1 S. 2 Nr. 1 AktG. **460**

[1233] *Hoffmann-Becking* in Münch Hdb AG § 30 Rn. 33; *Schlitt* S. 169.
[1234] RGZ 133, 90, 94.
[1235] *Godin/Wilhelmi* AktG § 100 Anm. 6.
[1236] *Mertens/Cahn* in Kölner Komm AktG § 100 Rn. 46 f.; *Drygalga* in K. Schmidt/Lutter AktG § 100 Rn. 36; *Habersack* in Münch Komm AktG § 100 Rn. 41; *Hüffer/Koch* § 100 Rn. 9; *Spindler* in Spindler/Stilz AktG § 100 Rn. 47.
[1237] *Bürgers/Israel* in Bürgers/Körber AktG § 100 Rn. 10 m. w. N.
[1238] Vgl. statt vieler *Teichmann/Rüb* BB 2015, 259, 261.
[1239] *Hoffmann-Becking* in Münch Hdb AG § 30 Rn. 35, 36; *Bürgers/Israel* in Bürgers/Körber AktG § 101 Rn. 5.

461 Die Wahlvorschläge sind für die Hauptversammlung nicht bindend; jeder Aktionär kann einen eigenen Wahlvorschlag einreichen, über den vor dem Verwaltungsvorschlag abgestimmt werden muss, wenn dies eine Minderheit von 10% des Kapitals verlangt, §§ 127, 137 AktG.

462 Mehrere Aufsichtsratsmitglieder werden üblicherweise auf Anordnung des Versammlungsleiters in Block- oder Listenwahl gewählt.[1240] Dieses Vorgehen ist zulässig, wenn vorher darauf hingewiesen wird, dass der Aktionär die gesamte Liste ablehnen muss, wenn er auch nur mit einer Person nicht einverstanden ist.[1241] Erlangt die Liste nicht die einfache Mehrheit, ist über jeden Aufsichtsratsposten gesondert abzustimmen. Dieses Vorgehen verstößt gegen keine gesetzliche Vorschrift und gewährleistet auch das Mehrheitsprinzip, § 133 AktG.[1242] Unterbleibt allerdings der Hinweis, führt das zur Anfechtbarkeit der Aufsichtsratswahl, § 251 Abs. 1 S. 1 AktG. Der Aktionär, der nur eine Person auf der Liste ablehnt, könnte zu dem Schluss kommen, dass er mit der Ablehnung der Liste auch alle anderen vorgeschlagenen Personen endgültig ablehnen muss, obwohl er diese in den Aufsichtsrat wählen will. Eine Abwägung könnte ihn dann irrtümlich zur Zustimmung bewegen.

463 Ob Informationsmängel sich nachteilig auf das Beschlussergebnis auswirken und daher zur Anfechtbarkeit einer Aufsichtsratswahl führen, beurteilt der BGH anhand einer wertenden Betrachtung (Relevanztheorie).[1243] Auch diese Betrachtungsweise kann bei wesentlichen Informationsmängeln wie einer fehlenden Information über die Abstimmungsmodalitäten nur zur Anfechtbarkeit der Aufsichtsratswahl führen.

464 **b) Stimmverbote.** Komplementäre, die Kommanditaktien besitzen, dürfen bei der Wahl des Aufsichtsrats durch die Hauptversammlung gemäß § 285 Abs. 1 S. 2 Nr. 1 AktG nicht abstimmen. Dieses Stimmverbot gilt für sämtliche – d. h. auch für nicht-geschäftsführungsbefugte – Komplementäre, für rechtsgeschäftliche und gesetzliche Vertreter einer Komplementärgesellschaft, insbesondere für Geschäftsführer einer Komplementär-GmbH sowie für die Gesellschafter einer Komplementärgesellschaft, soweit diese maßgeblich an der Komplementärgesellschaft beteiligt sind. Die Ausführungen zur Inkompatibilität für den Aufsichtsrat gelten für die Reichweite des Stimmverbots entsprechend.[1244]

465 **c) Entsendungsrechte.** Entsendungsrechte ermöglichen Aufsichtsratsmitglieder direkt zu bestimmen (§ 101 Abs. 2 S. 1 AktG). Durch Entsendungsberechtigte dürfen nur Anteilseignervertreter[1245] und nur höchstens ein Drittel der Aufsichts-

---

[1240] Zur Wirksamkeit einer Satzungsregelung, die die Listenwahl in das Ermessen des Versammlungsleiters stellt vgl. BGHZ 180, 9 = NJW 2009, 2207.
[1241] BGHZ 156, 38 = NJW 2003, 3412; *Hoffmann-Becking* in Münch Hdb AG § 30 Rn. 42; *Hüffer/Koch* § 101 Rn. 6.
[1242] hM LG Dortmund AG 1968, 390, 391; *Drygalga* in K. Schmidt/Lutter AktG § 101 Rn. 10; *Spindler* in Spindler/Stilz AktG § 101 Rn. 37; *Bürgers/Israel* in Bürgers/Körber AktG § 101 Rn. 7; *Mertens/Cahn* in Kölner Komm AktG § 101 Rn. 16; *Habersack* in Münch Komm AktG § 101 Rn. 21; *Grigoleit/Tomasic* in Grigoleit AktG § 101 Rn. 14; *Hoffmann/Preu* Rn. 700; *Austmann* Festgabe Sandrock, 1995 S. 277 ff.; a. A. *Lippert* AG 1976, 239 ff.
[1243] BGH ZIP 2002, 172 ff.
[1244] Siehe hierzu § 5 Rn. 442 ff.
[1245] *Mertens/Cahn* in Kölner Komm AktG § 101 Rn. 48; *Habersack* in Münch Komm AktG § 101 Rn. 32; *Spindler* in Spindler/Stilz AktG § 101 Rn. 49.

ratsmitglieder berufen werden, § 101 Abs. 2 S. 4 AktG. Das Entsendungsrecht kann bestimmten, in der Satzung namentlich bezeichneten Personen eingeräumt werden. Das Entsendungsrecht kann auch übertragbar ausgestaltet werden, indem es mit dem in einer bestimmten vinkulierten Namensaktie verbrieften Mitgliedschaftsrecht verknüpft wird.[1246]

Komplementären darf ein Entsendungsrecht nicht eingeräumt werden. Wenn **466** ein Komplementär schon bei der Wahl des Aufsichtsrats nicht abstimmen darf, § 285 Abs. 1 S. 2 Nr. 1 AktG, darf er erst recht nicht die Aufsichtsratsmitglieder direkt bestimmen.[1247] Dies korrespondiert mit der gesetzlichen Vorgabe, dass die Komplementäre auch nicht selbst Aufsichtsratsmitglieder sein dürfen, § 287 Abs. 3 AktG.[1248] Auch können Komplementäre als Inhaber einer vinkulierten Namensaktie mit Entsendungsrecht das Entsendungsrecht weder ausüben noch dieses einem Vertreter zur Ausübung überlassen.[1249]

Entsendungsrechte dürfen daneben folgenden Personen nicht eingeräumt bzw. **467** durch folgende Personen nicht ausgeübt werden:

Rechtsgeschäftliche und gesetzliche Vertreter einer Komplementärgesellschaft, **468** insbesondere Geschäftsführer einer Komplementär-GmbH sowie die Gesellschafter einer Komplementärgesellschaft, soweit diese nicht maßgeblich an der Komplementärgesellschaft beteiligt sind.[1250] Die Ausführungen zur Inkompatibilität für den Aufsichtsrat gelten für Einräumung und Ausübung von Entsendungsrechten entsprechend.[1251]

d) Abberufung. Vor Ablauf ihrer Amtszeit können Aufsichtsratsmitglieder, die **469** gewählt oder entsandt wurden, nach Maßgabe der §§ 278 Abs. 3, 103 AktG abberufen werden. Die Hauptversammlung beschließt die Abberufung mit Dreiviertelmehrheit, soweit die Satzung nicht eine geringere oder eine höhere Mehrheit oder weitere Erfordernisse vorsieht, § 103 Abs. 1 S. 2, 3 AktG. Liegt in der Person eines Aufsichtsratsmitglieds ein wichtiger Grund vor, hat das Gericht auf Antrag des Aufsichtsrates oder einer Kommanditaktionärsminderheit dieses Aufsichtsratsmitglied abzuberufen, § 103 Abs. 3 AktG. Sinkt die Zahl der Aufsichtsratsmitglieder nach der Abberufung unter die zur Beschlussfähigkeit notwendige Zahl,[1252] so hat das Gericht den Aufsichtsrat auf Antrag der Komplementäre gemäß §§ 283 Nr. 4, 104 Abs. 1 AktG auf diese Zahl zu ergänzen.[1253] Ändert sich die Zahl der Aufsichtsratsmitglieder, so ist unverzüglich eine Liste der Mitglieder des Aufsichtsrats, aus welcher Name, Vorname, ausgeübter Beruf und Wohnort der Mitglieder ersichtlich ist, zum Handelsregister einzureichen, § 106 AktG.

[1246] *Hüffer/Koch* § 101 Rn. 8; *Bürgers/Israel* in Bürgers/Körber AktG § 101 Rn. 12.
[1247] *Mertens/Cahn* in Kölner Komm AktG § 285 Rn. 13; *Habersack* in Münch Komm AktG § 101 Rn. 32; *Habel/Strieder* MittBayNot 1998, 65, 68; *Binz/Sorg* DB 1997, 313, 319.
[1248] *Perlitt* in Münch Komm AktG § 287 Rn. 18 ff.; *Assmann/Sethe* in GroßKomm AktG § 287 Rn. 6.
[1249] *Perlitt* in Münch Komm AktG 3287 Rn. 20; *Assmann/Sethe* in GroßKomm AktG § 287 Rn. 6.
[1250] Offengelassen von BGHZ 165, 192 = NJW 2006, 510, 512.
[1251] Siehe hierzu § 5 Rn. 442 ff.
[1252] Die zur Beschlussfähigkeit notwendige Zahl an Aufsichtsratsmitgliedern ergibt sich entweder aus Gesetz oder Satzung. Ein Aufsichtsrat mit weniger als drei Mitgliedern ist stets beschlussunfähig.
[1253] OLG Frankfurt, AG 2015, 247.

4. Vergütung

470 **a) Allgemeines.** Für die Aufsichtsratsmitglieder kann gemäß § 113 Abs. 1 S. 1 AktG eine Vergütung festgesetzt werden.[1254] Die Vorschrift des § 113 Abs. 1 S. 1 AktG bildet selbst keine Rechtsgrundlage für einen Vergütungsanspruch.[1255] Die Vergütung wird entweder in der Satzung oder durch Hauptversammlungsbeschluss festgesetzt, § 113 Abs. 1 S. 2 AktG. Rechtsgrundlage ist ein gesetzliches, d.h. korporationsrechtliches Schuldverhältnis, das durch die Bestellung einerseits und die Annahme des Amtes durch das Aufsichtsratsmitglied andererseits zustande kommt.[1256] Im Gegensatz zum Vorstandsmitglied wird also kein gesonderter schuldrechtlicher Anstellungsvertrag zwischen dem Aufsichtsratsmitglied und der Aktiengesellschaft abgeschlossen.[1257]

471 Die Vergütung soll gemäß § 113 Abs. 1 S. 3 AktG in einem angemessenen Verhältnis zu den Aufgaben der Aufsichtsratsmitglieder und zur Lage der Gesellschaft stehen. Die Angemessenheit ist nach ähnlichen Kriterien wie die Angemessenheit von Vorstandsvergütungen zu bestimmen, § 87 Abs. 1 S. 1 AktG.[1258] Zweck der Angemessenheit als materielle Anforderung an die Aufsichtsratsvergütung ist es, die Begrenzung der Vergütung nach oben zu gewährleisten.[1259] Zur Bestimmung dieser Obergrenze sollten zunächst die in vergleichbaren Unternehmen gezahlten Vergütungen herangezogen werden.[1260] Die vergleichbaren Vergütungen können z.B. dann überschritten werden, wenn besonderer Einsatz der Aufsichtsratsmitglieder erforderlich ist. Qualifikation und Marktwert können ebenfalls eine höhere Vergütung rechtfertigen. Sieht man den Aufsichtsrat als Sachverständigengremium, so liegt es im Unternehmensinteresse, besonders hoch qualifizierte Personen dafür zu gewinnen. Insofern stellen Qualifikation und Marktwert der Aufsichtsratsmitglieder ein Kriterium für die Beurteilung der Angemessenheit dar, auch wenn dies zu keiner Differenzierung zwischen den einzelnen Aufsichtsratmitgliedern führen darf.[1261]

472 Daneben ist jedoch die Lage der Gesellschaft zu berücksichtigen: Verdient das Unternehmen außergewöhnlich gut, sollten auch die Aufsichtsratsmitglieder am Erfolg des Unternehmens teilhaben können. Ist die Gesellschaft ein Sanierungsfall, kann eine höhere Vergütung unter einem anderen Gesichtspunkt als angemes-

---

[1254] *Bürgers/Israel* in Bürgers/Körber AktG § 113 Rn. 1; *Habersack* in Münch Komm AktG § 113 Rn. 5; *Wolff* in Henn/Frodermann/Janott Hdb AktR § 8 Rn. 96.

[1255] Ganz hM, vgl. *Drygalga* in K. Schmidt/Lutter AktG § 113 Rn. 6; *Hüffer/Koch* § 113 Rn. 2; *Spindler* in Spindler/Stilz AktG § 113 Rn. 6; *Habersack* in Münch Komm AktG § 101 Rn. 27; *Grigoleit/Tomasic* in Grigoleit AktG § 113 Rn. 4.

[1256] *Mertens/Cahn* in Kölner Komm AktG § 113 Rn. 8; *Habersack* in Münch Komm AktG § 113 Rn. 27; *Bürgers/Israel* in Bürgers/Körber AktG § 113 Rn. 2.

[1257] *Hüffer/Koch* § 113 Rn. 2; *Habersack* in Münch Komm AktG § 113 Rn. 27.

[1258] *Habersack* in Münch Komm AktG § 113 Rn. 40.

[1259] *Bürgers*/Israel in Bürgers/Körber AktG § 113 Rn. 3; *Mertens/Cahn* in Kölner Komm AktG § 113 Rn. 30; *Kort* FS Hüffer, 2010, S 483, 485 f.

[1260] *Mertens/Cahn* in Kölner Komm AktG § 113 Rn. 30; *Wolff* in Henn/Frodermann/Janott Hdb AktR § 8 Rn. 98; siehe auch Vergütungsstudie 1998/1999 der Kienbaum Vergütungsberatung, Gummersbach, abgedruckt in *Henn* Hdb AktR Anhanganlage 30 f. (S. 975).

[1261] *Mertens/Cahn* in Kölner Komm AktG § 113 Rn. 9; *Lutter* AG 1979, 85, 89; a.A. *Habersack* in Münch Komm AktG § 113 Rn. 39, 40, der eine funktionsbezogene Differenzierung zwischen den Aufsichtsratmitgliedern gestatten will.

Bürgers

sen anzusehen sein: Die Notwendigkeit einer intensiven Kontrolltätigkeit und die damit verbundene erhöhte Gefahr, sich durch fehlerhafte Kontrolltätigkeit schadensersatzpflichtig zu machen, kann eine erhöhte Aufsichtsratsvergütung im Sinne einer Risikoprämie erforderlich machen.[1262] Auch für die Zusammensetzung der Aufsichtsratsvergütung aus kurz- und langfristig ausgerichteten Vergütungselementen, gelten die aktienrechtlichen Grundsätze.[1263]

b) D&O-Versicherungen als Vergütungsbestandteil

aa) D&O-Versicherungen. Mit der Directors' & Officers' Liability Insurance (D&O-Versicherung) werden Haftungsrisiken aus der Aufsichtsratstätigkeit abgesichert. Gegenstand der Versicherung ist sowohl die Innenhaftung §§ 116, 93 Abs. 2 AktG als auch die Außenhaftung, z. B. gemäß § 15a I 1 InsO i. V. m. § 823 Abs. 2 BGB.[1264] Typischerweise wird der Vertrag durch die Gesellschaft als Versicherungsvertrag für fremde Rechnung abgeschlossen, §§ 43 ff. VVG.[1265] Versicherungspartner und Prämienschuldner ist die KGaA, Versicherte sind die Aufsichtsratsmitglieder. Gemäß § 44 Abs. 1 VVG erwirbt der Versicherte eigene Rechte aus dem Versicherungsvertrag.

473

bb) aktienrechtliche Beurteilung. Der Versicherungsvertrag zwischen der KGaA und der Versicherungsgesellschaft wird auf Seiten der KGaA durch einen geschäftsführungs- und vertretungsbefugten Komplementär abgeschlossen. Die Mitwirkung der Hauptversammlung gemäß § 113 Abs. 1 S. 2 AktG ist nach hier vertretener Auffassung nicht erforderlich, da die Versicherungsprämien keinen Vergütungsbestandteil i. S. d. § 113 Abs. 1 S. 1 AktG darstellen.[1266] Dementsprechend sind die Versicherungsprämien auch nicht bei der Bestimmung der Angemessenheit der Aufsichtsratsvergütung i. S. d. § 113 Abs. 1 S. 3 AktG zu berücksichtigen.[1267]

474

Richtig ist zwar, dass die gesetzliche Definition der Vorstandsvergütung in § 87 Abs. 1 S. 1 AktG im Rahmen einer Aufzählung ausdrücklich auch Versicherungsentgelte erwähnt. Richtig ist auch, dass aufgrund des systematischen Zusammenhangs die Aufzählung in § 87 Abs. 1 S. 1 AktG auch für die Definition der Gesamtbezüge der Aufsichtsratsmitglieder i. S. d. § 113 Abs. 1 S. 1 AktG herangezogen werden kann.[1268] Entgegen einer weitverbreiteten Ansicht[1269] stellen D&O Versicherungsprämien aber keine Versicherungsentgelte i. S. d. § 87 Abs. 1

475

[1262] Hüffer/Koch § 87 Rn. 2; *Spindler* in Münch Komm AktG § 87 Rn. 33; *Hoffmann-Becking* NZG 1999, 797, 798.

[1263] Vgl. *Bürgers/Israel* in Bürgers/Körber AktG § 87 Rn. 9b; *Spindler* in Münch Komm AktG § 87 Rn. 83; *Mertens* AG 2011, 57, 62.

[1264] *Fleischer* in Spindler/Stilz AktG § 93 Rn. 230; insgesamt ausführlich *Terno* SpV 2014, 2.

[1265] Vgl. *Mertens* AG 2000, 447, 448 bzw. § 5 Rn. 142 f.

[1266] *Wiesner* in Münch Hdb AG § 21 Rn. 34; *Schüppen/Sanna* ZIP 2002, 550, 551; *Vetter* AG 2000, 453, 456; *Mertens* AG 2000, 447, 452; *Lange* ZIP 2001, 1524 ff.; a. A. Hüffer/*Koch* § 113 Rn. 2a; *Lutter/Krieger* § 13 Rn. 1026; *Kästner* AG 2000, 113, 115; *Feddersen* AG 2000, 385, 394; *Kästner* DStR 2001, 195.

[1267] Zur Angemessenheit als Obergrenze für die Aufsichtsratsvergütung siehe § 5 Rn. 470 ff.

[1268] *Spindler* in Spindler/Stilz AktG § 113 Rn. 29; *Mertens/Cahn* in Kölner Komm AktG § 113 Rn. 14 ff.; *Habersack* in Münch Komm AktG § 113 Rn. 40.

[1269] So z. B. *Drygala* in K. Schmidt/Lutter AktG § 113 Rn 12; Hüffer/*Koch* § 113 Rn. 2a; *Kästner* AG 2000, 113, 116.

S. 1 AktG dar. Versicherungsentgelte können nur dann Vergütungsbestandteile i. S. d. § 87 Abs. 1 S. 1 AktG sein, wenn sie im privaten Interesse der Organmitglieder gezahlt werden. Bei den Prämienzahlungen für eine D&O-Versicherung überwiegt hingegen das eigenbetriebliche Interesse: Bei den oftmals im Raum stehenden Haftungssummen würde sich das Organmitglied als Privatperson regelmäßig als nicht zahlungsfähiger Schuldner erweisen. Die Gesellschaft sichert mit einer D&O-Versicherung also in erster Linie ihr eigenes Risiko ab, mit einer Schadensersatzforderung gegen ein Aufsichtsratsmitglied auszufallen.[1270] Die Prämienzahlungen stellen mithin keine Vergütung für die Aufsichtsratsmitglieder dar.[1271]

476 cc) **steuerrechtliche Beurteilung.** Die von der Gesellschaft gezahlten Prämien zu einer D&O-Versicherung stellen für Aufsichtsratsmitglieder kein einkommens- bzw. lohnsteuerpflichtiges Einkommen dar.[1272] Dies gilt nach Ansicht der BMF sowie der obersten Finanzbehörden der Länder, wenn

- es sich um eine Vermögensschadenshaftpflichtversicherung handelt, die der Absicherung der Gesellschaft gegen Schadensersatzforderungen Dritter dient,
- die Verträge Klauseln enthalten, die im Ergebnis dazu führen, dass der Gesellschaft der Versicherungsanspruch zusteht,[1273]
- das Management als Ganzes versichert wird
- sich die Berechnung der Prämien nicht an den Daten der einzelnen Organmitglieder, sondern an den Daten des Gesellschaft orientiert und die Deckungssummen so bemessen werden, dass sie Privatvermögen regelmäßig übersteigen.[1274]

II. Die Kompetenzen des Aufsichtsrats in der gesetzestypischen KGaA

1. Unterschiede zu den Kompetenzen eines Aufsichtsrats in der Aktiengesellschaft.

477 Dem Aufsichtsrat in der gesetzestypischen KGaA fehlen wichtige Kompetenzen, über die der Aufsichtsrat in der Aktiengesellschaft verfügt:

478 a) **Personalkompetenz.** Dem Aufsichtsrat der KGaA fehlt die Personalkompetenz. Grund hierfür ist die unterschiedliche Stellung der Geschäftsführungsorgane. Während der Vorstand in der Aktiengesellschaft mit Fremdgeschäftsführern besetzt wird, die der Aufsichtsrat der Aktiengesellschaft bestellt und – bei Vorliegen eines wichtigen Grundes – abberuft, § 84 Abs. 1 S. 1, Abs. 3 S. 1 AktG, besitzt die KGaA Eigengeschäftsführer. Die Komplementäre verfügen schon aufgrund ihrer

---

[1270] *Habersack* in Münch Komm AktG § 113 Rn. 13; *Bürgers/Israel* in Bürgers/Körber AktG § 87 Rn. 3; *Schüppen/Sanna* ZIP 2002, 550, 551; *Vetter* AG 2000, 453, 456.

[1271] Im Ergebnis zustimmend: *Wiesner* in Münch Hdb AG § 26 Rn. 76; *Habersack* in Münch Komm AktG § 113 Rn. 13; *Mertens* AG 2000, 447, 452; *Lange* ZIP 2001, 1524 ff.; *Dreher* ZGR 2009, 32, 48 ff.; differenzierend *Spindler* in Spindler/Stilz AktG § 113 Rn. 16.

[1272] *Habersack* in Münch Komm AktG § 113 Rn. 13; *Spindler* in Spindler/Stilz AktG § 113 Rn. 17; *Küppers/Dettmeier/Koch* DStR 2002, 199 ff.; *Vetter* AG 2000, 453, 458; *Dreher* DB 2001, 996 ff.

[1273] Sog. „Company Reimbursement".

[1274] FinMin Niedersachsen, Erlaß vom 25.1.2002; ergangen im Einvernehmen mit dem BMF und den obersten Finanzbehörden der übrigen Länder; abgedruckt DB 2002, 399 f.

Stellung als persönlich haftende Gesellschafter über die Geschäftsführungsbefugnis. Der Entzug der Geschäftsführungsbefugnis ist nur durch Satzungsregelung oder gemäß § 278 Abs. 2 AktG i.V.m. §§ 161 Abs. 2, 117, 127 HGB durch das Gericht möglich. Die Aufnahme eines neuen Komplementärs ist nicht Sache des Aufsichtsrats, sondern Sache aller Gesellschafter, da dies grundsätzlich eine Satzungsänderung voraussetzt. Kurz: Die Komplementäre sind geborene und nicht gekorene Geschäftsführer der KGaA.[1275]

Die fehlende Personalkompetenz führt spiegelbildlich dazu, dass der Aufsichtsrat – entgegen der Regelung in § 111 Abs. 4 S. 1 AktG – keine Zielgrößen für das unterrepräsentierte Geschlecht in der Geschäftsführung der KGaA festlegen muss. Die mit dem sog. „Gleichberechtigte-Teilhabe-Gesetz"[1276] in das AkG eingeführte Regelung passt für die KGaA nicht: Da der Aufsichtsrat keinerlei Kompetenzen hat, wie die (geborenene) Geschäftsführung der KGaA zu besetzen ist, geht die Anforderung, hierfür Zielgrößen festzulegen, ins Leere.[1277]

480a

b) Zustimmungsvorbehalt. Der Aufsichtsrat kann Geschäftsführungsmaßnahmen der Komplementäre nicht von seiner Zustimmung abhängig machen; § 111 Abs. 4 S. 2 bis 4 AktG gelten nicht.[1278] Für die Geschäftsführung gilt in der KGaA Personengesellschaftsrecht, § 278 Abs. 2 AktG; allgemeines Aktienrecht ist nur subsidiär anwendbar, § 278 Abs. 3 AktG. Eine Kontrolle des geschäftsführenden Komplementärs bei der Geschäftsführung dergestalt, ihn notfalls präventiv an der Durchführung bestimmter Maßnahmen zu hindern, ist nach dem gesetzlichen Leitbild nicht erforderlich, da der Komplementär – anders als das Vorstandsmitglied einer Aktiengesellschaft – in der persönlichen Haftung steht. Dem persönlichen Risiko des geschäftsführenden Komplementärs soll grundsätzlich auch die alleinige Verantwortung für Geschäftsführungsmaßnahmen gegenüberstehen. Dieser Überlegung entspricht die Tatsache, dass das Gesetz die alleinige Verantwortung der Komplementäre nur insofern einschränkt, als bei außergewöhnlichen Geschäftsführungsmaßnahmen auch die Kommanditaktionäre unternehmerisch betroffen sein können, § 278 Abs. 2 AktG i.V.m. § 164 S. 1 2. HS HGB.

479

c) Erlass einer Geschäftsordnung. Der Aufsichtsrat kann keine Geschäftsordnung für die Komplementäre erlassen.[1279] Die Geschäftsführung richtet sich nach Personengesellschaftsrecht, § 278 Abs. 2 AktG. Die Befugnis des Aufsichtsrats einer Aktiengesellschaft, gemäß § 77 Abs. 2 S. 1 2. HS AktG die Geschäftsord-

480

[1275] *Perlitt* in Münch Komm AktG § 278 Rn. 174; *Herfs* in Münch Hdb AG § 77 Rn. 16.
[1276] „Gesetz für die gleichberechtigte Teilhabe von Frauen und Männern an Führungspositionen in der Privatwirtschaft und im öffentlichen Dienst", BT-Drucks. 18/3784, in Kraft getreten am 1. Mai 2015.
[1277] Siehe die Klarstellung des Ausschusses für Familie, Senioren, Frauen und Jugend in der Beschlussempfehlung, BT-Drucks. 18/4227, S. 22.
[1278] *Mertens/Cahn* in Kölner Komm AktG § 287 Rn. 15; *K. Schmidt* in K. Schmidt/Lutter AktG § 287 Rn. 15; *Förl/Fett* in Bürgers/Körber AktG § 287 Rn. 2; *Perlitt* in Münch Komm AktG § 278 Rn. 193; *Herfs* in Münch Hdb AG § 79 Rn. 57; *Fischer* S. 69 ff.; *Kallmeyer* ZGR 1983, 57, 68 f.; *Sethe* AG 1996, 289, 291; *Durchlaub* BB 1977, 1581, 1582; *Hartl* DB 1992, 2329, 2330; *Haase* GmbHR 1997, 917, 920; *Binz/Sorg* DB 1997, 313, 315; a.A. *Theisen* DBW 1989, 137, 144.
[1279] *Bachmann* in Spindler/Stilz AktG § 278 Rn. 55; *Perlitt* in Münch Komm AktG § 287 Rn. 43; *Assmann/Sethe* GroßKomm AktG § 287 Rn. 40; *Förl/Fett* in Bürgers/Körber AktG § 287 Rn. 2; *Sethe* S. 153; *Kallmeyer* ZGR 1983, 57, 66 f.

nungskompetenz an sich zu ziehen, passt nicht auf die KGaA, da hier die Komplementäre als Geschäftsführer persönlich haften und dementsprechend grundsätzlich auch die Geschäftsführung in alleiniger Verantwortung organisieren und durchführen.

481   d) **Mitwirkung am Jahresabschluss.** Der Aufsichtsrat wirkt nicht an der Feststellung des Jahresabschlusses mit.[1280] In der Aktiengesellschaft muss der Aufsichtsrat den Jahresabschluss gemäß § 171 AktG prüfen und gemäß §§ 171 Abs. 2 S. 4, 172 S. 1 AktG billigen. Zwar prüft der Aufsichtsrat den Jahresabschluss auch in der KGaA, §§ 278 Abs. 3, 171 AktG;[1281] die Feststellung des Jahresabschlusses ist hingegen allein Sache der Hauptversammlung und der Komplementäre, § 286 Abs. 1 AktG. Im Gegensatz zur Aktiengesellschaft hat der Aufsichtsrat der KGaA also keinen Einfluss auf die Bildung und Auflösung von Rücklagen und damit auch keinen Einfluss auf die langfristige Geschäftspolitik.[1282]

2. Kontrollkompetenz

482   a) **Stellung des Aufsichtsrats in der KGaA.** Der Aufsichtsrat hat die Geschäftsführung der KGaA zu überwachen, §§ 278 Abs. 3, 111 Abs. 1 AktG. Aus der besonderen Struktur der KGaA ergeben sich aber auch hier Abweichungen gegenüber der Überwachung des Vorstandes einer Aktiengesellschaft. Die Geschäftsführung der KGaA ist nach personengesellschaftsrechtlichen Grundsätzen organisiert: Die geschäftsführenden Komplementäre leiten die Gesellschaft als geborene Geschäftsführer. Kontrollmechanismen ergeben sich aus den mitgliedschaftlichen Rechten und Pflichten der Komplementäre und Kommanditaktionäre. Dazu gehört zum einen die Disziplinierungswirkung der persönlichen Haftung und zum anderen die Zustimmungsrechte der Kommanditaktionäre bei außergewöhnlichen Geschäftsführungsmaßnahmen und bei Grundlagengeschäften.

483   Die Kompetenzverteilung bei der Geschäftsführung richtet sich damit gemäß § 278 Abs. 2 AktG nach Personengesellschaftsrecht, während die Kontrolle der Geschäftstätigkeit durch den Aufsichtsrat zur aktienrechtlichen Komponente der KGaA gehört. Die Überwachungsaufgaben des Aufsichtsrats der KGaA müssen in diesem Spannungsverhältnis definiert werden.

484   b) **Kontrollbefugnisse.** Die Kontrollbefugnisse des Aufsichtsrats beschränken sich im Wesentlichen auf seine Informationsrechte. Diese stehen dem Aufsichtsrat in gleichem Umfang zu wie dem Aufsichtsrat einer Aktiengesellschaft.[1283] Die Komplementäre müssen demnach regelmäßig Bericht erstatten über die Finanz-, Investitions- und Personalplanung, die Rentabilität des Eigenkapitals, den Gang der Geschäfte und die Lage der Gesellschaft, §§ 283 Nr. 4, 90 AktG. Hinzu kommen die Berichtspflichten aufgrund spezieller gesetzlicher Regelungen wie die Berichte zur Erläuterung des von den Komplementären vorzubereitenden Jahresab-

---

[1280] *Perlitt* in Münch Komm AktG § 286 Rn. 59; *Hüffer/Koch* § 278 Rn. 12; *Herfs* in Münch Hdb AG § 79 Rn. 62; *Schlitt* S. 175; *Kallmeyer* ZGR 1983, 57, 67 f.
[1281] *Arnold* S. 127.
[1282] *Kallmeyer* ZGR 1983, 57, 67 f.
[1283] *Assmann/Sethe* in GroßKomm AktG § 287 Rn. 32; *Bachmann* in Spindler/Stilz AktG § 287 Rn. 7.

schlusses, §§ 283 Nr. 9, 170 f. AktG sowie gegebenenfalls die Berichte im Konzern wie den Konzernlagebericht, § 283 Nr. 10 AktG i. V. m. §§ 290 ff. HGB und den Abhängigkeitsbericht, §§ 312, 314 AktG. Darüber hinaus kann der Aufsichtsrat im Bezug auf einzelne Geschäftsvorgänge einen Sonderbericht anfordern. Dieses Recht steht auch jedem einzelnen Aufsichtsratsmitglied zu, § 90 AktG Abs. 3 S. 2 AktG.

Die Tatsache, dass dem Aufsichtsrat keine direkten Einwirkungsbefugnisse auf die Geschäftsführung der KGaA zustehen, führt weder zu einer Beschränkung seiner Informationsrechte[1284] noch zur Einschränkung seiner Prüfungspflichten.[1285] Der Aufsichtsrat muss die Geschäftsführung nicht nur auf Rechtmäßigkeit, sondern auch auf Ordnungsmäßigkeit, Zweckmäßigkeit und Wirtschaftlichkeit hin überprüfen.[1286] Er muss die Komplementäre zu Fragen der übergeordneten Unternehmensführung beraten,[1287] sich zur langfristigen Geschäftsstrategie eine eigene Meinung bilden und diese mit dem Vorstand besprechen.[1288] Gegenstand der Überwachung sind damit die unternehmerischen Entscheidungen der Komplementäre, d. h. die grundlegenden Pläne der Geschäftsführung wie die Jahresplanung (Budget) sowie die mittel- und langfristige Planung.[1289] Die Tatsache, dass er bestimmte unternehmerische Entscheidungen im Gegensatz zur Aktiengesellschaft nicht durch einen Zustimmungsvorbehalt verhindern kann, ändert nichts daran, dass der Aufsichtsrat sich zu diesen Entscheidungen eine Meinung bilden und eine gegenteilige Auffassung gegenüber den Komplementären zum Ausdruck bringen soll. Allerdings ist auch und gerade den Komplementären hinsichtlich unternehmerischer Entscheidungen ein weiter Handlungsspielraum zuzubilligen, da ohne diesen unternehmerisches Handeln schlechthin nicht denkbar ist, vgl § 93 Abs. 1 S. 2 AktG (sog. „business judgment rule").[1290] **485**

Ist der Aufsichtsrat der Auffassung, dass die Komplementäre eine falsche Geschäftspolitik betreiben oder weitergehend ihre Geschäftsführungsaufgaben nicht ordnungsgemäß wahrnehmen, stehen ihm keine Befugnisse zu, um seiner Meinung nach notwendige Maßnahmen und Veränderungen gegenüber den Komplementären durchzusetzen.[1291] Der Aufsichtsrat hat lediglich die Möglichkeit, die Komplementäre im Rahmen eines Gesprächs von seiner Auffassung zu überzeugen. Als Druckmittel bleibt den Aufsichtsratsmitgliedern nur die Drohung mit Rücktritt.[1292] Im Rahmen dieser „Überwachung durch Meinungsäußerung"[1293] **486**

[1284] *Herfs* in Münch Hdb AG § 79 Rn. 63.
[1285] *Perlitt* in Münch Komm AktG § 287 Rn. 48; *Arnold* S. 125 ff.; a. A. *Kallmeyer* ZGR 1983, 69 ff.
[1286] BGHZ 114, 127, 129 f. = NJW 1991, 1830; *Grigoleit/Tomasic* in Grigoleit AktG § 111 Rn. 15.
[1287] BGHZ 114, 127 = NJW 1991, 1830.
[1288] *Mertens/Cahn* in Kölner Komm AktG § 111 Rn. 32, 35; vgl. *Spindler* in Spindler/Stilz § 111 Rn. 16.
[1289] *Semler* ZGR 1983, 1, 16 ff.
[1290] Vgl. BGHZ 135, 244 = NJW 1997, 1926 – ARAG/Garmenbeck; *Spindler* in Spindler/Stilz AktG § 111 Rn. 16.
[1291] Vgl. *Spindler* in Spindler/Stilz AktG § 111 Rn. 11; *Fischer* S. 74; *Lutter* S. 7; *Hennerkes/May* DB 1988, 537, 540; *Haase* GmbHR 1997, 917, 921; *Hesselmann* BB 1989, 2344, 2346.
[1292] *Perlitt* in Münch Komm AktG § 287 Rn. 46.
[1293] *Herfs* in Münch Hdb AG § 79 Rn. 63; *Hennerkes/Lorz* DB 1997, 1388, 1389.

487 **c) Einberufung der Hauptversammlung.** Der Aufsichtsrat ist gemäß § 278 Abs. 3 AktG i.V.m. § 111 Abs. 3 S. 1 AktG grundsätzlich berechtigt, die Hauptversammlung auf eigene Initiative hin einzuberufen.[1295] Zum Teil wird vertreten, der Aufsichtsrat habe in der KGaA Entscheidungen der Komplementäre zur Geschäftspolitik hinzunehmen und dürfe deshalb auch nicht die Hauptversammlung einberufen, wenn er mit der Geschäftspolitik der Komplementäre nicht einverstanden sei.[1296] Diese Ansicht ist wohl zu weitgehend. Es ist jedoch richtig, dass das Einberufungsrecht im Hinblick auf die Kontrolle der Geschäftspolitik der Komplementäre praktisch keine Bedeutung hat. Der Aufsichtsrat unterliegt gemäß § 278 Abs. 3 i.V.m. § 116 S. 2 AktG der Verschwiegenheit. Er darf deshalb gegenüber der Hauptversammlung seine Kenntnisse über Forschungs-, Personal-, Investitions- und Absatzpolitik nicht offenlegen.[1297] Hinzu kommt, dass die Hauptversammlung im Regelfall auch gar keine Geschäftsführungsbefugnisse besitzt. Schon aus Praktikabilitätsgründen ist im Regelfall das Zustimmungsrecht zu außergewöhnlichen Geschäftsführungsmaßnahmen ersatzlos abbedungen[1298] oder auf einen Beirat übertragen worden. Übrig bleibt damit die Einberufung einer Hauptversammlung für den Fall, dass der Aufsichtsrat einen Antrag auf gerichtliche Entziehung der Geschäftsführungs- und/oder Vertretungsbefugnis eines oder aller Komplementäre anregen will. Die gerichtliche Abberufung setzt allerdings einen wichtigen Grund voraus, der gegebenenfalls dann vorliegt, wenn die Komplementäre ihre Sorgfaltspflichten gemäß § 93 Abs. 2 AktG in grober Weise verletzt haben.[1299] In einem solchen Fall muss der Aufsichtsrat primär eine Klage auf Schadensersatz gemäß §§ 283 Nr. 8, 112, 93 Abs. 2 AktG prüfen. Der Aufsichtsrat ist aufgrund von § 111 AktG verpflichtet, Schadensansprüche wegen pflichtwidrigen Vorstandshandelns und damit auch wegen pflichtwidrigen Handelns der geschäftsführenden Komplementäre durchzusetzen.[1300]

488 **d) Überwachung anderer Organe mit Geschäftsführungskompetenzen.** Selbst wenn die Hauptversammlung über Geschäftsführungskompetenzen verfügt, unterliegt sie nicht der Kontrolle durch den Aufsichtsrat.[1301] Es wäre widersinnig, wenn die Hauptversammlung von dem Organ kontrolliert würde, dessen Mitglieder sie selbst bestimmt.

[1294] Siehe dazu im folgenden § 5 Rn. 487.
[1295] *Herfs* in Münch Hdb AG § 79 Rn. 63; *Assmann/Sethe* in GroßKomm AktG § 287 Rn. 42; *Perlitt* in Münch Komm AktG § 287 Rn. 46; *Burgers/Israel* in Bürgers/Körber AktG § 111 Rn. 18; *Arnold* S. 125 ff.
[1296] *Kallmeyer* ZGR 1983, 57, 72.
[1297] *Mertens/Cahn* in Kölner Komm AktG § 116 Rn. 48; *Habersack* in Münch Komm AktG § 116 Rn. 49; *Spindler* in Münch Komm AktG § 93 Rn. 111; *Hüffer/Koch* § 116 Rn. 6, § 93 Rn. 7.
[1298] Zur Zulässigkeit in der Kapitalgesellschaft & Co. KGaA § 4 Rn. 7.
[1299] *Roth* in Baumbach/Hopt HGB § 117 Rn. 4; *Mayen* in Ebenroth/Boujong/Joost HGB § 117 Rn. 10; *Schäfer* in Staub HGB § 117 Rn. 22 ff.
[1300] BGHZ 135, 244 = NJW 1997, 1926 – ARAG-Garmenbeck.
[1301] Vgl. *Perlitt* in Münch Komm § 287 Rn. 48; *Bachmann* in Spindler/Stilz AktG § 287 Rn. 8; *Martens* AG 1982, 113, 117.

Aber auch die Tätigkeit eines Beirats mit Geschäftsführungsbefugnissen wird **489** nicht vom Aufsichtsrat überwacht.[1302] Die Berichtspflichten sind nach dem Gesetzeswortlaut personell auf die geschäftsführungsbefugten Komplementäre beschränkt.[1303] Das Gesetz ordnet also die Kontrolle eines bestimmten Organs, nicht aber die Kontrolle bestimmter Tätigkeiten bzw. Funktionen an.

Die Tatsache, dass durch die Einschränkung der Befugnisse der zu kontrollierenden Komplementäre mittelbar auch die Überwachungskompetenzen des Aufsichtsrats eingeschränkt werden, macht es nicht notwendig, deswegen die Überwachungsbefugnisse des Aufsichtsrats auf geschäftsführende Sonderorgane auszudehnen.[1304] Eine solche mittelbare Einschränkung der Überwachungskompetenzen des Aufsichtsrates verstößt auch nicht gegen die aktienrechtliche Satzungsstrenge, § 23 Abs. 5 AktG. Die Satzungsstrenge verbietet es zwar, Kontrollbefugnisse des Aufsichtsrats durch Satzungsregelung zu entziehen,[1305] so dass die mittelbare Einschränkung der Überwachungsbefugnisse als Umgehung gewertet werden könnte.[1306] Eine derartige „Umgehung" liegt aber schon deshalb nicht vor, weil das Prinzip der Satzungsautonomie, das die Übertragung von Geschäftsführungsbefugnissen auf einen Beirat ermöglicht, als Strukturprinzip der KGaA genauso beachtet werden muss wie die Satzungsstrenge bezüglich der Überwachungsbefugnis des Aufsichtsrats. Zuzugeben ist aber, dass die beiden Grundsätze zu einem Konflikt führen. Diesen Konflikt mit einer Rechtsfortbildung zu lösen, mit der die Überwachungsbefugnisse automatisch auch auf die Tätigkeit eines Beirats erstreckt werden, findet allerdings keine Grundlage im Gesetz. Systemkonformer erscheint es, wenn im Rahmen einer Inhaltskontrolle geprüft wird, ob Geschäftsführungsbefugnisse in einem solchen Ausmaß auf ein Sonderorgan übertragen werden, dass kein Komplementär mehr entscheidenden Einfluss auf die Geschäftsführung hätte und deshalb die Überwachungsfunktion des Aufsichtsrats insgesamt in Frage gestellt würde.[1307] Dazu müssen die Aufgaben, die durch zwingendes Aktienrecht den Komplementären zugewiesen sind, auch bei den Komplementären verbleiben, § 283 AktG. Darüber hinaus sind Aufgaben, die die Komplementäre im öffentlichen Interesse ausüben und die zumeist auch strafbewehrt sind, ebenfalls satzungsfest.[1308]

3. Ausführungskompetenz

Der Aufsichtsrat führt die Beschlüsse der Gesamtheit der Kommanditaktionäre **491** aus, § 287 Abs. 1 AktG. Die Beschlüsse der Gesamtheit der Kommanditaktionäre

---

[1302] *Assmann/Sethe* in GroßKomm AktG § 287 Rn. 118; *Perlitt* in Münch Komm AktG § 287 Rn. 48; *Assmann/Sethe* FS Lutter, 2000, S. 251, 267; a. A. *Fischer* S. 113.
[1303] *Bachmann* in Spindler/Stilz AktG § 287 Rn. 7; *Perlitt* in Münch Komm AktG § 287 Rn. 48.
[1304] *Perlitt* in Münch Komm AktG § 287 Rn. 51; a. A. *Fischer* S. 113.
[1305] *Mertens/Cahn* in Kölner Komm AktG Vorb. § 278 Rn. 28; *Perlitt* in Münch Komm AktG § 287 Rn. 53; *Bachmann* in Spindler/Stilz AktG § 287 Rn. 16; *Arnold* S. 130.
[1306] *Fischer* S. 113.
[1307] *Perlitt* in Münch Komm AktG § 287 Rn. 56; *Förl/Fett* in Bürgers/Körber AktG § 287 Rn. 5; *Schlitt* S. 218.
[1308] *Perlitt* in Münch Komm AktG § 287 Rn. 89; enger *Mertens/Cahn* in Kölner Komm AktG § 278 Rn. 88.

betreffen nur solche Hauptversammlungsbeschlüsse, mit denen die Kommanditaktionäre ihre personengesellschaftsrechtlichen Befugnisse ausüben, insbesondere alle die Angelegenheiten, bei denen gemäß § 285 Abs. 2 S. 1 AktG die Zustimmung der Hauptversammlung erforderlich ist.[1309] Nur zum Teil sind in diesen Fällen Ausführungshandlungen des Aufsichtsrats erforderlich:

- Beschließt die Hauptversammlung, einen Antrag auf Entziehung der Geschäftsführungs- und/oder Vertretungsbefugnis gemäß §§ 117, 127 HGB zu stellen oder eine Ausschließungsklage gemäß 140 HGB zu erheben, ist es Sache des Aufsichtsrats, die Klage vorzubereiten und einzureichen. Verweigern die übrigen Komplementäre ihre Zustimmung zur Klageerhebung, kann der Aufsichtsrat den Antrag auf Entziehung der Geschäftsführungs- und/oder Vertretungsbefugnis mit der Klage auf Zustimmung verbinden.[1310]
- Ebenso muss der Aufsichtsrat einen Beschluss der Hauptversammlung, eine Klage auf Zustimmung zum – gegebenenfalls abgeänderten – Jahresabschluss zu erheben, ausführen, indem er die Klage vorbereitet und einreicht.[1311]
- Zu den personengesellschaftsrechtlichen Befugnissen der Gesamtheit der Kommanditaktionäre gehört auch die Möglichkeit, die Erhebung einer Auflösungsklage zu beschließen, §§ 289 Abs. 1, Abs. 4 S. 2 AktG, 161 Abs. 2, 133 HGB.[1312] Auch diese Klage ist vom Aufsichtsrat vorzubereiten und einzureichen.

492 Auch bei Ausübung dieser Kompetenzen wird der Aufsichtsrat als Organ der Gesellschaft tätig. Soweit früher vertreten wurde, die Gesamtheit der Kommanditaktionäre bilde einen selbständigen Personenverband, dessen Organ der Aufsichtsrat sei,[1313] lehnt heute die ganz herrschende Meinung diese Ansicht ab.[1314] Ein Personenverband ist durch die persönliche Verbundenheit seiner Mitglieder gekennzeichnet, was Merkmal von Personengesellschaften ist. Bezeichnenderweise geht die alte Ansicht auf eine Zeit zurück, in der die KGaA noch eine spezielle Form der Kommanditgesellschaft bildete.[1315] Die KGaA besitzt heute als juristische Person eine korporative Struktur, in der für Personenverbände als Untereinheiten kein Platz ist.[1316] Die Tatsache, dass es in der KGaA zwei Gesellschaftergruppen gibt, macht es nicht notwendig, einen solchen Personenverband als zweite gesellschaftsrechtliche Ebene zwischenzuschalten. Gesellschafter der KGaA ist jeder Komplementär, aber auch jeder einzelne Kommanditaktionär.[1317]

493 Auch wenn der Aufsichtsrat nicht als Organ der Kommanditaktionäre tätig wird, so hat er immer dann, wenn er im Rahmen seiner Ausführungskompe-

---

[1309] *Perlitt* in Münch Komm AktG § 287 Rn. 58 f.; *Schlitt* S. 176; *Fischer* S. 75.
[1310] Zu der vergleichbaren Situation im Personengesellschaftsrecht vgl.: *Koller* in Koller/Kindler/Roth/Morck HGB § 117 Rn. 4; *Roth* in Baumbach/Hopt § 117 Rn. 7, 10; für die Ausschlussklage in der Personengesellschaft: BGHZ 68, 81 = NJW 1977, 1013.
[1311] *Fischer* S. 77.
[1312] Vgl. oben § 5 Rn. 402.
[1313] *Schlegelberger/Quassowsky* AktG 2. Aufl. 1937 § 219 Rn. 12; *Godin/Wilhelmi* AktG § 278 Rn. 10.
[1314] *K. Schmidt* in K. Schmidt/Lutter AktG § 278 Rn. 5, 10; *Assmann/Sethe* in Großkomm AktG § 278 Rn. 93; *Bachmann* in Spindler/Stilz AktG § 278 Rn. 18; *Perlitt* in Münch Komm AktG § 278 Rn. 83 ff.; *Mertens/Cahn* in Kölner Komm AktG § 278 Rn. 45; *Förl/Fett* in Bürgers/Körber AktG § 278 Rn. 37; *Herfs* in Münch Hdb AG § 78 Rn. 58; *Wichert* S. 50.
[1315] *Herfs* in Münch Hdb AG § 78 Rn. 58.
[1316] *Wichert* S. 48.
[1317] *Perlitt* in Münch Komm AktG § 278 Rn. 86.

tenz gemäß § 287 Abs. 1 AktG tätig wird, ausschließlich die Interessen der Kommanditaktionäre zu vertreten.[1318] Denn in diesen Fällen ist es seine Aufgabe, die Kommanditaktionäre als Gesellschaftergruppe gegenüber den Komplementären zu vertreten.

494 Daneben hat der Aufsichtsrat weitere Ausführungskompetenzen, die sich nicht auf die spezielle Kompetenznorm des § 287 Abs. 1 AktG stützen lassen, sondern auf allgemeinen aktienrechtlichen Vorschriften beruhen. In diesen Fällen hat der Aufsichtsrat – so wie sonst auch üblich – ausschließlich die Interessen der Gesellschaft zu beachten: Der Aufsichtsrat hat z.B. den Beschluss der Hauptversammlung, Ersatzansprüche gegenüber den Komplementären geltend zu machen, auszuführen und die Ansprüche gemäß §§ 283 Nr. 8, 147 Abs. 1 S. 1, 112 AktG einzuklagen.

4. Vertretungskompetenz

495 Der Aufsichtsrat vertritt die Gesellschaft nach der inzwischen hM in der Regel gegenüber den persönlich haftenden Gesellschaftern.[1319] Folgende Fallgruppen sind zu unterscheiden:

496 **a) Rechtsgeschäftliche Vertretung.** Die Komplementäre können mit der KGaA Verträge schließen, bei denen sie der Gesellschaft wie beliebige Dritte gegenübertreten. Relevant ist hier insbesondere der Tätigkeitsvertrag des geschäftsführenden Komplementärs; darunter fallen aber auch alle sonstigen Drittverträge.

497 Nach ganz überwiegender Auffassung und Rechtsprechung wird die Gesellschaft bei Abschluss solcher Verträge mit den Komplementären[1320] grundsätzlich – d.h. vorbehaltlich einer abweichenden Satzungsregelung – durch den Aufsichtsrat vertreten gemäß § 278 Abs. 3 i.V.m. § 112 AktG.[1321] Soweit in der Vorauflage hierzu noch eine abweichende Auffassung vertreten wurde, ist dies durch die zwischenzeitlich ergangene Klärung durch den BGH zu relativieren. Nach wie vor sieht sich die nunmehr auch vom BGH übernommene Auffassung gewichtigen Bedenken ausgesetzt und ist mit dem klaren Verweisungsregime des § 278 AktG nur schwer vereinbar.[1322] Richtig wäre vielmehr, dass grundsätzlich die Komplemen-

---

[1318] *Perlitt* in Münch Komm AktG § 287 Rn. 78; a.A. *Assmann/Sethe* in GroßKomm AktG § 287 Rn. 66.
[1319] BGH NZG 2005, 276; *Förl/Fett* in Bürgers/Körber AktG § 287 Rn. 4.
[1320] Siehe oben § 5 Rn. 259 ff.
[1321] BGH NZG 2005, 276, 276; *Perlitt* in Münch Komm AktG § 287 Rn. 67; *K. Schmidt* in K. Schmidt/Lutter AktG § 287 Rn. 20; *Assmann/Sethe* in GroßKomm AktG § 287 Rn. 67; *Hüffer/Koch* § 278 Rn. 16; *Servatius* in Grigoleit AktG § 278 Rn. 13; kritisch, diese Ansicht im Ergebnis jedoch „hinnehmend" *Bachmann* in Spindler/Stilz AktG § 287 Rn. 12; *Herfs* in Münch Hdb AG § 79 Rn. 66; *Schlitt* S. 179; *Dirksen/Möhrle* ZIP 1998, 1377, 1384. Folgende Autoren halten die Vertretung durch den Aufsichtsrat für abschließend und zwingend: *Assmann/Sethe* in GroßKomm AktG § 287 Rn. 67; *Arnold* S. 128 f.; *Sethe* AG 1996, 289, 298 f.; *Ihrig/Schlitt* ZHR-Beiheft 67/1998, 33, 54 f. Teils wird der Aufsichtsrat grundsätzlich für allein vertretungsbefugt, abweichende Satzungsregelungen aber für zulässig gehalten: OLG München AG 1996, 86; ferner *Herfs* in Münch Hdb AG § 79 Rn. 66; *ders.* in AG 2005, 589, 592 f.; „in bestimmten Grenzen" auch *Perlitt* in Münch Komm AktG § 287 Rn. 69.
[1322] Ebenso *Förl/Fett* in Bürgers/Körber AktG § 278 Rn. 10, die daher auf eine analoge Anwendung von § 112 AktG abstellen.

täre und nur bei entsprechender – zulässiger – Satzungsregelung auch ein anderes Organ wie etwa der Aufsichtsrat vertretungsbefugt sind.[1323]

498 § 278 Abs. 2 AktG verweist hinsichtlich der Befugnis der persönlich haftenden Gesellschafter zur Vertretung der Gesellschaft in das Recht der Kommanditgesellschaft. § 278 Abs. 2 AktG ist nicht zu entnehmen, dass der Verweis bei der Vertretung der KGaA gegenüber den Komplementären nicht gelten soll – die Verweisung bei Vertretungsfragen in das Personengesellschaftsrecht ist vielmehr abschließend und umfassend. Nach der allgemeinen, auch dem Wortlaut des § 278 Abs. 3 AktG zu entnehmenden Regel gilt – soweit nicht eine Spezialregelung der §§ 279 ff. AktG greift – immer dann Personengesellschaftsrecht, wenn einer der Tatbestände des § 278 Abs. 2 AktG erfüllt ist.[1324] Daher kann man auch nicht anführen, § 278 Abs. 3 AktG verweise bezüglich der Vertretung der KGaA gegenüber den Komplementären „im übrigen" auf das Erste Buch des AktG und damit auch auf die Regelungen des Aufsichtsrates (insbesondere auf die Vertretungsregel des § 112 AktG); der Anwendungsbereich des § 278 Abs. 3 AktG ist erst gar nicht eröffnet.[1325] Hätte der Gesetzgeber in diesem Punkt von der klaren Verweisungstechnik des § 278 AktG abweichen wollen, hätte es hierfür – wie etwa bezüglich der gerichtlichen Vertretung der KGaA bei Geltendmachung von Ersatzansprüchen gegen die Geschäftsführung nach § 283 Nr. 8 AktG[1326] – einer ausdrücklichen Regelung in den §§ 279 ff. AktG bedurft. Soweit eingewandt wird, der Gesetzgeber habe bei Gesellschaften, die über einen Aufsichtsrat verfügen (GmbH, eG, AG), die Vertretung gegenüber der Geschäftsführung nie dem Komplex des allgemeinen Vertretungsrechts zugerechnet, sondern sie als Teil der Regelungsmaterie des Aufsichtsrates begriffen,[1327] untermauert dies nur die vorstehend genannte These: In den genannten Gesellschaftsformen existiert jeweils eine gesonderte Regelung, welche die Vertretung der Gesellschaft gegenüber der Geschäftsführung eindeutig dem Aufsichtsrat zuweist, vgl. §§ 52 Abs. 1 GmbHG, 112 AktG für die GmbH, § 39 Abs. 1 GenG für die eG und schließlich besagter § 112 AktG für die AG. In der KGaA existiert eine solche Bestimmung oder auch eindeutige Verweisung wie im GmbH-Recht zur Vertretungsbefugnis des Aufsichtsrates nicht.

499 Wollte man § 278 Abs. 3 AktG gleichwohl für einschlägig halten, wäre § 112 AktG anzuwenden, weshalb die Vertretung der KGaA gegenüber den Komplementären zwingend durch den Aufsichtsrat zu erfolgen hätte. Wie an anderer Stelle ausgeführt, kommt ein Nebeneinander der Verweisungsnormen des § 278 Abs. 2, 3 AktG nicht in Betracht.[1328] Die Richtigkeit dieses Ergebnisses lässt sich auch am vorliegenden Fall der rechtsgeschäftlichen Vertretung der KGaA gegenüber den Komplementären nachweisen: Wendet man mit § 278 Abs. 3 AktG auch das Erste Buch des AktG und damit die Regeln zum Aufsichtsrat an, wäre gleichzeitig

---

[1323] So schon *Hachenburg* in Düringer/Hachenburg AktG § 328 Rn. 30; mit ähnlicher Wertung *Mertens/Cahn* in Kölner Komm AktG § 287 Rn. 19.; *Fischer* S. 79, die wegen der Wertung in § 278 Abs. 2 AktG davon ausgehen, dass neben dem Aufsichtsrat die Komplementäre vertretungsberechtigt bleiben müssen.

[1324] Siehe § 3 Rn. 3 ff.

[1325] *Mertens/Cahn* in Kölner Komm AktG § 287 Rn. 19; so an sich auch *Bachmann* in Spindler/Stilz AktG § 287 Rn. 11; *Fett/Förl* NZG 2004, 210, 211; a.A. BGH NZG 2005, 276, wonach § 278 Abs. 2 durch § 278 Abs. 3 AktG (i.V.m. § 112 AktG) „ergänzt" wird.

[1326] Dazu sofort unter § 5 Rn. 503.

[1327] *Assmann/Sethe* in GroßKomm AktG § 287 Rn. 69.

[1328] Ausführlich unter § 3 Rn. 26 ff.

§ 23 Abs. 5 AktG und damit die Satzungsstrenge zu beachten; eine abweichende Regelung, wie etwa eine Übertragung auf ein anderes Organ, käme von Anfang an nicht in Betracht.[1329] Geht man zutreffenderweise allein von § 278 Abs. 2 AktG und damit der Geltung des Personengesellschaftsrechts aus, ist der Weg zu § 112 AktG versperrt: Eine dem § 112 AktG vergleichbare Regelung findet sich mangels eines dem Aufsichtsrat entsprechenden Organs im Recht der Kommanditgesellschaft naturgemäß nicht, so dass es auch nicht in Betracht kommen kann, sich grundsätzlich – das heißt, soweit nichts anderes geregelt ist – an § 112 AktG zu orientierten. Die Verweisungsnorm § 278 AktG hat die Rechtsmaterien klar voneinander getrennt; je nach Weichenstellung kann daher nur das eine oder das andere Rechtsgebiet materiell rechtlich den Ausschlag geben. Selbst diejenigen, die das Nebeneinander der Verweisungsnormen des § 278 Abs. 2, 3 AktG grundsätzlich für möglich halten,[1330] gehen am Ende davon aus, dass nach „wertender Betrachtung" nur eine der beiden Rechtsmaterien einschlägig sein kann; ein Miteinander beider wird demgegenüber nicht in Betracht gezogen.

500 Der Grund für das Bedürfnis, zwar einen Gestaltungsspielraum gewähren zu wollen, aber andererseits den Aufsichtsrat grundsätzlich für zuständig zu halten, liegt vor allem in der angenommenen Gefahr, die Komplementäre könnten – soweit sie sich untereinander gegenüber der KGaA vertreten können – diese Rechtsposition zu Lasten der KGaA missbrauchen.[1331] Hier wird man zunächst einwenden müssen, dass es der mit dem Personengesellschaftsrecht einhergehende Gestaltungsspielraum erlaubt, die Vertretungsbefugnis in diesen Fällen auf ein drittes Organ zu übertragen. Für börsennotierte Gesellschaften empfiehlt sich ein solches Vorgehen sogar, um bei den Anlegern erst gar keine Skepsis hinsichtlich der internen Abläufe in der Gesellschaft aufkommen zu lassen.[1332]

501 Schließlich ist die Situation nicht anders als in einer KG: Die Komplementäre vertreten die KG bei Geschäften gegenüber sich selbst. Dort ist das Problem eines möglichen Missbrauchs nicht anders gelagert. Zu bedenken ist, dass die Gesellschaft jedenfalls durch die Instrumente des Missbrauchs der Vertretungsmacht, wie etwa bei kollusivem Zusammenwirken zwischen den Komplementären zulasten der KGaA und durch die Regelung des § 181 BGB bei Insichgeschäften geschützt ist.[1333] Schließen die Komplementäre dessen ungeachtet zwar rechtsgültige, aber nach objektiven Maßstäben für die KGaA deutlich nachteilige Geschäfte zu ihren Gunsten ab, muss dies dem Aufsichtsrat im Rahmen seiner Überwachungsfunktion bekannt werden. Der Aufsichtsrat kann dann verpflichtet sein, einen Schadensersatzanspruch der Gesellschaft gegen die Komplementäre aus §§ 283 Nr. 3, 93 Abs. 2 AktG geltend zu machen;[1334] hierzu ist er wegen der speziellen Verweisung

---

[1329] Insofern ist die Ansicht nachvollziehbar, die konsequent auf §§ 278 Abs. 3, 112 AktG abstellt, vgl. die Nachweise oben in Fn. 102, 114. Anders hingegen OLG München WM 1996, 782 und *Herfs* in Münch Hdb AG § 79 Rn. 66, die einerseits § 112 AktG über § 278 Abs. 3 AktG anwenden und ungeachtet § 23 Abs. 5 AktG eine andere Satzungsgestaltung für zulässig halten.
[1330] *Cahn* AG 2001, 579, 580 f.
[1331] Siehe nur *Assmann/Sethe* in GroßKomm AktG § 287 Rn. 68; *Perlitt* in Münch Komm AktG § 287 Rn. 67.
[1332] Siehe zu den teilweise gegen die KGaA vorgebrachten Bedenken § 10 Rn. 27 ff.
[1333] Kritisch *Assmann/Sethe* in GroßKomm AktG § 287 Rn. 68, die vor allem darauf hinweisen, § 181 BGB könne in der Satzung der KGaA abbedungen werden.
[1334] Siehe hierzu unter § 5 Rn. 543.

des § 283 Nr. 8 AktG auf § 112 AktG auch berechtigt.[1335] Darüber hinaus kann bereits eine qualifizierte Aktionärsminderheit einen hieraus folgenden Schadensersatzanspruch zugunsten der Gesellschaft einfordern (§§ 283 Nr. 8, 147 Abs. 1, 93 AktG). Aus Rechtssicherheitsgründen ist es jedoch angesichts der Entscheidung des BGH[1336] nunmehr die Praxis von der Vertretungsbefugnis des Aufsichtsrates für die Geschäfte mit den Komplementären auszugehen.

502 **b) Gerichtliche Vertretung.** Die gerichtliche Vertretungsbefugnis des Aufsichtsrats ergibt sich aus § 287 Abs. 2 S. 1 AktG, soweit es um Ansprüche der Gesamtheit der Kommanditaktionäre geht, die im Personengesellschaftsrecht wurzeln.[1337] In diesen Fällen kann die Hauptversammlung auch besondere Vertreter wählen, § 287 Abs. 2 S. 1 AktG. Bei diesen Rechtsstreitigkeiten hat der Aufsichtsrat, auch wenn er Vertreter der Gesellschaft als Prozesspartei ist, die Interessen der Gesellschaftergruppe der Kommanditaktionäre zu vertreten.

503 Soweit die Gesellschaft Ersatzansprüche gegen einen Komplementär geltend macht, ergibt sich die Vertretungsbefugnis des Aufsichtsrats aus der speziellen Verweisung des § 283 Nr. 8 auf § 112 AktG. Nach § 283 Nr. 8 AktG gelten für die persönlich haftenden Gesellschafter sinngemäß die für den Vorstand geltenden Vorschriften über die Geltendmachung von Ersatzansprüchen wegen pflichtwidriger Geschäftsführung. Diese werden in der Aktiengesellschaft vom Aufsichtsrat gegenüber dem Vorstand geltend gemacht (§§ 93 Abs. 2, 112).[1338]

504 Hinsichtlich aller übrigen Ansprüche der Gesellschaft gegen einen Komplementär gelten dieselben Überlegungen, die bereits zur rechtsgeschäftlichen Vertretung dargestellt worden sind: Nach der Entscheidung des BGH vom 29.11.2004 wird man mit der h.M. ebenfalls von einer Vertretungskompetenz des Aufsichtsrates ausgehen müssen,[1339] auch wenn die Vertretungsregeln des Personengesellschaftsrechts eigentlich anwendbar bleiben sollten, wodurch grundsätzlich die Komplementäre sich selbst oder gegenseitig vertreten, soweit nicht eine andere Satzungsregelung getroffen worden ist. Zu diesen Ansprüchen der Gesellschaft zählen sowohl die Ansprüche aus dem Anstellungsvertrag als auch die Ansprüche, die auf der Gesellschafterstellung des Komplementärs beruhen, wie der Anspruch auf Unterlassung eines Verstoßes gegen das Wettbewerbsverbot oder die Einforderung einer Einlage.

505 **c) Vertretung der Gesellschaft gegenüber dem Geschäftsführer oder einem Gesellschafter der Komplementärgesellschaft.** Aufgrund des auch hier einschlägigen Verweises aus § 278 Abs. 2 AktG kann die KGaA nach §§ 161 Abs. 2, 125 HGB grundsätzlich von der Komplementärgesellschaft vertreten werden, es sei denn, die Satzung sieht eine Verlagerung auf ein anderes Organ vor. Die Komplementärgesellschaft kann allerdings, wenn sie nicht einen weiteren alleinvertretungsbefugten Geschäftsführer hat, beim Prozess gegen den eigenen Geschäftsführer nur durch eben diesen Geschäftsführer handeln (In-sich-Prozess). Ein unzulässiger In-sich-Prozess könnte jedoch mit der Bestellung eines Prozesspfle-

---

[1335] Dazu sofort unter § 5 Rn. 503.
[1336] BGH NZG 2005, 276.
[1337] Siehe hierzu ausführlich § 5 Rn. 625 ff.
[1338] Statt vieler Hüffer/*Koch* § 111 Rn. 4a m.w.N.
[1339] BGH NZG 2005, 276.

Bürgers

gers vermieden werden.[1340] Dieses Problem stellt sich allerdings nur, wenn neben der Komplementärgesellschaft kein weiterer vertretungsbefugter Komplementär der KGaA vorhanden ist. Hat die Komplementärgesellschaft mehrere Geschäftsführer,[1341] könnte der eine Geschäftsführer für die KGaA handelnd den anderen Geschäftsführer verklagen. Wie bei der gesetzestypischen KGaA im Verhältnis der Komplementäre zueinander stellt sich dann aber auch hier das Problem der oben dargestellten[1342] potentiellen Interessenkollision. Dem Problem ist aber durch die beschriebenen Mechanismen des allgemeinen Vertretungsrechts bzw. der Geltendmachung von Schadensersatzansprüchen gegen die pflichtwidrig agierenden Geschäftsführer zu begegnen.

Bei Prozessen der KGaA gegen Gesellschafter der Komplementärgesellschaft **506** kann ebenfalls ein Interessenkonflikt auftreten, wie etwa dann, wenn der Gesellschafter die Mehrheit bzw. alle Anteile an der Komplementärgesellschaft hält und daher dem Vertreter seines Prozessgegners, dem Geschäftsführer der Komplementärgesellschaft, gemäß § 37 Abs. 1 2. Alt. GmbHG Weisungen erteilen könnte. Dieser Konflikt wird freilich schon dadurch entschärft, dass der Geschäftsführer derartigen pflichtwidrigen Weisungen seines Gesellschafters nicht folgen darf; andernfalls kann sich die Komplementärgesellschaft aus §§ 283 Nr. 3, 93 AktG schadensersatzpflichtig machen und sich anschließend bei ihrem Geschäftsführer nach § 43 Abs. 2 GmbHG schadlos halten.[1343] Für den Fall, dass eine Aktiengesellschaft Komplementärgesellschaft der KGaA ist, besteht dagegen für die Vertretung der KGaA durch ihren Aufsichtsrat kein Bedürfnis; hier erfüllt der Vorstand seine Pflichten in eigener Verantwortung und unabhängig von Weisungen eines Mehrheitsaktionärs.[1344] Ob auch für diese Fallgruppe vom BGH eine Vertretung nur durch den Aufsichtsrat für richtig erachtet werden kann, lässt sich der Entscheidung von 2004 nicht ausdrücklich entnehmen.[1345] Die pauschale Verweisung auf § 112 AktG lässt dies vermuten, obwohl – wie vorstehend ausgeführt – eine solche Verweisung nicht in jedem Fall systematisch zwingend erscheint.

III. Die Kompetenzen des Aufsichtsrats in der nicht gesetzestypischen KGaA

1. Angleichung an den Aufsichtsrat einer Aktiengesellschaft

Die gesetzlich schwache Stellung des Aufsichtsrats der KGaA kann durch eine **507** entsprechende Satzungsgestaltung der Stellung eines Aufsichtsrats in der Aktiengesellschaft angeglichen werden. So kann dem Aufsichtsrat insbesondere die Befugnis eingeräumt werden, Geschäftsführungsmaßnahmen der Komplementäre von sei-

---

[1340] *Zöller* ZPO § 57 Rn. 1 i. V.m. Vor § 50 Rn. 1; *Putzo* in Thomas/Putzo ZPO § 57 Rn. 1 i. V.m. Vorbem. § 50 Rn. 2.
[1341] In einer Komplementär-GmbH ist diese Möglichkeit beispielsweise in § 6 Abs. 1 GmbHG ausdrücklich vorgesehen.
[1342] § 5 Rn. 500.
[1343] Zur direkten Haftung des Geschäftsführers der Komplementärgesellschaft gegenüber der KGaA vgl. § 5 Rn. 152 ff.
[1344] Insoweit abweichend *Ihrig/Schlitt* ZHR Beiheft 67/1998, 33, S. 56.
[1345] Vgl. BGH NZG 2005, 276.

ner Zustimmung abhängig zu machen, vgl. § 111 Abs. 4 S. 2 AktG,[1346] sowie eine Geschäftsordnung für die Komplementäre zu erlassen, vgl. § 77 Abs. 2 S. 1 AktG.[1347] Darüber hinaus kann dem Aufsichtsrat die Personalkompetenz in der Weise eingeräumt werden, dass er allein über die Aufnahme von Komplementären entscheiden kann.[1348] Eine solche Gestaltung wird jedoch eher selten gewählt. Zumeist wird ein Unternehmen ja gerade wegen der eingeschränkten Rechte des gegebenenfalls mitbestimmten Aufsichtsrates als KGaA organisiert.

2. Der Aufsichtsrat als Leitungsorgan

508 Soweit eine Satzungsregelung aufgenommen wird, die dem Recht des Aufsichtsrates einer Aktiengesellschaft nachgebildet ist und bestimmte Arten von Geschäften für zustimmungspflichtig erklärt, § 111 Abs. 4 S. 2 AktG, gelten auch die Beschränkungen für dieses Recht entsprechend.[1349]

509 Ob deshalb eine Regelung zulässig ist, die über § 111 Abs. 4 S. 2 AktG hinausgeht und den Aufsichtsrat zum dominierenden Leitungsorgan der KGaA macht, ist umstritten. Fraglich ist insbesondere, ob dem Aufsichtsrat Geschäftsführungsbefugnisse zur unmittelbaren Ausführung oder Weisungsrechte für Geschäftsführungsmaßnahmen eingeräumt werden können. Für die Aktiengesellschaft sieht das Gesetz zwingend vor, dass dem Aufsichtsrat keine Geschäftsführungsmaßnahmen übertragen werden dürfen, § 111 Abs. 4 S. 1 AktG. Dieses Verbot erstreckt sich auch auf Weisungsbefugnisse.[1350] Die Geschäftsführung in der KGaA richtet sich hingegen gemäß § 278 Abs. 2 AktG nach Personengesellschaftsrecht. Im Hinblick auf die Verteilung der Geschäftsführungskompetenzen besteht weitgehende Satzungsautonomie.[1351] Das Prinzip der Selbstorganschaft fordert nur, dass ein Gesellschafter, nicht jedoch dass der persönlich haftende Komplementär die Geschäfte führt.[1352] In einer Personengesellschaft kann daher die Geschäftsführungsbefugnis grundsätzlich frei zwischen den Komplementären und Kommanditisten verteilt[1353] oder einem Beirat übertragen werden.[1354] Da der Aufsichtsrat nur ein zusätzliches Organ der KGaA darstellt, das es in der reinen Personengesellschaft nach gesetzlichem Leitbild nicht gibt, für die Geschäftsführung der KGaA aber Personengesellschaftsrecht und damit Satzungsautonomie gilt, können dem Aufsichtsrat einer KGaA weitergehende Befugnisse als dem Aufsichtsrat in einer Aktiengesellschaft übertragen bzw. Weisungsrechte gegenüber anderen Organen eingeräumt wer-

---

[1346] *Bachmann* in Spindler/Stilz AktG § 278 Rn. 16; *Perlitt* in Münch Komm AktG § 287 Rn. 54; *Mertens/Cahn* in Kölner Komm AktG § 287 Rn. 23; *Schlitt* S. 176.
[1347] *Assmann/Sethe* in GroßKomm AktG § 287 Rn. 76; *Bachmann* in Spindler/Stilz AktG § 278 Rn. 16.
[1348] *Bachmann* in Spindler/Stilz AktG § 278 Rn. 17; *Fischer* S. 114.
[1349] *Hüffer/Koch* § 111 Rn. 18; *Mertens/Cahn* in Kölner Komm AktG § 111 Rn. 66; *Habersack* in Münch Komm AktG § 111 Rn. 100.
[1350] *Habersack* in Münch Komm AktG § 111 Rn. 97; *Bürgers/Israel* in Bürgers/Körber AktG § 111 Rn. 20.
[1351] *Koller* in Koller/Kindler/Roth/Morck HGB § 114 Rn. 1, 8; *Roth* in Baumbach/Hopt HGB § 114 Rn. 20 f.
[1352] BGHZ 51, 198, 201 = NJW 1969, 507.
[1353] BGHZ 51, 198, 201 = NJW 1969, 507.
[1354] *Schäfer* in Staub HGB § 109 Rn. 51 ff.; *Koller* in Koller/Kindler/Roth/Morck HGB § 109 Rn. 4.

den.¹³⁵⁵ Auf die KGaA ist also weder das Verbot, Geschäftsführungsmaßnahmen auf den Aufsichtsrat zu übertragen, § 111 Abs. 4 S. 1 AktG, noch die Eigenverantwortlichkeit und Weisungsfreiheit des Vorstandes, § 76 Abs. 1 AktG, unmittelbar übertragbar.¹³⁵⁶

Allerdings gilt die Satzungsautonomie für die Übertragung von Geschäftsführungsaufgaben auf den Aufsichtsrat nicht uneingeschränkt: Die Grenze bildet das organisationsrechtliche Prinzip, dass Ausführung und Kontrolle der Geschäftsführung nicht bei ein und demselben Organ liegen dürfen.¹³⁵⁷ Die grundsätzlich notwendige Trennung von Geschäftsführungs- und Kontrollkompetenzen hat mit der Regelung der personellen Inkompatibilität in § 287 Abs. 3 AktG gerade für die KGaA eine Grundlage im Gesetz gefunden. Trotz der im Personengesellschaftsrecht grundsätzlich bestehenden Gestaltungsfreiheit kann deshalb dem Aufsichtsrat einer KGaA keine Weisungsbefugnis gegenüber den geschäftsführenden persönlich haftenden Gesellschaftern eingeräumt werden.

510

IV. Unternehmerische Mitbestimmung in der KGaA

Die Unternehmensmitbestimmung in der KGaA kann sich nach dem Drittelbeteiligungsgesetz (DrittelbG) und dem Mitbestimmungsgesetz (MitbestG) 1976 ergeben. Eine Unternehmensmitbestimmung nach dem Montan-Mitbestimmungsgesetz¹³⁵⁸ ist ausgeschlossen, da dieses Gesetz nur auf Gesellschaften Anwendung findet, die in der Rechtsform einer Aktiengesellschaft oder einer GmbH betrieben werden.¹³⁵⁹ Personengesellschaften und die KGaA sind von diesem Gesetz nicht erfasst (§ 1 Abs. 2 Montan-MitbestG). Der Katalog ist abschließend.¹³⁶⁰ Ausgeschlossen ist ebenfalls eine Mitbestimmung nach dem Montan-Mitbestimmungsergänzungsgesetz;¹³⁶¹ auch hier ist die KGaA nicht unter den erfassten Gesellschaften genannt (§ 1 Abs. 1 Montan-MitbestErgG).

511

[*Einstweilen frei*]

512

---

¹³⁵⁵ BGH AG 1978, 17, 18.
¹³⁵⁶ Vgl. zu letzterem § 5 Rn. 113 ff.
¹³⁵⁷ OLG Köln AG 1978, 17, 18; BGHZ 75, 96, 106 = NJW 1979, 1823 – Herstatt; *Assmann/Sethe* in GroßKomm AktG § 287 Rn. 77; *Mertens/Cahn* in Kölner Komm AktG § 278 Rn. 88; *Perlitt* in Münch Komm AktG § 278 Rn. 236; § 287 Rn. 83.
¹³⁵⁸ Gesetz über die Mitbestimmung der Arbeitnehmer in den Aufsichtsräten und Vorständen der Unternehmen des Bergbaus und der Eisen und Stahl erzeugenden Industrie, Montan-MitbestG vom 21. Mai 1951, Bundesgesetzblatt (BGBl.) I, S. 347 (zuletzt geändert durch Gesetz vom 23. Juli 2001, BGBl. I, S. 1852).
¹³⁵⁹ Hinsichtlich der bergrechtlichen Gewerkschaften, die ebenfalls genannt werden, ist das Gesetz obsolet, da das Bundesberggesetz diese Gesellschaftsform nicht mehr kennt und die letzte Bestandsschutzregelung Ende 1993 auslief.
¹³⁶⁰ *Boldt*, § 1 Montan-MitbestG, Anm. 4; *Kötter*, Montan-MitbestG, § 1, Anm. 21; *Joost* ZGR 1998, 334, 336.
¹³⁶¹ Gesetz zur Ergänzung des Gesetzes über die Mitbestimmung der Arbeitnehmer in den Aufsichtsräten und Vorständen der Unternehmen des Bergbaus und der Eisen und Stahl erzeugenden Industrie, Montan-MitbestErgG vom 7. August 1956, BGBl. I, S. 707, in der Fassung vom 23. Juli 2001 (BGBl. I, S. 1852).

1. Mitbestimmungsgesetz 1976

513 **a) Anwendungsbereich.** Das Mitbestimmungsgesetz findet Anwendung auf Unternehmen, die in der Rechtsform einer KGaA betrieben werden und in der Regel mehr als 2 000 Arbeitnehmer beschäftigen (§ 1 Abs. 1 MitbestG).

514 **aa) Unternehmen.** Die unternehmerische Mitbestimmung der Arbeitnehmer setzt zunächst ein Unternehmen voraus. Der Begriff des Unternehmens ist im Mitbestimmungsgesetz nicht definiert. Eine Definition des Begriffs ist jedoch nicht erforderlich, da die Verwendung des Begriffs „Unternehmen" keine zusätzliche Eingrenzung bedeutet.[1362] Alle Gesellschaftstypen, die vom Mitbestimmungsgesetz erfaßt werden, mit mehr als 2 000 Arbeitnehmern, sind als Unternehmen i. S. d. Gesetzes anzusehen.

515 **bb) Tendenzunternehmen.** Gemäß § 1 Abs. 4 MitbestG ist das Gesetz **nicht** anzuwenden auf sogenannte „**Tendenzunternehmen**". Die Vorschrift entspricht insoweit dem Tendenzschutz im Betriebsverfassungsgesetz 1972, so daß auf die Judikatur und das Schrifttum zu § 118 BetrVG 1972 verwiesen werden kann. Allerdings gewährt § 1 Abs 1 MitbestG absoluten Tendenzschutz.[1363]

516 **cc) Rechtsform.** Das Gesetz bezieht Unternehmen in der **Rechtsform** einer KGaA in den Kreis der erfassten Unternehmen ein. Es ist unerheblich, ob der Komplementär eine natürliche Person oder eine juristische Person ist.

517 **dd) Zahl der Arbeitnehmer.** Voraussetzung für die Anwendung des Mitbestimmungsgesetzes ist, dass das Unternehmen **in der Regel mehr als 2 000 Arbeitnehmer beschäftigt**. Weitere Kriterien spielen keine Rolle: Familiengesellschaften werden – anders als in § 1 DrittelbG – nicht privilegiert. Gewinne, Umsatzerlöse oder Bilanzsummen sind unerheblich.

518 Der Begriff des **Arbeitnehmer**s wird im Mitbestimmungsgesetz nicht eigenständig determiniert. § 3 MitbestG verweist auf einzelne Regelungen des Betriebsverfassungsgesetzes. Arbeitnehmer sind danach Arbeiter und Angestellte einschließlich der zu ihrer Berufsausbildung beschäftigten (§ 3 Abs. 1 Ziff. 1 MitbestG i. V. m. § 5 Abs. 1 BetrVG). Die leitenden Angestellten werden vom Arbeitnehmerbegriff in § 3 Abs. 1 Ziff. 1 MitbestG zunächst ausgenommen, jedoch dann in § 3 Abs. 1 Ziff. 2 MitbestG wieder zum Kreis der Arbeitnehmer hinzugezählt; für die Beurteilung der Frage, ob ein leitender Angestellter vorliegt, kann auch der Hilfskriterienkatalog gemäß § 5 Abs. 5 BetrVG angewandt werden.

519 **Keine Arbeitnehmer** i. S. d. Mitbestimmungsgesetzes sind die in § 5 Abs. 2 BetrVG genannten Personen, also die gesetzlichen Vertreter einer juristischen Person oder Geschäftsführer einer Personengesamtheit. Dies schließt den Geschäftsführer einer Komplementärgesellschaft mit ein.[1364] Ausgenommen sind auch Personen, deren Beschäftigung karitativ, religiös oder medizinisch/erzieherisch motiviert ist; weiter der Ehegatte, Verwandte und Verschwägerte ersten Grades, die in häuslicher Gemeinschaft mit dem Arbeitgeber leben.

[1362] Ganz h. L. vgl. *Koberski* in *Wlotzke/Wißmann/Koberski/Kleinsorge* MitbestG § 1 Rn. 6.
[1363] BAG vom 14. Dezember 2013 = NZA 2011, 473.
[1364] H. M. *Fitting/Auffarth/Kaiser/Heither* BetrVG § 5 Rn. 112; andere Auffassung *Kraft* in Gemeinschaftskommentar BetrVG § 5 Rn. 48.

Maßgebend ist die **Zahl** der Arbeitnehmer, die das Unternehmen in der Regel 520 beschäftigt. Unerheblich ist, ob die Arbeitnehmer wahlberechtigt sind.[1365] Maßgebend ist die Zahl der Personen; Teilzeitbeschäftigte sind mitzuzählen, auch bei geringfügiger Beschäftigung. Ein Teilzeitarbeitsplatz ist im Hinblick auf die Personenzahl voll zu zählen.[1366] Aushilfen sind nicht mitzuzählen, soweit diese zum Abfangen von Arbeitsspitzen gelegentlich kurzfristig beschäftigt werden. Sie sind jedoch mitzuzählen, wenn regelmäßig eine bestimmte Zahl von Aushilfen in einem Betrieb des Unternehmens beschäftigt ist. Bei der Prüfung der Zahl der Arbeitnehmer sind Anhaltspunkte für die Anzahl der beschäftigten Arbeitnehmer die Zahl der Arbeitsplätze, der Stellenplan und die Personalplanung. Hier ist ein überschaubarer Zeitraum heranzuziehen.[1367] Zeiten ungewöhnlich hohen oder geringen Geschäftsanfalls sind nicht zu berücksichtigen.[1368]

Im Ausland beschäftigte Mitarbeiter sind mitzuzählen, sofern sie sich nur vorübergehend dort aufhalten (sog. „Ausstrahlungstheorie"), insoweit kann die Judikatur zum Betriebsverfassungsgesetz herangezogen werden.[1369] Bei einer dauerhaften Beschäftigung im Ausland sind die in den ausländischen Betrieben beschäftigten Arbeitnehmer nicht einzubeziehen (Territorialitätsprinzip).[1370] 521

b) Beginn der Mitbestimmung. Die Mitbestimmungspflicht beginnt, sobald 522 in der Regel mehr als 2 000 Arbeitnehmer beschäftigt werden. Sobald diese **Zahl erreicht** wird, ist der Vorstand verpflichtet, ein Verfahren nach §§ 97 f. AktG einzuleiten.

Im Falle einer **Neugründung** unterliegt nicht der Aufsichtsrat im Gründungs- 523 stadium, sondern erst der Aufsichtsrat, der in der Hauptversammlung gewählt wird, die über die Entlastung für das erste Geschäftsjahr beschließt, der Mitbestimmung (§ 278 Abs. 3 AktG i. V. m. § 30 AktG). Dies gilt auch bei der Verschmelzung durch Neugründung (§ 36 Abs. 1 S. 1 UmwG). Streitig ist, ob im Fall der Einbringung oder Übernahme eines Unternehmens ein mitbestimmter Aufsichtsrat zu bilden ist, wenn alsbald mit mehr als 2 000 Arbeitnehmern zu rechnen ist. In diesem Fall ist die Gesellschaft nicht verpflichtet, von vornherein einen Aufsichtsrat zu bilden, der den Vorschriften des Mitbestimmungsgesetzes entspricht.[1371] Sobald die Einbringung des Unternehmens erfolgt ist, müsste dann das Änderungsverfahren nach § 97 AktG durchgeführt werden.

c) Einschränkung der Mitbestimmung. Die unternehmerische Mitbestim- 524 mung der Arbeitnehmer in der KGaA ist zweifach eingeschränkt: Gemäß § 31 Abs. 1 S. 2 MitbestG sind die Vorschriften des Mitbestimmungsgesetzes über die Bestellung und Abberufung der Mitglieder der zur gesetzlichen Vertretung des Unternehmens befugten Organe nicht für Kommanditgesellschaften auf Aktien anwendbar. Zum anderen ist bei der KGaA kein Arbeitsdirektor als gleichberech-

---

[1365] *Raiser*, MitbestG § 1, Rn. 17.
[1366] *Raiser*, MitbestG § 1, Rn. 17; *Fitting/Wlotzke/Wißmann* MitbestG § 1, Rn. 23.
[1367] OLG Düsseldorf BB 1995, 277, 278, 17–20 Monate, a.A. *Raiser*, MitbestG § 1 Rn. 18: 1,5–2 Jahre; *Ulmer* FS Heinsius, S. 855, 864.
[1368] ArbG Offenbach, Beck RS 2012, 75531.
[1369] *Fitting/Kaiser/Heither/Engels* BetrVG § 1 Rn. 16 ff.
[1370] *Fitting/Wlotzke/Wißmann* MitbestG § 3 Rn. 27; *Raiser*, MitbestG § 1, Rn. 20 m. w. N.; a. A. LG Frankfurt DB 1982, 1312; LG Frankfurt ZIP 2015, 634.
[1371] BayObLG BB 2000, 1538; a. A. *Raiser*, MitbestG § 1 Rn. 18 m. w. N.; *Fitting/Wlotzke/Wißmann* MitbestG § 7, Rn. 18; *Halm* BB 2000, 1849.

tigtes Mitglied des zur gesetzlichen Vertretung des Unternehmens befugten Organs zu bestellen.[1372]

525 **aa) Keine Bestellung und Abberufung der Mitglieder des Vertretungsorgans.** Der mitbestimmte Aufsichtsrat der KGaA kann nicht die Komplementäre bzw. die Mitglieder des zur gesetzlichen Vertretung der Komplementärgesellschaft befugten Organs bestellen oder die Bestellung widerrufen. Bei Schaffung der Mitbestimmung ist der Gesetzgeber der im Rahmen des Gesetzgebungsverfahrens vorherrschenden Ansicht gefolgt, daß persönliche Haftung und Mitbestimmung sich gegenseitig ausschließen,[1373] und hat entschieden, Personengesellschaften von der paritätischen Mitbestimmung auszunehmen.

526 Somit bleibt es bei den gesellschaftsrechtlichen Vorschriften, wonach die Komplementäre als geborene Geschäftsführer grundsätzlich von den Gesellschaftern per **Satzungsänderung** bestellt werden.[1374] Auch eine Abberufung eines persönlich haftenden Gesellschafters als Geschäftsführungsorgan ist nur durch Entziehung der Geschäftsführungs- und Vertretungsbefugnis durch die Gesellschafter unter sehr engen Voraussetzungen möglich, § 278 Abs. 2 AktG i.V.m. §§ 161 Abs. 2, 117 Abs. 1, 127 Abs. 1 HGB.

527 Gemäß § 33 Abs. 1 S. 2 MitbestG ist ein Arbeitsdirektor bei der KGaA nicht zu bestellen.

528 **bb) Keine volle Mitbestimmung bei der atypischen KGaA ohne personalistischen Zuschnitt.** Der BGH hat in der Entscheidung vom 24.2.1997[1375] bestätigt,[1376] daß eine GmbH persönlich haftende Gesellschafterin einer KGaA sein kann.[1377] Das Aktiengesetz enthält insoweit kein Verbot; eine Unzulässigkeit dieser Rechtsform ergibt sich auch nicht mittelbar aus den Regelungen des Aktiengesetzes.[1378] Der BGH hält in der Entscheidung zum einen fest, daß die Einschränkung der Mitbestimmung nicht zwingend als Ausgleich die persönliche Haftung einer natürlichen Person erfordert,[1379] zum anderen hält das Gericht fest, daß die GmbH & Co. KGaA keine Umgehung des Mitbestimmungsgesetzes darstellt. Das Mitbestimmungsgesetz entfaltet bei der KGaA nur eine geringere Wirkung. Es sei allein **Sache des Gesetzgebers**, das Mitbestimmungsgesetz neuen Gegebenheiten anzupassen, wenn er dies für erforderlich hält.[1380]

529 **cc) Keine analoge Anwendung von § 4 MitbestG.** Bereits vor Erlass des Mitbestimmungsgesetzes 1976 hat *Steindorff*[1381] vorgeschlagen, die **Regelung des § 4 MitbestG entsprechend auf die KGaA anzuwenden**: § 4 MitbestG be-

---

[1372] Die Mitbestimmungsprivilegien werden von einzelnen Autoren als unangebracht angesehen (*K. Schmidt* in K. Schmidt/Lutter AktG § 287 Rn. 5), sind aber de lege lata einzuhalten.
[1373] Mitbestimmung Unternehmen, Bericht der sachverständigen Kommission, BT-Drs. IV/334, 116; *Buchner* ZFA 5 (1974), 147, 171; a.A. *Däubler*, Das Grundrecht auf Mitbestimmung, passim; einschränkend *Steindorff* FS Ballerstedt, 1975, 127, 131.
[1374] Hierzu § 5 Rn. 312 ff.
[1375] BGHZ 134, 392 ff.; ebenso OLG Celle AG 2015, 205.
[1376] So bereits zuvor OLG Hamburg NJW 1969, 1030.
[1377] Siehe hierzu § 4 Rn. 7.
[1378] BGHZ 134, 392, 393.
[1379] BGHZ 134, 392, 400.
[1380] BGHZ 134, 392, 400.
[1381] *Steindorff* FS Ballerstedt, 1975, 127, 138 f.

Hecht

stimmt, daß im Falle einer KG der Komplementärgesellschaft für die Anwendung des Mitbestimmungsgesetzes auf den persönlich haftenden Gesellschafter die Arbeitnehmer der Kommanditgesellschaft als Arbeitnehmer des persönlich haftenden Gesellschafters gelten, sofern (i) die Mehrheit der Kommanditisten der Kommanditgesellschaft gleichzeitig die Mehrheit der Anteile oder der Stimmen in dem Unternehmen des persönlich haftenden Gesellschafters innehat und sofern (ii) die persönlich haftende Gesellschafterin nicht einen eigenen Geschäftsbetrieb mit in der Regel mehr als 500 Arbeitnehmern hat. Wenn eine Kommanditgesellschaft persönlich haftende Gesellschaft einer anderen Kommanditgesellschaft ist (sog. **mehrstöckige KG**), gelten auch deren Arbeitnehmer als Arbeitnehmer der persönlich haftenden Gesellschaft.

Ausgehend von *Steindorff*[1382] ist in der rechtlichen Literatur streitig, ob § 4 MitbestG auf die KGaA mit einer Kapitalgesellschaft als Komplementär analog anzuwenden ist oder nicht und welche Konsequenzen sich hieraus gegebenenfalls ergeben würden. **530**

Steindorff[1383] führt aus, dass die vollen Mitbestimmungsregeln erst recht auf die KGaA angewendet werden können, wenn § 4 MitbestG die vollen Mitbestimmungsregeln schon auf die GmbH & Co. KG für anwendbar erklärt. Dies würde bedeuten, dass die Arbeitnehmer der KGaA für Mitbestimmungszwecke der Komplementärgesellschaft zugerechnet werden, wenn die Gesellschafter der Komplementärgesellschaft und die Kommanditisten mehr oder weniger identisch sind.[1384] Die analoge Anwendbarkeit von § 4 MitbestG wird seitdem auch von *Fischer*,[1385] *Raiser*,[1386] *Joost*,[1387] *Oetker*[1388] vertreten. **531**

Wenngleich zuzugeben ist, dass die Situation in der KG, die eine Kapitalgesellschaft als Komplementär hat, sehr ähnlich ist der Situation, in der eine KGaA eine Kapitalgesellschaft als Komplementär hat, so ist doch festzuhalten, daß die Einbeziehung einer Personengesellschaft in den Rahmen des Mitbestimmungsgesetzes eine **Ausnahmeregelung** ist, die den Rahmen der erfassten Gesellschaftstypen in § 1 Abs. 1 MitbestG als Ausnahme sprengt.[1389] Zum zweiten ist klar, daß die KGaA zu den grundsätzlich erfassten Unternehmen im Mitbestimmungsgesetz zählt. Von einer gesetzgeberischen Lücke kann daher wohl nicht ausgegangen werden. Darüber hinaus wäre die in § 4 normierte Ausnahmeregelung **nicht analog** auf die KGaA übertragbar. Es bleibt daher abzuwarten, ob der Gesetzgeber die Regel für die kapitalistisch geführte KGaA abändert, wie dies für die GmbH & Co. KG in § 4 MitbestG geschehen ist. Die h. L. lehnt dies ab.[1390] **532**

[1382] *Steindorff* FS Ballerstedt, 1975, 127, 138 f.
[1383] *Steindorff* FS Ballerstedt, 1975, 127, 138 f.
[1384] *Steindorff* FS Ballerstedt, 1975, 127, 139, möchte die Regelung des § 4 auf die KGaA anwenden, ohne daß es hier auf die Identität der Kommanditaktionäre und der Gesellschafter der Komplementärgesellschaft ankäme.
[1385] *Fischer*, Die Kommanditgesellschaft auf Aktien nach dem Mitbestimmungsgesetz 1982, 141.
[1386] *Raiser* MitbestG § 31, Rn. 45.
[1387] *Joost* ZGR 1998, 334, 346 – Gleichzeitiger Mehrheitsbesitz der Komplementärgesellschaftsanteile und der Kommanditanteile ist erforderlich.
[1388] *Oetker* ZGR 2000, 19, 40.
[1389] *Perlitt* in Münch Komm AktG § 278 Rn. 304.
[1390] *Bachmann* in Spindler/Stilz AktG § 278 AktG Rn. 85 m.w.N.

Hecht

533 Gegen eine entsprechende Anwendung von § 4 MitbestG spricht auch, dass die Befürworter **nicht einheitlich erklären, welche Folgen die analoge Anwendung von § 4 MitbestG** haben soll:

534 Während einige bereits auf der *Tatbestandsseite* vom Erfordernis eines einheitlichen Mehrheitsbesitzes der Anteile abrücken wollen,[1391] wollen andere an diesem Erfordernis festhalten.[1392]

535 Offen ist auch die *Rechtsfolgenseite*, d. h. ob die KGaA unter Anwendung des § 4 MitbestG dann zwei Aufsichtsräte haben soll: So wird vertreten, dass zwei Aufsichtsräte jeweils ihre Aufgaben erfüllen; ein mit vollen Mitbestimmungsrechten ausgestatteter Aufsichtsrat bei der Komplementärgesellschaft, ein mit eingeschränkten Mitbestimmungsrechten ausgestatteter Aufsichtsrat bei der KGaA.[1393] Damit würde jedoch die gesetzgeberische Entscheidung einer eingeschränkten Mitbestimmung bei der KGaA durch die Etablierung von zwei Aufsichtsräten über ihr Gegenteil hinaus verkehrt. Offen bleibt außerdem das Verhältnis der beiden Aufsichtsräte zueinander.

536 Dieses Ergebnis wird von anderen dadurch vermieden, dass die Befugnisse des einen gegebenen Aufsichtsrats der KGaA erweitert werden, und zwar auf das Ausmaß, welches sie gemäß § 4 MitbestG im Aufsichtsrat einer Komplementärgesellschaft haben müssten.[1394] Auch dies widerspricht dem Wortlaut des Mitbestimmungsgesetzes und kann nicht einmal anhand der Regelung in § 4 MitbestG abgeleitet werden. Die Auffassung erscheint daher bei der bestehenden Gesetzeslage rechtlich nicht begründbar.

537 Auch dies zeigt, dass eine Entscheidung des Gesetzgebers erforderlich wäre und eine analoge von § 4 MitbestG auf die KGaA abzulehnen ist.

538 **dd) Keine analoge Anwendung von § 5 MitbestG.** Gelegentlich wird vertreten, die Konzernvorschrift des § 5 MitbestG sei für die Kapitalgesellschaft & Co. KGaA analog anzuwenden, so dass man auch auf diesem Wege zu einem mitbestimmten Aufsichtsrat der Komplementärgesellschaft gelangen könne:[1395] Die Kapitalgesellschaft habe allein schon wegen ihrer normtypischen Befugnisse in der KGaA regelmäßig eine beherrschende Stellung inne und könne damit eine „einheitliche Leitung" i. S. des § 18 AktG ausüben, weshalb die analoge Anwendung des § 5 MitbestG gerechtfertigt sei. Die Gesamtschau der §§ 1, 4 und 5 MitbestG zeigt aber, dass die Regelung in § 4 MitbestG für Kapitalgesellschaften & Co. lex specialis zu § 5 MitbestG ist.[1396] Eine Anwendung von § 5 MitbestG in den (für die Personengesellschaft) grundsätzlich von § 4 MitbestG erfassten Fällen muss daher von vornherein ausscheiden.[1397]

[1391] *Steindorff* FS Ballerstedt, 1975, 127, 138.
[1392] *Raiser* MitbestG § 4, Rn. 5; *Joost* ZGR 1998, 334, 346.
[1393] *Raiser* MitbestG § 4 Rn. 5; *Fischer* Die Kommanditgesellschaft auf Aktien nach dem Mitbestimmungsgesetz 1982, S. 139; *Joost* ZGR 1998, 334, 345.
[1394] *Steindorff* FS Ballerstedt 1975, S. 127, 139; ablehnend *Fischer* Die Kommanditgesellschaft auf Aktien nach dem Mitbestimmungsgesetz 1982, S. 141.
[1395] So etwa *Fitting/Wlotzke/Wißmann*, MitbestG § 31 Rn. 51; *Raiser* MitbestG § 31 Rn. 45.
[1396] *Assmann/Sethe* in GroßKomm AktG Vor § 287 Rn. 11; *Graf*, Kapitalgesellschaft & Co. KGaA S. 226; *Herfs* in Münch Hdb AG § 78 Rn. 61; *Joost* ZGR 1998, 334, 346 f.; zu den abweichenden Ansichten für die Kapitalgesellschaft & Co. KG *Raiser* MitbestG § 4 Rn. 3 f. m. w. N.
[1397] OLG Celle, AG 2015, 205.

2. Drittelbeteiligungsgesetz

a) Subsidiarität. Die KGaA gehört zu den Gesellschaftstypen, die vom Drittelbeteiligungsgesetz erfasst werden. Das Gesetz findet nur Anwendung, wenn eine Mitbestimmung nach dem Mitbestimmungsgesetz ausgeschlossen ist (§ 1 Abs. 3 MitbestG). Bei Tendenzunternehmen ist die Mitbestimmung auch nach dem Drittelbeteiligungsgesetz generell ausgeschlossen (§ 1 Abs. 2 DrittbG). **539**

b) Keine Mindestzahl von Arbeitnehmern für die vor dem 10.8.1994 eingetragene KGaA. Mit dem Gesetz für kleine Aktiengesellschaften und zur Deregulierung des Aktienrechts[1398] wurde die zuvor geltende Regelung, dass jede Aktiengesellschaft und jede KGaA der Mitbestimmung nach dem Drittelbeteiligungsgesetz unterliegt, modifiziert. **540**

Eine KGaA, die weniger als 500 Arbeitnehmer beschäftigt, ist nach der Gesetzesreform weiterhin dann mitbestimmt, wenn sie vor dem 10.8.1994 eingetragen worden ist (§ 1 Abs. 1, Ziff. 2 DrittbG). Allerdings waren und sind Familiengesellschaften mit in der Regel weniger als 500 Arbeitnehmern vom Drittelbeteiligungsgesetz ausgenommen. Als Familiengesellschaft gilt eine KGaA nur, wenn deren Aktionär sowie der Komplementär eine einzelne natürliche Person ist oder die Aktionäre untereinander und mit dem Komplementär/den Komplementären i. S. v. § 15 Abs. 1 Nr. 2 bis 8, Abs. 2 der Abgabenordnung verwandt oder verschwägert sind, § 1 Abs. 1, Ziff. 1 DrittbG. Handelt es sich bei der Komplementärin um eine juristische Person, ist auf die Gesellschafter der Komplementärin abzustellen.[1399] **541**

Für die nach dem 10.8.1994 eingetragene KGaA kommt eine Mitbestimmung nach dem reformierten BetrVG 1952 dagegen nur in Betracht, wenn sie in der Regel mehr als 500 Mitarbeiter beschäftigt. **542**

V. Verantwortung und Haftung des Aufsichtsrates

1. Haftung gegenüber der KGaA

In der Aktiengesellschaft gelten für den Aufsichtsrat über die §§ 116, 93 AktG die Sorgfaltspflichten und Verantwortlichkeiten der Vorstandsmitglieder sinngemäß. Aufsichtsratsmitglieder unterliegen damit einer § 93 Abs. 1 AktG entsprechenden Sorgfaltspflicht. Verletzen sie diese schuldhaft,[1400] haften sie der Aktiengesellschaft gemäß §§ 116, 93 Abs. 2 bis Abs. 6 AktG für den entstandenen Schaden.[1401] Hinsichtlich des Verschuldens besteht eine gesetzliche Vermutung, von der sich das betroffene Aufsichtsratsmitglied exkulpieren muss.[1402] Allerdings bedingt die sinngemäße Anwendung des § 93 AktG auf die Aufsichtsratsmitglieder eine Reihe von **543**

[1398] Vom 2.8.1994, BGBl. I, S. 1961.
[1399] *Assmann/Sethe* in GroßKomm AktG Vor § 287 Rn. 21; *Herfs* in Münch Hdb AG § 78 Rn. 58.
[1400] *Hüffer/Koch* § 116 Rn. 9.
[1401] *Hüffer/Koch* § 116 Rn. 8.
[1402] *Lutter/Krieger* § 13 Rn. 982.

Unterschieden hinsichtlich des Inhaltes der Sorgfaltspflicht, die ihre Ursache in der unterschiedlichen Aufgabe, Art der Tätigkeit und der beruflichen Herkunft der Aufsichtsratsmitglieder haben.[1403] Ist daher bereits bei der Aktiengesellschaft Anpassungsbedarf gegeben, gilt dies im verstärkten Maße für die KGaA, bei welcher der Aufsichtsrat geänderte Aufgaben und Befugnisse gegenüber einem Aufsichtsrat einer Aktiengesellschaft hat.[1404] Dabei differiert die Verantwortung je nachdem, ob der Aufsichtsrat einer KGaA seine Überwachungskompetenz und Vertretungskompetenz[1405] gegenüber dem persönlich haftenden Gesellschafter im Interesse der Gesellschaft wahrnimmt[1406] oder ob er in Wahrnehmung seiner Ausführungskompetenz[1407] die Interessen der Gesamtheit der Kommanditaktionäre vertritt.[1408] Zur Geltendmachung der Haftung sind die persönlich haftenden Gesellschafter gemäß §§ 283 Nr. 8, 78 AktG verpflichtet.[1409] Für die Durchsetzung des Schadensersatzanspruches seitens der Kommanditaktionäre gelten die Ausführungen zur Durchsetzung der Haftung der persönlich haftenden Gesellschafter entsprechend.[1410]

544   **a) Sorgfaltsmaßstab.** Für die Mitglieder des Aufsichtsratsrats gilt § 93 Abs. 1 AktG mit der Maßgabe, dass diese den Sorgfaltsanforderungen an ein ordentliches und gewissenhaftes Aufsichtsratsmitglied zu genügen haben.[1411] Dieser Pflichtenmaßstab gilt für alle Aufsichtsratsmitglieder gleichermaßen, mithin auch für die Vertreter der Arbeitnehmer im Aufsichtsrat.[1412] Zu den Pflichten des Aufsichtsrats gehört die Überwachung der Geschäftsführung in Bezug auf Rechtmäßigkeit, Ordnungsmäßigkeit, Zweckmäßigkeit und Wirtschaftlichkeit sowie die Beratung der Komplementäre zu Fragen der übergeordneten Unternehmensführung.[1413] Wesentliches Informationsmedium sind wie bei der Aktiengesellschaft die gesetzlich vorgeschriebenen[1414] Berichte der Geschäftsführung.[1415] Ferner hat sich der Aufsichtsrat zur langfristigen Geschäftsstrategie eine eigene Meinung zu bilden und diese mit den persönlich haftenden Gesellschaftern zu besprechen.[1416] Gegenstand der Überwachung sind damit auch die grundlegenden Planungen der Geschäftsführung wie die Jahresplanung (Budget) sowie die mittel- und langfristige Planung. Die Tatsache, dass der Aufsichtsrat der KGaA bestimmte unternehmerische Entscheidungen im Gegensatz zur Aktiengesellschaft nicht durch einen Zustimmungsvorbehalt verhindern kann, ändert nichts daran, dass der Aufsichtsrat

---

[1403] *Bürgers/Israel* in Bürgers/Körber AktG § 116 Rn. 3.
[1404] Hierzu ausführlich unter § 5 Rn. 477 ff.
[1405] Hierzu ausführlich unter § 5 Rn. 482 ff. und § 5 Rn. 495 ff.
[1406] Vgl. *Perlitt* in Münch Komm AktG § 287 Rn. 37, 39, 57, 69.
[1407] Hierzu ausführlich unter § 5 Rn. 491 ff.
[1408] *Perlitt* in Münch Komm AktG § 287 Rn. 63.
[1409] Vgl. zur Situation der Verfolgung von Ansprüchen bei der AG durch den Aufsichtsrat gegen den Vorstand: BGHZ 135, 244, 251 ff. = NJW 1997, 1926 – ARAG/Garmenbeck und *Lutter/Krieger* § 13 Rn. 1014.
[1410] Siehe oben § 5 Rn. 144 ff.
[1411] *Lutter/Krieger* § 13 Rn. 982.
[1412] *Bürgers/Israel* in Bürgers/Körber AktG § 116 Rn. 2 m.w.N.
[1413] Siehe oben § 5 Rn. 484 ff.
[1414] § 278 Abs. 3, 90 Abs. 1 AktG; *Assmann/Sethe* in GroßKomm AktG § 287 Rn. 33.
[1415] *Perlitt* in Münch Komm AktG § 287 Rn. 40.
[1416] Siehe oben § 5 Rn. 484 ff.

sich zu diesen Entscheidungen eine Meinung bilden und eine gegenteilige Auffassung gegenüber den Komplementären zum Ausdruck bringen muss.[1417]

Der Sorgfaltsmaßstab des Aufsichtsrates einer KGaA unterscheidet sich somit im Ansatz nicht von dem Sorgfaltsmaßstab, der für den Aufsichtsrat einer Aktiengesellschaft gilt. Unterschiede ergeben sich aber im Hinblick auf die einzelnen dem Aufsichtsrat einer KGaA zur Ausübung seiner Überwachungsaufgaben zur Verfügung stehenden Eingriffsinstrumentarien. Während der Aufsichtsrat einer Aktiengesellschaft verpflichtet ist, mit allen zur Verfügung stehenden Mitteln gegen leichtfertige Geschäftsführungsmaßnahmen des Vorstandes einzuschreiten und notfalls zur Verhinderung derartiger Geschäftsführungsmaßnahmen von seinem Recht aus § 111 Abs. 4 AktG zur Einrichtung von Zustimmungsvorbehalten Gebrauch machen muss,[1418] steht dieses Instrumentarium dem Aufsichtsrat einer KGaA nicht zur Verfügung.[1419] Der Aufsichtsrat einer KGaA genügt also seiner Sorgfaltspflicht, wenn er die persönlich haftenden Gesellschafter auf seine Bedenken hinweist,[1420] ggf. die Hauptversammlung entsprechend informiert und ihr gegenüber seine Bedenken vorträgt,[1421] sofern das Geschäft überhaupt der Zustimmung der Hauptversammlung bedarf.[1422] Als letztes Mittel bleibt dem Aufsichtsrat einer KGaA der Rücktritt, wenn er die Verantwortung für eine Geschäftsführungsmaßnahme nicht mittragen kann.[1423]

545

Der anzuwendende Sorgfaltsmaßstab eines ordentlichen und gewissenhaften Aufsichtsratsmitgliedes ist bei Ausübung der Überwachungs-, Ausführungs- und Vertretungskompetenz derselbe.[1424]

546

Neben der Pflicht zur Überwachung der Geschäftsführung treffen den Aufsichtsrat einer KGaA auch die allgemeinen Pflichten wie Treuepflicht[1425] und die Verschwiegenheitspflicht[1426] aus §§ 278 Abs. 3, 116, 93 Abs. 1 AktG.

547

b) Verschulden. Aufsichtsratsmitglieder einer KGaA haften wie Aufsichtsratsmitglieder einer Aktiengesellschaft nur für schuldhafte Pflichtverletzungen. Verschuldensmaßstab ist ebenfalls die Sorgfalt eines ordentlichen und gewissenhaften Aufsichtsratsmitgliedes. Eine Verletzung der Sorgfaltspflicht ist daher immer schuldhaft, insofern gilt ein objektivierter Verschuldensmaßstab.[1427] Gemäß §§ 278 Abs. 3, 116, 93 Abs. 2 AktG gilt auch die Verschuldensvermutung zu Lasten der Mitglieder des Aufsichtsrats einer KGaA: Hat die KGaA einen Schaden erlit-

548

[1417] Siehe oben § 5 Rn. 484 ff.
[1418] *Spindler* in Spindler/Stilz AktG § 111 Rn. 62 f.; *Lutter/Krieger* § 13 Rn. 988.
[1419] Siehe oben § 5 Rn. 484 ff.
[1420] Vgl. *Perlitt* in Münch Komm AktG § 287 Rn. 42.
[1421] Vgl. *Perlitt* in Münch Komm AktG § 287 Rn. 46; *Assmann/Sethe* in GroßKomm AktG § 287 Rn. 43.
[1422] A. A. *Assmann/Sethe* in GroßKomm AktG § 287 Rn. 42, die auch dann die Einberufung einer Hauptversammlung für sinnvoll erachten, wenn deren Zustimmungsrecht nach § 164 S. 2 HGB ausgeschlossen ist. Diese Forderung erscheint überzogen.
[1423] Vgl. *Perlitt* in Münch Komm AktG § 287 Rn. 46.
[1424] *Perlitt* in Münch Komm AktG § 287 Rn. 37, 63, 69.
[1425] Diese wird überwiegend nicht aus § 93 Abs. 1 AktG, sondern aus § 242 BGB abgeleitet, siehe hierzu näher Hüffer/*Koch* § 93 Rn. 5.
[1426] Siehe zur AG: *Bürgers/Israel* in Bürgers/Körber AktG § 116 Rn. 20; *Grigoleit/Tomasic* in Grigoleit AktG § 116 Rn. 15; *Lutter/Krieger* § 13 Rn. 10001 ff.
[1427] Vgl. *Bürgers/Israel* in Bürgers/Körber AktG § 116 Rn. 19; *Lutter/Krieger* § 13 Rn. 1005.

ten und beruht dieser möglicherweise auf einem pflichtwidrigen Verhalten des Aufsichtsrats, so ist es Sache jedes Mitglieds des Aufsichtsrats, die Vermutung der objektiven Pflichtwidrigkeit und des Verschuldens zu widerlegen.[1428] Jedoch ist die Reichweite der Verschuldensvermutung bei der KGaA verkürzt: Die Verschuldensvermutung reicht nur so weit, wie auch die Sorgfaltspflicht des Aufsichtsrates reicht. Dies bedeutet konkret, dass eine schuldhafte Sorgfaltspflichtverletzung des Aufsichtsrates einer KGaA insoweit nicht vorliegt, als diesem die Einwirkungsmöglichkeiten auf die persönlich haftenden Gesellschafter der KGaA fehlen und er im Übrigen seinen Informationspflichten nachgekommen ist.

549   c) **Haftungsausschlüsse und -beschränkungen.** Eine Haftung des Aufsichtsrats einer KGaA besteht nicht, wenn die Haftung nach § 93 Abs. 4 AktG ausgeschlossen ist. Bei der Aktiengesellschaft tritt eine Haftung von Vorstand und Aufsichtsrat nicht ein, wenn das schädigende Verhalten auf einem rechtmäßigen Beschluss der Hauptversammlung der Aktiengesellschaft beruht.[1429] Diese Beschränkung gilt auch für den Aufsichtsrat einer KGaA mit derselben Modifikation, die bereits für die Haftungsbeschränkung der persönlich haftenden Gesellschafter in dieser Frage gilt:[1430] Nur wenn die Hauptversammlung nicht ohnehin ihre Zustimmung zu außergewöhnlichen Geschäften und Grundlagengeschäften erteilen muss, kann es zu einer Haftung des Aufsichtsrats einer KGaA kommen. Somit beschränkt sich das Haftungsrisiko auf die schadensstiftende Ausführung von gewöhnlichen Geschäften und auf Fälle, in denen die Zustimmung der Hauptversammlung zu außergewöhnlichen Geschäften und Grundlagengeschäften in der Satzung ausgeschlossen ist.

2. Haftung gegenüber Dritten

550   Dritten gegenüber kommt eine Haftung des Aufsichtsrats einer KGaA unter dem Gesichtspunkt der unerlaubten Handlung,[1431] nach Spezialvorschriften[1432] oder der kapitalmarktrechtlichen Vertrauenshaftung[1433] in Betracht. Da sich Anspruchsvoraussetzungen und Durchsetzung gegen den Aufsichtsrat einer KGaA nicht wesentlich von der Durchsetzung gegen den Aufsichtsrat einer Aktiengesellschaft unterscheiden, sei insoweit auf die einschlägige aktienrechtliche Literatur verwiesen.[1434]

[1428] Vgl. zur AG: *Lutter/Krieger* § 13 Rn. 1009; *Fleischer* in Spindler/Stilz AktG § 93 Rn. 205.
[1429] *Fleischer* in Spindler/Stilz AktG § 93 Rn. 266; *Lutter/Krieger* § 13 Rn. 1010.
[1430] Siehe oben § 5 Rn. 138 ff.
[1431] Vgl. zur AG: *Lutter/Krieger* § 13 Rn. 1019, 1023.
[1432] Insbes. §§ 117, 317 AktG, vgl. zur AG: *Lutter/Krieger* § 13 Rn. 1020.
[1433] Vgl. zur AG: *Lutter/Krieger* § 13 Rn. 1021.
[1434] *Lutter/Krieger* § 13 Rn. 1018 ff.; *Thümmel* Rn. 353 ff.

E. Der Beirat

I. Zweck

Ein Beirat, oftmals auch als Gesellschafterausschuss bezeichnet, wird in der Satzung der KGaA oftmals als Ausführungs- und Vertretungsorgan der Gesamtheit der Kommanditaktionäre ausgestaltet. Eine Besonderheit der KGaA besteht darin, dass der Aufsichtsrat auf der einen Seite die Geschäftsführung überwachen muss und auf der anderen Seite die Hauptversammlungsbeschlüsse ausführt und die Gesamtheit der Kommanditaktionäre gegenüber den Komplementären vertritt, § 287 Abs. 1, 2 AktG.[1435] Diese Doppelrolle des Aufsichtsrats führt gegebenenfalls zu Interessenkonflikten, da der Aufsichtsrat bei der Überwachungsaufgabe das Gesellschaftsinteresse und bei der Vertretung der Kommanditaktionäre die Interessen dieser Gesellschaftergruppe verfolgen muss. Um dies zu vermeiden, wird oft ein Beirat eingerichtet, dem die Interessenvertretung der Kommanditaktionäre gegenüber den Komplementären obliegt. Dem Beirat werden hierzu sowohl die Kompetenz zur Ausführung von Hauptversammlungsbeschlüssen, § 287 Abs. 1 AktG, als auch die Vertretungskompetenz gemäß § 287 Abs. 2 AktG eingeräumt.[1436] 551

Insbesondere in Familien-KGaAs besteht darüber hinaus oft das Bedürfnis, den Einfluss der Komplementäre nicht nur auf der Geschäftsführungs-, sondern auch auf der Überwachungsebene sicherzustellen. Dies kann dadurch erreicht werden, dass einem Beirat oder Gesellschafterausschuss, der ausschließlich mit bzw. durch die Komplementäre besetzt werden darf, Geschäftsführungsaufgaben übertragen werden. Mittelbar kann die Geschäftsführung so der Überwachung durch den Aufsichtsrat entzogen werden, da der Aufsichtsrat ausschließlich die Komplementäre überwacht.[1437] 552

Ein Beirat kann bei einer KGaA auch dann gebildet werden, wenn einerseits die geschäftsführenden Komplementäre überwacht werden sollen, diese Aufgabe jedoch durch Personen ausgeübt werden soll, die nicht von der Hauptversammlung bestimmt werden. Der Beirat kann jedoch allenfalls neben dem Aufsichtsrat die Überwachungsfunktion ausüben.[1438] Der Aufsichtsrat muss die ihm zugewiesene Überwachungsaufgabe zwingend selbständig und unabhängig ausüben kön- 553

[1435] Siehe oben § 5 Rn. 477 ff.
[1436] Die Übertragung von Ausführungs- und Vertretungskompetenz auf den Beirat ist zulässig: Die Übertragbarkeit der Ausführungskompetenz ergibt sich schon aus dem Gesetzeswortlaut des § 287 Abs. 1 AktG. Die Vertretungskompetenz für die Gesamtheit der Kommanditaktionäre betrifft das Verhältnis zwischen den Gesellschaftergruppen der Komplementäre und der Kommanditaktionäre. Diese Regelungsmaterie ist gem. § 278 Abs. 2 AktG dem Personengesellschaftsrecht zugeordnet und unterliegt deshalb der Satzungsautonomie. *Perlitt* in Münch Komm AktG § 287 Rn. 14; *Hüffer/Koch* § 287 Rn. 1; *Herfs* in Münch Hdb AG § 78 Rn. 67; *Schlitt* S. 177.
[1437] Zur Reichweite der Überwachungsaufgaben des Aufsichtsrats § 5 Rn. 482 ff.
[1438] Diese Ausgestaltung meinen wohl auch *Assmann/Sethe* in GroßKomm AktG § 287 Rn. 112, die die Einrichtung eines Beirats als Überwachungsorgan für sinnvoll halten.

nen. Die Übertragung auf ein Sonderorgan mit der Wirkung, dass der Aufsichtsrat seine Überwachungsbefugnis verliert, ist nicht möglich.[1439] Dennoch kann ein zusätzliches Überwachungsorgan sinnvoll sein, z. B. um ein unabhängiges, in der Unternehmensorganisation verankertes Organ zu installieren, das Aufgaben des unternehmensinternen Controlling wahrnimmt.

554 Neben diesen KGaA-spezifischen Interessenkonstellationen gibt es weitere Fälle, die die Einrichtung eines Beirats sinnvoll erscheinen lassen.

555 In der Familien-KGaA kann die Einrichtung eines Beirats der Konfliktlösung dienen. So können einem Familienstamm, der nicht an der Geschäftsführung beteiligt ist, maßgebliche Positionen in einem Beirat eingeräumt werden. Inwieweit diesem Beirat neben beratenden Funktionen auch Mitwirkungs- oder Überwachungsaufgaben eingeräumt werden, unterliegt der oben dargestellten Gestaltungsfreiheit.[1440]

556 Der Beirat kann auch als Schiedsstelle zur Schlichtung von Konflikten zwischen Gesellschaftergruppen, zwischen Familienstämmen oder zwischen der Komplementärgesellschaft und den Kommanditaktionären ausgestaltet werden.[1441]

557 Mit einem Beirat kann schließlich auch externer Sachverstand in das Unternehmen geholt werden.[1442] Den Sachverständigen können durch Übertragung von Geschäftsführungs- oder Weisungsbefugnissen auf den Beirat direkte Einflussmöglichkeiten auf die Unternehmenspolitik gewährt werden. Die Tätigkeit wird auf diese Weise für kompetente Berater interessanter und Sachverständige können so an das Unternehmen gebunden werden.

II. Zulässigkeit

1. Schuldrechtlicher Beirat

558 Die Einrichtung von Beiräten auf vertraglicher Basis ist jederzeit möglich. Einem solchen Beirat stehen allerdings keine organschaftlichen Entscheidungsbefugnisse zu.[1443] Die Kompetenzverteilung zwischen den Organen der KGaA bleibt daher durch einen solchen Beirat unberührt.[1444]

[1439] Hinsichtlich der Überwachungsaufgabe greift die Verweisung des § 278 Abs. 3 AktG in das erste Buch des Aktiengesetzes ein. Für diese Vorschriften gilt die aktienrechtliche Satzungsstrenge, § 23 Abs. 5 AktG. *Perlitt* in Münch Komm AktG § 287 Rn. 53; *Mertens/Cahn* in Kölner Komm AktG § 287 Rn. 12; *Assmann/Sethe* in GroßKomm AktG § 287 Rn. 75; *Herfs* in Münch Hdb AG § 79 Rn. 79; *Schlitt* S. 176.
[1440] Vgl. auch *Herfs* in Münch Hdb AG § 79 Rn. 80; *Sigle* NZG 1998, 619, 621.
[1441] *Assmann/Sethe* in GroßKomm AktG § 287 Rn. 83.
[1442] *Herfs* in Münch Hdb AG § 79 Rn. 78.
[1443] *Herfs* in Münch Hdb AG § 79 Rn. 86.
[1444] *Theisen* DBW 1989, 137, 146.

2. Organschaftlicher Beirat

Die Einrichtung eines Beirats mit organschaftlichen Befugnissen ist im Gegensatz zur Aktiengesellschaft zulässig.[1445] Durch den Verweis des § 278 Abs. 2 AktG in das Personengesellschaftsrecht unterliegen bedeutende Regelungsbereiche der Satzungsautonomie. Insoweit können grundsätzlich auch organschaftliche Befugnisse auf ein Sonderorgan übertragen werden.[1446]

III. Grundformen eines Beirats

1. Gesellschafterausschuss

Der Beirat kann z.B. als Gesellschafterausschuss ausgestaltet werden. In diesem Fall wird er ermächtigt, Geschäftsführungsbefugnisse der Hauptversammlung wahrzunehmen.[1447] Zu den Geschäftsführungsbefugnissen der Hauptversammlung zählt zum einen die Zustimmung zu außergewöhnlichen Geschäftsführungsmaßnahmen gemäß § 164 S. 1 2. HS HGB, und zum anderen gehören dazu Befugnisse, die der Hauptversammlung durch die Satzung übertragen wurden. Da die Wahrnehmung dieser Befugnisse durch die Hauptversammlung unpraktikabel wäre, werden die Geschäftsführungsbefugnisse einem Gesellschafterausschuss übertragen.[1448] Dementsprechend werden auch die Mitglieder des Beirats durch die Hauptversammlung gewählt.

2. Der Beirat als zusätzliches Überwachungsorgan

Der Beirat kann auch zum Organ für unternehmensinternes Controlling ausgebaut werden. Der Beirat verfügt dann neben dem Aufsichtsrat über Überwachungsaufgaben und -befugnisse. Richtig ist, dass in die Überwachungsbefugnis des Aufsichtsrats nicht eingegriffen werden darf.[1449] Zu den zwingenden Rechten des Aufsichtsrats gehören insbesondere die Informationsrechte gegenüber den Komplementären, §§ 283 Nr. 4, 90 AktG. Eine Übertragung dieser Informations-

---

[1445] *Perlitt* in Münch Komm AktG § 287 Rn. 87; In der AG darf durch einen Beirat die gesetzlich zwingend festgelegte Kompetenzverteilung zwischen den Organen der AG nicht verändert werden, Hüffer/Koch § 23 Rn. 38.
[1446] *Perlitt* in Münch Komm AktG § 287 Rn. 84 f.; *Martens* AG 1982, 113, 114 f.; *Sethe* AG 1986, 289, 293; *Kallmeyer* DStR 1994, 977, 979.
[1447] *Bachmann* in Spindler/Stilz AktG § 287 Rn. 29; *Perlitt* in Münch Komm AktG § 287 Rn. 84 f.
[1448] Vgl. *Perlitt* in Münch Komm AktG § 287 Rn. 845; OLG Köln AG 1978, 17, 18; *Martens* AG 1982, 113, 115.
[1449] Hinsichtlich der Überwachungsaufgabe des Aufsichtsrats greift die Verweisung des § 278 Abs. 3 AktG in das erste Buch des Aktiengesetzes ein. Für diese Vorschriften gilt die aktienrechtliche Satzungsstrenge, § 23 Abs. 5 AktG. *Perlitt* in Münch Komm AktG § 287 Rn. 53; *Mertens/Cahn* in Kölner Komm AktG Vorb. § 278 Rn. 12; § 287 Rn. 12; *Assmann/Sethe* in GroßKomm AktG § 287 Rn. 75; *Herfs* in Münch Hdb AG § 79 Rn. 79; *Schlitt* S. 176; *Arnold* S. 130.

rechte auf einen Beirat ist somit unzulässig.[1450] Zwar unterliegen die Berichtspflichten der Komplementäre der aktienrechtlichen Satzungsstrenge, § 23 Abs. 5 S. 1 AktG. Ob jedoch eine ergänzende Regelung möglich ist, richtet sich danach, ob § 90 AktG nicht nur als zwingende, sondern darüber hinaus auch als abschließende Regelung i. S. d. § 23 Abs. 5 S. 2 AktG anzusehen ist. Nach herrschender Meinung ist die Vorschrift jedenfalls insoweit nicht abschließend, als der Aufsichtsrat Informationen für Entscheidungen benötigt, die in seinen Zuständigkeitsbereich fallen; dann hat der Vorstand bzw. der Komplementär auch insoweit ohne ausdrückliche Rechtsgrundlage zu berichten und die Entscheidung des Aufsichtsrats überhaupt erst möglich zu machen.[1451] Das Berichtssystem stellt insgesamt kein geschlossenes und festgelegtes System dar, sondern ist offen und erweiterungsfähig.[1452] Da Informationsrechte auch zu keinen Kompetenzkonflikten führen können, kann die Satzung die Komplementäre durchaus verpflichten, neben dem Aufsichtsrat auch dem Beirat Bericht zu erstatten.

3. Organ einer Gesellschaftergruppe

562   Schließlich kann ein Beirat auch eingerichtet werden, um mögliche Interessenkonflikte des Aufsichtsrates zu vermeiden. Zu diesem Zweck wird dem Beirat die Ausführungskompetenz für Hauptversammlungsbeschlüsse und die Vertretungskompetenz für die Gesamtheit der Kommanditaktionäre übertragen, § 287 AktG. Damit wird der Beirat zum Organ der Kommanditaktionäre und vertritt ausschließlich deren Interessen. Der Aufsichtsrat hingegen kann sich bei der Erfüllung seiner übrigen Aufgaben ausschließlich am Unternehmensinteresse orientieren.

563   Die Übertragung von Ausführungs- und Vertretungskompetenz auf den Beirat ist zulässig: Die Übertragbarkeit der Ausführungskompetenz ergibt sich schon aus dem Gesetzeswortlaut des § 287 Abs. 1 AktG. Die Vertretungskompetenz für die Gesamtheit der Kommanditaktionäre betrifft das Verhältnis zwischen den Gesellschaftergruppen der Komplementäre und der Kommanditaktionäre. Diese Regelungsmaterie ist gemäß § 278 Abs. 2 AktG dem Personengesellschaftsrecht zugeordnet und unterliegt deshalb der Satzungsautonomie.[1453]

4. Sonstige Beiratstypen

564   Der Beirat kann auch als reines Beratungsgremium dienen, das ausschließlich dem Zweck dient, einen entmachteten Gesellschafter zu schmücken.[1454]
565   Im Gegensatz dazu kann der Beirat aber auch zur Machtzentrale der KGaA ausgebaut werden. Dem Beirat können grundsätzlich Geschäftsführungsbefugnisse und Weisungsrechte eingeräumt werden.[1455]

[1450] *Perlitt* in Münch Komm AktG § 287 Rn. 90; *Herfs* in Münch Hdb AG § 79 Rn. 76; *Theisen* DBW 1989, 137, 146.
[1451] *Hüffer/Koch* § 90 Rn. 2; *Mertens/Cahn* in Kölner Komm AktG § 90 Rn. 4; *Lutter* S. 27 ff.
[1452] *Lutter* S. 33.
[1453] *Perlitt* in Münch Komm AktG § 287 Rn. 14; *Hüffer/Koch* § 287 Rn. 1; *Herfs* in Münch Hdb AG § 79 Rn. 76; *Schlitt* S. 177.
[1454] Vgl. *Bachmann* in Spindler/Stilz AktG § 287 Rn. 30; *Sigle* NZG 1998, 619, 621.
[1455] Zu Zulässigkeit und Grenzen § 5 Rn. 10.

IV. Besetzung

1. Bestellung bzw. Wahl der Beiratsmitglieder

Die Satzung kann bezüglich der Bestellung der Beiratsmitglieder unterschiedliche Regelungen enthalten.[1456] Je nach Funktion, Aufgaben und Befugnissen des Beirats werden die Satzungsregelungen zur Besetzung des Beirats unterschiedlich ausgestaltet. **566**

Die Kommanditaktionäre wählen in der Regel die Beiratsmitglieder, wenn der Beirat als Gesellschafterausschuss ausgestaltet ist. Dasselbe gilt, wenn der Beirat die Interessenvertretung der Gesamtheit der Kommanditaktionäre übernimmt und Befugnisse des Aufsichtsrats gemäß § 287 Abs. 1, 2 AktG erhält.[1457] **567**

Dient der Beirat vor allem der Beratung der Geschäftsführung oder soll ein zusätzliches Überwachungsorgan installiert werden, dessen Mitglieder nicht von der Hauptversammlung bestimmt werden, wird die Satzung entweder die Wahl durch die Komplementärversammlung oder die Bestimmung durch einen oder mehrere Komplementäre vorsehen. **568**

2. Geltung von Stimmverbot und Inkompatibilitätsvorschriften

a) Stimmverbote bei der Bestellung der Beiratsmitglieder. Sieht die Satzung vor, dass die Kommanditaktionäre berechtigt sind, die Beiratsmitglieder zu wählen, sind die Komplementäre, die Aktien halten, nicht von der Wahl ausgeschlossen. Zwar könnte man daran denken, das Stimmverbot des § 285 Abs. 1 Nr. 1 AktG, das die Komplementäre bei der Wahl des Aufsichtsrats trifft, auf die Wahl des Beirats analog anzuwenden. Eine vergleichbare Interessenlage liegt aber allenfalls dann vor, wenn der Beirat die Aufgabe und die Befugnis zur Überwachung der Geschäftsführung durch die Komplementäre besitzt.[1458] Eine objektive Überwachungstätigkeit ist in der Regel dann ausgeschlossen, wenn die Mitglieder des kontrollbefugten Organs ihre Ämter von den Personen ableiten, die sie überwachen müssen. Bei einem überwachungsbefugten Beirat in der KGaA stellt sich die Interessenkonstellation dennoch etwas anders dar: Wie oben ausgeführt, ist nur ein Beirat zulässig, der neben dem Aufsichtsrat Überwachungsbefugnisse ausübt. Da also eine wirksame objektive Überwachung der Komplementäre durch den Aufsichtsrat sichergestellt ist, sind an die Funktionsfähigkeit eines Beirats als zusätzliches Überwachungsorgan keine zwingenden Anforderungen zu stellen.[1459] **569**

[1456] *Herfs* in Münch Hdb AG § 79 Rn. 81; *Bachmann* in Spindler/Stilz AktG § 287 Rn. 32.
[1457] Siehe hierzu § 5 Rn. 491 ff.
[1458] Daher vermag die Ansicht von *Perlitt* nicht zu überzeugen, der die Komplementäre bei der Wahl des Beirats unabhängig von dessen Ausgestaltung für nicht abstimmungsberechtigt hält; *Perlitt* in Münch Komm AktG § 287 Rn. 98; 285 Rn. 27; vgl. auch *Bachmann* in Spindler/Stilz AktG § 287 Rn. 32.
[1459] Aus diesem Grund ist die Ansicht von *Schlitt* und *Assmann/Sethe* abzulehnen, die das Stimmverbot für einschlägig halten, wenn der Beirat Überwachungsfunktionen wahrnimmt; *Schlitt* S. 217; *Assmann/Sethe* FS Lutter, 2000, S. 251, 266. Richtig ist, dass die Komplementäre einem Stimmverbot unterliegen müssten, wenn ein Beirat über Befugnisse wie der Bestellung von Abschlussprüfern verfügen würde. Die Übertragung von Befugnissen

Die Satzung kann sogar vorsehen, dass die Beiratsmitglieder ausschließlich durch die Komplementäre bestimmt werden. Auf diese Weise können die Komplementäre ein unternehmensinternes Controllingsystem einführen und gestalten. Insofern wäre zu empfehlen, dass die Komplementäre durch die Satzung auch die Geschäftsordnungskompetenz für den Beirat erhalten. Wird diese Zielsetzung von den Gesellschaftern nicht verfolgt, kann natürlich auch ein Stimmverbot für die Komplementäre in die Satzung aufgenommen werden.

570 Ein Stimmverbot für aktienbesitzende Komplementäre besteht für die Bestellung der Beiratsmitglieder allerdings dann, wenn der Beirat zur Vertretung der Interessen der Kommanditaktionäre bestimmt ist.[1460] Hier greift derselbe Interessenkonflikt ein, der sowohl die Inkompatibilität eines Komplementärs für den Aufsichtsrat[1461] als auch das Stimmverbot der aktienrechtlichen Komplementäre bei der Aufsichtsratswahl[1462] begründet: Ein Angehöriger der Gesellschaftergruppe der Komplementäre sollte keinen Einfluss auf das Organ haben, das die Interessen der Gesellschaftergruppe der Kommanditaktionäre wahrnimmt.[1463]

571 **b) Stimmverbote der Beiratsmitglieder in der Hauptversammlung.** Die Stimmverbote des § 285 Abs. 1 AktG sind auf solche Beiratsmitglieder entsprechend anwendbar, die Kommanditaktien halten. Dies gilt in den Fällen, in denen sich der Beschluss auf die Beiratsmitglieder bezieht, z.B. wenn die Hauptversammlung über Ersatzansprüche gegen Beiratsmitglieder beschließt, § 285 Nr. 4 AktG analog.[1464]

3. Besetzung mit außenstehenden Dritten

572 Neben einer Besetzung mit gesellschafternahen Personen wird mit der Bildung eines Beirats häufig auch das Ziel verfolgt, Sachverständigen direkte Einflussmöglichkeiten auf die Unternehmenspolitik zu gewähren.

573 Zum Teil wird die Besetzung eines Beirats mit gesellschaftsfremden Personen generell für unzulässig gehalten. Auf diese Weise könnten die gesetzlichen Mitbestimmungsregeln umgangen werden.[1465] Diese Sichtweise widerspricht aber den Vorstellungen des Gesetzgebers: Die gesellschaftsrechtlich zulässigen Satzungsgestaltungen bilden den Rahmen, in dem die Mitbestimmung stattfinden soll; d.h. Satzungsgestaltungen, die vor Inkrafttreten des Mitbestimmungsgesetzes zulässig

---

der Hauptversammlung, für die § 285 Abs. 1 AktG ein Stimmverbot der Komplementäre vorsieht, auf einen Beirat ist aber schon von vornherein ausgeschlossen, da es sich hierbei um zwingende Kompetenzen handelt, vgl. nur *Assmann/Sethe* in GroßKomm AktG § 278 Rn. 66. Insoweit geht auch die Annahme von *Herfs* in Münch Hdb AG § 79 Rn. 81 fehl.

[1460] *Perlitt* in Münch Komm AktG § 285 Rn. 27; *Assmann/Sethe* in GroßKomm AktG § 285 Rn. 26; *Bachmann* in Spindler/Stilz AktG § 287 Rn. 32.

[1461] Siehe hierzu § 5 Rn. 442 ff.

[1462] Siehe hierzu § 5 Rn. 464.

[1463] LG München AG 2002, 467, 468.

[1464] *Perlitt* in Münch Komm AktG § 287 Rn. 99; *Bachmann* in Spindler/Stilz AktG § 287 Rn. 32; *Assmann/Sethe* in GroßKomm AktG § 287 Rn. 114; *Assmann/Sethe* FS Lutter, 2000, S. 251, 266 f.

[1465] *Koberski* in Wlotzke/Wißmann/Koberski/Kleinsorge MitbestG § 25 Rn. 64; *Säcker* Anpassung von Satzungen und Geschäftsordnungen an das MitbestG 1976 S. 33 f.; *Hommelhoff* ZGR 1978, 119, 153.

waren, bleiben das auch danach (sog. Prävalenz des Gesellschaftsrechts).¹⁴⁶⁶ Nachdem es im Gesellschaftsrecht keine Vorschriften gibt, die die Mitgliedschaft in einem Beirat von persönlichen Voraussetzungen abhängig macht, ändert daran auch das Mitbestimmungsgesetz nichts.¹⁴⁶⁷

Aufgrund des personengesellschaftsrechtlichen Grundsatzes der Verbandssouveränität können allerdings auf einen solchen Beirat Geschäftsführungsbefugnisse nur in einem eingeschränkten Rahmen übertragen werden.¹⁴⁶⁸ **574**

V. Möglichkeiten und Grenzen der Übertragung von Befugnissen auf den Beirat

1. Übertragung von Geschäftsführungsbefugnissen auf den Beirat

Die Komplementäre sind die „geborenen" Geschäftsführer der KGaA. Für die Regelung der Geschäftsführungsbefugnisse in der KGaA gilt gemäß § 278 Abs. 2 AktG Personengesellschaftsrecht und damit Satzungsautonomie. Damit können Geschäftsführungsbefugnisse grundsätzlich auf einen Beirat übertragen werden. **575**

Die Schranke für die Übertragung von Kompetenzen auf einen Beirat ist die organschaftliche Verantwortlichkeit der Komplementäre.¹⁴⁶⁹ Die organschaftliche Verantwortlichkeit der Komplementäre in der KGaA ergibt sich aus § 283 AktG. Die Komplementäre müssen danach zwingend über diejenigen Geschäftsführungsbefugnisse verfügen, die notwendig sind, um die ihnen durch § 283 AktG übertragenen Pflichten zu erfüllen.¹⁴⁷⁰ Hierzu gehören u. a. die Berichtspflichten gegenüber dem Aufsichtsrat, § 283 Nr. 4 AktG, sowie die Pflicht, den Jahresabschluss und den Lagebericht aufzustellen und den Vorschlag über die Verwendung des Bilanzgewinns auszuarbeiten, § 283 Nr. 9 AktG. Daneben bleiben die Komplementäre zwingend berechtigt, die Hauptversammlung einzuberufen, § 283 Nr. 6, sowie Hauptversammlungsbeschlüsse mit Anfechtungs- und Nichtigkeitsklage gerichtlich überprüfen zu lassen, §§ 283 Nr. 13, 245 Nr. 4, 249 AktG. **576**

Kennzeichen der für den Vorstand zwingenden Pflichten ist, dass die Erfüllung der Pflichten im öffentlichen Interesse liegt. Hierzu gehört die Pflicht, bei Eintritt der Zahlungsunfähigkeit Insolvenzantrag zu stellen, §§ 283 Nr. 14, 92 Abs. 2 AktG,¹⁴⁷¹ sowie die Pflicht zur ordnungsgemäßen Buchführung und zur Einrichtung eines Risikomanagements, §§ 283 Nr. 3, 91 AktG.¹⁴⁷² **577**

Auch personengesellschaftsrechtliche Kompetenzen der Komplementäre sind vereinzelt unabdingbar. Zwar kann grundsätzlich auf die Zustimmung der Komplementäre zu Grundlagengeschäften verzichtet werden; die Kernbereichslehre kann aber im Einzelfall zur Unzulässigkeit einer solchen Satzungsregelung führen.¹⁴⁷³ **578**

---

¹⁴⁶⁶ BT-Drs. 7/2172, S. 28.
¹⁴⁶⁷ *Martens* AG 1982, 113, 116; *Perlitt* in Münch Komm AktG § 287 Rn. 87.
¹⁴⁶⁸ Siehe hierzu unter § 5 Rn. 10.
¹⁴⁶⁹ OLG Köln AG 1978, 17, 18; *Bachmann* in Spindler/Stilz AktG § 287 Rn. 29.
¹⁴⁷⁰ *Assmann/Sethe* in GroßKomm AktG § 287 Rn. 77; *Bachmann* in Spindler/Stilz AktG § 287 Rn. 7 ff., 29.
¹⁴⁷¹ *Sethe* S. 150 f.
¹⁴⁷² *Perlitt* in Münch Komm AktG § 287 Rn. 89.
¹⁴⁷³ Vgl. zur Kernbereichslehre oben § 5 Rn. 12 ff.

579 Werden diese Grenzen beachtet, können Geschäftsführungsbefugnisse grundsätzlich auch auf einen Beirat übertragen werden. Hierbei ist jedoch zwischen einem Beirat, dem ausschließlich Gesellschafter angehören, und einem Beirat, der nach der Satzungsregelung auch mit gesellschaftsfremden Personen besetzt werden kann, zu unterscheiden.

580 Einem Beirat, der ausschließlich mit Gesellschaftern besetzt wurde, kann ein weitgehendes Weisungsrecht gegenüber den geschäftsführungsbefugten Komplementären eingeräumt werden.[1474] Das Weisungsrecht kann sich sowohl auf gewöhnliche Geschäftsführungsmaßnahmen als auch auf die Grundsätze der Geschäftspolitik und damit auf die langfristige Planung beziehen.[1475]

581 Weitergehende Satzungsgestaltungen werden durch das Prinzip der Verbandssouveränität eingeschränkt.

582 Der personengesellschaftsrechtliche Grundsatz der Verbandssouveränität schränkt die Übertragung von Kompetenzen auf einen Beirat ein, der nach der Satzungsgestaltung auch mit gesellschaftsfremden Personen besetzt werden kann. Verbandssouveränität bedeutet, dass der Personenverband den Gesellschaftszweck eigenständig, d. h. unabhängig vom Einfluss außenstehender Dritter, nur durch seine Gesellschafter verfolgen können muss.[1476] Dahinter steht als tragendes Prinzip des Gesellschaftsrechts der Selbstschutzgedanke, der verhindert, dass die Gesellschafter freiwillig ihre Leitungsmacht aufgeben.[1477] Der Selbstschutzgedanke steht auch hinter der Kernbereichslehre, nach der einzelne Mitwirkungsrechte der Gesellschafter absolut unverzichtbar sind.[1478]

583 Aus dem Prinzip der Verbandssouveränität folgt, dass ein Beirat, der auch mit Dritten besetzt werden kann, keinen entscheidenden Einfluss erhalten darf. Ausreichend für ein Eingreifen der aus der Verbandssouveränität folgenden Beschränkungen ist dabei schon eine Satzungsregelung, die die Wahl von außenstehenden Dritten zu Beiratsmitgliedern nicht generell ausschließt.[1479] Wird die Satzung einer Inhaltskontrolle unterzogen, müssen die Regelungen zur Besetzung des Beirats und die Kompetenzzuweisungen an den Beirat in einer Gesamtschau beurteilt werden. Wie der Beirat zu diesem Zeitpunkt tatsächlich besetzt ist, kann dabei keine Rolle spielen, da dies nur eine zufällige Momentaufnahme darstellen würde.[1480] Etwas anderes gilt nur dann, wenn die Beiratsmitglieder in der Satzung bestimmt werden und eine Neubesetzung eine Satzungsänderung voraussetzen würde.

584 Welche Kompetenzen einem Beirat eingeräumt werden können, dem auch gesellschaftsfremde Personen angehören dürfen, ist umstritten.

[1474] OLG Köln AG 1978, 17, 18; *Mertens/Cahn* in Kölner Komm AktG § 287 Rn. 29; *Godin/Wilhelmi* AktG § 287 Rn. 3; *Barz* in GroßKomm AktG § 278 Rn. 22 a. E.
[1475] Vgl. *Assmann/Sethe* in GroßKomm AktG § 287 Rn. 77; *Perlitt* in Münch Komm AktG § 278 Rn. 239 ff.; *Bachmann* in Spindler/Stilz AktG § 287 Rn. 31; *Sethe* S. 150.
[1476] *Voormann* S. 113; *Bachmann* in Spindler/Stilz AktG § 287 Rn. 31.
[1477] *Voormann* S. 113.
[1478] *Schäfer* in Staub HGB, § 119 Rn. 38; *Roth* in Baumbach/Hopt HGB § 119 Rn. 36.
[1479] *Schäfer* in Staub HGB § 109 Rn. 55; *Koller* in Koller/Kindler/Roth/Morck HGB § 109 Rn. 4.
[1480] So allerdings unzutreffend: *Assmann/Sethe* in GroßKomm AktG § 287 Rn. 103; *Hölters* DB 1980, 2225, 2227.

Entscheidungen über Grundlagengeschäfte, einschließlich strukturverändernder **585** Maßnahmen, können auf ein mit Nichtgesellschaftern besetztes Organ nicht übertragen werden.[1481]

Kontrollbefugnisse kann der Beirat dagegen erhalten.[1482] So können ihm die **586** Kontrollrechte eines Kommanditisten eingeräumt werden, d. h. er darf die Richtigkeit des Jahresabschlusses unter Einsichtnahme in die Bücher und Papiere prüfen, § 166 HGB. An die Prüfungsrechte sind hier keine Einwirkungsbefugnisse geknüpft. Solange aber die Ausübung der Kontrolle auf Informationsrechte und informelle Einflussnahme beschränkt ist, droht keine Beeinträchtigung der Verbandssouveränität.

Die Funktion einer Schieds- oder Schlichtungsstelle, d. h. die Übertragung der **587** Entscheidungsbefugnis in Pattsituationen zwischen den Komplementären, kann ebenfalls auf einen Beirat, der auch mit gesellschaftsfremden Mitgliedern besetzt werden kann, übertragen werden.[1483]

In Grenzen ist auch eine Mitwirkung eines nicht ausschließlich mit Gesellschaf- **588** tern zu besetzenden Beirats an der Geschäftsführung zulässig:

So können einem solchen Beirat Zustimmungsrechte sowohl bei außergewöhn- **589** lichen Geschäftsführungsmaßnahmen wie in § 164 HGB,[1484] als auch bei gewöhnlichen Geschäftsführungsmaßnahmen wie in § 115 Abs. 1 HGB eingeräumt werden.[1485] Zustimmungsvorbehalte stellen unter den denkbaren Mitwirkungsrechten an der Geschäftsführung die schwächste Form der Einwirkung dar.[1486] Durch sie kann ein Gesellschaftsfremder keinen aktiven Einfluss auf die Geschäftsführung nehmen, sondern diese allenfalls blockieren. Blockiert der Beirat die Entscheidung ohne einen Grund, der im Gesellschaftsinteresse liegen würde, oder stellt sich heraus, dass die Zustimmung im Interesse eines Konkurrenzunternehmens versagt wurde, können Beiratsmitglieder abberufen oder der Beirat aufgelöst werden.[1487] Die Blockade ist also zeitlich begrenzt. Eine vorübergehende Blockade kann zur Durchsetzung einer wirksamen, vorbeugenden Kontrolle durchaus notwendig sein.

Weisungsrechte an die Komplementäre hingegen widersprechen dem Grundsatz **590** der Verbandssouveränität, wenn sie einem Beirat zustehen, dem auch gesellschaftsfremde Personen angehören können.[1488] Die Möglichkeiten der aktiven Einflussnahme auf die Geschäftsführung und -strategie könnten zu einer Abhängigkeit von außenstehenden Personen führen, die nicht wie ein Gesellschafter in das Unternehmen eingebunden sind. Teilweise wird dahingehend differenziert, in wessen

---

[1481] *Bachmann* in Spindler/Stilz AktG § 287 Rn. 31; *Assmann/Sethe* in GroßKomm AktG § 287 Rn. 103; *Perlitt* in Münch Komm AktG § 287 Rn. 92; *Schäfer* in Staub HGB § 109 Rn. 56; *Voormann* S. 123.
[1482] BGH NJW 1985, 1900; *Schäfer* in Staub HGB § 109 Rn. 53.
[1483] *Bachmann* in Spindler/Stilz AktG § 287 Rn. 30; *Koller* in Koller/Kindler/Roth/Morck HGB § 114 Rn. 4; *Roth* in Baumbach/Hopt HGB § 163 Rn. 14.
[1484] *K. Schmidt* in K. Schmidt/Lutter AktG § 287 Rn. 24; *Koller* in Koller/Kindler/Roth/Morck HGB § 164 Rn. 4.
[1485] BGH NJW 1960, 964.
[1486] *Haak* BB 1993, 1607, 1609.
[1487] Vgl. auch *Bachmann* in Spindler/Stilz AktG § 287 Rn. 31.
[1488] *Mertens/Cahn* in Kölner Komm AktG § 278 Rn. 88; *Vollmer* WiB 1995, 578, 579; für die OHG/KG: *Mayen* in Ebenroth/Boujong/Joost HGB § 114 Rn. 23; *Emmerich* in Heymann HGB § 114 Rn. 33; a. A. *Bachmann* in Spindler/Stilz AktG § 287 Rn. 31.

Interesse die gesellschaftsfremde Person die Beiratstätigkeit übernimmt.[1489] Diese Ansicht geht offensichtlich davon aus, dass der Grundsatz der Verbandssouveränität Interessenkonflikten vorbeugen soll. Entscheidend ist jedoch vielmehr, dass die Gesellschafter die Leitungsmacht nicht aufgeben dürfen.

591 Im Ergebnis dürfen auf einen Beirat, dem nach der Satzung zumindest theoretisch auch gesellschaftsfremde Personen angehören können, Zustimmungsvorbehalte und die Entscheidungsbefugnis in Pattsituationen übertragen werden. Wurden diese Kompetenzen durch die Satzung wirksam auf einen Beirat übertragen, müssen sie von den anderen Organen respektiert werden.[1490] Entscheidungen – auch eines mit außenstehenden Dritten besetzten – Beirats können deshalb – vorbehaltlich abweichender Satzungsbestimmung – nicht mit einfachem Beschluss der Komplementäre aufgehoben werden.

2. Übertragung sonstiger Befugnisse auf einen Beirat

592 Die Zuständigkeitsverteilung zwischen den Gesellschaftergruppen ist grundsätzlich dispositiv. Die Kompetenzverteilung zwischen den Komplementären und den Kommanditaktionären richtet sich gemäß § 278 Abs. 2 AktG nach Personengesellschaftsrecht und unterliegt daher grundsätzlich der Privatautonomie. Für die Rechtsstellung des einzelnen Kommanditaktionärs verweist § 278 Abs. 3 AktG auf die Vorschriften des ersten Buches des Aktiengesetzes. Die Rechte der einzelnen Kommanditaktionäre bzw. die Rechte von Kommanditaktionärsminderheiten in und außerhalb der Hauptversammlung[1491] sind zwingend, da sie sich gemäß § 278 Abs. 3 AktG aus dem ersten Buch des Aktiengesetzes ergeben, für das die aktienrechtliche Satzungsstrenge gilt, § 23 Abs. 5 AktG. Das gleiche gilt für Hauptversammlungskompetenzen, die zwingend und unabdingbar diesem Organ zugewiesen sind. Dazu zählt die speziell für die KGaA geltende Regelung, nach der die Hauptversammlung für die Feststellung des Jahresabschlusses zuständig ist, § 286 AktG.[1492]

593 Kompetenzen der Hauptversammlung, die im Personengesellschaftsrecht wurzeln, sind im Rahmen des Bestimmtheitsgrundsatzes[1493] und der Kernbereichslehre[1494] abdingbar,[1495] hierzu zählen bei der KGaA, anders als bei der Aktiengesellschaft, auch die Zustimmung der Hauptversammlung zu außerordentlichen Geschäftsführungsmaßnahmen und Grundlagengeschäften, die bei einer Aktiengesellschaft den Holzmüller-Grundsätzen unterliegen würden.[1496]

[1489] *Voormann* S. 117 ff.
[1490] *Schäfer* in Staub HGB § 109 Rn. 54; *Roth* in Baumbach/Hopt HGB § 163 Rn. 12; BGH BB 1970, 226.
[1491] Eine Auflistung findet sich unter § 5 Rn. 366 ff.
[1492] *Herfs* in Münch Hdb AG § 79 Rn. 52.
[1493] Zum Bestimmtheitsgrundsatz siehe § 5 Rn. 15 ff.
[1494] Zur Kernbereichslehre siehe § 5 Rn. 12 ff.
[1495] Siehe hierzu § 5 Rn. 79 ff.
[1496] Siehe hierzu § 3 Rn. 15 ff. und oben § 5 Rn. 91 f.

VI. Wettbewerbsverbot

Ob Beiratsmitglieder einem umfassenden Wettbewerbsverbot unterliegen[1497] **594**
oder ob sie nur dann einem Wettbewerbsverbot unterliegen, wenn der Beirat Einfluss auf die Geschäftsführung hat,[1498] ist umstritten. Richtiger Ansicht nach unterliegen die Komplementäre nur insoweit einem Wettbewerbsverbot, als sie zur Geschäftsführung befugt sind. Deshalb ist eine analoge Anwendung von § 284 AktG auf die Beiratsmitglieder nur insoweit möglich, als auch die Beiratsmitglieder zur Geschäftsführung befugt sind. Vieles spricht daher für die differenzierende Ansicht. Aufgrund der unterschiedlichen Ansichten ist allerdings eine Satzungsregelung zu empfehlen.[1499]

VII. Überwachung des Beirats durch den Aufsichtsrat

1. Allgemeines

Eine mittelbare Überwachung eines Beirats mit Geschäftsführungsbefugnissen **595**
findet auch in der gesetzestypischen KGaA statt. Die Komplementäre sind dem Aufsichtsrat gegenüber in Bezug auf Weisungen oder Zustimmungsvorbehalte des Beirates im Rahmen des § 90 AktG berichtspflichtig.[1500] Eine Rechtsfortbildung, mit der die Überwachungsbefugnisse des Aufsichtsrats automatisch auf einen Beirat erstreckt werden, ist dagegen abzulehnen.[1501] Durch die Übertragung von Geschäftsführungsbefugnissen auf einen Beirat, der ausschließlich mit Komplementären oder zumindest ausschließlich durch Komplementäre besetzt werden kann, wird somit die Stellung der Komplementäre erheblich gestärkt:[1502] Die Komplementäre behalten einerseits die Kontrolle über die Geschäftsführung, andererseits ist die Geschäftsführung – von der oben genannten Einschränkung abgesehen – einer Kontrolle durch den Aufsichtsrat entzogen.

Ist eine Stärkung der Komplementäre dagegen nicht beabsichtigt, kann eine Re- **596**
gelung in die Satzung aufgenommen werden, die die Überwachungsbefugnisse ausdrücklich auf die Tätigkeit des Beirates erstreckt.[1503]

[1497] Vgl. *Uwe H. Schneider* in Scholz GmbHG § 52 Rn. 350 für GmbH-Aufsichtsratmitglieder.
[1498] *Bachmann* in Spindler/Stilz AktG § 287 Rn. 32; *Salfeld* S. 199 ff.; *Armbrüster* ZIP 1997, 1269, 1278.
[1499] *Assmann/Sethe* FS Lutter, 2000, S. 251, 267.
[1500] *Assmann/Sethe* in GroßKomm AktG § 287 Rn. 45; *Arnold* S. 133; *Martens* AG 1982, 115, 117 f.
[1501] *Assmann/Sethe* in GroßKomm AktG § 287 Rn. 118; *dieselb.* FS Lutter, 2000, S. 251, 267.
[1502] Dieses Ziel wird oftmals in Familien-KGaAs angestrebt. Zu Familiengesellschaften oben § 5 Rn. 106.
[1503] *Assmann/Sethe* FS Lutter, 2000, S. 251, 267.

2. Anwesenheitsrecht der Aufsichtsratsmitglieder bei Beiratssitzungen

597   Eine ausdrückliche Satzungsregelung empfiehlt sich auch, falls ein Anwesenheitsrecht der Aufsichtsratsmitglieder für Sitzungen des Beirates festgeschrieben werden soll. Denn ob ein solches Anwesenheitsrecht schon aus dem Gesetz hergeleitet werden kann, ist umstritten.[1504] Eine analoge Anwendung des § 118 Abs. 2 AktG würde eine planwidrige Regelungslücke voraussetzen. Eine Regelungslücke wäre allerdings nur dann gegeben, wenn der Gesetzgeber dem Aufsichtsrat Kompetenzen eingeräumt hat, die er ohne das Anwesenheitsrecht nicht wahrnehmen könnte.[1505] In der KGaA rechtfertigt sich das Anwesenheitsrecht der Aufsichtsratsmitglieder in der Hauptversammlung aus der Tatsache, dass der Aufsichtsrat als Überwachungsorgan, §§ 278 Abs. 3, 111 AktG, aber auch als Organ, das die Interessen der Kommanditaktionäre zu vertreten hat, § 111 AktG, Beschlüsse der Hauptversammlung z. B. über die Erhebung einer Klage auf Entziehung der Geschäftsführungsbefugnis eines Komplementärs anregen und durch seine Information faktisch erst ermöglichen können muss.[1506] Ohne entsprechende Regelung verfügt der Aufsichtsrat aber über keine Funktion in Bezug auf die Tätigkeit eines Beirates. Soweit eine Überwachungsfunktion für den Aufsichtsrat auch in Bezug auf den Beirat in die Satzung aufgenommen wird, ist es auch Aufgabe der Satzung, die entsprechenden Kompetenzen mitzuregeln und ein Anwesenheitsrecht vorzusehen. Ein gesetzlich abgeleitetes Anwesenheitsrecht der Aufsichtsratsmitglieder aus § 118 Abs. 2 AktG analog ist daher abzulehnen; eine ausdrückliche Satzungsregelung ist vielmehr erforderlich.

VIII. Verantwortung und Haftung

598   Auch ein Mitglied eines Beirates einer KGaA unterliegt einer persönlichen Haftung gegenüber der KGaA und gegenüber Dritten, wenn er im Rahmen seiner Beiratstätigkeit seine Pflichten verletzt und hierdurch der Gesellschaft oder einem Dritten ein Schaden zugefügt wird. Die Haftungsgrundlagen differieren, je nachdem, ob der Beirat als organschaftlicher Beirat mit Organfunktionen[1507] oder als schuldrechtlicher Beirat[1508] ausgestaltet ist.

[1504] Für die analoge Anwendung von § 118 Abs. 2 AktG auf die KG: *Hölters* S. 26; *Schneider* BB 1973, 1464, 1470; gegen ein gesetzlich abgeleitetes Anwesenheitsrecht: *Herfs* in Münch Hdb AG § 79 Rn. 85; *Bachmann* in Spindler/Stilz AktG § 287 Rn. 32; *Perlitt* in Münch Komm AktG § 287 Rn. 83, 96; *Martens* AG 1982, 113, 118 ff.
[1505] *Martens* AG 1982, 113, 119.
[1506] *Herfs* in Münch Hdb AG § 79 Rn. 54; deswegen ist der Aufsichtsrat gem. § 111 Abs. 3 S. 1 AktG auch zur Einberufung der Hauptversammlung berechtigt.
[1507] Zum Begriff § 5 Rn. 559.
[1508] Zum Begriff § 5 Rn. 558.

Bürgers

1. Sorgfaltspflichten

Hinsichtlich der Sorgfaltspflichten gilt für alle Beiratstypen das zu den Sorgfalts- **599**
pflichten des Aufsichtsrates der KGaA Gesagte entsprechend: Es gilt ein objektiver
Sorgfaltsmaßstab, der an dem Verhalten eines gewissenhaften und ordentlichen
Beiratsmitgliedes ausgerichtet ist.

2. Haftung

a) Innenhaftung. Eine Haftung des einzelnen Beiratsmitgliedes gegenüber **600**
der KGaA kommt nur in Betracht, soweit das Mitglied seine Pflichten verletzt
und hierdurch der Gesellschaft ein Schaden zugefügt wird. Haftungsgrundlage bei Mitgliedern eines schuldrechtlichen Beirates ist dabei § 280 BGB (positive Vertragsverletzung),[1509] bei Mitgliedern eines organschaftlichen Beirates sind die §§ 278 Abs. 3, 116, 93 AktG analog als Anspruchsgrundlage anzuwenden.[1510] Letzteres gilt auch, sofern der Beirat lediglich als Gremium einer Gesellschaftergruppe organisiert ist, vorausgesetzt, die Errichtung eines derartigen Gruppenbeirates erfolgt in der Satzung der KGaA und nicht nur in einer Vereinbarung mit der Gesellschaftergruppe außerhalb der Satzung.[1511] In letzterem Fall kommt eine Haftung nur gegenüber der betreffenden Gesellschaftergruppe auf der Basis einer positiven Vertragsverletzung des der Beauftragung zugrundeliegenden Rechtsverhältnisses in Betracht.[1512]

Wie bei den Mitgliedern des Aufsichtsrates einer KGaA besteht auch zu Lasten **601**
der Mitglieder des Beirats eine Beweislastumkehr hinsichtlich der Sorgfaltspflichtverletzung und des Verschuldens;[1513] das Beiratsmitglied muss beweisen, dass es seine Beiratstätigkeit sorgfältig vorgenommen hat.

Zusätzlich zur Innenhaftung auf Grundlage einer positiven Vertragsverletzung **602**
oder auf Grundlage der §§ 278 Abs. 3, 116, 93 AktG analog kommt eine Haftung
wegen unerlaubter Handlung in Betracht, sofern die Gesellschaft ausnahmsweise
nicht nur einen Vermögensschaden erlitten hat. Ebenso kann eine Haftung nach
§§ 278 Abs. 3, 117 AktG in Betracht kommen, wenn das Beiratsmitglied faktischen
Einfluss auf ein Gesellschaftsorgan missbräuchlich ausübt.[1514]

[1509] *Assmann/Sethe* in GroßKomm AktG § 287 Rn. 128.
[1510] Vgl. die Darstellung des Meinungsstandes bei *Assmann/Sethe* in GroßKomm AktG § 287 Rn. 130 ff. m.w.N.; *Bachmann* in Spindler/Stilz AktG § 287 Rn. 32.
[1511] *Assmann/Sethe* in GroßKomm AktG § 287 Rn. 139–141; für die GmbH etwa *Altmeppen* in Roth/Altmeppen GmbHG § 52 Rn. 82; ferner *Voormann* S. 63 ff.
[1512] *Assmann/Sethe* in GroßKomm AktG § 287 Rn. 139; a.A. *Herfs* in Münch Hdb AG § 79 Rn. 84.
[1513] Vgl. *Assmann/Sethe* in GroßKomm AktG § 287 Rn. 136; die eine Beweislastumkehr unabhängig davon annehmen, ob der Beirat auf organschaftlicher (dann § 93 AktG analog) oder schuldrechtlicher Basis (§ 282 BGB) eingerichtet worden ist.
[1514] *Assmann/Sethe* in GroßKomm AktG § 287 Rn. 142.

b) Außenhaftung

603 **aa) Beiratsmitglieder.** Neben der Innenhaftung gegenüber der KGaA kommt eine persönliche Haftung der Beiratsmitglieder der KGaA gegenüber Dritten nach allgemeinen vertraglichen und deliktischen Prinzipien in Betracht.

604 **bb) KGaA.** Weiter haftet die Gesellschaft den Geschädigten unter den Voraussetzungen des § 31 BGB.[1515] Diese Haftung setzt voraus, dass der KGaA das schädigende Verhalten der Beiratsmitglieder gemäß § 31 BGB zuzurechnen ist. Diese Zurechnung ist für einen organschaftlichen[1516] Beirat unstrittig.[1517] In anderen Fällen wird die Zurechnung des Beiratsverhaltens hingegen unterschiedlich beurteilt. Teilweise wird eine Zurechnung nur vorgenommen, soweit der Beirat im Rahmen seiner Zuständigkeiten Außenwirkung entfalte.[1518] Nach zutreffender herrschender Ansicht ist eine Zurechnung aber unabhängig von einer Außenwirkung der Handlungen des Beirates analog § 31 BGB vorzunehmen.[1519]

F. Rechtsstreitigkeiten in der KGaA

I. Einführung

605 Die hybride Struktur der KGaA mit kapitalgesellschafts- und personengesellschaftsrechtlichen Elementen wirft bei den nachfolgend erörterten Binnenstreitigkeiten in der KGaA insbesondere die Frage auf, in welchem Umfang aktienrechtliche Vorschriften für Rechtsstreitigkeiten in der Aktiengesellschaft auf die KGaA angewendet werden können und inwieweit der Anwendungsbereich prozessrechtlicher Regelungen des Personengesellschaftsrechts eröffnet ist.

606 Ausgehend von der besonderen Struktur der KGaA werden nachstehende Prozesskonstellationen in Abhängigkeit von der jeweiligen Sachbefugnis, d. h. der materiellen Anspruchsinhaberschaft, unterschieden:
- Rechtsstreitigkeiten der Gesellschaftsorgane untereinander, insbesondere zwischen Aufsichtsrat und Komplementären (so genannter Organstreit),
- Rechtsstreitigkeiten zwischen den Gesellschaftergruppen, d. h. zwischen der Gesamtheit der Kommanditaktionäre und den Komplementären,
- Rechtsstreitigkeiten zwischen der Gesellschaft und den Komplementären,
- Rechtsstreitigkeiten der Komplementäre untereinander,
- die Klage der Kommanditaktionäre (Aktionärsklage),
- einstweiliger Rechtsschutz,
- Geltendmachung von Ansprüchen der Gesellschaft gegen Gesellschafter aus dem Gesellschaftsverhältnis im Wege der *actio pro socio*.

[1515] *Bachmann* in Spindler/Stilz AktG § 287 Rn. 32.
[1516] Siehe § 5 Rn. 559.
[1517] Vgl. zur Anwendbarkeit des § 31 BGB auf sämtliche Organe einer Gesellschaft nur *Hadding* in Soergel BGB § 31 Rn. 11.
[1518] So ausdrücklich mit Blick auf die Haftung der Komplementäre in der KGaA *Reuter* in MünchKomm BGB § 31 Rn. 23 f.
[1519] *Assmann/Sethe* in GroßKomm AktG § 287 Rn. 122 ff. m.w.N.

II. Organstreit

1. Allgemeines

Unter dem Stichwort des „Organstreits" wird bei der KGaA ebenso wie bei der Aktiengesellschaft die in der Literatur[1520] strittige Fragestellung diskutiert, ob zwei Organe der Gesellschaft (*Inter*organstreit) bzw. Mitglieder eines Organs untereinander (*Intra*organstreit) ihre Rechte gerichtlich durchsetzen können. Höchstrichterlich geklärt ist diese Frage bislang noch nicht.[1521] 607

Der „Organstreit" ist ein Sammelbegriff für eine Vielzahl einzelner Problemkonstellationen, die nach zutreffender Auffassung jeweils einer individuellen Betrachtung bedürfen.[1522] Abstrakte Aussagen über die Zulässigkeit und Unzulässigkeit eines aktienrechtlichen Organstreits sind daher nicht sachgerecht. 608

Anlass für eine Prüfung der Zulässigkeit eines verbandsrechtlichen Organstreits besteht nur, sofern sich in den aktienrechtlichen Vorschriften Regelungs- oder Rechtsschutzlücken ergeben. Von vornherein davon ausgenommen sind daher Anfechtungs- und Nichtigkeitsklagen nach §§ 245 Nr. 4, 5, 249 Abs. 1, 250 Abs. 3, 251 Abs. 2 AktG, die zwar grundsätzlich in diesen Themenkreis fallen, jedoch eine nicht verallgemeinerungsfähige Sonderregelung darstellen.[1523] 609

Relevant wird die Frage nach der Möglichkeit eines Organstreits in der Praxis insbesondere in zwei Konstellationen, nämlich hinsichtlich (1) der Berichtspflichten des Leitungsorgans gegenüber dem Aufsichtsrat und (2) bei drohenden Kompetenzverletzungen, insbesondere der Durchsetzung von Zustimmungspflichten bei der Vornahme außergewöhnlicher Geschäfte durch das Leitungsorgan (einschließlich der drohenden Veräußerung wesentlicher Unternehmensteile, so genannte „Holzmüller"-Fälle).[1524] 610

Will ein Organ oder Organmitglied gegen ein anderes Organ ein Recht durchsetzen, ist die Zulässigkeit eines solchen Organstreits in folgenden zwei Schritten zu prüfen: Zunächst ist festzustellen, ob es sich tatsächlich um eine dem Organ oder Organmitglied verbandsrechtlich zustehende Rechtsposition handelt. Kein Raum besteht daher für eine im Klagewege durchgesetzte „allgemeine Verhaltenskontrolle", wenn kein konkretes eigenes Recht des Organs betroffen ist.[1525] 611

Sodann stellt sich im zweiten Schritt die Frage, ob bzw. inwieweit ein Rechtsschutzbedürfnis des jeweiligen Betroffenen besteht.

[1520] Vgl. nur *Casper* in Spindler/Stilz AktG Vorb. § 241 ff. Rn. 33 f.; *Zöllner* ZGR 1988, 392, 423 f.; *Mertens* ZHR 154 (1990), 24, 33; *Werner* AG 1990, 1, 16; *Hüffer/Koch* § 90 Rn. 16 ff.; *Grigoleit/Tomasic* in Grigoleit AktG § 90 Rn. 28 ff.; *Bork* ZGR 1989, 1; *Hommelhoff* ZHR 143 (1979), 288, 290 ff.; *K. Schmidt* ZPP 92 (1979), 212, 214 ff.; *Schwab* S. 578 ff.; *Pflugradt* S. 7 ff.; *Schürnbrand* S. 382 ff.

[1521] Offen lassend BGHZ 106, 54, 62 = NJW 1989, 979 – Opel.

[1522] Ähnlich *Hüffer/Koch* § 90 Rn. 16.

[1523] Vgl. *Hüffer/Koch* § 90 Rn. 16; *Fleischer* in Spindler/Stilz AktG § 90 Rn. 68; *Stodolkowitz* ZHR 154 (1990), 1, 4; wohl aA *Pflugradt* S. 103 ff.

[1524] Vgl. auch den Überblick über in der Diskussion stehende Fallgruppen bei *Hüffer/Koch* § 90 Rn. 20; *Fleischer* in Spindler/Stilz AktG § 90 Rn. 74.

[1525] Allgemeine Meinung; vergleiche hierzu *Bork* ZGR 1989, 1, 35.

2. Aufsichtsrat

612   **a) Berichtspflichten (§ 90 AktG).** Das klassische und meistdiskutierte Beispiel eines Organstreits ist die Auseinandersetzung zwischen Aufsichtsrat und Leitungsorgan über die Erfüllung bzw. Durchsetzung von Berichtspflichten des Vorstandes im Sinne des § 90 Abs. 1, Abs. 3 S. 1 AktG.

613   **aa) Eigene Rechtsposition des Aufsichtsrates.** Ein Recht des Aufsichtsrates wird zum Teil verneint mit Hinweis darauf, dass nicht der Aufsichtsrat, sondern die Gesellschaft selbst Trägerin dieses Berichtsrechtes sei.[1526]

Nach zutreffender Gegenansicht[1527] ist das Berichtsrecht jedoch ein organschaftliches Recht des Aufsichtsrates selbst. Hierfür spricht zunächst der Wortlaut: So macht der Aufsichtsrat nicht nur die Berichtsrechte der Gesellschaft geltend, sondern es ist „dem Aufsichtsrat zu berichten" (Abs. 1 S. 1) bzw. „der Aufsichtsrat kann verlangen" (Abs. 3 S. 1). Auch die Systematik der Informationsrechte des § 90 AktG und die systematische Stellung des Aufsichtsrates als Sachwalter fremdnütziger Rechte spricht für ein eigenes, subjektives Recht des Aufsichtsrats als Organ.

614   **bb) Rechtsschutzbedürfnis.** Die Aufgaben und Befugnisse des Aufsichtsrates einer KGaA unterscheiden sich erheblich von einem solchen der AG. Insbesondere hat der Aufsichtsrat der KGaA nicht die Personalhoheit über das geschäftsführende Organ, da sich die Kompetenzen der geschäftsführenden Komplementäre nicht nach dem Recht der AG, sondern nach den Regeln für Personenhandelsgesellschaften richten (§§ 278 Abs. 2 AktG, 161 Abs. 2, 114 ff. HGB).[1528] Auch ist der Aufsichtsrat nicht befugt, selbständig Zustimmungsvorbehalte im Sinne des § 111 Abs. 4 S. 2 AktG festzusetzen.[1529]

Das bei der AG häufig vorgetragene Argument, der Aufsichtsrat habe kein Rechtsschutzbedürfnis, da er mit der Möglichkeit der Umbesetzung des Vorstandes und der Schaffung von Zustimmungsvorbehalten ein ausreichendes Druckmittel in der Hand habe,[1530] lässt sich jedenfalls nicht von der AG auf die KGaA übertragen.[1531]

[1526] Vgl. *Flume* Die Juristische Person § 11 V, S 406; *Hefermehl* in Geßler/Hefermehl AktG § 90 Rn 36; *Lewerenz* Leistungsklagen zwischen Organen und Organmitgliedern der Aktiengesellschaft (1977) S. 108 f.; *Stodolkowitz* ZHR 154 (1990), 1, 8; *H. Westermann* FS Bötticher, 1969, S. 369, 377 ff.

[1527] Vgl. *Fleischer* in Spindler/Stilz AktG § 90 Rn. 69 f.; *Bork* ZGR 1989, 1 ff.; *Hommelhoff* ZHR 143 (1979), 288, 290 ff.; *Kort* in Großkomm AktG § 90 Rn. 193; *v. Schenck* in Semler/v. Schenck AR Hdb § 7 Rn. 232; *K. Schmidt* ZZP 92 (1979), 212, 214 ff.; *Schürnbrand* S. 382 ff; *Schwab* S. 581 ff., 594 ff.; *Steinbeck* S. 191 ff. 196 ff.

[1528] Vgl. *Perlitt* in Münch Komm AktG Vorb. § 278 AktG Rn. 57.

[1529] Vgl. *Perlitt* in Münch Komm AktG Vorb. § 278 AktG Rn. 58.

[1530] Vgl. *Spindler* in Münch Komm AktG Vorb. § 76 AktG Rn. 55; ders in Spindler/Stilz § 108 AktG Rn. 87; *Stodolkowitz* ZHR 154 (1990), 1, 8 ff.; *Brücher* AG 1989, 190, 191 f.; *Mertens/Cahn* in KölnerKomm AktG vor § 76 Rn. 5; *Hüffer/Koch* § 90 Rn. 18 f. *Werner* AG 1990, 1, 16.

[1531] Auch beim Aufsichtsrat der AG ist dieses Argument fragwürdig. Nicht jeder Streit über Vorstandsberichte kann zu einer Abberufung von Vorstandsmitgliedern führen; vgl. dazu *Fleischer* in Spindler/Stilz AktG § 90 Rn. 70; kritisch auch *Kort* in Großkomm AktG vor § 76 Rn. 56. Unbenommen ist dem Aufsichtsrat dagegen auch bei der KGaA die Festsetzung eines Zwangsgeldes gemäß §§ 407 Abs. 1, 408 S. 2 AktG. Nicht zuletzt angesichts der

Ein eigenes Klagerecht eines Organs ist in den gesetzlichen Regelungen des Aktienrechts nicht vorgesehen. Die Anerkennung eines Organstreits hat rechtsfortbildenden Charakter und bedarf daher einer teleologischen Begründung.[1532]   **615**

Die hierfür notwendige planwidrige Regelungslücke liegt – jedenfalls bei der KGaA – vor. Angesichts der besonderen Bedeutung des Berichtsrechtes und der fehlenden Handlungsalternativen kann nicht davon ausgegangen werden, dass der Aufsichtsrat nach dem Willen des Gesetzgebers diesbezüglich schutzlos gestellt sein soll. Anderenfalls wären die – für das Aktienrecht elementaren – Kontrollrechte des Aufsichtsrates faktisch vereitelt. Ein erforderliches Rechtsschutzbedürfnis des Aufsichtsrates einer KGaA liegt daher vor.

cc) (Prozessuale) Geltendmachung. Eine daher zulässige Klage wäre vom   **616**
Aufsichtsrat gegen das Leitungsorgan der Gesellschaft, bei der KGaA, also die persönlich haftenden Gesellschafter als Streitgenossen zu richten.[1533]

b) Zustimmung zu außergewöhnlichen Geschäften

aa) Eigene Rechtsposition des Aufsichtsrates. Anders als bei der AG ist der   **617**
Aufsichtsrat der KGaA nicht befugt, eigene Zustimmungsvorbehalte im Sinne des § 111 Abs. 4 S. 2 AktG festzulegen.[1534]

Allerdings kann die Satzung bestimmte Gegenstände der Geschäftsführung von einer Zustimmung des Aufsichtsrats abhängig machen.[1535] Solche Satzungsregelungen verleihen dann dem Aufsichtsrat eine eigene organschaftliche Rechtsposition.

Darüber hinaus kann die Satzung dem Aufsichtsrat die Geltendmachung der Zustimmungskompetenz der Kommanditaktionäre zu außergewöhnlichen Geschäften aus §§ 278 Abs. 2 AktG, 164 HGB übertragen. Hierbei handelt es sich um eine Rechtsposition der Gesamtheit der Kommanditaktionäre, die regulär durch Beschlussfassung in der Hauptversammlung ausgeübt wird.[1536] Infolge der Übertragung dieser Kompetenz durch die Satzung wird auch hieraus jedoch ein eigenes – wiederum fremdnütziges – Recht des Aufsichtsrates, der dann bei Missachtung des ihm eingeräumten Zustimmungsrechts die Unterlassung oder gegebenenfalls Rückabwicklung dieser ohne seiner Zustimmung getroffenen Maßnahmen der Geschäftsführung verlangen kann.   **618**

bb) Rechtsschutzbedürfnis. Diesbezüglich gelten die gleichen Erwägungen   **619**
wie oben: Angesichts der besonderen Bedeutung der satzungsmäßig angeordneten Zustimmungsvorbehalte für das gesellschaftsinterne Machtgefüge und der mangelnden Handlungsalternativen des Aufsichtsrates zur Wahrung seiner Rechte gegenüber den Komplementären besteht auch hier ein Rechtsschutzbedürfnis des Aufsichtsrates. Es wäre wenig kohärent, dem Aufsichtsrat durch die Satzung Rechte zu verleihen, die dann im Konfliktfall nicht durchgesetzt werden können.

---

maximalen Höhe von 5.000 EUR (§ 407 Abs. 1 S. 2 AktG) ist dies jedoch ein eher stumpfes Schwert.
[1532] So zutreffend *Spindler* in Münch Komm AktG Vorb. § 76 AktG Rn. 55; Hüffer/*Koch* § 90 Rn. 20.
[1533] Eingehend zu den prozessualen Konsequenzen *Bork* ZGR 1989, 1, 22 ff.
[1534] Vgl. *Bachmann* in Spindler/Stilz AktG § 287 Rn. 10.
[1535] Vgl. *Perlitt* in Münch Komm AktG Vorb. § 278 AktG Rn. 58.
[1536] Vgl. *Perlitt* in Münch Komm AktG Vorb. § 278 AktG Rn. 56; § 278 Rn. 93 ff.

3. Einzelne Aufsichtsratsmitglieder

620   **a) Aus eigenem Recht.** Das Gesetz ordnet den einzelnen Aufsichtsratsmitgliedern in § 90 Abs. 3 S. 2 AktG (Einfordern des Berichts nach § 90 Abs. 3 S. 1 AktG an den Aufsichtsrat) sowie in § 90 Abs. 5 S. 1 AktG (Recht auf individuelle Kenntnisnahme des Berichts) explizit eigene Rechtspositionen zu. Diese kann das betroffene Aufsichtsratsmitglied auch selbständig im Wege einer Klage durchsetzen, die nach herrschender Auffassung dann gegen die Gesellschaft zu richten ist, die von den Komplementären vertreten wird.[1537] Die Differenzierung der herrschenden Ansicht, eine Klage des Gesamtaufsichtsrats gegen die Mitglieder des Leitungsorgans als Streitgenossen, die Klage des einzelnen Aufsichtsratsmitgliedes jedoch gegen die durch das Leitungsorgan vertretene Gesellschaft zu richten, erscheint jedoch wenig kohärent, so dass gute Gründe für die auch in diesem Fall eine Klage gegen die Mitglieder des Leitungsorgans befürwortende Auffassung sprechen. Gleiches gilt in Fällen, in denen das einzelne Aufsichtsratsmitglied individuell – etwa durch diskriminierende oder benachteiligende Geschäftsordnungen – in seiner Organstellung beeinträchtigt wird.[1538]

621   **b) Aus Recht des Organs.** Daneben stellt sich die Frage, ob auch einzelne Aufsichtsratsmitglieder im Sinne einer *actio pro socio* Rechte des Gesamtorgans einklagen können. Relevant wird diese Frage dann, wenn der Aufsichtsrat selbst entweder (mehrheitlich) nicht willens oder – etwa aufgrund besonders eiliger Sachverhalte – nicht (rechtzeitig) in der Lage ist, tätig zu werden.

622   Im erstgenannten Fall ist ein Klagerecht des einzelnen Aufsichtsratsmitgliedes grundsätzlich abzulehnen. Hat der Aufsichtsrat mehrheitlich beschlossen, in einem bestimmten Fall auf vermeintliche Rechtsverstöße nicht oder nicht so zu reagieren, wie von dem einzelnen Mitglied gewünscht, so kann dies nicht durch eine im Namen des Aufsichtsrates erhobene Klage des einzelnen Mitglieds umgangen werden. Anderenfalls würden die gesetzlich vorgesehenen Mechanismen der Willensbildung innerhalb des Organs außer Kraft gesetzt.[1539]

623   In eng begrenzten Ausnahmefällen, wenn anderenfalls durch das Handeln der Komplementäre vollendete Tatsachen drohen und eine Entscheidung des Aufsichtsrates nicht mehr rechtzeitig eingeholt werden kann, ist ein Vorgehen einzelner Aufsichtsratsmitglieder im Wege der *actio pro socio* in Betracht zu ziehen.

[1537] So auch die hM, vgl. *Spindler* in Münch Komm AktG § 90 AktG Rn. 62; *Hüffer/Koch* § 90 Rn. 23; *Mertens/Cahn* in Kölner Komm AktG vor § 76 Rn. 6; *Kort* in Großkomm AktG § 90 Rn. 198; aA *Stodolkowitz* ZHR 154 (1990), 1, 15.

[1538] Vgl. *Mertens/Cahn* in Kölner Komm AktG vor § 76 Rn. 6.

[1539] Offen lassend BGHZ 106, 54, 66 f.– Opel; wie hier *Kort* in Großkomm AktG vor § 76 Rn. 58; *Mertens/Cahn* in Kölner Komm AktG vor § 76 Rn. 7; *Habersack* in Münch Komm AktG § 111 AktG Rn. 98; *Raiser* ZGR 1989, 44, 69 f.; BGHZ 106, 54, 66 f. – Opel; vgl. auch OLG Celle NJW 1990, 582, 583 („Pelikan"). Ebenso der BGH jedenfalls dann, wenn das klagewillige Aufsichtsratsmitglied anderweitig nichts gegen den Beschluss selbst unternommen hat.

4. Hauptversammlung

Die Diskussion um Organstreitigkeiten wird im Wesentlichen im Hinblick auf den Aufsichtsrat geführt. Entsprechende Konstellationen sind jedoch auch für die Hauptversammlung denkbar wie etwa bei Streitigkeiten über das Zustimmungsrecht der Gesamtheit der Kommanditaktionäre zu außergewöhnlichen Geschäftsführungsmaßnahmen nach §§ 278 Abs. 2 AktG, 164 S. 1 HGB (siehe hierzu unten Rn. 654). **624**

III. Rechtsstreitigkeiten zwischen der Gesamtheit der Kommanditaktionäre und den Komplementären

1. Parteifähigkeit der Gesamtheit der Kommanditaktionäre

Zwar stehen der Gesamtheit der Kommanditaktionäre – wie aufgezeigt[1540] – eigene Ansprüche aus Personengesellschaftsrecht zu. Doch die Gesamtheit der Kommanditaktionäre ist **nicht parteifähig**.[1541] Parteifähig und Prozesspartei zur Durchsetzung dieser im Personengesellschaftsrecht wurzelnden Ansprüche ist die Gesellschaft[1542], die in dieser Konstellation durch die besondere, KGaA-rechtliche Vorschrift des § 287 Abs. 2 AktG durch den Aufsichtsrat in gesetzlicher Prozessstandschaft vertreten wird. Für eine Parteifähigkeit der Gesamtheit der Kommanditaktionäre fehlt im Personengesellschaftsrecht ebenso wie im Aktienrecht eine gesetzliche Grundlage.[1543] **625**

Die bei einer Personengesellschaft mögliche **Gesellschafterklage**,[1544] ist in der KGaA nicht auf die Kommanditaktionäre übertragbar. Die Kommanditaktionäre können ihre Mitgliedschaftsrechte grundsätzlich nur in der Hauptversammlung ausüben; die Klageerhebung durch einzelne Kommanditaktionäre und die Beteiligung der übrigen Gesellschafter in (ggf. notwendiger) Streitgenossenschaft, § 62 Abs. 1 Alt. 1 ZPO, wie dies für die Gesellschafterklage in der Personengesellschaft typisch ist,[1545] ist bei der KGaA nicht sachgerecht. **626**

[1540] Siehe hierzu § 5 Rn. 358 ff.
[1541] Siehe hierzu § 3 Rn. 6.
[1542] Wie hier: OLG Frankfurt AG 2015, 448, 449; *Assmann/Sethe* in GroßKomm AktG § 287 Rn. 62; § 286 Rn. 21; *Förl/Fett* in Bürgers/Körber AktG § 287 Rn. 7; *Perlitt* in Münch Komm AktG § 287 Rn. 74; *Meißner/Waitz* in Mehrbrey Hdb gesellschaftsrechtliche Streitigkeiten § 12 Rn. 4; *Sethe* AG 1996, 289, 299 f.; a.A. *Herfs* in Münch Hdb AG § 78 Rn. 59.
[1543] Vgl. nur *Flume* Juristische Person § 11 V; *Spindler* in Münch Komm AktG Vorbem. Ziff. IV Rn. 55.
[1544] Bei Gesellschafterklagen ist das Gesellschaftsverhältnis unter den Gesellschaftern betroffen (vgl. *K. Schmidt* in Münch Komm HGB § 105 Rn. 174). Die Personengesellschaft als Zusammenschluss mehrerer Personen zur Förderung eines gemeinsam verfolgten Zwecks ist in solchen Rechtsstreitigkeiten nicht Partei, sondern Gegenstand des Verfahrens (zur Ausschließungsklage *Lorz* in Ebenroth/Boujong/Joost/Strohn HGB § 133 Rn. 33). Der Rechtsstreit wird zwischen den Gesellschaftern geführt; siehe z.B. *Baumbach/Hopt* HGB § 133 Rn. 13 (Auflösungsklage), § 117 Rn. 6 (Antrag auf gerichtliche Entziehung der Geschäftsführungs- und/oder Vertretungsbefugnis), § 140 Rn. 17 (Ausschließungsklage).
[1545] Für die Komplementäre einer OHG BGHZ 30, 195, 197 = NJW 1959, 1683; *Roth* in Baumbach/Hopt HGB § 117 Rn. 6 f.; *Emmerich* in Heymann HGB § 117 Rn. 11.

Göz

627 Die Parteifähigkeit der Gesamtheit der Kommanditaktionäre kann auch nicht aus § 287 Abs. 2 AktG abgeleitet werden, der eine Vertretung der Gesamtheit der Kommanditaktionäre in Rechtsstreitigkeiten mit den Komplementären durch den Aufsichtsrat anordnet. Zum Teil wird die Vorschrift des § 287 Abs. 2 AktG daher als gesetzliche Zuweisung der Parteifähigkeit an die Gesamtheit der Kommanditaktionäre der KGaA interpretiert.[1546] Zur Begründung wird darauf verwiesen, dass anderenfalls die Vorschrift des § 287 Abs. 2 S. 2 AktG, mit welcher der Gesellschaft die Kosten der Rechtsstreits auferlegt werden, überflüssig wäre.[1547]

628 Um der Gesamtheit der Kommanditaktionäre zu ihrem Recht zu verhelfen, bedarf es jedoch nicht einer Parteifähigkeit der Gesamtheit der Kommanditaktionäre. Die Formulierungen in §§ 278 Abs. 2, 287 Abs. 2 AktG erklären sich aus dem historischen Entstehungsprozess der Normen.[1548] Sie stammen noch aus dem ADHGB und waren dem Umstand geschuldet, dass die KGaA zu dieser Zeit noch nicht mit eigenständiger Rechtspersönlichkeit ausgestattet war; mit Verabschiedung des Aktiengesetzes von 1937 ist dies geändert worden (§ 219 AktG 1937), so dass die Formulierungen schlicht überholt sind. Angesichts der vorstehend genannten historischen Herleitung ist § 287 Abs. 2 AktG allein als Kompetenznorm zu begreifen: Die „Gesamtheit der Kommanditaktionäre" fasst auf der Hauptversammlung den Beschluss, ob sie Klage erheben will; anschließend vertritt der Aufsichtsrat die KGaA bei der Wahrnehmung der Rechte der Kommanditaktionäre.[1549]

629 Bei Rechtsstreitigkeiten mit den Komplementären ist die Gesamtheit der Kommanditaktionäre damit niemals Partei. Im Fall einer Klageerhebung kann die Partei jedoch als „Kommanditaktionäre der X-KGaA vertreten durch den Aufsichtsrat" bezeichnet werden.[1550]

2. Sachbefugnis, Prozessführungsbefugnis und gesetzliche Vertretung

630 Bei Rechtsstreitigkeiten zwischen der Gesamtheit der Kommanditaktionäre und den Komplementären, deren Grundlage im Personengesellschaftsrecht wurzelt, liegt die **materielle Rechtsinhaberschaft** bei der Gesamtheit der Kommanditaktionäre. Die Hauptversammlung nimmt diese Rechte der Gesamtheit der Kommanditaktionäre wahr. Einzelnen Kommanditaktionären stehen grundsätzlich keine individuell einklagbaren Rechte zu.[1551] Abweichendes gilt in gesetzlich besonders geregelten Fällen[1552] sowie bei kompetenzwidrigem, in die Rechte der Aktionäre eingreifenden Verhalten eines anderen Organs.[1553]

[1546] *Herfs* in Münch Hdb AG § 78 Rn. 59.
[1547] *Herfs* in Münch Hdb AG § 78 Rn. 59.
[1548] Vgl. § 1 Rn. 3.
[1549] Konsequent *Assmann/Sethe* in GroßKomm AktG § 287 Rn. 62; *Sethe* AG 1996, 289, 300.
[1550] *Förl/Fett* in Bürgers/Körber AktG § 287 Rn. 7 AktG; *Assmann/Sethe* in GroßKomm AktG § 287 Rn. 62; *Maißner/Waitz* in Mehrbrey Hdb gesellschaftsrechtliche Streitigkeiten § 12 Rn. 4.
[1551] *Assmann/Sethe* in GroßKomm AktG § 278 Rn. 93; *Mehrbrey* in Hdb gesellschaftsrechtliche Streitigkeiten § 12 Rn. 3; a. A. *Herfs* in Münch Hdb AG § 78 Rn. 60; wohl auch *Perlitt* in Münch Komm AktG § 278 Rn. 87.
[1552] Insbesondere den Fällen der Anfechtungs- und Nichtigkeitsklage, siehe unten Rn. 652.
[1553] *Perlitt* in Münch Komm AktG § 278 Rn. 126; *Bachmann* in Spindler/Stilz AktG § 278 Rn. 36; siehe hierzu auch unten Rn. 654.

Dementsprechend steht den einzelnen Kommanditaktionären bis auf die vorstehend angesprochenen Maßnahmen auch keine Prozessführungsbefugnis zu: Die Kommanditaktionäre können ihre Mitgliedschaftsrechte grundsätzlich nur gebündelt durch die Hauptversammlung ausüben; eine Prozessführung der einzelnen Kommanditaktionäre in notwendiger Streitgenossenschaft, § 62 Abs. 1 Alt. 1 ZPO, wie dies für die Gesellschafterklage in der Personengesellschaft typisch ist, scheidet aus.[1554] Da die Hauptversammlung nicht parteifähig ist, liegt die **Prozessführungsbefugnis** bei der Gesellschaft.[1555]

631

Mit der Anordnung des § 287 Abs. 2 S. 1 AktG, dass die Gesamtheit der Kommanditaktionäre im Prozess **durch den Aufsichtsrat vertreten** wird, werden drei Dinge klargestellt: Erstens muss die Hauptversammlung entscheiden, ob Klage erhoben wird. Zweitens ist die Prozessführungsbefugnis von der Hauptversammlung gesetzlich auf die Gesellschaft übertragen (gesetzliche Prozessstandschaft[1556]) und drittens tritt die parteiunfähige Hauptversammlung, vertreten durch den Aufsichtsrat, § 287 Abs. 2 S. 1 AktG, im Namen der Gesellschaft auf.[1557] Liegt ein Hauptversammlungsbeschluss vor, ist es gemäß § 287 Abs. 1 AktG Aufgabe des Aufsichtsrats, die Klage zu erheben (Ausführungskompetenz); der Aufsichtsrat muss seinerseits hierüber Beschluss fassen.[1558]

632

3. Die einzelnen Prozesskonstellationen im Detail

Die Frage nach den Prozessparteien und den Klagearten ist in den verschiedenen Fallkonstellationen unterschiedlich zu beurteilen.

633

a) Die Klage auf Zustimmung der jeweils anderen Gesellschaftergruppe zur Ausschließungsklage und zu anderen Grundlagengeschäften

aa) Zustimmung der Komplementäre. § 278 Abs. 2 AktG verweist für die Ausschließungsklage auf die personengesellschaftsrechtlichen Vorschriften der §§ 161 Abs. 2, 140 HGB, die eine Gesellschafterklage, d.h. einen Rechtsstreit zwischen den Gesellschaftern vorsehen.[1559] Die Klage auf Ausschließung eines Komplementärs, § 140 HGB, muss von allen[1560] (übrigen) Komplementären und der Gesamtheit der Kommanditaktionäre unterstützt werden.[1561] Gleiches gilt von

634

[1554] *Assmann/Sethe* in GroßKomm AktG § 278 Rn. 93.
[1555] *Assmann/Sethe* in GroßKomm AktG § 278 Rn. 98, möglich ist allerdings im Fall einer Anfechtungsklage, dass andere Aktionäre als dann notwendige Streitgenossen dem klagenden Aktionär beitreten; *Förl/Fett* in Bürgers/Körber AktG § 287 Rn. 7; *Perlitt* in Münch Komm AktG § 287 Rn. 74; a. A. *Herfs* in Münch Hdb AG § 78 Rn. 59.
[1556] Zum Begriff: *Thomas/Putzo* ZPO § 51 Rn. 24.
[1557] *Thomas/Putzo* ZPO § 51 Rn. 6.
[1558] OLG Frankfurt AG 2015, 448, 449; BGH NZG 2013, 792, 794.
[1559] Zur Gesellschafterklage siehe Rn. 653 ff.
[1560] Bei Ausschließung eines Komplementärs mit Unterstützung aller übrigen Komplementäre.
[1561] Zur Ausschließungsklage siehe Rn. 623 ff. Grundsätzlich muss die Klage von allen Komplementären und gem. § 287 Abs. 2 AktG vom Aufsichtsrat als Vertreter der Gesellschaft, diese als gesetzliche Prozessstandschafterin der Kommanditaktionäre, gemeinsam erhoben werden. Entsprechend der Rechtsprechung zur Kommanditgesellschaft kann im Einzelfall eine außergerichtliche Zustimmungserklärung zur Klageerhebung durch nicht

der Klage auf Entziehung der Geschäftsführungs- und/oder Vertretungsbefugnis, § 278 Abs. 2 AktG i. V. m. §§ 161 Abs. 2, 117, 127 HGB. Nach dem Gesetzeswortlaut sind diese Klagen durch „die übrigen Gesellschafter" zu erheben. Bei Vorliegen eines Ausschließungsgrundes in der Person eines Gesellschafters kann der einzelne Gesellschafter aus seiner gesellschaftsrechtlichen Treuepflicht heraus verpflichtet sein, der Erhebung einer Ausschließungsklage zuzustimmen.[1562] Die Klagen auf Entziehung der Geschäftsführungs- und/oder Vertretungsbefugnis sowie auf Ausschließung eines Komplementärs sind daher durch die Gesellschaft[1563] in notwendiger Streitgenossenschaft, § 62 Abs. 1 Alt. 1 AktG, mit den übrigen Komplementären zu erheben.[1564] Die Klageerhebung erfordert einen Beschluss der Hauptversammlung, dem die von der Klage nicht betroffenen Komplementäre zustimmen müssen.[1565] Liegt ein entsprechender Hauptversammlungsbeschluss vor, hat der Aufsichtsrat im Rahmen seiner Ausführungskompetenz den Antrag bei Gericht zu stellen bzw. die Klage zu erheben, § 287 Abs. 1 AktG. Verweigern – soweit vorhanden – die übrigen Komplementäre ihre Zustimmung, hat der Aufsichtsrat Klage auf deren Zustimmung zu erheben[1566]. Die Klage auf Zustimmung zur Klageerhebung kann dabei mit der Ausschließungsklage im Wege der Klagehäufung nach § 260 ZPO verbunden werden.[1567] Aus der Treubindung der Gesellschafter kann sich wie auch bei anderen Grundlagengeschäften eine Verpflichtung zur Zustimmung ergeben.[1568] Von einer Klage auch gegen die übrigen Komplementäre kann abgesehen werden, wenn diese außergerichtlich bindend (in Schriftform) erklären, dass sie mit der Ausschließungsklage einverstanden sind.[1569] Auch die fehlende Zustimmung zu sonstigen Grundlagengeschäften kann, wenn sich unter Berücksichtigung der Treuepflicht das Ermessen der übri-

---

alle Komplementäre und den Aufsichtsrat ausreichen, BGH WM 1997, 2169, 2170. In der Zustimmungserklärung muss der jeweilige Komplementär oder der Aufsichtsrat schriftlich erklären, er stimme der Erhebung der Ausschließungsklage zu und erkenne an, dass das Urteil rechtsverbindliche Wirkung und verpflichtende Wirkung für ihn haben werde.

[1562] BGHZ 64, 253 = NJW 1975, 1410 sowie BGHZ 68, 81, 82 = NJW 1977, 1013.

[1563] Die im Gegensatz zur typischen Gesellschafterklage an die Stelle der einzelnen Kommanditaktionäre tritt, vgl. oben Rn. 619.

[1564] Zur Gesellschaft als gesetzliche Prozessstandschafterin für die Gesamtheit der Kommanditaktionäre siehe oben Rn. 621.

[1565] Siehe oben § 5 Rn. 182.

[1566] *Meißner/Waitz* in Mehrbrey Hdb gesellschaftsrechtliche Streitigkeiten § 12 Rn. 24 f.

[1567] BGHZ 68, 81 = NJW 1977, 1013.

[1568] Für die OHG BGHZ 44, 40, 41 = NJW 1965, 1960: Eine Zustimmungsverpflichtung der Gesellschafter unter dem Gesichtspunkt der Treubindung besteht nur dann, wenn für eine „verständige Weiterverfolgung des Gesellschaftszwecks eine Anpassung an die veränderten Verhältnisse dringend geboten ist"; ähnlich *Assmann/Sethe* in GroßKomm AktG § 285 Rn. 65; abweichend *Perlitt* in Münch Komm AktG § 285 Rn. 61, welche die treuwidrig verweigerte Zustimmung für unbeachtlich und die Klage auf Erteilung der Zustimmung nur dann für erforderlich halten, wenn neben der Zustimmung eine Mitwirkung beim Handelsregister erforderlich ist; siehe auch *Mertens/Cahn* in Kölner Komm AktG § 285 Rn. 49, der einen Anspruch auf Zustimmung erst dann gegeben sieht, wenn die Verweigerung der Zustimmung als rechtsmissbräuchliches Verhalten zu werten ist.

[1569] BGH NJW 1998, 146; NJW-RR 2002, 538, 539 (zu § 133 HGB); OLG München NZG 1999, 590; *Lorz* in *Ebenroth/Boujong/Joost/Strohn*/HGB § 140 Rn. 28; aA aber *K. Schimdt* in Münch Komm HGB § 140 Rn. 71, der entweder einen Beitritt zur Klage oder die Klageerhebung auch gegen den Mitkomplementär verlangt.

Göz

gen Komplementäre auf Null reduziert hat, mit einer Leistungsklage durchgesetzt werden.[1570]

bb) Zustimmung der Kommanditaktionäre. Wann die Zustimmung der Kommanditaktionäre durch Hauptversammlungsbeschluss zu Grundlagengeschäften[1571] erforderlich ist, richtet sich gemäß § 278 Abs. 2 AktG nach Personengesellschaftsrecht. Für die Grundlagengeschäfte der gerichtlichen Abberufung und Ausschließung von Gesellschaftern gelten somit die Vorschriften des HGB. Prozessrechtlich werden diese Regelungen hinsichtlich der Zustimmung der Kommanditaktionäre durch eine aktienrechtliche Spezialvorschrift für die KGaA überlagert, die für gerichtliche Auseinandersetzungen über Hauptversammlungsbeschlüsse die **aktienrechtliche Anfechtungs- und Nichtigkeitsklage** für anwendbar erklärt, §§ 283 Nr. 13, 243, 245 Nr. 4, 249 AktG. Lehnen also die Kommanditaktionäre durch Beschluss der Hauptversammlung die Erhebung einer Ausschließungsklage ab, können die Komplementäre den ablehnenden Beschluss anfechten bzw. für nichtig erklären lassen.[1572] Da bei Grundlagengeschäften als zustimmungspflichtigen Geschäften dem Kläger mit der Aufhebung des ablehnenden Beschlusses jedoch noch nicht gedient ist, ist für das Vorliegen des auch bei der Anfechtungsklage erforderlichen Rechtsschutzinteresses im Wege der **positiven Beschlussfeststellungsklage** die Feststellung des zustimmenden Beschluss der Hauptversammlung geltend zu machen[1573]. Der Antrag der Beschlussmängelklage ist hierbei auf Erklärung der Nichtigkeit des ablehnenden Beschlusses und (kumulativ) die Feststellung der positiven Beschlussfassung durch die Hauptversammlung gerichtet[1574]. Kläger sind die Komplementäre. Hinsichtlich der Anfechtungsklage ergibt sich das aus §§ 283 Nr. 13, 245 Nr. 4 AktG;[1575] hinsichtlich der Beschlussfeststellungsklage machen die Komplementäre als Gesellschaftergruppe gemeinsam in notwendiger Streitgenossenschaft, § 62 Abs. 1 Alt. 1 ZPO, ihre Rechte geltend.

Die Klage richtet sich materiell gegen die Gesamtheit der Kommanditaktionäre. Da die Hauptversammlung nicht parteifähig ist, ist auf Beklagtenseite die Gesellschaft Partei,[1576] §§ 283 Nr. 13, 246 Abs. 2 S. 1 AktG; die vom Aufsichtsrat vertreten wird.

[1570] *Jickeli* in Münch Komm HGB § 116 Rn. 39, 47; *Schäfer* in Staub HGB § 116 Rn. 21; BGH WM 1973, 1291, 1294; OLG München NZG 2004, 125, 126.
[1571] Zur Definition siehe § 5 Rn. 89.
[1572] *Perlitt* in Münch Komm AktG § 278 Rn. 205; *Mertens/Cahn* in Kölner Komm AktG § 278 Rn. 62; *Meißner/Waitz* in Mehrbrey Hdb gesellschaftsrechtliche Streitigkeiten § 12 Rn. 15.
[1573] *Perlitt* in Münch Komm AktG § 286 Rn. 70 ff.
[1574] *Hüffer/Koch* § 179 Rn. 31; *Zöllner* in Kölner Komm AktG § 179 Rn. 213; *K. Schmidt*, Gesellschaftsrecht, § 15 I 3b (S. 438 f.).
[1575] Die Anfechtungsbefugnis ist in der Aktiengesellschaft ein Recht des Vorstands, der dementsprechend auch Prozesspartei ist; *Hüffer/Koch* § 245 Rn. 4, 30; *Dörr* in Spindler/Stilz AktG § 245 Rn. 42. Das stellt keinen Widerspruch zur Unzulässigkeit des Organstreits dar. Dort, wo gesetzliche Spezialregelungen die Rechts- und Prozessfähigkeit eines Organs ausdrücklich anordnen, ist auch ein Organstreit zulässig, BGHZ 122, 342, 345 = NJW 1993, 2307.
[1576] *Assmann/Sethe* in GroßKomm AktG § 287 Rn. 62 sowie § 286 Rn. 21; *Hüffer/Koch* § 287 Rn. 2; *Mertens/Cahn* in Kölner Komm AktG § 287 Rn. 20; *Sethe* AG 1996, 289, 299 f.; *Perlitt* in Münch Komm AktG § 287 Rn. 74; a.A. *Herfs* in Münch Hdb AG § 78 Rn. 59.

637   **cc) Klage der Gesamtheit der Kommanditaktionäre.** Für die umgekehrte Situation – die Gesamtheit der Kommanditaktionäre klagt auf Zustimmung zu einem ablehnenden Beschluss der Komplementäre zu einem Grundlagengeschäft – existiert keine dem § 283 Nr. 13 AktG vergleichbare Spezialregelung. Die Wahl der richtigen Klageart richtet sich daher gemäß § 278 Abs. 2 AktG grundsätzlich nach Personengesellschaftsrecht. Die Gesamtheit der Kommanditaktionäre kann die erforderliche Zustimmung der Komplementäre mit einer **Leistungsklage** geltend machen. Da es sich bei der Zustimmung um eine empfangsbedürftige Willenserklärung handelt,[1577] liegt die Zustimmung mit Rechtskraft des Urteils positiv vor, § 894 Abs. 1 S. 1 ZPO.[1578]

638   Beschließt die Gesamtheit der Kommanditaktionäre, gegen die Komplementäre zu klagen, ist es gemäß § 287 Abs. 1 AktG Aufgabe des Aufsichtsrats, den entsprechenden Hauptversammlungsbeschluss auf Erhebung der Klage auszuführen (Ausführungskompetenz) und die Klage im Namen der Gesellschaft zu erheben.

639   **b) Die Klage auf Zustimmung der jeweils anderen Gesellschaftergruppe zum Jahresabschluss.** Zur Feststellung des Jahresabschlusses bedarf es der Zustimmung beider Gesellschaftergruppen gemäß § 286 Abs. 1 AktG zu dem von den geschäftsführenden Komplementären aufgestellten Jahresabschluss. Die Hauptversammlung kann allerdings den von den geschäftsführenden Komplementären aufgestellten Jahresabschluss noch abändern, § 286 Abs. 1 S. 1 AktG. Der Jahresabschluss ist mithin entweder festgestellt, wenn gemäß § 286 Abs. 1 S. 2 AktG die Hauptversammlung und alle Komplementäre dem von den geschäftsführenden Komplementären aufgestellten Jahresabschluss zustimmen oder wenn alle Komplementäre dem durch die Hauptversammlung abgeänderten Jahresabschluss zustimmen. Probleme können sich daher dann ergeben, wenn sich die Gesellschaftergruppen nicht auf einen gemeinsam festzustellenden Jahresabschluss einigen können.

640   Da die geschäftsführenden Komplementäre bei der Aufstellung des Jahresabschlusses über weitgehende Ermessensspielräume verfügen, lehnt eine vereinzelt gebliebene Ansicht eine Klage auf Zustimmung der Komplementäre zu einem von der Hauptversammlung abgeänderten Jahresabschluss ab.[1579] In Konsequenz dieser Ansicht soll die Gesellschaft ohne festgestellten Jahresabschluss im Anschluss an eine Entscheidung des Reichsgerichts aufgelöst werden müssen.[1580] Dieser Ansicht wird entgegengehalten, dass eine Übertragung der Wertungen der Reichsgerichtsentscheidung auf die Rechtsform der KGaA mit ihren unterschiedlichen Gesellschaftergruppen nicht überzeugt und die Auflösung der Gesellschaft als Problemlösung wenig interessengerecht erscheint.[1581]

641   Zur Lösung dieser Problematik werden verschiedene Klagemöglichkeiten diskutiert, die sich sowohl hinsichtlich der Klageparteien (Gesellschaft oder Gesamtheit der Kommanditaktionäre ./. Komplementäre) als auch hinsichtlich der Klageart

---

[1577] *Assmann/Sethe* in GroßKomm AktG § 285 Rn. 59.
[1578] Zum Jahresabschluss *Herfs* in Münch Hdb AG § 81 Rn. 29; *Meißner/Waitz* in Mehrbrey Hdb gesellschaftsrechtliche Streitigkeiten § 12 Rn. 13.
[1579] *Hüffer/Koch* § 286 Rn. 1, der die Rechtsprechung zur GmbH, RGZ 49, 141, 145 f., auf die KGaA übertragen will („GmbH, aber verallgemeinerungsfähig").
[1580] *Hüffer/Koch* § 286 Rn. 1 unter Verweis auf RGZ 49, 141, 146; *Bachmann* in Spindler/Stilz AktG § 286 Rn. 4.
[1581] Vgl. *Assmann/Sethe* in GroßKomm AktG § 286 Rn. 13; *Wichert* S. 131 f.

(Gestaltungsklage in Form der positiven Beschlussfeststellungsklage, Feststellungsklage, Leistungsklage) unterscheiden.[1582]

Richtigerweise ist der Streit zwischen den Komplementären und der Gesellschaft, vertreten durch ihren Aufsichtsrat, als Prozessparteien auszutragen, da die KGaA nur deshalb Prozesspartei ist, weil die Gesamtheit der Kommanditaktionäre nicht eigenständig parteifähig ist.[1583] In der Sache handelt es sich aber um einen Streit zwischen den beiden Gesellschaftergruppen.[1584] Klageart ist eine **Gestaltungsklage in Form einer positiven Beschlussfeststellungsklage**, gerichtet auf Feststellung des Jahresabschlusses in einer bestimmten Form[1585]. Klagen einzelne Kommanditaktionäre gegen die Gesellschaft im Wege der positiven Beschlussfeststellungsklage, so muss den Komplementären aufgrund von § 286 Abs. 1 AktG der Streit verkündet werden.[1586] Beim Streit über einzelne Bilanzpositionen oder Bilanzansätze hat das Gericht, sofern die Bilanz nicht ausnahmsweise trotz Testat des Abschlussprüfers eine objektiv nicht haltbare Position oder einen unhaltbaren Ansatz enthält,[1587] die Entscheidungsprärogative der Komplementäre zur Bestimmung der langfristigen Unternehmenspolitik bei der Bilanzaufstellung zu beachten.[1588] Etwas anderes gilt nur, soweit die Satzung die Entscheidung und Bestimmung der langfristigen Unternehmenspolitik der Hauptversammlung oder einem anderen Organ zuweist.[1589]

642

[1582] Vgl. den Überblick bei *Assmann/Sethe* in GroßKomm AktG § 286 Rn. 15–19; *Perlitt* in Münch Komm AktG § 286 Rn. 69 f.; Vorgeschlagen werden: Feststellungsklage der Komplementäre/Kommanditaktionäre gegen die andere Gesellschaftergruppe auf Richtigkeit des Jahresabschlusses, Leistungsklage gegen die jeweils andere Gesellschaftergruppe auf Zustimmung zum Jahresabschluss, Leistungsklage der Gesellschaft gegen die Komplementäre auf Zustimmung zu dem von der Hauptversammlung geänderten Jahresabschluss, Leistungsklage der Komplementäre gegen die Gesamtheit der Kommanditaktionäre auf Zustimmung zu dem von den Komplementären aufgestellten Jahresabschluss, wenn die Verweigerung der Zustimmung grundlos erfolgt ist; vertauschte Prozessrollen, wenn die Verweigerung mit Grund verweigert wurden, Anfechtungsklage verbunden mit positiver Beschlussfeststellungsklage der Komplementäre gegen die Kommanditaktionäre auf Zustimmung, sofern die Bilanzierungsentscheidung nicht die Ergebnisverwendung betrifft, anderenfalls Gestaltungsklage gegen die jeweils andere Gesellschaftergruppe; vgl. hierzu jeweils ausführlich *Assmann/Sethe* in GroßKomm AktG § 286 Rn. 15–19.

[1583] *Assmann/Sethe* in GroßKomm AktG § 286 Rn. 21 m. w. N.; *Perlitt* in Münch Komm AktG § 286 Rn. 70, 73; *Förl/Fett* in Bürgers/Körber AktG § 286 Rn. 4.

[1584] So auch *Perlitt* in Münch Komm AktG § 286 Rn. 70; *Assmann/Sethe* in GroßKomm AktG § 286 Rn. 21.

[1585] *Perlitt* in Münch Komm AktG § 286 Rn. 72; *Assmann/Sethe* in GroßKomm AktG § 286 Rn. 21; *K. Schmidt* in K. Schmidt/Lutter AktG § 286 Rn. 3; *Mertens/Cahn* in Kölner Komm AktG § 286 Rn. 32; *Meißner/Waitz* in Mehrbrey Hdb gesellschaftsrechtliche Streitigkeiten § 12 Rn. 16 stellt für eine Klage der Kommanditaktionäre jedoch stattdessen auf eine Leistungsklage auf Zustimmung ab; ebenso *Bachmann* in Spindler/Stilz AktG § 286 Rn. 4.

[1586] *K. Schmidt* in K. Schmidt/Lutter AktG § 286 Rn. 3; *Perlitt* in Münch Komm AktG § 286 Rn. 72.

[1587] Vgl. *Perlitt* in Münch Komm AktG § 286 Rn. 71 und *Assmann/Sethe* in GroßKomm AktG § 286 Rn. 22 Fn. 46.

[1588] Vgl. *Perlitt* in Münch Komm AktG § 286 Rn. 71; *Assmann/Sethe* in GroßKomm AktG § 286 Rn. 22; *Förl/Fett* in Bürgers/Körber AktG § 286 Rn. 4.

[1589] Vgl. *Perlitt* in Münch Komm AktG § 286 Rn. 71; *Assmann/Sethe* in GroßKomm AktG § 286 Rn. 22.

Göz

IV. Rechtstreitigkeiten zwischen der Gesellschaft und den Komplementären

1. Prozesskonstellationen

643 **a) Einklagbare Ansprüche der Gesellschaft gegen die Komplementäre.** Einklagbare Ansprüche der Gesellschaft gegen die Komplementäre können sich insbesondere aus **Schadensersatzansprüchen** wegen fehlerhafter Geschäftsführung, §§ 283 Nr. 8, 93 Abs. 2 AktG,[1590] wegen Verstößen gegen das gesetzliche Wettbewerbsverbot, § 284 Abs. 2 S. 1 AktG oder auch Rückzahlungsansprüchen wegen gesetzeswidriger Entnahmen ergeben. Zusätzlich können Schadensersatzansprüche wegen Sorgfaltspflichtverletzung, §§ 283 Nr. 3, 93 Abs. 2 AktG, aus unerlaubter Handlung, § 823 Abs. 2 BGB i.V.m. § 288 Abs. 1 AktG oder wegen missbräuchlichen Einflusses auf die Gesellschaft, § 117 Abs. 2 AktG[1591] entstehen.

644 Daneben kann die Gesellschaft auch **Unterlassungsansprüche** gegen die Komplementäre geltend machen: Der allgemeine, aus dem Rechtsgedanken der §§ 12, 1004 BGB hergeleitete Unterlassungsanspruch gilt grundsätzlich für alle Interessen, für die Schutzgesetze i.S.d. § 823 Abs. 2 BGB bestehen.[1592] Soweit ihr dies rein tatsächlich noch möglich ist, kann die Gesellschaft mithin die Unterlassung von drohenden Verstößen gegen das Wettbewerbsverbot (§ 284 AktG) oder gegen Entnahmesperren (§ 288 AktG) verlangen.

645 Auch die Verpflichtung des Komplementärs zur Leistung seiner Einlage[1593] besteht gegenüber der Gesellschaft und ist einklagbar durch Leistungsklage oder *actio pro socio*.[1594] Einklagbar sind darüber hinaus alle Ansprüche der Gesellschaft aus Rechtsgeschäften, die der Komplementär wie ein Dritter mit der Gesellschaft abgeschlossen hat.

b) Einklagbare Ansprüche der Komplementäre gegen die Gesellschaft

646 **aa) Allgemeines.** Komplementäre können gegen die Gesellschaft Anfechtungs- und Nichtigkeitsklagen gegen Hauptversammlungsbeschlüsse erheben. Weiter kommen Klagen auf Durchsetzung von Mitgliedschaftsrechten, wie z.B. der Anspruch auf Gewinnbeteiligung, in Betracht.

647 **bb) Die Anfechtungsbefugnis der Komplementäre.** Die gerichtliche Kontrolle von Hauptversammlungsbeschlüssen richtet sich in der KGaA, wie sich aus der Verweisung des § 283 Abs. 1 Nr. 13 AktG ergibt, nach Aktienrecht.[1595] Mängel von Hauptversammlungsbeschlüssen können daher ausschließlich im Wege der

---

[1590] Siehe hierzu ausführlich Rn. § 5 132 ff.
[1591] *Assmann/Sethe* in GroßKomm AktG § 288 Rn. 56; *Perlitt* in Münch Komm AktG § 288 Rn. 58; *Meißner/Waitz* in Mehrbrey Hdb gesellschaftsrechtliche Streitigkeiten § 12 Rn. 32.
[1592] BGH NJW 1993, 1580; *Sprau* in Palandt BGB Einf. v. § 823 Rn. 18 ff.
[1593] Soweit eine solche vereinbart ist.
[1594] *Meißner/Waitz* in Mehrbrey Hdb gesellschaftsrechtliche Streitigkeiten § 12 Rn. 11; zur actio pro socio s. § 5 Rn. 663 ff.
[1595] Vgl. nur *Förl/Fett* in Bürgers/Körber AktG § 283 Rn. 19; *Bachmann* in Spindler/Stilz AktG § 283 Rn. 21.

aktienrechtlichen Anfechtungs- oder Nichtigkeitsklage gemäß § 246 AktG bzw. § 249 AktG geltend gemacht werden.[1596] Bei den in §§ 246a Abs. 1, 319 Abs. 6 AktG, 16 Abs. 3 UmwG aufgeführten Hauptversammlungsbeschlüssen besteht die Möglichkeit eines Freigabeverfahrens. Aufgrund der Verweisung des § 283 Abs. 1 Nr. 13 AktG gelten die für die Hauptversammlungsbeschlüsse in der Aktiengesellschaft geregelten Rechtsfolgen bei Beschlussmängeln nach den §§ 241, 243 AktG von Hauptversammlungsbeschlüssen in der KGaA entsprechend:[1597] Fehlerhafte Beschlüsse sind in der Regel wirksam und müssen in einem Anfechtungsprozess durch Gestaltungsurteil aufgehoben werden; nur besonders schwerwiegende Fehler, die in § 241 AktG abschließend aufgezählt sind, führen zur Nichtigkeit des Beschlusses. § 283 Abs. 1 Nr. 13 AktG verdrängt insoweit die nach personengesellschaftsrechtlichen Grundsätzen bestehenden Klagemöglichkeiten wegen Beschlussmängeln von Hauptversammlungsbeschlüssen.[1598]

648 Umstritten ist bei der KGaA, ob § 283 Nr. 13 die Funktion einer Rechtsfolgenverweisung[1599] – mit der Folge, dass jeder einzelne Komplementär unabhängig von den in § 245 AktG genannten Voraussetzungen klagebefugt ist – oder einer Rechtsgrundverweisung zukommt.[1600] In der Aktiengesellschaft steht die Anfechtungsbefugnis gemäß § 245 Nr. 4 AktG dem Vorstand als Organ zu. Ein einzelnes Vorstandsmitglied ist gemäß § 245 Nr. 5 AktG selbständig klagebefugt, wenn es durch die Ausführung des Beschlusses eine strafbare Handlung bzw. eine Ordnungswidrigkeit begehen bzw. sich einer Ersatzpflicht aussetzen würde. Im Falle einer Rechtsgrundverweisung wären somit entweder nur die geschäftsführungsbefugten Komplementäre gemeinsam nach einem entsprechendem Beschluss[1601] (analog § 245 Nr. 4 AktG) entsprechend oder jeder einzelne Komplementär unter den Voraussetzungen des § 245 Nr. 5 AktG klagebefugt.

649 Für eine Rechtsfolgenverweisung und damit eine Klagebefugnis jedes einzelnen Komplementärs unabhängig vom Vorliegen der Voraussetzungen des § 245 Nr. 5 AktG spricht entscheidend der Gesichtspunkt, dass die Kontrollrechte eines einzelnen Komplementärs nach dem Leitbild der KGaA jedenfalls nicht geringer ausgestattet sind als die eines einzelnen Aktionärs, der ebenfalls klagebefugt ist. Somit kann jeder **einzelne Komplementär** – unabhängig davon, ob geschäftsführungs- oder vertretungsbefugt oder nicht – selbständig eine aktienrechtliche Anfechtungs- bzw. Nichtigkeitsklage erheben.[1602]

[1596] *Assmann/Sethe* in GroßKomm AktG § 285 Rn. 10; *Bachmann* in Spindler/Stilz AktG § 283 Rn. 21.
[1597] *Assmann/Sethe* in GroßKomm AktG § 283 Rn. 36 f. *Bachmann* in Spindler/Stilz AktG § 283 Rn. 21.
[1598] *Assmann/Sethe* in GroßKomm AktG § 285 Rn. 13; *Meißner/Waitz* in Mehrbrey Hdb gesellschaftsrechtliche Streitigkeiten § 12 Rn. 6.
[1599] *Perlitt* in Münch Komm AktG § 283 Rn. 39; Assmann/Sethe in GroßKomm AktG § 285 Rn. 11; so die hM u.a. *Assmann/Sethe* in GroßKomm AktG § 285 Rn. 12.
[1600] *Mertens/Cahn* in Kölner Komm AktG § 283 Rn. 20.
[1601] Vgl. für die AG *Göz* in Bürgers/Körber AktG § 245 Rn. 17.
[1602] *Assmann/Sethe* in GroßKomm AktG § 285 Rn. 12; *Bachmann* in Spindler/Stilz AktG § 283 Rn. 21; *K. Schmidt* in K. Schmidt/Lutter AktG § 283 Rn. 19; im Ergebnis auch Hüffer/*Koch* § 283 Rn. 3.

2. Prozessparteien

650 **a) Ansprüche der Gesellschaft gegen die Komplementäre.** Prozessparteien bei der Geltendmachung von Ansprüchen der Gesellschaft gegen einzelne Komplementäre sind die **Gesellschaft** auf der einen Seite und der **beklagte Komplementär** auf der anderen Seite.

651 Nicht unter die Geltendmachung von Ansprüchen der Gesellschaft gegen Komplementäre fallen Rechtsstreitigkeiten, die die Gesellschaft lediglich deshalb als Prozesspartei führt, weil sie als gesetzliche Prozessstandschafterin der Kommanditaktionäre auftritt.[1603] Die materielle Sachbefugnis liegt in diesem Fall bei den Kommanditaktionären; es handelt sich um Rechtsstreitigkeiten zwischen den Gesellschaftergruppen.

652 **b) Ansprüche der Komplementäre gegen die Gesellschaft.** Der **einzelne Komplementär** ist sowohl bei der Geltendmachung seines Anspruches auf Gewinnbeteiligung als auch bei den Anfechtungs- und Nichtigkeitsklagen gegen Hauptversammlungsbeschlüsse[1604] Prozesspartei, §§ 283 Nr. 13, 245 AktG.

3. Verfahren

a) Entscheidung über die Klageerhebung

653 **aa) Allgemeines.** Grundsätzlich ist die Entscheidung darüber, ob die Gesellschaft ihre Ansprüche gegen einen Komplementär gerichtlich durchsetzen will, eine Geschäftsführungsangelegenheit und damit **Sache der Komplementäre**, §§ 278 Abs. 2 AktG, 161 Abs. 2, 114 HGB.

654 **bb) Ersatzansprüche der Gesellschaft gegen Komplementäre.** Für die Geltendmachung von Ersatzansprüchen der Gesellschaft aufgrund sorgfaltswidriger Geschäftsführung gegen die persönlich haftenden Gesellschafter[1605] gilt § 283 Nr. 8 AktG: Der Aufsichtsrat hat im Rahmen seiner Kontrolltätigkeit gemäß § 111 AktG zu prüfen, ob Ersatzansprüche gegen die Komplementäre bestehen, und ist entsprechend der insoweit geltenden aktienrechtlichen Grundsätze verpflichtet, diese gegebenenfalls auch durchzusetzen.[1606] Der Aufsichtsrat muss die Klage erheben, wenn die Hauptversammlung dies beschließt oder Aktionäre, deren Anteile zusammen den zehnten Teil des Grundkapitals erreichen, dies fordern, §§ 147 Abs. 1, 112 AktG.

b) Vertretung der Gesellschaft vor Gericht

655 **aa) Vertretung der Gesellschaft bei Aktiv- und Passivprozessen gegen Komplementäre.** Macht die Gesellschaft Ansprüche gegen die Komplementäre geltend, wird sie jedenfalls bei Ersatzansprüchen gemäß §§ 283 Nr. 8, 112 AktG zwin-

---

[1603] Siehe zu den Rechtsstreitigkeiten zwischen den Gesellschaftergruppen § 5 Rn. 607 ff.
[1604] Anfechtungs- und Nichtigkeitsklagen sind gegen die Gesellschaft zu richten, § 246 Abs. 2 S. 1 AktG.
[1605] Siehe oben unter § 5 Rn. 132 ff.
[1606] Zur AG: BGHZ 135, 244 = NJW 1997, 1926 – ARAG/Garmenbeck; *Koch* NZG 2014, 934; *Bachmann* Gutachten E, 70. DJT, ders. NJW-Beil. 2014, 43, 45.

gend vom Aufsichtsrat vertreten.[1607] Dies gilt entsprechend für Klagen der Komplementäre gegen die Gesellschaft. Nach allgemeiner Meinung sind auch Klagen ehemaliger Komplementäre gegen die Gesellschaft, vertreten durch den Aufsichtsrat, zu richten, und zwar selbst dann, wenn der ehemalige Komplementär mittlerweile selbst Mitglied des Aufsichtsrates ist. Dass in diesem Fall auch die übrigen Aufsichtsratsmitglieder einem Interessenkonflikt unterliegen, führt nicht zur Rückverlagerung der Vertretungskompetenz auf die bei typisierender Betrachtung weiterhin befangenen Komplementäre.[1608] Bei Anfechtungs- und Nichtigkeitsklagen der Komplementäre gegen Hauptversammlungsbeschlüsse sind die aktienrechtlichen Spezialvorschriften gemäß § 283 Nr. 13 i. V. m. § 246 Abs. 2 S. 2, 3 AktG sinngemäß anzuwenden: Die Gesellschaft wird als Beklagte durch den Aufsichtsrat vertreten.

bb) Vertretung der Gesellschaft bei Prozessen gegen den Geschäftsführer oder einen Gesellschafter der Komplementärgesellschaft. Vertretungsbefugt ist bei Prozessen gegen den Geschäftsführer oder einen Gesellschafter der Komplementärgesellschaft die Komplementärgesellschaft selbst (§ 278 Abs. 2 i. V. m. §§ 161 Abs. 2, 125 HGB); diese kann allerdings, wenn sie nicht einen weiteren alleinvertretungsbefugten Geschäftsführer hat, beim Prozess gegen den eigenen Geschäftsführer nur durch eben diesen Geschäftsführer handeln (In-sich-Prozess). Ein unzulässiger In-sich-Prozess kann mit der Bestellung eines Prozesspflegers vermieden werden.[1609] Das Problem des In-sich-Prozesses stellt sich freilich nicht, wenn neben der Komplementärgesellschaft noch weitere vertretungsbefugte Komplementäre vorhanden sind.

V. Rechtsstreitigkeiten der Komplementäre untereinander

1. Prozesskonstellationen

Rechtsstreitigkeiten zwischen den Komplementären mit gesellschaftsrechtlichem Bezug, bei dem keine Rechte der KGaA geltend gemacht werden, können insbesondere bei Streitigkeiten über die Wirksamkeit von Beschlüssen der Komplementärversammlung auftreten. Beschlüsse der Komplementärversammlung können zum einen aufgrund eines Verstoßes gegen die für den Beschluss erforderlichen Mehrheiten oder infolge einer Verletzung des Gesetzes bzw. der Satzung fehlerhaft sein. Als mögliche Fehler kommen insbesondere Verfahrensverstöße, Fehler bei der Beschlussvorbereitung, -durchführung sowie -feststellung wie auch Inhaltsmängel, z. B. Verstöße gegen die gesellschaftsrechtliche Treuepflicht oder gegen das Gebot der Gleichbehandlung, in Betracht.

[1607] Umstritten ist, ob, in den übrigen Fällen, jedenfalls soweit keine abweichende Satzungsregelung existiert, der Aufsichtsrat die Gesellschaft auch vertritt, so die hM, u. a. *Assmann/Sethe* in GroßKomm AktG § 287 Rn. 67 ff., *Perlitt* in Münch Komm AktG § 287 Rn. 67 ff. und wohl auch BGH NZG 2005 276, oder ob eine Vertretung durch den Aufsichtsrat (und nicht die Komplementäre) nur bei entsprechender Satzungsregelung besteht, s. o. Rn. 501 ff.
[1608] BGH NZG 2005, 276 ff. *Meißner/Waitz* in Mehrbrey Hdb gesellschaftsrechtliche Streitigkeiten § 12 Rn. 7.
[1609] *Vollkommer* in *Zöller* ZPO § 57 Rn. 1 i. V. m. Vor § 50 Rn. 1; *Meißner/Waitz* in Mehrbrey Hdb gesellschaftsrechtliche Streitigkeiten § 12 Rn. 7.

2. Klage auf Feststellung der Nichtigkeit

658 Die Wirksamkeitsvoraussetzungen der Beschlüsse der Komplementäre beurteilen sich gemäß § 278 Abs. 2 AktG nach Personengesellschaftsrecht. Im Personengesellschaftsrecht sind mangelhafte Gesellschafterbeschlüsse anders als Beschlüsse der Hauptversammlung nicht lediglich rechtswidrig und anfechtbar, sondern nichtig.[1610] Jeder Gesellschafter kann sich auch ohne vorherige Anfechtung auf die Nichtigkeit berufen, es sei denn, er hat das Recht hierauf verwirkt.[1611] Mängel in Komplementärbeschlüssen sind daher mit der Feststellungsklage gemäß § 256 ZPO geltend zu machen. Sofern die Satzung der Gesellschaft keine abweichende Regelung enthält, ist die Klage in diesem Fall gegen die übrigen Komplementäre zu richten; in zeitlicher Hinsicht gilt nicht die Monatsfrist des § 246 Abs. 1 AktG, sondern die Verwirkung als Grenze. Das die Nichtigkeit des angefochtenen Beschlusses feststellende Urteil entfaltet nur *inter-partes*-Wirkung.[1612]

VI. Die Klage der Kommanditaktionäre

1. Anfechtungs-, Nichtigkeits-, Auskunftsklage

659 Die folgenden Klagen stehen gemäß § 278 Abs. 3 AktG auch dem einzelnen Kommanditaktionär zu:
- Anfechtungs- und Nichtigkeitsklage gemäß § 278 Abs. 3 i. V. m. §§ 245 Nr. 1 bis 3, 249 AktG
  Der einzelne Kommanditaktionär kann gemäß § 278 Abs. 3 i. V. m. §§ 245 Nr. 1 bis 3, 249 AktG unter den dort genannten Voraussetzungen Anfechtungs- und Nichtigkeitsklage gegen Hauptversammlungsbeschlüsse erheben; gleiches gilt für die Freigabeverfahren nach §§ 246a, 319, 327e AktG; 16 UmwG. Bei einer Anfechtungs- oder Nichtigkeitsklage eines Aktionärs wird die Gesellschaft durch die (geschäftsführungsbefugten) Komplementäre und den Aufsichtsrat vertreten (§ 278 Abs. 3 i. V. m. § 246 Abs. 2 AktG), im Fall eines Freigabeverfahrens ausschließlich durch die (geschäftsführungsbefugte) Komplementäre.[1613]
- Gerichtliche Entscheidung über das Auskunftsrecht gemäß § 132 AktG
  Gemäß §§ 278 Abs. 3, 131 AktG können die einzelnen Kommanditaktionäre von den geschäftsführungsbefugten Komplementären die Erteilung der in § 131 AktG genannten Auskünfte in der Hauptversammlung verlangen[1614] und im Verfahren gemäß § 132 AktG gerichtlich durchsetzen.

[1610] BGH BB 1966, 1169; BGH NJW-RR 1990, 474, 475; KG Berlin NJW-RR 1995, 1442, 1443; OLG Hamm DB 1992, 2180; *Baumbach/Hopt* HGB § 119 Rn. 31; *Weipert* in Münch Hdb KG § 14 Rn. 130; *Ebbing* NZG 1998, 281, 284; *Meißner/Waitz* in Mehrbrey Hdb gesellschaftsrechtliche Streitigkeiten § 12 Rn. 26; abweichend *K. Schmidt*, Gesellschaftsrecht § 47 V 2 (S. 1397).

[1611] *Weipert* in Münch Hdb KG § 14 Rn. 130; *Liebscher* in Reichert GmbH & Co. KG § 17 Rn. 7.

[1612] So die hM BGH NJW 1999, 3113; *Ebbing* NZG 1998, 281, 284; a. A. *K. Schmidt*, Gesellschaftsrecht § 15 II 3 (S. 447 ff.) und § 21 V 2 (S. 646 ff.).

[1613] Vgl. für die Aktiengesellschaft *Göz* in Bürgers/Körber/AktG § 246a Rn. 3 AktG.

[1614] Vgl. zur Reichweite des Auskunftsrechts: *Assmann/Sethe* in GroßKomm AktG § 285 Rn. 6.

Wird ein Mitglied des Aufsichtsrats nicht durch Beschluss der Hauptversammlung bestimmt – hiergegen steht dem Aktionär die Anfechtungs- bzw. Nichtigkeitsklage nach §§ 250 f. AktG offen – sondern durch ein Entsendungsrecht nach § 101 AktG, so kann ein die Unwirksamkeit der Entsendung rügender Aktionär Feststellungsklage nach § 256 ZPO erheben.[1615] Ein notwendiges Feststellungsinteresse ist zu bejahen, obwohl die Frage der Wirksamkeit ein Drittrechtsverhältnis (zwischen dem Aufsichtsrat und der Gesellschaft und nicht zwischen dem klagenden Aktionär und dem entsandten Aufsichtsratsmitglied als Beklagten) berührt.[1616]

2. Klage auf Erzwingung, Unterlassung oder Beseitigung von Organhandlungen

Bei der Aktiengesellschaft ist eine allgemeine Aktionärsklage, mit der der einzelne Aktionär Maßnahmen der Geschäftsleitung verhindern oder erzwingen kann, nur in außergewöhnlich liegenden Fallkonstellationen anerkannt.[1617] Im Regelfall widerspricht eine solche Klagebefugnis der strengen Kompetenzverteilung zwischen den Organen der Aktiengesellschaft, nach der den Aktionären keine Geschäftsführungsbefugnis zukommt. **660**

In der KGaA liegt die Situation etwas anders. Den Kommanditaktionären steht nach dem gesetzlichen Regelfall bei außergewöhnlichen Geschäftsführungsmaßnahmen[1618] nach §§ 164 S. 1, 116 Abs. 2 HGB und bei Grundlagengeschäften[1619] ein Zustimmungsrecht zu. Durch entsprechende Regelungen in der Satzung können den Kommanditaktionären noch weitere Einflussmöglichkeiten auf die Geschäftsführung eingeräumt werden.[1620] Eine Verletzung dieser Mitentscheidungsrechte können die Kommanditaktionäre zum einen in ihrer Gesamtheit geltend machen.[1621] Dies ist im Regelfall jedoch wenig praktikabel, da in diesem Fall ein entsprechender Beschluss der Hauptversammlung und damit ggfs. deren vorherige Einberufung erforderlich sind. **660a**

Nach der Rechtsprechung des BGH ist jedoch auch dem einzelnen Aktionär, wenn ein bestehendes Zustimmungsrecht der Hauptversammlung durch die Geschäftsführung missachtet wird, die Möglichkeit der Klage auf Rückabwicklung oder Unterlassung einzuräumen.[1622] Für eine solche Klage gilt nicht die Monatsfrist des § 246 Abs. 1 AktG.[1623] Sie ist ohne unangemessene Verzögerung geltend **660b**

[1615] BGH NZG 2006, 138, 139.
[1616] BGH NZG 2006, 138, 139.
[1617] *Rieckers* in Münch Hdb AG § 18 Rn. 8 ff.; BGHZ 83, 122 – Holzmüller; 159, 30 – Gelatine.
[1618] Siehe dazu Rn. 85 ff.
[1619] OLG Stuttgart NZG 2003, 778; vgl. hierzu auch *Förl/Fett* in Bürgers/Körber, AktG § 278 Rn. 47.
[1620] Siehe dazu Rn. 95.
[1621] Zur Frage der Parteifähigkeit der Gesamtheit der Kommanditaktionäre vgl. oben Rn. 612 ff.
[1622] BGHZ 83, 122, 133 f. BGH NJW 1997, 2815, 2816 – Siemens/Nold; NJW 2006, 374, 375 – Commerzbank/Mangusta II; *Kubis* in Münch Komm AktG § 119 Rn. 103; *Rieckers* in Münch Hdb AG § 18 Rn. 8; OLG Stuttgart NZG 2003, 778, 785 (für die KGaA).
[1623] OLG Stuttgart NZG 2003, 778, 785.

zu machen und steht unter dem Vorbehalt, dass sie nicht missbräuchlich unter Verletzung der Rücksichtnahme ausgeübt werden darf, die der Aktionär seinerseits der Gesellschaft schuldet.[1624] Angesichts der Tatsache, dass sich „außergewöhnliche Geschäfte" nur schwer trennscharf abgrenzen lassen, besteht die Gefahr, dass einzelnen Aktionären, gestützt auf diese Norm, weitgehende Klagemöglichkeiten offenstehen. Soll dies verhindert werden, sind diese Befugnisse der Aktionäre nach § 164 HGB so weit wie möglich in der Satzung abzubedingen oder auf ein anderes Organ (Aufsichtsrat) zu übertragen.

661   Die Kommanditaktionäre haben ferner die in § 147 f. AktG vorgesehene Möglichkeit, durch Beschluss der Hauptversammlung die Geltendmachung von Ersatzansprüchen der Gesellschaft zu fordern (§ 147 AktG) oder die Zulassung zu beantragen, im eigenen Namen die in § 147 Abs. 1 AktG bezeichneten Ersatzansprüche der Gesellschaft geltend zu machen (§ 148 AktG).[1625] Verweigert die Gesellschaft pflichtwidrig die Auszahlung der Dividende, kann ein Aktionär seinen Auszahlungsanspruch gegen die Gesellschaft gerichtlich durchsetzen.[1626]

VII. Einstweiliger Rechtsschutz

662   In bestimmten Fallkonstellationen verlangt die Durchsetzung bestehender Rechte die Gewährung eines einstweiligen Rechtsschutzes, da wegen der Verfahrensdauer des ordentlichen Verfahrens die Gefahr besteht, dass bei einer Durchsetzung die Position des Berechtigten bereits irreparabel beschädigt ist. Der im Wege des einstweiligen Rechtsschutzes vorgehende Antragsteller muss das Vorliegen eines Verfügungsanspruches, d.h. das Bestehen seines materiellen Anspruchs, sowie einen Verfügungsgrund, d.h. eine besondere Dringlichkeit („Eilbedürftigkeit") glaubhaft machen.[1627] Ein Antrag im einstweiligen Rechtsschutz ist bei dem Gericht der Hauptsache einzureichen (§§ 937 Abs. 1, 943 Abs. 1 ZPO). In dringenden Fällen kann das Gericht dem Antrag auch ohne mündliche Verhandlung stattgeben. Einstweiliger Rechtsschutz kann sowohl auf der Ebene der Komplementäre als auch im Zusammenhang mit Beschlüssen der Hauptversammlung auf Ebene der Kommanditaktionäre erforderlich werden.

1. Einstweiliger Rechtsschutz auf Ebene der Komplementäre

663   Nicht im Wege des einstweiligen Rechtsschutzes durchsetzbar ist die Ausschließung eines Komplementärs gemäß dem §§ 289 Abs. 1 AktG, 140 HGB.[1628]

664   Möglich ist allerdings, im Wege der einstweiligen Verfügung die Geschäftsführungs- und/oder Vertretungsbefugnis eines Komplementärs vollständig oder auch

---

[1624] BGHZ 83, 122, 135 f.
[1625] *Förl/Fett* in Bürgers/Körber AktG § 283 Rn. 13; *Bachmann* in Spindler/Stilz AktG § 283 Rn. 18.
[1626] OLG München AG 2014, 864.
[1627] *Grunsky* in Stein/Jonas ZPO vor § 935 Rn. 2, *Drescher* in Münch Komm ZPO § 935 Rn. 6 ff.
[1628] *Schmidt* in Münch Komm HGB § 140 Rn. 80; *Lorz* in Ebenroth/Boujong/Joost/Strohn HGB § 140 Rn. 26; zur Ausschließung eines Komplementärs vgl. § 5 Rn. 326 ff.

nur teilweise zu entziehen.¹⁶²⁹ Im Wege des einstweiligen Rechtsschutzes kann, insbesondere wenn aufgrund der einstweiligen Maßnahme die Befugnisse des einzigen Komplementärs eingeschränkt werden, die Geschäftsführungs- und Vertretungsbefugnis auch auf einen Dritten Nichtgesellschafter übertragen werden.¹⁶³⁰ Grundsätzlich ist ein entsprechender Verfügungsantrag, wie im Hauptsacheverfahren, von den übrigen Gesellschaftern geltend zu machen. Da insbesondere bei einem entsprechenden Eilbedürfnis jedoch regelmäßig ein vorheriger Beschluss der Hauptversammlung nicht herbeizuführen ist und auch ein treupflichtwidrig handelnder Komplementär nicht einem Verfügungsantrag zur Erzielung effektiven Rechtsschutzes im Wege stehen darf, kann ein Verfügungsantrag auch lediglich von einem oder einem Teil der Komplementäre bei Gericht gestellt werden. Das einstweilige Verfügungsverfahren soll nicht einen im Vergleich zum Hauptsacheverfahren einfacheren Weg gewähren, sondern dient lediglich einem besonderen Dringlichkeitsbedürfnis und der hieraus sich ergebenden Wahrung bestehender Rechtsposition. Diesem Umstand ist bei der gerichtlichen Prüfung von Verfügungsanspruch und Verfügungsgrund Rechnung zu tragen.

Einstweiliger Rechtsschutz kann auch beantragt werden zur Unterlassung **665** rechtswidriger Geschäftsführungsmaßnahmen. In Betracht kommt dies etwa bei Missachtung von Zustimmungsvorbehalten oder Widerspruchsrechten oder bei Missachtung einer bei der Gesellschaft bestehenden Gesamtgeschäftsführungsbefugnis durch einen Komplementär. Da im Wege der einstweiligen Verfügung nicht eine Kompetenzverschiebung hinsichtlich der von Gesetz und Satzung vorgenommenen Regelung der Geschäftsführungsbefugnis ermöglicht werden soll, können nicht geschäftsführungsbefugte Komplementäre oder die Hauptversammlung nicht in gewöhnliche Geschäftsführungsmaßnahmen der geschäftsführungsbefugten Komplementäre eingreifen.¹⁶³¹

2. Einstweiliger Rechtsschutz auf Ebene der Hauptversammlung

a) Fallkonstellationen. Auf Ebene der Hauptversammlung sind im Wesentlichen folgende Fallkonstellationen zu unterscheiden: (i) Eingriff in die Beschlussfassung; (ii) Einwirkung auf die Stimmabgabe von Aktionären; (iii) Einstweilige Verfügung bei der Ausführung von Beschlüssen. Bei der Frage, ob und in welcher Weise Gerichte im Zusammenhang mit Hauptversammlungsbeschlüssen einstweiligen Rechtsschutz gewähren, kommt dem Grundsatz der Verhältnismäßigkeit besondere Bedeutung zu. Aus diesem Grund ist wie folgt zu differenzieren: **666**

aa) Eingriff in die Beschlussfassung. Einstweiliger Rechtsschutz gegen die **667** Durchführung einer Hauptversammlung oder die Beschlussfassungen zu einzelnen Punkten der Tagesordnung scheitert regelmäßig an dem Gebot der Verhältnismäßigkeit: Der einstweilige Rechtsschutz dient nicht dazu, durch gerichtliche Eingriffe Meinungsverschiedenheiten im Gesellschafterkreis im Vorfeld von deren Erörterung auf der Gesellschafterversammlung zu unterbinden. Regelmäßig kann dem Rechtsschutzziel des Antragstellers ausreichend durch das mildere Mittel einer

---

¹⁶²⁹ *Schäfer* in Staub HGB § 117 Rn. 67 ff.; *Jickeli* in Münch Komm HGB § 117 Rn. 72.
¹⁶³⁰ BGHZ 33, 105, 107 ff.; *Drescher* in Ebenroth/Boujong/Joost/Strohn HGB § 117 Rn. 26.
¹⁶³¹ *Lutz* Der Gesellschafterstreit Rn. 469 ff.

einstweiligen Verfügung im Zusammenhang mit der Ausführungshandlung eines Beschlusses Rechnung getragen werden.[1632] Es kann jedoch in sehr begrenzten Ausnahmefällen ein dringendes Rechtsschutzbedürfnis geben, sodass die Gewährung effektiven Rechtsschutzes über das Dogma des Vorwegnahmeverbotes zu stellen ist.[1633] Dies kann insbesondere bei einer drohenden Verletzung gesetzlicher oder vertraglicher Stimmverbote der Fall sein.[1634] Ob im Einzelfall vorläufiger Rechtsschutz zu gewähren ist, ist mithin allein eine Frage von dessen Begründetheit.[1635] In jedem Fall sind an das Vorliegen von Verfügungsanspruch und Verfügungsgrund **besonders hohe Anforderungen** zu stellen.[1636] Nicht möglich ist, im Wege des einstweiligen Rechtsschutzes einen Beschluss für unwirksam zu erklären.[1637]

668 **bb) Einwirkung auf die Stimmabgabe.** In Betracht kommen kann in eng umgrenzten Ausnahmefällen einstweiliger Rechtsschutz auch im Hinblick auf ein Stimmverhalten bestimmter Aktionäre. Erforderlich ist, dass die Sach- und Rechtslage völlig klar ist oder eine besonders schwere Beeinträchtigung der Interessen des Verfügungsklägers droht.[1638] In Betracht kommen kann dies unter bestimmten Voraussetzungen nach Abschluss eines Stimmbindungsvertrages[1639] oder in Ausnahmefällen auch bei Verstoß gegen die gesellschaftsrechtliche Treuepflicht, wenn eine nachträgliche positive Beschlussfeststellungsklage nicht angemessen die Rechtsposition des Verfügungsklägers wahren kann.[1640] Die auf ein Stimmverbot oder eine bestimmte Stimmabgabe gerichtete einstweilige Verfügung ist gegen den betreffenden Aktionär als Verfügungsbeklagten zu richten. Aufgrund der von der Rechtsprechung gestellten hohen Anforderungen ist der einstweilige Rechtsschutz aber in diesem Fall auf Ausnahmefälle beschränkt.[1641]

669 **cc) Einstweilige Verfügung gegen Ausführungshandlungen.** In Betracht kommen kann einstweiliger Rechtsschutz in Bezug auf Ausführungshandlungen von (nicht bestandskräftigen) Hauptversammlungsbeschlüssen. Ist der Hauptversammlungsbeschluss nicht eintragungsbedürftig, muss der Verfügungsantrag gegen die jeweilige Maßnahme gerichtet werden, die zu der Beeinträchtigung der Rechte eines Verfügungsklägers führen. Bei eintragungsbedürftigen Hauptversammlungsbeschlüssen kann der Gesellschaft untersagt werden, einen Beschluss

---

[1632] *Würthwein* in Spindler/Stilz AktG § 243 Rn. 275; *Hüffer* in Münch Komm AktG § 243 Rn. 67; *Kort* NZG 2007, 169, 170.

[1633] OLG München NZG 2007, 152, 153; OLG München NZG 1999, 407; *Kort* NZG 2007, 169, 169 f.; *Simon/Leuering* NJW-Spezial 2007, 78; *Schlitt/Seiler* ZHR 166 (2002), 544, 574 f. vgl auch *Würthwein* in Spindler/Stilz AktG § 243 Rn. 276.

[1634] Vgl. *Hoffmann-Becking* in Münch Hdb. AG § 38 Rn. 49; *Schlitt/Seiler* ZHR 166 (2002), 544, 575.

[1635] Vgl. OLG München NZG 2007, 152, 154; OLG München NZG 1999, 407; *Beyer* GmbHR 2001, 467, 469.

[1636] *Hüffer/Koch* § 243 Rn. 68; *Hoffmann-Becking* in Münch Hdb AG § 38 Rn. 48; *Bussian* in Mehrbrey Hdb gesellschaftsrechtliche Streitigkeiten § 8 Rn. 332 ff. *Schlitt/Seiler* ZHR 166 (2002), 544, 575.

[1637] *Drescher* in Henssler/Strohn GesellschRe § 246 AktG Rn. 58.

[1638] OLG München NZG 1999, 407, 408; 2007, 152; OLG Düsseldorf NZG 2005, 633, 634.

[1639] *Holzborn* in Bürgers/Körber AktG § 136 Rn. 26 ff., 29.

[1640] OLG Hamburg NJW 1992, 186, 187.

[1641] *Lutz* Der Gesellschafterstreit Rn. 803.

zur Eintragung in das Handelsregister anzumelden. Bei strukturändernden Beschlüssen, deren Eintragung von einer Negativerklärung der anmeldenden Gesellschaft abhängen, stellen die §§ 16 Abs. 1 S. 1 UmwG, 319 Abs. 5 AktG allerdings eine abschließende Sonderregelung dar, die die Gewährung einstweiligen Rechtsschutzes ausschließt.[1642] Die einstweilige Verfügung ist in diesen Fällen gegen die Gesellschaft zu richten.[1643] Bei der Geltendmachung von Anfechtungsgründen ist zusätzlich die fristgemäße Erhebung der Anfechtungsklage glaubhaft zu machen.[1644]

b) Prozessuales. Der einstweilige Rechtsschutz steht den Gesellschaftern in der KGaA bzw. der Gesellschaftergruppe der Kommanditaktionäre unter den vorbezeichneten Bedingungen in derselben Weise zur Verfügung, wie sie ihr Begehren auch in der Hauptsache geltend machen können. Zur Prozessfähigkeit und zur Prozessführungsbefugnis gilt das dort Gesagte.

670

VIII. Die actio pro socio

Nach den Grundsätzen der *actio pro socio* ist der einzelne Gesellschafter berechtigt, im eigenen Namen Ansprüche der Gesellschaft aus dem Gesellschaftsverhältnis gegen Mitgesellschafter geltend zu machen.[1645] Mit der *actio pro socio* können nur Ansprüche aus dem Gesellschaftsverhältnis („Sozialansprüche") geltend gemacht werden, nicht Forderungen der Gesellschaft aus Verträgen, die sie mit dem Komplementär wie mit einem beliebigen Dritten abgeschlossen hat (sog. Drittverträge).

671

1. Grundlagen der actio pro socio in der KGaA

Da § 278 Abs. 2 AktG, der bezüglich des Rechtsverhältnisses der persönlich geltenden Gesellschafter untereinander sowie gegenüber der Gesamtheit der Kommanditaktionäre auf die handelsgesetzlichen Regelungen verweist, gelten die personengesellschaftsrechtlichen Grundsätze der *actio pro socio* grundsätzlich auch bei der KGaA.[1646] Diese lassen sich jedoch nicht ohne Weiteres auf die Kommanditaktionäre übertragen.

672

a) actio pro socio des einzelnen Komplementärs. Die *actio pro socio* steht in der KGaA jedem einzelnen Komplementär – unabhängig von seiner Geschäftsführungs- und/oder Vertretungsbefugnis – zur **Geltendmachung von Forderungen der KGaA gegen ihre Mitgesellschafter** zu.

673

[1642] Strittig, so auch *Kort* BB 2005, 1577, 1581; aA BVerfG BB 2005, 1585, 1586.
[1643] *Drescher* in Henssler/Strohn GesellschRe § 246 Rn. 57.
[1644] *Wolff* in Münch Hdb GmbH § 40 Rn. 109; *Hüffer/Koch* § 243 Rn. 68.
[1645] *Roth* in Baumbach/Hopt HGB § 109 Rn. 32; *Ulmer/Schäfer* in Münch Komm BGB § 705 Rn. 204. Die *actio pro socio* stellt einen Fall der gesetzlichen Prozessstandschaft dar. Die Klage wird also nicht im Namen der Gesellschaft erhoben, auch wenn mit ihr Ansprüche der Gesellschaft geltend gemacht werden, insbesondere zur Personengesellschaft *Vollkommer* in *Zöller* ZPO vor § 50 Rn. 23; *Westermann* in Erman BGB § 705 Rn. 57; *Ulmer*/Schäfer in Münch Komm BGB § 705 Rn. 204; *K. Schmidt*, Gesellschaftsrecht § 21 IV 4 (S. 636).
[1646] *Assmann/Sethe* in GroßKomm AktG § 278 Rn. 62; *Mertens/Cahn* in Kölner Komm AktG § 278 Rn. 27; aA *Kessler* NZG 2005, 145, 147.

674 Da die Kontrollkompetenzen des Aufsichtsrates in der KGaA begrenzt sind,[1647] ist die *actio pro socio* des Komplementärs auch ein Kontrollinstrument der Komplementäre untereinander in der KGaA. Durch Regelungen des Gesellschaftsvertrages kann das Recht der Komplementäre, im Wege der *actio pro socio* Ansprüche der Gesellschaft geltend zu machen, durch Aufnahme einzelner Voraussetzungen zwar eingeschränkt, nicht jedoch gänzlich abbedungen werden.[1648] Die *actio pro socio* unterliegt jedoch den diesem Rechtsinstitut inhärenten Beschränkungen: Wegen des Vorrangs der gesellschaftsrechtlichen Organisation, nach der Sozialansprüche der Gesellschaft grundsätzlich durch deren Organe geltend gemacht werden, ist die *actio pro socio* nur subsidiär anwendbar.[1649] Erhebt ein Komplementär somit im Wege der *actio pro socio* Klage im eigenen Namen zur Durchsetzung eines Sozialanspruchs, so muss er darlegen und beweisen, dass die primär zuständigen organschaftlichen Vertreter den Anspruch nicht durchsetzen. Um die *actio pro socio* als Schutzrecht einer Minderheit nicht leerlaufen zu lassen, sind an diesen Nachweis jedoch keine zu hohen Anforderungen zu stellen.[1650] Da die actio pro socio zudem ihre Grundlage im Gesellschaftsverhältnis findet und Ausschluss des Mitgliedschaftsrechts des Gesellschafters ist, unterliegt sie ferner den gesellschafterlichen Treuepflichten; sie darf daher nicht in rechtsmissbräuchlicher Weise geltend gemacht werden.[1651]

675 **b) Klagemöglichkeiten der Gesamtheit der Kommanditaktionäre.** Mit der *actio pro socio* kann grundsätzlich auch die Gesamtheit der Kommanditaktionäre Ansprüche der KGaA, die auf dem Gesellschaftsverhältnis beruhen, gegen Komplementäre geltend machen. Hinsichtlich der Geltendmachung von Ersatzansprüchen gegen Verwaltungsmitglieder aus der Geschäftsführung und von Ersatzansprüchen der KGaA aus § 117 Abs. 1 S. 1, Abs. 2 AktG verdrängt allerdings die Spezialvorschrift des § 147 AktG innerhalb ihres Anwendungsbereichs eine *actio pro socio* der Gesamtheit der Kommanditaktionäre.[1652]

676 **c) *actio pro socio* des einzelnen Kommanditaktionärs.** Dem einzelnen Kommanditaktionär steht die *actio pro socio* grundsätzlich nicht zu.[1653] Nach aktienrechtlichen Grundsätzen können jedoch Aktionäre mit einer bestimmten Minderheitsbeteiligung Rechte der Gesellschaft geltend machen, so in den Fällen des §§ 283 Nr. 8, 148 AktG sowie in einer konzernrechtlich abhängigen KGaA gemäß §§ 278 Abs. 3, 309 Abs. 4, 317 Abs. 4, 318 Abs. 4 AktG sowie bei Schadensersatzansprüchen der KGaA gegen das beherrschende Unternehmen bzw. gegen dessen Verwaltungsmitglieder.[1654]

[1647] Siehe ausführlich § 5 Rn. 483 ff.

[1648] *Wertenbruch* in Ebenroth/Boujong/Joost/Strohn HGB § 105 Rn. 204; *Ulmer/Schäfer* in Münch Komm BGB § 705 Rn. 209.

[1649] *K. Schmidt* in Münch Komm HGB § 105 Rn. 201.

[1650] *Wertenbruch* in Ebenroth/Boujong/Joost/Strohn HGB § 105 Rn. 203; Ulmer/Schäfer in Münch Komm BGB § 705 Rn. 210 ff.

[1651] BGH NZG 2010, 783.

[1652] Vgl. *Meißner/Waitz* in Mehrbrey Hdb gesellschaftsrechtliche Streitigkeiten § 12 Rn. 9.

[1653] *Assmann/Sethe* in GroßKomm AktG, § 278 Rn. 86, 93; *Bachmann* in Spindler/Stilz AktG § 278 Rn. 36.

[1654] Siehe dazu § 12 Rn. 29.

2. Prozesskonstellationen

a) Ansprüche der Gesellschaft gegen einen Komplementär. Im Wege der 677
actio pro socio können alle Ansprüche der Gesellschaft gegen einen Komplementär durchgesetzt werden, soweit diese Ansprüche im Gesellschaftsverhältnis wurzeln.

Dies sind insbesondere Ansprüche gegen einen persönlich haftenden Gesellschafter zur Leistung seiner Einlage,[1655] Auskunftsrechte der Gesellschaft gegen die geschäftsführenden Komplementäre gemäß § 278 Abs. 2 AktG i.V.m. §§ 161 Abs. 2, 105 Abs. 3 HGB, §§ 713, 666 BGB,[1656]. Ersatzansprüche wegen fehlerhafter Geschäftsführung,[1657] §§ 283 Nr. 8, 93 Abs. 2 AktG, sowie Ansprüche gemäß § 117 Abs. 2 AktG, Ansprüche wegen Verstößen gegen das gesetzliche Wettbewerbsverbot, § 284 AktG, wegen einer unerlaubten Entnahme[1658], aus unerlaubter Handlung, § 823 Abs. 2 BGB i.V.m. § 288 Abs. 1 AktG, und gegebenenfalls wegen Benutzung des Einflusses auf die Gesellschaft, § 117 Abs. 2 AktG.[1659] Auch Unterlassungsansprüche der Gesellschaft gegen die Komplementäre können im Rahmen einer *actio pro socio* eingeklagt werden.[1660] 678

b) Ansprüche der Gesellschaft gegen einen Kommanditaktionär. Wichtigster Anspruch der Gesellschaft gegen einen einzelnen Kommanditaktionär ist der Anspruch auf Einlageleistung, § 278 Abs. 3 i.V.m. § 54 AktG. 679

Ansprüche der Gesellschaft gegen die Gesamtheit der Kommanditaktionäre gibt es hingegen nicht.[1661] Die Verweisung des § 278 Abs. 2 AktG, der hinsichtlich des Verhältnisses zwischen den Komplementären und den Kommanditaktionären und damit hinsichtlich des Verhältnisses zwischen den beiden Gesellschaftergruppen auf das Personengesellschaftsrecht verweist, begründet Verpflichtungen der Gesamtheit der Kommanditaktionäre lediglich gegenüber den Komplementären als Gesellschaftergruppe,[1662] nicht aber gegenüber der KGaA als Gesellschaft. 680

[1655] Vgl. *Meißner/Waitz* in Mehrbrey Hdb gesellschaftsrechtliche Streitigkeiten § 12 Rn. 11, 18.
[1656] Da § 713 BGB nur das Verhältnis zwischen dem geschäftsführenden Gesellschafter und der Gesamthand betrifft, steht dieses Auskunftsrecht lediglich der Gesellschaft, nicht aber einem Gesellschafter zu, sodass der einzelne Komplementär oder die Gesamtheit der Kommanditaktionäre diesen Auskunftsanspruch der Gesellschaft im Wege der actio pro socio geltend machen kann. *K. Schmidt*, Informationsrechte in Gesellschaften und Verbänden 1984, S. 63 f.; *Schäfer* in Staub HGB § 118 Rn. 6; *Roth* in Baumbach/Hopt HGB § 118 Rn. 12; *Drescher* in Ebenroth/Boujong/Joost/Strohn HGB § 118 Rn. 41; a.A. *Emmerich* in Heymann HGB § 118 Rn. 5.
[1657] Siehe hierzu ausführlich Rn. 132 ff.
[1658] In diesem Fall entstehen neben dem Rückzahlungsanspruch Schadensersatzansprüche wegen Sorgfaltspflichtverletzung, §§ 283 Nr. 3, 93 Abs. 2 AktG.
[1659] Siehe dazu unter § 5 Rn. 127.
[1660] S. im Einzelnen auch *Roth* in Baumbach/Hopt HGB § 109 Rn. 34; *Wertenbruch* in Ebenroth/Boujong/Joost/Strohn HGB § 105 Rn. 199.
[1661] *Meißner/Witz* in Mehrbrey Hdb gesellschaftsrechtliche Streitigkeiten § 12 Rn. 20.
[1662] Siehe zu den Klagen auf Zustimmung der jeweils anderen Gesellschaftergruppe zu Grundlagengeschäften aufgrund der Treuepflicht Rn. 623.

3. Prozessparteien

681 Bei einer *actio pro socio* klagt der **Komplementär** im eigenen Namen Ansprüche der KGaA ein. Der Antrag ist folglich auf Leistung an die KGaA zu stellen. Prozesspartei ist jeweils derjenige Komplementär, der von seinem Recht zur *actio pro socio* Gebrauch macht und in gesetzlicher Prozessstandschaft Klage gegen den jeweils verpflichteten Komplementär oder Kommanditaktionär erhebt.[1663]

682 Soweit die *actio pro socio* der **Gesamtheit der Kommanditaktionäre** zusteht, ist die KGaA in gesetzlicher Prozessstandschaft für die Gesamtheit der Kommanditaktionäre Prozesspartei, da diese weder rechts- noch parteifähig ist.[1664] Die Gesellschaft wird vor Gericht gemäß § 287 Abs. 2 AktG durch den Aufsichtsrat vertreten, sofern die Kommanditaktionäre nicht mit dem Beschluss über die Erhebung der *actio pro socio* statt des Aufsichtsrats einen besonderen Vertreter bestellen, der sie vor Gericht vertritt, § 287 Abs. 2 S. 1 AktG.[1665]

4. Verhältnis der actio pro socio zur Klage der Gesellschaft

683 Der Grundsatz der Geltendmachung eines fremden, nämlich der Gesellschaft zustehenden Rechts sowie der Subsidiarität hat sowohl in materiellrechtlicher als auch in prozessualer Hinsicht folgende Konsequenzen:

684 In materieller Hinsicht ist ein im Wege der *actio pro socio* klagender Komplementär nicht berechtigt, über das Recht der Gesellschaft zu verfügen. Er kann somit zwar auf eine Verfolgung seines prozessualen Anspruchs verzichten oder den Streit für erledigt erklären. Ein – auch ein im Rahmen eines Vergleichs abgeschlossener – Verzicht bindet nicht die Gesellschaft und hat somit keine Auswirkung auf das dieser zustehende Recht.[1666] In prozessualer Hinsicht ist die Gesellschaft nicht gehindert, den Anspruch selbst klageweise geltend zu machen, auch nachdem ein Gesellschafter den Anspruch der Gesellschaft im Wege der *actio pro socio* geltend gemacht hat; der Einwand der Rechtshängigkeit nach § 261 ZPO ist nicht anwendbar. In diesem Fall ist die Klage des Gesellschafters wegen Wegfalls der Prozessführungsbefugnis als unzulässig abzuweisen, sofern der Kläger den Rechtsstreit nicht in der Hauptsache für erledigt erklärt.[1667] Wird die Klage des im Wege der *actio pro socio* klagenden Gesellschafters abgewiesen, entfaltet dies keine Rechtskraftwir-

---

[1663] *K. Schmidt* in Münch Komm HGB § 105 Rn. 198; *Ulmer/Schäfer* in Münch Komm BGB § 705 Rn. 208 f.; aA: Verfolgung eines eigenen materiell-rechtlichen Anspruchs, vgl. *Wertenbruch* in Ebenroth/Boujong/Joost/Strohn HGB § 105 Rn. 198; diese Frage offenlassend BGH NZG 2010, 783.

[1664] Siehe dazu Rn. 612 ff.

[1665] Die im Personengesellschaftsrecht anerkannte Möglichkeit, dass die übrigen Komplementäre statt im Wege der *actio pro socio* vorzugehen einen bestimmten Vertreter beauftragen, im Namen der Gesellschaft den Sozialanspruch gegen einen Gesellschafter geltend zu machen, vgl. *Wertenbruch* in Ebenroth/Boujong/Joost/Strohn HGB § 105 Rn. 200; *K. Schmidt* in Münch Komm HGB § 105 Rn. 201a, ist auch beider KGaA möglich, verlangt jedoch dann auch einen entsprechenden Hauptversammlungsbeschluss als Zustimmung der Gesamtheit der Kommanditaktionäre.

[1666] *K. Schmidt* in Münch Komm HGB § 105 Rn. 204.

[1667] *Ulmer/Schäfer* in Münch Komm BGB § 705 Rn. 214.

kung im Verhältnis zur Gesellschaft.[1668] Der beklagte Gesellschafter kann in diesem Fall, um eine Rechtskrafterstreckung auch auf die Gesellschaft zu erstrecken, entweder dieser den Streit verkünden oder aber eine negative Feststellungsklage gegen die Gesellschaft erheben.[1669] Eine Ausnahme von diesem Grundsatz gilt bei der KGaA dann, wenn die *actio pro socio* nach einem Beschluss der Hauptversammlung bereits im Namen der Gesellschaft geltend gemacht wird.[1670]

IX. Streitbeilegung durch Schiedsgerichtsbarkeit

1. Einführung

Die Schiedsgerichtsbarkeit hat in den vergangenen Jahren stark an Bedeutung gewonnen. Für das Recht der KGaA ist die Schiedsgerichtsbarkeit insbesondere wegen der fehlenden Öffentlichkeit des Schiedsverfahrens, der fallbezogenen Expertise der Schiedsrichter und des flexiblen Verfahrens interessant. **685**

Schiedsgerichte sind aufgrund Parteivereinbarung gebildete, private Gerichte, die Rechtsstreitigkeiten anstelle der staatlichen Gerichte für die Parteien bindend entscheiden.[1671] In der Regel entscheidet das Schiedsgericht in einer Instanz, ohne dass es zu einer Berufung kommt. Der Schiedsspruch steht gemäß § 1055 ZPO dem rechtskräftigen Urteil eines staatlichen Gerichts gleich und kann wie ein Urteil Grundlage für eine Zwangsvollstreckung sein (§ 784 Abs. 1 Nr. 4a ZPO). Abzugrenzen ist die Schiedsgerichtsbarkeit von anderen Formen der alternativen Streitbeilegung, die nicht ohne Weiteres zu einem vollstreckbaren Titel führen, beispielsweise Mediation, Schlichtung oder Gutachterverfahren. Das zur Entscheidung eines Rechtsstreits berufene Schiedsgericht wird im Regelfall speziell für die vorliegende Rechtsstreitigkeit gebildet. Dementsprechend können die Parteien Schiedsrichter auswählen, die für die konkrete Streitigkeit besondere Expertise haben. Im Unterschied zu staatlichen Gerichten sind Verhandlungen vor dem Schiedsgericht nicht öffentlich.[1672] Dies ist insbesondere bei sensiblen Streitigkeiten, wie sie im Recht der KGaA vor allem durch die personengesellschaftsrechtliche Prägung auftreten können, vorteilhaft gegenüber einer öffentlichen Verhandlung vor Gericht. **686**

Innerhalb Deutschlands hat vor allem die Einführung eines modernen Schiedsverfahrensrecht im Jahr 1998 wesentlich dazu beigetragen, dass Parteien immer häufiger zu dieser Form der Streitbeilegung greifen. Für gesellschaftsrechtliche Streitigkeiten wurde diese Entwicklung beflügelt durch die Schiedsfähigkeit II Entscheidung des BGH aus dem Jahr 2009[1673], der zufolge Beschlussmängelstreitigkeiten im Recht der GmbH schiedsfähig sind. Diese Rechtsprechung des BGH wird nach der herrschenden Meinung entsprechend auf Personengesellschaften angewendet. **687**

[1668] *Wertenbruch* in Ebenroth/Boujong/Joost/Strohn HGB § 105 Rn. 205.
[1669] *K. Schmidt* in Münch Komm HGB § 105 Rn. 203.
[1670] Vgl. hierzu Rn. 612 ff.
[1671] *Voit* in Musielak/Voit ZPO § 1025 Rn. 1.
[1672] *Zimmermann* in Münch Komm ZPO § 169 Rn. 21.
[1673] BGH SchiedsVZ 2009, 233.

688   Für das Recht der KGaA bedeutet die Schiedsfähigkeit II Entscheidung dementsprechend auch eine Erweiterung des Kreises der Streitigkeiten, die durch Schiedsgerichte entschieden werden können. Allerdings ist zugleich die aktienrechtliche Prägung der KGaA dafür verantwortlich, dass die aktienrechtliche Satzungsstrenge gemäß § 23 Abs. 5 AktG der Schiedsfähigkeit ungeachtet der neuen BGH Rechtsprechung Grenzen setzt. Dies führt im Ergebnis dazu, dass nicht alle Streitigkeiten in satzungsmäßigen Schiedsklauseln einer KGaA Schiedsgerichten zugewiesen werden können. Schiedsvereinbarungen, die neben der Satzung geschlossen werden, können nur teilweise eine Alternative bilden.

2. Schiedsfähigkeit

689   Gegenstand einer Schiedsvereinbarung kann grundsätzlich jeder vermögensrechtliche Anspruch sein (§ 1030 Abs. 1 S. 1 ZPO). Nichtvermögensrechtliche Ansprüche sind schiedsfähig, sofern die Parteien berechtigt sind, über den Gegenstand des Streites einen Vergleich zu schließen (§ 1030 Abs. 1 S. 2 ZPO). Sofern Streitigkeiten aufgrund von gesetzlichen Regelungen außerhalb der ZPO nicht oder nur unter bestimmten Voraussetzungen schiedsfähig sind, bleiben diese Regelungen unberührt (§ 1030 Abs. 3 ZPO). Beispielsweise sind bestimmte Angelegenheiten der Familiengerichtsbarkeit und der freiwilligen Gerichtsbarkeit außer den echten Streitigkeiten nicht schiedsfähig.[1674]

690   **a) Schiedsfähigkeit II Entscheidung des BGH.** Die Schiedsfähigkeit von gesellschaftsrechtlichen Streitigkeiten über Beschlussmängel wurde viele Jahre verneint[1675] bis der BGH in der Schiedsfähigkeit II Entscheidung vom 6.4.2009 in Bezug auf das Recht der GmbH von seiner bisherigen Position abwich.[1676] Nach Auffassung des BGH sind Schiedsvereinbarungen über Beschlussmängelstreitigkeiten in der GmbH zulässig, sofern bestimmte Mindeststandards erfüllt sind, die eine *inter omnes* Wirkung des Schiedsspruchs gestatten. Demnach muss die Schiedsvereinbarung so ausgestaltet sein, dass ihr alle Gesellschafter zustimmen. Alle Gesellschafter müssen die Möglichkeit haben, sich an dem Schiedsverfahren zu beteiligen, insbesondere auch bei der Schiedsrichterauswahl. Zudem muss es eine Zuständigkeitskonzentration bei einem Schiedsgericht geben. Sofern diese Voraussetzungen erfüllt sind, ist das Schiedsverfahren mit dem Rechtsschutz vor staatlichen Gerichten gleichwertig und der Schiedsspruch entfaltet zwischen allen Gesellschaftern Wirkung.[1677]

691   In der Schiedsfähigkeit II Entscheidung verneinte der BGH im Ergebnis die Wirksamkeit der in dem Fall vorliegenden Schiedsvereinbarung in Bezug auf Beschlussmängelstreitigkeiten, da die Beteiligung aller Gesellschafter an dem Schiedsverfahren nicht sichergestellt und auch keine Zuständigkeitskonzentration vorgesehen war. In zwei nachfolgenden Entscheidungen entschieden das OLG Bremen[1678] und das OLG Frankfurt[1679] ebenfalls, dass Schiedsklauseln in der Satzung

---

[1674] *Geimer* in Zöller ZPO § 1030 Rn. 6.
[1675] So noch die Schiedsfähigkeit I Entscheidung des BGH NJW 1996, 1753.
[1676] BGH SchiedsVz 2009, 233.
[1677] Vgl. *Göz/Peitsmeyer* DB 2009, 1915; *Niemeyer/Häger* BB 2014, 1737.
[1678] OLG Bremen NZG 2010, 230.
[1679] OLG Frankfurt SchiedsVZ 2010, 334.

der jeweiligen GmbH den vom BGH aufgestellten Anforderungen nicht genügten. Parteien, die Beschlussmängelstreitigkeiten wirksam in die Schiedsklausel einbeziehen wollen, müssen daher sorgfältig darauf achten, dass die Anforderungen des BGH allesamt umgesetzt sind. Dies kann im Wege einer Ad-hoc Schiedsvereinbarung geschehen, in der die Parteien die Durchführung des Schiedsverfahrens selbst organisieren oder durch Verweis auf die Ergänzenden Regeln für gesellschaftsrechtliche Streitigkeiten, die die Deutsche Institution für Schiedsgerichtsbarkeit e. V. („DIS") als Reaktion auf die Schiedsfähigkeit II Entscheidung entwickelt hat. Die Ergänzenden Regeln für gesellschaftsrechtliche Streitigkeiten sind seit dem 15.9.2009 gültig und setzen die Vorgaben des BGH um. Die DIS veröffentlicht ebenfalls eine Musterklausel für die Einbeziehung von Beschlussmängelstreitigkeiten in die Schiedsvereinbarung.[1680]

b) Schiedsfähigkeit von Streitigkeiten in der KGaA. Die Schiedsfähigkeit von Streitigkeiten bei der KGaA erfordert eine sehr differenzierte Betrachtung, die dem Umstand geschuldet ist, dass die KGaA Elemente des Aktienrechts und des Personengesellschaftsrechts miteinander verbindet. Die vom BGH für das Recht der GmbH entwickelten Grundsätze für die Schiedsfähigkeit von Beschlussmängelstreitigkeiten werden nach herrschender Meinung entsprechend auf Personengesellschaften angewendet.[1681] Demgegenüber sind nach immer noch weit verbreiteter Meinung Schiedsklauseln in der Satzung einer AG wegen der aktienrechtlichen Satzungsstrenge (§ 23 Abs. 5 AktG) nicht zulässig.[1682] Dies schließt es aus, sämtliche bei der KGaA auftretende Streitigkeiten der Entscheidung durch Schiedsgerichte zuzuweisen. 692

Streitigkeiten, die sich aus der personengesellschaftsrechtlichen Ausprägung der KGaA ergeben, können unproblematisch Gegenstand einer Schiedsvereinbarung sein. Nach der Schiedsfähigkeit II Entscheidung bestehen keine Bedenken hinsichtlich der grundsätzlichen Wirksamkeit entsprechender Schiedsklauseln, sofern die Anforderungen des BGH gewahrt sind. Es ist auch möglich, zahlreiche Streitigkeiten, die sich aus der aktienrechtlichen Ausprägung der KGaA ergeben, einem Schiedsgericht zuzuweisen. Etwas anderes gilt nur für solche Streitigkeiten, die im Aktienrecht ausdrücklich der Zuständigkeit staatlicher Gerichte zugeordnet werden, mithin Beschlussmängelstreitigkeiten nach § 246 Abs. 3 AktG oder Auskunftserzwingung nach § 132 AktG. Die Satzungsstrenge des § 23 Abs. 5 AktG gilt für die KGaA soweit es um Regelungen der §§ 279 ff. AktG und des allgemeinen Aktienrechts geht.[1683] Die Satzungsstrenge schützt Aktionäre nach weit verbreiteter Meinung vor einer Abbedingung der im Aktienrecht vorgesehenen Zuständigkeit staatlicher Gerichte. Die für Kommanditaktionäre nach § 278 Abs. 3 AktG verfügbaren Anfechtungs-, Nichtigkeits- und Auskunftsklagen gemäß § 246 Abs. 3 und § 132 AktG[1684] sind mit dieser weit verbreiteten Meinung somit ebenfalls der Schiedsgerichtsbarkeit entzogen. 693

[1680] Siehe http://www.dis-arb.de/de/17/klauseln/dis-musterklausel-für-gesellschaftsrechtliche-streitigkeiten-09-id11 (abger. am 3.7.2015).
[1681] *Cranshaw* jurisPR-HaGesR 5/2013 Anm. 3.
[1682] Siehe bspw. *Heskamp* RNotZ 2012, 415, 417; *Voit* in Musielak/Voit ZPO § 1066 Rn. 8.
[1683] Verweis auf vorne einfügen, in Vorauflage § 3 Rn. 7.
[1684] Verweis nach vorne, in Vorauflage § 5 Rn. 659.

694 Diese Auffassung ist nicht unbestritten. Mehrere Autoren vertreten die Position, es bestünde nach der Schiedsfähigkeit II Entscheidung kein Grund mehr, die Schiedsfähigkeit insbesondere für kleine, nicht börsennotierte AGs zu verneinen.[1685] Ferner wird diskutiert, ob anstelle einer Schiedsklausel in der Satzung eine außerstatutarische Schiedsvereinbarung zwischen den Aktionären abgeschlossen werden könnte.[1686] Eine derartige Umgehung von § 23 Abs. 5 AktG wirft indes Bedenken auf. Es würde sich ferner das Problem der Geltung der Schiedsvereinbarung für zukünftige Aktionäre stellen.[1687] Es erscheint durchaus plausibel, die Schiedsfähigkeit von Beschlussmängelstreitigkeiten zumindest bei kleinen, nicht börsennotierten AGs zu bejahen. Solange es aber keine Hinweise in der Rechtsprechung darauf gibt, dass Beschlussmängelstreitigkeiten im Recht der AG wirksam Schiedsverfahren zugewiesen werden können, ist es der sicherere Weg, diese von dem Geltungsbereich einer statutarischen Schiedsklausel auszunehmen. Entsprechendes gilt für Auskunftsklagen gemäß § 132 AktG.

3. Schiedsklauseln in Satzungen

695 Schiedsvereinbarungen können gemäß § 1029 Abs. 1 ZPO grundsätzlich vor oder nach Entstehung einer Streitigkeit geschlossen werden. In der Praxis bietet sich regelmäßig eine Vereinbarung vor Entstehung der Streitigkeit an, da Parteien nach Entstehung eines Streits häufig auch über rein prozessuale Fragen keine Einigkeit mehr erzielen können. Zudem ist es vorteilhaft, in der Satzung oder außerstatutarischen Schiedsvereinbarungen Klarheit über die Art der Streitbeilegung und die damit verbundenen Kosten zu haben.

696 § 1066 ZPO gestattet die Vereinbarung von Schiedsgerichten in einer Satzung. Der Vorteil einer Satzungsregelung liegt darin, dass neu eintretende Gesellschafter an die Schiedsklausel gebunden sind.[1688] Der neue Gesellschafter unterwirft sich durch seinen Eintritt der Satzung einschließlich ihrer Schiedsklausel.[1689] Außerdem bindet die statutarische Schiedsklausel die Gesellschaft selbst und ihre Organe.[1690] Wird eine Satzung nachträglich um eine Schiedsklausel ergänzt, bedarf es der Zustimmung aller Gesellschafter, um den Rechtsweg zu den ordentlichen Gerichten auszuschließen.[1691] In der Satzung der KGaA können, wie oben dargelegt, Streitigkeiten mit Ausnahme von Anfechtungs-, Nichtigkeits- oder Auskunftsklagen der Schiedsgerichtsbarkeit zugewiesen werden.

697 Außerstatutarische Schiedsvereinbarungen unterliegen dem Formerfordernis von § 1031 ZPO. Sofern ein Verbraucher an der Schiedsvereinbarung beteiligt ist, ist eine eigenhändig unterzeichnete Urkunde erforderlich. Die Urkunde darf gemäß § 1031 Abs. 5 S. 3 ZPO keine anderen Vereinbarungen als solche enthalten, die sich auf das schiedsrichterliche Verfahren beziehen. Eine Ausnahme gilt jedoch bei einer notariellen Beurkundung, so dass für Kapitalgesellschaften das Erforder-

---

[1685] *Geimer* in Zöller ZPO § 1030 Rn. 9; *Goette* GWR 2009, 103, 105; *K. Schmidt* Gesellschaftsrecht in der Diskussion 2009, 2010, S. 97, 128.
[1686] *Reichert* FS Ulmer, 2003, S. 511, 531.
[1687] *Hauschild/Böttcher* DNotZ 2012, 577, 587.
[1688] *Michalski/Funke* in Michalski GmbHG § 13 Rn. 90.
[1689] BGH NJW 1978, 1585; BGH NJW 1979, 2567.
[1690] *Hauschild/Böttcher* DNotZ 2012, 577, 579.
[1691] BGH NZG 2009, 620, 622.

nis einer separaten Urkunde ohne Relevanz ist. Auch im Fall einer notariellen Beurkundung bleibt es indes bei dem Erfordernis einer eigenhändigen Unterschrift.

Mit Beschluss vom 10.9.2013 hat das OLG München zur Frage Stellung genommen, ob die Schiedsordnung, auf die die Parteien in der Schiedsvereinbarung Bezug nehmen, beurkundet werden muss.[1692] Zuvor wurde teilweise die Auffassung vertreten, die Schiedsordnung sei zu beurkunden, weil auch Bestimmungen von denen die Wirksamkeit des Vertrages nicht abhängt, beurkundet werden müssen.[1693] Das OLG folgt dieser Auffassung nicht, sofern die Parteien ein institutionelles Schiedsgericht vereinbaren, das die jeweils gültige Schiedsordnung anwenden muss. Nur die Einigung über die Zuständigkeit des Schiedsgerichts und der Verweis auf die Schiedsordnung müssen beurkundet werden.[1694] 698

Das bestätigte schließlich auch der BGH in seinem Beschluss vom 24.7.2014.[1695] Dieser weißt darauf hin, dass die Schiedsvereinbarung als solche von etwaigen Regelungen der Parteien über das Verfahren des Schiedsgerichts zu unterscheiden ist. Der Text der Schiedsordnung muss weder enthalten noch mit der notariellen Urkunde körperlich verbunden sein. 699

4. Institutionelle und Ad-hoc Schiedsgerichtsbarkeit

Die Parteien haben die Möglichkeit, ein Schiedsverfahren mithilfe einer Schiedsinstitution durchzuführen oder eigenständig zu organisieren als Ad-hoc Schiedsgerichtsverfahren. 700

Sofern die Parteien das Schiedsverfahren nicht eigenständig durchführen möchten, können sie zwischen den Leistungen von einer Vielzahl institutioneller Anbieter wählen. Es gibt zahlreiche teils national, teils international operierende Schiedsinstitutionen, die mitunter bestimmte regionale oder Branchenschwerpunkte haben. Die Schiedsinstitutionen stellen den Parteien eine Verfahrensordnung für die Durchführung von Schiedsverfahren zur Verfügung und sind – in unterschiedlicher Intensität – bei der Administration des Schiedsverfahrens behilflich. Beispielsweise übernehmen Schiedsinstitutionen Zustellungen an die Parteien, verwalten die Kostenvorschüsse für die Kosten des Schiedsgerichts und unterstützen bei Bedarf bei der Konstituierung des Schiedsgerichts, indem sie Vorschläge für Schiedsrichter unterbreiten, Unabhängigkeitserklärungen von den Schiedsrichtern einholen und Ersatzbestellungen vornehmen, falls die Konstituierung des Schiedsgerichts ins Stocken kommt. 701

Insbesondere wenn Beschlussmängelstreitigkeiten in die Schiedsvereinbarung einbezogen werden sollen, bietet es sich an, das Schiedsverfahren nach den Schiedsregeln der DIS und deren ergänzenden Regeln für gesellschaftsrechtliche Streitigkeiten durchzuführen. Sie sind als Reaktion auf die Schiedsfähigkeit II Entscheidung des BGH konzipiert worden und setzen die höchstrichterlichen Vorgaben zur wirksamen Einbeziehung von Beschlussmängelstreitigkeiten um. Dies beinhaltet insbesondere die ordnungsgemäße Information sämtlicher Gesellschafter über das Schiedsverfahren sowie die Sicherstellung der Beteiligung im Verfahren 702

[1692] OLG München SchiedsVZ 2013, 287.
[1693] *Schumacher* in Staudinger BGB § 311b Rn. 156.
[1694] OLG München SchiedsVZ 2013, 287, 291.
[1695] BGH BeckRS 2014, 16618.

und bei der Auswahl der Schiedsrichter. Dies erspart den Parteien die detailreiche Umsetzung der Vorgaben des BGH in einer Ad-hoc Schiedsklausel. Des Weiteren passt die DIS ihre Schiedsregeln kontinuierlich an neue Entwicklungen in der Rechtsprechung an. Sollte es in Zukunft beispielsweise zu einer neuen Entscheidung kommen, die bislang nicht in den ergänzenden Regeln umgesetzt ist, wird sich die DIS dieser Thematik zeitnah annehmen und somit gewährleisten, dass ein Schiedsverfahren ordnungsgemäß durchgeführt werden kann.

703 Die Dienstleistungen der Schiedsinstitution schlagen sich naturgemäß in Kosten nieder, die die Parteien bei Ad-hoc Schiedsverfahren einsparen können. In der Regel erheben die Schiedsinstitutionen zusätzlich zu der Vergütung des Schiedsgerichts Registrierungs- und/oder Verwaltungsgebühren. Die Höhe der Kosten orientiert sich im kontinentaleuropäischen Raum gewöhnlich an dem Streitwert. Über die Höhe der Kosten können sich die Parteien im Vorfeld anhand der von den Schiedsinstitutionen veröffentlichten Kosten- und Gebührenordnungen informieren.

704 In Ad-hoc Schiedsverfahren organisieren die Parteien das Schiedsverfahren eigenständig, ohne Rückgriff auf eine Schiedsgerichtsinstitution. Sie bestimmen die Regeln für das Schiedsverfahren indem sie in der Schiedsvereinbarung oder nach Entstehung einer Streitigkeit alle wesentlichen Eckpunkte der Verfahrensführung niederlegen.

705 Ad-hoc Schiedsverfahren geben den Parteien den größtmöglichen Gestaltungsspielraum, das Schiedsverfahren ganz nach ihren individuellen Bedürfnissen zu gestalten. Gerade bei einer Einbeziehung von Beschlussmängelstreitigkeiten in die Schiedsklausel sind jedoch sehr umfassende Regelungen notwendig, um die Vorgaben des BGH aus der Schiedsfähigkeit II Entscheidung umzusetzen. Angesichts der Komplexität dieser Vorgaben besteht zudem eine gewisse Gefahr, nicht alle Anforderungen zutreffend umzusetzen.

5. Durchführung von Schiedsverfahren

706 Schiedsverfahren werden durch internationale Übereinkommen und die nationalen Schiedsverfahrensrechte geregelt. Das deutsche Schiedsverfahrensrecht ist im 10. Buch der ZPO (§§ 1025 ff. ZPO) geregelt. Es ist immer dann anzuwenden, wenn der Ort des schiedsrichterlichen Verfahrens in Deutschland liegt (§ 1025 Abs. 1 ZPO). Für die Anwendbarkeit des deutschen Schiedsverfahrensrechts kommt es weder auf die Nationalität der Parteien oder der Schiedsrichter noch auf das anzuwendende materielle Recht an.

707 Das Verfahren vor Schiedsgerichten zeichnet sich dadurch aus, dass die Parteien einen weitreichenden Gestaltungsspielraum in Bezug auf die Verfahrensführung haben. Dies gestattet es den Parteien, das Schiedsverfahren losgelöst von den zivilprozessualen Vorschriften des nationalen Rechts zu führen. Umgekehrt können sich die Parteien aber auch bewusst dazu entscheiden, ein Schiedsverfahren weit möglichst wie ein Verfahren vor staatlichen Gerichten durchzuführen. Sofern die Parteien keine Regelungen zum Verfahren treffen und keine zwingenden Vorschriften anwendbar sind, hat das Schiedsgericht einen weiten Ermessensspielraum im Hinblick auf die Verfahrensgestaltung. Durch Verfahrensvereinbarungen aber auch die Auswahl der Schiedsrichter können die Parteien Einfluss auf die konkrete Ausgestaltung des Schiedsverfahrens nehmen.

Meier

Die Gestaltungsfreiheit der Parteien und die Ermessensspielräume des Schiedsgerichts in Bezug auf die Durchführung des Schiedsverfahrens haben ihre Grenzen in den zwingenden Verfahrensvorschriften.[1696] Diese sind insbesondere die Verfahrensgrundrechte der Gleichbehandlung der Parteien und Gewährung rechtlichen Gehörs. § 1042 Abs. 1 ZPO schreibt ausdrücklich vor, dass die Parteien gleich zu behandeln sind und jeder Partei rechtliches Gehör zu gewähren ist. Rechtsanwälte dürfen als Bevollmächtigte nicht ausgeschlossen werden (§ 1042 Abs. 2 ZPO), ein Anwaltszwang besteht vor Schiedsgerichten demgegenüber nicht. Die zwingenden Verfahrensgrundsätze dienen dazu, sicherzustellen, dass die Schiedsgerichtsbarkeit einen mit der staatlichen Gerichtsbarkeit gleichwertigen Rechtsschutz bietet. Die für das Schiedsverfahren maßgeblichen zwingenden Verfahrensgrundsätze orientieren sich an den Prozessgrundrechten im staatlichen Gerichtsverfahren, sind aber nicht identisch. Beispielsweise besteht in Schiedsverfahren nicht eine mit § 138 ZPO identische Hinweispflicht.[1697]

708

Die deutschen staatlichen Gerichte sind in zweierlei Hinsicht in Zusammenhang mit Schiedsverfahren tätig. Sie leisten Unterstützung für die Schiedsgerichte, wenn Zwangsmaßnahmen erforderlich sind, zu denen den Schiedsgerichten mangels hoheitlicher Tätigkeit die Befugnis fehlt. Zudem haben die staatlichen Gerichte die Letztentscheidungskompetenz in Bezug auf verschiedene Entscheidungen, die als besonders wesentlich angesehen werden, um zu garantieren, dass Schiedsverfahren einen vergleichbaren Rechtsschutz wie staatliche Gerichte bieten.

709

Schiedsgerichte werden von den staatlichen Gerichten unterstützt, wenn es um Beweisaufnahmen und sonstige richterliche Handlungen geht (§ 1050 ZPO). Auf Antrag des Schiedsgerichts können die staatlichen Gerichte beispielsweise Zeugen vorladen, die nicht freiwillig vor dem Schiedsgericht erscheinen oder Eide und eidesstattliche Versicherungen abnehmen.[1698] Ebenso kann die Vorlage einer Urkunde erzwungen werden.[1699] Derartige Unterstützungshandlungen der staatlichen Gerichte sind erforderlich, da Schiedsgerichte keine Zwangsgewalt ausüben dürfen.

710

Für die Unterstützungshandlungen der staatlichen Gerichte sind die Amtsgerichte zuständig. Die örtliche Zuständigkeit richtet sich danach, in welchem Bezirk die jeweilige richterliche Handlung vorzunehmen ist (§ 1062 Abs. 4 ZPO). Muss beispielsweise ein Zeuge vorgeladen und vernommen werden, ist das Amtsgericht am Wohnsitz des Zeugen zuständig.

711

Das 10. Buch der ZPO sieht zudem die Möglichkeit von Anträgen an die staatlichen Gerichte vor, um bestimmte, besonders wesentliche Entscheidungen der Schiedsgerichte daraufhin zu überprüfen, ob die fundamentalen Verfahrensgrundsätze beachtet worden sind. Eine Kontrolle von materiell-rechtlichen Entscheidungen der Schiedsgerichte durch die staatlichen Gerichte findet grundsätzlich nicht statt. Ausnahme sind allein Prüfungen der Schiedsfähigkeit des Streitgegenstandes und von *ordre public* Verstößen im Rahmen der Anerkennung/Vollstreckbarerklärung bzw. Aufhebung von Schiedssprüchen (§ 1059 Abs. 2 Nr. 2 ZPO). Zuständig für derartige Entscheidung sind die Oberlandesgerichte (§ 1062 ZPO). Ein großer Teil der Entscheidungen der Oberlandesgerichte sind unanfechtbar. Eine Rechts-

712

[1696] *Geimer* in Zöller ZPO § 1042 Rn. 1.
[1697] *Lachmann* Rn. 1302.
[1698] *Geimer* in Zöller ZPO § 1050 Rn. 8.
[1699] *Geimer* in Zöller ZPO § 1050 Rn. 8.

Meier

beschwerde zum BGH ist zulässig, wenn es um die Zulässigkeit von schiedsrichterlichen Verfahren, die Zuständigkeit des Schiedsgerichts und die Aufhebung und Vollstreckbarerklärung von Schiedssprüchen geht (§ 1065 Abs. 1 ZPO).

713 Die örtliche Zuständigkeit der Oberlandesgerichte orientiert sich an einer etwaigen Parteivereinbarung in der Schiedsvereinbarung. Fehlt eine solche, ist das Oberlandesgericht am Ort des schiedsrichterlichen Verfahrens zuständig (§ 1062 Abs. 1 ZPO). Ausnahmen gelten, wenn kein deutscher Schiedsort besteht, gemäß § 1062 Abs. 2, 3 ZPO.

714 Über die im 10. Buch der ZPO geregelten Fällen hinaus dürfen die deutschen staatlichen Gerichte nicht in Schiedsverfahren eingreifen. § 1026 ZPO regelt ausdrücklich, dass ein staatliches Gericht nur tätig werden darf, sofern dies im 10. Buch der ZPO vorgesehen ist. Insbesondere ist es den deutschen staatlichen Gerichten nicht möglich, Schiedsverfahren durch einstweilige Verfügungen zu stoppen.[1700]

715 Um einen möglichst reibungslosen Ablauf des Schiedsverfahrens zu ermöglichen, ist insbesondere vorgesehen, dass das Schiedsgericht seine Tätigkeit fortsetzten kann, wenn die deutschen staatlichen Gerichte über Anträge im Zusammenhang mit den Schiedsverfahren entscheiden. Beispielsweise sieht § 1040 Abs. 3 ZPO ausdrücklich vor, dass das Schiedsverfahren fortgesetzt und sogar ein Schiedsspruch erlassen werden kann, während ein Antrag auf Überprüfung der Zuständigkeitsentscheidung des Schiedsgerichts bei den Oberlandesgerichten anhängig ist. Gemäß § 1037 Abs. 3 S. 2 ZPO kann das Schiedsgericht das schiedsrichterliche Verfahren fortsetzen und sogar einen Schiedsspruch erlassen, wenn ein Antrag auf Ablehnung eines Schiedsrichters bei den staatlichen Gerichten anhängig ist. Das Schiedsverfahren wird in diesem Fall mit dem abgelehnten Schiedsrichter fortgesetzt.

716 Insgesamt folgt das deutsche Schiedsrecht damit dem Leitbild, dass die staatlichen Gerichte nur dann tätig werden, wenn es um Unterstützungshandlungen für die Schiedsgerichte oder die Überprüfung besonders elementarer Verfahrensgrundrechte geht. Die schiedsfreundliche Haltung der deutschen staatlichen Gerichte kommt in deren Entscheidungen dadurch zum Ausdruck, dass die Schiedsgerichtsbarkeit als grundsätzlich gleichwertig angesehen wird und die Einflussnahme auf ein Minimum begrenzt ist.[1701]

6. Einstweiliger Rechtsschutz

717 Besondere Relevanz für gesellschaftsrechtliche Streitigkeiten hat die Frage, in welchem Verhältnis Schiedsverfahren und einstweilige Rechtsschutzmöglichkeiten zueinander stehen. Da den Schiedsgerichten im Regelfall die Entscheidung über alle Streitigkeiten aus oder im Zusammenhang mit einem Vertrag übertragen wird, sind Schiedsgerichte im Regelfall dazu befugt, einstweilige Rechtsschutzmaßnahmen zu erlassen. Alternativ können im Regelfall die deutschen staatlichen Gerichte für einstweilige Rechtsschutzmaßnahmen angerufen werden.

718 Soweit die Parteien nichts anderes vereinbart haben, können Schiedsgerichte auf Antrag einer Partei einstweilige Rechtsschutzmaßnahmen anordnen. Nach dem deutschen Schiedsverfahrensrecht können Schiedsgerichte „vorläufige oder

---

[1700] *Geimer* in Zöller ZPO § 1032 Rn. 26.
[1701] *Münch* in Münch Komm ZPO Vor § 1025 ff. Rn. 2.

sichernde Maßnahmen" anordnen, die das Schiedsgericht „in Bezug auf den Streitgegenstand für erforderlich hält" (§ 1041 Abs. 1 Satz 1 ZPO). Die Schiedsverfahrensordnungen der Schiedsinstitutionen enthalten regelmäßig ebenfalls eine klarstellende Regelung, dass Schiedsrichter die Kompetenz haben, einstweilige Maßnahmen im Zusammenhang mit dem Streitgegenstand anzuordnen.

Die einstweilige Anordnung eines Schiedsgerichts wird von den deutschen staatlichen Gerichten für vollziehbar erklärt, es sei denn, es ist bereits eine entsprechende Maßnahme im einstweiligen Rechtsschutz bei einem deutschen staatlichen Gericht beantragt worden (§ 1041 Abs. 2 ZPO). Damit sollen doppelte Maßnahmen vor dem Schiedsgericht und den staatlichen Gerichten vermieden werden. Bereitet die Vollziehung einer Anordnung des Schiedsgerichts Schwierigkeiten, kann das staatliche Gericht die Anordnung abweichend fassen, um eine Vollziehung zu ermöglichen (§ 1041 Abs. 2 S. 2 ZPO). **719**

Die staatlichen Gerichte sind ebenfalls befugt, eine bereits erteilte Vollziehbarerklärung aufzuheben oder zu ändern, wenn veränderte Umstände eintreten oder der Grund für die Anordnung des Schiedsgerichts ganz oder teilweise entfallen ist (§ 1041 Abs. 3 ZPO). Wird eine Maßnahme des einstweiligen Rechtsschutzes vollzogen, obwohl sie von Anfang an ungerechtfertigt war, steht dem Gegner wie im staatlichen Rechtsschutzverfahren ein Schadensersatzanspruch zu (§ 1041 Abs. 4 S. 1 ZPO). Der Schadensersatzanspruch kann in einem solchen Fall unmittelbar im anhängigen Schiedsverfahren geltend gemacht werden (§ 1041 Abs. 4 S. 2 ZPO). **720**

Neben den Schiedsgerichten sind im Regelfall alternativ die staatlichen Gerichte für Maßnahmen des einstweiligen Rechtsschutzes zuständig. Für das deutsche Schiedsverfahrensrecht stellt § 1033 ZPO klar, dass der Abschluss einer Schiedsvereinbarung nicht ausschließt, dass ein deutsches staatliches Gericht vorläufige oder sichernde Maßnahmen in Bezug auf den Streitgegenstand des schiedsrichterlichen Verfahrens anordnet. Begründet wird dies damit, dass eine Schiedsvereinbarung der Parteien über die Streitbeilegung in der Hauptsache einstweiligen Rechtsschutz der staatlichen Gerichte nicht ausschließt.[1702] Es kommt nicht darauf an, in welchem Stadium sich das Schiedsverfahren befindet. Die Parteien können die staatlichen Gerichte sowohl vor als auch während eines Schiedsverfahrens für einstweilige Maßnahmen anrufen. **721**

Um sicher zu stellen, dass die staatlichen Gerichte zusätzlich zu dem Schiedsgericht einstweilige Maßnahmen anordnen können, werden häufig entsprechende an § 1033 ZPO orientierte Klarstellungen in die Schiedsvereinbarung aufgenommen. Derartige Formulierungen sind streng genommen unnötig, da sie lediglich die Gesetzeslage wiederholen. Sie können sich gleichwohl anbieten, um Unklarheiten zu vermeiden. **722**

Im Rahmen der Privatautonomie ist es den Parteien möglich, einstweilige Rechtsschutzmaßnahmen vor den staatlichen Gerichten zugunsten einer exklusiven Zuständigkeit des Schiedsgerichts auszuschließen.[1703] Hierzu bedarf es jedoch eines ausdrücklichen Ausschlusses der Parteien, weil es ansonsten bei dem Regelfall des § 1033 ZPO bleibt. **723**

Bei der Abwägung, ob einstweiliger Rechtsschutz vor den staatlichen Gerichten oder dem Schiedsgericht beantragt werden sollte, kommt es primär darauf an, in **724**

[1702] *Geimer* in Zöller ZPO § 1033 Rn. 2.
[1703] *Geimer* in Zöller ZPO § 1033 Rn. 6; a. A. *Münch* in Münch Komm ZPO § 1033 Rn. 18.

welcher Phase sich ein Schiedsverfahren befindet, insbesondere ob überhaupt schon ein Schiedsgericht konstituiert ist.

725 Hat das Schiedsgericht bereits seine Arbeit aufgenommen und sich möglicherweise schon in den Streitgegenstand eingearbeitet, kann es von Vorteil sein, beim Schiedsgericht einstweiligen Rechtsschutz zu beantragen. Die Schiedsrichter haben in diesen Fällen bereits ein Gespür für die Streitigkeit und sind in der Lage, ebenso schnell wie die staatlichen Gerichte, wenn nicht gar schneller, einstweilige Rechtsschutzmaßnahmen anzuordnen. Ein Schiedsgericht, das mit den Parteien und dem Streitgegenstand vertraut ist, mag in besonders ungewöhnlichen Situationen eher geneigt sein, einstweilige Rechtsschutzmaßnahmen anzuordnen als ein staatliches Gericht. Möglicherweise hat ein Schiedsgericht zudem eine größere Flexibilität, wenn es darum geht, geeignete einstweilige Maßnahmen zu identifizieren und ungewöhnliche Anordnungen zu wählen. Das deutsche Schiedsverfahrensrecht ermöglicht alle Maßnahmen, die das Schiedsgericht *„für erforderlich hält"* (§ 1041 Abs. 1 ZPO). Auch nach den Schiedsverfahrensordnungen verschiedener Schiedsinstitutionen besteht ein Ermessensspielraum, die geeigneten Maßnahmen anzuordnen. Es kann eine sehr speziell auf die Bedürfnisse der Parteien zugeschnittene Regelung gefunden werden. Nachteilig ist jedoch, dass nach der Entscheidungen des Schiedsgerichts die staatlichen Gerichte gemäß § 1041 Abs. 2 ZPO die Vollziehung der angeordneten Maßnahme zulassen müssen. Hiermit ist ein Zeitverlust verbunden, der den möglichen Zeitgewinn vor dem Schiedsgericht wieder zu Nichte macht.

726 Grundlegend anders stellt sich gerade die Situation dar, wenn noch kein Schiedsgericht konstituiert ist oder es sich in der Konstituierungsphase befindet, wenn einstweilige Rechtsschutzmaßnahmen erforderlich werden. Da es mitunter mehrere Monate dauert bis die Bestellung aller Schiedsrichter abgeschlossen ist, scheidet einstweiliger Rechtsschutz vor dem Schiedsgericht aus, solange kein Schiedsgericht existiert, das kurzfristig eine Entscheidung treffen könnte. Verschiedene Schiedsinstitutionen haben auf diesen Missstand reagiert und stellen sogenannte Eilschiedsrichter/Emergency Arbitrator zur Verfügung, die im Vorfeld eines Schiedsverfahrens einstweilige Rechtschutzmaßnahmen innerhalb weniger Tage anordnen können.[1704]

727 Allein aufgrund der zeitlichen Konstellation kann es daher vorzugswürdig sein, einstweiligen Rechtsschutz vor den staatlichen Gerichten zu beantragen. Zudem muss berücksichtigt werden, dass die deutschen staatlichen Gerichte durchweg geübt im Umgang mit einstweiligen Verfügungsverfahren sind. Im Regelfall kann innerhalb einer kurzen Zeit in einem sehr vorhersehbaren Verfahren eine Entscheidung erreicht werden. In manchen Fällen wird es sogar möglich sein, aufgrund der veröffentlichten Entscheidungen eine Tendenz zu erkennen, welche Verfügungen Gerichte in vergleichbaren Fällen erlassen oder verweigert haben. Die einstweilige Verfügung eines staatlichen Gerichts ist zudem anders als die Entscheidung des Schiedsgerichts unverzüglich vollziehbar.

[1704] Siehe bspw. die Schiedsregeln der International Chamber of Commerce (ICC), Artikel 29 und Appendix V.

Meier

§ 6 Die Rechnungslegung der KGaA*

Übersicht

	Rn.
A. Einleitung	1
B. Aufstellung und Feststellung des Jahresabschlusses	6
I. Aufstellung des Jahresabschlusses	6
II. Dotierung der gesetzlichen Rücklage und anderer Gewinnrücklagen	12
1. Regelung für persönlich haftende Gesellschafter	14
2. Regelungen für die Kommanditaktionäre	19
III. Prüfung und Feststellung des Jahresabschlusses	26
1. Externe und interne Prüfung	26
2. Feststellung	28
IV. Gewinnverwendungsbeschluss	34
V. Ergebnisermittlung und -verteilung	40
1. Ergebnisermittlung	41
a) „Dualistischer" Ansatz	42
b) „Monistischer" Ansatz	47
c) Eigene Auffassung	51
d) Satzungsregelungen	54
2. Ergebnisverteilung	61
a) Gewinnverteilung	62
b) Verlustverteilung	70
C. Besonderheiten der Bilanz	71
I. Eigenkapital	71
1. Kapitalanteil der persönlich haftenden Gesellschafter	73
a) Sondereinlagen und Kapitalanteile	73
b) Ausweis der Kapitalanteile	77
2. Sacheinlagen auf den Kapitalanteil	79
a) Bilanzierungsfähigkeit	79
b) Bewertung	83
c) Prüfung	86
3. Ausstehende Einlagen der persönlich haftenden Gesellschafter	90
II. Verlustausweis	92
III. Kredite an persönlich haftende Gesellschafter	96
IV. Entnahmerechte der persönlich haftenden Gesellschafter	100
V. Pensionszusagen an persönlich haftende Gesellschafter	106
D. Besonderheiten der Gewinn- und Verlustrechnung	109
I. Wahlrecht nach § 286 Abs. 3 AktG	110
II. Verzicht auf Wahlrecht nach § 286 Abs. 3 AktG	116
E. Besonderheiten des Anhangs	118
F. Lagebericht	122
G. Besonderheiten bei der Bilanzierung nach IFRS	123

Literatur (Auswahl): *Bacher:* Die Stellung des persönlich haftenden Gesellschafters einer KGaA im Steuerrecht, DB 1985, 2117; *Biagosch:* Die KGaA, NWB 1996, Fach 18, 3453; *Biener:* Die Rechnungslegung der Aktiengesellschaften und Kommanditgesellschaften auf Aktien nach der Bilanzrichtlinie der EG, AG 1978, 251; *Bödefeld:* Die steuerliche Behandlung von Mischformen des europäischen Gesellschaftsrechts am Beispiel der Plc & Co. KGaA, FS Rädler 1999, S. 33, München 1999; *Bogenschütz:* Umwandlung einer Kapitalgesellschaft in eine KGaA, FS Widmann 2000, S. 163, 171; *Bömelburg:* Kapitalgesellschaf-

---

* Dieses neu bearbeitete Kapitel beruht auf der ursprünglich von den Herren *Dr. Michael Riotte* und *Ralf Hansen* für die 1. Auflage geschaffenen Fassung.

Schließer

ten- und Co.- Richtlinien-Gesetz, BuW 1999, 841; *Federmann:* Handbuch der Bilanzierung (Loseblattsammlung), Stand: 1990, Freiburg; *Fischer:* Die Besteuerung der KGaA und ihrer Gesellschafter, DStR 1997, 1519; *Gail:* Auswirkungen des Aktiengesetzes 1965 auf die KGaA, WPg 1966, 425; *Hartel*: Umwandlung einer GmbH & Co. KG auf Aktien, DB 1992, 2329; *Hesselmann:* GmbH & Co. KGaA, GmbHR 1988, 472; *Huber:* Gesellschafterkonten in der Personengesellschaft, ZGR 1988, 1; *Janssen:* Die Besteuerung der KGaA und ihrer Gesellschafter, NWB, Fach 18, 3811; *Jünger:* Zur Stellung des persönlich haftenden Gesellschafters einer KGaA im Steuerrecht, DB 1988, 1969; *Kallmeyer:* Rechte und Pflichten des Aufsichtsrats in der KGaA, ZGR 1983, 57; *Lenz*: Publikums-KG und Kommanditgesellschaft auf Aktien, Diss. 1986; *Mathiak:* Rechtsprechung zum Bilanzsteuerrecht, DStR 1989, 661; *Nagel/Wittkowski:* Die Kommanditgesellschaft auf Aktien (KGaA) Rechtsform für Mittelstand und Familienunternehmen, Diss. 2012; *Sarx:* Bilanzierungsfragen im Rahmen einer Gründungsbilanz/Eröffnungsbilanz, DStR 1991, 692 (Teil I), 724 (Teil II); *Schlütter:* Handelsrechtliche und steuerrechtliche Behandlung der Gewinnanteile der Komplementäre einer KGaA, StuW 1978, 295; *Schmidt:* IAS 32 (rev. 2008): Ergebnis- statt Prinzipienorientierung, BB 2008, S. 434; *Schulze-Osterloh:* Bilanzierung nach dem Referentenentwurf eines Gesetzes zur Bereinigung des Umwandlungsrechts, ZGR 1993, 429; *Sethe*: Die Besonderheiten der Rechnungslegung bei der KGaA, DB 1998, 1044; *ders.*: Die personalistische Kapitalgesellschaft mit Börsenzugang, Köln 1996; *Theisen:* Die Besteuerung der KGaA, DB 1989, 2191; *ders.*: Die KGaA auf dem Prüfstand, DBW 1989, 137.

A. Einleitung

1   Bei Durchsicht des Schrifttums zur Rechnungslegung ist festzustellen, dass die Erläuterungen zum Jahresabschluss der KGaA in der Regel eher kurz ausfallen, zum Teil auch ganz fehlen.[2] Zu bemängeln ist darüber hinaus die bisweilen fehlende Verzahnung zwischen dem aktienrechtlichen und dem bilanzrechtlichen Schrifttum.[3] Dies ist augenscheinlich auf die Besonderheit der KGaA zurückzuführen, die in ihrer hybriden Ausgestaltung als eigenständige Rechtsform zwischen der Rechtsform einer Personengesellschaft (Kommanditgesellschaft) und einer Kapitalgesellschaft (Aktiengesellschaft) liegt.[4]

2   Eine ausführliche eigenständige Kommentierung des § 286 AktG, der den Jahresabschluss und den Lagebericht der KGaA regelt, ist – zwischenzeitlich in den letzten Jahren – erfolgt.[5] Diese ist allerdings nicht sehr umfangreich und lässt die bilanzrechtliche Komponente meist vermissen. Für den **Jahresabschluss der KGaA** gelten darüber hinaus die auf die Aktiengesellschaft anwendbaren **Ausweis-, Ansatz- und Bewertungsvorschriften** der §§ 150, 152, 158 und 160 AktG und der üblichen Bilanzierungs- und Bewertungsvorschriften der §§ 238 ff., 252 ff., 264 ff. HGB; des Weiteren sind die Vorschriften über den Anhang und den Lagebericht nach §§ 284 ff., 289 und falls einschlägig § 289a HGB anzuwenden.[6] Ebenso sind die Offenlegungsvorschriften nach §§ 325 ff. HGB zu beachten. In-

---

[2] Vgl. z.B. *Grottel/Staudacher* in Beck'scher Bilanz-Kommentar § 247 Rn. 852; *Schaumburg/Schulte* Rn. 19–32; *Küting/Reuter* in HdR § 272 Rn. 1, 4; *Federmann* S. 92; *Knobbe-Keuk* S. 414; allg. *Biener* AG 1978, 251.

[3] Vgl. ebenso *Sethe* DB 1998, 1044.

[4] Vgl. *Binz/Sorg* § 26 Rn. 2 f.

[5] Vgl. unter anderem *Hüffer/Koch* § 286; *Perlitt* in Münch Komm AktG § 286.

[6] Vgl. *A/D/S* Rechnungslegung HGB § 242 Rn. 3 ff., 41; *Winnefeld* Bilanz-Handbuch Rn. 1258 L. Insgesamt zur Rechnungslegungspflicht der KGaA *Nagel/Wittkowski* S. 92 ff.

A. Einleitung

soweit kann hier größtenteils auf die einschlägige Kommentarliteratur zurückgegriffen werden.

Dies gilt grundsätzlich auch für die Rechnungslegung der KGaA im **Konzern**. Ist die KGaA inländisches Mutterunternehmen in einem Konzern,[7] ist bei der Aufstellung des Konzernabschlusses nach Maßgabe des § 298 Abs. 1 HGB die rechtsformspezifische Sondervorschrift des § 286 AktG zu beachten. Ohne weitere aktienrechtliche Rechtsgrundlage bleibt es bei der Verpflichtung,[8]

- die organisatorischen Voraussetzungen zur Vorbereitung eines Konzernabschlusses zu schaffen,
- bei Vorliegen der gesetzlichen Verpflichtung nach § 290 HGB einen Konzernabschlusses aufzustellen,
- den Konzernabschluss entsprechend § 316 Abs. 2 HGB prüfen zu lassen,
- gemäß § 170 Abs. 1 AktG den Konzernabschluss, Konzernlagebericht und den Prüfungsbericht dem Aufsichtsrat der Gesellschaft vorzulegen,
- gemäß §§ 175 Abs. 1 und 131 Abs. 1 S. 4 AktG die Vorlage des Konzernabschlusses und des Konzernlageberichts gegenüber der Hauptversammlung und die Auskunftserteilung über die Lage des Konzerns und der einbezogenen Unternehmen zu gewährleisten und
- den Konzernabschluss nach §§ 325 ff. HGB offenlegen.

Zur Rechnungslegung im Konzern nach den IFRS verweisen wir auf Abschnitt G.

Im Vordergrund der nachfolgenden Ausführung stehen die §§ 278–290 AktG, die bei der KGaA die Rechtsgrundlagen für die notwendigen Ergänzungen bzw. Abweichungen zu den allgemeinen handels- und gesellschaftsrechtlichen Regelungen darstellen. Der Anwendungsvorrang der §§ 278 ff. AktG führt dazu, dass die maßgeblichen Vorschriften des HGB und des AktG nicht selten nur in modifizierter Form zur Anwendung kommen.[9]

Diese Modifizierungen sind vorrangig bedingt durch die hybride Struktur der KGaA, insbesondere das Vorhandensein zweier Gesellschaftergruppen.[10] Hierin ist die Ursache vieler, im weiteren Verlauf aufzuzeigender, bis heute weitgehend ungelöster Diskrepanzen insbesondere zwischen den Vertretern des Aktien- und des Bilanzrechts zu finden.

---

[7] Vgl. *Siebourg* in HdR Konzern Bd. II HGB § 290 Rn. 1, 10, 12; zu Einzelheiten *Assmann/Sethe* in GroßKomm AktG § 286 Rn. 53–63, Vor § 278 Rn. 86–89.

[8] Vgl. insgesamt *A/D/S* Rechnungslegung AktG § 286 Rn. 72. Zu Einzelheiten des Konzernabschlusses ist wiederum auf das umfangreiche Schrifttum zu verweisen. Vgl. z.B. *A/D/S* Rechnungslegung HGB §§ 290 ff. Rn. 12 ff.; *Baetge/Kirsch/Thiele* Bilanzen S. 22 ff.; *Weber-Braun/Weiss/Ferlings* in HdR Konzern Bd. II Rn. 1240 ff. S. 693 ff.; Zur Konzernrechnungslegungspflicht einer GmbH & Co. KGaA vgl. *Ammenwerth* S. 91–96; kurz *Frankenheim* S. 73 f.

[9] Vgl. für die aktienrechtlichen Vorschriften Überblick bei *Perlitt* in Münch Komm AktG § 278 Rn. 263, 267.

[10] Vgl. ebenso *Assmann/Sethe* in GroßKomm AktG § 288 Rn. 5.

B. Aufstellung und Feststellung des Jahresabschlusses

I. Aufstellung des Jahresabschlusses

6   Bereits bei der Frage, wer den Jahresabschluss aufzustellen hat, zeigt sich im speziellen aktien- und gesellschaftsrechtlichen Schrifttum der erste Meinungsstreit. Während Vertreter des Bilanzrechts – ohne nähere Begründung – sämtliche persönlich haftenden Gesellschafter für verpflichtet halten, den Jahresabschluss aufzustellen,[11] kommt das aktienrechtliche Schrifttum zu dem Ergebnis, dass diese Pflicht nur die **geschäftsführungs- und vertretungsbefugten Komplementäre** trifft.[12] Letzterem ist zuzustimmen, da nach §§ 283 Nr. 9 AktG, 242, 264 Abs. 1 S. 1, 290 Abs. 1 HGB allein die gesetzlichen Vertreter der KGaA zur Aufstellung der Abschlüsse verpflichtet sind.

7   Zwar sind bei der KGaA im Regelfall alle persönlich haftenden Gesellschafter gemäß § 278 Abs. 2 AktG i.V.m. §§ 164, 161 Abs. 2, 115, 125 HGB zur Geschäftsführung und Vertretung der Gesellschaft berufen, doch können durch Satzungsregelung auch einzelne Komplementäre von der Geschäftsführung und Vertretung ausgeschlossen werden.

8   Die KGaA ist eine Kapitalgesellschaft und hat somit die üblichen für Kapitalgesellschaften im zweiten Abschnitt des dritten Buches des HGB normierten ergänzenden Vorschriften der §§ 264 ff. HGB zu beachten. Gemäß § 264 Abs. 1 S. 1 i.V.m. § 242 Abs. 1 S. 1 HGB sind alle Kaufleute zur **Aufstellung eines Jahresabschlusses** bestehend aus Bilanz, GuV-Rechnung, Anhang und eines ergänzenden Lageberichtes[13] verpflichtet. Die geschäftsführungs- und vertretungsberechtigten persönlich haftenden Gesellschafter haben den Jahresabschluss gemäß § 264 Abs. 1 S. 3 HGB innerhalb von drei Monaten nach Ablauf des Geschäftsjahres aufzustellen. Kleine KGaA i.S.d. § 267 Abs. 1 HGB dürfen den Jahresabschluss auch später aufstellen und können auf einen Lagebericht ganz verzichten. Der Jahresabschluss ist in diesem Fall innerhalb von sechs Monaten aufzustellen. Darüber hinaus muss diese Vorgehensweise einem ordnungsgemäßen Geschäftsgang i.S.d. § 264 Abs. 1 S. 4 HGB entsprechen.

9   Die geschäftsführungs- und vertretungsberechtigten persönlich haftenden Gesellschafter können die Aufstellung des Jahresabschlusses **delegieren**; auch dürfen sie z.B. innerhalb der Geschäftsführung einen der geschäftsführungsbefugten Komplementäre mit dieser Aufgabe betrauen. Ein solcher Beschluss entbindet die Mitglieder der Geschäftsführung allerdings nicht von ihrer Gesamtverantwort-

---

[11] Vgl. *Grottel/H. Hoffmann* in Beck'scher Bilanz-Kommentar Vor § 325 Rn. 85; *Baetge/Commandeur/Hippel* in HdR § 264 Rn. 7 f.; *Strieder* in HdB Stichw. 77a Rn. 3.
[12] Vgl. *Hüffer/Koch* § 283 Rn. 1 und § 286 Rn. 1; *Perlitt* in Münch Komm AktG § 286 Rn. 48; *A/D/S* Rechnungslegung AktG § 286 Rn. 3.
[13] Vgl. *Strieder* in HdB Stichw. 77a Rn. 13, wonach die Schlusserklärung aus dem sog. Abhängigkeitsbericht gemäß § 312 Abs. 3 S. 3 AktG in den Lagebericht aufzunehmen ist, sofern die KGaA in Verbundbeziehungen zu anderen Unternehmen steht; ebenso WP-Hdb 2012, Bd. I Rn. 2 D.

Schließer

lichkeit i. S. d. §§ 283 Nr. 3, 93 AktG, für seine ordnungsgemäße Aufstellung Sorge zu tragen.[14]

Im Gegensatz zur Aufstellung, die nur den geschäftsführungsbefugten Komplementären obliegt, müssen kraft der zwingenden Anordnung in §§ 245 S. 2, 264 Abs. 1 S. 1 HGB, alle – auch die nicht geschäftsführungs- und vertretungsbefugten – Komplementäre den Jahresabschluss **unterzeichnen**.[15] Hat zwischen dem Bilanzstichtag und der Aufstellung des Jahresabschlusses ein Wechsel im Kreis der persönlich haftenden Gesellschafter stattgefunden, müssen die zum Zeitpunkt der Aufstellung geschäftsführungs- und vertretungsbefugten Komplementäre den Jahresabschluss unterzeichnen; die Unterschrift der ehemals vertretungsbefugten Komplementäre ist dann nicht mehr erforderlich.[16]

Die Generalnorm des § 264 Abs. 2 i. V. m. § 243 Abs. 1 HGB bestimmt, dass der Jahresabschluss unter Berücksichtigung der Grundsätze ordnungsgemäßer Buchführung (GoB) ein den tatsächlichen Verhältnissen entsprechendes Bild der Vermögens-, Finanz- und Ertragslage der KGaA vermitteln muss.[17]

II. Dotierung der gesetzlichen Rücklage und anderer Gewinnrücklagen

Die Zuweisung von Beträgen in die Gewinnrücklagen, einschließlich der gesetzlichen Rücklage nach § 150 Abs. 1 AktG, ebenso wie die Auflösung von Rücklagen sind grundsätzlich Maßnahmen der **Ergebnisverteilung** und nicht der Ergebnisermittlung, da Dotierung und Auflösung von Rücklagen zeitlich der Ermittlung des Jahresüberschusses nachfolgen und die Ermittlung des unter den Gesellschaftergruppen aufzuteilenden Ergebnisses nicht beeinflussen dürfen.[18] Gleichwohl sind die Dotierung und Auflösung von Rücklagen bereits im Zusammenhang mit der Aufstellung des Jahresabschlusses zu erläutern, da die persönlich haftenden Gesellschafter bereits bei der Aufstellung des Jahresabschlusses gemäß § 270 Abs. 2 HGB die Einstellung und Auflösung von Rücklagen zu berücksichtigen und dem Aufsichtsrat einen **Vorschlag über die Gewinnverwendung** gemäß §§ 283 Nr. 9, 170 Abs. 2 AktG zu unterbreiten haben.

Die Ergebnisverteilung richtet sich – da sie das Rechtsverhältnis zwischen den persönlich haftenden Gesellschaftern und den Kommanditaktionären betrifft – gemäß § 278 Abs. 2 AktG grundsätzlich nach den für die Kommanditgesellschaft geltenden Vorschriften des HGB.[19] Maßgeblich ist danach vorrangig die Satzung; enthält sie keine Regelungen, sind die §§ 121, 168 HGB heranzuziehen.

---

[14] Vgl. *Winkeljohann/Schellhorn* in Beck'scher Bilanz-Kommentar § 264 Rn. 12; *Baetge/Commandeur/Hippel* in HdR § 264 Rn. 7.
[15] Vgl. *A/D/S* Rechnungslegung AktG § 286 Rn. 17.
[16] Vgl. *Sethe* DB 1998, 1044 unter Verweis auf *Winkeljohann/Schellhorn* in Beck'scher Bilanz-Kommentar § 264 Rn. 14; *Baetge/Commandeur/Hippel* in HdR § 264 Rn. 8.
[17] Vgl. im Grundsatz *Winkeljohann/Schellhorn* in Beck'scher Bilanz-Kommentar § 264 Rn. 32–45 m. w. N.; zum Diskussionsstand vor Einführung des BiRiLiG 1985 vgl. *Biener* AG 1978, 251 f.
[18] Vgl. *A/D/S* Rechnungslegung AktG § 286 Rn. 59.
[19] Vgl. so *Hüffer/Koch* § 288 Rn. 3; dies unterstellend *A/D/S* Rechnungslegung AktG § 286 Rn. 64.

1. Regelung für persönlich haftende Gesellschafter

14   Für Personengesellschaften ist die Bildung von Rücklagen nicht gesetzlich vorgeschrieben. Gleiches gilt für die Bildung von Rücklagen in der KGaA aus dem auf die persönlich haftenden Gesellschafter entfallenden Jahresüberschuss. Dementsprechend sind Regelungen für die Dotierung von Rücklagen für die persönlich haftenden Gesellschafter **in der Satzung** zu treffen.

15   Nach *Schaumburg/Schulte* sollte die Satzungsbestimmung dem Umstand Rechnung tragen, dass der Gewinnanteil des persönlich haftenden Gesellschafters unabhängig von seiner Verwendung diesem stets für steuerliche Zwecke in vollem Umfang zugerechnet wird und somit seiner individuellen Einkommensbesteuerung unterliegt. Deshalb sollte in der Satzung dafür Sorge getragen werden, dass dem persönlich haftenden Gesellschafter nach Zuweisung eines Teils des Jahresüberschusses zu den Gewinnrücklagen **ausreichend Liquidität** zumindest in Höhe der zu erwartenden persönlichen Steuerzahlung verbleibt.[20] In der Praxis werden hierfür gelegentlich besondere Rücklagenkonten vorgesehen, denen ein bestimmter Prozentsatz des Jahresüberschusses gutzuschreiben ist.[21]

16   Sofern die Hauptversammlung gemäß §§ 278 Abs. 3, 58 Abs. 3 S. 1 AktG vom Bilanzgewinn weitere Beträge in die Gewinnrücklagen einstellt oder als Gewinn vorträgt (vgl. Ausführungen unter IV.), kann die Satzung vorsehen,[22] dass die persönlich haftenden Gesellschafter den auf sie entfallenden Gewinn nicht entnehmen dürfen. Für diesen Fall empfiehlt es sich jedoch, eine Regelung vorzusehen, nach der die **Entnahmebeschränkung** nur greift, wenn die persönlich haftenden Gesellschafter dem Thesaurierungsbeschluss der Hauptversammlung zugestimmt haben, um dem bereits angesprochenen Liquiditätsentzug der persönlich haftenden Gesellschafter angesichts der von ihnen zu tragenden Ertragsteuerbelastung Rechnung zu tragen.[23]

17   Die Festlegung einer Verpflichtung zur Bildung einer Gewinnrücklage (Rücklagenkonto) für den persönlich haftenden Gesellschafter erscheint auch vor folgendem Hintergrund sachgerecht: In Fällen, in denen der persönlich haftende Gesellschafter Gewinnanteile auf seinen nicht auf das Grundkapital geleisteten Kapitalanteil (Sondereinlage i. S. d. § 281 Abs. 2 AktG) erhält und keine den Vorschriften für Kommanditaktionäre entsprechende Rücklage gebildet werden würde, würde der persönlich haftende Gesellschafter an der Ertragsteigerung entsprechend seiner Gewinnbeteiligungsquote teilnehmen, obwohl diese auf Kostenvorteilen beruhen, die der KGaA durch den Einsatz von Eigenkapital statt Fremdkapital zugutekommen.[24] Damit käme es zu einer Störung des Gleichlaufes der wertmäßigen Beteiligung der beiden Gesellschaftergruppen,[25] welche die spätere Umwandlung von Sondereinlagen in Grundkapital und umkehrt insoweit erschwert, als damit eine Unternehmensbewertung erforderlich wird.[26]

---

[20] Vgl. *Schaumburg/Schulte* Rn. 32; kurz *Hartel* DB 1992, 2329, 2335.
[21] Vgl. kurz *Ammenwerth* S. 69; *Huber* ZGR 1988, 1, 96.
[22] Vgl. dazu auch § 5 Rn. 256.
[23] Vgl. so *Perlitt* in Münch Komm AktG § 286 Rn. 80.
[24] So *Schaumburg/Schulte* Rn. 32.
[25] Dazu ausführlich § 7 Rn. 3 ff.
[26] Dazu ausführlich § 7 Rn. 3.

Entsprechend weist *Hartel* darauf hin,[27] dass aus Gründen der **Gleichbehand-** 18
lung der Gesellschaftergruppen in der Satzung bestimmt werden sollte, dass die
persönlich haftenden Gesellschafter über ihre Rücklagenkonten nur so weit verfügen können wie die Kommanditaktionäre über ihre Rücklagen; d.h. die Rücklagenkonten sollten dem gleichen prozentualen Verhältnis am Gesamtkapital wie
Kapitalanteil und Grundkapital entsprechen, da ansonsten bspw. im Fall der Umwandlung der Sondereinlage in Grundkapital der persönlich haftende Gesellschafter wegen der dann zu niedrigen Dotierung seines Rücklagenkontos bevorzugt
würde. Denn in diesem Fall würde er im Verhältnis weniger Kapital einbringen,
als die Kommanditaktionäre angesammelt haben, und dennoch die gleiche Anzahl
von Aktien erhalten, weil sich diese aus dem Verhältnis der Sondereinlage zum
Gesamtkapital (Kapitalanteil + Grundkapital) errechnet.[28]

2. Regelungen für die Kommanditaktionäre

Die für die Kommanditisten einer Kommanditgesellschaft geltenden Vorschrif- 19
ten des HGB (§§ 168, 121) werden bei der KGaA durch die aktienrechtlichen
Sondervorschriften ersetzt, so dass für satzungsmäßige Abweichungen bei der Ergebnisverteilung keine Anwendungsvoraussetzungen bestehen.[29] Gleichwohl enthalten die Sondervorschriften für die KGaA im Aktienrecht **keine gesonderten
Vorschriften zur Rücklagenbildung**[30] bei der KGaA. Insoweit verweist § 278
Abs. 3 AktG sinngemäß auf den § 58 AktG.

Umstritten ist,[31] ob bei der KGaA § 58 20
- Abs. 1 AktG mit dem Recht der Rücklagendotierung durch die Hauptversammlung oder
- Abs. 2 AktG mit dem Recht der Rücklagendotierung durch die Verwaltung

Anwendung findet. Diese auf die Aktiengesellschaft zugeschnittenen Rege- 21
lungen entscheiden danach, ob der Jahresabschluss gemäß § 173 AktG durch die
Hauptversammlung (§ 58 Abs. 1 AktG) oder gemäß § 172 AktG durch Vorstand
und Aufsichtsrat (§ 58 Abs. 2 AktG) festgestellt wird. Während sich die in § 58
Abs. 1 AktG getroffene Regelung an der Aktiengesellschaft orientiert, bei der der
Jahresabschluss nur ausnahmsweise von der Hauptversammlung festgestellt wird
und sich Abs. 1 damit auf eine gesetzliche Ausnahme bezieht, die **der Besonderheit der KGaA nicht gerecht wird**, lässt sich § 58 Abs. 2 AktG schon deshalb
nicht direkt auf die KGaA anwenden, weil die Tatbestandsvoraussetzungen der
gemeinsamen Feststellungen des Jahresabschlusses durch Vorstand und Aufsichtsrat
nicht mit den Regularien des § 286 Abs. 1 AktG in Einklang stehen.[32]

---

[27] *Hartel* DB 1992, 2329, 2335.
[28] Vgl. *Hartel* DB 1992, 2329, 2335; auch *Semler/Perlitt* in Münch Komm AktG § 278 Rn. 400 ff.
[29] Vgl. *A/D/S* Rechnungslegung AktG § 286 Rn. 64.
[30] Vgl. zum Rücklagenbegriff und seinen gesetzlichen Differenzierungen *A/D/S* Rechnungslegung AktG § 150 Rn. 7 ff.
[31] Vgl. für viele *A/D/S* Rechnungslegung AktG § 286 Rn. 66 f.; *Wichert* S. 124–127.
[32] Vgl. zum Meinungsstand *Perlitt* in Münch Komm AktG § 286 Rn. 50 ff.; *Semler* in Geßler/Hefermehl AktG § 286 Rn. 32; *A/D/S* Rechnungslegung AktG § 286 Rn. 67; *Wichert* S. 125 f.; kurz *Grottel/H. Hoffmann* in Beck'scher Bilanz-Kommentar Vor § 325 Rn. 58; § 286 Abs. 1 AktG ist gegenüber § 58 Abs. 1 AktG insoweit als „lex specialis" anzusehen.

22 Um diese offensichtliche **Regelungslücke** im Recht der Rechnungslegung der KGaA i. S. d. § 278 Abs. 3 AktG zu schließen, ist es u. E. zielführend, wenn man sich am gesetzlichen Regelfall orientiert und § 58 Abs. 2 AktG in modifizierter Form für die KGaA anwendet. Dem Regeltypus des § 58 Abs. 2 AktG entspricht es, dass die Feststellung des Jahresabschlusses bei der KGaA ein **zweistufiges Verfahren** beinhaltet, in dem hier persönlich haftende Gesellschafter und Hauptversammlung zustimmen müssen.[33] Danach ist es als zulässig anzusehen, wenn in dem durch die persönlich haftenden Gesellschafter aufgestellten Jahresabschlussentwurf i. S. d. § 58 Abs. 2 S. 1 AktG ein Teil des Jahresüberschusses, höchstens jedoch die Hälfte, in andere Gewinnrücklagen eingestellt wird.[34]

23 Grundsätzlich kann die Satzung dazu ermächtigen, entweder mehr als die Hälfte oder weniger als die Hälfte des Jahresüberschusses in andere Gewinnrücklagen einzustellen.[35] Einer satzungsgemäßen Ermächtigung bedarf es schließlich, sofern eine obligatorische Einstellung in andere Gewinnrücklagen gewährleistet werden soll. Dies erscheint im Hinblick auf die unterschiedlichen Interessenlagen der beiden Gesellschaftergruppen – persönlich haftende Gesellschafter auf der einen und Hauptversammlung auf der anderen Seite – angemessen, wenn nicht sogar notwendig.[36] Eine über 50% hinausgehende Einstellung ist gemäß § 58 Abs. 2 S. 3 AktG dagegen nur zulässig, wenn die Rücklage einschließlich der geplanten Zuweisung 50% des Grundkapitals nicht übersteigt.

24 Vor Ermittlung des Zuweisungsbetrages ist der Jahresüberschuss gemäß § 58 Abs. 2 S. 4 AktG um die Pflichteinstellungen in die gesetzliche **Kapitalrücklage** nach § 278 Abs. 3 i. V. m. § 150 Abs. 2 AktG und einen etwaigen Verlustvortrag zu kürzen.[37] Dabei ist zu beachten, dass nur die Kommanditaktionäre den Vorschriften des AktG unterliegen und damit der anteilige „Komplementär"-Gewinn nicht an der Auffüllung der gesetzlichen Rücklage beteiligt ist, sondern allein der „Kommanditaktionärs"-Gewinn. Die Ausgangsgröße für die Ermittlung der Zuführungen zur gesetzlichen Kapitalrücklage wäre daher für die KGaA wie folgt zu modifizieren:[38]

Jahresüberschuss der KGaA
./. Gewinnanteile der persönlich haftenden Gesellschafter (sofern nicht bereits als Aufwand im Jahresüberschuss berücksichtigt)
./. Verlustvortrag
= Bemessungsgrundlage für die Berechnung der Zuführungen zur gesetzlichen Kapitalrücklage

---

[33] Vgl. *Assmann/Sethe* in GroßKomm AktG § 286 Rn. 26 m. w. N. in Fn. 52; auch *A/D/S* Rechnungslegung AktG § 286 Rn. 69; *Arnold* S. 149 f.; für eine analoge Anwendung *Wichert* S. 126 f. De-lege-ferenda für eine Übertragung des Rechts zur Feststellung des Jahresabschlusses durch die Hauptversammlung auf den Aufsichtsrat vgl. *Ammenwerth* S. 69 ff., 71.

[34] Vgl. *Sethe* DB 1998, 1044, 1044 f.

[35] Es ist streitig, ob die Satzung die genaue Höhe festsetzen muss. Vgl. *Hüffer/Koch* § 58 Rn. 11 m. w. N. Bei börsennotierter KGaA besteht gemäß § 58 Abs. 2 S. 2 AktG nur die Möglichkeit der Überdotierung.

[36] Vgl. *A/D/S* Rechnungslegung AktG § 286 Rn. 69; kurz *Hartel* DB 1992, 2329, 2335; im Ergebnis ebenfalls *Sethe* DB 1998, 1044, 1044 f.

[37] Vgl. *Assmann/Sethe* in GroßKomm AktG § 286 Rn. 26.

[38] Vgl. insgesamt *Ammenwerth* S. 66 f.

Über die Verwendung des sich danach ergebenden Bilanzgewinns[39] entscheidet 25
gemäß §§ 278 Abs. 3, 174 Abs. 1 S. 1, 58 Abs. 3 AktG ausschließlich die Hauptversammlung, wonach ihr die Möglichkeit einer zusätzlichen Rücklagenbildung eingeräumt wird.[40] Bei dieser Möglichkeit werden die anderen Gewinnrücklagen wiederum ausschließlich aus dem „Kommanditaktionärs"-Gewinn bedient, d.h. persönlich haftende Gesellschafter können die Rücklagendotierung nur beeinflussen, soweit sie selbst Kommanditaktien halten.[41]

III. Prüfung und Feststellung des Jahresabschlusses

1. Externe und interne Prüfung

Der Jahresabschluss und der Lagebericht der KGaA sind grundsätzlich nach 26
§ 283 Nr. 9 AktG, §§ 242, 264 Abs. 1 HGB innerhalb einer Frist von drei Monaten nach Beendigung des Geschäftsjahres aufzustellen und anschließend von einem von der Gesamtheit der Kommanditaktionäre in der Hauptversammlung (§ 285 Nr. 6 AktG, § 318 HGB) zu wählenden Abschlussprüfer zu prüfen (§ 316 Abs. 1 HGB).[42]

Der Jahresabschluss und der Lagebericht der KGaA sind – ergänzt um den Prü- 27
fungsbericht der Abschlussprüfer nach §§ 316 Abs. 1, 321 HGB – gemäß §§ 283 Nr. 9, 170 Abs. 1 AktG dem Aufsichtsrat zur Prüfung vorzulegen. Der Aufsichtsrat hat den Jahresabschluss und Lagebericht sowie den gemäß §§ 283 Nr. 9, 170 Abs. 2 AktG von den persönlich haftenden Gesellschaftern zu unterbreitenden Gewinnverwendungsvorschlag gemäß § 278 Abs. 3 i.V.m. § 171 AktG zu prüfen, auch wenn er im Übrigen nicht an der Feststellung des Jahresabschlusses mitwirkt,[43] und einen Bericht mit den Ergebnissen seiner Prüfung zu erstellen.[44] Der aufgestellte und geprüfte Jahresabschluss mit dem Gewinnverwendungsvorschlag und dem Bericht des Aufsichtsrats ist sodann der Hauptversammlung zur Feststellung vorzulegen.[45]

---

[39] Der Bilanzgewinn i.S.d. §§ 268 Abs. 1, 275 Abs. 4 HGB definiert sich unter Vernachlässigung von Entnahmen aus Jahresüberschuss ./. Jahresüberschussverwendung (Bildung gesetzlicher Rücklagen, Rücklage für eigene Anteile, satzungsmäßige Rücklagen, andere Rücklagen) +/– Gewinn-/Verlustvortrag [Vorjahr(e)]. Bei vollständiger Jahresüberschussverwendung fällt die Position „Jahresüberschuss" in der Bilanz (§ 266 Abs. 3 A. V. HGB) ersatzlos weg, nicht jedoch die gleichnamige GuV-Rechnungsposition (§ 275 Abs. 2 Nr. 20 bzw. Abs. 3 Nr. 19 HGB).
[40] Vgl. *Perlitt* in Münch Komm AktG § 286 Rn. 81.
[41] Vgl. insgesamt *Ammenwerth* S. 67 f.
[42] Vgl. *Grafmüller* S. 176.
[43] Vgl. A/D/S Rechnungslegung AktG § 286 Rn. 5.
[44] Dieser Kompetenz steht § 286 Abs. 1 AktG nicht entgegen, denn diese Vorschrift schließt den AR gerade nur von der Billigung des Jahresabschlusses gemäß §§ 171 Abs. 2 S. 4, 172 AktG, nicht aber auch von dessen Prüfung nach § 171 AktG aus. Vgl. *Kallmeyer* ZGR 1983, 57, 68; *Sethe* DB 1998, 1044, 1045.
[45] Vgl. zu Einzelheiten *Grottel/H. Hoffmann* in Beck'scher Bilanz-Kommentar Vor § 325 Rn. 1 ff., 20 ff., insb. 12, 33.

2. Feststellung

28 Die Feststellung des Jahresabschlusses der KGaA erfolgt durch Beschluss der Hauptversammlung und Zustimmung aller, d. h. einschließlich der nicht geschäftsführungs- und vertretungsbefugten Komplementäre, soweit die Satzung die Zustimmungsanforderungen seitens der persönlich haftenden Gesellschafter – z. B. Ausschließung einzelner persönlich haftender Gesellschafter – nicht abweichend regelt.[46] § 286 Abs. 1 AktG bringt damit im Grundsatz zum Ausdruck, dass die Feststellung des Jahresabschlusses eine **gemeinsame Angelegenheit aller Gesellschafter**, also der persönlich haftenden Gesellschafter und der Kommanditaktionäre i. S. v. § 285 Abs. 2 S. 1 AktG ist. Fraglich ist, inwieweit § 173 AktG auf die KGaA anzuwenden ist. Wie schon im Zusammenhang mit der sinngemäßen Anwendung des § 58 Abs. 2 AktG hervorgehoben wurde, stellt § 286 Abs. 1 AktG eine „lex specialis" gegenüber den allgemeinen Aktienrechtsvorschriften dar, als danach beide Gesellschaftergruppen gleichrangig für die Feststellung des Jahresabschlusses zuständig sind. § 173 Abs. 1 und Abs. 2 S. 1 AktG gelten daher für die KGaA nicht.[47]

29 Entsprechend anwenden lässt sich dagegen § 173 Abs. 3 AktG. Danach kann die Hauptversammlung Ansatz-, Bewertungs- und Gliederungswahlrechte anders ausüben als in dem ihr von den persönlich haftenden Gesellschaftern vorgelegten Jahresabschluss, soweit dem nicht die Stetigkeitsgebote der §§ 246 Abs. 3, 252 Abs. 1 Nr. 6, 264 Abs. 1 S. 1 und 265 Abs. 1 S. 1 HGB entgegenstehen. Auch kann sie für den Anhang andere Formulierungen wählen. Wegen der notwendigen Zustimmung der persönlich haftenden Gesellschafter gemäß § 286 Abs. 1 S. 2 AktG werden in der Praxis allerdings nur solche Änderungen in Betracht kommen, für die das Einverständnis der persönlich haftenden Gesellschafter zu erwarten sein wird. Aus diesem Grund empfiehlt es sich, vor entsprechender Beschlussfassung eine gegenseitige Abstimmung mit den persönlich haftenden Gesellschaftern herbeizuführen.[48] Insoweit liegt die Verantwortung über die in der KGaA zu verfolgende **Bilanzpolitik** vom Grundsatz her gemeinsam in den Händen der Hauptversammlung und der persönlich haftenden Gesellschafter.[49]

---

[46] Vgl. *Perlitt* in Münch Komm AktG § 286 Rn. 63; kurz Hüffer/*Koch* § 286 Rn. 1; *Frankenheim* S. 71 m. w. N.

[47] Vgl. *Sethe* DB 1998, 1044, 1045 m. w. N. in Fn. 14.

[48] Vgl. im ganzen *A/D/S* Rechnungslegung AktG § 286 Rn. 7–11. Keine Änderung des Jahresabschlusses liegt dagegen entsprechend § 278 Abs. 3 i. V. m. § 174 Abs. 3 AktG vor, wenn im Rahmen des Gewinnverwendungsbeschlusses entgegen dem Gewinnverwendungsvorschlag der Komplementäre aus dem Bilanzgewinn höhere oder niedrigere Beträge in die anderen Gewinnrücklagen eingestellt werden.

[49] Vgl. *Theisen* DBW 1989, 137, 155. In diesem Zusammenhang ist die grundsätzliche Unterscheidung von Erfolgsermittlung und -verteilung zu beachten. So hat der BGH zur Bilanzierungskompetenz bei der Kommanditgesellschaft festgestellt, dass Bilanzierungsentscheidungen, die der Sache nach Ergebnisverwendung sind, wie die Bildung offener Rücklagen, die Passivierung von Aufwandsrückstellungen nach § 249 Abs. 1 S. 3 und Abs. 2 HGB a. F. (vor BilMoG) oder die Inanspruchnahme steuerlicher Sonderabschreibungen mit Hilfe der handelsrechtlichen Öffnungsklauseln der §§ 254 i. V. m. 279 Abs. 2, 247 Abs. 3 i. V. m. 273 HGB i. V. m. § 5 Abs. 1 S. 2 EStG grundsätzlich nur durch alle Gesellschafter gemeinschaftlich getroffen werden können. Diese Entscheidungen betreffen die Ebene der Gewinnverwendung und nicht die der Gewinnermittlung und stehen folglich nicht im

B. Aufstellung und Feststellung des Jahresabschlusses

Das Erfordernis der Zustimmung beider Gesellschaftergruppen zur Feststellung des Jahresabschlusses nach § 286 Abs. 1 AktG ist zwingend, ein Vorrecht der Hauptversammlung lässt sich aus der Formulierung des Gesetzes nicht ableiten.[50] Die Zustimmung der persönlich haftenden Gesellschafter kann bspw. mit der Vorlage der Abschlussunterlagen gegenüber der Hauptversammlung als – insoweit konkludent – gegeben angesehen werden.[51]

30

Im Ergebnis kann das Erfordernis der Zustimmung beider Gesellschaftergruppen durch die Satzung **nicht abbedungen** werden.[52] Allerdings kann und sollte die Satzung die Anforderungen an die Zustimmung der persönlich haftenden Gesellschafter näher regeln und festlegen, z. B. dass die Komplementäre mit Mehrheit entscheiden oder dass nur Einzelne oder nur die geschäftsführungsbefugten Komplementäre zustimmen müssen.[53]

31

Ungeklärt ist die Rechtslage hinsichtlich der Folgen, sofern die Hauptversammlung bzw. alle oder einzelne persönlich haftende Gesellschafter ihre Zustimmung verweigern und damit keine wirksame Feststellung des Jahresabschlusses erfolgen kann. Sieht die Satzung kein Verfahren zur Konfliktlösung vor, wird auf den Klageweg verwiesen werden müssen.[54] Eine entsprechende **Gestaltungsklage**[55] ist durch alle geschäftsführungs- und vertretungsbefugten persönlich haftenden Gesellschafter bzw. durch die Gesamtheit der Kommanditaktionäre zu erheben. Letztere werden dabei gemäß § 287 Abs. 2 AktG durch den Aufsichtsrat vertreten, soweit die Hauptversammlung keine besonderen Vertreter gewählt hat.[56]

32

Da die Hauptversammlung gemäß § 286 Abs. 1 S. 1 AktG über die Feststellung des Jahresabschlusses mitentscheiden muss, ist das **Auskunftsverweigerungsrecht** des § 131 Abs. 3 Nrn. 3 und 4 AktG bei der KGaA in Bezug auf Einzelheiten der Ansatz- und Bewertungsentscheidung und stille Reservenbildung nicht anwendbar.[57] Da die Ausnahmeregelungen in § 286 Abs. 3 und 4 AktG mit der

33

Belieben des einzelnen Gesellschafters bzw. Anteilseigners, soweit sie als Vertreter auf Gesellschaftsebene handeln. Vielmehr gelte es, zwischen dem Ausschüttungsinteresse auf der Gesellschafterebene und dem Bedürfnis nach Selbstfinanzierung und Zukunftssicherung der Gesellschaft abzuwägen. Vgl. BGH BB 1996, 1105, 1109; dazu *Förschle/K. Hoffmann* in Beck'scher Bilanz-Kommentar § 247 Rn. 195. Zur Erfolgsermittlung und -verteilung vgl. anschließend weiter unten.

[50] Vgl. nur *Grottel/H. Hoffmann* in Beck'scher Bilanz-Kommentar Vor § 325 Rn. 85.
[51] Vgl. *Perlitt* in Münch Komm AktG § 286 Rn. 46; *Semler* in Geßler/Hefermehl AktG § 286 Rn. 30, 35; *A/D/S* Rechnungslegung AktG § 286 Rn. 16.
[52] Vgl. *Mertens/Cahn* in Kölner Komm AktG § 286 Rn. 22.
[53] Vgl. *A/D/S* Rechnungslegung AktG § 286 Rn. 17.
[54] Dazu ausführlich § 5 Rn. 639 ff.
[55] Vgl. eingehender *Perlitt* in Münch Komm AktG § 286 Rn. 67–73, insb. 72 m. w. N. Danach ist der Anspruch auf Zustimmung durch Gestaltungsklage geltend zu machen, die eine Kombination aus Anfechtungsklage hinsichtlich des ablehnenden Hauptversammlungsbeschlusses und positiver Beschlussfeststellungsklage darstellt, so auch *Bachmann* in Spindler/Stilz AktG § 286 Rn. 4. Noch a. A. *Semler* in Geßler/Hefermehl AktG § 286 Rn. 42; auch *Herfs* in Münch Hdb AG § 81 Rn. 14, differenziert nach Art der in Frage stehenden Bilanzierungsmaßnahmen – Darstellung der Lage des Unternehmens oder der Sache nach Ergebnisverwendung – vgl. *Wichert* S. 134–138; a. A. *A/D/S* Rechnungslegung AktG § 286 Rn. 23 mit dem im Detail unzutreffenden, wenngleich im Ergebnis zielführenden Verweis einer auf Fassung eines Feststellungsbeschlusses gerichteten Leistungsklage.
[56] Vgl. *A/D/S* Rechnungslegung AktG § 286 Rn. 23.
[57] Vgl. *Hüffer/Koch* § 131 Rn. 29 f., § 286 Rn. 1; *Perlitt* in Münch Komm AktG § 286 Rn. 75; a. A. nicht überzeugend *Theisen* DB 1989, 137, 143, der auch § 131 Abs. 3 Nr. 2

Maßgabe, dass der auf die Kapitalanteile der persönlich haftenden Gesellschafter entfallende Gewinn oder Verlust nicht gesondert angegeben zu werden braucht,[58] nur den Jahresabschluss selbst und nicht die Auskunftspflicht der persönlich haftenden Gesellschafter betreffen, müssen die persönlich haftenden Gesellschafter auf Anfrage über den auf sie entfallenden Gewinn Angaben machen.[59] Auskunftspflicht und Rechnungslegung stehen folglich völlig selbständig nebeneinander.[60]

IV. Gewinnverwendungsbeschluss

34   Die Grundlage für den Gewinnverwendungsbeschluss bildet der festgestellte Jahresabschluss. Die Ausgestaltung des Jahresabschlusses ist wiederum abhängig von der Ausnutzung des Wahlrechts nach § 286 Abs. 3 AktG für den Ausweis der Ergebnisanteile der persönlich haftenden Gesellschafter. Sofern die Ergebnisanteile der persönlich haftenden Gesellschafter nicht gesondert ausgewiesen werden, haben sie bereits das Jahresergebnis der KGaA gemindert bzw. erhöht. Andernfalls sind sie nach der GuV-Rechnungsposition „Jahresüberschuss/Jahresfehlbetrag" gesondert unter entsprechender Bezeichnung in das in § 158 Abs. 1 AktG vorgeschriebene Gliederungsschema aufzunehmen. In beiden Fällen ist der Bilanzgewinn bereits um die Ergebnisanteile der persönlich haftenden Gesellschafter bereinigt. Wir verweisen diesbezüglich auf unsere Ausführungen unter D.

35   Die Hauptversammlung beschließt über die Verwendung des Bilanzgewinns gemäß §§ 278 Abs. 3, 174 Abs. 1 S. 1 AktG in alleiniger Zuständigkeit; sie bedarf für Änderungen der Gewinnverwendung nicht der Zustimmung der persönlich haftenden Gesellschafter.[61] Etwas anderes gilt nur für den Fall, dass die Hauptversammlung den von den persönlich haftenden Gesellschaftern aufgestellten Jahresabschluss in anderen Punkten abändert.[62] In diesem Fall ist wiederum die Zustimmung aller persönlich haftenden Gesellschafter zu dem geänderten Jahresabschluss erforderlich.[63] Nicht der erneuten Zustimmung der persönlich haftenden Gesellschafter bedarf es also, wenn die Hauptversammlung z. B. beschließt, gemäß §§ 278 Abs. 3, 58 Abs. 3 S. 1 AktG vom Bilanzgewinn weitere Beträge in die Gewinnrücklagen einzustellen oder als Gewinn vorzutragen.

36   Umstritten ist, ob die Satzung den persönlich haftenden Gesellschaftern bezüglich der Gewinnverwendung durch die Kommanditaktionäre ein Zustim-

---

AktG mit einbezieht. Der von ihm angeführte Maßgeblichkeitsgrundsatz des § 5 Abs. 1 EStG bezieht sich jedoch nicht auf gesellschaftsrechtliche Auskunftspflichten, sondern auf die steuerliche Gewinnermittlung.

[58] Vgl. dazu nachfolgend.
[59] Vgl. eingehend *Semler* in Geßler/Hefermehl AktG § 286 Rn. 43; *Perlitt* in Münch Komm AktG § 286 Rn. 75 f.; *A/D/S* Rechnungslegung AktG § 286 Rn. 14, 46.
[60] Vgl. *Sethe* DB 1998, 1044, 1045.
[61] *Perlitt* in Münch Komm AktG § 286 Rn. 80 f.; *Assmann/Sethe* in GroßKomm AktG § 286 Rn. 28, 29; vgl. *Waclawik* in Hölters AktG § 58 Rn. 23 f.; *Herfs* in Münch Hdb AG § 81 Rn. 21; *Grottel/H. Hoffmann* in Beck'scher Bilanz-Kommentar HGB Vor § 325 Rn. 98; zur Erfolgsermittlung und -verteilung bei der KGaA.
[62] Vgl. dazu auch § 5 Rn. 639 ff.
[63] Zu der Problematik, die sich ergibt, wenn sich die beiden Gesellschaftergruppen nicht auf einen Jahresabschluss verständigen können, vgl. dazu § 5 Rn. 639 ff.

mungsrecht einräumen kann.[64] Geht man davon aus, dass eine Ausweitung der Zustimmungserfordernisse der persönlich haftenden Gesellschafter in der Satzung der KGaA in den Grenzen der §§ 278 Abs. 2, 285 Abs. 1 S. 2 AktG[65] grundsätzlich zulässig ist, konzentriert sich die vorliegende Problemstellung auf die Frage, ob die Einräumung eines Zustimmungsvorbehaltes zugunsten der persönlich haftenden Gesellschafter bezüglich der Beschlussfassung der Hauptversammlung über die Gewinnverwendung möglicherweise gegen zwingende aktienrechtliche Regelungen[66] oder die personengesellschaftsrechtlichen Schranken der Satzungsautonomie, insbesondere den Kernbereich der Mitgliedschaft, verstößt.

Nach richtiger Ansicht[67] ist ein derartiges Zustimmungserfordernis der persönlich haftenden Gesellschafter in der Satzung wegen Verstoßes gegen §§ 278 Abs. 3, 174 AktG unzulässig. Gemäß § 286 Abs. 1 AktG sind die Interessen der persönlich haftenden Gesellschafter an einer sorgfältigen Innenfinanzierung ihrer Gesellschaft durch angemessene Rücklagenbildung und an einer angemessenen Gewinnbeteiligung im Rahmen der Feststellung des Jahresabschlusses zu berücksichtigen.[68] Hier steht den persönlich haftenden Gesellschaftern ein zwingendes Zustimmungsrecht zu.[69] Die sich an die Gewinnfeststellung anschließende Beschlussfassung über die Gewinnverwendung durch die Hauptversammlung betrifft nur noch den auf die Kommanditaktionäre entfallenden Gewinnanteil nach Abzug des auf die persönlich haftenden Gesellschafter entfallenden Gewinnanteils und nach Rücklagendotierung. Die Entscheidung hierüber unterliegt aber kraft der zwingenden aktienrechtlichen Bestimmung der §§ 278 Abs. 3, 174 AktG[70] ausschließlich der Entscheidungskompetenz der Kommanditaktionäre. Eine hiervon abweichende Satzungsklausel verstieße gegen § 23 Abs. 5 AktG und wäre damit nichtig.[71] Dies gilt sowohl für die gesetzestypische KGaA wie für die atypische KGaA. **37**

Sofern persönlich haftende Gesellschafter gleichzeitig Kommanditaktionäre sind, werden sie entsprechend ihrer Aktiengattung wie ihre Mitaktionäre behandelt. **38**

[*Einstweilen frei*] **39**

V. Ergebnisermittlung und -verteilung

Die Ergebnisermittlung und -verteilung bei der KGaA hat unter Berücksichtigung der hybriden Rechtsstruktur der KGaA – einerseits juristische Person mit eigener Rechtspersönlichkeit (§ 278 Abs. 1 AktG), andererseits Ausgestaltung der Rechtsbeziehungen der persönlich haftenden Gesellschafter untereinander sowie **40**

---

[64] Dazu § 5 Rn. 407 f.
[65] Vgl. *Assmann/Sethe* in GroßKomm AktG § 285 Rn. 80 ff.; *Herfs* in Münch Hdb AG § 79 Rn. 39.
[66] Insbesondere §§ 278 Abs. 3, 286 Abs. 1, 174 AktG.
[67] *Assmann/Sethe* in GroßKomm AktG § 285 Rn. 82; *Wichert* AG 2000, 268, 270; siehe auch OLG München v. 17.9.2014 = AG 2014, 864 bei „personalistisch strukturierter KGaA" allerdings mit anderer Begründung; a. A. LG München v. 29.8.2013 = ZIP 2014, 25.
[68] Vgl. *Assmann/Sethe* in GroßKomm AktG § 285 Rn. 82.
[69] Vgl. *Grottel/H. Hoffmann* in Beck'scher Bilanz-Kommentar Vor § 325 Rn. 85.
[70] Vgl. *Hüffer/Koch* § 174 Rn. 1 f.
[71] So auch *Assmann/Sethe* in GroßKomm AktG § 285 Rn. 82; i. E. gleicher Ansicht *Wichert* AG 2000, 268, 270.

zu Kommanditaktionären und Dritten nach Maßgabe des Rechts der Personengesellschaften (§ 278 Abs. 2 AktG) – zu erfolgen.

1. Ergebnisermittlung

41   Hinsichtlich der Vorgehensweise bei der Ergebnisermittlung enthält das Gesetz keine expliziten Regelungen. In der aktien- und bilanzrechtlichen Literatur werden in diesem Zusammenhang zwei Ansätze, der sog. „dualistische" bzw. der „monoistische" Ansatz diskutiert,[72] die im Folgenden kurz dargestellt werden sollen.

42   a) „Dualistischer" Ansatz. Nach traditioneller Auffassung und bisheriger h. M. gilt für die Ermittlung des auf die persönlich haftenden Gesellschafter entfallenden Ergebnisanteils das **Recht der Personengesellschaften**.[73] Die Auffassung basiert im Grundsatz auf der Regelung des § 278 Abs. 2 AktG, wonach sich das Rechtsverhältnis zwischen den persönlich haftenden Gesellschaftern und den Kommanditaktionären nach den Vorschriften des HGB über die Kommanditgesellschaft bestimmt. Die Vertreter des dualistischen Ansatzes gehen davon aus, dass die Ergebnisermittlung als Grundlage der Ergebnisverteilung zwischen den persönlich haftenden Gesellschaftern und den Kommanditaktionären Ausfluss der Rechtsbeziehung zwischen den beiden Gesellschaftergruppen ist und insoweit den Regelungen des § 278 Abs. 2 AktG unterfällt.[74]

43   Begründet wird diese Auffassung mit dem Hinweis, dass das Gesetz weder in § 278 AktG noch in § 286 AktG oder § 288 AktG Anhaltspunkte dafür enthält, dass sich die Ergebnisermittlung nach Aktienrecht, die Ergebnisverteilung zwischen den Gesellschaftergruppen hingegen nach dem Recht der Personengesellschaften richten soll.[75]

44   Als Folge der postulierten Anwendbarkeit des § 278 Abs. 2 AktG auf die Ergebnisermittlung sind hierbei die Rechnungslegungsgrundsätze sowohl der Kommanditgesellschaft als auch der Aktiengesellschaft zu beachten[76] und eine **zweistufige Erfolgsermittlung** vorzunehmen:[77] Auf der ersten Stufe ist für Zwecke der Gewinnanteilsberechnung der persönlich haftenden Gesellschafter der Jahresabschluss nach den für die Kommanditgesellschaft geltenden Grundsätzen gemäß § 278 Abs. 2 AktG i. V. m. §§ 168 Abs. 1, 121, §§ 238 ff., §§ 252–256a HGB mittels fiktiver Ergebnisrechnung[78] aufzustellen. Auf einer zweiten Stufe ist aus diesem

---

[72] So beispielsweise *Perlitt* in Münch Komm AktG § 286 Rn. 21 f.
[73] Vgl. *Mertens/Cahn* in Kölner Komm AktG § 288 Rn. 6.
[74] Vgl. u. a. *Perlitt* in Münch Komm AktG § 286 Rn. 22.
[75] Vgl. hierzu *Assmann/Sethe* in GroßKomm AktG § 288 Rn. 9.
[76] Vgl. *Schlütter* StuW 1978, 295, 295 f.; auch *Hüffer/Koch* § 288 Rn. 1; BFH BStBl. 1989 II, 881, 885/3.c.
[77] Vgl. *Schaumburg/Schulte* Rn. 27; *Bödefeld* FS Rädler 1999 S. 33, 51; *Bogenschütz* FS Widmann 2000, S. 163, 171.
[78] Vgl. so *Sethe* DB 1998, 1044, 1045, der sich gegen die Verwendung des gelegentlich genutzten Begriffs der „internen Sonderbilanz" (vgl. etwa *Bacher* DB 1985, 2117) aufgrund seines vorrangig steuerlichen Bezuges ausspricht. Ebenso *Assmann/Sethe* in GroßKomm AktG § 288 Rn. 6, Fn. 7. Teilweise wird in Abhängigkeit vom Ausmaß der vorliegenden Abweichungen auch eine Überleitungsrechnung i. S. einer Mehr-oder-Weniger-Rechnung für ausreichend erachtet. Vgl. *Perlitt* in Münch Komm AktG § 286 Rn. 25, 27. Für sie gilt im Grundsatz Prüfungspflicht durch den Abschlussprüfer, Feststellungspflicht durch die Hauptversammlung sowie Zustimmungserfordernis für alle geschäftsführungsbefugten Komple-

internen Jahresabschluss sodann nach aktienrechtlichen Grundsätzen der für die Kommanditaktionäre maßgebliche Jahresabschluss i.S.d. § 286 Abs. 2–4 AktG i.V.m. §§ 264 ff., 242 ff. HGB zu erstellen.

Durch die dualistische Berechnungsmethode soll u.a. sichergestellt werden, dass der Gewinn der Komplementäre vorab ermittelt wird und Rücklagen nur aus dem auf die Kommanditaktionäre entfallenden Unternehmensertrag gebildet werden.[79] Des Weiteren führt die „dualistische" Erfolgsermittlung insbesondere zu folgenden Auswirkungen:[80] **45**
- Ein zwischen den Gesellschaftergruppen aufzuteilender Gewinn, vor allem ein auf die persönlich haftenden Gesellschafter entfallender Anteil am Jahresüberschuss, kann auch dann vorhanden sein, wenn in der aktienrechtlichen Bilanz aufgrund eines Verlustvortrages ein Bilanzgewinn nicht entsteht. D.h., für die interne Ermittlung des Gewinns der „ersten Stufe" ist vom Jahresüberschuss, nicht vom Bilanzgewinn der KGaA auszugehen.
- Zuweisungen zur gesetzlichen oder zu einer anderen Gewinnrücklage, die allein im externen Jahresabschluss, d.h. der aktienrechtlichen Bilanz, vorgenommen werden, mindern das für die Gewinnverteilung maßgebliche Ergebnis nicht.[81]

Die bisherige h.M. konnte im Ergebnis für sich in Anspruch nehmen, dass sie durch die „dualistische" Gewinnermittlung der hybriden Struktur der KGaA gerecht wird.[82] **46**

b) „Monistischer" Ansatz. Die Vertreter der monistischen Gewinnermittlung, die zwischenzeitlich als h.M. zu betrachten ist, postulieren demgegenüber, dass für die Gewinnermittlung des persönlich haftenden Gesellschafters ausschließlich der **nach den für Kapitalgesellschaften geltenden Bestimmungen** aufzustellende Jahresabschluss der KGaA relevant sei.[83] Begründet wird diese Auffassung mit dem Hinweis, dass für die Ermittlung und Verteilung des auf die persönlich haftenden Gesellschafter entfallenden Ergebnisanteils zwar § 278 Abs. 2 AktG Anwendung finde, nicht hingegen für die Ermittlung des zu verteilenden Bilanzgewinns, da dieser nicht das Verhältnis der beiden Gesellschaftergruppen betreffe.[84] **47**

Die Ermittlung des Bilanzgewinns leitet sich vielmehr aus der Pflicht der KGaA zur handelsrechtlichen Rechnungslegung nach § 278 Abs. 1 und 3 AktG i.V.m. § 3 AktG ab. Nach dieser Regelung ist die KGaA eine Handelsgesellschaft und **48**

---

mentäre. Vgl. *Perlitt* in Münch Komm AktG § 286 Rn. 26; *A/D/S* Rechnungslegung AktG § 286 Rn. 54.

[79] Vgl. *Assmann/Sethe* in GroßKomm AktG § 288 Rn. 14.

[80] Vgl. *Perlitt* in Münch Komm AktG § 286 Rn. 23, 31; auch *Assmann/Sethe* in GroßKomm AktG § 288 Rn. 14.

[81] Andernfalls hätte dies zur Folge, dass die Komplementäre an Gewinn- und Verlustvorträgen doppelt beteiligt werden, da ihrem Kapitalkonto I (Kapitalanteil) im Vorjahr bereits der auf sie entfallende Gewinn zu- bzw. der auf sie entfallende Verlust abgeschrieben wurde. Vgl. *Perlitt* in Münch Komm AktG § 286 Rn. 32; *Wichert* S. 143; *Arnold* S. 152; *Grafmüller* S. 171 ff.; undeutlich *Mertens/Cahn* in Kölner Komm AktG § 288 Rn. 7.

[82] Vgl. *Assmann/Sethe* in GroßKomm AktG § 288 Rn. 8; *Winnefeld* Bilanz-Handbuch Rn. 1258 L.

[83] Vgl. *Perlitt* in Münch Komm AktG § 286 Rn. 21 f.; *Hüffer/Koch* § 288 Rn. 2; *A/D/S* Rechnungslegung AktG § 286 Rn. 55 jeweils m.w.N.; *Reiß* in Kirchhof EStG § 15 Rn. 404; *Frankenheim* S. 64 f.; *Wichert* S. 140 f.

[84] Vgl. *Mertens/Cahn* in Kölner Komm AktG § 288 Rn. 6, 9.

Schließer

nach § 6 HGB als Formkaufmann zu qualifizieren. Sie unterliegt als Kaufmann der Buchführungspflicht (§§ 238 ff. HGB) und der Pflicht zur Erstellung von Jahresabschlüssen (§§ 242 ff. HGB). Aufgrund ihrer eigenständigen Rechtspersönlichkeit sind auf die KGaA die speziellen Rechnungslegungsgrundsätze der §§ 264 ff. HGB anzuwenden.[85]

49 Im Ergebnis soll wegen der **einheitlichen Rechtsnatur der KGaA** und der fehlenden Kaufmannsqualifikation der persönlich haftenden Gesellschafter[86] den personalistischen Aufbauelementen der KGaA bei der Bestimmung der anzuwendenden Gewinnermittlungsvorschriften keine Bedeutung zukommen. Gemeinsame Bemessungsgrundlage zur Ermittlung der Ergebnisanteile der persönlich haftenden Gesellschafter wie der Kommanditaktionäre ist somit der nach den Rechnungslegungsvorschriften für Kapitalgesellschaften ermittelte Jahresüberschuss der KGaA.[87] Der auf die Gesamtheit der Kommanditaktionäre entfallende Gewinnanteil stellt nach Berücksichtigung von Ertragsteuern den extern auszuweisenden Jahresüberschuss bzw. -fehlbetrag der KGaA dar.[88] Daraus ist durch Abzug eines etwaigen Verlustvortrages und durch Berücksichtigung der Rücklagenveränderung der Bilanzgewinn bzw. -verlust zu entwickeln.

50 Erst im Rahmen der auf die Ermittlung der Ergebnisanteile anschließenden Ergebnisverteilung wird die Rechts- und Interessensphäre zwischen den persönlich haftenden Gesellschaftern und den Kommanditaktionären unmittelbar tangiert.[89] Nach der monistischen Betrachtungsweise setzt erst in diesem Stadium der Verweis auf den Anwendungsvorrang des Rechts der Personengesellschaften über § 278 Abs. 2 AktG ein.

51 **c) Eigene Auffassung.** Im Rahmen der Diskussion um die gesetzeskonforme und zielführende Ergebnisermittlung bei der KGaA wird unseres Erachtens nicht im erforderlichen Umfang zwischen Erfolgsermittlung einerseits und der Ergebnisverteilung, bzw. Gewinnermittlung und Gewinnverteilung, andererseits unterschieden.[90]

52 Die **Ergebnisermittlung (bzw. Gewinnermittlung)** der KGaA hat sich an der eigenen Rechtspersönlichkeit der Gesellschaft als juristischer Person und an

---

[85] Vgl. eingehend *Ammenwerth* S. 51 ff., 55; *A/D/S* Rechnungslegung AktG § 286 Rn. 57; auch *Reiß* in Kirchhof EStG § 15 Rn. 404; *Wichert* S. 119; *Jünger* DB 1988, 1969, 1970, Fn. 15; wohl auch *Krämer* in Dötsch/Pung/Möhlenbrock KStG § 9 Rn. 16; im Ergebnis *Perlitt* in Münch Komm AktG § 286 Rn. 24 f.; offenlassend *Woitschell* in Arthur Andersen KStG § 9 Rn. 20; *Lenz* S. 147; *Bödefeld* FS Rädler, 1999, S. 33, 51 f.; ungenau *Grafmüller* S. 173; a. A., aber mit Ausnahme des Kapitalanteils der Komplementäre, für die die §§ 279 ff. HGB gelten sollen, *Assmann/Sethe* in GroßKomm AktG § 288 Rn. 30; *Kraft* in Münch Hdb AG § 82 Rn. 13; *Mathiak* DStR 1989, 661, 667; *Hesselmann* GmbHR 1988, 472, 476; *Bacher* DB 1985, 2117, 2119; *Schlütter* StuW 1978, 295, 296; *Sethe* DB 1998, 1044 f. – insoweit verwunderlich, als Sethe den Aspekt des Anlegerschutzes in anderen Zusammenhängen, wie etwa der Bewertung und Prüfung von Sacheinlagen, stets betont.
[86] Den Komplementären einer Kommanditgesellschaft ist nach herrschender Meinung keine Kaufmannseigenschaft zuzuordnen. Vgl. *Bachmann* in Spindler/Stilz AktG § 278 Rn. 47; *Perlitt* in Münch Komm AktG § 278 Rn. 41.
[87] Vgl. *Ammenwerth* S. 56; *Wichert* S. 119, 123.
[88] Vgl. *A/D/S* Rechnungslegung AktG § 286 Rn. 63.
[89] Vgl. im Ganzen *A/D/S* Rechnungslegung AktG § 286 Rn. 57; auch *Hüffer/Koch* § 286 Rn. 2; *Mertens/Cahn* in Kölner Komm AktG § 288 Rn. 12 ff.
[90] Vgl. so *A/D/S* Rechnungslegung AktG § 286 Rn. 55, 57; ebenso *Mertens/Cahn* in Kölner Komm AktG § 288 Rn. 13.

Schließer

der hieran anknüpfenden Kaufmannseigenschaft zu orientieren; insoweit wird hier dem sog. *monistischen* **Ansatz** gefolgt. Dies beruht auch auf der Tatsache, dass die Gewinnermittlung der KGaA nach den Rechnungslegungsvorschriften des HGB für Kapitalgesellschaften zu erfolgen hat.

Erst im Anschluss an die Erstellung eines nach dem Recht der Kapitalgesellschaft aufzustellenden Jahresabschlusses kann für die Frage, nach welchen Grundsätzen das Ergebnis zwischen den beiden Gesellschaftergruppen verteilt wird, auf die hybride Rechtsnatur der KGaA abgestellt werden. Bei der Frage, ob die **Gewinnverteilung** zwischen der Gesamtheit der Kommanditaktionäre und den persönlich haftenden Gesellschaftern ebenfalls auf der Grundlage des o.g. Jahresabschlusses der KGaA zu erfolgen hat, oder ob daneben ein besonderer, nach den Regeln der Bilanzierung für Personenhandelsgesellschaften aufzustellender Jahresabschluss notwendig ist,[91] handelt es sich um dispositives Recht. Diese Frage sollte daher in der Satzung geregelt werden. 53

d) Satzungsregelungen. Abweichend von der Diskussion in der einschlägigen Literatur scheint sich die Praxis um die beiden vorstehend dargestellten Bilanzierungsansätze wenig zu kümmern. In dem Sachverhalt, der dem Urteil des BFH vom 21.6.1989[92] zugrunde lag, hatte die KGaA dem monistischen Ansatz folgend **nur aktienrechtliche Jahresabschlüsse** erstellt und testiert erhalten; die Tantiemen des persönlich haftenden Gesellschafters waren außerbilanziell errechnet und als Schuldposten passiviert worden.[93] Diese Vorgehensweise wurde vom BFH in der Entscheidung nicht näher diskutiert oder beanstandet. 54

Darüber hinaus scheint die praktische Bedeutung der beiden Ansätze auch von geringerer Bedeutung, da persönlich haftende Gesellschafter entweder keine Kapitalanteile halten und bereits aus diesem Grund nicht vorab am Gewinn partizipieren oder – sofern eine Sondereinlage außerhalb des Grundkapitals von dem persönlich haftenden Gesellschafter erbracht wurde – die Satzung eine entsprechende Regelung zur Erfolgsermittlung enthalten sollte.[94] 55

Die aufgezeigten Differenzen zwischen der „monistischen" und der „dualistischen" Erfolgsermittlung können im Ergebnis durch – in diesem Bereich in der Praxis vorherrschende – Satzungsregelungen geringgehalten werden.[95] 56

---

[91] Vgl. *Semler* in Geßler/Hefermehl AktG § 286 Rn. 5.
[92] BStBl. II 1989, S. 881.
[93] Vgl. *Mathiak* DStR 1989, 661, 667. Der BFH hat in seinem Grundsatzurteil vom 21.6.1989, X R 14/88, BStBl. 1989 II, 881 ff. 3.c, zu dieser Frage nicht Stellung genommen; eine Ablehnung vermutend *Theisen* DB 1989, 2191, 2195; ebenso im Ergebnis *Janssen* NWB/F 18, 3811, 3812, der jedoch verkennt, dass sich in der von ihm zitierten Passage der BFH auf die *steuerliche* Gewinnermittlung der KGaA und ihrer Komplementäre bezieht, die in jedem Fall in zwei Stufen zu erfolgen hat.
[94] Vgl. *Assmann/Sethe* in GroßKomm AktG § 288 Rn. 16 i.V.m. Fn. 23, 19, 26; *Perlitt* in Münch Komm AktG § 286 Rn. 25, 29; *Schaumburg/Schulte* Rn. 28; *Arnold* S. 151; *Bödefeld* FS Rädler, 1999, S. 33, 56; im Ergebnis *Mathiak* DStR 1998, 661, 667.
[95] Vgl. *Perlitt* in Münch Komm AktG § 286 Rn. 25. Nach einer empirischen Untersuchung von *Grafmüller* (Stand 31.12.1991) sahen 19 von 31 bestehenden KGaA entsprechende Satzungsregelungen vor. Vgl. *Grafmüller* S. 316 i.V.m. 277–280. Die entsprechend der praktischen Erfordernisse zu befürwortende Anpassung der Satzung trifft schließlich auch auf die Frage der Gewinnverteilung und die Entnahmerechte zu. Vgl. kurz *Winnefeld* Bilanz-Handbuch Rn. 1279 L; im Einzelnen dazu anschließend.

57 Durch **Satzungsregelungen** kann bspw. die Gewinnverteilung zwischen beiden Gesellschafterstämmen – abweichend vom originären handelsrechtlichen Jahresabschluss der KGaA – von der Beachtung abweichender, für Personengesellschaften geltender Bewertungsmethoden abhängig gemacht werden.[96] Darüber hinaus kann vereinbart werden, dass im Verhältnis der beiden Gesellschaftergruppen zueinander die Nutzungsdauer bestimmter eingebrachter Vermögensgegenstände rascher als im originären KGaA-Jahresabschluss abgeschrieben, bestimmte Forderungen verstärkt wertberichtigt oder bestimmte Risiken durch höhere Rückstellungen abgesichert werden sollen.[97] Auf diese Weise würde der den persönlich haftenden Gesellschaftern zuzuweisende Gewinnanteil zugunsten der Gesamtheit der Kommanditaktionäre verringert werden.[98]

58 Den satzungsgebundenen Möglichkeiten der abweichenden Gewinnermittlung zwischen persönlich haftenden Gesellschaftern und Kommanditaktionären stehen allerdings begrenzend eine gewisse Verkomplizierung, eine zunehmende **Intransparenz** und damit letztlich ein **erhöhter Arbeitsaufwand** bei der Erfolgsermittlung der KGaA gegenüber. Nach einem Vorschlag von *Schaumburg/Schulte* sollte die Satzung wegen der unterschiedlichen Besteuerung von persönlich haftenden Gesellschaftern und KGaA hinsichtlich des dem persönlich haftenden Gesellschafter zustehenden Gewinnanteils folgendes Verfahren vorsehen:[99]

59 Ergebnis der gewöhnlichen Geschäftstätigkeit nach § 275 Abs. 2 Nr. 14 bzw. Abs. 3 Nr. 13 HGB

+   außerordentliche Erträge gemäß § 275 Abs. 2 Nr. 15 bzw. Abs. 3 Nr. 14 HGB

./. außerordentliche Aufwendungen gemäß § 275 Abs. 2 Nr. 16 bzw. Abs. 3 Nr. 15 HGB

+/./. den auf den Kapitalanteil des persönlich haftenden Gesellschafters entfallenden Ergebnisanteil als Aufwand/Ertrag

+/./. Steuern gemäß § 275 Abs. 2 Nrn. 18/19 bzw. Abs. 3 Nrn. 17/18 HGB

=   Bemessungsgrundlage für die Höhe des Gewinnanteils des persönlich haftenden Gesellschafters

60 Hierbei ist zu berücksichtigen, dass mit Ausnahme der Körperschaftsteuer (KSt) alle abziehbaren Steuern wie etwa Gewerbesteuer (GewSt) oder Grundsteuer (GrSt) in die Ermittlung der Bemessungsgrundlage einzubeziehen sind. Dies gilt allerdings nicht für die Körperschaftsteuer, da ihr nur der Gewinn, der auf das Grundkapital entfällt, unterliegt. Daher ist der Körperschaftsteuer-Aufwand, einschließlich hierauf anzurechnender Steuerbeträge, die den Steueraufwand ge-

---

[96] Vgl. *A/D/S* Rechnungslegung AktG § 286 Rn. 61; mit Betonung der satzungsgemäßen Festlegung *Assmann/Sethe* in GroßKomm AktG § 288 Rn. 24, 35 f.

[97] Vgl. *Perlitt* in Münch Komm AktG § 286 Rn. 29, 40. Die Einhaltung der für Kapitalgesellschaften geltenden Bilanzierungsvorschriften soll dagegen nicht abbedungen werden können. Vgl. *Perlitt* in Münch Komm AktG § 286 Rn. 30, 43. Dies könnte ggf. das Führen von Ergänzungsbilanzen und Ergänzungs-GuV erforderlich machen. Allg. *Winnefeld* Bilanz-Handbuch Rn. 1279 L.

[98] Vgl. *A/D/S* Rechnungslegung AktG § 286 Rn. 62.

[99] So *Schaumburg/Schulte* Rn. 28 mit Verweis auf in der Praxis zu findende Formulierungen in Fn. 78; im Ergebnis teilweise auch *A/D/S* Rechnungslegung AktG § 286 Rn. 58; anders *Hesselmann* GmbHR 1988, 472, 476; *Theisen* DB 1989, 2191, 2195.

mindert haben, sowie die auf die Körperschaftsteuer erhobenen Zuschläge (Solidaritätszuschlag) bei der Ermittlung der Bemessungsgrundlage für die Aufteilung des Gewinns der KGaA zwischen persönlich haftenden Gesellschaftern und den Kommanditaktionären nicht zu berücksichtigen.[100]

2. Ergebnisverteilung

Im Rahmen der Ergebnisverteilung (bzw. Gewinnverteilung) ist nach der hier vertretenen Auffassung erforderlich, dass ein nach aktienrechtlichen und den für Kapitalgesellschaften geltenden speziellen handelsrechtlichen Grundsätzen erstellter und durch Zusammenwirken der beiden Gesellschaftergruppen festgestellter Jahresabschluss Grundlage für die Ergebnisverwendung[101] der KGaA darstellt.[102]

a) Gewinnverteilung. Die Gewinnverteilung unterliegt gemäß § 278 Abs. 2 AktG im Grundsatz allein dem Personengesellschaftsrecht der §§ 168, 121 Abs. 1, 2 HGB.[103] Insoweit kann und sollte die Satzung Regelungen enthalten.[104]

Zu unterscheiden ist zwischen dem ziffernmäßigen Betrag des Kapitalanteils des persönlich haftenden Gesellschafters einerseits und dem Betrag seiner Sondereinlage andererseits. Während der Betrag der Sondereinlage eines persönlich haftenden Gesellschafters durch die Satzung festgelegt ist und auch nur durch Satzungsänderung verändert werden kann, handelt es sich bei dem Kapitalanteil des persönlich haftenden Gesellschafters um die Summe seiner vermögensmäßigen Ansprüche gegen die KGaA, bestehend aus dem Betrag seiner Sondereinlage, etwaigen Rücklagen des persönlich haftenden Gesellschafters, etwaigen vorgetragenen Verlusten und seinen entnahmefähigen Gewinnanteilen. Somit berühren Gewinne und Verluste die ausgewiesene Einlage des persönlich haftenden Gesellschafters bei der KGaA, mithin das feste Kapitalkonto I, nicht. Trotzdem ist der gemäß § 278 Abs. 2 AktG dem KG-Recht unterliegende **Kapitalanteil der persönlich haftenden Gesellschafter** insgesamt variabel.[105] Ein auf die persönlich haftenden Gesellschafter entfallender Gewinn ist ihrem jeweiligen Verrechnungskonto und damit

---

[100] Vgl. *Perlitt* in Münch Komm AktG § 286 Rn. 35 ff.; *Schaumburg/Schulte* Rn. 29; Darüber hinaus können – soweit die Satzung eine entsprechende Regelung vorsieht – auch etwaige gewinnabhängige Vergütungen vorher in Abzug gebracht werden. Vgl. *Perlitt* in Münch Komm AktG § 286 Rn. 39; so etwa *Grafmüller* S. 173.
[101] Vgl. *Semler* in Geßler/Hefermehl AktG § 286 Rn. 4.
[102] Zum Ausweis des Gewinnanteils der Komplementäre in der Gewinn- und Verlustrechnung vgl. Ausführungen unter § 6 Rn. 109 ff.
[103] Vgl. kurz *Hüffer/Koch* § 288 Rn. 3; *Wichert* S. 144-146.
[104] Vgl. mit Beispielen *A/D/S* Rechnungslegung AktG § 286 Rn. 61 f.; dringend angeraten von *Perlitt* in Münch Komm AktG § 288 Rn. 6; auch *Ammenwerth* S. 59–62; *Frankenheim* S. 67; *Wichert* S. 147; *Winnefeld* Bilanz-Handbuch Rn. 1279 L.; *Hartel* DB 1992, 2329, 2335. Nach einer empirischen Untersuchung von *Grafmüller* (Stand 31.12.1991) sehen die Satzungen nahezu aller (29 von 31) bestehenden KGaA explizite Regelungen zur Gewinnaufteilung vor. Zu den häufigsten Vorschriften zählen – soweit eine Vermögenseinlage vom Komplementär geleistet wurde – deren Mindestverzinsung und Verteilung des restlichen Gewinns im Verhältnis von Vermögenseinlage zu Grundkapital; ohne Vermögenseinlage erhalten die Komplementäre dagegen einen nicht näher spezifizierten Gewinnanteil; vgl. *Grafmüller* S. 174 i. V. m. S. 317, 277–280.
[105] Vgl. *Sethe* DB 1998, 1044, 1047 mit Verweis auf § 286 Abs. 2 AktG; grundsätzlich *Huber* ZGR 1988, 1, 47 f.

ihrem individuellen Kapitalanteil gutzuschreiben, entsprechend sind Verluste auf dem Verlust(vortrags)konto zu buchen und ihrem jeweiligen Kapitalanteil abzuschreiben. Möglich sind daneben auch Regelungen, wonach die KGaA für ihre persönlich haftenden Gesellschafter parallele Rücklagenkonten einrichtet, womit auch eine detailliert abgestimmte Gewinnverteilungsabrede verbunden sein kann.

64 In der Praxis werden für jeden persönlich haftenden Gesellschafter mit Kapitalanteil regelmäßig folgende **Konten** eingerichtet, deren Summe den Kapitalanteil des betreffenden Gesellschafters ausmacht:
- ein Kapitalkonto I für seine Sondereinlage;
- ein Kapitalkonto II als Rücklagenkonto;
- ein Kapitalkonto III als Verlust(vortrags)konto und
- ein bewegliches Privat- bzw. Darlehenskonto (Verrechnungskonto).[106]

65 Auf dem Verrechnungskonto werden u. a. die entnahmefähigen Gewinnanteile, Entnahmen, etwaige Tätigkeitsvergütungen und Zinsen gebucht sowie der sonstige Zahlungsverkehr zwischen der KGaA und dem jeweiligen persönlich haftenden Gesellschafter abgewickelt.

66 Schreibt die Satzung, wie bei der Kommanditgesellschaft üblich, das Führen solcher Art von Konten vor, sind diese jeweils streng voneinander zu unterscheiden. Während variablen Konten in dem hier genannten Sinne Darlehenscharakter zukommt und sie damit zu den Verbindlichkeiten der KGaA gehören, haben feste Kapitalkonten Rücklagencharakter, die ggf. als Unterposten der Gewinnrücklagen zu zeigen sind.[107]

67 Der Ausschluss eines Kündigungsrechts seitens der KGaA ist nicht vorgesehen. Die Rückzahlung wird regelmäßig dann durch die KGaA erfolgen, wenn die Beträge nicht benötigt werden oder eine anderweitige Verzinsung günstiger ist.[108]

68 Es ist auch möglich, dass die Satzung die Unverzinslichkeit der jeweiligen Kontostände festschreibt. Fehlt eine solche Regelung jedoch, so sind die Vorschriften der §§ 168, 120, 121 HGB einschlägig.[109] Danach sind von dem ermittelten fiktiven Jahresüberschuss der „ersten Stufe" gemäß § 168 Abs. 1 HGB zunächst 4% der Sondereinlagen der persönlich haftenden Gesellschafter und 4% des Grundkapitals im Sinne der Einlagen der Kommanditaktionäre abzusetzen.[110] Reicht der zu verteilende Gewinn nicht aus, ist der Prozentsatz entsprechend zu reduzieren. Ein nach der Kapitalverzinsung dagegen verbleibender Gewinn wird sodann gemäß § 168 Abs. 2 HGB in einem den Umständen nach angemessenen Verhältnis auf die

---

[106] Vgl. auch *Hartel* DB 1992, 2329, 2335. Zur vom Gesetz abweichenden Kontenführung bei der Kommanditgesellschaft, seinen Gründen und Formen vgl. *Huber* ZGR 1988, 1, 42–47; zu einem möglichen Vertragsmuster *Veltins* S. 38–41, 76.

[107] Vgl. *A/D/S* Rechnungslegung AktG § 286 Rn. 30; kurz auch *Winnefeld* Bilanz-Handbuch Rn. 1266 L.

[108] Vgl. auch *Veltins* S. 38, 40, hier für die Kommanditgesellschaft. Zum Risiko der Einordnung des soweit stehengelassenen Gewinns als eigenkapitalersetzendes Darlehen mit seinen entsprechenden zivilrechtlichen Folgen vgl. *Wichert* S. 203–221.

[109] Vgl. *Hüffer/Koch* § 288 Rn. 3; *A/D/S* Rechnungslegung AktG § 286 Rn. 61.

[110] Der nach dieser internen Berechnung auf die Kommanditaktionäre entfallende Gewinnanteil dient allein der Ermittlung des auf die Komplementäre entfallenden Gewinnanteils; eine Ausschüttung erfolgt mithin nicht. Nur sofern der nach den für Kapitalgesellschaften geltenden Vorschriften aufgestellte – externe – Jahresabschluss einen Jahresüberschuss ausweist, darf dieser gemäß §§ 278 Abs. 3, 286 Abs. 1, 174, 60 ff. AktG grundsätzlich eine Dividende an die Kommanditaktionäre vorsehen; vgl. insgesamt *Assmann/Sethe* in Groß-Komm AktG § 288 Rn. 31.

persönlich haftenden Gesellschafter und die Gesamtheit der Kommanditaktionäre verteilt.[111] Hierfür sind unter Berücksichtigung der bereits vereinbarten lfd. Tätigkeits- und Risikovergütung u. a. die persönliche Haftung,[112] die Geschäftsführungstätigkeit und die Kapitalbeteiligung der persönlich haftenden Gesellschafter von Bedeutung.[113]

Für die Gesamtheit der **Kommanditaktionäre** bildet das Grundkapital die Bezugsgröße für die Kapitalverzinsung.[114] Der auf die Gesamtheit der Kommanditaktionäre entfallende, insoweit verbleibende Gewinnanteil stellt nach Berücksichtigung von Ertragsteuern den extern auszuweisenden Jahresüberschuss bzw. -fehlbetrag der KGaA dar.[115] Daraus ist durch Abzug eines etwaigen Verlustvortrages und durch Berücksichtigung der Rücklagenveränderung der Bilanzgewinn bzw. -verlust zu entwickeln. Für die Verteilung dieses Bilanzgewinns auf die Kommanditaktionäre gilt Aktienrecht.[116]

69

Beispiel:

Entsprechend der Satzung ist persönlich haftender Gesellschafter *A* mit einer Sondereinlage i. H. v. 50.000 EUR an der A+B Autohandels KGaA (KGaA) beteiligt. Insoweit nimmt er am Vermögen der Gesellschaft einschließlich der stillen Reserven, am Gewinn und Verlust der Gesellschaft sowie am Liquidationserlös jeweils in dem Maße teil, das dem Verhältnis seines Kapitalanteils zum Gesamtkapital entspricht; persönlich haftender Gesellschafter *B* ohne Sondereinlage nimmt am Gewinn nach Maßgabe des mit ihm gesondert abgeschlossenen Vertrages teil; an einem Verlust nimmt er nicht teil.[117]

Von den Kommanditaktionären *C*, *D* und *E* wurden für insgesamt 60.000 Aktien der KGaA zu je 1 EUR gezeichnet. Der Kapitalanteil des persönlich haftenden Gesellschafters *A* wurde auf einem für ihn neu angelegten Kapitalkonto I in der Buchhaltung der KGaA gutgeschrieben; ferner wurden für ihn jeweils ein Rücklagen- (Kapitalkonto II), ein Verlust- (Kapitalkonto III) und ein Darlehenskonto (Verrechnungskonto) angelegt. Die dem persönlich haftenden Gesellschafter *A* zustehenden Gewinnanteile sind – soweit Verlustvorträge bestehen – zunächst zum Ausgleich des Kapitalkontos III zu verwenden. Im Übrigen ist der Gewinnanteil des persönlich haftenden Gesellschafters *A* seinem Kapitalkonto II gutzuschreiben, wenn und soweit der auf die Kommanditaktionäre entfallende

---

[111] Vgl. *Grafmüller* S. 174; *Wichert* S. 144 f.
[112] Im Fall einer GmbH & Co. KGaA bzw. GmbH KGaA fällt der Gesichtspunkt der unbeschränkten Haftung in der Regel kaum oder überhaupt nicht ins Gewicht, so dass es in diesem Fall naheliegt, den Gewinnanteil ausschließlich anhand der Finanzierungsleistung zu bemessen; vgl. *Ammenwerth* S. 60; *Wichert* S. 145; a. A. *Arnold* S. 153.
[113] Vgl. zu den vielfältigen Gestaltungsmöglichkeiten *Perlitt* in Münch Komm AktG § 288 Rn. 15, 21–28; *A/D/S* Rechnungslegung AktG § 286 Rn. 61. Ist in der Satzung nichts Näheres geregelt, wird der verbleibende, auf die Komplementäre insgesamt entfallende Gewinn gemäß § 722 Abs. 1 BGB unter ihnen nach Köpfen verteilt; vgl. *Semler* in Geßler/Hefermehl AktG § 288 Rn. 12 ff.; *Perlitt* in Münch Komm AktG § 288 Rn. 26, hier allerdings mit Verweis auf § 121 HGB, auf dessen Abs. 3 der § 168 Abs. 1 HGB jedoch nicht abstellt; vgl. *Wichert* S. 145 i. V. m. dortiger Fn. 86. Hinsichtlich der Frage der Angemessenheit der Gewinnverteilung ist auf das steuerliche Problem der vGA hinzuweisen.
[114] Vgl. *Grafmüller* S. 174.
[115] Vgl. *A/D/S* Rechnungslegung AktG § 286 Rn. 63.
[116] Vgl. *Perlitt* in Münch Komm AktG § 288 Rn. 10.
[117] Komplementär B wird daher im Folgenden vernachlässigt. Zur Verlustverteilung vgl. anschließend.

Gewinn in die anderen Gewinnrücklagen eingestellt wird. Die hiernach dem Kapitalkonto II zuzuführenden Thesaurierungsbeträge sind so zu bemessen, dass sie zu dem Betrag, der in die anderen Gewinnrücklagen eingestellt wird, im gleichen Verhältnis stehen wie die Sondereinlage zum Grundkapital. Soweit der Gewinnanteil des persönlich haftenden Gesellschafters *A* nicht zum Ausgleich des Kapitalkontos III und zur Dotierung des Kapitalkontos II zu verwenden ist, wird er dem Verrechnungskonto gutgeschrieben.

Am Ende des ersten, kalendergleichen Geschäftsjahres hat die KGaA mit einem Gewinn von 100.000 EUR abgeschlossen. Die Satzung sieht vor, 10% des Gewinns, also 10.000 EUR, auf die Rücklagenkonten entsprechend dem Beteiligungsverhältnis zu verteilen. Für die Gesamtheit der Kommanditaktionäre C, D und E bildet das Grundkapital die Bezugsgröße für die Kapitalverzinsung. Demzufolge werden auf dem Kapitalkonto II des persönlich haftenden Gesellschafters A $5/11$ von 10.000 EUR gutgebracht; ein Betrag i.H. v. $6/11$ von 10.000 EUR ist den anderen Gewinnrücklagen zuzuweisen. Der restliche Gewinn i. H. v. 90.000 EUR ist lt. Satzung wiederum im Verhältnis von Kapitalanteil zu Gesamtkapital zu verteilen. Danach entfällt auf den persönlich haftenden Gesellschafter A mithin $5/11$ von 90.000 EUR, der seinem Verrechnungskonto gutgeschrieben wird. Diesen Betrag kann er abheben oder stehenlassen. Im letzteren Fall sind die Beträge entsprechend einer Satzungsvereinbarung mit 2% über dem jeweiligen Basiszinssatz, mindestens mit 6% zu verzinsen.[118]

Die KGaA schüttet von dem hiernach verbleibenden Gewinn eine 8%ige Dividende auf das Grundkapital von 60.000 EUR an die Kommanditaktionäre C, D und E aus.

70 **b) Verlustverteilung.** Für die Verteilung von Verlusten gilt – soweit nichts anderes vereinbart wurde –, dass die persönlich haftenden Gesellschafter gemäß § 278 Abs. 2 AktG i.V.m. § 168 Abs. 2 HGB in angemessenem Verhältnis ihrer Anteile am Verlust zu beteiligen sind. Angesichts dieser relativ unbestimmten Gesetzesvorgabe ist es wiederum empfehlenswert, dass die Verlustzuweisungen an die persönlich haftenden Gesellschafter in der **Satzung** geregelt werden. Dabei ist es zulässig und in der Praxis i.d.R. üblich, bei persönlich haftenden Gesellschaftern, die keine Sondereinlage geleistet haben, die Verlustbeteiligung auszuschließen oder der Höhe nach zu begrenzen.[119]

C. Besonderheiten der Bilanz

I. Eigenkapital

71 Bei der KGaA setzt sich das Eigenkapital aus den Bestandteilen gezeichnetes Kapital, den Kapitalanteilen der persönlich haftenden Gesellschafter und den Rücklagen zusammen. Das gezeichnete Kapital i. S. d. § 272 Abs. 1 S. 1 HGB besteht bei der KGaA aus dem in Aktien zerlegten Grundkapital der Gesellschaft, welches sich

---

[118] Beispielsfall nach *Veltins* S. 41, dort zur Kommanditgesellschaft.
[119] Vgl. insgesamt § 5 Rn. 255 und auch *Wichert* S. 149.

in den Händen der Kommanditaktionäre befindet. Das gesamte gezeichnete Kapital ist mit dem Nennwert gemäß § 272 Abs. 1 S. 2 HGB anzusetzen. Dabei ist der auf jede Aktiengattung entfallende Betrag des Grundkapitals gemäß § 152 Abs. 1 S. 2 AktG gesondert anzugeben.[120]

Für die KGaA regeln darüber hinaus die §§ 286 Abs. 2, 288 AktG den Bilanzausweis der Kapitalanteile und Verrechnung der Verlustanteile der persönlich haftenden Gesellschafter, die Bilanzierung der an sie gewährten Kredite sowie ihre Entnahmerechte.

72

1. Kapitalanteil der persönlich haftenden Gesellschafter

a) Sondereinlagen und Kapitalanteile. Das Wesen der Stellung des persönlich haftenden Gesellschafters ist zunächst durch seine Teilnahme am Unternehmensrisiko gekennzeichnet. Insofern liegt seine Beteiligung unabdingbar in der Übernahme des unbeschränkten persönlichen Risikos; die unbeschränkte Haftung des persönlich haftenden Gesellschafters besteht neben der Haftung der KGaA selbst. Darüber hinaus kann eine **Beteiligung am Unternehmensrisiko** – ohne dass hierfür eine rechtliche Notwendigkeit besteht – durch eine Sondereinlage bzw. durch Übernahme oder Erwerb von Aktien erfolgen.[121] Die nach Höhe und Art in der Satzung festzulegenden Sondereinlagen der persönlich haftenden Gesellschafter (§ 281 Abs. 2 AktG) gehen – mangels Gesamthandseigentum bei der KGaA – in das Eigentum der Gesellschaft über und gehören zum Eigenkapital der Gesellschaft; der Gesellschafter behält lediglich einen (bedingten) Auseinandersetzungsanspruch.[122]

73

Sondereinlagen der persönlich haftenden Gesellschafter können als Geld- oder Sacheinlage geleistet werden, wobei als Sacheinlage alle Leistungen vorgesehen werden können, die in einer Personengesellschaft von Gesellschaftern als Beiträge geleistet werden können (§ 278 Abs. 2 AktG; §§ 161, 109 HGB, §§ 705 ff. BGB). Danach kann auch die Leistung von Diensten als Beitrag vorgesehen werden (§ 706 Abs. 3 BGB).[123] Von der Frage, welche Beiträge von einem persönlich haftenden Gesellschafter als **Sondereinlage** geleistet werden können, ist zu abstrahieren, ob und inwieweit sich hieraus ein **Kapitalanteil** des persönlich haftenden Gesellschafters im bilanzrechtlichen Sinne ergibt,[124] da neben dem Kriterium der Einlagefähigkeit der Leistung das Kriterium der Bilanzierungsfähigkeit hinzutritt.[125]

74

Ansatz und Bewertung von Bareinlagen sind grundsätzlich unproblematisch, da die eingezahlten bzw. vereinbarten Beträge als Bargeld, Bankguthaben oder Schecks mit dem Nennbetrag aktiviert und der Gegenwert den Kapitalkonten der persönlich haftenden Gesellschafter gutgeschrieben werden; Fremdwährungsbe-

75

---

[120] Vgl. z. B. *A/D/S* Rechnungslegung HGB § 272 Rn. 206, AktG § 152 Rn. 1 f.; *Förschle/K. Hoffmann* in Beck'scher Bilanz-Kommentar § 272 Rn. 15 f.
[121] Vgl. *Perlitt* in Münch Komm AktG § 278 Rn. 42; ebenso *Ammenwerth* S. 41 ff.; *Sethe* DB 1998, 1044, 1046.
[122] Vgl. *Semler* in Geßler/Hefermehl AktG § 278 Rn. 41 ff.
[123] Vgl. *Semler* in Geßler/Hefermehl AktG § 278 Rn. 44.
[124] Vgl. *Perlitt* in Münch Komm AktG § 278 Rn. 46.
[125] Vgl. z. B. *Perlitt* in Münch Komm AktG § 286 Rn. 84; *Ammenwerth* S. 43; offenlassend *Schaumburg/Schulte* Rn. 23; von einer „funktionalen Betrachtungsweise" spricht dagegen *Schmitt* in Schmitt/Hörtnagl/Stratz UmwG bzw. UmwStG § 20 Rn. 201.

träge sind gemäß §§ 264 Abs. 1 S. 1, 244 HGB mit dem Geldkurs im Zeitpunkt der Übertragung auf die KGaA in Euro umzurechnen.[126] Die bilanzielle Behandlung der Sacheinlagen ist dagegen gesetzlich nicht näher bestimmt und daher umstritten.[127] Wir verweisen hierzu auf unsere Ausführungen im nächsten Abschnitt.

76 Sofern der bilanzielle Kapitalanteil des persönlich haftenden Gesellschafters danach bestimmt ist, ergibt sich aus dem Verhältnis der Kapitalanteile der persönlich haftenden Gesellschafter zueinander:
- die Gewinn- und Verlustverteilung unter den persönlich haftenden Gesellschaftern nach § 278 Abs. 2 AktG i.V.m. §§ 167, 120 und §§ 264 ff. HGB,
- das Entnahmerecht i.S.d. § 288 Abs. 1 AktG sowie
- der Umfang ihrer Beteiligung am Gesellschaftsvermögen nach §§ 290, 278 Abs. 2 AktG i.V.m. § 155 Abs. 1 HGB.[128]

77 **b) Ausweis der Kapitalanteile.** Die als Kapitalanteil bezeichnete gesonderte Sondereinlage des persönlich haftenden Gesellschafters ist in Erweiterung (§ 265 Abs. 5 HGB) des gesetzlichen Gliederungsschemas des § 266 Abs. 3 A HGB nach dem Posten „Gezeichnetes Kapital" auf der Passivseite gesondert unter „II. Kapitalanteile der persönlich haftenden Gesellschafter" nach § 286 Abs. 2 AktG im Eigenkapital der Gesellschaft auszuweisen.[129] D.h. eine Zusammenfassung der Kapitalanteile mit anderen Bilanzposten gemäß § 265 Abs. 7 HGB ist unzulässig, da hiernach nur mit arabischen Ziffern gegliederte Bilanzposten zusammengefasst werden dürfen, die Kapitalanteile aber der nächsthöheren Gliederungsebene zuzuordnen sind.[130] Kapitalanteile der persönlich haftenden Gesellschafter an sich können jedoch, soweit sie positiv sind, in einem Bilanzposten zusammengefasst werden.[131] Sofern positive und negative Kapitalkonten vorhanden sind, ist eine Saldierung bei verschiedenen Gesellschaftern dagegen nicht erlaubt.[132]

78 Da § 286 Abs. 2 AktG nur die Kapitalanteile betrifft, sind die den persönlich haftenden Gesellschaftern daneben gehörenden Anteile am Grundkapital nicht gesondert auszuweisen. Die persönlich haftenden Gesellschafter werden insoweit nicht anders behandelt als die übrigen Kommanditaktionäre. Für den Fall, dass ein persönlich haftender Gesellschafter keine Sondereinlage geleistet hat, ist in der Bilanz kein Leerposten anzugeben.[133]

---

[126] Vgl. *Förschle/Kropp/Siemers* in Budde/Förschle/Winkeljohann Rn. 100 C, hier zur Personengesellschaft. Allerdings wäre hier auch § 256 a HGB einschlägig, danach wäre der Devissenkassamittelkurs anzuwenden siehe *Grottel/Leistner* in Beck'scher Bilanz-Kommentar § 256 Rn. 158. Dies widerspricht allerdings den Kapitalerhaltungsgedanken, da zwischen Geldkurs und Devissenkassamittelkurs durchaus Abweichungen zu erwarten sind.
[127] Vgl. *Schulze-Osterloh* ZGR 1993, 420, 428.
[128] Vgl. *Sethe* DB 1998, 1044, 1046. Umschreibungen des Kapitalanteils differieren im Schrifttum, meinen aber im Wesentlichen dasselbe. Vgl. *Hüffer/Koch* § 286 Rn. 2 m.w.N.; umfassend *Huber* ZGR 1988, 1, 4 ff.
[129] Vgl. *Förschle/K. Hoffmann* in Beck'scher Bilanz-Kommentar § 272 Rn. 10, 330; a.A. *A/D/S* Rechnungslegung AktG § 286 Rn. 29, die anstelle einer römischen Bezifferung einen Ausweis als „Ia" postulieren.
[130] Vgl. *Perlitt* in Münch Komm AktG § 286 Rn. 83; *H. Weber* in HdR § 265 Rn. 110 f.
[131] *Semler* in Geßler/Hefermehl AktG § 286 Rn. 45; WP-Hdb 2012, Bd. 1 Rn. 307 F.
[132] Vgl. *Küting/Reuter* in HdR § 272 Rn. 7; auch *Gail* WPg 1966, 425, 426; zu negativen Kapitalanteilen siehe nachfolgend unter c).
[133] § 265 Abs. 8 HGB ist hier unbeachtlich. Vgl. *A/D/S* Rechnungslegung AktG § 152 Rn. 16.

2. Sacheinlagen auf den Kapitalanteil

a) Bilanzierungsfähigkeit. Im Handelsrecht stellen Einlagen begrifflich Beiträge der Gesellschafter i. S. d. §§ 705 ff. BGB dar. Danach sind Einlagen gesellschaftsrechtlich die von Gesellschaftern geleisteten Beiträge zum jeweiligen Gesellschaftszweck, die sowohl in Geld als auch in materiellen oder immateriellen Vermögenswerten bestehen können.[134] Bilanzierungsfähigkeit liegt vor, wenn der Gegenstand der Einlage einer selbständigen Bewertung zugänglich ist, also die Kriterien eines **Vermögensgegenstandes** erfüllt.[135] D. h. es müssen zum einen Aufwendungen vorliegen, die dem Einlagegegenstand zugerechnet werden können, und zum anderen muss der Einlagegegenstand vom (originären) Geschäftswert abgegrenzt werden können.[136] Eine solche „Greifbarkeit" des Einlagegegenstandes ist gegeben, wenn er zusammen mit dem Betrieb des Unternehmens im Rahmen einer fiktiven Geschäftsveräußerung übertragen werden kann.[137]

79

Gegenstand von Sacheinlagen können danach bewegliche wie unbewegliche Sachen, Rechte, sonstige gesicherte Rechtspositionen sowie ein Handelsgeschäft als Ganzes oder ein Teilbetrieb sein. **Einlagefähig** sind also z. B. Grundstücke und bewegliche Sachen, Sachgesamtheiten (z. B. Sammlungen), absolute Herrschaftsrechte, soweit übertragbar (z. B. beschränkt dingliche Rechte, Urheberrechte, Patente, Konzessionen), Mitgliedschaftsrechte, wenn übertragbar (z. B. Aktien, GmbH-Anteile, Kuxe, Anteile an einer Personengesellschaft). Auch Forderungen gegen Dritte (z. B. Geldforderungen, Bankguthaben, Forderungen auf andere Leistungen, gesicherte Rechte auf Überlassung der Nutzungen von Sachen und Rechten, Forderungen auf künftige Leistungen, sofern das Gläubigerrecht auf die KGaA übertragen werden soll) und sonstige Vermögenswerte (z. B. geschütztes Knowhow) sind – da übertragbar – einlagefähig.[138]

80

Die Frage der Übertragbarkeit ist vor allem im Hinblick auf Nutzungsüberlassungen und die Erbringung kostenloser **Dienstleistungen** schwierig und daher im gesellschafts- und handelsrechtlichen Schrifttum strittig. Nach h. M. können Dienstleistungen des Erbringenden oder Ansprüche auf Dienstleistungen Dritter

81

---

[134] Vgl. *Roth* in Baumbach/Hopt HGB § 109 Rn. 6, 9 m. w. N.
[135] Vgl. *Perlitt* in Münch Komm AktG § 281 Rn. 23 f.; *Mertens/Cahn* in Kölner Komm AktG § 281 Rn. 10; im Ergebnis *Förschle/K. Hoffmann* in Beck'scher Bilanz-Kommentar § 247 Rn. 170 ff., die zwischen Übertragbarkeit und Bilanzierungsfähigkeit trennen. Die Voraussetzung der Bilanzierungsfähigkeit ist dabei umstritten. Vgl. *Hüffer/Koch* § 27 Rn. 14 m. w. N.
[136] Vgl. BFH BStBl. II 1975, S. 809, 811; BFH BStBl. II 1979, 734, 737.
[137] Wie bereits der RFH hat auch der BFH in seiner Rechtsprechung zum Wirtschaftsgutbegriff stets betont, dass zum handelsrechtlichen Begriff des Vermögensgegenstandes kein Unterschied besteht, da ihr Inhalt auf der gemeinsamen Grundlage der GoB beruht. Vgl. BFH, Urteil vom 28.3.1990, II R 30/89, BStBl. II 1990, 569, 570; dazu *Schubert/Krämer* in Beck'scher Bilanz-Kommentar § 247 Rn. 12 f., 16 und *Schubert/F. Hubert* in Beck'scher Bilanz-Kommentar § 247 Rn. 390, 409 ff., die die Auslegung teilweise als zu eng ansehen (vgl. *Schubert/Krämer* in Beck'scher Bilanz-Kommentar § 247 Rn. 16 und *Schubert/F. Hubert* in Beck'scher Bilanz-Kommentar § 247 Rn. 409); zur a. A. im gesellschafts- und handelsrechtlichen Schrifttum vgl. z. B. *Hüffer/Koch* § 27 Rn. 13 ff. m. w. N.; *Wichert* S. 104 f.; *Coenenberg/Haller/Schultze* S. 78 f.
[138] Vgl. *Förschle/K. Hoffmann* in Beck'scher Bilanz-Kommentar § 247 Rn. 172; *Schubert/F. Hubert* in Beck'scher Bilanz-Kommentar § 247 Rn. 409; *Hüffer/Koch* § 27 Rn. 16.

nicht Gegenstand von Sacheinlagen sein,[139] insbesondere aufgrund des Umstands, dass die Einlage erst als erbracht gilt, wenn die Dienstleistung ausgeführt und insoweit Fremdaufwand erspart worden ist.[140] Dies gilt auch für ein obligatorisches Nutzungsrecht gegen den Gesellschafter.[141] Nutzungsrechte des Gesellschafters gegenüber Dritten, sofern sie eine gesicherte Rechtsposition darstellen, sind demgegenüber einlagefähig,[142] selbst wenn diese unentgeltlich erworben wurden.[143] Ein Geschäfts- oder Firmenwert ist nicht einzeln übertragbar, da nicht vom Betrieb des Unternehmens separierbar und damit nicht bilanzierungs- und schließlich im Ergebnis nicht einlagefähig, es sei denn, er steht im Zusammenhang mit der Übertragung eines Handelsgeschäftes.[144]

82 Dienstleistungen sind deshalb nach § 706 Abs. 3 BGB zwar einlagefähig i. S. d. § 281 Abs. 2 AktG,[145] **finden** aber **im Kapitalanteil** des persönlich haftenden Gesellschafters einer KGaA **keinen Niederschlag**.[146] Etwas anderes gilt nur, wenn für die Erbringung der Dienstleistung vorab ein Entgelt vereinbart wurde und dieses nach Erbringung der Leistung stehengelassen wird. Die Forderung des persönlich haftenden Gesellschafters auf das Entgelt wiederum kann Gegenstand einer Sondereinlage sein und führt wegen ihrer Bilanzierungsfähigkeit auch zu einem entsprechenden Kapitalanteil.[147]

83 **b) Bewertung.** Gesetzliche Regeln zur Bewertung von Sacheinlagen fehlen. Umstritten ist, ob die für die Aktiengesellschaft normierten Vorschriften für die

---

[139] Vgl. *Perlitt* in Münch Komm AktG § 281 Rn. 24; *Hüffer/Koch* § 27 Rn. 22; *Ammenwerth* S. 43; *Sarx* DStR 1991, 692, 694.

[140] Vgl. *Förschle/K. Hoffmann* in Beck'scher Bilanz-Kommentar § 247 Rn. 172 und § 272 Rn. 402.

[141] Vgl. BFH BStBl. 1988 II, 348 ff.; zustimmend *Knobbe-Keuk* S. 289.

[142] Vgl. *Schmitt* in Schmitt/Hörtnagl/Stratz UmwG bzw. UmwStG § 20 Rn. 201 f. m. w. N.

[143] . Vgl. *Förschle/Taetzner* in Beck'scher Bilanz-Kommentar § 272 Rn. 402; ablehnend *Knobbe-Keuk* S. 288 f. Vor Verabschiedung des BilMoG wurde teilweise mit der Objektivierungseinschränkung bei selbsterstellten immateriellen Vermögensgegenständen nach § 248 HGB a. F. argumentiert, dies dürfte nach Änderung und Einführung des Wahlrechts nach § 248 HGB zwischenzeitlich nicht mehr zutreffen. Insgesamt lässt sich die Vorgehensweise damit begründen, dass Einlagen nicht mit Ausgaben verbunden sind. Es droht nicht die Gefahr, dass in Höhe der realisierten Ausgaben ein Aktivum bilanziert wird, obgleich diese Ausgaben gar nicht zu einem Gegenwert geführt haben. Während die Aktivierung einer realisierten Ausgabe ohne erlangten Gegenwert in der betreffenden Periode einen überhöhten Ansatz des entziehbaren Gewinns bewirkt, führt dies bei Einlagenaktivierung dagegen zu einem überhöhten Ansatz des Vermögens. Die Gläubigerschutzkonzeption der Gewinnermittlungsbilanz lässt sich, wie bereits oben festgestellt, nicht auf die Beurteilung der Einlagefähigkeit übertragen. Vgl. noch einmal *Hüffer/Koch* § 27 Rn. 14.

[144] Vgl. *Förschle/Taetzner* in Beck'scher Bilanz-Kommentar § 272 Rn. 401 f.

[145] Vgl. *Schaumburg/Schulte* Rn. 23. Der Gesellschafterbeitrag besteht darin, dass der Komplementär mit Erbringung der Dienstleistung der KGaA Fremdaufwand erspart oder entsprechende Vergütungsbeträge vom Komplementär „stehengelassen" werden. Vgl. *Förschle/K. Hoffmann* in Beck'scher Bilanz-Kommentar § 247 Rn. 172; *Förschle/Taetzner* in Beck'scher Bilanz-Kommentar § 272 Rn. 402 f.; *Semler/Perlitt* in Münch Komm AktG § 281 Rn. 21, 24; a. A. *Ammenwerth* S. 43, der – wohl mit Blick auf die Bilanzierungsfähigkeit – als Einlagen nur solche Beiträge zulassen will, die sich in einer Erhöhung des Eigenkapitals niederschlagen.

[146] Vgl. *Hüffer/Koch* § 286 Rn. 2; *Perlitt* in Münch Komm AktG § 281 Rn. 23; *Ammenwerth* S. 43; *Wichert* S. 106.

[147] Vgl. *Perlitt* in Münch Komm AktG § 281 Rn. 24.

Schließer

C. Besonderheiten der Bilanz

Kapitalaufbringung nicht nur für die Kommanditaktionäre, sondern auch für die persönlich haftenden Gesellschafter in Bezug auf ihre Sondereinlage, die nicht auf das Grundkapital geleistet wird, zu beachten sind. Dabei ist einerseits unstreitig, dass für den **Kapitalanteil des persönlich haftenden Gesellschafters** die strikten aktienrechtlichen Grundsätze der Kapitalaufbringung und -erhaltung keine Geltung erlangen, da gemäß § 278 Abs. 2 AktG das **Recht der Personenhandelsgesellschaft** maßgebend ist.[148] Andererseits wird für die Aufteilung des Gewinns der KGaA zwischen den Gesellschaftergruppen u. a. der Kapitalanteil des persönlich haftenden Gesellschafters herangezogen, so dass – ungeachtet der Freiwilligkeit einer solchen Sondereinlage – aus Gründen des Anteilseignerschutzes der Wertobjektivierung der Sacheinlage Bedeutung beizumessen ist.[149]

Allerdings unterliegt die Leistung der Sondereinlage durch den persönlich haftenden Gesellschafter nicht dem aktienrechtlichen Kapitalaufbringungsschutz. Jedoch hat der persönlich haftende Gesellschafter den in der Satzung gemäß § 281 Abs. 2 AktG festgesetzten Einlagewert seiner Sacheinlage kraft schuldrechtlicher Verpflichtung zu leisten. Als Vergleichsmaßstab, inwieweit er seine Leistungsverpflichtung schuldrechtlich erfüllt hat, ist der **Zeitwert**[150] der Sacheinlage heranzuziehen.[151] Liegt der Zeitwert der Sacheinlage über oder unter dem festgesetzten Einlagewert, ergeben sich u. E. folgende Konsequenzen. **84**

Bleibt der Zeitwert der Sacheinlage hinter dem Betrag der versprochenen Einlage zurück, ist die Differenz in bar auszugleichen und bis dahin von der KGaA eine Ausgleichsforderung ggü. dem betreffenden persönlich haftenden Gesellschafter zu passivieren.[152] Liegt der Zeitwert dagegen über dem in der Satzung festgelegten Betrag, besteht nach wohl h. M. ein Wahlrecht:[153] Der Gegenstand der Sacheinlage kann entweder mit seinem höheren Zeitwert oder mit dem vereinbarten Einlagewert angesetzt werden.[154] Im letzteren Fall ist der überschießende Betrag dem Rücklagekonto des persönlich haftenden Gesellschafters gutzuschreiben. **85**

---

[148] Vgl. *Sethe* S. 186; zur Kommanditgesellschaft vgl. *Veltins* S. 37.

[149] Vgl. *Wichert* S. 107–110; im Ergebnis zutreffend *Sethe* DB 1998, 1044, 1046; kurz Hüffer/*Koch* § 286 Rn. 2; *Perlitt* in Münch Komm AktG § 286 Rn. 15 f.; *Assmann/Sethe* in GroßKomm AktG § 286 Rn. 35; a. A. *Biagosch* NWB 1996 F. 18, 3453, 3458; Schaumburg/ Schulte Rn. 24 unter Verweis auf das Recht der Kommanditaktionäre, auf die Vermögens- und Gewinnbeteiligung der Komplementäre Einfluss zu nehmen.

[150] Der Begriff „Zeitwert" ist als Oberbegriff für Wertmaßstäbe wie den Börsen- oder Marktpreis und den beizulegenden Wert zu verstehen. Vgl. *Schubert/Roscher* in Beck'scher Bilanz-Kommentar § 253 Rn. 510, 516. Ausgangsbasis bilden die Anschaffungs- oder Herstellungskosten i. S. d. §§ 255 Abs. 1 und 2, 264 Abs. 1 S. 1 HGB, die entsprechend dem Anschaffungskostenprinzip im Bilanzrecht eine Wertobergrenze gemäß §§ 253 Abs. 1 S. 1, 264 Abs. 1 S. 1 HGB bilden. Vgl. dazu nachfolgend.

[151] Vgl. *Schulze-Osterloh* ZGR 1993, 420, 429 m. w. N. auch zur Gegenmeinung.

[152] Vgl. *Wichert* S. 110 f. m. w. N.; zu Einzelheiten *Förschle/Kropp/Schellhorn* in Budde/ Förschle/Winkeljohann Rn. 31, 43 ff., 181 ff. D; auch *A/D/S* Rechnungslegung HGB § 255 Rn. 96.

[153] Vgl. *A/D/S* Rechnungslegung HGB § 255 Rn. 97 m. w. N. u. a. Verweis auf OLG Stuttgart GmbHR 1982, 109, 110; Förschle/*K. Hoffmann* in Beck'scher Bilanz-Kommentar § 247 Rn. 190; *Knop/Küting/Ellmann/Scharpf/Schaber/Märkl* in HdR § 255 Rn. 93; *Winnefeld* Bilanz-Handbuch Rn. 77 N; *Sarx* DStR 1991, 692, 694 f.; *Sethe* DB 1998, 1044, 1047.

[154] Nach Auffassung von beispielsweise *Schulze-Osterloh* ZGR 1993, 420, 430 ist nur der Ansatz zum höheren Zeitwert zielführend, da es in Fällen einer Bewertung unterhalb des Zeitwerts durch die relativ geringeren Abschreibungen auf den Gegenstand der Sacheinlage und dem ggf. höheren Buchgewinn beim Abgang zu einer nicht der wirtschaftlichen Re-

86 **c) Prüfung.** Strittig ist schließlich die Frage, ob die Bewertung von Sacheinlagen auf den Kapitalanteil der persönlich haftenden Gesellschafter diesen selbst überlassen werden darf oder ob der Einlagegegenstand analog § 33 Abs. 2 Nr. 4 AktG einer Gründungsprüfung unterzogen werden muss.[155]

87 Wie an anderer Stelle ausführlich dargestellt, ist auf die Sacheinlage des Komplementärs nicht das Aktienrecht anzuwenden.[156] Vielmehr gilt auch insoweit das Recht der Personengesellschaften mit der Folge, dass eine **Gründungsprüfung** der auf die Sondereinlage geleisteten Sacheinlage des Komplementärs **nicht** stattfindet.

88 Der Zeitwert der Sacheinlage wird durch **zwei Komponenten** bestimmt: zum einen durch die in der Sacheinlagevereinbarung der Beteiligten i. S. d. § 281 Abs. 2 AktG zum Ausdruck kommende Wertvorstellung und die sich darauf beziehende „interne Gründungsprüfung" durch die Organe der Gesellschaft. Damit wird die für die handelsrechtliche Bilanzierung immanente Objektivierung der Wertermittlung in ausreichender Art und Weise sichergestellt.

89 Für die Praxis ist im Ergebnis zu empfehlen, die Wertermittlung in Anlehnung an die Gründungsprüfung einer Aktiengesellschaft durch die Satzung zu regeln.[157]

3. Ausstehende Einlagen der persönlich haftenden Gesellschafter

90 Ausstehende Einlagen der persönlich haftenden Gesellschafter fallen nicht unter § 272 Abs. 1 HGB, da ihre Vermögenseinlagen nicht auf das gezeichnete Kapital erfolgen. Sie werden daher nicht als „Ausstehende Einlagen auf das gezeichnete Kapital" ausgewiesen, sondern ihre Bilanzierung richtet sich vielmehr **nach den allgemeinen Grundsätzen** für den Kapitalausweis bei Personenhandelsgesellschaften.[158] Eingeforderte ausstehende Einlagen haben Forderungscharakter und sind deshalb auf der Aktivseite als gesonderter Posten „Eingeforderte ausstehende Einlagen" auszuweisen.[159] Noch nicht eingeforderte Einlagen sind offen vom Kapital abzusetzen. Darüber hinaus greifen die bereits ausgeführten Ausweisregelungen für die Kapitalanteile der persönlich haftenden Gesellschafter: So ist eine Verrechnung mit anderen Gesellschafterkonten unzulässig. Auch darf keine Zusammenfassung mit anderen Bilanzposten gemäß § 265 Abs. 7 HGB erfolgen, da die ausstehenden Einlagen in der Bilanz mit arabischen Zahlen auszuweisen sind.

91 Die Frage des Ausweises einer ausstehenden Einlage eines persönlich haftenden Gesellschafters ist nur dann von Bedeutung, wenn die persönlich haftenden Gesellschafter gesellschaftsvertraglich zur Leistung einer Einlage verpflichtet sind;

---

alität entsprechenden Darstellung des Jahresüberschusses und des Bilanzgewinns kommen würde. Ähnlich *Perlitt* in Münch Komm AktG § 286 Rn. 16, die bei einer Überschreitung des Zeitwertes eine unzulässige Gewinnverschiebung zu Lasten der übrigen Kommanditaktionäre und ggf. der anderen Komplementäre postulieren.

[155] Vgl. zum Meinungsstand *Sethe* S. 186 f.; *ders.* DB 1998, 1044, 1046 m. w. N. in Fn. 34.
[156] Siehe Rn. 83 und § 4 Rn. 37.
[157] Wohl auch *Wichert* S. 111.
[158] Vgl. *Förschle/K. Hoffmann* in Beck'scher Bilanz-Kommentar § 272 Rn. 10, 325 und § 264c Rn. 20; *Küting/Reuter* in HdR § 272 Rn. 41.
[159] Vgl. *Förschle/K. Hoffmann* in Beck'scher Bilanz-Kommentar § 272 Rn. 36. Der Ausweis des eigenständigen Postens erfolgt unter B. II. 4. vor „Sonstige Vermögensgegenstände". Vgl. *Küting/Reuter* in HdR § 272 Rn. 35.

dies ist nach unseren Erfahrungen in der Praxis seltener der Fall.[160] Noch nicht eingeforderte ausstehende Einlagen sind auf der Passivseite vom Posten „Gezeichnetes Kapital" offen abzusetzen, was zu einem Nettoausweis des „eingeforderten Kapitals" führt.[161] Voraussetzung hierfür ist, dass sich der persönlich haftende Gesellschafter gesellschaftsvertraglich unbedingt zur Zahlung verpflichtet hat. Die Forderung ist allerdings bis zur Einforderung rechtlich noch nicht voll entstanden.[162]

II. Verlustausweis

In § 286 Abs. 2 S. 2 AktG ist nur vorgesehen, dass ein auf den Kapitalanteil eines persönlich haftenden Gesellschafters entfallender Verlustanteil zwingend von seinem Kapitalanteil abzuschreiben ist. Insoweit greift hier die für den Gewinnanteil geltende Satzungsautonomie nach § 278 Abs. 2 AktG nicht ein.[163] Dieses Erfordernis unterscheidet die KGaA von der einfachen Kommanditgesellschaft, bei der § 120 Abs. 2 2. HS HGB dispositiv ist. Damit wird ausgeschlossen, dass der Verlustbetrag, wie bei einer Kommanditgesellschaft sonst zulässig, in Form eines Verlustsonderkontos auf der Aktivseite der Bilanz ausgewiesen wird.[164]

92

Dabei werden Verlustanteile von dem Kapitalanteil eines persönlich haftenden Gesellschafters so weit abgeschrieben, bis sein Kapitalanteil aufgebraucht ist. Soweit der Verlust diesen übersteigt und der betroffene persönlich haftende Gesellschafter nicht zum Ausgleich des Fehlbetrages verpflichtet ist,[165] wird dieser Betrag gemäß § 286 Abs. 2 S. 3 2. HS AktG i.V.m. § 268 Abs. 3 HGB gesondert am Ende der Aktivseite mit großem Gliederungsbuchstaben als „Nicht durch Vermögenseinlagen gedeckter Verlustanteil persönlich haftender Gesellschafter" **ausgewiesen**.[166] Eine Zusammenfassung mit anderen Bilanzposten nach § 265 Abs. 7 HGB ist wiederum unzulässig, da der Verlustanteil nicht mit arabischen Zahlen auszuweisen ist.[167]

93

Besteht dagegen aufgrund der Satzung eine Einzahlungsverpflichtung, wird der Betrag gemäß § 286 Abs. 2 S. 3 1. HS AktG auf der Aktivseite unter den Forderungen als „Einzahlungsverpflichtung persönlich haftender Gesellschafter" bilanziert;

94

---

[160] Vgl. *Bömelburg* BuW 1999, 841, 845.
[161] Vgl. *Förschle/K. Hoffmann* in Beck'scher Bilanz-Kommentar § 272 Rn. 35; *Küting/Reuter* in HdR § 272 Rn. 35 f.; *Reiner* in Münch Komm HGB § 272 Rn. 18. Diese Rechtslage gilt für Geschäftsjahre, die nach dem 31.12.2009 beginnen. Zum Ausweiswahlrecht, das vor diesem Zeitpunkt bestand, vgl. *Förschle/K. Kofahl* in Beck'scher Bilanz-Kommentar, § 272 Rn. 14.
[162] Vgl. *Förschle/K. Hoffmann* in Beck'scher Bilanz-Kommentar § 272 Rn. 35.
[163] Vgl. *Hüffer/Koch* § 286 Rn. 4; *A/D/S* Rechnungslegung AktG § 286 Rn. 31.
[164] Vgl. *Sethe* DB 1998, 1044, 1047; *A/D/S* Rechnungslegung AktG § 286 Rn. 32.
[165] Der Komplementär ist dann erst bei seinem Ausscheiden bzw. der Auflösung der KGaA verpflichtet, einen bis dahin etwa verbleibenden Verlustanteil abzudecken. Vgl. *Perlitt* in Münch Komm AktG § 288 Rn. 19. Eine Nachschusspflicht könnte sich ansonsten daraus ergeben, dass der Komplementär im abgelaufenen Wirtschaftsjahr überhöhte Entnahmen getätigt hat. Vgl. *Perlitt* in Münch Komm AktG § 288 Rn. 57; *A/D/S* Rechnungslegung AktG § 286 Rn. 34.
[166] Vgl. WP-Hdb 2012, Bd. I Rn. 307 F; kurz *Grottel/Krämer* in Beck'scher Bilanz-Kommentar § 268 Rn. 75.
[167] Vgl. *Hütten/Lorson* in HdR § 265 Rn 110.

eine Einordnung vor den sonstigen Vermögensgegenständen i. S. d. § 266 Abs. 2 B. II. 4. HGB erscheint zweckmäßig.[168]

95 Sind mehrere persönlich haftende Gesellschafter vorhanden und übersteigt der Verlustanteil eines Gesellschafters seinen Kapitalanteil, muss dieser entsprechend den soeben genannten Grundsätzen ausgewiesen werden; eine Saldierung mit positiven Konten anderer persönlich haftender Gesellschafter ist aufgrund des Saldierungsverbotes des § 246 Abs. 2 i. V. m. § 264 Abs. 1 S. 1 HGB unzulässig.[169] Sind mehrere persönlich haftende Gesellschafter einzahlungspflichtig, können diese Forderungen dagegen in einem Posten zusammengefasst werden.[170]

III. Kredite an persönlich haftende Gesellschafter

96 Gemäß § 283 Nr. 5 AktG gilt für Kredite an persönlich haftende Gesellschafter, deren Lebenspartner und/oder minderjährige Kinder sowie an Dritte, die für Rechnung dieser Personen handeln, § 89 AktG entsprechend.[171] Danach sind entsprechende Zahlungen gemäß § 89 Abs. 1 AktG vom Aufsichtsrat zu prüfen und nach § 286 Abs. 2 S. 4 AktG gesondert auf der Aktivseite zu bilanzieren: Als **Bilanzposten** kommen je nach Laufzeit der Kreditgewährung „Sonstige Ausleihungen" gemäß § 266 Abs. 2 A. III. Nr. 6 HGB für langfristige Kredite, „Sonstige Vermögensgegenstände" gemäß § 266 Abs. 2 B. II. Nr. 4 HGB für kurzfristige Kredite oder „Forderungen aus Lieferungen und Leistungen" gemäß § 266 Abs. 2 B. II. Nr. 1 HGB für Warenkredite in Betracht.[172] Sie sind jeweils als „davon an persönlich haftende Gesellschafter und deren Angehörige" zu kennzeichnen,[173] wobei die Kredite in einer Gesamtsumme angegeben werden dürfen, da keine Aufgliederung der einzelnen Posten nach Empfängern vorgeschrieben ist.[174]

97 Nicht unter §§ 283 Nr. 5, 89 AktG fallende Kredite, solche also, deren Volumen gemäß § 89 Abs. 1 S. 5 AktG ein Bruttomonatsgehalt nicht übersteigt, Gehalts- und Reisekostenvorschüsse oder sonstige Vorschüsse sind unter dem Posten „Sons-

---

[168] Vgl. *A/D/S* Rechnungslegung HGB § 268 Rn. 171, § 268 Abs. 4 S. 1 HGB ist dabei zu beachten. Vgl. *A/D/S* Rechnungslegung HGB § 268 Rn. 96 f.

[169] Eine Zusammenlegung dieses Postens mit anderen Einzelforderungen der KGaA darf nach § 265 Abs. 7 HGB nur erfolgen, wenn es sich absolut und relativ um jeweils sehr geringe Beträge handelt. Vgl. *Hütten/Lorson* in HdR § 265 Rn. 88 f.; grundsätzlich zum bilanziellen Wesentlichkeitsgrundsatz *Winkeljohann/Büssow* in Beck'scher Bilanz-Kommentar § 252 Rn. 70 ff.

[170] Vgl. im Ganzen *Schubert/Krämer* in Beck'scher Bilanz-Kommentar § 266 Rn. 124, 163 f.; *Förschle/K. Hoffmann* in Beck'scher Bilanz-Kommentar § 272 Rn. 331; *Semler* in Geßler/Hefermehl AktG § 286 Rn. 47 m. w. N.; offenlassend *Hüffer/Koch* § 286 Rn. 3.

[171] Vgl. *A/D/S* Rechnungslegung AktG § 286 Rn. 36. Dies gilt gleichfalls für Kredite der KGaA an den Geschäftsführer im Fall einer GmbH & Co. KGaA bzw. GmbH KGaA, hingegen nicht generell für die Gesellschafter der Komplementär-GmbH. Vgl. *Arnold* S. 158 ff. Zum Personenkreis vgl. *Spindler* in Münch Komm AktG § 89 Rn. 24 ff. Des Weiteren sind bei Anwendung der IFRS IAS 24 zu beachten.

[172] Vgl. dazu Hüffer/Koch § 286 Rn. 5; eingehend *A/D/S* Rechnungslegung AktG § 286 Rn. 36.

[173] Ggf. ist der Wortlaut dem Personenkreis, der Kredit erhalten hat, anzupassen. Vgl. insgesamt WP-Hdb 2012, Rn. 266, 281 F mit Verweis auf § 265 Abs. 6 HGB.

[174] § 268 Abs. 4 S. 1 HGB ist dabei ebenfalls zu beachten und die Anhangvorschriften nach § 285 Nr. 9 c) und Nr. 21 HGB. Vgl. *Sethe* DB 1998, 1044, 1048.

tige Vermögensgegenstände" gemäß § 266 Abs. 2 B. II. Nr. 4. HGB zu bilanzieren. Auch insoweit ist § 268 Abs. 4 S. 1 HGB zu beachten.[175]

Alle gewährten Kredite sind aufgrund von § 285 Nr. 9c HGB im Anhang zu erläutern, soweit nicht marktüblich ist eine weitere Angabe nach § 285 Nr. 21 HGB notwendig. Diese Verpflichtung besteht neben der Verpflichtung gemäß § 286 Abs. 2 S. 4 AktG.[176] **98**

Bei jeder Kreditgewährung sind schließlich die einschränkenden Bestimmungen des § 288 Abs. 2 AktG im Zusammenhang mit möglichen Entnahmehandlungen der persönlich haftenden Gesellschafter zu beachten. **99**

IV. Entnahmerechte der persönlich haftenden Gesellschafter

Entnahmerechte gibt es nur für persönlich haftende Gesellschafter; für Kommanditaktionäre ist neben der Dividende lediglich eine Abschlagszahlung auf den Bilanzgewinn i.S.d. § 59 AktG zulässig.[177] Begrifflich sind **Entnahmen** jede Art von Vermögenszuwendung seitens der KGaA an ihre persönlich haftenden Gesellschafter; entnahmefähig sind dabei alle Vermögensgegenstände; etwa Bargeld als Hauptanwendungsfall, Bankguthaben oder Sachwerte, wie z.B. fertige Erzeugnisse für den Privatverbrauch eines persönlich haftenden Gesellschafters.[178] Die Bewertung der Entnahmen in der Handelsbilanz der KGaA bestimmt sich, soweit es sich um Sachentnahmen handelt, nach der Satzung[179] und damit innerhalb einer Bandbreite zwischen Nennwert und Verkehrswert. Letzteres führt in Höhe der Differenz zwischen Verkehrs- und Buchwert zu einer bilanziellen Erfolgsauswirkung in der Rechnungslegung der KGaA.[180] **100**

Die Entnahmebefugnis der persönlich haftenden Gesellschafter richtet sich gemäß §§ 161 Abs. 2, 109 HGB in erster Linie nach der Satzung.[181] Ansonsten gelten die allgemeinen HGB-Vorschriften der §§ 168, 121, 122 HGB i.V.m. 278 Abs. 2 AktG, wonach die persönlich haftenden Gesellschafter berechtigt sind, 4% ihres für das letzte Geschäftsjahr festgestellten Kapitalanteils als „Vorzugs-Gewinnanteil" unabhängig davon zu entnehmen, ob Gewinn bei der KGaA erzielt worden ist (sog. Grundentnahme). Einen darüber hinausgehenden Gewinnanteil des letzten Geschäftsjahres dürfen die persönlich haftenden Gesellschafter nur entnehmen, wenn dies nicht zum Nachteil der Gesellschaft gereicht.[182] Näheres regelt § 288 Abs. 1 AktG. **101**

---

[175] Vgl. *Sethe* DB 1998, 1044, 1048.
[176] Vgl. eingehend *A/D/S* Rechnungslegung AktG § 286 Rn. 37 f.
[177] Vgl. *Winnefeld* Bilanz-Handbuch Rn. 1285 L. Vorabausschüttungen, d.h. Ausschüttungen für das laufende Wirtschaftsjahr sind gemäß § 59 AktG dagegen nicht zulässig.
[178] Vgl. *Förschle/K. Hoffmann* in Beck'scher Bilanz-Kommentar § 247 Rn. 174, 177.
[179] Vgl. *Förschle/K. Hoffmann* in Beck'scher Bilanz-Kommentar § 247 Rn. 190.
[180] In der Steuerbilanz sind Entnahmen dagegen gemäß § 6 Abs. 1 Nr. 4 EStG, §§ 7 Abs. 2 und 8 Abs. 1 grundsätzlich zum Teilwert zu bewerten, womit es zu einer Versteuerung der im Sachvermögensgegenstand evtl. enthaltenen stillen Reserven kommt. Vgl. zu Einzelheiten *Kulosa* in Schmidt L. EStG § 6 Rn. 503 ff.
[181] Vgl. *Perlitt* in Münch Komm AktG § 288 Rn. 30; zu Einzelheiten *dies.* § 288 Rn. 39–44.
[182] Vgl. *Müller-Michaels* in Hölters AktG § 288 Rn. 3; *Perlitt* in Münch Komm AktG § 288 Rn. 31 f.

102 Nach § 288 Abs. 1 S. 1 AktG sind zunächst Entnahmen ausgeschlossen, wenn auf den persönlich haftenden Gesellschafter ein Verlust entfällt, der seinen Kapitalanteil übersteigt; gemäß § 288 Abs. 1 S. 2 AktG sind darüber hinaus Entnahmen unzulässig, solange die Summe aus Bilanzverlust, Einzahlungsverpflichtungen, Verlustanteilen persönlich haftender Gesellschafter und Forderungen aus Krediten an persönlich haftende Gesellschafter und deren Angehörige die Summe aus Gewinnvortrag, Kapital- und Gewinnrücklagen sowie Kapitalanteilen der persönlich haftenden Gesellschafter übersteigt:[183]

103 In dieser Situation dürfen auch die persönlich haftenden Gesellschafter selbst bei positiven Kapitalkonten weder Grund- noch Gewinnentnahmen tätigen.[184] Diese Entnahmebeschränkungen liegen im Interesse der Verhinderung einer Kapitalaufzehrung bei der KGaA.[185]

104 Der persönlich haftende Gesellschafter ist nicht verpflichtet, Entnahmen der KGaA nachträglich wieder zu erstatten, wenn sie durch den Jahresüberschuss nicht gedeckt sein sollten.[186] Gesetzwidrige Entnahmen begründen demgegenüber eine aktienrechtliche Rückerstattungspflicht.[187] In den Fällen des § 288 Abs. 1 S. 1 AktG folgt dies unmittelbar aus § 288 Abs. 2 S. 1 AktG, da eine Entnahme bei negativem Kapitalanteil wirtschaftlich eine – insoweit unzulässige – Kreditinanspruchnahme darstellt.[188]

105 Nicht vom Jahresüberschuss der KGaA abhängige Tätigkeitsvergütungen, etwa in Form fester Gehälter für die Geschäftsführung, sind – im Gegensatz zu gewinnabhängigen Tantiemen oder Vergütungen für die Übernahme des allgemeinen Haftungsrisikos – gemäß § 288 Abs. 3 S. 1 AktG nicht von den Entnahmeverboten betroffen. In diesem Zusammenhang gewährt § 288 Abs. 3 S. 2 i. V. m. § 87 Abs. 2 S. 1 AktG dem Aufsichtsrat allerdings die Befugnis, bei einer Verschlechterung der wirtschaftlichen Lage der KGaA die Bezüge der geschäftsführenden persönlich haftenden Gesellschafter entsprechend herabzusetzen.[189]

---

[183] Zur Entwicklung vgl. kurz *Gail* WPg 1966, 425, 426 f.

[184] Hiervon nicht betroffen sind jedoch gewinnunabhängige Tätigkeitsvergütungen von Komplementären, die ihnen die private Lebensführung auch in wirtschaftlich schwierigen Zeiten ermöglichen soll. Vgl. *Ammenwerth* S. 65 i. V. m. Fn. 194.

[185] Vgl. eingehend *Perlitt* in Münch Komm AktG § 288 Rn. 45–58. Für eine GmbH & Co. KGaA bzw. GmbH & Co. KGaA ergeben sich hier im Ergebnis keine weiteren Besonderheiten. Vgl. *Arnold* S. 154 f.

[186] So *Perlitt* in Münch Komm AktG § 288 Rn. 32; auch *Assmann/Sethe* in GroßKomm AktG § 288 Rn. 43; a. A. noch *Barz* in GroßKomm AktG 3. Aufl. § 288 Rn. 7.

[187] Auch eine Schadensersatzpflicht, etwa nach § 823 Abs. 2 BGB, käme in Betracht. Die Komplementäre können dabei nicht den Gutglaubenschutz i. S. d. § 62 Abs. 1 S. 2 AktG erwarten, da dem ihre Komplementärstellung widerspräche. Vgl. insgesamt *Hüffer/Koch* § 288 Rn. 4; zum Vorgehen nach Handelsrecht vgl. *Förschle/K. Hoffmann* in Beck'scher Bilanz-Kommentar § 247 Rn. 178 ff.

[188] Vgl. *Perlitt* in Münch Komm AktG § 288 Rn. 57.

[189] Vgl. zu Einzelheiten *Perlitt* in Münch Komm AktG § 288 Rn. 74–80.

V. Pensionszusagen an persönlich haftende Gesellschafter

Wurden zugunsten von persönlich haftenden Gesellschaftern unmittelbare Zusagen auf Versorgungsleistungen mit Rechtsanspruch nach dem 31.12.1986 erteilt, sind in der Handelsbilanz der KGaA Pensionsrückstellungen gemäß §§ 249 Abs. 1 S. 1, 264 Abs. 1 S. 1 HGB zu passivieren, soweit die Verpflichtungen ggü. den persönlich haftenden Gesellschaftern im Verhältnis der Gesellschaftergruppen zueinander Aufwand darstellen. Die Ansatzvoraussetzung einer Pensionsrückstellung, zum einen das Vorliegen einer Drittverpflichtung und zum anderen die Ungewissheit über Grund und/oder Höhe der Verbindlichkeit, liegen bei einer Pensionszusage vor. 106

Damit besteht handelsbilanziell eine Pflicht zur Bildung einer Rückstellung für ungewisse Verbindlichkeiten bei Pensionszusagen.[190] Ihre Bewertung richtet sich gemäß § 253 Abs. 1 S. 2 HGB bei Rentenverpflichtungen, für die eine Gegenleistung nicht mehr zu erwarten ist – etwa mit Rentenbeginn des persönlich haftenden Gesellschafters oder bei gesetzlich oder vertraglich bereits unverfallbarem Teilanspruch eines aktiven persönlich haftenden Gesellschafters –, nach ihrem Barwert und bei laufenden Pensionsanwartschaften nach dem Betrag, der sich nach vernünftiger kaufmännischer Beurteilung ergibt.[191] Seit Inkrafttreten des BilMoG sind für die Bewertung der Pensionsverpflichtung – soweit diese eine Restlaufzeit von über einem Jahr hat – der geänderte § 253 Abs. 2 HGB zu beachten. Hiernach sind Rückstellungen mit einem durchschnittlichen Marktzinssatz abzuzinsen, welcher bei Pensionsverpflichtungen nach § 253 Abs. 2 S. 2 HGB mit einer Restlaufzeit von 15 Jahren bemessen wird. 107

Aufgrund der einer solchen Verpflichtung innewohnenden Ungewissheit über die Höhe der zukünftig anfallenden Auszahlungen und des anzuwendenden Rechnungszinsfußes gelten für die Steuerbilanz der KGaA gemäß § 6a EStG, §§ 7 Abs. 2, 8 Abs. 1 KStG objektivierende Einschränkungen. 108

D. Besonderheiten der Gewinn- und Verlustrechnung

Die Besonderheiten der Gewinn- und Verlustrechnung der KGaA resultieren wiederum aus der grundsätzlichen Parallelität des Rechts der Personen- und der Kapitalgesellschaft in der KGaA, und zwar insbesondere hinsichtlich der Frage der Abbildung der Vergütungen an die Komplementäre. 109

---

[190] Vgl. zu einer solchen sog. Neuzusage und weiteren Einzelheiten *Grottel/Rhiel* in Beck'scher Bilanz-Kommentar § 249 Rn. 151, 164–168; kurz auch *A/D/S* Rechnungslegung AktG § 286 Rn. 40.
[191] Vgl. eingehend *Grottel/Rhiel* in Beck'scher Bilanz-Kommentar § 249 Rn. 195–206.

Schließer

I. Wahlrecht nach § 286 Abs. 3 AktG

110 § 286 Abs. 3 AktG bestimmt zunächst, dass der auf die einzelnen persönlich haftenden Gesellschafter entfallende Gewinn bzw. Verlust nicht für jeden Gesellschafter gesondert, sondern nur als **Gesamtsumme** ausgewiesen zu werden braucht. Die persönlich haftenden Gesellschafter sind insofern nicht gezwungen, ihre Gewinne und Verluste offenzulegen.[192] Von § 286 Abs. 3 AktG bleibt allerdings die Pflicht unberührt, negative Kapitalkonten nach § 286 Abs. 2 S. 2 AktG zu bilanzieren.[193]

111 Durch die gesetzliche Bestimmung der Ausweisfrage ist hingegen nicht geklärt, ob die Vergütungen an persönlich haftende Gesellschafter den Gewinn der KGaA mindernde Aufwendungen oder aber das Ergebnis der KGaA nicht beeinflussende Ergebnisverwendungen darstellen. Unstrittig dürfte sein, dass diejenigen Zahlungen an persönlich haftende Gesellschafter, die vertraglich – d. h. auf schuldrechtlicher Basis – vereinbart sind und ein angemessenes Entgelt für die Leistungen der persönlich haftenden Gesellschafter darstellen – unabhängig davon, ob es sich um feste oder ergebnisabhängige **Vergütungen** handelt – handelsrechtlich Aufwand darstellen und den verteilungsfähigen Gewinn der KGaA mindern. Fraglich hingegen ist, ob der eigentliche Gewinnanteil des persönlich haftenden Gesellschafters analog zu behandeln ist, da es sich hierbei nicht um eine Tätigkeits-, sondern um eine Kapitalvergütung handelt.[194]

112 Nach der von *Ammenwerth* vertretenen Auffassung scheidet eine Aufwandsqualifikation für alle nicht im weitesten Sinne als Tätigkeitsvergütungen anzusehenden Vergütungen aus, sofern die Risikovergütung bzw. die Kapitalverzinsung im Vordergrund steht; derartige Vergütungen wären demnach als Gewinn zu interpretieren.[195]

113 Unter Heranziehung der sog. *monistischen* Erfolgsermittlung wird durch die Gewinn- und Verlustrechnung der KGaA der Gesamterfolg der Gesellschaft ermittelt. Demzufolge sind – hier *Ammenwerth* folgend[196] – gewinnabhängige Kapitalvergütungen handelsrechtlich als Gewinnverwendung zu qualifizieren. Hinsichtlich des Ausweises derartiger Vergütungen kann – in analoger Vorgehensweise im Falle des Verzichts auf die Anwendung von § 286 Abs. 3 AktG – eine gesonderte Auf-

---

[192] Zumal ein kundiger Bilanzleser ohnehin aus der Veränderung der Kapitalkonten Rückschlüsse auf seine Gewinne bzw. Verluste ziehen kann, sofern keine Entnahmen oder Einlagen getätigt wurden. So *Sethe* DB 1998, 1044, 1048; auch *A/D/S* Rechnungslegung AktG § 286 Rn. 42; *Strieder* in HdB Stichw 77a Rn. 10; *Bödefeld* FS Rädler 1999, S. 33, 55 f. Kritisch äußert sich dagegen *Wichert* S. 129 f., wonach die unterlassene Offenlegung den Interessen potentieller Anleger nicht gerecht würde. Dem ist grundsätzlich zuzustimmen, da sowohl den gegenwärtigen als auch den zukünftigen Anteilseignern in der Praxis zunehmend, teilweise sogar auf freiwilliger Basis, möglichst umfassende Informationen gewährt werden sollen. *Ammenwerth* fordert daher den Gesetzgeber auf, § 286 Abs. 3 AktG ersatzlos zu streichen. Vgl. *Ammenwerth* S. 87–91.

[193] Vgl. *A/D/S* Rechnungslegung AktG § 286 Rn. 45; *Sethe* DB 1998, 1044, 1048.

[194] Vgl. so *Mertens/Cahn* in Kölner Komm AktG § 286 Rn. 12.

[195] Vgl. *Ammenwerth* S. 56 f. Soweit ersichtlich, handelt es sich hierbei um eine Mindermeinung, wenngleich die wohl ablehnende herrschende Meinung den (Aufwands-) Charakter der Komplementär-Vergütungen nicht weiter thematisiert.

[196] Vgl. *Ammenwerth* S. 56.

nahme nach dem Jahresergebnis unter entsprechender Bezeichnung in das in § 158 Abs. 1 AktG vorgeschriebene Schema als zweckentsprechend angesehen werden.[197] Aufgrund der Vorschrift des § 9 Abs. 1 Nr. 1 KStG führt eine handelsrechtliche Qualifikation als Gewinnverwendung zu keinen steuerlichen Nachteilen, da die Gewinnanteile des persönlich haftenden Gesellschafters zu den für Zwecke der steuerlichen Gewinnermittlung abziehbaren Ausgaben zählen.

Dieser von *Ammenwerth* und Vertretern der *monistischen* Erfolgsermittlung vertretenen Auffassung könnte entgegengehalten werden, dass nicht generell allen Kapitalvergütungen die Aufwandsqualifikation abzusprechen ist, sondern hierfür auf ihre schuld- oder gesellschaftsrechtliche Grundlage abzustellen ist. So stellen bspw. nach der Stellungnahme 1/1994 des Hauptfachausschusses des *IDW* Vergütungen für die Überlassung von Genussrechtskapital, welches als Eigenkapital zu qualifizieren ist, Aufwand der Gesellschaft und nicht Gewinnverwendung dar, da die Vergütungen auf einem schuldrechtlichen Vertrag beruhen. Da Vereinbarungen zwischen KGaA und den persönlich haftenden Gesellschaftern hinsichtlich einer reinen Kapitalvergütung jedoch grundsätzlich gesellschaftsrechtlichen Ursprungs sind, kann hierauf zunächst eine Aufwandsqualifikation nicht gestützt werden.

114

Zu einem abweichenden Ergebnis bei der handelsrechtlichen Beurteilung der Kapitalvergütung des persönlich haftenden Gesellschafters gelangt man hingegen, wenn auf die sog. *dualistische* Erfolgsermittlung abgestellt wird: Hier dient die Gewinn- und Verlustrechnung der KGaA ausschließlich der Ermittlung des den Kommanditaktionären zustehenden Erfolgsanteils. Demzufolge sind Vergütungen des persönlich haftenden Gesellschafters – gleich welchen Ursprungs – als Aufwand zu berücksichtigen. In der GuV-Rechnung wären in diesem Fall durch Zusammenfassung mit anderen Posten die Gewinnanteile der persönlich haftenden Gesellschafter als „sonstige betriebliche Aufwendungen" (§ 275 Abs. 2 Nr. 8 bzw. Abs. 3 Nr. 7 HGB) und Verlustanteile als „sonstige betriebliche Erträge" (§ 275 Abs. 2 Nr. 4 bzw. Abs. 3 Nr. 6 HGB) anzugeben.[198]

115

---

[197] Vgl. in Anlehnung an *A/D/S* Rechnungslegung AktG § 286 Rn. 45.
[198] Vgl. *Förschle/K. Hoffmann* in Beck'scher Bilanz-Kommentar § 272 Rn. 323; *Perlitt* in Münch Komm AktG § 286 Rn. 91. Es handelt sich hier um eine Zusammenfassung mit anderen betrieblichen Aufwendungen und Erträgen; einer Saldierung stehen §§ 246 Abs. 2, 264 Abs. 1 S. 1 HGB entgegen. Zusatzvermerke in Form von „einschließlich Gewinn-/Verlustanteil persönlich haftender Gesellschafter" gemäß § 265 Abs. 7 HGB zu den gesetzlichen Postenbezeichnungen werden damit nicht notwendig. Außerdem sollte eine Erläuterung im Anhang erfolgen, dass die Position „Jahresüberschuss" bzw. „Jahresfehlbetrag" allein das Ergebnis beinhaltet, das auf die Kommanditaktionäre entfällt. Vgl. insgesamt *A/D/S* Rechnungslegung AktG § 286 Rn. 43 f. Die handelsrechtliche Behandlung des Gewinnanteils als Aufwand bedeutet aber nicht, dass es sich gesellschaftsrechtlich um keine Gewinnausschüttung handelt. Denn der Komplementär ist nach § 278 Abs. 1 AktG Gesellschafter der KGaA. Er ist lediglich kein Kapitalgesellschafter, da seine Gesellschafterstellung nicht davon abhängt, dass er einen Anteil am Grundkapital zeichnet. Vgl. kurz *Fischer* DStR 1997, 1519; *Jünger* DB 1988, 1969, 1970.

II. Verzicht auf Wahlrecht nach § 286 Abs. 3 AktG

116   Für den Fall, dass von dem Ausweiswahlrecht des § 286 Abs. 3 AktG kein Gebrauch gemacht werden soll, äußert sich das Gesetz nicht zu der Frage, wo die Gewinn- oder Verlustanteile der persönlich haftenden Gesellschafter auszuweisen sind. Unter Beachtung der generellen Grundsätze der Klarheit und Übersichtlichkeit gemäß § 238 Abs. 1 S. 2, § 243 Abs. 2, § 264 Abs. 1 S. 1 HGB und der Generalnorm des § 264 Abs. 2 S. 1 HGB ist davon auszugehen, dass die Ergebnisanteile der persönlich haftenden Gesellschafter nach der GuV-Rechnungsposition „**Jahresüberschuss/Jahresfehlbetrag**" gemäß § 275 Abs. 2 Nr. 20 bzw. Abs. 3 Nr. 19 HGB gesondert unter entsprechender Bezeichnung in das in § 158 Abs. 1 AktG vorgeschriebene Gliederungsschema[199] aufzunehmen sind.[200]

117   Bei kleinen KGaA i.S.d. § 267 Abs. 1 HGB gelten die allgemeinen Erleichterungen gemäß § 276 HGB.[201]

E. Besonderheiten des Anhangs

118   Der Anhang ist bei KapG gemäß § 264 Abs. 1 S. 1 HGB integraler Bestandteil des Jahresabschlusses, für den die GoB-gestützte Generalnorm des § 264 Abs. 2 S. 1 HGB ebenfalls Anwendung findet.[202] Der Anhang der KGaA ist gemäß § 278 Abs. 3 AktG, § 284 Abs. 1 HGB nach den **allgemeinen Vorschriften** der §§ 284 ff. HGB zu erstellen.[203]

119   Gemäß § 285 Nr. 9 HGB sind die Gesamtbezüge für aktive und ehemalige Organmitglieder und deren Hinterbliebene (Gehälter, Gewinnbeteiligungen, Aufwandsentschädigungen, Versicherungsentgelte, Provisionen und Nebenleistungen jeder Art sowie Ruhegehälter, Abfindungen, Hinterbliebenenbezüge und ähnliche Leistungen), gebildete Pensionsrückstellungen sowie gewährte Kredite zu erläutern. Dabei ist gleichgültig, ob die Bezüge auf der Grundlage von Gesetz, Satzung oder Gesellschafterbeschluss beruhen, ob sie freiwillig gewährt wurden oder ob sie einmalig oder regelmäßig erfolgen.[204] Ebenso ist bei Darlehnsbeziehungen § 285 Nr. 9c HGB und bei unüblichen Geschäften zwischen persönlich haftenden Gesellschaftern und Gesellschaft § 285 Nr. 21 HGB zu beachten. Siehe hierzu die Ausführungen zu § 283 Nr. 5 AktG.

---

[199] Vgl. allg. *Strieder* in HdB Stichw. 77a Rn. 8 f.
[200] Vgl. *A/D/S* Rechnungslegung AktG § 286 Rn. 45. Nach *Wichert* S. 143 f., soll – unabhängig von der Anwendung oder dem Verzicht auf § 286 Abs. 3 AktG – der nach Verteilung auf die Komplementäre anfallende Gewinn oder Verlust in der Gewinn- und Verlustrechnung erst bei der Ermittlung des Bilanzgewinns oder -verlusts berücksichtigt werden.
[201] Vgl. dazu *Strieder* in HdB Stichw. 77a Rn. 9.
[202] Vgl. für viele *Grottel* in Beck'scher Bilanz-Kommentar § 284 Rn. 6.
[203] Vgl. *A/D/S* Rechnungslegung AktG § 286 Rn. 49.
[204] Vgl. *Grottel* in Beck'scher Bilanz-Kommentar § 285 Rn. 168 f.; kurz *Perlitt* in Münch Komm AktG § 286 Rn. 93; zum Gliederungsschema nach § 160 Abs. 1 AktG vgl. *Strieder* in HdB Stichw. 77a Rn. 11.

Schließer

§ 286 Abs. 4 AktG enthält hierzu eine Klarstellung. Danach sind die auf die 120 persönlich haftenden Gesellschafter entfallenden Gewinne nicht Teil der Gesamtbezüge des Leitungsorgans der KGaA, die gemäß § 285 Nr. 9 HGB im Anhang anzugeben sind. Denn der Gewinnanteil wird vom Gesetzgeber nicht als Vergütung für die Tätigkeit der persönlich haftenden Gesellschafter in der Geschäftsführung angesehen,[205] sondern ist Teil ihrer mitgliedschaftlichen Rechtsstellung. Somit müssen im Anhang nur diejenigen Bezüge der persönlich haftenden Gesellschafter angegeben werden, die mit Tätigkeitsvergütungen eines Vorstands der Aktiengesellschaft vergleichbar sind. Halten die persönlich haftenden Gesellschafter also Gewinnbeteiligungen, die über den auf ihren Kapitalanteil entfallenden Gewinn hinausgehen, sind diese im Anhang anzugeben.[206]

Bei kleinen KGaA i.S.d. § 267 Abs. 1 HGB können Angaben über die Gesamt- 121 bezüge der persönlich haftenden Gesellschafter gemäß § 288 S. 1 HGB unterbleiben.[207]

F. Lagebericht

Für den Lagebericht der KGaA bestehen keine Sonderregelungen; es gelten die 122 allgemeinen gesetzlichen Vorschriften der § 278 Abs. 3 AktG, §§ 289, 264 Abs. 1 S. 1 HGB. Für kleine KGaA i.S.d. § 267 Abs. 1 HGB gilt ein Angabewahlrecht gemäß § 278 Abs. 3 AktG, § 264 Abs. 1 S. 4 1. HS HGB.[208]

G. Besonderheiten der Bilanzierung nach IFRS

Grundsätzlich besteht die Pflicht zur Anwendung der internationalen Rech- 123 nungslegungsnormen gem. § 315a Abs. 1 u. 2 HGB nur für die Aufstellung eines Konzernabschlusses kapitalmarktorientierter Mutterunternehmen.[209] Nicht kapitalmarktorientierte Unternehmen haben gem. § 315a Abs. 3 HGB das Wahlrecht, einen befreienden Konzernabschluss nach den International Financial Reporting Standards (IFRS) aufzustellen. Des Weiteren gewährt § 325 Abs. 2a HGB die Möglichkeit, statt eines HGB-Jahresabschlusses einen nach den IFRS erstellten Einzelabschluss zur Erfüllung der Publizitätsanforderungen offenzulegen.[210]

---

[205] Vgl. *Perlitt* in Münch Komm AktG § 286 Rn. 93; *A/D/S* Rechnungslegung AktG § 286 Rn. 50.
[206] Vgl. *Sethe* DB 1998, 1044, 1048.
[207] Vgl. *Perlitt* in Münch Komm AktG § 286 Rn. 94; *Strieder* in HdB Stichw. 77a Rn. 11.
[208] Vgl. *A/D/S* Rechnungslegung AktG § 286 Rn. 51.
[209] Kapitalmarktorientierte Mutterunternehmen sind alle Mutterunternehmen, deren Eigenkapital- oder Fremdkapitaltitel in einem Mitgliedstaat der EU zum Handel in einem geregelten Markt zugelassen sind. Vgl. *Busse von Colbe* in Münch Komm zum HGB § 315a Rn. 6; *Grottel/Kreher* in Beck'scher Bilanzkommentar § 315a Rn. 3.
[210] Für die Bemessung von Gewinnausschüttungen, -verteilung und für steuerliche Zwecke bleibt jedoch weiterhin der auf Basis der HGB-Rechnungslegung erstellte Jahresabschluss relevant.

124 Hinsichtlich der Bilanzierungs- und Bewertungsmethoden nach internationalen Normen kommen für alle Rechtsformen und damit auch für die KGaA die Vorschriften nach dem IFRS-Regelwerk zur Anwendung.[211] Dabei ist zu beachten, dass die vom *International Accounting Standards Board* (IASB) erstellten und weiterentwickelten Regelungen nur dann auf die befreienden konsolidierten Abschlüsse (und auch Einzelabschlüsse) anzuwenden sind, wenn sie in einem speziellen Prüfungs- und Genehmigungsverfahren (sog. Endorsement-Verfahren) durch die EU übernommen worden sind.[212] Bezüglich der Bilanzierungs- und Bewertungsunterschiede zwischen HGB und IFRS wird auf die einschlägige umfangreiche Literatur verwiesen.[213]

125 Besondere Bedeutung für die KGaA kommt der Frage zu, wie die Bilanzierung der Einlage eines persönlich haftenden Gesellschafters nach IFRS zu erfolgen hat. Gemäß den IFRS-Vorschriften galt bis 2008 die Rechtslage, die Einlage des Komplementärs **als Fremdkapital** und **nicht** als Eigenkapital zu qualifizieren. Dies beruhte auf der Tatsache der stringenten Trennung, Definition und Qualifizierung von Eigenkapital und Fremdkapital nach IAS 32. Dabei wurde nach IAS 32 auf das sog. Inhaberkündigungsrecht des persönlich haftenden Gesellschafters nach § 131 ff. HGB i. V. m. § 105 HGB i. V. m. § 723 BGB abgestellt. Da sich nach § 278 Abs. 2 AktG das Rechtsverhältnis der persönlich haftenden Gesellschafter untereinander und gegenüber der Gesamtheit der Kommanditaktionäre sowie gegenüber Dritten nach den Vorschriften des HGB über die Kommanditgesellschaft bestimmt, ist die Rechtsstellung der Komplementäre nach §§ 161 ff. HGB zu beurteilen. Für ihr Verhältnis untereinander sind gem. § 161 Abs. 2 HGB die Regelungen nach §§ 109 ff. HGB anzuwenden. Folglich sind bei den Komplementären die §§ 723 und 738 BGB anzuwenden. Nach § 723 BGB i. V. m. § 161 Abs. 2 HGB gewährt der Gesetzgeber den Gesellschaftern einer Personengesellschaft vertraglich nicht ausschließbare Kündigungsrechte. Darüber hinaus stehen den Gesellschaftern bei Kündigung Abfindungsansprüche gem. § 738 BGB mit Ausscheiden aus der Gesellschaft zu.[214] Hierbei handelte es sich im Rahmen der internationalen Rechnungslegung um eine mehr oder weniger rein deutsche Problematik.

126 Nach IFRS besteht das maßgebliche Merkmal für die Zuordnung eines Instruments zum Eigenkapital oder zum Fremdkapital darin, ob finanzielle Mittel dem Unternehmen dauerhaft zur Verfügung stehen oder ob sie aufgrund einer Zahlungsverpflichtung abfließen können. Nach IAS 32.19 führt grundsätzlich jede bei einem Finanzinstrument bestehende Rückforderungsmöglichkeit zur Klassifizierung dieses Instruments als Fremdkapital. Gemäß dieser Definition stellen

---

[211] Das IFRS-Regelwerk besteht aus dem IASB-Rahmenkonzept, den Einzelstandards (IFRS/IAS) und den Interpretationen des International Financial Reporting Committee. Das Rahmenkonzept ist gegenüber den IFRS/IAS nicht als vorrangig anzusehen, im Falle einer Kollision zwischen Rahmenkonzept und IFRS/IAS sind letztere maßgeblich. Zur unterschiedlichen Verwendung und Bezeichnung der unterschiedlichen Standards IFRS und IAS, siehe *Baetge/Kirsch/Thiele* Bilanzen S. 55 f.
[212] Vgl. *Grottel/Kreher* in Beck'scher Bilanzkommentar § 315a Rn. 8; ausführlich zum Endorsement-Verfahren vgl. hierzu *Bohl* in Beck'sches IFRS-Handbuch § 1 Rn. 66 f.
[213] Vgl. *Baetge/Kirsch/Thiele* Bilanzen S. 213 f.; *Grottel/Andrejewski* in Beck'scher Bilanzkommentar § 253 Rn. 700 f.; *Coenenberg/Haller/Schultze* S. 77 f. zur IFRS-Bilanzierung vgl. *Baetge/Bischof/Harms/Lappenküper* in Rechnungslegung nach IFRS Teil B Rn. 1 f.
[214] Vgl. *Mentz* in Münch Komm Bilanzrecht IAS 32 Rn. 227; *Nagel S./Wittkowski A.* § 3 Rn. 100.

Schließer

die Kapitalanteile an Personengesellschaften nach IFRS kündbare Finanzinstrumente dar. In der Vergangenheit hatte der Ausweis der Kapitalanteile persönlich haftender Gesellschafter somit unter dem Bilanzposten Fremdkapital zu erfolgen. Dies hatte neben der Ausweisproblematik in der Bilanz, auch die unangenehme Konsequenz, dass die Bewertung des als Fremdkapital qualifizierten Instruments (Komplementäreinlage) jährlich zulasten des Jahresüberschusses ergebniswirksam zum Fair Value zu erfolgen hatte.

Mit der Neufassung des IAS 32, die für Geschäftsjahre greift, die nach dem 31.12.2008 beginnen, können unter bestimmten Voraussetzungen kündbare Instrumente ausnahmsweise als Eigenkapital klassifiziert werden, obwohl sie nach den Grundvoraussetzungen der IFRS zum Fremdkapital gehören.[215] **127**

Das kündbare gesellschaftsrechtliche Eigenkapital von Personengesellschaften kann damit als Eigenkapital qualifiziert werden, wenn die Voraussetzungen gem. IAS 32.16A und B kumulativ erfüllt sind. Hierzu gehört, dass der Inhaber der kündbaren Instrumente bei Liquidation beteiligungsproportionale Ansprüche auf das Nettovermögen der Gesellschaft hat. Daneben wird verlangt, dass sich die Instrumente aus rechtlicher Sicht in der nachrangigsten Klasse befinden, d.h. dass bei einer Liquidation zunächst alle übrigen Instrumente bedient werden müssen. Zudem sollen alle Instrumente die gleichen Ausstattungsmerkmale aufweisen (z.B. bezüglich der Berechnungsmethode der Abfindung bei Rückgabe dieser Instrumente) und grundsätzlich keine weiteren Zahlungsansprüche gegenüber der Gesellschaft zulassen. Zuletzt wird gefordert, dass der Cashflow aus dem Instrument im Wesentlichen auf dem Jahresergebnis und der Veränderung des Nettovermögens der Gesellschaft basiert und dass kein weiteres Instrument ausgegeben wurde, dessen Cashflow sich auch auf dem Jahresergebnis und der Veränderung des Nettovermögens bezieht.[216] **128**

Sind diese Voraussetzungen nach IAS 32 erfüllt, können deutsche Gesellschaften damit für Geschäftsjahre, die am 1.1.2009 oder später beginnen, die Kapitalanteile der Komplementäre auch nach IFRS als Eigenkapital im Einzelabschluss bzw. Konzernabschluss ausweisen.[217] Die evtl. auftretenden negativen Folgen der ergebniswirksamen Fair Value Bewertung entfallen somit ebenfalls. **129**

---

[215] Vgl. *Förschle G./Hoffmann* K. in Beck'scher Bilanzkommentar § 247 Rn. 167; *Nagel S./Wittkowski* A. § 3 Rn. 102; a.A. *Mentz* in Münch Komm Bilanzrecht IAS 32 Rn. 229. Es handelt sich hier um eine reine „unsystematische" Ergänzung zu IAS 32. Systematisch ist vom IASB angedacht IAS 32 bzgl. Eigen- und Fremdkapital Definitionen zu überarbeiten.
[216] Ausführlich zu den Voraussetzungen nach IAS 32.16 A und B vgl. *Förschle G./Hoffmann* K. in Beck'scher Bilanzkommentar § 247 Rn. 165 f.; *Schmidt* BB 2008, 434 f.
[217] Vgl. *Clemens* in Beck'sches IFRS-Handbuch § 12 Rn. 103; *Schmidt* BB 2008, 439.

§ 7 Veränderungen des Gesamtkapitals

Übersicht

	Rn.
A. Kapitalmaßnahmen	1
I. Einleitung	1
II. Kapitalerhöhung	2
1. Gesetzliche Ausgangslage im Überblick	2
2. Erhöhung der Sondereinlagen	3
3. Erhöhung des Grundkapitals	10
a) Ordentliche Kapitalerhöhung	11
b) Bedingte Kapitalerhöhung	12
c) Genehmigtes Kapital	13
d) Kapitalerhöhung aus Gesellschaftsmitteln	14
e) Rechte der Komplementäre bei Grundkapitalerhöhung	15
III. Kapitalherabsetzung	16
1. Herabsetzung der Sondereinlagen/Entnahmeregelungen	16
2. Herabsetzung des Grundkapitals	17
IV. Umwandlung von Sondereinlagen in Kommanditaktien	18
1. Überblick über Motive und Verfahren	18
2. Das Verfahren im Einzelnen	20
a) Gegenstand der Sacheinlage	20
b) Rechte und Pflichten der Kommanditaktionäre	25
c) Ausnutzen eines bedingten Kapitals	27
d) Ausnutzen eines genehmigten Kapitals	29
V. Umwandlung von Kommanditaktien in Sondereinlagen	30
B. Gesellschafterdarlehen in der KGaA	32
I. Einführung	32
1. Änderung des bisherigen Rechts durch das MoMiG	32
2. Zeitlicher Anwendungsbereich der Neuregelung	34
3. Die maßgeblichen gesetzlichen Vorschriften	35
II. Persönlicher Anwendungsbereich	37
1. Die typische KGaA	39
2. Die atypische KGaA	40
a) Komplementäre	41
b) Kommanditaktionäre	43
c) Dem Gesellschafter gleichgestellte Dritte	45
d) Privilegierungstatbestände	46
III. Sachlicher Anwendungsbereich	49
1. Darlehen eines Gesellschafters	50
2. Mittelbare Gesellschafterdarlehen	53
3. Gebrauchsüberlassung	57
4. Weiter anfechtungsrelevante Umstände	58
C. Haftung für existenzvernichtende Eingriffe	60
I. Ausgangskonstellation	60
II. Geltung in der KGaA	62
III. Tatbestandsvoraussetzungen	63
1. Objektiver Tatbestand	63
a) Vermögenseingriff als sittenwidrige Handlung	64
b) Insolvenzverursachung	65
c) Anspruchsgegner	66
2. Subjektiver Tatbestand	67
3. Ersatzfähigkeit des Schadens	68
IV. Durchsetzung des Anspruchs	69

	Rn.
1. Innenhaftung	69
2. Beweislast und Verjährung	70
3. Anspruchsgrundlagenkonkurrenz	71

Literatur: *Altmeppen*: Zur Entwicklung eines neuen Gläubigerschutzkonzeptes in der GmbH, ZIP 2002, 1553; *ders.*: Das neue Recht der Gesellschafterdarlehen in der Praxis, NJW 2008, 3601; *ders.*: Überflüssigkeit der Anfechtung von Sicherheiten für Gesellschafterdarlehen, NZG 2013, 441; *Bachmann*: Die Änderung personengesellschaftsrechtlicher Satzungsbestandteile bei der KGaA, in: FS Karsten Schmidt, 2009, S. 41; *Born*: Berichtspflichten nach Ausnutzung genehmigten Kapitals mit Ausschluss des Bezugsrechts, ZIP 2011, 1793; *Bürgers/Holzborn*: Von „Siemens/Nold" zu „Commerzbank/Mangusta" – BGH konkretisiert Überprüfung des Bezugsrechtsausschlusses bei genehmigtem Kapital, BKR 2006, 202; *Cahn*: Ansprüche und Klagemöglichkeiten der Aktionäre wegen Pflichtverletzung der Verwaltung beim genehmigten Kapital, ZHR 164 (2000), 113; *ders.*: Die Änderung von Satzungsbestimmungen nach § 281 AktG bei der Kommanditgesellschaft auf Aktien, AG 2001, 579; *Ekkenga*: Das Organisationsrecht des genehmigten Kapitals (Teil 1, 2), AG 2001, 567, 615; *Fett/Spiering*: Typische Probleme bei der Kapitalerhöhung aus Gesellschaftsmitteln, NZG 2002, 358; *Gehrlein*: Die Behandlung von Gesellschafterdarlehen durch das MoMiG, BB 2008, 846; *ders.*: Das Eigenkapitalersatzrecht im Wandel seiner gesetzlichen Kodifikationen, BB 2011, 3; *Henze*: Aktienrecht: Höchstrichterliche Rechtsprechung, 4. Aufl., Köln, RWS-Skript 249; *Herfs*: Die Satzung der börsennotierten GmbH & Co. KGaA – Gestaltungsfreiheit und Grenzen, in: Gesellschaftsrecht in der Diskussion, VGR Band 1, 1999, S. 23.; *ders.*: Vereinbarungen zwischen der KGaA und ihren Komplementären, AG 2005, 589; *Hoffmann-Becking/Herfs*: Struktur und Satzung in der Familien-KGaA, FS Sigle 2000, S. 273; *Ihrig/Schlitt*: Die KGaA nach dem Beschluss des BGH vom 24.2.1997 – organisationsrechtliche Folgerungen, in: Ulmer (Hrsg.), Die GmbH & Co. KGaA nach dem Beschluss BGHZ 134, 392, Heidelberg 1998, S. 33; *Krug*: Gestaltungsmöglichkeiten bei der KGaA durch Umwandlung von Komplementäranteilen in Aktien, AG 2000, 510; *Kossmann*: Schriftform des Vorstandsberichts nach Ausnutzung eines genehmigten Kapitals mit Ausschluss des Bezugsrechts, NZG 2012, 1129; *Krug*: Gestaltungsmöglichkeit bei der KGaA durch Umwandlung von Komplementäranteilen in Aktien, AG 2000, 510; *Kusterer*: Anteilsumwandlung bei atypisch ausgestalteter KGaA, DStR 1999, 1681; *Litzenberger*: Verstoß gegen Berichtspflichten bei der Ausnutzung genehmigten Kapitals unter Bezugsrechtsausschluss und fehlerhafte Entsprechenserklärungen zum DCGK – Die Deutsche Bank Hauptversammlung 2009, NZG 2011, 1019; *Lutter*: Anmerkung zu BGH Urt. v. 23.6.1997, JZ 1998, 50; *ders.*: Materielle und förmliche Erfordernisse eines Bezugsrechtsausschlusses – Besprechung der Entscheidung BGHZ 71, 40 (Kali + Salz) –, ZGR 1979, 401; *Masuch*: Sachkapitalerhöhung des Komplementärkapitals in der KGaA, NZG 2003, 1033; *Meilicke/Heidel*: Die Pflicht des Vorstands der AG zur Unterrichtung der Aktionäre vor dem Bezugsrechtsausschluss beim genehmigten Kapital, DB 2000, 2358; *Röhricht*: Die GmbH im Spannungsfeld zwischen wirtschaftlicher Dispositionsfreiheit ihrer Gesellschafter und Gläubigerschutz, FS 50 Jahre BGH, Bd. I, 2000, S. 83; *Schmidt, K.*: Eigenkapitalersatz, oder: Gesetzesrecht versus Rechtsprechungsrecht?, ZIP 2006, 1925; *Schürmann/Groh*: KGaA und GmbH & Co. KGaA, BB 1995, 684; *Stoll*: Die Berichtspflicht im Nachgang zur Ausnutzung genehmigter Kapitalien, GWR 2011, 410; *Wichert*: Satzungsänderungen in der Kommanditgesellschaft auf Aktien, AG 1999, 362; *ders.*: Die GmbH & Co. KGaA nach dem Beschluss BGHZ 134, 392, AG 2000, 268.

A. Kapitalmaßnahmen

I. Einleitung

Als hybride Rechtsform mit personengesellschaftsrechtlichen und aktienrechtlichen Elementen[1] verfügt die KGaA über zwei verschiedene Kapitalien. Die Kommanditaktionäre zeichnen und übernehmen Kommanditaktien, die das Grundkapital bilden (vgl. § 278 Abs. 1, 2. Alt. AktG). Daneben können die persönlich haftenden Gesellschafter Vermögenseinlagen erbringen, die nicht auf das Grundkapital geleistet werden, sog. Sondereinlagen (vgl. § 281 Abs. 2 AktG, Parallele zur Personengesellschaft).[2] Grundkapital und Sondereinlagen zusammen ergeben das Gesamtkapital.[3] Eine Darstellung der denkbaren Kapitalmaßnahmen in der KGaA hat diese Zweigleisigkeit zu berücksichtigen. Im Folgenden werden zunächst Kapitalerhöhung (II) sowie Kapitalherabsetzung (III) dargestellt. Schließlich werden die Möglichkeiten der Umwandlung von Sondereinlagen in Kommanditaktien (IV) sowie der Umwandlung von Kommanditaktien in Sondereinlagen untersucht (V).

II. Kapitalerhöhung

1. Gesetzliche Ausgangslage im Überblick

Da sich die Erhöhung des Grundkapitals nach Aktienrecht (§§ 278 Abs. 3, 182 ff. AktG) und die Erhöhung der Sondereinlagen nach Personengesellschaftsrecht (§ 278 Abs. 2 AktG, §§ 161 Abs. 2, 105 Abs. 3 HGB, §§ 705 ff. BGB) richtet,[4] müssen Kapitalerhöhungen in der KGaA nach dem **Rechtsregime der jeweiligen Kapitalart** betrachtet werden. Den rechtsformtypischen Besonderheiten der KGaA ist hierbei Rechnung zu tragen. Beschließt die Hauptversammlung der KGaA, das Grundkapital zu erhöhen, bedarf es zur Wirksamkeit des Kapitalerhöhungsbeschlusses als Grundlagengeschäft der (abdingbaren) Zustimmung sämtlicher persönlich haftender Gesellschafter (§ 285 Abs. 2 S. 1 AktG). Will ein persönlich haftender Gesellschafter seine Sondereinlage erhöhen, bedarf es hierzu – soweit die Satzung keine abweichenden Bestimmungen enthält – eines Beschlusses der Gesamtheit der Kommanditaktionäre, der in der Hauptversammlung gefasst wird, und zusätzlich der Zustimmung aller persönlich haftender Gesellschafter.[5] Mit den gegenseitigen Zustimmungspflichten hat das Gesetz einen Schutzmechanismus gewählt, der verhindern soll, dass die jeweiligen Gesellschaftergruppen durch eigen-

---

[1] Zur Grundstruktur der KGaA § 3 Rn. 2 ff.
[2] *Perlitt* in Münch Komm AktG § 281 Rn. 17; *Förl/Fett* in Bürgers/Körber AktG § 281 Rn. 5; zu den möglichen Formen der Sondereinlage § 6 Rn. 73.
[3] *Herfs* in Münch Hdb AG § 77 Rn. 21.
[4] Vgl. *Assmann/Sethe* in GroßKomm AktG § 278 Rn. 184; *Förl/Fett* in Bürgers/Körber AktG § 281 Rn. 5; *Herfs* in Münch Hdb AG § 80 Rn. 1.
[5] Siehe zum Meinungsstreit im Schrifttum bei Änderung von Satzungsbestimmungen, die ihren Ursprung im Personengesellschaftsrecht haben § 3 Rn. 24 ff.

mächtige Maßnahmen der jeweils anderen in ihrem Anteil an der KGaA verwässert werden können:[6] Anders als (Kommandit-) Aktionäre haben die persönlich haftenden Gesellschafter bei einer Erhöhung des Grundkapitals kein gesetzliches Bezugsrecht auf die neu ausgegebenen Kommanditaktien.[7] Sie haben ferner keinen gesetzlichen Anspruch auf Erhöhung ihrer Sondereinlage. Umgekehrt haben die Kommanditaktionäre nicht das Recht, neue Aktien zu zeichnen bzw. eine Sondereinlage zu übernehmen, wenn die persönlich haftenden Gesellschafter ihre Sondereinlagen erhöhen. Der im Aktienrecht geltende Verwässerungsschutz nach § 186 AktG (Bezugsrecht) funktioniert folglich zwischen den Gesellschaftergruppen der KGaA nicht. Dieser auf den ersten Blick unvorteilhafte Umstand, der der Eigenschaft der KGaA als hybrider Rechtsform geschuldet ist, hat im Schrifttum eine Befürwortung von zusätzlichen Schutzmechanismen hervorgerufen. Hierauf wird im Folgenden näher einzugehen sein.

2. Erhöhung der Sondereinlagen

3   Es besteht keine gesetzliche Pflicht für die persönlich haftenden Gesellschafter, Sondereinlagen zu leisten.[8] Sollten sie diese dennoch erbracht haben, wird in der Praxis regelmäßig durch eine entsprechende Satzungsgestaltung versucht, einen **Gleichlauf von Sondereinlagen und Grundkapital** zu erreichen.[9] Ziel einer solchen Satzungsgestaltung ist es, bei Kapitalmaßnahmen der einen oder der anderen Gesellschaftergruppe Verwässerungen des Anteilsbesitzes zu vermeiden.[10] Ferner wird mit einer solchen Gestaltung erreicht, dass Kommanditaktien ohne zusätzliche Bewertungsprobleme in Sondereinlagen bzw. Sondereinlagen in Kommanditaktien umgewandelt werden können.[11]

4   Wie eingangs dargelegt, richtet sich die Erhöhung von Sondereinlagen nach Personengesellschaftsrecht. Tritt ein Komplementär ein und leistet in diesem Zusammenhang eine Sondereinlage, gelten die (satzungsrechtlichen) Regeln für die Aufnahme weiterer Komplementäre.[12] Nach § 281 Abs. 2 AktG sind Höhe und Art der Vermögenseinlage in der Satzung festzusetzen. Gleichwohl bedarf entgegen der h. M. nicht jede Erhöhung oder erstmalige Leistung einer Vermögenseinlage durch einen neu eintretenden persönlich haftenden Gesellschafter einer nach Aktienrecht zu beschließenden Satzungsänderung, sondern lediglich einer die Beschlussfassung nach Personengesellschaftsrecht nachzeichnende Änderung der Fassung der Satzung.[13] Erforderlich ist danach zunächst ein Beschluss der Gesamtheit

---

[6] Zustimmend *Herfs* in Münch Hdb AG § 80 Rn. 1.
[7] Sind die persönlich haftenden Gesellschafter gleichzeitig Kommanditaktionäre, bleibt das ihnen – als Kommanditaktionäre – zustehende Bezugsrecht freilich unberührt, vgl. auch *Herfs* in Münch Hdb AG § 80 Rn. 10.
[8] *Perlitt* in Münch Komm AktG § 281 Rn. 17; *Servatius* in Grigoleit AktG § 281 Rn. 4; siehe dazu ebenfalls § 5 Rn. 232.
[9] Vgl. *Assmann/Sethe* in GroßKomm AktG § 278 Rn. 186; *Förl/Fett* in Bürgers/Körber AktG § 281 Rn. 8; *Herfs* in Münch Hdb AG § 80 Rn. 10; *Perlitt* in Münch Komm AktG § 278 Rn. 400; *Schlitt* S. 147.
[10] Vgl. *Assmann/Sethe* in GroßKomm AktG § 278 Rn. 186; *Perlitt* in Münch Komm AktG § 278 Rn. 400.
[11] Dazu sogleich unter § 7 Rn. 18 ff.
[12] Siehe dazu unter § 5 Rn. 299 ff.; 312 ff.
[13] Vgl. § 3 Rn. 24 ff. m. w. N.

Fett

der Kommanditaktionäre, der in der Hauptversammlung mit einfacher Mehrheit zu fassen ist (§ 133 Abs. 1 AktG). Zur Wirksamkeit des Beschlusses müssen die persönlich haftenden Gesellschafter diesem nach § 285 Abs. 2 S. 1 AktG zustimmen. Die Satzung der KGaA kann diese Beschlüsse unter bestimmten Bedingungen antizipieren.[14] Sollte eine Sondereinlage ohne entsprechende Festsetzung in der Satzung eingebracht werden, kann der persönlich haftende Gesellschafter keine Rechte aus ihr ableiten, sondern sie nur nach den Grundsätzen des Bereicherungsrechts zurückfordern.[15] Die geleistete Sondereinlage bzw. die Erhöhung einer Sondereinlage geht in das Vermögen der KGaA über.[16] Der Gegenwert der Einlage wird dem Kapitalkonto des persönlich haftenden Gesellschafters gutgeschrieben.[17] Bei der Erhöhung des Komplementäranteils bedarf die nicht in Geld geleistete Sondereinlage nach zutreffender Ansicht keiner unabhängigen Prüfung analog § 183 Abs. 3 AktG,[18] sondern wird durch die Gesellschafter bemessen und im Rahmen der Abschlussprüfung am Ende des Geschäftsjahres auf ihre Werthaltigkeit geprüft.[19] Die Gegenansicht[20], nach der die durch den persönlich haftenden Gesellschafter geleistete Sondereinlage in Form der Sacheinlage einer solchen Prüfung unterliegen soll, vermag nicht zu überzeugen. Die Leistung von Sondereinlagen betrifft in erster Linie das Rechtsverhältnis der persönlich haftenden Gesellschafter gegenüber der Gesamtheit der Kommanditaktionäre und bestimmt sich daher gemäß § 278 Abs. 2 AktG nach Personengesellschaftsrecht, das ein Prüfungserfordernis von Sacheinlagen gerade nicht vorsieht.[21] Der hiergegen erhobene Einwand, die Höhe von Sondereinlagen betreffe auch die vom einzelnen Aktionär zu erwartende Dividende und damit mittelbar das Rechtsverhältnis der Komplementäre zu den einzelnen Kommanditaktionären, so dass die Vorschriften des Aktienrechts zur Anwendung kommen (vgl. § 278 Abs. 3 AktG), vermag nicht zu überzeugen. Das Rechtsverhältnis des persönlich haftenden Gesellschafters zur Gesamtheit der Kommanditaktionäre wird stets auf sein Verhältnis zu den einzelnen Kommanditaktionären durchschlagen; das Argument der mittelbaren Betroffenheit träfe mithin auf jede Rechtsbeziehung des persönlich haftenden Gesellschafters gegenüber den Kommanditaktionären zu, wodurch die Regelung des § 278 Abs. 2 AktG unterlaufen würde.[22]

Das Gesetz sieht bei Erhöhung der Sondereinlagen **kein Bezugsrecht** für die 5 Kommanditaktionäre vor. Dies ergibt sich zwanglos aus dem hier anzuwendenden Personengesellschaftsrecht (§ 278 Abs. 2 AktG), das einer Anwendung der aktien-

---

[14] Vgl. hierzu sofort bei § 7 Rn. 6, 8; siehe auch *Herfs* in Münch Hdb AG § 80 Rn. 3.
[15] *Mertens/Cahn* in Kölner Komm AktG § 281 Rn. 12; *Perlitt* in Münch Komm AktG § 281 Rn. 27; *Wichert* in Heidel AktG § 281 Rn. 5.
[16] Die KGaA ist juristische Person und nicht – wie die Kommanditgesellschaft – Gesamthandsgemeinschaft, statt aller *Perlitt* in Münch Komm AktG § 278 Rn. 2.
[17] *Assmann/Sethe* in GroßKomm AktG § 281 Rn. 22; im Übrigen hängt die Verbuchung davon ab, welche Konten für den Komplementär geführt werden; siehe zu den Möglichkeiten unter § 6 Rn. 64 ff.
[18] *Blaurock* in Wachter AktG § 281 Rn. 4; *Herfs* in Münch Hdb AG § 80 Rn. 2; *Perlitt* in Münch Komm AktG § 281 Rn. 32; *Wichert* in Heidel AktG § 281 Rn. 15; siehe auch die umfassenden Ausführungen hierzu bei *Masuch* NZG 2003, 1048, 1049 f.
[19] Dazu ausführlich unter § 4 Rn. 36 ff.
[20] *Assmann/Sethe* in GroßKomm AktG § 281 Rn. 24.
[21] Dies räumen letztlich auch *Assmann/Sethe* in GroßKomm AktG § 281 Rn. 24 ein. Vertiefend *Masuch* NZG 2003, 1048, 1049 f.
[22] *Masuch* NZG 2003, 1048, 1050.

rechtlichen Vorschriften über das Bezugsrecht keinen Raum lässt.[23] Das Personengesellschaftsrecht kennt ein gesetzliches Bezugsrecht für die Gesellschaftergruppe der Kommanditaktionäre auf die neu geschaffenen Komplementäranteile in Gestalt von Sondereinlagen nicht.[24] Ein Bezugsrecht, das auf die Zuteilung einer Sondereinlage ausgerichtet wäre, würde zudem zu einer mit der gesetzlichen Organisationsstruktur der KGaA nicht zu vereinbarenden zwangsweisen „Durchmischung" der Gesellschaftergruppen führen.[25] Damit besteht die Gefahr, dass es zu einer Verwässerung des Aktienbesitzes der Kommanditaktionäre kommt: Werden Sondereinlagen zu niedrig ausgegeben, führt dies zu einer Beeinträchtigung des Werts der Kommanditaktien, da sich die Gewinnverteilung sowie die Verteilung des Liquidationserlöses zwischen Kommanditaktionären und Komplementären regelmäßig nach dem Verhältnis von Grundkapital zum Komplementärkapital richten.[26]

6 Zum Schutz der Kommanditaktionäre wäre denkbar, das Grundkapital in derselben Weise zu erhöhen, wie die Sondereinlagen erhöht worden sind, und aus dem erhöhten Grundkapitalbetrag Bezugsrechte für die (Alt-)Kommanditaktionäre zu generieren. Einen solchen Mechanismus hat das Gesetz nicht vorgesehen. Es käme aber in Betracht, in der Satzung der KGaA eine Pflicht der Komplementäre vorzusehen, bei Erhöhung des Komplementärkapitals der Hauptversammlung eine Grundkapitalerhöhung in besagtem Maße vorzuschlagen. Die Satzung kann ferner bestimmen, dass es in diesen Fällen einer Zustimmung der persönlich haftenden Gesellschafter zum Erhöhungsbeschluss nicht bedarf,[27] bzw. eine solche Zustimmung antizipieren. Dies muss am Ende aber nicht dazu führen, dass es tatsächlich zu einer Grundkapitalerhöhung kommt, da nicht gewährleistet ist, dass sich die Kommanditaktionäre in ausreichendem Umfang für eine Grundkapitalerhöhung aussprechen. Eine solche Regelung kann daher letztlich nur der Gesamtheit der Kommanditaktionäre, nicht aber dem einzelnen Kommanditaktionär die Möglichkeit einräumen, mit den Komplementären gleichzuziehen.

7 Zum Schutz des einzelnen Kommanditaktionärs vor einer möglichen Verwässerung seines Anteils bei Erhöhung der Sondereinlagen verweist eine Ansicht im Schrifttum den Kommanditaktionär auf sein Mitwirkungsrecht in der Hauptversammlung.[28] Nur dann, wenn sich im Rahmen der Beschlussfassung eine Mehrheit der Kommanditaktionäre zu einer Erhöhung der Sondereinlagen bereitfindet, kann es auch zu einer Verwässerung des Anteilsbesitzes der Kommanditaktionäre kommen.[29] Da dieser Schutzmechanismus wiederum am Ende nur der Gruppe der Kommanditaktionäre, nicht aber jedem einzelnen Kommanditaktionär zusteht, geht eine weitere Ansicht im Schrifttum einen anderen Weg. Sie fordert neben

---

[23] *Herfs* in Münch Hdb AG § 80 Rn. 4.
[24] *Assmann/Sethe* in GroßKomm AktG § 281 Rn. 28; *Herfs* in Münch Hdb AG § 80 Rn. 4. Die Erhöhung der Sondereinlage des persönlich haftenden Gesellschafters ist abzugrenzen von der Erhöhung des Grundkapitals. Für den Schutz der Kommanditaktionäre bei Erhöhung des Grundkapitals gilt das gesetzliche Bezugsrecht der §§ 278 Abs. 3, 186 AktG.
[25] *Herfs* in Münch Hdb AG § 80 Rn. 4.
[26] Zum Ganzen ausführlich *Herfs* in Münch Hdb AG § 80 Rn. 5.
[27] *Herfs* in Münch Hdb AG § 80 Rn. 4; allgemein zur Zulässigkeit einer Abbedingung des Zustimmungsrechts der Komplementäre *Bachmann* in Spindler/Stilz AktG § 278 Rn. 62.
[28] *Assmann/Sethe* in GroßKomm AktG § 281 Rn. 28.
[29] Vertritt man mit der h.M. die Auffassung, dass für Änderungen von Bestimmungen des § 281 AktG stets eine Satzungsänderung nach §§ 278 Abs. 3, 179 AktG erforderlich ist, bedarf es einer Dreiviertelmehrheit, vgl. § 3 Rn. 24 ff.

Fett

dem Zustimmungsbeschluss der Kommanditaktionäre zur Erhöhung der Komplementäranteile einen zusätzlichen Verwässerungsschutz in **analoger Anwendung von § 255 AktG**.[30] Sinn und Zweck des § 255 AktG sei es, bei berechtigtem Ausschluss des Bezugsrechtes eine unangemessen benachteiligende Durchführung der Kapitalerhöhung zu Lasten der Aktionäre zu verhindern. Diese Situation sei mit derjenigen der Kommanditaktionäre bei Erhöhung der Sondereinlage vergleichbar. Folge dieser Ansicht wäre, dass ein Zustimmungsbeschluss zur Erhöhung der Sondereinlage von jedem Aktionär angefochten werden kann, wenn – gemessen am Maßstab des § 255 Abs. 2 AktG – der Ausgabebetrag der neuen „Komplementäranteile" nicht angemessen ist. Von der Angemessenheit des Ausgabebetrages bei börsennotierten Gesellschaften werde ausgegangen, wenn sich diese am Börsenwert einer entsprechenden prozentualen Beteiligung an der Gesellschaft in Form von Kommanditaktien orientiere.[31] Der Ansicht ist zuzugeben, dass sie die Interessen der einzelnen Kommanditaktionäre nachhaltiger erfasst und schützt als es der bloße Verweis auf das Zustimmungserfordernis vermag. Folge dieser Ansicht ist freilich die Aufgabe der gesetzlichen Systematik des § 281 Abs. 2 AktG. Denn die Neufestlegung der Sondereinlagen in der Satzung ist nur ein diesen personengesellschaftsrechtlichen Teil ändernder Beschluss durch die Gesamtheit der Kommanditaktionäre nach den Bestimmungen des Personengesellschaftsrechts.[32] Der Mechanismus sieht damit einen kollektiven Schutz der Gruppe der Kommanditaktionäre vor; einen darüber hinausgehenden individuellen Schutz in Form von Bezugsrechten oder aber durch besondere Anforderungen an die Angemessenheit des Ausgabebetrages fordert das Gesetz nicht. Damit ist eine analoge Anwendung des § 255 AktG zwar nicht per se ausgeschlossen. Die Vorschriften des nach § 278 Abs. 2 AktG einschlägigen Personengesellschaftsrechts können in engen Ausnahmefällen durch die Vorschriften des Aktiengesetzes im Wege analoger Anwendung ergänzt werden, soweit dies zum Schutz der Kommanditaktionäre erforderlich ist und kein Regelungskonflikt mit dem Personengesellschaftsrecht besteht.[33] Sollten die Komplementäre durch die Bemessung des Ausgabebetrages die Kommanditaktionäre unangemessen benachteiligen, sind die Kommanditaktionäre jedoch nicht schutzlos gestellt. So könnte etwa die Gesamtheit der Kommanditaktionäre, vertreten durch den Aufsichtsrat (§ 287 Abs. 2 S. 1 AktG), die Verletzung der **Treuepflicht der Komplementäre** ihnen gegenüber und einen damit verbundenen Schaden klageweise geltend machen.[34] Eines darüber hinausgehenden *individuellen* Anfechtungsrechtes nach § 255 Abs. 2 AktG analog bedarf es daher nicht.[35] Die Lösung über einen Schadensersatzanspruch bei Verletzung der Treuepflicht schützt

---

[30] *Herfs* in Münch Hdb AG § 80 Rn. 6; *Hoffmann-Becking/Herfs* in FS Sigle 2000, S. 273, 294.
[31] *Herfs* in Münch Hdb AG § 80 Rn. 6.
[32] Vgl. § 3 Rn. 24 ff.; dagegen die h. M., die eine Satzungsänderung nach §§ 278 Abs. 3, 179 AktG für erforderlich hält, s. zum Ganzen *Bachmann* in Spindler/Stilz § 281 Rn. 10 ff.; ferner Hüffer/*Koch* § 281 Rn. 3, jeweils m. w. N.
[33] S. hierzu etwa *Förl/Fett* in Bürgers/Körber § 278 Rn. 10; ferner *Herfs* AG 2005, 589 ff. sowie § 3 Rn. 29 für den Fall der analogen Anwendung des § 112 AktG. Dagegen kommt ein Nebeneinander von § 278 Abs. 2 und Abs. 3 AktG aufgrund der klaren Anweisung des Gesetzgebers in Abs. 3 („im Übrigen") nicht in Betracht.
[34] Siehe zur Treuepflicht in der KGaA unter § 3 Rn. 20 ff. und § 5 Rn. 20.
[35] So i. E. auch *Assmann/Sethe* in GroßKomm AktG § 281 Rn. 28; *Perlitt* in Münch Komm AktG § 278 Rn. 400.

die Kommanditaktionäre insbesondere auch dann, wenn die Veränderung der Sondereinlage der Komplementäre auf ein anderes Organ übertragen worden ist (siehe dazu sofort unter Rn. 8); in diesem Fall kommt es erst gar nicht zu einem Hauptversammlungsbeschluss, den die einzelnen Kommanditaktionäre nach § 255 AktG analog anfechten könnten.

8   Wie bereits erwähnt, kann die zur Erhöhung der Sondereinlagen erforderliche Zustimmung der Kommanditaktionäre – da dem Personengesellschaftsrecht zugewiesen[36] – **in der Satzung antizipiert werden**.[37] Nach h. M. lässt sich die hierdurch erforderlich werdende Modifizierung der Satzung als deklaratorische Fassungsänderung dem Aufsichtsrat übertragen; die Gesamtheit der Kommanditaktionäre (durch Hauptversammlungsbeschluss) ist in diesen Fällen mithin nicht zu beteiligen.[38] In diesem Zusammenhang wird in Anlehnung an §§ 202 ff. AktG auch von „genehmigtem Komplementärkapital" gesprochen.[39] Dies kann insofern irreführend sein, als eine in der Satzung festgelegte Ermächtigung der Komplementäre, ihre Sondereinlagen in einem bestimmten Umfange erhöhen zu können, nicht den Vorschriften über das genehmigte Kapital bei der Aktiengesellschaft (§§ 202 ff. AktG) folgt. Daher sind insbesondere die dort festgelegten Einschränkungen bei der vorab gegebenen Zustimmung zur Erhöhung des Kapitals nicht anzuwenden. Die Frage der Erhöhung der Sondereinlagen richtet sich – wie mehrfach erwähnt – allein nach Personengesellschaftsrecht (vgl. § 278 Abs. 2 AktG). Diejenigen, die zum Schutz der Kommanditaktionäre die Festlegung des Ausgabebetrages der Komplementäreinlagen entweder unmittelbar oder mittelbar durch festgelegte Kriterien bzw. eine Beschränkung der Ermächtigung auf fünf Jahre fordern,[40] bieten neben der begrifflichen Anlehnung an das „genehmigte Kapital" der Aktiengesellschaft keine dogmatische Grundlage für ihre Ansicht an. Eine derartig weitreichende und generelle Einschränkung der Gestaltungsfreiheit, wie sich die **antizipierte Zustimmung** zur Erhöhung der Sondereinlagen in der Satzung regeln lässt, kann bei näherem Hinsehen nicht einmal auf personengesellschaftsrechtliche Prinzipien wie die Treuepflicht gestützt werden. Die Gesamtheit der Kommanditaktionäre, vertreten durch den Aufsichtsrat (§ 287 Abs. 2 S. 1 AktG), kann im Falle einer **treuwidrigen Verwässerung** ihres Anteilsbesitzes Schadensersatzansprüche gegen die Komplementäre geltend machen (siehe bereits oben Rn. 7 a. E.).

9   Nicht möglich ist schließlich eine Erhöhung der Sondereinlage „**aus Gesellschaftsmitteln**", die aus Rücklagen gespeist werden soll, die der Gesamtheit der Kommanditaktionäre zustehen.[41] Stattdessen können die Komplementäre durch Umbuchung von Guthaben von einem eigenen Kapitalrücklagen- oder Gewinn-

---

[36] Vgl. § 3 Rn. 24 ff.
[37] Dies wird auch von denjenigen vertreten, die eine Anwendung des § 179 AktG über § 278 Abs. 3 AktG für zutreffend halten, vgl. zum Ganzen etwa *Assmann/Sethe* in Großkomm AktG § 285 Rn. 75; *Bachmann* in Spindler/Stilz AktG § 278 Rn. 68; *Herfs* in Münch Hdb AG § 80 Rn. 10; *Perlitt* in Münch Komm AktG, § 278 Rn. 400.
[38] Vgl. nur *Assmann/Sethe* in GroßKomm AktG § 281 Rn. 9; *Herfs* in Münch Hdb AG § 80 Rn. 8; *Mertens/Cahn* in Kölner Komm AktG § 281 Rn. 6; *Perlitt* in Münch Komm AktG § 281 Rn. 16; *Schlitt* S. 133.
[39] *Herfs* in Münch Hdb AG § 79 Rn. 8; *Gotthardt* in Beck'sches Hdb AG § 9 Rn. 205.
[40] *Herfs* in Münch Hdb AG § 80 Rn. 8; *ders.* in Gesellschaftsrecht in der Diskussion, Bd. 1, S. 51.
[41] *Assmann/Sethe* in GroßKomm AktG § 278 Rn. 187.

rücklagenkonto auf das Kapitalkonto[42] eine Erhöhung ihres Kapitalanteils erreichen.[43]

3. Erhöhung des Grundkapitals

Die Erhöhung des Grundkapitals richtet sich nach den zwingenden aktienrechtlichen Vorschriften (§§ 278 Abs. 3, 182 ff. AktG), wobei für die persönlich haftenden Gesellschafter die für den Vorstand der Aktiengesellschaft geltenden Regelungen über die Ausgabe von Aktien bei bedingter Kapitalerhöhung, bei genehmigtem Kapital und bei Kapitalerhöhung aus Gesellschaftsmitteln sinngemäß gelten (§ 283 Nr. 12 AktG). Dies bedeutet im Einzelnen: **10**

a) Ordentliche Kapitalerhöhung. Die ordentliche Kapitalerhöhung setzt nach §§ 278 Abs. 3, 182 Abs. 1 AktG einen Hauptversammlungsbeschluss, der mit einer Mehrheit von mindestens dreiviertel des bei der Beschlussfassung vertretenen Grundkapitals gefasst wurde, und die Zustimmung der persönlich haftenden Gesellschafter (§ 285 Abs. 2 S. 1 AktG) voraus. Die Kapitalerhöhung kann gegen Bar- oder gegen Sacheinlage erfolgen. Bei der Kapitalerhöhung mit Sacheinlagen hat eine Prüfung durch einen oder mehrere Prüfer stattzufinden (§ 183 Abs. 3 AktG). Den Kommanditaktionären ist nach §§ 278 Abs. 3, 186 Abs. 1 AktG ein Bezugsrecht auf die neu ausgegebenen Kommanditaktien einzuräumen. Nach § 186 Abs. 3 AktG kann das Bezugsrecht ganz oder zum Teil ausgeschlossen werden. Der Bezugsrechtsausschluss ist zusammen mit der Kapitalerhöhung zu beschließen und bedarf ebenfalls einer Mehrheit von mindestens dreiviertel des bei der Beschlussfassung vertretenen Grundkapitals. Er unterliegt aufgrund der Schwere des Eingriffs in die Mitgliedschaft zudem der materiellen Beschlusskontrolle, muss also sachlich gerechtfertigt sein.[44] Die Komplementäre haben in diesem Fall einen schriftlichen Bericht über den Grund des Bezugsrechtsausschlusses vorzulegen (§§ 278 Abs. 3, 186 Abs. 4 S. 2 AktG), der umfassend sein und konkret die Tatsachen enthalten muss, die für die materielle Rechtfertigung des Bezugsrechtsausschlusses erforderlich sind.[45] Nach Zeichnung der Kommanditaktien durch die künftigen Kommanditaktionäre sowie Anmeldung der Durchführung der Kapitalerhöhung zum Handelsregister wird das Grundkapital mit Eintragung der Durchführung seiner Erhöhung in das Handelsregister rechtswirksam erhöht (§§ 278 Abs. 3, 189 AktG). **11**

b) Bedingte Kapitalerhöhung. Die Hauptversammlung kann ferner durch satzungsändernden Beschluss, der zu seiner Wirksamkeit der Zustimmung der Komplementäre bedarf (§ 285 Abs. 2 S. 1 AktG), eine Erhöhung des Grundkapitals **12**

---

[42] Zu einer empfehlenswerten Gestaltung der Kapitalkonten siehe unter § 6 Rn. 64.
[43] *Assmann/Sethe* in GroßKomm AktG § 278 Rn. 187; *Schlitt* S. 149.
[44] Danach muss der Beschluss im Gesellschaftsinteresse liegen und geeignet sein, den angestrebten Zweck zu erreichen. Ferner muss der Beschluss erforderlich sein, es darf also keine Entscheidungsalternative bestehen, die anstelle des Bezugsrechtsausschlusses den Zweck besser zu fördern vermag. Schließlich muss der Bezugsrechtsausschluss auch verhältnismäßig sein, d.h. das Gesellschaftsinteresse an einem Bezugsrechtsausschluss ist höher zu bewerten als das Interesse des einzelnen Aktionärs am Erhalt seiner Rechtsposition, vgl. hierzu BGH NJW 1978, 1316 – Kali & Salz; BGH NJW 1982, 2444 – Holzmann; BGH NJW 1994, 1410 – Deutsche Bank; statt vieler in Hüffer/*Koch* § 186 Rn. 25 ff. m.w.N.
[45] BGH NJW 1982, 2444; *Wiedemann* in GroßKomm AktG § 186 Rn. 124 ff.

beschließen, die nur so weit durchgeführt werden soll, wie von einem Umtausch- oder Bezugsrecht Gebrauch gemacht wird, das die Gesellschaft auf die neuen Aktien (Bezugsaktien) einräumt (§§ 278 Abs. 3, 192 AktG: bedingte Kapitalerhöhung). Diese soll nur zu bestimmten, im Einzelnen abschließend aufgelisteten Zwecken erfolgen. Um die eng begrenzten Zwecke für eine bedingte Kapitalerhöhung nicht zu unterlaufen, haben die Kommanditaktionäre kein gesetzliches Bezugsrecht auf die neu auszugebenden Kommanditaktien.[46] Die bedingte Kapitalerhöhung kann gegen Bareinlage oder gegen Sacheinlage erfolgen und ist zum Handelsregister anzumelden und einzutragen. Die Kapitalerhöhung wird wirksam und das Grundkapital erhöht, wenn die Bezugsaktien durch die Komplementäre ausgegeben werden (§§ 278 Abs. 3, 200 AktG). Die bedingte Kapitalerhöhung spielt bei der KGaA zusätzlich eine Rolle bei einer denkbaren Umwandlung von Sondereinlagen der Komplementäre im Kommanditaktien (s. dazu unten Rn. 27).

13   c) **Genehmigtes Kapital.** Ferner kann die Satzung eine Ermächtigung vorsehen, wonach die Komplementäre mit Zustimmung des Aufsichtsrates das Grundkapital bis zu einem bestimmten Nennbetrag durch Ausgabe neuer Kommanditaktien gegen Einlagen erhöhen können (§§ 278 Abs. 3, 202 Abs. 1 AktG: genehmigtes Kapital).[47] Die Einführung des genehmigten Kapitals bedarf eines satzungsändernden Beschlusses der Hauptversammlung. Diesem müssen die Komplementäre zustimmen (§ 285 Abs. 2 S. 1 AktG). Die Ermächtigung der Satzung zur Ausgabe neuer Aktien tritt an die Stelle des Beschlusses der Hauptversammlung über die Erhöhung des Grundkapitals (§ 203 Abs. 1 S. 2 AktG). Die Ermächtigung ist auf höchstens fünf Jahre zu begrenzen. Der Nennbetrag des genehmigten Kapitals darf die Hälfte des Grundkapitals, das zur Zeit der Ermächtigung vorhanden ist, nicht übersteigen (§§ 278 Abs. 3, 202 Abs. 3 S. 1 AktG). Die Kommanditaktionäre haben auch beim genehmigten Kapital grundsätzlich ein Bezugsrecht (§§ 278 Abs. 3, 203 Abs. 1, 186 Abs. 1 AktG). Der bei Durchführung des genehmigten Kapitals ebenfalls mögliche Ausschluss des Bezugsrechtes unterliegt auch nach der zur Aktiengesellschaft ergangenen und auf die KGaA zu übertragenden Siemens/Nold-Entscheidung des BGH[48] den geschilderten materiellen Anforderungen (Rn. 11).[49] Die persönlich haftenden Gesellschafter können nach § 203 Abs. 2 S. 1 AktG ermächtigt werden, bei der Durchführung des genehmigten Kapitals das Bezugsrecht der Altkommanditaktionäre auszuschließen. In Abkehr von der früheren Rechtsprechung genügt es nunmehr, dass die materiellen Anforderungen an einen Bezugsrechtsausschluss zum Zeitpunkt des Beschlusses der Komplementäre über die Ausnutzung des genehmigten Kapitals[50] und nicht bereits im Zeitpunkt des Hauptversammlungsbeschlusses zur Schaffung des genehmigten Kapitals vor-

---

[46] Vgl. nur BGH NZG 2006, 229; Hüffer/Koch § 192 Rn. 3. Die Begrenzung auf die genannten Zwecke bietet einen ausreichenden Schutz für die Aktionäre, da sie eine Verwässerung ihres Anteilsbesitzes aus beliebigen Gründen verhindert.
[47] Vgl. hierzu Ekkenga AG 2001, 567 ff., 615 ff.
[48] BGHZ 136, 133 = NJW 1997, 2815.
[49] LG Darmstadt, NJW-RR 1999, 1122, 1123; Hüffer/Koch § 203 Rn. 35.
[50] Der Beschluss der Komplementäre ist nicht nach §§ 241 ff. AktG (analog) anfechtbar, so zu Recht für die Aktiengesellschaft OLG Frankfurt a. M., DB 2003, 709 ff. Die Kommanditaktionäre sind im Falle von Pflichtverletzungen der Komplementäre auf Sekundäransprüche verwiesen.

Fett

liegen.⁵¹ Nach h.M. sind die Komplementäre des Weiteren nicht verpflichtet, vor der jeweiligen Durchführung der Kapitalerhöhung, d.h. vor der Ausübung der Ermächtigung zur Aktienausgabe, die Kommanditaktionäre entsprechend § 186 Abs. 4 S. 2 AktG schriftlich über den Bezugsrechtsausschluss und dessen Gründe zu unterrichten; es genügt, dass die Kommanditaktionäre in allgemein gehaltener Form abstrakt⁵² über die jeweiligen Maßnahmen informiert werden⁵³ und ein detaillierter Bericht erst auf der Hauptversammlung, die der Ausnutzung des genehmigten Kapitals folgt, erstattet wird.⁵⁴ Die Berichterstattung kann nach ganz h.M. auch mündlich erfolgen.⁵⁵ Bei komplizierten Sachverhalten ist – insbesondere im Hinblick auf fehlende höchstrichterliche Rechtsprechung zu dieser Frage – ein schriftlicher Bericht jedoch anzuraten, um eine umfassende Information der Hauptversammlung zu gewährleisten.⁵⁶ In der Praxis wird regelmäßig ein sog. genehmigtes Kapital I und ein genehmigtes Kapital II beschlossen; während das genehmigte Kapital I gegen Bareinlage erfolgen kann und mit Bezugsrechten ausgestattet ist, kann das genehmigte Kapital II unter Ausschluss des Bezugsrechts etwa gegen Sacheinlage erhöht werden. Durch die unterschiedlichen Satzungsgestaltungen wird der anfechtungssensiblere Teil II von dem regelmäßig unproblematischen Teil I getrennt.⁵⁷

d) Kapitalerhöhung aus Gesellschaftsmitteln. Schließlich ist es auch möglich, das Grundkapital durch Umwandlung der Kapitalrücklage bzw. von Gewinnrücklagen in Grundkapital zu erhöhen (§§ 278 Abs. 3, 207 Abs. 1 AktG: Kapitalerhöhung aus Gesellschaftsmitteln). Bei dieser Form der Kapitalerhöhung werden der Gesellschaft keine neuen Mittel zugeführt, sondern nur (ungebundene) Rücklagen⁵⁸ in (gebundenes) Grundkapital umgetauscht.⁵⁹ Daher wird bei der Kapitalerhöhung aus Gesellschaftsmitteln auch von einer sog. „nominellen Kapitalerhöhung" ge-

14

---

⁵¹ BGH NJW 1997, 2815; kritisch etwa *Lutter* JZ 1998, 50 ff.
⁵² Etwa Erwerb von Beteiligungen, BGHZ 136, 133, 134 = NJW 1997, 2815, nicht aber bloßer Hinweis auf „strategische Neuorientierung", vgl. LG München I AG 2001, 319 f.
⁵³ BGH NJW 2006, 371 – Mangusta/Commerzbank I; *Bürgers/Holzborn* BKR 2006, 202 f.
⁵⁴ *Cahn* ZHR 164 (2000), 113, 118; *Scholz* in Münch Hdb AG § 59 Rn. 63; anders *Meilicke/Heidel* DB 2000, 2358, 2359 f. Die h.M. ist nicht bedenkenfrei, da die Aktionäre ohne Hinweis auf die bevorstehende Ausnutzung des genehmigten Kapitals und die Gründe für den Bezugsrechtsausschluss kaum effektiv gegen den Ausschluss ihres Bezugsrechtes vorgehen können; für *Hüffer/Koch* § 203 Rn. 36 ist dies die prozedurale Konsequenz aus dem Rückbau der beim Bezugsrechtsausschluss zu beachtenden materiellen Erfordernisse. Zum Umfang des Berichts und den Konsequenzen einer mangelhaften Berichterstattung OLG Frankfurt NZG 2011, 1029, wonach ein mangelhafter Bericht zur Anfechtbarkeit sowohl des Beschlusses über die Entlastung des Vorstands als auch neuer Beschlüssen über zukünftiges genehmigtes Kapital führt; hierzu *Born* ZIP 2011, 1793, 1797 ff.; *Stoll* GWR 2011, 410, 412.
⁵⁵ *Bayer* in Münch Komm AktG § 203 Rn. 153; *Hüffer/Koch* § 203 Rn. 37; *Scholz* in Münch Hdb AG § 59 Rn. 63; differenzierend nach Komplexität *Kossmann* NZG 2012, 1129, 1132 ff.; letztlich offengelassen durch OLG Frankfurt NZG 2011, 1029.
⁵⁶ *Hüffer/Koch* § 203 Rn. 37; *Kossmann* NZG 2012, 1129, 1130 ff.
⁵⁷ Statt vieler *Hüffer/Koch* § 202 Rn. 5.
⁵⁸ Zur Differenzierung zwischen den hier angesprochenen Rücklagen, die den Kommanditaktionären zustehen, und den Rücklagenkonten der Komplementäre siehe oben § 6 Rn. 14 ff. und Rn. 19 ff.
⁵⁹ Zu den Einzelheiten *Fett/Spiering* NZG 2002, 358 ff. m.w.N.

sprochen.[60] Die Kapitalerhöhung wird nach §§ 278 Abs. 3, 211 Abs. 1 AktG durch Eintragung des Kapitalerhöhungsbeschlusses in das Handelsregister wirksam.

15   **e) Rechte der Komplementäre bei Grundkapitalerhöhung.** Anders als bei einer Erhöhung der Sondereinlagen der Kommanditaktionäre kann den einzelnen Komplementären bei einer Erhöhung des Grundkapitals in der Satzung das Recht eingeräumt werden, ihre **Sondereinlagen** in demselben Umfang zu erhöhen, wie das Grundkapital erhöht worden ist.[61] Hierdurch lässt sich der eingangs geschilderte Gleichlauf von Sondereinlagen und Grundkapital erreichen. In die Satzung sollte folglich ein Passus aufgenommen werden, der es den Komplementären erlaubt, ihre Sondereinlagen in dem gleichen Verhältnis und zu den gleichen Bedingungen erhöhen zu können, wie das Grundkapital durch die Kommanditaktionäre erhöht worden ist.[62] Dies bedeutet auch, dass ein ggf. gezahltes Agio der Kommanditaktionäre, das in die Rücklagen gebucht worden ist, von den Komplementären ebenfalls gezahlt und auf deren Rücklagenkonto gebucht werden muss.[63] Da mit einer solchen Satzungsbestimmung die Erhöhung der Sondereinlagen und der damit verbundene Zustimmungsbeschluss der Gesamtheit der Kommanditaktionäre antizipiert worden ist, bedarf es darüber hinaus keines weiteren Beschlusses der Hauptversammlung. Im Schrifttum sind Bedenken erhoben worden, wenn das Recht der Komplementäre zum „Gleichziehen" keinen **zeitlichen Restriktionen** unterworfen ist.[64] Hier könne der Komplementär nach einer erfolgten Erhöhung des Grundkapitals abwarten, bis die Erhöhung seiner Sondereinlage unter den festgesetzten Bedingungen des Grundkapitalerhöhungsbeschlusses wegen der zwischenzeitlich eingetretenen wirtschaftlichen Entwicklung der Gesellschaft für ihn besonders vorteilhaft sei.[65] Darin drückt sich die Befürchtung aus, die Komplementäre könnten die Erhöhung ihrer Sondereinlagen im Ergebnis zu Lasten der Kommanditaktionäre durchführen. Die praktische Lösung des Problems sollte daher sein, in der Satzung zu reglementieren, in welchem Zeitraum nach dem Grundkapitalerhöhungsbeschluss die Komplementäre berechtigt sind, ihre Sondereinlagen zu erhöhen.[66] Missbrauchen die Komplementäre die antizipierte Zustimmung der Kommanditaktionäre zur Erhöhung ihrer Einlagen und damit zum Gleichlauf ihres Kapitals mit dem der Kommanditaktionäre, stehen der Gesamtheit der Kommanditaktionäre, vertreten durch den Aufsichtsrat (§ 287 Abs. 2 S. 1 AktG), wegen **Verletzung der Treuepflicht** Sekundäransprüche gegen die

---

[60] *Hirte* in GroßKomm AktG § 207 Rn. 1; *Fett/Spiering* NZG 2002, 358.
[61] *Assmann/Sethe* in GroßKomm AktG § 278 Rn. 186; *Hüffer/Koch* § 278 Rn. 19a; *Perlitt* in Münch Komm AktG § 278 Rn. 400.
[62] *Assmann/Sethe* in GroßKomm AktG § 278 Rn. 186; *Förl/Fett* in Bürgers/Körber AktG § 281 Rn. 8; *Herfs* in Münch Hdb AG § 80 Rn. 10; *Perlitt* in Münch Komm AktG § 278 Rn. 400; *Schlitt* S. 147 f.
[63] *Herfs* in Münch Hdb AG § 80 Rn. 10; *Perlitt* in Münch Komm AktG § 278 Rn. 402; *Schlitt* S. 147 f.
[64] *Assmann/Sethe* in GroßKomm AktG § 278 Rn. 186; *Herfs* in Münch Hdb AG § 80 Rn. 8; *Schlitt* S. 148; *Ihrig/Schlitt* ZHR Beiheft 67/1998, 33, 74 f.; *Perlitt* in Münch Komm AktG § 278 Rn. 401; differenzierend *Arnold* S. 142 ff.
[65] *Assmann/Sethe* in GroßKomm AktG § 278 Rn. 186; *Herfs* in Münch Hdb AG § 80 Rn. 8; *Ihrig/Schlitt* ZHR Beiheft 67/1998, 33, 74 f.; *Perlitt* in Münch Komm AktG § 278 Rn. 401.
[66] Empfohlen wird ein Zeitraum von sechs Monaten, *Assmann/Sethe* in GroßKomm AktG § 278 Rn. 186; *Herfs* in Münch Hdb AG § 80 Rn. 10.

Komplementäre zu.[67] Ein Rückgriff auf vergleichbare Vorschriften der Aktiengesellschaft ist aus den bereits an anderer Stelle geschilderten dogmatischen Überlegungen nicht angezeigt; die hier einschlägigen personengesellschaftsrechtlichen Grundsätze geben eine derartig präzise Verpflichtung der Komplementäre („sechs Monate") nicht her. Auch aus § 281 Abs. 2 AktG, der festlegt, dass die Vermögenseinlagen der persönlich haftenden Gesellschafter der Art und Höhe nach in der Satzung festgelegt werden müssen, folgt nichts anderes;[68] insbesondere stellt es keine Umgehung des § 281 Abs. 2 AktG dar, wenn die genaue Höhe der Sondereinlage aufgrund der Ermächtigung in der Satzung nicht feststeht. Es ist bei § 281 Abs. 2 AktG anerkannt, dass der Komplementär die Höhe der Einlagen in gewissen Grenzen selbst bestimmen kann, es also genügt, wenn der Rahmen der Sondereinlage abgesteckt ist.[69] Diesen Anforderungen wird bei den hier in Frage stehenden Satzungsklauseln regelmäßig genügt, weil die Erhöhung und damit die Sondereinlage von vornherein durch den Betrag begrenzt ist, den die Kommanditaktionäre durch ihren eigenen Hauptversammlungsbeschluss als Erhöhungsbetrag des Grundkapitals festgelegt haben.

III. Kapitalherabsetzung

1. Herabsetzung der Sondereinlagen/Entnahmeregelungen

Die Veränderung der Sondereinlagen richtet sich nach Personengesellschaftsrecht.[70] Sondereinlagen unterfallen damit nicht den aktienrechtlichen Grundsätzen der Kapitalerhaltung.[71] Fehlt es an einer entsprechenden Ermächtigung in der Satzung zur Herabsetzung der Sondereinlage, bedarf es hierfür eines Beschlusses aller Komplementäre sowie der Gesamtheit der Kommanditaktionäre, die durch Hauptversammlungsbeschluss mit einfacher Mehrheit entscheidet.[72] Andernfalls ist eine Rückzahlung der auf Kapitalkonto I zu verbuchenden Sondereinlage unzulässig. Hiervon zu unterscheiden ist die **Entnahme** zu Lasten des Verrechnungskontos, die kraft gesetzlicher Regelung zulässig sein kann (§ 278 Abs. 2 AktG, §§ 161 Abs. 2, 122 Abs. 1 HGB).[73] Nach § 122 Abs. 1 HGB kann jeder persönlich haftende Gesellschafter Entnahmen bis zu einem Betrag von 4% seines für das Ende des letzten Geschäftsjahres festgestellten Kapitalanteils zu Lasten dieses

16

---

[67] Ähnlich *Wichert* AG 2000, 268, 272, der die Komplementäre aus Treuepflichtgesichtspunkten ausnahmsweise verpflichtet sieht, bei einer für sie durch ihr Zuwarten besonders vorteilhaften Entwicklung ein Aufgeld auf den eigentlichen Einlagenerhöhungsbetrag zu zahlen.
[68] So aber *Herfs* in Gesellschaftsrecht in der Diskussion, Bd. 1, S. 50 f.; *Hoffmann-Becking/Herfs* FS Sigle 2000, S. 273, 293; dagegen zu Recht *Arnold* S. 143 f.
[69] Statt vieler *Assmann/Sethe* in GroßKomm AktG § 281 Rn. 16; *Mertens/Cahn* in Kölner Komm AktG § 281 Rn. 14; *Perlitt* in Münch Komm AktG § 281 Rn. 22.
[70] Vgl. § 3 Rn. 24 ff.
[71] *Assmann/Sethe* in GroßKomm AktG § 281 Rn. 21; *Perlitt* in Münch Komm AktG § 281 Rn. 36.
[72] Vgl. § 3 Rn. 24 ff.; die h.M. verlangt einen satzungsändernden Beschluss nach §§ 278 Abs. 3, 179 AktG, lässt aber abweichende Satzungsbestimmungen zu.
[73] Vgl. etwa *Assmann/Sethe* in GroßKomm AktG § 281 Rn. 21; *Perlitt* in Münch Komm AktG § 281 Rn. 34.

Kapitalanteils entnehmen. Diese gesetzlich vorgesehene Möglichkeit zur Entnahme kann durch die Satzung abweichend ausgestaltet werden, soweit die Grenzen des § 288 Abs. 1 AktG eingehalten werden.[74] Gemäß § 288 Abs. 1 AktG ist dem persönlich haftenden Gesellschafter eine Entnahme untersagt, wenn auf ihn ein Verlust entfällt, der seinen Kapitalanteil übersteigt. Ferner ist ihm untersagt, eine Entnahme auf seinen Kapitalanteil vorzunehmen, solange die Summe aus Bilanzverlust, Einzahlungsverpflichtungen, Verlustanteilen persönlich haftender Gesellschafter und Forderungen aus Krediten an persönlich haftende Gesellschafter und deren Angehörige die Summe aus Gewinnvortrag, Kapital- und Gewinnrücklagen sowie Kapitalanteilen der persönlich haftenden Gesellschafter übersteigt. Sieht die Satzung eine Ermächtigung zur Herabsetzung der Sondereinlage durch einen persönlich haftenden Gesellschafter vor, kann dieser – wenn der Rahmen des § 288 Abs. 1 AktG nicht überschritten wird – die Auszahlung des gewünschten Teils seiner Sondereinlage verlangen. Mit einer solchen Ermächtigung in der Satzung haben die Kommanditaktionäre die nach § 281 Abs. 2 AktG erforderliche Zustimmung antizipiert, so dass für die Durchführung der Herabsetzung der Sondereinlage kein weiterer Beschluss der Hauptversammlung erforderlich ist. Um den beschriebenen Gleichlauf von Sondereinlagen und Grundkapital sicherzustellen, sollte die Satzung der KGaA vorsehen, dass den Komplementären eine Herabsetzung ihrer Einlagen nur gestattet ist, wenn gleichzeitig das Grundkapital in entsprechender Weise herabgesetzt wird.

2. Herabsetzung des Grundkapitals

17   Die Herabsetzung des Grundkapitals richtet sich nach den zwingenden aktienrechtlichen Vorschriften (§§ 278 Abs. 3, 222 ff. AktG). Danach ist für die Herabsetzung des Grundkapitals ein **Beschluss der Hauptversammlung** erforderlich, der mit einer Mehrheit von mindestens dreiviertel des bei der Beschlussfassung vertretenen Grundkapitals gefasst werden muss (222 Abs. 1 S. 1 AktG). Der Zweck der Kapitalherabsetzung ist im Beschluss präzise zu bezeichnen (§ 222 Abs. 3 AktG). Bei der sog. ordentlichen Kapitalherabsetzung (§§ 222–228 AktG) sieht § 225 AktG bestimmte Regelungen zum Schutz der Gläubiger vor, die von einer Herabsetzung des Grundkapitals und der damit verbundenen Schmälerung der Haftungsmasse der KGaA betroffen sein könnten. Bei der sog. vereinfachten Kapitalherabsetzung (§§ 229–236 AktG), die nur zu dem Zwecke vorgenommen werden kann, Wertminderungen auszugleichen, sonstige Verluste zu decken (folglich zu Sanierungszwecken) oder Beträge in die Kapitalrücklage einzustellen, gelten diese Gläubigerschutzregeln nicht. Nach § 230 AktG dürfen die frei gewordenen Beträge nur zu den vorgenannten Zwecken verwandt werden; die Auszahlung an die Kommanditaktionäre bzw. der Erlass ihrer Einlagepflicht ist untersagt.[75] Die

---

[74] Zu zulässigen Ausgestaltungsmöglichkeiten des Entnahmerechts siehe *Assmann/Sethe* in GroßKomm AktG § 288 Rn. 57 ff.; *Mertens/Cahn* in Kölner Komm AktG § 288 Rn. 22 ff.

[75] Der Gläubigerschutz wird ergänzt durch die Pflicht zur Einstellung des Unterschiedsbetrages zwischen bei Beschlussfassung erwartetem und innerhalb der beiden folgenden Geschäftsjahre eingetretenem Verlust in die Kapitalrücklage nach § 232 AktG und Einschränkungen bei der Gewinnverteilung nach § 233 AktG (gesetzliche Rücklage und Kapitalrücklage müssen zusammen 10% des Grundkapitals erreicht haben, bevor Gewinn ausgeschüttet werden darf).

Fett

Gläubiger werden hier – da kein Rückfluss an die Aktionäre erfolgt – nicht durch die Kapitalherabsetzung gefährdet; sie wurden bereits durch die zuvor entstandenen Verluste gefährdet.[76] Schließlich ist denkbar, dass die Kapitalherabsetzung durch Einziehung von Aktien erfolgt (§§ 278 Abs. 3, 237 AktG). Das Gesetz differenziert zwischen der Zwangseinziehung (§ 237 Abs. 1 AktG), der ordentlichen (§ 237 Abs. 2 AktG) sowie der vereinfachten Einziehung (§ 237 Abs. 3 bis 5 AktG).[77]

IV. Umwandlung von Sondereinlagen in Kommanditaktien

1. Überblick über Motive und Verfahren

Bei den persönlich haftenden Gesellschaftern der KGaA kann aus unterschiedlichen Gründen das Bedürfnis bestehen, ihre Sondereinlagen in Gänze oder zu Teilen in Kommanditaktien umzuwandeln. Ziel kann etwa sein, durch eine Umwandlung die Mehrheitsverhältnisse in der Hauptversammlung zu den eigenen Gunsten zu verändern[78] oder das in der KGaA eingelegte Kapital durch Umwandlung in Kommanditaktien zu fungibilisieren.[79] Letzteres ist vor allem mit Blick auf einen zukünftigen Börsengang von Interesse.[80] Ferner können die Gesellschafter ein Interesse daran haben, im Todesfall eines Komplementärs dessen Erben allein als Kommanditaktionäre und nicht als geschäftsführungsbefugte persönlich haftende Gesellschafter in der KGaA zu belassen. Die Möglichkeit zu einer solchen Umwandlung von Sondereinlagen wird regelmäßig in der Satzung der KGaA vorgesehen. Neben der Berücksichtigung der Umwandlungsmöglichkeit in der Satzung ist aber auch denkbar, durch separate Hauptversammlungsbeschlüsse die Umwandlung von Sondereinlagen in Kommanditaktien zu erreichen (§§ 278 Abs. 3, 183 Abs. 1 AktG). Den Komplementären wird freilich regelmäßig an einem in der Satzung der KGaA festgelegten Anspruch auf Umwandlung ihrer Sondereinlagen gelegen sein.

18

Schließlich können auch die Kommanditaktionäre im eigenen, aber auch im Interesse ihrer Gesellschaft wünschen, dass die Komplementäre ihre Sondereinlagen in Kommanditaktien umwandeln: So kann zur Vermeidung von Liquiditätsproblemen in der Satzung vorgesehen werden, dass ein ausscheidender Komplementär unter Ausschluss der Auszahlung seines Abfindungsanspruches sein ihm zustehendes Abfindungsguthaben in Form von Kommanditaktien ausgezahlt bekommt.[81]

19

---

[76] Hüffer/Koch § 229 Rn. 2.
[77] Siehe etwa den Überblick bei *Marsch-Barner* in Spindler/Stilz AktG § 237 Rn. 1; *Oechsler* in Münch Komm AktG § 237 Rn. 8 ff.
[78] *Assmann/Sethe* in GroßKomm AktG § 278 Rn. 188; *Herfs* in Münch Hdb AG § 80 Rn. 11; *Schürmann/Groh* BB 1995, 684, 687.
[79] *Assmann/Sethe* in GroßKomm AktG § 278 Rn. 188.
[80] *Krug* AG 2000, 510, 511.
[81] *Assmann/Sethe* in GroßKomm AktG § 278 Rn. 188; *Herfs* in Münch Hdb AG § 78 Rn. 53, § 80 Rn. 11; *Nicolas* in Henn/Frodermann/Jannott Kap. 17 Rn. 82.

2. Das Verfahren im Einzelnen

20   **a) Gegenstand der Sacheinlage.** Da beide Kapitalarten berührt sind, müssen sowohl personengesellschaftsrechtliche als auch aktienrechtliche Aspekte berücksichtigt werden. Die Umwandlung von Sondereinlagen in Kommanditaktien ist letztlich nichts anderes als eine **Herabsetzung** der Sondereinlage mit anschließender, hiermit kausal verknüpfter **Erhöhung des Grundkapitals**.[82] Daher kommt eine bloße „Umbuchung" der Kapitalkonten – wie etwa in der Kommanditgesellschaft bei der Umwandlung einer Sondereinlage in Kommanditkapital – nicht in Betracht.[83] Fraglich und im Schrifttum uneinheitlich beantwortet ist aber, wie genau die Grundkapitalerhöhung durchgeführt wird.

21   Unstreitig ist, dass es sich bei der Grundkapitalerhöhung um eine solche gegen **Sacheinlagen** handeln muss.[84] Ein Anspruch gegen die KGaA ist dabei nach allgemeiner Ansicht ein tauglicher Sacheinlagegegenstand.[85] Damit bei der anstehenden Sacheinlageprüfung Bewertungsprobleme vermieden werden können, ist der „Gleichlauf" von Sondereinlagen und Grundkapital zu gewährleisten; dies gilt neben der Gewinnbeteiligung auch hinsichtlich der gebildeten Rücklagen[86] und der Beteiligung an den stillen Reserven.[87] Bei der Frage nach dem zutreffenden Sacheinlagegegenstand gehen die Meinungen auseinander. Ihr ist insofern mit besonderer Aufmerksamkeit nachzugehen, als der Sacheinlagegegenstand im Kapitalerhöhungsbeschluss konkret bezeichnet werden muss (§§ 278 Abs. 3, 183 Abs. 1 AktG). Sollte dieser unzutreffend bezeichnet sein und damit ein Anspruch eingebracht werden, der von Anfang an auf etwas Unmögliches gerichtet ist, hat der Inferent am Ende die Einlage noch einmal bar zu leisten.[88] Daneben kann er gemäß § 280 Abs. 1, 3 i.V.m. § 283 BGB Schadensersatzansprüchen der Gesellschaft ausgesetzt sein. Schließlich muss das Registergericht bei unzutreffender Bezeichnung des Sacheinlagegegenstandes die Eintragung der Sachkapitalerhöhung verweigern.[89]

22   Nach einer Ansicht soll Sacheinlagegegenstand das Kapitalkonto des Komplementärs sein.[90] Dies erscheint wenig präzise, da der Komplementär einer KGaA

---

[82] Vgl. etwa *Barz* in GroßKomm AktG 3. Aufl. § 289 Rn. 9; *Herfs* in Münch Hdb AG § 80 Rn. 12; *Perlitt* in Münch Komm AktG § 278 Rn. 390.

[83] So im Ergebnis auch *Wichert* S. 165 f.

[84] *Assmann/Sethe* in GroßKomm AktG § 278 Rn. 189; *Herfs* in Münch Hdb AG § 80 Rn. 13; *Perlitt* in Münch Komm AktG § 278 Rn. 389; *Schürmann/Groh* BB 1995, 684, 687.

[85] Statt vieler *Hüffer/Koch* § 27 Rn. 17; *Lutter* in Kölner Komm AktG § 183 Rn. 28 m.w.N. jeweils zur AG. Hinsichtlich der Kapitalerhöhung ist stets zu beachten, dass die Forderung werthaltig sein muss, d.h. die KGaA muss imstande sein, die Forderung des Komplementärs ohne die Kapitalerhöhung zu erfüllen, vgl. in diesem Zusammenhang die Entscheidung OLG Düsseldorf ZIP 1991, 161, 162 – BuM. Dies ist Gegenstand der obligatorischen Sacheinlageprüfung nach §§ 278 Abs. 3, 183 Abs. 3 AktG, siehe dazu sofort unter Rn. 25.

[86] *Krug* AG 2000, 510, 514.

[87] So schon *Barz* in GroßKomm AktG 3. Aufl. § 289 Rn. 9; ferner *Schlitt* S. 153.

[88] Vgl. nur *Hüffer/Koch* § 183 Rn. 7 m.w.N.

[89] *Veil* in K. Schmidt/Lutter AktG § 183 Rn. 16.

[90] *Herfs* in Münch Hdb AG § 80 Rn. 13; *ders.* in Gesellschaftsrecht in der Diskussion, Bd. 1, S. 48; *Hoffmann-Becking/Herfs* FS Sigle, 2000, S. 273, 295 f.; *Mertens/Cahn* in Kölner Komm AktG § 281 Rn. 29; ähnlich *Schlitt* S. 152, der als Sacheinlagegegenstand den „Komplementäranteil als Ganzes" ansieht. Da die KGaA keinen Komplementäranteil an sich selbst

gerade keinen ständigen Anspruch auf Auszahlung seines Kapitalkontos hat,[91] so dass das Kapitalkonto als solches auch keinen Anspruch gegen die KGaA darstellen kann, den der Komplementär als Sacheinlage im Rahmen der Kapitalerhöhung einbringen könnte. Die wohl h.M. geht daher zutreffend davon aus, dass bei einer Umwandlung von Sondereinlagen in Kommanditaktien der Anspruch des Komplementärs auf Zahlung gegen die KGaA aufgrund der Herabsetzung seiner Sondereinlage Sacheinlagegegenstand ist.[92] Wie die Überlegungen zur Herabsetzung der Sondereinlage gezeigt haben, braucht es eines besonderen Entnahmerechts, aus dem jeweils für den Fall der Entnahme ein Auszahlungsanspruch folgt. Erklärt der Komplementär zur Herabsetzung seiner Sondereinlage die Entnahme in Gänze oder zu Teilen und erhält er dafür einen Auszahlungsanspruch gegen die KGaA, kann er diesen im Wege der Sacheinlage in die KGaA einbringen. Durch die Einbringung des Entnahmeanspruches tritt der Komplementär seine Forderung auf Auszahlung gegen die Gesellschaft an diese ab, so dass Anspruchsinhaber und Anspruchsgegner zusammenfallen und der Anspruch auf die Entnahmeforderung durch Konfusion erlischt.[93] Denkbar ist auch ein Erlassvertrag des einbringenden Komplementärs mit der KGaA.[94] Es empfiehlt sich, diesen dogmatischen Hintergrund bei der Gestaltung der Satzung zu beachten und eine entsprechende Formulierung zu wählen.

Ähnliches gilt, wenn der Komplementär durch Tod oder infolge einer Kündigung ganz ausscheidet. In diesem Fall ist **Sacheinlagegegenstand sein Abfindungsanspruch** gegen die Gesellschaft, der im Wege einer förmlichen Auseinandersetzung zu ermitteln ist.[95]

23

Die Grundkapitalerhöhung gegen Sacheinlagen erfordert jeweils eine **Sacheinlageprüfung** nach §§ 278 Abs. 3, 183 Abs. 3 AktG durch einen oder mehrere Prüfer. In diesem Zusammenhang wird vertreten, dass die Einbringung der Auszahlungsforderung der Komplementäre einer KGaA keine weitere Prüfung erfordere, zumindest soweit diese als große Kapitalgesellschaft i.S.d. § 267 Abs. 3 HGB zu qualifizieren sei, da diese hinsichtlich ihres Jahresabschlusses ohnehin der Pflichtprüfung nach § 316 Abs. 1 HGB unterliege.[96] Bei dieser Betrachtung ist jedoch dann Vorsicht geboten, wenn nach dem letzten testierten Jahresabschluss besondere Umstände eingetreten sind, die an der Werthaltigkeit der Sondereinlage und damit des Auszahlungsanspruches zweifeln lassen. Da ein Registerrichter, der zur materiellen Prüfung der Grundkapitalerhöhung verpflichtet ist,[97] diese Un-

24

---

halten kann, dürfte dieser auf die Übertragung von etwas rechtlich Unmöglichem gerichtete Vermögensgegenstand per se nicht als Sacheinlagegegenstand taugen.
[91] Vgl. nur *Assmann/Sethe* in GroßKomm AktG § 281 Rn. 21; *Perlitt* in Münch Komm AktG § 281 Rn. 35.
[92] *Assmann/Sethe* in GroßKomm AktG § 278 Rn. 189; *Perlitt* in Münch Komm AktG § 278 Rn. 389; *Schaumburg/Schulte* Die KGaA Rn. 210; *Wichert* S. 168; *Förl/Fett* in Bürgers/Körber AktG § 281 Rn. 8.
[93] *Herfs* in Münch HdB AG § 80 Rn. 12; *Perlitt* in Münch Komm AktG § 278 Rn. 389.
[94] *Perlitt* in Münch Komm AktG, § 278 Rn. 389.
[95] *Assmann/Sethe* in GroßKomm AktG § 278 Rn. 189; *Perlitt* in Münch Komm AktG § 278 Rn. 389.
[96] *Assmann/Sethe* in GroßKomm AktG § 278 Rn. 190; *Wichert* S. 171, jeweils unter Verweis auf die im aktienrechtlichen Schrifttum vertretene Ansicht zur Einbringung von Gewinnsprüchen.
[97] *Lutter* in Kölner Komm AktG § 183 Rn. 12.

390 § 7 Veränderungen des Gesamtkapitals

sicherheit allein kaum ausräumen kann, wird er eine Eintragung ohne separate Sacheinlageprüfung wohl eher ablehnen. Es empfiehlt sich daher, von Anfang an eine Sacheinlageprüfung bei der Umwandlung einzuplanen, jedenfalls aber, diesen Punkt mit dem Registergericht vorher abzustimmen.

25 **b) Rechte und Pflichten der Kommanditaktionäre.** Die Sachkapitalerhöhung zugunsten des umwandelnden Komplementärs bedingt den Ausschluss des grundsätzlich bestehenden Bezugsrechts der Kommanditaktionäre, da nur der Komplementär seinen Auszahlungsanspruch einbringt. Nach den oben dargestellten Prinzipien bedarf es zum Ausschluss des Bezugsrechtes neben einem Hauptversammlungsbeschluss mit qualifizierter Mehrheit einer materiellen Rechtfertigung. Daraus wird geschlossen, dass falls die Umwandlung nicht im Interesse der Gesellschaft liegt, auch ein Bezugsrechtsausschluss nicht gerechtfertigt sein könne.[98] Folge dieser Ansicht kann nur sein, dass ein betroffener Kommanditaktionär das Recht hätte, gegen den Ausschluss seines Bezugsrechtes im Wege der Anfechtungsklage vorzugehen. Bei dieser Wertung wird außer Acht gelassen, dass die Kommanditaktionäre in ihrer Gesamtheit durch die Satzungsbestimmung dem Komplementär das Recht eingeräumt haben, auf Verlangen seine Sondereinlage ganz oder in Teilen in Kommanditaktien umzuwandeln. Wenn die Satzung dem Komplementär ein bedingungsloses Umwandlungsrecht einräumt, kann der einzelne Kommanditaktionär sich nicht durch das Einfordern seines vermeintlichen Bezugsrechts dieser Pflicht wieder entledigen.

26 Aus dem Vorgenannten folgt auch, dass ein umwandlungswilliger Komplementär sein Recht, das in der Satzung verankert ist, gegen die Gesamtheit der Kommanditaktionäre **einklagen** können muss.[99] Hiergegen wird eingewandt, dass die Kommanditaktionäre sich wegen der zwingenden aktienrechtlichen Vorschrift des § 187 Abs. 2 AktG nicht verpflichten könnten, eine Kapitalerhöhung unter Ausschluss des gesetzlichen Bezugsrechts zum Zwecke des Umtausches zu beschließen.[100] Dies ist schon deshalb nicht sachgerecht, da mit der Satzungsbestimmung regelmäßig nicht die Hauptversammlung als Organ der KGaA,[101] sondern die Gesamtheit der Kommanditaktionäre als Gesellschaftergruppe verpflichtet werden, das Grundkapital auf Verlangen der Komplementäre zu erhöhen.[102] Entscheidend ist letztlich, dass hier das Verhältnis der Komplementäre zur Gesamtheit der Kommanditaktionäre betroffen ist, welches sich gemäß § 278 Abs. 2 AktG nach den Vorschriften des Personengesellschaftsrechts bestimmt. Erwägungen mit Blick auf § 187 Abs. 2 AktG müssen daher ins Leere laufen.[103] Dessen ungeachtet wird ver-

---

[98] *Assmann/Sethe* in GroßKomm AktG § 278 Rn. 190; *Perlitt* in Münch Komm AktG § 278 Rn. 392 ff.; *Krug* AG 2000, 510, 512 ff.; *Wichert* in Heidel AktG § 281 Rn. 21.
[99] So zu Recht *Herfs* in Münch Hdb AG § 80 Rn. 13; *Hoffmann-Becking/Herfs* FS Sigle, 2000, S. 273, 296; *Nicolas* in Henn/Frodermann/Jannott Kap. 17 Rn. 84; *Schürmann/Groh* BB 1995, 684, 687.
[100] *Arnold* S. 147 f.; *Wichert* S. 193 ff.; im Ergebnis ähnlich *Schlitt* S. 152: unzulässige Nebenpflicht der Aktionäre.
[101] § 187 Abs. 2 AktG richtet sich an die Gesellschaft und damit an all ihre Organe, vgl. nur *Wiedemann* in GroßKomm AktG § 187 Rn. 7.
[102] Das übersehen *Schürmann/Groh* BB 1995, 684, 687; anders *Wichert* S. 195 f.; *ders.* in Heidel AktG § 281 Rn. 22, der nicht die Gesamtheit der Kommanditaktionäre, sondern die Hauptversammlung als Verpflichtete ansieht.
[103] So auch *Herfs* in Münch Hdb AG § 80 Rn. 14; *Hoffmann-Becking/Herfs* FS Sigle, 2000, S. 273, 296; *Schürmann/Groh* BB 1995, 684, 685; im Ergebnis auch *Mertens/Cahn* in Kölner

Fett

treten, dass in der Einräumung des Umwandlungsrechts durch die Satzung keine Zusicherung der Gesellschafter liege, das dafür erforderliche Kommanditaktienkapital werde im Zeitpunkt der Ausübung des Rechts auch tatsächlich zur Verfügung stehen oder geschaffen.[104] Hierbei bleibt offen, was das in der Satzung verankerte „Recht der Komplementäre" am Ende darstellen soll, wenn ihnen auf diese Weise nicht genau eine Grundkapitalerhöhung nach Bedarf zugesichert wird. Die Satzungen sind zwar der Auslegung zugänglich. Von Sinn und Zweck der Regelungen kann sich aber auch die Auslegung der Satzung nicht entfernen: Das Umtauschrecht soll den Komplementären die Möglichkeit einräumen, ihre Sondereinlagen in Aktien umzuwandeln, und nutzt damit den Spielraum aus, den das hier anzuwendende Personengesellschaftsrecht bietet. Sollten sich die Kommanditaktionäre weigern, den für die Grundkapitalerhöhung erforderlichen Hauptversammlungsbeschluss zu fassen, kann der Komplementär diesen im Wege der **positiven Feststellungsklage** gegen die Gesamtheit der Kommanditaktionäre einklagen.[105]

c) Ausnutzen eines bedingten Kapitals. Die Probleme, die sich bei einer denkbaren Weigerung der Kommanditaktionäre, das Grundkapital durch Hauptversammlungsbeschluss zu erhöhen, ergeben können (vgl. vorstehend Rn. 26), lassen sich vermeiden, wenn man von der Möglichkeit **der Schaffung eines bedingten Kapitals** Gebrauch macht. Hierbei ist das Umtauschrecht des Komplementärs als ein der Gewährung von Umtausch- oder Bezugsrechten an Gläubiger von Wandelschuldverschreibungen vergleichbares und **die analoge Anwendung des § 192 Abs. 2 Nr. 1 AktG rechtfertigendes Recht** anzusehen.[106] Dabei wird die grundsätzlich restriktive Handhabung der Zwecke in § 192 AktG nicht unzulässig ausgedehnt, weil dem Komplementär durch die Satzung ein nahezu identisches Recht zum Umtausch seiner Vermögenseinlage gewährt wird, wie es auch dem Inhaber einer Wandelschuldverschreibung zusteht.[107] Die analoge An-

27

Komm AktG § 281 Rn. 30. Hiergegen wendet *Arnold* S. 147 f. ein, dass es sich bei der Erhöhung des Grundkapitals um eine aktienrechtliche Frage handle, Personengesellschaftsrecht also nicht einschlägig sei. Entscheidend ist hier freilich nicht die Kapitalerhöhung als solche, sondern das Recht der Komplementäre, diese zu fordern, und damit das Verhältnis der Komplementäre zur Gesamtheit der Kommanditaktionäre, das sich allein nach dem Recht der Kommanditgesellschaft richtet, vgl. § 278 Abs. 2 AktG.

[104] *Assmann/Sethe* in GroßKomm AktG § 278 Rn. 192: „auf die Wirksamkeit einer in der Satzung niedergelegten Pflicht ... solle man sich daher nicht verlassen."

[105] *Schürmann/Groh* BB 1995, 684, 687 f.; denkbar bleibt hier wie in allen Phasen des Umtauschverlangens, dass das Verhalten der Komplementäre gegenüber den Kommanditaktionären im Einzelfall aufgrund der besonderen Lage der Gesellschaft treuwidrig sein kann.

[106] *Assmann/Sethe* in GroßKomm AktG § 278 Rn. 191; *Herfs* in Münch Hdb AG § 80 Rn. 16; *Hoffmann-Becking/Herfs* FS Sigle, 2000, S. 273, 296 f.; *Raiser* § 23 Rn. 60; *Wichert* S. 173 ff., 176; *Nicolas* in Henn/Frodermann/Jannott Kap. 17 Rn. 86; abweichend *Schlitt* Die Satzung der KGaA S. 152: § 192 Abs. 2 Nr. 2 AktG (Zusammenschluss mehrerer Unternehmen); a. A. *Krug* AG 2000, 510, 514.

[107] Anders *Krug* AG 2000, 510, 514, der darauf hinweist, dass die Komplementäre anders als die Inhaber von Wandelschuldverschreibungen Eigenkapital einbringen und durch vorherige Erhöhung ihrer Einlage die Kommanditaktionäre, die kein Bezugsrecht auf die neuen „Komplementäranteile" hätten, verwässern könnten. Hierbei wird übersehen, dass es bei der Erhöhung der „Komplementäranteile" – wenn auch kein Bezugsrecht – so doch einen anderweitig garantierten ausreichenden Schutz der Kommanditaktionäre gibt, vgl. oben unter § 7 Rn. 7 f.

Fett

wendung von § 192 Abs. 2 Nr. 1 AktG scheint dazu zu führen, dass bei diesem „Umtausch" der Sondereinlagen zur Ausnutzung des bedingten Kapitals die für Sacheinlagen geltenden Regeln nicht anzuwenden sind, da eine Hingabe von Schuldverschreibungen im Umtausch gegen Bezugsaktien nicht als Sacheinlage gilt (§§ 278 Abs. 3, 194 Abs. 1 S. 2 AktG). Eine Ausdehnung der Analogie auf § 194 Abs. 1 S. 2 AktG lässt sich jedoch nicht mit dem Sinn und Zweck der Norm vereinbaren: Der Ausschluss der für die Sacheinlage geltenden Regeln bei Schuldverschreibungen ist gerechtfertigt, da Bestand und Höhe des Rückzahlungsanspruches nicht gefährdet sind; etwas anderes wird daher zu Recht für Genussscheine vertreten, die eine Verlustbeteiligung vorsehen.[108] Weil die Sondereinlagen der Komplementäre notwendigerweise am Verlust der KGaA teilnehmen, muss die Vereinfachung des § 194 Abs. 1 S. 2 AktG für die Umwandlung von Sondereinlagen in Kommanditaktien bei Ausnutzen eines genehmigten Kapitals ausscheiden. Die Geschäftsführung ist mithin verpflichtet, auch bei dieser Variante eine **Sacheinlageprüfung** durchführen zu lassen.[109]

28 Die h.M. fordert zudem, dass es für die Ausnutzung des bedingten Kapitals zum „Umtausch" von Sondereinlagen eines **rechtfertigenden Grundes** bedarf.[110] Damit soll letztlich ein ähnlicher Schutz der Kommanditaktionäre erreicht werden, wie er bei einem Ausschluss des Bezugsrechtes besteht. Eine solche Form der materiellen Beschlusskontrolle ist jedoch nach der Systematik des Aktienrechts bei einer bedingten Kapitalerhöhung nicht vorgesehen. Es ist gerade das Wesen der bedingten Kapitalerhöhung, dass sie dem einzelnen Aktionär kein Bezugsrecht gewährt. Der Schutz der Aktionäre wird durch eine restriktive Handhabung der für eine bedingte Kapitalerhöhung zulässigen Zwecke gesteuert. Wer nun – zu Recht – eine analoge Anwendung des § 192 Abs. 2 Nr. 1 AktG für das Umtauschrecht des Komplementärs fordert, kann nicht durch die Hintertür eine zusätzliche materielle Hürde für das Ausnutzen des bedingten Kapitals aufstellen.[111] Dabei wird nicht verkannt, dass die h.M. im Schrifttum auch bei einer bedingten Kapitalerhöhung zum Zwecke des Unternehmenszusammenschlusses (§ 192 Abs. 2 Nr. 2 AktG) einen besonderen sachlichen Grund fordert[112] und damit die beschriebene Systematik durchbricht. Dies ändert aber nichts daran, dass eine derartige Hürde im Recht der bedingten Kapitalerhöhung systemfremd ist und daher der besonderen Rechtfertigung bedarf. Eine solche Rechtfertigung fehlt hier: Die Kommanditaktionäre sind gerade nicht schutzlos gestellt, so dass die Ausnutzung des bedingten Kapitals eines besonderen sachlichen Grundes bedürfte. Zwischen den Gesellschaftergruppen besteht wegen der personengesellschaftsrechtlichen Komponente ein zusätzliches, im Vergleich zum Aktienrecht dichteres **Netz von Treuepflichten**, das die

---

[108] *Lutter* in Kölner Komm AktG § 194 Rn. 7; *Hüffer/Koch* § 194 Rn. 4.
[109] So im Ergebnis auch *Mertens/Cahn* Kölner Komm AktG § 281 Rn. 29; a. A. *Herfs* in Münch Hdb AG § 80 Rn. 16 unter Hinweis darauf, dass Verluste den Auszahlungsanspruch minderten; ob und in welchem Umfang dies der Fall ist, soll nach der hier vertretenen Auffassung aber gerade durch die Sacheinlageprüfung abgesichert werden.
[110] *Assmann/Sethe* in GroßKomm AktG § 278 Rn. 191; *Herfs* in Münch Hdb AG § 80 Rn. 17; *Perlitt* in Münch Komm AktG § 278 Rn. 390; *Wichert* S. 175 f.
[111] So im Ergebnis auch *Bachmann* in Spindler/Stilz AktG § 281 Rn. 13.
[112] Vgl. etwa *Fuchs* in Münch Komm AktG § 192 Rn. 34; *Krieger* in Münch Hdb AG § 58 Rn. 10; *Lutter* ZGR 1979, 401, 411 ff.; anders aber die Rechtsprechung, siehe etwa OLG München WM 1993, 1285, 1288.

Fett

Kommanditaktionäre schützt.[113] Die Grenze, die der Komplementär hier – wie bei allen anderen Formen des Umtausches seiner Sondereinlagen auch – einzuhalten hat, besteht folglich in der Rücksichtnahmepflicht gegenüber den Kommanditaktionären. Einer darüber hinausgehenden – wie auch immer gearteten – sachlichen Rechtfertigung für das Ausnutzen des bedingten Kapitals bedarf es damit nicht.

d) Ausnutzen eines genehmigten Kapitals. Schließlich ist denkbar, dass die Komplementäre mit Zustimmung des Aufsichtsrates ein hierfür zuvor geschaffenes genehmigtes Kapital für die Sachkapitalerhöhung zur Einbringung des Abfindungsanspruches ausnutzen (§§ 278 Abs. 3, 202 ff. AktG).[114] In diesem Fall muss die Ermächtigung vorsehen, dass eine Kapitalerhöhung gegen Sacheinlagen erfolgen soll (vgl. §§ 278 Abs. 3, 205 Abs. 1 AktG). Hinsichtlich des Ausschlusses des Bezugsrechtes der Kommanditaktionäre gelten dieselben Grundsätze wie bei einer einfachen Kapitalerhöhung. Auch hier ist eine Sacheinlageprüfung erforderlich (§§ 278 Abs. 3, 205 Abs. 5 AktG). Die Verwendung genehmigten Kapitals dürfte wegen der Beschränkungen hinsichtlich des Ausübungszeitraumes (fünf Jahre, § 202 Abs. 1 AktG) im Vergleich zum bedingten Kapital weniger attraktiv sein.[115]

29

V. Umwandlung von Kommanditaktien in Sondereinlagen

Wie bei der Umwandlung von Sondereinlagen in Kommanditaktien ist auch die Umwandlung von Kommanditaktien in Sondereinlagen von der Anwendung sowohl des Personen- wie auch des Aktiengesellschaftsrechtes geprägt. So muss hier zunächst das Grundkapital **herabgesetzt** werden, bevor die Sondereinlagen erhöht werden bzw. neue Komplementäre aufgenommen werden können. Vorgeschlagen wird, die Herabsetzung des Grundkapitals durch Einziehung von Aktien nach §§ 278 Abs. 3, 237 Abs. 3 Nr. 2[116] bzw. Nr. 3 AktG durchzuführen.[117] Bei der Einziehung nach § 237 Abs. 3 Nr. 2 AktG tritt an die Stelle der Gläubigerschutzregel des § 225 AktG die Verpflichtung, nach Wirksamwerden der Kapitalherabsetzung einen Betrag in Höhe des Gesamtnennbetrages der eingezogenen Aktien in die Kapitalrücklage einzustellen (§ 237 Abs. 5 AktG).[118] Bei der Einziehung nach § 237 Abs. 3 Nr. 3 AktG sind zwar nach dem Wortlaut des Gesetzes keine weiteren Gläubigerschutzregelungen zu beachten (vgl. § 237 Abs. 5 AktG, der § 237 Abs. 3 Nr. 3 AktG nicht erwähnt); nach zutreffender Ansicht können jedoch auch diese Aktien nur bei Vorhandensein entsprechender freier Rücklagen eingezogen werden.[119] Dessen ungeachtet ist die Einziehung nach § 237 Abs. 3 Nr. 3 AktG

30

---

[113] Das Umtauschrecht betrifft das Verhältnis der Gesamtheit der Komplementäre zur Gesamtheit der Kommanditaktionäre, so dass die hieraus fließenden Treuepflichten nicht nach Aktien-, sondern allein nach Personengesellschaftsrecht zu beurteilen sind (§ 278 Abs. 2 AktG); siehe hierzu auch unter § 3 Rn. 20 ff.
[114] *Herfs* in Münch Hdb AG § 80 Rn. 14; *Schürmann/Groh* BB 1995, 684, 687.
[115] Vgl. *Schlitt* S. 152.
[116] *Assmann/Sethe* in GroßKomm AktG § 278 Rn. 193.
[117] *Herfs* in Münch Hdb AG § 80 Rn. 18; *Förl/Fett* in Bürgers/Körber AktG § 281 Rn. 8.
[118] Dazu im Einzelnen *Voraufl.* § 7 Rn. 31 f.
[119] Dies betrifft den Fall des Erwerbs der Aktien nach § 71 Abs. 1 Nr. 6 AktG, s. *Wieneke/Förl* AG 2005, 189 ff.; *Becker* in Bürgers/Körber AktG § 237 Rn. 49; *Hüffer/Koch* § 237 Rn. 38 m. w. N.

rechtssicherer durchzuführen als die nach § 237 Abs. 3 Nr. 2 AktG, so dass dieser Weg für die Praxis zu empfehlen ist.[120] Für die Kapitalherabsetzung braucht es eines Hauptversammlungsbeschlusses, für den die einfache Mehrheit der Stimmen ausreicht (§ 237 Abs. 4 AktG). Denkbar ist auch ein Hauptversammlungsbeschluss, der die persönlich haftenden Gesellschafter für einen Zeitraum von fünf Jahren zum Rückerwerb der eigenen Aktien und zur anschließenden Einziehung ermächtigt (vgl. §§ 278 Abs. 3, 71 Abs. 1 Nr. 8 S. 1 und 6 AktG); dies verschafft allen Beteiligten mehr Flexibilität.

31 Kapitalherabsetzungen sind grundsätzlich für alle Aktionäre gleichermaßen zu beschließen, weshalb die Einziehung nur zugunsten einzelner Aktionäre problematisch ist.[121] Nach dem Vorgenannten wird es freilich nicht um die Frage gehen, ob die Kapitalherabsetzung für alle gleichermaßen erfolgt, sondern **von wem die eigenen Aktien erworben werden**. Auch beim Rückerwerb eigener Aktien gilt der **Gleichbehandlungsgrundsatz des § 53a AktG**.[122] Eine gerechtfertigte Ungleichbehandlung ist nur im Ausnahmefall und nur bei Vorliegen einer sachlichen Rechtfertigung denkbar, wie etwa besondere wirtschaftliche Erwägungen im Interesse der Gesellschaft.[123] Sie darf nicht willkürlich sein.[124] Bei der Umwandlung von Kommanditaktien in Sondereinlagen erscheint es denkbar, einem Komplementär die Erhöhung seiner Sondereinlage durch verhältniswahrende Umwandlung aller oder Teile seiner Kommanditaktien zu ermöglichen und zu diesem Zweck lediglich von ihm Kommanditaktien zu erwerben. Eine solche Vorgehensweise könnte bereits als Recht des Komplementärs in der Satzung angelegt sein, da es am Ende das Verhältnis des Komplementärs zur Gesamtheit der Kommanditaktionäre betrifft.[125]

---

[120] Vgl. auch *Herfs* in Münch Hdb AG § 80 Rn. 18.
[121] Statt vieler Hüffer/*Koch* § 222 Rn. 15.
[122] Nicht nur aufgrund der ausdrücklichen gesetzlichen Anordnung bei einem Rückerwerb nach § 71 Abs. 1 Nr. 8 AktG, vgl. statt vieler *Wieneke* in Bürgers/Körber AktG § 71 Rn. 36.
[123] OLG Köln NZG 2002, 966 für den auf Vorzugsaktien beschränkten Rückerwerb; vgl. ferner zu den hier anzuwendenden restriktiven Grundsätzen der Geeignetheit, Erforderlichkeit und Angemessenheit der sachlichen Ungleichbehandlung *Westermann* in Bürgers/Körber AktG § 53a Rn. 6; Hüffer/*Koch* § 53a Rn. 10, jeweils m.w.N.
[124] *Grigoleit/Rachlitz* in Grigoleit AktG § 53a Rn. 15 unter Verweis auf die ständige BGH-Rechtsprechung.
[125] Siehe zur Frage einer Erhöhung der Sondereinlage als Recht des Komplementärs gegenüber der Gesamtheit der Kommanditaktionäre bereits oben Rn. 26.

Fett

B. Gesellschafterdarlehen in der KGaA

I. Einführung

1. Änderung des bisherigen Rechts durch das MoMiG

Das Recht der eigenkapitalersetzenden Darlehen wurde durch das MoMiG grundlegend umgestaltet.[126] Die wesentlichen Änderungen des neuen Rechts sind
- Wechsel vom gesellschaftsrechtlichen zum insolvenzrechtlichen Ansatz: Legitimationsgrundlage der früheren Regelung zum eigenkapitalersetzenden Darlehen war, dass ein in der Krise gewährtes oder stehen gelassenes Darlehen als eigenkapitalersetzend bzw. quasi Eigenkapital umqualifiziert wurde, obwohl es sich formal weiterhin um Fremdkapital handelte.[127] Das eigenkapitalersetzende Darlehen unterlag damit dem Schutzbereich der Kapitalerhaltungsregeln (gesellschaftsrechtlicher Ansatz).[128] Nach neuem Recht tritt ein lediglich insolvenzrechtlicher Schutz ein. Gesellschafterdarlehen werden im Insolvenzfall als nachrangige Forderungen behandelt; eine Rückzahlung des Darlehens im letzten Jahr vor Eröffnung des Insolvenzverfahrens ist anfechtbar.[129] Aufgegeben wurde das Merkmal der Krise.[130]
- Rechtsformneutralität: Die nunmehr insolvenzrechtlichen Regelungen zur Behandlung von Gesellschafterdarlehen in der Insolvenz sind rechtsformneutral ausgestaltet.[131]
- Aufgabe der Gleichstellung von Gebrauchsüberlassung und eigenkapitalersetzenden Darlehen: Die Nutzungsüberlassung wird nach neuer Rechtslage nicht mehr als kreditgleiche Handlung bewertet.[132] Bei einer über die Insolvenzeröffnung fortdauernden Gebrauchsüberlassung erhält der Gesellschafter eine Nutzungsentschädigung als Masseschuld.[133]

Umstritten ist der Legitimationszweck, der der nachrangigen Behandlung von Gesellschafterdarlehen nach dem neuen Recht zugrunde liegen und diese rechtfertigen soll. Der Gesetzgeber selbst hat dies ausdrücklich offen gelassen.[134] Die Meinung in Rechtsprechung und Literatur ist uneinheitlich. Als Legitimationszweck werden u.a. das Prinzip der Haftungsbeschränkung,[135] die Fortgeltung der

---

[126] *Gehrlein* BB 2011, 3, 5.
[127] *Kolmann* in Saenger/Inhester GmbHG Anhang § 30 Rn. 5.
[128] *Habersack* in Ulmer/Habersack/Winter GmbHG Erg.-Bd. MoMiG § 30 Rn. 22, 37.
[129] BGH NJW 2013, 2282; *K. Schmidt/Herchen* in K. Schmidt Insolvenzordnung § 39 Rn. 27 ff.
[130] *Kolmann* in Saenger/Inhester GmbHG Anhang § 30 Rn. 27.
[131] *Habersack* in Ulmer/Habersack/Winter GmbHG Erg.-Bd. MoMiG § 30 Rn. 31; *Schröder J.* Rn. 226.
[132] *K. Schmidt* in K. Schmidt Insolvenzordnung § 135 Rn. 31; *Schröder J.* Rn. 174.
[133] *Eickmann* in Münch Komm InsO § 135 Rn. 44 ff.
[134] *Seibert* S. 41.
[135] *Habersack* in Ulmer/Habersack/Winter GmbHG Erg.-Bd. MoMiG § 30 Rn. 37.

Finanzierungsfolgenverantwortung der Gesellschafter[136] oder die größere Nähe der Gesellschafter[137] genannt.[138]

2. Zeitlicher Anwendungsbereich der Neuregelung

34   Maßgebliche Vorschrift zur Bestimmung des zeitlichen Anwendungsbereichs der Neuregelung ist Art. 103 d EGInsO. Danach gelten die durch das MoMiG geänderten Regelungen zu den Gesellschafterdarlehen für die nach Inkrafttreten des MoMiG am 1.11.2008 eröffneten Insolvenzverfahren (Neuverfahren). Für zuvor eröffnete Insolvenzverfahren (Altverfahren) gelten die bisherigen Regelungen.[139] Die Anwendbarkeit der Regelungen für Altverfahren erstreckt sich auch auf solche Ansprüche, die bis zum 1.11.2008 bereits entstanden waren.[140]

3. Die maßgeblichen gesetzlichen Vorschriften

35   Die nach der neuen Regelung maßgeblichen gesetzlichen Vorschriften finden sich in § 19 Abs. 2 S. 2 InsO hinsichtlich der Berücksichtigung von Gesellschafterdarlehen im Überschuldungsstatus, § 39 Abs. 1 Ziff. 5 InsO zum Nachrang von Gesellschafterdarlehen, § 39 Abs. 4 InsO zur Anwendbarkeit auf die verschiedenen Gesellschaftsformen, § 39 Abs. 4 S. 2 InsO zum Sanierungsprivileg, § 39 Abs. 5 zum Kleinstbeteiligungsprivileg, § 44 a InsO zu gesellschafterbesicherten Darlehen in der Insolvenz, § 135 InsO zur Anfechtbarkeit bei befriedigten Gesellschafterdarlehen, § 143 InsO zum Rückforderungsanspruch, § 64 S. 3 GmbHG, 92 Abs. 2, 93 Abs. 3 Ziff. 6 AktG zu Schadenersatzpflichten von Organmitgliedern bei Auszahlung im Fall des Vorliegen eines Insolvenzgrundes und in §§ 6 ff. AnfG für anfechtbare Rücklagen außerhalb des Insolvenzverfahrens.

36   Grundsätzlich setzt die Anwendung der Regelungen zu Gesellschafterdarlehen in der Insolvenz voraus, dass sowohl der persönliche (nachfolgend II.) als auch der sachliche (nachfolgend III.) Anwendungsbereich eröffnet sind.

II. Persönlicher Anwendungsbereich

37   § 39 Abs. 4 InsO sieht zur Regelung des persönlichen Anwendungsbereichs eines Nachrangs von Gesellschafterdarlehen vor, dass dieser für Gesellschaften gilt, die *„weder eine natürliche Person noch eine Gesellschaft als persönlich haftenden Gesellschafter haben, bei der ein persönlich haftender Gesellschafter eine natürliche Person ist"*[141].

---

[136] *Bork* ZGR 2007, 250, 257 f.; *Schröder* J. Rn. 333, 360; BGH NJW 2013, 2282, 2283.
[137] *K. Schmidt* in K. Schmidt Insolvenzordnung § 39 Rn. 32 f.; BGH NJW 2013, 2282, 2283.
[138] Ausführlich zu dieser Diskussion siehe *Schröder* J. Rn. 282 ff.; *Kolmann* in Saenger/Inhester GmbHG Anhang § 30 Rn. 34 ff.
[139] Siehe hierzu 1. Auflage, § 7 B II. Seiten 369 bis 376.
[140] *Kolmann* in Saenger/Inhester GmbHG Anhang § 30 Rn. 53.
[141] Die Regelung des persönlichen Anwendungsbereichs bezieht sich in § 39 InsO ausdrücklich nur auf die Nachrangigkeit, gilt aber ebenso für die Anfechtbarkeit und den § 135 InsO, § 6 AnfG.

Die maßgebliche Weichenstellung für die Bestimmung des persönlichen Anwendungsbereichs der Regelungen zu den Gesellschafterdarlehen auf die KGaA beruht somit auf der Unterscheidung zwischen der typischen KGaA (nachfolgend 1.) und der atypischen Kapitalgesellschaft und Co. KGaA (nachfolgend 2.). 38

1. Die typische KGaA

Bei der typischen KGaA ist (mindestens) eine Person persönlich haftender Gesellschafter der KGaA. § 39 Abs. 4 InsO sieht einen Nachrang von Gesellschafterdarlehen jedoch nur für solche Gesellschaften vor, die keine natürliche Person als unbeschränkt haftenden Gesellschafter aufweisen. Auf die typische KGaA sind somit die insolvenzrechtlichen Regelungen zur Nachrangigkeit und – im Fall einer Rückzahlung vor Insolvenzeröffnung – zur Anfechtbarkeit (§ 39 Abs. 1 Ziff. 5, 44 a, 135 InsO) von Gesellschafterdarlehen nicht anwendbar.[142] Dies gilt sowohl für Darlehen (und Sicherheiten) der Komplementäre wie auch der Kommanditaktionäre.[143] 39

2. Die atypische KGaA

Auf die atypische KGaA, bei der eine Kapitalgesellschaft die Stellung als persönlich haftender Gesellschafter einnimmt, sind die insolvenzrechtlichen Vorschriften über Gesellschafterdarlehen gemäß § 39 Abs. 4 InsO dagegen anwendbar.[144] Hinsichtlich der verschiedenen Gesellschaftergruppen ist wie folgt zu unterscheiden. 40

a) Komplementäre. Nach einhelliger Meinung finden die insolvenzrechtlichen Regelungen über Gesellschafterdarlehen gemäß § 39 Abs. 4 InsO auch auf Personengesellschaften mit ausschließlich beschränkt haftenden Gesellschaftern wie etwa eine GmbH & Co. OHG Anwendung.[145] Mit dieser Auffassung unvereinbar wäre eine Nichtanwendbarkeit der insolvenzrechtlichen Regelung zum Gesellschafterdarlehen auf den persönlich haftenden Gesellschafter einer atypischen KGaA. Auch wenn die praktischen Auswirkungen einer Anwendbarkeit gering sein dürften aufgrund der unbeschränkten Haftung des Komplementärs, sind die Komplementäre jedenfalls nicht vom persönlichen Anwendungsbereich auszunehmen. In vielen Fällen ist eine die phG-Stellung innehabende Kapitalgesellschaft zwar nicht am Gesellschaftskapital der KGaA beteiligt. Eine Ausnahme vom Anwendungsbereich aufgrund des Kleinstbeteiligungsprivilegs nach § 39 Abs. 5 InsO scheitert jedoch daran, dass die Komplementärin die Geschäftsführung der KGaA innehat, § 278 Abs. 2 AktG i. V. m. § 161 Abs. 2, § 144 ff. HGB. 41

Gewährt dagegen ein nicht an der Komplementärin beteiligter Geschäftsführer oder ein Mitglied des Vorstands einer Komplementär-AG ein Darlehen, so stellt dies kein Gesellschafterdarlehen dar. Ist der Geschäftsführer bzw. das Vorstands- 42

---

[142] Ebenso *Perlitt* in Münch Komm AktG Vor § 278 Rn. 74; *Bachmann* in Spindler/Stilz AktG § 278 Rn. 45.
[143] *Kolmann* in Saenger/Inhester GmbHG Anhang § 30 Rn. 66; *K. Schmidt/Herchen* in K. Schmidt Insolvenzordnung § 39 Rn. 34, 37 (dort für Kommanditisten einer KG).
[144] BGH NJW 2013, 2282, 2283 für die GmbH & Co. KG.
[145] *Schröder* J. Rn. 235; *K. Schmidt* in K. Schmidt Insolvenzordnung § 39 Rn. 34; *Kolmann* in Saenger/Inhester GmbHG Anhang § 30 Rn. 66.

mitglied dagegen an der Komplementärgesellschaft beteiligt, kann eine dem Gesellschafter gleiche Position vorliegen (siehe unten c.).[146]

43 **b) Kommanditaktionäre.** Von Kommanditaktionären gewährte Darlehen fallen grundsätzlich unter den persönlichen Anwendungsbereich. Ausnahmen können sich ergeben, wenn der Kommanditaktionär entweder unter das Kleinstbeteiligungsprivileg (§ 39 Abs. 4 Satz 2 InsO) oder das Sanierungsprivileg (§ 39 Abs. 5 InsO) fällt.

44 Für den Zeitpunkt der Aktionärseigenschaft ist grundsätzlich auf die Insolvenzeröffnung abzustellen.[147] Wird allerdings innerhalb der Jahresfrist entweder der Geschäftsanteil des Gesellschafters oder die Darlehensforderung abgetreten, so muss sich der Ex-Gesellschafter bzw. im Fall der Abtretung der Zessionar die Nachrangigkeit bzw. im Fall der Rückzahlung die Anfechtbarkeit entgegenhalten lassen.[148]

45 **c) Dem Gesellschafter gleichgestellte Dritte.** Abzustellen ist grundsätzlich auf die formale Gesellschafterstellung.[149] Nach § 39 Abs. 1 Nr. 5 InsO betreffen jedoch die Vorschriften über Gesellschafterdarlehen sämtliche Forderungen auf Rückgewähr eines Gesellschafterdarlehens oder Forderungen aus Rechtshandlungen, die einem solchen Darlehen wirtschaftlich entsprechen. Hierdurch sollte der bisherige § 32 a Abs. 3 Satz 1 GmbHG in personeller wie sachlicher Hinsicht übernommen werden; dies kann auch zu einer Einbeziehung gesellschaftsgleicher Dritter führen.[150] Gesellschaftsgleiche Dritte sind daher auch in materieller Hinsicht dem Gesellschafter gleichstehende Person wie Treugeber, in bestimmten Fällen Nießbraucher, atypisch Unterbeteiligte und stille Gesellschafter, nicht aber nahestehende Personen allein schon aufgrund ihres Angehörigenverhältnisses.[151] Bei indirekt beteiligten Gesellschaftern und verbundenen Unternehmen gilt, dass im Fall einer vertikalen Beteiligung in jedem Fall ein mit Mehrheit am (unmittelbaren Gesellschafter) direkt oder indirekt Beteiligter ebenfalls als gesellschaftsgleicher Dritter in den persönlichen Anwendungsbereich fällt.[152] Diskutiert wird insoweit jedoch bereits eine Beteiligung, die über der Kleinstbeteiligungsschwelle des § 39 Abs. 5 InsO (über 10 %) liegt.[153] Bei Schwestergesellschaften ist dagegen ein beherrschender Einfluss auf die kreditgewährende Schwestergesellschaft erforderlich.[154]

---

[146] Bei einer Beteiligung auch als Kommanditaktionär siehe unten b) Rn. 43 f.
[147] *Schröder* J. Rn. 249; *K. Schmidt/Herchen* in K. Schmidt Insolvenzordnung § 39 Rn. 38.
[148] *Kolmann* in Saenger/Inhester GmbHG Rn. 75 ff.; BGH NJW 2012, 682, 683; BGH NJW 2013, 2282, 2284 (Rn. 28 f.: im Fall der Erfüllung innerhalb der Jahresfrist sind Zessionar und Gesellschafter Gesamtschuldner der anfechtbaren Leistung).
[149] *Schröder* J. Rn. 249; *Kolmann* in Saenger/Inhester GmbHG Anhang § 30 Rn. 70, Rn. 71.
[150] BGH NJW 2013, 2282, 2283; BGH NJW 2011 1503, 1504; *Habersack* in Ulmer/Habersack/Winter GmbHG Erg.-Bd. MoMiG Rn. 43.
[151] *Kolmann* in Saenger/Inhester GmbHG Anhang § 30 Rn. 89 ff.; *Gehrlein* in Münch Komm InsO § 135 Rn. 20.
[152] BGH NJW 2013, 2282, 2284; BGH NZG 2012, 545, 546.
[153] BGH NJW 2013, 2282, 2284; *Kleindiek* in Heidelberger Komm InsO § 39 Rn. 46; *Kolmann* in Saenger/Inhester GmbHG Rn. 99.
[154] *Kleindiek* in Heidelberger Komm InsO § 39 Rn. 47; BGH NZG 2012, 545, 546 (Rn. 18 f.: ausreichend 50 % Beteiligung + Alleingeschäftsführerstellung; kritisch aller-

d) Privilegierungstatbestände. Die Regeln zum Nachrang und Anfechtbarkeit von Gesellschafterdarlehen finden keine Anwendung, wenn die Privilegierungstatbestände einer Kleinbeteiligung (§ 39 Abs. 5 InsO) oder der Sanierung (§ 39 Abs. 4 Satz 2 InsO) vorliegen. 46

aa) Kleinbeteiligungsprivileg. § 39 Abs. 5 InsO setzt die im bisherigen Recht in § 32 a Abs. 3 die bei GmbHG a. F. geltende Ausnahmeregelung für Kleinbeteiligungen fort. Ist ein Gesellschafter mit weniger als 10 % am Gesellschaftskapital beteiligt und hat er nicht die Geschäftsführung inne, so finden die insolvenzrechtlichen Regelungen für Gesellschaftsdarlehen keine Anwendung auf ihn. Im Fall der KGaA ist umstritten, ob hinsichtlich des maßgeblichen Kapitals das Gesellschaftskapital von Komplementär und Stammkapital der Aktionäre zusammenzurechnen ist[155] oder ob allein auf die Beteiligung am Stammkapital abzustellen ist.[156] Die bei der AG vor Inkrafttreten des MoMiG geltende Schwelle von 25 % am Stammkapital einer AG ist mit Inkrafttreten des MoMiG nicht mehr relevant. 47

bb) Sanierungsprivileg. Auch das mittlerweile in § 39 Abs. 4 Satz 2 InsO geregelte Sanierungsprivileg galt inhaltlich im Wesentlichen unverändert bereits vor Inkrafttreten des MoMiG gemäß § 32 a Abs. 3 Satz 3 GmbHG a. F. Die Anwendung des Sanierungsprivilegs setzt den Anteilserwerb bei drohender oder eingetretener Zahlungsunfähigkeit oder Überschuldung zu Sanierungszwecken voraus. Unter das Sanierungsprivileg fallen lediglich Neugesellschafter oder ehemalige Kleinstbeteiligungsprivilegierte, die im Insolvenzstadium eine Beteiligung erwerben, die zur Überschreitung der 10 %-Schwelle führt.[157] 48

III. Sachlicher Anwendungsbereich

Im sachlichen Anwendungsbereich sind zu unterscheiden unmittelbare Darlehen und darlehensgleiche Leistungen (nachfolgend 1.), mittelbare Darlehen, bei denen der Gesellschafter für die Darlehensgewährung eines Dritten eine Sicherheit gewährt (nachfolgend 2.) sowie der Fall der Gebrauchsüberlassung (nachfolgend 3.). 49

1. Darlehen eines Gesellschafters

Als „Gesellschafterdarlehen" gelten (jeweils unter Einschluss der Zinsen) sowohl Gelddarlehen (§ 488 Abs. 1 BGB) wie auch Sachdarlehen (§ 607 BGB), deren Forderungsinhaber ein Gesellschafter oder eine ihm gleichstehende Person ist (s. o. II).[158] Die Aufnahme auch wirtschaftlich entsprechender Leistungen macht deutlich, dass insbesondere auch Stundungen oder nicht innerhalb verkehrsübli- 50

---

dings, wenn Schwestergesellschaft AG ist wegen Weisungsunabhängigkeit des Vorstandes, BGH NZG 2008, 507, 508).
[155] So *Perlitt* in Münch Komm AktG Vor § 278 Rn. 75; *Kolmann* in Saenger/Inhester GmbHG Rn. 103 für die GmbH & Co. KG.
[156] So K. *Schmidt* in K. Schmidt Insolvenzordnung § 39 Rn. 42 bei der GmbH & Co. KG.
[157] K. *Schmidt* in K. Schmidt Insolvenzordnung § 39 Rn. 44 f.
[158] K. *Schmidt/Herchen* in K. Schmidt Insolvenzordnung § 39 Rn. 51; *Kolmann* in Saenger/Inhester GmbHG Anhang § 30 Rn. 128.

cher Frist beglichene stehen gelassene Forderungen erfasst sind.[159] Auch im Rahmen eines Cash-Pools von einem Gesellschafter bereit gestellte Beträge unterfallen grundsätzlich dem Darlehensbegriff. Allerdings sind insoweit nicht die einzelnen Tilgungsleistungen der Tochter- an die Muttergesellschaft im kritischen Jahreszeitraum zu addieren; zur Bestimmung der Darlehenshöhe kann maximal auf den höchsten Tagessaldo[160] oder den durchschnittlichen Saldo im kritischen Jahreszeitraum abgestellt werden.[161]

51 Ist zum Zeitpunkt der Insolvenzeröffnung ein Gesellschafterdarlehen noch nicht zurückbezahlt worden, so ist die Rückforderung des Gesellschafters nachrangig (§ 39 Abs. 1 Ziff. 5 InsO). Ist ein Gesellschafterdarlehen innerhalb des letzten Jahres vor dem Eröffnungsantrag von der Gesellschaft an den Gesellschafter zurückbezahlt worden, so ist die Rückzahlung anfechtbar; der zurückbezahlte Betrag der Insolvenzmasse zurück zu gewähren, § 135 Abs. 2 InsO i.V.m. § 143 Abs. 1 Ziff. 2 InsO.

52 Da nach Auffassung des BGH § 135 Abs. 1 Ziff. 2 InsO im Verhältnis zu den anderen Anfechtungstatbeständen (unter anderem § 135 Abs. 1 Ziff. 1 InsO) keine Sperrwirkung zukommt, soll eine auch vor diesem Zeitpunkt vorgenommene Rückzahlung für ein vom Gesellschafter besichertes Darlehen einer Anfechtung der Sicherheit nach § 135 Abs. 1 Ziff. 1 InsO nicht entgegenstehen.[162]

2. Mittelbare Gesellschafterdarlehen

53 Gewährt ein Gesellschafter oder eine ihm gleichstehende Person nicht selbst ein Darlehen, sondern stellt er lediglich dem unmittelbaren Darlehensgeber eine Sicherheit zur Verfügung, so liegt eine mittelbare Darlehensgewährung vor. Insoweit relevante Sicherheiten können sowohl Personalsicherheiten (insbesondere Bürgschaft, Schuldbeitritt, Garantie und Patronatserklärung) oder Realsicherheiten (akzessorisch oder abstrakt, wie z.B. Pfandrechte, Sicherungsübereignungen, Hypotheken, Grundschuld) sein.[163] Hinsichtlich der Rechtsfolgen einer Sicherheitengewährung durch einen Gesellschafter bei Insolvenz der Tochtergesellschaft ist zu unterscheiden, ob zum Zeitpunkt der Eröffnung das Darlehen bereits zurückbezahlt wurde oder nicht:

54 Vor einer Rückzahlung des besicherten Darlehens folgt aus § 44a InsO, dass der Darlehensgeber sich zunächst an den die Sicherheit gewährenden Gesellschafter halten muss (Primärhaftung der Gesellschaftersicherheit). Der Darlehensgeber kann jedoch seine Darlehensforderung zur Tabelle anmelden; er erhält auf die angemeldete Forderung eine Befriedigung in Höhe der Insolvenzquote, wobei er sich den Verwertungserlös der Gesellschaftssicherheit anrechnen lassen muss.[164] Der

---

[159] *Schröder* J. Rn. 377, 384 ff.
[160] So bei Kontokorrentkonten BGH NJW 2013, 3031, 3034; BGH WM 2013, 708, 711.
[161] So *Kleindiek* in Heidelberger Komm InsO § 135 Rn. 35 ff. m.w.H.; wohl ebenso *K. Schmidt* in K. Schmidt Insolvenzordnung § 135 Rn. 21; *Kolmann* in Saenger/Inhester GmbHG Anhang § 30 Rn. 129.
[162] BGH NJW 2013, 335 = ZIP 2013, 1579 mit zurecht kritischer Anmerkung von *Bitter* ZIP 2013, 1583, 1584.
[163] *Bitter* in Münch Komm InsO § 44a Rn. 15.
[164] *Bitter* in Münch Komm InsO § 44a Rn 20 ff.; *K. Schmidt* in K. Schmidt Insolvenzordnung § 44 a Rn. 13 f.; *Schröder* J. Rn. 144, die die Quote auf die Gesamtforderung berech-

Regressanspruch des Gesellschafters ist entweder nach § 44 InsO gänzlich ausgeschlossen oder jedenfalls nachrangig (§ 39 Abs. 1 Ziff. 5 InsO).[165]

Wurde das Darlehen, für das die Gesellschaftersicherheit bestellt wurde, innerhalb des letzten Jahres vor Eröffnung des Insolvenzverfahrens zurückgezahlt, so ist diese Rückzahlung nach § 135 Abs. 2 InsO anfechtbar. Nach § 143 Abs. 3 InsO muss der Gesellschafter, der die Sicherheit für das innerhalb dieses Zeitraums zurückbezahlte Darlehen bestellt hatte, einen Betrag maximal in Höhe des Werts der von ihm gewährten Sicherheit zurückbezahlen. 55

Hat die Gesellschaft dem Gesellschafter für sein Darlehen vor dem nach § 135 Abs. 1 Ziff. 1 genannten 10-Jahres-Zeitraum eine Sicherheit gewährt, so ist umstritten, ob der Gesellschafter ein (dem § 39 Abs. 1 Ziff. 5 InsO unterliegendes) Absonderungsrecht hat[166] oder ob er aufgrund des Nachrangs des Gesellschafterdarlehens gem. § 39 Abs. 1 Ziff. 4 InsO an der Verwertung der Sicherheit gehindert ist.[167] 56

3. Gebrauchsüberlassung

Nach neuem Recht ist die Gebrauchsüberlassung kein Fall einer einem Gesellschafterdarlehen wirtschaftlich entsprechenden Handlung mehr.[168] Gegenstand der Nutzungsüberlassung können bewegliche oder unbewegliche Sachen sowie Rechte sein.[169] Das MoMiG hat es bei der Anwendung der bisherigen insolvenzrechtlichen Regeln belassen und systemwidrig in § 135 Abs. 3 InsO eine Sonderregelung hinzugefügt. Bei Gebrauchsüberlassungen von Sachen oder Rechten gelten grundsätzlich die § 103 ff. InsO. Danach kann der Verwalter bestehende Schuldverhältnisse auch nach Eröffnung des Insolvenzverfahrens fortsetzen. Wählt er eine Fortsetzung, sind die Nutzungsentgeltansprüche Masseverbindlichkeiten nach § 55 Abs. 1 S. 2 InsO. Statt einer Fortsetzung des vertraglichen Nutzungsanspruchs[170] kann bei der Gebrauchsüberlassung von Gegenständen, die für die Fortführung des Unternehmens des Schuldners von erheblicher Bedeutung sind, der Verwalter nach § 135 Abs. 3 InsO n. F. dem grundsätzlich bestehenden Aussonderungsrecht des Gesellschafters ein Recht zur Fortsetzung des Nutzungsrechts entgegenhalten; hierdurch begründet er ein gesetzliches Nutzungsverhältnis.[171] In diesem Fall erhält der Gesellschafter ein Nutzungsentgelt in Höhe des durchschnittlich im letzten Jahr vor Eröffnung des Insolvenzverfahrens tatsächlich entrichteten Nut- 57

---

nen, dem Gläubiger jedoch maximal einen Zahlungsanspruch bis zur Höhe seines Ausfalls gewähren; nach anderer Ansicht ist die Quote lediglich auf den nach Verwertung der Sicherheit verbleibenden (Teil-)Betrag anzuwenden.

[165] *Bitter* in Münch Komm InsO § 44a Rn. 24 ff.; *Schröder J.* Rn. 142.
[166] So wohl BGH NJW 2013, 335, 336; *Kolmann* in Saenger/Inhester GmbHG Rn. 169.
[167] *Kleindiek* in Heidelberger Komm InsO § 135 Rn. 14; im Ergebnis ebenso *Altmeppen* NZG 2013, 441, der keinen sinnvollen Anwendungsbereich für § 135 Abs. 1 Ziff. 1 InsO sieht.
[168] *Schröder J.* Rn. 174.
[169] *Schröder J.* Rn. 175.
[170] Sehr strittig, *Kleindiek* in Heidelberger Komm InsO § 135 Rn. 51 m.w.H.; nach anderer Ansicht können Rechte aus § 103 ff. InsO neben dem Recht aus § 135 Abs. 3 InsO vom Verwalter ausgeübt werden.
[171] *K. Schmidt* in K. Schmidt Insolvenzordnung § 135 Rn. 42.

zungsentgelts als Masseverbindlichkeit.¹⁷² Für vor Eröffnung des Insolvenzverfahrens dem Gesellschafter entrichtete Nutzungsentgelte bestehen keine Rückforderungsansprüche des Verwalters. Hinsichtlich rückständiger (gestundeter) Raten gilt § 39 Abs. 1 Ziff. 5 InsO.¹⁷³

4. Weitere anfechtungsrelevante Umstände

58 Die § 135 Abs. 1, 2 InsO haben keine Sperrwirkung hinsichtlich der Anwendbarkeit anderer Anfechtungstatbestände; liegen daher bei Darlehen eines Gesellschafters die Tatbestandsvoraussetzungen anderer Anfechtungstatbestände vor (z. B. §§ 133 Abs. 1 oder 2 InsO, 139 Abs. 2 InsO), ist eine Anfechtung nach diesen Regeln möglich.¹⁷⁴ Wird ein Insolvenzverfahren etwa mangels Masse nicht eröffnet, können Darlehensrückzahlungen oder Sicherheiten oder die Gewährung von Sicherheiten durch einen Gesellschafter nach den §§ 6 f. Anfechtungsgesetz anfechtbar sein.¹⁷⁵

59 Da nach dem MoMiG keine Eigenkapitalverstrickung mehr anzunehmen ist, hat der Gesellschafter vor Eröffnung des Insolvenzverfahrens bei Fälligkeit einen Rückzahlungsanspruch. Ein Leistungsverweigerungsrecht¹⁷⁶ der Gesellschaft bzw. eine Schadenersatzpflicht im Fall der Auszahlung besteht jedoch, soweit der Geschäftsführer einer Komplementär-GmbH nach § 64 GmbHG oder der Vorstand einer Komplementär-AG nach §§ 92 Abs. 2, 93 Abs. 3, Ziff. 6 AktG nach Zahlungsunfähigkeit oder Überschuldung Zahlungen an Gesellschafter vornimmt und hierdurch die Zahlungsunfähigkeit begründet oder vertieft (Insolvenzverursachungshaftung).

C. Haftung für existenzvernichtende Eingriffe

I. Ausgangskonstellation

60 Die Haftung für existenzvernichtende Eingriffe ist dem Grundsatz nach eine Insolvenzverursachungshaftung.¹⁷⁷ Sie hat das Trennungsprinzip der Kapitalgesellschaft zum Ausgangspunkt. Danach haften die Gesellschafter grundsätzlich lediglich mit ihrer Einlage (§ 13 GmbHG, § 1 Abs. 1 Satz 2 AktG). Die Gläubiger können nur auf das Gesellschaftsvermögen zugreifen. Zum Ausgleich dieses Haftungsprivilegs sind die Gesellschafter einer Kapitalgesellschaft nach den Vorschriften zur Kapitalaufbringung und -erhaltung verpflichtet, ihre Kapitaleinlage aufzubringen und diese auch nicht abzuziehen. Das gesetzliche Kapitalschutzsystem¹⁷⁸

---

¹⁷² *Schröder J.* Rn. 170 ff.
¹⁷³ *Schröder J.* Rn. 170.
¹⁷⁴ *Gehrlein* in Münch Komm InsO § 135 Rn. 35, Rn. 4.
¹⁷⁵ *Kolmann* in Saenger/Inhester GmbHG Anhang § 30 Rn. 184 f.
¹⁷⁶ BGH NZG 2012, 1379, 1381 m. w. H.
¹⁷⁷ *Habersack* in Emmerich/Habersack Aktien- und GmbH-Konzernrecht § 318 Anh. Rn. 41.
¹⁷⁸ Vgl. §§ 57, 62 AktG, 30, 31 GmbHG.

soll die Gläubiger vor Eingriffen der Gesellschafter schützen. Da sich in der Praxis jedoch Lücken in dem gesetzlich ausgestalteten Kapitalschutzrecht zeigten, hat die Rechtsprechung versucht, diese Lücken zu schließen. Der BGH hat zunächst in der „Autokran"-Entscheidung die Rechtsfigur des qualifiziert faktischen Konzerns begründet,[179] die unter bestimmten Voraussetzungen eine Haftung des eine GmbH beherrschenden Gesellschafters analog § 302, 303 AktG auslöste. Diese Rechtsprechung hatte der BGH in Folgeentscheidungen[180] näher ausgestaltet. Den konzernrechtlichen Anknüpfungspunkt hat der BGH in der Entscheidung „Bremer Vulkan"[181] aufgegeben und einen eigenständigen gesellschaftsrechtlichen Haftungsgrund mit dem existenzvernichtenden Eingriff begründet.[182] Ausgangspunkt für dieses Haftungsmodell war die Überlegung, dass ein Gesellschafter bei einem rücksichtslosen Eingriff in das Gesellschaftsvermögen, der nicht dem Bestandsschutz der Gesellschaft sowie der Zweckbindung des Gesellschaftervermögens zur Erfüllung ihrer Verbindlichkeiten Rechnung trägt, das kapitalgesellschaftsrechtliche Haftungsprivileg[183] missbraucht. Rechtsfolge des Missbrauchs sollte eine zu §§ 30, 31 GmbHG subsidiäre, den Gesellschaftsgläubigern gegenüber bestehende Außenhaftung der Gesellschaft entsprechend dem im Personengesellschaftsrecht geltenden § 128 BGB sein.[184]

In der Entscheidung „Trihotel"[185] hat der BGH das eigenständige gesellschaftsrechtliche Haftungsmodell des existenzvernichtenden Eingriffs aufgegeben. Existenzvernichtende Eingriffe eines Gesellschafters oder ihm gleichgestellter Personen lösen nun nach § 826 BGB in der besonderen Fallgruppe des existenzvernichtenden Eingriffs Haftungsansprüche aus. Mit dem Wechsel der Anspruchsgrundlage wurde die Möglichkeit einer Außenhaftung aufgegeben und eine neben den gesetzlichen Kapitalschutzansprüchen bestehende konkurrierende Innenhaftung der Gesellschafter (oder diesen gleichstehenden Personen) gegenüber der Gesellschaft begründet.[186] § 826 BGB soll damit als Entnahmesperre eine Selbstbedienung des Gesellschafters oder ihm gleichstehender Personen verhindern.[187]

61

II. Geltung in der KGaA

Die auf Fallgestaltungen der GmbH beruhende Rechtsprechung zum existenzvernichtenden Eingriff kann grundsätzlich auch bei einer typischen aktionärsdominierten KGaA oder einer atypischen Kapitalgesellschaft & Co. KGaA Anwen-

62

---

[179] BGHZ 95, 330 = BGH NJW 1986, 188.
[180] BGHZ 107, 7 = BGH NJW 1989, 1800 – Tiefbau; BGHZ 115, 187 = BGH NJW 1991, 3142 – Video; BGHZ 122, 123 = BGH NJW 1993, 1200 – TBB.
[181] BGHZ 149, 10 = BGH NJW 2001, 3622.
[182] Zur (Fort-)Geltung der Haftung im qualifiziert faktischen Konzern in der AG/KGaA s. u. § 12 Ziff. IV.
[183] § 13 Abs. 2 GmbHG; entsprechend § 1 Abs. 1 Satz 2 AktG.
[184] BGHZ 151, 181 = BGH NJW 2002, 3024 – KBV; BGH NZG 2005, 177 – Autovertragshändler.
[185] BGHZ 173, 246 = BGH NJW 2007, 2689 – Trihotel.
[186] BGHZ 173, 246 = BGH NJW 2007, 2689 – Trihotel; *Kurzwelly* FS Goette S. 277, 281.
[187] BGHZ 176, 204 = BGH NJW 2008, 2437, 2438.

dung finden, wenn Gesellschafter oder diesen gleichstehende Personen Eingriffe in das Gesellschaftsvermögen einer KGaA ohne angemessene Rücksichtnahme auf das zur Erfüllung der Gesellschaftsschulden dienende Gesellschaftsvermögen vornehmen und hierdurch die Insolvenz einer KGaA verursachen oder vertiefen.[188] Mit der nun auf § 826 BGB gestützten Existenzvernichtungshaftung soll das gesetzliche Kapitalschutzsystem auf Ebene des Deliktsrechts folgerichtig verlängert werden.[189] Aufgrund des im Aktienrecht dichter ausgestalteten Schutzsystems (vgl. insbes. § 117 AktG, der auch auf die KGaA anwendbar ist[190] und § 317 AktG), dürfte die praktische Bedeutung der Existenzvernichtungshaftung bei der KGaA aber geringer als bei der GmbH sein.[191]

III. Tatbestandsvoraussetzung

1. Objektiver Tatbestand

63 Als Tatbestandsvoraussetzung setzt § 826 BGB grundsätzlich eine sittenwidrige und vorsätzliche Schädigung voraus. In der Fallgruppe des existenzvernichtenden Eingriffs setzt dies einen gezielten, betriebsfremden Zwecken dienenden Entzug von Vermögenswerten voraus, die die Gesellschaft zur Erfüllung ihrer Verbindlichkeiten benötigt. Dieser kompensationslose Eingriff muss eine Insolvenz der Gesellschaft verursachen oder vertiefen.[192]

64 **a) Vermögenseingriff als sittenwidrige Handlung.** Erforderlich ist ein Eingriff, der das Gesellschaftsvermögen durch einen Entzug reduziert. Dieser kann beispielsweise in einem Entzug liquider Mittel,[193] einem Unterlassen der Durchsetzung von bestehenden Ansprüchen insbesondere gegen Gesellschafter oder Geschäftsführer[194] oder einer Übernahme von Vermögensgegenständen ohne gleichwertige Gegenleistung[195] liegen. An einem Eingriff fehlt es bei einer bereits anfänglich unzureichenden Kapitalausstattung.[196] Ebenso wenig begründen Managementfehler[197] oder Vermögensübertragungen mit angemessener Kompensation[198] einen existenzvernichtenden Eingriff.

---

[188] Vgl. zur Anwendung der Existenzvernichtungshaftung auch auf die AG; *Griegoleit* in Griegoleit AktG § 1 Rn. 126; *Hüffer/Koch* § 1 Rn. 26a; *Heider* in Münch Komm AktG § 1 Rn. 85; *Fock* in Spindler/Stilz AktG § 1 Rn. 64; ablehnend aber *Schall* FS Stilz, S. 537, 546; wohl auch *Altmeppen* in Münch Komm AktG Anh. § 317 Rn. 13.
[189] BGHZ 173, 246 = BGH NJW 2007, 2689, 2693.
[190] *Perlitt* in Münch Komm AktG § 278 Rn. 267.
[191] *Habersack* in Emmerich/Habersack Aktien- und GmbH-Konzernrecht Anh. § 317 Rn 5a; *Hüffer/Koch* § 1 Rn. 26a.
[192] BGHZ 173, 246 = BGH NJW 2007, 2692 – Trihotel.
[193] BGHZ 149 10 = NJW 2001, 3622 – Bremer Vulkan.
[194] BGHZ 179, 344 = BGH NJW 2009, 2127 – Sanitary.
[195] BGH NZG 2012, 1069, 1071; weiterführende Beispiele s. *Drescher* Rn. 817; *Haag/Manthey* GmbHR 2008, 798.
[196] BGHZ 176, 204 = BGH NJW 2008, 2437, 2438 – Gamma.
[197] BGH NZG 2005, 214; *Vogt* in Beck'sches HdbGmbH Rn. 329; *Röhricht* FS 50 Jahre BGH Bd I, S. 104 ff.
[198] BGH NZG 2005, 177, 179.

b) Insolvenzverursachung. Die mit dem Eingriff verbundene Vermögentziehung muss grundsätzlich eine Insolvenz verursacht haben. Ausreichend ist jedoch insoweit, dass durch den Eingriff die Insolvenz auch nur mitverursacht oder, wenn eine Insolvenz auch ohne den Eingriff eingetreten wäre, vertieft wurde.[199] Ein derartiger Eingriff ist sittenwidrig.[200] Der hierdurch verursachte Schaden besteht in dem Verlust der Schuldendeckungsfähigkeit der Gesellschaft gegenüber den Gesellschaftsgläubigern.[201] Neben oder statt einer Insolvenzverursachung reicht für die Bejahung eines existenzvernichtenden Eingriffs auch aus, wenn im Liquidationsstadium ein Gesellschafter oder eine ihm gleichstehende Person unter Verstoß gegen §§ 73 Abs. 1 GmbHG, 271 f. AktG in sittenwidriger Weise das im Interesse der Gesellschaftsgläubiger zweckgebundene Gesellschaftsvermögen schädigt.[202]

c) Anspruchsgegner. Entwickelt wurde die Figur des existenzvernichtenden Eingriffs für Eingriffe eines Gesellschafters. Einem Anspruch aus § 826 BGB können aber nicht nur unmittelbare Gesellschafter, sondern auch mittelbare Gesellschafter (Gesellschafter-Gesellschafter) oder einem Gesellschafter vergleichbare Personen ausgesetzt sein. Entscheidend ist nicht die formale Gesellschafterstellung. Wer wie ein Gesellschafter handelt, muss sich auch als solcher behandeln lassen.[203] Als Haftende kommen daher neben dem unmittelbaren Gesellschafter auch mittelbare Gesellschafter sowie Mittäter, Anstifter und Gehilfen (§ 830 BGB) in Betracht.[204] Der Geschäftsführer einer Komplementär-GmbH, der das Vermögen der KGaA bewusst schädigt, kann sich dadurch ebenfalls haftbar machen. Dies lässt sich auch nicht durch eine mehrstufige Komplementär-Konstruktion umgehen: Entscheidend ist, wer über die tatsächliche Einflussmöglichkeit verfügt.[205]

2. Subjektiver Tatbestand

In subjektiver Hinsicht ist bedingter Vorsatz ausreichend. Der subjektive Tatbestand des § 826 BGB in Form des existenzvernichtenden Eingriffs liegt vor, wenn dem Gesellschafter bewusst ist, dass durch von ihm selbst oder mit seiner Zustimmung veranlasste Maßnahmen das Gesellschaftsvermögen sittenwidrig geschädigt wird. Ein Bewusstsein der Sittenmäßigkeit ist nicht erforderlich. Ausreichend ist vielmehr, wenn der Gesellschafter faktisch dauerhafte Beeinträchtigung der Erfüllung der Verbindlichkeiten als voraussetzbare Folge seines Eingriffs billigend in Kauf nimmt.[206]

---

[199] BGH NZG 2012, 1069, 1071; BGH NZG 2013, 827, 829.
[200] BGH NZG 2013, 827, 829.
[201] BGHZ 179, 344 = BGH NJW 2009, 2127, 2129.
[202] BGHZ 179, 344 = BGH NJW 2009, 2127, 2131– Sanitary; *Kurzwelly* FS Goette, S. 277, 287.
[203] BGHZ 173, 246 = BGH NJW 2007, 2689, 2694.
[204] BGH NZG 2013, 827, 829; dies kann insbesondere auch zur Mithaftung eines den Vermögensentzug konkret vornehmenden Geschäftsführers oder eines den Eingriff mittragenden Mitgesellschafters führen.
[205] Siehe *Heckschen* in Reul/Heckschen/Wienberg Rn. 481; *Vogt* in Beck'sches HdbGmbH Rn. 335.
[206] BGHZ 173, 246 = BGH NJW 2007, 2689; BGHZ 179, 344 = BGH NJW 2009, 2127, 2129 – Sanitary; BGH NZG 2013, 827, 830.

3. Ersatzfähigkeit des Schadens

68 Ersatzfähiger Schaden sind die durch den Eingriff verursachten Vermögensnachteile der Gesellschaft. Diese können bestehen aus den entzogenen Vermögenspositionen, insolvenzbedingten Zerschlagungsverlusten sowie einem entgangenen Gewinn der Gesellschaft und, wenn die Gesellschaft ohne Eingriff nicht insolvenzreif gewesen wäre, den Kosten des vorläufigen Insolvenzverfahrens sowie des Insolvenzverfahrens. Obergrenze eines Schadensersatzes sind die gesamten im Insolvenzverfahren angemeldeten Forderungen zuzüglich der Kosten des (vorläufigen) Insolvenzverfahrens.[207]

IV. Durchsetzung des Anspruchs

1. Innenhaftung

69 § 826 BGB in Form des existenzvernichtenden Eingriffs führt zu einer Innenhaftung des in das Gesellschaftervermögen eingreifenden Gesellschafters.[208] Zur Durchsetzung eines Anspruchs nach § 826 BGB ist daher nach Eröffnung eines Insolvenzverfahrens der Insolvenzverwalter berufen.[209] Unterbleibt die Eröffnung eines Insolvenzverfahren mangels Masse, so muss ein Gläubiger auf der Grundlage eines von ihm gegen die Gesellschaft erstrittenen Titels deren Anspruch gegen ihren Gesellschafter pfänden und sich überweisen lassen.[210] Bei einem Eingriff in das Gesellschaftsvermögen im Liquidationsstadium ist der Liquidator zur Anspruchsdurchsetzung berechtigt.[211]

2. Beweislast und Verjährung

70 Darlegungs- und beweisbelastet ist der den Anspruch verfolgende Insolvenzverwalter.[212] Der Anspruch nach § 826 BGB in Form des existenzvernichtenden Eingriffs unterliegt grundsätzlich den allgemeinen Regelungen der Verjährung und verjährt damit gemäß § 195, 199 BGB nach drei Jahren. Die Verjährung beginnt zu laufen, wenn dem Gläubiger sowohl die Umstände, die einen Ersatzanspruch wegen Existenzvernichtungshaftung begründen als auch die Umstände, aus denen sich ergibt, dass der unmittelbare oder mittelbare Gesellschafter als Schuldner in Betracht kommt, bekannt oder infolge grober Fahrlässigkeit unbekannt sind.[213]

---

[207] NJW 2007, 2689, 2695; BGH NZG 2012, 1069, 1072.
[208] BGHZ 173, 246 = BGH NJW 2007, 2689, 2692 – Trihotel.
[209] BGHZ 173, 246 = BGH NJW 2007, 2689, 2693.
[210] BGH NJW 2009, 2127, 2130; *Heckschen* in Reul/Heckschen/Wienberg Rn. 491; *Oechsler* in Staudinger BGB § 826 Rn. 324b; zur geringen praktischen Bedeutung jedenfalls bei erfolgversprechenden Ansprüchen aus § 826 BGB vgl. zutreffend *Kurzwelly* FS Goette, 277, 284; BGHZ 173, 246 = BGH NJW 2007, 2689, 2693.
[211] *Heckschen* in Reul/Heckschen/Wienberg Rn. 491; *Vogt* in Beck'sches HdbGmbH Rn. 339.
[212] BGHZ 173, 246 = BGH NJW 2007, 2689, 2693; BGHZ 193, 96 = BGH NZG 2012, 667, 668.
[213] BGHZ 193, 96 = BGH NZG 2012, 1069, 1070.

3. Anspruchsgrundlagenkonkurrenz

Ein Anspruch nach § 826 BGB in Form des existenzvernichtenden Eingriffs **71** kann neben Ansprüchen aus den §§ 57, 62, 117 AktG[214] sowie bei der atypischen KGaA aus §§ 30, 31 GmbHG geltend gemacht werden. Die nach früheren Haftungsmodellen des existenzvernichtenden Eingriffs bei der GmbH noch angenommene Subsidiarität zu Ansprüchen nach §§ 30, 31 GmbHG (entsprechend bei der AG/KGaA, §§ 57, 62 AktG) hat die Rechtsprechung nun für die auf § 826 BGB gestützten Ansprüche ausdrücklich aufgegeben.[215]

---

[214] Hüffer/*Koch* § 1 Rn. 26a; *Fock* in Spindler/Stilz AktG § 1 Rn. 64.
[215] BGHZ 173, 246 = BGH NJW 2007, 2689, 2693; BGHZ 179, 344 = BGH NJW 2009, 2127, 2131 – Anspruchsgrundlagenkonkurrenz.

§ 8 Auflösung und Abwicklung

Übersicht

	Rn.
A. Auflösung	1
I. Überblick	1
II. Personengesellschaftsrechtliche Auflösungsgründe	4
1. Übersicht	4
2. Zeitablauf	5
3. Gesellschafterbeschluss	7
a) Auflösungsbeschluss	8
b) Zustimmung der Komplementäre	13
4. Eröffnung des Insolvenzverfahrens	19
5. Gerichtliche Entscheidung	22
III. Auflösungsgründe nach dem AktG	25
IV. Gesetzlich nicht geregelte Sachverhalte	27
1. Ausscheiden des letzten Komplementärs	27
a) Vorbemerkung	27
b) Rechtsfolgen des Ausscheidens des letzten Komplementärs	28
c) Ausscheiden aufgrund der Dispositionsbefugnis des betroffenen oder aller übrigen Gesellschafter	37
d) Sonstige Formen des Ausscheidens	42
e) Ausscheiden einer Kapitalgesellschaft als alleiniger Komplementär	44
2. Fehlen der Vertretungsbefugnis des alleinvertretungsberechtigten Komplementärs	47
a) Entzug der Vertretungsbefugnis des alleinvertretungsberechtigten Komplementärs	47
b) Eintritt der beschränkten Geschäftsfähigkeit bzw. Geschäftsunfähigkeit	51
3. Kündigung durch die Gesamtheit der Kommanditaktionäre?	52
B. Abwicklung	54
I. Überblick	54
II. Abwickler	55
1. Vorbemerkungen	55
2. Geborene Abwickler	57
3. Gekorene Abwickler	58
4. Gerichtlich bestellte Abwickler	60
5. KGaA i. L. ohne geborene Abwickler	61
6. Satzungsgestaltungen	62
III. Abwicklungsverfahren	63
1. Ablauf des Abwicklungsverfahrens	63
2. Einhaltung des Sperrjahres, § 272 AktG	66
3. Satzungsregelungen	68
IV. Fortsetzung einer aufgelösten Gesellschaft	69
V. Nachtragsabwicklung	70

Literatur: *Bergmann*: Der Kommanditist als Vertretungsorgan der Kommanditgesellschaft, ZIP 2006, 2064; *Eckardt*: Das Ausscheiden des Komplementärs aus der zweigliedrigen KG – Zugleich eine Besprechung der Entscheidung BGH NZG 2000, 474, NZG 2000, 449; *Frey/v. Bredow*: Der Wegfall des einzigen Komplementärs nach der HGB-Reform, ZIP 1998, 1621; *Kessler*: Die Entwicklung des Binnenrechts der KGaA seit BGHZ 134, 392 = NJW 1997, 1923, NZG 2005, 145; *K. Schmidt*: Das Handelsrechtsreformgesetz, NJW 1998, 2161; *ders.*: Zur kombinierten Nachfolge- und Umwandlungsklausel bei OHG- oder Komplementäranteilen, BB 1989, 1702; *Schrick*: Überlegungen zur Gründung einer kapitalistischen KGaA aus dem Blickwinkel der Unternehmerfamilie, NZG 2000, 409; *Philbert*: Die Kommanditgesellschaft auf Aktien zwischen Personengesellschaftsrecht und Aktienrecht, Berlin 2005; *ders.*: Die Satzungsautonomie in Bezug auf die Liquidation einer AG, ZIP 1998, 770; *Veil*: Die Kündigung der KGaA durch persönlich haftende Gesellschafter und Kommanditaktionäre, NZG 2000, 72.

A. Auflösung

I. Überblick

1   Eine KGaA, die nicht mehr als werbende Gesellschaft betrieben, sondern liquidiert werden soll, wird aufgelöst und abgewickelt. Die Auflösung kann durch Vereinbarung der Gesellschafter oder kraft Gesetzes eintreten. Nach § 289 Abs. 1, 2 AktG gelten als gesetzliche Auflösungsgründe sowohl solche des Personengesellschaftsrechts (§§ 162 Abs. 2, 131 HGB) als auch KGaA-spezifische.

2   Durch die Auflösung wird der Geschäftszweck der KGaA von einer werbenden Gesellschaft, die am Geschäftsverkehr teilnimmt, in den der Abwicklung geändert. Der Zweck der Abwicklungsgesellschaft, die in der Rechtsform der KGaA als Liquidationsgesellschaft weiterbesteht,[1] ist infolge der Auflösung ausschließlich auf die Liquidation und Verteilung des Restvermögens gerichtet.[2] Die gesetzlichen Bestimmungen für die KGaA sind auch für die Abwicklungsgesellschaft anzuwenden.[3] Der **Liquidationszweck** der Gesellschaft ist aus Gründen der Offenkundigkeit gemäß §§ 278 Abs. 3, 269 Abs. 6 AktG durch einen Zusatz „in Liquidation" oder kurz „i. L." zu kennzeichnen.[4] Ein Verstoß gegen die Kennzeichnungspflicht ändert grundsätzlich nichts an der Wirkung für und gegen die Gesellschaft in Liquidation.[5] Der Verstoß kann aber zu einer Haftung der unterzeichnenden Person aus §§ 280 Abs. 1 S. 1 i.V.m. 311 Abs. 2 Nr. 1 BGB führen.[6] In der Regel kommt es zu keiner Haftung, eine Ausnahme kann im Fall einer insolventen Gesellschaft gegeben sein.[7]

3   Die Auflösung der Gesellschaft ist gemäß § 289 Abs. 6 AktG **von allen persönlich haftenden Gesellschaftern**, also auch von den nicht vertretungsberechtigten bzw. nicht zur Geschäftsführung befugten Komplementären, zur Eintragung ins Handelsregister **anzumelden**; die Eintragung der *Auflösung* hat nur deklaratorische Wirkung.[8] Die Vollbeendigung der Gesellschaft tritt materiell-rechtlich mit

---

[1] *Assmann/Sethe* in GroßKomm AktG § 289 Rn. 7; *Perlitt* in Münch Komm AktG § 289 Rn. 6; *Mertens/Cahn* in Kölner Komm AktG § 289 Rn. 5.
[2] *Assmann/Sethe* in GroßKomm AktG § 289 Rn. 7; *Mertens/Cahn* in Kölner Komm AktG § 289 Rn. 5 unter Verwendung der synonymen Bezeichnung „Liquidationsgesellschaft"; *Herfs* in Münch Hdb AG § 77 Rn. 43 f.
[3] *Assmann/Sethe* in GroßKomm AktG § 289 Rn. 7; *Bachmann* in Spindler/Stilz AktG § 289 Rn. 16.
[4] *Assmann/Sethe* in GroßKomm AktG § 289 Rn. 7; *Nagel/Wittowski* S. 88.
[5] *Hüffer/Koch* § 269 Rn. 8.
[6] Vgl. dazu *Eckardt* NZG 2000, 449, 454.
[7] *Bachmann* in Spindler/Stilz AktG § 269 Rn. 14; *Hüffer* in Münch Komm AktG § 269 Rn. 20.
[8] *Assmann/Sethe* in GroßKomm AktG § 289 Rn. 36 m.w.N.; *Herfs* in Münch Hdb AG § 77 Rn. 46; *Perlitt* in Münch Komm AktG § 289 Rn. 108, 111.

Abschluss der Abwicklung nach erfolgter Vermögensverteilung ein, §§ 278 Abs. 3, 264 Abs. 3 AktG.[9] Der Schluss der Abwicklung ist ebenfalls zum Handelsregister anzumelden; die Gesellschaft wird gelöscht, §§ 278 Abs. 3, 273 AktG. Nach überwiegender Ansicht soll der Löschung der Gesellschaft im Handelsregister konstitutive Wirkung zukommen;[10] dafür spricht, dass die Gesellschaft auch mit der (konstitutiven) Eintragung in das Handelsregister entsteht.[11]

II. Personengesellschaftsrechtliche Auflösungsgründe

1. Übersicht

Gemäß §§ 289 Abs. 1 AktG i.V.m. 161 Abs. 2, 131 Abs. 1 HGB wird die KGaA aufgelöst durch   4
- Zeitablauf (§ 131 Abs. 1 Nr. 1 HGB),
- Gesellschafterbeschluss (§ 131 Abs. 1 Nr. 2 HGB),
- Eröffnung des Insolvenzverfahrens (§ 131 Abs. 1 Nr. 3 HGB) oder
- gerichtliche Entscheidung (§ 131 Abs. 1 Nr. 4 HGB).

2. Zeitablauf

Im Gesellschaftsvertrag kann vereinbart werden, dass die Gesellschaft mit Ablauf der Zeit, für die sie eingegangen ist, endet.[12] In diesem **wenig praxisrelevanten Fall** wird die Gesellschaft automatisch mit Zeitablauf aufgelöst und in eine Abwicklungsgesellschaft[13] umgewandelt. Die Auflösung lässt sich vor Ablauf des bestimmten Zeitpunkts durch Satzungsänderungen, die entweder zu einer Verlängerung der Befristung führen oder die Befristung gänzlich beseitigen können, abwenden.[14]   5

Nach Ablauf der festgelegten Zeit hat sich der Unternehmenszweck der KGaA schon auf die Abwicklung geändert, eine Fortsetzung der Gesellschaft kann nur noch nach Maßgabe der Bestimmungen über eine aufgelöste Gesellschaft gemäß §§ 278 Abs. 3, 274 AktG erreicht werden.[15]   6

---

[9] *Assmann/Sethe* in GroßKomm AktG § 289 Rn. 8.
[10] Exemplarisch Hüffer/*Koch* § 262 Rn. 23 m.w.N.
[11] Für die KGaA *Assmann/Sethe* in GroßKomm AktG § 289 Rn. 8.
[12] Siehe zur Dauer der Gesellschaft § 4 Rn. 109.
[13] Siehe dazu Rn. 2.
[14] *Perlitt* in Münch Komm AktG § 289 Rn. 13; *Assmann/Sethe* in GroßKomm AktG § 289 Rn. 16.
[15] *Herfs* in Münch Hdb AG § 77 Rn. 33; *Perlitt* in Münch Komm AktG § 289 Rn. 13; *Bachmann* in Spindler/Stilz AktG § 289 Rn. 2.

3. Gesellschafterbeschluss

7   Die Auflösung der Gesellschaft ist ein Grundlagengeschäft,[16] so dass es zwingend[17] der **Zustimmung beider Gesellschaftergruppen**,[18] also der Komplementäre und der Gesamtheit der Kommanditaktionäre bedarf. Die Initiative kann dabei von beiden Gruppen ausgehen. Wirksam aufgelöst ist die KGaA, wenn die letzte erforderliche Zustimmung vorliegt.[19] Abzugrenzen von der Auflösung durch Gesellschafterbeschluss ist die nur für Komplementäre mögliche Kündigung der Mitgliedschaft, die keiner Zustimmung der Kommanditaktionäre bedarf.[20]

8   a) **Auflösungsbeschluss.** Durch Hauptversammlungsbeschluss, der eine Dreiviertelmehrheit des vertretenen Grundkapitals und die Zustimmung[21] der persönlich haftenden Gesellschafter voraussetzt, wird die KGaA aufgelöst. Angesichts der klaren Regelung des § 289 Abs. 4 S. 1 AktG kann das Erfordernis eines Hauptversammlungsbeschlusses durch die Satzung **nicht abbedungen** werden.[22]

9   Bei Beschlussfassung dürfen persönlich haftende Gesellschafter, die zugleich Kommanditaktionäre sind, entsprechend ihrer Anzahl von Aktien mitstimmen, da kein Katalogbeschluss des § 285 Abs. 1 S. 2 AktG vorliegt.[23]

10 Die Satzung kann darüber hinaus gemäß § 289 Abs. 4 S. 4 AktG eine **größere Mehrheit** oder sonstige Erfordernisse für den Beschluss verlangen. Eine Erleichterung der Voraussetzungen des Auflösungsbeschlusses ist dagegen unzulässig.[24]

11 Wie eingangs ausgeführt, ist die Auflösung gemäß § 289 Abs. 6 S. 1 AktG **zur Eintragung** in das Handelsregister **anzumelden**, weshalb der Beschluss nach § 285 Abs. 2 S. 2 AktG notariell zu beurkunden ist.[25]

12 Mängel des Hauptversammlungsbeschlusses können je nach Schwere des Mangels zur Nichtigkeit, § 241 AktG, oder zur Anfechtbarkeit, § 243 AktG, des Be-

---

[16] *Perlitt* in Münch Komm AktG § 285 Rn. 43; *Assmann/Sethe* in GroßKomm AktG § 285 Rn. 74.

[17] A.A *Barz* in GroßKomm AktG 3. Aufl. § 285 Anm. 8; wohl auch *Mertens/Cahn* in Kölner Komm AktG § 285 Rn. 17, der offenbar einen Ausschluss der Zustimmung einzelner Komplementäre in der Satzung für zulässig erachtet.

[18] *Bachmann* in Spindler/Stilz AktG § 289 Rn. 3; *Mertens/Cahn* in Kölner Komm AktG § 289 Rn. 11; *Perlitt* in Münch Komm AktG § 289 Rn. 15; *Assmann/Sethe* in GroßKomm AktG § 289 Rn. 27 unter Berufung auf die Kernbereichslehre.

[19] Vgl. *Perlitt* in Münch Komm AktG § 289 Rn. 18; *Assmann/Sethe* in GroßKomm AktG § 289 Rn. 36.

[20] *Perlitt* in Münch Komm AktG § 289 Rn. 79 f.; *Mertens/Cahn* in Kölner Komm AktG § 289 Rn. 19; siehe dazu § 5 Rn. 305 f.

[21] Möglich ist auch eine Fassung des Auflösungsbeschlusses durch die Komplementäre, der dann erst durch den Hauptversammlungsbeschluss der Gesamtheit der Kommanditaktionäre als zweite Gesellschaftergruppe wirksam wird.

[22] *Assmann/Sethe* in GroßKomm AktG § 285 Rn. 74; *Förl/Fett* in Bürgers/Körber AktG § 289 Rn. 10.

[23] *Förl/Fett* in Bürgers/Körber AktG § 289 Rn. 10; *Hüffer/Koch* § 289 Rn. 6; *Perlitt* in Münch Komm AktG § 289 Rn. 16; *Bachmann* in Spindler/Stilz AktG § 289 Rn. 4.

[24] *Förl/Fett* in Bürgers/Körber AktG § 289 Rn. 10, 12.

[25] *Herfs* in Münch Hdb AG § 77 Rn. 34; *Assmann/Sethe* in GroßKomm AktG § 285 Rn. 94: gleiches gilt für den Zustimmungsbeschluß der Komplementäre, vgl. OLG Stuttgart DB 2003, 1106 und unter Rn. 17.

schlusses führen.[26] Auf das Fehlen einer wie auch immer gearteten „**sachlichen Rechtfertigung**" können sich die anfechtenden Kommanditaktionäre jedenfalls nicht berufen; der Auflösungsbeschluss trägt seine Rechtfertigung als Mehrheitsentscheid in sich.[27]

b) Zustimmung der Komplementäre. Für den Beschluss der Komplementäre über die Auflösung der Gesellschaft kann die Satzung einen **Mehrheitsbeschluss** vorsehen.[28] Dies wird mit dem Hinweis bestritten, der Entscheid über die Auflösung greife in den Kernbereich der Mitgliedschaft ein und sei daher einer Mehrheitsentscheidung nicht zugänglich.[29] Der Kernbereich sei betroffen, da die Zerschlagung der Gesellschaft ein gravierender Eingriff in die Struktur und den Bestand der Gesellschaft sei. Nur im Einzelfall könne die Treuepflicht gebieten, dass ein Gesellschafter dem Auflösungsbeschluss zustimme.[30] Vergleicht man die Auflösung mit ihrem Gegenstück, der Verlängerung einer für einen bestimmten Zeitraum eingegangenen Gesellschaft, verliert diese zunächst nachvollziehbare Argumentation an Gewicht.

Für den Beschluss zur Verlängerung einer auf Zeit eingegangenen Gesellschaft lehnt der BGH grundsätzlich eine Regelung im Gesellschaftsvertrag (hier einer GbR) ab, der eine Mehrheitsentscheidung zulässt, und fordert stattdessen Einstimmigkeit.[31] Einen Gesellschafter trifft es ungleich härter, entgegen seiner Erwartung in einer werbenden Gesellschaft mit allen Verlustrisiken bleiben zu müssen, als sich einer vorzeitigen Auflösung und Abwicklung zu unterwerfen. Denn im letzteren Fall erhält er über seine Beteiligung am Liquidationsüberschuss eine angemessene Beteiligung an den Vermögenswerten der Gesellschaft zum Zeitpunkt der Auflösung, § 278 Abs. 2 AktG i.V.m. §§ 161 Abs. 2, 145, 155 HGB,[32] während der Gesellschafter bei Fortführung der Gesellschaft nur zwischen einem Verbleib in der Gesellschaft, der u.U. mit erheblichen Haftungsrisiken verbunden ist, und einem vorzeitigen Ausscheiden wählen kann; das vorzeitige Ausscheiden durch Kündigung wiederum wäre nur mit einer Kündigungsfrist von mindestens sechs Monaten, §§ 278 Abs. 2 AktG, 132, 2. HS HGB, möglich und kann durch Satzungsregelung sogar noch erheblich erschwert sein, z.B. durch Verlängerung der

---

[26] *Meißner/Waitz* in Mehrbrey Hdb gesellschaftsrechtliche Streitigkeiten § 12 Rn. 37; die Klagebefugnis für eine solche Beschlussmängelklage gegen einen Übertragungsbeschluss hat der ausgeschiedene Aktionär auch nach Wirksamwerden des Squeeze-out, BGHZ 189, 32 = NZG 2011, 69; NJW-Spezial 2011, 367.
[27] BGHZ 103, 184, 190 = NJW 1988, 1579 – Linotype zur Aktiengesellschaft; vgl. ferner den Überblick bei *Assmann/Sethe* in GroßKomm AktG § 289 Rn. 29 ff.
[28] RG JW 1900, 564, 566; BGHZ 85, 350, 353 ff. = NJW 1983, 1056 für eine Kommanditgesellschaft; ferner *Perlitt* in Münch Komm AktG § 289 Rn. 17; *Mertens/Cahn* in Kölner Komm AktG § 289 Rn. 14; *Bachmann* in Spindler/Stilz AktG § 289 Rn. 3; *K. Schmidt* in K. Schmidt/Lutter AktG § 289 Rn. 7; *Herfs* in Münch Hdb AG § 77 Rn. 34; *Grafmüller* S. 182; *Schlitt* S. 232.
[29] *Assmann/Sethe* in GroßKomm AktG § 289 Rn. 21 ff.
[30] *Assmann/Sethe* in GroßKomm AktG § 289 Rn. 26.
[31] BGH NJW 1973, 1602.
[32] Die Verteilung des Liquidationsüberschusses betrifft das Verhältnis zwischen den Komplementären bzw. zwischen den Komplementären und den Kommanditaktionären und richtet sich deshalb nach Personengesellschaftsrecht, § 278 Abs. 2 AktG; zur Abwicklung ausführlich § 8 Rn. 54 ff.

Kündigungsfrist[33] oder Beschränkung der Abfindung durch eine Buchwertklausel.[34] Vor diesem Hintergrund muss das Interesse der unterliegenden Minderheit der Komplementäre am Weiterbetrieb des Gewerbes zurücktreten. Sie werden bei der Verteilung des Liquidationsüberschusses proportional zu ihrer Beteiligung am Grundkapital, d. h. proportional zur Höhe ihrer Vermögenseinlage, bedacht, § 278 Abs. 2 AktG i. V. m. §§ 161 Abs. 2, 145, 155 HGB, und daher in ihren **Vermögensrechten nicht beeinträchtigt**. Es ist zwar richtig, dass auch für die Beteiligung am Liquidationsüberschuss grundsätzlich einschränkende Vereinbarungen zulässig sind.[35] Solche Regelungen haben aber einen anderen Hintergrund als Buchwertklauseln beim Ausscheiden eines Komplementärs. Während Buchwertklauseln für die Abfindung eines freiwillig ausscheidenden Komplementärs darauf abzielen, die Vermögensgrundlage für den weiteren Betrieb des Handelsgewerbes zu sichern, ist eine Einschränkung der Beteiligung am Liquidationserlös unter dem Gesichtspunkt des personengesellschaftsrechtlichen Gleichbehandlungsgrundsatzes nur dann gerechtfertigt, wenn ein Komplementär-Geschäftsführer aufgrund einer Freistellungsvereinbarung nicht am unternehmerischen Risiko beteiligt ist.[36] In diesem Fall wird er aber normalerweise auch nicht am Gesellschaftsvermögen beteiligt sein. Die Satzung kann daher vorsehen, dass die Komplementäre über die Zustimmung zur Auflösung auch mit Mehrheit entscheiden können.

15   Es ist jedoch denkbar, dass die Treuepflicht der Komplementäre gebietet, einen Auflösungsbeschluss nicht gegen den Willen eines bestimmten Komplementärs zu treffen, etwa wenn dieser sich in einer besonderen Lebenssituation befindet, die eine Auflösung der Gesellschaft aus Sicht dieses Komplementärs als unvertretbar erscheinen lässt.[37]

16   Die Zustimmung selbst ist eine einseitige, empfangsbedürftige[38] **Willenserklärung** gemäß § 130 BGB. Eine vorherige Einwilligung[39] und eine nachträgliche Genehmigung sind denkbar.[40] Die Zustimmungserklärung erfolgt jeweils gegenüber der anderen Gesellschaftergruppe; hat die Gesamtheit der Kommanditaktionäre den Auflösungsbeschluss gefasst, entweder direkt diesen gegenüber in der Hauptversammlung oder gegenüber deren Vertreter, gesetzestypisch der Aufsichtsrat bzw. ein satzungsmäßig bestimmtes Vertretungsorgan.[41]

17   Gemäß § 285 Abs. 3 S. 2, § 289 Abs. 6 S. 1 AktG ist die **Zustimmung zu beurkunden**.[42] Dies kann praktischerweise in der Verhandlungsniederschrift selbst, wenn die Zustimmung bereits in der Hauptversammlung erklärt wurde, oder bei

---

[33] *Roth* in Baumbach/Hopt HGB § 132 Rn. 9 ff.; *Lorz* in Ebenroth/Boujong/Joost/Strohn HGB § 132 Rn. 19; *K. Schmidt* in Münch Komm HGB § 132 Rn. 25.
[34] *Roth* in Baumbach/Hopt HGB § 131 Rn. 64 ff.; *Lorz* in Ebenroth/Boujong/Joost/Strohn HGB § 131 Rn. 116; *Sauter* in Beck'sches Hdb/PersG § 8 Rn. 155; *Piehler/Schulte* in Münch Hdb oHG § 76 Rn. 4.
[35] *Sethe* ZIP 1998, 1138, 1142; *Perlitt* in Münch Komm AktG § 290 Rn. 24; *Roth* in Baumbach/Hopt HGB § 145 Rn. 2.
[36] *Sethe* ZIP 1998, 1138, 1142.
[37] Zur Treuepflicht siehe § 5 Rn. 20.
[38] *Perlitt* in Münch Komm AktG § 285 Rn. 51; *Herfs* in Münch Hdb AG § 79 Rn. 42.
[39] Allerdings nur unter Beachtung des Bestimmtheitsgrundsatzes, eine generelle Einwilligung ist nicht zulässig; vgl. *Sethe* S. 125; *Perlitt* in Münch Komm AktG § 285 Rn. 43, 52.
[40] *Assmann/Sethe* in GroßKomm AktG § 285 Rn. 59; *Herfs* in Münch Hdb AG § 79 Rn. 42.
[41] *Herfs* in Münch Hdb AG § 79 Rn. 42.
[42] OLG Stuttgart DB 2003, 1106.

vorheriger Einwilligung bzw. nachträglicher Genehmigung in einem Anhang geschehen.

Mängel der Zustimmungserklärung führen grundsätzlich dazu, dass die Zustimmung nicht wirksam erteilt ist. Etwas anderes gilt aber **nach Eintragung** des Auflösungsbeschlusses in das Handelsregister. Aus Gründen des Verkehrsschutzes wird ein Mangel in der Zustimmung gemäß § 242 Abs. 2 AktG analog nach Ablauf von drei Jahren nach Handelsregistereintragung **geheilt**.[43]

4. Eröffnung des Insolvenzverfahrens

Durch die Eröffnung des Insolvenzverfahrens tritt ebenfalls die Auflösung der Gesellschaft ein. Das Insolvenzverfahren hat gemäß § 1 InsO grundsätzlich den **Zweck**, das vorhandene Restvermögen zu verteilen.

Soll die Insolvenz nach Bestätigung eines Insolvenzplans gemäß § 258 Abs. 1 InsO nicht zur Verteilung des Vermögens, sondern zur Fortführung des Unternehmens dienen, kann die Gesellschaft nach § 274 Abs. 2 Nr. 1 AktG **durch Beschluss** der Hauptversammlung mit Zustimmung der Komplementäre **fortgesetzt** werden.[44] Nach § 274 Abs. 1 S. 2 ist hierfür eine Mehrheit, die mindestens drei Viertel des bei der Beschlussfassung vertretenen Grundkapitals umfasst, erforderlich.[45]

Der **Antrag auf Eröffnung** des Insolvenzverfahrens kann von jedem Gläubiger, von den persönlich haftenden Gesellschaftern (§§ 283 Nr. 14, 15, 15a Abs. 1 InsO) bzw. im Abwicklungsstadium von den Abwicklern gestellt werden; die persönlich haftenden Gesellschafter und die Abwickler sind entsprechend § 15a Abs. 1 InsO verpflichtet einen solchen Antrag zu stellen. Die Kommanditaktionäre sind im Falle der Führungslosigkeit der Gesellschaft antragsberechtigt, § 15 Abs. 1 S. 2 InsO.[46]

5. Gerichtliche Entscheidung

Die KGaA wird gemäß §§ 278 Abs. 2 AktG, 131 Abs. 1 Nr. 4 HGB durch gerichtliche Entscheidung, die gemäß §§ 278 Abs. 2 AktG, 133 HGB einen wichtigen Grund voraussetzt, aufgelöst. Die Auflösung tritt ein mit Rechtskraft des Gestaltungsurteils.[47]

Der **Antrag** kann sowohl von jedem einzelnen Komplementär als auch von der Gesamtheit der Kommanditaktionäre gestellt werden.[48] Letztere müssen zunächst

---

[43] *Assmann/Sethe* in GroßKomm AktG § 285 Rn. 64; *Bachmann* in Spindler/Stilz AktG § 285 Rn. 38; *Förl/Fett* in Bürgers/Körber AktG § 285 Rn. 12.
[44] Vgl. *Assmann/Sethe* in GroßKomm AktG § 289 Rn. 44; *Perlitt* in Münch Komm AktG § 289 Rn. 24.
[45] Vgl. genauer *Hüffer/Koch* § 274 Rn. 3.
[46] Hierzu können sie u. U. auch verpflichtet sein, so z. B. gem. § 15a Abs. 3 InsO, wenn sie zugleich Aufsichtsratmitglieder sind; *Perlitt* in Münch Komm AktG § 289 Rn. 21, § 283 Rn. 42.
[47] *Assmann/Sethe* in GroßKomm AktG § 289 Rn. 51; *Herfs* in Münch Hdb AG § 77 Rn. 37.
[48] *Assmann/Sethe* in GroßKomm AktG § 289 Rn. 45; *Perlitt* in Münch Komm AktG § 289 Rn. 26, 27; *Meißner/Waitz* in Mehrbrey Hdb gesellschaftsrechtliche Streitigkeiten § 12 Rn 38.

einen Auflösungsantrag mit Dreiviertelmehrheit auf der Hauptversammlung beschließen; sie werden vor Gericht vom Aufsichtsrat vertreten, es sei denn, die Satzung bestimmt etwas anderes oder die Hauptversammlung hat im Zuge ihres Beschlusses besondere Vertreter benannt.[49] Mangels Erwähnung dieses Beschlussgegenstandes in § 285 Abs. 1 AktG können die Komplementäre, die zugleich Kommanditaktionäre sind, an dem Beschluss mitwirken.[50] Eines zustimmenden Beschlusses der Komplementäre zur Erhebung der Klage durch die Kommanditaktionäre bedarf es naturgemäß nicht.

24 Ein **wichtiger Grund** liegt beispielsweise dann vor, wenn Komplementäre oder die Mehrheit der Kommanditaktionäre (etwa durch bestimmte Beschlussfassungen auf der Hauptversammlung) ihre von der Satzung auferlegten Pflichten grob fahrlässig oder vorsätzlich verletzen.[51]

III. Auflösungsgründe nach dem AktG

25 In **§ 289 Abs. 1 AktG** wird für die KGaA auf die Auflösungsgründe des Personengesellschaftsrechts iSv § 131 HGB verwiesen.[52] Daneben werden in § 289 Abs. 2 AktG noch weitere Auflösungsgründe genannt, die denen zur AG in § 262 Abs. 1 Nr. 4–6 entsprechen. So soll nach **§ 289 Abs. 2 Nr. 1 AktG** die KGaA mit Rechtskraft des Beschlusses über die Ablehnung der Eröffnung des Insolvenzverfahrens mangels Masse der KGaA aufgelöst werden. **§ 289 Abs. 2 Nr. 2 AktG** verweist auf das Verfahren nach § 399 FamFG. Dieses Verfahren ist hinsichtlich einer KGaA dann einschlägig, wenn die Satzung gegen die zwingenden aktienrechtlichen Anforderungen des § 23 Abs. 3 Nr. 1, 4, 5 oder 6 verstößt und soll dazu anhalten diese wichtigen Satzungsvoraussetzungen einzuhalten.[53] Mit dem rechtskräftigen Feststellungsbeschlusses des Registergerichts hinsichtlich eines solchen Satzungsmangels wird die KGaA gem. §§ 399 Abs. 1 S. 2 FamFG, 262 Abs. 1 Nr. 5 AktG aufgelöst.[54] Mängel der Satzung, die Personengesellschaftsrecht betreffen, führen hingegen nicht zur Auflösung der KGaA.[55]

26 Sollte die KGaA wegen Vermögenslosigkeit nach **§§ 289 Abs. 2 Nr. 3 AktG** i. V. m. 394 FamFG aus dem Handelsregister gelöscht werden, entfällt mangels verteilbarem Vermögen das Übergangsstadium der Abwicklung. Sollte sich später

---

[49] Vgl. ausführlich *Förl/Fett* in Bürgers/Körber AktG § 289 Rn. 6; *K. Schmidt* in K. Schmidt/Lutter AktG § 289 Rn. 10; *Perlitt* in Münch Komm AktG § 289 Rn. 27.
[50] *Assmann/Sethe* in GroßKomm AktG § 289 Rn. 47; *Bachmann* in Spindler/Stilz AktG § 289 Rn. 4.
[51] Siehe hierzu ausführlich die Kommentarliteratur zu § 133 HGB; die dort genannten Beispielsfälle können wegen des hier nach §§ 278 Abs. 2 AktG, 161 Abs. 2, 133 HGB geltenden KG-Rechts auf die KGaA übertragen werden.
[52] Vgl. hierzu ausführlich *Förl/Fett* in Bürgers/Körber AktG § 289 Rn. 3 ff.
[53] Vgl. ausführlicher *Krafka* in Münch Komm FamFG § 399 Rn. 2, 4 ff. unter den Voraussetzungen des § 274 Abs. 1, Abs. 2 Nr. 2 AktG kann diese Folge jedoch noch abgewendet werden, vgl. auch *Munzig* in Beck OK FamFG § 399 Rn. 48.
[54] *Krafka* in Münch Komm FamFG § 399 Rn. 19.
[55] Vgl. *Förl/Fett* in Bürgers/Körber AktG § 289 Rn. 7; (zum zwar veralteten, insofern aber wortgleichen § 144a FGG) *Herfs* in Münch Hbd AG § 76 Rn. 40.

herausstellen, dass doch noch Vermögen vorhanden ist, ist die Nachtragsabwicklung vorzunehmen, § 290 Abs. 3 AktG.[56]

IV. Gesetzlich nicht geregelte Sachverhalte

1. Ausscheiden des letzten Komplementärs

a) **Vorbemerkung.** Das Ausscheiden eines Komplementärs ist auf verschiedene Arten denkbar. Das Gesetz zählt in § 131 Abs. 3 HGB verschiedene Ausscheidensgründe auf, die nach § 278 Abs. 2 AktG auch für die KGaA gelten. Daneben kann der Gesellschafter nach §§ 278 Abs. 2 AktG, 140 Abs. 1 S. 1 HGB aus der KGaA ausgeschlossen werden oder gemäß § 289 Abs. 5 AktG durch in der Satzung für zulässig erklärte Gründe aufgrund eigenen Entschlusses ausscheiden. Sollte der letzte Komplementär ausscheiden, ergeben sich nicht unerhebliche dogmatische Folgeprobleme. Ohne einen Komplementär entstünde eine „**Kommanditaktionärsgesellschaft**", die vom Gesetz nicht vorgesehen ist und damit gegen den *numerus clausus* der Gesellschaftsrechtsformen[57] verstößt. Im Folgenden ist näher zu erörtern, welche Rechtsfolgen gelten, sollte dieser gesetzlich nicht vorgesehene Fall aus tatsächlichen Gründen (wie etwa Tod des Komplementärs) doch eintreten, bzw. welche Pflichtbindung zu beachten sind, sollte der letzte Komplementär ausscheiden wollen. 27

b) **Rechtsfolgen des Ausscheidens des letzten Komplementärs.** Scheidet der letzte Komplementär ersatzlos aus, wird die KGaA grundsätzlich aufgelöst.[58] Grund für die Auflösung der KGaA ist, dass diese als Rechtsformmerkmal gemäß § 278 Abs. 1 AktG immer zumindest einen persönlich haftenden Gesellschafter voraussetzt.[59] Ohne persönlich haftenden Gesellschafter kann die KGaA grund- 28

---

[56] Hüffer/*Koch* § 290 Rn. 3, § 264 Rn. 12; *Perlitt* in Münch Komm AktG § 290 Rn. 31; siehe § 8 Rn. 70.

[57] Siehe hierzu nur *K. Schmidt*, Gesellschaftsrecht § 5 II 1. (S. 96); nach Ansicht von *Röhricht* RWS-Forum 1997, 191, 214 habe der BGH mit seiner Entscheidung BGHZ 134, 392 = NJW 1997, 1923 zur Anerkennung der GmbH & Co. KGaA „den gelegentlich immer wieder auftauchenden Gespenstern eines numerus clausus zulässiger Gesellschaftsformen oder einer Typengesetzlichkeit eine klare Absage erteilt". Dieses Verständnis dürfte vor allem vor dem Hintergrund der erwähnten Entscheidung gebildet worden sein, nicht zuletzt, da *Röhricht*, aaO., selbst anmerkt, dass die Rechtsgestaltungen nicht in Betracht kommen, gegen die absolut zwingende Gründe sprechen. Eine KGaA ohne Komplementär dürfte daher auch nach Ansicht von *Röhricht* trotz des von *ihm*, aaO., postulierten Grundsatzes „in dubio pro libertate" nicht in Betracht kommen.

[58] *K. Schmidt* in K. Schmidt AktG § 289 Rn. 15, 36; *Förl/Fett* in Bürgers/Körber AktG § 289 Rn. 8; *Perlitt* in Münch Komm AktG § 289 Rn. 143, 178 u. 184; § 278 Rn. 17; *Mertens/Cahn* in Kölner Komm AktG § 289 Rn. 21, 61; Hüffer/*Koch* § 289 Rn. 9; *Bachmann* in Spindler/Stilz AktG § 289 Rn. 26; *Servatius* in Grigoleit AktG § 289 Rn. 10; *Herfs* in Münch Hdb AG § 77 Rn. 44; *Nagel/Wittowski* S. 87; für die Kommanditgesellschaft: BGHZ 6, 113, 116 = NJW 1952, 875; *Lorz* in Ebenroth/Boujong/Joost/Strohn HGB § 131 Rn. 329 f.; *Haas* in Röhricht/Graf von Westphalen HGB § 131 Rn. 21; *Koller* in Koller/Kindler/Roth/Morck HGB § 131 Rn. 8; *Schrick* NZG 2000, 409, 412; *Kessler* NZG 2005, 145, 146.

[59] *Assmann/Sethe* in GroßKomm AktG § 278 Rn. 17 f.; *Herfs* in Münch Hdb AG § 78 Rn. 1.

sätzlich nicht als werbende[60] Gesellschaft fortbestehen.[61] Erforderlich ist daher, dass die Kommanditaktionäre die Aufnahme eines neuen Komplementärs und die Fortsetzung der Gesellschaft gemäß § 274 AktG[62] beschließen, wobei der Fortsetzungsbeschluss in der Satzung antizipiert werden kann[63] bzw. sollte. Durch eine Fortsetzungsklausel in der Satzung und die Bestellung eines Notvertreters nach § 29 BGB analog kann die KGaA aber für eine (kurz zu bemessende) **Übergangszeit** ohne Auflösung weiterbetrieben werden, wenn innerhalb dieser ein neuer Komplementär aufgenommen wird.[64]

29 Zum Teil wird angenommen, die KGaA wandle sich – nach Ablauf einer Übergangsfrist – automatisch in eine Aktiengesellschaft um.[65] Diese Ansicht sieht sich freilich erheblichen praktischen wie dogmatischen Bedenken ausgesetzt. Zunächst erweisen sich die Rechtsfolgen einer automatischen Umwandlung als wenig praktikabel. Bei Ausscheiden des letzten Komplementärs – etwa durch Tod – ist eine automatische **Umwandlung der KGaA in eine Aktiengesellschaft** von den Kommanditaktionären regelmäßig **nicht gewollt**. Wäre es das Ziel der Kommanditaktionäre, die KGaA fortzusetzen und zu diesem Zweck einen neuen Komplementär aufzunehmen, müsste die Aktiengesellschaft in eine KGaA rückumgewandelt werden, wobei dann das im Umwandlungsgesetz vorgesehene, aufwendige Verfahren gemäß §§ 226 f., 238 ff. UmwG eingehalten werden müsste.

30 Auch **dogmatisch** ist die automatische Umwandlung in eine Aktiengesellschaft **fragwürdig**. Eine Kapitalgesellschaft mit Haftungsbegrenzung entsteht konstitutiv mit Eintragung, vgl. §§ 41 Abs. 1 S. 1 AktG; 11 Abs. 1 GmbHG; dasselbe gilt für das Wirksamwerden einer Umwandlung, für die ebenfalls die Eintragung in das Handelsregister konstitutiv ist. Das Ausscheiden des Gesellschafters wird demgegenüber mit Eintritt des Ereignisses (Tod) oder mit Erklärung (Kündigung) wirksam,[66] so dass die „automatische Umwandlung" der KGaA in eine Aktiengesellschaft gegen alle für Kapitalgesellschaften sonst bestehenden Regeln stattfinden würde.

31 Vor diesem Hintergrund besteht eine hohe Wahrscheinlichkeit, dass der zuständige Registerrichter die **Eintragung** einer – vorgeblich automatisch entstandenen – neuen Aktiengesellschaft **versagen** würde. Für den Rechtsanwender ist es daher ratsam, grundsätzlich von der Auflösung der Gesellschaft auszugehen und – sollte man die Rechtsform der Aktiengesellschaft wechseln wollen –, sich nach dem Verfahren des Umwandlungsgesetzes zu richten.[67]

32 Die Auflösung bei Ausscheiden des letzten Komplementärs ist ihrerseits dogmatisch freilich nicht ohne Probleme: So endet die Existenz der KGaA nicht einfach mit der Auflösung. Wie bereits dargestellt, hat die Auflösung bis zur Beendigung der Abwicklung lediglich zur Folge, dass der Unternehmenszweck geändert und

---

[60] Umstritten ist, ob die KGaA auch als Liquidationsgesellschaft zwingend das Vorhandensein beider Gesellschaftergruppen voraussetzt. Siehe dazu die folgenden Ausführungen.
[61] *Perlitt* in Münch Komm AktG § 289 Rn. 144 f., § 278 Rn. 17 ff.
[62] *Perlitt* in Münch Komm AktG § 289 Rn. 184; *Servatius* in Grigoleit AktG § 289 Rn. 10.
[63] *Sethe* S. 134 f.
[64] So zu Recht *Förl/Fett* in Bürgers/Körber AktG § 289 Rn. 8; *Sethe* S. 134 ff.; *Schrick* NZG 2000, 409, 412.
[65] *Assmann/Sethe* in GroßKomm AktG § 289 Rn. 147; *Philbert* S. 225 ff. 234.
[66] Die Eintragung des Ausscheidens des Komplementärs hat keine konstitutive Wirkung, *Perlitt* in Münch Komm AktG § 289 Rn. 187.
[67] Siehe hierzu ausführlich unter § 11 Rn. 321 ff.

auf die Liquidation gerichtet wird. Für die aufgelöste KGaA gelten aber grundsätzlich die gleichen Regeln wie für eine werbende Gesellschaft, weshalb eine KGaA i. L. grundsätzlich auch über einen Komplementär als Rechtsformmerkmal verfügen muss.[68] Führt aber das Ausscheiden des letzten Komplementärs zur Auflösung, entsteht *de facto* eine „**Kommanditaktionärsgesellschaft**" i. L.,[69] die der Gesetzgeber als Gesellschaftsform nicht vorgesehen hat.[70]

Dies verdeutlicht insbesondere ein Blick auf die haftungsrechtlichen Folgen einer Auflösung nach Ausscheiden des letzten Komplementärs: In der „Kommanditaktionärsgesellschaft" i. L. ist die **Haftung gesetzesuntypisch beschränkt**, da die Kommanditaktionäre über ihre Einlageleistung hinaus keiner Haftung ausgesetzt sind und ein persönlich haftender Gesellschafter gerade nicht vorhanden ist. Zwar besteht bei Wegfall des letzten Komplementärs kein organschaftlicher Vertreter mehr; allerdings kann eine Vertretung durch Bevollmächtigte oder eine Verhaltenszurechnung an die Gesellschaft nach den Grundsätzen der Anscheins- bzw. Duldungsvollmacht nicht ausgeschlossen werden. Zudem können im Rahmen der Abwicklung gemäß § 268 Abs. 1 S. 2 AktG neue Geschäfte getätigt werden.[71] Gerade die Umsetzung des vorhandenen Vermögens in Geld – gemäß § 268 Abs. 1 S. 1 AktG die Hauptaufgabe der Abwickler – bringt das Erfordernis neuer Geschäfte mit sich. In diesen Fällen können sich Haftungsfolgen[72] ergeben, die in dieser Phase trotz Bestehens einer KGaA auf die Haftungsmasse des Gesellschaftsvermögens beschränkt wären. Aus diesem Grund wird das Vertrauen eines Neugläubigers enttäuscht, der vor dem Hintergrund der persönlichen Haftung eines Gesellschafters mit der KGaA i. L. ein Rechtsgeschäft abgeschlossen hat. Er wird auf die beschränkte Haftung des Gesellschaftsvermögens verwiesen, obwohl dies aus der Firmierung KGaA i. L. nicht hervorgeht.[73]

Auch wenn die Probleme einer komplementärlosen KGaA für den Rechtsverkehr damit nicht unbeachtlich sind, schießt die Lösung über eine automatische Umwandlung der KGaA in eine Aktiengesellschaft bei Ausscheiden des letzten persönlich haftenden Gesellschafters über das Ziel hinaus. Der Rechtsverkehr kann sich eher darauf einstellen, dass eine „KGaA i. L." allein durch bestellte Abwickler und ohne Komplementär geleitet wird, als mit einer Gesellschaft zu tun zu haben,

---

[68] Für die Kommanditgesellschaft *Frey/v. Bredow* ZIP 1998, 1621, 1624.
[69] Die Folge der hier vertretenen Ansicht ist, dass bis zur Vollbeendigung der Gesellschaft nach hM nur die Kommanditaktionäre als Gesellschafter vorhanden sind; vgl. auch: *Perlitt* in Münch Komm AktG § 289 Rn. 143; *K. Schmidt* in K. Schmidt/Lutter AktG § 289 Rn. 36; *Bachmann* in Spindler/Stilz AktG § 289 Rn. 26; vgl. auch *Eckardt* NZG 2000, 449, 454, der eine „Kommanditistengesellschaft i. L." anerkennt. Vgl. auch *K. Schmidt* BB 1989, 1702, 1705, der davon ausgeht, dass eine Kommanditgesellschaft für kurze Zeit ohne Komplementär bestehen kann und damit die „Kommanditistengesellschaft" – zumindest für begrenzte Zeit – für zulässig hält.
[70] Auf dieses dogmatische Problem, das auch bei der Kommanditgesellschaft auftritt, weisen *Frey/v. Bredow* hin, ZIP 1998, 1621 ff.
[71] Zuständig für diese Geschäfte sind grundsätzlich gemäß § 290 Abs. 1 1. Alt. AktG die Komplementäre als „geborene" Abwickler. Zur Frage, wer Abwickler nach Ausscheiden des letzten Komplementärs wird, siehe § 8 Rn. 61.
[72] Beispiele dazu siehe: *Frey/v. Bredow* ZIP 1998, 1621, 1624.
[73] Auch bei rechtswidrigem Zeichnen ohne Liquidationszusatz oder unter Verstoß gegen § 268 Abs. 4 AktG kann keine größere Haftungsmasse erreicht werden, es sei denn, der Liquidator handelt vorsätzlich oder fahrlässig (siehe Vorbemerkungen). Dies ist jedoch zumindest bei Wirkung für und gegen die KGaA mittels Rechtsscheins nicht der Fall.

die ihre Rechtsform ohne Handelsregistereintragung und Bekanntmachung in die einer Aktiengesellschaft gewechselt hat.[74]

35   Die Bestellung eines Notgeschäftsführers gemäß § 29 BGB analog[75] führt nicht zur vollständigen Lösung des Problems. Durch die Bestellung eines Notgeschäftsführers kann nur der organschaftliche Mangel der fehlenden Vertretung überwunden werden,[76] nicht aber das mitgliedschaftliche Fehlen eines persönlich haftenden Gesellschafters.[77] Die **Bestellung eines Notgeschäftsführers** nach § 29 BGB analog ist aber immer dann ein taugliches Mittel, wenn nach einem unvorhergesehenen Ereignis, wie dem Tod des letzten Komplementärs oder bei Ausscheiden des letzten Komplementärs aus wichtigem Grund,[78] eine KGaA übergangsweise ohne einen persönlich haftenden Gesellschafter auskommen muss. Hierbei ist zu beachten, dass die Bestellung durch das Gericht nur vorübergehend erfolgen darf;[79] wird in dieser Zwischenzeit kein neuer Komplementär aufgenommen, nutzt auch die Fortsetzungsklausel in der Satzung nichts: Die Gesellschaft wird aufgelöst.

36   Die mit dem Ausscheiden des letzten Komplementärs einhergehenden Problemfälle lassen sich erheblich entschärfen, wenn die Kommanditaktionäre eine **Kapitalgesellschaft als neuen Komplementär** aufnehmen. Dabei ist es nicht einmal erforderlich, dass sie selbst Anteile an dieser Kapitalgesellschaft halten; die KGaA selbst kann alle Anteile halten[80] und so am Ende von der Hauptversammlung dominiert werden. Nicht zuletzt deshalb, weil mit der Entscheidung BGHZ 134, 392 die Kapitalgesellschaft als Komplementär zugelassen worden ist und damit solche Lösungen möglich wurden, dürften die Anforderungen an die Kommanditaktionäre, einen neuen Komplementär zu finden, gestiegen und die an den Komplementär, bei Ausscheiden aus eigenem Wunsch[81] noch weiter in der Gesellschaft zu verbleiben, gesunken sein.

37   **c) Ausscheiden aufgrund der Dispositionsbefugnis des betroffenen oder aller übrigen Gesellschafter.** Aufgrund der Tatsache, dass das Ausscheiden des letzten Komplementärs zu einer Kommanditaktionärsgesellschaft i. L. führt, die gegen den *numerus clausus* der Gesellschaftsformen verstößt, können die Gesellschafter aufgrund ihrer gesellschaftsrechtlichen **Treuepflicht**[82] verpflichtet sein, das Ausscheiden des letzten Komplementärs zu verhindern bzw. zu unterlassen; eine solche Pflicht kann freilich nur so lange angenommen werden, bis eine anderweitige, akzeptable Lösung gefunden worden ist. Die Treuepflichten bestehen gegenüber der Gesellschaft und treffen daher grundsätzlich unterschiedslos sowohl den letzten Komplementär als auch die Kommanditaktionäre. Im Einzelfall sind u. U. die gegenseitigen Rücksichtnahmepflichten gegeneinander abzuwägen.

38   Eine **Vereinbarung** des letzten Komplementärs mit den übrigen Gesellschaftern über sein Ausscheiden ist unwirksam, wenn nicht gleichzeitig ein neuer Kom-

---

[74] Vgl. auch *Bachmann* in Spindler/Stilz AktG §§ 289 Rn. 26.
[75] *Förl/Fett* in Bürgers/Körber AktG § 289 Rn. 8; *Sethe* S. 138.
[76] Siehe unten § 8 Rn. 48.
[77] *Assmann/Sethe* in GroßKomm AktG § 289 Rn. 139 ff.
[78] Siehe unten Rn. 48 ff.
[79] *Assmann/Sethe* in GroßKomm AktG § 289 Rn. 141; nach *Perlitt* in Münch Komm AktG § 289 Rn. 156 höchstens drei Monate.
[80] Sog. Einheits-KGaA, siehe dazu unter § 5 Rn. 30, 196.
[81] Dazu sofort unter Rn. 37 im Text.
[82] Siehe zur Treuepflicht unter § 3 Rn. 20 ff., § 5 Rn. 20.

plementär aufgenommen wird oder die KGaA in eine Aktiengesellschaft umgewandelt wird.[83] Hierbei ist es unbeachtlich, von welcher Seite die Initiative zum Ausscheiden ausging. Die Gesellschafter sind zum Schutz des Bestandes der KGaA aus dem Gedanken der Treuepflicht dazu angehalten, die Auflösung infolge des Austretens des letzten Komplementärs zu verhindern.[84] Sind die übrigen Gesellschafter mehrheitlich mit dem Ausscheiden des letzten Komplementärs einverstanden und nehmen sie eine Auflösung der Gesellschaft in Kauf, müssen sie zum Schutz eines anzuerkennenden Eigeninteresses der KGaA als zutreffenden Weg einen Auflösungsbeschluss wählen.[85] Der Komplementär hat allerdings dann bis zur Vollbeendigung in der Gesellschaft zu verbleiben;[86] er kann aber zumindest seine „Bestellung" als „geborener" Abwickler vor Eintritt in das Abwicklungsstadium ablehnen.[87] In diesem Fall muss ein Abwickler durch das zuständige Gericht bestellt werden.[88]

Endet die Komplementärstellung durch **Zeitablauf**, ist ein sofortiges Ausscheiden für den letzten Komplementär aufgrund der Treuepflicht ebenfalls nicht einfach möglich;[89] der Komplementär ist vielmehr verpflichtet, seine Komplementärstellung entsprechend den Erfordernissen zu verlängern.[90] Zwar wird man dem Komplementär hier zubilligen müssen, daß sich die Kommanditaktionäre aufgrund des zeitlich vorgegebenen Rahmens frühzeitig um einen Nachfolger hätten bemühen können.[91] Nach den oben dargestellten Maßstäben kommt es aber nicht auf die Treuepflicht zwischen Komplementären und Kommanditaktionären an, sondern auf die jeweiligen Pflichten der Gesellschaftergruppen gegenüber der KGaA selbst. Dass die Kommanditaktionäre Zeit genug hatten, einen Nachfolger zu finden, kann mithin nicht als Argument für ein Ausscheiden des letzten Komplementärs und damit für eine Auflösung der KGaA, sondern allenfalls für einen Schadensersatzanspruch des Komplementärs gegen die Gesamtheit der Kommanditaktionäre angeführt werden. Daher sind auch im Fall des zeitbedingten Ausscheidens des letzten Komplementärs die gleichen Grundsätze zu beachten, die bei freiwilligem Ausscheiden aufgrund einer Vereinbarung heranzuziehen sind. 39

---

[83] *Assmann/Sethe* in GroßKomm AktG § 289 Rn. 160; *Barz* in GroßKomm AktG 3. Aufl. § 289 Anm. 20; *Perlitt* in Münch Komm AktG § 289 Rn. 169; *Schrick* NZG 2000, 409, 412.

[84] *Assmann/Sethe* in GroßKomm AktG § 289 Rn. 160; *Perlitt* in Münch Komm AktG § 289 Rn. 167.

[85] Zur Zulässigkeit von Mehrheitsklausel für den Beschluss der Komplementäre siehe Rn. 10 f. Der Beschluss der Hauptversammlung bedarf mindestens einer Dreiviertelmehrheit, § 289 Abs. 4 S. 3, 4 AktG.

[86] Zur Kommanditgesellschaft ähnlich: *Frey/v. Bredow* ZIP 1998, 1621, 1624 f.

[87] *Assmann/Sethe* in GroßKomm AktG § 290 Rn. 10.

[88] Siehe im Einzelnen zur Bestellung der Abwickler Rn. 55 ff.

[89] *Herfs* in Münch Hdb AG § 78 Rn. 51; grundsätzlich zustimmend *Perlitt* in Münch Komm AktG § 289 Rn. 170; a.A. *Assmann/Sethe* in GroßKomm AktG § 289 Rn. 161.

[90] *Herfs* in Münch Hdb AG § 78 Rn. 51; entweder geschieht dies, indem eine in der Satzung bestehende Ermächtigung zur Aufnahme neuer Komplementäre entsprechend genutzt wird, oder die Frage ist der Hauptversammlung zur Satzungsänderung vorzulegen; die Kommanditaktionäre sind dann wegen ihrer Treuepflicht gegenüber der Gesellschaft ebenfalls verpflichtet, der Satzungsänderung zuzustimmen. Sollte der Komplementär nur über ein ab einem bestimmten Zeitpunkt bestehendes Austrittsrecht verfügen, versperrt ihm die Treuepflicht dessen Ausübung.

[91] Diesen Aspekt betonen insbesondere *Assmann/Sethe* in GroßKomm AktG § 289 Rn. 161.

40 Sieht die Satzung eine Kündigungsmöglichkeit vor, ist der letzte Komplementär aufgrund seiner Treuepflicht grundsätzlich auch gehalten, in der Gesellschaft zu verbleiben, bis ein neuer Komplementär gefunden ist oder die Umwandlung in eine Aktiengesellschaft beschlossen wird. Die **Kündigung** ist daher **im Normalfall treuwidrig**.[92] Dabei wird nicht übersehen, dass die Kommanditaktionäre nach der Erklärung des Komplementärs bis zum Wirksamwerden der Kündigung noch einen nicht unbeträchtlichen Zeitraum haben, um einen neuen Komplementär zu finden;[93] es gelten aber hier dieselben Überlegungen zur Treuepflicht wie bei der befristeten Komplementärstellung: Der Komplementär ist gegenüber der Gesellschaft verpflichtet; ein Fehlverhalten der Kommanditaktionäre kann nicht zu Lasten eines genuinen Interesses der KGaA gehen. Die Pflicht zur Rücksichtnahme des Komplementärs bei Kündigung ist allerdings geringer, wenn ein wichtiger Grund vorliegt; es kann dem Komplementär dann nicht zugemutet werden, noch längere Zeit in der Gesellschaft zu verbleiben.[94] Die übrigen Gesellschafter sind vielmehr aufgrund ihrer Treuepflicht gehalten, möglichst schnell für eine Übergangslösung zu sorgen. Wird die Zeit ungebührlich überschritten, ist dem Komplementär das Ausscheiden zu gestatten und die Gesellschaft aufzulösen. Als angemessener Zeitrahmen ist hier an die Einladungsfrist für die Hauptversammlung zu denken (§§ 278 Abs. 3, 123 Abs. 1 AktG: dreißig Tage); die Gesamtheit der Kommanditaktionäre kann letztlich nur durch einen Hauptversammlungsbeschluss auf die neue Situation reagieren. Es liegt in der Hand des ausscheidungswilligen Komplementärs, die Hauptversammlung umgehend einzuladen und einen entsprechenden Beschlussvorschlag zu unterbreiten.[95]

41 Derselbe Gedanke kommt bei der Ausschließungsklage zum Tragen. Auch der letzte Komplementär kann gemäß § 140 Abs. 1 S. 1 HGB **aus wichtigem Grund ausgeschlossen** werden.[96] Dies muss auch für den einzigen Komplementär gelten, da andernfalls das Recht der Kommanditaktionäre nach §§ 278 Abs. 2 AktG, 140 HGB ausgehöhlt werden würde.[97] Die übrigen Gesellschafter wären trotz schwerwiegender Verfehlungen des einzigen Komplementärs zur Weiterführung der gesellschaftsrechtlichen Beziehung gezwungen.[98] Die Tatsache, dass die Ausschließungsklage möglich bleiben muss, führt zu dem Ergebnis, dass auch hier – wie beim unwillkürlichen Ausscheiden des letzten Komplementärs – die Rechtskraft des Ausschließungsurteils zur Auflösung der KGaA führt.[99] Die Ausschließungsklage kann – muss aber nicht zwingend – mit einer Klage auf Zustimmung zur

---

[92] Enger *Veil* NZG 2000, 72, 76, der die Kündigung durch den letzten Komplementär lediglich einer Missbrauchskontrolle unterziehen will.
[93] Vgl. *Assmann/Sethe* in GroßKomm AktG § 289 Rn. 163.
[94] *Herfs* in Münch Hdb AG § 78 Rn. 52; a.A. *Perlitt* in Münch Komm AktG § 289 Rn. 173.
[95] Zu denken ist hier etwa an den Vorschlag, eine von der KGaA selbst zu erwerbende GmbH als persönlich haftende Gesellschafterin einzusetzen und auf diese Weise eine sog. „Einheits-KGaA" zu schaffen; ggf. sind hierzu auch Satzungsänderungen ratsam, vgl. zur „Einheits-KGaA" auch § 5 Rn. 30, 196. Ferner ist denkbar, einen Formwechselbeschluss in eine Aktiengesellschaft vorzuschlagen und entsprechend vorzubereiten.
[96] Siehe oben unter § 5 Rn. 326 ff.
[97] *Hüffer/Koch* § 289 Rn. 7, 9; *Perlitt* in Münch Komm AktG § 289 Rn. 182.
[98] *Perlitt* in Münch Komm AktG § 289 Rn. 183.
[99] Zu den dogmatischen Bedenken siehe oben.

Umwandlung in eine Aktiengesellschaft gemäß § 252 Abs. 3 i.V.m. § 240 Abs. 3 S. 1 UmwG verbunden werden.[100]

d) Sonstige Formen des Ausscheidens. Nach dem Handelsrechtsreformgesetz[101] führt die Eröffnung des Insolvenzverfahrens über das Vermögen eines Gesellschafters grundsätzlich zum Ausscheiden des Gesellschafters und nicht zur Auflösung der Gesellschaft (§§ 278 Abs. 2 AktG, 131 Abs. 3 Nr. 2 HGB).[102] Dessen ungeachtet führt die **Eröffnung des Insolvenzverfahrens** über das Vermögen des letzten Komplementärs mit dessen Ausscheiden zur Auflösung der Gesellschaft;[103] hier gelten dieselben Überlegungen, die bereits an anderer Stelle zum Ausscheiden des letzten persönlich haftenden Gesellschafters angestellt worden sind.[104]

42

An die Stelle des durch **Tod** ausscheidenden letzten persönlich haftenden Gesellschafters treten bei entsprechender Regelung in der Satzung (sog. einfache oder qualifizierte **Nachfolgeklausel**, §§ 278 Abs. 2 AktG, 139 HGB[105]) der oder die Erben im Wege der Sonderrechtsnachfolge.[106] Enthält die Satzung keine Regelung, scheidet der Komplementär ersatzlos aus (§§ 278 Abs. 2 AktG, 131 Abs. 3 S. 1 Nr. 1 HGB), die Erben erhalten einen erbrechtlichen Anspruch auf das Auseinandersetzungsguthaben;[107] die Gesellschaft wird unter den an anderer Stelle dargelegten Bedingungen aufgelöst.[108] Eine KGaA mit natürlichen Personen als Komplementäre ohne einfache oder qualifizierte Nachfolgeklausel kommt in der Praxis daher so gut wie nicht vor. Unproblematisch ist die Fortsetzung der Gesellschaft dann, wenn der Erbe tatsächlich die ererbte Stellung als Gesellschafter behält. Nutzt er hingegen sein Umwandlungsrecht als letzter Komplementär nach §§ 278 Abs. 2 AktG, 139 Abs. 3 HGB und verlangt von der KGaA die Umwandlung seines ererbten Komplementäranteils in Kommanditaktien,[109] verliert die KGaA ihren persönlich haftenden Gesellschafter. Lehnen die übrigen Gesellschafter den Antrag des Erben auf Einräumung einer Stellung als Kommanditaktionär ab[110] und nimmt

43

---

[100] RGZ 82, 360; *Herfs* in Münch Hdb AG § 78 Rn. 49.

[101] Gesetz zur Neuregelung des Kaufmanns- und Firmenrechts und zur Änderung anderer handels- und gesellschaftsrechtlicher Vorschriften (Handelsrechtsreformgesetz), BGBl. I, 1998, S. 1474.

[102] Vgl. *Förl/Fett* in Bürgers/Körber AktG § 289 Rn. 11, 15.

[103] *K. Schmidt* NJW 1998, 2161, 2166, merkte mit Blick auf die Kommanditgesellschaft an, dass die Regelung vom Gesetzgeber nur „unzureichend durchdacht" worden sei.

[104] Vgl. oben Rn. 27 ff.

[105] Siehe hierzu ausführlich unter § 5 Rn. 313.

[106] Für die Personengesellschaft BGHZ 68, 225, 237 = NJW 1977, 1339; vgl. ferner *K. Schmidt* Gesellschaftsrecht, § 45 V 4. (S. 1338 ff.) m.w.N.

[107] *Assmann/Sethe* in GroßKomm AktG § 289 Rn. 82, 119 ff.; *Förl/Fett* in Bürgers/Körber AktG § 289 Rn. 14; für die OHG statt vieler *Koller* in Koller/Kindler/Roth/Morck HGB § 139 Rn. 3 m.w.N.

[108] Oben § 8 Rn. 28 ff.

[109] Das Abfindungsguthaben wird im Wege der Sacheinlage in die KGaA eingebracht und die Kommanditaktien an den Erben ausgegeben, so schon *Baumbach/Hueck* AktG § 289 Rn. 6 (von 1968); *Mertens/Cahn* in Kölner Komm AktG § 289 Rn. 37; *Förl/Fett* in Bürgers/Körber AktG § 289 Rn. 24; ferner *Assmann/Sethe* in Großkomm AktG § 289 Rn. 123.

[110] Etwa dadurch, dass die für die Sachkapitalerhöhung erforderliche Mehrheit nicht zustande kommt oder die übrigen Komplementäre dieser nicht zustimmen, vgl. nur *Assmann/Sethe* in GroßKomm AktG § 289 Rn. 125; vgl. auch *Förl/Fett* in Bürgers/Körber AktG § 289 Rn. 24.

der Erbe daraufhin sein Kündigungsrecht wahr (§§ 278 Abs. 2 AktG, 139 Abs. 2 HGB), kommt es ebenfalls zum **Ausscheiden des letzten Komplementärs**.[111] Dieses Kündigungsrecht kann dem Erben nicht mit Hinweis auf dessen „letzte" Komplementärstellung genommen werden; auch eine Frist bis zur Wirksamkeit der Kündigung ist nach dem Wortlaut des § 139 Abs. 2 HGB nicht möglich.[112] Die übrigen Gesellschafter – hier also die Kommanditaktionäre – haben freilich zwischen Stellung des Erbenantrags und Kündigung des Erben ausreichend Zeit, einen neuen Komplementär zu finden. Können sie diese Zeit nicht nutzen, wird die KGaA aufgelöst.

44 **e) Ausscheiden einer Kapitalgesellschaft als alleiniger Komplementär.** Nach der Entscheidung des BGH, auch Gesellschaften als Komplementäre einer KGaA zuzulassen,[113] ist auch kurz auf die Folgen des Ausscheidens einer Kapitalgesellschaft als alleinigem Komplementär einzugehen. Die Komplementärgesellschaft kann ebenso wie eine natürliche Person gemäß § 278 Abs. 2 AktG i. V. m. § 161 Abs. 2, 140 HGB ausgeschlossen werden. Als **Ausschließungsgründe** werden insbesondere solche in Betracht kommen, die **in der Person des GmbH-Geschäftsführers** begründet sind; diese Ausschließungsgründe werden der Komplementär-GmbH zugerechnet.[114] Im Übrigen kann auf die Ausführungen zur Ausschließungsklage gegen eine natürliche Person als letzter Komplementär verwiesen werden.

45 Tritt der wenig wahrscheinliche Fall ein, dass die Komplementärgesellschaft abgewickelt wird, kommt ein Ausscheiden aus der KGaA erst mit deren Vollbeendigung in Betracht.[115] Vollbeendigung kann erst dann eintreten, wenn keinerlei offene Haftungsrisiken der Komplementärgesellschaft mehr vorhanden sind.[116] Vor dem Hintergrund dieses Verständnisses der Vollbeendigung führt die persönliche Haftung der Komplementärgesellschaft in der KGaA dazu, dass Haftungsrisiken der Komplementärgesellschaft erst dann nicht mehr vorhanden sind, wenn auch die KGaA vollbeendet ist.[117] Ein **isoliertes Ausscheiden** einer Komplementärgesellschaft aus der KGaA wegen Auflösung und Abwicklung **kommt** mithin **nicht in Betracht**; erst die Vollbeendigung der KGaA selbst kann auch zur Vollbeendigung der Komplementärgesellschaft und damit zu ihrer Löschung im Handelsregister führen.

46 Für das Ausscheiden der Komplementärgesellschaft durch Kündigung, Vereinbarung, Eröffnung des Insolvenzverfahrens über das Vermögen der Komplementärgesellschaft etc. kann auf die Ausführungen zur natürlichen Person verwiesen werden.

---

[111] Vgl. nur *Perlitt* in Münch Komm AktG § 289 Rn. 62.
[112] *Assmann/Sethe* in GroßKomm AktG § 289 Rn. 126.
[113] BGHZ 134, 392 = NJW 1997, 1923.
[114] Für das Parallelproblem in der GmbH & Co. KG: BGH NJW-RR 1993, 1123, 1124 f.; *Binz/Sorg* § 9 Rn. 3 f. (S. 194 f.); *Scheel* in Münch Hdb KG § 7 Rn. 82; siehe auch § 5 Rn. 329.
[115] Vgl. auch *Förl/Fett* in Bürgers/Körber AktG § 289 Rn. 14.
[116] Vgl. zur insoweit gleichen Rechtslage in der GmbH & Co. KG *Gesell* in Rowedder/Schmidt-Leithoff GmbHG § 60 Rn. 87.
[117] *Perlitt* in Münch Komm AktG § 289 Rn. 69; vgl. zur ähnlichen Situation bei Beteiligung einer Kapitalgesellschaft an einer GbR, *Schäfer* in Münch Komm BGB § 727 Rn. 8.

Schulz

2. Fehlen der Vertretungsbefugnis des alleinvertretungsberechtigten Komplementärs

a) Entzug der Vertretungsbefugnis des alleinvertretungsberechtigten 47
Komplementärs. Die Entziehung der Geschäftsführungs- und Vertretungsbefugnis des einzigen Komplementärs, § 278 Abs. 2 AktG i. V. m. §§ 161 Abs. 2, 117, 127 HGB, hat keinen Einfluss auf den Bestand der KGaA.[118] Dies mag verwundern, da **in der Kommanditgesellschaft** dem einzigen vertretungsbefugten Komplementär **die Vertretungsbefugnis nicht entzogen** werden kann.[119] Grund hierfür ist, dass nach dem nicht abdingbaren § 170 HGB[120] die Vertretungsbefugnis nicht durch die Kommanditisten übernommen werden kann. Der Grundsatz der Selbstorganschaft fordert die Vertretung durch mindestens einen persönlich haftenden Gesellschafter.[121]

Da über die Verweisung der §§ 278 Abs. 2 AktG, 161 Abs. 2 HGB der zwingende § 170 HGB gilt, kann auch **in der KGaA** die Vertretungsmacht nicht automatisch an die Kommanditaktionäre fallen. Dies bedeutet aber nicht, dass nicht auch dem einzigen vertretungsbefugten Komplementär die Vertretungsbefugnis entzogen werden kann. Der maßgebliche Unterschied zwischen Kommanditgesellschaft und KGaA ist hier die Einordnung der KGaA als juristische Person. Das für juristische Personen als Basisregime heranzuziehende Vereinsrecht enthält mit § 29 BGB eine Bestimmung, wonach das zuständige Gericht die fehlenden Vorstände des Vereins zur Wiederherstellung der Handlungsfähigkeit übergangsweise bestellen kann.[122] Nach zutreffender herrschender Auffassung ist diese Vorschrift für die KGaA analog heranzuziehen und durch das Gericht ein **Notvertreter** zu bestellen.[123] Eine sofortige Umwandlung in eine Aktiengesellschaft zur Wiederherstellung der Vertretungsbefugnis ist dagegen nicht erforderlich.[124] Die Bestellung des Notvertreters bietet gerade die Möglichkeit, die Zeit ohne vertretungsberechtigten Komplementär zu überbrücken. 48

Durch die analoge Anwendung des § 29 BGB wird das kapitalgesellschaftsrechtliche Element der KGaA besonders betont. Die Kommanditaktionäre sind daher wegen des auch für die KGaA geltenden personengesellschaftsrechtlichen Grundsatzes der Selbstorganschaft gehalten, möglichst umgehend die Vertretung der Gesellschaft neu zu regeln oder das Problem anderweitig zu beheben, wie etwa die KGaA in eine Aktiengesellschaft umzuwandeln. 49

---

[118] Hüffer/Koch § 289 Rn. 9; a. A. Perlitt in Münch Komm AktG § 289 Rn. 147.
[119] BGHZ 51, 198, 200 = NJW 1969, 507.
[120] BGHZ 51, 198, 200 = NJW 1969, 507; Roth in Baumbach/Hopt HGB § 170 Rn. 1; kritisch Weipert in Ebenroth/Boujong/Joost/Strohn HGB § 170 Rn. 4; a. A.: Bergmann ZIP 2006, 2064, 2071.
[121] Zum Grundsatz der Selbstorganschaft siehe ausführlich § 5 Rn. 10.
[122] Siehe hierzu bereits unter § 8 Rn. 35.
[123] RGZ 74, 298, 301; Hüffer/Koch § 289 Rn. 9; Perlitt in Münch Komm AktG § 278 Rn. 255; Assmann/Sethe in GroßKomm AktG § 278 Rn. 168; Raiser/Veil § 23 Rn. 27; Sethe S. 138.
[124] So aber Herfs in Münch Hdb AG § 79 Rn. 12; hier bleibt im Übrigen unbeantwortet, wer die KGaA für den Akt der Umwandlung nach UmwG vertreten soll.

50 Sollte dagegen der vertretungsberechtigte **Geschäftsführer der Komplementärkapitalgesellschaft**[125] wegfallen, berührt dies zwar indirekt die Handlungsfähigkeit der KGaA, allerdings besteht rechtlich weiterhin ein vertretungsberechtigter Komplementär.[126] Ungeachtet dieser formalrechtlichen Betrachtung ist bei Wegfall des vertretungsberechtigten Geschäftsführers der Komplementärskapitalgesellschaft die Handlungsfähigkeit der KGaA nicht mehr gegeben; solange die Gesellschafterversammlung der Komplementärgesellschaft keinen neuen Geschäftsführer bestellt, kann die Komplementärgesellschaft ihren Pflichten in der KGaA nicht nachkommen und macht sich so schadensersatzpflichtig; aber auch den Gesellschaftern der Komplementärgesellschaft droht eine Schadensersatzpflicht, wenn sie nicht unverzüglich einen neuen Geschäftsführer bestellen und dadurch Schaden von ihrer (der Komplementär-) Gesellschaft abwenden. Dauert die Steuerungsunfähigkeit der KGaA wegen fehlenden Geschäftsführers längere Zeit an, ist auch hier die **Bestellung eines Notgeschäftsführers** gemäß § 29 BGB analog angezeigt.

51 **b) Eintritt der beschränkten Geschäftsfähigkeit bzw. Geschäftsunfähigkeit.** Unabhängig von der Frage, ob ein Minderjähriger bzw. ein beschränkt Geschäftsfähiger bzw. Geschäftsunfähiger geschäftsleitender Komplementär einer KGaA sein kann,[127] wird die KGaA jedenfalls nicht durch Eintritt der beschränkten Geschäftsfähigkeit oder Geschäftsunfähigkeit aufgelöst.[128] Der Mangel der Vertretungsmacht lässt sich durch die Notgeschäftsführung analog § 29 BGB überwinden.

3. Kündigung durch die Gesamtheit der Kommanditaktionäre?

52 Bis zum Handelsrechtsreformgesetz[129] führte die Kündigung durch die Gesamtheit der Kommanditaktionäre zur Auflösung der Gesellschaft, § 289 Abs. 1, 4 S. 1 AktG i.V.m. § 131 Nr. 6 HGB a.F.; die Kommanditaktionäre konnten also durch einseitige Erklärung ohne Zustimmung der Komplementäre die Auflösung der Gesellschaft herbeiführen. Ziel des Reformgesetzgebers war es, dem einzelnen Gesellschafter die Möglichkeit zu nehmen, durch einseitige Erklärung die Auflösung der Gesellschaft herbeizuführen; kurz: die Unternehmenskontinuität sollte zum Regelfall werden.[130] Nach neuer Rechtslage müsste daher auf die Kündigung durch die Gesamtheit der Kommanditaktionäre nicht mehr die Auflösung, sondern das **Ausscheiden der Gesamtheit der Kommanditaktionäre** folgen, § 289 Abs. 1, 4 S. 1 AktG i.V.m. § 131 Abs. 3 S. 1 Nr. 3 HGB. Das Ausscheiden der Gesamtheit der Kommanditaktionäre wirft aber ähnliche dogmatische Folgeprobleme auf wie das Ausscheiden des letzten Komplementärs: Eine KGaA ohne Kom-

---

[125] Zur Zulässigkeit einer juristischen Person als Komplementär siehe BGHZ 134, 392 = NJW 1997, 1923 m.w.N.
[126] Das gleiche Ergebnis ergibt sich auch bei einer mehrstöckigen KGaA, in der z.B. eine GmbH & Co. KG Komplementärin ist, bei Wegfall des alleinvertretungsberechtigten Geschäftsführers der Komplementär-GmbH.
[127] Siehe dazu § 5 Rn. 77; § 4 Rn. 7.
[128] So zu Recht *Assmann/Sethe* in GroßKomm AktG § 289 Rn. 139.
[129] BGBl. I, 1998, S. 1474.
[130] Vgl. *Lorz* in Ebenroth/Boujong/Joost/Strohn HGB § 131 Rn. 3; *Roth* in Baumbach/Hopt HGB § 131 Rn. 1.

A. Auflösung

manditaktionäre entspricht nicht der gesetzlich vorgesehenen Form. Konsequent müsste man auch hier als Rechtsfolge die Auflösung der Gesellschaft bejahen.[131] Wenn die Kündigung nach dem Handelsrechtsreformgesetz aber gerade nicht die Unternehmenskontinuität beeinträchtigen soll, die Kündigung der Gesamtheit der Kommanditaktionäre aber aus den genannten dogmatischen Gründen zur Auflösung der KGaA führen muss, besteht ein Spannungsverhältnis zwischen dem Recht der Kommanditgesellschaft und dem Recht der KGaA, das der Reformgesetzgeber offenbar nicht gesehen hat. Die Wertungsgesichtspunkte, die der Reformgesetzgeber zur Fortführung des Unternehmens trotz Kündigung eines Gesellschafters angeführt hat, müssen aber auch für die KGaA gelten. Eine **Kündigung durch die Gesamtheit der Kommanditaktionäre** ist daher **nicht möglich**.[132] Dieses Ergebnis ist keineswegs unbillig, bedenkt man die Möglichkeit des Kommanditaktionärs, sich aufgrund der Fungibilität der Kommanditaktien grundsätzlich jederzeit von seinem Investment trennen zu können.[133] Insofern ist ein selbständiges Kündigungsrecht weder für den einzelnen Kommanditaktionär noch für die Gesamtheit der Kommanditaktionäre unbedingt notwendig.[134] Die Beibehaltung des Wortlautes der Sonderregelung in § 289 Abs. 4 S. 1 AktG, wonach „für die Kündigung der Gesellschaft" ein Hauptversammlungsbeschluss erforderlich ist, kann mithin nur als **Redaktionsversehen** beurteilt werden. Vor diesem Hintergrund ist es konsequent anzunehmen, dass der § 289 Abs. 4 S. 1 AktG, soweit er die Kündigung durch die Kommanditaktionäre betrifft, keine Bedeutung mehr hat.[135] Den Kommanditaktionären verbleibt die Möglichkeit, einen Auflösungsbeschluss herbeizuführen, der dann eines Zustimmungsbeschlusses der Komplementäre bedarf (§ 285 Abs. 2 S. 1 AktG). Da es sich bei der Auflösung um ein Grundlagengeschäft handelt, kann die Satzung das Zustimmungsrecht der Komplementäre nicht abbedingen.

Im Ergebnis ist eine klarstellende **Regelung** der Frage eines Kündigungsrechtes der Gesamtheit der Kommanditaktionäre **in der Satzung** dringend anzuraten: Dies gilt nicht zuletzt vor dem Hintergrund, dass gewichtige Stimmen im Schrifttum die Kündigung durch die Gesamtheit der Kommanditaktionäre trotz der Änderung des § 131 HGB – zumindest aus wichtigem Grund – mit der Folge der Auflösung[136] bzw. der Gesamtrechtsnachfolge durch die Komplementäre[137] für zulässig erachten.

53

---

[131] So im Ergebnis *Schlitt*, der die einseitige Kündigung durch die Kommanditaktionäre mit der Folge der Auflösung für zulässig hält, *Schlitt* S. 233.
[132] Hüffer/*Koch* § 289 Rn. 6; *Veil* NZG 2000, 72, 76 f.; *Perlitt* in Münch Komm AktG § 289 Rn. 37; *K. Schmidt* in K. Schmidt/Lutter AktG § 289 Rn. 28; *Bachmann* in Spindler/Stilz AktG § 289 Rn. 31; *Förl/Fett* in Bürgers/Körber AktG § 289 Rn. 9; a.A. *Assmann/Sethe* in Großkomm AktG § 289 Rn. 75; *Herfs* in Münch Hdb AG § 77 Rn. 40; *Schlitt* S. 233.
[133] *Förl/Fett* in Bürgers/Körber AktG § 289 Rn. 9; etwas anderes gilt nur, wenn die Aktien vinkuliert sind, § 278 Abs. 3 i.V.m. § 68 Abs. 2 AktG. Der Grad der Handelbarkeit hängt freilich auch davon ab, ob die Kommanditaktien börsennotiert sind oder nicht, vgl. hierzu auch § 10 Rn. 12.
[134] Hüffer/*Koch* § 289 Rn. 6; *Veil* NZG 2000, 72, 77.
[135] *Förl/Fett* in Bürgers/Körber AktG § 289 Rn. 9; *Veil* NZG 2000, 72, 77.
[136] *Schlitt* S. 233.
[137] *Assmann/Sethe* in GroßKomm AktG § 289 Rn. 75; *Herfs* in Münch Hdb AG § 77 Rn. 40.

B. Abwicklung

I. Überblick

54 Die Abwicklung[138] einer KGaA ist die Phase nach Auflösung der Gesellschaft, in welcher der Unternehmenszweck auf die **Befriedigung der Gläubiger** und die Verteilung des Restvermögens gerichtet[139] ist. Mit erfolgter Verteilung ist die Gesellschaft vollbeendet und mit Löschung im Handelsregister[140] materiell-rechtlich nicht mehr existent.

II. Abwickler

1. Vorbemerkungen

55 Für das Amt der Abwickler gilt Aktienrecht (§§ 278 Abs. 3, 268 ff. AktG).[141] Die KGaA-rechtliche Sondervorschrift des § 290 Abs. 1 AktG ordnet an, dass die Abwicklung durch die **persönlich haftenden Gesellschafter** und zusätzlich durch einen oder mehrere von der Hauptversammlung bestellte Abwickler besorgt wird, soweit die Satzung nichts anderes bestimmt. Schließlich regelt § 290 Abs. 2 AktG, dass der Antrag auf **Bestellung eines Abwicklers** bei Gericht (§§ 278 Abs. 3, 265 Abs. 3 AktG) auch durch die persönlich haftenden Gesellschafter gestellt werden kann.

56 Die Abwickler vertreten die KGaA gemäß §§ 278 Abs. 3, 269 Abs. 1 AktG gerichtlich und außergerichtlich. Sind mehrere Abwickler vorhanden, sind diese bei fehlender (hier zulässiger) abweichender Satzungsregelung gesamtvertretungsbefugt, § 269 Abs. 2 S. 1 AktG.[142]

---

[138] Synonym: Liquidation.
[139] Ob der Unternehmenszweck sich ändert oder durch den Liquidationszweck nur überlagert wird, ist streitig, vgl. *Assmann/Sethe* in GroßKomm AktG § 289 Rn. 7, im Ergebnis aber ohne Bedeutung.
[140] Es ist strittig, ob die Eintragung der Löschung konstitutiv oder deklaratorisch wirkt. Nach der Rechtsprechung zur GmbH tritt das Ende wegen Vermögenslosigkeit ein. Nur mehr diese Tatsache wird beurkundet; BGHZ 48, 303, 307 = NJW 1968, 297; 53, 264, 266 = WM 1970, 520. Diese Ansicht stieß in der Literatur zunächst auf Zustimmung, z. B. *Winkler* in Keidel/Kuntze/Winkler FGG Anh § 144b Rn. 9. Die herrschende Lehre geht inzwischen davon aus, dass die Aktiengesellschaft bzw. KGaA mit der Eintragung erlischt, unabhängig davon, ob sie noch über Vermögen verfügt oder nicht, *Kraft* in Kölner Komm AktG § 273 Rn. 37; *Hüffer* in Münch Komm AktG § 273 Rn. 16; *Assmann/Sethe* in Groß-Komm AktG § 289 Rn. 8; *Hüffer/Koch* 262 Rn. 4, 23 m. w. N; vermittelnd ist die Lehre von der teilrechtsfähigen Nachgesellschaft, vgl. *Bachmann* in Spindler/Stilz AktG § 262 Rn. 92 m. w. N.
[141] *K. Schmidt* in K. Schmidt/Lutter AktG § 290 Rn. 3; *Perlitt* in Münch Komm AktG § 290 Rn. 2.
[142] *Hüffer/Koch* § 269 Rn. 3; *Perlitt* in Münch Komm AktG § 269 Rn. 13.

2. Geborene Abwickler

Als geborene Abwickler fungieren die Komplementäre einschließlich der nicht geschäfts- und vertretungsbefugten; ein besonderer Bestellungsakt ist nicht erforderlich.[143] Die Komplementäre können aber ihre automatische „Bestellung" mit Eintritt in das Abwicklungsstadium ablehnen.[144] Ebenso können durch Satzung alle oder aber nur einzelne Komplementäre ausgeschlossen werden.[145]

57

3. Gekorene Abwickler

Daneben, d. h. zusätzlich zu den Komplementären als geborene Abwickler, kann die **Hauptversammlung weitere Abwickler** (auch juristische Personen) **bestellen**, § 290 Abs. 1 AktG. Insoweit unterscheidet sich § 290 Abs. 1 AktG von der Vorschrift für die Aktiengesellschaft, § 265 Abs. 2 S. 1 AktG, wonach die Hauptversammlung die Vorstandsmitglieder als geborene Abwickler durch die Bestellung Dritter ersetzen kann. Bei der Bestellung von Abwicklern durch die Hauptversammlung unterliegen die Komplementäre, die Aktien besitzen, keinem Stimmverbot; es liegt kein Katalogbeschluss des § 285 Abs. 1 AktG vor.[146] Auf Antrag kann das zuständige Gericht die bestellten Abwickler wieder abberufen (§§ 278 Abs. 3, 265 Abs. 3 AktG).

58

Anders als die Vorstände in der Aktiengesellschaft werden **die Komplementäre** in der KGaA als geborene Abwickler an der Abwicklung **mitwirken wollen**, da sie persönlich haften und daher im Gegensatz zu den Vorstandsmitgliedern eigene Interessen wahrnehmen. Die Sondervorschrift des § 290 AktG gibt der Gesellschaftergruppe der Kommanditaktionäre die Möglichkeit sicherzustellen, dass bei der Abwicklung auch ihre Interessen berücksichtigt werden.[147] Die §§ 278 Abs. 3, 265 Abs. 5 S. 1 AktG sind daher so zu lesen, dass die Hauptversammlung nur die von ihnen selbst bestellten Abwickler, nicht aber die persönlich haftenden Gesellschafter als Abwickler abberufen kann.[148] Eine Abberufung der persönlich haftenden Gesellschafter als Abwickler kann aber bei Vorliegen eines wichtigen Grundes durch das Gericht erfolgen (§§ 278 Abs. 2, 161 Abs. 2, 147, 2. HS HGB).

59

---

[143] *Perlitt* in Münch Komm AktG § 290 Rn. 17; *Assmann/Sethe* in GroßKomm AktG § 290 Rn. 10; *Mertens/Cahn* in Kölner Komm AktG § 290 Rn. 5; *Herfs* in Münch Hdb AG § 77 Rn. 47; *Nagel/Wittowski* S. 88.
[144] Zutreffend *Assmann/Sethe* in GroßKomm AktG § 290 Rn. 10; *K. Schmidt* in K. Schmidt/Lutter AktG § 290 Rn. 9.
[145] *Nagel/Wittowski* S. 90.
[146] *K. Schmidt* in K. Schmidt/Lutter AktG § 290 Rn. 5; *Assmann/Sethe* in GroßKomm AktG § 290 Rn. 12; *Perlitt* in Münch Komm AktG § 290 Rn. 19.
[147] *Mertens/Cahn* in Kölner Komm AktG § 290 Rn. 6; *Perlitt* in Münch Komm AktG § 290 Rn. 18.
[148] *K. Schmidt* in K. Schmidt/Lutter AktG § 290 Rn. 7; *Mertens/Cahn* in Kölner Komm AktG § 290 Rn. 10; *Perlitt* in Münch Komm AktG § 290 Rn. 18.

4. Gerichtlich bestellte Abwickler

60 Auf Antrag des Aufsichtsrats oder einer **Kommanditaktionärsminderheit**[149] bestellt das Gericht Abwickler, wenn ein wichtiger Grund vorliegt, §§ 278 Abs. 3, 265 Abs. 3 AktG. Die Kommanditaktionäre müssen glaubhaft machen,[150] seit mindestens drei Monaten Inhaber der Aktien zu sein. Daneben können gemäß § 290 Abs. 2 AktG auch Komplementäre die Bestellung von Abwicklern durch das Gericht beantragen.[151] Für die Abberufung gerichtlich bestellter Abwickler bedarf es ebenfalls des Vorliegens eines wichtigen Grundes.[152] Die gerichtlichen Maßnahmen können gemäß § 265 Abs. 3 S. 4 AktG mit der sofortigen Beschwerde angegriffen werden.

5. KGaA i. L. ohne geborene Abwickler

61 Die Komplementäre sind berechtigt, ihre „Bestellung" als Abwickler vor Eintritt in das Abwicklungsstadium abzulehnen.[153] Ist die Auflösung Folge des Ausscheidens des letzten Komplementärs,[154] steht naturgemäß ebenfalls kein Komplementär mehr als Abwickler zur Verfügung. In diesem Fall kann nur durch die **gerichtliche Bestellung eines Abwicklers** gemäß § 278 Abs. 3, 265 Abs. 3 AktG die Handlungsfähigkeit der KGaA wieder hergestellt werden.[155] Es ließe sich zwar daran denken, dass die Hauptversammlung wegen § 290 Abs. 1 AktG vorrangig zur Bestellung der Abwickler berufen sei, ein gerichtlicher Beschluss also nur nachrangig in Betracht kommen könne. Anders als in der Aktiengesellschaft, in der die Hauptversammlung beschließen kann, die Vorstandsmitglieder als geborene Abwickler durch Dritte zu ersetzen, § 265 Abs. 2 S. 1 AktG, kann die Hauptversammlung in der KGaA nur zusätzliche Abwickler zur Wahrnehmung eigener Interessen bestimmen. Da nach dem Tod des Komplementärs oder nach der Amtsniederlegung die Interessen der Komplementäre bzw. ihrer Rechtsnachfolger[156] bei der Abwicklung weiterhin eine Rolle spielen, kann der fehlende Komplementär nicht durch einen von der Hauptversammlung bestellten Abwickler ersetzt werden. Auch die Tatsache, dass eine gerichtliche Bestellung erst auf Antrag des Aufsichtsrats oder einer Kommanditaktionärsminderheit erfolgen kann (§ 264 Abs. 1 AktG), spricht nicht gegen den Vorrang einer gerichtlichen Bestellung. Dasselbe Problem ergäbe sich bei einer Bestellung durch die Hauptversammlung, da

---

[149] Antragsberechtigt sind Kommanditaktionäre, deren Anteile zusammen entweder den zwanzigsten Teil des Grundkapitals oder den anteiligen Betrag von 500.000 EUR erreichen, § 265 Abs. 3 AktG.

[150] Gemäß § 265 Abs. 3 S. 3 AktG reicht zur Glaubhaftmachung eine eidesstattliche Versicherung vor einem Gericht oder einem Notar aus.

[151] *Assmann/Sethe* in GroßKomm AktG § 290 Rn. 16; *Perlitt* in Münch Komm AktG § 290 Rn. 20.

[152] *Förl/Fett* in Bürgers/Körber AktG § 290 Rn. 4.

[153] *Assmann/Sethe* in GroßKomm AktG § 290 Rn. 10; *K. Schmidt* in K. Schmidt/Lutter AktG § 290 Rn. 9.

[154] Siehe hierzu ausführlich Rn. 27 ff.

[155] *Perlitt* in Münch Komm AktG § 289 Rn. 184; *Hüffer/Koch* § 289 Rn. 9.

[156] Hier ist insbesondere der Anspruch der Erben auf den Anteil am Liquidationserlös betroffen.

auch diese erst einberufen werden muss, bevor es zu einer Bestellung der Abwickler kommen kann. In der Praxis ist in jedem Fall eine **gerichtliche Bestellung zu empfehlen**. Andernfalls läuft man Gefahr, dass eine durch die Hauptversammlung ausgesprochene Bestellung gerichtlich aufgehoben wird, etwa weil ein Kommanditaktionär die Bestellung wegen fehlender Zuständigkeit der Hauptversammlung im Wege einer Anfechtungsklage gemäß §§ 278 Abs. 3, 245 Nr. 1 AktG angreift.

6. Satzungsgestaltungen

Die bisherigen Ausführungen gelten vorbehaltlich abweichender Satzungsregelungen.[157] In Bezug auf die Auswahl der Abwickler sind unterschiedliche Satzungsregelungen zulässig (§ 290 Abs. 1 letzter HS AktG). Die Satzung kann die persönlich haftenden Gesellschafter von der Abwicklung ausschließen und statt dessen den Aufsichtsrat oder einen Beirat mit der Abwicklung betrauen.[158] Der Beschluss der Hauptversammlung zur Bestellung von Abwicklern kann mit einem Vetorecht der Komplementäre versehen oder ganz abbedungen werden.[159] Auch kann vorgesehen werden, dass die Hauptversammlung berechtigt ist, auch die Komplementäre als Abwickler abzuberufen.

III. Abwicklungsverfahren

1. Ablauf des Abwicklungsverfahrens

Der Abwickler hat Sorge zu tragen für den Aufruf der Gläubiger (§ 267 AktG), die Beendigung der laufenden Geschäfte (§ 268 Abs. 1 AktG), die Einziehung aller Forderungen (§ 268 Abs. 1 AktG), die Umsetzung der Vermögenswerte in Geld und die Erstellung der Abwicklungsbilanzen (§ 270 AktG). Zur Einziehung von Forderungen der Gesellschaft gehört auch, von den Komplementären negative Kapitalkonten ausgleichen zu lassen; dies ist nicht zuletzt zum Schutz ggf. vorhandener anderer Komplementäre bzw. der Gesamtheit der Kommanditaktionäre erforderlich.[160] Fällige Forderungen gegenüber der Gesellschaft sind aus den vorhandenen und eingezogenen Mitteln zu befriedigen. Soweit noch nicht fällige oder streitige Forderungen bestehen, sind entsprechende Reserven zu bilden. Verbleibt danach ein Liquidationsüberschuss, muss dieser in einem ersten Schritt zwischen den Gesellschaftergruppen und dann in einem zweiten Schritt innerhalb der jeweiligen Gesellschaftergruppe an die einzelnen Gesellschafter verteilt werden.

Die Verteilung des Liquidationsüberschusses zwischen den Gesellschaftergruppen richtet sich nach § 278 Abs. 2 AktG und damit nach Personengesellschafts-

---

[157] S. auch die Gestaltungshinweise bei *Nagel/Wittowski* S. 90.
[158] Vgl. nur *Perlitt* in Münch Komm AktG § 290 Rn. 26; *Sethe* ZIP 1998, 1138, 1140.
[159] *Bachmann* in Spindler/Stilz AktG § 290 Rn. 4; *Assmann/Sethe* in GroßKomm AktG § 290 Rn. 35; *Sethe* ZIP 1998, 1138, 1140.
[160] *Perlitt* in Münch Komm AktG § 290 Rn. 13; *Assmann/Sethe* in GroßKomm AktG § 290 Rn. 24; *K. Schmidt* in K. Schmidt/Lutter AktG § 290 Rn. 14; zutreffend auch *Wichert* S. 224 ff.

recht, weshalb eine weitgehend autonome Regelung in der Satzung möglich ist.[161] Bei Fehlen einer besonderen Vereinbarung wird der **Liquidationsüberschuss** entsprechend der Anteile am Gesamtkapital verteilt, § 155 Abs. 1 HGB. Damit gilt der Saldo des für den Kapitalanteil maßgeblichen Kontos, zumeist das feste Kapitalkonto I.[162] Zur Klarstellung sollte in der Satzung eine Regelung aufgenommen werden, die als Verteilungsschlüssel das Verhältnis von Grundkapital und Komplementäreinlagen zum Gesamtkapital bestimmt.[163]

65 Vom Liquidationsüberschuss zu trennen sind Liquidationsgewinne, d. h. Gewinne, die während der laufenden Liquidation erzielt werden; der auf die Kommanditaktionäre entfallende Gewinn unterliegt wegen § 272 AktG der Ausschüttungssperre, so dass es **ausschüttungsfähige Gewinne** während der Liquidation **nur für die Komplementäre** geben kann.[164] Hier ist unstreitig, dass der zutreffende Verteilungsschlüssel derselbe sein muss, der für die Verteilung von Gewinnen vor der Liquidation galt.[165] Im Schrifttum wird diesbezüglich problematisiert, wie man Gewinne, die während der Abwicklung erzielt worden sind, vom Liquidationsüberschuss trennen kann, der durch die **Auflösung stiller Reserven** entstanden ist.[166] Die Trennung ist immer dann von Interesse, wenn die Verteilung des Liquidationsüberschusses von der des laufenden Gewinns nach den Bestimmungen der Satzung abweicht; durch die Veräußerung von Anlagevermögen könnten die Komplementäre zusätzliche Gewinne erzielen und damit die nach der Satzung bevorrechtigt am Liquidationserlös Beteiligten benachteiligen. Ein gangbarer Weg zur Lösung des Problems kann entweder eine entsprechende Untergliederung der Gewinn- und Verlustrechnung der Geschäftsjahre ab Liquidation, aus der sich die unterschiedlichen Erträge und Aufwendungen aus laufendem Geschäft und liquidationsbedingt ergeben, oder ein entsprechender Anhang zum Jahresabschluss sein.[167] Auf Grundlage der so differenziert ermittelten Zahlen können die Abwickler am Ende der Abwicklung einen eventuellen Überschuss nach dem Verhältnis von laufendem Ertrag und Liquidationsüberschuss einerseits sowie herkömmliche Gewinnverwendung und besondere Verteilung des Liquidationsüberschusses andererseits verteilen.

2. Einhaltung des Sperrjahres, § 272 AktG

66 Mit der Verteilung des Anteils am Liquidationsüberschuss an die einzelnen **Kommanditaktionäre** kann erst ein Jahr nach der Bekanntmachung des Gläubigeraufrufs begonnen werden, §§ 278 Abs. 3, 272 Abs. 1, 267 AktG. Meldet sich ein bekannter Gläubiger nicht, muss der Betrag – soweit rechtlich zulässig – für ihn hinterlegt werden; bei streitigen Forderungen muss dem Gläubiger vor Ver-

---

[161] *Perlitt* in Münch Komm AktG § 290 Rn. 7; *Mertens/Cahn* in Kölner Komm AktG § 290 Rn. 2.
[162] Zur Buchung des Kapitalanteils siehe § 6 Rn. 73 ff.
[163] So auch *Herfs* in Münch Hdb AG § 77 Rn. 47.
[164] Siehe dazu sofort unter Rn. 66 ff.
[165] *Perlitt* in Münch Komm AktG § 290 Rn. 5; *Assmann/Sethe* in GroßKomm AktG § 290 Rn. 30; für die OHG bereits BGHZ 19, 42, 48 = NJW 1956, 300.
[166] Vgl. *Perlitt* in Münch Komm AktG § 290 Rn. 5.
[167] Siehe etwa die Darstellung bei *Förschle/Deubert* in Budde/Förschle/Winkeljohann Sonderbilanzen T 258.

teilung des Vermögens Sicherheit geleistet werden (§§ 278 Abs. 3, 272 Abs. 2, 3 AktG). Für die Verteilung unter den Kommanditaktionären gilt §§ 278 Abs. 3 i. V. m. § 271 AktG,[168] d. h. das Vermögen ist nach den Anteilen am Grundkapital zu verteilen, wenn nicht Aktien mit verschiedenen Rechten bei der Verteilung des Gesellschaftsvermögens vorhanden sind; letzteres wird regelmäßig bei Aktien, die mit einem bevorrechtigten Gewinnbezug ausgestattet sind (Vorzugsaktien), vorgesehen sein.

Die Verteilung des Liquidationsüberschusses zwischen den Gesellschaftergruppen und daran anschließend die Verteilung des auf die einzelnen **Komplementäre** entfallenen Anteils am Liquidationsüberschuss kann hingegen sofort erfolgen. Die Gläubigerschutzvorschrift des § 272 AktG, welche die Einhaltung eines Sperrjahres vor Verteilung des Gesellschaftsvermögens anordnet, gilt nach zutreffender Betrachtung nur für das Grundkapital und damit allein für die Verteilung der Anteile der Kommanditaktionäre am Liquidationsüberschuss.[169] Zur Begründung ist vor allem auf den Zweck des Sperrjahres zu verweisen, wonach den Gläubigern ausreichend Zeit gegeben werden soll, ihre Ansprüche geltend zu machen. Innerhalb dieses Zeitraums geht der Gläubigerschutz dem Interesse der Gesellschafter an der Verteilung des Vermögens vor;[170] bei dem Sperrjahr handelt es sich mithin um eine Gläubigerschutzvorschrift. Es stellt sich ein weiteres Mal die Frage, inwieweit die Gläubigerschutzvorschriften des Aktienrechts auf die Vermögenseinlage der Komplementäre angewendet werden müssen.[171] Die gleichen Argumente, die gegen die Anwendung der Vorschriften über die Gründungsprüfung auf die Vermögenseinlage sprechen,[172] greifen auch gegen die Anwendung des § 272 AktG auf den Anteil der Komplementäre am Liquidationsüberschuss: Die Einhaltung des Sperrjahres ist hinsichtlich des Anteils der Komplementäre am Liquidationsüberschuss nicht erforderlich, da die Komplementäre auch nach ihrem Ausscheiden fünf Jahre persönlich haften, §§ 278 Abs. 2 AktG, 161 Abs. 2, 160 Abs. 1 HGB. Dem kann auch nicht entgegengehalten werden, der Gläubiger müsse in diesem Fall das zusätzliche Risiko tragen, dass das Vermögen nach der Auszahlung beim Komplementär verlorengeht.[173] Die persönliche Haftung der Komplementäre und die Aufbringung des Grundkapitals sichern in der KGaA nebeneinander jeweils auf unterschiedliche Weise die Gesellschaftsgläubiger. Es steht dem Komplementär frei, ob er überhaupt eine Vermögenseinlage erbringen will. Hat er eine Vermögenseinlage erbracht, kann er sie grundsätzlich bei Vorliegen einer entsprechenden

---

[168] *Sethe* ZIP 1998, 1138, 1140.
[169] *Perlitt* in Münch Komm AktG § 290 Rn. 8 f.; *Förl/Fett* in Bürgers/Körber AktG § 290 Rn. 1; *Bachmann* in Spindler/Stilz AktG § 290 Rn. 8; *Godin/Wilhelmi* AktG § 290 Rn. 3; *Schlitt* S. 234 f.; a. A. *Mertens/Cahn* in Kölner Komm AktG § 290 Rn. 3; *Assmann/Sethe* in Großkomm AktG § 290 Rn. 4 ff.; *Herfs* in Münch Hdb AG § 77 Rn. 47; *Sethe* ZIP 1998, 1138, 1139; *Wichert* S. 226 f.; *Nagel/Wittowski* S. 89; für die Kapitalgesellschaft & Co. KGaA auch *Raiser/Veil* § 23 Rn. 63.
[170] *Hüffer/Koch* § 272 Rn. 1.
[171] Zur Frage, ob Differenzhaftung, Gründungsprüfung und Nachgründung auch für die Vermögenseinlage gelten, siehe § 4 Rn. 49 ff., 35 ff., 60 ff.
[172] Siehe hierzu unter § 4 Rn. 35 ff.
[173] Mit diesem Argument begründet *Sethe* die Geltung des Sperrjahres für die Verteilung der Liquidationsanteile an die Komplementäre; *Sethe* ZIP 1998, 1138, 1139.

Satzungsregelung und bei Beachtung der Beschränkungen des § 288 AktG[174] wieder entnehmen.

3. Satzungsregelungen

68 Vom Gesetz abweichende Satzungsregelungen sind im Bereich der Verteilung zwischen den Gesellschaftergruppen und bei der Verteilung innerhalb der Komplementäre möglich. So ist etwa § 271 AktG nicht abschließend; die Satzung kann für das konkrete Verteilungsverfahren, nicht aber für die Verteilungsquote, mithin noch weitere Regeln vorsehen.[175] Insbesondere können Übernahmeregelungen durch die Komplementäre mit Barabfindung der Kommanditaktionäre,[176] Versteigerungsregeln[177] oder die Übertragung auf einen Dritten gegen Abfindung festgesetzt werden.

IV. Fortsetzung einer aufgelösten Gesellschaft

69 Eine aufgelöste KGaA kann auch im Liquidationsstadium, solange noch nicht mit der Verteilung des Vermögens unter die Kommanditaktionäre begonnen wurde, noch durch **Hauptversammlungsbeschluss** mit **Zustimmung der persönlich haftenden Gesellschafter** als werbende Gesellschaft fortgesetzt werden.[178] § 274 AktG gilt entsprechend. Der Beschluss bedarf einer Mehrheit von dreiviertel des bei der Beschlussfassung vertretenen Grundkapitals. Nicht zulässig ist es, die Fortsetzung der KGaA bereits in der Satzung gänzlich auszuschließen, da nach §§ 278 Abs. 3, 274 Abs. 1 S. 3 AktG nur Erschwerungen bei der Beschlussfassung, nicht aber der anfängliche Ausschluss eines solchen Beschlusses, zulässig sind.[179] Die Notwendigkeit eines zustimmenden Beschlusses der Komplementäre kann zwar – da hier Personengesellschaftsrecht Anwendung findet – grundsätzlich abbedungen werden;[180] es sind aber wegen des besonderen Eingriffs in die Rechte der Komplementäre, die als persönlich haftende Gesellschafter nach einem Fortsetzungsbeschluss ihr Risiko auch für neues Geschäft tragen müssten, die Beschränkungen, die aus der gesellschafterlichen Treuepflicht erwachsen, zu beachten.[181]

---

[174] Siehe hierzu unter § 5 Rn. 256 ff.
[175] Vgl. *Assmann/Sethe* in GroßKomm AktG § 290 Rn. 42 m.w.N.; *Bachmann* in Spindler/Stilz AktG § 271 Rn. 4.
[176] *Perlitt* in Münch Komm AktG § 290 Rn. 25; *Sethe* ZIP 1998, 1138 ff.
[177] *Sethe* ZIP 1998, 1138, 1142.
[178] *Perlitt* in Münch Komm AktG § 290 Rn. 23; *Mertens/Cahn* in Kölner Komm AktG § 290 Rn. 4.
[179] Zutreffend *Assmann/Sethe* in GroßKomm AktG § 290 Rn. 43.
[180] *Sethe* ZIP 1998, 1139, 1141.
[181] Siehe zur Treuepflicht unter § 5 Rn. 20.

V. Nachtragsabwicklung

Für den Fall, dass bei einer wegen Vermögenslosigkeit nach § 394 FamFG aufgelösten (§ 289 Abs. 2 Nr. 3 AktG) und bereits im Handelsregister gelöschten KGaA nachträglich noch Vermögen festgestellt wird, ist dieses im Wege der Nachtragsabwicklung zwischen den Gesellschaftern zu verteilen (§ 290 Abs. 3 AktG). Die Bestellung der Abwickler erfolgt gemäß § 290 Abs. 3 S. 2 AktG zwingend durch das Gericht. Hier besteht auch keine andere Regelungsmöglichkeit, da die Satzung der KGaA mit deren Löschung keine Wirkung mehr entfaltet.

§ 9 Die Besteuerung der KGaA und ihrer Gesellschafter

Übersicht

	Rn.
A. Einleitung	1
I. Bedeutung der hybriden Rechtsstruktur der KGaA für die Besteuerung der KGaA und ihrer Gesellschafter	1
II. Einheitliche und gesonderte Feststellung von Besteuerungsgrundlagen im Verhältnis zwischen phG und KGaA?	7
B. Laufende Besteuerung	13
I. Besteuerung der KGaA	13
1. Körperschaftsteuer	14
a) Grundlagen der körperschaftsteuerrechtlichen Erfolgsermittlung der KGaA	16
b) Betriebsausgabenabzug der Gewinnanteile und Geschäftsführungsvergütungen des phGs (§ 9 Abs. 1 Nr. 1 KStG)	21
c) Sonstige Vergütungen (Sondervergütungen)	29
d) Verdeckte Gewinnausschüttungen	31
e) Körperschaftsteuerrechtliche Organschaft	44
f) Verlustberücksichtigung bei der KGaA	68
2. Gewerbeertragsteuer	71
a) Grundlagen der Gewerbeertragsbesteuerung	71
b) Beginn und Ende der Gewerbesteuerpflicht	72
c) Ermittlung des Gewerbeertrages der KGaA	75
d) Gewerbeverlust	87
e) Gewerbesteuerrechtliche Organschaft	88
3. Umsatzsteuer	91
a) Grundlagen	91
b) Leistungsaustausch zwischen KGaA und ihren Gesellschaftern	92
4. Grunderwerbsteuer	96
II. Besteuerung der phG	99
1. Natürliche Person als phG	99
a) Einkommensteuer	99
b) Gewerbesteuer	113
c) Gewerbesteueranrechnung nach § 35 EStG	115
2. Nicht natürliche Person als phG („atypische" KGaA)	119
a) Einkommen- und Körperschaftsteuer	120
b) Gewerbesteuer	132
III. Besteuerung der Kommanditaktionäre	134
C. Aperiodische Besteuerungsvorgänge	138
I. Anteilsveräußerung	139
1. Einkommen- und Körperschaftsteuer	140
a) Veräußerung von Kommanditaktien	140
b) Veräußerung des phG-Anteils	150
2. Gewerbesteuer	155
II. Ausscheiden des phGs	159
III. Liquidation der KGaA	160
1. Einkommen- und Körperschaftsteuer	160
2. Gewerbesteuer	167
IV. Erbfall und Schenkung	169
1. Kommanditaktionäre	170
2. PhG	172
D. Internationales Steuerrecht	174
I. Außensteuerrecht	175

	Rn.
1. Hinzurechnungsbesteuerung.	175
2. Wegzugsbesteuerung	176
II. Beschränkt steuerpflichtige phG und Kommanditaktionäre	178
III. Vermeidung von Doppelbesteuerung.	181
1. Unilaterale Maßnahmen.	183
2. Bilaterale Maßnahmen	187

Literatur (Auswahl): *Ammenwerth*: Die KGaA – Frankfurt a. M. 1997; *Anders*: Die KGaA aus steuerrechtlicher Sicht, StuW 1989, 46; *Bacher*: Die Stellung des persönlich haftenden Gesellschafters einer KGaA im Steuerrecht, DB 1985, 2117; *Behrendt/Gaffron/Krohn*: Zur Einbringung von Mitunternehmeranteilen durch natürliche Personen, DB 2011, 1072; *Biagosch*: Die KGaA, NWB 1996, Fach 18, 3453; *Bielinius*: Mögliche Reformvorschläge zur Besteuerung der KGaA, DStR 2014, 769; *Bödefeld*: Die steuerrechtliche Behandlung von Mischformen des europäischen Gesellschaftsrechts am Beispiel der Plc. & Co. KGaA, FS Rädler 1999, S. 33; *Bogenschütz*: Umwandlung einer Kapitalgesellschaft in eine KGaA, FS Widmann 2000, S. 163, 171; *Boruttau*: Grunderwerbsteuergesetz Kommentar, 17. Aufl., München 2011; *Bunjes*: Umsatzsteuergesetz Kommentar, 13. Aufl., München 2014; *Claussen*: Überlegungen zur Rechtsform der GmbH. Ist die KGaA eine Alternative?, GmbHR 1996, 73; *ders.*: Perspektiven für die KGaA, FS Heinsius 1991, S. 61; *Crezelius*: Komplementärbesteuerung bei der KGaA, JbFfStR 1998/99, 318; *ders.*: Überlegungen zu § 13 Abs. 4 und 5 ErbStG 1997, DB 1997, 1584; *Debatin*: DBA – Schweiz – Vergütungen des in der Schweiz ansässigen persönlich haftenden Gesellschafters einer KGaA, RIW 1991, 355; *Dötsch/Pung*: Die Änderung des § 17 des Einkommensteuergesetz durch das Steuerentlastungsgesetz 1999/2000/2002, BB 1999, 135; *Dreissig*: Ergänzungsbilanzen – steuerrechtliche Zweifelsfragen und wirtschaftliche Auswirkungen, StbJb 1990/91, 221; *Drüen/van Heek*: Die Kommanditgesellschaft auf Aktien zwischen Trennungs- und Transparenzprinzip – Eine steuersystematische Bestandsaufnahme DStR 2012, 541; *dies.*: Sondervergütungen an den Komplementär einer KGaA – (K)eine Frage der Transparenz, DB 2012, 2184; *Eisgruber*: Unternehmenssteuerreform 2001: Das Halbeinkünfteverfahren auf der Ebene der Körperschaft; DStR 2000, 1493; *Falter*: Die einheitliche und gesonderte Feststellung von Besteuerungsgrundlagen bei der KGaA, FS Spiegelberger 2009, 113; *Felix/Strahl*: Beschränkte Verlustberücksichtigung nach § 17 Abs. 2 S. 4 EStG, BB 1996, 1582; *Fischer*: Die Besteuerung der KGaA und ihrer Gesellschafter, DStR 1997, 1519; *Flick/Wassermeyer/Baumhoff/Schönfeld*: Außensteuerrecht Kommentar, Köln 1997, Stand: Juni2014; *Gocke*: Zur Aktivierung von Pensionsansprüchen in den Einzelbilanzen der persönlich haftenden Gesellschafter bei einer KGaA, DB 1994, 2162; *Gosch*: Die KGaA und die Gewerbesteuer, FR 1991, 345; *ders.*: Die Personengesellschaft und die Pensionszusage, DStZ 1994, 193; *Graf*: Die Gewerbeertragsbesteuerung der Kapitalgesellschaft & Co. KG auf Aktien, DStR 1991, 1374; *Groh*: Trennungs- und Transparenzprinzip im Steuerrecht der Personengesellschaft, ZIP 1998, 89; *ders.*: Probleme der negativen Ergänzungsbilanz, FS Haas 1989 S. 139; *ders.*: Die Bilanzen der Mitunternehmerschaft, StuW 1995, 383; *Hageböke*: Zur Anwendung des DBA-Schachtelprivilegs bei der KGaA – Zugleich Anmerkungen zum Beitrag von Kramer, IStR 2009, S. 57 (in diesem Heft); IStR 2010, 59; *ders.*: Sondervergütungen des KGaA-Komplementärs und Betriebsausgabenabzug – Anm. zur "Subsidiaritätsthese" von Drüen/van Heek, DB 2012 S. 2184 –, DB 2012, 2709; *Hageböke/Koetz*: Die Gewinnermittlung des persönlich haftenden Gesellschafters einer KGaA durch Betriebsvermögensvergleich, DStR 2006, 293; *Hagen/Schynol*: Die Besteuerung außerordentlicher Einkünfte nach dem Steuersenkungsgesetz und dem Steuersenkungsergänzungsgesetz, DB 2001, 397; *Hagena/Klein*: Ergänzungen des § 50d EStG durch das Amtshilferichtlinie-Umsetzungsgesetz, ISR 2013, 267; *Haisch/Helios*: Steuerpflicht von Streubesitzdividenden in der Direkt- und Fondsanlage – Unionsrechtskonforme Ausgestaltung des KapESt-Rechts bei Dividenden? –, DB 2013, 724; *Halasz/Kloster/Kloster*: Die GmbH & Co. KGaA. Eine Rechtsformalternative zur GmbH & Co. KG?, GmbHR 2002, 77; *Herzig/Förster*: Steuerentlastungsgesetz 1999/2000/2002: Die Änderung von § 17 und § 34 EStG mit ihren Folgen, DB 1999, 711; *Herzig/Lochmann*: Steuersenkungsgesetz: Die Steuerermäßigung für gewerbliche Einkünfte bei der Einkommensteuer in der endgültigen Regelung, DB 2000, 1728; *Hesselmann*: Die kapitalistische KGaA, BB 1989, 2344; *ders.*: GmbH & Co. KGaA, GmbHR 1988, 472; *Hop-*

pe: Die Besteuerung der Kommanditgesellschaft auf Aktien zwischen Trennungs- und Transparenzprinzip, Lohmar 2014; *Hübsch*: Steuerrechtliche Behandlung einer negativen Ergänzungsbilanz bei der Inanspruchnahme von Sonderabschreibungen durch eine Personengesellschaft, DStR 2001, 11; *Intemann*: Die Neuregelung zur Steuerpflicht von Streubesitzdividenden, BB 2013, 1239; *Janssen*: Die Besteuerung der KGaA und ihrer Gesellschafter, NWB, Fach 18, 3811; *Jünger*: Liquidation und Halbeinkünfteverfahren, BB 2001, 69; *ders.*: Zur Stellung des persönlich haftenden Gesellschafters einer KGaA im Steuerrecht, DB 1988, 1969; *Kirchhof/Söhn/Mellinghoff*: Einkommensteuergesetz Kommentar, Heidelberg, Stand Mai 2014; *Kollruss*: Gewerbesteuerrechtliche Optimierung bei der GmbH & Co. KGaA, INF 2003, 347; *ders.*: Besteuerung der KGaA: Klärung der Besteuerungssystematik in fünf Stufen, BB 2012, S. 3178; *ders.*: Zur Besteuerungsdokmatik der KGaA: Entwicklung des grundlegenden Besteuerungskonzepts, DStZ 2012, 650; *ders.*: Mehrstöckige Hybrid-Kapitalgesellschaftsstrukturen und § 50d Abs. 11 EStG: Leerlaufen der Norm?, BB 2013, 157; *Kollruss/Weißert/Dilg*: KGaA-Besteuerung im Lichte des § 50d XI EStG: Funktionsweise, gewerbesteuerliche Implikationen und mögliche Regelungsdefizite, DB 2013, 423; *Kollruss/Weißert/Ilin*: Die KGaA im Lichte der Verlustabzugsbeschränkung des § 8c KStG und der Zinsschranke, DStR 2009, 88; *Korezkij*: Anrechnung der Gewerbesteuer nach § 35 EStG, BB 2001, 333, 389; *Krabbe*: Steuerrechtliche Behandlung von Gewinnanteilen aus atypischen stillen Beteiligungen nach den DBA, IStR 2000, 23; *ders.*: Steuerliche Behandlung der Personengesellschaften nach den Doppelbesteuerungsabkommen, IWB 1998, F. 3, 753; *Kramer*: Das Internationale Schachtelprivileg der KGaA – zugleich Anmerkung zum Urteil des Hessischen FG vom 23.6.2009, 12 K 3439/01, IStR 2010, 57; *Kusterer*: Die Bedeutung von § 32c EStG bei KGaA, DStR 1997, 11; *ders.*: Ergänzungsbilanz des persönlich haftenden Gesellschafters einer Kommanditgesellschaft auf Aktien, DStR 2004, 77; *ders.*: Überlegungen zur Besteuerung des persönlich haftenden Gesellschafters einer Kommanditgesellschaft auf Aktien, DStR 2008, 484; *Lang*: Zur Subjektfähigkeit von Personengesellschaften im Einkommensteuerrecht, FS Schmidt 1993, S. 291; *Ley*: Schwerpunkt und Streitfragen aus dem Bilanzsteuerrecht (Teil 2). KÖSDI 1992, 9152; *Mack*: Gestaltungsüberlegungen zum Jahreswechsel 1999/2000 rund um die GmbH, GmbHR 1999, 122; *Mahlow*: Die Kommanditgesellschaft auf Aktien und das Vorliegen einer verdeckten Gewinnausschüttung, DB 2003, 1540; *Mathiak*: Rechtsprechung zum Bilanzsteuerrecht, DStR 1989, 661; *Menzel*: Die Entgelte der Personengesellschaft und der KGaA an ihre unmittelbar haftenden Gesellschafter, DStR 1972, 562, 594; *ders.*: Die Besteuerung der Entgelte der KGaA an ihren persönlich haftenden Gesellschafter, StuW 1971, 204; *Mitschke*: Grenzüberschreitende Sondervergütungen bei PersGes und gewerblich geprägten PersGes im internationalen Steuerrecht nach dem AmtshilfeRL-UmsG, FR 2013, 694; *Moritz*: Kapitalanlagen im Schnittpunkt zwischen §§ 17 EStG und 20 EStG (Teil I) Nachträgliche Anschaffungskosten und Kapitalersatzrecht – Neuausrichtung erforderlich?, DStR 2014, 1636; *ders.*: Kapitalanlagen im Schnittpunkt zwischen §§ 17 und 20 EStG (Teil II) Probleme nach Veräußerung/Wegfall der Beteiligung, DStR 2014, 1703; *Neu*: Unternehmenssteuerreform 2001: Pauschalierte Gewerbesteueranrechnung nach § 35 EStG, DStR 2000, 1933; *Neyer*: Verlustnutzung durch Anteilsübertragung: Die Neuregelung des Mantelkaufs durch § 8c KStG n.F., BB 2007, 1415; *Patt/Rasche*: Besteuerung der Pensionszusage an den persönlich haftenden Gesellschafter einer KGaA nach den Grundsätzen der Mitunternehmerschaft?, DB 1993, 2400; *Pohl*: Besteuerung grenzüberschreitender Sondervergütungen gem. § 50d Abs. 10 EStG i. d. F. des AmtshilfeRLUmsG, DB 2013, 1572; *Probst*: Anmerkung zum BFH-Urteil v. 7.11.1990 I R 154/84, FR 1991, 529; *Raupach*: Personengesellschaften im Spannungsfeld von Zivilrecht und Steuerrecht, JbFfStR 1994/95, 251; *Reiß*: Gesellschafter und Gesellschafterbeirat im Umsatzsteuerrecht, UR 1988, 298; *Regniet*: Ergänzungsbilanzen bei der Personengesellschaft, Köln 1990; *Ritzer/Stangl*: Anwendungsprobleme der Steuerermäßigung für gewerbliche Einkünfte von Einzelunternehmen und Personengesellschaften nach § 35 EStG, INF 2000, 641; *Rödder/Hageböke/Stangl*: Zur Anwendung der Zinsschranke bei der KGaA und ihrem persönlich haftenden Gesellschafter, DB 2009, 1561; *Rohrer/Ort*: Anwendung des Halbeinkünfteverfahrens auf Ebene einer KGaA, BB 2007, 1594; *Rössler/Troll*: Bewertungsgesetz, 20. Aufl. München 2014, Stand: Mai 2014; *Salzmann*: Weitere Treaty Overrides aufgrund des AmtshilfeRLUmsG – Was bedeuten die Änderungen nach der Einigung im Vermittlungsausschuss am 5.6.2013?, IWB 2013, 405; *Schaumburg*: Die KGaA als Rechtsform für den Mittelstand?, DStZ 1998, 525; *Schlütter*: Handelsrechtliche und steuerrechtliche Behandlung der Gewinnanteile der Komplementäre einer KGaA, StuW 1978, 295; *Schmidt*: Sondervergütungen im Abkommensrecht – Der neue § 50d Abs. 10 EStG: Ein neuer Versuch – Ein neuer Irrtum?, DStR 2013, 1704; *Schmidt/Levedag*: Die KGaA nach dem Beschluß vom 24.2.1997: Grundprofil und Einsatzfelder einer hybriden Rechtsform, INF 1997, 749; *Schnädter*: Gehören zum Gewerbeertrag auch die Sondervergütungen nach § 15 Abs. 1 Nr. 2, 3 EStG, FR 1985, 659; *Seer*: Die umsatzsteuerrechtliche Behandlung der Umwandlung von Einzelunternehmen, Personen- und Kapitalgesellschaften, DStR 1988, 367; *Sethe*: Die Besonderheiten der Rechnungslegung bei der KGaA, DB 1998, 1044; *Streck*: KStG, 8. Aufl., München 2014; *Theisen*: Die Besteuerung der KGaA, DB 1989, 2191; *Wassermeyer*: Verdeckte Gewinnausschüttungen bei einer GmbH & Co. KG, GmbHR 1999, 18; *ders.*: Soll Deutschland die Abkommensberechtigung von Personengesellschaften in seinen DBA verankern?, IStR 1999, 481; *ders.*: Doppelbesteuerung Kommentar, München 2014, Stand: Mai 2014 (Loseblatt); *ders.*: Die Vorgesellschaft im Körperschaftsteuerrecht, DStR 1991, 734; *ders.*: Die Wurzeltheorie bei der Besteuerung persönlich haftender Gesellschafter einer Kommanditgesellschaft auf Aktien unter Beachtung des BFH-Urteils vom 19.5.2010 – I R 62/09, Ubg 2011, 47 ff.; *ders.*: Die Besteuerung des Gewinnanteils des persönlich haftenden Gesellschafters einer Kommanditgesellschaft auf Aktien, FS Streck 2011, 259; *Wehrheim*: Die Einkünftequalifikation der Gesellschafter einer GmbH & Co. KGaA, DB 2001, 947; *Wendt*: StSenkG: Pauschale Gewerbesteueranrechnung bei Einzelunternehmen, Mitunternehmerschaft und Organschaft, FR 2000, 1173; *ders.*: Anrechnung der Gewerbesteuer auf die Einkommensteuer, EStB 2001, 95; *Wiese/Lay*: Die Besteuerung sog. „Streubesitzdividenden" im Körperschaftssteuerrecht – Zu § 8b Abs. 4, § 15 S. 3 KStG n. F. –, GmbHR 2013, 404; *Wissenschaftlicher Beirat des Fb Steuern*: Rechtsunsicherheit bei der Besteuerung der KGaA und ihrer persönlich haftenden Gesellschafter, DB 2014, 147; *Zerwas/Fröhlich*: § 8c KStG – Auslegung der neuen Verlustabzugsbeschränkung, DStR 2007, 1933.

A. Einleitung

I. Bedeutung der hybriden Rechtsstruktur der KGaA für die Besteuerung der KGaA und ihrer Gesellschafter

1 Das Verständnis der Besonderheiten der Besteuerung der KGaA und ihrer Gesellschafter setzt ein Verständnis für die vom Gesetzgeber vorgegebene **hybride Rechtsform** der KGaA[1] und die hieraus resultierende Einordnung im System der Unternehmensbesteuerung voraus, das hinsichtlich der Besteuerung von Kapitalgesellschaften mit dem **Trennungsprinzip** und von Personengesellschaften mit dem **Transparenzprinzip** jeweils unterschiedlichen Besteuerungskonzepten folgt. Aus der Notwendigkeit, diese unterschiedlichen Besteuerungskonzepte widerspruchsfrei auf die KGaA und ihre Gesellschafter anzuwenden, ergeben sich die rechtsformspezifischen Besonderheiten und Schwierigkeiten der Besteuerung, die nachfolgend erläutert werden.

2 Die KGaA als juristische Person mit eigener Rechtspersönlichkeit (§ 278 Abs. 1 AktG) ist **Kapitalgesellschaft** und damit für Körperschaft- und Gewerbesteuerzwecke grundsätzlich **eigenständiges Steuersubjekt**. Hieraus folgt, dass steuerrechtlich zunächst strikt zwischen der Ebene der KGaA einerseits und der Ebene ihrer Gesellschafter andererseits zu trennen ist (Trennungsprinzip).

3 Die gesellschaftsrechtliche Hybridität der KGaA, die ihren Ausdruck in der Annäherung der Rechtsstellung der persönlich haftenden Gesellschafter (phG) an die

---

[1] Vgl. hierzu auch oben unter § 3 Rn. 2.

A. Einleitung

Komplementäre einer KG findet (§ 278 Abs. 2 AktG), würde bei einer uneingeschränkten Anwendung des Trennungsprinzips auf die phG steuerrechtlich unberücksichtigt bleiben. Aufgrund der Wesensverwandtschaft der phG einer KGaA mit den „klassischen" Mitunternehmern wird daher steuerrechtlich auf die **phG einer KGaA** das **für Mitunternehmer geltende Besteuerungskonzept** (Transparenzprinzip) **qua gesetzlicher Fiktion** angewendet.[2] Allerdings besteht trotz der Anwendbarkeit des mitunternehmerischen Transparenzprinzips zwischen einer KGaA und ihren phG steuerrechtlich **keine Mitunternehmerschaft**.[3] Im Verhältnis zu den Kommanditaktionären bleibt es bei der Geltung des Trennungsprinzips; diese sind wie „normale" Aktionäre einer Aktiengesellschaft zu besteuern.

Das Nebeneinander von Trennungsprinzip im Verhältnis der KGaA zu den Kommanditaktionären und Transparenzprinzip im Verhältnis der KGaA zu dem/den phG führt dazu, dass für Fragen der Besteuerung stets **drei Ebenen** zu unterscheiden sind:[4]

- Besteuerung der **KGaA als Kapitalgesellschaft**
- Besteuerung der **Kommanditaktionäre**
- Besteuerung der **phG**

Die Umsetzung des Transparenzprinzips im Verhältnis zum phG setzt voraus, dass die dem phG zuzurechnenden Gewinnanteile lediglich auf dessen Ebene der (Einkommens- bzw. Körperschafts)Besteuerung unterliegen, nicht aber der Körperschaftsteuer auf Gesellschaftsebene. Die Funktion der Trennung der steuerrechtlichen Bemessungsgrundlagen für Zwecke der Personensteuern übernimmt im Körperschaftsteuerrecht im Wesentlichen § 9 Abs. 1 Nr. 1 KStG als sog. **Ausgliederungsnorm**.[5] Für Zwecke der Gewerbesteuer, die als Objektsteuer an den Gewerbebetrieb des Unternehmens anknüpft, müssen die aus der Bemessungsgrundlage der KGaA ausgegliederten Bestandteile wieder in die gewerbesteuerliche Bemessungsgrundlage eingegliedert werden. Diese Funktion übernimmt als sog. **Reintegrationsnorm** § 8 Nr. 4 GewStG für gewerbeertragsteuerliche Zwecke.[6]

---

[2] BFH v. 23.10.1985 I R 235/81, BStBl. II 1986, 72; BFH v. 21.6.1989 X R 14/88, BStBl. II 1989, 881; *Mai* in Frotscher/Maas KStG/GewStG/UmwStG § 9 KStG Rn. 15a; *Roser* in Lenski/Steinberg GewStG § 8 Nr. 4 Rn. 6; *Wacker* in Schmidt L. EStG § 15 Rn. 890; *Krämer* in Dötsch/Pung/Möhlenbrock KStG § 9 Rn. 42b ff., 42e; *Reiß* in Kirchhof EStG § 15 Rn. 404; *Drüen* in HHR § 9 KStG Rn. 25; wohl auch *Witt* in HHR § 15 EStG Rn. 901; *Kessler* in FS Korn, S. 307; *Rohrer/Orth* BB 2007, 1594 ff.; *Kusterer* DStR 2008, 484 ff.; *Wassermeyer* in FS Streck, 2011, 259 ff.

[3] Vgl. *Mai* in Frotscher/Maas KStG/GewStG/UmwStG § 9 KStG Rn. 11 f.; *Drüen* in HHR § 9 KStG Rn. 25; *Schaumburg/Schulte* Rn. 106, *Anders* StuW 1989, 46, 47; *Krämer* in Dötsch/Pung/Möhlenbrock KStG § 9 Rn. 42d f.; BFH v. 28.11.2007 X R 6/05, BStBl. II 2008, 363; *Wassermeyer* in FS Streck, 2011, 259 ff.; *Güroff* in Glanegger/Güroff GewStG § 8 Nr. 4 Rn. 4; grundsätzlich zum Trennungs- und Transparenzprinzip: *Groh* ZIP 1998, 89 ff.; für das Vorliegen einer Mitunternehmerschaft vgl. *Roser* in Lenski/Steinberg GewStG § 8 Nr. 4 Rn. 7.

[4] Vgl. *Ammenwerth* S. 124 ff.; *Crezelius* JbFfStR 1998/99, 318, 319 f.; *Janssen* NWB/F. 18, 3811 ff.; *Schaumburg* DStZ 1998, 525, 533.

[5] Vgl. *Ammenwerth* S. 127 f.; vgl. zu entsprechenden aktuellen Reformerwägungen *Rödder/Hageböke/Stangl* DB 2009, 1561, 1564; *Bielinius* DStR 2014, 769, 771.

[6] Vgl. zur Besteuerungskonzeption der KGaA auch *Drüen/van Heek* DStR 2012, 541 ff.; *Kollruss* BB 2012, 3178 ff.

6   Im Hinblick auf die vorstehend kurz dargestellten Besteuerungskonzepte müssen die bestehenden gesetzlichen Normen ausgelegt werden.[7] Nachfolgend werden die Besonderheiten der Besteuerung der KGaA und ihrer Gesellschafter auf den drei vorgenannten Ebenen erläutert. Dabei wird in der Darstellung aus Gründen der Übersichtlichkeit zwischen der laufenden Besteuerung in den einzelnen Steuerarten und aperiodischen Besteuerungsvorgängen, z.B. anlässlich der Anteilsveräußerung, Liquidation oder Erbschafts-/Schenkungsvorgängen unterschieden.

II. Einheitliche und gesonderte Feststellung von Besteuerungsgrundlagen im Verhältnis zwischen phG und KGaA?

7   Aus der vorstehend erläuterten Trennung der Besteuerungsebenen ergibt sich steuerrechtlich die Notwendigkeit einer **Aufteilung** des zunächst von der KGaA als juristischer Person erzielten Ergebnisses und der Zuordnung zur **„kapitalgesellschaftlichen Besteuerungssphäre"** der KGaA als eigenständigem Steuersubjekt und zur **Besteuerungssphäre des phG**. Unabhängig vom eigentlichen Modus der Erfolgsermittlung und -verteilung[8] stellt sich verfahrensrechtlich die Frage, ob diese Ergebnisermittlung und -verteilung im Rahmen einer **einheitlichen und gesonderten Feststellung** zu erfolgen hat.

8   Einkünfte und mit ihnen in Zusammenhang stehende andere Besteuerungsgrundlagen werden gemäß § 179 Abs. 2 S. 2, § 180 Abs. 1 Nr. 2a AO gesondert und einheitlich festgestellt, wenn an diesen Einkünften mehrere Personen beteiligt sind und die Einkünfte diesen Personen steuerrechtlich zuzurechnen sind. Dies ist insbesondere der Fall bei Einkünften aus Gewerbebetrieb, die im Rahmen einer Mitunternehmerschaft i.S.d. § 15 Abs. 1 S. 1 Nr. 2 EStG erzielt werden. Das Verfahren der gesonderten und einheitlichen Gewinnfeststellung dient insbesondere der **Gleichmäßigkeit** sowie der **Vereinfachung der Besteuerung** und **vermeidet widerstreitende Steuerfestsetzungen**.

9   Ob ein einheitliches Gewinnfeststellungsverfahren nach § 179 Abs. 2 S. 2, § 180 Abs. 1 Nr. 2a AO auch für die KGaA durchzuführen ist bzw. wie weit ein solches Verfahren ggf. reicht, ist umstritten.[9] Einigkeit besteht lediglich darüber, dass die Gewinnanteile der **einzelnen Kommanditaktionäre** nicht einheitlich und gesondert festzustellen sind, da diese kapitalgesellschaftsrechtlich an der KGaA be-

---

[7] Vgl. zu Reformüberlegungen *Bielinius* DStR 2014, 769 ff.; *Rödder/Hageböke/Stangl* DB 2009, 1561 ff.; Wissenschaftlicher Beirat Steuern der Ernst & Young GmbH DB 2014, 147 ff.

[8] Vgl. zu der handelsbilanziellen Diskussion zwischen dualistischer und monoistischer Erfolgsermittlung vorstehend unter § 6 Rn. 41 ff.

[9] Bejahend *Brandis* in Tipke/Kruse AO/FGO § 180 AO Rn. 17; *Söhn* in HHSp AO § 180 Rn. 176; *Bacher* DB 1985, 2117, 2119; *Biagosch* NWB/F. 18, 3453, 3460; *Fischer* DStR 1997, 1519, 1522; *Glanegger* DStR 2004, 1686 ff.; *Kusterer* DStR 2008, 484 ff.; *Mathiak* DStR 1989, 661, 667; *Schaumburg* DStZ 1998, 525, 534; *Schaumburg/Schulte* Rn. 136; *Schlütter* StuW 1978, 295, 298; *Schmidt/Levedag* INF 1997, 749, 751; *Theisen* DB 1989, 2191 ff.; *Falter* in FS Spiegelberger, 2009, 113, 119; ablehnend RFH v. 4.12.1929, BStBl. 1930, 345; FG Hamburg v. 14.11.2002 V 231/99, EFG 2003, 711; FG München v. 16.1.2003 7 K 5340/01, EFG 2003, 670; FG Schleswig-Holstein v. 12.4.2011 5 K 136/07, EFG 2011, 2038; *Mai* in Frotscher/Maas KStG/GewStG/UmwStG § 9 KStG Rn. 12; *Koenig* in Pahlke/Koenig AO § 180 Rn. 16; *Jünger* DB 1988, 1969, 1972; *Janssen* NWB/F. 18, 3811, 3816 f.; *Mahlow* DB 2003, 1540, 1541; *Rohrer/Orth* BB 2007, 1594 ff.; ausführlich zum Meinungsstand *Hoppe* S. 72 ff.

A. Einleitung

teiligt sind und daher nicht anders behandelt werden können als Aktionäre einer AG. Die Einkünfte der KGaA werden daher nur dieser selbst zugerechnet und im Fall der Ausschüttung bei den Kommanditaktionären als Einkünfte aus Kapitalvermögen i.S.d. § 20 Abs. 1 Nr. 1 EStG erfasst. Einer gesonderten und einheitlichen Feststellung i.S.d. § 179 Abs. 2 S. 2, § 180 Abs. 1 Nr. 2a AO bedarf es insoweit nicht.[10]

Zum Verhältnis der **phG** zur KGaA werden hingegen unterschiedliche Standpunkte vertreten.[11] Gegen eine einheitliche und gesonderte Gewinnfeststellung nach § 180 Abs. 1 Nr. 2a AO wird insbesondere angeführt, dass zwischen der KGaA und dem phG keine gemeinsame Einkunftsquelle besteht. Diese Meinung wird damit begründet, dass die KGaA als Kapitalgesellschaft nach § 1 Abs. 1 Nr. 1 KStG selbst körperschaftsteuerpflichtig ist und ihre Gesellschafter sowohl im Verhältnis untereinander als auch zur KGaA ihre Einkünfte aus jeweils eigenständigen Einkunftsquellen beziehen. Diese Konstellation werde daher mangels gemeinschaftlicher Einkunftsquelle nicht von den verfahrensrechtlichen Regelungen der § 179 Abs. 2 S. 2, § 180 Abs. 1 Nr. 2a AO erfasst, so dass keine einheitliche und gesonderte Gewinnfeststellung durchzuführen sei.[12] Gegen eine Ausdehnung der Fiktion der Behandlung des phG als Mitunternehmer in den verfahrensrechtlichen Bereich sei auch anzuführen, dass der BFH den phG lediglich im Rahmen des § 15 Abs. 1 Nr. 3 EStG „wie" einen Mitunternehmer behandelt und daher die Anwendung des § 9 Nr. 2 GewStG beim phG verneint hat.[13]

10

Für eine einheitliche und gesonderte Gewinnfeststellung wird argumentiert, dass dann, wenn man den materiell-rechtlichen Standpunkt des BFH teilt und den phG „wie" einen Mitunternehmer behandelt, diese Fiktion auch verfahrensrechtlich ihre Entsprechung finden müsse und zudem eine gemeinsame Einkunftsquelle vorliege, die „an der Wurzel" gespalten werde.[14] Zumindest bei einer KGaA mit mehreren phG seien deren einkommen- bzw. körperschaftsteuerpflichtigen Gewinnanteile gesondert und einheitlich festzustellen.[15]

11

Die Finanzverwaltung vertritt derzeit keine veröffentlichte Auffassung zu der Frage der Notwendigkeit oder Zulässigkeit einer gesonderten Gewinnfeststel-

12

---

[10] Vgl. *Ratschow* in Klein AO § 180 Rn. 6; *Janssen* NWB/F. 18, 3811, 3816 f.; *Falter* in FS Spiegelberger, S. 113, 115 f.; *Kusterer* DStR 2008, 484, 488.
[11] Zum Meinungsstand *Hoppe* S. 72 ff.
[12] Vgl. *Mai* in Frotscher/Maas KStG/GewStG/UmwStG § 9 Rn. 12; *Hoppe* S. 80; *Janssen* NWB/F. 18, 3811, 3817; *Jünger* DB 1988, 1969, 1973; *Mahlow* DB 2003, 1540, 1541; FG München v. 16.1.2003 7 K 5340/01, EFG 2003, 670; FG Schleswig-Holstein v. 12.4.2011 5 K 136/07, EFG 2011, 2038.
[13] Vgl. BFH v. 23.10.1985 I R 235/81, BStBl. II 1986, 72; dies gilt selbst dann, wenn die KGaA von der Gewerbesteuer befreit ist, vgl. BFH v. 4.12.2012 I R 42/11, GmbHR 2013, 384.
[14] Vgl. *Drüen* in HHR § 9 KStG Rn. 35; *Frankenheim* S. 141 f.; *Bogenschütz* FS Widmann, S. 163, 172; *Fischer* DStR 1997, 1519, 1522; *Mathiak* DStR 1989, 661, 667 f.; *Drüen* in HHR § 9 KStG Rn. 35; *Kusterer* DStR 2008, 484, 488; *Schaumburg/Schulte* Rn. 136; *Falter* in FS Spiegelberger, S. 113, 116 f.; *Reiß* in Kirchhof EStG § 15 Rn. 404; eine dahingehende Reform begrüßend auch *Bielinis* DStR 2014, 769, 773.
[15] Vgl. *Brandis* in Tipke/Kruse AO/FGO § 180 AO Rn. 17; *Söhn* in HHSp § 180 Rn. 176; *Mathiak* DStR 1989, 661, 667 f.; *Bacher* DB 1985, 2117, 2119; *Lambrecht* in Gosch KStG § 9 Rn. 21; *Mai* in Frotscher/Maas KStG/GewStG/UmwStG § 9 KStG Rn. 12; *Krämer* in Dötsch/Pung/Möhlenbrock KStG § 9 Rn. 53; a.A. *Janssen* NWB/F. 18, 3811, 3817; *Jünger* DB 1988, 1969, 1973.

lung.¹⁶ Eine einheitliche Verfahrensweise der Finanzämter ist derzeit auch nicht erkennbar. Vor diesem Hintergrund empfiehlt es sich in der Praxis, diese Frage mit dem jeweils zuständigen Betriebsstättenfinanzamt vorab abzustimmen. Im Hinblick auf die Gleichmäßigkeit der Besteuerung und auch die Verfahrensökonomie wäre es de lege ferenda wünschenswert die KGaA und ihren Komplementär in das gesonderte und einheitliche Feststellungsverfahren einzubeziehen.¹⁷

B. Laufende Besteuerung

I. Besteuerung der KGaA

13 Im Folgenden werden die Besteuerungsfolgen bezüglich der **kapitalgesellschaftsrechtlichen Seite der KGaA** dargestellt. Diesbezüglich ist die KGaA vollumfänglich als **Kapitalgesellschaft** zu behandeln und im Verhältnis zwischen KGaA und Kommanditaktionären kommt das körperschaftsteuerrechtliche **Trennungsprinzip** zum Tragen.

1. Körperschaftsteuer

14 Die KGaA ist gemäß § 1 Abs. 1 Nr. 1 KStG **unbeschränkt körperschaftsteuerpflichtig**, wenn sie ihren Sitz oder ihre Geschäftsleitung im Inland hat. Das Körperschaftsteuergesetz knüpft in § 1 Abs. 1 Nr. 1 KStG an § 278 Abs. 1 AktG an, der die KGaA als eine Gesellschaft mit eigener Rechtspersönlichkeit ansieht. Daher ist die KGaA selbst Steuersubjekt.¹⁸

15 Die **Körperschaftsteuerpflicht** der KGaA beginnt spätestens mit ihrer **Rechtsfähigkeit**, die mit Eintragung in das Handelsregister gemäß §§ 278 Abs. 3, 41 AktG vorliegt. Darüber hinaus besteht Körperschaftsteuerpflicht schon für die mit Feststellung der Satzung nach § 280 Abs. 1 AktG entstehende **Vorgesellschaft**, wenn diese **werbend tätig** wird.¹⁹ Die Körperschaftsteuerpflicht der KGaA endet mit **Abschluss der Liquidation** der KGaA; der Zeitpunkt der Löschung im Handelsregister ist nicht maßgebend.²⁰

16 a) **Grundlagen der körperschaftsteuerrechtlichen Erfolgsermittlung der KGaA.** Die körperschaftsteuerliche Bemessungsgrundlage der KGaA bestimmt sich gemäß § 7 Abs. 1 KStG nach **deren zu versteuerndem Einkommen**. Die Einkommensermittlung auf Ebene der KGaA hat dabei gemäß § 7 Abs. 2 i. V. m. § 8

---

¹⁶ *Drüen* in HHR § 9 KStG Rn. 35 m. w. N.; *Mahlow* DB 2003, 1540, 1541; *Falter* in FS Spiegelberger, 2009, 113, 115.
¹⁷ Vgl. auch *Drüen* in HHR § 9 KStG Rn. 35; *Hoppe* S. 80; *Falter* in FS Spiegelberger, 2009, 113, 119.
¹⁸ Vgl. *Schaumburg/Schulte* Rn. 107; *Klein* in HHR EStG/KStG § 1 KStG Rn. 36; *Rengers* in Blümich KStG § 1 Rn. 67 f.
¹⁹ Vgl. hierzu oben § 4 Rn. 17 ff.
²⁰ Vgl. *Stapperfend* in HHR § 1 KStG Rn. 67; *Lambrecht* in Gosch KStG § 1 Rn. 38; *Rengers* in Blümich KStG § 1 Rn. 190; *Streck* in Streck KStG § 1 Rn. 24; vgl. zum Gesellschaftsrecht oben § 4 Rn. 113.

Abs. 1 KStG nach den Vorschriften des Einkommensteuergesetzes und den Sondervorschriften des Körperschaftsteuergesetzes zu erfolgen. Gemäß § 8 Abs. 2 KStG erzielt die KGaA **ausschließlich Einkünfte aus Gewerbebetrieb** i. S. v. § 15 EStG.

Konsequenz des körperschaftsteuerrechtlichen Trennungsprinzips, das zwischen der Ebene der KGaA und derjenigen der Kommanditaktionäre unterscheidet, ist, dass **Dividendenausschüttungen** an die Kommanditaktionäre aus Sicht der KGaA als **Einkommensverwendung** zu beurteilen sind. Somit mindern diese gemäß § 8 Abs. 3 S. 1 KStG das zu versteuernde Einkommen der KGaA nicht. 17

Unter Beachtung der vorstehenden Grundsätze ist das zu versteuernde Einkommen der KGaA i. S. d. § 7 Abs. 2 i. V. m. § 8 Abs. 1 KStG ausgehend vom **handelsbilanziellen Gewinn** zu ermitteln. Dieser ist insbesondere aufgrund der Vorschriften der §§ 4–7 EStG sowie der §§ 9, 10 KStG zu modifizieren. 18

Für Einkünfte aus Anteilen an (in- und ausländischen) Kapitalgesellschaften, die von der KGaA gehalten werden, ist § 8b KStG anzuwenden, soweit der kapitalgesellschaftsrechtliche Teil der KGaA betroffen ist. Somit kommt unter den Voraussetzungen des § 8b KStG für Dividenden und Veräußerungsgewinne die im Ergebnis 95%-ige Steuerbefreiung zur Anwendung.[21] Für Dividenden ist zu berücksichtigen, dass die Steuerfreistellung des § 8b Abs. 1 KStG für ab dem 1. März 2013 zufließende Zahlungen gem. § 8b Abs. 4 KStG nur noch gewährt wird, wenn die KGaA zu Beginn des Kalenderjahres zu mindestens 10 % an der die Dividenden ausschüttenden Gesellschaft beteiligt war.[22] 19

Das zu versteuernde Einkommen der KGaA unterliegt gemäß § 23 Abs. 1 KStG einer Tarifbelastung von 15%. Hinzu kommt der Solidaritätszuschlag in Höhe von 5,5 % der festgesetzten Körperschaftsteuer (§§ 3 Abs. 1 Nr. 1, 4 SolzG). 20

b) Betriebsausgabenabzug der Gewinnanteile und Geschäftsführungsvergütungen des phG (§ 9 Abs. 1 Nr. 1 KStG)

aa) Systematische Notwendigkeit des § 9 Abs. 1 Nr. 1 KStG. Wie oben erläutert gilt im **Verhältnis der KGaA zu den phG** steuerrechtlich das **Transparenzprinzip**. Vor diesem Hintergrund müssen die auf Ebene der phG nach § 15 Abs. 1 Nr. 3 EStG der Einkommensteuer unterliegenden Gewinnanteile aus der körperschaftsteuerrechtlichen Bemessungsgrundlage der KGaA herausgenommen werden. Handels- und steuerrechtlich ist der **Anteil des phGs am Gewinn der KGaA** in der Gewinn- und Verlustrechnung der Gesellschaft zunächst als **Aufwand** erfasst.[23] Da dieser aber grundsätzlich als **Einkommensverwendung der KGaA** zu beurteilen ist, darf er gemäß § 8 Abs. 3 S. 1 KStG das zu versteuernde Einkommen der KGaA nicht mindern,[24] so dass der Gewinnanteil des phG ohne 21

---

[21] Zu § 8b KStG insgesamt vgl. BMF v. 28.4.2003 IV A2 – S2750a – 7/03; BStBl. I 2003, 292.
[22] *Binnewies* in Streck KStG § 8b Rn. 93; *Intemann* BB 2013, 1239, 1240; *Wiese/Lay* GmbHR 2013, 404, 407; *Haisch/Helios* DB 2013, 724.
[23] Vgl. *Jünger* DB 1988, 1969, 1971; *Lambrecht* in Gosch KStG § 9 Rn. 15.
[24] Vgl. *Fischer* DStR 1997, 1519; *Janssen* NWB/F. 18, 3811, 3812 f.; die notwendige Gewinnkorrektur ist nach der Rechtsprechung des BFH zur vGA, der sich die Finanzverwaltung mittlerweile angeschlossen hat, außerhalb der Steuerbilanz i. R. d. Ermittlung des zu versteuerndes Einkommens der KGaA vorzunehmen; vgl. BFH v. 29.6.1994 I R 137/93, BStBl. II 2002, 366; BFH v. 12.10.1995 I R 27/95, BStBl. II 2002, 367; BMF v. 28.5.2002 IV A 2-S 2742–32/02, BStBl. I 2002, 603.

eine spezifische Norm sowohl auf Ebene der KGaA der Körperschaftsteuer als auch gemäß § 15 Abs. 1 S. 1 Nr. 3 EStG auf Ebene der phG der Besteuerung unterliegen würde.

22 Hier setzt systematisch § 9 Abs. 1 Nr. 1 KStG an und lässt den Abzug des **Gewinnanteils auf die nicht auf das Grundkapital geleistete Einlage** und der **Vergütungen für die Geschäftsführung** der phG als Ausgabe der KGaA zu[25], wobei die Norm rechtstechnisch als Abzug von Aufwand ausgestaltet ist, obwohl es sich nicht um Betriebsausgaben der KGaA, sondern um Gewinnverteilung handelt.[26] Daher mindert der Gewinn, der an die phG auf ihre Sondereinlage oder als Geschäftsführungsvergütung verteilt wird, gemäß § 9 Abs. 1 Nr. 1 KStG die körperschaftsteuerpflichtige Bemessungsgrundlage der KGaA.[27]

23 **bb) Umfang der nach § 9 Abs. 1 Nr. 1 KStG abziehbaren Betriebsausgaben.** Nach § 9 Abs. 1 Nr. 1 KStG ist der **Teil des Gewinns** als Betriebsausgabe abziehbar, der

- auf die **Sondereinlage** im Sinne des § 281 Abs. 2 AktG entfällt (§ 9 Abs. 1 Nr. 1, 1. Alt. KStG) oder
- als **Vergütung (Tantieme) für die Geschäftsführung** verteilt wird (§ 9 Abs. 1 Nr. 1, 2. Alt. KStG).

24 § 9 Abs. 1 Nr. 1, 1. Alt. KStG bestimmt, welcher auf den phG entfallende Teil des KGaA-Gewinns abzugsfähig ist. Während die auf die **Sondereinlage** im Sinne des § 281 Abs. 2 AktG entfallenden Gewinnanteile zum Betriebsausgabenabzug zugelassen sind, dürfen Gewinnanteile auf die auf das **Grundkapital** geleistete Vermögenseinlage nicht als Betriebsausgabe der KGaA abgezogen werden. Einlagen auf das Grundkapital kann der phG nur in seiner (zusätzlichen) Eigenschaft als Kommanditaktionär leisten; diese dürfen nach den allgemeinen Grundsätzen (§ 8 Abs. 3 S. 1 KStG) das zu versteuernde Einkommen der KGaA nicht mindern, da das Trennungsprinzip auch gegenüber dem phG in seiner Eigenschaft als Kommanditaktionär Geltung hat.

25 Welche Vergütungsbestandteile unter den Begriff der „**Vergütung (Tantieme) für die Geschäftsführung**" (§ 9 Abs. 1 Nr. 1, 2. Alt. KStG) zu subsumieren sind, ist umstritten. Dies hat seine Ursache in dem vermeintlich unklaren Verhältnis der Normen des § 9 Abs. 1 Nr. 1 KStG, des § 15 Abs. 1 Nr. 3 EStG und des § 4 Abs. 4 EStG zueinander.

26 Nach zutreffender Ansicht des BFH ist die Frage, welche Vergütungen der phG als Gegenleistung für seine Geschäftsführungstätigkeit erhält, **aus Sicht der KGaA** zu beantworten, weil es sich bei § 9 Abs. 1 Nr. 1 KStG um eine **Vorschrift der Einkommensermittlung** handelt.[28] Da sich der Betriebsausgabencharakter der Geschäftsführervergütungen „wegen der gesellschaftsrechtlichen Natur dieser Bezüge nicht von selbst" ergebe, sei der Begriff „Tantieme" nicht einschränkend dahin zu verstehen, dass nur variable Geschäftsführungsvergütungen hierunter zu

---

[25] Zur genauen Begriffsdefinition vgl. *Schaumburg/Schulte* Die KGaA Rn. 108; *Janssen* NWB/F. 18, 3811, 3813; *Fischer* DStR 1997, 1519 ff.; *Lambrecht* in Gosch KStG § 9 Rn. 15; *Mai* in Frotscher/Maas KStG/GewStG/UmwStG § 9 KStG Rn. 14.

[26] So *Hofmeister* in Blümich KStG § 9 Rn. 30.

[27] Vgl. *Ammenwerth* S. 135 ff. m. w. N.; *Theisen* DB 1989, 2191, 2196; *Mai* in Frotscher/Maas KStG/GewStG/UmwStG § 9 KStG Rn. 14; *Hofmeister* in Blümich KStG § 9 Rn. 20 ff.; *Lambrecht* in Gosch KStG § 9 Rn. 15; *Olgemöller* in Streck KStG § 9 Rn. 9.

[28] Vgl. BFH v. 31.10.1990 I R 32/86, BStBl. II 1991, 253.

subsumieren seien.²⁹ Nach Ansicht des BFH werden daher **sowohl gewinnabhängige als auch gewinnunabhängige** (feste) **Vergütungen** von § 9 Abs. 1 Nr. 1 KStG erfasst. Hinsichtlich der Geschäftsführungsvergütungen hat § 9 Abs. 1 Nr. 1, 2. Alt. KStG als lex specialis Vorrang vor § 4 Abs. 4 EStG.

Nach der hier vertretenen Auffassung gehören zu den von § 9 Abs. 1 Nr. 1, 2. Alt. KStG erfassten Geschäftsführungsvergütungen variable Vergütungen, d.h. **gewinn- und umsatzabhängige Bestandteile**, z.B. **Tantiemen** und **Gratifikationen**.³⁰ Weiterhin sind **gewinnunabhängige Vergütungen**, die auf einer allgemein schuldrechtlichen Verpflichtung der KGaA beruhen, als Vergütung i.S.d. § 9 Abs. 1 Nr. 1 KStG zu qualifizieren.³¹ Ebenfalls als Vergütung für die Geschäftsführung werden **Rückstellungen für Pensionszusagen** an den phG und **Ruhegehälter** angesehen.³² Vergütungen, die der phG von einem Dritten erhält, die jedoch nach den handelsrechtlichen Bestimmungen bzw. nach der Satzung der KGaA an diese abzuführen sind, sollen Vergütungen für die Geschäftsführung sein, wenn die KGaA auf deren Abführung verzichtet.³³ 27

Nicht zu den Aufwendungen für die Geschäftsführung gehören nach h.M. dagegen Zahlungen, die der phG als **Auslagen- oder Aufwendungsersatz** erhält und die somit kein Entgelt für die Geschäftsführung darstellen.³⁴ Diese Aufwendungen, z.B. Reisekosten- und Fahrtkostenerstattungen, sind stets Betriebsausgaben der KGaA und daher nach den allgemeinen Grundsätzen abziehbar.³⁵ 28

c) Sonstige Vergütungen (Sondervergütungen). Vergütungen, die der phG von der KGaA für seine Tätigkeit im Dienste der Gesellschaft, für die Hingabe von Darlehen oder für die Überlassung von Wirtschaftsgütern erhält (sog. **Sondervergütungen**), werden grundsätzlich nicht von § 9 Abs. 1 Nr. 1 KStG erfasst, auch wenn diese Vergütungen beim phG zu gewerblichen Einkünften i.S.d. § 15 Abs. 1 S. 1 Nr. 3 EStG führen. Vielmehr sind die Sondervergütungen, die an den phG gezahlt werden, bereits nach den allgemeinen steuerlichen Grundsätzen als Betriebsausgaben der KGaA gemäß § 4 Abs. 4 EStG i.V.m. § 8 Abs. 1 KStG abziehbar.³⁶ 29

---

²⁹ Vgl. BFH v. 4.5.1965 I 186/64 U, BStBl. III 1965, 418; BFH v. 8.2.1984 I R 11/80, BStBl. II 1984, 381.
³⁰ Vgl. BFH v. 4.5.1965 I 186/64 U, BStBl. III 1965, 418; BFH v. 31.10.1990 I R 32/86, BStBl. II 1991, 253; gl. A. *Hofmeister* in Blümich KStG § 9 Rn. 22, 23; *Olgemöller* in Streck KStG § 9 Rn. 9; *Drüen* in HHR § 9 KStG Rn. 29.
³¹ Vgl. BFH v. 4.5.1965 I 186/64 U, BStBl. III 1965, 418; BFH v. 8.2.1984 I R 11/80, BStBl. II 1984, 381; gl. A. *Hofmeister* in Blümich KStG § 9 Rn. 22 f.; *Krämer* in Dötsch/Pung/Möhlenbrock KStG § 9 Rn. 32, 34 f.; *Patt/Rasche* DB 1993, 2400, 2402; *Hesselmann* GmbHR 1988, 472, 477; nach a.A. gehören zu den Aufwendungen i.S.d. § 9 Abs. 1 Nr. 1 KStG nur gewinnabhängige Vergütungen, vgl. *Menzel* DStR 1972, 594; *Theisen* DB 1989, 2191, 2196; *Janssen* NWB/F. 18, 3811, 3815; *Fischer* DStR 1997, 1519, 1520; wohl auch *Schaumburg/Schulte* Rn. 108.
³² Vgl. BFH v. 31.10.1990 I R 32/86, BStBl. II 1991, 253; *Roser* in Lenski/Steinberg GewStG § 8 Nr. 4 Rn. 22; *Olgemöller* in Streck KStG § 9 Rn. 9; *Hofmeister* in Blümich KStG § 9 Rn. 24; *Patt/Rasche* DB 1993, 2400 ff.; *Gocke* DB 1994, 2163, 2164; *Theisen* DB 1989, 2191, 2193; *Lambrecht* in Gosch KStG § 9 Rn. 16.
³³ Vgl. dazu *Jünger* DB 1988, 1969, 1971.
³⁴ Z.B. *Hofmeister* in Blümich KStG § 9 Rn. 26.
³⁵ Vgl. BFH v. 31.10.1990 I R 32/86, BStBl. II 1991, 253.
³⁶ BFH v. 28.11.2007 X R 6/05, BStBl. II 2008, 363; *Hofmeister* in Blümich KStG § 9 Rn. 26; *Krämer* in Dötsch/Pung/Möhlenbrock KStG § 9 Rn. 30 f.; *Heger* in Gosch KStG § 9 Rn. 15.

30 Der Abzug der Sondervergütungen als Betriebsausgaben der KGaA nach § 4 Abs. 4 EStG ist jedoch nur insoweit uneingeschränkt möglich, als die Vergütungen **angemessen** sind. Allerdings ist nach h. M. der **unangemessene Teil** der Sondervergütungen entweder als **zusätzlicher Gewinnanteil** auf die Sondereinlage oder als zusätzliche Geschäftsführungsvergütung i. e. S. zu beurteilen,[37] so dass dieser nach § 9 Abs. 1 Nr. 1 KStG abziehbar ist und damit im Ergebnis die steuerliche Bemessungsgrundlage der KGaA mindert.[38] Etwas anderes soll gelten, wenn der phG auch Kommanditaktionär ist und die überhöhte Sondervergütung durch die Kommanditaktionärstellung begründet ist; in diesen Fällen ist der erhöhte Teil der Vergütung als verdeckte Gewinnausschüttung i. S. d. § 8 Abs. 3 S. 2 KStG zu betrachten und mindert das zu versteuernde Einkommen der KGaA nicht.[39]

d) Verdeckte Gewinnausschüttungen (vGA)

31 **aa) Steuerrechtliche Grundlagen der vGA.** Verdeckte Gewinnausschüttungen sind nach der Definition der Rechtsprechung Vermögensminderungen bzw. verhinderte Vermögensmehrungen, die durch das Gesellschaftsverhältnis veranlasst sind, sich auf die Höhe des Unterschiedsbetrags i. S. d. § 4 Abs. 1 EStG auswirken und nicht in Zusammenhang mit einer offenen Gewinnausschüttung stehen.[40] Eine gesellschaftsrechtliche Veranlassung ist gegeben, wenn ein ordentlicher und gewissenhafter Geschäftsleiter die Vermögensminderung oder verhinderte Vermögensmehrung gegenüber einer Person, die nicht Gesellschafter ist, unter sonst gleichen Umständen nicht hingenommen hätte.[41]

32 Für die KGaA als Kapitalgesellschaft gilt im Grundsatz, dass vGA gemäß § 8 Abs. 3 S. 2 KStG das Einkommen nicht mindern dürfen. Vielmehr sind diese als **Einkommensverwendung** zu beurteilen und dem Einkommen der KGaA **außerbilanziell** wieder hinzuzurechnen, womit vGA auf Ebene der KGaA sowohl der Körperschaftsteuer als auch der Gewerbesteuer unterliegen.

33 **bb) vGA an Kommanditaktionäre.** Die allgemeinen Grundsätze der steuerrechtlichen Behandlung von vGA sind nach h. M. auf die KGaA uneingeschränkt anwendbar, soweit diese an Kommanditaktionäre erfolgen.[42]

---

[37] Vgl. *Schaumburg* DStZ 1998, 525, 533 f.; *Hofmeister* in Blümich KStG § 9 Rn. 26; *Mai* in Frotscher/Maas, KStG/GewStG/UmwStG § 9 Rn. 15a; *Krämer* in Dötsch/Pung/Möhlenbrock KStG § 9 Rn. 31; *Drüen* in HHR § 9 KStG Rn. 30 qualifiziert den unangemessenen Teil der Vergütung als Entnahme.

[38] Für gewerbesteuerrechtliche Zwecke erfolgt demgegenüber eine Hinzurechnung nach § 8 Nr. 4 GewStG. Vgl. dazu unten unter § 9 Rn. 82 ff.

[39] *Hofmeister* in Blümich KStG § 9 Rn. 26; *Mai* in Frotscher/Maas KStG/GewStG/UmwStG § 9 Rn. 15b.

[40] Vgl. BFH v. 22.2.1989 I R 44/85, BStBl. II 1989, 475; BFH v. 11.10.1989 I R 12/87, BStBl. II 1990, 89; BFH v. 23.6.1993 I R 72/92, BStBl. II 1993, 801; BFH v. 24.3.1999 I R 20/98, BStBl. II 2001, 612; BFH v. 27.3.2001 I R 27/99, BStBl. II 2002, 111.

[41] Vgl. BFH v. 11.2.1987 I R 177/83, BStBl. II 1987, 461; BFH v. 29.4.1987 I R 176/83, BStBl. II 1987, 733; BFH v. 28.10.1987 I R 110/83, BStBl. II 1988, 301; BFH v. 27.7.1988 I R 68/84, BStBl. II 1989, 57; sowie ausführlich *Frotscher* in Frotscher/Maas KStG/GewStG/UmwStG Anh. zu § 8 KStG vGA Rn. 40 ff.; *Rengers* in Blümich KStG § 8 Rn. 275 ff.

[42] Hinsichtlich der steuerrechtlichen Folgen vgl. z. B. *Frotscher* in Frotscher/Maas KStG/GewStG/UmwStG Anh. zu § 8 KStG vGA Rn. 205 ff.; *Rengers* in Blümich KStG § 8 Rn. 220 ff.

Engel

cc) vGA an phG. Umstritten ist, ob die Grundsätze der vGA und insbesondere 34
die Vorschrift des § 8 Abs. 3 S. 2 KStG im Rahmen der Einkommensermittlung
der KGaA auch auf das Verhältnis zum phG anwendbar sind[43] oder ob im Verhältnis zum phG der Sondervorschrift des § 9 Abs. 1 Nr. 1 KStG ein genereller
Vorrang zukommt.[44]

Entscheidend ist letztlich, dass nach dem generellen **Transparenzprinzip**, das 35
zwischen der KGaA und dem phG zur Anwendung kommt, der phG im Verhältnis
zur KGaA **wie ein Mitunternehmer** zu behandeln ist. Im Ergebnis darf es daher
auch auf Ebene der KGaA **nicht zu den Rechtsfolgen einer vGA** an den phG
kommen, da dies mit dem Transparenzprinzip nicht vereinbar ist. Daher ist in einem ersten Schritt zu prüfen, ob eine **Vorteilszuwendung** an den phG überhaupt
geeignet ist, eine vGA nach § 8 Abs. 3 S. 2 KStG auszulösen, was zu bejahen ist, da
das Rechtsinstitut der vGA die betriebliche von der außerbetrieblichen Sphäre der
KGaA als Kapitalgesellschaft abgrenzt.[45] Unter den Voraussetzungen des § 9 Abs. 1
Nr. 1 KStG ist dann jedoch in einem zweiten Schritt auf der Stufe der Einkommensermittlung ein entsprechender **Betriebsausgabenabzug** hinsichtlich des erhöhten Teils der Vergütung vorzunehmen, wobei eine Angemessenheitsprüfung
nicht vorgenommen wird. Entscheidend ist dabei, dass § 9 Abs. 1 Nr. 1 KStG **jede
Vorteilszuwendung** umfasst, die eine vGA auslösen kann, denn die Norm steht
nach dem ausdrücklichen Wortlaut nicht unter dem Vorbehalt des § 8 Abs. 3 S. 2
KStG.[46] Ist der phG nicht am Grundkapital beteiligt, kann eine Vorteilszuwendung ihre Ursache demnach nur in der Sondereinlage oder der Geschäftsführungstätigkeit haben und fällt daher immer in den Anwendungsbereich des § 9 Abs. 1
Nr. 1 KStG.[47] In den Fällen, in denen der phG auch Kommanditaktien hält, ist
hinsichtlich des Vorliegens einer vGA zu prüfen, ob die Vorteilszuwendung an den
phG ihre Ursache in der Kommanditaktionärsstellung hat.[48]

Im Einzelnen gilt für vGA aufgrund **unangemessen hoher Vergütungen** an 36
phG ohne Beteiligung am Grundkapital Folgendes:

Gewinnabhängige sowie gewinnunabhängige Geschäftsführervergü- 37
tungen und die **Zuführung zu den Pensionsrückstellungen aufgrund von**
Pensionszusagen sind nach h. M. Bestandteil der Geschäftsführervergütung anzusehen und unter die Sondernorm des § 9 Abs. 1 Nr. 1 KStG zu subsumieren.
Unangemessene Vergütungsbestandteile wären daher zunächst nach § 8 Abs. 3 S. 2
KStG dem Gewinn hinzuzurechnen und bei der Einkommensermittlung nach § 9
Abs. 1 Nr. 1 KStG in voller Höhe abziehbar.

---

[43] So *Krämer* in Dötsch/Pung/Möhlenbrock KStG § 9 Rn. 34 ff.; *Fischer* DStR 1997, 1519 f.; *Crezelius* JbFStR 1998/99, 318, 322 f.; *Halasz/Kloster/Kloster* GmbHR 2002, 77, 88; *Mahlow* DB 2003, 1540, 1542; FG Köln v. 17.8.2006 6 K 6170/03, EFG 2006, 1923.
[44] So *Hofmeister* in Blümich KStG § 9 Rn. 35; *Janssen* NWB/F. 18, 3811, 3815; *Wassermeyer* GmbHR 1999, 18, 23; *Jünger* DB 1988, 1969, 1971; *Mai* in Frotscher/Maas KStG/GewStG/UmwStG § 9 KStG Rn. 15a; *Witt* in HHR § 15 EStG Rn. 920; *Schaumburg* DStZ 1998, 525.
[45] Vgl. *Fischer* DStR 1997, 1519 f.; *Mahlow* DB 2003, 1540, 1544.
[46] So auch *Hofmeister* in Blümich KStG § 9 Rn. 35; *Lambrecht* in Gosch KStG § 9 Rn. 6.
[47] So zur Auslegung des § 9 Abs. 1 Nr. 1 KStG im Ergebnis auch *Wassermeyer* GmbHR 1999, 18, 23; wohl auch *Drüen* in HHR § 9 KStG Rn. 30; *Mai* in Frotscher/Maas KStG/GewStG/UmwStG § 9 KStG Rn. 15a f.
[48] Vgl. *Lambrecht* in Gosch KStG § 9 Rn. 6; *Hofmeister* in Blümich KStG § 9 Rn. 26; *Drüen* in HHR § 9 KStG Rn. 30; wohl generell zur Zuordnung der vGA zur Stellung als phG *Krämer* in Dötsch/Pung/Möhlenbrock KStG § 9 Rn. 71.

38 **Sonstige Vergütungen**, die der phG von der KGaA z.B. für Dienstleistungen, die Gewährung von Darlehen oder die Überlassung von Wirtschaftsgütern erhält, mindern nach den allgemeinen Grundsätzen als Betriebsausgabe gemäß §§ 4 Abs. 4 EStG, 8 Abs. 1 KStG den Gewinn der KGaA. Unangemessen hohe Vergütungsbestandteile wären ebenfalls zunächst nach § 8 Abs. 3 S. 2 KStG dem Gewinn hinzuzurechnen. Allerdings sind diese nach h.M. Ausfluss der Stellung als phG oder der Geschäftsführertätigkeit und somit dennoch als Gewinnanteil oder Geschäftsführungsvergütung i.S.d. § 9 Abs. 1 Nr. 1 KStG abziehbar.

39 § 9 Abs. 1 Nr. 1 KStG ist auch in den Fällen anzuwenden, in denen nicht eine Vermögensminderung, sondern eine **verhinderte Vermögensmehrung** zu einer vGA geführt hat, z.B. Fälle unentgeltlicher Nutzungsüberlassungen an den phG.[49] Auch die dem steuerrechtlichen Gewinn der KGaA gemäß § 8 Abs. 3 S. 2 KStG außerbilanziell hinzugerechnete verhinderte Vermögensmehrung, die fiktiv an den phG abgeflossen ist, stellt einen Gewinnanteil i.S.d. § 9 Abs. 1 Nr. 1 KStG dar und ist daher abzugsfähig.

40 Auf **Ebene des phGs** zählen alle vorgenannten Vergütungen, auch soweit sie als vGA zu qualifizieren sind, originär zu den **Einkünften aus Gewerbebetrieb**. Auch vGA sind – soweit sie der Komplementärstellung zuzurechnen sind – Gewinnanteile des phGs, die nicht auf Anteile am Grundkapital entfallen, und daher direkt unter § 15 Abs. 1 Nr. 3 EStG zu subsumieren.[50]

41 Ist der phG **auch am Grundkapital** der KGaA beteiligt, ist für die Beurteilung von vGA entscheidend, ob er bezüglich des jeweiligen die vGA begründenden Sachverhaltes in seiner Eigenschaft als phG oder als Kommanditaktionär gegenüber der KGaA auftritt. Dies ist deshalb relevant, weil bei einer Zuordnung der vGA zur Komplementärstellung körperschaftsteuerrechtlich über § 9 Abs. 1 Nr. 1 KStG der Abzug des unangemessenen Teils als Betriebsausgabe zugelassen wird. Wird die vGA demgegenüber der Aktionärstellung zugeordnet, so führt die Hinzurechnung nach § 8 Abs. 3 S. 2 KStG auf Ebene der KGaA zu einer Definitivbelastung mit Körperschaftsteuer. Gewerbesteuerrechtlich bestehen keine Unterschiede, da nach § 8 Nr. 4 GewStG die Gewinnanteile des phG dem Gewerbeertrag der KGaA ohnehin wieder hinzugerechnet werden, soweit sie im Rahmen der körperschaftsteuerrechtlichen Gewinnermittlung nach § 9 Abs. 1 Nr. 1 KStG abgezogen wurden.[51]

42 Wie die Zuordnung der vGA zur Komplementärstellung bzw. Kommanditaktionärsstellung zu erfolgen hat, ist umstritten.[52] Hinsichtlich der bereits vom Wortlaut des § 9 Abs. 1 Nr. 1 KStG erfassten Vergütungsbestandteile, insbesondere den **Vergütungen für die Geschäftsführung**, stellt sich m.E. die Zuordnungsfrage nicht, da diese in jedem Fall durch die Komplementärsstellung verursacht sind. Die Frage kann sich daher nur für **sonstige Vergütungen** stellen. Wie schon zur Auslegung des Vergütungsbegriffes in § 9 Abs. 1 Nr. 1 KStG vertreten, wird hier davon ausgegangen, dass ein unangemessenes **Entgelt für sonstige Vergütungen nur als zusätzlicher Gewinnanteil** qualifiziert werden kann. Hinsichtlich

---

[49] A.A. *Mahlow* DB 2003, 1540, 1543.
[50] *Mahlow* DB 2003, 1540, 1542 problematisiert diese Frage, indem er eine Zuordnung zu den Einkünften aus Gewerbebetrieb lediglich über die Subsidiarität der Einkünfte aus Kapitalvermögen nach § 20 Abs. 3 EStG für möglich hält.
[51] Zur Gewerbeertragsbesteuerung der KGaA vgl. nachfolgend § 9 Rn. 76 ff.
[52] Vgl. *Schaumburg/Schulte* Rn. 112; *Wassermeyer* GmbHR 1999, 18, 23; *Frankenheim* S. 110; *Krämer* in Dötsch/Pung/Möhlenbrock KStG § 9 Rn. 36, 70 f.

dieses Gewinnanteils lässt sich – soweit sich nicht aus den Umständen des Einzelfalles etwas anderes ergibt – eine eindeutige Zuordnung zur Komplementär- oder Kommanditistenstellung nicht herleiten. Folglich ist der zusätzliche Gewinnanteil **aufzuteilen**, wobei mangels einer gesetzlichen Vorgabe fraglich ist, welcher Aufteilungsmaßstab zugrunde zu legen ist. Aus Gründen der Objektivierbarkeit sollte hierfür auf die **satzungsmäßige Ergebnisverteilungsabrede** zwischen der KGaA und dem phG abgestellt werden.[53] Dabei ist hinsichtlich des auf die Kommanditaktionärstellung entfallenden Ergebnisanteils das **Verhältnis des vom phG gehaltenen Grundkapitals** zum **gesamten Grundkapital** zu berücksichtigen.

Ob eine **Zustimmung des Aufsichtsrates** für die jeweiligen Rechtsgeschäfte vorliegt oder nicht, kann m.E. nur für die Frage eine Rolle spielen, ob überhaupt ein zivilrechtlich wirksames Rechtsgeschäft vorliegt, da Rechtsgeschäfte der KGaA gegenüber dem phG nur durch den Aufsichtsrat abgeschlossen werden können, gleichgültig ob er daneben noch am Grundkapital beteiligt ist oder nicht. Ist dies nicht der Fall, kann sich eine vGA mangels zivilrechtlich wirksamen Grundgeschäfts bereits dem Grunde nach ergeben. Bezüglich der Frage einer Zuordnung von vGA zur Kommanditaktionär- oder Komplementärstellung ergeben sich hieraus aber keine Anhaltspunkte.

43

e) Körperschaftsteuerrechtliche Organschaft

aa) Grundlagen. Das Rechtsinstitut der körperschaftsteuerrechtlichen Organschaft ist in den §§ 14 ff. KStG geregelt. Danach wird das **Einkommen der Organgesellschaft** grundsätzlich dem **Organträger zugerechnet**, wenn die folgenden Voraussetzungen kumulativ erfüllt sind:

44

- Der Organträger ist an der Organgesellschaft vom **Beginn ihres Wirtschaftsjahres an ununterbrochen** in einem solchen Maße beteiligt, dass ihm die **Mehrheit der Stimmrechte** aus den **Anteilen an der Organgesellschaft** zusteht (**finanzielle Eingliederung**, § 14 Abs. 1 Nr. 1 KStG).
- Der **Organträger** ist eine **natürliche Person** oder eine **nicht steuerbefreite Körperschaft**, Personenvereinigung oder Vermögensmasse im Sinne des § 1 oder eine **originär gewerblich tätige Personengesellschaft** im Sinne des § 15 Abs. 1 Nr. 2 KStG und die mehrheitsvermittelnde Beteiligung an der Organgesellschaft ist ununterbrochen während der gesamten Dauer der Organschaft einer inländischen Betriebsstätte i.S.d. § 12 AO zuzuordnen und die dieser Betriebsstätte zuzurechnenden Einkünfte unterliegen sowohl nach innerstaatlichem Recht als auch nach ggf. anzuwendenden DBA der inländischen Besteuerung (§ 14 Abs. 1 Nr. 2 KStG).
- Der **Gewinnabführungsvertrag** zwischen dem Organträger und der Organgesellschaft ist für die Dauer von mindestens fünf Jahren wirksam abgeschlossen und wird während der gesamten Geltungsdauer tatsächlich durchgeführt (§ 14 Abs. 1 Nr. 3 KStG).

Die Zurechnung des Einkommens der Organgesellschaft beim Organträger erfolgt gemäß § 14 Abs. 1 S. 2 KStG erstmals für das Kalenderjahr, in dem das Wirtschaftsjahr endet, in dem der Gewinnabführungsvertrag wirksam wird.

45

---

[53] So auch *Hoppe* S. 71.

46 Besonderheiten hinsichtlich der körperschaftsteuerrechtlichen Organschaft ergeben sich insbesondere zu der Frage der **Eignung der KGaA als Organträgerin** und den daraus resultierenden Auswirkungen auf der Rechtsfolgenseite (§§ 15, 19 KStG) sowie der Frage, ob bei der **KGaA als Organgesellschaft** die **Eingliederungsvoraussetzungen** über beide Gesellschaftergruppen erfüllt werden können.

47 **bb) Die KGaA als Organträger.** Die KGaA als nicht steuerbefreite Körperschaft i. S. v. § 1 KStG ist auch im Rahmen des § 14 Abs. 1 Nr. 2 KStG **vollumfänglich als Kapitalgesellschaft** zu behandeln, so dass sie bei Erfüllung der weiteren Voraussetzungen des § 14 Abs. 1 KStG als **Organträgerin** fungieren kann.[54] Die fiktive steuerrechtliche Behandlung des phGs als Mitunternehmer führt nicht dazu, dass die KGaA teilweise als Personengesellschaft zu behandeln ist, und hat daher keine Auswirkungen auf die Eignung der KGaA als Organträgerin.[55]

48 Sind die Voraussetzungen der Organschaft i. S. d. § 14 KStG erfüllt, dann sind auf der **Rechtsfolgenseite** die sich aus der hybriden Rechtsstruktur der KGaA ergebenden Besonderheiten zu beachten. Diese treten insbesondere bei der **Ermittlung des Einkommens gemäß § 15 KStG** und der Berücksichtigung von **Tarifvorschriften gemäß § 19 KStG** auf:

49 § 15 Nr. 2 KStG schließt die Anwendung der Vorschriften des § 8b KStG, § 3c Abs. 2 EStG sowie § 4 Abs. 6 UmwStG auf **Ebene der Organgesellschaft** aus. Soweit also im Einkommen der Organgesellschaft **Beteiligungserträge, Anteilsveräußerungsgewinne** und **-veräußerungsverluste** sowie **Übernahmegewinne** i. S. d. § 4 Abs. 6 UmwStG enthalten sind, sind diese Ergebnisbestandteile und die damit in Zusammenhang stehenden Ausgaben auf Ebene der Organgesellschaft vollumfänglich aus dem Einkommen auszuscheiden.

50 Auf **Ebene des Organträgers** sind in einem zweiten Schritt § 8b KStG, § 3c Abs. 2, § 3 Nr. 40 EStG sowie § 4 Abs. 6 UmwStG anzuwenden. Da diese Regelungen rechtsformabhängig sind, ist aufgrund der hybriden Rechtsstruktur der KGaA zwischen dem auf den Komplementär entfallenden Ergebnisanteil und dem auf den kapitalgesellschaftsrechtlichen Teil der KGaA entfallenden Ergebnisanteil zu unterscheiden.

51 Für den Anteil der im zugerechneten Einkommen der Organgesellschaft enthaltenen Dividendenausschüttungen, der auf den **kapitalgesellschaftsrechtlichen** Teil der KGaA entfällt, ist § 8b KStG nach den allgemeinen Regeln auf Ebene der KGaA anwendbar, denn insoweit ist die Organträgerin als Kapitalgesellschaft zu qualifizieren. Dabei ist zu beachten, dass die Steuerbefreiung des § 8b Abs. 1 KStG für nach dem 28. Februar 2013 zufließende Dividenden nach § 8b Abs. 4 KStG eine unmittelbare Beteiligung i. H. v. mindestens 10 % an der ausschüttenden Gesellschaft zu Beginn des Kalenderjahres voraussetzt.

52 § 15 Abs. 1 S. 1 Nr. 2 S. 4 KStG regelt, dass für die Ermittlung der Beteiligungshöhe i. S. d. § 8b Abs. 4 KStG Beteiligungen des Organträger und der Organgesellschaft getrennt zu betrachten sind.[56] Damit werden die Beteiligungen für die

---

[54] *Neumann* in Gosch KStG § 14 Rn. 95.
[55] So auch *Schaumburg/Schulte* Rn. 114; *Frotscher* in Frotscher/Maas KStG/GewStG/UmwStG § 14 KStG Rn. 213.
[56] Vgl. auch *Danelsing* in Blümich KStG § 15 Rn. 27; vgl. auch *Olbing* in Streck KStG § 15 Rn. 18, der zutreffend ausführt, dass hierfür ein sachlicher Grund nicht ersichtlich ist.

Frage, ob sog. Streubesitzdividenden vorliegen, nicht zusammengerechnet.[57] Nach hier vertretenem Verständnis kommt es demnach für die Anwendung der Steuerbefreiung des § 8b Abs. 1 KStG auf Ebene der KGaA als Organträgerin hinsichtlich der im zugerechneten Einkommen der Organgesellschaft enthaltenen Dividendenbezüge darauf an, ob die Organgesellschaft zu Beginn des Kalenderjahres eine unmittelbare Beteiligung von mindestens 10% an der ausschüttenden Kapitalgesellschaft gehalten hat. Insoweit muss dem Organträger für Zwecke der Anwendung des § 8b Abs. 4 KStG die unmittelbare Beteiligung der Organgesellschaft als eigene Beteiligung zugerechnet werden. Hält die KGaA selbst ebenfalls eine Beteiligung an der dividendenausschüttenden Gesellschaft kommt in Bezug auf diese empfangenen Dividenden die Steuerbefreiung des § 8b Abs. 1 KStG nur in Betracht, wenn die KGaA ebenfalls eine eigene Beteiligung von mindestens 10% zu Beginn des Wirtschaftsjahres gehalten hat, da nach der klaren Anweisung des § 15 Abs. 1 S. 1 Nr. 2 S. 4 KStG eine Zurechnung der von der Organgesellschaft gehaltenen Beteiligung für Zwecke des § 8b Abs. 4 KStG nicht in Betracht kommt. Entsprechendes gilt für den umgekehrten Fall; hält die Organgesellschaft weniger als 10% an der dividendenausschüttenden Gesellschaft, kann die Steuerfreistellung des § 8b Abs. 1 KStG nicht durch eine Zusammenrechnung mit einer von der Organträgerin gehaltenen Beteiligung erreicht werden.

Auf **Ebene des Komplementärs** ist wiederum nach dessen Rechtsform zu differenzieren. Enthält der dem Komplementär zuzurechnende Ergebnisanteil Dividendeneinnahmen, die gemäß § 15 Nr. 2 KStG dem Einkommen der Organgesellschaft zuzurechnen sind, ist bei einem Komplementär in der Rechtsform einer Kapitalgesellschaft § 8b KStG auf Ebene des Komplementärs anwendbar. Für die Frage, ob die Steuerfreistellung des § 8b Abs. 1 KStG wegen der Mindestbeteiligung des § 8b Abs. 4 KStG zur Anwendung kommt, ist nach hier vertretener Auffassung entscheidend, ob die Organgesellschaft zu Beginn des Kalenderjahres zu mindestens 10% an der die Dividenden ausschüttenden Gesellschaft beteiligt ist. § 8b Abs. 4 KStG sieht in Bezug auf den Komplementär der KGaA anders als für Mitunternehmer nicht vor, dass die Beteiligungen dem Komplementär als anteilige unmittelbare Beteiligungen zuzurechnen sind. Des Weiteren existiert zwischen KGaA und Komplementär kein gemeinsames Betriebsvermögen, das aufzuteilen wäre und schließlich ist die KGaA als Kapitalgesellschaft Organträgerin für Zwecke der §§ 14, 15 KStG und nicht anteilig der Komplementär, so dass lediglich ein Ergebnisanteil zugerechnet wird, wobei sich die (Nicht-)Anwendung des § 8b Abs. 4 KStG ebenso wie für den kapitalgesellschaftsrechtlichen Teil der KGaA hinsichtlich der im Organeinkommen enthaltenen Dividenden nach der Beteiligungshöhe der Organschaft richtet. Ist der Komplementär eine natürliche Person, ist hinsichtlich der im Organeinkommen enthaltenen Dividendeneinnahmen § 3 Nr. 40 lit. d EStG anwendbar, wobei eine Mindestbeteiligung nicht erforderlich ist.

Nach § 19 Abs. 1 KStG sind **besondere Tarifvorschriften**, die bei der Organgesellschaft einschlägig sind, auf **Ebene des Organträgers** anzuwenden, als wären die Anwendungsvoraussetzungen bei ihm selbst erfüllt. Beispiele für die Tarifermäßigung sind § 26 Abs. 1, Abs. 6 KStG und § 12 AStG. Gemäß § 19 Abs. 2 KStG ist Abs. 1 auch für die Einkommensteuer unterliegende Organträger an-

---

[57] *Wiese/Lay* GmbHR 2013, 404, 407; *Haisch/Helios* DB 2013, 724, 726; *Danelsing* in Blümich KStG § 15 Rn. 27.

wendbar, soweit für die Einkommensteuer gleichartige Tarifvorschriften wie für die Körperschaftsteuer bestehen.

55 Die sich aus der hybriden Struktur der KGaA ergebenden Besonderheiten lassen sich durch analoge Anwendung der Regelungen des § 19 Abs. 3 KStG lösen, der die Rechtsfolgen bei einer Personengesellschaft als Organträger regelt. Danach gelten die Abs. 1 und 2 für die Gesellschafter der Personengesellschaft entsprechend.

56 Hinsichtlich des dem **kapitalgesellschaftsrechtlichen Teil der KGaA** zuzurechnenden Teils des Einkommens der Organgesellschaft ist immer § 19 Abs. 1 KStG anzuwenden, da die KGaA insoweit als Kapitalgesellschaft selbst körperschaftsteuerpflichtig ist.

57 Hinsichtlich des dem **phG** zuzurechnenden Ergebnisanteils ist zu unterscheiden, ob der phG eine natürliche Person oder eine Kapitalgesellschaft oder wiederum eine Mitunternehmerschaft ist. Ist der phG eine **natürliche Person**, greift § 19 Abs. 2 KStG, wonach für die Anwendung der besonderen Tarifvorschriften Voraussetzung ist, dass gleichartige Tarifvorschriften auch für die Einkommensteuer gelten. Besitzt der Komplementär die Rechtsform einer **Kapitalgesellschaft**, erfolgt die Anwendung der besonderen Tarifvorschriften nach den allgemeinen Regeln des § 19 Abs. 1 KStG. Ist der phG eine **Mitunternehmerschaft**, ist hinsichtlich des auf den phG entfallenden Teils des zuzurechnenden Organeinkommens wiederum § 19 Abs. 3 KStG mit der Folge einer Differenzierung auf Ebene der Gesellschafter des phG anzuwenden.

58 **cc) KGaA als Organgesellschaft.** Nach dem eindeutigen Wortlaut des § 14 Abs. 1 S. 1 KStG kann die KGaA als Organgesellschaft fungieren. Zweifelsfragen ergeben sich bei einer KGaA als Organgesellschaft insbesondere hinsichtlich der Frage, ob **beide Gesellschaftergruppen** grundsätzlich **als Organträger** geeignet sind, und der Frage der **Abführung des vollen Gewinns**.

59 Soll ein **Kommanditaktionär als Organträger** qualifiziert werden, so ist für die Voraussetzung der Stimmehrheit i.S.d. § 14 Abs. 1 Nr. 1 KStG entscheidend, ob dem Kommanditaktionär die Mehrheit der Stimmrechte aus Anteilen am Grundkapital der KGaA zusteht.[58] Gegen diese Sichtweise spricht nicht, dass die Beschlüsse der Hauptversammlung nach Gesetz oder weitergehenden Satzungsregelungen der Zustimmung des phGs bedürfen, obwohl es hierdurch in der Praxis zu einer weitgehenden Verlagerung der Entscheidungskompetenzen auf den phG kommen kann.

60 Hinsichtlich der Frage, ob zwischen der KGaA als Organgesellschaft und dem **phG als Organträger** eine körperschaftsteuerrechtliche Organschaft begründet werden kann, ist zu differenzieren. Sofern der phG **auch am Grundkapital** der KGaA beteiligt ist, bestehen keine Bedenken gegen eine Organschaft, wenn die Kommanditaktien dem phG zugleich die **Mehrheit der Stimmrechte** verleihen.

61 Steht dem phG jedoch neben seiner Komplementärstellung nicht zusätzlich die Mehrheit der Stimmrechte im kapitalgesellschaftsrechtlichen Bereich der KGaA zu, so ist er nach hier vertretener Auffassung als Organträger aus mehreren Gründen nicht geeignet.

62 Gegen eine körperschaftsteuerrechtliche Organschaft zwischen der **KGaA als Organgesellschaft** und dem **phG als Organträger** spricht zunächst systematisch, dass im Verhältnis zum phG gemäß § 278 Abs. 2 AktG die Vorschriften über

---

[58] Vgl. *Schaumburg/Schulte* Rn. 116.

die Kommanditgesellschaft anzuwenden sind. Das Ertragsteuerrecht folgt dieser gesellschaftsrechtlichen Hybridität aufgrund des **Transparenzprinzips** dadurch, dass der phG im Verhältnis zur KGaA wie ein Mitunternehmer behandelt wird.[59] Im Verhältnis zum phG ist die KGaA daher auch steuerrechtlich wie eine Personengesellschaft zu behandeln und kann daher systematisch nicht Organgesellschaft sein.[60]

Auch die tatbestandlichen Voraussetzungen des § 14 Abs. 1 Nr. 1 KStG sind für den Fall, dass der phG nicht auch die **Mehrheit der Stimmrechte aus dem Grundkapital** innehat, nicht erfüllt. Als „Anteil" i. S. d. § 14 KStG wird regelmäßig die kapitalmäßige Beteiligung an einer Kapitalgesellschaft verstanden. Selbst wenn der phG „Anteile" an der KGaA hätte, müsste nach § 14 KStG das Erfordernis einer Stimmrechtsmehrheit in der KGaA erfüllt sein.[61] Geht man davon aus, dass das Stimmrecht durch § 12 AktG definiert ist,[62] so hat der phG **kein Stimmrecht** i. S. d. § 14 KStG, da er gemäß § 285 Abs. 1 AktG nicht berechtigt ist, in der Hauptversammlung Stimmrechte auszuüben.[63]

§ 14 Abs. 1 KStG setzt weiter voraus, dass der **gesamte Gewinn** der Organgesellschaft an den Organträger abgeführt wird. Ist eine KGaA Organgesellschaft, so ist zu entscheiden, ob der auf die Sondereinlage des phGs entfallende Gewinn sowie die Vergütungen für Geschäftsführertätigkeit und Haftung unter den abführungspflichtigen Gewinn fallen.

Ausgangsgröße zur Ermittlung des Höchstbetrages des abzuführenden Gewinns im Rahmen eines Gewinnabführungsvertrags ist regelmäßig der **handelsrechtliche Jahresüberschuss**. Dieser ist, durch den auf die **Sondereinlage entfallenen Gewinnanteil** des phGs sowie die **Geschäftsführungs- und Haftungsvergütung** bereits gemindert. Daher entscheidet die Hauptversammlung lediglich über die Verwendung des verbleibenden Jahresüberschusses.[64]

Steuerrechtlich wird der Gewinnanteil des phGs sowie die Geschäftsführervergütung nach § 9 Abs. 1 Nr. 1 KStG als Betriebsausgabe der KGaA qualifiziert. Die Besteuerung erfolgt auf Ebene des phGs als Einkünfte gemäß § 15 Abs. 1 S. 1 Nr. 3 EStG.

Aufgrund der handels- und steuerrechtlichen Behandlung der Zahlungen an den phG stehen diese für Zwecke der Gewinnverwendung nicht mehr zur Verfügung und können somit weder eine Gewinnausschüttung noch eine Gewinnabführung darstellen. Daher kann sich die Abführung des gesamten Gewinns nur auf den Gewinn beziehen, der der kapitalistisch organisierten Struktur der KGaA zuzuordnen ist.[65]

---

[59] Vgl. oben § 9 Rn. 1 ff. und unten § 9 Rn. 116 ff.; *Dötsch* in Dötsch/Pung/Möhlenbrock KStG § 14 Rn. 52; *Drüen* in HHR § 9 KStG Rn. 31.

[60] Gl. A. *Schaumburg/Schulte* Rn. 121; *Dötsch* in Dötsch/Pung/Möhlenbrock KStG § 14 Rn. 82.

[61] Vgl. zur Begrifflichkeit der Anteile im Personengesellschaftsrecht *K. Schmidt*, Gesellschaftsrecht S. 1316 ff.

[62] Vgl. *Dötsch* in Dötsch/Pung/Möhlenbrock KStG § 14 Rn. 82; *Lange* in Henssler/Strohn AktG § 12 Rn. 1 ff.; *Hüffer/Koch* § 12 Rn. 1 ff.

[63] Vgl. *Schaumburg/Schulte* Rn. 120.

[64] Vgl. *Sethe* DB 1998, 1044 ff.; *Bayer* in MünchKommAktG § 58 Rn. 13a; OLG Stuttgart NZG 2003, 778, 779.

[65] Vgl. *Schaumburg/Schulte* Rn. 117 f.

68 f) **Verlustberücksichtigung bei der KGaA.** Die KGaA als Kapitalgesellschaft kann gem. § 8 Abs. 1 KStG i. V. m. § 10d Abs. 1 EStG negative Einkünfte eines Veranlagungszeitraums bis zu einem Gesamtbetrag von 1 Mio. EUR mit positiven Einkünften des unmittelbar vorangegangen Veranlagungszeitraums verrechnen (sog. Verlustrücktrag). Danach verbleibende negative Einkünfte können nach § 8 Abs. 1 i. V. m. § 10 Abs. 2 EStG im Rahmen der sog. Mindestbesteuerung zeitlich unbegrenzt mit positiven Einkünften zukünftiger Veranlagungszeiträume verrechnet werden (sog. Verlustvortrag). Nach der Regelung des § 10d Abs. 2 S. 1 EStG kann ein Verlustvortrag unbegrenzt in Höhe von 1 Mio. EUR verrechnet werden; danach verbleibende Beträge dürfen die positiven Einkünfte der KGaA lediglich zu 60% mindern.

69 Die Berücksichtigung körperschaftsteuerlicher Verluste und Verlustvorträge kann bei der KGaA durch die Regelungen des § 8c KStG eingeschränkt sein.[66] Danach ist der Abzug von bei der KGaA enstandenen Verlusten und Verlustvorträgen der KGaA insoweit partiell ausgeschlossen, wenn innerhalb von fünf Jahren unmittelbar oder mittelbar mehr als 25% der Mitgliedschaftsrechte, Beteiligungsrechte oder der Stimmrechte an einen Erwerber oder diesem nahe stehende Personen übertragen oder ein vergleichbarer Sachverhalt vorliegt. Werden unmittelbar oder mittelbar mehr als 50% der Mitgliedschaftsrechte, Beteiligungsrechte oder der Stimmrechte an einen Erwerber oder diesem nahe stehende Personen übertragen oder liegt ein vergleichbarer Sachverhalt vor, so ist eine Nutzung der bei der KGaA entstandenen Verluste und Verlustvorträge vollständig ausgeschlossen.

70 Hinsichtlich der Schädlichkeit der Anteilsübertragung für Zwecke der Verlustnutzung i. S. d. § 8c KStG kommt es bei der KGaA darauf an, dass die relevanten Übertragungsgrenzen in Bezug auf die Kommanditaktien überschritten werden. Die Übertragung der Komplementärstellung kann demgegenüber nicht die Rechtsfolgen des § 8c KStG auslösen.[67]

2. Gewerbeertragsteuer

71 a) **Grundlagen der Gewerbeertragsbesteuerung.** Gegenstand der Gewerbesteuer ist gemäß § 2 Abs. 1 S. 1 GewStG jeder **stehende Gewerbebetrieb**, der im Inland betrieben wird. Der **Objektsteuercharakter** der Gewerbesteuer erfordert, dass die Besteuerung des Gewerbebetriebs unabhängig von der Gesellschafterstruktur sowie ohne Rücksicht auf die persönlichen Verhältnisse der Beteiligten erfolgt.[68] Regelungstechnisch knüpft das Gewerbesteuergesetz in § 7 GewStG an den nach einkommen- bzw. körperschaftsteuerrechtlichen Grundsätzen ermittelten Gewinn aus Gewerbebetrieb an. Soweit dieser durch subjektive Entscheidungen, z. B. Eigen- oder Fremdfinanzierung, Eigentum oder Miete, beeinflusst wird, wird über die §§ 8, 9 GewStG eine Objektivierung der gewerbesteuerrechtlichen Bemessungsgrundlage vorgenommen. Vor dem Hintergrund des Objektsteurcharakter

---

[66] Zur Einzelheiten der Regelung des § 8c KStG wird auf die einschlägige Kommentarliteratur verwiesen.
[67] *Kollruss/Weißert/Ilin* DStR 2009, 88, 89; BMF v. 4.7.2008 IV C 7 – S 2745 – a/08/10001, BStBl. II 2008, 736; wohl auch *Brandis* in Blümich KStG § 8c Rn. 40 f.
[68] Vgl. BVerfG v. 13.5.1969 1 BvR 25/65, BStBl. II 1969, 424; *Güroff* in Glanegger/Güroff GewStG § 2 Rn. 1; *Drüen* in Blümich GewStG § 2 Rn. 30.

rakters dürfen auch die hybride Gesellschaftsstruktur der KGaA und die hieraus resultierenden Konsequenzen im Bereich der Einkommensteuer und Körperschaftsteuer nicht auf die Gewerbesteuer durchschlagen.[69]

b) Beginn und Ende der Gewerbesteuerpflicht. Nach dem eindeutigen Wortlaut des § 2 Abs. 2 GewStG ist die Tätigkeit der KGaA als Kapitalgesellschaft **stets und in vollem Umfang Gewerbebetrieb**. Somit löst **jegliche Tätigkeit** der KGaA, unabhängig von deren Art, kraft Rechtsform die Gewerbesteuerpflicht aus.[70] Die **Gewerbesteuerpflicht** der KGaA **beginnt** i. d. R. mit deren **Eintragung ins Handelsregister**. Tritt sie schon vor Eintragung als sog. **Vorgesellschaft** im Geschäftsverkehr auf, so bildet sie mit der später eingetragenen KGaA einen einheitlichen Steuergegenstand i. S. d. § 2 GewStG.[71] **Schuldner** der GewSt ist gemäß § 5 Abs. 1 i. V. m. § 2 Abs. 2 GewStG die KGaA als Unternehmer, da für ihre Rechnung das Gewerbe betrieben wird. 72

Die **Gewerbesteuerpflicht** der KGaA **endet**, wenn diese **jegliche Tätigkeit einstellt**. Während der Liquidationsphase unterliegt die KGaA daher der Gewerbesteuer, so dass erst mit **Verteilung des Vermögens** an die Gesellschafter die Gewerbesteuerpflicht der KGaA endet.[72] 73

Der **phG selbst** betreibt in seiner Eigenschaft als phG grundsätzlich **keinen stehenden Gewerbebetrieb** und unterliegt daher regelmäßig nicht der Gewerbesteuer. Die fiktive einkommensteuerrechtliche Behandlung „wie" ein Mitunternehmer hat keine Folgewirkungen für die Gewerbeertragsteuer.[73] 74

c) Ermittlung des Gewerbeertrages der KGaA

aa) Grundsätzliches zur Ermittlung des Gewerbeertrages der KGaA. Im Grundsatz unterscheidet sich die Ermittlung der gewerbeertragssteuerrechtlichen Bemessungsgrundlage bei der KGaA nicht von derjenigen bei anderen Kapitalgesellschaften. Daher knüpft die **Gewerbeertragsermittlung** durch Verweis in § 7 GewStG an das nach körperschaftsteuerrechtlichen Vorschriften ermittelte zu versteuernde Einkommen der KGaA an. Eine unmittelbare Bindung an dieses Ergebnis besteht jedoch nicht, vielmehr ist der Gewinn aus Gewerbebetrieb für gewerbesteuerrechtliche Zwecke verfahrensmäßig selbständig zu ermitteln.[74] Der nach **einkommen- bzw. körperschaftsteuerrechtlichen Vorschriften** ermittelte **Gewinn aus Gewerbebetrieb** wird zur Objektivierung der gewerbeertrag- 75

---

[69] Vgl. *Güroff* in Glanegger/Güroff GewStG § 8 Nr. 4 Rn. 1; *Schnädter* FR 1985, 659, 661.
[70] Vgl. BFH v. 8.10.1986 I R 155/84, BFH/NV 1987, 564; BFH v. 22.8.1990 I R 67/88, BStBl. II 1991, 250; BFH v. 20.10.1976 I R 148/74, BStBl. II 1977, 10; FinVerw A 13 GewStR; *Drüen* in Blümich GewStG § 2 Rn. 115, 121.
[71] Vgl. BFH v. 16.2.1977 I R 244/74, BStBl. II 1977, 561; BFH v. 28.10.1987 I R 126/83, BStBl. II 1988, 70; *Drüen* in Blümich GewStG § 2 Rn. 241; *Güroff* in Glanegger/Güroff GewStG § 2 Rn. 459, 584; *Wassermeyer* DStR 1991, 734 ff.
[72] Vgl. *Güroff* in Glanegger/Güroff GewStG § 2 Rn. 474, 584; *Drüen* in Blümich GewStG § 2 Rn. 256.
[73] Vgl. BFH v. 4.5.1965 I 186/64 U, BStBl. III 1965, 418; BFH v. 23.10.1985 I R 235/81, BStBl. II 1986, 72; *Gosch* FR 1991, 345 f.; *Schaumburg* DStZ 1998, 525, 534; *Menzel* StuW 1971, 204, 212 f.
[74] Vgl. BFH v. 4.10.1988 VIII R 168/83, BStBl. II 1989, 299; *Drüen* in Blümich GewStG § 7 Rn. 37; *Glanegger* in Glanegger/Güroff GewStG § 7 Rn. 1.

steuerrechtlichen Bemessungsgrundlage durch die **Hinzurechnungen** nach § 8 GewStG und die **Kürzungen** nach § 9 GewStG modifiziert.[75]

76 Abgesehen von den nachfolgend dargestellten Besonderheiten bei der Ermittlung des Gewerbeertrages bestehen für die KGaA bei der Ermittlung des Gewerbesteuermessbetrages sowie dessen Festsetzung keine Abweichungen im Vergleich zu anderen Kapitalgesellschaften. Daher ist der **Gewerbeertrag** der KGaA nach § 11 Abs. 1 S. 3 GewStG auf volle hundert Euro nach unten **abzurunden**. Auf diesen Betrag ist nach § 11 Abs. 1 S. 1 i. V. m. § 11 Abs. 2 GewStG die **Steuermesszahl** in Höhe von 3,5 % anzuwenden. Der so ermittelte **Gewerbesteuermessbetrag** wird gemäß § 14 GewStG nach Ablauf des Erhebungszeitraumes (= Kalenderjahr) festgesetzt. Er dient den Gemeinden, die nach § 1 GewStG hebeberechtigt sind, als Grundlage für die Gewerbesteuerfestsetzung. Die konkrete Gewerbesteuerlast der KGaA ermittelt sich nach § 16 GewStG als Produkt aus Gewerbesteuermessbetrag und Hebesatz der Gemeinde.

77 **bb) Besonderheiten der Gewerbeertragsermittlung der KGaA.** Wegen der hybriden Rechtsstruktur der KGaA und des für den phG fiktiv geltenden Konzepts der Mitunternehmerbesteuerung bestehen bei der KGaA gewerbesteuerrechtliche Besonderheiten im Zusammenhang mit der **körperschaftsteuerrechtlichen Abzugsfähigkeit des Gewinnanteils des phGs** auf Ebene der KGaA. Da § 7 GewStG bei der Ermittlung des Gewerbeertrages an die einkommen- und körperschaftsteuerrechtlichen Vorschriften anknüpft, ist bei der KGaA die Ausgangsgröße gemäß § 9 Abs. 1 Nr. 1 KStG um Gewinnanteile der phG, die diese auf ihre Sondereinlage und für Geschäftsführungstätigkeiten erhalten, gemindert.[76] Für Zwecke der Gewerbesteuer als Objektsteuer müssen die aus der Bemessungsgrundlage der KGaA ausgegliederten Bestandteile in die Bemessungsgrundlage wieder eingegliedert werden, was gesetzestechnisch über § 8 Nr. 4 GewStG erreicht wird.[77] Durch § 8 Nr. 4 GewStG werden die nach § 9 Abs. 1 Nr. 1 KStG aus dem Gewinn der KGaA gekürzten Gewinnanteile und Geschäftsführungsvergütungen der phG für Zwecke der Ermittlung des Gewerbeertrages wieder **hinzugerechnet**.[78] Mit der Zurechnungsvorschrift des § 8 Nr. 4 GewStG wird erreicht, dass der gesamte durch den Gewerbebetrieb der KGaA erwirtschaftete Gewinn einmal der Gewerbeertragsbesteuerung unterliegt.

78 § 8 Nr. 4 GewStG bestimmt, dass dem Gewinn aus Gewerbebetrieb neben den Gewinnanteilen, die der phG auf seine Sondereinlage erhält,[79] auch die Gewinnanteile hinzuzurechnen sind, die an den phG als Vergütung (Tantieme) für die Geschäftsführung verteilt worden sind. § 8 Nr. 4 GewStG ist spiegelbildlich zu § 9 Abs. 1 Nr. 1 KStG zu sehen, der den Abzug dieser Gewinnanteile für Zwecke der Körperschaftsteuer als Betriebsausgabe zulässt.[80] Beide Vorschriften sind inhalt-

---

[75] Hinsichtlich der steuerrechtlichen Besonderheiten bei Hinzurechnungen und Kürzungen werden auf die einschlägige Kommentarliteratur verwiesen: z. B. *Roser* in Lenski/Steinberg GewStG § 8 Nr. 4 Rn. 11a ff.; *Hofmeister* in Blümich GewStG § 8 Rn. 35 ff.
[76] *Schnitter* in Frotscher/Maas KStG/GewStG/UmwStG § 8 GewStG Rn. 155.
[77] *Hageböke* DB 2012, 2709, 2710.
[78] BFH v. 4.5.1965 I 186/64 U, BStBl. III 1965, 418; *Schnitter* in Frotscher/Maas KStG/GewStG/UmwStG § 8 GewStG Rn. 156.
[79] Vgl. *Roser* in Lenski/Steinberg GewStG § 8 Nr. 4 Rn. 18 ff.; *Güroff* in Glanegger/Güroff GewStG § 8 Nr. 4, Rn. 7.
[80] BFH v. 4.5.1965 I 186/64 U, BStBl. III 1965, 418; *Bielinis* DStR 2014, 769, 770.

lich nahezu wortgleich und daher gleichlaufend auszulegen, so dass der Umfang der Hinzurechnung nach § 8 Nr. 4 GewStG durch den nach § 9 Nr. 1 KStG vorgenommenen Abzug bestimmt wird.[81] Im Einzelnen gilt hierzu Folgendes:

Als Vergütung für die Geschäftsführung sind alle Arten von Vergütungen zu qualifizieren, die der phG als Gegenleistung für seine – gegenwärtige oder frühere – Geschäftsführungstätigkeit von der KGaA erhält,[82] womit auch für gewinnunabhängige (feste) Tätigkeitsvergütungen eine Hinzurechnung nach § 8 Nr. 4 GewStG erfolgt.[83] Zu den hinzurechnungspflichtigen Vergütungen nach § 8 Nr. 4 GewStG gehören auch die **Aufwendungen für Ruhegehälter** der phG sowie **Zuführungen zu den Pensionsrückstellungen** aufgrund von Zusagen für Altersvorsorge, die das körperschaftsteuerpflichtige Einkommen der KGaA gemindert haben.[84] Ebenfalls von der gewerbesteuerrechtlichen Hinzurechnungsnorm erfasst werden **Haftungsvergütungen**, die ein phG von der KGaA für die Übernahme der persönlichen Haftung erhält, auch wenn der phG weder eine Sondereinlage i. S. d. § 281 Abs. 2 AktG geleistet hat, noch mit der Geschäftsführung betraut ist.[85] Im Übrigen kann auf die Diskussion zur Auslegung des § 9 Abs. 1 Nr. 1 KStG verwiesen werden.[86]

79

Nach h. M. werden von § 8 Nr. 4 GewStG solche Leistungen nicht erfasst, die an den phG als **Auslagen- oder Aufwendungsersatz** (z. B. Reisekosten) gezahlt werden. Bei diesen Leistungen handelt es sich um Aufwendungen im Interesse der Gesellschaft, die bereits nach den allgemeinen bilanzsteuerrechtlichen Grundsätzen als Betriebsausgabe nach § 4 Abs. 4 EStG i. V. m. § 8 Abs. 1 KStG abziehbar sind.[87]

80

Nicht von § 8 Nr. 4 GewStG erfasst werden des Weiteren die in § 15 Abs. 1 S. 1 Nr. 3 EStG aufgeführten **Vergütungen für Darlehenshingabe oder Wirtschaftsgutüberlassung** vom phG an die KGaA. Diese Sondervergütungen werden regelmäßig aufgrund allgemein schuldrechtlicher Vereinbarungen gezahlt und mindern daher bei der KGaA die körperschaftsteuerrechtliche und gewerbesteuerrechtliche Bemessungsgrundlage.[88]

81

---

[81] *Hofmeister* in Blümich GewStG § 8 Rn. 530.
[82] Vgl. BFH v. 6.10.2009 I R 102/06, BFH/NV 2010, 462; BFH v. 31.10.1990 I R 32/86, BStBl. II 1991, 253; BFH v. 8.2.1984 I R 11/80, BStBl. II 1984, 381; BFH v. 4.5.1965 I 186/64 U, BStBl. III 1965, 418.
[83] Vgl. FinVerw A 52 Abs. 10, S. 5 ff. GewStR; *Roser* in Lenski/Steinberg GewStG § 8 Nr. 4 Rn. 11a ff., 20 f.; *Güroff* in Glanegger/Güroff GewStG § 8 Nr. 4 Rn. 8; *Hofmeister* in Blümich GewStG § 8 Rn. 535; *Schnädter* FR 1985, 659, 699; BFH v. 6.10.2009 I R 102/06, BFH/NV 2010, 462; FG Köln v. 17.8.2006 6 K 6170/03, EFG 2006, 1923; *Fischer* DStR 1997, 1519 ff.; *Hageböke* DB 2012, 2709 ff.; a. A. *Menzel* StuW 1971, 204 ff.; *Theisen* DB 1989, 2191 ff.; *Busch/Thieme* FR 2008, 1137 ff.
[84] Vgl. BFH v. 31.10.1990 I R 32/86, BStBl. II 91, 253; FinVerw R. 8.2. S. 3 GewStR; *Roser* in Lenski/Steinberg GewStG § 8 Nr. 4 Rn. 22; *Güroff* in Glanegger/Güroff GewStG § 8 Nr. 4 Rn. 7 f.; *Hofmeister* in Blümich GewStG § 8 Rn. 536; *Schaumburg/Schulte* Rn. 126; *Patt/Rasche* DB 1993, 2400, 2405; a. A. *Busch/Thieme* FR 2008, 1137 ff.
[85] Vgl. *Hofmeister* in Blümich GewStG § 8 Rn. 537; *Güroff* in Glanegger/Güroff GewStG § 8 Nr. 4 Rn. 8; *Fischer* DStR 1997, 1519 ff.
[86] Vgl. oben unter § 9 Rn. 25 f.
[87] Vgl. *Hofmeister* in Blümich GewStG § 8 Rn. 539; *Roser* in Lenski/Steinberg GewStG § 8 Nr. 4 Rn. 26; *Güroff* in Glanegger/Güroff GewStG § 8 Nr. 4 Rn. 9.
[88] Vgl. *Hofmeister* in Blümich GewStG § 8 Rn. 539; *Roser* in Lenski/Steinberg GewStG § 8 Nr. 4 Rn. 27; *Güroff* in Glanegger/Güroff GewStG § 8 Nr. 4 Rn. 9; *Mai* in Frotscher/Maas KStG/GewStG/UmwStG § 9 KStG Rn. 16; *Drüen/van Heek* DB 2012, 2184 ff.

82 Angesichts des klaren Wortlautes der §§ 9 Abs. 1 Nr. 1 KStG, 8 Nr. 4 GewStG sind diese Vergütungen an den phG Betriebsausgaben der KGaA i. S. d. §§ 4 Abs. 4 EStG, 8 Abs. 1 KStG.[89] Eine Hinzurechnung dieser Vergütungen kann sich daher nur aus den sonstigen Bestimmungen der gewerbesteuerrechtlichen Hinzurechnungsvorschrift des § 8 GewStG ergeben.[90] So ist nach § 8 Nr. 1 GewStG ein Viertel der **Entgelte für** vom phG gegebene **Darlehen** wieder hinzuzurechnen. Es kommt z. B. eine 5%-ige Hinzurechnung der **Miet- und Pachtzinsen** in Betracht, wenn es sich bei den vom phG überlassenen Wirtschaftsgütern um bewegliche Wirtschaftsgüter des Anlagevermögens handelt. Dies gilt jedoch nur, soweit die Summe der Entgelte nach § 8 Nr. 1 GewStG den Betrag von Euro 100.000 übersteigt.

83 **Unangemessene Vergütungen** der KGaA, die diese ihren **Kommanditaktionären** aufgrund allgemein-schuldrechtlicher Vereinbarung gewährt, sind körperschaftsteuerrechtlich als **vGA** zu betrachten und mindern daher gemäß § 8 Abs. 3 S. 2 KStG das zu versteuernde Einkommen der KGaA nicht. Aus gewerbesteuerrechtlicher Sicht ist somit eine weitere Korrektur nicht notwendig.

84 Soweit der **phG** unangemessen hohe Vergütungen von der KGaA erhält, ist deren Gewinn nach hier vertretener Auffassung gemäß § 9 Abs. 1 Nr. 1 KStG gemindert. Gewerbesteuerrechtlich ist der **unangemessene Teil der Vergütungen** für die Geschäftsführung, für die Hingabe von Darlehen und die Überlassung von Wirtschaftsgütern somit nach § 8 Nr. 4 GewStG dem Gewinn der KGaA wieder **hinzuzurechnen**.[91]

85 Nach Ansicht des BFH ist für die Hinzurechnung nach § 8 Nr. 4 GewStG nicht auf die vom phG erzielten Einkünfte i. S. d. § 15 Abs. 1 S. 1 Nr. 3 EStG abzustellen; vielmehr ist die Hinzurechnung aus Sicht der KGaA zu beurteilen. Danach sind diejenigen Vergütungen, die nach § 9 Abs. 1 Nr. 1 KStG den Gewinn der KGaA gemindert haben (Bruttovergütungen), für gewerbesteuerrechtliche Zwecke wieder hinzuzurechnen.[92]

86 Aufwendungen, die dem phG dadurch entstehen, dass er die ihm übertragenen Geschäftsführungsaufgaben von anderen Personen, sog. **Fremdgeschäftsführern**, wahrnehmen lässt, mindern die Hinzurechnung nach § 8 Nr. 4 GewStG nicht.[93] **Sonderbetriebsausgaben** des phGs, die ihm im Rahmen seiner Tätigkeit für die KGaA erwachsen, mindern den Hinzurechnungsbetrag nach § 8 Nr. 4

---

[89] Vgl. BFH v. 31.10.1990 I R 32/86, BStBl. II 1991, 253; *Schaumburg/Schulte* Rn. 126; *Ammenwerth* S. 147 ff.

[90] Gleichwohl wird vertreten, daß es de lege ferenda folgerichtig sei, auch diese Sondervergütungen für gewerbesteuerrechtliche Zwecke nach § 8 Nr. 4 GewStG hinzuzurechnen. Dies ergebe sich durch die Zuordnung zu den Einkünften aus Gewerbebetrieb gemäß § 15 Abs. 1 S. 1 Nr. 3 EStG, mit der der Gleichstellung des phGs mit einem Einzelunternehmer erreicht werden solle; vgl. *Roser* in Lenski/Steinberg GewStG § 8 Nr. 4 Rn. 27.

[91] Vgl. *Hofmeister* in Blümich GewStG § 8 Rn. 539; *Frankenheim* S. 123 f.; *Roser* in Lenski/Steinberg GewStG § 8 Nr. 4 Rn. 29; *Wassermeyer* GmbHR 1999, 18, 23; *Fischer* DStR 1997, 1519, 1520 f.; *Janssen* NWB/F. 18, 3811, 3815; *Menzel* StuW 1971, 204, 211.

[92] Vgl. BFH v. 31.10.1990 I R 32/86, BStBl. II 1991, 253; *Hofmeister* in Blümich GewStG § 8 Rn. 530, 533.

[93] Vgl. *Hofmeister* in Blümich GewStG § 8 Rn. 542; *Güroff* in Glanegger/Güroff GewStG § 8 Nr. 4 Rn. 10; *Roser* in Lenski/Steinberg GewStG § 8 Nr. 4 Rn. 24 f. Dieser Fall kann wegen des Verbotes der Fremdorganschaft nur den Fall einer nicht-natürlichen Person als phG betreffen.

Engel

GewStG ebenfalls nicht, sondern sind lediglich bei der Ermittlung der gewerblichen Einkünfte des phGs im Rahmen des § 15 Abs. 1 S. 1 Nr. 3 EStG abzuziehen.[94]

d) Gewerbeverlust. Ebenso wie jede andere Kapitalgesellschaft kann die KGaA als selbständiges Gewerbesteuersubjekt entstandene **Gewerbeverluste** gemäß § 10a GewStG in zukünftige Erhebungszeiträume vortragen. Die Möglichkeit des Verlustvortrages wird gewerbesteuerrechtlich durch den Verweis in § 10a S. 10 GewStG auf § 8c KStG ebenso wie im Körperschaftsteuerrecht im Fall von Anteilsübertragungen eingeschränkt.[95] § 8c Abs. 1 S. 1 KStG bestimmt einen partiellen Untergang des Verlustvortrages, wenn innerhalb eines Zeitraums von fünf Jahren unmittelbar oder mittelbar mehr als 25% des gezeichneten Kapitals, der Mitgliedschaftsrechte, Beteiligungsrechte oder der Stimmrechte an einer Körperschaft an einen Erwerber oder diesem nahe stehende Personen übertragen werden oder ein vergleichbarer Sachverhalt vorliegt. Werden innerhalb des Fünfjahreszeitraums mehr als 50% des gezeichneten Kapitals, der Mitgliedschaftsrechte, Beteiligungsrechte oder der Stimmrechte übertragen, so versagt § 8c Abs. 1 S. 2 KStG die Nutzung der Verluste vollständig.[96] Die Regelung des § 10a Abs. 2 S. 10 GewStG i. V. m. § 8c KStG erfordert die Übertragung der Kommanditaktien an einen Erwerber oder eine Erwerbergruppe; die Übertragung der phG-Stellung ist demgegenüber nicht von § 8c KStG sanktioniert.[97]

e) Gewerbesteuerrechtliche Organschaft. § 2 Abs. 2 S. 2 GewStG verweist auf die §§ 14 bis 17 KStG, so dass die Voraussetzungen für die Annahme einer gewerbesteuerlichen Organschaft identisch mit denjenigen der körperschaftsteuerlichen Organschaft sind.[98] Bei Begründung einer gewerbesteuerlichen Organschaft gilt die Organgesellschaft für gewerbesteuerrechtliche Zwecke als **Betriebsstätte** der KGaA als Organträgerin. Hinsichtlich der Besonderheiten wegen der hybriden Rechtsstruktur der KGaA kann auf die oben zur körperschaftsteuerrechtlichen Organschaft gemachten Ausführungen verwiesen werden.[99]

Da die KGaA nach § 278 Abs. 1 AktG als Gesellschaft mit eigener Rechtspersönlichkeit Kapitalgesellschaft ist, kann diese grundsätzlich auch als **Organgesellschaft** i. R. d. gewerbesteuerrechtlichen Organschaft im **Verhältnis zum Kommanditaktionär** qualifiziert werden. Maßgeblich für die Mehrheit der Stimmrechte ist regelmäßig die Stimmrechtsmehrheit aus Anteilen am Grundkapital.[100]

Zum phG kann eine gewerbesteuerrechtliche Organschaft entsprechend der körperschaftsteuerrechtlichen Sichtweise unproblematisch begründet werden,

---

[94] Vgl. *Selder* in Glanegger/Güroff GewStG § 7 Rn. 229; *Hofmeister* in Blümich GewStG § 8 Rn. 542; a. A. *Ammenwerth* S. 149 ff. mit Hinweis auf das im Steuerrecht grundsätzlich geltende objektive Nettoprinzip.
[95] Vgl. m. w. N. *Güroff* in Glanegger/Güroff GewStG § 10a Rn. 45 ff.; *Drüen* in Blümich GewStG § 10a Rn. 87 ff.; *Kollruss/Weißert/Ilin* DStR 2009, 88 ff.
[96] *Güroff* in Glanegger/Güroff GewStG § 10a Rn. 45 ff.; *Brandis* in Blümich KStG § 8c Rn. 1 ff.; *Neyer* BB 2007, 1415 ff.; *Zerwas/Fröhlich* DStR 2007, 1933 ff.
[97] *Kollruss/Weißert/Ilin* DStR 2009, 88, 89; BMF v. 4.7.2008 IV C 7 – S 2745 – a/08/10001, BStBl. II 2008, 736; wohl auch *Brandis* in Blümich KStG § 8c Rn. 40 f.
[98] Vgl. dazu *Drüen* in Blümich GewStG § 2 Rn. 129; sowie zu den Voraussetzungen oben unter § 9 Rn. 44.
[99] Vgl. dazu oben § 9 Rn. 46 ff.
[100] Vgl. dazu ausführlich oben § 9 Rn. 59.

wenn diesem auch die **Stimmrechtsmehrheit** aus dem Grundkapital der KGaA zusteht.[101] Besteht eine solche nicht, dürfte eine Organschaft ausgeschlossen sein.[102]

3. Umsatzsteuer

91 a) **Grundlagen.** Aus der hybriden Rechtsform der KGaA resultieren keine umsatzsteuerrechtlichen Besonderheiten. Die KGaA übt im Grundsatz eine gewerbliche Tätigkeit selbständig aus und ist somit regelmäßig **Unternehmerin** i. S. d. § 2 UStG. Erbringt sie Lieferungen und Leistungen im Rahmen ihres Unternehmens im Inland gegen Entgelt, so sind diese gemäß § 1 Abs. 1 UStG steuerbar und, soweit keine Steuerbefreiung (insbesondere nach § 4 UStG) eingreift, auch steuerpflichtig.

92 b) **Leistungsaustausch zwischen KGaA und ihren Gesellschaftern.** Grundsätzlich ist auch zwischen einer KGaA und ihren Gesellschaftern ein **Leistungsaustausch** möglich, wobei es sich um Leistungen auf **gesellschaftsvertraglicher Grundlage** oder um Leistungen, die **auf einem gesonderten schuldrechtlichen Leistungsaustausch** beruhen, handeln kann.[103]

93 Erbringen die Gesellschafter in ihrer Eigenschaft als Unternehmer im Rahmen ihres Unternehmens Leistungen an die KGaA gegen **gesondertes Entgelt**, sind diese Leistungen umsatzsteuerrechtlich nicht anders zu beurteilen als entsprechende Leistungen an Dritte und sind somit steuerbar gemäß § 1 Abs. 1 S. 1 Nr. 1 UStG. Es kann jedoch auch dann ein umsatzsteuerrechtlicher Leistungsaustausch vorliegen, wenn der Gesellschafter mit seiner Leistung einer gesellschaftsvertraglichen Verpflichtung nachkommt. Entscheidend ist allein, ob die Merkmale des Leistungsaustausches im Sinne des Umsatzsteuergesetzes erfüllt sind. Folglich ist eine Leistung des Gesellschafters steuerbar, wenn sie auf die Gewährung eines gesonderten Entgelts als Gegenleistung gerichtet ist. Bewirkt hingegen der Gesellschafter gegenüber der KGaA eine Leistung, die durch das Gesellschaftsverhältnis veranlasst ist und die durch die **Beteiligung am Gewinn und Verlust** der Gesellschaft abgegolten wird, handelt es sich um eine nichtsteuerbare Leistung des Gesellschafters.[104]

94 Diese Differenzierung gilt nach der Rechtsprechung des BFH auch für die **Geschäftsführungstätigkeit**.[105] Wird die Geschäftsführungstätigkeit im Rahmen eines Unternehmens des phGs gegen gesondertes Entgelt erbracht, so liegt eine umsatzsteuerbare und mangels Steuerbefreiung auch umsatzsteuerpflichtige sonstige Leistung vor.

95 Erbringt der phG seine **Sondereinlage** durch **Sacheinlage von Einzelwirtschaftsgütern** aus einem unternehmerischen Betriebsvermögen, so ist die Gutschrift der Sondereinlage durch die KGaA als Entgelt zu betrachten, so dass auf

---

[101] Vgl. dazu auch oben § 9 Rn. 60.
[102] Vgl. dazu oben unter § 9 Rn. 61 ff.
[103] Vgl. FinVerw A 1.6 Abs. 3 UStAE.
[104] Vgl. BFH v. 8.11.1995 XI R 63/94, BStBl. II 1996, 114; BFH v. 8.11.1995 V R 8/94, BStBl. II 1996, 176; FinVerw A 1.6 Abs. 3 UStAE; *Husmann* in Rau/Dürrwächter UStG § 1 Rn. 336 f.; *Radeisen* in Schwarz/Widmann/Radeisen UStG § 1 Rn. 286; *Robisch* in Bunjes UStG § 1 Rn. 78.
[105] Vgl. BFH v. 6.6.2002 V R 43/01, BStBl. II 2003, 36; FinVerw A 1.6 Abs. 3 UStAE.

Ebene des phGs ein steuerbarer Vorgang vorliegt.¹⁰⁶ Handelt es sich beim Gegenstand der Einbringung um einen Betrieb oder Teilbetrieb, so liegt gemäß § 1 Abs. 1a UStG ein nichtsteuerbarer Vorgang vor.

4. Grunderwerbsteuer

Der Grunderwerbsteuer unterliegen die in § 1 GrEStG abschließend aufgezählten Rechtsvorgänge, die auf den unmittelbaren oder mittelbaren Erwerb inländischer Grundstücke i. S. d. § 2 GrEStG gerichtet sind.¹⁰⁷ Das GrEStG erfasst die Rechtsvorgänge, bei denen ein Grundstück von einem Rechtsträger auf einen anderen Rechtsträger übergeht.¹⁰⁸ Rechtsträger i. S. d. GrEStG sind natürliche Personen und juristische Personen des privaten oder des öffentlichen Rechts. Darüber hinaus werden einige Gesamthandsgemeinschaften im GrEStG als selbständige Rechtsträger angesehen.¹⁰⁹ Durch die selbständige Rechtsträgerschaft der Gesamthand wird eine gewisse Annäherung der Personengesellschaft an den grunderwerbsteuerrechtlichen Status der Kapitalgesellschaft erreicht.¹¹⁰ 96

Die KGaA ist gemäß § 278 Abs. 1 AktG eine Gesellschaft mit eigener Rechtspersönlichkeit und somit als juristische Person des privaten Rechts Rechtsträger i. S. d. GrEStG. Aus der Rechtssubjektivität der KGaA folgt zwingend, dass **Grundstücksübertragungen vom Kommanditaktionär auf die KGaA** auch dann grunderwerbsteuerpflichtig sind, wenn dieser sämtliche Anteile am Grundkapital der KGaA hält. Gleiches gilt für Grundstücksübertragungen von der KGaA auf ihre Kommanditaktionäre. 97

Fraglich ist, ob aus der hybriden Rechtsstruktur der KGaA bzw. aus der ertragsteuerrechtlichen Behandlung des phGs „wie" ein Mitunternehmer Konsequenzen für die grunderwerbsteuerrechtliche Behandlung von **Grundstücksübertragungen zwischen phG und KGaA** und umgekehrt zu ziehen sind. Die §§ 5, 6 GrEStG sehen für Personengesellschaften vor, dass bei Übertragung eines Grundstücks vom Allein- in das Gesamthandseigentum und umgekehrt Grunderwerbsteuer insoweit nicht erhoben wird, als der Anteil des Übertragenden am Vermögen der Gesamthand seinem Bruchteil am Grundstück entspricht bzw. soweit der Bruchteil am Grundstück, den der Gesellschafter erhält, dem Anteil entspricht, zu dem er am Vermögen der Gesamthand beteiligt ist.¹¹¹ Wegen der fiktiven Behandlung des phGs wie ein Mitunternehmer und der qualitativen Verwandtschaft des Rechtsverhältnisses zwischen phG und KGaA zur Mitunternehmerschaft wird die Anwendbarkeit der §§ 5, 6 GrEStG auf Grundstücksübertragungen zwischen phG und KGaA und umgekehrt in Teilen der Literatur für möglich gehalten.¹¹² Gegen diese Sichtweise spricht jedoch, dass zwischen phG und KGaA bzw. den Kommanditaktionären kein Gesamthandsvermögen begründet wird; vielmehr geht das 98

---

¹⁰⁶ Vgl. BFH v. 8.11.1995 XI R 63/94, BStBl. II 1996, 114; BFH v. 15.5.1997 V R 67/94, BStBl. II 1997, 705; FinVerw A 6 Abs. 2 UStR; *Robisch* in Bunjes UStG § 1 Rn. 70; kritisch *Reiß* UR 1988, 298 ff.; *Seer* DStR 1988, 367 ff.
¹⁰⁷ Vgl. *Hofmann* GrEStG § 1 Rn. 1 f.; *Pahlke* GrEStG § 1 Rn. 6.
¹⁰⁸ Vgl. *Pahlke* GrEStG § 1 Rn. 11; *Fischer* in Boruttau GrEStG § 1 Rn. 11.
¹⁰⁹ Vgl. *Pahlke* GrEStG § 1 Rn. 12; *Fischer* in Boruttau GrEStG § 1 Rn. 11.
¹¹⁰ Vgl. BFH v. 17.7.1975 II R 141/74, BStBl. II 1976, 159.
¹¹¹ Vgl. dazu ausführlich *Pahlke* GrEStG §§ 5, 6.
¹¹² Vgl. *Schaumburg/Schulte* Rn. 158 ff.

Grundstück in das Vermögen der KGaA über bzw. scheidet aus deren Vermögen aus und gelangt ins Alleineigentum des phGs. Auch die atypisch stille Gesellschaft, die ertragsteuerrechtlich nicht nur „wie" eine Mitunternehmerschaft, sondern als Mitunternehmerschaft behandelt wird, ist in grunderwerbsteuerrechtlicher Sicht nicht als Rechtsträger zu beurteilen, so dass eine Anwendung der §§ 5, 6 GrEStG auf die atypisch stille Gesellschaft ausscheidet.[113] Diese Sichtweise ist konsequent, denn das GrEStG knüpft an das Vorhandensein einer Gesamthandsgemeinschaft und somit an Gesamthandsvermögen an, welches weder bei der atypisch stillen Gesellschaft noch bei der KGaA vorhanden ist.[114] Im Übrigen ist die ertragsteuerrechtliche Charakterisierung als Mitunternehmerschaft für grunderwerbsteuerrechtliche Zwecke unbeachtlich.[115] Daraus folgt, dass die KGaA grunderwerbsteuerrechtlich nach den allgemeinen Regeln als Kapitalgesellschaft zu qualifizieren ist, so dass die Anwendung der §§ 5, 6 GrEStG, die lediglich für Personengesellschaften gelten, ausssscheidet.[116]

II. Besteuerung der phG

1. Natürliche Person als phG

a) Einkommensteuer

99 **aa) Fiktive Mitunternehmereigenschaft des phG.** Natürliche Personen erzielen als phG einer KGaA mit ihren Gewinnanteilen und den Vergütungen für Tätigkeiten im Dienste der Gesellschaft, für die Hingabe von Darlehen oder für die Überlassung von Wirtschaftsgütern **Einkünfte aus Gewerbebetrieb** gemäß § 15 Abs. 1 S. 1 Nr. 3 EStG.[117] Nach h. M. wird der phG „wie" ein Mitunternehmer besteuert, ohne ein solcher zu sein.[118] Da der phG nicht als Mitunternehmer, sondern lediglich „wie" ein Mitunternehmer behandelt wird, ist das Vorliegen von Mitunternehmerrisiko und Mitunternehmerinitiative für die Qualifikation als gewerbliche Einkünfte nach § 15 Abs. 1 S. 1 Nr. 3 EStG nicht erforderlich.[119] Selbst wenn der phG keine Kapitaleinlage erbracht hat, im Innenverhältnis wie ein Angestellter behandelt wird und von der persönlichen Haftung freigestellt ist, findet eine Einkünftequalifikation nach § 15 Abs. 1 S. 1 Nr. 3 EStG statt. Dies liegt darin

---

[113] Vgl. BFH v. 11.12.1974 II R 170/73, BStBl. II 1975, 363; *Pahlke* GrEStG § 1 Rn. 46; *Hofmann* GrEStG § 5 Rn. 2; *Viskorf* in Boruttau GrEStG § 5 Rn. 10.
[114] *Schaumburg/Schulte* Rn. 23; *Viskorf* in Boruttau GrEStG § 5 Rn. 10 f.; *Semler/Perlitt* in Münch Komm AktG § 278 Rn. 3, 14; BFH v. 21.6.1989 X R 14/88, BStBl. II 1989, 881; BFH v. 13.4.1994 II R 57/90, BStBl. II 1994, 505.
[115] Vgl. *Hofmann* GrEStG § 5 Rn. 2.
[116] Vgl. *Viskorf* in Boruttau GrEStG § 5 Rn. 9 f.
[117] Vgl. ausführlich *Schaumburg* DStZ 1998, 525, 535 ff.
[118] Vgl. BFH v. 21.6.1989 X R 14/88, BStBl. II 1989, 881; *Mathiak* DStR 1989, 661 ff.; *Fischer* DStR 1997, 1519 ff.; *Janssen* NWB/F. 18, 3811, 3817; *Hageböke/Koetz* DStR 2006, 293 ff.; vgl. auch *Kollruss* BB 2012, 3178 ff.
[119] Vgl. BFH v. 11.6.1985 VIII R 252/80, BStBl. II 1987, 33; BFH v. 14.8.1986 IV R 131/84, BStBl. II 1987, 60; BFH v. 8.2.1984 I R 11/80, BStBl. II 1984, 381; BFH v. 21.6.1989 X R 14/88, BStBl. II 1989, 881; vgl. zu den Kriterien der Mitunternehmerinitiative und des Mitunternehmerrisikos *Wacker* in Schmidt L. EStG § 15 Rn. 262 ff.; *Reiß* in Kirchhof § 15 Rn. 208 ff.; *Meßmer* FS Döllerer, S. 429 ff.

begründet, dass § 15 Abs. 1 S. 1 Nr. 3 EStG allein an die gesellschaftsrechtliche Rechtsstellung anknüpft, welche durch die unabdingbare unbeschränkte Haftung des phGs im Außenverhältnis geprägt ist.[120]

bb) System der zweistufigen Gewinnermittlung des phG. Die steuerrechtliche Gleichbehandlung des phGs einer KGaA mit einem Mitunternehmer qua Fiktion ergibt sich nach Ansicht des BFH aus dem engen systematischen Zusammenhang von § 15 Abs. 1 S. 1 Nr. 2 und 3 EStG.[121] Daraus folgt im Ergebnis, dass das gesamte von der Rechtsprechung entwickelte **Subsystem der Mitunternehmerbesteuerung**, insbesondere die steuerrechtliche Behandlung von **Sonderbetriebsvermögen, Sonderbetriebseinnahmen** und **Sonderbetriebsausgaben**, auch für die Besteuerung des phGs gilt.[122] Die Ermittlung der gewerblichen Einkünfte des phG i.S.d. § 15 Abs. 1 S. 1 Nr. 1 EStG ist daher in Anlehnung an die Gewinnermittlung bei Mitunternehmerschaften im Rahmen einer **zweistufigen Gewinnermittlung** durchzuführen.[123]   100

Die auf Ebene des phG durchzuführende zweistufige Gewinnermittlung hat für die Besteuerung der KGaA keine Konsequenzen. Diese ermittelt vielmehr als Körperschaftsteuersubjekt ihr Einkommen selbständig nach den einkommen- und körperschaftsteuerrechtlichen Vorschriften.   101

In Anlehnung an die mitunternehmerische Gewinnermittlung ergibt sich somit für die Ermittlung der Einkünfte des phG i.S.d. § 15 Abs. 1 S. 1 Nr. 3 EStG die folgende Vorgehensweise: Ausgangsgröße für die Einkünfteermittlung ist die von der KGaA aufgestellte und nach steuerrechtlichen Vorschriften modifizierte **Handelsbilanz**. Führt die KGaA eine **monistische** Gewinnermittlung durch, so ist für steuerrechtliche Zwecke der Gewinnanteil des phG aus der aktienrechtlichen Bilanz abzuleiten. Folgt die KGaA handelsrechtlich der **dualistischen** Gewinnermittlung, so ist an die nach KG-Recht erstellte Bilanz anzuknüpfen. Der nach diesen Grundsätzen ermittelte Gewinnanteil stellt für den phG die (anteiligen) **gewerblichen Einkünfte erster Stufe** dar.[124]   102

Der Einkünfte des phG i.S.d. § 15 Abs. 1 S. 1 Nr. 3 EStG sind unabhängig davon, ob die KGaA der dualistischen oder monistischen Gewinnermittlung folgt, für steuerliche Zwecke eigenständig durch Betriebsvermögensvergleich für den phG zu ermitteln.[125] Daher ist auch ein ergebnisabhängiger Teil der Komplemen-   103

---

[120] Vgl. BFH v. 11.6.1985 VIII R 252/80, BStBl. II 1987, 33; BFH v. 14.8.1986 IV R 131/84, BStBl. II 1987, 60; BFH v. 21.6.1989, BStBl. II 1989, 881; BFH v. 5.3.1986 II R 211/84, BFH/NV 1987, 633.
[121] Vgl. BFH v. 21.6.1989 X R 14/88, BStBl. II 1989, 881; *Mathiak* DStR 1989, 661, 667; *Fischer* DStR 1997, 1519, 1522; *Schaumburg* DStZ 1998, 525, 523.
[122] Vgl. *Crezelius* JbFAfSt 1998/99, 318, 320; *Mathiak* DStR 1989, 661, 667; *Fischer* DStR 1997, 1519, 1522; *Hageböke/Koetz* DStR 2006, 293 ff.
[123] Vgl. dazu § 9 Rn. 112. Zur Frage der Notwendigkeit einer gesonderten und einheitlichen Gewinnfeststellung nach den §§ 179 Abs. 2 S. 2, 180 Abs. 1 Nr. 2a AO vgl. oben § 9 Rn. 7.
[124] Der BFH hat ausdrücklich offengelassen, ob er der handelsrechtlich dualistischen oder monistischen Gewinnermittlung folgen möchte; vgl. BFH v. 21.6.1989 X R 14/88, BStBl. II 1989, 881.
[125] BFH v. 21.6.1989 X R 14/88, BStBl II. 1989, 881; ausführlich zur Gewinnermittlung des phG *Hageböke/Koetz* DStR 2006, 293 ff.

tärvergütung in dem Jahr als Ertrag zu erfassen, für welches die Vergütung wirtschaftlich bestimmt ist.[126]

104 Aus der fiktiven Übertragung des Konzepts der Mitunternehmerbesteuerung auf die Einkünfteermittlung des phG folgt, dass für diesen die Bildung einer **Ergänzungsbilanz** möglich ist.[127] Ergänzungsbilanzen dienen im Konzept der Mitunternehmerbesteuerung dazu, für den Mitunternehmer einen zutreffenden steuerrechtlichen Gewinnanteil zu ermitteln. Ergänzungsbilanzen werden insbesondere in **Anschaffungs-/Veräußerungsfällen**, in **Einbringungsfällen** sowie bei der Inanspruchnahme **persönlicher Steuervergünstigungen** für einzelne Mitunternehmer benötigt.[128] Für den phG kommen somit Ergänzungsbilanzen insbesondere dann in Betracht, wenn dieser seine Stellung als phG von einem anderen phG erworben hat und diesem für die Übertragung der Sondereinlage einen Preis gezahlt hat, der von der in der Bilanz der KGaA ausgewiesenen Sondereinlage abweicht.[129] Des Weiteren kommt der Einsatz von Ergänzungsbilanzen in Betracht, wenn für den phG personenbezogene Steuervergünstigungen in Anspruch genommen werden sollen. Die Ergebnisse aus den sog. Ergänzungsbilanzen **modifizieren** den dem phG von der KGaA zugeteilten **Gewinn auf der ersten Stufe** der Erfolgsermittlung.[130]

105 Auf der **zweiten Stufe** der Gewinnermittlung **(Sonderbetriebsbereich)** sind für den phG als gewerbliche Einkünfte i.S.d. § 15 Abs. 1 S. 1 Nr. 3 EStG die **Vergütungen** zu erfassen, die er für **Tätigkeiten im Dienste der Gesellschaft**, für die **Hingabe von Darlehen** oder für die **Überlassung von Wirtschaftsgütern** von der KGaA bezogen hat. Wegen des objektiven Nettoprinzips müssen **Aufwendungen** des phG, die in Zusammenhang mit seiner Tätigkeit für die KGaA, mit der Hingabe von Darlehen sowie der Überlassung von Wirtschaftsgütern stehen, ebenfalls erfasst werden. Diese mindern als **Sonderbetriebsausgaben** die gewerblichen Einkünfte des phG. Als Sonderbetriebsausgaben sind darüber hinaus z. B. Aufwendungen zu qualifizieren, die dem phG anlässlich der **Finanzierung seiner Sondereinlage** entstehen sowie Wertveränderungen des Sonderbetriebsvermögens.

106 Die Addition von Gewinn erster Stufe und Gewinn zweiter Stufe ergibt schließlich die gewerblichen Einkünfte des phG i.S.d. § 15 Abs. 1 S. 1 Nr. 3 EStG.

107 **cc) Umfang des Sonderbetriebsvermögens des phG.** Als Sonderbetriebsvermögen des phG werden in Anlehnung an die mitunternehmerischen Grundsätze zunächst diejenigen Wirtschaftsgüter erfasst, die zivilrechtlich **im Eigentum**

---

[126] BFH v. 04.12.2012 I R 42/11, BFH/NV 2013, 589.
[127] Vgl. *Hageböke/Koetz* DStR 2006, 293 ff.; *Glanegger* DStR 2004, 1686 ff.; *Kusterer* DStR 2004, 77 ff.; *Bock* GmbHR 2004, 554 ff.; *Reiß* in Kirchhof EStG § 15 Rn. 406; *Wacker* in Schmidt L. EStG § 15 Rn. 891; *Drüen* in HHR § 9 KStG Rn. 27; bejahend bei derivativem Erwerb *Krämer* in Dötsch/Pung/Möhlenbrock KStG § 9 Rn. 60; a. A. FG München v. 10.7.2003 5 K 2681/97, DStRE 2003, 1336.
[128] Vgl. dazu ausführlich *Reiß* in Kirchhof § 15 Rn. 243 ff.; *Wacker* in Schmidt L. EStG § 15 Rn. 460 ff.; *Regniet* S. 13 f.
[129] A. A. FG München v. 10.7.2003 5 K 2681/97, DStRE 2003, 1336.
[130] Schon im Rahmen der Mitunternehmerschaft ist umstritten, wie die Fortschreibung der Ergänzungsbilanzen zu erfolgen hat; vgl. dazu *Wacker* in Schmidt L. EStG § 15 Rn. 464 ff.; *Schmitt* in Schmitt/Hörtnagl/Stratz § 24 UmwStG Rn. 220 ff.; *Reiß* in Kirchhof § 15 Rn. 251 ff.; *Regniet* S. 159 ff.; *Dreissig* StbJb 1990/91, 221 ff.; *Ley* KÖSDI 1992, 9152 ff.; grundlegend zur negativen Ergänzungsbilanz *Groh* FS Haas, S. 139 ff.

des phG stehen und von diesem der KGaA unmittelbar **zur Nutzung überlassen** werden und die somit dem **Betrieb der KGaA dienen (Sonderbetriebsvermögen I)**.[131] Nicht entscheidend ist, ob die Nutzungsüberlassung entgeltlich oder unentgeltlich erfolgt.[132]

Bei Mitunternehmerschaften werden darüber hinaus Wirtschaftsgüter im Eigentum des Gesellschafters, die unmittelbar der **Begründung oder Stärkung der Beteiligung** an der Gesellschaft zu dienen bestimmt sind, als sog. **Sonderbetriebsvermögen II** erfasst.[133] Als (passives) Sonderbetriebsvermögen II kommt für den phG insbesondere Fremdkapital in Betracht, das dieser zum Erwerb der Sondereinlage aufgenommen hat. 108

Fraglich ist, ob **Anteile** des phG **am Grundkapital** der KGaA ebenfalls als Sonderbetriebsvermögen II zu erfassen sind. Im Hinblick auf die Rechtsprechung des BFH, nach der die Anteile der Kommanditisten einer GmbH & Co. KG an der Komplementär-GmbH als Sonderbetriebsvermögen II qualifiziert werden, könnte dieser Schluss nahe liegen. Demgegenüber ist der BFH der Ansicht, dass die Kommanditaktien des phG nicht als dessen Sonderbetriebsvermögen in den Betriebsvermögensvergleich nach § 15 Abs. 1 S. 1 Nr. 3 EStG einzubeziehen seien.[134] Dies ergibt sich nach Ansicht der Rechtsprechung daraus, dass die Kommanditaktien dem phG keinen zusätzlichen Einfluss auf die Geschäftsführung der KGaA vermitteln und somit seine Beteiligung an der KGaA nicht stärken.[135] Daher unterliegen insbesondere Dividenden, die auf die Kommanditaktien gezahlt werden, als Einkünfte aus Kapitalvermögen gemäß § 20 Abs. 1 Nr. 1 EStG bei Zufluss den Regelungen zur Abgeltungsteuer, wenn nicht auf Antrag bei Erfüllung der Voraussetzungen des § 32d Abs. 2 Nr. 3 EStG eine Besteuerung mit dem Teileinkünfteverfahren gemäß § 3 Nr. 40 Buchst. d i. V. m. § 3c Abs. 2 EStG in Betracht kommt. 109

Ob eine Vergütung, die der phG von der KGaA für erbrachte Leistungen erhält, als **Sondervergütung** zu qualifizieren ist, ist unter Rückgriff auf die Rechtsprechung des BFH zur Behandlung von Sondervergütungen bei Mitunternehmerschaften zu beurteilen. Danach setzt die Qualifikation als Sondervergütung voraus, dass zwischen der Leistung des phGs und der Betätigung der KGaA ein Zusammenhang besteht. Die Vergütung muss für Leistungen gewährt werden, die wirtschaftlich durch das Gesellschaftsverhältnis veranlasst und mithin zur Förderung des Gesellschaftszwecks erbracht worden sind.[136] Keine Sondervergütungen sind demnach gegeben, wenn die Vergütungen seitens der KGaA und die Stellung des phG als Leistungserbringer zufällig bzw. kurzzeitig zusammentreffen und ein 110

---

[131] Vgl. BFH v. 6.10.1987 VIII R 137/84, BStBl. II 1988, 679; BFH v. 23.5.1991 IV R 94/90, BStBl. II 1991, 800; BFH v. 26.1.1994 III R 39/91, BStBl. II 1994, 458; *Bitz* in Littmann/Bitz/Pust EStG § 15 Rn. 74 ff.; *Wacker* in Schmidt L. EStG § 15 Rn. 506, 513 ff. jeweils mit Beispielen und Rechtsprechungsnachweisen.
[132] Vgl. BFH v. 1.3.1994 VIII R 35/92, BStBl. II 1995, 241.
[133] Vgl. BFH v. 3.3.1998 VIII R 66/96, BStBl. II 1998, 383.
[134] Vgl. BFH v. 21.6.1989 X R 14/88, BStBl. II 1989, 881.
[135] Vgl. dazu auch *Wacker* in Schmidt L. EStG § 16 Rn. 571, § 15 Rn. 517; *Claussen* FS Heinsius, S. 61, 64; a. A. *Theissen* DB 1989, 2191, 2193; *Schlütter* StuW 1978, 295, 298 f.
[136] Vgl. BFH v. 23.5.1979 I R 163/77, BStBl. II 1979, 757; BFH v. 8.12.1982 I R 9/79, BStBl. II 1983, 570; BFH v. 6.7.1999 VIII R 46/94, BStBl. II 1999, 720 (sog. Positivformel des I. und VIII. Senats); zur Beitragstheorie insb. *Woerner* BB 1974, 592 ff.; *ders.* DStZ 1980, 203 ff.

Engel

wirtschaftlicher Zusammenhang zwischen Leistung und Stellung als phG ausgeschlossen erscheint.[137]

111 Hinsichtlich der Frage, nach welchen Grundsätzen die **Erfolgsermittlung innerhalb des Sonderbetriebsbereiches** als zweitem Teil der Ermittlung der gewerblichen Einkünfte des phGs durchzuführen ist, hat der BFH entschieden, dass die Einkünfte des phG insgesamt durch **Betriebsvermögensvergleich** nach den §§ 4 Abs. 1, 5 EStG zu ermitteln sind.[138] Daher kommt es für die Frage des Besteuerungszeitpunkts nicht auf den Zufluss von Einnahmen bzw. den Abfluss von Ausgaben beim phG an, vielmehr sind die allgemeinen bilanzsteuerrechtlichen Grundsätze zur Realisierung von Aufwendungen und Erträgen heranzuziehen. Die von der KGaA gewährten Vergütungen sind in der Sonder-GuV des phG korrespondierend zur Behandlung bei der KGaA zu erfassen, d. h. in dem Zeitpunkt, in dem bei der KGaA nach allgemeinen bilanzsteuerrechtlichen Grundsätzen ein Aufwand zu erfassen ist bzw. Anschaffungskosten entstehen, sind beim phG Sonderbetriebseinnahmen anzusetzen.[139]

112 Aus der fiktiven steuerrechtlichen Mitunternehmerkonzeption für den phG folgt weiterhin, dass:

- **Pensionsrückstellungen** für den phG, die den Gewinn der KGaA gemindert haben, als **Sonderbetriebseinnahme** des phGs i. S. d. § 15 Abs. 1 S. 1 Nr. 3 EStG **im Jahr der Zuführung** zu erfassen sind;[140]
- **Verluste** der KGaA nach Maßgabe des Beteiligungsverhältnisses im Veranlagungs- bzw. Erhebungszeitraum ihrer Entstehung **auf die Gesellschafterebene** durchschlagen;[141] der phG wegen drohender Inanspruchnahme seines Privatvermögens in seiner Sonderbilanz **keine Verbindlichkeitsrückstellung** nach § 249 Abs. 1 HGB passivieren kann. Dies ergibt sich daraus, dass ein in Anspruch genommener Gesellschafter Einlagen tätigt, die als solche einkommensteuerneutral sind und erst dann zu einem Verlust führen, wenn feststeht, dass die eingelegten Beträge von der KGaA nicht mehr zurückerlangt werden können;[142]
- die **Steuerermäßigung nach § 35 Abs. 1 Nr. 2 EStG** für die nach § 8 Nr. 4 GewStG hinzuzurechnenden Gewinnanteile und Geschäftsführervergütungen

---

[137] Vgl. zur Mitunternehmerschaft BFH v. 24.1.1980 IV R 154–155/77, IV R 154/77, IV R 155/77, BStBl. II 1980, 269; BFH v. 25.1.1980 IV R 159/78, BStBl. II 1980, 275; BFH v. 13.3.1980 IV B 58/78, BStBl. II 1988, 499 (sog. Negativformel des IV. Senats). Unabhängig auf welche Weise abgegrenzt wird, handelt es sich bei der Vorgehensweise der Rechtsprechung um eine teleologische Reduktion des § 15 Abs. 1 S. 1 Nr. 2 HS 2 EStG.

[138] Vgl. BFH v. 21.6.1989 X R 14/88, BStBl. II 1989, 881; so auch BFH v. 04.12.2012 I R 42/11, GmbHR 2013, 384.

[139] Vgl. zur Erfolgsermittlung bei Mitunternehmerschaften ausführlich *Lang* in FS Schmidt, S. 291, 303 f.; *Reiß* in Kirchhof § 15 Rn 227 ff.; *Gosch* DStZ 1994, 193 ff.; *Groh* StuW 1995, 383 ff.; BFH v. 16.12.1992 I R 105/91, BStBl. II 1993, 792; BFH v. 19.5.1993 I R 60/92, BStBl. II 1993, 714; BFH v. 12.12.1995 VIII R 59/92, BStBl. II 1996, 219; sog. additive Gewinnermittlung mit korrespondierender Bilanzierung.

[140] Vgl. OFD Köln DStR 1991, 1218 f.; *Krämer* in Dötsch/Pung/Möhlenbrock KStG § 9 Rn. 50 f.; *Ammenwerth* S. 174 f.; *Patt/Rasche* DB 1993, 2400, 2401 f.; *Claussen* GmbHR 1996, 73, 79; *Probst* FR 1991, 529, 530; *Jünger* DB 1988, 1969, 1972; a. A. *Raupach* JbFfStR 1994/95, 251, 263 ff.; *Gocke* DB 1994, 2162 ff.

[141] Vgl. *Schaumburg* DStZ 1998, 525, 535; eine Einschränkung i. S. d. § 15a EStG sollte wegen der nach § 278 Abs. 1 AktG konstitutiven unbeschränkten Außenhaftung des phGs grundsätzlich ausgeschlossen sein, vgl. *Frankenheim* S. 153 f.

[142] Vgl. BFH v. 21.6.1989 X R 14/88, BStBl. II 1989, 881.

sowie für die sonstigen nach § 8 GewStG ggf. prozentual hinzuzurechnenden Sondervergütungen gilt, obwohl der phG selbst nicht gewerbesteuerpflichtig ist;
- Gewinne wegen eines durch die Sondereinlage bedingten **gesellschaftsrechtlichen Abfindungsanspruchs beim Ausscheiden**[143] sowie aus **der Veräußerung der Sondereinlage** nach § 16 Abs. 1 Nr. 3 EStG der Einkommensteuer unterliegen. Für diese Gewinne kommt nach den §§ 16 Abs. 4, 34 EStG unter den dort genannten Voraussetzungen die Freibetragsregelung sowie die Tarifbegünstigung zur Anwendung.[144]

b) Gewerbesteuer. Die **Beteiligung als phG** an einer KGaA vermittelt als solche **keinen stehenden Gewerbebetrieb** i. S. d. § 2 Abs. 1 S. 1 GewStG. Daher erzielt der phG zwar einkommensteuerrechtlich gewerbliche Einkünfte i. S. d. § 15 Abs. 1 S. 1 Nr. 3 EStG hinsichtlich der Gewinnanteile, der Geschäftsführungsvergütungen und der übrigen Sondervergütungen, die er von der KGaA erhält, ist jedoch selbst grundsätzlich **nicht Gewerbesteuersubjekt**. Die gewerbesteuerliche Erfassung der Einnahmen des phG wird durch **Hinzurechnung auf Ebene der KGaA** erreicht. Mit § 8 Nr. 4 GewStG werden die Gewinnanteile des phG, die auf die Sondereinlage entfallen sowie für die Geschäftsführung vergütet werden und nach § 9 Abs. 1 Nr. 1 KStG den Gewinn der KGaA gemindert haben, dem Gewerbeertrag wieder hinzugerechnet. Soweit der phG von der KGaA darüber hinaus weitere Sondervergütungen erhalten hat, z. B. für die Hingabe von Darlehen, erfolgt eine gewerbesteuerrechtliche Hinzurechnung nach den allgemeinen Regeln des § 8 Nr. 1 GewStG.

113

Ist die Beteiligung an der KGaA ertragsteuerrechtlich einem **gewerblichen Betriebsvermögen** des phGs zugeordnet, so erhöhen die von der KGaA erhaltenen Gewinnanteile und Sondervergütungen dessen Gewerbeertrag i. S. d. § 7 GewStG. Zur Vermeidung von gewerbesteuerrechtlichen Doppelbelastungen sind die bei der KGaA nach § 8 Nr. 4 GewStG hinzugerechneten Beträge bei der Ermittlung des Gewerbeertrages des phGs nach § 9 Nr. 2b GewStG wieder zu kürzen.[145] § 9 Nr. 2b GewStG setzt die Hinzurechnung der Beträge nach § 8 Nr. 4 GewStG bei der KGaA voraus, so dass eine Kürzung nach § 9 Nr. 2b GewStG beim phG nicht in Betracht kommt, wenn die KGaA von der Gewerbesteuer befreit ist.[146] Nicht entscheidend für die Kürzung ist hingegen, dass sich die Hinzurechnung bei der KGaA gewerbesteuererhöhend ausgewirkt hat, so dass auch bei Gewerbeverlusten der KGaA eine Kürzung nach § 9 Nr. 2b GewStG erfolgt.[147]

114

c) Gewerbesteueranrechnung nach § 35 EStG. § 35 EStG zielt darauf ab, Personenunternehmen, die gewerbliche Einkünfte i. S. d. § 15 EStG erzielen, im

115

---

[143] Vgl. zum Abfindungsanspruch gemäß §§ 278 Abs. 2, 289 Abs. 1 AktG. i. V. m. §§ 161 Abs. 2, 105 Abs. 3 HGB, der sich gemäß § 738 Abs. 1 S. 2 BGB bei Fehlen anderweitiger Satzungsregeln am Verkehrswert der Beteiligung orientiert, oben unter § 5 Rn. 335.
[144] Vgl. *Kobor* in HHR § 16 EStG Rn. 700 ff.; *Fischer* DStR 1997, 1519, 1522; zu den tatbestandlichen Voraussetzungen vgl. *Wacker* in Schmidt L. EStG § 16 Rn. 579 ff.
[145] Vgl. *Bielinius* DStR 2014, 769, 770; *Gosch* FR 1991, 345 ff.; *Graf* DStR 1991, 1374 ff.
[146] BFH v. 4.12.2012 I R 42/11, GmbHR 2013, 384; *Gosch* in Blümich GewStG § 9 Rn. 205; *Güroff* in Glanegger/Güroff GewStG § 9 Nr. 2 b Rn. 2; a. A. *Kollruss* DStZ 2012, 650, 656.
[147] *Gosch* in Blümich GewStG § 9 Rn. 205; *Güroff* in Glanegger/Güroff GewStG § 9 Nr. 2 b Rn. 2; *Roser* in Lenski/Steinberg GewStG § 9 Nr. 2b Rn. 6.

Engel

Ergebnis von der Gewerbesteuer zu entlasten und somit eine steuerrechtliche Gleichbehandlung gewerblicher und nicht gewerblicher Einkünfte herbeizuführen.[148] Die **Doppelbelastung** gewerblicher Einkünfte mit Einkommen- und Gewerbesteuer wird nach § 35 EStG dadurch kompensiert, dass die **Gewerbesteuer** pauschaliert mit dem 3,8-fachen des nach § 14 GewStG festgesetzten Gewerbesteuermessbetrages auf die tarifliche Einkommensteuer **angerechnet wird**, die anteilig auf die gewerblichen Einkünfte entfällt.[149] Der Steuerermäßigungsbetrag ist nach § 35 Abs. 1 S. 5 GewStG auf die tatsächlich zu zahlende Gewerbesteuer begrenzt.

116   Nach § 35 Abs. 1 Nr. 2 EStG, der ausdrücklich auf § 15 Abs. 1 S. 1 Nr. 3 EStG Bezug nimmt, ist auch für die gewerblichen Einkünfte des phG die Möglichkeit einer **pauschalierten Anrechnung** der **Gewerbesteuer der KGaA** auf die **tarifliche Einkommensteuer** eröffnet. Da der phG mit seinen Einkünften aus der KGaA zwar gewerbliche Einkünfte i.S.d. EStG erzielt, jedoch mit diesen mangels stehenden Gewerbebetriebs nicht der Gewerbesteuer unterliegt, verlangt § 35 Abs. 1 EStG ausnahmsweise keine mit der Anrechnung korrespondierende Gewerbesteuerbelastung des betreffenden Steuerpflichtigen. Vielmehr ist ausreichend, dass die Einkünfte des phG wegen § 8 Nr. 4 GewStG auf Ebene der KGaA einmal der Gewerbesteuer unterliegen.[150] Selbst wenn der phG Gewerbesteuersubjekt ist und der Anteil als phG seinem Betriebsvermögen zuzurechnen ist, resultiert auf seiner Ebene aufgrund der Kürzung nach § 9 Nr. 2b GewStG keine (weitere) gewerbeertragsteuerliche Belastung.[151]

117   § 35 Abs. 1 Nr. 2 EStG greift die fiktive Behandlung des phG als Mitunternehmer auf und bestimmt die Ermittlung des anteiligen Anrechnungsbetrages für den phG in gleicher Weise wie bei Mitunternehmerschaften.[152] Somit richtet sich der **Anteil des phG am Gewerbesteuermessbetrag** der KGaA nach dem **allgemeinen Gewinnverteilungsschlüssel**.[153] Nach dem ausdrücklichen Wortlaut des § 35 Abs. 2 S. 2 EStG sind dabei Vorabgewinnanteile nicht zu berücksichtigen. Da § 35 Abs. 2 EStG auf den allgemeinen Gewinnverteilungsschlüssel Bezug nimmt, sind etwaige Geschäftsführungs- und Sondervergütungen des phGs für die Verteilung des Gewerbesteuermessbetrages irrelevant, auch wenn diese den Gewerbesteuermessbetrag der KGaA erhöht haben.[154] Erhält der phG lediglich eine gewinnunabhängige Tätigkeitsvergütung, so kommt eine Anrechnung nach § 35 EStG nicht in Betracht, da die Sondervergütungen nicht im Rahmen des

---

[148] Vgl. *Kaeser/Maunz* in Kirchhof/Söhn/Mellinghoff EStG § 35 Rn. A1; *Rohrlack-Soth* in Blümich EStG § 35 Rn. 10 ff.; *Wacker* in Schmidt L. EStG § 35 Rn. 1 f.
[149] Vgl. zu Einzelheiten *Gosch* in Kirchhof § 35 Rn. 16; *Wacker* in Schmidt L. EStG § 35 Rn. 11 ff.; *Wendt* FR 2000, 1173 ff.; *Korezkij* BB 2001, 333 ff.
[150] Vgl. *Rohrlack-Soth* in Blümich EStG § 35 Rn. 31; *Wacker* in Schmidt L. EStG § 35 Rn. 22, 32.
[151] Vgl. *Kusterer* DStR 1997, 11 ff.; *Schmidt/Levedag* INF 1997, 749 ff.; *Schaumburg* DStZ 1998, 525 ff.
[152] Vgl. *Gosch* in Kirchhof EStG § 35 Rn. 23 ff.; *Wendt* FR 2000, 1173, 1180.
[153] BMF v. 24.2.2009 IV C 6-S 2296-a/08/10002, BStBl. I 2009, 440 Rz. 29.
[154] BMF v. 24.2.2009 IV C 6-S 2296-a/08/10002, BStBl. 2009, 440 Rz. 29; *Rohrlack-Soth* in Blümich EStG § 35 Rn. 57; *Wacker* in Schmidt L. EStG § 35 Rn. 32; vgl. eingehend zu dieser Problematik bei Mitunternehmerschaften *Wacker* in Schmidt L. EStG § 35 Rn. 25 ff.; *Korezkij* BB 2001, 389, 390 f.; *Wendt* EStB 2001, 95, 98.

allgemeinen Gewinnverteilungsschlüssels zugeteilt werden.[155] Nach § 35 Abs. 2 S. 1 erfolgt die Ermittlung des auf den einzelnen phG entfallenden Anteils am Gewerbesteuermessbetrag der KGaA im Rahmen einer **einheitlichen und gesonderten Feststellung**.[156]

Die Irrelevanz von Vorabgewinn, Ergänzungsbilanz- und Sonderbilanzergebnissen im Rahmen der Aufteilung des Gewerbesteuermessbetrages nach § 35 Abs. 3 S. 2 EStG führt zu **Über- oder Unterentlastungen** einzelner phG von Gewerbesteuer und begünstigt sog. **Anrechnungsüberhänge**.[157] Ein phG, der hohe Geschäftsführungsvergütungen und sonstige Sondervergütungen erhält, bekommt im Verhältnis zu seinen gewerblichen Einkünften einen zu geringen Gewerbesteuermessbetrag zugerechnet, so dass er nicht ausreichend mit Gewerbesteuer entlastet wird. Die übrigen phG sind durch den zugerechneten Gewerbesteuermessbetrag demgegenüber überentlastet. Für die Praxis ist vor diesem Hintergrund daran zu denken, die ungleiche Verteilung der Gewerbesteueranrechnungsbeträge durch Steuerklauseln oder anderweitige gesellschaftsvertragliche Abreden zu kompensieren. Dies gilt insbesondere deshalb, weil nicht genutzte Ermäßigungspotentiale nicht in andere Perioden vor- oder zurückgetragen werden können.[158] 118

2. Nicht natürliche Person als phG („atypische" KGaA)

Nach der Entscheidung des BGH vom 24.2.1997 kann auch eine GmbH phG einer KGaA sein (sog. **atypische** oder **kapitalistische KGaA**).[159] Die GmbH & Co. KGaA ist in ihrer Konstruktion der GmbH & Co. KG vergleichbar. In beiden Konstruktionen wird abweichend vom gesetzestypischen Leitbild die Position des phG mit einer Kapitalgesellschaft besetzt. Während die GmbH & Co. KG auch mit einer Komplementär-GmbH gesellschafts- und steuerrechtlich als Personengesellschaft zu qualifizieren ist, handelt es sich bei der GmbH & Co. KGaA gesellschafts- und steuerrechtlich vollumfänglich um eine Kapitalgesellschaft.[160] 119

a) Einkommen- und Körperschaftsteuer

aa) GmbH als phG. Im Rahmen der Ertragsbesteuerung der GmbH & Co. KGaA sind **vier steuerrechtliche Regelungskreise** zu unterscheiden:[161] 120
- die Körperschaftsbesteuerung der **KGaA**,
- die Körperschaftsbesteuerung der **Komplementär-GmbH**,
- die Besteuerung der **GmbH-Gesellschafter** und
- die Besteuerung der **Kommanditaktionäre**.

---

[155] Vgl. *Derlien* in Littmann/Bitz/Pust EStG § 35 Rn. 183; *Wendt* FR 2000, 1173, 1180; BMF v. 24.2.2009 IV C 6-S 2296-a/08/10002, BStBl. I 2009, 440 Rz. 29; so auch zu § 32c a.F. BFH v. 28.11.2008 X R 6/05, BStBl. II 2008, 363; zweifelnd *Wacker* in Schmidt L. EStG § 35 Rn. 22.
[156] Vgl. *Wacker* in Schmidt L. EStG § 35 Rn. 61; *Gosch* in Kirchhof EStG § 35 Rn. 29.
[157] Vgl. *Wendt* EStB 2001, 95, 96.
[158] Vgl. zu Gestaltungsvarianten insbesondere bei Mitunternehmerschaften *Wacker* in Schmidt L. EStG § 35 Rn. 55; *Wendt* EStB 2001, 95 ff.; *Herzig/Lochmann* DB 2000, 1728 ff.; *Neu* DStR 2000, 1933 ff.; *Korezkij* BB 2001, 389 ff.; *Ritzer/Stangl* INF 2000, 641 ff.
[159] Vgl. BGHZ 134, 392; siehe dazu auch § 4 Rn. 65 f.
[160] Vgl. *Frankenheim* S. 175.
[161] Vgl. *Crezelius* JbFfStR 1998/99, 318, 324.

Engel

121 Die **KGaA** und die **Komplementär-GmbH** sind als Kapitalgesellschaften **Körperschaftsteuersubjekte** i.S.d. § 1 Abs. 1 Nr. 1 KStG. Für die körperschaftsteuerrechtliche Behandlung der KGaA kann auf die vorstehenden Ausführungen verwiesen werden.[162]

122 Die **Komplementär-GmbH** erzielt aufgrund ihrer unbeschränkten Körperschaftsteuerpflicht gemäß § 8 Abs. 2 KStG zwingend **Einkünfte aus Gewerbebetrieb**, so dass der Sondervorschrift des § 15 Abs. 1 S. 1 Nr. 3 EStG hinsichtlich der Qualifikation der vom phG erzielten Einkünfte keine weitergehende Bedeutung zukommt.[163] Das zu versteuernde Einkommen der Komplementär-GmbH unterliegt gemäß § 23 Abs. 1 KStG einer Definitivkörperschaftsteuerbelastung von 15% zuzüglich Solidaritätszuschlag. Die **Gewinnanteile**, die auf die **Sondereinlage** der Komplementär-GmbH sowie **für die Geschäftsführung** verteilt werden, sind **bei der KGaA** nach § 9 Abs. 1 Nr. 1 KStG als **abziehbar** und **bei der Komplementär-GmbH** nach § 15 Abs. 1 S. 1 Nr. 3 EStG i.V.m. § 8 Abs. 1, 2 KStG als **Betriebseinnahmen** zu erfassen. Eine Steuerfreistellung nach § 8b KStG kommt auf Ebene der Komplemetär-GmbH für diese Einkünfte nicht in Betracht, da es sich nicht um Bezüge i.S.d. § 20 Abs. 1 Nr. 1 EStG handelt.

123 Überlässt die Komplementär-GmbH der KGaA Wirtschaftsgüter, wird sie für die KGaA tätig oder gewährt sie dieser Darlehen, so sind die daraus resultierenden Sondervergütungen nach denselben Grundsätzen zu behandeln wie bei einer natürlichen Person als phG. **Bei der KGaA** mindern die auf allgemein-schuldrechtlicher Basis gewährten Sondervergütungen als **Betriebsausgaben** nach den §§ 4 Abs. 4 EStG, 8 Abs. 1 KStG den steuerpflichtigen Gewinn. **Für die Komplementär-GmbH** handelt es sich um **Sondervergütungen**, die als **Sonderbetriebseinnahmen** gemäß § 15 Abs. 1 S. 1 Nr. 3 EStG i.V.m. § 8 Abs. 1 KStG zu qualifizieren sind. Soweit die Vergütungen **unangemessen** sind, wird der Betriebsausgabenabzug auf Ebene der KGaA durch § 9 Abs. 1 Nr. 1 KStG gewährleistet.[164] Aufwendungen der Komplementär-GmbH, die in Zusammenhang mit den Sondervergütungen stehen, sind als **Sonderbetriebsausgaben** zu beurteilen und mindern dementsprechend den steuerpflichtigen Gewinn der Komplementär-GmbH.[165] Wirtschaftsgüter, die der KGaA von der Komplementär-GmbH zur Nutzung überlassen werden, sind bei Anwendung der Besteuerungsgrundsätze für Mitunternehmerschaften im Rahmen des § 15 Abs. 1 S. 1 Nr. 3 EStG als **Sonderbetriebsvermögen** der Komplementär-GmbH zu qualifizieren. Da der BFH § 15 Abs. 1 S. 1 Nr. 2 EStG nicht nur als Qualifikations-, sondern auch als Zuordnungsnorm betrachtet,[166] ist in konsequenter Anwendung die Bilanzierungskonkurrenz zwischen Sonderbetriebsvermögen und eigenem gewerblichen Betriebsvermögen der Komplementär-GmbH zugunsten des Sonderbetriebsvermögens zu lösen.[167]

---

[162] Vgl. oben § 9 Rn. 14 ff.
[163] Vgl. *Frankenheim* S. 176 f.; *Krämer* in Dötsch/Pung/Möhlenbrock KStG § 9 Rn. 64.
[164] Vgl. dazu oben § 9 Rn. 30.
[165] Vgl. *Ammenwerth* S. 183 f.
[166] Vgl. BFH v. 18.7.1979 I R 199/75, BStBl. II 1979, 750; BFH v. 28.11.1991 XI R 14/90, BFH/NV 1992, 377; BFH v. 13.7.1993 VIII R 50/92, BStBl. II 1994, 282; BFH v. 22.11.1994 VIII R 63/93, BStBl. II 1996, 93; BFH v. 24.11.1998 VIII R 61/97, BStBl. II 99, 483.
[167] *Ammenwerth* S. 184 ff. vertritt die Auffassung, die Grundsätze des Vorranges des Sonderbetriebsvermögens vor dem Betriebsvermögen wären bei der KGaA nicht anwendbar, da sie keine Mitunternehmerschaft ist. Materiell-rechtliche Folgen beseitigt er jedoch dadurch,

Sind **Kommanditaktionäre** der KGaA **gleichzeitig Gesellschafter der** 124
Komplementär-GmbH, so wird eine **vGA** der Komplementär-GmbH an ihre
Gesellschafter angenommen, wenn diese auf ihren KGaA-Gewinnanteil zugunsten ihrer Gesellschafter (teilweise) verzichtet.[168]

Aufwendungen, die der Komplementär-GmbH **für ihren Geschäftsführer** 125
entstehen, sind als **Sonderbetriebsausgaben** der Komplementär-GmbH anzusehen. **Beim Geschäftsführer** sind die Zahlungen als **Einkünfte aus nichtselbständiger Tätigkeit** i.S.d. § 19 Abs. 1 Nr. 1 EStG zu beurteilen. Dies gilt auch dann, wenn der Geschäftsführer Gesellschafter der Komplementär-GmbH oder Kommanditaktionär bei der KGaA ist. Die Grundsätze der Rechtsprechung zur Beurteilung von Geschäftsführergehältern bei der GmbH & Co. KG sind auf diese Fälle m.E. nicht anzuwenden, da zwischen GmbH und ihren Gesellschaftern bzw. zwischen KGaA und ihren Kommanditaktionären das für Kapitalgesellschaften geltende Trennungsprinzip zur Anwendung gelangt.[169] Dies gilt unabhängig davon, ob der Geschäftsführer sein Gehalt von der Komplementär-GmbH oder direkt von der KGaA erhält. Da es sich bei den Geschäftsführervergütungen auf **Ebene der Komplementär-GmbH** um Betriebsausgaben i.S.d. § 4 Abs. 4 EStG i.V.m. § 8 Abs. 1 KStG handelt, ist auch die Bildung von **Pensionsrückstellungen** für Pensionszusagen an den Geschäftsführer mit gewinnmindernder Wirkung gemäß § 6a EStG zulässig.[170] Auf **Ebene des Geschäftsführers** hat die Rückstellungsbildung keine steuerrechtlichen Auswirkungen. Dieser versteuert die Pensionszahlungen im **Zeitpunkt des Zuflusses** als **Einkünfte aus nichtselbständiger Tätigkeit** gemäß § 19 i.V.m. § 24 Nr. 2 EStG.

bb) GmbH & Co. KG als phG. Die GmbH & Co. KG ist als Personenge- 126
sellschaft selbst nicht einkommen- oder körperschaftsteuerpflichtig. Das von ihr erwirtschaftete Einkommen ist vielmehr ihren Gesellschaftern zur Versteuerung zuzuweisen und unterliegt dort der Einkommen- bzw. Körperschaftsteuer. In ihrer Eigenschaft als phG der KGaA erzielt die GmbH & Co. KG **Einkünfte aus Gewerbebetrieb** i.S.d. § 15 Abs. 1 S. 1 Nr. 3 EStG. Regelmäßig wird es sich bei der GmbH & Co. KG um eine gewerblich geprägte Personengesellschaft i.S.d. § 15 Abs. 3 Nr. 2 EStG handeln, so dass deren Einkünfte unabhängig von ihrer Tätigkeit als gewerbliche Einkünfte i.S.d. § 15 Abs. 2 EStG zu beurteilen sind. Der Spezialnorm des § 15 Abs. 1 S. 1 Nr. 3 EStG kommt in diesem Fall materiell-rechtlich lediglich als **Zuordnungsnorm** Bedeutung zu; gleiches gilt, wenn die GmbH & Co. KG neben ihrer Tätigkeit als phG eine andere gewerbliche Tätigkeit i.S.d. § 15 Abs. 1 S. 1 Nr. 1 EStG ausübt. In beiden Fällen ist die Komplementär-GmbH & Co. KG als Mitunternehmerschaft anzusehen, so dass deren Gesellschafter, sofern sie **Mitunternehmerrisiko** tragen und **Mitunterneh-**

---

daß er das der KGaA dienende Betriebsvermögen des phG *wie* Sonderbetriebsvermögen behandeln will. Damit können insbesondere Forderungen des phG gegen die KGaA nicht selbständig bewertet werden.

[168] A.A. *Frankenheim* S. 184 ff.
[169] Vgl. *Frankenheim* S. 179 f.; a.A. *Wehrheim* DB 2001, 947, 948, der in diesem Fall Einkünfte aus Gewerbebetrieb annimmt, wenn der Gesellschafter-Geschäftsführer sowohl GmbH-Gesellschafter als auch Kommanditaktionär ist.
[170] Vgl. *Frankenheim* S. 180 f.

Engel

merinitiative entfalten können, als Mitunternehmer **Einkünfte aus Gewerbebetrieb** i. S. d. § 15 Abs. 1 S. 1 Nr. 2 EStG erzielen.[171]

127 Die GmbH & Co. KG erzielt als phG der KGaA hinsichtlich der **Gewinnanteile**, die **nicht auf Anteile am Grundkapital** entfallen, und der **Vergütungen, die für Tätigkeiten im Dienste der KGaA**, für die **Hingabe von Darlehen** oder für die **Überlassung von Wirtschaftsgütern** gewährt werden, Einkünfte aus Gewerbebetrieb i. S. d. § 15 Abs. 1 Nr. 3 EStG. Hinsichtlich des **Gewinnanteils**, der auf die **Sondereinlage** sowie **für Geschäftsführungstätigkeiten** verteilt wird, handelt es sich bei der KGaA um abzugsfähige Aufwendungen gemäß § 9 Abs. 1 Nr. 1 KStG. Sonstige Vergütungen an die GmbH & Co. KG sind auf Ebene der KGaA, soweit sie angemessen sind, bereits als Betriebsausgabe nach § 4 Abs. 4 EStG i. V. m. § 8 Abs. 1 KStG zu erfassen; lediglich der **unangemessene Teil** der Vergütungen mindert den Gewinn der KGaA über die Sondervorschrift des § 9 Abs. 1 Nr. 1 KStG.[172]

128 Von der GmbH & Co. KG an die KGaA überlassene Wirtschaftsgüter des Gesamthandsvermögens stellen **Sonderbetriebsvermögen** der GmbH & Co. KG im Rahmen der Einkünfte aus § 15 Abs. 1 Nr. 3 EStG dar.[173]

129 Hat die GmbH & Co. KG neben einer Sondereinlage i. S. d. § 281 Abs. 2 AktG auch Einlagen auf das Grundkapital der KGaA geleistet, so sind die **Kommanditaktien** im Gesamthandsvermögen der GmbH & Co. KG zu erfassen und somit in deren Handelsbilanz auszuweisen. Über den Maßgeblichkeitsgrundsatz des § 5 Abs. 1 S. 1 EStG werden die Kommanditaktien in der Steuerbilanz erster Stufe der GmbH & Co. KG erfasst. **Dividenden** sind wegen der Subsidiaritätsklausel des § 20 Abs. 8 EStG als Einkünfte aus Gewerbebetrieb i. S. d. § 15 EStG zu erfassen. Da die GmbH & Co. KG selbst nicht Steuersubjekt ist, richtet sich die weitere steuerrechtliche Behandlung nach der Gesellschafterstruktur der GmbH & Co. KG. Soweit die Dividenden auf **natürliche Personen** als Gesellschafter entfallen, unterliegen sie gemäß den §§ 3 Nr. 40 S. 2, 3c Abs. 2 EStG der Besteuerung nach dem Teileinkünfteverfahren. Soweit die Dividenden nach dem allgemeinen Gewinnverteilungsschlüssel auf **Kapitalgesellschaften** entfallen, kommt über § 8b Abs. 6 KStG die Regelungen des § 8b KStG zur Anwendung, so dass bei Erfüllung der weiteren Voraussetzungen, insb. der Mindestbeteiligung des § 8b Abs. 4 KStG, die Steuerfreistellung des § 8b Abs. 1 KStG gewährt wird.

130 Fraglich ist, wie **Tätigkeiten der Gesellschafter** der Komplementär-GmbH & Co. KG für die KGaA bzw. **Nutzungsüberlassungen** oder **Darlehenshingaben** an diese steuerrechtlich zu beurteilen sind. Zur doppelstöckigen Per-

---

[171] Nicht geklärt ist, wie zu verfahren ist, wenn die GmbH & Co. KG außer ihrer Eigenschaft als phG der KGaA keine weitere Tätigkeit ausübt. Fraglich ist in diesen Fällen, ob eine Mitunternehmerschaft i. S. d. § 15 Abs. 1 S. 1 Nr. 2 EStG vorliegt bzw. ob dann die Einkünfte nach § 15 Abs. 1 Nr. 3 anteilig den Gesellschaftern der GmbH & Co. KG in Bruchteilsbetrachtung nach § 39 Abs. 2 Nr. 2 AO zuzurechnen sind. Vgl. dazu in Ansätzen *Frankenheim* S. 216 ff. M. E. kommt eine gewerbliche Infizierung der Komplementärpersonengesellschaft durch die Beteiligung als phG nicht in Betracht, da § 15 Abs. 3 Nr. 1 EStG lediglich auf § 15 Abs. 1 S. 1 Nr. 1 und Nr. 2 EStG, aber gerade nicht auf § 15 Abs. 1 S. 1 Nr. 3 EStG verweist. Daher können gewerbliche Einkünfte der aus der Komplementärpersonengesellschaft nur dann vorliegen, wenn diese als gewerblich geprägte Personengesellschaft i. S. d. § 15 Abs. 3 Nr. 3 EStG zu qualifizieren ist.

[172] Streitig, vgl. dazu schon oben unter § 9 Rn. 30.

[173] Vgl. oben unter § 9 Rn. 123 ff.

sonengesellschaft hat der BFH entschieden, dass Personengesellschaften i. S. d. § 15 Abs. 1 S. 1 Nr. 2 EStG Mitunternehmer einer anderen Personengesellschaft sein können mit der Folge, dass die Gesellschafter der Obergesellschaft nicht auch Mitunternehmer der Untergesellschaft sind.[174] Konsequenz dieser Sichtweise war, dass Vergütungen, die die Untergesellschaft an Gesellschafter der Obergesellschaft zahlt, nicht als Sondervergütungen i. S. d. § 15 Abs. 1 S. 1 Nr. 2 EStG zu beurteilen waren. Des Weiteren wurden bei Anwendung der BFH-Rechtsprechung vom Obergesellschafter an die Untergesellschaft überlassene Wirtschaftsgüter nicht als Sonderbetriebsvermögen qualifiziert. Nach Einführung des § 15 Abs. 1 S. 1 Nr. 2 S. 2 EStG wird nunmehr jedoch der mittelbar über eine oder mehrere Personengesellschaften beteiligte Gesellschafter qua gesetzlicher Fiktion dem unmittelbar beteiligten Gesellschafter gleichgestellt, wenn er und die Personengesellschaften, die seine Beteiligungen vermitteln, jeweils als Mitunternehmer der Betriebe der Personengesellschaften anzusehen sind, an denen sie unmittelbar beteiligt sind. Fraglich ist, ob die für doppelstöckige Personengesellschaften geltende Gesetzeslage auf die Kommanditisten der Komplementär-GmbH & Co. KG einer KGaA analog anzuwenden ist. Dies wird jedoch von der Rechtsprechung abgelehnt, da keine mittelbare Beteiligung an einer mitunternehmerischen Personengesellschaft vorliegt; vielmehr sind die Kommanditisten der GmbH & Co. KG mittelbar über diese an der KGaA als Kapitalgesellschaft beteiligt.[175] Konsequenz dieser Sichtweise ist, dass Leistungen der Gesellschafter der Komplementär-GmbH & Co. KG für die KGaA nach den **allgemeinen Grundsätzen** zu beurteilen sind. Der KGaA überlassene Wirtschaftsgüter oder hingegebene Darlehen sind somit **nicht als Sonderbetriebsvermögen** bei der KGaA zu qualifizieren. Überlassen demgegenüber die Gesellschafter Wirtschaftsgüter an die Komplementär-GmbH & Co. KG, so liegt nach den allgemeinen Grundsätzen der Mitunternehmerbesteuerung Sonderbetriebsvermögen bei der Komplementär-GmbH & Co. KG vor.

Halten die Gesellschafter der GmbH & Co. KG **Kommanditaktien** der KGaA, so sind diese **nicht** im Rahmen der mitunternehmerischen Beteiligung als **Sonderbetriebsvermögen** zu erfassen.[176] Dies ergibt sich aus den Grundsätzen der BFH-Rechtsprechung, die schon beim phG, der die Kommanditaktien unmittelbar hält, die Existenz von Sonderbetriebsvermögen im Rahmen des § 15 Abs. 1 S. 1 Nr. 3 EStG verneint. Eine Qualifizierung der Kommanditaktien als Sonderbetriebsvermögen bei der GmbH & Co. KG scheidet auch deshalb aus, weil diese die Gesellschafterstellung der Kommanditisten nicht verstärken, denn durch die Anteile am Grundkapital der KGaA kann der Kommanditist keinen größeren Einfluss auf die GmbH & Co. KG geltend machen.

b) Gewerbesteuer. Ist eine **Kapitalgesellschaft** phG einer KGaA, unterliegt deren Gewinn kraft gesetzlicher Anordnung gemäß § 2 Abs. 2 GewStG stets und in vollem Umfang der Gewerbeertragsteuer. Die **Doppelbelastung** der **Gewinnanteile**, die auf die Sondereinlage gezahlt werden sowie der **Geschäftsführungsvergütungen** (nicht jedoch für Sondervergütungen[177]) wird durch

131

132

---

[174] Vgl. BFH v. 25.2.1991 GrS 7/89, BStBl. II 1991, 691.
[175] Vgl. BFH v. 21.6.1989 X R 14/88, BStBl. II 1989, 881; BFH v. 25.2.1991 GrS 7/89, BStBl. II 1991, 691.
[176] Vgl. *Schaumburg/Schulte* Rn. 152; *Ammenwerth* S. 194 f.; *Fischer* DStR 1997, 1519, 1523.
[177] Vgl. oben § 9 Rn. 82 ff.

Engel

die Kürzungsvorschrift des § 9 Nr. 2b GewStG beseitigt. Somit unterliegen diese Einkünftebestandteile **einmalig auf Ebene der KGaA** der Gewerbeertragsteuer. **Dividenden**, die die Komplementär-GmbH auf Anteile am Grundkapital der KGaA erhält, werden nach § 8 Nr. 5 GewStG grundsätzlich dem Gewerbeertrag wieder hinzugerechnet. Sie sind nur unter den weiteren Voraussetzungen des § 9 Nr. 2a bzw. 7 GewStG gewerbesteuerfrei, wenn es sich um Dividenden auf sog. **Schachtelbeteiligungen** handelt.

133 Handelt es sich beim phG einer KGaA um eine **GmbH & Co. KG**, so erzielt diese regelmäßig als gewerblich geprägte Personengesellschaft gemäß § 15 Abs. 3 Nr. 2 EStG gewerbliche Einkünfte, die gemäß § 2 Abs. 1 S. 2 GewStG der Gewerbesteuer unterliegen. Das gleiche Ergebnis ergibt sich gemäß § 15 Abs. 3 Nr. 1 EStG, wenn die GmbH & Co. KG neben ihrer Tätigkeit als phG auch eine andere geringfügige gewerbliche Tätigkeit ausübt.[178] Für die gewerbeertragsteuerrechtlichen Folgen kann auf die vorstehend gemachten Ausführungen verwiesen werden.

III. Besteuerung der Kommanditaktionäre

134 Das Verhältnis zwischen KGaA und ihren **Kommanditaktionären** ist durch das für Kapitalgesellschaft geltende **Trennungsprinzip** geprägt, d.h. es ist strikt zwischen der **Besteuerungsebene der KGaA** und der **Besteuerungsebene der Kommanditaktionäre** als Anteilseigner zu trennen. Die Kommanditaktionäre werden erst dann in das Besteuerungsverfahren involviert, wenn Gewinne der KGaA zur Ausschüttung gelangen. Für die Behandlung von Lieferungs- und Leistungsbeziehungen aufgrund allgemein-schuldrechtlicher Vereinbarungen zwischen der KGaA und den Kommanditaktionären gelten die gleichen Grundsätze wie im Verhältnis zwischen Aktiengesellschaft und deren Aktionären.[179] Diese Vereinbarungen werden somit steuerrechtlich anerkannt, soweit sie dem entsprechen, was unter fremden Dritten auch vereinbart worden wäre.

135 Kommanditaktionäre, die ihre Anteile im **Privatvermögen** halten, erzielen mit Zufluss der **Dividenden** Einkünfte aus Kapitalvermögen i.S.d. § 20 Abs. 1 Nr. 1 EStG, welche grundsätzlich dem System der Abgeltungsteuer unterliegen und damit gemäß § 32d EStG dem besonderen Steuersatz von 25%.[180] Auch **vGA** an Kommanditaktionäre sind als Einkünfte aus Kapitalvermögen gemäß § 20 Abs. 1 Nr. 1 S. 2 EStG zu erfassen.

136 **Wertminderungen** der Kommanditaktien sind der steuerrechtlich irrelevanten Privatsphäre zuzuordnen und damit einkommensteuerrechtlich nicht zu berücksichtigen.[181]

---

[178] Sofern die GmbH & Co. KG nicht gewerblich geprägt ist und ausschließlich als phG für die KGaA tätig ist, so ist die Rechtslage unklar. M. E. liegt in diesen Fällen keine gewerbliche Tätigkeit i.S.d § 15 Abs. 2 EStG vor, so dass die GmbH & Co. KG in diesen Fällen weder als Mitunternehmerschaft zu beurteilen ist, noch ein gewerbliches Unternehmen i.S.d. GewStG betreibt und somit nicht als Gewerbesteuersubjekt zu beurteilen ist.

[179] Vgl. *Krämer* in Dötsch/Pung/Möhlenbrock KStG § 9 Rn. 66; *Wassermeyer* in Kirchhof/Söhn/Mellinghoff EStG § 20 Rn. C2 f.; *Frankenheim* S. 158 ff.; *Bödefeld* FS Rädler, S. 33, 58; *Biagosch* NWB/F. 18, 3453, 3460.

[180] Zzgl. Solidaritätszuschlag von 5,5%.

[181] Vgl. BFH v. 21.6.1989 X R 14/88, BStBl. II 1989, 881.

Werden die Kommanditaktien in einem gewerblichen **Betriebsvermögen** gehalten, so sind **Dividenden** wegen der Subsidiarität der Kapitalvermögenseinkünfte gemäß § 20 Abs. 8 EStG als Einkünfte aus Gewerbebetrieb zu erfassen. Handelt es sich beim Kommanditaktionär um eine natürliche Person, so kommt das Teileinkünfteverfahren gemäß den §§ 3 Nr. 40 S. 2, 3c Abs. 2 EStG zur Anwendung; ist der Kommanditaktionär demgegenüber eine Kapitalgesellschaft, so greift bei Erfüllung der Mindestbeteiligung von 10% gemäß § 8b Abs. 4 KStG grundsätzlich[182] die Steuerfreistellung des § 8b Abs. 1, Abs. 5 KStG. Eine gewerbesteuerrechtliche Belastung der Dividenden wird nach § 8 Nr. 5 i. V. m. § 9 Nr. 2a GewStG auf Gesellschafterebene nur dann vermieden, wenn der Kommanditaktionär seit Beginn des Erhebungszeitraums zu mindestens 15% am Grundkapital der KGaA beteiligt ist.

137

C. Aperiodische Besteuerungsvorgänge

Unter aperiodischen Besteuerungsvorgängen sind solche Sachverhalte zu verstehen, die nicht laufend wiederkehrende, sondern lediglich einmalig bzw. aperiodisch auftretende Besteuerungsfolgen auslösen. Im folgenden Kapitel werden die wesentlichen steuerrechtlichen Folgen der aperiodischen Besteuerungsvorgänge aufgezeigt. Zum einen wird die ertragsteuerrechtliche Behandlung der **Veräußerung von Kommanditaktien und Komplementäranteilen** und des **Ausscheidens eines phG** dargelegt. Zum anderen wird auf Besonderheiten bei der **Liquidation** der KGaA eingegangen. Ferner werden die erbschaft- bzw. schenkungsteuerrechtlichen Folgen bei der **unentgeltlichen Übertragung von phG Anteilen bzw. Kommanditaktien** dargestellt.

138

I. Anteilsveräußerung

Der Einkunftsartenkatalog des § 2 Abs. 1 S. 1 EStG unterscheidet Gewinneinkünfte und Überschusseinkünfte, welche unterschiedlichen Regelungen in Bezug auf die Veräußerung des zur Einkünfteerzielung eingesetzten Vermögens folgen. Die Einkünfte des **phG** werden gemäß § 15 Abs. 1 S. 1 Nr. 3 EStG als Einkünfte aus Gewerbebetrieb erfasst und sind somit den **Gewinneinkünften** zuzuordnen. Der **Kommanditaktionär** erzielt mit den Dividenden dagegen Einkünfte aus Kapitalvermögen gemäß § 20 Abs. 1 Nr. 1 EStG, die den **Überschusseinkünften** zuzurechnen sind. Vor diesem Hintergrund ist hinsichtlich der steuerrechtlichen Folgen einer Anteilsveräußerung zwischen der Veräußerung des phG Anteils einerseits sowie der Kommanditaktien andererseits zu unterscheiden.

139

---

[182] Vorbehaltlich einer Anwendbarkeit von § 8b Abs. 7 und Abs. 8 KStG.

Engel

1. Einkommen- und Körperschaftsteuer

140 **a) Veräußerung von Kommanditaktien.** Eine steuerbare Veräußerung von im Privatvermögen gehaltenen Kommanditaktien kommt dann in Betracht, wenn die Voraussetzungen der §§ 17, 20 Abs. 2 oder 22 Nr. 2 i. V. m. § 23 EStG erfüllt werden.[183] Während nach früherer Rechtlage steuerbare Veräußerungen auf die Fälle einer relevanten Beteiligung i. S. d. § 17 EStG und solche, bei denen die Veräußerung der Kommanditaktien innerhalb der einjährigen Veräußerungsfrist des § 23 Abs. 1 Nr. 2 EStG erfolgte, beschränkt waren, ist seit Einführung der sog. Abgeltungsteuer jedwede Übertragung von im Privatvermögen gehaltenen Kommanditaktien steuerlich relevant.

141 **aa) Privates Veräußerungsgeschäft.** Für vor dem 1.1.2009 angeschaffte Kommanditaktien richteten sich die Besteuerungsfolgen nach § 22 Nr. 2 i. V. m. § 23 Abs. 1 Nr. 2 EStG, so dass ein einkommensteuerbarer Vorgang gegeben war, wenn der Zeitraum zwischen Anschaffung und Veräußerung der Kommanditaktien nicht mehr als ein Jahr betragen hat (sog. **privates Veräußerungsgeschäft**). Gewinne hieraus waren im Rahmen des sog. Teileinkünfteverfahrens gemäß § 3 Nr. 40 Buchst. b i. V. m. § 3c Abs. 2 EStG im Ergebnis nur mit 60% zu versteuern. Korrespondierend dazu mindert ein **Veräußerungsverlust** lediglich zu 60% die Gewinne aus privaten Veräußerungsgeschäften, die im gleichen Kalenderjahr erzielt wurden. Seit Einführung der Regelungen zur sog. Abgeltungsteuer für nach dem 31.12.2008 angeschaffte Kapitalgesellschaftsanteile kommt § 23 EStG in Bezug auf die Veräußerung von Kommanditaktien keine Bedeutung mehr zu. Kommanditaktien, die vor dem 1.1.2009 angeschafft wurden unterfallen jedoch weiterhin der Regelung des § 22 Nr. 2 i. V. m. § 23 Abs. 1 Nr. 2 EStG, so dass eine Veräußerung nach Ablauf der einjährigen Veräußerungsfrist nicht steuerbar ist.

142 **bb) Einkünfte aus Kapitalvermögen gem. § 20 Abs. 2 EStG.** Durch das Unternehmensteuerreformgesetz 2008[184] wurde die Besteuerung der privaten Kapitalerträge grundlegend geändert. Seitdem unterliegen nicht nur die laufenden Erträge aus privaten Kapitalanlagen gem. § 20 Abs. 1 EStG der Besteuerung, vielmehr werden für nach dem 31.12.2008 im steuerlichen Privatvermögen angeschaffte Kapitalanlagen auch Gewinne aus der Veräußerung des Vermögensstamms generell der Besteuerung unterworfen. § 20 Abs. 2 EStG erfasst die Einkünfte aus der Veräußerung von Kapitalanlagen im steuerlichen Privatvermögen, mit denen laufende Erträge i. S. d. § 20 Abs. 1 EStG erwirtschaftet werden können oder die sonst mit Erträgen i. S. d. § 20 Abs. 1 EStG zusammenhängen[185] und damit insbesondere auch die Veräußerung von Kapitalgesellschaftsanteilen. Daher unterliegt der Gewinn aus der Veräußerung von nach dem 31.12.2008 angeschafften Kommanditaktien unabhängig von der Beteiligungshöhe oder einer bestimmten Haltedauer als Einkünfte aus Kapitalvermögen i. S. d. § 20 Abs. 2 Nr. 1 EStG der Besteuerung.

---

[183] Auf die Besonderheiten bei sog. einbringungsgeborenen Anteilen wird hier nicht eingegangen.
[184] Gesetz vom 14.8.2007, BGBl. I 2007, 1912.
[185] *Hey* in Tipke/Lang S. 415 f.; zu den einzelnen Tatbeständen: *von Beckerath* in Kirchhof EStG § 20 Rn. 117 ff.; *Weber-Grellet* in Schmidt L. EStG § 20 Rn. 126 ff.

Die Veräußerungsgewinne unterliegen dabei gem. § 32d EStG ebenso wie die laufenden Kapitalerträge i. S. d. § 20 Abs. 1 EStG dem besonderen Steuersatz von 25 %.[186] Gem. § 20 Abs. 6 Satz 2 EStG dürfen Verluste aus Kapitalvermögen nicht mit Einkünften aus anderen Einkunftsarten ausgeglichen und auch nicht nach § 10d EStG abgezogen werden. Die Verluste mindern nach § 20 Abs. 6 Satz 3 EStG lediglich die Einkünfte aus Kapitalvermögen, die der Steuerpflichtige in den folgenden Veranlagungszeiträumen erzielt.[187] Für Verluste aus der Veräußerung von Aktien sieht § 20 Abs. 6 Satz 5 EStG zudem eine weitere Beschränkung vor; diese Verluste dürfen nur mit Gewinnen aus der Veräußerung von Aktien im selben Veranlagungszeitraum verrechnet werden und – wenn ein Ausgleich im selben Veranlagungszeitraum nicht möglich ist – nur im Rahmen des Verlustvortrages von Gewinnen aus Aktienverkäufen in den folgenden Veranlagungszeiträumen abgezogen werden.[188] Für einen Verlust aus der Veräußerung der Kommanditaktien folgt hieraus, dass dieser nicht mit anderen Einkunftsarten ausgeglichen und nicht nach § 10d abgezogen werden darf und darüber hinaus auch im Rahmen der Einkünfte aus Kapitalvermögen lediglich ein Ausgleich mit Gewinnen aus Aktienverkäufen im selben Veranlagungszeitraum oder in zukünftigen Veranlagungszeiträumen möglich ist.

cc) Veräußerung von Anteilen i. S. d. § 17 EStG. Der Gewinn aus der Veräußerung von Kommanditaktien gehört gemäß § 17 EStG zu den Einkünften aus Gewerbebetrieb, wenn der Aktionär innerhalb der letzten fünf Jahre zu mindestens 1 % am Grundkapital der KGaA beteiligt war. Für die Prüfung der 1%-igen Beteiligungsgrenze im Rahmen des § 17 Abs. 1 S. 1 EStG ist **nur auf die Höhe der Beteiligung am Grundkapital** der KGaA abzustellen; eine zusätzlich geleistete Sondereinlage i. S. d. § 281 Abs. 2 AktG ist in diesem Zusammenhang unbeachtlich.

Der **Veräußerungsgewinn** berechnet sich gemäß § 17 Abs. 2 S. 1 EStG als Differenz zwischen **Veräußerungspreis** nach Abzug der **Veräußerungskosten** einerseits und den **Anschaffungskosten** der Kommanditaktien andererseits. Nach den Regelungen des Teileinkünfteverfahrens unterliegt dieser Veräußerungsgewinn im Ergebnis nach den §§ 3 Nr. 40 Buchst. c, 3c Abs. 2 EStG nur noch zu 60 % der Einkommensbesteuerung. Werden Anteile an der KGaA veräußert, die zuvor durch den Gesellschafter in sein Privatvermögen überführt wurden, so tritt der Teilwert dieser Anteile nur dann an die Stelle der Anschaffungskosten, wenn durch die Entnahme die stillen Reserven tatsächlich aufgedeckt und bis zur Höhe des Teilwertes steuerlich erfasst sind oder werden könnten.[189]

Vom Veräußerungsgewinn ist nach § 17 Abs. 3 EStG ein **Freibetrag** i. H. v. Euro 9.060,00 abzuziehen. Allerdings ermäßigt sich dieser Freibetrag um den Betrag, um den der Veräußerungsgewinn Euro 36.100,00 übersteigt, so dass er bereits bei einem Veräußerungsgewinn von Euro 45.160,00 wegfällt.[190]

143

144

145

146

---

[186] Zzgl. Solidaritätszuschlag von 5,5 % und ggf. Kirchensteuer.
[187] Vgl. ausführlich zu dieser Thematik: *Dinkelbach* DB 2009, 870 ff.; *Buge* in HHR § 20 EStG Rn. 618; *Schlotter* in Littmann/Bitz/Pust EStG § 20 Rn. 1502, 1510; *von Beckerath* in Kirchhof EStG § 20 Rn. 175 f.; *Weber-Grellet* in Schmidt L. EStG § 20 Rn. 188.
[188] Kritisch zu dieser Beschränkung: *Ratschow* in Blümich EStG § 20 Rn. 469, 26; *Buge* in HHR § 20 EStG Rn. 620 m. w. N.
[189] BFH v. 13.4.2010 IX R 22/09, BStBl II 2010, 790; *Jachmann* jurisPR-SteuerR 35/10 Anm. 3.
[190] Vgl. *Weber-Grellet* in Schmidt L. EStG § 17 Rn. 192 ff.; *Wellisch/Kroschel* S. 307.

147 **Veräußerungsverluste** sind im Rahmen des § 17 EStG bei entgeltlichem Erwerb grundsätzlich nur dann zu berücksichtigen, wenn die Kommanditaktien innerhalb der gesamten letzten fünf Jahre Teil einer relevanten Beteiligung i. S. d. § 17 EStG waren.[191] Für **unentgeltlich erworbene** Kommanditaktien ist ein Veräußerungsverlust nur dann berücksichtigungsfähig, wenn der (oder einer der) Rechtsvorgänger den Veräußerungsverlust hätte geltend machen können.[192] Wegen des Teileinkünfteverfahrens können nach § 17 EStG berücksichtigungsfähige Verluste aus der Veräußerung von Kommanditaktien im Ergebnis nur bis zu 60% andere positive Einkünfte des Steuerpflichtigen mindern.

148 **dd) Veräußerung von Kommanditaktien in einem Betriebsvermögen.** Hält eine **natürliche Person** die Kommanditaktien in einem **Betriebsvermögen**, so sind Veräußerungsgewinne und -verluste nach den allgemeinen Grundsätzen zu erfassen. Auch in diesem Fall greift gemäß § 3 Nr. 40 Buchst. a, § 3c Abs. 2 EStG grundsätzlich das sog. Teileinkünfteverfahren.

149 Ist der Kommanditaktionär eine **Kapitalgesellschaft**, so bleibt der Gewinn aus der Veräußerung der Kommanditaktien vorbehaltlich § 8b Abs. 7 und Abs. 8 KStG gemäß § 8b Abs. 2 KStG grundsätzlich bei der Ermittlung des zu versteuernden Einkommens außer Ansatz. Allerdings gelten gemäß § 8b Abs. 3 KStG 5% des Gewinns als nicht abziehbare Betriebsausgaben, so dass im Ergebnis der Gewinn aus der Veräußerung der Kommanditaktien zu 95% von der Körperschaftsteuer befreit ist.[193] Ein Veräußerungsverlust wirkt sich gemäß § 8b Abs. 3 S. 2 KStG ebenfalls nicht auf die Höhe des zu versteuernden Einkommens aus, d. h. mindert dieses nicht.

150 **b) Veräußerung des phG-Anteils.** Zwar ist der phG nicht Mitunternehmer, doch erfasst § 16 Abs. 1 S. 1 Nr. 3 EStG die **Veräußerung des gesamten Anteils** eines phG einer KGaA als Einkünfte aus Gewerbebetrieb. Mit dieser Norm wird die Gleichstellung des phG mit einem Mitunternehmer konsequent fortgeführt. Daher sind im Rahmen des § 16 Abs. 1 S. 1 Nr. 3 die für die Veräußerung von Mitunternehmeranteilen geltenden Grundsätze sinngemäß anzuwenden.[194] Der Anteil des phG im Rahmen des § 16 EStG besteht in seiner **Beteiligung an der KGaA**, die insbesondere den **Gewinnanspruch**, die **Beteiligung am Liquidationserlös** und eventuelle **Entnahmebefugnisse** umfasst.[195] Ist der phG mit einer **Sondereinlage** i. S. d. § 281 Abs. 2 AktG an der KGaA beteiligt, so gehört auch diese zu seinem Anteil i. S. d. § 16 EStG.[196]

151 Wird **Sonderbetriebsvermögen** zusammen mit dem Anteil als phG veräußert, so liegt insgesamt eine tarifbegünstigte Veräußerung i. S. d. § 16 Abs. 1 S. 1 Nr. 3

---

[191] Vgl. *Rapp* in Littmann/Bitz/Pust EStG § 17 Rn. 322; *Weber-Grellet* in Schmidt L. EStG § 17 Rn. 199; *Dötsch/Pung* BB 1999, 1352, 1356; *Felix/Strahl* BB 1996, 1582, 1584.

[192] Vgl. *Weber-Grellet* in Schmidt L. EStG § 17 Rn. 198; *Herzig/Förster* DB 1999, 711, 717; *Dötsch/Pung* BB 1999, 1352, 1355; *Mack* GmbHR 1999, 1221, 1228.

[193] Nach dem Diskussionsentwurf des Investmentsteuerreformgesetzes aus Juli 2012 soll für die Steuerfreiheit von Veräußerungsgewinnen für Veräußerungen ab dem 1.1.2018 ebenfalls eine Mindestbeteiligungsquote von 10% gelten.

[194] Vgl. *Reiß* in Kirchhof § 16 Rn. 188; *Wacker* in Schmidt L. EStG § 16 Rn. 570 f.

[195] Vgl. *Reiß* in Kirchhof § 16 Rn. 189; *Schallmoser* in Blümich EStG § 16 Rn. 441; *Rapp* in Littmann/Bitz/Pust EStG § 16 Rn. 62a.

[196] *Frankenheim* S. 155.

C. Aperiodische Besteuerungsvorgänge

EStG vor.[197] Wird bei Veräußerung des phG-Anteils Sonderbetriebsvermögen zurückbehalten, das als **wesentliche Betriebsgrundlage** zu beurteilen ist, so liegt keine begünstigte Veräußerung i.S.d. § 16 Abs. 1 S. 1 Nr. 3 EStG vor, vielmehr ist der Veräußerungsgewinn als laufender Gewinn zu beurteilen. Nicht zum Sonderbetriebsvermögen des phG gehören vom phG gehaltene **Kommanditaktien**.[198] Deren Veräußerung wird steuerrechtlich nach den Regelungen zur Veräußerung von Kapitalgesellschaftsbeteiligungen erfasst.[199]

Sofern der phG das 55. Lebensjahr vollendet hat oder dauernd berufsunfähig im sozialversicherungsrechtlichen Sinne ist, so wird der Gewinn aus der Veräußerung des Anteils als phG auf Antrag des phG zur Einkommensteuer nur dann herangezogen, soweit er Euro 45.000,00 übersteigt. Der **Freibetrag** i.S.d. § 16 Abs. 4 EStG ist dem phG nur einmal im Leben zu gewähren. Nach § 16 Abs. 4 S. 3 EStG ermäßigt sich der Freibetrag um den Betrag, um den der Veräußerungsgewinn Euro 136.000,00 übersteigt, so dass er bei einem Veräußerungsgewinn von Euro 181.000,00 ganz wegfällt. 152

§ 16 EStG eröffnet den Anwendungsbereich des § 34 EStG, so dass die **Tarifbegünstigung** für außerordentliche Einkünfte zur Anwendung gelangt. Nach § 34 Abs. 1 EStG gelangt von Amts wegen die sog. Fünftelungsregelung zur Anwendung, mit der der Progressionsschub, der sich aus der zusammengeballten Auflösung der stillen Reserven ergibt, abgemildert werden soll.[200] Auf Antrag des Steuerpflichtigen wird der Veräußerungsgewinn i.S.d. § 16 EStG, der den Betrag von insgesamt Euro 5 Mio. nicht übersteigt, mit 56% des durchschnittlichen Steuersatzes versteuert, der sich ergäbe, wenn die tarifliche Einkommensteuer nach dem gesamten zu versteuernden Einkommen zuzüglich der dem Progressionsvorbehalt unterliegenden Einkünfte zu bemessen wäre, mindestens jedoch mit 14%. Allerdings ist gemäß § 34 Abs. 3 S. 2 EStG mindestens der Eingangssteuersatz anzusetzen. Voraussetzung für den Antrag nach § 34 Abs. 3 EStG ist, dass der phG das 55. Lebensjahr vollendet hat oder dauernd berufsunfähig im sozialversicherungsrechtlichen Sinne ist. Des Weiteren kann der verminderte durchschnittliche Steuersatz nur einmal im Leben in Anspruch genommen werden (§ 34 Abs. 3 S. 4 EStG).[201] 153

Wird lediglich ein **Teil des Anteils** als phG übertragen, so ist gemäß § 16 Abs. 1 S. 2 EStG der Veräußerungsgewinn als laufender Gewinn zu qualifizieren, so dass weder die Freibetragsregelung des § 16 Abs. 4 EStG noch die Tarifbegünstigung nach § 34 EStG zur Anwendung kommen. 154

2. Gewerbesteuer

Gewinne aus der Veräußerung des phG-Anteils i.S.d. § 16 Abs. 1 S. 1 Nr. 3, Abs. 3 EStG gehören nach § 7 S. 2 GewStG grundsätzlich zum Gewerbeertrag i.S.d. § 7 GewStG, soweit der phG nicht eine natürliche Person und unmittelbar 155

---

[197] Vgl. *Reiß* in Kirchhof § 16 Rn. 190; *Rapp* in Littmann/Bitz/Pust EStG § 16 Rn. 62a; *Wacker* in Schmidt L. EStG § 16 Rn. 571; *Frankenheim* S. 157.
[198] Vgl. dazu oben unter § 9 Rn. 109.
[199] Vgl. hierzu vorstehend zur Veräußerung von Kommanditaktien.
[200] Vgl. zu Einzelheiten *Wacker* in Schmidt L. EStG § 34 Rn. 1, 55 ff.; *Lindberg* in Blümich EStG § 34 Rn. 4 ff.; *Hagen/Schynol* DB 2001, 397 ff.; *Herzig/Förster* DB 1999, 711 ff.
[201] Für Einzelheiten vgl. *Mellinghoff* in Kirchhof § 34 Rn. 49; *Wacker* in Schmidt L. EStG § 16 Rn. 581; *Hagen/Schynol* DB 2001, 397 ff.

an der KGaA beteiligt ist.[202] Gewerbesteuerfrei ist daher nur die Veräußerung des gesamten phG-Anteils durch eine unmittelbar beteiligte **natürliche Person**. Wird lediglich ein Teil des phG-Anteils übertragen, hat die Umqualifizierung des Veräußerungsgewinnes in laufenden Gewinn nach § 16 Abs. 1 S. 2 EStG auch auf die Gewerbeertragsteuer Auswirkung. Soweit auf Seiten des Veräußerers und des Erwerbers dieselben Personen Unternehmer oder Mitunternehmer sind, ist der Veräußerungsgewinn gemäß § 16 Abs. 2 S. 3 EStG als laufender Gewinn zu qualifizieren und unterliegt insoweit ebenfalls der Gewerbesteuer.[203] Bedeutung kann dieser Fall erlangen, wenn eine oder mehrere natürliche Personen phG sind und diese den phG-Anteil an eine Mitunternehmerschaft veräußern, an der sie beteiligt sind.

156   Veräußert eine **Kapitalgesellschaft** oder **Mitunternehmerschaft** ihren Anteil an der KGaA oder gibt diesen auf, so gehört der daraus resultierende Gewinn nach dem Wortlaut des § 7 S. 2 Nr. 3 GewStG zum Gewerbeertrag der KGaA.

157   Anzumerken ist, dass die Erfassung der Veräußerung oder Aufgabe des Anteils als phG in § 7 S. 2 Nr. 3 GewStG verfehlt ist. Der phG begründet mit seiner Stellung keinen stehenden Gewerbebetrieb und unterliegt daher auch nicht der Gewerbesteuer. Des Weiteren ist er auch nicht Mitunternehmer der KGaA, sondern wird lediglich im Rahmen des § 15 Abs. 1 S. 1 Nr. 3 EStG fiktiv wie ein Mitunternehmer behandelt. Gewerbesteuersubjekt ist ausschließlich die KGaA, so dass auch für gewerbesteuerrechtliche Zwecke zwischen KGaA und phG keine Mitunternehmerschaft besteht. Insoweit geht die gesetzliche Regelung des § 7 S. 2 Nr. 3 GewStG an der Sache vorbei.

158   Der Gewinn aus der Veräußerung von im **Privatvermögen** einer **natürlichen Person** gehaltenen **Kommanditaktien** unterliegt nicht der Gewerbeertragsbesteuerung. Wird demgegenüber die Beteiligung am Grundkapital der KGaA im **Betriebsvermögen** eines Einzelunternehmers, einer Mitunternehmerschaft oder einer Kapitalgesellschaft gehalten, so wirkt sich ein daraus resultierender Gewinn bzw. Verlust grundsätzlich auch auf den Gewerbeertrag aus. Es ist zu differenzieren, wer die Kommanditaktien im Betriebsvermögen hält: Werden die Kommanditaktien im Betriebsvermögen eines **Einzelunternehmers** gehalten, bleibt auch für gewerbesteuerrechtliche Zwecke der Gewinn bzw. Verlust aus der Veräußerung der Kommanditaktien grundsätzlich gemäß § 3 Nr. 40 S. 2 i. V. m. § 3c Abs. 2 EStG zu 40% außer Ansatz, da die Ermittlung des Gewerbeertrags an die einkommensteuerrechtlichen Vorschriften anknüpft. Handelt es sich beim Kommanditisten um eine **Kapitalgesellschaft**, so so bleiben im Ergebnis 95% des Veräußerungsgewinns über § 8b Abs. 2, Abs. 3 KStG gewerbesteuerfrei.[204] Korrespondierend dazu ist ein Veräußerungsverlust gemäß § 8b Abs. 3 S. 3 KStG für gewerbesteuerrechtliche Zwecke nicht zu berücksichtigen. Hält eine **Mitunternehmerschaft** die Kommanditaktien im Betriebsvermögen sind gem. § 7 S. 4 GewStG die §§ 3 Nr. 40, 3c Abs. 2 EStG anzuwenden, soweit an der Mitunternehmerschaft natürliche Personen unmittelbar oder mittelbar über eine oder mehrere Personengesellschaften beteiligt sind; im Übrigen ist § 8b KStG anzuwenden. Daher sind hinsichtlich der Veräußerung die oben für natürliche Personen bzw.

---

[202] Vgl. *Behrendt/Gaffron/Krohn* DB 2011, 1072 ff.; *Drüen* in Blümich GewStG § 7 Rn. 1.
[203] Vgl. FinVerw A 39 Abs. 1 Nr. 1 GewStR.
[204] Zu den Plänen einer Mindestbeteiligung von 10% vgl. Diskussionsentwurf des Investmentsteuerreformgesetzes.

Kapitalgesellschaften beschriebenen Rechtsfolgen auf die jeweiligen Ergebnisanteile anzuwenden.

II. Ausscheiden des phGs

Scheidet ein phG gegen **Abfindung aus dem Gesellschaftsvermögen** der KGaA aus, ist dieser Vorgang als **Aufgabe** seines Anteils i. S. d. § 16 Abs. 1 Nr. 3 i. V. m. Abs. 3 S. 1 EStG zu werten. Wird die **Abfindung** für das Ausscheiden hingegen von dem oder den **verbleibenden Gesellschaftern** getragen und führen dieser bzw. diese den Kapitalanteil des Ausscheidenden fort, liegt ein **Veräußerungsvorgang** nach § 16 Abs. 1 Nr. 3 EStG vor.[205] Der phG kann unter den weiteren Voraussetzungen des § 16 Abs. 4 EStG und § 34 EStG in beiden Fällen ggf. in den Genuss des Freibetrages und der Tarifermäßigung kommen.[206] 159

III. Liquidation der KGaA

1. Einkommen- und Körperschaftsteuer

Für die im Rahmen der **Liquidation** der KGaA auftretenden Steuerfolgen ist wiederum zwischen den Besteuerungsebenen der KGaA, der phG und der Kommanditaktionäre zu differenzieren: 160

Wird die **KGaA** nach ihrer Auflösung abgewickelt, so ist für **Körperschaftsteuerzwecke** gemäß § 11 Abs. 1 KStG der im **Abwicklungszeitraum** erzielte Gewinn der Körperschaftsteuer zu unterwerfen. Nach § 11 Abs. 1 S. 2 KStG soll der Abwicklungszeitraum (Besteuerungszeitraum) drei Jahre nicht übersteigen. Durch § 11 Abs. 1 KStG wird sichergestellt, dass bislang nicht versteuerte stille Reserven im letzten Besteuerungszeitraum vor Wegfall der Steuerpflicht von der Körperschaftsteuer erfasst werden.[207] Wie bei der laufenden Gewinnermittlung erfolgt im Fall der Liquidation die Ermittlung des Abwicklungsgewinns durch Vermögensvergleich, konkret durch Vergleich des **Abwicklungsanfangsvermögens** mit dem **Abwicklungsendvermögen** gemäß § 11 Abs. 2 KStG. Diese beiden Größen sind jedoch vor ihrer Gegenüberstellung gegebenenfalls nach § 11 Abs. 3 bzw. Abs. 4 KStG zu berichtigen. Darüber hinaus sind nach § 11 Abs. 6 KStG die allgemeinen Gewinnermittlungsvorschriften insoweit anzuwenden, als § 11 Abs. 1 bis 5 KStG keine abweichenden Grundsätze enthält.[208] 161

Hinsichtlich der dem **phG** im Abwicklungszeitraum zuzurechnenden Gewinnanteile ist m. E. danach zu differenzieren, ob die Abwicklung der KGaA in einer Form geschieht, die bei entsprechender Betrachtung die Tatbestandsmerkmale der 162

---

[205] Vgl. *Reiß* in Kirchhof § 16 Rn. 148, 191.
[206] Vgl. hierzu die Anmerkungen oben unter § 9 Rn. 152 f.
[207] Vgl. *Hofmeister* in Blümich KStG § 11 Rn. 7; *Wacht* in Ernst & Young KStG § 11 Rn. 1.
[208] Vgl. zu Einzelheiten hinsichtlich der Ermittlung des Abwicklungsgewinns z. B. *Hofmeister* in Blümich KStG § 11 Rn. 45 ff.; *Wacht* in Ernst &Young KStG § 11 Rn. 44 ff.

Betriebsaufgabe i. S. d. § 16 Abs. 3 EStG erfüllt.[209] Ist dies der Fall ist auch der dem phG zuzurechnende Gewinnanteil als **Aufgabegewinn** i. S. d. § 16 Abs. 1 Nr. 3 i. V. m. Abs. 3 S. 1 EStG zu qualifizieren und der phG kann unter den weiteren Voraussetzungen des § 16 Abs. 4 EStG und § 34 EStG den **Freibetrag** und die **Tarifermäßigung** geltend machen.[210] Wird die KGaA dagegen über einen längeren Zeitraum allmählich abgewickelt, liegt ein laufender Gewinn i. R. d. § 15 Abs. 1 Nr. 3 EStG vor, der nicht nach den §§ 16, 34 EStG begünstigt ist.

163   Auf **Ebene des Kommanditaktionärs**, der seine Beteiligung im **Privatvermögen** hält und nicht relevant i. S. d. § 17 EStG beteiligt ist, sind Zuflüsse aus der Auskehrung des Vermögens der KGaA als Einkünfte aus Kapitalvermögen gemäß § 20 Abs. 1 Nr. 2 EStG zu erfassen. Eine Besteuerung erfolgt allerdings nicht, wenn die ausgekehrten Liquidationsraten aus Nennkapital der KGaA bestehen oder soweit für die Auskehrung Beträge aus dem steuerrechtlichen Einlagekonto i. S. d. § 27 KStG als verwendet gelten. Soweit das ausgekehrte Vermögen zu Einkünften aus Kapitalvermögen nach § 20 Abs. 1 Nr. 2 EStG führt, kommt die Abgeltungsteuer mit dem besonderen Steuersatz von 25 % gemäß § 32d Abs. 1 EStG zur Anwendung.

164   Sind die Kommanditaktien als **Anteile i. S. d. § 17 EStG** zu qualifizieren, so wird nach § 17 Abs. 4 EStG die Auflösung der KGaA einer **Anteilsveräußerung** gleichgestellt, soweit die Auskehrung des Vermögens der KGaA bei den Kommanditaktionären nicht zu Einnahmen aus Kapitalvermögen i. S. d. § 20 Abs. 1 Nr. 1 oder Nr. 2 EStG führt. Somit ist das ausgekehrte Vermögen der KGaA aufzuteilen in eine Kapitalrückzahlung im engeren Sinne und in die Auskehrung thesaurierter Gewinnrücklagen.[211] Die Kapitalrückzahlung umfasst das Nennkapital und die Beträge der Auskehrung, die aus dem steuerrechtlichen Einlagekonto i. S. d. § 27 Abs. 1 KStG als verwendet gelten, und ist als Anteilsveräußerung zu werten. Der Auflösungsverlust entsteht grundsätzlich sobald nach den Grundsätzen ordnungsgemäßer Buchführung der Gewinn realisiert wäre, was i. d. R. der Zeitpunkt ist, zu dem gesellschaftsrechtlich der Anspruch auf Auszahlung des Abwicklungsguthabens entsteht.[212] Soweit die Auskehrung als Kapitalrückzahlung im engeren Sinne zu beurteilen ist, unterliegt ein daraus resultierender Gewinn beim Anteilseigner der Besteuerung nach dem Teileinkünfteverfahren gemäß § 3 Nr. 40 Buchst. c i. V. m. § 3c Abs. 2 EStG. Die Auskehrung thesaurierter Gewinne wird hingegen nicht als Veräußerung i. S. d. § 17 EStG gewertet, sondern führt zu Einkünften aus Kapitalvermögen nach § 20 Abs. 1 Nr. 2 EStG.[213] Diese unterliegen den Regelungen zur Abgeltungsteuer, womit grundsätzlich der besondere Steuersatz des § 32d

---

[209] Also insbesondere alle wesentlichen Betriebsgrundlagen innerhalb eines kurzen Zeitraums veräußert werden und das Unternehmen der KGaA als selbständiger Organismus zu bestehen aufhört, vgl. FinVerw R 139 Abs. 2 EStR und H 139 Abs. 2 EStH m. w. N. der Rechtsprechung.
[210] Vgl. hierzu oben unter § 9 Rn. 152 f.
[211] Vgl. *Eisgruber* DStR 2000, 1493 ff.; *Weber-Grellet* in Schmidt L. EStG § 17 Rn. 235.
[212] *Weber-Grellet* in Schmidt L. EStG § 17 Rn. 223; BFH v. 3.6.1993 VIII R 23/92, BFH/NV 1994, 459; ausführlich; OFD Frankfurt am Main v. 28.1.2003 S 2244 A-21-St II 24, GmbHR 2003, 610.
[213] Nach *Jünger* BB 2001, 69 ff., ist eine Aufteilung in Kapitalrückzahlung im engeren Sinne und Auskehrung thesaurierter Gewinne nach Wegfall des Anrechnungsverfahrens nicht mehr erforderlich. Vielmehr sollte die gesamte Auskehrung als Veräußerungsgewinn nach § 17 EStG besteuert werden.

Engel

Abs. 1 EStG von 25 % zur Anwendung kommt. Bei Erfüllen der Voraussetzungen des § 32d Abs. 2 Nr. 3 EStG[214] kann auf Antrag auch für diese Einkünfte das Teileinkünfteverfahren zur Anwendung kommen.[215]

Werden die Kommanditaktien durch eine natürliche Person im Betriebsvermögen gehalten, so unterliegt der Gewinn, der auf die Auskehrung von Nennkapital und Einlagekonto entfällt, dem Teileinkünfteverfahren nach § 3 Nr. 40 Buchst. a, § 3c Abs. 2 EStG. Soweit es sich um ausgekehrte thesaurierte Gewinne handelt kommt ebenfalls das Teileinkünfteverfahren nach § 3 Nr. 40 Buchst. e, § 3c Abs. 2 EStG zur Anwendung. 165

Ist der Kommanditaktionär selbst eine **Kapitalgesellschaft**, so bleibt der Abwicklungsgewinn gemäß § 8b Abs. 2 KStG grundsätzlich[216] bei der Ermittlung des zu versteuernden Einkommens außer Ansatz.[217] Allerdings gelten gem. § 8b Abs. 3 KStG 5 % des Gewinns als nicht abzugsfähige Betriebsausgaben, so dass die Steuerbefreiung im Ergebnis lediglich 95 % beträgt. Dies gilt sowohl für körperschaft- als auch für gewerbesteuerliche Zwecke. 166

2. Gewerbesteuer

Die Gewerbesteuerpflicht der KGaA endet nicht mit Einstellung der gewerblichen Tätigkeit, sondern erst mit **Verteilung des Abwicklungsendvermögens** an die Gesellschafter.[218] 167

Werden Kommanditaktien in einem Betriebsvermögen gehalten und sind die darauf entfallenden Liquidationsraten höher als der Buchwert der Beteiligung, so unterliegt der Liquidationsgewinn als laufender Gewinn im Gewerbebetrieb des Kommanditaktionärs der Gewerbesteuer. 168

IV. Erbfall und Schenkung

Das Erbschaft- und Schenkungsteuerrecht unterscheidet insbesondere im Bereich der Bewertung des steuerpflichtigen Erwerbs danach, welche **Art von Vermögen** (Betriebs- oder Privatvermögen, Grundbesitz, Wertpapiere etc.) übergeht. **Betriebsvermögen** erfährt, neben den regelmäßig günstigeren Bewertungsmethoden, mit den §§ 13a, 19a ErbStG eine bevorzugte Behandlung. Bei der Vererbung bzw. Schenkung von KGaA-Anteilen ist wegen der unterschiedlichen Beurteilung von mitunternehmerischen Beteiligungen (phG) und Kapitalgesellschaftsanteilen (Kommanditaktionäre) in erbschaft- bzw. schenkungsteuerrechtlicher Hinsicht zu differenzieren. 169

---

[214] Insbesondere Beteiligung von mindestens 25 % oder Beteiligung von 1 % und berufliche Tätigkeit für die KGaA.
[215] Vgl. auch *Moritz* DStR 2014, 1636 ff. und 1703 ff.
[216] Vorbehaltlich einer Anwendung des § 8b Abs. 7 oder Abs. 8 KStG.
[217] Vgl. *Frotscher* in Frotscher/Maas KStG/GewStG/UmwStG § 8b KStG Rn. 196; zu einer Mindestbeteiligungsquote von 10 % vgl. Diskussionsentwurf des Investmentsteuerreformgesetzes.
[218] Vgl. FinVerw R 2.6 Abs. 2 GewStR; *Frankenheim* S. 111.

1. Kommanditaktionäre

170   Werden **Kommanditaktien** vererbt oder sind sie Gegenstand einer Schenkung, so ist zur Ermittlung des **steuerpflichtigen Erwerbs** gemäß § 12 Abs. 1, 2 ErbStG i. V. m. § 11 Abs. 1 und 2 BewG der **gemeine Wert** anzusetzen. Nach § 11 Abs. 1 BewG ist für eine **börsennotierte KGaA** der niedrigste **Kurswert** am Tag des Erwerbs maßgebend.[219] Handelt es sich bei der KGaA um eine **nicht börsennotierte** Gesellschaft, so ist der gemeine Wert der Kommanditaktien gemäß § 11 Abs. 2 S. 2 BewG zu ermitteln, sofern er sich nicht aus **Verkäufen** ableiten lässt, die weniger als 1 Jahr zurückliegen.[220]

171   Die Kommanditaktien unterliegen nur dann den Begünstigungen der §§ 13a, 19a ErbStG, wenn sie eine **unmittelbare Beteiligung** an der KGaA vermitteln, die **mehr als 25 %** beträgt.[221]

2. PhG

172   Der Anteil des **phG** an der KGaA wird erbschaft- bzw. schenkungsteuerrechtlich nach den für Personengesellschaften geltenden Grundsätzen bewertet.[222] Damit kommen die Grundsätz zur Bewertung von Betriebsvermögen zur Anwendung. Dies gilt auch für das **Sonderbetriebsvermögen** des phG. Zwar verweist § 97 Abs. 1 Nr. 5 BewG lediglich auf § 15 Abs. 1 Nr. 2 EStG und nicht auf § 15 Abs. 1 Nr. 3 EStG, doch nach Auffassung des BFH wird der phG einer KGaA mit seinen Gewinnanteilen und Sondervergütungen wie ein Mitunternehmer besteuert.[223] Nicht zum Sonderbetriebsvermögen des phG gehören von ihm gehaltene Kommanditaktien.[224]

173   Vor dem Hintergrund der steuerrechtlichen Gleichstellung mit der Besteuerung von Mitunternehmern qualifiziert § 13b Abs. 1 Nr. 2 ErbStG den Anteil eines persönlich haftenden Gesellschafters einer KGaA unabhängig von der Beteiligungshöhe als Betriebsvermögen i. S. d. ErbStG. Damit können bei Vererbung oder Schenkung des phG-Anteils die Begünstigungen der §§ 13a, 19a ErbStG in Anspruch genommen werden, wenn die weiteren Voraussetzungen der Normen erfüllt sind.[225]

---

[219] Allerdings bestimmt § 11 Abs. 3 BewG unter besonderen Umständen den Ansatz eines höheren gemeinen Wertes; vgl. hierzu *Meincke* in Meincke ErbStG § 12 Rn. 27.

[220] Vgl. *Jülicher* in Troll/Gebel/Jülicher ErbStG § 12 Rn. 287 ff.; zu Einzelheiten der Bewertung von Anteilen an Kapitalgesellschaften wird auf die einschlägige Literatur verwiesen.

[221] Vgl. *Jülicher* in Troll/Gebel/Jülicher ErbStG § 13b Rn. 216 ff., § 19a Rn. 3 ff.; *Riedel* in Daragan/Halaczinsky/Riedel Praxiskommentar ErbStG und BewG § 13b ErbStG Rn. 92 ff. 101 ff.; *Schaumburg/Schulte* Rn. 145; *Crezelius* DB 1997, 1584, 1587 f.

[222] Vgl. *Eisele* in Rössler/Troll BewG § 97 Rn. 6.

[223] Vgl. BFH v. 21.6.1989 X R 14/88, BStBl. II 1998, 881.

[224] Vgl. BFH v. 21.6.1989 X R 14/88, BStBl. II 1998, 881.

[225] Vgl. zu den Voraussetzungen der Inanspruchnahme der Betriebsvermögensbegünstigungen die einschlägige Kommentarliteratur zu §§ 13a, 19a ErbStG.

D. Internationales Steuerrecht

Die hybride Rechtsstruktur der KGaA führt auch im internationalen steuerrechtlichen Kontext zu Besonderheiten. Zum einen ist zu unterscheiden, ob die Regelungen des **Außensteuergesetzes** für die KGaA als unbeschränkt steuerpflichtige Kapitalgesellschaft anzuwenden sind oder ob für den phG auch im außensteuerrechtlichen Kontext die Fiktion der Mitunternehmerbesteuerung greift. Zum anderen ergeben sich aus der Hybridität insbesondere im Rahmen der **Doppelbesteuerungsabkommen** Probleme, da die Rechtsform der KGaA im Ausland weitgehend unbekannt ist und es somit regelmäßig zu Qualifikationskonflikten kommen kann.[226]

174

I. Außensteuerrecht

1. Hinzurechnungsbesteuerung

Sind unbeschränkt Steuerpflichtige an einer Körperschaft, Personenvereinigung oder Vermögensmasse i.S.d. KStG, die weder Geschäftsleitung noch Sitz im Inland hat und die nicht gemäß § 3 Abs. 1 KStG von der Körperschaftsteuerpflicht ausgenommen ist (ausländische Gesellschaft), zu mehr als der Hälfte beteiligt, sind nach § 7 Abs. 1 AStG die Einkünfte, für die die ausländische Gesellschaft **Zwischengesellschaft** ist, bei dem unbeschränkt Steuerpflichtigen mit dem Teil steuerpflichtig, der auf die ihm zuzurechnende Beteiligung am Nennkapital der Gesellschaft entfällt.[227] Eine mehr als hälftige Beteiligung wird gemäß § 7 Abs. 2 AStG dann angenommen, wenn dem unbeschränkt Steuerpflichtigen allein oder zusammen mit Personen i.S.d. § 2 AStG am Ende des Wirtschaftsjahres der Gesellschaft, in dem er die Einkünfte bezogen hat, mehr als 50 vom Hundert der Anteile oder Stimmrechte an der ausländischen Gesellschaft zuzurechnen sind.[228] Bei Beteiligung einer KGaA an einer ausländischen Gesellschaft ist zur Ermittlung der Beteiligungshöhe i.S.d. § 7 Abs. 1 AStG wegen der hybriden Rechtsform der KGaA zu differenzieren: In Bezug auf das **Grundkapital** der KGaA ist unmittelbar auf die eigene unbeschränkte Steuerpflicht der KGaA i.S.d. § 1 Abs. 1 KStG abzustellen.[229] Sind **phG** an der KGaA mit einer **Sondereinlage** beteiligt, so soll nach den Personengesellschaftsregeln auf die Steuerpflicht der phG bzw. im Fall

175

---

[226] Vgl. *Schaumburg/Schulte* Rn. 161 ff.; *Zehnpfennig* in Beck'sches HdbAG § 16 Rn. 112; *Wassermeyer* in Wassermeyer DBA Art. 7 OECD-MA Rn. 143.

[227] Für Zwischengesellschaften, die Einkünfte mit Kapitalanlagecharakter i.S.d. § 7 Abs. 6a AStG erzielen, gelten gemäß § 7 Abs. 6 AStG Sonderregelungen. Danach kann eine Hinzurechnung der Einkünfte mit Kapitalanlagecharakter schon bei einer Beteiligung von mindestens 1% erfolgen bzw. bei ausschließlichem Vorliegen von Einküften mit Kapitalanlagecharakter auch bei einer Beteiligung von weniger als 1%; vgl. hierzu z.B. *Vogt* in Blümich AStG § 7 Rn. 51 ff.; *Protzen* in Kraft AStG § 7 Rn. 270 ff.

[228] Zur Ermittlung der Beteiligungsquote vgl. *Protzen* in Kraft AStG § 7 Rn. 190 ff.; *Vogt* in Blümich AStG § 7 Rn. 27 ff.

[229] Vgl. *Schaumburg/Schulte* Rn. 163.

einer Komplementär-Personengesellschaft auf die dahinterstehenden Gesellschafter abzustellen sein.[230]

2. Wegzugsbesteuerung

176   Verzieht eine natürliche Person, die **phG** einer KGaA ist und die Voraussetzungen des § 2 Abs. 1 AStG erfüllt[231], in ein Gebiet, in dem sie mit ihren Einkünften nur einer niedrigen Besteuerung i. S. d. § 2 Abs. 2 AStG unterliegt, so ist fraglich, ob die Sondereinlage wesentliche wirtschaftliche Inlandsinteressen i. S. d. § 2 Abs. 3 AStG vermittelt und somit die erweiterte beschränkte Einkommensteuerpflicht auslösen kann. Der Wortlaut des § 2 Abs. 3 Nr. 1 AStG erfasst lediglich Unternehmer und Mitunternehmer, nicht jedoch den Komplementär der KGaA, der nach der Rechtsprechung kein Mitunternehmer ist, sondern lediglich wie ein solcher behandelt wird.[232] Daher dürfte m. E. die Sondereinlage des phG keine wesentlichen wirtschaftlichen Interessen i. S. d. § 2 Abs. 3 Nr. 1 AStG begründen.[233]

177   Ein in ein niedrig besteuerndes Ausland verziehender **Kommanditaktionär** ist dann von der erweitert beschränkten Einkommensteuerpflicht i. S. d. § 2 ASG betroffen, wenn er zu mindestens 1%, also relevant i. S. d. § 17 EStG, an der KGaA beteiligt ist.[234]

II. Beschränkt steuerpflichtige phG und Kommanditaktionäre

178   PhG, die im Inland weder einen Wohnsitz (§ 8 AO) noch einen gewöhnlichen Aufenthalt (§ 9 AO) haben, erzielen mit ihren **Gewinnanteilen** aus einer KGaA mit Sitz oder Geschäftsleitung im Inland inländische gewerbliche Einkünfte gemäß § 49 Abs. 1 Nr. 2a EStG, wenn der phG im Inland eine Betriebsstätte unterhält. Das wird der Fall sein, wenn der phG die Geschäfte der KGaA im Inland führt. Übernimmt der phG lediglich die persönliche Haftung oder führt er die Geschäfte der KGaA aus dem Ausland, so ist fraglich, ob die steuerrechtliche Behandlung des

---

[230] Vgl. *Wassermeyer* in Flick/Wassermeyer/Baumhoff/Schönfeld AStG § 7 Rn. 9.1 f.; *Schaumburg/Schulte* Rn. 163.

[231] D. h. deutsche Staatsangehörigkeit und innerhalb der letzten zehn Jahre vor dem Ende der unbeschränkten Steuerpflicht mindestens fünf Jahre unbeschränkt einkommensteuerpflichtig.

[232] Die Literatur äußert sich – soweit ersichtlich – nicht zu dieser Frage; es wird lediglich ausgeführt, dass im Rahmen des § 2 Abs. 3 AStG, Einzelunternehmer und persönlich haftenden Gesellschafter einer Personengesellschaft sowie unter der Voraussetzung der Mindestbeteiligungsquote auch Kommanditisten erfasst sind; vgl. *Kraft* in Kraft AStG § 2 Rn. 75 ff.; *Weggenmann/Kaiser* in Haase AStG/DBA § 2 Rn. 94 f.; *Baßler* in Flick/Wassermeyer/Baumhoff/Schönfeld AStG § 2 Rn. 264.

[233] Dass auch fiktive Gewerbebetriebe i. S. v. § 15 Abs. 3 EStG von der Norm erfasst werden (so *Baßler* a. a. O. Rn. 262), ändert hieran m. E. nicht, denn in diesen Fällen wird kein Mitunternehmer fingiert, sondern die Tätigkeit der Personengesellschaft als gewerbliche Einkünfte (um)qualifiziert.

[234] BFH v. 17.10.1990 I R 16/89, BStBl. II 1991, 211; bejahend auch *Schaumburg* DStZ 1998, 525, 538; *Schaumburg* Rn. 177; verneinend *Debatin* RIW 1991, 335 f.; *Kramer* IStR 2010, 57 ff.; *Wassermeyer* Ubg 2011, 47 ff.; BFH v. 19.5.2010 I R 62/09, BFHE 230, 18; zum Meinungsstand *Hoppe* S. 140 ff.

phG wie ein Mitunternehmer dazu führt, dass dem phG eine (anteilige) inländische Betriebsstätte der KGaA zugerechnet wird.[235] Nach einer älteren Rechtsprechung des BFH war dies zu bejahen[236], nach der jüngeren Rechtsprechung des BFH zum Schachtelprivileg des DBA-Frankreich ist dies zumindest zweifelhaft, auch wenn der BFH sich im seinem Urteil nicht generell gegen die Wurzeltheorie ausgesprochen hat, sondern sein Ergebnis aus dem spezifischen Wortlaut des DBA ableitet.[237] Für die Praxis ist wohl weiterhin davon auszugehen, dass die KGaA dem beschränkt steuerpflichtigen phG eine (anteilige) Betriebsstätte vermittelt, so dass dieser mit seinem Gewinnanteil aus der KGaA i. S. d. § 15 Abs. 1 Nr. 3 EStG inländische Einkünfte i. S. d. § 49 Abs. 1 Nr. 2a EStG erzielt. Unbestritten ist, dass beschränkt steuerpflichtige phG mit anteiligen ausländischen Betriebsstätteneinkünften der KGaA nicht der Besteuerung in Deutschland unterliegen.[238]

Dividenden der KGaA an beschränkt steuerpflichtige **Kommanditaktionäre** 179 unterliegen als inländische Einkünfte aus Kapitalvermögen gemäß den §§ 20 Abs. 1 Nr. 1, 49 Abs. 1 Nr. 5a EStG der Besteuerung. Die KGaA ist gemäß den §§ 43 Abs. 1 S. 1 Nr. 1, 43a Abs. 1 Nr. 1 EStG i. V. m. § 44 Abs. 1 EStG zum Einbehalt von Kapitalertragsteuer verpflichtet; bei börsennotierten KGaA verlagert sich die Kapitalertragsteuereinbehaltungsverpflichtung ggf. gemäß § 44 Abs. 1 EStG i. V. m. § 43 Abs. 1 S. 1 Nr. 1a EStG auf die die Kapitalerträge auszahlende Stelle. Durch die einbehaltene Kapitalertragsteuer gilt die Steuer für den beschränkt steuerpflichtigen Kommanditaktionär gemäß § 50 Abs. 2 S. 1 EStG als abgegolten. Die deutsche Kapitalertragsteuer kann bei Erfüllung der einschlägigen Voraussetzungen durch ein anwendbares Doppelbesteuerungsabkommen oder durch die EU Mutter-Tochterrichtlinie reduziert werden.

Ob Zinsen auf Darlehen, die ein beschränkt steuerpflichtiger **phG** an die KGaA 180 ausgereicht hat, im Rahmen der beschränkten Steuerpflicht als gewerbliche Einkünfte i. S. d. § 49 Abs. 1 Nr. 2a EStG in Deutschland zu besteuern sind, hängt zunächst davon ab, ob man der Auffasung folgt, dass der phG durch seine Beteiligung an der KGaA eine (anteilige) Betriebsstätte in Deutschland begründet und ob in diesem Fall dieser Betriebsstätte dann auch die entsprechende Darlehensforderung zuzurechnen ist. Letzteres ist wohl zumindest in Fällen, in denen ein Doppelbesteuerungsabkommen anwendbar ist, in Hinblick auf die Rechtsprechung des BFH bei Personengesellschaften[239] zweifelhaft, auch wenn nach innerstaatlichem Recht, die Darlehensforderung Sonderbetriebsvermögen des phG im Rahmen des § 15 Abs. 1 Nr. 3 EStG ist. Der Gesetzgeber geht allerdings, wie sich aus § 50d Abs. 10 EStG ergibt, vom Vorliegen einer (anteiligen) Betriebsstätte des phG einer KGaA aus und ordnet zudem mit der Regelung des § 50d Abs. 10 EStG, die als sog. Treaty-Override verstanden wird, die Sondervergütungen auch im abkommensrechtli-

---

[235] Bejahend *Wied* in Blümich EStG § 49 Rn. 62; *Wassermeyer* in Wassermeyer DBA Art. 7 OECD-MA Rn. 143; wohl auch *Hageböke* IStR 2010, 59 ff.; zweifelnd *Kramer* IStR 2010, 57 ff.
[236] BFH v. 17.10.1990 I R 16/89, BStBl. II 1991, 211.
[237] BFH v. 19.5.2010 I R 62/09, BFHE 230, 18.
[238] Vgl. BFH v. 24.2.1988 I R 95/84, BStBl. II 1988, 663; *Schaumburg* Rn. 5.172; *ders.* DStZ 1998, 525, 537.
[239] BFH v. 17. 10. 07 I R 5/06, BStBl 2009, 356; BFH v. 10.8.2006 II R 59/05, BStBl II 2009, 758; BFH v. 8.9.2010 I R 74/09, BStBL. II 2014, 788; BFH v. 11.12.2013 I R 4/13, BStBl. II 2014, 791.

chen Kontext der inländischen Betriebsstätte des phG[240] und damit dem deutschen Besteuerungszugriff zu.

III. Vermeidung von Doppelbesteuerung

181 Uni- und bilaterale Maßnahmen zur **Vermeidung der Doppelbesteuerung** sind wegen der hybriden Rechtsstruktur der KGaA differenziert anzuwenden. Es ist insbesondere zu unterscheiden zwischen der **Ebene der KGaA** als Körperschaftsteuersubjekt und der **Ebene der phG**, die fiktiv als Mitunternehmer behandelt werden.

182 Die KGaA als unbeschränkt steuerpflichtige Kapitalgesellschaft kann sowohl die unilateralen als auch die bilateralen Maßnahmen zur Vermeidung der Doppelbesteuerung selbst in Anspruch nehmen. Die phG haben nach Maßgabe ihrer Beteiligung an der KGaA ebenfalls unmittelbaren Anspruch auf Vermeidung der Doppelbesteuerung. Im Fall der Ausschüttung an ausländische Kommanditaktionäre können sich diese auf bilaterale Abkommen zur Vermeidung der Doppelbesteuerung berufen.

1. Unilaterale Maßnahmen

183 Deutschland beseitigt die **Doppelbesteuerung** einseitig nicht durch eine zusammenfassende Regelung. Vielmehr sind die entsprechenden unilateralen Maßnahmen zur Vermeidung von Doppelbesteuerungen über die jeweiligen Steuergesetze verteilt. In Bezug auf die KGaA können im Wesentlichen die folgenden Regelungen einschlägig sein:

184 Sofern die KGaA **ausländische Einkünfte** i. S. d. § 34d EStG erzielt, vermeidet § 26 KStG i. V. m. § 34c EStG die Doppelbesteuerung durch **Steueranrechnung**. Danach kann die festgesetzte und gezahlte und keinem Ermäßigungsanspruch mehr unterliegende ausländische Steuer auf die Körperschaftsteuer der KGaA angerechnet werden, die auf die Einkünfte aus diesem Staat entfällt.

185 Für vermögensmäßig beteiligte **phG** ist zu differenzieren. Handelt es sich beim phG um eine **natürliche Person**, die eine **Sondereinlage** i. S. d. § 281 Abs. 2 AktG geleistet hat, so wird eine Doppelbesteuerung insbesondere durch **Steueranrechnung** gemäß § 34c EStG vermieden.[241] Für **juristische Personen** als Komplementäre der KGaA wird die Doppelbesteuerung durch **Anrechnung** der ausländischen Steuer auf die inländische Körperschaftsteuer gemäß § 26 Abs. 1 KStG vermieden.[242]

186 Die KGaA ist selbst Gewerbesteuersubjekt und ihre gewerbesteuerliche Bemessungsgrundlage enthält durch die Hinzurechnung nach § 8 Nr. 4 GewStG auch den auf den phG entfallenden Gewinnanteil. Daher wird **gewerbesteuerrecht-**

---

[240] Zur Regelung des § 50d Abs. 10 EStG vgl. *Pohl* DB 2013, 1572 ff.; *Salzmann* IWB 2013, 405 ff.; *Schmidt* DStR 2013, 1704 ff.; *Hagena/Klein* ISR 2013, 267 ff.; *Mitschke* FR 2013, 694 ff.
[241] Vgl. *Schaumburg* DStZ 1998, 525, 538; *Zehnpfennig* in Müller/Rödder § 16 Rn. 113; a. A. *Hoppe* S. 139.
[242] Vgl. *Schaumburg/Schulte* Rn. 174.

lich eine Doppelbesteuerung dadurch vermieden, dass die KGaA insgesamt das gewerbesteuerrechtliche Schachtelprivileg des § 9 Nr. 7 GewStG sowie die Kürzung für Gewinne aus ausländischen Personengesellschaften nach § 9 Nr. 2 GewStG in Anspruch nehmen kann.[243]

2. Bilaterale Maßnahmen

Gemäß § 2 AO gehen bilaterale Maßnahmen in Form von DBA den unilateralen Maßnahmen zur Vermeidung der Doppelbesteuerung in der Regel vor. Da die KGaA nach deutschem Aktienrecht als Kapitalgesellschaft qualifiziert und somit Körperschaftsteuersubjekt i.S.d. § 1 Abs. 1 S. 1 KStG ist, kann sie selbst und unmittelbar die abkommensrechtlichen Schrankenwirkungen für sich in Anspruch nehmen.[244] Die KGaA ist sowohl Person i.S.d. Art. 3 Abs. 1 Buchst. a OECD-MA als auch Gesellschaft i.S.d. Art. 3 Abs. 1 Buchst. b OECD-MA und damit abkommensberechtigt, wenn sie in einem der beiden Vertragsstaaten i.S.d. Art. 4 Abs. 1 OECD-MA ansässig ist, also in ihrem Ansässigkeitsstaat der unbeschränkten (Körperschaft-)Steuerpflicht unterliegt.[245]

187

Der phG der KGaA ist als Person i.S.d. Art. 3 Abs. 1 Buchst. a OECD-MA ebenfalls selbst abkommensberechtigt, wenn er in einem der beiden Vertragsstaaten i.S.d. Art. 4 Abs. 1 OECD-MA ansässig ist.[246] Handelt es sich beim phG wiederum selbst um eine Gesellschaft i.S.d. Art. 3 Abs. 1 Buchst. b OECD-MA, so ist der phG dann abkommensberechtigt, wenn die Gesellschaft in einem der beiden Vertragsstaaten ansässig ist.

188

Des Weiteren können Kommanditaktionäre in Bezug auf die Dividendenausschüttungen entweder als Person i.S.d. Art. 3 Abs. 1 Buchst. a OECD-MA oder als Gesellschaft i.S.d. Art. 3 Abs. 1 Buchst. b OECD-MA den abkommensrechtlichen Schutz beanspruchen.

189

Aus der Hybridität der KGaA ergibt sich im abkommensrechtlichen Kontext, dass dann, wenn die phG in anderen Staaten als die KGaA ansässig sind, diese ein DBA in Anspruch nehmen können, das die KGaA nicht in Anspruch nehmen kann, und umgekehrt, dass die KGaA ein DBA in Anspruch nehmen kann, das der phG nicht in Anspruch nehmen kann.[247]

190

Aus der Behandlung des phG als fiktiver Mitunternehmer folgt, dass aus Sicht Deutschlands sowohl die KGaA als auch der phG abkommensrechtlich **Unternehmensgewinne** i.S.v. Art. 7 OECD-MA erzielen und nicht etwa bezogen auf den phG Dividenden i.S.v. Art. 10 Abs. 3 OECD-MA angenommen werden können.[248]

191

---

[243] Vgl. *Schaumburg* DStZ 1998, 525, 538; *Schaumburg* Rn. 15.249.
[244] Vgl. *Wassermeyer* in Wassermeyer DBA Art. 7 MA Rn. 141.
[245] Vgl. BFH v. 17.10.1990 I R 16/89, BStBl. II 1991, 211; BFH v. 19.5.2010 I R 62/09, DStR 2010, 1712; *Schaumburg/Schulte* Rn. 177.
[246] Vgl. *Schaumburg* Rn. 16.228.
[247] Vgl. *Wassermeyer* in Wassermeyer DBA Art. 7 MA Rn. 143.
[248] Vgl. BFH v. 17.10.1990 I R 16/89, BStBl. II 1991, 211; *Wassermeyer* in Wassermeyer DBA Art. 7 MA Rn. 143; *Schaumburg/Schulte* Rn. 177; *ders.* DStZ 1998, 525, 538; a.A. *Debatin* RIW 1991, 355 f., der die KGaA insgesamt als Kapitalgesellschaft qualifiziert und somit zu dem Schluss kommt, dass lediglich die KGaA Unternehmensgewinne i.S.v. Art. 7 OECD-MA erzielt; *Krabbe* IWB 1998, F. 3 Gr. 2, 753 ff.; zum Meinungsstand *Hoppe* S. 140 ff.

Nach Vorstehendem ergeben sich bei KGaA-Sachverhalten im Wesentlichen die folgenden abkommensrechtlichen Besonderheiten:

192 Die **KGaA** selbst erzielt mit ihren Gewinnanteilen **Unternehmensgewinne** i.S.v. Art. 7 OECD-MA, für die das **Betriebsstättenprinzip** Anwendung findet. Unterhält die KGaA ausländische Betriebsstätten, so steht das Besteuerungsrecht dem ausländischen Vertragsstaat zu. Die Bundesrepublik Deutschland wird in diesem Fall die Doppelbesteuerung regelmäßig durch Freistellung der ausländischen Betriebsstätteneinkünfte gemäß Art. 23A OECD-MA vermeiden.[249]

193 Da das mitunternehmerische Besteuerungskonzept nach Ansicht der Rechtsprechung auch für den phG gilt, erzielt dieser mit seinen Gewinnanteilen aus der KGaA ebenfalls **Unternehmensgewinne** i.S.v. Art. 7 OECD-MA, für die das **Betriebsstättenprinzip** gilt.[250] In diesem Zusammenhang entstehen, bezogen auf die inländische Betriebsstätte eines ausländischen phGs, insbesondere die Fragen nach den **Ergebnisermittlungsgrundsätzen** im Rahmen des Art. 7 OECD-MA.

194 Erhält der phG aufgrund allgemein schuldrechtlicher Vereinbarung **Sondervergütungen** i.S.v. § 15 Abs. 1 S. 1 Nr. 2 EStG, so sind diese abkommensrechtlich den **besonderen Verteilungsnormen** zuzuordnen.[251] Durch den im Abkommen geltenden Spezialitätsgrundsatz werden Tätigkeitsvergütungen vorrangig unter Art. 15, Mietzinsen für die Überlassung unbeweglichen Vermögens unter Art. 6, Darlehenszinsen unter Art. 11 und Lizenzgebühren unter Art. 12 OECD-MA subsumiert.[252] Diese Sichtweise gilt grundsätzlich auch dann, wenn die überlassenen Wirtschaftsgüter nach deutschem innerstaatlichen Recht als Sonderbetriebsvermögen des Komplementärs zu qualifizieren sind, allerdings ist zu prüfen, ob aufgrund der Betriebsstättenvorbehalte der Art. 11 Abs. 4, 12 Abs. 3 oder 21 Abs. 2 OECD-MA die den Einkünften zugrunde liegenden Vermögenswerte der deutschen Betriebsstätte des phGs zuzuordnen sind, so dass für die daraus resultierenden Einkünfte doch das Betriebsstättenprinzip zur Anwendung gelangt.[253] Darüber hinaus ist die Treaty-Override Regelung des § 50d Abs. 10 EStG zu beachten, nach der die Sondervergütungen des phG, wenn das anwendbare DBA keine explizite Regelung enthält, ausschließlich als Teil des Unternehmensgewinns des vergütungsberechtigten Gesellschafters gelten. Nach § 50d Abs. 10 S. 3 EStG sind dementsprechend die Sondervergütungen des Komplementärs ungeachtet der Vorschriften des DBA über die Zuordnung von Vermögenswerten zu einer Betriebsstätte derjenigen Betriebsstätte der Gesellschaft, also der KGaA, zuzurechnen, der der Aufwand für die der Vergütung zugrunde liegende Leistung zuzuordnen ist.[254]

---

[249] Vgl. *Schaumburg* Rn. 15.1224, 16.533 ff.; *Zehnpfennig* in Müller/Rödder § 16 Rn. 113.
[250] BFH v. 17.10.1990 I R 16/89, BStBl. II 1991, 211; *Wassermeyer* in Wassermeyer DBA Art. 7 MA Rn. 143.
[251] Vgl. *Wassermeyer* in Wassermeyer DBA Art. 7 MA Rn. 144; *Schaumburg* DStZ 1998, 525, 538.
[252] Vgl. *Wassermeyer* in Wassermeyer DBA Art. 7 MA Rn. 144; *Schaumburg* Rn. 16.231, 1859 f.
[253] Vgl. *Wassermeyer* in Wassermeyer DBA Art. 7 MA Rn. 144; *Janssen* NWB/F. 18, 3811, 3816; *Schaumburg/Schulte* Rn. 179.
[254] Vgl. zu Regelung des § 50d Abs. 10 EStG *Pohl* DB 2013, 1572 ff.; *Salzmann* IWB 2013, 405 ff.; *Schmidt* DStR 2013, 1704 ff.; *Hagena/Klein* ISR 2013, 267 ff.; *Mitschke* FR 2013, 694 ff.

Engel

Veräußert die KGaA **ausländisches Betriebsstättenvermögen**, so steht für 195
einen daraus entstehenden Gewinn gemäß Art. 13 Abs. 2 OECD-MA das Besteuerungsrecht dem ausländischen Betriebsstättenstaat zu. Deutschland stellt zur Vermeidung einer Doppelbesteuerung diesen Gewinn regelmäßig bei der KGaA selbst und beim phG – ggf. unter Progressionsvorbehalt – nach Maßgabe seiner Beteiligung gemäß Art. 23A OECD-MA frei.[255]

Ist die KGaA an Tochtergesellschaften beteiligt, die in einem anderen DBA-Vertragsstaat ansässig sind, ist fraglich, ob die KGaA das abkommensrechtliche **Schachtelprivileg** nur für ihre kapitalgesellschaftsrechtliche Seite (soweit die Dividende auf die Kommanditaktionäre entfällt) oder auch für den auf den Komplementär entfallenden Dividendenanteil in Anspruch nehmen kann.[256] In Hinblick auf das DBA-Frankreich hat der BFH entschieden, dass die KGaA das Schachtelprivileg des Art. 20 Abs. 1 Buchst. a Satz 1 und Buchst. b Satz 1 DBA-Frankreich vollumfänglich in Anspruch nehmen kann, da die Regelungen des DBA ausschließlich auf den Zahlungsempfänger der Dividenden abstellen und nicht auf einen Nutzungsberechtigten oder Einkünfteempfänger.[257] Der BFH hat die Frage, ob die vollumfängliche Zurechnung der Schachteldividende zur KGaA auch in Fällen zu erfolgen hat, in denen das einschlägige DBA auf den Nutzungsberechtigten oder Einkünfteempfänger abstellt, offen gelassen. In diesen Fällen ist m.E. der Hybridität der KGaA auch im abkommensrechtlichen Bereich Rechnung zu tragen, denn Nutzungsberechtigter/Einkünfteempfänger ist der phG mit dem auf ihn entfallenden Teil der Dividenden, so dass über das abkommensrechtliche Schachtelprivileg dann keine Steuerfreiheit der Dividenden für den phG erzielt werden kann. 196

Als Reaktion auf das Urteil des BFH zum DBA-Frankreich wurde § 50d Abs. 11 197
EStG für Dividenden, die nach dem 31.12.2011 zufließen eingeführt. Diese Regelung soll verhindern, dass Personen, die bei unmittelbarem Bezug der ausländischen Dividende das Schachtelprivileg nicht in Anspruch nehmen könnten, beim Einkünftebezug über eine KGaA (oder andere hybride Gesellschaft) in den Genuss der Schachtelbefreiung kommen.[258]

§ 50d Abs. 11 EStG weist einen zweistufigen Mechanismus auf. Auf einer ersten 198
Stufe gewährt § 50d Abs. 11 S. 1 EStG der KGaA die DBA-Freistellung nicht, soweit die Dividende nach deutschem Steuerrecht nicht der KGaA, sondern einer anderen Person als Steuersubjekt zuzurechnen ist. Auf der zweiten Stufe wird durch § 50d Abs. 11 S. 2 EStG auf Ebene des Gesellschafters der KGaA, also bei der Person, der die Dividende nach nationalem Steuerrecht zuzurechnen ist, die DBA-Freistellung dann gewährt, wenn dieser bei einem unterstellten Direktbezug der Dividende als Zahlungsempfänger die abkommensrechtliche Freistellung hätte in Anspruch nehmen können.[259] Damit kommt eine Freistellung auf Ebene des Gesellschafters insbesondere dann nicht in Betracht, wenn dieser eine natürliche

---

[255] Vgl. *Schaumburg* DStZ 1998, 535, 538.
[256] Vgl. hierzu *Wassermeyer* in Wassermeyer DBA Art. 7 MA Rn. 145 (157); *ders.* IStR 1999, 481, 484; in ähnlichem Zusammenhang *Krabbe* IStR 2000, 23, 24; *Krämer* in Dötsch/Pung/Möhlenbrock KStG § 9 Rn. 45.
[257] BFH v. 19.5.2010 I R 62/09 = DStR 2010, 1712; zu dieser Thematik auch *Hageböke* IStR 2010, 59 ff.; *Kramer* IStR 2010, 57 ff.; *Vinken* DStR-KR 2012, 9.
[258] Vgl. BT-Drs. 17/8867, 13; BR-Drucks. 114/1/12, 2; *Wagner* in Blümich EStG § 50d Rn. 136.
[259] Vgl. hierzu *Kollruss/Weißert/Dilg* DB 2013, 423 ff.; zu mehrstöckigen Hybridstrukturen *Kollruss* BB 2013, 157 ff.

Person ist. Eine Freistellung ist aber wohl auch dann nicht zu gewähren, wenn der Gesellschafter eine Kapitalgesellschaft ist und diese unter Berücksichtigung der durchgerechneten Beteiligung an der Tochtergesellschaft der KGaA, die für das Schachtelprivileg des einschlägigen DBA erforderliche Mindestbeteiligung nicht erreicht.

199   In den Fällen, in denen das maßgebliche DBA die Schachtelprivilegierung von der Person des Nutzungsberechtigten bzw. Empfängers der Einkünfte abhängig macht, ist der Anwendungsbereich des § 50d Abs. 11 EStG nicht eröffnet. Allerdings scheitert die DBA-Freistellung in diesen Fällen schon daran, dass das DBA die Freistellung der Schachteldividenden nur dann anordnet, wenn der Nutzungsberechtigte (beneficial owner) die Freistellung bei unmittelbarem Bezug der Dividende hätte geltend machen können.[260] § 50d Abs. 11 S. 1 EStG ist zudem nur für Dividenden – nicht jedoch für Veräußerungsgewinne – anwendbar und versagt auch nur die DBA-Freistellung dieser Dividenden.[261] Nationale Steuerfreistellungen, insbesondere § 8b KStG, bleiben von § 50d Abs. 11 EStG unberührt[262] und sind somit auf Ebene der KGaA weiterhin anwendbar.

200   Für die übrigen ausländischen Einkünfte der KGaA kommt eine Vermeidung der Doppelbesteuerung zum einen wegen des Belegenheitsprinzips des Art. 6 OECD-MA durch **Steuerfreistellung** in Betracht. In anderen Fällen wird die Doppelbesteuerung regelmäßig durch **Steueranrechnung** vermieden.[263]

201   Abschließend ist anzumerken, dass wegen der weitgehenden Unbekanntheit der KGaA im Ausland im internationalen steuerrechtlichen Kontext **Qualifikationskonflikte** im Rahmen der Doppelbesteuerungsabkommen kaum zu vermeiden sind. Diese lassen sich regelmäßig nur im Rahmen zeitaufwendiger **Verständigungsverfahren** lösen, so dass die KGaA bei grenzüberschreitenden Geschäftsbeziehungen problematisch ist. Zur Vermeidung von Abgrenzungsschwierigkeiten und Qualifikationskonflikten könnte das Auslandsgeschäft einer KGaA über **Tochterkapitalgesellschaften** abgewickelt werden.[264]

---

[260] Vgl. *Gosch* in Kirchhof EStG § 50d Rn. 51.
[261] *Kollruss/Weißert/Dilg* DB 2013, 423, 425; *Kollruss* DStZ 2012, 702 ff.
[262] Vgl. BT-Drucks. 17/8867, S. 13.
[263] Vgl. *Schaumburg/Schulte* Rn. 182 m.w.N.
[264] So auch *Schaumburg/Schulte* Rn. 184; *Janssen* NWB/F. 18, 3811, 3816.

§ 10 Die KGaA als börsennotiertes Unternehmen

Übersicht

	Rn.
A. Einleitung	1
B. Börsengang einer KGaA	4
I. Vor- und Nachteile der KGaA als börsennotiertes Unternehmen	8
1. Maßgebliche Gründe für einen Börsengang	10
a) Vorteile der Börseneinführung	11
b) Nachteile der Börseneinführung	16
2. Größere Gestaltungsfreiheit bei der KGaA	18
3. Unterschiede in der Kompetenzverteilung	23
4. Steuerliche Unterschiede	25
5. Geringere Akzeptanz der KGaA	27
6. Die Fußball KGaA	29b
II. Spezifischer kapitalmarktrechtlicher Anlegerschutz in der KGaA?	30
1. Der Ansatz von *Hommelhoff*	32
2. Die Überlegungen des BGH	36
3. Treuepflicht als Korrektiv	39
III. Besonderheiten beim Börsengang einer KGaA	40
1. Gesellschaftsrechtliche Strukturierung pre-IPO	40
a) Formale Anforderungen an den Emittenten	43
b) Anforderungen an die Satzung des Emittenten	48
2. Besonderheiten im Zulassungsverfahren	61
3. Der Wertpapierprospekt	67
4. Gesellschaftsrechtliche Fragen	79
C. Folgepflichten und Regelungen	85
I. Publizitäts- und Berichtspflichten	86
1. Regelpublizität	87
2. Ad-hoc-Publizitätspflicht	89
3. Weitere Berichts- und Zulassungsfolgepflichten	102
4. Prüfstelle für Rechnungslegung	103b
II. Spezielle Folgepflichten für die Geschäftsleitung	104
1. Aktienrechtliche Regelungen (Corporate Governance)	104
a) Differenzierung zwischen börsen- und nicht-börsennotierten Gesellschaften	104
b) Corporate Governance, § 161 AktG	105
c) Erklärung zur Unternehmensführung und Corporate Governance Bericht	112
2. „Directors' Dealings", § 15a WpHG	113
3. Insiderverzeichnisse, § 15b WpHG	117a
III. Insiderrecht im Überblick	118
IV. Meldungen der Stimmrechte nach §§ 21 ff. WpHG	122
1. Hintergrund der Normen	122
2. Die Mitteilungspflichten im Überblick	123
a) Der Normalfall nach § 21 WpHG	124
b) Zurechnung von Stimmrechten nach § 22 WpHG	128
c) Meldepflichten nach §§ 25 und 25a WpHG	132
d) Die mitteilungspflichtige KGaA	132a
3. Kein Drittschutz der §§ 21 ff. WpHG	133
V. Die börsennotierte KGaA im Lichte des WpÜG	135
1. Allgemeine Bestimmungen für das Angebotsverfahren	139
2. Kontrollbegriff bei der KGaA	144
a) Die KGaA als übernahmeresistente Rechtsform	146

	Rn.
b) Streitstand in der Literatur	147
c) Der Kontrollbegriff des WpÜG	149
d) Rechtsfolgenbetrachtung	152
e) Aufstockungsangebote	154
3. Besonderheiten bei Übernahmeangeboten	157
a) Überblick	158
b) Kommanditaktien als Gegenleistung	159
c) Verhaltenspflichten der Organe der KGaA als Zielgesellschaft	162
4. Besonderheiten bei Pflichtangeboten	170
a) Überblick	170
b) Erwerb einer Kontrollbeteiligung durch eine KGaA	172
c) KGaA als Zielgesellschaft	178a
d) Befreiung nach § 37 WpÜG	179
e) Sanktionen bei unterbliebenem Pflichtangebot	181
5. Drittschutz im Übernahmerecht?	184
a) Öffentliches Recht	185
b) Zivilrecht	186
D. Delisting	187
I. Begriff und Folgen	187
II. Delisting von Amts wegen, § 39 Abs. 1 BörsG	192
III. Delisting auf Antrag, § 39 Abs. 2 BörsG	196
1. Kapitalmarktrecht	197
2. Gesellschaftsrecht	201
a) Zustimmungspflichten in der KGaA	202
b) Barabfindungspflicht	208
IV. Delisting infolge Umstrukturierung	214

Literatur: *Adolff/Tieves*: Über den rechten Umgang mit einem entschlusslosen Gesetzgeber: Die aktienrechtliche Lösung des BGH für den Rückzug von der Börse, BB 2003, 797; *Altmeppen*: Neutralitätspflicht und Pflichtangebot nach dem neuen Übernahmerecht, ZIP 2001, 1073; *Angerer*: Der Squeeze-Out, BKR 2002, 260; *Bachmann*: Der „Deutsche Corporate Governance Kodex": Rechtswirkungen und Haftungsrisiken, WM 2002, 2137; *Baldamus/Bayer/Bergmann*: Gesellschaftsrecht in der Diskussion – VGR-Tagung 2012, Köln 2013; *Beck/Hedtmann*: Ausgewählte Rechtsfragen des börsenrechtlichen Delistings – Zugleich Anmerkung zum Urt. des VG Frankfurt a. M., NJOZ 2002, 1907, BKR 2003, 191; *Becker/Fett*: Börsengang im Konzern – Über ein „Zuteilungsprivileg" zum Schutz der Aktionärsinteressen, WM 2001, 549; *Bedkowski*: Der neue Emittentenleitfaden der BaFin, BB 2009, 394; *Brauer*: Die Zulässigkeit der Ausgabe von sog. „Tracking Stocks" durch Aktiengesellschaften nach deutschem Aktienrecht, AG 1993, 324; *Brellochs*: Der Rückzug von der Börse nach „Frosta" – Rechtsdogmatische Einordnung, Durchführung und Rechtsschutz in zukünftigen Fällen, AG 2014, 633; *ders.*: Ad-hoc-Mitteilung auch über Zwischenschritte eines kursrelevanten Vorgangs, ZIP 2013, 1170; *ders.*: Konzernrechtliche Beherrschung und übernahmerechtliche Kontrolle, NZG 2012, 1010; *Bungert*: Delisting und Hauptversammlung, BB 2000, 53; *Busch*: Aktuelle Rechtsfragen des Bezugsrechts und Bezugsrechtsausschlusses beim Greenshoe im Rahmen von Aktienemissionen, AG 2002, 230; *Cahn*: Verwaltungsbefugnisse der Bundesanstalt für Finanzdienstleistungsaufsicht im Übernahmerecht und Rechtsschutz Betroffener, ZHR 167 (2003), 262; *Caspari*: Die geplante Insiderregelung in der Praxis, ZGR 1994, 530; *Claussen*: Dem neuen Markt eine zweite Chance, BB 2002, 105; *Drygala/Staake*: Delisting als Strukturmaßnahme, ZIP 2013, 905; *Eggers*: Die Bußgeldleitlinien der BaFin – großer Wurf oder Stolperstein?, BB 2015, 651; *Escher-Weingart*: Die Zuteilung von Aktien beim „going public" – Gleiches Recht für alle?, AG 2000, 164; *Fleischer*: Directors' Dealings, ZIP 2002, 1217; *ders.*: Empfiehlt es sich, im Interesse des Anlegerschutzes und zur Förderung des Finanzplatzes Deutschland das Kapitalmarkt- und Börsenrecht neu zu regeln?, Kapitalmarktrechtliches Teilgutachten, Gutachten F für den 64. Deutschen Juristentag, München 2002; *Fleischer/Kalss*: Das neue WpÜG, München 2002; *Franck*: Die Stimmrechtszurechnung nach § 22 WpHG und § 30 WpÜG, BKR 2002, 709; *Fürhoff/Wölk*: Aktuelle Fragen zur Ad hoc-Publizität, WM 1997, 449; *Geibel/Süßmann*: Wertpapiererwerbs- und Übernahmegesetz; Kommentar, 2. Auflage, München 2008; *Göhler*: Gesetz über Ordnungswidrigkeiten, 16. Auflage, München 2012; *Grabbe/Fett*: Pflichtangebot im Zuge von Verschmelzungen?, NZG 2003, 755; *Grimme/v. Buttlar*: Neue Entwicklungen in der Ad-hoc-Publizität, WM 2003, 901; *Groß*: Kapitalmarktrecht, Kommentar, 5. Auflage, München 2012; *ders.*: Das Ende des sog. „Greenshoe"?, ZIP 2002, 160; *ders.*: Rechtsprobleme des Delisting, ZHR 165 (2001), 141; *Habersack/Mülbert/Schlitt*: Handbuch der Kapitalmarktinformation, 2. Auflage, München 2013; *Hamann*: Die Angebotsunterlage nach dem WpÜG – ein praxisorientierter Überblick, ZIP 2001, 2249; *Heidel*: Anmerkung zu BGH NJW 2003, 1032 [Macroton], DB 2003, 548; *Henssler/Strohn*: Gesellschaftsrecht, 2. Auflage, München 2014; *Herfs*: Die Satzung der börsennotierten GmbH & Co. KGaA – Gestaltungsfreiheit und Grenzen, in: Gesellschaftsrecht in der Diskussion, VGR Bd. 1, 1999, S. 23 ff.; *ders.*: Weiter im Blindflug – Zur Ad-hoc-Pflicht bei gestreckten Geschehensabläufen aus Sicht der Praxis, DB 2013, 1650; *Hildner*: Kapitalmarktrechtliche Beteiligungstransparenz verbundener Unternehmen, Berlin 2001; *Hirte*: Verteidigung gegen Übernahmeangebote und Rechtsschutz des Aktionärs gegen die Verteidigung, ZGR 2002, 623; *Holzapfel/Pöllath*: Unternehmenskaufrecht in Recht und Praxis, 14. Aufl., Köln 2010; *Holzborn/Schlösser*: Systemwechsel beim going private, BKR 2002, 486 ff.; *Hommelhoff*: Anlegerschutz in der GmbH & Co. KGaA, in: Ulmer (Hrsg.): Die GmbH & Co. KGaA nach dem Beschluss BGHZ 134, 392, ZHR Beiheft 67 (1998), Heidelberg 1998, 9; *Hopt*: Grundsatz- und Praxisprobleme nach dem Wertpapierhandelsgesetz – insbesondere Insidergeschäfte und Ad-hoc-Publizität, ZHR 159 (1995), 135; *ders.*: Grundsatz- und Praxisprobleme nach dem Wertpapiererwerbs- und Übernahmegesetz, ZHR 166 (2002), 383; *Houben*: Die Gestaltung des Pflichtangebots unter dem Aspekt des Minderheitenschutzes und der effizienten Allokation der Unternehmenskontrolle, WM 2000, 1873; *Ihrig*: Rechtsschutz Drittbetroffener im Übernahmerecht, ZHR 167 (2003), 315; *Ihrig/Schlitt*: Die KGaA nach dem Beschluss des BGH vom 24.2.1997 – organisationsrechtliche Folgerungen, in: Ulmer (Hrsg.): Die GmbH & Co. KGaA nach dem Beschluss BGHZ 134, 392, ZHR Beiheft 67 (1998), Heidelberg 1998, 33; *Jaques*: Börsengang und Führungskontinuität durch die kapitalistische KGaA, NZG 2000, 401; *Joussen*: Gesellschafterkonsortien im Konzernrecht, AG 1998, 329; *Jung/Wachtler*: Die Kursdifferenz zwischen Stamm- und Vorzugsaktien, AG 2001, 513; *Kallmeyer*: Rechte und Pflichten des Aufsichtsrats in der KGaA, ZGR 1983, 57; *Kleppe*: Anlegerschutz beim Rückzug eines Unternehmens von der Börse, Köln 2002; *Klöhn*: Die Auswirkungen von BVerfG, NZG 2012, 826, auf den Rückzug vom Kapitalmarkt und den Segmentwechsel, NZG 2012, 1041; *ders.*: Die Haftung wegen fehlerhafter Ad-hoc-Publizität gem. §§ 37b, 37c WpHG nach dem IKB-Urteil des BGH, AG 2012, 345; *Knigge*: Änderungen des Aktienrechts durch das Transparenz- und Publizitätsgesetz, WM 2002, 1729; *Koch/Wegmann*: Praktikerhandbuch Börseneinführung, 3. Aufl., Stuttgart 2000; *Krämer/Theiß*: Delisting nach der Macroton-Entscheidung des BGH, AG 2003, 225; *H. Krause*: Die geplante Takeover-Richtlinie der Europäischen Union mit Ausblick auf das geplante deutsche Übernahmegesetz, NZG 2000, 905; *ders.*: Das neue Übernahmerecht, NJW 2002, 705; *ders.*, Kapitalmarktrechtliche Compliance: neue Pflichten und drastisch verschärfte Sanktionen nach der EU-Marktmissbrauchsverordnung, CCZ 2014, 248; *R. Krause*: Zum beherrschenden Einfluss des Komplementärs in der KGaA, Liber Amicorum für M. Winter, Köln 2011, S. 351; *Kümpel*: Insiderrecht und Ad-hoc-Publizität aus Bankensicht, WM 1996, 653; *Ladwig/Motte*: Die GmbH & Co. KGaA nach der Zulassung durch den BGH – die neue Rechtsform für den Mittelstand?, DStR 1997, 1539; *Land/Hasselbach*: „Going Private" und „Squeeze-Out" nach deutschem Aktien-, Börsen- und Übernahmerecht, DB 2000, 557; *Leis/Nowak*: Ad-hoc-Publizität nach § 15 WpHG, Stuttgart 2001; *Lenenbach*: Kapitalmarkt- und Börsenrecht, 2. Auflage, Köln 2010; *Letzel*: Directors' Dealings in der Unternehmenspraxis, BKR 2002, 862; *Lenz*: Das Wertpapiererwerbs- und Übernahmegesetz in der Praxis der BaFin, NJW 2003, 2073; *Liebscher*: Die Zurechnungstatbestände des WpHG und WpÜG, ZIP 2002, 1005; *ders.*: Umgehungsresistenz von Vinkulierungsklauseln, ZIP 2003, 825; *Lorz*: Die GmbH & Co. KGaA und ihr Weg an die Börse, in: Gesellschaftsrecht in der Diskussion, VGR Bd. 1, 1999, S. 57 ff.; *Lutter*: Gesellschaftsrecht und Kapitalmarkt, FS Zöllner Bd. I 1998, S. 363; *Lutter/Drygala*: Rechtsfragen beim Gang an die Börse, FS Raisch 1995, S. 239; *Lutter/Grunewald*: Zur Umgehung von Vinkulierungsklauseln in Satzungen von Aktiengesellschaften und Gesellschaften mbH, AG 1989, 109; *Maier-Reimer*: Verhaltenspflichten des Vorstands der Zielgesellschaft bei feindlichen Übernahmen, ZHR 165 (2001), 258; *Mayer*: Der „Greenshoe" und das Urteil des Kammergerichts – Neue Entwicklungen bei der

Ausgestaltung von Aktienplatzierungen –, WM 2002, 1106; *Mense/Klie*: Deutliche Erleichterungen beim Delisting – Aufgabe der „Macrotron"-Rechtsprechung durch den BGH, GWR 2013, 505; *A. Möller*: Das Verwaltungs- und Beschwerdeverfahren nach dem Wertpapiererwerbs- und Übernahmegesetz unter besonderer Berücksichtigung der Rechtsstellung Dritter, ZHR 167 (2003), 301; *ders.*: Die Neuregelung des Verbots der Kurs- und Marktpreismanipulation, WM 2002, 309; *Mülbert*: Rechtsprobleme des Delisting, ZHR 165 (2001), 104; *ders.*: Aktiengesellschaft, Unternehmensgruppe und Kapitalmarkt, 2. Aufl., München 1996; *Pananis*: Zur Abgrenzung von Insidertatsachen und ad-hoc-publizitätspflichtigen Sachverhalten bei mehrstufigen Entscheidungsprozessen, WM 1997, 460; *Park*: Kapitalmarktstrafrecht, 3. Auflage, Baden-Baden 2012; *Pfüller/Anders*: Delisting-Motive vor dem Hintergrund neuerer Rechtsentwicklungen, NZG 2003, 459; *Picot/Land*: Going Public – Typische Rechtsfragen des Ganges an die Börse, DB 1999, 570; *Pleister*: Die Verwertung vinkulierter Aktien, Börsen-Zeitung vom 12.10.2002, S. 13; *Pluskat*: Going Private durch reguläres Delisting, WM 2002, 833; *Priester*: Die KGaA ohne natürlichen Komplementär, ZHR 160 (1996), 250; *Reger/Wieneke:* Die Finanzierung des Unternehmenserwerbs mit Aktien, GWR 2013, 195; *Ringleb/Kremer/Lutter/v. Werder*: Deutscher Corporate Governance Kodex, Kommentar, 5. Auflage München 2014; *v. Rosen*: Die Namensaktie, Frankfurt a. M. 2000; *Schanz*: Börseneinführung, 4. Aufl., München 2012; *Schlüter*: Börsenhandelsrecht, 2. Auflage, München 2002; *U. H. Schneider*: Anwendungsprobleme bei den kapitalmarktrechtlichen Vorschriften zur Offenlegung von wesentlichen Beteiligungen an börsennotierten Aktiengesellschaften, AG 1997, 81; *Scholz*: Das Übernahme- und Pflichtangebot bei der KGaA, NZG 2006, 445; *Schuster*: Kapitalmarktrechtliche Verhaltenspflichten von Organmitgliedern am Beispiel des § 15a WpHG, ZHR 167 (2003), 193; *Schwark*: Spartenorganisation in Großunternehmen und Unternehmensrecht, ZHR 142 (1978), 203; *ders.*: Anlegerschutz in der Publikums-AG – Ein Paradigmenwechsel?, FS Lutter 2000, S. 1529; *ders.*: Ad-hoc-Publizität und Insiderrecht bei mehrstufigen Unternehmensentscheidungen, FS Bezzenberger 2000, S. 771; *ders.*: Gesellschaftsrecht und Kapitalmarktrecht, FS Stimpel 1985, S. 1087; *Schwark/Geiser*: Delisting, ZHR 161 (1997), 739; *Schwennicke*: Der Ausschluß der Verbriefung der Aktien bei der kleinen Aktiengesellschaft, AG 2001, 118; *Seibert*: Im Blickpunkt: Der Deutsche Corporate Governance Kodex ist da, BB 2002, 581; *Senge (Hrsg.)*: Karlsruher Kommentar zum Gesetz über Ordnungswidrigkeiten, 3. Auflage, München 2006; *Sethe*: Aufsichtsratsreform mit Lücken, AG 1996, 289; *Sieveking/Technau*: Das Problem sogenannter „disponibler Stimmrechte" zur Umgehung der Vinkulierung von Namensaktien, AG 1989, 17; *Steck*: „Going Private" über das UmwG, AG 1998, 460; *Stöber*: Die Zukunft der Macrotron-Regeln zum Delisting nach den jüngsten Entscheidungen des BVerfG und BGH, BB 2014, 9; *Streit*: Delisting Light: Die Problematik der Vereinfachung des freiwilligen Rückzugs von der Frankfurter Wertpapierbörse, ZIP 2002, 1279; *Sudmeyer*: Mitteilungs- und Veröffentlichungspflichten nach §§ 21, 22 WpHG, BB 2002, 685; *Szesny/Kuthe*: Kapitalmarkt Compliance, Heidelberg 2014; *Technau*: Übernahmerechtliche Austrittsrechte in Verschmelzungsfällen, AG 2002, 260; *ders.*: Rechtsfragen bei der Gestaltung von Übernahmeverträgen („Underwriting Agreements") im Zusammenhang mit Börsenemissionen, AG 1998, 445; *Thiel*: Spartenaktien für deutsche Aktiengesellschaften, Köln 2001; *Thoma*: Das Wertpapiererwerbs- und Übernahmegesetz im Überblick, NZG 2002, 105; *Volk (Hrsg.)*: Going Public, 3. Aufl., Stuttgart 2000; *Vollmer/Grupp*: Der Schutz der Aktionäre beim Börseneintritt und Börsenaustritt, ZGR 1995, 459; *Vossius*: Squeeze-Out – Checklisten für Beschlussfassung und Durchführung, ZIP 2002, 511; *de Vries*: Delisting, Köln 2002; *Wackerbarth*: Die Begründung der Macrotron-Rechtsfortbildung nach dem Delisting-Urteil des BVerfG, WM 2012, 2077; *Wichert*: Die GmbH & Co. KGaA nach dem Beschluss BGHZ 134, 392, AG 2000, 268; *Wieneke*: Der Einsatz von Aktien als Akquisitionswährung, NZG 2004, 61; *ders.*: Aktien- und kapitalmarktrechtlicher Schutz beim Delisting nach dem FRoSTA-Beschluss des BGH, NZG 2014, 22; *Wilsing/Kruse*: Börsenrechtliches Delisting nach Macroton, WM 2003, 1110; *Winter/Harbarth*: Verhaltenspflichten von Vorstand und Aufsichtsrat der Zielgesellschaft bei feindlichen Übernahmeangeboten nach dem WpÜG, ZIP 2002, 1; *Wirth/Arnold*: Anlegerschutz beim Delisting von Aktiengesellschaften, ZIP 2000, 111; *Witt*: Regelmäßige „Wasserstandmeldungen" – unverzichtbarer Bestandteil eines künftigen Übernahmegesetzes, NZG 2000, 809; *ders.*: Die Änderungen der Mitteilungs- und Veröffentlichungspflichten nach §§ 21 ff. WpHG durch das geplante Wertpapiererwerbs- und Übernahmegesetz, AG 2001, 233; *Zietsch/Holzborn*: Zulassungsfolgepflichten börsennotierter Unternehmen – Eine Übersicht der Pflichten von Unternehmen nach deren Zulassung an einer deutschen Börse („Zulassungsfolgepflichten") – Teil II, WM 2002, 2393; *Ziouvas*: Das neue Recht gegen Kurs- und Marktpreismanipulation im 4. Finanzmarktförderungsgesetz, ZGR 2003, 113; *Zschocke/Schuster*: Bad Homburger Handbuch zum Übernahmerecht, Heidelberg 2003.

A. Einleitung

Die KGaA hat wie die Aktiengesellschaft die Funktion eines Kapitalsammelbeckens. Sie ist in ihrer normtypischen Ausgestaltung auf eine Vielzahl von Kommanditaktionären ausgelegt und steht insofern auch kapitalintensiven Unternehmen zur Verfügung. Um diese Funktion als Kapitalsammelbecken angemessen erfüllen zu können und insbesondere den Kommanditaktionären jederzeit die Möglichkeit eines Deinvestments zu geben, sind organisierte Kapitalmärkte erforderlich.

Mit der Börseneinführung ändern sich die rechtlichen und tatsächlichen Rahmenbedingungen erheblich. Das betrifft nicht nur die Realstruktur der Gesellschaft. Das Kapitalmarktrecht findet auf die Gesellschaft Anwendung. Es handelt sich hierbei um eine Rechtsmaterie, die erst seit etwa 20 Jahren als ein einheitlicher Teil des Wirtschaftsrechts wahrgenommen wird.[1] Während der Fokus früher im Wesentlichen auf dem Börsengesetz und anderen Spezialgesetzen[2] lag, hat der Gesetzgeber 1994 die wesentlichen rechtlichen Rahmenbedingungen der Kapitalmärkte im Wertpapierhandelsgesetz (WpHG) zusammengefasst. Seit 2002 wird es ergänzt durch das Wertpapiererwerbs- und Übernahmegesetz (WpÜG) und seit 2005 durch das Wertpapierprospektgesetz (WpPG). Damit hat sich das Kapitalmarktrecht als voll ausdifferenzierte und in den Einzelregelungen äußerst komplexe Rechtsmaterie etabliert.

Die Auswirkungen der kapitalmarktrechtlichen Regelungen auf die Aktiengesellschaft sind mittlerweile Gegenstand einer breiten Fachöffentlichkeit. Demgegenüber wird die KGaA üblicherweise allenfalls am Rande behandelt. Angesichts der erheblichen Unterschiede in der Corporate Governance zwischen der Aktiengesellschaft und der KGaA[3] kann nicht verwundern, dass sich die im Hinblick auf die Aktiengesellschaft gefundenen Ergebnisse nicht unbesehen auf die KGaA übertragen lassen. Gegenstand des vorliegenden Abschnitts ist daher weniger, das Kapitalmarktrecht bis in die Einzelheiten auszuleuchten, sondern vielmehr, einen Überblick über die wesentlichen kapitalmarktrechtlichen Rahmenbedingungen zu geben und ihre Auswirkungen auf eine börsennotierte KGaA darzustellen. Dabei folgt die Untersuchung den drei gedanklichen Schritten, nämlich (unter B) dem Börsengang einer KGaA – das *Going Public* –, (C) den damit verbundenen Folgepflichten und Regelungen – das *Being Public* – und schließlich (D) dem Rückzug von der Börse – das *Going Private*.

---

[1] Vgl. nur; *Oulds* in Kümpel/Wittig Rn. 14.1 ff.
[2] Zu nennen waren etwa das Gesetz über die Verwahrung und Anschaffung von Wertpapieren (Depotgesetz – DepotG), das Gesetz über Kapitalanlagegesellschaften (KAGG, heute KAGB), das Gesetz über Unternehmensbeteiligungsgesellschaften (UBGG), das Auslandinvestment-Gesetz (AuslInvestG, heute ebenfalls KAGB) und das Wertpapier-Verkaufsprospektgesetz (VerkProspG, heute VermAnlG).
[3] Zu den Rechten und Pflichten der Organe der KGaA näher unter § 5.

B. Börsengang einer KGaA

4 Die KGaA ist aufgrund der Fungibilität der Kommanditaktien neben der SE die **einzige Rechtsformalternative** zur Aktiengesellschaft, wenn ein Unternehmen zur Aufnahme von Eigenkapital den Gang an die Börse anstrebt. Gegenüber der Aktiengesellschaft hat sie allerdings bislang eine vergleichsweise geringe Bedeutung.[4] Gleichwohl kann die KGaA in bestimmten Konstellationen eine attraktive Alternative zur Aktiengesellschaft sein. Der Grund dafür liegt neben steuerrechtlichen Erwägungen in erster Linie in der größeren Gestaltungsflexibilität der KGaA. Dem stehen aber gewichtige Gründe entgegen, insbesondere – aus der Sicht des Kapitalmarkts – die andersartige, ungewohnte und damit erklärungsbedürftige Form der Corporate Governance und – aus der Sicht der Gesellschaft selbst – die Vielzahl der höchstrichterlich noch nicht geklärten Rechtsfragen.

5 Es kann nicht Gegenstand des vorliegenden Abschnitts sein, den Börsengang einer KGaA in vollem Umfang zu beleuchten. Eine Börseneinführung ist in rechtlicher und wirtschaftlicher Hinsicht ein komplexer Vorgang, der eine Vielzahl von Fragestellungen aufwirft. Diesbezüglich wird auf die mittlerweile zahlreich vorhandene Spezialliteratur verwiesen.[5] Hier sollen daher nur einige wesentliche, bei dem Börsengang einer KGaA auftretende spezifische Fragestellungen behandelt werden.

6 Unter einem Börsengang oder einer Börseneinführung versteht man den Vorgang, der dazu führt, dass die Aktien einer Gesellschaft erstmals an einer Börse gehandelt werden; Ziel ist es, dass die Aktien an einem etablierten und mithin liquiden Sekundärmarkt mit einer verlässlichen Preisfeststellung gehandelt, gekauft und wieder verkauft werden können.[6]

7 Die Börseneinführung ist zu unterscheiden von einer bloßen **Emission** oder von einem öffentlichen Angebot, in dem die Aktien der Gesellschaft im Anlegerpublikum breit gestreut platziert werden.[7] Eine Emission ist auf den Primärmarkt gerichtet. Sie ist beendet, wenn die Aktien untergebracht sind. Der Anlegerschutz erfolgt, wenn es lediglich um den Verkauf der Aktien geht, in erster Linie über die im Wertpapierprospektgesetz (WpPG) geregelte Prospektpflicht. Den Anlegern fehlt dann allerdings die verlässliche Möglichkeit, ihre Aktien wieder zu verkaufen, da hierfür ein etablierter Markt erforderlich wäre. Eine erfolgreiche Emission wird daher regelmäßig die Schaffung eines Sekundärmarktes und damit eine Börseneinführung voraussetzen.

I. Vor- und Nachteile der KGaA als börsennotiertes Unternehmen

8 Von den gegenwärtig im DAX 30 zusammengefassten bedeutendsten börsennotierten Unternehmen in Deutschland stellen die vier Unternehmen in der Rechts-

---

[4] Siehe § 1 Rn. 11 ff.
[5] Einen Überblick bieten *Schanz* Börseneinführung; *Volk* Going Public.
[6] *Oulds* in Kümpel/Wittig Rn. 14.148; *Schanz* Börseneinführung § 2 Rn. 2 ff.
[7] *Schanz* Börseneinführung § 12 Rn. 4.

form der KGaA eine Minderheit dar: Merck, Henkel, Fresenius und Fresenius Medical Care. Auch bei den übrigen Gesellschaften im regulierten Markt oder in den anderen Börsensegmenten sieht das Bild kaum anders aus.[8] Die KGaA konnte sich offensichtlich an den Börsen (noch) nicht als echte Alternative zur Aktiengesellschaft etablieren. Daran haben auch die viel beachteten Formwechsel der Fresenius Medical Care AG in 2005/2006 und der Fresenius SE in 2010 in die Rechtsform der KGaA nicht viel geändert.

Der Grund für diese Zurückhaltung gegenüber der KGaA lag bis zur Grundsatzentscheidung des BGH[9] vom 24.2.1997 auf der Hand: Solange man davon ausgegangen ist, dass mindestens ein persönlich haftender Gesellschafter eine natürliche Person sein muss,[10] hat eben diese persönliche Haftung eine abschreckende Wirkung entfaltet. Obwohl der BGH in dieser Grundsatzentscheidung den Zugang der KGaA zum Kapitalmarkt ausdrücklich hervorgehoben hat,[11] konnte die börsennotierte KGaA als Rechtsformalternative, anders als von vielen erwartet, ihr Schattendasein nicht beenden.

1. Maßgebliche Gründe für einen Börsengang

Die wesentlichen Vor- und Nachteile einer Börsennotierung[12] gelten für eine KGaA in gleicher Weise wie für eine Aktiengesellschaft. Es gibt aber einzelne Unterschiede in der Gewichtung.

a) Vorteile der Börseneinführung. Zu den Vorteilen einer Börsennotierung ist in erster Linie die Möglichkeit der Eigenkapitalfinanzierung über den Kapitalmarkt zu zählen. Hierzu ist die Rechtsform KGaA jedenfalls aus rein rechtlicher Sicht in gleicher Weise geeignet wie die Aktiengesellschaft oder die SE. Der Zugang zum Kapitalmarkt verbessert auch hier die Finanzierungsmöglichkeiten, da in einem formalisierten und damit vergleichsweise einfachen Verfahren Eigenkapital eingeworben werden kann. Langfristig bedeutet der Börsenzugang eine Senkung der Finanzierungskosten.

Daneben erhalten alle Aktionäre einer KGaA, wie bei einer Aktiengesellschaft oder SE, aufgrund der Börsennotierung ein **fungibles Investment**. Die Aktionäre können ihre Beteiligung grundsätzlich jederzeit über einen etablierten Markt wieder verkaufen. Dies ermöglicht ein Deinvestment oder – etwa aus Sicht der Gründerfamilie – eine Diversifizierung. Hier muss zwar für größere Pakete, die ggf. aufgrund mangelnder Liquidität von der Börse nicht ohne einen Preisabschlag aufgenommen werden können, eine Einschränkung gemacht werden. Aber auch insofern wird ein außerbörslicher Verkauf durch die erhöhten kapitalmarktrechtlichen Informationsstandards und die an der Börse stattfindende Preisbildung

---

[8] Weitere Beispiele sind etwa die Hella KGaA Hueck Co., die AIRE GmbH & Co. KGaA, die Borussia Dortmund GmbH & Co. KGaA, die Lindner Holding KGaA, die eff-eff Fritz Fuss GmbH & Co. KGaA, die Mühlbauer Holding AG & Co. KGaA und die Merkur Bank KGaA.
[9] BGHZ 134, 392 ff.= NJW 1997, 1923.
[10] Siehe zum Meinungsstand etwa die Übersicht oben unter § 4 Rn. 7 sowie bei Hüffer/*Koch* § 278 Rn. 8 ff.
[11] Ausdrücklich nennt BGHZ 134, 392, 401 die KGaA eine „Gesellschaftsform, die vor allem mittelständischen Unternehmen den Zugang zum Kapitalmarkt erleichtert".
[12] Siehe hierzu etwa den Überblick bei *Schanz* Börseneinführung § 2 Rn. 1 ff. S. 8 ff.

erleichtert. Diese Fungibilität gilt bei einer KGaA natürlich nur für das in den Aktien verkörperte Grundkapital und nicht für die nicht auf das Grundkapital geleistete Vermögenseinlage der persönlich haftenden Gesellschafter (vgl. § 281 Abs. 2 AktG). Die Satzung kann aber Möglichkeiten der Umwandlung der Vermögenseinlage in Aktien vorsehen.[13] Hierdurch kann auch die Vermögenseinlage in einem formalisierten Verfahren fungibel gemacht werden.

13 Aufgrund der Fungibilität der Aktie verfügt die Gesellschaft zudem über ein Investment, das sie im Rahmen des gesetzlich und satzungsmäßig Zulässigen selbst schaffen und als **Akquisitionswährung** einsetzen kann. Dabei können die Aktien insbesondere für Unternehmensakquisitionen und -übernahmen eingesetzt werden.[14] Solche „*stock for stock*"-Transaktionen belasten die Liquidität der erwerbenden Gesellschaft nicht und können für die Gesellschafter der Zielgesellschaft als Veräußerer nach dem UmwStG einen Aufschub der Versteuerung von Veräußerungsgewinnen bedeuten. Wesentliche Unterschiede zwischen einer Aktiengesellschaft und einer KGaA bestehen nicht.

14 Weitere Vorteile der Börsennotierung werden zu Recht in der Möglichkeit der **Mitarbeiterbeteiligung** gesehen. Dies gilt zunächst für die unmittelbare Beteiligung von Mitarbeitern am Grundkapital der Gesellschaft; Mitarbeitern (wie auch Geschäftsfreunden) wird in der Praxis vielfach die Möglichkeit der bevorrechtigten Zuteilung im Rahmen eines sog. *friends-and-family*-Programms eingeräumt.[15] Die Führungskräfte der KGaA können darüber hinaus wie bei einer Aktiengesellschaft mit einem sog. *Stock Option Plan* am Unternehmenserfolg beteiligt und damit zusätzlich motiviert werden.[16] Hierzu stehen einer KGaA ebenso die Möglichkeiten der Schaffung eines bedingten Kapitals nach § 192 Abs. 2 Nr. 3 AktG offen.[17] Auch insofern sind die persönlich haftenden Gesellschafter einer KGaA den Mitgliedern des Vorstands gleichgestellt.[18] Daneben kann die KGaA die Mitglieder der Geschäftsführung auch als persönlich haftende Gesellschafter beteiligen, was freilich aufgrund der persönlichen Haftung wenig attraktiv erscheint.

---

[13] Siehe hierzu die Darstellung oben unter § 7 Rn. 18 ff.
[14] *Wieneke* NZG 2004, 61; *Reger/Wieneke* GWR 2013, 195.
[15] Siehe zu den dabei auftretenden rechtlichen Fragestellungen bei der Zuteilung von Aktien im Rahmen der Börseneinführung *Schanz* Börseneinführung § 10 Rn. 71; *Escher-Weingart* AG 2000, 164, 170.
[16] Siehe hierzu etwa *Hüffer/Koch* § 192 Rn. 15 ff. sowie die dort angegebene Literatur.
[17] Siehe unter § 7 Rn. 12.
[18] Hier stellt sich allenfalls die Frage, wie die Geschäftsführer, Vorstände oder andere Mitglieder des geschäftsführenden Organs der persönlich haftenden Gesellschafterin der KGaA (etwa, falls dies eine GmbH & Co. KGaA ist, von deren Komplementär-GmbH) zu behandeln sind. Nach § 192 Abs. 2 Nr. 3 AktG soll ein bedingtes Kapital nämlich nur zur Bedienung von Bezugsrechten „an Arbeitnehmer und Mitglieder der Geschäftsführung der Gesellschaft oder eines verbundenen Unternehmens" geschaffen werden. Da diese Geschäftsführer aber nicht Arbeitnehmer der Gesellschaft sind und die persönlich haftende Gesellschafterin wohl auch nicht als verbundenes Unternehmen im Sinne dieser Bestimmung angesehen werden kann, bleibt nur noch die Möglichkeit, sie als „Mitglieder der Geschäftsführer der Gesellschaft" selbst anzusehen. Dies ist trotz der gesellschaftsrechtlich doppelstöckigen Konstruktion nicht problematisch. Insbesondere im Hinblick auf die Erfolgsbezogenheit von Stock Options (vgl. § 193 Abs. 2 Nr. 4 AktG) ist eine einheitliche Betrachtung angemessen. So wird auch in der Praxis verfahren. Nicht begünstigt werden können dagegen Personen, die einem Aufsichtsorgan (etwa dem Aufsichtsrat) der persönlich haftenden Gesellschafterin angehören; hier gelten dieselben Erwägungen wie für den Aufsichtsrat der Emittentin selbst (vgl. BGHZ 158, 122, 125 ff.).

Letztlich können die mit der Börseneinführung verbundene Publizität und der 15
erhöhte Bekanntheitsgrad bei einer KGaA wie bei einer Aktiengesellschaft einen
positiven Nebeneffekt für die Geschäftstätigkeit der Gesellschaft darstellen. Die
Gesellschaft kann etwa im Geschäftsverkehr von einem verbesserten Standing und
im Vertrieb von einer höheren Bekanntheit profitieren.

b) Nachteile der Börseneinführung. Auch die Nachteile einer Börsennotie- 16
rung sind bei der Aktiengesellschaft und der KGaA weitgehend parallel angelegt.
In erster Linie wird hier die als Nachteil empfundene **gesteigerte Publizität**
genannt. Dies gilt nicht nur wegen der mit der Börseneinführung verbundenen
Prospektpflicht, sondern auch wegen der Börsenzulassungsfolgepflichten. Hierzu
gehört etwa die – je nach Handelssegment unterschiedlichen – Pflichten zur Veröffentlichung von Jahresabschlüssen und Zwischenberichten, zur Offenlegung der
Beteiligungsverhältnisse sowie Bekanntgabe kursbeeinflussender Tatsachen.[19] Zudem steht jedem Kommanditaktionär auf der Hauptversammlung der Gesellschaft
das **Auskunftsrecht** nach § 131 AktG zu. Diese Publizitätspflichten, die uneingeschränkt auch für die KGaA gelten, können insbesondere für mittelständische
Familienunternehmen, die traditionell großes Gewicht auf die Geheimhaltung der
Finanz- und Planzahlen sowie anderer Unternehmensinterna legen, ein Umden-
ken erforderlich machen.

Zudem ist eine Börseneinführung mit nicht unerheblichen **Kosten** verbunden, 17
die sich bei einer Aktiengesellschaft und einer KGaA kaum unterscheiden werden.
Hierher gehört auch, verglichen etwa mit einer GmbH, der erhöhte administrative
Aufwand aufgrund der komplexeren Organisationsform und der in weiten Teilen
auch für die KGaA geltenden Formstrenge des Aktienrechts. Erleichterungen, die
für die sog. kleine Aktiengesellschaft gelten, finden auf börsenzugelassene Gesellschaften keine Anwendung.[20] Allein die Durchführung der Hauptversammlung
einer Publikumsgesellschaft mit großem Aktionariat stellt einen nicht unerheblichen zeitlichen und finanziellen Aufwand dar. Vereinfachungen sind hier von
einer KGaA nicht zu erwarten, die, insbesondere wenn es sich um eine atypische
doppelstöckige Konstruktion handelt, eher noch komplizierter zu „handhaben" ist.

2. Größere Gestaltungsfreiheit bei der KGaA

Zu den wesentlichen Nachteilen, die mit dem Börsengang eines Unternehmens 18
verbunden sind, wird regelmäßig die Formstrenge des Aktienrechts gezählt.[21] Der
Grundsatz der Satzungsstrenge besagt, dass die Satzung von gesetzlichen Bestimmungen nur abweichen kann, wenn dies ausdrücklich zugelassen ist, § 23 Abs. 5
AktG. Dies gilt uneingeschränkt allerdings nur für die Aktiengesellschaft. Der
wesentliche Vorteil der KGaA besteht darin, dass der Satzungsgeber über einen erheblich **größeren Gestaltungsspielraum** als bei der Aktiengesellschaft verfügt.
Die KGaA als hybride Rechtsform unterliegt nur teilweise dem AktG und damit
auch nur teilweise dem Grundsatz der Satzungsstrenge. Das Personengesellschaftsrecht als dispositives Recht erlaubt es bei der Rechtsform der KGaA immer dann,

---

[19] Zu den Folgepflichten unter § 10 Rn. 85.
[20] Vgl. dazu unter § 10 Rn. 95a.
[21] Ausführlich hierzu *Sethe* S. 108 ff. m.w.N.

wenn auf das Recht der Kommanditgesellschaft verwiesen wird, in der Satzung eine andere als die gesetzliche Regelung vorzusehen.[22]

19 Diese größere Gestaltungsfreiheit kann von den Altgesellschaftern insbesondere zur Sicherung ihres Einflusses auf die Gesellschaft über den Börsengang hinaus genutzt werden. Dies wird vor allem bei inhabergeführten Unternehmen, deren Erfolg maßgeblich auf den geschäftlichen Beziehungen und den Erfahrungen des Gründers oder Inhabers beruht, zur Sicherung der Unternehmenskontinuität auch in einem gewissen Umfang vom Markt erwartet. Die Kontrolle wird aber immer dann problematisch, wenn die Anzahl der am Markt platzierten Aktien so groß wird, dass die Altaktionäre nicht mehr über die Kapitalmehrheit und damit regelmäßig auch nicht mehr über die Stimmenmehrheit auf der Hauptversammlung verfügen.

20 Die Mittel der **Einflusssicherung bei einer Aktiengesellschaft** sind beschränkt. Das naheliegende Mittel ist hier zunächst die Ausgabe **stimmrechtsloser Vorzugsaktien** nach § 139 AktG. Vorzugsaktien ohne Stimmrecht dürfen gemäß § 139 Abs. 2 AktG aber nur bis zur Hälfte des Grundkapitals ausgegeben werden, was weiteren Kapitalerhöhungen bei Sicherung der Stimmenmehrheit in der Hauptversammlung Grenzen setzt, wenn die Altgesellschafter nicht in der Lage sind, bei der Kapitalerhöhung mit neuen Stammaktien „mitzuziehen". Daneben kommt zur Sicherung der Kontrolle die Ausgabe **vinkulierter Namensaktien** in Betracht. Erforderlich dafür ist eine Regelung in der Satzung der Gesellschaft gemäß § 68 Abs. 2 AktG dahingehend, dass die Aktien nur mit Zustimmung der Gesellschaft übertragen werden können.[23] Durch die Vinkulierung kann die Gesellschaft Änderungen im Aktionärskreis kontrollieren und eine Paketbildung bei unliebsamen Aktionären verhindern.[24] Letztlich besteht noch die Möglichkeit der Schaffung von **Entsendungsrechten**, die bestimmten Aktionären das Recht einräumen, Personen ihres Vertrauens in den Aufsichtsrat zu entsenden. Entsendungsrechte können in der Satzung für bestimmte Aktionäre oder für die jeweiligen Inhaber bestimmter Aktien begründet werden,[25] § 101 Abs. 2 S. 1 AktG. Aber auch hierdurch kann eine dauerhafte Kontrolle über eine Aktiengesellschaft nicht gewährleistet werden, da sich die Entsendungsrechte gemäß § 101 Abs. 2 S. 4 AktG höchstens auf ein Drittel der Mitglieder des Aufsichtsrates erstrecken dürfen. Im Ergebnis bringt daher in der Praxis die schwindende Kapitalmehrheit regelmäßig auch das Problem der schwindenden Stimmrechtsmehrheit sowie den drohenden Kontrollverlust mit sich.

---

[22] Siehe hierzu ausführlich oben § 3 Rn. 7 ff.
[23] Die Vinkulierung steht einer Börsennotierung nicht entgegen, *Wieneke* in Bürgers/Körber AktG § 68 Rn. 12. Es gibt auch mittlerweile keine Verpflichtung seitens der Gesellschaft mehr, die Erlaubnis zur Übertragung in der Regel zu erteilen, *Lutter/Drygala* in Kölner Komm AktG § 68 Rn. 80, dort auch Nachweise zum mittlerweile überholten Meinungsstand.
[24] Siehe zu der Frage einer möglichen Umgehung von Vinkulierungsklauseln *Sieveking/Technau* AG 1989, 17 ff.; *Lutter/Grunewald* AG 1989, 109 ff.; sowie jüngst *Liebscher* ZIP 2003, 825 ff.; kritisch zum Umfang der Vinkulierung und zum Umgang einiger Gesellschaften mit dem Recht hierzu *Pleister* Börsen-Zeitung vom 12.10.2002, S. 13.
[25] Siehe etwa das Entsenderecht der Alfried Krupp von Bohlen und Halbach-Stiftung in § 9 Abs. 2 der Satzung der ThyssenKrupp AG.

Wieneke/Fett

Die vorgenannten Maßnahmen (Vorzugsaktien,[26] vinkulierte Namensaktien, Entsendungsrechte) kommen auch bei **einer KGaA als Mittel der Kontrollsicherung** in Betracht.[27] Dem kommt aber weniger Bedeutung zu, da die KGaA, auch wenn sie börsennotiert ist, im Vergleich zur Aktiengesellschaft bei entsprechender satzungsmäßiger Ausgestaltung eine **übernahmeresistente Rechtsform** ist.[28] Die Geschäftsführung der KGaA liegt bei den persönlich haftenden Gesellschaftern. Diese sind in der Satzung der Gesellschaft benannt (§ 281 Abs. 1 AktG) und können regelmäßig weder durch den Aufsichtsrat noch durch die Hauptversammlung abberufen werden. Dies gilt grundsätzlich auch dann, wenn die Geschäftsführung nicht von natürlichen Personen als persönlich haftenden Gesellschaftern wahrgenommen wird, sondern von den gesetzlichen Vertretern einer Komplementärgesellschaft. Dann werden die Geschäftsleiterpositionen ausschließlich von den zuständigen Organen der Komplementärgesellschaft besetzt.[29] Unberührt bleibt natürlich die Möglichkeit der Entziehung der Geschäftsführungs- und/oder Vertretungsbefugnis aus wichtigem Grund durch eine gerichtliche Entscheidung gemäß § 278 Abs. 2 AktG i. V. m. §§ 117, 127 HGB.[30] Dies bedeutet im Ergebnis, dass die Gesellschaft beliebig häufig den Kapitalmarkt zur Aufnahme von Eigenkapital in Anspruch nehmen kann, ohne dass die Altgesellschafter Gefahr laufen, bei Verlust ihrer Kapital- und Stimmenmehrheit in der Hauptversammlung auch die Kontrolle zu verlieren. Es ist theoretisch nicht ausgeschlossen, dass etwa die Gründerfamilie am Ende nur noch die Geschäftsanteile an der (nicht am Kapital der GmbH & Co. KGaA beteiligten) Komplementär-GmbH hält und damit nicht mehr am Gesamtkapital der Gesellschaft beteiligt ist, gleichwohl aber noch die Personalkompetenz innehat.[31]

Zudem kann von der größeren Gestaltungsfreiheit bei einer KGaA durch die Schaffung **weiterer Gesellschaftsorgane** Gebrauch gemacht werden. So ist es denkbar, bestimmte Kompetenzen auf einen Beirat zu verlagern, auf dessen Besetzung sowohl die persönlich haftenden Gesellschafter als auch die Hauptversammlung oder der Aufsichtsrat Einfluss haben.[32]

---

[26] Beispiel hierfür ist etwa die Henkel AG & Co KGaA.
[27] Bei dem Entsendungsrecht ist allerdings der Rechtsgedanke des § 285 Abs. 1 S. 1 Nr. 1 AktG zu beachten; siehe hierzu im Einzelnen § 5 Rn. 465 ff. Das Entsendungsrecht kann also nicht zugunsten eines persönlich haftenden Gesellschafters bestehen.
[28] *Assmann/Sethe* in GroßKommAktG Vor § 278 Rn. 51; *Perlitt* in Münch Komm AktG vor § 278 Rn. 125; siehe ausführlich zu der Bedeutung dieser These im Übernahmerecht unten § 10 Rn. 135 ff.
[29] Siehe zu den Bestrebungen im Schrifttum, die Geschäftsleiter der Kapitalgesellschaft & Co. KGaA personalpolitisch an die Gesellschaft anzukoppeln, insbesondere *Hommelhoff* ZHR Beiheft 67 (1998), 9, 20 ff.; hierzu kritisch bereits oben § 3 Rn. 11 ff. sowie aus kapitalmarktrechtlicher Sicht im folgenden § 10 Rn. 30.
[30] Siehe hierzu sowie zum sog. Abberufungsdurchgriff bei der Kapitalgesellschaft & Co. KGaA ausführlich oben § 5 Rn. 209 ff.
[31] Bei der Fresenius SE & Co. KGaA und der Fresenius Medical Care AG & Co. KGaA bestehen Mindestbeteiligungsquoten für die Gesellschafter der Komplementärgesellschaft; unterschreiten die Gesellschafter diese Schwellen, führt dies zum Ausscheiden der Komplementärgesellschaft (s. jeweils § 6 Abs. 3 der Satzungen).
[32] Siehe hierzu im einzelnen oben § 5 Rn. 551 ff.

3. Unterschiede in der Kompetenzverteilung

23 Ferner ist zu bedenken, dass die Kompetenzverteilung zwischen den Organen einer KGaA in einzelnen Punkten von denen einer Aktiengesellschaft abweicht. So haben die persönlich haftenden Gesellschafter in gewisser Hinsicht einen **größeren Handlungsspielraum** als die Vorstände einer Aktiengesellschaft. Der Aufsichtsrat einer KGaA hat etwa, anders als der Aufsichtsrat einer Aktiengesellschaft, nicht das Recht, gemäß § 77 Abs. 2 S. 1 AktG eine Geschäftsordnung für den Vorstand zu erlassen oder bestimmte Maßnahmen der Geschäftsführung gemäß § 111 Abs. 4 S. 2 AktG seiner Zustimmung zu unterwerfen.[33] Dies ist eine weitergehende Schwächung der Funktion des Aufsichtsrates, die über das Fehlen der Personalkompetenz hinausgeht.

24 Andererseits ist aber zu beachten, dass die persönlich haftenden Gesellschafter einer KGaA in ihren Rechten als Kommanditaktionäre den **Beschränkungen** des § 285 Abs. 1 AktG unterliegen, d.h. sie dürfen insbesondere bei der Beschlussfassung über die Wahl und Abberufung des Aufsichtsrates, die Entlastung der persönlich haftenden Gesellschafter und der Mitglieder des Aufsichtsrates sowie der Wahl von Abschlussprüfern ihr Stimmrecht aus von ihnen gehaltenen Aktien nicht ausüben. Persönlich haftende Gesellschafter haben also selbst dann, wenn sie über eine Mehrheit der Stimmrechte in der Hauptversammlung der Gesellschaft verfügen, keinen Einfluss auf die Besetzung des Aufsichtsrates und die Bestimmung des Abschlussprüfers. Dies ist ein Unterschied zur Aktiengesellschaft, bei welcher der Mehrheitsaktionär die uneingeschränkte Möglichkeit hat, den Abschlussprüfer, alle Mitglieder des Aufsichtsrats und damit mittelbar auch die Mitglieder des Vorstands zu bestimmen. Bei einer börsennotierten KGaA ist daher denkbar, dass sich die Altgesellschafter, obwohl sie noch die Stimmrechts- und Kapitalmehrheit auf der Hauptversammlung haben, einem durch die Minderheitsaktionäre bestimmten Aufsichtsrat und Abschlussprüfer gegenübersehen. Der Aufsichtsrat mag zwar bei einer KGaA in seinen Rechten beschränkt sein; gleichwohl wäre in einer solchen Situation die Stellung der Altaktionäre mit einem von ihnen kontrollierten Aufsichtsrat (und Vorstand) bei einer Aktiengesellschaft „komfortabler".

24a Diese Unterschiede in der Kompetenzverteilung können bei **mitbestimmten Gesellschaften** einen interessanten Gesichtspunkt darstellen. Hat beispielsweise eine börsennotierte KGaA mehr als 2.000 Mitarbeiter, unterliegt sie gemäß § 1 Abs. 1 MitbestG der paritätischen Mitbestimmung. Der Aufsichtsrat der KGaA besteht dann zur Hälfte aus Vertretern der Arbeitnehmer. Demgegenüber würde der Aufsichtsrat einer Komplementär-AG nicht der Mitbestimmung unterliegen. Wesentliche Kompetenzen, etwa die Vorstandspersonalien (einschließlich der Vergütungsfragen) und die Regelung zustimmungspflichtiger Geschäfte, wären damit typischerweise dem (mitbestimmten) Aufsichtsrat der KGaA entzogen. Die KGaA als Rechtsformalternative bringt hier nicht notwendig das Problem der Minderheitenherrschaft mit sich, dass nämlich die Anteile an der Komplementärgesellschaft in den Händen eines Dritten liegen, dessen dominante Stellung von der Zusammensetzung des Aktionariats unabhängig ist. Eine in der Praxis entwickel-

---

[33] *Hüffer/Koch* § 278 Rn. 15; *Kallmeyer* ZGR 1983, 57, 69; *Sethe* AG 1996, 289, 297 ff. sowie oben § 5 Rn. 479.

te Struktur ist die Einheits-KGaA, bei der die KGaA selbst die einzige Gesellschafterin der Komplementärgesellschaft ist.[34] Wird bei einer Einheits-KGaA die Befugnis zur Stimmrechtsausübung an den Aktien der Komplementär-AG dem fakultativ geschaffenen, von der Hauptversammlung der KGaA gewählten Gesellschafterausschuss der KGaA zugewiesen, liegen trotz einer generell anwendbaren Mitbestimmung wesentliche Kompetenzen (s. o.) bei einem durch die Hauptversammlung der KGaA (mittelbar) bestellten nicht mitbestimmten Aufsichtsrat der Komplementär-AG,[35] freilich bei erheblich gestiegener Komplexität der Corporate Governance.

4. Steuerliche Unterschiede

Die wesentlichen Unterschiede in der Besteuerung einer KGaA und einer Aktiengesellschaft werden an anderer Stelle in diesem Buch dargestellt.[36] Bei der Rechtsformwahl im Vorfeld einer Börseneinführung sind allerdings die deutlichen Unterschiede in der Höhe der Steuerbelastung im Fall der **Vererbung** der Beteiligung eines Gesellschafters zu berücksichtigen.[37]

Bemessungsgrundlage für die Erbschaftsteuer bei dem Übergang von Aktien an einer börsennotierten Aktiengesellschaft ist der auf dem **Börsenkurs** am Tag des Erbfalles basierende Wert der Beteiligung. Demgegenüber bestimmt sich der für die Erbschaftsteuer maßgebliche Wert der Beteiligung eines persönlich haftenden Gesellschafters einer KGaA nach den Steuerbilanzwerten des Unternehmens. Diese liegen, insbesondere bei Unternehmen mit hohen stillen Reserven im Betriebsvermögen oder einem hohen Geschäfts- und Ertragswert, regelmäßig deutlich unter dem auf Grundlage des Börsenkurses ermittelten Wert einer Beteiligung. Im Ergebnis bringt daher die Rechtsform der KGaA im Fall der Vererbung der Vermögenseinlage im Vergleich zur Vererbung einer entsprechenden Anzahl von (börsennotierten) Aktien einen nicht unerheblichen Vorteil.

5. Geringere Akzeptanz der KGaA

Es wurde bereits darauf hingewiesen, dass die Rechtsform KGaA aus rein rechtlicher Sicht in gleicher Weise wie die Aktiengesellschaft zur Eigenkapitalbeschaffung am Kapitalmarkt geeignet ist. Aus wirtschaftlicher Sicht mögen freilich Unterschiede bestehen. Der Kapitalmarkt nimmt die KGaA (noch) als eine andersartige und **ungewohnte Form der Corporate Governance** mit einer erheblich komplexeren und daher erklärungsbedürftigen Organisationsverfassung wahr. Während die Satzungen von börsennotierten Aktiengesellschaften weitgehend standardisiert sind, führt die Gestaltungsfreiheit bei der KGaA zu individuellen, in den Einzelheiten ausdifferenzierten Satzungen. Dies gilt allemal dann, wenn die persönlich haftenden Gesellschafter der KGaA keine natürlichen Personen, son-

---

[34] Siehe oben § 5 Rn. 30, 196, 216 ff.
[35] Siehe etwa §§ 9, 26 der Satzung der Henkel AG & Co. KGaA (Stand: 15.4.2010) oder §§ 7, 22, 23 der Satzung der Hella KGaA Hueck & Co (Stand: 31.10.2014).
[36] Siehe oben § 2 Rn. 12 ff. und § 9.
[37] Siehe hierzu ausführlich unter § 9 Rn. 170 ff. sowie *Lorz* in Gesellschaftsrecht in der Diskussion Bd. 1, S. 67 ff.

dern Kapitalgesellschaften oder Kommanditgesellschaften sind. Auch eine nicht auf das Grundkapital geleistete Einlage der persönlich haftenden Gesellschafter (§ 281 Abs. 2 AktG) samt der damit regelmäßig einhergehenden Gewinnberechtigung ist das Ergebnis einer individuellen Ausgestaltung. Erschwerend kommt hinzu, dass die aktienrechtlichen Regelungen über den Schutz der effektiven Kapitalaufbringung und -erhaltung auf Einlageleistungen des persönlich haftenden Gesellschafters keine Anwendung finden[38] und deshalb durch entsprechende Satzungsregelungen nachgebildet werden müssen. Diese höhere Flexibilität bei der Satzungsgestaltung mag aus Sicht der Altgesellschafter des Emittenten im Vergleich zur Aktiengesellschaft als Vorteil gesehen werden; für den Kapitalmarkt hingegen bedeutet die auf individuellen Überlegungen beruhenden Organisationsverfassung der KGaA einen zusätzlichen Aufwand, da der Investor die spezifische Corporate Governance im Einzelfall analysieren und bei seiner Investitionsentscheidung berücksichtigen muss. Hinzu kommt eine gewisse Unsicherheit aufgrund einzelner noch offener Rechtsfragen bei einer KGaA, die bislang noch nicht höchstrichterlich geklärt worden sind.

28 Dies hat zur Folge, dass eine Bewertung der mit den Besonderheiten des Rechts der KGaA verbundenen Risiken für den Kapitalmarkt nur aufgrund einer **detaillierten juristischen Analyse** der Organisationsverfassung des jeweiligen Emittenten möglich ist. Ob die Analysten der Investmentbanken oder anderen Marktintermediären, die mit ihren Studien und Empfehlungen Einfluss auf die Kursbildung haben, hierzu willens und in der Lage sind, ist fraglich. Dies gilt umso mehr, wenn die Aktien des Emittenten am internationalen Kapitalmarkt platziert werden sollen, da ausländische Investoren noch weniger mit der Rechtsform der KGaA vertraut sein werden. Insbesondere in einem schwierigen Marktumfeld werden Emissionsbanken im Hinblick auf diese Erwägungen aus Sorge um die Platzierbarkeit der Kommanditaktien einer Kapitalgesellschaft & Co. KGaA skeptisch gegenüberstehen.[39]

29 Der Umstand, dass die Kommanditaktionäre regelmäßig keinen Einfluss auf die Besetzung des geschäftsleitenden Organs der Gesellschaft haben, könnte zu einem weiteren Kursabschlag führen und dadurch die **Finanzierungskosten** im Vergleich zu einer Aktiengesellschaft erhöhen. Die fehlende Übernahmemöglichkeit begrenzt die Kursphantasie. Insofern sind die Aktien einer KGaA den Vorzugsaktien einer Aktiengesellschaft vergleichbar. Vorzugsaktien als funktionales Äquivalent der Einflusssicherung werden typischerweise mit einem **Bewertungsabschlag** gegenüber vergleichbaren Stammaktien gehandelt. Allgemeine Aussagen über die Höhe des Bewertungsabschlages lassen sich aber schon bei Vorzugsaktien nur schwer machen, da die Kurse, zu denen die Stamm- und Vorzugsaktien derselben Gesellschaft gehandelt werden, unter anderem von der individuellen Ausgestaltung des Vorzugs und von der unterschiedlichen Liquidität des Handels mit diesen Aktien beeinflusst werden.[40]

29a Die in der *Voraufl.* geäußerte Skepsis, der Bewertungsabschlag für Kommanditaktien werde eher noch größer als der für Vorzugsaktien sein, da die Intransparenz der Rechtsform berücksichtigt werden müsse, erscheint heute so nicht mehr zu-

---

[38] Dies ist sehr streitig. Ausführlich hierzu oben § 4 Rn. 36 ff.
[39] *Assmann/Sethe* in Großkomm AktG Vor § 278 Rn. 52.
[40] *Jung/Wachtler* AG 2001, 513 ff.

treffend. Wie sich an den börsennotierten DAX-Unternehmen Fresenius und der Fresenius Medical Care ersehen lässt, führt der Formwechsel in eine Kapitalgesellschaft & Co. KGaA jedenfalls dann nicht zu einem wahrnehmbaren Kursabschlag, wenn die Satzungen mit einer ausgewogenen Corporate Governance aufwarten, die zwar die vorstehend beschriebenen Charakteristika einer KGaA unberührt lassen, die personengesellschaftsrechtlichen Gestaltungsfreiheiten jedoch nicht zugunsten der Komplementärgesellschaften und damit zulasten der Kommanditaktionäre ausreizen. Zudem hat sich gezeigt, dass auch ausländische Anleger der KGaA nicht prinzipiell ablehnend gegenüberstehen. Gerade global agierende Investoren müssen sich regelmäßig mit sehr unterschiedlichen Formen der Corporate Governance in den verschiedenen Jurisdiktionen befassen, in denen sie tätig sind, sodass Unterschiede, die aus nationaler Perspektive wesentlich erscheinen, aus der Ferne betrachtet offenbar wenig Relevanz haben, sozusagen im Rahmen der Standardabweichung liegen.

6. Die Fußball KGaA

Mittlerweile ist die KGaA unter den als Kapitalgesellschaften verfassten Lizenzspielerabteilungen der Fußball-Bundesligavereine die vorherrschende Rechtsform.[41] Die Satzung des Ligaverbandes privilegiert die Rechtsform der KGaA. Generell steht die Mitgliedschaft im Ligaverband und damit der Erwerb einer Lizenz zur Teilnahme an den deutschen Fußball-Lizenzligen nur Kapitalgesellschaften offen, an denen der Mutterverein mit mindestens 50% der Stimmanteile plus einer weiteren Stimme beteiligt ist. Diese Mindestbeteiligungsquote gilt für die KGaA nicht, wenn (i) der Mutterverein oder eine von ihm zu 100% beherrschte Tochtergesellschaft die Stellung des persönlich haftenden Gesellschafters hat und (ii) der Mutterverein eine vergleichbare Stellung hat wie ein an der Kapitalgesellschaft mehrheitlich beteiligter Gesellschafter, insbesondere dem persönlich haftenden Gesellschafter die kraft Gesetzes eingeräumte Vertretungs- und Geschäftsführungsbefugnis unbeschränkt zusteht.[42] Damit eröffnet die Wahl der Rechtsform der KGaA den Muttervereinen die Möglichkeit, Investoren in größerem Maße am ausgegliederten Lizenzspielerbetrieb zu beteiligen, als es bei anderen Rechtsformen möglich wäre.[43] Daher ist die KGaA die Rechtsform der Wahl, wenn die Lizenzspielerabteilungen der Fußball-Bundesligavereine an die Börse streben. Einziges Beispiel in Deutschland ist bislang die Borussia Dortmund GmbH & Co. Kommanditgesellschaft auf Aktien, die im Jahr 2000 an die Börse gegangen ist.

29b

---

[41] In der Bundesliga-Saison 2014/15 sind von 36 Mannschaften der 1. und 2. Bundesliga neun in der Rechtsform der KGaA (Borussia Dortmund, Werder Bremen, Hertha BSC Berlin, 1. FC Köln, FC Augsburg, Hannover 96, Eintracht Braunschweig, SpVgg Greuther Fürth und TSV 1860 München) verfasst. Drei Mannschaften firmieren als AG, sechs als GmbH. 18 Mannschaften sind nach wie vor als eV konstituiert.
[42] Zu diesen Voraussetzungen siehe § 8 Ziff. 2 der Satzung des Ligaverbandes, online abrufbar unter: http://www.dfb.de/fileadmin/_dfbdam/14_Satzung_Liga_DFL.pdf (abger. am 29.7.2015).
[43] Eingehend zu den Vor- und Nachteilen der Rechtsform der KGaA insbesondere für ausgegliederte Fußball-Lizenzspielerabteilungen: *Balzer* ZIP 2001, 175, 178 ff.; *Habel/Strieder* NZG 1998, 929 ff.

II. Spezifischer kapitalmarktrechtlicher Anlegerschutz in der KGaA?

30   Wie die Aktiengesellschaft kann die KGaA mit ihren Aktien Wertpapiere i. S. v. § 32 Abs. 1 BörsG[44] emittieren und für sie die Zulassung zum Börsenhandel oder die Einbeziehung in den Freiverkehr beantragen. Fraglich ist aber, ob es über die wertpapiermäßige Verbriefung der Mitgliedschaft hinausgehende spezifisch kapitalmarktrechtliche Anforderungen an den jeweiligen Emittenten gibt, wenn er die Rechtsform der KGaA wählt. Dies könnten etwa bestimmte Anforderungen an die satzungsmäßige Ausgestaltung der Gesellschaft sein, die über die allgemeinen gesellschaftsrechtlichen Erfordernisse hinausgehen. Bereits der BGH hat in seiner Grundsatzentscheidung[45] vom 24.2.1997 zu derartigen Überlegungen Anlass gegeben, wenn er im Hinblick auf eine rechtlich unzulässige Minderheitenherrschaft „Satzungsgestaltungen zu Lasten der Kommanditaktionäre nur in engeren Grenzen zulassen" will und zu diesem Zweck auf die Rechtsprechung des BGH zu den Publikumskommanditgesellschaften verwiesen hat.

31   Das Kapitalmarktrecht hat die Funktionsbedingungen und die normative Ausgestaltung des Marktes fungibler mitgliedschaftlicher Kapitalanlagen (und Obligationen) zum Gegenstand. Obwohl es im Kapitalmarktrecht nicht primär um das Funktionieren gesellschaftsinterner Abläufe geht und es insofern rechtsformunabhängig ist,[46] stehen **Gesellschaftsrecht und Kapitalmarktrecht** nicht unabhängig nebeneinander.[47] Kapitalmarktrecht kann vielmehr das Verbandsrecht ergänzen, wenn es etwa darum geht, Schutzprobleme des Gesellschaftsrechts, wie den Anleger- und Minderheitenschutz, kapitalmarktrechtlich zu flankieren.[48] Andererseits ist das Gesellschaftsrecht Teil der institutionellen Rahmenbedingungen von Kapitalmärkten. So dient etwa der innergesellschaftliche und damit gesellschaftsrechtlich vermittelte Anlegerschutz der institutionellen Effizienz des Kapitalmarkts.[49] Vor diesem Hintergrund ist nicht grundsätzlich ausgeschlossen, dass für eine börsennotierte KGaA Anforderungen gelten, die auch im Hinblick auf die gesellschaftsrechtliche Verfassung über das ansonsten Geltende hinausgehen.

1. Der Ansatz von *Hommelhoff*

32   Für spezifische Anforderungen an eine börsennotierte KGaA hat sich in erster Linie *Hommelhoff* stark gemacht.[50]

33   Sein kapitalmarktrechtlicher Anknüpfungspunkt ist zum einen § 1 BörsZulVO, wonach die „Satzung oder der Gesellschaftsvertrag des Emittenten (…) dem Recht

---

[44] Siehe zum Wertpapierbegriff des BörsG etwa *Heidelbach* in Schwark/Zimmer § 32 BörsG Rn. 25.
[45] BGHZ 134, 392, 399 f. = BGH NJW 1997, 1932.
[46] *Schwark* FS Stimpel, 1985, S. 1087, 1091.
[47] *Assmann* in Großkomm AktG Einl. Rn. 348 ff.; *K. Schmidt,* Gesellschaftsrecht § 1 II 3 (S. 13 ff.); *Mülbert* Aktiengesellschaft, Unternehmensgruppe und Kapitalmarkt S. 107 ff.; *Fleischer* Gutachten F für den 64. Deutschen Juristentag.
[48] Siehe hierzu etwa *Grabbe/Fett* NZG 2003, 755 m. w. N.
[49] *Mülbert* Aktiengesellschaft, Unternehmensgruppe und Kapitalmarkt S. 144.
[50] Siehe zum folgenden *Hommelhoff* ZHR Beiheft 67 (1998), 9, 26 ff.; ihm folgend etwa *Schlitt* Die Satzung der KGaA S. 31.

des Staates entsprechen (muß), in dem der Emittent seinen Sitz hat". Im Hinblick auf diese Bestimmung habe die Zulassungsstelle zu prüfen, ob der von *Hommelhoff* angenommene Regelungsauftrag des Satzungsgebers für „statutarische Rückkoppelungs-Mechanismen", d.h. den Regeln für die Aktiengesellschaft vergleichbare Mitentscheidungs-, Kontroll- und Überwachungsrechte der Hauptversammlung einer KGaA, erfüllt ist. Die gegen einen solchen Regelungsauftrag bereits aus gesellschaftsrechtlicher Sicht vorgebrachten Einwendungen[51] sind auch für die kapitalmarktrechtliche Perspektive maßgeblich. Unabhängig davon ist § 1 BörsZulVO als zusätzliche Quelle für spezifisch kapitalmarktrechtliche Anforderungen ungeeignet, da diese Bestimmung allein auf das Gesellschaftsrecht verweist[52] und darüber hinaus keine weiteren Anforderungen stellt.

Gewichtiger war der zweite kapitalmarktrechtliche Ansatzpunkt von *Hommelhoff*, nämlich § 30 Abs. 3 Nr. 3 BörsG a. F., wonach die Zulassung nur erteilt werden durfte, wenn „keine Umstände bekannt sind, die bei Zulassung der Wertpapiere zu einer Übervorteilung des Publikums oder einer Schädigung erheblicher allgemeiner Interessen führen". Aber auch dieser Ansatz erschien nicht zielführend. Es waren kaum Satzungsgestaltungen vorstellbar, die gesellschaftsrechtlich zulässig gewesen wären, aber die Tatbestandsvoraussetzungen des § 30 Abs. 3 Nr. 3 BörsG erfüllt hätten. Mit Anpassung des Börsengesetzes zum 1.7.2005 hat der Gesetzgeber diese Anforderung aus dem Gesetz gestrichen; auch die aktuelle Nachfolgeregelung in § 32 BörsG enthält keine vergleichbare Vorgabe. Damit fehlt heute ein rechtlich überzeugender Anknüpfungspunkt für das kapitalmarktrechtlich begründete „Sonderrecht" der Publikums-KGaA.[53] 34

Letztlich sprach aber gegen den von *Hommelhoff* gewählten Ansatzpunkt, dass eine von der Börsenzulassungsstelle wahrgenommene gesellschaftsrechtliche Prüfung wenig praktikabel und mit dem öffentlich-rechtlichen Aufhänger funktional unzutreffend verortet war.[54] 35

2. Die Überlegungen des BGH

Zweifelhaft ist auch der Ansatz des BGH in der Grundsatzentscheidung vom 24.2.1997, sofern er auf das **Sonderrecht der Publikumskommanditgesellschaften** Bezug nimmt und im Hinblick auf eine rechtlich unzulässige Minderheitenherrschaft „Satzungsgestaltungen zu Lasten der Kommanditaktionäre nur in engeren Grenzen zulassen" will.[55] Das für die Publikums-KG entwickelte Sonderrecht basiert insbesondere darauf, dass solche Gesellschaften eine vom gesetzlichen Leitbild der Kommanditgesellschaft abweichende körperschaftliche Struktur 36

---

[51] Siehe unter § 3 Rn. 12 f.
[52] In diese Richtung die Gesetzesbegründung zu § 18 Nr. 3 BörsZulVO in BT-Drs. 13/8933, S. 1 ff. (154) – zitiert bei *Schaumburg/Schulte* Die KGaA Rn. 97. Über das reine Gesellschaftsrecht hinausgehende Anforderungen wären mit dem Verweis in § 1 BörsZulVO auf die ausländischen Rechtsordnungen nicht vereinbar.
[53] *Bachmann* in Spindler/Stilz AktG § 278 Rn. 99.
[54] *Herfs* in Gesellschaftsrecht in der Diskussion, Bd. 1 S. 31.
[55] BGHZ 134, 392, 399 f., unter Hinweis auf Vorarbeiten von *Priester* ZHR 160 (1996), 250, 262; ferner *Ihrig/Schlitt* ZHR Beiheft 67 (1998), 33, 57 ff.; siehe auch *Bachmann* in Spindler/Stilz AktG § 278 Rn. 30; *Perlitt* in Münch Komm AktG § 278 Rn. 339.

haben und regelmäßig ein öffentlicher Vertrieb am (grauen) Kapitalmarkt erfolgt.[56] Beide Ansatzpunkte greifen bei der KGaA nicht. Anders als die (idealtypische) Kommanditgesellschaft ist die KGaA eben nicht typischerweise eine Zweckgemeinschaft mit geringem Gesellschafterbestand, sondern von ihrer gesetzlichen Ausgestaltung bereits auf die Aufnahme einer Vielzahl von Anlegern ausgerichtet.[57] Es vermag daher nicht zu verwundern, dass für eine Vielzahl von Fragestellungen, für die bei der Publikums-KG richterrechtlich spezifische Lösungen entwickelt werden mussten, wie Mehrheitsanforderungen, Informationsrechte, Erhöhung der Leistungspflicht etc., das gesetzliche Recht der KGaA ohne weiteres Antworten bereithält. Die richtige Perspektive ist daher, wenn als Kontrollmaßstab für die Publikums-KG das Aktienrecht gilt[58] und nicht umgekehrt.[59] Das zeigt sich beispielhaft bei der für die Publikums-KG entwickelten allgemeinen zivilrechtlichen Prospekthaftung. Diese findet in den für den Vertrieb von Aktien geltenden Bestimmungen des BörsG und des VerkProspG, die nunmehr im WpPG konsolidiert sind, ihr Vorbild.

37 Der Hinweis auf die Publikums-KG lässt sich allerdings kapitalmarktrechtlich interpretiert fruchtbar machen. Das dort entwickelte Sonderrecht enthält nämlich sowohl Bestimmungen für einen ex-ante und einen ex-post bewirkten Anlegerschutz (etwa die dem Schutz des Anlegers bei der Investitionsentscheidung dienende Prospekthaftung einerseits und die im weiteren Verlauf mögliche gerichtliche Inhaltskontrolle der Satzung andererseits). Ziel eines ex-ante-Anlegerschutzes ist es insbesondere, dem Anleger ein **angemessenes Informationsumfeld** zur Verfügung zu stellen, damit er die Tragweite und die Risiken der von ihm beabsichtigten Investments einschätzen und eine wohlinformierte Anlageentscheidung treffen kann. Diesem Zweck dienen zum einen die Wohlverhaltenspflichten des WpHG, die den Marktintermediären bestimmte Informationspflichten gegenüber ihre Kunden auferlegen,[60] und zum anderen die durch den Wertpapierprospekt hergestellte Publizität. Wesentlicher Bestandteil des ex-post-Anlegerschutzes sind etwa die **Regelpublizität, die Ad-hoc-Publizität und das Insiderrecht**.[61] Hierher gehört aber auch der innergesellschaftliche Anlegerschutz, der verhindern will, dass durch künftiges Verhalten der Verwaltung oder der Mitgesellschafter, insbesondere im Hinblick auf Finanzierungs- und Investitionsentscheidungen, Risiken für den Anleger entstehen, durch die seine Investitionsentscheidung nachträglich

---

[56] Siehe zum Sonderrecht der Publikums-KG etwa *Roth* in Baumbach/Hopt HGB Anh. § 177a Rn. 52 ff.; *Oetker* in Oetker HGB § 161 Rn. 122 ff.; *Henze* in Ebenroth/Boujong/Joost/Strohn HGB Anh. B zu § 177a Rn. 17 ff.
[57] *Herfs* in Gesellschaftsrecht in der Diskussion Bd. 1, S. 36. Siehe dazu auch § 5 Rn. 15 ff.
[58] *Henze* in Ebenroth/Boujong/Joost/Strohn HGB Anh. B zu § 177a Rn. 26.
[59] Ablehnend auch *Assmann/Sethe* in Großkomm AktG § 278 Rn. 7; *Wichert* AG 2000, 268.
[60] Insbesondere § 31 Abs. 2 WpHG; vgl. hierzu etwa *Rothenhöfer* in Schwark/Zimmer vor § 31 WpHG Rn. 11, § 31 WpHG Rn. 87. Sehr zweifelhaft ist freilich, ob der Umstand, dass es sich bei einem Emittenten um eine KGaA handelt, zu den „zweckdienlichen Informationen" i.S.d. § 31 Abs. 2 Nr. 2 WpHG gehört, die ein Wertpapierdienstleistungsunternehmen seinen Kunden etwa durch einen Risikohinweis mitzuteilen hat. Regelmäßig werden nämlich ausgewogene satzungsmäßige Gestaltungen oder gesellschaftsrechtliche Schutzmechanismen dafür sorgen, dass die rechtstypspezifischen Risiken nicht das Maß erreichen, das eine Informationspflicht begründet.
[61] Hierzu unten § 10 Rn. 86 ff.

frustriert wird.⁶² Aus der Perspektive des Kapitalmarktrechts erfordert dies insbesondere einen Schutz des Kommanditaktionärs in seiner Eigenschaft als Anleger.

Im Ergebnis lassen sich daher kapitalmarktrechtliche Anforderungen an die Satzung der KGaA und die Ausübung der durch sie vermittelten Befugnisse nicht vollkommen ausschließen. Dies beinhaltet insbesondere, dass die **Teilhabe der Kommanditaktionäre** an den Chancen und Risiken des von der börsennotierten Gesellschaft betriebenen Unternehmens **nicht nachträglich** zugunsten der persönlich haftenden Gesellschafter und zu Lasten der Kommanditaktionäre verschoben werden darf. Hierunter fallen etwa eine Erhöhung der Gewinnberechtigung der persönlich haftenden Gesellschafter ohne gleichzeitige Leistung einer angemessenen Einlage, die Entnahme von Kapital ohne gleichzeitige angemessene Reduzierung der Gewinnberechtigung⁶³ oder die Durchführung von Grundlagenentscheidungen ohne vorherige Beteiligung der Hauptversammlung, wenn dies nicht von Anfang an in der Satzung so festgelegt war. **38**

3. Treuepflicht als Korrektiv

Richtiger dogmatischer Anknüpfungspunkt für diese Einschränkungen ist die auch in der KGaA geltende **Treuepflicht**.⁶⁴ Maßstab für die Treuepflichten der Gesellschafter untereinander ist in erster Linie die Realstruktur der Gesellschaft. Dabei stellt die Treuepflicht als rechtliche Generalklausel die Rezeptionsgrundlage zur Integration und Ausdifferenzierung von Verhaltensstandards dar, die über die rechtsformspezifischen Anforderungen hinausgehen und in der tatsächlichen Verfassung der Gesellschaft begründet sind. Das bedeutet im vorliegenden Zusammenhang, dass eine Gesellschaft, die für ihre Finanzierung den Kapitalmarkt in Anspruch nimmt, auch dessen Funktionsbedingungen respektieren muss. Dies beinhaltet, Maßnahmen zu unterlassen, welche die Investitionsentscheidung der Anleger nachträglich beeinträchtigen. Im äußersten Fall können daher Satzungsbestimmungen, die an sich der Gestaltungsfreiheit des Personengesellschaftsrechts unterliegen (§ 278 Abs. 2 AktG), oder Maßnahmen, die auf derartigen Satzungsbestimmungen basieren, bei einer börsennotierten KGaA die Grenzen zum treuwidrigen Verhalten übersteigen. Das Korrektiv der Treuepflicht darf freilich auch bei einer börsennotierten KGaA nicht überbewertet werden. Insbesondere eine allgemeine Inhaltskontrolle der Satzung oder eine Personalkompetenz von Hauptversammlung oder Aufsichtsrat lässt sich hierdurch sicherlich nicht begründen. **39**

---

⁶² *Mülbert* Aktiengesellschaft, Unternehmensgruppe und Kapitalmarkt S. 144.
⁶³ Vgl. zu Kapitalmaßnahmen § 7.
⁶⁴ So auch *Jaques* NZG 2000, 401, 407 ff.; *Förl/Fett* in Bürgers/Körber AktG § 278 Rn. 37b; siehe allgemein hierzu bereits oben § 3 Rn. 20 ff.; zur Treuepflicht als Korrektiv bei Kapitalmaßnahmen der Komplementäre vgl. etwa unter § 7 Rn. 7.

III. Besonderheiten beim Börsengang einer KGaA

1. Gesellschaftsrechtliche Strukturierung pre-IPO

40 Die Börsenfähigkeit eines Unternehmens hängt von einer Vielzahl von Bedingungen ab, von denen nur ein kleinerer Ausschnitt rein rechtlicher Natur ist. Zunächst und in erster Linie braucht das Unternehmen eine gute, möglichst bewährte Geschäftsidee sowie interessante Produkte, die eine beständige Geschäftsentwicklung und nachhaltige Ertragsaussichten rechtfertigen. Wichtig ist aber auch ein erfahrenes Management sowie eine in den Bereichen Planung, Controlling und Buchhaltung leistungsfähige Organisation.[65]

41 Einen schon eher rechtlichen Gehalt hat die Frage der Abgrenzung der Gesellschafter- und der Gesellschaftssphäre. Insbesondere in Fällen, in denen nur Teile einer Unternehmensgruppe an die Börse gebracht werden sollen,[66] ist eine klare Fixierung der rechtlichen Beziehungen zwischen der Gesellschaft und verbundenen Unternehmen (und deren Abbildung im Rechnungswesen) zwingend erforderlich. Hierzu müssen alle vertraglichen Beziehungen "**at arm's length**" sein, d.h. zu Bedingungen, wie sie auch unter fremden Dritten vereinbart worden wären, um eine Vermögensvermischung und Quersubventionierung auszuschließen.[67] Ohne dies geleistet zu haben, ist eine Börsenfähigkeit des Emittenten aus wirtschaftlichen und rechtlichen Gründen noch nicht gegeben.

42 Von den spezifisch rechtlichen Anforderungen ist hier in erster Linie auf die börsenrechtlichen Regelungen und auf die üblichen Standards für die Satzungen von börsennotierten Unternehmen einzugehen.

43 **a) Formale Anforderungen an den Emittenten.** Die formalen börsenrechtlichen Anforderungen an den Emittenten unterscheiden sich je nach dem Börsensegment, für das die Zulassung angestrebt wird und in dem die Aktien gehandelt werden sollen. Hier ist zwischen dem **regulierten Markt**[68] (§§ 32 ff. BörsG) und dem **Freiverkehr** (§ 48 BörsG) zu unterscheiden.

44 Sowohl für den regulierten Markt als auch für den Freiverkehr haben die Börsen teilweise sogenannte Qualitätssegmente definiert. Hierzu gehört etwa im regulierten Markt der Prime Standard der Frankfurter Wertpapierbörse (im Gegensatz zum General Standard) und im Freiverkehr etwa der Entry Standard der Frankfurter Wertpapierbörse sowie der m:access an der Bayerischen Börse. Diese Qualitätssegmente zeichnen sich insbesondere durch weitergehende Transparen-

---

[65] Vgl. nur *Koch/Wegmann* Praktikerhandbuch Börseneinführung Ziff. 2.1.
[66] Zu den Möglichkeiten und rechtlichen Anforderungen, Teile von Unternehmen durch sog. Spartenaktien oder „tracking-stock" an die Börse zu bringen, *Thiel* Spartenaktien für deutsche Aktiengesellschaften S. 209 ff., passim; *Brauer* AG 1993, 324 ff.; zur Spartenorganisation bereits *Schwark* ZHR 142 (1978), 203 ff.
[67] Die von der Deutschen Börse AG herausgegebenen Going-Public-Grundsätze sehen nunmehr ausdrücklich vor, dass im Prospekt alle Geschäfte und Rechtsbeziehungen mit nahestehenden Personen offengelegt werden müssen. Dies wurde auch in der Vergangenheit vielfach so praktiziert.
[68] Bis zum 1.11.2007 gab es stattdessen den amtlichen und den geregelten Markt.

zanforderungen aus.[69] Während im General Standard weitgehend die gesetzlichen Mindestanforderungen gelten, kommen beim Prime Standard darüber hinausgehende Transparenzanforderungen nach internationalem Standard hinzu, etwa eine quartalsweise Berichterstattung in deutscher und englischer Sprache unter Anwendung internationaler Rechnungslegungsstandards (IFRS/IAS oder US-GAAP). In die Auswahlindizes (DAX, MDAX, SDAX, und TecDAX) werden nur Unternehmen aufgenommen, welche die erhöhten Anforderungen des Prime-Standard-Segments erfüllen.

Für den regulierten Markt gelten, verglichen mit dem Freiverkehr, grundsätzlich die strengeren Zulassungsanforderungen (§§ 1–12 BörsZulVO).[70] Danach muss etwa die Satzung des Emittenten dem Recht des Staates entsprechen, in dem er seinen Sitz hat (§ 1), der voraussichtliche Kurswert der zuzulassenden Aktien muss mindestens Euro 1,25 Mio. und der Gesamtnennbetrag mindestens Euro 25.000 betragen[71] (§ 2), der Emittent muss mindestens drei Jahre als Unternehmen bestanden und seine Jahresabschlüsse offengelegt haben (§ 3), die Aktien müssen frei handelbar sein und die Stückelung und die Anzahl der Aktien muss den Bedürfnissen des Börsenhandels und des Publikums Rechnung tragen (§ 6) und die Aktien müssen im Publikum ausreichend gestreut sein (§ 9). Bei weitem geringere Anforderungen gelten für die Zulassung zum Freiverkehr, die von der jeweiligen Börsen festgelegt werden. 45

Zu beachten ist, dass die vorstehenden Zulassungsvoraussetzungen für die einzelnen Marktsegmente lediglich die gesetzlichen **Mindestvoraussetzungen** für die Zulassung der Aktien darstellen. Dies bedeutet nicht, dass ein Emittent, der diese Voraussetzungen erfüllt, tatsächlich seine Aktien erfolgreich am Markt platzieren kann. Insbesondere die Regelungen über Mindestemissionsvolumen[72] liegen weit unter den Emissionsvolumen, bei denen Banken bereit sind, eine Emission zu begleiten. 46

All diese Bestimmungen gelten uneingeschränkt auch für eine KGaA. Sofern es auf die Anzahl der Aktien oder den Gesamtnennbetrag ankommt (§ 2 Abs. 1 bis 3 BörsZulVO), ist grundsätzlich ausschließlich auf das Grundkapital abzustellen, nicht etwa auf das Gesamtkapital.[73] Diese Anforderungen können dann für eine KGaA von Bedeutung sein, wenn ein wesentlicher Teil des Gesellschaftskapitals durch die Vermögenseinlage der persönlich haftenden Gesellschafter aufgebracht wurde. Wenn hierdurch der Handel in den Kommanditaktien nicht beeinträchtigt wird, ist eine Ausnahme der Zulassungsstelle möglich (§ 2 Abs. 4 BörsZulVO); aus der Perspektive des Anlegerpublikums ist wirtschaftlich eine solche Vermögenseinlage gleichbedeutend mit dem Aktienbestand eines Paketaktionärs, der faktisch nicht gehandelt wird. 47

---

[69] Siehe zu dieser Segmentierung an der FWB etwa *Göckeler* in Beck'sches Hdb AG § 26 Rn. 120 ff., sowie für den Prime Standard §§ 48 ff. Börsenordnung für die Frankfurter Wertpapierbörse (Stand 1.12.2014) und für den Entry Standard §§ 16 ff. Allgemeine Geschäftsbedingungen der Deutsche Börse AG für den Freiverkehr an der Frankfurter Wertpapierbörse (Stand 26.7.2013).
[70] Siehe im Einzelnen dazu etwa *Groß* Kapitalmarktrecht zu §§ 1–12 BörsenZulVO.
[71] Für die Zulassung von Wertpapieren, die nicht auf einen Geldbetrag lauten, muss die Mindeststückzahl zehntausend betragen, § 2 Abs. 3 BörsenZulVO.
[72] § 2 Abs. 1 BörsZulVO.
[73] Siehe für eine Kommentierung der BörsZulVO etwa *Groß* Kapitalmarktrecht zu § 2 Rn. 3

48   **b) Anforderungen an die Satzung des Emittenten.** Die Gesellschaft muss bereits im Vorfeld der Börseneinführung die Rechtsform einer KGaA (oder natürlich einer Aktiengesellschaft) haben; eine Umwandlung im unmittelbaren zeitlichen Zusammenhang würde den genau abgestimmten zeitlichen Ablauf der Börseneinführung stören. Die verschiedenen Möglichkeiten der Umwandlung einer Gesellschaft anderer Rechtsform in die KGaA werden an anderer Stelle dieses Buches dargestellt.[74]

49   Die Satzung des Emittenten muss als Voraussetzung der **Börsenfähigkeit** bestimmte Anforderungen erfüllen, die über die gesetzlichen Mindeststandards (vgl. §§ 23 Abs. 3 und 4, 281 AktG) hinausgehen. Dabei sind die Satzungen börsennotierter Aktiengesellschaften einander relativ ähnlich. Die aktienrechtliche Satzungsstrenge (§ 23 Abs. 5 AktG) eröffnet wenig Gestaltungsspielraum. Für die Satzung einer börsennotierten Aktiengesellschaft gibt es einige wenige Bestimmungen, die insbesondere im Interesse einer reibungslosen Durchführung von Kapitalmaßnahmen und Hauptversammlungen in die Satzung aufgenommen werden müssen, nicht aus zwingenden rechtlichen Gründen, sondern aus Gründen der Praktikabilität. Die folgenden Regelungen sind Standard:

50   • **Ausschluss des Anspruchs auf Einzelverbriefung.** Grundsätzlich hat jeder Aktionär einen mitgliedschaftlichen Anspruch auf Verbriefung seiner Beteiligung in Aktien.[75] Der Druck von Urkunden für jede einzelne Aktie ist spätestens seit Herabsetzung des (rechnerischen) Mindestnennbetrages auf Euro 1,00 (§ 8 Abs. 2 S. 1 AktG) nicht mehr sachgerecht. Deshalb kann gemäß § 10 Abs. 5 AktG in der Satzung der Anspruch des Aktionärs „auf Verbriefung seines Anteils ausgeschlossen oder eingeschränkt werden".[76] Von dieser Möglichkeit wird üblicherweise Gebrauch gemacht.

51   • **Zulassung einer abweichenden Regelung der Gewinnberechtigung.** § 60 Abs. 2 S. 3 AktG sieht vor, dass für Aktien, auf welche die Einlage im Laufe eines Geschäftsjahrs geleistet wurde, die Dividende *pro rata temporis* zu zahlen ist. Das führt bei Kapitalerhöhungen nach der Börseneinführung dazu, dass es Aktien mit unterschiedlicher Gewinnberechtigung gibt, die unterschiedlich gehandelt werden müssen. Daraus ergibt sich eine zeitliche Beschränkung der Liquidität der Investoren bei der Kapitalmaßnahme. Um dies zu vermeiden, sollte die Satzung eine abweichende Regelung zulassen; vgl. § 60 Abs. 3 AktG.

52   • **Anmeldung vor der Hauptversammlung.** Gemäß § 123 Abs. 2 AktG kann die Satzung die Teilnahme an der Hauptversammlung oder die Ausübung des Stimmrechts davon abhängig machen, dass sich die Aktionäre vor der Versammlung anmelden. Solche Satzungsbestimmungen sind sinnvoll, um die Hauptversammlung einer Publikumsgesellschaft mitsamt dem Druck von Eintritts- und Stimmkarten organisieren und vorbereiten zu können.

52a   • **Mehrheitserfordernis für Hauptversammlungsbeschlüsse.** Hauptversammlungsbeschlüsse werden gemäß § 133 Abs. 1 AktG grundsätzlich mit einfacher Mehrheit gefasst. Das Gesetz sieht allerdings vielfach höhere Mehrheiten

---

[74] Siehe hierzu unter § 11.
[75] So die ganz h.M.; siehe nur *Westermann* in Bürgers/Körber AktG § 10 Rn. 2; Hüffer/Koch § 10 Rn. 2 m.w.N.; *Wiesner* in Münch Hdb AG § 12 Rn. 4 f.; a.A. etwa *Schwennicke* AG 2001, 118, 124.
[76] Dies ist auch bei Namensaktien möglich: *Wieneke* in v. Rosen Die Namensaktie S. 236 ff.

vor, die teilweise durch die Satzung wiederum reduziert werden können (etwa gemäß § 179 Abs. 2 S. 2 AktG im Fall von Satzungsänderungen, gemäß § 182 Abs. 1 S. 2 AktG im Fall von Kapitalerhöhungen oder gemäß § 103 Abs. 1 S. 3 AktG für die Abberufung von Aufsichtsratsmitgliedern). Hiervon wird bei börsennotierten Gesellschaften in der Praxis vielfach Gebrauch gemacht.[77]

- **Fassungsänderung durch den Aufsichtsrat**. Grundsätzlich erfordert eine Satzungsänderung einen Beschluss der Hauptversammlung, § 179 Abs. 1 S. 1 AktG. Allerdings kann die Befugnis zu Änderungen, die nur die Fassung betreffen, gemäß § 179 Abs. 1 S. 2 AktG auf den Aufsichtsrat übertragen werden. Eine solche Ermächtigung kann auch in allgemeiner Form in der Satzung selbst erfolgen.[78] Dies ist, um die Hauptversammlung nicht mit bloßen Fassungsänderungen zu belasten, sinnvoll. 53

- **Genehmigtes und bedingtes Kapital**. Es ist üblich, Aktiengesellschaften bereits im Vorfeld der Börseneinführung mit einem angemessenen bedingten Kapital (zur Bedienung eines sog. *stock-option*-Programms oder als Ergänzung zu einer Ermächtigung zur Ausgabe von Wandel- oder Optionsschuldverschreibungen) und einem genehmigten Kapital auszustatten, einschließlich einer auf bestimmte Fallkonstellationen (etwa die Einbringung anderer Unternehmen als Sacheinlage) zugeschnittenen Ermächtigung zum Ausschluss des Bezugsrechts. Solche Kapitalmaßnahmen sind vor einer Börseneinführung sinnvoll, da sie nach Öffnung des Aktionärskreises für außenstehende Aktionäre zunächst die erforderliche Mehrheit auf der Hauptversammlung finden müssen und danach mit einem gewissen Anfechtungsrisiko verbunden sind. 54

- **Regelungen im Hinblick auf den Deutschen Corporate Governance Kodex**. Seit 2002 müssen börsennotierte Gesellschaften gemäß § 161 AktG eine Entsprechenserklärung zum Corporate-Governance-Kodex abgeben. Für die darin enthaltenen Empfehlungen sind teilweise rechtliche Grundlagen in der Satzung erforderlich oder jedenfalls empfehlenswert. So soll etwa die Gesellschaft ihre Aktionäre bei der Stimmrechtsvertretung unterstützen (Ziff. 2.3.2), ihnen die Verfolgung der Hauptversammlung über moderne Kommunikationsmedien ermöglichen (Ziff. 2.3.3), für die Mitglieder von Vorstand und Aufsichtsrat eine D&O-Versicherung mit einem angemessenen Selbstbehalt abschließen (Ziff. 3.8) und für die Aufsichtsräte ein Vergütungssystem einführen, das bestimmte Anforderungen erfüllt (Ziff. 5.4.6).[79] 55

- **Verbesserung der Kapitalstruktur**. Nicht börsennotierte Gesellschaften haben vielfach ein sehr niedriges gezeichnetes Kapital (bei der KGaA Gesamtkapital), was dazu führt, dass der innere Wert der einzelnen Aktien sehr hoch ist. Bei einer Börseneinführung würde dies zu einem hohen Emissionspreis pro Aktie und nachher zu einem hohen Börsenkurs führen, der nicht nur oberhalb des Kurses vergleichbarer Unternehmen, sondern auch oberhalb einer optimalen *trading range* liegt. Um das Gesamtkapital zu erhöhen und damit die Aktien „leichter" zu machen, kann, wenn die erforderlichen Rücklagen gemäß § 208 AktG vorliegen, eine Kapitalerhöhung aus Gesellschaftsmitteln durchgeführt werden. 56

---

[77] Siehe das Formulierungsbeispiel bei *Holzborn* in Bürgers/Körber AktG § 133 Rn. 16.
[78] *Körber* in Bürgers/Körber AktG § 179 Rn. 30; *Semler* in Münch Hdb AG § 40 Rn. 75 m.w.N.
[79] Näher dazu unten § 10 Rn. 111.

Hilfsweise können die bisherigen Aktionäre eine Kapitalerhöhung zu nominal durchführen und dadurch eine Verwässerung herbeiführen.[80]

57 Die vorgenannten Bestimmungen sind für eine börsennotierte KGaA in gleicher Weise sinnvoll und erforderlich wie bei einer Aktiengesellschaft. Das Erfordernis dieser Regelungen ergibt sich in erster Linie aus der Größe des Aktionärskreises, ist also für eine börsennotierte KGaA in gleicher Weise maßgeblich. Für die Ermächtigung zur Fassungsänderung der Satzung durch den Aufsichtsrat kommen zu den bei einer Aktiengesellschaft wesentlichen Fällen der Ausnutzung des genehmigten oder bedingten Kapitals bei der KGaA auch noch spezifische andere Fälle hinzu. Dies sind etwa der Ein- und Austritt von persönlich haftenden Gesellschaftern oder die Änderung der Vermögenseinlage, sofern die Satzung solche Maßnahmen ohne eine formelle Satzungsänderung erlaubt.[81]

58 Darüber hinaus gibt es bei einer KGaA im Regelfall noch einen weitaus größeren Gestaltungsbedarf als bei einer Aktiengesellschaft. Dies ergibt sich aus der größeren Gestaltungsfreiheit. Die KGaA als **hybride Rechtsform**[82] unterliegt nur teilweise dem aktienrechtlichen Grundsatz der Satzungsstrenge und eröffnet immer dann, wenn das Recht der Kommanditgesellschaft zur Anwendung kommt, die Möglichkeit, in der Satzung eine andere als die gesetzliche Regelung vorzusehen. Da diese Gestaltungsfreiheit der wesentliche Vorteil der Rechtsform der KGaA ist, wird in der Praxis in weitem Umfang von ihr Gebrauch gemacht.[83]

59 Zunächst gelten für die börsennotierte KGaA die allgemeinen Gestaltungsmöglichkeiten, die auch auf eine nicht börsennotierte KGaA anwendbar sind.[84] Besonderheiten ergeben sich allerdings im Hinblick darauf, dass bei einer börsennotierten Gesellschaft die Durchführung der Hauptversammlungen mit einem erheblichen zeitlichen und organisatorischen Aufwand verbunden ist, weshalb die Mitwirkung der Hauptversammlung bereits aus Gründen der Praktikabilität vor der Öffnung des Aktionärskreises für Außenstehende weitestgehend ausgeschlossen werden sollte. Zudem müssen die Altgesellschafter nach einer Börseneinführung eher mit „wechselnden Mehrheiten" rechnen, so dass das Risiko besteht, dass sie möglicherweise für aus ihrer Sicht sinnvolle Strukturmaßnahmen in der Hauptversammlung nach der Börseneinführung nicht mehr die erforderlichen Mehrheiten finden. Beispiel hierfür kann etwa die Übertragung der Stellung des persönlich haftenden Gesellschafters, die Umwandlung von dessen Vermögenseinlage in Aktien oder der Ein- und Austritt von persönlich haftenden Gesellschaftern sein. Die Satzung sollte daher vorsehen, dass auch für solche Maßnahmen, soweit möglich, die Mitwirkung der Hauptversammlung **nicht erforderlich** ist. Die Praxis sieht etwa die folgenden Regelungen vor:

59a • **Aufnahme einer Geschäftsführungsgesellschaft.** Die KGaA ist von ihrem gesetzlichen Grundtypus her eine „Unternehmer-Aktiengesellschaft", bei welcher der Unternehmer neben dem Kapital auch sein Führungspotential ein-

---

[80] Siehe zu einer Kapitalerhöhung aus Gesellschaftsmitteln bei einer KGaA § 7 Rn. 14 und zu einer ordentlichen Kapitalerhöhung § 7 Rn. 11 ff.
[81] Siehe hierzu § 5 Rn. 312 ff.
[82] Siehe hierzu ausführlich oben § 3 Rn. 1 ff.
[83] Siehe dazu schon einleitend § 10 Rn. 18 ff.
[84] Siehe zu den Gestaltungsmöglichkeiten etwa § 3 Rn. 7 ff.; ferner die Mustersatzungen, § 13.

bringt.⁸⁵ Gleichwohl ist auch bei einer KGaA, die eine Börsennotierung anstrebt, eine Führungsstruktur, die ausschließlich auf eine Unternehmerpersönlichkeit zugeschnitten ist, nicht zu empfehlen. Ein langfristiger Unternehmens- und Börsenerfolg setzt auch eine langfristige Perspektive bei der Führung des Unternehmens voraus. Dies bedeutet eine Entfokussierung von der Unternehmerpersönlichkeit und die Ergänzung der Geschäftsführung durch externe Manager, was bei einer KGaA gesellschaftsrechtliche Strukturen voraussetzt, die externen Managern die Übernahme von Geschäftsführungsfunktionen erst ermöglichen. Weil die Übernahme der Stellung als Komplementär aufgrund der persönlichen Haftung abschreckend wirken könnte, sollte die Satzung hierfür Alternativen vorsehen.⁸⁶ Sinnvoll ist etwa die Aufnahme von Geschäftsführungsgesellschaften, etwa einer Komplementär-GmbH, deren Geschäftsführer das Management der Gesellschaft bilden können, ohne eine persönliche Haftung zu übernehmen.⁸⁷ Bei den im DAX notierten KGaAs wurde überwiegend eine AG bzw. SE als Komplementärgesellschaft gewählt.⁸⁸ Der hier maßgebliche Unterschied zu einer Komplementär-GmbH dürfte darin bestehen, dass der Vorstand einer AG/SE gemäß § 76 Abs. 1 AktG die Gesellschaft unter eigener Verantwortung leitet und nicht, wie der Geschäftsführer einer GmbH, an die Weisungen einer Gesellschafterversammlung gebunden ist. Hierdurch ist es möglich, die Corporate Governance einer KGaA weitgehend an die einer AG anzugleichen.

- **Mitwirkungsrechte der Kommanditaktionäre.** Eindeutigen Gestaltungsbedarf gibt es bei der KGaA vor dem Börsengang bzgl. der Mitwirkungsrechte der Kommanditaktionäre. Hier sehen die gesetzlichen Bestimmungen vor, dass die Kommanditaktionäre einer Geschäftsführungsmaßnahme der persönlich haftenden Gesellschafter widersprechen können, wenn „die Handlung über den gewöhnlichen Geschäftsbetrieb der Gesellschaft hinausgeht", §§ 278 Abs. 2 AktG, 164 S. 1 HGB. Dieser Zustimmungsvorbehalt geht vom Umfang der erfassten Fälle über den „Holzmüller-Vorbehalt"⁸⁹ bei einer Aktiengesellschaft hinaus. Im Hinblick auf den zeitlichen, organisatorischen und finanziellen Aufwand, den die Hauptversammlung einer Publikumsgesellschaft mit sich bringt, ist es geboten, das Widerspruchsrecht nach § 164 HGB auszuschließen.⁹⁰ Dies ist auch bei einer börsennotierten KGaA rechtlich zulässig.⁹¹

59b

---

⁸⁵ *Herfs* in Gesellschaftsrecht in der Diskussion Bd. 1, S. 34; *Lorz* in Gesellschaftsrecht in der Diskussion Bd. 1, S. 63 ff.
⁸⁶ Die Satzung der Merck KGaA in der Fassung vom 26.4.2013 sieht etwa in § 13 Abs. 2 S. 1 die folgende Regelung vor: „Auf Vorschlag von E. Merck und mit Zustimmung aller persönlich haftenden Gesellschafter ohne Kapitalanteil können in die Geschäftsleitung nach Absatz 1 weitere Personen als Mitglieder aufgenommen werden."
⁸⁷ Beispielhaft hierfür ist etwa § 7 Abs. 2 der Satzung der Hella KGaA Hueck & Co. (Stand: 31.10.2014), die neben Herrn Dr. Jürgen Behrend als natürliche Person noch einen zweiten persönlich haftenden Gesellschafter hat, nämlich die Hella Geschäftsführungsgesellschaft mbH.
⁸⁸ Gemeint sind hier die Henkel AG & Co. KGaA, die Fresenius SE & Co. KGaA und die Fresenius Medical Care AG & Co. KGaA.
⁸⁹ S. hierzu etwa *Reger* in Bürgers/Körber AktG § 119 Rn. 12 ff.; *Hüffer/Koch* § 119 Rn. 16 ff.
⁹⁰ *Herfs* in Gesellschaftsrecht in der Diskussion Bd. 1, S. 44; *Ladwig/Motte* DStR 1997, 1539, 1540; *Hommelhoff* ZHR Beiheft 67 (1998), 9, 14.
⁹¹ Streitig, siehe im Einzelnen oben § 5 Rn. 85 ff.

59c • **Gesellschafterwechsel.** Üblich bei einer börsennotierten KGaA ist ferner eine Regelung, die den Ein- und Austritt der persönlich haftenden Gesellschafter von der Zustimmung der Hauptversammlung unabhängig macht.[92] Die Satzung kann etwa vorsehen, dass neue persönlich haftende Gesellschafter mit einfacher Mehrheit der anderen persönlich haftenden Gesellschafter oder durch Vereinbarung mit einem Gesellschafterausschuss[93] aufgenommen werden. Dasselbe gilt für Verfügungen über die Kapitalanteile von persönlich haftenden Gesellschaftern, sofern diese eine Vermögenseinlage erbracht haben. Hier ist allerdings fraglich, ob eine Regelung sinnvoll ist, nach der jeder persönlich haftende Gesellschafter über seinen Kapitalanteil ganz oder teilweise frei verfügen kann, da der Erwerber automatisch selbst persönlich haftender Gesellschafter und damit Geschäftsführungs- und Vertretungsorgan der Gesellschaft wird. Daher sind etwa Regelungen sachdienlich, nach denen grundsätzlich die Zustimmung der übrigen persönlich haftenden Gesellschafter und/oder des Aufsichtsrates erforderlich ist; im Fall der Verweigerung der Zustimmung kann dann vorgesehen werden, dass der durch die Verfügung eintretende Komplementär von der Geschäftsführung und Vertretung der Gesellschaft ausgeschlossen ist. Aus den gleichen Gründen sehen die Satzungen regelmäßig vor, dass eine Übertragung von Beteiligungen persönlich haftender Gesellschafter ohne Vermögenseinlage unzulässig ist. Die für die GmbH & Co. KGaA teilweise geforderte Mitwirkung des Aufsichtsrates bei der Bestellung der Geschäftsführung der persönlich haftenden Gesellschafterin[94] kennt die Praxis regelmäßig nicht.[95]

59d • **Vermögenseinlage der persönlich haftenden Gesellschafter.** Soweit die persönlich haftenden Gesellschafter eine nicht auf das Grundkapital geleistete Vermögenseinlage erbracht haben (vgl. § 281 AktG), sehen die Satzungen in der Praxis regelmäßig eine Vielzahl von Regelungen vor, die eine gleichmäßige Teilnahme der persönlich haftenden Gesellschafter und der Kommanditaktionäre an den Gewinnen der Gesellschaft sicherstellen. Hierzu gehören etwa Regelungen über die Gesellschafterkonten der persönlich haftenden Gesellschafter, die gleichmäßige Teilnahme am Ergebnis der Gesellschaft, ein wechselseitiges Bezugsrecht bei der Erhöhung des Grundkapitals bzw. der Einlage der persönlich haftenden Gesellschafter und das Recht des Komplementärs, seine Vermögenseinlage in Aktien umzuwandeln.[96] Solche Regelungen stellen nicht nur die gleichmäßige Teilnahme der persönlich haftenden Gesellschafter und der Kom-

---

[92] Siehe zu den damit verbundenen Fragestellungen die Ausführungen oben, § 5 Rn. 312 ff.

[93] So etwa § 8 Abs. 4 der Satzung der Henkel AG & Co. KGaA (Stand 15.3.2013): „Weitere persönlich haftende Gesellschafter können der Gesellschaft durch Vereinbarung mit dem Gesellschafterausschuss beitreten. Die Bestimmungen dieser Satzung über die persönlich haftende Gesellschafterin gelten für neu beigetretene persönlich haftende Gesellschafter entsprechend."

[94] Siehe zum parallel gelagerten Problem des Abberufungsdurchgriffs oben § 5 Rn. 209 ff.

[95] Siehe etwa die Satzung der Borussia Dortmund GmbH & Co. KGaA. Abweichend hiervon die Regelung in § 10 Abs. 4 der Satzung der Mühlbauer Holding AG & Co. KGaA (Stand: 16.5.2013): „Dem Aufsichtsrat steht hinsichtlich der personellen Zusammensetzung der Geschäftsführung des persönlich haftenden Gesellschafters ein Mitwirkungsrecht insoweit zu, als er vor der Bestellung bzw. Abberufung von Mitgliedern des Vorstandes der Komplementär-AG des persönlich haftenden Gesellschafters zu informieren und ihm Gelegenheit zu einer Stellungnahme zu geben ist."

[96] Siehe hierzu § 7 Rn. 18 ff.

manditaktionäre an den Chancen und Risiken der Gesellschaft sicher, sondern gewährleisten auch, dass diese nicht nachträglich verschoben werden.

- **Umwandlung der Vermögenseinlage.** Ein wesentlicher Vorteil der Börsennotierung besteht darin, dass die Aktionäre ein fungibles Investment erhalten. An diesem Vorteil nehmen (potentiell) auch die persönlich haftenden Gesellschafter teil, wenn sie sich das Recht einräumen lassen, ihre Vermögenseinlage in Aktien umwandeln zu können.[97] Die im Wege der Umwandlung bezogenen Aktien können sie dann jederzeit über die Börse verkaufen. Da auf diesem Wege ein Deinvestment möglich ist, ist es sinnvoll, dass die Satzungen Regelungen vorsieht, nach denen die persönlich haftenden Gesellschafter im Falle ihres Ausscheidens mit Aktien der Gesellschaft abgefunden werden. Hierdurch wird eine Barabfindung und die damit verbundene erhebliche Liquiditätsbelastung der Gesellschaft verhindert. Teilweise wird sogar der Anspruch auf Barabfindung ganz ausgeschlossen. Soweit die Satzung eine Barabfindung zulässt (teilweise lediglich für den Fall, dass die Gesellschaft die für die Umwandlung der Vermögenseinlage erforderliche Kapitalerhöhung nicht durchführt), sehen die Satzungen in der Praxis vielfach vor, dass diese sich der Höhe nach an dem aktuellen Börsenkurs orientiert.[98]

59e

- **Schaffung von ausreichenden Kommanditaktien.** Die Börseneinführung wird vielfach von Altgesellschaftern auch genutzt, um ihre Anteile „zu versilbern". Hiergegen ist grundsätzlich nichts einzuwenden; es ist aus Sicht der Altgesellschafter sogar (in einem beschränkten Umfang) sinnvoll, das Vermögen, das vielfach vollständig im Unternehmen gebunden ist, diversifiziert anzulegen. Daher ist bei der Verteilung des Gesamtkapitals der Gesellschafter auf die Vermögenseinlage der Komplementäre und das Grundkapital darauf zu achten, dass bereits im Vorfeld der Börseneinführung eine hinreichende Anzahl von Aktien zur Platzierung aus dem Altbestand geschaffen und vorgehalten wird. Soll die Mehrzuteilungsoption[99] (sog. Greenshoe) aus bestehenden Aktien bedient werden, ist auch dies bei der Kapitalverteilung zu berücksichtigen.

59f

Bei Ausnutzung der verschiedenen Gestaltungsvarianten sollte allerdings immer berücksichtigt werden, dass die Satzung der Gesellschaft auch die Interessen der Aktionäre angemessen berücksichtigt. Sie müssen bei der Platzierung der Aktien im Rahmen der Börseneinführung oder nachfolgender Kapitalerhöhungen als Investoren und Anleger gewonnen werden. Das Gesamtbild der Satzung sollte daher das Ergebnis einer **Abwägung der Interessen aller Gesellschaftergruppen** sein. Manche Emissionsbanken wirken daher von sich aus auf eine ausgewogene Satzungsausgestaltung der KGaA hin.[100] Grund hierfür ist nicht in erster Linie die Rechtsunsicherheit, die sich immer dann einstellt, wenn man eine Gestaltung an der Grenze des rechtlich Zulässigen vornimmt, sondern die Frage, ob sich die Aktien einer Gesellschaft mit einer abseitigen Satzungsgestaltung vermarkten lassen. Die häufig beklagte mangelnde Akzeptanz der Rechtsform der KGaA[101] sollte daher nicht noch durch übermäßig einseitige Satzungsgestaltungen weiter geschwächt werden.

60

---

[97] Hierzu unter § 7 Rn. 18 ff.
[98] So etwa § 33 Abs. 5 S. 1 der Satzung der Merck KGaA (Stand: 26.4.2013).
[99] Siehe hierzu sogleich unter § 10 Rn. 83.
[100] *Hommelhoff* ZHR Beiheft 67 (1998), 9, 13.
[101] Dazu oben unter § 10 Rn. 27 ff.

2. Besonderheiten im Zulassungsverfahren

61 Eine Börseneinführung hat zum Ziel, dass die Aktien der Gesellschaft an einem institutionalisierten und mithin liquiden Sekundärmarkt mit einer verlässlichen Preisfeststellung gehandelt werden.[102] Das Verfahren der Börsenzulassung ist in rechtlicher Hinsicht im Börsengesetz (BörsG) sowie in der Börsenzulassungs-Verordnung (BörsZulVO) geregelt.

62 Gemäß § 32 Abs. 1 BörsG bedürfen Wertpapiere, die im regulierten Markt an einer Börse in Deutschland gehandelt werden sollen, der Zulassung. Die Zulassung von Wertpapieren zum Börsenhandel ist eine **öffentlich-rechtliche Erlaubnis**, für den Handel in den betreffenden Wertpapieren die Börseneinrichtungen zu benutzen;[103] ohne die Zulassung wäre der börsliche Handel in den Wertpapieren unzulässig. Sind die Voraussetzungen erfüllt, besteht ein (einklagbarer) Anspruch auf Zulassung.[104]

63 Die Zulassung von Aktien erfolgt auf **Antrag**, § 32 Abs. 2 BörsG. Dieser Antrag ist vom Emittenten gemeinsam mit einem Kredit- oder Finanzdienstleistungsinstitut[105] schriftlich zu stellen. Er muss verschiedene Angaben über den Emittenten enthalten; ein Entwurf des von der BaFin zu billigenden Wertpapierprospektes und die zur Prüfung der Zulassungsvoraussetzungen erforderlichen Nachweise sind beizufügen, § 48 BörsZulVO. Die Zulassung wird im Bundesanzeiger veröffentlicht; die Notizaufnahme der Aktien selbst darf frühestens einen Werktag nach der Veröffentlichung des Prospektes erfolgen, §§ 50–52 BörsZulVO.

64 Dieses Verfahren gilt unabhängig von der Rechtsform des Emittenten und damit auch für eine KGaA. Teilweise wurde dem Börsenzulassungsverfahren bei einer KGaA eine besondere Bedeutung im **kapitalmarktrechtlich vermittelten Anlegerschutz** beigemessen. So verwies insbesondere *Hommelhoff* auf § 30 Abs. 3 Nr. 3 BörsG a. F., wonach „keine Umstände bekannt [sein durften], die bei Zulassung der Wertpapiere zu einer Übervorteilung des Publikums oder einer Schädigung erheblicher allgemeiner Interessen führen".[106] Auf Basis dieser Bestimmung sollte die Börsenzulassungsstelle berechtigt und verpflichtet sein, die Angemessenheit von Satzungsbestimmungen einer KGaA zu überprüfen.[107] Diese Vorschrift existiert in dieser Form nicht mehr.[108] Es wurde bereits oben[109] dargelegt, dass dieser Ansatz auch nicht zielführend war und sich in der Praxis nicht durchgesetzt hat.

65 Besonderheiten gibt es hier allerdings insofern, als bei der Börsenzulassung einer Kapitalgesellschaft & Co. KGaA dem Zulassungsantrag noch **weitere Unterlagen**, insbesondere die Satzung und der Auszug aus dem Handelsregister der per-

---

[102] *Schlitt* in Semler/Volhard ÜN Hdb. Bd. 1 § 23 Rn. 1; *Oulds* in Kümpel/Wittig Rn. 15.3; *Schanz* Börseneinführung § 2 Rn. 1 ff.
[103] *Groß* Kapitalmarktrecht BörsG § 32 Rn. 5; *Heidelbach* in Schwark/Zimmer § 32 BörsG Rn. 17.
[104] Näher *Heidelbach* in Schwark/Zimmer § 32 BörsG Rn. 66 ff.
[105] Siehe für die konkreten Anforderungen an einen Emissionsbegleiter § 32 Abs. 2 S. 1, 2 BörsG; vgl. auch *Groß* Kapitalmarktrecht BörsG § 32 Rn. 32.
[106] Siehe hierzu und zum folgenden *Hommelhoff* ZHR Beiheft 67 (1998), 9, 26 ff.
[107] *Hommelhoff* ZHR Beiheft 67 (1998), 9, 26 ff.; im Ergebnis ähnlich *Schaumburg/Schulte* Die KGaA Rn. 105; *Schlitt* Die Satzung der KGaA S. 31.
[108] *Bachmann* in Spindler/Stilz § 278 Rn. 99.
[109] Siehe § 10 Rn. 30 ff.

sönlich haftenden Gesellschafterin, beizufügen sind. Dieses Erfordernis ergibt sich daraus, dass die Auflistung der vorzulegenden Dokumente in § 48 Abs. 2 BörsZulVO nicht abschließend ist und die Zulassungsstelle in die Lage versetzt werden soll, die in dem Prospekt enthaltenen Angaben[110] über die Struktur des persönlich haftenden Gesellschafters überprüfen zu können.

Eine weitere Besonderheit besteht hinsichtlich des Bedürfnisses der Zulassung von **bedingtem Kapital** zur Börse. Grundsätzlich ist eine Börsenzulassung von bedingtem Kapital möglich, obwohl noch nicht feststeht, ob und in welchem Umfang es in Anspruch genommen wird und die Aktien dadurch überhaupt zur Entstehung gelangen.[111] Die gleichwohl vorgenommene Börsenzulassung hat, wenn sie im Zusammenhang mit der Zulassung auch anderer Aktien der Gesellschaft erfolgt, den Vorteil, dass der Aufwand eines gesonderten Zulassungsverfahrens entfällt. Hiervon wird in der Praxis bei Stock-Option-Programmen Gebrauch gemacht. Bei einer KGaA besteht die Möglichkeit, den persönlich haftenden Gesellschaftern ein satzungsmäßiges Recht zur Umwandlung ihrer Vermögenseinlage in Aktien einzuräumen und durch die Schaffung eines bedingten Kapitals abzusichern.[112] Um die unmittelbare börsliche Handelbarkeit der so geschaffenen Aktien sicherzustellen, sollte bereits im Zeitpunkt des Börsengangs die Zulassung des bedingten Kapitals angestrebt werden. 66

3. Wertpapierprospekt

Damit Wertpapiere an einer Börse zum Handel am **regulierten Markt** zugelassen werden können, muss der Emittent gemäß § 32 Abs. 3 Nr. 2 BörsG einen nach den Vorschriften des Wertpapierprospektgesetzes (WpPG) gebilligten Wertpapierprospekt veröffentlichen (§ 3 Abs. 4 WpPG). Anders als noch nach der Rechtslage vor Inkrafttreten des WpPG[113] wird nicht mehr zwischen einem Börsenzulassungs- und einem Verkaufsprospekt unterschieden.[114] Der Wertpapierprospekt kann mithin als Grundlage dafür dienen, die Aktien erstmals im Inland öffentlich anzubieten (§ 3 Abs. 1 WpPG) und gleichzeitig als Grundlage für die Zulassung der Aktien zum regulierten Markt. Demgegenüber ist die Einbeziehung von Aktien in den Freiverkehr grundsätzlich prospektfrei möglich; freilich wäre bei einem IPO im Freiverkehr auch für das öffentliche Angebot ein Prospekt erforderlich (§ 3 Abs. 1 WpPG). Zudem ist zu beachten, dass die Geschäftsbedingungen der Wertpapierbörsen jedenfalls bei den sog. Qualitätssegmenten des Freiverkehrs, wie dem **Entry Standard** und dem **m:access**, auch die Veröffentlichung eines Wertpapierprospekts voraussetzen.[115] 67

---

[110] Ausführlich im Folgenden unter § 10 Rn. 60 ff.
[111] § 11 Abs. 1 BörsZulVO geht ohne weiteres von der Möglichkeit der Börsenzulassung von bedingtem Kapital aus; siehe hierzu allgemein *Groß* Kapitalmarktrecht BörsZulVO § 12 Rn. 21.
[112] Siehe ausführlich oben § 7 Rn. 28.
[113] Für die alte Rechtslage siehe die Vorauflage.
[114] *Groß* Kapitalmarktrecht Vorbemerkung zum WpPG Rn. 6.
[115] Siehe für den Entry Standard etwa § 17 Abs. 1 a) der Allgemeinen Geschäftsbedingungen der Deutsche Börse AG für den Freiverkehr an der Frankfurter Wertpapierbörse (Stand 26.7.2013) und für den m:access § 5 Abs. 3 des Regelwerks für das Marktsegment m:access an der Börse München (Stand: 1.11.2012).

68 Der Prospekt muss nach § 5 Abs. 1 WpPG in leicht analysierbarer und verständlicher Form sämtliche Angaben enthalten, die im Hinblick auf den Emittenten und die öffentlich angebotenen oder zum Handel an einem organisierten Markt zugelassenen Wertpapiere notwendig sind, um dem Anleger ein zutreffendes Urteil über die Vermögenswerte und Verbindlichkeiten, die Finanzlage, die Gewinne und Verluste, die Zukunftsaussichten des Emittenten sowie über die mit diesen Wertpapieren verbundenen Rechte zu ermöglichen.

69 Der Prospekt darf erst veröffentlicht werden, wenn er zuvor gemäß § 13 Abs. 1 WpPG von der BaFin gebilligt wurde. Die BaFin prüft den Prospekt nur auf Vollständigkeit, Kohärenz und Verständlichkeit; eine Prüfung der inhaltlichen Richtigkeit nimmt die BaFin dagegen nicht vor. Nach **Billigung** ist der Prospekt gemäß § 14 Abs. 1 S. 1 WpPG spätestens einen Werktag vor Beginn des öffentlichen Angebots bzw. vor Einführung der Wertpapiere zu veröffentlichen.

70 Während die Regelungen bezüglich der Prospektpflicht selbst und des zu beachtenden Verfahrens für eine KGaA wie für eine Aktiengesellschaft ohne Unterschied Anwendung finden, sind bei den **inhaltlichen Anforderungen** bei der KGaA einige Besonderheiten zu beachten.

71 Der **Prospektinhalt** richtet sich gemäß § 7 WpPG nach der EU-ProspektVO[116] und deren Anhängen, die in detaillierter Form Kataloge mit Mindestangaben für den Wertpapierprospekt auflisten. Bei einer Börseneinführung im Rahmen eines IPO sind in erster Linie die Anhänge I (Mindestangaben für das Registrierungsformular für Aktien) und III (Mindestangaben für die Wertpapierbeschreibung für Aktien) zu beachten. Daneben können aber je nach Einzelfall auch andere Anhänge Anwendung finden, wie etwa Anhang II (Modul für Pro forma-Finanzinformationen), wenn etwa der Emittent eine komplexe finanztechnische Vorgeschichte hat. Daneben ist noch die Generalnorm des § 5 Abs. 1 WpPG zu beachten,[117] wonach der Prospekt alle notwendigen Informationen enthalten muss, um dem Publikum ein zutreffendes Urteil über den Emittenten und die angebotenen Wertpapiere zu ermöglichen. Er muss daher über die tatsächlichen und rechtlichen Verhältnisse, die für die Beurteilung des Emittenten und der Wertpapiere wesentlich sind, Auskunft geben und richtig und vollständig sein. Dem liegt der Gedanke zugrunde, dass der Prospekt die wesentliche Informationsquelle der Anleger ist und diese in die Lage versetzen soll, eine wohlinformierte Anlageentscheidung zu treffen. Zentrale Bedeutung haben hier natürlich die Aussagen zur Geschäftstätigkeit, zur Vermögens-, Finanz- und Ertragslage der Gesellschaft und zu den geschäftstypischen Risiken, die unabhängig von der Rechtsform des Emittenten sind. Der Emittent und (bei einer Zulassung zum regulierten Markt) die den Zulassungsantrag gemäß § 32 Abs. 2 S. 1 BörsG mitstellende Emissionsbank[118] stehen im Rahmen der Prospekthaftung nach §§ 21 ff. WpPG den Anlegern dafür ein, dass die für die Beurteilung der Wertpapiere wesentlichen Angaben im Wertpapierprospekt richtig und vollständig sind.

---

[116] Verordnung (EG) Nr. 809/2004 der Kommission vom 29. April 2004 zur Umsetzung der Richtlinie 2003/71/EG des Europäischen Parlaments und des Rates betreffend die in Prospekten enthaltenen Angaben sowie die Aufmachung, die Aufnahme von Angaben in Form eines Verweises und die Veröffentlichung solcher Prospekte sowie die Verbreitung von Werbung.
[117] *Holzborn* WpPG § 7 Rn. 5; *Meyer* in Frankfurter Komm WpPG § 7 Rn. 8 ff.
[118] Siehe hierzu *Groß* Kapitalmarktrecht § 21 WpPG Rn. 32.

Die jeweilige **Verfassung des Emittenten** gehört beim Börsengang einer 72
KGaA zu den wesentlichen rechtlichen Verhältnissen, die in dem Prospekt dargestellt werden müssen. Dies ergibt sich bereits daraus, dass die Anleger mit der gesetzlichen Ausgestaltung einer (GmbH & Co.) KGaA im Allgemeinen weniger vertraut sind und darüber hinaus erhebliche Abweichungen in der satzungsmäßigen Ausgestaltung im Besonderen bestehen können. Daher muss der Prospekt die rechtsformspezifischen Besonderheiten einer KGaA und der Besonderheiten beim konkreten Emittenten im Einzelnen darstellen. Anders als noch nach der Rechtslage vor dem WpPG (§ 18 Nr. 3 BörsZulVO a. F.) sind detaillierte Angaben über die Struktur der Gesellschaft zwar nicht mehr explizit vorgeschrieben. Ausdrücklich genannt werden müssen gemäß Anhang I Ziffer 14.1. b EU-ProspektVO nur Name und Anschrift des persönlich haftenden Gesellschafters sowie dessen Stellung in der Gesellschaft.[119] Zudem verlangt Anhang Ziffer 18 EU-ProspektVO bestimmte Angaben über die „Hauptaktionäre". Gemeint sind hier in erster Linie die Aktionäre mit einer (meldepflichtigen) Beteiligungsquote. Da nach Anhang I Ziffer 18.3 EU-ProspektVO aber auch Kontroll- und Beherrschungsverhältnisse zu beschreiben sind, wird man dies angesichts der rechtsformunspezifischen Perspektive der Verordnung bei einer KGaA auch auf die rechtlichen Verhältnisse des persönlich haftenden Gesellschafters beziehen müssen. Dafür spricht auch die Generalnorm des § 5 Abs. 1 WpPG, wonach der Prospekt alle notwendigen Informationen enthalten muss, um dem Publikum ein zutreffendes Urteil über den Emittenten und die angebotenen Wertpapiere zu ermöglichen.

Nach alledem ist es erforderlich, detaillierte Informationen über die rechtliche 72a
Struktur der KGaA in den Prospekt aufzunehmen. Selbst bei Aktiengesellschaften ist es üblich, dem Kapitel über das Management des Emittenten eine Darstellung der Corporate Governance voranzustellen. Dies gilt umso mehr bei einer KGaA, zumal sich die Stellung des Komplementärs in der KGaA kaum beschreiben lässt, ohne auf die allgemeine Struktur der KGaA zu einzugehen.[120] Aufgrund der erheblich breiteren Gestaltungsmöglichkeiten, die das Recht der KGaA bietet, kann die Ausgestaltung der Corporate Governance bei dem einzelnen Emittenten nicht als bekannt vorausgesetzt werden. Da die konkrete Form der Gesellschaftsverfassung aber (potentiell) wertbildende Bedeutung hat, müssen die Besonderheiten im Einzelfall dem Anleger gegenüber im Wertpapierprospekt offengelegt und erläutert werden.[121]

Konkret bedeutet dies, dass unter der üblicherweise[122] verwendeten Überschrift 73
„Allgemeine Angaben über den Emittenten" die **rechtsformspezifischen Besonderheiten einer KGaA** im allgemeinen und die konkreten satzungsmäßigen Ausgestaltungen im Besonderen dargestellt werden sollten. Hierzu gehört, wenn nicht die konkrete Satzung abweichende Regelungen vorsieht, insbesondere, dass (soweit zutreffend)
- es keinen Vorstand gibt, sondern der persönlich haftende Gesellschafter zur Führung der Geschäfte berechtigt ist,

---

[119] *Bachmann* in Spindler/Stilz § 278 Rn. 96.
[120] *Bachmann* in Spindler/Stilz § 278 Rn. 97.
[121] *Alfes/Wieneke* in Holzborn WpPG Anh. I Rn. 68.
[122] So auch der Vorschlag für die Prospektgliederung in den von der Deutschen Börse AG herausgegebenen Going-Public-Grundsätzen.

- Hauptversammlung und Aufsichtsrat keinen Einfluss auf die Bestellung der persönlich haftenden Gesellschafter und der Geschäftsführung der persönlich haftenden Gesellschafter haben,
- wesentliche Geschäftsentscheidungen nicht der Zustimmung des Aufsichtsrates bedürfen,
- Grundlagenbeschlüsse der Hauptversammlung der Zustimmung der persönlich haftenden Gesellschafter bedürfen,
- der persönlich haftende Gesellschafter mit Vermögenseinlage am Gewinn und Verlust der Gesellschaft beteiligt ist,
- der Jahresabschluss nicht durch den Aufsichtsrat, sondern von der Hauptversammlung festgestellt wird und
- die persönlich haftenden Gesellschafter bestimmten Stimmverboten in der Hauptversammlung der Gesellschaft unterliegen.

74 Daneben sollte auf die Besonderheiten der satzungsmäßigen Ausgestaltung der Gesellschaftsverfassung und die Abweichung vom gesetzlichen Leitbild beim Emittenten eingegangen werden.[123] Hierzu gehören zunächst beim **persönlich haftenden Gesellschafter**, sofern es sich um eine Personen- oder Kapitalgesellschaft handelt, die Angaben zu der Firma, dem Sitzes, den Namen der Organmitglieder, dem haftenden Kapital, den Gesellschaftern etc. Zudem sind Ausführungen über die Möglichkeit des Ein- und Austritts von persönlich haftenden Gesellschaftern sowie die Übertragbarkeit der Gesellschafterstellung aufzunehmen. Erforderlich ist weiterhin die genaue Darstellung der gesellschaftsrechtlichen Verhältnisse der persönlich haftenden Gesellschafter, zumal typischerweise durch die Organe einer Komplementär-Kapitalgesellschaft (mittelbar) die Personalkompetenz auch für die KGaA ausgeübt wird. Bei komplizierten „doppelstöckigen" Konstruktionen empfiehlt sich zur Veranschaulichung ein Diagramm.

75 Sofern der persönlich haftende Gesellschafter eine Vermögenseinlage erbracht hat, ist dies bei den allgemeinen Angaben darzustellen. Die diesbezüglichen Einzelheiten können dann unter der üblicherweise verwendeten Überschrift „**Kapitalverhältnisse des Emittenten**" oder im Zusammenhang mit der Wertpapierbeschreibung der angebotenen Kommanditaktien erläutert werden. Dies ergibt sich nunmehr nicht zuletzt aus Anhang III Ziffer 4.5 der EU-ProspektVO. Danach sind u. a. „Dividendensatz oder Methode zu seiner Berechnung" anzugeben, worauf sich die Beteiligung eines persönlich haftenden Gesellschafters über eine Vermögenseinlage am Gewinn und Verlust der Gesellschaft typischerweise auswirken wird. Zu den in diesem Zusammenhang relevanten Informationen gehören etwa
- die Höhe und Aufbringung der Vermögenseinlage,
- die Abfindungsansprüche im Fall des Ausscheidens eines persönlich haftenden Gesellschafters,
- die wechselseitigen Rechte der Komplementäre und Kommanditaktionäre zur Teilnahme an Kapitalerhöhungen,
- etwaige satzungsmäßige Rechte zur Umwandlung der Vermögenseinlage in Aktien (einschließlich eines etwaigen zur Verfügung stehenden bedingten Kapitals),

---

[123] *Perlitt* in Münch Komm AktG § 278 Rn. 385.

- die gesellschaftsvertragliche Regelung über die Gewinnermittlung und -verteilung einschließlich der zugrundeliegenden Kontenstruktur und der Bemessungsgrundlage und
- die Besonderheiten in der Besteuerung.

Zu den weiteren Besonderheiten der satzungsmäßigen Ausgestaltung bei einer KGaA wird regelmäßig auch ein etwaiger **Ausschluss des Widerspruchsrechts** der Hauptversammlung nach §§ 164 S. 1 HGB, 278 Abs. 2 AktG gehören.[124] Wird dieses Recht auf ein anderes Gesellschaftsorgan übertragen, etwa den Aufsichtsrat, einen Beirat oder einen Gesellschafterausschuss, ist auch das darzustellen. Zudem bietet es sich an, diese Besonderheiten der Kompetenzverteilung nicht nur in der zusammenfassenden Darstellung der „Allgemeinen Angaben über den Emittenten", sondern auch einleitend in den jeweiligen Abschnitten unter der Überschrift „Organe" zu erläutern. Dort wären auch die Mitglieder eines zusätzlich gebildeten weiteren Organs, etwa des Gesellschafterausschusses, zu benennen. 76

Darüber hinaus wird in der Literatur teilweise gefordert, dass im Prospekt über die ausdrücklichen gesetzlichen Anforderungen hinaus auch der volle **Text der Gesellschaftsstatute** (d.h. der KGaA und der Komplementärgesellschaft) enthalten sein müsse.[125] Dem ist die Praxis, soweit ersichtlich, bislang nicht gefolgt. Der Mehrwert einer solchen Offenlegung erscheint auch zweifelhaft, da die große Mehrzahl der Anleger das Zusammenspiel der verschiedenen Satzungen mit den gesetzlichen Regelungen ohnehin nicht nachvollziehen kann. Zwar ist dem Gesetz eine ausdrückliche Pflicht zur Offenlegung komplizierter gesellschaftsrechtlicher Regelungen nicht völlig fremd.[126] Das Kapitalmarktrecht enthält vergleichbare Informations- und Offenlegungspflichten allerdings nicht. Zudem kann der Anleger notfalls die Satzung der KGaA selbst beim Handelsregister einsehen. Deshalb ist eine nachvollziehbare Darstellung der gesellschaftsrechtlichen Verhältnisse ausreichend, aber auch erforderlich. 77

Fraglich ist letztlich, ob die rechtsformspezifischen Besonderheiten einer KGaA einen eigenständigen „**Risikofaktor KGaA**" rechtfertigen. Anhang I Ziffer 4 der EU-ProspektVO verlangt eine „Klare Offenlegung von Risikofaktoren, die für den Emittenten oder seine Branche spezifisch sind". Teilweise wird in der Literatur vertreten,[127] dass hier ein rechtsformspezifisches „Risiko KGaA" darzustellen ist; in der Praxis wird dies allerdings unterschiedlich gehandhabt.[128] Im Hinblick 78

---

[124] Siehe hierzu bereits oben § 10 Rn. 59.
[125] *Hommelhoff* ZHR Beiheft 67 (1998), 9, 11; ähnlich *Sethe* S. 184 (Fn. 36); *Raiser* Recht der Kapitalgesellschaften § 23 Rn. 46; a. A. *Bachmann* in Spindler/Stilz § 278 Rn. 98; *Perlitt* in Münch Komm AktG § 278 Rn. 385.
[126] So verlangt etwa § 63 Abs. 1 UmwG, dass von der Einberufung der Hauptversammlung an, die über eine Verschmelzung einer Aktiengesellschaft zu entscheiden hat, der Verschmelzungsvertrag und der Verschmelzungsbericht, der den Verschmelzungsvertrag rechtlich und wirtschaftlich erläutert und begründet (vgl. § 8 Abs. 1 S. 1 UmwG), auszulegen sind. Ähnliches gilt gemäß §§ 238, 230 Abs. 2 UmwG für den Umwandlungsbericht, der von einer Aktiengesellschaft oder KGaA im Vorfeld einer formwechselnden Umwandlung erstellt wurde.
[127] So etwa *Schlitt* Die Satzung der KGaA S. 31 f.; *Herfs* in Gesellschaftsrecht in der Diskussion Bd. 1 S. 54; gegen eine zwingende Aufnahme *Bachmann* in Spindler/Stilz § 278 Rn. 98.
[128] So enthält etwa der Wertpapierprospekt der Borussia Dortmund GmbH & Co. KGaA aus dem Jahr 2014 im Abschnitt „Risikofaktoren" einen Punkt „Die Einflussmöglichkeiten der Aktionäre sind im Vergleich zu den Aktionären einer Aktiengesellschaft beschränkt."

auf die eingeschränkten Rechte der Kommanditaktionäre und die möglicherweise nach wie vor mangelnde Akzeptanz der KGaA an den Kapitalmärkten mag im Einzelfall ein entsprechender Hinweis im Abschnitt „Risikofaktoren" gerechtfertigt sein. Anders liegt der Fall bei einer „kapitalmarktfreundlichen" an einer AG orientierten Ausgestaltung der Corporate Governance, zumal die KGaA vom Anlegerpublikum zunehmend besser verstanden wird. Wenn aus Gründen der rechtlichen Vorsicht ein entsprechender Hinweis erfolgt, ist auf das konkrete Risiko hinzuweisen und an dieser Stelle jedenfalls eine ausführliche Darstellung der gesellschaftsrechtlichen Verhältnisse nicht angebracht.

4. Gesellschaftsrechtliche Fragen

79 Die Börseneinführung ist ein **einschneidendes Ereignis** in der Entwicklung einer Gesellschaft. Die rechtlichen und tatsächlichen Rahmenbedingungen ändern sich erheblich. Der Realtypus der Gesellschaft wird dadurch geändert, dass eine unüberschaubare Zahl von Publikumsaktionären in den Kreis der bislang zumeist wenigen, eng zusammenarbeitenden Gesellschafter eintritt. Aus juristischer Sicht findet infolge der Börseneinführung das Kapitalmarktrecht auf die Gesellschaft Anwendung. Aufgrund dieser Strukturänderungen wurde früher vielfach eine Börseneinführung als eine Maßnahme angesehen, die bei einer Aktiengesellschaft auf Basis der „Holzmüller"-Doktrin[129] nur mit **Zustimmung der Hauptversammlung** erfolgen darf.[130] Dies wird man angesichts der Einschränkungen, die die „Holzmüller"-Doktrin durch die „Gelatine"-Rechtsprechung[131] erfahren hat, heute anders sehen müssen. Die Aktiengesellschaft und die KGaA sind rechtsformtypisch auf eine Vielzahl von Anteilseignern ausgerichtet. Dem entspricht es, die Optimierung der Fungibilität der Aktie durch eine Börseneinführung nicht als Eingriff in die Mitgliedschaft anzusehen, sondern vielmehr als logische Fortentwicklung.[132] Selbst das Delisting, das „gegen die Laufrichtung" einer auf eine fungible Beteiligung ausgerichteten AG oder KGaA geht, erfordert nach neuerer

---

mit einer zusammenfassenden Darstellung der gesellschaftsrechtlichen Verhältnisse und endet mit dem Hinweis: „Die im Gegensatz zu einer Aktiengesellschaft erheblich eingeschränkte Möglichkeit der Kommanditaktionäre von Borussia Dortmund, ihren Einfluss in der Hauptversammlung und mittelbar über den Aufsichtsrat gegenüber der Geschäftsleitung geltend zu machen, könnten Auswirkungen auf das Anlegerinteresse haben und zu einem Wertabschlag der Aktien im Vergleich zu Unternehmen in der Rechtsform einer Aktiengesellschaft führen." Tendenziell in eine andere Richtung geht der Risikohinweis in dem Wertpapierprospekt der Hella KGaA Huck & Co. ebenfalls aus dem Jahr 2014: „Der Umstand, dass die Kapitalmärkte mit der Rechtsform der Kommanditgesellschaft auf Aktien (KGaA) möglicherweise nicht vertraut sind, könnte den Kurs der Aktien der Gesellschaft negativ beeinträchtigen." Andererseits enthält etwa der Emissionsprospekt der AIG International Real Estate GmbH & Co. KGaA aus dem Jahr 2002 unter der Überschrift „Anlageerwägungen" keinen entsprechenden Hinweis.
[129] BGHZ 83, 122 – Holzmüller; siehe hierzu ausführlich oben, § 3 Rn. 15 ff.
[130] Etwa *Becker/Fett* WM 2001, 549, 551 m. w. N.; *Vollmer/Grupp* ZGR 1995, 459, 466 ff.; *Lutter/Drygala* FS Raisch, 1995, S. 239, 240 f. Die einfache Mehrheit ist für einen solchen Beschluss ausreichend.
[131] BGHZ 159, 30; siehe hierzu etwa *Reger* in Bürgers/Körber AktG § 119 Rn. 14 ff.
[132] *Kubis* in Münch Komm AktG § 119 Rn. 84; gegen ein Zustimmungserfordernis der Hauptversammlung auch etwa auch *Hüffer/Koch* § 119 Rn. 23; *Reger* in Bürgers/Körber AktG § 119 Rn. 14 ff.

Rechtsprechung keinen Beschluss der Hauptversammlung mehr.[133] In der Praxis dürfte diese Frage allerdings kaum relevant werden, da im Vorfeld einer Börseneinführung regelmäßig eine Vielzahl von Satzungsänderungen erforderlich wird, insbesondere zur Schaffung der zu emittierenden neuen Aktien (wenn nicht eine bloße Umplatzierung erfolgen soll).[134] Dies wird regelmäßig auch bei einer KGaA nicht anders sein. Sind – was kaum vorstellbar ist – ausnahmsweise Satzungsänderungen nicht erforderlich, findet die „Holzmüller"-Doktrin nach der hier vertretenen Auffassung auf eine KGaA keine Anwendung; denkbar wäre allenfalls eine Verpflichtung der Komplementäre zur Einbindung der Gesamtheit der Kommanditaktionäre über die Grundsätze der gesellschafterlichen Treuepflicht,[135] was aber allenfalls in Ausnahmefällen relevant sein dürfte.

Regelmäßig wird im unmittelbaren Zusammenhang mit der Börseneinführung 80 ein öffentliches Angebot von Aktien der Gesellschaft stattfinden, um den für den Börsenhandel erforderlichen *free float* zu schaffen. Die hierzu erforderlichen Aktien stammen entweder aus dem Bestand abgebender Altaktionäre (der Fall der Umplatzierung) oder es sind neue Aktien, die im Wege einer **Kapitalerhöhung** geschaffen werden. Die Platzierung (auch) neuer Aktien ist regelmäßig Bestandteil eines erfolgreichen Emissionskonzepts, da der Markt erwartet, dass nicht nur die Altaktionäre durch Abgabe aus ihrem Bestand „Kasse machen", sondern der Gesellschaft durch Ausgabe neuer Aktien frisches Kapital zugeführt wird.[136] Für die Schaffung der neuen Aktien kommt entweder eine ordentliche Kapitalerhöhung oder eine Ausnutzung des genehmigten Kapitals in Betracht. Weil die Kapitalerhöhung ein wesentlicher Bestandteil der sensiblen Zeitabfolge im unmittelbaren Vorfeld der Zuteilung der Aktien an die Anleger und Handelsaufnahme an der Börse ist, bietet die Ausnutzung eines genehmigten Kapitals grundsätzlich eine höhere Flexibilität. Der Nachteil besteht allerdings darin, dass ein genehmigtes Kapital von der Höhe her auf die Hälfte des Grundkapitals beschränkt ist, § 202 Abs. 3 AktG. Da auch nach der Börseneinführung noch ein genehmigtes Kapital zur Verfügung stehen sollte, ist eine ordentliche Kapitalerhöhung vorzuziehen.

Bei den zu platzierenden neuen Aktien muss unabhängig davon, ob eine ordent- 81 liche Kapitalerhöhung oder eine Ausnutzung des genehmigten Kapitals vorliegt, das **Bezugsrecht** der Altaktionäre zugunsten der Emissionsbank ausgeschlossen werden. Das dafür im Fall der ordentlichen Kapitalerhöhung gemäß § 186 Abs. 2 und 3 AktG[137] erforderliche Verfahren, einschließlich Bekanntmachung, Vorstandsbericht und Mehrheitserfordernis, ist einzuhalten, wobei freilich auf die Bekanntmachung und den Bericht bei einer Vollversammlung gemäß § 121 Abs. 6 AktG verzichtet werden kann. Die darüber hinaus auch im Fall der Ausnutzung des genehmigten Kapitals erforderliche sachliche Rechtfertigung ist bei einer im

---

[133] BGH NJW 2014, 147 – FRoSTA; siehe hierzu unten § 10 Rn. 192 ff.
[134] So auch *Kubis* in Münch Komm AktG § 119 Rn. 84.
[135] Ausführlich § 3 Rn. 20 ff.
[136] Die Zulassungsbedingungen für den (nicht mehr existierenden) Neuen Markt (Ziff. 3.8) sahen sogar zwingend vor, dass mindestens 50 % des zu platzierenden Emissionsvolumens aus einer Kapitalerhöhung stammt; dieser hohe Prozentsatz war im Hinblick darauf gerechtfertigt, dass der Neue Markt für Wachstumsunternehmen eingerichtet worden war. Siehe zum Neuen Markt oben § 10 Rn. 44.
[137] Bei der Ausnutzung des genehmigten Kapitals gelten aufgrund der Verweisung in § 203 Abs. 2 AktG diese Voraussetzungen entsprechend; siehe im Einzelnen *Hüffer/Koch* § 203 Rn. 21 ff.; *Krieger* in Münch Hdb AG § 59 Rn. 15 ff.

Wieneke/Fett

Interesse der Gesellschaft liegenden Börseneinführung regelmäßig gegeben.[138] Bei der Börseneinführung einer KGaA ergeben sich insofern keine Besonderheiten.

82 Die Zeichnung der neuen Aktien erfolgt – wie vorstehend angedeutet – regelmäßig nicht direkt durch die Anleger, sondern durch die Emissionsbank auf der Grundlage eines Übernahmevertrages (sog. *Underwriting Agreement*).[139] Kern des **Übernahmevertrages** ist die Verpflichtung der Emissionsbank, die neuen Aktien aus der Kapitalerhöhung zu zeichnen und ggf. mit den bereits bestehenden Aktien aus dem Bestand abgebender Altaktionäre breit gestreut im Anlegerpublikum zu platzieren. Dabei ist regelmäßig vorgesehen, dass die Emissionsbank die neuen Aktien zum geringsten Ausgabebetrag übernimmt. Hierdurch wollen die Banken ihr Platzierungsrisiko reduzieren. Dies ist trotz des ausgeschlossenen Bezugsrechts zulässig,[140] da die schuldrechtliche Abrede besteht, die Differenz zu dem in der Platzierung erzielten Verkaufspreis an die Gesellschaft abzuführen.

83 Gegenstand des Übernahmevertrages ist regelmäßig auch eine sog. **Mehrzuteilungsoption** (sog. *Greenshoe Option*).[141] Bei Börsengängen ist es heute üblich, dass die Emissionsbanken mehr Aktien zuteilen, als tatsächlich zur Platzierung vorgesehen sind (sog. *over-allotment*). Die für die Mehrzuteilung erforderlichen Aktien beschafft sich die Bank vorübergehend im Wege einer Wertpapierleihe von den Altaktionären. Fällt der Börsenkurs in dem Zeitraum unmittelbar nach der Börseneinführung unter den Ausgabepreis, kann die Bank stabilisierend eingreifen, indem sie Aktien am Markt aufkauft, mit denen sie später ihre Rückgabepflicht aus der Wertpapierleihe erfüllt. Steigt der Kurs dagegen, hängt das Verfahren davon ab, ob die Greenshoe Option aus alten oder neuen Aktien bedient wird. Bei Verwendung neuer Aktien übt die Emissionsbank die Greenshoe Option gegen die Gesellschaft aus mit der Folge, dass diese zur Ausgabe weiterer neuer Aktien zum Emissionspreis an die Bank verpflichtet ist, mit denen dann die Emissionsbank die Wertpapierleihe zurückführt; hierfür wird häufig ein gesondertes genehmigtes Kapital geschaffen.[142] Bei Verwendung alter Aktien übt dagegen die Emissionsbank die Greenshoe Option gegen die Altgesellschafter aus, mit der Folge, dass die Wertpapierleihe in einem Kaufvertrag umgewandelt wird und die Altaktionäre statt Aktien den von der Emissionsbank im Rahmen der Mehrzuteilung vereinnahmten Emissionserlös erhalten. Das Verfahren findet auf den Börsengang einer KGaA uneingeschränkt Anwendung.

84 Eine weitere Maßnahme, allerdings zur eher mittelfristigen Kursstabilisierung, sind sog. **Lock-up-Vereinbarungen** mit wesentlichen Altaktionären. Sie sind regelmäßig auch Gegenstand des Übernahmevertrages. Durch sie verpflichten sich wesentliche Altaktionäre, innerhalb einer Frist von regelmäßig sechs bis 24 Monaten, keine Aktien aus ihrem Bestand zu verkaufen. Hierdurch soll einerseits signalisiert werden, dass die Altaktionäre langfristig zu der Gesellschaft stehen,

---

[138] Hüffer/*Koch* § 186 Rn. 31; *Wiedemann* in Großkomm AktG § 186 Rn. 159; *Marsch-Barner* in Bürgers/Körber AktG § 186 Rn. 44.
[139] Siehe für die rechtlichen Fragestellungen im Zusammenhang mit den verschiedenen Regelungen eines Übernahmevertrages insbesondere *Technau* AG 1998, 445 ff. sowie *Schanz* Börseneinführung § 9 Rn. 47 ff.
[140] Ausführlich *Technau* AG 1998, 445, 449 ff.
[141] Siehe hierzu ausführlich *Schanz* Börseneinführung § 10 Rn. 159 ff.; *Mayer* WM 2002, 1106.
[142] BGH NZG 2009, 590 = AG 2009, 446; *Groß* ZIP 2002, 160 ff. und *Busch* AG 2002, 230 ff., und bereits früher *Technau* AG 1998, 445, 448 f.

und andererseits verhindert werden, dass nach der Börseneinführung größere Pakete über die Börse verkauft werden, die der Markt nicht ohne einen Kursverfall aufnehmen kann. Bei einer KGaA müssen derartige Vereinbarungen auch auf die persönlich haftenden Gesellschafter erstreckt werden. Dies gilt insbesondere dann, wenn sie ein satzungsmäßiges Recht haben, ihre Vermögenseinlage in Aktien umzuwandeln. Ergänzend kommt typischerweise hinzu, dass auch die Gesellschaft verpflichtet ist, innerhalb einer bestimmten Frist keine Kapitalerhöhungen oder sonstigen Kapitalmaßnahmen durchzuführen oder anzukündigen.

C. Folgepflichten und Regelungen

Ist die KGaA an der Börse zugelassen, treffen sie und ihre Gesellschafter Folgepflichten, die hier im Überblick dargestellt werden sollen. Dazu gehören zunächst die Publizitäts- und Berichtspflichten, an die bei einer börsennotierten KGaA höhere Anforderungen zu stellen sind (unter I.). Für die börsennotierte KGaA gelten teilweise strengere aktienrechtliche Vorgaben als für die nicht börsennotierte KGaA. Ob hierzu auch die Erklärungspflicht zum Corporate-Governance-Kodex der Regierungskommission gehört, ist zu erörtern. Ferner treffen die persönlich haftenden Gesellschafter dann, wenn sie auch Kommanditaktionäre sind, besondere Publizitätspflichten bei dem Kauf und Verkauf von Kommanditaktien (sog. Directors Dealings). Auf beides ist kurz einzugehen (unter II.). Durch die Börsennotierung der Kommanditaktien ist des Weiteren das Insiderrecht des WpHG zu beachten (unter III.). Zu den kapitalmarktrechtlichen Informationspflichten gehört ferner, dass die Kommanditaktionäre der KGaA bei Über- oder Unterschreiten bestimmter Stimmrechtsschwellen sog. „Wasserstandsmeldungen" abgeben müssen (unter IV.). Schließlich sind für die börsennotierte KGaA auch die Vorschriften des WpÜG zu beachten (unter V.).

85

I. Publizitäts- und Berichtspflichten

Die nicht börsennotierte KGaA unterliegt – wie die anderen Kapitalgesellschaften – der Regelpublizität nach den Vorschriften des HGB. Abhängig von der Größe der KGaA sind die Jahresabschlüsse der Gesellschaft prüfpflichtig (§§ 316 Abs. 1, 267 HGB). Im Fall der Börsennotierung der KGaA steigen die Anforderungen an die Publizität. So tritt neben eine in kürzeren Abständen vorzunehmende Regelpublizität die sog. Ad-hoc-Mitteilungspflicht, mit der die Gesellschaft dem Kapitalmarkt besonders kursbeeinflussende Tatsachen mitteilt.

86

1. Regelpublizität

Zusätzlich zu dem sowohl für die börsennotierte als auch für die nicht börsennotierte Gesellschaft zwingenden Jahresabschluss hat die börsennotierte KGaA, die als Inlandsemittentin i. S. d. § 2 Abs. 7 WpHG Kommanditaktien begibt, nach §§ 37v ff. WpHG weitergehende Publizitätspflichten zu beachten. Diese Bestim-

87

mungen gelten allerdings nur, wenn die Kommanditaktien zum Handel an einem regulierten Markt zugelassen sind (vgl. § 2 Abs. 7 Nr. 1, Abs. 6 Nr. 1 lit. a WpHG). In diesem Fall ist die KGaA eine kapitalmarktorientierte Kapitalgesellschaft i. S. v. § 264d HGB und gilt deswegen gemäß § 267 Abs. 2 Satz 2 HGB immer als große Kapitalgesellschaft. Sie muss jährlich einen **Jahresabschluss** mit Anhang und Lagebericht aufstellen, ihn (zwingend) gemäß § 316 HGB prüfen lassen und gemäß § 325 Abs. 4 HGB innerhalb von vier Monaten offenlegen. Sofern die KGaA auch einen **Konzernabschluss** aufstellen muss, erfolgt dies gemäß § 315a HGB nach den Internationalen Rechnungslegungsstandards (IFRS), wobei die Offenlegung auch innerhalb von vier Monaten erfolgen muss.

87a Da eine KGaA bereits nach den handelsrechtlichen Bestimmungen zur Offenlegung ihrer Jahres- und Konzernabschlüsse verpflichtet ist, wird die Pflicht zur Aufstellung eines **Jahresfinanzbericht** nach § 37v WpHG verdrängt. Es bleibt aber bei der Verpflichtung nach § 37w Abs. 1 WpHG für die ersten sechs Monate eines jeden Geschäftsjahrs einen **Halbjahresfinanzbericht** zu erstellen. Der Halbjahresfinanzbericht ist spätestens zwei Monate (§ 37w Abs. 1 S. 1 WpHG) nach Ablauf des Berichtszeitraumes der Öffentlichkeit zur Verfügung zu stellen. Darüber hinaus ist gem. 37x Abs. 1 WpHG innerhalb der ersten und der zweiten Hälfte des Geschäftsjahrs jeweils eine **Zwischenmitteilung der Geschäftsführung** zu veröffentlichen. Die Sprache der Mitteilungen richtet sich nach den §§ 22, 3b WpAIV. Demnach ist die anzuwendende Sprache Deutsch, sofern die Aktien nur im Inland gehandelt werden. Andernfalls kann der Emittent zwischen deutscher und englischer Sprache wählen, § 3b Abs. 2 WpAIV. Sind die Kommanditaktien im Prime Standard der Frankfurter Wertpapierbörse notiert, müssen die Finanzberichte in deutscher und englischer Sprache abgefasst sein (§§ 50 Abs. 1, 51 Abs. 3 BörsO FWB). Zudem ist ein Quartalsbericht zum Stichtag des ersten und des dritten Quartals zu erstellen (§ 51 BörsO FWB), der die Zwischenmitteilung ersetzt (vgl. § 37x Abs. 3 WpHG).

88 Die vorstehend genannten Regelungen gelten, soweit die Kommanditaktien zum Handel im regulierten Markt zugelassen worden sind. Die Börsenordnungen können noch weitere Zulassungsfolgepflichten statuieren.[143] Sind die Kommanditaktien dagegen nur in den Freiverkehr einbezogen, fallen die Veröffentlichungspflichten nach dem WpHG weg und es bleibt bei den Offenlegungspflichten nach HGB, wobei auch dort die weitergehenden Anforderungen für kapitalmarktorientierte Gesellschaften nicht gelten. Die Qualitätssegmente des Freiverkehrs sehen allerdings weitergehende Offenlegungspflichten, etwa einen Halbjahresabschluss und eine Zwischenmitteilung, vor.[144] Der wesentliche Unterschied zum regulierten Markt besteht dann darin, dass die Gesellschaft weiterhin nach HGB berichten kann und nicht auf IRFS umstellen muss.

---

[143] Siehe etwa den Überblick von *Zietsch/Holzborn* WM 2002, 2393, 2397 ff. zu den Usancen des vormaligen „Neuen Marktes" der Deutschen Börse AG; zu den Zulassungsfolgepflichten nach der Börsenordnung der FWB im „Prime Standard" siehe §§ 48 ff. BörsO FWB.

[144] Siehe etwa für den Entry Standard etwa § 19 Abs. 1 b) der Allgemeinen Geschäftsbedingungen der Deutsche Börse AG für den Freiverkehr an der Frankfurter Wertpapierbörse (Stand 26.7.2013).

2. Ad-hoc-Publizitätspflicht

Der Inlandsemittent von Finanzinstrumenten – also hier die KGaA, deren Aktien zum regulierten Markt zugelassen sind – muss unverzüglich eine konkrete Information über nicht öffentlich bekannte Umstände veröffentlichen, die ihn unmittelbar betreffen, wenn sie im Falle ihres öffentlichen Bekanntwerdens geeignet sind, den Börsen- oder Marktpreis der zugelassenen Kommanditaktien erheblich zu beeinflussen (sog. **Ad-hoc-Publizitätspflicht**, § 15 Abs. 1 S. 1 WpHG). Sind Kommanditaktien im regulierten Markt notiert, müssen die geschäftsführenden Komplementäre bei **kursrelevanten Geschäftsführungsmaßnahmen** oder sonstigen wesentlichen Ereignissen stets diese Veröffentlichungspflicht vor Augen haben. Die Ad-hoc-Publizitätspflicht tritt neben die vorstehend dargestellte Regelpublizität,[145] wobei Gegenstand von Ad-hoc-Meldungen auch Ereignisse sein können, die im späteren Verlauf im Rahmen der Regelpublizität darzustellen sind.[146] Börsenordnungen können vorsehen, dass die Ad-hoc-Mitteilungen (auch) in englischer Sprache zu verfassen sind (vgl. § 54 BörsO FWB für „Prime Standard"). 89

Die Ad-hoc-Publizität knüpft an den Begriff der **Insiderinformation** an. Nach § 13 Abs. 1 S. 1 WpHG handelt es sich hierbei um eine konkrete Information über nicht öffentlich bekannte Umstände, die sich auf einen oder mehrere Emittenten von Insiderpapieren oder auf die Insiderpapiere selbst beziehen und die geeignet sind, im Falle ihres öffentlichen Bekanntwerdens den Börsen- oder Marktpreis der Insiderpapiere erheblich zu beeinflussen. Ein Emittent hat grundsätzlich sämtliche Insiderinformationen sofort zu veröffentlichen, die ihn unmittelbar betreffen. Durch die Einführung des Kriteriums der Unmittelbarkeit fallen auch solche den Emittenten unmittelbar betreffende Informationen unter die Veröffentlichungspflicht, die nicht in seinem Tätigkeitsbereich eingetreten sind.[147] Ist die Tatsache bereits öffentlich bekannt, also einem breiten Anlegerpublikum und damit einer unbestimmten Zahl von Personen zugänglich,[148] scheidet eine Ad-hoc-Publizitätspflicht von Anfang an aus.[149] Die Geschäftsleitung der KGaA kann mithin schon aufgrund einzelner Geschäftsergebnisse zu einer Ad-hoc-Mitteilung verpflichtet sein, sofern diesen ein erhebliches Kursbeeinflussungspotenzial zukommt.[150] Hierzu können auch wesentliche Personalveränderungen an der Unternehmensspitze gehören, sofern es sich bei den berufenen oder abberufenen Organmitgliedern um Personen handelt, bei denen eine maßgebliche Einwirkung auf den Geschäftsverlauf zu erwarten ist oder bislang bestand.[151] Bei einer börsennotierten GmbH & Co. 90

---

[145] BaFin Emittentenleitfaden 2013, Ziff. IV.2.2.9, S. 55; *Hopt* ZHR 159 (1995), 135, 148; *Zimmer/Kruse* in Schwark/Zimmer § 15 WpHG Rn 10.

[146] *Leis/Nowak* Ad-hoc-Publizität S. 30 ff.

[147] Begründung RegE BT-Drs 15/3174, S. 27; zu veröffentlichungspflichtigen Informationen über Umstände außerhalb des Tätigkeitsbereichs des Emittenten vertiefend *Zimmer/Kruse* in Schwark/Zimmer § 15 WpHG Rn 36 ff.

[148] Zu diesem Begriff BaFin Emittentenleitfaden 2013, Ziff. III.2.1.2, S. 34.

[149] Vgl. hierzu *Rothenhöfer* in Kümpel/Wittig Rn. 3.488 ff.; *Fürhoff/Wölk* WM 1997, 449, 451.

[150] Vgl. BaFin Emittentenleitfaden 2013, Ziff. IV.2.2.9, S. 55 f.

[151] BaFin Emittentenleitfaden 2013, Ziff. IV.2.2.11, S. 57; zutreffend *Hilgendorf* in Park Kapitalmarktstrafrecht § 13 WpHG Rn. 115 mit einer Vielzahl weiterer Beispiele; *Fürhoff/Wölk* WM 1997, 449, 453; a.A. *Pananis* WM 1997, 460, 463.

KGaA wäre daher typischerweise ein Austausch von Geschäftsführern der geschäftsführenden Komplementär-GmbH ad-hoc-publizitätspflichtig, jedenfalls wenn es um einen Wechsel bei dem Vorsitzenden der Geschäftsleitung geht. Auch die Veränderung anderer Schlüsselpositionen im Unternehmen kann im Einzelfall hierunter subsumiert werden, etwa bei Unternehmen, deren Entwicklung von der Innovationsfähigkeit oder Kreativität einzelner Personen abhängt.[152]

91 Allein der Umstand, dass die Tatsache Auswirkungen auf die Vermögens- oder Finanzlage hat oder den allgemeinen Geschäftsverlauf der KGaA betrifft, führt noch nicht zur Ad-hoc-Publizitätspflicht. Maßgeblich hinzutreten muss, dass die Tatsache geeignet ist, den **Börsenpreis oder Marktpreis** der zugelassenen Kommanditaktien **erheblich zu beeinflussen**. Aus der Formulierung folgt zunächst, dass es nicht darauf ankommt, ob tatsächlich eine Kursveränderung eingetreten ist; für die Frage der Eignung zur Kurserheblichkeit ist allein eine ex-ante-Prognose anhand objektiver Kriterien anzustellen.[153] Eine Eignung der Tatsache zur erheblichen Beeinflussung des Börsen- oder Marktpreises des Insiderpapiers ist gegeben, wenn ein verständiger Anleger die Information bei seiner Anlageentscheidung berücksichtigen würde (§ 13 Abs. 1 S. 2 WpHG).[154] Nach allgemeiner Erfahrung kommt typischerweise ein erhebliches Preisbeeinflussungspotenzial in Betracht bei Übernahmeangeboten, dem Abschluss besonders wichtiger Verträge, Gewinnwarnungen, drohender Insolvenz, Dividendenänderungen, Kapitalmaßnahmen oder dem Abschluss eines Beherrschungs- und Gewinnabführungsvertrages.[155] Dabei sind die im Zeitpunkt des Handelns vorliegenden oder absehbaren konkreten Umstände des Einzelfalls zu berücksichtigen, die das Preisbeeinflussungspotenzial erhöhen oder vermindern können.[156]

92 Für die praktische Handhabung des § 15 Abs. 1 WpHG lässt sich ein allgemeinverbindlicher und vollständiger Katalog publizitätspflichtiger Insiderinformationen nicht aufstellen, da stets auf die konkreten Umstände des Einzelfalls abzustellen ist. Gleichwohl hat die BaFin in ihrem Emittentenleitfaden Fallkonstellationen aufgeführt, in denen sich typischerweise die Frage der Veröffentlichung einer Ad-hoc-Meldung stellt. Dies erlaubt der Geschäftsleitung, mit einem gewissen Maß an Rechtssicherheit vorab herleiten zu können, welche der Unternehmensentscheidungen ad-hoc-publizitätspflichtig sind.[157] Zu beachten ist freilich, dass dieser Katalog nicht abschließend ist und bei komplizierten Zweifelsfällen auch nicht wei-

---

[152] BaFin Emittentenleitfaden 2013, Ziff. IV.2.2.11, S. 57.
[153] BaFin Emittentenleitfaden 2013, Ziff. III.2.1.4, S. 35; *Assmann* in Assmann/Schneider WpHG § 13 Rn. 55; *Kümpel* WM 1996, 653, 655; *Fürhoff/Wölk* WM 1997, 459, 455; *Schwark/Kruse* in Schwark/Zimmer § 13 WpHG Rn 44.
[154] Vertiefend BaFin Emittentenleitfaden 2013, Ziff. III.2.1.4, S. 34 f.; *Klöhn* in Kölner Komm WpHG § 13 Rn. 145 ff.
[155] BaFin-Emittentenleitfaden 2013, Ziff. III.2.1.4, S. 35.
[156] BaFin-Emittentenleitfaden 2013, Ziff. III.2.1.4, S. 34 f.; *Rothenhöfer* in Kümpel/Wittig Rn. 3.504; *Brellochs* ZIP 2013, 1170, 1171.
[157] BaFin-Emittentenleitfaden 2013, Ziff. IV.2.2.4, S. 53; genannt werden etwa Veräußerung satzungsgemäßer Kernbereiche, Verschmelzungsverträge, Beherrschungs- und/oder Gewinnabführungsverträge, Erwerb oder Veräußerung von wesentlichen Beteiligungen, Übernahme- und Abfindungs-/Kaufangebote, Kapitalmaßnahmen einschließlich Kapitalberichtigungen, Änderung des Dividendensatzes, bevorstehende Zahlungseinstellung/Überschuldung, Verlustanzeige nach § 92 AktG, erhebliche außerordentliche Aufwendungen oder erhebliche außerordentliche Erträge etc.

terhelfen kann. Die Geschäftsleiter sind daher in schwierigen Fällen gut beraten, Rat von externer Seite einzuholen.

Ein im Schrifttum früher umstrittenes Problem, das immer dann auftritt, wenn **93** mehrere Unternehmensorgane entscheiden müssen, bis eine Maßnahme wirksam ist (sog. **mehrstufige Unternehmensentscheidungen**),[158] stellt sich für die KGaA nur in eingeschränkter Weise. Die Diskussion kreiste um die Frage, ob die Ad-hoc-Mitteilungspflicht erst besteht, wenn das letzte an der Entscheidung beteiligte Gesellschaftsorgan seinen Beschluss fasst, oder ob dies bereits mit dem Votum der Geschäftsleitung der Fall ist. Der typische Fall ist der, dass der Vorstand einer AG ein wesentliches Geschäft abgeschlossen hat, das noch der Zustimmung des Aufsichtsrats bedarf. Nach den Entscheidungen des EuGH und des BGH im Fall Geltl/Daimler steht nunmehr fest, dass bei einem zeitlich gestreckten Vorgang, bei dem ein bestimmter Umstand verwirklicht oder ein bestimmtes Ereignis herbeigeführt werden soll, nicht nur dieser Umstand oder dieses Ereignis eine Insiderinformation sein kann. Auch die mit der Verwirklichung des Umstands oder Ereignisses verknüpften Zwischenschritte dieses Vorgangs können eine Insiderinformation darstellen.[159] Für die Zwischenschritte, die bereits eingetreten sind, kommt es maßgeblich auf die Kursrelevanz an, während es für das zukünftige Ereignis entscheidend darauf ankommt, ab wann das Ereignis überwiegend wahrscheinlich ist.[160] Wenn also in dem vorstehenden Beispiel der Vorstand einer AG ein wesentliches Geschäft abgeschlossen hat, das noch der Zustimmung des Aufsichtsrats bedarf, ist zu prüfen, ob bereits der Abschluss des Geschäfts durch den Vorstand als Zwischenschritt eine Insiderinformation ist, unabhängig davon, ob die Zustimmung des Aufsichtsrats noch aussteht und wie wahrscheinlich sie ist.

Weil die Geschäftsführung bei der gesetzestypischen KGaA nicht von der Zu- **94** stimmung des Aufsichtsrates abhängt,[161] stellt sich bei herkömmlichen Geschäftsführungsmaßnahmen insofern das Problem der mehrstufigen Unternehmensentscheidungsprozesse nicht in derselben Schärfe wie bei einer AG:[162] bereits mit der Entscheidung der Komplementäre ist die Geschäftsführungsmaßnahme gesellschaftsintern wirksam und damit spätestens in diesem Zeitpunkt ad-hoc-publizitätspflichtig. Etwas anderes kann gelten, wenn bei einer sog. außergewöhnlichen Geschäftsführungsmaßnahme das Recht der Kommanditaktionäre nach § 164 HGB nicht abbedungen ist und damit erst ein Beschluss der Hauptversammlung notwendig wird, um die Geschäftsführungsmaßnahme wirksam werden zu lassen. Etwas andere gilt freilich auch, wenn es sich bei einer Komplementär-Kapitalgesellschaft ihrerseits um eine Gesellschaft (etwa eine AG) mit einem Aufsichtsrat oder einem anderen Kontrollorgan handelt oder wenn die erforderliche Zustimmung eines anderen Gesellschaftsorgans (etwa eines Gesellschafterausschusses)

---

[158] Siehe hierzu etwa *Schwark* FS Bezzenberger, 2000, S. 771 ff.; ferner *Schwark* in Schwark/Zimmer § 20a WpHG Rn. 30; *Grundmann* in Ebenroth/Boujong/Joost/Strohn HGB § 20a WpHG Rn. VI165.
[159] EuGH, NZG 2012, 784; siehe hierzu etwa *Klöhn* NZG 2012, 1041 ff.; *Parmentier* WM 2013, 970 ff.; *Ihrig* in Gesellschaftsrecht in der Diskussion VGR 2012, 113 ff.; BGH NZG 2013, 708; siehe hierzu etwa *Brellochs* ZIP 2013, 1170 ff.; *Herfs* DB 2013, 1650 ff.
[160] *Brellochs* ZIP 2013, 1170, 1171 f.
[161] Siehe dazu unter § 5 Rn. 479.
[162] Ebenso *Bachmann* in Spindler/Stilz § 278 Rn. 101.

noch aussteht. Dann gelten die allgemeinen Überlegungen zu mehrstufigen Entscheidungsprozessen auch hier.

95 Aber auch bei anderen Maßnahmen, etwa die zur Feststellung des Jahresabschlusses, über die nach § 286 Abs. 1 S. 1 AktG die Hauptversammlung beschließen muss, stellt sich die Frage nach dem richtigen Zeitpunkt für die Ad-hoc-Publizitätspflicht. Nach zutreffender kapitalmarktrechtlich geprägter Auffassung ist schon vor Abschluss des Entscheidungsprozesses von einer Ad-hoc-Mitteilungspflicht auszugehen, wenn die Entscheidung der Komplementäre oder gar ein der Entscheidung der Komplementäre vorgelagerter Sachverhalt Kursrelevanz aufweist.[163] Der Kapitalmarkt hat in diesem Fall ein berechtigtes Interesse, die betreffende Tatsache bereits nach ihrer Verwirklichung (z.B. nach Entscheidung der Komplementäre) zu erfahren. Diese Auffassung wird auch durch § 6 S. 2 Nr. 2 WpAIV gestützt, aus dessen Umkehrschluss sich ergibt, dass bereits vor der endgültigen Entscheidung eine Veröffentlichungspflicht bestehen kann.[164]

96 Die KGaA ist gemäß § 15 Abs. 3 S. 1 WpHG von der Pflicht zur Veröffentlichung von Insiderinformationen solange **befreit**, wie es der Schutz ihrer berechtigten Interessen erfordert, keine Irreführung der Öffentlichkeit zu befürchten ist und die KGaA die Vertraulichkeit der Information gewährleisten kann. Die Befreiung tritt dem Wortlaut des § 15 Abs. 3 S. 1 WpHG nach von Gesetzes wegen ein; ein Antrag an die BaFin auf Befreiung ist nicht erforderlich.[165] Nach Auffassung der BaFin erfolgt die Befreiung hingegen nicht automatisch; sie muss vielmehr aktiv in Anspruch genommen werden. An dem Beschluss habe mindestens ein ordentliches Vorstandsmitglied mitzuwirken.[166] Überträgt man diese Überlegungen auf die KGaA, ist ein formaler Beschluss der Komplementäre über die Befreiung jedenfalls ausreichend. Bei einer Komplementär-Kapitalgesellschaft entspricht dem ein Beschluss des Geschäftsführungsorgans. Auch wird man es als ausreichend ansehen müssen, dass ein Mitglied des Geschäftsführungsorgans an der Beschlussfassung teilnimmt.

97 Die §§ 37b und 37c WpHG begründen eine **Schadensersatzpflicht des Emittenten** von Finanzinstrumenten für das Unterlassen unverzüglicher Veröffentlichung von Insiderinformationen bzw. für die Veröffentlichung unwahrer Insiderinformationen. Prominente Anwendungsfälle dieser Vorschriften finden sich in jüngerer Zeit im Zusammenhang mit der Mitteilungspflicht über die Höhe des Subprime-Engagements einer Bank als Insidertatsache.[167] Dabei hat der Geschädigte die Wahl zwischen der Rückabwicklung des Geschäfts und einem Differenzausgleich.[168] Für die Rückabwicklung muss die Kausalität nach üblichen Regeln dargelegt werden.[169] Wird dagegen die Kursdifferenz verlangt, genügt die schlüssige Darlegung, dass der Kurs bei fehlerfreier Mitteilung höher bzw. niedriger

---

[163] Vgl *Schwark* in Schwark/Zimmer § 13 Rn. 19 ff., § 20a WpHG Rn. 30.
[164] Vgl *Schwark* in Schwark/Zimmer § 13 Rn. 19 ff., § 20a WpHG Rn. 30.
[165] *Zimmer/Kruse* in Schwark/Zimmer § 15 WpHG Rn. 54.
[166] BaFin-Emittentenleitfaden 2013, Ziff IV.3, S. 59 ff.; zustimmend *Bedkowski* BB 2009, 394, 398; ferner BGH NZG 2013, 708, 713.
[167] So zB BGH NJW 2012, 1800 – IKB.
[168] BGH WM 2013, 303, 309 = BGHZ 192, 90 – IKB; kritisch zur Möglichkeit der Rückabwicklung u. A. *Klöhn* AG 2012, 345, 353 f.
[169] *Kumpan* in Baumbach/Hopt HGB § 37b WpHG Rn. 6.

gewesen wäre.[170] Um den „richtigen" Kurs zu ermitteln, kann die Reaktion der Börse nach Bekanntwerden der wahren Tatsachen herangezogen werden. Diese Überlegungen ergeben sich aus dem Telos der §§ 37b, 37c WpHG. Sie sollen sicherstellen, dass Anleger auf den korrekten Kurs zum Zeitpunkt ihrer Transaktionsentscheidung vertrauen können.[171]

Nach § 15 Abs. 1 S. 6 WpHG müssen die in der Ad-hoc-Meldung verwendeten **Kennzahlen** im Geschäftsverkehr **üblich** sein und einen Vergleich mit den zuletzt genutzten Kennzahlen ermöglichen. Die Vorschrift soll sicherstellen, dass die Marktteilnehmer ein klares Bild von dem neu eingetretenen Umstand erhalten.[172] Die folgenden Kennzahlen werden nach Auffassung der BaFin von den Unternehmen besonders häufig verwendet und sind als „üblich" i.S.d. § 15 Abs. 1 S. 6 WpHG anzusehen: Umsatz, Ergebnis pro Aktie, Jahresüberschuss, Cash-flow, Ergebnis vor Zinsen und Steuern (EBIT), Ergebnis vor Steuern (EBT), Dividende pro Aktie, Ergebnis vor Steuern, Zinsen und Abschreibungen (EBITDA), Ergebnismarge, Eigenkapitalquote, betriebliches Ergebnis und operatives Ergebnis vor Sondereinflüssen. Zu Recht wird darauf hingewiesen, dass dieser Katalog der BaFin nicht als abschließende Aufzählung verstanden werden kann.[173]

Offensichtlich *nicht* ad-hoc-publizitätspflichtige Tatsachen dürfen – auch in Verbindung mit veröffentlichungspflichtigen Informationen – nicht veröffentlicht werden (§ 15 Abs. 2 S. 1 WpHG). Von Offensichtlichkeit wird ausgegangen, wenn an dem Nichtbestehen der Pflicht keine Zweifel bestehen, sich die Überflüssigkeit der Veröffentlichung geradezu aufdrängt, etwa bei Veröffentlichung von Werbung im Zusammenhang mit der Mitteilung.[174] Schließlich müssen bereits publizierte *unwahre* Tatsachen durch eine **erneute Ad-hoc-Mitteilung** richtiggestellt werden (§ 15 Abs. 2 S. 2 WpHG).

Zu beachten ist ferner, dass das **Unterlassen von Ad-hoc-Mitteilungen** eine **Marktmanipulation** im Sinne des § 20a Abs. 1 S. 1 Nr. 1 WpHG darstellen kann.[175]

Ein Verstoß gegen die Ad-hoc-Mitteilungspflicht stellt ferner nach § 39 Abs. 2 Nr. 5a WpHG eine Ordnungswidrigkeit dar, die mit einer Geldbuße bis zu einer Million Euro geahndet werden kann. Die persönlich haftenden Gesellschafter und im Fall einer Kapitalgesellschaft als Komplementärin auch deren Geschäftsführungsmitglieder werden gemäß § 9 Abs. 1 Nr. 1 OWiG ordnungswidrigkeitsrechtlich in den Kreis der Normadressaten des § 15 WpHG einbezogen, so dass sie selbst die Pflicht zur Erfüllung der Ad-hoc-Mitteilungspflicht trifft. Bei einem Verstoß können sie deshalb auch persönlich belangt werden (§§ 39 Abs. 2 Nr. 5a WpHG, 9 Abs. 1 Nr. 1 OWiG). Die BaFin hat ihre Verwaltungspraxis zur Festset-

---

[170] BGH WM 2013, 303, 309, 311; *Kumpan* in Baumbach/Hopt HGB § 37b WpHG Rn. 6.
[171] *Zimmer/Grotheer* in Schwark/Zimmer § 37c WpHG Rn 90.
[172] BaFin-Emittentenleitfaden 2013, Ziff IV.2.2.10, S. 57.
[173] BaFin-Emittentenleitfaden 2013, Ziff IV.2.2.10, S. 57; so auch *Grimme/v. Buttlar* WM 2003, 901, 902.
[174] *Assmann* in Assmann/Schneider WpHG § 15 Rn. 199 ff.; *Grimme/v. Buttlar* WM 2003, 901, 903.
[175] Nach den durch das Vierte Finanzmarktförderungsgesetz in Kraft getretenen §§ 20a ff. WpHG, die § 88 BörsG abgelöst haben; vgl. hier insbesondere § 20a Abs. 1 Nr. 1 WpHG, dazu etwa *A. Möller* WM 2002, 309, 312; *Ziouvas* ZGR 2003, 113, 126.

zung von Geldbußen in den sog. WpHG-Bußgeldleitlinien festgesetzt, welche das drohende Bußgeld vorhersehbar werden lassen.[176]

3. Weitere Berichts- und Zulassungsfolgepflichten

102   Weitere Zulassungsfolgepflichten ergeben sich aus den §§ 30a ff WpHG. Diese betreffen alle Emittenten von Wertpapieren mit Deutschland als Herkunftsstaat. Voraussetzung ist daher, dass die Aktien zum Handel an einem regulierten Markt zugelassen sind (§ 2 Abs. 6 Nr. 1 lit. a WpHG); die Einbeziehung in den Freiverkehr reicht nicht aus. Die Vorschriften dienen der Umsetzung der Transparenzrichtlinie[177] und lösen die §§ 39, 54 BörsG a. F. sowie §§ 63–68 BörsZulVO a. F. ab. Es handelt sich dabei größtenteils um Publizitätspflichten. Speziell auf eine KGaA als Emittentin bezogene Probleme dürften dabei kaum auftreten. § 30a Abs. 1 Nr. 1 WpHG gebietet eine Gleichbehandlung aller Inhaber der Wertpapiere der Gesellschaft. Die Stellung als Komplementär sowie eine geleisteten Sondereinlage stellen keine Wertpapiere im Sinne des Gesetzes dar. Adressat dieser Pflicht ist der Emittent selbst, also die KGaA. Eine analoge Ausdehnung auf andere Konzerngesellschaften oder den Mehrheitsaktionär findet nicht statt.[178] Es kann daher davon ausgegangen werden, dass in der KGaA eine wie auch immer geartete Gleichbehandlung der Aktionäre mit dem Komplementär nicht geboten ist. Die Gesellschaft ist weiterhin verpflichtet, Einrichtungen und Informationen, die Inhaber ihrer Wertpapiere zur Ausübung ihrer Rechte benötigen, öffentlich zur Verfügung zu stellen (§ 30a Abs. 1 Nr. 2 WpHG). Die von Nr. 2 umfassten Informationen sind solche, die zur Ausübung von aus Wertpapieren fließenden Rechten erforderlich sind.[179] Weiterhin ist der Emittent gemäß Nr. 3 zum Datenschutz verpflichtet. Nr. 4 verpflichtet schließlich zur Bestimmung einer Zahlstelle (früher: Zahl- und Hinterlegungsstelle) im Inland. Dabei muss es sich um ein Finanzinstitut handeln.[180] Außerdem müssen Vollmachtsformulare für Haupt- und Gläubigerversammlungen zur Verfügung gestellt werden (Nr. 5, 6). Das Formular sollte der Einladung zur jeweiligen Versammlung beigefügt sein.[181] Abweichungen gegenüber einer börsennotierten AG bestehen insofern nicht.

103   § 30b WpHG begründet verschiedene Veröffentlichungspflichten und verpflichtet die Gesellschaft unter anderem, Mitteilungen bezüglich Dividenden, der Ausgabe neuer Aktien oder der Einberufung der Hauptversammlung unverzüglich im Bundesanzeiger zu veröffentlichen. Bei parallelen Veröffentlichungspflichten aus dem Aktiengesetz genügt eine einzige Mitteilung.[182] Auch diese Pflichten sind

---

[176] S. dort 2. Teil unter Buchstabe A, Stand: November 2013, abrufbar über www.bafin.de; s. dazu etwa *Eggers* BB 2015, 651.
[177] Richtlinie EG2004/109/EG des Europäischen Parlaments und des Rates vom 15. Dezember 2004 zur Harmonisierung der Transparenzanforderungen in Bezug auf Informationen über Emittenten, deren Wertpapiere zum Handel auf einem geregelten Markt zugelassen sind, und zur Änderung der Richtlinie 2001/34/EG.
[178] EuGH C-101/08, EuZW 2009, 894.
[179] *Heidelbach* in Schwark/Zimmer § 30a WpHG Rn. 25; a. A. *Mülbert* in Assmann/Schneider WpHG § 30a Rn. 13.
[180] *Heidelbach* in Schwark/Zimmer § 30a WpHG Rn. 29.
[181] *Heidelbach* in Schwark/Zimmer § 30a WpHG Rn. 41.
[182] *Heidelbach* in Schwark/Zimmer § 30b WpHG Rn. 7.

nur auf die börsenzugelassen Kommanditaktien bezogen; Maßnahmen, die ausschließlich die Vermögenseinlage des persönlich haftenden Gesellschafters betreffen, kommen nicht in Betracht. Zudem sollen auch die Gesamtzahl der Aktien und Stimmrechte bei der Einberufung einer Hauptversammlung bekannt gegeben werden. Aus dieser Differenzierung ergibt sich, dass auch stimmrechtslose Vorzugsaktien angegeben werden müssen.[183] Ein etwaiges Zustimmungsrecht der persönlich haftenden Gesellschafter ist damit nicht gemeint.

Zudem müssen Mitteilungen gemäß § 30c WpHG erfolgen, wenn sich die Satzung oder die „sonstigen Rechtsgrundlagen, die die Rechte der Wertpapierinhaber berühren" ändern. Schon die **Absicht der Änderung** muss mitgeteilt werden. Andere Rechtsgrundlagen als die Satzung der KGaA selbst, man könnte etwa an die Satzung der Komplementär-AG oder GmbH denken, sind hier nicht relevant. Abgrenzungsfragen können dagegen bei einer KGaA als Emittentin auftreten, wenn es zu einem Ein- oder Austritt von Komplementären auf der Basis von Satzungsbestimmungen kommt, die die Stellung eines Komplementärs veräußerbar ausgestalten oder entsprechende Wechsel nur von der Zustimmung der bisherigen Komplementäre abhängig machen. Nach richtiger Auffassung stellen solche Gesellschafterwechsel auf der Grundlage entsprechender Satzungsbestimmungen keine Satzungsänderungen dar[184] und führen deswegen auch nicht zu einer Mitteilungspflicht nach § 30c WpHG.

103a

4. Prüfstelle für Rechnungslegung

Um das Vertrauen von Anlegern in den Kapitalmarkt zu stärken, hat der Gesetzgeber ein **zweistufiges** sogenanntes **„Enforcement-Verfahren"** zur Überprüfung korrekter Rechnungslegung eingeführt. Dieses Verfahren beruht auf § 342b HGB sowie §§ 37n ff WpHG. Die erste Stufe ist eine Prüfung auf privatrechtlicher Basis durch eine Prüfstelle gemäß § 342b HGB. Eine solche wurde am 1. Juli 2005 mit der „Deutschen Prüfstelle für Rechnungslegung e. V. (DPR, nachfolgend „Prüfstelle") eingeführt. Die Prüfstelle kontrolliert die Rechnungslegung im Einvernehmen mit den Unternehmen. Erst wenn diese sich einer Zusammenarbeit verweigern oder das Ergebnis nicht akzeptieren, findet auf der zweiten Stufe eine Prüfung durch die BaFin statt (§ 37p Abs. 1 Nr. 1 WpHG). Ziel des Verfahrens ist es, **Unregelmäßigkeiten** bei der Rechnungslegung **präventiv entgegenzuwirken**.[185]

103b

Betroffen sind Unternehmen, deren Wertpapiere zum Handel am regulierten Markt in Deutschland zugelassen sind.[186] Dies gilt auch für Unternehmen in der Rechtsform der KGaA. Nicht betroffen sind Unternehmen, deren Wertpapiere lediglich im Freiverkehr gehandelt werden. Gegenstand der Prüfung können der Jahresabschluss, der Konzernabschluss (jeweils einschließlich des Lageberichts) sowie der verkürzte Abschluss mit zugehörigem Zwischenlagebericht sein.[187] Hier

103c

---

[183] *Mülbert* in Assmann/Schneider WpHG § 30b Rn. 6.
[184] *Förl/Fett* in Bürgers/Körber AktG § 278 Rn. 18; siehe auch oben § 5 Rn. 300, 312.
[185] *Hubeny* in Heidel AktG vor §§ 37n-u WpHG Rn. 2.
[186] *Hennrichs* in Schwark/Zimmer § 37n WpHG Rn. 2.
[187] *Hönsch* in Assmann/Schneider WpHG § 37n Rn. 8.

wird die Prüfstelle bzw. die BaFin in der Regel den Fokus auf den Abschluss legen, der im konkreten Fall für Kapitalmarktteilnehmer die größte Relevanz besitzt.

103d Wird ein Verstoß gegen Rechnungslegungsregeln festgestellt, kann auf der ersten Stufe das betroffene Unternehmen dem zustimmen oder widersprechen. Stimmt es zu, wird es zur Veröffentlichung der Ergebnisse angewiesen. Andernfalls greift die zweite Stufe mit einer erneuten Überprüfung durch die BaFin ein. Unerheblich ist, ob Rechnungslegungsfehler schuldhaft zustande kamen. Denn der Zweck der Prüfung ist nicht das Aufdecken von Fehlverhalten, sondern die Herstellung von Transparenz.[188]

II. Spezielle Folgepflichten für die Geschäftsleitung

1. Aktienrechtliche Regelungen (Corporate Governance)

104 a) **Differenzierung zwischen börsen- und nicht börsennotierten Gesellschaften.** Das Aktiengesetz differenziert in vielen Regelungen zwischen börsennotierten und nicht börsennotierten Aktiengesellschaften. Nach § 278 Abs. 3 AktG gilt die in § 3 Abs. 2 AktG enthaltene Definition der Börsennotierung auch für die KGaA. Danach sind börsennotiert im Sinne des AktG die Gesellschaften, deren Aktien zu einem Markt zugelassen sind, der von staatlich anerkannten Stellen geregelt und überwacht wird, regelmäßig stattfindet und für das Publikum mittelbar oder unmittelbar zugänglich ist. Nach dem Verständnis des Börsengesetzes ist dies vor allem der regulierte Markt in Deutschland;[189] vgl. § 32 BörsG. In Betracht kommen aber auch ausländischen Notierungen. Nicht erfasst ist der Freiverkehr im Sinne von § 48 BörsG. Da die Aktien einer KGaA sowohl zum Handel im regulierten Markt zugelassen als auch in den Freiverkehr einbezogen werden können, gilt diese Unterscheidung für eine KGaA in gleichem Maße.

104a Das Aktiengesetz greift die Differenzierung zwischen börsennotiert und nicht börsennotiert entweder in der Form auf, dass es nicht börsennotierten Gesellschaften einen **zusätzlichen Spielraum** gewährt, oder, indem es für börsennotierte Gesellschaften bestimmte zusätzliche **verschärfende Regelungen** vorhält. Besonderen Spielraum für nicht börsennotierte Gesellschaften enthalten § 130 Abs. 1 S. 3 AktG (Niederschrift der Hauptversammlung durch Aufsichtsratsvorsitzenden ausreichend) sowie § 134 Abs. 1 S. 2 AktG (Möglichkeit der Festlegung eines Höchststimmrechtes). Verschärfungen für börsennotierte Gesellschaften sind etwa in den § 110 Abs. 3 AktG (Sitzungshäufigkeit des Aufsichtsrates mindestens zweimal im Jahr), § 125 Abs. 1 S. 5 AktG (zusätzliche Angaben beim Wahlvorschlag der Aufsichtsratsmitglieder), § 171 Abs. 2 S. 2 AktG (zusätzliche Angaben im Bericht des Aufsichtsrates an Hauptversammlung über Ausschussbildung und Sitzungshäufigkeit), § 328 Abs. 3 AktG (Beschränkung des Stimmrechtes bei wechselseitigen Beteiligungen bzgl. Wahl des Aufsichtsrates) und § 404 Abs. 1 S. 1 AktG (erhöhter Strafrahmen bei Geheimnisverrat) vorgesehen.

---

[188] *Hönsch* in Assmann/Schneider WpHG § 37o Rn. 13.
[189] *Hüffer/Koch* § 3 Rn. 6; *Drescher* in Spindler/Stilz AktG § 3 Rn. 5.

C. Folgepflichten und Regelungen

b) Corporate Governance, § 161 AktG. Eine der wesentlichen Sonderregelungen für börsennotierte Gesellschaften betrifft die Pflicht zur jährlichen Abgabe einer Entsprechenserklärung. Mit dem Gesetz zur weiteren Reform des Aktien- und Bilanzrechtes, zu Transparenz und Publizität (TransPuG)[190] vom 19. Juli 2002 wurden Vorstand und Aufsichtsrat einer börsennotierten Gesellschaft durch § 161 AktG verpflichten, jährlich zu erklären, dass den vom Bundesministerium der Justiz im amtlichen Teil des elektronischen Bundesanzeigers bekanntgemachten Empfehlungen der „Regierungskommission **Deutscher Corporate Governance Kodex**"[191] entsprochen wurde und wird oder welche Empfehlungen nicht angewendet wurden oder werden. Vorstand und Aufsichtsrat der börsennotierten Gesellschaft müssen danach entweder den im Kodex der Regierungskommission empfohlenen Verhaltenspflichten entsprechen oder aber den Aktionären erklären, welchen Empfehlungen sie nicht gefolgt sind. Abweichungen vom Kodex müssen gemäß § 161 Abs. 1 S. 1 a. E. begründet werden.[192] Auf diese Weise soll erreicht werden, dass Vorstand und Aufsichtsrat der börsennotierten Gesellschaft im Sinne der Anleger eine „gute Corporate Governance" in ihrem Unternehmen etablieren, ohne durch Gesetzesrecht dazu gezwungen zu sein.[193] Nach heute einhelliger Ansicht gilt § 161 AktG auch für eine börsennotierte KGaA.[194] Schaut man genauer hin, bleiben Zweifel, mit denen sich der Kodexgeber auch nach nun mehr als zehn Jahren Kodexpraxis weiterhin nicht beschäftigt zu haben scheint. **105**

Der Kodex selbst gibt hinsichtlich seiner **Anwendbarkeit auf die KGaA** nichts her, sondern verwendet in Anlehnung an § 3 Abs. 2 und § 161 AktG die Formulierung der „börsennotierten Gesellschaft".[195] Die Regierungsbegründung zu § 161 AktG sprach ausdrücklich von der „geltenden Unternehmensverfassung für deutsche Aktiengesellschaften", die es für ausländische Unternehmen mit dem Kodex darzustellen gelte,[196] so dass sich hieraus im Umkehrschluss ableiten ließe, die deutsche KGaA sei vom Anwendungsbereich des Kodex nicht erfasst. Zwingend ist **106**

---

[190] BGBl. I 2002, S. 2681; siehe hierzu etwa *Knigge* WM 2002, 1729 ff.
[191] Auch abgedruckt in AG 2002, 236 ff. bzw. ZIP 2002, 452 ff.; die jeweils aktuelle Fassung kann unter www.corporate-governance-code.de eingesehen werden.
[192] *Bayer/Scholz* in Spindler/Stilz § 161 Rn. 57; *Runte/Eckert* in Bürgers/Körber AktG § 161 Rn. 22.
[193] *Seibert* BB 2002, 581 sieht im Kodex die Möglichkeit, auf gesetzliche „Rasenmäherlösungen", die – unter öffentlichem Druck entstanden – häufig zu detailliert und letztlich unvernünftig seien, verzichten zu können.
[194] Ausführlich *Herfs* in Münch Hdb AG § 79 Rn. 94; *Philbert* Die KGaA zwischen Personengesellschaftsrecht und Aktienrecht, S. 239 f.; *Bachmann* Spindler/Stilz AktG § 278 Rn. 103; *von der Linden* in Wilsing DCGK § 161 AktG Rn. 8; ohne weitere Begründung etwa *Lutter* in Kölner Komm AktG § 161 Rn. 16; *Kiem* in Habersack/Mülbert/Schlitt Handbuch der Kapitalmarktinformation § 13 Rn. 5; *von Werder* in Ringleb/Kremer/Lutter/v. Werder DCGK Präambel Rn. 140; anders noch mit ausführlicher Begründung *Vorauf.*, Rn. 105 ff.
[195] Wörtlich heißt es in der Präambel: „Er [scil.: der Kodex] will das Vertrauen der internationalen und nationalen Anleger, der Kunden, der Mitarbeiter und der Öffentlichkeit in die Leitung und Überwachung deutscher börsennotierter *Gesellschaften* fördern." (Hervorhebung von den Verf.); in älteren Fassungen bis 2007 war statt Gesellschaften noch von *Aktiengesellschaften* die Rede. Durch die Änderung wollte man den Kodex allerdings nur für die SE öffnen nicht für die KGaA; vgl. *Regierungskommission DCGK* NZG 2007, 536 f. Dementsprechend widmet sich der Kodex in der gegenwärtigen Fassung in seiner Präambel ausführlich den Besonderheiten der (monistischen) SE, nach wie vor aber nicht der KGaA.
[196] *Begr. RegE* NZG 2002, S. 216, 224.

das freilich nicht, weil allein mit Hilfe der generell-abstrakten Verweisungstechnik des § 278 AktG darüber entschieden werden kann, welche der Normen für die Aktiengesellschaft auch im Recht der KGaA entsprechende Anwendung finden.[197]

107 Nach der Systematik des § 278 AktG ist über dessen Absatz 3 der § 161 AktG einschlägig, so dass der Kodex auch für die KGaA insoweit beachtlich wäre, wie sich „aus dem Fehlen eines Vorstandes nichts anderes ergibt". Nähme man diese Verweisung über § 278 Abs. 3 AktG auf § 161 AktG und damit auch auf den Kodex ernst, müsste zunächst § 161 AktG selbst und sodann jede einzelne Regelung des Kodex daraufhin überprüft werden, ob man sie angesichts des Fehlens eines Vorstandes in der KGaA auf diese übertragen könnte. Hier wird offensichtlich, dass weder der Gesetzgeber noch die Regierungskommission die börsennotierte KGaA im Blick gehabt haben kann. Dies verwundert nicht zuletzt deshalb, da eine nach außen gerichtete Erklärung zur Corporate Governance in der börsennotierten KGaA angesichts des weiten Gestaltungsspielraums des Satzungsgebers von besonderem Interesse für den Kapitalmarkt ist.

108 Zudem ließe sich argumentieren, dass nach der Präambel des Kodex die Leitung und Überwachung und damit die Unternehmensführung Gegenstand seiner Regelungen ist.[198] Die Unternehmensleitung obliegt nach § 278 Abs. 2 AktG aber allein den Komplementären (Geschäftsführung). Dies zeigt sich auch etwa daran, dass in der KGaA der Aufsichtsrat von Gesetzes wegen nicht die Möglichkeit hat, Zustimmungsvorbehalte einzurichten.[199] Auch sonst ist er nicht an der Geschäftsführung der KGaA beteiligt. Andererseits ist freilich zu beachten, dass die überwiegende Anzahl der Kodexregelungen durchaus auch für die KGaA Sinn machen, sofern sie etwa die Aktionäre und die Hauptversammlung betreffen, die Vergütung des Managements, die Regelungen zu Interessenkonflikten sowie jene Überwachungsaufgaben des Aufsichtsrates, die sich nicht von denen eines Aufsichtsrates einer Aktiengesellschaft unterscheiden.

109 Für die Frage der Anwendbarkeit des Kodex auf die KGaA dürfte letztlich der Sinn und Zweck der Einführung des § 161 AktG sowie der Verabschiedung des Kodex durch die Regierungskommission ausschlaggebend sein. Ziel war einerseits, (insbesondere ausländischen) Investoren einen Leitfaden zur Unternehmensführung deutscher börsennotierter Gesellschaften an die Hand zu geben (Kommunikationsfunktion).[200] Dieses Ziel kann trotz der nur eingeschränkten Anwendbarkeit der Kodexregelungen auf die KGaA durchaus im Zusammenspiel mit einer Entsprechenserklärung selbst erreicht werden, wenn diese nicht nur zu den Abweichungen von den Empfehlungen Stellung nimmt, sondern auch die Besonderheiten der Corporate Governance der KGaA erläutert. Ein weiteres Ziel bestand andererseits darin, die Standards der Führung und Überwachung deutscher börsennotierter Unternehmen zu erhöhen (Ordnungsfunktion).[201] Diesen Zweck erfüllt die Entsprechenserklärung auch für eine börsennotierte KGaA, indem sie den Gesellschaftsorganen – wie bei einer AG auch – aufgibt, sich über die Effizienz

---

[197] Vgl. hierzu § 3 Rn. 2 ff.
[198] Hierauf weist etwa *Herfs* in Münch Hdb AG § 79 Rn. 94, hin.
[199] Siehe dazu § 5 Rn. 479.
[200] *Begr. RegE*, NZG 2002, 216, 224; *Lutter* in Kölner Komm AktG § 161 Rn. 8; *von Werder* in Ringleb/Kremer/Lutter/v. Werder DCGK Präambel Rn. 82.
[201] *Bachmann* WM 2002, 2137, 2139; *Lutter* in Kölner Komm AktG § 161 Rn. 8; *von Werder* in Ringleb/Kremer/Lutter/v. Werder DCGK Präambel Rn. 83.

ihrer Kontrollstrukturen Gedanken zu machen.²⁰² Vor diesem spezifisch kapitalmarktrechtlichen Hintergrund²⁰³ sprechen überzeugende Gründe dafür, dass § 161 AktG **auf die börsennotierte KGaA anwendbar** ist. Dem entsprechend hat sich auch in der **Praxis** durchgesetzt, für die börsennotierte KGaA eine Entsprechenserklärung nach § 161 AktG abzugeben.²⁰⁴

Die Erklärungspflicht nach § 161 AktG trifft nicht die Gesellschaft selbst, sondern bei einer AG den Vorstand und den Aufsichtsrat. Folglich richtet sich die Erklärungspflicht bei einer KGaA an den bzw. die persönlich haftenden Gesellschafter und den Aufsichtsrat. Handelt es sich bei dem persönlich haftenden Gesellschafter um eine juristische Person richtet sich die Erklärungspflicht wiederum nicht an diese, sondern an deren Geschäftsführung (bei einer GmbH) bzw. an deren Vorstand (bei einer AG oder SE). **109a**

Früher wurde in einzelnen Entsprechenserklärungen einleitend zu den „rechtsformspezifischen Besonderheiten" der KGaA Stellung genommen, um auf diese Weise nicht nur die Abweichungen von den Kodexempfehlungen offenzulegen, sondern auch die wesentlichen rechtsformspezifischen Unterschiede einer KGaA zu erklären.²⁰⁵ Bei einem solchen Vorgehen ist es sinnvoll, die Erklärung in zwei Teilen abzugeben, um die Erläuterungen der rechtsformbedingten Abweichungen klar von den eigentlichen Abweichungen der Kodexempfehlungen zu trennen.²⁰⁶ Solche allgemeinen Erläuterungen zu den rechtsformspezifischen Besonderheiten der Emittentin sind im Hinblick auf die Kommunikationsfunktion, die der Kodex im Zusammenspiel mit der konkreten Entsprechenserklärung erfüllt, durchaus sinnvoll. Um eine Doppelung dieser Informationen zu vermeiden, wird man diese Informationen heutzutage besser der Erklärung zur Unternehmensführung bzw. im Corporate Governance Bericht verorten.²⁰⁷ **110**

Der Deutsche Corporate Governance Kodex enthält neben den Empfehlungen, die durch die Verwendung des Wortes „soll" gekennzeichnet sind auch noch Bestimmungen, die ausschließlich im Sinne der Informationsfunktion die gesetzlichen Regelungen des Aktienrechts darstellen. Gerade diese Regelungen konfligieren teilweise mit der gesetzlichen oder satzungsmäßigen Corporate Governance der konkreten KGaA. Zu diesen Punkten ist in der Entsprechenserklärung nach § 161 AktG keine Abweichung zu erklären,²⁰⁸ da sich die Entsprechenserklärung ausdrücklich nur auf die Abweichung von den Kodexempfehlungen bezieht und nicht auf die rechtsformspezifischen Abweichungen vom Gesetzesrecht einer Aktiengesellschaft. Dabei sind allerdings die auf den Vorstand bezogenen Kodexempfehlungen nicht per se unanwendbar. Handelt es sich bei der persönlich haftenden Gesellschafterin nämlich um eine GmbH oder AG/SE, sind diese auf den Vorstand bezogenen Kodexempfehlungen auf das Geschäftsführungsorgan der Komplementärin entsprechend anzuwenden. Besonders anschaulich ist dies etwa beim The- **111**

---

²⁰² *Bachmann* Spindler/Stilz AktG § 278 Rn. 103.
²⁰³ Siehe hierzu *Herfs* in Münch Hdb AG § 79 Rn. 94.
²⁰⁴ Siehe etwa die Entsprechenserklärung der Unternehmen Merck KGaA Henkel AG & Co. KGaA und Borussia Dortmund GmbH & Co. KGaA.
²⁰⁵ So etwa heute noch immer bei die Entsprechenserklärung der Henkel AG & Co. KGaA (Stand Februar 2014).
²⁰⁶ *Herfs* in Münch Hdb AG § 79 Rn. 94.
²⁰⁷ Siehe hierzu weiter unter bei Rn. 112 ff.
²⁰⁸ Anders noch *Voraufl.* bei Rn. 111.

ma Interessenkonflikte, insbesondere bei der Empfehlung zur Offenlegung (Ziffer 4.3.4).

111a Zu den rechtsformspezifischen Abweichungen gehören, wenn nicht die Satzung der jeweiligen KGaA Regelungen enthält, welche die Corporate Governance – soweit überhaupt rechtlich zulässig – derjenigen einer Aktiengesellschaft angleicht, insbesondere die folgenden Punkte:

- **Recht der Hauptversammlung zur Feststellung des Jahresabschlusses (Ziffer 7.1.2) / zur Satzungsänderung (Ziffer 2.2.1).** Anders als im Regelfall der Hauptversammlung der Aktiengesellschaft[209] wird der Hauptversammlung der KGaA der Jahresabschluss nicht nur vorgelegt; nach § 286 Abs. 1 S. 1 AktG beschließt zwingend die Hauptversammlung der KGaA über die Feststellung des Jahresabschlusses. Gemäß §§ 278 Abs. 3, 285 Abs. 2 S. 1 AktG entscheidet die Hauptversammlung ferner nicht allein über Satzungsänderungen und wesentliche unternehmerische Maßnahmen, sondern ihr Beschluss bedarf bei Angelegenheiten, für die bei einer Kommanditgesellschaft das Einverständnis der persönlich haftenden Gesellschafter und der Kommanditisten erforderlich ist, der Zustimmung der Komplementäre.[210] Demgegenüber sind die in Ziffer 7.1.2 genannten Empfehlung (etwa zur Erörterung der Halbjahres- und Quartalsfinanzberichte mit dem Aufsichtsrat vor deren Veröffentlichung) zu beachten.
- **Abstimmung der strategischen Ausrichtung des Unternehmens mit dem Aufsichtsrat (Ziffer 3.2; Ziffer 4.1.2).** Im Gegensatz zur Aktiengesellschaft ist der Aufsichtsrat der KGaA wegen der Geschäftsführungskompetenzen der Hauptversammlung ein reines Kontrollorgan.[211] Die langfristige Geschäftspolitik wird daher im Regelfall allein von den Komplementären bestimmt.[212]
- **Einführung eines Zustimmungsvorbehalts durch den Aufsichtsrat (Ziffer 3.3).** Wegen der Kompetenzverteilung bei Geschäftsführungsfragen zwischen Komplementären und Hauptversammlung steht dem Aufsichtsrat einer KGaA nicht das Recht aus § 111 Abs. 4 S. 2 AktG zu, bestimmte Arten von Geschäften von seiner Zustimmung abhängig zu machen.[213]
- **Zustimmungsrecht des Aufsichtsrates zu Abwehrmaßnahmen (Ziffer 3.7).** Abwehrmaßnahmen der Komplementäre gegen Übernahmeangebote sind nach der hier vertretenen Ansicht unabhängig davon zulässig, dass sie mit Zustimmung des Aufsichtsrates vorgenommen werden.[214]
- **Gewährung von Krediten an den Vorstand (Ziffer 3.9).** Die Gewährung von Krediten an persönlich haftende Gesellschafter gemäß § 288 Abs. 2 S. 1 AktG ist auch mit Zustimmung des Aufsichtsrates nur zulässig, solange nicht die zusätzlichen Voraussetzungen des § 288 Abs. 1 S. 2 AktG gegeben sind.[215]

---

[209] In der Regel wird der Jahresabschluss in der Aktiengesellschaft durch Vorstand und Aufsichtsrat festgestellt (§ 172 AktG); nur dann, wenn Vorstand und Aufsichtsrat beschlossen haben, den Jahresabschluss der Hauptversammlung zur Feststellung vorzulegen, wird so verfahren, vgl. § 173 AktG.
[210] Siehe dazu oben § 5 Rn. 97, 105; ferner *Assmann/Sethe* in Großkomm AktG § 285 Rn. 51, 54.
[211] Siehe dazu oben § 5 Rn. 482 ff.
[212] *Perlitt* in Münch Komm AktG § 287 Rn. 45.
[213] Siehe dazu oben § 5 Rn. 479.
[214] Siehe hierzu § 10 Rn. 168.
[215] *Assmann/Sethe* in Großkomm AktG § 288 Rn. 69.

- **Zusammensetzung des Vorstandes (Ziffer 4.2.1).** Bei den Komplementären handelt es sich nicht um „gekorene", sondern „geborene" Geschäftsführer. Ist die Komplementärin allerdings eine GmbH oder AG/SE findet die Empfehlung auf die Zusammensetzung von deren Geschäftsführungsorgan entsprechend Anwendung.
- **Vergütung des Vorstandes (Ziffer 4.2.2 ff.).** Besteht kein Tätigkeitsvertrag zwischen Gesellschaft und Komplementär, so richtet sich die Entlohnung nach den mitgliedschaftlichen Gewinnansprüchen des Komplementärs, § 278 Abs. 2 AktG i. V. m. § 121 HGB.[216] Liegt das Management der KGaA dagegen in den Händen von Geschäftsführern oder Vorständen der Komplementär-GmbH oder AG/SE, findet die Vergütungsempfehlung entsprechend Anwendung.
- **Wettbewerbsverbot des Vorstandes (Ziffer 4.3.1).** Im Gegensatz zum Wettbewerbsverbot des Vorstandes gemäß § 88 AktG untersagt das Wettbewerbsverbot aus § 284 AktG nur die Beteiligung an gleichartigen Handelsgesellschaften.[217]
- **Personalkompetenz des Aufsichtsrates (Ziffer 5.1.2).** Die Personalkompetenz steht dem Aufsichtsrat in der KGaA nicht zu. Die Komplementäre sind „geborene" Geschäftsführer, denen die Geschäftsführungsbefugnis nur gerichtlich entzogen werden kann.[218] Ist die Komplementärin allerdings eine GmbH oder AG/SE findet die Empfehlung auf die Zusammensetzung von deren Geschäftsführungsorgan entsprechend Anwendung.

c) Erklärung zur Unternehmensführung und Corporate Governance Bericht. Gemäß § 289a Abs. 1 HGB haben „[b]örsennotierte Aktiengesellschaften [...] eine Erklärung zur Unternehmensführung in ihren Lagebericht aufzunehmen, die dort einen gesonderten Abschnitt bildet." Die Erklärung zur Unternehmensführung muss gemäß § 289a Abs. 2 HGB enthalten (i) die Entsprechenserklärung nach § 161 AktG, (ii) relevante Angaben zu Unternehmensführungspraktiken und (iii) eine Beschreibung der Arbeitsweise von Vorstand und Aufsichtsrat. Diese Regelungen sind als kapitalmarktrechtliche Bestimmungen rechtsformunabhängig und gelten, da die auf der Bilanzrichtlinie beruhen, bei richtlinienkonformer Auslegung auch für die börsennotierte KGaA.[219]

Ein weiteres Berichtserfordernis ergibt sich aus Ziffer 3.10 des DCGK. Danach sollen Vorstand und Aufsichtsrat jährlich „im Zusammenhang mit der Erklärung zur Unternehmensführung" einen sog. Corporate Governance Bericht veröffentlichen. Soll die Veröffentlichung einer Abweichung vermieden werden, ist/sind berichtspflichtig bei einer KGaA der bzw. die persönlich haftenden Gesellschafter und der Aufsichtsrat. Handelt es sich bei dem persönlichen haftenden Gesellschafter um eine juristische Person richtet sich die Erklärungspflicht wiederum nicht an diese, sondern an deren Geschäftsführung (bei einer GmbH) bzw. an deren Vorstand (bei einer AG oder SE). Gegenstand des Corporate Governance Berichts ist der rechtliche und faktischen Ordnungsrahmen der Gesellschaft.

---

[216] Vgl. *Assmann/Sethe* in Großkomm AktG § 288 Rn. 74.
[217] Siehe zum Wettbewerbsverbot § 5 Rn. 276 ff.
[218] Siehe hierzu § 5 Rn. 179 ff.; *Assmann/Sethe* in Großkomm AktG § 287 Rn. 38.
[219] *Kleindiek* Münch Komm BilanzR § 289a Rn. 8; *Strieder* BB 2009, 1002, 1003; *von der Linden* in Wilsing DCGK § 289a HGB Rn. 5; offen gelassen von *Lange* Münch Komm HGB § 289a Rn 4.

112b Sowohl die Erklärung zur Unternehmensführung als auch der Corporate Governance Bericht dienen der Transparenz über die Corporate Governance der Gesellschaft. Die Regelungen sind inhaltlich nicht vollständig aufeinander abgestimmt, insofern ist die Handhabungen in der Praxis unterschiedlich.[220] Beide Instrumente dienen der Corporate Governance Kommunikation und haben insofern ein einheitliches Ziel. Bei einer KGaA sind hier die rechtsformspezifischen Besonderheiten einer KGaA gegenüber einer AG sowie die konkrete satzungsmäßige Ausgestaltung der Corporate Governance zu erläutern. Angesichts der breiten Gestaltungsmöglichkeiten bei einer KGaA lässt sich der erforderlich Inhalt nur beispielhaft darstellen:

- Name der persönlich haftenden Gesellschafter sowie, bei juristischen Personen, deren Rechtsform und Gesellschafter;
- Darstellung der Corporate Governance des persönlich haftenden Gesellschafters sowie Benennung der Geschäftsführer (bei einer GmbH) sowie der Mitglieder von Vorstand und Aufsichtsrat (bei einer AG/SE);
- Darstellung etwaiger weiterer Organe, z.B. eines Gesellschafterausschusses, sowie deren Kompetenzen und der jeweiligen Organmitglieder;
- Darstellung des Zusammenwirkens der Organe des persönlich haftenden Gesellschafters mit dem Aufsichtsrat der KGaA;
- Darstellung der Ausschüsse, die bei einem Aufsichtsrat des persönlich haftenden Gesellschafter gebildet wurden.

2. „Directors' Dealings", § 15a WpHG

113 Die Regelung über Directors' Dealings in § 15a WpHG begründet kapitalmarktrechtliche Mitteilungs- und Veröffentlichungspflicht für Geschäfte von Führungskräften von Emittenten, deren Aktien an einer inländischen Börse zum Handel zugelassen sind – also hier der börsennotierten KGaA.[221] Gemeint ist auch hier wiederum die Zulassung zum regulierten Markt; die Einbeziehung in den Freiverkehr reicht nicht aus.[222] Die Anwendbarkeit des § 15a WpHG auf **Mitglieder der Geschäftsführung einer KGaA** ist unproblematisch, da der persönlich haftende Gesellschafter eines Emittenten als Adressat der Norm ausdrücklich in § 15a Abs. 2 WpHG genannt ist.[223]

114 Die Pflicht für Geschäftsleitungs- und Aufsichtsorganmitglieder, über ihre Geschäfte in Finanzinstrumenten des eigenen Unternehmens Rechenschaft abzulegen, fügt sich in das Gesamtgebäude der kapitalmarktrechtlichen Mitteilungs- und Meldepflichten ein.[224] Der Markt soll über die Transaktionen der Organmitglieder informiert werden, da bei den Beteiligten regelmäßig davon ausgegangen werden

---

[220] Siehe zu den Überschneidungen und Verwerfung zwischen der Erklärung zur Unternehmensführung und dem Corporate Governance Bericht etwa *von der Linden* in Wilsing DCGK § 289a HGB Rn. 30 ff. und *von Werder* in Ringleb/Kremer/Lutter/v. Werder DCGK Ziffer 3.10 Rn. 140 ff.
[221] *Schuster* ZHR 167 (2003), 193 ff. m.w.N.
[222] *Zimmer/Osterloh* in Schwark/Zimmer § 15a WpHG Rn. 29.
[223] Nichts anderes kann für die Geschäftsführer (und ggf. Aufsichtsratsmitglieder) einer Komplementär-GmbH oder der Komplementär-GmbH einer als persönlich haftende Gesellschaft fungierenden Kommanditgesellschaft gelten.
[224] Vgl. *Fleischer* ZIP 2002, 1217, 1218.

könne, dass sie über einen Informationsvorsprung gegenüber anderen Marktteilnehmern verfügten.[225] Ziel der Norm sind also insbesondere Marktintegrität und **Markttransparenz**.[226] Daher ist auch nicht davon auszugehen, dass die Meldungen auf einem „Datenfriedhof" landen[227] – der Kapitalmarkt verfolgt die Geschäfte **potentieller Insider** vielmehr mit besonderem Interesse.[228]

Die Norm erfasst nicht nur die Kommanditaktien oder andere Wertpapiere, bei denen den Gläubigern ein Umtauschrecht auf Kommanditaktien eingeräumt wird (Wandelschuldverschreibungen, §§ 278 Abs. 3, 221 AktG), sondern auch sämtliche andere Finanzinstrumente, die sich (mittelbar oder unmittelbar) auf Aktien beziehen.[229] Unerheblich ist auch, ob betroffene Aktien selbst zum Börsenhandel zugelassen sind, sofern es überhaupt Aktien gibt, für die dies gilt.[230] Das pflichtauslösende Ereignis ist entweder der **Erwerb oder die Veräußerung** der besagten Finanzinstrumente, wobei ausschlaggebend das schuldrechtliche Verpflichtungsgeschäft ist.[231] Ausgenommen sind solche Geschäfte, deren Gesamtwert innerhalb eines Kalenderjahres 5.000 Euro nicht übersteigt (§ 15a Abs. 1 S. 5 WpHG).[232] Darüber hinaus trifft die Veröffentlichungspflicht nach § 15a Abs. 1 S. 2 WpHG Personen, die mit den Führungskräften in enger Beziehung stehen. Das sind etwa deren Ehepartner, eingetragene Lebenspartner, unterhaltsberechtigte Kinder und im selben Haushalt lebende Verwandte. **115**

Nach § 15a Abs. 2 WpHG gelten **persönlich haftende Gesellschafter** ohne weitere Einschränkung als Personen mit Führungsaufgaben und sind daher mitteilungspflichtig. Das überzeugt für die Komplementäre, die auch geschäftsführungsbefugt sind. Ob es allerdings dem Zweck der Norm entspricht, auch solche Komplementäre einzubeziehen, die von der Geschäftsführung ausgeschlossen sind, kann bezweifelt werden. Sie führen keine Organfunktionen aus, sind deswegen typischerweise nicht in die Entscheidungsprozesse eingebunden und haben regelmäßig nicht den gleichen Einblick in die Lage der Gesellschaft, wie die geschäftsführenden Komplementäre, die wie Mitglieder eines Leitungsorgans agieren. Teilweise wird daher gefordert, die Vorschrift insofern teleologisch zu reduzieren.[233] Andere weisen dagegen auf den privilegierten Zugang zu Informationen hin, den auch die **115a**

---

[225] RegE BT-Drs. 14/8017, S. 87; zustimmend *Sethe* in Assmann/Schneider WpHG § 15a Rn. 12; *Zimmer/Osterloh* in Schwark/Zimmer § 15a WpHG Rn. 1; skeptisch hinsichtlich der von der Gesetzesbegründung genannten „Indikatorenwirkung" *Schuster* ZHR 167 (2003), 193, 199 f.
[226] *Zimmer/Osterloh* in Schwark/Zimmer § 15a WpHG Rn. 8; *Sethe* in Assmann/Schneider WpHG § 15a Rn. 10 ff.
[227] So aber *Claussen* BB 2002, 105, 111.
[228] So zu Recht *Sethe* in Assmann/Schneider WpHG § 15a Rn. 12 mit Verweis auf die Zugriffszahlen der entsprechenden BaFin-Datenbank; *Letzel* BKR 2002, 862, 864; *Schuster* ZHR 167 (2003), 193, 199.
[229] Näher dazu BaFin Emittentenleitfaden, S. 76.
[230] *Zimmer/Osterloh* in Schwark/Zimmer § 15a WpHG Rn. 36.
[231] BaFin Emittentenleitfaden, S. 76; *Sethe* in Assmann/Schneider WpHG § 15a Rn. 71; *Zimmer/Osterloh* in Schwark/Zimmer § 15a WpHG Rn. 39; a. A. wohl noch *Fleischer* ZIP 2002, 1217, 1226, der auf das dingliche Erwerbs- bzw. Veräußerungsgeschäft abstellt.
[232] Hier ist auf den Gesamtumsatz zu rekurrieren, eine Saldierung zwischen Käufen und Verkäufen findet nicht statt: Emittentenleitfaden der BaFin S. 77; *Letzel* BKR 2002, 862, 867.
[233] *Sethe* in Assmann/Schneider WpHG § 15a Rn. 38; *Heinrich* in Kölner Komm WpHG, § 15a Rn. 40.

Komplementäre haben, die von der Geschäftsführung ausgeschlossen sind.²³⁴ Im Hinblick darauf, dass sowohl die Ausgestaltung der Geschäftsführungsbefugnis als auch die Informationsrechte der Komplementäre privatautonom und mit einem weiteren Spielraum geregelt werden können, vermag eine generelle Ausnahme für nicht geschäftsführungsbefugte Komplementäre nicht zu überzeugen. Vor diesem Hintergrund empfiehlt es sich jedenfalls in der Praxis den Meldepflichten nachzukommen.

115b Unklar ist weiterhin, inwiefern auch **Führungskräfte der Komplementärgesellschaft** unter § 15a WpHG fallen. Nach dem Sinn der Vorschrift läge es nahe, sie ebenfalls als erfasst anzusehen, da sie den gleichen Wissensvorsprung haben und den von ihnen vorgenommenen Geschäfte daher dieselbe Indikatorwirkung zukommt. Problematisch ist dabei aber, dass sie nicht ausdrücklich vom Wortlaut des § 15a Abs. 2 Fall 1 WpHG erfasst sind. Da Verstöße gegen § 15a WpHG bußgeldbewehrt sind, ist das strafrechtliche Analogieverbot zu bedenken.²³⁵ Ob diese Bedenken durchgreifen, kann aber dahingestellt bleiben. In Betracht kommt nämlich stets eine Erfassung über § 15a Abs. 2 Fall 5 WpHG.²³⁶ Danach sind auch solche Personen mitteilungspflichtig, „die regelmäßig Zugang zu Insiderinformationen haben und zu wesentlichen unternehmerischen Entscheidungen ermächtigt sind". So wird man in der Praxis davon ausgehen müssen, dass auch die Organmitglieder von Komplementärgesellschaften, etwa die Geschäftsführer einer Komplementär-GmbH oder die Mitglieder von Vorstand und Aufsichtsrat einer Komplementär-AG, zur Publizität verpflichtet sind.²³⁷ Von § 15a Abs. 2 Fall 5 WpHG erfasst sein können auch **Mitglieder fakultativer Organe**, sofern ihnen aufgrund der konkreten Satzungsgestaltung eine entsprechende unternehmerische Entscheidungsbefugnis zukommt.²³⁸

115c Nicht erfasst werden dagegen Geschäfte, durch die ein mit einer Vermögenseinlage beteiligter Komplementär diese Beteiligung erhöht oder reduziert. Zwar mag solchen Geschäften durchaus eine vergleichbare Indikatorwirkung zukommen, vom Wortlaut der Norm sind sie allerdings eindeutig nicht erfasst.

116 Die **Mitteilung** nach § 15a Abs. 1 WpHG muss innerhalb von fünf Werktagen erfolgen; Werktage sind alle Tage außer Sonn- und Feiertage.²³⁹ Der Inhalt der Mitteilung richtet sich nach § 10 WpAIV. Sie muss insbesondere Angaben zu der mitteilungspflichtigen Person, den Namen des Emittenten sowie die Bezeichnung

---

²³⁴ *Zimmer/Osterloh* in Schwark/Zimmer § 15a WpHG Rn. 59; *Plückelmann* in Szesny/Kuthe Kapitalmarkt Compliance § 5 Rn. 7 m. w. N.

²³⁵ *Zimmer/Osterloh* in Schwark/Zimmer § 15a WpHG Rn. 54 m. w. N. Dass das Analogieverbot auch bei Ordnungswidrigkeiten gilt, ist allgemein anerkannt, siehe nur BVerfGE 81, 70, 94; *Gürtler* in Göhler OWiG § 3 Rn. 9; *Rogall* in Karlsruher Komm OWiG § 3 Rn. 60.

²³⁶ *Heinrich* in Kölner Komm WpHG § 15a Rn. 40; *Sethe* in Assmann/Schneider WpHG § 15a Rn. 39; *Plückelmann* in Szesny/Kuthe Kapitalmarkt Compliance § 5 Rn. 7; im Ergebnis ebenso *Zimmer/Osterloh* in Schwark/Zimmer § 15a WpHG Rn. 54.

²³⁷ Dem steht nicht entgegen, dass nach dem aktuellen Wortlaut Entscheidungsträger in verbundenen Konzernunternehmen nicht erfasst werden und aus rechtsstaatlichen Erwägungen eine Analogiebildung nicht zulässig sein soll; vgl. *Zimmer/Osterloh* in Schwark/Zimmer § 15a WpHG Rn. 89. Die Organe der Komplementär-Gesellschaft üben, da diese Organ der Emittentin ist, gleichzeitig Geschäftsführungsaufgaben bei ihr aus.

²³⁸ *Sethe* in Assmann/Schneider WpHG § 15a Rn. 39; *Perlitt* Münch Komm AktG § 287 Rn. 107.

²³⁹ Emittentenleitfaden der BaFin S. 79.

des Finanzinstruments, mit dem das Geschäft getätigt worden ist, einschließlich Wertpapierkennnummer (WKN), das Datum des Geschäftsabschlusses, der Preis, die Stückzahl sowie der Nennbetrag der Finanzinstrumente enthalten. Die Mitteilungspflicht nach § 15a Abs. 1 WpHG ist eine doppelte: Sie muss durch den Mitteilungspflichtigen sowohl an die Emittentin selbst als auch an die BaFin gerichtet sein. Die Emittentin hat dann ihrerseits die Mitteilung nach Absatz 1 unverzüglich – d.h. ohne schuldhaftes Zögern (vgl. § 121 Abs. 1 S. 1 BGB) – zu veröffentlichen und der BaFin hierüber einen Beleg zuzusenden.

Bei einem Verstoß gegen § 15a Abs. 1 WpHG kann bei vorsätzlicher oder leichtfertiger Verletzung der Mitteilungspflicht ein **Bußgeld** verhängt werden (§ 39 Abs. 2 Nr. 5b, § 15 Abs. 4 WpHG). Kommt die KGaA ihrer Veröffentlichungspflicht nach den §§ 15a Abs. 4 S. 1, 15 Abs. 1 WpHG nicht nach, kommt ebenfalls ein Bußgeld in Betracht. Ferner ist bei einer unterlassenen Mitteilung an die Vorschriften über die Kursmanipulation zu denken, § 20a Abs. 1 Nr. 1 WpHG.[240]

117

3. Insiderverzeichnisse, § 15b WpHG

§ 15b WpHG verpflichtet Emittenten von Wertpapieren, die am regulierten Markt zugelassen sind, Verzeichnisse zu führen und der BaFin zur Verfügung zu stellen, in denen solche Personen benannt werden, die für sie tätig sind oder auf ihre Rechnung handeln und bestimmungsgemäß **Zugang zu Insiderinformationen** erhalten. Diese Pflicht hat mehrere Funktionen. Zunächst dient sie der Prävention. In ihnen aufgeführte Personen sollen vom Emittenten ausdrücklich über die mit dem Besitz von Insiderinformationen verbundenen Pflichten, d.h. insbesondere der Verschwiegenheitspflicht sowie über Konsequenzen aus Verstößen aufgeklärt werden.[241] Außerdem helfen sie dem Emittenten bei der Überwachung von Informationsflüssen und erleichtern so die Geheimhaltung.[242] Schließlich erleichtern sie es der BaFin durch die Verzeichnisse mögliche Insidergeschäfte aufzuklären.[243]

117a

Der genaue Inhalt der Verzeichnisse wird in den §§ 14 ff. WpAIV[244] näher bestimmt. Dementsprechend muss das Verzeichnis durch eine deutlich hervorgehobene Überschrift mit dem Titel „Insiderverzeichnis nach § 15b WpHG" gekennzeichnet sein, den Namen des Verpflichteten (also hier der KGaA) sowie den Namen der zur Führung des Verzeichnisses beauftragten Person nennen und die betreffenden Insider aufführen. Letztere müssen mit Name, Anschrift und Geburtsdatum und -ort aufgeführt sein. Auch der Grund für die Erfassung und das Datum (auch bei Aktualisierungen), seit dem die betreffende Person Zugang zu Insiderinformationen hat, müssen enthalten sein.

117b

In das Insiderverzeichnis aufzunehmen sind solche Personen, die für die Emittentin tätig sind oder auf ihre Rechnung handeln und bestimmungsgemäß Zugang

117c

---

[240] Vgl. *Ziouvas* ZGR 2003, 113, 126; *Zimmer/Osterloh* in Schwark/Zimmer § 15a WpHG Rn. 23.
[241] BaFin Emittentenleitfaden S. 95; *Zimmer* in Schwark/Zimmer § 15b WpHG Rn. 2.
[242] BaFin Emittentenleitfaden S. 95; *Sethe* in Assmann/Schneider WpHG § 15b Rn. 3.
[243] *Racky/Fehn-Claus* in Szesny/Kuthe Kapitalmarkt Compliance § 3 Rn. 31; *Zimmer* in Schwark/Zimmer § 15b WpHG Rn. 2.
[244] Verordnung zur Konkretisierung von Anzeige-, Mitteilungs- und Veröffentlichungspflichten sowie der Pflicht zur Führung von Insiderverzeichnissen nach dem Wertpapierhandelsgesetz vom 13. Dezember 2004, BGBl. I S. 3376.

zu Insiderinformationen erhalten. Verschiedene Arten der Klassifizierung sind möglich. In der Regel wird eine Matrix sinnvoll sein mit einer informations- oder projektbezogenen Dimension einerseits und einer funktions- oder verantwortungsbereichsbezogenen Dimension andererseits.[245] Unterschiede zu der Handhabung bei einer AG sind wiederum nur im Hinblick auf die Behandlung der persönlich haftenden Gesellschafter denkbar. Aufgrund ihrer Funktionsstellung sind die Komplementäre wie Mitglieder des Vorstand aufzunehmen.[246] Dasselbe gilt aufgrund der bestehenden Informationsrechte auch für die Mitglieder des Aufsichtsrats der KGaA, selbst wenn dieser aufgrund der konkreten Satzungsgestaltung verglichen mit dem Aufsichtsrat einer AG beschränkte Rechte hat, etwa was zustimmungspflichtige Geschäfte anbelangt. Im Hinblick auf Funktion und Verantwortungsbereich wären, wenn es sich bei dem persönlich haftenden Gesellschafter um eine juristische Person handelt, regelmäßig auch dessen Organmitglieder aufzunehmen, etwa die Geschäftsführer einer Komplementär-GmbH oder die Mitglieder von Vorstand und Aufsichtsrat einer Komplementär-AG sowie die Mitglieder fakultativer Organe, sofern sie aufgrund der konkreten satzungsmäßigen Ausgestaltung des Organs privilegierten Zugang zu Insiderinformationen haben.

III. Insiderrecht im Überblick

118   Ziel des in den §§ 12 bis 14 WpHG geregelten Insiderrechtes ist es vor allem, die Kapitalmärkte vor Missbrauch von denjenigen Personen zu schützen, die aufgrund ihrer besonderen Beziehungen zum Emittenten der Wertpapiere über einen Wissensvorsprung verfügen. Das Insiderrecht dient damit vorrangig dazu, das Vertrauen der Anleger in die Integrität der Märkte zu erhalten und möglichst zu festigen, da dieses Vertrauen entscheidend ist für die Funktionsfähigkeit der Kapitalmärkte.[247] Ob neben dem Schutz öffentlicher Interessen auch ein **individueller Anlegerschutz** durch das Insiderrecht bezweckt ist, wird im Schrifttum von jeher unterschiedlich beurteilt.[248] Dies wird man – wie bei nahezu sämtlichen Regeln des Kapitalmarktrechtes – **verneinen** müssen. Nach dem Willen des Gesetzgebers sollen die Insidernormen ausschließlich dem Schutz der Funktionsfähigkeit des Kapitalmarktes dienen – hier gilt nichts anderes als bei der Ad-hoc-Publizitätspflicht.[249]

119   Die §§ 12 und 13 WpHG definieren die Begriffe „Insiderpapiere" sowie „Insiderinformation". Börsennotierte Kommanditaktien sind als Wertpapiere (§ 2 Abs. 1 Nr. 1 WpHG) **Insiderpapiere**, wenn sie an einer inländischen Börse zum Handel zugelassen oder in dem regulierten Markt oder in den Freiverkehr ein-

---

[245] BaFin Emittentenleitfaden S. 98 f.; *Zimmer* in Schwark/Zimmer § 15b WpHG Rn. 22.

[246] *Sethe* in Assmann/Schneider WpHG § 15b Rn. 42; *Racky/Fehn-Claus* in Szesny/Kuthe Kapitalmarkt Compliance § 3 Rn. 34.

[247] Vgl. 4. Erwägungsgrund der EG-Insiderrechtlinie vom 13.11.1989 (89/592/EWG, ABl. EG Nr. L334/30 vom 18.11.1989).

[248] Vgl. hierzu ausführlich *Rothenhöfer* in Kümpel/Wittig Rn. 3.458 ff.; *Assmann* in Assmann/Schneider WpHG vor § 12 Rn. 42; *Gehrmann/Zacharius* in Szesny/Kuthe Kapitalmarkt Compliance § 27 Rn. 3.

[249] Vgl. *Begr. RegE*, BT-Drs. 12/6679, S. 57; *Caspari* ZGR 1994, 530, 532.

bezogen sind (§ 12 Abs. 1 Nr. 1 WpHG). Das Insiderrecht, insbesondere die Insiderverbote nach § 14 WpHG, gilt daher auch für Freiverkehrswerte.[250] Nach § 12 Abs. 1 S. 2 WpHG steht der Zulassung zum Handel die Antragsstellung auf Zulassung bzw. die öffentliche Ankündigung der Zulassung gleich. Ferner sind nach § 12 Abs. 2 Nr. 1 WpHG Bezugsrechte auf Kommanditaktien dann Insiderpapiere, wenn sie selbst zum Börsenhandel zugelassen sind. Nach § 13 Abs. 1 WpHG liegt eine **Insiderinformation** vor, wenn sich eine öffentlich nicht bekannte, konkrete Information auf den Emittenten oder das Insiderpapier selbst bezieht und bei ihrem Bekanntwerden Kursbeeinflussungspotenzial hat. Hinsichtlich des Einflusses auf den Börsenkurs kann auf die Ausführungen zur Ad-hoc-Publizitätspflicht verwiesen werden.[251]

120 Dreh- und Angelpunkt des Insiderrechts sind die in § 14 WpHG normierten **Verbote von Insidergeschäften**. Wer vorsätzlich gegen diese Verbote verstößt, kann mit einer Freiheitsstrafe von bis zu fünf Jahren oder mit Geldstrafe bestraft werden (§ 38 Abs. 1 WpHG). Nach § 14 Abs. 1 WpHG ist es verboten, unter Verwendung einer Insiderinformation Insiderpapiere für eigene oder fremde Rechnung oder für einen anderen zu erwerben oder zu veräußern (§ 14 Abs. 1 Nr. 1 WpHG). Daneben ist es verboten, einem anderen eine Insidertatsache unbefugt mitzuteilen oder zugänglich zu machen bzw. einem anderen auf der Grundlage einer Insiderinformation den Erwerb oder die Veräußerung von Insiderpapieren zu empfehlen oder ihn auf sonstige Weise dazu zu verleiten (§ 14 Abs. 1 Nr. 2 und 3 WpHG).

121 Im Zusammenhang mit dem Verbot von Insidergeschäften sind die an anderer Stelle erläuterte Ad-hoc-Publizitätspflicht sowie die Regelungen zum „Directors' Dealings" zu sehen: Insiderhandel ist bereits dann vereitelt, wenn die Insiderinformation öffentlich wird.

121a Mit Inkrafttreten der **Marktmissbrauchsverordnung**[252] am 3. Juli 2016 wird der gesamte Regelungskomplex des Insiderrechts sowie der Marktmanipulation vollständig europarechtlich dominiert sein; die relevanten Vorschriften des deutschen Rechts werden dann mit Ausnahme der zu modifizierenden Straf- und Bußgeldvorschriften[253] obsolet.

IV. Meldungen der Stimmrechte nach §§ 21 ff. WpHG

1. Hintergrund der Normen

122 Mit den §§ 21 ff. WpHG hat der Gesetzgeber die EG-Transparenzrichtlinie 88/627/EWG vom 12. Dezember 1988[254] in deutsches Recht umgesetzt. Wer

---

[250] Die Ad-hoc Publizität gilt allerdings für Gesellschaften, deren Aktien nur in den Freiverkehr einbezogen sind, nicht.
[251] Siehe dazu oben unter § 10 Rn. 91.
[252] VO (EU) 596/2014, ABl. EU Nr. L 173 S. 1; siehe zu den Folgen etwa *Krause* CCZ 2014, 248.
[253] Vorgaben zur Anpassung enthält die Richtlinie des Europäischen Parlaments und des Rates vom 16.4.2014 über strafrechtliche Sanktionen bei Marktmanipulation (Marktmissbrauchsrichtlinie), ABl. EU L 173 (12.6.2014), S. 179, welche bis zum 3. Juli 2016 umgesetzt sein muss.
[254] ABl. EG Nr. L 348.

durch Erwerb, Veräußerung oder auf sonstige Weise 3%, 5%, 10%, 15%, 20%, 25%, 30%, 50% oder 75% der Stimmrechte an einer börsennotierten KGaA erreicht, überschreitet oder unterschreitet, muss dies **der Gesellschaft sowie der BaFin** unverzüglich, spätestens innerhalb von vier Handelstagen **melden**. Auf diese Weise soll zum einen das Vertrauen der Anleger in die Wertpapiermärkte gestärkt sowie zum anderen die Funktionsfähigkeit der Wertpapiermärkte insgesamt gefördert werden. Ferner bezwecken die §§ 21 ff. WpHG, dem Missbrauch von Insiderinformationen entgegenzuwirken und die Wettbewerbsfähigkeit des Finanzplatzes Deutschland zu erhöhen.[255] Für einen individuellen Anlegerschutz besteht spätestens seit der Einführung des WpÜG durch die §§ 21 ff. WpHG kein Bedürfnis mehr.[256]

122a Die Meldepflicht nach § 21 ff. WpHG besteht nur für börsennotierte Gesellschaften (vgl. § 21 Abs. 2 WpHG). Für die nicht börsennotierte KGaA gelten die Mitteilungspflichten des § 20 AktG, die als Bestandteil des allgemeinen Konzernrechts an die Unternehmenseigenschaft des Meldepflichtigen anknüpfen (vgl. § 20 Abs. 8 AktG).[257]

2. Die Mitteilungspflichten im Überblick

123 Unabhängig davon, ob der Meldepflichtige die Stimmrechte unmittelbar hält (dazu unter lit. a) oder aber, ob sie ihm zugerechnet werden (dazu unter lit. b), muss das Erreichen, Über- oder Unterschreiten einer Meldeschwelle der Emittentin sowie der BaFin mitgeteilt werden.

124 **a) Der Normalfall nach § 21 WpHG.** Das Erreichen, Überschreiten oder Unterschreiten der Prozentschwellen 3, 5, 10, 15, 20, 25, 30, 50 bzw. 75 durch Erwerb, Veräußerung oder auf sonstige Weise verpflichtet den Adressaten des § 21 Abs. 1 WpHG, diesen Umstand der Gesellschaft sowie der BaFin mitzuteilen. Die Meldung muss unverzüglich, also nach der auch hier allgemein herangezogenen Definition des § 121 BGB ohne schuldhaftes Zögern, spätestens aber innerhalb von vier Handelstagen erfolgen. Sie muss alle erreichten, überschrittenen oder unterschrittenen Prozentschwellen sowie die aktuelle Höhe des Stimmrechtsanteils unter Angabe der Anschrift des Meldepflichtigen sowie des maßgeblichen Tages des Erreichens, Überschreitens oder Unterschreitens der Schwelle enthalten. Die börsennotierte KGaA ist wiederum verpflichtet, die Meldung unverzüglich, spätestens drei Handelstage nach Zugang ihrer Meldung, zu veröffentlichen. Daneben sind der BaFin in den §§ 27, 29 WpHG besondere Befugnisse eingeräumt worden, die es ihr u. a. gestatten, von dem Meldepflichtigen Nachweise über seinen Stimmrechtsanteil zu verlangen.

125 Die Bezugnahme auf Stimmrechtsschwellen in § 21 Abs. 1 WpHG macht es erforderlich, dass der Kommanditaktionär stets über die Gesamtzahl aller stimmberechtigten Aktien informiert ist. Insbesondere muss er berücksichtigen, dass Mitteilungspflichten **nicht nur durch eigene Tätigkeit** (Erwerb, Veräußerung oder ein zurechenbares Rechtsgeschäft nach § 22 WpHG) ausgelöst werden könne,

---

[255] Vgl. *U. H. Schneider* in Assmann/Schneider WpHG Vor § 21 Rn. 15; *Schwark* in Schwark/Zimmer vor § 21 Rn. 4.
[256] Siehe zum WpÜG § 10 Rn. 135 ff.
[257] Siehe hierzu unter § 12 Rn. 43 ff.

sondern auch durch Kapitalmaßnahmen der Gesellschaft, etwa Kapitalerhöhungen, an denen der Mitteilungspflichtige nicht teilnimmt oder die Einziehung von Aktien. Aus diesem Grund ist die Emittentin nach § 26a WpHG verpflichtet, am Ende eines jeden Kalendermonats, in dem sich Änderungen ergeben haben, die Gesamtzahl der Stimmrechte zu veröffentlichen und der BaFin mitzuteilen.

Wer seine Mitteilungspflicht nach § 21 WpHG nicht erfüllt, muss mit zweierlei Sanktionen rechnen. Zum einen kann der Kommanditaktionär seine **Rechte aus den Aktien** für die Zeit, für welche er der Mitteilungspflicht nicht nachkommt, nicht ausüben (§ 28 S. 1 WpHG). Ihm steht etwa für diese Zeit kein Stimmrecht aus den Aktien zu. Nimmt er gleichwohl an Abstimmungen teil, macht dies die Beschlüsse, sofern sie auf diesem Fehler beruhen, für die anderen Kommanditaktionäre anfechtbar.[258] Ferner verliert er sein **Dividendenrecht**, so dass eine ggf. zu Unrecht gezahlte Dividende von der Geschäftsführung der KGaA zurückverlangt werden kann; man wird sogar davon ausgehen müssen, dass die Geschäftsführung verpflichtet ist, bei Kenntnis dieses Umstandes die Dividende zurückzuverlangen, will sie sich nicht selbst gegenüber der Gesellschaft schadensersatzpflichtig machen (§§ 283 Nr. 3, 93 AktG). Während das Stimmrecht verschuldensunabhängig wegfällt, verliert der Kommanditaktionär seinen Dividendenanspruch nicht, wenn das Unterlassen der Mitteilung nicht vorsätzlich war und die Meldung nachgeholt worden ist (vgl. § 28 S. 2 WpHG). Nach § 28 S. 3 WpHG verlängert sich der Zeitraum, innerhalb dessen der Meldepflichtige sein Stimmrecht verliert, um sechs Monate, wenn die Verletzung der Meldepflichten vorsätzlich oder grob fahrlässig erfolgte. Hierzu ist freilich anzumerken, dass es für das „nicht vorsätzlich" oder gar für das „nicht grob fahrlässig" nicht genügt, sich auf die bloße Unkenntnis der Meldepflicht zu berufen. Eine solche Unkenntnis mag man einer älteren Dame, die seit Jahrzehnten unverändert ein Aktienpaket in ihrem Portfolio hält, noch zugestehen.[259] Einem Unternehmen, das an einem anderen Unternehmen maßgeblich beteiligt ist und seiner Meldepflicht nicht nachkommt, wird man dies nicht zubilligen können; insbesondere kann es sich nicht darauf berufen, einen in kapitalmarktrechtlichen Dingen unerfahrenen Anwalt bemüht[260] bzw. sich auf eine wie auch immer geartete „Vermeidungsstrategie" verlassen zu haben.[261]

126

Zum anderen ist das Unterlassen einer nach §§ 21 ff. WpHG gebotenen Meldung eine **Ordnungswidrigkeit**. Wer vorsätzlich oder fahrlässig der Meldepflicht nicht nachkommt, kann mit einer Geldbuße von bis zu einer Million Euro belegt werden (§ 39 Abs. 2 Nr. 1 lit. e, Abs. 4 WpHG)[262].

127

b) Zurechnung von Stimmrechten nach § 22 WpHG. Nicht nur für den Kommanditaktionär selbst besteht eine Meldepflicht. Damit der tatsächliche Einfluss auf die Stimmrechte nicht verschleiert oder durch zwischengeschaltete Treu-

128

---

[258] LG Hamburg AG 2002, 525, 526; LG Berlin NZG 2004, 337, 338; *U. H. Schneider* in Assmann/Schneider WpHG § 28 Rn. 28 m.w.N.
[259] Unvermeidbarer Verbotsirrtum.
[260] Vgl. *Joussen* AG 1998, 329, 332.
[261] Zutreffend *U. H. Schneider* in Assmann/Schneider WpHG § 28 Rn. 27j: wer den Sachverhalt kennt und sich dennoch damit abfindet, handelt wenigstens grob fahrlässig.
[262] Zur Bemessung: Verwaltungspraxis der BaFin in den WpHG-Bußgeldleitlinien, 2. Teil unter B), s. hierzu oben § 10 Rn. 101.

händer verdeckt werden kann, können auch Dritte meldepflichtig sein, wenn ein Zurechnungstatbestand nach § 22 WpHG erfüllt ist.[263]

129 Mit der Einführung des WpÜG wurden die Zurechnungstatbestände neu gefasst.[264] Die Zurechnungsnorm des § 22 WpHG entspricht seitdem der des § 30 WpÜG. Der Hintergrund dieses **Gleichlaufs der Zurechnungsvorschriften** liegt auf der Hand. Nach § 35 Abs. 2 WpÜG muss ein Pflichtangebot zur Übernahme einer börsennotierten Gesellschaft abgeben, wer unmittelbar oder mittelbar die Kontrolle erlangt, d. h. nach § 29 Abs. 2 WpÜG mindestens 30% der Stimmrechte an der Zielgesellschaft hält. Der Kapitalmarkt kann aufgrund der Meldungen nach § 21 WpHG nachverfolgen, wer dieser 30%-Schwelle nahekommt oder sie überschreitet. Unterschiedliche Zurechnungsvorschriften hätten zwangsläufig zu einer Irritation der Anleger geführt.[265] Der Gleichlauf entspricht dem im Vorfeld des Erlasses des WpÜG vielfach geäußerten Bedürfnis, mit Hilfe der Mitteilungspflichten nach § 21 ff. WpHG schleichende bzw. verdeckte Übernahmen von börsennotierten Gesellschaften wenigstens transparent machen zu können.[266]

130 Wichtigster Anwendungsfall des § 22 WpHG ist die Zurechnung von **Stimmrechten im Konzern** (§ 22 Abs. 1 S. 1 Nr. 1, S. 2, Abs. 3 WpHG).[267] Danach muss nicht nur die Gesellschaft melden, die über die Stimmrechte unmittelbar verfügt, sondern auch alle im Konzern „über ihr" stehenden Gesellschaften. Die Definition des § 22 Abs. 3 WpHG verweist hinsichtlich des Begriffes Tochterunternehmen auf § 290 HGB und das darin zum Ausdruck kommende sog. „Control-Konzept";[268] ferner gelten die Regeln des allgemeinen Konzernrechts (§§ 15 ff. AktG).[269] § 24 WpHG erleichtert Konzernunternehmen die Meldungen nach §§ 21, 22 WpHG, weil hiernach nicht jedes in der Konzernkette stehende Unternehmen melden muss, sondern die Konzernmutter die Meldung für ihre Töchter mit übernehmen kann.[270] Eine solche organisatorische Maßnahme empfiehlt sich auch, da das Unterlassen nur einer der notwendigen Meldungen in der Konzernkette die beschriebenen Sanktionen gemäß § 28 WpHG auslösen kann.

131 Weitere Zurechnungstatbestände sind **Treuhandgestaltungen** (§ 22 Abs. 1 S. 1 Nr. 2 WpHG), **Sicherheitengewährungen** (§ 22 Abs. 1 S. 1 Nr. 3 WpHG) und **Nießbrauchbestellungen** (§ 22 Abs. 1 S. 1 Nr. 4 WpHG), wobei das Gesetz stets danach fragt, ob der Meldepflichtige das Recht hat, das Stimmrecht in seinem Sinne auszuüben. Wer das Recht hat, aufgrund einer (dinglich wirkenden[271]) Option Aktien übertragen zu bekommen, muss dies nach § 22 Abs. 1 S. 1 Nr. 5 WpHG of-

---

[263] Vgl. nur *Bayer* in Münch Komm AktG § 22 Anh., § 22 WpHG Rn. 1; für die entsprechende Zurechnungsnorm des WpÜG vgl. *Steinmeyer* in Steinmeyer WpÜG § 30 Rn. 2; *v. Bülow* in Kölner Komm WpÜG § 30 Rn. 1.
[264] *Franck* BKR 2002, 709 ff.; *Sudmeyer* BB 2002, 685 ff.
[265] Vgl. *Begr. RegE*, BT-Drs. 14/7034, S. 70; *U. H. Schneider* in Assmann/Schneider WpHG § 22 Rn. 10.
[266] Vgl. *Witt* NZG 2000, 809 ff.
[267] Ausführlich *Hildner* Kapitalmarktrechtliche Beteiligungstransparenz, S. 63 ff., passim.
[268] Vgl. zum europarechtlichen Hintergrund etwa *Hildner* Kapitalmarktrechtliche Beteiligungstransparenz S. 66 ff.
[269] *Sudmeyer* BB 2002, 685, 688; *Witt* AG 2001, 233, 236.
[270] Hierzu ausführlich *Hildner* Kapitalmarktrechtliche Beteiligungstransparenz S. 38 ff.
[271] Zur alten Rechtslage wurde bisweilen vertreten, dass auch ein schuldrechtlicher Anspruch auf Übertragung von Aktien (etwa call-option) eine Zurechnung auslösen würde, vgl. *Witt* AG 2001, 233, 237.

fenlegen (**gesicherte Erwerbsposition**); der Gesetzgeber wollte vermeiden, dass Aktionäre durch derartige Geschäfte ihre Meldepflichten zu umgehen versuchen.[272] § 22 Abs. 1 S. 1 Nr. 6 WpHG spricht alle Formen der Verwahrung an, also nicht nur solche auf schuldrechtlicher Grundlage; auch gesetzliche Formen wie **Testamentsvollstreckung oder Betreuung** kommen in Betracht.[273] Schließlich erfasst § 22 Abs. 2 WpHG Poolvereinbarungen und sonstiges abgestimmtes Verhalten (sog. „**Acting in Concert**" bzw. „gemeinsam handelnde Personen") zwischen Kommanditaktionären.[274] Dies setzt nach § 22 Abs. 2 Satz 2 WpHG entweder eine Verständigung über die Ausübung der Stimmrechte voraus oder ein Zusammenwirken in sonstiger Weise mit dem Ziel einer dauerhaften oder erheblichen Änderung der unternehmerischen Ausrichtung des Emittenten. Während es bezüglich der beschriebenen Zurechnungstatbestände kaum zu Abweichungen bei der KGaA kommen dürfte, kann es bei einem Acting in Concert durch ein Zusammenwirken in sonstiger Weise durchaus zu einer anderen Akzentuierung kommen. Hierdurch sollen Fälle erfasst werden, in denen Aktionäre versuchen, die Verwaltung außerhalb der Hauptversammlung in koordinierter Weise unter Druck zu setzen und zu einem bestimmten Handeln zu bewegen.[275] Aufgrund der starken Stellung der Komplementäre in der KGaA wird es für Aktionäre hier erheblich schwieriger sein, den für eine Änderung der unternehmerischen Ausrichtung erforderlichen Druck aufzubauen.

c) Meldepflichten nach §§ 25 und 25a WpHG. Um die Beteiligungstransparenz im Vorfeld des Aktienerwerbs zu erhöhen, erhalten die §§ 25 und 25a WpHG weitere Meldepflichten, durch die potentielle Veränderungen in der Aktionärsstruktur frühzeitig offengelegt werden sollen. Hierzu gehören nach § 25 WpHG unmittelbar oder mittelbar gehaltene Finanzinstrumente oder sonstige Instrumente, die ihrem Inhaber das Recht verleihen, einseitig im Rahmen einer rechtlich bindenden Vereinbarung stimmberechtigte Aktien zu erwerben. Ein typischer Fall sind rein schuldrechtliche Optionen. Durch § 25a WpHG sollen nicht bereits durch § 25 WpHG erfasste Finanzinstrumente oder sonstige Instrumente meldepflichtig werden, die es ihrem Inhaber oder einem Dritten durch ihre Ausgestaltung ermöglichen stimmberechtigte Aktien zu erwerben. Hierbei handelt es sich um einen generalklauselartigen Auffangtatbestand, durch den jede Form des verdeckten Beteiligungsaufbaus vermieden werden soll.[276] Besonderheiten für eine börsennotierte KGaA als Emittentin gegenüber einer AG sind insofern nicht erkennbar. 132

d) Die mitteilungspflichtige KGaA. Sofern eine KGaA stimmberechtigte Aktien an einer börsennotierten Gesellschaft hält, ist sie ihrerseits verpflichtet, Stimmrechtsmitteilungen nach §§ 21 ff. WpHG abzugeben. Rechtsformspezifische Besonderheiten bestehen im Hinblick auf die Meldepflichten der KGaA selbst nicht. Allerdings können auch Meldepflichten auf der Ebene der persönlich haftenden Gesellschafter auftreten. So geht die BaFin bei einer nach dem gesetzlichen Normalstatut organisierten GmbH & Co. KG davon aus, dass „die Komple- 132a

---

[272] *Begr. RegE* BT-Drs. 12/6679, S. 54.
[273] *Bayer* in Münch Komm AktG § 22 Anh., § 22 WpHG Rn. 32.
[274] Vgl. *Begr. RegE*, BT-Drs. 14/7034, S. 54; *Witt* AG 2001, 233, 237 f.
[275] *v. Bülow* in Kölner Komm WpHG § 22 Rn. 219 ff.; *U. H. Schneider* in Assmann/Schneider WpHG § 22 Rn. 179 ff.
[276] *v. Bülow* in Kölner Komm WpHG § 25a Rn. 5.

mentär-GmbH infolge entsprechender Anwendung von § 290 Abs. 2 Nr. 2 HGB grundsätzlich als Mutterunternehmen der GmbH & Co. KG zu qualifizieren" ist und ihr deswegen gemäß § 22 Abs. 1 S. 1 Nr. 1 i.V.m. Abs. 3 WpHG die von der KG gehaltenen Stimmrechte zuzurechnen sind.[277] Hiergegen wird teilweise vorgebracht, bei der Geschäftsführungsbefugnis handele es sich lediglich um eine Binnenherrschaft, die über die Innenstruktur der Gesellschaft nicht hinausgehe.[278] Die für die Binnenstruktur maßgebliche Transparenz werde typischerweise durch die registerrechtliche Publizität hergestellt und nicht durch die kapitalmarktrechtlichen Bestimmungen.[279] Allerdings geht es im Rahmen der Stimmrechtszurechnung in erster Linie um eine an den Kapitalmarkt adressierte Transparenz,[280] die anderen Regeln unterliegt, insbesondere über anderen Kanäle kommuniziert. Daher ist eine kapitalmarktrechtliche Zurechnung geboten.[281] Diese Überlegungen gelten für die KGaA entsprechend, sodass auch hier die alleinige Komplementär-Gesellschaft meldepflichtig ist.[282] Die gleichen Ansätze gelten aufgrund der gesellschaftsrechtlich stärkeren Stellung als geborenes Organ auch für eine natürliche Person als alleiniger persönlich haftender Gesellschafter, obgleich das Alleinvorstandsmitglied einer AG[283] nicht meldepflichtig wäre. Gibt es mehrere persönlich haftende Gesellschafter, findet eine Zurechnung dagegen nicht statt, es sei denn, es steht nur einem persönlich haftenden Gesellschafter die umfassende Geschäftsführungsbefugnis zu.[284] Etwas anderes gilt allerdings bei einer Einheits-KGaA, da dann die Komplementär-Gesellschaft Tochterunternehmen (und nicht Mutterunternehmen) der KGaA ist.[285] Findet eine Zurechnung der Stimmrechte zu der Komplementär-Gesellschaft statt, sind auch diejenigen Personen mitteilungspflichtig, deren Tochterunternehmen die Komplementär-Gesellschaft ist (§ 22 Abs. 3 WpHG).[286]

---

[277] BaFin Emittentenleitfaden S. 114. So auch *Becker* in Bürgers/Körber AktG Anh § 22/§ 22 WpHG Rn 3.
[278] *v. Bülow* in Kölner Komm WpHG § 22 Rn. 328 f.; siehe zu den damit verbundenen konzernrechtlichen Erwägungen *Förl/Fett* in Bürgers/Körber AktG § 278 Rn. 54 und unten § 12 Rn. 28.
[279] *Krause* Liber Amicorum M. Winter S. 351, 367.
[280] *U. H. Schneider* in Assmann/Schneider WpHG § 22 Rn. 38; *Schwark* in Schwark/Zimmer § 22 WpHG Rn. 43.
[281] Dies gilt auch für eine Zurechnung nach WpÜG. Siehe daher die ausführliche dogmatische Herleitung für die verschiedenen Konstellationen bei Rn. 173 ff. weiter unten.
[282] Siehe für den Gleichlauf von KG und KGaA *v. Bülow* in Kölner Komm WpHG § 22 Rn. 329; *Krause* Liber Amicorum M. Winter S. 351, 365 f.
[283] *v. Bülow* in Kölner Komm WpHG § 22 Rn. 173.
[284] Hier gelten dieselben Regelungen wie in einer OHG, vgl. *BaFin* Emittentenleitfaden S. 113.
[285] Vgl. zur Einheits-KG *BaFin* Emittentenleitfaden S. 114; *Perlitt* in Münch Komm AktG § 278 Rn. 388; *Marbler/Oser* DStR 2014, 2474, 2479.
[286] Insofern übereinstimmend *Krause* Liber Amicorum M. Winter S. 351, 367 f. Ausweislich der BaFin Datenbank über Bedeutende Stimmrechtsanteile entspricht dies auch der Praxis. So hält die Fresenius SE & Co. KGaA 35,74% der Stimmrechte an der (börsennotierten) Fresenius Medical Care AG & Co. KGaA. Diese Stimmrechte werden nicht nur der einzigen persönlich haftenden Gesellschafterin der Fresenius SE & Co. KGaA, nämlich der Fresenius Management SE, sondern auch deren alleinigen Aktionärin, der Else Kröner-Fresenius Stiftung, zugerechnet.

3. Kein Drittschutz der §§ 21 ff. WpHG

Die h.M. geht davon aus, dass die §§ 21 ff. WpHG nicht nur im öffentlichen Interesse, sondern auch zum Zwecke des **individuellen Anlegerschutzes** erlassen worden sind.[287] Dies hätte zur Konsequenz, dass Anleger gegen einen nicht meldenden Kommanditaktionär im Schadensfall einen Anspruch aus § 823 Abs. 2 BGB i. V. m. §§ 21 ff. WpHG geltend machen und ferner gegen diesen auf Abgabe einer entsprechenden Meldung klagen könnten.[288] Allein mit einer Parallele zu den Offenlegungsvorschriften der §§ 20 f. AktG wird man dies kaum begründen können.[289] Nachvollziehbarer Hintergrund für diese Ansicht dürfte vielmehr sein, mit Hilfe der §§ 21 ff. WpHG die verdeckte Paketbildung von Aktien mit nachhaltig wirkenden Sanktionen belegen zu wollen.

Dieser Aspekt hat sich spätestens mit Einführung des WpÜG erledigt. Der einzelne Anleger wird nun durch die Regeln des Wertpapierübernahmerechts[290] – wie etwa denen zum Pflichtangebot nach § 35 Abs. 2 WpÜG – hinreichend geschützt. Damit fällt das entscheidende Argument für die Befürwortung von Drittschutz der §§ 21 ff. WpHG weg. Was bleibt, ist eine allein im öffentlichen Interesse, nämlich im Interesse der Transparenz der Kapitalmärkte stehende Publizitätspflicht nach den §§ 21 ff. WpHG. Individualansprüche der Anleger sind ausgeschlossen.

133

134

V. Die börsennotierte KGaA im Lichte des WpÜG

Das Wertpapiererwerbs- und Übernahmegesetz (WpÜG) regelt öffentliche Kauf- und Tauschangebote zum Erwerb von Aktien börsennotierter Gesellschaften.[291] Ziel dieses Gesetzes ist es insbesondere, bei Unternehmensübernahmen und anderen öffentlichen Angeboten zum Erwerb von Wertpapieren Leitlinien für ein **faires und geordnetes Verfahren** zu schaffen, die Information und Transparenz für die (Minderheits-)Aktionäre der Zielgesellschaft zu verbessern und dadurch ihre Stellung zu stärken.[292] Dabei will das Gesetz die Übernahme von Unternehmen weder erleichtern noch verhindern, sondern lediglich zur Förderung der

135

---

[287] *U. H. Schneider* in Assmann/Schneider WpHG vor § 21 Rn. 24; *v. Bülow* in Kölner Komm WpHG § 21 Rn. 4; *Heinrich* in Heidel AktG § 21 WpHG Rn. 2; *U. H Schneider* AG 1997, 81; *Sudmeyer* BB 2002, 685, 691; a.A. *Schwark* in Schwark/Zimmer § 21 WpHG Rn. 21.

[288] *Heinrich* in Heidel AktG § 21 WpHG Rn. 2; bzgl. des Anspruches auf Abgabe einer Meldung zweifelnd *Bayer* in Münch Komm AktG § 22 Anh. § 21 Rn. 2.

[289] *U. H. Schneider* in Assmann/Schneider WpHG Vor § 21 Rn. 24; dies ist wegen des europarechtlichen Hintergrundes der §§ 21 ff. WpHG nicht zielführend.

[290] Siehe den Überblick zum Wertpapierübernahmerecht sofort unter § 10 Rn. 135 ff.

[291] Das Gesetz löste den Übernahmekodex der Börsensachverständigenkommission ab, der freilich nicht Gesetz war, sondern lediglich für diejenigen Gesellschaften galt, die sich ihm unterworfen hatten. Da der Kodex keine flächendeckende Anerkennung gefunden hat, wurde eine gesetzliche Regelung notwendig; vgl. *RegBegr.* in Fleischer/Kalss Das neue WpÜG S. 576.

[292] *RegBegr.* in Fleischer/Kalss Das neue WpÜG S. 578.

136 Das **WpÜG** ist auf die börsennotierte KGaA ohne weiteres **anwendbar**. § 1 WpÜG bestimmt, dass das Gesetz für Angebote zum Erwerb von Wertpapieren gilt, die von einer Zielgesellschaft ausgegeben wurden und zum Handel an einem organisierten Markt zugelassen sind. Zielgesellschaften, so definiert § 2 Abs. 3 WpÜG, sind Aktiengesellschaften oder KGaAs mit Sitz im Inland sowie Gesellschaften mit Sitz in einem anderen Staat des Europäischen Wirtschaftsraums. Während demnach auf gesetzlicher Basis Aktiengesellschaft und KGaA gleichgestellt sind, kann es nach dem bisher zur börsennotierten KGaA Gesagten nicht verwundern, dass sich Besonderheiten aufgrund der andersartigen Rechtsform ergeben. Diese blendet das WpÜG allerdings vollständig aus. So geht das Gesetz ohne weiteres von der **Aktiengesellschaft als dem Regelfall** aus, wie sich etwa aus der Zuweisung zahlreicher Pflichten an den „Vorstand" der Zielgesellschaft ergibt.[294] Es greift zu kurz, darauf hinzuweisen, dass nach § 283 AktG für den persönlich haftenden Gesellschafter einer KGaA die Bestimmungen für den Vorstand einer Aktiengesellschaft sinngemäß gelten,[295] denn dadurch wird man nicht allen Unterschieden in der Sache gerecht. Es ist daher erforderlich, auf einzelne Anwendungsprobleme des WpÜG auf die KGaA einzugehen.

137 Eine **KGaA** kann nicht nur als **Zielgesellschaft**, sondern auch als **Bieter** auftreten. Bieter ist gemäß § 2 Abs. 4 WpÜG diejenige natürliche oder juristische Person, die ein Angebot abgeben (will) oder zur Abgabe verpflichtet ist. Auch hier können sich rechtsformspezifische Besonderheiten ergeben, die im vorliegenden Zusammenhang angesprochen werden müssen.

138 Das WpÜG enthält neben den allgemeinen Bestimmungen über Angebote zum Erwerb von Wertpapieren Sonderregelungen zu Übernahme- und Pflichtangeboten. Darüber hinaus gibt es Regelungen über die Zuständigkeit der BaFin, über Verfahrensfragen, Rechtsmittel und Sanktionen, die im vorliegenden Zusammenhang allerdings nicht ausführlich erörtert werden können.[296] Im Mittelpunkt der Betrachtung liegen die Besonderheiten bei der Übernahme börsennotierter KGaAs, so dass nur kurz auf das allgemeine Angebotsverfahren (1), sodann auf den Kontrollbegriff als zentrale Weichenstellung im Übernahmerecht (2), auf die besonderen Merkmale von Übernahme- (3) und Pflichtangeboten (4) sowie schließlich im Überblick auf die Diskussion um die Frage des Drittschutzes im Übernahmerecht (5) eingegangen wird.

1. Allgemeine Bestimmungen für das Angebotsverfahren

139 Das WpÜG enthält zunächst allgemeine Bestimmungen über Angebote zum Erwerb von Wertpapieren (§§ 10 ff.), die durch besondere Bestimmungen für Übernahmeangebote (§§ 29 ff.) und Pflichtangebote (§§ 35 ff.) ergänzt werden.

---

[293] Über erste Erfahrungen der BaFin mit dem neuen WpÜG berichtet *Lenz* NJW 2003, 2073 ff.
[294] Etwa §§ 3 Abs. 3, 10 Abs. 5, 14 Abs. 4, 16 Abs. 3 und 4, 27, 33 WpÜG etc.
[295] So etwa *Versteegen* in Kölner Komm WpÜG § 2 Rn. 110 Fn. 143.
[296] Siehe hierzu sowie zu den Rechtsschutzmöglichkeiten Betroffener ausführlich *Cahn* ZHR 167 (2003), 262 ff. m. w. N.

Übernahmeangebote sind auf den Erwerb von Kontrolle, d.h. von mehr als 30% der Stimmrechte der Zielgesellschaft, gerichtet.[297] Ausschließlich den allgemeinen Vorschriften unterliegen demnach Angebote, die nicht auf den Erwerb der Kontrolle gerichtet sind, also etwa dem Erwerb von weniger als 30% (Einstiegsangebote), dem Erwerb von stimmrechtslosen Vorzugsaktien dienen oder der Aufstockung einer bereits kontrollierenden Beteiligung (Aufstockungsangebote).

Die allgemeinen **Grundsätze**, denen das neue Übernahmerecht verpflichtet ist, sind in § 3 WpÜG niedergelegt.[298] Danach (i) müssen Anleger der Zielgesellschaft gleich behandelt werden, (ii) sie müssen hinreichend Zeit und Informationen für ihre Entscheidung haben, (iii) die Organe der Zielgesellschaft müssen im Gesellschaftsinteresse handeln, (iv) das Verfahren muss zügig durchgeführt werden und (v) es darf zu keinen Marktverzerrungen bei den Wertpapieren der betroffenen Gesellschaften kommen. Hierbei handelt es sich um allgemeine übergeordnete Prinzipien, die bei der Auslegung der einzelnen gesetzlichen Bestimmung heranzuziehen sind.   **140**

Das **Angebotsverfahren**[299] selbst beginnt mit der Pflicht des Bieters, seine Entscheidung zur Abgabe eines Angebots unverzüglich zu veröffentlichen, § 10 Abs. 1 WpÜG. Diese Verpflichtung besteht auch dann, wenn für die Entscheidung ein Beschluss der Gesellschafterversammlung des Bieters erforderlich ist und noch aussteht. Hierdurch soll eine frühzeitige Information des Anlegerpublikums über marktrelevante Daten sichergestellt werden. Vorab hat der Bieter gemäß § 10 Abs. 2 WpÜG die betroffenen Börsen und die BaFin zu informieren. Zu Anwendungsproblemen kann es dann kommen, wenn die Entscheidungsbildung aufgrund der inneren Verfassung des Bieters in einem mehrstufigen Verfahren verläuft; man spricht dann von sog. **mehrstufigen Entscheidungsprozessen**. Die Problematik ist von der Ad-hoc-Publizität nach § 15 WpHG bekannt,[300] dürfte aber bei einer KGaA als Bieter im Regelfall nicht auftreten. Weil die Vornahme von Geschäftsführungsmaßnahmen bei der gesetzestypischen KGaA nicht von der Zustimmung des Aufsichtsrates abhängig ist, ist bereits mit der Beschlussfassung der Komplementäre die Entscheidung wirksam gefallen und zu veröffentlichen. Etwas anderes gilt auch dann nicht, wenn es sich bei dem beabsichtigten Angebot um eine sog. außergewöhnliche Geschäftsführungsmaßnahme handelt und im konkreten Fall das Recht der Kommanditaktionäre nach § 164 HGB zur Mitentscheidung nicht abbedungen ist. Damit würde zwar ein Beschluss der Hauptversammlung erforderlich, der aber nach § 10 Abs. 1 S. 2 WpÜG für das Vorliegen einer veröffentlichungspflichtigen Entscheidung gerade nicht maßgeblich ist.[301] Handelt es sich bei dem persönlich haftenden Gesellschafter um eine AG, ist neben dem Vorstandsbeschluss eine Zustimmung des Aufsichtsrats der Management AG erforderlich, **141**

---

[297] Siehe zu dem Begriff der Kontrolle bei einer KGaA sogleich unter § 10 Rn. 144 ff.
[298] Zu diesen Grundsätzen siehe neben den Kommentierungen zu § 3 WpÜG etwa *Fleischer/Kalss* Das neue WpÜG S. 70 ff.; *Kalss* in Semler/Volhard ÜN Hdb. Bd. 1 § 51 Rn. 29 ff.; *Krause* NJW 2002, 705, 707.
[299] Zu diesem etwa *Holzborn* in Zschocke/Schuster Bad Homburger Handbuch zum Übernahmerecht S. 34 ff.; *Fleischer/Kalss* Das neue WpÜG S. 77; *Kalss* in Semler/Volhard ÜN Hdb. Bd. 1 § 51 Rn. 34 ff.; *Thoma* NZG 2002, 105, 107.
[300] Siehe hierzu oben § 10 Rn. 93 f.
[301] Die BaFin kann dem Bieter allerdings gemäß § 10 Abs. 1 S. 3 WpÜG auf Antrag gestatten, die Veröffentlichung erst nach dem Beschluss der Hauptversammlung vorzunehmen, wenn sichergestellt ist, dass es hierdurch nicht zu Marktverzerrungen kommt.

wenn es sich bei dem Angebot um eine zustimmungspflichtiges Geschäft nach § 111 Abs. 4 Satz 2 AktG handelt.[302]

142   Innerhalb von vier Wochen nach Veröffentlichung der Entscheidung zur Abgabe des Angebots hat der Bieter eine Angebotsunterlage an die BaFin zu übermitteln und später zu veröffentlichen, § 14 WpÜG. Der Inhalt der **Angebotsunterlage** ist in § 11 WpÜG i. V. m. § 2 WpÜG-AngebotsVO geregelt.[303] Danach sind alle Angaben aufzunehmen, die erforderlich sind, damit die betroffenen Anleger in Kenntnis der Sachlage über das Angebot entscheiden können. Auf der Grundlage der Angebotsunterlagen sollen die Anleger in die Lage versetzt werden, informiert über die Annahme des Angebots oder den Verbleib in der Gesellschaft zu urteilen. Zu welchen Besonderheiten es kommen kann, wenn eine KGaA als Bieter oder als Zielgesellschaft beteiligt ist, lässt sich kaum allgemein sagen. Sofern eine KGaA in der Rolle des Bieters eigene Aktien als Gegenleistung anbieten will, sind gemäß § 2 Nr. 2 WpÜG-AngebotsVO die nach § 7 WpPG i. V. m. der EU-ProspektVO zu machenden Angaben erforderlich. Es gelten dann die oben für einen Wertpapierprospekt einer KGaA dargelegten Grundsätze.

143   Die Frist für die Annahme des Angebots darf gemäß § 16 Abs. 1 WpÜG grundsätzlich vier bis zehn Wochen betragen. Zudem regelt das Gesetz das weitere Verfahren des Angebots, etwa für bedingte Angebote, Teilangebote sowie konkurrierende oder grenzüberschreitende Angebote. Besonderheiten bei Beteiligung einer KGaA sind insoweit nicht ersichtlich. Gemäß § 27 Abs. 1 WpÜG haben der Vorstand und der Aufsichtsrat der Zielgesellschaft eine begründete Stellungnahme zu dem Angebot abzugeben. Diese Stellungnahme ist (neben der vom Bieter abgegebenen Angebotsunterlage selbst) das zentrale Informationsmedium für die Angebotsadressaten. Bei einer KGaA ist Adressat dieser Pflicht neben dem Aufsichtsrat der Komplementär bzw. die Komplementäre der KGaA als Zielgesellschaft.[304] Mehrere persönlich haftende Gesellschafter müssen, genauso wie mehrere Geschäftsführer einer Komplementär-GmbH, eine gemeinsame Stellungnahme abgeben.

2. Kontrollbegriff bei der KGaA

144   Übernahmeangebote sind gemäß § 29 WpÜG solche Angebote, die auf den „Erwerb der Kontrolle" gerichtet sind. Kontrolle wird definiert als „das Halten von mindestens 30 Prozent der Stimmrechte an der Zielgesellschaft", § 29 Abs. 2 WpÜG. Die Frage, ob ein Übernahmeangebot vorliegt, ist von erheblicher Bedeutung, da hierfür besondere Regelungen gelten. So ist der Bieter in diesem Fall etwa gemäß § 31 WpÜG verpflichtet, eine angemessene Gegenleistung in Form einer Geldleistung in Euro oder in liquiden Aktien anzubieten, was er bei „einfachen" Angeboten nicht muss. Der Kontrollbegriff ist darüber hinaus auch für die Frage maßgeblich, wann ein Pflichtangebot unterbreitet werden muss, da § 35 Abs. 1 WpÜG hierfür auf das Erlangen der Kontrolle abstellt. Damit hat der Begriff des

---

[302] Vgl. *Noak/Holzborn* in Schwark/Zimmer § 10 WpÜG Rn. 7.
[303] Siehe zum Inhalt der Angebotsunterlage *Holzborn* in Zschocke/Schuster Bad Homburger Handbuch zum Übernahmerecht S. 42 ff.; *Hamann* ZIP 2001, 2249 ff.
[304] *Hirte* in Kölner Komm WpÜG § 27 Rn. 20; *Krause/Pötsch* in Assmann/Pötzsch/Schneider WpÜG § 27 Rn. 43.

"Kontrollerwerbs" als Weichenstellung eine entscheidende Bedeutung im Übernahmerecht.

Der Wortlaut des Gesetzes differenziert nicht zwischen einer Aktiengesellschaft und einer KGaA. § 29 Abs. 2 WpÜG definiert Kontrolle unabhängig von der Rechtsform als „das Halten von mindestens 30 Prozent der Stimmrechte an der Zielgesellschaft". Was Kontrolle bei einer KGaA bedeutet, ist allerdings nicht unproblematisch.

a) Die KGaA als übernahmeresistente Rechtsform. Die KGaA wurde bereits vor Einführung des WpÜG als „rechtsformspezifisches Instrument zur Abwehr feindlicher Übernahmeangebote" bezeichnet, das eine „gewisse Übernahmeresistenz" auszeichne.[305] Das ist im Regelfall richtig und stimmt nur ausnahmsweise dann nicht, etwa im Falle einer Einheits-KGaA oder wenn die Satzungsgestaltung der konkreten KGaA die Kompetenzen der persönlich haftenden Gesellschafter stark beschneidet und die Corporate Governance derjenigen einer Aktiengesellschaft annähert, etwa durch Begründung einer Personalkompetenz des Aufsichtsrates für das Management und durch die Einführung zustimmungspflichtiger Geschäfte, vergleichbar § 111 Abs. 4 S. 2 AktG. Ist dies dagegen nicht der Fall, kann allein der Erwerb von Kommanditaktien (und seien es noch so viele) nicht zu einer Kontrolle in dem Sinne führen, dass der Mehrheitsaktionär entscheidenden Einfluss auf die Geschäftspolitik der Gesellschaft nehmen kann. Selbst wenn (als Extremfall) alle Kommanditaktien in den Händen eines Aktionärs vereint sind und der persönlich haftende Gesellschafter zudem nicht am Kapital der Gesellschaft beteiligt ist, kann der Aktionär zwar den Aufsichtsrat besetzen und den Abschlussprüfer bestellen, hat aber keinen gesellschaftsrechtlich vermittelten Einfluss auf das Geschäftsführungsorgan, etwa auf die Bestellung der Geschäftsführer der Komplementär-GmbH oder auf die Durchführung einzelne Geschäftsführungsmaßnahmen. Selbst in einer solchen Situation wäre eine „**Kontrolle**" des Kommanditaktionärs im materiellen Sinne **nicht** gegeben.[306] Hierin liegt ein struktureller Unterschied zur Aktiengesellschaft. Insofern ist es zutreffend, bei der KGaA von einem rechtsformspezifischen Instrument zur Vermeidung feindlicher Übernahmeangebote zu sprechen.

b) Streitstand in der Literatur. Gleichwohl wird in der Literatur nur vereinzelt die Ansicht vertreten, die unwiderrufliche Kontrollvermutung des § 29 Abs. 2 WpÜG sei auf die KGaA **nicht anwendbar**.[307] Dies liege daran, dass der Erwerb von Kommanditaktien einem Bieter viel weniger Einfluss auf die Zielgesellschaft

---

[305] *Assmann/Sethe* in Großkomm AktG Vor § 278 Rn. 51.
[306] Was unter einer materiellen Kontrolle verstanden werden kann, zeigt ein Seitenblick auf die Aktiengesellschaft. Der Gesetzgeber ist bei der Formulierung des Kontrollbegriffs von dem empirischen Befund ausgegangen, dass bei einer durchschnittlichen Hauptversammlungspräsenz eine Anteil am stimmberechtigten Kapital von 30% die Mehrheit vermittelt (vgl. *RegBegr.* in Fleischer/Kalss Das neue WpÜG S. 635). Bei einer Aktiengesellschaft eröffnet die Mehrheit auf der Hauptversammlung etwa die Möglichkeit, den Aufsichtsrat zu besetzen und damit (mittelbar) auch die Mitglieder des Vorstands zu bestimmen sowie die Entscheidung über Strukturmaßnahmen von herausragender Bedeutung (Satzungsänderungen, Kapitalmaßnahmen. Im Ergebnis geht es daher um den durch die Besetzung der Gesellschaftsorgane vermittelten Einfluss auf die Geschäftspolitik der Gesellschaft.
[307] Für Überblicke siehe etwa *Ekkenga/Schulz* in Ehricke/Ekkenga/Oechsler § 35 Rn. 20; *Scholz* NZG 2006, 445, 446.

vermittele, als dies bei Aktien einer AG der Fall sei. Den Kommanditaktionären sei es rechtlich nicht möglich, dem Komplementär als organschaftlichen Vertreter der KGaA die Geschäftsführungsbefugnis zu entziehen oder mittelbar über den Aufsichtsrat eine Abberufung herbeizuführen. Zudem habe der Komplementär gemäß § 285 Abs. 2 AktG ein Mitspracherecht bei Strukturmaßnahmen, die der Kompetenz der Hauptversammlung unterfallen. Schließlich sei auch aufgrund der fehlenden Satzungsstrenge bei einer KGaA eine unwiderlegbare Kontrollvermutung wie in § 29 Abs. 2 WpÜG nicht sachgerecht.[308] Aus diesen Überlegungen wurde sodann der Schluss gezogen, dass ein auf den Erwerb von Kommanditaktien gerichtetes öffentliches Angebot niemals als Übernahmeangebot zu qualifizieren sei; es wäre immer als ein **einfaches Wertpapiererwerbsangebot** anzusehen, auf das die §§ 29 bis 34 WpÜG keine Anwendung fänden. Zudem könne das Erreichen eines Stimmrechtsanteils von 30% durch Erwerb einer entsprechenden Menge von Kommanditaktien nicht die Entstehung der Pflichten aus § 35 Abs. 1 und 2 WpÜG auslösen, d.h. insbesondere nicht die Pflicht zur Unterbreitung eines Pflichtangebots. Folgt man dieser Ansicht, stellt sich die Frage ob zusätzlich zum formellen Kontrollerwerb nach dem Gesetzeswortlaut auf Seiten der Kommanditaktien auch noch ein Einfluss auf Komplementärebene erlangt werden müsse.[309] Dabei wäre aber wiederum fraglich, ab wann man von einer Kontrolle über den Komplementär ausgehen kann, da das Gesetz hierzu keinerlei Angaben macht.[310]

148 Die überwiegende Auffassung misst den Besonderheiten der KGaA in diesem Zusammenhang keine Bedeutung zu. Sie stellt schlicht auf den Wortlaut ab und kommt zu dem Ergebnis, dass der Kontrollbegriff rein formell zu verstehen sei. Die Stimmrechtsschwelle von 30% gelte daher auch für eine KGaA.[311] Dem ist im Ergebnis zuzustimmen.

149 **c) Der Kontrollbegriff des WpÜG.** Der letztgenannten Auffassung ist zunächst zuzugeben, dass das Gesetz vom Wortlaut her eine Differenzierung zwischen Aktiengesellschaft und KGaA in keiner Weise nahelegt. Auch aus der Gesetzgebungsgeschichte ergibt sich kein Grund für eine unterschiedliche Behandlung, wobei freilich die Probleme, die sich aus der unterschiedlichen Corporate Governance bei beiden Rechtsformen ergeben, nicht diskutiert wurden. Zudem muss man einräumen, dass auch auf die Aktiengesellschaft ein **rein formeller Kontrollbegriff** Anwendung findet. Auch hier werden die konkreten Umstände der Zielgesellschaft nicht berücksichtigt.[312] Stattdessen wollte sich der Gesetzgeber mit einem Grenzwert von 30% an einem im europäischen Vergleich üblichen Standard orientieren, der auch in Deutschland dem statistischen Befund entspricht, dass bei einer durchschnittlichen Hauptversammlungspräsenz von 63,4% eine Hauptversammlungs-

---

[308] *Scholz* NZG 2006, 445 f.
[309] *Scholz* NZG 2006, 445, 446.
[310] *Scholz* NZG 2006, 445, 447.
[311] *Bachmann* in Spindler/Stilz § 278 Rn. 107; *v. Bülow* in Kölner Komm WpÜG § 29 Rn. 71; § 35 Rn. 47; *Steinmeyer* in Steinmeyer WpÜG § 29 Rn. 17; *U. H. Schneider* in Assmann/Pötzsch/Schneider § 29 Rn. 25; nunmehr auch *Steinmeyer* in Steinmeyer WpÜG § 29 Rn. 17.
[312] *v. Bülow* in Kölner Komm WpÜG § 29 Rn. 73; *Steinmeyer* in Steinmeyer WpÜG § 29 Rn. 13; *Thoma* NZG 2002, 105, 111; *Brellochs* NZG 2012, 1010, 1011.

mehrheit mit gut 30% des stimmberechtigten Kapitals erreicht wird.[313] Dass im konkreten Einzelfall aufgrund einer überdurchschnittlichen Hauptversammlungspräsenz das Erreichen einer Schwelle von 30% keine Kontrolle begründet oder bei einer gegenteiligen Konstellation aufgrund einer weit unterdurchschnittlichen Präsenz bereits ein wesentlich geringerer Prozentsatz zu einer Hauptversammlungsmehrheit führt, ist auch bei einer Aktiengesellschaft unerheblich. Dieses allgemeine Problem, dass feste Grenzwerte im Einzelfall unangemessen sein und zu Gerechtigkeitsdefiziten führen können, liegt bei Beurteilung der KGaA-Situation allerdings nicht vor. Die auf das Stimmrecht in der Hauptversammlung abstellende Regelung ist für die KGaA nämlich nicht nur im Einzelfall unangemessen, sondern **passt prinzipiell** aufgrund der unterschiedlich gesetzlich ausgestalteten Corporate Governance **nicht**. Von einer materiellen Kontrolle, die durch eine bestimmte Beteiligung an den stimmberechtigten Kommanditaktien vermittelt wird, kann nämlich bei einer KGaA, von atypischen Gestaltungen abgesehen, nicht ausgegangen werden.

150 Entscheidend ist deshalb, ob das Gesetz von einem rein formellen Kontrollbegriff ausgeht, oder ob auch materielle Aspekte, also die Möglichkeit der tatsächlichen Einflussnahme auf die Geschäftspolitik, eine Rolle spielen.[314] Diese Frage stellt sich bei der Anwendung des gesetzlichen Kontrollbegriffs auf die KGaA in doppelter Weise: Einerseits würde ein rein formeller Kontrollbegriff von einer durch eine Beteiligung an den stimmberechtigten Kommanditaktien vermittelten Kontrolle ausgehen, wo im Regelfall aufgrund eines fehlenden Einflusses auf die Komplementär-Gesellschaft keine materielle Kontrolle besteht, und andererseits würde etwa der Erwerber der Komplementär-Gesellschaft materielle Kontrolle über die KGaA erlangen, ohne dass der formelle Kontrollbegriff diesen Fall erfassen würde. Ein rein formeller Kontrollbegriff ist aber nicht nur im ersten Fall zu weit und im zweiten zu eng, er ist schlicht bei einer KGaA im Hinblick auf eine materielle Kontrolle **nicht signifikant**. Wendet man den Kontrollbegriff daher, etwa im Wege einer teleologischen Reduktion, auf die KGaA gar nicht an, wird man dem Problem nicht vollständig gerecht, da lediglich der erste Fall (formelle Kontrolle ohne materielle Einflussmöglichkeiten) adressiert wird; der zweite Fall (materielle Einflussmöglichkeit ohne formelle Kontrolle) bleibt offen.

151 **Ausschlaggebend** dürfte letztlich sein, dass eine Modifikation des (formellen) Kontrollbegriffs in § 29 Abs. 2 WpÜG für die KGaA als Zielgesellschaft der gesetzlichen Systematik nicht entsprechen würde. Das Gesetz unterscheidet nämlich den Begriff der Kontrolle in § 29 Abs. 2 WpÜG, der allein auf ein **formelles Kriterium** abstellt, von der „tatsächliche(n) Möglichkeit zur Ausübung der Kontrolle" in § 37 Abs. 1 WpÜG. Liegt diese materielle Kontrolle nicht vor, kann die BaFin den Bieter auf Antrag von den Verpflichtungen nach § 35 Abs. 1 und 2 WpÜG, d.h. insbesondere von der Pflicht zur Unterbreitung eines Pflichtangebots, befreien. Damit spricht neben dem eindeutigen Wortlaut auch die systematische Auslegung für einen formellen Kontrollbegriff.

---

[313] Vgl. die *RegBegr* in Fleischer/Kalss Das neue WpÜG S. 635; zudem *Baums* in v. Rosen/Seifert Die Übernahme börsennotierter Unternehmen S. 165, 170; *Fleischer/Kalss* Das neue WpÜG S. 111.
[314] Zur Diskussion vgl. auch die Entscheidung des BGH in Sachen KfW/Deutsche Post, NZG 2012, 1033 m. Anm. *Brellochs* NZG 2012, 1010.

152   d) **Rechtsfolgenbetrachtung.** Schließlich lässt sich noch die Frage stellen, ob ein rein formeller Kontrollbegriff in § 29 Abs. 2 WpÜG von den Rechtsfolgen her bei einer KGaA zu unbefriedigenden Ergebnissen führen kann. Dies ist jedenfalls nicht bei Pflichtangeboten der Fall, wo der Kontrollerwerb entscheidendes Tatbestandsmerkmal für die Verpflichtung zur Unterbreitung eines Angebots ist. Hier steht nämlich, wie bereits gesagt wurde, ein **Befreiungstatbestand** nach § 37 Abs. 1 WpÜG zur Verfügung, wenn der Erwerber (Bieter) keine „tatsächliche Möglichkeit zur Ausübung der Kontrolle" erlangt oder wenn eine Befreiung „aufgrund der Beteiligungsverhältnisse an der Zielgesellschaft" gerechtfertigt erscheint. Diese Voraussetzungen dürften jedenfalls dann vorliegen, wenn der Bieter nicht auch „Kontrolle" über den persönlich haftenden Gesellschafter und damit auch über die KGaA erlangt hat.[315] Eine unangemessene Rechtsfolge kann demnach allenfalls in den besonderen Anforderungen an Übernahmeangebote gesehen werden, insbesondere die Pflicht nach § 31 WpÜG, eine **angemessene Gegenleistung** anzubieten. Diese Pflicht besteht in erster Linie im Hinblick darauf, dass ein öffentliches Übernahmeangebot gemäß § 35 Abs. 2 WpÜG von der Unterbreitung eines Pflichtangebots befreit und daher dem Schutzbedürfnis der Kleinaktionäre in gleicher Weise Rechnung tragen muss.[316] Da das Übernahmeangebot aber freiwillig und mit dem Ziel abgegeben wird, möglichst viele Aktionäre zu einer Annahme zu bewegen, dürfte die Pflicht zum Angebot einer angemessenen Gegenleistung in der Regel kein Problem darstellen. Zudem besteht auch bei einer KGaA kein Anlass, den Kleinaktionären die Teilnahme an einer Übernahmeprämie zu verweigern, wenn sie einzelnen (Groß-)Aktionären (wenn auch im Hinblick auf die geringeren Rechte der Aktionäre auf niedrigerem Niveau) gewährt wird.

153   Daneben besteht freilich bei einer KGaA weiterhin das Problem, dass ein „Bieter" die tatsächliche Kontrolle über die Gesellschaft erlangen kann, ohne auch nur eine Aktie erwerben zu müssen. Er kann etwa, je nach Satzung der konkreten Gesellschaft, als weiterer persönlich haftender Gesellschafter mit Geschäftsführungs- und Vertretungsbefugnis in die Gesellschaft eintreten, kann vom bisherigen persönlich haftenden Gesellschafter dessen Anteil übernehmen oder, ohne auch nur die satzungsmäßige Struktur der Gesellschaft selbst in irgendeiner Art zu ändern, die Geschäftsanteile an der Komplementärgesellschaft erwerben. In all diesen Fällen findet bei einer gesetzestypische ausgestalteten Corporate Governance ein faktischer und unmittelbarer Kontrollwechsel statt, der in seiner Intensität regelmäßig weit über den Erwerb von Aktien an einer Aktiengesellschaft hinausgeht. Pflichten nach dem WpÜG, insbesondere die Pflicht zur Abgabe eines Pflichtangebots aufgrund eines „Kontrollerwerbs", werden hierdurch allerdings nicht begründet.[317] Eine analoge Anwendung der §§ 29 ff. und §§ 32 ff. WpÜG kommt aufgrund der mit diesen Bestimmungen verbundenen erheblichen Eingriffe in die Privatauto-

---

[315] Auf die Befreiungsmöglichkeit weisen etwa *Krause/Pötzsch* in Assmann/Pötzsch/Schneider WpÜG § 35 Rn. 69 ausdrücklich hin. Siehe auch *Versteegen* in Kölner Komm WpÜG § 37 Rn. 67, der eher auf die Beteiligungsverhältnisse abstellt, wohingegen die tatsächliche Kontrollmöglichkeit das spezifischere Kriterium ist.

[316] Vgl. die *RegBegr.* in Fleischer/Kalss Das neue WpÜG S. 850 f.; *Kremer/Oesterhaus* in Kölner Komm WpÜG § 31 Rn. 2; *Fleischer/Kalss* Das neue WpÜG S. 110; kritisch hierzu *Houben* WM 2000, 1873; *Krause* NZG 2000, 905, 908.

[317] *Bachmann* in Spindler/Stilz § 278 Rn. 107; *Hasselbach* in Kölner Komm WpÜG § 35 Rn. 74; *Scholz* NZG 2006, 445, 449.

nomie des Bieters nicht in Betracht. Dies mag man aus kapitalmarktrechtlicher Sicht als unbefriedigend empfinden können. Dabei sollte allerdings berücksichtigt werden, dass es sich hierbei um eine **Konsequenz aus der gesellschaftsrechtlichen Struktur** einer KGaA handelt, über die der Anleger im Rahmen der Primärmarktpublizität eingehend informiert worden ist.

e) Aufstockungsangebote. Eine Ausnahme wird man allenfalls dann erwägen können, wenn das Angebot von dem (einzigen) persönlich haftenden Gesellschafter der Zielgesellschaft ausgeht. Dieser verfügt bereits aufgrund der gesetzlichen Struktur der KGaA, die vom Grundsatz der Selbstorganschaft geprägt ist,[318] über die tatsächliche Kontrolle in der „Zielgesellschaft". Überschreitet der Komplementär durch einen Erwerb von Kommanditaktien die Grenze des § 29 Abs. 2 WpÜG, so führt dies nicht zu einer Änderung der (materiellen) Kontrollsituation innerhalb der Gesellschaft. Vielmehr handelt es sich um einen mit einem Aufstockungsangebot vergleichbaren Fall, bei dem es ebenfalls nicht zu einem Kontrollwechsel kommt.[319] Für den Erwerb einer formalen Kontrollbeteiligung durch einen persönlich haftenden Gesellschafter ist daher in der *Vorauflage* vertreten worden, dass § 29 Abs. 2 WpÜG teleologisch zu reduzieren sei mit der Folge, dass auch für ein Angebot, das auf die Überschreitung der 30%-Schwelle gerichtet ist, nur die Regeln über die einfachen Erwerbsangebote Anwendung finden sollen, §§ 10 ff. WpÜG.[320] Im Gegensatz zum übernahmewilligen Kommanditaktionär, für den die formelle Grenze des § 29 Abs. 2 WpÜG gilt, sei die Stellung des Komplementärs in der KGaA von strukturellen Besonderheiten geprägt, die eine **teleologische Reduktion** notwendig mache. Die Gefahr einer Neuorientierung der Geschäftsziele bestehe nicht, wenn der Komplementär weitere Anteile übernehme.

154

Diese Auffassung wird nunmehr aufgegeben. Maßgeblich hierfür ist nicht der Umstand, dass der Komplementär seine Rechte in der Hauptversammlung zu Lasten der Kommanditaktionäre ausbauen könnte, die sich dadurch Verhältnissen in „ihrer" Gesellschaft ausgesetzt sehen, die im Zeitpunkt der Investitionsentscheidung nicht gegeben waren. Die Ausweitung der Beteiligung seitens des Komplementärs kann zwar zu einer solchen **Schmälerung der Rechte der Kommanditaktionäre** in der Hauptversammlung führen, die einen Ausstieg und damit ein Übernahme- bzw. Pflichtangebot erforderlich machen würde.[321] In Betracht kommen das Recht, über den Jahresabschluss gemäß § 286 AktG zu beschließen, die Zustimmungsrechte aus § 119 Abs. 1 AktG und das Recht, bei außergewöhnlichen Geschäftsführungsmaßnahmen und Grundlagengeschäften zuzustimmen. Weiterhin spricht gegen ein solches Verständnis aber zum einen, dass der Komplementär seine (hinzugewonnenen) Stimmrechte im Fall von Interessenkonflikten gemäß § 285 Abs. 1 S. 2 AktG nicht ausüben kann; der KGaA-Gesetzgeber hat also die Gefahren des Zusammenfallens von Komplementär- und majorisierender Kommanditistenstellung gesehen und ist ihnen in nicht abdingbarer,[322] abschließender Form begegnet. Zum anderen vermag die Verschiebung des Einflusses zugunsten

155

---

[318] Zur Selbstorganschaft siehe § 5 Rn. 10.
[319] Sog. kontrollneutrales Angebot, vgl. *v. Bülow* in Kölner Komm WpÜG § 29 Rn. 17; *Wackerbarth* in Münch Komm AktG § 29 WpÜG Rn. 11.
[320] So allgemein für kontrollneutrale Angebote *v. Bülow* in Kölner Komm WpÜG § 29 Rn. 17.
[321] In diese Richtung wohl *Versteegen* in Kölner Komm WpÜG § 37 Rn. 49 a.E.
[322] *Hüffer/Koch* § 285 Rn. 1.

des Komplementärs nichts daran zu ändern, dass der Komplementär die Kontrolle der Unternehmensziele bereits ausübt und durch Zukauf von Kommanditaktien lediglich quantitativ, nicht aber qualitativ weiter ausbaut; eine das Pflichtangebot auslösende (materielle) Kontrollerlangung erfolgt also gerade nicht.

156 Letztlich spricht der formale Charakter des Kontrollbegriffs dafür, auch bei einer durch den Komplementär erlangten oder angestrebten 30%-Mehrheit der stimmberechtigten Kommanditaktien die für das Übernahme- bzw. Pflichtangebot geltenden Regelungen anzuwenden. Der Gesetzeswortlaut lässt auch hier keine Ausnahme zu. Demgegenüber trifft die Aussage, dass bei einer Kontrollerlangung durch den Komplementär die starre 30%-Regelung des WpÜG mit der Struktur der KGaA nicht nur im Einzelfall, sondern prinzipiell unvereinbar sei, gerade nicht zu. Mit einer allgemeinen Ausnahme von § 29 Abs. 2 WpÜG für den Komplementär würde nämlich den verschiedenen möglichen Gestaltungsformen einer KGaA nicht hinreichend Rechnung getragen. Zwar mag eine solche Ausnahme für den Allein-Komplementär einer gesetzestypischen KGaA gerechtfertigt sein, es sind aber KGaA-Konstellationen vorstellbar, in denen dies gerade nicht der Fall ist, etwa bei einem in seiner Stellung durch die Satzung erheblich geschwächten oder gar von der Geschäftsführung ausgeschlossener Komplementär. Solche Auslegungsunsicherheiten will der formale Kontrollbegriff gerade vermeiden. Auch auf der Rechtsfolgeseite ist diese Lösung tragbar. Eine flexible und der jeweiligen Corporate Governance angemessene Lösung bietet nämlich die Befreiungsmöglichkeit nach § 37 WpÜG.

3. Besonderheiten bei Übernahmeangeboten

157 Die allgemeinen Bestimmungen über Angebote zum Erwerb von Wertpapieren (§§ 10 ff.) werden in den §§ 29 ff. WpÜG durch besondere Bestimmungen für Übernahmeangebote ergänzt.

158 **a) Überblick.** Unter Übernahmeangeboten versteht § 29 WpÜG solche Angebote, die auf den „Erwerb der Kontrolle" gerichtet sind.[323] Kontrolle ist sowohl bei der Aktiengesellschaft als auch bei der KGaA das Halten von mindestens 30% der Stimmrechte an der Zielgesellschaft.[324] § 30 WpÜG enthält eine besondere Bestimmung über die Zurechnung von Stimmrechten aus Aktien, die nicht dem Bieter selbst, sondern Dritten gehören.[325] Besonderheiten sind bei Beteiligung einer KGaA insofern nicht ersichtlich. Insbesondere ist es bei der Berechnung der Kontrollschwelle unerheblich, ob Aktien von den persönlich haftenden Gesellschaftern gehalten werden. Solche Aktien sind sowohl im Zähler als vom Bieter gehaltenen Aktien, als auch im Nenner, als Gesamtzahl der Stimmrechte der Zielgesellschaft, zu berücksichtigen.

159 **b) Kommanditaktien als Gegenleistung.** Wegen der von der Verfassung der Aktiengesellschaft abweichenden Struktur der KGaA mag man fragen, ob Aktien

---

[323] Siehe zu diesen *Fleischer/Kalss* Das neue WpÜG S. 110 ff.; *Kalss* in Semler/Volhard ÜN Hdb. Bd. 1 § 51 Rn. 90 ff.
[324] Siehe dazu § 10 Rn. 149 ff.
[325] Die Zurechnungstatbestände des § 30 WpÜG stimmen im Wesentlichen mit den oben unter § 10 Rn. 128 ff. dargestellten von § 22 WpHG überein.

C. Folgepflichten und Regelungen

einer KGaA als Gegenleistung i. S. v. § 31 Abs. 2 WpÜG in Betracht kommen können. Nach dieser Bestimmung hat die Gegenleistung bei einem Übernahmeangebot „in Euro oder in liquiden Aktien zu bestehen, die zum Handel an einem organisierten Markt zugelassen sind". Dies ist unproblematisch möglich, wenn die Zielgesellschaft ihrerseits eine KGaA ist. Auf den ersten Blick lässt sich aber durchaus daran zweifeln, ob Aktionären einer Aktiengesellschaft im Rahmen eines Übernahmeangebots auch Aktien an einer KGaA zum Tausch angeboten werden können.

Vom Wortlaut des Gesetztes wird eine solche Auslegung ohne Weiteres gedeckt. Im Hinblick auf die erheblichen Unterschiede, die bezüglich der Form der Corporate Governance bei diesen Gesellschaftsformen bestehen, erscheint dieser Befund allerdings fraglich. Hier sei nur an die fehlende Personalkompetenz des (durch die Hauptversammlung) bestellten Aufsichtsrats bei einer KGaA erinnert.[326] Die **wirtschaftlichen Einflussmöglichkeiten** eines Kommanditaktionärs stimmen mit denen eines Aktionärs einer Aktiengesellschaft eben nicht vollständig überein. Dass solche Unterschiede rechtlich maßgeblich sein können, zeigt auch das Gesetz. So besagt etwa § 31 Abs. 2 S. 2 WpÜG, dass Inhabern stimmberechtigter Aktien wiederum Aktien mit Stimmrecht als Gegenleistung angeboten werden müssen, Vorzugsaktien ohne Stimmrecht genügen den Anforderungen in diesem Fall mithin nicht.[327] Eine entgegengesetzte Wertung ergibt sich freilich aus dem Umwandlungsrecht. Nach § 29 Abs. 1 S. 1 UmwG muss bei einer Verschmelzung zur Aufnahme durch einen Rechtsträger anderer Rechtsform grundsätzlich denjenigen Anteilsinhabern der übertragenden Gesellschaft, die Widerspruch zur Niederschrift erklärt haben, eine angemessene Barabfindung angeboten werden. Der mit einer solchen Mischverschmelzung einhergehende Rechtsformwechsel wird als ein zu weitgehender Eingriff in die Rechtsstellung der Anteilsinhaber der übertragenden Gesellschaft angesehen.[328] Dies gilt aber gerade nicht bei der Verschmelzung einer KGaA auf eine Aktiengesellschaft und umgekehrt, da diese nach § 78 S. 4 UmwG „zueinander (...) nicht als Rechtsträger anderer Rechtsform" gelten.[329] Dasselbe ergibt sich aus § 250 UmwG für den Fall des Formwechsels zwischen einer Aktiengesellschaft und einer KGaA, bei dem das Austrittsrecht gegen Barabfindung für widersprechende Anteilsinhaber ausgeschlossen ist. Die hierin zum Ausdruck kommende gesetzliche Gleichstellung der Aktionäre einer Aktiengesellschaft und einer KGaA lässt sich im Kontext des WpÜG auch kapitalmarktrechtlich flankieren. Das Gesetz stellt ausschließlich darauf ab, dass die als Gegenleistung angebotenen Aktien börsenzugelassen und liquide sind. Der Aktionär wird damit aus kapitalmarktrechtlicher Sicht auf die Möglichkeiten verwiesen, entweder das Umtauschangebot nicht anzunehmen oder die als Gegenleistung angebotenen Aktien am Kapitalmarkt zu veräußern.[330] Wertmäßig wird er über die Bestimmungen

160

---

[326] Weitere Unterschiede oben unter § 10 Rn. 23 ff.
[327] Sog. Äquivalenz der Aktiengattungen, vgl. *Santelmann/Nestler* in Steinmeyer WpÜG § 31 Rn. 67 ff.
[328] *Stratz* in Schmitt/Hörtnagel/Stratz UmwG § 29 Rn. 1; *Müller* in Henssler/Strohn Gesellschaftsrecht § 29 UmwG Rn. 1.
[329] Dieselbe Wertung enthält § 250 UmwG, wonach widersprechenden Aktionären bei einem Formwechsel einer Aktiengesellschaft in eine KGaA oder umgekehrt kein Barangebot unterbreitet werden muss; siehe hierzu etwa *Goethel* in Lutter UmwG § 250 Rn. 2.
[330] Eine vergleichbare Problematik liegt vor, wenn es darum geht, Aktien an einer ihrerseits kontrollierten Gesellschaft als Gegenleistung anzubieten. Dies ist nach richtiger Ansicht

zur Mindestgegenleistung abgesichert. Zudem ist zu berücksichtigen, dass als Gegenleistung auch Aktien ausländischer Gesellschaften angeboten werden können,[331] für die auch eine (dann erheblich) andere Form der Corporate Governance gilt.

161 Richtigerweise wird man im Ergebnis daher davon ausgehen können, dass auch Aktien einer KGaA, sofern sie börsenzugelassen und liquide sind, ohne weiteres als **Gegenleistung** (und zwar auch für Aktien einer Aktiengesellschaft) i. S. v. § 31 Abs. 2 WpÜG geeignet sind.[332]

162 **c) Verhaltenspflichten der Organe der KGaA als Zielgesellschaft.** Steht eine Gesellschaft vor einer „feindlichen" Übernahme, deutet schon die Begrifflichkeit an, dass es regelmäßig im Interesse ihrer Verwaltung liegen wird, die Übernahme abzuwenden.[333] Dies begründet den für den Übernahmekampf typischen (potentiellen) **Konflikt** zwischen veräußerungswilligen Gesellschaftern der Zielgesellschaft und deren Verwaltung:[334] Die Anteilsinhaber sind häufig vorrangig daran interessiert, einen möglichst hohen Preis für ihre Wertpapiere zu erzielen, während die Verwaltung die Interessen der Gesellschaft verfolgen muss[335] und darüber hinaus ggf. auch ihre eigenen, persönlichen Interessen verfolgen wird.[336] Gegenstand heftiger Diskussion war vor Erlass des WpÜG daher die Frage, wie weit die Pflichten des Vorstands der Zielgesellschaft zu ziehen sind, um diesem Konflikt angemessen zu begegnen.[337] In § 33 Abs. 1, 2 WpÜG ist nunmehr das bußgeldbewehrte,[338] sog. Verhinderungsverbot (bzw. die sog. **Neutralitätspflicht**) sowie dessen weitreichende Ausnahmen normiert. Danach ist es dem Vorstand grundsätzlich untersagt, Handlungen vorzunehmen, durch die der Erfolg eines Angebots verhindert werden könnte.[339] Daneben erlauben die §§ 33a ff. WpÜG, dass die Satzung der Zielgesellschaft bestimmte Ausnahmen zulassen kann (sog. Optionsmodell).[340] Diese Regelungen haben in der Praxis wenig Bedeutung erfahren und lassen Besonderheiten für eine KGaA nicht erkennen.

163 In der KGaA ist dieser Konflikt zwischen Gesellschaftern der Zielgesellschaft und deren Verwaltung typischerweise entschärft, weil die **Übernahme** einer KGaA aufgrund ihrer gesellschaftsrechtlichen Struktur regelmäßig **nicht möglich**

---

zulässig, ohne dass die Aktionäre der Zielgesellschaft einen Verstoß gegen den Schutzzweck des WpÜG geltend machen können. Auch hier sind die Aktionäre auf die Möglichkeiten verwiesen, entweder das Angebot abzulehnen oder es anzunehmen und ggf. sodann über den Kapitalmarkt „auszusteigen". Siehe hierzu sehr anschaulich *Technau* AG 2002, 260, 265; ihm folgend *Kremer/Oesterhaus* in Kölner Komm WpÜG § 31 Rn. 30; *Krause* in Assmann/Pötzsch/Schneider § 31 Rn. 37.

[331] Das ergibt sich aus der Vorgabe, dass die Aktien an *einem* organisierten Markt zugelassen sein müssen. Das kann auch auf ausländische Märkte zutreffen.

[332] Ebenso *Bachmann* in Spindler/Stilz § 278 Rn. 109.

[333] Zu Verhaltenspflichten und möglichen Verteidigungsstrategien im Übernahmekampf siehe *Winter/Harbarth* ZIP 2002, 1 ff. m. w. N., ferner *Lenenbach* Kapitalmarktrecht Rn. 16.128 ff.

[334] Vgl. zu diesem Konflikt *Steinmeyer* in Steinmeyer WpÜG § 33 Rn. 1 ff.

[335] § 3 Abs. 3 WpÜG.

[336] Vgl. hierzu die *RegBegr.* BT-Drs. 14/7034, S. 57.

[337] Siehe etwa die Darstellung der Gesetzgebungsgeschichte bei *Hirte* in Kölner Komm WpÜG § 33 Rn. 5 ff.

[338] § 60 Abs. 1 Nr. 8, Abs. 3 WpÜG.

[339] Dazu allgemein *Hirte* ZGR 2002, 623 ff.; *Krause* NJW 2002, 705, 711 ff.

[340] Siehe hierzu etwa *Noack/Zetzsche* in Schwark/Zimmer vor §§ 33–34 WpÜG Rn. 5 ff.

C. Folgepflichten und Regelungen

ist.³⁴¹ Allein der Erwerb einer Kontrollbeteiligung durch einen Kommanditaktionär begründet in einer gesetzestypischen KGaA nicht die Möglichkeit, die Geschicke der Gesellschaft zu bestimmen. Ähnlich wie in einer Aktiengesellschaft verhält es sich aber bei einer **hauptversammlungsdominierten KGaA,** etwa einer Einheits-KGaA. In diesem Fall ist ein (freiwilliges) Übernahmeangebot durch einen übernahmewilligen Bieter durchaus denkbar. Was die geschäftsführungsbefugten Komplementäre dann tun dürfen, sei hier kurz umrissen.

Liegt ein Übernahmeangebot vor, ist zunächst unverzüglich eine begründete **Stellungnahme** seitens der geschäftsführenden Komplementäre und des Aufsichtsrats der KGaA gemäß § 27 Abs. 1, 3 WpÜG abzugeben. Der oder die geschäftsführende(n) Komplementäre treten dabei an die Stelle des in der Norm genannten Vorstands.³⁴² An diese Stellungnahme richtet § 27 Abs. 1 S. 2 WpÜG spezifische inhaltliche Anforderungen, insbesondere muss die Stellungnahme Auskunft geben über Art und Höhe der angebotenen Gegenleistung (Nr. 1), über die Folgen einer Übernahme für die Zielgesellschaft (Nr. 2), über die von dem Bieter verfolgten Ziele (Nr. 3) und die Absicht der Organe der KGaA, falls sie Kommanditaktien halten, das Angebot anzunehmen (Nr. 4).

164

Das **Verhinderungsverbot** bzw. die **Neutralitätspflicht** gemäß § 33 Abs. 1 S. 1 WpÜG gelten auch für die geschäftsführungsbefugten Komplementäre einer KGaA.³⁴³ Allerdings besteht gegenüber der Situation in der Aktiengesellschaft ein grundsätzlicher Unterschied. Die Regelungen des § 33 WpÜG sind von dem Gedanken getragen, dass in der Übernahmesituation ein Konflikt zwischen Leitungsorgan und Gesellschaftern besteht, der zugunsten des Vorrangs der Interessen der Gesellschafter entschieden wird.³⁴⁴ Der Vorstand einer Aktiengesellschaft soll als Verwalter fremden Vermögens das Vermögen nicht gegen die Interessen der Vermögensträger einsetzen und so den Aktionären die Möglichkeit der Entscheidung über das Angebot einschränken oder nehmen.³⁴⁵ Nun richtet sich ein Übernahmeangebot in der KGaA zwar an die Kommanditaktionäre, die von den Komplementären, welche die Geschäftsführung und Vertretung der KGaA innehaben, (typischerweise) verschieden sind; die Komplementäre sind aber selbst auch Gesellschafter der KGaA. Dieser Unterschied verwischt den Interessengegensatz, wie er in der Aktiengesellschaft zwischen Vorstand und Aktionären besteht und der Grundlage für das Verhinderungsverbot bzw. die Neutralitätspflicht ist. Der Komplementär hat aufgrund seiner Gesellschafterstellung ein legitimes Interesse an den Verhältnissen in seiner Gesellschaft, für deren Geschicke er auch persönlich haftet. Das gilt jedenfalls dann, wenn er darüber hinaus auch über eine Sondereinlage Träger des Gesellschaftsvermögens ist. Andererseits kann der Komplementär jedenfalls in einer gesetzestypischen AG einem Übernahmeangebot viel gelassener gegenüberstehen, da seine Position von den Hauptversammlungsmehrheiten un-

165

---

³⁴¹ Siehe dazu unter § 10 Rn. 146.
³⁴² *Bachmann* in Spindler/Stilz § 278 Rn. 105; *Harbarth* in Baums/Thoma WpÜG § 27 Rn. 29; *Hirte* in Kölner Komm WpÜG § 27 Rn. 20; *Krause/Pötzsch* in Assmann/Pötzsch/Schneider WpÜG § 27 Rn. 43; *Noack/Zetzsche* in Schwark/Zimmer vor §§ 33–34 Rn. 11.
³⁴³ *Bachmann* in Spindler/Stilz § 278 Rn. 105; *Hirte* in Kölner Komm WpÜG § 33 Rn. 45.
³⁴⁴ *Hirte* ZGR 2002, 623, 625 mit Verweis auf die aktienrechtlichen Darlegungen von *Maier-Reimer* ZHR 165 (2001), 258, 261.
³⁴⁵ *Maier-Reimer* ZHR 165 (2001), 258, 260 f.; *Noack/Zetzsche* in Schwark/Zimmer vor § 33–34 WpÜG Rn. 5.

Wieneke/Fett

abhängig ist. Auf dieser Basis ließe sich sogar eine gänzliche Untersagung von Abwehrmaßnahmen rechtfertigen. Fraglich ist mithin, ob die Norm deshalb für die KGaA gar nicht oder ggf. modifiziert angewendet werden kann. Ausschlaggeben ist, dass der hier typischerweise relevante Fall – das feindliche Übernahmeangebot eines Dritten – gerade dann vorliegt, wenn die KGaA durch die Hauptversammlung dominiert und die gesellschaftsrechtliche Position der Komplementäre der eines Vorstandes einer Aktiengesellschaft angenähert wird (wie etwa bei einer Einheits-KGaA). Die Komplementäre bzw. die Mitglieder des Geschäftsführungsorgans der Komplementär-Gesellschaft werden in diesen Fällen gerade keine Sondereinlagen geleistet haben. Der von § 33 Abs. 1 S. 1 WpÜG vorausgesetzte Interessenkonflikt mag deshalb noch nicht der gleiche sein wie in einer Aktiengesellschaft; er ist aber deutlicher konturiert als in einer gesetzestypischen KGaA.

166   Unter das Verbot fallen typischerweise die Ausgabe neuer Aktien bzw. Wandel- oder Optionsschuldverschreibungen, der Rückerwerb von Aktien, der Erwerb und die Veräußerung wesentlicher Beteiligungen sowie sonstige wesentliche Veränderungen des Aktiv- und Passivbestandes der Gesellschaft.[346] Als wesentlich gelten Verfügungen über 10% der Bilanzsumme.[347] Nach h.M. soll die **Werbung** gegen die Annahme eines Übernahmeangebotes bereits tatbestandlich nicht unter die untersagten Abwehrmaßnahmen fallen.[348]

167   Die Komplementäre können in einer Übernahmesituation jedenfalls auf die gesetzlich vorgesehenen **Abwehrmaßnahmen** als Ausnahmen vom Verhinderungsverbot in § 33 WpÜG zurückgreifen, die auch dem Vorstand einer AG offenstehen würden. Danach dürfen Komplementäre zum einen Handlungen vornehmen, die auch ein ordentlicher und gewissenhafter Geschäftsführer einer Gesellschaft, die nicht Ziel eines Übernahmeangebotes ist, vorgenommen hätte, § 33 Abs. 1 S. 2, 1. Alt. WpÜG. Die Geschäftstätigkeit der Zielgesellschaft soll nämlich durch das Angebot nicht blockiert werden.[349] Hierzu ist ein Drittvergleich mit einer hypothetischen Gesellschaft gleicher Lage vorzunehmen; im Übrigen gilt der allgemeine Ermessensspielraum der Geschäftsleitung.[350] Zulässig ist daneben die Suche nach einem sog. „weißen Ritter" (*white knight*), d.h. nach einem Dritten, der ein konkurrierendes Angebot abgibt, § 33 Abs. 1 S. 2, 2. Alt. WpÜG. Unproblematisch ist auch die Ausübung eines (bei einer hauptversammlungsdominierten KGaA freilich untypischen) satzungsmäßigen Rechts, die vom persönlich haftenden Gesellschafter gehaltene Sondereinlage in Aktien umzuwandeln;[351] hierbei handelt es sich um ein eigennütziges Mitgliedsrecht mit entsprechend geringerer Pflichtenbindung.

168   Abwehrmaßnahmen mit **Zustimmung des Aufsichtsrates** gemäß § 33 Abs. 1 S. 2, 3 Alt. WpÜG sollen nach einer Mindermeinung in der Literatur bei einer KGaA wegen „der dort anders ausgestalteten Stellung des Aufsichtsrats" nicht zulässig sein.[352] Dahinter wird sich die Überlegung verbergen, dass man auf die-

---

[346] Vgl. etwa *Noack/Zetzsche* in Schwark/Zimmer vor § 33 Rn. 7; *Schwennicke* in Geibel/Süßmann WpÜG § 33 Rn. 29; *Altmeppen* ZIP 2001, 1073, 1080.
[347] *Hirte* in Kölner Komm WpÜG § 33 Rn. 58.
[348] *Hirte* in Kölner Komm WpÜG § 33 Rn. 63 m.w.N. zum Streitstand.
[349] RegBegr. BT-Drs. 14/7034, S. 58; *Noack/Zetzsche* in Schwark/Zimmer vor § 33–34 WpÜG Rn. 14.
[350] Siehe hierzu § 5 Rn. 76 ff.
[351] Siehe hierzu § 7 Rn. 18 ff.
[352] So *Hirte* in Kölner Komm WpÜG § 33 Rn. 78; anders die ganz überwiegende Meinung etwa *Krause/Pötzsch/Stephan* in Assmann/Pötzsch/Schneider WpÜG § 33 Rn. 173 un-

se Weise dem Aufsichtsrat für die Übernahmesituation Kompetenzen zuweisen würde, die er im Normalfall nicht hat: Insbesondere das Recht des § 111 Abs. 4 S. 2 AktG, bestimmte Handlungen des Vorstandes von seiner Zustimmung abhängig zu machen, steht dem Aufsichtsrat gerade nicht zu.[353] Die dahinterstehenden Überlegungen dürften freilich bereits in den meisten Fällen gar nicht erst zum Tragen kommen, da – wie eingangs ausgeführt – weniger die gesetzestypische, sondern vielmehr die hauptversammlungsdominierte KGaA Objekt von Übernahmeangeboten sein dürfte; dies wiederum gibt Anlass zu der Vermutung, dass dem Aufsichtsrat (oder einem Beirat) als „Vertreter der Hauptversammlung" auch geschäftsführungsrelevante Kompetenzen eingeräumt sein werden. Liegen diese tatsächlichen Voraussetzungen vor, spricht bereits aus diesen Gründen nichts dagegen, § 33 Abs. 1 S. 2, 3. Alt. WpÜG auch für die KGaA anzuwenden.[354] Dass die Norm auch für die gesetzestypische KGaA mit einem Aufsichtsrat ohne Zustimmungsrechte **anzuwenden** ist, zeigt ein Vergleich mit der Aktiengesellschaft: Wenn dem Vorstand dort ausnahmsweise das Recht eingeräumt wird, mit Zustimmung des Aufsichtsrates Abwehrmaßnahmen durchzuführen, kann dem Komplementär nicht deshalb dieses Recht abgeschnitten sein, weil der Aufsichtsrat in der KGaA seine Entscheidungen generell nicht verhindern kann. Oder anders gewendet: Wenn der Komplementär in einer KGaA generell über mehr Kompetenzen verfügt als der Vorstand in einer Aktiengesellschaft, kann dies nicht zum Anlass genommen werden, seine Kompetenzen im Hinblick auf § 33 Abs. 1 S. 2, 3. Alt. WpÜG im Vergleich zum Vorstand einer Aktiengesellschaft zu beschränken.

Weiter kann die **Hauptversammlung** die Komplementäre gemäß § 33 Abs. 2 WpÜG für einen **Zeitraum von 18 Monaten ermächtigen**, Handlungen zur Verhinderung einer Übernahme vorzunehmen; dies geschieht ohne Ansehung eines konkreten Übernahmeangebotes, weshalb die Hauptversammlung sich durch solcherlei Beschlüsse in gewisser Weise selbst entmündigt.[355] Der praktische Nutzen dieser Norm ist fraglich, droht der Aktie doch wegen der mit dem Beschluss möglicherweise einhergehenden verringerten „Übernahmephantasie" ein Kursverfall,[356] der wiederum aus der Gesellschaft erst einen Übernahmekandidaten machen kann.

169

4. Besonderheiten bei Pflichtangeboten

a) Überblick. Eine der zentralen Vorschriften des Übernahmerechts ist § 35 WpÜG, der in Abs. 2 das sog. Pflichtangebot regelt.[357] Ein Pflichtangebot ist immer dann abzugeben, wenn die Kontrolle über eine Zielgesellschaft anders als durch ein

170

---

ter Hinweis auf den Wortlaut der Norm; *Schlitt/Ries* in Münch Komm AktG § 33 WpÜG Rn. 162; *Grunewald* in Baums/Thoma WpÜG § 33 Rn. 60.

[353] Siehe dazu § 5 Rn. 479.

[354] Ob man, wie *Hirte* in Kölner Komm WpÜG § 33 Rn. 88, meint, das Problem durch eine Ad-hoc-Zustimmung der Hauptversammlung der KGaA lösen kann, erscheint ebenfalls fraglich; ob und inwieweit die Hauptversammlung – etwa bei außergewöhnlichen Geschäften – ein Zustimmungsrecht zu Maßnahmen der Geschäftsführung hat, ist von der jeweiligen Satzung der KGaA abhängig und taugt daher nicht als allgemeingültige Lösung.

[355] Darauf weisen *Winter/Harbarth* ZIP 2002, 1, 3, 12, zu Recht hin.

[356] Vgl. *Hirte* in Kölner Komm WpÜG § 33 Rn. 24.

[357] § 35 WpÜG selbst spricht das Pflichtangebot als Rechtsfolge nicht direkt aus, sondern verpflichtet den Bieter zur Veröffentlichung einer Angebotsunterlage, § 35 Abs. 2 S. 1 i. V. m. § 14 Abs. 2 S. 1 WpÜG. Bei der zu veröffentlichenden Angebotsunterlage handelt

Übernahmeangebot erlangt wird, § 35 Abs. 3 WpÜG. Hintergrund dieser Regelung ist, dass mit der Übernahme der Kontrolle die Gefahr einer Neuausrichtung der Geschäftspolitik besteht, die unmittelbar Auswirkungen auf die Chancen und Risiken einer früheren Investitionsentscheidung hat. Das Pflichtangebot soll daher den Aktionären, die mit der Erlangung oder dem Wechsel der Kontrolle nicht einverstanden sind, die Möglichkeit geben, aus der Gesellschaft auszuscheiden und ihre Aktien zu einem angemessenen Preis zu veräußern.[358]

171   Der Erwerber einer Kontrollbeteiligung an einer börsennotierten KGaA hat gemäß § 35 Abs. 1 WpÜG unverzüglich, spätestens innerhalb von sieben Tagen, die Tatsache des Kontrollerwerbes zu veröffentlichen. Innerhalb von vier Wochen nach dieser Veröffentlichung ist dann gemäß § 35 Abs. 2 WpÜG der BaFin eine Angebotsunterlage zu übermitteln und diese nach Gestattung durch die BaFin gemäß § 14 Abs. 2 S. 1 WpÜG zu veröffentlichen. Das Gesetz sieht in § 37 WpÜG die Möglichkeit der Befreiung von diesen Pflichten vor.[359]

172   **b) Erwerb einer Kontrollbeteiligung durch eine KGaA.** Erlangt eine KGaA die Kontrolle über eine börsennotierte Zielgesellschaft, so ist diese wie jede andere Gesellschaft zur Veröffentlichung eines Übernahmeangebotes gemäß § 35 Abs. 2 WpÜG verpflichtet. Es stellt sich darüber hinaus die Frage, ob auch die Gesellschafter der KGaA, insbesondere die Komplementäre, ein Pflichtangebot abzugeben haben. Der Adressat der Regelungen in § 35 WpÜG ist das Rechtssubjekt, das unmittelbar oder mittelbar die Kontrolle über die Zielgesellschaft erlangt. Ein Pflichtangebot hat also nicht nur derjenige abzugeben, der die Anteile unmittelbar selbst erwirbt, sondern auch dessen Mutterunternehmen, soweit diesem die Stimmrechte des Erwerbers nach § 30 WpÜG zugerechnet werden können.[360] Im Hinblick auf die Gesellschafter einer KGaA stellt sich somit die Frage, ob diese mittelbar im Wege der Zurechnung die Kontrolle an der börsennotierten Zielgesellschaft erlangen. In Betracht kommt hier nur eine Zurechnung über § 30 Abs. 1 S. 1 Nr. 1 WpÜG;[361] die KGaA müsste mithin als Tochterunternehmen der Gesellschafter anzusehen sein.

173   **aa) Ein persönlich haftender Gesellschafter.** Ob die KGaA Tochterunternehmen des einzigen persönlich haftenden Gesellschafters sein kann, richtet sich nach der Begriffsbestimmung in § 2 Abs. 6 WpÜG. Danach sind **Tochterunternehmen** gemäß § 2 Abs. 6 WpÜG Unternehmen, die als Tochterunternehmen i. S. d. § 290 HGB gelten oder auf die ein beherrschender Einfluss ausgeübt werden kann, ohne dass es auf die Rechtsform oder den Sitz ankommt. Das WpÜG legt demnach für die Bewertung einer Beteiligung sowohl das Konzern-Konzept als auch das Control-Konzept zugrunde.[362]

---

es sich um ein verbindliches und unwiderrufliches Erwerbsangebot, vgl. *Thoma* NZG 2002, 105, 106 f.

[358] *Reg.Begr.* BT-Drs. 14/7034, S. 30; vgl. auch *v. Bülow* in Kölner Komm WpÜG § 35 Rn. 6; *Noack/Zetzsche* in Schwark/Zimmer § 35 WpÜG Rn. 4; *Grabbe/Fett* NZG 2003, 753, 759 m. w. N.

[359] Siehe unten § 10 Rn. 179 f.

[360] Vgl. *Hasselbach* in Kölner Komm WpÜG § 35 Rn. 62 ff.; *Hopt* ZHR 166 (2002), 383, 416.

[361] Die Zurechnungsvorschrift § 30 WpÜG ist wortgleich mit der in § 22 WpHG, vgl. zu letzterer oben § 10 Rn. 128 ff.

[362] *Liebscher* ZIP 2002, 1005, 1010.

Für die Qualifizierung als Tochterunternehmen ist danach einmal darauf abzustellen, ob der Komplementär „**beherrschenden Einfluss**" hat. Mit diesem Begriff knüpft das Gesetz an § 17 AktG an, der zur Bestimmung des konzernrechtlichen Begriffs der Abhängigkeit auf den beherrschenden Einfluss abstellt.[363] Die Erkenntnisse zum Konzernrecht sind damit auf die Qualifizierung als Tochterunternehmen i.S.d. § 2 Abs. 6 WpÜG anzuwenden.[364] Mit Blick auf die konzernrechtlichen Überlegungen zur KGaA[365] ist wegen der Einflussmöglichkeiten des einzigen Komplementärs in der gesetzestypischen KGaA regelmäßig von einem beherrschenden Einfluss des Komplementärs auf die KGaA auszugehen.[366] Der Komplementär hat daher ein Pflichtangebot nach § 35 Abs. 2 WpÜG zu veröffentlichen. Dieses Ergebnis entspricht auch dem Normzweck der Regelungen des vierten Abschnitts (Übernahmeangebote) und fünften Abschnitts (Pflichtangebote) des WpÜG, die rechtliche Stellung von Minderheitsaktionären zu stärken:[367] Die Einflussmöglichkeiten, welche die Stellung als Komplementär bieten, schlagen auf das von der KGaA kontrollierte Unternehmen durch und erlauben dem Komplementär auch in diesem eine Änderung der Geschäftspolitik.

174

Daneben ließe sich die Eigenschaft der KGaA als Tochterunternehmen i.S.d. § 2 Abs. 6 WpÜG nach Stimmen im Schrifttum auch mit Hilfe des **Control-Konzepts**[368] nachweisen: Gemäß § 290 Abs. 2 Nr. 2 HGB gilt als Mutterunternehmen, wem als Gesellschafter bei einem Tochterunternehmen das Recht zusteht, die Mehrheit der Mitglieder des Verwaltungs-, Leitungs- oder Aufsichtsorgans zu bestellen oder abzuberufen. Für die normtypische GmbH & Co. KG geht die wohl h.M. im bilanzrechtlichen Schrifttum davon aus, dass der GmbH aufgrund ihrer gesetzlichen Stellung als Leitungsorgan der Kommanditgesellschaft ein noch viel stärkeres Recht zusteht als demjenigen, der das Leitungsorgan nur bestellen kann.[369] Diese Erkenntnis ließe sich – will man ihr folgen – auf die KGaA übertragen: Der Komplementär ist das geborene Leitungsorgan der KGaA und verfügt damit über eine noch stärkere Stellung als derjenige, der die Leitungsorgane bestellen und abberufen kann.[370]

175

Etwas andere gilt ausnahmsweise bei einer Einheits-KGaA, da dann die Komplementär-Gesellschaft Tochterunternehmen (und nicht Mutterunternehmen) der KGaA ist.[371]

175a

---

[363] *Schneider/Favoccia* in Assmann/Pötzsch/Schneider WpÜG § 2 Rn. 136; *Versteegen* in Kölner Komm WpÜG § 2 Rn. 203; *Liebscher* ZIP 2002, 1005, 1010 f.
[364] *Versteegen* in Kölner Komm WpÜG § 2 Rn. 204.
[365] Siehe § 12 Rn. 25 ff.
[366] Soweit bei § 12 Rn. 40 ff. erläutert wurde, dass die GmbH & Co. KGaA als „ein" Unternehmen aufzufassen ist, führen diese Gedanken hier nicht weiter, da das WpÜG mit seiner Regelung in § 2 Abs. 6 den Unternehmensbegriff des Konzernrechts nicht zur Voraussetzung hat; *Sudmeyer* BB 2002, 685, 688.
[367] Dazu *Thoma* NZG 2002, 105, 111; *Meyer* in Geibel/Süßmann WpÜG § 35 Rn. 1.
[368] Beschrieben bei *Versteegen* in Kölner Komm WpÜG § 2 Rn. 208.
[369] A/D/S Rechnungslegung HGB § 290 Rn. 123 m.w.N.; diese Sichtweise ist äußerst fraglich, vgl. § 12 Rn. 52.
[370] Dies würde sowohl für die natürliche wie für die juristische Person als Komplementär der KGaA gelten, da es aus der hier maßgeblichen kapitalmarktrechtlichen Sichtweise auf die Frage der Rechtsform – anders als bei § 290 HGB – für § 2 Abs. 6 WpÜG nicht ankommt.
[371] Vgl. zur Einheits-KG *BaFin* Emittentenleitfaden S. 114; *Perlitt* in Münch Komm AktG § 278 Rn. 388; *Marbler/Oser* DStR 2014, 2474, 2479.

175b Gegen die Annahme eines beherrschenden Einflusses eines Komplementärs auf die KGaA wird teilweise vorgebracht, bei der Geschäftsführungsbefugnis des Komplementärs handele es sich lediglich um eine Binnenherrschaft, die über die Innenstruktur der Gesellschaft nicht hinausgehe.[372] Wie bereits oben dargestellt, überzeugt diese Argumentation gegen eine kapitalmarktrechtliche Zurechnung im Rahmen der Transparenzregeln nicht.[373] Mit Blick auf das Übernahmerecht wird von der Gegenmeinung flankierend darauf hingewiesen, dass der Eintritt eines neues Komplementärs kein Pflichtangebot gegenüber den Kommanditaktionären „seiner" börsennotierten KGaA auslöse. Es wäre daher ein Wertungswiderspruch, wenn der Komplementär auf der Ebene darunter gegenüber den Aktionären derjenigen Gesellschaft ein Pflichtangebot abgeben müsste, an der die KGaA mit mehr als 30% beteiligt sei.[374] Diese Argumentation übersieht freilich, dass es auch andernorts zu Widersprüchen zwischen dem formellen Kontrollbegriff des WpÜG und dem (materiellen) konzernrechtlichen Beherrschungskonzept kommen kann. So ist es beispielsweise bei einer entsprechend geringen faktischen Hauptversammlungsmehrheit möglich, dass ein Paketaktionär eine Aktiengesellschaft mit weniger als 30% der stimmberechtigten Aktien (konzernrechtlich) beherrscht.[375] Dann ist dieser Paketaktionär bei dieser Aktiengesellschaft nicht zu einem Übernahmeangebot verpflichtet, wohl aber bei einer börsennotierten Gesellschaft, an der die Aktiengesellschaft eine Kontrollbeteiligung im Sinne des WpÜG hält, weil ihm deren Aktien über § 30 Abs. 1 S. 1 Nr. 1 WpÜG zugerechnet werden. Dieser konzeptionelle Bruch zwischen dem Konzern- und Übernahmerecht ist bei der KGaA genauso hinzunehmen, wie bei der AG.

176 Ist sowohl die KGaA als Erwerber der Beteiligung als auch der Komplementär zur Abgabe eines öffentlichen Angebots verpflichtet, so stellt sich die Frage, in welchem Verhältnis diese Pflichten zueinander stehen. Der Gesetzgeber hat mit §§ 35 Abs. 1, 30 WpÜG zwar dem Halten von mittelbaren Beteiligungen Rechnung getragen, nicht aber die Rechtsfolgen der Zurechnung für **mehrere Schuldner** normiert.[376] Es spricht zunächst nichts dagegen, gemäß dem Wortlaut des Gesetzes jeden der betroffenen Gesellschafter als verpflichtet anzusehen.[377] Andere Autoren halten demgegenüber nur denjenigen zur Abgabe des Angebots verpflichtet, der den höchsten Stimmrechtsanteil innehat.[378] Dass die letztgenannte Ansicht in der KGaA nicht durchgreifen kann, liegt jedenfalls bei einer normtypischen Struktur der Beteiligung des Komplementärs mit seinen besonderen Einflussrechten bei der Leitung der Gesellschaft auf der Hand. Zielführend erscheint demgegenüber die Überlegung, dass die Aktionäre der Zielgesellschaft kein schützenswertes Interesse daran haben können, von mehreren Seiten ein Pflichtangebot zu erhalten. Die Frage, wer von mehreren konzernrechtlich verbundenen Schuldnern ein Pflichtangebot abzugeben hat, sollte daher allein im Innenverhältnis des Konzerns entschieden

---

[372] *Krause* Liber Amicorum für M. Winter S. 351, 366 ff.; *v. Bülow* in Kölner Komm WpHG § 22 Rn. 328 f.; siehe zu den damit verbundenen konzernrechtlichen Erwägungen *Förl/Fett* in Bürgers/Körber AktG § 278 Rn. 54 und unten § 12 Rn. 28.
[373] Siehe oben Rn. 132a.
[374] *Krause* Liber Amicorum für M. Winter S. 351, 368.
[375] Siehe nur *Fett* in Bürgers/Köber AktG § 17 Rn. 11.
[376] Vgl. *Krause* NJW 2002, 705, 713.
[377] So *Süßmann* in Geibel/Süßmann WpÜG § 29 Rn. 32 m.w.N.
[378] *Krause* NJW 2002, 705, 714; *Hopt* ZHR 166 (2002), 383, 417.

werden. Scheidet demnach eine Gesamtschuld zwar tatbestandlich aus, so erscheint sie aber in ihrer Rechtsfolge als interessengerecht. Erfüllt einer der Kontrollerwerber seine Pflicht aus § 35 Abs. 2 WpÜG, hat dies **befreiende Wirkung für alle**.[379] Sind Komplementär und KGaA zur Abgabe eines Angebotes verpflichtet, kann diese Verpflichtung mithin durch die KGaA mit Wirkung für den Komplementär (und auch die ggf. eine Komplementär-Gesellschaft beherrschenden Personen) erfüllt werden.

bb) Mehrere persönlich haftende Gesellschafter. Hat die KGaA mehrere persönlich haftenden Gesellschafter, so liegen die Dinge nicht so einfach, weil nach der gesetzlichen Konzeption keiner der Komplementäre einzeln einen beherrschenden Einfluss ausüben kann. Dies gilt auch mit Blick auf das Control-Konzept;[380] § 290 Abs. 2 Nr. 2 HGB passt in diesem Fall nicht, da mehrere Komplementäre für sich genommen gerade nicht über den gleichen Einfluss auf die KGaA verfügen wie jemand, der die Mehrheit der Mitglieder des Leitungsorgans bestellen kann. Sind demzufolge die Komplementäre einzeln nicht zur Abgabe eines Angebotes verpflichtet, weil ihnen die Beteiligung der KGaA an dem börsennotierten Unternehmen nicht gemäß § 30 Abs. 1 S. 1 Nr. 1 WpÜG zugerechnet wird, so könnte aber dann etwas anderes gelten, wenn sie gemeinsam und koordiniert beherrschenden Einfluss auf die KGaA ausüben. Eine solche koordinierte Einflussnahme kann durch Stimmrechtsvereinbarungen, tatsächliche Absprachen oder Satzungsgestaltungen etabliert werden. 177

Im Konzernrecht ist die Figur der **„Mehrmütterherrschaft"** anerkannt, nach der Gesellschafter, die zwar nicht einzeln, aber gemeinsam über beherrschenden Einfluss in der Gesellschaft verfügen, jeweils als herrschende Unternehmen im Sinne des Konzernrechts anzusehen sind.[381] Hier drängt sich wegen der Bezugnahme des § 2 Abs. 6 WpÜG auf den konzernrechtlichen Begriff des „beherrschenden Einflusses" eine Übertragung dieser Grundsätze auf Tochterunternehmen nach § 2 Abs. 6 WpÜG auf.[382] Bei näherer Betrachtung ergeben sich aber erhebliche Zweifel. Die Figur der „Mehrmütterherrschaft" ist vor dem Hintergrund des konzernrechtlichen Konfliktes entwickelt worden, der sich an den gesellschaftsfremden Interessen des herrschenden Unternehmens entzündet.[383] Für die kapitalmarktrechtlichen Zurechnungsregeln des WpÜG kommt es auf diese gesellschaftsfremden Bindungen und den sich daraus ergebenden Konflikt aber nach allgemeiner Ansicht nicht an.[384] Die Regelungen der §§ 29 ff. WpÜG sollen dem Anleger allein das Recht verschaffen, bei einem Kontrollwechsel aus der Gesellschaft austreten zu können.[385] Entscheidend ist daher, ob der *einzelne* Kom- 178

---

[379] Im Sinne einer Absorption auch die BaFin und die wohl herrschende Ansicht, etwa *Hasselbach* in Kölner Komm WpÜG § 35 Rn. 228 f.; *Krause/Pötzsch* in Assmann/Pötzsch/Schneider WpÜG § 35 Rn. 196; *Schlitt/Ries* Münch Komm AktG § 35 WpÜG Rn. 50.
[380] So im Ergebnis auch *Steinmeyer* in Steinmeyer WpÜG § 35 Rn. 23; *Santelmann* in Steinmeyer WpÜG § 2 Rn. 20.
[381] BGHZ 62, 193 – Seitz; *Fett* in Bürgers/Köber AktG § 17 Rn. 23; *Emmerich* in Emmerich/Habersack Aktien- und GmbH-Konzernrecht § 17 Rn. 28 ff.; *Bayer* in Münch Komm AktG § 17 Rn. 76 ff.
[382] In diese Richtung offenbar *Liebscher* ZIP 2002, 1005, 1011 f.
[383] BGHZ 62, 193 – Seitz; zum konzernrechtlichen Konflikt § 12 Rn. 24.
[384] *Versteegen* in Kölner Komm WpÜG § 2 Rn. 149; *Sudmeyer* BB 2002, 685, 688.
[385] *Noack* in Schwark/Zimmer § 29 WpÜG Rn. 1.

plementär die Ausrichtung der Geschäftsziele ändern kann. Dies wird man jedenfalls dann nicht annehmen können, wenn keiner der Beteiligten allein entscheiden kann, wie mit dem Zielunternehmen in Zukunft zu verfahren ist. Vor dem Hintergrund dieser dogmatischen Überlegungen wird man die Figur der „Mehrmütterherrschaft" auf § 2 Abs. 6 WpÜG nicht übertragen können. Ein Pflichtangebot der Komplementäre scheidet demnach mangels ausreichender Möglichkeit der Einflussnahme aus.[386]

178a c) **KGaA als Zielgesellschaft.** Ein Pflichtangebot, bei dem die KGaA die Zielgesellschaft ist, richtet sich nur an die Kommanditaktionäre. Auf den Komplementär erstreckt sich das Angebot auch dann nicht, wenn er mit einer Vermögenseinlage an der Gesellschaft beteiligt ist.[387] Er kann nur dann von dem Angebot profitieren, wenn die Satzung ihm das Recht einräumt, seine Vermögenseinlage rechtzeitig, d.h. noch während der Annahmefrist, in Kommanditaktien umzuwandeln (s. dazu § 7 Rn. 18 ff.).

179 d) **Befreiung nach § 37 WpÜG.** Das an die Überschreitung der rein formellen Beteiligungsschwelle geknüpfte Pflichtangebot kann sich im Einzelfall unter Heranziehung von materiellen Gesichtspunkten als unangemessen erweisen. So vermag z.B. eine Beteiligung von 30% an einer Gesellschaft nicht die tatsächliche Kontrolle über die Geschäftspolitik zu vermitteln, weil es etwa einen Mehrheitsaktionär mit über 50% der Stimmen gibt, die Schwelle des § 29 Abs. 2 WpÜG kann unfreiwillig und ohne Wissen des Bieters überschritten worden sein oder die Zurechnung mittelbarer Beteiligungen über § 30 WpÜG trifft den Bieter unbillig hart. Es kann auch Fälle geben, in denen der Kontrollerwerb gerade erwünscht ist und nicht mit einem Pflichtangebot belastet werden soll, wie z.B. der Einstieg eines Investors zur **Sanierung** eines angeschlagenen Unternehmens. § 37 WpÜG i.V.m. §§ 8 ff. WpÜG-AngVO sieht daher die Möglichkeit vor, schriftlich eine Befreiung von den Pflichten des § 35 WpÜG bei der BaFin zu beantragen. Die Aufzählung der konkreten Gründe in § 9 WpÜG-AngVO ist nicht abschließend, wie sich bereits aus dem Wort „insbesondere" ergibt. Der BaFin bleibt es daher unbenommen, auch **aus anderen konkreten Gründen** eine Befreiung zu erteilen, solange sich diese aus den in § 37 Abs. 1 WpÜG genannten abstrakten Befreiungsgründen ableiten lassen.[388] Die Möglichkeit des Dispenses korrigiert gewissermaßen die für die Besonderheiten des Einzelfalles „blinde" Regelung des § 29 Abs. 2 WpÜG, indem sie eine Befreiung in das Ermessen der BaFin stellt.

180 Bei einer Kontrollerlangung durch Erwerb von mehr als 30% der Kommanditaktien an einer börsennotierten KGaA kommt als Grund für die Befreiung regelmäßig das Fehlen der „tatsächlichen Möglichkeit zur Ausübung der Kontrolle" in Betracht.[389] Der paradigmatische Fall ist der, dass ein Kommanditaktionär die Schwelle des § 29 Abs. 2 WpÜG durch Zukauf von Kommanditaktien an der

---

[386] Auch das Control-Konzept nach § 290 HGB kennt die Beherrschung durch mehrere Unternehmen, insbesondere gegenüber sog. Gemeinschaftsunternehmen; zur inhaltlichen Ausgestaltung der Voraussetzungen wird aber auch hier auf das Konzernrecht verwiesen, vgl. nur *A/D/S* Rechnungslegung HGB § 290 Rn. 99, weshalb aus § 290 HGB nichts anderes folgen kann als aus dem Topos „beherrschender Einfluss".
[387] *Bachmann* in Spindler/Stilz § 278 Rn. 108; *Scholz* NZG 2006, 445, 448.
[388] *Klepsch* in Steinmeyer WpÜG § 37 Rn. 22.
[389] Siehe oben § 10 Rn. 146.

C. Folgepflichten und Regelungen

KGaA überschreitet. An anderer Stelle wurde bereits ausgeführt, dass mangels tatsächlicher Möglichkeit der Ausübung der Kontrolle ein Dispens erteilt werden muss.[390] Hintergrund ist, dass in der gesetzestypischen KGaA aufgrund der fehlenden Organbestellungskompetenz des Aufsichtsrates eine auch noch so hohe Anzahl an Kommanditaktien nicht genug Einfluss vermittelt, um materiell von einer Kontrolle über die Geschäftsführung sprechen zu können.[391] In Hinblick auf seine Einflussmöglichkeiten steht der Erwerber von 30% der Kommanditaktien so, wie ein Aktionär einer Aktiengesellschaft, der aufgrund der höheren Beteiligung eines anderen Aktionärs oder aufgrund nachhaltig hoher Hauptversammlungspräsenz daran gehindert ist, über die Hauptversammlung seinen Einfluss durchzusetzen.[392] Dies ist der Fall des § 9 Satz 2 Nr. 1 und 2 WpÜG-AngVO. Bei einer der gesetzlichen Grundgestaltung entsprechenden KGaA wird der BaFin daher im Regelfall kein Spielraum für die Entscheidung bleiben, ob ein Dispens zu erteilen ist oder nicht: Ergibt die Prüfung, dass die Corporate Governance der fraglichen KGaA vom Leitbild des Gesetzes nicht oder nur unwesentlich abweicht, so ist von einer Ermessensreduzierung auf Null auszugehen und ein Dispens zu erteilen. Etwas anderes gilt freilich dann, wenn die KGaA in Abweichung vom gesetzlichen Leitbild der Hauptversammlung eine dominierende Stellung einräumt,[393] wie dies etwa bei einer Einheits-KGaA der Fall ist. Eine andere Beurteilung soll nach einer verbreiteten Auffassung allerdings auch gelten, wenn es gerade der Komplementär oder ein beherrschender Gesellschafter der Geschäftsführungs-Gesellschaft ist, der die Kontrollschwelle von 30% überschreitet. Dann sei nämlich der Bieter in der Lage, die Geschäftsführungsentscheidungen zu steuern.[394] Das ist sicherlich zutreffend; dem lässt sich jedoch entgegenhalten, dass der Komplementär dazu schon zuvor in der Lage war. Der Ausbau seiner Stellung in der Hauptversammlung trägt dazu nicht entscheidend bei. Angesichts der Schwierigkeiten, in dieser Konstellation überhaupt einen Kontrollerwerb zu begründen,[395] ist jedenfalls bei einer KGaA in der gesetzlichen Grundgestaltung ein Austrittsrecht der Aktionäre nicht gerechtfertigt. Wenn derjenige, der die Gesellschaft ohnehin (materiell) kontrolliert auch noch die (formelle) Kontrollschwelle überschreitet, ist aus Gründen des Anlegerschutzes ein Austrittsrecht nicht geboten. Eine Befreiung ist also gerade auch in dieser Situation im Hinblick auf „die Beteiligungsverhältnisse an der Zielgesellschaft" angezeigt, vgl. § 37 Abs. 1 Variante 4 WpÜG.

e) Sanktionen bei unterbliebenem Pflichtangebot. Wer seinen Pflichten **181** aus § 35 Abs. 1, 2 WpÜG nicht nachkommt, verliert seine Rechte aus den Kommanditaktien (§ 59 WpÜG). Die Regelung ist mit der in § 28 WpHG deckungsgleich, so dass diesbezüglich auf die Erläuterungen zu § 28 WpHG verwiesen werden kann.[396]

---

[390] Siehe oben § 10 Rn. 151.
[391] Vgl. oben § 10 Rn. 146 ff.
[392] *Versteegen* in Kölner Komm WpÜG § 37 Rn. 64; *Krause/Pötzsch/Seiler* in Assmann/Pötzsch/Schneider WpÜG § 37 Rn. 67; *Schlitt/Ries* in Münch Komm AktG § 37 WpÜG Rn. 47; *Noack/Zetzsche* in Schwark/Zimmer § 37 WpÜG Rn 15.
[393] *Krause/Pötzsch/Seiler* in Assmann/Pötzsch/Schneider WpÜG § 37 Rn. 67.
[394] *Versteegen* in Kölner Komm WpÜG § 37 Rn. 64; *Krause/Pötzsch/Seiler* in Assmann/Pötzsch/Schneider WpÜG § 37 Rn. 67.
[395] Siehe oben § 10 Rn. 154 ff.
[396] Siehe hierzu oben § 10 Rn. 126.

182 Ferner kann die Behörde den zur Abgabe eines Pflichtangebotes Verpflichteten mit Mitteln des Verwaltungszwangs anhalten, das Pflichtangebot abzugeben, wobei die Höhe des festzusetzenden Zwangsgelds abweichend von § 11 VwVG bis zu Euro 500.000 betragen kann (§ 46 S. 4 WpÜG). Zutreffender weise wird davon ausgegangen, dass wegen der Unvertretbarkeit der Handlung das Pflichtangebot nicht durch die BaFin im Wege der Ersatzvornahme unterbreitet werden kann.[397]

183 Schließlich ist das Unterlassen der nach § 35 Abs. 1, 2 WpÜG gebotenen Handlungen nach § 60 Abs. 1 Nr. 1 lit. a WpÜG bußgeldbewehrt. Wer vorsätzlich oder leichtfertig gegen seine Pflichten aus § 35 Abs. 1, 2 WpÜG verstößt, muss mit einem Bußgeld bis zu Euro 1 Mio. rechnen.

5. Drittschutz im Übernahmerecht?

184 Eine der meistdiskutierten Fragen nach Inkrafttreten des WpÜG war, ob die übernahmerechtlichen Vorschriften **zivil- bzw. öffentlich-rechtlichen Drittschutz** gewähren.[398] Letzteres ist von Interesse, wenn sich Dritte an einem Verfahren der BaFin aufgrund von Verletzungen des WpÜG, etwa der Veröffentlichungspflicht oder der Pflicht zur Abgabe eines Pflichtangebotes, beteiligen, die Entscheidung der BaFin also selbst im äußersten Fall mit Rechtsmitteln angreifen wollen; ebenso kann es im Interesse Drittbetroffener liegen, die BaFin zu Amtshandlungen anzuhalten, wenn diese keine Veranlassung zum Einschreiten sieht. Schließlich wird erörtert, ob die Normen des WpÜG als Schutzgesetze i. S. d. § 823 Abs. 2 BGB in Betracht kommen können.

185 **a) Öffentliches Recht.** Im Mittelpunkt der Diskussion um öffentlich-rechtlichen Drittschutz der Normen des WpÜG steht die – in dieser Form im Aufsichtsrecht allgemein weithin übliche[399] – sog. Öffentlichkeitsklausel in § 4 Abs. 2 WpÜG, wonach die BaFin die ihr nach dem WpÜG zugewiesenen Aufgaben und Befugnisse **nur im öffentlichen Interesse** wahrnimmt. Einigkeit besteht mit Blick auf § 4 Abs. 2 WpÜG jedenfalls insoweit, als Amtshaftungsansprüche von Personen, die nicht Adressaten aufsichtsbehördlicher Maßnahmen sind, ausgeschlossen sein sollen.[400] Ob daneben – wie wohl von der BaFin vertreten[401] – generell keine Vorschrift des WpÜG Drittschutz vermittelt,[402] oder ob jeweils im

---

[397] *Giesberts* in Kölner Komm WpÜG § 46 Rn. 16.

[398] Siehe zur Frage des öffentlich-rechtlichen Drittschutzes nur die Referate von *Cahn*, *Möller* und *Ihrig* auf dem ZHR-Symposium 2002 in Kronberg/Taunus, abgedruckt in der ZHR 163 (2002), 262 ff.

[399] Die vormals in den Einzelgesetzen (etwa § 6 Abs. 4 KWG, § 4 Abs. 2 WpÜG) vorgesehenen Regelungen zur Aufgabenwahrnehmung allein im öffentlichen Interesse finden sich nun in § 4 Abs. 4 FinDAG (Gesetz über die Bundesanstalt für Finanzdienstleistungsaufsicht), siehe aber auch weiterhin § 81 Abs. 1 S. 3 VAG.

[400] Vgl. nur *Noack* in Schwark/Zimmer § 4 WpÜG Rn. 12; *Giesberts* in Köln Komm WpÜG § 4 Rn. 27; *Cahn* ZHR 167 (2003), 262, 284.

[401] Vgl. die Darstellung der Auffassung der Anstalt bei *Lenz* NJW 2003, 2073, 2075; vgl. hierzu auch *Wackerbarth/Kreße* in Münch Komm AktG § 2 WpÜG Rn. 27 m. w. N.

[402] So der Wille des Gesetzgebers, vgl. etwa die Herleitung bei *Giesberts* in Köln Komm WpÜG § 4 Rn. 52 f.; *Ihrig* ZHR 167 (2003), 315, 321 ff.; ferner *A. Möller* ZHR 167 (2003), 301, 306 f.; *Lenz* NJW 2003, 2073, 2075.

Einzelfall zu entscheiden ist, ob die Vorschrift ein Recht auf Teilhabe gewährt,[403] ist umstritten.[404] So wird etwa vertreten, den von einer Befreiung des Bieters zur Abgabe eines Pflichtangebotes (§§ 36, 37 WpÜG) betroffenen Aktionären das Recht einzuräumen, einen den Bieter begünstigenden Verwaltungsakt anzufechten.[405] Dies scheint vor allem vor dem Hintergrund des möglicherweise tangierten **Grundrechts aus Art. 14 Abs. 1 GG** gut vertretbar,[406] da den betroffenen Aktionären andernfalls ohne jeden Rechtsschutz die Möglichkeit genommen wird, ihre Aktien dem neuen Mehrheitsaktionär zum Kauf anzubieten. Konsequenterweise müsste man dann auch die Aktionäre bei einem möglichen Widerspruchsverfahren des Bieters gegen einen abschlägig beschiedenen Befreiungsantrag beteiligen,[407] was bei einer börsennotierten Publikumsgesellschaft freilich nicht unerhebliche praktische Probleme aufwirft. Die Alternative wäre, die betroffenen Aktionäre dazu anzuhalten, etwaige Hauptversammlungsbeschlüsse, die durch den neuen Mehrheitsaktionär gestützt worden sind, unter Verweis auf dessen fehlendes Stimmrecht wegen fehlerhafter Befreiung von der Abgabe eines Pflichtangebotes (vgl. § 59 WpÜG) anzufechten und auf diese Weise zu versuchen, dessen Mehrheitsmacht anzugreifen.

b) Zivilrecht. Vor allem bzgl. der Pflichtangebotsregel in § 35 WpÜG wird diskutiert, ob sie Schutzgesetz i.S.d. § 823 Abs. 2 BGB sein kann.[408] Der Schutzgesetzcharakter der §§ 21 ff. WpHG wird nicht zuletzt mit dem Hinweis abgelehnt, dass mit den zwingenden Vorschriften zum Übernahmerecht nunmehr ein ausreichender Schutz für die Aktionäre geschaffen worden ist, die sich in einer majorisierten Gesellschaft wiederfinden.[409] Dementsprechend hat nunmehr auch

186

---

[403] Dafür *Noack* in Schwark/Zimmer, § 4 WpÜG Rn. 16 ff.; *Giesberts* in Köln Komm WpÜG § 4 Rn. 77 ff.; *Cahn* ZHR 167 (2003), 262, 290 ff.

[404] Das OLG Frankfurt a. M. ZIP 2003, 1251 ff. – Wella, hat einen Antrag auf einstweiligen Rechtsschutz gegen die Genehmigung eines Übernahmeangebotes durch die BaFin unter Hinweis auf die mangelnde Wahrscheinlichkeit der Verletzung eigener subjektiver Rechte der Antragsteller (im Verhältnis zum Bieter also außenstehender Dritter) abgelehnt. Mit dem Verfahren zielten die Antragsteller auf eine Erhöhung des Angebotspreises. Im Fokus stand die Frage, ob die Gegenleistung angemessen sei. Mit Stimmen in der Literatur weist das Gericht darauf hin, dass das WpÜG kein Verfahren bereithält, mit dem die Angemessenheit der Gegenleistung überprüft werden könnte; die Aktionäre seien vielmehr auf die Klage vor Zivilgerichten verwiesen; § 31 WpÜG vermittle keinen Drittschutz, was vor allem aus § 4 Abs. 2 WpÜG abzuleiten sei. Eine verfassungskonforme Auslegung des § 4 Abs. 2 WpÜG dahingehend, dem Antragsteller einen Anspruch auf Erteilung eines angemessenen Übernahmeangebots einzuräumen, hält das Gericht für überspannt. Ob diese Entscheidung speziell zu § 31 WpÜG ergangen ist oder die Meinung des Gerichts widerspiegelt, Drittschutz könne generell nicht aus den Vorschriften des WpÜG abgeleitet werden, dürfte angesichts der allgemeinen Ausführungen zu § 4 Abs. 2 WpÜG eher in letzterer Hinsicht zu beantworten sein. Die Entscheidung wurde in jüngerer Zeit erneut bestätigt, vgl. OLG Frankfurt a. M. NZG 2012, 302.

[405] *Cahn* ZHR 167 (2003), 262, 293 ff.

[406] Vgl. *Ihrig* ZHR 167 (2003), 315, 343; *Noack* in Schwark/Zimmer § 4 WpÜG Rn. 16 ff.; siehe auch *Döhmel* in Assmann/Pötzsch/Schneider WpÜG § 4 Rn. 28, die freilich eine solche Grundrechtsverletzung für praktisch kaum wahrscheinlich hält.

[407] Zurückhaltend aber *Cahn* ZHR 167 (2003), 262, 298 f.

[408] Dafür *Hasselbach* in Kölner Komm WpÜG § 35 Rn. 275 ff.; a.A. *Krause/Pötzsch* in Assmann/Pötzsch/Schneider WpÜG § 4 Rn. 252; *Tschauner* in Geibel/Süßmann WpÜG § 59 Rn. 85.

[409] Siehe oben § 10 Rn. 133 f.

der BGH entschieden, dass die übrigen Aktionäre keinen Anspruch auf eine Gegenleistung haben, wenn ein Kontrollerwerber entgegen § 35 Abs. 2 WpÜG kein Pflichtangebot veröffentlicht, da § 35 Abs. 2 WpÜG kein Schutzgesetz im Sinne des § 823 Abs. 2 BGB sei.[410] Richtigerweise wird man daher sagen müssen, dass § 35 WpÜG rein aufsichtsrechtlicher Natur ist und keine anlegerschützende Funktion hat. Zudem besteht über die öffentlich-rechtlich überwachte Pflichtangebotsregel hinaus **kein Bedürfnis** für einen zivilrechtlichen Schutz der Aktionäre wegen Verletzung der Angebotspflicht. Sollte der Verstoß gegen § 35 WpÜG allerdings in einem Ausnahmefall mit einer Verletzung der gesellschafterlichen Treuepflicht einhergehen,[411] kann ein Schadensersatzanspruch möglicherweise hierauf gestützt werden.

D. Delisting

I. Begriff und Folgen

187 Mit dem Begriff Delisting werden Sachverhalte erfasst, die zu einer Beendigung der Zulassung von Wertpapieren zum Börsenhandel und damit zum Börsenrückzug eines Unternehmens führen.[412] Vielfach wird auch von „Going Private", „Börsenaustritt" oder „P2P"[413] gesprochen.[414] Im Folgenden werden allein die rechtlichen Konstellationen behandelt, die zu einem vollständigen Rückzug von allen Börsenplätzen und Börsensegmenten führen. Außen vor bleibt daher das sog. partielle Delisting,[415] da dies regelmäßig weit weniger in die Rechte der Anleger eingreift.[416]

188 Im Zentrum der Diskussion steht das **Delisting auf Antrag**[417], für das der BGH nach Aufgabe der „Macrotron"-Rechtsprechung[418] im Rahmen der „FRoSTA"-Entscheidung des BGH die Anforderungen erheblich reduziert hat

---

[410] BGH NZG 2013, 939.
[411] Vgl. *Kremer/Oesterhaus* in Kölner Komm WpÜG § 59 Rn. 85.
[412] *Hüffer/Koch* § 119 Rn. 19; *Schwark/Geiser* ZHR 161 (1997), 739; *Groß* ZHR 165 (2001), 141, 145; *Streit* ZIP 2002, 1279, 1280.
[413] „Public to Private".
[414] Die Begriffsverwendung ist uneinheitlich, vgl. etwa Seiffert in *Kümpel/Wittig* Rn. 4.465, der unter Delisting nur den einseitigen Verzicht der Zulassung seitens des Emittenten versteht; *Lenenbach* Kapitalmarktrecht § 7.135, der den Begriff „Going Private" vorzieht; vgl. auch die Darstellung bei *Kleppe* Anlegerschutz S. 3 ff.
[415] Darunter versteht man etwa die Aufgabe einzelner Börsennotierungen, wie z. B. den Rückzug von einer Regionalbörse unter Beibehaltung der Notierung an einer anderen Börse oder den Wechsel des Börsensegmentes, vgl. *Mülbert* ZHR 165 (2001), 104, 106 f.; *Wieneke* NZG 2014, 22 ff.
[416] *Kleppe* Anlegerschutz S. 40 ff.; *Schlüter* Börsenhandelsrecht G 540; *Groß* ZHR 165 (2001), 141, 153 f.
[417] Das Delisting auf Antrag wird in Abgrenzung zum „kalten" Delisting synonym auch als *reguläres Delisting* bezeichnet.
[418] BGH NJW 2003, 1032 – Macrotron mit Anmerkung etwa von *Geyrhalter/Gänßler* NZG 2003, 313 ff.; *Heidel* DB 2003, 548 ff.; *Wilsing/Kruse* WM 2003, 1110 ff.; kritisch zur dogmatischen Herleitung *Bürgers* NJW 2003, 1642 ff.; OLG München NZG 2001, 519; LG München I NZG 2000, 273; *Krämer/Theiß* AG 2003, 225 ff.

(im Folgenden unter III.), das nach § 39 Abs. 2 BörsG den Antrag des Emittenten auf Widerruf der Börsenzulassung voraussetzt. Praxisrelevant ist daneben ein sog. **„kalten Delisting"** (unter IV.), das die Beendigung der Zulassung als Folge gesellschaftsrechtlicher Strukturmaßnahmen außerhalb der Regelungen des BörsG herbeiführt. Die dritte Fallgruppe ist das **Delisting von Amts wegen** (unter II.), bei dem die Zulassungsstelle ihrerseits die Initiative zur Beendigung der Zulassung ergreift.

189 Die Gründe des Emittenten für ein Delisting können vielfältig sein.[419] So mag sich etwa das Interesse des Kapitalmarkts an dem betroffenen Unternehmen derart vermindern, dass der Börsenkurs nicht mehr den tatsächlichen Unternehmenswert reflektiert und daher die Eigenkapitalaufnahme im Rahmen von Kapitalmaßnahmen für die Gesellschaft unattraktiv oder gar unmöglich wird. Ein dauerhaft niedriger Börsenkurs schafft zudem die **Gefahr einer Übernahme** durch andere Unternehmen. Erreicht der Emittent nicht die Ziele, die er sich von der Zulassung zur Börse erhofft hat, können die **Kosten der Zulassungsfolgepflichten** in Abwägung mit dem Nutzen der Zulassung den Ausschlag für das Delisting geben. Hier sind vor allem die Veröffentlichungspflichten im Rahmen der Regelpublizität (§§ 37v ff. WpHG), die wertpapierrechtliche Ad-hoc-Publizitätspflicht (§ 15 WpHG) und die Mitteilungspflicht bei Beteiligungsveränderungen (§§ 21, 25 WpHG) zu nennen.[420]

190 So nachvollziehbar ein Delisting aus Sicht der Gesellschaft sein kann – für die Kommanditaktionäre ist der Rückzug von der Börse regelmäßig mit Nachteilen verbunden.[421] Entfällt die Notierung der Kommanditaktien an der Wertpapierbörse, scheiden diese aus dem börslichen Handel aus und sind damit wegen des Wegfalls eines Marktes, der Angebot und Nachfrage in organisierter Form zusammenführt, nunmehr schwerer zu veräußern. Diese **Einschränkung der Fungibilität** der Kommanditaktien trifft typischerweise den Kleinanleger, da dieser – im Gegensatz zum Großaktionär, der seine Aktienpakete regelmäßig nicht über die Börse veräußert – auf den Verkauf seiner Anteile über die Börse angewiesen ist. In welchem Umfang die Beeinträchtigung aber gerade durch das Delisting herbeigeführt wird, ist fraglich. Die auf den erste Blick naheliegende Vermutung, bei Bekanntgabe des Delistings werde der Börsenkurs erheblich fallen,[422] konnte im Rahmen des Delisting-Urteils des BVerfG[423] durch eine Studie nicht eindeutig belegt werden.[424] Bei näherem Hinsehen leuchtet ein, dass meistens nicht unerhebliche andere Einflüsse hinzutreten. So werden Delistings oder Downlistings oft von einer Gesellschaft mit einem dominanten Mehrheitsaktionär vorgenommen, der seinen Einfluss stärken will. Sie kommen außerdem in Betracht, wenn kein neues Eigenkapital über den Kapitalmarkt mehr benötigt wird oder die Aktie ohnehin nur noch so selten gehandelt wird, dass jede Transaktion Kurssprünge auslöst. In solchen Situationen liegt unabhängig vom Handelssegment bereits kein

---

[419] Vgl. dazu ausführlich *Kleppe* Anlegerschutz S. 15 ff.; *Pfüller/Anders* NZG 2003, 459 ff.; *Krämer/Theiß* AG 2003, 225, 226.
[420] Siehe zu den Börsenzulassungsfolgepflichten unter § 10 Rn. 85 ff.
[421] Vgl. *Schlüter* Börsenhandelsrecht G 541; *Kleppe* Anlegerschutz S. 71 ff.; *Streit* ZIP 2003, 392, 394.
[422] So auch noch die Vorauflage.
[423] BVerfGE 132, 99 = NZG 2012, 826.
[424] Siehe zu der vom BVerfG eingeholten Studie *Heldt/Royé* AG 2012, 660.

liquider Markt für die Aktie mehr vor. Sie war also bereits zuvor schon schwer verkäuflich und wird aufgrund des eigentlichen Delistings eher keine signifikanten Wertverluste hinnehmen müssen.[425] Gleichwohl bedeutet ein Rückzug aus dem bisherigen Marktsegment in vielen Fällen eine praktische Einschränkung der Kleinaktionäre. Insbesondere der Wegfall der Publizitäts- und Informationspflichten des Emittenten[426] erschwert ihnen die zutreffende Beurteilung ihres Investments. Auch die nunmehr **fehlende Marktöffentlichkeit**, die eine ständige Beobachtung und Bewertung des Unternehmens durch professionelle Analysten ermöglicht sowie das Fehlen wertpapierrechtlicher Schutzmechanismen, wie das Insiderhandelsverbot (§§ 12 ff. WpHG) und die Zwischenberichtspflichten (§§ 37v ff. WpHG), verschlechtert ihre Position.

191 Zentrales Anliegen der Auseinandersetzung mit den Rechtsfragen des Delisting ist daher der **Anlegerschutz**.[427] Umstritten ist freilich, wie der rechtliche Rahmen, der den Anlegerschutz gewährleisten soll, im Einzelnen auszusehen hat. Für dessen Ausgestaltung bieten sich aus der Natur der angeschnittenen Rechtsmaterien kapitalmarktrechtliche, gesellschaftsrechtliche sowie öffentlich-rechtliche Regelungen an.

II. Delisting von Amts wegen, § 39 Abs. 1 BörsG

192 Die Beendigung des öffentlich-rechtlichen Börsenbenutzungsverhältnisses[428] zwischen Emittent und Börse erfolgt nicht immer auf Initiative des Emittenten. Auch die Börsenzulassungsstelle kann ihrerseits ein Delisting einleiten. Die gesetzliche Ermächtigungen zum Widerruf der Börsenzulassung ergibt sich aus § 39 Abs. 1 BörsG, sowie aus den Rechtsgrundlagen des allgemeinen Verwaltungsrechts zur Aufhebung von Verwaltungsakten, §§ 48, 49 VwVfG, die § 39 Abs. 1 BörsG ausdrücklich für anwendbar erklärt. Aus diesen Normen resultieren für die emittierende Gesellschaft öffentlich-rechtliche Pflichten, deren Einhaltung in der KGaA den geschäftsführungsbefugten, persönlich haftenden Gesellschaftern gemäß §§ 278 Abs. 2 AktG, 114 HGB obliegt.[429] In jedem Fall handelt es sich bei dem Widerruf der Zulassung um eine Ermessensentscheidung, bei der insbesondere der Anlegerschutz und die nachteiligen Auswirkungen auf das Anlegerpublikum zu beachten sind.[430]

193 Nach § 39 Abs. 1 Fall 2 BörsG kann die Zulassungsstelle die Zulassung widerrufen, wenn der Emittent seinen Zulassungsfolgepflichten innerhalb einer angemessenen Frist nicht nachkommt.[431] Das Fristerfordernis[432] und die Möglichkeit,

---

[425] Siehe hierzu *Wieneke* NZG 2014, 22, 23 f. mit dem Hinweis darauf, dass sogar eine Kurssteigerung möglich ist, etwa weil Spekulanten auf einen Squeeze Out durch den Mehrheitsaktionärs hoffen.
[426] Siehe oben § 10 Rn. 85 ff.
[427] *Lenenbach* Kapitalmarktrecht § 7 Rn. 136; *Kleppe* Anlegerschutz S. 78 ff.; *Krämer/Theiß* AG 2003, 225, 226 ff.
[428] Zu diesem vgl. *Seiffert* in Kümpel/Wittig Rn. 4.411 ff.
[429] Zur Geschäftsführung siehe § 5 Rn. 76 ff.
[430] *Heidelbach* in Schwark/Zimmer § 39 BörsG Rn. 9.
[431] Siehe zu den Börsenzulassungsfolgepflichten näher unter § 10 Rn. 85 ff.
[432] *Heidelbach* in Schwark/Zimmer § 39 BörsG Rn. 5.

Pflichtverletzungen zunächst nach § 42 Abs. 2 BörsG durch Bekanntmachung zu ahnden, verdeutlichen, dass wegen der einschneidenden Folgen eines Widerrufs für die Anleger nur **schwerwiegende Pflichtverletzungen** zum Widerruf der Zulassung führen.

Zudem kann nach § 39 Abs. 1 Fall 1 BörsG die Zulassung widerrufen werden, wenn ein ordnungsgemäßer Börsenhandel **auf Dauer** nicht mehr gewährleistet ist und die Geschäftsführung die Notierung im regulierten Markt eingestellt hat (vgl. § 25 BörsG). Hier kommen insbesondere die Gründe in Betracht, die bereits zur Einstellung der Notierung geführt haben, wie zum Beispiel die Eröffnung eines Insolvenzverfahrens oder schwerwiegende Verstöße des Emittenten gegen Zulassungsfolgepflichten. Damit die Zulassungsstelle die Zulassung widerrufen kann, muss eine hohe Wahrscheinlichkeit dafür vorliegen, dass für eine längere Zeit die Wiederaufnahme des ordnungsgemäßen Handels als unwahrscheinlich erscheint.[433] 194

Der Zulassungsverwaltungsakt kann auch aufgrund der allgemeinen Vorschriften der §§ 48, 49 VwVfG aufgehoben werden. Eine **Rücknahme** nach § 48 VwVfG kommt dann in Betracht, wenn bereits bei Erteilung der Zulassung die Voraussetzungen des § 32 Abs. 3 BörsG nicht vorlagen, wie beispielsweise das Fehlen eines ordnungsgemäßen Emissionsprospektes, § 32 Abs. 3 Nr. 2 BörsG. Hier, wie beim **Widerruf** nach § 49 VwVfG, hat die Zulassungsstelle besondere Voraussetzungen zu beachten (§§ 48 Abs. 1 S. 2, 49 Abs. 2 VwVfG), da es sich bei der Zulassung um einen begünstigenden Verwaltungsakt handelt.[434] 195

III. Delisting auf Antrag, § 39 Abs. 2 BörsG

Das Verständnis der Rechtsfragen des Delisting erfordert die Unterscheidung der kapitalmarktrechtlichen und der gesellschaftsrechtlichen Voraussetzungen dieses Vorganges. Diese Zweigleisigkeit ist der Tatsache geschuldet, dass der Erwerb und Verlust der Börsennotierung kein rein kapitalmarktrechtlicher Vorgang ist, sondern auch gesellschaftsinterne Rechtsbeziehungen berührt. So ist der einzelne Aktionär nicht nur Anleger auf dem Kapitalmarkt, sondern auch Mitglied seiner Gesellschaft. Für eine am Anlegerschutz orientierte Auseinandersetzung mit den Voraussetzungen des Delisting ist daher maßgeblich, in welchem Verhältnis die kapitalmarktrechtlichen zu den gesellschaftsrechtlichen Regelungen stehen und in welchem Umfang sie Anwendung finden.[435] 196

1. Kapitalmarktrecht

Zunächst setzt das Delisting den **Antrag** des Emittenten an die Zulassungsstelle voraus, den Zulassungsverwaltungsakt zu widerrufen, § 39 Abs. 2 BörsG. Zuständig für die Stellung des Antrages sind bei einer KGaA die vertretungsberechtigten 197

---

[433] *Heidelbach* in Schwark/Zimmer § 39 BörsG Rn. 7.
[434] *Groß* Kapitalmarktrecht, § 39 BörsG Rn. 6; *Seiffert* in Kümpel/Wittig Rn. 4.447.
[435] Siehe zum Verhältnis von kapitalmarktrechtlichen zu gesellschaftsrechtlichen Regelungen etwa *Schwark* FS Lutter, 2000, S. 1529 ff.; *Lutter* FS Zöllner, 1998, S. 363 ff.; *Grabbe/Fett* NZG 2003, 753, 759 ff.

Komplementäre, §§ 278 Abs. 2 AktG, 125 Abs. 1 HGB.[436] Die Zulassungsstelle kann den Widerruf verfügen, wenn dieser dem Schutz der Anleger nicht widerspricht, § 39 Abs. 2 S. 2 BörsG. Dieses sog. Marktentlassungsverfahren ist ein Verwaltungsverfahren, das mit einem Antrag an die Zulassungsstelle beginnt und mit einer Ermessensentscheidung[437] über den Antrag und dem Erlass eines Verwaltungsakts endet.[438] Im Rahmen der Ermessensentscheidung hat die Zulassungsstelle das Interesse der Gesellschaft am Widerruf gegen das Interesse der Anleger am Erhalt der Notierung abzuwägen; andere Interessen, insbesondere solche der Börse selbst, bleiben unberücksichtigt.[439]

198 Wann die **Interessen der Anleger** ausreichend geschützt sind, ergibt sich aus der börsengesetzlichen Regelung nicht. Vielmehr hat der Gesetzgeber die Ausfüllung der Voraussetzungen den Börsen überlassen.[440] Sie ergeben sich aus dem BörsO der jeweiligen Wertpapierbörsen, auf die § 39 Abs. 2 S. 5 BörsG verweist. Danach ist ein Widerruf in der Regel dann möglich, wenn vergleichbare Handelsmöglichkeiten in einem anderen Handelssegment oder an einer anderen Börse bestehen. Bei einem vollständigen Delisting gibt es unterschiedlich strenge Regelungen, etwa auf der einen Seite reine Fristenlösungen, d.h. nur das Erfordernis eines ausreichenden Zeitraums zwischen Veröffentlichung der Widerrufsentscheidung und dem Widerruf selbst, in dem die Investoren sich von ihren Aktien trennen können.[441] Andererseits gibt es aber auch Lösungen, die an das höhere Schutzniveau der Macrotron-Rechtsprechung anknüpfen und einen Ermächtigungsbeschluss der Hauptversammlung des Emittenten sowie ein Kaufangebot des Mehrheitsaktionärs mit einer den Anforderungen des § 31 WpÜG entsprechenden angemessenen Gegenleistung in Geld verlangen.[442] Ob die Zulassungsstelle diese gesellschaftsrechtlichen Anforderungen, insbesondere das Vorliegen der Beschlüsse, innerhalb ihres Ermessens prüfen kann, ist umstritten.[443] Gegen eine Prüfungspflicht spricht, dass §§ 78 Abs. 1, 82 Abs. 1 AktG dem Vorstand (für die Aktiengesellschaft) bzw. § 278 Abs. 2 AktG, §§ 114 ff., 125 ff. HGB den Komplementären die unbeschränkbare Kompetenz für das gesellschaftsrechtliche Außenverhältnis zuordnen und damit dem Rechtsverkehr Ungewissheiten über innergesellschaftliche Verhältnisse ersparen wollen.[444]

---

[436] Vgl. zur Geschäftsführung und Vertretung ausführlich § 5 Rn. 76 ff.
[437] *Groß* Kapitalmarktrecht, § 39 BörsG Rn. 15; *Holzborn/Schlößer* BKR 2002, 486, 488 ff. ferner *Heidelbach* in Schwarz/Zimmer § 39 Rn. 35 ff., entsprechend besteht nur ein Anspruch auf fehlerfreie Ermessensentscheidung.
[438] *Steck* AG 1998, 460, 461; *Wirth/Arnold* ZIP 2000, 111, 112.
[439] *Kumpan* in Baumbach/Hopt § 39 BörsG Rn. 6; *Groß* ZHR 165 (2001), 141, 152 f.; *ders.* Kapitalmarktrecht, § 39 BörsG Rn. 15; *Wirth/Arnold* ZIP 2000, 112.
[440] Vgl. *Holzborn/Schlößer* BKR 2002, 486 f.; *Adolff/Tieves* BB 2003, 797, 798.
[441] Siehe beispielsweise § 46 Abs. 1 Ziffer 2 BörsO der Frankfurter Wertpapierbörse (Stand 1. Dezember 2014).
[442] Siehe beispielsweise § 56 Abs. 2 BörsO der Börse Düsseldorf (Stand 18. Dezember 2014).
[443] Für eine solche Zuständigkeit *Hellwig* ZGR 1999, 781, 801 f.; a.A. *Groß* ZHR 165 (2001), 141, 157; *Pluskat* WM 2002, 833, 836.
[444] *Pluskat* WM 2002, 833, 836; *Holzborn/Schlößer* BKR 2002, 486, 491; anders offenbar *Heidel* DB 2003, 548, 549, der die Zulassungsstelle für verpflichtet hält, im Falle eines fehlenden Hauptversammlungsbeschlusses bzw. eines fehlenden Kaufangebotes nach den Grundsätzen der „Macroton"-Entscheidung des BGH NJW 2003, 1032, den Delistingantrag zurückzuweisen.

Ergeht durch die Zulassungsstelle ein Widerruf, ist fraglich, ob den Anlegern **199** gegen diese Entscheidung eine Rechtsschutzmöglichkeit zusteht.[445] Im Mittelpunkt steht nach der „FRoSTA"-Entscheidung des BGH[446] die Frage nach einem **öffentlich-rechtlichen Klagerecht** des einzelnen Anlegers gegen den Widerruf der Zulassung.[447] Mangels Adressatenstellung des einzelnen Kommanditaktionärs[448] kann man ein solches Klagerecht nur dann annehmen, wenn man § 39 Abs. 2 BörsG einen drittschützenden Charakter beimisst. Ein solcher wurde von der früheren Rechtsprechung und Literatur teilweise angenommen, wird seit dem „Delisting"-Urteil des BVerfG[449] und der „FRoSTA"-Entscheidung des BGH aber zunehmend kontrovers diskutiert, weil das BVerfG den Rückzug von der Börse dem Schutzbereich des Art. 14 I GG entzogen hat.[450] Es bleibt abzuwarten, wie die Rechtsprechung künftig reagieren wird.

Angesichts der alles in allem nur knappen gesetzlichen Regelung des Anleger- **200** schutzes in § 39 Abs. 2 BörsG und den Börsenordnungen werden seit langem weitere gesellschaftsrechtliche Voraussetzungen des regulären Delisting diskutiert und vom BGH in der „Macrotron"-Entscheidung letztlich auch aufgestellt. Zwar hat der BGH diese Rechtsprechung mit der „FRoSTA"-Entscheidung wieder aufgeben und damit den Stimmen Auftrieb gegeben, die den börsenrechtlichen Schutz für ausreichend und § 39 Abs. 2 BörsG daher als abschließende Regelung ansehen.[451] Letztendlich ist § 39 Abs. 2 BörsG aber lediglich als kapitalmarktrechtliche Vorschrift aufzufassen, die über den gesellschaftsrechtlichen Anlegerschutz keine Aussage trifft.

2. Gesellschaftsrecht

Einen solchen gesellschaftsrechtlich verorteten Anlegerschutz hatte der BGH **201** in seiner „Macrotron"-Entscheidung von 2003 entwickelt.[452] Nach dem „Delisting"-Urteil des BVerfGs hat der BGH diese Rechtsprechung allerdings in der „FRoSTA"-Entscheidung[453] wieder aufgegeben.

a) Zustimmungspflichten in der KGaA. Bei der Aktiengesellschaft handelte **202** eine der umstrittensten Fragen des Delisting davon, ob[454] und wenn ja, auf welcher dogmatischen Grundlage[455] eine Zustimmungspflicht der Hauptversamm-

---

[445] Hierzu ausführlich *Beck/Hedtmann* BKR 2003, 191.
[446] BGH NJW 2014, 147.
[447] Näher *Brellochs* AG 2014, 633, 640 ff.; *Hüffer/Koch* § 119 Rn. 31.
[448] Vgl. nur *Groß* ZHR 165 (2001), 141, 157.
[449] BVerfGE 132, 99 = NZG 2012, 826.
[450] Dagegen VG Frankfurt a. M. AG 2013, 847; *Brellochs* AG 2014, 633, 640 ff.; dafür *Hüffer/Koch* § 119 Rn. 31.
[451] So als Reaktion auf die Macrotron-Entscheidung *Krämer/Theiß* AG 2003, 225, 241 f.; ferner *Bungert* BB 2000, 53 ff.; *Wirth/Arnold* ZIP 2000, 111, 113 ff.; kritisch auch *Bürgers* NJW 2003, 1642, 1643.
[452] BGHZ 153, 47 = NJW 2003, 1032; Dazu und für einen Überblick über Reaktionen auf „Macrotron" siehe *Klöhn* NZG 2012, 1041, 1043.
[453] BGH NJW 2014, 147 = NZG 2013, 1342.
[454] Gegen das Erfordernis eines HV-Beschlusses *Wirth/Arnold* ZIP 2000, 111, 113 f.; *Bungert* BB 2000, 53, 54 f.
[455] Vgl. zu verschiedenen Ansätzen BGH NJW 2003, 1032, 1034 – Macrotron; *Mülbert* ZHR 165 (2001), 104, 129 ff.; *Groß* ZHR 165 (2001), 141, 161 f.

lung zu dem Delisting als Geschäftsführungsmaßnahme besteht. Diese Frage war vom BGH in der „Macrotron"-Entscheidung im Jahr 2003 zunächst bejaht, in der „FRoSTA"-Entscheidung aus dem Jahr 2014 aber mit dem Hinweis darauf verneint worden, dass es sich bei einem Delisting bei einer AG nicht um eine strukturändernde Maßnahme oder faktische Satzungsänderung handele.[456]

203 Diese Argumentation lässt sich nicht ohne Weiteres auf eine KGaA übertragen. Nach § 278 Abs. 2 AktG sind bei einer gesetzestypischen KGaA für das Rechtsverhältnis der Komplementäre gegenüber Dritten, namentlich Geschäftsführung und Vertretung, die Vorschriften über die Kommanditgesellschaft anzuwenden, §§ 164, 161 Abs. 2, 114 ff. HGB. Die Geschäftsführung umfasst auch **außergewöhnliche Geschäftsführungsmaßnahmen** nach § 116 Abs. 2 HGB, die allerdings der Zustimmung aller Komplementäre und der Gesamtheit der Kommanditaktionäre nach § 164 HGB bedürfen. Ein außergewöhnliches Geschäft liegt vor, wenn es nach Art, Umfang oder Risiko über den gewöhnlichen Betrieb des Handelsgewerbes hinausgeht.[457] Das vollständige Delisting auf Antrag mit dem Wegfall der börsen- und wertpapierrechtlichen Pflichten für die Gesellschaft ist seiner Art nach ein solches außergewöhnliches Geschäft[458] und somit **zustimmungspflichtig**.

204 Die für die Aktiengesellschaft bis zur „FRoSTA"-Entscheidung umstrittene Einordnung der Hauptversammlungszuständigkeit beim Delisting als ungeschriebene „Holzmüller"-Kompetenz[459] aufgrund Eingriffs in die Mitgliedschaftsrechte der Aktionäre[460] oder als Strukturänderung einer börsennotierten in eine nicht börsennotierte Aktiengesellschaft[461] erübrigt sich daher für die KGaA.

205 Das Zustimmungsrecht der Hauptversammlung zu außergewöhnlichen Geschäftsführungsmaßnahmen kann aufgrund der Zulässigkeit abweichender Satzungsgestaltungen bei der KGaA jedoch grundsätzlich abbedungen werden.[462] Im Gegensatz zur Aktiengesellschaft unterliegt das Innenrecht der KGaA nämlich der Gestaltungsfreiheit, §§ 278 Abs. 2 AktG, 161 Abs. 2, 109 HGB.[463] In der Vorauflage war an dieser Stelle vertreten worden, die Gestaltungsfreiheit müsse für den Fall eines Delistings in verfassungskonformer Auslegung eingeschränkt werden.[464] Um das Eigentumsrecht der Kommanditaktionäre aus Art. 14 Abs. 1 GG angemessen zu schützen, sei eine Beteiligung der Hauptversammlung erforderlich. Diese Argumentation ist zu überdenken, nachdem das „Delisting"-Urteil des BVerfGs[465] nunmehr klargestellt hat, dass ein Delisting grundsätzlich nicht den Schutzbereich des Eigentumsgrundrechts des Aktionärs (Artikel 14 Absatz I GG) berühre, da dadurch lediglich wertbildende Faktoren der Aktie, nicht aber das Eigentum selbst betroffen seien. Vor diesem Hintergrund besteht aus verfassungsrechtlicher Sicht

---

[456] BGH NJW 2014, 147 = NZG 2013, 1342.
[457] Siehe § 5 Rn. 85 ff.
[458] Für die Einordnung als Geschäftsführungsmaßnahme in der Aktiengesellschaft, vgl. *Wirth/Arnold* ZIP 2000, 111, 113 m. w. N.
[459] BGHZ 83, 122 – Holzmüller.
[460] LG München I NZG 2000, 274; OLG München DB 2001, 747, 748; *Pluskat* WM 2002, 833, 834 f.
[461] *de Vries* Delisting, S. 92 ff., in diese Richtung auch *Schwark/Geiser* ZHR 161 (1997), 739, 759.
[462] Siehe dazu § 3 Rn. 19.
[463] Siehe zur Gestaltungsfreiheit und deren Schranken grundlegend unter § 3 Rn. 7 ff.
[464] So auch noch die Vorauflage, § 10 Rn. 204.
[465] BVerfGE 132, 99 = NZG 2012, 826.

keine Veranlassung mehr, die Gestaltungsfreiheit in der KGaA bezüglich einer Delisting-Entscheidung einzuschränken.

Letztlich sind die die „FRoSTA"-Entscheidung des BGH tragenden Erwägung auch für die Frage maßgeblich, ob bei einer KGaA das Delisting zwingend der Zustimmung der Kommanditaktionäre bedarf. Wie bei einer AG auch führt der Rückzug von der Börse nicht zu einer Änderung der inneren Struktur der Gesellschaft. Weder wird der Bestand der Mitgliedschaft oder die Mitgliedschaft als relevantes Beteiligungsrecht berührt noch der Vermögenswert der Beteiligung verwässert. Vor dem Hintergrund dieser Überlegungen gilt daher eine Satzungsklausel, nach der das Zustimmungsrecht der Hauptversammlung zu außergewöhnlichen Geschäftsführungsmaßnahmen ausgeschlossen wird, auch für eine Delisting-Entscheidung. Eine Sonderbehandlung gegenüber anderen weitreichenden Geschäftsführungsmaßnahmen ist nicht geboten. **206**

Für die Beschlussfassung durch die Komplementäre ergeben sich keine Besonderheiten. Anteile von Komplementären sind naturgemäß nicht fungibel und können daher nicht an der Börse gehandelt werden; für die Komplementäre spielen die spezifischen Anlegerschutzprobleme des Delisting folglich nach wie vor keine Rolle. Das Stimmrecht einzelner Komplementäre für außergewöhnliche Geschäfte kann mithin in der Satzung auch zum Zwecke des Delisting ausgeschlossen werden, §§ 278 Abs. 2 AktG, 161 Abs. 2, 116 Abs. 2 HGB. **207**

b) Barabfindungspflicht. Eine weitere, allenfalls dürftig begründete, in den Folgen aber weitreichende Rechtsfortbildung im „Macrotron"-Urteil betraf das Erfordernis einer Barabfindungspflicht.[466] Der BGH hielt es zum Schutz der Minderheitsaktionäre für erforderlich, dass ihnen der Wert ihrer Aktien ersetzt werde. Ein Angebot zur Barabfindung der ausscheidungswilligen Gesellschafter konnte nach dem BGH-Urteil sowohl von der Gesellschaft als auch vom Mehrheitsgesellschafter gemacht werden und musste mit dem Beschlussantrag vorgelegt werden; die Höhe der Abfindung richtete sich nach dem Anteilswert.[467] Diese Barabfindungspflicht lehnt der BGH in der „FRoSTA"-Entscheidung nunmehr mangels Anspruchsgrundlage ab. **208**

Teilweise wurde in der Literatur vertreten, ein **Delisting gleiche einem Rechtsformwechsel**, weil z.B. auch bei der Umwandlung in eine nicht börsenfähige Rechtsform nach den §§ 207 bis 213 i.V.m. § 30 UmwG ein Abfindungsanspruch bestünde. Dies sei analog anzuwenden.[468] Dem ist mit dem BGH zu widersprechen. Ein Ausscheiden aus dem Markt löst aber nicht einen Wechsel der Rechtsform aus. Auch führt nicht jeder Rechtsformwechsel zu einem Austrittsrecht, wie gerade der Wechsel von der AG in eine KGaA und umgekehrt zeigt.[469] **209**

Auch ein **Sondervorteil** eines Großaktionärs i.S.v. § 243 Abs. 2 S. 1 AktG liegt nicht vor.[470] Denn einerseits werde ein Delisting nicht zwangsläufig von einem Großaktionär betrieben, andererseits führe die Vorschrift nicht zu einer Abfin- **210**

---

[466] BGH NJW 2003, 1032, 1034 f. – Macrotron.
[467] BGH NJW 2003, 1032, 1034 f. – Macrotron.
[468] *Drygala/Staake* ZIP 2013, 905, 912.
[469] BGH NJW 2014, 147; zustimmend *Mense/Klie* GWR 2013, 505, 506.
[470] So aber vertreten von *Wackerbarth* WM 2012, 2077, 2079.

dungspflicht mit eventuellem Spruchverfahren, sondern zu einer Nichtigerklärung des entsprechenden Hauptversammlungsbeschlusses.[471]

211 Auch eine **Herleitung über § 29 Abs. 1 S. 1 Hs. 1 Fall 2 UmwG**, welcher eine Abfindungspflicht bei der Verschmelzung einer börsennotierten auf eine nicht-börsennotierte Aktiengesellschaft vorsieht, lehnte der BGH zu Recht ab. In allen anderen Fällen des „kalten Delistings" werde keine Abfindung fällig, so dass aus dieser Einzelnorm kein allgemeiner Grundsatz hergeleitet werden kann.[472]

212 Zuletzt kommt eine **Gesamtanalogie** zu verschiedenen Bestimmungen gesellschaftsrechtlicher Strukturmaßnahmen (§§ 305, 320b, 327b AktG, §§ 29, 207 UmwG) nicht in Betracht.[473] Dies lehnte auch der BGH zutreffend mit der Begründung ab, ein Delisting ist gerade keine gesellschaftsrechtliche Strukturmaßnahme und auch nicht mit einer solchen vergleichbar, da sich die Binnenstruktur der Gesellschaft nicht ändert.[474] Zudem weisen die verschiedenen Normen auch untereinander beträchtliche Unterschiede auf, etwa, dass nicht alle einen einheitlichen Schuldner vorsehen.[475] Dass eine Maßnahme weitreichende Konsequenzen hat, ändert daran nichts. Insbesondere ist ein Rückzug aus dem regulierten Markt gerade nicht so einschneidend, wie ein typischer „Holzmüller"-Fall.

213 Die Argumentation der „FRoSTA"-Entscheidung des BGH lässt sich in jedem Punkt auf das Delisting einer KGaA übertragen. Insbesondere stellt ein Delisting auch bei einer KGaA keine gesellschaftsrechtliche Strukturmaßnahme dar, da die Corporate Governance der Gesellschaft nicht geändert wird. Eine Grundlage für ein Austrittsrecht gegen Barabfindung gibt es mithin auch bei einem Delisting einer KGaA nicht.

IV. Delisting infolge Umstrukturierung

214 Beim Delisting infolge Umstrukturierung, dem sog. „kalten" Delisting, ist der Verlust der Börsenzulassung eine Folge von gesellschaftsrechtlichen Umstrukturierungsmaßnahmen. Die Zulassungsstelle hat keinen Ermessensspielraum und muss zwingend dekotieren,[476] weil der Zulassungsverwaltungsakt aufgrund Erledigung nicht mehr wirksam ist.[477] Der naheliegende Einwand, es handele sich bei einem solchen Vorgehen um eine unzulässige Umgehung der börsenrechtlichen Regelung, vermag wegen des hohen umwandlungsrechtlichen Schutzniveaus nicht durchzugreifen.[478]

---

[471] BGH NJW 2014, 147.
[472] Zustimmend *Wieneke* NZG 2014, 22, 23; a. A. *Klöhn* NZG 2012, 1041, 1045.
[473] Für eine Zusammenfassung und weitere Vertreter dieser Meinung siehe *Stöber* BB 2014, 9, 15; kritisch schon vor der „FROSTA"-Entscheidung *Drygala/Staake* ZIP 2013, 905, 907.
[474] Zustimmend *Wieneke* NZG 2014, 22, 23.
[475] So auch *Drygala/Staake* ZIP 2013, 905, 907.
[476] *Steck* AG 1998, 460, 462.
[477] *Groß* Kapitalmarktrecht § 39 BörsG Rn. 12; *Groß* ZHR 165 (2001), 141, 149; *Streit* ZIP 2002, 1279, 1281.
[478] Für die Verschmelzung *Groß* Kapitalmarktrecht, § 39 BörsG Rn. 12a; *Heidelbach* in Schwark/Zimmer § 39 BörsG Rn. 42; *Lenenbach* Kapitalmarktrecht Rn. 10.371; *Steck* AG 1998, 460, 463 ff.; *Land/Hasselbach* DB 2000, 557, 559.

Die **Verschmelzung** der börsennotierten KGaA auf eine nicht börsennotierte 215
Gesellschaft mit der Folge eines Delisting[479] setzt die Zustimmung von drei Vierteln des in der Hauptversammlung der KGaA vertretenen Grundkapitals sowie der persönlich haftenden Gesellschafter voraus, §§ 78 S. 1 i. V. m. 65 Abs. 1, 78 S. 3 UmwG.[480] Bei der Frage nach der Angemessenheit des Umtauschverhältnisses der Anteile nach §§ 5 Abs. 1 Nr. 3, 12 Abs. 2 Nr. 3 UmwG wird z. T. die Einbeziehung der aus dem Delisting folgenden eingeschränkten Fungibilität befürwortet.[481] Diese Ansicht findet – unabhängig von den erheblichen praktischen Schwierigkeiten, einen solchen Fungibilitätsfaktor verlässlich zu bestimmen[482] – jedoch keine Stütze im Gesetz.[483]

Widersprechen Kommanditaktionäre einer Verschmelzung, so steht ihnen bei 216
einer Mischverschmelzung[484] ein Austrittsrecht gegen Gewährung eines Barabfindungsanspruch aus § 29 Abs. 1 S. 1 UmwG gegen den übernehmenden Rechtsträger zu. Ist dieser eine Aktiengesellschaft oder KGaA, besteht dieser Anspruch aber wegen § 78 S. 4 UmwG, wonach Aktiengesellschaften und KGaAs untereinander nicht als Rechtsträger anderer Rechtsform gelten, nicht. Der Fall des kalten Delisting durch Verschmelzung einer börsennotierten AG auf eine nicht börsennotierte AG ist nunmehr ausdrücklich in § 29 Abs. 1 Satz 1 Fall 2 UmwG geregelt und einer Mischverschmelzung gleichgestellt. Den Aktionären steht also auch in diesem Fall ein Austrittsrecht gegen Gewährung eines Barabfindungsanspruch zu.[485] Das nach dem Gesetz maßgebliche Kriterium ist dabei die Börsennotierung.[486] Daher besteht das Austrittsrecht aufgrund der gleichen Interessenlage in entsprechender Anwendung der Norm auch bei einer Verschmelzung einer börsennotierten KGaA auf eine nicht börsennotierte KGaA, bei einer Verschmelzung einer börsennotierten AG auf eine nicht börsennotierten KGaA sowie einer börsennotierten KGaA auf eine nicht börsennotierten AG; die Wertung des § 78 S. 4 UmwG tritt in den beiden letzten Fällen zurück. Umgekehrt greift § 78 S. 4 UmwG aber bei einer Verschmelzung einer börsennotierten AG auf eine börsennotierte KGaA bzw. einer nicht börsennotierten AG auf eine nicht börsennotierte KGaA oder umgekehrt.

Für die persönlich haftenden Gesellschafter ergeben sich im Rahmen der Verschmelzung aufgrund des Delisting keine Besonderheiten, da ihre Anteile mangels Fungibilität nicht an der Börse gehandelt werden können. 217

Beim **Formwechsel** in eine nicht börsenfähige Rechtsform (etwa in eine 218
GmbH) tritt der Verlust der Börsennotierung aufgrund Erledigung ein, § 43

---

[479] Hier wird auch von „Going Private Merger" gesprochen, *Lenenbach* Kapitalmarktrecht Rn. 10.371.
[480] Zu den Voraussetzungen der Verschmelzung ausführlich § 11 Rn. 14 ff.
[481] *Steck* AG 1998, 460, 463 ff.
[482] *de Vries* Delisting S. 129.
[483] *Land/Hasselbach* DB 2000, 557, 559; im Ergebnis ebenfalls ablehnend *de Vries* Delisting S. 129 ff.
[484] Dieser Begriff wird vor allem dann verwendet, wenn die Zielrechtsform der Verschmelzung von der Ausgangsrechtsform abweicht, vgl. § 11 Rn. 30 ff.
[485] Siehe zu Einzelheiten *Grunewald* in Lutter UmwG § 29 Rn. 3 f.; *Marsch-Barner* in Kallmeyer UmwG § 29 Rn. 4a ff.; *Simon* in Kölner Komm UmwG § 29 Rn. 25 ff.
[486] Siehe zu der Frage, welches Börsensegment gemeint sein könnte etwa *Marsch-Barner* in Kallmeyer UmwG § 29 Rn. 4a ff.

Abs. 2 VwVfG.[487] Für die Voraussetzungen des Formwechsels einer KGaA in eine nicht börsenfähige Personenhandelsgesellschaft oder Partnerschaftsgesellschaft gelten die §§ 228 ff. UmwG. Gemäß § 207 Abs. 1 UmwG hat der formwechselnde Rechtsträger widersprechenden Gesellschaftern, nicht aber den Komplementären, § 227 UmwG, ein Barabfindungsangebot zu unterbreiten. Der Formwechsel in eine Kapitalgesellschaft richtet sich im Übrigen nach §§ 238 ff. UmwG. Auch hier ist gemäß § 207 UmwG eine Barabfindung zu zahlen, was nur für den Fall, dass ein Formwechsel in eine Aktiengesellschaft stattfindet, gemäß § 250 UmwG *nicht* gilt. Nach richtiger Ansicht bleibt bei einem Formwechsel einer Aktiengesellschaft in eine KGaA und umgekehrt die Börsennotierung erhalten. Die entgegenstehende Verwaltungspraxis einzelner Zulassungsstelle verkennt die gesellschaftsrechtliche Qualifizierung des Vorgangs.[488] Die Zulassung bezieht sich gemäß § 32 Abs. 1 BörsG auf die Wertpapiere. Da der Formwechsel an der Identität des Emittenten nichts ändern – dieser wechselt nur sein Rechtskleid – ändert sich auch an der Mitgliedschaft nichts. Wie bei einer Firmenänderungen werden die Aktienurkunden einfach berichtigt und bei Clearmstream ausgetauscht.[489] Für eine Neuzulassung besteht daher kein Anlass. Dies führt auch mit Blick auf das Delisting zu angemessenen Ergebnissen, da es ein „kaltes Delisting" durch Umwandlungsvorgänge zwischen Aktiengesellschaften und KGaAs unmöglich macht. Wollte man anders verfahren müsste man, um sämtliche Umwandlungsvorgänge im Hinblick auf § 29 Abs. 1 Satz 1 Fall 2 UmwG gleich zu behandeln und auch hier zu einem Barabfindungsangebot zu kommen § 250 UmwG restriktiv dahingehend ausgelegt werden, dass auch bei Formwechsel von einer Aktiengesellschaft in KGaA und umgekehrt eine Barabfindung nach § 207 UmwG zu gewähren ist, wenn den Anteilsinhabern die Börsennotierung ihrer Anteile verlorengeht.

219 Schließlich führt auch die **auflösende Übertragung** zu einem Delisting.[490] Die börsennotierte KGaA schließt dazu mit der Zielgesellschaft einen Kaufvertrag, der Grundlage für die Einzelübertragung der Vermögensgegenstände ist (*Asset Deal*). Der Abschluss dieses Kaufvertrages erfordert die Zustimmung der Hauptversammlung gemäß §§ 278 Abs. 3, 179a Abs. 1 AktG, wobei gemäß § 179 Abs. 2 S. 1 AktG – im Gegensatz zum Squeeze Out – bereits eine Dreiviertelmehrheit ausreicht. Anschließend ist ein Auflösungsbeschluss beider Gesellschaftergruppen nach § 289 Abs. 1 AktG i. V. m. §§ 161 Abs. 2, 131 Abs. 1 Nr. 2 HGB erforderlich; die Zustimmung der Komplementäre richtet sich nach § 119 HGB, die der Kommanditaktionäre nach § 289 Abs. 4 AktG. Mit Erlöschen der Gesellschaft endet auch die Börsenzulassung (§ 43 Abs. 2 VwVfG).[491] Die ausscheidenden Minderheitskommanditaktionäre werden im Rahmen der Auflösung und nachfolgenden Liquidation mit dem Verkaufserlös aus dem *Asset Deal* abgefunden, so dass ein weitergehender Anlegerschutz aufgrund des „kalten Delisting" nicht angezeigt ist.[492]

---

[487] *Groß* Kapitalmarktrecht § 39 BörsG Rn. 12; *Kleppe* Anlegerschutz S. 60; *de Vries* Delisting S. 134; *Groß* ZHR 165 (2001), 141, 149.
[488] So die Zulassungsstelle der Frankfurter Wertpapierbörse, die von einem Verlust der Zulassung bei einem Formwechsel einer AG in eine KGaA und umgekehrt ausgeht; anders die Zulassungsstelle der Börse Stuttgart, die eine Neuzulassung nicht für erforderlich hält.
[489] Siehe etwa *Wieneke* in Bürgers/Körber AktG § 73 Rn. 1 a. E.
[490] *de Vries* Delisting S. 138 ff.
[491] *Groß* ZHR 165 (2001), 141, 150 f.
[492] *de Vries* Delisting S. 140.

Auch das **Squeeze-Out** nach §§ 327a ff. AktG[493] führt zu einem automatischen Delisting. Nach Abschluss des Verfahrens liegen alle Kommanditaktien in den Händen des Mehrheitsaktionärs, so dass ein Handel über die Börse de facto nicht mehr stattfindet; für die Zulassung besteht also kein Bedürfnis mehr.[494] Ob man das Zusammenfallen aller Kommanditaktien in einer Hand als Erledigung der Börsenzulassung i.S.d. § 43 Abs. 2 VwVfG oder als Grund für die Einstellung durch die Zulassungsstelle nach § 39 Abs. 1 BörsG sehen will bzw. ob es noch eines ausdrücklichen Antrags durch die Komplementäre bei der Börsenzulassungsstelle nach § 39 Abs. 2 BörsG bedarf,[495] sind rein akademische Fragen. In der Praxis wird dies im Vorfeld mit der zuständigen Börsenzulassungsstelle abgestimmt, damit das Delisting am Tage des Wirksamwerdens des Squeeze-Out (gemäß § 327e Abs. 3 AktG mit Eintragung im Handelsregister) umgesetzt werden kann.

220

---

[493] Siehe hierzu § 12 Rn. 39.
[494] *Angerer* BKR 2002, 260, 261.
[495] So offenbar *Vossius* ZIP 2002, 511, 514.

§ 11 Umstrukturierung und Umwandlung

Übersicht

	Rn.
A. Einleitung	1
I. Begriffsdefinition	1
II. Verhältnis des Umwandlungsgesetzes zu anderen Gesetzen	8
1. Umwandlungssteuergesetz	8
2. Rechtsformspezifische Gesetze	9
3. Wertpapiererwerbs- und Übernahmegesetz	10
4. Wertpapierhandelsgesetz und andere Gesetze	11
B. Verschmelzung	12
I. Wesen der Verschmelzung	12
II. Anwendbare Rechtsnormen	13
III. Beteiligte Rechtsträger	14
1. KGaA als übertragender oder übernehmender Rechtsträger	14
2. Verschmelzungsmöglichkeiten unter Beteiligung einer KGaA	20
3. KGaA als neuer Rechtsträger	24
a) Gründer und Erstaktionäre	25
b) Beitritt Dritter	26
IV. Arten der Verschmelzung	27
1. Verschmelzung zur Aufnahme und zur Neugründung	27
2. Mischverschmelzungen	30
3. Grenzüberschreitende Verschmelzungen	33
4. Verschmelzung unter Beteiligung börsennotierter Rechtsträger	34
V. Ablauf der Verschmelzung	37
1. Vorbereitungsphase	38
a) Gestaltungsüberlegungen	39
b) Fristen	50
c) Ermittlung Umtauschverhältnis	54
d) Entwurf Verschmelzungsvertrag	55
e) Verschmelzungsbericht	74
f) Verschmelzungsprüfung	75
g) Vorbereitung Versammlungen	76
2. Beschlussphase	82
a) Zustimmungsbeschluss der Kommanditaktionäre	83
b) Zustimmung der persönlich haftenden Gesellschafter	95
3. Umsetzungsphase	96
a) Anmeldung zum Handelsregister	96
b) Eintragung im Handelsregister	102
c) Wirkungen der Eintragung	107
d) Mängel der Verschmelzung	118
e) Wertpapiertechnische Abwicklung	122
VI. Grenzüberschreitende Verschmelzung	123
1. Grenzüberschreitende Verschmelzungen nach §§ 122a ff. UmwG	123
2. Grenzüberschreitende Verschmelzungen außerhalb §§ 122a ff. UmwG	125
C. Spaltung	126
I. Anwendbare Rechtsnormen	126
II. Arten der Spaltung	128
III. Spaltungsfähigkeit	130
IV. Vorbereitungsphase	133
1. Allgemeines	133
2. Spaltungs- und Übernahmevertrag	137
a) Mindestinhalt	138

	Rn.
b) Anteilsgewährung, nicht-verhältniswahrende Spaltung	139
c) Umtauschverhältnis, Treuhänder	144
d) Bezeichnung der Vermögensgegenstände	146
e) Sonstige Regelungen	147
3. Spaltungsplan	148
4. Spaltungsbericht	153
5. Spaltungsprüfung	155
6. Vereinfachte Kapitalherabsetzung	156
7. Gläubigerschutz	158
8. Arbeitsrechtliche Besonderheiten	161
V. Beschlussphase	163
VI. Umsetzungsphase	165
1. Anmeldung	165
2. Anlagen zur Anmeldung	168
VII. Spaltung und Börsennotierung	169
D. Vermögensübertragung	170
E. Formwechsel	171
I. Begriff des Formwechsels	171
II. Einbezogene Rechtsträger	173
III. Anwendbare Rechtsnormen	174
1. Formwechsel in die Rechtsform der KGaA	174
2. Formwechsel aus der Rechtsform der KGaA	176
IV. Phasen des Formwechsels	181
1. Vorbereitungsphase	182
a) Anwendbare Gründungsvorschriften	182
b) Umwandlungsbericht	185
c) Umwandlungsbeschluss	187
d) Gründungsbericht, Gründungsprüfung	194
e) Barabfindungsangebot	197
2. Verfahrensablauf	207
a) Formwechsel in die Rechtsform einer KGaA	207
b) Formwechsel aus der Rechtsform der KGaA	217
3. Auswirkung des Formwechsels auf die persönlich haftenden Gesellschafter	219
a) Formwechsel in eine KGaA	219
b) Formwechsel aus der KGaA	223
4. Kapitalschutz	225
5. Nachgründung	227
6. Haftungsrisiken für die Kommanditaktionäre beim Formwechsel aus der KGaA	228
7. Besonderheiten beim Formwechsel einer eingetragenen Genossenschaft	231
8. Formwechsel von Körperschaften und Anstalten des öffentlichen Rechts	234
9. Beschlussphase	239
a) Formwechselbeschluss	239
b) Beschlussmehrheiten	241
c) Besondere Zustimmungspflichten	242
d) Beschlussmängel	245
10. Umsetzungsphase	248
a) Handelsregisteranmeldung	248
b) Eintragung des Formwechsels	251
c) Nachhaftung	254
d) Abwicklung des Formwechsels	259
F. Umwandlungen außerhalb des Umwandlungsgesetzes	262
I. Zulässigkeit	262
II. Der Verschmelzung gleichkommende Vorgänge	263

	Rn.
1. Anwachsungsmodelle	263
2. Holdingmodelle	264
3. Eingliederung und Squeeze-Out	265
III. Der Spaltung gleichkommende Vorgänge	267
1. Übertragung des gesamten Geschäftsvermögens der KGaA oder wesentlicher Teile	267
2. Übertragende Auflösung der KGaA gemäß § 179a Abs. 3 AktG	269
G. Spruchverfahren	270
I. Vorbemerkung und Verfahrenszweck	270
II. Gesetzliche Grundlagen	274
III. Anwendungsbereich	275
1. Ausdrücklich aufgeführter Anwendungsbereich	275
2. Weitergehender Anwendungsbereich	276
IV. Verfahrensgegenstand	277
1. Grundsatz der vollen Entschädigung	278
2. Methoden zur Bestimmung der vollen Entschädigung	280
a) Ertragswertmethode	281
b) Börsenkurs	285
c) Liquidationswert	286
V. Die Verfahrensbeteiligten	288
1. Das zuständige Gericht	288
2. Die Antragssteller	290
a) Zeitpunkt der Antragsstellung	291
b) Person des Antragsberechtigten	292
c) Nachweis der Antragsberechtigung	293
3. Der Antragsgegner	294
4. Der gemeinsame Vertreter	295
VI. Der Verfahrensablauf	298
1. Das erstinstanzliche Verfahren	299
2. Rechtsmittel	303
VII. Verfahrensgrundsätze	308
1. Amtsermittlungsgrundsatz	308
2. Dispostionsgrundsatz, Beibringungsgrundsatz und Verfahrensförderungspflicht	309
H. Die umwandlungssteuerrechtliche Behandlung der KGaA	310
I. Überblick	310
II. Sacheinlage	320
1. Sacheinlage in das Kommanditaktienkapital	320
a) Grundsätzliches	320
b) Anwendung des § 20 UmwStG	322
c) Anteilstausch (§ 21 UmwStG)	341
d) Sacheinlage außerhalb der Regelungen des UmwStG	350
2. Sacheinlage in das Komplementärkapital	354
a) Grundsätzliches	354
b) Anwendung des § 24 UmwStG	356
III. Verschmelzung einer Kapitalgesellschaft auf eine KGaA	361
1. Anwendung der §§ 11–13 UmwStG	363
a) Grundsätzliches	363
b) Wertansätze in der steuerlichen Schlussbilanz der übertragenden Kapitalgesellschaft (§ 11 UmwStG)	364
c) Ebene der übernehmenden KGaA	376
d) Ebene der Gesellschafter der übertragenden Kapitalgesellschaft	381
2. Anwendung der §§ 3 ff.	390
a) Ebene der übertragenden Kapitalgesellschaft	392
b) Ebene der Gesellschafter	394
IV. Verschmelzung einer KGaA auf eine Kapitalgesellschaft	401
V. Formwechsel einer Kapitalgesellschaft in eine KGaA und umgekehrt	403

Sparfeld/Schütz/Göz/Werner

	Rn.
VI. Spaltung einer KGaA	404
1. Grundsätzliches	404
2. Ab- bzw. Aufspaltung einer KGaA	406
a) Grundsätzliches	406
b) Anwendung der §§ 11–13 sowie des § 15 UmwStG	408
VII. Umwandlung einer KGaA in eine Personengesellschaft	420
VIII. Verschmelzung einer Personengesellschaft auf eine KGaA	422
IX. Grunderwerbsteuerliche Aspekte	424

Literatur: *Arnold/Rothenburg:* BGH Entscheidung zum Delisting: Alle Fragen geklärt?, DStR 2014, 150; *Austmann:* Der verschmelzungsrechtliche Squeeze-Out nach dem 3. UmwÄndG 2011, NZG 2011, 684; *Baums/Thoma:* Kommentar zum Wertpapiererwerbs- und Übernahmegesetz, (Loseblatt) Stand: Juli 2012; *Bayer:* 1000 Tage neues Umwandlungsrecht – eine Zwischenbilanz, ZIP 1997, 1613; *Blasche:* Umwandlungsmöglichkeiten bei Auflösung, Überschuldung oder Insolvenz; *Brellochs:* Der Rückzug von der Börse nach „Frosta", NZG 2014, 633; *Bungert/de Raet:* Grenzüberschreitender Formwechsel in der EU, DB 2014, 761 ff.; *Bungert/Wettich:* Der neue verschmelzungsrechtliche Squeeze-out nach § 62 Abs. 5 UmwG n. F., DB 2011, 1500; *Büschel:* Voreilige Eintragung von Verschmelzung oder Formwechsel und die Folgen, ZIP 2006, 2289; *Engel/Puszkajler:* Bewährung des Spruchgesetzes in der Praxis?, BB 2012, 1687; *Fleischer:* Unternehmensbewertung bei aktienrechtlichen Abfindungsansprüchen: Bestandsaufnahme und Reformperspektiven im Lichte der Rechtsvergleichung, AG 2014, 97; *Flick Gocke Schaumburg/BDI:* UmwSt-Erlass 2011; *Geyrhalter/Weber:* Transnationale Verschmelzungen – im Spannungsfeld zwischen SEVIC Systems und der Verschmelzungsrichtlinie, DStR 2006, 146; *Grabbe/Fett:* Pflichtangebot im Zuge von Verschmelzungen? – Zugleich ein Beitrag zur Schnittstelle von Kapitalmarkt- und Gesellschaftsrecht, NZG 2003, 755; *Haritz:* Neuer Umwandlungssteuererlass in Vorbereitung, GmbHR 2009, 1194; *Harrer/Carbonare/Fritsche:* Börsennotierung nach Abspaltung als Handlungsalternative zum klassischen Börsengang, BKR 2013, 309; *Heckschen:* Die Novelle des Umwandlungsgesetzes – Erleichterungen für Verschmelzungen und Squeeze-out, NJW 2011, 2390; *Heinemann:* Die Unternehmergesellschaft als Zielgesellschaft von Formwechsel, Verschmelzung und Spaltung nach dem Umwandlungsgesetz, NZG 2008, 820; *Hofmeister:* Der verschmelzungsrechtliche Squeeze-out: Wichtige Aspekte und Besonderheiten der Verschmelzung, NZG 2012, 688; *Ising:* Wegfall des Umwandlungsbeschlusses im Konzern – Probleme in der Praxis, NZG 2011, 1368; *Jaensch:* Der grenzüberschreitende Formwechsel vor dem Hintergrund der Rechtsprechung des EuGH, EWS 2007, 97 ff.; *ders.:* Kommentar zu den Schlussanträgen in der Rechtssache VALE, EWS 2012, 184 ff.; *ders.:* Der grenzüberschreitende Formwechsel: Das EuGH-Urteil VALE, EWS 2012, 353 ff.; *Kallmeyer:* Das neue Umwandlungsgesetz, ZIP 2014, 1746 ff.; *Kort:* Bedeutung und Reichweite des Bestandsschutzes von Umwandlungen, AG 2010, 230; *Krause/Brellochs:* Insiderrecht und Ad-hoc-Publizität bei M&A- und Kapitalmarkttransaktionen im europäischen Rechtsvergleich, AG 2013, 309 ff. (Sonderdruck); *Krause/Kulpa:* Grenzüberschreitende Verschmelzungen – vor dem Hintergrund der „Sevic"-Entscheidung und der Reform des deutschen Umwandlungsrechts, ZHR 2007, 38; *Kuntz:* Internationales Umwandlungsrecht – zugleich eine Besprechung des Urteils „Sevic Systems", IStR 2006, 224; *Leitzen:* Die Änderungen des Umwandlungsgesetzes durch das Dritte Gesetz zur Änderung des Umwandlungsrechts, DNotZ 2011, 526; *Marx:* Beratungsleistungen des Abschlussprüfers erneut auf dem Prüfstand, DB 2003, 431; *Mayer:* Praxisfragen des verschmelzungsrechtlichen Squeeze-out-Verfahrens, NZG 2012, 561; *Mayer/Weiler:* Neuregelungen durch das Zweite Gesetz zur Änderung des Umwandlungsgesetzes (Teil II) DB 2007, 1291 ff.; *Melchior:* Die Beteiligung von Betriebsräten an Umwandlungsvorgängen aus Sicht des Handelsregisters, GmbHR 1996, 833; *Müller:* Auswirkungen von Umstrukturierungen nach dem Umwandlungsgesetz auf Beherrschungs- und Gewinnabführungsverträge, BB 2002, 157; *Neumann:* VGA und verdeckte Einlagen, 2. Aufl. 2005; *Neye/Kraft:* Neuigkeiten beim Umwandlungsrecht, NZG 2011, 681; *Priester:* Kurzkommentar zu BGH Urt. v. 25.1.2008 – V ZR 79/07, EWiR 2008, 223 f.; *Pluskat:* „Das kalte Delisting", BKR 2007, 54 ff.; *Rubner/Fischer:* Möglichkeiten einer nicht-verhältniswahrenden Spaltung von Kapitalgesellschaften im Lichte des § 128 UmwG, NZG 2014, 761; *Sagasser/Bula/Brünger (Hrsg.):* Umwandlungen: Verschmelzung – Spaltung – Formwechsel – Vermögensübertragung, 4. Aufl., München 2011; *Schorling*: Zur Bezeichnung von Grundstücken und Grundstücksteilflächen im Spaltungs- und Übernahmevertrag, AG 2008, 653 ff.; *Schönhaus/Müller*: Grenzüberschreitender Formwechsel aus gesellschafts- und steuerrechtlicher Sicht, IStR 2013, 174 ff.; *Schrick*: Überlegungen zur Gründung einer kapitalistischen KGaA aus dem Blickwinkel der Unternehmerfamilie, NZG 2000, 409 ff.; *Schröder/Wirsch*: Formwechsel und anschließender Squeeze-out, ZGR 2012, 660; *Schütz/Fett*: Variable oder starre Stichtagsregelungen in Verschmelzungsverträgen?, DB 2002, 2696; *Schwedhelm*: Die Unternehmensumwandlung, 7. Aufl. 2012; *Schwichtenberg/Krenek*: BB-Rechtsprechungsreport zum Aktienrecht im OLG-Bezirk München, BB 2012, 2127; *Sparfeld*: Verschmelzung in: Strahl, Ertragsteuern (Loseblatt, Stand: Juni 2012); *Wachter*: Umwandlung: Eintragungsfähigkeit einer GmbH deutschen Rechts nach grenzüberschreitender Sitzverlegung einer SARL luxemburgischen Rechts, GmbHR 2014, 96 ff.; *F. Weiler*: Das rechtliche Schicksal des GmbH-Aufsichtsrats nach Wegfall der Aufsichtsratspflicht, NZG 2004, 988; *S. Weiler*: Grenzen des Verzichts auf die Anteilsgewährung im Umwandlungsrecht – Kritische Betrachtung der §§ 54 I 3, 68 I 3 UmwG n.F. und mögliche Mechanismen zum Schutz von Minderheitsgesellschaftern, NZG 2008, 527; *Wicke*: Zulässigkeit des grenzüberschreitenden Formwechsels Rechtssache „Vale" des Europäischen Gerichtshofs zur Niederlassungsfreiheit, DStR 2012, 1756; *Widder*: Mitteilungspflichten gemäß §§ 21 ff. WpHG und Anteilserwerb nach UmwG, NZG 2010, 455; *Wieneke*: Aktien- und kapitalmarktrechtlicher Schutz beim Delisting nach dem FRoSTA-Beschluss des BGH, NZG 2014, 22; *Wissenschaftlicher Beirat Steuern der Ernst & Young GmbH*: Rechtsunsicherheit bei der Besteuerung der KGaA und ihrer persönlich haftenden Gesellschafter – Zur Notwendigkeit steuergesetzlicher Änderungen –, DB 2014, 147.

A. Einleitung

I. Begriffsdefinition

Die Begriffe Umstrukturierung und Umwandlung sind gesetzlich nicht definiert. Das Umwandlungsgesetz (**UmwG**) enthält lediglich einen Katalog der möglichen Umwandlungsarten, für die das UmwG gilt.[1] Im Folgenden werden unter dem Begriff **Umwandlung** alle Umstrukturierungsvorgänge zusammengefasst, die in § 1 UmwG genannt sind (Verschmelzung, Spaltung, Vermögensübertragung, Formwechsel). Der Begriff **Umstrukturierung** umfasst als Oberbegriff weitergehend auch Maßnahmen zur gesellschaftsrechtlichen Reorganisation und Umgestaltung von Rechtsträgern außerhalb des Anwendungsbereiches des UmwG, also insbesondere Vorgänge der Eingliederung (§§ 319 ff. AktG), der Übertragung des ganzen Gesellschaftsvermögens (§ 179a AktG), der Anwachsung, der Einbringung, der Realteilung. 1

Alle Umwandlungsarten nach dem UmwG zeichnen sich dadurch aus, dass keine Vermögensübertragung mit Einzelrechtsnachfolge nach den allgemeinen Vorschriften erfolgt;[2] vielmehr erfolgen sie im Wege der Gesamt- bzw. Sonderrechtsnachfolge (ausgenommen der Formwechsel, der von einer Identität der Rechtsträger ausgeht – § 202 Abs. 1 Nr. 1 UmwG –, so dass kein Vermögensübergang stattfindet). Demgegenüber können Umstrukturierungen sowohl als Einzelrechtsnachfolge als auch als Gesamt- oder Sonderrechtsnachfolge ausgestaltet sein. 2

---

[1] *Semler* in Semler/Stengel UmwG § 1 Rn. 9; *Stratz* in Schmitt/Hörtnagl/Stratz UmwG § 1 Rn. 1.
[2] *Semler* in Semler/Stengel UmwG § 1 Rn. 11.

3   Der Vorteil von Umstrukturierungsmaßnahmen im Wege der **Gesamtrechtsnachfolge** (vgl. §§ 20 Abs. 1 Nr. 1, 131 Abs. 1 Nr. 1 UmwG) liegt vor allem darin, dass eine Einzelübertragung der einzelnen Vermögensgegenstände des übertragenden Rechtsträgers entfällt. Gläubiger bzw. Vertragspartner müssen deshalb regelmäßig der Umstrukturierung nicht zustimmen. Zum **Schutz der Gläubiger und Vertragspartner** hat der Gesetzgeber für Umwandlungsvorgänge jedoch einen Anspruch auf Sicherheitsleistung für ihre bestehenden Forderungen statuiert (§§ 22 Abs. 1, 125 i. V. m. 22 Abs. 1, 176 i. V. m. 22 Abs. 1, 177 i. V. m. 22 Abs. 1 UmwG) sowie in Fällen der Spaltung und der Teilvermögensübertragung zusätzlich eine gesamtschuldnerische Haftung der an der Umwandlung beteiligten Rechtsträger angeordnet (§§ 133 Abs. 2, 177 Abs. 1 UmwG).

4   Dieser Sicherheitsleistungsanspruch und die gesamtschuldnerische Haftung können ein erhebliches Problem bei Umwandlungen im Rahmen von Sanierungsmaßnahmen darstellen, da in diesen Fällen der übertragende Rechtsträger typischerweise mit Risiken behaftet ist, für die der übernehmende Rechtsträger gerade nicht haften soll. Auch das Erfordernis der Sicherheitsleistung für bestehende Verbindlichkeiten kann die Beteiligten vor eine finanziell nicht zu überwindende Hürde stellen.

5   In Sanierungsfällen sind daher Umstrukturierungen im Wege der Einzelrechtsnachfolge zur Vermeidung der gesamtschuldnerischen Haftung und des Sicherheitsleistungsanspruches von besonderem Interesse. Die Praktikabilität einer **Einzelrechtsnachfolge** ist naturgemäß von der konkreten Anzahl und Struktur der Gläubiger- und Vertragspartner im Einzelfall abhängig.

6   Rechtsträger in der Rechtsform einer **KGaA** können sowohl an Umwandlungen (Verschmelzung, Spaltung, Vermögensübertragung, Formwechsel) als auch an Umstrukturierungen beteiligt sein.

7   Durch das Dritte Gesetz zur Änderung des Umwandlungsgesetzes vom 11.7.2011 (BGBl I. 1338) wurden insbesondere für Rechtsträger in der Rechtsform der AG, der KGaA und der SE wesentliche Erleichterungen geschaffen.[3] Das UmwG enthält z. T. spezielle Regelungen für Fälle, in denen eine KGaA beteiligter Rechtsträger einer Umwandlung ist (z. B. §§ 227, 236, 237 UmwG).

II. Verhältnis des Umwandlungsgesetzes zu anderen Gesetzen

1. Umwandlungssteuergesetz

8   Mit der Systematik des Umwandlungsgesetzes nicht deckungsgleich ist die Systematik des Umwandlungssteuergesetzes. Während das UmwG systematisch auf den gesellschaftsrechtlichen Umwandlungsvorgang abstellt (Verschmelzung, Spaltung, Vermögensübertragung, Formwechsel), knüpft das Umwandlungssteuergesetz (**UmwStG**) an die **steuerlichen Auswirkungen bei den beteiligten Rechtsträgern** an. Auch der **Regelungsbereich** beider Gesetze ist nicht deckungsgleich. Es gibt Fallgruppen, die sowohl im UmwG als auch im UmwStG geregelt sind (Gruppe 1), Fallgruppen, die nur im UmwG, nicht hingegen im UmwStG geregelt sind (Gruppe 2), Fallgruppen, die nicht im UmwG, jedoch im

---

[3] Vgl. *Heckschen* NJW 2011, 2390 ff.

A. Einleitung

UmwStG geregelt sind (Gruppe 3) und Fallgruppen, die weder im UmwG noch im UmwStG geregelt sind.[4]

Zur Gruppe 1 (Regelung sowohl im UmwG als auch im UmwStG) gehören beispielsweise folgende Fälle:
- Verschmelzung einer Kapitalgesellschaft auf eine Personengesellschaft oder eine Kapitalgesellschaft
- Spaltung einer Kapitalgesellschaft auf eine Kapitalgesellschaft oder eine Personengesellschaft.[5]

Zur Gruppe 2 (Regelung nur im UmwG) gehören folgende Fälle[6]:
- Spaltung einer Personenhandelsgesellschaft auf eine Personenhandelsgesellschaft; dieser Fall ist im UmwStG nicht geregelt, sondern in § 16 Abs. 3 Sätze 2 bis 5 EStG.
- Abspaltung oder Ausgliederung einzelner Wirtschaftsgüter von einer Personenhandelsgesellschaft auf eine Personenhandelsgesellschaft; dieser Vorgang kann u. U. nach § 6 Abs. 5 Satz 3 EStG erfolgsneutral gestaltet werden.
- Formwechselnde Umwandlung einer Körperschaft in eine andere Körperschaft; dieser Vorgang erfolgt erfolgsneutral.

Zur Gruppe 3 (Regelung nur im UmwStG) gehören folgende Fälle:[7]
- Einbringung eines Betriebes in eine Kapitalgesellschaft oder in eine Personengesellschaft; diese erfolgt durch Einzelübertragung der Wirtschaftsgüter.

Zur Gruppe 4 (Regelung weder im UmwG noch im UmwStG) zählen insbesondere folgende Umstrukturierungsmaßnahmen:[8]
- Realteilung (diese ist geregelt in § 16 Abs. 3 S. 2 EStG)
- Einbringung einzelner Wirtschaftsgüter in eine Personenhandelsgesellschaft (diese ist geregelt in § 6 Abs. 5 S. 3 EStG)
- Anwachsung
- Formwechsel einer Personengesellschaft in eine Personengesellschaft anderer Rechtsform.

2. Rechtsformspezifische Gesetze

Das UmwG enthält eine Vielzahl von Verweisen auf die speziellen gesellschaftsrechtlichen Vorschriften für die beteiligten Rechtsträger, insbesondere im Bereich des Gründungsrechtes.[9] Die rechtsformspezifischen Gründungsvorschriften sind anzuwenden, sofern nicht das UmwG abweichende Vorgaben enthält.[10] Das UmwG ist daher *lex specialis* im Verhältnis zu den rechtsformspezifischen Gründungsvorschriften.[11]

9

---

[4] *Widmann* in Widmann/Mayer EL 90 UmwR Vor § 1 UmwStG Rn. 3.
[5] *Widmann* in Widmann/Mayer EL 90 UmwR Vor § 1 UmwStG Rn. 4.
[6] *Widmann* in Widmann/Mayer EL 90 UmwR Vor § 1 UmwStG Rn. 5.
[7] *Widmann* in Widmann/Mayer EL 90 UmwR Vor § 1 UmwStG Rn. 6.
[8] *Widmann* in Widmann/Mayer EL 90 UmwR Vor § 1 UmwStG Rn. 7, 17 ff.
[9] Vgl. §§ 36 Abs. 2, 135 Abs. 2, 197 UmwG.
[10] Vgl. §§ 36 Abs. 2 S. 1, 135 Abs. 2 S. 1, 197 S. 1 UmwG.
[11] *Marsch-Barner* in Kallmeyer UmwG § 36 Rn. 8.

3. Wertpapiererwerbs- und Übernahmegesetz

10   Von besonderer praktischer Relevanz für börsennotierte Unternehmen ist das Verhältnis des UmwG zum Wertpapiererwerbs- und Übernahmegesetz (**WpÜG**).[12] Hier stellt sich vorrangig die Frage, inwieweit die kapitalmarktrechtlichen Schutzvorschriften des WpÜG, insbesondere die Vorschriften der §§ 29 ff., 35 ff. WpÜG zur Abgabe eines Pflichtangebotes bei Erwerb einer Kontrollmehrheit von mindestens 30% des stimmberechtigten Kapitals, auf Umwandlungen wie z.B. Verschmelzungen Anwendung finden.[13] Der Gesetzgeber hat die Konkurrenzfragen zwischen Übernahme- und Umwandlungsrecht bewusst ungeregelt gelassen, da zunächst praktische Erfahrungen mit dem WpÜG gesammelt werden sollten.[14] Während ursprünglich die wohl überwiegende Ansicht in der Literatur eine Anwendung der Vorschriften des WpÜG neben den Vorschriften des UmwG ablehnte[15] soweit der Kontrollerwerb auf einem umwandlungsrechtlichen Vorgang beruhte, wird inzwischen überwiegend vertreten, bei Fallkonstellationen im Schnittbereich zwischen Umwandlungsrecht, Aktienrecht und Übernahmerecht sei mit der Verwaltungspraxis der BaFin von einer konkurrierenden Anwendbarkeit der jeweiligen gesetzlichen Regelungen auszugehen.[16]

Bis zu einer Klärung dieser Frage durch Rechtsprechung oder den Gesetzgeber ist die Praxis gut beraten, umwandlungsrechtliche Maßnahmen im Anwendungsbereich des WpÜG frühzeitig mit der BaFin abzustimmen.[17]

4. Wertpapierhandelsgesetz und andere Gesetze

11   Umwandlungen führen regelmäßig zu Veränderungen in der Gesellschafterstruktur der beteiligten Rechtsträger. Daraus können Mitteilungspflichten nach §§ 20 ff. AktG und im Falle von börsennotierten Gesellschaften nach dem Wertpapierhandelsgesetz (**WpHG**)[18] resultieren.[19]

Soweit das UmwG keine Spezialregelungen enthält, schließt es die Anwendung anderer Gesetze nicht aus. So sind insbesondere die kartellrechtlichen Vorschriften zu beachten, soweit eine Umwandlung einen **Zusammenschlusstatbestand** des § 37 Abs. 1 GWB erfüllt.

---

[12] Gesetz vom 20.12.2001, BGBl. I, S. 3822.

[13] Vgl. *Semler/Stengel* in Semler/Stengel UmwG Einl. A Rn. 61 ff.; *Mayer* in Widmann/Mayer EL 136 UmwR § 5 UmwG Rn. 267 ff.; *Grabbe/Fett* NZG 2003, 755.

[14] Begr. RegE WpÜG BT-Drucks. 14/7034 S. 31; *Semler/Stengel* in Semler/Stengel UmwG Einl. A Rn. 66 *Baums/Hecker* in Baums/Thoma WpÜG § 35 (Lfg. 5/04) Rn. 109; *Mayer* in Widmann/Mayer EL 136 UmwR § 5 UmwG Rn. 267.

[15] Vgl. Übersicht bei *Grabbe/Fett* NZG 2003, 755 ff.

[16] *Hasselbach* in Kölner Komm WpÜG § 35 Rn. 106 ff. m.w.N.; *Baums/Hecker* in Baums/Thoma WpÜG § 35 (Lfg. 5/04) Rn. 108 ff.; differenzierend: *Mayer* in Widmann/Mayer EL 136 UmwR § 5 UmwG Rn. 269.

[17] So auch *Semler/Stengel* in Semler/Stengel UmwG Einl. A Rn. 81.

[18] Gesetz v. 9.9.1998, BGBl I S. 2708.

[19] Vgl. ausführlich hierzu *Mayer* in Widmann/Mayer EL 136 UmwR § 5 UmwG Rn. 270 ff.

B. Verschmelzung

I. Wesen der Verschmelzung

Unter dem Begriff Verschmelzung versteht man die Vereinigung der Vermögen mehrerer Rechtsträger im Wege der **Gesamtrechtsnachfolge** unter **Ausschluss der Liquidation**.[20]

Der übertragende Rechtsträger erlischt ohne Abwicklung mit der Eintragung der Verschmelzung im Handelsregister des übernehmenden Rechtsträgers (§ 20 Abs. 1 Ziff. 2 UmwG). Als **Gegenleistung** für ihre untergehenden Gesellschaftsanteile am übertragenden Rechtsträger erhalten dessen Gesellschafter Anteile oder Mitgliedschaften an dem übernehmenden Rechtsträger.

Durch den Vermögensübergang im Wege der Gesamtrechtsnachfolge findet der **sachenrechtliche Bestimmtheitsgrundsatz** insofern **keine Anwendung**, als die Verschmelzung das gesamte Vermögen der übertragenden Rechtsträger umfasst. Erfasst werden sämtliche Aktiva und Passiva, auch nicht bilanzierte, und sämtliche nicht bilanzierungsfähige Vermögensgegenstände, Rechte, Rechtsverhältnisse, Haftungsverhältnisse (Bürgschaften, Garantien o. ä.).[21]

II. Anwendbare Rechtsnormen

Die auf die Verschmelzung einer KGaA anwendbaren Rechtsnormen des UmwG ergeben sich aus **drei Normenkomplexen**. Der **allgemeine Teil** der §§ 2 bis 38 UmwG gilt für alle Verschmelzungen und damit auch für die Verschmelzungen der KGaA. Der **besondere Teil** ist in § 78 UmwG i. V. m. §§ 60–77 UmwG geregelt. Daneben enthält § 78 UmwG in den Sätzen 2–3 einige **Sonderregelungen**, die auf der dualistischen Gesellschafterstruktur der KGaA beruhen.

III. Beteiligte Rechtsräger

1. KGaA als übertragender oder übernehmender Rechtsträger

Die KGaA kann an Verschmelzungen als **übernehmender**, als **übertragender** oder als **neuer Rechtsträger** beteiligt sein (§ 3 Abs. 1 Ziff. 2 UmwG). Neben der KGaA können die in § 3 UmwG aufgelisteten Rechtsträger an einer Verschmelzung beteiligt sein.

Die Verschmelzungsfähigkeit der KGaA beginnt erst mit Eintragung der KGaA im Handelsregister; eine Vor-Gesellschaft ist nicht verschmelzungsfähig.[22] Ver-

---

[20] *Stratz* in Schmitt/Hörtnagl/Stratz UmwG § 2 Rn. 3.
[21] *Stengel* in Semler/Stengel UmwG § 2 Rn. 35; *Stratz* in Schmitt/Hörtnagl/Stratz UmwG § 2 Rn. 6.
[22] *Stratz* in Schmitt/Hörtnagl/Stratz UmwG § 3 Rn. 22.

schmelzungsfähig ist auch die **fehlerhaft errichtete KGaA**, sobald sie im Handelsregister eingetragen ist.[23]

16 Gemäß §§ 78, 67 UmwG finden die **Nachgründungsvorschriften** des § 52 Abs. 3, 4, 6 bis 9 AktG Anwendung, sofern die **übernehmende Gesellschaft** weniger als zwei Jahre vor Abschluss des Verschmelzungsvertrages im Handelsregister eingetragen worden ist. Dies gilt nicht, sofern der Gesamtbetrag der im Rahmen der Verschmelzung auszugebenden Aktien nicht mehr als 10 Prozent des Grundkapitals der übernehmenden Kapitalgesellschaft beträgt (§ 67 S. 2 1. Alt. UmwG). Dies gilt auch nicht, sofern die übernehmende Gesellschaft durch Formwechsel einer GmbH entstanden ist, welche zuvor mindestens zwei Jahre im Handelsregister eingetragen war (§ 67 S. 2 2. Alt. UmwG). Bei Verwendung von **Vorrats- oder Mantelgesellschaften** ist auf den Zeitpunkt der wirtschaftlichen Neugründung abzustellen.[24]

17 Auch juristische Personen und rechtsfähige Personenhandelsgesellschaften können nach der Leitentscheidung des BGH vom 24.2.1997[25] grundsätzlich alleiniger persönlich haftender Gesellschafter einer KGaA sein.[26] Daher kommt auch eine **GmbH & Co. KGaA**[27] als verschmelzungsfähiger Rechtsträger in Betracht;[28] ebenso wie eine **AG & Co. KGaA** oder eine **Stiftung & Co. KGaA**.[29]

18 Auch **aufgelöste Rechtsträger** können gemäß § 3 Abs. 3 UmwG als übertragende Rechtsträger an einer Verschmelzung beteiligt sein, sofern deren Fortsetzung beschlossen werden kann. Für die KGaA gelten insoweit § 278 Abs. 3 AktG i. V.m. § 274 AktG. Ein aufgelöster Rechtsträger kann als übernehmender Rechtsträger an einer Verschmelzung nur dann beteiligt sein, wenn er seine Fortsetzung tatsächlich beschließt.[30]

19 Die Eröffnung des **Insolvenzverfahrens** über das Vermögen eines Rechtsträgers führt grundsätzlich zu dessen Auflösung. Für die KGaA ergibt sich dies aus § 289 Abs. 1 AktG i. V.m. §§ 161 Abs. 2, 131 Abs. 1 Nr. 3 HGB. Für die Dauer des Insolvenzverfahrens kommt eine Fortführung dieses Rechtsträgers nicht in Betracht.[31] Nach Beendigung des Insolvenzverfahrens sieht das Gesetz die Möglichkeit der Fortsetzung der Gesellschaft nur für den Fall vor, dass das Insolvenzverfahren auf Antrag des Schuldners eingestellt oder nach Bestätigung des Insolvenzplanes, der den Fortbestand der Gesellschaft vorsieht, aufgehoben worden ist (§ 289 Abs. 3 AktG i. V.m. § 274 Abs. 2 Nr. 1 AktG).[32]

---

[23] *Stratz* in Schmitt/Hörtnagl/Stratz UmwG § 3 Rn. 24.
[24] BGH v. 9.12.2002 – II ZB 12/02 = NZG 2003, 170 ff.; *Rieger* in Widmann/Mayer EL 143 UmwR § 67 UmwG Rn. 6.
[25] BGHZ 134, 392 = NJW 1997, 1923.
[26] Hüffer/*Koch* § 278 Rn. 8.
[27] Zu den Besonderheiten dieser zusammengesetzten Rechtsform siehe auch § 5 Rn. 25 ff. und § 3 Rn. 11 ff.
[28] *Stratz* in Schmitt/Hörtnagl/Stratz UmwG § 3 Rn. 21.
[29] Hüffer/*Koch* § 278 Rn. 8.
[30] Ausführlich hierzu: *Stengel* in Semler/Stengel UmwG § 3 Rn. 45 ff. und *Fronhöfer* in Widmann/Mayer EL 83 UmwR § 3 UmwG Rn. 70 ff.; *Blasche* GWR 2010, 441, 442.
[31] *Fronhöfer* in Widmann/Mayer EL 83 UmwR § 3 UmwG Rn. 55; *Stengel* in Semler/Stengel UmwG § 3 Rn. 44; *Sparfeld* Verschmelzung, Rn. 11.
[32] *Fronhöfer* in Widmann/Mayer EL 83 UmwR § 3 UmwG Rn. 56.

2. Verschmelzungsmöglichkeiten unter Beteiligung einer KGaA

Für die Verschmelzung unter Beteiligung einer KGaA ergeben sich die folgenden Verschmelzungsmöglichkeiten: 20

Verschmelzung KGaA auf andere Rechtsträger

- KGaA auf Personenhandelsgesellschaft §§ 78, 60–77, 39–45 UmwG
- KGaA auf Partnerschaft §§ 78, 60–77, 45a–45e UmwG
- KGaA auf GbR nicht möglich (§ 3 UmwG)
- KGaA auf GmbH §§ 78, 60–77, 46–59 UmwG
- KGaA auf AG/KGaA §§ 78, 60–77 UmwG
- KGaA auf e. G. §§ 78, 60–77, 79–98 UmwG
- KGaA auf eingetr./wirtsch. Verein nicht möglich (§§ 3 Abs. 1, 99 Abs. 2 UmwG)
- KGaA auf gen. Prüfungsverband nicht möglich (§ 105 UmwG)
- KGaA auf VVaG nicht möglich (§ 109 UmwG)
- KGaA auf Alleingesellschafter §§ 78, 120–122 UmwG (§ 3 Abs. 2 Nr. 2 UmwG)

Verschmelzung auf KGaA

- Personenhandelsgesellschaft auf KGaA §§ 78, 60–77, 39–45 UmwG
- Partnerschaft auf KGaA §§ 78, 60–77, 45a–45e UmwG
- GbR auf KGaA nicht möglich (§ 3 UmwG)
- GmbH auf KGaA §§ 78, 60–77, 46–59 UmwG
- AG/KGaA auf KGaA §§ 78, 60–77 UmwG
- e. G. auf KGaA §§ 78, 60–77, 79–98 UmwG
- eingetr./wirtschaftl. Verein auf KGaA §§ 78, 60–77, 99–104a UmwG
- gen. Prüfungsverband auf KGaA nicht möglich (§ 105 UmwG)
- VVaG auf KGaA nicht möglich (§ 109 UmwG)

Die **Unternehmergesellschaft (haftungsbeschränkt)** nach § 5a GmbHG ist keine eigene Rechtsform, sondern eine Variante der GmbH mit geringerem Stammkapital. Die Unternehmergesellschaft (haftungsbeschränkt) kann **übertragender Rechtsträger** einer Verschmelzung sein;[33] denn in diesem Fall überträgt sie ihr Vermögen als Ganzes auf den übernehmenden Rechtsträger; die übertragende Unternehmergesellschaft (haftungsbeschränkt) erlischt. Die Unternehmergesellschaft (haftungsbeschränkt) kann grundsätzlich auch **übernehmender Rechtsträger** einer Verschmelzung einer KGaA als übertragender Rechtsträger sein. Dies gilt unstreitig in den Fällen, in denen die Verschmelzung ohne Kapitalerhöhung bei dem übernehmenden Rechtsträger erfolgt.[34] Aber auch in den Fällen, in denen die Verschmelzung mit Kapitalerhöhung beim übernehmenden Rechtsträger erfolgt, ist dies unstreitig möglich, wenn durch die Kapitalerhöhung das Stammkapital der 21

---

[33] *Stratz* in Schmitt/Hörtnagl/Stratz UmwG § 3 Rn. 18; *Fronhöfer* in Widmann/Mayer EL 118 UmwR § 3 UmwG Rn. 16.3; *Marsch-Barner* in Kallmeyer UmwG § 3 Rn. 9.
[34] *Stratz* in Schmitt/Hörtnagl/Stratz UmwG § 3 Rn. 19; *Fronhöfer* in Widmann/Mayer EL 118 UmwR § 3 UmwG Rn. 16.3; *Marsch-Barner* in Kallmeyer UmwG § 3 Rn. 9.

übernehmenden Unternehmergesellschaft (haftungsbeschränkt) auf mindestens 25.000 Euro erhöht wird, da die Unternehmergesellschaft (haftungsbeschränkt) in diesem Fall automatisch zur GmbH wird, so dass § 5a Abs. 2 S. 2 GmbHG nicht mehr greift.[35] Das Sacheinlagenverbot des § 5a Abs. 2 S. 2 GmbHG erstreckt sich auch auf Kapitalerhöhungen gegen Einlagen, solange das Stammkapital nicht dem Mindeststammkapital für eine GmbH entspricht.[36] Die Unternehmergesellschaft kann hingegen **kein übernehmender Rechtsträger einer Verschmelzung zur Neugründung** sein; denn hierbei wird das Kapital des übernehmenden Rechtsträgers letztlich durch Sacheinlagen erbracht, was aufgrund des Sacheinlagenverbots des § 5a Abs. 2 S. 2 GmbHG nicht zulässig ist.[37]

22 Auch die europäischen Rechtsformen **SE** und **SCE** kommen als aufnehmende oder übertragende Rechtsträger in Betracht.[38] Die SE ist gemäß Art. 9 Abs. 1 Buchstabe c Doppelbuchst. ii und Art. 10 der SE-Verordnung[39] der AG nationalen Rechts gleichgestellt. Die SCE ist gemäß Art. 9 der SCE-Verordnung[40] der eingetragenen Genossenschaft nationalen Rechts gleichgestellt. Die SE und die SCE können allerdings nicht neuer Rechtsträger im Rahmen einer Verschmelzung zur Neugründung sein, da die SE ausschließlich gemäß den in der SE-Verordnung vorgesehenen Möglichkeiten gegründet werden kann und die SCE ausschließlich gemäß den in der SCE-Verordnung vorgesehenen Möglichkeiten.[41] Auch bezüglich der **EWIV** wird in der Literatur überwiegend deren Beteiligungsfähigkeit an Umwandlungsmaßnahmen bejaht.[42] Anders als in den Fällen der SE und der SCE stellen die EWIV-Verordnung[43] und das EWIV-Ausführungsgesetz[44] die EWIV nicht der entsprechenden nationalen Rechtsform, hier der OHG, gleich; es werden nur die für die OHG geltenden Regelungen entsprechend angewendet. § 1 EWIV-Ausführungsgesetz enthält lediglich eine Rechtsfolgenverweisung, sie wird nicht einer Personenhandelsgesellschaft gleichgestellt.[45]

---

[35] *Stratz* in Schmitt/Hörtnagl/Stratz UmwG § 3 Rn. 19; *Fronhöfer* in Widmann/Mayer EL 118 UmwR § 3 UmwG Rn. 16.3; *Marsch-Barner* in Kallmeyer UmwG § 3 Rn. 9; *Heinemann* NZG 2008, 820, 821.
[36] *Baumbach/Hueck* GmbHG § 3 Rn. 13 m.w.N.; a.A.: *Marsch-Barner* in Kallmeyer UmwG § 3 Rn. 9.
[37] *Stratz* in Schmitt/Hörtnagl/Stratz UmwG § 3 Rn. 20; *Fronhöfer* in Widmann/Mayer EL 118 UmwR § 3 UmwG Rn. 16.3; *Marsch-Barner* in Kallmeyer UmwG § 3 Rn. 9; insoweit ist auch das Urteil des BGH v. 11.4.2011 = DStR 2011, 1137 zu beachten, in dem der BGH entschieden hat, dass die Abspaltung zur Neugründung einer Unternehmergesellschaft (haftungsbeschränkt) gegen das Sacheinlagenverbot verstößt.
[38] *Drinhausen* in Semler/Stengel UmwG Einleitung C Rn. 56 ff. und Rn. 64 ff.; *Fronhöfer* in Widmann/Mayer EL 83 UmwR § 3 Rn. 35 f.; *Marsch-Barner* in Kallmeyer UmwG § 3 Rn. 11; *Sparfeld* Verschmelzung, Rn. 11.
[39] Verordnung (EG) Nr. 2157/2001 des Rates v. 8.10.2001, ABl. L 294,1 v. 10.11.200.
[40] Verordnung (EG) Nr. 1435/2003 des Rates v. 22.7.2003, ABl. L 207/1 v. 18.8.2003.
[41] *Sparfeld* Verschmelzung, Rn. 35.
[42] *Heckschen* in Widmann/Mayer EL 118 UmwR § 1 UmwG Rn. 62; *Fronhöfer* in Widmann/Mayer EL 118 UmwR § 3 UmwG Rn. 12; *Marsch-Barner* in Kallmeyer UmwG § 1 Rn. 11.
[43] EWIV-Verordnung Nr. 2137/85 des EG-Ministerrats vom 25.7.1985 (ABl. EG Nr. L 199 S. 1 v. 25.7.1985).
[44] EWIV-Ausführungsgesetz v. 14.4.1988, BGBl I. 514.
[45] *Vossius* in Widmann/Mayer EL 134 UmwR § 191 UmwG Rn. 9; *Sparfeld* in BeckOK § 226 Rn. 24 ff.

Gemäß § 1 Abs. 1 UmwG können nur Rechtsträger mit Sitz im Inland nach 23 dem UmwG umgewandelt werden. Damit ist die Verschmelzung einer englischen **Limited** gemäß den für eine deutsche Kapitalgesellschaft geltenden Regelungen des UmwG nicht möglich, auch dann nicht, wenn diese Limited eine im deutschen Handelsregister eingetragene Zweigniederlassung unterhält.[46] Es kommt allerdings die grenzüberschreitende Verschmelzung in Betracht.[47]

3. KGaA als neuer Rechtsträger

Wird im Zuge einer Verschmelzung zur Neugründung der übernehmende 24 Rechtsträger als KGaA gegründet, so vollzieht sich die Gründung der übernehmenden KGaA dadurch, dass die übertragenden Rechtsträger die Satzung der KGaA im Verschmelzungsvertrag gemäß §§ 78, 37 UmwG i. V. m. § 280 Abs. 1 und 3 AktG feststellen.

a) Gründer und Erstaktionäre. Gründer der neuen KGaA sind gemäß § 36 25 Abs. 2 S. 2 UmwG die übertragenden Rechtsträger, nicht deren Anteilsinhaber. Sie trifft die Gründungshaftung nach §§ 46, 278 Abs. 3 AktG. An der Verschmelzung zur Neugründung müssen gemäß § 2 Nr. 2 UmwG mindestens zwei übertragende Rechtsträger beteiligt sein; sie hat also mindestens zwei Gründer. Die Gründer sind bei der Verschmelzung durch Neugründung nicht identisch mit den Erstaktionären der KGaA.[48] **Erstaktionäre** werden die Anteilsinhaber der übertragenden Rechtsträger.[49] Mindestens ein Anteilsinhaber muss die Position des persönlich haftenden Gesellschafters in der neu zu gründenden KGaA übernehmen und mindestens ein Anteilsinhaber muss die Position eines Kommanditaktionärs in der neu zu gründenden KGaA übernehmen. Der persönlich haftende Gesellschafter kann zugleich auch Kommanditaktionär sein.[50]

b) Beitritt Dritter. Umstritten ist, ob im Rahmen der Verschmelzung durch 26 Neugründung die **Beteiligung eines Dritten**, der bisher an keinem übertragenden Rechtsträger beteiligt ist, an der neu zu gründenden KGaA möglich ist.[51] Zum Teil wird in der Literatur die Auffassung vertreten, dass der Beitritt Dritter im Rahmen einer Verschmelzung im UmwG zwar nicht vorgesehen sei, aber auch nicht ausdrücklich ausgeschlossen sei.[52] Der BGH hat sich zu dieser Thematik lediglich im Zusammenhang mit dem Formwechsel einer AG in eine GmbH & Co. KG befasst.[53] In einem *obiter dictum* hat der BGH klar gestellt, aus dem Gebot der Kontinuität folge lediglich, dass Berechtigte, die zum Zeitpunkt der Eintragung

---

[46] *Stratz* in Schmitt/Hörtnagl/Stratz UmwG § 3 Rn. 26 m. w. N.
[47] Vgl. unten § 11 Rn. 33.
[48] *Stratz* in Schmitt/Hörtnagl/Stratz UmwG § 36 Rn. 17 und 19; *Bärwaldt* in Semler/Stengel UmwG § 36 Rn. 45 und 58; *Mayer* in Widmann/Mayer EL135 UmwR § 36 UmwG Rn. 146.
[49] *Stratz* in Schmitt/Hörtnagl/Stratz UmwG § 36 Rn. 17 und 19; *Bärwaldt* in Semler/Stengel UmwG § 36 Rn. 45 und 58; *Mayer* in Widmann/Mayer EL 135 UmwR § 36 UmwG Rn. 146.
[50] *Mayer* in Widmann/Mayer EL 135 UmwR § 36 UmwG Rn. 188.
[51] Ausführlich hierzu *Mayer* in Widmann/Mayer EL 135 UmwR § 36 UmwG Rn. 180 ff.
[52] *Bärwaldt* in Semler/Stengel UmwG § 36 Rn. 70 m. w. N.; *Marsch-Barner* in Kallmeyer UmwG § 36 Rn. 14 m. w. N.
[53] BGH Urt. v. 9.5.2005 = NZG 2005, 722, 723.

des Formwechsels Anteilsinhaber seien, auch Mitglieder des Rechtsträgers neuer Rechtsform würden; für den Formwechsel der AG in eine GmbH & Co. KG sei es ausreichend, wenn die Hauptversammlung einen im Zuge des Formwechsels neu hinzutretenden Gesellschafter mit dessen Zustimmung zum Komplementär wähle.[54] Den Ausführungen des BGH lässt sich nicht entnehmen, ob er diese flexiblere Gestaltung auch für andere Umwandlungsarten, wie z.B. die Verschmelzung, zulassen wollte. Für den Formwechsel in eine KGaA sehen §§ 218 Abs. 2, 221 und 240 Abs. 2 S. 2 UmwG die Möglichkeit des Beitritts eines persönlich haftenden Gesellschafters ausdrücklich vor. Es ist kein Grund erkennbar, warum diese Möglichkeit nicht auch im Rahmen einer Verschmelzung zur Neugründung möglich sein solle.[55] Aus denselben Erwägungen müsste auch der Beitritt eines Dritten als Kommanditaktionär möglich sein.[56] Aus Vorsichtsgründen sollte dies in der Praxis vorab mit dem zuständigen Registergericht geklärt werden.

IV. Arten der Verschmelzung

1. Verschmelzung zur Aufnahme und zur Neugründung

27 Das Umwandlungsgesetz unterscheidet zwei Arten der Verschmelzung: die Verschmelzung zur Aufnahme und die Verschmelzung durch Neugründung. Bei der **Verschmelzung zur Aufnahme** wird das Vermögen eines oder mehrerer Rechtsträger (übertragende Rechtsträger) als Ganzes auf einen anderen bereits bestehenden Rechtsträger (übernehmender Rechtsträger) übertragen. Sofern die übernehmende AG/KGaA bei Abschluss des Verschmelzungsvertrages weniger als zwei Jahre im Handelsregister eingetragen ist, sind die aktienrechtlichen Vorschriften über die **Nachgründung**[57] entsprechend anzuwenden (§ 67 UmwG). Dies gilt gemäß § 67 S. 2 UmwG dann nicht, wenn auf die zu gewährenden Aktien nicht mehr als der zehnte Teil des Grundkapitals der übernehmenden AG/KGaA entfällt oder wenn die übernehmende AG/KGaA ihre Rechtsform durch Formwechsel einer GmbH erlangt hat, welche zuvor bereits mehr als zwei Jahre im Handelsregister eingetragen war. Bei der Verschmelzung unter Beteiligung einer GmbH & Co. KGaA ist für die Einhaltung der Zwei-Jahres-Frist ausschließlich auf die KGaA abzustellen. Unmaßgeblich ist, seit wann die Komplementär-GmbH im Handelsregister eingetragen ist.

28 Bei der **Verschmelzung durch Neugründung** wird das Vermögen zweier oder mehrerer Rechtsträger (übertragende Rechtsträger) jeweils als Ganzes auf einen neuen, von den übertragenden Rechtsträgern dadurch erst zu gründenden Rechtsträger (übernehmender Rechtsträger) übertragen.

---

[54] *Sparfeld* BeckOK Formwechsel § 228 Rn. 13; BGH Urt. v. 9.5.2005 = NZG 2005, 722, 723.
[55] So auch: *Mayer* in Widmann/Mayer EL 135 UmwR § 36 UmwG Rn. 202 mit ausführlicher Begründung und *Bärwaldt* in Semler/Stengel § 36 Rn. 70.
[56] So im Ergebnis auch: *Bärwaldt* in Semler/Stengel UmwG § 36 Rn. 70 m.w.N.; *Marsch-Barner* in Kallmeyer UmwG § 36 Rn. 14 m.w.N.; dies ablehnend: *Mayer* in Widmann/Mayer EL 135 UmwR § 36 UmwG Rn. 200.
[57] Vgl. hierzu oben § 11 Rn 16.

Der Zustimmungsbeschluss einer **übertragenden AG/KGaA** darf gem. § 76 Abs. 1 UmwG erst gefasst werden, wenn sie und jede andere übertragende AG/KGaA bereits zwei Jahre im Register eingetragen sind. Damit soll eine verdeckte Nachgründung unter Umgehung von §§ 52, 53 AktG vermieden werden.[58] § 73 UmwG schließt die Anwendung des § 67 UmwG aus. Somit finden die Nachgründungsvorschriften auch dann Anwendung, wenn die übertragende AG/KGaA durch Formwechsel einer bereits seit mehr als zwei Jahren im Handelsregister eingetragenen GmbH entstanden ist.[59] Wird die neu gegründete AG dennoch in das Handelsregister eingetragen, greift § 20 Abs. 2 UmwG und die Verschmelzung ist wirksam.[60]

Weiterhin ist zu differenzieren zwischen Verschmelzungen mit beteiligten Rechtsträgern innerhalb einer Unternehmensgruppe und solchen unter Beteiligung von Rechtsträgern außerhalb einer Unternehmensgruppe. Im Falle von Verschmelzungen innerhalb einer Unternehmensgruppe sind die Verschmelzung einer Tochtergesellschaft auf ihre Muttergesellschaft (sog. **Up-stream Merger**), die Verschmelzung der Muttergesellschaft auf ihre Tochtergesellschaft (sog. **Down-stream Merger**) sowie die Verschmelzung von Schwestergesellschaften (sog. **Side-stream Merger**) zu unterscheiden.[61]

2. Mischverschmelzungen

Verschmelzungen sind nach § 3 Abs. 4 UmwG nicht nur unter Beteiligung von Rechtsträgern derselben Rechtsform möglich, sondern auch unter Beteiligung von Rechtsträgern unterschiedlicher Rechtsformen. Welche Möglichkeiten sich insoweit unter Beteiligung einer KGaA ergeben, ist oben dargestellt.[62] Bei einer Verschmelzung zwischen KGaA und einer AG ist **§ 78 S. 4 UmwG** zu beachten; nach dieser Vorschrift gelten **KGaA und AG** im Verhältnis zueinander nicht als Rechtsträger anderer Rechtsform i.S.d. §§ 29 und 34 UmwG. Aufgrund der hybriden Struktur der KGaA ist im Falle der Verschmelzung auf eine KGaA zu entscheiden, ob der Anteilsinhaber die **Rechtsstellung eines persönlich haftenden Gesellschafters** oder die eines Kommanditaktionärs erhält. Ist eine KGaA übertragender Rechtsträger, ist das rechtliche Schicksal ihrer persönlich haftenden Gesellschafter zu regeln.[63]

Für den vergleichbaren Problemkreis beim **Formwechsel** in eine KGaA enthält das Umwandlungsgesetz in §§ 217 Abs. 3, 240 Abs. 2, 247 Abs. 1 UmwG insoweit spezielle Regelungen.[64]

Anders als beim Formwechsel enthält das Umwandlungsrecht für die Verschmelzung **kein dem § 247 Abs. 1 UmwG entsprechendes Gebot**, das **gesamte Nominalkapital** des übertragenden Rechtsträgers in Grundkapital der aufnehmenden KGaA **umzuwandeln**. Notwendig bei der Verschmelzung auf

---

[58] *Stratz* in Schmitt/Hörtnagl/Stratz UmwG § 73 Rn. 17.
[59] *Sparfeld* Verschmelzung, Rn. 30.
[60] *Stratz* in Schmitt/Hörtnagl/Stratz UmwG § 73 Rn. 17; *Diekmann* in Semler/Stengel UmwG § 76 Rn. 7.
[61] *Sparfeld* Verschmelzung, Rn. 10.
[62] Zu den möglichen Kombinationen vgl. oben § 11 Rn. 20.
[63] Hierzu ausführlich unten unter § 11 Rn. 71.
[64] Vgl. unten § 11 Rn. 175.

eine KGaA ist nach § 2 UmwG lediglich, dass die Gesellschafter des übertragenden Rechtsträgers Anteile am Grundkapital der aufnehmenden KGaA erhalten, die regelmäßig aus einer Kapitalerhöhung bei der KGaA stammen werden.[65]

3. Grenzüberschreitende Verschmelzungen

33 Mit dem Zweiten Gesetz zur Änderung des Umwandlungsgesetzes v. 19.4.2007[66] hat der Gesetzgeber die Richtlinie 2005/56/EG des Europäischen Parlaments und des Rates vom 26. Oktober 2005 über die Verschmelzung von Kapitalgesellschaften aus verschiedenen Mitgliedstaaten[67] umgesetzt und die §§ 122a ff UmwG, mit denen die grenzüberschreitenden Verschmelzungen von Kapitalgesellschaften geregelt werden, in das UmwG aufgenommen. **Grenzüberschreitende Verschmelzungen** sind Verschmelzungen, bei denen neben einem inländischen Rechtsträger mindestens ein Rechtsträger aus einem anderen EU-Mitgliedstaat beteiligt ist (§ 122a UmwG). Beteiligte Rechtsträger grenzüberschreitender Verschmelzungen können gemäß § 122b Abs. 1 UmwG nur **Kapitalgesellschaften** im Sinne des Art. 2 Nr. 1 der Richtlinie 2005/56/EG des Europäischen Parlaments und des Rates v. 26. Oktober 2005 sein (§ 122b Abs. 1 UmwG). Nach deutschem Recht sind dies die AG, die **KGaA**, die GmbH und die SE.[68] Die Beschränkung auf Kapitalgesellschaften in § 122b UmwG stellt eine Sonderregelung zu § 3 UmwG dar.[69] Die grenzüberschreitende Verschmelzung nach §§ 122a ff. UmwG eröffnet somit auch den Weg, eine englische Limited auf eine deutsche Kapitalgesellschaft zu verschmelzen.[70] Für das Verfahren der grenzüberschreitenden Verschmelzungen gelten als Sonderregelungen §§ 122c ff. UmwG.[71]

4. Verschmelzung unter Beteiligung börsennotierter Rechtsträger

34 Die Verschmelzung börsennotierter Rechtsträger ist im UmwG nicht gesondert geregelt. Für die Praxis von besonderer Bedeutung ist, dass nach § 14 Abs. 2 UmwG eine Klage gegen die Wirksamkeit des Verschmelzungsbeschlusses eines übertragenden Rechtsträgers nicht darauf gestützt werden kann, dass das **Umtauschverhältnis der Anteile zu niedrig bemessen** sei oder dass die Mitgliedschaft bei dem übernehmenden Rechtsträger kein ausreichender Gegenwert für die Anteile oder die Mitgliedschaft bei dem übertragenden Rechtsträger darstelle. Insoweit sind die Anteilsinhaber des übertragenden Rechtsträgers gemäß § 15 UmwG auf die Geltendmachung einer baren Zuzahlung durch das **Spruchverfahren** des SpruchG verwiesen.[72] Somit ist es den Aktionären des übertragenden Rechtsträ-

---

[65] *Stratz* in Schmitt/Hörtnagl/Stratz UmwG § 68 Rn. 1; *Marsch-Barner* in Kallmeyer UmwG § 68 Rn. 1.
[66] BGBl I 2007, 542.
[67] ABl. EU Nr. L 310 S. 1.
[68] *Heckschen* in Widmann/Mayer EL 96 UmwR § 122b UmwG Rn. 40; *Sparfeld* Verschmelzung, Rn. 34.
[69] *Heckschen* in Widmann/Mayer EL 96 UmwR § 122b UmwG Rn. 2.
[70] *Sparfeld* Verschmelzung, Rn. 35; *Hörtnagl* in Schmitt/Hörtnagl/Stratz UmwG § 1 UmwG Rn. 37.
[71] Vgl. hierzu unten § 11 Rn. 124.
[72] Zum Spruchverfahren ausführlich § 11 Teil G Rn. 270 ff.

gers verwehrt, die Verschmelzung unter Hinweis auf ein angeblich unzureichendes Umtauschverhältnis oder eine angeblich unzureichende Gegenleistung durch Anfechtungsklagen zu blockieren.[73] Wollen sich die Aktionäre des übernehmenden Rechtsträgers gegen das Umtauschverhältnis wenden, steht ihnen nur der Weg der Anfechtungsklage offen; nicht das Spruchverfahren.[74] Sie können keinen Barausgleich verlangen, wenn sie das Umtauschverhältnis für zu hoch erachten. Obwohl diese Ungleichbehandlung der Aktionäre des übertragenden Rechtsträgers und der Aktionäre des übernehmenden Rechtsträgers im Schrifttum kritisiert wird[75], hat der Gesetzgeber diese Ungleichbehandlung bewusst beibehalten; er hat in § 16 Abs. 3 UmwG einen ausreichenden Schutz gegen Klagen gesehen, die von Anteilsinhabern des übernehmenden Rechtsträgers erhoben werden.[76]

Soweit eine börsennotierte Gesellschaft auf eine nicht börsennotierten Gesellschaft verschmolzen wird geht die Börsennotierung der übertragenden Gesellschaft zwingend mit Wirksamwerden der Verschmelzung unter. Man bezeichnet dies als „**kaltes Delisting**", da das Delisting – anders als beim regulären Delisting – nicht auf Antrag des Emittenten erfolgt, sondern *ipso iure*.[77]

Sofern im Rahmen einer Verschmelzung eine **Börsenzulassung** für den aufnehmenden oder den neu gegründeten Rechtsträger beantragt werden soll, ist § 3 Börsenzulassungsverordnung zu beachten, die regelmäßig eine Mindestbestandszeit des Zulassungskandidaten von drei Jahren vorsieht.

35

36

V. Ablauf der Verschmelzung

Eine Verschmelzung lässt sich im Wesentlichen in **drei Phasen** unterteilen: (i) In einer **Vorbereitungsphase** wird die Verschmelzung durch Erstellung der erforderlichen Dokumentation und Information bestimmter Personengruppen vorbereitet; (ii) in der **Beschlussphase** werden die erforderlichen Beschlüsse der Anteilseigner eingeholt und (iii) in der **Vollzugsphase** erfolgt die Durchführung des für den Eintritt der Rechtsfolgen der Verschmelzung erforderlichen Registrierungsverfahrens.[78]

37

1. Vorbereitungsphase

Die **Vorbereitungsphase** ist regelmäßig die zeitlich längste und inhaltlich komplizierteste Phase. Diese beginnt mit den **Gestaltungsüberlegungen** und der Prüfung der sich aus der beabsichtigten Verschmelzung ergebenden **steuerlichen**

38

---

[73] *Stratz* in Schmitt/Hörtnagl/Stratz UmwG § 14 Rn. 29.
[74] *Heckschen* in Widmann/Mayer EL 99 UmwR § 14 UmwG Rn. 14.
[75] *Gehling* in Semler/Stengel UmwG § 14 Rn. 35; *Stratz* in Schmitt/Hörtnagl/Stratz UmwG § 14 Rn. 31 ff.; *Heckschen* in Widmann/Mayer EL 99 UmwR § 14 UmwG Rn. 14 ff.
[76] *Stratz* in Schmitt/Hörtnagl/Stratz UmwG § 14 Rn. 32; *Gehling* in Semler/Stengel UmwG § 14 Rn. 35 m.w.N.; *Heckschen* in Widmann/Mayer EL 99 UmwR § 14 UmwG Rn. 14 ff.
[77] Ausführlich hierzu § 10 Rn. 201 ff.; *Pluskat* BKR 2007, 54 ff.; *Hüffer/Koch* § 119 Rn. 30.
[78] *Mayer* in Widmann/Mayer EL 98 UmwR Einf UmwG Rn. 127; *Sparfeld* Verschmelzung, Rn. 13.

Auswirkungen. Hier müssen die wirtschaftlichen Ziele der Leitungsorgane und der Anteilsinhaber der beteiligten Rechtsträger mit den gesetzlichen Voraussetzungen des Umwandlungsgesetzes und des Umwandlungssteuergesetzes in Einklang gebracht werden. Weiterhin ist die Abgrenzung zu möglichen alternativ in Betracht kommenden Umstrukturierungsmöglichkeiten vorzunehmen. Im Rahmen der Vorbereitunsphase ist ebenfalls zu prüfen, ob ein **Zusammenschlusstatbestand** des § 37 GWB vorliegt.[79]

39   **a) Gestaltungsüberlegungen.** Im Rahmen der Gestaltungsüberlegungen zur Verschmelzung sind auch die Erleichterungen und Besonderheiten zu berücksichtigen, die das UmwG – insbesondere auch in den Fällen der Beteiligung einer KGaA – vorsieht. Dies betrifft u. a. die Frage nach dem Erfordernis einer Kapitalerhöhung ebenso wie die Frage etwaiger Erleichterungen im Rahmen von Konzernverschmelzungen.

40   **aa) Verschmelzung ohne Kapitalerhöhung bei verbundenen Rechtsträgern.** Bei der Verschmelzung von Mutter- und Tochtergesellschaften (sog. **Up-stream-** bzw. **Down-stream-Merger**) regelt § 68 Abs. 1 S. 1 Ziff. 1 UmwG für den Up-stream-Merger, dass der übernehmende Rechtsträger sein Grundkapital nicht erhöhen darf; für den Down-stream-Merger gewährt § 68 Abs. 1 S. 2 Ziff. 2 UmwG ein Wahlrecht hinsichtlich der Kapitalerhöhung.

Bei der Verschmelzung von Schwestergesellschaften (**Side-stream-Merger**) ist grundsätzlich eine Kapitalerhöhung durchzuführen. Mit dem Zweiten Gesetz zur Änderung des UmwG v. 19.4.2007[80] hat der Gesetzgeber in § 68 Abs. 1 S. 3 UmwG die Möglichkeit geschaffen, mit Zustimmung aller Anteilsinhaber des übertragenden Rechtsträgers auf die Gewährung von Anteilen und damit auf die Durchführung einer Kapitalerhöhung zu **verzichten**. Damit ist die nach früherer Rechtslage bestehende Unsicherheit, wie bei einer Verschmelzung von Schwestergesellschaften zu verfahren ist[81] insoweit beseitigt.

41   **bb) Sonstige Verschmelzungen mit Kapitalerhöhungsverbot.** Weitere Kapitalerhöhungsverbote bestehen nach § 68 Abs. 1 S. 1 Nr. 2 und 3 UmwG dann, wenn der übertragende Rechtsträger **eigene Anteile** innehat oder wenn der übertragende Rechtsträger **nicht voll einbezahlte Kommanditaktien** der übernehmenden KGaA innehat. Diese Kommanditaktien werden durch die Gesamtrechtsnachfolge mit Wirksamkeit der Verschmelzung zu eigenen Kommanditaktien der KGaA, die diese an die Anteilseigner des übertragenden Rechtsträgers in Erfüllung der Anteilsgewährungspflicht übertragen muss.[82]

42   **cc) Verschmelzungen im Konzern.** Nach § 62 Abs. 1 UmwG bedarf es ausnahmsweise keines Verschmelzungsbeschlusses einer übernehmenden AG/KGaA, wenn sich mindestens **neun Zehntel** des Stamm- oder Grundkapitals einer übertragenden Kapitalgesellschaft in der Hand der übernehmenden AG/KGaA befinden. Die Anwendung des § 62 Abs. 1 UmwG erfordert eine unmittelbare Betei-

---

[79] Ausführlich hierzu *Mayer* in Widmann/Mayer EL 144 UmwR § 5 UmwG 248 mit Verweis auf § 126 UmwG Rn. 333 ff.
[80] BGBl I 2007, 542.
[81] Vgl. hierzu ausführlich *Mayer* in Widmann/Mayer EL 136 UmwR § 5 UmwG Rn. 41 ff.; zu Grenzen des Verzichts auf die Anteilsgewährung vgl. *Weiler* NZG 2008, 527 ff.
[82] *Stratz* in Schmitt/Hörtnagl/Stratz UmwG § 68 Rn. 8.

ligung;[83] soweit die übertragende Kapitalgesellschaft eigene Anteile hält, werden diese Anteile nicht bei Berechnung der neun Zehntel berücksichtigt. Die Beteiligungsquote muss **zum Zeitpunkt der Eintragung der Verschmelzung** im Handelsregister vorliegen.[84] § 62 Abs. 1 UmwG findet keine Anwendung, wenn Aktionäre der übernehmenden AG/KGaA, die zusammen den **zwanzigsten Teil** des Grundkapitals halten, die Einberufung einer Hauptversammlung verlangen, § 62 Abs. 2 UmwG. Befindet sich das **gesamte Stamm- oder Grundkapital** einer übertragenden Kapitalgesellschaft in der Hand einer übernehmenden AG/KGaA, so ist gemäß § 62 Abs. 4 S. 1 UmwG auch ein Verschmelzungsbeschluss der Anteilsinhaber der übertragenden Kapitalgesellschaft nicht erforderlich.[85] Im Falle der Verschmelzung einer 100-prozentigen Tochter-Kapitalgesellschaft auf ihre Mutter-AG/KGaA, bedarf es also **weder** eines **Verschmelzungsbeschlusses bei der übernehmenden Mutter-AG/KGaA** (§ 62 Abs. 1 S. 1 UmwG) **noch bei der übertragenden Tochter-Kapitalgesellschaft** (§ 62 Abs. 4 S. 1 UmwG).

Falls kein Verschmelzungsbeschluss gefasst wird und damit auch keine Gesellschafterversammlung bzw. Hauptversammlung stattfindet, besteht die Verpflichtung zur **Auslage** der in § 62 Abs. 3 UmwG genannten **Unterlagen** in den Geschäftsräumen der übertragenden Gesellschaft ab dem Zeitpunkt der Unterzeichnung des Verschmelzungsvertrages für die **Dauer von einem Monat**, § 62 Abs. 4 S. 3 UmwG.[86] Auch in diesem Fall ist es möglich, den Aktionären mit deren Einwilligung die Unterlagen auf **elektronischem** Wege zu übermitteln, § 62 Abs. 3 S. 7 UmwG. Die **Zuleitung an den Betriebsrat** hat spätestens bei Abschluss des Verschmelzungsvertrags, d. h. bei Beginn der Monatsfrist nach § 62 Abs. 4 S. 3 UmwG, zu erfolgen, § 62 Abs. 4 S. 4 UmwG.[87] Die Monatsfrist des § 62 Abs. 4 S. 3 UmwG ist für die zeitliche Planung von Konzernverschmelzungen zu berücksichtigen. Wenn die Anmeldung der Verschmelzung bis zum 31. August erfolgen soll, ist also darauf zu achten, dass der Verschmelzungsvertrag spätestens im Juli beurkundet wird.[88]

Die Regelungen des § 62 Abs. 1 und Abs. 4 UmwG sind nicht zwingend; es bleibt den beteiligten Rechtsträgern unbenommen, einen Verschmelzungsbeschuss zu fassen.[89] Sofern ein Verschmelzungsbeschluss gefasst wird, gehört die Niederschrift dieses Verschmelzungsbeschlusses zu den nach § 17 UmwG notwendigen Unterlagen für die Anmeldung zum Handelsregister.[90] Für die Zuleitung an den Betriebsrat gelten dann die allgemeinen Regelungen des § 5 Abs. 3 UmwG.[91]

dd) Verschmelzungsrechtlicher Squeeze-Out. Die wohl wichtigste Änderung, die mit dem Dritten Gesetz zur Änderung des UmwG v. 11.7.2011[92] einge- **43**

---

[83] *Diekmann* in Semler/Stengel UmwG § 62 Rn. 10; *Grunewald* in Lutter § 62 Rn. 4.
[84] *Rieger* in Widmann/Mayer EL 135 UmwR § 62 UmwG Rn. 24; *Heckschen* NJW 2011, 2390, 2391.
[85] Vgl. ausführlich hierzu *Ising* NZG 2011, 1368.
[86] *Sparfeld* Verschmelzung, Rn. 30.
[87] *Rieger* in Widmann/Mayer EL 135 UmwR § 62 UmwG Rn. 83; *Marsch-Barner* in Kallmeyer UmwG § 62 Rn. 32; *Neye/Kraft* NZG 2011, 681, 682.
[88] *Leitzen* DNotZ 2011, 526, 535.
[89] *Diekmann* in Semler/Stengel UmwG § 62 Rn. 32a; *Sparfeld* Verschmelzung, Rn. 30.
[90] *Diekmann* in Semler/Stengel UmwG § 62 Rn. 32a.
[91] Vgl. unten § 11 Rn. 52.
[92] BGBl I 2011, 1338 ff.

führt wurde, dürfte **§ 62 Abs. 5 UmwG** sein.[93] § 62 Abs. 5 UmwG ermöglicht den **verschmelzungsspezifischen Squeeze-Out** im Zusammenhang mit Konzernverschmelzungen im Falle eines **Up-stream Mergers**. Sofern sich mindestens **neun Zehntel** des Grundkapitals einer übertragenden AG/KGaA in der Hand einer übernehmenden AG/KGaA befinden, kann die Hauptversammlung der übertragenden AG/KGaA innerhalb von drei Monaten nach Abschluss des Verschmelzungsvertrages einen Beschluss nach § 327a Abs. 1 S. 1 AktG fassen (§ 62 Abs. 5 S. 1 i. V. m § 62 Abs. 1 S. 1 UmwG).[94] Es handelt sich somit um eine Kombination von Verschmelzung und Squeeze-Out und zwar ausschließlich bei Verschmelzung einer Tochtergesellschaft auf die Muttergesellschaft.[95] § 62 Abs. 5 UmwG ermöglicht den Squeeze-Out bereits bei einer Beteiligung von **90 %**; damit wird die in § 327a Abs. 1 S. 1 AktG für den aktienrechtlichen Squeeze-Out und die in § 39a WpÜG für den übernahmerechtlichen Squeeze-Out vorgesehene Schwelle von jeweils 95 % herabgesetzt. Dies ist durch die Vorgaben der Änderungsrichtlinie[96] bedingt und stellt eine umwandlungsrechtliche Sonderlösung dar.[97]

Der verschmelzungsspezifische Squeeze-Out hat somit folgende Voraussetzungen[98]:

- übertragende AG/KGaA/SE[99]
- Hauptaktionär muss mindestens 90 % der Aktien unmittelbar halten
- Hauptaktionär muss AG, KGaA oder SE sein (§ 62 Abs. 5 i. V. m. Abs. 1 UmwG) (auch insoweit liegt eine Einschränkung gegenüber dem Squeeze-Out nach § 327a Abs. 1 AktG vor, bei dem u. a. auch eine GmbH Hauptaktionär sein kann)
- Beschlussfassung der Hauptversammlung über Squeeze-Out innerhalb von drei Monaten nach Abschluss des Verschmelzungsvertrages; dieser muss bereits auf den Squeeze Out hinweisen.

Sofern § 62 Abs. 5 UmwG keine Sonderregelungen enthält, gelten §§ 327a ff. AktG entsprechend (§ 62 Abs. 5 S. 8 UmwG). Mit Eintragung des Übertragungsbeschlusses im Handelsregister gehen gem. § 327e Abs. 3 AktG alle Aktien der Minderheitsaktionäre auf den Hauptaktionär über.

44 Der Ablauf des verschmelzungsspezifischen Squeeze-Out lässt sich wie folgt skizzieren:[100]

---

[93] *Sparfeld* Verschmelzung, Rn. 30; *Leitzen* DNotZ 2011, 526, 537.
[94] *Sparfeld* Verschmelzung, Rn. 30; *Leitzen* DNotZ 2011, 526, 537.
[95] *Hofmeister* NZG 2012, 688.
[96] Richtlinie 2009/109/EG des Europäischen parlaments und des Rates vom 16.9.2009 zur Änderung der Richtlinien 77/91/EWG, 78/855/EWG und 82/891/EWG des Rates sowie der Richtlinie 2005/56/EG hinsichtlich der Berichts- und Dokumentationspflicht bei Verschmelzungen und Spaltungen, AblEG Nr. L 59 v. 2.10.2009, S. 14 ff.
[97] *Neye/Kraft* NZG 2011, 681, 683; *Hofmeister* NZG 2012, 688.
[98] *Diekmann* in Semler/Stengel UmwG § 62 Rn. 32d; *Sparfeld* Verschmelzung, Rn. 30; *Bungert/Wettich* DB 2011, 1500; *Mayer* NZG 2012, 561, 562 ff.
[99] Falls übertragender Rechtsträger eine GmbH ist, kommt ein verschmelzungsrechtlicher Squeeze-Out in Betracht, wenn dem ein Formwechsel in eine AG/KGaA vorausgeht. Dies ist dann nicht rechtsmißbräuchlich, wenn neben der Durchführung des Squeeze-out ein weiterer sachlicher Grund für den Formwechsel gegeben ist; § 62 Abs. 5 UmwG sieht auch keine Mindestfrist vor, während der der Hauptaktionär AG sein muss. Vgl. hierzu *Marsch-Barner* in Kallmeyer UmwG § 62 Rn. 36; *Schröder/Wirsch* ZGR 2012, 660, 664 ff. und 696; *Mayer* NZG 2012, 561, 563.
[100] *Bungert/Wettich* DB 2011, 1500, 1501 ff.; *Sparfeld* Verschmelzung, Rn. 30; *Mayer* NZG 2012, 561 ff.

- Vorbereitung und **Ad hoc-Mitteilung;** zur Vorbereitung zählt auch die Erstellung der für den verschmelzungsrechtlichen Squeeze-Out erforderlichen Dokumentation, u. a. Übertragungsbericht (§ 62 Abs. 5 S. 8 UmwG i. V. m. § 327c AktG);[101]
- Abschluss Verschmelzungsvertrag[102]
- Verpflichtung zur Auslage der in § 62 Abs. 3 UmwG genannten Unterlagen für einen Monat seit Abschluss des Verschmelzungsvertrages (§ 62 Abs. 5 S. 3 UmwG)
- Spätestens zeitgleich damit Zuleitung an den Betriebsrat (§ 62 Abs. 5 S. 4 i. V. m. § 5 Abs. 3 UmwG)
- Einberufung der Squeeze-Out Hauptversammlung
- Auslegung des Verschmelzungsvertrages oder seines Entwurfs zur Einsicht der Aktionäre (§ 62 Abs. 5 S. 5 UmwG i. V. m. § 327 c Abs. 3 AktG)
- Hauptversammlung mit Übertragungsbeschluss – spätestens drei Monate nach Abschluss des Verschmelzungsvertrages, § 62 Abs. 5 S. 1 UmwG;
- Anmeldung des Übertragungsbeschlusses mit dem Vermerk, dass dieser erst gleichzeitig mit der Eintragung der Verschmelzung im Register des Sitzes der übernehmenden AG/KGaA wirksam wird (§ 62 Abs. 5 S. 6 UmwG)
- Abschluss der Verschmelzung mit den in § 62 Abs. 5 UmwG vorgesehenen Erleichterungen (Auslegung von Unterlagen, Zuleitung an Betriebsrat)[103]
- Eintragung des Übertragungsbeschlusses; dieser ist mit dem Vermerk zu versehen, dass er erst gleichzeitig mit der Eintragung der Verschmelzung im Register des Sitzes der übernehmenden AG wirksam wird, § 62 Abs. 5 S. 7 UmwG.

Ein Verschmelzungsbeschluss ist weder beim übertragenden noch beim übernehmenden Rechtsträger erforderlich; für den übertragenden Rechtsträger ergibt sich dies aus § 62 Abs. 4 S. 2 UmwG: für den übernehmenden Rechtsträger ergibt sich dies aus § 62 Abs. 1 S. 1 UmwG. Bei der übernehmenden AG/KGaA kann sich ausnahmsweise ein solches Beschlusserfordernis ergeben, wenn Aktionäre, die zusammen mindestens 5% am Grundkapital des übernehmenden Rechtsträgers halten, eine Beschlussfassung verlangen.[104]

ee) Verschmelzung der KGaA auf ihren persönlich haftenden Gesellschafter. Soweit der persönlich haftende Gesellschafter einer KGaA eine Rechtsform hat, die Zielrechtsform einer Verschmelzung gemäß § 3 Abs. 1 UmwG sein kann[105] kommt eine Verschmelzung der KGaA auf ihren persönlich haftenden Gesellschafter in Betracht.

Hat der übernehmende persönlich haftende Gesellschafter der KGaA eine Vermögenseinlage geleistet, so ist das **Schicksal dieser Vermögenseinlage** im Verschmelzungsvertrag gesondert **zu regeln**. Hierbei ist zwischen einer auf das Grundkapital geleisteten Vermögenseinlage und einer Sondereinlage des persönlich haftenden Gesellschafters gemäß § 281 Abs. 2 AktG zu unterscheiden.

Falls der übernehmende persönlich haftende Gesellschafter eine Vermögenseinlage auf das Grundkapital der übertragenden KGaA geleistet hat, also **zugleich**

---

[101] *Rieger* in Widmann/Mayer EL 135 UmwR § 62 UmwG Rn. 123.
[102] Zu Besonderheiten des Verschmelzungsvertrages vgl. unten § 11 Rn. 64.
[103] Zu Erleichterungen vgl. unten § 11 Rn. 74 und 75.
[104] *Hofmeister* NZG 2012, 688, 690; vgl. auch oben § 11 Rn. 42.
[105] Vgl. hierzu oben § 11 Rn. 20.

Kommanditaktionär der KGaA ist, liegt in seiner Person ein der Verschmelzung einer Tochtergesellschaft auf ihre Muttergesellschaft vergleichbarer Fall vor. Soweit nicht bereits aufgrund der Rechtsform des übernehmenden persönlich haftenden Gesellschafters ein Erwerb eigener Anteile ausgeschlossen ist,[106] greifen die Kapitalerhöhungsverbote der §§ 54 Abs. 1 Ziff. 1, 68 Abs. 1 Ziff. 1 UmwG.

Falls der übernehmende persönlich haftende Gesellschafter eine **Sondereinlage** gemäß § 281 Abs. 2 AktG geleistet hat, gilt Folgendes: Grundsätzlich führt die Verschmelzung der KGaA auf einen anderen Rechtsträger zum Ausscheiden ihrer persönlich haftenden Gesellschafter mit der Folge, dass diese mit Wirksamwerden der Verschmelzung einen Anspruch gegen den übernehmenden Rechtsträger auf Auszahlung ihres Auseinandersetzungsguthabens erwerben.[107] Diese Rechtsfolge trifft bei der Verschmelzung der KGaA auf einen persönlich haftenden Gesellschafter für diejenigen persönlich haftenden Gesellschafter zu, die nicht übernehmender Rechtsträger sind. Für den übernehmenden persönlich haftenden Gesellschafter gilt diese Rechtsfolge nicht. Der potentielle Abfindungsanspruch des übernehmenden persönlich haftenden Gesellschafters würde sich gegen diesen selber richten und damit durch Konfusion erlöschen. Dem übernehmenden persönlich haftenden Gesellschafter fällt seine in das Vermögen der KGaA geleistete Sondereinlage mit Wirksamkeit der Verschmelzung im Wege der Gesamtrechtsnachfolge zu.

46 **ff) Verschmelzung persönlich haftender Gesellschafter auf die KGaA.** Bei der Verschmelzung des persönlich haftenden Gesellschafters auf die KGaA sind die Fälle, in denen **ein** persönlich haftender Gesellschafter auf die KGaA verschmolzen wird zu unterscheiden von den Fällen, in denen **der letzte** persönlich haftende Gesellschafter auf die KGaA verschmolzen wird.

(i) Verschmelzung eines (von mehreren) persönlich haftenden Gesellschafters auf die KGaA:

47 In dem Verschmelzungsvertrag sind den Anteilsinhabern des übertragenden persönlich haftenden Gesellschafters als Gegenleistung für ihre untergehende Beteiligung an dem übertragenden persönlich haftenden Gesellschafter grundsätzlich Kommanditaktien der aufnehmenden KGaA zu gewähren; insoweit ist bei der KGaA eine **Kapitalerhöhung** gemäß § 69 Abs. 1 UmwG durchzuführen, soweit nicht § 68 UmwG zur Anwendung kommt.[108] Hier liegt weder ein Anwendungsfall des § 68 Abs. 1 S. 1 UmwG noch des § 68 Abs. 1 S. 2 UmwG vor. In Betracht kommt hingegen ein Verzicht auf die Durchführung der Kapitalerhöhung nach § 68 Abs. 1 S. 3 UmwG.

Für die Kapitalerhöhung bei der KGaA ist es unerheblich, ob der zu verschmelzende persönlich haftende Gesellschafter eine Sondereinlage in die übernehmende KGaA geleistet hat. Eine etwa geleistete Sondereinlage ist im Rahmen der Ermittlung des Verschmelzungs- bzw. Umtauschverhältnisses zu berücksichtigen. Gegenstand einer Kapitalerhöhung bei der KGaA kann die Sondereinlage jedoch nicht sein, da sie von dem zu verschmelzenden persönlich haftenden Gesellschafter und nicht von dessen Anteilsinhabern geleistet wurde. Mit Wirksamwerden der Ver-

---

[106] So z. B. bei Personenhandelsgesellschaften und Genossenschaften.
[107] Vgl. unten § 11 Rn. 69.
[108] Vgl. oben § 11 Rn. 40 f.

schmelzung erlischt der zu verschmelzende persönlich haftende Gesellschafter; sein Anspruch auf Rückzahlung der Sondereinlage gegen die KGaA geht im Rahmen der Verschmelzung auf diese über und erlischt durch Konfusion. Die Sondereinlage ist nunmehr im Eigenkapital als Kapitalrücklage gemäß § 272 Abs. 2 Ziff. 4 HGB auszuweisen.

Neben dem Zustimmungsbeschluss der Kommanditaktionäre bedarf es einer Zustimmung der persönlich haftenden Gesellschafter (§ 78 S. 3 UmwG). Aus Vorsichtsgründen sollte diese Zustimmung nicht nur von dem oder den verbleibenden persönlich haftenden Gesellschaftern eingeholt werden, sondern auch von dem auf die KGaA zu verschmelzenden persönlich haftenden Gesellschafter erklärt werden; es sei denn die Satzung der KGaA sieht hierfür eine Mehrheitsentscheidung der persönlich haftenden Gesellschafter vor, welche durch die übrigen persönlich haftenden Gesellschafter erreicht wird.

(ii) Verschmelzung eines persönlich haftenden Gesellschafters auf die KGaA bei Einheitsgesellschaft

Bei der Einheitsgesellschaft ist Anteilsinhaber des zu verschmelzenden persönlich haftenden Gesellschafters ganz oder teilweise die KGaA selbst. Insoweit ergeben sich Abweichungen zu (i) bezüglich der Kapitalerhöhung. Hier greift § 68 Abs. 1 Ziff. 1 UmwG: die KGaA darf ihr Grundkapital nicht erhöhen, soweit sie Anteile an dem zu verschmelzenden persönlich haftenden Gesellschafter innehat. Vielmehr findet bei ihr insoweit lediglich ein Aktivtausch statt. Sofern noch andere Personen Anteilsinhaber des zu verschmelzenden persönlich haftenden Gesellschafters sind, gelten die Ausführungen unter (i) entsprechend. 48

(iii) Verschmelzung des einzigen persönlich haftenden Gesellschafters auf die KGaA

Die Verschmelzung des einzigen persönlich haftenden Gesellschafters auf die KGaA würde zur Auflösung der KGaA führen.[109] 49

b) Fristen. Bei der Vorbereitung der Verschmelzung sind eine Reihe von **Fristen** nach dem UmwG zu berücksichtigen. 50

aa) Acht-Monats-Frist. Die regelmäßig wichtigste Frist ist die **Acht-Monats-Frist** des § 17 Abs. 2 S. 4 UmwG: Bei der Anmeldung der Verschmelzung ist für jeden übertragenden Rechtsträger eine **Schlussbilanz** dieses Rechtsträgers beizufügen, deren Bilanzstichtag im Zeitpunkt der Anmeldung der Verschmelzung zum Handelsregister nicht mehr als acht Monate zurückliegen darf. Für steuerliche Zwecke ordnet § 2 Abs. 1 S. 1 UmwStG die Verknüpfung des steuerlichen Übertragungsstichtags mit dem Stichtag der Schlussbilanz, die dem Vermögensübergang zugrunde liegt, an.[110] Soll bei einem auf den 31.12. endenden Geschäftsjahr die Jahresabschlussbilanz als Schlussbilanz für die Verschmelzung zugrunde gelegt werden, ist der 31.8. des Folgejahres der letztmögliche Tag der Anmeldung der Verschmelzung zum Handelsregister. Sofern die Jahresschlussbilanz nicht verwendet werden soll oder wegen Überschreitung der Acht-Monats-Frist nicht mehr

---

[109] Hierzu bereits ausführlich unter § 8 Rn. 28 ff.; vgl. auch unten § 11 Rn. 173.
[110] *Hörtnagl* in Schmitt/Hörtnagl/Stratz UmwStG § 2 Rn. 1, 20 m.w.N.; UmwStE 2011 Tz 02.03.

verwendet werden kann, bedarf es der Erstellung einer Schlussbilanz auf einen Stichtag, der bei Anmeldung der Verschmelzung nicht länger als acht Monate zurück liegen darf. Der damit verbunde Zeitaufwand ist bei Planung zu berücksichtigen. Dies gilt umso mehr, als nach § 17 Abs. 2 S. 2 UmwG die allgemeinen handelsrechtlichen Vorschriften für die Jahresbilanz und deren Prüfung für die Schlussbilanz entsprechend gelten. Dies hat zur Folge, dass die Schlussbilanz von einem Abschlussprüfer zu prüfen ist, wenn der Jahresabschluss des übertragenden Rechtsträgers kraft Gesetzes (§§ 316, 267 Abs. 1 HGB) oder kraft Satzungsbestimmung prüfungspflichtig ist.

51 Neben der ggf. erforderlichen gesonderten Schlussbilanz ist bei der Verschmelzung einer KGaA eine zusätzliche **Zwischenbilanz** erforderlich, sofern sich der letzte Jahresabschluss auf ein Geschäftsjahr bezieht, das mehr als sechs Monate vor dem Abschluss des Verschmelzungsvertrags oder der Aufstellung seines Entwurfs abgelaufen ist (§§ 78, 63 Abs. 1 Nr. 3 UmwG). Dies ist beispielsweise dann der Fall, wenn der letzte Jahresabschluss auf ein zum 31.12. endendes Geschäftsjahr lautet, der Verschmelzungsvertrag innerhalb der Acht-Monats-Frist im Juli des Folgejahres abgeschlossen oder entworfen wird und bis zum 31.8. des Folgejahres angemeldet wird. Auch diese Zwischenbilanz ist nach den Vorschriften aufzustellen, die auf die letzte Jahresbilanz des Rechtsträgers angewendet worden sind (§ 63 Abs. 2 S. 1 UmwG).

52 **bb) Zuleitung an Betriebsräte.** Weiterhin ist die **Monats-Frist** des § 5 Abs. 3 UmwG zu beachten. Diese bestimmt, dass der **Verschmelzungsvertrag** oder sein Entwurf einen Monat vor dem Tage der Versammlung der Anteilsinhaber jedes der beteiligten Rechtsträger dem zuständigen **Betriebsrat** des jeweiligen Rechtsträgers **zuzuleiten** ist.[111] Diese Pflicht entfällt, wenn keiner der beteiligten Rechtsträger einen Betriebsrat hat.[112] Der Betriebsrat kann auf die Einhaltung der Monatsfrist **verzichten**;[113] umstritten ist, ob er auch auf die Zuleitung als solche verzichten kann.[114] Da die Zuleitung an den Betriebsrat ausschließlich seinem Schutz dient, ist richtigerweise davon auszugehen, dass er auch auf die Zuleitung als solche verzichten kann. In der Praxis sollte dies mit dem jeweils zuständigen Registergericht vorab geklärt werden. Anderenfalls sollte aus Vorsichtsgründen stets eine Zuleitung erfolgen und erforderlichenfalls lediglich ein Verzicht auf die Einhaltung der Monatsfrist eingeholt werden.

53 **cc) Auslegung Unterlagen.** Bei Konzernverschmelzungen, bei denen übertragender Rechtsträger eine Kapitalgesellschaft und übernehmender Rechtsträger eine AG oder KGaA ist, ist die **Monats-Frist** zur Auslegung von Unterlagen nach **§ 62 Abs. 3 UmwG** zu beachten: einen Monat vor der Versammlung des übertragenden Rechtsträgers zur Beschlussfassung über die Verschmelzung sind in den Geschäftsräumen des übernehmenden Rechtsträgers die in § 63 UmwG genannten

---

[111] Vgl. § 11 Rn. 75.
[112] *Stratz* in Schmitt/Hörtnagl/Stratz UmwG § 5 Rn. 107.
[113] *Simon* in Semler/Stengel UmwG § 5 Rn. 145; *Stratz* in Schmitt/Hörtnagl/Stratz UmwG § 5 Rn. 114; *Marsch-Barner* in Kallmeyer UmwG § 5 Rn. 77b.
[114] Dies bejahend: *Simon* in Semler/Stengel UmwG § 5 Rn. 146; *Mayer* in Widmann/Mayer UmwR § 5 UmwG Rn. 266; *Melchior* GmbHR 1996, 833, 836 f.; dies verneinend: *Willemsen* in Kallmeyer UmwG § 5 Rn. 77b; OLG Naumburg v. 17.3.2003 – 7 Wx 6/02 = NZG 2004, 734.

Unterlagen auszulegen. Soweit keine Konzernverschmelzung vorliegt; gilt für die Auslegung von Unterlagen § 63 UmwG.[115]

c) Ermittlung Umtauschverhältnis. Eine der wohl schwierigsten Aufgaben 54
im Rahmen einer Verschmelzung ist die Ermittlung des Umtauschverhältnisses. Denn für das Umtauschverhältnis der Anteile des bei der Verschmelzung untergehenden Rechtsträgers gegen Anteile des aufnehmenden Rechtsträgers sind die **Unternehmenswerte** der beteiligten Rechtsträger maßgebend; es ist das Vermögen des übertragenden Rechtsträgers und das des übernehmenden Rechtsträgers zu bewerten.[116] Der **Bewertungsstichtag** muss für die Ermittlung der Unternehmenswerte aller an der Verschmelzung beteiligten Rechtsträger einheitlich bestimmt sein.[117] Das UmwG legt nicht fest, welcher Tag Bewertungsstichtag sein soll. Faktisch erfolgt die Bewertung auf Basis des Kenntnisstandes zu einem Zeitpunkt zwischen dem Schlussbilanzstichtag und dem Zeitpunkt der Beschlussfassung der Anteilsinhaber des übertragenden Rechtsträgers[118] Technischer Bewertungsstichtag ist regelmäßig der Verschmelzungsstichtag.[119] Die beteiligten Gesellschaften werden häufig überfordert sein, eigenständig die Unternehmensbewertungen vorzunehmen und das Umtauschverhältnis zu ermitteln; sie werden daher hierzu Wirtschaftsprüfer einschalten, die das Umtauschverhältnis ermitteln. Diese **Wertermittlungsprüfer** können mit den Jahresabschlussprüfern der beteiligten Rechtsträger identisch sein.[120]

Befinden sich alle Anteile eines übertragenden Rechtsträgers in der Hand des übernehmenden Rechtsträgers entfallen gemäß **§ 5 Abs. 2 UmwG** die Angaben zum Umtauschverhältnis.

d) Entwurf Verschmelzungsvertrag. Der Verschmelzungsvertrag ist das notariell zu beurkundende vertragliche **Kernstück einer Verschmelzung**, welches 55
von den Vertretungsorganen aller an der Verschmelzung beteiligten Rechtsträger abgeschlossen wird. Dies sind bei der KGaA grundsätzlich der oder die persönlich haftenden Gesellschafter in vertretungsberechtigter Zahl (§ 78 S. 2 UmwG). Wird entweder die KGaA auf ihren persönlich haftenden Gesellschafter oder werden die persönlich haftenden Gesellschafter auf die KGaA verschmolzen, hat die Vertretung der KGaA gleichermaßen gemäß §§ 278 Abs. 2 AktG, 161 Abs. 2, 125 HGB durch den persönlich haftenden Gesellschafter selbst zu erfolgen, soweit die Voraussetzungen des § 181 BGB erfüllt sind.

aa) Mindestinhalt. Der **Mindestinhalt** des Verschmelzungsvertrages wird 56
durch § 5 Abs. 1 UmwG weitgehend vorgegeben. Obwohl das Gesetz nicht die

---

[115] Vgl. unten § 11 Rn. 76.
[116] *Bula/Pernegger* in Sagasser/Bula Umwandlungen § 9 Rn. 80; *Mayer* in Widmann/Mayer EL 136 UmwR § 5 UmwG Rn. 96; OLG Frankfurt a. M., *Beschl.* v. 20.4.2012 – 21 W 31/11 = NZG 2013, 104.
[117] *Bula/Pernegger* in Sagasser/Bula/Brünger Umwandlungen § 9 Rn. 80; *Mayer* in Widmann/Mayer EL 136 UmwR § 5 UmwG Rn. 131.
[118] *Zeidler* in Semler/Stengel UmwG § 9 Rn. 42; *Bula/Pernegger* in Sagasser/Bula/Brünger Umwandlungen § 9 Rn. 82; *Mayer* in Widmann/Mayer EL 136 UmwR § 5 UmwG Rn. 131.
[119] *Zeidler* in Semler/Stengel UmwG § 9 Rn. 42; *Mayer* in Widmann/Mayer EL 136 UmwR § 5 UmwG Rn. 131; *Stratz* in Schmitt/Hörtnagl/Stratz UmwG § 5 Rn. 29; zum Verschmelzungsstichtag siehe unten Rn. 60.
[120] BGH DB 2003, 383, 384 mit Anmerkung *Marx* DB 2003, 431 ff.

ausdrückliche Nennung des Begriffes Verschmelzung im Vertragswortlaut fordert, ist der Einfachheit und Klarheit halber hier eine möglichst weitgehende Orientierung am Gesetzestext (§ 2 UmwG) zu empfehlen.[121]

In der **Praxis empfiehlt es sich,** hinsichtlich des in § 5 Abs. 1 UmwG enthaltenen Kataloges, den Wortlaut und die Reihenfolge der Mindestangaben weitestgehend angelehnt an die gesetzlichen Regelungen zu formulieren. Soweit im Einzelfall zu einigen der in diesem Katalog genannten Punkte keine Angaben zu machen sind, sollte dies durch entsprechende Negativangaben deutlich gemacht werden. Nach **§ 5 Abs. 1 UmwG** hat der Verschmelzungsvertrag mindestens Angaben über den Namen und Sitz (Nr. 1), die Vermögensübertragung sowie die Anteilsgewährung (Nr. 2), das Umtauschverhältnis (Nr. 3), die Einzelheiten der Übertragung (Nr. 4), den Zeitpunkt der Gewinnberechtigung (Nr. 5), den Verschmelzungsstichtag (Nr. 6), die Gewährung besonderer Rechte (Nr. 7), die Gewährung besonderer Vorteile (Nr. 8) sowie die Folgen der Verschmelzung für Arbeitnehmer und deren Vertretungen (Nr. 9) zu enthalten.

57 Die Angabe von Namen und Sitz der an der Verschmelzung beteiligten Rechtsträger dient der hinreichenden Bestimmung der Vertragsparteien des Verschmelzungsvertrages. Im Zusammenhang mit diesen Angaben ist im Verschmelzungsvertrag klarzustellen, bei welcher der Gesellschaften es sich um die übernehmende und bei welcher es sich um die übertragende Gesellschaft handelt.

58 Kernstück des Verschmelzungsvertrages und Ausdruck der Gesamtrechtsnachfolge der Verschmelzung ist die Bestimmung, dass die **Übertragung des Vermögens als Ganzes gegen Gewährung von Anteilen** an der übernehmenden Gesellschaft auf die übernehmende Gesellschaft erfolgt (**§ 5 Abs. 1 Nr. 2 UmwG**).

Im Anschluss an die Bestimmung der Gewährung neuer Anteile sowie des **Umtauschverhältnisses (§ 5 Abs. 1 Nr. 3 UmwG)** sind Einzelheiten über die Übertragung der Anteile und den Erwerb von Mitgliedschaften aufzunehmen (**§ 5 Abs. 1 Nr. 4 UmwG**). Besondere Bedeutung erlangen diese Angaben bei Beteiligung einer AG oder **KGaA** als übernehmender oder neuer Rechtsträger. In diesen Fällen ergibt sich aus §§ 71 Abs. 1, 73, 78 UmwG für jeden übertragenden Rechtsträger das Erfordernis, einen **Treuhänder** zu bestellen, der die den Anteilsinhabern der übertragenden Gesellschaft zu gewährenden Anteile entgegennimmt und den Aktienumtausch abwickelt. Treuhänder kann jede natürliche oder juristische Person sein, auch eine Personenmehrheit.[122] Eine Unabhängigkeit des Treuhänders von den an der Verschmelzung beteiligten Rechtsträgern ist nicht vorgeschrieben; auf Grund des Zwecks der Treuhänderbestellung zum Schutz der Anteilsinhaber empfiehlt es sich jedoch, einen unabhängigen Treuhänder zu bestellen.[123] Mehrere übertragende Rechtsträger können einen gemeinsamen Treuhänder bestellen.[124] In der Praxis wird die Funktion des Treuhänders regelmäßig von Banken, Treuhandgesellschaften, Rechtsanwälten oder Notaren

---

[121] *Mayer* in Widmann/Mayer EL 136 UmwR § 5 UmwG Rn. 12; *Schröer* in Semler/Stengel UmwG § 5 Rn. 6.

[122] *Stratz* in Schmitt/Hörtnagl/Stratz UmwG § 71 UmwG Rn. 2; *Diekmann* in Semler/Stengel UmwG § 71 Rn. 5; *Rieger* in Widmann/Mayer EL 90 UmwR § 7 UmwG Rn. 7; *Marsch-Barner* in Kallmeyer UmwG § 71 Rn. 5.

[123] *Diekmann* in Semler/Stengel UmwG § 71 Rn. 5; *Rieger* in Widmann/Mayer EL 90 UmwR § 7 UmwG Rn. 7.

[124] *Stratz* in Schmitt/Hörtnagl/Stratz UmwG § 71 UmwG Rn. 3 (h.M.).

übernommen,[125] deren genaue Bezeichnung in den Verschmelzungsvertrag aufzunehmen ist.[126] Zwischen dem Treuhänder und dem übertragenden Rechtsträger wird typischerweise ein **Auftrags- oder ein Geschäftsbesorgungsvertrag** gemäß §§ 662, 611, 675 BGB abgeschlossen.[127] Dieses Rechtsverhältnis entsteht erst mit der Annahme der Bestellung durch den Treuhänder, nicht bereits mit der Bestellung des Treuhänders im Verschmelzungsvertrag.[128] Mit Wirksamwerden der Verschmelzung wird der übernehmende Rechtsträger als Gesamtrechtsnachfolger des übertragenden Rechtsträgers Vertragspartner des Treuhänders.[129]

Auch die Höhe von etwaig zu leistenden **baren Zuzahlungen** zum Ausgleich von Rundungsdifferenzen bei einem krummen Umtauschverhältnis ist im Verschmelzungsvertrag festzulegen. Durch diese können verbleibende **Spitzenbeträge** in Höhe von maximal 10% des Gesamtnennbetrags der zu gewährenden Anteile ausgeglichen werden (§§ 54 Abs. 4, 68 Abs. 3, 87 Abs. 2 UmwG).[130] Nach allgemeiner Ansicht können Zuzahlungen auch dann gewährt werden, wenn sie für den Spitzenausgleich nicht notwendig sind.[131] Für alle baren Zuzahlungen gilt jedoch, dass sie 10% des Gesamtnennbetrags der zu gewährenden Anteile nicht übersteigen dürfen und zudem nur in Form von Geldleistungen und nicht in Form von Sachwerten zulässig sind.[132]

Festzulegen ist weiterhin der **Zeitpunkt**, ab dem die den Gesellschaftern des übertragenden Rechtsträgers zu gewährenden Anteile an dem übernehmenden Rechtsträger **gewinnberechtigt** sind (§ 5 Abs. 1 Nr. 5 UmwG). Die beteiligten Rechtsträger können diesen Zeitpunkt frei bestimmen.[133] In der Praxis fällt dieser Zeitpunkt gleichwohl in der Regel sinnvollerweise mit dem Verschmelzungsstichtag zusammen.[134] Grundsätzlich kann im Verschmelzungsvertrag der Zeitpunkt der Gewinnberechtigung auch flexibel geregelt werden, abhängig vom Tag des Wirksamwerdens der Verschmelzung. In diesem Fall haben die Anteilsinhaber des übertragenden Rechtsträgers für den Zeitraum der Verzögerung der Eintragung keinen Anspruch auf Gewinnbeteiligung an der vom übernehmenden Rechtsträger ausgeschütteten Dividende.[135]

59

---

[125] *Rieger* in Widmann/Mayer EL 90 UmwR § 7 UmwG Rn. 7; *Marsch-Barner* in Kallmeyer UmwG § 71 Rn. 5; *Sagasser/Luke* in Sagasser/Bula/Brünger Umwandlungen § 9 Rn. 145.

[126] *Sagasser/Luke* in Sagasser/Bula/Brünger Umwandlungen § 9 Rn. 145.

[127] *Diekmann* in Semler/Stengel UmwG § 71 Rn. 7; *Marsch-Barner* in Kallmeyer UmwG § 71 Rn. 6; *Rieger* in Widmann/Mayer EL 90 UmwR § 7 UmwG Rn. 9.

[128] *Diekmann* in Semler/Stengel UmwG § 71 Rn. 7; *Marsch-Barner* in Kallmeyer UmwG § 71 Rn. 6; *Rieger* in Widmann/Mayer EL 90 UmwR § 7 UmwG Rn. 9.

[129] *Diekmann* in Semler/Stengel UmwG § 71 Rn. 7; *Rieger* in Widmann/Mayer EL 90 UmwR § 7 UmwG Rn. 9.

[130] *Stratz* in Schmitt/Hörtnagl/Stratz UmwG § 5 UmwG Rn. 65.

[131] *Schröer* in Semler/Stengel UmwG § 5 Rn. 31 m.w.N.

[132] So die ganz h.M.: *Mayer* in Widmann/Mayer EL 136 UmwR § 5 UmwG Rn. 65; *Marsch-Barner* in Kallmeyer UmwG § 5 Rn. 22; **a.A.** *Stratz* in Schmitt/Hörtnagl/Stratz UmwG § 5 Rn. 66.

[133] Vgl. RegBegr BR-Drs. 75/94 zu § 5 Abs. 1 Nr. 5, 6 UmwG; BT-Drs. 12/6699 S. 82 zu § 5 UmwG.

[134] *Marsch-Barner* in Kallmeyer UmwG § 5 Rn. 35; *Schwedhelm* Die Unternehmensumwandlung Rn. 993; zum Verschmelzungsstichtag siehe § 11 Rn. 167 ff.

[135] BGH v. 4.12.2012 = WM 2013, 325.

60 **Verschmelzungsstichtag** ist der Zeitpunkt, von dem an die Handlungen der übertragenden Rechtsträger **als für Rechnung des übernehmenden Rechtsträgers vorgenommen gelten (§ 5 Abs. 1 Nr. 6 UmwG).** Dieser Stichtag regelt damit das Innenverhältnis der beteiligten Rechtsträger, wohingegen der Stichtag der Gewinnberechtigung das Innenverhältnis der beteiligten Anteilsinhaber betrifft.[136] Auch der Verschmelzungsstichtag kann von den Parteien des Verschmelzungsvertrages **frei bestimmt** werden.[137] Der Verschmelzungsstichtag ist zu unterscheiden von dem steuerlichen Übertragungsstichtag und von dem Stichtag der handelsrechtlichen Schlussbilanz. Steuerlicher Übertragungsstichtag und Stichtag der handelsrechtlichen Schlussbilanz sind gem. § 2 Abs. 1 S. 1 UmwStG zwingend identisch. **Steuerlicher Übertragungsstichtag** ist gemäß § 2 Abs. 1 UmwStG der Tag, auf den der übertragende Rechtsträger die handelsrechtliche Schlussbilanz aufzustellen hat.[138] Der steuerliche Übertragungsstichtag geht zwingend dem Verschmelzungsstichtag unmittelbar voraus.[139] Der Zweck der Schlussbilanz bedingt, dass der **Stichtag der handelsrechtlichen Schlussbilanz** nicht frei bestimmt werden kann, da eine Abhängigkeit zum Verschmelzungsstichtag besteht.[140] Nach anderer Auffassung ist eine Verknüpfung zwischen dem Stichtag der Schlussbilanz und dem Verschmelzungsstichtag zwar sinnvoll, aber nicht zwingend.[141] Wenn also die Schlussbilanz des übertragenden Rechtsträgers auf den 31. Dezember erstellt wird, ist Verschmelzungsstichtag der 1. Januar. Falls der Verschmelzungsstichtag so gewählt wird, dass der Stichtag der letzten Jahresbilanz nicht mit dem steuerlichen Übertragungsstichtag übereinstimmt, ist eine **Zwischenbilanz** als handelsrechtliche Schlussbilanz zu erstellen.

Wenn mit Komplikationen, insbesondere aufgrund von Anfechtungsklagen, zu rechnen ist, kann ein **variabler Verschmelzungsstichtag** vereinbart werden.[142] Die Anwendung solcher variabler Stichtagsregelungen hat jedoch regelmäßig den nicht zu unterschätzenden Nachteil, dass sich die dem ermittelten Umtauschverhältnis zugrunde gelegte Verschmelzungswertrelation bei Änderung des Verschmelzungsstichtages ebenfalls deutlich verschiebt.[143] Vorzuziehen ist daher in aller Regel die Vereinbarung eines **fixen Verschmelzungsstichtages** verbunden mit einem Hauptversammlungsbeschluss, durch den auch die Aktionäre der übernehmenden Gesellschaft bis zum Zeitpunkt der Eintragung der Verschmelzung auf eine Ausschüttung der Gewinne verzichten.[144]

---

[136] *Stratz* in Schmitt/Hörtnagl/Stratz UmwG § 5 Rn. 73.
[137] Vgl. RegEBegr BR-Drs. 75/94 zu § 5 Abs. 1 Nr. 5, 6 UmwG.
[138] BMF v. 11.11.2011, IV C 2 – S 1978 – b/08/10001, DOK 2011/0903665, BStBl I 2011, 1314 ff., UmwSt-Erlass Tz. 02.01 ff.
[139] H.M., vgl. *Hörtnagl* in Schmitt/Hörtnagl/Stratz UmwG § 17 Rn. 37 m.w.N., *Schröer* in Semler/Stengel UmwG § 5 Rn. 57; *Sparfeld* Verschmelzung, Rn. 20; offengelassen Niedersächsisches FG v. 26.9.2007, 3 K 1155/02, EFG 2008, 263.
[140] *Hörtnagl* in Schmitt/Hörtnagl/Stratz UmwG § 17 Rn. 10 und 37.
[141] *Mayer* in Widmann/Mayer EL 136 UmwR § 5 UmwG Rn. 158–160; *Müller* in Kallmeyer UmwG § 5 Rn. 33 f.
[142] *Mayer* in Widmann/Mayer EL 136 UmwR § 5 UmwG Rn. 164; *Schröer* in Semler/Stengel UmwG § 5 Rn. 62 ff.
[143] Ausführlich zu den Nachteilen variabler Stichtagsregelungen *Schütz/Fett* DB 2002, 2696 f.
[144] So mit ausführlichen Erläuterungen *Schütz/Fett* DB 2002, 2696, 2698.

Soweit **mehrere übertragende Rechtsträger** mit unterschiedlichen Geschäftsjahren an der Verschmelzung beteiligt sind, kann es sinnvoll sein, trotz damit gegebenfalls verbundener praktischer Schwierigkeiten unterschiedliche Verschmelzungsstichtage zu wählen. Diese Gestaltung wird als zulässig angesehen, da die Festlegung eines einheitlichen Verschmelzungsstichtages nicht zwingend ist.[145]

Der Verschmelzungsvertrag hat ferner Ausführungen zu **Sonderrechten** einzelner Anteilsinhaber sowie die zum Ausgleich dieser Rechte vorgesehenen Maßnahmen zu enthalten. **§ 5 Abs. 1 Nr. 7** UmwG nennt als Sonderrechte beispielhaft Anteile ohne Stimmrecht, Vorzugsaktien, Mehrstimmrechtsaktien, Schuldverschreibungen und Genußrechte. Diese Aufzählung zeigt bereits, dass derartige Sonderrechte in der Praxis insbesondere bei einer Aktiengesellschaft oder KGaA relevant werden. Durch entsprechende Angaben sollen die nicht begünstigten Anteilsinhaber in die Lage versetzt werden, die Einhaltung des Gleichbehandlungsgrundsatzes überprüfen zu können.[146]

61

Ebenso der Transparenz dient die in **§ 5 Abs. 1 Nr. 8 UmwG** geforderte Offenlegung der im Rahmen der Verschmelzung vereinbarten **Vorteilsgewährungen an Vertretungs- oder Aufsichtsorgane** der beteiligten Rechtsträger, den geschäftsführenden persönlich haftenden Gesellschafter, den Abschluss- sowie den Verschmelzungsprüfer. Offen zu legen sind sämtliche Vergünstigungen jeglicher Art.[147] Zu denken ist hier insbesondere an Abfindungszahlungen für ausscheidende Organmitglieder; die üblichen Prüfungshonorare der verschiedenen Prüfer fallen nicht hierunter.[148]

62

Zusagen an Organmitglieder des übertragenden Rechtsträgers **für eine Bestellung in ein Organ** des übernehmenden Rechtsträgers sind ebenfalls in den Verschmelzungsvertrag aufzunehmen, obwohl diese unverbindlich sind. Denn über die Besetzung dieser Organe entscheiden zwingend jeweils die gesetzlich bestimmten Gremien bei der übernehmenden Gesellschaft; dennoch sollen die Anteilsinhaber über alle auch nur faktischen Vorteile informiert werden.[149]

Nach **§ 5 Abs. 1 Nr. 9 UmwG** sind weiterhin die **Folgen** der Verschmelzung **für die Arbeitnehmer** der beteiligten Rechtsträger **und ihrer Vertretungen** sowie die insoweit vorgesehenen Maßnahmen in den Verschmelzungsvertrag aufzunehmen. Diese Berichtspflicht gilt auch, soweit die Folgen für die Arbeitnehmer und ihrer Vertretungen aufgrund gesetzlicher Bestimmungen eintreten. Die Angaben im Verschmelzungsvertrag haben reinen Berichtscharakter und können mangels Regelungsinhalt **keine Rechtsansprüche** der Arbeitnehmer oder ih-

63

---

[145] *Stratz* in Schmitt/Hörtnagl/Stratz UmwG § 5 Rn. 80; *Müller* in Kallmeyer UmwG § 5 Rn. 37; *Mayer* in Widmann/Mayer EL 136 UmwR § 5 UmwG Rn. 166.
[146] *Stratz* in Schmitt/Hörtnagl/Stratz UmwG § 5 UmwG Rn. 82; *Marsch-Barner* in Kallmeyer UmwG § 5 Rn. 40.
[147] *Mayer* in Widmann/Mayer EL 136 UmwR § 5 UmwG Rn. 171; *Sagasser/Luke* in Sagasser/Bula/Brünger Umwandlungen § 9 Rn. 160; *Marsch-Barner* in Kallmeyer UmwG § 5 Rn. 44 ff.
[148] *Mayer* in Widmann/Mayer EL 136 UmwR § 5 UmwG Rn. 173; *Sagasser/Luke* in Sagasser/Bula/Brünger Umwandlungen § 9 Rn. 160; *Marsch-Barner* in Kallmeyer UmwG § 5 Rn. 46.
[149] *Schröer* in Semler/Stengel UmwG § 5 Rn. 73; *Marsch-Barner* in Kallmeyer UmwG § 5 Rn. 46; *Sagasser/Luke* in Sagasser/Bula/Brünger Umwandlungen § 9 Rn. 160.

rer Vertretungen begründen.[150] Berichts- und Informationspflichten nach anderen Gesetzen, wie z. B. dem BetrVG, bleiben hiervon unberührt.[151]

Ungeklärt ist, was genau in den Verschmelzungsvertrag aufzunehmen ist; nach der Gesetzesbegründung sind die durch die Verschmelzung eintretenden individual- und kollektivrechtlichen Änderungen aufzuzeigen.[152] Unstreitig sind die **unmittelbaren Folgen** wie z. B. der Übergang von Arbeitsverhältnissen, Betriebsvereinbarungen, betrieblicher Altersversorgung etc. auf den aufnehmenden Rechtsträger (vgl. § 613a BGB, § 324 UmwG) aufzunehmen.[153] Die Darstellung **mittelbarer Folgen** der Verschmelzung (z. B. innerbetriebliche Umstrukturierung des aufnehmenden Rechtsträgers) wird man indes nicht fordern können.[154]

Inhaltlich sind also insbesondere Angaben über die Folgen für die Arbeitsverträge, für Betriebsvereinbarungen, für Tarifverträge, den Fortbestand von Betriebsräten, für die Mitbestimmung und die arbeitstrechtliche Organisation aufzunehmen.[155] Die vorgesehenen Maßnahmen sind nur insoweit darzustellen, als diese entweder bereits eingeleitet worden sind oder unmittelbar nach der Verschmelzung durch den übernehmenden Rechtsträger eingeleitet werden sollen.[156] Weiter sind diejenigen Maßnahmen und Folgen darzustellen, welche sich unmittelbar aus der Verschmelzung für die Arbeitnehmer ergeben, wie z. B. Änderungen der betrieblichen Struktur, die Verlegung oder Veränderung von Betriebsteilen, Betriebsänderungen i. S. d. §§ 111 ff. BetrVG.[157] Leitlinie für die **Tiefe der Darstellung** sollte das Ziel sein, den Betriebsrat und die Arbeitnehmer insoweit über die sich für sie aus der Verschmelzung ergebenden Konsequenzen zu informieren, dass diese ihre betriebsverfassungsrechtlichen und arbeitsrechtlichen Rechte wirksam wahrnehmen können.[158]

Unrichtige, unvollständige oder auch fehlende Angaben nach § 5 Abs. 1 Nr. 9 UmwG begründen **kein Anfechtungsrecht** der Anteilsinhaber der an der Verschmelzung beteiligten Rechtsträger, da die Angaben nach § 5 Abs. 1 Nr. 9 UmwG ausschließlich im Interesse der Arbeitnehmer und ihrer Vertretungen erfolgen, nicht hingegen im Interesse der Anteilsinhaber und auch keinen Regelungscha-

---

[150] *Simon* in Semler/Stengel UmwG § 5 Rn. 79; *Willemsen* in Kallmeyer UmwG § 5 Rn. 49.

[151] *Stratz* in Schmitt/Hörtnagl/Stratz UmwG § 5 Rn. 92 ff.; *Simon* in Semler/Stengel UmwG § 5 Rn. 79; *Willemsen* in Kallmeyer UmwG § 5 Rn. 48; *Mayer* in Widmann/Mayer EL 136 UmwR § 5 UmwG Rn. 179.

[152] *Simon* in Semler/Stengel UmwG § 5 Rn. 76; *Mayer* in Widmann/Mayer EL 136 UmwR § 5 UmwG Rn. 178.

[153] *Simon* in Semler/Stengel UmwG § 5 Rn. 82; *Mayer* in Widmann/Mayer EL 136 UmwR § 5 UmwG Rn. 181.

[154] So auch *Simon* in Semler/Stengel UmwG § 5 Rn. 84; *Mayer* in Widmann/Mayer EL 136 UmwR § 5 UmwG Rn. 182 ff. mit ausführlicher Begründung; *Willemsen* in Kallmeyer UmwG § 5 Rn. 50 ff.

[155] *Stratz* in Schmitt/Hörtnagl/Stratz UmwG/UmwStG § 5 UmwG Rn. 96; *Simon* in Semler/Stengel UmwG § 5 Rn. 86 ff.; *Mayer* in Widmann/Mayer EL 136 UmwR § 5 UmwG Rn. 186 ff.; *Willemsen* in Kallmeyer UmwG § 5 Rn. 53.

[156] *Willemsen* in Kallmeyer UmwG § 5 Rn. 53.

[157] *Willemsen* in Kallmeyer UmwG § 5 Rn. 55.

[158] *Simon* in Semler/Stengel UmwG § 5 Rn. 81; *Willemsen* in Kallmeyer UmwG § 5 Rn. 54.

rakter haben.[159] Ein Verstoß gegen § 5 Abs. 1 Nr. 9 UmwG hat auch keine Nichtigkeit zur Folge.[160] Der Registerrichter hat bzgl. der Angaben nach § 5 Abs. 1 Nr. 9 UmwG lediglich ein **formelles Prüfungsrecht**, kein materielles.[161] Die Eintragung der Verschmelzung wird wohl nur dann verweigert werden dürfen, wenn die Angaben vollständig fehlen.[162]

Beim Verschmelzungsvertrag im Rahmen eines **verschmelzungsrechtlichen** **64** **Squeeze-Out** entfallen die Angaben zur Anteilsgewährung.[163] Damit entfallen auch die Angaben nach § 5 Abs. 1 Nr. 3 bis 5 UmwG.[164] Gemäß § 62 Abs. 5 S. 2 UmwG muss der Verschmelzungsvertrag allerdings die Angabe enthalten, dass im Zusammenhang mit der Verschmelzung ein Ausschluss der Minderheitsaktionäre der übertragenden Gesellschaft erfolgen soll.

bb) Rechtsformspezifische Sonderregelungen. Der von § 5 Abs. 1 UmwG **65** aufgestellte Katalog von Mindestangaben gilt für alle Rechtsformen und wird für die einzelnen Rechtsträger durch die **rechtsformspezifischen Sonderregelungen** der §§ 29, 35, 40, 45b, 46, 56, 80, 96, 110, 114, 122c, 122i UmwG ergänzt; diese schreiben **weitere zwingende Angaben** vor für die Fälle, in denen Rechtsträger entsprechender Rechtsformen beteiligt sind.

Für **übertragende AGs** und **KGaAs** auf einen übernehmenden Rechtsträger, **66** bei dem die namentliche Benennung der Anteilsinhaber gesetzlich vorgeschrieben ist, ist das in **§ 35 UmwG** geregelte Erfordernis zur Benennung **unbekannter Aktionäre** im Verschmelzungsvertrag zu beachten. Hier ergibt sich eine Erleichterung dadurch, dass diese unbekannten Aktionäre mit einem Sammelvermerk bezeichnet werden können, soweit deren Anteile 5% des Grundkapitals der übertragenden AG/KGaA nicht überschreiten.

In Fällen von **Mischverschmelzungen**[165] oder im Falle der Verschmelzung **67** einer **börsennotierter Gesellschaft** auf eine nicht börsennotierte Gesellschaft hat der übertragende Rechtsträger gemäß **§ 29 Abs. 1 S. 1 UmwG** ein konkretes und angemessenes **Barabfindungsangebot** an die Anteilsinhaber des übertragenden Rechtsträgers, die gegen den Verschmelzungsbeschluss Widerspruch zur Niederschrift erklären, in den Verschmelzungsvertrag aufzunehmen – gegen Erwerb der Anteile oder Mitgliedschaften der widersprechenden Anteilsinhaber. Das Gleiche gilt gemäß **§ 29 Abs. 1 S. 2 UmwG** bei Verschmelzung von Rechtsträgern derselben Rechtsform im Falle der **Vinkulierung** der Anteile oder Mitgliedschaften an dem übernehmenden Rechtsträger. Den Kommanditaktionären steht in diesen Fällen somit ein **Austrittsrecht gegen Barabfindung** zu (§§ 78 S. 1 i.V.m. §§ 29 ff. UmwG).

---

[159] *Simon* in Semler/Stengel UmwG § 5 Rn. 98; *Mayer* in Widmann/Mayer EL 136 UmwR § 5 UmwG Rn. 203; *Willemsen* in Kallmeyer UmwG § 5 Rn. 57.
[160] *Simon* in Semler/Stengel UmwG § 5 Rn. 97; *Stratz* in Schmitt/Hörtnagl/Stratz UmwG § 5 Rn. 98; *Mayer* in Widmann/Mayer EL 136 UmwR § 5 UmwG Rn. 204.
[161] *Simon* in Semler/Stengel UmwG § 5 Rn. 95; *Stratz* in Schmitt/Hörtnagl/Stratz UmwG § 5 Rn. 98; *Mayer* in Widmann/Mayer EL 136 UmwR § 5 UmwG Rn. 205.
[162] *Simon* in Semler/Stengel UmwG § 5 Rn. 95; *Mayer* in Widmann/Mayer EL 136 UmwR § 5 UmwG Rn. 205.
[163] *Hofmeister* NZG 2012, 688, 689.
[164] So auch *Hofmeister* NZG 2012, 688, 694.
[165] Zum Begriff siehe § 11 Rn. 30 ff.

Eine Mischverschmelzung liegt nicht vor, wenn KGaA und Aktiengesellschaft miteinander verschmolzen werden, denn gemäß **§ 78 S. 4 UmwG** gelten KGaA und Aktiengesellschaft im Verhältnis zueinander nicht als Rechtsträger anderer Rechtsform i. S. d. § 29 UmwG. Gemäß den Regelungen in **§ 29 Abs. 1 UmwG** haben die Anteilsinhaber eines übertragenden Rechtsträgers im Falle der Verschmelzung zur Aufnahme auf einen Rechtsträger anderer Rechtsform oder bei der Verschmelzung einer börsennotierten AG auf eine nicht börsennotierte AG **Anspruch auf Barabfindung** gegen Übertragung der neu erworbenen Anteile am übernehmenden Rechtsträger. § 78 S. 4 UmwG schließt im Falle der Verschmelzung einer AG mit einer KGaA dieses allgemeine Austrittsrecht und den Barabfindungsanspruch des § 29 Abs. 1 S. 1 UmwG aus. Grund dafür ist, dass die Geltendmachung dieses Anspruchs beim übernehmenden Rechtsträger zu eigenen Anteilen führen würde, was bei AG und KGaA unerwünscht ist.[166]

In der Literatur wird diese Regelung teilweise stark kritisiert. Es wird eingewendet, dass im Fall einer **Verschmelzung einer AG auf eine KGaA** die Aktionäre ggf. einen erheblichen Verlust an Rechten hinnehmen müssten.[167] Die Rechtsstellung der Kommanditaktionäre einer KGaA sei oft schwächer als bei der AG, was durch entsprechende Satzungsgestaltung noch erheblich verschärft werden könne.[168]

Für den Fall der Verschmelzung einer börsennotierten AG mit einer **nicht börsennotierten** KGaA (§ 29 Abs. 1 S. 1, 2. Alt. UmwG) oder für den Fall, dass die Anteile an dem übernehmenden Rechtsträger **vinkuliert** sind (§ 29 Abs. 1 S. 2 UmwG) ist das Austrittsrecht gegen Barabfindung hingegen nicht ausgeschlossen.[169]

68 Das Austrittsrecht gegen Barababfindung gilt auch in Fällen des sog. „**kalten Delisting**".[170] Bei diesem wird eine börsennotierte Gesellschaft nicht nach den Regeln des Börsenrechts von der Börse „delistet", sondern dadurch, dass sie auf eine nichtbörsennotierte Gesellschaft verschmolzen wird. Das gilt auch dann, wenn eine börsennotierte AG oder KGaA auf eine nicht börsennotierte AG oder KGaA verschmolzen wird;[171] denn beim Delisting greift § 29 UmwG unabhängig von der Rechtsform.

An der Verpflichtung, ein Abfindungsangebot zu unterbreiten, ändert auch nichts die BGH-Rechtsprechung in Sachen „FRoSTA"[172] zum regulären Delisting.[173] Der BGH hat in seinem Beschluss v. 8.11.2013 – als Reaktion auf BVerfG v. 11.7.2012, NZG 2012, 826 ff. – entschieden, dass bei einem Widerruf der Zulassung der Aktien zum regulierten Markt auf Veranlassung der Gesellschaft die Aktionäre keinen Anspruch auf eine Barabfindung haben.[174] Damit gab der BGH

---

[166] *Rieger* in Widmann/Mayer EL 109 UmwR § 78 UmwG Rn. 29; *Perlitt* in Semler/Stengel UmwG § 78 Rn. 34.
[167] *Perlitt* in Semler/Stengel UmwG § 78 Rn. 36.
[168] *Perlitt* in Semler/Stengel UmwG § 78 Rn. 36 m. w. N.
[169] *Marsch-Barner* in Kallmeyer § 78 Rn. 9; *Wardenbach* in Henssler/Strohn GeellschsRe § 78 UmwG Rn. 3.
[170] Zum Begriff vgl. § 11 Rn. 35.
[171] *Marsch-Barner* in Kallmeyer UmwG § 29 Rn. 4a.
[172] BGH Urt. v. 8.10.2013 – FRoSTA = DStR 2013, 2526 = NZG 2013, 1342; ausführlich zu diesem Urteil *Arnold/Rotenburg* DStR 2014, 150 ff. und *Wieneke* NZG 2014, 22 ff.
[173] *Sparfeld* BeckOK Formwechsel § 231 UmwG Rn. 4.
[174] BGH Urt. v. 8.10.2013 – FRoSTA = DStR 2013, 2526; ausführlich hierzu *Brellochs* NZG 2014, 633 ff.

seine bisherige Rechtsprechung in Sachen „Macroton"[175] auf. In dieser hatte der BGH entschieden, dass das reguläre Delisting die Verkehrsfähigkeit der Aktien beeinträchtige und eines Pflichtangebots der Gesellschaft oder des Großaktionärs über den Kauf der Aktien der Minderheitsaktionäre bedürfe. Die Änderung zum Abfindungsangebot im Falle des kalten Delisting in § 29 durch das Zweite Gesetz zur Änderung des Umwandlungsgesetzes vom 19.4.2007[176] war durch die Macroton-Entscheidung beeinflusst.[177] In der Gesetzesbegründung wurde festgehalten, dass der Verlust der Börsennotierung zwar nicht rechtlich, aber faktisch die Veräußerungsmöglichkeit erschwere.[178] Der BGH hat in seinem Beschluss v. 8.11.2013 ausdrücklich festgehalten, dass § 29 UmwG keinen allgemeinen Grundsatz enthalte; er hat weiterhin eine Analogie zu § 29 Abs. 1 S. 1 UmwG abgelehnt mit Blick auf die Gesetzgebungshistorie.[179] Von § 29 Abs. 1 S. 1 UmwG sollte nur der spezielle Fall des „kalten" Delistings bei Verschmelzung einer börsennotierten auf eine nicht börsennotierte Gesellschaft umfasst werden.[180]

Eine Pflicht zum Angebot einer Barabfindung besteht **nur gegenüber den Kommanditaktionären**; den persönlich haftenden Gesellschaftern einer übertragenden KGaA ist kein Barabfindungsangebot zu unterbreiten; stattdessen erwerben sie bei Ausscheiden – sofern sie eine Sondereinlage gemäß § 281 Abs. 2 AktG geleistet haben – einen Auseinandersetzungsanspruch nach den allgemeinen handelsrechtlichen Vorschriften der § 738 BGB i. V. m. §§ 161 Abs. 2, 105 Abs. 2 HGB gegen den übernehmenden Rechtsträger.[181]

69

Die Annahme des Barabfindungsangebotes kann gemäß § 31 S. 1 UmwG nur **binnen zwei Monaten** nach dem Tag, an dem die Eintragung der Verschmelzung in das Register des übernehmenden Rechtsträgers gemäß § 19 Abs. 3 UmwG bekannt gemacht worden ist, gegenüber dem übernehmenden Rechtsträger erklärt werden. Für die Annahmeerklärung ist keine besondere Form vorgeschrieben. Diese Frist ist eine **Ausschlussfrist.** Hat der Anteilsinhaber gemäß § 34 UmwG eine gerichtliche Überprüfung der Angemessenheit der Barabfindung beantragt, so endet die Annahmefrist zwei Monate nach dem Tage, an dem die Entscheidung des Gerichtes im Spruchverfahren im Bundesanzeiger gemäß § 14 Nr. 4 SpruchG bekanntgemacht worden ist, § 31 S. 2 UmwG.

Der Barabfindungsanspruch ist regelmäßig **fällig** mit Übertragung der Anteile auf den übernehmenden Rechtsträger,[182] falls der übernehmende Rechtsträger auf Grund seiner Rechtsform eigene Anteile oder Mitgliedschaften nicht erwerben kann (§ 29 Abs. 1 S. 3 UmwG), ist der Barabfindungsanspruch bereits mit Annahme des Barabfindungsangebotes fällig.[183] Mit Annahme des Barabfindungsange-

---

[175] BGH Urt. v. 25.11.2004 – Macroton = DStR 2013, 990.
[176] BGBl I 542.
[177] *Arnold/Rothenburg* DStR 2014, 150,152; vgl. auch BT-Drucks. 16/2919 S. 13; *Sparfeld* BeckOK § 231 UmwG Rn. 7.
[178] BT-Drucks. 16/2919 S. 13.
[179] *Arnold/Rothenburg* DStR 2014, 150, 152; *Wieneke* NZG 2014, 22, 23.
[180] BGH Urt. v. 8.10.2013 – FRoSTA = NJW 2014, 146, 148.
[181] *Stratz* in Schmitt/Hörtnagl/Stratz UmwG § 78 Rn. 8.
[182] *Kalss* in Semler/Stengel UmwG § 29 Rn. 31; *Marsch-Barner* in Kallmeyer UmwG § 29 Rn. 23.
[183] *Marsch-Barner* in Kallmeyer UmwG § 29 Rn. 23.

botes geht der annehmende Anteilsinhaber seines Rechtes auf gerichtliche Überprüfung der Angemessenheit der Barabfindung im Spruchverfahren verlustig.[184]

70 Bei einer **Verschmelzung durch Neugründung** hat der Verschmelzungsvertrag nach **§ 37 UmwG** zudem auch den Gesellschaftsvertrag des neu gegründeten Rechtsträgers vollständig zu enthalten. § 74 UmwG enthält inhaltliche Vorgaben an die Satzung der neuen AG/KGaA.

Grundsätzlich bedarf es nach § 75 Abs. 1 UmwG eines Gründungsberichts nach § 32 AktG und einer Gründungsprüfung nach § 33 AktG; der Gründungsprüfer kann gemäß § 75 Abs. 1 S. 2 UmwG mit dem Verschmelzungsprüfer identisch sein. Nach § 75 Abs. 2 UmwG sind **Gründungsbericht** und Gründungsprüfung nicht erforderlich, wenn übertragender Rechtsträger eine Kapitalgesellschaft oder eine eingetragene Genossenschaft ist.

71 Ist eine **KGaA** als **übertragender Rechtsträger** an der Verschmelzung beteiligt, bedarf es konkreter Regelungen zur Position der **persönlich haftenden Gesellschafter**. Ein persönlich haftender Gesellschafter, der **vermögensmäßig nicht** an der **KGaA beteiligt** und nicht zugleich Kommanditaktionär ist, kann keine Anteile an dem übernehmenden bzw. neuen Rechtsträger erhalten. Sofern übernehmender oder neuer Rechtsträger eine KGaA, eine KG oder eine OHG ist, kann ihm lediglich die Funktion eines persönlich haftenden Gesellschafters im übernehmenden oder neuen Rechtsträger eingeräumt werden.[185] Der Verschmelzungsvertrag hat hierzu entsprechende Festlegungen zu treffen. In allen anderen Fällen scheidet der nicht vermögensmäßig beteiligte persönlich haftende Gesellschafter mit Eintragung der Verschmelzung bzw. des neuen Rechtsträgers aus.[186]

Falls der persönlich haftende Gesellschafter eine **Sondereinlage** nach § 281 Abs. 2 AktG erbracht hat, wird mit Wirksamwerden der Verschmelzung sein Anspruch auf Rückzahlung der Einlage fällig; sofern übernehmender oder neuer Rechtsträger eine KGaA, eine KG oder OHG ist, könnte er auch in diesem Rechtsträger die Funktion eines persönlich haftenden Gesellschafters mit Vermögenseinlage übernehmen und die Sondereinlage bei dem übernehmenden Rechtsträger gutschreiben lassen.[187] Umstritten ist, ob die Sondereinlage des persönlich haftenden Gesellschafters auch in Anteile an dem übernehmenden bzw. neuen Rechtsträger getauscht werden kann.[188] Die dies ablehnende Auffassung argumentiert, dass lediglich für bestehende Anteile am übertragenden Rechtsträger Anteile am neuen Rechtsträger gewährt werden können. Nach § 2 UmwG können die Anteile nur an Anteilsinhaber gewährt werden. Die Legaldefinition des Begriffs „**Anteilsinhabers**" in § 2 letzter HS UmwG schließt auch persönlich haftende Gesellschafter in den Kreis der Anteilsinhaber ein, so dass es auch möglich sein sollte, für die Sondereinlage eines persönlich haftenden Gesellschafters Anteile

---

[184] Zur alten Rechtslage vgl. OLG Düsseldorf DB 2001, 189; *Meister/Klöcker* in Kallmeyer UmwG § 307 Rn. 4.
[185] *Rieger* in Widmann/Mayer EL 109 UmwR § 78 UmwG Rn. 22.
[186] *Rieger* in Widmann/Mayer EL 109 UmwR § 78 UmwG Rn. 22.
[187] *Rieger* in Widmann/Mayer EL 109 UmwR § 78 UmwG Rn. 23.
[188] Dies bejahend: *Rieger* in Widmann/Mayer EL 109 UmwR § 78 UmwG Rn. 24 ff. m. w. N.; *Perlitt* in Semler/Stengel UmwG § 78 Rn. 25 ff. m. w. N.; a. A.: *Stratz* in Schmitt/Hörtnagl/Stratz UmwG § 78 UmwG Rn. 8; *Marsch-Barner* in Kallmeyer UmwG § 78 Rn. 8.

des übernehmenden Rechtsträgers zu gewähren.[189] Der Verschmelzungsvertrag hat dann entsprechende Regelungen zu treffen.

cc) Fakultative Regelungen. Darüber hinaus kann die Aufnahme weiterer **fakultativer Angaben** wie etwa von Regelungen über die künftige Firma oder die Verlegung des Sitzes der übernehmenden Gesellschaft zweckmäßig sein.[190] Auch die Aufnahme von Kündigungs- oder Rücktrittsrechten oder von aufschiebenden Bedingungen kann zweckmäßig sein, falls die Eintragung der Verschmelzung oder die erforderliche Zustimmung der Kartellbehörden nicht bis zu einem bestimmten Termin erfolgt ist bzw. erteilt wurde.[191]

dd) Form. § 6 UmwG schreibt die **notarielle Beurkundung** des Verschmelzungsvertrages vor. Umstritten ist, ob die Beurkundung auch durch einen ausländischen Notar vorgenommen werden kann.[192] Eine **Auslandsbeurkundung** kommt nur dann in Betracht, wenn sie der deutschen notariellen Beurkundung gleichwertig ist.[193] Unter Bezugnahme auf die Supermarkt-Entscheidung des BGH,[194] die feststellt, dass die notarielle Beurkundung der Einhaltung des materiellen Rechts dient, wird eine Gleichwertigkeit verneint.[195] In der Praxis ist angesichts der nach wie vor bestehenden Rechtsunsicherheit gegenwärtig von einer Beurkundung durch einen ausländischen Notar abzuraten. Wenn eine solche dennoch beabsichtigt ist, so sollte deren Anerkennung zuvor mit den zuständigen Registerrichtern abgestimmt werden.[196] Mit Eintragung der Verschmelzung sind auch etwaige aus der Auslandsbeurkundung resultierenden Formmängel geheilt, § 20 Abs. 1 Nr. 4 UmwG.[197]

Vollmachten zum Abschluss des Verschmelzungsvertrages bedürfen nach dem eindeutigen Wortlaut des § 167 Abs. 2 BGB nicht der notariellen Form.[198] Dies gilt auch dann, wenn im Rahmen der Verschmelzung eine Kapitalerhöhung durchzuführen ist; denn einer notariell zu beglaubigenden Übernahmeerklärung bedarf es nach § 55 Abs. 1 UmwG i.V.m. § 55 Abs. 1 GmbHG nicht.[199] Im Falle der Verschmelzung durch Neugründung einer KGaA muss der Verschmelzungsvertrag auch die Satzung der neuen KGaA enthalten.[200] In diesem Fall bedarf eine Voll-

---

[189] *Rieger* in Widmann/Mayer EL 109 UmwR § 78 UmwG Rn. 25.
[190] Vgl. *Schröer* in Semler/Stengel UmwG § 5 Rn. 107 ff.; *Mayer* in Widmann/Mayer EL 136 UmwR § 5 UmwG Rn. 215 ff.
[191] *Schröer* in Semler/Stengel UmwG § 5 Rn. 118 f.
[192] Vgl. hierzu ausführlich *Heckschen* in Widmann/Mayer EL 143 UmwR § 6 Rn. 56 ff.
[193] *Schröer* in Semler/Stengel UmwG § 6 Rn. 17; *Zimmermann* in Kallmeyer UmwG § 6 Rn. 10.
[194] BGHZ 105, 324 388 = AG 1989, 91.
[195] *Heckschen* in Widmann/Mayer EL 143 UmwR § 6 Rn. 70; *Zimmermann* in Kallmeyer UmwG § 6 Rn. 11; *Sagasser-Luke* in Sagasser/Bula/Brünger § 9 Rn. 181.
[196] So auch *Schröer* in Semler/Stengel UmwG § 6 Rn. 17; *Zimmermann* in Kallmeyer UmwG § 6 Rn. 11.
[197] Vgl. hierzu unten § 11 Rn. 118 ff.
[198] *Schröer* in Semler/Stengel UmwG § 4 Rn. 9; *Zimmermann* in Kallmeyer UmwG § 6 Rn. 6.
[199] *Schröer* in Semler/Stengel UmwG § 4 Rn. 10; *Zimmermann* in Kallmeyer UmwG § 6 Rn. 6.
[200] Vgl. § 11 Rn. 70.

macht zum Abschluss des Verschmelzungsvertrages der öffentlichen Beglaubigung, §§ 23 Abs. 1 S. 2, 280 Abs. 1 S. 3 AktG i.V.m. § 129 Abs. 1 BGB, § 40 BeurkG.[201]

74   e) **Verschmelzungsbericht.** Die Vertretungsorgane jedes an der Verschmelzung beteiligten Rechtsträgers sind gemäß § 8 Abs. 1 UmwG verpflichtet, einen **schriftlichen Verschmelzungsbericht** zu erstatten. Der Verschmelzungsbericht dient der Information der Anteilsinhaber in Vorbereitung auf die Beschlussfassung.[202]

Auch ein **gemeinsamer Verschmelzungsbericht** der Vertretungsorgane aller an der Verschmelzung beteiligter Rechtsträger ist möglich, § 8 Abs. 1 S. 1 2. HS UmwG. Zuständig für die Berichtserstellung ist das **Gesamtorgan**, also alle Mitglieder des Vertretungsorgans.[203] Aufgrund des Schriftformerfordernisses ist der Verschmelzungsbericht durch die Organmitglieder eigenhändig zu unterzeichnen (§ 126 Abs. 1 BGB). Inzwischen ist durch den BGH geklärt, dass die **Unterzeichnung in vertretungsberechtigter Anzahl** der Organmitglieder ausreichend ist.[204]

Der Verschmelzungsbericht hat die Verschmelzung, den Verschmelzungsvertrag oder seinen Entwurf – und hierbei insbesondere das Umtauschverhältnis sowie die Höhe etwaiger Barabfindungen – rechtlich und wirtschaftlich zu erläutern und zu begründen. Zu erläutern sind auch die **Gründe** für die Verschmelzung, sich ergebende **Vor- und Nachteile** und etwa bestehende **Alternativen**; eine sachliche Rechtfertigung des Vorhabens ist jedoch nicht erforderlich.[205] Inhaltlich muss der Verschmelzungsbericht so detailliert und umfassend ausgestaltet sein, dass er den Anteilsinhabern eine **Plausibilitätskontrolle** ermöglicht.[206] Besonderer Sorgfalt bedarf die **Begründung des Umtauschverhältnisses und der Barabfindung**. Hier ist ausführlich zu erläutern, mit welcher Unternehmensbewertungsmethode die konkret anzugebenden Unternehmenswerte der beteiligten Rechtsträger ermittelt wurden.[207] Tatsachen, deren Bekanntwerden geeignet ist, einem der beteiligten Rechtsträger oder einem verbundenen Unternehmen einen nicht unerheblichen Nachteil zuzufügen, müssen nicht in den Bericht aufgenommen werden, § 8 Abs. 2 S. 1 UmwG. Allerdings sind die Gründe aufzuführen, warum solche Tatsachen nicht aufgenommen werden, § 8 Abs. 2 S. 2 UmwG. Auf die Erstellung des Verschmelzungsberichts ist insgesamt ein erhöhtes Maß an Sorgfalt zu verwenden. Denn ein inhaltlich unvollständiger oder in sonstiger Weise fehlerhafter Verschmelzungsbericht kann zur **Anfechtbarkeit** des Zustimmungsbeschlusses

---

[201] *Zimmermann* in Kallmeyer UmwG § 6 Rn. 12; *Schröer* in Semler/Stengel UmwG § 4 Rn. 11; *Heckschen* in Widmann/Mayer EL 91 UmwR § 6 UmwG Rn. 42.
[202] *Gehling* in Semler/Stengel UmwG § 8 Rn. 2; *Stratz* in Schmitt/Hörtnagl/Stratz UmwG § 8 Rn. 1; *Mayer* in Widmann/Mayer EL 88 UmwR § 8 UmwG Rn. 5; *Marsch-Barner* in Kallmeyer UmwG § 8 Rn. 1.
[203] *Gehling* in Semler/Stengel UmwG § 8 Rn. 5; *Mayer* in Widmann/Mayer EL 88 UmwR § 8 UmwG Rn. 14; *Marsch-Barner* in Kallmeyer UmwG § 8 Rn. 2.
[204] BGH v. 21.5.2007 – II ZR 266/04 = NZG 2007, 714, 716; *Gehling* in Semler/Stengel UmwG § 8 Rn. 7; *Marsch-Barner* in Kallmeyer UmwG § 8 Rn. 3.
[205] *Gehling* in Semler/Stengel UmwG § 8 Rn. 15 ff.; *Marsch-Barner* in Kallmeyer UmwG § 8 Rn. 7 ff.
[206] *Mayer* in Widmann/Mayer EL 88 UmwR § 8 UmwG Rn. 19.1; *Marsch-Barner* in Kallmeyer UmwG § 8 Rn. 6 m.w.N.
[207] Ausführlich hierzu: *Gehling* in Semler/Stengel UmwG § 8 Rn. 22–45; *Mayer* in Widmann/Mayer EL 108 UmwR § 8 UmwG Rn. 24 ff.

führen.²⁰⁸ Bei Beteiligung einer AG oder KGaA richtet sich der erforderliche Zurechnungszusammenhang nach § 243 Abs. 4 S. 1 AktG.²⁰⁹ Danach kann ein Aktionär den Verschmelzungsbeschluss wegen unrichtiger, unvollständiger oder verweigerter Erteilung von Informationen, und dazu gehören auch die Informationen im Verschmelzungsbericht, nur anfechten, wenn ein objektiv urteilender Aktionär die Erteilung der Information als wesentliche Voraussetzung für die sachgerechte Wahrnehmung seiner Teilnahme- und Mitgliedschaftsrechte angesehen hätte.²¹⁰ Erfüllt der Bericht seine Aufgabe und bietet er aus Sicht eines verständigen Anteilsinhabers bei einer Gesamtwürdigung eine geeignete Informationsgrundlage, ist der Verschmelzungsbeschluss ggf. auch dann nicht angreifbar, wenn einzelne Informationen nicht den Anforderungen einer gewissenhaften und getreuen Rechenschaft entsprechen; es kommt auf die Gesamtschau an, nicht auf die isolierte Beurteilung einer einzelnen Information.²¹¹

Der Verschmelzungsbericht ist dann **nicht erforderlich**, wenn alle Anteilsinhaber aller an der Verschmelzung beteiligten Rechtsträger auf eine Erstellung verzichten oder wenn sich alle Anteile des übertragenden Rechtsträgers in der Hand des übernehmenden Rechtsträgers befinden (§ 8 Abs. 3 UmwG).

Beim **verschmelzungsrechtlichen Squeeze-Out** ist ein Verschmelzungsbericht nicht erforderlich.²¹² Dies ergibt sich zwar nicht direkt aus dem Gesetz, lässt sich aber mit dem Sinn und Zweck des Verschmelzungsberichts begründen. Wie oben dargestellt, dient der Verschmelzungsbericht dazu, den Anteilsinhabern die Verschmelzung zu erläutern. Wenn die Minderheitsaktionäre infolge des verschmelzungsrechtlichen Squeeze-Out ausgeschlossen werden, verbleibt nur der Hauptaktionär; sich selbst gegenüber hat der Hauptaktionär keine Erläuterungspflicht.²¹³ Daneben lässt sich die Entbehrlichkeit des Verschmelzungsberichts aus der Gesetzeshistorie begründen.²¹⁴

f) Verschmelzungsprüfung. Der Verschmelzungsvertrag oder sein Entwurf 75 ist gemäß § 60 Abs. 1 UmwG für jede AG/KGaA nach den §§ 9–12 UmwG zu prüfen. Diese **Verschmelzungsprüfung** hat durch einen unabhängigen Wirtschaftsprüfer bzw. Wirtschaftsprüfungsgesellschaft zu erfolgen. Nach § 12 Abs. 1 S. 1 UmwG haben die Verschmelzungsprüfer über das Ergebnis der Prüfung einen schriftlichen **Prüfungsbericht** zu erstellen.

Die **Auswahl** und die Bestellung des **Verschmelzungsprüfer**s für jeden beteiligten Rechtsträger obliegen gemäß § 10 Abs. 1 UmwG ausschließlich dem Gericht. Auf gemeinsamen Antrag der Vertretungsorgane aller beteiligten Rechtsträger kann ein gemeinsamer Verschmelzungsprüfer für alle beteiligten Rechtsträger bestellt werden (§ 10 Abs. 1 S. 2 UmwG); die Vertretungsorgane der beteiligten Rechtsträger können in ihrem Antrag einen Vorschlag unterbreiten, an den das Ge-

---

²⁰⁸ *Marsch-Barner* in Kallmeyer UmwG § 8 Rn. 33.
²⁰⁹ *Gehling* in Semler/Stengel UmwG § 8 Rn. 78.
²¹⁰ *Gehling* in Semler/Stengel UmwG § 8 Rn. 78; *Marsch-Barner* in Kallmeyer UmwG § 8 Rn. 34.
²¹¹ *Gehling* in Semler/Stengel UmwG § 8 Rn. 78.
²¹² *Hofmeister* NZG 2012, 688, 693; *Heckschen* NJW 2011, 2390, 2392; *Schröder/Wirsch* ZGR 2012, 661, 678.
²¹³ So im Ergebnis auch *Mayer* NZG 2012, 561, 573.
²¹⁴ Vgl. hierzu ausführlich *Hofmeister* NZG 2012, 688, 693; *Schröder/Wirsch* ZGR 2012, 661, 678.

richt allerdings nicht gebunden ist.[215] Zuständig für die Bestellung des Verschmelzungsprüfers ist gemäß § 10 Abs. 2 S. 1 UmwG das Landgericht, in dessen Bezirk der übertragende Rechtsträger seinen Verwaltungssitz[216] hat; sind mehrere übertragende Rechtsträger an der Verschmelzung beteiligt, besteht ein Wahlrecht, welches Landgericht die Bestellung vornehmen soll.[217] Aufgrund der Einarbeitungszeit des Verschmelzungsprüfers ist bei der zeitlichen Planung darauf zu achten, den Verschmelzungsprüfer so früh wie möglich bestellen zu lassen.

Gegenstand der Prüfung des Verschmelzungsprüfers ist ausschließlich der Verschmelzungsvertrag bzw. sein Entwurf, nicht hingegen der Verschmelzungsbericht nach § 8 Abs. 1 UmwG.[218] Prüfungsschwerpunkt ist nach § 12 Abs. 2 UmwG die **Angemessenheit** des vorgeschlagenen **Umtauschverhältnisses** der Anteile und ggf. einer zu gewährenden baren Zuzahlung oder die Mitgliedschaft bei dem übernehmenden Rechtsträger als Gegenwert. Gemäß § 30 Abs. 2 S. 1 UmwG ist auch die Angemessenheit einer anzubietenden Barabfindung Prüfungsgegenstand. Die Verschmelzungsprüfung ist eine Rechtmäßigkeitsprüfung, **keine Zweckmäßigkeitsprüfung**.[219]

Verschmelzungsprüfer für beteiligte KGaAs können nur Wirtschaftsprüfer und Wirtschaftsprüfungsgesellschaften sein (§ 11 Abs. 1 UmwG i.V.m. § 319 Abs 1 S. 1 HGB). Grundsätzlich kommen auch die Jahresabschlussprüfer der beteiligten Rechtsträger als Verschmelzungsprüfer in Betracht.[220] Das Gericht wird eine Bestellung des Abschlussprüfers in der Regel eher nicht vornehmen.[221]

Ausnahmen von dem Prüfungsgebot bestehen für die Verschmelzung zur Aufnahme hundertprozentiger Tochtergesellschaften auf die Muttergesellschaft (§ 9 Abs. 2 UmwG) und für den Fall, dass alle Anteilsinhaber aller beteiligten Rechtsträger in notariell beurkundeter Form auf die Prüfung **verzichten** (§ 9 Abs. 3 UmwG i. V. m. § 8 Abs. 3 UmwG).

Beim **verschmelzungsrechtlichen Squeeze-Out** entfällt das Erfordernis einer Verschmelzungsprüfung.[222]

g) Vorbereitung Versammlungen

76 **aa) Auszulegende Unterlagen.** Für die Vorbereitung der Hauptversammlung, die über die Verschmelzung beschließen soll, schreibt § 63 UmwG vor, dass von dem Zeitpunkt der Einberufung der Hauptversammlung an folgende **Unterlagen**

---

[215] *Zeidler* in Semler/Stengel UmwG § 10 Rn. 8; *Fronhöfer* in Widmann/Mayer EL 112 UmwR § 10 UmwG Rn. 2.1.
[216] *Stratz* in Schmitt/Hörtnagl/Stratz UmwG § 10 Rn. 11; *Marsch-Barner* in Kallmeyer UmwG § 10 Rn. 8; *Fronhofer* in Widmann/Mayer EL 112 UmwG § 10 UmwG Rn. 6.1.
[217] *Stratz* in Schmitt/Hörtnagl/Stratz UmwG § 10 Rn. 11; *Fronhöfer* in Widmann/Mayer EL 112 UmwR § 10 UmwG Rn. 6; *Müller* in Kallmeyer UmwG § 10 Rn. 8.
[218] *Stratz* in Schmitt/Hörtnagl/Stratz UmwG § 9 Rn. 5; *Zeidler* in Semler/Stengel UmwG § 9 Rn. 17 f.; *Mayer* in Widmann/Mayer EL 108 UmwR § 9 Rn. 18; a.A. *Bayer* ZIP 1997, 1613, 1621.
[219] *Stratz* in Schmitt/Hörtnagl/Stratz UmwG § 9 Rn. 7; *Zeidler* in Semler/Stengel UmwG § 9 Rn. 16; *Mayer* in Widmann/Mayer EL 108 UmwR § 9 Rn. 22.
[220] *Stratz* in Schmitt/Hörtnagl/Stratz UmwG § 11 Rn. 16; *Zeidler* in Semler/Stengel UmwG § 11 Rn. 7; *Müller* in Kallmeyer UmwG § 60 Rn. 3.
[221] So auch *Stratz* in Schmitt/Hörtnagl/Stratz UmwG § 11 UmwG Rn. 18.
[222] Vgl. hierzu die Ausführungen zum Verschmelzungsbericht, § 11 Rn. 74.

in den Geschäftsräumen der Gesellschaft ausliegen, mithin vorhanden bzw. fertig sein müssen:
- Verschmelzungsvertrag/Entwurf des Verschmelzungsvertrages, § 63 Abs. 1 Ziff. 1 UmwG;
- Jahresabschlüsse aller beteiligten Rechtsträger nebst Lageberichten der letzten drei Geschäftsjahre, § 63 Abs. 1 Ziff. 2 UmwG;
- ggf. eine Zwischenbilanz auf einen Stichtag, der nicht mehr als drei Monate vor dem Tag des Abschlusses des Verschmelzungsvertrages oder der Aufstellung des Entwurfes des Verschmelzungsvertrages liegt, § 63 Abs. 1 Ziff. 3 UmwG; eine Zwischenbilanz ist allerdings nur aufzustellen, wenn der letzte Jahresabschluss eines der beteiligten Rechtsträger i. S. v. § 63 Abs. 1 Ziff. 2 UmwG auf einen Stichtag aufgestellt ist, der mehr als sechs Monate vor dem Tag des Abschlusses des Verschmelzungsvertrages oder der Aufstellung des Entwurfes des Verschmelzungsvertrages liegt;[223]
- Verschmelzungsberichte der Vorstände/Geschäftsleitung gemäß § 8 UmwG, § 63 Abs. 1 Ziff. 4 UmwG;
- Prüfungsbericht des Verschmelzungsprüfers gemäß § 12 UmwG, § 63 Abs. 1 Ziff. 5 UmwG.

Der Nachweis der Aufstellung des Entwurfes des Verschmelzungsvertrages innerhalb der Sechs-Monats-Frist sollte zweckmäßigerweise dadurch erfolgen, dass der Entwurf, auf den sich die Vertretungsorgane der beteiligten Rechtsträger geeinigt haben, paraphiert wird.[224] Alternativ ist auch denkbar, den Entwurf des Verschmelzungsvertrages vor Ablauf des 30.6. gemäß § 61 UmwG zum Handelsregister am Sitz der KGaA einzureichen.

Soweit die Aufstellung einer Zwischenbilanz vermieden werden soll, schränkt § 63 Abs. 1 UmwG den für die Vorbereitung der Verschmelzung zur Verfügung stehenden Zeitraum insoweit ein, als für die Festlegung des Inhaltes des Verschmelzungsvertrages lediglich ein Zeitraum von sechs Monaten zur Verfügung steht. Ebenso müssen der Wertermittlungsprüfer und der Verschmelzungsprüfer ihre Tätigkeit innerhalb dieses Sechs-Monats-Zeitraumes so weit abgeschlossen haben, dass das Umtauschverhältnis für den Verschmelzungsvertrag faktisch feststeht, auch wenn der Verschmelzungsprüfbericht erst im Zeitpunkt der Einberufung der Hauptversammlung fertiggestellt sein muss. Somit steht in diesem Fall für die Vorbereitung der Verschmelzung **faktisch** nicht ein Acht-Monats-Zeitraum, sondern lediglich ein **Sechs-Monats-Zeitraum** zur Verfügung.

Auf Verlangen ist jedem Aktionär unverzüglich und kostenlos eine Abschrift der vorgenannten Unterlagen zu erteilen, § 63 Abs. 3 UmwG. Mit Einwilligung des Aktionärs kann dies auch auf elektronischem Wege erfolgen.

bb) Nachweis der Zuleitung an Betriebsrat. Der Nachweis über die rechtzeitige Zuleitung des Verschmelzungsvertrages an die Betriebsräte[225] ist gemäß § 17 Abs. 1 UmwG bei der Anmeldung der Verschmelzung zur Eintragung im Handelsregister als Anlage beizufügen. Bei Nichtbeachtung der Zuleitungspflicht besteht ein Eintragungshindernis.[226] Sofern der Betriebsrat auf die Einhaltung der

---

[223] Vgl. oben § 11 Rn. 53.
[224] So auch *Müller* in Kallmeyer UmwG § 63 Rn. 6.
[225] Vgl. oben § 11 Rn. 52.
[226] *Mayer* in Widmann/Mayer EL 136 UmwR § 5 UmwG Rn. 264.

Monats-Frist **verzichtet**, ist diese Verzichtserklärung der Anmeldung beizufügen. Änderungen des Verschmelzungsvertrages nach Zuleitung an den Betriebsrat lösen eine erneute Zuleitungspflicht aus, wenn es sich um wesentliche Änderungen handelt.[227]

78   cc) **Zustimmung der persönlich haftenden Gesellschafter.** Gemäß § 78 S. 3 UmwG ist die **Zustimmung aller persönlich haftenden Gesellschafter der KGaA** zum Verschmelzungsbeschluss erforderlich. Der Zustimmungsvorbehalt gilt unabhängig davon, ob die KGaA als übernehmender oder oder als übertragender Rechtsträger an der Verschmelzung beteiligt ist.[228] Das Zustimmungserfordernis aller persönlich haftenden Gesellschafter gilt auch dann, wenn diese in dem übernehmenden Rechsträger nicht mehr persönlich haftender Gesellschafter sein werden.[229] Diese Zustimmung kann vor oder nach dem Verschmelzungsbeschluss der Hauptversammlung erklärt werden.[230] Es wird sich im Regelfall empfehlen, die Zustimmung der persönlich haftenden Gesellschafter erst im Rahmen der Hauptversammlung der Kommanditaktionäre oder danach einzuholen, da eine Versammlung der persönlich haftenden Gesellschafter vor der Hauptversammlung der Kommanditaktionäre die Frist des § 5 Abs. 3 UmwG entsprechend nach vorne verlegen könnte. Denn nach der Legaldefinition des Begriffs Anteilsinhaber in § 2 UmwG sind auch die persönlich haftenden Gesellschafter einer KGaA Anteilsinhaber,[231] so dass ihre Zustimmung vor der Hauptversammlung der Kommanditaktionäre ebenfalls eine **Versammlung** der Anteilsinhaber **i. S. d. § 5 Abs. 3 UmwG** darstellen könnte.

In jedem Fall ist **notarielle Beurkundung** auch für die Zustimmung der persönlich haftenden Gesellschafter erforderlich.[232] Grundsätzlich ist Einstimmigkeit für die Zustimmung der persönlich haftenden Gesellschafter erforderlich, es sei denn, die Satzung der KGaA lässt eine **Mehrheitsentscheidung** zu. Das UmwG verbietet damit gleichzeitig die Möglichkeit einer Abbedingung des Zustimmungserfordernisses bzw. einer in der Satzung im Voraus bereits erteilten Zustimmung.[233] Die Satzung der KGaA kann aber die Verpflichtung der persönlich haftenden Gesellschafter enthalten, die Zustimmung zu erteilen.[234]

79   dd) **Einreichung Verschmelzungsvertrag beim Handelsregister.** Als weitere Vorbereitungsmaßnahme ist § 61 UmwG zu beachten. Hiernach ist der Verschmelzungsvertrag oder sein Entwurf vor der Einberufung der Hauptversammlung der Kommanditaktionäre **zum Handelsregister** der KGaA **einzureichen**. Ausreichend ist, wenn der Verschmelzungsvertrag oder sein Entwurf unmittelbar vor Einberufung der Hauptversammlung, d. h. vor Veröffentlichung der Ladung in

---

[227] *Stratz* in Schmitt/Hörtnagl/Stratz UmwG § 5 Rn. 116; *Willemsen* in Kallmeyer UmwG § 5 Rn. 78 m. w. N.
[228] *Stratz* in Schmitt/Hörtnagl/Stratz UmwG § 78 Rn. 5.
[229] *Marsch-Barner* in Kallmeyer UmwG § 78 Rn. 5.
[230] *Marsch-Barner* in Kallmeyer UmwG § 78 Rn. 6.
[231] Vgl. oben § 11 Rn. 71.
[232] *Stratz* in Schmitt/Hörtnagl/Stratz UmwG § 78 Rn. 5; *Marsch-Barner* in Kallmeyer UmwG § 78 Rn. 6.
[233] *Perlitt* in Semler/Stengel UmwG § 78 Rn. 13.
[234] *Perlitt* in Semler/Stengel UmwG § 78 Rn. 13 Fn. 28.

den Gesellschaftsblättern, zum Handelsregister eingereicht wird.[235] Verzichten die Kommanditaktionäre auf die Einhaltung der Einberufungsfristen gemäß §§ 278 Abs. 3, 121 Abs. 6 AktG, so genügt die Einreichung zu einem beliebigen Zeitpunkt vor der Hauptversammlung.[236] Die Pflicht zur Einreichung obliegt dem Vorstand.

Die Tatsache der Einreichung ist gemäß § 61 S. 2 UmwG vom Registergericht nach § 10 HGB bekannt zu machen.

Ein Verzicht auf die Einreichung des Verschmelzungsvertrages oder seines Entwurfes ist möglich, wenn alle Aktionäre dies in notariell beurkundeter Form erklären.[237]

ee) Einberufung Versammlungen. Die Einberufung der Hauptversammlung einer beteiligten KGaA erfolgt nach den gesetzlichen Bestimmungen des AktG und der Satzung. Die Einberufung der Gesellschafterversammlung beteiligter Rechtsträger anderer Rechtsform erfolgt nach den jeweiligen rechtsformspezifischen Gesetzen. Gemäß § 124 Abs. 2 S. 2 i.V.m. 278 Abs. 3 AktG muss bei der Einberufung der Hauptversammlung einer KGaA die bekannt zu machende **Tagesordnung** auch den **wesentlichen Inhalt** des Verschmelzungsvertrages enthalten.[238] Zur Vermeidung von Diskussionen darüber, was wesentlicher Inhalt des Verschmelzungsvertrages ist, sollte in der Praxis jeweils der **vollständige Wortlaut** des Verschmelzungsvertrages bzw. seines Entwurfes in die Tagesordnung aufgenommen werden.[239] Eine Wiedergabe des wesentlichen Inhalts des Verschmelzungsberichts ist bei der Einberufung hingegen nicht erforderlich, auch nicht nach § 124 Abs. 2 S. 2 AktG analog; das Informationsinteresse der Aktionäre ist insoweit durch § 63 Abs. 1 Nr. 4 UmwG gewahrt.[240]

80

ff) Mitteilungspflichten. Auch die gesetzlich vorgesehenen Mitteilungen müssen vorbereitet werden. Aufgrund der durch die Verschmelzung eintretenden Änderung im Gesellschafterbestand der beteiligten Rechtsträger können sich **Mitteilungspflichten** nach **§§ 19 ff. AktG** und nach **§§ 21 ff. WpHG** ergeben. Dies ist dann der Fall, wenn infolge der Verschmelzung bestimmte **Beteiligungsschwellen** erreicht, über- oder unterschritten werden.[241] Gemäß §§ 121 ff. WpHG sind solche Veränderungen bei börsennotierten Gesellschaften dem Emittenten und der Bundesanstalt für Finanzdienstleistungen (BaFin) unverzüglich, spätestens innerhalb von vier Handelstagen, mitzuteilen.[242] Bei Verschmelzungen erstrecken sich solche Mitteilungspflichten ausschließlich auf den übernehmenden Rechtsträger; der übertragende Rechtsträger geht durch die Verschmelzung unter; etwaige bei

81

---

[235] *Diekmann* in Semler/Stengel UmwG § 61 Rn. 12; *Marsch-Barner* in Kallmeyer UmwG § 61 Rn. 2.
[236] *Diekmann* in Semler/Stengel UmwG § 61 Rn. 15; *Rieger* in Widmann/Mayer EL 124 UmwR § 61 UmwG Rn. 7.1; a. A.: *Marsch-Barner* in Kallmeyer UmwG § 61 Rn. 3; *Grunewald* in Lutter UmwG § 61 Rn. 4 – nach dieser Auffassung besteht kein Einreichungserfordernis bei Vollversammlung.
[237] *Diekmann* in Semler/Stengel UmwG § 61 Rn. 17; *Grunewald* in Lutter § 61 Rn. 7.
[238] *Heckschen* in Widmann/Mayer EL 134 UmwR § 13 UmwG Rn. 20.14; Hüffer/*Koch* § 124 Rn. 10.
[239] So auch *Heckschen* in Widmann/Mayer EL 134 UmwR § 13 UmwG Rn. 20.14.
[240] *Heckschen* in Widmann/Mayer EL 134 UmwR § 13 UmwG Rn. 20.14 m. w. N.
[241] Ausführlich hierzu *Mayer* in Widmann/Mayer EL 136 UmwR § 5 UmwG Rn. 270 ff.
[242] *Widder* NZG 2010, 455.

dem übertragenden Rechtsträger begründete Mitteilungspflichten gehen nicht auf den übernehmenden Rechtsträger über.[243]

Daneben ist bei der Vorbereitung und dem Abschluss von Verschmelzungsverträgen unter Beteiligung von Aktiengesellschaften und KGaAs die Pflicht zur **Ad-hoc Mitteilung** nach **§ 15 WpHG** zu beachten.[244] Auch vorbereitende Maßnahmen können Insiderinformationen darstellen.[245]

2. Beschlussphase

82 In der Beschlussphase werden die erforderlichen Beschlüsse der beteiligten Rechtsträger gefasst, mit denen der Verschmelzungsvertrag wirksam wird. Gemäß § 13 Abs. 1 UmwG können die Zustimmungsbeschlüsse nur in einer Versammlung der Anteilsinhaber gefasst werden. Für die Beschlussfassung der Kommanditaktionäre in der Hauptversammlung gelten neben den allgemeinen aktienrechtlichen[246] und den satzungsrechtlichen Vorschriften zur Einberufung und Durchführung einer Hauptversammlung die in §§ 61–64 UmwG i. V. m. § 78 S. 1 UmwG enthaltenen Sondervorschriften.[247]

a) Zustimmungsbeschluss der Kommanditaktionäre

83 **aa) Durchführung der Hauptversammlung.** Nach Durchführung der oben genannten Vorbereitungsmaßnahmen können die Zustimmungsbeschlüsse der übertragenden und der übernehmenden Gesellschaft gefaßt werden. § 64 UmwG enthält Sonderregelungen für die Durchführung der den Zustimmungsbeschluss fassenden Hauptversammlung.

Gemäß § 64 Abs. 1 S. 1 UmwG sind die in § 63 Abs. 1 UmwG bezeichneten Unterlagen[248] in der Hauptversammlung zugänglich zu machen. Das Gesetz legt nicht fest, wie das **Zugänglichmachen** erfolgen soll. Dies kann durch physisches Auslegen der Unterlagen, aber auch auf andere Weise, z. B. durch Einsichtnahme über Monitore erfolgen.[249]

84 Die persönlich haftenden Gesellschafter haben den Verschmelzungsvertrag bzw. seinen Entwurf zu Beginn der Beschlussfassung über den Tagesordnungspunkt „Zustimmung zum Verschmelzungsvertrag" gemäß § 64 Abs. 1 S. 2 UmwG **mündlich zu erläutern**, also die wesentlichen Vertragsbestimmungen sowie die Gründe für die Verschmelzung und ihre Auswirkungen auf die KGaA und ihre Kommanditaktionäre und die persönlich haftenden Gesellschafter darzulegen.[250]

---

[243] *Widder* NZG 2010, 455, 456; *Mayer* in Widmann/Mayer EL 136 UmwR § 5 UmwG Rn. 271.
[244] *Rieger* in Widmann/Mayer EL 137 UmwR § 64 UmwG Rn. 38.
[245] *Heckschen* in Widmann/Mayer EL 134 UmwR § 13 UmwG Rn. 19.3 mit ausführlicher Darstellung zum Thema. Ausführlich zum Begriff „Insiderinformation" *Krause/Brellochs* AG 2013, 309, 311 ff.
[246] §§ 278 Abs. 3, 121–137 AktG.
[247] Vgl. hierzu die Ausführungen in § 11 Rn. 76 ff.
[248] Vgl. hierzu § 11 Rn. 76.
[249] Zu weiteren Einzelheiten vgl. *Marsch-Barner* in Kallmeyer UmwG § 64 Rn. 1; *Rieger* in Widmann/Mayer EL 137 UmwR § 64 UmwG Rn. 4 ff.
[250] *Diekmann* in Semler/Stengel UmwG § 64 Rn. 9; *Marsch-Barner* in Kallmeyer UmwG § 64 Rn. 3; *Rieger* in Widmann/Mayer EL 137 UmwR § 64 UmwG Rn. 12.

Im Ergebnis handelt es sich also um eine **Zusammenfassung** des wesentlichen Inhalts des **Verschmelzungsberichtes**.[251]

Hierbei muss auch über jede **wesentliche Veränderung** des Vermögens der 85 Gesellschaft, die seit dem Abschluss des Verschmelzungsvertrages oder der Aufstellung seines Entwurfes eingetreten ist, informiert werden. Über solche wesentlichen Veränderungen müssen gemäß § 64 Abs. 1 S. 3 UmwG auch die **Vertretungsorgane der anderen beteiligten Rechtsträger** informiert werden, die ihrerseits die Anteilsinhaber dieser Rechtsträger zu informieren haben. Wann und wie diese Information zu erfolgen hat, ist gesetzlich nicht geregelt. Nach dem Zweck dieser Unterrichtungspflicht muss dies unverzüglich nach Kenntniserlangung über diese wesentlichen Veränderungen geschehen;[252] d.h. im Regelfall vor der Hauptversammlung. Auch die Form, in der diese Information zu erfolgen hat, ist gesetzlich nicht geregelt. Hier ist von einer schriftlichen Form auszugehen; z.T. wird ein **Nachtragsbericht** zum Verschmelzungsbericht gefordert.[253] Auch ein solcher Nachtragsbericht sollte in der Hauptversammlung mündlich erläutert werden.[254]

§ 64 Abs. 1 S. 4 UmwG i. V. m. § 8 Abs. 3 S. 1 1. Alt. und S. 2 UmwG lassen 86 einen **Verzicht** auf die Erläuterungspflicht zu. Ein solcher Verzicht muss von allen Anteilsinhabern aller beteiligten Rechtsträger in notariell beurkundeter Form erklärt werden.

Den Kommanditaktionären steht gemäß § 64 Abs. 2 UmwG ein **ausführliches** 87 **Fragerecht** zu, welches alle Angelegenheiten aller an der Verschmelzung beteiligten Rechtsträger umfasst, die für die Beurteilung der Verschmelzung wesentlich sind.[255] Soweit die Fragen andere an der Verschmelzung beteiligte Rechtsträger als die KGaA betreffen, sind die persönlich haftenden Gesellschafter nur insoweit zur Auskunft verpflichtet, als ihr Wissensstand reicht.[256] Zur Vermeidung von Anfechtungsklagen ist zu empfehlen, zur Auskunft befähigte und berechtigte Vertreter der anderen an der Verschmelzung beteiligten Rechtsträger an der Hauptversammlung mit teilnehmen zu lassen.[257]

bb) Beschluss der Hauptversammlung. Dem Verschmelzungsvertrag haben 88 die Kommanditaktionäre mit der in §§ 78 S. 1 i. V. m. 65 Abs. 1 UmwG vorgeschriebenen Mehrheit von mindestens **drei Viertel** des bei der Beschlussfassung vertretenen Grundkapitals zuzustimmen; die Satzung kann eine größere Kapitalmehrheit und weitere Anforderungen festlegen.

Eine Ausnahme gilt gemäß § 62 UmwG bei Verschmelzungen im Konzern.[258] Im Fall des § 62 UmwG ist zwar ein Verschmelzungsbeschluss der Kommanditaktionäre der übernehmenden Gesellschaft entbehrlich. Nicht entbehrlich ist hinge-

---

[251] *Marsch-Barner* in Kallmeyer UmwG § 64 Rn. 3; *Rieger* in Widmann/Mayer EL 137 UmwR § 64 UmwG Rn. 12.
[252] *Marsch-Barner* in Kallmeyer UmwG § 64 Rn. 8; *Rieger* in Widmann/Mayer EL 137 UmwR § 64 UmwG Rn. 27.
[253] *Diekmann* in Semler/Stengel UmwG § 64 Rn. 12b; *Rieger* in Widmann/Mayer EL 137 UmwR § 64 UmwG Rn. 28; *Marsch-Barner* in Kallmeyer UmwG § 64 Rn. 8.
[254] *Diekmann* in Semler/Stengel UmwG § 64 Rn. 12d; *Rieger* in Widmann/Mayer EL 137 UmwR § 64 UmwG Rn. 45.
[255] *Diekmann* in Semler/Stengel UmwG § 64 Rn. 15 ff.; *Marsch-Barner* in Kallmeyer UmwG § 64 Rn. 12 f.
[256] *Marsch-Barner* in Kallmeyer UmwG § 64 Rn. 7 und 13.
[257] *Stratz* in Schmitt/Hörtnagl/Stratz UmwG § 64 Rn. 6.
[258] Vgl. hierzu ausführlich § 11 Rn. 42.

gen der Zustimmungsbeschluss der persönlich haftenden Gesellschafter der übernehmenden KGaA.[259]

89 Sofern bei der übernehmenden KGaA zur Durchführung der Verschmelzung das Grundkapital erhöht werden muss, hat die Hauptversammlung der übernehmenden KGaA über die Kapitalerhöhung zu beschließen, § 69 UmwG.

90 Der Zustimmungsbeschluss einer **übertragenden AG/KGaA** darf gemäß § 76 Abs. 1 UmwG erst gefasst werden, wenn sie und jede andere übertragende AG bereits zwei Jahre im Register eingetragen ist.[260]

91 cc) **Beschlussmängel.** Der Verschmelzungsbeschluss kann unter Beschlussmängeln leiden.

Die Nichteinhaltung der Sondervorschriften der §§ 61 ff. UmwG kann zur Anfechtbarkeit des Zustimmungsbeschlusses führen. So ist ein Zustimmungsbeschluss, der ohne die rechtzeitige Einreichung oder Bekanntmachung des Verschmelzungsvertrages nach § 61 UmwG erfolgt ist, anfechtbar, falls der Verschmelzungsbeschluss auf diesem Mangel beruht.[261] Dies wird jedoch dann nicht der Fall sein, wenn der Verschmelzungsvertrag oder sein Entwurf von dem Tage der Einberufung an in den Geschäftsräumen der KGaA auslag.[262] Zu den Beschlusserleichterungen bei Verschmelzungen im Konzern wird auf die Ausführungen oben verwiesen.[263]

Auch ein Verstoß gegen die Pflichten gemäß § 63 UmwG macht den Zustimmungsbeschluss anfechtbar.[264] Dasselbe gilt in der Regel bei Verstößen gegen die Pflichten gemäß § 64 UmwG.[265]

92 Ein Mangel des Umwandlungsbeschlusses kann gemäß § 14 Abs. 1 UmwG nur geltend gemacht werden, wenn dieser Mangel innerhalb einer Ausschlussfrist von **einem Monat**, beginnend an dem auf die Beschlussfassung über die Verschmelzung folgenden Tage,[266] durch Klage geltend gemacht wird. Für die rechtzeitige Klageerhebung ist erforderlich, dass auch die **Klagegründe** in ihrem wesentlichen Kern innerhalb der Monatsfrist dargelegt werden,[267] „nachgeschobene" Gründe sind vom Gericht nicht zu berücksichtigen.[268] Die Ausschlussfrist des § 14 Abs. 1 UmwG wird nicht gewahrt, wenn die Klage zwar innerhalb der Monatsfrist bei dem zuständigen Gericht eingeht, der übertragende Rechtsträger, gegen den sich

---

[259] Vgl. § 11 Rn. 95.
[260] Vgl. oben § 11 Rn. 28.
[261] *Rieger* in Widmann/Mayer EL 124 UmwR § 61 UmwG Rn. 15.
[262] *Stratz* in Schmitt/Hörtnagl/Stratz UmwG § 62 Rn. 4; *Diekmann* in Semler/Stengel UmwG § 61 Rn. 19; *Marsch-Barner* in Kallmeyer UmwG § 61 Rn. 3.
[263] Vgl. § 11 Rn. 42.
[264] *Diekmann* in Semler/Stengel UmwG § 63 Rn. 26; *Stratz* in Schmitt/Hörtnagl/Stratz UmwG § 63 Rn. 10; *Rieger* in Widmann/Mayer EL 135 UmwR § 63 UmwG Rn. 34; *Marsch-Barner* in Kallmeyer UmwG § 63 Rn. 16.
[265] *Stratz* in Schmitt/Hörtnagl/Stratz UmwG § 64 Rn. 9; *Diekmann* in Semler/Stengel UmwG § 64 Rn. 13 und 23; *Marsch-Barner* in Kallmeyer UmwG § 64 Rn. 14; *Rieger* in Widmann/Mayer EL 137 UmwR § 64 UmwG Rn. 39 und 53.
[266] *Gehling* in Semler/Stengel UmwG § 14 Rn. 23.
[267] *Heckschen* in Widmann/Mayer EL 99 UmwR § 14 UmwG Rn. 35.
[268] *Gehling* in Semler/Stengel UmwG § 14 Rn. 29; *Heckschen* in Widmann/Mayer EL 99 UmwR § 14 UmwG Rn. 35.

die Klage richtet, aber vor Zustellung der Klage durch das Gericht infolge Eintragung der Verschmelzung erlischt.[269]

Von § 14 Abs. 1 UmwG erfasst werden alle Klagen, die gegen die Wirksamkeit des Umwandlungsbeschlusses gerichtet sind, mithin alle **Anfechtungs- und Nichtigkeitsklagen**, die sich gegen den Verschmelzungsbeschluss richten.[270] Die bei der Nichtigkeitsklage geltenden längeren Fristen (§ 242 AktG) sind nicht anzuwenden, da § 14 UmwG als *lex specialis* vorgeht.[271] Nicht von § 14 Abs. 1 UmwG erfasst sind alle Klagen, die sich gegen andere Beschlüsse der Anteilsinhaber im Zusammenhang mit der Verschmelzung richten, also z.B. Klagen gegen die Wirksamkeit einer im Rahmen der Verschmelzung bei dem übernehmenden Rechtsträger beschlossenen Kapitalerhöhung oder andere Satzungsänderungen.[272] Fristgerecht eingereichte Klagen stellen gemäß § 16 Abs. 2 UmwG ein Eintragungshindernis für die Verschmelzung dar,[273] sofern die Klage nicht unzulässig oder offensichtlich unbegründet i.S.d. § 16 Abs. 3 S. 2 UmwG ist oder sofern die Eintragung der Verschmelzung nicht gegenüber den vom Kläger dargelegten Nachteilen vorrangig erscheint. In beiden Fällen kann das für die Klage zuständige Gericht auf Antrag des Rechtsträgers, gegen dessen Verschmelzungsbeschluss sich die Klage richtet, durch Beschluss feststellen, dass die Erhebung der Klage der Eintragung der Verschmelzung nicht entgegensteht, § 16 Abs. 3 S. 1 UmwG.

93

Von erheblicher praktischer Bedeutung ist die Beschränkung der Klagebefugnis der Anteilsinhaber des übertragenden Rechtsträgers in § 14 Abs. 2 UmwG und § 32 UmwG. Gemäß § 14 Abs. 2 können Klagen, welche sich gegen die **Angemessenheit des Umtauschverhältnisses** richten oder darauf stützen, dass die Mitgliedschaft bei dem übernehmenden Rechtsträger kein ausreichender Gegenwert für die Beteiligung an dem übertragenden Rechtsträger sei, nur in einem gesonderten **Spruchverfahren** nach den Vorschriften des SpruchG[274] geltend gemacht werden. Gleiches gilt nach § 32 UmwG für Klagen von Anteilsinhabern des übertragenden Rechtsträgers, welche sich gegen die Angemessenheit der angebotenen Barabfindung richten. Diese Beschränkung des Anfechtungsrechts gilt nur für Anteilsinhaber des übertragenden Rechtsträgers; die Anteilsinhaber des übernehmenden Rechtsträgers sind nicht gehindert, den Verschmelzungsbeschluss ihrer Gesellschaft mit diesen Begründungen anzugreifen.[275]

94

b) Zustimmung der persönlich haftenden Gesellschafter. Gemäß § 78 S. 3 UmwG haben **alle persönlich haftenden Gesellschafter** der KGaA dem Verschmelzungsbeschluss der Kommanditaktionäre zuzustimmen.[276] Das Zustimmungserfordernis der persönlich haftenden Gesellschafter der übernehmenden KGaA besteht auch dann, wenn ein Verschmelzungsbeschluss der Kommandit-

95

---

[269] LG Hamburg DB 2003 930 f.
[270] *Stratz* in Schmitt/Hörtnagl/Stratz UmwG § 14 Rn. 1; *Marsch-Barner* in Kallmeyer UmwG § 14 Rn. 9.
[271] *Stratz* in Schmitt/Hörtnagl/Stratz UmwG § 14 Rn. 11; *Marsch-Barner* in Kallmeyer UmwG § 14 Rn. 9.
[272] *Marsch-Barner* in Kallmeyer UmwG § 14 Rn. 8.
[273] *Stratz* in Schmitt/Hörtnagl/Stratz UmwG § 16 Rn. 20 f.; *Marsch-Barner* in Kallmeyer UmwG § 16 Rn. 27.
[274] Dazu § 11 Rn. 270 ff.
[275] *Marsch-Barner* in Kallmeyer UmwG § 14 Rn. 15.
[276] Vgl. hierzu oben § 11 Rn. 78.

aktionäre nach § 62 Abs. 1 UmwG entbehrlich ist, da sich auch in diesen Fällen Rechte, Pflichten und Risiken der persönlich haftenden Gesellschafter verändern.

3. Umsetzungsphase

96 a) **Anmeldung zum Handelsregister.** Die beschlossene Verschmelzung ist von den Vertretungsorganen der beteiligten Rechtsträger zur Eintragung im Handelsregister dieser Rechtsträger anzumelden, wobei das Vertretungsorgan des übernehmenden Rechtsträgers auch die Anmeldung zum Handelsregister der übertragenden Rechtsträger vornehmen kann, § 16 Abs. 1 UmwG. Vertretungsorgan der KGaA sind die **persönlich haftenden Gesellschafter in vertretungsberechtigter Zahl**, § 78 S. 2 UmwG.[277] Sofern im Rahmen der Verschmelzung bei der KGaA eine Erhöhung des Grundkapitals beschlossen wird, muss auch der Vorsitzende des Aufsichtsrats die Anmeldung der Kapitalerhöhung mitunterzeichnen (§§ 69, 78 UmwG i. V. m. § 188 Abs. 1 AktG).

97 Gemäß § 17 UmwG sind der Anmeldung folgende **Anlagen** beizufügen:
- der Verschmelzungsvertrag
- die Niederschriften der Verschmelzungsbeschlüsse
- die nach dem UmwG erforderlichen Zustimmungserklärungen einzelner Anteilsinhaber
- der Verschmelzungsbericht
- der Prüfungsbericht
- Nachweis über die rechtzeitige Zuleitung des Verschmelzungsvertrages oder eines Entwurfs an den zuständigen Betriebsrat.

Der Anmeldung zum Register des übertragenden Rechtsträgers ist zusätzlich die Schlussbilanz des übertragenden Rechtsträgers beizufügen, § 17 Abs. 2 UmwG.

Im Falle der **Verschmelzung durch Neugründung** einer KGaA sind gemäß § 36 Abs. 2 UmwG i. V. m. §§ 32, 37 Abs. 4 Nr. 4 AktG der Gründungsbericht und der Gründungsprüfungsbericht der Anmeldung beizufügen.[278]

Soweit Verzichtserklärungen abgegeben wurden, sind diese in der jeweils erforderlichen Form beizufügen.

98 Sind alle Voraussetzungen für die Wirksamkeit des Verschmelzungsvertrages geschaffen, so sind die Vertretungsorgane der beteiligten Rechtsträger verpflichtet, die Verschmelzung **unverzüglich zur Eintragung anzumelden**, anderenfalls machen sie sich schadensersatzpflichtig.[279] Die Schadensersatzpflicht besteht für die Vertretungsorgane der übertragenden und der übernehmenden Gesellschaft jeweils gegenüber der eigenen Gesellschaft und deren Gesellschaftern sowie gegenüber den weiteren beteiligten Gesellschaften und deren Gesellschaftern.[280]

99 Bezüglich der **Frist** der Anmeldung beim übertragenden Rechtsträger ist die **Acht-Monats-Frist** des § 17 Abs. 2 S. 4 UmwG zu beachten.[281] Diese Frist ist

---

[277] *Fronhöfer* in Widmann/Mayer EL 112 UmwR § 16 UmwG Rn. 22; *Zimmermann* in Kallmeyer UmwG § 16 Rn. 4; *Stratz* in Schmitt/Hörtnagl/Stratz UmwG § 16 Rn. 9.

[278] *Marsch-Barner* in Kallmeyer UmwG § 75 Rn. 2.

[279] *Fronhöfer* in Widmann/Mayer EL 112 UmwR § 16 UmwG Rn. 30; *Zimmermann* in Kallmeyer UmwG § 16 Rn. 6.

[280] *Schwanna* in Semler/Stengel UmwG § 16 Rn. 2; *Stratz* in Schmitt/Hörtnagl/Stratz UmwG § 16 Rn. 11; *Zimmermann* in Kallmeyer UmwG § 16 Rn. 6.

[281] Vgl. hierzu oben § 11 Rn. 50.

zwingend. Verspätet eingereichte Anmeldungen stellen ein Eintragungshindernis dar; der Registerrichter muss in diesem Fall die Eintragung ablehnen.[282] Die Acht-Monats-Frist ist auch dann nicht gewahrt, wenn die Anmeldung zwar fristgerecht eingereicht wird, aber schwerwiegende Mängel aufweist. Das ist beispielsweise dann der Fall, wenn essentielle Unterlagen der Anmeldung nicht beiliegen. Hierzu zählen der Verschmelzungsvertrag, die Verschmelzungsbeschlüsse und die Zustimmungserklärungen.[283] Die Schlussbilanz hingegen kann nachgereicht werden[284] – vorausgesetzt, der Stichtag der Schlussbilanz liegt nicht mehr als acht Monate zurück.

Die Anmeldung der Verschmelzung beim übernehmenden Rechtsträger kann grundsätzlich auch nach Ablauf der Acht-Monats-Frist erfolgen;[285] hier ist das Unverzüglichkeitsgebot zu beachten.

Die Anmeldung hat in **öffentlich beglaubigter Form** zu erfolgen, § 12 HGB, § 129 BGB; die Anmeldung nebst Anlagen ist **elektronisch** einzureichen, § 12 HGB. 100

Im Falle der Verschmelzung durch Neugründung ist bei der **Anmeldung der neuen KGaA** § 37 AktG dahingehend auszulegen ist, dass die persönlich haftenden Gesellschafter der neuen Gesellschaft statt des Vorstands mitwirken müssen.[286] 101

Auf die Bestellung von Aufsichtsrat und Abschlussprüfer der neuen KGaA finden die §§ 30, 31 AktG Anwendung.[287] Die Bestellung erfolgt somit durch die Vertretungsorgane der übertragenden Rechtsträger; denn Gründer der neuen KGaA sind die übertragenden Rechsträger.[288]

b) Eintragung im Handelsregister. Die Eintragung der Verschmelzung im Handelsregister darf nur erfolgen, wenn die Eintragungsvoraussetzungen der §§ 16 Abs. 2, 17, 19 Abs. 1 UmwG erfüllt sind. Gemäß § 16 Abs. 2 UmwG haben die anmeldenden Vertretungsorgane der beteiligten Rechtsträger eine „**Negativerklärung**" des Inhaltes abzugeben, dass **Klagen** gegen den Verschmelzungsbeschluss **nicht oder nicht fristgerecht eingereicht** wurden. Die Negativerklärung muss nicht zwingend bei Anmeldung abgegeben werden, also auch nicht innerhalb der Acht-Monats-Frist; sie kann nachgereicht werden.[289] Einer Negativerklärung bedarf es dann nicht, wenn alle klageberechtigten Anteilsinhaber auf die Anfechtung verzichtet haben (§ 16 Abs. 2 S. 2 UmwG) oder wenn ein Freigabebeschluss des Gerichts gemäß § 16 Abs. 3 UmwG vorliegt. Weiterhin ist die Negativerklärung 102

---

[282] *Widmann* in Widmann/Mayer EL 35 UmwR § 24 UmwG Rn. 72; *Müller* in Kallmeyer UmwG § 17 Rn. 26; *Schwanna* in Semler/Stengel UmwG § 17 Rn. 16; *Stratz* in Schmitt/Hörtnagl/Stratz UmwG § 17 Rn. 44 ff.
[283] *Hörtnagl* in Schmitt/Hörtnagl/Stratz UmwG § 17 Rn. 45 f.; *Müller* in Kallmeyer UmwG § 17 Rn. 26; *Fronhöfer* in Widmann/Mayer EL 112 UmwG § 16 UmwG Rn. 32 und § 17 Rn. 92.
[284] *Hörtnagl* in Schmitt/Hörtnagl/Stratz UmwG § 17 Rn. 46; *Müller* in Kallmeyer UmwG § 17 Rn. 26; *Fronhöfer* in Widmann/Mayer EL 112 UmwR § 17 UmwG Rn. 95.
[285] *Zimmermann* in Kallmeyer UmwG § 16 Rn. 11; *Schwanna* in Semler/Stengel UmwG § 16 Rn. 5.
[286] *Bärwaldt* in Semler/Stengel UmwG § 36 Rn. 58.
[287] *Bärwaldt* in Semler/Stengel UmwG § 36 Rn. 50.
[288] Vgl. oben § 11 Rn. 25.
[289] *Stratz* in Schmitt/Hörtnagl/Stratz UmwG § 16 Rn. 27; *Schwanna* in Semler/Stengel UmwG § 16 Rn. 16; *Fronhöfer* in Widmann/Mayer EL 112 UmwR § 16 UmwG Rn. 96; *Zimmermann* in Kallmeyer UmwG § 16 Rn. 14.

nicht erforderlich, wenn alle Anteilsinhaber der Verschmelzung zugestimmt haben.[290] Trägt das Registergericht zu Unrecht vor Abgabe der Negativerklärung ein, so steht den Anfechtungsklägern ein **Amtshaftungsanspruch** zu.[291] Eine Rückgängigmachung der Eintragung ist wegen § 20 Abs. 2 UmwG nicht möglich.[292]

103 Falls fristgerecht eine Anfechtungsklage gegen die Wirksamkeit des Verschmelzungsbeschlusses erhoben wird, ist das Registergericht grundsätzlich an der Eintragung der Verschmelzung gehindert. Diese Registersperre kann durch das **Unbedenklichkeitsverfahren** nach **§ 16 Abs. 3 UmwG** beseitigt werden.[293] Hierzu muss das zuständige Prozessgericht[294] durch rechtskräftigen Beschluss feststellen, dass die Klage der Eintragung der Verschmelzung nicht entgegensteht. Diese Feststellung darf das Gericht gemäß § 16 Abs. 3 S. 2 UmwG nur treffen, wenn die **Klage unzulässig oder offensichtlich unbegründet** ist, der Kläger nicht binnen einer Woche nach Zustellung des Antrags nachgewiesen hat, dass er seit Bekanntmachung der Einberufung einen anteiligen **Betrag von mindestens 1.000 Euro** hält oder das alsbaldige Wirksamwerden der Verschmelzung **vorrangig** erscheint **gegenüber den Nachteilen** des Anfechtungsklägers. Offensichtliche Unbegründetheit einer Klage ist gegeben, wenn das Gericht ohne weitere tatsächliche Ermittlung zu der Überzeugung kommt, dass die Klage zweifelsfrei unbegründet ist.[295] Dies ist u.a. dann der Fall, wenn die Klageerhebung rechtsmissbräuchlich ist.[296] Das Bagatellquorum von 1.000 Euro wurde durch das ARUG[297] eingeführt; es soll Kleinaktionäre daran hindern, das Unbedenklichkeitsverfahren zu behindern.[298] Hinsichtlich einer etwaigen Vorrangigkeit der Eintragung der Verschmelzung gegenüber den Nachteilen des Anfechtungsklägers sind nur wesentliche Nachteile der an der Verschmelzung beteiligten Rechtsträger zu berücksichtigen.[299]

104 Die **Reihenfolge** der Eintragung der Verschmelzung im Handelsregister der beteiligten Rechtsträger ist durch § 19 Abs. 1 UmwG vorgegeben: Zunächst hat die Eintragung der Verschmelzung im Handelsregister jedes der beteiligten übertragenden Rechtsträger zu erfolgen. Erst wenn diese Eintragung jeweils erfolgt ist, darf die Eintragung der Verschmelzung im Handelsregister des übernehmenden Rechtsträgers erfolgen. Diese Reihenfolge ist **zwingend** vorgeschrieben, da die Eintragung im Register des übernehmenden Rechtsträgers konstitutiv ist

---

[290] *Schwanna* in Semler/Stengel UmwG § 16 Rn. 20; *Zimmermann* in Kallmeyer UmwG § 16 Rn. 14; *Fronhöfer* in Widmann/Mayer EL 112 UmwR § 16 UmwG Rn. 91; *Heidinger* in Henssler/Strohn GesellschRe § 16 UmwG Rn. 16 m.w.N.

[291] *Stratz* in Schmitt/Hörtnagl/Stratz UmwG § 16 Rn. 27; BGH DB 2006, 2563; *Heidinger* in Henssler/Strohn GesellschRe § 16 UmwG Rn. 15; *Büchel* ZIP 2006, 2289.

[292] Vgl. hierzu unten § 11 Rn. 118 ff.

[293] *Sparfeld* Verschmelzung, Rn. 32.

[294] Gemäß § 16 Abs. 3 S. 7 UmwG entscheidet über den Antrag ein Senat des Oberlandesgerichts, in dessen Bezirk die Gesellschaft ihren Sitz hat.

[295] *Stratz* in Schmitt/Hörtnagl/Stratz UmwG § 16 Rn. 56 m.w.N.; *Marsch-Barner* in Kallmeyer UmwG § 16 Rn. 41; *Schwanna* in Semler/Stengel UmwG § 16 Rn. 29 ff.

[296] *Stratz* in Schmitt/Hörtnagl/Stratz UmwG § 16 Rn. 59; *Schwanna* in Semler/Stengel UmwG § 16 Rn. 29; *Marsch-Barner* in Kallmeyer UmwG § 16 Rn. 41.

[297] Gesetz zur Umsetzung der Aktionärsrechterichtlinie (ARUG) vom 30.7.2009, BGBl I 2479.

[298] *Schwanna* in Semler/Stengel UmwG § 16 Rn. 31a.

[299] Vgl. hierzu im Detail *Schwanna* in Semler/Stengel UmwG § 16 Rn. 33 und *Stratz* in Schmitt/Hörtnagl/Stratz UmwG § 16 Rn. 78.

und – unabhängig von etwaigen Mängeln der Eintragung im Register der übrigen Rechtsträger – die Wirkungen der Verschmelzung gemäß § 20 Abs. 1 UmwG auslöst.[300]

Sofern bei der übernehmenden KGaA eine **Kapitalerhöhung** zur Schaffung der Kommanditaktien, die als Gegenleistung den Gesellschaftern des übertragenden Rechtsträgers zu gewähren sind, einzutragen ist, ist diese gemäß §§ 66, 78 UmwG zunächst in das Register des übernehmenden Rechtsträgers einzutragen und erst anschließend die Verschmelzung.

Für die Verschmelzung unter Beteiligung einer KGaA ist für die zeitliche Vorgabe der Eintragung daneben die **wertpapiertechnische Abwicklung** gemäß §§ 71, 72 i. V. m. § 78 UmwG zu beachten:

Ist eine KGaA übernehmender Rechtsträger darf die Verschmelzung erst eingetragen werden, wenn der **Treuhänder**[301] jedes übertragenden Rechtsträgers dem Gericht angezeigt hat, dass er im Besitz der Aktien und der im Verschmelzungsvertrag festgesetzten baren Zuzahlungen ist, § 71 Abs. 1 S. 2 UmwG.

Ist eine KGaA übertragender Rechtsträger stellt sich die Frage, wie mit den Aktien der Kommanditaktionäre der übertragenden KGaA zu verfahren ist. § 72 UmwG enthält keine allgemeine Regelung des **Umtauschs der Aktien**; geregelt ist hier nur der Fall der Kraftloserklärung und der Zusammenlegung der Aktien.[302] Der Anwendungsbereich des § 72 UmwG erstreckt sich somit auf den Zeitraum nach Eintragung der Verschmelzung.[303]

c) Wirkungen der Eintragung. Die Eintragung der Verschmelzung im Handelsregister des übernehmenden Rechtsträgers lässt die Wirkungen der Verschmelzung eintreten. Diese sind in § 20 Abs. 1 UmwG beschrieben. Die wesentlichen Wirkungen sind:
- **Übergang des Vermögens der übertragenden Rechtsträger** einschließlich aller Verbindlichkeiten im Wege der **Gesamtrechtsnachfolge** auf den übernehmenden Rechtsträger, § 20 Abs. 1 Ziff. 1 UmwG.
- **Erlöschen der übertragenden Rechtsträger** ohne Abwicklung, § 20 Abs. 1 Ziff. 2 UmwG.
- Die Anteilsinhaber der übertragenden Rechtsträger werden **Anteilsinhaber des übernehmenden Rechtsträgers** zu den im Verschmelzungsvertrag festgelegten Konditionen, § 20 Abs. 1 Ziff. 3 S. 1 UmwG. Dies gilt jedoch nicht, soweit dadurch der übernehmende Rechtsträger an sich selbst beteiligt würde, also in allen Fällen, in denen der übernehmende Rechtsträger rechtlich oder wirtschaftlich unmittelbar oder mittelbar Anteilsinhaber des übertragenden Rechtsträgers ist oder der übertragende Rechtsträger eigene Anteile innehatte, § 20 Abs. 1 Ziff. 3 S. 1 2. HS UmwG.
- Hinsichtlich etwaiger **Rechte Dritter** an den Gesellschaftsanteilen oder Mitgliedschaften der übertragenden Rechtsträger findet eine **dingliche Surrogation**[304] statt, § 20 Abs. 1 Ziff. 3 S. 2 UmwG.

---

[300] *Stratz* in Schmitt/Hörtnagl/Stratz UmwG § 19 Rn. 5.
[301] Vgl. hierzu oben § 11 Rn. 58.
[302] *Rieger* in Widmann/Mayer EL 90 UmwR § 72 UmwG Rn. 1 und 4; *Junker* in Henssler/Strohn GesellschRe § 72 UmwG Rn. 1.
[303] Vgl. hierzu unten § 11 Rn. 122.
[304] *Stratz* in Schmitt/Hörtnagl/Stratz UmwG § 20 Rn. 19.

- **Heilung von Mängeln der notariellen Beurkundung** des Verschmelzungsvertrages oder der notariellen Beurkundung von Zustimmungs- und Verzichtserklärungen der Anteilsinhaber, § 20 Abs. 1 Ziff. 4 UmwG.
- Sonstige Mängel der Verschmelzung lassen die Wirkungen der Eintragung der Verschmelzung unberührt, § 20 Abs. 2 UmwG.

Gläubiger der beteiligten Rechtsträger erwerben einen **Anspruch auf Sicherheitsleistung** unter den Voraussetzungen des § 22 UmwG.

108 aa) Gesamtrechtsnachfolge. Die **Gesamtrechtsnachfolge** bewirkt im Zeitpunkt der der Eintragung der Verschmelzung im Handelsregister am Sitz des übernehmenden Rechtsträgers *ipso iure* den Übergang des Aktivvermögens und der Verbindlichkeiten auf den übernehmenden Rechtsträger.[305] Hiervon ist auch Auslandsvermögen umfasst.[306] Sofern für die Einzelrechtsübertragung Registrierungen oder Grundbucheintragungen erforderlich sind, erfolgt der Rechtsübergang unabhängig von solchen Registrierungen oder Eintragungen; diese sind mit lediglich berichtigender Wirkung nachzuholen.[307] Sollen Vermögensgegenstände von der Gesamtrechtsnachfolge ausgenommen werden, müssen diese vor Eintragung der Verschmelzung aus dem Vermögen des übertragenden Rechtsträgers mit dinglicher Wirkung ausscheiden.[308] Allerdings sind hierbei die steuerlichen Konsequenzen abzuwägen.

109 **Rechtsverhältnisse** des übertragenden Rechtsträgers gehen ebenfalls mit Eintragung der Verschmelzung auf den übernehmenden Rechtsträger über.[309] Hier kann in besonderen Ausnahmefällen ein Sonderkündigungsrecht des Gläubigers infolge der Verschmelzung entstehen[310] oder vertraglich vereinbart sein. Die **Organstellungen** (persönlich haftende Gesellschafterstellung, Aufsichtsrat etc) des übertragenden Rechtsträgers **erlöschen**, nicht jedoch die Anstellungsverträge, sofern diese nicht an die Organstellung gebunden sind.[311]

110 Auch **Forderungen**, deren Übergang nach allgemeinen zivilrechtlichen Vorschriften ausgeschlossen ist (§ 399 BGB), werden von der Gesamtrechtsnachfolge erfasst und gehen auf den übernehmenden Rechtsträger über;[312] der übernehmende Rechtsträger bleibt an die Beschränkungen gebunden.[313] Für noch nicht vollständig erfüllte gegenseitige Verträge, die durch die Verschmelzung unvereinbar

---

[305] *Vossius* in Widmann/Mayer EL 144 UmwR § 20 UmwG Rn. 26.
[306] *Kübler* in Semler/Stengel UmwG § 20 Rn. 10; *Marsch-Barner* in Kallmeyer UmwG § 20 Rn. 5.
[307] *Vossius* in Widmann/Mayer EL 144 UmwR § 20 UmwG Rn. 56 ff.; *Stratz* in Schmitt/Hörtnagl/Stratz UmwG § 20 Rn. 31.
[308] *Stratz* in Schmitt/Hörtnagl/Stratz UmwG § 20 Rn. 24.
[309] *Kübler* in Semler/Stengel UmwG § 20 Rn. 12 ff.; *Marsch-Barner* in Kallmeyer UmwG § 20 Rn. 10 ff.
[310] So in dem speziellen Fall der Fusion zweier Banken für den Kreditnehmer aufgrund der besonderen Vertrauenssituation zwischen Kreditnehmer und Bank, vgl. OLG Karlsruhe DB 2001, 1548.
[311] *Marsch-Barner* in Kallmeyer UmwG § 20 Rn. 13; *Kübler* in Semler/Stengel UmwG § 20 Rn. 20.
[312] *Kübler* in Semler/Stengel UmwG § 20 Rn. 13; *Grunewald* in Lutter UmwG § 20 Rn. 32; *Marsch-Barner* in Kallmeyer UmwG § 20 Rn. 8.
[313] *Marsch-Barner* in Kallmeyer UmwG § 20 Rn. 8.

geworden sind, trifft § 21 UmwG eine Sonderregelung dahingehend, dass der Umfang der Verpflichtungen aus solchen Verträgen anzupassen sind.[314]

Unternehmensverträge zwischen dem übertragenden und dem übernehmenden Rechtsträger erlöschen mit Eintragung der Verschmelzung durch Konfusion.[315] Das Erlöschen ist gemäß § 298 AktG zur Eintragung im Handelsregister anzumelden. Bei **Beherrschungs- und Gewinnabführungsverträgen** ist wie folgt zu differerenzieren: Wird die abhängige Gesellschaft auf eine dritte Gesellschaft verschmolzen, führt dies zur Beendigung des Beherrschungs- und Gewinnabführungsvertrages, da der dritten Gesellschaft als übernehmenden Rechtsträger nicht ohne Mitwirkung ihrer Organe die Rechtsposition einer abhängigen Gesellschaft übergestülpt werden kann.[316] Wird hingegen das herrschende Unternehmen auf eine dritte Gesellschaft verschmolzen, geht der Beherrschungs- und Gewinnabführungsvertrag auf die dritte Gesellschaft als aufnehmenden Rechtsträger über.[317] In diesem Fall steht dem abhängigen Unternehmen unter den Voraussetzungen des § 297 AktG ein außerordentliches Kündigungsrecht zu.[318] Andere Unternehmensverträge gehen auf den übernehmenden Rechtsträger über und bestehen fort.[319]

Öffentlich-rechtliche Befugnisse und **Konzessionen**, die dem übertragenden Rechtsträger erteilt wurden, gehen ebenfalls grundsätzlich über. Sie gehen dann nicht über, wenn der übernehmende Rechtsträger nicht die gesetzlich geforderte Rechtsform hat oder sofern sie personenbezogen sind.[320]

bb) Erlöschen des übertragenden Rechtsträgers. Der übertragende Rechtsträger erlischt mit Eintragung der Verschmelzung im Handelsregister des übernehmenden Rechtsträgers **ohne Abwicklung**; einer Löschung bedarf es nicht (§ 20 Abs. 1 Nr. 2 UmwG i. V. m. § 2 S. 1 UmwG). Lediglich für Schadensersatzansprüche nach § 25 Abs. 1 UmwG oder anderen Vorschriften des Umwandlungsgesetzes, die sich gegen die ehemaligen Vertretungs- und Aufsichtsorganmitglieder des übertragenden Rechtsträgers richten, fingiert § 25 Abs. 2 UmwG das Fortbestehen des übertragenden Rechtsträgers.[321] Die **Firma** des übertragenden Rechtsträgers erlischt;[322] allerdings kann der übernehmende Rechtsträger die Firma nach § 18 UmwG fortführen. Die **Organstellungen** des übertragenden

---

[314] *Marsch-Barner* in Kallmeyer UmwG § 21 Rn. 5.
[315] *Kübler* in Semler/Stengel UmwG § 20 Rn. 31; *Sparfeld* Verschmelzung, Rn. 56; *Stratz* in Schmitt/Hörtnagl/Stratz UmwG § 20 Rn. 56.
[316] *Kübler* in Semler/Stengel UmwG § 20 Rn. 31; *Marsch-Barner* in Kallmeyer UmwG § 20 Rn. 21 m. w. N.; *Sparfeld* Verschmelzung, Rn. 58; *Müller* BB 2002, 157, 159; a. A.: *Vossius* in Widmann/Mayer EL 144 UmwR § 20 UmwG Rn. 290.1.
[317] *Kübler* in Semler/Stengel UmwG § 20 Rn. 30; *Stratz* in Schmitt/Hörtnagl/Stratz UmwG § 20 UmwG Rn. 58; *Marsch-Barner* in Kallmeyer UmwG § 20 Rn. 20 m. w. N.; *Sparfeld* Verschmelzung, Rn. 57.
[318] *Stratz* in Schmitt/Hörtnagl/Stratz UmwG § 20 UmwG Rn. 58; *Marsch-Barner* in Kallmeyer UmwG § 20 Rn. 20; *Sparfeld* Verschmelzung, Rn. 57.
[319] *Marsch-Barner* in Kallmeyer UmwG § 20 Rn. 22.
[320] *Vossius* in Widmann/Mayer EL 144 UmwG § 20 UmwG Rn. 249 ff.; *Marsch-Barner* in Kallmeyer UmwG § 20 Rn. 26.
[321] *Vossius* in Widmann/Mayer EL 144 UmwG § 20 UmwG Rn. 326; *Marsch-Barner* in Kallmeyer UmwG § 20 Rn. 28.
[322] *Vossius* in Widmann/Mayer EL 144 UmwG § 20 UmwG Rn. 329.

Rechtsträgers erlöschen.[323] Dasselbe gilt für **Prokura** und **Handlungsvollmachten**.[324]

114　**cc) Erwerb der Anteilsinhaberschaft beim übernehmenden Rechtsträger.** Mit Eintragung der Verschmelzung im Register des übernehmenden Rechtsträgers werden die Anteilsinhaber des übertragenden Rechtsträgers kraft Gesetzes Anteilsinhaber des übernehmenden Rechtsträgers, § 20 Abs. 1 Nr. 3, 1. HS UmwG. Der Erwerb der Anteilsinhaberschaft erfolgt zu den im Verschmelzungsvertrag festgelegten Bedingungen. Besondere Übertragungsakte, Willenserklärungen der Beteiligten oder die Übergabe von Aktien sind nicht erforderlich.[325]

115　Ein Anteilserwerb findet nicht statt, soweit der übernehmende Rechtsträger oder ein Dritter auf dessen Rechnung Anteile am übertragenden Rechtsträger hält, § 20 Abs. 1 Ziff. 3 S. 1 2. HS UmwG. Auf diese Anteile dürfen nach §§ 54 Abs. 1 Nr. 1, Abs. 2 und 68 Abs. 1 Nr. 1 und Abs. 2 UmwG auch keine neuen Anteile ausgegeben werden.[326] Als Dritter gilt insoweit auch eine 100 %ige Tochtergesellschaft des übernehmenden Rechtsträgers.[327]

116　**dd) Dingliche Surrogation.** Rechte Dritter an den Gesellschaftsanteilen oder Mitgliedschaften des übertragenden Rechtsträgers setzen sich im Wege der **dinglichen Surrogation** an den Gesellschaftsanteilen des übernehmenden Rechtsträgers fort.[328] Dies gilt nur für dingliche Rechte, also z. B. für den Nießbrauch oder das Pfandrecht.[329] Schuldrechtliche Ansprüche Dritter, wie z. B. Vorkaufsrechte, Treuhandbesitz, Unterbeteiligungen etc., setzen sich nur dann an den Gesellschaftsanteilen des übernehmenden Rechtsträgers fort, wenn sich dies im Wege der Vertragsauslegung aus der ursprünglichen Vereinbarung entnehmen lässt.[330]

117　**ee) Sicherheitsleistungsanspruch der Gläubiger.** Die Gläubiger sämtlicher an der Verschmelzung beteiligten Unternehmen erwerben mit Wirksamwerden der Verschmelzung gemäß § 22 Abs. 1 UmwG einen Anspruch auf Sicherheitsleistung gegen den übernehmenden Rechtsträger für ihre Forderungen, soweit sie für diese nicht Befriedigung verlangen können. Diese Forderungen sind schriftlich unter Angabe von Anspruchsgrund und -höhe **innerhalb** einer Ausschlussfrist[331] **von sechs Monaten** nach dem Tage, an dem die Eintragung der Verschmelzung in das Register des Sitzes des Rechtsträgers, dessen Gläubiger sie sind, nach § 19 Abs. 3 UmwG bekannt gemacht worden ist, **anzumelden**. Das Recht auf Sicherheitsleistung steht den Gläubigern allerdings nur dann zu, wenn sie glaubhaft ma-

---

[323] Vgl. oben § 11 Rn. 109.
[324] *Vossius* in Widmann/Mayer EL 144 UmwG § 20 UmwG Rn. 330.
[325] *Stratz* in Schmitt/Hörtnagl/Stratz UmwG § 20 UmwG Rn. 109; *Kübler* in Semler/Stengel UmwG § 20 Rn. 74; *Marsch-Barner* in Kallmeyer UmwG § 20 Rn. 29.
[326] *Kübler* in Semler/Stengel UmwG § 20 Rn. 76; *Marsch-Barner* in Kallmeyer UmwG § 20 Rn. 30.
[327] *Marsch-Barner* in Kallmeyer UmwG § 20 Rn. 30; *Kübler* in Semler/Stengel UmwG § 20 Rn. 77.
[328] *Kübler* in Semler/Stengel UmwG § 20 Rn. 80.
[329] *Kübler* in Semler/Stengel UmwG § 20 Rn. 81; *Marsch-Barner* in Kallmeyer UmwG § 20 Rn. 31.
[330] *Kübler* in Semler/Stengel UmwG § 20 Rn. 81; *Marsch-Barner* in Kallmeyer UmwG § 20 Rn. 31.
[331] *Maier-Reimer/Seulen* in Semler/Stengel UmwG § 22 Rn. 39; *Marsch-Barner* in Kallmeyer UmwG § 22 Rn. 5.

chen, dass durch die Verschmelzung die Erfüllung ihrer Forderungen gefährdet ist. Die Gläubiger des übertragenden Rechtsträgers verlieren durch die Verschmelzung ihren bisherigen Schuldner und sie erhalten mit dem übernehmenden Rechtsträger einen neuen Schuldner; die Forderungen der bisherigen Gläubiger des übernehmenden Rechtsträgers könnten dadurch gefährdet sein, dass der übernehmende Rechtsträger durch die Verschmelzung zusätzliche Gläubiger erhält.[332] Auf die Möglichkeit der Sicherheitsleistung sind die Gläubiger in der Bekanntmachung von Amts wegen hinzuweisen, § 22 Abs. 1 S. 3 UmwG. Unterbleibt der Hinweis, so hindert dies den Fristablauf nicht; den Gläubigern können jedoch Amtshaftungsansprüche zustehen.[333]

d) Mängel der Verschmelzung. Hinsichtlich etwaiger Mängel der Verschmelzung ist zwischen Mängeln nach § 20 Abs. 1 Nr. 4 UmwG und solchen nach § 20 Abs. 2 UmwG zu unterscheiden. 118

aa) Beurkundungsmängel nach § 20 Abs. 1 Nr. 4 UmwG. Mängel der **notariellen Beurkundung** des Verschmelzungsvertrages und ggf. erforderlicher Zustimmungs- oder Verzichtserklärungen einzelner Anteilsinhaber werden gemäß § 20 Abs. 1 Nr. 4 UmwG durch die Eintragung der Verschmelzung in das Register des Sitzes des übernehmenden Rechtsträgers **geheilt**. Somit werden z. B. auch unvollständige oder im Ausland beurkundete Verschmelzungsvorgänge wirksam.[334] Für Auslandsbeurkundungen gilt dies jedoch nur, sofern die ausländische Beurkundung mit einer inländischen Beurkundung vergleichbar ist;[335] anderenfalls liegt keine Beurkundung vor mit der Konsequenz, dass auch keine Heilung eintreten kann. 119

Von § 20 Abs. 1 Nr. 4 UmwG nicht erfasst sind sonstige Mängel der Verschmelzung, insbesondere Beurkundungsmängel des Verschmelzungsbeschlusses oder Mängel sonstiger Beschlussgegenstände zur Durchführung der Verschmelzung wie z. B. Mängel etwaiger Kapitalerhöhungsbeschlüsse; für derartige Mängel gilt § 20 Abs. 2 UmwG.[336]

bb) Sonstige Mängel nach § 20 Abs. 2 UmwG. Auch bei sonstigen Mängeln der Verschmelzung sieht das Gesetz in § 20 Abs. 2 UmwG eine weitgehende **Bestandskraft** der einmal zustande gekommenen Verschmelzung vor, d.h. die konstitutiven Wirkungen der Verschmelzung wie oben näher dargestellt,[337] bleiben bestehen unabhängig von der Schwere des Mangels.[338] § 20 Abs. 2 UmwG sieht als Rechtsfolge solcher Mängel **keine Heilung** vor, sondern nur, dass die Wirkungen 120

---

[332] *Marsch-Barner* in Kallmeyer UmwG § 22 Rn. 1.
[333] *Maier-Reimer/Seulen* in Semler/Stengel UmwG § 22 Rn. 44; *Stratz* in Schmitt/Hörtnagl/Stratz UmwG § 22 Rn. 10; *Vossius* in Widmann/Mayer EL 140 UmwR § 22 UmwG Rn. 62.
[334] *Kübler* in Semler/Stengel UmwG § 20 Rn. 82; *Heidinger* in Henssler/Strohn GesellschRe § 20 UmwG Rn. 62.
[335] Ausführlich hierzu *Vossius* in Widmann/Mayer EL 144 UmwR § 20 UmwG Rn. 370.
[336] *Marsch-Barner* in Kallmeyer UmwG § 20 Rn. 32; *Heidinger* in Henssler/Strohn GesellschRe § 20 UmwG Rn. 62.
[337] Vgl. § 11 Rn. 107 ff.
[338] OLG Frankfurt a. M. AG 2012, 461, 463; OLG Hamburg DNotZ 2009, 227; *Stratz* in Schmitt/Hörtnagl/Stratz UmwG § 20 UmwG Rn. 122; *Heidinger* in Henssler/Strohn GesellschRe § 20 UmwG Rn. 63; *Marsch-Barner* in Kallmeyer UmwG § 20 Rn. 33; *Kort* AG 2010, 230, 231.

der Eintragung bestehen bleiben.³³⁹ Eine **Entschmelzung** ist von Gesetzes wegen somit ausgeschlossen.³⁴⁰ Das gilt selbst in den Fällen, in denen eine Eintragung trotz erhobener Anfechtungsklage erfolgt ist.³⁴¹ Allerdings können Schadensersatzansprüche gegenüber den verantwortlichen Personen insbesondere nach §§ 16 Abs. 3 S. 10; 25 UmwG geltend gemacht werden.³⁴²

Mängel i. S. d. § 20 Abs. 2 UmwG sind auch Mängel des Verschmelzungsvertrages, die keine Beurkundungsmängel sind, z. B. das Fehlen von Angaben nach § 5 Abs. 1 UmwG.³⁴³

121 § 20 Abs. 2 UmwG findet auch dann Anwendung, wenn die Verschmelzung trotz **Fristüberschreitung der Acht-Monats-Frist** des § 17 Abs. 2 S. 4 UmwG eingetragen wird. Auch in diesem Fall ist die Verschmelzung unumkehrbar; damit tritt auch die steuerliche Rückwirkung auf den Stichtag der Schlussbilanz ein.³⁴⁴

122 **e) Wertpapiertechnische Abwicklung.** Wie mit den neu auszugebenden Aktien einer aufnehmenden KGaA zu verfahren ist, ist in §§ 71, 78 UmwG geregelt.³⁴⁵ Ist eine **KGaA übertragender Rechtsträger** bedarf es einer Einreichung der Aktien der Kommanditaktionäre; denn mit Eintragung der Verschmelzung erlischt die übertragende KGaA; die Kommanditaktionäre der übertragenden KGaA werden Anteilsinhaber des aufnehmenden Rechtsträgers.³⁴⁶ Wie das zu erfolgen hat, ist im UmwG nicht geregelt. Hierzu verweist § 72 Abs. 1 i. V. m. § 78 UmwG auf § 73 Abs. 1 und 2 AktG. Gemäß **§ 73 Abs. 2 AktG** i. V. m. § 278 Abs. 3 AktG müssen die Kommanditaktionäre zunächst durch dreimalige Bekanntmachung in den Gesellschaftsblättern zur Einreichung der Aktien aufgefordert werden, § 73 Abs. 2 S. 2 i. V. m. § 64 Abs. AktG.³⁴⁷ Diese Aufforderung erfolgt durch den übernehmenden Rechtsträger, der dazu auffordert, die Aktien bei ihm oder dem nach § 71 UmwG bestellten Treuhänder innerhalb einer bestimmten Frist einzureichen.³⁴⁸ Die Aufforderung muss auch die **Kraftloserklärung** androhen. Allerdings ist gemäß § 72 Abs. 1 S. 2 UmwG eine Genehmigung des Gerichts nach § 73 Abs. 2 S. 1 AktG ausnahmsweise nicht erforderlich.

Soweit die Aktien nicht eingereicht werden, kann die Kraftloserklärung erfolgen; hierzu ist nach § 73 Abs. 2 S. 3 AktG eine erneute Bekanntmachung in den Gesellschaftsblättern erforderlich. In der Bekanntmachung sind die für kraftlos erklärten Aktien genau zu bezeichnen, § 73 Abs. 2 S. 4 AktG.

---

[339] *Vossius* in Widmann/Mayer EL 144 UmwR § 20 UmwG Rn. 374; *Marsch-Barner* in Kallmeyer UmwG § 20 Rn. 34.
[340] OLG Frankfurt a. M. AG 2012, 461, 463; OLG Frankfurt a. M. DNotZ 2003, 638, 639; *Stratz* in Schmitt/Hörtnagl/Stratz UmwG § 20 UmwG Rn. 121; *Vossius* in Widmann/Mayer EL 144 UmwR § 20 UmwG Rn. 375.
[341] Vgl. § 11 Rn. 91 ff.
[342] OLG Frankfurt a. M. AG 2012, 461, 463; *Stratz* in Schmitt/Hörtnagl/Stratz UmwG § 20 Rn. 127; *Vossius* in Widmann/Mayer EL 144 UmwR § 20 UmwG Rn. 376; *Marsch-Barner* in Kallmeyer UmwG § 20 Rn. 34.
[343] *Kübler* in Semler/Stengel UmwG § 20 Rn. 90 f.; *Marsch-Barner* in Kallmeyer UmwG § 20 Rn. 39.
[344] *Hörtnagl* in Schmitt/Hörtnagl/Stratz UmwStG § 2 UmwStG Rn. 20; *Widmann* in Widmann/Mayer EL 98 UmwR § 2 UmwStG Rn. R 5 und Rn. 13.
[345] Vgl. hierzu oben § 11 Rn. 106.
[346] Vgl. hierzu oben § 11 Rn. 111 f.
[347] *Lange* in Henssler/Strohn GesellschRe § 73 AktG Rn. 5; *Hüffer/Koch* § 73 Rn. 5.
[348] *Marsch-Barner* in Kallmeyer UmwG § 72 Rn. 2.

Ist auch der übernehmende Rechtsträger eine AG oder KGaA gelten gemäß § 72 Abs. 2 UmwG ferner Absätze 3 und 4 des § 73 AktG sowie § 226 AktG entsprechend.

VI. Grenzüberschreitende Verschmelzung

1. Grenzüberschreitende Verschmelzungen nach §§ 122a ff. UmwG

Beteiligte Rechtsträger einer grenzüberschreitenden Verschmelzung können nach § 122b Abs. 1 UmwG ausschließlich Kapitalgesellschaften sein. Auch die **KGaA** kann beteiligter Rechtsträger grenzüberschreitender Verschmelzungen sein. Sie kann hierbei sowohl aufnehmender, übertragender und neuer Rechtsträger sein. Sofern sie übertragender Rechtsträger ist, kann sie auch auf eine bestehende SE verschmolzen werden. Die SE kann allerdings nicht neuer Rechtsträger im Rahmen einer Verschmelzung durch Neugründung sein; denn die SE kann ausschließlich gem. den in der SE-VO vorgesehenen Möglichkeiten errichtet werden.[349] 123

Für die Durchführung grenzüberschreitender Verschmelzungen gelten die Sonderregelungen in **§§ 122c bis 122l UmwG**. Soweit sich aus diesen Vorschriften nichts anderes ergibt, finden gemäß § 122a Abs. 2 UmwG die Vorschriften zu nationalen Verschmelzungen von Kapitalgesellschaften entsprechende Anwendung. Auch die grenzüberschreitende Verschmelzung erfordert verschiedene **Verfahrensschritte**. Dies sind im Wesentlichen Folgende:[350] 124

- Aufstellung des Verschmelzungsplans mit dem in § 122c UmwG vorgesehenen Mindestinhalt. Der **Verschmelzungsplan** tritt an die Stelle eines Verschmelzungsvertrages, welcher bei nationalen Verschmelzungen abzuschließen ist. Die Aufstellung des Verschmelzungsplans erfolgt durch die Vertretungsorgane der an der Verschmelzung beteiligten Rechtsträger.
- **Bekanntmachung** des Verschmelzungsplans, § 122d UmwG; hierzu ist der Verschmelzungsplan bzw. sein Entwurf spätestens einen Monat vor der Beschlussfassung über die Verschmelzung beim zuständigen Register einzureichen und vom Gericht gemäß § 10 HGB bekannt zu machen.
- Erstellung des **Verschmelzungsberichts**, § 122e UmwG; dieser ist den Anteilsinhabern und dem zuständigen **Betriebsrat** – falls es einen solchen nicht gibt, den Arbeitnehmern der an der grenzüberschreitenden Verschmelzung beteiligten Rechtsträgern – spätestens einen Monat vor der Beschlussfassung über die Zustimmung zur Verschmelzung zugänglich zu machen. Einer zusätzlichen Zuleitung des Verschmelzungsplans an den Betriebsrat nach § 5 Abs. 3 UmwG bedarf es nicht.[351]
- **Verschmelzungsprüfung**, § 120 f. UmwG; die Verschmelzungsprüfung erfolgt nach den Bestimmungen der §§ 9 bis 12 UmwG. Der Verschmelzungsprüfbericht muss spätestens einen Monat vor Beschlussfassung über die Verschmelzung vorliegen.

---

[349] *Sparfeld* Verschmelzung, Rn. 35.
[350] *Sparfeld* Verschmelzung, Rn. 36 ff.; vgl. ausführliche Darstellung bei *Heckschen* in Widmann/Mayer EL 96 UmwR Vor §§ 122a ff. UmwG Rn. 271 ff.
[351] Ausführlich hierzu *Mayer* in Widmann/Mayer EL 143 UmwR § 122c UmwG Rn. 29.

- **Zustimmung der Anteilsinhaber**, § 122g UmwG; für die Vorbereitung der Gesellschafterversammlung, die über die Zustimmung beschließen soll, gelten die Vorschriften zur nationalen Verschmelzung entsprechend. Ein besonderes Quorum ist nicht vorgesehen, so dass auch insoweit die Regelungen zu nationalen Verschmelzungen gelten (vgl. §§ 50, 65 UmwG); die Zustimmung bedarf somit einer **Drei-Viertel-Stimmenmehrheit**. Sofern sich alle Anteile einer übertragenden Kapitalgesellschaft in der Hand der übernehmenden Kapitalgesellschaft befinden (Up-stream-Merger), ist ein Verschmelzungsbeschluss der Anteilsinhaber der übertragenden Kapitalgesellschaft nicht erforderlich, § 122g Abs. 2 UmwG.
- Vereinbarung über die **Beteiligung der Arbeitnehmer** nach den Bestimmungen des Gesetzes zur Umsetzung der Regelungen über die Mitbestimmung der Arbeitnehmer bei der Verschmelzung von Kapitalgesellschaften aus verschiedenen Mitgliedstaaten vom 21.12.2006.[352]
- **Registrierungsverfahren**[353]: Nach Zustimmung der Versammlung der Anteilsinhaber und Einigung über die Arbeitnehmermitbestimmung erfolgt die **Registeranmeldung**. Die Vertretungsorgane der übertragenden Gesellschaft haben bei der Anmeldung eine Versicherung abzugeben, dass allen Gläubigern, die nach § 122j UmwG einen Anspruch auf Sicherheitsleistung haben, eine angemessene Sicherheit geleistet wurde (§ 122k Abs. 1 S. 3 UmwG). Das Registergericht prüft, ob die Voraussetzungen für die grenzüberschreitende Verschmelzung vorliegen und stellt hierüber eine **Verschmelzungsbescheinigung** aus. Eine weitere Prüfung wird durch das Registergericht der ausländischen aufnehmenden Gesellschaft vorgenommen. Für Fälle der Hineinverschmelzung bedarf es bei der übernehmenden deutschen Gesellschaft nicht der Vorlage einer Verschmelzungsbescheinigung (vgl. § 122l Abs. 1 S. 2 UmwG); nur die ausländischen übertragenden Gesellschaften müssen eine Verschmelzungsbescheinigung vorlegen.

2. Grenzüberschreitende Verschmelzungen außerhalb §§ 122a ff. UmwG

125 Bereits vor Umsetzung der Internationalen Verschmelzungsrichtlinie durch das Zweite Gesetz zur Änderung des Umwandlungsgesetzes vom 19.4.2007 hatte der EuGH mit der **SEVIC-Entscheidung** v. 13.12.2005, welche den Fall der Verschmelzung einer luxemburgischen S.A. auf eine deutsche AG betraf, entschieden, dass die bisherige Auslegung von § 1 UmwG, gemäß der der Anwendungsbereich des UmwG ausdrücklich auf Rechtsträger mit Sitz im Inland beschränkt wurde, mit der Niederlassungsfreiheit nach Art. 43, 48 EG unvereinbar sei. Der der SEVIC-Entscheidung zu Grunde liegende Sachverhalt betraf einen Fall der „Hineinverschmelzung". Der EuGH hat sich in der SEVIC-Entscheidung nicht ausdrücklich zur Frage der „Hinausverschmelzung" geäußert und auch nicht dazu, ob grenzüberschreitende Spaltungen oder Formwechselvorgänge in den Schutzbereich der Niederlassungsfreiheit einbezogen sind. Gemäß den Ausführungen des EuGH wird man davon ausgehen müssen, dass auch Hinausverschmelzungen

---

[352] BGBl. I 2006, 3332.
[353] *Sparfeld* Verschmelzung, Rn. 43.

sowie grenzüberschreitende Verschmelzungen von Personengesellschaften[354] dem Grunde nach möglich sein müssen, ebenso wie grenzüberschreitende Spaltungen.[355] Die SEVIC-Entscheidung geht somit weit über die Internationale Verschmelzungsrichtlinie hinaus; denn diese betrifft ausschließlich Verschmelzungsvorgänge von Kapitalgesellschaften, während die SEVIC-Entscheidung weder eine Beschränkung auf bestimmte Gesellschaftsformen noch auf bestimmte Umwandlungsvorgänge ausdrücklich vorgibt.[356] Die Literatur geht davon aus, dass grenzüberschreitende Umwandlungsvorgänge auf Basis der SEVIC-Entscheidung und grenzüberschreitende Verschmelzungen nach §§ 122a ff UmwG nebeneinander möglich sind.[357]

C. Spaltung

I. Anwendbare Rechtsnormen

Die Spaltung ist im Dritten Buch des Umwandlungsgesetzes in den §§ 123–173 UmwG geregelt. Gemäß **§ 125 UmwG** sind auf die Spaltung die allgemeinen Vorschriften zur Verschmelzung (§§ 2 bis 38 UmwG) und die besonderen Vorschriften zur Verschmelzung (§§ 39 bis 122 UmwG) mit Ausnahme der §§ 9 Abs. 2 und 62 Abs. 5 UmwG anzuwenden. Für Abspaltungen und Ausgliederungen ist daneben die Anwendbarkeit von § 18 UmwG und für Ausgliederungen zusätzlich die Anwendbarkeit der §§ 14 Abs. 2, 15, 29 bis 34, 54, 68 und 71 UmwG ausgenommen. Außerdem findet nach § 125 S. 2 UmwG **bei der Ausgliederung keine Prüfung** nach §§ 9 bis 12 UmwG statt. Mit der Beschränkung der Anwendbarkeit der Vorschriften des Ersten bis Neunten Abschnitts des Zweiten Teils des Zweiten Buches (dies sind §§ 39 bis 122 UmwG) ist klargestellt, dass die Vorschriften zur grenzüberschreitenden Verschmelzung (§§ 122a ff UmwG) gerade nicht entsprechend anwendbar sein sollen. Daher gibt es **keine grenzüberschreitenden Spaltungen** nach den Bestimmungen des UmwG. Allerdings lässt sich die Zulässigkeit grenzüberschreitender Spaltungen außerhalb der Regelungen des UmwG begründen.[358]

Für die AG und die KGaA enthält das Umwandlungsgesetz in den §§ 141–146 UmwG besondere Vorschriften. Daneben finden für die AG und die KGaA über § 125 UmwG die §§ 60 bis 76 UmwG Anwendung, mit Ausnahme des § 75 Abs. 2 UmwG; dieser wird durch die Spezialregelung des § 144 UmwG ersetzt.

---

[354] *Geyrhalter/Weber* DStR 2006, 146, 151; *Heckschen* in Widmann/Mayer EL 96 UmwR Vor §§ 122a ff. UmwG Rn. 13 ff.; *Krause/Kulpa* ZHR 2007, 38, 44 ff.; *Kuntz* IStR 2006, 224, 225.

[355] *Sparfeld* Verschmelzung, Rn. 44; *Heckschen* in Widmann/Mayer EL 96 UmwR Vor §§ 122a ff. UmwG Rn. 13 ff.; *Hörtnagl* in Schmitt/Hörtnagl/Stratz § 1 UmwG Rn 45 ff.; *Krause/Kulpa* ZHR 2007, 38, 44 ff.; *Kuntz* IStR 2006, 224, 225. Zum grenzüberschreitenden Formwechsel vgl. unten § 11 Rn. 171.

[356] *Sparfeld* Verschmelzung, Rn. 44.

[357] *Fronhöfer* in Widmann/Mayer EL 112 UmwR § 16 UmwG Rn. 228 m.w.N.

[358] Vgl. hierzu oben § 11 Rn. 124 und *Marsch-Barner* in Kallmeyer UmwG Vor §§ 122a–122l Rn. 11 bis 13.

Für Fälle der Ausgliederung schließt § 125 S. 1 UmwG die Anwendbarkeit der §§ 68 und 71 UmwG ausdrücklich aus. § 68 UmwG regelt die Fälle, in denen eine Kapitalerhöhung bei dem übernehmenden Rechtsträger nicht stattfinden darf; dies sind insbesondere die Fälle, in denen die Tochtergesellschaft übertragender Rechtsträger ist und die Muttergesellschaft übernehmender Rechtsträger; vermieden werden soll hier die Gewährung eigener Anteile an die Muttergesellschaft. Bei der Ausgliederung von einer Tochtergesellschaft auf ihre Muttergesellschaft erhält jedoch nicht die Muttergesellschaft in ihrer Eigenschaft als Gesellschafterin der übertragenden Tochtergesellschaft Anteile, sondern die Tochtergesellschaft selbst erhält Anteile an der Muttergesellschaft. Es tritt somit eine wechselseitige Beteiligung ein. Aus diesem Grunde bedarf es auch keiner Bestellung eines Treuhänders; daher ist auch die Anwendbarkeit von § 71 UmwG für Fälle der Ausgliederung ausgeschlossen.

127 Die grundlegende Verweisung in § 125 UmwG auf die verschmelzungsrechtlichen Vorschriften ist dadurch gerechtfertigt, dass es sich bei Spaltungsvorgängen vielfach um umgekehrte Verschmelzungsvorgänge handelt – z.B. stellt die Aufspaltung zur Neugründung (ein übertragender Rechtsträger erlischt und es entstehen mindestens zwei neue Rechtsträger) die Umkehrung der Verschmelzung zur Neugründung (mindestens zwei übertragende Rechtsträger erlöschen und es entsteht ein neuer Rechtsträger) dar.[359] Daneben enthalten §§ 126 bis 189 UmwG spezielle Regelungen für Spaltungsvorgänge. Nachfolgend wird daher im Wesentlichen auf diese von der Verschmelzung abweichende Besonderheiten eingegangen; im Übrigen wird auf die entsprechenden Ausführungen zur Verschmelzung verwiesen.

II. Arten der Spaltung

128 Die Spaltung verfolgt das Ziel, das Vermögen eines Rechtsträgers auf mehrere Rechtsträger zu verteilen; die Übertragung erfolgt im Wege der **partiellen Gesamtrechtsnachfolge** auf die übernehmenden Rechtsträger.[360] Im Gegenzug für die Übertragung des Vermögens erhalten die Anteilsinhaber des übertragenden Rechtsträgers neue Gesellschaftsanteile an den übernehmenden Rechtsträgern.

129 Im Gesetz werden **drei Arten der Spaltung** unterschieden, Aufspaltung, Abspaltung und Ausgliederung.

Bei der **Aufspaltung** gemäß § 123 Abs. 1 UmwG überträgt der übertragende Rechtsträger sein gesamtes Vermögen auf **mehrere übernehmende Rechtsträger**, wobei der übertragende Rechtsträger ohne Abwicklung aufgelöst wird. Die Aufspaltung kann zur Aufnahme (§ 123 Abs. 1 Ziff. 1 UmwG) auf mehrere bereits bestehende Rechtsträger oder zur Neugründung (§ 123 Abs. 1 Ziff. 2 UmwG) auf mehrere neu zu gründende Rechtsträger erfolgen.

Bei der **Abspaltung** gemäß § 123 Abs. 2 UmwG spaltet ein übertragender Rechtsträger von seinem Vermögen einen oder mehrere Teile jeweils als Gesamtheit auf einen oder mehrere Rechtsträger gegen **Gewährung von Anteilen oder Mitgliedschaften** des jeweils aufnehmenden Rechtsträgers **an die Anteilsin-**

---

[359] *Kallmeyer/Sickinger* in Kallmeyer UmwG § 125 Rn. 2.
[360] *Hörtnagl* in Schmitt/Hörtnagl/Stratz UmwG § 123 UmwG Rn. 5.

haber des übertragenden Rechtsträgers ab. Auch die Abspaltung kann zur Aufnahme (§ 123 Abs. 2 Ziff. 1 UmwG) oder zur Neugründung (§ 123 Abs. 2 Ziff. 2 UmwG) erfolgen. Der übertragende Rechtsträger bleibt bestehen; die Anteilsinhaber des übertragenden Rechtsträgers werden Anteilsinhaber des bzw. der aufnehmenden Rechtsträger.

Bei der **Ausgliederung** nach § 123 Abs. 3 UmwG gliedert ein übertragender Rechtsträger von seinem Vermögen einen oder mehrere Teile jeweils als Gesamtheit auf einen oder mehrere übernehmende Rechtsträger gegen **Gewährung von Anteilen oder Mitgliedschaften** des jeweils aufnehmenden Rechtsträgers **an den übertragenden Rechtsträger selbst** aus – und nicht an dessen Anteilsinhaber. Die Ausgliederung kann zur Aufnahme (§ 123 Abs. 3 Ziff. 1 UmwG) oder zur Neugründung (§ 123 Abs. 3 Ziff. 2 UmwG) erfolgen.

Gemäß § 123 Abs. 4 UmwG können gleichzeitig Spaltungen zur Aufnahme und zur Neugründung in einem Spaltungsvorgang erfolgen.

III. Spaltungsfähigkeit

An Spaltungen können gemäß § 124 UmwG im Wesentlichen dieselben Rechtsträger wie bei Verschmelzungen als übertragende, aufnehmende oder neue Rechtsträger beteiligt sein.[361] Somit kann auch die **KGaA** gemäß §§ 124, 3 Abs. 1 Ziff. 1 und Ziff. 2 UmwG sowohl als übertragender, übernehmender oder als neuer Rechtsträger an allen drei Spaltungsarten beteiligt sein.[362] Bei der Ausgliederung zur Neugründung einer KGaA entsteht eine **Einmann-KGaA**;[363] dies ist zulässig; in diesem Fall ist der Komplementär der KGaA zugleich deren einziger Kommanditaktionär.[364]

130

Für die Beteiligung einer **KGaA als übertragender Rechtsträger** ist das **Spaltungsverbot** in § 141 UmwG zu beachten: eine KGaA, die noch nicht zwei Jahre im Register eingetragen ist, darf – außer durch Ausgliederung zur Neugründung – nicht gespalten werden. Die Rechtsform des übernehmenden oder neuen Rechtsträger spielt für die Anwendbarkeit des Spaltungsverbots keine Rolle.[365] Mit dem Spaltungsverbot soll eine Umgehung der Vorschriften zur Nachgründung, §§ 52, 53 AktG, verhindert werden.[366] Durch die Ausnahme des zeitlich befristeten Spaltungsverbots für Fälle der Ausgliederung zur Neugründung soll der Aufbau sinnvoller Holdingstrukturen erleichtert werden, da der Zweck der Vorschrift bei Ausgliederungen zur Neugründung nicht gefährdet sei.[367]

131

Das grundsätzliche Spaltungsverbot gilt auch für KGaA, die durch **Formwechsel** z. B. einer GmbH entstanden sind, welche bereits seit mehr als zwei Jahren im

---

[361] Vgl. oben § 11 Rn. 14 ff.
[362] *Hörtnagl* in Schmitt/Hörtnagl/Stratz UmwG § 124 UmwG Rn. 10 und 33; *Kallmeyer/Sickinger* in Kallmeyer UmwG § 124 Rn. 1.
[363] *Hörtnagl* in Schmitt/Hörtnagl/Stratz UmwG § 124 UmwG Rn. 33.
[364] Hüffer/*Koch* § 278 Rn. 5 m.w.N.
[365] *Diekmann* in Semler/Stengel UmwG § 141 Rn. 7.
[366] *Hörtnagl* in Schmitt/Hörtnagl/Stratz UmwG § 141 UmwG Rn. 1; *Wardenbach* in Henssler/Strohn GesellschRe § 141 UmwG Rn. 2.
[367] *Hörtnagl* in Schmitt/Hörtnagl/Stratz UmwG § 141 UmwG Rn. 1.

Register eingetragen war.[368] § 67 S. 2 2. Alt. UmwG[369] kommt nicht zur Anwendung, da § 67 S. 2 zweite Alternative nur den vorausgegangenen Formwechsel eines übernehmenden Rechtsträgers regelt; § 141 UmwG erstreckt sich demgegenüber nur auf die KGaA als **übertragender Rechtsträger**.[370] Soweit die **KGaA übernehmender Rechtsträger** ist, kann sie auch in der Nachgründungsphase an einer Spaltung teilnehmen;[371] auch dann, wenn sie durch Formwechsel entstanden ist; denn über § 125 S. 1 UmwG findet die Regelung des § 67 S. 2 zweite Alternative UmwG Anwendung.[372]

132   Gemäß § 124 Abs. 2 UmwG i. V. m. § 3 Abs. 3 UmwG können auch **aufgelöste Rechtsträger** an einer Spaltung beteiligt sein, vorausgesetzt, ihre Fortsetzung kann beschlossen werden.[373] Gemäß § 124 Abs. 2 UmwG i. V. m. § 3 Abs. 4 UmwG sind **Misch-Spaltungen**,[374] d. h. Spaltungen unter Beteiligung von Rechtsträgern unterschiedlicher Rechtsform zulässig.

IV. Vorbereitungsphase

1. Allgemeines

133   Wie bei der Verschmelzung lässt sich auch bei der Spaltung zwischen der Vorbereitungsphase, der Beschlussphase und der Umsetzungsphase unterscheiden. Die Vorbereitungsphase umfasst insbesondere

- die Erstellung des **Spaltungs- und Übernahmevertrages** i. S. d. § 126 Abs. 1 UmwG, im Falle einer Spaltung zur Neugründung tritt ein Spaltungsplan an die Stelle des Spaltungs- und Übernahmevertrages (§ 136 S. 2 UmwG), da der zum Abschluss eines Spaltungs- und Übernahmevertrages notwendige übernehmende Rechtsträger bei einer Spaltung zur Neugründung in dieser Phase noch nicht existiert,
- die Erstellung eines **Spaltungsberichtes** gemäß §§ 127, 142 Abs. 2 UmwG,
- die **Prüfung der Werthaltigkeit** des übergehenden Vermögens gemäß §§ 142 Abs. 1, 69 UmwG i. V. m. §§ 278 Abs. 3, 183 AktG als Sacheinlage
- sowie ggf. die **Prüfung der Spaltung** in Fällen der Aufspaltung und der Abspaltung durch einen unabhängigen Spaltungsprüfer gemäß § 125 S. 1 i. V. m. §§ 9–12 UmwG. Bei Ausgliederungen findet gemäß § 125 S. 2 UmwG keine Prüfung nach §§ 9–12 UmwG statt.

134   Ist übernehmender Rechtsträger eine KGaA, so hat gemäß § 142 Abs. 1 UmwG **stets** eine **Sacheinlagenprüfung** nach § 183 Abs. 3 AktG stattzufinden. Den gemäß §§ 78, 183 Abs. 3 S. 2, 33 Abs. 3 bis 5 AktG erforderlichen Sacheinlagenprüfer bestellt das für die KGaA zuständige Registergericht (Amtsgericht).[375] Der Prüfer

---

[368] *Hörtnagl* in Schmitt/Hörtnagl/Stratz UmwG § 141 UmwG Rn. 1; *Kallmeyer/Sickinger* in Kallmeyer UmwG § 141 Rn. 1; *Diekmann* in Semler/Stengel UmwG § 141 Rn. 8.
[369] Vgl. hierzu oben § 11 Rn. 16.
[370] *Rieger* in Widmann/Mayer EL 102 UmwR § 141 UmwG Rn. 13.
[371] *Wardenbach* in Henssler/Strohn GesellschRe § 141 UmwG Rn. 5.
[372] *Rieger* in Widmann/Mayer EL 102 UmwR § 141 UmwG Rn. 13.
[373] Vgl. oben § 11 Rn. 18 und *Kallmeyer/Sickinger* in Kallmeyer UmwG § 124 Rn. 4.
[374] Zu Mischverschmelzungen vgl. oben § 11 Rn. 30 und 67.
[375] *Hüffer/Koch* § 33 Rn. 7.

muss nicht Wirtschaftsprüfer sein. Es genügt, wenn er in Buchführung ausreichend vorgebildet und erfahren ist.[376] Zweck der Sacheinlagenprüfung ist es festzustellen, ob der Wert der im Zuge der Spaltung zu übertragenden Vermögensgegenstände den Nennwert der hierfür den Anteilsinhabern des übertragenden Rechtsträgers bzw. im Falle der Ausgliederung dem übertragenden Rechtsträger selbst als Gegenleistung zu gewährenden Kommanditaktien der übernehmenden KGaA mindestens erreicht.[377]

Bei einer **Spaltung zur Neugründung** mit einer **KGaA** als neuem Rechtsträger sind ein **Gründungsbericht** gemäß § 32 AktG und eine **Gründungsprüfung** gemäß § 33 Abs. 2 AktG **stets erforderlich** (§ 144 UmwG). Die für Verschmelzungen geltende Erleichterung des § 75 Abs. 2 UmwG[378] greift hier nicht. Dies ist damit zu begründen, dass im Falle einer Spaltung zur Neugründung nicht das gesamte Vermögen des übertragenden Rechtsträgers übergeht und sich dadurch das Risiko einer Unterpari-Emission erhöht.[379] Über die Gründungsprüfung muss der Gründungsprüfer einen **Gründungsprüfbericht** erstellen (§ 34 Abs. 2 AktG). Gründungsprüfer und Spaltungsprüfer können identisch sein.[380]

135

Im Falle der Ausgliederung aus dem Vermögen eines Einzelkaufmanns auf eine neu gegründete **KGaA** muss sich die Prüfung nach § 33 AktG auch darauf erstrecken, ob die Verbindlichkeiten des Einzelkaufmanns sein Vermögen übersteigen (§ 159 Abs. 2 UmwG).

Gemäß § 126 Abs. 3 UmwG ist der Spaltungs- und Übernahmevertrag oder sein Entwurf einen Monat vor der Versammlung der Anteilsinhaber dem zuständigen **Betriebsrat** jedes beteiligten Rechtsträgers gegen Nachweis zuzuleiten.[381]

136

2. Spaltungs- und Übernahmevertrag

Der Spaltungs- und Übernahmevertrag ist **vertragliches Kernstück** der Spaltung zur Aufnahme. Dieser ist von den Vertretungsorganen aller an der Spaltung beteiligten Rechtsträger abzuschließen (§§ 125, 4 Abs. 1 UmwG). Für einen Spaltungsvorgang ist jeweils nur ein **einheitlicher Spaltungs- und Übernahmevertrag** abzuschließen, auch in Fällen, in denen an demselben Spaltungsvorgang mehr als zwei Rechtsträger beteiligt sind – in Fällen der Aufspaltung zur Aufnahme oder in Fällen der Abspaltung auf mehrere aufnehmende Rechtsträger im Rahmen eines Spaltungsvorganges; denn die Anteilsinhaber sollen bei ihrer Entscheidung den gesamten Vorgang kennen.[382] Der Abschluss jeweils separater Verträge mit jedem aufnehmenden Rechtsträger wäre unzulässig, da bei dieser vertraglichen Gestaltung nicht gewährleistet wäre, dass sämtliche beteiligten Rechtsträger über den gesamten Spaltungsvorgang informiert sind, insbesondere über die Zuordnung der

137

---

[376] *Diekmann* in Semler/Stengel UmwG § 142 Rn. 4.
[377] *Diekmann* in Semler/Stengel UmwG § 142 Rn. 5.
[378] Vgl. hierzu oben § 11 Rn. 70.
[379] *Kallmeyer/Sickinger* in Kallmeyer UmwG § 144 UmwG Rn. 1; *Diekmann* in Semler/Stengel UmwG § 144 Rn. 3.
[380] *Diekmann* in Semler/Stengel UmwG § 144 Rn. 6; vgl. auch §§ 125, 75 Abs. 2 UmwG.
[381] Vgl. hierzu bereits oben § 11 Rn. 75.
[382] *Schröer* in Semler/Stengel UmwG § 126 Rn. 9; *Mayer* in Widmann/Mayer EL 144 UmwR § 126 UmwG Rn. 8; *Sagasser/Bultmann* in Sagasser/Bula/Brünger § 18 Rn. 133.

Gegenstände des Aktiv- und Passivvermögens.[383] Liegen hingegen unterschiedliche Spaltungsvorgänge vor (z. B. Abspaltung Teilbetrieb 1 auf ein Konzernunternehmen und Abspaltung Teilbetrieb 2 auf ein konzernfremdes Unternehmen), müssen auch separate Spaltungs- und Übernahmeverträge abgeschlossen werden; diese Verträge können allerdings durch Bedingungen miteinander verknüpft werden.[384]

138 **a) Mindestinhalt.** Die **Mindestangaben** des Spaltungs- und Übernahmevertrages sind in § 126 UmwG aufgelistet. Diese entsprechen weitgehend den Mindestangaben zum Verschmelzungsvertrag, so dass auf die dortigen Ausführungen[385] verwiesen werden kann; im Folgenden werden daher nur die von den Regelungen zur Verschmelzung abweichenden Regelungen dargestellt.

Der Spaltungs- und Übernahmevertrag muss **mindestens Angaben** über den Namen und Sitz (Nr. 1), die Vermögensübertragung sowie die Anteilsgewährung (Nr. 2), das Umtauschverhältnis (Nr. 3), die Einzelheiten der Übertragung (Nr. 4), den Zeitpunkt der Gewinnberechtigung (Nr. 5), den Spaltungsstichtag (Nr. 6), die Gewährung besonderer Rechte (Nr. 7), die Gewährung besonderer Vorteile (Nr. 8), die genaue Bezeichnung und Aufteilung der Aktiva und Passiva (Nr. 9 und Nr. 10) sowie die Folgen der Spaltung für Arbeitnehmer und deren Vertretungen (Nr. 11) enthalten. Grundsätzlich gilt auch hier, dass bzgl. der Reihenfolge und der Formulierungen eine weitgehende Orientierung am Gesetzeswortlaut erfolgen sollte.

139 **b) Anteilsübertragung, nicht-verhältniswahrende Spaltung.** Kern des Vertrages sind die Regelungen zur **Vermögensübertragung** von Teilen des Vermögens jeweils als Gesamtheit **gegen Anteilsgewährung** gemäß **§ 126 Abs. 1 Nr. 2 UmwG**; diese ist beim übernehmenden Rechtsträger eine Kapitalerhöhung gegen Sacheinlage.[386] Sie führt zu einer **Aufteilung des Vermögens** des übertragenden Rechtsträgers, wobei bei Abspaltung und Ausgliederung ein Teil des Vermögens bei dem übertragenden Rechtsträger verbleibt; bei der Aufspaltung erfolgt eine Übertragung des gesamten Vermögens – allerdings auf mindestens zwei übernehmende Rechtsträger. Auch bei der Ausgliederung ist eine **Totalausgliederung** möglich; diese führt dann dazu, dass der übertragende Rechtsträger als einzigen Vermögenswert die Beteiligung an dem übernehmenden Rechtsträger hält.[387]

Die Pflicht zur Gewährung von Anteilen oder Mitgliedschaften am aufnehmenden Rechtsträger (**Anteilsgewährungspflicht**) bildet die Gegenleistung für die Vermögensmehrung auf Seiten des aufnehmenden Rechtsträgers.[388]

140 Sie **entfällt** bei **Auspaltung und Abspaltung** in folgenden Fällen:[389]

---

[383] *Mayer* in Widmann/Mayer EL 144 UmwR § 126 UmwG Rn. 8; *Schwedhelm*, Die Unternehmensumwandlung, Rn. 747.
[384] *Mayer* in Widmann/Mayer EL 144 UmwR § 126 UmwG Rn. 8; *Schöer* in Semler/Stengel UmwG § 126 Rn. 9.
[385] Vgl. oben § 11 Rn. 56 ff.
[386] *Schröer* in Semler/Stengel UmwG § 126 Rn. 27; *Mayer* in Widmann/Mayer EL 144 UmwR § 126 UmwG Rn. 69.2.
[387] *Schröer* in Semler/Stengel UmwG § 126 Rn. 28; *Mayer* in Widmann/Mayer EL 144 UmwR § 126 UmwG Rn. 56.
[388] *Mayer* in Widmann/Mayer EL 144 UmwR § 126 UmwG Rn. 56.
[389] *Schröer* in Semler/Stengel UmwG § 126 Rn. 29.

- in den in § 131 Abs. 1 Nr. 3 UmwG vorgesehenen Fällen[390]
  – **Aufspaltung oder Abspaltung auf die Muttergesellschaft**, § 131 Abs. 1 Nr. 3 zweiter HS erste Alt. UmwG; sofern übernehmender Rechtsträger eine AG, KGaA oder GmbH ist, greifen daneben die Kapitalerhöhungsverbote der §§ 54 Abs. 1 S. 1, 68 Abs. 1 S. 1 i.V.m. § 125 UmwG;[391]
  – soweit der übertragende Rechtsträger **eigene Anteile** innehat, § 131 Abs. 1 Nr. 3 zweiter HS zweite Alt. UmwG;
  – soweit ein Dritter, der im eigenen Namen jedoch für Rechnung des übertragenden Rechtsträgers handelt, Anteilsinhaber des übertragenden Rechtsträgers ist, § 131 Abs. 1 Nr. 3 zweiter HS dritte Alt. UmwG;
- aufgrund des Verbots der Mehrfachbeteiligung an Personengesellschaften;[392]
- bei einer **Spaltung zu Null** – in diesem Fall erhalten mit Zustimmung aller Anteilsinhaber des übertragenden Rechtsträgers einzelne Anteilsinhaber überhaupt keine Anteile am übernehmenden Rechtsträger;[393]
- im Falle eines **notariell beurkundeten Verzichts** aller oder einzelner Anteilsinhaber auf die Gewährung von Anteilen, § 125 i.V.m. § 154 Abs. 1 S. 3 oder § 168 Abs. 1 S. 3 UmwG.[394]

Bei der **Ausgliederung** besteht die Anteilsgewährungspflicht gegenüber dem übertragenden Rechtsträger selbst, § 131 Abs. 1 Nr. 3 S. 3 UmwG. Ausnahmen hiervon sieht das Gesetz nicht vor. Die Anteilsgewährungspflicht entfällt lediglich, wenn der übertragende Rechtsträger bereits Gesellschafter einer aufnehmenden Personengesellschaft ist.[395] Die überwiegende Literaturmeinung lässt einen notariell beurkundeten Verzicht auf die Anteilsgewährung zu;[396] nach anderer Auffassung soll dies nicht möglich sein, da § 125 UmwG für Fälle der Ausgliederung die Anwendbarkeit der §§ 54 und 68 UmwG gerade ausschließt.[397] In der Praxis sollte daher der sichere Weg gewählt werden und eine geringfügige Kapitalerhöhung durchgeführt werden.[398] Zu beachten ist, dass **§ 20 Abs. 1 UmwStG** für die Ausgliederung die **Buchwertverknüpfung** die Gewährung neuer Anteile voraussetzt.[399]

141

Gemäß §§ 126 Abs. 1 Nr. 10, 128 UmwG ist auch eine **nicht-verhältniswahrende Auf- oder Abspaltung** möglich.[400] Den Anteilsinhabern des übertragen-

142

---

[390] *Mayer* in Widmann/Mayer EL 144 UmwR § 126 UmwG Rn. 67; *Hörtnagl* in Schmitt/Hörtnagl/Stratz UmwG § 126 UmwG Rn. 41; *Kallmeyer/Sickinger* in Kallmeyer UmwG § 12 Rn. 6.
[391] *Schröer* in Semler/Stengel UmwG § 126 Rn. 29; *Kallmeyer/Sickinger* in Kallmeyer UmwG § 126 Rn. 6.
[392] *Schröer* in Semler/Stengel UmwG § 126 Rn. 29 m.w.N.
[393] *Schröer* in Semler/Stengel UmwG § 126 Rn. 29; *Mayer* in Widmann/Mayer EL 144 UmwR § 126 UmwG Rn. 274.
[394] *Schröer* in Semler/Stengel UmwG § 126 Rn. 29; *Kallmeyer/Sickinger* in Kallmeyer UmwG § 126 Rn. 6.
[395] *Schröer* in Semler/Stengel UmwG § 126 Rn. 32.
[396] *Schröer* in Semler/Stengel UmwG § 126 Rn. 31 m.w.N.; *Kallmeyer/Sickinger* in Kallmeyer UmwG § 126 Rn. 6.
[397] *Mayer* in Widmann/Mayer EL 144 UmwR § 126 UmwG Rn. 96.
[398] So auch *Wardenbach* in Henssler/Strohn GesellschR § 126 UmwG Rn. 10.
[399] *Kallmeyer/Sickinger* in Kallmeyer UmwG § 126 Rn. 6; *Schröer* in Semler/Stengel UmwG § 126 Rn. 31.
[400] Bei der Ausgliederung ist das nicht möglich, da nur der übertragende Rechtsträger Anteile erhält.

den Rechtsträgers werden hierbei die für die Vermögensübertragung gewährten Anteile am übernehmenden Rechtsträger nicht in dem Verhältnis ihrer Beteiligung am übertragenden Rechtsträger gewährt.[401] In diesem Fall müssen alle Anteilsinhaber dem Spaltungsvertrag zustimmen, § 128 S. 1 UmwG. Die nicht-verhältniswahrende Spaltung schließt auch die Möglichkeit der Spaltung zu Null ein.[402]

143 Für die nach **§ 126 Abs. 1 Nr. 10 UmwG** erforderliche Angabe über die Aufteilung der Anteile bei Aufspaltung und Abspaltung genügt bei der verhältniswahrenden Spaltung die Angabe, dass die Anteile oder Mitgliedschaften der übernehmenden Rechtsträger den Anteilsinhabern des übertragenden Rechtsträgers in dem Verhältnis zugeteilt werden, in dem sie am übertragenden Rechtsträger beteiligt sind.[403] Im Falle einer nicht-verhältniswahrenden Spaltung sind zusätzliche Angaben erforderlich, in denen die genaue Aufteilung der Anteile auf die Anteilsinhaber dargelegt wird.[404]

Bei der Ausgliederung sind Angaben nach § 126 Abs. 1 Nr. 10 UmwG nicht erforderlich; denn hier findet kein Anteilstausch statt.[405] Vielmehr erhält der übertragende Rechtsträger selbst – und nicht dessen Anteilsinhaber – die Beteiligung am übernehmenden Rechtsträger.

144 **c) Umtauschverhältnis, Treuhänder.** Die nach **§ 126 Abs. 1 Nr. 3 UmwG** erforderliche Angabe eines **Umtauschverhältnisses** bei Auf- oder Abspaltung korrespondiert inhaltlich mit der entsprechenden Vorschrift für den Verschmelzungsvertrag.[406] Bei einer Ausgliederung ist hingegen kein Umtauschverhältnis festzulegen, da der übertragende Rechtsträger selbst sämtliche Anteile am übernehmenden Rechtsträger erhält.[407] Bei der Auf- und Abspaltung zur Aufnahme kann zur Glättung eines ansonsten umständlich zu handhabenden Umtauschverhältnisses eine **bare Zuzahlung** zugunsten der Anteilsinhaber des übertragenden Rechtsträgers vorgesehen werden.[408]

145 Auch bzgl. den nach **§ 126 Abs. 1 Nr. 4 UmwG** anzugebenden Einzelheiten für die Übertragung der Anteile bei Auf- und Abspaltung kann auf die Ausführungen zur Verschmelzung verwiesen werden.[409] Anzugeben ist, wie die Anteile übertragen werden sollen und welcher Rechtsträger die Kosten zu tragen hat.[410] Sofern übernehmender Rechtsträger eine KGaA oder eine AG ist, sind auch die Angaben zum **Treuhänder** obligatorisch.[411] Falls die Aktien unverbrieft sind und auch keine baren Zuzahlungen geleistet werden, ist die Bestellung des Treuhänders

---

[401] *Rubner/Fischer* NZG 2014, 761.
[402] OLG München Beschl. v. 10.7.2013 = NZG 2013, 951.
[403] *Kallmeyer/Sickinger* in Kallmeyer UmwG § 126 Rn. 41; *Mayer* in Widmann/Mayer EL 144 UmwR § 126 UmwG Rn. 269.
[404] *Hörtnagl* in Schmitt/Hörtnagl/Stratz UmwG § 126 UmwG Rn. 103 ff.; *Mayer* in Widmann/Mayer EL 144 UmwR § 126 UmwG Rn. 274 ff.
[405] *Mayer* in Widmann/Mayer EL 144 UmwR § 126 UmwG Rn. 273.
[406] Siehe oben § 11 Rn. 54 und 58 ff.
[407] *Müller* in Kallmeyer UmwG § 126 Rn. 7.
[408] *Schröer* in Semler/Stengel UmwG § 126 Rn. 41; vgl. auch oben § 11 Rn. 57.
[409] Vgl. oben § 11 Rn. 58.
[410] *Schröer* in Semler/Stengel UmwG § 126 Rn. 44; *Kallmeyer/Sickinger* in Kallmeyer UmwG § 126 Rn. 13.
[411] Vgl. oben § 11 Rn. 58.

entbehrlich.[412] Bei der Ausgliederung sind Angaben nach Nr. 4 nicht vorgeschrieben, obwohl sich auch hier Regelungsbedarf ergeben kann, insbesondere zur Frage, wie die Anteile übertragen werden.[413] Die Bestellung eines Treuhänders nach § 71 UmwG ist gemäß § 125 S. 1 UmwG für Fälle der Ausgliederung ausdrücklich ausgeschlossen. Denn dieser ist nur dann zu bestellen, wenn den Anteilsinhabern des übertragenden Rechtsträgers Anteile am übernehmenden Rechtsträger gewährt werden.[414]

d) Bezeichnung der Vermögensgegenstände. Wesentliche Besonderheit der Spaltung ist die aufgrund der nur **partiellen Gesamtrechtsnachfolge** erforderliche Bezeichnung und **Aufteilung der Vermögensgegenstände** gemäß **§ 126 Abs. 1 Nr. 9 und Abs. 2 UmwG**. Im Vertrag ist genau zu bezeichnen, was übertragen wird, d.h. welche Gegenstände des Aktiv- und Passivvermögens auf welchen aufnehmenden Rechtsträger übergehen.[415] Die übergehenden Vermögensgegenstände sind dabei so genau zu bezeichnen, dass sie identifizierbar sind; Bestimmbarkeit reicht aus.[416] Der Begriff des Gegenstandes ist hier im zivilrechtlichen Sinne zu verstehen und umfasst sowohl Sachen als auch Rechte.[417] Auf die Bilanzierungsfähigkeit der Gegenstände kommt es nicht an.[418]

146

In der Praxis erfolgt regelmäßig ein Verweis auf Anlagen zum Spaltungsvertrag.[419] Die Anforderungen an die für die **Bestimmbarkeit** jeweils ausreichende Bezeichnung der diversen Gegenstände richtet sich nach der Art der Gegenstände. Besondere Sorgfalt ist auf die Bezeichnung von **Grundstücken** zu legen, welche Teil des übergehenden Vermögens sind. Gemäß § 126 Abs. 2 S. 2 UmwG sind Grundstücke unter Berücksichtigung der Vorschrift des § 28 GBO zu bezeichnen.[420] Entgegen der herrschenden Literaturmeinung[421] geht nach Auffassung des BGH[422] das Eigentum an Grundstücken nur dann mit der Registereintragung auf den übernehmenden Rechtsträger über, wenn die Grundstücke in dem Spaltungs- und Übernahmevertrag nach § 28 Satz 1 GBO bezeichnet sind; ein nicht nach dieser Form bezeichnetes Grundstück verbleibe beim übertragenden Rechtsträger,

---

[412] *Mayer* in Widmann/Mayer EL 144 UmwR § 126 UmwG Rn. 151; *Kallmeyer/Sickinger* in Kallmeyer UmwG § 126 Rn. 13; *Hörtnagl* in Schmitt/Hörtnagl/Stratz UmwG § 126 UmwG Rn. 56.

[413] *Mayer* in Widmann/Mayer EL 144 UmwR § 126 UmwG Rn. 150; *Kallmeyer/Sickinger* in Kallmeyer UmwG § 126 Rn. 13; *Hörtnagl* in Schmitt/Hörtnagl/Stratz UmwG § 126 UmwG Rn. 56.

[414] Vgl. oben § 11 Rn. 58.

[415] *Schwedhelm* Unternehmensumwandlungen Rn. 751.

[416] *Hörtnagl* in Schmitt/Hörtnagl/Stratz UmwG § 126 UmwG Rn. 62; *Kallmeyer/Sickinger* in Kallmeyer UmwG § 126 Rn. 19; BGH NZG 2003, 1172, 1174; OLG Hamburg DB 2002, 572, 573.

[417] *Schröer* in Semler/Stengel UmwG § 126 Rn. 56; *Kallmeyer/Sickinger* in Kallmeyer UmwG § 126 Rn. 22.

[418] *Hörtnagl* in Schmitt/Hörtnagl/Stratz UmwG § 126 UmwG Rn. 68.

[419] Zu Einzelheiten zur Vermögensübertragung vgl. *Mayer* in Widmann/Mayer EL 144 UmwR § 126 UmwG Rn. 172 ff.

[420] *Kallmeyer/Sickinger* in Kallmeyer UmwG § 126 Rn. 21.

[421] Vgl. insbes. *Mayer* in Widmann/Mayer EL 144 UmwR § 126 UmwG Rn. 212 m.w.N.; *Kallmeyer/Sickinger* in Kallmeyer UmwG § 126 Rn. 21; *Priester* EWiR 2008, 223, 224; *Schorling* AG 2008, 653 ff.

[422] BGHZ 175, 123 = NZG 2008, 436, 438 f.

auch dann, wenn mittels Auslegung des Spaltungsvertrages das Grundstück individualisierbar sei.[423]

Bei beweglichen Sachen ist nach den für die Sicherheitsübereignung entwickelten Grundsätzen in der Regel bei Sachgesamtheiten eine Sammelbezeichnung ausreichend, soweit sich danach die umfassten Sachen eindeutig bestimmen lassen.[424] Zur eindeutigen Bezeichnung von Vertragsverhältnissen reicht es im Regelfall aus, deren Art, den Vertragspartner sowie den Zeitpunkt des Vertragsschlusses anzuführen.[425]

Bei Übertragung eines **Betriebs** oder **Teilbetriebs** im Rahmen der Spaltung sollte in einer generellen Klausel festgelegt werden, dass alle wirtschaftlich zu dem Betrieb/Teilbetrieb gehörenden Gegenstände des Aktiv- und Passivvermögens übertragen werden, unabhängig davon, ob diese bilanziert sind oder nicht.[426]

Für weitere Details zur Bezeichnung und Aufteilung der Gegenstände kann auf die in der einschlägigen Kommentierung abgedruckten Muster verwiesen werden.[427]

147 **e) Sonstige Regelungen.** Hinsichtlich der Angaben nach § 126 Abs. 1 Nr. 5, 6, 7, 8 und 11 UmwG kann auf die entsprechenden Ausführungen zur Verschmelzung[428] verwiesen werden, da die Regelungen wörtlich den dortigen Regelungen entsprechen.

Neben den Mindestangaben können **fakultative Regelungen** in den Vertrag aufgenommen werden.[429] Neben den bereits für den Verschmelzungsvertrag aufgeführten Regelungen ist bei einem Spaltungs- und Übernahmevertrag insbesondere an die Aufnahme von Gewährleistungsklauseln, Haftungsfreistellungsklauseln sowie Auffangklauseln für vergessene Gegenstände des Aktiv- und Passivvermögens zu denken.[430]

3. Spaltungsplan

148 Im Falle einer Spaltung zur Neugründung tritt an die Stelle des Spaltungs- und Übernahmevertrages der von dem Vertretungsorgan des übertragenden Rechtsträgeres aufzustellende **Spaltungsplan** (§ 136 UmwG); denn in diesem Fall existiert der übernehmende Rechtsträger gerade noch nicht. Der Spaltungsplan ist eine **einseitige, nicht empfangsbedürftige Willenserklärung.**[431] Werden gemäß

---

[423] BGH NZG 2008, 436, 438 f.; so auch OLG Schleswig v. 26.8.2009 – 2 W 241/08 = NJW RR 2010, 592; KG Berlin v. 1.8.2014 – 1 W 213–214/14 = DB 2014, 2282.
[424] *Hörtnagl* in Schmitt/Hörtnagl/Stratz UmwG § 126 UmwG Rn. 78.
[425] *Hörtnagl* in Schmitt/Hörtnagl/Stratz UmwG § 126 UmwG Rn. 97.
[426] *Kallmeyer/Sickinger* in Kallmeyer UmwG § 126 Rn. 20 und 40; BGH v. 8.10.2003 – II ZR 50/02 = AG 2004, 98.
[427] Vgl. *Kallmeyer/Sickinger* in Kallmeyer UmwG § 126 Rn. 40; vgl. ausführliche Darstellung bei *Mayer* in Widmann/Mayer EL 144 UmwR § 126 UmwG Rn. 172 ff.
[428] Vgl. oben § 11 Rn. 59 ff.
[429] Vgl. für den Verschmelzungsvertrag oben § 11 Rn. 72.
[430] Ausführlich hierzu *Hörtnagl* in Schmitt/Hörtnagl/Stratz UmwG § 126 Rn. 111; *Mayer* in Widmann/Mayer EL 144 UmwR § 126 UmwG Rn. 298 ff.; *Kallmeyer/Sickinger* in Kallmeyer UmwG § 126 Rn. 44 ff.
[431] *Schröer* in Semler/Stengel UmwG § 136 Rn. 3; *Kallmeyer/Sickinger* in Kallmeyer UmwG § 136 Rn. 1; *Mayer* in Widmann/Mayer EL 100 UmwR § 136 UmwG Rn. 7.

§ 123 Abs. 4 UmwG Spaltung zur Aufnahme und Spaltung zur Neugründung in einem Spaltungsvorgang kombiniert, ist der Spaltungsplan in den Spaltungs- und Übernahmevertrag aufzunehmen.[432] Sowohl der Spaltungs- und Übernahmevertrag als auch der Spaltungsplan bedürfen der **notariellen Beurkundung** (§§ 125, 6 UmwG).[433]

Gemäß § 135 Abs. 1 UmwG sind auf den Spaltungsplan die für die Spaltung zur Aufnahme geltenden Vorschriften entsprechend anzuwenden.[434] Daher gelten für den Abschluss, die Form und den Inhalt des Spaltungsplans im Wesentlichen die entsprechenden **Vorschriften für einen Spaltungs- und Übernahmevertrag**. Es ist auch möglich, der Beschlussfassung über die Spaltung zur Neugründung den Entwurf eines Spaltungsplanes zugrunde zu legen, da der Ausschluss der Anwendbarkeit von § 4 Abs. 2 UmwG in § 135 Abs. 1 S. 1 UmwG als Redaktionsversehen zu werten ist.[435]

Der Spaltungsplan muss den Gesellschaftsvertrag oder die **Satzung des neuen Rechtsträgers** enthalten (§ 135 Abs. 1 S. 1 i.V.m. § 125 S. 1 und § 37 UmwG). Der weitere Inhalt des Spaltungsplans richtet sich mit Ausnahme der nachfolgend genannten Besonderheiten nach den Anforderungen des § 126 UmwG für einen Spaltungs- und Übernahmevertrag.[436]

149

Bei einem Spaltungsplan entfällt zunächst die nach § 126 Abs. 1 Nr. 3 UmwG erforderliche Angabe des Umtauschverhältnisses, da die Anteilsinhaber des übertragenden Rechtsträgers alle Anteile am übernehmenden Rechtsträger erhalten.[437] Anstelle des Umtauschverhältnisses ist hier die **Höhe der Beteiligung an dem neuen Rechtsträger** anzugeben.[438] Weiterhin legt die im Spaltungsplan enthaltene Satzung oder der Gesellschaftsvertrag die Höhe des Stammkapitals der neuen Rechtsträger fest. Hier sind rechsformspezifische Mindestkapitalvorschriften zu beachten. Eine Spaltung zur Neugründung ist **Sachgründung**, so dass die gewählte Höhe des Stammkapitals von dem Wert des tatsächlich übertragenen Vermögens gedeckt sein muss.[439] Wie bei jeder anderen Gründung eines neuen Rechtsträgers sollten in dem Spaltungsplan auch die **Organe** des neuen Rechtsträgers bestellt werden.[440]

150

Ein **Beitritt Dritter**, bislang nicht am übertragenden Rechtsträger beteiligter Anteilsinhaber, im Rahmen der Spaltung zur Neugründung, wird abgelehnt.[441]

151

Da es sich bei dem Spaltungsplan um eine einseitige, nicht empfangsbedürftige Willenserklärung handelt, kann dieser bis zum Zeitpunkt seiner Eintragung im

152

---

[432] *Schwedhelm* Unternehmensumwandlungen Rn. 747; *Mayer* in Widmann/Mayer EL 100 UmwR § 136 UmwG Rn. 4.
[433] Zur Auslandsbeurkundung vgl. oben § 11 Rn. 73.
[434] Ausgenommen ist die Anwendung der §§ 129, 130 Abs. 2, 4, 7, 16 Abs. 1 und 27 UmwG.
[435] *Hörtnagl* in Schmitt/Hörtnagl/Stratz UmwG § 136 UmwG Rn. 8; *Mayer* in Widmann/Mayer EL 150 UmwR § 136 UmwG Rn. 6.
[436] Vgl. oben § 11 Rn. 137 ff.
[437] *Hörtnagl* in Schmitt/Hörtnagl/Stratz UmwG § 136 UmwG Rn. 9.
[438] *Schröer* in Semler/Stengel UmwG § 136 Rn. 11.
[439] *Hörtnagl* in Schmitt/Hörtnagl/Stratz UmwG § 136 UmwG Rn. 11.
[440] *Schröer* in Semler/Stengel UmwG § 136 Rn. 14.
[441] *Hörtnagl* in Schmitt/Hörtnagl/Stratz UmwG § 136 UmwG Rn. 14; vgl. ausführlich oben § 11 Rn. 26.

Handelsregister **frei widerrufen und abgeändert** werden.[442] Erfolgen Widerruf oder Abänderung nach Zustandekommen des Spaltungsbeschlusses, ist zudem noch ein Beschluss der Anteilseigner mit gleicher Mehrheit wie der des Spaltungsbeschlusses erforderlich.[443]

4. Spaltungsbericht

153 Gemäß § 127 UmwG haben die Vertretungsorgane jedes der an der Spaltung beteiligten Rechtsträger einen ausführlichen schriftlichen **Spaltungsbericht** zu erstatten. Dieser entspricht inhaltlich im Wesentlichen dem Verschmelzungsbericht.[444] Ergänzend ist bei Aufspaltung und Abspaltung die Angemessenheit des Maßstabs für die Aufteilung der gewährten Anteile unter den Anteilsinhabern des übertragenden Rechtsträgers rechtlich und wirtschaftlich zu erläutern;[445] In dem Spaltungsbericht ist auf den Bericht über die Prüfung von Sacheinlagen bei einer übernehmenden AG oder KGaA nach § 183 Abs. 3 AktG sowie auf das Register, bei welchem dieser Bericht zu hinterlegen ist, hinzuweisen (§ 142 Abs. 2 UmwG). Ein gemeinsamer Spaltungsbericht kann erstellt werden, § 127 S. 1 2. HS UmwG.

Zur Erläuterung und Begründung gehört auch eine Darstellung der beteiligten Rechtsträger.[446] Der Spaltungsbericht darf sich nicht auf eine Darstellung der zu übertragenden Teile beschränken; vielmehr ist über die Gesamtsituation des übertragenden Rechtsträgers zu informieren.[447]

154 Aufgrund des Verweises in § 127 S. 2 UmwG auf § 8 Abs. 3 UmwG ist der Spaltungsbericht nicht erforderlich, wenn alle Anteilsinhaber aller beteiligten Rechtsträger in notarieller Urkunde darauf **verzichten** oder – im Falle einer Abspaltung oder Ausgliederung – wenn sich alle Anteile des übertragenden Rechtsträgers in der Hand des übernehmenden Rechtsträgers befinden.

Ein Spaltungsbericht ist gemäß § 143 UmwG auch nicht erforderlich bei einer **verhältniswahrenden Spaltung zur Neugründung**, an der ausschließlich Aktiengesellschaften beteiligt sind. Für eine Spaltung zur Neugründung unter Beteiligung von **KGaAs** gilt diese Erleichterung nicht; denn §§ 127, 78 UmwG bewirken auch für die KGaA keine Rückverweisung auf die Anwendbarkeit des § 143 UmwG.[448] Anders als bei den übrigen Vorschriften des Zweiten Abschnitts im Zweiten Teil des Dritten Buches ist die KGaA in § 143 UmwG gerade nicht ausdrücklich erwähnt.[449] Entgegen der Stellungnahme des BDI v. 3.11.2010 zum Regierungsentwurf für das Dritte Gesetz zur Änderung des UmwG wurde die Entlastung nach § 143 UmwG nicht auf andere Rechtsformen erweitert, sondern blieb auf Aktiengesellschaften beschränkt.[450]

---

[442] *Hörtnagl* in Schmitt/Hörtnagl/Stratz UmwG § 136 UmwG Rn. 3; *Schröer* in Semler/Stengel UmwG § 136 Rn. 8.
[443] *Mayer* in Widmann/Mayer EL 100 UmwR § 136 UmwG Rn. 59; *Schröer* in Semler/Stengel UmwG § 136 Rn. 8.
[444] Vgl. oben § 11 Rn. 74.
[445] *Hörtnagl* in Schmitt/Hörtnagl/Stratz UmwG § 127 UmwG Rn. 1.
[446] *Schröer* in Semler/Stengel UmwG § 136 Rn. 15.
[447] *Hörtnagl* in Schmitt/Hörtnagl/Stratz UmwG § 127 UmwG Rn. 16.
[448] *Hörtnagl* in Schmitt/Hörtnagl/Stratz UmwG § 143 UmwG Rn. 3.
[449] Vgl. demgegenüber §§ 141, 145, 146 UmwG.
[450] BDI Stellungnahme v. 3.11.2010, S. 10.

5. Spaltungsprüfung

Gemäß § 125 UmwG finden §§ 9 bis 12 UmwG auch in den Fällen der Auf- und Abspaltung grundsätzlich Anwendung, mit Ausnahme von § 9 Abs. 2 UmwG. Für die **Ausgliederung** kommt es gemäß § 125 S. 2 UmwG hingegen zu **keiner Spaltungsprüfung**; denn im Zuge einer Ausgliederung fehlt es an einem Anteilsaustausch. Das Erfordernis der Spaltungsprüfung entfällt bei Auf- und Abspaltung nur dann, wenn alle Anteilsinhaber aller beteiligten Rechtsträger einschließlich aller persönlich haftenden Gesellschafter gemäß §§ 125 S. 1, 9 Abs. 3, 8 Abs. 3 UmwG hierauf **verzichten**. Selbst in den Fällen einer Abspaltung von einer 100%-igen Tochtergesellschaft auf ihre Muttergesellschaft bedarf es eines solchen Verzichts; denn wegen der Nichtanwendbarkeit von § 9 Abs. 2 UmwG besteht auch in diesen Fällen grundsätzlich das Erfordernis einer Spaltungsprüfung. Relevant wird die Verzichtsmöglichkeit bei Beteiligung von AG oder KGaA an der Spaltung; für beteiligte Personenhandelsgesellschaften und GmbHs ist die Spaltungsprüfung entbehrlich, wenn sie kein Gesellschafter innerhalb der Wochenfrist der §§ 44, 48 UmwG verlangt.[451]

155

Bei einer **verhältniswahrenden Spaltung zur Neugründung**, an der ausschließlich Aktiengesellschaften beteiligt sind, entfällt neben dem Erfordernis des Spaltungsberichts auch das Erfordernis der Spaltungsprüfung, § 143 UmwG. Für KGaAs gilt diese Erleichterung nicht.[452]

6. Vereinfachte Kapitalherabsetzung

Sofern übertragender Rechtsträger einer Abspaltung oder einer Ausgliederung eine Kapitalgesellschaft ist, ist zu prüfen, ob eine Kapitalherabsetzung im Rahmen der Spaltung durchzuführen ist. Für die GmbH als übertragender Rechtsträger gilt § 139 UmwG; für die AG und die KGaA gilt der inhaltsgleiche **§ 145 UmwG**.

156

Der Vermögensabfluss beim übertragenden Rechtsträger führt bei der **Abspaltung** zu einer Gegenleistung an die Anteilsinhaber des übertragenden Rechtsträgers. Diese Vermögensminderung führt beim übertragenden Rechtsträger zu einer Unterbilanz, wenn mehr Aktiva als Passiva übertragen werden und offene Eigenkapitalposten fehlen, durch deren Auflösung die Unterbilanz ausgeglichen werden kann.[453] Bei der **Ausgliederung** findet hingegen ein **Aktivtausch** statt; die Gegenleistung für das übertragene Vermögen wird dem übertragenden Rechtsträger selbst gewährt – durch Anteile am übernehmenden Rechtsträger. Bei der Ausgliederung zur Neugründung muss das übertragene Vermögen mindestens dem Nominalwert der Anteile an dem neuen Rechtsträger entsprechen, so dass hier kein Erfordernis einer Kapitalherabsetzung besteht.[454] Im Falle der Ausgliederung zur Aufnahme ist demgegenüber eine Verschlechterung der Vermögenslage des übertragenden

---

[451] *Kallmeyer/Sickinger* in Kallmeyer UmwG § 125 Rn. 10.
[452] Vgl. oben § 11 Rn. 154.
[453] *Reichert* in Semler/Stengel UmwG § 139 Rn. 3; *Mayer* in Widmann/Mayer EL 135 UmwR § 139 UmwG Rn. 1; *Rieger* in Widmann/Mayer EL 34 UmwR § 145 UmwG Rn. 2.
[454] *Reichert* in Semler/Stengel UmwG § 139 Rn. 4; *Mayer* in Widmann/Mayer EL 135 UmwR § 139 UmwG Rn. 3; *Kallmeyer/Sickinger* in Kallmeyer UmwG § 139 Rn. 4.

Rechtsträgers denkbar – dann nämlich, wenn die für die Übertragung des Vermögens gewährten Gesellschafterrechte infolge eines geringeren Werts des übernehmenden Rechtsträgers keinen entsprechenden Gegenwert darstellen und sogleich nach Erwerb eine Teilwertabschreibung auf die Anteile vorzunehmen ist.[455]

157 Sofern eine Kapitalherabsetzung bei der übertragenden KGaA erforderlich ist, kann diese gemäß § 145 S. 1 UmwG in **vereinfachter Form** nach §§ 229 ff. AktG vorgenommen werden.

Hinsichtlich der Durchführung einer vereinfachten Kapitalherabsetzung wird auf die aktienrechtliche Literatur verwiesen. Eine Rückwirkung der Kapitalherabsetzung nach § 234 AktG kommt nicht in Betracht.[456] Die Abspaltung oder die Ausgliederung darf erst nach Eintragung der Herabsetzung des Grundkapitals in das Handelsregister eingetragen werden, § 145 S. 2 UmwG.

7. Gläubigerschutz

158 Durch die Spaltung kommt es unter Umständen zu einer erheblichen Verringerung des dem Gläubigerzugriff zur Verfügung stehenden Vermögens des übertragenden Rechtsträgers. Besonders einschneidend ist die durch die partielle Gesamtrechtsnachfolge eröffnete Möglichkeit, Verbindlichkeiten ohne Zustimmung des Gläubigers auf einen anderen Rechtsträger abzuspalten.

Weitergehend als bei der Verschmelzung, bei der der Gesetzgeber einen Anspruch auf Sicherheitsleistung als Gläubigerschutz für ausreichend befunden hat (§ 22 UmwG, auf die Spaltung über § 125 UmwG anwendbar), hat der Gesetzgeber in § 133 Abs. 1 UmwG für die Spaltung zusätzlich eine **gesamtschuldnerische Haftung aller beteiligten Rechtsträger** für die **Verbindlichkeiten** des übertragenden Rechtsträgers angeordnet. Diese gesamtschuldnerische Haftung gilt sowohl für die auf den übernehmenden Rechtsträger übertragenen Verbindlichkeiten als auch für die Verbindlichkeiten, die bei dem übertragenden Rechtsträger verbleiben.[457] Voraussetzung ist jedoch, dass die Verbindlichkeiten bis zur Wirksamkeit der Spaltung, also der Eintragung der Spaltung in das Register des übertragenden Rechtsträgers, bei diesem begründet worden ist. Zuweisungen der Verbindlichkeiten im Spaltungs- und Übernahmevertrag gelten nur im Innenverhältnis der beteiligten Rechtsträger.[458] Die Haftung nach § 133 Abs. 1 UmwG ist für den Rechtsträger, dem eine Verbindlichkeit nicht im Spaltungs- und Übernahmevertrag zugewiesen worden ist, auf fünf Jahre begrenzt, vorausgesetzt, die Verbindlichkeit wird innerhalb eines **Zeitraumes von fünf Jahren** fällig und gegenüber diesem Rechtsträger gerichtlich geltend gemacht, § 133 Abs. 3 UmwG. Die Fünf-Jahres-Frist beginnt mit dem Tage, an dem die Eintragung der Spaltung

---

[455] *Reichert* in Semler/Stengel UmwG § 139 Rn. 4; *Mayer* in Widmann/Mayer EL 135 UmwR § 139 UmwG Rn. 3 und Rn. 17; *Kallmeyer/Sickinger* in Kallmeyer UmwG § 139 Rn. 4.

[456] *Hörtnagl* in Schmitt/Hörtnagl/Stratz UmwG § 145 Rn. 6; *Diekmann* in Semler/Stengel UmwG § 145 Rn. 9; *Mayer* in Widmann/Mayer EL 135 UmwR § 139 UmwG Rn. 23; *Rieger* in Widmann/Mayer EL 34 UmwR § 145 UmwG Rn. 2.

[457] *Hörtnagl* in Schmitt/Hörtnagl/Stratz UmwG § 133 UmwG Rn. 4 u. 10.

[458] *Vossius* in Widmann/Mayer EL 137 UmwR § 133 UmwG Rn. 27; *Hörtnagl* in Schmitt/Hörtnagl/Stratz UmwG § 133 UmwG Rn. 16.

in das Register des Sitzes des übertragenden Rechtsträgers bekannt gemacht worden ist, § 133 Abs. 4 UmwG.

Für eigenkapitalnahe Verpflichtungen i.S.d. § 23 UmwG, also insbesondere Genussrechte, Wandelschuldverschreibungen oder Gewinnschuldverschreibungen, haften gemäß § 133 Abs. 2 UmwG alle beteiligten Rechtsträger als Gesamtschuldner. Ansprüche nach § 133 Abs. 2 UmwG verjähren fünf Jahre nach dem Tag, an dem die Eintragung der Spaltung in das Register des übertragenden Rechtsträgers bekannt gemacht worden ist, § 133 Abs. 5 i.V.m. Abs. 4 UmwG. **159**

Soweit eine **KGaA** für Verbindlichkeiten nach § 133 UmwG haftet, hat sie im Anhang nach § 285 Nr. 3a HGB über die Haftung nach § 133 UmwG zu berichten, wenn die Angabe für die Beurteilung der Finanzlage der KGaA von Bedeutung ist.[459] **160**

8. Arbeitsrechtliche Besonderheiten

Für Abspaltungen und Ausgliederungen[460] enthält § 325 UmwG bezüglich der Mitbestimmung eine Übergangsregelung für die Beibehaltung der bis zur Spaltung bei dem übertragenden Rechtsträger geltenden Regelungen über die Mitbestimmung. Danach sind die bis zur Spaltung geltenden **Mitbestimmungsregelungen** für einen **Übergangszeitraum von fünf Jahren** bei dem übertragenden Rechtsträger fortzuführen, auch wenn durch die Spaltung die gesetzlichen Voraussetzungen für die Mitbestimmung entfallen sein sollten. Dies gilt gemäß § 325 Abs. 1 S. 2 UmwG jedoch nur, sofern die Anzahl der bei dem übertragenden Rechtsträger beschäftigten Arbeitnehmer nach der Spaltung noch mindestens ein Viertel der jeweiligen gesetzlichen Mindestzahl entspricht. Sofern eine Fortgeltung der Mitbestimmung über mitbestimmungsrechtliche Konzernklauseln greift (§ 5 MitbestG, §§ 1, 2 Abs. 2 DrittelbG), finden weder § 325 Abs. 1 S. 1 noch S. 2 UmwG Anwendung.[461] **161**

§ 325 Abs. 2 UmwG regelt die Fortgeltung betriebsverfassungsrechtlicher Mitbestimmungsrechte des Betriebsrates bei Spaltungen des Betriebes und bei Vermögensübertragungen. In diesen Fällen kann durch Betriebsvereinbarung oder Tarifvertrag die Fortgeltung der bisher geltenden Mitbestimmungsrechte des Betriebsrates vereinbart werden, § 325 Abs. 2 S. 1 UmwG.[462] **162**

Darüber hinaus sind die Spezialregelungen der §§ 322 ff. UmwG zu beachten.

V. Beschlussphase

Auch die Spaltung bedarf der notariell zu beurkundenden **Zustimmung der Anteilsinhaber aller beteiligter Rechtsträger**; bei der KGaA ist auch die Zustimmung der persönlich haftenden Gesellschafter erforderlich, §§ 13 Abs. 1, 65 **163**

---

[459] *Hörtnagl* in Schmitt/Hörtnagl/Stratz UmwG § 133 UmwG Rn. 15.
[460] Für Aufspaltungen, Verschmelzungen, Vermögensübertragung und Formwechsel gilt § 325 UmwG eindeutig nicht, *Willemsen* in Kallmeyer UmwG § 325 Rn. 2.
[461] *Willemsen* in Kallmeyer UmwG § 325 Rn. 6; *Simon* in Semler/Stengel UmwG § 325 Rn. 5.
[462] Hierzu ausführlich *Joost* in Lutter UmwG § 325 Rn. 42 ff.

Sparfeld/Schütz

Abs. 1, 78 S. 3 UmwG i. V. m. § 125 UmwG. Die Zustimmung der Kommanditaktionäre erfordert eine Mehrheit von **drei Vierteln** des anwesenden Kommanditkapitals (§ 125 UmwG i. V. m. § 65 Abs. 1 S. 1 UmwG); die Satzung kann eine größere Mehrheit vorschreiben (§ 65 Abs. 1 S. 2 UmwG). Der Zustimmungsbeschluss der persönlich haftenden Gesellschafter muss, vorbehaltlich abweichender Satzungsbestimmungen, einstimmig erfolgen, d. h. auch die nicht geschäftsführenden persönlich haftenden Gesellschafter müssen ihre Zustimmung erteilen.[463]

Der Mehrheitsbeschluss einer AG über die Ausgliederung des einzig gewinnbringenden Betriebsteils der AG auf eine neugegründete gemeinnützige Tochter-KGaA ist wegen treupflichtwidriger Ausübung der Mehrheitsmacht anfechtbar.[464] Nach Ansicht des Kammergerichts liegt eine treupflichtwidrige Ausübung der Mehrheitsmacht regelmäßig dann vor, wenn Maßnahmen in den „Kernbereich" der Mitgliedschaftsrechte bzw. in absolut oder relativ unentziehbare Rechte der Minderheit eingreifen

164 Vor der Beschlussfassung der Kommanditaktionäre haben die geschäftsführenden persönlich haftenden Gesellschafter die Kommanditaktionäre über etwa eingetretene **Veränderungen des Vermögens** bei der KGaA, die seit Abschluss des Spaltungs- und Übernahmevertrages bzw. Aufstellung des Entwurfes desselben eingetreten sind, zu informieren, §§ 125, 64 UmwG.[465]

VI. Umsetzungsphase

1. Anmeldung

165 Die Spaltung ist von den persönlich haftenden Gesellschaftern der übertragenden oder der übernehmenden KGaA in vertretungsberechtigter Zahl zum Handelsregister der Gesellschaft anzumelden, §§ 146, 129, 125, 16 UmwG. Anders als bei der Verschmelzung wird die Spaltung jedoch erst mit der **Eintragung im Handelsregister des übertragenden Rechtsträgers** wirksam, § 131 Abs. 1 UmwG.

166 Sofern die Spaltung eine Kapitalherabsetzung beim übertragenden Rechtsträger oder eine Kapitalerhöhung beim übernehmenden Rechtsträger erfordert, darf die Spaltung im Handelsregister des jeweiligen Rechtsträgers erst eingetragen werden, nachdem die entsprechende **Kapitalmaßnahme** im Handelsregister des übertragenden bzw. des übernehmenden Rechtsträgers eingetragen ist.[466] Ein Verstoß gegen die Eintragungsreihenfolge wird durch die Eintragung der Spaltung beim übertragenden Rechtsträger geheilt, etwa fehlende Eintragungen sind nachzuholen.[467]

---

[463] Zu Einzelheiten vgl. oben § 11 Rn. 78 und Rn. 95.
[464] KG v. 17.9.2009 = NZG 2011, 462.
[465] Vgl. hierzu oben § 11 Rn. 84 ff.
[466] *Hörtnagl* in Schmitt/Hörtnagl/Stratz UmwG § 130 UmwG Rn. 5–7.
[467] *Hörtnagl* in Schmitt/Hörtnagl/Stratz UmwG § 130 UmwG Rn. 8 ff.; *Zimmermann* in Kallmeyer UmwG § 130 Rn. 13.

Bei Abspaltungen und Ausgliederungen, bei denen eine KGaA übertragender **167** Rechtsträger ist, müssen die persönlich haftenden Gesellschafter gemäß § 146 UmwG **erklären,** dass die gesetzlichen oder satzungsmäßigen **Voraussetzungen** für die Gesellschaftsgründung im Zeitpunkt der Anmeldung der Spaltung bei der übertragenden Gesellschaft (noch) **vorliegen**. Dem Registergericht ist somit anzugeben, ob das Grundkapital gemäß Satzung durch das bei der KGaA nach der Spaltung verbleibende Nettobuchvermögen noch gedeckt ist.[468] Diese Erklärung ist auch dann abzugeben, wenn die übertragende KGaA ihr Grundkapital zur Durchführung der Abspaltung oder Ausgliederung herabgesetzt hat.[469] Die Erklärung ist strafbewehrt (vgl. § 313 Abs. 2 UmwG); sie sollte daher von sämtlichen persönlich haftenden Gesellschaftern abgegeben werden.[470]

2. Anlagen zur Anmeldung

Bei der Anmeldung von Abspaltung und Ausgliederung sind gemäß § 146 Abs. 2 **168** UmwG neben den auch bei der Verschmelzung einzureichenden Anlagen[471] der Spaltungsbericht nach § 127 UmwG sowie bei der Abspaltung der Prüfungsbericht nach §§ 125, 12 UmwG einzureichen – soweit diese Berichte erstellt werden müssen. Hierbei handelt es sich lediglich um eine deklaratorische Regelung; denn die Notwendigkeit der Beifügung dieser Unterlagen ergibt sich bereits aus §§ 125, 135, 17 UmwG.[472]

VII. Spaltung und Börsennotierung

Sofern eine börsennotierte Gesellschaft beabsichtigt, sich von einem Geschäfts- **169** bereich zu trennen und diesen an die Börse zu bringen, bietet die Abspaltung mit Börsennotierung eine Alternative zum klassischen Börsengang.[473] Dabei spaltet die börsennotierte Muttergesellschaft einen Geschäftsbereich auf eine vorher von ihr gegründete AG ab; die Aktien dieser neu gegründeten AG werden den bestehenden Aktionären der börsennotierten Muttergesellschaft zugeteilt.[474] Zwar erhält die abspaltende Muttergesellschaft bei dieser Gestaltungsvaraiante keine frischen liquiden Mittel – die Börsennotierung im Rahmen der Abspaltung bietet aber Vorteile

---

[468] *Zimmermann* in Kallmeyer UmwG § 146 Rn. 3; *Hörtnagl* in Schmitt/Hörtnagl/Stratz UmwG § 146 UmwG Rn. 4.
[469] *Zimmermann* in Kallmeyer UmwG § 146 Rn. 3; *Hörtnagl* in Schmitt/Hörtnagl/Stratz UmwG § 146 UmwG Rn. 4; *Diekmann* in Semler/Stengel UmwG § 146 Rn. 3.
[470] *Zimmermann* in Kallmeyer UmwG § 146 Rn. 4 m. w. N.; *Vossius* in Widmann/Mayer EL 34 UmwR § 146 UmwG Rn. 7); a. A.: *Diekmann* in Semler/Stengel UmwG § 146 Rn. 5; *Hörtnagl* in Schmitt/Hörtnagl/Stratz UmwG § 146 UmwG Rn. 2, die jeweils ein Handeln in vertretungsberechtigter Zahl ausreichen lassen.
[471] Vgl. oben § 11 Rn. 97.
[472] *Hörtnagl* in Schmitt/Hörtnagl/Stratz UmwG § 146 UmwG Rn. 9; *Diekmann* in Semler/Stengel UmwG § 146 Rn. 10; *Zimmermann* in Kallmeyer UmwG § 146 Rn. 6.
[473] *Harrer/Carbonare/Fritsche* BKR 2013, 309.
[474] Vgl. ausführlich zum Ablauf *Harrer/Carbonare/Fritsche* BKR 2013, 309 ff.

gegenüber dem klassischen Börsengang.[475] Diese Gestaltungsvariante wurde beispielsweise vollzogen bei der Abtrennung der Chemiesparte von der Bayer AG auf die Lanxess AG und als Alternative zu dem ursprünglich beabsichtigten IPO bei der Abtrennung des Lichtgeschäfts von der Siemens AG auf die Osram Licht AG.

D. Vermögensübertragung

170 Die §§ 174–189 UmwG werden nicht dargestellt.

E. Formwechsel

I. Begriff des Formwechsels

171 Der in §§ 190 bis 304 UmwG geregelte Formwechsel unterscheidet sich von den übrigen im UmwG geregelten Umwandlungsarten dadurch, dass nur der formwechselnde Rechtsträger beteiligt ist und eine Vermögensübertragung nicht stattfindet. Der formwechselnde Rechtsträger wechselt also nur sein Rechtskleid; Wesen des Formwechsels ist die Wahrung der **Identität des formwechselnden Rechtsträgers**.[476]

172 **Grenzüberschreitende Formwechsel**, also Fälle, in denen ein Rechtsträger unter Wahrung seiner Identität die Rechtsform einer fremden Rechtsordnung annimmt, sind gesetzlich nicht geregelt.[477] §§ 190 ff. UmwG betreffen nur nationale Umwandlungsvorgänge. Die Zulässigkeit des grenzüberschreitenden Formwechsels war daher vielfach Gegenstand juristischer Diskussionen.[478] Seit dem **EuGH-Urteil** v. 12.7.2012 in der Rechtssache „**Vale**"[479] ist geklärt, dass auch der grenzüberschreitende Formwechsel zulässig ist.[480] Dies gilt sowohl für den Hineinformwechsel als auch für den Herausformwechsel.[481] Inzwischen hat auch das OLG Nürnberg mit Beschluss v. 19.6.2013 den grenzüberschreitenden Formwechsel für zulässig erklärt.[482] Gemäß diesem Beschluss kann eine ausländische Kapitalgesell-

---

[475] Vgl. *Harrer/Carbonare/Fritsche* BKR 2013, 309, 310 f.; vgl. auch Gemeinsamen Spaltungsbericht der Siemens AG und der Osram Licht – AG 28.12.2012 S. 61 ff.
[476] *Stengel* in Semler/Stengel UmwG § 190 Rn. 4; *Meister/Klöcker* in Kallmeyer UmwG § 190 Rn. 6.
[477] *Hörtnagl* in Schmitt/Hörtnagl/Stratz UmwG § 1 UmwG Rn. 46; *Marsch-Barner* in Kallmeyer UmwG Vor §§ 122a–122l Rn. 14; *Jaensch* EWS 2007, 97. Zu **grenzüberschreitenden Verschmelzungen** vgl. oben § 11 Rn. 123 ff.
[478] *Bungert/de Raet* DB 2014, 761 m.w.N.
[479] EuGH Urt. v. 12.7.2012 – C-378/10 – Vale, NZG 2012, 871 = NJW 2012, 2715.
[480] Vgl. ausführlich *Sparfeld* BeckOK UmwG § 226 Rn. 15 f. m.w.N.
[481] *Hörtnagl* in Schmitt/Hörtnagl/Stratz UmwG § 1 UmwG Rn. 52 u. 55; *Jaensch* EWS 2012, 353, 358; *Sparfeld* Beck OK UmwG § 226 Rn. 16.
[482] OLG Nürnberg Beschluss v. 19.6.2013 – 12 W 520/13 = ZIP 2014, 128 ff.; anders noch OLG Nürnberg mit Beschluss v. 13.2.2012 – 12 W 2361/11 = NJW Spezial 2012, 241; ausführlich zu diesem Beschluss *Bungert/de Raet* DB 2014, 761.

schaft entsprechend § 226 UmwG auf Grund eines Umwandlungsbeschlusses in eine Kapitalgesellschaft deutschen Rechts umgewandelt werden.

Während innerstaatliche Formwechsel ohne Sitzverlegung möglich sind, erfordert der grenzüberschreitende Formwechsel auch die Verlegung des Satzungssitzes in den Zielmitgliedstaat.[483] Trotz dieser hybriden Natur des grenzüberschreitenden Formwechsels ist dieser als **identitätswahrend** zu verstehen.[484]

II. Einbezogene Rechtsträger

§ 191 UmwG regelt abschließend den Kreis derjenigen Rechtsformen, die einen Formwechsel nach den Vorschriften des Umwandlungsgesetzes vollziehen können. Die KGaA kann sowohl formwechselnder Rechtsträger sein als auch Rechtsträger neuer Rechtsform. Für den Formwechsel unter Beteiligung einer KGaA sind folgende Kombinationen möglich:

173

Formwechsel aus folgenden Rechtsformen in die KGaA

Formwechselnder Rechtsträger:

- OHG, KG, PartG   § 191 Abs. 1 Ziff. 1 UmwG
- GmbH, AG   § 191 Abs. 1 Ziff. 2 UmwG
- eG   § 191 Abs. 1 Ziff 3 UmwG
- eV, AöR   § 191 Abs. 1 Ziff. 4 und 6 UmwG

Formwechsel aus der KGaA in folgende Rechtsformen

- GbR   § 191 Abs. 2 Ziff. 1 UmwG
- Personenhandelsgesellschaften, PartG   § 191 Abs. 2 Ziff. 2 UmwG
- AG, GmbH   § 191 Abs. 2 Ziff. 3 UmwG
- eingetragene Genossenschaft   § 191 Abs. 2 Ziff. 4 UmwG

Grundsätzlich kann auch ein Versicherungsverein auf Gegenseitigkeit formwechselnder Rechtsträger sein; dieser kann nach § 291 Abs. 1 UmwG jedoch nur die Zielrechtsform einer Aktiengesellschaft erlangen.

Für die **KGaA** wird teilweise vertreten, dass außerhalb der Vorschriften des Umwandlungsgesetzes die Möglichkeit eines Formwechsels in die Rechtsform einer Aktiengesellschaft durch Ausscheiden aller persönlich haftenden Gesellschafter bestünde.[485] Diese Auffassung ist abzulehnen. Das Ausscheiden des letzten persönlich haftenden Gesellschafters aus der KGaA stellt keinen automatischen Formwechsel in eine AG dar;[486] vielmehr wird hierdurch die KGaA aufgelöst (§ 289

---

[483] *Schönhaus/Müller* IStR 2013, 174, 175; *Wachter* GmbHR 2014, 96, 100.
[484] *Wicke* DStR 2012, 1756, 1757; *Jaensch* EWS 2012, 184, 185; ders. EWS 2012, 353, 356; *Schönhaus/Müller* IStR 2013, 174, 175; EuGH NZG 2012, 871.
[485] So *Meister/Klöcker* in Kallmeyer UmwG § 190 Rn. 14; *Kallmeyer* ZIP 1994, 1746, 1751.
[486] *Stratz* in Schmitt/Hörtnagl/Stratz UmwG § 226 UmwG Rn. 5; *Vossius* in Widmann/Meyer EL 142 UmwR § 226 UmwG Rn. 18; vgl. § 8 Rn. 29 ff.

Abs. 1 AktG i. V. m. §§ 161 Abs. 2, 131 HGB).[487] Die Umwandlung in eine AG kann allerdings beschlossen werden.[488]

Die Möglichkeit zum Formwechsel besteht nach § 191 Abs. 3 UmwG auch für **aufgelöste Gesellschaften**, sofern die Gesellschafter ihre Fortsetzung beschließen könnten.

III. Anwendbare Rechtsnormen

1. Formwechsel in die Rechtsform der KGaA

174 Auf jeden Formwechsel finden zunächst die allgemeinen Vorschriften der §§ 190 ff. UmwG Anwendung. Daneben enthält das UmwG spezielle Vorschriften für die einzelnen Rechtsformen. Soweit es um den **Formwechsel in eine KGaA** geht, finden sich die Regelungen für den Formwechsel von Personenhandelsgesellschaften in §§ 214 ff. UmwG, für den Formwechsel von Partnerschaftsgesellschaften in §§ 225 ff. UmwG, für den Formwechsel von Kapitalgesellschaften in §§ 226 ff. UmwG, für den Formwechsel von eingetragenen Genossenschaften in §§ 258 ff. UmwG, für den Formwechsel rechtsfähiger Vereine in §§ 272 ff. UmwG und für den Formwechsel von Körperschaften und Anstalten des öffentlichen Rechts in §§ 301 ff. UmwG.

Somit ist auch ein Formwechsel aus der Rechtsform einer **GmbH** oder **Aktiengesellschaft** in eine KGaA möglich. Die für den Formwechsel einer GmbH oder Aktiengesellschaft in eine KGaA maßgeblichen Vorschriften der §§ 226, 227, 238–250 UmwG verweisen in wesentlichen Regelungsfragen auf die Vorschriften zum Formwechsel einer Personengesellschaft in eine Kapitalgesellschaft. Gemäß § 250 UmwG sind die Vorschriften der §§ 207 bis 212 UmwG über die Barabfindung beim Formwechsel einer AG in eine KGaA nicht anzuwenden. Dies entspricht inhaltlich der für die Verschmelzung geltenden Regelung des § 78 S. 4 UmwG gemäß der AG und KGaA im Verhältnis zueinander nicht als Rechtsträger anderer Rechtsform gelten.[489]

175 Gemäß §§ 217 Abs. 3, 240 Abs. 2 UmwG müssen dem **Formwechsel in eine KGaA** jeweils alle Gesellschafter zustimmen, die in der KGaA die Stellung eines persönlich haftenden Gesellschafters erhalten sollen. Gemäß § 247 Abs. 1 UmwG wird das bisherige Stammkapital einer formwechselnden GmbH zum **Grundkapital der KGaA**. Daraus ist abzuleiten, dass diejenigen Gesellschafter, welche die Rechtsstellung eines persönlich haftenden Gesellschafters in der KGaA übernehmen sollen, grundsätzlich zugleich immer auch Kommanditaktionäre der KGaA werden. Entsprechend gilt für den umgekehrten Fall des Formwechsels einer KGaA in eine GmbH nach § 247 Abs. 1 UmwG, dass das bisherige Grundkapital der KGaA zum Stammkapital der GmbH wird. Ausschließlich die Kommanditaktionäre der formwechselnden KGaA werden zu Gesellschaftern der GmbH. Die **persönlich haftenden Gesellschafter** der KGaA scheiden gemäß § 247 Abs. 2

---

[487] *Stratz* in Schmitt/Hörtnagl/Stratz UmwG § 226 UmwG Rn. 5; Hüffer/*Koch* § 289 Rn. 9; *Schrick* NZG 2000, 409, 412; *Sparfeld* in BeckOK § 226 Rn. 34.
[488] *Schrick* NZG 2000, 409, 412.
[489] Vgl. oben § 11 Rn. 30.

UmwG aus der Gesellschaft aus. Dies gilt auch dann, wenn ein persönlich haftender Gesellschafter eine Vermögenseinlage nach § 281 Abs. 2 AktG erbracht hat; denn der Grundsatz der Identität des Kapitals gilt nur für das Grundkapital, nicht hingegen für Sondereinlagen, die persönlich haftende Gesellschafter erbracht haben;[490] in diesem Fall hat der ausscheidende persönlich haftende Gesellschafter lediglich einen Abfindungsanspruch nach § 278 Abs. 2 AktG i. V. m. §§ 161 Abs. 2, 105 Abs. 3 HGB, §§ 738 ff. BGB.[491] Beim Formwechsel einer Personengesellschaft in eine KGaA sieht § 220 Abs. 1 UmwG hingegen lediglich vor, dass das Grundkapital der KGaA vollständig durch das Reinvermögen der übertragenden Personengesellschaft gedeckt sein muss. Dieser Umstand ist gemäß § 220 Abs. 3 UmwG Gegenstand der Gründungsprüfung.

2. Formwechsel aus der Rechtsform der KGaA

Auf den Formwechsel einer KGaA in eine Personengesellschaft finden neben den allgemeinen Vorschriften gemäß § 190 ff. UmwG zusätzlich §§ 228 ff. UmwG sowie § 227 UmwG Anwendung. § 226 UmwG ermöglicht den Formwechsel in eine GbR, eine Personenhandelsgesellschaft und eine Partnerschaftsgesellschaft. Welche dieser Rechtsformen in Betracht kommt, hängt vom **Unternehmensgegenstand** ab. Gemäß § 228 Abs. 1 UmwG ist für einen Formwechsel in eine **Personenhandelsgesellschaft** Voraussetzung, dass der Unternehmensgegenstand der KGaA im Zeitpunkt des Wirksamwerdens des Formwechsels den Vorschriften über die Gründung einer OHG (§ 105 Abs. 1 und 2 HGB) genügt. Hier kommen **drei Alternativen** in Betracht: (1) die Gesellschaft muss ein **Handelsgewerbe** nach **§ 105 Abs. 1 HGB** betreiben, (2) die Gesellschaft muss einen **Gewerbebetrieb** betreiben, der nicht schon nach § 1 Abs. 2 HGB Handelsgewerbe ist und sie muss im Handelsregister eingetragen sein (**§ 105 Abs. 2 S. 1 Alt. 1 HGB**) oder (3) die Gesellschaft verwaltet nur **eigenes Vermögen** und ist im Handelsregister eingetragen (**§ 105 Abs. 2 S. 1 Alt. 2 HGB**).[492]

Ein besonderes Problem stellt sich beim Formwechsel einer KGaA in eine Personenhandelsgesellschaft, wenn an der KGaA Kommanditaktionäre beteiligt sind, die nicht Gesellschafter einer Personenhandelsgesellschaft sein können. **Nicht Gesellschafter einer Personenhandelsgesellschaft** können sein eheliche Gütergemeinschaft, Erbengemeinschaft, Bruchteilsgemeinschaft und die stille Gesellschaft.[493] Ist eine derartige Personenvereinigung Gesellschafter der KGaA, so ist deren Auseinandersetzung in Bezug auf die Aktien an der KGaA spätestens im Formwechselbeschluss vorzunehmen.[494]

---

[490] *Scheel* in Semler/Stengel UmwG § 247 Rn. 3.
[491] *Rieger* in Widmann/Mayer EL 102 UmwR § 247 UmwG Rn. 12; *Scheel* in Semler/Stengel UmwG § 247 Rn. 3; *Dirksen/Blasche* in Kallmeyer UmwG § 247 Rn. 5 f.
[492] *Sparfeld* in BeckOK UmwG § 228 Rn. 5.
[493] *Baumbach/Hopt* HGB § 105 Rn. 29; *Ihrig* in Semler/Stengel/Ihrig UmwG § 228 Rn. 18; *Vossius* in Widmann/Mayer EL 142 UmwR § 228 UmwG Rn. 87; *Dirksen/Blaschke* in Kallmeyer UmwG § 228 Rn. 5; *Dauner-Lieb/Tettinger* in Kölner Komm UmwG § 228 Rn. 20; *Göthel* in Lutter UmwG § 228 Rn. 7; *Sparfeld* in BeckOK UmwG § 228 Rn. 15.
[494] *Göthel* in Lutter UmwG § 228 Rn. 32; *Ihrig* in Semler/Stengel UmwG § 228 Rn. 19; *Vossius* in Widmann/Mayer EL 142 UmwR § 228 UmwG Rn. 66 ff.; *Sparfeld* in BeckOK UmwG § 228 Rn. 17.

177 Betreibt die KGaA kein Handelsgewerbe und sind alle Gesellschafter natürliche Personen, die einer freiberuflichen Tätigkeit nachgehen, so kann die KGaA gemäß § 228 Abs. 2 UmwG in eine **Partnerschaftsgesellschaft** umgewandelt werden. Fehlt es an dieser Voraussetzung, ist ein Formwechsel in eine Partnerschaftsgesellschaft nicht möglich; es verbleibt dann nur der Formwechsel in eine Gesellschaft bürgerlichen Rechts.

178 Der Formwechsel einer KGaA in eine **Gesellschaft bürgerlichen Rechts** kommt nur dann in Betracht, wenn im Zeitpunkt des Wirksamwerdens des Formwechsels kein vollkaufmännisches Gewerbe betrieben wird. Auch hier ist der Gesellschafterkreis der KGaA zu prüfen: Erbengemeinschaft und eheliche Gütergemeinschaft können nicht Gesellschafter einer Gesellschaft bürgerlichen Rechts sein.[495]

179 Beim Formwechsel einer KGaA in eine **andere Kapitalgesellschaft** finden neben den allgemeinen Vorschriften der §§ 190 ff. UmwG die §§ 227 und 238 bis 250 UmwG Anwendung. Zu beachten ist, dass die Nichtanwendbarkeit der §§ 207 bis 212 UmwG für den Fall des Formwechsels einer KGaA in eine AG für den persönlich haftenden Gesellschafter der KGaA zweimal gesetzlich geregelt ist: einmal in § 227 UmwG und einmal in § 250 UmwG.

180 Die persönlich haftenden Gesellschafter einer formwechselnden KGaA scheiden durch den Formwechsel aus, § 247 Abs. 2 UmwG.

IV. Phasen des Formwechsels

181 Auch beim Formwechsel sind die Vorbereitungsphase, die Beschluss- und die Umsetzungsphase zu unterscheiden. Anders als bei den Umwandlungsarten, bei denen mehrere Rechtsträger beteiligt sind, beschränkt sich die Vorbereitungsphase beim Formwechsel hinsichtlich der schriftlichen Dokumentation auf die Erstellung eines Umwandlungsberichtes gemäß § 192 UmwG und den Entwurf des Umwandlungsbeschlusses gemäß § 193 UmwG.

- Vorbereitungsphase
  - Umwandlungsbericht, § 192 UmwG
  - Entwurf Umwandlungsbeschluss
  - Vorbereitung der Versammlung der Anteilsinhaber
  - Zuleitung des Entwurfs des Umwandlungsbeschlusses an den zuständigen Betriebsrat, § 194 Abs. 2 UmwG
- Beschlussphase
  - Umwandlungsbeschluss – Zustimmung der Anteilsinhaber, § 193 Abs. 1 UmwG; beim Formwechsel einer KGaA bedarf es zusätzlich der besonderen Zustimmung der persönlich haftender Gesellschafter, §§ 233 Abs. 3, 240 Abs. 3, 252 Abs. 3 UmwG
  - Evtl. Zustimmung der Inhaber von Sonderrechten, § 193 Abs. 2 UmwG jeweils in notarieller Form, § 193 Abs. 3 UmwG
- Umsetzungsphase
  - Anmeldung des Formwechselbeschlusses zur Eintragung im Handelsregister des formwechselnden Rechtsträgers, § 198 UmwG

---

[495] *Vossius* in Widmann/Mayer EL 142 UmwR § 228 UmwG Rn. 89 m.w.N.

– Eintragung des Formwechselbeschlusses mit der Folge des Wirksamwerdens des Formwechsels und der damit zusammenhängenden Folgen, § 202 Abs. 1 UmwG.

1. Vorbereitungsphase

a) Anwendbare Gründungsvorschriften. Die Vorbereitung des Formwechsels beginnt mit der Bestimmung der Zielrechtsform. Gemäß § 197 UmwG finden auf den Formwechsel die für den Rechtsträger neuer Rechtsform geltenden Gründungsvorschriften grundsätzlich Anwendung. Für den Formwechsel in die Rechtsform der KGaA sind somit die für die KGaA geltenden **Gründungsvorschriften** der §§ 278 Abs. 3, UmwG i. V. m. §§ 6 ff., 23–53 AktG anwendbar, sofern sich aus §§ 280 bis 282 UmwG nichts Abweichendes ergibt.[496] § 197 S. 1 erster Teil UmwG der vorsieht, dass Vorschriften, die für die Gründung eine **Mindestzahl der Gründer** vorschreiben, nicht anzuwenden sind, ist für den Formwechsel in eine KGaA aufgrund der Änderung des § 280 AktG durch das UMAG[497] ohne Bedeutung. Aber auch für den Formwechsel einer KGaA in eine Personengesellschaft ist diese Regelung ohne Bedeutung; denn die Mehrheit von Personen ist bei der Personengesellschaft Wesensmerkmal, aber keine Gründungsvoraussetzung.[498] Lediglich für den Formwechsel einer KGaA in eine eG hat die Regelung noch Bedeutung.[499]

Von Relevanz für den Formwechsel in eine KGaA ist hingegen der zweite Teil von § 197 S. 1 UmwG, der auch die Vorschriften über die Bildung und Zusammensetzung des **ersten Aufsichtsrats** für nicht anwendbar erklärt. Gemäß § 30 Abs. 1 und 3 AktG haben die Gründer einen ersten Aufsichtsrat zu bestellen für die Zeit bis zur Beendigung der Hauptversammlung, die über die Entlastung für das erste Voll- oder Rumpfgeschäftsjahr beschließt.[500] Gemäß § 30 Abs. 2 AktG sind auf die Bestellung des ersten Aufsichtsrates die Vorschriften über die Beteiligung von Arbeitnehmervertretern nicht anzuwenden. Für den Formwechsel in eine KGaA bedeutet das, dass nicht die kurze Amtszeit des § 30 Abs. 3 AktG greift, sondern die reguläre Amtszeit des § 102 AktG.[501] Auf diesen sind dann grundsätzlich die Vorschriften über die Beteiligung von Arbeitnehmervertretern anwendbar.[502] Allerdings ist gemäß § 197 S. 3 UmwG beim Formwechsel in eine AG und damit auch bei einem Formwechsel in eine KGaA § 31 AktG anwendbar. Dies

---

[496] *Perlitt* in Münch Komm AktG § 280 Rn. 19. Bezüglich der Regelung zur Übernahme von Gründungskosten in der GmbH als Rechtsträger neuer Rechtsform vgl. OLG Celle Beschluss v. 22.10.2014 = NZG 2014, 1383. Danach ist eine Satzungsregelung derzufolge die künftige GmbH als Rechtsträger neuer Rechtsform Gründungskosten bis zur Höhe von 60% ihres Stammkapitals trägt, unzulässig.
[497] Gesetz zur Unternehmensintegrität und Modernisierung des Anfechtungsrechts v. 22.9.2005, BGBl I 2005, 2802 – Vor dieser Änderung sah die Vorschrift vor, dass die Satzung durch mindestens 5 Personen festgestellt werden müsse.
[498] *Stratz* in Schmitt/Hörtnagl/Stratz UmwG § 197 UmwG Rn. 10; *Mayer* in Widmann/Mayer EL 137 UmwR § 197 UmwG Rn. 12.
[499] § 4 GenG schreibt mindestens drei Mitglieder vor; vgl. auch *Mayer* in Widmann/Mayer EL 137 UmwR § 197 UmwG Rn. 12.
[500] *Mayer* in Widmann/Mayer EL 137 UmwR § 197 UmwG Rn. 13.
[501] *Mayer* in Widmann/Mayer EL 137 UmwR § 197 UmwG Rn. 13.
[502] So auch *Meister/Klöcker* in Kallmeyer UmwG § 197 Rn. 61.

hat zur Folge, dass die Vertreter der Arbeitnehmer im Aufsichtsrat nicht schon bei Wirksamwerden des Formwechsels bestellt sein müssen.[503] Eine notarielle Beurkundung der Bestellung des Aufsichtsrats ist nicht zwingend erforderlich; diese kann auch durch **privatschriftlichen Beschluss** der Anteilsinhaber des formwechselnden Rechtsträgers erfolgen.[504]

Sofern bei dem formwechselnden Rechtsträger bereits ein Aufsichtsrat besteht und sich auch bei dem Rechtsträger neuer Rechtsform dessen zahlenmäßige Zusammensetzung nicht ändert, bleiben die bisherigen Aufsichtsratsmitglieder für den Rest ihrer Wahlzeit im Amt (vgl. § 203 UmwG).[505] Gemäß § 203 S. 2 UmwG können die Anteilsinhaber des formwechselnden Rechtsträgers im Umwandlungsbeschluss auch die Beendigung des Amtes der Aufsichtsratsmitglieder bestimmen.

Falls eine formwechselnde KGaA bereits einen Aufsichtsrat hatte und beim Rechtsträger der neuen Rechtsform *qua* Rechtsform kein Aufsichtsrat zu bestellen ist, erlöschen die Ämter der bisherigen Aufsichtsratsmitglieder kraft Gesetzes.[506]

184   Anwendbar sind §§ 278 Abs. 3, 32 ff. AktG über die **Gründungsprüfung der KGaA**. Diese Vorschriften finden gemäß § 245 Abs. 2 und 3 UmwG selbst beim Formwechsel einer KGaA in eine AG oder umgekehrt Anwendung.[507] Die Anwendung der **Nachgründungsvorschriften** wurde mit dem zweiten Gesetz zur Änderung des UmwG[508] neu geregelt.[509] Beim Formwechsel einer GmbH in eine KGaA ist § 52 AktG nicht anwendbar, wenn die GmbH vor dem Wirksamwerden des Formwechsels länger als zwei Jahre im Register eingetragen war, § 245 Abs. 1 S. 3 UmwG. Beim Formwechsel einer AG in eine KGaA oder umgekehrt ist § 52 AktG nicht anwendbar (§ 245 Abs. 2 S. 3, Abs. 3 S. 3 UmwG). Beim Formwechsel einer AG oder KGaA in eine GmbH findet § 52 AktG ebenfalls keine Anwendung; denn das GmbH-Recht kennt keine entsprechenden Regelungen.[510]

185   **b) Umwandlungsbericht.** Das Vertretungsorgan des formwechselnden Rechtsträgers hat gemäß **§ 192 Abs. 1 S. 1 UmwG** einen Umwandlungsbericht zu erstatten, in dem der Formwechsel und insbesondere die künftige Beteiligung der Anteilsinhaber an dem Rechtsträger neuer Rechtsform rechtlich und wirtschaftlich erläutert und begründet werden. § 8 Abs. 1 S. 2 bis 4 und Abs. 2 UmwG sind entsprechend anzuwenden.[511] Der Umwandlungsbericht muss auch den **Entwurf des Umwandlungsbeschlusses** enthalten, § 192 Abs. 1 S. 3 UmwG. Der Umwandlungsbericht bedarf der Schriftform und ist von dem Vertretungsorgan

---

[503] *Stratz* in Schmitt/Hörtnagl/Stratz UmwG § 197 UmwG Rn. 10; *Meister/Klöcker* in Kallmeyer UmwG § 197 Rn. 61; *Mayer/Weiler* DB 2007, 1291, 1293.
[504] *Mayer* in Widmann/Mayer EL 137 UmwR § 197 UmwG Rn. 13.
[505] *Stratz* in Schmitt/Hörtnagl/Stratz UmwG § 197 UmwG Rn. 10; *Mayer* in Widmann/Mayer EL 137 UmwR § 197 UmwG Rn. 13; *Meister/Klöcker* in Kallmeyer UmwG § 197 Rn. 70.
[506] *Meister/Klöcker* in Kallmeyer UmwG § 197 Rn. 65; *Weiler* NZG 2004, 988 m. w. N.
[507] *Stratz* in Schmitt/Hörtnagl/Stratz UmwG § 197 UmwG Rn. 25; *Mayer* in Widmann/Mayer EL 137 UmwR § 197 UmwG Rn. 82; *Bärwaldt* in Semler/Stengel UmwG § 197 Rn. 36.
[508] Gesetz vom 19.4.2007, BGBl. I S. 542.
[509] *Scheel* in Semler/Stengel UmwG § 245 Rn. 65.
[510] *Scheel* in Semler/Stengel UmwG § 245 Rn. 70; *Dirksen/Blasche* in Kallmeyer UmwG § 245 Rn. 11.
[511] Vgl. insoweit oben § 11 Rn. 74; vgl. auch LG Mannheim v. 19.12.2013 = AG 2014, 589.

E. Formwechsel

des formwechselnden Rechtsträgers zu unterzeichnen. Nach den Ausführungen des BGH in dem Beschluss v. 21.5.2007[512] reicht Unterzeichnung durch Organmitglieder in vertretungsberechtigter Zahl aus.[513] In der Literatur wird z. T. weiter vertreten, dass das gesamte Vertretungsorgan den Umwandlungsbericht erstatten müsse.[514]

Gemäß § 192 Abs. 2 UmwG ist ein Bericht nicht zu erstatten, wenn an dem formwechselnden Rechtsträger nur ein Gesellschafter beteiligt ist oder wenn alle Gesellschafter mittels notariell zu beurkundender Erklärung auf die Erstattung eines Umwandlungsberichtes verzichten. Ein Umwandlungsbericht ist nach § 215 UmwG auch dann nicht erforderlich, wenn alle Gesellschafter des formwechselnden Rechtsträgers zur Geschäftsführung berechtigt sind. Informationen, deren Offenlegung für das formwechselnde Unternehmen oder ein mit ihm verbundenes Unternehmen einen nicht unerheblichen Nachteil mit sich bringen würde, sind gemäß § 192 Abs. 1 S. 2 i.V.m. § 8 Abs. 2. S. 1 UmwG nicht offenzulegen.

Die Formalien der **Kenntnisgabe des Umwandlungsberichtes** sind für die einzelnen formwechselnden Rechtsformen unterschiedlich geregelt (§ 216 UmwG für Personenhandelsgesellschaften, § 230 UmwG für Kapitalgesellschaften, § 260 Abs. 2, 230 Abs. 2 UmwG für eingetragene Genossenschaften, § 274 Abs. 1, 283 Abs. 1, 230 Abs. 2 UmwG für rechtsfähige Vereine, §§ 292, 230 Abs. 2 UmwG für Versicherungsvereine auf Gegenseitigkeit). Grundsätzlich ist der Umwandlungsbericht dem jeweiligen Anteilsinhaberkreis zusammen mit der Einladung zur Versammlung, die über den Formwechsel beschließen soll, zu versenden; nach § 230 Abs. 2 UmwG ist er zusätzlich vom Zeitpunkt der Einberufung der Versammlung an in den Geschäftsräumen der Gesellschaft auszulegen.

186

c) Umwandlungsbeschluss

aa) Mindestinhalt. Der Mindestinhalt des Formwechselbeschlusses wird durch §§ 194 Abs. 1, 218, 243 Abs. 1, 253, 263, 276, 285, 294 UmwG vorgegeben.

187

Danach muss der Formwechselbeschluss beim **Formwechsel in die KGaA** mindestens folgende Angaben beinhalten:
- Rechtsform und Firma des formwechselnden Rechtsträgers nach dem Formwechsel, § 194 Abs. 1 Ziff. 1 und 2 UmwG;
- die zukünftige Beteiligung der Gesellschafter, insbesondere Zahl, Art und Umfang der ihnen bei der KGaA zustehenden Aktien und die Art der Mitgliedschaft, die einem Gesellschafter oder die einem beitretenden persönlich haftenden Gesellschafter in der KGaA eingeräumt wird, §§ 243 Abs. 1 S. 1, 218 Abs. 2, 194 Abs. 1 Ziff. 3 und 4 UmwG;
- etwaige Sonderrechte, die einzelnen Anteilsinhabern bei der KGaA eingeräumt werden sollen, § 194 Abs. 1 Ziff. 5 UmwG;
- Inhalt und Höhe eines Barabfindungsangebotes nach §§ 207, 231 UmwG, sofern der Umwandlungsbeschluss nicht der Zustimmung aller Anteilsinhaber bedarf

---
[512] Vgl. oben § 11 Rn. 74.
[513] BGH NJW RR 2007, 1409; so auch *Stratz* in Schmitt/Hörtnagl/Stratz UmwG § 192 UmwG Rn. 4.
[514] *Meister/Klöcker* in Kallmeyer UmwG § 192 Rn. 36; vgl. auch *Bärwaldt* in Semler/Stengel UmwG § 192 Rn. 21, der davor warnt, den Beschluss des BGH unreflektiert auf den Umwandlungsbericht im Rahmen eines Formwechsels anzuwenden; *Mayer* in Widmann/Mayer EL 100 UmwR § 192 UmwG Rn. 25.

oder an dem formwechselnden Rechtsträger nur ein Anteilsinhaber beteiligt ist, § 194 Abs. 1 Ziff. 6 UmwG;
- die Folgen des Formwechsels für die Arbeitnehmer und deren Vertretungen sowie etwaige Maßnahmen, die in Bezug auf die Arbeitnehmer und deren Vertretungen vorgesehen sind, § 194 Abs. 1 Nr. 7 UmwG;
- die **Satzung** der zukünftigen KGaA, §§ 243 Abs. 1 S. 1, 218 Abs. 1 UmwG, wobei Festsetzungen über Sondervorteile, Gründungsaufwand, Sacheinlagen und Sachübernahmen, die in der Satzung des formwechselnden Rechtsträgers enthalten sind, in die Satzung der KGaA zu übernehmen sind, § 243 Abs. 1 S. 2 UmwG;
- die Angabe, dass sich mindestens ein Gesellschafter des formwechselnden Rechtsträgers als persönlich haftender Gesellschafter an der KGaA beteiligt oder dass mindestens ein Gesellschafter als persönlich haftender Gesellschafter beitritt, § 218 Abs. 2 UmwG.

Übernimmt ein Gesellschafter der GmbH oder ein Aktionär der Aktiengesellschaft die Rolle des persönlich haftenden Gesellschafters bei der KGaA, so wird er immer zugleich Kommanditaktionär der KGaA, da sich seine bisherige Beteiligung an der GmbH oder der Aktiengesellschaft gemäß § 247 Abs. 1 UmwG automatisch in Grundkapital umwandelt. Soll der Gesellschafter oder Aktionär bei der KGaA auch eine Sondereinlage (Kapitaleinlage) bei der KGaA halten, so muss diese als zusätzliche Einlage erbracht werden.

188 Der Formwechselbeschluss beim **Formwechsel aus der KGaA** muss neben den oben aufgeführten Angaben beim Formwechsel in eine Personengesellschaft zusätzlich die in § 234 UmwG geforderten Informationen enthalten. Hierzu zählt auch der **Sitz der Personengesellschaft**, § 234 Nr. 1 UmwG. Diese Angabe ist erforderlich zur Festlegung des zuständigen Handelsregisters für die Anmeldung des Formwechsels nach § 198 UmwG.[515] Obwohl die GbR nicht im Handelsregister eingetragen wird, muss auch für diese die Angabe des Sitzes erfolgen.[516]

189 Nach § 234 Ziff. 2 UmwG sind bei einem **Formwechsel in eine KG** im Formwechselbeschluss alle **zukünftigen Kommanditisten** mit ihrem Namen, Beruf, Geburtsdatum und Wohnort sowie dem Betrag ihrer Kommanditeinlage aufzuführen.[517] Beim Formwechsel einer KGaA in eine KG ist denkbar, dass nicht alle Aktionäre namentlich bekannt sind. Über § 213 UmwG ist § 35 UmwG auch auf den Formwechsel anwendbar. Die allgemeine Anwendbarkeit des § 213 auf alle Formwechselfälle hat das BayObLG in seinem Beschluss vom 5.7.1996,[518] ausdrücklich festgestellt.[519] §§ 213, 35 Satz 1 UmwG ermöglichen es, **unbekannte Aktionäre** durch Angabe des insgesamt auf sie entfallenden Teils des Grundkapitals der Gesellschaft und der auf sie nach dem Formwechsel entfallenden Anteile

---

[515] *Sparfeld* in BeckOK § 234 Rn. 4; *Ihrig* in Semler/Stengel UmwG § 234 Rn. 5; BT-Drucks. 12/6699 S. 154.
[516] *Ihrig* in Semler/Stengel UmwG § 234 Rn. 5, *Göthel* in Lutter UmwG § 234 Rn. 15; *Dirksen/Blasche* in Kallmeyer UmwG § 234 Rn. 2; *Vossius* in Widmann/Mayer EL 137 UmwR § 234 UmwG Rn. 5; aA: *Dauner-Lieb/Tettinger* in Kölner Komm UmwG § 234 Rn. 3.
[517] *Sparfeld* in BeckOK § 234 Rn. 10.
[518] BayObLG NJW 1997, 747.
[519] *Sparfeld* in BeckOK § 234 Rn. 12.

im Umwandlungsbeschluss zu bezeichnen (**Sammelvermerk**).[520] Der Sammelvermerk ist nach § 35 Satz 1 2. HS UmwG allerdings nur möglich für Anteilsinhaber, deren Anteile zusammen maximal **5%** des Grundkapitals der formwechselnden Gesellschaft betragen.

Beim Formwechsel in eine OHG, eine PartG oder eine GbR ist eine namentliche Benennung der Gesellschafter nicht erforderlich, da der jeweilige Formwechselbeschluss in diesen Fällen einer Zustimmung aller Gesellschafter bedarf.

Weiterhin ist nach § 234 Nr. 2 UmwG die Angabe zur Einlage jedes Kommanditisten erforderlich, d.h. die Angabe der vereinbarten **Haftsumme** jedes Kommanditisten.[521] Die Haftsumme muss sich weder am Nominalbetrag der bisherigen Beteiligung am formwechselnden Rechtsträger orientieren noch muss die Beteiligungsquote der bisherigen Beteiligungsquote entsprechen (**nicht-verhältniswahrender Formwechsel**).[522] Die Pflichteinlage ist bereits nach § 194 Abs. 1 Nr. 3 und 4 im Umwandlungsbeschluss anzugeben.[523] In Bezug auf unbekannte Anteilsinhaber ist ein nicht-verhältniswahrender Formwechsel ausgeschlossen.[524]

190

Nach § 234 Nr. 3 UmwG ist auch der **Gesellschaftsvertrag der Personengesellschaft** zwingender Bestandteil des Umwandlungsbeschlusses. Beim Formwechsel einer KGaA in eine Personengesellschaft führt dies faktisch zu einem Formerfordernis des Gesellschaftsvertrages der Personengesellschaft.[525]

191

Das zwingend aufzunehmende **Barabfindungsangebot** gemäß §§ 207 ff. UmwG ist gemäß § 227 UmwG nicht an die persönlich haftenden Gesellschafter der formwechselnden KGaA gerichtet.

192

bb) Fakultativer Inhalt. Weitere Regelungen im Formwechselbeschluss sind zulässig.[526] Die Festlegung eines Formwechselstichtages ist allerdings nicht möglich; denn der Formwechsel tritt zwingend mit Eintragung im Handelsregister ein, § 202 Abs. 2 UmwG.[527]

193

d) Gründungsbericht, Gründungsprüfung. Beim Formwechsel einer Kapitalgesellschaft in eine Kapitalgesellschaft anderer Rechtsform sind neben der Anwendbarkeit der Gründungsvorschriften gemäß § 197 UmwG die ergänzenden Regelungen in § 245 UmwG zu beachten. Demgemäß ist beim Formwechsel einer GmbH oder einer AG in eine KGaA ebenso wie beim Formwechsel einer KGaA in eine AG stets ein Gründungsbericht der Gründer sowie ein Gründungsprüfbericht erforderlich, §§ 245 Abs. 1, Abs. 2 und Abs. 3, 220 Abs. 2 und Abs. 3 UmwG. Beim Formwechsel einer KGaA in eine GmbH ist nach § 245 Abs. 4 UmwG ein Sachgründungsbericht nicht erforderlich. Hintergrund für diese von § 197 UmwG

194

---

[520] *Sparfeld* in BeckOK § 234 Rn. 14; *Ihrig* in Semler/Stengel UmwG § 234 Rn. 11 und 12a; *Göthel* in Lutter UmwG § 234 Rn. 21; *Dirksen/Blasche* in Kallmeyer UmwG § 234 Rn. 4.
[521] *Stratz* in Schmitt/Hörtnagl/Stratz UmwG § 234 UmwG Rn 2, *Ihrig* in Semler/Stengel UmwG § 234 Rn. 8.
[522] *Sparfeld* in BeckOK § 234 Rn. 17; *Stratz* in Schmitt/Hörtnagl/Stratz UmwG § 234 UmwG Rn 2; *Ihrig* in Semler/Stengel UmwG § 234 Rn. 8.
[523] *Sparfeld* in BeckOK § 234 Rn. 17; *Ihrig* in Semler/Stengel UmwG § 234 Rn. 8; *Vossius* in Widmann/Mayer EL 137 UmwR § 234 UmwG Rn. 13.
[524] *Sparfeld* in BeckOK § 234 Rn. 17.
[525] *Sparfeld* in BeckOK § 234 Rn. 19; BT-Drucks. 16/2919 S. 19.
[526] *Meister/Klöcker* in Kallmeyer UmwG § 194 Rn. 5.
[527] *Meister/Klöcker* in Kallmeyer UmwG § 194 Rn. 9.

abweichende Regelung ist der, dass die aktienrechtlichen Kapitalschutzvorschriften strenger sind als die Regelungen für die GmbH.[528]

Gründungsbericht und Gründungsprüfbericht sind **nicht Teil des Umwandlungsberichtes.** Wie oben dargestellt ist der Umwandlungsbericht vor dem Beschluss über die Umwandlung zu erstellen; er erläutert den Formwechsel rechtlich und wirtschaftlich. Der **Gründungsbericht** gibt demgegenüber gemäß § 32 AktG den Hergang des Formwechsels wieder.[529] Er hat insbesondere Angaben zum Inhalt des gefassten Umwandlungsbeschlusses, über die Durchführung der Hauptversammlung, zu Aufgaben und zur Bestellung des Aufsichtsrats und zu Aufgaben und zur Bestellung des Abschlussprüfers und über die Anschaffungs- und Herstellungskosten zu enthalten.[530] Er ist jeweils von den in § 245 UmwG bezeichneten Gründern zu erstellen.[531]

195 Da der Formwechsel wie ein Übergang eines Unternehmens behandelt wird, muss der Gründungsbericht auch Angaben gemäß § 32 Abs. 2 S. 2 Nr. 3 AktG über die Betriebserträge des formwechselnden Rechtsträgers der **letzten zwei Geschäftsjahre** enthalten.[532] Zusätzlich ist gemäß § 220 Abs. 2 UmwG über den Geschäftsverlauf der letzten beiden Geschäftsjahre[533] und die Lage der Gesellschaft zu berichten.[534] Der Gründungsbericht ist von den Gründern und beim Formwechsel in die KGaA beim Formwechsel in die KGaA zusätzlich von den beitretenden persönlich haftenden Gesellschaftern eigenhändig zu unterzeichnen.[535] Auf die Erstellung eines Gründungsberichtes kann nicht verzichtet werden.[536]

196 Der **Gründungsprüfungsbericht** der persönlich haftenden Gesellschafter und des Aufsichtsrates gemäß § 197 UmwG i. V. m. § 33 AktG hat sich inhaltlich vorrangig auf den Hergang des Formwechsels zu erstrecken.[537] Gemäß § 197 UmwG i. V. m. § 34 Abs. 2 AktG ist der Gründungsbericht schriftlich zu erstatten. Neben diesem Gründungsbericht ist eine **externe Gründungsprüfung** erforderlich, §§ 197, 220 Abs. 3, 245 Abs. 3 UmwG i. V. m. § 33 Abs. 2 AktG. Prüfungsgegenstand ist insbesondere die Deckung des Grundkapitals durch das Reinvermögen der Gesellschaft.[538] Die externen Prüfer haben hierüber ebenfalls einen schriftlichen Gründungsprüfungsbericht zu erstatten, § 34 Abs. 2 AktG.

---

[528] *Stratz* in Schmitt/Hörtnagl/Stratz UmwG § 245 UmwG Rn. 5; *Dirksen/Blasche* in Kallmeyer UmwG § 245 Rn. 6.
[529] *Scheel* in Semler/Stengel UmwG § 245 Rn. 49.
[530] *Rieger* in Widmann/Mayer EL 102 UmwR § 245 UmwG Rn. 64 ff.
[531] *Dirksen/Blasche* in Kallmeyer UmwG § 245 Rn. 9.
[532] *Rieger* in Widmann/Mayer EL 102 UmwR § 245 UmwG Rn. 70; *Joost* in Lutter UmwG § 220 Rn. 22; *Göthel* in Lutter UmwG § 245 Rn. 42.
[533] *Schlitt* in Semler/Stengel UmwG § 220 Rn. 27; *Dirksen* in Kallmeyer UmwG § 220 Rn. 17; *Joost* in Lutter UmwG § 220 Rn. 23.
[534] *Dirksen* in Kallmeyer UmwG § 220 Rn. 17; *Vossius* in Widmann/Mayer EL 150 UmwR § 220 UmwG Rn. 48.
[535] *Schlitt* in Semler/Stengel UmwG § 220 Rn. 28.
[536] *Schlitt* in Semler/Stengel UmwG § 220 Rn. 28.
[537] *Schlitt* in Semler/Stengel UmwG § 220 Rn. 29; *Dirksen/Blasche* in Kallmeyer UmwG § 220 Rn. 18.
[538] *Schlitt* in Semler/Stengel UmwG § 220 Rn. 30; *Göthel* in Lutter UmwG § 245 Rn. 49.

e) Barabfindungsangebot

aa) Formwechsel in die Rechtsform einer KGaA. Bei einem Formwechsel einer Personen- oder Partnerschaftsgesellschaft in eine KGaA ist den nicht geschäftsführungsbefugten Gesellschaftern mit der Ankündigung ein Barabfindungsangebot gemäß § 207 UmwG zu unterbreiten, sofern der Gesellschaftsvertrag eine Mehrheitsentscheidung zuläßt.[539] Ein Barabfindungsangebot ist daher entbehrlich, sofern der Formwechsel nur bei einstimmigem Gesellschafterbeschluss erfolgen kann.[540]

Bei einem Formwechsel einer GmbH in eine KGaA ist den Gesellschaftern spätestens mit der Einladung zur Gesellschafterversammlung ein Barabfindungsangebot gemäß §§ 238, 231 S. 1, 207 UmwG zu übersenden.

Bei dem Formwechsel einer Aktiengesellschaft in eine KGaA entfällt gemäß § 250 UmwG das Erfordernis, den Aktionären ein Barabfindungsangebot zu unterbreiten.

Ist eine Barabfindung anzubieten, sind die Vorgaben des § 207 Abs. 1 UmwG zu beachten. Das Angebot ist darauf gerichtet, jedem Gesellschafter, der gegen den Formwechsel **Widerspruch zu notariellem Protokoll** angemeldet hat,[541] den Erwerb seiner umgewandelten Anteile oder Mitgliedschaftsrechte gegen eine angemessene Barabfindung anzubieten. Die Regelung des § 207 UmwG ist zwingend.[542] Unberührt bleibt aber die Möglichkeit für einen Mehrheitsgesellschafter, den übrigen Gesellschaftern ein freiwilliges Übernahmeangebot zu unterbreiten.[543]

§ 207 Abs. 1 UmwG begründet nicht nur für das Vertretungsorgan des formwechselnden Rechtsträgers die Pflicht, ein Barabfindungsangebot zu unterbreiten, sondern begründet für die dem Formwechsel widersprechenden Gesellschafter zugleich einen **Anspruch auf Barabfindung**.[544] Hieraus folgt, dass einem dem Formwechsel widersprechenden Gesellschafter selbst dann ein Anspruch auf Barabfindung zusteht, wenn ein Angebot nicht erfolgt ist. Andererseits kann eine Klage auf Feststellung der Unwirksamkeit des Formwechselbeschlusses nicht darauf gestützt werden, dass ein Barabfindungsangebot nicht unterbreitet wurde oder unangemessen war;[545] in beiden Fällen bleibt der widersprechende Gesellschafter auf die Durchführung eines **Spruchverfahrens** nach den Vorschriften des SpruchG angewiesen.[546] Das Barabfindungsangebot nach § 207 Abs. 1 UmwG unterscheidet sich von dem Anspruch auf bare Zuzahlung nach § 196 UmwG dadurch, dass

---

[539] *Stratz* in Schmitt/Hörtnagl/Stratz UmwG § 216 UmwG Rn. 6; *Dirksen/Blasche* in Kallmeyer UmwG § 216 Rn. 5; *Wälzholz* in Widmann/Mayer EL 142 UmwR § 207 UmwG Rn. 9.
[540] *Stratz* in Schmitt/Hörtnagl/Stratz UmwG § 216 UmwG Rn. 6.
[541] Gleichgestellt sind Gesellschafter, die unverschuldet hieran gehindert waren, *Meister/Klöcker* in Kallmeyer UmwG § 207 Rn. 3.
[542] *Kalss* in Semler/Stengel UmwG § 207 Rn. 2; *Meister/Klöcker* in Kallmeyer UmwG § 207 Rn. 4.
[543] *Kalss* in Semler/Stengel UmwG § 207 Rn. 14; *Meister/Klöcker* in Kallmeyer UmwG § 207 Rn. 3.
[544] *Meister/Klöcker* in Kallmeyer UmwG § 207 Rn. 5.
[545] BGHZ 146, 179 – MEZ; NJW 2001, 1428 – Aqua Butzke.
[546] *Sparfeld* in BeckOK § 231 Rn. 17. Bei einem zu hohen Barabfindungsangebot greift der Klageausschluß nicht; den hierdurch benachteiligten verbleibenden Anteilsinhabern verbleibt die Unwirksamkeitsklage (Anfechtungsklage) vgl. *Kalss* in Semler/Stengel UmwG § 207 Rn. 10.

das Barabfindungsangebot für den Fall des Ausscheidens aus dem formwechselnden Rechtsträger gewährt wird, der Anspruch auf bare Zuzahlung nach § 196 UmwG jedoch Wertdifferenzen der Gesellschaftsanteile vor und nach dem Formwechsel beim Verbleiben in dem formwechselnden Rechtsträger ausgleichen soll.[547] Beide Ansprüche stehen also in einem Alternativverhältnis.

202 Nach richtiger Ansicht besteht der Anspruch auf Barabfindung gemäß § 207 Abs. 1 UmwG nur dann, wenn der Gesellschafter, der Widerspruch zur Niederschrift anmeldet, zuvor **auch gegen den Formwechsel gestimmt** hat.[548]

203 Das Barabfindungsangebot ist zwingender Bestandteil des Umwandlungsbeschlusses.[549] Inhaltlich muss das Angebot eine „**angemessene**" Barabfindung i.S.d. §§ 208, 30 Abs. 1 S. 1 UmwG enthalten. Angemessen ist nach dem Willen des Gesetzgebers nur eine Barabfindung, welche den **vollen Wert der Mitgliedschaft** im Bewertungszeitpunkt **kompensiert**;[550] besondere rechtliche Ausgestaltungen der Gesellschaftsrechte wie Sonderrechte etc. sind bei der Wertermittlung zu berücksichtigen.[551] Falls das Barabfindungsangebot zu niedrig bemessen ist, besteht die Gefahr der Anpassung nach dem SpruchG; falls es zu hoch bemessen ist, werden die verbleibenden Gesellschafter geschädigt, die dann ihrerseits gegen die Höhe des Barabfindungsangebotes klagen könnten.[552]

204 Das Angebot ist gemäß §§ 208, 30 Abs. 2 UmwG durch einen **externen Prüfer** auf seine Angemessenheit hin zu überprüfen.[553] Der Prüfer ist nach §§ 208, 30 Abs. 2, 10 Abs. 1 S. 1 UmwG von dem für die Gesellschaft zuständigen Landgericht auf Antrag des Vertretungsorgans des formwechselnden Rechtsträgers zu bestellen. In seinem Prüfungsbericht muss der Prüfer nicht nur die Angemessenheit der Barabfindung bestätigen, sondern auch **Ausführungen zu den Bewertungsmethoden** machen, mit denen die Barabfindung errechnet wurde und aus welchen Gründen diese Methoden anzuwenden waren.[554] Der Prüfungsbericht ist den Anteilsinhabern in seinen wesentlichen Aussagen zusammen mit dem Formwechselbeschluss spätestens in der Einladung zur Gesellschafterversammlung bekanntzumachen.[555]

205 Das Angebot muss auf die Zahlung von Geld gegen Erklärung des Austrittes aus der Gesellschaft innerhalb der **Zwei-Monats-Frist** des § 209 S. 1 UmwG gerichtet sein. Danach kann der Austritt bis zu zwei Monaten nach dem Tag erklärt werden, in dem die Eintragung des Formwechsels im Handelsregister als bekanntgemacht gilt. Ist nach § 212 UmwG die gerichtliche Überprüfung des Barabfindungsangebotes in einem Spruchverfahren beantragt worden, so beginnt

---

[547] *Meister/Klöcker* in Kallmeyer UmwG § 207 Rn. 8.
[548] *Kalss* in Semler/Stengel UmwG § 207 Rn. 7; *Wälzholz* in Widmann/Mayer EL 142 UmwR § 207 UmwG Rn. 11 m.w.N.; a.A. *Meister/Klöcker* in Kallmeyer UmwG § 207 Rn. 15.
[549] Vgl. § 11 Rn. 187.
[550] Vgl. BVerfG NJW 2001, 279, 280 – Motometer.
[551] *Müller* in Kallmeyer UmwG § 208 Rn. 3.
[552] *Kalss* in Semler/Stengel UmwG § 207 Rn. 10; *Wälzholz* in Widmann/Mayer EL 142 UmwR § 207 UmwG Rn. 26 m.w.N.
[553] *Zeidler* in Semler/Stengel UmwG § 208 Rn. 8; *Meister/Klöcker* in Kallmeyer UmwG § 207 Rn. 21.
[554] So *Meister/Klöcker* in Kallmeyer UmwG § 207 Rn. 21; LG Heidelberg DB 1996, 1768, 1769; a.A. LG Berlin DB 1997, 969, 970.
[555] *Meister/Klöcker* in Kallmeyer UmwG § 207 Rn. 21.

eine zweite Zwei-Monats-Frist gemäß § 209 S. 2 UmwG mit Ablauf des Tages, an dem die Entscheidung des Spruchstellengerichtes gemäß § 11 Abs. 1 SpruchG nach §§ 14 Nr. 4, 6 Abs. 1 S. 4, 5 SpruchG bekanntgemacht wird.[556] Die zweite Frist kann daher unter Umständen erst Jahre später beginnen.

bb) Formwechsel aus der Rechtsform der KGaA. Auch in diesem Fall hat 206 der Formwechselbeschluss ein Barabfindungsangebot gemäß §§ 207 ff. UmwG zu enthalten, welches nach der Sonderregelung des § 227 UmwG aber nicht an die persönlich haftenden Gesellschafter gerichtet ist.[557] Insoweit kommen die allgemeinen gesetzlichen Regelungen und ggf. Satzungsregelungen zur Anwendung.[558]

2. Verfahrensablauf

a) Formwechsel in die Rechtsform einer KGaA. Bei einem **Formwech-** 207 **sel von Personengesellschaften** in eine KGaA ist der Formwechselbeschluss in einer Gesellschafterversammlung des formwechselnden Rechtsträgers zu fassen, § 217 Abs. 1 S. 1 UmwG, die von dem Vertretungsorgan des formwechselnden Rechtsträgers vorzubereiten ist. Gemäß § 216 UmwG hat das Vertretungsorgan allen von der Geschäftsführung ausgeschlossenen Gesellschaftern spätestens zusammen mit der **Einberufung der Gesellschafterversammlung**, die über den Formwechsel beschließen soll, den Formwechsel als Gegenstand der Beschlussfassung anzukündigen und den Umwandlungsbericht sowie ein Abfindungsangebot nach § 207 UmwG zu übersenden. Der Umwandlungsbericht ist nach § 215 UmwG nicht erforderlich, wenn alle Gesellschafter zur Geschäftsführung berechtigt sind. Da der Umwandlungsbericht gemäß § 199 UmwG zwingende Anlage zur Anmeldung des Formwechsels ist, bedarf es zum Nachweis des Vorliegens der Voraussetzungen des § 215 UmwG der Vorlage des Gesellschaftsvertrages des formwechselnden Rechtsträgers. Alternativ kommt ein Verzicht auf die Erstellung eines Umwandlungsberichts nach § 192 Abs. 2 UmwG in Betracht.

Als **Frist** für die Ankündigung gilt die gesellschaftsvertraglich geregelte Frist 208 zur Einberufung einer Gesellschafterversammlung.[559] Falls eine solche Regelung im Gesellschaftsvertrag fehlt, gilt der allgemeine Grundsatz, dass die Einladung so rechtzeitig zu erfolgen hat, dass alle Gesellschafter an der Versammlung teilnehmen und sich auf die Gegenstände der Tagesordnung rechtzeitig vorbereiten können.[560]

Die Ankündigung des Formwechsels gemäß § 216 UmwG hat in **Textform** zu erfolgen. Gemeint ist Textform nach § 126b BGB. Übersendung per Telefax oder per Email ist somit ausreichend.[561]

Gemäß § 194 Abs. 2 UmwG ist der Entwurf des Formwechselbeschlusses spä- 209 testens einen Monat vor dem Tage der Gesellschafterversammlung, die über den

---

[556] *Meister/Klöcker* in Kallmeyer UmwG § 209 Rn. 9.
[557] Siehe oben § 11 Rn. 197 ff., 350 ff. und unten § 11 Rn. 390 ff.
[558] *Stratz* in Schmitt/Hörtnagl/Stratz UmwG § 227 UmwG Rn. 1; *Ihrig* in Semler/Stengel UmwG § 227 Rn. 1; *Sparfeld* BeckOK § 227 Rn. 1 und 12.
[559] *Stratz* in Schmitt/Hörtnagl/Stratz UmwG § 216 Rn. 3.
[560] *Schlitt* in Semler/Stengel UmwG § 216 Rn. 14; *Dirksen/Blasche* in Kallmeyer UmwG § 216 Rn. 9.
[561] *Schlitt* in Semler/Stengel UmwG § 216 Rn. 12; *Dirksen/Blasche* in Kallmeyer UmwG § 216 Rn. 8.

Formwechsel beschließen soll, dem zuständigen **Betriebsrat** des formwechselnden Rechtsträgers gegen Empfangsquittung **zuzuleiten**. Der Umwandlungsbericht ist nicht zuzuleiten.

210 Der Umwandlungsbeschluss bedarf der **Zustimmung aller** anwesenden Gesellschafter; ihm müssen auch die nicht erschienenen Gesellschafter zustimmen, § 217 Abs. 1 S. 1 UmwG. Falls der Gesellschaftsvertrag des formwechselnden Rechtsträgers hierzu eine Mehrheitsentscheidung vorsieht, muss diese Mehrheit mindestens drei Viertel betragen, § 217 Abs. 1. S. 2 UmwG. Soweit eine Mehrheitsentscheidung vorgesehen ist, müssen in der Niederschrift über den Umwandlungsbeschluss die Gesellschafter, die für den Formwechsel gestimmt haben, namentlich benannt werden, § 217 Abs. 2 UmwG. In jedem Fall müssen beim Formwechsel in eine KGaA die Gesellschafter zustimmen, die in der KGaA die Stellung eines persönlich haftenden Gesellschafters haben sollen, § 217 Abs. 3 UmwG.

211 Beim Formwechsel einer Personengesellschaft in eine KGaA ist aufgrund ausdrücklicher Regelung in §§ 218 Abs. 2, 221 UmwG der **Beitritt** bisher nicht beteiligter **Dritter** im Rahmen des Formwechsels als persönlich haftender Gesellschafter möglich.[562] Ein solcher Beitritt bedarf der notariellen Beurkundung, § 221 S. 1 UmwG.

212 Der Verfahrensablauf des **Formwechsels einer Kapitalgesellschaft** in eine KGaA unterscheidet sich nur geringfügig vom Verfahrensablauf beim Formwechsel einer Personenhandelsgesellschaft oder Partnerschaft in eine KGaA. Nach § 238 S. 2 UmwG besteht auch hier die Möglichkeit auf die Erstellung eines Umwandlungsberichtes durch einstimmige notariell beurkundete Verzichtserklärungen der Anteilsinhaber gemäß § 192 Abs. 2 UmwG zu verzichten.

213 Die Vorbereitung der Gesellschafterversammlung der **formwechselnden GmbH** entspricht der Vorbereitung der Gesellschafterversammlung einer formwechselnden Personengesellschaft. Die §§ 238 Abs. 1, 230, 231 UmwG entsprechen in ihrem Regelungsgehalt dem § 216 UmwG. Bei einer **formwechselnden Aktiengesellschaft** ergibt sich ein Unterschied insoweit, als gemäß §§ 238, 230 Abs. 2 UmwG der Umwandlungsbericht den Aktionären nicht mit der Einberufung zur Hauptversammlung, die über den Formwechsel beschließen soll, zu übersenden ist, auf der betreffenden Hauptversammlung zur Einsicht der Aktionäre auszulegen ist, §§ 238, 230 Abs. 2 UmwG. Aktionären und den von der Geschäftsführung ausgeschlossenen persönlich haftenden Gesellschaftern ist auf deren Verlangen eine einfache Abschrift zu erteilen. Diese Verpflichtung entfällt, wenn der Umwandlungsbericht für die Zeit ab Einberufung der Hauptversammlung, die über den Formwechsel beschließen soll, über die Internetseite der Gesellschaft zugänglich ist, § 230 Abs. 2 S. 4 UmwG.

Gemäß § 231 S. 1 UmwG ist den Aktionären oder Gesellschaftern einer formwechselnden Kapitalgesellschaft zusammen mit der Einberufung der Versammlung, die über den Formwechsel beschließen soll, das **Abfindungsangebot** nach § 207 UmwG zu übersenden. Eine Übersendung ist dann nicht erforderlich, wenn das Abfindungsangebot im Bundesanzeiger oder den sonst bestimmten Gesellschaftsblättern bekannt gemacht wird, § 231 S. 2 UmwG.

214 Nach § 239 Abs. 1 UmwG ist der Umwandlungsbericht in der Versammlung, die über den Formwechsel beschließen soll, auszulegen. Beim Formwechsel ei-

---

[562] Vgl. hierzu auch oben § 11 Rn. 26 und unten § 11 Rn. 217 ff.

ner AG in eine KGaA ist von dem Vorstand zu Beginn der Verhandlung über den Tagesordnungspunkt Formwechsel der Entwurf des Umwandlungsbeschlusses **mündlich** zu **erläutern** (§ 239 Abs. 2 UmwG).

§ 240 Abs. 2 S. 2 UmwG sieht auch beim Formwechsel einer Kapitalgesellschaft anderer Rechtsform in die KGaA die Möglichkeit des **Beitritts Dritter** als persönlich haftende Gesellschafter, die bislang nicht am formwechselnden Rechtsträger beteiligt waren, vor.[563]

Der Umwandlungsbeschluss bedarf einer Mehrheit von mindestens **drei Vierteln** der abgegebenen Stimmen der formwechselnden GmbH oder bei der formwechselnden AG vertretenen Grundkapitals, § 240 Abs. 1 UmwG. In jedem Fall müssen alle Gesellschafter, die in der KGaA die Stellung eines persönlich haftenden Gesellschafters übernehmen sollen, zustimmen, § 240 Abs. 2 S. 1 UmwG.

b) Formwechsel aus der Rechtsform der KGaA. Es gelten die Ausführungen zum Formwechsel einer Kapitalgesellschaft anderer Rechtsform in eine KGaA entsprechend.[564] Die **Einberufung der Hauptversammlung** der KGaA hat nach den allgemeinen aktienrechtlichen Bestimmungen der §§ 121 ff. AktG sowie der Satzung der Gesellschaft durch die persönlich haftenden Gesellschafter zu erfolgen. Für den Fall namentlich **unbekannter Kommanditaktionäre** wird auf die Ausführungen zu unbekannten Aktionären verwiesen.[565]

Beim Formwechsel einer KGaA in eine Personengesellschaft ist gemäß § 232 Abs. 2 UmwG[566] der Formwechselbeschluss von den geschäftsführenden persönlich haftenden Gesellschaftern zu Beginn der Verhandlung der Tagesordnungspunkt Formwechsel **mündlich zu erläutern**. Da die Gründe, die für den Formwechsel sprechen, bereits im Umwandlungsbericht ausführlich dargestellt werden müssen, beschränkt sich die mündliche Erläuterung des Formwechselbeschlussentwurfes auf eine **komprimierte Wiederholung des** wesentlichen Inhaltes des **Umwandlungsberichtes** sowie auf eine Darstellung aller wesentlichen Änderungen, die seit der Erstellung des Umwandlungsberichtes bis zum Tage der Hauptversammlung eingetreten sind.[567] Verstoßen die persönlich haftenden Gesellschafter gegen diese Erläuterungspflicht, ist der Formwechselbeschluss anfechtbar,[568] unabhängig davon, ob der Beschluss auf diesem Verfahrensfehler beruht.[569]

3. Auswirkung des Formwechsels auf die persönlich haftenden Gesellschafter

a) Formwechsel in eine KGaA. Bei einem Formwechsel in eine KGaA ist in dem Formwechselbeschluss gemäß § 218 Abs. 2 UmwG und in der Satzung der KGaA gemäß § 281 Abs. 1 AktG der oder die persönlich haftenden Gesellschafter der KGaA zu bestimmen. Persönlich haftender Gesellschafter kann dabei entweder

---

[563] Vgl. zu der Thematik Beitritt Dritter auch oben § 11 Rn. 26 und unten § 11 Rn. 217 ff.
[564] Vgl. hierzu oben § 11 Rn. 212 ff.
[565] Vgl. oben § 11 Rn. 189.
[566] Beim Formwechsel einer KGaA in eine AG oder GmbH ist für die Durchführung der Hauptversammlung statt § 232 UmwG der inhaltsgleiche § 239 UmwG anzuwenden.
[567] *Dirksen/Blasche* in Kallmeyer UmwG § 232 Rn. 4.
[568] *Dirksen* in Kallmeyer UmwG § 232 Rn. 3.
[569] Vgl. LG Hanau ZIP 1996, 422, 423 – Schwab/Otto.

ein **Altgesellschafter** des formwechselnden Rechtsträgers oder ein im Zuge des Formwechsels gemäß §§ 218 Abs. 2, 221, 240 Abs. 2 UmwG **neu hinzutretender Gesellschafter** werden.[570] Der persönlich haftende Gesellschafter kann zugleich Kommanditaktionär der KGaA werden.[571]

220 Persönlich haftender Gesellschafter kann jeder Anteilsinhaber des formwechselnden Rechtsträgers unabhängig von seiner bisherigen Rechtsstellung werden. In jedem Fall bedarf der Formwechselbeschluss gemäß §§ 217 Abs. 3, 240 Abs. 3 UmwG seiner ausdrücklichen Zustimmung; dies gilt auch dann, wenn er bereits als persönlich haftender Gesellschafter an dem formwechselnden Rechtsträger beteiligt war.[572]

221 Soll eine **GmbH & Co. KG** in eine KGaA geformwechselt werden, so kann die bisherige Komplementär-GmbH alleiniger persönlich haftender Gesellschafter der KGaA werden. Eine Verpflichtung zur Leistung einer Vermögenseinlage, sei es auf das Grundkapital oder als Sondereinlage, besteht für die GmbH nicht.[573]

222 Der **Beitritt eines persönlich haftenden Gesellschafters**, der nicht bereits Anteilsinhaber des formwechselnden Rechtsträgers war, wird von §§ 218 Abs. 2, 221, 240 Abs. 2 UmwG ausdrücklich vorgesehen. Hierbei handelt es sich um eine gesetzlich vorgesehene **Ausnahme vom Grundsatz der Gesellschafteridentität** beim Formwechsel. Auch der neu hinzutretende persönlich haftende Gesellschafter muss ausdrücklich dem Formwechselbeschluss gemäß §§ 217 Abs. 3, 240 Abs. 2 UmwG zustimmen und die Satzung gemäß § 221 S. 2 UmwG genehmigen. Zustimmung, Genehmigung und Beitrittserklärung sind gemäß § 221 S. 1 UmwG notariell zu beurkunden. Zeitlich kann die Beitrittserklärung zusammen mit dem Formwechselbeschluss stattfinden oder anschließend gesondert beurkundet werden.[574] Ein zeitlich dem Formwechselbeschluss vorangehender Beitritt ist dagegen nicht möglich.[575]

Die notariell beurkundete Beitrittserklärung des persönlich haftenden Gesellschafters samt Genehmigung der Satzung[576] ist der Anmeldung des Formwechsels gemäß § 223 UmwG beizufügen. Sollen mehrere persönlich haftende Gesellschafter an der KGaA beteiligt sein, muss die Beitrittserklärung aller persönlich haftenden Gesellschafter bei der Anmeldung vorliegen.[577] Wirksam wird der Beitritt eines persönlich haftenden Gesellschafters mit der Eintragung des Formwechsels im Handelsregister.[578]

223 **b) Formwechsel aus der KGaA.** Der Formwechsel einer KGaA in eine Personengesellschaft hat zur Folge, dass der persönlich haftende Gesellschafter der KGaA

---

[570] Vgl. zur Thematik des Beitritts Dritter § 11 Rn. 26, Rn. 211 und Rn. 213.
[571] *Stratz* in Schmitt/Hörtnagl/Stratz UmwG § 218 UmwG Rn. 6.
[572] *Schlitt* in Semler/Stengel UmwG § 218 Rn. 48.
[573] *Dirksen/Blasche* in Kallmeyer UmwG § 218 Rn. 33.
[574] *Schlitt* in Semler/Stengel UmwG § 221 Rn. 8; *Joost* in Lutter UmwG § 221 Rn. 2; *Dirksen*/Blasche in Kallmeyer UmwG § 221 Rn. 3.
[575] *Schlitt* in Semler/Stengel UmwG § 221 Rn. 8 m.w.N.; *Joost* in Lutter UmwG § 221 Rn. 3; *Dirksen/Blasche* in Kallmeyer UmwG § 221 Rn. 3 mit Darstellung auch der abweichenden Auffassung.
[576] *Stratz* in Schmitt/Hörtnagl/Stratz UmwG § 223 UmwG Rn. 1; *Schlitt* in Semler/ Stengel UmwG § 223 Rn. 8.
[577] *Joost* in Lutter UmwG § 221 Rn. 9.
[578] *Dirksen/Blasche* in Kallmeyer UmwG § 221 Rn. 5; *Joost* in Lutter UmwG § 221 Rn. 4.

sein Ausscheiden aus dem Rechtsträger für den Zeitpunkt zu dem der Formwechsel wirksam wird, erklären kann, § 233 Abs. 3 Satz 3 UmwG. Erklärt er sein Ausscheiden nicht, wird er Gesellschafter in dem Rechtsträger neuer Rechtsform.[579] Der Formwechsel einer KGaA in eine Kapitalgesellschaft anderer Rechtsform oder in eine Genossenschaft hat nach §§ 247 Abs. 2, 255 Abs. 3 UmwG das **Ausscheiden ihrer persönlich haftenden Gesellschafter** zur Folge. Für alle Fälle, in denen beim Formwechsel einer KGaA deren persönlich haftende Gesellschafter ausscheiden, bestimmt § 227 UmwG, dass die ausscheidenden persönlich haftenden Gesellschafter **keinen Anspruch auf Barabfindung** nach den §§ 207–212 UmwG haben. Vielmehr erhalten die persönlich haftenden Gesellschafter eine Abfindung nach den allgemeinen Vorschriften der §§ 278 Abs. 2 AktG, 161 Abs. 2, 105 Abs. 2 HGB, 738 ff. BGB.[580]

Sofern persönlich haftende Gesellschafter gemäß § 233 Abs. 3 Satz 3 UmwG ihr Ausscheiden erklärt haben, wird diese Austrittserklärung mit Eintragung des Formwechsels in dem für die neue Rechtsform zuständigen Handelsregister wirksam, § 236 UmwG.

Beim Formwechsel einer KGaA in eine Personengesellschaft bedarf es gemäß **224** § 233 Abs. 3 S. 1 UmwG für die Wirksamkeit des Formwechsels der **Zustimmung** der persönlich haftenden Gesellschafter der formwechselnden KGaA. Diese Zustimmung nach § 233 Abs. 3 S. 1 tritt neben die Zustimmung nach § 233 Abs. 2 S. 3, wenn der persönlich haftende Gesellschafter auch in dem Rechtsträger neuer Rechtsform die **Stellung eines persönlich haftenden Gesellschafters** übernehmen soll.[581] Es ist daher darauf zu achten, dass in diesem Fall ausdrückliche Zustimmungen nach beiden Vorschriften vorliegen.[582] Die Zustimmungen bedürfen der **notariellen Beurkundung**, § 193 Abs. 3 UmwG.

4. Kapitalschutz

Beim Formwechsel einer Personengesellschaft in eine KGaA ist hinsichtlich der **225** Kapitaldeckung § 220 UmwG zu beachten. Gemäß § 220 Abs. 1 UmwG darf der Nennbetrag des Grundkapitals der KGaA als Rechtsträger neuer Rechtsform das nach Abzug der Schulden verbleibende Vermögen des formwechselnden Rechtsträgers nicht übersteigen. Sollte also bei dem Rechtsträger neuer Rechtsform eine Unterbilanz bestehen oder falls er überschuldet wäre, wäre ein Formwechsel in eine KGaA unzulässig, sofern die Gesellschafter des formwechselnden Rechtsträgers das Vermögen nicht auffüllen.[583]

Obwohl das Gesetz die Identität des formwechselnden Rechtsträgers durch den **226** Formwechsel als nicht berührt ansieht, herrscht Übereinstimmung darüber, dass der Formwechsel in eine KGaA materiell eine besondere Art der Sachgründung darstellt, auf welche die allgemeinen Sachgründungsvorschriften der KGaA An-

---

[579] *Dirksen/Blasche* in Kallmeyer UmwG § 227 Rn. 1.
[580] *Sparfeld* in Beck OK § 227 Rn. 1 und 12.
[581] *Sparfeld* in Beck OK § 233 Rn. 46; *Göthel* in Lutter UmwG § 233 Rn. 74; *Dirksen/Blasche* in Kallmeyer UmwG § 233 Rn. 12; *Drinhausen/Keinath* in Henssler/Strohn GesellschRe § 233 UmwG Rn. 9.
[582] *Sparfeld* in Beck OK § 233 Rn. 46.
[583] *Dirksen/Blasche* in Kallmeyer UmwG § 220 Rn. 3; *Schlitt* in Semler/Stengel UmwG § 220 Rn. 10.

wendung finden.[584] Bezüglich der Kapitalaufbringung ist der Formwechsel somit so zu behandeln, als würden die Gesellschafter der formwechselnden Personengesellschaft eine Kapitalgesellschaft gründen und das Unternehmen der Personengesellschaft in diese einbringen.[585] Bei der Ermittlung des Reinvermögens ist auf die Verkehrswerte des Unternehmens des formwechselnden Rechtsträgers abzustellen.[586] Damit findet auch das Gebot der **Volleinzahlung von Sacheinlagen** beim Formwechsel aus einer Personengesellschaft Anwendung.[587]

Auch beim Formwechsel einer Kapitalgesellschaft anderer Rechtsform in eine KGaA oder beim Formwechsel einer KGaA in eine Kapitalgesellschaft anderer Rechtsform gilt gemäß § 245 Abs. 1 Satz 2, Abs. 2 Satz 2 und Abs. 3 Satz 2 UmwG das Prinzip der Reinvermögensdeckung nach § 220 UmwG.[588] Auch hier sind die Verkehrswerte entscheidend.[589] Ein Formwechsel ist also dann ausgeschlossen, wenn bei dem Rechtsträger neuer Rechtsform eine Unterbilanz entstehen würde.[590] Da § 245 Abs. 4 UmwG für den Fall des Formwechsels einer AG oder KGaA in eine GmbH einen Verweis auf § 220 UmwG nicht enthält, wäre ein solcher Formwechsel wohl auch bei einer Unterbilanz beim Rechtsträger neuer Rechtsform möglich.[591]

5. Nachgründung

227 Auf die durch Formwechsel entstandene KGaA sind die Nachgründungsvorschriften des § 52 AktG zwei Jahre ab dem Zeitpunkt, an dem die Eintragung des Formwechsels im Handelsregister des formwechselnden Rechtsträgers wirksam[592] geworden ist, anzuwenden.

6. Haftungsrisiken für die Kommanditaktionäre beim Formwechsel aus der KGaA

228 Wird die KGaA in eine Gesellschaft bürgerlichen Rechts, eine Partnerschaftsgesellschaft oder in eine oHG formgewechselt, so stellt sich die Frage der Haftung für die ehemaligen Kommanditaktionäre, da diese mit Wirksamwerden des Formwechsels zu persönlich haftenden Gesellschaftern werden, die für die Verbindlichkeiten der ehemaligen KGaA nunmehr im Außenverhältnis nach den §§ 128 ff. HGB unmittelbar persönlich haften. Der Schutz der ehemaligen Kommanditaktionäre vor einer ungewollten persönlichen Haftung erfolgt hier über das Erfordernis der Einstimmigkeit für den Formwechselbeschluss in § 233 Abs. 1 UmwG.

---

[584] *Joost* in Lutter UmwG § 220 Rn. 12; *Stratz* in Schmitt/Hörtnagl/Stratz UmwG § 220 UmwG Rn. 2 und 4.
[585] *Dirksen/Blasche* in Kallmeyer UmwG § 220 Rn. 6.
[586] *Schlitt* in Semler/Stengel UmwG § 220 Rn. 13; *Dirksen/Blasche* in Kallmeyer UmwG § 220 Rn. 6 m.w.N.
[587] *Joost* in Lutter UmwG § 220 Rn. 12; a. A. *K. Schmidt* ZIP 1995, 1385, 1386, 1388.
[588] *Dirksen/Blasche* in Kallmeyer UmwG § 220 Rn. 7.
[589] *Scheel* in Semler/Stengel UmwG § 245 Rn. 41; *Rieger* in Widmann/Mayer EL 102 UmwR § 245 UmwG Rn. 56.
[590] *Dirksen/Blasche* in Kallmeyer UmwG § 220 Rn. 7.
[591] So auch *Dirksen/Blasche* in Kallmeyer UmwG § 220 Rn. 8.
[592] *Joost* in Lutter UmwG § 220 Rn. 26.

Bei einem Formwechsel in eine Kommanditgesellschaft haften die ehemaligen 229
Kommanditaktionäre, die nun Kommanditisten der Kommanditgesellschaft werden sollen, auch dann **nicht** für Verbindlichkeiten der ehemaligen KGaA, wenn die Kommanditgesellschaft den Geschäftsbetrieb der KGaA nahtlos fortführt,[593] was den Regelfall darstellen dürfte.

Eine (vorübergehend) unbegrenzte Haftung der Kommanditisten nach § 176 230
Abs. 2 HGB wird dadurch vermieden, dass die Wirkungen des Formwechsels *uno actu* mit Eintragung des Formwechsels im Handelsregister der Kommanditgesellschaft wirksam werden.[594]

7. Besonderheiten beim Formwechsel einer eingetragenen Genossenschaft

Gegenüber den vorstehend dargestellten Regelungen zum Formwechsel einer 231
Kapitalgesellschaft in eine KGaA weichen die Bestimmungen über den Formwechsel einer eingetragenen Genossenschaft zunächst dadurch ab, dass gemäß § 258 Abs. 2 UmwG ein Formwechsel in eine KGaA nur zulässig ist, wenn jeder Genosse mindestens eine volle Aktie erhält. Dieses **Mindestbeteiligungsgebot** gilt auch für Genossen, die dem Formwechsel nicht zugestimmt oder gar widersprochen haben.[595] Vor dem Formwechsel ist gemäß § 259 UmwG eine gutachterliche Äußerung des genossenschaftlichen Prüfungsverbandes einzuholen, ob der Formwechsel mit den Belangen der Genossen vereinbar ist, insbesondere ob bei der Festsetzung des Grundkapitals die §§ 263 Abs. 2 S. 2 und 264 Abs. 1 UmwG beachtet worden sind.[596] Entgegen der Formulierung in § 263 Abs. 2 S. 1 UmwG ist wie bei anderen Ausgangsrechtsformen anerkannt, dass die Genossen einstimmig auch einen **nicht-verhältniswahrenden Formwechsel** beschließen können,[597] anderenfalls ist durch § 263 Abs. 2 S. 1 UmwG der verhältniswahrende Formwechsel ausdrücklich vorgeschrieben.

Gemäß § 267 Abs. 1 UmwG ist die Eintragung des Formwechsels einschließ- 232
lich der auf jeden der ehemaligen Genossen entfallenden Anzahl der Aktien, ggf. deren Nennbetrag sowie etwaiger Teilrechte unter Hinweis auf die Regelung des § 266 UmwG den nunmehrigen Aktionären unverzüglich in Textform mitzuteilen. Gleichzeitig sind die ehemaligen Genossen aufzufordern, die ihnen zustehen Aktien abzuholen, sofern effektive Stücke ausgegeben werden.[598]

Sofern bei der formwechselnden Genossenschaft eine Nachschußpflicht der Ge- 233
nossen bestand, besteht diese **Nachschußpflicht** fort, falls innerhalb eines Zeitraumes von zwei Jahren ab dem Tag, ab dem die Eintragung des Formwechsels als

---

[593] *Göthel* in Lutter UmwG § 234 Rn. 37.
[594] *Göthel* in Lutter UmwG § 234 Rn. 37. Hingegen besteht für die Kommanditaktionäre ein latentes Haftungsrisiko, wenn der geplante Formwechsel in eine KG fehlschlägt, weil diese mangels Gewerbebetrieb nicht als KG eintragungsfähig ist (vgl. *Göthel* in Lutter UmwG § 228 Rn. 22 f.).
[595] *Bayer* in Lutter UmwG § 258 Rn. 14.
[596] Zur Prüfung des Formwechsels durch den Prüfungsverband ausführlich *Bayer* in Lutter UmwG § 259 Rn. 3 ff.
[597] *Bonow* in Semler/Stengel UmwG § 263 Rn. 10; *Bayer* in Lutter UmwG § 263 Rn. 25.
[598] Hinsichtlich der näheren Einzelheiten der Aktienausgabe vgl. *Bayer* in Lutter UmwG § 268 Rn. 2 ff.

bekanntgemacht gilt, über das Vermögen der aus dem Formwechsel entstandenen KGaA das Insolvenzverfahren eröffnet wird. Die Nachschußpflicht trifft gemäß § 271 S. 1 UmwG auch diejenigen ehemaligen Genossen, die ihre Aktien zwischenzeitlich veräußert haben oder die dem Formwechsel widersprochen, bzw. ihre Mitgliedschaft gekündigt haben.[599]

8. Formwechsel von Körperschaften und Anstalten des öffentlichen Rechts

234   Von wachsender praktischer Bedeutung ist der Formwechsel von Körperschaften und Anstalten öffentlichen Rechts in Kapitalgesellschaften privater Rechtsform. Ein wichtiger Antrieb für diese Entwicklung ist der durch die anhaltende Finanznot der öffentlichen Hände ausgelöste Zwang zur Privatisierung. In diesem Zusammenhang ist die **Rechtsform der Kapitalgesellschaft & Co. KGaA** als Zielrechtsform für die öffentlichen Hände von besonderem Interesse, da diese Rechtsform wesentliche Vorzüge für die öffentlich-rechtlichen Anteilseigner bereithält.

235   Bei der Privatisierung öffentlich-rechtlicher Unternehmen stellt sich häufig die Gestaltungsaufgabe, einerseits den ursprünglichen öffentlich-rechtlichen Versorgungsauftrag der kommunalen Körperschaft oder Anstalt öffentlichen Rechts in einer für ein privatrechtliches Unternehmen vertretbaren Weise zu bewahren, andererseits das privatrechtliche Unternehmen für Investoren attraktiv zu gestalten. Dies geschieht regelmäßig über ein aufeinander abgestimmtes Geflecht von gesellschaftsrechtlichen Mitsprache- und Stimmrechtsregelungen sowie Zustimmungsvorbehalten, die häufig noch durch eine umfangreiche Gesellschaftervereinbarung unterlegt sind. Während derartige Vereinbarungen in der Rechtsform der GmbH sehr flexibel abgeschlossen werden können, setzt das strengere Aktienrecht hier Grenzen, welche die Aktiengesellschaft häufig als Zielrechtsform für die öffentliche Hand unattraktiv erscheinen lassen. Hier bietet die Kapitalgesellschaft & Co. KGaA gegenüber einer Aktiengesellschaft erhebliche **gesellschaftsrechtliche Gestaltungsfreiräume**.

236   Zu den wesentlichen Vorzügen der Kapitalgesellschaft & Co. KGaA gegenüber der Aktiengesellschaft zählt insbesondere die Möglichkeit, die Machtbalance zwischen der geschäftsführenden Kapitalgesellschaft, dem Aufsichtsrat und den Kommanditaktionären auf die konkreten Bedürfnisse des Einzelfalles anzupassen. Darüber hinaus ist es möglich, neben dem Aufsichtsrat weitere Kontroll- und Mitspracheorgane einzurichten,[600] welche die Mitspracherechte der öffentlichen Hand sehr effektiv auch unabhängig von Stimmrechten und kapitalmäßiger Beteiligung sichern. Dadurch wird es z.B. möglich, der öffentlichen Hand ein **Kontroll- und Mitspracherecht in Bezug auf die Erfüllung öffentlich-rechtlicher Aufgaben** auch für den Fall einer bloßen Minderheitsbeteiligung der öffentlichen Hand an dem Unternehmen privater Rechtsform zu sichern.[601] Alternativ oder kumulativ wäre denkbar, die öffentliche Hand in einem gegenüber der Beteiligung

---

[599] *Bayer* in Lutter UmwG § 271 Rn. 3.
[600] Vgl. hierzu *Perlitt* in Münch Komm AktG § 287 Rn. 81 ff.
[601] Dies kann z.B. erforderlich werden, um der Einhaltung des Demokratieprinzips zu genügen, vgl. BerlVerfGH NVwZ 2000, 794.

am Grundkapital abweichenden Verhältnis an der persönlich haftenden Kapitalgesellschaft zu beteiligen, um dadurch der öffentlichen Hand Mitspracherechte zu sichern.

Der Formwechsel von Körperschaften und Anstalten des öffentlichen Rechts ist in den §§ 301–304 UmwG nur sehr kursorisch geregelt. Die allgemeinen umwandlungsrechtlichen Vorschriften zum Formwechsel kommen gemäß § 302 Abs. 2 S. 1 UmwG gegenüber speziellen **bundes- oder landesgesetzlichen Regelungen** für den Formwechsel der Körperschaft oder Anstalt öffentlichen Rechts nur subsidiär zur Anwendung. § 301 UmwG bestimmt, dass die Umwandlung einer Körperschaft oder Anstalt des öffentlichen Rechts nur in die Zielrechtsform einer Kapitalgesellschaft zulässig ist und auch nur dann, wenn das für die Körperschaft oder Anstalt maßgebende Bundes- oder Landesrecht einen Formwechsel vorsieht oder zulässt. Ist eine solche bundes- oder landesgesetzliche Grundlage nicht vorhanden, muss diese durch Gesetzesänderung von dem zuständigen Gesetzgeber zunächst geschaffen werden. Regelmäßig wird daher ein Formwechsel einer öffentlich-rechtlichen Anstalt oder Körperschaft auf der Basis eines besonderen Formwechselgesetzes erfolgen.[602] 237

§ 302 S. 2 UmwG stellt nähere inhaltliche Anforderungen an diese nach § 301 Abs. 2 UmwG notwendige bundes- oder landesgesetzliche Grundlage. Im Falle des Formwechsels in eine KGaA muss die bundes- oder landesgesetzliche Grundlage mindestens die Art und Weise der Feststellung der Satzung, die Anteilseigner und die Personen, die den Gründern gleichstehen, bestimmen, wobei die §§ 28 und 29 AktG nicht anzuwenden sind. Gemäß § 303 Abs. 2 UmwG bedarf der Formwechsel auch der Zustimmung aller Personen, die in der KGaA die Stellung eines persönlich haftenden Gesellschafters übernehmen sollen. Dieser hat seinen Beitritt entsprechend § 221 UmwG notariell beurkunden zu lassen und muss der Satzung der KGaA zustimmen. 238

9. Beschlussphase

a) **Formwechselbeschluss.** Gemäß § 193 Abs. 1, Abs. 3 UmwG ist für den Formwechsel ein **notariell zu beurkundender Beschluss** der Anteilsinhaber des formwechselnden Rechtsträgers erforderlich, der nur in einer Versammlung der Anteilsinhaber gefasst werden kann. Sofern nach Gesetz oder Gesellschaftsvertrag für die Übertragung von Gesellschaftsanteilen des formwechselnden Rechtsträgers die Zustimmung einzelner Anteilsinhaber erforderlich ist, bedarf der Formwechselbeschluss gemäß § 193 Abs. 2 UmwG zu seiner Wirksamkeit ihrer ausdrücklichen Zustimmung. 239

In der notariellen Niederschrift über den Formwechselbeschluss sind die **Gründer** der formwechselnden Gesellschaft aufzuführen: Beim Formwechsel von Personengesellschaften in eine Kapitalgesellschaft sind im Falle einer Mehrheitsentscheidung die Gesellschafter, die für den Formwechsel gestimmt haben, in der Niederschrift über den Formwechsel namentlich zu benennen, § 217 Abs. 2 UmwG. Diese treten an die Stelle der Gründer, § 219 UmwG. Beim Formwechsel einer Kapitalgesellschaft in eine Kapitalgesellschaft anderer Rechtsform sind nach §§ 244 Abs. 1, 245 UmwG die Personen namentlich in der Niederschrift zu be- 240

---

[602] Vgl. auch *Perlitt* in Semler/Stengel UmwG § 302 Rn. 1 ff., § 301 Rn. 11.

nennen, die den Gründern gleichgestellt sind. Beim Formwechsel in eine KGaA sind neben den Gesellschaftern, die für den Formwechsel gestimmt haben, auch die beitretenden persönlich haftenden Gesellschafter namentlich als Gründer zu benennen, §§ 219, 245 Abs. 1 und 2 UmwG. Beim Formwechsel einer KGaA in eine Aktiengesellschaft müssen als Gründer nur die persönlich haftenden Gesellschafter der formwechselnden KGaA als Gründer genannt werden, § 245 Abs. 3 UmwG.[603] Bei dem Formwechsel einer KGaA in eine GmbH sind keine Gründer zu nennen,[604] da mangels Pflicht zur Erstattung eines Sachgründungsberichtes (§ 245 Abs. 4 UmwG) eine Haftung nach § 9a GmbHG ausgeschlossen ist.[605]

241   b) **Beschlussmehrheiten.** Die für den Formwechselbeschluss erforderliche Mehrheit ist von den für den formwechselnden Rechtsträgers geltenden besonderen umwandlungsrechtlichen Bestimmungen und etwaigen abweichenden Satzungsbestimmungen abhängig.[606] Danach gilt, jeweils vorbehaltlich abweichender Satzungsbestimmungen, für den Formwechsel von:

- **Personenhandelsgesellschaften** und Partnergesellschaften nach §§ 217 Abs. 1, 225c, 233 Abs. 1 UmwG: Einstimmigkeit, der Gesellschaftsvertrag kann eine Dreiviertel-Mehrheit der abgegebenen Stimmen vorsehen, allerdings keine geringere Mehrheit.
- **Kapitalgesellschaften** in die Rechtsform einer Personengesellschaft: Gemäß § 233 Abs. 1 UmwG grundsätzlich Einstimmigkeit aller Gesellschafter, bei Formwechsel in eine Kommanditgesellschaft genügt gemäß § 233 Abs. 2 UmwG bei einer GmbH eine Dreiviertel-Mehrheit der abgegebenen Stimmen, bei einer Aktiengesellschaft oder KGaA eine Dreiviertel-Mehrheit des vertretenen Grundkapitals; Inhaber von Minderheitsrechten gemäß § 50 Abs. 2 UmwG oder Inhaber besonderer Aktiengattungen gemäß § 65 Abs. 2 UmwG müssen gesondert zustimmen. Gesellschafter, die in der Kommanditgesellschaft die Stellung eines persönlich haftenden Gesellschafters erlangen sollen, müssen ausdrücklich zustimmen. Der Gesellschaftsvertrag oder die Satzung können höhere Beschlussmehrheiten vorschreiben. Beim Formwechsel einer KGaA bedarf der Formwechselbeschluss gemäß § 233 Abs. 3 UmwG der Zustimmung aller persönlich haftenden Gesellschafter. Die Satzung kann auch hier eine Mehrheitsentscheidung der persönlich haftenden Gesellschafter vorsehen.
- **Kapitalgesellschaften** in eine Kapitalgesellschaft anderer Rechtsform: Gemäß § 240 Abs. 1 UmwG ist eine Dreiviertel-Mehrheit der abgegebenen Stimmen, bei einer Aktiengesellschaft oder KGaA eine Dreiviertel-Mehrheit des vertretenen Grundkapitals erforderlich; Inhaber besonderer Aktiengattungen gemäß § 65 Abs. 2 UmwG müssen gesondert zustimmen. Der Gesellschaftsvertrag oder die Satzung können höhere Beschlussmehrheiten vorschreiben. Für den Fall des Formwechsels einer KGaA in eine Aktiengesellschaft kann die Satzung der KGaA auch eine geringere Mehrheit als die in § 240 Abs. 1 UmwG vorgeschriebene Dreiviertel-Mehrheit des vertretenen Grundkapitals vorsehen, § 240 Abs. 1

---

[603] *Dirksen/Blasche* in Kallmeyer UmwG § 244 Rn. 5; *Göthel* in Lutter UmwG § 244 Rn. 6.
[604] *Dirksen/Blasche* in Kallmeyer UmwG § 244 Rn. 6; *Göthel* in Lutter UmwG § 244 Rn. 10 f.
[605] *Stratz* in Schmitt/Hörtnagl/Stratz UmwG § 245 Rn. 5.
[606] *Zimmermann* in Kallmeyer UmwG § 193 Rn. 7.

S. 2 2. Halbsatz. Beim Formwechsel in eine KGaA müssen alle Gesellschafter, die in der KGaA die Stellung eines persönlich haftenden Gesellschafters erlangen sollen, ausdrücklich zustimmen, § 240 Abs. 2 UmwG. Beim Formwechsel einer KGaA bedarf der Formwechselbeschluss gemäß § 240 Abs. 3 UmwG der Zustimmung aller persönlich haftenden Gesellschafter. Die Satzung kann eine Mehrheitsentscheidung der persönlich haftenden Gesellschafter vorsehen.

Zusätzliche Zustimmungserfordernisse bestehen gemäß § 241 Abs. 1 UmwG für den Fall, dass bei einem Formwechsel einer GmbH in eine Aktiengesellschaft oder KGaA der Nennbetrag der Aktien auf einen höheren Mindestbetrag nach § 8 Abs. 2 oder Abs. 3 AktG und abweichend vom Nennbetrag der Geschäftsanteile des formwechselnden Rechtsträgers gestellt wird. In diesem Fall muss jeder Anteilsinhaber, der sich an der Aktiengesellschaft oder KGaA nicht entsprechend seiner Beteiligungsquote am formwechselnden Rechtsträger beteiligen kann, dem Formwechsel ausdrücklich zustimmen. Entsprechendes gilt für den Formwechsel einer Aktiengesellschaft oder KGaA in eine GmbH gemäß § 242 UmwG, soweit sich ein Aktionär aufgrund einer abweichenden Festsetzung des Nennbetrages seines Geschäftsanteils von Gesamtnennbetrag seiner Aktien nicht entsprechend an der GmbH beteiligen kann.

- **Kapitalgesellschaften** in die Rechtsform einer eingetragenen Genossenschaft: Hier bedarf es gemäß § 252 Abs. 1 UmwG der Zustimmung aller Gesellschafter, sofern das Statut der Genossenschaft eine Verpflichtung der Genossen zur Leistung von Nachschüssen vorsieht. Anderenfalls genügt gemäß § 252 Abs. 2 UmwG eine Dreiviertel-Mehrheit der abgegebenen Stimmen bzw. des vertretenen Grundkapitals; Inhaber von Minderheitsrechten gemäß § 50 Abs. 2 UmwG oder Inhaber besonderer Aktiengattungen gemäß § 65 Abs. 2 UmwG müssen gesondert zustimmen. Beim Formwechsel einer KGaA bedarf der Formwechselbeschluss gemäß §§ 252 Abs. 3, 240 Abs. 3 UmwG der Zustimmung aller persönlich haftenden Gesellschafter. Die Satzung kann eine Mehrheitsentscheidung der persönlich haftenden Gesellschafter vorsehen.
- **Genossenschaften** in die Rechtsform einer Kapitalgesellschaft: Gemäß § 262 Abs. 1 genügt eine Mehrheit von Dreiviertel der auf der Generalversammlung abgegebenen Stimmen, es sei denn, mindestens 100 Genossen, bei Genossenschaften mit weniger als 1000 Mitgliedern mindestens ein Zehntel der Genossen, hat bis zum dritten Tag vor der Generalversammlung Widerspruch gegen den Formwechsel erhoben. In diesem Fall ist gemäß § 262 Abs. 1 S. 2 UmwG eine Mehrheit von neun Zehnteln der abgegebenen Stimmen erforderlich; das Statut kann größere Mehrheiten und weitere Erfordernisse bestimmen. Beim Formwechsel in eine KGaA müssen alle Gesellschafter, die in der KGaA die Stellung eines persönlich haftenden Gesellschafters erlangen sollen, ausdrücklich zustimmen, §§ 262 Abs. 2, 240 Abs. 2 UmwG.
- **Eingetragene Vereine** in die Rechtsform einer Kapitalgesellschaft: Die Regelung des § 275 UmwG entspricht der Regelung zur Genossenschaft.
- **Körperschaften und Anstalten öffentlichen Rechts**: Hier geht gemäß § 302 UmwG regelmäßig spezialgesetzliches Landesrecht dem Umwandlungsrecht vor.

c) Besondere Zustimmungspflichten. Der Formwechsel bedarf der Zustimmung aller Gesellschafter oder Aktionäre, die in der neuen KGaA die Stellung eines persönlich haftenden Gesellschafters haben sollen, § 233 Abs. 2 S. 3 UmwG. Bei einem nicht-verhältniswahrenden Formwechsel bedarf der Formwechselbeschluss in jedem Fall der Zustimmung aller von der Quotenverschiebung Betroffenen.[607]

243   In der Hauptversammlung nicht erschienene Kommanditaktionäre können einem Formwechselbeschluss in die Rechtsform einer Gesellschaft bürgerlichen Rechts, Partnerschaftsgesellschaft oder einer OHG auch außerhalb der Hauptversammlung in notariell beurkundeter Form zustimmen, § 193 Abs. 3 S. 1 i. V. m. § 233 Abs. 1 2. HS UmwG.

244   Dem Formwechselbeschluss müssen **alle persönlich haftenden Gesellschafter**, gleich ob geschäftsführungsbefugt oder nicht, in notariell beurkundeter Form zustimmen, § 233 Abs. 3 S. 1 UmwG. Dieses Zustimmungserfordernis besteht auch dann, wenn der persönlich haftende Gesellschafter im Rechtsträger neuer Rechtsform nicht mehr persönlich haften wird, sondern die Stellung eines Kommanditisten übernimmt.[608] Die Zustimmung kann vor oder nach[609] der Hauptversammlung der Kommanditaktionäre, gemeinsam oder einzeln erfolgen. Die Satzung der KGaA kann eine Mehrheitsentscheidung der persönlich haftenden Gesellschafter vorsehen, § 233 Abs. 3 S. 2 UmwG. Den persönlich haftenden Gesellschaftern steht das Recht zu, anlässlich des Formwechsels ihren **Austritt aus der KGaA** mit Wirkung auf das Wirksamwerden des Formwechsels zu **erklären**, § 233 Abs. 3 S. 3 UmwG. Die Austrittserklärung nach § 233 Abs. 3 S. 3 macht jedoch die Zustimmungserklärung nach § 233 Abs. 3 S. 1 UmwG nicht entbehrlich.[610] Haben die persönlich haftenden Gesellschafter hingegen in ihrer Eigenschaft als Kommanditaktionäre gegen den Formwechsel gestimmt, beispielsweise um sich ihren Anspruch auf Barabfindung als Kommanditaktionär zu erhalten, sind sie nicht gehindert, in ihrer Eigenschaft als persönlich haftende Gesellschafter für den Formwechsel zu stimmen.[611]

245   **d) Beschlussmängel.** Neben den allgemein für Beschlussmängel der formwechselnden AG oder KGaA geltenden Vorschriften gelten zusätzlich folgende Besonderheiten: Eine Klage gegen den Formwechselbeschluss kann gemäß § 210 UmwG nicht darauf gestützt werden, dass die gemäß § 207 UmwG angebotene **Barabfindung zu niedrig bemessen** oder im Formwechselbeschluss nicht oder nicht ordnungsgemäß angeboten worden sei. Die Kommanditaktionäre sind auf die Geltendmachung ihrer Ansprüche im **Spruchverfahren** verwiesen.[612] Nicht erfasst werden von § 210 UmwG hingegen Klagen, die sich gegen die Festsetzung einer zu hohen Barabfindung richten.[613]

---

[607] *Ihrig* in Semler/Stengel UmwG § 234 Rn. 8; *Dirksen/Blasche* in Kallmeyer UmwG § 234 Rn. 4.
[608] *Sparfeld* in BeckOK § 233 Rn. 45; *Dirksen/Blasche* in Kallmeyer UmwG § 233 Rn. 12.
[609] *Ihrig* in Semler/Stengel UmwG § 233 Rn. 35; *Stratz* in Schmitt/Hörtnagl/Stratz UmwG § 233 Rn. 6.
[610] *Vossius* in Widmann/Mayer EL 102 UmwG § 233 Rn. 119 f.; *Ihrig* in Semler/Stengel UmwG § 233 Rn. 39.
[611] *Ihrig* in Semler/Stengel UmwG § 233 Rn. 36; *Göthel* in Lutter UmwG § 233 Rn. 76.
[612] BGH DB 2001, 319 – MEZ; BGH DB 2001, 471 – Aqua Butzke; *Decher* in Lutter UmwG § 210 Rn. 3.
[613] Vgl. zu diesem Sonderfall *Decher/Hoger* in Lutter UmwG § 210 Rn. 5.

Umwandlungsbeschlüsse, bei denen eine nach § 233 UmwG erforderliche Zu- 246
stimmung fehlt, sind nichtig.[614] Mängel, die zur Nichtigkeit des Formwechselbeschlusses führen und nicht auf Einberufungsmängeln beruhen, können bis zur
Eintragung des Formwechsels durch Klage geltend gemacht werden.[615]

Im Übrigen gelten die gleichen Grundsätze wie bei Mängeln der Verschmel- 247
zung: Mängel der notariellen Beurkundung des Formwechselbeschlusses oder der
Zustimmungs- oder Verzichtserklärungen einzelner Anteilsinhaber werden gemäß
§ 202 Abs. 1 Nr. 3 UmwG mit Eintragung des Formwechsels geheilt.

10. Umsetzungsphase

a) Handelsregisteranmeldung. Die Anmeldung des Formwechsels einer Per- 248
sonengesellschaft **in eine KGaA** haben gemäß § 222 Abs. 1, Abs. 2 UmwG alle
persönlich haftenden Gesellschafter, alle Mitglieder des Aufsichtsrates und alle
Personen, die als Gründer der KGaA gelten, mithin auch alle Gesellschafter des
formwechselnden Rechtsträgers, die für den Formwechsel gestimmt haben, vorzunehmen. Eine Vertretung bei der Anmeldung ist nicht möglich.[616] Im Falle des
Formwechsels einer Kapitalgesellschaft anderer Rechtsform in eine KGaA hat die
Anmeldung durch das Vertretungsorgan der formwechselnden Gesellschaft zu er-
folgen, § 246 Abs. 1 UmwG. Weiterhin sind im Zusammenhang mit dem Form-
wechsel in eine KGaA die persönlich haftenden Gesellschafter anzumelden, § 246
Abs. 2 UmwG; darüber hinaus sind die Versicherungen der persönlich haftenden
Gesellschafter nach §§ 283 Nr. 1, 37 Abs. 1 und 2 AktG abzugeben.[617] Im Falle des
Formwechsels **aus einer KGaA** in eine Personengesellschaft hat die Anmeldung
durch das Vertretungsorgan der formwechselnden KGaA zu erfolgen, § 235 Abs. 2
UmwG; dasselbe gilt im Falle des Formwechsels einer KGaA in eine Kapitalgesell-
schaft anderer Rechtsform, § 246 Abs. 1 UmwG.

Als **Anlagen** sind der Anmeldung die in §§ 223, 199 UmwG bezeichneten Un- 249
terlagen beizufügen, namentlich:
- der notariell beurkundete Formwechselbeschluss in Ur- oder Abschrift
- die etwa nach dem Umwandlungsgesetz erforderlichen Zustimmungserklärungen einzelner Anteilsinhaber, insbesondere der persönlich haftenden Gesellschafter
- der Umwandlungsbericht oder die notariell beurkundeten Erklärungen auf den
  Verzicht eines Umwandlungsberichtes
- der Nachweis über die fristgerechte Zuleitung des Formwechselbeschlusses an
  den zuständigen Betriebsrat
- die Beitrittsurkunden aller beigetretenen persönlich haftenden Gesellschafter in
  Ausfertigung oder öffentlich beglaubigter Abschrift
- die Genehmigung der Satzung durch die persönlich haftenden Gesellschafter
- die Satzung der KGaA

---

[614] *Ihrig* in Semler/Stengel UmwG § 233 Rn. 41; *Sparfeld* in BeckOK § 233 Rn. 51; *Dir-
ken/Blasche* in Kallmeyer UmwG § 233 Rn. 17.
[615] *Göthel* in Lutter UmwG § 233 Rn. 85.
[616] *Schlitt* in Semler/Stengel UmwG § 222 Rn. 21 i. V. m. Rn. 18; *Joost* in Lutter UmwG
§ 222 Rn. 2.
[617] *Decher/Hoger* in Lutter UmwG § 198 Rn. 17.

- die Urkunde über die Bestellung des Aufsichtsrates
- der Gründungsbericht der Gründer, Gründungsprüfungsbericht der persönlich haftenden Gesellschafter und des Aufsichtsrates
- der Gründungsprüfbericht des Gründungsprüfers
- etwaiger Sacheinlagenprüfbericht.[618]

250 Die Anmeldung ist grundsätzlich gegenüber dem für den formwechselnden Rechtsträger örtlich und sachlich zuständigen Register vorzunehmen, § 198 Abs. 1 UmwG. Die Vorschrift gilt insbesondere in Fällen, in denen eine im Register eingetragene Personengesellschaft in eine Kapitalgesellschaft formgewechselt wird sowie im umgekehrten Fall und im Falle des Formwechsels einer Kapitalgesellschaft in eine Kapitalgesellschaft anderer Rechtsform.[619] Sollte sich durch den Formwechsel die Art des für den Rechtsträger maßgebenden Registers ändern oder durch eine mit dem Formwechsel verbundene Sitzverlegung die Zuständigkeit eines anderen Registergerichts begründet werden, ist der Rechtsträger neuer Rechtsform bei dem für diese neue Rechtsform zuständigen Registergericht anzumelden, § 198 Abs. 2 S. 2 UmwG. In diesem Falle ist der Formwechsel auch zur Eintragung in das Register anzumelden, in dem der formwechselnde Rechtsträger eingetragen ist, § 198 Abs. 2 S. 3 UmwG.

251 **b) Eintragung des Formwechsel.** Mit Eintragung des Formwechsels treten folgende Wirkungen ein:
- Der formwechselnde Rechtsträger besteht unter **Wahrung seiner Identität** in der im Formwechselbeschluss bestimmten neuen Rechtsform weiter, § 202 Abs. 1 Ziff. 1 UmwG.
- Das Stammkapital einer formwechselnden GmbH wird zum Grundkapital der KGaA und umgekehrt, vgl. § 247 Abs. 1 UmwG.
- Die **Anteilsinhaber** des formwechselnden Rechtsträgers sind am Rechtsträger nach den für die neue Rechtsform geltenden Vorschriften beteiligt, § 202 Abs. 1 Ziff. 2 S. 1 UmwG; beim Formwechsel einer KGaA in eine Aktiengesellschaft oder GmbH oder Genossenschaft scheiden die persönlich haftenden Gesellschafter (als solche) der KGaA aus, § 247 Abs. 2 UmwG und § 255 Abs. 3 UmwG; gleiches gilt gemäß § 236 UmwG beim Formwechsel einer KGaA in eine Personengesellschaft für diejenigen persönlich haftenden Gesellschafter, die ihren Austritt aus der Gesellschaft gemäß § 233 Abs. 3 S. 3 UmwG erklärt haben.
- **Rechte Dritter** an den Anteilen oder Mitgliedschaften des formwechselnden Rechtsträgers bestehen an den Anteilen oder Mitgliedschaften des Rechtsträgers neuer Rechtsform weiter, § 202 Abs. 1 Ziff. 2 S. 2 UmwG.
- **Mängel** der notariellen Beurkundung des Formwechselbeschlusses oder der Zustimmungs- oder Verzichtserklärungen einzelner Anteilsinhaber **werden geheilt**, § 202 Abs. 1 Ziff. 3 UmwG.
- Sonstige Mängel des Formwechsels werden geheilt, § 202 Abs. 3 UmwG.
Nicht von der Heilungswirkung erfasst sind jedoch Mängel anderer Beschlüsse, wie beispielsweise solche der Kapitalherabsetzung oder Kapitalerhöhung.[620]

---

[618] Vgl. *Schwanna* in Semler/Stengel UmwG § 199 Rn. 8.
[619] *Schwanna* in Semler/Stengel UmwG § 198 Rn. 2.
[620] *Meister/Klöcker* in Kallmeyer UmwG, § 202 Rn. 58; *Decher/Hoger* in Lutter UmwG § 202 Rn. 50.

Der Formwechsel hat anders als die anderen Umwandlungsarten keinen Vermögensübergang zur Folge, da der Rechtsträger identisch bleibt und lediglich sein „Rechtskleid" wechselt.[621] Damit bleiben auch grundsätzlich die Rechts- und Vermögensverhältnisse des formwechselnden Rechtsträgers vom Formwechsel unberührt. Gläubiger können jedoch gemäß §§ 204, 22 UmwG Sicherheitsleistung verlangen, sofern sie glaubhaft machen können, dass der Formwechsel ihre Forderung gefährde.[622]

252

Der Formwechsel zwischen Kapitalgesellschaften basiert nach § 247 Abs. 1 UmwG auf dem Grundsatz der Identität von Stammkapital und Grundkapital. Hier kommt wiederum die Vorstellung des Gesetzes zum Ausdruck, dass durch den Formwechsel nicht eine neue Gesellschaft entsteht, sondern die bisherige Gesellschaft in neuer Rechtsform fortgesetzt wird.[623] Dementsprechend sind Kapitalveränderungen anlässlich des Formwechsels gesetzlich zwar nicht vorgesehen, aber möglich; beim Formwechsel einer GmbH in eine AG oder KGaA ist eine Kapitalerhöhung sogar erforderlich, sofern die formwechselnde GmbH nicht mit dem Mindestgrundkapital einer AG/KGaA ausgestattet war.[624] Hinsichtlich der Identität des Nennkapitals enthält § 247 Abs. 1 UmwG keine Regelung für den Formwechsel einer AG in eine KGaA oder umgekehrt. Das dürfte aber nur damit begründet werden, dass hier hinsichtlich des Nennkapitals keine begriffliche Änderung eintritt.[625]

253

c) Nachhaftung. Beim **Formwechsel einer Personengesellschaft in eine KGaA** haften alle Gesellschafter, die in der Personengesellschaft die Rechtsstellung eines persönlich haftenden Gesellschafters innehatten, für die im Zeitpunkt des Formwechsels bestehenden Verbindlichkeiten des formwechselnden Rechtsträgers gemäß § 224 Abs. 1 UmwG weiter. Ansprüche gegen die ehemaligen persönlich haftenden Gesellschafter des formwechselnden Rechtsträgers können nur geltend gemacht werden, wenn sie innerhalb von **fünf Jahren** seit dem Tag, an dem der Formwechsel im Handelsregister des formwechselnden Rechtsträgers als bekanntgemacht gilt, fällig geworden und in einer dem § 197 Abs. 1 Nr. 3 bis 5 BGB bezeichneten Art festgestellt worden sind oder eine gerichtliche oder behördliche Vollstreckungsmaßnahme vorgenommen oder beantragt worden ist, § 224 Abs. 2 UmwG. Bei Ansprüchen öffentlich-rechtlicher Anspruchsinhaber genügt der Erlass eines Verwaltungsaktes. Bei der Regelung des § 224 UmwG handelt es sich nicht um eine Verjährungs-, sondern um eine Ausschlußbestimmung.[626]

254

Die im Zuge des Formwechsels neu beigetretenen persönlich haftenden Gesellschafter haften für die im Zeitpunkt ihres Beitritts, d.h. im Zeitpunkt des Wirksamwerdens des Formwechsels, bestehenden Verbindlichkeiten gemäß §§ 130, 128 HGB.

255

Die KGaA haftet für die Verbindlichkeiten des formwechselnden Rechtsträgers aufgrund des Identitätsgrundsatzes,[627] da der haftende Rechtsträger lediglich sei-

256

---

[621] *Meister/Klöcker* in Kallmeyer UmwG § 202 Rn. 13.
[622] Ausführlich *Meister/Klöcker* in Kallmeyer UmwG § 204 Rn. 6; *Decher/Hoger* in Lutter UmwG § 204 Rn. 12–16.
[623] *Dirksen* in Kallmeyer UmwG, § 247 Rn. 2.
[624] *Göthel* in Lutter UmwG § 247 Rn. 7.
[625] Vgl. *Scheel* in Semler/Stengel UmwG § 247 Rn. 2.
[626] *Dirksen/Blasche* in Kallmeyer UmwG § 224 Rn. 11.
[627] *Schlitt* in Semler/Stengel § 224 Rn. 37.

ne Rechtsform, nicht aber seine Stellung als Inhaber von Rechten und Pflichten ändert.

257   Kommt es zu einer Haftungsinanspruchnahme für derartige Altverbindlichkeiten, so hat der in Anspruch genommene persönlich haftende Gesellschafter gegen die KGaA einen Ausgleichsanspruch gemäß § 110 HGB.[628]

258   Beim **Formwechsel aus der KGaA** scheiden mit Wirksamwerden des Formwechsels einer KGaA durch Eintragung im Handelsregister deren persönlich haftende Gesellschafter regelmäßig als solche aus der Gesellschaft aus.[629] Dieses Ausscheiden lässt ihre Haftung für die bis zum Zeitpunkt des Wirksamwerdens des Formwechsels entstandenen Verbindlichkeiten, die vor Ablauf von **fünf Jahren** fällig[630] und gegen die persönlich haftenden Gesellschafter geltend gemacht werden,[631] gemäß § 224 Abs. 1, Abs. 2 UmwG unberührt.

259   d) **Abwicklung des Formwechsels.** § 248 UmwG enthält verschiedene Vorgaben hinsichtlich der Abwicklung eines im Rahmen des Formwechsels von Kapitalgesellschaften erforderlich werdenden **„Umtausches" von Geschäftsanteilen und Aktien**. Beim Formwechsel in oder aus einer GmbH kann ein „Umtausch" von Anteilen im strengen Wortsinn nicht stattfinden, da die Geschäftsanteile der GmbH nicht verbrieft sind und verbriefte Geschäftsanteile nicht mit Aktienurkunden vergleichbar sind.[632] Das Gesetz beschreibt mit diesem Begriff den Vorgang der Zuteilung und Ausgabe von Kommanditaktien gegen Nachweis der Mitgliedschaft.[633]

Für den Umtausch greift § 248 UmwG auf die §§ 73, 226 AktG zurück, wobei diese Vorschriften für den „Umtausch" von GmbH-Geschäftsanteilen in Kommanditaktien entsprechend anzuwenden sind, § 248 Abs. 1 UmwG. Die KGaA kann[634] gemäß § 73 Abs. 3 die Kommanditaktionäre auffordern,[635] die Aktien bei der Gesellschaft in Empfang zu nehmen; dabei ist auf die Möglichkeit hinzuweisen, die nicht abgeholten Aktien nach Fristablauf bei dem für die Gesellschaft zuständigen Gericht gemäß den §§ 372 ff. BGB zu hinterlegen.[636]

260   Sind ausnahmsweise GmbH-Geschäftsanteile verbrieft worden, kann die KGaA ein Verfahren zur Kraftloserklärung gemäß §§ 73, 64 Abs. 2 AktG durchführen.[637] Dieses Verfahren muss stattfinden bei einem Formwechsel aus der KGaA in eine GmbH für alle Kommanditaktien, die nicht bei der Gesellschaft zur Vernichtung eingereicht werden.[638]

---

[628] *Joost* in Lutter UmwG § 224 Rn. 36; *Schlitt* in Semler/Stengel § 224 Rn. 38.
[629] Vgl. oben § 11 Rn. 249.
[630] *Schlitt* in Semler/Stengel UmwG § 224 Rn. 17; *Dirksen/Blasche* in Kallmeyer UmwG § 224 Rn. 12.
[631] *Dirksen/Blasche* in Kallmeyer UmwG § 224 Rn. 13 f.
[632] *Scheel* in Semler/Stengel UmwG § 248 Rn. 1, 23; *Göthel* in Lutter UmwG § 248 Rn. 3, 20.
[633] *Göthel* in Lutter UmwG § 248 Rn. 4.
[634] Eine Verpflichtung der Gesellschaft hierzu besteht nicht, vgl. *Göthel* in Lutter UmwG § 248 Rn. 4.
[635] Zu den näheren Einzelheiten der Aufforderung vgl. *Göthel* in Lutter UmwG § 248 Rn. 5 ff.
[636] *Göthel* in Lutter UmwG § 248 Rn. 6.
[637] *Göthel* in Lutter UmwG § 248 Rn. 9 ff.
[638] *Scheel* in Semler/Stengel UmwG § 248 Rn. 29; *Göthel* in Lutter UmwG § 248 Rn. 22.

Von praktischer Bedeutung ist die Zusammenlegung von **nicht beteiligungs-** **261**
fähigen Spitzen. Diese Situation ergibt sich beim Formwechsel aus der GmbH in
die AG/KGaA dann, wenn einzelne Gesellschafter der formwechselnden GmbH
sich nicht im Gesamtnennbetrag ihrer Geschäftsanteile an der AG/KGaA beteiligen können.[639] Diese Spitzen sind zu neuen Aktien zusammenzulegen und nach
§ 248 Abs. 1 UmwG in entsprechender Anwendung des § 226 Abs. 3 AktG öffentlich zu versteigern; der Erlös ist an die Berechtigten auszuzahlen.[640]

Ein vergleichbarer Fall kann sich ergeben beim Formwechsel aus der AG/KGaA
in die GmbH.[641] Hier ergibt sich diese Situation dann, wenn das Grundkapital in
Aktien mit einem entsprechenden Anteil am Grundkapital von Euro 1,– zerlegt
war und Kommanditaktionäre über Aktienbestände verfügen, die nicht die Mindestgeschäftsanteilsgröße gemäß § 243 Abs. 3 S. 2 UmwG erreichen.[642] Da § 248
Abs. 2 UmwG nicht auf § 226 Abs. 3 AktG verweist, kommt eine öffentliche Versteigerung dieser Spitzen nicht in Betracht.[643] Hier bedarf es einer Regelung der
betroffenen Gesellschafter, wie mit diesen Spitzen zu verfahren ist.[644]

F. Umwandlungen außerhalb des Umwandlungsgesetzes

I. Zulässigkeit

Das Umwandlungsgesetz schließt Gestaltungen, die rechtlich und wirtschaftlich **262**
den Umwandlungsarten des Umwandlungsgesetzes entsprechen, nicht aus. Hier
sollen nur die wesentlichen Möglichkeiten kursorisch dargestellt werden.[645]

II. Der Verschmelzung gleichkommende Vorgänge

1. Anwachsungsmodelle

Ein der Verschmelzung gleichkommender wirtschaftlicher Effekt kann bei Per- **263**
sonengesellschaften durch die sogenannte Anwachsung nach § 738 BGB erreicht
werden. Bei dieser Gestaltung wird die gesetzliche Folge genutzt, dass mit Ausscheiden des vorletzten Gesellschafters einer Personengesellschaft deren Vermögen
dem verbleibenden Gesellschafter zufällt. Dies bedeutet, dass eine Verschmelzung
einer Personengesellschaft auf eine KGaA auch dadurch erreicht werden kann, dass
alle Gesellschafter der Personengesellschaft mit Ausnahme der KGaA ihre Gesell-

---

[639] *Göthel* in Lutter UmwG § 248 Rn. 12; *Stratz* in Schmitt/Hörtnagl/Stratz UmwG
§ 248 UmwG Rn. 5.
[640] Näher zu den Modalitäten der Versteigerung *Göthel* in Lutter UmwG § 248 Rn. 12 ff.
[641] *Göthel* in Lutter UmwG § 248 Rn. 27 ff.
[642] *Göthel* in Lutter UmwG § 248 Rn. 29.
[643] *Stratz* in Schmitt/Hörtnagl/Stratz UmwG § 248 UmwG Rn. 6; *Scheel* in Semler/
Stengel UmwG § 248 Rn. 31.
[644] Vgl. *Scheel* in Semler/Stengel UmwG § 248 Rn. 31; *Göthel* in Lutter UmwG § 248
Rn. 29; *Stratz* in Schmitt/Hörtnagl/Stratz UmwG § 248 UmwG Rn. 9 f.
[645] Vgl. ausführlich etwa *K. Schmidt*, Gesellschaftsrecht § 12 I 4, 5 (S. 335 ff.) m. w. N.

schaftsanteile auf die KGaA übertragen, so dass diese als letzter und alleiniger Gesellschafter der Personengesellschaft verbleibt. Diese Übertragung kann im Wege einer Sachkapitalerhöhung bei der KGaA erfolgen, auf Seiten der persönlich haftenden Gesellschafter der KGaA ist es auch denkbar – soweit in der Satzung vorgesehen und zugelassen –, ihren Gesellschaftsanteil in der Personengesellschaft als Vermögenseinlage oder als Sondereinlage i. S. d. § 281 Abs. 2 AktG in die KGaA einzubringen. Mit dinglicher Wirksamkeit der letzten Übertragung auf die KGaA erlischt die Personengesellschaft automatisch, ihr Vermögen geht im Wege der Gesamtrechtsnachfolge auf die KGaA als verbleibenden Gesellschafter über.

2. Holdingmodelle

264 Sofern der mit einer Verschmelzung verbundene Übergang des gesamten Vermögens eines Unternehmens nicht gewünscht ist, kommt als weitere Gestaltung in Betracht, Unternehmensteile der KGaA im Wege der Sachgründung oder Sacheinlage in eine Tochtergesellschaft einzubringen, an der Dritte beteiligt sind oder sich beteiligen. Auf diese Weise läßt sich wirtschaftlich eine „Verschmelzung" von Teilen des Unternehmens der KGaA erreichen.[646] Bei derartigen Gestaltungen ist zu prüfen, inwieweit die persönlich haftenden Gesellschafter die Zustimmung der Hauptversammlung der KGaA benötigen.[647]

3. Eingliederung und Squeeze-Out

265 Durch Eingliederung nach §§ 319 ff. AktG lassen sich grundsätzlich die Wirkungen erzielen, die wirtschaftlich einer Verschmelzung gleich kommen.[648] Eine Eingliederung nach den §§ 319 ff. AktG scheidet für die KGaA jedoch aus, da diese nach bisher einhelliger Ansicht nicht eingliederungsfähiger oder eingliedernder Rechtsträger sein kann.[649] Nach § 319 Abs. 1 S. 1 AktG setzt die Eingliederung voraus, dass die einzugliedernde Gesellschafts die Rechtsform einer AG hat; dem steht die SE gleich.[650] Die Eingliederung einer KGaA wäre unvereinbar mit § 278 Abs. 2 AktG und der persönlichen Haftung des persönlich haftenden Gesellschafters.[651]

266 Hingegen ist die Anwendung der §§ 327a ff. AktG betreffend den Ausschluss von Minderheitsaktionären ausdrücklich auch für die KGaA vorgesehen. Gemäß § 327a Abs. 1 S. 2 AktG ist der Ausschluss auch ohne Zustimmung der persönlich haftenden Gesellschafter möglich. Zum verschmelzungsrechtlichen Squeeze-out vgl. die Ausführungen zur Verschmelzung.[652]

---

[646] Vgl. *Stengel* in Semler/Stengel UmwG § 2 Rn. 53 f.
[647] *Stengel* in Semler/Stengel UmwG § 2 Rn. 54.
[648] *Stengel* in Semler/Stengel UmwG § 2 Rn. 44.
[649] Hüffer/*Koch* § 319 Rn. 4 m. w. N.; Ausführlich hierzu siehe unter § 12 Rn. 37.
[650] *Habersack* in Emmerich/Habersack Aktien- und GmbH-Konzernrecht § 319 AktG Rn. 5; Hüffer/*Koch* § 319 Rn. 4.
[651] *Habersack* in Emmerich/Habersack Aktien- und GmbH-Konzernrecht § 319 AktG Rn. 5; anderes soll nach *Habersack* für den Fall gelten, dass die KGaA ausschließlich über juristische Personen als persönlich haftende Gesellschafter verfügt, vgl. *Habersack* in Emmerich/Habersack Aktien- und GmbH-Konzernrecht § 319 AktG Rn. 5.
[652] Vgl. oben § 11 Rn. 43.

III. Der Spaltung gleichkommende Vorgänge

1. Übertragung des gesamten Geschäftsvermögens der KGaA oder wesentlicher Teile

Als Alternative zur Ausgliederung gemäß § 123 Abs. 3 UmwG kommt für eine KGaA auch eine Übertragung ihres gesamten[653] Geschäftsvermögens gemäß § 179a AktG in Betracht. Im Unterschied zur Ausgliederung umfasst die Übertragung nach § 179a AktG aber zum einen das gesamte Geschäftsvermögen der KGaA und erfolgt nicht im Wege der Gesamtrechtsnachfolge, sondern im Wege der Einzelrechtsnachfolge.[654] Zum anderen muss die der KGaA zufließende Gegenleistung, anders als bei der Ausgliederung, nicht zwingend in Gesellschaftsanteilen am übernehmenden Rechtsträger bestehen, denkbar ist jede Form der Gegenleistung.[655]

267

Die Übertragung des gesamten Geschäftsvermögens der KGaA nach § 179a AktG bedarf der Zustimmung der Hauptversammlung und zwar mit der satzungsändernden Mehrheit des § 179 Abs. 2 AktG von drei Vierteln des bei der Beschlussfassung vertretenen Grundkapitals sowie der einfachen Mehrheit des § 133 Abs. 1 AktG,[656] wie auch umgekehrt ein entsprechender Beschluss der Hauptversammlung nur mit Zustimmung der persönlich haftenden Gesellschafter wirksam wird.[657]

268

2. Übertragende Auflösung der KGaA gemäß § 179a Abs. 3 AktG

Gemäß § 179a Abs. 3 AktG ist es möglich, anlässlich der Übertragung des gesamten Geschäftsbetriebes der KGaA auch deren Auflösung und Abwicklung zu beschließen.[658] Denkbar ist auch, den Zustimmungsbeschluss zur Übertragung nach dem Auflösungsbeschluss zu fassen.[659] Diese Gestaltung kommt wiederum einer Aufspaltung der KGaA gemäß § 123 Abs. 1 UmwG nahe, allerdings mit dem Unterschied, dass die Vermögensübertragung nach § 179a Abs. 1 AktG auf lediglich einen übernehmenden Rechtsträger erfolgen kann und die Gegenleistung in das Vermögen der KGaA zu leisten ist, wo sie im Zuge der Abwicklung an die Kommanditaktionäre der KGaA auszukehren ist.[660]

269

Auch bei dieser Gestaltung ist den Kommanditaktionären eine Abfindung in Höhe des vollen Werts ihrer Beteiligung anzubieten.[661]

---

[653] Das Zurückbehalten unwesentlicher, d.h. für die Erreichung des Unternehmenszweckes nicht erforderlicher Vermögensgegenstände ist unschädlich, vgl. Hüffer/Koch § 179a Rn. 5.
[654] Marsch-Barner in Kallmeyer UmwG, § 2 Rn. 15; Hüffer/Koch § 179a Rn. 18.
[655] Hüffer/Koch § 179a Rn. 17.
[656] Hüffer/Koch § 179a Rn. 11; Perlitt in Münch Komm AktG Vor § 278 Rn. 95.
[657] Semler/Perlitt in Münch Komm AktG Vor § 278 Rn. 95; Hüffer/Koch § 179a Rn. 22.
[658] Hüffer/Koch § 179a Rn. 20.
[659] Hüffer/Koch § 179a Rn. 24.
[660] Hüffer/Koch § 179a Rn. 21.
[661] BVerfG ZIP 2001 – Motometer.

G. Spruchverfahren

I. Vorbemerkung und Verfahrenszweck

270 Bestimmte Strukturmaßnahmen sehen vor, dass die hiervon betroffenen Anteilsinhaber als Kompensation für den Eingriff entweder mit anderen Anteilsrechten oder einem Barbetrag abgefunden werden. Begehrt der hiervon betroffene Anteilsinhaber Rechtsschutz gegen die Strukturmaßnahme als solche, so muss er den der Strukturmaßnahme zugrundeliegenden Beschluss der Anteilsinhaber anfechten. Das Spruchverfahren dient im Unterschied hierzu – lediglich – der **Überprüfung der Angemessenheit der angebotenen Kompensation** infolge der Strukturmaßnahme.[662]

271 Das Spruchverfahren dient somit dazu, Meinungsverschiedenheiten über die Höhe der Kompensation einem gesonderten Verfahren zu unterwerfen. Streitigkeiten über die Höhe der Kompensation sollen nicht die Wirksamkeit der Strukturmaßnahme in Frage stellen; das Spruchverfahren kann aus diesem Grunde erst mit Wirksamkeit der Strukturmaßnahme eingeleitet werden.

272 Das Spruchverfahren ist ein **Verfahren der freiwilligen Gerichtsbarkeit**.[663] Es bündelt die Ansprüche aller von der Strukturmaßnahme betroffenen Anteilsinhaber in einem Verfahren und dient der Konzentration und damit sowohl der Vereinfachung als auch der Effektivierung des Rechtsschutzes. Durch ein Spruchverfahren kann der Abfindungsanspruch der betroffenen Anteilsinhaber nur verbessert, nicht jedoch verschlechtert werden. Eine Erhöhung des Kompensationsanspruchs kommt allen Anteilsinhabern zu Gute und gewährleistet hierdurch die Gleichbehandlung der Anteilsinhaber.

273 Während die gerichtliche Überprüfung von Strukturmaßnahmen als solcher nach den Änderungen des Beschlussmängelrechts durch das UMAG und insbesondere das ARUG in den letzten Jahren einen Rückgang zu verzeichnen hat, lässt sich bei Spruchverfahren eine wachsende Anzahl von Verfahrensbeteiligten festzustellen. Dies ist nicht zuletzt eine Folge der Kostenregelung im Spruchverfahren. Nach § 15 SpruchG trägt im Regelfall der Antragsgegner die Kosten unter Einschluss auch der außergerichtlichen Kosten der Antragsteller.

II. Gesetzliche Grundlage

274 Die Durchführung eines Spruchverfahrens zur gerichtlichen Überprüfung des Kompensationsanspruchs ist regelmäßig in den materiellen Regelungen der entsprechenden Strukturmaßnahme angeordnet.[664] In dem am 1.9.2003 in Kraft getretenen **Spruchverfahrensgesetz** sind die **verfahrensmäßigen Regelungen**

---

[662] *Drescher* in Spindler/Stilz AktG § 1 SpruchG Rn. 1; *Riegger/Gayk* in Kölner Komm AktG Einl. SpruchG Rn. 1.
[663] *Drescher* in Spindler/Stilz AktG § 1 SpruchG Rn. 2; *Riegger/Gayk* in Kölner Komm AktG Einl. SpruchG Rn. 1.
[664] zB § 305 Abs. 5 AktG, § 327 f. AktG, §§ 15, 196, 207, 212 UmwG.

zusammengefasst. Sofern das Spruchverfahrensgesetz keine Regelung enthält, finden die Vorschriften des Gesetzgebers über das Verfahren in Familiensachen und in Angelegenheiten der freiwilligen Gerichtsbarkeit (FamFG) Anwendung, § 17 Abs. 1 SpruchG. In Einzelfragen wird zudem auf die ZPO verwiesen.[665]

III. Anwendungsbereich

1. Ausdrücklich aufgeführter Anwendungsbereich

§ 1 SpruchG fasst die in den einzelnen materiellen Regelungen der Strukturmaßnahmen vorgesehene Durchführung des Spruchverfahrens zusammen. Danach ist in folgenden Fällen die Durchführung eines Spruchverfahrens vorgesehen:
- Zur Überprüfung vom Ausgleichs- und Abfindungsanspruch der außenstehenden Aktionäre bei Beherrschungs- und Gewinnabführungsverträgen.[666]
- Zur Überprüfung des Abfindungsanspruchs ausgeschiedener Aktionäre bei der Eingliederung.[667]
- Zur Überprüfung des Barabfindungsanspruchs von Minderheitsaktionären im Falle eines Squeeze-outs.[668]
- Zur Überprüfung von Zuzahlungs-, oder Barabfindungsansprüchen im Falle einer Umwandlung.[669]
- Zur Überprüfung von Zuzahlungs- oder Barabfindungsansprüchen von Anteilsinhabern bei der Gründung oder Sitzverlegung einer SE.[670]
- Zur Überprüfung von Zuzahlungsansprüchen an Mitglieder bei der Gründung einer Europäischen Genossenschaft.[671]

275

2. Weitergehender Anwendungsbereich

Nach einhelliger Auffassung bestimmt der in § 1 SpruchG aufgeführte Katalog den Anwendungsbereich des Spruchverfahrens nicht abschließend.[672] Umstritten ist dagegen, in welchen zusätzlichen Fällen ein Spruchverfahren de lege lata durchzuführen ist bzw. de lege ferenda durchgeführt werden sollte. Als wichtigster, nicht ausdrücklich geregelter Anwendungsfall des Spruchverfahrens galt lange Zeit infolge der Rechtsprechung des BGH im Fall Macroton[673] das reguläre Delisting (vollständiger Rückzug vom regulierten Markt). Nachdem jedoch das Bundesverfassungsgericht zunächst klarstellte, dass die Fungibilität der Aktie nicht in den Schutzbereich des Grundrechts aus Art. 14 Grundgesetz fällt[674], hat der

276

---

[665] Vgl. § 8 Abs. 3 SpruchG.
[666] § 1 Ziff. 1 SpruchG unter Verweis auf §§ 304, 305 AktG.
[667] § 1 Ziff. 2 SpruchG unter Verweis auf § 320b AktG.
[668] § 1 Ziff. 3 SpruchG unter Verweis auf die §§ 327a bis 327 f. AktG.
[669] § 1 Ziff. 4 SpruchG unter Verweis auf die §§ 15, 34, 122h, 122i, 176 bis 181, 184, 186, 196 und 212 UmwG.
[670] § 1 Ziff. 5 SpruchG unter Verweis auf die §§ 6, 7, 9, 11 und 12 SEAG.
[671] § 1 Ziff. 6 SpruchG unter Verweis auf § 7 SCE-Ausführungsgesetz.
[672] *Krenek* in Mehrbrey Hdb gesellschaftsrechtliche Streitigkeiten § 97 Rn. 4.
[673] BGHZ 153, 47, 53 ff. = BGH NJW 2003, 1032 – Macroton.
[674] BVerfGE 132, 99 = NJW 2012, 3081.

Bundesgerichtshof nun die Macrotron-Rechtsprechung aufgegeben[675]; somit führt ein Delisting – und erst recht ein Downgrading – nicht zur Pflicht der Durchführung eines Spruchverfahrens. Weitere Fälle, in denen die Durchführung eines Spruchverfahrens bisher diskutiert wird, wie der übertragenden Auflösung, Einzelübertragung anstelle einer Aufspaltung, Abschluss eines Teilgewinnabführungsvertrages, faktischen Beherrschung, einer zu hohen Abfindung bei einem übernahmerechtlichen Squeeze-Out oder Angeboten nach den §§ 10 (Kaufangebot), 29 (Übernahmeangebot) und 35 (Pflichtangebot) WpÜG führen dagegen nach jedenfalls herrschender Meinung nicht zur Möglichkeit der Durchführung eines Spruchverfahrens.[676]

IV. Verfahrensgegenstand

277 Gegenstand des Spruchverfahrens ist die Überprüfung der Höhe des einem Anteilsinhaber infolge einer Strukturmaßnahme gewährten Kompensationsanspruchs. Dieser kann auf einen Geldbetrag oder auf Anteilsrechte an einem anderen Unternehmen lauten.[677]

1. Grundsatz der vollen Entschädigung

278 Aufgrund des Eingriffs in sein Anteilsrecht durch die Strukturmaßnahme ist der Aktionär für den Verlust seiner Rechtsposition voll wirtschaftlich zu entschädigen.[678] Der Kompensationsanspruch ist unter Heranziehung des Unternehmenswerts des von der Strukturmaßnahme betroffenen Unternehmens auf einen Bewertungsstichtag festzustellen.

279 Die Höhe des Kompensationsanspruchs, die regelmäßig unter Heranziehung eines von der Gesellschaft herangezogenen Wirtschaftsprüfers bestimmt worden ist, ist eine Rechtsfrage.[679] Die Gerichte überprüfen den Kompensationsanspruch am Maßstab des § 287 Abs. 2 ZPO gegebenenfalls unter der Heranziehung von Sachverständigen.[680]

2. Methoden zu Bestimmung der vollen Entschädigung

280 Zugrunde zu legen ist der **Verkehrswert des Anteilsrechts**.[681] Dabei ist der Rechtsprechung bewusst, dass ein richtiger, mathematisch genauer und naturwis-

---

[675] BGH NJW 2014, 146.
[676] Vgl. iE *Krenek* in Mehrbrey Hdb gesellschaftsrechtliche Streitigkeiten § 97 Rn. 6 ff.; *Drescher* in Spindler/Stilz AktG § 1 SpruchG Rn. 17 ff.; *Wasmann* in Kölner Komm AktG § 1 SpruchG Rn. 38 ff.
[677] *Ruiz de Vargas* in Bürgers/Körber AktG Anh. § 305 Rn. 2.
[678] BVerfG NJW 2012, 3020, 3021; BVerfGE 100, 289, 304 f. = NJW 1999, 3769 – DAT/Altana; BVerfGE 14, 263 = NJW 1962, 1667 – Feldmühle.
[679] *Leverkus* in Simon SpruchG Anh. § 11 Rn. 10; *Ruiz de Vargas* in Bürgers/Körber AktG Anh. § 305 Rn. 7; OLG Stuttgart AG 2013, 724, 725.
[680] OLG Düsseldorf AG 2013, 807, 808.
[681] OLG Stuttgart AG 2011, 560; NZG 2012, 750.

senschaftlich gegebener Unternehmenswert nicht existiert.[682] Unter Berücksichtigung von § 287 Abs. 2 ZPO ist der Unternehmenswert jedoch auf der Grundlage anerkannter betriebswirtschaftlicher Methoden zu ermitteln.[683] In Anbetracht der Rechtsprechung bestehen keine Vorgaben für eine bestimmte betriebswirtschaftliche Bewertungsmethode.[684] Als anerkannte betriebswirtschaftliche Methoden sind die Ertragswertmethode, der Börsenwert und der Liquidationswert von besonderer Bedeutung.

a) Ertragswertmethode. Nach der regelmäßig unter Heranziehung des gegenwärtigen aktuellen Standards der Wirtschaftsprüfer IDW S1 in der Fassung von 2008 angewandten Ertragsmethode[685] sind die künftig zu erwartenden Überschüsse auf den Bewertungsstichtag mit dem Kapitalisierungszinssatz zu diskontieren. Der Wert des nicht betriebsnotwendigen Vermögens ist hinzuzuaddieren (künftige Überschüsse : Kapitalisierungszinssatz + Wert des nicht betriebsnotwendigen Vermögens). 281

Die **künftigen Überschüsse** sind durch eine **von der Gesellschaft aufzustellende Planung** zu ermitteln. Nach dem **Grundsatz der eingeschränkten Überprüfbarkeit** ist diese vom zuständigen Gericht auf ihre Plausibilität (Anwendung zutreffender Informationen und Ansatz realistischer und in sich widerspruchsfreier Annahmen) zu überprüfen. Liegen diese Voraussetzung vor, darf das Gericht die Planung des Unternehmens nicht durch eine eigene Planungsannahme ersetzen (Planung zum Zeitpunkt des Bewertungsstichtags).[686] 282

Der **Kapitalisierungszinssatz** geht aus von dem zum Bewertungsstichtag laufzeitäquivalenten risikolosen Zinssatz.[687] Da eine Unternehmensbeteiligung jedoch Risiken aufweist, ist zu dem Basiszinssatz eine Marktrisikoprämie hinzuzuaddieren. Maßgeblich zur Bestimmung der Marktrisikoprämie ist nach gegenwärtiger Rechtsprechung das Tax-CAPM (Capital Asset Pricing Model unter Berücksichtigung generalisierter persönlicher Ertragssteuern).[688] Die das allgemeine Unternehmensrisiko zum Ausdruck bringende Marktrisikoprämie ist um unternehmensindividuelle systematische Risikofaktoren anzupassen (sog. Betafaktor; ein Betafaktor von über 1 signalisiert ein über, ein Betafaktor von unter 1 ein unter dem allgemeinen Marktrisiko liegendes systematisches Risiko des zu bewertenden Unternehmens). 283

Beim Kapitalisierungszins ist in der ewigen Rente ein Wachstumsabschlag zu berücksichtigen, dessen Höhe sich nach der nachhaltigen Fähigkeit, Inflationsent- 284

---

[682] BVerfG ZIP 2012, 1656; BGH DB 2013, 334.
[683] BGHZ 71, 40 = NJW 1978, 1316 – Kali + Salz; BGHZ 147, 108 = NJW 2001, 2080.
[684] OLG Stuttgart AG 2011, 49; BGH NZG 2006, 425; BVerfG ZIP 2011, 1051 – Telekom.
[685] Zur praktischen Dominanz des IDW-Standards vgl. *Fleischer* AG 2014, 97, 99 f., der dieses faktische Methodenmonopol allerdings kritisiert, S. 113 f.
[686] OLG Stuttgart NZG 2012, 750; OLG Frankfurt GWR 2012, 490; OLG Frankfurt AG 2012, 417.
[687] Sog. Basiszins – OLG Düsseldorf AG 2012, 797; OLG Stuttgart NZG 2012, 57; OLG Frankfurt GWR 2012, 490.
[688] IDW S. 1 i.d.F. von 2008, Tz. 92, 118; BGH Urteil vom 4.7.2013 = NJW-RR 2013, 1105; OLG Frankfurt GWR 2012, 490; OLG Düsseldorf AG 2012, 797 OLG Stuttgart NZG 2012, 57; teilw. abweichend OLG München ZIP 2009, 2339; *Schwichtenberg/Krenek* BB 2012, 2127 und 2131 m.w.H.

wicklungen auf Kunden zu überwälzen und der realen Wachstumsmöglichkeit des Unternehmens bestimmt.[689]

285   **b) Börsenkurs.** Nach der Rechtsprechung dient der Börsenkurs regelmäßig als **Untergrenze** der Abfindung.[690] Der Börsenwert eines Unternehmens bestimmt sich nach dem gewichteten durchschnittlichen Börsenkurs während eines Referenzzeitraums.[691] Um durch die Strukturmaßnahme hervorgerufene spekulative Entwicklungen auszuschließen, ist der Referenzzeitraum rückwirkend auf den Tag der erstmaligen Bekanntmachung der Strukturmaßnahme zu bestimmen.[692] Eine Berücksichtigung des Börsenkurses scheidet jedoch dann aus, wenn aufgrund der fehlenden Repräsentativität bzw. geringen Liquidität der Aktie dem Kurswert die Aussagekraft fehlt.[693]

286   **c) Liquidationswert.** Der Liquidationswert stellt ebenfalls regelmäßig eine **Untergrenze** dar. Er bestimmt sich nach dem Zerschlagungswert, d. h. dem Verkauf der einzelnen Aktiva im Fall der Unternehmensaufgabe abzüglich der Begleichung der Verbindlichkeiten.[694] Umstritten ist, ob der Liquidationswert auch heranzuziehen ist, wenn einer Liquidation tatsächliche oder rechtliche Gründe entgegenstehen.[695]

287   Kosten und Dauer eines Spruchverfahrens hängen in maßgeblicher Weise davon ab, inwieweit das zuständige Gericht bei der Überprüfung des Unternehmenswerts entstehende Fragen aufgrund eigener Sachkenntnis, unter Heranziehung von Stellungnahmen des sachverständigen Prüfers oder einer unter Beauftragung eines durch das Gericht bestimmten Sachverständigen beantwortet. Um der insbesondere vor Inkrafttreten des Spruchverfahrensgesetzes kritisierten langen Verfahrensdauer entgegenzuwirken, legt das SpruchG nun in § 8 Abs. 2 die Inanspruchnahme des mit Bewertungsfragen bereits vertrauten und vom Gericht bestellten sachverständigen Prüfers nahe.[696]

V. Die Verfahrensbeteiligten

1. Das zuständige Gericht

288   § 2 Abs. 1 Satz 1 SpruchG regelt die **sachliche und örtliche Zuständigkeit**: Danach ist ausschließlich zuständig das Landgericht, in dessen Bezirk der Rechtsträger, dessen Anteilsinhaber antragsberechtigt sind, seinen Sitz hat. Maßgeblich ist dabei der Satzungssitz der Antragsgegnerin. § 2 Abs. 1 SpruchG führt somit zur

---

[689] OLG Stuttgart AG 2013, 724; OLG Karlsruhe AG 2013, 765.
[690] BVerfG NJW 1999, 3769, 3771.
[691] BGHZ 147, 108 = NJW 2001, 2080; BVerfGE 100, 289 = NJW 1999, 3769 – DAT/Altana; BGHZ 186, 221 = NJW 2010, 2657 – Stollwerck.
[692] BGHZ 186, 229 = NJW 2010, 2657 – Stollwerck.
[693] BVerfGE 100, 289 = NJW 1999, 3769 – DAT/Altana, juris; OLG Düsseldorf AG 2003, 329, BGHZ 186, 229 = NJW 2010, 2657 – Stollwerck.
[694] IDW S. 1 i.d.F. 2008, Tz. 140; OLG Düsseldorf ZIP 2009, 2003.
[695] *Ruiz de Vargas* in Bürgers/Körber AktG § 305 Rz. 59; *Krenek* in Mehrbrey Hdb gesellschaftsrechtliche Streitigkeiten § 99 Rn. 21.
[696] *Puszkajler* in Kölner Komm AktG § 8 SpruchG Rn. 10.

örtlichen Zuständigkeit des Landgerichts am Sitz der beherrschten Gesellschaft beim Beherrschungs- und Gewinnabführungsvertrag, der eingegliederten Gesellschaft im Fall einer Eingliederung und der Hauptaktionärin, auf die die Aktien übertragen werden, beim Squeeze-Out. In Umwandlungsfällen (Verschmelzung, Auf- und Abspaltung) ist der Sitz des übertragenden Rechtsträgers maßgeblich.[697] Führt die Regelung des § 2 Abs. 1 Satz 1 zur Zuständigkeit mehrerer Landgerichte, ist ein solcher, etwa bei einem Doppel- bzw. Mehrfachsitz der Antragsgegnerin entstehender Konflikt entsprechend § 2 Abs. 1 Satz 2 nach den Regeln des FamFG zu lösen. Nach § 71 Abs. 4 GVG können die Landesregelung bzw. die Landesjustizverwaltung die Zuständigkeit auf ein Landgericht übertragen. Von dieser Möglichkeit haben einige Länder (Baden-Württemberg, Bayern, Hessen, Mecklenburg-Vorpommern, Niedersachsen, Nordrhein-Westfalen, Rheinland-Pfalz und Sachsen) Gebrauch gemacht.[698]

Da Spruchverfahren nach §§ 95 Abs. 2 Nr. 2, 71 Abs. 2 Nr. 4e GVG zu den Handelssachen zählen, ist funktionell grundsätzlich die **Kammer für Handelssachen** zuständig. Nach allerdings umstrittener Auffassung besteht jedoch **keine ausschließliche Zuständigkeit** der Kammer für Handelssachen, sondern es bedarf eines entsprechenden Antrages entweder der Antragsteller oder eines Verweisungsantrags der Antragsgegnerin.[699]

289

2. Die Antragsteller

In § 3 Satz 1 SpruchG werden die bei den verschiedenen Strukturmaßnahmen Antragsberechtigten genannt: Im Fall des Beherrschungs- und Gewinnabführungsvertrags sind dies die außenstehenden Aktionäre. Kein außenstehender Aktionär ist hierbei die herrschende Gesellschaft. Auch der Komplementär einer KGaA ist nur antragsberechtigt, wenn er gleichzeitig auch Aktionär der beherrschten Gesellschaft ist.[700] Im Fall einer Maßnahme nach dem Umwandlungsgesetz sind nach § 3 Satz 1 Ziffer 3 die im Umwandlungsgesetz bezeichnete Anteilsinhaber antragsberechtigt. Zusätzliche Voraussetzung ist nach dem Umwandlungsgesetz, dass die Anteilsinhaber gegen den Umwandlungsbeschluss Widerspruch zur Niederschrift erklärt haben.[701] Umstritten ist, ob ein für die Antragstellung im Spruchverfahren erforderlicher Widerspruch auch von einem Aktionär eingelegt werden kann, der der Umwandlung zugestimmt hat.[702] Da § 3 Satz 1 Ziff. 3 UmwG die Anteilsinhaber als anspruchsberechtigt benennt, ist auch der Komplementär einer KGaA grundsätzlich antragsberechtigt.[703]

290

---

[697] *Krenek* in Mehrbrey Hdb gesellschaftsrechtliche Streitigkeiten § 97 Rn. 14; *Wasmann* in Kölner Komm AktGSpruchG § 2 Rn. 3.
[698] *Drescher* in Spindler/Stilz AktG § 2 SpruchG Rn. 6.
[699] *Krenek* in MehrbreyHdb gesellschaftsrechtliche Streitigkeiten § 97 Rn. 17; *Wasmann* in Kölner Komm AktG SpruchG Rn. 6 (aA für eine ausschließlich funktionelle Zuständigkeit der Kammer für Handelssachen): *Ederle/Theusinger* in Bürgers/Körber AktG § 2 SpruchG Rn. 7; *Drescher* in *Spindler/Stilz* AktG § 2 SpruchG Rn. 2, 19.
[700] *Drescher* in Spindler/Stilz AktG § 3 SpruchG Rn. 6.
[701] §§ 29 Abs. 1 S. 1, 207 Abs. 1 S. 1 UmwG.
[702] Zust. *Wasmann* in Kölner Komm AktG § 3 SpruchG Rn. 14; *Drescher* in Spindler/StilzAktG § 3 SpruchG Rn. 10; abl. *Ederle/Theusinger* in Bürgers/Körber AktG § 3 SpruchG Rn. 7; Hüffer/*Koch* Anh. § 305, § 3 SpruchG Rn. 4; *Leuering* in Simon SpruchG § 3 Rn. 32.
[703] *Drescher* in Spindler/Stilz AktG § 3 SpruchG Rn. 10.

291 **a) Zeitpunkt der Antragstellung.** Maßgeblicher Zeitpunkt zur Bestimmung der Antragsberechtigung ist nach § 3 Satz 2 SpruchG in den Fällen des Beherrschungs- und Gewinnabführungsvertrages, der Umwandlungsmaßnahme oder den Fällen der Anwendung des Spruchgesetzes bei der SE und der SCE die Anteilsinhaberschaft zum Zeitpunkt der Antragstellung. Regelmäßig nicht entscheidend ist daher, ob ein Antragsteller bereits bei der Beschlussfassung Anteilsinhaber war.

292 **b) Person des Antragsberechtigten.** Im Fall des Squeeze-Out oder der Eingliederung ist maßgeblich, ob der Antragsteller zum Zeitpunkt der Eintragung des Squeeze-Out oder der Eingliederung in das Handelsregister Aktionär war.[704] Da in Fällen der Verschmelzung und Aufspaltung der übertragende Rechtsträger nicht mehr existiert, ist dort Voraussetzung für die Anspruchsberechtigung, dass der Antragsteller zum Zeitpunkt der Eintragung des übertragenen Rechtsträgers Aktionär war und zum Zeitpunkt der Antragstellung noch Gesellschafter des neuen Rechtsträgers ist. Hat er dagegen eine Barabfindung bereits angenommen, so ist er nicht mehr antragsberechtigt.[705] Kommt es nach Antragstellung eines Antragsberechtigten im Zuge einer Veräußerung des Anteils zu einer Einzelrechtsnachfolge, so hat dies unter Berücksichtigung von § 265 Abs. 2 ZPO grundsätzlich keine Auswirkung auf die Antragsberechtigung. Der Erwerber ist jedoch berechtigt, anstelle des Veräußerers in das Verfahren einzutreten. Eine Gesamtrechtsnachfolge führt dagegen automatisch zum Beteiligtenwechsel.[706]

293 **c) Nachweis der Antragsberechtigung.** Nach § 3 Satz 3 SpruchG ist die Stellung als Aktionär dem Gericht ausschließlich durch Urkunden nachzuweisen. Die Antragsberechtigung muss **vom Gericht von Amts wegen ermittelt** werden. Innerhalb der Antragsfrist ist jedoch ausreichend, wenn der Antragsteller seine Antragsberechtigung schlüssig darlegt und der Nachweis bis zur Entscheidung durch das Gericht erbracht wird.[707] Der Nachweis durch Urkunden kann durch die Aktie selbst, ein Depotauszug oder eine schriftliche Bankbescheinigung erbracht werden, die die Anteilsinhaberschaft zum maßgeblichen Zeitpunkt bestätigen.[708] Bei Namensaktien ist der Nachweis durch Vorlage eines Auszugs aus dem Aktienregister zu erbringen.[709]

3. Der Antragsgegner

294 § 5 bestimmt den Antragsgegner eines Spruchverfahrens. Maßgeblicher Leitgedanke ist dabei, dass ein Spruchverfahren gegen den aufgrund der Strukturmaßnahme **Zahlungspflichtigen** geführt werden muss.[710] Demnach ist beim Beherrschungs- und Gewinnabführungsvertrag die herrschende Gesellschaft, bei der

---

[704] *Wasmann* in Kölner Komm AktG § 3 SpruchG Rn. 11.
[705] *Drescher* in Spindler/Stilz AktG § 3 SpruchG Rn. 11; *Wasmann* in Kölner Komm AktG § 3 SpruchG Rn. 15.
[706] *Drescher* in Spindler/Stilz AkG § 3 SpruchG Rn. 22 ff.
[707] BGHZ 177, 131, 136 ff. = NJW 2008, 2993; OLG Stuttgart AG 2005, 301, 302; OLG Düsseldorf ZIP 2005, 1369 f.; OLG Frankfurt ZIP 2006, 290 f.
[708] OLG Frankfurt NZG 2006, 151, 153; *Ederle/Theusinger* in Bürgers/Körber AktG § 3 SpruchG Rn. 17a, § 97 Rn. 27.
[709] OLG Frankfurt ZIP 2008, 1036.
[710] *Krenek* in Mehrbrey Hdb gesellschaftsrechtliche Streitigkeiten § 97 Rn. 45.

Eingliederung die Hauptgesellschaft, in die eingegliedert wird, beim Squeeze-Out der Hauptaktionär, bei den Umwandlungsfällen die übernehmenden oder neuen Rechtsträger oder der Rechtsträger neuer Rechtsform, bei der Gründung oder Sitzverlegung einer SE regelmäßig die SE selbst und bei der Gründung der SCE die neu entstandene europäische Genossenschaft der Antragsgegner.[711]

4. Der gemeinsame Vertreter

Der gemeinsame Vertreter wird nach § 6 Abs. 1 SpruchG durch das Gericht „frühzeitig" bestellt. Die Entscheidung des Gerichts ist im elektronischen Bundesanzeiger sowie eventuellen weiteren Gesellschaftsblättern bekannt zu machen.[712] Der gemeinsame Vertreter hat die Aufgabe, die **Interessen der übrigen, nicht antragstellenden Aktionäre zu wahren**. Die Person des gemeinsamen Vertreters trägt dem Umstand Rechnung, dass die gerichtliche Entscheidung im Spruchverfahren zu Gunsten aller Aktionäre gilt, auch soweit sie nicht selbst Antragsteller sind. **295**

Nach § 6 Abs. 1 S. 3 SpruchG kann die Bestellung eines gemeinsamen Vertreters unterbleiben, wenn die Wahrung der Recht der Antragsberechtigten auf andere Weise sichergestellt ist; dieser Ausnahmeregelung kommt in der Praxis jedoch keine nennenswerte Bedeutung zu.[713] Die Entscheidung des Gerichts kann nicht isoliert angefochten werden.[714] Möglich ist jedoch, dass bei Vorliegen eines Nichtigkeitsgrundes das Gericht den Bestellungsbeschluss aufhebt und einen anderen gemeinsamen Vertreter bestimmt.[715] Der gemeinsame Vertreter unterliegt keinen Weisungen und ist den außenstehenden Aktionären auch nicht rechenschaftspflichtig. Verletzt er jedoch schuldhaft seine Pflichten, kann er sich schadenersatzpflichtig machen.[716] **296**

In Ausübung seiner Rechte kann der gemeinsame Vertreter nach jedenfalls h. M. auch weitere Einwendungen geltend machen, die über die von den Antragstellern erhobenen Einwendungen hinausgehen.[717] Nach § 6 Abs. 3 SpruchG kann der gemeinsame Vertreter das Verfahren auch nach Rücknahme eines Antrages fortführen. Mit dieser Regelung soll verhindert werden, dass sich die antragstellenden Aktionäre mit der Antragsgegnerin auf eine Beendigung des Verfahrens gegen Einräumung gewisser Sondervorteile der Antragsteller einigen („Verhinderung von Ausverkaufsfällen"). Die Person des gemeinsamen Vertreter dient da- **297**

---

[711] Vgl. § 5 SpruchG.
[712] In dem Spruchverfahren mit supra- oder internationalen Bezügen bei Gründung einer SE, einer europäischen Genossenschaft oder bei grenzüberschreitender Verschmelzung sehen die §§ 6a–6c SpruchG Besonderheiten für die Bestellung eines gemeinsamen Vertreters vor.
[713] *Wasmann* in Kölner Komm AktG § 6 SpruchG Rn. 5 f.
[714] OLG Frankfurt ZIP 2011, 1637, 1638.
[715] *Krenek* in Mehrbrey Hdb gesellschaftsrechtliche Streitigkeiten § 97 Rn. 52; *Drescher* in Spindler/Stilz AktG § 6 SpruchG Rn. 13.
[716] OLG München NZG 2010, 1233, 1235; *Krenek* in Mehrbrey Hdb gesellschaftsrechtliche Streitigkeiten § 97 Rn. 55.
[717] *Wasman* in Kölner Komm AktG § 6 SpruchG Rn. 14; *Krenek* in Mehrbrey Hdb gesellschaftsrechtliche Streitigkeiten § 97 Rn. 54; *Drescher* in Spindler/Stilz AktG § 6 SpruchG Rn. 1; aA *Theusinger/Ederle* in Bürgers/Körber AktG § 6 SpruchG Rn. 3.

her auch der Einhaltung des Gleichbehandlungsgrundsatzes im Spruchverfahren.[718] Aufgrund der Möglichkeit, das Verfahren auch nach Rücknahme aller übrigen Antragsteller fortzuführen, folgt, dass ein das Verfahren beendender gerichtlicher Vergleich nur unter Mitwirkung des gemeinsamen Vertreters abgeschlossen werden kann. Nach h. M. ist der gemeinsame Vertreter auch befugt, gegen die Entscheidung eines Gerichts Beschwerde einzulegen.[719]

VI. Der Verfahrensablauf

298   Zur Entscheidung in I. Instanz ist das Landgericht berufen. Entscheidet das Landgericht durch Beschluss, ist gegen diesen in II. Instanz das Oberlandesgericht als Beschwerdegericht zuständig. Wird vom Oberlandesgericht die Rechtsbeschwerde zugelassen, kann der BGH über diese entscheiden.

1. Das erstinstanzliche Verfahren

299   In den §§ 7, 8 SpruchG wird der Verfahrensverlauf für das erstinstanzliche Verfahren in seinen Grundzügen wie folgt festgelegt:
- Eingeleitet wird das Spruchverfahren durch einen **Antrag** der hierzu befugten Aktionäre. Dieser ist binnen 3 Monaten seit Eintragung im Handelsregister und damit Wirksamkeit der Strukturmaßnahme bei dem nach § 2 SpruchG zuständigen Landgericht einzureichen. Der Antrag muss nach § 4 Abs. 2 begründet werden. Hierbei hat der Antragsteller auch seine Antragsberechtigung darzulegen, § 4 Abs. 2 Ziff. 2 SpruchG. Ein Anwaltszwang besteht nicht.[720] Die eingehenden Anträge werden analog § 147 ZPO verbunden, indem die späteren Anträge dem ältesten Verfahren hinzuverbunden werden.[721]
- Nach § 7 Abs. 1, 2 SpruchG stellt das Gericht dem Antragsgegner die Anträge der Antragsteller zu und fordert diesen binnen einer Frist zwischen einem und drei Monate zu einer **schriftlichen Erwiderung** auf. Eine Verlängerung dieser gerichtlich vorgesehenen Frist ist auf Antrag des Antragsgegners möglich.[722]
- Nach Eingang der Antragserwiderung fordert das Gericht die Antragsteller und den gemeinsamen Vertreter zur **Replik** binnen einer (ebenfalls verlängerbaren) Frist von 1 bis 3 Monaten auf.[723] Nach wohl hM sind die Antragsteller und der gemeinsame Vertreter nicht auf ihr eigene, bereits in der Antragsbegründung

---

[718] *Wasmann* in Kölner Komm AktG § 6 SpruchG Rn. 13; *Drescher* in Spindler/Stilz AktG § 6 SpruchG Rn. 1, 15.
[719] OLG Celle ZIP 2007, 2025; OLG Düsseldorf AG 2009, 907; *Krenek* in Mehrbrey Hdb gesellschaftsrechtliche Streitigkeiten § 98 Rn. 11.
[720] *Leuering* in Simon SpruchG § 4 Rn. 13.
[721] *Krenek* in Mehrbrey Hdb gesellschaftsrechtliche Streitigkeiten § 97 Rn. 60; instruktiv zu einzelnen Unterschieden der gerichtlichen Verfahrensleitung *Engel/Puszkajler* BB 2012, 1687.
[722] *Drescher* in Spindler/Stilz AktG § 7 SpruchG Rn. 4.
[723] § 7 Abs. 4 SpruchG.

vorgebrachten Rügen beschränkt, sondern können auch neue Einwendungen erheben.[724]

- Das Gericht kann nach seinem Ermessen bereits im Vorfeld der mündlichen Verhandlung nach den § 7 Abs. 5, 6, § 8 Abs. 2 SpruchG **vorbereitende Maßnahmen** erlassen. Insoweit kann es insbesondere die Parteien zur Ergänzung oder Erläuterung ihres schriftlichen Vorbringens auffordern (§ 7 Abs. 5 SpruchG), Stellungnahme des sachverständigen Prüfers einholen (§ 7 Abs. 6, § 8 Abs. 2 SpruchG) oder eine Beweisaufnahme durch Sachverständige zur Klärung von Vorfragen anordnen (§ 7 Abs. 6 SpruchG). Ferner kann das Gericht den Antragsgegner auf Verlangen der Antragsteller zur Vorlage von Unterlagen auffordern (§ 7 Abs. 7 SpruchG).

In § 8 Abs. 1 SpruchG ist vorgesehen, dass das Landgericht in I. Instanz aufgrund einer **mündlichen Verhandlung** entscheiden soll. Zu dieser mündlichen Verhandlung soll grundsätzlich auch das Erscheinen der sachverständigen Prüfer angeordnet werden, § 8 Abs. 2 SpruchG. Für die in einer mündlichen Verhandlung offen gebliebenen Frage kann das Gericht eine Beweisaufnahme und insoweit insbesondere die Einholung eines Sachverständigengutachtens anordnen.[725] 300

Beendet wird das Verfahren in I. Instanz dann entweder durch einen vom Gericht mit Gründen zu versehenden **Beschluss**, § 11 Abs. 1 SpruchG oder durch einen **Vergleich** der Parteien, auf den das Gericht grundsätzlich hinwirken soll, § 11 Abs. 2 SpruchG. 301

Stellt sich im Spruchverfahren die Unangemessenheit der Kompensation heraus und treffen die Parteien keinen Vergleich, so setzt das Gericht im Tenor seine Entscheidung fest. Die Festsetzung einer höheren Kompensationsleistung führt zu einer Umgestaltung des Hauptversammlungsbeschlusses über die Strukturmaßnahme mit Wirkung ex tunc.[726] Der Beschluss ist insoweit kein Vollstreckungstitel, sondern stellt lediglich die angemessene Abfindung fest. Bei ausbleibender Zahlung sind die Antragsteller daher auf die Durchsetzung ihres Anspruchs in einer Leistungsklage angewiesen.[727] In dem Beschluss entscheidet das Gericht auch über die **Kosten des Verfahrens**. Sowohl die Gerichtskosten[728] als auch die Kosten des gemeinsamen Vertreters[729] sowie in der überwiegenden Zahl der Fälle die Kosten der Antragsteller[730] werden hierbei dem Antragsgegner auferlegt. 302

2. Rechtsmittel

Gegen einen Beschluss des Landgerichts ist nach § 12 SpruchG die Beschwerde möglich. Sie ist nach § 17 Abs. 1, §§ 63, 64 Abs. 1 FamFG innerhalb eines Monats 303

---

[724] *Emmerich* in Emmerich/Habersack Aktien- und GmbH-Konzernrecht § 4 SpruchG Rn. 13; *Puszkajler* in Kölner Komm AktG § 7 SpruchG Rn. 30; *Ederle/Theusinger* in Bürgers/Körber AktG § 7 SpruchG Rn. 5.
[725] OLG Stuttgart NZG 2007, 112, 113; ZIP 2013, 2201.
[726] *Simon* in Simon SpruchG § 11 Rn. 4.
[727] *Emmerich* in Emmerich/Habersack Aktien- und GmbH-Konzernrecht § 11 SpruchG Rn. 4.
[728] § 15 Abs. 2 SpruchG.
[729] § 6 Abs. 2 SpruchG: Der gemeinsame Vertreter erhält eine Vergütung gem. RVG zuzügl. Auslagen und kann ggf. einen Vorschuss verlangen.
[730] § 15 Abs. 4 SpruchG.

ab Bekanntgabe beim Landgericht, dessen Beschluss angefochten wird, einzulegen.[731]

304 Nach Einlegung der **Beschwerde beim Landgericht** entscheidet zunächst dieses, ob es der Beschwerde abhilft. Ist das nicht der Fall, legt es die Beschwerde dem Oberlandesgericht vor, § 68 FamFG.[732] § 12 Abs. 2 SpruchG sieht hinsichtlich des Beschwerdewegs die Möglichkeit einer Verfahrenskonzentration bei einem Oberlandesgericht eines Landes vor.

305 Das **Beschwerdeverfahren in II. Instanz ist eine weitere Tatsacheninstanz**. Grundsätzlich können daher auch in II. Instanz neue Tatsachen und neue Beweismittel vorgetragen werden, § 65 Abs. 3 FamFG, sofern diese nicht in I. Instanz zurückgewiesen worden sind. Hat bereits in I. Instanz eine mündliche Verhandlung stattgefunden, so kann das Beschwerdegericht von einer mündlichen Verhandlung absehen, wenn hiervon keine zusätzliche Erkenntnisse zu erwarten sind, § 68 Abs. 3 S. 2 FamFG. Die Entscheidung des OLG ergeht grundsätzlich durch Beschluss, sofern sich die Parteien nicht vergleichen oder eine Beschwerde zurückgenommen wird.

306 Gegen die Entscheidung des Oberlandesgerichts ist die Einlegung einer **Rechtsbeschwerde beim Bundesgerichtshof** nur möglich, wenn sie vom Oberlandesgericht zugelassen wird, § 70 Abs. 1 FamFG. Eine Zulassung ist auszusprechen, wenn entweder die Rechtssache grundsätzliche Bedeutung hat oder die Fortbildung des Rechts oder die Sicherung einer einheitlichen Rechtsprechung (Divergenzvorlage) eine Entscheidung des BGH erfordert, § 70 Abs. 2 FamFG. Die Parteien sind hierbei an die Entscheidung des Oberlandesgerichts gebunden; die Möglichkeit einer Nichtzulassungsbeschwerde existiert nicht.

307 Mit Rechtskraft wird die Entscheidung wirksam. Nach § 13 SpruchG hat eine Entscheidung **inter omnes Wirkung**, d.h. sie wirkt für und gegen alle unter Einschluss auch der nicht am Spruchverfahren beteiligten Aktionäre (und gegebenenfalls auch Komplementäre).

VII. Verfahrensgrundsätze

1. Amtsermittlungsgrundsatz

308 Aufgrund der Änderungen des Spruchverfahrens durch das SpruchG und die dort in den §§ 4, 9 aufgenommenen Pflichten zur (rechtzeitigen) Begründung der Anträge sowie die in § 10 genannte Möglichkeit der Präklusion hat der nach früherem Recht uneingeschränkt geltende und nun aufgrund der Verweisung in § 17 auf § 26 FamFG jedenfalls dem Grundsatz nach fortgeltende Amtsermittlungsgrundsatz eine **Einschränkung** erfahren. Das Spruchverfahren ist ein echtes Streitverfahren der freiwilligen Gerichtsbarkeit.[733] Nach Auffassung der Gerichte ist der **Amtsermittlungsgrundsatz** durch die vorgenannten Regelungen des SpruchG **eingeschränkt**; das Gericht ist damit nicht verpflichtet, von sich aus, ohne dass

---

[731] Zur Beschwerdebefugnis des gemeinsamen Vertreters s. o. § 11 Rn. 295.
[732] Zu Recht kritisch hierzu *Engel/Puszkajler* BB 2012, 1687, 1692.
[733] *Krenek* in Mehrbrey Hdb gesellschaftsrechtliche Streitigkeiten § 97 Rn. 1.

durch die Antragsteller entsprechende Rügen erhoben wurden, Ermittlungen „ins Blaue hinein" anzustellen.[734]

2. Dispositionsgrundsatz, Beibringungsgrundsatz und Verfahrensförderungspflicht

Da das Gericht im Rahmen des nur eingeschränkt geltenden Amtsermittlungsgrundsatzes Ermittlungen grundsätzlich nur bei streitigen Verfahren führt, kommt dem **Beibringungsgrundsatz** auch im Spruchverfahren Bedeutung zu.[735] Hinsichtlich ihres Vortrages unterliegen die Parteien einer **Verfahrensförderungspflicht**.[736] Spruchverfahren sind streitige Verfahren im Rahmen der freiwilligen Gerichtsbarkeit. Im Wesentlichen gilt daher auch der **Dispositionsgrundsatz**, da ein Spruchverfahren nur auf Antrag eingeleitet und von den Parteien durch gemeinsamen Vergleich auch beendet werden kann.[737] Modifikationen resultieren insoweit daraus, als ein bestimmter Antrag von Seiten der Antragsteller nicht erforderlich ist und der gemeinsame Vertreter auch nach Rücknahme durch die Antragsteller ein Spruchverfahren fortsetzen kann.[738]

309

H. Die umwandlungssteuerrechtliche Behandlung der KGaA

I. Überblick

Die steuerliche Sonderstellung der KGaA als hybride Rechtsform hat auch Auswirkungen auf die umwandlungssteuerliche Behandlung von Umwandlungen unter Einbezug einer KGaA. Da diesbezüglich – wie auch im Hinblick auf die allgemeine ertragsteuerliche Behandlung der KGaA – konkrete gesetzliche Regelungen fehlen, sind auch hinsichtlich der umwandlungssteuerlichen Behandlung der KGaA weite Problembereiche nicht abschließend geklärt, wobei diese ihre Ursache ebenfalls darin haben, dass die KGaA zwar selbst als Kapitalgesellschaft körperschaftsteuerpflichtig ist, der Komplementär aber „wie ein Mitunternehmer" zu behandeln ist.

310

Die Finanzverwaltung hatte ursprünglich geplant, im neuen Umwandlungssteuer-Erlass zu der Frage der umwandlungssteuerlichen Behandlung einer Umwandlung unter Beteiligung einer KGaA folgenden Passus aufzunehmen[739]:

311

---

[734] Im Einzelnen, wenngleich auch mit unterschiedlichen Akzenten: OLG Stuttgart NZG 2007, 112, 113; OLG Frankfurt Beschluss vom 9.2.2010, Az. 5 B 38/09, juris – Rn. 46; *Emmerich* in Emmerich/Habersack Aktien- und GmbH-Konzernrecht § 10 SpruchG ff.; *Puszkajler* in Kölner Komm AktG Vorbemerkung §§ 7–11 SpruchG Rn. 16 ff.
[735] *Winter* in Simon SpruchG § 7 Rn. 16; zu Einschränkungen vgl. *Puszkajler* in Kölner Komm AktG Vorbemerkung §§ 7–11 SpruchG Rn. 22 f.
[736] § 9 SpruchG, der sich eng an § 282 ZPO anlehnt; *Drescher* in Spindler/Stilz AktG § 9 SpruchG Rn. 2 ff.
[737] §§ 3–5, 11 SpruchG.
[738] *Winter* in Simon SpruchG § 7 Rn. 19.
[739] Vgl. *Haritz* GmbHR 2009, 1194.

Die Umwandlung unter Beteiligung einer KGaA ist als Mischumwandlung zu behandeln, die insoweit, als das Aktienkapital der KGaA betroffen ist, unter die §§ 11–13 UmwStG fällt und insoweit, als der persönlich haftende Gesellschafter beteiligt ist, unter die §§ 3–10 UmwStG fällt.

312 Dieses Vorhaben wurde aber wieder aufgegeben, so dass durch die Finanzverwaltung – wie bereits im „alten" Umwandlungssteuer-Erlass aus dem Jahr 1998[740] – auch im Umwandlungssteuer-Erlass vom 11. November 2011[741] keine Aussagen zur umwandlungssteuerlichen Behandlung der KGaA getroffen werden. Jedoch deckt sich die in dem Vorentwurf des UmwSt-Erlasses 2011 enthaltene Aussage mit der herrschenden Meinung in der Literatur. Auch diese geht von dem Vorliegen einer Mischumwandlung aus.

313 Auch der BFH scheint zu der Annahme einer Mischumwandlung zu tendieren. Zumindest hat er in einem Beschluss vom 16. April 2010[742], in dem die steuerlichen Folgen der Umwandlung der Beteiligung der Komplementäre einer KGaA in eine atypisch stille Beteiligung an der KGaA zu beurteilen waren, bemerkt, dass es sich insoweit um eine steuerneutrale Umwandlung handeln könne, wobei „für die Erfolgsneutralität grundsätzlich ohne Bedeutung [sei], ob der Vorgang als ununterbrochene mitunternehmerische Beteiligung im Sinne einer „formwechselnden Umwandlung" oder als tauschähnliche Einbringung in die neue Gesellschaft gegen Gewährung von Gesellschaftsrechten i. S. d. § 24 UmwStG […] angesehen wird".

314 U.E. ist die Annahme einer Mischumwandlung zumindest solange richtig, solange der BFH an seiner Rechtsprechung festhält, dass der persönliche haftende Gesellschafter einer KGaA wie ein Mitunternehmer behandelt wird bzw. der Gesetzgeber keine Reform der Vorschriften zur steuerlichen Behandlung einer KGaA vornimmt, durch die die zahlreichen Problemfelder einer Lösung zugeführt werden.[743]

315 Die Annahme einer Mischumwandlung ist allerdings nur gerechtfertigt, sofern der Komplementär vermögensmäßig an der KGaA beteiligt ist; ist dies nicht der Fall, liegt keine Mischumwandlung vor.[744] Vielmehr sind dann, soweit die KGaA als übertragender oder übernehmender Rechtsträger betroffen ist, allein die für Körperschaften geltenden Regelungen des Umwandlungssteuergesetzes anwendbar.

316 Im Falle einer KGaA als übertragender oder übernehmender Rechtsträger stellt sich demnach die Anwendung der Vorschriften des Umwandlungssteuergesetzes überblicksartig wie folgt dar[745]:
 • Bei der Verschmelzung einer KGaA mit einem vermögensbeteiligten Komplementär auf eine andere Kapitalgesellschaft finden die Regelungen der §§ 11–13 UmwStG Anwendung, soweit der aktienrechtliche Teil betroffen ist, während

---

[740] BMF v. 25.3.1998, BStBl. I 1998, 268.
[741] BMF v. 11.11.2011, BStBl. I 2011, S. 1314 (UmwSt-Erlass 2011).
[742] BFH v. 16.4.2010 – IV B 94/09, BFH/NV 2010, S. 1272.
[743] Zu einer entsprechenden Forderung vgl. u. a. Wiss. Beirat Steuern der Ernst & Young GmbH, DB 2014, 147.
[744] Vgl. auch *Haritz* GmbHR 2009, 1194.
[745] Vgl. stellv. *Hörtnagl* in Schmitt/Hörtnagl/Stratz UmwG/UmwStG 6 § 1 Rn. 141; *Rödder* in Rödder/Herlinghaus/van Lishaut UmwStG Einf. Rn. 49; Wiss. Beirat Steuern der Ernst & Young GmbH DB 2014, 147, 150; jeweils m. w. N.

die Regelung des § 20 UmwStG zur Anwendung kommt, soweit der personengesellschaftsrechtliche Teil betroffen ist.
- Im umgekehrten Fall der Verschmelzung einer Kapitalgesellschaft auf eine KGaA kommen hingegen die §§ 3–10 UmwStG (hinsichtlich des personengesellschaftsrechtlichen Teils) bzw. die §§ 1–13 UmwStG (hinsichtlich des aktienrechtlichen Teils) zur Anwendung.
- Im Fall der (Sach)Einlage in eine KGaA ist § 20 UmwStG anzuwenden, sofern die Einlage in den aktienrechtlichen Teil der KGaA erfolgt, während hingegen unterschiedliche Auffassungen darüber bestehen, ob bei einer Einlage, die der Vermögenseinlage des Komplementärs zugeschrieben wird, § 24 UmwStG – zumindest analog – oder aber ebenfalls § 20 UmwStG Anwendung findet. Eine Mischumwandlung liegt hierbei allerdings nur vor, sofern im Zuge eines Einlagevorgangs sowohl eine Einlage in das Kommanditaktienkapital als auch in die in die Vermögenseinlage des Komplementärs erfolgt.

Sofern eine Mischumwandlung vorliegt, bedingt die parallele Anwendung verschiedener Vorschriften des Umwandlungssteuergesetzes, dass der Umwandlungsvorgang im Hinblick auf das Objekt der Umwandlung bzw. das im Zuge der Umwandlung übertragene Vermögen sowie ggf. auch hinsichtlich der Anteile des umzuwandelnden Rechtsträgers aufgeteilt wird. Diese Aufteilung hat u. E. anhand des Verhältnisses des gemeinen Wertes des dem Kommanditaktienkapital zuzurechnenden Vermögens der KGaA zum gemeinen Wert des dem Komplementär/den Komplementären zuzurechnenden Vermögens zu erfolgen. Grundlage für die Aufteilung sind die in der Satzung der KGaA enthaltenen Regelungen zur Vermögensbeteiligung des bzw. der Komplementäre. 317

Sofern der Charakter der betreffenden Umwandlung im Grundsatz eine Aufteilung des im Zuge der Umwandlung übergehenden Vermögens erforderlich macht[746], könnte dies hinsichtlich der konkreten Anwendbarkeit der einschlägigen umwandlungssteuerlichen Regelungen in den Fällen Probleme bereiten, in denen diese Regelungen Vorgaben an die Qualität bzw. den Umfang des übergehenden (ggf. auch des zurückbleibenden) Vermögens machen (insbesondere Vorliegen einer Sachgesamtheit (Betrieb oder Teilbetrieb)). Selbst wenn das übergehende Vermögen im konkreten Einzelfall in Gänze die vorausgesetzte Qualität aufweist – also etwa insgesamt im Zuge der Umwandlung ein Betrieb übergeht –, so wird in der Kommentarliteratur vereinzelt die Auffassung vertreten, dass bei der parallelen Anwendung zweier Vorschriften des Umwandlungssteuergesetzes (bspw. von § 20 und § 24 UmwStG im Falle der Einbringung in eine KGaA) die Voraussetzungen bezogen auf die jeweilige Umwandlungsvorschrift isoliert nicht vorliegen und diese deshalb keine Anwendung finden können.[747] Diese Auffassung ist u. E. aber abzulehnen; vielmehr ist auch vor dem Hintergrund, dass mit dem Umwandlungssteuergesetz das Ziel verfolgt wird, zumindest Umwandlungen, die eine gewisse Qualität aufweisen, nicht durch steuerliche Folgen zu behindern, in diesen Fällen die Anwendung der einschlägigen Vorschriften des Umwandlungssteuergesetzes zu bejahen. 318

---

[746] Eine solche Aufteilung ist beispielsweise nicht erforderlich im Falle der Ausgliederung aus einer KGaA auf eine Tochtergesellschaft oder einer Verschmelzung von einer KGaA auf eine andere Kapitalgesellschaft.
[747] So. z.B. *Patt* in Dötsch/Pung/Möhlenbrock KStG § 20 UmwStG Rn. 186.

319 Anzuraten ist in jedem Fall, aufgrund der vielen ungeklärten Rechtsfragen sowie der fehlenden Verlautbarung der Finanzverwaltung zur Frage der umwandlungssteuerlichen Behandlung einer KGaA vor einer Umwandlung unter Beteiligung einer KGaA (mit einem vermögensmäßig beteiligten Komplementär) eine verbindliche Auskunft einzuholen.

II. Sacheinlage

1. Sacheinlage in das Kommanditaktienkapital

320 **a) Grundsätzliches.** Bei einer Sacheinlage wird unterschieden zwischen der offenen Sacheinlage, die gegen Gewährung von Gesellschaftsrechten durch die übernehmende Gesellschaft erfolgt, und der verdeckten Sacheinlage, bei der (zusätzliche) Gesellschaftsrechte nicht gewährt werden.[748] Zumindest die offene Sacheinlage in eine Kapitalgesellschaft stellt steuerlich aus Sicht des Einbringenden ein tauschähnliches Veräußerungsgeschäft dar und führt demnach grundsätzlich zur (steuerpflichtigen) Aufdeckung der stillen Reserven in den übertragenen Wirtschaftsgütern.[749]

321 Sofern allerdings Gegenstand der offenen Sacheinlage ein Betrieb, Teilbetrieb oder Mitunternehmeranteil ist, also eine sog. „betriebliche Sachgesamtheit" übertragen wird, findet § 20 UmwStG auf den Einbringungsvorgang Anwendung.

b) Anwendung des § 20 UmwStG

322 **aa) Voraussetzungen.** Der Anwendungsbereich der Regelung des § 20 UmwStG erstreckt sich zum einen auf (offene) Sacheinlagen, umfasst aber auch die Verschmelzung, Aufspaltung oder Abspaltung einer Personenhandelsgesellschaft auf eine Kapitalgesellschaft, die Ausgliederung i. S. d. § 123 Abs. 3 UmwG auf eine Kapitalgesellschaft sowie über den Verweis des § 25 UmwStG auch den Formwechsel einer Personengesellschaft in eine Kapitalgesellschaft.

323 Hinsichtlich der durch § 20 UmwStG begünstigten Einbringungsobjekte (Betrieb, Teilbetrieb oder Mitunternehmeranteil) gilt Folgendes:

(1) Betrieb

324 Der Begriff des „Betriebs" ist im Umwandlungssteuerrecht nicht weiter definiert und daher auszulegen, wobei insoweit die allgemeinen Grundsätze des Ertragsteuerrechts (insb. die §§ 16, 34 EStG) heranzuziehen sind. Ein Betrieb i. S. d. § 20 UmwStG umfasst demnach einen zur Erzielung von Gewinneinkünften – also neben den Einkünften aus Gewerbebetrieb auch solche aus Land- und Forstwirtschaft sowie aus selbständiger Tätigkeit – unterhalten „selbständigen Organismus des Wirtschaftslebens".[750]

325 Erforderlich für Zwecke der Anwendung des § 20 UmwStG ist grundsätzlich die Einbringung des gesamten Betriebs; dies bedingt insbesondere die Übertra-

---

[748] Vgl. Neumann VGA und verdeckte Einlagen S. 522.
[749] Vgl. *Weber-Grellet* in Schmidt L EStG § 5 Rn. 636; *Herlinghaus* in Rödder/Herlinghaus/van Lishaut UmwStG § 20 Rn. 3.
[750] Vgl. stellv. BFH v. 9.9.1993 – IV R 30/92, BStBl. II 1994, S. 105.

gung aller wesentlichen Betriebsgrundlagen. Aufgrund der für Zwecke des Umwandlungssteuerrechts erforderlichen[751] normspezifischen Auslegung des Begriffs „wesentliche Betriebsgrundlage" ist insoweit allein die funktionale Betrachtungsweise maßgeblich[752], d.h. (nur) die Wirtschaftsgüter sind zu übertragen, die zur Erreichung des Betriebszwecks erforderlich sind und denen ein besonderes wirtschaftliches Gewicht für die Betriebsführung zukommt.[753] Werden wesentliche Betriebsgrundlagen zurückbehalten, liegt keine nach § 20 UmwStG begünstigte Einbringung eines Betriebs vor.

(2) Teilbetrieb

Auch der Begriff des „Teilbetriebs" wird umwandlungsrechtlich nicht definiert. **326** Unter Rückgriff auf die EU-Fusionsrichtlinie und die dort enthaltene Definition ist „ein ‚Teilbetrieb' die Gesamtheit der in einem Unternehmensteil einer Gesellschaft vorhandenen aktiven und passiven Wirtschaftsgüter, die in organisatorischer Hinsicht einen selbständigen Betrieb, d.h. eine aus eigenen Mitteln funktionsfähige Einheit darstellen"[754]. Die Frage des Vorhandenseins eines Teilbetriebs ist tätigkeitsbezogen anhand des konkreten Sachverhalts zu beurteilen, so dass die Problematik der Beantwortung dieser Frage weitgehend im Bereich der Tatsachenwürdigung liegt.[755] Dabei ist allein auf die Verhältnisse beim Einbringenden abzustellen.[756]

Wesentlich ist das Kriterium der „Selbständigkeit", das erfordert, dass die dem **327** Teilbetrieb gewidmeten Wirtschaftsgüter in ihrer Zusammenfassung einer Betätigung dienen, die sich von der übrigen gewerblichen Tätigkeit des Unternehmens deutlich unterscheidet.[757] Ob dies der Fall ist, ist nach dem Gesamtbild der Verhältnisse zu entscheiden.

Ebenso wie im Falle eines Betriebs setzt eine nach § 20 UmwStG begünstigte **328** Einbringung eines Teilbetriebs die Übertragung aller funktional wesentlichen Betriebsgrundlagen, die diesem Teilbetrieb zuzurechnen sind, voraus. Nach – umstrittener[758] – Auffassung der Finanzverwaltung sind daneben auch die nach wirtschaftlichen Zusammenhängen zuordenbaren Wirtschaftsgüter zu übertragen[759], wozu insbesondere Forderungen und Verbindlichkeiten gehören, die anders als früher nunmehr nicht mehr frei zugeordnet werden können.[760]

---

[751] Vgl. UmwSt-Erlass 2011, Tz. 20.06; *Schmitt* in Schmitt/Hörtnagl/Stratz UmwStG § 20 Rn. 12 m.w.N.
[752] Vgl. *Patt* in Dötsch/Pung/Möhlenbrock KStG § 20 UmwStG Rn. 77; *Herlinghaus* in Rödder/Herlinghaus/van Lishaut UmwStG § 20, Rz. 37; UmwSt-Erlass 2011, Tz. 20.06.
[753] Vgl. stellv. BFH v. 7.4.2010 – I R 96/08, BStBl. II 2011, S. 467; zu Einzelfällen s. *Herlinghaus* in Rödder/Herlinghaus/van Lishaut UmwStG § 20 Rn. 43 ff.; *Patt* in Dötsch/Pung/Möhlenbrock KStG § 20 UmwStG Rn. 47 ff.
[754] Vgl. Art. 2 Buchst. j der Fusionsrichtlinie (Richtlinie 2009/133/EG)
[755] *Patt* in Dötsch/Pung/Möhlenbrock KStG § 20 UmwStG Rn. 77.
[756] *Patt* in Dötsch/Pung/Möhlenbrock KStG § 20 UmwStG Rn. 111.
[757] BFH v. 4.7.1973 – I R 154/71, BStBl. II 1973, S. 838; *Herlinghaus* in Rödder/Herlinghaus/van Lishaut UmwStG § 20 Rn. 63 (auch zu den Kennzeichen einer solchen Selbständigkeit).
[758] Vgl. *Herlinghaus* in Rödder/Herlinghaus/van Lishaut UmwStG § 20 Rn. 67a m.w.N.
[759] UmwSt-Erlass 2011, Tz. 20.06 i.V.m. Tz. 15.02.
[760] Vgl. Hötzel/Kaeser in FGS/BDI, UmwSt-Erlass 2011, 325.

(3) Mituntemehmeranteil

329 Der Begriff des „Mitunternehmeranteils" i. S. d. § 20 UmwStG ist nicht deckungsgleich mit dem zivilrechtlichen Begriff des Gesellschafts- oder Geschäftsanteils; er umfasst vielmehr jeden Anteil einer natürlichen oder juristischen Person bzw. einer Personengesellschaft an einer Mitunternehmerschaft, welche einen Gewerbebetrieb, die Land- und Forstwirtschaft oder eine freiberufliche Tätigkeit zum Gegenstand hat und mit Gewinnerzielungsabsicht tätig wird.[761] Als Sacheinlagegenstände im Rahmen des § 20 UmwStG kommen daher insbesondere in Frage[762]

- die Beteiligung an einer gewerblich oder freiberuflich tätigen oder einen land- und forstwirtschaftlichen Betrieb unterhaltenden GbR, an einer gewerblich tätigen OHG bzw. als Kommanditist oder Komplementär an einer gewerblich tätigen KG oder GmbH & Co. KG,
- die Beteiligung an einer gewerblich geprägten Personengesellschaft i. S. d. § 15 Abs. 3 Nr. 2 EStG,
- die Beteiligung an einer Innengesellschaft (z. B. atypisch stille Gesellschaft),
- die Beteiligung als persönlich haftender Gesellschafter einer KGaA[763] sowie
- die Beteiligung an einer ausländischen gewerblichen Personengesellschaft (Typenvergleich).

330 Erforderlich ist, dass der Einbringende bezüglich des eingebrachten Anteils Mitunternehmer ist, also Mitunternehmerinitiative entfalten kann und Mitunternehmerrisiko trägt.

331 Die Einbringung eines Mitunternehmeranteils setzt voraus, dass alle zum entsprechenden Anteil gehörenden wesentlichen Betriebsgrundlagen mitübertragen werden, wobei für die Wesentlichkeit wiederum allein die funktionale Betrachtungsweise maßgeblich ist.[764] Zu einem Mitunternehmeranteil gehört neben dem Anteil am Gesellschaftsvermögen (Gesamthandsvermögen) insbesondere auch das sog. „Sonderbetriebsvermögen" des Mitunternehmers, also etwa der Gesellschaft von dem Mitunternehmer zur Nutzung überlassene Wirtschaftsgüter und Darlehen. Soweit es sich bei den Wirtschaftsgütern des Sonderbetriebsvermögens um (funktional) wesentliche Betriebsgrundlagen handelt[765], müssen diese demnach ebenfalls übertragen werden; ansonsten liegt eine nach § 20 UmwStG begünstigte Einbringung nicht vor.[766]

332 Auch die Einbringung des Bruchteils eines Mitunternehmeranteils kann nach § 20 UmwStG begünstigt sein.[767]

333 Da Grundvoraussetzung des § 20 UmwStG das Vorliegen einer offenen Sacheinlage ist, muss die übernehmende KGaA im Zuge der Einlage ihr Kommandit(aktien)kapital erhöhen und die so geschaffenen neuen Aktien an den bzw. die Einbringenden ausgeben. Damit ist erforderlich, dass die Einbringung im Zuge einer Sachgründung, einer Sachkapitalerhöhung in Bezug auf das Kommanditaktienkapital oder aber in Form einer formwechselnden Umwandlung in eine KGaA

---

[761] *Herlinghaus* in Rödder/Herlinghaus/van Lishaut UmwStG § 20 Rn. 83 m. w. N.
[762] *Herlinghaus* in Rödder/Herlinghaus/van Lishaut UmwStG § 20 Rn. 89.
[763] Siehe auch *Patt* in Dötsch/Pung/Möhlenbrock KStG § 20 UmwStG Rn. 117.
[764] Vgl. stellv. *Herlinghaus* in Rödder/Herlinghaus/van Lishaut UmwStG § 20 Rn. 109.
[765] Einzelfälle siehe *Patt* in Dötsch/Pung/Möhlenbrock KStG § 20 UmwStG Rn. 135 f.
[766] Vgl. stellv. *Schmitt* in Schmitt/Hörtnagl/Stratz UmwStG § 20 UmwStG, Rn. 150.
[767] UmwSt-Erlass 2011, Tz. 20.11.

erfolgt. Der Wert der gewährten Beteiligung bzw. die Höhe des Nennbetrags der neu gewährten Anteile ist für die Anwendung von § 20 UmwStG unbeachtlich.[768]

Auch im Rahmen einer Sacheinlage, die in den Anwendungsbereich des § 20 UmwStG fällt, hat die übernehmende KGaA das eingebrachte Vermögen im Grundsatz mit dem gemeinen Wert anzusetzen (vgl. § 20 Abs. 2 Satz 1 UmwStG). Allerdings besitzt die übernehmende KGaA bei Vorliegen gewisser Voraussetzungen (vgl. § 20 Abs. 2 Satz 2 Nrn. 1–3 UmwStG) ein – antragsgebundenes – Wahlrecht, das übertragene Vermögen statt mit dem gemeinen Wert auch mit dem Buchwert oder einem höheren Wert, höchstens jedoch mit dem gemeinen Wert, anzusetzen (§ 20 Abs. 2 Satz 2 UmwStG). Konkret müssen insoweit folgende Voraussetzungen vorliegen: **334**

(1) Das übernommene Betriebsvermögen muss bei der KGaA der Körperschaftsteuer unterliegen (§ 20 Abs. 2 Satz 2 Nr. 1 UmwStG).
   Mit dieser Einschränkung soll verhindert werden, dass eine begünstigte Übertragung auf eine von der Körperschaftsteuer befreite Kapitalgesellschaft stattfindet.[769] Im Fall einer „normal" besteuerten KGaA ist diese Einschränkung demnach ohne Relevanz.
(2) Das Recht Deutschlands auf die Besteuerung des Veräußerungsgewinns des eingebrachten Vermögens darf nicht ausgeschlossen sein (§ 20 Abs. 2 Satz 2 Nr. 3 UmwStG).

Diese Einschränkung betrifft ausschließlich grenzüberschreitende Einbringungsvorgänge und dort im Grundsatz lediglich Einbringungen, bei denen eine ausländische Kapitalgesellschaft aufnehmende Gesellschaft ist.[770] Bei einer Einbringung in eine KGaA mit Ort der Geschäftsleitung in Deutschland ist diese Einschränkung der Steuerneutralität der Einbringung demnach nicht von Relevanz. **335**

Eine weitere Einschränkung des Ansatzwahlrechtes besteht insofern, als nach § 20 Abs. 2 Satz 2 Nr. 2 UmwStG auf Ebene der KGaA die Passivposten des eingebrachten Betriebsvermögens (ohne Berücksichtigung des Eigenkapitals) die Aktivposten nicht übersteigen dürfen. Sofern demnach der Buchwert des übertragenen Betriebsvermögens beim Einbringenden einen negativen Saldo aufweist, besteht in Höhe dieses Saldos ein Zwang zur Buchwertaufstockung auf Ebene der übernehmenden KGaA; die Steuerneutralität der Einbringung ist insoweit ausgeschlossen. **336**

Auch sofern dem Einbringenden im Zuge der Sacheinlage neben Kommanditaktien noch andere Wirtschaftsgüter (etwa in Form einer Darlehensforderung ggü. der übernehmenden Gesellschaft) gewährt werden, besteht eine Beschränkung des Bewertungswahlrechts, da die übernehmende KGaA das eingebrachte Betriebsvermögen mindestens mit dem gemeinen Wert dieser anderen Wirtschaftsgüter anzusetzen hat (§ 20 Abs. 2 Satz 4 UmwStG). Soweit der gemeine Wert der neben den Kommanditaktien gewährten Wirtschaftsgütern die Buchwerte des eingebrachten Betriebsvermögens übersteigt, kann der Wert, mit dem das Betriebsvermögen angesetzt werden soll, nicht frei gewählt werden; vielmehr stellt dann der gemeine Wert der zusätzlich gewährten Wirtschaftsgüter die Untergrenze der Bewertung dar. **337**

---

[768] Vgl. stellv. *Patt* in Dötsch/Pung/Möhlenbrock KStG § 20 UmwStG Rn. 170.
[769] Vgl. *Herlinghaus* in Rödder/Herlinghaus/van Lishaut UmwStG § 20 Rn. 160.
[770] Vgl. auch *Herlinghaus* in Rödder/Herlinghaus/van Lishaut UmwStG § 20 Rn. 168 f.

338 Der Ansatz des eingebrachten Vermögens zum Buch- bzw. Zwischenwert setzt einen entsprechenden Antrag durch die übernehmende KGaA voraus. Da der Grundsatz der Maßgeblichkeit der Handels- für die Steuerbilanz insoweit nicht gilt, kann das Ansatzwahlrecht unabhängig von dem in der Handelsbilanz gewählten Wertansatz wahrgenommen werden.[771] Der Wert, mit dem die KGaA das eingebrachte Betriebsvermögen ansetzt, gilt für den Einbringenden als Veräußerungspreis des eingebrachten Betriebsvermögens (§ 20 Abs. 3 Satz 1 UmwStG). Vor diesem Hintergrund entfaltet der von der KGaA gewählte Wertansatz unmittelbar auch Wirkung für den Einbringenden, da dieser Wertansatz darüber bestimmt, welche steuerlichen Folgen bei dem Einbringenden infolge der Einbringung ausgelöst werden. Damit ist die Einbringung für den Einbringenden nur dann steuerneutral, sofern die übernehmende KGaA den betreffenden Einbringungsgegenstand mit dem Buchwert ansetzt.

339 Der Einbringungsvorgang kann um bis zu acht Monate zurückbezogen werden. Bei einer Einbringung in Form einer Umwandlung nach dem Umwandlungsgesetz ist der Zeitraum ausgehend vom Tag der Anmeldung der Umwandlung beim Handelsregister zu berechnen, bei einer Einbringung in Form einer Sacheinlage ausgehend vom Tag des Abschlusses des Einbringungsvertrag (§ 20 Abs. 6 UmwStG).

340 **bb) Einschränkung durch § 22 UmwStG.** Selbst sofern alle Voraussetzungen für die Anwendung des § 20 UmwStG im Einbringungszeitpunkt vorliegen, steht eine auf Basis des § 20 UmwStG begünstigte Einbringung zum Buch- oder Zwischenwert unter dem Vorbehalt, dass die Regelung des § 22 UmwStG keine Anwendung findet. Gemäß § 22 Abs. 1 UmwStG ist bei einer begünstigten Sacheinlage die Steuerbegünstigung ganz oder teilweise rückwirkend zu versagen, sofern der Einbringende seine Anteile an der KGaA innerhalb eines Zeitraums von sieben Jahren nach der Einbringung veräußert. Der Gesetzgeber will mit dieser Regelung verhindern, dass sich der Einbringende durch Einbringung einer begünstigten betrieblichen Sachgesamtheit in eine Kapitalgesellschaft und anschließender Veräußerung der dabei erhaltenen Anteile eine Verbesserung seines Steuerstatus verschafft, weil er diese Anteile nach § 3 Nr. 40 EStG bzw. nach § 8b Abs. 2 KStG steuerbegünstigt veräußern kann.[772] Vor diesem Hintergrund sieht § 22 Abs. 1 UmwStG vor, dass es für den Fall einer Veräußerung der erhaltenen Anteile durch den Einbringenden innerhalb von sieben Jahren nach der Einbringung auf Ebene des Einbringenden zu einer auf den Einbringungszeitpunkt rückbezogenen Besteuerung eines Einbringungsgewinns (sog. Einbringungsgewinn I) kommt. Der Einbringungsgewinn I ergibt sich dabei aus der Differenz zwischen dem gemeinen Wert des eingebrachten Betriebsvermögens (im Einbringungszeitpunkt) und dem Wert, mit dem das Betriebsvermögen im Rahmen der Einlage angesetzt wurde.[773] Der Einbringungsgewinn I vermindert sich für jedes seit dem Einbringungszeitpunkt abgelaufene Zeitjahr um ein Siebtel. Um eine Umgehung zu verhindern, sind die in § 22 Abs. 1 Satz 6 Nr. 1 bis 6 UmwStG aufgelisteten Ersatzrealisationstatbestände einer (schädlichen) Veräußerung gleichgestellt.

---

[771] Vgl. *Herlinghaus* in Rödder/Herlinghaus/van Lishaut UmwStG § 20 Rn. 147.
[772] Vgl. *Wochinger* in Kraft/Edelmann/Bron UmwStG § 22 Rn. 2.
[773] Vgl. *Wochinger* in Kraft/Edelmann/Bron UmwStG § 22 Rn. 8.

c) Anteilstausch (§ 21 UmwStG)

aa) Grundsätzliches. Sofern Gegenstand der offenen Sacheinlage hingegen Anteile an einer anderen Kapitalgesellschaft sind, findet regelmäßig[774] die Vorschrift des § 21 UmwStG Anwendung. § 21 Abs. 1 Satz 1 UmwStG sieht als Grundfall vor, dass die übernehmende KGaA die eingebrachten Anteile mit dem gemeinen Wert – und damit unter voller Aufdeckung der in den eingebrachten Anteilen enthaltenen stillen Reserven – anzusetzen hat (§ 21 Abs. 1 Satz 1 UmwStG). Dies gilt im Grundsatz für alle Fälle des Anteilstauschs.[775] Sofern allerdings die KGaA nach der Einbringung die Mehrheit der Stimmrechte bei der Kapitalgesellschaft, deren Anteile eingebracht wurden, innehat (sog. qualifizierter Anteilstausch), können die eingebrachten Anteile auf Antrag der KGaA auch mit dem Buchwert oder einem zwischen diesem und dem gemeinen Wert liegenden Wert (Zwischenwert) angesetzt werden (vgl. § 21 Abs. 1 Satz 2 UmwStG), sofern bestimmte Voraussetzungen erfüllt sind.

341

bb) Qualifizierter Anteilstausch. Ein qualifizierter Anteilstausch i. S. d. § 21 Abs. 1 Satz 2 UmwStG liegt vor, wenn die übernehmende KGaA nach der Einbringung unmittelbar über die Mehrheit der Stimmrechte verfügt. Demzufolge ist beispielsweise die Einbringung von stimmrechtslosen Anteilen grundsätzlich nicht privilegiert, selbst wenn diese die Mehrheit des Nennkapitals repräsentieren.

342

Ob die Mehrheit der Stimmrechte vorliegt, bestimmt sich allein nach den Verhältnissen auf Ebene der übernehmenden KGaA. Es ist demnach für Zwecke des § 21 Abs. 1 Satz 2 UmwStG nicht entscheidend, dass die eingebrachten Anteile selbst die Mehrheit der Stimmrechte vermitteln. Die Voraussetzung ist auch erfüllt, wenn die eingebrachten Anteile nur zusammen mit Anteilen, die die übernehmende KGaA bereits vor der Einbringung selbst gehalten hat, die Mehrheit der Stimmrechte vermitteln.[776] Gleiches gilt, wenn eine bereits mehrheitsvermittelnde Beteiligung durch die Einbringung lediglich aufgestockt wird.[777] In diesem Fall ist die Einbringung einer Beteiligung in beliebiger Höhe privilegiert; sogar die Einbringung von stimmrechtslosen Anteilen erfüllt in einem derartigen Fall die Voraussetzungen des qualifizierten Anteilstauschs.[778]

343

Die Einbringung der mehrheitsvermittelnden Anteile muss nicht durch eine einzelne Person erfolgen. Vielmehr liegt ein qualifizierter Anteilstausch auch dann vor, wenn mehrere Personen die fraglichen Anteile einbringen. In einem solchen Fall sind die durch die mehreren Personen bewirkten Einbringungen zumindest dann begünstigt, wenn die Einbringungen auf einem einheitlichen Vorgang be-

344

---

[774] Die Einbringung von Anteilen, die der Regelung des § 20 Abs. 2 Nr. 1 EStG unterliegen – im Grundsatz also die Einbringung von im Privatvermögen gehaltenen Anteilen unterhalb der Beteiligungsgrenze von 1 % –, in eine andere Kapitalgesellschaft gegen Gewährung von Gesellschaftsrechten unterfällt der Regelung des § 20 Abs. 4a EStG.

[775] Vgl. *Rabback* in Rödder/Herlinghaus/van Lishaut UmwStG § 21 Rn. 56.

[776] Vgl. UmwSt-Erlass 2011, Rz. 21.09 (Beispiel c)); *Patt* in Dötsch/Pung/Möhlenbrock KStG § 21 UmwStG Rn. 35; *Rabback* in Rödder/Herlinghaus/van Lishaut UmwStG § 21 Rn. 68.

[777] Vgl. UmwSt-Erlass 2011, Tz. 21.09.

[778] Vgl. *Werner* in Kraft/Edelmann/Bron UmwStG § 21 Rn. 44; *Patt* in Dötsch/Pung/Möhlenbrock KStG § 21 UmwStG Rn. 32.

ruhen,⁷⁷⁹ ihnen also insbesondere ein einheitlicher Gründungs- bzw. Kapitalerhöhungsvorgang zugrunde liegt.

345 Sofern ein qualifizierter Anteilstausch vorliegt, kann die übernehmende KGaA die eingebrachten Anteile auf Antrag mit dem Buchwert oder aber einem höheren Wert, höchstens jedoch mit dem gemeinen Wert ansetzen. Das Wahlrecht kann dabei unabhängig von dem Wertansatz in der Handelsbilanz ausgeübt werden; der Maßgeblichkeitsgrundsatz findet keine Anwendung.⁷⁸⁰

346 Das Bewertungswahlrecht ist jedoch eingeschränkt, wenn dem Einbringenden neben Anteilen noch eine zusätzliche Gegenleistung gewährt wird und der Wert der Gegenleistung den Buchwert der eingebrachten Anteile übersteigt (§ 21 Abs. 1 Satz 3 UmwStG). In diesem Fall hat die übernehmende KGaA die eingebrachten Anteile mindestens mit dem gemeinen Wert der zusätzlich gewährten Gegenleistung anzusetzen.

347 Gemäß § 21 Abs. 2 Satz 1 UmwStG gilt der Wert, mit dem die übernehmende KGaA die eingebrachten Anteile ansetzt, für den Einbringenden grundsätzlich als Veräußerungspreis der eingebrachten Anteile und als Anschaffungskosten der im Rahmen der Einbringung erhaltenen Anteile (Grundsatz der Wertverknüpfung).⁷⁸¹ Sofern die übernehmende KGaA die eingebrachten Anteile mit dem Buchwert ansetzt, ist die Einbringung für den Einbringenden demnach steuerneutral möglich. Soweit § 21 Abs. 2 Satz 2 UmwStG als Ausnahme hiervon unabhängig vom Wertansatz auf Ebene der übernehmenden Gesellschaft eine zwingende Aufdeckung der in den eingebrachten Anteilen enthaltenen stillen Reserven beim Einbringenden zur Folge hat und § 21 Abs. 2 Satz 3 UmwStG hiervon wiederum eine (Rück)Ausnahme bestimmt, betreffen diese Ausnahmen den grenzüberschreitenden (qualifizierten) Anteilstausch aus Deutschland heraus und sind daher für eine Einbringung in eine KGaA mit Ort der Geschäftsleitung in Deutschland nicht relevant.

348 Eine steuerliche Rückbeziehung des Anteilstauschs ist nicht möglich; vielmehr wird der Tauschvorgang wirksam mit Übergang des wirtschaftlichen Eigentums an den eingebrachten Anteilen, spätestens aber mit dem Abschluss des Einbringungsvertrags.

349 **cc) Einschränkung durch § 22 UmwStG.** Auch sofern ein qualifizierter Anteilstausch vorliegt, steht eine privilegierte Einbringung zum Buch- oder einem Zwischenwert unter dem Vorbehalt des § 22 Abs. 2 UmwStG, sofern es sich bei dem Einbringenden um eine Person handelt, bei der der Gewinn aus der Veräußerung der eingebrachten Anteile nicht nach § 8b Abs. 2 KStG steuerfrei möglich gewesen wäre. Erfasst werden demnach insbesondere Einbringungen durch natürliche Personen oder Personengesellschaften, soweit an diesen natürliche Personen beteiligt sind. Handelt es sich bei dem Einbringenden hingegen um eine Kapitalgesellschaft, findet § 22 Abs. 2 UmwStG grundsätzlich keine Anwendung. Gemäß § 22 Abs. 2 UmwStG ist bei einem begünstigten Anteilstausch die Steuerbegünstigung ganz oder teilweise rückwirkend zu versagen, sofern die übernehmende KGaA die eingebrachten Anteile innerhalb eines Zeitraums von sieben Jahren nach

---

⁷⁷⁹ Vgl. UmwSt-Erlass 2011, Tz. 21.09.
⁷⁸⁰ Vgl. UmwSt-Erlass 2011, Tz. 21.11.
⁷⁸¹ Die Einschränkung dieser Wertverknüpfung durch die Regelung des § 21 Abs. 2 Satz 2 UmwStG findet bei einer Einbringung in eine inländische KGaA keine Anwendung.

der Einbringung veräußert. Im Falle einer solchen Veräußerung sieht § 22 Abs. 2 UmwStG vor, dass es auf Ebene des Einbringenden zu einer auf den Einbringungszeitpunkt rückbezogenen Besteuerung eines Einbringungsgewinns (sog. Einbringungsgewinn II) kommt. Da die Veräußerung der eingebrachten Anteile durch die aufnehmende KGaA sanktioniert ist, die Steuerfolgen daraus aber insbesondere auf Ebene des Einbringenden zu ziehen sind, kommt es zu einer echten steuerlichen Drittwirkung. Der Einbringungsgewinn II ergibt sich aus der Differenz zwischen dem gemeinen Wert der eingebrachten Anteile (im Einbringungszeitpunkt) und dem Wert, mit dem die Anteile im Rahmen der Einlage angesetzt wurden. Der Einbringungsgewinn II vermindert sich für jedes seit dem Einbringungszeitpunkt abgelaufene Zeitjahr um ein Siebtel. Einer (schädlichen) Veräußerung gleichgestellt sind die in § 22 Abs. 1 Satz 6 Nr. 1 bis 6 UmwStG aufgelisteten Ersatzrealisationstatbestände, die für Zwecke des § 22 Abs. 2 UmwStG analog anzuwenden sind (vgl. § 22 Abs. 2 Satz 5 UmwStG).

d) Sacheinlage außerhalb der Regelungen des UmwStG. Sofern die Sacheinlage nicht auf Basis der Regelungen des UmwStG erfolgt, ist dies auf Ebene des Einbringenden regelmäßig nicht steuerneutral möglich: 350

(1) Offene Sacheinlage in das Kommanditkapital

Die Einbringung von Wirtschaftsgütern des Betriebsvermögens gegen Gewährung von neuen Aktien an der aufnehmenden KGaA (tauschähnlicher Vorgang) führt zu einer steuerpflichtigen Gewinn in Höhe der in den eingebrachten Wirtschaftsgütern ruhenden stillen Reserven; die erlangten Gesellschaftsanteile sind mit dem gemeinen Wert der eingebrachten Wirtschaftsgüter zu aktivieren (§ 6 Abs. 6 Satz 1 EStG). 351

Auch die Einbringung einzelner Wirtschaftsgüter aus dem Privatvermögen gegen Gewährung von neuen Aktien an der aufnehmenden KGaA kann als tauschähnlicher Vorgang beim Einbringenden steuerliche Folgen auslösen. Dies ist allerdings nur dann der Fall, sofern die eingebrachten Wirtschaftsgüter bei dem Einbringenden steuerlich verstrickt waren (z. B. nach § 17 EStG, § 20 Abs. 2 EStG oder § 23 EStG). 352

(2) Verdeckte Sacheinlage

Sofern ein Kommanditaktionär eine verdeckte Sacheinlage, also eine Einlage ohne Einräumung neuer Anteile durch die aufnehmende KGaA, vornimmt, so ergeben sich daraus bei ihm nur dann steuerliche Folgen, soweit dies ausdrücklich gesetzlich bestimmt ist, da eine verdeckte Einlage in eine Kapitalgesellschaft grundsätzlich ein unentgeltlicher Vorgang ist, der nicht zu einer (steuerpflichtigen) Realisation der stillen Reserven in dem eingelegten Wirtschaftsgut führt.[782] Ausdrückliche gesetzliche Regelungen, die die steuerpflichtige Realisierung der stillen Reserven im Falle der verdeckten Einlage in eine Kapitalgesellschaft anordnen, finden sich beispielsweise in § 6 Abs. 6 Satz 2 EStG für Wirtschaftsgüter des Betriebsvermögens oder in § 17 Abs. 1 Satz 2 EStG für wesentliche Beteiligungen an Kapitalgesellschaften. 353

---

[782] Vgl. BFH v. 20.5.1997 – VIII B 108/96 = DStRE 1997, S. 798.

2. Sacheinlage in das Komplementärkapital

354 **a) Grundsätzliches.** Während die Einbringung einer begünstigten Sachgesamtheit (Betrieb, Teilbetrieb, Mitunternehmeranteil) in das Kommanditkapital nach einhelliger Auffassung in der Kommentarliteratur der Regelung des § 20 UmwStG unterfällt, wird die gleiche Frage bei einer Einlage in die Vermögenseinlage des Komplementärs unterschiedlich beantwortet:
(1) Nach der wohl überwiegenden Auffassung findet insoweit die Regelung des § 24 UmwStG (analog) Anwendung.[783] Dies dürfte auch die Auffassung des BFH zu sein.[784]
(2) Nach anderer Auffassung führt der Umstand, dass der persönlich haftende Gesellschafter lediglich „wie" ein Mitunternehmer behandelt wird, dazu, dass auch eine Sacheinlage auf das Komplementärkapital der KGaA in den Anwendungsbereich des § 20 UmwStG fällt, weil die KGaA eine Kapitalgesellschaft ist und dem Einbringenden daher auch insoweit ein Anteil einer Kapitalgesellschaft gewährt wird.[785]

355 Auch hier zeigt sich das Fehlen abschließender Regelungen zur steuerlichen Behandlung der KGaA. Sofern man wie der BFH[786] die Stellung des persönlich Haftenden im Ergebnis als der Stellung eines atypisch stillen Gesellschafters vergleichbar erachtet, liegt allerdings die Anwendung des § 24 UmwStG nahe.[787]

356 **b) Anwendung des § 24 UmwStG.** Ebenso wie die Regelung des § 20 UmwStG setzt § 24 UmwStG zweierlei voraus:
(1) Gegenstand der Einbringung muss ein Betrieb, Teilbetrieb oder ein Anteil an einer Mitunternehmerschaft sein. Zu den diesbezüglich jeweils bestehenden Voraussetzungen kann auf die vorstehenden Ausführungen zur Anwendung des § 20 UmwStG verwiesen werden.[788] Im Rahmen des § 24 UmwStG zusätzlich begünstigt ist nach Auffassung der Finanzverwaltung[789] wie auch der einhelligen Auffassung in der Literatur[790] die Einbringung einer 100 %-igen Beteiligung an einer Kapitalgesellschaft.
(2) Die Einbringung muss gegen Einräumung einer Mitunternehmerstellung erfolgen. Im Fall einer Personengesellschaft bedeutet dies, dass der Einbringende entweder (neuer) Mitunternehmer bei der aufnehmenden Personengesellschaft werden muss oder aber, sofern der Einbringende bereits Mitunternehmer bei der aufnehmenden Personengesellschaft war, dass seine (mitunternehmerische) Beteiligung infolge der Sacheinlage erweitert werden muss.[791] Dem Einbrin-

---

[783] Vgl. *Patt* in Dötsch/Pung/Möhlenbrock KStG § 24 UmwStG Rn. 37; *Rödder* in Müller/Rödder Beck'sches HdB der AG § 13 Rn. 710.
[784] Vgl. BFH v. 16.4.2010 – IV B 94/09, BFH/NV 2010, S. 1272.
[785] *Rasche* in Rödder/van Lishaut/Herlinghaus UmwStG § 24 Rz. 49.
[786] So der BFH in seinem grundlegenden Urteil v. 21.6.1998 – X R 14/88, BStBl. II 1998, S. 881.
[787] Vgl. stellv. zur Anwendung des § 24 UmwStG bei der Begründung einer atypisch stillen Gesellschaft *Patt* in Dötsch/Pung/Möhlenbrock KStG § 24 UmwStG Rn. 36.
[788] Siehe § 11 Rn. 321.
[789] UmwSt-Erlass 2011, Tz. 24.02.
[790] Stellv. *Rasche* in Rödder/Herlinghaus/van Lishaut UmwStG § 24 Rn. 42.
[791] Vgl. stellv. UmwSt-Erlass 2011, Tz. 24.07.

genden müssen demnach (neue) Gesellschaftsrechte gewährt werden. Übertragen auf die Sacheinlage in das Vermögenseinlage des Komplementärs einer KGaA bedeutet dies, dass dem Einbringenden im Zuge der Einbringung entweder die Stellung als Komplementär der KGaA neu eingeräumt werden oder aber dass die Einbringung mit einer Erhöhung der bereits bestehenden Vermögenseinlage des Komplementärs verbunden sein muss.

Eine Mindestbeteiligung sieht die Regelung des § 24 UmwStG nicht vor, so dass die Einräumung bzw. Erhöhung der Vermögenseinlage auch nur in geringem Umfang ausreichend ist.[792] **357**

Sofern die Voraussetzungen von § 24 UmwStG vorliegen, hat die übernehmende KGaA ein Wahlrecht, das eingebrachte Betriebsvermögen neben seinem gemeinen Wert auch mit seinem Buchwert oder auch einem höheren Wert anzusetzen (§ 24 Abs. 2 Satz 2 UmwStG). Voraussetzung ist allerdings insoweit, dass das inländische Besteuerungsrecht hinsichtlich des Einbringungsgegenstands nicht ausgeschlossen oder beschränkt ist (§ 24 Abs. 2 Satz 2 UmwStG), eine Voraussetzung, die bei der Einbringung in eine KGaA mit Ort der Geschäftsleitung in Deutschland stets gegeben ist. Demnach ist das Bewertungswahlrecht in diesen Fällen nicht eingeschränkt. **358**

Der Wert, mit dem die KGaA das eingebrachte Betriebsvermögen ansetzt, gilt für den Einbringenden als Veräußerungspreis des eingebrachten Betriebsvermögens (§ 24 Abs. 3 Satz 1 UmwStG). **359**

Erfolgt die Einbringung in Form einer Umwandlung nach dem Umwandlungsgesetz in Gesamtrechtsnachfolge, kann die Einbringung um bis zu acht Monate, gerechnet vom Tag der Anmeldung der Umwandlung beim Handelsregister rückbezogen werden; liegt keine Umwandlung nach dem Umwandlungsgesetz vor, ist eine Rückbeziehung ausgeschlossen. **360**

III. Verschmelzung einer Kapitalgesellschaft auf eine KGaA

Dem Charakter der KGaA als steuerrechtliches Hybrid entsprechend, liegt im Falle der Verschmelzung einer KGaA mit einer anderen Kapitalgesellschaft nach der hier vertretenen Ansicht ebenfalls eine Mischumwandlung vor. Daher ist hinsichtlich der anwendbaren Regelungen des Umwandlungssteuergesetzes in Bezug auf den aktienrechtlichen Teil und den personengesellschaftsrechtliche Teil der KGaA wie folgt zu differenzieren: **361**
(1) Soweit bei der übernehmenden KGaA der aktienrechtliche Teil betroffen ist, finden die Regelungen der §§ 11–13 UmwStG Anwendung.
(2) Soweit hingegen der personengesellschaftsrechtliche Teil betroffen ist, also im Zuge der Verschmelzung ein persönlich haftender Gesellschafter mit einer Vermögenseinlage beteiligt wird, finden die Regelungen der §§ 3 f. UmwStG Anwendung.

Hinsichtlich des Maßstabs der insoweit erforderlichen Aufteilung sei auf § 11 Rn. 317 verwiesen. **362**

---

[792] Vgl. *Schmitt* in Schmitt/Hörtnagl/Stratz UmwStG § 24 UmwStG Rn. 135 m.w.N.

1. Anwendung der §§ 11–13 UmwStG

363 **a) Grundsätzliches.** Während § 11 UmwStG die Wertansätze in der steuerlichen Schlussbilanz der übertragenden Gesellschaft regelt und damit die steuerlichen Aspekte auf Ebene der übertragenden Kapitalgesellschaft zum Inhalt hat, enthält § 12 UmwStG die steuerlichen Folgen auf Ebene der übernehmenden Kapitalgesellschaft. Die Regelung des § 13 UmwStG betrifft wiederum die steuerlichen Folgen auf Ebene der Gesellschafter der übertragenden Gesellschaft (soweit die Gesellschafterebene von der Verschmelzung betroffen ist).

364 **b) Wertansätze in der steuerlichen Schlussbilanz der übertragenden Kapitalgesellschaft (§ 11 UmwStG).** Jede übertragende Kapitalgesellschaft ist nach § 11 Abs. 1 Satz 1 UmwStG zur Erstellung einer steuerlichen Schlussbilanz auf den steuerlichen Übertragungsstichtag verpflichtet. Dies gilt grundsätzlich auch dann, wenn es sich bei der übertragenden Gesellschaft um eine ausländische Gesellschaft handelt.[793] Stichtag für die Schlussbilanz ist der steuerliche Übertragungsstichtag; dieser entspricht dem Stichtag der handelsrechtlichen Schlussbilanz.[794] Da das Registergericht nach § 17 Abs. 2 UmwG eine Verschmelzung nur eintragen darf, wenn die handelsrechtliche Schlussbilanz auf einen höchstens acht Monate vor der Anmeldung der Verschmelzung beim Handelsregister liegenden Stichtag aufgestellt worden ist, kann auch der steuerliche Übertragungsstichtag und damit auch der Stichtag der steuerlichen Schlussbilanz maximal acht Monate, gerechnet vom Tag der Anmeldung, rückbezogen werden.

365 *Beispiel:*
Sofern die Verschmelzung bis spätestens am 31. August eines Jahres angemeldet wird, kann die Verschmelzung auf den 31. Dezember des Vorjahres rückbezogen werden; die handelsrechtliche sowie die steuerliche Schlussbilanz der übertragenden Gesellschaft wären dann auf diesen Stichtag aufzustellen.

366 Gemäß § 11 Abs. 1 UmwStG hat die übertragende Kapitalgesellschaft die übergehenden (aktiven und passiven) Wirtschaftsgüter in der steuerlichen Schlussbilanz mit ihren gemeinen Werten, die den Verkehrswerten entsprechen, anzusetzen[795], so dass die bestehenden stillen Reserven im Regelfall steuerpflichtig aufzudecken sind.

367 Auf Antrag kann die übertragende Kapitalgesellschaft die Wirtschaftsgüter jedoch auch (steuerneutral) zu Buchwerten oder aber zu einem höheren Zwischenwert ansetzen (§ 11 Abs. 2 Satz 1 UmwStG). Das Bewertungswahlrecht besteht dabei unabhängig von den in der handelsrechtlichen Schlussbilanz angesetzten Werten; das Prinzip der Maßgeblichkeit der handelsrechtlichen Wertansätze für die Steuerbilanz gilt insoweit nicht.[796] Allerdings ist das steuerliche Bewertungs-

---

[793] Vgl. *Dötsch* in Dötsch/Pung/Möhlenbrock KStG § 11 UmwStG Rn. 13.
[794] UmwSt-Erlass 2011, Tz. 02.02.
[795] Eine Ausnahme gilt allerdings für Pensionsverpflichtungen; diese sind qua ausdrücklicher gesetzlicher Regelung mit ihrem Wert nach § 6a EStG anzusetzen, so dass die darin ruhenden stillen Lasten nicht aufgedeckt werden können.
[796] Vgl. *Rödder* in Rödder/Herlinghaus/van Lishaut UmwStG § 11 Rn. 161.

wahlrecht an die (kumulative) Erfüllung der nachfolgenden Voraussetzungen geknüpft:

(1) Es muss sichergestellt sein, dass die übergehenden Wirtschaftsgüter bei der **368** übernehmenden KGaA der Besteuerung mit Körperschaftsteuer unterliegen (§ 11 Abs. 2 Satz 1 Nr. 1 UmwStG).

Diese Voraussetzung ist insbesondere dann nicht erfüllt, wenn die übernehmende Kapitalgesellschaft von der Körperschaftsteuer befreit ist.[797] Soweit im Fall einer KGaA als übernehmender Gesellschaft die übergehenden Wirtschaftsgüter nach der Verschmelzung dem (am Vermögen der KGaA beteiligten) persönlich haftenden Gesellschafter zuzurechnen sind und es sich bei diesem etwa um eine natürliche Person handelt, so dass diese bei ihm zwar der Einkommensteuer, nicht aber der Körperschaftsteuer unterliegen, ist die Voraussetzung u. E. nicht maßgeblich, da insoweit – entsprechend dem Charakter als Mischumwandlung – nicht § 11 UmwStG, sondern § 3 UmwStG Anwendung findet.[798]

(2) Das Recht Deutschlands hinsichtlich der Besteuerung des Gewinns aus der **369** Veräußerung der übergehenden Wirtschaftsgüter darf nicht ausgeschlossen oder beschränkt sein (§ 11 Abs. 2 Satz 1 Nr. 2 UmwStG).

Diese Voraussetzung soll einer steuerbegünstigten „Entstrickung" der im Inland steuerlich verhafteten stillen Reserven entgegen wirken. Zu einer Beschränkung des Ansatzwahlrechtes aufgrund dieser Voraussetzung kann es demnach nur insoweit kommen, als zuvor ein entsprechendes deutsches Besteuerungsrecht bestanden hat, welches infolge der Verschmelzung ausgeschlossen oder eingeschränkt wird. Dabei kommt es im Übrigen nur auf die Körperschaftsteuer, nicht aber auf die Gewerbesteuer an[799], so dass eine Entstrickung allein in gewerbesteuerlicher Hinsicht zu keiner Einschränkung des Bewertungswahlrechts führt.

Eine Entstrickung kann es im Grundsatz nur bei einer Verschmelzung einer in- **370** ländischen Kapitalgesellschaft auf eine ausländische Kapitalgesellschaft mit Sitz und Ort der Geschäftsleitung in einem EU-Mitgliedstaat oder einem EWR-Staat geben (sog. „Herausverschmelzung"), nicht aber bei einer Verschmelzung auf eine KGaA mit Ort der Geschäftsleitung in Deutschland.[800] Eine Entstrickung als Folge einer Herausverschmelzung resultiert insbesondere, soweit die betreffenden übergehenden Wirtschaftsgüter nach der Verschmelzung keiner inländischen Betriebsstätte der übernehmenden Kapitalgesellschaft mehr zuzurechnen sind. Das Ansatzwahlrecht ist dann allerdings nur bezüglich der Wirtschaftsgüter ausgeschlossen, bezüglich derer die Verschmelzung tatsächlich zu einer Beschränkung bzw. zu einem Ausschluss des deutschen Besteuerungsrechts führt; bezüglich der (übergehenden) Wirtschaftsgüter, für die das nicht gilt, besteht keine Einschränkung des Bewertungswahlrechts.[801]

---

[797] Vgl. *Rödder* in Rödder/Herlinghaus/van Lishaut UmwStG § 11 Rn. 105.
[798] Vgl. auch *Rödder* in Rödder/Herlinghaus/van Lishaut UmwStG § 11 Rn. 111.
[799] Vgl. *Rödder* in Rödder/Herlinghaus/van Lishaut UmwStG § 11 Rn. 118; UmwSt-Erlass 2011, Tz. 11.09, 03.18.
[800] Siehe auch die Fallübersichten bei *Dötsch* in Dötsch/Pung/Möhlenbrock KStG § 11 UmwStG Rn. 64 sowie *Rödder* in Rödder/Herlinghaus/van Lishaut UmwStG § 11 Rn. 125 f.
[801] Vgl. auch *Rödder* in Rödder/Herlinghaus/van Lishaut UmwStG § 11 Rn. 157.

371 (3) Eine Gegenleistung wird nicht gewährt oder besteht in Gesellschaftsrechten (§ 11 Abs. 2 Satz 1 Nr. 3 UmwStG).

372 Bei den unschädlich zu gewährenden Gesellschaftsrechten muss es sich um solche der übernehmenden KGaA handeln; Empfänger müssen die bisherigen Gesellschafter der übertragenden Kapitalgesellschaft sein.[802] Soweit im Rahmen einer Verschmelzung eine Gegenleistung gewährt wird, die diese Voraussetzungen nicht erfüllt, ist ein Buchwertansatz in der steuerlichen Schlussbilanz der übertragenden Kapitalgesellschaft ausgeschlossen. Die Buchwerte der übergehenden Wirtschaftsgüter sind dann in der steuerlichen Schlussbilanz anteilig entsprechend aufzustocken. Dabei ist die Gegenleistung gleichmäßig im Verhältnis der gemeinen Werte aller übergehenden Wirtschaftsgüter auf diese zu verteilen.[803] In Höhe der Differenz zwischen dem Wert der Gegenleistung und den auf die Gegenleistung entfallenden (anteiligen) Buchwerten der übergehenden Wirtschaftsgüter ergibt sich ein Übertragungsgewinn.[804]

373 Eine nicht in Gesellschaftsrechten bestehende schädliche Gegenleistung liegt dabei insbesondere vor, sofern die Gesellschafter[805] der übertragenden Kapitalgesellschaft von der übernehmenden KGaA etwa eine bare Zuzahlung erhalten oder aber ihnen andere Vermögenswerte gewährt werden. Unter die Regelung des § 11 Abs. 2 Satz 1 Nr. 3 UmwStG fallen nur Zahlungen/Gegenleistungen an Gesellschafter der übertragenden Gesellschaft, die an der Verschmelzung teilnehmen, also Kommanditaktionäre der übernehmenden KGaA werden. Eine schädliche Gegenleistung liegt demnach nicht vor, wenn die übernehmende KGaA der Verschmelzung widersprechende Gesellschafter (der übertragenden Gesellschaft) nach § 29 UmwG in bar abfindet.[806]

374 Soweit entsprechend der vorstehenden Grundsätze das Bewertungswahlrecht eröffnet ist, kann die übertragende Kapitalgesellschaft die übergehenden (aktiven und passiven) Wirtschaftsgüter mit dem Buchwert oder einem darüber liegenden Zwischenwert ansetzen. Obergrenze ist der gemeine Wert. Bei Ansatz des Buchwerts ist die Verschmelzung auf Ebene der übertragenden Kapitalgesellschaft steuerneutral möglich, während es bei Ansatz eines Zwischenwertes zu einer partiellen Aufdeckung der stillen Reserven kommt. Die Antragstellung auf Fortführung des Buchwerts oder Ansatz eines Zwischenwerts kann nur einheitlich erfolgen, d.h. die Wirtschaftsgüter können entweder mit dem Buchwert oder einem (einheitlichen) Zwischenwert angesetzt werden. Eine selektive Aufstockung einzelner Wirtschaftsgüter ist nicht möglich.[807] Dem steht nicht entgegen, dass einzelne Wirtschaftsgüter ggf. mit dem gemeinen Wert angesetzt werden müssen, weil wirtschaftsgutbezogen die Voraussetzungen für das Bewertungswahlrecht nicht erfüllt sind.

375 Soweit die übergehenden Wirtschaftsgüter in der Schlussbilanz mit einem über dem Buchwert liegenden Wert angesetzt werden bzw. anzusetzen sind, entsteht auf Ebene der übertragenden Gesellschaft ein Übertragungsgewinn, welcher

---

[802] Vgl. *Dötsch* in Dötsch/Pung/Möhlenbrock KStG § 11 UmwStG Rn. 68.
[803] *Rödder* in Rödder/Herlinghaus/van Lishaut UmwStG § 11 Rn. 147.
[804] UmwSt-Erlass 2011, Tz. 11.10, 03.22.
[805] Oder auch Personen, die Gesellschaftern der übertragenden Gesellschaft nahestehen.
[806] Vgl. UmwSt-Erlass 2011, Tz. 11.10, 03.22; *Rödder* in Rödder/Herlinghaus/van Lishaut UmwStG § 11, Rn. 146.
[807] Vgl. *Rödder* in Rödder/Herlinghaus/van Lishaut UmwStG § 11 Rn. 157.

grundsätzlich steuerpflichtig ist, sofern nicht eine Verrechnung mit bei der Gesellschaft bestehenden laufenden Verlusten und Verlustvorträgen erfolgen kann.

c) Ebene der übernehmenden KGaA. Die übernehmende KGaA hat die 376
auf sie übergehenden Wirtschaftsgüter gemäß § 12 Abs. 1 Satz 1 UmwStG grundsätzlich mit dem in der steuerlichen Schlussbilanz der übertragenden Gesellschaft angesetzten Wert zu übernehmen. Es besteht insoweit eine zwingende steuerliche Wertverknüpfung. Dies gilt im Übrigen auch bei der Verschmelzung einer ausländischen Kapitalgesellschaft aus einem EU-Mitgliedsstaat bzw. EWR-Staat auf eine deutsche KGaA („Hereinverschmelzung"). Wie vorstehend bereits erwähnt, hat in diesem Fall auch die ausländische Gesellschaft eine Schlussbilanz gemäß § 11 UmwStG aufzustellen, auch soweit die übergehenden Wirtschaftsgüter (noch) nicht der deutschen Besteuerung unterliegen.

Auf Ebene der übernehmenden KGaA ergibt sich gemäß § 12 Abs. 2 Satz 1 377
UmwStG infolge der Verschmelzung ein Übernahmegewinn oder Übernahmeverlust, der sich ermittelt als Differenz zwischen dem Wert, mit dem die übergehenden Wirtschaftsgüter zu übernehmen sind und dem Buchwert der Anteile an der übertragenden Kapitalgesellschaft. Zwar ist strittig, ob ein solches Übernahmeergebnis tatsächlich in allen Fällen (insbesondere etwa im Fall einer Seitwärts-Verschmelzung zweier Schwestergesellschaften) zu ermitteln ist; jedoch hat diese Frage im Wesentlichen nur Bedeutung für die Frage der (steuerlichen) Abzugsfähigkeit der Umwandlungskosten[808], da § 12 Abs. 2 Satz 1 UmwStG zugleich anordnet, dass ein derartig ermittelter Übernahmegewinn bzw. -verlust außer Ansatz bleibt. Sofern im Falle einer KGaA mit am Vermögen beteiligtem Komplementär eine Mischumwandlung vorliegt, ist u. E. das Übernahmeergebnis nur anteilig in dem Umfang zu ermitteln, in dem die Regelungen der §§ 11–13 UmwStG Anwendung finden.[809]

Darüber hinaus ordnet allerdings § 12 Abs. 2 Satz 2 UmwStG die Anwendung 378
der Regelungen des § 8b KStG auf einen entstehenden Übernahmegewinn an, soweit dieser (abzüglich der anteilig darauf entfallenden Umwandlungskosten) dem Anteil der übernehmenden an der übertragenden Kapitalgesellschaft entspricht; d. h. soweit die übernehmende Kapitalgesellschaft am Nennkapital der übertragenden Kapitalgesellschaft beteiligt ist, findet die 5 %-ige Pauschalierung des § 8b Abs. 3 KStG Anwendung, so dass der Übernahmegewinn entsprechend § 8b Abs. 2 KStG nur zu 95 % steuerbefreit ist. Sofern allerdings die Voraussetzungen des § 8b Abs. 7 bzw. Abs. 8 KStG vorliegen, soll der Übernahmegewinn nach – umstrittener[810] – Auffassung insbesondere auch der Finanzverwaltung vollumfänglich der Besteuerung unterliegen.[811] Wie der Übernahmegewinn gemäß § 12 Abs. 2 Satz 2 UmwStG konkret zu ermitteln ist, ist nicht abschließend geklärt.[812] Auch hier wiederum gilt bei einer KGaA mit am Vermögen beteiligtem Komplementär, dass der Übernahmegewinn gemäß § 12 Abs. 2 Satz 2 UmwStG nur anteilig zu ermitteln ist.

---

[808] *Rödder* in Rödder/Herlinghaus/van Lishaut UmwStG § 12 Rn. 64b.
[809] Zur Frage, nach welchem Maßstab diese Aufteilung zu erfolgen hat, siehe vorstehend § 11 Rn. 317.
[810] Vgl. *Rödder* in Rödder/Herlinghaus/van Lishaut UmwStG § 12 Rn. 89.
[811] Vgl. *Dötsch* in Dötsch/Pung/Möhlenbrock KStG § 12 UmwStG Rn. 47.
[812] Vgl. *Rödder* in Rödder/Herlinghaus/van Lishaut UmwStG § 12 Rn. 84a.

379 Die KGaA tritt – soweit § 12 UmwStG auf die Verschmelzung Anwendung findet – grundsätzlich in die steuerliche Rechtsstellung der übertragenden Kapitalgesellschaft ein (§ 12 Abs. 3 UmwStG). Dies gilt insbesondere bezüglich der Bewertung der übernommenen Wirtschaftsgüter, der Absetzungen für Abnutzung und der den steuerlichen Gewinn mindernden Rücklagen sowie auch der Anrechnung von Vorbesitzzeiten, soweit die Dauer der Zugehörigkeit zum Betriebsvermögen für die Besteuerung von Bedeutung ist.[813] Kein Eintritt in die Rechtsstellung findet allerdings hinsichtlich verbleibender Verluste und Verlustvorträge der übertragenden Kapitalgesellschaft statt; diese gehen nicht auf die KGaA über, sondern – soweit sie auf Ebene der übertragenden Kapitalgesellschaft nicht mehr genutzt werden können – unter.

380 Sofern die Verschmelzung zum Erlöschen von Forderungen und Verbindlichkeiten führt, weil die übertragende Kapitalgesellschaft eine Forderung gegen die übernehmende KGaA hatte (oder auch umgekehrt), führt dies auf Ebene der KGaA für den Fall zu einem steuerpflichtigen Konfusionsgewinn (sog. „Übernahmefolgegewinn"), wenn die Forderung bei der die Forderung innehabenden Gesellschaft (insbesondere aufgrund einer Teilwertabschreibung in der Vergangenheit) unter ihrem Nennwert bilanziert war. Nach Auffassung von Vertretern der Finanzverwaltung soll ein infolge der Umwandlung entstehender Konfusionsgewinn auch dann (vollumfänglich) steuerpflichtig sein, wenn sich die Abschreibung des Darlehens steuerlich nicht ausgewirkt hat (etwa aufgrund der Regelungen des § 8b Abs. 3 Sätze 3 und 5 KStG).[814] Soweit die übernehmende KGaA an der übertragenden Kapitalgesellschaft beteiligt war, kann der Übernahmefolgegewinn (anteilig) durch die Bildung einer Rücklage neutralisiert werden, die jedoch in den der Bildung folgenden drei Wirtschaftsjahren mit mindestens einem Drittel gewinnerhöhend aufzulösen ist (§ 12 Abs. 4 i. V. m. § 6 UmwStG).

381 **d) Ebene der Gesellschafter der übertragenden Kapitalgesellschaft.** Die steuerlichen Folgen für die Gesellschafter der übertragenden Gesellschaft, die im Zuge der Verschmelzung Kommanditaktionäre der KGaA werden, sind in § 13 UmwStG geregelt. § 13 UmwStG findet dabei insbesondere Anwendung im Fall einer Seitwärtsverschmelzung (zweier Schwestergesellschaften) sowie einer Abwärtsverschmelzung einer Mutter- auf ihre Tochtergesellschaft. Dies gilt bei einer Seitwärtsverschmelzung auch dann, wenn eine Kapitalerhöhung bei der übernehmenden KGaA etwa nach § 68 Abs. 1 Satz 3 UmwG unterbleibt.[815] § 13 UmwStG findet allerdings keine Anwendung im Fall der Verschmelzung einer 100 %-igen Tochtergesellschaft auf ihre Muttergesellschaft, da diese Verschmelzung die Ebene der Anteilseigner der Muttergesellschaft unberührt lässt. Ebenso wenig relevant ist § 13 UmwStG, soweit Deutschland in Bezug auf die Anteile an der übertragenden Gesellschaft kein Besteuerungsrecht hat, insbesondere weil die betreffenden Gesellschafter nicht in Deutschland, sondern im Ausland ansässig sind.[816]

382 Sofern die Gesellschafter der übertragenden Gesellschaft auch Kommanditaktionäre der KGaA werden, findet bei ihnen ein Tausch der Anteile an der übertra-

---

[813] Vgl. im Einzelnen *Rödder* in Rödder/Herlinghaus/van Lishaut UmwStG § 12 Rn. 98 f.; *Dötsch* in Dötsch/Pung/Möhlenbrock KStG § 12 UmwStG Rn. 53 f.
[814] Vgl. *Dötsch* in Dötsch/Pung/Möhlenbrock KStG § 12 UmwStG Rn. 66.
[815] Vgl. *Neumann* in Rödder/Herlinghaus/van Lishaut UmwStG § 13 Rn. 8.
[816] Vgl. *Dötsch* in Dötsch/Pung/Möhlenbrock KStG § 13 UmwStG Rn. 12.

genden Kapitalgesellschaft gegen die Kommanditaktien statt. Dieser Tausch stellt im Grundsatz einen steuerpflichtigen Vorgang dar. Entsprechend bestimmt § 13 Abs. 1 UmwStG, dass die Anteile an der übertragenden Gesellschaft als zum gemeinen Wert[817] (und damit unter Aufdeckung ihrer stillen Reserven) als veräußert und die an ihre Stelle tretenden Anteile an der übernehmenden KGaA als mit diesem Wert angeschafft gelten. Im Gegensatz zu der Ebene der an der Verschmelzung beteiligten Gesellschaften kann dieser Tauschvorgang nicht rückbezogen werden; die Regelung des § 2 UmwStG findet insoweit keine Anwendung.[818] Realisationszeitpunkt für den Tausch ist vielmehr der Zeitpunkt der Eintragung der Verschmelzung im Handelsregister.[819]

Ungeachtet des Grundsatzes des § 13 Abs. 1 UmwStG, dass der sich im Zuge der Verschmelzung ergebende Anteiltausch zu einer steuerpflichtigen Aufdeckung der in den Anteilen ruhenden stillen Reserven führt, wird dem betroffenen Gesellschafter durch § 13 Abs. 2 Satz 1 UmwStG ermöglicht, die (untergehenden) Anteile an der übertragenden Gesellschaft auf Antrag mit dem Buchwert bzw. den Anschaffungskosten[820] anzusetzen und damit einen steuerpflichtigen Realisationsvorgang i.S.d. § 13 Abs. 1 UmwStG zu vermeiden. Das – antragsgebundene – Ansatzwahlrecht des § 13 Abs. 2 UmwStG, das jedem Gesellschafter gesondert zusteht, kann allerdings von dem betreffenden Gesellschafter nur in Anspruch genommen werden, sofern eine der beiden folgenden Voraussetzungen erfüllt ist: 383

(1) Das Recht Deutschlands hinsichtlich der Besteuerung des Gewinns aus der Veräußerung der Anteile an der übernehmenden Gesellschaft darf nicht ausgeschlossen oder beschränkt werden (§ 13 Abs. 2 Satz 1 Nr. 1 UmwStG). 384

Eine Beschränkung bzw. ein Ausschluss des deutschen Besteuerungsrechts ist nur denkbar bei Verschmelzungen mit Auslandsbezug. Allerdings liegen bei einer Verschmelzung von Inlandsgesellschaften die Voraussetzungen für die Buchwertfortführung auch insoweit vor, als an der übertragenden Gesellschaft ausländische Gesellschafter beteiligt sind.[821] 385

Ein Ausschluss bzw. eine Beschränkung des deutschen Besteuerungsrechts kann dabei nur eintreten, sofern an den Anteilen an der übertragenden Gesellschaft ein Besteuerungsrecht bestanden hat, also der betreffende Gesellschafter in Deutschland mit diesen Anteilen zumindest der beschränkten Steuerpflicht unterlegen hat und das Besteuerungsrecht Deutschlands auch nicht durch ein Doppelbesteuerungsabkommen ausgeschlossen war.[822] 386

(2) Artikel 8 der Fusionsrichtlinie (Richtlinie 90/434/EWG) ist anzuwenden (§ 13 Abs. 2 Satz 1 Nr. 2 UmwStG). 387

Diese Voraussetzung ist insoweit eine Art „Auffangtatbestand", als sie nur dann zum Tragen kommt, sofern die Voraussetzung des § 13 Abs. 2 Satz 1 Nr. 1 UmwStG nicht erfüllt ist, die Verschmelzung also einen Ausschluss oder eine 388

---

[817] Der gemeine Wert der Anteile an der übertragenden Gesellschaft ist dabei nach § 11 BewG zu ermitteln.
[818] Vgl. *Neumann* in Rödder/Herlinghaus/van Lishaut UmwStG § 13 Rn. 20; *Dötsch* in Dötsch/Pung/Möhlenbrock KStG § 13 UmwStG Rn. 25.
[819] Vgl. auch BFH v. 14.3.2006 – VIII R 49/04, BStBl. II 2006, S. 746.
[820] Der Ansatz von zwischen dem Buchwert/den Anschaffungskosten und dem gemeinen Wert der Anteile liegenden Zwischenwert wird durch § 13 Abs. 2 UmwStG nicht eröffnet.
[821] *Dötsch* in Dötsch/Pung/Möhlenbrock KStG § 13 UmwStG Rn. 40.
[822] Vgl. *Edelmann* in Kraft/Edelmann/Bron UmwStG § 13 Rn. 73.

Werner

Beschränkung des deutschen Besteuerungsrechtes zur Folge hat. Eine Buchwertfortführung ist demnach auch bei Verlust bzw. Beschränkung des deutschen Besteuerungsrechts möglich, wenn sowohl die übertragende wie auch die übernehmende Kapitalgesellschaft in einem Mitgliedstaat der EU (einschließlich Deutschland) ansässig sind.[823] Allerdings sieht § 13 Abs. 2 Satz 1 Nr. 2 Satz 2 UmwStG vor, dass Deutschland den Gewinn aus einer späteren Veräußerung der Anteile ungeachtet der Bestimmungen eines Doppelbesteuerungsabkommens in der gleichen Art und Weise besteuert, wie die Veräußerung der Anteile an der übertragenden Gesellschaft zu besteuern gewesen wäre.[824]

389 Sofern bei Vorliegen der vorstehenden Voraussetzungen die Fortführung der Buchwerte bzw. der Anschaffungskosten beantragt wird, treten die im Zuge der Verschmelzung gewährten Anteile an der übernehmenden Gesellschaft an die Stelle der Anteile an der übertragenden Gesellschaft, so dass es zu einer Verlagerung der steuerlichen Merkmale auf die Anteile an der übernehmenden Gesellschaft kommt (sog. „Fußstapfentheorie").[825]

2. Anwendung der §§ 3 ff.

390 Soweit im Zuge der Verschmelzung einer Kapitalgesellschaft auf eine KGaA Gesellschafter der übertragenden Kapitalgesellschaft Komplementäre der KGaA werden und die im Wege der Verschmelzung übergehenden Wirtschaftsgüter daher deren Vermögenseinlage bei der KGaA „speisen", finden hingegen die Regelungen der §§ 3 ff. UmwStG Anwendung.

391 Dabei gilt im Überblick Folgendes:
- § 3 UmwStG regelt die Wertansätze in der von der Kapitalgesellschaft aufzustellenden (umwandlungs)steuerlichen Schlussbilanz.
- Die §§ 4, 5 und 7 UmwStG enthalten die steuerlichen Folgen der Umwandlung auf Ebene der Anteilseigner der (umgewandelten) Kapitalgesellschaft sowie der übernehmenden Gesellschaft.

392 **a) Ebene der übertragenden Kapitalgesellschaft.** Gemäß § 3 Abs. 1 UmwStG hat die (übertragende) Kapitalgesellschaft die übergehenden Wirtschaftsgüter in der aufzustellenden steuerlichen Schlussbilanz grundsätzlich mit ihren gemeinen Werten anzusetzen, so dass die bestehenden stillen Reserven steuerpflichtig aufzudecken sind. Auf Antrag kann die Kapitalgesellschaft die Wirtschaftsgüter auch (steuerneutral) zu Buchwerten oder aber zu einem höheren Zwischenwert ansetzen, soweit

- die übertragenen Wirtschaftsgüter Betriebsvermögen der übernehmenden Personengesellschaft werden und sichergestellt ist, dass sie später der Besteuerung mit Einkommen- oder Körperschaftsteuer unterliegen,
- das Recht Deutschlands hinsichtlich der Besteuerung des Gewinns aus der Veräußerung der sich im Betriebsvermögen der formgewechselten Gesellschaft befindlichen Wirtschaftsgüter bei den Gesellschaftern der Personengesellschaft nicht ausgeschlossen oder beschränkt wird und

---

[823] *Dötsch* in Dötsch/Pung/Möhlenbrock KStG § 13 UmwStG Rn. 50.
[824] *Dötsch* in Dötsch/Pung/Möhlenbrock KStG § 13 UmwStG Rn. 55.
[825] Zu den Folgen im Einzelnen vgl. UmwSt-Erlass 2011, Tz. 13.11.

- eine Gegenleistung nicht gewährt wird oder in Gesellschaftsrechten besteht.

Diese Voraussetzungen sind bei einer Verschmelzung auf eine KGaA mit Ort der Geschäftsleitung im Inland regelmäßig erfüllt, so dass die Verschmelzung auf Ebene der übertragenden Kapitalgesellschaft im Grundsatz steuerneutral durchgeführt werden kann. Dies gilt auch dann, wenn der zukünftige Komplementär im Ausland ansässig ist, soweit Deutschland in diesem Fall das Besteuerungsrecht auch abkommensrechtlich zusteht.[826]

b) Ebene der Gesellschafter. Gemäß § 7 UmwStG werden im Ergebnis die auf Ebene der übertragenden Kapitalgesellschaft bestehenden und den zukünftigen Komplementären zuzurechnenden offenen Rücklagen (demnach die bislang thesaurierten, nicht ausgeschütteten Gewinne), basierend auf der steuerlichen Übertragungsbilanz, diesen Gesellschaftern im Zuge der Umwandlung als Einnahmen aus Kapitalvermögen i. S. d. § 20 Abs. 1 Nr. 1 EStG zugerechnet („Ausschüttungsfiktion"). Die Ausschüttungsfiktion trägt dem Umstand Rechnung, dass die thesaurierten Gewinne durch die betreffenden Gesellschafter nach der Verschmelzung in ihrer Eigenschaft als persönlich haftender Gesellschafter der KGaA ohne weitere Steuerbelastung entnommen werden können.

Aufgrund der grundsätzlichen Qualifizierung als Einnahmen i. S. d. § 20 Abs. 1 Nr. 1 EStG unterliegen die (fiktiven) Bezüge i. S. d. § 7 UmwStG auch dem Kapitalertragsteuerabzug gemäß § 43 Abs. 1 Satz 1 Nr. 1 EStG (KapESt-Satz grundsätzlich 25 % zzgl. SolZ), so dass es im Zuge der fiktiven Ausschüttung zu einer entsprechenden Liquiditätsbelastung kommt. Die Kapitalertragsteuer wirkt wie eine Vorauszahlung der Einkommensteuer bei den betreffenden Gesellschaftern und führt dementsprechend nicht zu einer zusätzlichen steuerlichen Belastung.

Soweit es sich bei den Kommanditaktionären um natürliche Personen handelt, unterliegen die fiktiven Bezüge i. S. d. § 7 UmwStG entsprechend dem Teileinkünfteverfahren grundsätzlich zu 60% der Besteuerung. Dies gilt allerdings nicht für Gesellschafter, die nicht i. S. d. § 17 EStG an der formgewechselten Gesellschaft beteiligt waren; diese unterliegen mit ihren Bezügen gemäß § 7 UmwStG vielmehr der Abgeltungsteuer (25 % zzgl. SolZ). Die Bezüge i. S. d. § 7 UmwStG gelten mit Ablauf des – regelmäßig rückbezogenen – steuerlichen Übertragungsstichtags[827] als zugeflossen.

Über die (fiktive) Zuweisung der offenen Rücklagen nach § 7 UmwStG hinaus ist im Rahmen Umwandlung grundsätzlich noch ein Übernahmeergebnis (Übernahmegewinn bzw. -verlust) in Höhe der Differenz zwischen dem Wert, mit dem die übergehenden Wirtschaftsgüter in der steuerlichen Schlussbilanz der KGaA angesetzt wurden, und dem Wert, mit dem die Anteile an KGaA auf Ebene von deren Gesellschaftern bilanziert waren, bzw. den (individuellen) Anschaffungskosten für die Anteile zu ermitteln.

Hinweis:
Für Gesellschafter, die nicht i. S. d. § 17 EStG an der formgewechselten Gesellschaft beteiligt waren, ist allerdings kein solches Übernahmeergebnis zu ermitteln. Für diese sind die nachfolgenden Ausführungen nicht relevant.

---

[826] Strittig; bejahend noch BFH v. 17.10.1990 – I R 16/89, BStBl. II 1991, S. 211.
[827] Der steuerliche Übertragungsstichtag fällt mit dem Stichtag der aufzustellenden steuerlichen Schlussbilanz zusammen.

399 Das solchermaßen ermittelte Übernahmeergebnis ist entsprechend um die offenen Rücklagen, für die die Ausschüttungsfiktion des § 7 UmwStG Anwendung findet, zu reduzieren (vgl. § 4 Abs. 5 Satz 2 UmwStG):
- Ermittelt sich ein Übernahme*verlust* und handelt es sich bei den Gesellschaftern um natürliche Personen (oder um Personengesellschaften, soweit an diesen natürliche Personen beteiligt sind), ist der Übernahmeverlust zu 60% einkommensmindernd, höchstens jedoch in Höhe von 60% der nach § 7 UmwStG fiktiv zugerechneten offenen Rücklagen zu berücksichtigen.
- Ein Übernahme*gewinn* unterliegt hingegen auf Ebene der Gesellschafter der Besteuerung. Soweit es sich bei den Gesellschaftern um natürliche Personen handelt, unterliegt der Übernahmegewinn zu 60% der Besteuerung.

400 *Hinweis:*
Aufgrund der Nichtberücksichtigung der offenen Rücklagen im Rahmen der Übernahmeergebnisermittlung kommt es allerdings regelmäßig nicht zur Entstehung eines Übernahmegewinns, sofern auf Ebene der formwechselnden Gesellschaft in der für steuerliche Zecke aufzustellenden Übertragungsbilanz (zulässigerweise) die Buchwerte angesetzt werden.

IV. Verschmelzung einer KGaA auf eine Kapitalgesellschaft

401 Auch bei Verschmelzung einer KGaA auf eine andere Kapitalgesellschaft ist hinsichtlich der anzuwendenden umwandlungssteuerlichen Regelungen zu differenzieren:
(1) Soweit bei der übertragenden KGaA der aktienrechtliche Teil betroffen ist, finden die Regelungen der §§ 11–13 UmwStG Anwendung.
(2) Soweit hingegen ein am Vermögen der übertragenden KGaA beteiligter Komplementär Gesellschafter der übernehmenden Kapitalgesellschaft wird, kommt die Regelung des § 20 UmwStG zur Anwendung.

402 Grundsätzlich kann insofern auf § 11 Rn. 363 f. (§§ 11–13 UmwStG) bzw. § 11 Rn. 320 (§ 20 UmwStG) verwiesen werden. Hinsichtlich des Maßstabs der insoweit für die Anwendung der beiden Regelungsbereiche erforderlichen Aufteilung des Vermögens der KGaA sei auf § 11 Rn. 317 verwiesen.

V. Formwechsel einer Kapitalgesellschaft in eine KGaA und umgekehrt

403 Da der Formwechsel einer Kapitalgesellschaft in eine Kapitalgesellschaft anderer Rechtsform ertragsteuerlich ein Nullum ist und insoweit auch aus steuerlicher Sicht weder eine Vermögensübertragung stattfindet noch eine solche fingiert wird (wie etwa beim Formwechsel einer Kapital- in eine Personengesellschaft und umgekehrt), finden die Regelungen des Umwandlungssteuergesetzes keine Anwendung. Für den Fall des Formwechsels einer Kapitalgesellschaft in eine KGaA bedeutet dies, dass das Umwandlungssteuergesetz ebenfalls keine Anwendung findet, soweit der aktienrechtliche Teil der KGaA betroffen ist, sondern dass insoweit der Formwechsel steuerlich unbeachtlich ist. Soweit hingegen ein am Vermögen der übertragenden KGaA beteiligter Komplementär beteiligt ist, finden die Regelungen des § 25 i.V.m. § 20 UmwStG (Formwechsel einer KGaA) bzw. §§ 3 ff. UmwStG (Formwechsel in eine KGaA) Anwendung.

VI. Spaltung einer KGaA

1. Grundsätzliches

Bei einer Spaltung muss hinsichtlich der umwandlungssteuerlichen Aspekte grundsätzlich zwischen den einzelnen Spaltungsarten unterschieden werden: **404**
(1) Die steuerlichen Folgen der Aufspaltung sowie der Abspaltung einer Kapitalgesellschaft richten sich nach den Regelungen der §§ 11–13 UmwStG, soweit sich nicht aus § 15 UmwStG etwas anderes ergibt. Bei Auf- bzw. Abspaltung aus einer Personengesellschaft (Mitunternehmerschaft) kommt hingegen § 24 UmwStG zur Anwendung, sofern aufnehmender Rechtsträger ebenfalls eine Personengesellschaft ist, bei einer Kapitalgesellschaft als aufnehmendem Rechtsträger hingegen § 20 UmwStG.
(2) Die Ausgliederung wird steuerlich hingegen wie eine Einbringung behandelt, wobei sich die anzuwendenden umwandlungssteuerlichen Vorschriften allein nach der Rechtsform des aufnehmenden Rechtsträgers richten, wohingegen die Rechtsform des ausgliedernden Rechtsträgers irrelevant ist:
– Sofern aufnehmende Gesellschaft eine Kapitalgesellschaft ist, finden die Regelungen des § 20 bzw. des § 21 UmwStG Anwendung.
– Sofern aufnehmende Gesellschaft hingegen eine Personengesellschaft ist, kommt § 24 UmwStG zur Anwendung.

Hinsichtlich der umwandlungssteuerlichen Aspekte kann demnach auf die entsprechenden Ausführungen in § 11 Rn. 320 f. (Ausgliederung auf eine Kapitalgesellschaft) bzw. § 11 Rn. 354 f. (Ausgliederung auf eine Personengesellschaft) verwiesen werden. **405**

2. Ab- bzw. Aufspaltung einer KGaA

a) Grundsätzliches. Hinsichtlich der bei der Auf- bzw. Abspaltung einer KGaA anzuwendenden umwandlungssteuerlichen Vorschriften ist wiederum wie folgt zu unterscheiden: **406**
(1) Soweit bei der übertragenden KGaA der aktienrechtliche Teil betroffen ist, finden die Regelungen des §§ 11–13 sowie des § 15 UmwStG Anwendung.
(2) Soweit hingegen der personengesellschaftliche Teil betroffen ist, findet bei einer Kapitalgesellschaft als aufnehmendem Rechtsträger § 20 UmwStG Anwendung; wird hingegen auf eine Personengesellschaft ab- oder aufgespalten, kommt § 24 UmwStG zur Anwendung. Insoweit kann auf die Ausführungen in § 11 Rn. 320 f. (§ 20 UmwStG) bzw. in § 11 Rn. 354 f. (§ 24 UmwStG) verwiesen werden.

Hinsichtlich des Maßstabs der insoweit für die Anwendung der beiden Regelungsbereiche erforderlichen Aufteilung des Vermögens der KGaA sei auf § 11 Rn. 317 verwiesen. **407**

408 **b) Anwendung der §§ 11–13 sowie des § 15 UmwStG.** Wie bereits erwähnt, verweist § 15 UmwStG im Grundsatz auf die Regelungen der §§ 11–13 UmwStG, so dass die für die Verschmelzung von Kapitalgesellschaften geltenden Regelungen entsprechend Anwendung finden:

409 (1) Die sich spaltende KGaA hat die im Rahmen der Spaltung übergehenden (aktiven und passiven) Wirtschaftsgüter in der steuerlichen Schlussbilanz grundsätzlich mit ihren gemeinen Werten, die den Verkehrswerten entsprechen, anzusetzen (vgl. § 11 Abs. 1 UmwStG), so dass die stillen Reserven steuerpflichtig aufzudecken sind. Auf Antrag kann die KGaA die Wirtschaftsgüter jedoch auch (steuerneutral) zu Buchwerten oder aber zu einem höheren Zwischenwert ansetzen, wobei dieses Bewertungswahlrecht an die (kumulative) Erfüllung der nachfolgenden Voraussetzungen geknüpft ist (vgl. § 11 Abs. 2 UmwStG):
– Es muss sichergestellt sein, dass die übergehenden Wirtschaftsgüter bei der übernehmenden Kapitalgesellschaft der Besteuerung mit Körperschaftsteuer unterliegen.
– Das Recht Deutschlands hinsichtlich der Besteuerung des Gewinns aus der Veräußerung der übergehenden Wirtschaftsgüter darf nicht ausgeschlossen oder beschränkt sein.
– Eine Gegenleistung wird nicht gewährt oder besteht in Gesellschaftsrechten.

410 Hinsichtlich der bezüglich der einzelnen Voraussetzungen geltenden Einzelheiten kann auf die Ausführungen in § 11 Rn. 364 f. verwiesen werden.

411 Im Fall einer Abspaltung ist zu beachten, dass sich die Bewertungsregelungen des § 11 UmwStG nicht auf das gesamte Betriebsvermögen der übertragenden Gesellschaft erstrecken, sondern nur auf die Wirtschaftsgüter, die im Zuge der Abspaltung übertragen werden. Hinsichtlich des verbleibenden Vermögens sind hingegen die Buchwerte zwingend fortzuführen.[828]

412 (2) Die übernehmende Gesellschaft hat die in der Schlussbilanz der übertragenden Gesellschaft angesetzten Buchwerte fortzuführen (§ 12 Abs. 1 UmwStG). Zudem tritt die übernehmende Gesellschaft hinsichtlich des übertragenen Vermögens in die (steuerliche) Rechtsstellung ein.

413 (3) Soweit die Ebene der Kommanditaktionäre der zu spaltenden KGaA durch die Spaltung berührt wird[829], findet bei diesen insoweit ein Tausch von Anteilen statt, als diese im Zuge der Spaltung (auch) Anteile an der bzw. den übernehmenden Gesellschaften erhalten. Insoweit die Aktionäre im Falle einer Abspaltung ihre Anteile an der übertragenden KGaA behalten, erfolgt allerdings kein vollständiger Anteilstausch, so dass § 13 UmwStG nur anteilig entsprechend anzuwenden ist.[830] Der Anteilstausch führt im Grundsatz zu einer (steuerpflichtigen) Aufdeckung der in den Anteilen enthaltenen stillen Reserven, was sich in der Grundregel des § 13 Abs. 1 UmwStG niederschlägt, der bestimmt, dass die Anteile an der übertragenden Gesellschaft als zum gemeinen Wert als veräußert und die an ihre Stelle tretenden Anteile an der bzw. den übernehmenden Gesellschaften als mit diesem Wert angeschafft gelten. Auf Antrag können jedoch die Buchwerte bzw. Anschaffungskosten angesetzt werden (vgl. § 13 Abs. 2 UmwStG), sofern

---
[828] Vgl. *Schumacher* in Rödder/Herlinghaus/van Lishaut UmwStG § 15 Rn. 77.
[829] Dies ist beispielsweise nicht der Fall bei einer sog. up-stream Abspaltung von Teilen des Vermögens der Tochtergesellschaft auf ihre einzige Muttergesellschaft.
[830] Vgl. *Dötsch/Pung* in Dötsch/Pung/Möhlenbrock KStG § 15 UmwStG Rn. 243.

– das Recht Deutschlands hinsichtlich der Besteuerung des Gewinns aus der Veräußerung der Anteile an der bzw. den übernehmenden Gesellschaften nicht ausgeschlossen oder beschränkt wird oder
– Artikel 8 der Fusionsrichtlinie anzuwenden ist.

Da die Kommanditaktionäre der sich spaltenden KGaA im Zuge der Spaltung Anteile an mindestens zwei Gesellschaften erhalten, ist der Wert der Anteile aufzuteilen. Der Aufteilung ist grundsätzlich das Umtauschverhältnis der Anteile im Spaltungs- oder Übernahmevertrag oder im Spaltungsplan zugrunde zu legen; sofern dies nicht möglich ist, ist die Aufteilung im Verhältnis des gemeinen Wertes der durch die Spaltung getrennten (Teil)Betriebsvermögen vorzunehmen.[831] **414**

Die Regelung des § 15 UmwStG enthält über den Verweis auf die Regelungen der §§ 11–13 UmwStG hinaus weitere Voraussetzungen, die für eine vollumfänglich steuerbegünstigte Auf- oder Abspaltung erfüllt sein müssen. Wesentlich ist hier insbesondere das Teilbetriebserfordernis: Im Fall einer Abspaltung muss ein Teilbetrieb auf die übernehmende Kapitalgesellschaft übertragen werden und auf Ebene der sich spaltenden Gesellschaft auch ein Teilbetrieb zurückbleiben; im Fall der Aufspaltung muss das übertragene Vermögen jeweils (mindestens) einen Teilbetrieb bilden, d. h. auch insofern müssen mindestens zwei Teilbetriebe vorhanden sein („doppeltes Teilbetriebserfordernis"). **415**

Hinsichtlich der Definition des „Teilbetriebs" kann grundsätzlich auf die Ausführungen zum Teilbetrieb in § 11 Rn. 326 verwiesen werden. Insbesondere liegt ein Teilbetrieb nur vor, wenn diesem auch alle (funktional) wesentlichen Betriebsgrundlagen zugeordnet werden. Nach – umstrittener[832] – Auffassung der Finanzverwaltung sind darüber hinaus auch die nach wirtschaftlichen Zusammenhängen zuordenbaren (aktiven und passiven) Wirtschaftsgüter mit zu übertragen.[833] Sofern Wirtschaftsgüter vorhanden sind, die für mindestens zwei Teilbetriebe, die im Zuge der Spaltung getrennt werden sollen, eine wesentlichen Betriebsgrundlage darstellen, so steht dies zwar im Grundsatz der Annahme mehrerer selbständiger Teilbetriebe nicht entgegen; jedoch stellen diese im Hinblick auf das Zuordnungserfordernis ein Spaltungshindernis dar.[834] Im Falle eines von mehreren Teilbetrieben genutzten Grundstücks fordert die Finanzverwaltung, dass dieses bis zum Zeitpunkt des Spaltungsbeschlusses geteilt wird; nur sofern die Teilung unzumutbar ist, soll aus Billigkeitsgründen eine ideelle Teilung (Bruchteilseigentum) im Verhältnis der tatsächlichen Nutzung nach der Spaltung ausreichend sein.[835] **416**

Gemäß § 15 Abs. 1 Satz 3 UmwStG gelten auch ein Anteil an einer Mitunternehmerschaft sowie eine 100 %-ige Beteiligung an einer Kapitalgesellschaft als Teilbetrieb für Zwecke des § 15 UmwStG (sog. fiktive Teilbetriebe). Dabei liegt im Falle eines Mitunternehmeranteils ein begünstigter Teilbetrieb nur vor, wenn auch die wesentlichen Betriebsgrundlagen des Sonderbetriebsvermögens das „Schicksal" des Teilbetriebs teilen, diese also etwa auf die übernehmende Gesellschaft mit übertragen werden. Eine 100 %-ige Beteiligung an einer Kapitalgesellschaft soll hingegen nach Auffassung der Finanzverwaltung dann keinen fiktiven Teilbetrieb **417**

---

[831] UmwSt-Erlass 2011, Tz. 15.43.
[832] Vgl. *Schumacher* in Rödder/Herlinghaus/van Lishaut UmwStG § 15 Rn. 152.
[833] UmwSt-Erlass 2011, Tz. 15.02.
[834] Vgl. *Schumacher* in Rödder/Herlinghaus/van Lishaut UmwStG § 15 Rn. 146.
[835] UmwSt-Erlass 2011, Tz. 15.08.

darstellen, sofern sie als funktional wesentliche Betriebsgrundlage eines Teilbetriebs qualifiziert.[836]

418 Sofern das doppelte Teilbetriebserfordernis nicht erfüllt ist, bleiben die §§ 11–13 UmwStG trotzdem anwendbar, allerdings mit Ausnahme der Regelungen des § 11 Abs. 2 UmwStG sowie des § 13 Abs. 2 UmwStG. Die Spaltung kann daher auf Ebene der zu spaltenden Gesellschaft nur unter Aufdeckung der stillen Reserven in dem zu übertragenden Vermögen vollzogen werden; zugleich sind – soweit die Kommanditaktionäre der sich spaltenden KGaA Anteile an der bzw. den aufnehmenden Gesellschaften erhalten – im Zuge des daraus resultierenden Anteilstausches die in den Anteilen an der übertragenden KGaA enthaltenen stillen Reserven (partiell) aufzudecken.

419 Trotz Vorliegens der Teilbetriebsvoraussetzung des § 15 Abs. 1 UmwStG ist jedoch gemäß § 15 Abs. 2 UmwStG auf Ebene der sich spaltenden KGaA eine Spaltung zu Buch- oder Zwischenwerten nicht möglich, sofern einer der nachfolgenden (Missbrauchs-)Tatbestände erfüllt ist:

- Ein fiktiver Teilbetrieb (Mitunternehmeranteil, 100 %-ige Beteiligung an einer Kapitalgesellschaft) wurde innerhalb eines Zeitraums von drei Jahren vor dem steuerlichen Umwandlungsstichtag durch die Übertragung von Wirtschaftsgütern, die keinen Teilbetrieb darstellen, erworben oder aufgestockt.[837]
- Durch die Spaltung werden die Voraussetzungen für eine Veräußerung an außenstehende Personen geschaffen, wobei dies dann anzunehmen ist, sofern innerhalb von fünf Jahren nach dem steuerlichen Übertragungsstichtag Anteile an den an der Spaltung beteiligten Gesellschaften (sowohl übertragende Gesellschaft als auch aufnehmende Gesellschaft(en)), die wertmäßig mindestens 20 % des Wertes der übertragenden Gesellschaft am Spaltungsstichtag ausmachen, an Dritte veräußert werden.[838]
- Die Spaltung führt zu einer Trennung von Gesellschafterstämmen, wobei die Beteiligungen an der übertragenden Gesellschaft noch nicht mindestens fünf Jahre vor dem steuerlichen Übertragungsstichtag bestanden haben.[839]

VII. Umwandlung einer KGaA in eine Personengesellschaft

420 Die Umwandlung einer KGaA in eine Personengesellschaft (Mitunternehmerschaft) kann sich insbesondere in Form einer Verschmelzung auf eine bestehende Personengesellschaft oder in Form eines Formwechsels der KGaA vollziehen.

421 Dem Charakter der KGaA als steuerrechtliches Hybrid entsprechend, ist bei der Umwandlung einer KGaA in eine Personengesellschaft in Bezug auf den aktienrechtlichen Teil und den personengesellschaftsrechtliche Teil der KGaA hinsichtlich der anwendbaren Regelungen des Umwandlungssteuergesetzes zu differenzieren:

---

[836] UmwSt-Erlass 2011, Tz. 15.06.
[837] Zu den Einzelheiten hierzu vgl. bspw. *Dötsch/Pung* in Dötsch/Pung/Möhlenbrock KStG § 15 UmwStG Rn. 100 f.
[838] Zu den Einzelheiten hierzu vgl. bspw. *Dötsch/Pung* in Dötsch/Pung/Möhlenbrock KStG § 15 UmwStG Rn. 120 f.
[839] Zu den Einzelheiten hierzu vgl. bspw. *Dötsch/Pung* in Dötsch/Pung/Möhlenbrock KStG § 15 UmwStG Rn. 185 f.

(1) Soweit der aktienrechtliche Teil betroffen ist, finden die Regelungen der §§ 3–9 UmwStG Anwendung. Hinsichtlich der diesbezüglich geltenden Grundsätze kann auf die Ausführungen in § 11 Rn. 390 f. verwiesen werden.
(2) Soweit hingegen der personengesellschaftsrechtliche Teil betroffen ist, kommt die Regelung des § 24 UmwStG zur Anwendung. Hierzu kann auf die Ausführungen in § 11 Rn. 356 f. verwiesen werden.

Im Fall eines Formwechsels ist der Vorgang hingegen aufgrund dessen, dass der Komplementär „wie ein Mitunternehmer" behandelt wird, wie der Formwechsel einer Personengesellschaft in eine Personengesellschaft anderer Rechtsform steuerlich unbeachtlich; soweit der Komplementär betroffen ist, bedarf es daher zur „Herstellung" der Steuerneutralität des Formwechsels keiner Regelung des Umwandlungssteuergesetzes.

VIII. Umwandlung einer Personengesellschaft in eine KGaA

Die Umwandlung einer Personengesellschaft (Mitunternehmerschaft) in eine KGaA kann sich insbesondere in Form einer Verschmelzung auf eine bestehende KGaA oder in Form eines Formwechsels der Personengesellschaft vollziehen. **422**

Bei der Umwandlung einer Personengesellschaft (Mitunternehmerschaft) auf eine KGaA ist wie folgt zu differenzieren: **423**

(3) Soweit bei der übernehmenden KGaA der aktienrechtliche Teil betroffen ist, finden die Regelungen des § 20 UmwStG Anwendung. Insofern kann auf die die Ausführungen in § 11 Rn. 322 f. verwiesen werden. Gleiches gilt, wenn die Umwandlung in Form der sog. „erweiterten Anwachsung" (Anwachsungsmodell) erfolgt.
(4) Soweit hingegen der personengesellschaftsrechtliche Teil betroffen ist, also im Zuge der Verschmelzung ein persönlich haftender Gesellschafter mit einer Vermögenseinlage beteiligt wird, finden die Regelungen des § 24 UmwStG Anwendung (zu den Einzelheiten siehe die Ausführungen in § 11 Rn. 356 f.

Im Fall eines Formwechsels ist der Vorgang hingegen aufgrund dessen, dass der Komplementär „wie ein Mitunternehmer" behandelt wird, wie der Formwechsel einer Personengesellschaft in eine Personengesellschaft anderer Rechtsform steuerlich unbeachtlich; soweit Gesellschafter der Personengesellschaft Komplementäre der KGaA werden, bedarf es daher zur „Herstellung" der Steuerneutralität des Formwechsels keiner Regelung des Umwandlungssteuergesetzes.

IX. Grunderwerbsteuerliche Aspekte

Sofern anlässlich der Umwandlung der KGaA oder bei einer Umwandlung auf eine KGaA Grundstücke auf den übernehmenden Rechtsträger übergehen, also ein Rechtsträgerwechsel stattfindet, so löst dies Grunderwerbsteuer aus, soweit nicht im Einzelfall die steuerlichen Vergünstigungsregelungen der §§ 5, 6 GrEStG (bei Übertragung eines Grundstücks durch Gesamthänder auf eine Gesamthand bzw. von einer Gesamthand auf Gesamthänder) oder § 6a GrEStG (Umstrukturierungen im Konzern) Anwendung finden. **424**

Werner

425 Ungeachtet dessen, dass der Komplementär ertragsteuerlich „wie ein Mitunternehmer" behandelt wird, ist die KGaA keine Gesamthand i.S.d. Grunderwerbsteuerrechts.[840] Insofern finden die Vergünstigungen der §§ 5 und 6 GrEStG auf einen sich im Rahmen einer Umwandlung vollziehenden Erwerb von Grundstücken von oder durch die KGaA selbst keine Anwendung.

426 Ein Formwechsel einer KGaA in eine andere Rechtsform wie auch ein Formwechsel in eine KGaA löst keine Grunderwerbsteuer aus, sofern sich im Vermögen der formwechselnden Gesellschaft Grundstücke befinden; insofern fehlt es an dem für die Steuerbarkeit vorausgesetzten Rechtsträgerwechsel.[841] Auch sofern die formwechselnde Gesellschaft Anteile an anderen grundstückshaltenden Gesellschaften (Kapital- oder Personengesellschaften) hält, wird infolge des Formwechsels keine Grunderwerbsteuer ausgelöst.[842]

---

[840] Vgl. BFH v. 27.4.2005 – II B 76/04, BFH/NV 2005, S. 1627.
[841] Vgl. *Pahlke* GrEStG § 1 Rn. 23 m.w.N.
[842] Vgl. *Pahlke* GrEStG § 1 Rn. 294 (zur Anwendung von § 1 Abs. 2a GrEStG).

Werner

§ 12 Die KGaA im Konzern

Übersicht

	Rn.
A. Einleitung	1
B. Die KGaA als verbundenes Unternehmen	2
I. Konzernrechtliche Grundbegriffe	2
II. Vertragskonzernrecht	8
1. Zustimmung der Kommanditaktionäre und weitere Anforderungen	9
2. Zustimmung sämtlicher persönlich haftender Gesellschafter	13
3. Änderung des Unternehmensvertrages	17
4. Aufhebung und Kündigung eines Unternehmensvertrages	19
5. Übergang der Leitungsmacht auf das herrschende Unternehmen	20
6. Haftung des herrschenden Unternehmens und dessen gesetzlicher Vertreter	21
7. Haftung des beherrschten Unternehmens und dessen gesetzlicher Vertreter	23
III. Faktischer Konzern	24
1. Unternehmensbegriff	24
2. Abhängigkeit nach § 17 AktG	25
3. Folgen faktischer Konzernierung im Überblick	29
4. „Qualifiziert faktischer KGaA-Konzern"	33
IV. Eingliederung und Squeeze-Out	37
1. Eingliederung	37
2. Squeeze-Out	39
C. Konzernrechtliche Behandlung der Kapitalgesellschaft & Co. KGaA	40
D. Mitteilungspflichten nach §§ 20 f. AktG	43
I. Mitteilungspflichten gegenüber der KGaA nach §§ 278 Abs. 3, 20 AktG	45
II. Mitteilungspflichten der KGaA nach §§ 278 Abs. 3, 21 AktG	50
E. Besonderheiten bei der Konzernrechnungslegung	51

Literatur: *Altmeppen:* Grundlegend Neues zum „qualifiziert faktischen" Konzern und zum Gläubigerschutz in der Einmann-GmbH, ZIP 2001, 1837; *Baums:* Ausschluss von Minderheitsaktionären nach § 327a ff. AktG n. F., WM 2001, 1843; *Bayer:* Der an der Tochter beteiligte Mehrheitsgesellschafter der Mutter: herrschendes Unternehmen?, ZGR 2002, 933; *Bitter:* Der Anfang vom Ende des „qualifiziert faktischen GmbH-Konzerns", WM 2001, 2133; *Ehricke/Roth:* Squeeze-Out im geplanten deutschen Übernahmerecht, DStR 2001, 1120; *Göbel:* Mehrheitsentscheidungen in Personengesellschaften: Bestimmtheitsgrundsatz, materielle Beschlusskontrolle und Kernbereich der Mitgliedschaft, Berlin 1992; *Habersack:* Trihotel – Das Ende der Debatte?, ZGR 2008, 533; *Halm:* „Squeeze-Out" heute und morgen: Eine Bestandsaufnahme nach dem künftigen Übernahmerecht, NZG 2000, 1162; *Hommelhoff:* Rechtliche Überlegungen zur Vorbereitung der GmbH auf das Bilanzrichtlinien-Gesetz, WPg 1984, 629; *Kallmeyer:* Ausschluss von Minderheitsaktionären, AG 2000, 59; *Krause:* Zum beherrschenden Einfluss des Komplementärs in der KGaA, GS Winter, 2011, S. 351; *Kort:* Anwendung der Grundsätze der fehlerhaften Gesellschaft auf einen „verdeckten" Beherrschungsvertrag?, NZG 2009, 364; *Lutter:* Verfassungsrechtliche Grenzen der Mehrheitsherrschaft nach dem Recht der Kapitalgesellschaften, AG 1968, 73; *Lutter/Banerjea:* Die Haftung wegen Existenzvernichtung, ZGR 2003, 402; *Möller/Pötzsch:* Das neue Übernahmerecht – Der Regierungsentwurf vom 11.7.2001, ZIP 2001, 1256; *Paefgen:* Existenzvernichtungshaftung nach Gesellschaftsdeliktsrecht, DB 2007, 1907; *Pfeiffer:* Die KGaA im Eingliederungskonzern, Der Konzern 2006, 122; *K. Schmidt:* Gesellschafterhaftung und „Konzernhaftung" bei der GmbH – Bemerkungen zum „Bremer Vulkan"-Urteil des BGH vom 17.9.2001, NJW 2001, 3577; *U. H. Schneider:* Die Personengesellschaft als verbundenes Unternehmen, ZGR 1975, 253; *ders.:* Koreferat: GmbH und GmbH & Co. KG in der Mitbestimmung, ZGR 1977, 335; *Schürnbrand*: „Verdeckte" und „atypische" Beherrschungsverträge im Aktien- und GmbH-Recht, ZHR 169 (2005), 35; *Sieger/Hasselbach*: Der Ausschluss von Minderheitsaktionären nach den neuen §§ 327a ff. AktG, ZGR 2002, 120; *Theiselmann*: Die Existenzvernichtungshaftung im Wandel, GmbHR 2007, 904; *Ulmer*: Von „TBB" zu „Bremer Vulkan" – Revolution oder Evolution, ZIP 2001, 2021; *Wichert*: Die GmbH & Co. KGaA nach dem Beschluss BGHZ 134, 392, AG 2000, 268; *Wilhelmi*: Die „neue" Existenzvernichtungshaftung der GmbH, DZWiR 2003, 45; *Windbichler*: Arbeitsrecht im Konzern, München 1989.

A. Einleitung

1   Für die KGaA gelten wie für die Aktiengesellschaft die im Aktiengesetz vorgesehenen Vorschriften für verbundene Unternehmen. Während das allgemeine Recht der verbundenen Unternehmen der §§ 15 ff. AktG gemäß § 278 Abs. 3 AktG sinngemäß auf die KGaA Anwendung findet, wird die KGaA in den §§ 291 ff. AktG ausdrücklich erwähnt. Die KGaA ist folglich vom Gesetzgeber als Partner eines Unternehmensvertrages vorgesehen – unabhängig davon, ob sie als herrschendes oder beherrschtes Unternehmen einbezogen werden soll. Dessen ungeachtet bestehen für die KGaA einige Besonderheiten, die ihrer hybriden Stellung zwischen Kapital- und Personengesellschaft geschuldet sind (unter B). Ferner wirft die kapitalistische KGaA, beispielsweise in der Form der GmbH & Co. KGaA, besondere konzernrechtliche Aspekte auf, die denen der GmbH & Co. KG ähnlich sind (C). Mit einem Überblick über die Mitteilungspflichten der §§ 20 f. AktG (D) und den Besonderheiten der Konzernrechnungslegung (E) schließt dieser Abschnitt.

B. Die KGaA als verbundenes Unternehmen

I. Konzernrechtliche Grundbegriffe

2   Ein Konzern ist die Zusammenfassung mehrerer rechtlich selbstständiger Unternehmen (sog. Konzernunternehmen) unter einheitlicher Leitung, vgl. § 18 AktG. Diese gesetzliche Definition gilt sowohl für eine Verbindung von Unternehmen, die untereinander in einem Ober- bzw. Unterverhältnis stehen (sog. Unterordnungskonzern, § 18 Abs. 1 AktG)[1], als auch für Unternehmen, die in gleichberechtigter Weise ihre Führung einer gemeinsamen einheitlichen Leitung unterstellt haben (sog. Gleichordnungskonzern, § 18 Abs. 2 AktG).[2] Unternehmen können entweder **faktisch** – aufgrund von Mehrheitsbeteiligungen oder sonstigen tatsächlichen Einflussmöglichkeiten – oder aber durch eine **vertragliche Regelung** einen Konzern bilden.[3] Die hiermit angesprochene Differenzierung zwischen faktisch und vertraglich gebildetem Konzern wird gesetzlich gespiegelt durch die

---

[1] Zum Unterordnungskonzern: *Hüffer/Koch* § 18 Rn. 17 ff.; *Windbichler* in GroßKomm AktG § 18 Rn. 28 ff.; *Fett* in Bürgers/Körber AktG § 18 Rn. 3 ff.
[2] Zum Gleichordnungskonzern: *Hüffer/Koch* § 18 Rn. 20 f.; *Windbichler* in GroßKomm AktG § 18 Rn. 45 ff.; *Fett* in Bürgers/Körber AktG § 18 Rn. 16 ff.
[3] Ausführlich hierzu etwa: *Bayer* in Münch Komm AktG § 18 Rn. 6 ff.

§§ 311 ff. AktG bzw. §§ 291 ff. AktG. Ein Unterordnungskonzern kann entweder faktisch oder durch einen Beherrschungsvertrag (§ 291 Abs. 1 S. 1 AktG), aber auch durch Eingliederung gemäß § 319 AktG entstehen (sog. Eingliederungskonzern). Ein Gleichordnungskonzern kommt durch einen Gleichordnungsvertrag (§ 291 Abs. 2 AktG), den faktischen Gleichlauf der Unternehmen durch personelle Verflechtungen[4] bzw. wechselseitige Beteiligungen[5] oder nach – freilich bestrittener Gesetzesbegründung[6] – durch einen gemeinsamen Allein- oder Mehrheitsgesellschafter zustande.

Wann Unternehmen miteinander verbunden sind, regeln die allgemeinen Vorschriften der §§ 15 ff. AktG. Nach § 15 AktG sind verbundene Unternehmen rechtlich selbstständige Unternehmen, die im Verhältnis zueinander in Mehrheitsbesitz stehende bzw. mit Mehrheit beteiligte (§ 16 AktG), abhängige und herrschende Unternehmen (§ 17 AktG), Konzernunternehmen (§ 18 AktG), wechselseitig beteiligte Unternehmen (§ 19 AktG) oder Vertragsteile eines Unternehmensvertrags (§§ 291 f. AktG) sind. 3

Für die Frage, ob ein Konzernverbund vorliegt, stellt § 18 AktG den Begriff der **„einheitlichen Leitung"** in den Vordergrund. Die Definition der „einheitlichen Leitung" differiert je nach dem zugrunde gelegten Konzernverständnis. Während die Vertreter des „engen" Konzernbegriffs auf den Konzern als „wirtschaftliche Einheit" abstellen und sich an der einheitlichen Konzernrechnungslegung (§§ 290 ff. HGB) orientieren,[7] genügt den Vertretern des „weiten" Konzernbegriffs die einheitliche Leitung (Planung, Durchführung, Kontrolle) in einem Bereich unternehmerischer Tätigkeit (z. B. Produktion, Verkauf, Organisation), soweit dieser Bereich Ausstrahlungswirkung auf die Leitung des Gesamtunternehmens hat.[8] Einigkeit besteht jedenfalls insoweit, als bei einer zentralen Finanzplanung für alle Unternehmen von einer „einheitlichen Leitung" auszugehen ist.[9] Die Mittel der einheitlichen Leitung (faktisch oder vertraglich) sind für die Begründung des Konzernverhältnisses irrelevant.[10] 4

Unwiderlegbar als unter einheitlicher Leitung zusammengefasst anzusehen sind solche Unternehmen, zwischen denen ein Beherrschungsvertrag (§ 291 Abs. 1 S. 1 AktG) besteht oder von denen das eine in das andere eingegliedert ist (§ 319 AktG), vgl. § 18 Abs. 1 S. 2 AktG.[11] Grund für die in diesen Fällen greifende Ver- 5

---

[4] Vgl. BGH NJW 1993, 2114; BGH NJW-RR 1999, 1047, 1049 f.; *Hirschmann* in Hölters AktG § 18 Rn. 27; *Hüffer/Koch* § 18 Rn. 21; *Windbichler* in GroßKomm AktG § 18 Rn. 53.

[5] *Hirschmann* in Hölters AktG § 18 Rn. 27; *Windbichler* in GroßKomm AktG § 18 Rn. 54 f.

[6] Siehe hierzu näher *Bayer* in Münch Komm AktG § 18 Rn. 55; *Windbichler* in GroßKomm AktG § 18 Rn. 58.

[7] *Hüffer/Koch* § 18 Rn. 10; *Koppensteiner* in Kölner Komm AktG § 18 Rn. 17 sowie die Nachweise bei *Windbichler* in GroßKomm AktG § 18 Rn. 17 (Fn. 40).

[8] *Bayer* in Münch Komm AktG § 18 Rn. 33; *Emmerich* in Emmerich/Habersack Aktien- und GmbH-Konzernrecht § 18 Rn. 13 f.; *Krieger* in Münch Hdb AG § 68 Rn. 67 ff.; *Fett* in Bürgers/Körber AktG § 18 Rn. 6.

[9] *Windbichler* Arbeitsrecht im Konzern S. 520 „Konzernbegründend wirkt jedenfalls die Integration der Finanzplanung"; siehe ferner exemplarisch *Emmerich* in Emmerich/Habersack Aktien- und GmbH-Konzernrecht § 18 AktG Rn. 11 für die weite und *Koppensteiner* in Kölner Komm AktG § 18 Rn. 25 für die enge Auslegung des Konzernbegriffs.

[10] *Emmerich* in Emmerich/Habersack Aktien- und GmbH-Konzernrecht § 18 AktG Rn. 16; *Bayer* in Münch Komm AktG § 18 Rn. 34 f.; *Schall* in Spindler/Stilz AktG § 18 Rn. 16.

[11] Statt aller *Bayer* in Münch Komm AktG § 18 Rn. 44.

mutungsregel ist die gesetzlich garantierte Einflussmöglichkeit des herrschenden Unternehmens. Das herrschende Unternehmen kann grundsätzlich auch Weisungen erteilen, die für das abhängige Unternehmen nachteilig sind, sofern sie dem Interesse des Gesamtkonzerns dienen, vgl. § 308 Abs. 1 AktG.

6   Von einem (faktisch) abhängigen Unternehmen **vermutet** das Gesetz **widerlegbar**, dass es mit dem (faktisch) herrschenden Unternehmen einen Konzern bildet (§ 18 Abs. 1 S. 3 AktG).[12] Hintergrund dieser Regelung ist der Erfahrungssatz, dass ein herrschendes Unternehmen seine Stellung regelmäßig zur Konzernbildung nutzt.[13] Besteht etwa eine Mehrheitsbeteiligung, begründet § 17 Abs. 2 AktG eine Abhängigkeitsvermutung, sodass sich aus § 18 Abs. 1 S. 3 AktG eine Konzernvermutung ergibt.

7   Im Folgenden ist vorrangig auf die Besonderheiten einzugehen, die sich für die KGaA in Abgrenzung zur Aktiengesellschaft im Rahmen des Vertragskonzerns, des faktischen Konzerns sowie bei Eingliederung und Squeeze-Out ergeben.

II. Vertragskonzernrecht

8   Wegen ihrer ausdrücklichen Erwähnung in den §§ 291 ff. AktG findet das Vertragskonzernrecht auch auf die KGaA Anwendung. Einer KGaA ist es mithin möglich, durch Vertrag ihre Leitung einem anderen Unternehmen zu unterstellen (**Beherrschungsvertrag**) oder sich zu verpflichten, ihren ganzen Gewinn an ein anderes Unternehmen abzuführen (**Gewinnabführungsvertrag**), vgl. § 291 Abs. 1 S. 1 AktG. Daneben kann die KGaA auch als Konzernspitze fungieren. Die KGaA kann ferner Partner eines Gleichordnungskonzerns auf Grundlage eines Gleichordnungsvertrages sein (§ 291 Abs. 2 AktG). Schließlich stehen der KGaA die Gestaltungsmöglichkeiten des § 292 AktG (Gewinngemeinschaft, Teilgewinnabführungsvertrag, Betriebspachtvertrag, Betriebsüberlassungsvertrag, Betriebsführungsvertrag[14]) zur Verfügung. Die praktische Relevanz von Unternehmensverträgen ist für die abhängige KGaA eher gering: Wegen der Dominanz der persönlich haftenden Gesellschafter kann eine KGaA durch entsprechende Satzungsgestaltung auch ohne Unternehmensvertrag (faktisch) beherrscht werden, sodass der Abschluss eines Beherrschungsvertrages gesellschaftsrechtlich regelmäßig nicht erforderlich ist.[15] Die wesentlichen rechtlichen Rahmenbedingungen eines Unternehmensvertrages werden im Folgenden kurz dargestellt.

---

[12] Hüffer/*Koch* § 18 Rn. 18; *Raiser/Veil* § 51 Rn. 33; *Schall* in Spindler/Stilz AktG § 18 Rn. 27.
[13] BGH NJW 1984, 1351, 1352; *Fett* in Bürgers/Körber AktG § 18 Rn. 14; *Schall* in Spindler/Stilz AktG § 18 Rn. 27.
[14] Für eine entsprechende Anwendung des § 292 Abs. 1 Nr. 3 auf Betriebsführungsverträge: *Altmeppen* in Münch Komm AktG § 292 Rn. 107; *Deilmann* in Hölters AktG § 292 Rn. 34; *Emmerich* in Emmerich/Habersack Aktien- und GmbH-Konzernrecht § 292 AktG Rn. 58.
[15] *Bachmann* in Spindler/Stilz AktG § 278 Rn. 90.

1. Zustimmung der Kommanditaktionäre und weitere Anforderungen

Ein Unternehmensvertrag setzt gemäß § 293 Abs. 1 S. 1 AktG zu seiner Wirksamkeit neben der Eintragung in das Handelsregister (§ 294 Abs. 2 AktG) die **Zustimmung der Hauptversammlung** der KGaA voraus. Die Zustimmung der Hauptversammlung zum Vertrag kann durch (nachfolgende) Genehmigung (§ 184 Abs. 1 BGB) oder durch (vorherige) Einwilligung (§ 183 BGB) erfolgen.[16] Das gilt sowohl, wenn die KGaA als abhängige Gesellschaft fungiert, als auch in den Fällen, in denen sie die Rolle des herrschenden Unternehmens übernimmt (§ 293 Abs. 1 S. 1 und Abs. 2 S. 1 AktG). Der gemäß § 293 AktG erforderliche Zustimmungsbeschluss der Kommanditaktionäre bedarf neben der einfachen Stimmenmehrheit des § 133 Abs. 1 AktG einer Kapitalmehrheit von mindestens drei Viertel des bei der Abstimmung über den Unternehmensvertrag vertretenen Grundkapitals, § 293 Abs. 1 S. 2 AktG.[17] Vor der Beschlussfassung haben die persönlich haftenden Gesellschafter der Hauptversammlung einen ausführlichen **schriftlichen Bericht** über die Details des Unternehmensvertrages zu erstatten (§ 293a Abs. 1 AktG). Der Bericht ist ab Einberufung der Hauptversammlung in den Geschäftsräumen der Gesellschaft und während der Durchführung der Hauptversammlung in den Räumlichkeiten der Hauptversammlung **zur Einsicht** der Kommanditaktionäre auszulegen (§§ 290 f. Abs. 1 Nr. 3, 293g Abs. 1 AktG). Die Berichtspflicht des § 293a Abs. 1 AktG entfällt, wenn alle Anteilsinhaber der an dem Unternehmensvertrag beteiligten Unternehmen auf die Erstattung des Berichtes verzichten (§ 293a Abs. 3 AktG).

Vor Beschlussfassung der Kommanditaktionäre ist der Unternehmensvertrag durch einen oder mehrere **externe Vertragsprüfer** zu prüfen (§ 293b Abs. 1 AktG). Die Prüfer werden gemäß § 293c Abs. 1 AktG auf Antrag der persönlich haftenden Gesellschafter vom zuständigen Landgericht ausgewählt und bestellt. Als Vertragsprüfer können wegen § 293d Abs. 1 S. 1 AktG i. V. m. § 319 Abs. 1 S. 1 HGB nur Wirtschaftsprüfer und Wirtschaftsprüfungsgesellschaften herangezogen werden. Nach erfolgter Prüfung haben die Vertragsprüfer einen schriftlichen Prüfungsbericht zu erstellen (§ 293e Abs. 1 AktG). Dabei haben sie insbesondere anzugeben, ob die gemäß §§ 304 f. AktG zum Schutz außenstehender Kommanditaktionäre im Unternehmensvertrag vorzusehenden Ausgleichs- und Abfindungsregeln angemessen sind (§ 293e Abs. 1 S. 2 AktG). Der Prüfungsbericht ist ab Einberufung der Hauptversammlung in den Geschäftsräumen der KGaA sowie während der späteren Hauptversammlung in den Räumlichkeiten der Hauptversammlung zur Einsichtnahme der Kommanditaktionäre auszulegen (§§ 290 f. Abs. 1 Nr. 3, 293g Abs. 1 AktG). Die Prüfung des Unternehmensvertrages sowie die Erstellung des Prüfungsberichtes sind entbehrlich, wenn alle Anteilsinhaber darauf verzichten (§§ 293b Abs. 2, 293e Abs. 2 AktG i. V. m. § 293a Abs. 3 AktG).

Zu Beginn der Hauptversammlung haben die persönlich haftenden Gesellschafter der KGaA den Unternehmensvertrag gemäß § 293g Abs. 2 S. 1 AktG zu er-

---

[16] *Altmeppen* in Münch Komm AktG § 293 Rn. 34; *Hüffer/Koch* § 293 Rn. 4; *Veil* in Spindler/Stilz AktG § 293 Rn. 16; *Servatius* in Grigoleit AktG § 293 Rn. 8.

[17] Vgl. *Hüffer/Koch* § 133 Rn. 13 m. w. N; *Paschos* in Henssler/Strohn GesellschRe § 293 AktG Rn. 5; *Raiser/Veil* § 16 Rn. 69.

läutern. Der Vertrag ist der Niederschrift über die Hauptversammlung als Anlage beizufügen (§ 293g Abs. 2 S. 2 AktG).

12   Nach erfolgter Zustimmung der Hauptversammlung haben die persönlich haftenden Gesellschafter der KGaA den Unternehmensvertrag gemäß § 294 Abs. 1 AktG zum **Handelsregister** anzumelden. Ohne die Eintragung wird der Vertrag nicht wirksam, da der Eintragung gemäß § 294 Abs. 2 AktG konstitutive Wirkung zukommt.[18]

2. Zustimmung sämtlicher persönlich haftender Gesellschafter

13   Neben dem nach § 293 AktG erforderlichen Zustimmungsbeschluss der Kommanditaktionäre bedarf der Unternehmensvertrag zu seiner Wirksamkeit gemäß § 285 Abs. 2 S. 1 AktG der **Zustimmung sämtlicher (auch der nicht geschäftsführenden)**[19] **Komplementäre** der KGaA. Das gilt unabhängig davon, ob die KGaA als leitendes Unternehmen oder als abhängige Gesellschaft an dem Unternehmensvertrag beteiligt ist. Die Zustimmungspflicht der persönlich haftenden Gesellschafter folgt daraus, dass der Abschluss eines Unternehmensvertrages sowohl aus Sicht einer leitenden als auch einer abhängigen KGaA ein **Grundlagengeschäft** darstellt.[20] Die Einordnung des Abschlusses eines Unternehmensvertrages als Grundlagengeschäft ergibt sich aus dem organisationsrechtlichen Charakter eines solchen Vertrages. So wird durch den Abschluss eines Gewinnabführungs- und Beherrschungsvertrages (§ 291 Abs. 1 AktG) wegen der Ausschaltung der Kapitalerhaltungsvorschriften (§ 291 Abs. 3 AktG) und der mit dem Beherrschungsvertrag einhergehenden Leitungsmacht des herrschenden Unternehmens (§ 308 AktG) tief in die gesellschaftsrechtliche Struktur einer abhängigen KGaA eingegriffen. Nichts anderes gilt, wenn die KGaA bei einem Unternehmensvertrag als leitendes Unternehmen fungiert. Jedenfalls wegen der mit Beendigung des Vertrages eingreifenden Sicherungsrechte der Gläubiger (§ 303 AktG) sowie der Pflicht der herrschenden KGaA zur Verlustübernahme (§ 302 AktG) ist auch hier der Abschluss des Unternehmensvertrags als Grundlagengeschäft einzustufen.

14   Angesichts der weitreichenden Folgen, die der Abschluss eines Unternehmensvertrages für die KGaA sowohl als leitendes als auch als beherrschtes Unternehmen mit sich bringt, kann das aus § 285 Abs. 2 S. 1 AktG i. V. m. § 116 Abs. 2 HGB folgende Zustimmungsrecht der Komplementäre nicht aufgrund abweichender Satzungsgestaltung ausgeschlossen werden.[21] Zwar ist mit dem Hinweis auf das Personengesellschaftsrecht in § 285 Abs. 2 S. 1 AktG der Teil des KGaA-Rechtes angesprochen, der einer abweichenden Gestaltung offensteht.[22] Zustimmungs-

---

[18] *Altmeppen* in Münch Komm AktG § 294 Rn. 1; *Hüffer/Koch* § 294 Rn. 17; *Koppensteiner* in Kölner Komm AktG § 294 Rn. 29; *Veil* in Spindler/Stilz AktG § 294 Rn. 25.
[19] *Hüffer/Koch* § 285 Rn. 2; *Perlitt* in Münch Komm AktG § 285 Rn. 39.
[20] Zu den Grundlagengeschäften allgemein unter § 5 Rn. 89 ff. Kein Grundlagengeschäft, sondern eine Maßnahme der Geschäftsführung, stellt der Abschluss eines Ergebnisabführungsvertrags mit einem 100%-igen Tochterunternehmen für die Obergesellschaft dar, wenn der Zweck der Obergesellschaft darauf gerichtet ist, sich an gleichartigen Unternehmen zu beteiligen oder solche zu erwerben. In diesem Fall ist für die Zustimmung zum Unternehmensvertrag keine Einstimmigkeit der persönlich haftenden Gesellschafter erforderlich, vgl. OLG Hamburg NZG 2005, 966 f.
[21] *Perlitt* in Münch Komm AktG Vor § 278 Rn. 117; *Herfs* in Münch Hdb AG § 79 Rn. 79.
[22] Vgl. *Assmann/Sethe* in GroßKomm AktG § 285 Rn. 69.

rechte der Komplementäre können demnach grundsätzlich durch die Satzung eingeschränkt werden. Eine solche Einschränkung hat sich nach – inzwischen wohl überholtem – Verständnis jedoch in den durch den Bestimmtheitsgrundsatz und die Kernbereichslehre vorgezeichneten Grenzen zu halten.[23] Mittlerweile hat der BGH zwar von dem personengesellschaftsrechtlichen Konzept des Bestimmungsgrundsatzes und der Kernbereichslehre Abstand genommen und stellt für die Frage, ob und inwieweit sich die Mehrheit gegenüber der Minderheit durch (Mehrheits-) Beschlussfassung durchsetzen kann, allein auf die zwischen den Gesellschaftern bestehende Treuepflicht ab.[24] Im Ergebnis ändert das jedoch nichts. Die mit dem Abschluss eines Gewinnabführungs- und Beherrschungsvertrages einhergehenden Folgen für die persönlich haftenden Gesellschafter, wie etwa der Verlust der Leitungsmacht (§ 308 Abs. 1 AktG) oder der Verlust des Gewinnbezugsrechts an das herrschende Unternehmen bzw. die unbeschränkte Haftung für Verluste der abhängigen Gesellschaft (§ 302 AktG i. V. m. §§ 161 Abs. 2, 128 S. 1 HGB), sind so weitreichend, dass sie gegen den Willen der persönlich haftenden Gesellschafter nur unter Verletzung der Treuepflicht möglich wären und mithin auch nach Änderung der dogmatischen Begründung keiner Satzungsgestaltung zugänglich sind.[25]

In einem Gewinnabführungs- oder Beherrschungsvertrag sind gemäß §§ 304 f. AktG umfangreiche Ausgleichs- und Abfindungsregeln zugunsten der außenstehenden Kommanditaktionäre aufzunehmen. Das sind diejenigen Aktionäre, die weder Vertragsteil des Unternehmensvertrages sind noch sonst mittelbar oder unmittelbar von dem Unternehmensvertrag profitieren.[26] Für außenstehende persönlich haftende Gesellschafter fehlt dagegen eine solche Regelung. Eine Schutzlücke besteht regelmäßig nicht, da der Unternehmensvertrag nach der hier vertretenen Auffassung[27] nur bei Zustimmung durch alle persönlich haftenden Gesellschafter der KGaA wirksam wird und von dieser Regelung auch nicht durch die Satzung abgewichen werden kann. Die außenstehenden persönlich haftenden Gesellschafter haben es daher selbst in der Hand, ob sie dem Unternehmensvertrag vorbehaltlos zustimmen oder ob sie ihre Zustimmung etwa von der Gewährung eines Ausgleiches oder eines Abfindungsrechtes abhängig machen.[28] Sollte entgegen der hier vertretenen Auffassung von dem Einstimmigkeitserfordernis durch Satzungsbestimmung abgewichen worden sein, sind die neu hinzutretenden Komplementäre gut beraten, wenn sie sich für den Fall von Gewinnabführungs- oder Beherrschungsverträgen, die später gegen ihren Willen abgeschlossen werden, bereits bei Eintritt Sonderrechte einräumen lassen.

15

Ohne Zustimmung der persönlich haftenden Gesellschafter darf der zustimmende Beschluss der Hauptversammlung nicht zum Handelsregister eingereicht

16

---

[23] *Assmann/Sethe* in GroßKomm AktG § 285 Rn. 69; *Perlitt* in Münch Komm AktG § 285 Rn. 51; *Förl/Fett* in Bürgers/Körber AktG § 285 Rn. 10.
[24] BGH NJW 2015, zustimmend *Ulmer*, ZIP 2015, 657 ff.; krit. Altmeppen, NJW 2015, 2065 ff.
[25] Im Ergebnis auch *Wichert* AG 2000, 268, 270; *Bachmann* in Spindler/Stilz AktG § 278 Rn. 90; *Mertens/Cahn* in Kölner Komm AktG Vor § 278 Rn. 21; *Perlitt* in Münch Komm AktG Vor § 278 Rn. 117, freilich noch unter Berufung auf Kernbereichslehre und Bestimmtheitsgrundsatz; ähnlich *Assmann/Sethe* in GroßKomm AktG § 278 Rn. 124.
[26] BGH NJW 2006, 3146 f.; *Hüffer/Koch* § 304 Rn. 2 m.w.N.; *Koppensteiner* in Kölner Komm AktG § 295 Rn. 38 ff.
[27] Siehe oben § 12 Rn. 13.
[28] So auch *Bachmann* in Spindler/Stilz AktG § 278 Rn. 94.

werden (vgl. § 285 Abs. 3 S. 1 AktG). Die Zustimmung ist als empfangsbedürftige Willenserklärung entweder gegenüber der Hauptversammlung oder dem Aufsichtsrat abzugeben.[29] Sie ist gemäß § 285 Abs. 3 S. 2 AktG in der Hauptversammlungsniederschrift oder in deren Anhang zu beurkunden. Eine konkludente Zustimmung der persönlich haftenden Gesellschafter zum Unternehmensvertrag – wie etwa durch Einreichung der Beschlüsse zur Eintragung in das Handelsregister – kommt daher grundsätzlich nicht in Betracht.[30] Etwas anderes gilt, wenn sämtliche Komplementäre auch als Kommanditaktionäre an der Hauptversammlung teilgenommen haben und der ordnungsgemäß protokollierte Beschluss einstimmig erfolgte; hierin kann gleichzeitig die Beurkundung der Zustimmung der Komplementäre gesehen werden.[31]

3. Änderung des Unternehmensvertrages

17   Die Änderung eines Unternehmensvertrages bedarf gemäß § 295 Abs. 1 S. 1 AktG der **Zustimmung der Kommanditaktionäre**. Für das Zustimmungsverfahren gelten die oben erörterten §§ 293 bis 294 AktG entsprechend (§ 295 Abs. 1 S. 2 AktG).

18   Neben den Kommanditaktionären müssen auch sämtliche **persönlich haftenden Gesellschafter** der KGaA der Änderung des Unternehmensvertrages zustimmen. Da die Änderung des Unternehmensvertrages materiell gesehen nichts anderes ist als die Neuvornahme dieses Geschäftes, müssen auch hier grundsätzlich alle persönlich haftenden Gesellschafter zustimmen. Es kann deshalb hier auf die obigen Ausführungen verwiesen werden.[32]

4. Aufhebung und Kündigung eines Unternehmensvertrages

19   Aufhebung und Kündigung eines Unternehmensvertrages sind Geschäftsführungsmaßnahmen[33] und richten sich auch bei der KGaA zunächst nach den §§ 296 bis 298 AktG. Diese Vorschriften sehen – anders als die Regelung zur Änderung eines Unternehmensvertrages – eine Mitwirkung der Hauptversammlung nicht vor.[34] Dennoch müssen sowohl sämtliche persönlich haftenden Gesellschafter (§ 278 Abs. 2 AktG, § 116 Abs. 2 HGB) als auch die Gesamtheit der Kommanditaktionäre (§ 278 Abs. 2 AktG, §§ 164 S. 1, 116 Abs. 2 HGB) durch Hauptver-

---

[29] *Perlitt* in Münch Komm AktG § 285 Rn. 51.
[30] Vgl. OLG Stuttgart DB 2003, 1106 f.; *Hüffer/Koch* § 285 Rn. 4.
[31] *Perlitt* in Münch Komm AktG § 285 Rn. 54.
[32] Siehe oben § 12 Rn. 13 ff.
[33] *Emmerich* in Emmerich/Habersack Aktien- und GmbH-Konzernrecht § 296 AktG Rn. 8 § 297 AktG Rn. 7; *Altmeppen* in Münch Komm AktG § 296 Rn. 8; *Hüffer/Koch* § 296 Rn. 5, § 297 Rn. 19; *Koppensteiner* in Kölner Komm AktG § 296 Rn. 4.
[34] *Altmeppen* in Münch Komm AktG § 296 Rn. 8; *Emmerich* in Emmerich/Habersack Aktien- und GmbH-Konzernrecht § 296 Rn. 9; *Schenk* in Bürgers/Körber AktG § 296 Rn. 3 § 297 Rn. 4; *Veil* in Spindler/Stilz AktG § 296 Rn. 9. Nach der Gesetzesbegründung soll eine Vertragsaufhebung die Interessen der (Kommandit-) Aktionäre in erheblich geringerem Maße berühren als der Vertragsabschluss, sodass ein Zustimmungsbeschluss der Hauptversammlung nicht erforderlich ist, Begründung RegE *Kropff* S. 385; kritisch *Hüffer/Koch* § 296 Rn. 5.

sammlungsbeschluss der Aufhebung und Kündigung grundsätzlich zustimmen, da es sich bei diesen Geschäften um sog. außergewöhnliche Geschäfte handelt; es besteht aber die Möglichkeit, diese Zustimmungsrechte in der Satzung abzubedingen.[35] Da sich mit dem Ende eines Unternehmensvertrages die Spielräume der KGaA – sowohl einer abhängigen als auch einer herrschenden – wieder erweitern, ist die Beendigung anders als der Abschluss eines Unternehmensvertrages nicht nach den oben dargestellten strengen Grundsätzen zu bewerten. Die Geschäftsführer haben die Beendigung des Unternehmensvertrages, den Grund und den Zeitpunkt der Beendigung unverzüglich zur Eintragung in das Handelsregister anzumelden (§ 298 AktG).

5. Übergang der Leitungsmacht auf das herrschende Unternehmen

Mit Abschluss eines Beherrschungsvertrages geht die Leitungsmacht der persönlich haftenden Gesellschafter einer beherrschten KGaA auf das herrschende Unternehmen über.[36] Das herrschende Unternehmen ist nunmehr berechtigt, den persönlich haftenden Gesellschaftern hinsichtlich der Leitung der Gesellschaft selbst nachteilige Weisungen zu erteilen (§ 308 Abs. 1 AktG).[37] Das **Weisungsrecht** des herrschenden Unternehmens überlagert ein ggf. einschlägiges Zustimmungsrecht der Kommanditaktionäre zu außergewöhnlichen Geschäften nach § 278 Abs. 2 AktG, §§ 164 S. 1, 116 Abs. 2 HGB. Dem Weisungsrecht des herrschenden Unternehmens steht in § 308 Abs. 2 AktG spiegelbildlich eine **Folgepflicht** der persönlich haftenden Gesellschafter gegenüber.[38] Weisungsempfänger sind als Vertretungsorgane der KGaA die persönlich haftenden Gesellschafter in ihrer Gesamtheit bzw. wenn von diesen nur einige zur Geschäftsführung/Vertretung ermächtigt sind, nur diese. Eine natürliche Grenze findet das Weisungsrecht dort, wo einzelne Anordnungen gegen Recht und Gesetz verstoßen; derartige Weisungen darf das herrschende Unternehmen nicht erteilen, und falls sie gleichwohl ausgesprochen werden, werden sie gemeinhin als rechtlich unwirksam eingestuft.[39] 20

6. Haftung des herrschenden Unternehmens und dessen gesetzlicher Vertreter

Die Haftung des herrschenden Unternehmens für **rechts- bzw. sorgfaltswidrige Weisungen** ist im Aktiengesetz nicht geregelt. Nach der Gesetzesbegründung haftet das herrschende Unternehmen nach allgemeinen Rechtsgrundsätzen auf Grund des Beherrschungsvertrags.[40] Anspruchsgrundlage ist nach wohl herrschender Ansicht die pVV des Beherrschungsvertrages (§ 280 BGB);[41] teilweise 21

---

[35] Vgl. dazu allgemein unter § 5 Rn. 88.
[36] Statt vieler *Windbichler* in GroßKomm AktG § 18 Rn. 29.
[37] Zu den Grenzen dieses Weisungsrechts: *Altmeppen* in Münch Komm AktG § 308 Rn. 94 ff.; *Hüffer/Koch* 308 Rn. 13 f. m.w.N.; *Raiser/Veil* § 54 Rn. 34 ff.
[38] Für die AG *Hüffer/Koch* § 308 Rn. 20; *Fett* in Bürgers/Körber AktG § 308 Rn. 25.
[39] Statt vieler *Altmeppen* in Münch Komm AktG § 308 Rn. 100 m.w.N.
[40] Begründung RegE *Kropff* S. 404 f.
[41] *Altmeppen* in Münch Komm AktG § 309 Rn. 137; *Servatius* in Grigoleit AktG § 309 Rn. 14.

wird § 309 AktG (analog) in Verbindung mit § 31 BGB[42] oder direkt § 31 BGB[43] als Anspruchsgrundlage herangezogen.

22 Die gesetzlichen Vertreter des herrschenden Unternehmens haften nach § 309 AktG. Sie haben bei der Erteilung von Weisungen die Sorgfalt eines ordentlichen und gewissenhaften Geschäftsleiters anzuwenden (§ 309 Abs. 1 AktG). Verletzen sie diese Pflichten, sind sie gemäß § 309 Abs. 2 S. 1 AktG einer abhängigen KGaA zum Ersatz des daraus entstehenden Schadens verpflichtet.

7. Haftung des beherrschten Unternehmens und dessen gesetzlicher Vertreter

23 Die persönlich haftenden Gesellschafter der beherrschten KGaA sind gegenüber dieser gemäß § 310 AktG verantwortlich. Auch sie haben die Sorgfalt eines ordentlichen und gewissenhaften Geschäftsleiters anzuwenden. Das gilt namentlich für die Frage, ob sie den Weisungen des herrschenden Unternehmens Folge zu leisten haben. So ist eine Ersatzpflicht ausgeschlossen, wenn eine Weisung gemäß § 308 Abs. 2 AktG zu befolgen war (§ 310 Abs. 3 AktG). Insofern besteht im Hinblick auf die Rechtmäßigkeit erteilter Weisungen eine eigenständige Prüfpflicht der persönlich haftenden Gesellschafter.[44] Die beherrschte KGaA kann sich gegenüber dem herrschenden Unternehmen aus dem Beherrschungsvertrag i. V. m. § 280 BGB wegen weisungswidrigen Handelns haftbar machen.[45]

III. Faktischer Konzern

1. Unternehmensbegriff

24 Nach dem Wortlaut des § 311 Abs. 1 AktG gelten die Regeln zum faktischen Konzern auch für die KGaA. Da in den §§ 311 ff. AktG nur die Folgen faktischer Konzernierung,[46] nicht aber ihre Begründung geregelt sind, kommt es für die Frage, ob ein faktischer Konzern vorliegt, auf die Regeln des allgemeinen Konzernrechts an (§§ 15 ff. AktG).[47] Nach allgemeiner Auffassung sind die §§ 15 ff. AktG **rechtsformneutral**;[48] sie gelten folglich nicht nur für Aktiengesellschaften und KGaA (vgl. § 278 Abs. 3 AktG), sondern für alle Rechtsformen. **Beherrschtes** Unternehmen kann somit jede rechtlich besonders organisierte Vermögenseinheit sein.[49] Die Einordnung eines an einem anderen Unternehmen beteiligten Unternehmens als **herrschendes** Unternehmen im Sinne des allgemeinen Konzern-

---

[42] Hüffer/Koch § 309 Rn. 27; Veil in Spindler/Stilz AktG § 309 Rn. 39.
[43] Hirte in GroßKomm AktG § 309 Rn. 30 f.; vgl. zum Meinungsstreit auch Fett in Bürgers/Körber AktG § 309 Rn. 28.
[44] Vgl. etwa Raiser/Veil § 54 Rn. 43; Fett in Bürgers/Körber AktG § 310 Rn. 3.
[45] Servatius in Grigoleit AktG § 309 Rn. 15; Fett in Bürgers/Körber AktG § 308 Rn. 27; für eine PVV des Gewinnabführungsvertrags: OLG Frankfurt NZG 2000, 603.
[46] Siehe hierzu sofort unter § 12 Rn. 29 ff.
[47] Dazu bereits oben § 12 Rn. 2 ff.
[48] Statt vieler Hüffer/Koch § 15 Rn. 6.
[49] Allg. M.; statt vieler Hirschmann in Hölters AktG § 15 Rn. 10; Raiser/Veil § 51 Rn. 3; Fett in Bürgers/Körber AktG § 15 Rn. 22.

rechts misst sich daran, ob das (herrschende) Unternehmen neben der Beteiligung an dem (beherrschten) Unternehmen anderweitige wirtschaftliche oder verfassungsrechtlich motivierte Interessenbindungen aufweist, die nach Art und Intensität die ernsthafte Sorge begründen, es könne wegen dieser Bindungen seinen aus dem Anteilsbesitz folgenden Einfluss auf das (beherrschte) Unternehmen negativ ausnutzen (sog. **zweckbezogene Interpretation** des Unternehmensbegriffs).[50] Diese weite Definition bringt es mit sich, dass neben rechtlich organisierten Vermögenseinheiten auch natürliche Personen, die einem derartigen Konzernkonflikt ausgesetzt sind, herrschende Unternehmen i. S. d. §§ 15 ff. AktG sein können.[51]

2. Abhängigkeit nach § 17 AktG

Besonderheiten ergeben sich für die KGaA als faktisch abhängigem Unternehmen. Die §§ 15 ff. AktG enthalten Vermutungsregeln, mit denen bestimmte Voraussetzungen die Annahme eines Konzerns begründen. Diese Annahmen wiederum lösen die Folgen der §§ 311 ff. AktG aus. Angesichts der Kompetenzverteilung zwischen persönlich haftenden Gesellschaftern und Hauptversammlung in der normtypischen KGaA stoßen die Vermutungsregeln der §§ 15 ff. AktG an ihre Grenzen: 25

§ 18 Abs. 1 S. 3 AktG konstituiert die (widerlegbare) Vermutung, dass ein abhängiges Unternehmen mit einem herrschenden Unternehmen einen Konzern bildet. Abhängige Unternehmen wiederum definiert § 17 Abs. 1 AktG als rechtlich selbstständige Unternehmen, auf die ein anderes Unternehmen (herrschendes Unternehmen) unmittelbar oder mittelbar einen beherrschenden Einfluss ausüben kann, wobei der beherrschende Einfluss gesellschaftsrechtlich vermittelt sein muss.[52] Von einem im Mehrheitsbesitz stehenden Unternehmen wird vermutet, dass es von dem an ihm mit Mehrheit beteiligten Unternehmen abhängig ist (§ 17 Abs. 2 AktG). Überträgt man diese Vermutungskette auf die KGaA, wäre das mit Mehrheit am Grundkapital der KGaA beteiligte Unternehmen im Verhältnis zu dieser ein herrschendes gemäß § 17 Abs. 2 AktG und es bestände zwischen dem herrschenden Unternehmen und der abhängigen KGaA nach § 18 Abs. 1 S. 3 AktG ein Konzern. 26

Hinter diesen Vermutungen steckt die Annahme, dass der Mehrheitsaktionär seinen Einfluss in aller Regel zur Konzernbildung ausnutzt,[53] indem er die Besetzung der Geschäftsleitungsorgane bestimmen und ferner Einfluss auf diese ausüben 27

---

[50] BGH NJW 1981, 1512 f. – Süssen; BGH NJW 1986, 188 f. – Autokran; BGH NJW 1997, 1855 f. – Land Niedersachsen/Volkswagen; BGHZ 148, 123, 125 – MLP; *Bayer* in Münch Komm AktG § 15 Rn. 13; *Emmerich* in Emmerich/Habersack Aktien- und GmbH-Konzernrecht § 15 Rn. 10; *Hüffer/Koch* § 15 Rn. 9. Wegen der verfassungsrechtlichen Vorgabe für die öffentliche Hand, stets öffentliche Interessen in einem Unternehmen zu verfolgen (sog. Ingerenzpflicht), sind Körperschaften des öffentlichen Rechts bereits dann Unternehmen im Sinne des Konzernrechts, wenn sie nur an einem Unternehmen beteiligt sind, vgl. BGH NJW 1997, 1855 f. – Land Niedersachsen/Volkswagen; ferner die Grundlagenentscheidung zur Unternehmenseigenschaft der öffentlichen Hand BGH NJW 1978, 104 ff. – Veba/Gelsenberg.

[51] Statt vieler *Fett* in Bürgers/Körber AktG § 15 Rn. 9 m. w. N.

[52] H. M., statt vieler *Bayer* in Münch Komm AktG § 17 Rn. 21; a. A. *Schall* in Spindler/Stilz AktG § 17 Rn. 20 ff. m. w. N.; zu den Besonderheiten bei Holdingstrukturen BGH NJW 2001, 2973 f. – MLP dazu *Bayer* ZGR 2002, 933 ff.

[53] Vgl. *Bayer* in Münch Komm AktG § 18 Rn. 46; *Windbichler* in: GroßKomm AktG § 18 Rn. 34.

Fett

kann. In einer Aktiengesellschaft geschieht dies dadurch, dass der Mehrheitsaktionär den Aufsichtsrat bestimmt, der wiederum den Vorstand bestellt. So verhält es sich bei einer KGaA jedoch gerade nicht. Der Aufsichtsrat hat in der KGaA nicht die Befugnis, die Geschäftsleitung zu bestellen. Die Geschäftsführung der KGaA wird vielmehr originär von den Komplementären als geborene Geschäftsleiter ausgeübt.[54] Wegen der Dominanz der persönlich haftenden Gesellschafter ist der formale Aspekt der Mehrheitsbeteiligung, an den die Annahme des § 17 Abs. 2 AktG allein anknüpft, in der normtypischen KGaA nicht relevant: Es reicht nicht aus, allein die Mehrheit der Kommanditaktien in einer KGaA innezuhaben, um auch Einfluss auf die Geschäftsführung ausüben zu können. Die **Vermutungsregel** des § 17 Abs. 2 AktG ist für die KGaA mithin **generell ungeeignet und daher nicht anwendbar**.[55] Dem Ausschluss der KGaA aus dem Anwendungsbereich des § 17 Abs. 2 AktG steht die Verweisungsnorm des § 278 Abs. 3 AktG nicht entgegen. Mit Blick auf die Besonderheiten der KGaA nimmt sie lediglich „sinngemäß" auf die Vorschriften des Ersten Buches des AktG Bezug. Wegen der Nichtanwendbarkeit des § 17 Abs. 2 AktG kann die Abhängigkeit einer KGaA von einem **Kommanditaktionär** nur mithilfe des § 17 Abs. 1 AktG begründet werden.[56] Danach sind abhängige Unternehmen rechtlich selbstständige Unternehmen, auf die ein anderes Unternehmen unmittelbar oder mittelbar einen beherrschenden Einfluss ausüben kann. Ausreichend ist mithin die Möglichkeit der beherrschenden Einflussnahme auf eine KGaA. Das ist zu bejahen, wenn sich aus der **Satzung der KGaA** konkrete Anhaltspunkte dafür ergeben, dass die Kommanditaktionäre über ihre normtypischen Kompetenzen hinaus Einflussmöglichkeiten auf die Geschäftsführung besitzen bzw. bei der Aufnahme neuer Komplementäre entscheidend mitwirken können (sog. hauptversammlungsdominierte KGaA).[57] Atypische Einflussnahmemöglichkeiten der Kommanditaktionäre liegen etwa vor, wenn das Widerspruchsrecht der Kommanditisten, welches ihnen grundsätzlich nur im Falle außergewöhnlicher Geschäfte nach § 164 HGB zusteht, statutarisch auch auf andere Geschäfte ausgedehnt wird oder wenn die Aufnahme von Komplementären in der Satzung von der Voraussetzung abhängig gemacht worden ist, dass die Hauptversammlung oder der Aufsichtsrat der Aufnahme des Komplementärs zustimmt bzw. die Aufnahme unter bestimmten Bedingungen ablehnen kann.[58] Daneben ist denkbar, dass der Komplementär in der Rechtsform einer juristischen Person der KGaA selbst gehört und damit die Hauptversammlung einer AG vergleichbar über die Besetzung des Aufsichtsrats der Komplementärgesellschaft entscheidet

---

[54] Siehe oben § 5 Rn. 76 ff.
[55] Mittlerweile – soweit ersichtlich – allg. Ansicht, vgl. *Assmann/Sethe* in GroßKomm AktG Vor § 278 Rn. 79; *Bachmann* in Spindler/Stilz AktG § 278 Rn. 92; *Hüffer/Koch* § 278 Rn. 21; *Mertens/Cahn* in Kölner Komm AktG Vor § 278 Rn. 21; *Schall* in Spindler/Stilz AktG § 17 Rn. 49; *Schlitt* S. 108; *Schaumburg/Schulte* Die KGaA Rn. 71; *Perlitt* in Münch Komm AktG Vor § 278 Rn. 98a; *Wichert* in Heidel AktG § 278 Rn. 68; *Förl/Fett* in Bürgers/Körber AktG § 278 Rn. 53; zum Meinungsstand im Recht der Personengesellschaft *Liebscher* in Reichert GmbH & Co. KG § 51 Rn. 12 m.w.N.
[56] *Bachmann* in Spindler/Stilz AktG § 278 Rn. 92.
[57] Allein das Zustimmungsrecht aus § 278 Abs. 2 AktG, §§ 164 S. 1, 116 Abs. 2 HGB reicht dazu nicht aus, so zu Recht *Bayer* in Münch Komm AktG § 17 Rn. 126; *Herfs* in Münch Hbd AG § 79 Rn. 62; siehe zur hauptversammlungsdominierten KGaA auch oben unter § 3 Rn. 8 ff.
[58] Vgl. *Schlitt* S. 134.

(Einheits-KGaA)[59]; in diesem Fall kommt es auf die Mehrheitsverhältnisse in der Hauptversammlung an. Zusätzlich muss, um die Abhängigkeit einer KGaA von einem Kommanditaktionär gemäß § 17 Abs. 1 AktG begründen zu können, dieser Mehrheitsgesellschafter als konzernrechtliches Unternehmen einzustufen sein.[60]

Ob und inwieweit Abhängigkeit einer KGaA gemäß § 17 Abs. 1 AktG vorliegt, wenn der **persönlich haftende Gesellschafter** ein Unternehmen i.S.d. Konzernrechts ist,[61] ist grundsätzlich **einzelfallabhängig** zu entscheiden.[62] Hierbei ist insbesondere zu berücksichtigen, ob und inwieweit die Rechte der Kommanditaktionäre – vor allem zur Zustimmung zu außergewöhnlichen Geschäften nach § 278 Abs. 2 AktG, §§ 164 S. 1, 116 Abs. 2 HGB – in der Satzung[63] ausgeschlossen oder verringert worden bzw. ob noch weitere persönlich haftende geschäftsführungsbefugte Gesellschafter vorhanden sind.[64] Im letzteren Fall steht jedem der zur Einzelgeschäftsführung ermächtigten Komplementäre ein Widerspruchsrecht zu (§ 278 Abs. 2 AktG, § 115 Abs. 1, 2. HS. HGB), was den beherrschenden Einfluss eines der geschäftsführenden Gesellschafter per se ausschließen dürfte.[65] Dessen ungeachtet erscheint es nicht abwegig anzunehmen, dass einem persönlich haftenden Gesellschafter bei einer gesetzestypischen KGaA, die nur über ebendiesen persönlich haftenden Gesellschafter verfügt, wegen dessen herausgehobener Stellung als Geschäftsführungsorgan der KGaA regelmäßig ein beherrschender Einfluss i.S.d. § 17 Abs. 1 AktG zukommen wird;[66] allein das Recht der Kommanditaktionäre, bei *außergewöhnlichen* Geschäftsführungsmaßnahmen zustimmen zu können (§ 278 Abs. 2 AktG, §§ 164 S. 1, 116 Abs. 2 HGB), dürfte hieran nichts ändern.[67] Bereits die normalen „Tagesgeschäfte" werden es einem persönlich haftenden Gesellschafter erlauben, die Geschäfte der KGaA mit seinen anderweitigen Interessenbindungen (etwa ein weiteres von ihm geführtes Unternehmen[68]) unter einer zentralen Finanzplanung und damit unter einer einheitlichen Leitung[69] zusammenzuführen.[70] Hierbei wird nicht verkannt, dass nach allgemeiner Ansicht im Personenge-

---

[59] Vgl. dazu unter § 4 Rn. 23, § 5 Rn. 30, 196, 216.
[60] Zum Unternehmensbegriff § 12 Rn. 24.
[61] Zur Komplementärgesellschaft bei der Kapitalgesellschaft & Co. KGaA siehe unten § 12 Rn. 40 ff.
[62] Hüffer/*Koch* § 278 Rn. 21.
[63] Zur möglichen Einordnung der Satzung als Unternehmensvertrag siehe unten § 12 Rn. 42.
[64] Zur parallelen Diskussion bei der GmbH & Co. KG *Liebscher* in Reichert GmbH & Co. KG § 51 Rn. 14 ff.
[65] Allg. Ansicht vgl. *Perlitt* in Münch Komm AktG Vor § 278 Rn. 108; *Bachmann* in Spindler/Stilz AktG § 278 Rn. 92; *Förl/Fett* in Bürgers/Körber AktG, § 278 Rn. 54.
[66] Zustimmend *Bachmann* in Spindler/Stilz AktG § 278 Rn. 93; ferner *Förl/Fett* in Bürgers/Körber AktG § 278 Rn. 54; generell ablehnend *Schaumburg/Schulte* Die KGaA Rn. 70; dagegen zu Recht *Mertens/Cahn* Kölner Komm AktG Vor § 278 Rn. 25; für Beherrschung bei einer das Recht der Kommanditaktionäre zurückdrängenden Satzungsgestaltung die wohl h.M. vgl. *Perlitt* in Münch Komm AktG Vor § 278 Rn. 107 unter Berufung auf das Schrifttum im Personenhandelsrecht m.w.N.
[67] Anders zum Konzernrecht der Personengesellschaft die wohl h.M. vgl. *Liebscher* in Reichert GmbH & Co. KG § 51 Rn. 14; so wie hier *U. H. Schneider* ZGR 1977, 335, 346 f.
[68] Zum Wettbewerbsverbot der persönlich haftenden Gesellschafter siehe unter § 5 Rn. 276 ff.
[69] Siehe zu diesem Begriff oben unter § 12 Rn. 4.
[70] *Bachmann* in Spindler/Stilz AktG § 278 Rn. 93; *Förl/Fett* in Bürgers/Körber AktG § 278 Rn. 54; a.A. etwa *Perlitt* in Münch Komm AktG Vor § 278 Rn. 107.

sellschaftsrecht solche Geschäfte, bei denen sich Gesellschaftsinteressen und private Interessen des geschäftsführenden Gesellschafters zu einem erheblichen Interessenkonflikt vermischen, stets als „außergewöhnliche Geschäfte" i. S. d. §§ 164 S. 1, 116 Abs. 2 HGB angesehen werden.[71] Dieser Aspekt wurde bereits bei der Diskussion über das Konzernrecht der Personengesellschaften angesprochen und entsprechend gewürdigt.[72] Vor diesem Hintergrund ließe sich einwenden, dass jedes Geschäft, bei dem der Gesellschafter aufgrund seines anderweitigen Engagements in einen konzerntypischen Interessenkonflikt gerät, eines zustimmenden Beschlusses der Kommanditaktionäre nach § 278 Abs. 2 AktG, §§ 164 S. 1, 116 Abs. 2 HGB bedürfe; von einer Beherrschung durch den Komplementär könnte man dann kaum mehr ausgehen. Diese formale Betrachtung lässt aber unberücksichtigt, dass nicht jedes „Tagesgeschäft", mit dem eine zentrale Finanzplanung und damit eine einheitliche Leitung von zwei Unternehmen realisiert wird, im Spannungsfeld der Interessen der beteiligten Unternehmen liegen wird. Es entspricht vielmehr den Erfahrungen in der Praxis, dass die einheitliche Leitung Synergieeffekte im Interesse beider Unternehmen generieren kann; beispielhaft sei hier auf ein einheitliches Cash-management verwiesen.[73] Es spricht daher viel dafür, dass der alleingeschäftsführende persönlich haftende Gesellschafter typischerweise auf die KGaA einen beherrschenden Einfluss ausüben kann. Vermeiden lässt sich dieses ggf. unerwünschte Ergebnis (siehe zu den Folgen unter 3.) letztlich rechtsicher nur durch eine die Rechte des Komplementärs über § 164 S. 1 HGB hinaus einschränkende Satzungsregelung.[74] Diejenigen, die sich auf ein Abhängigkeitsverhältnis zwischen dem persönlich haftenden Gesellschafter und der KGaA berufen, müssen dieses freilich im Einzelfall darlegen. Die Vermutungsregel des § 17 Abs. 2 AktG steht ihnen dabei – wie eingangs dargelegt – nicht zur Verfügung; sie lässt sich auch nicht analog auf den Fall des alleingeschäftsführenden persönlich haftenden Gesellschafters anwenden.

3. Folgen faktischer Konzernierung im Überblick

29   Ist die KGaA ein faktisch abhängiges Konzernunternehmen und wird auf sie in einer Weise eingewirkt, dass sie ein für sie nachteiliges Rechtsgeschäft abschließt oder Maßnahmen zu ihrem Nachteil trifft bzw. unterlässt, kann sie am Ende des Geschäftsjahres vom herrschenden Unternehmen einen **Nachteilsausgleich** einfordern (§ 311 Abs. 2 AktG). Ist der Nachteilsausgleich nicht während des Geschäftsjahres tatsächlich erfolgt, muss der abhängigen KGaA spätestens am Ende des Geschäftsjahres ein vertraglicher Ausgleichsanspruch eingeräumt werden, den sie entsprechend in der Bilanz verbuchen kann. Wird weder Nachteilsausgleich noch Ausgleichsanspruch gewährt, hat die beherrschte KGaA einen **Ersatzanspruch** gegen das herrschende Unternehmen bzw. gegen dessen gesetzliche Vertreter nach §§ 311, 317 AktG; auch die Kommanditaktionäre der beherrschten KGaA können einen Schadensersatzanspruch gegen das herrschende Unternehmen bzw. dessen gesetzliche Vertreter geltend machen, wenn sie persönlich neben der Gesellschaft geschädigt worden sind (§ 317 Abs. 1 S. 2, Abs. 3 AktG).

---

[71] BGH WM 1973, 170 f.; *Mayen* in Ebenroth/Boujong/Joost/Strohn HGB § 116 Rn. 6.
[72] Vgl. *U. H. Schneider* ZGR 1975, 253, 281.
[73] Vgl. *Windbichler* in GroßKomm AktG § 18 Rn. 25.
[74] Vgl. *Bachmann* in Spindler/Stilz AktG § 278 Rn. 93.

Beachtlich ist in diesem Zusammenhang die privilegierende Funktion des Konzernrechts. Kommanditaktionäre, die eine KGaA zu einem für diese nachteiligen Rechtsgeschäft veranlassen, müssten sich wegen verbotener Einlagenrückgewähr nach §§ 278 Abs. 3, 57 Abs. 1 AktG verantworten, sofern ihnen aus dem Vermögen der KGaA eine Leistung erbracht wurde und dieser Leistung kein vollwertiger Gegenleistungs- oder Rückgewähranspruch gegenübersteht. Die empfangenen Leistungen wären nach §§ 278 Abs. 3, 62 Abs. 1 AktG mit sofortiger Wirkung an die KGaA zurückzugewähren. Der faktisch herrschende Gesellschafter wird demgegenüber privilegiert: § 311 AktG enthält eine die §§ 57, 62 AktG verdrängende Spezialregelung.[75] Danach lösen Maßnahmen zum Nachteil der abhängigen Gesellschaft unter Einschluss von Vermögensverschiebungen keinen sofortigen Rückgewähranspruch aus; § 311 lässt – wie eingangs erwähnt – einen zeitlich gestreckten Ausgleich in der Weise zu, dass der Nachteil bis zum Ende des Geschäftsjahrs ausgeglichen oder aber bis dahin der abhängigen Gesellschaft ein Rechtsanspruch auf künftigen Nachteilsausgleich eingeräumt wird.[76]

Flankiert werden die Ausgleichsregelungen der §§ 311, 317 AktG durch ein **Berichtswesen**, das die notwendige Transparenz der Beziehungen zwischen dem herrschenden und dem abhängigen Unternehmen sichern soll.[77] Die geschäftsführenden persönlich haftenden Gesellschafter der abhängigen KGaA müssen nach § 312 Abs. 1 S. 1 AktG in den ersten drei Monaten eines Geschäftsjahres einen Bericht über die Beziehungen der Gesellschaft zu verbundenen Unternehmen aufstellen (sog. **Abhängigkeitsbericht**). In dem Bericht sind die Geschäfte bzw. Maßnahmen, welche die beherrschte KGaA mit dem herrschenden Unternehmen oder einem mit ihm verbundenen Unternehmen oder auf Veranlassung oder im Interesse dieser Unternehmen vorgenommen oder unterlassen hat, aufzulisten. Ferner muss der Bericht Einzelheiten über einen eventuell gewährten Nachteilsausgleich bzw. an dessen Stelle gewährte Surrogate enthalten. Am Ende des Berichts steht eine in den Lagebericht aufzunehmende Erklärung der Geschäftsführung, ob die KGaA für die Rechtsgeschäfte mit dem herrschenden Unternehmen eine angemessene Gegenleistung erhalten hat und durch Maßnahmen nicht benachteiligt wurde bzw. im Falle einer Benachteiligung, in welcher Form ein Ausgleich gewährt worden ist, § 312 Abs. 3 AktG. Der Bericht ist durch einen Abschlussprüfer und den Aufsichtsrat zu prüfen (§§ 313 f. AktG); der Aufsichtsrat hat der Hauptversammlung vom Ergebnis seiner Prüfung zu berichten. Kommen Geschäftsführung bzw. Aufsichtsrat ihren Berichterstattungs- bzw. Prüfungspflichten nicht in der geforderten Weise nach, können sie sich nach § 318 AktG gegenüber der Gesellschaft **schadensersatzpflichtig** machen.

Sollte der Bericht der persönlich haftenden Gesellschafter zu dem Ergebnis kommen, dass die KGaA durch das herrschende Unternehmen ohne angemessenen Ausgleich geschädigt worden sei, oder sollte der Aufsichtsrat Einwendungen gegen den Bericht geltend machen oder der Abschlussprüfer den Bestätigungsvermerk zum Bericht einschränken oder versagen, können die Kommanditaktionäre nach § 315 S. 1 AktG eine **Sonderprüfung** beantragen; unabhängig von dem Ergeb-

---

[75] Vgl. nur BGH NJW 2009, 850 f. – MPS; BGH NJW 2011, 2719, 2724 – Dritter Börsengang; ferner Hüffer/*Koch* § 311 Rn. 49.
[76] BGH NJW 2009, 850 f. – MPS; BGH NJW 2011, 2719, 2724 – Dritter Börsengang.
[77] Vgl. BGH NJW 1997, 1855 f. – Volkswagen/Land Niedersachsen; *Altmeppen* in Münch Komm AktG § 312 Rn. 1 ff.

nis und der Beurteilung der Berichte können Kommanditaktionäre, deren Anteile zusammen den hundertsten Teil des Grundkapitals oder den anteiligen Betrag von 100.000 EUR erreichen und die glaubhaft machen können, seit mindestens drei Monaten Inhaber der Kommanditaktien zu sein, einen Antrag auf Sonderprüfung stellen (§ 315 S. 2 AktG). Durch das Berichtswesen und die Möglichkeit zur Veranlassung einer Sonderprüfung wird den außenstehenden Kommanditaktionären und den Gläubigern des abhängigen Unternehmens ermöglicht, die Verbindungen zu dem faktisch herrschenden Unternehmen nachzuverfolgen, und somit ihre Beweislage verbessert; die Geltendmachung von Schadensersatzansprüchen wird auf diese Weise erleichtert.[78]

4. „Qualifiziert faktischer KGaA-Konzern"

33 Wie vorstehend erläutert, kann die faktisch abhängige KGaA von dem herrschenden Unternehmen für ein nachteiliges Rechtsgeschäft, das durch das herrschende Unternehmen beeinflusst wurde, einen Ausgleich nach § 311 AktG einfordern.

34 Kaum noch durchführbar wird dieses Recht auf Ausgleich bzw. Schadensersatz, wenn die einzelnen nachteiligen Eingriffe sowie Maßnahmen nicht mehr isoliert werden können und dadurch der einzelne Ausgleichs- bzw. Schadensersatzanspruch nach §§ 311, 317 AktG nicht mehr konkret nachgezeichnet werden kann. Auch oder gerade in diesen Fällen besteht ein Bedürfnis der beherrschten KGaA, für die erlittenen Nachteile und Verluste einen Ausgleich zu erhalten. Die Gläubiger der beherrschten KGaA haben darüber hinaus ein berechtigtes Interesse, vor den für ihre Schuldnerin nachteiligen Einflussnahmen des faktisch herrschenden Unternehmens geschützt zu werden.

35 Rechtsprechung und Teile der Literatur haben in Bezug auf den GmbH-Konzern für das Phänomen der verdichteten Leitungsmacht, deren ausgleichspflichtige Nachteilszufügungen nicht mehr isolierbar sind (z. B. weil die faktisch abhängige Gesellschaft nur noch wie eine unselbstständige Betriebsabteilung geführt wird), den Begriff des **„qualifiziert faktischen Konzerns"** geprägt und die analoge Anwendung der §§ 302, 303 AktG postuliert.[79] Im Einzelnen war streitig, ob bereits der Zustand der „qualifiziert faktischen Konzernierung" als solcher oder erst die durch das Verhalten der Konzernleitung provozierten Nachteile zu einer Haftung des faktisch herrschenden Unternehmens führen sollten. Im Verlaufe diverser Urteile des BGH – stets zum GmbH-Konzern – bildete sich die sog. **Verhaltenshaftung** heraus.[80] Das Schrifttum übertrug die für das GmbH-Recht entwickelten Grundsätze des „qualifiziert faktischen Konzerns" auf das Aktienrecht.[81]

---

[78] Hüffer/Koch § 312 Rn. 1; Leuering/Goertz in Hölters AktG § 315 Rn. 3; Koppensteiner in Kölner Komm AktG § 312 Rn. 41.
[79] Vgl. BGH NJW 1986, 188, 191 f. – Autokran; BGH NJW 1989, 1800 ff. – Tiefbau; BGH NJW 1993, 1200 ff. – TBB; zur Entwicklung Liebscher in Münch Komm GmbHG Anh § 13 Rn. 476 ff.; Hüffer/Koch § 302 Rn. 7; Raiser/Veil § 53 Rn. 54 ff. jeweils m. w. N.
[80] Grundlegend BGH NJW 1993, 1200 ff. – TBB; Altmeppen in Roth/Altmeppen GmbHG Anh § 13 Rn. 123.
[81] Habersack ZGR 2008, 533, 550 m. w. N.; Müller in Spindler/Stilz AktG Vor § 311 Rn. 25 m. w. N.

Vor nun mehr als einer Dekade hat der BGH diese Rechtsprechung zur Haftung 36
aus „qualifiziert faktischem GmbH-Konzern" in eine Ausfallhaftung wegen „existenzvernichtenden Eingriffs" geändert.[82] Der Schutz der abhängigen GmbH gegen Eingriffe eines Gesellschafters soll demnach auf die Erhaltung ihres Stammkapitals und die Gewährleistung ihres Bestandsschutzes beschränkt werden, der eine angemessene Rücksichtnahme auf das Vermögen und die Geschäftschancen der GmbH erfordert.[83] Ein „existenzvernichtender Eingriff" sollte anfangs eine unmittelbare Außenhaftung nach den Grundsätzen der Durchgriffshaftung zur Folge haben; mit der jüngeren Rechtsprechung des BGH wurde das Konzept der eigenständigen Außenhaftung zugunsten einer auf § 826 BGB fußenden Innenhaftung aufgegeben.[84] Der Abkehr des BGH von der Figur des „qualifiziert faktischen GmbH-Konzerns" hat sich das Schrifttum nahezu einheitlich angeschlossen.[85]

Ob damit auch für die Aktiengesellschaft und die KGaA die Rechtsfigur des 36a
„qualifiziert faktischen Konzerns" wegfällt, ist umstritten; die wohl h.M. bejaht dies.[86] Für eine Übertragbarkeit der Rechtsprechung auf die Aktiengesellschaft wird angeführt, dass ihr Kapitalschutz wegen der noch strengeren Kapitalerhaltungsregeln des Aktienrechts nicht hinter dem Schutzniveau der GmbH zurückbleiben dürfe.[87] Allgemeiner Grundsatz des Kapitalgesellschaftsrechts sei es, den Gläubigern das zur Befriedigung erforderliche Haftkapital zu erhalten. Dies werde durch eine Verhinderung „existenzvernichtender Eingriffe" erreicht. Für die Aktiengesellschaft habe dies eine teleologische Reduktion des § 1 Abs. 1 S. 2 AktG und damit einhergehend eine Durchgriffshaftung zur Konsequenz.[88] Teilweise wird auch vertreten, auf eine tatbestandliche Anknüpfung an die qualifizierte Nachteilszufügung gänzlich zu verzichten und einen Schutz von außenstehenden Dritten auch bei nicht quantifizierbaren Nachteilszufügungen durch die Heranziehung der §§ 311, 317 AktG zu gewährleisten.[89] Zur Durchsetzung des Anspruchs solle eine Beweislastverschiebung zulasten des herrschenden Unternehmens erfolgen.[90]

Indes vermag keine der angeführten Ansichten das Problem der fehlenden Iso- 36b
lierbarkeit eines Nachteils im AG- oder KGaA-Konzern überzeugend zu lösen. Der Hinweis, dass der Kapitalschutz der Aktiengesellschaft nicht hinter der GmbH zurückbleiben dürfe, verstellt den Blick auf die Strukturunterschiede zwischen Aktiengesellschaft und GmbH: Die Aktiengesellschaft wird bereits aufgrund ihres eigenständigen Bestandsinteresses vom Aktienrecht geschützt, während ein Eigeninteresse der Einmann-GmbH bzw. der GmbH bei Einvernehmen aller Ge-

---

[82] BGH NJW 2001, 3622 ff. – Bremer Vulkan; BGH NJW 2002, 1803 ff. – L-Kosmetik; BGH NJW 2002, 3024 ff. – KBV; BGH NZG 2005, 177 ff.; BGH NZG 2005, 214 ff.

[83] BGH NJW 2001, 3622 – Bremer Vulkan.

[84] BGH NJW 2007, 2689 ff. – Trihotel; hierzu etwa *Paefgen* DB 2007 1907 ff.; *Theiselmann* GmbHR 2007, 904 ff.

[85] Vgl. nur *Altmeppen* ZIP 2001, 1837, 1842; *Bitter* WM 2001, 2133 ff.; *K. Schmidt* NJW 2001, 3577, 3579; *Lutter/Banerjea* ZGR 2003, 402, 407 ff.; *Ulmer* ZIP 2001, 2021 ff.; *Wilhelmi* DZWiR 2003, 45 ff.

[86] Zum Meinungsstand etwa Hüffer/*Koch* § 1 Rn. 29.

[87] *Koppensteiner* in Köln Komm AktG Anh § 318 Rn. 63 ff. m.w.N.

[88] *Koppensteiner* in Köln Komm AktG Anh § 318 Rn. 75.

[89] *Altmeppen* in Münch Komm AktG Anh § 317 Rn. 14 ff.; vgl. auch OLG Stuttgart AG 2007, 633 Rn. 44 ff.; nachgehend BGH NJW-RR 2008, 1722 ff. (offengelassen); OLG Stuttgart NZG 2007, 549 f.; OLG Schleswig WM 2008, 2253, 2262; kritisch *Kort* NZG 2009, 364, 368.

[90] *Altmeppen* in Münch Komm AktG § 317 Rn. 34.

sellschafter – vorbehaltlich des Verbots existenzvernichtender Eingriffe – nicht anzuerkennen ist.[91] Hierher gehört auch die Feststellung, dass – anders als der Vorstand einer AG – der Geschäftsführer der GmbH im faktischen Konzern bis zur Grenze der Existenzvernichtung dem Weisungsrecht der Gesellschafter unterliegt, ohne dass dazu der Abschluss eines Beherrschungsvertrages erforderlich wäre. Überdies erscheint es vorzugswürdig, die §§ 291 ff., 311 ff. AktG, die ein konsistentes System mit einer Zweiteilung in Vertragskonzern und faktischen Konzern bieten, heranzuziehen, wenn es gilt, sich auftuende Regelungslücken innerhalb eben dieses Systems zu schließen.[92] Eine Übertragung der BGH-Rechtsprechung zum „existenzvernichtenden Eingriff" auf die Aktiengesellschaft und die KGaA ist daher abzulehnen. Nicht überzeugen kann gleichermaßen die Meinung, die die §§ 311, 317 AktG bei nicht quantifizierbaren Nachteilszufügungen heranziehen will. Will das herrschende Unternehmen seinen Einfluss in einer Weise ausüben, dass die Leitungsmacht eine solche Dichte und Intensität erreicht, dass einzelne schädigende Maßnahmen nicht mehr isoliert werden können, so ist es gehalten, einen Beherrschungsvertrag abzuschließen; andernfalls ist der von ihm herbeigeführte Zustand rechtswidrig.[93] Wird der rechtlich gebotene Abschluss eines Beherrschungsvertrages unterlassen, so darf dies dem herrschenden Unternehmen nicht zum Vorteil gereichen: Der in §§ 302 f. AktG vorgesehene Nachteilsausgleich muss dennoch geleistet werden. Eine entsprechende Anwendung des kodifizierten Vertragskonzernrechts nach §§ 302 ff. AktG bei nicht geregelter fehlender Isolierbarkeit von Nachteilszufügungen rechtfertigt sich mithin aus dem Gesichtspunkt des Umgehungsschutzes.[94] Die Grundsätze des „qualifiziert faktischen Konzerns" können daher nach der hier vertretenen Auffassung für die Aktiengesellschaft und die KGaA weiterhin Geltung beanspruchen.[95]

IV. Eingliederung und Squeeze-Out

1. Eingliederung

37 Wie sich aus dem Umkehrschluss zu § 319 Abs. 1 S. 1 AktG ergibt, in dem lediglich die Aktiengesellschaft, nicht aber die KGaA Erwähnung findet, kann die KGaA grundsätzlich nicht durch Beschluss ihrer Hauptversammlung in eine Hauptgesellschaft eingegliedert werden. Angesichts der Struktur der KGaA mit ihren persönlich haftenden Gesellschaftern wäre eine solche Eingliederung in eine Aktiengesellschaft auch wesensfremd.[96] Ausweislich des klaren Wortlauts der Norm dürfte auch eine kapitalistische KGaA, die keine natürliche Person als

---

[91] *Habersack* in Emmerich/Habersack Aktien- und GmbH-Konzernrecht Anh § 317 Rn. 5; *ders.* ZGR 2008, 533, 552.
[92] *Müller* in Spindler/Stilz AktG Vor § 311 Rn. 25.
[93] Zum Ganzen: *Müller* in Spindler/Stilz AktG Vor § 311 Rn. 25 m.w.N.
[94] *Habersack* in Emmerich/Habersack Aktien- und GmbH-Konzernrecht Anh § 317 Rn. 5 f.; *ders.* ZGR 2008, 533, 552 ff.; *Müller* in Spindler/Stilz AktG Vor § 311 Rn. 25; i.E. auch *Leuering/Goertz* in Hölters AktG § 311 Rn. 97; *Schürnbrand* ZHR 169 (2005) 35, 58.
[95] So schon zur AG *Fett* in Bürgers/Körber AktG § 311 Rn. 30 m.w.N.
[96] Allg. Auff., vgl. *Habersack* in Emmerich/Habersack Aktien- und GmbH-Konzernrecht § 319 Rn. 5; Hüffer/*Koch* § 319 Rn. 4; *Koppensteiner* in Köln Komm AktG Vor § 319 Rn. 11.

Komplementärin aufweist, kein **eingliederungsfähiger Rechtsträger** sein. Da man die vorstehende Argumentation auf die kapitalistische KGaA, bei der als persönlich haftender Gesellschafter eine juristische Person für die Verbindlichkeiten der eingegliederten KGaA aufkommen müsste, nicht einfach übernehmen kann, ist freilich **eine analoge Anwendung** des § 319 Abs. 1 AktG auf die einzugliedernde Kapitalgesellschaft & Co. KGaA sachgerecht.[97] Es ist nicht auszuschließen, dass eine andere Aktiengesellschaft oder KGaA[98] neben der Möglichkeit, einen Squeeze-Out nach §§ 327a ff. AktG[99] durchzuführen, eine Eingliederung der Kapitalgesellschaft & Co. KGaA mit ihren konzernrechtlichen Folgen anstrebt (vgl. § 323 AktG). Insofern besteht eine Regelungslücke für die Eingliederung einer Kapitalgesellschaft & Co. KGaA. Da die Rechtsfigur der Kapitalgesellschaft & Co. KGaA zur Zeit des Inkrafttretens des AktG noch nicht anerkannt war, ist die Regelungslücke auch planwidrig. Bei Betrachtung der Sachverhalte (Eingliederung Aktiengesellschaft und Eingliederung Kapitalgesellschaft & Co. KGaA) lässt sich zudem eine Interessenidentität feststellen. Gründe, die einer analogen Anwendung des § 319 Abs. 1 AktG auf die KGaA mit einer Kapitalgesellschaft als Komplementärin entgegenstehen, sind nicht ersichtlich.

Ferner ist zu fragen, ob eine KGaA nicht auch – neben der Aktiengesellschaft – **eingliedernder Rechtsträger** sein kann. Der Wortlaut ist freilich auch hier eindeutig: In § 319 Abs. 1 S. 1 AktG ist nur die Aktiengesellschaft angesprochen. Die wohl noch herrschende Meinung schließt hieraus, dass auch als eingliedernder Rechtsträger nur die Aktiengesellschaft in Frage kommen könne.[100] Gegen eine erweiternde Auslegung des § 319 Abs. 1 S. 1 AktG auf die KGaA wird vor allem vorgebracht, dass deren Gesamtkapital auch durch die persönliche Haftung der Komplementäre beigesteuert werde und mithin regelmäßig nicht an das von Aktiengesellschaften zur Verfügung gestellte Grundkapital heranreiche.[101] Durch die Differenzierung zwischen Aktiengesellschaft und KGaA ist jedoch über die Höhe des zur Verfügung stehenden Grundkapitals noch nichts ausgesagt. Das von den Kommanditaktionären zur Verfügung gestellte Grundkapital unterliegt nach § 278 Abs. 3 AktG denselben Bindungen wie das Grundkapital der Aktiengesellschaft, sodass sich hieraus keine Bedenken ableiten lassen, die KGaA als eingliedernden Rechtsträger zuzulassen.[102] Dies gilt nicht zuletzt vor dem Hintergrund, dass die Aktionäre der einzugliedernden Aktiengesellschaft auch mit Kommanditaktien der KGaA abgefunden werden können (vgl. § 320b Abs. 1 AktG). Dass sich die abzufindenden Aktionäre nun in der Rechtsform der KGaA und nicht mehr in der Rechtsform der Aktiengesellschaft wiederfinden, spricht für sich genommen

---

[97] *Habersack* in Emmerich/Habersack Aktien- und GmbH-Konzernrecht § 319 Rn. 5; *Pfeiffer* Der Konzern 2006 122, 123 ff.; *Schmolke* in GK-AktG Vor § 319 Rn. 10 f.; *Fett* in Bürgers/Körber AktG § 319 Rn. 3; im Ergebnis auch *K. Schmidt* in K. Schmidt/Lutter AktG § 278 Rn. 47; a.A. die wohl noch h.L. vgl. etwa *Hüffer/Koch* § 319 Rn. 4 und § 278 Rn. 21; *Grigoleit/Rachlitz* in Grigoleit AktG § 319 Rn. 6; *Ziemons* in Schmidt/Lutter AktG § 319 Rn. 6.
[98] Dazu sofort unter § 12 Rn. 38.
[99] Siehe hierzu unter § 12 Rn. 39.
[100] *Koppensteiner* in Kölner Komm AktG Vor § 319 Rn. 10; *Grunewald* in Münch Komm AktG § 319 Rn. 5; *Hüffer/Koch* § 319 Rn. 4; *Singhof* in Spindler/Stilz AktG § 319 Rn. 3.
[101] *Koppensteiner* in Kölner Komm AktG Vor § 319 Rn. 10.
[102] *Habersack* in Emmerich/Habersack Aktien- und GmbH-Konzernrecht § 319 AktG Rn. 6.

ebenfalls noch nicht gegen die Zulässigkeit einer derartigen erweiternden Auslegung. Der Ausschluss der Schutzvorschriften der §§ 207 bis 212 UmwG beim Formwechsel einer Aktiengesellschaft in eine KGaA nach § 250 UmwG zeigt, dass der Gesetzgeber diesen Wechsel als unbedenklich einstuft;[103] es gibt keinen sachlichen Grund, warum dies bei einer Eingliederung anders sein sollte. Nach alldem ist § 319 Abs. 1 S. 1 AktG dahingehend erweiternd auszulegen, auch die KGaA als eingliedernden Rechtsträger zuzulassen.[104] Zur Wirksamkeit der Eingliederung müssen sämtliche Komplementäre dem Hauptversammlungsbeschluss nach § 319 Abs. 2 AktG zustimmen (§ 285 Abs. 2 S. 1 AktG).

2. Squeeze-Out

39 Die Regelung zum Ausschluss von Minderheitsaktionären (sog. **Squeeze-Out**, §§ 327a ff. AktG)[105] gestattet dem mit 95 Prozent am Grundkapital der KGaA beteiligten Hauptaktionär,[106] im Rahmen der Hauptversammlung die Übertragung der Aktien der Minderheitsaktionäre gegen Gewährung einer angemessenen Barabfindung zu beschließen (§ 327a Abs. 1 S. 1 AktG).[107] Durch den im Zuge des Dritten Gesetzes zur Änderung des Umwandlungsgesetzes neu eingefügten § 62 Abs. 5 S. 1 UmwG[108] ist ein Squeeze-Out im Zusammenhang mit einer konzerninternen Up-Stream-Verschmelzung bereits ab einer Beteiligungsquote des Hauptaktionärs i. H. v. 90 Prozent möglich (sog. verschmelzungsrechtlicher Squeeze-Out). Durch einen Squeeze-Out kann der Mehrheitsaktionär die übrigen Kommanditaktionäre aus der KGaA ausschließen. Zu beachten ist, dass nach § 327a Abs. 1 S. 2 AktG die Anwendung des § 285 Abs. 2 S. 1 AktG auf den Ausschlussbeschluss keine Anwendung findet; er wird mithin auch ohne Zustimmung der Komplementäre wirksam. Die Regelung hat lediglich klarstellenden Charakter:[109] Durch den Squeeze-Out wird die rechtliche Stellung der persönlich haftenden Gesellschafter nicht unmittelbar berührt.[110] Denn nach § 327a AktG können nur die Kommanditaktionäre, nicht jedoch die persönlich haftenden Gesellschafter ausgeschlossen werden.[111] Da die Befugnisse der verbleibenden Komplementäre durch einen Squeeze-Out nicht beeinträchtigt werden, verfügt der Hauptkommanditaktionär allein durch

---

[103] *Habersack* in Emmerich/Habersack Aktien- und GmbH-Konzernrecht § 319 AktG Rn. 6.

[104] *Habersack* in Emmerich/Habersack Aktien- und GmbH-Konzernrecht § 319 AktG Rn. 6; i. E. auch *Bachmann* in Spindler/Stilz AktG § 278 Rn. 89; bei Eingliederung einer 100%-igen Tochtergesellschaft auch *Grunewald* in Münch Komm AktG § 319 Rn. 5.

[105] Eingeführt mit dem WpÜG durch Gesetz vom 20.12.2001 BGBl. I S 3822; vgl. hierzu *Sieger/Hasselbach* ZGR 2002, 120 ff.; *Baums* WM 2001, 1843 ff.; *Ehricke/Roth* DStR 2001, 1120 ff.; *Halm* NZG 2000, 1162 ff.; *Kallmeyer* AG 2000 59 ff.; *Möller/Pötzsch* ZIP 2001, 1256 ff.

[106] Bemessungsgrundlage ist das Grund-, nicht das Gesamtkapital der KGaA vgl. *Sieger/Hasselbach* ZGR 2002, 120, 129.

[107] Aktuelle Beispiele zum Squeeze-Out: Lindner Holding KGaA; AIRE GmbH & Co. KGaA.

[108] Gesetz vom 11.7.2011 BGBl. I S. 1338.

[109] Begründung RegE BT-Drucks. 14/7034 S. 72.

[110] *Grunewald* in Münch Komm AktG § 327a Rn. 30; *Singhof* in Spindler/Stilz AktG § 327a Rn. 21.

[111] *Fleischer* in GroßKomm AktG § 327a Rn. 72; *Müller-Michaels* in Hölters AktG § 327a Rn. 28.

den hundertprozentigen Grundkapitalbesitz noch nicht über die entsprechende Gestaltungsmacht.[112] Für eine effiziente Ausgestaltung des Squeeze-Outs bei der KGaA wäre es daher erforderlich gewesen, auf das Gesamtkapital (Einlagen der Komplementäre und Grundkapital)[113] abzustellen, um so möglicherweise auch die persönlich haftenden Gesellschafter aus der Gesellschaft ausschließen zu können. Da bei einer solchen Form des Squeeze-Out letztlich beachtet hätte werden müssen, dass noch ein Komplementär in der Gesellschaft verbleibt,[114] dürften solche Überlegungen auch *de lege ferenda* an ihre Grenzen stoßen.

C. Konzernrechtliche Behandlung der Kapitalgesellschaft & Co. KGaA

In einer sog. kapitalistischen KGaA führt eine Kapitalgesellschaft als Komplementärin die Geschäfte der KGaA. Dies hat – wie etwa bei der GmbH & Co. KG – die Frage aufgeworfen, ob dieses Gebilde einen Konzern mit der Kapitalgesellschaft als herrschendem Unternehmen darstellt.[115] Wenn die Kapitalgesellschaft keine andere Funktion hat, als die Geschäfte der KGaA zu führen, muss die Annahme eines faktischen Konzernverhältnisses bereits an den oben dargestellten Voraussetzungen für die konzernrechtliche Unternehmenseigenschaft der Kapitalgesellschaft scheitern. In diesem Fall fehlt es gerade an der anderweitigen Interessenbindung der Kapitalgesellschaft, die den konzernspezifischen Interessenkonflikt begründet und damit die Schutzmechanismen des Konzernrechtes auslöst. Die typische Kapitalgesellschaft & Co. KGaA, bei der die Kapitalgesellschaft allein als „Geschäftsleiterin" der KGaA fungiert, muss daher als „ein Unternehmen" begriffen werden und wird deshalb zutreffend von der allgemeinen Ansicht **nicht als Konzern** i. S. d. §§ 15 ff. AktG angesehen.[116] Zu beachten ist aber, dass die rechtliche Selbstständigkeit von Kapitalgesellschaft und KGaA von **mitbestimmungsrechtlicher** Relevanz sein kann (siehe dazu unter § 5 Rn. 538). 40

Wird die Kapitalgesellschaft demgegenüber als Komplementärin in verschiedenen KGaAs verwendet (sog. sternförmige KGaA) und hat sie folglich unterschiedliche Interessenbindungen, ist sie auch als Unternehmen im Sinne des Konzernrechtes einzuordnen.[117] Die praktische Relevanz ist freilich auch hier – mit Ausnahme der angesprochenen mitbestimmungsrechtlichen Aspekte – eher gering. Wegen der unbeschränkten und unbeschränkbaren Haftung der Kapitalgesellschaft als Komplementärin erweitert das Konzernrecht mit seinen §§ 311 ff. AktG nicht die 41

---

[112] Aus diesem Grund wird der Squeeze-Out in der Praxis der KGaA nur relevant, wenn der Komplementär zugleich Kommanditaktionär ist und über die einen Squeeze-Out rechtfertigende Beteiligungshöhe verfügt, vgl. auch *Herfs* in Münch Hdb AG § 79 Rn. 91.
[113] Vgl. zu dieser Differenzierung oben unter § 7 Rn. 1.
[114] Siehe hierzu oben unter § 8 Rn. 27 ff.
[115] *Arnold* Die GmbH & Co KGaA 2001 S. 71 ff.; zur GmbH & Co. KG: *Bayer* in Münch Komm AktG § 15 Rn. 46.
[116] Vgl. *Arnold* Die GmbH & Co. KGaA 2001 S. 72; *Bachmann* in Spindler/Stilz AktG § 278 Rn. 91; *Perlitt* in Münch Komm AktG Vor § 278 Rn. 101; *Schaumburg/Schulte* Die KGaA Rn. 68; *Förl/Fett* in Bürgers/Körber AktG § 278 Rn. 59.
[117] *Arnold* Die GmbH & Co. KGaA S. 72; *Bachmann* in Spindler/Stilz AktG § 278 Rn. 91; *Perlitt* in Münch Komm AktG Vor § 278 Rn. 103.

Rechte der Gläubiger der KGaA. Zu beachten ist aber, dass die Geschäftsleiter der abhängigen KGaA – also die Geschäftsführer oder Vorstände der faktisch herrschenden Kapitalgesellschaft – einen Abhängigkeitsbericht nach § 312 Abs. 1 AktG zu verfassen haben.[118]

42 Gelegentlich wird diskutiert, ob die **Satzung** der KGaA, die beispielsweise den Komplementären über die gesetzestypischen Rechte hinaus Einflussmöglichkeiten gewährt, einen **Beherrschungsvertrag** i.S.d. § 291 Abs. 1 AktG darstellen kann.[119] Dies hätte zur Folge, dass zwischen dem (damit herrschenden) Komplementär und der KGaA – unwiderleglich – ein Konzern angenommen wird (§ 18 Abs. 1 S. 2 AktG). Richtig ist, dass die Satzung wie der Beherrschungsvertrag einen organisationsrechtlichen Charakter aufweist und damit bei entsprechender Ausgestaltung von Weisungsrecht und ähnlichen korporativen Elementen ein Gleichlauf von Satzung und Beherrschungsvertrag angenommen werden könnte.[120] Bei dieser teleologischen Betrachtung darf freilich nicht unberücksichtigt bleiben, dass Grundvoraussetzung für die Annahme auch eines vertraglichen Konzernverhältnisses die Unternehmenseigenschaft des herrschenden Unternehmens i.S.d. §§ 15 ff. AktG ist. Damit kommt eine Interpretation der Satzung als Beherrschungsvertrag überhaupt nur dann in Betracht, wenn der (herrschende) Komplementär wegen unterschiedlicher Interessenbindung als Unternehmen im Sinne des Konzernrechtes angesehen werden kann. Ist bereits dies zu verneinen, etwa weil die GmbH außer der Führung der Geschäfte der KGaA keine weiteren Interessen verfolgt, scheidet die Interpretation der Satzung als Beherrschungsvertrag von Anfang an mangels herrschendem Unternehmen aus. In diesem Fall ist es auch unerheblich, ob dem Komplementär über die gesetzlich vorgesehenen Rechte weitere Einflussmöglichkeiten eingeräumt werden. Allein dann, wenn der Komplementär als Unternehmen im Sinne des Konzernrechtes angesehen werden kann, ist es denkbar, eine Satzung, die mit besonderen, über die gesetzlich vorgesehenen Kompetenzen hinausweisenden Weisungs-, Kontroll- und Gestaltungsrechten versehen ist, als Beherrschungsvertrag i.S.d. § 291 Abs. 1 AktG anzusehen. Jedenfalls für die Gläubiger ist die praktische Relevanz gering: Ihre Sicherungsrechte nach § 303 AktG reichen nicht über die persönliche (Außen-)Haftung des Komplementärs in der KGaA, die unbeschränkt und unbeschränkbar ist, hinaus (vgl. § 278 Abs. 2 AktG, §§ 161 Abs. 2, 128 HGB).[121] Anders verhält es sich für die Kommanditaktionäre: Unterstellt man einen Beherrschungsvertrag, hat die Gesellschaft einen Anspruch auf Verlustausgleich am Ende eines Geschäftsjahres nach § 302 AktG. Hier

---

[118] Im Ergebnis erstellen damit die Geschäftsführer bzw. Vorstände einen Abhängigkeitsbericht über ihr eigenes Tun, d.h. über ihr Handeln als Geschäftsführer der herrschenden Kapitalgesellschaft gegenüber der abhängigen KGaA.
[119] *Assmann/Sethe* in GroßKomm AktG Vor § 278 Rn. 83; gegen die Annahme eines Beherrschungsvertrags: *Perlitt* in Münch Komm AktG Vor § 278 Rn. 118; *Mertens/Cahn* in Kölner Komm AktG Vor § 278 Rn. 26; *Bachmann* in Spindler/Stilz AktG § 278 Rn. 91. Dass diese nunmehr vor mehr als einer Dekade geführte Diskussion alles andere als fernliegend war, zeigen die Überlegungen aus jüngerer Zeit zum „verdeckten Beherrschungsvertrag" bei Business Combination Agreements, die unter Umgehung der einschlägigen Regelungen einem Aktionär eine einem herrschenden Unternehmen vergleichbare Stellung einräumen, vgl. *Fett* in Bürgers/Körber AktG § 17 Rn. 17 m.w.N.
[120] Vgl. *Assmann/Sethe* in GroßKomm AktG Vor § 278 Rn. 83.
[121] Mit dieser Wertung auch *Assmann/Sethe* in GroßKomm AktG Vor § 278 Rn. 85; ferner *Förl/Fett* in Bürgers/Körber AktG § 278 Rn. 57.

werden also nicht nur die Gläubiger der KGaA, sondern – anders als bei der Außenhaftung der Komplementäre nach § 278 Abs. 2 AktG, §§ 161 Abs. 2, 128 HGB – auch die Kommanditaktionäre gegen den Verlust ihrer Einlage (mittelbar) geschützt. Da die Kommanditaktionäre nach h. M. den Verlustausgleichsanspruch schließlich auch klageweise nach §§ 309 Abs. 4, 317 Abs. 4 AktG analog für die KGaA gegen das herrschende Unternehmen geltend machen können,[122] würden sie auch über das entsprechende Instrumentarium verfügen, um ihr Investment zu schützen.

D. Mitteilungspflichten nach §§ 20 f. AktG

§§ 278 Abs. 3, 20 Abs. 1 AktG begründen eine Mitteilungspflicht für Unternehmen, soweit diese mehr als 25 Prozent der Kommanditaktien einer inländischen KGaA (sog. Schachtelbeteiligung) halten.[123] Nach §§ 278 Abs. 3, 21 Abs. 1 AktG muss die KGaA, der mehr als der vierte Teil einer anderen Kapitalgesellschaft gehört, dies dem Unternehmen, an dem die Beteiligung besteht, unverzüglich schriftlich mitteilen. Wie sich bereits an der systematischen Stellung der §§ 20 f. AktG hinter den Regelungen des allgemeinen Konzernrechts ablesen lässt, ist der Unternehmensbegriff der §§ 20 f. AktG mit dem der §§ 15 ff. AktG identisch.[124] Nach § 22 AktG kann das Unternehmen, dem gegenüber eine Mitteilung nach §§ 20 f. AktG gemacht worden ist, jederzeit verlangen, dass ihm das Bestehen der Beteiligung nachgewiesen wird; der Nachweis kann mit allen Mitteln geführt werden, die geeignet sind, Gewissheit über die Beteiligung zu verschaffen (vor allem Urkundsbeweis, beispielsweise durch Aktienvorlage, Aktiendepotbescheinigungen, Abtretungsurkunden usw.).[125] Die §§ 20 f. AktG gelten nur für Beteiligungen an einer nicht börsennotierten KGaA (vgl. §§ 278 Abs. 3, 20 Abs. 8, 21 Abs. 5 AktG); für börsennotierte Gesellschaften sind die Meldepflichten der §§ 21 ff. WpHG zu beachten.[126]

43

Im Folgenden werden die wichtigsten Grundzüge der Mitteilungspflichten im Überblick dargestellt.

44

---

[122] *Koppensteiner* in Kölner Komm AktG § 302 Rn. 58; *Lutter* AG 1968, 73 f.; dagegen *Altmeppen* in Münch Komm AktG § 302 Rn. 76 ff. (beim periodischen Verlustausgleich nach § 302 AktG ginge es anders als bei §§ 309, 317 AktG nicht um eine rechtswidrige schuldhafte Handlung des anderen Vertragsteils); ferner Hüffer/Koch § 302 Rn. 20 (nur reflexartiger Schutz der Aktionäre); ebenso *Veil* in Spindler/Stilz AktG § 302 Rn. 26.
[123] Siehe zur Anwendbarkeit der §§ 20 f. AktG auf die KGaA etwa *Assmann/Sethe* in GroßKomm AktG Vor § 278 Rn. 89; *Herfs* in Münch Hdb AG § 79 Rn. 92 f.; *Petersen* in Spindler/Stilz AktG § 20 Rn. 6, § 21 Rn. 2; *Windbichler* in GroßKomm AktG § 20 Rn. 18, § 21 Rn. 6. Ob die Meldepflichten bereits für die Vor-KGaA, d.h. für die Gesellschaft nach Errichtung und vor Handelsregistereintragung gelten sollen, ist umstritten; für die AG wird dies etwa von *Koppensteiner* in Kölner Komm AktG § 20 Rn. 21 vertreten. Dagegen vor allem unter Hinweis auf die geringe praktische Relevanz *Windbichler* in GroßKomm AktG § 20 Rn. 19.
[124] Statt vieler *Windbichler* in GroßKomm AktG § 20 Rn. 16. Zum Unternehmensbegriff oben unter § 12 Rn. 24.
[125] *Bayer* in Münch Komm AktG § 22 Rn. 4.
[126] Vgl. hierzu § 10 Rn. 122 ff.

I. Mitteilungspflichten gegenüber der KGaA nach §§ 278 Abs. 3, 20 AktG

45 Für die **Feststellung der Höhe** des Anteilsbesitzes ist § 16 Abs. 2 S. 1, Abs. 4 AktG anzuwenden. Auf die Art des Anteilserwerbes kommt es nicht an; eine Mitteilungspflicht kann daher auch vorliegen, wenn die Kommanditaktien durch eine Kapitalerhöhung erlangt worden sind. Auch das „Erwerben" der Unternehmenseigenschaft bei gleichzeitigem Halten der entsprechenden Beteiligung löst die Mitteilungspflicht aus.[127] Nach § 16 Abs. 4 AktG werden dem Mitteilungspflichtigen Anteile, die einem von ihm abhängigen Unternehmen oder einem anderen für Rechnung des Unternehmens oder eines von diesem abhängigen Unternehmens gehören, zugerechnet. Ferner sind gemäß § 20 Abs. 2 AktG bestimmte Kommanditaktien hinzuzurechnen, auf welche das mitteilungspflichtige Unternehmen oder ein von ihm abhängiges Unternehmen oder ein auf Rechnung des mitteilungspflichtigen Unternehmens handelnder Dritter einen Anspruch auf Übereignung hat oder zu deren Abnahme verpflichtet ist (Schachtelbeteiligung kraft Zurechnung).

46 Kommanditaktionäre, die **Kapitalgesellschaften** sind,[128] müssen gemäß § 20 Abs. 3 AktG auch mitteilen, wenn ihnen mehr als 25 Prozent der Aktien der KGaA direkt gehören, d.h. ohne Zurechnung nach § 20 Abs. 2 AktG (Schachtelbeteiligung ohne Zurechnung); die Zurechnung nach § 16 Abs. 2 S. 1, Abs. 4 AktG bleibt freilich unberührt.[129] Für **wechselseitig beteiligte Unternehmen** (§ 19 AktG) ist § 328 Abs. 4 AktG zu beachten: Hiernach müssen die Unternehmen einander unverzüglich die Höhe ihrer Beteiligung und **jede Änderung** schriftlich mitteilen.

47 Eine weitere Mitteilungspflicht entsteht nach § 20 Abs. 4 AktG, sobald dem mitteilungspflichtigen Unternehmen eine **Mehrheitsbeteiligung** i.S.d. § 16 Abs. 1 AktG an der KGaA zusteht; für die Berechnung der Mehrheitsbeteiligung gilt § 16 Abs. 2 bis 4 AktG.[130]

48 Gemäß § 20 Abs. 5 AktG ist ebenso mitzuteilen, wenn eine mitteilungspflichtige Beteiligung an der KGaA i.S.d. § 20 Abs. 1, 3 oder 4 AktG **nicht mehr** besteht.

49 Die Mitteilungen haben in allen Fällen **schriftlich** gegenüber der KGaA, d.h. gegenüber ihren geschäftsführenden persönlich haftenden Gesellschaftern, zu erfolgen. Der **Inhalt der Mitteilung** richtet sich nach den die Mitteilungspflicht auslösenden Tatbeständen des § 20 AktG. Anzugeben sind auch diejenigen Beteiligungen, die nach § 16 Abs. 4 AktG zugerechnet werden. Anders als bei § 21 WpHG bedarf es bei § 20 AktG keiner Angabe der genauen Höhe oder des Datums des Erwerbes.[131] Erfolgt die Mitteilung nicht **unverzüglich**, d.h. ohne schuldhaf-

---

[127] *Windbichler* in GroßKomm AktG § 20 Rn. 22.
[128] Nach h.M. ist die Norm entgegen dem Wortlaut auf inländische Kapitalgesellschaften zu beschränken, da nur diese „wechselseitig Beteiligte" i.S.d. § 19 AktG sein könnten und die Norm bezwecke, über wechselseitige Beteiligungen zu informieren, vgl. *Bayer* in Münch Komm AktG § 20 Rn. 22 m.w.N.
[129] Allg. Auff. Hüffer/*Koch* § 20 Rn. 5.
[130] *Bayer* in Münch Komm AktG § 20 Rn. 25.
[131] Siehe zum Inhalt der Mitteilungspflicht Hüffer/*Koch* § 20 Rn. 8; Muster bei *Happ* Aktienrecht 7.01.

tes Zögern i. S. d. § 121 Abs. 1 S. 1 BGB, so gehen dem Kommanditaktionär bis zur Nachholung der Mitteilung seine **Aktionärsrechte** gemäß § 20 Abs. 7 S. 1 AktG **verloren**. Wie bei Unterlassen einer Mitteilung nach den §§ 21 ff. WpHG nach § 28 WpHG[132] bleibt der Dividendenanspruch (§§ 278 Abs. 3, 58 Abs. 4 AktG) sowie der Anspruch auf den Liquidationserlös (§§ 278 Abs. 3, 271 AktG) bestehen, wenn die Mitteilung nachgeholt worden ist und die Mitteilung selbst nicht vorsätzlich unterlassen wurde. Ob das Unterlassen der Mitteilungspflichten per se Schadensersatzansprüche der betroffenen KGaA nach sich ziehen kann (§ 20 AktG als Schutzgesetz i. S. d. § 823 Abs. 2 BGB)[133] oder die Norm eher als Obliegenheit einzuordnen und damit allein unter Treuepflichtgesichtspunkten Schadensersatz zuzubilligen ist,[134] wird unterschiedlich beantwortet. Für letzteres spricht, dass die Norm mit Abs. 7 genuine Sanktionen enthält, welche die nicht mitteilenden Unternehmen nach eigenem unternehmerischen Ermessen in Kauf nehmen können sollten.[135] Verstößt die Gesellschaft gegen die Bekanntmachungspflicht, kann sie sich Schadensersatzansprüchen ausgesetzt sehen, einen möglichen Schaden aber regelmäßig ihrerseits gegenüber ihren geschäftsführenden Komplementären geltend machen (§§ 283 Nr. 3, 93 AktG).[136]

II. Mitteilungspflichten der KGaA nach §§ 278 Abs. 3, 21 AktG

Hält die KGaA eine Beteiligung an einer anderen inländischen *Kapitalgesellschaft* von mehr als einem Viertel der Anteile, ist sie dieser gegenüber zur Mitteilung verpflichtet (§§ 278 Abs. 3, 21 Abs. 1 AktG). Sobald der Gesellschaft eine Mehrheitsbeteiligung an einem anderen *Unternehmen* gehört, hat sie dies dem betroffenen Unternehmen unverzüglich mitzuteilen, § 21 Abs. 2 AktG. Die Mitteilungspflicht nach § 21 Abs. 2 AktG trifft die KGaA damit unabhängig von der Rechtsform des Beteiligungsobjekts.[137] § 21 Abs. 1 AktG bildet das Gegenstück zu § 20 Abs. 3 AktG, § 21 Abs. 2 AktG das zu § 20 Abs. 4 AktG.[138] Hinsichtlich des Verhältnisses zu §§ 21 ff. WpHG, der mitteilungspflichtigen Vorgänge, der Form der Mitteilung, der Fragen der Zurechnung, der Mitteilungspflicht des Adressaten sowie der Sanktionen gilt das unter I.) Gesagte entsprechend.

50

---

[132] § 20 Abs. 7 AktG wurde durch das Dritte Finanzmarktförderungsgesetz harmonisiert; siehe auch § 10 Rn. 126.
[133] So die h. M., vgl. nur *Koppensteiner* in Kölner Komm AktG § 20 Rn. 90; *Bayer* in Münch Komm AktG § 20 Rn 85; *Emmerich* in Emmerich/Habersack Aktien- und GmbH-Konzernrecht § 20 Rn. 64.
[134] Dafür *Windbichler* in GroßKomm AktG § 20 Rn. 88.
[135] Instruktiv zur Rechtsnatur der aktienrechtlichen Mitteilungspflicht *Windbichler* in GroßKomm AktG § 20 Rn. 8.
[136] Für die AG *Koppensteiner* in Kölner Komm AktG § 20 Rn. 90; *Windbichler* in GroßKomm AktG § 20 Rn. 91.
[137] *Hüffer/Koch* § 21 Rn. 3; *Windbichler* in GroßKomm AktG § 21 Rn. 9.
[138] Vgl. *Bayer* in Münch Komm AktG § 21 Rn. 5.

E. Besonderheiten bei der Konzernrechnungslegung

51 Ob eine KGaA zur Konzernrechnungslegung i. S. d. §§ 290 ff. HGB verpflichtet ist,[139] bestimmt sich danach, ob sie auf ein anderes Unternehmen (Tochterunternehmen) unmittel- oder mittelbar einen beherrschenden Einfluss ausüben kann, vgl. § 290 Abs. 1 S. 1 AktG. Das Vorliegen eines beherrschenden Einflusses richtet sich nach den in § 290 Abs. 2 Nr. 1 bis 4 HGB festgelegten Kriterien, die auf dem sog. „**Control-Konzept**" aufbauen. Dieses weicht inhaltlich von der Konzerndefinition des § 18 Abs. 1 S. 1 AktG ab, die auf der einheitlichen Leitung des herrschenden Unternehmens beruht. Die Aufstellungspflicht aufgrund einheitlicher Leitung des Unternehmens gemäß § 290 Abs. 1 HGB a. F. ist mit der Novelle durch das BilMoG entfallen. Für die KGaA als herrschendes bzw. kontrollierendes Unternehmen sei auf nachfolgende Besonderheiten kurz hingewiesen:

52 Bei der **Kapitalgesellschaft & Co. KGaA** wird regelmäßig diskutiert, ob die Komplementärgesellschaft allein aufgrund ihrer (in der normtypischen KGaA) dominierenden Stellung als ein die KGaA kontrollierendes Unternehmen angesehen werden kann und damit zur Konzernrechnungslegung verpflichtet ist.[140] Dies wird bisweilen selbst dann für möglich gehalten, wenn die GmbH – wie typischerweise in der Struktur der Kapitalgesellschaft & Co. KGaA – **keinen eigenen Geschäftsbetrieb** unterhält, sondern allein als Geschäftsführungsgesellschaft der KGaA fungiert.[141] Mit Blick auf § 290 Abs. 2 Nr. 2 HGB ließe sich argumentieren, dass erst recht zur Konzernrechnungslegung verpflichtet sein müsse, wer zwar nicht das Recht zur Bestellung der Geschäftsführung hat, aber – was schwerer wiege – kraft Gesetzes geborener Geschäftsführer sei.[142] Hiergegen ist in der parallel zur GmbH & Co. KG geführten Diskussion zu Recht vorgebracht worden, dass die Kapitalgesellschaft & Co. KGaA als rechtliche Einheit begriffen werden müsse;[143] die Argumentation gleicht also insofern der zu der Frage, ob eine GmbH & Co. KGaA einen Konzern bilden könne.[144] Zudem bleibt unbeantwortet, welchen Zweck die Konzernrechnungslegung bei der Komplementärgesellschaft erfüllen soll, wenn diese selbst außer der Leitung der KGaA keine eigenen Geschäfte betreibt. Bei einer Kapitalgesellschaft & Co. KGaA ist die Kapitalgesellschaft, die über keinen eigenen Geschäftsbetrieb verfügt, mithin **grundsätzlich nicht** zur Konzernrechnungslegung verpflichtet. Gleiches gilt, wenn die **Anteile**

---

[139] Besondere Befreiungstatbestände wie etwa die größenabhängigen Befreiungen (§ 293 HGB) finden sich in den §§ 291 ff. HGB.
[140] *Assmann/Sethe* in GroßKomm AktG § 286 Rn. 53 f.
[141] Für die GmbH & Co. KG *A/D/S* HGB § 290 Rn. 118 insb. 123.
[142] So für die GmbH & Co. KG die wohl h. M. vgl. *A/D/S* HGB § 290 Rn. 123.
[143] *Assmann/Sethe* in GroßKomm AktG § 286 Rn. 54; *Mertens/Cahn* in Kölner Komm AktG Vor § 278 Rn. 24; *Krause* in GS Winter, 2011 S. 351, 361 f.; ebenso für die gesetzestypische KGaA mit dem Recht der Kommanditaktionäre aus § 164 Abs. 2 HGB; *Perlitt* in Münch Komm AktG Vor § 278 Rn. 116.
[144] Siehe hierzu oben unter § 12 Rn. 40 ff.

der Komplementärgesellschaft **von der KGaA** gehalten werden (sog. Einheitsgesellschaft[145]).[146]

Bei der Frage, ob die KGaA kontrolliertes bzw. beherrschtes Unternehmen 53
i. S. d. §§ 290 ff. HGB ist, muss stets die Besonderheit beachtet werden, dass der
Kommanditaktionär in der normtypischen KGaA nicht allein deshalb kontrollierenden Einfluss nehmen kann, weil ihm die Mehrheit der Stimmrechte zusteht.
Die Kontrolltatbestände des § 290 Abs. 2 HGB lassen sich mithin nicht einfach
auf die KGaA übertragen. Anders liegt es hingegen, wenn die Satzung der KGaA
so gestaltet ist, dass der Kommanditaktionär über weitere Einflussrechte verfügt,
etwa durch eine Mehrheitsbeteiligung an einer ggf. vorhandenen Komplementärgesellschaft oder durch weitere in der Satzung eingeräumte Mitgestaltungsrechte.[147]

---

[145] Zur Einheits-KGaA siehe unter § 4 Rn. 23, § 5 Rn. 30, 196.
[146] Für die GmbH & Co. KG *A/D/S* HGB § 290 Rn. 120; *Hommelhoff* WPg 1984, 629, 639.
[147] *Assmann/Sethe* in GroßKomm AktG § 286 Rn. 54.

§ 13 Mustersatzungen

A. Einleitung

Das über § 278 Abs. 2 AktG einschlägige Recht der Kommanditgesellschaft eröffnet den Satzungsgestaltungen insbesondere mit Blick auf das Rechtsverhältnis der Komplementäre zur Gesamtheit der Kommanditaktionäre einen weiten Spielraum.[1]

Die Ausgestaltungen betreffen regelmäßig zunächst das Verhältnis der Gesellschaftergruppen zueinander. Vor allem können Mitwirkungsrechte hinsichtlich der Geschäftsführung und einzelner Grundlagengeschäfte abweichend von der gesetzlichen Konzeption ausgestaltet werden. Durch die Bildung von zusätzlichen Gesellschaftsorganen, wie zum Beispiel eines Beirates, können einzelne Rechte einer Gesellschaftergruppe gegenüber der jeweils anderen Gesellschaftergruppe abweichend von dem gesetzlichen Leitbild wahrgenommen werden. Durch Ausgestaltung der Kompetenzen der Organe der Gesellschaft kann eine Verlagerung von Kompetenzen und Einflussmöglichkeiten zwischen den Gesellschaftergruppen stattfinden.

Die Ausgestaltungen können auch das Verhältnis zwischen Gesellschaftern innerhalb einer Gesellschaftergruppe betreffen. So kann zum Beispiel durch die Bildung einer Komplementärversammlung eine einheitliche Beschlussfassung gewährleistet werden, die vom gesetzlichen Leitbild der einstimmigen Entscheidungen der Komplementäre abweicht. Auch können die Geschäftsführungsbefugnisse innerhalb der Gruppe der persönlich haftenden Gesellschafter geregelt werden. Innerhalb der Gruppe der Kommanditaktionäre sind die Gestaltungsmöglichkeiten dagegen wegen der Anwendbarkeit des weitgehend zwingenden Aktienrechtes auf die Rechtsverhältnisse zwischen den Kommanditaktionären stark eingeschränkt (§§ 278 Abs. 3, 23 Abs. 5 AktG).

Die Mustersatzungen basieren auf folgenden Grundannahmen: In der Mustersatzung I wird von einer Gesellschaft ausgegangen, die von einem Unternehmer oder einer Unternehmerfamilie mit starkem aktiven Einfluss auf die Gesellschaft geprägt wird. Die Mustersatzung II ist als börsenfähige, kapitalistisch geprägte Gestaltungsvariante konzipiert, bei der die Gesamtheit der Kommanditaktionäre eine starke Stellung hat. In der Variante IIa erhält die Komplementärgesellschaft eine stärkere Stellung, die aber daran geknüpft ist, dass deren Gesellschafter eine maßgebliche Beteiligung als Kommanditaktionär innehat. Die Mustersatzung III vereint einen intensiven passiven Einfluss einer Unternehmerfamilie mit weitreichenden Mitwirkungsmöglichkeiten der Kommanditaktionäre.

---

[1] Hierzu ausführlich oben unter § 3 Rn. 7 ff.

Förl

B. Mustersatzung I

Grundannahmen: Die Gesellschaft ist von einem Unternehmer bzw. einer Unternehmerfamilie geprägt. Der Unternehmer bzw. die Unternehmerfamilie hat eine starke Stellung.[2] Die Rechte der Kommanditaktionäre sind dagegen weitgehend eingeschränkt. Das Kapital der Gesellschaft wird durch eine Sondereinlage des persönlich haftenden Gesellschafters und durch die Ausgabe von Aktien erbracht.

I. Allgemeine Bestimmungen

§ 1 Firma, Sitz und Geschäftsjahr

(1) Die Gesellschaft führt die Firma „A KGaA".
(2) Der Sitz der Gesellschaft ist [___].
(3) Das Geschäftsjahr ist das Kalenderjahr.

§ 2 Gegenstand des Unternehmens

(1) Gegenstand des Unternehmens ist [___].
(2) Die Gesellschaft ist zu allen Geschäften und Maßnahmen berechtigt, die dem Gegenstand des Unternehmens förderlich sind.
(3) Die Gesellschaft kann Zweigniederlassungen im In- und Ausland errichten, Unternehmensverträge abschließen und andere Unternehmen gründen, erwerben und sich an ihnen beteiligen sowie ihren Betrieb auf solche Unternehmen übertragen.[3]

§ 3 Veröffentlichungen

Die Veröffentlichungen der Gesellschaft erfolgen im Bundesanzeiger.

§ 4 Organe der Gesellschaft

Organe der Gesellschaft sind der persönlich haftende Gesellschafter, die Hauptversammlung und der Aufsichtsrat.

---

[2] Bei der hier vorliegenden Grundkonstellation ist der persönlich haftende Gesellschafter eine natürliche Person. Diese Mustersatzung I kann jedoch ebenfalls für den Fall verwendet werden, dass die einzige persönlich haftende Gesellschafterin eine GmbH & Co. KG ist. Die GmbH & Co. KG bietet als Komplementärgesellschaft einerseits Haftungsbeschränkung für den Unternehmer bzw. die Unternehmerfamilie, andererseits ist sie als Personengesellschaft für Zwecke des Einkommensteuerrechtes transparent, so dass der Unternehmer bzw. die Unternehmerfamilie hinter der persönlich haftenden Gesellschafterin eventuelle Verlustzuweisungen steuerlich nutzen kann.

[3] Zur Konzernklausel vgl. näher oben unter § 4 Rn. 86.

II. Kapital und Aktien

§ 5 Gesamtkapital, Grundkapital und Aktien

(1) Das Gesamtkapital der Gesellschaft setzt sich zusammen aus dem Grundkapital und der Sondereinlage des persönlich haftenden Gesellschafters.
(2) Das Grundkapital der Gesellschaft beträgt EUR [___] (in Worten: EURO [___]).
(3) Das Grundkapital ist eingeteilt in [___] auf den Inhaber lautende Stückaktien.
(4) Bei einer Erhöhung des Grundkapitals kann die Gewinnbeteiligung der neuen Aktien abweichend von § 60 Abs. 2 AktG geregelt werden.
(5) Die Form der Aktienurkunden und der Gewinnanteils- und Erneuerungsscheine setzt der persönlich haftende Gesellschafter fest. Es können Sammelurkunden ausgegeben werden. Die Entscheidung darüber trifft der persönlich haftende Gesellschafter. Der Anspruch der Kommanditaktionäre auf Verbriefung ihres jeweiligen Anteils ist ausgeschlossen.

§ 6 Genehmigtes Kapital

(1) Der persönlich haftende Gesellschafter ist ermächtigt, in der Zeit bis zum [___] mit Zustimmung des Aufsichtsrates das Grundkapital der Gesellschaft um bis zu EUR [___] (in Worten: EURO [___]) durch ein- oder mehrmalige Ausgabe neuer, auf den Inhaber lautender Stückaktien gegen Bar- oder Sacheinlage zu erhöhen (genehmigtes Kapital). Der persönlich haftende Gesellschafter ist ferner ermächtigt, das Bezugsrecht der Kommanditaktionäre mit Zustimmung des Aufsichtsrates auszuschließen, soweit
   (a) dies zum Ausgleich von Spitzenbeträgen erforderlich ist,
   (b) der Ausschluss des Bezugsrechtes zur Durchführung einer Sachkapitalerhöhung zum Erwerb von Unternehmen, Unternehmensteilen, Beteiligungen an Unternehmen oder sonstigen Vermögensgegenständen dient oder
   (c) der Ausschluss des Bezugsrechtes im Zusammenhang mit einer Ausgabe neuer Aktien im Zuge der Umwandlung von Sondereinlagen in Grundkapital gemäß § 9 dieser Satzung erfolgt.[4]
(2) Der persönlich haftende Gesellschafter ist ermächtigt, mit Zustimmung des Aufsichtsrates die weiteren Einzelheiten der Durchführung der Kapitalerhöhung festzusetzen. Der persönlich haftende Gesellschafter ist ermächtigt zu bestimmen, dass die neuen Aktien gemäß § 186 Abs. 5 AktG von einem Kreditinstitut oder einem nach § 53 Abs. 1 S. 1 oder § 53b Abs. 1 S. 1 oder Abs. 7 KWG tätigen Unternehmen mit der Verpflichtung übernommen werden sollen, sie den Kommanditaktionären zum Bezug anzubieten.

---

[4] Für die Umwandlung von Sondereinlagen in Kommanditaktien könnte ebenfalls bedingtes Kapital vorgesehen werden, vgl. oben unter § 7 Rn. 28.

Förl

III. Persönlich haftender Gesellschafter, Umwandlung von Sondereinlagen, Geschäftsführung und Vertretung

§ 7 Persönlich haftender Gesellschafter und Sondereinlage

(1) Persönlich haftender Gesellschafter ist Herr [Vorname] [Nachname] aus [Wohnort].

(2) Der persönlich haftende Gesellschafter hat eine Sondereinlage in Höhe von EUR [___] (in Worten: EURO [___]) in das Eigentum der Gesellschaft erbracht, die nicht auf das Grundkapital geleistet wurde. Diese Sondereinlage wurde erbracht durch [___].[5]

§ 8 Kapitalkonten des persönlich haftenden Gesellschafters[6]

(1) Für den persönlich haftenden Gesellschafter wird ein Kapitalkonto I, auf dem die Sondereinlage gebucht wird, ein Kapitalkonto II als Rücklagenkonto und ein Kapitalkonto III als Verlustkonto geführt. Zudem wird ein Verrechnungskonto als bewegliches Konto geführt.

(2) Auf dem Kapitalkonto II werden die dem persönlich haftenden Gesellschafter zustehenden, jedoch nicht entnahmefähigen, Gewinnanteile gebucht.

(3) Auf dem Kapitalkonto III werden die Verlustanteile des persönlich haftenden Gesellschafters gebucht.

(4) Auf dem Verrechnungskonto werden die entnahmefähigen Gewinnanteile, die Entnahmen sowie der sonstige Zahlungsverkehr zwischen der Gesellschaft und dem persönlich haftenden Gesellschafter gebucht. Soweit gesetzlich zulässig, kann der persönlich haftende Gesellschafter zu Lasten des Verrechnungskontos in jedem Falle, auch schon während des laufenden Geschäftsjahres, die ihm zugewiesenen Aufwandsentschädigungen und diejenigen Beträge entnehmen, die zur Bezahlung der im Zusammenhang mit seiner Beteiligung an der Gesellschaft bei ihm anfallenden persönlichen Steuern erforderlich sind.

(5) Weitere Entnahmen sind mit Ausnahme des in § 9 Abs. (1) geregelten Falles nicht zulässig.

(6) Die Kapitalkonten I, II und III sowie das Verrechnungskonto sind unverzinslich.

§ 9 Umwandlung und Erhöhung von Sondereinlagen

(1) Der persönlich haftende Gesellschafter hat das Recht, jederzeit von der Gesamtheit der Kommanditaktionäre die Umwandlung seiner Sondereinlage in Grundkapital zu verlangen. Er kann zu diesem Zweck seine Sondereinlage (Kapitalkonto I) ganz oder teilweise entnehmen, soweit der Entnahme nicht

---

[5] Vgl. zur Erbringung der Sondereinlage oben unter § 5 Rn. 232 ff.
[6] Vgl. oben unter § 6 Rn. 64.

zwingende gesetzliche Vorschriften entgegenstehen.[7] Das Umwandlungsrecht besteht nicht, wenn der Saldo der Kapitalkonten II und III negativ ist.[8]

(2) Die Umwandlung erfolgt durch Verwendung von genehmigtem Kapital und, soweit kein genehmigtes Kapital zur Verfügung steht, durch eine von der Hauptversammlung zu beschließende Kapitalerhöhung, jeweils unter Ausschluss des Bezugsrechtes der Kommanditaktionäre. Als Ausgabebetrag sind für je eine neue auf den Inhaber lautende Stückaktie Sondereinlagen in Höhe des geringsten Ausgabebetrages von dem Kapitalkonto I des persönlich haftenden Gesellschafters zu übertragen. Zudem ist von dem persönlich haftenden Gesellschafter der dem Verhältnis von umgewandelter Sondereinlage zum Gesamtbetrag der Sondereinlage des persönlich haftenden Gesellschafters entsprechende anteilige Saldo der Kapitalkonten II und III den Rücklagen der Gesellschaft zuzuweisen.

(3) Die Umwandlung kann jeweils nur zum Monatsende vorgenommen werden. Das diesbezügliche Verlangen des persönlich haftenden Gesellschafters muss im Falle der Verwendung von genehmigtem Kapital der Gesellschaft mittels schriftlicher Erklärung zu Händen ihres Aufsichtsratsvorsitzenden spätestens drei Wochen vor dem gewünschten Umwandlungszeitpunkt zugehen. Im Falle einer von der Hauptversammlung zu beschließenden Kapitalerhöhung beruft der persönlich haftende Gesellschafter eine außerordentliche Hauptversammlung ein, wenn nach seinem Ermessen das Abwarten der nächsten ordentlichen Hauptversammlung nicht angemessen ist.

(4) Der persönlich haftende Gesellschafter ist berechtigt, in allen Fällen von Erhöhungen des Grundkapitals binnen sechs Monaten nach Vornahme der Grundkapitalerhöhung seine Sondereinlage pro rata und zu den Bedingungen der Grundkapitalerhöhung zu erhöhen. Dies gilt nicht bei Grundkapitalerhöhungen im Zusammenhang mit der Umwandlung von Sondereinlagen.

§ 10 Rechtsverhältnis zu dem persönlich haftenden Gesellschafter und Befreiung vom Wettbewerbsverbot

(1) Die Rechtsbeziehungen zwischen der Gesellschaft und dem persönlich haftenden Gesellschafter werden, soweit sie sich nicht aus dem Gesetz oder der Satzung zwingend ergeben, durch Vereinbarung zwischen dem persönlich haftenden Gesellschafter und der Gesellschaft geregelt.[9]

(2) Die Gesellschaft wird gegenüber dem persönlich haftenden Gesellschafter durch den Aufsichtsrat vertreten.

---

[7] Vgl. zur Umwandlung der Sondereinlage in Grundkapital oben unter § 7 Rn. 18 ff.

[8] Der Saldo der Kapitalkonten I–III bildet die Gegenleistung für die neu auszugebenden Aktien. Ein negativer Saldo der Kapitalkonten II und III mindert den Wert des Kapitalkontos I, so dass bei einer Kapitalerhöhung nicht allein unter Verweis auf die Bilanz ein ausreichender Gegenwert für die neu auszugebenden Aktien nachgewiesen werden kann. Statt dessen wäre eine Unternehmensbewertung erforderlich, welche die Werthaltigkeit des Entnahmeanspruchs nachweist. Dies wiederum bedeutet, dass der eigentlich mit § 9 dieser Satzung beabsichtigte Vereinfachungszweck in diesem Fall nicht mehr erreicht werden kann.

[9] In einer derartigen Vereinbarung zwischen der persönlich haftenden Gesellschafterin und der Gesellschaft sind insbesondere die Vergütung, Auslagen- und Aufwendungsersatzansprüche sowie Pensionsansprüche zu regeln. Vgl. hierzu ausführlich oben unter § 5 Rn. 262 ff.

Förl

(3) Der persönlich haftende Gesellschafter ist von dem Wettbewerbsverbot des § 284 AktG befreit.[10] Er ist auch ohne ausdrückliche Einwilligung des Aufsichtsrates befugt, im Geschäftszweig der Gesellschaft für eigene oder fremde Rechnung Geschäfte zu tätigen oder persönlich haftender Gesellschafter einer gleichartigen Handelsgesellschaft zu sein.[11]

§ 11 Ausscheiden und Nachfolge persönlich haftender Gesellschafter[12]

(1) Der persönlich haftende Gesellschafter scheidet nur in den gesetzlich geregelten Fällen[13] aus der Gesellschaft aus.
(2) Der persönlich haftende Gesellschafter hat bei Ausscheiden einen Abfindungsanspruch. Der Abfindungsbetrag entspricht dem vollen Verkehrswert seiner Beteiligung. Dieser ist von einem vom Aufsichtsrat und dem persönlich haftenden Gesellschafter gemeinsam zu beauftragenden Wirtschaftsprüfer festzustellen. Der Abfindungsbetrag ist unter angemessener Verzinsung in vier gleichen Raten zahlbar. Die erste Rate ist sechs Monate nach dem Ausscheiden fällig, die weiteren Raten jeweils sechs Monate später.[14]
(3) Scheidet der persönlich haftende Gesellschafter aus der Gesellschaft aus, ohne dass rechtzeitig ein neuer persönlich haftender Gesellschafter aufgenommen worden ist, wird die Gesellschaft übergangsweise von den Kommanditaktionären allein fortgesetzt. Der Aufsichtsrat hat in diesem Fall unverzüglich die Bestellung eines Notvertreters zu beantragen.
(4) Stirbt der persönlich haftende Gesellschafter, so steht demjenigen Erben oder Vermächtnisnehmer des Verstorbenen das Recht zu, als Komplementär in die Gesellschaft einzutreten, den der Verstorbene letztwillig zu seinem Nachfolger ernannt hat.

§ 12 Geschäftsführung und Vertretung

(1) Die Gesellschaft wird durch den persönlich haftenden Gesellschafter vertreten. Der persönlich haftende Gesellschafter ist vom Verbot der Mehrfachvertretung des § 181 2. Alt. BGB befreit.

---

[10] Eine Befreiung vom Wettbewerbsverbot ist nur dann zu erwägen, wenn der persönlich haftende Gesellschafter anderweitige unternehmerische Ziele im Geschäftszweig der Gesellschaft verfolgt. Allgemein zur Befreiung vom Wettbewerbsverbot siehe oben unter § 5 Rn. 289.

[11] Zu beachten ist hier, dass eine eigene unternehmerische Tätigkeit des persönlich haftenden Gesellschafters diesen zu einem potentiell herrschenden Unternehmen im Sinne des Konzernrechtes machen würde. Bei der vorliegenden Konstruktion wäre aufgrund der starken Stellung des persönlich haftenden Gesellschafters jedenfalls auch ein herrschender Einfluß i. S. d. § 17 Abs. 1 AktG auf die Gesellschaft gegeben; der persönlich haftende Gesellschafter wäre damit herrschendes Unternehmen im Sinne des Konzernrechtes gegenüber der Gesellschaft, vgl. oben unter § 12 Rn. 28.

[12] An dieser Stelle könnte auch eine Bestimmung aufgenommen werden, nach welcher der persönlich haftende Gesellschafter allein über die Aufnahme weiterer persönlich haftender Gesellschafter entscheidet.

[13] Vgl. zu den gesetzlichen Ausscheidensgründen oben unter § 5 Rn. 301 ff.

[14] Vgl. zu den Regelungen der Zahlungsmodalitäten oben unter § 5 Rn. 346 f.

(2) Die Geschäftsführung obliegt dem persönlich haftenden Gesellschafter. Die Geschäftsführungsbefugnis des persönlich haftenden Gesellschafters umfasst auch außergewöhnliche Geschäftsführungsmaßnahmen. Das Zustimmungsrecht der Hauptversammlung zu außergewöhnlichen Geschäftsführungsmaßnahmen ist ausgeschlossen.[15]

IV. Aufsichtsrat

§ 13 Zusammensetzung und Amtsdauer

(1) Der Aufsichtsrat besteht aus drei Mitgliedern.[16]
(2) Die Amtszeit der Aufsichtsratsmitglieder dauert bis zur Beendigung der Hauptversammlung, die über die Entlastung für das vierte Geschäftsjahr nach dem Beginn der Amtszeit beschließt. Das Geschäftsjahr, in dem die Amtszeit beginnt, wird nicht mitgerechnet.
(3) Zusammen mit den Mitgliedern des Aufsichtsrates und für deren Amtszeit kann die Hauptversammlung jeweils ein Ersatzmitglied wählen, das an die Stelle des jeweiligen vorzeitig ausscheidenden Mitgliedes des Aufsichtsrates tritt. Das einzelne Ersatzmitglied tritt für die Zeit bis zur Neuwahl an die Stelle des vorzeitig ausscheidenden Mitgliedes, längstens jedoch für die Restdauer von dessen Amtszeit.
(4) Jedes Mitglied des Aufsichtsrates kann sein Amt durch eine an den persönlich haftenden Gesellschafter zu richtende schriftliche Erklärung unter Einhaltung einer Frist von vier Wochen niederlegen. Bei Vorliegen eines wichtigen Grundes kann die Niederlegung fristlos erfolgen.

§ 14 Innere Ordnung und Befugnis zur Satzungsanpassung

(1) Der Aufsichtsrat wählt jeweils in einer ohne besondere Einladung abzuhaltenden Sitzung, die im Anschluss an die Hauptversammlung stattfindet, in der die Aufsichtsratsmitglieder gewählt worden sind, aus seiner Mitte einen Vorsitzenden und einen Stellvertreter. Scheidet der Vorsitzende oder der Stellvertreter vorzeitig aus seinem Amt aus, ist unverzüglich eine Neuwahl vorzunehmen.
(2) Der Aufsichtsrat gibt sich eine Geschäftsordnung.
(3) Der Aufsichtsrat ist ermächtigt, Änderungen der Satzung zu beschließen, die nur die Fassung betreffen.
(4) Willenserklärungen des Aufsichtsrates werden vom Aufsichtsratsvorsitzenden abgegeben. Soweit Aufgaben auf Ausschüsse des Aufsichtsrates übertragen worden sind und mit der Übertragung auch die Befugnis einhergeht, den Aufsichtsrat nach innen bzw. die Gesellschaft nach außen zu vertreten,

---

[15] Vgl. zum ersatzlosen Ausschluss des Zustimmungsrechtes der Hauptversammlung nach § 278 Abs. 2 AktG i.V.m. § 164 S. 1 2. HS HGB oben unter § 5 Rn. 93.
[16] Vgl. § 31 Abs. I S. 2 AktG.

werden Willenserklärungen des Ausschusses von dessen Vorsitzenden abgegeben.

§ 15 Vergütung und Geheimhaltung

(1) Jedes Aufsichtsratsmitglied erhält neben dem Ersatz seiner Auslagen eine jährliche Vergütung, deren Höhe von der Hauptversammlung festgelegt wird.
(2) Alle Aufsichtsratsmitglieder haben über alle Angelegenheiten der Gesellschaft, ihres persönlich haftenden Gesellschafters und ihrer Kommanditaktionäre in dieser Eigenschaft und über alle diese betreffenden Umstände, welche dem Aufsichtsratsmitglied im Zusammenhang mit seinem Amt bekannt werden, gegenüber jedermann Stillschweigen zu bewahren, soweit nicht eine zwingende gesetzliche Offenbarungspflicht besteht. Die Verpflichtung zur Verschwiegenheit besteht auch nach Beendigung des Aufsichtsratsmandates fort.

V. Hauptversammlung

§ 16 Einberufung und Teilnahmerecht

(1) Die Hauptversammlung wird von dem persönlich haftenden Gesellschafter oder, in den gesetzlich vorgesehenen Fällen, von den jeweils dazu berufenen Personen einberufen.
(2) Zur Teilnahme an der Hauptversammlung und zur Ausübung des Stimmrechts sind nur diejenigen Kommanditaktionäre berechtigt, die sich bei der Gesellschaft fristgemäß angemeldet haben.
(3) Die Anmeldung muss der Gesellschaft mindestens sechs Tage vor der Hauptversammlung zugehen; der Tag des Zugangs ist nicht mitzurechnen.
(4) Einzelheiten der Teilnahmebedingungen bestimmt der Einberufende in der Einberufung.
(5) Jeder Kommanditaktionär kann sich in der Hauptversammlung durch eine mit schriftlicher Vollmacht versehene Person vertreten lassen.

§ 17 Leitung

(1) Den Vorsitz in der Hauptversammlung führt der Vorsitzende des Aufsichtsrates oder ein von diesem bestimmtes anderes Mitglied des Aufsichtsrates. Ist der Vorsitzende des Aufsichtsrates verhindert und ein anderes Mitglied des Aufsichtsrates von ihm nicht bestimmt, so wählt die Hauptversammlung ihren Vorsitzenden aus dem Kreis der Mitglieder des Aufsichtsrates.
(2) Der Vorsitzende leitet die Verhandlungen und bestimmt die Reihenfolge der Gegenstände der Tagesordnung sowie die Art der Abstimmung.
(3) Der Vorsitzende kann das Frage- und Rederecht der Kommanditaktionäre zeitlich angemessen beschränken. Er ist insbesondere ermächtigt, zu Beginn

Förl

der Hauptversammlung oder während ihres Verlaufs den zeitlichen Rahmen für den gesamten Verlauf der Hauptversammlung, für die Aussprache zu einzelnen Tagesordnungspunkten sowie die Rede- und Fragezeit generell oder für einzelne Redner festzusetzen.

§ 18 Beschlussfassung

(1) In der Hauptversammlung gewährt eine Stückaktie eine Stimme.
(2) Soweit Beschlüsse der Zustimmung des persönlich haftenden Gesellschafters bedürfen, erklärt dieser in der Hauptversammlung, ob den Beschlüssen zugestimmt wird oder ob diese abgelehnt werden.

VI. Jahresabschluss und Ergebnisverwendung

§ 19 Jahresabschluss

(1) Der persönlich haftende Gesellschafter hat in den ersten drei Monaten des Geschäftsjahres für das vergangene Geschäftsjahr den Jahresabschluss sowie den Lagebericht aufzustellen und dem Aufsichtsrat unverzüglich zur Prüfung vorzulegen.
(2) Der Aufsichtsrat erteilt den Auftrag zur Prüfung durch die Abschlussprüfer, soweit die Gesellschaft prüfungspflichtig ist.[17] Vor Zuleitung des Prüfungsberichtes der Abschlussprüfer an den Aufsichtsrat ist dem persönlich haftenden Gesellschafter Gelegenheit zur Stellungnahme zu geben.
(3) Der Aufsichtsrat berichtet über das Ergebnis seiner Prüfung schriftlich an die Hauptversammlung.
(4) Der Jahresabschluss wird durch Beschluss der Hauptversammlung mit Zustimmung des persönlich haftenden Gesellschafters festgestellt.

§ 20 Ergebnisverwendung

(1) Der persönlich haftende Gesellschafter ist am Vermögen der Gesellschaft einschließlich der stillen Reserven in dem Maße beteiligt, das dem Verhältnis seiner auf dem Kapitalkonto I verbuchten Sondereinlage zum Gesamtkapital gemäß § 5 Abs. (1) dieser Satzung entspricht. Er nimmt am Gewinn und Verlust der Gesellschaft sowie am Liquidationserlös in demselben Verhältnis teil.
(2) Berechnungsgrundlage für die Ermittlung des Gewinn- und Verlustanteils des persönlich haftenden Gesellschafters ist das nicht um die Gewinnanteile des persönlich haftenden Gesellschafters verminderte bzw. nicht um dessen Verlustanteile erhöhte Jahresergebnis der Gesellschaft[18] zuzüglich des in der

---

[17] Eine Prüfungspflicht besteht nur dann, wenn es sich nicht um eine kleine Kapitalgesellschaft i. S. v. §§ 316 Abs. 1, 267 Abs. 1 HGB handelt.
[18] Der sog. dualistische Ansatz der Gewinnverteilung bei der KGaA, wonach für die Ermittlung des dem persönlich haftenden Gesellschafter zustehenden Ergebnisanteils die

Gewinn- und Verlustrechnung ausgewiesenen Körperschaftsteueraufwandes (einschließlich hierauf anzurechnender Steuerbeträge, die den Steueraufwand oder – sofern anstelle der Steueranrechnung von der Möglichkeit des Steuerabzugs Gebrauch gemacht wurde – das Jahresergebnis gemindert haben) und des Solidaritätszuschlages.

(3) Der dem persönlich haftenden Gesellschafter zustehende Gewinnanteil ist zunächst zum Ausgleich des Kapitalkontos III zu verwenden. Im übrigen ist der Gewinnanteil des persönlich haftenden Gesellschafters dem Kapitalkonto II gutzuschreiben, wenn und soweit der auf die Kommanditaktionäre entfallende Gewinn in die Gewinnrücklagen eingestellt wird.[19] Der hiernach dem Kapitalkonto II zuzuführende Thesaurierungsbetrag ist so zu bemessen, dass er zu dem Betrag, der in die Gewinnrücklagen eingestellt wird, im gleichen Verhältnis steht wie die auf dem Kapitalkonto I verbuchte Sondereinlage des persönlich haftenden Gesellschafters zum Grundkapital. Soweit der Gewinnanteil des persönlich haftenden Gesellschafters nicht zum Ausgleich des Kapitalkontos III und zur Dotierung des Kapitalkontos II zu verwenden ist, wird er dem Verrechnungskonto gutgeschrieben.

(4) Der persönlich haftende Gesellschafter ist berechtigt, von der unter Abs. (3) S. 2 vorgesehenen Thesaurierung bei Bedarf abzuweichen.[20] In diesem Fall verliert er sein Umwandlungsrecht aus § 9 Abs. (1) dieser Satzung. Dieses Recht lebt wieder auf, wenn der persönlich haftende Gesellschafter die durch die Abweichung von der Thesaurierung nicht eingezahlten Beträge nachzahlt und der Aufsichtsrat dem Aufleben des Rechtes zustimmt.

(5) Aus dem auf die Kommanditaktionäre entfallenden Anteil am Jahresergebnis[21] ist die Körperschaftsteuer und der Solidaritätszuschlag zu decken. Über die Verwendung des danach verbleibenden Betrages entscheidet die Hauptversammlung.

---

handelsrechtlichen Ansatz- und Bewertungsvorschriften der §§ 242–263 HGB für Personengesellschaften zur Anwendung kommen können, kann hier nicht gewählt werden, weil andernfalls der Gleichlauf der Bewertung von Sondereinlage und Grundkapital nicht gewährleistet werden kann.

[19] Vorliegend soll durch die Verpflichtung des persönlich haftenden Gesellschafters zur Thesaurierung ein weitgehender Gleichlauf der auf die jeweilige Sondereinlage entfallenden Rücklagen (Kapitalkonto II) zu den auf das Grundkapital bezogenen Kapitalrücklagen erreicht werden, um bei einer eventuellen Umwandlung von Sondereinlagen in Grundkapital eine angemessene Lösung zu erzielen.

[20] Die Gewinnanteile des persönlich haftenden Gesellschafters sind von diesem der Besteuerung zuzuführen, unabhängig davon, ob diese zum Ausgleich des Kapitalkontos III verwendet werden oder wegen einer Thesaurierung in das Kapitalkonto II eingestellt werden. Deshalb kann es unter Umständen vorkommen, dass für den persönlich haftenden Gesellschafter eine höhere Steuerbelastung entsteht, als ihm nach erfolgter Auffüllung der Kapitalkonten II und III auf dem Verrechnungskonto Beträge zur freien Verfügung stehen. Zur Vermeidung dieses Ergebnisses wird hier eine abweichende Regelung nach Wahl des persönlich haftenden Gesellschafters vorgesehen.

[21] Bemessungsgrundlage der Körperschaftsteuer ist das Jahresergebnis der Gesellschaft nach Abzug der (Gewerbesteuer und der) den persönlich haftenden Gesellschaftern zustehenden Gewinnanteile bzw. Hinzurechnung entsprechender Verlustanteile.

Förl

VII. Schlussbestimmungen

§ 21 Ausschluss des Kündigungsrechtes, Auflösung und Abwicklung

(1) Der Gesamtheit der Kommanditaktionäre steht kein Recht zur Kündigung der Gesellschaft zu.[22]

(2) Im Falle der Auflösung der Gesellschaft erfolgt die Abwicklung durch den persönlich haftenden Gesellschafter. Die Hauptversammlung kann zusätzliche Personen als Abwickler bestellen.

(3) Das nach Berichtigung der Verbindlichkeiten verbleibende Vermögen der Gesellschaft wird zwischen dem persönlich haftenden Gesellschafter und den Kommanditaktionären im Verhältnis der Höhe der auf dem Kapitalkonto I verbuchten Sondereinlage zum Grundkapital verteilt.

§ 22 Teilnichtigkeit

Sollte eine Bestimmung dieser Satzung ganz oder teilweise unwirksam sein oder ihre Wirksamkeit später verlieren oder sollte sich in dieser Satzung eine Lücke herausstellen, so soll hierdurch die Gültigkeit der übrigen Bestimmungen nicht berührt werden. Anstelle der unwirksamen Bestimmung oder zur Ausfüllung der Lücke soll eine angemessene Regelung gelten, die, soweit rechtlich möglich, dem Sinn und Zweck dieser Satzung am ehesten gerecht wird. Beruht die Unwirksamkeit einer Bestimmung auf einem darin festgelegten Maß der Leistung oder der Zeit (Frist oder Termin), so soll das der Bestimmung am nächsten kommende rechtlich zulässige Maß oder die nächstmögliche rechtlich zulässige Zeit an die Stelle des Vereinbarten treten.

§ 23 Gründungsaufwand

Der Gründungsaufwand beträgt EUR [___] (in Worten: EURO [___]).

C. Mustersatzung II

Grundannahmen: Die Gesellschaft ist kapitalistisch geprägt, die Kommanditaktionäre haben eine starke Stellung und nehmen ihre Rechte über einen Beirat wahr. Die Satzung orientiert sich an den Anforderungen des Corporate-Governance-Kodex, soweit dies mit dem Recht der KGaA zu vereinbaren ist.[23] Die Gesellschaft ist börsennotiert (§ 3 Abs. 2 AktG). Die Rechte der persönlich haftenden Gesellschafterin sind eingeschränkt. Ihre Funktion erschöpft sich in der Geschäfts-

---

[22] Siehe zur klarstellenden Funktion einer solchen Klausel oben unter § 8 Rn. 52.
[23] Nach der hier vertretenen Auffassung ist § 161 AktG nicht auf die KGaA anwendbar, vgl. oben unter § 10 Rn. 109. Im Sinne einer guten „Corporate Governance" lehnt sich die Satzung aber an die Regelungen des „Corporate-Governance-Kodex" an.

Förl

führung der Gesellschaft. Das Kapital der Gesellschaft wird allein durch die Ausgabe von Aktien aufgebracht. Die Gesellschaft beschäftigt zwischen 500 und 2000 Arbeitnehmer und unterliegt der Mitbestimmung nach dem DrittelbG.

I. Allgemeine Bestimmungen

§ 1 Firma, Sitz und Geschäftsjahr

(1) Die Gesellschaft führt die Firma **„B GmbH & Co. KGaA"**.
(2) Sitz der Gesellschaft ist [___].
(3) Das Geschäftsjahr ist das Kalenderjahr.

§ 2 Gegenstand des Unternehmens

(1) Gegenstand des Unternehmens ist [___].
(2) Die Gesellschaft ist zu allen Geschäften und Maßnahmen berechtigt, die dem Gegenstand des Unternehmens förderlich sind.
(3) Die Gesellschaft kann Zweigniederlassungen im In- und Ausland errichten, Unternehmensverträge abschließen und andere Unternehmen gründen, erwerben und sich an ihnen beteiligen sowie ihren Betrieb auf solche Unternehmen übertragen.

§ 3 Veröffentlichungen

(1) Die Veröffentlichungen der Gesellschaft erfolgen im Bundesanzeiger.
(2) Die Gesellschaft ist berechtigt, den Inhabern zugelassener Wertpapiere der Gesellschaft Informationen im Wege der Datenfernübertragung zu übermitteln.

§ 4 Organe der Gesellschaft

Organe der Gesellschaft sind die persönlich haftende Gesellschafterin, die Hauptversammlung, der Aufsichtsrat und der Beirat.[24]

II. Kapital und Aktien

§ 5 Grundkapital und Aktien

(1) Das Grundkapital der Gesellschaft beträgt EUR [___] (in Worten: EURO [___]).
(2) Das Grundkapital ist eingeteilt in [___] auf den Inhaber lautende Stückaktien.

---

[24] Der Beirat dient in der vorliegenden Mustersatzung II zur Erweiterung der Mitwirkungsrechte der Kommanditaktionäre.

Förl

(3) Bei einer Erhöhung des Grundkapitals kann die Gewinnbeteiligung der neuen Aktien abweichend von § 60 Abs. 2 AktG geregelt werden.

(4) Die Form der Aktienurkunden und der Gewinnanteils- und Erneuerungsscheine setzt die persönlich haftende Gesellschafterin fest. Es können Sammelurkunden ausgegeben werden. Die Entscheidung darüber trifft die persönlich haftende Gesellschafterin. Der Anspruch der Kommanditaktionäre auf Verbriefung ihres jeweiligen Anteils ist ausgeschlossen.

§ 6 Genehmigtes Kapital

(1) Die persönlich haftende Gesellschafterin ist ermächtigt, in der Zeit bis zum [___] mit Zustimmung des Aufsichtsrates das Grundkapital der Gesellschaft um bis zu EUR [___] (in Worten: EURO [___]) durch ein- oder mehrmalige Ausgabe neuer, auf den Inhaber lautender Stückaktien gegen Bar- oder Sacheinlage zu erhöhen (genehmigtes Kapital). Die persönlich haftende Gesellschafterin ist ferner ermächtigt, das Bezugsrecht der Kommanditaktionäre mit Zustimmung des Aufsichtsrates auszuschließen, soweit
  (a) dies zum Ausgleich von Spitzenbeträgen erforderlich ist,
  (b) der Ausschluss des Bezugsrechtes zur Durchführung einer Sachkapitalerhöhung zum Erwerb von Unternehmen, Unternehmensteilen, Beteiligungen an Unternehmen oder sonstigen Vermögensgegenständen dient oder
  (c) die Kapitalerhöhung zehn v. H. des Grundkapitals nicht übersteigt, gegen Bareinlagen erfolgt und der Ausgabebetrag den Börsenpreis nicht wesentlich unterschreitet.

(2) Die persönlich haftende Gesellschafterin ist ermächtigt, mit Zustimmung des Aufsichtsrates die weiteren Einzelheiten der Durchführung der Kapitalerhöhung festzusetzen. Die persönlich haftende Gesellschafterin ist ermächtigt zu bestimmen, dass die neuen Aktien gemäß § 186 Abs. 5 AktG von einem Kreditinstitut oder einem nach § 53 Abs. 1 S. 1 oder § 53b Abs. 1 S. 1 oder Abs. 7 KWG tätigen Unternehmen mit der Verpflichtung übernommen werden sollen, sie den Kommanditaktionären zum Bezug anzubieten.

(3) Der Aufsichtsrat ist ermächtigt, die Fassung der Satzung entsprechend dem jeweiligen Umfang der Grundkapitalerhöhung aus dem genehmigten Kapital zu ändern.

III. Persönlich haftende Gesellschafterin, Geschäftsführung und Vertretung

§ 7 Persönlich haftende Gesellschafterin

Persönlich haftende Gesellschafterin ist die B Verwaltungs GmbH mit Sitz in [___]. Sie hat keine Sondereinlage erbracht. Sie ist weder am Vermögen der Gesellschaft noch an deren Gewinn oder Verlust beteiligt.[25]

§ 8 Rechtsverhältnis zu der persönlich haftenden Gesellschafterin und Wettbewerbsverbot

(1) Die Rechtsbeziehungen zwischen der Gesellschaft und der persönlich haftenden Gesellschafterin werden, soweit sie sich nicht aus dem Gesetz oder der Satzung zwingend ergeben, durch Vereinbarung zwischen der persönlich haftenden Gesellschafterin und der Gesellschaft geregelt.[26] Insbesondere trifft die Vereinbarung Regelungen über eine Vergütung der persönlich haftenden Gesellschafterin als Entgelt für ihre Geschäftsführungstätigkeit und die Übernahme der persönlichen Haftung.

(2) Die persönlich haftende Gesellschafterin ist außerhalb ihrer Aufgaben in der Gesellschaft nicht befugt, für eigene oder fremde Rechnung Geschäfte zu tätigen.[27]

§ 9 Ausscheiden der persönlich haftenden Gesellschafterin

(1) Die persönlich haftende Gesellschafterin scheidet aus der Gesellschaft aus, wenn die Vereinbarung zwischen ihr und der Gesellschaft gemäß § 8 Abs. 1 dieser Satzung endet.[28] Die übrigen gesetzlichen Ausscheidensgründe bleiben unberührt.[29]

---

[25] Soweit man den auf Einräumung von Personalkompetenzen zugunsten der Kommanditaktionäre gerichteten Gestaltungsvorschlag aus § 5 Rn. 214 umsetzen will, wäre folgende Klausel als Abs. 2 zu ergänzen: *„Persönlich haftende Gesellschafterin kann nur eine GmbH sein, an der die Gesellschaft mit einem Geschäftsanteil beteiligt ist und in deren Satzung der Gesellschaft ein Sonderrecht zur Bestellung und Abberufung der Geschäftsführung dieser GmbH eingeräumt worden ist."*
[26] Vgl. zu der Vereinbarung zwischen persönlich haftender Gesellschafterin und der Gesellschaft oben unter § 5 Rn. 259 f.
[27] Die persönlich haftende Gesellschafterin soll in der gewählten Gestaltung ausschließlich als Organ der GmbH & Co. KGaA tätig werden und keine anderen Tätigkeiten entfalten. Daher ist das Wettbewerbsverbot des § 284 AktG erweitert worden, vgl. zum Umfang des Wettbewerbsverbotes oben unter § 5 Rn. 285 und zur möglichen Erweiterung oben unter § 5 Rn. 286.
[28] Um die persönlich haftende Gesellschafterin bei Bedarf austauschen zu können, sollte die Vereinbarung ein Kündigungsrecht der Gesellschaft vorsehen, welches beispielsweise vom Beirat ausgeübt werden könnte.
[29] Vgl. zu den gesetzlichen Ausscheidensgründen oben unter § 5 Rn. 301 ff.

(2) Ist abzusehen, dass die persönlich haftende Gesellschafterin aus der Gesellschaft ausscheidet, so hat der Aufsichtsrat unverzüglich eine Hauptversammlung einzuberufen, die über die Aufnahme eines neuen persönlich haftenden Gesellschafters oder über die Umwandlung der Gesellschaft in eine Aktiengesellschaft entscheidet. Scheidet die persönlich haftende Gesellschafterin aus der Gesellschaft aus, ohne dass rechtzeitig ein neuer persönlich haftender Gesellschafter aufgenommen worden ist, wird die Gesellschaft übergangsweise von den Kommanditaktionären allein fortgesetzt. Der Aufsichtsrat hat in diesem Fall unverzüglich die Bestellung eines Notvertreters zu beantragen.

§ 10 Geschäftsführung und Vertretung

(1) Die Gesellschaft wird durch die persönlich haftende Gesellschafterin vertreten.
(2) Die Geschäftsführung obliegt der persönlich haftenden Gesellschafterin. Die Geschäftsführungsbefugnis der persönlich haftenden Gesellschafterin umfasst gewöhnliche Geschäftsführungsmaßnahmen. Zur Vornahme von Handlungen, die darüber hinausgehen, ist die Zustimmung des Beirates erforderlich.[30] Solche Handlungen bedürfen nicht der Zustimmung der Hauptversammlung. Zudem ist die Zustimmung des Beirates in allen vom Zustimmungskatalog gemäß § 16 Abs. (2) dieser Satzung umfassten Geschäften erforderlich.
(3) Der persönlich haftenden Gesellschafterin werden sämtliche Auslagen im Zusammenhang mit der Führung der Geschäfte der Gesellschaft, einschließlich der Vergütung ihrer Geschäftsführer, ersetzt.

IV. Aufsichtsrat

§ 11 Zusammensetzung, Amtsdauer und Vorsitz

(1) Der Aufsichtsrat besteht aus sechs Mitgliedern, von denen vier von der Hauptversammlung und zwei von den Arbeitnehmern nach Maßgabe des DrittelbG gewählt werden.[31]
(2) Die Amtszeit der Aufsichtsratsmitglieder dauert bis zur Beendigung der Hauptversammlung, die über die Entlastung für das vierte Geschäftsjahr nach dem Beginn der Amtszeit beschließt. Das Geschäftsjahr, in dem die Amtszeit beginnt, wird nicht mitgerechnet.

---

[30] Vgl. zur Verlagerung des Zustimmungserfordernisses auf den Beirat oben unter § 5 Rn. 75 ff.
[31] Die Bildung eines sechsköpfigen Aufsichtsrates ist nur möglich, sofern die Gesellschaft weniger als 2000 Arbeitnehmer beschäftigt und mithin nicht der Arbeitnehmermitbestimmung nach dem MitbestG unterliegt. Sofern die Gesellschaft mehr als 2000 Arbeitnehmer beschäftigt, richtet sich die Zusammensetzung des Aufsichtsrates nach § 7 MitbestG, wonach der Aufsichtsrat paritätisch aus jeweils mindestens sechs Vertretern der Arbeitnehmer und der Anteilseigner zu besetzen ist. In diesem Fall besteht der Aufsichtsrat demnach zwingend aus mindestens 12 Mitgliedern. Vgl. zur Mitbestimmung in der KGaA oben unter § 5 Rn. 511 ff.

(3) Zusammen mit den Mitgliedern des Aufsichtsrates und für deren Amtszeit kann die Hauptversammlung für die von ihr zu wählenden Mitglieder des Aufsichtsrates jeweils ein Ersatzmitglied wählen, das an die Stelle des jeweiligen vorzeitig ausscheidenden, von der Hauptversammlung gewählten Mitgliedes des Aufsichtsrates tritt. Das einzelne Ersatzmitglied tritt für die Zeit bis zur Neuwahl an die Stelle des vorzeitig ausgeschiedenen Mitgliedes, längstens jedoch für die Restdauer von dessen Amtszeit.

(4) Jedes Mitglied des Aufsichtsrates kann sein Amt durch eine an die persönlich haftende Gesellschafterin zu richtende schriftliche Erklärung unter Einhaltung einer Frist von vier Wochen niederlegen. Bei Vorliegen eines wichtigen Grundes kann die Niederlegung fristlos erfolgen.

(5) Der Aufsichtsrat wählt jeweils in einer ohne besondere Einladung abzuhaltenden Sitzung, die im Anschluss an die Neuwahl der durch die Hauptversammlung zu bestellenden Mitglieder stattfindet, aus seiner Mitte einen Vorsitzenden und einen Stellvertreter. Scheidet der Vorsitzende oder der Stellvertreter vorzeitig aus seinem Amt aus, so hat der Aufsichtsrat unverzüglich einen Nachfolger zu wählen.

§ 12 Innere Ordnung und Befugnis zur Satzungsanpassung[32]

(1) Der Aufsichtsrat gibt sich eine Geschäftsordnung, welche die nachfolgenden Satzungsregelungen über die innere Ordnung des Aufsichtsrates ergänzt.

(2) Der Aufsichtsrat hält mindestens zwei Sitzungen in einem Kalenderhalbjahr ab.

(3) Der Vorsitzende des Aufsichtsrates, oder im Falle seiner Verhinderung dessen Stellvertreter, beruft die Sitzungen des Aufsichtsrates schriftlich oder unter Verwendung elektronischer Kommunikationsmittel unter Einhaltung einer Frist von mindestens sieben Tagen ein, wobei der Tag der Absendung der Einladung und der Tag der Sitzung nicht mitgerechnet werden. In dringenden Fällen kann der Einberufende die Frist abkürzen und in anderer Weise (etwa mündlich oder fernmündlich) einberufen.

(4) In der Einberufung sind die Tagesordnungspunkte anzugeben. Über andere Gegenstände kann nur abgestimmt werden, wenn kein Aufsichtsratsmitglied widerspricht. Abwesenden Aufsichtsratsmitgliedern ist in diesem Fall durch den Vorsitzenden Gelegenheit zu geben, binnen einer von ihm zu bestimmenden Frist nachträglich zu widersprechen. Der Beschluss wird erst wirksam, wenn kein fristgerechter Widerspruch erfolgt.

(5) Außerhalb von Sitzungen sind schriftliche, fernmündliche oder mit Hilfe anderer gebräuchlicher Kommunikationsmittel (z. B. in einer Telefonkonferenz oder per E-Mail) erfolgende Beschlussfassungen möglich, wenn der Vorsitzende des Aufsichtsrates oder, im Fall seiner Verhinderung, sein Stellvertreter dies im Einzelfall bestimmt.

---

[32] Hat die Gesellschaft keinen Beirat, so sollten hier die Kompetenzen des Aufsichtsrates hinsichtlich der Zustimmung zu außergewöhnlichen Geschäften geregelt werden, sofern dieses Recht auf den Aufsichtsrat übertragen werden soll. Bei Bedarf könnten hier auch weitere Kompetenzen des Aufsichtsrates geregelt werden, so zum Beispiel ein Recht zur Aufstellung eines Zustimmungskataloges.

Förl

(6) Der Aufsichtsrat fasst seine Beschlüsse mit der Mehrheit der abgegebenen Stimmen, soweit nicht gesetzlich etwas anderes vorgeschrieben ist. Bei Stimmengleichheit entscheidet die Stimme des Aufsichtsratsvorsitzenden.
(7) Über die Sitzungen und Beschlüsse des Aufsichtsrates ist eine Niederschrift anzufertigen, die von dem Vorsitzenden des Aufsichtsrates und dem Protokollführer zu unterzeichnen ist.
(8) Der Aufsichtsrat soll einen Prüfungsausschuss einrichten, der sich insbesondere mit Fragen der Rechnungslegung und des Risikomanagements, der erforderlichen Unabhängigkeit der Abschlussprüfer, der Erteilung des Prüfungsauftrages an die Abschlussprüfer, der Bestimmung von Prüfungsschwerpunkten und der Honorarvereinbarung befasst.
(9) Willenserklärungen des Aufsichtsrates werden vom Aufsichtsratsvorsitzenden abgegeben. Soweit Aufgaben auf Ausschüsse des Aufsichtsrates übertragen worden sind und mit der Übertragung auch die Befugnis einhergeht, den Aufsichtsrat nach innen bzw. die Gesellschaft nach außen zu vertreten, werden Willenserklärungen des Ausschusses von dessen Vorsitzenden abgegeben.
(10) Der Aufsichtsrat ist ermächtigt, Änderungen der Satzungen zu beschließen, die nur die Fassung betreffen.

§ 13 Vergütung und Geheimhaltung

(1) Jedes Aufsichtsratmitglied erhält neben dem Ersatz seiner Auslagen eine jährliche Vergütung, deren Höhe von der Hauptversammlung festgelegt wird.
(2) Alle Aufsichtsratsmitglieder haben über alle Angelegenheiten der Gesellschaft, ihrer persönlich haftenden Gesellschafterin und ihrer Kommanditaktionäre in dieser Eigenschaft und über alle diese betreffenden Umstände, welche ihnen im Zusammenhang mit dem Amt bekannt werden, gegenüber jedermann Stillschweigen zu bewahren, soweit nicht eine zwingende gesetzliche Offenbarungspflicht besteht. Die Verpflichtung zur Verschwiegenheit besteht auch nach Beendigung des Aufsichtsratsmandates fort.

V. Beirat

§ 14 Zusammensetzung und Amtsdauer

(1) Die Gesellschaft verfügt über einen Beirat, der aus fünf Mitgliedern besteht. Die Mitglieder des Beirates werden von der Hauptversammlung auf unbestimmte Zeit gewählt.[33] Sie können von der Hauptversammlung ohne An-

---

[33] Ebenfalls möglich ist eine feste Amtszeit entsprechend den Amtszeiten von Aufsichtsratsmitgliedern. Hierbei wäre zu beachten, dass eine Regelung für den Fall getroffen wird, dass nach Ablauf der Amtszeit die Hauptversammlung den Beirat nicht wieder besetzt (wegen Uneinigkeit bzw. fehlenden Mehrheiten). Denn entgegen der Lage beim Aufsichtsrat ist ein gerichtliches Besetzungsverfahren (§ 98 AktG) beim Beirat nicht vorgesehen.

Förl

gabe von Gründen jederzeit einzeln oder gemeinsam durch neue Mitglieder ersetzt werden.

(2) Die Mitglieder des Beirates können ihr Amt jederzeit durch eine an den Vorsitzenden des Aufsichtsrates zu richtende schriftliche Erklärung mit einer Frist von vier Wochen niederlegen. Aus wichtigem Grund kann das Amt auch fristlos niedergelegt werden. Der Aufsichtsratsvorsitzende bestimmt in diesem Fall für das ausgeschiedene Mitglied unverzüglich ein Ersatzmitglied, das für die Zeit bis zur Neuwahl durch die Hauptversammlung an die Stelle des ausgeschiedenen Mitgliedes tritt.

(3) Die Beiratsmitglieder erhalten neben dem Ersatz aller ihrer Auslagen im Zusammenhang mit ihrer Tätigkeit als Mitglied des Beirates eine Vergütung, über deren Höhe die Hauptversammlung entscheidet.

(4) Für die Beiratsmitglieder gelten die Geheimhaltungsvorschriften für die Aufsichtsratsmitglieder gemäß § 13 Abs. (2) dieser Satzung entsprechend.

(5) Die Beiratsmitglieder unterliegen während ihrer Tätigkeit im Beirat einem Wettbewerbsverbot.[34] Es ist ihnen ohne ausdrückliche Einwilligung der persönlich haftenden Gesellschafterin und des Aufsichtsrates weder gestattet, im Geschäftszweig der Gesellschaft für eigene oder fremde Rechnung Geschäfte zu tätigen, noch Mitglied des Vorstandes oder Geschäftsführer oder persönlich haftender Gesellschafter einer anderen gleichartigen Handelsgesellschaft zu sein. Verstößt ein Mitglied des Beirates gegen dieses Wettbewerbsverbot, so richten sich die Rechte der Gesellschaft gegenüber dem Beiratsmitglied nach § 284 Abs. 2 AktG.[35]

§ 15 Innere Ordnung und Beschlussfassung

(1) Der Beirat wählt aus seiner Mitte einen Vorsitzenden und einen Stellvertreter. Dem Stellvertreter stehen die Rechte des Vorsitzenden zu, wenn dieser verhindert ist.

(2) Der Beirat beschließt in Sitzungen. Die Sitzungen werden durch den Vorsitzenden mit einer Frist von sieben Tagen gegenüber den Mitgliedern des Beirates schriftlich oder unter Verwendung elektronischer Kommunikationsmittel einberufen. In dringenden Fällen kann der Vorsitzende die Einberufungsfrist abkürzen und in anderer Weise (etwa mündlich oder fernmündlich) einberufen. Außerhalb von Sitzungen sind schriftliche, fernmündliche oder mit Hilfe anderer gebräuchlicher Kommunikationsmittel (z. B. in einer Telefonkonferenz oder per E-Mail) erfolgende Beschlussfassungen möglich, wenn der Vorsitzende des Beirates oder, im Fall seiner Verhinderung, sein Stellvertreter dies im Einzelfall bestimmt. Erfolgen die Beschlüsse fernmündlich, so sind sie durch den Vorsitzenden zu protokollieren.

---

[34] Die Frage, ob Beiratsmitglieder, die über weitreichende Einflußmöglichkeiten auf die Geschäftsführung verfügen, bereits einem gesetzlichen Wettbewerbsverbot unterliegen, ist umstritten. Es empfiehlt sich daher – wie hier vorgesehen – eine Regelung in der Satzung; diese kann freilich auch gegenteilig ausfallen, vgl. oben unter § 5 Rn. 594.

[35] Sofern die Satzung abweichend von diesem Muster kein jederzeitiges Abberufungsrecht gegenüber den Beiratsmitgliedern durch die Hauptversammlung vorsieht, sollte neben den Ansprüchen aus § 284 Abs. 2 AktG ein außerordentliches Kündigungsrecht für den Fall eines Verstoßes gegen das Wettbewerbsverbot vorgesehen werden.

Förl

(3) Der Beirat ist beschlussfähig, wenn mindestens drei Mitglieder anwesend oder vertreten sind. Ein abwesendes Mitglied kann sich aufgrund schriftlicher Vollmacht durch ein anderes Mitglied oder einen Dritten vertreten lassen. Dritte können jedoch nur dann Vertreter sein, wenn sie einer zur Verschwiegenheit verpflichteten Berufsgruppe angehören.

(4) Der Beirat beschließt mit Mehrheit der abgegebenen Stimmen. Bei Stimmengleichheit entscheidet die Stimme des Vorsitzenden. Der Vorsitzende ist ermächtigt, die zur Durchführung der Beschlüsse erforderlichen Willenserklärungen namens des Beirates abzugeben sowie Erklärungen für den Beirat entgegenzunehmen.

(5) Der Beirat gibt sich eine Geschäftsordnung.

§ 16 Aufgaben des Beirates[36]

(1) Der Beirat entscheidet über die Zustimmung zu außergewöhnlichen Geschäftsführungsmaßnahmen der persönlich haftenden Gesellschafterin.

(2) Der Beirat stellt einen Katalog zustimmungspflichtiger Geschäfte auf und erteilt die Zustimmung zu bzw. erklärt die Ablehnung von entsprechenden Geschäften.

(3) Gegenüber der persönlich haftenden Gesellschafterin wird die Gesellschaft von dem Beirat[37] vertreten, soweit die Gesellschaft nicht zwingend vom Aufsichtsrat vertreten wird.

VI. Hauptversammlung

§ 17 Ort und Einberufung der Hauptversammlung

(1) Die Hauptversammlung findet am Sitz der Gesellschaft oder am Sitz einer deutschen Wertpapierbörse statt.

(2) Die Hauptversammlung wird von der persönlich haftenden Gesellschafterin oder in den gesetzlich vorgesehenen Fällen von den jeweils dazu berufenen Personen einberufen.

(3) Die Hauptversammlung ist mindestens dreißig Tage vor der Versammlung durch Bekanntmachung im Bundesanzeiger einzuberufen. Die Einberu-

---

[36] Dem Beirat kann grundsätzlich ebensowenig wie der Hauptversammlung oder dem Aufsichtsrat eine Personalkompetenz gegenüber der persönlich haftenden Gesellschafterin bzw. deren Geschäftsführern zugewiesen werden. Eine solche „Übertragung von Personalkompetenz" ist nur dann möglich, wenn die Gesellschaft am Kapital der persönlich haftenden Gesellschafterin beteiligt ist, vgl. oben unter § 5 Rn. 30. Bei einer „Einheits-KGaA" sollten die Rechte der KGaA als Gesellschafterin der persönlich haftenden Gesellschafterin (hier: B Verwaltungs GmbH) auf den Beirat verlagert werden, vgl. oben unter § 5 Rn. 217. Folgende Satzungsgestaltung würde sich dabei anbieten: § 17 Aufgaben des Beirates *(Abs. (1) bis (3) entsprechen denen in der Satzung)* (4) Der Beirat übt sämtliche Gesellschafterrechte der Gesellschaft in der Gesellschafterversammlung der persönlich haftenden Gesellschafterin aus. Soweit die persönlich haftende Gesellschafterin aufgrund einer verbindlichen Weisung im Rahmen außergewöhnlicher Geschäftsführungsmaßnahmen tätig wird, bedarf es keiner weiteren Zustimmung des Beirates.

[37] Zu der Vertretungskompetenz des Beirats vgl. oben unter § 5 Rn. 563.

fungsfrist verlängert sich um die Tage der Anmeldefrist gemäß § 18 Absatz (1). Bei der Berechnung der Einberufungsfrist sind der Tag der Versammlung und der Tag der Bekanntmachung im Bundesanzeiger nicht mitzurechnen.

§ 18 Teilnahmerecht und Stimmrecht

(1) Zur Teilnahme an der Hauptversammlung und zur Ausübung des Stimmrechts sind nur diejenigen Kommanditaktionäre berechtigt, die sich bei der Gesellschaft fristgemäß angemeldet und ihre Berechtigung nachgewiesen haben. Zum Nachweis der Berechtigung reicht ein in Textform (§ 126a BGB) erstellter besonderer Nachweis des Anteilsbesitzes durch das depotführende Institut aus. Der Nachweis hat sich auf den Beginn des 21. Tages (0.00 Uhr am Sitz der Gesellschaft) vor der Versammlung zu beziehen. Die Anmeldung und der Nachweis der Berechtigung müssen der Gesellschaft unter der in der Einberufung hierfür mitgeteilten Adresse in Textform in deutscher oder englischer Sprache mindestens sechs Tage vor der Hauptversammlung zugehen. In der Einberufung kann eine kürzere, in Tagen zu bemessende Frist vorgesehen werden. Bei der Berechnung der Frist sind der Tag der Hauptversammlung und der Tag des Zugangs der Anmeldung und des Nachweises der Berechtigung nicht mitzurechnen.

(3) Jeder Kommanditaktionär kann sich in der Hauptversammlung durch einen Bevollmächtigten vertreten lassen. Soweit in der Einberufung nicht eine Erleichterung bestimmt wird, bedürfen die Erteilung der Vollmacht, ihr Widerruf und der Nachweis der Bevollmächtigung gegenüber der Gesellschaft der Textform (§ 126b BGB). § 135 AktG bleibt unberührt. Einzelheiten zur Stimmrechtsausübung durch Bevollmächtigte werden in der Einberufung bekannt gemacht.

(4) In der Einberufung kann vorgesehen werden, dass Kommanditaktionäre ihre Stimme ohne an der Versammlung teilzunehmen schriftlich oder im Wege elektronischer Kommunikation abgeben dürfen (Briefwahl) und das nähere Verfahren hierzu bestimmt werden.

§ 19 Vorsitz und Leitung

(1) Den Vorsitz in der Hauptversammlung führt der Vorsitzende des Aufsichtsrates oder ein von diesem bestimmtes anderes Mitglied des Aufsichtsrats aus dem Kreis der von den Kommanditaktionären gewählten Aufsichtsratsmitglieder. Ist der Vorsitzende verhindert und ein anderes Mitglied des Aufsichtsrates von ihm nicht bestimmt, so wählt die Hauptversammlung ihren Vorsitzenden aus dem Kreis der Mitglieder des Aufsichtsrates.

(2) Der Vorsitzende leitet die Verhandlungen und bestimmt die Reihenfolge der Gegenstände der Tagesordnung sowie die Art der Abstimmung.

(3) Der Vorsitzende kann das Frage- und Rederecht der Kommanditaktionäre zeitlich angemessen beschränken. Er ist insbesondere ermächtigt, zu Beginn der Hauptversammlung oder während ihres Verlaufs den zeitlichen Rahmen für den gesamten Verlauf der Hauptversammlung, für die Aussprache zu ein-

zelnen Tagesordnungspunkten sowie die Rede- und Fragezeit generell oder für einzelne Redner festzusetzen.

(4) Die Hauptversammlung kann auf Anordnung der persönlich haftenden Gesellschafterin in Abstimmung mit dem Versammlungsleiter auszugsweise oder vollständig in Bild und Ton übertragen werden. Die Übertragung kann auch in einer Form erfolgen, zu der die Öffentlichkeit uneingeschränkt Zugang hat. Die Form der Übertragung ist in der Einberufung bekanntzugeben.

(5) Die Mitglieder des Aufsichtsrates sollen an der Hauptversammlung persönlich teilnehmen. Ist einem Aufsichtsratsmitglied die Anwesenheit am Ort der Hauptversammlung aus wichtigem Grund nicht möglich, so kann es an der Hauptversammlung auch im Wege der Bild- und Tonübertragung teilnehmen.

(6) Bei Wahlen betreffend die Mitglieder des Aufsichtsrates und des Beirates ist der Vorsitzende berechtigt, über die Wahl mehrerer Aufsichtsratsmitglieder oder mehrerer Beiratsmitglieder gemeinsam abstimmen zu lassen.

§ 20 Beschlussfassung

(1) In der Hauptversammlung gewährt eine Stückaktie eine Stimme.
(2) Soweit Beschlüsse der Zustimmung der persönlich haftenden Gesellschafterin bedürfen, erklärt deren Geschäftsführung in der Hauptversammlung, ob den Beschlüssen zugestimmt wird oder ob diese abgelehnt werden.

VII. Jahresabschluss

§ 21 Jahresabschluss

(1) Die persönlich haftende Gesellschafterin hat in den ersten drei Monaten des Geschäftsjahres für das vergangene Geschäftsjahr den Jahresabschluss sowie den Lagebericht aufzustellen und dem Aufsichtsrat unverzüglich vorzulegen. Zugleich hat die persönlich haftende Gesellschafterin dem Aufsichtsrat den Vorschlag vorzulegen, den sie der Hauptversammlung für die Verwendung des Bilanzgewinns machen will. Bei der Aufstellung des Jahresabschlusses kann die persönlich haftende Gesellschafterin mit Zustimmung des Beirats einen Teil des Jahresüberschusses, höchstens jedoch die Hälfte, in andere Gewinnrücklagen einstellen.

(2) Der Aufsichtsrat erteilt den Auftrag zur Prüfung durch die Abschlussprüfer. Vor Zuleitung des Prüfungsberichtes der Abschlussprüfer an den Aufsichtsrat ist der persönlich haftenden Gesellschafterin Gelegenheit zur Stellungnahme zu geben.

(3) Der Aufsichtsrat berichtet über das Ergebnis seiner Prüfung schriftlich an die Hauptversammlung.

(4) Der Jahresabschluss wird durch Beschluss der Hauptversammlung mit Zustimmung der persönlich haftenden Gesellschafterin festgestellt.

Förl

VIII. Schlussbestimmungen

§ 22 Auflösung und Abwicklung

(1) Im Falle der Auflösung der Gesellschaft erfolgt die Abwicklung durch die persönlich haftende Gesellschafterin, wenn die Hauptversammlung nicht andere Personen als Abwickler bestellt.[38]

(2) Das nach Berichtigung der Verbindlichkeiten verbleibende Vermögen der Gesellschaft wird zwischen den Kommanditaktionären im Verhältnis der Höhe ihrer jeweiligen Anteile am Grundkapital verteilt.

§ 23 Teilnichtigkeit

Sollte eine Bestimmung dieser Satzung ganz oder teilweise unwirksam sein oder ihre Wirksamkeit später verlieren oder sollte sich in dieser Satzung eine Lücke herausstellen, so soll hierdurch die Gültigkeit der übrigen Bestimmungen nicht berührt werden. Anstelle der unwirksamen Bestimmung oder zur Ausfüllung der Lücke soll eine angemessene Regelung gelten, die, soweit rechtlich möglich, dem Sinn und Zweck dieser Satzung am ehesten gerecht wird. Beruht die Unwirksamkeit einer Bestimmung auf einem darin festgelegten Maß der Leistung oder der Zeit (Frist oder Termin), so soll das der Bestimmung am nächsten kommende rechtlich zulässige Maß oder die nächstmögliche rechtlich zulässige Zeit an die Stelle des Vereinbarten treten.

§ 24 Gründungsaufwand

Der Gründungsaufwand beträgt EUR [___] (in Worten: EURO [___]).

C. Mustersatzung II – Variante

Abweichungen zu den Grundannahmen Mustersatzung II: Die Gesellschaft ist ein umgewandeltes Familienunternehmen, bei der ein Kommanditaktionär, z.B. eine Familienholding, seine Rechte maßgeblich über eine von ihm beherrschte Komplementär-Gesellschaft wahrnimmt. Dadurch erhält er seine Einflussnahmemöglichkeiten auch nach Aufgabe der Aktienmehrheit. Um diese Leitungsstruktur an einen Mindesteinsatz an Kapital zu binden und damit den Kapitalanlegern entgegenzukommen, sieht die Satzung vor, dass die betreffende Komplementärgesellschaft ausscheidet, wenn deren Hauptgesellschafter nicht eine festgelegte Mindestquote an Kommanditaktien hält.

---

[38] Gemäß § 290 Abs. 1 2. HS AktG kann die Hauptversammlung nur zusätzlich eigene Abwickler bestellen, jedoch die Komplementäre als Abwickler nicht ersetzen; gemäß § 290 Abs. 1 a. E. AktG ist diese gesetzliche Regelung aber abdingbar, vgl. oben unter § 8 Rn. 57 ff.

Förl

I. Allgemeine Bestimmungen

§ 1 bis § 4 wie bei Mustersatzung II

II. Kapital und Aktien

§ 5 und § 6 wie bei Mustersatzung II

III. Persönlich haftende Gesellschafterin, Geschäftsführung und Vertretung

§ 7 und § 8 wie bei Mustersatzung II

§ 9 Ausscheiden der persönlich haftenden Gesellschafterin

(1) Die persönlich haftende Gesellschafterin scheidet aus der Gesellschaft aus, wenn die Vereinbarung zwischen ihr und der Gesellschaft gemäß § 8 Abs. (1) dieser Satzung endet. Die übrigen gesetzlichen Ausscheidensgründe bleiben unberührt.

(2) Die persönlich haftende Gesellschafterin B Verwaltungs GmbH scheidet aus der Gesellschaft aus, sobald die Familie B Holding GmbH nicht mehr deren Alleingesellschafterin ist.

(3) Die persönlich haftende Gesellschafterin B Verwaltungs GmbH scheidet zudem aus der Gesellschaft aus, sobald die Familie B Holding GmbH nicht mehr unmittelbar oder mittelbar mit mehr als __ % des Grundkapitals an der Gesellschaft beteiligt ist und zudem Kommanditaktionäre mit insgesamt 5 % der Kommanditaktien das Ausscheiden durch schriftliche Erklärung gegenüber der Gesellschaft verlangen. Als mittelbare Beteiligung in diesem Sinne gelten Beteiligungen über ein nach § 17 Absatz 1 AktG abhängiges Unternehmen.

(4) Scheidet die persönlich haftende Gesellschafterin aus der Gesellschaft aus oder ist dieses Ausscheiden abzusehen, so ist der Aufsichtsrat berechtigt und verpflichtet, unverzüglich bzw. zum Zeitpunkt des Ausscheidens der persönlich haftenden Gesellschafterin eine Kapitalgesellschaft, deren sämtliche Anteile von der Gesellschaft gehalten werden, als neue persönlich haftende Gesellschafterin in die Gesellschaft aufzunehmen. Scheidet die persönlich haftende Gesellschafterin aus der Gesellschaft aus, ohne dass gleichzeitig eine solche neue persönlich haftende Gesellschafterin aufgenommen worden ist, wird die Gesellschaft übergangsweise von den Kommanditaktionären allein fortgesetzt. Der Aufsichtsrat hat in diesem Fall unverzüglich die Bestellung eines Notvertreters zu beantragen, der die Gesellschaft bis zur Aufnahme einer neuen persönlich haftenden Gesellschafterin vertritt, insbesondere bei Erwerb bzw. Gründung dieser persönlich haftenden Gesellschafterin. Der Aufsichtsrat

Förl

ist ermächtigt, die Fassung der Satzung entsprechend dem Wechsel der persönlich haftenden Gesellschafterin zu berichtigen.

§ 10 Geschäftsführung und Vertretung

(1) Die Gesellschaft wird durch die persönlich haftende Gesellschafterin vertreten.
(2) Die Geschäftsführung obliegt der persönlich haftenden Gesellschafterin. Die Geschäftsführungsbefugnis der persönlich haftenden Gesellschafterin umfasst auch außergewöhnliche Geschäftsführungsmaßnahmen. Zur Vornahme von Geschäftsführungsmaßnahmen, die einem gemeinsam durch den persönlich haftenden Gesellschafter und den Beirat erstellten Katalog zustimmungspflichtiger Geschäfte unterliegen, ist die Zustimmung des Beirates erforderlich. Der Zustimmungskatalog kann gegen den Willen des persönlich haftenden Gesellschafters nicht geändert werden.
(3) Der persönlich haftenden Gesellschafterin werden sämtliche Auslagen im Zusammenhang mit der Führung der Geschäfte der Gesellschaft, einschließlich der Vergütung ihrer Geschäftsführer, ersetzt.

IV. Aufsichtsrat

§ 11 bis § 13 wie bei Mustersatzung II

V. Beirat

§ 14 und § 15 wie bei Mustersatzung II

§ 16 Aufgaben des Beirates

(1) Der Beirat entscheidet über die Zustimmung zu außergewöhnlichen Geschäftsführungsmaßnahmen der persönlich haftenden Gesellschafterin.
(2) Der Beirat stellt zusammen mit der persönlich haftenden Gesellschafterin einen Katalog zustimmungspflichtiger Geschäfte auf und erteilt die Zustimmung zu bzw. erklärt die Ablehnung von entsprechenden Geschäften. Der Zustimmungskatalog kann gegen den Willen des Beirates nicht geändert werden.
(3) Gegenüber der persönlich haftenden Gesellschafterin wird die Gesellschaft von dem Beirat vertreten, soweit die Gesellschaft nicht zwingend vom Aufsichtsrat vertreten wird.

Förl

VI. Hauptversammlung

§ 17 bis 20 wie bei Mustersatzung II

VII. Jahresabschluss

§ 21 wie bei Mustersatzung II

VIII. Schlussbestimmungen

§ 22 bis § 24 wie bei Mustersatzung II

D. Mustersatzung III

Grundannahmen: Die Gesellschaft hat einen kleinen Kommanditaktionärskreis, der teilweise aus Mitgliedern einer Unternehmerfamilie und teilweise aus (z.B. institutionellen) Kapitalanlegern besteht. Die Gesellschaft ist nicht börsennotiert. Die Kapitalanleger leisten einen nicht unerheblichen Beitrag zum Gesamtkapital der Gesellschaft. Sie nehmen ihre Rechte über den Aufsichtsrat wahr, der vor diesem Hintergrund mit weitreichenden Kompetenzen ausgestattet ist. Die Geschäftsführungsaufgaben der Gesellschaft werden von mehreren nicht kapitalmäßig beteiligten persönlich haftenden Gesellschaftern wahrgenommen, die ähnlich wie Fremdgeschäftsführer gestellt sind. Die Unternehmerfamilie hat sich aus dem täglichen Geschäft zurückgezogen und sichert ihren (Rest-)Einfluss auf die Gesellschaft mittels einer nicht geschäftsführungsbefugten Komplementärgesellschaft, über die sie einen weiteren Anteil am Gesamtkapital im Wege einer Sondereinlage erbracht hat.[39]

I. Allgemeine Bestimmungen

§ 1 Firma, Sitz und Geschäftsjahr

(1) Die Gesellschaft führt die Firma „C KGaA".
(2) Sitz der Gesellschaft ist [___].

---

[39] Als Komplementärgesellschaft wird hier aus steuerlichen Gründen eine GmbH & Co. KG eingesetzt, deren Gesellschafter steuerlich Mitunternehmer sind, weil die KG als Komplementärin eine Sondereinlage bei der Gesellschaft geleistet hat. Soll die Komplementärgesellschaft keine Sondereinlage leisten, z.B. weil die Unternehmerfamilie sich nur in der Rolle als Kommanditaktionär beteiligt, so kann z.B. ebenso eine GmbH als Komplementärgesellschaft vorgesehen werden.

Förl

(3) Das Geschäftsjahr ist das Kalenderjahr.

§ 2 Gegenstand des Unternehmens

(1) Gegenstand des Unternehmens ist [___].
(2) Die Gesellschaft ist zu allen Geschäften und Maßnahmen berechtigt, die dem Gegenstand des Unternehmens förderlich sind.
(3) Die Gesellschaft kann Zweigniederlassungen im In- und Ausland errichten, Unternehmensverträge abschließen und andere Unternehmen gründen, erwerben und sich an ihnen beteiligen sowie ihren Betrieb auf solche Unternehmen übertragen.

§ 3 Veröffentlichungen

Die Veröffentlichungen der Gesellschaft erfolgen im elektronischen Bundesanzeiger.

§ 4 Organe der Gesellschaft

Organe der Gesellschaft sind die persönlich haftenden Gesellschafter, die Komplementärversammlung,[40] die Hauptversammlung und der Aufsichtsrat.

II. Kapital und Aktien

§ 5 Gesamtkapital

Das Gesamtkapital der Gesellschaft setzt sich zusammen aus dem Grundkapital und der Sondereinlage der persönlich haftenden Gesellschafterin mit Sondereinlage.

§ 6 Grundkapital und Aktien

(1) Das Grundkapital der Gesellschaft beträgt EUR [___] (in Worten: EURO [___]).
(2) Das Grundkapital ist eingeteilt in [___] auf den Namen lautende Stückaktien.
(3) Bei einer Erhöhung des Grundkapitals kann die Gewinnbeteiligung der neuen Aktien abweichend von § 60 Abs. 2 AktG geregelt werden.
(4) Die Form der Aktienurkunden und der Gewinnanteils- und Erneuerungsscheine setzen die persönlich haftenden Gesellschafter fest. Jeder Kommanditaktionär hat Anspruch auf Verbriefung seines jeweiligen Anteils. Die Gesellschaft ist jedoch berechtigt, Sammelurkunden auszugeben, insoweit ist der

---

[40] Eine Komplementärversammlung erleichtert als zusätzliches Gesellschaftsorgan einheitliche Entscheidungen der persönlich haftenden Gesellschafter.

Förl

Anspruch auf Einzelverbriefung der Aktien ausgeschlossen. Die Entscheidung darüber treffen die persönlich haftenden Gesellschafter.[41]

III. Persönlich haftende Gesellschafter, Komplementärversammlung, Geschäftsführung und Vertretung

§ 7 Persönlich haftende Gesellschafterin mit Sondereinlage, Kapitalkonten und Erhöhung der Sondereinlage

(1) Persönlich haftende Gesellschafterin mit Sondereinlage ist die C Holding GmbH & Co. KG mit Sitz in [___]. Sie hat eine Sondereinlage in Höhe von EUR [___] (in Worten: EURO [___]) in das Eigentum der Gesellschaft erbracht, die nicht auf das Grundkapital geleistet wurde. Diese Sondereinlage wurde erbracht durch [___].

(2) Für die persönlich haftende Gesellschafterin mit Sondereinlage wird ein Kapitalkonto I, auf dem die Sondereinlage gebucht wird, ein Kapitalkonto II als Rücklagenkonto und ein Kapitalkonto III als Verlustkonto geführt. Zudem wird ein Verrechnungskonto als bewegliches Konto geführt.

(3) Auf dem Kapitalkonto II werden die der persönlich haftenden Gesellschafterin mit Sondereinlage zustehenden Gewinnanteile gebucht, die diese in ihre Gewinnrücklage einstellt.

(4) Auf dem Kapitalkonto III werden die Verlustanteile der persönlich haftenden Gesellschafterin mit Sondereinlage gebucht.

(5) Auf dem Verrechnungskonto werden die entnahmefähigen Gewinnanteile, Entnahmen sowie der sonstige Zahlungsverkehr zwischen der Gesellschaft und der persönlich haftenden Gesellschafterin mit Sondereinlage gebucht. Soweit gesetzlich zulässig, kann die persönlich haftende Gesellschafterin mit Sondereinlage zu Lasten des Verrechnungskontos in jedem Falle, auch schon während des laufenden Geschäftsjahres, die ihr zugewiesenen Aufwandsentschädigungen und diejenigen Beträge entnehmen, die zur Bezahlung der im Zusammenhang mit ihrer Beteiligung an der Gesellschaft bei ihr anfallenden persönlichen Steuern erforderlich sind.

(6) Die Kapitalkonten I, II und III sowie das Verrechnungskonto sind unverzinslich.

(7) Die persönlich haftende Gesellschafterin mit Sondereinlage ist berechtigt, in allen Fällen von Erhöhungen des Grundkapitals binnen sechs Monaten nach Vornahme der Grundkapitalerhöhung ihre Sondereinlage pro rata und zu den Bedingungen der Grundkapitalerhöhung zu erhöhen.

(8) Die persönlich haftende Gesellschafterin mit Sondereinlage hat das Recht, mit Zustimmung des Aufsichtsrates ihre Sondereinlage in der Zeit bis zum [___] um bis zu EUR [___] (in Worten: EURO [___]) zu erhöhen.[42]

---

[41] In dieser Mustersatzung III wird davon ausgegangen, dass die Anteile der einzelnen Kommanditaktionäre in Sammelurkunden verbrieft werden.
[42] Siehe zu dieser Möglichkeit der einseitigen Erhöhung der Sondereinlage oben unter § 7 Rn. 18 ff.

Förl

§ 8 Persönlich haftende Gesellschafter ohne Sondereinlage

(1) Persönlich haftende Gesellschafter ohne Sondereinlage sind:
    (a) Herr [Vorname] [Nachname] aus [Wohnort],
    (b) Frau [Vorname] [Nachname] aus [Wohnort] und
    (c) Herr [Vorname] [Nachname] aus [Wohnort].
(2) Weitere persönlich haftende Gesellschafter ohne Sondereinlage können durch die Komplementärversammlung mit Zustimmung des Aufsichtsrates aufgenommen werden.[43]
(3) Die persönlich haftenden Gesellschafter ohne Sondereinlage sind weder am Vermögen noch am Gewinn oder Verlust der Gesellschaft beteiligt.

§ 9 Rechtsverhältnis zu den persönlich haftenden Gesellschaftern

(1) Die Rechtsbeziehungen zwischen der Gesellschaft und der persönlich haftenden Gesellschafterin mit Sondereinlage werden, soweit sie sich nicht aus dem Gesetz oder der Satzung zwingend ergeben, durch Vereinbarung zwischen der persönlich haftenden Gesellschafterin mit Sondereinlage und der Gesellschaft geregelt.[44]
(2) Die Rechtsbeziehungen zwischen der Gesellschaft und den persönlich haftenden Gesellschaftern ohne Sondereinlage werden, soweit sie sich nicht aus dem Gesetz oder der Satzung zwingend ergeben, durch Vereinbarung zwischen dem jeweiligen persönlich haftenden Gesellschafter ohne Sondereinlage und der Gesellschaft geregelt. Insbesondere trifft die Vereinbarung Regelungen über eine Vergütung der persönlich haftenden Gesellschafter ohne Sondereinlage als Entgelt für ihre Geschäftsführungstätigkeit und für die Übernahme der persönlichen Haftung.
(3) Der Abschluss und jede Änderung der Vereinbarungen zwischen den jeweiligen persönlich haftenden Gesellschaftern und der Gesellschaft gemäß Abs. (1) und (2) bedürfen der vorherigen Zustimmung der Komplementärversammlung und des Aufsichtsrates.
(4) Die persönlich haftende Gesellschafterin mit Sondereinlage ist von dem Wettbewerbsverbot des § 284 AktG befreit. Sie ist auch ohne ausdrückliche Einwilligung des Aufsichtsrates und der anderen persönlich haftenden Gesellschafter befugt, im Geschäftszweig der Gesellschaft für eigene oder fremde

---

[43] Die Aufnahme weiterer Komplementäre bedarf grundsätzlich der Zustimmung aller persönlich haftender Gesellschafter und der Hauptversammlung. Jedoch können in der Satzung unter Beachtung des Bestimmtheitsgrundsatzes abweichende Regelungen getroffen werden, vgl. § 5 Rn. 312 ff. Dies ist in dieser Mustersatzung III der Fall, da die Komplementärversammlung über die Aufnahme neuer persönlich haftender Gesellschafter ohne Sondereinlage mit einfacher Mehrheit entscheidet, § 11 Abs. (6) dieser Satzung. Ebenfalls wäre es möglich, nur einen einzelnen persönlich haftenden Gesellschafter über die Aufnahme entscheiden zu lassen.

[44] Vgl. zu einer solchen Vereinbarung zwischen den persönlich haftenden Gesellschaftern und der Gesellschaft oben unter § 5 Rn. 268.

Förl

Rechnung Geschäfte zu tätigen oder persönlich haftende Gesellschafterin einer gleichartigen Handelsgesellschaft zu sein.[45]

(5) Die persönlich haftenden Gesellschafter ohne Sondereinlage unterliegen einem Wettbewerbsverbot entsprechend dem Wettbewerbsverbot eines Vorstandes einer Aktiengesellschaft gemäß § 88 AktG.[46]

(6) Die Gesellschaft wird gegenüber der persönlich haftenden Gesellschafterin mit Sondereinlage durch den Aufsichtsrat vertreten. Die Gesellschaft wird gegenüber den persönlich haftenden Gesellschaftern ohne Sondereinlage von der persönlich haftenden Gesellschafterin mit Sondereinlage vertreten,[47] soweit die Gesellschaft nicht zwingend vom Aufsichtsrat vertreten wird.

§ 10 Ausscheiden von persönlich haftenden Gesellschaftern

(1) Die persönlich haftende Gesellschafterin mit Sondereinlage scheidet aus der Gesellschaft aus in den gesetzlich geregelten Fällen,[48] im Falle der Ablehnung des Insolvenzverfahrens über ihr Vermögen mangels Masse sowie bei Kündigung der Vereinbarung gemäß § 9 Abs. (1).[49] Im Falle der Zwangsvollstreckung eines Gläubigers der persönlich haftenden Gesellschafterin mit Sondereinlage in deren Gesellschaftsanteil oder in die aus diesem Anteil fließenden Rechte scheidet die persönlich haftende Gesellschafterin mit Sondereinlage nur aus, wenn der Aufsichtsrat das Ausscheiden verlangt.

(2) Ein persönlich haftender Gesellschafter ohne Sondereinlage scheidet aus der Gesellschaft aus, wenn die Vereinbarung zwischen ihm und der Gesellschaft gemäß § 9 Abs. (2) dieser Satzung endet.[50] Die Vereinbarung kann sowohl von der Gesellschaft[51] als auch von dem persönlich haftenden Gesellschafter[52] ohne Sondereinlage aus wichtigem Grunde gekündigt werden. Die Kündigung durch die Gesellschaft bedarf der vorherigen Zustimmung des Aufsichtsrates und der Komplementärversammlung. Die übrigen gesetzlichen Ausscheidensgründe bleiben unberührt.

---

[45] Vgl. zur Befreiung vom Wettbewerbsverbot oben unter § 5 Rn. 289.
[46] Die persönlich haftenden Gesellschafter ohne Sondereinlage sollen in der gewählten Gestaltung wie Fremdgeschäftsführer gestellt sein, daher wird das Wettbewerbsverbot, welches auf einen Vorstand einer Aktiengesellschaft anwendbar ist, hier entsprechend angewendet. Vgl. zur möglichen Erweiterung der Wettbewerbsverbotes oben unter § 5 Rn. 286.
[47] Durch die unterschiedliche Zuständigkeit bei der Vertretung der Gesellschaft gegenüber den persönlich haftenden Gesellschaftern soll der persönlich haftenden Gesellschafterin mit Sondereinlage der Einfluß auf die geschäftsführenden persönlich haftenden Gesellschafter gesichert werden.
[48] Vgl. zu den gesetzlichen Ausscheidensgründen oben unter § 5 Rn. 301 ff.
[49] Die Vereinbarung kann das Recht zur ordentlichen Kündigung durch die persönlich haftende Gesellschafterin neben dem Recht der Kündigung aus wichtigem Grund vorsehen.
[50] Hier ist es möglich, die Vereinbarung befristet zu gestalten oder diese mit Eintritt eines bestimmten Lebensalters des persönlich haftenden Gesellschafters ohne Sondereinlage auslaufen zu lassen. Vgl. zur Befristung der Stellung als persönlich haftender Gesellschafter oben unter § 5 Rn. 319.
[51] Vgl. zur Ausschließung eines persönlich haftenden Gesellschafters aus wichtigem Grund oben unter § 5 Rn. 331.
[52] Vgl. zur Kündigung durch den persönlich haftenden Gesellschafter aus wichtigem Grund oben unter § 5 Rn. 322.

Förl

(3) In den Fällen der Abs. (1) und (2) wird die Gesellschaft mit den übrigen persönlich haftenden Gesellschaftern und den Kommanditaktionären fortgesetzt. Ist abzusehen, dass der letzte persönlich haftende Gesellschafter aus der Gesellschaft ausscheidet, so hat der Aufsichtsrat unverzüglich eine Hauptversammlung einzuberufen, die über die Aufnahme eines neuen persönlich haftenden Gesellschafters oder über die Umwandlung der Gesellschaft in eine Aktiengesellschaft entscheidet. Scheidet der letzte persönlich haftende Gesellschafter aus der Gesellschaft aus, ohne dass rechtzeitig ein neuer persönlich haftender Gesellschafter aufgenommen worden ist, wird die Gesellschaft übergangsweise von den Kommanditaktionären allein fortgesetzt. Der Aufsichtsrat hat in diesem Fall unverzüglich die Bestellung eines Notvertreters zu beantragen.

(4) Die persönlich haftende Gesellschafterin mit Sondereinlage hat bei Ausscheiden einen Abfindungsanspruch. Der Abfindungsbetrag bemisst sich grundsätzlich nach dem Buchwert ihrer Beteiligung. Danach erhält die persönlich haftende Gesellschafterin mit Sondereinlage den auf der Grundlage der Handelsbilanz ermittelten buchmäßigen Kapitalanteil zuzüglich des anteiligen Gewinns des laufenden Geschäftsjahres einschließlich der Gewinnvorträge und abzüglich der Verlustvorträge. Im Rahmen dieser Berechnung bleiben die stillen Reserven unberücksichtigt.[53] Scheidet die persönlich haftende Gesellschafterin mit Sondereinlage aufgrund ihrer Kündigung der Vereinbarung gemäß § 9 Abs. (1) aus, so erhält sie den vollen Verkehrswert ihrer Beteiligung. Dieser ist von einem vom Aufsichtsrat und der persönlich haftenden Gesellschafterin mit Sondereinlage gemeinsam zu beauftragenden Wirtschaftsprüfer festzustellen. Der Abfindungsbetrag ist in beiden vorgenannten Fällen unter angemessener Verzinsung in vier gleichen Raten zahlbar. Die erste Rate ist sechs Monate nach dem Ausscheiden fällig, die weiteren Raten jeweils sechs Monate später.[54]

(5) Ein ausscheidender persönlich haftender Gesellschafter ohne Sondereinlage hat keinen Anspruch auf eine Abfindung.

(6) Ein ausscheidender persönlich haftender Gesellschafter kann nicht Befreiung von Verbindlichkeiten der Gesellschaft oder Sicherheitsleistung verlangen, jedoch hat er einen Freistellungsanspruch gegenüber der Gesellschaft, soweit er in Anspruch genommen wird.[55]

§ 11 Komplementärversammlung

(1) Die persönlich haftenden Gesellschafter bilden eine Komplementärversammlung. Die Komplementärversammlung gibt sich eine Geschäftsordnung.

(2) Rechte, die den persönlich haftenden Gesellschaftern nach dieser Satzung oder nach dem Gesetz zustehen, werden, soweit gesetzlich zulässig, durch diese in der Komplementärversammlung wahrgenommen.

---

[53] Vgl. zu einer solchen Buchwertklausel oben unter § 5 Rn. 349.
[54] Vgl. zu den Regelungen der Zahlungsmodalitäten oben unter § 5 Rn. 346.
[55] Vgl. zum Ausschluß des Anspruchs auf Befreiung von den gemeinschaftlichen Verbindlichkeiten und der Vereinbarung einer Freistellung durch die Gesellschaft oben unter § 5 Rn. 335.

(3) Die persönlich haftende Gesellschafterin mit Sondereinlage beruft die Sitzungen der Komplementärversammlung schriftlich oder unter Verwendung elektronischer Kommunikationsmittel unter Einhaltung einer Frist von mindestens sieben Tagen ein, wobei der Tag der Absendung der Einladung und der Tag der Sitzung nicht mitgerechnet werden. In dringenden Fällen kann die Frist abgekürzt und in anderer Weise (etwa mündlich oder fernmündlich) einberufen werden.

(4) In der Einberufung sind die Tagesordnungspunkte anzugeben. Über andere Gegenstände kann nur abgestimmt werden, wenn kein persönlich haftender Gesellschafter widerspricht. Abwesenden persönlich haftenden Gesellschaftern ist in diesem Fall Gelegenheit zu geben, binnen einer angemessenen Frist nachträglich zu widersprechen. Der Beschluss wird erst wirksam, wenn kein fristgerechter Widerspruch erfolgt.

(5) Außerhalb von Sitzungen sind schriftliche, fernmündliche oder mit Hilfe anderer gebräuchlicher Kommunikationsmittel (z. B. in einer Telefonkonferenz oder per E-Mail) erfolgende Beschlussfassungen möglich, wenn kein persönlich haftender Gesellschafter diesem Verfahren innerhalb einer angemessenen Frist widerspricht.

(6) Die Komplementärversammlung entscheidet grundsätzlich durch Mehrheitsbeschluss, soweit nicht zwingend die Zustimmung aller persönlich haftenden Gesellschafter erforderlich ist[56] oder aber die Geschäftsordnung eine höhere Beschlussmehrheit vorsieht. Insbesondere wird durch Mehrheitsbeschluss mangels zwingender gesetzlicher Regelung in folgenden Angelegenheiten entschieden:

(a) Aufnahme von neuen persönlich haftenden Gesellschaftern ohne Sondereinlage gemäß § 8 Abs. (2) dieser Satzung,

(b) Zustimmung der Komplementärversammlung gemäß § 9 Abs. (3) dieser Satzung zum Abschluss und zur Änderung von Vereinbarungen der Gesellschaft mit einzelnen persönlich haftenden Gesellschaftern nach § 9 Abs. (1) und (2) dieser Satzung,

(c) Zustimmung der Komplementärversammlung zur Kündigung von Vereinbarungen nach § 9 Abs. (2) dieser Satzung gemäß § 10 Abs. (2) dieser Satzung,

(d) Entscheidung über die Vorlage von Zustimmungsfragen gemäß § 12 Abs. (4) dieser Satzung,

(e) Entziehung der Geschäftsführungs- und Vertretungsbefugnis von persönlich haftenden Gesellschaftern ohne Sondereinlage gemäß § 12 Abs. (8) dieser Satzung und

(f) Zustimmung der persönlich haftenden Gesellschafter zu Beschlüssen der Hauptversammlung gemäß § 18 Abs. (2) dieser Satzung.

(7) Den persönlich haftenden Gesellschaftern steht innerhalb der Komplementärversammlung jeweils eine Stimme zu. Bei Stimmengleichheit entscheidet die Stimme der persönlich haftenden Gesellschafterin mit Sondereinlage.

---

[56] Vgl. zur Zulässigkeit von Mehrheitsklauseln oben unter § 5 Rn. 56 ff. und zu den Stimmverboten einzelner persönlich haftender Gesellschafter oben unter § 5 Rn. 59 ff.

Förl

(8) Der persönlich haftenden Gesellschafterin mit Sondereinlage steht gegen jeden Beschluss der Komplementärversammlung ein Vetorecht zu.[57] Die persönlich haftende Gesellschafterin mit Sondereinlage erklärt direkt nach Beschlussfassung gegenüber den anderen persönlich haftenden Gesellschaftern, ob sie von ihrem Vetorecht Gebrauch macht. Der Beschluss wird erst wirksam, wenn das Vetorecht nicht ausgeübt worden ist.

(9) Die persönlich haftenden Gesellschafter können sich in der Komplementärversammlung durch andere persönlich haftende Gesellschafter oder Dritte vertreten lassen. Dritte können jedoch nur dann Vertreter sein, wenn sie sich entweder der Gesellschaft gegenüber nach Maßgabe des § 15 Abs. (2) dieser Satzung zur Geheimhaltung verpflichtet haben oder einer zur Verschwiegenheit verpflichteten Berufsgruppe angehören.

(10) Soweit durch die Komplementärversammlung oder durch sämtliche persönlich haftende Gesellschafter Willenserklärungen abzugeben sind oder von diesen entgegenzunehmen sind, werden diese Willenserklärungen, soweit gesetzlich zulässig, durch die persönlich haftende Gesellschafterin mit Sondereinlage abgegeben oder empfangen.

§ 12 Geschäftsführung und Vertretung

(1) Die Geschäftsführung obliegt den persönlich haftenden Gesellschaftern ohne Sondereinlage. Die persönlich haftende Gesellschafterin mit Sondereinlage ist von der Geschäftsführung ausgeschlossen. Die persönlich haftende Gesellschafterin mit Sondereinlage erlässt mit Zustimmung des Aufsichtsrates eine Geschäftsordnung für die Geschäftsführung.

(2) Die Geschäftsführungsbefugnis der persönlich haftenden Gesellschafter ohne Sondereinlage umfasst gewöhnliche Geschäftsführungsmaßnahmen. Zur Vornahme von Handlungen, die darüber hinausgehen, ist die Zustimmung der persönlich haftenden Gesellschafterin mit Sondereinlage und des Aufsichtsrates erforderlich. Solche Handlungen bedürfen nicht der Zustimmung der Hauptversammlung, soweit nicht zwingende gesetzliche Bestimmungen entgegenstehen. Zudem bedürfen solche Handlungen nicht der Zustimmung aller persönlich haftenden Gesellschafter.

(3) Der Aufsichtsrat und die persönlich haftende Gesellschafterin mit Sondereinlage stellen einen gemeinsamen Katalog von Geschäften auf, die der Zustimmung des Aufsichtsrates und der persönlich haftenden Gesellschafterin mit Sondereinlage bedürfen. Dieser Katalog kann auch einzelne gewöhnliche Geschäftsführungsmaßnahmen umfassen.

---

[57] Durch dieses Vetorecht sichert sich die Unternehmerfamilie, die hinter der persönlich haftenden Gesellschafterin mit Sondereinlage steht, ihren Einfluß auf die Gesellschaft. Wäre das Stimmrecht nach der jeweiligen Kapitalbeteiligung verteilt (vgl. dazu oben unter § 5 Rn. 50) so könnte die persönlich haftende Gesellschafterin mit Sondereinlage hier alle Beschlüsse der Komplementärversammlung allein fassen, da nur sie eine Sondereinlage geleistet hat. Bei der vorliegenden Gestaltung soll der Unternehmensfamilie jedoch nur ein starker passiver Einfluß eingeräumt werden. Ein Vetorecht ist als ein Weniger zu dem gesetzlich vorgesehenen Prinzip der einstimmigen Entscheidungen der Komplementäre stets als zulässig anzusehen.

Förl

(4) Verweigert der Aufsichtsrat im Gegensatz zur persönlich haftenden Gesellschafterin mit Sondereinlage seine Zustimmung zu einem nach Abs. (2) und Abs. (3) zustimmungspflichtigen Rechtsgeschäft, so können die persönlich haftenden Gesellschafter die Entscheidung über die Zustimmung der Hauptversammlung vorlegen. Die Hauptversammlung entscheidet mit einfacher Stimmenmehrheit.

(5) Entscheidungen in Geschäftsführungsangelegenheiten werden durch die persönlich haftenden Gesellschafter ohne Sondereinlage durch Mehrheitsbeschluss getroffen. Näheres regelt die Geschäftsordnung für die Geschäftsführung. Das Widerspruchsrecht der einzelnen persönlich haftenden Gesellschafter ohne Sondereinlage hinsichtlich Geschäftsführungsmaßnahmen anderer persönlich haftenden Gesellschafter ohne Sondereinlage ist ausgeschlossen.

(6) Die Gesellschaft wird durch zwei persönlich haftende Gesellschafter ohne Sondereinlage oder durch einen persönlich haftenden Gesellschafter ohne Sondereinlage zusammen mit einem Prokuristen vertreten. Ist nur ein persönlich haftender Gesellschafter ohne Sondereinlage vorhanden, so vertritt er die Gesellschaft allein. Ist kein persönlich haftender Gesellschafter ohne Sondereinlage vorhanden, so vertritt die persönlich haftende Gesellschafterin mit Sondereinlage die Gesellschaft allein.

(7) Den persönlich haftenden Gesellschaftern ohne Sondereinlage werden sämtliche Auslagen und Aufwendungen im Zusammenhang mit der Führung der Geschäfte der Gesellschaft ersetzt.

(8) Die Komplementärversammlung kann mit Zustimmung des Aufsichtsrates einzelnen persönlich haftenden Gesellschaftern ohne Sondereinlage die Geschäftsführungs- und Vertretungsbefugnis aus wichtigem Grunde entziehen.[58] Die Entziehung ist wirksam, bis ein rechtskräftiges Urteil die Unwirksamkeit festgestellt hat.

IV. Aufsichtsrat[59]

§ 13 Zusammensetzung, Amtsdauer und Vorsitz

(1) Der Aufsichtsrat besteht aus sechs Mitgliedern, die von der Hauptversammlung gewählt werden.[60]

(2) Die Amtzeit der Aufsichtsratsmitglieder dauert bis zur Beendigung der Hauptversammlung, die über die Entlastung für das vierte Geschäftsjahr nach dem Beginn der Amtszeit beschließt. Das Geschäftsjahr, in dem die Amtszeit beginnt, wird nicht mitgerechnet.

---

[58] Vgl. zur Entziehung der Geschäftsführungs- und Vertretungsbefugnis oben unter § 5 Rn. 198 ff.

[59] Der Aufsichtsrat ist nach der vorliegenden Mustersatzung III nicht mitbestimmt. Aufgrund der umfassenden Kompetenzen des Aufsichtsrates wäre eine Mitbestimmung hier sehr weitgehend. Zur Verlagerung von Kompetenzen auf einen Beirat vgl. Mustersatzung II.

[60] Ebenfalls wäre es hier möglich, ein Drittel der Mitglieder des Aufsichtsrates von einem bestimmten Kommanditaktionär oder dem Inhaber einer vinkulierten Namensaktie entsenden zu lassen.

(3) Zusammen mit den Mitgliedern des Aufsichtsrates und für deren Amtszeit kann jeweils ein Ersatzmitglied bestimmt werden, das an die Stelle des jeweiligen vorzeitig ausscheidenden Mitgliedes des Aufsichtsrates tritt. Das einzelne Ersatzmitglied tritt für die Zeit bis zur Neuwahl an die Stelle des vorzeitig ausscheidenden Mitgliedes, längstens jedoch für die Restdauer von dessen Amtszeit.

(4) Jedes Mitglied des Aufsichtsrates kann sein Amt durch eine an die persönlich haftenden Gesellschafter zu richtende schriftliche Erklärung unter Einhaltung einer Frist von vier Wochen niederlegen. Bei Vorliegen eines wichtigen Grundes kann die Niederlegung fristlos erfolgen.

(5) Der Aufsichtsrat wählt jeweils in einer ohne besondere Einladung abzuhaltenden Sitzung, die im Anschluss an die Hauptversammlung stattfindet, in der die Aufsichtsratsmitglieder gewählt worden sind, aus seiner Mitte einen Vorsitzenden und einen Stellvertreter. Scheidet der Vorsitzende oder der Stellvertreter vorzeitig aus seinem Amt aus, ist unverzüglich eine Neuwahl vorzunehmen.

§ 14 Innere Ordnung und Befugnis zur Satzungsanpassung

(1) Der Aufsichtsrat gibt sich eine Geschäftsordnung, welche die nachfolgenden Satzungsregelungen über die innere Ordnung des Aufsichtsrates ergänzt.

(2) Der Vorsitzende des Aufsichtsrates oder im Falle seiner Verhinderung dessen Stellvertreter beruft die Sitzungen des Aufsichtsrates schriftlich oder unter Verwendung elektronischer Kommunikationsmittel unter Einhaltung einer Frist von mindestens sieben Tagen ein, wobei der Tag der Absendung der Einladung und der Tag der Sitzung nicht mitgerechnet werden. In dringenden Fällen kann der Einberufende die Frist abkürzen und in anderer Weise (etwa mündlich oder fernmündlich) einberufen.

(3) In der Einberufung sind die Tagesordnungspunkte anzugeben. Über andere Gegenstände kann nur abgestimmt werden, wenn kein Aufsichtsratsmitglied widerspricht. Abwesenden Aufsichtsratsmitgliedern ist in diesem Fall durch den Vorsitzenden Gelegenheit zu geben, binnen einer von ihm zu bestimmenden Frist nachträglich zu widersprechen. Der Beschluss wird erst wirksam, wenn kein fristgerechter Widerspruch erfolgt.

(4) Außerhalb von Sitzungen sind schriftliche, fernmündliche oder mit Hilfe anderer gebräuchlicher Kommunikationsmittel (z. B. in einer Telefonkonferenz oder per E-Mail) erfolgende Beschlussfassungen möglich, wenn der Vorsitzende des Aufsichtsrates oder, im Fall seiner Verhinderung, dessen Stellvertreter dies im Einzelfall bestimmt.

(5) Der Aufsichtsrat fasst seine Beschlüsse mit Mehrheit der abgegebenen Stimmen. Bei Stimmengleichheit entscheidet die Stimme des Aufsichtsratsvorsitzenden.

(6) Über die Verhandlungen und Beschlüsse des Aufsichtsrates ist eine Niederschrift anzufertigen, die von dem Vorsitzenden des Aufsichtsrates und dem Protokollführer zu unterzeichnen ist.

(7) Willenserklärungen des Aufsichtsrates werden vom Aufsichtsratsvorsitzenden abgegeben. Soweit Aufgaben auf Ausschüsse des Aufsichtsrates übertra-

Förl

gen worden sind und mit der Übertragung auch die Befugnis einhergeht, den Aufsichtsrat nach innen bzw. die Gesellschaft nach außen zu vertreten, werden Willenserklärungen des Ausschusses von dessen Vorsitzenden abgegeben.

(8) Der Aufsichtsrat ist ermächtigt, Änderungen der Satzungen zu beschließen, die nur die Fassung betreffen.

§ 15 Vergütung und Geheimhaltung

(1) Jedes Aufsichtsratsmitglied erhält neben dem Ersatz seiner Auslagen eine jährliche Vergütung, deren Höhe von der Hauptversammlung festgelegt wird.

(2) Alle Aufsichtsratsmitglieder haben über alle Angelegenheiten der Gesellschaft, ihrer persönlich haftenden Gesellschafter und ihrer Kommanditaktionäre in dieser Eigenschaft und über alle diese betreffenden Umstände, welche dem Aufsichtsratsmitglied im Zusammenhang mit seinem Amt bekannt werden, gegenüber jedermann Stillschweigen zu bewahren, soweit nicht eine zwingende gesetzliche Offenbarungspflicht besteht. Die Verpflichtung zur Verschwiegenheit besteht auch nach Beendigung des Aufsichtsratsmandates fort.

V. Hauptversammlung

§ 16 Einberufung und Vertretung

(1) Die Hauptversammlung wird von den persönlich haftenden Gesellschaftern oder in den gesetzlich vorgesehenen Fällen von den jeweils dazu berufenen Personen einberufen. Sie findet entweder am Sitz der Gesellschaft oder am Sitz einer ihrer Zweigniederlassungen statt.

(2) Die Einberufung der Hauptversammlung kann auch durch eingeschriebenen Brief an die einzelnen Kommanditaktionäre an die im Aktienregister der Gesellschaft eingetragenen jeweiligen Adressen erfolgen.

(3) Die Einberufung muss mindestens dreißig Tage vor dem Tag der Hauptversammlung erfolgen. Dabei wird der Tag der Hauptversammlung und der Tag der Einberufung nicht mitgerechnet.

(4) Jeder Kommanditaktionär kann sich in der Hauptversammlung durch eine mit schriftlicher Vollmacht versehene Person vertreten lassen.

§ 17 Leitung

(1) Den Vorsitz in der Hauptversammlung führt der Vorsitzende des Aufsichtsrates oder ein von diesem bestimmtes anderes Mitglied des Aufsichtsrates. Ist der Vorsitzende des Aufsichtsrates verhindert und ein anderes Mitglied des Aufsichtsrates von ihm nicht bestimmt, so wählt die Hauptversammlung ihren Vorsitzenden aus dem Kreis der Mitglieder des Aufsichtsrates.

Förl

(2) Der Vorsitzende leitet die Verhandlungen und bestimmt die Reihenfolge der Gegenstände der Tagesordnung sowie die Art der Abstimmung.
(3) Der Vorsitzende kann das Frage- und Rederecht der Kommanditaktionäre zeitlich angemessen beschränken. Er ist insbesondere ermächtigt, zu Beginn der Hauptversammlung oder während ihres Verlaufs den zeitlichen Rahmen für den gesamten Verlauf der Hauptversammlung, für die Aussprache zu einzelnen Tagesordnungspunkten sowie die Rede- und Fragezeit generell oder für einzelne Redner festzusetzen.

§ 18 Beschlussfassung

(1) In der Hauptversammlung gewährt eine Stückaktie eine Stimme.
(2) Soweit Beschlüsse der Zustimmung der persönlich haftenden Gesellschafter bedürfen, erklärt die Geschäftsführung der persönlich haftenden Gesellschafterin mit Sondereinlage insoweit namens der persönlich haftenden Gesellschafter in der Hauptversammlung, ob den Beschlüssen zugestimmt oder ob diese abgelehnt werden. Weicht die Hauptversammlung vom Beschlussvorschlag der Verwaltung ab, so kann die Zustimmung der persönlich haftenden Gesellschafter auch außerhalb der Hauptversammlung erteilt werden.[61]

VI. Jahresabschluss und Ergebnisverwendung

§ 19 Jahresabschluss

(1) Die persönlich haftenden Gesellschafter ohne Sondereinlage[62] haben in den ersten drei Monaten des Geschäftsjahres für das vergangene Geschäftsjahr den Jahresabschluss sowie den Lagebericht aufzustellen und dem Aufsichtsrat unverzüglich zur Prüfung vorzulegen.
(2) Der Aufsichtsrat erteilt den Auftrag zur Prüfung durch die Abschlussprüfer.[63] Vor Zuleitung des Prüfungsberichtes der Abschlussprüfer an den Aufsichtsrat ist den persönlich haftenden Gesellschaftern Gelegenheit zur Stellungnahme zu geben.
(3) Der Aufsichtsrat berichtet über das Ergebnis seiner Prüfung schriftlich an die Hauptversammlung.
(4) Der Jahresabschluss wird durch Beschluss der Hauptversammlung mit Zustimmung der persönlich haftenden Gesellschafter festgestellt.

---

[61] Bei dieser Gestaltung wird davon ausgegangen, dass die persönlich haftenden Gesellschafter in der Regel den Beschluß über die Zustimmung bereits im Vorfeld der Hauptversammlung in der Komplementärversammlung treffen.
[62] Nur die geschäftsführungsbefugten Komplementäre sind zur Aufstellung des Jahresabschlusses verpflichtet, vgl. § 6 Rn. 6.
[63] Eine Prüfungspflicht besteht nur dann, wenn es sich nicht um eine kleine Kapitalgesellschaft i. S. v. §§ 316 Abs. 1, 267 Abs. 1 HGB handelt. Bei kleinen Kapitalgesellschaften kann durch die Satzung eine Prüfungspflicht vorgesehen werden.

Förl

§ 20 Ergebnisverwendung

(1) Die persönlich haftende Gesellschafterin mit Sondereinlage nimmt am Vermögen der Gesellschaft einschließlich der stillen Reserven, am Gewinn und Verlust der Gesellschaft sowie am Liquidationserlös jeweils in dem Maße teil, das dem Verhältnis ihrer auf Kapitalkonto I verbuchten Sondereinlagen zum Gesamtkapital gemäß § 5 dieser Satzung entspricht.

(2) Berechnungsgrundlage für die Ermittlung des Gewinn- und Verlustanteils der persönlich haftenden Gesellschafterin mit Sondereinlage ist das nicht um die Gewinnanteile der persönlich haftenden Gesellschafterin mit Sondereinlage verminderte bzw. nicht um deren Verlustanteile erhöhte Jahresergebnis der Gesellschaft zuzüglich des in der Gewinn- und Verlustrechnung ausgewiesenen Körperschaftsteueraufwandes (einschließlich hierauf anzurechnender Steuerbeträge, die den Steueraufwand oder – sofern anstelle der Steueranrechnung von der Möglichkeit des Steuerabzugs Gebrauch gemacht wurde – das Jahresergebnis gemindert haben) und des Solidaritätszuschlages.

(3) Der der persönlich haftenden Gesellschafterin mit Sondereinlage zustehende Gewinnanteil ist zunächst zum Ausgleich des Kapitalkontos III zu verwenden. Danach entscheidet die persönlich haftende Gesellschafterin mit Sondereinlage nach freiem Ermessen über die Bildung von eigenen Gewinnrücklagen, die auf dem Kapitalkonto II gebucht werden. Soweit der Gewinnanteil der persönlich haftenden Gesellschafterin mit Sondereinlage nicht zum Ausgleich des Kapitalkontos III oder zur Dotierung des Kapitalkontos II verwendet wird, wird er dem Verrechnungskonto gutgeschrieben.

(4) Aus dem auf die Kommanditaktionäre entfallenden Anteil am Jahresergebnis ist die Körperschaftsteuer und der Solidaritätszuschlag zu decken. Über die Verwendung des danach verbleibenden Betrages entscheidet die Hauptversammlung.

VII. Schlussbestimmungen

§ 21 Ausschluss des Kündigungsrechtes, Auflösung und Abwicklung

(1) Der Gesamtheit der Kommanditaktionäre steht kein Recht zur Kündigung der Gesellschaft zu.[64]

(2) Im Falle der Auflösung der Gesellschaft erfolgt die Abwicklung durch die persönlich haftenden Gesellschafter. Die Hauptversammlung kann zusätzliche Personen als Abwickler bestellen.

(3) Das nach Berichtigung der Verbindlichkeiten verbleibende Vermögen der Gesellschaft wird zwischen der persönlich haftenden Gesellschafterin mit Sondereinlage und den Kommanditaktionären im Verhältnis der Höhe der Sondereinlage zum Grundkapital verteilt.

---

[64] Siehe zur klarstellenden Funktion einer solchen Klausel oben unter § 8 Rn. 52 f.

§ 22 Teilnichtigkeit

Sollte eine Bestimmung dieser Satzung ganz oder teilweise unwirksam sein oder ihre Wirksamkeit später verlieren oder sollte sich in dieser Satzung eine Lücke herausstellen, so soll hierdurch die Gültigkeit der übrigen Bestimmungen nicht berührt werden. Anstelle der unwirksamen Bestimmung oder zur Ausfüllung der Lücke soll eine angemessene Regelung gelten, die, soweit rechtlich möglich, dem Sinn und Zweck dieser Satzung am ehesten gerecht wird. Beruht die Unwirksamkeit einer Bestimmung auf einem darin festgelegten Maß der Leistung oder der Zeit (Frist oder Termin), so soll das der Bestimmung am nächsten kommende rechtlich zulässige Maß oder die nächstmögliche rechtlich zulässige Zeit an die Stelle des Vereinbarten treten.

§ 23 Gründungsaufwand

Der Gründungsaufwand beträgt EUR [___] (in Worten: EURO [___]).

Sachregister

Die fettgedruckten Zahlen verweisen auf die Paragraphen,
die mageren auf die Randnummern.

A
Abberufungsdurchgriff **5** 209
Abspaltung **11** 129
– Rückbeziehung der Kapitalherabsetzung **11** 157
Abspaltungsverbot **5** 11
Abwickler **8** 55
– Wettbewerbsverbot **5** 284
Abwicklung *siehe* Liquidation
Abwicklungsfusion **11** 18
actio pro socio **5** 68, 671
– als Recht der Gesamtheit der Kommanditaktionäre **5** 675
– als Recht des persönlich haftenden Gesellschafters **5** 68
– Ansprüche gegen Kommanditaktionäre **5** 679
– Ansprüche gegen persönlich haftende Gesellschafter **5** 677
Ad-hoc-Publizität **10** 89
Aktiengesellschaftsrecht
– Anwendbarkeit **3** 1
Aktionärsklage **5** 19
Anstalt des öffentlichen Rechts **11** 232, **4** 8
Anteilsveräußerung
– Freibetrag **9** 152
– Gewerbesteuer **9** 155
– Sonderbetriebsvermögen **9** 151
– Tarifbegünstigung **9** 153
– Teil des Anteils **9** 154
– Veräußerung des gesamten Anteils **9** 150
Anwachsungsmodell **11** 261
– gesellschaftsrechtlich **11** 261
– steuerrechtlich **11** 421
– steuerrechtlich **11** 261
aperiodische Besteuerung **9** 138
atypische KGaA, **5** 25 *siehe auch* Kapitalgesellschaft & Co. KGaA
– Geschäftsführungstätigkeiten **9** 127
– GmbH & Co. KG **9** 126
– Komplementär-GmbH **9** 121
– Sonderbetriebsvermögen **9** 128, **9** 123
– Sondervergütungen **9** 130
auflösende Übertragung **11** 267
– Delisting **10** 187
Auflösung
– Begriff **8** 2
– durch Gesellschafterbeschluss **8** 7
– durch Gestaltungsurteil **8** 22

– durch Insolvenz **8** 19
– durch Zeitablauf **8** 5
– Fortsetzungsbeschluss **8** 69
– Gründe nach AktG **8** 25
– Kündigung durch Kommanditaktionäre **8** 52
– nach Ausscheiden des letzten persönlich haftenden Gesellschafters **8** 27
– Treuepflicht bei Ausscheiden **8** 37
Aufnahme eines persönlich haftenden Gesellschafters **5** 299
– bei Formwechsel **11** 217
– bei Verschmelzung **11** 26
Aufsichtsrat **5** 439
– Abberufung von Mitgliedern **5** 469
– Ausführung von Beschlüssen **5** 491
– D & O-Versicherung **5** 473
– Einberufung der Hauptversammlung **5** 487
– Entsendungsrechte **10** 20, **5** 465, **4** 31
– Feststellung des Jahresabschlusses **5** 481
– Geschäftsführungsbefugnisse **5** 509
– Geschäftsordnungskompetenz **5** 480
– Gründung **4** 31
– Haftung gegenüber Dritten **5** 550
– Haftungsausschluss **5** 549
– Informationsrechte **5** 484
– Inkompatibilität **5** 447, **5** 444
– Innenhaftung **5** 543
– Kapitalgesellschaft & Co. **5** 452
– Kompetenzen **5** 477
– Mitbestimmung **5** 512, **5** 511
– Mitglieder **5** 442
– Personalkompetenz **5** 478
– rechtsgeschäftliche Vertretung **5** 496
– Satzungsgestaltung **5** 507, **5** 455
– Sorgfaltsanforderungen **5** 544
– Stellung in der KGaA **5** 492
– Überkreuzverflechtung **5** 446
– Überwachung **5** 488, **5** 482
– Überwachung eines Beirats **5** 595
– Unterschiede zur AG **5** 477
– Vergütung **5** 470
– Vertretung bei Kapitalgesellschaft & Co. **5** 505
– Vertretung im Prozess **5** 655, **5** 632, **5** 502
– Wahl **5** 459
– Zahl der Mandate **5** 443
– Zustimmungsvorbehalt **5** 479

Aufspaltung **11** 129
Ausgliederung **11** 129
Ausscheiden des letzten Komplementärs
– bei Verschmelzung **11** 49, **11** 46
Ausscheiden des letzten persönlich haftenden Gesellschafters **8** 27
– Ausschließungsklage **8** 41
– Erbfall **8** 43
– Insolvenz **8** 42
– Kapitalgesellschaft **8** 44
– Kündigung **8** 40
– Treuepflicht **8** 37
– Vereinbarung **8** 38
– Zeitablauf **8** 39
Ausscheiden eines persönlich haftenden Gesellschafters
– Abfindung **9** 159
– Abfindungsanspruch **5** 336
– Anteilsaufgabe **9** 159
– Anteilsveräußerung **9** 159, **9** 121
– Auseinandersetzung **5** 342
– bei Formwechsel **11** 221
– bei Insolvenz **5** 304
– bei Tod **5** 302
– bei Verschmelzung **11** 46
– durch Beschluss **5** 310
– durch Kündigung **5** 305
– Kündigung durch Privatgläubiger **5** 307
– Rechtsfolgen **5** 332
– Rückgabe- und Befreiungsanspruch **5** 334
– Satzungsgestaltung **5** 343, **5** 317
– Sondereinlage **5** 243
Ausschließung eines Komplementärs **5** 326
Ausschließung eines persönlich haftenden Gesellschafters
– Klage **5** 634, **5** 643
Außensteuerrecht
– Hinzurechnungsbesteuerung **9** 175
– Wegzugsbesteuerung **9** 176

B
Beirat
– Abberufungsdurchgriff **5** 215
– als Gesellschafterausschuss **5** 560, **5** 551
– als Interessenorgan **5** 562
– als Überwachungsorgan **5** 561
– Anwesenheitsrecht von Mitgliedern des Aufsichtsrates **5** 597
– Einheits-KGaA **5** 217
– Familiengesellschaft **5** 552
– gesellschaftsfremde Dritte **5** 582, **5** 572
– Grundsatz der Verbandssouveränität **5** 582
– Inkompatibilität **5** 569
– Kontrollrechte **5** 586
– Übertragung sonstiger Befugnisse **5** 592
– Übertragung von Geschäftsführungsbefugnissen **5** 576
– Überwachung durch Aufsichtsrat **5** 595, **5** 490
– Wahl **5** 566
– Weisungsrecht gegenüber Komplementären **5** 580
– Wettbewerbsverbot **5** 594
– Zustimmungsrechte **5** 589
– Zweck **5** 551
Beschlussfassung der Kommanditaktionäre **5** 387
– Anfechtungsrecht **5** 646
– Mehrheitserfordernisse **5** 390
Beschlussfassung der persönlich haftenden Gesellschafter **5** 45
– einstweiliger Rechtsschutz **5** 662, **5** 666
– Form **5** 48
– Grundlagen **5** 51
– Mehrheitserfordernisse **5** 54
– Satzungsgestaltung **5** 56
beschränkte Steuerpflicht
– Darlehen **9** 180
– Kommanditaktionäre **9** 179
– persönlich haftender Gesellschafter **9** 178
Besteuerungskonzept
– Transparenzprinzip **9** 3
– Trennungsprinzip **9** 2
Bestimmtheitsgrundsatz **5** 15
Bilanz
– Ausstehende Einlagen **6** 90
– Ausweis der Kapitalanteile der Komplementäre **6** 77
– Eigenkapital **6** 71
– Entnahmerechte der Komplementäre **6** 100
– Kapitalanteil der Komplementäre **6** 73
– Kredite an Komplementäre **6** 96
– Pensionszusagen an Komplementäre **6** 106
– Sacheinlagen **6** 79
– Schlussbilanz des übertragenden Rechtsträgers **11** 362
– Sondereinlage **5** 236
– Übernahmebilanz des übernehmenden Rechtsträgers **11** 374
– Verlustausweis **6** 92
Bilanzpolitik **6** 29
Börseneinführung **10** 4
– Begriff **10** 6
– Wertpapierprospekt **10** 60
– Corporate-Governance-Kodex **10** 55
– Kapitalerhöhung **10** 80
– Mehrzuteilungsoption **10** 83
– Nachteile **10** 16
– Satzungsgestaltung **10** 58, **10** 49
– Übernahmevertrag **10** 82

– Unterschiede AG/KGaA **10** 27, **10** 23, **10** 18
– Verkaufsprospekt **10** 67
– Vorteile **10** 11
– Zulassungsverfahren **10** 61
– Zustimmung der Hauptversammlung **10** 79
Börsenfähigkeit **10** 40
– börsenrechtliche Anforderungen **10** 43
– satzungsrechtliche Anforderungen **10** 48
Börsengang *siehe* Börseneinführung
Börsennotierung
– Ad-hoc-Publizität **10** 89
– aktienrechtliche Sondervorschriften **10** 104
– Berichtspflichten **10** 77, **10** 102
– Corporate-Governance-Kodex **10** 105
– Delisting *siehe* dort
– Folgepflichten **10** 85 – Insiderrecht **10** 118
– Meldepflicht nach §§ 21 ff. WpHG **10** 122
– meldepflichtige Geschäfte von Organmitgliedern **10** 113
– Spaltung **11** 169
– Verschmelzung **11** 34
– Zwischenbericht **10** 87a
Börsensegmente **10** 43
Börsenzulassung
– Besonderheiten des Verfahrens **10** 61
– nach Verschmelzung **11** 36
Bremer-Vulkan-Entscheidung **12** 36, **7** 60
Buchwert- und Zwischenwertansatz **11** 336, **11** 338, **11** 365, **11** 372, **11** 390, **11** 407
 – Bewertungswahlrecht **11** 407
– Buchwertklausel **5** 349
business judgement rule **5** 121

C

Cash-Pooling **4** 55, **4** 58
Cartesio-Entscheidung **4** 103
Centros-Entscheidung **4** 104, **4** 105
Control-Konzept **12** 51
Corporate-Governance-Kodex **10** 105, **10** 55
– Entsprechenserklärung **10** 111

D

D&O-Versicherung
– Aufsichtsrat **5** 473
– Komplementär **5** 142
Dauer der Gesellschaft **4** 109
Delisting **10** 187
– auf Antrag **10** 196
– Barabfindungspflicht **10** 208
– durch Formwechsel **11** 176
– durch Verschmelzung **11** 68, **11** 35

– infolge Umstrukturierung **10** 215
– Motive **10** 189
– öffentlich-rechtliches Klagerecht **10** 199
– von Amts wegen **10** 192
– Zustimmungspflichten **10** 202
Differenzhaftung **4** 49
Directors' Dealings **10** 113
Doppelbesteuerung
– Bilaterale Maßnahmen **9** 187
– Unilaterale Maßnahmen **9** 183
Drittelbeteiligungsgesetz **5** 539
Drittschutz
– Delisting **10** 199
– Meldepflicht nach §§ 21 ff. WpHG **10** 133
– Mitteilungspflicht nach §§ 20 f. AktG **12** 49
– Übernahmerecht **10** 184

E

Eigenkapitalersatz **7** 32
– Änderungen durch MoMiG **7** 32
– Legitimationszweck **37** 33
Einberufung **5** 372
Eingliederung **12** 37, **11** 263
– Delisting **10** 221
Einheits-KGaA **5** 30, **4** 23
– Abberufungsdurchgriff **5** 216
– Verschmelzung **11** 48
Einkommensteuer
– Anteile am Grundkapital **9** 109
– beschränkte Steuerpflicht **9** 178
– Betriebsvermögen **9** 148
– Einkünfte aus Gewerbebetrieb **9** 99
– Fiktive Mitunternehmereigenschaft **9** 99
– Freibetrag **9** 152
– Gewerbesteueranrechnung **9** 115, **9** 112
– Pensionsrückstellungen **9** 112
– Privates Veräußerungsgeschäft **9** 141
– Sonderbetriebsvermögen **9** 107
– Sondervergütung **9** 110
– Tarifbegünstigung **9** 153
– Teil des Anteils **9** 154
– Veräußerung **9** 112, **2** 15
– Veräußerung von Anteilen i. S. d. § 17 EStG **9** 144
– Vergleich AG-KGaA **2** 15
Einmann-KGaA **4** 21
Eintrittsklausel **5** 313
Emission **10** 7
Emissionsbank **10** 82
Entnahmerecht
– Beschränkung **6** 16
– Gewinnentnahme **5** 256
– Grundentnahme **5** 256
– Klage **5** 643
– Komplementär **5** 256

Entsprechenserklärung **10** 109
Entziehung der Leitungsbefugnisse **5** 179
– Abberufungsdurchgriff **5** 209
– des einzigen Komplementärs **5** 193
– Kapitalgesellschaft & Co. **5** 202
– Mehrheitserfordernisse **5** 188, **5** 185
– Notgeschäftsführer **8** 48, **5** 194
– Satzungsgestaltung **5** 200, **5** 198
– Stimmverbote **5** 187
– Verfahren **5** 182
– Verhältnismäßigkeit **5** 181
– Zustimmungspflicht **5** 183
Entziehung der Leitungsbefugnisse des einzigen Komplementärs **8** 47
Erbfall und Schenkung
– Kommanditaktien **9** 170
– persönlich haftender Gesellschafter **9** 172
Ergebnisermittlung **6** 41, **5** 246
– „dualistischer" Ansatz **6** 42
– „monistischer" Ansatz **6** 47
– Satzungsgestaltung **6** 57
Ergebnisverteilung **6** 61
– Gewinnverteilung **6** 62
– Verlustverteilung **6** 70
Eröffnungsbilanz **4** 112, 113
Existenzvernichtender Eingriff **7** 58, **12** 36

F
Familiengesellschaft
– Beirat **5** 552
– Einheits-KGaA **5** 30
– Geschäftsführer-Komplementär **5** 106
Firma **4** 62
– Firmenkern **4** 64
– Firmenschutz **4** 73
– Grundsätze **4** 63
– Kapitalgesellschaft & Co. KGaA **4** 71
– Rechtsformzusatz **4** 69
Formwechsel **11** 171
– Anmeldung zum Handelsregister **11** 246
– Anstalt des öffentlichen Rechts **11** 232
– Aufnahme eines Komplementärs **11** 217
– Ausscheiden der Komplementäre **11** 221
– Austrittserklärung des Komplementärs **11** 222
– Barabfindungsangebot **11** 197
– bei Ausscheiden des einzigen persönlich haftenden Gesellschafters **11** 49
– bei Ausscheiden des letzten persönlich haftenden Gesellschafters **8** 29, **11** 173
– bei Entzug der Vertretungsbefugnis **5** 197
– Delisting **10** 219
– Eintragung im Handelsregister **11** 249
– Genossenschaft in KGaA **11** 229
– grenzüberschreitend **11** 172

– Gründer **11** 128
– Grundsatz der Identität von Stamm- und Grundkapital **11** 433
– Gründungsbericht **11** 194
– Gründungsprüfung **11** 184
– Gründungsprüfungsbericht **11** 194
– Gründungsvorschriften **11** 182, **11** 184, **11** 194
– Haftungsrisiken **11** 226
– Identitätsgrundsatz **11** 249, **11** 251
– in Kapitalgesellschaft & Co. KG **11** 232
– Kapitalgesellschaft in KGaA, gesellschaftsrechtlich **11** 174
– Kapitalgesellschaft in KGaA, steuerrechtlich **11** 401
– Kapitalschutz **11** 194, **11** 223
– KGaA in Kapitalgesellschaft, steuerrechtlich **11** 401
– KGaA in Personengesellschaft, gesellschaftsrechtlich **11** 176
– KGaA in Personengesellschaft, steuerrechtlich **11** 419
– Nachgründung **11** 184, **11** 252
– Nachhaftung der Gesellschafter **11** 252
– nicht beteiligungsfähige Spitzen **11** 259
– Personengesellschaft in KGaA, gesellschaftsrechtlich **11** 174
– Personengesellschaft in KGaA, steuerrechtlich **11** 421
– Phasen **11** 181
– Prüfung des Barabfindungsangebotes **11** 204
– Rechtsträger **11** 173
– Reinvermögensdeckung **11** 224
– Umsetzungsphase **11** 246
– Umtausch der Anteile **11** 257
– Umwandlungsbericht *siehe* dort
– Volleinzahlungsgebot **11** 224
– Vorbereitungsphase **11** 182
– Wirkungen **11** 249
Formwechselbeschluß **11** 237
– Angabe zukünftiger Kommanditisten **11** 189
– Beschlussmängel **11** 243
– Mehrheitserfordernisse **11** 239
– Mindestangaben **11** 187
– Mindestinhalt **11** 187
– Vorbereitung der Gesellschafterversammlung **11** 207, **11** 212
– Vorbereitung der Hauptversammlung **11** 215
– Zustimmung der Kommanditaktionäre **11** 240
– Zustimmung der Komplementäre **11** 242
Frauenquote *siehe* Geschlechterquote
free float **10** 80
Fungibilität der Kommanditaktien **10** 12

G

Gesamtheit der Kommanditaktionäre
- actio pro socio **5** 675
- Änderung der Zustimmungskompetenzen **5** 392
- Aufsichtsrat **5** 492
- Begriff **5** 611, **3** 6, **1** 3
- durch Aufsichtsrat **5** 509
- Entziehung der Befugnis *siehe* Entziehung der Leistungsbefugnisse
- Geschäftsordnung **5** 480
- Holzmüller-Kompetenzen **3** 17
- Klagerechte *siehe* Klage
- Parteifähigkeit **5** 626, **3** 6
- Prozessführungsbefugnis **5** 631
- Rechte **5** 358
- und Hauptversammlung **5** 624

Gesamtkapital
- Begriff **7** 1
- Gleichlauf der Gesellschaftereinlagen **7** 15, **7** 3
- Grundkapital *siehe* dort
- Kapitalmaßnahmen **7** 1
- Sondereinlage des Komplementärs *siehe* dort
- Umwandlung von Kommanditaktien **7** 30
- Umwandlung von Sondereinlagen **7** 18

Geschäftsbriefe **4** 76
Geschäftsführer-Komplementär **5** 106
Geschäftsführung **5** 76
- Ausschluss der Haftung **5** 138
- Ausschluss des § 164 HGB **5** 98
- außergewöhnliche Geschäfte **5** 85
- Ausweitung des Vetorechts **5** 105
- Betriebsführungsvertrag **5** 96
- durch Aufsichtsrat **5** 509
- Entziehung der Befugnis *siehe* Entziehung der Leistungsbefugnisse
- Geschäftsordnung **5** 480, **5** 107
- gewöhnliche Geschäfte **5** 82
- Grundlagengeschäfte **5** 89
- Haftung **5** 132, **5** 110
- Kündigung aus wichtigem Grund **5** 176
- Niederlegung der Befugnis **5** 174
- Pflichten **5** 113
- Satzungsgestaltung **5** 93
- Selbstorganschaft **5** 10
- Umfang der Befugnis **5** 79
- Widerspruchsrecht **5** 83

Geschäftsführungsvergütung des persönlich haftenden Gesellschafters **9** 21, **9** 21
- Auslagen- oder Aufwendungsersatz **9** 80
- Betriebsausgaben **9** 23
- Geschäftsführungstätigkeiten **9** 127
- Hinzurechnung bei Gewerbesteuer **9** 77
- Umfang der Kürzung für Gewerbesteuer **9** 132

- Umsatzsteuer **9** 96

Geschäftsjahr **4** 108 ff.
- Begriff **4** 108
- Festlegung und Änderung **4** 110
- Rumpfgeschäftsjahr **4** 108 f., **4** 110 f.

Geschichte der KGaA **1**
Geschlechterquote **5** 441a, **5** 478a
Gesellschafterausschuß siehe Beirat
Gesellschaftsstatut **4** 101
Gesellschaftszweck
- nach Auflösung **8** 2
- und Unternehmensgegenstand **4** 91

gesetzliche Rücklage **6** 12
Gestaltungsfreiheit **3** 7, **2** 2, *siehe auch* Satzungsgestaltung
- Einflusssicherung **10** 20
- Regelungsbereiche **5** 5
- Schranken **5** 7
- und Kapitalmarktrecht **10** 18

Gewerbesteuer
- Beginn der Steuerpflicht der KGaA **9** 72
- Ende der Steuerpflicht der KGaA **9** 167, **9** 73
- Geschäftsführungsvergütungen **9** 132, **9** 79
- Gewerbeertrag **9** 158, **9** 155, **9** 76
- Gewerbesteueranrechnung **9** 112
- Gewerbeverlust **9** 87
- Gewinn **9** 84
- Gewinnanteile **9** 77
- Sondervergütungen **9** 81
- Veräußerung des Anteils des persönlich haftenden Gesellschafters **9** 155
- Veräußerung von Kommanditaktien **9** 158
- Vergleich AG-KGaA **2** 14

Gewinnanteil des persönlich haftenden Gesellschafters **9** 21, **9** 22
Gewinnbezugsrecht
- Komplementär **5** 244

Gewinnermittlung **5** 253, **5** 252, **5** 246
Gewinnermittlung, dualistische **9** 102
Gewinnermittlung, monistische **9** 102
Gewinnrücklagen **6** 12
- Kommanditaktionäre **6** 19

Gewinnverteilung **6** 62, **6** 246
- Ausschluss des persönlich haftenden Gesellschafters **5** 254

Gewinnverwendungsbeschluß **6** 34
Gleichberechtigte-Teilhabe-Gesetz **5** 441a, **5** 478a
Gleichlauf der Rücklagen **5** 253
Going Private *siehe* Delisting
Going Public *siehe* Börseneinführung
Greenshoe Option **10** 83
Gründer **4** 2
- Ausländische Gesellschaft **4** 14
- Begriff **4** 21

- beim Formwechsel **11** 334
- GbR **4** 9
- Gemeinschaft **4** 12
- Genossenschaft **4** 13
- Kapitalgesellschaft **4** 7
- Kommanditaktionäre **4** 5
- Komplementär **4** 6
- Mindestzahl **4** 21
- Öffentliche Hand **4** 8
- Stiftung **4** 10
- Vertretung **4** 4
- VVaG **4** 13

Grunderwerbsteuer
- bei Umwandlungen **11** 422
- bei Veräußerung von Grundvermögen durch Kommanditaktionär an KGaA **9** 97
- bei Veräußerung von Grundvermögen durch persönlich haftenden Gesellschafter an KGaA **9** 98

Grundkapital
- Umwandlung in Sondereinlage **7** 30
- Verwässerungsschutz **7** 7

Grundkapitalerhöhung **7** 10
- aus Gesellschaftsmitteln **7** 14
- bedingte **7** 12
- Genehmigtes Kapital **7** 13
- ordentliche **7** 11
- Rechte der Komplementäre **7** 15

Grundkapitalherabsetzung **7** 17

Gründung
- Ablauf **4** 17
- Abschlussprüfer **4** 31
- Anmeldung zur Eintragung **4** 40
- Bestellung des Aufsichtsrats **4** 31
- Differenzhaftung **4** 49
- durch Formwechsel **11** 194, **11** 182
- durch Verschmelzung **11** 24
- Eintragung im Handelsregister **4** 43
- Errichtung der KGaA **4** 21
- Feststellung der Satzung **4** 22
- Geschäftsjahr **4** 108
- Gründer *siehe* dort
- Gründerhaftung **4** 26
- Gründungsbericht **4** 34
- Gründungsprüfung *siehe* dort
- Haftung nach Eintragung **4** 46
- Handelndenhaftung **4** 30
- Nachgründung **4** 60
- Prüfung durch Registergericht **4** 42
- Satzungsinhalt **4** 22
- Strafbarkeit **4** 4
- Übernahme der Aktien **4** 24
- Verantwortlichkeit **4** 2
- verdeckte Sacheinlage **4** 52
- Vorgesellschaft **4** 25
- Vorgründungsphase **4** 18

Gründungsprüfung
- Sondereinlage **4** 36
- Umfang **4** 35

Gründungsrecht der KGaA **4** 1
Gründungstheorie **4** 101
GuV-Rechnung **6** 109
- Ausweiswahlrecht **6** 116
- Vergütungen an phG **6** 111

H

Haftung
- Differenzhaftung **4** 49
- Erfüllungstheorie **5** 221
- existenzvernichtender Eingriff **7** 58
- Freistellungsvereinbarung **5** 228
- für Verbindlichkeiten der Gesellschaft **5** 220
- Geltendmachung von Ansprüchen **5** 152, **5** 144
- Gesamtschuld **5** 223, **5** 137
- Haftungstheorie **5** 221
- Handelndenhaftung **4** 30
- Klage der Gesellschaft gegen Komplementär **5** 643
- Nachhaftung **5** 226
- Organhaftung **5** 132, **5** 110
- Verlustdeckungshaftung **4** 27
- Vorbelastungshaftung **4** 26

Hauptversammlung *siehe* Gesamtheit der Kommanditaktionäre
hauptversammlungsorientierte KGaA **3** 8
Hinauskündigungsklausel **5** 331
Hin- und Herzahlen **4** 55
Holdinggesellschaft **11** 262, **4** 88
Holzmüller-Entscheidung
- Anwendbarkeit **5** 91
- Anwendung auf KGaA **3** 15
- Börseneinführung **10** 79

I

Insiderrecht **10** 118
Insolvenzantragspflicht **5** 131
Internationales Gesellschaftsrecht **4** 97

J

Jahresabschluss **6** 1
- Anhang **6** 118
- Aufstellung **6** 6
- Auskunftsverweigerungsrecht **6** 33
- Feststellung **6** 28, **6** 22
- Gewinnrücklagen **6** 12
- Kapitalrücklage **6** 24
- Klage auf Feststellung **5** 639
- Prüfung **6** 26

K

Kapitalerhöhung
- Bezugsrecht **7** 2
- Börseneinführung **10** 80

– Erhöhung der Sondereinlage **7** 3
– Firma **4** 71
– Grundkapitalerhöhung *siehe* dort
– Unternehmensgegenstand **4** 89
Kapitalgesellschaft & Co. KGaA
– Abberufungsdurchgriff **5** 209
– Anwachsungsmodell **11** 261
– Aufsichtsratsinkompatibilität **5** 452
– Ausscheiden des letzten persönlich haftenden Gesellschafters **8** 36
– Ausschluss des § 164 HGB **5** 98
– Direktanspruch gegen Geschäftsführer **5** 155
– Eigenkapitalersatz **7** 44
– Eingliederung **12** 37
– Entziehung der Leitungsbefugnisse **5** 202
– Firma **4** 65
– Geschäftsführerhaftung **5** 152, **5** 111
– Konzernrechnungslegung **12** 52
– Konzernrecht **12** 40
– Notgeschäftsführer **8** 50
– Sonderrecht **3** 11
– Unternehmensgegenstand **4** 83
– Vertretung durch Aufsichtsrat **5** 505
Kapitalherabsetzung
– bei Spaltung **11** 156
– Grundkapitalherabsetzung **7** 17
– Sondereinlage des Komplementärs **7** 16
kapitalistische KGaA **5** 23
Kapitalkonto **6** 64, **5** 239
Kapitalmarktrecht der KGaA **10** 1
– Anlegerschutz **10** 30
Kapitalrücklage **6** 24
Kernbereich der Mitgliedschaftsrechte **5** 19, **5** 150
Kernbereichslehre **5** 12
Klage
– actio pro socio *siehe* dort
– Anfechtungsklage **5** 647
– auf Ausschließung eines Komplementärs **5** 326
– auf Feststellung des Jahresabschlusses **6** 32, **5** 639
– auf Zustimmung zu Grundlagengeschäft **5** 634
– auf Zustimmung zur Ausschließung **5** 634
– gegen Komplementärversammlungsbeschlüsse **5** 657
– gegen Verschmelzungsbeschluss **11** 92, **11** 103
– Gesellschaft gegen Komplementär **5** 643
– Kommanditaktionäre *siehe auch* Gesamtheit der Kommanditaktionäre
– Komplementär gegen Gesellschaft **5** 646
– positive Beschlussfeststellungsklage **5** 635

Kommanditaktien – des persönlich haftenden Gesellschafters **9** 109
– im Betriebsvermögen **9** 148
– im Gesamthandsvermögen **9** 129
– im Sonderbetriebsvermögen **9** 131, **9** 107
– Privates Veräußerungsgeschäft **9** 141
– Veräußerung durch Kapitalgesellschaft **9** 149
– Veräußerung von Anteilen i. S. d. § 17 EStG **9** 144
Kommanditaktionäre *siehe auch* Gesamtheit der Kommanditaktionäre
– actio pro socio **5** 671
– Änderung der Zustimmungskompetenzen **5** 391
– Barabfindungsanspruch bei Verschmelzung **11** 96
– beschränkte Steuerpflicht **9** 178
– Betriebsvermögen **9** 137
– Bezugsrecht **7** 5
– Holzmüller-Kompetenzen **3** 17
– individuelle Pflichten **5** 368
– individuelle Rechte **5** 366
– Klageerzwingungsrecht **5** 673
– Klagerechte *siehe* Klage
– Meldepflicht nach §§ 21 ff. WpHG **10** 122
– Minderheitenrechte **5** 367
– Mitteilungspflicht nach §§ 20 f. AktG **12** 45, **12** 43
– Mitteilungspflichten **5** 370
– Privates Veräußerungsgeschäft **9** 141
– Privatvermögen **9** 135
– Rechtsstellung **5** 354
– Stimmrecht **5** 386
– Trennungsprinzip **9** 153
– Treuepflicht **5** 368
– Veräußerung von Anteilen i. S. d. § 17 EStG **9** 163
– Vermögensrechte **5** 421
– Wettbewerbsverbot **5** 369
Kommanditaktionärsgesellschaft **8** 27
Komplementärfähigkeit
– Ausländische Gesellschaft **4** 14
– GbR **4** 9
– Gemeinschaft **4** 12
– Genossenschaft **4** 13
– Kapitalgesellschaft **4** 7
– öffentliche Hand **4** 8
– Stiftung **4** 10
Komplementärversammlung **5** 46
Konzernrechnungslegung **12** 51
Konzernrecht **12** 1
– Abhängigkeit **12** 25
– Eingliederung **12** 37
– Faktischer Konzern **12** 24
– Grundbegriffe **12** 2

- Kapitalgesellschaft & Co. **12** 40
- Qualifiziert faktischer Konzern **12** 33
- Squeeze-Out **12** 39
- Unternehmensvertrag *siehe* dort
- Vertragskonzern **12** 8

Konzessionssystem **1** 1

Körperschaftsteuer
- Betriebsausgaben **9** 23, **9** 21
- Einkommensermittlung **9** 16
- Einkommensverwendung **9** 17
- Geschäftsführungsvergütungen **9** 21
- Gewinnanteil des persönlich haftenden Gesellschafters **9** 22, **9** 21
- Körperschaftsteuerpflicht **9** 15
- Sondereinlage **9** 23, **9** 24
- Verdeckte Gewinnausschüttungen **9** 31
- Vergleich AG-KGaA **2** 13
- Vergütung für die Geschäftsführung **9** 22
- zu versteuernde Einkommen **9** 18

Kursmanipulation
- Ad-hoc-Mitteilungen **10** 100
- Directors' Dealings **10** 117

L

Lagebericht **6** 122, **6** 26

laufende Besteuerung
- Einheitliche und gesonderte Feststellung von Besteuerungsgrundlagen **9** 7

Liquidation
- Abwickler **8** 55
- Abwicklungszeitraum **9** 161
- Begriff **8** 54
- Gewinnermittlung der KGaA **9** 161
- Liquidationsgewinne **8** 65
- Liquidationsüberschuss **8** 64
- Nachtragsabwicklung **8** 70
- Rechtsfolgen beim Kommanditaktionär **9** 163
- Rechtsfolgen beim persönlich haftenden Gesellschafter **9** 162
- Sperrjahr **8** 66
- Verfahren **8** 63

Lock-up-Vereinbarungen **10** 84

M

Macrotron-Entscheidung **10** 201
Mantelgesellschaft *siehe* Vorratsgesellschaft
Markenschutz **4** 75
Marleasing-Entscheidung **4** 95
Maßgeblichkeitsprinzip **11** 336, **11** 343, **11** 365

Mehrheitsklauseln
- Auflösung durch Gesellschafterbeschluss **8** 13
- Beschlussfassung der Komplementäre **5** 57

- Entziehung der Leitungsbefugnisse **5** 185

Mischumwandlung **11** 309
Mischverschmelzung **11** 67, **11** 30
- Barabfindungsangebot **11** 67
- Erwerb der Rechtsstellung eines persönlich haftenden Gesellschafters **11** 30

Mindestquote **5** 441a, 478 a
Mitbestimmungsgesetz **5** 512, **5** 511
- Anwendbarkeit **5** 513
- Anwendung des § 4 MitbestG **5** 529
- Einschränkungen in der KGaA **5** 524

Mitteilungspflicht nach §§ 20 f. AktG **12** 50, **12** 43

Mitunternehmer **9** 99
- Fiktive Mitunternehmereigenschaft **9** 99
- zweistufige Gewinnermittlung **9** 100

N

Nachfolgeklausel
- einfache **5** 313
- qualifizierte **8** 43, **5** 313
- rechtsgeschäftliche **5** 313

Nachgründung **4** 60
- bei Formwechsel **11** 184, **11** 225
- bei Verschmelzung **11** 16
- Vorratsgesellschaft **11** 16

Namensaktien **10** 20
Namensschutz **4** 74
Niederlassungsfreiheit **4** 103
Notgeschäftsführer **8** 35, **5** 179
- bei Entziehung der Leitungsbefugnisse **8** 48, **5** 194

O

Organe der KGaA
- Aufsichtsrat siehe dort
- Beirat siehe dort
- gewillkürte **5** 4
- Hauptversammlung **5** 611
- Kommanditaktionäre *siehe* dort
- Komplementär *siehe* dort
- Überblick **5** 1

Organschaft, gewerbesteuerliche **9** 88
Organschaft, körperschaftsteuerliche
- besondere Tarifvorschriften **9** 54
- Ermittlung des Einkommens gemäß § 15 KStG **9** 48
- KGaA als Organgesellschaft **9** 58
- KGaA als Organträger **9** 47

P

personalistische KGaA **5** 22, **3** 8
Personengesellschaftsrecht
- Anwendbarkeit **3** 1
- Geschäftsführung **5** 77
- Prinzipien **5** 7
- Rechtsverhältnisse der Organe **5** 5

persönlich haftender Gesellschafter
- Abfindungsanspruch **5** 336
- actio pro socio **5** 68
- Anfechtungsbefugnis **5** 647
- angestellter **5** 199
- Anteile am Grundkapital **9** 125
- Aufnahme *siehe* dort
- Aufwendungsersatzanspruch **5** 275
- Auskunftsanspruch **5** 65
- Ausscheiden *siehe* dort
- Ausscheiden des letzten persönlich haftenden Gesellschafters *siehe* dort
- Ausschließung **5** 326
- Barabfindungsanspruch bei Verschmelzung **11** 69
- beschränkte Steuerpflicht **9** 198
- Einkünfte aus Gewerbebetrieb **9** 46
- Entnahmerecht **5** 256
- Entziehung der Leitungsbefugnisse *siehe* dort
- Ergänzungsbilanz **9** 120
- Geschäftsführer-Komplementär **5** 106
- Geschäftsführung **9** 28, *siehe auch* dort
- Geschäftsführungstätigkeiten **9** 82
- Gewerbesteuer **9** 130
- Gewerbesteueranrechnung **9** 132
- Gewinnbezugsrecht **5** 244
- Gewinnverwendungsbeschluss **6** 37
- GmbH & Co. KG **9** 144
- Haftung für Verbindlichkeiten der Gesellschaft **5** 220
- Informations- und Kontrollrechte **5** 64
- Kapitalkonto **5** 239
- Kaufmannseigenschaft **5** 218
- Klagerechte *siehe* Klage
- mitgliedschaftliche Innenhaftung **5** 69
- Nachhaftung **5** 226
- Nachhaftung beim Formwechsel **11** 252
- Organhaftung **5** 112
- organschaftliche Befugnisse **5** 75
- organschaftliche Innenhaftung **5** 132
- Rechtsstellung **5** 38
- Rücklagen **5** 253
- Sacheinlage eines Einzelunternehmens **9** 93
- Sacheinlage von Einzelwirtschaftsgütern **9** 105
- Sonderbetriebsvermögen **9** 140, **9** 123
- Sondereinlage **9** 82, *siehe auch* dort
- Sondervergütungen **9** 86, **9** 32
- Sondervorteile **5** 272
- Stimmrecht *siehe* dort
- Stimmverbot bei Aktienbesitz **5** 409
- Tätigkeitsvergütung **5** 259
- Tätigkeitsvertrag **5** 259
- Transparenzprinzip **9** 3
- Veräußerung des gesamten Anteils **9** 170
- Vergütung **9** 28
- Vergütung für die Geschäftsführung **9** 25
- Vermögenseinlage **5** 232
- Verschwiegenheitpflicht **5** 122
- Vertretung *siehe* dort
- Wahl der Abschlussprüfer **5** 420
- Wettbewerbsverbot *siehe* dort
- Widerspruchsrecht **5** 83
Persönlich haftender Gesellschafter
- Meldepflicht nach § 15a WpHG **10** 113
- Meldepflicht nach §§ 21 ff. WpHG **10** 122
Pflichtangebote **10** 170
Privatisierung öffentlich-rechtlicher Unternehmen **11** 233
Publikums-KGaA **5** 26

R

Rechnungslegung
- einheitliche Leitung **12** 51
Rechtsformwahl **2** 1
Rechtsstreitigkeiten *siehe* Zivilprozess *und* Schiedsverfahren
Rückwirkung
- steuerrechtliche *siehe* dort

S

Sacheinlagen
- „verdeckte" **4** 52, **11** 318
- Bewertung **6** 83
- Bilanzierungsfähigkeit **6** 79
- Dienstleistungen **6** 81
- Gegenstand **6** 80, **11** 320 f.
- „offene" **11** 318
- Prüfung **6** 86
- steuerliche Behandlung *siehe* Sacheinlage gegen
- Zeitwert **6** 88, **6** 84
Sacheinlage in das Kommanditaktienkapital **11** 318
- Anteilstausch **11** 339
- Anwendung des § 20 UmwStG **11** 320 f.
- Begünstigte Einbringungsobjekte **11** 321
- Betrieb **11** 322
- Betriebliche Sachgesamtheit **11** 319
- Einbringungsgewinn **11** 347, **11** 338
- Einschränkung durch § 22 UmwStG **11** 338, 347
- Funktionale Betrachtungsweise **11** 329
- Körperschaftsteuer **11** 332
- Mitunternehmeranteil **11** 327
- außerhalb der Regelungen des UmwStG **11** 348
- Teilbetrieb **11** 324
- Qualifizierter Anteilstausch **11** 340
Sacheinlagen in das Komplementärkapital **11** 352

- Anwendung des § 24 UmwStG **11** 354
- Begünstigte Sachgesamtheit **11** 352
- Einlage in Vermögenseinlage des Komplementärs **11** 352
- Einräumung einer Mitunternehmerstellung **11** 354
- Gegenstand der Einbringung **11** 354

Sachgründung
- verdeckte Sacheinlage **4** 52

Satzung
- Änderung **3** 24
- Angaben zum Komplementär **4** 6
- Geschäftsjahr **4** 108
- Mindestinhalt **4** 22
- Sondervorteile **5** 273
- Unternehmensgegenstand **4** 78

Satzungsautonomie *siehe* Gestaltungsfreiheit
Satzungsgestaltung **3** 8
- Abberufungsdurchgriff **5** 214
- Abfindungsanspruch **5** 343
- Abwickler **8** 62
- Abwicklung **8** 68
- Änderung der Kompetenzverteilung **5** 391
- Auflösung **8** 13
- Aufnahme neuer persönlich haftender Gesellschafter **5** 313
- Aufsichtsrat **5** 507
- Aufsichtsratsmitglieder **5** 456
- Ausscheiden eines Komplementärs **5** 343
- Ausscheiden eines persönlich haftenden Gesellschafters **5** 317
- Ausschließung eines persönlich haftenden Gesellschafters **5** 331
- Beirat *siehe* Beirat
- Beschlussfassung der persönlich haftenden Gesellschafter **5** 56
- Börseneinführung **10** 58, **10** 49
- Entziehung der Leitungsbefugnisse **5** 200, **5** 198
- Entziehung der Leitungsbefugnisse des einzigen persönlich haftenden Gesellschafters **5** 196
- Ergebnisermittlung **6** 54
- Erhöhung der Sondereinlage **7** 15, **7** 8
- Freistellungsvereinbarung **5** 229
- Geschäftsführer-Komplementär **5** 281, **5** 230
- Geschäftsführung **5** 93
- Geschäftsführung bei atypischer KGaA **5** 98
- Gewinnverwendungsbeschluss **6** 36
- Grundtypen einer KGaA **5** 21
- Kapitalgesellschaft & Co. **3** 12
- Kernbestand **3** 19
- Kündigung der Gesellschaft **8** 53
- Niederlegung der Leitungsbefugnisse **5** 175

- Schiedsklauseln **5** 695
- Schranken **3** 19
- Tätigkeitsvertrag des persönlich haftenden Gesellschafters **5** 260
- Übertragung der Komplementärbeteiligung **5** 324

Satzungssitz **4** 97, **4** 102
Satzungsstrenge **3** 7, **2** 2
Schiedsfähigkeit **5** 689
- Schiedsfähigkeit II Entscheidung des BGH **5** 690

Schiedsgerichtsbarkeit **5** 685
- Ad-hoc-Sch. **5** 704
- einstweiliger Rechtsschutz **5** 717
- institutionell **5** 701

Schiedsklauseln **5** 695
Schiedsverfahren **5** 706
Selbstorganschaft **5** 78, **5** 10
Sitz **4** 96
- Doppelsitz **4** 98, **4** 43
- fehlerhafter **4** 100
- Verlegung außerhalb der EU **4** 102
- Verlegung innerhalb der EU **4** 104

Sitztheorie **4** 101, **4** 97, **4** 14
Sonderbetriebsvermögen **11** 329, **11** 415, **9** 171, **9** 149, **9** 146, **9** 123
- Anteile am Grundkapital **9** 125
- Erfolgsermittlung innerhalb des Sonderbetriebsbereiches **9** 128

Sondereinlage des Komplementärs
- Ausscheiden des persönlich haftenden Gesellschafters **5** 243
- Bilanzierung **5** 236
- Entnahme **7** 16
- Erhöhung **7** 4, **5** 242
- Prüfung **5** 236
- Umwandlung in Kommanditaktien **7** 18

Sondereinlage des persönlich haftenden Gesellschafters **9** 23, **5** 235
- Sacheinlage von Einzelwirtschaftsgütern **9** 105

Sondervergütungen **9** 148, **9** 32
- unangemessener Teil **9** 34

Sondervorteile des persönlich haftenden Gesellschafters **5** 272
Sozialansprüche der Gesellschaft *siehe actio pro socio*
Spaltung **11** 126
- Abspaltung **11** 129
- arbeitsrechtliche Vorschriften **11** 161
- Arten **11** 129
- Aufspaltung **11** 126, 129
- Aufteilung des Vermögens **11** 146
- Ausgliederung **11** 126, 129
- Begriff **11** 128
- Berichtspflicht bei Vermögensveränderung **11** 164

- Beschlussphase **11** 163
- Bewertungswahlrecht **11** 407
- Börsennotierung **11** 169
- Buchwert **11** 411
- Eintragung im Handelsregister **11** 165
- einzureichende Unterlagen **11** 135, **11** 169
- Gesamtschuldnerische Haftung **11** 158
- Gläubigerschutz **11** 158
- Gründungsbericht **11** 135
- Gründungsprüfung **11** 135
- Kapitalgesellschaft auf KGaA *siehe* dort
- Kapitalherabsetzung **11** 156
- KGaA auf Kapitalgesellschaft **11** 131
- KGaA auf Personengesellschaft **11** 131
- Mischspaltungen **11** 132
- nichtverhältniswahrende **11** 139
- Personengesellschaft auf KGaA **11** 131
- Phasen **11** 133
- Prüfungen **11** 134
- Reihenfolge der Eintragung im Handelsregister **11** 166
- Sacheinlagenprüfung **11** 134
- sachenrechtlicher Bestimmtheitsgrundsatz **11** 146
- Squeeze-Out **11** 144
- Teilung von Verbindlichkeiten **11** 146
- Umsetzungsphase **11** 165
- Umtauschverhältnis **11** 144
- Vorbereitungsphase **11** 133
- zu null **11** 140

Spaltungsbericht **11** 153
Spaltungsbeschluss **11** 163
Spaltungsfähigkeit der KGaA **11** 130
Spaltungsplan **11** 137, **11** 148
Spaltungsprüfung **11** 155
Spaltungsverbot **11** 2131
Spaltungsvertrag **11** 137
- Anteilsgewährung **11** 139
- Mindestangaben **11** 138
- nichtverhältniswahrende Spaltung **11** 139, **11** 142
- Spaltungsstichtag **11** 138
- Treuhänder **11** 145
- Umtauschverhältnis **11** 144
- Zeitpunkt der Gewinnberechtigung **11** 138

Spruchverfahren **11** 270
- Antragsinhalt **11** 268
- Bestellung des Prüfers **11** 298
- Beteiligte **11** 290, 292
- Formwechsel **11** 201
- Gemeinsamer Vertreter **11** 293
- Grundsatz der vollen Entschädigung **11** 276
- Kosten **11** 271
- mündliche Verhandlung **11** 298
- reguläres Delisting **11** 274

- Verfahrensablauf **11** 296
- Verfahrensgegenstand **11** 275
- Verfahrensgrundsätze **11** 306
- Verschmelzung **11** 94, **11** 34
- Zuständigkeit **11** 286

Squeeze-Out **12** 39, **11** 263
- Delisting **10** 220
- Verschmelzungsrechtlicher **11** 43, **11** 64, **11** 74 f.
  steuerrechtliche Rückwirkung **11** 121, **11** 346

Stiftung **4** 4
Stimmrecht des persönlich haftenden Gesellschafters
- Ausweitung des Vetorechts **5** 105
- Beschlussfassung *siehe* dort
- Dispositivität **5** 56
- Gegenstand **5** 44
- Rechtsnatur **5** 43
- Stimmenzahl **5** 50
- Stimmverbot bei Wahl des Aufsichtsrats **5** 464
- Stimmverbote **5** 414, **5** 187, **5** 59

Stock Option Plan **10** 14
strukturverändernde Maßnahmen **5** 91
Systemvergleich KGaA – AG **2** 2
- kapitalmarktrechtlich **10** 18
- Kompetenzverteilung **10** 23
- Nachteile **2** 10
- Vorteile **2** 9

T

Take Over *siehe* Übernahmerecht
Tätigkeitsvertrag des persönlich haftenden Gesellschafters **5** 259
- Inhalt **5** 262
- Tätigkeitsvergütung **5** 264

Trabrennbahn-Entscheidung **4** 101, 107
Transparenzprinzip **9** 3
Trennungsprinzip **9** 153, **9** 2
Treuepflicht **3** 20
- Ausscheiden des letzten persönlich haftenden Gesellschafters **8** 37
- Begriff **5** 20
- börsennotierte KGaA **10** 39
- Entnahmerecht **5** 257
- Entziehung der Leitungsbefugnisse **5** 205, **5** 183
- Kommanditaktionäre **5** 368
- Verletzung durch Komplementär **5** 71
- Wettbewerbsverbot **5** 283, **5** 276
- Zustimmung des Komplementärs **5** 58

„Trihotel" – Entscheidung **7** 61

U

Übernahmeangebote **10** 157
Übernahmeergebnis **11** 375, **11** 395, **11** 396, **11** 397

Übernahmerecht **10** 135
- Angebote des persönlich haftenden Gesellschafters **10** 154
- Angebotsverfahren **10** 139
- Befreiung nach § 37 WpÜG **10** 179
- Erwerb der Kontrolle durch die KGaA **10** 172
- Gegenleistung **10** 159
- Grundsätze **10** 140
- Kontrollbegriff **10** 144
- Pflichtangebote **10** 170
- Sanktionen **10** 181
- Übernahmeangebote **10** 157
- und Umwandlungen **11** 10
- Verhalten der Zielgesellschaft **10** 162
Übernahmevertrag **10** 82
Überseering-Entscheidung **4** 101, **4** 15
Übertragungsgewinn **11** 370, **11** 373
Übertragungsstichtag **11** 50, **11** 60, **11** 362, **11** 394, **11** 417
Umsatzsteuer
- Geschäftsführungtätigkeit **9** 104
- Sacheinlage **9** 105
Umstrukturierung **11** 260
- Anwachsungsmodelle **11** 261
- auflösende Übertragung **11** 267
- Begriff **11** 1
- Eingliederung **11** 262
- Gesamtrechtsnachfolge **11** 3
- Holdingmodelle **11** 262
- Sanierung **11** 5
- Squeeze-Out **11** 263
- Vermögensübertragung **11** 265
Umtauschverhältnis **11** 54
- Bewertung der Sacheinlagen **11** 54
- Bewertungswahlrecht **11** 356
- Klage gegen Angemessenheit **11** 94
- Mischverschmelzung **11** 30
- Unternehmensbewertung **11** 54,74
- Wertermittlungsprüfer **11** 54
- Zeitwerte **11** 54
- Zuzahlung bei freien Spitzen **11** 58
Umwandlung
- Begriff **11** 1
- Fallgruppen **11** 8
- Formwechsel *siehe* dort
- Phasen **11** 7
- Sanierungsfälle **11** 5
- Spaltung *siehe* dort
- tangierte Rechtsmaterien **11** 8
- und Übernahmerecht **11** 10
- Verschmelzung *siehe* dort
- Vor- und Nachteile **11** 3
Umwandlungsbericht **11** 185
- Bekanntmachung **11** 186
- Besonderheiten bei Formwechsel aus der KGaA **11** 216
- Inhalt **11** 185, 194

- Zuleitung an Betriebsrat **11** 209
Umwandlungssteuerrecht
- Formwechsel Kapitalgesellschaft in KGaA **11** 401
- Formwechsel KGaA in Kapitalgesellschaft **11** 401
- Formwechsel KGaA in Personengesellschaft **11** 418, 420
- Grunderwerbsteuerliche Aspekte **11** 421
- Mischumwandlung *siehe auch* dort, **11** 315
- Sacheinlage gegen Gewährung von Kommanditaktien **11** 331
- Sacheinlage in das Komplementärkapital **11** 352
- Spaltung Kapitalgesellschaft auf KGaA **11** 402
- Spaltung KGaA auf Kapitalgesellschaft **11** 402
- Spaltung KGaA auf Personengesellschaft **11** 404
- Spaltung Personengesellschaft auf KGaA **11** 404
- Umwandlung einer KGaA in eine Personengesellschaft **11** 418
- verbindliche Auskunft der Finanzbehörde **11** 317
- Verschmelzung Kapitalgesellschaft auf KGaA **11** 359
- Verschmelzung KGaA auf Kapitalgesellschaft **11** 399
- Verschmelzung KGaA auf Personengesellschaft **11** 418
- Qualifizierter Anteilstausch **11** 340
- Zielsetzung des UmwStG **11** 8
Unternehmensgegenstand **4** 78
- Änderung **4** 92
- Funktion **4** 79
- Geschäftsführung **4** 83
- Grad der Individualisierung **4** 82
- Holdinggesellschaft **4** 88
- Inhalt **4** 81
- Komplementärgesellschaft **4** 89
- Konzernklausel **4** 86
- Leerformeln **4** 84
- und Gesellschaftszweck **4** 91
- Vorratsgesellschaft **4** 90
Unternehmensmitbestimmung *siehe* Mitbestimmungsgesetz
Unternehmensvertrag **12** 8
- Änderung **12** 17
- Kündigung **12** 19
- Rechtsfolgen **12** 20
- Zustimmung der Kommanditaktionäre **12** 9
- Zustimmung der persönlich haftenden Gesellschafter **12** 13
Überseering-Entscheidung **4** 104, 106

V
VALE-Entscheidung **4** 103
Verbandssouveränität **5** 9
verdeckte Gewinnausschüttung
- an Kommanditaktionäre **9** 37
- an persönlich haftende Gesellschafter **9** 47, **9** 38
- unangemessen hohe Vergütungen **9** 42

Verfassung der KGaA
- Änderung der Kompetenzverteilung **5** 592, **5** 575, **5** 391
- anwendbares Recht **5** 5, **3** 24, **3** 1
- atypische KGaA **5** 25
- Aufsichtsratskompetenzen **5** 477
- börsennotierte KGaA **5** 26
- Einheits-KGaA **5** 30
- Gestaltungsfreiheit *siehe* dort
- hybride Struktur **3** 1
- kapitalistische KGaA **5** 23
- kapitalmarktrechtlicher Anlegerschutz **10** 30
- Organe **5** 1
- personalistische KGaA **5** 22
- Publikums-KGaA **5** 26
- Rechtsverhältnis Komplementär-KGaA **3** 24
- Rechtsverhältnisse der Organe **5** 35, **5** 32, **5** 5
- Rechtsverhältnisse des § 278 AktG **3** 3
- Sonderrecht der börsennotierten KGaA **10** 30
- Zustimmungsrechte *siehe* dort

Verkaufsprospekt **10** 68
- Prospektinhalt **10** 71

Verlustdeckungshaftung **4** 48, **4** 27
Verlustverteilung **6** 70
Verlustvortrag **11** 373, **11** 377
Vermögensübertragung **11** 139, **11** 170, **11** 401
Verrechnungskonto **6** 65
Verschmelzung **11** 12
- „kaltes" Delisting **11** 68
- Ablauf **11** 37
- Acht-Monats-Frist **11** 50, **11** 51, **11** 76, **11** 99, **11** 102, **11** 121
- Anfechtungsklagen **11** 34
- Anmeldung zum Handelsregister **11** 79, **11** 96
- Arten **11** 27
- Ausschluss des Anfechtungsrechts **11** 94
- Austritt- und Abfindungsrechte **11** 67
- auszulegende Unterlagen **11** 53, **11** 76
- Barabfindungsangebot **11** 67, **11** 69
- Begriff **11** 12
- Beschlussphase **11** 82
- Besonderheiten der Gründung **11** 12
- Beteiligung des Betriebsrats **11** 52
- börsennotierter Rechtsträger **11** 34
- Delisting **10** 216, **11** 35, **11** 68
- Dingliche Surrogation **11** 116
- Doppelsitz **4** 98
- Eintragung der Kapitalerhöhung **11** 96, **11** 105
- Eintragung im Handelsregister **11** 102
- Eintragungshindernisse **11** 99, **11** 93, **11** 77
- einziger Komplementär auf KGaA **11** 49
- Erlöschen des Rechtsträgers **11** 113
- Fristen **11** 50
- Grenzüberschreitende Verschmelzungen **11** 33, 123
- Heilung von Mängeln **11** 119
- Hinaus-/Hereinverschmelzung **11** 125
- im Konzern **11** 42, **11** 53, **11** 88
- Kapitalgesellschaft auf KGaA *siehe* dort
- KGaA auf Kapitalgesellschaft *siehe* dort
- KGaA auf Personengesellschaft *siehe* dort
- KGaA auf persönlich haftenden Gesellschafter **11** 45
- Konfusion **11** 47, **11** 111, **11** 378
- Mängel **11** 118
- Mischverschmelzung **11** 30
- Nachgründung **11** 16
- Negativerklärung **11** 102
- Personengesellschaft auf KGaA *siehe* dort
- Rechte Dritter **11** 26
- Rechtsträger **11** 24
- Reihenfolge der Eintragung im Handelsregister **11** 107
- sachenrechtlicher Bestimmtheitsgrundsatz **11** 12
- Schlussbilanz des übertragenden Rechtsträgers **11** 50, **11** 60, **11** 97
- Schwestergesellschaften **11** 40
- Sicherheitsleistungsanspruch **11** 117
- Treuhänder **11** 58, **11** 106, **11** 145
- Übernahmebilanz des übernehmenden Rechtsträgers **11** 236
- Umfang der Gesamtrechtsnachfolge **11** 108
- Umsetzungsphase **11** 96
- Umtauschverhältnis *siehe* dort
- Unternehmensbewertung *siehe* Umtauschverhältnis
- Unternehmergesellschaft (haftungsbeschränkt) **11** 21
- Upstream/Downstream-Merger **11** 29, **11** 40, **11** 43
- Vorbereitungsphase **11** 38
- Vorratsgesellschaft **11** 16
- Wirkungen der Eintragung **11** 107
- zur Neugründung **11** 28
- Zustimmung der persönlich haftenden Gesellschafter **11** 78, **11** 95

Verschmelzung Kapitalgesellschaft auf KGaA **11** 24, **11** 359

- Ansatzwahlrecht **11** 381
- Bewertungswahlrecht **11** 365, **11** 372
- Buchwert- und Zwischenwertansatz **11** 372
- Entstrickung **11** 368
- Körperschaftsteuer **11** 366, **11** 390
- Maßgeblichkeitsprinzip **11** 365
- Mischumwandlung **11** 359, **11** 365
- schädliche Gegenleistung **11** 371
- Schlussbilanz **11** 362
- steuerliche Rückwirkung **11** 121
- Übernahmeergebnis **11** 375
- Übernahmefolgegewinn **11** 378
- Übertragungsgewinn **11** 373, **11** 376
- Übertragungsstichtag **11** 50, **11** 60, **11** 362
- Voraussetzungen des Wahlrechts **11** 366
- Wahlrecht **11** 365, **11** 367, **11** 368
- zusätzliche Gegenleistung **11** 370

Verschmelzung KGaA auf Kapitalgesellschaft **11** 399

Verschmelzung KGaA auf Personengesellschaft **11** 20, **11** 418

Verschmelzungsbericht **11** 74

Verschmelzungsbeschluss
- Beschlussmängel **11** 91
- Besonderheiten der Hauptversammlung **11** 88
- Mängel **11** 91
- Zustimmung der Kommanditaktionäre **11** 83
- Zustimmung der persönlich haftenden Gesellschafter **11** 78, **11** 84, **11** 95

Verschmelzungsfähigkeit der KGaA **11** 15

Verschmelzungsprüfer **11** 75
- Inkompatibilität **11** 75

Verschmelzungsprüfung **11** 124, **11** 75
- Ausnahmen **11** 75
- Barabfindungsanspruch **11** 75
- Gegenstand **11** 75, **11** 76

Verschmelzungsstichtag **11** 54, **11** 60

Verschmelzungsvertrag **11** 55
- Abschlusskompetenz **11** 55
- Angaben über zu gewährende Anteile **11** 56, **11** 58, **11** 71
- Angaben zum persönlich haftenden Gesellschafter **11** 71
- arbeitsrechtliche Berichtspflichten **11** 63
- Barabfindungsgebot **11** 67
- Bekanntmachung **11** 62
- Beurkundung durch ausländischen Notar **11** 119
- Einreichung beim Handelsregister **11** 77, **11** 79
- fakultative Angaben **11** 72
- Mängel **11** 119
- Mindestangaben **11** 62, **11** 63
- Mischverschmelzung **11** 67
- Sonderrechte **11** 61
- Umtauschverhältnis *siehe* dort
- Verschmelzungsstichtag **11** 60
- Vertretung durch persönlich haftenden Gesellschafter **11** 55, **11** 71
- Vorteilsgewährung **11** 62
- Zeitpunkt der Gewinnberechtigung **11** 56
- Zuleitung an Betriebsrat **11** 77
- Zustimmungserfordernisse **11** 78, **11** 95

Verschwiegenheitpflicht **5** 122

Vertretung **5** 161
- bei Verschmelzung mit persönlich haftendem Gesellschafter **11** 55, **11** 71
- durch Aufsichtsrat **5** 502, **5** 495, **5** 166
- durch Kommanditaktionäre **5** 165
- Entziehung der Befugnis *siehe* Entziehung der Leitungsbefugnisse
- Kündigung aus wichtigem Grund **5** 176
- Niederlegung der Befugnis **5** 174
- Umfang der Befugnis **5** 170, **5** 162

Verwaltungssitz **4** 97, 101 ff., **4** 15
Verweisungstechnik **3** 1, **1** 5
- „wertende Betrachtung" **3** 26
Vorbelastungsbilanz **4** 108
Vorbelastungshaftung **4** 48, **4** 26
Vorgründungsgesellschaft **4** 47, **4** 18
Vor-KGaA **4** 25
Vorratsgesellschaft
- als persönlich haftender Gesellschafter **5** 196
- Nachgründung **11** 16, **4** 40
- Unternehmensgegenstand **4** 84
- Verschmelzung **11** 16
Vorzugsaktien **10** 20

W
Wertermittlungsprüfer **11** 54, **11** 76
Wertpapierprospekt **11** 60
Wettbewerbsverbot **5** 276
- Befreiung **5** 289
- Beiratsmitglieder **5** 594
- Geltungsdauer **5** 290
- Klage **5** 636
- Kommanditaktionäre **5** 369
- nachvertragliches **5** 293
- Normadressaten **5** 277
- Normzweck **5** 276
- Umfang **5** 285
- Verstoß **5** 296
Wirtschaftliche Bedeutung der KGaA **1** 11

Z
Zivilprozess **5** 605
- Gerichtsstand **4** 95
- Klage *siehe* dort
- Prozesskonstellationen **5** 606
- Vertretung der Gesellschaft **5** 655

Zustimmungsrechte
- Auflösungsbeschluss **5** 401
- Aufnahme und Ausscheiden eines Komplementärs **5** 397
- Erhöhung der Sondereinlage **5** 399
- Feststellung des Jahresabschlusses **5** 407
- Gewinnverwendungsbeschluss **5** 408
- Kapitalmaßnahmen **5** 398
- Klage auf Entzug der Leitungsbefugnisse **5** 400
- Übertragung auf Beirat **5** 589
- Unternehmensverträge und Umwandlungen **5** 404
- Veränderung der Kompetenzverteilung **5** 389